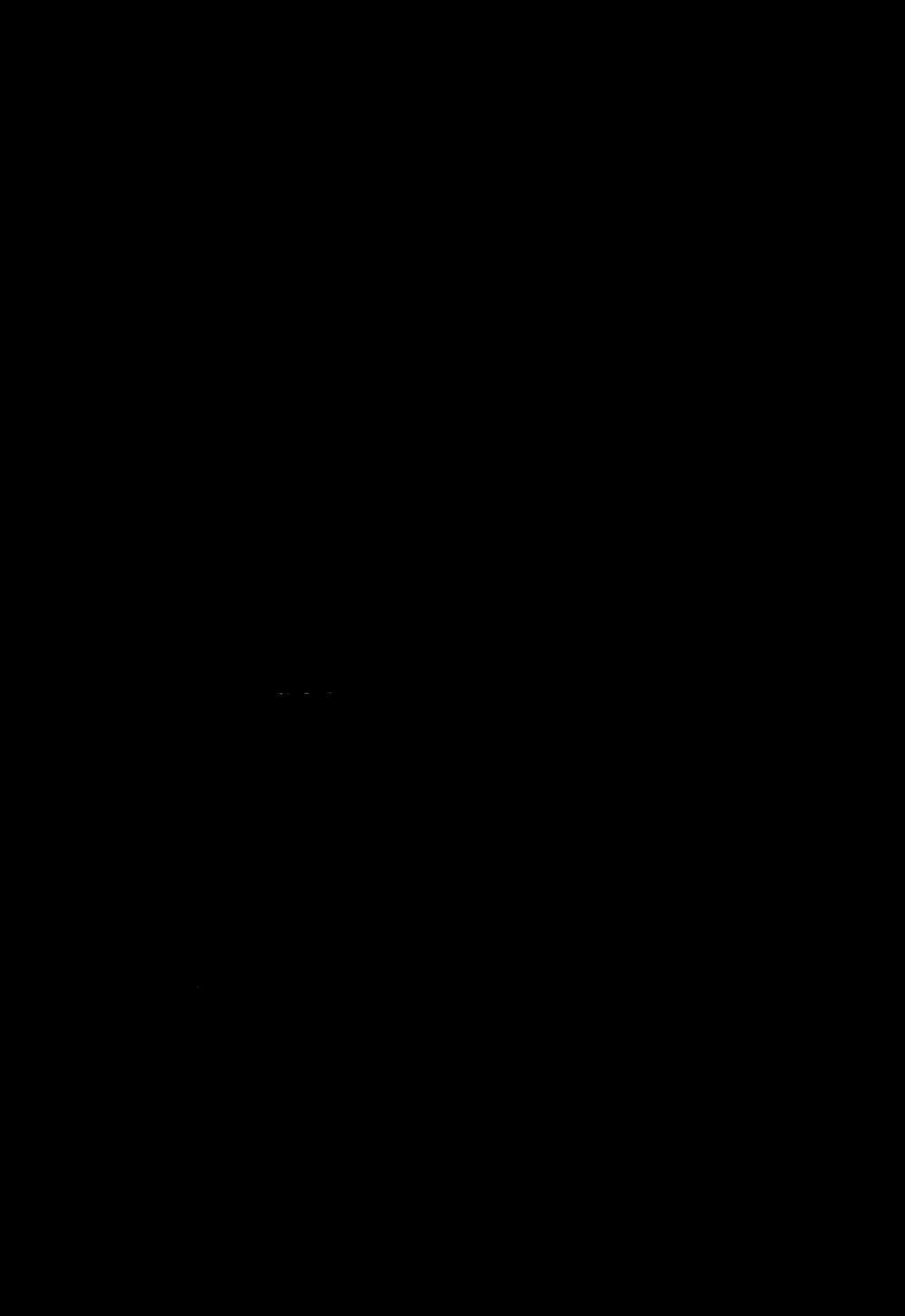

김수영 사전

고려대학교 현대시 연구회

서정시학

고려대학교 현대시 연구회

회　　장 : 최동호
부 회 장 : 최정례, 이희중
편집위원 : 박순원, 주영중, 김종훈, 이현승, 이근화
연구위원 : 강웅식, 강호정, 곽효환, 권혁웅, 김명철, 김문주, 김창수, 노춘기, 맹문재, 박정선, 백은주, 손민달, 신재기, 신지연, 여태천, 이경수, 이상숙, 이성우, 이 찬, 임곤택, 임도한, 장만호, 장석원, 전도현, 정경은, 조해옥, 진은경, 피사레바 라리사, 하재연
회　　원 : 강 안, 강은진, 고동식, 공미희, 권 온, 김경미, 김경미, 김경엽, 김나래, 김남규, 김동희, 김승일, 니콜라 프라스키니, 김영건, 김영범, 김예한, 김지녀, 남궁선, 박명옥, 박민규, 박정석, 박현진, 송민규, 신용목, 신철규, 안웅선, 오세인, 오연경, 원자경, 유동진, 이계윤, 이초롱, 이혜미, 장정희, 전형철, 정다운, 정수연, 최미성, 최은숙, 최호빈, 한세정

김수영 사전

2012년 4월 20일 초판 1쇄 발행

지은이 • 고려대학교 현대시 연구회
펴낸이 • 김구슬
펴낸곳 • 서정시학
편　집 • 최진자
인　쇄 • 서정인쇄

주소 • 서울시 성북구 동선동 1가 48 백옥빌딩 6층
전화 • 02-928-7016
팩스 • 02-922-7017
이메일 • poemq@dreamwiz.com
출판등록 • 209-07-99337

ISBN 978-89-94824-57-4 91810

값 70,000 원

＊이 책의 저작권은 저자와 출판사에 있습니다.
　양측의 서면 동의 없이 무단 전재 및 복제를 금합니다.

「춘수와 함께」라는 3막극에서 신부 역을 맡은 김수영 (1945)

서울대에서 강연 중인 김수영

집필실에서(1960년대)

어느 문학좌담회에서(1960년대 후반)

생전에 발간된 유일한 시집 『달나라의 장난』(춘조사, 1959) 표지

시선집 『달의 行路를 밟을지라도』(민음사, 1976) 표지

산문선집 『퓨리턴의 肖像』(민음사, 1976) 표지

번역서 『20世紀 文學 評論』(대문출판사, 1970) 재판 표지(초판은 중앙문화사, 1961년 발간)

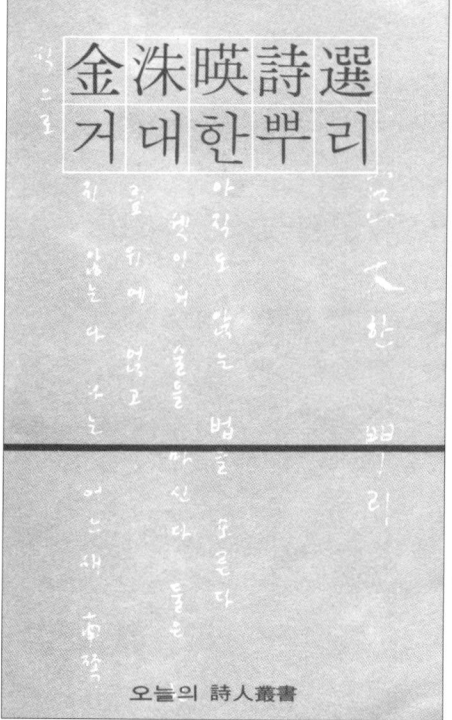

1. 번역서 『現代文學의 領域』(중앙문화사, 1962) 표지
2. 최하림의 김수영 평전 『자유인의 초상』(문학세계사, 1981) 표지
3. 시선집 『거대한 뿌리』(민음사, 1974) 표지
4. 시선집 『사랑의 변주곡』(창작과 비평사, 1988) 표지

『김수영 전집』(민음사, 2003) 표지

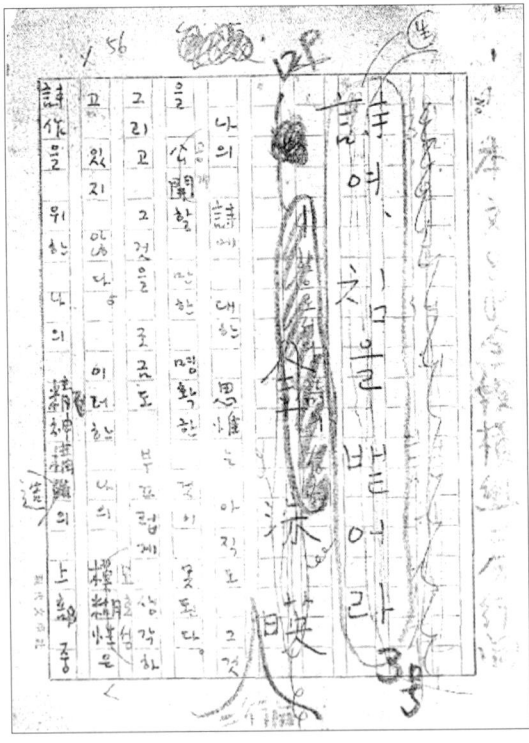

산문 「시여, 침을 뱉어라」 육필원고 첫장

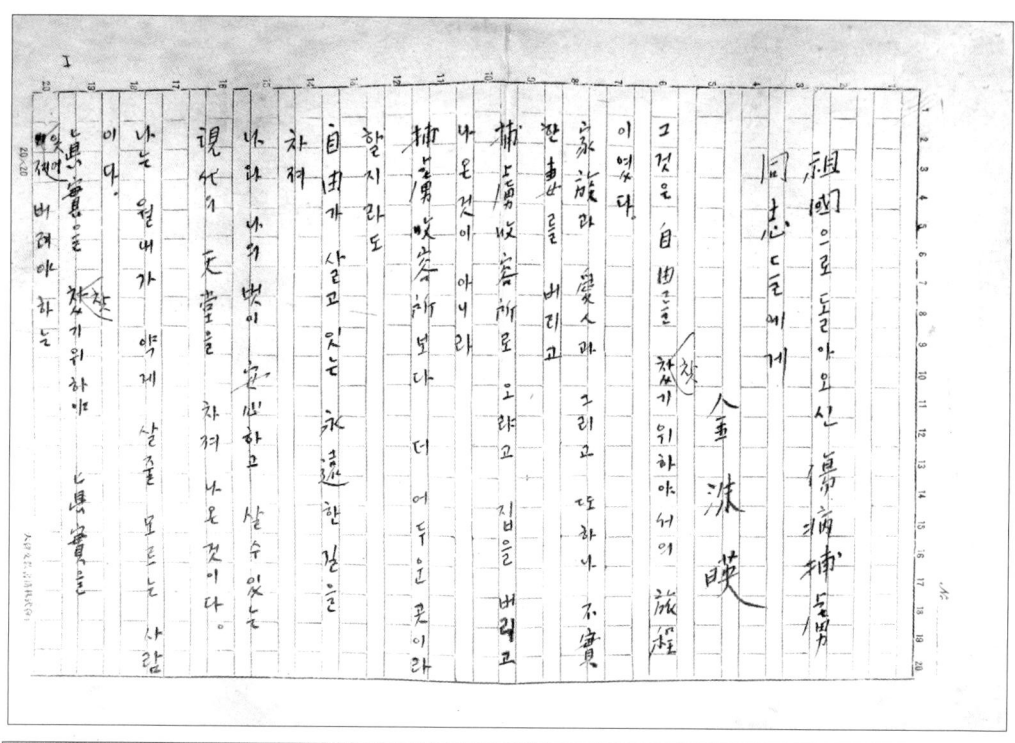

* 「조국으로 돌아오신 상병포로 동지들에게」,「이혼취소」,「풀의 영상」,「엔카운터 지」네 편은『김수영 전집』
 (2003, 민음사)과 육필 원고의 차이가 커서 육필원고 전문을 여기에 제시함.

(II)

煙氣도 餘韻도 없이 살어진
몇몇 捕虜의 笑寒聲이
너무나 알기 쉬운 말로 아무도
듯지 못하게 당신에 빰에다 대고
비로서 始作하는 귓속이야기지요.
그것은 본 사람만이 아는 일이지요.
누가 그 濟馬茅舍十一收容所에
서 檀紀四二八四年三月十六日午前
五時에 바로 鐵網 하나둘 셋
네겹을 彌하고 불일어 나듯이
소사나오는 茅舍十一赤色收容所로
돌을 던지고 돌을 바드며
들어 갔는가

나는 그들이 어떻게 勇散하게 싸왓
느냐 것에 대한 代辯人이 아니다
또한 나의 罪惡을 뻬가리기 위하
야 讀者의 눈을 가리고 입을
봉하기 위한 延命을 爲한 阿諛

(III)

도아니다
그리고 이러한 辯明이 지루하다
고 꾸짓는 讀者에 對하여는
한마디 더려야 할 正當한 理由
가 말이 있다.
「捕虜의 反共戰線을 위하야는
이것보다 더 장황한 前提가 必
要하엿음니다.
나는 그들과 共에 散兵하야도
허마어만한 戰果세백하야 말하는것
이아니라
그들이 싸와온 悲惨特한 位置와
英男史的 價值를 말하는 것임니다
나는 이것은 내 自由라고 부릅니다.
희하야 나는 내 自由를 위하야
山獄發하고 捕虜收容所에서
끈을 깨낀 나의 生命과 眞實
에 對하야 阿諛하거
아모뉘 우침도 남기해 하지않음니
다.

※ 2000.8. 改訂版 때 "꽃은 꽃으로 받던 것을" / 새시 꽃으로 보내것으로

(V)

나는 自由를 硏究하기 爲하
여, 나는 自由를 選擇하였다야
두 개의 책장을 들쳐 보낼까
어딨다.
꽃같이 사랑하는 無數한 同志들
과 함께
꽃같은 精誠을 지키고
꽃같은 밥을 먹었고
꽃같이 못 슬픔 입었고
大韓民國이 꽃을 피우기에
싸우고 싸우고 싸와왔다.
그것이 나무나 眞實한 일이 였에
잠을 깨여 일어나서
나는 예수·크리스트가 되지 않었나
하는 神聖한 錯覺조차느꺼
보는 것이었다.
정말 내가 捕虜收容所를 脫出
하매 나오라고
無數한 動物的 企圖를 한 것은

(VI)

이것이 거짓말이라면 웅서하여
주시오.
捕虜收容所에서 내가 너무나 自由의
天堂이었다기에 千萬에 憂慮하야
말하였두건대
老婆心으로 할 誹謗剌味도 選談
도 불상한 强惡도 興味다운
狂氣도 섞이어 있는 말이 아닌 것이다.
여러분! 내가 쏘고 있는 것은 詩
가 아니겠음니다.
안전에 어떤 親舊를 맞났드니
날더러 다시 捕虜收容所에 돌어
가고 싶은 생각이 어밌느냐고
正色을 하고 묻더 봅니다.
나는 대답하였음니다.
내가 捕虜收容所에서 나온 것은
捕虜로서 나온 것이 아니라
民間抑留人으로서 나라에 忠誠을

(VII)

다 하기 위하야 나올 것이라고
그랬드니 그친 구가 빨니 三八線
을 內하야 가서
以北에 柳留되고 있는 大韓
民國과 U.N軍의 捕虜들을
救하야 내기 위하야
새로운 정말 미안하다고 함니다.
나는 정말 미안하다고 돌아오는
以北에서 苦生하고 돌아오는
傷病捕虜들에게 말할수없는
未安한 感이 듭나다.
내가 大·二五 後에 伊川野營訓練所
네 밭도 말할수 없는 苦待들
生覺한다.
北院訓練所를 脫出하야
順天惡鬼肉까지도 가지못하고
무서운 밤에 中西面內務省軍隊
에게 逮捕된 일을 생각한다.

(VIII)

그라 하야 달녀 나오든 새벽에
파무뎃든 銃과 로시아軍服
을 사들을 걸어서 차저 내고
우리 銃殺을 免하도록 꾸며 같은
그리고 나는 平壤을 넘어서 南으로
오다가 만일 捕虜만 되엇지만은
내가 가서 捕虜되엇지 아니되고
거긔서 버려저도 그대로
아마 나에서 苦生하고 도라
이리 나서 世露魂은 부거려히
大韓民國 傷病捕虜와 U.N傷病捕
虜들에게 한마디 말을 하여소
것이다.
"수고하엿음니다"
"도라오신 여러분! 앞으신 몬에 얼마
나 수고하엿음니가!"
우리도 U.N軍에 捕虜가 되어
너무 좋와서 가시철망을 뛰어

(가)

나오라고 애를 쓰다고 못 뛰어
오고
여러 同志들은
어린 兒孩들에게 기쁨에 나오고
그러나 天當초이 있다면 모두 다
가까이 ㅇ만나고 있을 것이냐.
억울하게 당한 反共捕虜들
나는 ㅇㅇㅇ ㅇㅇㅇㅇ
다 같은 大韓民國의 땅 反共捕虜들이
無窮花의 노래를 부르는 것이나 다름
나는 이것을 眞正한 自由의 노래
라고 부르고 싶어라.
反抗의 自由
眞正한 反抗의 自由를 조차 없는
그들에게
마즈막 불느고 갈
새 ㅇㅇ을 向한 戰勝의 노래라고

(X)

불느고 싶어라!
그것은 自由를 위한 永遠한 旅程
이엇다
나즉히 부를 소라 홀이 불
들 수도 있는 그대들만이 노래
마즈막에는 우리들로
山岳 같은 犧牲 ㅇㅇ이여!
나의 노래가 거치렇게 되는 것을
哀痛하지 말라!
마즈막 이 땅에 몸 가 질 態이
犧牲이 있거니.
나의 노래가 없어진들
누가 나라와 民族과 靑年을
그리고 그대들 꽃 藥草들 爲
하야 이져 버릴 것인가!
自由의 길을 이제 버릴 것인가!

(一八六. 五. 五.)

離婚取消
金洙暎

당신이 내린 決斷이 이렇게 좋군
나하고 別居를 하기로 작정한 이틀째 되는
날 당신은 나와의 離婚을 결정하고
내 친구의 미망인의 빚 보를 선 것을
맨저 주기로 한 것이 이렇게 좋군

집 문서를 넣고 茶夫 이자로 十萬원을 빌어
주기로 한 것이 이렇게 좋군
피를 흘리는 것이 이렇게 좋군
十萬원 중에서 五萬원만 줄가 三萬원만 줄가
하고 망설였지 당신 보다도 내가 더 망설였지
五萬원을 無利子로 돌려 보려고
하만원을 꾸어 전처음으로 돈 가진 친구한테
피를 안흘리려고
정식으로 돈을 꾸러가서 안됐지
이것을 하고 저것을 하고

피를 안 흘리려고
저것을 하고 이 조금 쉽게 흘리려고
이것을 하고 저짓을 하고
그것을 하고
그러다가 스코틀랜드의 에딘바라 대학에 다니는
나이 어린 친구한테서 블레이크의 詩를 감동해 받았지
그 되련지 안에 적힌 블레이크의 말을
일었지 "Sooner murder an infant in its cradle
than nurse unacted desire" 이것이 무슨 뜻인지

알았지 그러나 완성하진 못했지
이것을 지금 완성했다 아내여 우리는 이겼다
우리는 블레이크의 詩를 완성했다 우리는 이제 극회
의 장 꼼꼼의 칵텔·파티에 참석한 天使같은 女流
作家의 냉철한 지성적인 눈동자는 거짓말이다
그 눈동자는 피를 흘리고 있지 않다
善이 아닌 모든 것은 惡이다 神의 地帶
에는 中立이 없다

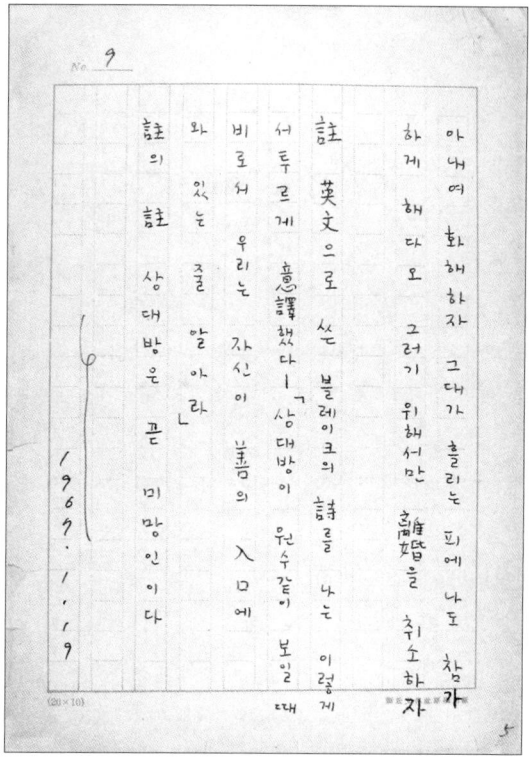

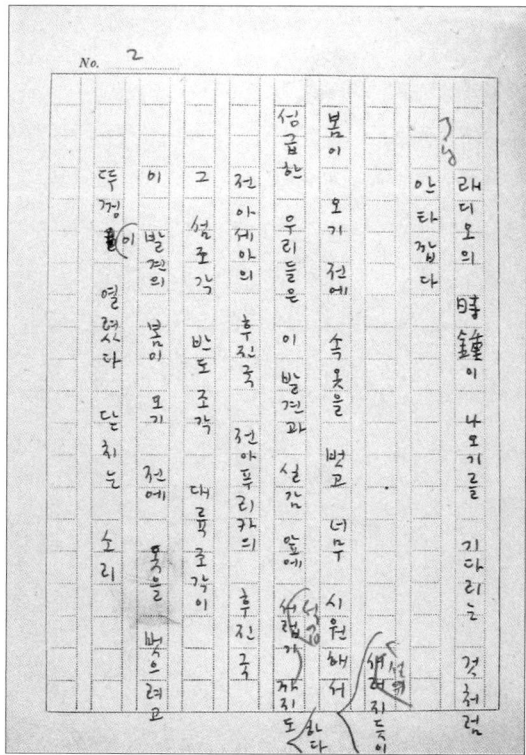

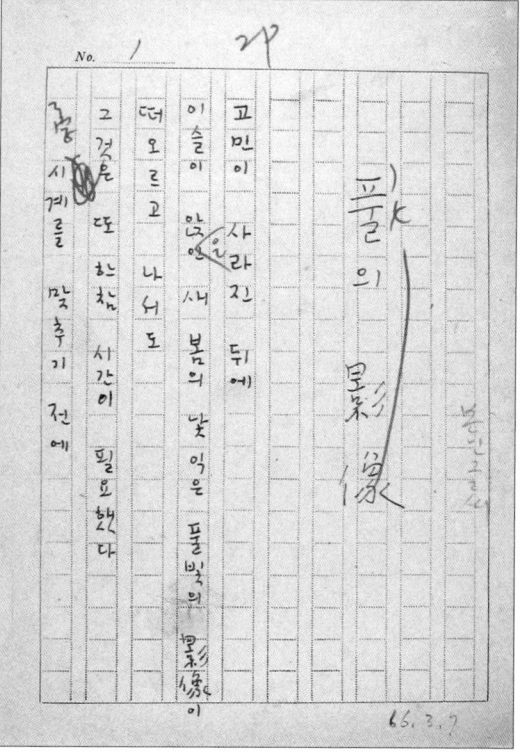

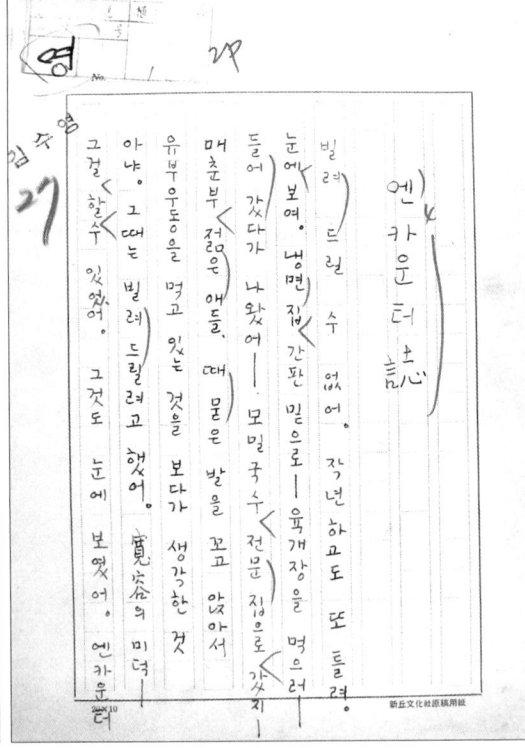

엔카운터誌

빌려 드릴 수 없어. 작년 하고 또 들에
눈에 보여. 냉면집 간판 밑으로—육개장을
빌려 갔다가 전문 애들
매춘부 점잖은 것을 모밀국수 집으로 들어
아냐. 그때는 문을 보다가 생각한 것
유부우동을 먹고 있는 것을 보다가
그걸 할 수 있었어. 그것도 눈에 보였어. 엔카운터

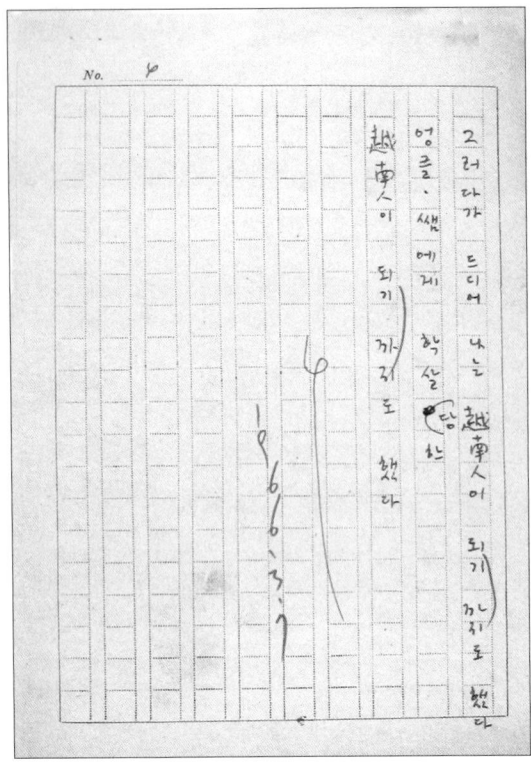

라디오의 時鐘을 고하는 소리 대신에 西道歌와
放送끝나는 소리들
기 소용돌은 나의 쾌괄도 못하고
나는 못을 벌었다 영큰, 쌤을 위해
그 映像을 찍어 가지 못하고
映像의 憾悔의 흔들 지우지 못한다
아 세상에 왜 이 둘리가
거울 못의 映像도 충분하다 누더기 두번
가죽 못의 숨소리 숨이

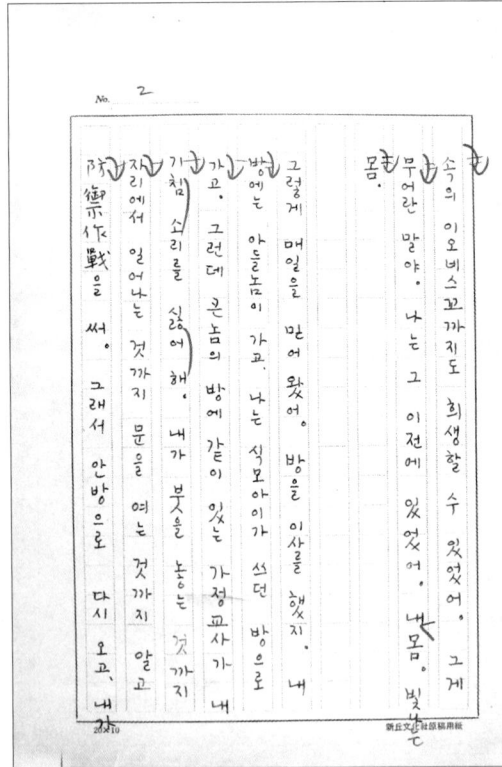

몸도 무얼한 말야. 나는 그 이전에 있었어. 내몸 빛
그렇게 매일을 만나 왔어. 방을 이사를 했지. 내 속의 이오네스코까지도 희생할 수 있었어. 그게
방에는 아들놈이 가고. 그런데 큰놈의 방에 갔어. 내가 식모 아이가 쓰던 방으로
가고. 그런데 큰놈의 방에 갔어. 내가 붓을 놓는 것까지
지침소리를 싫어 해. 내가 붓을 놓는 것까지
자리에서 일어나는 것까지 문을 여는 것까지 알고, 내
陽動作戰을 써. 그래서 안방으로 다시 오고, 내

그러다가 드디어 나는 越南人이 되기까지로
영큰, 쌤에게 학실 당하는
越南人이 되기까지도 했다

1966.3.7

No. 3

있던 기침 소리가 가정교사에게 들리는 방으로
식모 아이한테 주었지. 그때까지도 의심하지 않았
책을 빌려 드리겠다고. 나의 모든 프라이드를
재산을 연장으로 내드리겠다고.
그렇게 매일을 믿어 왔는데, 갑자기 변했어.
왜 변했을까. 이제 문제야. 이제 내 고민야.
지금도 빌려 줄 수는 있어. 그렇지만 이 문제가 해결
앉어. 그러나 너무 재촉하지 말아. 이 문제만 안 빌려 줄 수도
되기까지 기다려 봐. 지금은 안 빌려 주기로 하고

No. 4

있는 시간야. 그래야 시간을 알겠어. 나는 지금
께과 싸우고 있는 거야. 시간을 느꼈기 때문야.
젖다. 시간야. 시간을 느꼈기 때문야.
시간은 내 목숨야. 어제하고는 들려 젖어. 들려
젖다는 것을 알았어. 들려저야 겠다는 것을 알
앉어. 그것을 당신한테 알릴 필요가 있어. 그것
됐다.
좋중앉기 때문야.
이제부터 당신한테 알려 버려서 살아야겠어
이 책 보다 더 중요하다는 걸 모르지. 그것을

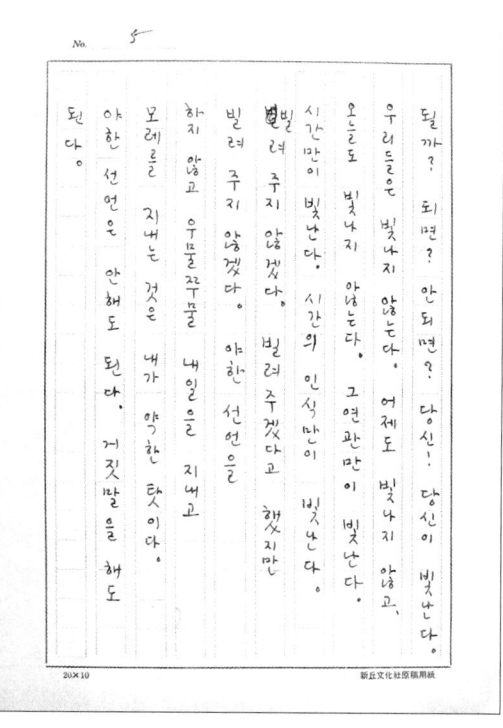

No. 5

될까? 되면? 안 되면? 당신.. 당신이 빛난다.
우리들은 빛나지 않는다. 어제도 빛나지 않고
오늘도 빛나지 않는다. 그연관만이 빛난다.
시간만이 빛난다. 시간의 인상만이 빛난다.
빌려 주지 않겠다. 빌려 주겠다고 했지만
빌려 주지 않겠다.
모레로 지내는 것은 내가 약한 탓이다.
약한 선언은 안해도 된다. 거짓말을 해도
하지 않고 우물쭈물 약한 선언을
된다.

No. 6

안 빌려 주어도 넉넉하다. 이게 세상이다.
당신도 넉넉하다. 나도 넉넉하다.

1966.4.5

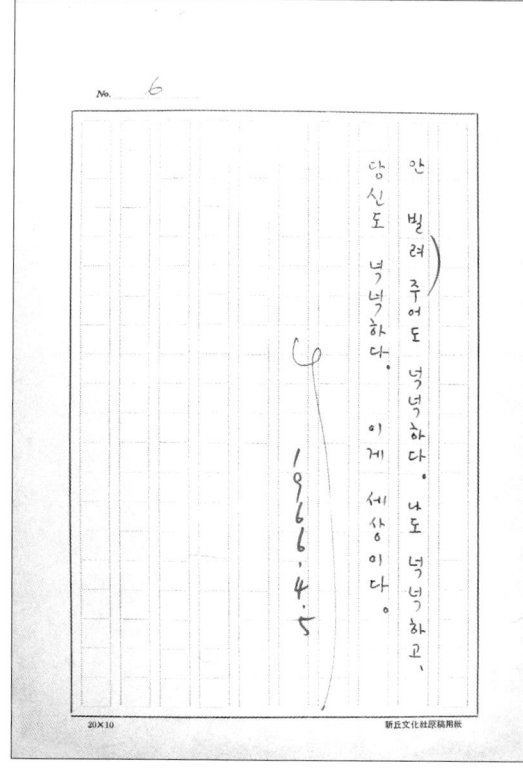

머리말

  2003년 가을 젊은 연구자들과 함께 『김수영 사전』을 기획했다. 한국 근대시가 출현했던 시기로부터 100년이 지나고 있을 무렵, 이 100년이라는 시간은 앞으로의 전망과 함께 지나온 시간에 대한 반성을 요구했다. 그 동안의 연구 성과에서 계승할 가치는 무엇이고, 개선할 것은 무엇인가. 이에 대한 반성을 위해 우리는 한국의 현대시를 대표하는 시인 중의 한 사람인 김수영을 주목하였고 그의 시어에 대한 사전을 편찬하기로 결정했다.

  20세기 후반을 활동 무대로 삼았던 김수영에 대한 연구물은 동시대의 다른 시인보다 많이 축적되었으며, 그의 문학은 2012년 오늘에도 여전히 후배 시인과 학자들의 문학적 열정을 자극하고 있다. 고귀한 진리부터 누추한 생활상까지 모든 것을 시에 담으려 했던 김수영은 분주한 일상 속에서도 고귀한 것을 찾으려는 후대의 독자에게 귀감의 대상이다. 김수영의 문학은 아직도 현재 진행형이다.

  기존에 발표된 김수영에 관한 연구는 그 나름대로 시인의 시적 개성을 예각화해서 보여주었다. 그러나 반성할 부분도 동시에 선명하게 드러났다. 이는 김수영에 관한 연구뿐만 아니라 100년 동안 축적된 우리 한국 근대시의 면모를 살핀 연구 성과에서도 드러나는 부분이다. 일상어의 영역을 초월하는 시적 언어의 특성 때문에 그에 관한 연구 또한 초월적인 면을 보이는 것은 아닐까. 김수영의 시에 주목하되 시어 하나하나를 일상어의 문법에 맞춰 풀이하고 시어가 쓰인 용례를 모은 사전 편찬 기획은 이와 같은 반성과 자각에서 비롯된 것이다. 번다한 작업이 수반되어야 하는 일이지만 기초적인 연구가 확립되어야 그가 나아갔던 시적 지향점도 뚜렷하게 드러나리라 판단했던 것이다.

  『김수영 사전』 발간 작업은 10년이라는 기간에 걸쳐 진행되었다. 김수영의 시를 입력하고 시어를 분류한 뒤 사전 풀이를 달고 시어의 용례들을 모으는 작업은 기본이었다. 엄밀하고 정확한 사전을 편찬하기 위해 육필원고, 최초이자 유일한 시집 『달나라의 장난』, 그리고 시가 발표된 문예지와 대조하는 작업을 일일이 수행했다. 또한 김수영 시어의 특성을 객관적으로 드러내기 위해 몇 가지 기준에 맞추어 시어를 통계적으로 분석하는 작업이 뒤따랐다. 그 기간 동안 재발견된 김수영의 유고들과 유고 사진 전집은 사전 편찬 팀에게 큰 힘이 되었다.

우리 연구회는 2003년 이미 『정지용 사전』을 간행해 현대시 연구의 초석을 마련한 바 있다. 이번에 발간되는 『김수영 사전』은 20세기 후반기에 활동한 시인을 대상으로 한 최초의 사전이다. 『김수영 사전』이 『정지용 사전』과 더불어 21세기의 시인과 독자들에게 우리 문학을 사랑하고 전통을 심화시키는 튼튼한 가교가 되기를 소망한다.

마침 김수영 서거 44주기가 되는 해에 이 책을 간행하는 것은 애초에는 미처 예상치 못한 큰 기쁨이다.

육필 원고의 사진과 김수영 사진이 이 사전에 수록되는 것을 허락해 주신 김수명 여사, 10년 동안 이 작업에 매진한 고려대학교 현대시연구회 회원, 계속되는 교정 작업을 묵묵히 견뎌주신 서정시학 편집부 최진자 실장께 감사의 말씀을 드린다.

2012년 2월
고려대학교 현대시연구회 회장
최동호

차 례

- 머리말 ············ 19
- 이 사전의 특징 ············ 22
- 일러두기 ············ 24
- 작업일지 ············ 27
- 시어 풀이와 용례 ············ 35
- 시어의 통계 분석 ············ 787
- 판본 대조표 ············ 829
- 생애 및 연표 ············ 887
- 연구서지 ············ 905

‖ 이 사전의 특징 ‖

1. 이 사전은 『김수영 전집 1: 시』(민음사, 2003)에 수록된 김수영의 시 176편의 시들을 대상으로 하여 전체 시어에 대한 실제 용례와 뜻풀이를 붙인 시어사전의 기능을 갖추었다. 특히 그동안 잘못 해석되어 온 시어들에 대해서는 그 의미를 바로잡아 김수영 시의 올바른 이해에 다가서고자 하였다.

2. 해당 시어에 대한 김수영 시 작품의 모든 용례를 수록함으로써, 이 사전을 읽어 나가기만 하여도 김수영 시 연구의 교본 역할을 할 수 있도록 기획하였다. 따라서 이 사전은 시어의 뜻풀이에서 그치는 것이 아니라 시어의 적절한 활용을 보여 주는 시어 활용사전의 기능을 아울러 갖추었다.

3. 이 사전은 위에 밝힌 여러 특징들을 갖추는 한편 사전류 저작물 특유의 개방성을 십분 발휘하여 이 방면의 최근 연구 성과들을 적극적으로 수용하는 편집 방침을 취했다. 따라서 이 사전은 '김수영사전'이라는 이름에 걸맞는 깊이와 폭을 지녔다고 말할 수 있다.

4. '시어의 통계 분석'에서는 『김수영사전』 '시어 풀이 및 용례'를 토대로 김수영 시어 목록을 고유명사, 외래어, 한자어, 부정어, 인지어, 감정어, 인칭대명사 등의 기준으로 분류하고 빈도수와 출현 작품의 목록을 작성하여 그 특징을 계량화하여 제시하였다.

5. '판본 대조표'에서는 김수영 생전에 발간된 유일한 시집 『달나라의 장난』(춘조사, 1959)과 사후에 발간된 여러 선집과 전집, 그리고 김수영 본인과 가족이 남긴 육필 원고 등을 대상으로 표기, 행, 연, 띄어쓰기 등의 차이를 보이는 시편에 한하여 그 차이를 표로 작성하여 제시하였다.

6. '생애 및 연표'에서는 김수영의 시가 당대 정치·사회·문화적 사건들과 밀접하게 관련되어 있는 점을 감안하여 그의 생애와 동시대의 역사적 사건들을 각각 연도별로 작성하여 제시하였다. 김수영의 삶과 김수영이 살았던 시대가 이 '생애 및 연표'를 통하여 일목요연하고도 입체적으로 조망될 수 있도록 유도한 것이다.

7. '연구 서지'에서는 2011년 6월까지 김수영에 관련된 연구 목록을 제시하였다. '연구 서지' 목록이 『김수영사전』의 체제를 완성하는 위치에 있는 까닭은 비단 여느 연구서 마지막에 마련된 '참고문헌'의 관행을 따르는 것에 그치지 않는다. 사후 40년이 지나 2011년 현재에도 김수영의 시는 후학의 연구들을 불러 모으고 있을 만큼 아직도 열려 있는 텍스트로서의 기능을 한다. 『김수영사전』은 일차 자료인 시 원전 텍스트의 이해와 더불어 이차 자료 접근에도 도움이 되고자 '연구 서지' 목록을 책의 마지막 부분에 마련하였다.

‖ 일러두기 ‖

이 사전의 시어 풀이와 용례는 '표제어-풀이-관련 표제어(부표제어)-용례' 의 순서로 제시하였다. 표제어 및 부표제어는 가나다순으로 수록하였으며 마지막에 숫자와 외국어 표제어를 순서대로 제시하였다.

1. 표제어

(1) 선정 원칙
『김수영 전집 1: 시』(민음사, 2003)를 원문으로 하여 시에 사용되는 모든 단어들을 어절별로 나누어 표제어로 삼았다.

(2) 문법적으로 활용하는 표제어
동사·형용사의 경우처럼 문법적으로 활용하는 표제어는 그 기본형을 표제어로 삼고 활용형을 부표제어로 삼았다. 체언이 표제어인데 부표제어가 달려 있는 경우는 속담 등 관용적인 사례에 한한다. **예** 가까운→가깝다, 가고→가다.

(3) 한자어·외래어
일반 한자어는 '( )'에 표기하였고, 한자어 중에서 실제음과 다른 표제어는 한자를 '[ ]' 안에 표기하였다. **예** 각오(覺悟), 재[灰]
또한 외래어는 원어를 밝혀주는 것을 원칙으로 하였다. 일어식 한자 표기를 한국 한자음으로 읽은 경우에는 해당되는 일어와 실제음을 명기하였다. **예** 가솔린(영, gasoline), 유부우동(일, 油腐うどん)

(4) 표기가 같고 뜻이 다른 표제어의 구별

표제어의 오른쪽 윗부분에 번호를 붙여서 구별하였다. **예** 눈¹, 눈²

(5) 보조용언

보조용언의 경우 따로 표제어로 선정하지 않는 것을 원칙으로 삼았으나, '하다' '가다' '보다' '나다' 등 그 용례의 수가 많을 경우에 한정해서 표제어로 산정했다. **예** 나다², 보다².

2. 풀이

(1) 문장 종결 형태

풀이하는 문장의 종결 형태는 서술형을 원칙으로 삼았다. 다만, 표제어가 명사인 경우에는 명사형으로 하였다.

(2) 주요 의미의 구별

표제어가 두 가지 이상의 주요한 의미를 가질 경우에는 '①, ② 등의 번호로 그 의미를 구분하였다. **예** 가다듬다 ①정신, 생각, 마음 따위를 바로 차리거나 다잡다. ②태도나 매무새 따위를 바르게 하다. ③목청을 고르다. ④숨을 안정되게 고르다. ⑤흐트러진 조직이나 대열을 바로 다스리고 꾸리다.

(3) 고어·방언

고어는 현대어로 밝혀 적어주었고, 방언은 풀이 부분에서 '~의 방언'으로 표시하였다. 이때 필요한 경우에한해 그 뜻을 보충 풀이했다. **예** 할버이 '할아버지'의 강원도 방언.

(4) 높임말·낮춤말·준말·옛말 등

풀이에서 '~의 높임말·낮춤말·준말·옛말'로 표시하였다. **예** 계시다 '있다'의 높임말.

(5) 유의어 및 관련 표제어

유의어는 풀이의 끝 부분에 제시했다. **예** 공백(空白) 아무것도 없이 비어 있음. 여백.
관련 표제어는 풀이의 끝, 용례의 앞부분에 '☞ 관련 표제어' 형태로 제시했다. **예** 미룡인찰지(—印札紙) 미농지에 괘선을 인쇄한 종이. ☞ 미농인찰지.

3. 용례

표제어의 기본 의미와 다양한 문맥적 의미를 용례를 통해 이해할 수 있도록 적절한 몇 구문을 '*' 표시 뒤에 제시했다.

(1) 원문의 표기 원칙
『김수영 전집 1 : 시』(민음사, 2003)에 실려 있는 작품을 원문으로 하였다. 다만 1981년에 발간된 초판 『김수영 전집 1 : 시』에서 한자가 괄호 밖에 노출된 시어들은 그 뜻을 명확히 하기 위해 초판의 표기를 따랐다.

(2) 원문의 생략
원문이 생략된 부분은 '[…]' 로 표시했다. 예 *프레이저의 현대시론을 사전을 찾아가며 읽고 있으려니[…]어떻게든지 체면을 차려볼 궁리 좀 해야지(「파자마 바람으로」)

(3) 출전
작품명을 용례의 끝 부분에 '(「작품명」)' 의 형태로 표시했다. 같은 제목의 다른 시일 경우에는 제목 뒤에 창작 연도를 밝혔다. 예 (「여름 아침」), (「절망」(1966))

4. 표기법

표기는 1988년 1월 19일 고시된 '한글 맞춤법'과 '표준어 규정' 및 1986년 1월 7일 고시된 '외래어 표기법'을 따르는 것을 원칙으로 하였다. 다만 띄어쓰기 등은 통상적인 기준에 따랐다.

‖ 작업일지 ‖

● 2003년 10월

고려대학교 현대시 연구회 회장(최동호)의 기획 아래 백은주, 이성우, 박순원, 장석원, 주영중, 박정선, 김종훈, 노춘기, 이근화 총 10명으로 구성된 '김수영 사전' 편집위원팀이 꾸려졌다. 1차 회의에서 사전 출간은 김수영 시의 모든 시어들을 표제어의 대상으로 하되 어미, 조사 등 형식 형태소는 제외하는 것으로 편집 체제를 정했다. 우선 편집 구성원들은 김수영 전집을 문서 파일로 전환하기 위해 개정판 『김수영 전집 1: 시』(민음사, 2003)의 시 전편을 컴퓨터에 입력하는 작업을 시작하였다. 10월 18일 열린 2차 회의에서는 표제어 분류 및 분배 등을 점검하고 이와 관련한 추후 일정을 조정하였다.

● 2003년 12월 29일

원문 입력 작업을 마친 뒤, 원문과의 대조, 표제어 분류, 기 발간된 사전을 참조하여 사전 뜻풀와 용례 첨가, 논란이 되는 시어는 선행 연구들을 참조하여 작업을 진행하였다. 12월 29일 열린 3차 회의에서는 가독성을 높이기 위해 한자를 한글로 바꾼 개정판 전집이 사전 작업의 대상으로 적절치 않다는 문제가 제기되어 1981년판 김수영 전집을 참조하며 개정판 전집(2003년 출간)에 괄호 안으로 처리된 한자를 사전에서는 노출하기로 결정하였다. 즉, 정본 텍스트는 2003년 출간된 개정판 전집이지만 그 중 괄호 안에 처리된 한자를 노출시키기로 한 것이다.

● 2004년 1월 30일

용례 작업용 파일과 표제어 추출 파일을 완성하였다. 용례 작업용 파일에서는 김수영 시 본문의 행과 연을 사선으로 표시하였으며, 표제어 추출 파일에서는 모든 시어들을 단어별로 나누었다. 당일 열린 4차 회의에서는 표제어 풀이 작업 절차에 대한 토의를 가졌다. 이 밖에 사전의 체제, 시어 풀이와 용례 작업 절차, 원본 확정과 텍스트 입력 방법, 텍스트 입력 파일 정리 방법 등을 논의하였다.

● 2004년 2월 5일

이날 열린 5차 회의 때 용례 작업의 세부 절차를 조정하였다.

● 2004년 5월 5일

6차 회의 때 표제어 추가 목록에 대하여 논의했다. 관용구 또한 부표제어로 처리해야 할 필요성이 제기되었고, 풀이하기 어려운 시어들은 별도로 분류하였다. 팀 구성원인 백은주가 이현승으로 교체되었다.

● 2004년 8월 6일

작업 진행 결과, 표제어와 용례풀이 부분만 원고지 총 8,000~9,000매에 이를 것으로 예측되었다. 이에 8월 6일 열린 7차 회의에서 단행본으로 내기에는 분량이 너무 많다는 의견이 제기되었고, 분량을 줄이려면 구체적인 기준 설정이 필요하다는 문제가 제기되었다.

● 2004년 8월 25일

표제어 풀이 및 용례 1차 작업을 완료하였다. 해결하기 어려운 표제어들을 물음표 처리한 파일 또한 완성하였다. 8월 25일 열린 8차 회의에서 김수영 시를 검토한 결과 난해어나 김수영이 만든 조어는 극히 적고 당대의 시사어 등의 언어가 많다는 결론에 이르렀다. 따라서 당대의 사진 자료 수집 및 시사어 풀이에 중점을 두어야 한다는 의견이 대두되었다. 새로 설정된 목표에 맞춰 풀이 작업을 다시 시작하였다.

● 2005년 1월 17일 ~ 21일

참고 도서 중의 일부인 기 발간 김수영 선집과 시집과 1981년도 전집 등 판본에 따라 표제어 및 행갈이가 일치하지 않는 현상이 여럿 나타났다. 이에 판본 비교의 필요성이 제기되었다. 분량 축소, 사진 필요 표제어 선정을 마쳤고, 김수영 연구 관련 박사 학위자 강웅식, 장석원, 여태천과 함께 난해어 풀이와 관련한 9차 회의를 가졌다.

● 2005년 1월 24일 ~ 28일

'판본 대조표' 작성을 위해 문학세계사에서 발간된 『김수영』의 서지 목록을 기초로 국회도서관을 방문하여 최초 발표지 《문학 예술》《문예》등에서 김수영 시를 찾았다. 또한, 1981년, 2003년 전집과 최초 발표지 수록 시편 대조 작업 및 스캔 작업을 진행하였다. 고려대학교 도서관에서 최초 발표지면 《창작과 비평》등의 잡지를 대상으로 발표시 입수 작업을 계속하였다.

김수영 생존시 발간한 유일한 시집『달나라의 장난』(춘조사, 1959), 사망 이후의 최초 선집『거대한 뿌리』(민음사, 1974)를 입수하여 복사, 스캔, 대조 작업을 진행하였다 국립중앙도서관에서 최초 발표지면을 입수하여 작업을 지속하였다.

1981년 판 전집 발간 이전에 출판된『달의 행로를 밟을지라도』(민음사, 1976)를 입수하여 전편 복사, 스캔, 대조 작업을 진행하였다.

판본 대조표의 형식과 관련하여 1월 28일 10차 회의를 열었다.

● 2005년 1월 31일 ～ 2월 4일

본문 '시어 용례 및 풀이'를 사전 형태로 출력하였다. 작업 결과를 인원 수대로 나누어 배분 후 교정을 시작하였다. 판본 대조 작업을 계속하였다.

● 2005년 2월 3일

고려대학교 현대시 연구회 회장(최동호)이 김수영 유족에게서 '김수영 육필 원고' CD를 입수하였다. CD 4장으로 된 사진 파일을 검토 후, 11차 회의를 열어 판본 대조표의 작성을 추가하는 것으로 일정을 잡았다. 육필 원고 작품 파일의 분류 작업을 실시하였다.

● 2005년 2월 4일

판본대조 1차 작업을 완료하였다(최초 발표지, 달나라의 장난, 창비유고, 거대한 뿌리, 달의 행로를 밟을지라도, 전집 구판, 전집 신판). 12차 회의를 열어 판본대조표에서 육필 원고 칸(영어 대문자 O)과, 비고 원고 칸을 추가하기로 결정했다.

● 2005년 2월 11일

13차 회의를 열어 분류한 육필원고를 개인별로 할당하였고, 육필원고 대조작업을 계속하였다.

● 2005년 2월 14일 ～ 2월 19일

14차 회의를 열어 육필 원고 대조 작업을 계속하였다. 원문 대조 작업 및 판본 대조표 작업을 완료하였다. 난해어 해결 작업을 계속하였다. 본문 삽입 사진 목록을 작성하였다.

● 2005년 2월 16일

15차 회의를 열었다. 난해어 풀이에 대해 토의하였고 사진 리스트를 작성하였다.

● 2005년 2월 18일

16차 회의를 열었다. A4 기준 총 600매 분량으로 '시어 풀이와 용례'의 분량을 조절했다. 총 68개의 사진 자료 목록을 작성했다. '판본 대조표'를 작성했다. 「엔카운터 지」, 「이혼취소」, 「조국에 돌아오신 상병포로 동지들에게」, 「풀의 영상」 이상 네 편은 행 표시가 전체적으로 달라 표로 제시하기보다는 이미지 자료를 제시하는 것이 적절하다고 판단되어, 추후 사진 자료에 첨가하는 것으로 결정하였다.

● 2005년 2월 28일

이날 열린 17차 회의 때 '시어의 통계 및 분석'과 '연표와 서지', '연구 서지 목록'의 필요성이 제기되어 이와 관련한 후속 작업 계획을 논의했다. 그리고 김수영 사전 팀으로 학진 토대 연구 과제의 신청을 기획하였다. 고려대학교 현대시 연구회 회장(최동호)이 타 프로젝트 참가로 인해 '연구 책임자'로 참여하지 못하게 되어, 전주대 이희중 교수에게 연구 책임자 참여 의사를 타진하였다. 타 프로젝트 학진 연구 과제 참여로 인해 장석원, 노춘기가 팀을 옮겼다.

● 2005년 3월

18차 회의를 열어 학진 프로젝트 전임 연구원으로 최정례, 이찬을 위촉하였다. 학진 프로젝트 팀을 연구 책임자 이희중, 전임 연구원 최정례·이찬, 보조 연구원 박순원, 주영중, 박정선, 김종훈, 이현승, 이근화로 구성하여 학술진흥위원회에 단기 연구 과제를 신청했다. 기획서 검토 후에 '시어 사전'에 충실할 것을 권고받아, '판본 대조표' '시어의 통계 분석' 등을 제외한 '시어의 용례 및 풀이' 부분만을 집중해서 학진에 제출하기로 결정했다. 이에 팀명도 '김수영 사전'에서 '김수영 시어 사전'으로 변경했다.

● 2005년 6월

19차 회의를 열었다. '판본 대조표' '시어의 통계 분석' '생애 및 연표' '연구 서지' 등을 실은 단행본 계획을 수립하였다. 이에 따라 학진 연구와는 별도로 단행본 작업을 지속적으로 추진하기로 결정했다. 학진과 겹치는 '시어의 용례 및 풀이' 부분도 용례 제시 등의 기준을 달리하여 내용상 차이를 보이도록 조정하였다.

● 2005년 9월 ~ 2006년 8월

학진 관련 『김수영 시어 사전』의 작업을 수행하였다. 팀의 공식 명칭은 '전주대학교 인문과학 종합연구소 김수영 사전 편찬팀'이며 공식 과제명은 KRF-2005-078-인문사회분야 지원토대연구-AS0049'이다.『김수영 시어 사전』과『김수영 사전』과의 변별력 확보를 위해 학진팀 과제 텍스트의 분량을 대폭 줄이는 작업을 계속하였다.

● 2006년 1월 16일

20차 회의를 열었다. 세부 목차별 연구 책임자를 선임하고, 김수영 연구사를 작성하였다. '시어의 용례 및 풀이'의 1차 교정을 시작하였다.

● 2006년 1월 20일

21차 회의를 열어 김수영 시어 사전과 관련한 사전 및 참고 도서 구입 목록을 작성하였다.

● 2006년 2월

김수영이 머물렀던 거제도 포로 수용소 기념관을 방문하였다. 학진 연구를 수행하며『김수영 사전』단행본 작업은 보류 상태에 접어든다.

● 2006년 8월

학진 팀 연구 활동을 마감하였다. 편집위원 박정선이 해촉되었다.

● 2007년 2월

ISBN 978-89-92362-09-2인『김수영 시어 사전』(필자 이희중 외)을 비매품으로 발간하였다. 학진관련 타 팀으로 배속된 장석원, 노춘기의 이름을 '자료조사' 항목에 올렸다.

● 2007년 8월

22차 회의를 열어『김수영 사전』단행본 팀을 재구성하였다. 기획 구성 책임자(최동호), 학진 연구 책임자(이희중)가 참여하고, 학진 연구팀의 전임 연구원으로 참여했던 최정례, 이찬을 해촉하였다. 편집위원을 박순원, 주영중, 김종훈, 이현승, 이근화로 구성하였다.

● 2008년 1월

23차 회의를 열어『김수영 사전』본문 '시어의 용례 및 풀이'의 점검 작업을 재개하였다. 난해어로 선정한 시어들의 풀이를 적극적으로 시행하였고, 기존의 연구서들의 뜻풀이를 시어 풀이에 반영하였다.

● 2008년 8월

24차 회의를 가졌다. 교정 작업과 표제어 조정 작업이 계속되었다. '시어의 통계 분석' 부분의 주제를 선정하기 위해 김수영 시의 시어뿐만 아니라 김수영 시를 전반적으로 검토, 특성에 대해 논의하였다.

● 2009년 2월~8월

'시어의 통계 분석' '생애 및 연표' '연구 서지' 등의 집필 작업에 착수하였다. 2009년 2월에 25차 회의를 열어 '시어의 통계 분석'은 각 주제별로 할당해서 집필하기로 하였다. 인칭대명사, 한자어, 고유명사, 부정어, 인지어, 감정어 등으로 주제를 정하였다. 컴퓨터 편집을 도왔던 이성우가 해촉되었다.

● 2009년 9월 18일

교정 작업이 계속되었다. 26차 회의를 가졌다. '생애 및 연표'에 김수영이 살았던 시대상을 적극적으로 반영하기로 하였다.

● 2009년 9월 25일

기획했던 모든 원고가 마련되었다. 27차 회의를 열었다. A4 용지로 '시어의 용례 및 풀이' 640장, '시어의 통계 분석' 50장, '판본대조표' 50장, 그 외 10장 총 A4 750장의 분량이며 총 시어는 22,165개, 총 표제어 수는 5,220여 개이다. 편자는 최동호, 이희중, 박순원, 주영중, 김종훈, 이현승, 이근화 총 7명이다. 일시적으로 참여한 인원 이성우, 장석원, 노춘기, 백은주, 박정선, 최정례, 이찬 7명을 포함하면 총 14명의 인원이『김수영 사전』편집 위원으로서 작업에 참여하였다.

● 2009년 10월 9일

28차 회의를 열어 추가 논의를 진행했다. 사진 자료 점검, 시어의 통계 분석 서설 추가, 연구 서지 보충 등의 후속 작업에 관해 논의하였다.

● 2009년 9월 ~ 2010년 2월

기존의 시어 분석 자료를 토대로 저자가 김수영 시어의 통계 분석에 관한 논문을 제출하였다. 각 목록은 다음과 같다. 이근화,「김수영 시에 나타난 조어(造語) 연구」,『국어국문학』153호, 2009.12.; 김종훈,「김수영 시의 '부정어' 연구」,『정신문화연구』제32권 제3호, 2009. 9.; 주영중,「김수영 시의 '인지어' 연구 1」,『우리어문연구』36집, 2010. 1.; 이현승,「김수영 시의 감정어 연구」, 『어문론집』 42호, 2009.11.

● 2010년 12월 16일

29차 회의를 열었다. 『김수영 사전』 발간 시기를 정하고, 편찬 주체를 '고려대학교 현대시 연구회'로 정했다. '시어의 통계 분석' 부분의 원글인 여러 편집위원들의 논문을 별도로 엮어 출간하는 것에 대해 논의하였다. 출간 형태로 나온 교정지를 받아 총 다섯 번 교정을 보기로 정하였다.

● 2011년 1월 24일

다섯 번 교정한 뒤 중간 점검 차 30차 회의를 가졌다. 누락된 부분을 점검하고, 영어 및 출전 등의 글꼴에 대해서 논의하였다.

● 2011년 6월 16일

31차 회의가 열렸다. 최근의 성과물을 연구 서지에 첨가하고 최종교정결과가 출간용 편집 형태에 적절히 반영되었는지 점검하기로 하였다.

● 2011년 6월 28일

32차 회의를 열어 최종 교정을 진행하는 동시에 책의 정가 등 출판에 따른 부수적인 사항들을 결정하였다.

● 2011년 7월 11일

33차 회의를 열었다. 판형과 사진자료 등에 대해 논의하였다.

● 2011년 8월 31일

34차 회의를 열었다. 2011년 방학중에 작업한 결과를 최종 점검하고 앞으로의 계획을 수립하였다.

● 2011년 10월 26일

35차 회의를 열었다. 표지 디자인과 머리말을 점검하였다.

● 2012년 2월 20일

36차 회의를 열었다. 보도자료를 작성하였고 최종 교정결과를 컴퓨터 화면과 대조하였다.

시어 풀이와 용례

ㄱ 기역. 한글 자모의 첫째 자음. *참호의 입구의 ㄱ자가 문제되고//내일의 행동이 먼지를 쓰고 있다(「먼지」)

가 ①경계에 가까운 바깥쪽 부분. ②어떤 중심 되는 곳에서 가까운 부분. ③그릇 따위의 아가리의 주변. ④'주변'의 뜻을 나타내는 말. *기운을 주라 더 기운을 주라/무성하는 채소밭 가에서/기운을 주라 더 기운을 주라/돌아오는 채소밭 가에서/기운을 주라 더 기운을 주라/바람이 너를 마시기 전에(「채소밭 가에서」)

가게 작은 규모의 상점 또는 장터나 길거리 따위에서 물건을 벌여 놓고 파는 곳을 이르는 말. *헌 기계는 가게로 가게에 있던 기계는/옆에 새로 난 쌀가게로 타락해 가고(「금성라디오」) *조바심을 하고 식모 아가씨나 가게/아가씨는 연애가 되나 하고(「원효대사」)

가구점(家具店) 가구를 파는 가게. *가구점의 문앞에서 책꽂이를/묶어주는 철쭉꽃빛 루즈를 바른/주인 여자의 얼굴(「네 얼굴은」)

가까이하다 허물없이 사귀다. 늘 대하거나 즐기다.

　가까이 할 *가까이 할 수 없는 서적이 있다[…]가까이 할 수 없는 서적이여/가까이 할 수 없는 서적이여(「가까이 할 수 없는 서적」)

가깝다 ①거리가 짧다 또는 시간상으로 동안이 짧다. 교분이 두텁다. ②촌수 따위가 멀지 아니하다. ③성질이나 모양, 상태 따위가 거의 비슷하다. 어떤 기준에 미칠 듯하다. ④생활 주변에서 멀지 않다.

　가까운 *종로 네거리도 행길에 가까운 일부러 떠들썩한 찻집을 택하여 나는 앉아 있다(「시골 선물」) *낭만적 위대성을 잊어버린 지 오랜 네가 인류를 위하여 산다는 것도 거짓말에 가까운 것이지만(「기자의 정열」) *천국도 지옥도 너무나 가까운 곳/사람들이여(「여름 아침」) *죽음보다도 엄숙하게/귀고리보다도 더 가까운 곳에/종소리보다도 더 영롱하게[…]죽음보다도 엄숙하게/귀고리보다도 더 가까운 곳에/종소리보다도 더 영롱하게(「영롱한 목표」) *우선 가까운 곳에서부터/차례차례로[…]우선 가까운 곳에서부터/차례차례로(「우선 그놈의 사진을 떼어서 밑씻개로 하자」) *말하자면 내가 찾고 있는 것은 언제나 나의 가장 가까운/내 곁에 있고/우물도 사닥다리도 愛兒도 거만한 문패도/내가 범인이 되기 전에/(벌써 오래전에!)/ 범인의 것이 되어 있었고//그동안에도/그뒤에도 나의 시는 영원한 미완성이고(「절망」(1962)) *이틀째 흐린 가을날은 무더웁기만 해/가까운 데에서 나는 人聲은 옛날이야기처럼/멀리만 들리고(「장시2」) *그것을 차단할/가까운 거리의 부엌문이 있고/아내는 집들이를 한다고/저녁 대신 뻘건 팥죽을 쑬 것이다(「이사」) *가장 가까운 적에 대한다/가장 사랑하는 적에 대한다(「적2」) *멀고도 가까운 그 어마어마한 낭비(「꽃잎3」)

　가까워진 *이렇게 人情의 하늘이 가까워진/일이 없다 남을 불쌍히 생각함은(「여름 밤」)

　가까웠다 *배우 이름은 모르지만 대사는/대사보다도 배우에 가까웠다(「원효대사」)

가난 재산이나 수입이 적어서 생활하기에 어렵고 딱한 상태. 빈곤(貧困). *너의 가난을 눈에 보이는/눈에 보이지 않는 모든 가난을(「65년의 새해」)

가난하다 재산이나 수입이 적어서 생활하기에 어렵고 딱하다. 빈곤(貧困)한 상태를 나타내는 형용사.

　가난하게 *저이는 나보다도 가난하게 보이는데/저이는 우리집을 찾아와서 산보를 청한다(「강가에서」)

가난한 *눈을 뜨지 않은 땅속의 벌레같이/아둔하고 가난한 마음은 서둘지 말라(「봄 밤」) *나무뿌리를 울리는 신의 발자국소리/가난한 침묵/자꾸 어두워가는 백주의 활극(「장시2」)

가난해 *그는 나보다도 가난해 보이는데/남방셔츠 밑에는 바지에 혁대도 매지 않았는데(「강가에서」)

가냘프다 ①몸매가 호리호리하고 연약하다. ②목소리 따위가 가늘고 약하다.

가냘픈 *하나의 가냘픈 물체에 도저히 고정될 수 없는/나의 눈이며 나의 정신이며(「방안에서 익어가는 설움」) *이 소음들은 나의 푸른 풀의 가냘픈/ 영상을 꺾지 못하고(「풀의 영상」)

가늘다 기다란 것이 둘레가 작거나 너비가 좁다.

가는 *날짐승의 가는 발가락 사이에라도 잠겨있을 운명―(「도취의 피안」)

가늘게 *눈을 가늘게 뜨고 산이 있거든 불러보라(「피곤한 하루의 나머지 시간」)

가다¹ ①이곳에서 저곳으로 옮아 움직이다. ②있던 자리를 떠나다. ③자연물이 움직이다. ④어떤 지경이나 처지에 이르다. ⑤시간·세월·계절 따위가 지나다. ⑥어느 시기·지경까지 이어지다. 견디다. ⑦손해나 이익을 입다. 받다. ⑧금·얼룩·구김살·주름 따위가 생기다. ⑨맛·입맛·음식 따위가 상하다. 변하다. 눈길·관심·짐작 따위가 그 방향으로 돌려지다.

가 *「엄마 안 가」 엄마 안 가?」/「안 가 엄마! 안 가 엄마! 엄마가 어디를 가니?」/「안 가유?」/「안 가유! 하……?」[…]「엄마 안 가?」/「엄마 안 가?」/「엄마 가?」/「엄마 가?」(「등나무」) *모르고 자기가 가 닿은 언덕을/모르고 거룩한 산에 가 닿기(「꽃잎1」) *그러나 어디를 가보나/그의 머리 위에 반드시 窓이 달려 있는 것은/죄악이 아니겠느냐(「수난로」) *생활은 어디에 가보나 하나이다/미스터 리!(「미스터 리에게」) *누구 집을 가보아도 나 사는 곳보다는 여유가 있고/바쁘지도 않으니(「달나라의 장난」) *假裝 파티에/가본 일도 없다/하물며/중립사상

연구소에는/그림자도 비친 일이 없다(「이놈이 무엇이지?」)

가고 *기적소리는 문명의 밑바닥을 가고/형이상학은 돈지갑처럼/나의 머리 위에서 떨어진다(「싸리꽃 핀 벌판」) *서울에도 있고 산보도 하고/영화관에도 가고/애교도 있다(「하…… 그림자가 없다」) *그렇게 매일을 믿어왔어. 방을 이사를 했지. 내/방에는 아들놈이 가고 나는 식모아이가 쓰던 방으로/가고.(「엔카운터 誌」) *옆에 새로 난 쌀가게로 타락해 가고/어제는 캐시미론이 들은 새 이불이(「금성라디오」) *이 갱 안의 잉크 수건의 칼자국//증오가 가고 이슬이 번쩍이고/음악이 오고 변화의 시작이 오고/변화의 끝이 가고 땅 위를 걷고 있는(「먼지」) *원효 대신 원효 대신 마이크로가/간다「제니의 꿈」의 허깨비가/간다 연기가 가고 연기가 나타나고(「원효대사」) *테이블 밑에 신경이 가고 탱크가 지나가는/[…]기꺼이 기꺼이 변해 가고 있다(「의자가 많아서 걸린다」)

가기 그렇게 먼 날까지 가기 전에 너의 가슴에/새겨둘 말을 너는 도시의 피로에서/배울 거다(「사랑의 변주곡」)

가네 *밋밋한 발회목에 내 눈이 자꾸 가네/내 눈이 자꾸 가네(「사치」)

가는 *마차를 타고 가는 사람이 좋지 않아요/웃고 있어요/그것은 그림/토막방 안에서 나는 우주를 잡을 듯이 날뛰고 있지요(「웃음」) *창을 흔들고 가는 바람소리를 들어도 불안하지도 않고/도회에서 태어나서 도회에서 죽어가는 사람들은/젊은 몸으로 죽어가는 前線의 전사에 못지않게 불쌍하다고 생각하며(「미숙한 도적」) *나의 마음을 딛고 가는 거룩한 발자국소리를 들으면서/지금 나는 마지막 붓을 든다//누가 무엇이라 하든 나의 붓은 이 시대를 진지하게 걸어가는 사람에게는 치욕(「九羅重花」) *내가 사는 지붕 위를 흘러가는 날짐승들이/울고 가는 울음소리에도/나는 취하지 않으련다//사람이야 말할 수 없이 애처로운 것이지만(「도취의 피안」) *내가 일 위에 앉아 있는 듯이/그러나 필경 내가 일을 끌고 가는 것이다/일을 끌고 가는 것은 나다(「거리1」) *지프차를 타고 가는 어느 젊은 사람이/유쾌한

표정으로 활발하게 길을 건너가는 나에게/인사를 한다[…]우울 대신에 수많은 기폭을 흔드는 쾌활/잊어버린 수많은 詩篇을 밟고 가는 길가에/영광의 집들이여 점포여 역사여(「거리 2」) *황홀히 너를 찾아보는 아침이여/번개같이 가슴을 울리고 가는 묵은 생명과 새 희망의 무수한 충돌 충돌……(「기자의 정열」) *나는 여름//夕刊에 폭풍경보를 보고/배를 타고 가는 사람을/습관에서가 아니라 염려하고/3년 전에 심은 버드나무의 악마 같은/그림자가 뿜는 아우성소리를 들으며(「가옥 찬가」) *사실은 일본에 가는 친구의 잔치에서/이토츄[伊藤忠]商事의 신문광고 이야기가 나오고/굣쿄노마찌 이야기가 나오다가(「나가타 겐지로」) *사전이 詩 같은 나이의 詩/사전이 앞을 가는 변화의 詩/감기가 가도 감기가 가도/줄곧 앞을 가는 사전의 詩/詩.(「시」(1961)) *불같은 일/암흑의 일/깨꽃같이 작고 많은/맨 끝으로 신경이 가는 일/암흑에 휘날리고/나의 키를 넘어서—/병아리같이 자는 일//눈을 뜨고 자는 억센 일(「깨꽃」) *떨어지는 은행나무잎도 내가 밟고 가는 가시밭/아무래도 나는 비켜서 있다 절정 위에는 서 있지/않고 암만해도 조금쯤 옆으로 비켜서 있다(「어느 날 고궁을 나오면서」)

가니 *「엄마 안 가? 엄마 안 가?」/「안 가 엄마! 안 가 엄마! 엄마가 어디를 가니?」/「안 가유?」/「안 가유! 하……」/「으흐흐……」(「등나무」)

가다오 *이유는 없다—/가다오 너희들의 고장으로 소박하게 가다오/너희들 미국인과 소련인은 하루바삐 가다오/미국인과 소련인은 〈나가다오〉와 〈가다오〉의 차이가 있을 뿐/말갛게 개인 글 모르는 백성들의 마음에는/〈미국인〉과 〈소련인〉도 똑같은 놈들/가다오 가다오/〈4월 혁명〉이 끝나고 또 시작되고[…]고요해진 명수 할버이의/잿물거리는 눈이/비둘기 울음소리를 듣고 있는 동안에/나쁜 말은 안하니/가다오 가다오//지금 명수 할버이가 명석 위에 넘어져 자고 있는 동안에/가다오 가다오/명수 할버이/잿님이 할아버지/경복이 할아버지/두붓집 할아버지는/너희들이 피지 섬을 침략했을 당시에는/그의 아버지들은 아직 젖도 떨어지기 전이었다니까/명수 할버이가 불쌍하지 않으냐/잿님이 할아버지가 불쌍하지 않으냐/두붓집 할아버지가 불쌍하지 않으냐/가다오 가다오//선잠이 들어서/그가 모르는 동안에/조용히 가다오 나가다오/서푼어치 값도 안 되는 미·소인은/초콜릿, 커피, 페티코트, 군복, 수류탄/따발총……을 가지고/적막이 오듯이/적막이 오듯이/소리없이 가다오 나가다오/다녀오는 사람처럼 아주 가다오!(「가다오 나가다오」)

가더라도 *이 죄의 여운에는 사과의 길이 없다 불란서에 가더라도/금방 불란서에 가더라도 금방 자유가 온다 해도(「거짓말의 여운 속에서」)

가던 *아아 그리고 저 도봉산보다도/더 큰 증오도/굴욕도/계집애 종아리에만/눈이 가던 稚氣도/그밖의 무수한 잡동사니 잡념까지도/깨끗이 버리고/깨끗이 버리고/깨끗이 버리고(「檄文」)

가도 *사전이 詩 같은 나이의 詩/사전이 앞을 가는 변화의 詩/감기가 가도 감기가 가도/줄곧 앞을 가는 사전의 詩/詩.(「시」(1961)) *엮음대가 걸리고 테이블 위에 놓은/미제 磁器 스탠드가 울린다//마루에 가도 마찬가지다 피아노 옆에 놓은/찬장이 울린다(「의자가 많아서 걸린다」)

가든 *논도 얼어붙고/대숲 사이로 침입하는 무자비한 푸른 하늘//쉬었다 가든 거꾸로 가든 모로 가든/어서 또 가요 기름을 발랐으니 어서 또 가요(「시」(1961))

가든지 *마루바닥에서 하든지 마당에서 하든지/하다가 가든지 공부를 하든지 무얼 하든지/말도 걸지 말고— 저놈은 내가 말을 걸 줄 알지(「잔인의 초」)

가듯이 *채귀가 집으로 돌아가면 돼/성당으로 가듯이/채귀가 어젯밤에 나 없는 사이에 돌아갔으면 돼/장시만 장시만 안 쓰면 돼(「장시 1」)

가라 *서정시인은 조금만 더 속보로 가라/그러면 대열은 일자가 된다//사과와 수첩과 담배와 같이/인간들이 걸어간다(「바뀌어진 지평선」) *도피하는 친구들/양심도 가지고 가라 휴식도—/우리들은 다 같이 산등성이를 내려가는 사람들/　　　그러나 오늘은 산보다도/그것은 나의 육체의 용기//광야에 와서 어떻게 드러누울 줄을 알고 있는/나는 너무나도 악착스러운 봉상가(「광야」) *은밀도 심오도 학구도 체면도 인습도 치안국/으로 가라 동양척식회사, 일본영사관, 대한민국 관리,/아이스크림은 미국놈 좆대강이나 빨아라 그러나(「거대한 뿌리」)
가며 *시간의 표면에/물방울을 풍기어 가며/오늘을 울지 않으려고/너를 잊고 살아야 하는 까닭에(「바뀌어진 지평선」)
가면 *이 길로 마냥 가면/이 길로 마냥 가면 어디인지 아는가//티끌도 아까운/더러운 것일수록 더한층 아까운/이 길로 마냥 가면 어디인지 아는가(「더러운 향로」) *나비의 봄이야 제철이 가면 죽지만은/그의 몸에 붙은 고운 지분은/겨울의 어느 차디찬 등잔 밑에서 죽어 없어지리라(「나비의 무덤」) *미국사람들이 세워놓은 자동차란 자동차는/싹 없애버려라/저놈들이 타고 가면 안 된다/야 빨리 들어가 하바! 하바!/나는 아리조나 카보이야/아리조나 카보이야(「나는 아리조나 카보이야」) *거리에서는 고개/숙이고 걸음 걷고/집에 가면 말도/나지막한 소리로 걸어//그래도 정 허튼소리가/필요하거든//나는 대한민국에서는/제일이지만//이북에 가면야/꼬래비지요(「허튼소리」)
가면야 *나는 대한민국에서는/제일이지만//이북에 가면야/꼬래비지요(「허튼소리」)
가서 *그랬더니 그 친구가 빨리 38선을 향하여 가서/이북에 억류되고 있는 대한민국과 UN군의 포로들을 구하여내기 위하여(「조국에 돌아오신 傷病捕虜 동지들에게」) *시장에 가서 비린 생선 냄새를 맡을 때도/배가 부를 때도 목이 마를 때도/연애를 할 때도 졸음이 올 때도 꿈속에서도(「하…… 그림자가 없다」) *여기 떡갈나무 잎이 있는데 이것을 가지고 가서/하와이 영사한테 보여라(「나는 아리조나 카보이야」) *강가에 가서 돌아갈 차비만 남겨놓고 술을 사준다/아니 돌아갈 차비까지 다 마셨나 보다(「강가에서」) *피를 안 흘리려고 생전 처음으로 돈 가진 친구한테/정식으로 돈을 꾸러 가서 안 됐지(「이혼 취소」) *집문서를 갖고 가서 무이자로 15개월만/돌려 달라고 우리가 강청한 사람은 이 돈을 받을 사람과 한 고향인 함경도 친구(「판문점의 감상」)
가야 *아아 아아 아아/불은 커지고/나는 쉴 사이 없이 가야 하는 몸이기에/구슬픈 육체여(「구슬픈 육체」) *달콤한 마음에 싸여서/어디고 가야 할지 모르는 마음—무한히 망설이는 이 마음은 어둠과 절망의 어제를 위하여/사는 것이 아니고[…]사막의 한 끝을 찾아가는 먼 나라의 외국 사람처럼 나는 어디로 가야 할지 모르겠다(「거리2」) *죽음이 싫으면서/너를 딛고 일어서고/시간이 싫으면서/너를 타고 가야 한다//창조를 위하여/방향은 현대—(「네이팜 탄」) *어디로인지 알 수 없으나/어디로이든 가야 할 반역의 정신/나는 지금 산정에 있다(「구름의 파수병」)
가야만 *기어코 떨어졌으면서/나의 손 위에서 신음한다/가야만 하는 사람의 이별을/기다리는 것처럼(「愛情遲鈍」)
가요 *쉬었다 가든 거꾸로 가든 모로 가든/어서 또 가요 기름을 발랐으니 어서 또 가요/타마구를 발랐으니 어서 또 가요/미친놈 뿐으로 어서 또 가요 변화는 끝났어요/어서 또 가요/실 같은 바람 따라 어서 또 가요//더러운 일기는 찢어버려도(「시」(1961))
가유 *「안 가유?」/「안 가유! 하……」/「으흐흐……」//두 줄기로 뻗어올라가던 놈이/한 줄기가 더 생긴 것이 며칠 전이었나(「등나무」)
가자 *아픈 몸이/아프지 않을 때까지 가자/골목을 돌아서/베레모는 썼지만[…]아픈 몸이/아프지 않을 때까지 가자/나의 발은 절망의 소리[…]아픈 몸이/아프지 않을 때까지 가자/온갖 식구와 온갖 친구와/온갖 적들과 함께(「아픈 몸이」) *신앙이 動하지 않는 건지 동하지 않는 게/신앙인지 모르겠다//나비야 우리 방으로 가자/어제의 시를 다시 쓰러 가자(「시」(1964))
가자고 *건너편 친구가 같이 자러 가자고 쥐정만 하니까//아냐 아냐 오해야 내가 이 여자의 연인이 아니라네(「滿洲의 여자」)
가자면 *위대한 〈개헌〉 헌법에 발을 맞추어 가자면/여유가 있어야지/불안을 불안으로 딴 죽을 걸어서 퀘지게 할 수 있지(「만시지탄은 있지만」)

가지 *北院 훈련소를 탈출하여 順川 읍내까지도 가지 못하고/악귀의 눈동자보다도 더 어둡고 무서운 밤에 中西面 內務省 군대에게 체포된 일을 생각한다(「조국에 돌아오신 傷病捕虜 동지들에게」)

가지요 *아마 잘 있으라고 손을 휘두르고 가지요/문턱에서./이보다 더 추운 날처럼 나는 여기서 겨울을 맞이하다가(「웃음」)

간 *그러나 나는 그것을 시골이라고 무관하게 생각하고 쓰고 간 것인데 결국은 잃어버리고 말았다(「시골 선물」) *그것을 내가 아는 가장 비참한 친구가 붙이고 간 명칭으로 나는 정리하고 있는가(「PLASTER」) *새로 파는 우물전에서 도배를 하고 난 귀얄을 씻고 간 두붓집 아가씨에게/무어라고 수고의 인사를 해야 한다지(「사치」) *평화의 의지를 말하고 있지 않으냐//울고 간 새와/울러 올 새의/적막 사이에서(「冬麥」) *너의 얼굴은 그만큼 불안하다//번개처럼/번개처럼/금이 간 너의 얼굴은(「사랑」) *흰 쌀밥을 먹고 갔는데 보리알을 먹고 간 것 같고/그렇게 피투성이가 되어 찾던 만년필은/처의 백 속에 숨은 듯이 걸려 있고(「절망」(1962)) *31일까지 돌려 주겠다고 아니 29일까지/돌려 주겠다고 집문서를 가지고 간 친구에게/말한 것이 잘못이었나 보다(「판문점의 감상」) *노란 꽃을 주세요 금이 간 꽃을/노란 꽃을 주세요 하얘져 가는 꽃을/노란 꽃을 주세요 넓어져 가는 소란을(「꽃잎2」)

간다 *그 이유를/말할 필요도 없다/낚시질도/안 간다/假裝 파티에/가본 일도 없다(「이놈이 무엇이지?」) *절망은 나의 목뼈는 못 자른다 겨우 손마디뼈를/새벽이면 하아프처럼 분질러놓고 간다/나의 아들이 머리가 나빠서가 아니다(「우리들의 웃음」) *나는 이렇게도 가련한 놈 어느 사이에/자꾸자꾸 소심해져만 간다/동요도 없이 반성도 없이/자꾸자꾸 소인이 돼간다(「강가에서」) *원효 대신 원효 대신 마이크로가/간다 「제니의 꿈」의 허깨비가/간다 연기가 가고 연기가 나타나고(「원효대사」)

갈 *진정한 반항의 자유조차 없는 그들에게/마지막 부르고 갈/새 날을 향한 戰勝의 노래라고 부르고 싶어라!//그것은 자유를 위한 영원한 여정이었다.(「조국에 돌아오신 傷病捕虜 동지들에게」) *일언의 약속도 없이 제가 갈 길을 자유자재로 찾아다니었다/그는 나같이 몸이 약하지 않은 점에 주요한 원인이 있겠지만(「백의」) *그 아귀란 놈이 들어오고 나갈 때마다 집어갈 돈/풀방구리를 드나드는 쥐의 돈(「돈」) *의자와 의자 사이로 비집고 갈 때/울리고 코 풀 수건을 찾으러 갈 때(「의자가 많아서 걸린다」)

갈수록 *날이 갈수록 간격이 생기는 골육들이며/새가 아직 모여들 시간이 못 된 늙은 포플러나무며/소리 없이 나를 괴롭히는/그들은 신의 고문인가(「장시2」)

갔나 *머리가 누렇게 까진 땅주인은 어디로 갔나/여름저녁을 어울리지 않는 지팡이를 들고/이방인처럼 산책하던 땅주인은(「장시2」)

갔느냐고 *내가 나가토[長門]라는 여가수도 같이 갔느냐고/농으로 물어보려는데/누가 벌써 재빨리 말꼬리를 돌렸다……/신은 곧잘 이런 꾸지람을 잘한다(「나가타 겐지로」)

갔는데 *흰 쌀밥을 먹고 갔는데 보리알을 먹고 간 것 같고/그렇게 피투성이가 되어 찾던 만년필은/처의 백 속에 숨은 듯이 걸려 있고(「절망」(1962))

갔다 *자연은 나의 몇 사람의 독특한 벗들과 함께/토끼의 탄생의 방식에 대하여/하나의 異德을 주고 갔다(「토끼」) *불을 등지고 있는 성황당이 보이는/그 산에는 겨울을 가리키는 바람이 일기 시작하네//나들이를 갔다 온 씻은 듯한 마음에 오늘밤에는 아내를 껴안아도 좋으리(「사치」) *노상에서 지서의 순경을 만났더니/아니 어디를 갔다 오슈?/이렇게 돼서야 그만이지(「파자마 바람으로」) *거짓말의 부피가 하늘을 덮는다 나는 눈을/가리고 변소에 갔다 온다/사람들은 내 말을 믿지 않고 내가 내 말을 안 믿는다(「거짓말의 여운 속에서」)

갔다가 *새로 파는 우물전에서 도배를 하고 난 귀얄을 씻고 간 두붓집 아가씨에게/무어라고 수고의 인사를 해야 한다지/나들이를 갔다가 아들놈을 두고 온 안방 건넌방은 빈집 같구나(「사치」)

갔다는 *곳쿄노 마찌 이야기가 나오다가/이북으로 갔다는 나가타 겐지로(永田鉉次郎)이야기가 나왔다//아니 김영길이가/이북으로 갔다는 김영길이 이야기가/나왔다가 들어간 때이다(「나가타 겐지로」) * 그의 모습이 절망인 것이 아니라/그가 돈을 가지고 갔다는 것이 아니라/그가 범죄자이었다는 것이 아니라(「황혼」)

갔으니까 * 너편 친구가 오줌을 누러 갔으니까//끊었던 술을 다시 마시는데 유행가처럼/아무리 마셔도 안 취하는 술/피안도 사투리를 마시고 있나(「滿洲의 여자」)

갔으며 * 그러나 오늘은 말복도 다 아니 갔으며/밤에는 물고기가 물 밖으로/달빛을 때리러 나온다//영원한 한숨이여(「말복」)

갔지 * 나는 어찌나 좋았던지 목욕을 하러 갔지/개구리란 놈이 추락하는 폭격기처럼/사람을 놀랜다(「伏中」) * 눈에 보여. 냉면집 간판 밑으로―육개장을 먹으러―들어갔다가 나왔어―모밀국수 전문집으로 갔지―/매춘부 젊은애들, 때묻은 발을 꼬고 앉아서/유부우동 먹고 있는 것을 보다가 생각한 것(「엔카운터 誌」)

가다² 보조동사. 말하는 이, 또는 말하는 이가 청하는 어떤 기준점에서 멀어지면서 앞말이 뜻하는 행동이나 상태가 계속 진행됨을 나타내는 말.

가는 * 가만히 앉아 있어도 자꾸 빼근하여만 가는 목을 돌려/시간과 함께 비스듬히 내려다보는 것/그것은 혹시 한 자루의 부채(「방안에서 익어가는 설움」) * 어제와 같이 다시는 〈헛소리〉를 하지 않으려고 결심하면서//자꾸 수그러져 가는 눈을 들어 강과 對岸의 찬란한 불빛을 본다(「말」(1958)) * 사랑을 발견하겠다 도시의 끝에/사그러져 가는 라디오의 재갈거리는 소리가/사랑처럼 들리고(「사랑의 변주곡」) * 노란 꽃을 주세요 하얘져 가는 꽃을/노란 꽃을 주세요 넓어져 가는 소란을//노란 꽃을 주세요 원수를 지우기 위해서/노란 꽃을 주세요(「꽃잎2」) * 순자야 너는 꽃과 더워져 가는 화원의/초록빛과 초록빛의 너무나 빠른 변화에/놀라 잠시 찾아오기를 그친 벌과 나비의/소식을 완성하고[…]/나의 애인 없는 더러운 고독을/나의 대대로 물려받은 음탕한 전통을//꽃과 더워져 가는 화원의 꽃과 더러워져 가는 화원의/초록빛과 초록빛의 너무 빠른 변화에/놀라 오늘도 찾아오지 않는 벌과 나비의/소식을 더 완성하기까지(「꽃잎3」)

가면서 * 앙상한 육체의 투명한 골격과 세포와 신경과 안구까지/모조리 노출 낙하시켜 가면서/안개처럼 가볍게 날아가는 과감한 너의 의사 속에는/남을 보기 전에 네 자신을 먼저 보이는/긍지와 선의가 있다(「헬리콥터」) * 나는 그들의 나이를 찬찬히/소급해 가면서 새로운 여유를 느낀다(「현대식 교량」)

가다가다 '가다'보다 조금 동안이 뜨게. 이따금. * 글씨가 가다가다 몹시 떨린 漢字가 있는데/그것은 물론 현정부가 그만큼 악독하고 반동적이고/가면을 쓰고 있기 때문이다(「중용에 대하여」) * 꺼져라 20년 전의 악마야//손에는 무거운 보따리를 들고/가다가다 기침을 하면서/집에는 差押을 해온 파일오버가 있는데도/배자 위에 얄따란 검정 오버를 입고/사흘 전에 술에 취해 흘린 가래침 자국―(「네 얼굴은」)

가다듬다 ①정신, 생각, 마음 따위를 바로 차리거나 다잡다. ②태도나 매무새 따위를 바르게 하다. ③목청을 고르다. ④숨을 안정되게 고르다. ⑤흐트러진 조직이나 대열을 바로 다스리고 꾸리다.

가다듬으면서 * 올바로 정신을 가다듬으면서/나는 수없이 길을 걸어왔다(「아메리카 타임誌」)

가득 분량이나 수효 따위가 어떤 범위나 한도에 꽉 찬 모양. 가득히. * 우리들의 싸움은 하늘과 땅 사이에 가득 차 있다(「하…… 그림자가 없다」)

가라앉다 물 따위에 떠 있거나 섞여 있는 것이 밑바닥으로 내려앉다. 안개나 연기 따위가 낮게 드리우다.

가라앉았다 * 나무뿌리가 좀더 깊이 겨울을 향해 가라앉았다(「말」(1964))

가래 허파에서 후두에 이르는 사이에서 생기는 끈끈한 분비물. 잿빛 흰색 또는 누런 녹색의 차진 풀같이 생겼으며 기침 따위에 의해서 밖으로 나온다. ☞ 가래침. * 밤새도록 고인 가슴의 가래라도/마음껏 뱉자(「눈」(1956))

가래질 가래로 흙 따위를 퍼 옮기는 일. * 씨를 뿌리고 밭을 갈고 가래질을 하고 고물개질을 하자(「여름 아침」)

가래침 가래가 섞인 침. ☞ 가래. *사흘 전에 술에 취해 흘린 가래침 자국—/아니 빚쟁이와 싸우다 나오는 길에 흘린(「네 얼굴은」)

가련하다(可憐—) 딱하다. 가엾다. 불쌍하다.
　가련하게 *영사판 위에 비치는 길 잃은 비둘기와 같이 가련하게 된다(「영사판」)
　가련하게도 *나는 총에 맞는 새같이 가련하게도 당신의 집을 나와버렸다(「말」(1958))
　가련한 *가련한 목숨을 이어가기 위해서/신주처럼 모셔놓던 의젓한 얼굴의(「우선 그놈의 사진을 떼어서 밑씻개로 하자」) *나는 이렇게도 가련한 놈 어느 사이에/자꾸자꾸 소심해져만 간다(「강가에서」)

가로 왼쪽과 오른쪽의 방향, 또는 그 길이. *나란히 옆으로 가로 세로 위로 아래로 놓여 있는 무수한 꽃송이와 그 그림자(「九羅重花」)

가로놓다 가로질러 놓다.
　가로놓여 *가로놓여 있다/이를테면 이런 일이 있었다(「어느 날 고궁을 나오면서」)

가로지르다 가로로 건너지르다. 어떤 곳을 가로로 질러서 지나다.
　가로질러 *의자가 많아서 걸린다 테이블도 많으면/걸린다 테이블 밑에 가로질러놓은/엮음대가 걸리고 테이블 위에 놓은/미제 磁器 스탠드가 울린다(「의자가 많아서 걸린다」)

가르다 쪼개거나 나누어 따로따로 구별하다.
　갈라 *올 겨울에도 산 위의 초라한 나무들을 뿌리만 간신히 남기고 살살이 갈라갈 동네아이들(「꽃」)

가르치다 ①지식이나 기능, 이치 따위를 깨닫거나 익히게 하다. 사람의 도리나 바른길을 일깨우다. ②그릇된 버릇 따위를 고치어 바로잡다.
　가르쳐 *나에게 시간을 가르쳐주는 것이 나는 싫다(「도취의 피안」) *무서운 인생의 공백을 가르쳐주려 할 때(「나비의 무덤」) *넓은 자리가 있었던 것을 자식한테/가르쳐주지 않은 죄—그 죄에 그렇게(「VOGUE야」) *그 이마의 힘줄같이 나에게 설움을 가르쳐준다(「여자」) *미역국 위에 뜨는 기름이/우리의 역사를 가르쳐준다 우리의 환희를(「미역국」)
　가르쳤다 *무지무지한 坑夫는 나에게 글을 가르쳤다/그것은 千字文이 되는지도 나는 모르고 있었다(「아침의 유혹」)
　가르치고 *선생과 나는 아이를 가르치는 것이 아니라 아이들을/가르치고 있기 때문이다(「우리들의 웃음」)
　가르치기 *아들아 너에게 狂信을 가르치기 위한 것이 아니다/사랑을 알 때까지 자라라(「사랑의 변주곡」)
　가르치는 *선생과 나는 아이를 가르치는 것이 아니라 아이들을/가르치고 있기 때문이다(「우리들의 웃음」)
　가르치면서 *나는 아이들을 가르치면서/우리나라가 종교국이라는 것에 대한 자신을 갖는다[…]나는 아이들을 가르치면서/우리나라가 종교국이라는 것에 대한 자신을 갖는다[…]선생과 나는 아이를 가르치는 것이 아니라 아이들을/가르치고 있기 때문이다(「우리들의 웃음」) *아들아 너에게 狂信을 가르치기 위한 것이 아니다/사랑을 알 때까지 자라라(「사랑의 변주곡」)

가리 김수영의 시에서는 '지아이 가리'로 쓰임. 미군부대원(G·I)식으로 머리를 짧게 자른 모양.『김수영 전집』(민음사, 2003) 부록 참조. ☞ 지아이 가리. *더욱이 그가 外國地 양복이나/지아이 가리를 하고 있었다는 것도 아니라(「황혼」)

가리다¹ 보이거나 통하지 못하도록 막다.
　가려 *너의 머리 위에/너의 몸을 반쯤 가려주는 길고/멋진 양철 차양이 있다고 외쳐라(「가옥 찬가」)
　가리고 *또한 나의 죄악을 가리기 위하여 독자의 눈을 가리고 입을 봉하기 위한 연명을 위한 阿諛도 아니다(「조국에 돌아오신 傷病捕虜 동지들에게」) *거짓말의 부피가 하늘을 덮는다 나는 눈을/가리고 변소에 갔다 온다(「거짓말의 여운 속에서」)

가리다² ①여럿 가운데서 하나를 구별하여 고르다. ②낯선 사람을 대하기 싫어하다. ③잘잘못을 따져서 분간하다.
　가리지 *더운 날과 추운 날을 가리지 않고/늙은 버섯처럼 숨어 있기 때문에도 아니다(「도취의 피안」) *영사판을 받치고 있는 주야를 가리지 않는 어둠이/표면에 비치는 현실보다 한치쯤은 더(「영사판」) *흥분할 줄 모르는 나의 생리와/방향을 가리지 않고 서 있는 서가 사이에서(「국립도서관」) *무엇을 향하여 떨어진다는 의미도 없이/계절과 주야를 가리지 않고/고매한 정신처럼 쉴 사이 없이 떨어진다(「瀑布」)

가려낼 *어떤놈이 新인지 舊인지를 가려낼 틈도/없다 눈이 왔고 추웠고 너무 화가 났다(「제임스 띵」)

가리키다 ①손가락 따위로 어떤 방향이나 대상을 집어서 보이거나 말하거나 알리다. ②어떤 대상을 특별히 집어서 두드러지게 나타내다.

가리켜 *밑바닥만을 보아온, 빈곤에 마비된 눈에/하늘을 가리켜주는 잡지/VOGUE야(「VOGUE야」)

가리켰지만 *너는 이 세상을 점으로 가리켰지만/나는/나의 눈을 찌르는 이 따가운 가옥과(「거리1」)

가리키고 *너희들의 儀式은 원시를 가리키고/노예매매를 연상시킨다(「제임스 띵」)

가리키는 *혹은 세대를 가리키는 지층의 단면처럼 억세고도 아름다운 색깔(「나의 가족」) *꿈이 아닌 꿈을 가리키는/내일의 지도다(「거리1」) *그 산에는 겨울을 가리키는 바람이 일기 시작하네(「사치」)

가리키면서 *이 공간의 넓이를 가리키면서/한꺼번에 구겨지자 없어지는 벼락과 천둥(「付託」)

가리킨다 *내 팔은 좀체로 제대로 길이를 갖지 못하고//그래도 햇빛을 가리킨다(「말복」)

가마니 ①곡식이나 소금 따위를 담기 위하여 짚을 돗자리 치듯이 쳐서 만든 용기. 요즈음에는 비닐이나 종이 따위로 만든 큰 부대를 이르기도 한다. ②곡식이나 소금 따위를 담아 그 분량을 세는 단위. *모이 한 가마니에 430원이니[…]아니 430원짜리 한 가마니면 이틀은 먹일 터인데(「만용에게」)

가만히 ①움직이지 않거나 아무 말 없이. ②어떤 대책을 세우거나 손을 쓰지 않고 그냥 그대로. ③마음을 가다듬어 곰곰이. ④말없이 찬찬히. *가만히 앉아 있어도 자꾸 뻐근하여만 가는 목을 돌려/시간과 함께 비스듬히 내려다 보는 것(「방안에서 익어가는 설움」) *모두 별안간에 가만히 있었다/씹었던 불고기를 문 채로 가만히 있었다(「나가타 겐지로」) *눈 내리는 날에는/손을 묶고 가만히/앉아 계시오[…]가만히 계시오/민중은 영원히 앞서 있소이다(「눈」(1961)) *沿道의 음악을 들어야 한다 피로하지/않으면 울린다 가만히 있어도 울린다(「의자가 많아서 걸린다」)

가망성(可望性) 가망이 있는 상태나 정도. *이 돈이 31일까지 나올 가망성이 없다(「판문점의 감상」) *섹스도 아냐 유물론도 아냐 선망조차도/아냐—선망이란 어지간히 따라갈 가망성이 있는(「VOGUE야」)

가면(假面) 탈. *끝으로 〈모두 적당히 가면을 쓰고 있다〉라는/한 줄도 빼어놓기로 한다)[…]그것은 물론 현정부가 그만큼 악독하고 반동적이고/가면을 쓰고 있기 때문이다(「중용에 대하여」)

가뭄 오랫동안 계속하여 비가 내리지 않아 메마른 날씨. *가뭄의 백성이여 퇴계든 정다산이든 수염 난 영감이면(「미역국」)

가볍다 ①무게가 적다. ②비중이나 가치, 책임 따위가 낮거나 적다. ③정도가 대수롭지 않고 예사롭다.

가벼운 *투명하고 가벼웁고 쇠소리 나는 가벼운 잔이 없다(「네이팜 탄」) *그러기에 한결 가벼운 휴식의 마음으로 쓰고 있을 수 있었던 것(「기자의 정열」) *가벼운 무게가 하늘을/생각하게 하는/자[針尺]의 優雅는 무엇인가//무엇이든지/재어볼 수 있는 마음은/아무것도 재지 못할 마음//삶에 지친 者여/자를 보라/너의 무게를 알 것이다(「자」) *가벼운 참새같이 나는 잠시 너의/흥하지 않은 가지 위에 피곤한 몸을 앉힌다(「서시」) *가벼운 겨울의 꿈으로구나 나의 독기의/꿈이로구나(「제임스 띵」) *적에는 가벼운 적도 무거운 적도 없다(「적1」)

가벼움 *나는 인제 녹슬은 펜과 뼈와 광기—/실망의 가벼움을 재산으로 삼을 줄 안다/이 가벼움 혹시나 역사일지도 모르는[…]노래를 잃고 가벼움마저 잃어도//이제 나는 무엇인지 모르게 기쁘고[…]실망의 가벼움을 재산으로 삼을 줄 안다/이 가벼움 혹시나 역사일지도 모르는/이 가벼움을 나는 나의 재산으로 삼았다(「그 방을 생각하며」)

가벼웁게 ＊헬리콥터가 風船보다도 가벼웁게 상승하는 것을 보고[…]안개처럼 가벼웁게 날아가는 과감한 너의 의사 속에는(「헬리콥터」) ＊벽 뒤로 퍼진 원근 속에/밤이/가벼웁게 개울을 갖고(「凍夜」)

가벼웁고 ＊투명하고 가벼웁고 쇠소리 나는 가벼운 잔이 없다(「네이팜 탄」)

가벼워서 ＊세상에 배를 대고 날아가는 정신이여/너무나 가벼워서 내 자신이/스스로 무서워지는 놀라운 육체여(「바꾸어진 지평선」)

가빠하다 가쁘다. 숨이 몹시 차다. 힘에 겹다.

가빠하는가 ＊너는 다시 부끄러움과 躊躇를 품고 숨 가빠하는가//결합된 색깔은 모두가 엷은 것이지만(「九羅重花」)

가솔린(영, gasoline) 석유의 휘발 성분을 이루는 무색의 투명한 액체. ＊하물며는 술집에서 음식점에서 양화점에서 무역상에서 가솔린 스탠드에서/책방에서 학교에서 전국의 국민학교란 국민학교에서 유치원에서(「우선 그놈의 사진을 떼어서 밑씻개로 하자」)

가슴 ①배와 목 사이의 앞부분. 흉부(胸部) ②심장 또는 폐. ③마음이나 생각. ④옷가슴. ⑤젖가슴. ＊오늘은 오늘을 담당하지 못하니/너의 가슴 위에서는/나 대신 값없는 낙엽이라도 울어줄 것이다(「나비의 무덤」) ＊내가 어리다고 한탄하지 마시오/나는 내 가슴에/또 하나의 종지부를 찍어야 합니다.(「웃음」) ＊靜寂이 나의 가슴에 있고/부드러움이 바로 내가 따라가는 것인 이상/나의 긍지는 애드벌룬보다는 좀 더 무거울 것이며(「거리2」) ＊언어는 나의 가슴에 있다/나는 謀利輩들한테서/언어의 단련을 받는다(「모리배」) ＊그렇게 먼 날까지 가기 전에 너의 가슴에/새겨둘 말을 너는 도시의 피로에서/배울 거다(「사랑의 변주곡」) ＊그러나 이것은 살아 있는 포로의 애원이 아니라/이미 대한민국의 하늘을 가슴으로 등으로 쓸고 나가는(「조국에 돌아오신 傷病捕虜 동지들에게」) ＊조화가 없어 아름다웠던 생활을 조화를 원하는 가슴으로 찾을 것은 아니로나/조화를 원하는 심장으로 찾을 것은 아니로나(「구슬픈 육체」) ＊나는 모든 노래를 그 방에 함께 남기고 왔을 게다/그렇듯 이제 나의 가슴은 이유 없이 메말랐다[…]이제 나는 무엇인지 모르게 기쁘고/나의 가슴은 이유 없이 풍성하다(「그 방을 생각하며」) ＊여보세요 내 가슴을 헤치고 보세요. 여기 장 발장이 숨기고 있던 格印보다 더 크고 검은/호소가 있지요(「조국에 돌아오신 傷病捕虜 동지들에게」) ＊황홀히 너를 찾아보는 아침이여/번개같이 가슴을 울리고 가는 묵은 생명과 새 희망의 무수한 충돌 충돌(「기자의 정열」) ＊오늘/이 헐벗은 거리에 가슴을 대고/뒤집어진 부정이 정의가 되지 않더라도(「예지」) ＊일하라 일하라 일하라는 말이/헛소리처럼 아직도 나의 가슴을 울리고 있지만/나는 그 노래도 그 전의 노래도 함께 다 잊어버리고 말았다(「그 방을 생각하며」) ＊변화의 끝이 가고 땅 위를 걷고 있는/발자국소리가 가슴을 펴고 웃고//戲畵의 계시가 돈이 되고(「먼지」) ＊눈을 바라보며/밤새도록 고인 가슴의 가래라도/마음껏 뱉자(「눈」(1956)) ＊이제 내 몸은 내 몸이 아니다/이 가슴의 動悸도 기침도 寒氣도 내 것이 아니다(「말」(1964)) ＊그런 가슴의 죽음의 표식만을 지켜온,/밑바닥만을 보아온, 빈곤에 마비된 눈에/하늘을 가리켜주는 잡지/VOGUE야(「VOGUE야」) ＊그 방의 벽은 나의 가슴이고 나의 사지일까/일하라 일하라 일하라는 말이(「그 방을 생각하며」)

가슴속 마음속. ＊나의 가슴속에 흐트러진 파편들일 것이다//너의 표피의 원활과 각도에 이기지 못하고 미끄러지는 나의 발을/나는 미워한다(「네이팜 탄」) ＊이 무한한 웃음의 가슴속에/그 얼음이 더 얼라는/내일의 呪符이었다(「凍夜」) ＊40년간의 조판 경험이 있는 근시안의 노직공의 가슴속에서/가장 심각한 나의 우둔 속에서/새로운 목표는 이미 나타나고 있었다(「영롱한 목표」) ＊원한이 솟는 가슴속에서 발사되는/포탄은 어두운 하늘을 날아간다(「조그마한 세상의 지혜」)

가시 ①바늘처럼 뾰족하게 돋친 것. 극침. ②물고기의 잔뼈. ③살에 박힌 나무 따위의 가늘고 뾰족한 거스러미. ④남을 공격하거나 불평불만의 뜻을 담은 표현을 비유적으로 이르는 말. ⑤식물의 줄기나 잎 또는 열매를 싸고 있는 것의 겉면에 바늘처럼 뾰족하게 돋아난 것. *음악을 들으면 차밭의 앞뒤 시간이/가시처럼 생각된다/나비날개처럼 된 차잎은 아침이면[…]음악을 들으면 차밭의 앞뒤 시간이/가시처럼 생각된다 그리고 그 가시가/점점 더 똑똑해진다 동산에 걸린[…]분명해진 그 가시의 의미여//모든 곡은 눈물이다 어렸을 때 어머니는/나의 얼굴의 사마귀를 떼주었다(「반달」) *죄라는 죄가 가시같이 박히어도/그야 솜털만치도 아프지는 않으려니(「기도」)

가시가지 가시가 난 가지나 줄기. ☞ 가지. *이제 가시밭, 덩쿨장미의 기나긴 가시가지/까지도 사랑이다//왜 이렇게 벅차게 사랑의 숲은 밀려닥치느냐(「사랑의 변주곡」)

가시다 ①어떤 상태가 없어지거나 달라지다. ②물 따위로 깨끗이 씻다.

　가시고 *이 인찰지와 이 봉투지로는 편지는 못 쓰겠소/더위도 가시고 오늘은 하루종일 일도/안하고 있지만 밀용인찰지의 나의 생활을(「美濃印札紙」)

　가시면 *누이의 방도 장마가 가시면 익어가는가/허나 인생의 장마의/추녀 끝 물방울 소리가(「누이의 방」)

　가시지 *나는 무엇인가에/여전히 바쁘기만 하다/아직도/소록도의 하얀 바다에/두고/버리고/던지고 온 취기가/가시지 않은 탓이라고 생각한다……(「旅愁」)

가시밭 ①가시덤불이 우거져 있는 곳. ②괴롭고 어려운 환경을 비유적으로 이르는 말. *떨어지는 은행나무잎도 내가 밟고 가는 가시밭//아무래도 나는 비켜서 있다 절정 위에는 서 있지/않고 암만해도 조금쯤 옆으로 비켜서 있다(「어느 날 고궁을 나오면서」) *이제 가시밭, 덩쿨장미의 기나긴 가시가지/까지도 사랑이다(「사랑의 변주곡」)

가시철망(―鐵網) 가시 철조망. *우리는 UN 군에 포로가 되어 너무 좋아서 가시철망을 뛰어나오려고 애를 쓰다가 못 뛰어나오고(「조국에 돌아오신 傷病捕虜 동지들에게」) *앞의 2층집이 신축을 하고 담을 두르고/가시철망을 칠 때 우리도 그 철망을 치던/일꾼을 본 일이 있다(「도적」)

가옥(家屋) 사람이 사는 집. *나의 눈을 찌르는 이 따가운 가옥과/집물과 사람들의 음성과 거리의 소리들을(「거리1」) *鷄舍건너 신축 가옥에서 마치질하는/소리가 들린다(「중용에 대하여」) *나와 나의 아내와 우리집의 온 가옥의 무게를 다 합해서/밀양에서 온 식모의 소박과 원한까지를 다 합해서(「美濃印札紙」)

가운데 ①일정한 공간이나 길이를 갖는 사물에서, 한쪽으로 치우치지 않고 양 끝에서 거의 같은 거리가 떨어져 있는 부분. ②양쪽의 사이. ③여럿으로 이루어진 일정한 범위의 안. ④순서에서, 처음이나 마지막이 아닌 중간. ⑤어떤 일이나 상태가 이루어지는 범위의 안. *저절로 이루어지는 것이 긴 것 가운데/있을 줄이야//그것을 찾아보지 않을 줄이야 찾아보지/않아도 있을 줄이야 긴 것 중에는(「원효대사」) *이 무수한 활자 가운데에/신문기자인 너의 기사도/매일 조금씩은 끼이게 되는데(「기자의 정열」) 〈평범하게 되려는 일〉 가운데에/해초처럼 움직이는/바람에 나부껴서 밤을 모르고(「비」) *오늘이 있듯이 그날이 있는/두 겹 절벽 가운데에서/오늘은 오늘을 담당하지 못하니(「나비의 무덤」)

가을 한 해의 네 철 가운데 셋째 철. 여름과 겨울의 사이이며, 북반구에서는 9~11월에 해당한다. *가을이 오기 전에는/내 팔은 좀체로 제대로 길이를 갖지 못하고(「말복」) *가을이 설사를 하려고 약을 먹는다/성과 윤리의 약을 먹는다 꽃을 거두어들인다(「설사의 알리바이」)

가을날 가을철의 날 또는 그날의 날씨. *금성라디오 A 504를 맑게 개인 가을날/일수로 사들여온 것처럼(「금성라디오」) *시금치밭에 거름을 뿌려서 파리가 들끓고/이틀째 흐린 가을날은 무더웁기만 해/가까운 데에서 나는 人聲도 옛날이야기처럼/멀리만 들리고(「장시2」)

가을바람 가을에 부는 선선하고 서늘한 바람. *싸늘한 가을바람 소리에/전통은/새처럼 겨우 나무그늘 같은 곳에/定處를 찾았나보다(「파리와 더불어」) *나는 너무나 자주 설움과 입을 맞추었기 때문에/가을바람에 늙어가는 거미처럼 몸이 까맣게 타버렸다.(「거미」)

가장¹ 여럿 가운데 어느 것보다 정도가 높거나 세게. *그리하여 이 공허한 원주가 가장 찬란하여지는 무렵/나는 또 하나 다른 유성을 향하여 달아날 것을 알고(「너를 잃고」) *더러운 것 중에도 가장 더러운/썩은 것을 찾으면서/비로소 마음 취하여 보는/이 더러운 길(「더러운 향로」) *그것을 내가 아는 가장 비참한 친구가 붙이고 간 명칭으로 나는 정리하고 있는가(「PLASTER」) *여기는 서울 안에서도 가장 번잡한 거리의 한 모퉁이/나는 오늘 세상에 처음 나온 사람모양으로 쾌활하다[…]여기는 좁은 서울에서도 가장 빈거로운 거리의 한 모퉁이/우울 대신에 수많은 기폭을 흔드는 쾌활[…]그리고 여인 중에도 가장 아름다운 그네여/돈을 버는 거리의 부인들의 어색한 모습이여(「거리2」) *가장 아름다운 이기적인 시간 위에서/나는 나의 검게 타야 할 정신을 생각하며(「여름 아침」) *가장 어려운 곳에 놓여 있는 병풍은/내 앞에 서서 주검을 가지고 주검을 막고 있다(「병풍」) *가장 심각한 나의 우둔 속에서/새로운 목표는 이미 나타나고 있었다(「영롱한 목표」) *흔들리는 자동차 속에서 창 밖의 풍경이 흔들리듯/그의 가장 깊은 영혼이 흔들리는 것을 보았다(「靈交日」) *말하자면 내가 찾고 있는 것은 언제나 나의 가장 가까운/내 곁에 있고(「절망」(1962)) *죽음을 꿰뚫는 가장 무력한 말/죽음을 위한 말 죽음에 섬기는 말(「말」(1964)) *지금의 적이 가장 무거운 것 같고 무서울 것 같지만/이 적이 없으면 또 다른 적 ─ 내일(「적1」) *그는 사지의 관절에 힘이 빠져서/특히 무릎하고 대퇴골에 힘이 빠져서/사람들과/특히 그가 가장 사랑하는 사람과의 관련을 해체시킨다[…]그리고 가장 피로할 때 가장 귀한/것을 버린다[…]가장 가까운 적에 대한다/가장 사랑하는 적에 대한다/우연한 싸움에 이겨보려고(「적2」)

가장(假裝) 거짓으로 꾸밈. 자기의 정체를 감추기 위하여 얼굴이나 옷차림을 딴 모습으로 차림. *낚시질도/안 간다/假裝 파티에/가본 일도 없다/하물며/중립사상연구소에는/그림자도 비친 일이 없다(「이놈이 무엇이지?」)

가장하다(假裝─) 거짓으로 꾸미다.
　가장하고 *그들은 민주주의자를 가장하고/자기들이 양민이라고도 하고/자기들이 선량이라고도 하고(「하…… 그림자가 없다」)

가정(家庭) 가족이 함께 생활하는, 사회의 가장 작은 집단. *연기 나는 속으로 떨어지면 돼/구겨진 휴지처럼 노래하면 돼//가정을 알려면 돈을 떼어보면 돼/숲을 알려면 땅벌에 물려보면 돼(「장시1」) *어느 틈에 우리 가정의 내부에까지 침입하여 들어와서/신심양면의 허약증으로 신음하고 있는 나를 독촉하여(「백의」)

가정교사(家庭敎師) 일정한 보수를 받고 남의 집에 가서 학문·기예 등을 가르치는 사람. *그런데 큰놈의 방에 같이 있는 가정교사가 내/기침소리를 싫어해. 내가 붓을 놓는 것까지/자리에서 일어나는 것까지 문을 여는 것까지 알고/방어작전을 써[…]내가/있던 기침소리가 가정교사에게 들리는 방은 도로/식모아이한테 주었지. 그때까지도 의심하지 않았어(「엔카운터誌」)

가져가다 무엇을 한 지점에서 다른 지점으로 옮겨 가다 또는 무엇을 어떠한 결과나 상태로 끌고 가다.
　가져가기 *그 정도일 거라 그것을 그놈이 가져/가기 전에 우리가 발견했다/이 횡재물이 지금 우리집 뜰 아래 광에/들어 있다(「도적」)
　가져갈 *그 일꾼이 우리집 마당에다 그놈을 팽개/쳤다 그것을 그놈이 일이 끝나고 나서/가져갈 작정이었다 막걸리값으로 하려고(「도적」)

가족(家族) ①어버이와 자식, 형제자매, 부부 등 혈연과 혼인 관계 등으로 한집안을 이룬 사람들의 집단. 가권(家眷). 가내. 가속(家屬). 권속(眷屬). ②한집안의 친족. 일가. 일문(一門). ③'이해관계나 뜻을 같이하여 맺어진 사람들'을 비유하여 이르는 말. *가족과 애인과 그리고 또 하나 부실한 처를 버리고/포로수용소로 오려고 집을 버리고 나온 것이 아니라(「조국에 돌아오신 傷病捕虜 동지들에게」) *여름 아침의 시골은 가족과 같다/햇살을 모자같이 이고 앉은 사람들이 밭을 고르고/우리집에도 어저께는 무씨를 뿌렸다(「여름 아침」) *너도 나도 취하는/中庸의 술잔/바보의 가족과 운명과/어린 고양이의 울음/니야옹 니야옹//술 취한 바보의 가족과 운명과/술 취한 어린 고양이의 울음/역시/니야옹 니야옹

니야옹 니야옹(「술과 어린 고양이」) *鄭炳
──그놈은 내심과 정반대되는 행동만을/해
왔고, 그것은 가족들을 먹여살리기 위해서였
다(「적」) *누구 한 사람의 입김이 아니라/모
든 가족의 입김이 합치어진 것/그것은 저 넓은
문창호의 수많은/틈 사이로 흘러들어오는 겨
울바람보다도 나의 눈을 밝게 한다//조용하고
늠름한 불빛 아래/가족들이 저마다 떠드는 소
리도/귀에 거슬리지 않는 것은/내가 그들에게
全靈을 맡긴 탓인가[…]그렇지만/구차한 나의
머리에/성스러운 鄕愁와 우주의 위대감을 담
아주는 삽시간의 자극을/나의 가족들의 기미
많은 얼굴에 비하여 보아서는 아니 될 것이
다//제각각 자기 생각에 빠져 있으면서/그래
도 조금이나 부자연한 곳이 없는/이 가족의 조
화와 통일을/나는 무엇이라고 불러야 할 것이
냐//차라리 위대한 것을 바라지 말았으면/유
순한 가족들이 모여서/죄 없는 말을 주고받는/
좁아도 좋고 넓어도 좋은 방안에서/나의 위대
한 所在를 생각하고 더듬어보고 짚어보지 않
았으면(「나의 가족」)

가죽 동물의 몸의 껍질을 이룬 질긴 물질 또는
짐승의 몸의 껍질을 다루어서 정제(精製)한
것. 피혁(皮革). *한 놈은 가죽 방한모에 빨
간 마후라였지만/또 한 놈은 잘 안 보였고 매
일 아침 들은(「제임스 띵」) *풀이, 이름도 없
는 낯익은 풀들이, 풀새끼들이/허물어진 담밑
에서 사과껍질보다도 얇은//시멘트 가죽을 뚫
고 일어나면 내 집과/나의 정신이 순간적으로
들렸다 놓인다(「거짓말의 여운 속에서」)

가죽옷 짐승의 몸의 껍질을 정제하여 만든 옷.
*가죽옷 융옷 솜이 몰린 솜옷……/그러다가
드디어 나는 월남인이 되기까지도 했다/엉클
샘에게 학살당한/월남인이 되기까지도 했다
(「풀의 영상」)

가지¹ 식물의 원줄기에서 갈라져 뻗은 줄기를
이르는 말 또는 '근원에서 갈라져 나간 것'을
비유하여 이르는 말. *꽃이 피어나는 순간/
푸르고 연하고 길기만 한 가지와 줄기의 내면
은/완전한 공허를 끝마치고 있었던 것이다//
중단과 계속과 해학이 일치되듯이/어지러운
가지에 꽃이 피어오른다/과거와 미래에 통하
는 꽃/견고한 꽃이/공허의 말단에서 마음껏
찬란하게 피어오른다(「꽃2」) *가벼운 참새같
이 나는 잠시 너의/흉하지 않은 가지 위에 피
곤한 몸을 앉힌다/成長은 소크라테스 이후의
모든 현인들이 하여온 일(「서시」) *겨자씨같
이 조그맣게 살면 돼/복숭아 가지나 아가위 가
지에 앉은/배부른 흰 새모양으로/잠깐 앉았다
가 떨어지면 돼/연기 나는 속으로 떨어지면
돼/구겨진 휴지처럼 노래하면 돼(「장시1」) *
까치도 까마귀도 응접을 못하는 시꺼먼 가지
를 가진/나도 감히 상상을 못하는 거대한 거대
한 뿌리에 비하면(「거대한 뿌리」)

가지² 가짓과의 일년초. 줄기의 높이는 60~100
cm. 줄기와 잎은 자줏빛이고, 잎은 어긋맞게
나며 달걀 모양이다. 잎겨드랑이에서 담자
색·남색·백색 등의 꽃이 피며 흑자색의 길
둥근 열매를 맺는다. 원산지는 인도. 세계 여
러 나라에서 식용으로 널리 재배되며 품종이
많다. 또는 그 열매를 가리키는 말. *바람이
바람을 쫓고 생명을 쫓는다/강아지풀 사이에
가지는 익고/인가 사이에서 기적처럼 자라나
는 무성한 버드나무(「말복」)

가지³ 사물을 그 성질이나 특징에 따라 종류별
로 낱낱이 헤아리는 말. *오늘은 필경 여러
가지를 합한 궁지의 날인가 보다/암만 불러도
싫지 않은 궁지의 날인가 보다(「궁지의 날」)
*지금 불란서 소설을 읽으면서 아직도 말하
지/못한 한 가지 말──정치 의견의 우리말이/
생각이 안 난다 거짓말 거짓말[…]나는 한 가
지를 안 속이려고 모든 것을 속였다(「거짓말
의 여운 속에서」)

가지다 ①손이나 몸에 지니다. ②자기 것으로
하다. ③직업, 자격증 따위를 소유하다. ④모
임을 치르다. ⑤아이나 새끼, 알을 배 속에 지
니다. ⑥거느리거나 모시거나 두다. ⑦앞에
오는 말이 수단이나 방법이 됨을 강조하여 나
타낸다. ⑧앞에 오는 말이 대상이 됨을 강조
하여 나타낸다.

가졌다니 *주위까지도 저렇게 조용하게 만드
는/마법을 가졌다니/나는 더위에 속은 조용
함이 억울해서/미친 놈처럼 라디오를 튼다
(「伏中」)

가지고 *고색이 창연한 우리집에도/어느덧
물결과 바람이/신선한 기운을 가지고 쏟아져

들어왔다(「나의 가족」) *철망을 지나가는 비행기의/그림자보다는 훨씬 급하게/스쳐가는 나의 고독을/누가 무슨 신기한 재주를 가지고/잡을 수 있겠느냐(「더러운 향로」) *나는 노염으로 사무친 정의 소재를 밝히지 아니하고/운명에 거역할 수 있는/큰 힘을 가지고 있으면서/여기에 밀려 내려간다(「나비의 무덤」) *자유의 정신의 아름다운 원형을/너는 또한 우리가 발견하고 규정하기 전에 가지고 있었으며(「헬리콥터」) *그네의 얼굴이 나의 눈앞에서/어린아이들이 가지고 노는 도르라미 모양으로 세찬 바람에 매암을 돌기 전에//도회의 흑점—오늘은 그것을 운운할 날이 아니다(「거리2」) *비참한 것은 백의이다/그는 한국에 수입되어 가지고 완전한 고아가 되었고/거리에 흩어진 월간 대중잡지 위에 매월 그의 사진이 게재되어 왔을 뿐만 아니라(「백의」) *가장 어려운 곳에 놓여 있는 병풍은/내 앞에 서서 주검을 가지고 주검을 막고 있다(「병풍」) *나는 오늘부터 지리교사모양으로 벽을 보고 있을 필요가 없고/노쇠한 선교사모양으로 낮잠을 자지 않고도 견딜 만한 강인성을 가지고 있다(「영롱한 목표」) *여기 떡갈나무 잎이 있는데 이것을 가지고 가서/하와이 영사한테 보여라(「나는 아리조나 카보이야」) *서푼어치 값도 안 되는 미·소인은/초콜릿, 커피, 페티코트, 군복, 수류탄/따발총……을 가지고/적막이 오듯이/적막이 오듯이/소리없이 가다오 나가다오(「가다오 나가다오」) *그의 모습이 절망인 것이 아니라/그가 돈을 가지고 갔다는 것이 아니라/그가 범죄자이었다는 것이 아니라(「황혼」) *여행을/안 한다/가지고 있는/이데올로기도 없다/密謀는/전혀 없다[…]뇌물은/물론 안 받았다/가지고 있는/시계도 없다(「이놈이 무엇이지?」) *31일까지 돌려 주겠다고 아니 29일까지/돌려 주겠다고 집문서를 가지고 간 친구에게/말한 것이 잘못이었나 보다(「판문점의 감상」)

가진 *〈희랍인을 모친으로 가진 미국인에게 대한 호소문〉과 〈精神上으로 본/희랍의 독립 선언서〉를 써서/전자를 현재 일리노이 주에 있는 자기의 모친에게 보내고(「백의」) *남에게 희생을 당할 만한/충분한 각오를 가진 사람만이/살인을 한다(「죄와 벌」) *심야에는 여자는 사라지고 남자가 다시 오입을 하러/활보하고 나선다고 이런 기이한 관습을 가진 나라를/세계 다른 곳에서는 본 일이 없다고[…]까지도 까마귀도 응접을 못하는 시꺼먼 가지를 가진/나도 감히 상상을 못하는 거대한 거대한 뿌리에 비하면(「거대한 뿌리」) *피를 안 흘리려고 생전 처음으로 돈 가진 친구한테/정식으로 돈을 꾸러 가서 안 됐지(「이혼 취소」) *그 사람도 거짓말의 총알의 까맣고 빨간 흔적을 가진 사람이라고(「거짓말의 여운 속에서」)

가책(呵責) 잘못을 꾸짖어 나무람. *싯가 700원가량의 새 철사뭉치는 우리집의/양심의 가책이다(「도적」)

가치(價値) 값. 값어치. 어떤 사물이 지니고 있는 의의나 중요성. *평면을 사랑하는/코스모스/역시 평면을 사랑하는/킴 노박의 사진과/국내 소설책들……/이런 것들이 정돈될 가치가 있는 것들인가/누이야/이런 것들이 정돈될 가치가 있는 것들인가(「누이의 방」) *그의 가치는/왼손으로 글을 쓰는 소녀만이 알고 있다/그것은 그의 둥근 호흡기가 언제나 왼쪽에 달려 있기 때문이다(「수난로」) *내 생명은 이미 맡겨진 생명/나의 질서는 죽음의 질서/온 세상이 죽음의 가치로 변해 버렸다(「말」 (1964)) *나는 그들의 용감성과 또 그들의 어마어마한 戰果에 대하여 말하는 것이 아니라/그들이 싸워온 독특한 위치와 세계사적 가치를 말하는 것입니다(「조국에 돌아오신 傷病捕虜 동지들에게」)

가하다(加—) 수량이나 정보 따위를 더하거나 보태다. 손을 써서 고치다.
加하여 *피로들이 몇 배의 아름다움을 加하여 있을 때도/나의 원천과 더불어/나의 최종점은 긍지/파도처럼 요동하여/소리가 없고/비처럼 퍼부어/젖지 않는 것(「긍지의 날」)

가히(可—) 능히. 넉넉히. 크게 틀림없이. 마땅히. *기사라 하지만 네가 썼다고 알아주는 사람이 있어도 좋고 없어도 가히 무관한 것/그러기에 한결 가벼운 휴식의 마음으로 쓰고 있을 수 있었던 것(「기자의 정열」)

각도(角度) ①각의 크기. 각(角). ②사물을 보거나 생각하는 방향. 관점(觀點). *저기 나의 맞은편 의자에 앉아 먹고 떠들고 웃고 있는 여자와 젊은 학생을 내가 시골을 여행하기 전에 그들을 보았더라면 대하였으리 감정과는 다른 각도와 높이에서 보게 되는 나는 내 자신의 감정이 보다 더 거만하여지고 순화되어진 탓이라고는 생각하지 않는다(「시골 선물」) *너의 표피의 원활과 각도에 이기지 못하고 미끄러지는 나의 발을/나는 미워한다(「네이팜 탄」) *작열할 지점을 향하여/지극히 정확한 각도로 날아가는/포탄이/행복의 파편과 영광과 熱度로써/목적을 이루게 되기 전에(「조그마한 세상의 지혜」)

각오(覺悟) 앞으로 닥칠 일에 대비하여 마음의 준비를 함, 또는 그 준비. *남에게 희생을 당할 만한/충분한 각오를 가진 사람만이/살인을 한다(「죄와 벌」)

간간대소하다(衎衎大笑—) 크게 소리 내어 자지러지게 웃다.
　간간대소하며 *옆에 누운 친구가 내가 이를 뺀 얼굴이 어린 아해 같다고 간간대소하며 좋아한다(「미숙한 도적」)

간간이(間間—) 드문드문. 때때로. 이따금. 가끔씩. *活字는 반짝거리면서 하늘 아래에서/간간이/자유를 말하는데/나의 靈은 죽어 있는 것이 아니냐[…]그대는 반짝거리면서 하늘 아래에서/간간이/자유를 말하는데/우스워라 나의 靈은 죽어 있는 것이 아니냐(「死靈」)

간격(間隔) ①공간적으로 벌어진 사이. ②시간적으로 벌어진 사이. ③사람들의 관계가 벌어진 정도. ④사물 사이의 관계에 생긴 틈. ⑤어떤 일을 할 만한 기회나 일이 풀려나가는 정도. *날이 갈수록 간격이 생기는 골육들이며/새가 아직 모여들 시간이 못 된 늙은 포플러나무며/소리 없이 나를 괴롭히는/그들은 신의 고문인가(「장시 2」)

간결(簡潔) 간단하고 깔끔함. *인생과 말의 간결—우리는 그것을 전투의/소리라고 부른다//미역국은 인생을 거꾸로 걷게 한다 그래도 우리는(「미역국」)

간단(間斷) 사물의 내용이나 얼개가 까다롭지 않고 단순함. 간략. *세계는 그러한 무수한 間斷//오오 사랑이 추방을 당하는 시간이 바로 이때이다(「피곤한 하루의 나머지 시간」) *애정 아래의 단 하나의 어린애/사유 아래의 단 하나의 어린애/間斷 아래의 단 하나의 어린애/點의 어린애/베개의 어린애/고민의 어린애//여편네의 방에 와서 기거를 같이해도/나는 점점 어린애(「여편네의 방에 와서」) *아슬하게 넘지 않는 것처럼 사랑의 節度는/열렬하다/間斷도 사랑/이 방에서 저 방으로 할머니가 계신 방에서/심부름하는 놈이 있는 방까지 죽음 같은(「사랑의 변주곡」)

간단하다(間斷—) 사물의 내용이나 얼개가 까다롭지 않고 단순하다. 간략하다.
　간단하거든 *불안을 불안으로 딴죽을 걸어서 쾌지게 할 수 있지/불안이란 놈 지게작대기보다도/더 간단하거든//베이컨의 『新論理學』을 읽어보게나(「만시지탄은 있지만」)
　간단한 *너무 어처구니없이 간단한 진리에 웃는/너무 진리가 어처구니없이 간단해서 웃는/실낱 같은 여름 바람의 아우성이여(「꽃잎 3」)
　간단해서 *너무 간단해서 어처구니없이 웃는/너무 어처구니없이 간단한 진리에 웃는/너무 진리가 어처구니없이 간단해서 웃는/실낱 같은 여름 바람의 아우성이여(「꽃잎 3」)

간디(Mahatma Gandhi) 1869~1948. 인도의 정치가, 민족 운동 지도자. 런던 대학에서 법률을 배운 후 남아프리카 원주민의 자유 획득을 위하여 활동하였고, 1915년에 귀국하여 무저항, 불복종, 비폭력, 비협력주의에 의한 독립 운동을 지도하였다. 제 2차 세계대전 후 힌두, 이슬람 양 교도의 융화에 힘썼으나 실패하고 한 힌두교 청년에게 암살되었다. 대성(大聖)의 의미를 지닌 '마하트마Mahatma'라고도 부른다.
간디

*조잡한 天地여/간디의 모방자여/여치의 나래 밑의 고단한 밤잠이여(「광야」)

간밤 지난밤. *나는 지금 간밤의 쓰디쓴 후각과 청각과 미각과 統覺마저 잊어버리려고 한다(「여름 아침」) *도적은 간밤에는 사그러진 담장 쪽이 아닌/우리집의 의젓한 벽돌기둥의 정문 앞을/새벽녘에 거닐었다고 한다(「도적」)

간선도로(幹線道路) 원줄기가 되는 주요한 도

로. *무식하게 사치스러운 공허의 서울의/간선도로를 지나/아직도 얼굴의 윤곽이 뚜렷하지 않은/발목이 굵은 여자들이 많이 사는 나의 마을로(「X에서 Y로」)

간신히(艱辛—) 가까스로. 겨우. *기진맥진한 몸을 간신히 일으켜서/차가운 이를 건져서 끼고 따라서 내려간다/그중 끝의 방문을 열고 보니 꺼먼 사람이 셋이나 앉았다(「미숙한 도적」) *그들은 너무나 오랫동안 자기의 말을 잊고/남의 말을 하여 왔으며/그것도 간신히 떠듬는 목소리로밖에는 못해 왔기 때문이다(「헬리콥터」) *올 겨울에도 산 위의 초라한 나무들을 뿌리만 간신히 남기고 살살이 갈라갈 동네아이들(「꽃」)

간악(奸惡) 간사하고 악독함. *배반이여 모험이여 간악이여/간지러운 육체여/표면에 살아라/뮤즈여/너의 복부를랑 하늘을 바라보게 하고(「바뀌어진 지평선」)

간악하다(奸惡—) 간사하고, 악독하다.
　간악한 *고요함과 사랑이 이루어놓은 폭풍의 간악한/신념이여/봄베이도 뉴욕도 서울도 마찬가지다(「사랑의 변주곡」)

간음(姦淫) 부부가 아닌 남녀가 성 관계를 맺음. *妬忌와 경쟁과 살인과 간음과 사기에 대하여서는/너에게 이야기하지 않으리라/적당한 음모는 세상의 것이다(「바뀌어진 지평선」) *그 얼굴은 네 얼굴보다는/간음을 상상할 수 있을 만큼/그렇게 조금은 생생하지만/죽어라 돈을 받기보다는/죽어라 돈을 받기 전에(「네 얼굴은」)

간지럽다 ①무엇이 살에 닿아 가볍게 스칠 때처럼 견디기 어렵게 자리자리한 느낌이 있다. ②어떤 일을 하고 싶어 참고 견디기 어렵다. ③몹시 위태롭거나 거북하거나 더럽고 치사하여 마음에 자리자리한 느낌이 있다.
　간지러운 *배반이여 모험이여 간악이여/간지러운 육체여/표면에 살아라/뮤즈여/너의 복부를랑 하늘을 바라보게 하고(「바뀌어진 지평선」)
　간지러웁고 *검은 포탄의 꾸부러진 哭聲이/정신의 주변보다 더 간지러웁고/계곡을 스쳐서 돌아가는/악마의 眼膜 같은/강물을 향하여 그가 어떠한 은근한 인사를 하였는지/아무도 모르는 일이다(「조그마한세상의 지혜」)
　간지럽고 *나의 표정에는 무엇이지 우스웁고 간지럽고 서먹하고 쓰디쓴 것마저 섞여 있다/그것은 둔한 머리에 움직이지 않는 사념일 것이다(「여름 뜰」)

간통하다(姦通—) 결혼하여 배우자가 있는 사람이 배우자가 아닌 사람과 성적 관계를 맺다.
　간통하였다지 *더러운 자식 너는 백의와 간통하였다지」 너는 오늘부터 시인이 아니다(「백의」)

간판(看板) 기관, 상점, 영업소 따위에서 이름이나 판매 상품, 업종 따위를 써서 사람들의 눈에 잘 뜨이게 걸거나 붙이는 표지(標識). *눈에 보여. 냉면집 간판 밑으로—육개장을 먹으러—들어갔다가 나왔어—모밀국수 전문집으로 갔지—(「엔카운터 誌」)

간혹(間或) 어쩌다가 띄엄띄엄. *어느 삼류 신문의 사회면에는 간혹 그의 구제금 응모기사 같은 것이 나오고 있다/나는 이러한 사진과 기사를 볼 때마다(「백의」)

갈다 쟁기나 트랙터 따위의 농기구나 농기계로 땅을 파서 뒤집다. 주로 밭작물의 씨앗을 심어 가꾸다.
　갈고 *차라리 숙련이 없는 영혼이 되어/씨를 뿌리고 밭을 갈고 가래질을 하고 고물개질을 하자(「여름 아침」)

갈대 볏과의 여러해살이풀. 높이는 1~3미터이며, 잎은 길고 끝이 뾰족하다. 줄기는 단단하고 속이 비어 있으며 발, 삿자리 따위의 재료로 쓴다. 습지나 물가에 자라는데 우리나라를 비롯하여 전 세계에 널리 분포한다. *차창에서 내다본 중앙선의 복선공사에 동원된/갈대보다도 더 약한 소년들과 부녀자들의/노동의 慘景에 대한 편지도 못 쓰겠소 매부(「美濃印札紙」)

갈대소리 갈대가 바람에 나부껴 내는 소리. *흘러가는 흘러가는 새소리/갈대소리//「올 겨울은 눈이 적어서 토끼가 은거할 곳이 없겠네」(「토끼」)

갈망(渴望) 간절히 바람. *—여기에는 혹시 휴식의 갈망이 들어 있는지도 모른다—휴식의 갈망도 나의 오랜 친근한 친구이다(「후란넬 저고리」)

갈비 소나 돼지, 닭 따위의 가슴통을 이루는 좌우 열두 개의 굽은 뼈와 살을 식용으로 이르는 말. *저 왕궁 대신에 왕궁의 음탕 대신에/50원짜리 갈비가 기름덩어리만 나왔다고 분개하고(「어느 날 고궁을 나오면서」)

갈색(褐色) 검은빛을 띤 주홍색. *그것은 갈색 낙타 모자/그리고 유행에서도 훨씬 뒤떨어진 서울의 화려한 거리에서는 도저히 쓰고 다니기 부끄러운 모자이다(「시골 선물」)

갈아입다 입고 있던 옷을 벗고 다른 옷으로 바꾸어 입다.
　갈아입고 *깨끗이 버리고/농부의 몸차림으로 갈아입고/석경을 보니/땅이 편편하고/집이 편편하고(「檄文」)

감(感) 느낌이나 생각. *이북에서 고생하고 돌아오는/상병포로들에게 말할 수 없는 미안한 감이 듭니다(「조국에 돌아오신 傷病捕虜 동지들에게」)

감각(感覺) ①눈, 코, 귀, 혀, 살갗을 통하여 바깥의 어떤 자극을 알아차림. ②사물에서 받는 인상이나 느낌. *또 골목을 돌아서/추위에 온몸이/돌같이 감각을 잃어도/또 골목을 돌아서//아픔이/아프지 않을 때는/그 무수한 골목이 없어질 때(「아픈 몸이」) *내가 지금 6학년 아이들의 과외공부집에서 만난/학부형회의 어떤 어머니에게 느낀 여자의 감각/그 이마의 힘줄/그 힘줄의 集中度(「여자」)

감격(感激) ①마음에 깊이 느끼어 크게 감동함 또는 그 감동. ②고마움을 깊이 느낌. *무수한 웃음과 벅찬 감격이여 소생하여라/거리에 굴러다니는 보잘것없는 설움이여/진시왕만큼은 강하지 않아도/나는 모든 사람의 고민을 아는 것 같다(「거리2」)

감기(感氣) 주로 바이러스로 말미암아 걸리는 호흡기 계통의 병. 보통 코가 막히고 열이 나며 머리가 아픔. *사전이 詩 같은 나이의 詩/사전이 앞을 가는 변화의 詩/감기가 가도 감기가 가도/줄곧 앞을 가는 사전의 詩/詩.(「시」(1961))

감기다 '감다(어떤 물체를 다른 물체에 말거나 빙 두르다)'의 피동형.
　감겨져 *기저귀 위에는 나일론 종이까지 감겨져 있네/엄마는/바지가 젖는 것이 무서웁단다(「자장가」)

감다 ①주로 '눈'과 함께 쓰일 때, 눈꺼풀을 내려 눈동자를 덮다. ②못 본 체하다.
　감는 *그리고 이 사랑을 만드는 기술을 안다/눈을 떴다 감는 기술—불란서혁명의 기술(「사랑의 변주곡」)
　감아 *껌벅껌벅/두 눈을/감아가면서/아주/금방 곯아떨어질 것/같은데/밥보다도/더 소중한/잠이 안 오네(「《4·19》시」)

감돌다 ①어떤 둘레를 여러 번 빙빙 돌다. ②어떤 기체나 기운이 가득 차서 떠돌다. ③생각 따위가 눈앞이나 마음속에서 사라지지 않고 자꾸 아른거리다.
　감도는 *關公의 色帶로 감도는/향로의 餘烟이 신비한데//어드메에 담기려고/칠흑의 壁板 위로/香烟을 찍어(「廟庭의 노래」)

감동(感動) 크게 느끼어 마음이 움직임. *나이 어린 친구한테서 편지를 받았지/그 편지 안에 적힌 블레이크의 시를 감동을 하고(「이혼 취소」)

감득하다(感得—) 느껴서 알다. 영감으로 깨달아 알다.
　감득할 *그가 나를 진심으로 꾸짖지 않았다는 것을 나는 그의 은근하고 매혹적인 표정에서 능히 감득할 수 있었다(「백의」)

감상(感想)[1] 마음속에서 일어나는 느낌이나 생각. *작품 제목임(「판문점의 감상」) *내가 잠겨 있는 정신의 초점은 감상과 향수가 아닐 것이다/靜寂이 나의 가슴에 있고/부드러움이 바로 내가 따라가는 것인 이상(「거리2」)

감상(感傷)[2] 하찮은 일에도 쓸쓸하고 슬퍼져 마음이 상함. *이것이 이남 사람인 우리 부부의 誤算이었나 보다/38선에 대한/또 한 해의 터무니없는 感傷이었다 보다/그렇지(「판문점의 감상」) *洋盤 반주곡이 감상적이었다는 것이 아니라/더욱이나 푸른 창가에/황혼이 걸터앉아 있었다는 것이/더욱이나 아니라(「황혼」)

감정(感情) 어떤 현상이나 일에 대하여 일어나는 마음이나 느끼는 기분. *내가 시골을 여행하기 전에 그들을 보았더라면 대하였으리 감정과는 다른 각도와 높이에서 보게 되는 나는 내 자신의 감정이 보다 더 거만하여지고 순화되어진 탓이라고는 생각하지 않는다(「시골 선물」) *벽을 사랑하는 하루살이여/감정을 잊어버린 시인에게로/모여드는 모여드는 하루살이여(「하루살이」)

감추다 ①남이 보거나 찾아내지 못하도록 가리거나 숨기다. ②어떤 사실이나 감정 따위를 남이 모르게 하다. ③어떤 사물이나 현상 따위가 없어지거나 사라지다.
　감추리 *적진을 돌격하는 전사와 같이/나무에서 떨어진 새와 같이/적에게나 벗에게나 땅에게나/그리고 모든 것에서부터/나를 감추리(「더러운 향로」)

감탄하다(感歎—) 마음 속 깊이 느끼어 탄복하다.
　감탄하고 *이곳 저널리스트의 역습의 묘리에 감탄하고 있었는데/백의는 이와 같은 나의 안심과 태만을 비웃는 듯이(「백의」)
　감탄하니 *펌프의 물이 시원하게 쏟아져 나온다고/어머니가 감탄하니 과연 시원하고/무엇보다도/내가 정말 시인이 됐으니 시원하고(「檄文」)

감행하다(敢行—) 과감하게 실행하다.
　감행한 *천국이 온다고 바라고 있는 그대들 뿐이다/최소한도로/자유당이 감행한 정도의 불법을/혁명정부가 구육법전서를 떠나서(「육법전서와 혁명」)

감히(敢—) ①두려움이나 송구함을 무릅쓰고. ②말이나 행동이 주제넘게. ③'함부로', '만만하게'의 뜻을 나타내는 말. *까치도 까마귀도 응접을 못하는 시꺼먼 가지를 가진/나도 감히 상상을 못하는 거대한 거대한 뿌리에 비하면……(「거대한 뿌리」)

갑자기 미처 생각할 겨를도 없이 급히. *보라 금값이 갑자기 8,900환이다/달걀값은 여전히 영하 28환인데//이래도/그대들은 유구한 公序良俗 정신으로/위정자가 다 잘해 줄 줄 알고만 있다(「육법전서와 혁명」) *그녀는 인경전의 종소리가 울리면 장안의/남자들이 모조리 사라지고 갑자기 부녀자의 세계로/화하는 극적인 서울을 보았다 이 아름다운 시간에는(「거대한 뿌리」) *현대식 교량을 건널 때마다 나는 갑자기 회고주의자가 된다(「현대식 교량」)

*그렇게 매일 믿어왔는데, 갑자기 변했어./왜 변했을까. 이게 문제야. 이게 내 고민야(「엔카운터 誌」)

갑절 배(培). *그 낭비에 대항한다고 소모한/그 몇 갑절의 공허한 투자/대한민국의 전재산인 나의 온 정신을/너는 비웃는다(「꽃잎3」)

갑충(甲蟲) 딱정벌레목의 곤충을 통틀어 이르는 말. 온몸이 단단한 껍데기로 싸여 있고 앞날개가 단단하다. 풍뎅이, 하늘소, 딱정벌레 따위. *또 도는 조롱 같은 날개의 날것들과/갑충과 쉬파리떼/그리고 진드기(「등나무」)

값 ①사고파는 물건에 일정하게 매겨진 액수. ②물건을 사고팔 때 주고받는 돈. ③어떤 사물의 중요성이나 의의. ④노력이나 희생에 따른 보람이나 대가. ⑤어떤 것에 합당한 노릇이나 구실. *달걀값은 여전히 영하 28인데(「육법전서와 혁명」) *지금 참외와 수박을/지나치게 풍년이 들어/오이 호박의 손자며느리 값도 안 되게/헐값으로 넘겨버려 울화가 치받쳐서/고요해진 명수 할아버이의[…]서푼어치 값도 안 되는 미·소인은/초콜릿, 커피, 페티코트, 군복, 수류탄/따발총……을 가지고/적막이 오듯이(「가다오 나가다오」) *막걸리값으로 하려고/했는지(「도적」)

값비싸다 ①물건 따위의 값이 높다. ②들이는 노력이나 공이 적지 아니하다.
　값비싸게 *또 그 비참대로/값비싼 피아노가 값비싸게 울린다/돈이 울린다 돈이 울린다(「피아노」)
　값비싼 *또 그 비참대로/값비싼 피아노가 값비싸게 울린다/돈이 울린다 돈이 울린다(「피아노」)

값없다 ①물건 따위가 너무 흔하여 가치가 별로 없다. ②물건이 값을 칠 수 없을 정도로 아주 귀하고 가치가 높다. ③보람이나 대가 따위가 없다.
　값없게 *이 몇 개의 판테온의 기둥 사이에/뒹굴고 있는 폐허의 돌조각들보다도/더 값없게 발길에 차이는 隣國의 음성(「라디오 계」)
　값없는 *너의 가슴 위에서는/나 대신 값없는 낙엽이라도 울어줄 것이다(「나비의 무덤」)

강(江) 넓고 길게 흐르는 큰 물줄기. *자꾸 수그러져 가는 눈을 들어 강과 對岸의 찬란한 불빛을 본다(「말」(1958)) * 식구가 나보다도 일곱 식구나 더 많다는데/일요일이면 빠지지 않고 강으로 투망을 하러 나온다고 한다(「강가에서」) * 사그러져 가는 라디오의 재갈거리는 소리가/사랑처럼 들리고 그 소리가 지워지는/강이 흐르고 그 강 건너에 사랑하는/암흑이 있고 3월을 바라보는 마른 나무들이(「사랑의 변주곡」) * 찬장이 울린다 유리문이 울리고 그 속에/넣어둔 노리다케 반상 세트와 글라스가/울린다 이따금씩 강 건너의 대포소리가//낮 때도 울리지만 싱겁게 걸어갈 때(「의자가 많아서 걸린다」)

강가(江─) 강의 가장자리에 잇닿아 있는 땅 또는 그 부근. ☞ 강변. * 저이는 우리집을 찾아와서 산보를 청한다/강가에 가서 돌아갈 차비만 남겨놓고 술을 사준다(「강가에서」)

강도(強盜) 폭행이나 협박 따위의 수단으로 남의 재물을 빼앗는 도둑 또는 그런 행위. * 아직까지도 부패와 부정과 살인자와 강도가 남아 있는 사회/이 심연이나 사막이나 산악보다도/더 어려운 사회를 넘어서(「기도」)

강력(強力) 힘이 굳셈. 효과나 작용이 강함. '강력하다'의 어근. * 축소와 확대의 중간에선 그들의 얼굴/강력과 기도가 일체가 되는 거리에서/너는 비로소 겸허를 배운다(「예지」)

강력하다(強力─) 힘이 굳세다. 효과나 작용이 강하다.
　강력한 * 어제와 함께 내일에 사는 사람들이여/강력한 사람들이여(「예지」)

강렬하다(強烈─) 강하고 세차다.
　강렬한 * 나는 식인종같이 잔인한 탐욕과 강렬한 의욕으로 그중의 하나하나를 일일이 뚫어져라 하고 들여다보는 것이지만/나의 마음은 달과 바람모양으로 서늘하다(「거리2」)

강물(江─) 강에 흐르는 물. * 고뇌여//강물은 도도하게 흘러내려가는데/천국도 지옥도 너무나 가까운 곳/사람들이여(「여름 아침」) * 애타도록 마음에 서둘지 말라/강물 위에 떨어진 불빛처럼/혁혁한 업적을 바라지 말라(「봄 밤」) * 낡은 대문 사이에 매일같이 흐르는 강물이 오늘에야 비로소 꽉 차 있다(「말」(1958)) * 계곡을 스쳐서 돌아가는/악마의 眼膜 같은/강물을 향하여/그가 어떠한 은근한 인사를 하였는 지/아무도 모르는 일이다(「조그마한 세상의 지혜」) * 거위의 울음소리는/밤에도 여자의 호마노색 원피스를 바람에 나부끼게 하고/강물이 흐르게 하고/꽃이 피게 하고/웃는 얼굴을 더 웃게 하고/죽은 사람을 되살아나게 한다(「거위 소리」)

강바람(江─) 강물 위에서나 강가에서 부는 바람. * 기운을 주라 더 기운을 주라/강바람은 소리도 고웁다/기운을 주라 더 기운을 주라(「채소밭 가에서」)

강변(江邊) 강의 가장자리에 잇닿아 있는 땅 또는 그 부근. ☞ 강가. * 나이아가라 강변에서 隨道工事에 挺身하고 있었다 하며/그의 모친은 희랍인이라고 한다(「백의」) * 황폐한 강변을/영혼보다도 더 새로운 해빙의 파편이/저 멀리/흐른다(「초봄의 뜰 안에」)

강변밭(江邊─) 강가의 밭. * 일년 열두 달 쉬는 법이 없는/걸쩍한 강변밭 같기도 할 것이니//지금 참외와 수박을/지나치게 풍년이 들어(「가다오 나가다오」)

강아지 개의 새끼. * 햇빛에는 겨울보리에 싹이 트고/강아지는 낑낑거리고/골짜기들은 평화롭지 않으냐(「冬麥」)

강아지장 강아지를 키우는 우리. * 껄걸 웃으면서 구공탄을 피우는 불쏘시개라도 하자/강아지장에 깐 짚이 젖었거든(「우선 그놈의 사진을 떼어서 밑씻개로 하자」)

강아지풀 볏과의 한해살이풀. 줄기는 높이가 20~70cm이며, 뭉쳐난다. 대침 모양이고 여름에 강아지 꼬리 모양의 연한 녹색 또는 자주색 꽃이 줄기 끝에 핀다. 열매는 타원형이며 종자는 구황 식물로 식용한다. 들, 밭, 길가에 나는데 열대를 제외한 전 세계에 분포한다. * 강아지풀 사이에 가지는 익고/인가 사이에서 기적처럼 자라나는 무성한 버드나무(「말복」)

강요하다(強要─) 억지로 또는 강제로 요구하다.
　강요해서는 * 문명의 혈세를 강요해서는 아니 된다 新과 舊가/탈을 낸 돈이 없나 순시를 다니는 제임스 띵은(「제임스 띵」)

강의(剛毅) 강직(剛直)하여 굽힘이 없음. * 오히려 이와 같은 나의 경멸과 剛毅로 인하여/나는 그날부터 그를 진심으로 사랑하게 되었다(「백의」)

강인성(强靭性) 굳세고 질긴 성질. *노쇠한 선교사모양으로 낮잠을 자지 않고도 견딜 만한 강인성을 가지고 있다(「영롱한 목표」)

강자(强者) 힘이나 세력이 강한 사람 또는 집단. *그는 일본 대학에 다니면서 4년 동안을 제철회사에서/노동을 한 强者다//나는 이자벨 버드 비숍 여사와 연애하고 있다 그녀는(「거대한 뿌리」)

강중령(姜中領) 강씨 성을 가진 중령계급의 사람. *철수도 용식이도 미스터 강도 유중사도/강중령도 그놈의 속을 모르는 바는 아니었지만/무서워서 편리해서 살기 위해서(「우선 그놈의 사진을 떼어서 밑씻개로 하자」)

강철(鋼鐵) 무쇠를 열처리 하여 강도(强度)와 인성(靭性)을 높인 쇠. '심신이 단단하고 굳셈'을 비유하여 이르는 말. *크레인의 강철보다 더 강한 익어가는 황금빛을 꺾기 위하여(「여름 뜰」)

강청하다(强請—) 무리하게 청하다.
강청한 *돌려 달라고 우리가 강청한 사람은 이 돈을 받을 사람과 한 고향인 함경도 친구//이 돈이 31일까지 나올 가망성이 없다(「판문점의 감상」)

강하다(强—) 기력이나 세력 따위가 세고 힘이 있다.
강하다고 *누구의 힘보다 강하다고 믿어 오던/無色의 생활자가 네가 아니던가(「기자의 정열」)
강하지 *거리에 굴러다니는 보잘것없는 설움이여/진시왕만큼은 강하지 않아도/나는 모든 사람의 고민을 아는 것 같다(「거리2」)
강한 *비행기 프로펠러보다는 팽이가 기억이 멀고/강한 것보다는 약한 것이 더 많은 나의 착한 마음이기에(「달나라의 장난」) *여름 뜰이여/크레인의 강철보다 더 강한 익어가는 황금빛을 꺾기 위하여/너의 뜰을 달려가는 조고마한 동물이라도 있다면(「여름 뜰」)

갖다¹ '가지다'의 준말. ☞ 가지다.
갖게 *내가 비로소 여유를 갖게 된 것은/거리에서와 마찬가지로 집안에 있어서도 저 무시무시한 白蟻를 보기 시작한 때부터이었다(「백의」)
갖고 *벽 뒤로 퍼진 원근 속에/밤이/가벼웁게 개울을 갖고//개울은 달빛으로 얼음 위에/얼음을 놓았는데(「凍夜」) *거대한 비애를 갖고 있는 사람이기 때문이리라/거대한 여유를 갖고 있는 사람이기 때문이리라(「파리와 더불어」) *모든 사람에게 고해야 할 너무나 많은 말을 갖고 있지만/세상은 나의 말에 귀를 기울이지 않는다(「말」(1964)) *우리는 무슨 적이든 적을 갖고 있다/적에는 가벼운 적도 무거운 적도 없다(「적1」) *이 3만 원을 달러 이자라도 내서 갚아 달라고 대드는 바람에/집문서를 갖고 가서 무이자로 15개월만/돌려 달라고 우리가 강청한 사람은 이 돈을 받을 사람과 한 고향인 함경도 친구//이 돈이 31일까지 나올 가망성이 없다(「판문점의 감상」) *그래도 행동이 마지막 의미를 갖고/네가 씹는 음식에 내가 증오하지 않음이/내가 겨우 살아있는 표시라(「먼지」)
갖는다 *나는 아이들을 가르치면서/우리나라가 종교국이라는 것에 대한 자신을 갖는다[…]나는 아이들을 가르치면서/우리나라가 종교국이라는 것에 대한 자신을 갖는다(「우리들의 웃음」)
갖지 *가을이 오기 전에는/내 팔은 좀체로 제대로 길이를 갖지 못하고//그래도 햇빛을 가리킨다(「말복」)

갖다² '가지어다가'의 준말. *귀치않은 부탁을 하러 오는 사람들이/갖다 주는 것으로 연명을 하고 보니(「付託」) *나는 걸핏하면 개똥을 갖다 파묻는다/밭주인이 보면 질색을 할 노릇이지만/이 밭주인은 차밭 주인의 소작인이다(「반달」)

갖추다 필요한 것들을 고루고루 지니거나 차려 가지다.
갖춘 *제2차 대전 이후의/긴 긴 역사를 갖춘 것 같은/이 엄연한 책이/지금 바람 속에 휘날리고 있다(「가까이 할 수 없는 서적」)

같다 ①크기, 생김새 따위가 서로 다르지 않고 한 모양이다. 다른 것과 비교하여 그것과 다르지 않다. ②(— 것 뒤에 쓰여) 추측, 불확실한 단정을 나타내는 말. *오래 보지 못한 달나라의 장난 같다/팽이가 돈다/팽이가 돌면서 나를 울린다(「달나라의 장난」) *방향을 가리지 않고 서 있는 서가 사이에서/도적질이나 하듯이 희끗희끗 내다보는 저 흰 벽들은/무슨 鳥類의 屎尿와도 같다(「국립도서관」) *나는 모든 사람의 고민을 아는 것 같다/어두운 도서관 깊은 방에서 육중한 백과사전을 농락하는 학자처럼/나는 그네들의 고민에 대하여만은 투철한 자신이 있다(「거리2」) *여름 아침의 시골은 가족과 같다/햇살을 모자같이 이고 앉은 사람들이 밭을 고르고(「여름 아침」) *더운 날/敵이란 海綿 같다/나의 양심과 독기를 빨아먹는/문어발 같다(「적」) *그리고 또 하나 있는 것 같다/주요한 본론이 네 개는 있었다/비닐, 파리통, 도배지……/주요한 본론이 4항목은 있는 것 같다(「마케팅」) *이런 사람을 보면 세상사람들이 다 그처럼 살고 있는 것 같다/나같이 사는 것은 나밖에 없는 것 같다(「강가에서」)

같고 *흰 쌀밥을 먹고 갔는데 보리알을 먹고 간 것 같고/그렇게 피투성이가 되어 찾던 만년필은/처의 백 속에 숨은 듯이 걸려 있고(「절망」(1962)) *지금의 적이 가장 무거운 것 같고 무서울 것 같지만/이 적이 없으면 또 다른 적 — 내일(「적1」) *언뜻 보기엔 임종의 생명 같고/바위를 뭉개고 떨어져내릴/한 잎의 꽃잎 같고/혁명 같고/먼저 떨어져내린 큰 바위 같고/나중에 떨어진 작은 꽃잎 같고//나중에 떨어져내린 작은 꽃잎 같고(「꽃잎1」)

같구나 *나들이를 갔다가 아들놈을 두고 온 안방 건넌방은 빈집 같구나(「사치」)

같기도 *석양에 비쳐 눈부신 카운터 같기도 한 것이니[…]석양에 비쳐 눈부신/일년 열두 달 쉬는 법이 없는/걸쭉한 강변밭 같기도 할 것이니(「가다오 나가다오」)

같다고 *옆에 누운 친구가 내가 이를 뺀 얼굴이 어린 아해 같다고 간간대소하며 좋아한다(「미숙한 도적」)

같다는 *聖俗이 같다는 원효대사가/텔레비에 텔레비에 들어오고 말았다[…]성속이 같다는 원효대사가/텔레비에 나온 것을 뉘우치지 않고/春園 대신의 원작자가 된다[…]상징이 된다 성속이 같다는 원효/대사 이런 기계의 영광을 누릴/줄이야 〈제니〉의 덕택을 입을/줄이야 〈제니〉를 〈제니〉를 사랑할 줄이야(「원효대사」)

같던 *그 금덩어리 같던 소리를 지금은 안 들는다/참 이상하다(「라디오 계」)

같아서 *그렇지 않고서는 내가 미치고 말 것 같아서//아아 벌/소리야!(「伏中」)

같았다 *그래 도무지 모—두가 미칠 것만 같았다/무지무지한 坑夫는 나에게 글을 가르쳤다(「아침의 유혹」) *그때는 인국 방송이 들리지 않아서/그들의 달콤한 억양이 금덩어리 같았다(「라디오 계」)

같은 *그것은 작전 같은 것이기에 어려웁다//국수—이태리어로는 마카로니라고/먹기 쉬운 것은 나의 叛亂性일까(「孔子의 생활난」) *제2차 대전 이후의/긴 긴 역사를 갖춘 것 같은/이 엄연한 책이(「가까이 할 수 없는 서적」) *또 하나의 것이란 우리의 육안에는 보이지 않는 곡선 같은 것일까(「토끼」) *너의 이름과 너와 나와의 관계가 무엇인지 알아질 때까지/소금 같은 이 세계가 존속할 것이며/의심할 것인데(「풍뎅이」) *오고가는 것이 직선으로 혹은 대각선으로 맞닥뜨리는 것 같은 속에서/나의 설움은 유유히 자기의 시간을 찾아갔다(「방안에서 익어가는 설움」) *몇 개의 번개 같은 환상이 필요하다 하더라도/꿈은 교훈/청춘 물 구름/피로들이 몇 배의 아름다움을 加하여 있을 때도(「긍지의 날」) *덮어놓은 책은 기도와 같은 것/이 책에는/神밖에는 아무도 손을 대어서는 아니 된다(「서책」) *투명의 대명사 같은 너의 몸을/지금 나는 은폐물같이 생각하고/기대고 앉아서/안도의 탄식을 짓는다(「너는 언제부터 세상과 배를 대고 서기 시작했느냐」) *백화가 만발한 언덕 저편에/부처의 心思 같은 굴뚝이 허옇고/그 위에서 내뿜는 연기는/얼핏 생각하면 우습기도 하다(「연기」) *四星將軍이 즐비한 거대한 파티 같은 풍성하고 너그러운 풍경을 바라보면서/나에게는 잔이 없다[…]기계가 아닌 자욱한 안개 같은/준엄한 태산 같은/시간의 퇴적뿐이 아닐 것이냐(「네 이팜 탄」) *어느 삼류 신문의 사회면에는 간혹 그의 구제금 응모기사 같은 것이 나오고 있다[…]이곳 저널리스트의 역습의 묘리에 감탄하고 있었는데/백의는 이와 같은 나의 안심과 태만을 비웃는 듯이/어느 틈에 우리 가정의 내부에까지 침입하여 들어와서[…]오히려 이와 같은 나의 경멸과 剛毅로 인하여/나는 그날부터 그를 진심으로 사랑하게 되었다(「백의」) * 주검에 金面 같은 너의 얼굴 위에/용이 있고 落日이 있다/무엇보다도 먼저 끊어야 할 것이 설움이라고 하면서(「병풍」) * 보석 같은 아내와 아들은/화롯불을 피워가며 병아리를 기르고/짓이긴 파 냄새가 술 취한/내 이마에 神藥처럼 생긋하다(「초봄의 뜰 안에」) * 흔적은 없어도 戰災를 입은 것만 같은(그렇게 그 문은 나에게는 너무나 컸다)(「말」(1958)) * 계곡을 스쳐서 돌아가는/악마의 眼膜 같은/강물을 향하여/그가 어떠한 은근한 인사를 하였는지/아무도 모르는 일이다[…]승패의 차이를 계산할 줄 아는/포탄의 이성이여/「너의 自決과 같은 맹렬한 자유가/여기 있다」(「조그마한 세상의 지혜」) * 3년 전에 심은 버드나무의 악마 같은/그림자가 뿜는 아우성소리를 들으며//집과 문명을 새삼스럽게/즐거워하고 또 비판한다[…]그리고 나와 같은 집 없는 걸인이여/집이 여기에 있다고 외쳐라(「가옥 찬가」) * 일어서 있는 너의 얼굴은/오늘밤의/앉아 있는 내 방의 촛불 같은 재산, 보석이여.(「반주곡」) * 생활에 얼이 빠진 여인의 모습을 다방의 창 너머로 瞥見하였기 때문에/다음과 같은 쪽지를 미스터 리한테 적어놓고/시골로 떠났다(「미스터 리에게」) * 싸늘한 가을바람 소리에/전통은/새처럼 겨우 나무그늘 같은 곳에/定處를 찾았나보다(「파리와 더불어」) * 배고픈 사람이/하도 많아 그러나/시 같은 것/시 같은 것/안 쓰려고 그러나/더구나/《4·19》시 같은 것/안 쓰려고 그러나[…]그래 그러나//시 같은 것/시 같은 것/써보려고 그러나/《4·19》시 같은 것/써보려고 그러나(「《4·19》시」) * 또 도는 조롱 같은 날개의 날것들과/갑충과 쉬파리떼/그리고 진드기(「등나무」) * 실 같은 바람 따라서 또 가요//더러운 일기는 찢어버려도/짜장 재주를 부릴 줄 아는 나이와 詩[…]사전이 詩 같은 나이의 詩/사전이 앞을 가는 변화의 詩/감기가 가도 감기가 가도/줄곧 앞을 가는 사전의 詩/詩.(「시」(1961)) * 흡반 같은 나의 대문의 명패보다도/정체 없는 놈/더운 날/눈이 꺼지듯 적이 꺼진다(「적」) * 여자의 본성은 에고이스트/뱀과 같은 에고이스트/그러니까 뱀은 선천적인 포로인지도 모른다(「여자」) * 50원짜리 갈비가 기름덩어리만 나왔다고 분개하고/옹졸하게 분개하고 설렁탕집 돼지 같은 주인년한테 욕을 하고/옹졸하게 욕을 하고(「어느 날 고궁을 나오면서」) * 김동인, 박승희 같은 이들처럼 私財를 털어놓고/문화에 헌신하지 않았다(「이 한국문학사」) * 어제 국회의장 공관의 칵테일 파티에 참석한/천사 같은 여류작가의 냉철한 지성적인 눈동자는 거짓말이다(「이혼 취소」) * 거기에는 냉방장치가 없어요. 장소는 200명가량/수용될지 모르지만요. 절망의 연료가 모자/란다구요. 그래요! 반도호텔 같은 데라야/미국놈들한테서 입장료를 받을 수 있지요(「전화 이야기」) * 사랑의 기차가 지나갈 때마다 우리들의/슬픔처럼 자라나고 도야지우리의 밥찌끼/같은 서울의 등불을 무시한다[…]이 방에서 저 방으로 할머니가 계신 방에서/심부름하는 놈이 있는 방까지 죽음 같은/암흑 속을 고양이의 반짝거리는 푸른 눈망울처럼/사랑이 이어져가는 밤을 안다[…]그리고 그것은 아버지 같은 잘못된 시간의/그릇된 명상이 아닐 거다(「사랑의 변주곡」) * 캄캄한 소식의 실낱 같은 완성/실낱 같은 여름날이여/너무 간단해서 어처구니없이 웃는/너무 어처구니없이 간단한 진리에 웃는/너무 진리가 어처구니없이 간단해서 웃는/실낱 같은 여름 바람의 아우성이여/실낱 같은 여름 풀의 아우성이여/너무 쉬운 여름 풀의 아우성이여(「꽃잎3」) * 조금도 미안하지 않소 매부의 태산 같은/친절과 친절의 압력에 대해서 미안하지 않소(「美濃印札紙」)

같은데 * 껌벅껌벅/두 눈을/감아가면서/아주/금방 곯아떨어질 것/같은데/밥보다도/더 소중한/잠이 안 오네/달콤한/달콤한/잠이 안 오네(「《4·19》시」)

같지만 * 지금의 적이 가장 무거운 것 같고 무서울 것 같지만/이 적이 없으면 또 다른 적―내일(「적1」)

같이 ①둘 이상의 사람이나 사물이 함께. ②어떤 상황이나 행동 따위와 다름이 없이. * 오늘도 어제와 같이 괴로운 잠을/이루울 준비를 해야 할 이 시간에(「가까이 할 수 없는 서적」) *팽이는 지금 수천 년 전의 聖人과 같이/내 앞에서 돈다(「달나라의 장난」) *적진을 돌격하는 전사와 같이/나무에서 떨어진 새와 같이/적에게나 벗에게나 땅에게나/그리고 모든 것에서부터/나를 감추리[…]향로인가 보다/나는 너와 같이 자기의 그림자를 마시고 있는 향로인가 보다//내가 너를 좋아하는 원인을/네가 지니고 있는 긴 역사였다고 생각한 것은 과오였다//길을 걸으면서 생각하여 보는/향로가 이러하고/내가 그 향로와 같이 있을 때/살아있는 향로/소생하는 나/덧없는 나(「더러운 향로」) *영사판 위에 비치는 길 잃은 비둘기와 같이 가련하게 된다(「영사판」) *그러나 나는 너를 통하여 아무것도/보지 않고 있는지도 모른다/두려운 세상과 같이 배를 대고 있는/너의 대담성(「너는 언제부터 세상과 배를 대고 서기 시작했느냐」) *너와 같이 걸어간다/흐린 봄철 어느 오후의 무거운 日氣처럼/그만한 우울이 또한 필요하다[…]오늘과 내일의 차이를 정시하기 위하여/하다못해 이와 같이 타락한 신문기자의/탈을 쓰고 살고 있단다[…]뮤즈여/시인이 시의 뒤를 따라가기에는 싫증이 났단다/고갱, 녹턴 그리고/물새/모두 다 같이 나가는 지평선의 대열(「바뀌어진 지평선」) *외양만이라도 남과 같이 살아간다는 것이 이다지도 쑥스러울 수가 있을까[…]날아간 제비와 같이//날아간 제비와 같이 자국도 꿈도 없이/어디로인지 알 수 없으나/어디로이든 가야 할 반역의 정신(「구름의 파수병」) *모오든 언어가 시에로 통할 때/나는 바로 일순간 전의 대담성을 잊어버리고/젖 먹는 아이와 같이 이지러진 얼굴로/여름 뜰이여/너의 광대한 손[手]을 본다(「여름 뜰」) *그러나 바로 어저께 내가 오랜간만에 거리에 나가니/나의 친구들은 모조리 나를 회피하는 눈치이었다/그중의 어느 시인은 다음과 같이 나에게 욕을 하였다(「백의」) *번개와 같이 떨어지는 물방울은/취할 순간조차 마음에 주지 않고/懶惰와 안정을 뒤집어놓은 듯이/높이도 폭도 없이//떨어진다(「瀑布」) *우리들은 다 같이 산등성이를 내려가는 사람들(「광야」) *어제와 같이 다시는 〈헛소리〉를 하지 않으려고 결심하면서//자꾸 수그러져 가는 눈을 들어 강과 對岸의 찬란한 불빛을 본다(「말」(1958)) *내가 나가토[長門]라는 여가수도 같이 갔느냐고/농으로 물어보려는데/누가 벌써 재빨리 말꼬리를 돌렸다……/신은 곧잘 이런 꾸지람을 잘한다(「나가타 겐지로」) *여행이 나를/놀래일 수 없었던 것과 같이/나는 집에 와서도/그동안의 부재에도/놀라서는 안 된다(「旅愁」) *피안도 사투리를 마시고 있나/아무리 마셔도 취하지 않으니/같이 온 친구를 보기도 미안만 한데/옆 상에 앉은 술친구들이 경사나 난 듯이/고함을 친다[…]건너편 친구가 같이 자러 가자고 쥐정만 하니까//아냐 아냐 오해야 내가 이 여자의 연인이 아니라네(「滿洲의 여자」) *그런데 큰 놈의 방에 같이 있는 가정교사가 내/기침소리를 싫어해. 내가 붓을 놓는 것까지/자리에서 일어나는 것까지 문을 여는 것까지 알고(「엔카운터誌」)

같이하다 함께하다. 같은 사정에 처하다.
  같이한 *쓸 필요도 없이 한 3, 4일을 나하고 침식을 같이한 돈[…]하여간 바쁨과 한가와 실의와 초조를 나하고 같이한 돈(「돈」)
  같이해도 *여편네의 방에 와서 기거를 같이해도/나는 이렇듯 소년처럼 되었다/흥분해도 소년/계산해도 소년/애무해도 소년/어린 놈 너야[…]여편네의 방에 와서 기거를 같이해도/나는 점점 어린애[…]여편네의 방에 와서 기거를 같이해도/나는 점점 어린애/너를 더 사랑하고(「여편네의 방에 와서」)

갚다 빌리거나 꾸거나 한 금품을 돌려주다. 은혜나 원한 등을 상대에게 돌려주다.
  갚아 *이 3만 원을 달러 이자라도 내서 갚아 달라고 대드는 바람에/집문서를 갖고 가서 무이자로 15개월만(「판문점의 감상」)
  갚을 *별안간/빚 갚을 것/생각나 그러나/여편네가/짜증 낼까/무서워 그러나/동생들과/어머니가/걱정이 돼 그러나/참았던 오줌 마려/그래 그러나(「〈4·19〉시」)

개[1] ①갯과의 동물. 사람을 잘 따라, 예부터 가축으로 기름. 용맹스럽고 영리하며 냄새를 잘 맡고 귀가 밝아, 사냥용·경비용·수색용·목양용(牧羊用)·애완용 따위로 쓰임. ②'권력자나 부정한 사람의 앞잡이'를 비유하여 이르는 말. 주구(走狗). ③'성질이 못된 사람이나 함부로 몸을 굴리는 사람'을 비유하여 이르는 말. *사람이 지나간 자국 위에 서서 부르짖는 것은/개와 도회의 詐欺師뿐이 아니겠느냐/모든 관념의 말단에 서서 생활하는 사람만이 이기는 법이다(「영롱한 목표」) *개가 울고 종이 들리고 달이 떠도/너는 조금도 당황하지 말라/술에서 깨어난 무거운 몸이어/오오 봄이여[…]개가 울고 종이 들리고/기적소리가 과연 슬프다 하더라도(「봄 밤」) *눈이 내린 날에는 白羊宮의 비약이 없는 날에는/개도 짖지 않는 날에는 제임스 띵이 뛰어들어서는/아니 된다(「제임스 띵」) *개의 울음소리를 듣고 그 비명에 지고/머리에 피도 안 마른 애놈의 투정에 진다/떨어지는 은행나무잎도 내가 밟고 가는 가시밭(「어느 날 고궁을 나오면서」) *개가 여러 번 짖는 소리를 들었지만/나는 귀찮아서 나가지를 않았다(「도적」)

개(個·介·箇)² 낱으로 된 물건을 셀 때 수관형사 뒤에 쓰는 말. *4면의 신문 위에 6호 활자가 몇천 개 박혀 있는지 모르지만 너의 상상에서는 실제의 수십 배는 담겨 있으리라(「기자의 정열」) *나의 죄 있는 몸의 억천만 개의 털구멍에/죄라는 죄가 가시같이 박히어도/그야 솜털만치도 아프지는 않으려니(「기도」) *내가 살기 위하여/몇 개의 번개 같은 환상이 필요하다 하더라도/꿈은 교훈/청춘 물 구름/피로들이 몇 배의 아름다움을 加하여 있을 때도(「긍지의 날」) *억만 번 늬가 없어 설워한 끝에/억만 걸음 떨어져있는/너는 억만 개의 모욕이다//나쁘지도 않고 좋지도 않은 꽃들/그리고 별과도 등지고 앉아서/모래알 사이에 너의 얼굴을 찾고 있는 나는 인제 늬가 없어도 산단다(「너를 잃고」) *이제는 나의 이 늙지도 젊지도 않은 몸에/해묵은/1,961 개의/곰팡내를 풍겨 넣어라/오 썩어가는 탑(「아픈 몸이」) *그리고 또 하나 있는 것 같다/주요한 본론이네 개는 있었다/비닐, 파리통, 도배지……?/주요한 본론이 4항목은 있는 것 같다/4항목 4항목 4항목……(면도날!)(「마케팅」) *모이 한 가마니에 430원이니/한 달에 12, 3만 환이 소리 없이 들어가고/알은 하루 60개밖에 안 나오니/묵은 닭까지 합한 닭모이값이/일주일에 6일을 먹고/사람은 하루를 먹는 편이다(「만용에게」) *그리고10.5는 봄서리치는 그것//이 몇 개의 판테온의 기둥 사이에/뒹굴고 있는 폐허의 돌조각들보다도/더 값없게 발길에 차이는 隣國의 음성/―물론 낭랑한 일본 말들이다(「라디오 계」)

개가(凱歌) '개선가'의 준말. 경기 등에서 이겼을 때 터져 나오는 환성. *오오 폐허의 질서여 수치의 凱歌여/차나무 냄새여 어둠이여 소녀여(「반달」)

개관하다(槪觀―) 전체를 대강 살펴보다. 윤곽, 명암, 색채, 구도 따위의 모양을 살피다.
  개관하고 *이게 아무래도 내가 저의 섹스를 개관하고/있는 것을 아는 모양이다(「性」)

개구리 ①양서강 개구리목의 동물을 통틀어 이르는 말. ②개구릿과의 하나. 올챙이가 자란 것으로 뒷발이 길고 발가락 사이에 물갈퀴가 있다. 눈 뒤쪽에는 고막이 드러나 있으며 수컷은 울음주머니를 부풀려 소리를 낸다. *나는 어찌나 좋았던지 목욕을 하러 갔지/개구리란 놈이 추락하는 폭격기처럼/사람을 놀랜다(「伏中」)

개굴창 수채 물이 흐르는 작은 도랑. '개골창', '시궁창', '개울'의 방언. *그 지긋지긋한 놈의 사진을 떼어서/조용히 개굴창에 넣고/썩어진 어제와 결별하자(「우선 그놈의 사진을 떼어서 밑씻개로 하자」)

개다 ①흐리거나 궂은 날씨가 맑아지다. ②언짢거나 우울한 마음이 개운하고 홀가분해지다.
  개인 *말갛게 개인 글 모르는 백성들의 마음에는/〈미국인〉과 〈소련인〉도 똑같은 놈들/가다오 가다오(「가다오 나가다오」) *금성라디오 A 504를 맑게 개인 가을날/일수로 사들여온 것처럼/500원인가를 깎아서 일수로 사들여온 것처럼(「금성라디오」)

개똥 ①개의 똥. ②보잘것없거나 천하거나 엉터리인 것을 비유적으로 이르는 말. *채소밭이 있다 김장 무나 배추를 심었을/인습적인분가루를 칠한 밭 위에/나는 걸핏하면 개똥을 갖다 파묻는다/밭주인이 보면 질색을 할 노릇이지만/이 밭주인은 차밭 주인의 소작인이다(「반달」)

개미 개밋과의 곤충을 통틀어 이르는 말. 몸은 머리, 가슴, 배로 뚜렷이 구분되는데 허리가 가늘다. 대부분 독침이 없고 배 끝에서 포름산을 방출한다. 여왕개미와 수개미는 날개가 있으나 일개미는 없다. 땅속이나 썩은 나무 속에 집을 짓고 사회생활을 한다. 전 세계에 5,000~1만 종이 분포한다. ＊쨈보야 태평양 밑의 개미 길에/미국사람들이 세워놓은 자동차란 자동차는/싹 없애버려라(「나는 아리조나 카보이야」) ＊신념보다도 더 큰/내가 묻혀 사는 사랑의 위대한 도시에 비하면/너는 개미이냐(「사랑의 변주곡」)

개미구멍 ①개미가 파 놓은 구멍. ②개미집. ＊이놈들 여기 개미구멍으로 다 들어가/이 구멍으로 들어가면 아리조나에 있는/우리 고조할아버지 산소 망두석 밑으로 빠질 수 있으니까(「나는 아리조나카보이야」)

개수작(―酬酌) 이치에 맞지 않는 엉뚱하고 쓸데없는 말이나 행동을 낮잡아 이르는 말. ＊이게 도대체 무슨 개수작이냐/불쌍한 백성들아/불쌍한 것은 그대들뿐이다/천국이 온다고 바라고 있는 그대들뿐이다(「육법전서와 혁명」)

개울 골짜기나 들에 흐르는 작은 물줄기. ＊멀리서 산이 보이고/개울 대신 실가락처럼 먼지나는/군용로가 보이는/고요한 마당 위에서/나는 나를 속이고 역사까지 속이고(「휴식」) ＊내가 나를 잊어버리기 때문에/개울과 개울 사이에/하얀 모래를 골라 비둘기가 내려앉듯/시간이 내려앉는다(「백지에서부터」) ＊처갓집 옆의 지금은 매립한 개울에서 아낙네들이/양잿물 솥에 불을 지피며 빨래하던 시절을 생각하고(「거대한 뿌리」) ＊벽 뒤로 퍼진 원근 속에/밤이/가벼웁게 개울을 갖고//개울은 달빛으로 얼음 위에/얼음을 놓았는데(「凍夜」)

개울가 개울의 언저리. ＊돌배가 개울가에 자라는/숲속에선/누이의 방도 장마가 가시면 익어가는가(「누이의 방」) ＊詩는 쨍쨍한 날씨에 청량한 들에/환락의 개울가에 바늘 돋친 숲에/버려진 우산/망각의 想起다(「적2」) ＊이런 황혼에는 시베리아의/어느 이름 없는 개울가에서/들오리가 서투른 앉음새로/병아리를 품고 있을지도 모른다/심심해서 아아 심심해서 (「황혼」)

개좆 수캐의 생식기. 어떤 대상을 비하하는 욕으로 쓰인다. ＊사회주의자는 네에미 씹이다 통일도 중립도 개좆이다/은밀도 십오도 학구도 체면도 인습도 치안국/으로 가라(「거대한 뿌리」)

개천(价川) 평안남도의 지명. 군명, 읍명, 시명임. 산간 분지에 있으나, 개천선의 중요한 철도역이며, 농산물의 집산지이다. 탄광과 철광으로 유명함. 군청 소재지. 1991년 행정 구역 개편 때 읍에서 시로 승격되었다. ＊내가 6·25 후에 价川 야영훈련소에서 받은 말할 수 없는 학대를 생각한다/北院 훈련소를 탈출하여 順川 읍내까지도 가지 못하고(「조국에 돌아오신 傷病捕虜 동지들에게」)

개키다 옷이나 이부자리 따위를 겹치거나 접어서 단정하게 포개다.

개키고 ＊정보원이 너스들과 스펀지를 만들고 거즈를/개키고 있는 나를 보고 포로경찰이 되지 않는다고(「어느 날 고궁을 나오면서」)

개헌(改憲) 헌법을 고침. ＊만사에 여유가 있어야 하지만/위대한 〈개헌〉 헌법에 발을 맞추어 가자면/여유가 있어야지/불안을 불안으로 딴죽을 걸어서 퀘지게 할 수 있지(「만시지탄은 있지만」)

객소리(客―) 실없는 말. 객쩍은 말. ＊나의 주위에 말짱 〈반동〉만 앉아 있어/객소리만 씨부리고 있었다는 것이/더욱이나 더욱이나 아니라(「황혼」)

갯벌 바닷물이 드나드는 모래톱 또는 그 주변의 넓은 땅. ＊거기에는 반드시 구름이 있고/갯벌에 고인 게으른 물이/벌레가 뜰 때마다 눈을 껌벅거리고(「이사」)

갱(坑) ①광물을 파내기 위하여 땅속을 파 들어간 굴. ②갱도(坑道). ③사금광에서, 퍼낸 물을 빼기 위하여 만든 도랑. ＊불이 튕기고 별이 튕기고 영원의/행동이 튕기고 자고 깨고/죽고 하지만 모두가 坑 안에서/참호 안에서 일어나는 일[…]어제와 오늘이 하늘과 땅처럼/달라지고 침묵과 발악이 오늘과/내일처럼 달라지고 달라지지 않는/이 갱 안의 잉크 수건의 칼자국[…]돈이 되고 사랑이 되고 갱의 단층의/길이가 얇아지고 돈이 돈이 되고 돈이/길어지고 짧아지고//돈의 꿈이 길어지고 짧아지고 타락의/길이도 표준이 없어지고 먼지가 다시 생기고/갱이 생기고 그늘이 생기고 돌이 쇠가/구리가 먼지가 생기고(「먼지」)

갱부(坑夫) 광산에서, 채굴 작업에 종사하는 인부. *무지무지한 坑夫는 나에게 글을 가르쳤다/그것은 千字文이 되는지도 나는 모르고 있었다(「아침의 유혹」)

거 '것'을 구어적으로 이르는 말. *내가 구름운전수 제퍼슨 선생한테 말해 놨으니까 시간은/2분밖에 안 걸릴 거다(「나는 아리조나 카보이야」) *쥐보다 좀 큰 도적일 거라 아마/그 정도일 거라[…]우리가 도적질을 한 것은 아니지만 우리가/훔친 거나 다름없다 아니 그보다도 더 나쁘다[…]그 정도일 거라 그것을 그놈이 가져/가기 전에 우리가 발견했다[…]시험공부를 하느라고 밤을 새는 큰아이놈의/말이다 필시 그럴 거래[…]돈이 아까울 거라 그럴 거라/내 추측이 맞을 거라/아니 내가 고치라고 하니까 안 고칠 거라/이 추측이 맞을 거라 이 추측이 맞을 거라/이 추측이 맞을 거라(「도적」) *그렇게 먼 날까지 가기 전에 너의 가슴에/새겨둘 말을 너는 도시의 피로에서/배울 거다/이 단단한 고요함을 배울 거다/복사씨가 사랑으로 만들어진 것이 아닌가 하고/의심할 거다!/복사씨와 살구씨가/한번은 이렇게/사랑에 미쳐 날뛸 날이 올 거다!/그리고 그것은 아버지 같은 잘못된 시간의/그릇된 명상이 아닐 거다(「사랑의 변주곡」) *편지를 안해도 한 거나 다름없고 나는/조금도 미안하지 않소 매부의 태산 같은/친절과 친절의 압력에 대해서 미안하지 않소(「美濃印札紙」) *내가 피우고 있는 파이프/이건 2년이나 대학에서 떨어진 아우놈 거야//너무 조용한 것도 병이다(「伏中」) *나는 지금 시간과 싸우고 있는 거야. 시간이 있었어. 안 빌려주/게 됐다. 시간야. 시간을 느꼈기 때문야. 시간이(「엔카운터 誌」) *미인을 보고 좋다고들 하지만/미인은 자기 얼굴이 싫을 거야/그렇지 않고야 미인일까(「미인」) *절망의 물방울이/튄 거지요./내주신다면, 당신의 잡지의 8월호에 내주신다면(「전화 이야기」)

거기 ①듣는 이에게 가까운 곳을 가리키는 지시 대명사. ②앞에서 이미 이야기한 곳을 가리키는 지시 대명사. ③앞에서 이미 이야기한 대상을 가리키는 지시 대명사. ④듣는 이를 조금 낮잡아 이르는 이인칭 대명사. *내가 만일 포로가 아니 되고 그대로 거기서 죽어버렸어도/아마 나의 영혼은 부지런히 일어나서 고생하고 돌아오는/대한민국 상병포로와 UN 상병포로들에게 한마디 말을 하였을 것이다[…]그러나 천당이 있다면 모두 다 거기서 만나고 있을 것입니다(「조국에 돌아오신 傷病捕虜 동지들에게」) *거기다가 나의 부처님을 모신 법당 뒷산에 묻혀 있는 검은 바위같이 큰 머리에는 둘레가 작아서 맞지 않아 그 모자를 쓴 기분이란 쳇바퀴를 쓴 것처럼 딱딱하다(「시골 선물」) *너의 보꾹에 비친 활자이었다 거기에/그어진 붉은 잉크였다 인사를 하지 않은/나의 친구야 거만한 꿈은 사위어간다(「제임스 띵」) *생각하면 그것은 둥근 옹이같이 어지러웁기만 한 일이지만/거기에는 초점이 없지도 않다(「기자의 정열」) *거기에는 반드시 구름이 있고/갯벌에 고인 게으른 물이/벌레가 뜰 때마다 눈을 껌벅거리고(「이사」) *거기에는 냉방장치가 없어요. 장소는 200명가량/수용될지 모르지만요(「전화 이야기」)

거꾸로 차례나 방향, 또는 형편 따위가 반대로 바뀌게. *오냐 그놈들을 물에다 거꾸로 박아 놓아라/쨈보야 너는 이성망이 놈을 빨리 잡아오너라(「나는 아리조나 카보이야」) *쉬었다 가든 거꾸로 가든 모로 가든/어서 또 가요 기름을 발랐으니 어서 또 가요(「시」(1961)) *미역국은 인생을 거꾸로 걷게 한다 그래도 우리는/삼십대보다는 약간 젊어졌다 육십이 넘으면 좀더(「미역국」) *이제는 선생이 무섭지 않다/모두가 거꾸로다/선생과 나는 아이를 가르치는 것이 아니라 아이들을/가르치고 있기 때문이다[…]모두가 거꾸로다—태연할 수밖에 없다 웃지 않을 수밖에 없다(「우리들의 웃음」)

거나하다 술에 취한 정도가 기분이 좋을 만큼 알맞다.

거나해서 *술이 거나해서 아무리 졸려도/의젓한 포즈는/의젓한 포즈는 취하고 있는 이유(「모르지?」)

거느리다 ①부양해야 할 손아랫사람을 데리고 있다. ②부하나 군대 따위를 통솔하여 이

끌다. 누구를 데리고 함께 행동하다.
거느리고 *방 두 칸과 마루 한 칸과 말쑥한 부엌과 애처로운 처를 거느리고/외양만이라도 남과 같이 살아간다는 것이 이다지도 쑥스러울 수가 있을까(「구름의 파수병」)

거닐다 가까운 거리를 이리저리 한가로이 걷다.
거닐었다고 *새벽녘에 거닐었다고 한다/시험공부를 하느라고 밤을 새는 큰아이놈의/말이다 필시 그럴 거라(「도적」)

거대하다(巨大—) 엄청나게 크다.
거대한 *등 둥판 광택 거대한 여울/미끄러져 가는 나의 의지/나의 의지보다 더 빠른 너의 노래/너의 노래보다 더한층 신축성이 있는/너의 사랑(「풍뎅이」) *四星將軍이 즐비한 거대한 파티 같은 풍성하고 너그러운 풍경을 바라보면서/나에게는 잔이 없다(「네이팜 탄」) *고대 형이상학자들은 그를 보고 〈양극의 합치〉라든가 혹은 〈거대한 희열〉이라고 부르고 있었지만(「백의」) *거대한 비애를 갖고 있는 사람이기 때문이리라/거대한 여유를 갖고 있는 사람이기 때문이리라(「파리와 더불어」) *제3인도교의 물속에 박은 철근 기둥도 내가 내 땅에/박는 거대한 뿌리에 비하면 좀벌레의 솜털/내가 내 땅에 박는 거대한 뿌리에 비하면//괴기영화의 맘모스를 연상시키는/까치도 까마귀도 응접을 못하는 시꺼먼 가지를 가진/나도 감히 상상을 못하는 거대한 거대한 뿌리에 비하면……(「거대한 뿌리」)

거동(擧動) 몸을 움직임 또는 그런 짓이나 태도. *白花의 意匠/萬華의 거동의/지금 고요히 잠드는 얼을 흔드며/關公의 色帶로 감도는(「廟庭의 노래」)

거두어들이다 ①곡식이나 열매 따위를 한데 모으거나 수확하다.② 벌여 놓거나 내놓은 것을 들여놓다. ③여러 사람에게서 돈이나 물건 따위를 받아서 들여오다.
거두어들인다 *성과 윤리의 약을 먹는다 꽃을 거두어들인다 //문명의 하늘은 무엇인가로 채워지기를 원한다(「설사의 알리바이」)
거둬들이고 *혁명이 끝나고 또 시작되는 것은/돈을 내면 또 거둬들이고/돈을 내면 또 거둬들이고 돈을 내면/또 거둬들이는/석양에 비쳐 눈부신 카운터 같기도 한 것이니(「가다오 나가다오」)
거둬들이는 *혁명이 끝나고 또 시작되는 것은/돈을 내면 또 거둬들이고/돈을 내면 또 거둬들이고 돈을 내면/또 거둬들이는/석양에 비쳐 눈부신 카운터 같기도 한 것이니(「가다오 나가다오」)
거둬들이는데 *태양은 자기가 내린 것을 거둬들이는데/시들은 자국을 남기지만 도처에서/도처에서/卽決하는 영혼이여(「말복」)
거둬들인 *너희들 미국인과 소련인은 하루 바삐 나가다오/말갛게 행주질한 비어홀의 카운터에/돈을 거둬들인 카운터 위에/적막이 오듯이(「가다오 나가다오」)

거듭하다 계속해서 되풀이하다.
거듭하기도 *마지막으로 봉상을 거듭하기도 피곤해진 밤에는/시골에 사는 나는──/달 밝은 밤을/언제부터인지 잠을 빨리 자는 습관이 생겼다(「달밤」)
거듭하리 *사실은 벌써 滅하여 있을 너의 꽃잎 위에/이중의 봉오리를 맺고 날개를 펴고/죽음 위에 죽음 위에 죽음을 거듭하리/구라중화(「九羅重花」)

거룩하다 성스럽고 위대하다. 위대하고 훌륭하다.
거룩한 *나의 마음을 딛고 가는 거룩한 발자국소리를 들으면서/지금 나는 마지막 붓을 든다(「九羅重花」) *더러운 향로 앞으로 걸어가서/잃어버린 愛兒를 찾은 듯이/너의 거룩한 머리를 만지면서/우는 날이 오더라도(「더러운 향로」) *바람의 고개는 자기가 일어서는 줄/모르고 자기가 가 닿은 언덕을/모르고 거룩한 산에 가 닿기/전에는 즐거움을 모르고 조금(「꽃잎1」) *노란 꽃을 주세요 거룩한 우연을 위해서//꽃을 찾기 전의 것을 잊어버리세요(「꽃잎2」)

거름 땅을 걸게 하거나 식물이 잘 자라게 하기 위하여 땅에 뿌리거나 흙에 섞거나 하는 영양물질. 비료. *시금치밭에 거름을 뿌려서 파리가 들끓고/이틀째 흐린 가을날은 무더웁기만 해(「장시2」)

거리¹ 길거리의 준말. *그리고 유행에서도 훨씬 뒤떨어진 서울의 화려한 거리에서는 도저히 쓰고 다니기 부끄러운 모자이다(「시골 선물」) *오래간만에 거리에 나와보니/나의 눈을 흡수하는 모든 물건/그 중에도/빈 사무실에 놓인 무심한/집물 이것저것[…]나는/나의 눈을 찌르는 이 따가운 가옥과/집물과 사람들의 음성과 거리의 소리들을/커다란 해양의 한 구석을 차지하는/조고마한 물방울로/그려보려 하는데(「거리1」) *예언자가 나지 않는 거리로 창이 난 이 도서관은/창설의 의도부터가 풍자적이었는지도 모른다(「국립도서관」) *돈을 버는 거리의 부인이여/잠시 눈살을 펴고/눈에서는 독기를 빼고/자유로운 자세를 취하여 보아라//여기는 서울 안에서도 가장 번잡한 거리의 한 모퉁이[…]나폴레옹만한 豪氣는 없어도/나는 거리의 운명을 보고/달콤한 마음에 싸여서/어디고 가야 할지 모르는 마음[…]/거리에 굴러다니는 보잘것없는 설움이여/그네, 마지막으로/돈을 버는 거리의 부인이여[…]/암흑과 맞닿는 나의 생명이여/거리의 생명이여/거만과 오만을 잊어버리고/밝은 대낮에라도 겸손하게 지내는 妙理를 배우자//여기는 좁은 서울에서도 가장 번거로운 거리의 한 모퉁이[…]그리고 여인 중에도 가장 아름다운 그네여/돈을 버는 거리의 부인들의 어색한 모습이여(「거리2」) *자기의 나체를 더듬어보고 살펴볼 수 없는 시인처럼 비참한 사람이 또 어디 있을까/거리에 나와서 집을 보고/집에 앉아서 거리를 그리던 어리석음도 이제는 모두 사라졌나 보다(「구름의 파수병」) *내가 비로소 여유를 갖게 된 것은/거리에서와 마찬가지로 집안에 있어서도 저 무시무시한 白蟻를 보기 시작한 때부터이었다[…]그는 한국에 수입되어 가지고 완전한 고아가 되었고/거리에 흩어진 월간 대중잡지 위에 매월 그의 사진이 게재되어 왔을 뿐만 아니래[…]그러나 바로 어저께 내가 오랜간만에 거리에 나가니/나의 친구들은 모조리 나를 회피하는 눈치이었다(「백의」) *오늘/이 헐벗은 거리에 가슴을 대고/뒤집어진 부정이 정의가 되지 않더라도//그러면 너의 벗들과/너의 이웃사람들의 얼굴이/바늘구멍 저쪽에 떠오르리라/축소와 확대의 중간에 선 그들의 얼굴/강력과 기도가 일체가 되는 거리에서/너는 비로소 겸허를 배운다(「예지」)

*아침에도 낮에도 밤에도 밥을 먹을 때에도/거리를 걸을 때도 환담을 할 때도/(하…… 그림자가 없다」) *시간은 나의 뒤의/그림자이니까//거리에서는 고개/숙이고 걸음 걷고//집에 가면 말도/나지막한 소리로 걸어(「허튼소리」) *라디오 소리도 거리의 풍습대로 기를 쓰고 크게만 틀어놓으면 돼(「장시1」) *비 오는 거리에는/40명가량의 취객들이/모여들었고/집에 돌아와서/제일 마음에 꺼리는 것이/아는 사람이/이 캄캄한 범행의 현장을/보았는가 하는 일이었다(「죄와 벌」) *이 아름다운 시간에는/남자로서 거리를 무단통행할 수 있는 것은 교군꾼,/내시, 외국인의 종놈, 관리들뿐이었다 그리고(「거대한 뿌리」)

**거리(距離)² **①서로 떨어져 있는 두 곳 사이의 길이. ②어떤 기준에서 본 서로의 차이나 구별. *그것이 보기 싫어지기 전에/그것을 차단할/가까운 거리의 부엌문이 있고/아내는 집들이를 한다고/저녁 대신 뻘건 팥죽을 쑬 것이다(「이사」) *익살스러울 만치 모든 거리가 단축되고/익살스러울 만치 모든 질문이 없어지고/모든 사람에게 고해야 할 너무나 많은 말을 갖고 있지만/세상은 나의 말에 귀를 기울이지 않는다(「말」(1964))

거만(倨慢) 잘난 체하며 남을 업신여기는 데가 있음. 교만. 오만(傲慢). *암흑과 맞닿는 나의 생명이여/거리의 생명이여/거만과 오만을 잊어버리고/밝은 대낮에라도 겸손하게 지내는 妙理를 배우자(「거리2」)

거만하다(倨慢─) 잘난 체하며 남을 업신여기다. 교만하다. 오만하다.

거만하여지고 *저기 나의 맞은편 의자에 앉아 먹고 떠들고 웃고 있는 여자와 젊은 학생을 내가 시골을 여행하기 전에 그들을 보았더라면 대하였으리 감정과는 다른 각도와 높이에서 보게 되는 나는 내 자신의 감정이 보다 더 거만하여지고 순화되어진 탓이라고는 생각하지 않는다(「시골 선물」)

거만한 *우물도 사닥다리도 愛兒도 거만한 문패도/내가 범인이 되기 전에/(벌써 오래전에!)/범인의 것이 되어 있었고(「절망」(1962)) *나의 친구야 거만한 꿈은 사위어간다/내 잘못이 인제는 다 보인다(「제임스 띵」)

거미 절지동물 거미강 거미목의 동물을 통틀어 이르는 말. 몸은 머리, 가슴과 배로 구분되며 다리는 네 쌍이고 날개와 더듬이가 없다. 항문 근처에 있는 2~4쌍의 방적돌기에서 진득진득한 실을 뽑아 그물처럼 쳐 놓고 벌레를 잡아먹는다. 전 세계에 약 3만 종이 알려져 있다. *잠자는 구름이여/고생도 마음대로 할 수 없는 세상에서는/철 늦은 거미같이 존재 없이 살기도 어려운 일(「구름의 파수병」) *폴리號 태풍이 일기 시작하는 여름밤에/아내가 마루에서 거미를 잡고 있는/꼴이 우습다(「거미잡이」) *나는 너무나 자주 설움과 입을 맞추었기 때문에/가을바람에 늙어가는 거미처럼 몸이 까맣게 타버렸다.(「거미」)

거미잡이 거미를 잡는 일. *작품 제목임(「거미잡이」)

거미줄 거미가 뽑아낸 줄 또는 그 줄로 된 그물. *삭은 그늘에 또 삭아 부스러져/거미줄이 쳐지고 망각이 들어앉고/들어왔다 튀어나오고(「먼지」)

거부(拒否) 요구나 제의 따위를 받아들이지 않고 물리침. *너는 이런 밤을 무수한 거부 속에 헛되이 보냈구나//또 지금 헛되이 보내고 있구나(「밤」)

거북하다 행동이 자유롭지 못하고 불편하다. 마음이나 가슴속이 답답하고 괴롭다. 말이나 행동을 하기가 딱하다.
　거북해서 *그래서 나는 그 사진을 10년 만에 곰곰이 正視하면서/이내 거북해서 너의 방을 뛰쳐나오고 말았다(「누이야 장하고나!」)

거슬리다 순순히 받아들여지지 않고 언짢은 느낌이 들며 기분이 상하다.
　거슬리지 *가족들이 저마다 떠드는 소리도/귀에 거슬리지 않는 것은/내가 그들에게 숲靈을 맡긴 탓인가(「나의 가족」)

거역하다(拒逆―) 윗사람의 뜻이나 명령을 어기어 거스르다.
　거역하라 *거역하라 거역하라……/가을이 오기 전에는/내 팔은 좀체로 제대로 길이를 갖지 못하고//그래도 햇빛을 가리킨다(「말복」)
　거역할 *나는 노염으로 사무친 정의 소재를 밝히지 아니하고/운명에 거역할 수 있는/큰 힘을 가지고 있으면서/여기에 밀려 내려간다(「나비의 무덤」)

거위 오릿과의 새. 크기와 색깔이 다른 여러 품종이 있으며, 목이 길다. 헤엄은 잘 치나 잘 날지는 못한다. 12~1월에 10~20개의 알을 낳는다. 기러기를 식육용(食肉用)으로 개량한 변종으로, 밤눈이 밝아서 개 대신으로 기르기도 한다. *거위의 울음소리는/밤에도 여자의 호마노색 원피스를 바람에 나부끼게 하고/강물이 흐르게 하고(「거위 소리」)

거의 어느 한도에 매우 가까운 정도 또는 그러한 정도로. *탄력이 있다 9월 중순 차나무는 거의/내 키만큼 자라나고 노란 꽃도 이제는/보잘것없이 되었는데도 밭주인은/아직도 나타나 잘라가지 않는다(「반달」)

거절하다(拒絕―) 남의 제의나 요구 따위를 받아들이지 아니하고 물리치다.
　거절하여 *터무니없는 거짓말을 하여가지고 즉석에 거절하여 버렸다/오히려 이와 같은 나의 경멸과 剛毅로 인하여/나는 그날부터 그를 진심으로 사랑하게 되었다(「백의」)
　거절할 *귀치않은 부탁을 하러 오는 사람들이/갖다 주는 것으로 연명을 하고 보니/거절할 수도 없는(「付託」)

거제도(巨濟島) 경상남도 거제시에 속하는 섬. 제주도 다음으로 큰 우리나라 제2의 섬이며, 거제시의 주도(主島)이다. 면적은 383.44㎢. 한국 전쟁시 포로수용소가 설치되었으며, 김수영도 인민군 포로로 수용된 적 있다.

거제도 포로수용소

*누가 거제도 제61수용소에서 단기 4284년 3월 16일 오전 5시에 바로 철망 하나 둘 셋 네 겹을 隔하고 불 일어나듯이 솟아나는 제62적색수용소로 돌을 던지고 돌을 받으며 뛰어들어갔는가[…] 억울하게 넘어진 반공포로들이/다 같은 대한민국의 이북 반공포로와 거제도 반공포로들이/무궁화의 노래를 부를 것입니다(「조국에 돌아오신 傷病捕虜 동지들에게」)

거즈(영, gauze) 가볍고 부드러운 무명베. 흔히 붕대로 사용함. *부산에 포로수용소의 제14야전병원에 있을 때/정보원이 너스들과 스펀지를 만들고 거즈를/개키고 있는 나를 보고 포로경찰이 되지 않는다고/남자가 뭐 이런 일을 하고 있느냐고 놀린 일이 있었다/너스들 옆에서//지금도 내가 반항하고 있는 것은 이 스펀지 만들기와/거즈 접고 있는 일과 조금도 다름없다(「어느 날 고궁을 나오면서」)

거지 ①남에게 빌어먹고 사는 사람. ②사람을 욕하여 이르는 말. *거지의 누더기가 될락말락 한/저놈은 어제 비를 맞았다/저놈은 나의 노동의 상징(「후란넬 저고리」)

거지짓 남에게 빌어먹고 사는 짓. 구걸하는 행동과 태도. *김유정처럼 그밖의 위대한 선배들처럼 거지짓을 하면서/소설에 골몰한 사람도 없다(「이 한국문학사」)

거짓말 사실이 아닌 것을 사실인 것처럼 꾸며대어 말을 함 또는 그런 말. *이것이 거짓말이라면 용서하여 주시오/포로수용소가 너무나 자유의 천당이었기 때문이다(「조국에 돌아오신 傷病捕虜 동지들에게」) *낭만적 위대성을 잊어버린 지 오랜 네가 인류를 위하여 산다는 것도 거짓말에 가까운 것이지만/그래도 누가 읽어줄지 모르는 신문 한구석에 너의 피가 어리어 있는 것이 반가워서 보고 있는 것인가(「기자의 정열」) *〈그것은 나의 역량 이상의 것이므로 신세계극단의 연출자 S씨를 찾아가 보라〉고/터무니없는 거짓말을 하여가지고 즉석에 거절하여 버렸다(「백의」) *인제는 지조랑 영원히 버리고 마음 놓고/비수를 써/거짓말이 아냐/비수란 놈 창조보다도 더 산뜻하거든/晩時之歎은 있지만(「만시지탄은 있지만」) *그러나 우리집 여편네는 이것을 모두/자기 밭이라고 한다 멀쩡한 거짓말이다/그러나 이런 거짓말이 필요할 때가 있다/그러나 이런 거짓말을 해도 별로/성과는 없었다 성과가 없을/것을/알고 있기 때문에 나는 여편네의/거짓말에 반대하지 않는다(「반달」) *어제 국회의장 공관의 칵테일 파티에 참석한/천사 같은 여류작가의 냉철한 지성적인/눈동자는 거짓말이다(「이혼 취소」) *야한 선언은 안 해도 된다. 거짓말을 해도/된다.//안 빌려주어도 넉넉하다(「엔카운터 誌」) *그러나 쥐구멍을 잠시 거짓말의 구멍이라고/바꾸어 생각해 보자 내가 써준 시집의 서문을/믿지 않는 사람의 얼굴의 사마귀나 여드름을—//그 사람도 거짓말의 총

알의 까맣고 빨간 흔적을 가진 사람이라고—/그래서 우리의 혼란을 승화시켜 보자[…]생각이 안 난다 거짓말 거짓말//거짓말의 부피가 하늘을 덮는다 나는 눈을(「거짓말의 여운 속에서」)

거치럽다 보기에 험상궂고 사나운 데가 있다.

거치러운 *오늘밤도 보아야 할 죽순의 거치러운/꿈이/완전히 무시를 당하고 나서야/비로소 안심할 수 있는/부끄러움이 없는(「付託」)

거치럽게 *나의 노래가 거치럽게 되는 것을 욕하지 마라!(「조국에 돌아오신 傷病捕虜 동지들에게」)

거칠다 ①나무나 살결 따위가 결이 곱지 않고 험하다. ②피륙의 올이 성기고 굵다. ③일을 찬찬하거나 야무지게 못하고 대충대충 함부로 하다. ④땅이 손질이 제대로 되지 않아 농사짓기에 부적당하고 지저분하다. ⑤행동이나 성격이 사납고 공격적인 면이 있다. ⑥날씨 따위가 험하고 거세다. ⑦인정이 메마르고 살기에 험악하다.

거칠기 *거칠기 짝이 없는 우리 집안의/한없이 순하고 아득한 바람과 물결—/이것이 사랑이냐/낡아도 좋은 것은 사랑뿐이냐(「나의 가족」)

걱정 ①속을 태우거나 마음을 끓이는 일. 근심. ②아랫사람의 잘못을 나무라는 말. *동생들과/어머니가/걱정이 돼 그러나/참았던 오줌 마려/그래 그러나(「〈4·19〉시」)

걱정하다 골치 앓다. 생가슴을 앓다. 애쓰며 마음을 죄이다. 속태우다. 마음 졸이다.

걱정하고 *오늘도 여전히 일을 하고 걱정하고/돈을 벌고 싸우고 오늘부터의 할일을 하지만/내 생명은 이미 맡기어진 생명(「말」(1964))

걱정하는 *내일의 채귀를/죽은 뒤의 채귀를 걱정하는/장시만 장시만 안 쓰려면 돼/샐비어 씨는 빨갛지 않으니까(「장시 1」)

건 힐의 혈투(Gun-Hill-血鬪) 존 스터지스 감독, 커크 더글라스 주연의 1959년작 서부영화. 원제는 〈Last train from Gun Hill〉. *우리들의 싸움의 모습은 초토작전이나/

건 힐의 혈투

「건 힐의 혈투」모양으로 활발하지도 않고 보기 좋은 것도 아니다(「하······ 그림자가 없다」)

건 '것은'의 준말. ☞ 것. 거. *더 사오라는 건 벽지이겠다/그러니까 모란이다 모란이다 모란 모란(「마케팅」) *신앙이 動하지 않는 건지 동하지 않는 게/신앙인지 모르겠다(「시」(1964)) *H는 그전하곤 달라졌어/내가 K의 시 얘기를 했더니 욕을 했어/욕을 한 건 그것뿐이었어[···]석 달 전에 결혼한 그는 그전하곤 모두가 좀 달라졌어/그리고 그가 경멸하고 있는 건 나의/정치 문제뿐이 아냐(「H」)

건강하다(健康—) 정신적으로나 육체적으로 아무 탈이 없고 튼튼하다.
  건강한 *병에 매어달리는 것은/필경 내가 아직 건강한 사람이기 때문이리라(「파리와 더불어」)

건너 ①일정한 공간 너머의 맞은편. ②공간적으로나 시간적으로 뛰어넘은 장소나 때. *18년 후에 이렇게 뻬젓이 서울의 다방 건너 막걸리집에서 또 만나게 됐으니/하여간 반갑다 잠입한 사랑아 무식한 사랑아(「滿洲의 여자」) *한 줄 건너 두 줄 건너 또 내릴까//폐허에 폐허에 눈이 내릴까(「눈」(1966)) *강이 흐르고 그 강 건너에 사랑하는/암흑이 있고 3월을 바라보는 마른 나무들이/사랑의 봉오리를 준비하고 그 봉오리의/속삭임이 안개처럼 이는 저쪽에 쪽빛/산이(「사랑의 변주곡」) *울린다 이따금씩 강 건너의 대포소리가/날 때도 울리지만 싱겁게 걸어갈 때/울리고 돌아서 걸어갈 때 울리고(「의자가 많아서 걸린다」)

건너가다 ①건너서 저쪽으로 가다. ②줄 같은 것이 일정한 공간을 지나서 맞은편으로 그어지거나 놓이다.
  건너가는 *지프차를 타고 가는 어느 젊은 사람이/유쾌한 표정으로 활발하게 길을 건너가는 나에게/인사를 한다(「거리2」)
  건너갈 *그러니까 이 다리를 건너갈 때마다/나는 나의 심장을 기계처럼 중지시킨다//이런 연습을 나는 무수히 해 왔다(「현대식 교량」)

건너다 ①무엇을 사이에 두고 한편에서 맞은편으로 가다. ②한쪽에서 다른 쪽으로 옮겨가다.
  건너서 *밤과 낮을 건너서 도회의 저편에/영

영 저물어 사라져버린 미소이다(「꽃」)
  건너서는 *버스를 피해서 길을 건너서는 어린 놈처럼/선뜻 큰길을 건너서면 돼/長詩만 장시만 안 쓰려면 돼(「장시1」)
  건너서면 *버스를 피해서 길을 건너서는 어린 놈처럼/선뜻 큰길을 건너서면 돼/長詩만 장시만 안 쓰려면 돼(「장시1」)
  건널 *현대식 교량을 건널 때마다 나는 갑자기 회고주의자가 된다(「현대식 교량」)

건너다니다 ①어떤 곳을 건너서 왔다 갔다 하다. ②어떤 곳을 시간이나 공간적 사이를 두고 다니다.
  건너다닌다 *이것이 얼마나 죄가 많은 다리인 줄 모르고/식민지의 곤충들이 24시간을/자기의 다리처럼 건너다닌다/나이 어린 사람들은 어째서 이 다리가 부자연스러운지를 모른다(「현대식 교량」)

건너오다 건너서 이쪽으로 오다.
  건너온 *가까이 할 수 없는 서적이 있다/이것은 먼 바다를 건너온/용이하게 찾아갈 수 없는 나라에서 온 것이다(「가까이 할 수 없는 서적」)
  건너와서 *더러운 붓끝에서 흔들리는 오욕/바다보다 아름다운 세월을 건너와서/나는 태양을 주웠다고 생각하지는 않았지만/설마 이런 것이 올 줄이야(「PLASTER」)

건너편 마주 대하고 있는 저편. *건너편 친구가 내는 외상술이니까//나는 이 우중충한 막걸리 탁상 위에서/경험과 역사를 너한테 배운다[···]건너편 친구가 오줌을 누러 갔으니까//끊었던 술을 다시 마시는데 유행가처럼/아무리 마셔도 안 취하는 술[···]건너편 친구가 같이 자러 가자고 취정만 하니까//아냐 아냐 오해야 내가 이 여자의 연인이 아니라네[···]건너편 친구가 벌써 곯아떨어졌으니까(「滿洲의 여자」)

건넌방(—房) 안방에서 대청을 건너 맞은편에 있는 방. *나들이를 갔다가 아들놈을 두고 온 안방 건넌방은 빈집 같구나/文明된 아내에게 〈실력을 보이자면〉 무엇보다도 먼저/발이라도 씻고 보자/냉수도 마시자(「사치」) *나는 도적이 이 철사의 반환을 꾀하고 있다고/생각한다 우리집 건넌방의 캐비닛을/노리고 있다고는 생각되지 않는다 아마(「도적」)

건데 '것인데'의 준말. ☞ 것. 거. *노파심으로 만일을 염려하여 말해 두는 건데/이것은 寸豪의 諷刺味도 역설도 불쌍한 발악도 청년다운 광기도 섞여 있는 말이 아닐 것이다(「조국에 돌아오신 傷病捕虜 동지들에게」)

건지다 ①물속에 들어 있거나 떠 있는 것을 집어내거나 끌어내다. ②어려운 형편에 처해 있던 상황에서 벗어나다 또는 그리되게 하다. ③손해 본 것이나 투자한 밑천 따위를 도로 찾다.

건져 *위안이 되지 않는 시를 쓰는 시인을 건져주기 전에/신이여/그 사나이의 눈초리를 보셨나요(「靈交日」)

건져서 *기진맥진한 몸을 간신히 일으켜서/차가운 이를 건져서 끼고 따라서 내려간다(「미숙한 도적」)

걷다 ①다리를 움직여 바닥에서 발을 번갈아 떼어 옮기다. ②어떤 곳을 다리를 번갈아 움직여 위치를 옮기다. ③어떠한 방향으로 나아가다. ④전문직에 종사하다.

걷게 *미역국은 인생을 거꾸로 걷게 한다 그래도 우리는/삼십대보다는 약간 젊어졌다 육십이 넘으면 좀더(「미역국」)

걷고 *거리에서는 고개/숙이고 걸음 걷고//집에 가면 말도/나지막한 소리로 걸어(「허튼소리」) *변화의 끝이 가고 땅 위를 걷고 있는/발자국소리가 가슴을 펴고 웃고//戱畵의 계시가 돈이 되고(「먼지」)

걷는다고 *일요일이면 빼지 않고 강으로 투망을 하러 나온다고 한다/그리고 반드시 4킬로가량을 걷는다고한다(「강가에서」)

걸어 *신문을 펴라//이가 걸어나온다/행렬처럼/어제의 물처럼/걸어나온다(「이(蝨)」) *기진맥진한 머리를 쉬일 곳을 찾아서 친구의 뒤를 따라서 걸어나왔다./우리의 잔등이에〈미숙한 도적〉이라는 글자가 씌어 있었을 것이다.(「미숙한 도적」) *뜨거워질 햇살이 산 위를 걸어내려온다/가장 아름다운 이기적인 시간 위에서/나는 나의 검게 타야 할 정신을 생각하며(「여름 아침」)

걸으면서 *길을 걸으면서 생각하여 보는/향로가 이러하고/내가 그 향로와 같이 있을 때/살아있는 향로/소생하는 나/덧없는 나(「더러운 향로」)

걸을 *거리를 걸을 때도 환담을 할 때도/장사를 할 때도 토목공사를 할 때도(「하…… 그림자가 없다」)

걷어치우다 ①흩어진 것을 거두어 치우다. ②하던 일을 중도에서 그만두다.

걷어치워라 *혁명이란 말을 걷어치워라/하기야/혁명이란 단자는 학생들의 선언문하고/신문하고/열에 뜬 시인들이 속이 허해서/쓰는 말밖에는 아니 되지만(「육법전서와 혁명」)

걸 '것을'의 준말. ☞ 것. 거. *그러나 混色은 흑색이라는 걸 경고해 준 것은/소학교 때 선생님……(「백지에서부터」) *자칭 예술파 시인들이 아무리 우리의 능변을 욕해도—이것이/환희인 걸 어떻게 하랴(「미역국」) *그것/이 책보다 더 중요하다는 걸 모르지. 그것을/이제부터 당신에게 알리면서 살아야겠어—그게(「엔카운터 誌」)

걸다¹ ①벽이나 못 따위에 어떤 물체를 떨어지지 않도록 매달아 올려놓다. ②자물쇠, 문고리를 채우거나 빗장을 지르다. ③기계나 도구 따위를 이용할 수 있도록 준비하여 놓다. ④어느 단체에 속한다고 이름을 내세우다. ⑤기계 장치가 작동되도록 하다. ⑥다른 사람이나 문제 따위가 관련이 있음을 주장하다.

걸기만 *그럴 때면 바람에 떨어진 빨래를 보고/내가 말없이 집어 걸기만 하는 이유,/모르지」(「모르지?」)

걸면 *귀에 걸면 귀걸이 코에 걸면 코걸이가/제2공화국 이후의 정치의 철칙이 아니라고 하는가(「만시지탄은 있지만」)

걸어 *벽 위에 걸어놓은 지도가/한없이 푸르다/이 푸른 바다와 산과 들 위에/화려한 태양이 날개를 펴고 걸어가는 것이다(「거리1」) *너의 방에 걸어놓은 오빠의 사진/나에게는〈동생의 사진〉을 보고도/나는 몇 번이고 그의 진혼가를 피해 왔다(「누이야 장하고나!」)

걸어만 *그저그저 걸어만 두었던/흉악한 그놈의 사진을/오늘은 서슴지 않고 떼어놓아야 할 날이다//밑씻개로 하자(「우선 그놈의 사진을 떼어서 밑씻개로 하자」)

걸다² ①돈 따위를 계약이나 내기의 담보로 삼

다. ②의논이나 토의의 대상으로 삼다. ③어떤 상태에 빠지도록 하다. ④앞으로의 일에 대한 희망 따위를 품거나 기대하다. ⑤목숨, 명예 따위를 담보로 삼거나 희생할 각오를 하다. ⑥다른 사람을 향해 먼저 어떤 행동을 하다. ⑦전화를 하다. ⑧다리나 발 또는 도구 따위를 이용하여 상대편을 넘어뜨리려는 동작을 하다.

건 ＊우주의 완성을 건 한 字의 생명의/귀추를 지연시키고/소녀가 무엇인지를/소녀는 나이를 초월한 것임을(「꽃잎3」)

걸 ＊저놈은 내가 말을 걸 줄 알지/아까 점심 때처럼 그렇게 나긋나긋할 줄 알지(「잔인의 초」)

걸고 ＊전화를 걸고 그는 떠나갔다/공연한 이야기만 남기고 떠나갔다(「황혼」)

걸어 ＊집에 가면 말도/나지막한 소리로 걸어//그래도 정 허튼소리가/필요하거든(「허튼소리」) ＊이 돈이 31일까지 나올 가망성이 없다/전화를 걸어 보니 아직도 해결이 안 됐느냐고/오히려 반문하는 품이 벌써 이상스럽다(「판문점의 감상」)

걸어서 ＊불안을 불안으로 딴죽을 걸어서 퀘지게 할 수 있지/불안이란 놈 지게작대기보다도/더 간단하거든//베이컨의 『新論理學』을 읽어보게나(「만시지탄은 있지만」)

걸어서는 ＊아니 된다 나의 아들에게 불손한 말을 걸어서는/아니 된다 나의 사상에 노기를 띄우게 해서는/아니 된다(「제임스 띵」)

걸지 ＊하다가 가든지 공부를 하든지 무얼 하든지/말도 걸지 말고— 저놈은 내가 말을 걸 줄 알지(「잔인의 초」)

걸레쪽 걸레의 찢어진 쪼가리. ＊너의 독기가 예에 없이 걸레쪽같이 보이고/너와 내가 반반—(「어디 마음대로 화를 부려보려무나!」(「만용에게」)

걸리다 ①'걸다1·2'의 피동형. ②막히거나 잡히다. ③시간이 들다.

걸려서 ＊그리하여 달아나오던 날 새벽에 파묻었던 총과 러시아 군복을 사흘을 걸려서 찾아내고 겨우 총살을 면하던 꿈같은 일을 생각한다(「조국에 돌아오신 傷病捕虜 동지들에게」)

걸려 ＊돌아가신 아버지의 사진에는/안경이 걸려있고/내가 떳떳이 내다볼 수 없는 현실처럼/그의 눈은 깊이 파지어서(「아버지의 사진」) ＊그렇게 피투성이가 되어 찾던 만년필은/처의 백 속에 숨은 듯이 걸려 있고/말하자면 내가 찾고 있는 것은 언제나 나의 가장 가까운/내 곁에 있고(「절망」(1962)) ＊흙 묻은 비옷이 24시간 걸려 있으면 돼/정열도 예측 고함도 예측 장시도 예측/경솔도 예측 봄도 예측 여름도 예측(「장시1」)

걸려지고 ＊먼지를 꺼내는데도 유리문을 열고/육중한 유리문이 열릴 때마다 울리고/울려지고 돌고 돌려지고//닿고 닿아지고 걸리고 걸려지고/모서리뿐인 형식뿐인 격식뿐인/관청을 우리집은 닮아가고 있다(「의자가 많아서 걸린다」)

걸리고 ＊흐르는 시간 속에 이를테면 푸른 옷이 걸리고 그 위에/반짝이는 별같이 흰 단추가 달려있고(「방안에서 익어가는 설움」) ＊테이블 밑에 가로질러놓은/엮음대가 걸리고 테이블 위에 놓은/미제 磁器 스탠드가 울린다[…]38선을 돌아오듯 테이블을 돌아갈 때/걸리고 울리고 일어나도 걸리고/앉아도 걸리고 항상 일어서야 하고 항상/앉아야 한다 피로하지 않으면[…]닿고 닿아지고 걸리고 걸려지고/모서리뿐인 형식뿐인 격식뿐인/관청을 우리집은 닮아가고 있다(「의자가 많아서 걸린다」)

걸리는 ＊눈에 걸리는 마지막 물건이 무엇이냐고 물어보는 듯/영롱한 꽃송이는 나의 마지막 인내를 부숴버리려고 한다(「九羅重花」)

걸린 ＊가시처럼 생각된다 그리고 그 가시가/점점 더 똑똑해진다 동산에 걸린/새 달에 비친 나뭇가지처럼(「반달」)

걸린다 ＊의자가 많아서 걸린다 테이블도 많으면/걸린다 테이블 밑에 가로질러놓은/엮음대가 걸리고 테이블 위에 놓은/미제 磁器 스탠드가 울린다(「의자가 많아서 걸린다」)

걸릴 ＊내가 구름운전수 제퍼슨 선생한테 말해 놨으니까 시간은/2분밖에 안 걸릴 거다(「나는 아리조나 카보이야」)

걸어가다 ①목적지를 향하여 발로 걸어서 나아가다. 길을 지나가다. ②어떤 분야의 일을 계속 해 나가다.

걸어가기 *세상을 속지 않고 걸어가기 위하여/나는 담배를 끄고/누구에게든지 신경질을 피우고 싶다//물에 빠지지 않기 위한/생활이 비겁하다고 경멸하지 말아라/뮤즈여(「바뀌어진 지평선」)

걸어가는 *누가 무엇이라 하든 나의 붓은 이 시대를 진지하게 걸어가는 사람에게는 치욕(「九羅重花」) *이 푸른 바다와 산과 들 위에/화려한 태양이 날개를 펴고 걸어가는 것이다(「거리1」)

걸어가면서 *여편네와 아들놈을 데리고/낙오자처럼 걸어가면서/나는 자꾸 허허……웃는다(「생활」)

걸어가서 *고궁의 흰 지댓돌 위의/더러운 향로 앞으로 걸어가서/잃어버린 愛兒를 찾은 듯이/너의 거룩한 머리를 만지면서(「더러운 향로」)

걸어간다 *그래도 날개 돋친 마음을 위하여/너와 같이 걸어간다[…]사과와 수첩과 담배와 같이/인간들이 걸어간다/뮤즈여/앞장을 서지 마라/그리고 너의 노래와 음계를 조금만/낮추어라/오늘의 우울을 위하여/오늘의 경박을 위하여(「바뀌어진 지평선」) *나는 나의 검게 타야 할 정신을 생각하며/구별을 용서하지 않는/밭고랑 사이를 무겁게 걸어간다//고뇌여(「여름 아침」)

걸어갈 *울린다 이따금씩 강 건너의 대포소리가//날 때도 울리지만 싱겁게 걸어갈 때/울리고 돌아서 걸어갈 때 울리고/의자와 의자 사이로 비집고 갈 때(「의자가 많아서 걸린다」)

걸어오다 ①목적지에 이르기 위하여 어떤 길을 지나오다. ②지내 오거나 발전하여 오다.

걸어왔다 *올바로 정신을 가다듬으면서/나는 수없이 길을 걸어왔다/그리하여 응결한 물이 떨어진다/바위를 문다(「아메리카 타임 誌」)

걸음 ①두 발을 번갈아 옮겨 놓는 동작. ②일정한 방향으로 나아가는 움직임. ③나아가는 기회. ④내왕하는 일. ⑤행동이나 활동 또는 결정을 비유적으로 이르는 말. ⑥(수량을 나타내는 말 뒤에 쓰여) 두 발을 번갈아 옮겨 놓는 횟수를 세는 단위. *억만 걸음 떨어져있는/너는 억만 개의 모욕이다/나쁘지도 않고 좋지도 않은 꽃들(「너를 잃고」) *뮤즈는 조금 쯤 걸음을 멈추고/서정시인은 조금만 더 속보로 가라(「바뀌어진 지평선」) *거리에서는 고개/숙이고 걸음 걷고//집에 가면 말도/나지막한 소리로 걸어(「허튼소리」)

걸인(乞人) ☞ 거지. *그리고 나와 같은 집 없는 걸인이여/집이 여기에 있다고 외쳐라(「가옥 찬가」)

걸찍하다 땅·입·성질 등이 상당히 걸다.
걸찍한 *석양에 비쳐 눈부신/일년 열두 달 쉬는 법이 없는/걸찍한 강변밭 같기도 할 것이니(「가다오 나가다오」)

걸치다 일정한 시간과 공간을 거쳐 이어지다. 가로질러 걸리다.
걸쳐 *모든 산봉우리를 걸쳐온 돌풍처럼/당돌하고 시원하게/도회에서 달아나온 나는 말할 수 있다(「누이야 장하고나!」(「누이야 장하고나!」)

걸터앉다 어떤 물체에 온몸의 무게를 실어 걸치고 앉다.
걸터앉아 *황혼이 걸터앉아 있었다는 것이/더욱이나 아니라/나의 주위에 말짱 〈반동〉만 앉아 있어(「황혼」)

걸핏하면 조금이라도 일이 있기만 하면 곧. *인습적인 분가루를 칠한 밭 위에/나는 걸핏하면 개똥을 갖다 파묻는다(「반달」)

검다 ①숯이나 먹의 빛깔과 같이 어둡고 짙다. ②속이 엉큼하고 흉칙하거나 정체를 알기 어렵다. ③침울하고 암담하다.
검게 *가장 아름다운 이기적인 시간 위에서/나는 나의 검게 타야 할 정신을 생각하며/구별을 용서하지 않는/밭고랑 사이를 무겁게 걸어간다(「여름 아침」)
검은 *여기 장 발장이 숨기고 있던 烙印보다 더 크고 검은/호소가 있지요/길을 잊어버린 호소예요(「조국에 돌아오신 傷病捕虜 동지들에게」) *거기다가 나의 부처님을 모신 법당 뒷산에 묻혀 있는 검은 바위같이 큰 머리에는 둘레가 작아서 맞지 않아 그 모자를 쓴 기분이란 쳇바퀴를 쓴 것처럼 딱딱하다(「시골 선물」) *나의 초라한 검은 지붕에/너의 날개 소리를 남기지 말고(「도취의 피안」) *검은 철을 깎아 만든/고궁의 흰 지댓돌 위의/더러운 향로 앞으로 걸어가서(「더러운 향로」) *영사판 위의 모오든 검은 현실이 저마다 색깔을 입고(「영사판」) ＊지구의의 남극에는 검은 쇠꼭지가 심겨 있지라(「지구의」) ＊횃불로 검은 물속을 비춰가며 고기를 잡는 배가 증언처럼 다가오고//나는 당신의 아우에게로 뛰어가서 나의 〈말〉을 하지 못하는 나를 미워하였다(「말」(1958)) ＊빛이 없는 둥근 하늘에서는/검은 포탄의 꾸부러진 哭聲이/정신의 주변보다 더 간지러웁고(「조그마한 세상의 지혜」) ＊무더운 자연 속에서/검은 손과 발에 마구 상처를 입고 와서/병든 사자처럼/벌거벗고 지내는/나는 여름[…]하얗게 마른 마루틈 사이에서/검은 바람이 들어온다고 외쳐라/너의 머리 위에/너의 몸을 반쯤 가려주는 길고/멋진 양철 차양이 있다고 외쳐라(「가옥 찬가」).

검어졌는지 ＊물을 뜨러 나온 아내의 얼굴은/어느 틈에 저렇게 검어졌는지 모르나/차차 시골 동리 사람들의 얼굴을 닮아간다(「여름 아침」)

검정 검은 빛깔이나 물감. ＊집에는 差押을 해 온 파일오버가 있는데도/배자 위에 얄따란 검정 오버를 입고/사흘 전에 술에 취해 흘린 가래침 자국이(「네 얼굴은」)

겁니다 '것입니다'의 준말. ☞것. 거. ＊네에, 그러실 겁니다. 아뇨. 아아, 그렇군요.//이런 전화를, 번역하는 친구를 옆에 놓고(「전화 이야기」)

것 ①사물, 일, 현상 따위를 추상적으로 이르는 말. ②사람을 낮추어 이르거나 동물을 이르는 말. ③그 사람의 소유물임을 나타내는 말. ④말하는 이의 확신, 결정, 결심 따위를 나타내는 말. ⑤말하는 이의 전망이나 추측, 또는 주관적 소신 따위를 나타내는 말. ⑥명령이나 시킴의 뜻을 나타내면서 문장을 끝맺는 말. ＊그것은 작전 같은 것이기에 어려웁다//국수—이태리어로는 마카로니라고/먹기 쉬운 것은 나의 叛亂性일까//동무여 이제 나는 바로 보마/사물과 사물의 생리와/사물의 수량과 한도와/사물의 우매와 사물의 명석성을//그리고 나는 죽을 것이다(「孔子의 생활난」) ＊이것은 먼 바다를 건너온/용이하게 찾아갈 수 없는 나라에서 온 것이다[…]캘리포니아라는 곳에서 온 것만은/확실하지만 누가 지은 것인 줄도 모르는/제2차 대전 이후의/긴 긴 역사를 갖춘 것 같은[…]그저 멀리 보고 있는 것이 타당한 것이므로(「가까이 할 수 없는 서적」) ＊나는 또 하나의 해협을 찾았던 것이 어리석었다[…]뱃전에 머리 대고 울던 것은 여인을 위해서가 아니다(「아메리카 타임 誌」) ＊웃음은 자기 자신이 만드는 것이라면 그것은 얼마나 서러운 것일까[…]이보다 더 추운 날처럼 나는 여기서 겨울을 맞이하다가/오랜 시간이 경과된 후에도/이 웃음만은 흔적을 남기고 있을 것이라고 믿는 것은/어리석은 일(「웃음」) ＊그는 어미의 입에서 탄생과 동시에 타락을 선고받는 것이다[…]그가 입에서 탄생되었다는 것은 또 한번 토끼를 생각하게 한다[…]잠시 그는 별과 또 하나의 것을 쳐다보고 있어야 하는 것이다/또 하나의 것이란 우리의 육안에는 보이지 않는 곡선 같은 것일까[…]「저기 저 하아얀 것이 무엇입니까」/「불이다 山火다」(「토끼」) ＊아버지의 사진을 보지 않아도/비참은 일찍이 있었던 것[…]그의 얼굴을 숨어 보는 것이오//詠嘆이 아닌 그의 키와/저주가 아닌 나의 얼굴에서/오오 나는 그의 얼굴을 따라/왜 이리 조바심하는 것이오(「아버지의 사진」) ＊山林과 時間이 오는 것이다/서울역에는 花環이 처음 생기고/나는 秋收하고 돌아오는 伯父를 기다렸다/그래 도무지 모―두가 미칠 것만 같았다[…]U·N위원단이 매일 오는 것이다(「아침의 유혹」) ＊어린아해이고 어른이고 살아가는 것이 신기로워/물끄러미 보고 있기를 좋아하는 나의 너무 큰 눈 앞에서/아해가 팽이를 돌린다/살림을 사는 아해들도 아름다웁듯이/노는 아해도 아름다워 보인다고 생각하면서/손님으로 온 나는 이 집 주인과의 이야기도 잊어버리고/또 한번 팽이를 돌려주었으면 하고 원하는 것이다[…]지금 팽이가 도는 것을 본다/그러면 팽이가 까맣게 변하여 서 있는 것이다…소리없이 회색빛으로 도는 것이/오래 보지 못한 달나라의 장난 같다/팽이가 돈다[…]비행기 프로펠러보다는 팽이가 기억이 멀고/강한 것보다는 약한 것이 더 많은 나의 착한 마음이기에/팽이는 지금 수천 년 전의 聖人과 같이/내 앞에서 돈다/생각하면 서러운 것인데/너도 나도 스스로 도는 힘을 위하여/공통된 그 무엇을 위하여 울어서는 아니 된다는 듯이/서서 돌고 있는 것인가/팽이가 돈다/팽이가 돈다(「달나라의 장난」) ＊사랑은 고독이라고 내가 나에게/재궁정하는 것이/또한 우스운 일일 것이다[…]나는 나에게 대답할 것이 없어져도/쓸쓸하지 않았다[…]가야만 하는 사람의 이별을/기다리는 것처럼/생활은 熱度를 측량할 수 없고/나의 노래는 물방울처럼/땅속으로 향하여 들어갈 것/애정지둔(「愛情遲鈍」) ＊백년이나 천년이 결코 긴 세월이 아니라는 것은[…]늬가 부르는 노래가 어디서 오는 것을/너보다는 내가 더 잘 알고 있는 것이다[…]소금 같은 이 세계가 존속할 것이며/의심할 것인데(「풍뎅이」) ＊귀치않은 부탁을 하러 오는 사람들이/갖다 주는 것으로 연명을 하고 보니[…]일찍이 현실의 출발을 하지 못한 것을 뉘우치며(「付託」) ＊포로수용소로 오려고 집을 버리고 나온 것이 아니라/포로수용소보다 더 어두운 곳이라 할지라도/자유가 살고 있는 영원한 길을 찾아/나와 나의 벗이 안심하고 살 수 있는/현대의 천당을 찾아 나온 것이다[…]「자유가 항상 싸늘한 것이라면 나는 당신과 더 이야기하지 않겠어요[…]나는 그들이 어떻게 용감하게 싸웠느냐 것에 대한 대변인이 아니다[…]나는 그들의 용감성과 또 그들의 어마어마한 戰果에 대하여 말하는 것이 아니라/그들이 싸워온 독특한 위치와 세계사적 가치를 말하는 것입니다」[…]나는 예수 크리스트가 되지 않았나 하는 신성한 錯感조차 느껴보는 것이었다/정말 내가 포로수용소를 탈출하여 나오려고/무수한 동물적 企圖를 한 것은/이것이 거짓말이라면 용서하여 주시오[…]이것은 寸毫의 諷刺味도 역설도 불쌍한 발악도 청년다운 광기도 섞여 있는 말이 아닐 것이다//「여러분! 내가 쓰고 있는 것은 시가 아니겠습니까[…]내가 포로수용소에서 나온 것은/포로로서 나온 것이 아니라/민간 억류인으로서 나라에 충성을 다하기 위하여 나온 것이라고[…]대한민국 상병포로와 UN 상병포로들에게 한마디 말을 하였을 것이다[…]」그러나 천당이 있다면 모두 다 거기서 만나고 있을 것입니다/억울하게 넘어진 반공포로들이/다 같은 대한민국의 이북 반공포로와 거제도 반공포로들이/무궁화의 노래를 부를 것입니다[…]나의 노래가 거치럽게 되는 것을 욕하지 마라!/지금 이 땅에는 온갖 형태의 희생이 있거니/나의 노래가 없어진들/누가 나라와 민족과 청춘과/그리고 그대들의 영령을 위하여 잊어버릴 것인가!//자유의 길을 잊어버릴 것인가!(「조국에 돌아오신 傷病捕虜 동지들에게」) ＊나는 또 하나 다른 유성을 향하여 달아날 것을 알고//이 영원한 숨바꼭질 속에서(「너를 잃고」) ＊마치 내가 임종하는 곳이 이러할 것이니 하는 생각이 불현듯이 든다[…]눈알에 백태가 앉은 사람같이/보이는 것이 모두 몽롱하다[…]「도적질을 하는 것도 저렇게 부지런하여야 하는데 우리는 이게 무어야 빨리 나가서 배 들어오는 것을 기다리세」하고 친구가 서두른다[…]우리의 잔등이에는 〈미숙한 도적〉이라는 글자가 씌어 있었을 것이다.(「미숙한 도적」) ＊둘레가 작아서 맞지 않아 그 모자를 쓴 기분이란 쳇바퀴를 쓴 것처럼 딱딱하다/그러나 나는 그것을 시골이라고 무관하게 생각하고 쓰고 간 것인데 결국은 잃어버리고 말았다[…]나는 모자와 함께 나의 마음의 한 모퉁이를 모자 속에 놓고 온 것이라고/설운 마음의 한 모퉁이를.(「시골 선물」) ＊저것이야말로 꽃이 아닐 것이다/저것이야말로 물도 아닐 것이다[…]꽃/부끄러움을 모르는 꽃들/누구의 것도 아닌 꽃들/너는 늬가 먹고사는 물의 것도 아니며/나의 것도 아니고 누구의 것도 아니기에/지금 마음 놓고 고즈넉이 날개를 펴라[…]늬가 끊을 수 있는 것은 오직 생사의 線條뿐/그러나 그 비애에 찬 선조도 하나가 아니기에/너는 다시 부끄러움과 躊躇를 품고 숨 가빠하는가//결합된 색깔은 모두가 엷은 것이지만/설움과 힘찬 미소와 더불어 관용과 자비로 통하는 곳에서/늬가 사는 엷은 세계는 자유로운 것이기에/생기와 신중을 한 몸에 지니고(「九羅重花」) ＊사람이야 말할 수 없이 애처로운 것이지만/내가 부끄러운 것은 사람보다도/저 날짐승이라 할까/내가 있는 방 위에 와서 앉거나/또는 그의 그림자가 혹시나 떨어질까 보아 두려워하는 것도/나는 아무 것에도 취하여 살기를 싫어하기 때문이다[…]나에게 시간을 가르쳐주는 것이 나는 싫다//나야 늙어가는 몸 위에 하잘것없이 앉아있으면 고만이고/너는 날아가면 고만이지만/잠시라도 나는 취하는 것이 싫다는 말이다[…]나와 나의 겨울을 한층 더 무거운 것으로 만들기 위하여(「도취의 피안」) *나의 방안에 설움이 충만되어 있는 것을 발견하였다/오고가는 것이 직선으로 혹은 대각선으로 맞닥뜨리는 것 같은 속에서/나의 설움은 유유히 자기의 시간을 찾아갔다//설움을 역류하는 야릇한 것만을 구태여 찾아서 헤매는 것은/우둔한 일인 줄 알면서/그것이 나의 생활이며 생명이며 정신이며 시대이며 밑바닥이라는 것을 믿었기 때문에[…]시간과 함께 비스듬히 내려다보는 것/그것은 혹시 한 자루의 부채——그러나 그것은 보일락 말락 나의 시야에서/멀어져가는 것(「방 안에서 익어가는 설움」) *먼지처럼 인색하게 묻혀가지고 들어온 것[…]누구 한 사람의 입김이 아니라/모든 가족의 입김이 합치어진 것[…]가족들이 저마다 떠드는 소리도/귀에 거슬리지 않는 것은/내가 그들에게 全靈을 맡긴 탓인가[…]나의 가족들의 기미 많은 얼굴에 비하여 보아서는 아니 될 것이다//제각각 자기 생각에 빠져 있으면서/그래도 조금이나 부자연한 곳이 없는/이 가족의 조화와 통일을/나는 무엇이라고 불러야 할 것이냐/차라리 위대한 것을 바라지 말았으면[…]이것이 사랑이냐/낡아도 좋은 것은 사랑뿐이냐(「나의 가족」) *내가 으스러지게 설움에 몸을 태우는 것은 내가 바라는 것이 있기 때문이다(「거미」) *그리고 모든 것에서부터/나를 감추리[…]내가 너를 좋아하는 원인을/네가 지니고 있는 긴 역사였다고 생각한 것은 과오였다[…]티끌도 아까운/더러운 것일수록 더한층 아까운/이 길로 마냥 가면 어디인지 아는가/더러운 것 중에도 가장 더러운/썩은 것을 찾으면서/비로소 마음 취하여 보는/이 더러운 길.(「더러운 향로」) *나는 태양을 주웠다고 생각하지는 않았지만/설마 이런 것이 올 줄이야/괴물이여[…]그러나 그 속에서 부패하고 있는 것/——그것은 나의 앙상한 생명/PLASTER가 燃上하는 냄새가 이러할 것이다//오욕・뼈・PLASTER・뼈・뼈/뼈・뼈……………………………(「PLASTER」) *잊어지지 않는 것이 있어/다시 일어났다//암만해도 잊어버리지 못할 것이 있어 다시 불을 켜고 앉았을 때는/이미 내가 찾던 것은 없어졌을 때//반드시 찾으려고 불을 켠 것도 아니지만/없어지는 자체를 보기 위하여서만 불을 켠 것도 아닌데[…]어둠 속에 본 것은 청춘이었는지 대지의 진동이었는지[…]오히려 그러한 불굴의 의지에서 나오는 것인가/어둠 속에서 일순간을 다투며/없어져버린 애처롭고 아름답고 화려하고 부박한 꿈을 찾으려 하는 것은[…]조화가 없어 아름다웠던 생활을 조화를 원하는 가슴으로 찾을 것은 아니로냐/조화를 원하는 심장으로 찾을 것은 아니로냐//지나간 생활을 지나간 벗같이 여기고/해 지자 헤어진 구슬픈 벗같이 여기고/잊어버린 생활을 위하여 불을 켜서는 아니 될 것이지만/천사같이 천사같이 흘려버릴 것이지만(「구슬픈 육체」) *나 대신 값없는 낙엽이라도 울어줄 것이다//나비야 나비야 더러운 나비야(「나비의 무덤」) *나는 피로하였고/또 나는/영원히 피로할 것이기에/구태여 옛날을 돌아보지 않아도/설움과 아름다움을 대신하여 있는 나의 궁지[…]비처럼 퍼부어/젖지 않는 것//그리하여/피로도 내가 만드는 것/궁지도 내가 만드는 것/그러할 때면은 나의 몸은 항상/한치를 더 자라는 꽃이 아니더냐/오늘은 필경 여러 가지를 합한 궁지의 날인가 보다/암만 불러도 싫지 않은 궁지의 날인가 보다/모든 설움이 합쳐지고 모든 것이 설움으로 돌아가는/궁지의 날인가 보다/이것이 나의 날/내가 자라는 날인가 보다(「궁지의 날」) *하기는 현실이 고귀한 것이 아니라/영사판을 받치고 있는 주야를 가리지 않는 어둠이/표면에 비치는 현실보다 한치쯤은 더/소중하고 신성하기도 한 것인지 모르지만[…]고통되는 젊은/피가 통하는 듯이 느껴지는 것은/비둘기의 울음소리[…]붉은 광채가 떠오르는 것을 보다//영사판 양편에 하나씩 서 있는/설움이 합쳐지는 내 마음 위에(「영사판」) *덮어놓은 책은 기도와 같은 것[…]잠자는 책은 이미 잊어버린 책/이 다음에 이 책을 여는 것은/내가 아닙니다(「서책」) *어두운 대지를 차고 이륙하는 것이/이다지도 힘이 들지 않는다는 것을 처음 깨달은 것은/우매한 나라의 어린 시인들이었다/헬리콥터가 風船보다도 가볍게 상승하는 것을 보고/놀랄 수 있는 사람은 설움을 아는 사람이지만/또한 이것을 보고 놀라지 않는 것도 설움을 아는 사람일 것이다[…]이러한 젊은 시절보다도 더 젊은 것이/헬리콥터의 영원한 生理이다//1950년 7월 이후에 헬리콥터는/이 나라의 비좁은 산맥 위에 자태를 보이었고/이것이 처음 탄생한 것은 물론 그 이전이지만[…]헬리콥터에서도 내려다볼 수 있을 것을 짐작하기 때문에[…]오늘에 네가 전하는 자유의 마지막 파편에/스스로 겸손의 침묵을 지켜가며 울고 있는 것이다(「헬리콥터」) *이러한 것들이 나를 속이는가/어두운 그늘 밑에 드나드는 쥐새끼들//마음을 쉰다는 것이 남에게도 나에게도/속임을 받는 일이라는 것을/(쉰다는 것이 무엇이라는 것을 알면서)[…]마당은 주인의 마음이 숨어 있지 않은 것처럼 安穩한데(「휴식」) *견고한 것을 좋아하는 사람들이/팔을 고이고 앉아서 창을 내다보는/水煖爐는 문명의 廢物[…]유일한 희망은 겨울을 기다리는 것이다[…]그러나 어디를 가보나/그의 머리 위에 반드시 窓이 달려 있는 것은/죄악이 아니겠느냐(「수난로」) *그러나 필경 내가 일을 끌고 가는 것이다/일을 끌고 가는 것은 나다[…]이 푸른 바다와 산과 들 위에/화려한 태양이 날개를 펴고 걸어가는 것이다(「거리1」) *그러나 결코 너를 격하고 있는 세상에게 웃는 것은 아니리/너를 보고/너의 곁에 애처로울 만치 바싹 다가서서/내가 웃는 것은 세상을 향하여서가 아니라/너를 보고 짓는 짓궂은 웃음인 줄 알아라[…]부끄러움도 모르고/밝은 빛만으로 너는 살아왔고/또 너는 살 것인데(「너는 언제부터 세상과 배를 대고 서기 시작했느냐」) *무한히 망설이는 이 마음은 어둠과 절망의 어제를 위하여/사는 것이 아니고/너무나 기쁜 이 마음은 무슨 까닭인지 알 수는 없지만/확실히 어리석음에서 나오는 것은 아닐 텐데[…]진시황만큼은 강하지 않아도/나는 모든 사람의 고민을 아는 것 같다[…]나는 식인종같이 잔인한 탐욕과 강렬한 의욕으로 그중의 하나하나를 일일이 뚫어져라 하고 들여다보는 것이지만[…]내가 잠겨 있는 정신의 초점은 감상과 향수가 아닐 것이다/靜寂이 나의 가슴에 있고/부드러움이 바로 내가 따라가는 것인 이상/나의 긍지는 애드벌룬보다는 좀 더 무거울 것이며/예지는 어느 煙筒보다도 훨씬 뾰죽하고 날카로울 것이다(「거리2」) *煙氣는 누구를 위하여 일을 하는 것도 아니다/해발 이천육백 척의 고지에서[…]평화와 조화를 원하는 것이/아닌 현실의 選手/백화가 만발한 언덕 저편에/부처의 心思 같은 굴뚝이 허옇고/그 위에서 내뿜는 연기는/얼핏 생각하면 우습기도 하다//연기의 정체는 없어지기 위한 것이다/그리고/하필 꽃밭 넘어서/짓궂게 짓궂게 없어져 보려는/심술맞은 연기도 있는 것이다.(「연기」) *너를 딛고 일어서면/생각하는 것은 먼 나라의 일이 아니다/나의 가슴속에 흐트러진 파편들일 것이다//너의 표피의 원활과 각도에 이기지 못하고 미끄러지는 나의 발을/나는 미워한다[…]준엄한 태산 같은/시간의 퇴적뿐이 아닐 것이냐(「네이팜 탄」) *남이 괴로워하는 양을 보기 위하여서도/나에게는 약간의 경박성이 필요한 것이다[…]내가 〈오늘〉보다 더 깊이 떨어져야 할 것이다//그러나 사람들이 웃을까 보아/나는 적당히 넥타이를 고쳐 매고 앉아 있다/뮤즈여/너는 어제까지의 나의 세력/오늘은 나의 지평선이 바뀌어졌다//물은 물이고 불은 불일 것이지만[…]적당한 음모는 세상의 것이다[…]그러면/아름다움은 어제부터 출발하고/너의 육체는/오늘부터 출발하게 되는 것이다(「바뀌어진 지평선」) *그러나 이 초점을 바라고 보는 것이 아니다/낭만적 위대성을 잊어버린 지 오랜 네가 인류를 위하여 산다는 것도 거짓말에 가까운 것이지만/그래도 누가 읽어줄지 모르는 신문 한구석에 너의 피가 어리어 있는 것이 반가워서 보고 있는 것인가/기사라 하지만 네가 썼다고 알아주는 사람이 있어도 좋고 없어도 가히 무관한 것/그러기에 한결 가벼운 휴식의 마음으로 쓰고 있을 수 있었던 것[…]내일 조간분 사회면의 표독한 타이틀이 될 것이라고 해서/네가 이 두 시간의 중간 위에 서있는 것이라고 해서/어려운 휴식/참으로 어려운/얻기 어려운 휴식(「기자의 정열」) *그러면 나는 내가 詩와는 반역된 생활을 하고 있다는 것을 알 것이다[…]함부로 흘리는 피가 싫어서/이다지 낡아빠진 생활을 하는 것은 아니리래[…]외양만이라도 남과 같이 살아간다는 것이 이다지도 쑥스러울 수가 있을까(「구름의 파수병」) *남이 일하는 모양이 내가 일하고 있는 것보다 더 밝고 깨끗하고 아름다웁게 보이면 어떻게 하리[…]이 사무실도 늬가 만든 것이며/이 많은 의자도 늬가 만든 것이며/늬가 그리고 있는 종이까지 늬가 製紙한 것이며/청결한 공기조차 어지러웁지 않은 것이/오히려 너의 냄새가 없어서 심심하다(「사무실」) *나의 표정에는 무엇이지 우스웁고 간지럽고 서먹하고 쓰디쓴 것마저 섞여 있다/그것은 둔한 머리에 움직이지 않는 사념일 것이다[…]나는 너에게 희생할 것을 준비하고 있노라//질서와 무질서와의 사이에/움직이는 나의 생활은/섧지가 않아 시체나 다름없는 것이다//여름 뜰을 흘겨보지 않을 것이다/여름 뜰을 밟아서도 아니 될 것이다/묵연히 묵연히/그러나 속지 않고 보고 있을 것이다(「여름 뜰」) *내가 비로소 여유를 갖게 된 것은/거리에서와 마찬가지로 집안에 있어서도 저 무시무시한 白蟻를 보기 시작한 때부터이었다[…]그의 모친은 희랍인이라고 한다/兩眼이 모두 담홍색을 하고 있는 것으로 보아/그가 오랜 세월을 暗夜 속에서 살고 있었던 것만은 확실하다고 나는 생각한다/나의 맏누이동생이 그를 〈허니〉라고 부르고 있는 것이 아니꼬워서/내가 어느 날 그에게 〈魔神〉이라고 별명을 붙였더니/그는 대뜸/〈오빠는 어머니보다도 더 완고하다〉고 하면서/나를 도리어 꾸짖는 척한다/(그가 나를 진심으로 꾸짖지 않았다는 것을 나는 그의 은근하고 매혹적인 표정에서 능히 감득할 수 있었다)—비참한 것은 백의이다[…]어느 삼류 신문의 사회면에는 간혹 그의 구제금 응모기사 같은 것이 나오고 있다[…]이러한 그의 무리한 요청에 대하여 나는 하는 수 없이/〈그것은 나의 역량 이상의 것이므로 신세계극단의 연출자 S씨를 찾아가보라〉고/터무니없는 거짓말을 하여가지고 즉석에 거절하여 버렸다[…]백의의 비극은 그가 현대의 경제학을 등한히 하였을 때에서부터 시작되었던 것이다(「백의」) *무엇보다도 먼저 끊어야 할 것이 설움이라고 하면서[…]나는 병풍을 바라보고/달은 나의 등뒤에서 병풍의 주인 六七翁海士의 印章을 비추어주는 것이었다(「병풍」) *꽃은 과거와 또 과거를 향하여/피어나는 것/나는 결코 그의 種子에 대하여/말하고 있는 것은 아니다/또한 설움의 귀결을 말하고자 하는 것도 아니다/오히려 설움이 없기 때문에 꽃은 피어나고//꽃이 피어나는 순간/푸르고 연하고 길기만 한 가지와 줄기의 내면은/완전한 공허를 끝마치고 있었던 것이다(「꽃2」) *사람이 지나간 자국 위에 서서 부르짖는 것은/개와 도회의 詐欺師뿐이 아니겠느냐(「영롱한 목표」) *그러한 모든 것이 보이는 밤/눈을 뜨지 않은 땅속의 벌레같이/아둔하고 가난한 마음은 서둘지 말라(「봄 밤」) *〈시대에 뒤떨어지는 것이 무서운 게 아니라/어떻게 뒤떨어지느냐가 무서운 것〉이라는 죽음의 잠꼬대여(「광야」) *그의 가장 깊은 영혼이 흔들리는 것을 보았다//바람도 불지 않는 나무에서 열매가 떨어지듯 나의 마음에서 수없이 떨어져내리는 휴식의 열매/뒷걸음질치는 것은 憤激인가 조소인가 회한인가/무수한 궤도여[…]하하! 우주의 비밀을/아니/비밀은 비밀을 먹는 것인가요/하하하……(「靈交日」) *그러나 심연보다도 더 무서운 자기 상실에 꽃을 피우는 것은 신이고/나는 오늘도 누구에게든 얽매여 살아야 한다(「꽃」) *순간이 순간을 죽이는 것이 현대/현대가 현대를 죽이는 〈종교〉(「비」) *당신을 찾아갔다는 것은 현실을 직시하기 위하여서였다//마침 당신은 집에 없고 당신의 아우만이 나와서 당신이 없다고 한다//부산에서 언제 올라왔느냐고 헛말같이라도 물어보아야 할 것을//나는 총에 맞는 새같이 가련하게도 당신의 집을 나와버렸다//그 아우는 물론 들어와서 쉬어가라고 미소를 띄우면서 권하였다//흔적은 없어도 戰災를 입은 것만 같은(「말」(1958)) *나는 실망하지 않을 것이다//의지의 저쪽에서 영위하는 아내여/길고긴 오늘밤에 나의 사치를 받기 위하여/어서어서 불을 끄자/불을 끄자(「사치」) *믿는 것이 있기 때문이다/믿는 것이 있기 때문이다/광선의 미립자와 분말이 너무도 시들하다(「冬麥」) *엄마는/바지가 젖는 것이 무서웁단다//아가야 아가야(「자장가」) *언어는 원래가 유치한 것이다/나도 그렇게 유치하게 되었다/그러니까 내가 그들을 사랑하지 않을 수가 없다/아아 모리배여 모리배어/나의 화신이여(「모리배」) * 모든 것을 제압하는 생활 속의/애정처럼/솟아오른 놈(「생활」) * 피로를 알게 되는 것은 과연 슬픈 일이다/밤이여 밤이여 피로한 밤이여(「달밤」) * 나의 靈은 죽어 있는 것이 아니냐//벗이여/그대의 말을 고개 숙이고 듣는 것이/그대는 마음에 들지 않겠지[…]그대는 반짝거리면서 하늘 아래에서/간간이/자유를 말하는데/우스워라 나의 靈은 죽어 있는 것이 아니냐(「死靈」) * 조그마한 세상의 지혜를 배운다는 것은/설운 일이다//그것은 내일이 되면 포탄이 되어서/휘황하게 날아가야 할 지혜이기 때문이다(「조그마한 세상의 지혜」) * 풀잎 끝에서 일어나듯이/태양은 자기가 내린 것을 거둬들이는데/시들은 자국을 남기지만 도처에서/도처에서/卽決하는 영혼이여(「말복」) * 연결의 〈使徒〉—일어선 것과 앉은 것의/불가사의에 신음하는 나(「반주곡」) * 얻는다는 것은 곧 잃는 것이다[…]얻는다는 것은 곧 잃는 것이다[…]얻는다는 것은 곧 잃는 것이다(「파밭 가에서」) * 내가 비는 것은/이 무한한 웃음의 가슴속에/그 얼음이 더 얼라는/내일의 呪符이었다(「凍夜」) * 문명에 대항하는 비결은/당신 자신이 문명이 되는 것이다/미스터 리!(「미스터 리에게」) * 병을 생각하는 것은/병에 매어달리는 것은/필경 내가 아직 건강한 사람이기 때문이리라(「파리와 더불어」) * 그것이 우리들의 싸움을 이다지도 어려운 것으로 만든다/우리들의 전선은 됭케르크도 노르망디도 연희고지도 아니다[…]우리들의 싸움의 모습은 초토작전이나/「건 힐의 혈투」모양으로 활발하지도 않고 보기 좋은 것도 아니다(「하…… 그림자가 없다」) * 불쌍한 백성들아/불쌍한 것은 그대들뿐이다/천국이 온다고 바라고 있는 그대들뿐이다[…]불쌍한 것은 이래저래 그대들뿐이다/그놈들이 배불리 먹고 있을 때도/고생한 것은 그대들이고/그놈들이 망하고 난 후에도 진짜 곯고 있는 것은/그대들인데/불쌍한 그대들은 천국이 온다고 바라고 있다//그놈들은 털끝만치도 다치지 않고 있다/보라 항간에 금값이 오르고 있는 것을/그놈들은 털끝만치도 다치지 않으려고/버둥거리고 있다(「육법전서와 혁명」) * 혁명은/왜 고독한 것인가를//혁명은/왜 고독해야 하는 것인가를(「푸른 하늘을」) * 혁명이 끝나고 또 시작되는 것은/돈을 내면 또 거둬들이고/돈을 내면 또 거둬들이고 돈을 내면/또 거둬들이는/석양에 비쳐 눈부신 카운터 같기도 한 것이니[…]가다오 가다오/〈4월 혁명〉이 끝나고 또 시작되고/끝나고 또 시작되고 끝나고 또 시작되는 것은[…]일년 열두 달 쉬는 법이 없는/걸찍한 강변밭 같기도 할 것이니(「가다오 나가다오」) * 여기에 있는 것은 중용이 아니라/踏步다 죽은 평화다 懶惰다 무위다(「중용에 대하여」) * 내가 나의 밖으로 나가는 것처럼//눈을 가늘게 뜨고 산이 있거든 불러보라(「피곤한 하루의 나머지 시간」) * 헛소리처럼 아직도 어둠을 지키고 있을 것이다(「그 방을 생각하며」) * 까딱 마시오 손 하나 몸 하나/까딱 마시오/눈 오는 것만 지키고 계시오…….(「눈」(1961)) * 그의 이야기가 절망인 것이 아니라/그의 모습이 절망인 것이 아니라/그가 돈을 가지고 갔다는 것이 아니라/그가 범죄자이었다는 것이 아니라/더욱이나 그가 外國地 양복이나/지아이 가리를 하고 있었다는 것도 아니라/그가 나갔을 때/洋盤 반주곡이 감상적이었다는 것이 아니라/더욱이나 푸른 창가에/황혼이 걸터앉아 있었다는 것이/더욱이나 아니라/나의 주위에 말짱 〈반동〉만 앉아 있어/객소리만 씨부리고 있었다는 것이/더욱이나 더욱이나 아니라(「황혼」) * 죄수들의 말이/배고픈 것보다도/잠 못 자는 것이/더 어렵다고 해서/그래 그러나/배고픈 사람이/하도 많아 그러나/시 같은 것/시 같은 것/안 쓰려고 그러나/더구나/〈4·19〉 시 같은 것/안 쓰려고 그러나//껌벅껌벅/두 눈을/감아가면서/아주 금방 곯아떨어질 것/같은데/밥보다도/더 소중한/잠이 안 오네/달콤한/달콤한/잠이 안 오네/보스토크가/돌아와 그러나/세계정부 理想이/따분해 그러나/이 나라/백성들이/너무 지쳐 그러나/별안간/빛 갚을 것/생각나 그러나/여편네가/짜증 낼까/무서워 그러나/동생들과/어머니가/걱정이 돼 그러나/참았던 오줌 마려/그래 그러나//시 같은 것/시 같은 것/써보려고 그러나/〈4·19〉 시 같은 것/써보려고 그러나(「〈4·19〉시」) * 두 줄기로 뻗어올라가던 놈이/한 줄기가 더 생긴 것이 며칠 전이었나[…]두

것

줄기로 뻗어올라가던 놈이/한 줄기가 더 생긴 것이 며칠 전이었나/난간 아래 등나무[…]두 줄기로 뻗어올라가던 놈이/한 줄기가 더 생긴 것이 며칠 전이었나(「등나무」) * 너무 조용한 것도 병이다/너무 생각하는 것도 병이다[…]그렇지 않고서는 내가 미치고 말 것 같아서//아아 벌/소리야!(「伏中」) * 그전에 돌아간 아버지의 진혼가가 우스꽝스러웠던 것을 생각하고[…]네가 아니면 내가 그렇다/우스운 것이 사람의 죽음이다/우스워하지 않고서 생각할 수 없는 것이 사람의 죽음이다/8월의 하늘은 높다/높다는 것도 이렇게 웃음을 자아낸다//누이야/나는 분명히 그의 앞에 절을 했노라/그의 앞에 엎드렸노라/모르는 것 앞에는 엎드리는 것이/모르는 것 앞에는 무조건하고 숭배하는 것이/나의 습관이니까/동생뿐이 아니라/그의 죽음뿐이 아니라/혹은 그의 실종뿐이 아니라/그를 생각하는/그를 생각할 수 있는/너까지도 다 함께 숭배하고 마는 것이/숭배할 줄 아는 것이/나의 인내이니까(「누이야 장하고나!」) * 이런 것들이 정돈될 가치가 있는 것들인가/누이야/이런 것들이 정돈될 가치가 있는 것들인가(「누이의 방」) * 여행이 나를/놀래일 수 없었던 것과 같이/나는 집에 와서도/그 동안의 부재에도/놀라서는 안 된다(「旅愁」) * 어깨를 아프게 하는 것은/老朽의 미덕은 시간이 아니다[…]머리를 아프게 하는 것은/두통의 미덕은 시간이 아니다[…]―그러나 混色은 흑색이라는 걸 경고해 준 것은/소학교 때 선생님……(「백지에서부터」) * 그리고 또 하나 있는 것 같다/주요한 본론이 네 개는 있었다/비닐, 파리통, 도배지……?/주요한 본론이 4항목은 있는 것 같다/4항목 4항목 4항목……(면도날!)(「마케팅」) * 흰 쌀밥을 먹고 갔는데 보리알을 먹고 간 것 같고/그렇게 피투성이가 되어 찾던 만년필은/처의 백 속에 숨은 듯이 걸려 있고/말하자면 내가 찾고 있는 것은 언제나 나의 가장 가까운/내 곁에 있고/우물도 사닥다리도 愛兒도 거만한 문패도/내가 범인이 되기 전에/(벌써 오래전에!)/범인의 것이 되어 있었고//그동안에도/그뒤에도 나의 시는 영원한 미완성이고(「절망」(1962)) * 무식한 것이 그것들이니까―/너에게서 취하는 전신의 영양(「滿洲의 여자」) * 어물전 좌판 밑바닥에서 걸어 있던 것이면 돼/有線 합승자동차에도 양계장에도 납공장에도/미곡창고 지붕에도 달려 있는(「장시1」) * 하늘끝을 때리고 돌아오는 고무공/그리운 것은 내 귓전에 붙어 있는 보이지 않는 젤라틴紙[…]이 무감각의 비애가 없이는 죽은 것//술 취한 듯한 동네아이들의 함성(「장시2」) * 〈히시야마 슈조〉의 낙엽이 생활인 것처럼/5·16 이후의 나의 생활도 생활이다/복종의 미덕!/사상까지도 복종하라!/일본의 〈진보적〉 지식인들이 이 말을 들으면 필시 웃을 것이다(「轉向記」) * 수입에 대해서 생각하는 것은 너나 나나 매일반이다[…]모르는 사람은 봄에 알을 많이 받을 것이니/마찬가지라고 하지만[…]여편네는 지금 주는 것으로 충분하다는 것이다[…]무능한 내가 지지 않는 것은 이때만이다(「만용에게」) * 그러나 돈은 없다―돈이 없다는 것도 오랜 친근이다(「후란넬 저고리」) * 기적적으로 마주치게 한 것이 전쟁이라고 생각했다[…]그 이마의 힘줄/그 힘줄의 集中度/이것은 죄에서 우러나오는 것이다(「여자」) * 나에게 30원이 여유가 생겼다는 것이 대견하다/나도 돈을 만질 수 있다는 것이 대견하다/무수한 돈을 만졌지만 결국은 헛 만진 것/쓸 필요도 없이 한 3, 4일을 나하고 침식을 같이한 돈(「돈」) * 성과는 없었다 성과가 없을 것을/알고 있기 때문에 나는 여편네의/거짓말에 반대하지 않는다[…]그런 사마귀가 나의 아들놈의 눈 아래에/있는 것을 발견하고 나도 꼭 빼주어야/하겠다고 결심한 일이 있었다 그런데(「반달」) * 제일 마음에 꺼리는 것이/아는 사람이/이 캄캄한 범행의 현장을/보는가 하는 일이었다/―아니 그보다도 먼저/아까운 것이/지우산을 현장에 버리고 온 일이었다(「죄와 벌」) * 우리나라가 종교국이라는 것에 대한 자신을 갖는다[…]머리가 나쁜 것은 선생, 어머니, IQ다/그저께 나는 파스칼이「머리가 나쁜 것은 나」라고 하는 말을 들었다/나는 아이들을 가르치면서/우리나라가 종교국이라는 것에 대한 자신을 갖는다/마당에 서리가 내린 것은 나에게 상상을 그치라는 신호다/그 대신 새벽의 꿈은 구체적이고 선명하다/꿈은 상상이 아니지만 꿈을 그리는 것은 상상이다/술이 상상이 아니지만 술에 취하는 것이 상상인 것처럼/오늘부터는 상상이 나를 상상한다//이제는 선생이 무섭지 않다/모두가 거꾸로다/선생과 나는 아이를 가르치는 것이 아니라 아이들을[…]종교국인 것처럼/새의 울음소리가 그 이전의 정적이 없이는 들리지 않는 것처럼……(「우리들의 웃음」) ＊그 주막거리의 이름이 말죽거리라는 것까지도/무료하게 생각하게 하고(「참음은」) ＊남자로서 거리를 무단 통행할 수 있는 것은 교군꾼,/내시, 외국인의 종놈, 관리들뿐이었다(「거대한 뿌리」) ＊이런 사람을 보면 세상사람들이 다 그처럼 살고 있는 것 같다/나같이 사는 것은 나밖에 없는 것 같다(「강가에서」) ＊가까운 거리의 부엌문이 있고/아내는 집들이를 한다고/저녁 대신 뻘건 팥죽을 쑬 것이다(「이사」) ＊이 가슴의 動悸도 기침도 寒氣도 내 것이 아니다/이 집도 아내도 아들도 어머니도 다시 내 것이 아니다[…]죽음을 위한 말 죽음에 섬기는 말/고지식한 것을 제일 싫어하는 말(「말」(1964)) ＊학교 안에서 배운 모든 것이/학교 밖에서 본 모든 것이/반드시 정말이 아니라는 것을 알았고[…]학교 밖에서 얻어맞은 모든 것이/골목길에서 얻어맞은 모든 것이/반드시 정말이 아니라는 것을 알았고[…]나라 안에서 당한 모든 것이/나라 밖에서 당한 모든 것이/반드시 정말이 아니라는 것을 알았고[…]너는 이제 스무 살이다/너는 이제 스무 살이다/너는 여전히 기적일 것이다/너의 사랑은 익어가기 시작한다/너의 사랑은/38선 안에서 받은 모든 굴욕이/38선 밖에서 받은 모든 굴욕이/전혀 정당한 것이 아니라는 것을 알았고/너는 너의 모든 힘을 다해서 답쌔버릴 것이다(「65년의 새해」) ＊필요 이상으로 화를 내는 것도 좋다[…]그러니까 그들이 요구하는 것은 신문값이 아니다//또 내가 주어야 할 것도 신문값만이 아니다/수도세, 야경비, 땅세, 벌금, 전기세 이외에/내가 주어야 할 것은 신문값만이 아니다[…]가벼운 겨울의 꿈이로구나 나의 독기의/꿈이로구나//쓸데없는 것이었다 저것이었다(「제임스 띵」) ＊지금의 적이 가장 무거운 것 같고 무서울 것 같지만/이 적이 없으면 또 다른 적 — 내일(「적1」) ＊이조시대의 장안에 깔린 기왓장 수만큼/나는 많은 것을 버렸다/그리고 가장 피로할 때 가장 귀한/것을 버린다//흐린 날에는 연극은 없다/모든 게 쉽다/쉬지 않는 것은 처와 처들뿐이다(「적2」) ＊풍경이 풍경을 반성하지 않는 것처럼/곰팡이 곰팡을 반성하지 않는 것처럼/여름이 여름을 반성하지 않는 것처럼/속도가 속도를 반성하지 않는 것처럼/졸렬과 수치가 그들 자신을 반성하지 않는 것처럼/바람은 딴 데에서 오고(「절망」(1965)) ＊지금도 내가 반항하고 있는 것은 이 스펀지 만들기와/거즈 접고 있는 일과 조금도 다름없다[…]그리고 조금쯤 옆에 서 있는 것이 조금쯤/비겁한 것이라고 알고 있다!(「어느 날 고궁을 나오면서」) ＊또 내가 〈시시한〉 발견의 편집광이라는 것도 안다/중요한 것은 야밤이다(「이 한국문학사」) ＊그건 그의 인사였고 달라지지 않은 것은 그것뿐/그밖에는 모두가 좀 달라졌어[…]그의 표정을 보고/나는 그가 필시 속으로는 나를 포기하고/있다는 것을 알았어//그가 그전하곤 달라졌어(「H」) ＊내 친구의 미망인의 빚보를 선 것을/물어주기로 한 것이 이렇게 좋군/집문서를 넣고 6부 이자로 10만 원을/물어주기로 한 것이 이렇게 좋군[…]선이 아닌 모든 것은 악이다 신의 地帶에는/중립이 없다(「이혼 취소」) ＊라디오의 時鐘이 나오기를 기다리는 것처럼/ 안타깝다//봄이 오기 전에 속옷을 벗고 너무 시원해서 설워지듯이/성급한 우리들은 이 발견과 실감 앞에 서럽기까지도 하다(「풀의 영상」) ＊매춘부 젊은애들, 때묻은 발을 꼬고 앉아서/유부우동 먹고 있는 것을 보다가 생각한 것/아냐. 그때는 빌려드리려고 했어. 관용의 미덕—[…]기침소리를 싫어해. 내가 붓을 놓는 것까지/자리에서 일어나는 것까지 문을 여는 것까지 알고[…]시간은 내 목숨야. 어제하고는 틀려졌어. 틀려/졌다는 것을 알았어. 틀려져야겠다는 것을 알/았어. 그것을 당신한테 알릴 필요가 있어. 그것[…]모레를 지내는 것은 내가 약한 탓이다(「엔카운터 誌」) ＊그에게 전하고, 그 무지무지한 소란 속에서/나의 소란을 하나 더 보탠 것에 만족을/느낀 것은 절망에 지각하고 난 뒤이다.(「전화 이야기」) ＊배가 모조리 설사를 하는 것은 머리가 설사를/시작하기 위해서다 性도 윤리도 약이/되지 않는 머리가 불을 토한다[…]언어가 죽음의 벽을 뚫고 나가기 위한/숙제는 오래된다 이 숙제를 노상 방해하는 것이/성의 윤리와 윤리의 윤리다 중요한 것은//괴로움과 괴로움의 이행이다 우리의 행동(「설사의 알리바이」) *일수로 사들여온 것처럼/500원인가를 깎아서 일수로 사들여온 것처럼/그만큼 손쉽게/내 몸과 내 노래는 타락했다[…]아내는 이런 어려운 일들을 어렵지 않게 해치운다/결단은 이제 여자의 것이다(「금성라디오」) *우리가 도적질을 한 것은 아니지만 우리가/훔친 거나 다름없다 아니 그 보다도 더 나쁘다[…]고칠 사람을 구하기가 어려운 것도 있고/돈이 아까울지도 모른다(「도적」) *한 고향이라는 것을/31일까지 돌려 주겠다고 아니 29일까지/돌려 주겠다고 집문서를 가지고 간 친구에게/말한 것이 잘못이었나 보다(「판문점의 감상」) *넓은 자리가 있었던 것을 자식한테/가르쳐주지 않은 죄─그 죄에 그렇게/오랜 시간을 시달리면서도 그것을 몰랐다(「VOGUE야」) *사랑의 음식이 사랑이라는 것을 알 때까지//난로 위에 끓어오르는 주전자의 물이 아슬/아슬하게 넘지 않는 것처럼 사랑의 節度는/열렬하다[…]아들아 너에게 狂信을 가르치기 위한 것이 아니다/사랑을 알 때까지 자라라[…]이 단단한 고요함을 배울 거다/복사씨가 사랑으로 만들어진 것이 아닌가 하고(「사랑의 변주곡」) *나는 아무것도 안 속였는데 모든 것을 속였다/이 죄에는 사과의 길이 없다 봄이 오고/쥐가 나돌고 풀이 솟는다 소리없이 소리없이//나는 한 가지를 안 속이려고 모든 것을 속였다(「거짓말의 여운 속에서」) *누구한테 머리를 숙일까/사람이 아닌 평범한 것에/많이는 아니고 조금(「꽃잎1」) *노란 꽃을 주세요 우리가 아닌 것을 위해서/노란 꽃을 주세요 거룩한 우연을 위해서//꽃을 찾기 전의 것을 잊어버리세요   꽃의 글자가 비뚤어지지 않게/꽃을 찾기 전의 것을 잊어버리세요   꽃의 소음이 바로 들어오게/꽃을 찾기 전의 것을 잊어버리세요(「꽃잎2」) *소녀는 나이를 초월한 것임을/너는 어린애가 아님을/너는 어른도 아님을/꽃도 장미도 어제 떨어진 꽃잎도/아니고/떨어져 물 위에서 썩은 꽃잎이라도 좋고/썩는 빛이 황금빛에 닮은 것이 순자야/너 때문이고(「꽃잎3」) *땅의 2층이 하늘인 것처럼/이렇게 人情의 하늘이 가까워진/일이 없다 남을 불쌍히 생각함은/나를 불쌍히 생각함이라(「여름 밤」) *세계일주를 떠났다는 것이 잘못된 길이다/너무나 먼 잘못된 길이다/너무나 많은 잘못된 나라다(「세계일주」) *시시한 라디오 소리라 더 시시한 것이/여기서는 판을 치니까 그렇게 됐는지 모른다/더 시시한 우리네 방송으로 만족하는 것이다[…]희한도 없이 안 듣게 되는 날이 올 것이다……//그러나 이렇게 써도 내가 반공산주의자가/아니 되기 위해서는 그날까지 이 엉성한/조악한 방송들이 어떻게 돼야 하고/어떻게 될 것이다/먼저 어떻게 돼야 하고 어떻게 될 것이다(「라디오 계」) *미인이면 미인일수록 그럴 것이니/미인과 앉은 방에선 무심코/따놓은 방문이나 창문이/담배연기만 내보내려는 것은/아니렷다(「미인」) *이게 아무래도 내가 저의 섹스를 개관하고/있는 것을 아는 모양이다/똑똑히는 몰라도 어렴풋이 느껴지는/모양이다(「性」) *그 배우는 식모까지도 싫어하고/신이 나서 보는 것은 나 하나뿐이고[…]성속이 같다는 원효대사가/텔레비에 나온 것을 뉘우치지 않고/春園 대신의 원작자가 된다[…]긴 것을 긴 것을 사랑할 줄이야/긴 것 중에 숨어 있는 것을 사랑할 줄이야/저절로 이루어지는 것이 긴 것 가운데/있을 줄이야//그것을 찾아보지 않을 줄이야 찾아보지/않아도 있을 줄이야 긴 것 중에는/있을 줄이야 어련히 어련히 있을/줄이야 나도 모르게 있을 줄이야(「원효대사」)

게 '것이'의 준말. *누가 서 있는 게 아니라/토끼가 서서 있어야 하였다/그러나 그는 캥거루의 일족은 아니다(「토끼」) *여치의 나래 밑의 고단한 밤잠이여/〈시대에 뒤떨어지는 것이 무서운 게 아니라/어떻게 뒤떨어지느냐가 무서운 것〉이라는 죽음의 잠꼬대여(「광야」) *그는 재판관처럼 판단을 내리는 게 아니라 구제의 길이 없는 사물의 주위에 떨어지는 태양처럼 판단을 내린다(「미스터 리에게」) *나는 오늘 아침에 서약한 게 있다니까/남편은 어제의 남편이 아니라니까/정말 어제의 네 남편이 아니라니까(「거미잡이」) *나는 모든 노래를 그 방에 함께 남기고 왔을 게다/그렇듯 이제 나의 가슴은 이유 없이 메말랐다(「그 방을 생각하며」) *낮에는 일손을 쉰다고 한잔 마시는 게라/저녁에는 어둠을 맞으려고 또 한잔 마시는 게라/먼 밭을 바라보며 마늘장아찌에/취하지 않은 듯이 취하는 게라/지장이 없느니라/아무리 바빠도 지장이 없느니라 술 취했다고 일이 늦으랴(「술과 어린 고양이」) *피아노의 주인은 나를 보고/시를 쓰니 음악도 잘 알 게 아니냐고/한 곡 쳐보라고 한다[…]벙어리 벙어리 벙어리/식모도 벙어리 나도 벙어리/모든 게 중단이다 소리도 思念도 죽어라/중단이다 명령이다(「피아노」) *신앙이 動하지 않는 건지 동하지 않는 게/신앙인지 모르겠다//나비야 우리 방으로 가자/어제의 시를 다시 쓰러 가자(「시」(1964)) *흐린 날에는 연극은 없다/모든 게 쉰다/쉬지 않는 것은 처와 처들뿐이다(「적 2」) *우리는 정치 얘기를 하구 있었던 게 아니야//우리는 조금도 흥분하지 않았고/그는 그전처럼 욕도 하지 않았고(「H」) *신문회관 3층에서 하는 게 낫다구요. 아네요./거기에는 냉방장치가 없어요. 장소는 200명가량(「전화 이야기」) *먼지를 꺼내는데도 책을 꺼내는 게 아니라/먼지를 꺼내는데도 유리문을 열고/육중한 유리문이 열릴 때마다 울리고/울려지고 돌고 돌려지고(「의자가 많아서 걸린다」)

게시판(揭示板) 게시하는 글·그림·사진 따위를 붙이는 판(板). *큰 아름드리나무에 박힌 옹이처럼 너는 네가 한 신문기사를 매일 아침 게시판 위에서 찾아보는 버릇이 너도 모르게 어느덧 생기고 말았다[…]모두 다 잊어버리고 나와서/태양의 다음가는 자유/자유의 다음가는 게시판/너무나 어려운 휴식이여/눈물이 흘러나올 여유조차 없는/게시판과 너 사이에 오늘의 생활이 있을진대/달관한 신문기자여/생각하지 말아래[…]그러한 휴식이 찬란한 아침햇빛 비치는 게시판 위에서 떠돌아다니면서(「기자의 정열」)

게으르다 행동이 느리고 움직이거나 일하기를 싫어하는 성미나 버릇이 있다.
게으른 *거기에는 반드시 구름이 있고/갯벌에 고인 게으른 물이/벌레가 뜰 때마다 눈을 껌벅거리고(「이사」)
게으르게 *어서 일을 해요/미지근한 물이 고인 조그마한 논과/대숲 속의 초가집과/나무로 만든 장기와/게으르게 움직이는 물소와(「시」(1961))

게이블(Gable, Clark) 1901~1960. 미국의 영화배우. ☞ 크락 게이블. *그러면/아름다움은 어제부터 출발하고/너의 육체는/오늘부터 출발하게 되는 것이다//골맨, 게이블, 레이트, 디보스,/매리지,/하우스펠 에어리어/—(「영국인들은 호스피털 에어리어」)(「바뀌어진 지평선」)

게재되다(揭載—) 글이나 그림 따위가 신문이나 잡지 따위에 실리다.
게재되어 *거리에 흩어진 월간 대중잡지 위에 매월 그의 사진이 게재되어 왔을 뿐만 아니라/어느 삼류 신문의 사회면에는 간혹 그의 구제금 응모기사같은 것이 나오고 있다(「백의」)

겨를 어떤 일을 하다가 생각 따위를 다른 데로 돌릴 수 있는 시간적인 여유. *나는 사실은 담배를 피울 겨를이 없이 여기까지 내리썼고/일기의 원문은 일본어로 씌어져 있다(「중용에 대하여」)

겨우 어렵게 힘들여. 기껏해야 고작. *그리하여 달아나오던 날 새벽에 파묻었던 총과 러시아 군복을 사흘을 걸려서 찾아내고 겨우 총살을 면하던 꿈같은 일을 생각한다(「조국에 돌아오신 傷病捕虜 동지들에게」) *싸늘한 가을바람 소리에/전통은/새처럼 겨우 나무그늘 같은 곳에/定處를 찾았나보다(「파리와 더불어」) *절망은 나의 목뼈는 못 자른다 겨우 손마디뼈를/새벽이면 하아프처럼 분질러놓고 간다(「우리들의 웃음」) *설파제를 먹어도 설사가 막히지 않는다/하룻동안 겨우 막히다가 다시 뒤가 들먹들먹한다(「설사의 알리바이」) *네가 씹는 음식에 내가 증오하지 않음이/내가 겨우 살아있는 표시라[…]전화가 울리고 놀라고 놀래고/끝이 없어지고 끝이 생기고 겨우/망각을 실현한 나를 발견한다(「먼지」)

겨울 한 해의 네 철 가운데 넷째 철. 가장 추운 계절로 양력에서는 12월부터 2월까지, 음력으로는 10월부터 12월까지를 말함. 24절기로는 입동부터 입춘까지, 천문학적으로는 동지부터 춘분까지를 말하며 낮이 짧고 밤이 길다. *이보다 더 추운 날처럼 나는 여기서 겨울을 맞이하다가/오랜 시간이 경과된 후에도/이 웃음만은 흔적을 남기고 있을 것이라고 믿는 것은/어리석은 일(「웃음」) *올 겨울은 눈이 적어서 토끼가 은거할 곳이 없겠네(「토끼」) *그 다음에는 나는 중앙선 어느 협곡에 있는 역에서 백여 리나 떨어진 광산촌에 두고 온 잃어버린 겨울 모자를 생각한다(「시골 선물」) *차라리 앉아 있는 기계와 같이/취하지 않고 늙어가는/나와 나의 겨울을 한층 더 무거운 것으로 만들기 위하여/나의 눈이랑 한층 더 맑게 하여다오(「도취의 피안」) *나비의 봄이야 제철이 가면 죽지만은/그의 몸에 붙은 고운 지분은/겨울의 어느 차디찬 등잔 밑에서 죽어 없어지리라(「나비의 무덤」) *유일한 희망은 겨울을 기다리는 것이다//그이 가치는/왼손으로 글을 쓰는 소녀만이 알고 있다(「수난로」) *국화꽃은 밤이면 더 한층 아름답게 이슬에 젖는데/올 겨울에도 산 위의 초라한 나무들을 뿌리만 간신히 남기고 살살이 갈라갈 동네아이들(「꽃」) *늙은 바위에 앉은 이끼처럼 추워라//겨울이 지나간 밭고랑 사이에 남은/고독은 신의 무재주와 사기라고/하여도 좋았다(「초봄의 뜰 안에」) *불을 등지고 있는 성황당이 보이는/그 산에는 겨울을 가리키는 바람이 일기 시작하네(「사치」) *시멘트로 만든 뜰에/겨울이와 있었다/아무 소리 없이 떠난/여행에서/전보도 안 치고/돌아오기를 잘했지(「旅愁」) *나무뿌리가 좀더 깊이 겨울을 향해 가라앉았다/이제 내 몸은 내 몸이 아니다/이 가슴의 動悸도 기침도 寒氣도 내 것이 아니다[…]고지식한 것을 제일 싫어하는 말/이 만능의 말/겨울의 말이자 봄의 말/이제 내 말은 내 말이 아니다(「말」(1964)) *교정을 보았구나 나의 毒氣야/가벼운 겨울의 꿈이로구나 나의 독기의/꿈이로구나[…]겨울의 꿈 깨어진 유리의 제임스 띵/이제는 죽어서 불을 쬐인다/빠개진 난로에 발을 굽는다 시꺼먼 양말을 자꾸 비빈다(「제임스 띵」)

겨울바람 겨울에 부는 찬 바람. *그것은 저 넓은 문창호의 수많은/틈 사이로 흘러들어오는 겨울바람보다도 나의 눈을 밝게 한다(「나의 가족」)

겨울보리 겨울에 자라는 보리. *햇빛에는 겨울보리에 싹이 트고/강아지는 낑낑거리고/골짜기들은 평화롭지 않으냐—/평화의 의지를 말하고 있지 않으냐(「冬麥」)

겨울옷 겨울에 입는 옷. *나는 옷을 벗는다 엉클 샘을 위해서/아시아와 아프리카의 무거운 겨울옷을 벗는다/ 겨울옷의 영상도 충분하다 누더기 누빈 옷(「풀의 영상」)

겨자씨 ①겨자의 씨. 양념이나 약재로 쓰고 기름을 짜기도 한다. ②매우 작은 것을 비유적으로 이르는 말. *겨자씨같이 조그맣게 살면 돼/복숭아 가지나 아가위 가지에 앉은/배부른 흰 새모양으로/잠깐 앉았다가 떨어지면 돼/연기 나는 속으로 떨어지면 돼[…]겨자씨같이 조그맣게 살면서/장시만 장시만 안 쓰면 돼(「장시1」)

격문(檄文) 어떤 일을 여러 사람에게 알리어 부추기는 글. *작품 제목임(「檄文」)

격식(格式) 격에 맞는 일정한 방식. *닳고 닳아지고 걸리고 걸려지고/모서리뿐인 형식뿐인 격식뿐인/관청을 우리집은 닮아가고 있다/철조망을 우리집은 닮아가고 있다(「의자가 많아서 걸린다」)

격인(格印) 낙인(烙印)의 오기로 추정됨. 낙인은 '불에 달구어 찍은 쇠도장, 그것으로 찍은 표지'를 뜻한다. *여보세요 내 가슴을 헤치고 보세요. 여기 장 발장이 숨기고 있던 格印보다 더 크고 검은/호소가 있지요/길을 잊어버린 호소예요(「조국에 돌아오신 傷病捕虜 동지들에게」)

격투(激鬪) 세차게 싸움 또는 그런 싸움. *재앙과 불행과 격투와 청춘과 천만 인의 생활과/그러한 모든 것이 보이는 밤/눈을 뜨지 않은 땅속의 벌레같이/아둔하고 가난한 마음은 서둘지 말라(「봄 밤」)

격하다(隔—)¹ 시간적·공간적으로 사이를 두다.
隔하고 *누가 거제도 제61수용소에서 단기 4284년 3월 16일 오전 5시에 바로 철망 하나 둘 셋 네 겹을 隔하고 불 일어나듯이 솟아나는 제62적색수용소로 돌을 던지고 돌을 받으며 뛰어들어갔는가(「조국에 돌아오신 傷病捕虜 동지들에게」) *그러나 결코 너를 격하고 있는 세상에게 웃는 것은 아니리/너를 보고/너의 곁에 애처로울 만치 바싹 다가서서/내가 웃는 것은 세상을 향하여서가 아니라(「너는 언제부터 세상과 배를 대고 서기 시작했느냐」)

격하다(激―)² 갑작스럽게 성을 내거나 흥분하다. 기세나 감정 따위가 급하고 거세다.
　격하지 ＊우리는 격하지 않고 얘기할 수 있었어/훌륭하게 훌륭하게 얘기할 수 있었어/그의 약간의 오류는 문제가 아냐/그의 오류는 꽃이야(「H」)

격행(隔行) 행간을 띄움. ＊隔行의 문제를 硏究하여야 한다(「나비의 무덤」의 원주)

겪다 어렵거나 경험될 만한 일을 당하여 치르다.
　겪고 ＊평안도 기생이 여기 있구나/만주에서 해방을 겪고/평양에 있다가 인천에 와서/6·25 때에 남편을 잃고 큰아이는 죽고/남은 계집애 둘을 데리고/재전락한 여자가 여기 있구나(「滿洲의 여자」)
　겪은 ＊그 언 유리에 비친 내 얼굴이 제임스 띵같이/되기까지 내가 겪은, 내가 겪을/고뇌는 무한이다(「제임스 띵」)
　겪을 ＊이발소의 화롯가에 연분홍빛 화로/깨어진 유리에 종이를 바르고/그 언 유리에 비친 내 얼굴이 제임스 띵같이/되기까지 내가 겪은, 내가 겪을/고뇌는 무한이다(「제임스 띵」)

견고하다(堅固―) 굳고 튼튼하다. 공고(鞏固)하다.
　견고한 ＊견고한 것을 좋아하는 사람들이/팔을 고이고 앉아서 창을 내다보는/水煖爐는 문명의 廢物(「수난로」) ＊과거와 미래에 통하는 꽃/견고한 꽃이/공허의 말단에서 마음껏 찬란하게 피어오른다(「꽃」)

견디다 상태를 잘 유지하다. 현재대로 지키다. 참다.
　견딜 ＊노쇠한 선교사모양으로 낮잠을 자지 않고도 견딜 만한 강인성을 가지고 있다(「영롱한 목표」)

겯다 암탉이 알을 낳을 무렵에 소리를 골골 내다.
　겯는 ＊소비에트에는 있다/(계사 안에서 우는 알 겯는/닭소리를 듣다가 나는 마른침을 삼키고/담배를 피워 물지 않으면 아니 된다)//여기에 있는 것은 중용이 아니라/踏步다 죽은 평화다 懶惰다 無爲다(「중용에 대하여」)

결국(結局) 일이 마무리되는 마당이나 일의 결과가 그렇게 돌아감을 이르는 말. ＊그러나 나는 그것을 시골이라고 무관하게 생각하고 쓰고 간 것인데 결국은 잃어버리고 말았다(「시골 선물」) ＊시간을 잊은 마음의 승리/환상이 환상을 이기는 시간/―大時間은 결국 쉬는 시간(「장시2」) ＊무수한 돈을 만졌지만 결국은 헛 만진 것/쓸 필요도 없이 한 3, 4일을 나하고 침식을 같이한 돈(「돈」)

결다 ①푸성귀나 생선 따위에 소금기나 식초, 설탕 따위가 배어들다. ②땀이나 기름 따위의 더러운 물질이 묻거나 끼어 찌들다.
　결어 ＊아버지 할머니 고조할아버지 때부터/어물전 좌판 밑바닥에서 결어 있던 것이면 돼(「장시1」)
　결은 ＊어서 또 일을 해요 변화는 끝났소/편지 봉투모양으로 누렇게 결은/시간과 땅/수레를 털털거리게 하는 욕심의 돌/기름을 주라(「시」(1961))

결단(決斷) 결정적인 판단을 하거나 단정을 내림 또는 그런 판단이나 단정. ＊당신이 내린 결단이 이렇게 좋군/나하고 별거를 하기로 작정한 이틀째 되는 날/당신은 나와의 이혼을 결정하고(「이혼 취소」) ＊아내는 이런 어려운 일들을 어렵지 않게 해치운다/결단은 이제 여자의 것이다(「금성라디오」)

결별(訣別) 기약 없는 이별을 함 또는 그런 이별. ＊오 결별의 신호여/이조시대의 장안에 깔린 기왓장 수만큼/나는 많은 것을 버렸다/그리고 가장 피로할 때 가장 귀한/것을 버린다(「적2」)

결별하다(訣別―) 기약 없이 이별하다.
　결별하자 ＊그 지긋지긋한 놈의 사진을 떼어서/조용히 개굴창에 넣고/썩어진 어제와 결별하자/그놈의 동상이 선 곳에는/민주주의의 첫 기둥을 세우고/쓰러진 성스러운 학생들의 웅장한/기념탑을 세우자/아아 어서어서 썩어빠진 어제와 결별하자(「우선 그놈의 사진을 떼어서 밑씻개로 하자」)

결심하다(決心―) 할 일에 대하여 어떻게 하기로 마음을 정하다.
　결심하고 ＊나는 이미 정하여진 물체만을 보

결심하면서 *어제와 같이 다시는 〈헛소리〉를 하지 않으려고 결심하면서//자꾸 수그러져 가는 눈을 들어 강과 對岸의 찬란한 불빛을 본다(「말」(1958))

결심한 *그런 사마귀가 나의 아들놈의 눈 아래에/있는 것을 발견하고 나도 꼭 빼주어야/하겠다고 결심한 일이 있었다 그런데(「반달」)

결의(決意) 뜻을 정하여 굳게 마음을 먹음. *여보/비는 움직임을 制하는 결의/움직이는 휴식//여보/그래도 무엇인가가 보이지 않느냐/그래서 비가 오고 있는데!(「비」)

결의하다(決意—) 뜻을 정하여 굳게 마음을 먹다.
  결의하고 *명령하고 결의하고/〈평범하게 되려는 일〉 가운데에/해초처럼 움직이는/바람에 나부껴서 밤을 모르고/언제나 새벽만을 향하고 있는/투명한 움직임의 비애를 알고 있느냐(「비」)
  결의하는 *움직이는 비애여/결의하는 비애/변혁하는 비애……/현대의 자살/그러나 오늘은 비가 너 대신 움직이고 있다(「비」)

결정하다(決定—) 결단을 내려 확정하다.
  결정하고 *나하고 별거를 하기로 작정한 이틀째 되는 날/당신은 나와의 이혼을 결정하고/내 친구의 미망인의 빚보를 선 것을/물어주기로 한 것이 이렇게 좋군(「이혼 취소」)

결코(決—) 어떤 경우에도 절대로. *제트기 벽화 밑의 나보다 더 뚱뚱한 주인 앞에서/나는 결코 울어야 할 사람은 아니며(「달나라의 장난」) *백년이나 천년이 결코 긴 세월이 아니라는 것은/내가 사랑의 테두리 속에 끼여 있기 때문이 아니리라(「풍뎅이」) *그러나 결코 너를 격하고 있는 세상에게 웃는 것은 아니리(「너는 언제부터 세상과 배를 대고 서기 시작했느냐」) *나는 결코 그의 種子에 대하여/말하고 있는 것은 아니다/또한 설움의 귀결을 말하고자 하는 것도 아니다(「꽃2」) *오오 봄이여//한없이 풀어지는 피곤한 마음에도/너는 결코 서둘지 말라/너의 꿈이 달의 행로와 비슷한 회전을 하더라도/개가 울고 종이 들리고/기적소리가 과연 슬프다 하더라도/너는 결코 서둘지 말라/서둘지 말라 나의 빛이여(「봄 밤」)

결합되다(結合—) 둘 이상의 것이 서로 관계를 맺고 합쳐서 하나로 되다.
  결합된 *너는 다시 부끄러움과 齟齬를 품고 숨 가빠하는가//결합된 색깔은 모두가 엷은 것이지만/설움과 힘찬 미소와 더불어 관용과 자비로 통하는 곳에서(「九羅重花」)

결혼(結婚) 남녀가 정식으로 부부관계를 맺음. *인생도 인생의 부분도 통째 움직인다—우리는 그것을/결혼의 소리라고 부른다(「미역국」)

결혼윤리(結婚倫理) 남녀가 정식으로 부부가 되는 데 있어서 지켜야할 규범과 도리. *달관한 신문기자여/생각하지 말아라/「결혼윤리의 좌절/ —행복은 어디에 있나?—」/이것이 어제 오후에 써놓은 기사 대목으로/내일 조간분 사회면의 표독한 타이틀이 될 것이라고 해서(「기자의 정열」)

결혼하다(結婚—) 남녀가 정식으로 부부관계를 맺다.
  결혼한 *석 달 전에 결혼한 그는 그전하곤 모두가 좀 달라졌어/그리고 그가 경멸하고 있는 건 나의/정치 문제뿐이 아냐(「H」)

겸손(謙遜) 남을 존중하고 자기를 내세우지 않는 태도가 있음. *오늘에 네가 전하는 자유의 마지막 파편에/스스로 겸손의 침묵을 지켜가며 울고 있는 것이다(「헬리콥터」)

겸손하다(謙遜—) 남을 존중하고 자기를 내세우지 않는 태도가 있다.
  겸손하게 *거리의 생명이여/거만과 오만을 잊어버리고/밝은 대낮에라도 겸손하게 지내는 妙理를 배우자(「거리2」)

겸허(謙虛) 스스로 자신을 낮추고 비우는 태도가 있음. *강력과 기도가 일체가 되는 거리에서/너는 비로소 겸허를 배운다//바늘구멍만한 예지의 저쪽에 사는 사람들이여(「예지」)

겹 물체의 면과 면 또는 선과 선이 포개진 상태 또는 그러한 상태로 된 것. 비슷한 사물이나 일이 거듭되는 것. *오늘이 있듯이 그날이 있는/두 겹 절벽 가운데에서/오늘은 오늘을 담당하지 못하니/너의 가슴 위에서는/나 대신 값없는 낙엽이라도 울어줄 것이다(「나비의 무덤」) *누가 거제도 제61수용소에서 단기 4284년 3월 16일 오전 5시에 바로 철망 하나 둘 셋 네 겹을 隔하고 불 일어나듯이 솟아나는 제62적색수용소로 돌을 던지고 돌을 받으며 뛰어들어갔는가(「조국에 돌아오신 傷病捕虜 동지들에게」)

경고하다(警告—) 조심하거나 삼가라고 주의를 주다.
　경고해 *그러나 混色은 흑색이라는 걸 경고해 준 것은/소학교 때 선생님……(「백지에서부터」)

경과되다(經過—) 어떤 시간이나 단계를 지나다.
　경과된 *오랜 시간이 경과된 후에도/이 웃음만은 흔적을 남기고 있을 것이라고 믿는 것은/어리석은 일(「웃음」)

경련(痙攣) 근육이 발작적으로 수축하는 현상. *顎骨에서 내려가는 너의 경련/—이것이 생활이다//나의 여자들의 더러운 발은 생활의 숙제(「반주곡」)

경멸(輕蔑) 깔보아 업신여김. *오히려 이와 같은 나의 경멸과 剛毅로 인하여/나는 그날부터 그를 진심으로 사랑하게 되었다(「백의」)

경멸하다(輕蔑—) 깔보아 업신여기다.
　경멸하지 *물에 빠지지 않기 위한/생활이 비겁하다고 경멸하지 말아라/뮤즈여/나는 공리적인 인간이 아니다(「바뀌어진 지평선」)
　경멸하고 *석 달 전에 결혼한 그는 그전하곤 모두가 좀 달라졌어/그리고 그가 경멸하고 있는 건 나의/정치 문제뿐이 아냐(「H」)
　경멸할 *그가 그전하곤 달라졌어/그는 이제 조용하게 나를 경멸할 줄 알아/석 달 전에 결혼한 그는 그전하곤 모두가 좀 달라졌어(「H」) *이제 차디찬 사람들을 경멸할 수 있다/어제 국회의장 공관의 칵테일 파티에 참석한/천사 같은 여류작가의 냉철한 지성적인/눈동자는 거짓말이다/그 눈동자는 피를 흘리고 있지 않다(「이혼 취소」)

경박(輕薄) 사람됨이 진중하지 못하고 가벼움. *그리고 너의 노래와 음계를 조금만/낮추어라/오늘의 우울을 위하여/오늘의 경박을 위하여(「바뀌어진 지평선」)

경박성(輕薄性) 경박한 성미나 품성. *〈뮤즈여/용서하라/생활을 하여 나가기 위하여는/요만한 경박성이 필요하단다[…]내가 괴로워하기보다도/남이 괴로워하는 양을 보기 위하여서도/나에게는 약간의 경박성이 필요한 것이다[…]이 어지러운 세상을 살아가기 위하여/나에게는 약간의 경박성이 필요하다(「바뀌어진 지평선」)

경복이 사람 이름. *가다오 가다오/명수 할버이/잿님이 할아버지/경복이 할아버지/두붓집 할아버지는/너희들이 피지 섬을 침략했을 당시에는/그의 아버지들은 아직 젖도 떨어지기 전이었다니까(「가다오 나가다오」)

경사(慶事) 매우 즐겁고 기쁜 일. *아무리 마셔도 취하지 않으니/같이 온 친구를 보기도 미안만 한데/옆상에 앉은 술친구들이 경사나 난 듯이/고함을 친다/상제보다 복재기가 더 섧다나(「滿洲의 여자」)

경상도(慶尙道) 경상북도와 경상남도를 아우르는 말. *함경도 친구와 경상도 친구가 외국인처럼 생각돼서/술집에서 반드시 표준어만 쓰는 이유,/모르지?/5월 혁명 이전에는 백양을 피우다/그 후부터는/아리랑을 피우고(「모르지?」)

경솔(輕率) 말이나 행동이 조심성 없이 가벼움. *정열도 예측 고함도 예측 장시도 예측/경솔도 예측 봄도 예측 여름도 예측/범람도 예측 범람은 화려 공포는 화려/공포와 노인은 동일 공포와 노인과 유아는 동일……/예측만으로 그치면 돼(「장시1」)

경시하다(輕視—) 대수롭지 않게 보거나 업신여기다.
　경시하면서도 *설움의 탓이라고 이 새로운 현실을 경시하면서도//어제와 같이 다시는 〈헛소리〉를 하지 않으려고 결심하면서(「말」(1958))

경우(境遇) 놓여있는 조건이나 놓이게 된 형편이나 사정. 사리나 도리. *우리들의 전선은 지도책 속에는 없다/그것은 우리들의 집안 안인 경우도 있고/우리들의 직장인 경우도 있고/우리들의 동리인 경우도 있지만……/보이지는 않는다(「하…… 그림자가 없다」)

경이(驚異) 놀랍고 신비하게 여김 또는 놀랍고 신비한 일. *새로운 역사라고 해도 좋다//

이런 경이는 나를 늙게 하는 동시에 젊게 한다/아니 늙게 하지도 젊게 하지도 않는다(「현대식 교량」)

경쟁(競爭) 같은 목적에 대하여 이기거나 앞서려고 서로 다툼. *솔직한 고백을 싫어하는/뮤즈여/妬忌와 경쟁과 살인과 간음과 사기에 대하여서는/너에게 이야기하지 않으리라/적당한 음모는 세상의 것이다(「바뀌어진 지평선」)

경제학(經濟學) 경제현상을 연구하고 분석하는 학문. 사회과학의 한 분야. *백의의 비극은 그가 현대의 경제학을 등한히 하였을 때에서부터 시작되었던 것이다(「백의」)

경찰(警察) ①경계하여 살핌. ②국가 사회의 공공질서와 안녕을 보장하고 국민의 안전과 재산을 보호하는 일 또는 그 일을 하는 조직. 국민의 생명, 신체, 재산을 보호하고 범죄의 예방과 수사, 피의자의 체포, 공안의 유지 따위를 담당한다. ③경찰관. *군대란 군대에서 장학사의 집에서/관공리의 집에서 경찰의 집에서/민주주의를 찾은 나라의 군대의 衛兵室에서 사단장실에서 정훈감실에서(「우선 그놈의 사진을 떼어서 밑씻개로 하자」)

경찰서(警察署) 경찰사무를 맡아보는 관청. 대도시의 각구, 중소도시, 군단위에 설치되어 있음. *4·19 후의 경찰서에서 파출소에서/민중의 벗인 파출소에서/협잡을 하지 않고 뇌물을 받지 않는/관공리의 집에서/역이란 역에서/아아 그놈의 사진을 떼어 없애야 한다(「우선 그놈의 사진을 떼어서 밑씻개로 하자」)

경포대(鏡浦臺) 강원도 강릉시 저동(苧洞)의 경포호 북안에 있는 누각. 지방 유형문화재. *당신이 사준 북어와 오징어와 2등차표와/경포대의 선물과 도리스 위스키와 라스베리 잼에 대해서/미안하지 않소 당신의 모든 행복과 우리들의 바닷가의(「美濃印札紙」)

경험(經驗) ①자신이 실제로 해 보거나 겪어봄 또는 거기서 얻은 지식이나 기능. ②객관적 대상에 대한 감각이나 지각 작용에 의하여 깨닫게 되는 내용. *40년간의 조판 경험이 있는 근시안의 노직공의 가슴속에서/가장 심각한 나의 우둔 속에서/새로운 목표는 이미 나타나고 있었다(「영롱한 목표」) *나는 이 우중충한 막걸리 탁상 위에서/경험과 역사를 너한테 배운다/무식한 것이 그것들이니까(「滿洲의 여자」)

곁 어떤 대상의 옆 또는 공간적 심리적으로 가까운 데. *공원이나 휴식이 필요한 사람들이/여름이면그의 곁에 와서/곧잘 팔을 고이고 앉아 있으니까(「수난로」) *그러나 결코 너를 격하고 있는 세상에게 웃는 것은 아니리/너를 보고/너의 곁에 애처로울 만치 바싹 다가서서/내가 웃는 것은 세상을 향하여서가 아니라/너를 보고 짓는 짓궂은 웃음인 줄 알아라(「너는 언제부터 세상과 배를 대고 서기 시작했느냐」) *그들은 말하자면 우리들의 곁에 있다//우리들의 戰線은 눈에 보이지 않는다/그것이 우리들의 싸움을 이다지도 어려운 것으로 만든다(「하…… 그림자가 없다」) *말하자면 내가 찾고 있는 것은 언제나 나의 가장 가까운/내 곁에 있고/우물도 사닥다리도 愛兒도 거만한 문패도(「절망」(1962))

계(界)¹ '분야' 또는 '범위'의 뜻을 더하는 접미사. *작품 제목임(「라디오 계」)

계(契)² 주로 경제적인 도움을 주고받거나 친목을 도모하기 위하여 만든 전래의 협동 조직. 낙찰계, 상포계, 친목계 따위가 있음. *이것을 떼먹은 년은 우리 여편네가 든/契의 오야가 주재하는/우리 여편네는 들지 않은 백만 원짜리/계의 멤버로 인형을 만들어 파는 년이라나(「판문점의 감상」)

계곡(溪谷) 물이 흐르는 골짜기. *검은 포탄의 꾸부러진 哭聲이/정신의 주변보다 더 간지러움고/계곡을 스쳐서 돌아가는/악마의 眼膜 같은/강물을 향하여(「조그마한 세상의 지혜」)

계단(階段) 사람이 오르내리기 위해 건물이나 비탈에 만든 층층계. *청한 지 반 시간만에 떠다 주는 냉수를 한 대접 마시고/계단을 내려와서/어젯밤에 술을 마시던 방을 들여다보니 이불도 베개도 타구 하나 없이 깨끗하다(「미숙한 도적」)

계란(鷄卵) 닭의 알. 달걀. *삶은 계란의 껍질이/벗겨지듯/묵은 사랑이/벗겨질 때/붉은 파밭의 푸른 새싹을 보아라/얻는다는 것은 곧 잃는 것이다(「파밭 가에서」)

계사(鷄舍) 닭장. 닭을 기르는 우리. *鷄舍건너 신축 가옥에서 마치 질하는/소리가 들린다//소비에트에는 있다/(계사 안에서 우는 알 겯는/닭소리를 듣다가 나는 마른침을 삼키고/담배를 피워 물지 않으면 아니 된다)(「중용에 대하여」) *鷄舍 위에 울리는 곡괭이 소리/동물의 교향곡/잠을 자면서 머리를 식히는 사색가/―모든 곳에 너무나 많은 움직임이 있다(「비」)

계산(計算) ①수를 헤아림. ②어떤 일을 예상하거나 고려함. ③값을 치름. ④어떤 일이 자기에게 이해득실이 있는지 따짐. ⑤주어진 수나 식을 일정한 규칙에 따라 처리하여 수치를 구하는 일. *여편네의 계산에 의하면 7할을 낳아도/만용이(닭 시중하는 놈)의 학비를 빼면/아무것도 안 남는다고한다(「만용에게」)

계산하다(計算―) ①수를 헤아리다. ②어떤 일을 예상하거나 고려하다. ③값을 치르다. ④어떤 일이 자기에게 이해득실이 있는지 따지다. ⑤주어진 수나 식을 일정한 규칙에 따라 처리하여 수치를 구하다.

계산할 *목적을 이루게 되기 전에//승패의 차이를 계산할 줄 아는/포탄의 이성이여//너의 自決과 같은 맹렬한 자유가/여기 있다(「조그마한 세상의 지혜」)

계산해도 *흥분해도 소년/계산해도 소년/애무해도 소년/어린 놈 너야/네가 성을 내지 않게 해주마(「여편네의 방에 와서」)

계속(繼續) 끊이지 않고 잇다라. *중단과 계속과 해학이 일치되듯이/어지러운 가지에 꽃이 피어오른다/과거와 미래에 통하는 꽃/견고한 꽃이/공허의 말단에서 마음껏 찬란하게 피어오른다(「꽃2」)

계속되다(繼續―) 끊이지 않고 잇대어 나아가게 되다.

계속되고 *죽은 행동이 계속된다 너와 내가 계속되고/전화가 울리고 놀라고 놀래고/끝이 없어지고 끝이 생기고 겨우/망각을 실현한 나를 발견한다(「먼지」)

계속된다 *죽은 행동이 계속된다 너와 내가 계속되고/전화가 울리고 놀라고 놀래고/끝이 없어지고 끝이 생기고 겨우/망각을 실현한 나를 발견한다(「먼지」)

계속될는지 *한꺼번에 구겨지자 없어지는 벼락과 천둥/이것이 또 앞으로 얼마나 계속될는지//여미지 못하는 생각 위에/여밀 수 없는 부탁이여(「付託」)

계수(季嫂) ①남자 형제 사이에서 동생의 아내를 이르는 말. 제수(弟嫂). ②남자 형제가 여러 명일 경우 막내의 부인을 이르는 말. *삼복의 더위에 질려서인가 했더니/아냐/아이를 뺐어/계수가 아이를 배서 조용하고/식모 아이는 사랑을 하는 중이라네(「伏中」)

계시(啓示) 깨우쳐 보여 줌. 현시(現示). 사람의 지혜로서는 알 수 없는 진리를 신(神)이 가르쳐 알게 함. *戲畵의 계시가 돈이 되고/돈이 되고 사랑이 되고 갱의 단층의 길이가/얇아지고 돈이 돈이 되고 돈이/길어지고 짧아지고(「먼지」)

계시다 '있다'의 높임말.

계시오 *민중은 영원히 앞서 있소이다/웃음이 나오더라도/눈 내리는 날에는/손을 묶고 가만히/앉아 계시오/서울서/의정부로/뚫린/국도에/눈 내리는 날에는/〈빽〉차도/지프차도/파발이 다 된/시골 버스도/맥을 못 추고/맴을 도는 판이니/답답하더라도/답답하더라도/요 시인/가만히 계시오/민중은 영원히 앞서 있소이다/요 시인/용감한 착오야/그대의 저항은 無用/저항시는 더욱 무용/막대한 방해로소이다/까딱 마시오 손 하나 몸 하나/까딱 마시오/눈 오는 것만 지키고 계시오……(「눈」(1961))

계신 *이 방에서 저 방으로 할머니가 계신 방에서/심부름하는 놈이 있는 방까지 죽음 같은/암흑 속을 고양이의 반짝거리는 푸른 눈망울처럼/사랑이 이어져가는 밤을 안다(「사랑의 변주곡」)

계절(季節) 규칙적으로 되풀이되는 자연현상에 따라서 일 년을 구분한 것. 일반적으로 온대 지방은 기온의 차이를 기준으로 하여 봄, 여름, 가을, 겨울의 네 계절로 나누고, 열대 지방에서는 강우량을 기준으로 하여 건기와 우기로 나누며, 천문학적으로는 춘분, 하지, 추분, 동지로 나눔. *무엇을 향하여 떨어진다는 의미도 없이/계절과주야를 가리지 않고/고매한 정신처럼 쉴 사이 없이 떨어진다(「瀑布」)

계집애 '계집아이'의 준말. *그러한 나의 반

역성을 조소하는 듯이 스무 살도 넘을까 말까 한 노는 계집애와 머리가 고슴도치처럼 부스스하게 일어난 쓰메에리의 학생복을 입은 청년이 들어와서 커피니 오트밀이니 사과니 어수선하게 벌여놓고 계통 없이 처먹고 있다(「시골 선물」) *아아 그리고 저 도봉산보다도/더 큰 증오도/굴욕도/계집애 종아리에만/눈이 가던 稚氣도/그밖의 무수한 잡동사니 잡념까지도/깨끗이 버리고(「檄文」) *6·25 때에 남편을 잃고 큰아이는 죽고/남은 계집애 둘을 데리고/재전락한 여자가 여기 있구나/시대의 여자가 여기 있구나(「滿洲의 여자」)

계통(系統) ①일정한 체계에 따라 서로 관련되어 있는 부분들의 통일적 조직. ②일의 체계나 순서. *쓰메에리의 학생복을 입은 청년이 들어와서 커피니 오트밀이니 사과니 어수선하게 벌여놓고 계통 없이 처먹고 있다(「시골 선물」)

고갈(枯渴) 물이 말라서 없어짐. 돈이나 물건 따위가 없어져 매우 귀해짐. *괴물이여//지금 枯渴 시인의 절정에 서서//이름도 모르는 뼈와 뼈/어디까지나 뒤퉁그러져 나왔구나(「PLASTER」)

고갈되다(枯渴—) 물이 말라서 없어지다. 돈이나 물건 따위가 없어져 매우 귀해지게 되다.

고갈되는 *너의 술을 다 마시고 난 날에/미대륙에서 석유가 고갈되는 날에/그렇게 먼 날까지 가기 전에 너의 가슴에/새겨둘 말을 너는 도시의 피로에서/배울 거다(「사랑의 변주곡」)

고갈하다(枯渴—) 물이 말라 없어지다. 돈이나 물건 따위가 없어져 매우 귀해지다.

고갈한 *오늘은 기름진 피아노가/덩덩 덩덩덩 울리면서/나의 고갈한 비참을 달랜다(「피아노」)

고개 ①목의 뒷등이 되는 부분. ②머리. *그는 고개를 들고 서서 있어야 하였다//봉매와 연령이 언제 그에게/나타날지 모르는 까닭에(「토끼」) *내가 지금 순한 고개를 숙이고/온 마음을 다하여 즐기고 있는 서책은/위대한 고대 조각의 사진(「나의 가족」) *여기는 도회의 중심지/고개를 두리번거릴 필요도 없이/태연하다(「거리1」) *인사를 한다/옛날의 동창생인가 하고 고개를 기웃거려 보았으나/그는 그 사람이 아니라/○○부의 어마어마한 자리에 앉은 과장이며 名士이다(「거리2」) *벗이여/그대의 말을 고개 숙이고 듣는 것이/그대는 마음에 들지 않겠지(「死靈」) *시간은 나의 뒤의/그림자이니까/거리에서는 고개/숙이고 걸음 걷고//집에 가면 말도/나지막한 소리로 걸어(「허튼소리」) *옥수수잎이 흔들리듯 그렇게 조금//바람의 고개는 자기가 일어서는 줄/모르고 자기가 가 닿은 언덕을/모르고 거룩한 산에 가 닿기/전에는 즐거움을 모르고 조금(「꽃잎1」) *야 이놈들아 고갤 숙여/너희놈 손에 돌아가신 우리 형님들/무덤 앞에 절을 구천육백삼십오만 번만 해(「나는 아리조나 카보이야」)

고갱(Gauguin, Paul) 1848~1903. 프랑스의 후기 인상파 화가. 타이티 섬으로 건너가 섬의 풍경과 원주민의 생활을 많이 그렸으며, 중후한 선과 선명한 색조가 특징이다. 작품에 〈황색의 그리스도〉, 〈타이티의 여자들〉 등이 있다. *뮤즈여/시인이 시의 뒤를 따라가기에는 싫증이 났단다/고갱, 녹턴 그리고/물새//모두 다 같이 나가는 지평선의 대열(「바뀌어진 지평선」)

고갱

고궁(古宮) 옛 궁궐. *검은 철을 깎아 만든/고궁의 흰 지댓돌 위의/더러운 향로 앞으로 걸어가서/잃어버린 愛兒를 찾은 듯이/너의 거룩한 머리를 만지면서(「더러운 향로」)

고귀하다(高貴—) 인품이나 지위가 높고 귀하다. 값이 비싸다.

고귀한 *하기는 현실이 고귀한 것이 아니라/영사판을 받치고 있는 주야를 가리지 않는 어둠이/표면에 비치는 현실보다 한치쯤은 더/소중하고 신성하기도 한 것인지 모르지만(「영사판」)

고기 ①식용하는 온갖 동물의 살. ②물고기. *횃불로 검은 물속을 비춰가며 고기를 잡는 배가 증언처럼 다가오고//나는 당신의 아우에게로 뛰어가서 나의 〈말〉을 하지 못하는 나를 미워하였다(「말」(1958)) *죽은 고기처럼 혈색 없는 나를 보고/얼마전에는 애 업은 여자하고 오입을 했다고 한다(「강가에서」)

고난(苦難) 괴로움과 어려움을 아울러 이르는 말. *차라리 지구의의 남극에 생활을 박아라/고난이 풍선같이 바람에 불리거든/너의 힘을 알리는 신호인 줄 알아라(「지구의」) *그 안의 여자들은 더 서러웠다/고난이 나를 집중시켰고(「여자」)

고난돌기(苦難突起) 고난이 갑자기 일어나다.
☞ 生活無限. *生活無限/苦難突起/白骨衣服/三伏炎天去來/나의 시절은 태양 속에/나의 사랑도 태양 속에/日蝕을 하고(「愛情遲鈍」)

고뇌(苦惱) 괴로워하고 번뇌함. *그 언 유리에 비친 내 얼굴이 제임스 띵같이/되기까지 내가 겪은, 내가 겪을/고뇌는 무한이다(「제임스 띵」) *밭고랑 사이를 무겁게 걸어간다//고뇌여//강물은 도도하게 흘러내려가는데/천국도 지옥도 너무나 가까운 곳/사람들이여(「여름아침」) *꽃을 주세요 우리의 고뇌를 위해서/꽃을 주세요 뜻밖의 일을 위해서/꽃을 주세요 아까와는 다른 시간을 위해서(「꽃잎2」)

고단하다 병이나 과로로 몸이 나른하다. 피곤하다.
고단한 *간디의 모방자여/여치의 나래 밑의 고단한 밤잠이여(「광야」)

고대(古代) 옛 시대. 역사 시대 구분에서, 원시 시대와 중세 사이의 시대. 흔히 우리나라에서는 고조선 때부터 통일 신라 시대까지, 중국은 하나라 때부터 당나라 때까지, 서양은 그리스 때부터 게르만 족의 대이동 때까지를 이름. *내가 지금 순한 고개를 숙이고/온 마음을 다하여 즐기고 있는 서책은/위대한 고대 조각의 사진(「나의 가족」) *고대 형이상학자들은 그를 보고 〈양극의 합치〉라든가 혹은 〈거대한 희열〉이라고 부르고 있었지만/19세기 시인들은 그를 보고 〈도피의 王者〉 혹은 단순히 〈여유〉라고 불렀다(「백의」)

고독(孤獨) 세상에 홀로 떨어져 있는 듯이 매우 외롭고 쓸쓸함. *사랑은 고독이라고 내가 나에게/재긍정하는 것이/또한 우스운 일일 것이다(「愛情遲鈍」) *철망을 지나가는 비행기의/그림자보다는 훨씬 급하게/스쳐가는 나의 고독을/누가 무슨 신기한 재주를 가지고/잡을 수 있겠느냐(「더러운 향로」) *내가 죽은 뒤에는/고독의 명맥을 남기지 않으려고/나는 이다지도 주야를 무릅쓰고 애를 쓰고 있단다(「나비의 무덤」) *겨울이 지나간 밭고랑 사이에 남은/고독은 신의 무재주와 사기라고/하여도 좋았다(「초봄의 뜰 안에」) *나의 못 보는 눈을 나의 둔갑한 영혼을/나의 애인 없는 더러운 고독을/나의 대대로 물려받은 음탕한 전통을(「꽃잎3」)

고독하다(孤獨—) 세상에 홀로 떨어져 있는 듯이 매우 외롭고 쓸쓸하다.
고독한 *그러나/고독한 사람의 죽음은 이러하지는 않다//나는 노염으로 사무친 정의 소재를 밝히지 아니하고/운명에 거역할 수 있는/큰 힘을 가지고 있으면서/여기에 밀려 내려간다[…]모자의 정보다 부부의 의리보다/더욱 뜨거운 너의 입김에/나의 고독한 정신을 녹이면서 우마(「나비의 무덤」) *혁명은/왜 고독한 것인가를/혁명은/왜 고독해야 하는 것인가를(「푸른 하늘을」)

고독해야 *혁명은/왜 고독한 것인가를//혁명은/왜 고독해야 하는 것인가를(「푸른 하늘을」)

고료(稿料) 원고료. *그러나 덤핑 출판사의 20원짜리나 20원 이하의 고료를 받고 일하는/14원이나 13원이나 12원짜리 번역일을 하는/불쌍한 나나 내 부근의 친구들을 생각할 때(「이 한국문학사」)

고루하다(固陋—) 낡은 사상이나 풍습에 젖어 고집이 세고 변통성이 없다.
고루하다고 *신이라든지 하느님이라든지 어디 있느냐고 나를 고루하다고 비웃은 어제 저녁의 술친구의 천박한 머리를 생각한다(「시골 선물」)

고르다¹ 울퉁불퉁한 것을 평평하게 하다.
고르고 *여름 아침의 시골은 가족과 같다/햇살을 모자같이 이고 앉은 사람들이 밭을 고르고/우리집에도 어저께는 무씨를 뿌렸다(「여름아침」)

고르다² 여럿 중에서 가려내다.
골라 *내가 나를 잊어버리기 때문에/개울과 개울 사이에/하얀 모래를 골라 비둘기가 내려앉듯/시간이 내려앉는다(「백지에서부터」)

고만 고 정도까지만. 고대로 곧. *나야 늙어

가는 몸 위에 하잘것없이 앉아있으면 고만이고/너는 날아가면 고만이지만/잠시라도 나는 취하는 것이 싫다는 말이다(「도취의 피안」) * 야 고만 죽여라 고만 죽여/나는 오늘 아침에 서약한 게 있다니까/남편은 어제의 남편이 아니라니까/정말 어제의 네 남편이 아니라니까(「거미잡이」) * 등나무여 지휘하라 부끄러움 고만 타고/이제는 지휘하라 이카루스의 날개처럼(「등나무」)

고맙다 남의 은혜나 신세를 입어 마음이 느껍고 흐뭇하다.
고맙습니다 *종교의 연필 자국이 두드러진/청춘의 붉은 희롱?//「고맙습니다, 고맙습니다」/역사의 숙제, 발을 벗는 일,/연결의 《使徒》— 일어선 것과 앉은 것의/불가사의에 신음하는 나//「고맙습니다, 고맙습니다」/서양과 동양의 차이/나는 여유있는 시인—쉬페르비엘이/물에 빠진 뒤에 나는 젤라틴을 통해서/詩의 진지성을 본다//내용은 술집, 내용은 나, 내용은 도시,/내용은 그림자,/그림자의 비밀/종교의 획득은 종교를 잃었을 때부터 시작되었고/나는 그때부터 차차 늙어가는 탈을 썼다//「고맙습니다, 고맙습니다」/일어서 있는 너의 얼굴은/오늘밤의/앉아 있는 내 방의 촛불 같은 재산, 보석이여.(「반주곡」)

고매하다(高邁—) 품격, 인격, 학식 등이 높고 뛰어나다.
고매한 *계절과 주야를 가리지 않고/고매한 정신처럼 쉴 사이 없이 떨어진다(「瀑布」)

고무공 탄성고무로 만든 공. *먼 데로 던지는 기적소리는/하늘끝을 때리고 돌아오는 고무공/그리운 것은 내 귓진에 붙어 있는 보이지 않는 젤라틴紙(「장시2」)

고문인(拷問人) 숨기고 있는 사실을 강제로 알아내기 위하여 육체적 고통을 주며 신문하는 사람. *나도 필경 그처럼 보이지 않는 누구인가를/항시 괴롭히고 있는 보이지 않는 拷問人/시대의 숙명이여[…]새가 아직 모여들 시간이 못 된 늙은 포플러나무며/소리 없이 나를 괴롭히는/그들은 신의 고문인인가(「장시2」)

고물개질 '고무래질'의 방언. 곡식을 그러모으고 펴거나, 밭의 흙을 고르거나 아궁이의 재를 긁어모으는 일. *씨를 뿌리고 밭을 갈고 가래질을 하고 고물개질을 하자/여름 아침에는/자비로운 하늘이 무수한 우리들의 사진을 찍으리라/단 한 장의 사진을 찍으리라(「여름 아침」)

고민(苦悶) 마음속으로 괴로워하고 애를 태움.
*하루에 한번씩 찾아오는/수치와 고민의 순간을 너에게 보이거나/들키거나 하기가 싫어서가 아니라(「도취의 피안」) *거리에 굴러다니는 보잘것없는 설움이여/진시왕만큼은 강하지 않아도/나는 모든 사람의 고민을 아는 것 같다/어두운 도서관 깊은 방에서 육중한 백과사전을 농락하는 학자처럼/나는 그네들의 고민에 대하여만은 투철한 자신이 있다(「거리2」) *間斷 아래의 단 하나의 어린애/點의 어린애/베개의 어린애/고민의 어린애//여편네의 방에 와서 기거를 같이해도/나는 점점 어린애(「여편네의 방에 와서」) *고민이 사라진 뒤에/이슬이 앉은 새봄의 낯익은 풀빛의 영상이/떠오르고 나서도/그것은 또 한참 시간이 필요했다[…]영상을 꺾지 못하고/그 영상의 전후의 고민의 환희를 지우지 못한다//나는 옷을 벗는다 엉클 샘을 위해서/아시아와 아프리카의 무거운 겨울옷을 벗는다(「풀의 영상」) *그렇게 매일 믿어왔는데, 갑자기 변했어./왜 변했을까. 이게 문제야. 이게 내 고민야./지금도 빌려줄 수는 있어. 그렇지만 안 빌려줄 수도(「엔카운터 誌」)

고민하다(苦悶—) 마음속으로 괴로워하고 애를 태우다.
고민하고 *사람이란 사람이 모두 고민하고 있는/어두운 대지를 차고 이륙하는 것이/이다지도 힘이 들지 않는다는 것을 처음 깨달은 것은/우매한 나라의 어린 시인들이었다(「헬리콥터」)
고민하지 *장시만 장시만 안 쓰려면 돼/영원만 영원만 고민하지 않으면 돼/오징어에 말라붙은 새처럼 5월이 와도/9월이 와도 꼬리만 치지 않으면 돼(「장시1」)
고민해 *우리는 여지껏 희생하지 않는 오늘의 문학자들에 관해서/너무나 많이 고민해 왔다/김동인, 박승희 같은 이들처럼 私財를 털어놓고/문화에 헌신하지 않았다(「이 한국문학사」)

고백(告白) 마음 속에 생각하고 있는 것이나 감추어 둔 것을 사실대로 숨김없이 말함. *솔직한 고백을 싫어하는/뮤즈여/妬忌와 경쟁과 살인과 간음과 사기에 대하여서는/너에게 이야기하지 않으리라/적당한 음모는 세상의 것이다(「바뀌어진 지평선」) *지루한 전향의 고백/되도록 지루할수록 좋다/지금 나는 자고 깨고 하면서 더 지루한/中共의 욕을 쓰고 있는데/치질도 낫기 전에 또 술을 마셨다/—당연한 일이다(「轉向記」)

고비 일이 되어 가는 과정에서 가장 중요한 단계나 대목 또는 막다른 절정. *나는 초연히 이것을 시간 위에 얹고/어려운 몇 고비를 넘어가는 기술을 알고 있나니/누구의 생활도 아닌 이것은 확실한 나의 생활(「방안에서 익어가는 설움」) *완연히 한참 더 오래 끌다가 쏟았다/한번 더 고비를 넘을 수도 있었는데 그만큼/지독하게 속이면 내가 곧 속고 만다(「性」)

고삐 말이나 소를 몰거나 부리려고 재갈이나, 코뚜레 굴레에 잡아매는 줄. *조그만 눈을 민첩하게 움직이면서 미소를 띄우고 섰지만/나의 고삐를 잃은 백마에 당할 리가 없다(「제임스 띵」)

고색(古色) 오래되어 낡은 빛깔. 예스러운 풍치나 모습. *고색이 창연한 우리집에도/어느덧 물결과 바람이/신선한 기운을 가지고 쏟아져 들어왔다(「나의 가족」)

고생(苦生) 어렵고 고된 일을 겪음. *먼지 낀 잡초 위에/잠자는 구름이여/고생도 마음대로 할 수 없는 세상에서는/철 늦은 거미같이 존재 없이 살기도 어려운 일(「구름의 파수병」)

고생하다(苦生—) 어렵고 고된 일을 겪다.
　고생하고 *나는 정말 미안하다고 하였습니다/이북에서 고생하고 돌아오는/상병포로들에게 말할 수 없는 미안한 감이 듭니다[…]내가 만일 포로가 아니 되고 그대로 거기서 죽어 버렸어도/아마 나의 영혼은 부지런히 일어나서 고생하고 돌아오는/대한민국 상병포로와 UN 상병포로들에게 한마디 말을 하였을 것이다(「조국에 돌아오신 傷病捕虜 동지들에게」)
　고생한 *그놈들이 배불리 먹고 있을 때도/고생한 것은 그대들이고/그놈들이 망하고 난 후에도 진짜 곯고 있는 것은/그대들인데/불쌍한 그대들은 천국이 온다고 바라고 있다(「육법전서와 혁명」)
　고생할 *아냐아냐 오해야 내가 이 여자의 연인이 아니라네/나는 이 사람과 만주 술집에서 고생할 때에/연애편지를 대필해 준 일이 있을 뿐이지(「滿洲의 여자」)

고슴도치 고슴도칫과의 하나. 몸의 길이는 20~30cm, 꼬리의 길이는 3~4cm이며, 주둥이는 거의 돼지처럼 뾰족하고 다리가 짧다. 등 전체에 갈색과 흰색의 바늘 같은 가시가 돋쳐 있어서 적이 가까이 오면 몸을 웅크리어 밤송이같이 만들어 자신을 방어한다. *그러한 나의 반역성을 조소하는 듯이 스무 살도 넘을까 말까 한 노는 계집애와 머리가 고슴도치처럼 부스스하게 일어난 쓰메에리의 학생복을 입은 청년이 들어와서 커피니 오트밀이니 사과니 어수선하게 벌여놓고 계통 없이 처먹고 있다(「시골 선물」) *우리들의 혁명을/배암에게 쐐기에게 쥐에게 살쾡이에게/진드기에게 악어에게 표범에게 승냥이에게/늑대에게 고슴도치에게 여우에게 수리에게 빈대에게/다치지 않고 깎이지 않고 물리지 않고 더럽히지 않게 […]이번에는 우리가 쥐가 되고 살쾡이가 되고 진드기가 되더라도/이번에는 우리가 악어가 되고 표범이 되고 승냥이가 되고 늑대가 되더라도/이번에는 우리가 고슴도치가 되고 여우가 되고 수리가 되고 빈대가 되더라도/아아 슬프게도 슬프게도 이번에는/우리가 혁명이 성취되는 마지막날에는(「기도」)

고아(孤兒) 부모를 여의거나 부모에게 버림받아 몸 붙일 곳이 없는 아이. *그는 한국에 수입되어 가지고 완전한 고아가 되었고/거리에 흩어진 월간 대중잡지 위에 매월 그의 사진이 게재되어 왔을 뿐만 아니라(「백의」)

고양이 고양잇과의 동물을 통틀어 이르는 말. 원래 살쾡이를 길들인 것으로, 턱과 송곳니가 특히 발달해서 육식을 주로 한다. 발톱은 자유롭게 감추거나 드러낼 수 있으며, 눈은 어두운 곳에서도 잘 볼 수 있음. *너도 나도 취하는/中庸의 술잔//바보의 가족과 운명과/어린 고양이의 울음/니야옹 니야옹 니야옹//술 취한 바보의 가족과 운명과/술 취한 어린 고양

고요하다

이의 울음/역시/니야옹 니야옹 니야옹 니야옹(「술과 어린 고양이」) *이 방에서 저 방으로 할머니가 계신 방에서/심부름하는 놈이 있는 방까지 죽음 같은/암흑 속을 고양이의 반짝거리는 푸른 눈망울처럼/사랑이 이어져가는 밤을 안다(「사랑의 변주곡」)

고요하다 조용하고 잠잠하다.
　고요한 *이 밤이 기다리는 고요한 思想마저/나는 초연히 이것을 시간 위에 얹고/어려운 몇 고비를 넘어가는 기술을 알고 있나니(「방안에서 익어가는 설움」) *군용로가 보이는/고요한 마당 위에서/나는 나를 속이고 역사까지 속이고/구태여 낯익은 하늘을 보지 않고/구렁이같이 태연하게 앉아서/마음을 쉬다(「휴식」) *저들의 고요한 숨길을 웃지 마라/저들의 무서운 방탕을 웃지 마라/이 무서운 낭비의 아들들을 웃지 마라(「이 한국문학사」)
　고요해서 *너무 고요해서 잠에서 깨어나//내가 비는 것은/이 무한한 웃음의 가슴속에/그 얼음이 더 얼라는/내일의 呪符이었다(「凍夜」)
　고요해진 *헐값으로 넘겨버려 울화가 치받쳐서/고요해진 명수 할버이의/갯물거리는 눈이/비둘기 울음소리를 듣고 있을 동안에/나쁜 말은 안하니/가다오 가다오(「가다오 나가다오」)
　고요함 *이 황혼도 저 돌벽 아래 잡초도/담장의 푸른 페인트빛도/저 고요함도 이 고요함도//그대의 정의도 우리들의 섬세도/행동이 죽음에서 나오는/이 욕된 교외에서는/어제도 오늘도 내일도 마음에 들지 않아라(「死靈」) *고요함과 사랑이 이루어놓은 폭풍의 간악한/신념이여/봄베이도 뉴욕도 서울도 마찬가지다[…]이 단단한 고요함을 배울 거다/복사씨가 사랑으로 만들어진 것이 아닌가 하고/의심할 거다!(「사랑의 변주곡」)
　고요히 조용하고 잠잠하게. *白花의 意匠/萬華의 거동의/지금 고요히 잠드는 얼을 흔드며/關公의 色帶로 감도는/향로의 餘烟이 신비한데(「廟庭의 노래」)

고용(雇傭) 삯을 받고 남의 일을 해 줌. *너는 열네 살 우리집에 고용을 살러 온 지/3일이 되는지 5일이 되는지 그러나 너와 내가/접한 시간은 단 몇 분이 안 되지 그런데(「꽃잎3」)

고읍다 '곱다'를 강조한 말. *瓦斯의 정치가여/너는 활자처럼 고읍다/내가 옛날 아메리카에서 돌아오던 길/뱃전에 머리 대고 울던 것은 여인을 위해서가 아니다(「아메리카 타임誌」) *기운을 주라 더 기운을 주라/강바람은 소리도 고읍다/기운을 주라 더 기운을 주라(「채소밭 가에서」)

고이다¹ ①물 따위의 액체나 가스, 냄새 따위가 우묵한 곳에 모이다. ②입에 침이 모이거나 눈에 눈물이 어리거나 하다.
　고인 *기침을 하자/젊은 시인이여 기침을 하자/눈을 바라보며/밤새도록 고인 가슴의 가래라도/마음껏 뱉자(「눈」(1956)) *미지근한 물이 고인 조그마한 논과/대숲 속의 초가집과 나무로 만든 장기와/게으르게 움직이는 물소와(「시」(1961)) *거기에는 반드시 구름이 있고/갯벌에 고인 게으른 물이/벌레가 뜰 때마다 눈을 껌벅거리고(「이사」)

고이다² ①기울어지거나 쓰러지지 않도록 아래를 받쳐 안정시키다. ②의식에 쓰는 음식이나 장작, 꼴 따위를 차곡차곡 쌓아올리다.
　고이고 *견고한 것을 좋아하는 사람들이/팔을 고이고 앉아서 창을 내다보는/水煖爐는 문명의 廢物…공원이나 휴식이 필요한 사람들이/여름이면 그의 곁에 와서/곧잘 팔을 고이고 앉아 있으니까//그는 인간의 비극을 안다(「수난로」)

고장 사람이 많이 사는 지방이나 지역. *가다오 너희들의 고장으로 소박하게 가다오/너희들 미국인과 소련인은 하루바삐 가다오(「가다오 나가다오」)

고절(孤絕) 홀로 깨끗하게 지키는 절개. *생활은 孤絕이며/비애이었다/그처럼 나는 조용히 미쳐간다/조용히 조용히……(「생활」)

고정되다(固定—) 일정한 곳이나 상태에서 변하지 아니하다.
　고정될 *하나의 가냘픈 물체에 도저히 고정될 수 없는/나의 눈이며 나의 정신이며(「방안에서 익어가는 설움」)

고조할아버지(高祖—) 할아버지의 할아버지. 고조부(高祖父). *우리 고조할아버지 산소 망두석 밑으로 빠질 수 있으니까/짬보야 태평양 밑의 개미 길에/미국사람들이 세워놓은 자동차란 자동차는/싹 없애버려라/저놈들이 타고 가면 안 된다(「나는 아리조나 카보이야」)
*아버지 할머니 고조할아버지 때부터/어물전 좌판 밑바닥에서 걸어 있던 것이면 돼/有線합승자동차에도 양계장에도 납공장에도/미곡창고 지붕에도 달려 있는/썩은 공기 나가는 지붕 위의 지붕만 있으면 돼(「장시1」)

고즈넉이 잠잠하고 다소곳하게. 호젓하게. *지금 마음 놓고 고즈넉이 날개를 펴라/마음대로 뛰놀 수 있는 마당은 아닐지나(「九羅重花」)

고지(高地) 평지보다 아주 높은 땅. *해발 이천육백 척의 고지에서/지렁이같이 꿈틀거리는 바닷바람이 무섭다고/구름을 향하여 도망하는 놈(「연기」)

고지식하다 성질이 외곬으로 곧아 융통성이 없다.
고지식한 *죽음을 위한 말 죽음에 섬기는 말/고지식한 것을 제일 싫어하는 말/이 만능의 말/겨울의 말이자 봄의 말(「말」(1964))

고초(苦楚) 고난. *될 수만 있으면 독자들에게 이 깨알만한 글씨보다 더/작게 써야 할 이 고초의 시기의/보다 더 작은 나의 즐거움을 피력하고 싶다(「이 한국문학사」)

고춧가루 붉게 익은 고추를 말려서 빻은 가루. *오이, 고춧가루, 후춧가루는 너무나 창피하니까/그만두고라도/그중에 좀 점잖은 품목으로 또 있었는데(「마케팅」)

고치다 고장이 나거나 못 쓰게 된 물건을 손질하여 제대로 되게 하다. 잘못되거나 틀린 것을 바로잡다.
고쳐 *나는 적당히 넥타이를 고쳐 매고 앉아 있다/뮤즈여/너는 어제까지의 나의 세력/오늘은 나의 지평선이 바뀌어졌다(「바뀌어진 지평선」) *영원히 나 자신을 고쳐야 할 운명과 사명에 놓여 있는 이 밤에(「달나라의 장난」)
고치는지도 *내가 고치라고 조르니까 더 안 고치는지도 모른다/고칠 사람을 구하기가 어려운 것도 있고/돈이 아까울지도 모른다(「도적」)
고치라고 *내가 고치라고 조르니까 더 안 고치는지도 모른다/고칠 사람을 구하기가 어려운 것도 있고/돈이 아까울지도 모른다//고칠 사람을 구하기가 어렵다고 하지만/돈이 아까

울 거라 그럴 거라/내 추측이 맞을 거라/아니 내가 고치라고 하니까 안 고칠 거라/이 추측이 맞을 거라 이 추측이 맞을 거라/이 추측이 맞을 거라(「도적」)
고치지 *그래도 여편네는 담을 고치지 않는다/내가 고치라고 조르니까 더 안 고치는지도 모른다(「도적」)
고친다 *도사리고 앉았다 그럴 때는 이 둘은 반드시/이북 친구들이기 때문에 나는 나의 앉음새를 고친다(「거대한 뿌리」)
고칠 *고칠 사람을 구하기가 어려운 것도 있고/돈이 아까울지도 모른다//고칠 사람을 구하기가 어렵다고 하지만/돈이 아까울 거라 그럴 거라/내 추측이 맞을 거라/아니 내가 고치라고 하니까 안 고칠 거라/이 추측이 맞을 거라 이 추측이 맞을 거라/이 추측이 맞을 거라(「도적」)

고통(苦痛) 마음이나 몸의 괴로움과 아픔. *고통의 映寫板 뒤에 서서/어룽대며 변하여가는 찬란한 현실을 잡으려고/나는 어떠한 몸짓을 하여야 되는가(「영사판」) *오랜 피곤도 고통도 인내도 잊어버리고/새 사람 아닌 새 사람이 되어/아무도 모르고 너 혼자만이 아는/네가 쓴 기사 위에/황홀히 너를 찾아보는 아침이여(「기자의 정열」) *이 엄청난 어려움을 고통을/이 몸을 찢는 부자유를 부자유를 나날을……/너는 이제 우리의 고통보다도 더 커졌다/우리는 너를 보고 깜짝 놀란다//아니 네가 우리를 보고 깜짝 놀란다(「65년의 새해」)

고통되다(苦痛—) 마음이나 몸이 괴롭고 아프다.
고통되는 *고통되는 점은/피가 통하는 듯이 느껴지는 것은/비둘기의 울음소리//구 구 구 구구 구구(「영사판」)

고하다(告—) 아뢰다. 알리다. 이르다. 말하다.
고하는 *라디오의 시종을 고하는 소리 대신에 西道歌와/목사의 열띤 설교 소리와 심포니가 나오지만(「풀의 영상」)
고해야 *모든 사람에게 고해야 할 너무나 많은 말을 갖고 있지만/세상은 나의 말에 귀를 기울이지 않는다(「말」(1964))

고함(高喊) 크게 부르짖거나 외치는 소리. *같이 온 친구를 보기도 미안만 한데/옆상에 앉

은 술친구들이 경사나 난 듯이/고함을 친다(「滿洲의 여자」) *정열도 예측 고함도 예측 장시도 예측/경솔도 예측 봄도 예측 여름도 예측(「장시1」)

고향(故鄕) 자기가 태어나선 자란 곳. 조상 대대로 살아온 곳. *너를 보는 설움은 피폐한 고향의 설움일지도 모른다/예언자가 나지 않는 거리로 창이 난 이 도서관은/창설의 의도부터가 풍자적이었는지도 모른다(「국립도서관」). *돌려 달라고 우리가 강청한 사람은 이 돈을 받을 사람과 한 고향인 함경도 친구//이 돈이 31일까지 나올 가망성이 없다[…]3만 원을 돌려 달라고 우리가 부탁한 친구가/돈을 받을 1·4후퇴의 친구 부인하고/한 고향이라는 것을/31일까지 돌려 주겠다고 아니 29일까지(「판문점의 감상」)

곡(曲) 곡조(曲調). 악곡(樂曲). 악곡이나 노래를 세는 단위. *시를 쓰니 음악도 잘 알 게 아니냐고/한 곡 쳐보라고 한다/나의 새끼는 피아노 앞에서는 노예/둘째 새끼는 왕자다(「피아노」) *곡은 무용곡—모든 음악은 무용곡이다/오오 폐허의 질서여 수치의 凱歌여/차나무 냄새여 어둠이여 소녀여/휴식의 휴식이여/분명해진 그 가시의 의미여//모든 곡은 눈물이다 어렸을 때 어머니는/나의 얼굴의 사마귀를 떼주었다(「반달」)

곡괭이 쇠로 황새의 부리처럼 양쪽으로 길게 날을 내고 가운데 구멍에 긴 자루를 박은 괭이. 주로 단단한 땅을 파는 데 씀. *鷄舍 위에 울리는 곡괭이 소리/동물의 교향곡/잠을 자면서 머리를 식히는 사색가(「비」)

곡선(曲線) 모나지 아니하고 부드럽게 굽은 선. *또 하나의 것이란 우리의 육안에는 보이지 않는 곡선 같은 것일까/樵夫의 일하는 소리(「토끼」)

곡성(哭聲) 곡소리. *검은 포탄의 꾸부러진 哭聲이/정신의 주변보다 더 간지러움고/계곡을 스쳐서 돌아가는/악마의 眼膜 같은/강물을 향하여/그가 어떠한 은근한 인사를 하였는지(「조그마한세상의 지혜」)

곤란하다(困難—) 처리하기 어렵다. 생활이 쪼들리다. 괴롭다.

곤란하게 우리말을 너무 잘해서 곤란하게 된 내가//지금 불란서 소설을 읽으면서 아직도 말하지/못한 한 가지 말—정치 의견의 우리말이/생각이 안 난다 거짓말 거짓말(「거짓말의 여운 속에서」)

곤충(昆蟲) 벌레를 흔히 이르는 말. *이것이 얼마나 죄가 많은 다리인 줄 모르고/식민지의 곤충들이 24시간을/자기의 다리처럼 건너다닌다(「현대식 교량」)

곧 즉시. 바로. 멀지 않아서. *붉은 파밭의 푸른 새싹을 보아라/얻는다는 것은 곧 잃는 것이다//먼지 앉은 석경 너머로/너의 그림자가/움직이듯/묵은 사랑이/움직일 때/붉은 파밭의 푸른 새싹을 보아라/얻는다는 것은 곧 잃는 것이다//새벽에 준 조로의 물이/대낮이 지나도록 마르지 않고/젖어 있듯이/묵은 사랑이/뉘우치는 마음의 한복판에/젖어있을 때/붉은 파밭의 푸른 새싹을 보아라/얻는다는 것은 곧 잃는 것이다(「파밭 가에서」) *완연히 한참 더 오래 끌다가 쏟았다/한번 더 고비를 넘을 수도 있었는데 그만큼/지독하게 속이면 내가 곧 속고 만다(「性」)

곧다 휘지않고 똑바르다. 마음이 바르고 정직하다.

곧은 *폭포는 곧은 절벽을 무서운 기색도 없이 떨어진다[…]금잔화도 인가도 보이지 않는 밤이 되면/폭포는 곧은 소리를 내며 떨어진다//곧은 소리는 소리이다/곧은 소리는 곧은/소리를 부른다(「瀑布」)

곧이듣다 남의 말을 그대로 믿다.

곧이듣는다 *선뜻 인사를 하고/淫詩를 한바탕 읊었더니/여간 좋아들 하지 않는다/나이를 물어보기에 마흔여덟이라고 하니 그대로 곧이듣는다(「미숙한 도적」)

곧잘 제법 잘. 가끔 잘. *여름이면 그의 곁에 와서/곧잘 팔을 고이고 앉아 있으니까//그는 인간의 비극을 안다(「수난로」) *신은 곧잘 이런 장난을 잘한다[…]내가 나가토[長門]라는 여가수도 같이 갔느냐고/농으로 물어보려는데/누가 벌써 재빨리 말꼬리를 돌렸다……/신은 곧잘 이런 꾸지람을 잘한다(「나가타 겐지로」)

골격(骨格) 고등동물에서 몸을 지탱하는 여러 가지 뼈의 조직. 뼈대 또는 사물의 주요부분을 이루는 것. *앙상한 육체의 투명한 골격과 세포와 신경과 안구까지/모조리 노출 낙하시켜 가면서/안개처럼 가벼웁게 날아가는 과감한 너의 의사 속에는(「헬리콥터」)

골고다(영, Golgotha) 신약성서에 나오는 곳으로 예루살렘 근교에 있는 언덕. 그리스도가 십자가에 못박힌 곳. *(그것은「골고다」의 언덕이 아닌/현대의 가시철망 옆에 피어 있는 꽃이기에)/물도 아니며 꽃도 아닌 꽃일지나/너의 숨어 있는 인내와 용기를 다하여 날개를 펴라(「九羅重花」)

골맨(Colman, Ronald) 1891~1958. 영국에서 태어나 미국에서 활동한 배우. ☞ 로널드 골맨. *그러면/아름다움은 어제부터 출발하고/너의 육체는/오늘부터 출발하게 되는 것이다//골맨, 게이블, 레이트, 디보스,/매리지,/하우스 스펠 에어리어(「바뀌어진 지평선」)

골목 큰길에서 들어가 동네 안을 이리저리 통하는 좁은 길. ☞골목길. *나는 또 하나의 생활의 좁은 골목 속으로/들어서면서/이 골목이라고 생각하고 무릎을 친다(「생활」) *아픈 몸이/아프지 않을 때까지 가자/골목을 돌아서/베레모는 썼지만/또 골목을 돌아서/신이 찢어지고/온몸에서 피는/빠르지도 더디지도 않게 흐르는데/또 골목을 돌아서/추위에 온몸이 돌같이 감각을 잃어도/또 골목을 돌아서//아픔이/아프지 않을 때는/그 무수한 골목이 없어질 때// (이제부터는/ 즐거운 골목/ 그 골목이/ 나를 돌리라/ ─아니 돌다 말리라)//아픈 몸이/아프지 않을 때까지 가자(「아픈 몸이」)

골목길 ☞ 골목. *기나긴 골목길의 순례도/<어깨>도/허세도/방대한/방대한/방대한/모조품과/막대한/막대한/막대한/막대한/모방도/아아 그리고 저 도봉산보다도/더 큰 증오도/굴욕도(「檄文」) *학교 밖에서 얻어맞은 모든 것이/골목길에서 얻어맞은 모든 것이/반드시 정말이 아니라는 것을 알았고/너의 어린 행동은/어린 상징을 면하기 시작했다(「65년의 새해」)

골몰하다(汨沒─) 다른 생각을 할 여유도 없이 한 가지 일에만 파묻히다.
　골몰한 *김유정처럼 그밖의 위대한 선배들처럼 거지짓을 하면서/소설에 골몰한 사람도 없다(「이 한국문학사」)

골육(骨肉) 뼈와 살을 아울러 이르는 말. 부자, 형제 등의 육친(肉親). *혼미하는 아내며/날이 갈수록 간격이 생기는 골육들이며/새가 아직 모여들 시간이 못 된 늙은 포플러나무며/소리 없이 나를 괴롭히는/그들은 신의 고문인인가(「장시2」)

골짜기 산과 산 사이에 움푹 패어 들어간 곳. *햇빛에는 겨울보리에 싹이 트고/강아지는 낑낑거리고/골짜기들은 평화롭지 않으냐(「冬麥」)

골치 '머리' 또는 '머릿골'을 속되게 이르는 말. *나는 서울의 얼치기 洋館 속에서/골치를 앓는 여편네의 댓가지 백 속에/조약돌이 들어 있는/공간의 우연에 놀란다(「누이의 방」)

곯다 ①속이 물크러져 상하다. 은근히 해를 입어 골병이 들다. ②양(量)에 아주 모자라게 먹거나 굶다. ③담긴 것이 그릇에 가득 차지 아니하고 조금 비어 있다.
　곯고 *그놈들이 망하고 난 후에도 진짜 곯고 있는 것은/그대들인데/불쌍한 그대들은 천국이 온다고 바라고 있다(「육법전서와 혁명」)

곯아떨어지다 몹시 곤하거나 술에 취하여 정신을 잃고 자다.
　곯아떨어졌으니까 *건너편 친구가 벌써 곯아떨어졌으니까(「滿洲의 여자」)
　곯아떨어질 *껌벅껌벅/두 눈을/감아가면서/아주/금방 곯아떨어질 것/같은데/밥보다도/더 소중한/잠이 안 오네/달콤한/달콤한/잠이 안 오네(「4·19」시)

곰곰이 곰곰. 여러모로 깊이 생각하는 모양. *그래서 나는 그 사진을 10년 만에 곰곰이 正視하면서/이내 거북해서 너의 방을 뛰쳐나오고 말았다(「누이야 장하고나!」)

곰보 얼굴이 얽은 사람을 낮잡아 이르는 말. *입을 다문 채/흰 실에 매어달려 있는 여주알의 곰보/창문 앞에/안치해 놓은 당호박/평면을 사랑하는/코스모스/역시 평면을 사랑하는/킴 노박의 사진과/국내 소설책들(「누이의 방」) *요강, 망건, 장죽, 종묘상, 장전, 구리개 약방, 신전,/피혁점, 곰보, 애꾸, 애 못 낳는 여자, 무식쟁이,/이 모든 무수한 반동이 좋다(「거대한 뿌리」)

곰팡 곰팡이. 하등 균류(下等菌類)에 딸린 미생물의 한 가지. 몸은 균사(菌絲)로 되어 있으며 일정한 형태가 없음. 동식물에 유해한 것과 발효(醱酵)나 약품 제조 등에 이용되는 것 등이 있음. *풍경이 풍경을 반성하지 않는 것처럼/곰팡이 곰팡을 반성하지 않는 것처럼/여름이 여름을 반성하지 않는 것처럼(「절망」(1965))

곰팡내 곰팡이에서 나는 매캐한 냄새. *교회여/이제는 나의 이 늙지도 젊지도 않은 몸에/해묵은/1,961개의/곰팡내를 풍겨 넣어라(「아픈 몸이」)

곱다 ①모양, 생김새, 행동거지 따위가 산뜻하고 아름답다. ②색깔이 밝고 산뜻하여 보기 좋은 상태에 있다. ③소리가 듣기에 맑고 부드럽다. ④만져 보는 느낌이 거칠지 아니하고 보드랍다. ⑤상냥하고 순하다.

고운 *고운 神이 이 자리에 있다면/나에게 무엇이라고 하겠나요/아마 잘 있으라고 손을 휘두르고 가지요(「웃음」) *나비의 몸이야 제철이 가면 죽지만은/그의 몸에 붙은 고운 지분은/겨울의 어느 차디찬 등잔 밑에서 죽어 없어지리라(「나비의 무덤」) *시를 쓰는 마음으로/꽃을 꺾는 마음으로/자는 아이의 고운 숨소리를 듣는 마음으로/죽은 옛 연인을 찾는 마음으로[…]시를 쓰는 마음으로/꽃을 꺾는 마음으로/자는 아이의 고운 숨소리를 듣는 마음으로/죽은 옛 연인을 찾는 마음으로/잃어버린 길을 다시 찾은 반가운 마음으로/우리는 우리가 찾은 혁명을 마지막까지 이룩하자(「기도」)

곳 공간적인 또는 추상적인 일정한 자리나 지역. 일정한 자리나 지역을 세는 단위. *작품 제목임(「먼 곳에서부터」) *캘리포니아라는 곳에서 온 것만은/확실하지만 누가 지은 것인줄도 모르는(「가까이 할 수 없는 서적」) *樵夫의 일하는 소리/바람이 생기는 곳으로/흘러가는 흘러가는 새소리/갈대소리//「올 겨울은 눈이 적어서 토끼가 은거할 곳이 없겠네」(「토끼」) *누구 집을 가보아도 나 사는 곳보다는 여유가 있고/바쁘지도 않으니/마치 別世界같이 보인다(「달나라의 장난」) *포로수용소보다 더 어두운 곳이라 할지라도/자유가 살고 있는 영원한 길을 찾아(「조국에 돌아오신 傷病捕虜 동지들에게」) *마치 내가 임종하는 곳이 이러할 것이니 하는 생각이 불현듯이 든다[…]기진맥진한 머리를 쉬일 곳을 찾아서 친구의 뒤를 따라서 걸어나왔다./우리의 잔등이에는 〈미숙한 도적〉이라는 글자가 씌어 있었을 것이다.(「미숙한 도적」) *이것이 도회 안에 사는 나로서는 어디보다도 조용한 곳이라고 생각하고 있기 때문이다(「시골 선물」) *물소리 빗소리 바람소리 하나 들리지 않는 곳에/나란히 옆으로 가로 세로 위로 아래로 놓여 있는 무수한 꽃송이와 그 그림자[…]설움과 힘찬 미소와 더불어 관용과 자비로 통하는 곳에서/늬가 사는 엷은 세계는 자유로운 것이기에(「九羅重花」) *그래도 조금이나 부자연한 곳이 없는/이 가족의 조화와 통일을/나는 무엇이라고 불러야 할 것이냐(「나의 가족」) *남의 일 하는 곳에 와서 아무 목적 없이 앉았으면 어떻게 하리[…]일한다는 의미가 없어져도 좋다는 듯이 구수한 벗이 있는 곳/너는 나와 함께 못난 놈이면서도 못난 놈이 아닌데/쓸데없는 도면 위에 글자만 박고 있으면 어떻게 하리/엄숙하지 않은 일을 하는 곳에 사는 친구를 찾아왔다[…]남의 일하는 곳에 와서 덧없이 앉았으면 비로소 설워진다/어떻게 하리/어떻게 하리(「사무실」) *강물은 도도하게 흘러내려가는데/천국도 지옥도 너무나 가까운 곳/사람들이여(「여름 아침」) *병풍은 허위의 높이보다도 더 높은 곳에/飛瀑을 놓고 幽島를 점지한다/가장 어려운 곳에 놓여 있는 병풍은(「병풍」) *귀고리보다도 더 가까운 곳에/종소리보다도 더 영롱하게[…]죽음보다도 엄숙하게/귀고리보다도 더 가까운 곳에/종소리보다도 더 영롱하게(「영롱한 목표」) *모든 곳에 너무나 많은 움직임이 있다//여보/비는 움직임을 制하는 결의/움직이는 휴식(「비」) *전통은/새처럼 겨우 나무그늘 같은 곳에/定處를 찾았나보다(「파리와 더불어」) *그놈의 동상이 선 곳에는/민주주의의 첫 기둥을 세우고[…]대한민국의 방방곡곡에 안 붙은 곳이 없는/그놈의 점잖은 얼굴의 사진을[…]아아 그놈의 사진을 떼어 없애야 한다//우선 가까운 곳에서부터/차례차례로[…]우선 가까운 곳에서부터(「우선 그놈의 사진을 떼어서 밑씻개로 하자」) *먼 곳에서부터/먼 곳으로/다시 몸이 아프다(「먼 곳에서부터」) *세계 다른 곳에서는 본 일이 없다고/천하를 호령한 민비는 한번도 장안 외출을 하지 못했다고(「거대한 뿌리」) *푸석한 암석이 쌓인 산기슭이/그치는 곳이라고 해도 좋다(「이사」)

곳쿄노 마찌(일, 國境の町) '국경의 거리' 라는 뜻. 나가타 겐지로(永田鉉次郎)가 부른 노래 또는 앨범(『김수영 전집1─시』, 민음사, 2003. 부록 참조). *이토츄[伊藤忠] 商事의 신문광고 이야기가 나오고/곳쿄노 마찌 이야기가 나오다가/이북으로 갔다는 나가타 겐지로(永田鉉次郎) 이야기가 나왔다(「나가타 겐지로」)

공간(空間) 아무것도 없는 빈 곳. 물리적으로나 심리적으로 널리 퍼져 있는 범위. 영역이나 세계를 이르는 말. *이 공간의 넓이를 가리키면서/한꺼번에 구겨지자 없어지는 벼락과 천둥/이것이 또 앞으로 얼마나 계속될는지(「付託」) *골치를 앓는 여편네의 댓가지 백 속에/조약돌이 들어 있는/공간의 우연에 놀란다/누이야(「누이의 방」)

공관(公館) 정부의 고위 관리가 공적으로 쓰는 저택. *어제 국회의장 공관의 칵테일 파티에 참석한/천사 같은 여류작가의 냉철한 지성적인/눈동자는 거짓말이다(「이혼 취소」)

공기(空氣) ①지구를 둘러싼 대기의 하층부를 구성하는 무색, 무취의 투명한 기체. 산소와 질소가 약 1대 4의 비율로 혼합된 것을 주성분으로 하며, 그 밖에 소량의 아르곤, 헬륨 따위의 불활성 가스와 이산화탄소가 포함되어 있다. ②그 자리에 감도는 기분이나 분위기. *청결한 공기조차 어지러웁지 않은 것이/오히려 너의 냄새가 없어서 심심하다(「사무실」) *맑은 공기도 마시어두자//자연이 하라는 대로 나는 할 뿐이다/그리고 자연이 느끼라는 대로 느끼고/나는 실망하지 않을 것이다(「사치」) *미곡창고 지붕에도 달려 있는/썩 공기 나가는 지붕 위의 지붕만 있으면 돼(「장시1」)

공동(公同) 공중(公衆)이 함께 하거나 서로 관계됨. *이제 나는 광야에 드러누워도/공동의 운명을 들을 수 있다(「광야」)

공리적(功利的) 어떤 일을 할 때 자신의 공명과 이익을 먼저 생각하거나 추구하는, 또는 그런 것. *나는 공리적인 인간이 아니다/내가 괴로워하기보다도/남이 괴로워하는 양을 보기 위하여서도/나에게는 약간의 경박성이 필요한 것이다(「바뀌어진 지평선」)

공백(空白) 아무것도 없이 비어 있음. 여백. *무서운 인생의 공백을 가르쳐주려 할 때//나비의 지분에/나의 나이가 덮이려 할 때(「나비의 무덤」)

공부(工夫) 학문이나 기술을 배우거나 닦음. *하다가 가든지 공부를 하든지 무얼 하든지/말도 걸지 말고─ 저놈은 내가 말을 걸 줄 알지(「잔인의 초」)

공부하다(工夫─) 학문이나 기술을 배우거나 닦다.
　공부하는 *모두들 공부하는 속에 와보면 나도 옛날에 공부하던 생각이 난다[…]모두들 공부하는 속에 와보면 나도 옛날에 공부하던 생각이 난다(「국립도서관」)
　공부하던 *모두들 공부하는 속에 와보면 나도 옛날에 공부하던 생각이 난다[…]모두들 공부하는 속에 와보면 나도 옛날에 공부하던 생각이 난다(「국립도서관」)

공산국가(共産國家) 공산주의를 정치의 이념으로 삼고, 그에 따르는 나라. *그대가 납치를 당할 뻔한 공산국가에도/보이도록//지옥의 시를 쓰고 난 뒤에(「세계일주」)

공산당(共産黨) 마르크스 레닌주의를 신봉하는 공산주의자들로 구성된 정당. 공산당의 최종목적은 계급착취가 없는 공산주의 사회의 실현이지만, 각국의 공산주의 운동에 대한 정치적 사상적 지원을 그 당면 과제로 삼는다. *대한민국에서는 공산당만이 아니면/사람 따위는 기천 명쯤 죽여보아도 까딱도 없거든(「만시지탄은 있지만」)

공서양속(公序良俗) 공공의 질서와 선량한 풍속을 아울러 이르는 말. 법률 사상의 지도적 이념으로, 법률 행위 판단의 기준이 되는 사회적 타당성이 인정되는 도덕관. *그대들은 유구한 公序良俗 정신으로/위정자가 다 잘해 줄 줄 알고만 있다(「육법전서와 혁명」)

공연(公演) 음악, 무용, 연극 따위를 많은 사람 앞에서 보이는 일. *살롱 드라마이지요. 반도호텔이나 조선호텔에서/공연을 하게 돼요.

절망의 여운이에요(「전화 이야기」)

공연하다(空然—) 까닭이나 필요가 없다.
　공연한 ＊전화를 걸고 그는 떠나갔다/공연한 이야기만 남기고 떠나갔다(「황혼」)

공원(公園) 국가나 지방 공공단체가 공중의 보건, 휴양, 놀이 따위를 위하여 마련한 정원, 유원지, 동산 등의 사회시설. ＊공원이나 휴식이 필요한 사람들이/여름이면 그의 곁에 와서/곧잘 팔을 고이고 앉아 있으니까(「수난로」)

공자(孔子) B.C. 551～B.C. 479. 중국 고대의 사상가. 유교의 개조(開祖). ＊작품 제목임(「孔子의 생활난」)

공자

공터(空—) 빈 땅. 빈 터. 공지(空地). ＊닭장이 무너진 공터에 두른 판장을 뚫고/매일밤 저희 집처럼 출입하고 있다(「도적」)

공통되다(共通—) 여럿 사이에 두루 통용되거나 관계되다.
　공통된 ＊너도 나도 스스로 도는 힘을 위하여/공통된 그 무엇을 위하여 울어서는 아니 된다는 듯이(「달나라의 장난」)

공포(恐怖) 무서움. 장차 고통이나 재앙을 받을 것이라고 생각할 때 일어나는 정서적 반응. ＊범람도 예측 범람은 화려 공포는 화려/공포와 노인은 동일 공포와 노인과 유아는 동일(「장시1」) ＊그는 나보다도 눈이 들어갔는데/그는 나보다도 여유가 있고/그는 나에게 공포를 준다(「강가에서」)

공포감(恐怖感) 무섭고 두려운 느낌. ＊제임스 띵의 위협감은, 이상한 지방색 공포감은/자유당 때와 민주당 때와 지금의 惡政의 구별을 말살하고(「제임스 띵」)

공허(空虛) 속이 텅 빔. 헛됨. ＊푸르고 연하고 길기만 한 가지와 줄기의 내면은/완전한 공허를 끝마치고 있었던 것이다//중단과 계속과 해학이 일치되듯이/어지러운 가지에 꽃이 피어오른다/과거와 미래에 통하는 꽃/견고한 꽃이/공허의 말단에서 마음껏 찬란하게 피어오른다(「꽃2」) ＊무수한 공허 밑에 살찌는 공허보다/더 무서운 악몽이 있나요(「靈交日」) ＊새까만 발에 샌들을 신은 여자의 시골에서/무식하게 사치스러운 공허의 서울의/간선도로를 지나(「X에서 Y로」)

공허하다(空虛—) 속이 텅비다. 헛되다.
　공허한 ＊그리하여 이 공허한 원주가 가장 찬란하여지는 무렵/나는 또 하나 다른 유성을 향하여 달아날 것을 알고(「너를 잃고」) ＊그 낭비에 대항한다고 소모한/그 몇 갑절의 공허한 투자/대한민국의 전재산인 나의 온 정신을/너는 비웃는다(「꽃잎3」)

곶감씨 곶감의 씨. ＊복사씨와 살구씨와 곶감씨의 아름다운 단단함이여/고요함과 사랑이 이루어놓은 폭풍의 간악한/신념이여(「사랑의 변주곡」)

과감하다(果敢—) 과단성이 있고 용감하다.
　과감한 ＊안개처럼 가벼웁게 날아가는 과감한 너의 의사 속에는/남을 보기 전에 네 자신을 먼저 보이는/긍지와 선의가 있다(「헬리콥터」)

과거(過去) 지나간 때. 지난날. 지난 일이나 지난날의 생활. ＊샘솟아 나오려는 이 설움은 무엇인가/모독당한 과거일까/약탈된 소유권일까(「국립도서관」) ＊구름은 벌써 나의 머리를 스쳐가고/설움과 과거는/오천만분지 일의 俯瞰圖보다도 더/조밀하고 망막하고 까마득하게 사라졌다/생각할 틈도 없이/애정은 절박하고/과거와 미래와 오류와 혈액들이 모두 바쁘다(「네이팜 탄」) ＊꽃은 과거와 또 과거를 향하여/피어나는 것[…]중단과 계속과 해학이 일치되듯이/어지러운 가지에 꽃이 피어오른다/과거와 미래에 통하는 꽃(「꽃2」) ＊나의 과거와 미래가 숨바꼭질만 한다(「적이 어디에 있느냐?」「적은 꼭 있어야 하느냐?」(「적」)

과부(寡婦) 홀어미. ＊열사흘 달빛은/이미 과부의 靑裳이어라(「廟庭의 노래」)

과속(過速) 자동차 따위의 주행속도를 너무 빠르게 함 또는 그 속도. ＊순사와 땅주인에서부터 과속을 범하는 운전수까지/나의 적은 아직도 늘비하지만(「적」)

과연(果然) 아닌 게 아니라 정말로. 결과에 있어서도 참으로. ＊개가 울고 종이 들리고/기적소리가 과연 슬프다 하더라도/너는 결코 서둘지 말라(「봄 밤」) ＊피로를 알게 되는 것은 과연 슬픈 일이다/밤이여 밤이여 피로한 밤이여(「달밤」) *어머니가 감탄하니 과연 시원하고/무엇보다도/내가 정말 시인이 됐으니 시원하고(「檄文」)

과오(過誤) 잘못. 허물. 과실(過失). *내가 너를 좋아하는 원인을/네가 지니고 있는 긴 역사였다고 생각한 것은 과오였다(「더러운 향로」)

과외공부집(課外工夫―) 정한 과정 이외의 수업을 하는 집. *내가 지금 6학년 아이들의 과외공부집에서 만난/학부형회의 어떤 어머니에게 느낀 여자의 감각(「여자」)

과잉(過剩) 필요 이상으로 많음. 지나침. *나는/아직도 명령의 과잉을 용서할 수 없는 시대이지만/이 시대는 아직도 명령의 과잉을 요구하는 밤이다(「서시」)

과장(課長) 과(課)의 책임자. *그는 그 사람이 아니라/○○부의 어마어마한 자리에 앉은 과장이며 名士이다(「거리2」)

과하다(過―) 정도에 지나치다. 분에 넘치다.
과하도다 *날아가던 朱雀星/깃들인 矢箭/붉은 柱礎에 꽂혀있는/반절이 과하도다(「廟庭의 노래」)

관계(關係) 사람과 사람, 사람과 사물, 사물과 사물 등 둘 이상이 서로 걸리는 일. 어떤 것이 다른 것에 영향을 미치는 일. *너의 이름과 너와 나와의 관계가 무엇인지 알아질 때까지/소금 같은 이 세계가 존속할 것이며/의심할 것인데(「풍뎅이」)

관공(關公) 중국의 장수 관우(關羽)를 높여 이르는 말. 관우(?~219)는 중국 삼국 시대 촉한의 무장. 자는 운장(雲長). 장비, 유비와 의형제를 맺고 적벽전에서 조조의 군대를 격파하는 등 많은 공을 세웠다. 뒤에 위 나라와 오 나라의 동맹군에 패한 뒤 살해되었다. *지금 고요히 잠드는 얼을 흔드며/關公의 色帶로 감도는/향로의 餘烟이 신비한데(「廟庭의 노래」)

관공리(官公吏) 관리와 공리를 아울러 이르는 말. *관공리의 집에서 경찰의 집에서[…]협잡을 하지 않고 뇌물을 받지 않는/관공리의 집에서/역이란 역에서/아아 그놈의 사진을 떼어 없애야 한다(「우선 그놈의 사진을 떼어서 밑씻개로 하자」)

관념(觀念) 어떤 일에 대한 생각이나 견해. 현실에 의하지 않는 추상적이고 공상적인 생각.
*모든 관념의 말단에 서서 생활하는 사람만이 이기는 법이다/새로운 목표는 이미 작업을 시작하고 있었다(「영롱한 목표」)

관련(關聯) 둘 이상의 사람, 사물, 현상 따위가 서로 관계를 맺어 내여 있음 또는 그 관계. *특히 그가 가장 사랑하는 사람과의 관련을 해체시킨다/詩는 쨍쨍한 날씨에 청량한 들에/환락의 개울가에 바늘 돋친 숲에/버려진 우산/망각의 想起다(「적2」)

관리(官吏) 관직에 있는 사람. *남자로서 거리를 무단통행할 수 있는 것은 교군꾼,/내시, 외국인의 종놈, 관리들뿐이었다 그리고[…]은 밀도 십오도 학구도 체면도 인습도 치안국/으로 가라 동양척식회사, 일본영사관, 대한민국 관리,/아이스크림은 미국놈 좆대강이나 빨아라 그러나(「거대한 뿌리」)

관습(慣習) 어떤 사회에서 오랫동안 지켜 내려와 그 사회 성원들이 널리 인정하는 질서나 풍습. *심야에는 여자는 사라지고 남자가 다시 오입을 하러/활보하고 나선다고 이런 기이한 관습을 가진 나라를/세계 다른 곳에서는 본 일이 없다고/천하를 호령한 민비는 한번도 장안 외출을 하지 못했다고……(「거대한 뿌리」)

관악기(管樂器) 입으로 불어서 관 안의 공기를 진동시켜 소리를 내는 악기. 목관 악기와 금관 악기의 두 가지가 있음. *나의 머리는 관악기처럼/우주의 안개를 빨아올리다 만다(「피곤한 하루의 나머지 시간」)

관용(寬容) 남의 잘못을 너그럽게 받아들이거나 용서함. *설움과 힘찬 미소와 더불어 관용과 자비로 통하는 곳에서/늬가 사는 엷은 세계는 자유로운 것이기에(「九羅重花」) *그도 이 관용을 알고 이 마지막 관용을 알고 있지만/吟味癖이 있는 나보다는 덜 알고 있겠지(「H」) *아냐. 그때는 빌려드리려고 했어. 관용의 미덕―/그걸 할 수 있었어. 그것도 눈에 보였어. 엔카운터(「엔카운터誌」)

관장(官長) 기관의 우두머리. *전자를 현재 일리노이 주에 있는 자기의 모친에게 보내고/후자는 희랍 국립박물관 관장에게 보내달라고 한다(「백의」)

관절(關節) 뼈와 뼈가 맞닿아 움직일 수 있게 연결되어 있는 부분. *그는 사지의 관절에 힘이 빠져서/특히 무릎하고 대퇴골에 힘이 빠져서/사람들과/특히 그가 가장 사랑하는 사람과의 관련을 해체시킨다(「적2」)

관청(官廳) 국가의 사무를 집행하는 국가기관 또는 그런 곳. *모서리뿐인 형식뿐인 격식뿐인/관청을 우리집은 닮아가고 있다(「의자가 많아서 걸린다」)

관통하다(貫通—) 꿰뚫어서 통하다.
　관통하는 *地球儀의 양극을 관통하는 생활보다는/차라리 지구의 남극에 생활을 박아라(「지구의」)

관하다(關—) 대하다. 관계되다.
　관해서 *우리는 여지껏 희생하지 않는 오늘의 문학자들에 관해서/너무나 많이 고민해 왔다(「이 한국문학사」)

광 세간이나 그 밖의 여러 가지 물건을 넣어 두는 곳. 곳간. *그놈은 우리집 광에 있는 철사를 노리고 있다[…]이 횡재물이 지금 우리집 뜰 아래 광에/들어 있다(「도적」)

광고부(廣告部) 광고에 관한 업무를 맡아보는 부서. *이것은 ≪아틀랜틱≫과 ≪하퍼스≫의 광고부의 分室이 나타났다고/이곳 저널리스트의 역습의 묘리에 감탄하고 있었는데(「백의」)

광기(狂氣) 미친 듯한 기미. 미친 듯이 날뛰는 기질을 속되게 이르는 말. *이것은 寸毫의 諷刺味도 역설도 불쌍한 발악도 청년다운 광기도 섞여 있는 말이 아닐 것이다(「조국에 돌아오신 傷病捕虜 동지들에게」) *나는 인제 녹슬은 펜과 뼈와 광기—/실망의 가벼움을 재산으로 삼을 줄 안다(「그 방을 생각하며」)

광대하다(廣大—) 크고 넓다.
　광대한 *젖 먹는 아이와 같이 이지러진 얼굴로/여름 뜰이여/너의 광대한 손[手]을 본다(「여름 뜰」) *이 광대한 여름날의 착잡한 숲속에/홀로 서서/나는 돌풍처럼 너한테 말할 수 있다(「누이야 장하고나!」)

광막하다(廣漠—) 끝없이 넓다. 아득하게 넓다.
　광막한 *저 광막한 양지 쪽에 반짝거리는/파리의 소리 없는 소리처럼/나는 죽어가는 법을 알고 있는 사람이기 때문이리라(「파리와 더불어」)

광무(狂舞) 현란하게 춤추는 몸짓. *하루살이의 狂舞여/하루살이는 지금 나의 일을 방해한다(「하루살이」)

광문(—門) 광에 달린 문. *나는 광문에 못을 쳐놓았다/그 이튿날 여편네와 식모가 하는 말을 들어보니/철사뭉치는 벌써 지하실에 도피시켜 놓은 모양이었다(「도적」)

광산촌(鑛山村) 광산을 끼고 이루어진 마을. *그 다음에는 나는 중앙선 어느 협곡에 있는 역에서 백여 리나 떨어진 광산촌에 두고 온 잃어버린 겨울 모자를 생각한다(「시골 선물」)

광선(光線) 빛의 줄기. *광선의 미립자와 분말이 너무도 시들하다/(압박해 주고 싶다)/뒤집어진 세상의 저쪽에서는/나는 비틀거리지도 않고 타락도 안했으리라(「冬麥」)

광신(狂信) 신앙이나 사상 따위에 대하여 이성을 잃고 무비판적으로 믿음. *내가 묻혀 사는 사랑의 위대한 도시에 비하면/너는 개미이냐//아들아 너에게 狂信을 가르치기 위한 것이 아니다(「사랑의 변주곡」)

광야(曠野) 텅 비고 아득히 넓은 들. *이제 나는 광야에 드러누워도/시대에 뒤떨어지지 않는 나를 발견하였다[…]그것은 나의 육체의 융기//이제 나는 광야에 드러누워도/공동의 운명을 들을 수 있다[…]그것은 나의 육체의 융기//광야에 와서 어떻게 드러누울 줄을 알고 있는/나는 너무나도 악착스러운 몽상가(「광야」)

광증(狂症) 정신에 이상이 생겨 일어나는 미친 증세. *서울에 돌아온 지 일주일도 못 되는 나에게는 도회의 소음과 狂症과 속도와 허위가 새삼스럽게 밉고 서글프게 느껴지고(「시골 선물」)

광채(光彩) 아름답고 찬란한 빛. 정기 있는 밝은 빛. 섬뜩할 정도로 날카로운 빛. *얼굴은 분간할 수도 없는데/술 한 병만이 방 한가운데/광채를 띠고 앉아 있다/나는 의치를 빼서 호주머니에 넣고 앉자(「미숙한 도적」) *이미 멀리 달아나버린 비둘기의 두 눈동자에까지/붉은 광채가 떠오르는 것을 보다//영사판 양편에 하나씩 서 있는/설움이 합쳐지는 내 마음 위에(「영사판」)

광택(光澤) 빛의 반사로 물체의 표면에서 반짝

거리는 빛. *소금 같은 이 세계가 존속할 것이며/의심할 것인데/등 등판 광택 거대한 여울/미끄러져가는 나의 의지/나의 의지보다 더 빠른 너의 노래(「풍뎅이」)

광화문(光化門) 경복궁의 정문. *전통은 아무리 더러운 전통이라도 좋다 나는 광화문/네거리에서 시구문의 진창을 연상하고 寅煥네/처갓집 옆의 지금은 매립한 개울에서 아낙네들이/양잿물 솥에 불을 지피며 빨래하던 시절을 생각하고(「거대한 뿌리」)

광휘(光輝) 환하고 아름답게 빛남 또는 그 빛. 눈부시게 훌륭함을 비유적으로 이르는 말. *나는 광휘에 찬 신현대문학사의 시를 깨알같은 글씨로 쓰고 있다/될 수만 있으면 독자들에게 이 깨알만한 글씨보다 더/작게 써야 할 이 고초의 시기의/보다 더 작은 나의 즐거움을 피력하고 싶다(「이 한국문학사」)

괴기영화(怪奇映畵) 괴상하고 기이한 내용의 영화. *내가 내 땅에 박는 거대한 뿌리에 비하면//괴기영화의 맘모스를 연상시키는/까치도 까마귀도 응접을 못하는 시꺼먼 가지를 가진/나도 감히 상상을 못하는 거대한 거대한 뿌리에 비하면……(「거대한 뿌리」)

괴기하다(怪奇—) 괴상하고 기이하다. 이유나 근거가 없이 허황되어 믿을 수가 없다.
  괴기한 *나날이 새로워지는 괴기한 청년/때로는 일본에서/때로는 이북에서/때로는 삼랑진에서/말하자면 세계의 도처에서 나타날 수 있는 千手千足獸/미인, 시인, 사무가, 농사꾼, 상인, 耶蘇이기도 한/나날이 새로워지는 괴기한 인물(「절망」(1962))

괴로움 몸이나 마음이 편하지 않고 고통스러운 상태, 또는 그런 느낌. *이루울 준비를 해야 할 이 시간에/괴로움도 모르고/나는 이 책을 멀리 보고 있다/그저 멀리 보고 있는 것이 타당한 것이므로/나는 괴롭다/오— 그와 같이 이 서적은 있다/그 책장은 번쩍이고/연해 나는 괴로움으로 어찌할 수 없이/이를 깨물고 있네!/가까이 할 수 없는 서적이여/가까이 할 수 없는 서적이여.(「가까이 할 수 없는 서적」) *성의 윤리와 윤리의 윤리다 중요한 것은//괴로움과 괴로움의 이행이다 우리의 행동/이것을 우리의 시로 옮겨놓으려는 생각은/단념하라 괴로운 설사(「설사의 알리바이」)

괴로워하다 괴로움을 느끼다.
  괴로워하기보다도 *뮤즈여/나는 공리적인 인간이 아니다/내가 괴로워하기보다도/남이 괴로워하는 양을 보기 위하여서도/나에게는 약간의 경박성이 필요한 것이다(「바뀌어진 지평선」)
  괴로워하는 *내가 괴로워하기보다도/남이 괴로워하는 양을 보기 위하여서도/나에게는 약간의 경박성이 필요한 것이다(「바뀌어진 지평선」)

괴롭다 몸이나 마음이 편하지 않고 고통스럽다. *그저 멀리 보고 있는 것이 타당한 것이므로/나는 괴롭다(「가까이 할 수 없는 서적」)
  괴로운 *어린 동생들과의 잡담도 마치고/오늘도 어제와 같이 괴로운 잠을/이루울 준비를 해야 할 이 시간에(「가까이 할 수 없는 서적」) *이것을 우리의 시로 옮겨놓으려는 생각은/단념하라 괴로운 설사//괴로운 설사가 끝나거든 입을 다물어라 누가/보았는가 무엇을 보았는가 일절 말하지 말아라/그것이 우리의 증명이다(「설사의 알리바이」)
  괴롭지 *버드 비숍 여사를 안 뒤부터는 썩어빠진 대한민국이/괴롭지 않다 오히려 황송하다 역사는 아무리/더러운 역사라도 좋다/진창은 아무리 더러운 진창이라도 좋다(「거대한 뿌리」)

괴롭히다 '괴롭다'의 사동형.
  괴롭혀서는 *문명의 혈세를 강요해서는 아니 된다 新과 舊가/탈을 낸 돈이 없나 순시를 다니는 제임스 띵은/독자를 괴롭혀서는 아니 된다(「제임스 띵」)
  괴롭히고 *나에게 남아 있는 유일한 재산처럼/외계의 소리를 여과하고 채색해서/숙제처럼 나를 괴롭히고 보호한다//머리가 누렇게까지 찐 땅주인은 어디로 갔나/여름저녁을 어울리지 않는 지팡이를 들고/이방인처럼 산책하던 땅주인은—/나도 필경 그처럼 보이지 않는 누구인가를/항시 괴롭히고 있는 보이지 않는 拷問人/시대의 숙명이여(「장시2」)
  괴롭히는 *새가 아직 모여들 시간이 못 된 늙은 포플러나무며/소리 없이 나를 괴롭히는/그들은 신의 고문인가(「장시2」)

괴롭히지도 *옛날같이 낯선 방이 그리 무섭지도 않고/더러운 침구가 마음을 괴롭히지도 않는데/의치를 빼어서 물에 담가놓고 드러누우니/마치 내가 임종하는 곳이 이러할 것이니 하는 생각이 불현듯이 든다(「미숙한 도적」)

괴롭힌다 *이미 오래전에 일과를 전폐해야 할/文明이/오늘도 또 나를 이렇게 괴롭힌다(「파리와 더불어」)

괴물(怪物) 괴상하게 생긴 물체. 괴상한 사람을 비유적으로 이르는 말. *나는 태양을 주웠다고 생각하지는 않았지만/설마 이런 것이 올 줄이야/괴물이여//지금 枯渴 시인의 절정에 서서//이름도 모르는 뼈와 뼈/어디까지나 뒤틍그러져 나왔구나(「PLASTER」)

교과서(敎科書) 학교에서 교육과정에 따라 주된 교재로 사용하기 위하여 편찬한 책. 해당 분야에서 모범이 될 만한 일을 비유적으로 이르는 말. *어느 교과서에도 질투의 ○○은 무수하다/먼 時間을 두고 물속을 흘러온 흰 모래처럼 그들은 온다/U·N위원단이 매일 오는 것이다(「아침의 유혹」)

교군꾼(轎軍—) 가마꾼. *이 아름다운 시간에는/남자로서 거리를 무단통행할 수 있는 것은 교군꾼,/내시, 외국인의 종놈, 관리들뿐이었다(「거대한 뿌리」)

교량(橋梁) 시내나 강을 사람이나 차량이 건널 수 있게 만든 다리. *현대식 교량을 건널 때마다 나는 갑자기 회고주의자가 된다/이것이 얼마나 죄가 많은 다리인 줄 모르고/식민지의 곤충들이 24시간을/자기의 다리처럼 건너다닌다(「현대식 교량」)

교외(郊外) 도시의 주변 지역. *그대의 정의도 우리들의 섬세도/행동이 죽음에서 나오는/이 욕된 교외에서는/어제도 오늘도 내일도 마음에 들지 않아라(「死靈」)

교육가(敎育家) 교육이나 교육사업에 종사하는 사람. *민주주의를 찾은 나라의 교육가들의 사무실에서/4·19 후의 경찰서에서 파출소에서/민중의 벗인 파출소에서(「우선 그놈의 사진을 떼어서 밑씻개로 하자」)

교정(校正) 교정쇄와 원고를 대조하여 오자, 오식, 배열, 색 따위를 바르게 고침. *언청이야 언청이야 이발쟁이야 너의/보꾹에 바른 신문지의 활자가 즐거웁구나/교정을 보았구나 나의 毒氣야(「제임스 띵」)

교체식(交替式) 사람이나 사물을 다른 사람이나 사물로 바꾸는 일정한 전례나 표준 규정. *눈은, 짓밟힌 눈은, 꺼멓게 짓밟히고 있는 눈은//타당하니까 신·구의 교체식을 그 이튿날/꿈에까지 보이게 해서는 아니 된다(「제임스 띵」)

교향곡(交響曲) 관현악을 위하여 작곡한, 소나타 형식의 규모가 큰 곡. 보통 4악장으로 이루어지며, 하이든에 의해 시작되어 모차르트와 베토벤이 확립하였음. *鷄舍 위에 울리는 곡괭이 소리/동물의 교향곡/잠을 자면서 머리를 식히는 사색가/—모든 곳에 너무나 많은 움직임이 있다(「비」)

교회(敎會) 예수 그리스도를 주(主)로 고백하고 따르는 신자들의 공동체 또는 그 장소. *교회여/이제는 나의 이 늙지도 젊지도 않은 몸에/해묵은 1,961개의/곰팡내를 풍겨 넣어라/오 썩어가는 탑(「아픈 몸이」)

교훈(敎訓) 앞으로의 행동이나 생활에 지침이 될 만한 가르침. *내가 살기 위하여/몇 개의 번개 같은 환상이 필요하다 하더라도/꿈은 교훈/청춘 물 구름(「긍지의 날」) *그래도 나무는 자라고 있다 영혼은/그리고 교훈은 명령은/나는/아직도 명령의 과잉을 용서할 수 없는 시대이지만/이 시대는 아직도 명령의 과잉을 요구하는 밤이다(「서시」)

구 구 구구구 구구 비둘기의 울음소리를 나타내는 의성어. *비둘기의 울음소리//구 구구구구 구구//시원치 않은 이 울음소리만이/어째서 나의 뼈를 뚫고 총알같이 날쌔게 달아나는가(「영사판」)

구(舊) 묵은 것. 낡은 것. 전날의 오랜된 것. *또 한놈은 잘 안 보였고 매일 아침 들은/「신문요」의 목소리를 회상하며/어떤놈이 新인지 舊인지를 가려낼 틈도/없다 눈이 왔고 추웠고 너무 화가 났다[…]문명의 혈세를 강요해서는 아니 된다 新과 舊가/탈을 낸 돈이 없나 순시를 다니는 제임스 띵은/독자를 괴롭혀서는 아니 된다(「제임스 띵」) *자유당이 감행한 정도의 불법을/혁명정부가 구육법전서를 떠나서(「육법전서와 혁명」)

구겨지다 '구기다'의 피동형. 구김살이 생기다.
구겨지자 *이 공간의 넓이를 가리키면서/한꺼번에 구겨지자 없어지는 벼락과 천둥/이것이 또 앞으로 얼마나 계속될는지//여미지 못하는 생각 위에/여밀 수 없는 부탁이여/차라리 죽순같이 자라는 대로 맡겨두련다(「付託」)
구겨진 *연기 나는 속으로 떨어지면 돼/구겨진 휴지처럼 노래하면 돼//가정을 알려면 돈을 떼어보면 돼(「장시1」)

구공탄(九孔炭) 구멍이 여럿 뚫린 원기둥 모양의 연탄을 두루 이르는 말. 십구공탄(十九孔炭)의 준말. *껄껄 웃으면서 구공탄을 피우는 불쏘시개라도 하자/강아지장에 깐 짚이 젖었거든/그놈의 사진을 깔아주기로 하자……(「우선 그놈의 사진을 떼어서 밑씻개로 하자」) *마룻바닥에 깐 비닐 장판에 구공탄을 떨어뜨려/탄 자국, 내 구두에 묻은 흙, 변두리의 진흙,/그런 가슴의 죽음의 표식만을 지켜온,(「VOGUE야」)

구데기 구더기. 파리의 애벌레. *달팽이는 닭이 먹고/구데기 바람에 우는 소리 나면//물소리는 먼 하늘을 찢고 달아난다/바람이 바람을 쫓고 생명을 쫓는다(「말복」)

구두 주로 가죽을 재료로 하여 만든 서양식 신. *헌 옷과 낡은 구두가 그리 모양수통하지 않다 느끼면서/나는 옛날에 죽은 친구를/잠시 생각한다//벽 위에 걸어놓은 지도가/한없이 푸르다(「거리1」) *바람은 면도날처럼 날카로웁건만/어디까지 명랑한 나의 마음이냐/구두여 양복이여 노점상이여/인쇄소여 입장권이여 負債여 여인이여/그리고 여인 중에도 가장 아름다운 그네여/돈을 버는 거리의 부인들의 어색한 모습이여(「거리2」) *수업을 할 때도 퇴근시에도/사이렌 소리에 시계를 맞출 때도 구두를 닦을 때도……/우리들의 싸움은 쉬지 않는다//우리들의 싸움은 하늘과 땅 사이에 가득 차 있다(「하…… 그림자가 없다」) *탄 자국, 내 구두에 묻은 흙, 변두리의 진흙,/그런 가슴의 죽음의 표식만을 지켜온,/밑바닥만을 보아온, 빈곤에 마비된 눈에/하늘을 가려켜주는 잡지/VOGUE야(「VOGUE야」)

구라중화(九羅重花) 글라디올러스의 한자식 표기. ☞ 글라디올러스. *사실은 벌써 滅하여 있을 너의 꽃잎 위에/이중의 봉오리를 맺고 날개를 펴고/죽음 위에 죽음 위에 죽음을 거듭하리/구라중화(九羅重花)

구렁이 능구렁이. 뱀과의 하나. 몸길이는 120 cm 정도이며 등은 붉은 갈색, 배는 누런 갈색이고 온몸에 검은 세로 띠가 있다. 동작이 느리고 독이 없다. 인가 근처나 논두렁에 흔히 나타나는데 한국, 중국, 대만 등지에 분포한다. *구태여 낯익은 하늘을 보지 않고/구렁이같이 태연하게 앉아서/마음을 쉬다//마당은 주인의 마음이 숨어 있지 않은 것처럼 安穩한데/나 역시 이 마당에 무슨 원한이 있겠느냐/비록 내가 자란 터전같이 호화로운/꿈을 꾸는 마당이라고 해서(「휴식」) *굵은 밧줄 밑에 뒹구는/구렁이가 악몽이 될 수 있겠나요/무수한 공허 밑에 살찌는 공허보다/더 무서운 악몽이 있나요(「靈交日」)

구름 공기중의 수분이 엉기어서 미세한 물방울이나 얼음 결정의 덩어리가 되어 공중에 떠 있는 것. *내가 살기 위하여/몇 개의 번개 같은 환상이 필요하다 하더라도/꿈은 교훈/청춘 물 구름/피로들이 몇 배의 아름다움을 加하여 있을 때도/나의 원천과 더불어/나의 최종점은 궁지(「궁지의 날」) *구름도 필요 없고/항구가 없어도 아쉽지 않은/내가 바로 바라다보는/저 허연 석회 천정―저것도/꿈이 아닌 꿈을 가리키는/내일의 지도다(「거리1」) *해발 이천육백 척의 고지에서/지렁이같이 꿈틀거리는 바닷바람이 무섭다고/구름을 향하여 도망하는 놈/숫자를 무시하고 사는지/이미 헤아릴 수 없이 오래된 연기(「연기」) *구름은 벌써 나의 머리를 스쳐가고/설움과 과거는/오천만 분지 일의 俯瞰圖보다도 더/조밀하고 망막하고 까마득하게 사라졌다(「네이팜 탄」) *먼지 낀 잡초 위에/잠자는 구름이여/고생도 마음대로 할 수 없는 세상에서는/철 늦은 거미같이 존재 없이 살기도 어려운 일[…]나는 지금 산정에 있다―/시를 반역한 죄로/이 메마른 산정에서 오랫동안 꿈도 없이 바라보아야 할 구름/그리고 그 구름의 파수병인 나.(「구름의 파수병」) *구름 끝에 혀를 대는 잎사귀처럼/몸을 떨며/귀기울이려 할 때/그 무수한 말 중의 제일 첫마디는/「나는 졌노라……」(「말복」) *

그리고 돌아올 때는 구름을 타고 오너라/내가 구름운전수 제퍼슨 선생한테 말해 놨으니까 시간은/2분밖에 안 걸릴 거다(「나는 아리조나 카보이야」) ＊내가 내가 취하면/너도 너도 취하지/구름 구름 부풀듯이/기어오르는 파도가/제일 높은 砂岸에/닿으려고 싸우듯이/너도 나도 취하는/中庸의 술잔(「술과 어린 고양이」) ＊바다와 바다 사이에/지금의 3월의 구름이 내려앉듯/진실이 내려앉는다(「백지에서부터」) ＊거기에는 반드시 구름이 있고/갯벌에 고인 게으른 물이/벌레가 뜰 때마다 눈을 껌벅거리고/그것이 보기 싫어지기 전에(「이사」) ＊네 머리는 네 팔은 네 현재는/먼지에 싸여 있다 구름에 싸여 있고/그늘에 싸여 있고 산에 싸여 있고/구멍에 싸여 있고(「먼지」)

구름운전수(―運轉手) 구름을 운전하는 사람. ＊그리고 돌아올 때는 구름을 타고 오너라/내가 구름운전수 제퍼슨 선생한테 말해 놨으니까 시간은/2분밖에 안 걸릴 거다(「나는 아리조나 카보이야」)

구리 붉은 색을 띤 금속 원소. 연성과 전성이 풍부하고, 전기와 열의 전도성이 뛰어나다. ＊네 머리는 네 팔은 네 현재는/먼지에 싸여 있다 구름에 싸여 있고/그늘에 싸여 있고 산에 싸여 있고/구멍에 싸여 있고//돌에 쇠에 구리에 넝마에 삭아/삭은 그늘에 또 삭아 부스러져/거미줄이 쳐지고 망각이 들어앉고/들어왔다 튀어나오고[…]갱이 생기고 그늘이 생기고 돌이 쇠가/구리가 먼지가 생기고//죽은 행동이 계속된다 너와 내가 계속되고/전화가 울리고 놀라고 놀래고/끝이 없어지고 끝이 생기고 겨우/망각을 실현한 나를 발견한다(「먼지」)

구리개 을지로의 조선시대 이름. 조선시대에 이곳에 혜민서가 있었음. ＊요강, 망건, 장죽, 종묘상, 장전, 구리개 약방, 신전,/피혁점, 곰보, 애꾸, 애 못 낳는 여자, 무식쟁이,/이 모든 무수한 반동이 좋다(「거대한 뿌리」)

구멍 뚫어지거나 파낸 자리. 허점이나 약점을 비유적으로 이르는 말. ＊이놈들이 다 이성망이 부하들이지/이놈들 여기 개미구멍으로 다 들어가/이 구멍으로 들어가면 아리조나에 있는/우리 고조할아버지 산소 망두석 밑으로 빠질 수 있으니까(「나는 아리조나 카보이야」) ＊

봄은 오고 쥐새끼들이 총알만한 구멍의 조직을 만들고/풀이, 이름도 없는 낯익은 풀들이, 풀새끼들이/허물어진 담밑에서 사과껍질보다도 얇은//시멘트 가죽을 뚫고 일어나면 내 집과/나의 정신이 순간적으로 들렸다 놓인다/요는 정치 의견이 맞지 않는 나라에는 못 산다//그러나 쥐구멍을 잠시 거짓말의 구멍이라고/바꾸어 생각해 보자 내가 써준 시집의 서문을(「거짓말의 여운 속에서」) ＊먼지에 싸여 있다 구름에 싸여 있고/그늘에 싸여 있고 산에 싸여 있고/구멍에 싸여 있고//돌에 쇠에 구리에 넝마에 삭아/삭은 그늘에 또 삭아 부스러져/거미줄이 쳐지고 망각이 들어앉고/들어왔다 튀어나오고(「먼지」)

구별(區別) 성질이나 종류에 따라 나타나는 차이 또는 그런 것을 갈라놓음. ＊나는 나의 검게 타야 할 정신을 생각하며/구별을 용서하지 않는/밭고랑 사이를 무겁게 걸어간다(「여름 아침」) ＊제임스 띵의 위협감은, 이상한 지방색 공포감은/자유당 때와 민주당 때와 지금의 惡政의 구별을 말살하고/靜寂을 빼앗긴 마지막 정적을 빼앗긴/나를 몰아세운다 어서 돈을 내라고/그러니까 그들이 요구하는 것은 신문값이 아니다(「제임스 띵」)

구석 모퉁이의 안쪽. 마음이나 사물의 한 부분. 잘 드러나지 않는 치우친 곳을 속되게 이르는 말. ＊나는/나의 눈을 찌르는 이 따가운 가옥과/집물과 사람들의 음성과 거리의 소리들을/커다란 해양의 한 구석을 차지하는/조고마한 물방울로/그려보려 하는데/차라리 어떠할까―이것은 구차한 선비의 보잘것없는 일일 것인가.(「거리1」)

구수하다 맛이나 냄새가 비위에 당기도록 좋다. 마음을 끄는 은근한 맛이 있다.

구수한 ＊일한다는 의미가 없어져도 좋다는 듯이 구수한 벗이 있는 곳/너는 나와 함께 못난 놈이면서도 못난 놈이 아닌데/쓸데없는 도면 위에 글자만 박고 있으면 어떻게 하리(「사무실」)

구슬 보석이나 진주 따위로 둥글게 만든 물건. 흔히 장신구로 쓴다. 유리나 사기 따위로 둥글게 만든 놀이기구. 아름답거나 귀중한 것을 비유적으로 이르는 말. ＊오 썩어가는 탑/나의 연령/혹은/4,294알의/구슬이라도 된다//아픈 몸이/아프지 않을 때까지 가자/온갖 식구와 온갖 친구와/온갖 적들과 함께/적들의 적들과 함께/무한한연습과 함께(「아픈 몸이」)

구슬프다 처량하고 슬프다.
구슬픈 *지나간 생활을 지나간 벗같이 여기고/해 지자 헤어진 구슬픈 벗같이 여기고/잊어버린 생활을 위하여 불을 켜서는 아니 될 것이지만/천사같이 천사같이 흘려버릴 것이지만//아아 아아 아아/불은 켜지고/나는 쉴 사이 없이 가야 하는 몸이기에/구슬픈 육체여.(「구슬픈 육체」) *어른이 못 되는 나를 탓하는/구슬픈 어른들/나에게 방황할 시간을 다오/불만족의 物象을 다오/두부를 엉기게 하는 따뜻한 불도/졸고 있는 잡초도/이 무감각의 비애가 없이는 죽은 것(「장시2」) *오오 환희여 미역국이여 미역국에 뜬 기름이여 구슬픈 祖上이여/가뭄의 백성이여 퇴계든 정다산이든 수염난 영감이면/복덕방 사기꾼도 도적놈 지주라도 좋으니 제발 순조로워라(「미역국」)

구원(救援) 위험이나 어려움에 빠진 사람을 구하여 줌. 인류를 죽음과 고통과 죄악에서 건져 내는 일. *졸렬과 수치가 그들 자신을 반성하지 않는 것처럼/바람은 딴 데에서 오고/구원은 예기치 않은 순간에 오고/절망은 끝까지 그 자신을 반성하지 않는다(「절망」(1965)) *아이놈은 자구 있어요. 구원이지요. 나를/방해를 안하니까요. 절망의 물방울이/튄 거지요.(「전화 이야기」)

구육법전서(舊六法全書) 오래되고 낡은 육법전서. ☞ 육법전서. *최소한도로/자유당이 감행한 정도의 불법을/혁명정부가 구육법전서를 떠나서/합법적으로 불법을 해도 될까 말까 한/혁명이란―불쌍한 것은 이래저래 그대들 뿐이다(「육법전서와 혁명」)

구제(救濟) 자연적인 재해나 사회적인 피해를 당하여 어려운 처지에 있는 사람을 도와줌. *그는 재판관처럼 판단을 내리는 게 아니라 구제의 길이 없는 사물의 주위에 떨어지는 태양처럼 판단을 내린다―월트 휘트먼(「미스터 리에게」)

구제금(救濟金) 자연적인 재해나 사회적인 피해를 당하여 어려운 처지에 있는 사람을 도와주기 위한 돈. *비참한 것은 백의이다/그는 한국에 수입되어 가지고 완전한 고아가 되었고/거리에 흩어진 월간 대중잡지 위에 매월 그의 사진이 게재되어 왔을 뿐만 아니라/어느 삼류 신문의 사회면에는 간혹 그의 구제금 응모 기사 같은 것이 나오고 있다(「백의」)

구질구레하다 '어떤 상태나 하는 짓 등이 더럽고 구저분한 모양'이란 뜻의 '구질구질'과 '모두 다 잘고 시시하다'란 뜻의 '자질구레하다'의 조어(造語)로 추정됨. 자질구레하고 구질구질하다.
구질구레한 *아무튼 구질구레한 생활필수품/오. 주사기/2cc짜리 국산 슈빙지/그리고 또 무엇이던가?(「마케팅」)

구차하다(苟且―) ①살림이 매우 가난함. ②말이나 행동이 떳떳하거나 버젓하지 못함.
구차한 *그렇지만/구차한 나의 머리에/성스러운 鄕愁와 우주의 위대감을 담아주는 삽시간의 자극을/나의 가족들의 기미 많은 얼굴에 비하여 보아서는 아니 될 것이다(「나의 가족」) *나는/나의 눈을 찌르는 이 따가운 가옥과/집물과 사람들의 음성과 거리의 소리들을/커다란 해양의 한 구석을 차지하는/조고마한 물방울로/그려보려 하는데/차라리 어떠할까―이것은 구차한 선비의 보잘것없는 일일 것인가.(「거리1」) *이태백이가 술을 마시고야 詩作을 한 이유./모르지/구차한 문밖 선비가 벽장문 옆에다/카잘스, 그람, 슈바이처, 엡스타인의 사진을 붙이고 있는 이유./모르지?(「모르지?」)

구천육백삼십오만(九千六百三十五萬) 96,349,999보다 1 많고, 96,350001보다 1 작은 수. 김수영의 시에서는 '매우 많이'의 뜻을 강조한 것으로 추정됨. *야 이놈들아 고갤 숙여/너희놈 손에 돌아가신 우리 형님들/무덤 앞에 절을 구천육백삼십오만 번만 해/나는 아리조나 카보이야(「나는 아리조나 카보이야」)

구청(區廳) 구(區)의 행정 사무를 맡아보는 관청. *이발쟁이에게/땅주인에게는 못하고 이발쟁이에게/구청 직원에게는 못하고 동회 직원에게도 못하고/야경꾼에게 20원 때문에 10원 때문에 1원 때문에/우습지 않으냐 1원 때문에(「어느 날 고궁을 나오면서」)

구체적(具體的) 어떤 사물이 뚜렷한 실체를 갖추고 있는 것. *마당에 서리가 내린 것은 나에게 상상을 그치라는 신호다/그 대신 새벽의 꿈은 구체적이고 선명하다/꿈은 상상이 아니지만 꿈을 그리는 것은 상상이다(「우리들의 웃음」)

구태여 일부러. 굳이. 애써. *나는 구태여 생각하여 본다/그리고 비교하여 본다/나는 모자와 함께 나의 마음의 한 모퉁이를 모자 속에 놓고 온 것이라고/설운 마음의 한 모퉁이를.(「시골 선물」) *설움을 역류하는 야릇한 것만을 구태여 찾아서 헤매는 것은/우둔한 일인 줄 알면서/그것이 나의 생활이며 생명이며 정신이며 시대이며 밑바닥이라는 것을 믿었기 때문에―(「방안에서 익어가는 설움」) *또 나는/영원히 피로할 것이기에/구태여 옛날을 돌아보지 않아도/설움과 아름다움을 대신하여 있는 나의 긍지/오늘은 필경 긍지의 날인가 보다(「긍지의 날」) *군용로가 보이는/고요한 마당 위에서/나는 나를 속이고 역사까지 속이고/구태여 낯익은 하늘을 보지 않고/구렁이같이 태연하게 앉아서/마음을 쉬다//마당은 주인의 마음이 숨어 있지 않은 것처럼 安穩한데/나 역시 이 마당에 무슨 원한이 있겠느냐/비록 내가 자란 터전같이 호화로운/꿈을 꾸는 마당이라고 해서(「휴식」) *두려운 세상과 같이 배를 대고 있는/너의 대담성―그래서 나는 구태여 너에게로 더 한걸음 바싹 다가서서/그리움도 잊어버리고 웃는 것이다(「너는 언제부터 세상과 배를 대고 서기 시작했느냐」) *그러나 〈그때는 그때이고 지금은 지금〉이라고/구태여 달관하고 있는 지금의 내 마음에/샘솟아 나오려는 이 설움은 무엇인가/모독당한 과거일까/약탈된 소유권일까(「국립도서관」) *내 눈 아래에 다시 생긴 사마귀는/구태여 빼지 않을 작정이었다/「눈물은 나의 장사이니까」―오오 눈물의/눈물이여 음악의 음악이여/달아난 음악이여 반달이여/내 눈 아래에 다시 생긴 사마귀는/구태여 빼지 않을 작정이다(「반달」)

구하다(求―)¹ 필요한 것을 찾거나 얻다.
  구하기 *고칠 사람을 구하기가 어려운 것도 있고/돈이 아까울지도 모른다//고칠 사람을 구하기가 어렵다고 하지만/돈이 아까울 거라 그럴 거라/내 추측이 맞을 거라/아니 내가 고치라고 하니까 안 고칠 거라/이 추측이 맞을 거라 이 추측이 맞을 거라/이 추측이 맞을 거라(「도적」)
  구하였으나 *꽃이 열매의 상부에 피었을 때/너는 줄넘기 장난을 한다//나는 발산한 형상을 구하였으나/그것은 작전 같은 것이기에 어려움다(「孔子의 생활난」)

구하다(救―)² 어렵거나 위태로운 처지에 있는 사람을 그곳에서 벗어나도록 도와주다.
  구하여 *이북에 억류되고 있는 대한민국과 UN군의 포로들을 구하여내기 위하여/새로운 싸움을 하라고 합니다/나는 정말 미안하다고 하였습니다(「조국에 돌아오신 傷病捕虜 동지들에게」)

국내(國內) 나라의 안. *역시 평면을 사랑하는/킴 노박의 사진과/국내 소설책들……/이런 것들이 정돈될 가치가 있는 것들인가/누이야/이런 것들이 정돈될 가치가 있는 것들인가(「누이의 방」)

국도(國道) 나라에서 직접 관리하는 도로. 고속도로와 일반 국도가 있다. *서울서/의정부로/뚫린/국도에/눈 내리는 날에는:/〈빽〉차도/지프차도/파발이 다 된/시골 버스도/맥을 못 추고/맴을 도는 판이니/답답하더라도/답답하더라도/요 시인/가만히 계시오.(「눈」(1961))

국립도서관(國立圖書館) 나라에서 설립하여 직접 관리, 운영하는 도서관. *작품 제목임(「국립도서관」)

국립박물관(國立博物館) 나라에서 설립하여 직접 관리, 운영하는 박물관. *전자를 현재 일리노이 주에 있는 자기의 모친에게 보내고/후자는 희랍 국립박물관 관장에게 보내달라고 한다(「백의」)

국민학교(國民學校) '초등학교'의 전 용어. 아동들에게 기본적인 교육을 실시하기 위한 학교. 현재 우리나라에서는 만 6세의 어린이를 입학시켜 6년 동안 의무적으로 교육한다. *아가야 아가야/네 모양이 우스워서 노래를 부르자니/엄마는/하필 국민학교 놈의 국어공책을 집어주지(「자장가」) *책방에서 학교에서 전국의 국민학교란 국민학교에서 유치원에서/선량한 백성들이 하늘같이 모시고/아침

저녁으로 우러러보던 그 사진은/사실은 억압과 폭정의 방패였느니/썩은 놈의 사진이었느니/아아 살인자의 사진이었느니(「우선 그놈의 사진을 떼어서 밑씻개로 하자」) * 새로 확장된 서울특별시 동남단 논두렁에/어는 막막한 얼음을 생각하게 하고/그리로 전근을 한 국민학교 선생을 생각하게 하고/그들이 돌아오는 길에 주막거리에서 쉬는 10분 동안의/지루한 정차를 생각하게 하고(「참음은」)

국산(國産) 자기나라에서 생산함 또는 그 물건. * 아무튼 구질구레한 생활필수품/오 주사기/2cc짜리 국산 슈빙지/그리고 또 무엇이던가」(「마케팅」)

국수 밀가루·메밀가루·감자 가루 따위를 반죽한 다음, 반죽을 얇게 밀어 가늘게 썰거나 틀에 눌러 가늘게 뽑아낸 식품 또는 그것을 삶아 만든 음식. * 국수—이태리로는 마카로니라고/먹기 쉬운 것은 나의 叛亂性일까(「孔子의 생활난」)

국어공책(國語空冊) 국어과목을 위한 공책. * 아가야 아가야/네 모양이 우스워서 노래를 부르자니/엄마는/하필 국민학교 놈의 국어공책을 집어주지(「자장가」)

국화꽃(菊花—) 국화(菊花). 국화과의 여러해살이풀. * 도야지우리에 새가 날고/국화꽃은 밤이면 더 한층 아름답게 이슬에 젖는데/올 겨울에도 산 위의 초라한 나무들을 뿌리만 간신히 남기고 살살이 갈라갈 동네아이들……(「꽃」)

국회의장(國會議長) 국회를 대표하는 국회의원. 국회의 질서를 유지하고 의사를 진행하며 국회의 사무를 감독한다. * 어제 국회의장 공관의 칵테일 파티에 참석한/천사 같은 여류작가의 냉철한 지성적인/눈동자는 거짓말이다/그 눈동자는 피를 흘리고 있지 않다(「이혼 취소」)

군대(軍隊) 일정한 규율과 질서를 가지고 조직된 군인의 집단. * 내가 6·25 후에 价川 야영훈련소에서 받은 말할 수 없는 학대를 생각한다/北院 훈련소를 탈출하여 順川 읍내까지도 가지 못하고/악귀의 눈동자보다도 더 어둡고 무서운 밤에 中西面 內務省 군대에게 체포된 일을 생각한다(「조국에 돌아오신 傷病捕虜 동지들에게」) * 민주주의는 인제는 상식으로 되었다/자유는 이제는 상식으로 되었다/아무도 나무랄 사람은 없다/아무도 붙들어갈 사람은 없다//군대란 군대에서 장학사의 집에서/관공리의 집에서 경찰의 집에서/민주주의를 찾은 나라의 군대의 衛兵室에서 사단장실에서 정훈감실에서/민주주의를 찾은 나라의 교육가들의 사무실에서(「우선 그놈의 사진을 떼어서 밑씻개로 하자」)

군복(軍服) 군인의 제복. * 그리하여 달아나오던 날 새벽에 파묻었던 총과 러시아 군복을 사흘을 걸려서 찾아내고 겨우 총살을 면하던 꿈같은 일을 생각한다(「조국에 돌아오신 傷病捕虜 동지들에게」) * 서푼어치 값도 안 되는 미·소인은/초콜릿, 커피, 페티코트, 군복, 수류탄/따발총……을 가지고/적막이 오듯이/적막이 오듯이/소리없이 가다오 나가다오/다녀오는 사람처럼 아주 가다오!(「가다오 나가다오」)

군용로(軍用路) 군용 도로. * 멀리서 산이 보이고/개울 대신 실가락처럼 먼지 나는/군용로가 보이는/고요한 마당 위에서/나는 나를 속이고 역사까지 속이고/구태여 낯익은 하늘을 보지 않고/구렁이같이 태연하게 앉아서/마음을 쉬다(「휴식」)

굳다 ①무른 물질이 단단하게 되다. ②근육이나 뼈마디가 뻣뻣하게 되다. ③표정이나 태도 따위가 부드럽지 못하고 딱딱하여지다. ④몸에 배어 버릇이 되다. ⑤누르는 자국이 나지 아니할 만큼 단단하다. ⑥흔들리거나 바뀌지 아니할 만큼 힘이나 뜻이 강하다.

굳어 * 너는 이제 열아홉 살이었다/너는 여전히 기적이었다/너의 회의는 굳어가기 시작했다/너의 회의는/나라 안에서 당한 모든 것이/나라 밖에서 당한 모든 것이/반드시 정말이 아니라는 것을 알았고(「65년의 새해」)

굳은 * 南廟 문고리 굳은 쇠문고리/기어코 바람이 열고/열사흘 달빛은/이미 과부의 靑裳이어라(「廟庭의 노래」)

굳어지다 누르는 자국이 나지 않을 만큼 단단하게 되다. 강해지다.

굳어지기 * 그때 너는 열일곱 살이었다/그때도 너는 기적이었다/너의 근육은 굳어지기 시작했다/너의 근육은/학교 밖에서 얻어맞은 모든 것이/골복길에서 얻어맞은 모든 것이/반드시 정말이 아니라는 것을 알았고(「65년의 새해」)

굴곡(屈曲) 이리저리 굽어 꺾여 있음 또는 그런 굽이. *여름 뜰이여/나의 눈만이 혼자서 볼 수 있는 주름살이 있다 굴곡이 있다/모오든 언어가 시에로 통할 때/나는 바로 일순간 전의 대담성을 잊어버리고/젖 먹는 아이와 같이 이지러진 얼굴로/여름 뜰이여/너의 광대한 손[手]을 본다(「여름 뜰」)

굴뚝 불을 땔 때에, 연기가 밖으로 빠져나가도록 만든 구조물. 주로 철판, 토관, 벽돌 따위로 만든다. *백화가 만발한 언덕 저편에/부처의 心思 같은 굴뚝이 허옇고/그 위에서 내뿜는 연기는/얼핏 생각하면 우습기도 하다(「연기」)

굴러다니다 물건 따위가 일정한 자리에 있지 아니하고 데굴데굴 구르며 이리저리 왔다 갔다 하다.
　굴러다니는 *무수한 웃음과 벅찬 감격이여 소생하여라/거리에 굴러다니는 보잘것없는 설움이여/진시왕만큼은 강하지 않아도/나는 모든 사람의 고민을 아는 것 같다(「거리2」)

굴욕(屈辱) 남에게 억눌리어 업신여김을 받음. *아아 그리고 저 도봉산보다도/더 큰 증오도/굴욕도/계집애 종아리에만/눈이 가던 稚氣도/그밖의 무수한 잡동사니 잡념까지도/깨끗이 버리고/깨끗이 버리고(「檄文」) *너의 사랑은/38선 안에서 받은 모든 굴욕이/38선 밖에서 받은 모든 굴욕이/전혀 정당한 것이 아니라는 것을 알았고/너는 너의 모든 힘을 다해서 답쌔버릴 것이다(「65년의 새해」)

굵다 길쭉한 물체의 둘레나 너비가 넓다. 어떤 것의 부피가 크다. 글씨나 행동 등의 폭이 넓고 크다.
　굵은 *잊어버려야 할 그 눈초리를//굵은 밧줄 밑에 뒹구는/구렁이가 악몽이 될 수 있겠나요/무수한 공허 밑에 살찌는 공허보다/더 무서운 악몽이 있나요(「靈交日」) *아직도 얼굴의 윤곽이 뚜렷하지 않은/발목이 굵은 여자들이 많이 사는 나의 마을로/지구에서 지구로 나는 왔다(「X에서 Y로」)

굵다랗다 길쭉한 물건의 둘레가 꽤 크다. 어떤 것의 부피가 꽤 크다.
　굵다란 *조용한 시절은 돌아오지 않았다/그 대신 사랑이 생기었다/굵다란 사랑/누가 있어 나를 본다면은/이것은 확실히 우스운 이야깃거리이다(「愛情遲鈍」)

굽다¹ 불에 익히거나 타게 하다.
　굽는다 *겨울의 꿈 깨어진 유리의 제임스 띵/이제는 죽어서 불을 쬐인다/빠개진 난로에 발을 굽는다 시꺼먼 양말을 자꾸 비빈다(「제임스 띵」)

굽다² 휘다. 구부러지다.
　굽은 *우리집에도 어저께는 무씨를 뿌렸다/원활하게 굽은 산등성이를 바라보며/나는 지금 간밤의 쓰디쓴 후각과 청각과 미각과 統覺마저 잊어버리려고 한다(「여름 아침」)

궁리(窮理) 사물의 이치를 깊이 연구함. 마음 속으로 이리저리 따져 깊이 생각함 또는 그런 생각. *이렇게 돼서야 그만이지/어떻게든지 체면을 차려볼 궁리 좀 해야지[…]이렇게 돼서야 그만이지/어떻게든지 체면을 차려볼 궁리 좀 해야지[…]이렇게 돼서야 그만이지/어떻게든지 체면을 차려볼 궁리 좀 해야지//파자마 바람으로 주스를 마시면서/프레이저의 현대시론을 사전을 찾아가며 읽고 있으려니[…]어떻게든지 체면을 차려볼 궁리 좀 해야지(「파자마 바람으로」)

권리(權利) 권세와 이익. 어떤 일을 행하거나 타인에 대하여 당연히 요구할 수 있는 힘이나 자격. 공권, 사권, 사회권이 있음. *질책의 권리를 주면서 질책의 행동을 주지 않고/어떤 나라의 지폐보다도 신용은 있으나/신체가 너무 왜소한 까닭에 사람들의 눈에 띄지를 않는다(「백의」)

권말(卷末) 책의 맨 끝. 책의 마지막 권. *파자마 바람으로 체면도 차리고 돈도 벌자고/하다하다못해 번역업을 했더니/권말에 붙어나오는 역자 약력에는/한사코 ××대학 중퇴가 ××대학 졸업으로 誤植이 돼 나오니/이렇게 돼서야 그만이지/어떻게든지 체면을 차려볼 궁리 좀 해야지(「파자마 바람으로」)

권하다(勸—) 남에게 어떤 일을 하도록 부추기다.

권하였다 *나는 총에 맞는 새같이 가련하게도 당신의 집을 나와버렸다//그 아우는 물론 들어와서 쉬어가라고 미소를 띠우면서 권하였다(「말」(1958))

권한다 *그래도 추탕을 먹으면서 나보다도 더 땀을 흘리더라만/신문지로 얼굴을 씻으면서 나보고도/산보를 하라고 자꾸 권한다(「강가에서」)

궤도(軌道) 수레가 지나간 바퀴자국이 난 길. 일이 발생하는 정상적이며 본격적인 방향과 단계. 행성이나 인공위성 따위가 중력의 영향을 받아 다른 천체의 둘레를 돌면서 그리는 곡선의 길. *뒷걸음질치는 것은 憤激인가 조소인가 회한인가/무수한 궤도여//위안이 되지 않는 시를 쓰는 시인을 건져주기 전에/신이여/그 사나이의 눈초리를 보셨나요(「靈交日」)

귀 사람이나 동물의 머리 양옆에서 듣는 기능을 하는 감각기관. *토끼는 앞발이 길고/귀가 크고/눈이 붉고/또는 〈이태백이 놀던 달 속에서 방아를 찧고〉……/모두 재미있는 현상이지만(「토끼」) *땅에만 소음이 있는 줄만 알았더니/하늘에도 천둥이, 우리의 귀가/들을 수 없는 더 큰 천둥이 있는 줄/알았다 그것이 먼저 있는 줄 알았다(「여름 밤」) *익살스러울 만치 모든 질문이 없어지고/모든 사람에게 고해야 할 너무나 많은 말을 갖고 있지만/세상은 나의 말에 귀를 기울이지 않는다(「말」(1964)) *네가 던지는 조그마한 그림자가 무서워/벌벌 떨고 있는/나의 귀에다 너의 엷은 울음소리를 남기지 말아라(「도취의 피안」) *조용하고 늠름한 불빛 아래/가족들이 저마다 떠드는 소리도/귀에 거슬리지 않는 것은/내가 그들에게 숲靈을 맡긴 탓인가(「나의 가족」) *혁신당이 제일인 세상이 되면/혁신당에 붙으면 되지 않는가/귀에 걸면 귀걸이 코에 걸면 코걸이가/제2공화국 이후의 정치의 철칙이 아니라고 하는가(「만시지탄은 있지만」)

귀기울이다 남이 하는 말을 주의 깊게 잘 듣다.
귀기울이려 *구름 끝에 혀를 대는 잎사귀처럼/몸을 떨며/귀기울이려 할 때/그 무수한 말 중의 제일 첫마디는/「나는 졌노라……」(「말복」)

귀걸이 귀에 거는 물건. 장신구. *민주당이 제일인 세상에서는/민주당에 붙고/혁신당이 제일인 세상이 되면/혁신당에 붙으면 되지 않는가/귀에 걸면 귀걸이 코에 걸면 코걸이가/제2공화국 이후의 정치의 철칙이 아니라고 하는가(「만시지탄은 있지만」)

귀결(歸結) 어떤 결말이나 결과에 이름. 어떤 사태를 원인으로 하여 그 결과로 생기는 상태 또는 일정한 논리적 전제로부터 이끌어 내게 되는 결론. *나는 잠시 아름다운 統覺과 조화와 영원과 귀결을 찾지 않으려 한다//어둠 속에 본 것은 청춘이었는지 대지의 진동이었는지(「구슬픈 육체」) *나는 결코 그의 種子에 대하여/말하고 있는 것은 아니다/또한 설움의 귀결을 말하고자 하는 것도 아니다/오히려 설움이 없기 때문에 꽃은 피어나고(「꽃2」)

귀고리 '귓불'에 다는 장식품. ☞ 귀걸이. *새로운 목표는 이미 나타나고 있었다/죽음보다도 엄숙하게/귀고리보다도 더 가까운 곳에/종소리보다도 더 영롱하게[…]새로운 목표는 이미 나타나고 있었다/죽음보다도 엄숙하게/귀고리보다도 더 가까운 곳에/종소리보다도 더 영롱하게(「영롱한 목표」)

귀얄 풀이나 옻을 칠할 때에 쓰는 솔의 하나. 주로 돼지털이나 말총을 넓적하게 묶어 만듦. *새로 파논 우물전에서 도배를 하고 난 귀얄을 씻고 간 두붓집 아가씨에게/무어라고 수고의 인사를 해야 한다지(「사치」)

귀엽다 예쁘고 곱거나 또는 애교가 있어서 사랑스럽다.
귀여운 *웃음은 자기 자신이 만드는 것이라면 그것은 얼마나 서러운 것일까/푸른 목/귀여운 눈동자/진정 나는 기계주의적 판단을 잊고 시들어갑니다.(「웃음」) *눈을 뜨지 않은 땅속의 벌레같이/아둔하고 가난한 마음은 서둘지 말라/애타도록 마음에 서둘지 말라/절제여/나의 귀여운 아들이여/오오 나의 靈感이여(「봄 밤」)

귀중하다(貴重—) 매우 소중하다. 진중하다.
귀중한 *너무나 멀리 잊어버려 천상의 무슨 등대같이 까마득히 사라져버린 귀중한 생활들이여(「구슬픈 육체」)

귀찮다 마음에 들지 아니하고 괴롭거나 성가시다.

귀찮아서 *개가 여러 번 짖는 소리를 들었지만/나는 귀찮아서 나가지를 않았다/쥐보다 좀 큰 도적일 거라 아마/그 정도일 거라(「도적」)

귀추(歸趨) 일이 되어 가는 형편. *우주의 완성을 건 한 字의 생명의/귀추를 지연시키고/소녀가 무엇인지를/소녀는 나이를 초월한 것임을/너는 어린애가 아님을/너는 어른도 아님을(「꽃잎3」)

귀치않다 마음에 들지 아니하고 괴롭거나 성가시다. ☞ 귀찮다.

귀치않은 *자라나는 竹筍 모양으로/부탁만이 늘어간다//귀치않은 부탁을 하러 오는 사람들이/갖다 주는 것으로 연명을 하고 보니/거절할 수도 없는//캄캄한 사무실 한복판에서(「付託」)

귀하다(貴—) ①신분, 지위 따위가 높다. ②존중할 만하다. ③아주 보배롭고 소중하다.

귀한 *이조시대의 장안에 깔린 기왓장 수만큼/나는 많은 것을 버렸다/그리고 가장 피로할 때 가장 귀한/것을 버린다//흐린 날에는 연극은 없다(「적2」)

귓속이야기 귓속말. 귀엣말. 남의 귀에 대고 소곤거리는 말. *너무나 알기 쉬운 말로 아무도 듣지 못하게 당신의 뺨에다 대고 비로소 시작하는 귓속이야기지요(「조국에 돌아오신 傷病捕虜 동지들에게」)

귓전 귓바퀴의 가. 귀 가까이. *그리운 것은 내 귓전에 붙어 있는 보이지 않는 젤라틴紙—/나에게 남아 있는 유일한 재산처럼/외계의 소리를 여과하고 채색해서/숙제처럼 나를 괴롭히고 보호한다(「장시2」)

규율(規律) 질서나 제도를 유지하기 위하여 정하여 놓은, 행동의 준칙이 되는 본보기. 일정한 질서나 차례. *나비날개처럼 된 차잎은 아침이면/날개를 펴고 저녁이면 체조라도 하듯이/일제히 쉰다 쉬는 데에도 규율이 있고/탄력이 있다 9월 중순 차나무는 거의/내 키만큼 자라나고 노란 꽃도 이제는(「반달」)

규정하다(規定—) 어떤 일을 하나의 고정된 규칙으로 정하다.

규정하기 *자유의 정신의 아름다운 원형을/너는 또한 우리가 발견하고 규정하기 전에 가지고 있었으며/오늘에 네가 전하는 자유의 마지막 파편에/스스로 겸손의 침묵을 지켜가며 울고 있는 것이다(「헬리콥터」)

규정할 *폭포는 곧은 절벽을 무서운 기색도 없이 떨어진다//규정할 수 없는 물결이/무엇을 향하여 떨어진다는 의미도 없이/계절과 주야를 가리지 않고/고매한 정신처럼 쉴 사이 없이 떨어진다(「瀑布」)

규제(規制) 규칙이나 규정에 의하여 일정한 한도를 정하거나 정한 한도를 넘지 못하게 막음. *나는 지금 규제로 시를 쓰고 있다 타의의 규제/아슬아슬한 설사다(「설사의 알리바이」)

균형(均衡) 어느 한쪽으로 기울거나 치우치지 아니하고 고른 상태. *쇠꼭지보다도 허망한 생활이 균형을 잃을 때/酪酊한 정신이 명정을 찾듯이/너는 비로소 너를 찾고 웃어라(「지구의」)

그 ①말하는 이와 듣는 이가 아닌 사람을 가리키는 삼인칭 대명사. 앞에서 이미 이야기하였거나 듣는 이가 생각하고 있는 사람을 가리킨다. 주로 남자를 가리킬 때 씀. ②앞에서 이미 이야기하였거나 듣는 이가 생각하고 있는 대상을 가리키는 지시대명사. ③듣는 이에게 가까이 있거나 듣는 이가 생각하고 있는 대상을 가리킬 때 쓰는 말. ④앞에서 이미 이야기한 대상을 가리킬 때 쓰는 말. ⑤확실하지 아니하거나 밝히고 싶지 아니 한 일을 가리킬 때 쓰는 말. *작품 제목임(「그 방을 생각하며」) *오— 그와 같이 이 서적은 있다/그 책장은 번쩍이고/연해 나는 괴로움으로 어찌할 수 없이/를 깨물고 있네!(「가까이 할 수 없는 서적」) *그는 어미의 입에서 탄생과 동시에 타락을 선고받는 것이다//토끼는 앞발이 길고/귀가 크고/눈이 붉고/또는 〈이태백이 놀던 달 속에서 방아를 찧고〉……/모두 재미있는 현상이지만/그가 입에서 탄생되었다는 것은 또 한번 토끼를 생각하게 한다[…]그러나 그는 캥거루의 일족은 아니다/水牛나 生魚같이/음정을 맞추어 우는 법도/습득하지는 못하였다/그는 고개를 들고 서서 있어야 하였다/몽매와 연령이 언제 그에게/나타날는지 모르는 까닭에/잠시 그는 별과 또 하나의 것을 쳐다보고 있어야 하는 것이다(「토끼」) *내가 떳떳이 내다볼 수 없는 현실처럼/그의 눈은 깊이 파지어서/그래도 그것은/돌아가신 그날의 푸른 눈은 아니오/나의 飢餓처럼 그는 서서 나를 보고/나는 모오든 사람을 또한/나의 妻를 피하여/그의 얼굴을 숨어 보는 것이오/詠嘆이 아닌 그의 키와/저주가 아닌 나의 얼굴에서/오오 나는 그의 얼굴을 따라/왜 이리 조바심하는 것이오//조바심도 습관이 되고/그의 얼굴도 습관이 되며/나의 無理하는 生에서/그의 사진도 무리가 아닐 수 없이//그의 사진은 이 맑고 넓은 아침에서/또 하나 나의 팔이 될 수 없는 비참이오[…]나는 모든 사람을 피하여/그의 얼굴을 숨어 보는 버릇이 있소(「아버지의 사진」) ＊너도 나도 스스로 도는 힘을 위하여/공통된 그 무엇을 위하여 울어서는 아니 된다는 듯이/서서 돌고 있는 것인가/팽이가 돈다/팽이가 돈다(「달나라의 장난」) ＊조용한 시절은 돌아오지 않았다/그 대신 사랑이 생기었다/굵다란 사랑(「愛情遲鈍」) ＊그 넓은 등판으로 땅을 쓸어가면서/늬가 부르는 노래가 어디서 오는 것을/너보다는 내가 더 잘 알고 있는 것이다(「풍뎅이」) ＊그랬더니 그 친구가 빨리 38선을 향하여 가서/이북에 억류되고 있는 대한민국과 UN군의 포로들을 구하여내기 위하여/새로운 싸움을 하라고 합니다(「조국에 돌아오신 傷病捕虜 동지들에게」) ＊그 다음에는 나는 중앙선 어느 협곡에 있는 역에서 백여 리나 떨어진 광산촌에 두고 온 잃어버린 겨울 모자를 생각한다[…]거기다가 나의 부처님을 모신 법당 뒷산에 묻혀 있는 검은 바위같이 큰 머리에는 둘레가 작아서 맞지 않아 그 모자를 쓴 기분이란 쳇바퀴를 쓴 것처럼 딱딱하다(「시골 선물」) ＊나란히 옆으로 가로 세로 위로 아래로 놓여 있는 무수한 꽃송이와 그 그림자/그것을 그리려고 하는 나의 붓은 말할 수 없이 깊은 치욕[…]그러나 그 비애에 찬 선조도 하나가 아니기에/너는 다시 부끄러움과 躊躇를 품고 숨 가빠하는가(「九羅重花」) ＊또는 그의 그림자가 혹시나 떨어질까 보아 두려워하는 것도/나는 아무 것에도 취하여 살기를 싫어하기 때문이다(「도취의 피안」) ＊흐르는 시간 속에 이를테면 푸른 옷이 걸리고 그 위에/반짝이는 별같이 흰 단추가 달려있고(「방안에서 익어가는 설움」)

＊그러나 나는 그 으스러진 설움의 풍경마저 싫어진다(「거미」) ＊내가 그 향로와 같이 있을 때/살아있는 향로/소생하는 나/덧없는 나(「더러운 향로」) ＊그러나 그 속에서 부패하고 있는 것/―그것은 나의 앙상한 생명(「PLASTER」) ＊나비의 몸이야 제철이 가면 죽지만은/그의 몸에 붙은 고운 지분은/겨울의 어느 차디찬 등잔 밑에서 죽어 없어 지리라(「나비의 무덤」) ＊순결과 오점이 모두 그의 상징이 되려 할 때/신이여/당신의 책을 당신이 여시오(「서책」) ＊이것이 처음 탄생한 것은 물론 그 이전이지만/그래도 제트기나 카고보다는 늦게 나왔다/그렇지만 린드버그가 헬리콥터를 타고서/대서양을 횡단하지 않았기 때문에/우리는 지금 동양의 諷刺를 그의 機體 안에서 느끼고야 만다/비애의 수직선을 그리면서 날아가는 그의 설운 모양을/우리는 좁은 뜰 안에서뿐만 아니라(「헬리콥터」)

그건 '그것은'의 준말. ☞ 그것. ＊아니 그건 천장지가 아냐 (벽지지!)/천장지는 푸른 바탕에/아니 흰 바탕에/엇갈린 벽돌처럼 빌딩 창문처럼/바로 그런 무늬겠다/아냐 틀렸다/벽지가 아니라/아냐 틀렸다/그건 천장지가 아니라/벽지이겠다(「마케팅」) ＊H는 그전하곤 달라졌어/내가 K의 시 얘기를 했더니 욕을 했어/욕을 한 건 그것뿐이었어/그건 그의 인사였고달라지지 않은 것은 그것뿐/그밖에는 모두가 좀 달라졌어(「H」)

그걸 '그것을'의 준말. ☞ 그것. ＊아냐. 그때는 빌려드리려고 했어. 관용의 미덕―/그걸 할 수 있었어. 그것도 눈에 보였어. 엔카운터/속의 이오네스코까지도 희생할 수 있었어. 그게/무어란 말야. 나는 그 이전에 있었어. 내 몸. 빛나는/몸.(「엔카운터 誌」) ＊우리 동네엔 미대사관에서 쓰는 타이프 용지가 없다우/편지를 쓰려고 그걸 사오니까 밀용인찰지를 사왔드라우(「美濃印札紙」)

그것 듣는 이에게 가까이 있거나 듣는 이가 생각하고 있는 사물을 가리키는 지시 대명사, 또는 앞에서 이미 이야기한 대상을 가리키는 지시대명사. ＊나는 발산한 형상을 구하였으나/그것은 작전 같은 것이기에 어려웁다(「孔子의 생활난」) ＊웃음은 자기 자신이 만드는 것이라면 그것은 얼마나 서러운 것일까/푸른 목/귀여운 눈동자/진정 나는 기계주의적 판단을 잊고 시들어갑니다./마차를 타고 가는 사람이 좋지 않아요/웃고 있어요/그것은 그림/토막방 안에서 나는 우주를 잡을 듯이 날뛰고 있지요/고운 神이 이 자리에 있다면/나에게 무엇이라고 하겠나요(「웃음」) *그래도 그것은/돌아가신 그날의 푸른 눈은 아니오/나의 飢餓처럼 그는 서서 나를 보고/나는 모오든 사람을 또한/나의 妻를 피하여/그의 얼굴을 숨어 보는 것이오(「아버지의 사진」) *무지무지한 坑夫는 나에게 글을 가르쳤다/그것이 千字文이 되는지도 나는 모르고 있었다(「아침의 유혹」) *그것은 자유를 찾기 위해서의 여정이었다/가족과 애인과 그리고 또 하나 부실한 처를 버리고/포로수용소로 오려고 집을 버리고 나온 것이 아니라[…]「그것은 본 사람만이 아는 일이지요/누가 거제도 제61수용소에서 단기 4284년 3월 16일 오전 5시에 바로 철망 하나 둘 셋 네 겹을 隔하고 불 일어나듯이 솟아나는 제62적색수용소로 돌을 던지고 돌을 받으며 뛰어들어갔는가」[…]그것이 너무나 순진한 일이었기에 잠을 깨어 일어나서/나는 예수 크리스트가 되지 않았나 하는 신성한 錯感조차 느껴보는 것이었다[…]진정한 반항의 자유조차 없는 그들에게/마지막 부르고 갈/새 날을 향한 戰勝의 노래라고 부르고 싶어라!//그것은 자유를 위한 영원한 여정이었다(「조국에 돌아오신 傷病捕虜 동지들에게」) *그것은 갈색 낙타 모자/그리고 유행에서도 훨씬 뒤떨어진 서울의 화려한 거리에서는 도저히 쓰고 다니기 부끄러운 모자이다[…]그러나 나는 그것을 시골이라고 무관하게 생각하고 쓰고 간 것인데 결국은 잃어버리고 말았다/그것은 아까워서가 아니라(「시골 선물」) *나란히 옆으로 가로 세로 위로 아래로 놓여 있는 무수한 꽃송이와 그 그림자/그것을 그리려고 하는 나의 붓은 말할 수 없이 깊은 치욕//이것은 누구에게도 보이지 않을 글이기에[…](그것은 「골고다」의 언덕이 아닌/현대의 가시철망 옆에 피어 있는 꽃이기에)(「九羅重花」) *날짐승의 가는 발가락 사이에라도 잠겨있을 운명—/그것이 사람의 발자국 소리보다도/나에게 시간을 가르쳐주는 것이 나는 싫다(「도취의 피안」) *설움을 역류하는 야릇한 것만을 구태여 찾아서 헤매는 것은/우둔한 일인 줄 알면서/그것이 나의 생활이며 생명이며 정신이며 시대이며 밑바닥이라는 것을 믿었기 때문에—[…]가만히 앉아 있어도 자꾸 뻐근하여만 가는 목을 돌려/시간과 함께 비스듬히 내려다보는 것/그것은 혹시 한 자루의 부채—그러나 그것은 보일락 말락 나의 시야에서/멀어져가는 것—(「방안에서 익어가는 설움」) *누구 한 사람의 입김이 아니라/모든 가족의 입김이 합치어진 것/그것은 저 넓은 문창호의 수많은/틈 사이로 흘러들어오는 겨울바람보다도 나의 눈을 밝게 한다(「나의 가족」) *괴물이여//지금 枯渴 시인의 절정에 서서//이름도 모르는 뼈와 뼈/어디까지나 뒤틀그러져 나왔구나—그것을 내가 아는 가장 비참한 친구가 붙이고 간 명칭으로 나는 정리하고 있는가[…]—그것은 나의 앙상한 생명/PLASTER가 燃上하는 냄새가 이러할 것이다(「PLASTER」) *나는 자꾸 땅만 만지고 싶었는데/땅과 몸이 일체가 되기를 원하며 그것만을 힘삼고 있었는데/오히려 그러한 불굴의 의지에서 나오는 것인가(「구슬픈 육체」) *그들은 너무나 오랫동안 자기의 말을 잊고/남의 말을 하여 왔으며/그것도 간신히 떠듬는 목소리로밖에는 못해 왔기 때문이다/설움이 설움을 먹었던 시절이 있었다(「헬리콥터」) *그의 가치는/왼손으로 글을 쓰는 소녀만이 알고 있다/그것은 그의 둥근 호흡기가 언제나 왼쪽에 달려 있기 때문이다(「수난로」) *도회의 흑점—오늘은 그것을 운운할 날이 아니다/나는 오늘 세상에 처음 나온 사람모양으로 쾌활하다(「거리2」) *생각하면 그것은 둥근 옹이같이 어지러웁기만 한 일이지만/거기에는 초점이 없지도 않다(「기자의 정열」) *나의 표정에는 무엇이지 우스웁고 간지럽고 서먹하고 쓰디쓴 것마저 섞여 있다/그것은 둔한 머리에 움직이지 않는 사념일 것이다(「여름 뜰」) *이러한 그의 무리한 요청에 대하여 나는 하는 수 없이/〈그것은 나의 역량 이상의 것이므로 신세계극단의 연출자 S씨를 찾아가보라〉고/터무니없는 거짓말을 하여가지고 즉석에 거절하여 버렸다(「백의」) *그러나 오늘은 산보다도/   그것은 나의 육체의 융기[…] 그러나 오늘은 산보다도/   그것은 나의 육체의 융기//광야에 와서 어떻게 드러누울 줄을 알고 있는/나는 너무나도 악착스러운 몽상가[…]   그러나 오늘은 산보다도/그것은 나의 육체의 융기(「광야」) *시내 위에 떨어지는 빗방울을 보셨나요/그것보다도 흔적이 더 없는 내어버린 자아도//하하! 우주의 비밀을/아니/비밀은 비밀을 먹는 것인가요/하하하……(「靈交日」) *조그마한 세상의 지혜를 배운다는 것은/설운 일이다//그것은 내일이 되면 포탄이 되어서/휘황하게 날아가야 할 지혜이기 때문이다(「조그마한 세상의 지혜」) *그들은 말하자면 우리들의 곁에 있다//우리들의 戰線은 눈에 보이지 않는다/그것이 우리들의 싸움을 이다지도 어려운 것으로 만든다/우리들의 전선은뒹케르크도 노르망디도 연희고지도 아니다/우리들의 전선은 지도책 속에는 없다/그것은 우리들의 집안 안인 경우도 있고/우리들의 직장인 경우도 있고/우리들의 동리인 경우도 있지만……/보이지는 않는다(「하…… 그림자가 없다」) *글씨가 가다가 다 몹시 떨린 漢字가 있는데/그것은 물론 현정부가 그만큼 악독하고 반동적이고/가면을 쓰고 있기 때문이다(「중용에 대하여」) *모두 별안간에 가만히 있었다/씹었던 불고기를 문 채로 가만히 있었다/아니 그것은 불고기가 아니라 돌이었을지도 모른다/신은 곧잘 이런 장난을 잘한다(「나가타 겐지로」) *얇상한 잎/그것이 이슬을 마셨다고 어찌 신용하랴/나의 혼, 목욕을 중지한 시인의 혼을 마셨다고/炎天의 혼을 마셨다고 어찌 신용하랴(「등나무」) *너무 조용한 것도 병이다/너무 생각하는 것도 병이다/그것이 실개울의 물소리든/꿩이 푸다닥거리고 날아가는 소리든/하도 심심해서 정찰을 나온 꿀벌의 소리든/무슨 소리는 있어야겠다(「伏中」) *鄭炳──그놈은 내심과 정반대되는 행동만을/해왔고, 그것은 가족들을 먹여 살리기 위해서였다(「적」) *나는 이 우중충한 막걸리 탁상 위에서/경험과 역사를 너한테 배운다/무식한 것이 그것들이니까─/너에게서 취하는 전신의 영양/끊었던 술을 다시 마시면서 사랑의 복습을 하는 셈인가(「滿洲의 여자」)

*흰 원고지 뒤에 낙서를 하면서/그것이 그럴듯하게 생각돼서/소련을 내심으로도 입밖으로도 두둔했었다(「轉向記」) *갯벌에 고인 게으른 물이/벌레가 뜰 때마다 눈을 껌벅거리고/그것이 보기 싫어지기 전에/그것을 차단할/가까운 거리의 부엌문이 있고/아내는 집들이를 한다고/저녁 대신 뻘건 팥죽을 쑬 것이다(「이사」) *풀 속에서는 노란 꽃이 지고 바람 소리가 그릇 깨지는/소리보다 더 서걱거린다─우리는 그것을 영원의/소리라고 부른다//해는 청교도가 대륙 동부에 상륙한 날보다 밝다/우리의 재[灰], 우리의 서걱거리는 말이여/인생과 말의 간결─우리는 그것을 전투의/소리라고 부른다//미역국은 인생을 거꾸로 걷게 한다 그래도 우리는/삼십대보다는 약간 젊어졌다 육십이 넘으면 좀더/젊어질까 기관포나 뗏목처럼 인생도 인생의 부분도/통째 움직인다─우리는 그것을 貧窮의/소리라고 부른다[…]인생도 인생의 부분도 통째 움직인다─우리는 그것을/결혼의 소리라고 부른다(「미역국」) *내가 K의 시 얘기를 했더니 욕을 했어/욕을 한 건 그것뿐이었어/그건 그의 인사였고 달라지지 않은 것은 그것뿐/그밖에는 모두가 좀 달라졌어(「H」) *고민이 사라진 뒤에/이슬이 앉은 새봄의 낯익은 풀빛의 영상이/떠오르고 나서도/그것은 또 한참 시간이 필요했다/시계를 맞추기 전에/ 라디오의 時鐘이 나오기를 기다리는 것처럼/ 안타깝다(「풀의 영상」) *시간은 내 목숨야. 어제하고는 틀려졌어. 틀려/졌다는 것을 알았어. 틀려져야겠다는 것을 알/았어. 그것을 당신한테 알릴 필요가 있어. 그것/이 책보다 더 중요하다는 걸 모르지. 그것을/이제부터 당신에게 알리면서 살아야 겠어─그게(「엔카운터 誌」) *괴로운 설사가 끝나거든 입을 다물어라 누가/보았는가 무엇을 보았는가 일절 말하지 말아라/그것이 우리의 증명이다(「설사의 알리바이」) *그 일꾼이 우리집 마당에다 그놈을 팽개쳤다 그것을 그놈이 일이 끝나고 나서/가져갈 작정이었다 막걸리값으로 하려고/했는지 아침쌀을 팔려고 했는지 아마/그 정도일 거라 그것을 그놈이 가져/가기 전에 우리가 발견했다/이 횡재물이 지금 우리집 뜰 아래 광에/들어 있다(「도적」)

＊장막이여 이 돈은 원은 10월 말일이/기한이고/내 날짜로는 그것이 기한이고/38선의 날짜로는 8월 15일이 기한인데(「판문점의 감상」) ＊넓은 자리가 있었던 것을 자식한테/가르쳐 주지 않은 죄—그 죄에 그렇게/오랜 시간을 시달리면서도 그것을 몰랐다/VOGUE야 너의 세계에 스크린을 친 죄,/아이들의 눈을 막은 죄—그 죄의 앙갚음/VOGUE야(「VOGUE야」) ＊복사씨와 살구씨가/한번은 이렇게/사랑에 미쳐 날뛸 날이 올 거다!/그리고 그것은 아버지 같은 잘못된 시간의/그릇된 명상이 아닐 거다(「사랑의 변주곡」) ＊하늘에도 천둥이,/우리의 귀가/들을 수 없는 더 큰 천둥이 있는 줄/알았다 그것이 먼저 있는 줄 알았다(「여름밤」) ＊그리고 10.5는 몸서리치는 그것//이 몇 개의 판테온의 기둥 사이에/뒹굴고 있는 폐허의 돌조각들보다도/더 값없게 발길에 차이는 隣國의 음성/—물론 낭랑한 일본 말들이다(「라디오계」) ＊그것하고 하고 와서 첫번째로 여편네와/하던 날은 바로 그 이튿날 밤은/아니 바로 그 첫날 밤은 반시간도 넘어 했는데도/여편네가 만족하지 않는다(「性」) ＊저절로 이루어지는 것이 긴 것 가운데/있을 줄이야/그것을 찾아보지 않을 줄이야 찾아보지/않아도 있을 줄이야 긴 것 중에는/있을 줄이야 어련히 어련히 있을/줄이야 나도 모르게 있을 줄이야(「원효대사」)

그게 '그것이'의 준말. ☞ 그것. ＊그걸 할 수 있었어. 그것도 눈에 보였어. 엔카운터/속의 이오네스코까지도 희생할 수 있었어. 그게/무어란 말야. 나는 그 이전에 있었어. 내 몸. 빛나는/몸.[…]그것/이 책보다 더 중요하다는 걸 모르지. 그것을/이제부터 당신에게 알리면서 살아야겠어—그게(「엔카운터誌」)

그날 앞에서 이미 이야기한 날. ＊그러나 이렇게 써도 내가 반공산주의자가/아니 되기 위해서는 그날까지 이 엉성한/조악한 방송들이 어떻게 돼야 하고/어떻게 될 것이다(「라디오계」) ＊오히려 이와 같은 나의 경멸과 剛毅로 인하여/나는 그날부터 그를 진심으로 사랑하게 되었다(「백의」) ＊寒鴉가 와서/그날을 울더라/밤을 반이나 울더라/사람은 영영 잠귀를 잃었더라(「廟庭의 노래」) ＊그래도 그것은/돌아가신 그날의 푸른 눈은 아니오/나의 飢餓처럼 그는 서서 나를 보고(「아버지의 사진」) ＊또/내가 없는 그날의/그의 비밀을/탐지할 수도 있었다//그대로 나는 조금도/놀라지 않았다(「旅愁」) ＊오늘이 있듯이 그날이 있는/두 겹 절벽 가운데에서/오늘은 오늘을 담당하지 못하니/너의 가슴 위에서는/나 대신 값없는 낙엽이라도 울어줄 것이다(「나비의 무덤」)

그네 듣는 이에게 가까이 있거나 듣는 이가 생각하고 있는 사람들을 가리키는 삼인칭 대명사. 앞에서 이야기한 사람들을 가리키는 삼인칭 대명사. ＊어두운 도서관 깊은 방에서 육중한 백과사전을 농락하는 학자처럼/나는 그네들의 고민에 대하여만은 투철한 자신이 있다[…]그네, 마지막으로/돈을 버는 거리의 부인이여/잠시 눈살을 펴고/찌그러진 입술을 펴라[…]그네의 얼굴이 나의 눈앞에서/어린아이들이 가지고 노는 도르라미모양으로 세찬 바람에 매암을 돌기 전에[…]그리고 여인 중에도 가장 아름다운 그네여/돈을 버는 거리의 부인들의 어색한 모습이여(「거리2」)

그녀(一女) 앞에서 이미 이야기한 여자를 가리키는 삼인칭 대명사. ＊그녀가 새벽부터 부정기적으로/타온 순서대로/또 그 비참대로/값비싼 피아노가 값비싸게 울린다/돈이 울린다 돈이 울린다(「피아노」) ＊나는 이자벨 버드 비숍 여사와 연애하고 있다 그녀는/1893년에 조선을 처음 방문한 영국 왕립지학협회 회원이다/그녀는 인경전의 종소리가 울리면 장안의/남자들이 모조리 사라지고 갑자기 부녀자의 세계로/화하는 극적인 서울을 보았다 이 아름다운 시간에는(「거대한 뿌리」) ＊그녀는 도벽이 발견되었을 때 완성된다/그녀뿐이 아니라/나뿐이 아니라 賤役에 찌들린/나뿐만이 아니라/여편네뿐이 아니라 안달을 부리는/여편네뿐만이 아니라/우리들의 새끼들까지도/아무 것도 모르는 우리들의 새끼들까지도//그녀가 온 지 두 달 만에 우리들은 처음으로 완성되었다/처음으로 처음으로(「식모」)

그년 듣는 이에게 가까이 있거나 듣는 이가 생각하고 있는 여자를 비속하게 이르는 삼인칭 대명사. 앞에서 이미 이야기한 여자를 비속하게 이르는 삼인칭 대명사. ＊여편네가 만족하지 않는다/그년하고 하듯이 혓바닥이 떨어져 나가게/물어제끼지는 않았지만 그래도/어지간히 다부지게 해줬는데도/여편네가 만족하지 않는다(「性」)

그놈 듣는 이에게 가까이 있거나 듣는 이가 생각하고 있는 남자를 비속하게 이르는 삼인칭 대명사, 또는 앞에서 이미 이야기한 남자를 비속하게 이르는 삼인칭 대명사. '그것'을 속되게 이르는 말. *우선 그놈의 사진을 떼어서 밑씻개로 하자/그 지긋지긋한 놈의 사진을 떼어서/조용히 개굴창에 넣고/썩어진 어제와 결별하자/그놈의 동상이 선 곳에는/민주주의의 첫 기둥을 세우고/쓰러진 성스러운 학생들의 웅장한/기념탑을 세우자/아아 어서어서 썩어빠진 어제와 결별하자//이제야말로 아무 두려움 없이/그놈의 사진을 태워도 좋다/협잡과 아부와 무수한 악독의 상징인/지긋지긋한 그놈의 미소하는 사진을—/대한민국의 방방곡곡에 안 붙은 곳이 없는/그놈의 점잖은 얼굴의 사진을/동회란 동회에서 시청이란 시청에서/회사란 회사에서[…]너도 나도 누나도 언니도 어머니도/철수도 용식이도 미스터 강도 유중사도/강중령도 그놈의 속을 모르는 바는 아니었지만/무서워서 편리해서 살기 위해서/빨갱이라고 할까 보아 무서워서/돈을 벌기 위해서는 편리해서/가련한 목숨을 이어가기 위해서/신주처럼 모셔놓던 의젓한 얼굴의/그놈의 속을 창자 밑까지도 다 알고 있었으나/타성같이 습관같이/그저그저 쉬쉬하면서/할말도 다 못하고/기진맥진해서/그저그저 걸어만 두었던/흉악한 그놈의 사진을/오늘은 서슴지 않고 떼어놓아야 할 날이다//밑씻개로 하자/이번에는 우리가 의젓하게 그놈의 사진을 밑씻개로 하자/허허 웃으면서 밑씻개로 하자/껄껄 웃으면서 구공탄을 피우는 불쏘시개라도 하자/강아지장에 깐 짚이 젖었거든/그놈의 사진을 깔아주기로 하자[…]아아 그놈의 사진을 떼어 없애야 한다//우선 가까운 곳에서부터/차례차례로/다소곳이/조용하게/미소를 띠우면서//영숙아 기환아 천석아 준이야 만용아/프레지던트 김 미스 리/정순이 박군 정식이/그놈의 사진일랑 소리없이 떼어 치우고//우선 가까운 곳에서부터/차례차례로/다소곳이/조용하게/미소를 띠우면서/극악무도한 소름이 더덕더덕 끼치는/그놈의 사진일랑 소리없이/떼어 치우고—(「우선 그놈의 사진을 떼어서 밑씻개로 하자」) *불쌍한 것은 이래저래 그대들뿐이다/그놈들이 배불리 먹고 있을 때도/고생한 것은 그대들이고/그놈들이 망하고 난 후에도 진짜 곯고 있는 것은/그대들인데/불쌍한 그대들은 천국이 온다고 바라고 있다//그놈들은 털끝만치도 다치지 않고 있다/보라 항간에 금값이 오르고 있는 것을/그놈들은 털끝만치도 다치지 않으려고/버둥거리고 있다(「육법전서와 혁명」) *오냐 그놈들을 물에다 거꾸로 박아놓아라(「나는 아리조나 카보이야」) *더운 날/눈이 꺼지듯 적이 꺼진다//金海東—그놈은 항상 약삭빠른 놈이지만 언제나/부하를 사랑했다/鄭炳一—그놈은 내심과 정반대되는 행동만을/해왔고, 그것은 가족들을 먹여살리기 위해서였다(「적」) *내가 그놈들에게/언권을 줄 리가 없다//한 놈은 가죽 방한모에 빨간 마후라였지만(「제임스 띵」) *돈에 치를 떠는 여편네도 도적이 들어왔다는/말에는 놀라지 않는다/그놈은 우리집 광에 있는 철사를 노리고 있다/싯가 700원가량의 새 철사뭉치는 우리집의/양심의 가책이다[…]그 일꾼이 우리집 마당에다 그놈을 팽개/쳤다 그것을 그놈이 일이 끝나고 나서/가져갈 작정이었다 막걸리값으로 하려고/했는지 아침쌀을 팔려고 했는지 아마/그 정도일 거라 그것을 그놈이 가져/가기 전에 우리가 발견했다/이 횡재물이 지금 우리집 뜰 아래 광에/들어 있다(「도적」)

그늘 음영(陰影). 의지할 만한 대상의 보호나 혜택. *이러한 것들이 나를 속이는가/어두운 그늘 밑에 드나드는 쥐새끼들//마음을 쉰다는 것이 남에게도 나에게도/속임을 받는 일이라는 것을(「휴식」) *네 머리는 네 팔은 네 현재는/먼지에 싸여 있다 구름에 싸여 있고/그늘에 싸여 있고 산에 싸여 있고/구멍에 싸여 있고//돌에 쇠에 구리에 넝마에 삭아/삭은 그늘에 또 삭아 부스러져/거미줄이 쳐지고 망각이 들어앉고/들어왔다 튀어나오고[…]돈의 꿈이 길어지고 짧아지고 타락의/길이도 표준이 없어지고 먼지가 다시 생기고/갱이 생기고 그늘이 생기고 돌이 쇠가/구리가 먼지가 생기고

(「먼지」)

그대 듣는 이가 친구나 아랫사람인 경우, 그 사람을 높여 이르는 이인칭 대명사, 또는 주로 글에서 상대편을 친근하게 이르는 이인칭 대명사. * 그것은 자유를 위한 영원한 여정이었다./나직이 부를 수도 소리높이 부를 수도 있는 그대들만의 노래를 위하여/마지막에는 울음으로밖에 변할 수 없는/숭고한 희생이여!//나의 노래가 거치럽게 되는 것을 욕하지 마라!/지금 이 땅에는 온갖 형태의 희생이 있거니/나의 노래가 없어진들/누가 나라와 민족과 청춘과/그리고 그대들의 영령을 위하여 잊어버릴 것인가!//자유의 길을 잊어버릴 것인가!(「조국에 돌아오신 傷病捕虜 동지들에게」) * 모독당한 과거일까/약탈된 소유권일까/그대들 어린 학도들과 나 사이에 놓여 있는/연령의 넘지 못할 차이일까……(「국립도서관」) * 벗이여/그대의 말을 고개 숙이고 듣는 것이/그대는 마음에 들지 않겠지/마음에 들지 않아라//모두 다 마음에 들지 않아라/이 황혼도 저 돌벽 아래 잡초도/담장의 푸른 페인트빛도/저 고요함도 이 고요함도//그대의 정의도 우리들의 섬세도/행동이 죽음에서 나오는/이 욕된 교외에서는/어제도 오늘도 내일도 마음에 들지 않아라//그대는 반짝거리면서 하늘 아래에서/간간이 자유를 말하는데/우스워라 나의 靈은 죽어 있는 것이 아니냐(「死靈」) * 혁명이란/방법부터가 혁명적이어야 할 터인데/이게 도대체 무슨 개수작이냐/불쌍한 백성들아/불쌍한 것은 그대들뿐이다/천국이 온다고 바라고 있는 그대들뿐이다[…]불쌍한 것은 이래저래 그대들뿐이다/그놈들이 배불리 먹고 있을 때도/고생한 것은 그대들이고/그놈들이 망하고 난 후에도 진짜 곯고 있는 것은/그대들인데/불쌍한 그대들은 천국이 온다고 바라고 있다[…]달걀값은 여전히 영하28환인데//이래도/그대들은 유구한 公序良俗 정신으로/위정자가 다 잘해 줄 줄 알고만 있다(「육법전서와 혁명」) * 요 시인/용감한 착오야/그대의 저항은 無用/저항시는 더욱 무용/막대한/방해로소이다(「눈」(1961)) * 선이 아닌 모든 것은 악이다 신의 地帶에는/중립이 없다/아내여 화해하자 그대가 흘리는 피에 나도/참가하게 해다오 그러기 위해서만/이혼을 취소하자(「이혼취소」) * 그대의 길은 잘못된 길이다[…]그대는 선물로 나에게 펼쳐 보이지만/그대가 준 손수건의 암시처럼/불길한 눈물을 흘리게 했지만[…]그대가 봉변을 당한 식인종의 나라에도/그대가 납치를 당할 뻔한 공산국가에도/보이도록//지옥의 시를 쓰고 난 뒤에/그대의 출발이 잘못된 출발이었다고/알려주려고/모든 세계일주가 잘못된 출발이라고/알려주려고—(「세계일주」) * 텔레비 속의 텔레비에 취한/아아 원효여 이제 그대는 낡지/않았다 타동적으로 자동적으로/낡지 않았고(「원효대사」)

그대로 변함없이 그 모양으로. 그것과 똑같이. * 내가 만일 포로가 아니 되고 그대로 거기서 죽어버렸어도/아마 나의 영혼은 부지런히 일어나서 고생하고 돌아오는/대한민국 상병포로와 UN 상병포로들에게 한마디 말을 하였을 것이다(「조국에 돌아오신 傷病捕虜 동지들에게」) * 나이를 물어보기에 마흔여덟이라고 하니 그대로 곧이듣는다.//아침에 일어나서 나는 완전히/기진맥진하였다/눈알에 백태가 앉은 사람같이/보이는 것이 모두 몽롱하다(「미숙한 도적」) * 내가 없는 그날의/그의 비밀을/탐지할 수도 있었다//그대로 나는 조금도/놀라지 않았다/(그러기에는 나는 너무나/지쳤는지도 모른다)(「旅愁」)

그동안 앞에서 이미 이야기한 만큼의 시간적 길이 또는 다시 만나거나 연락하기 이전의 일정한 기간 동안. * 여행이 나를/놀래일 수 없었던 것과 같이/나는 집에 와서도/그동안의 부재에도/놀라서는 안 된다(「旅愁」) * 범인의 것이 되어 있었고//그동안에도/그뒤에도 나의 시는 영원한 미완성이고(「절망」(1962))

그들 '그'의 복수 대명사. ☞ 그. * 먼 時間을 두고 물속을 흘러온 흰 모래처럼 그들은 온다/U·N 위원단이 매일 오는 것이다(「아침의 유혹」) * 나는 그들이 어떻게 용감하게 싸웠느냐 것에 대한 대변인이 아니다[…]나는 그들의 용감성과 또 그들의 어마어마한 戰果에 대하여 말하는 것이 아니라/그들이 싸워온 독특한 위치와 세계사적 가치를 말하는 것입니다」[…]진정한 반항의 자유조차 없는 그들에게/마지막 부르고 갈/새 날을 향한 戰勝의 노래라고 부르고 싶어라!(「조국에 돌아오신 傷病捕虜 동지들에게」) *저기 나의 맞은편 의자에 앉아 먹고 떠들고 웃고 있는 여자와 젊은 학생을 내가 시골을 여행하기 전에 그들을 보았더라면 대하였으리 감정과는 다른 각도와 높이에서 보게 되는 나는 내 자신의 감정이 보다 더 거만하여지고 순화되어진 탓이라고는 생각하지 않는다(「시골 선물」) *가족들이 저마다 떠드는 소리도/귀에 거슬리지 않는 것은/내가 그들에게 숲靈을 맡긴 탓인가(「나의 가족」) *또한 이것을 보고 놀라지 않는 것도 설움을 아는 사람일 것이다/그들은 너무나 오랫동안 자기의 말을 잊고/남의 말을 하여 왔으며(「헬리콥터」) *축소와 확대의 중간에 선 그들의 얼굴/강력과 기도가 일체가 되는 거리에서/너는 비로소 겸허를 배운다(「예지」) *나는 謀利輩들한테서/언어의 단련을 받는다/그들은 나의 팔을 지배하고 나의/밥을 지배하고 나의 욕심을 지배한다//그래서 나는 우둔한 그들을 사랑한다/나는 그들을 생각하면서 하이데거를/읽고 또 그들을 사랑한다/생활과 언어가 이렇게까지 나에게/밀접해진 일은 없다//언어는 원래 유치한 것이다/나도 그렇게 유치하게 되었다/그러니까 내가 그들을 사랑하지 않을 수가 없다/아아 모리배여 모리배여/나의 화신이여(「모리배」) *그들은 조금도 사나운 악한이 아니다/그들은 선량하기까지도 하다/그들은 민주주의자를 가장하고/자기들이 양민이라고도 하고/자기들이 선량이라고도 하고[…]서울에도 있고 산보도 하고/영화관에도 가고/애교도 있다/그들은 말하자면 우리들의 곁에 있다(「하…… 그림자가 없다」) *새가 아직 모여들 시간이 못 된 늙은 포플러나무며/소리 없이 나를 괴롭히는/그들은 신의 고문인가(「장시2」) *그들이 돌아오는 길에 주막거리에서 쉬는 10분 동안의/지루한 정차를 생각하게 하고/그 주막거리의 이름이 말죽거리라는 것까지도/무료하게 생각하게 하고//奇蹟을 기적으로 울리게 한다/죽은 기적을 산 기적으로 울리게 한다(「참음은」) *「선생님 이야기는 20년 전 이야기이지요」할 때마다 나는 그들의 나이를 찬찬히/소급해 가면서 새로운 여유를 느낀다/새로운 역사라고 해도 좋다(「현대식 교량」) *그러니까 그들이 요구하는 것은 신문값이 아니다/또 내가 주어야 할 것도 신문값만이 아니다(「제임스 띵」) *속도가 속도를 반성하지 않는 것처럼/졸렬과 수치가 그들 자신을 반성하지 않는 것처럼/바람은 딴 데에서 오고/구원은 예기치 않은 순간에 오고/절망은 끝까지 그 자신을 반성하지 않는다(「절망」(1965)) *그때는 인국 방송이 들리지 않아서/그들의 달콤한 억양이 금덩어리 같았다/그 금덩어리 같던 소리를 지금은 안 듣는다/참 이상하다(「라디오 계」)

그때 앞에서 이미 이야기한 시간상의 어떤 점이나 부분. *그러나 〈그때는 그때이고 지금은 지금〉이라고/구태여 달관하고 있는 지금의 내 마음에/샘솟아 나오려는 이 설움은 무엇인가(「국립도서관」) *종교의 획득은 종교를 잃었을 때부터 시작되었고/나는 그때부터 차차 늙어가는 탈을 썼다(「반주곡」) *담배마저 안 피우는/날이 올지도 모른다/그때에는/성급해지면 아무 데나 재를 떠는/이 우주의 폭력마저/없어질지도 모른다(「이놈이 무엇이지?」) *그때 너는 한 살이었다/그때 너는 한 살이었다/그때도 너는 기적이었다//그때 너는 여섯 살이었다/그때 너는 여섯 살이었다/그때도 너는 기적이었다//그때 너는 열여섯 살이었다/그때 너는 열여섯 살이었다/그때도 너는 기적이었다/너의 의지는 싹트기 시작했다/너의 의지는/학교 안에서 배운 모든 것이/학교 밖에서 본 모든 것이/반드시 정말이 아니라는 것을 알았고/너의 어린 의사를 발표할 줄 알았다/우리는 너를 보고 깜짝 놀랐다//그때 너는 열일곱 살이었다/그때 너는 열일곱 살이었다/그때도 너는 기적이었다(「65년의 새해」) *유부우동 먹고 있는 것을 보다가 생각한 것/아냐. 그때는 빌려드리려고 했어. 관용의 미덕—/그걸 할 수 있었어. 그것도 눈에 보였어. 엔카운터/속의 이오네스코까지도 희생할 수 있었어. 그게/무어란 말야. 나는 그 이전에 있었어. 내 몸. 빛나는/몸.[…]식모아이한테 주었지. 그때까지도 의심하지 않았어./책을 빌려드리겠다고. 나의 모든 프라이드를/재산을 연장을 내드리겠다고.(「엔카운터 誌」) *지금같이 HIFI가 나오지 않았을 때/비참한 일들이 라디오 소리보다도 더 발광을 쳤을 때/그때는 인국 방송이 들리지 않아서/그들의 달콤한 억양이 금덩어리 같았다[…]지금은 너무나 또렷한 입체음을 통해서/들어오는 이북 방송이 불온 방송이/아니 되는 날이 오면/그때는 지금 일본말 방송을 안 듣듯이/나도 모르는 사이에 아무 미련도 없이/희한도 없이 안 듣게 되는 날이 올 것이다……(「라디오 계」)

그람(Gramme, ZAnobe ThAophile)

그람

1826~1901. 벨기에의 전기학자. 1872년에 최초로 실용적인 공업용 발전기를 만들었으며 여러 가지 직류·교류 발전기를 고안하였다. ✱구차한 문밖 선비가 벽장문 옆에다/카잘스, 그람, 슈바이처, 엡스타인의 사진을 붙이고 있는 이유,/모르지?(「모르지?」)

그래

긍정하는 뜻으로 대답할 때 쓰는 말. 상대편의 말에 대한 감탄이나 가벼운 놀라움을 나타낼 때 쓰는 말. ✱나는 秋收하고 돌아오는 伯父를 기다렸다/그래 도무지 모—두가 미칠 것만 같았다/무지무지한 坑夫는 나에게 글을 가르쳤다(「아침의 유혹」) ✱하…… 그렇다……/하…… 그렇지……/아암 그렇구말구…… 그렇지 그래……/응응…… 응…… 뭐?/아 그래…… 그래 그래.(「하…… 그림자가 없다」) ✱죄수들의 말이/배고픈 것보다도/잠 못 자는 것이/더 어렵다고 해서/그래 그러나[…]그래 그러나//시 같은 것/시 같은 것/써보려고 그러나/⟨4·19⟩ 시 같은 것/써보려고 그러나(「⟨4·19⟩시」) ✱바다의 물결 작년의 나무의 체취/그래 우리 이 盛夏에/온갖 나무의 추억과/물의 체취라도/다해서/어린 놈 너야/죽음이 오더라도/이제 성을 내지 않는 법을 배워주마(「여편네의 방에 와서」) ✱거기에는 냉방장치가 없어요. 장소는 200명가량/수용될지 모르지만요. 절망의 연료가 모자/란다구요. 그래요! 반도호텔 같은 데라야/미국놈들한테서 입장료를 받을 수 있지요.[…]그래요. 아아, 그렇군요./세에, 그러실 겁니다. 아뇨. 아아, 그렇군요.(「전화 이야기」)

그래도

'그리하여도', '그러하여도'의 준말.

✱내가 떳떳이 내다볼 수 없는 현실처럼/그의 눈은 깊이 파지어서/그래도 그것은/돌아가신 그날의 푸른 눈은 아니오(「아버지의 사진」) ✱제각각 자기 생각에 빠져 있으면서/그래도 조금이나 부자연한 곳이 없는/이 가족의 조화와 통일을/나는 무엇이라고 불러야 할 것이냐(「나의 가족」) ✱이것이 처음 탄생한 것은 물론 그 이전이지만/그래도 제트기나 카고보다는 늦게 나왔다(「헬리콥터」) ✱어느 매춘부의 생활같이/다소곳한 분위기 안에서/오늘이 봄인지도 모르고/그래도 날개 돋친 마음을 위하여/너와 같이 걸어간다/흐린 봄철 어느 오후의 무거운 日氣처럼/그만한 우울이 또한 필요하다/세상을 속지 않고 걸어가기 위하여/나는 담배를 끄고/누구에게든지 신경질을 피우고 싶다(「바뀌어진 지평선」) ✱낭만적 위대성을 잊어버린 지 오랜 네가 인류를 위하여 산다는 것도 거짓말에 가까운 것이지만/그래도 누가 읽어줄지 모르는 신문 한구석에 너의 피가 어리어 있는 것이 반가워서 보고 있는 것인가(「기자의 정열」) ✱整理는/전란에 시달린 20세기 시인들이 하여놓은 일/그래도 나무는 자라고 있다 영혼은(「서시」) ✱여보/비는 움직임을 制하는 결의/움직이는 휴식//여보/그래도 무엇인가가 보이지 않느냐/그래서 비가 오고 있는데!(「비」) ✱가을이 오기 전에는/내 팔은 좀체로 제대로 길이를 갖지 못하고//그래도 햇빛을 가리킨다(「말복」) ✱거리에서는 고개/숙이고 걸음 걷고//집에 가면 말도/나지막한 소리로 걸어//그래도 정 허튼소리가/필요하거든//나는 대한민국에서는/제일이지만/이북에 가면야/꼬래비지요(「허튼소리」) ✱수챗가에 얼어빠진/수세미모양/그 대신 머리는/온통 비어/움직이지 않는다지/그래도 좋아/그래도 좋아//대구에서/대구에서/쌀난리가/났지 않아/이만 하면 아직도/혁명은/살아 있는 셈이지(「쌀난리」) ✱그러니 아직도 늦지 않지 않았느냐고 한다/그래도 추탕을 먹으면서 나보다도 더 땀을 흘리더라만/신문지로 얼굴을 씻으면서 나보고도/산보를 하라고 자꾸 권한다(「강가에서」) ✱미역국은 인생을 거꾸로 걸게 한다 그래도 우리는/삼십대보다는 약간 젊어졌다 육십이 넘으면 좀더/젊어질까(「미역

국」) *시험공부를 하느라고 밤을 새는 큰아이놈의/말이다 필시 그럴 거라//그래도 여편네는 답을 고치지 않는다/내가 고치라고 조르니까 더 안 고치는지도 모른다(「도적」) *위태로운 일이라고 落盤의 신호를/올릴 수도 없고 찻잔에 부딪치는/차숟가락만한 쇳소리도 안 들리고//惰眠의 축적으로 우리 몸은 자라고/그래도 행동이 마지막 의미를 갖고/네가 씹는 음식에 내가 증오하지 않음이/내가 겨우 살아 있는 표시라(「먼지」) *그년하고 하듯이 혓바닥이 떨어져 나가게/물어제끼지는 않았지만 그래도/어지간히 다부지게 해줬는데도/여편네가 만족하지 않는다(「性」)

그래서 앞의 내용이 뒤의 내용의 원인이나 근거, 조건 따위가 될 때 쓰는 접속 부사. '그리하여서'의 준말. *그는 인간의 비극을 안다//그래서 그는 낮에도 밤에도/어둠을 지니고 있으면서/어둠과는 타협하는 법이 없다(「수난로」) *두려운 세상과 같이 배를 대고 있는/너의 대담성—그래서 나는 구태여 너에게로 더 한걸음 바싹 다가서서/그리움도 잊어버리고 웃는 것이다(「너는 언제부터 세상과 배를 대고 서기 시작했느냐」) *움직이는 휴식//여보/그래도 무엇인가가 보이지 않느냐/그래서 비가 오고 있는데!(「비」) *그들은 나의 팔을 지배하고 나의/밥을 지배하고 나의 욕심을 지배한다//그래서 나는 우둔한 그들을 사랑한다(「모리배」) *그전에 돌아간 아버지의 진혼가가 우스꽝스러웠던 것을 생각하고/그래서 나는 그 사진을 10년 만에 곰곰이 正視하면서/이내 거북해서 너의 방을 뛰쳐나오고 말았다(「누이야 장하고나!」) *자리에서 일어나는 것까지 문을 여는 것까지 알고/방어작전을 써. 그래서 안방으로 다시 오고, 내가/있던 기침소리가 가정교사에게 들리는 방은 도로/식모아이한테 주었지. 그때까지도 의심하지 않았어.(「엔카운터 誌」) *그 사람도 거짓말의 총알의 까맣고 빨간 흔적을 가진 사람이라고—/그래서 우리의 혼란을 승화시켜 보자/그러나 그러나 그러나(「거짓말의 여운 속에서」)

그래야 '그리하여야', 또는 '그러하여야'의 준말. *이 문제가 해결/되기까지 기다려봐. 지금은 안 빌려주기로 하고/있는 시간야. 그래야 시간을 알겠어. 나는 지금 시간/과 싸우고 있는 거야(「엔카운터 誌」)

그러나 앞의 내용과 뒤의 내용이 상반될 때 쓰는 접속 부사. '그리하나'의 준말. *누가 서 있는 게 아니라/토끼가 서서 있어야 하였다/그러나 그는 캥거루의 일족이 아니다/水牛나 生魚같이/음정을 맞추어 우는 법도/습득하지는 못하였다(「토끼」) *「자유가 항상 싸늘한 것이라면 나는 당신과 더 이야기하지 않겠어요/그러나 이것은 살아 있는 포로의 애원이 아니라/이미 대한민국의 하늘을 가슴으로 등으로 쓸고 나가는/저 조그만 비행기같이 연기도 여운도 없이 살아진 몇몇 포로들의 영령이/너무나 알기 쉬운 말로 아무도 듣지 못하게 당신의 뺨에다 대고 비로소 시작하는 귓속이야기지요」[…]「그러나 천당이 있다면 모두 다 거기서 만나고 있을 것입니다/억울하게 넘어진 반공포로들이/다 같은 대한민국의 이북 반공포로와 거제도 반공포로들이/무궁화의 노래를 부를 것입니다」(「조국에 돌아오신 傷病捕虜 동지들에게」) *그러나 나는 그것을 시골이라고 무관하게 생각하고 쓰고 간 것인데 결국은 잃어버리고 말았다(「시골 선물」) *늬가 끓을 수 있는 것은 오직 생사의 線條뿐/그러나 그 비애에 찬 선조도 하나가 아니기에/너는 다시 부끄러움과 躊躇를 품고 숨 가빠하는가(「九羅重花」) *그것이 나의 생활이며 생명이며 정신이며 시대이며 밑바닥이라는 것을 믿었기 때문에—/아아 그러나 지금 이 방안에는/오직 시간만이 있지 않으냐[…]그것은 혹시 한 자루의 부채—그러나 그것은 보일락 말락 나의 시야에서/멀어져가는 것—(「방안에서 익어가는 설움」) *내가 으스러지게 설움에 몸을 태우는 것은 내가 바라는 것이 있기 때문이다.//그러나 나는 그 으스러진 설움의 풍경마저 싫어진다(「거미」) *비 대신 황사가 퍼붓는 하늘 아래/누가 지어논 무덤이냐/그러나 그 속에서 부패하고 있는 것—그것은 나의 앙상한 생명/PLASTER가 燃上하는 냄새가 이러할 것이다(「PLASTER」) *그의 몸에 붙은 고운 지분은/겨울의 어느 차디찬 등잔 밑에서 죽어 없어지리라/그러나/고독한 사람의 죽음은 이러하지는 않다(「나비의 무덤」) *그의 가치는/원

그러나

손으로 글을 쓰는 소녀만이 알고 있다/그것은 그의 둥근 호흡기가 언제나 왼쪽에 달려 있기 때문이다//그러나 어디를 가보나/그의 머리 위에 반드시 窓이 달려 있는 것은/죄악이 아니 겠느냐(「수난로」) *일은 나를 부르는 듯이/내가 일 위에 앉아 있는 듯이/그러나 필경 내가 일을 끌고 가는 것이다/일을 끌고 가는 것은 나다(「거리1」) *너와 나 사이에 세상이 있었 는지/세상과 나 사이에 네가 있었는지/너무 밝아서 나는 웃음이 나온다//그러나 결코 너를 격하고 있는 세상에게 웃는 것은 아니리[…]음탕할 만치 잘 보이는 유리창/그러나 나는 너를 통하여 아무것도/보지 않고 있는지도 모른다(「너는 언제부터 세상과 배를 대고 서기 시작 했느냐」) *나는 그 우열을 따지고 싶지는 않다/그러나〈그때는 그때이고 지금은 지금〉이라고/구태여 달관하고 있는 지금의 내 마음에/샘솟아 나오려는 이 설움은 무엇인가(「국립도서관」) *그리고 너절한 대중잡지/타락한 오늘을 위하여서는/내가〈오늘〉보다 더 깊이 떨어져야 할 것이다//그러나 사람들이 웃을까 보아/나는 적당히 넥타이를 고쳐 매고 앉아 있다/뮤즈여(「바뀌어진 지평선」) *거기에는 초점이 없지도 않다/그러나 이 초점을 바라고 보는 것이 아니다/낭만적 위대성을 잊어버린 지 오랜 네가 인류를 위하여 산다는 것도 거짓말에 가까운 것이지만(「기자의 정열」) *여름 뜰을 흘겨보지 않을 것이다/여름 뜰을 밟아서도 아니 될 것이다/묵연히 묵연히/그러나 속지 않고 보고 있을 것이다(「여름 뜰」) *오히려 이와 같은 나의 경멸과 剛毅로 인하여/나는 그 날부터 그를 진심으로 사랑하게 되었다/그러나 바로 어저께 내가 오랜간만에 거리에 나가니/나의 친구들은 모조리 나를 회피하는 눈치이었다(「백의」) *소리없이 기고 소리없이 날으다가/되돌아오고 되돌아가는 무수한 하루살이—그러나 나의 머리 위의 천장에서는 너의 소리가 들린다—하루살이의 反覆이여(「하루살이」) *그러나 오늘은 산 보다 도/그것은 나의 육체의 융기[…]우리들은 다 같이 산등성이를 내려가는 사람들/그러나 오늘은 산보다도/ 그것은 나의 육체의 융기[…] 그러나 오늘은 산 보다도/그것은 나의 육체의 융기(「광야」) *塵芥와 분뇨를 꽃으로 마구 바꿀 수 있는 나날/그러나 심연보다도 더 무서운 자기 상실에 꽃을 피우는 것은 신이고(「꽃」) *현대의 종교는〈출발〉에서 죽는 榮譽/그 누구의 시처럼// 그러나 여보   비오는 날의 마음의 그림자를/사랑하라   너의 벽에 비치는 너의 머리를/사랑하라/비가 오고 있다/움직이는 비애여/결의하는 비애/변혁하는 비애……/현대의 자살/그러나 오늘은 비가 너 대신 움직이고 있다(「비」) *뒤집어진 세상의 저쪽에서는/나는 비틀거리지도 않고 타락도 안했으리라//그러나 이 눈망울을 휘덮는 싯퍼런 작열의 의미가 밝혀지기까지는/나는 여기에 있겠다(「冬麥」) *그러나 오늘은 말복도 다 아니 갔으며/밤에는 물고기가 물 밖으로/달빛을 때리러 나온다// 영원한 한숨이여(「말복」) *우리들의 싸움의 모습은 초토작전이나/「건 힐의 혈투」모양으로 활발하지도 않고 보기 좋은 것도 아니다/그러나 우리들은 언제나 싸우고 있다(「하……그림자가 없다」) *다치지 않고 깎이지 않고 물리지 않고 더럽히지 않게//그러나 정글보다도 더 험하고/소용돌이보다도 더 어지럽고 해저보다도 더 깊게/아직까지도 부패와 부정과 살인자와 강도가 남아 있는 사회(「기도」) *그러나 나는 오늘 아침의 때문은 혁명을 위해서/어차피 한마디 할 말이 있다/이것을 나는 나의 일기첩에서/찾을 수밖에 없었다(「중용에 대하여」) *어둠 속에서도 불빛 속에서도 변치 않는/사랑을 배웠다 너로 해서//그러나 너의 얼굴은/어둠에서 불빛으로 넘어가는/그 찰나에 꺼졌다 살아났다 너의 얼굴은 그만큼 불안하다(「사랑」) *죄수들의 말이/배고픈 것보다도/잠 못 자는 것이/더 어렵다고 해서/그래 그러나/배고픈 사람이/하도 많아 그러나/시 같은 것/시 같은 것/안 쓰려고 그러나/더구나/《4·19》시 같은 것/안 쓰려고 그러나/껌벅껌벅/두 눈을/감아가면서/아주/금방 곯아떨어질 것/같은데/밥보다도/더 소중한/잠이 안 오네/달콤한/달콤한/잠이 안 오네/보스토크가/돌아와 그러나/세계정부 理想이/따분해 그러나/이 나라/백성들이/너무 지쳐 그러나/별안간/빛 갚을 것/생각나 그러나/여편네가/짜증 낼까/무서워 그러나/동생들과/어머니가/걱정이 돼 그러나/참았던 오줌 마려/그래 그러나//시 같은 것/시 같은 것/써보려고 그러나/《4·19》 시 같은 것/써보려고 그러나(「《4·19》시」) * 하얀 종이가 분홍으로 분홍 하늘이/녹색으로 또 다른 색으로 변할 만큼 밝다―그러나 混色은 흑색이라는 걸 경고해 준 것은/소학교 때 선생님……(「백지에서부터」) * 윗호주머니나 혹은 속호주머니에 들은/치부책 노릇을 하는 종이쪽/그러나 돈은 없다―돈이 없다는 것도 오랜 친근이다―그리고 그 무게는 돈이 없는 무게이기도 하다/또 무엇이 있나 나의 호주머니에는/연필쪽!/옛날 추억이 들은 그러나 일년내내 한번도 펴본 일이 없는/죽은 기억의 휴지(「후란넬 저고리」) * 그 아귀란 놈이 들어오고 나갈 때마다 집어갈 돈/풀방구리를 드나드는 쥐의 돈/그러나 내 돈이 아닌 돈/하여간 바쁨과 한가와 실의와 초조를 나하고 같이한 돈/바쁜 돈―아무도 正視하지 못한 돈―돈의 비밀이 여기 있다(「돈」) * 밭주인이 보면 질색을 할 노릇이지만/이 밭주인은 차밭 주인의 소작인이다/그러나 우리집 여편네는 이것을 모두/자기 밭이라고 한다 멀쩡한 거짓말이다/그러나 이런 거짓말이 필요할 때가 있다/그러나 이런 거짓말을 해도 별로/성과는 없었다 성과가 없을 것을/알고 있기 때문에 나는 여편네의/거짓말에 반대하지 않는다(「반달」) * 남에게 희생을 당할 만한/충분한 각오를 가진 사람만이/살인을 한다//그러나 우산대로/여편네를 때려눕혔을 때/우리들의 옆에서는/어린 놈이 울었고(「죄와 벌」) * 아이스크림은 미국놈 좆대강이나 빨아라 그러나/요강, 망건, 장죽, 종묘상, 장전, 구리개 약방, 신전(「거대한 뿌리」) * 그러니까 이 다리를 건너갈 때마다/나는 나의 심장을 기계처럼 중지시킨다/(이런 연습을 나는 무수히 해 왔다)//그러나 문제는 이러한 반항에 있지 않다/저 젊은이들의 나에 대한 사랑에 있다/아니 신용이라고 해도 된다(「현대식 교량」) * 그러나 덤핑 출판사의 20원짜리나 20원 이하의 고료를 받고 일하는/14원이나 13원이나 12원짜리 번역일을 하는/불쌍한 나나 내 부근의 친구들을 생각할 때/이 죽은 순교자들을 어떻게 생각해야 하나(「이 한 국문학사」) * 무슨 뜻인지 알았지 그러나 완성하진 못했지//이것을 지금 완성했다 아내여 우리는 이겼다/우리는 블레이크의 시를 완성했다 우리는/이제 차디찬 사람들을 경멸할 수 있다(「이혼 취소」) * 지금도 빌려줄 수는 있어. 그렇지만 안 빌려줄 수도/있어. 그러나 너무 재촉하지는 마라. 이 문제가 해결/되기까지 기다려봐. 지금은 안 빌려주기로 하고(「엔카운터 誌」) * 31일까지 준다고 한 3만 원//29일까지는 된다고 하고 그러나 넉넉잡고 내일까지 기다리라고 한 3만 원/이것을 받아야 할 사람은 1·4후퇴 때 나온/친구의 부인(「판문점의 감상」) * 그리고 아들아 나는 아직도 너에게 할 말이/왜 없겠는가 그러나 안한다(「VOGUE야」) * 눈을 떴다 감는 기술―불란서혁명의 기술/최근 우리들이 4·19에서 배운 기술/그러나 이제 우리들은 소리내어 외치지 않는다//복사씨와 살구씨와 곶감씨의 아름다운 단단함이여(「사랑의 변주곡」) * 요는 정치 의견이 맞지 않는 나라에는 못 산다//그러나 쥐구멍을 잠시 거짓말의 구멍이라고/바꾸어 생각해 보자 내가 써준 시집의 서문을/믿지 않는 사람의 얼굴의 사마귀나 여드름을―//그 사람도 거짓말의 총알의 까맣고 빨간 흔적을 가진 사람이라고―/그래서 우리의 혼란을 승화시켜 보자/그러나 그러나 그러나/일본 말보다도 더 빨리 영어를 읽을 수 있게 된,/몇 차례의 언어의 이민을 한 내가/우리말을 너무 잘해서 곤란하게 된 내가(「거짓말의 여운 속에서」) * 너는 열네 살 우리집에 고용을 살러 온 지/3일이 되는지 5일이 되는지 그러나 너와 내가/접한 시간은 단 몇 분이 안 되지 그런데(「꽃잎3」) * 그러나 이렇게 써도 내가 반공산주의자가/아니 되기 위해서는 그날까지 이 엉성한/조악한 방송들이 어떻게 돼야 하고/어떻게 될 것이다(「라디오 계」)

그러니까 '그러하니까'의 뜻을 나타내는 접속부사. 앞의 내용이 뒤의 내용의 이유나 근거 따위가 될 때 씀. *「그러니까 초년생 도적이지」하고 쑥스러운 대구를 하면서/기진맥진한 머리를 쉬일 곳을 찾아서 친구의 뒤를 따라서 걸어나왔다(「미숙한 도적」) * 언어는 원래가 유치한 것이다/나도 그렇게 유치하게 되었다/

그러니까 내가 그들을 사랑하지 않을 수가 없다/아아 모리배여 모리배여/나의 화신이여(「모리배」) ✽가지고 있는/시계도 없다/집에도/몸에도/그러니까/the reason why /you don't get /a clock /or /a watch마저/말할 필요가 없다/집에도/몸에도/이놈이 무엇이지?(「이놈이 무엇이지?」) ✽더 사오라는 건 벽지이겠다/그러니까 모란이다 모란이다 모란 모란……//그리고 또 하나 있는 것 같다/주요한 본론이 네 개는 있었다/비닐, 파리통, 도배지……?/주요한 본론이 4항목은 있는 것 같다/4항목 4항목 4항목……(면도날!)(「마케팅」) ✽여자의 본성은 에고이스트/뱀과 같은 에고이스트/그러니까 뱀은 선천적인 포로인지도 모른다/그런 의미에서 나는 속죄에 축복을 드렸다(「여자」) ✽종교와 비종교, 시와 비시의 차이가 아이들과 아이의 차이이다/그러니까 종교도 종교 이전에 있다 우리나라가/종교국인 것처럼/새의 울음소리가 그 이전의 정적이 없이는 들리지 않는 것처럼……(「우리들의 웃음」) ✽나이 어린 사람들은 어째서 이 다리가 부자연스러운지를 모른다/그러니까 이 다리를 건너갈 때마다/나는 나의 심장을 기계처럼 중지시킨다/(이런 연습을 나는 무수히 해 왔다)(「현대식 교량」) ✽靜寂을 빼앗긴, 마지막 정적을 빼앗긴/나를 몰아세운다 어서 돈을 내라고/그러니까 그들이 요구하는 것은 신문값이 아니다(「제임스 띵」) ✽그리고 조금쯤 옆에 서 있는 것이 조금쯤/비겁한 것이라고 알고 있다!!/그러니까 이렇게 옹졸하게 반항한다/이발쟁이에게/땅주인에게는 못하고 이발쟁이에게/구청 직원에게는 못하고 동회 직원에게도 못하고(「어느 날 고궁을 나오면서」) ✽吟味癖이 있는 나보다는 덜 알고 있겠지/그러니까 그가 나보다도 아직까지는 더 순수한 폭도 되고/우리는 월남의 중립 문제니 새로 생긴다는 혁신정당 얘기를/하고 있었지만/아아 비겁한 민주주의여 안심하라(「H」) ✽선망이란 어지간히 따라갈 가망성이 있는/상대자에 대한 시기심이 아니냐, 그러니까 너는/선망도 아냐(「VOGUE야」)

그러하다 모양이나 모습이 그와 같다.

그러다가 ✽피를 흘리되 조금 쉽게 흘리려고/저짓을 하고 이짓을 하고 저짓을 하고/이것을 하고//그러다가 스코틀랜드의 에딘버러 대학에 다니는/나이 어린 친구한테서 편지를 받았지(「이혼 취소」) ✽가죽옷 융옷 솜이 몰린 솜옷……/그러다가 드디어 나는 월남인이 되기까지도 했다/엉클 샘에게 학살당한/월남인이 되기까지도 했다(「풀의 영상」)

그러기 ✽아내여 화해하자 그대가 흘리는 피에 나도/참가하게 해다오 그러기 위해서만/이혼을 취소하자(「이혼 취소」) ✽기사라 하지만 네가 썼다고 알아주는 사람이 있어도 좋고 없어도 가히 무관한 것/그러기에 한결 가벼운 휴식의 마음으로 쓰고 있을 수 있었던 것(「기자의 정열」) ✽그대로 나는 조금도/놀라지 않았다/(그러기에는 나는 너무나/지쳤는지도 모른다)/여행이 나를/놀래일 수 없었던 것과 같이/나는 집에 와서도/그동안의 부재에도/놀라서는 안 된다(「旅愁」)

그러니 ✽초저녁에 두 번 새벽에 한 번/그러니 아직도 늙지 않지 않았느냐고 한다/그래도 추탕을 먹으면서 나보다도 더 땀을 흘리더라만/신문지로 얼굴을 씻으면서 나보고도/산보를 하라고 자꾸 권한다(「강가에서」)

그러면 ✽정말 속임 없는 눈으로/지금 팽이가 도는 것을 본다/그러면 팽이가 까맣게 변하여 서서 있는 것이다/누구 집을 가보아도 나 사는 곳보다는 여유가 있고/바쁘지도 않으니/마치 別世界같이 보인다(「달나라의 장난」) ✽뮤즈여/너의 복부를랑 하늘을 바라보게 하고—//그러면/아름다움은 어제부터 출발하고/너의 육체는/오늘부터 출발하게 되는 것이다[…]그러면 대열은 일자가 된다//사과와 수첩과 담배와 같이/인간들이 걸어간다(「바뀌어진 지평선」) ✽만약에 나라는 사람을 유심히 들여다본다고 하자/그러면 나는 내가 詩와는 반역된 생활을 하고 있다는 것을 알 것이다(「구름의 파수병」) ✽오늘/이 헐벗은 거리에 가슴을 대고/뒤집어진 부정이 정의가 되지 않더라도//그러면 너의 벗들과/너의 이웃사람들의 얼굴이/바늘구멍 저쪽에 떠오르리라(「예지」)

그러실 ✽앨비예요, 앨비예요. 에이 엘 삐 이. 네./그래요. 아아, 그렇군요./네에, 그러실 겁니다. 아뇨. 아아, 그렇군요(「전화 이야기」)

그러한 ＊토끼는 태어날 때부터/뛰는 훈련을 받는 그러한 운명에 있었다/그는 어미의 입에서 탄생과 동시에 타락을 선고받는 것이다(「토끼」) ＊젊은 몸으로 죽어가는 前線의 전사에 못지않게 불쌍하다고 생각하며/그러한 생각을 함으로써 하루하루 도회의 때가 붙어가는 나의 몸을 분하다고 한탄한다(「미숙한 도적」) ＊이것이 도회 안에 사는 나로서는 어디보다도 조용한 곳이라고 생각하고 있기 때문이다/그러한 나의 반역성을 조소하는 듯이 스무 살도 넘을까 말까 한 노는 계집애와 머리가 고슴도치처럼 부스스하게 일어난 쓰메에리의 학생복을 입은 청년이 들어와서 커피니 오트밀이니 사과니 어수선하게 벌여놓고 계통 없이 처먹고 있다(「시골 선물」) ＊이것은 누구에게도 보이지 않을 글이기에/(아아 그러한 시대가 온다면 얼마나 좋은 일이냐)/나의 동요 없는 마음으로/너를 다시 한번 치어다보고 혹은 내려다보면서 無量의 환희에 젖는다(「九羅重花」) ＊땅과 몸이 일체가 되기를 원하며 그것만을 힘삼고 있었는데/오히려 그러한 불굴의 의지에서 나오는 것인가/어둠 속에서 일순간을 다투며/없어져버린 애처롭고 아름답고 화려하고 부박한 꿈을 찾으려 하는 것은(「구슬픈 육체」) ＊얻기 어려운 휴식/너의 긴 시간 속에 언제고 내포되어 있는 휴식/그러한 휴식이 찬란한 아침햇빛 비치는 게시판 위에서 떠돌아다니면서/희한한 상상과 무수한 활자를/너에게 눌러주는 지금 이 순간에도/너는 아예 놀라지 말아라/너는 아예 놀라지 말아라(「기자의 정열」) ＊재앙과 불행과 격투와 청춘과 천만 인의 생활과/그러한 모든 것이 보이는 밤/눈을 뜨지 않은 땅속의 벌레같이/아둔하고 가난한 마음은 서둘지 말라(「봄 밤」) ＊나는 그러한 밤에는 부엉이의 노래를 부를 줄도 안다//지지한 노래를/더러운 노래를 생기 없는 노래를/아아 하나의 명령을(「서시」) ＊피곤한 하루의 나머지 시간이 눈을 깜짝거린다/세계는 그러한 무수한 間斷//오오 사랑이 추방을 당하는 시간이 바로 이때이다(「피곤한 하루의 나머지 시간」) ＊젊음과 늙음이 엇갈리는 순간/그러한 속력과 속력의 停頓 속에서/다리는 사랑을 배운다/정말 희한한 일이다/나는 이제 적을 형제로 만드는 實證을/똑똑하게 천천히 보았으니까!(「현대식 교량」)

그러할 ＊서울에 돌아온 지 일주일도 못 되는 나에게는 도회의 소음과 狂症과 속도와 허위가 새삼스럽게 밉고 서글프게 느껴지고/그러할 때마다 잃어버려서 아까웁지 않은 잃어버리고 온 모자 생각이 불현듯이 난다(「시골 선물」) ＊그리하여/피로도 내가 만드는 것/긍지도 내가 만드는 것/그러할 때면은 나의 몸은 항상/한치를 더 자라는 꽃이 아니더냐(「긍지의 날」)

그런 ＊하늘 위에 서 있는 꽃 위에로/하늘에서 내려오는 연령의 여유/시도 그런 여유에는 대항할 수 없고/지혜는 일어서 있는 너의 얼굴(「반주곡」) ＊우리가 혁명이 성취되는 마지막 날에는/그런 사나운 추잡한 놈이 되고 말더라도//나의 죄 있는 몸의 억천만 개의 털구멍에/죄라는 죄가 가시같이 박히어도(「기도」) ＊그보다도 한국, 월남, 대만은 No.1 country in the world/그런 나라에서 집권당이라면/얼마나 의젓한가(「만시지탄은 있지만」) ＊천장지는 푸른 바탕에/아니 흰 바탕에/엇갈린 벽돌처럼 빌딩 창문처럼/바로 그런 무늬겠다/아냐 틀렸다/벽지가 아니라/아냐 틀렸다/그건 천장지가 아니라/벽지이겠다(「마케팅」) ＊이런 집중이 여자의 선천적인 집중도와/기적적으로 마주치게 한 것이 전쟁이라고 생각했다/그런 의미에서 나는 전쟁에 축복을 드렸다[…]그런 의미에서 나는 속죄에 축복을 드렸다(「여자」) ＊입 밑의 사마귀와 눈밑의 사마귀……/그런 사마귀가 나의 아들놈의 눈 아래에/있는 것을 발견하고 나도 꼭 빼주어야/하겠다고 결심한 일이 있었다 그런데(「반달」) ＊탄 자국, 내 구두에 묻은 흙, 변두리의 진흙,/그런 가슴의 죽음의 표식만을 지켜온,/밑바닥만을 보아온, 빈곤에 마비된 눈에/하늘을 가리켜주는 잡지 VOGUE야(「VOGUE야」)

그럴 ＊우리집 식모가 여편네가 외출만 하면/나한테 자꾸 웃고만 있는 이유,/모르지/그럴 때면 바람에 떨어진 빨래를 보고/내가 말없이 집어 걸기만 하는 이유,/모르지?(「모르지?」) ＊나는 어느새 남쪽식으로/도사리고 앉았다 그럴 때는 이 둘은 반드시/이북 친구들이기 때문에 나는 나의 앉음새를 고친다/8·15 후에 김병욱이란 시인은 두 발을 뒤로 꼬고/언제나 일본여자처럼 앉아서 변론을 일삼았지만(「거대한 뿌리」) *시험공부를 하느라고 밤을 새는 큰아이놈의/말이다 필시 그럴 거라[…]고 칠 사람을 구하기가 어렵다고 하지만/돈이 아까울 거라 그럴 거라/내 추측이 맞을 거라(「도적」) *미인이면 미인일수록 그럴 것이니/미인과 앉은 방에선 무심코/따놓는 방문이나 창문이/담배연기만 내보내려는 것은/아니렷다(「미인」)

그럴지도 *우리집 건넌방의 캐비닛을/노리고 있다고는 생각되지 않는다 아마/그럴지도 모르지만/나는 광문에 못을 쳐놓았다(「도적」)

그런데 앞의 말을 관련시키면서 다른 방향으로 이끌어 나가거나 상반된 내용으로 이끌 때 쓰이는 접속 부사. '그러한데'의 준말. *한잔 더 주게 한잔 더 주게/ 그런데 여자는 술을 안 따른다/ 건너편 친구가 내는 외상술이니까[…] 그런데 여자는 술을 안 따른다[…] 그런데 여자는 술을 안 따른다[…] 그런데 여자는 술을 안 따른다/ 건너편 친구가 벌써 곯아떨어졌으니까(「滿洲의 여자」) *그런 사마귀가 나의 아들놈의 눈 아래에/있는 것을 발견하고 나도 꼭 빼주어야/하겠다고 결심한 일이 있었다 그런데/내 눈 아래에 다시 생긴 사마귀는/구태여 빼지 않을 작정이었다(「반달」) *그렇게 매일을 믿어왔어. 방을 이사를 했지. 내/방에는 아들놈이 가고 나는 식모아이가 쓰던 방으로/가고. 그런데 큰놈의 방에 같이 있는 가정교사가 내/기침소리를 싫어해. 내가 붓을 놓는 것까지/자리에서 일어나는 것까지 문을 여는 것까지 알고(「엔카운터 誌」) *3일이 되는지 5일이 되는지 그러나 너와 내가/접한 시간은 단 몇 분이 안 되지 그런데/어떻게 알았느냐 나의 방대한 낭비와 넌센스와/허위를/나의 못 보는 눈을 나의 둔감한 영혼을(「꽃잎3」)

그럴듯하다 제법 그렇다고 여길 만하다. 그럴싸하다. 제법 훌륭하다.

그럴듯하게 *흰 원고지 뒤에 낙서를 하면서/그것이 그럴듯하게 생각돼서/소련을 내심으로도 입밖으로도 두둔했었다—당연한 일이다(「轉向記」)

그렇게 '그러하게'의 준말. *흔적은 없어도 戰災를 입은 것만 같은(그렇게 그 문은 나에게는 너무나 컸다)//낡은 대문 사이에 매일같이 흐르는 강물이 오늘에야 비로소 꽉 차 있다(「말」(1958)) *언어는 원래가 유치한 것이다/나도 그렇게 유치하게 되었다/그러니까 내가 그들을 사랑하지 않을 수가 없다/아아 모리배여 모리배여/나의 화신이여(「모리배」) *인제는 다시 비수를 쓰는 법을 배우란 말일세/그렇게 되면 미·소보다는/일본, 瑞西, 인도가 더 뻐젓하고/그보다도 한국, 월남, 대만은 No.1 country in the world/그런 나라에서 집권당이라면/얼마나 의젓한가(「만시지탄은 있지만」) *흰 쌀밥을 먹고 갔는데 보리알을 먹고 간 것 같고/그렇게 피투성이가 되어 찾던 만년필은/처의 백 속에 숨은 듯이 걸려 있고(「절망」(1962)) *아까 점심때처럼 그렇게 나긋나긋할 줄 알지/시금치 이파리처럼 그렇게 부드러울 줄 알지/암 지금도 부드럽기는 하지만 좀 다르다/초가 쳐 있다 잔인의 초가(「잔인의 초」) *무어란 말야. 나는 그 이전에 있었어. 내 몸. 빛나는/몸.//그렇게 매일을 믿어왔어. 방을 이사를 했지[…]책을 빌려드리겠다고. 나의 모든 프라이드를/재산을 연장을 내드리겠다고.//그렇게 매일 믿어왔는데, 갑자기 변했어(「엔카운터 誌」) *그 얼굴은 네 얼굴보다는/간음을 상상할 수 있을 만큼/그렇게 조금은 생생하지만/죽어라 돈을 받기보다는/죽어라 돈을 받기 전에(「네 얼굴은」) *신성을 지키는 시인의 자리 위에 또 하나/넓은 자리가 있었던 것을 자식한테/가르쳐주지 않은 죄—그 죄에 그렇게/오랜 시간을 시달리면서도 그것을 몰랐다(「VOGUE야」) *인류의 종언의 날에/너의 술을 다 마시고 난 날에/미대륙에서 석유가 고갈되는 날에/그렇게 먼 날까지 가기 전에 너의 가슴에/새겨둘 말을 너는 도시의 피로에서/배울 거다(「사랑의 변주곡」) *벼를 터는 마당에서 바람도 안 부는데/옥수수잎이 흔들리듯 그렇게 조금//바람의 고개는 자기가 일어서는 줄/모르고 자기가 가 닿은 언덕을/모르고 거룩한 산에 가 닿기/전에는 즐거움을 모르고 조금/안 즐거움이 꽃으로 되어도(「꽃잎1」) *여기서는 판을 치니까 그렇게 됐는지 모른다/더 시시한 우리네 방송으로 만족하는 것이다(「라디오 계」)

그렇다 ①상태, 모양, 성질 따위가 그와 같다. ②특별한 변화가 없다. ③만족스럽지 아니하다. *버드나무 발아래의 나팔꽃도 그렇다/앙상한 연분홍,/오므라질 때는 무궁화는 그보다 조금쯤 더 길고/진한 빛,/죽음의 빛인지도 모르는 놈(「말복」) *하늘에 그림자가 없듯이 민주주의의 싸움에도 그림자가 없다/하…… 그림자가 없다//하…… 그렇다……/하…… 그렇지……/아암 그렇구말구…… 그렇지 그래……/응응…… 응…… 뭐?/아 그래…… 그래 그래.(「하…… 그림자가 없다」) *누이야/풍자가 아니면 해탈이다/네가 그렇고/내가 그렇고/네가 아니면 내가 그렇다/우스운 것이 사람의 죽음이다/우스워하지 않고서 생각할 수 없는 것이 사람의 죽음이다(「누이야 장하고나!」) *나에게 놋주발보다도 더 쨍쨍 울리는 추억이/있는 한 인간은 영원하고 사랑도 그렇다//비숍 여사와 연애를 하고 있는 동안에는 진보주의자와/사회주의자는 네에미 씹이다 통일도 중립도 개좆이다(「거대한 뿌리」)

그렇고 *누이야/풍자가 아니면 해탈이다/네가 그렇고/내가 그렇고/네가 아니면 내가 그렇다/우스운 것이 사람의 죽음이다(「누이야 장하고나!」)

그렇구말구 *하…… 그렇다……/하…… 그렇지……/아암 그렇구말구…… 그렇지 그래……/응응…… 응…… 뭐?/아 그래…… 그래 그래.(「하…… 그림자가 없다」)

그렇군요 *앨비예요, 앨비예요. 에이 엘 삐이 이. 네./그래요. 아아, 그렇군요./네에, 그러실 겁니다. 아뇨. 아아, 그렇군요.//이런 전화를, 번역하는 친구를 옆에 놓고,/생색을 내려고, 하고 나서(「전화 이야기」)

그렇듯 *나는 모든 노래를 그 방에 함께 남기고 왔을 게다/그렇듯 이제 나의 가슴은 이유 없이 메말랐다/그 방의 벽은 나의 가슴이고 나의 사지일까(「그 방을 생각하며」)

그렇지 *하…… 그렇다……/하…… 그렇지……/아암 그렇구말구…… 그렇지 그래……/응응…… 응…… 뭐?/아 그래…… 그래 그래.(「하…… 그림자가 없다」) *지구와 우주를 진행시키기 위해서/어서어서 진행시키기 위해서/그렇지 않고서는 내가 미치고 말 것 같아서//아아 벌/소리야!(「伏中」) *허고 더러 싱거운 충고도 한 일이 있는—/충고는 허사였어 그렇지 않어?/18년 후에 이렇게 뼈젓이 서울의 다방 건너 막걸리집에서 또 만나게 됐으니/하여간 반갑다 잠입한 사랑아 무식한 사랑아(「滿洲의 여자」) *이것이 이남 사람인 우리 부부의 誤算이었나 보다/38선에 대한/또한 해의 터무니없는 感傷이었다 보다/그렇지?(「판문점의 감상」) *미인을 보고 좋다고들 하지만/미인은 자기 얼굴이 싫을 거야/그렇지 않고야 미인일까//미인이면 미인일수록 그럴 것이니/미인과 앉은 방에선 무심코/따놓는 방문이나 창문이/담배연기만 내보내려는 것은/아니렷다(「미인」)

그렇지만 *온 마음을 다하여 즐기고 있는 서책은/위대한 고대 조각의 사진//그렇지만/구차한 나의 머리에/성스러운 鄕愁와 우주의 위대감을 담아주는 삽시간의 자극을/나의 가족들의 기미 많은 얼굴에 비하여 보아서는 아니 될 것이다(「나의 가족」) *이것이 처음 탄생한 것은 물론 그 이전이지만/그래도 제트기나 카고보다는 늦게 나왔다/그렇지만 린드버그가 헬리콥터를 타고서/대서양을 횡단하지 않았기 때문에/우리는 지금 동양의 諷刺를 그의 機體 안에서 느끼고야 만다(「헬리콥터」) *지금도 빌려줄 수는 있어. 그렇지만 안 빌려줄 수도/있어. 그러나 너무 재촉하지는 마라. 이 문제가 해결/되기까지 기다려봐. 지금은 안 빌려주기로 하고/있는 시간이야(「엔카운터 誌」)

그릇 음식이나 물건 따위를 담는 기구를 통틀어 이르는 말. 어떤 일을 해 나갈 만한 능력이나 도량 또는 그런 능력이나 도량을 가진 사람을 비유적으로 이르는 말. *우리의 환희를/풀 속에서는 노란 꽃이 지고 바람소리가 그릇 깨지는/소리보다 더 서걱거린다—우리는 그것을 영원의/소리라고 부른다(「미역국」)

그릇되다 그르다. 잘못되다.

그릇된 *복사씨와 살구씨가/한번은 이렇게/사랑에 미쳐 날뛸 날이 올 거다!/그리고 그것은 아버지 같은 잘못된 시간의/그릇된 명상이 아닐 거다(「사랑의 변주곡」)

그릇됨 ＊만약에 또 어느 나의 친구가 와서 나의 꿈을 깨워주고/나의 그릇됨을 꾸짖어주어도 좋다//함부로 흘리는 피가 싫어서/이다지 낡아빠진 생활을 하는 것은 아니리라(「구름의 파수병」)

그리 상태, 모양, 성질 따위가 그러한 모양. ＊옛날같이 낯선 방이 그리 무섭지도 않고/더러운 침구가 마음을 괴롭히지도 않는데/의치를 빼서 물에 담가놓고 드러누우니/마치 내가 임종하는 곳이 이러할 것이니 하는 생각이 불현듯이 든다(「미숙한 도적」) ＊헌 옷과 낡은 구두가 그리 모양수통하지 않다 느끼면서/나는 옛날에 죽은 친구를/잠시 생각한다(「거리1」) ＊아니 그것은 불고기가 아니라 돌이었을지도 모른다/신은 곧잘 이런 장난을 잘한다//(그리 흥겨운 밤의 일도 아니었는데)/사실은 일본에 가는 친구의 잔치에서/이토츄[伊藤忠] 商事의 신문광고 이야기가 나오고(「나가타 겐지로」)

그리고 단어, 구, 절, 문장 따위를 병렬적으로 연결할 때 쓰는 접속 부사. ＊동무여 이제 나는 바로 보마/사물과 사물의 생리와/사물의 수량과 한도와/사물의 우매와 사물의 명석성을//그리고 나는 죽을 것이다(「孔子의 생활난」) ＊기회와 油滴 그리고 능금(「아메리카 타임 誌」) ＊그것은 자유를 찾기 위해서의 여정이었다/가족과 애인과 그리고 또 하나 부실한 처를 버리고[…]또한 나의 죄악을 가리기 위하여 독자의 눈을 가리고 입을 봉하기 위한 연명을 위한 阿諛도 아니다/그리고 이러한 변명이 지루하다고 꾸짖는 독자에 대하여는/한마디 드려야 할 정당한 이유의 말이 있다[…]달아나오던 날 새벽에 파묻었던 총과 러시아 군복을 사흘을 걸려서 찾아내고 겨우 총살을 면하던 꿈같은 일을 생각한다/그리고 나는 평양을 넘어서 남으로 오다가 포로가 되었지만[…]누가 나라와 민족과 청춘과/그리고 그대들의 영령을 위하여 잊어버릴 것인가!(「조국에 돌아오신 傷病捕虜 동지들에게」) ＊나쁘지도 않고 좋지도 않은 꽃들/그리고 별과도 등지고 앉아서(「너를 잃고」) ＊그것은 갈색 낙타 모자/그리고 유행에서도 훨씬 뒤떨어진 서울의 화려한 거리에서는 도저히 쓰고 다니기 부끄러운 모자이다[…]나는 구태여 생각하여 본다/그리고 비교하여 본다(「시골 선물」) ＊적에게나 벗에게나 땅에게나/그리고 모든 것에서부터/나를 감추리(「더러운 향로」) ＊나비의 지분이/그리고 나의 나이가/무서운 인생의 공백을 가르쳐주려 할 때(「나비의 무덤」) ＊모두들 공부하는 속에 와보면 나도 옛날에 공부하던 생각이 난다/그리고 그 당시의 시대가 지금보다 훨씬 좋았다고(「국립도서관」) ＊구두여 양복이여 노점상이여/인쇄소여 입장권이여 負債여 여인이여/그리고 여인 중에도 가장 아름다운 그네여/돈을 버는 거리의 부인들의 어색한 모습이여(「거리2」) ＊연기의 정체는 없어지기 위한 것이다/그리고/하필 꽃밭 넘어서/짓궂게 짓궂게 없어져 보려는/심술맞은 연기도 있는 것이다(「연기」) ＊투명하고 가벼웁고 쇠소리 나는 가벼운 잔이 없다/그리고 또 하나 指揮鞭이 없을 뿐이다(「네이팜 탄」) ＊클라크 게이블/그리고 너절한 대중잡지[…]뮤즈여/시인이 시의 뒤를 따라가기에는 싫증이 났단다/고갱, 녹턴 그리고/물새[…]뮤즈여/앞장을 서지 마라/그리고 너의 노래와 음계를 조금만/낮추어라(「바뀌어진 지평선」) ＊자유여/아니 휴식이여/어려운 휴식이여/부르기 힘든 사람의 이름들/눈에는 보이지 않는 너무나 무거운/너의 짐/그리고 逸樂, 안이, 허위……(「기자의 정열」) ＊먼 산정에 서 있는 마음으로 나의 자식과 나의 아내와/그 주위에 놓인 잡스러운 물건들을 본다//그리고/나는 이미 정하여진 물체만을 보기로 결심하고 있는데[…]시를 반역한 죄로/이 메마른 산정에서 오랫동안 꿈도 없이 바라보아야 할 구름/그리고 그 구름의 파수병인 나(「구름의 파수병」) ＊그래도 나무는 자라고 있다 영혼은/그리고 교훈은 명령은/나는(「서시」) ＊자연이 하라는 대로 나는 할 뿐이다/그리고 자연이 느끼라는 대로 느끼고/나는 실망하지 않을 것이다(「사치」) ＊목사여 정치가여 상인이여 노동자여/실직자여 방랑자여/그리고 나와 같은 집 없는 걸인이여(「가옥 찬가」) ＊여기 떡갈나무 잎이 있는데 이것을 가지고 가서/하와이 영사한테 보여라/그리고 돌아올 때는 구름을 타고 오너라(「나는 아리조나 카보이야」) ＊아아 그리고 저 도봉산보다도/더 큰 증오도/굴욕도/계집애 종아리에만/

눈이 가던 稚氣도(「橄文」) *또 도는 조름 같은 날개의 날것들과/갑충과 쉬파리떼/그리고 진드기[…]우물 옆의 등꽃과 활련/그리고 철자법을 틀린 시(「등나무」) *비닐, 파리통,/그리고 또 무엇이던가[…]그러니까 모란이다 모란이다 모란 모란……//그리고 또 하나 있는 것 같다(「마케팅」) *영화를 좋아하는 누이/식모살이를 하는 조카/그리고 나(「피아노」) *—돈이 없다는 것도 오랜 친근이다—그리고 그 무게는 돈이 없는 무게이기도 하다(「후란넬 저고리」) *음악을 들으면 차밭의 앞뒤 시간이/가시처럼 생각된다 그리고 그 가시가/점점 더 똑똑해진다 동산에 걸린/새 달에 비친 나뭇가지처럼(「반달」) *남자로서 거리를 무단통행할 수 있는 것은 교군꾼,/내시, 외국인의 종놈, 관리들뿐이었다 그리고/심야에는 여자는 사라지고 남자가 다시 오입을 하러/활보하고 나선다고 이런 기이한 관습을 가진 나라를/세계 다른 곳에서는 본 일이 없다고(「거대한 뿌리」) *일요일이면 빼지 않고 강으로 투망을 하러 나온다고 한다/그리고 반드시 4킬로가량을 걷는다고 한다(「강가에서」) *이조시대의 장안에 깔린 기왓장 수만큼/나는 많은 것을 버렸다/그리고 가장 피로할 때 가장 귀한/것을 버린다(「적」) *아무래도 나는 비켜서 있다 절정 위에는 서 있지/않고 암만해도 조금쯤 옆으로 비켜서 있다/그리고 조금쯤 옆에 서 있는 것이 조금쯤/비겁한 것이라고 알고 있다!(「어느 날 고궁을 나오면서」) *석 달 전에 결혼한 그는 그전하곤 모두가 좀 달라졌어/그리고 그가 경멸하고 있는 건 나의/정치 문제뿐이 아냐(「H」) *VOGUE야//그리고 아들아 나는 아직도 너에게 할 말이/왜 없겠는가 그러나 안한다(「VOGUE야」) *사랑이 이어져가는 밤을 안다/그리고 이 사랑을 만드는 기술을 안다[…]복사씨와 살구씨가/한번은 이렇게/사랑에 미쳐 날뛸 날이 올 거다!/그리고 그것은 아버지 같은 잘못된 시간의/그릇된 명상이 아닐 거다(「사랑의 변주곡」) *6이 KBS 제2방송/7이 동제1방송/그 사이에 시시한 주파가 있고/8의 조금 전에 동아방송이 있고/8.5가 KY 인가보다/그리고 10.5는 몸서리치이는 그것(「라디오계」) *우주시대의 마이크로웨이브에 탄/원효대사의 민활성 바늘 끝에/묻은 죄와 먼지 그리고 모방/술에 취해서 쓰는 시여(「원효대사」)

그리다 ①연필, 붓 따위로 어떤 사물의 모양을 그와 닮게 선이나 색으로 나타내다. ②생각, 현상 따위를 말이나 글, 음악 등으로 나타내다. ③어떤 모양을 일정하게 나타내거나 어떤 표정을 짓다. ④상상하거나 회상하다.

그려 *집물과 사람들의 음성과 거리의 소리들을/커다란 해양의 한 구석을 차지하는/조고마한 물방울로/그려보려 하는데/차라리 어떠할까/—이것은 구차한 선비의 보잘것없는 일일 것인가.(「거리1」)

그리고 *이 많은 의자도 늬가 만든 것이며/늬가 그리고 있는 종이까지 늬가 製紙한 것이며(「사무실」)

그리는 *꿈은 상상이 아니지만 꿈을 그리는 것은 상상이다(「우리들의 웃음」)

그리던 *거리에 나와서 집을 보고/집에 앉아서 거리를 그리던 어리석음도 이제는 모두 사라졌나 보다/날아간 제비와 같이(「구름의 파수병」)

그리려고 *나란히 옆으로 가로 세로 위로 아래로 놓여 있는 무수한 꽃송이와 그 그림자/그것을 그리려고 하는 나의 붓은 말할 수 없이 깊은 치욕(「九羅重花」)

그리면서 *비애의 수직선을 그리면서 날아가는 그의 설운 모양을/우리는 좁은 뜰 안에서뿐만 아니라/심지어는 항아리 속에서부터라도 내어다볼 수 있고(「헬리콥터」)

그리로 그곳으로 또는 그쪽으로. '그리'를 강조하여 이르는 말. *새로 확장된 서울특별시 동남단 논두렁에/어는 막막한 얼음을 생각하게 하고/그리로 전근을 한 국민학교 선생을 생각하게 하고(「참음은」)

그리움 보고 싶어 애타는 마음. *그래서 나는 구태여 너에게로 더 한걸음 바싹 다가서서/그리움도 잊어버리고 웃는 것이다(「너는 언제부터 세상과 배를 대고 서기 시작했느냐」)

그리하다 ①상태, 모양, 성질 따위가 그렇게 되게 하다. ②일 따위를 어떤 정도나 범위 이상으로 하다.

그랬더니 *민간 억류인으로서 나라에 충성을 다하기 위하여 나온 것이라고/그랬더니 그

친구가 빨리 38선을 향하여 가서/이북에 억류되고 있는 대한민국과 UN군의 포로들을 구하여내기 위하여/새로운 싸움을 하라고 합니다(「조국에 돌아오신 傷病捕虜 동지들에게」)

그리하여 앞의 내용이 뒤의 내용의 원인이거나 앞의 내용이 발전하여 뒤의 내용이 전개될 때 쓰는 접속 부사. *기회와 油滴 그리고 능금/올바로 정신을 가다듬으면서/나는 수없이 길을 걸어왔다/그리하여 응결한 물이 떨어진다/바위를 문다(「아메리카 타임 誌」) *「나는 이것을 자유라고 부릅니다/그리하여 나는 자유를 위하여 출발하고 포로수용소에서 끝을 맺은 나의 생명과 진실에 대하여/아무 뉘우침도 남기려 하지 않습니다」[…]악귀의 눈동자보다도 더 어둡고 무서운 밤에 中西面 內務省 군대에게 체포된 일을 생각한다/그리하여 달아나오던 날 새벽에 파묻었던 총과 러시아 군복을 사흘을 걸려서 찾아내고 겨우 총살을 면하던 꿈같은 일을 생각한다(「조국에 돌아오신 傷病捕虜 동지들에게」) *나의 애정의 원주가 진정으로 위대하여지기 바라고/그리하여 이 공허한 원주가 가장 찬란하여지는 무렵(「너를 잃고」) *나의 최종점은 긍지/파도처럼 요동하여/소리가 없고/비처럼 퍼부어/젖지 않는 것//그리하여/피로도 내가 만드는 것/긍지도 내가 만드는 것(「긍지의 날」)

그림 ①선이나 색채를 써서 사물의 형상이나 이미지를 평면 위에 나타낸 것. ②매우 아름다운 광경이나 경치를 비유적으로 이르는 말. *마차를 타고 가는 사람이 좋지 않아요/웃고 있어요/그것은 그림/토막방 안에서 나는 우주를 잡을 듯이 날뛰고 있지요(「웃음」)

그림자 ①물체가 빛을 가려서 그 물체의 뒷면에 드리워지는 검은 그늘. ②물에 비쳐 나타나는 물체의 모습. ③사람의 자취. ④얼굴에 나타나는 불행, 우울, 근심 따위의 괴로운 감정 상태. ⑤어떤 사람이나 대상에 밀접한 관계를 가지고 항상 따라다니는 것을 비유적으로 이르는 말. *나의 몸도 없어지고/나의 그림자도 달아난다/나는 나에게 대답할 것이 없어져도/쓸쓸하지 않았다(「愛情遲鈍」) *나란히 옆으로 가로 세로 위로 아래로 놓여 있는 무수한 꽃송이와 그 그림자/그것을 그리려고 하는 나의 붓은 말할 수 없이 깊은 치욕(「九羅重花」) *사람이야 말할 수 없이 애처로운 것이지만/내가 부끄러운 것은 사람보다도/저 날짐승이라 할까/내가 있는 방 위에 와서 앉거나/또는 그의 그림자가 혹시나 떨어질까 보아 두려워하는 것도/나는 아무것에도 취하여 살기를 싫어하기 때문이다[…]나의 초라한 검은 지붕에/너의 날개 소리를 남기지 말고/네가 던지는 조그마한 그림자가 무서워/벌벌 떨고 있는/나의 귀에다 너의 엷은 울음소리를 남기지 말아라(「도취의 피안」) *길이 끝이 나기 전에는/나의 그림자를 보이지 않으리/적진을 돌격하는 전사와 같이[…]철망을 지나가는 비행기의/그림자보다는 훨씬 급하게/스쳐가는 나의 고독을/누가 무슨 신기한 재주를 가지고/잡을 수 있겠느냐(「더러운 향로」) * 그러나 여보/ 비오는 날의 마음의 그림자를/ 사랑하라(「비」) *3년 전에 심은 버드나무의 악마 같은/그림자가 뿜는 아우성소리를 들으며(「가옥 찬가」) *내용은 술집, 내용은 나, 내용은 도시,/내용은 그림자,/그림자의 비밀/종교의 획득은 종교를 잃었을 때부터 시작되었고/나는 그때부터 차차 늙어가는 탈을 썼다(「반주곡」) *먼지 앉은 석경 너머로/너의 그림자가/움직이듯/묵은 사랑이/움직일 때(「파밭 가에서」) *하늘에 그림자가 없듯이 민주주의의 싸움에도 그림자가 없다/하…… 그림자가 없다(「하…… 그림자가 없다」) *시간은 나의 뒤의/그림자이니까(「허튼소리」) *낚시질도/안 간다/假裝 파티에/가본 일도 없다/하물며/중립사상연구소에는/그림자도 비친 일이 없다/뇌물은/물론 안 받았다(「이놈이 무엇이지?」)

그립다 보고 싶거나 만나고 싶은 마음이 간절하다.

그리운 *하늘끝을 때리고 돌아오는 고무공/그리운 것은 내 귓전에 붙어 있는 보이지 않는 젤라틴紙(「장시2」)

그만두다 ①하던 일을 그치고 안 하다. ②할 일이나 하려고 하던 일을 안 하다.

그만두고라도 *그리고 또 무엇이던가?/오이, 고춧가루, 후춧가루는 너무나 창피하니까/그만두고라도/그중에 좀 점잖은 품목으로 또 있었는데/아이구 무어던가?(「마케팅」)

그만두었구나 *나도 나다— 잔인이다— 미안하지만 잔인이다—/콧노래를 부르더니 그만두었구나— 너도 어지간한 놈이다— 요놈— 죽어라(「잔인의 초」)

그만이다 ①더할 나위 없다. ②만족하다. ③그것뿐이다.

그만이지 *이렇게 돼서야 그만이지/어떻게든지 체면을 차려볼 궁리 좀 해야지[…]심부름하는 놈더러/「저것 좀 집어와라!」 호령 하나 못하니/이렇게 돼서야 그만이지/어떻게든지 체면을 차려볼 궁리 좀 해야지[…]한사코 ×× 대학 중퇴가 ×× 대학 졸업으로 誤植이 돼 나오니/이렇게 돼서야 그만이지/어떻게든지 체면을 차려볼 궁리 좀 해야지[…]나의 프레이저의 책 속의 낱말이/송충이처럼 꾸불텅거리면서 어찌나 지겨워 보이던지/이렇게 돼서야 그만이지/어떻게든지 체면을 차려볼 궁리 좀 해야지(「파자마 바람으로」)

그야 ①바로 앞서서 한 말을 받아 동의나 인정 따위를 나타내는 말. ②앞서 한 말의 이유를 뜻하는 말. *그야 솜털만치도 아프지는 않으려니(「기도」)

그어지다 어떤 일정한 부분을 강조하거나 나타내기 위하여 금이나 줄이 그려지다.

그어진 *쓸데없는 것이었다 저것이었다/너의 보꾹에 비친 활자이었다 거기에/그어진 붉은 잉크였다 인사를 하지 않은/나의 친구야 거만한 꿈은 사위어간다(「제임스 띵」)

그저 ①변함없이 이제까지. ②다른 일은 하지 않고 그냥. ③별로 신기한 일 없이. ④어쨌든지 무조건. ⑤특별한 목적이나 이유 없이. ⑥아닌 게 아니라 과연. 남을 책망하거나 비난하는 뜻으로 쓴다. *나는 이 책을 멀리 보고 있다/그저 멀리 보고 있는 것이 타당한 것이므로/나는 괴롭다(「가까이 할 수 없는 서적」) *그놈의 속을 창자 밑까지도 다 알고는 있었으나/타성같이 습관같이/그저그저 쉬쉬하면서/할말도 다 못하고/기진맥진해서/그저그저 걸어만 두었던/흉한 그놈의 사진을/오늘은 서슴지 않고 떼어놓아야 할 날이다(「우선 그놈의 사진을 떼어서 밑씻개로 하자」) *전에는 즐거움을 모르고 조금/안 즐거움이 꽃으로 되어도/그저 조금 꺼졌다 깨어나고(「꽃잎1」)

그저께 어제의 전날. *머리가 나쁜 것은 선생, 어머니, IQ다/그저께 나는 파스칼이「머리가 나쁜 것은 나」라고 하는 말을 들었다(「우리들의 웃음」)

그전(—前) 지나간 지 꽤 되는 과거의 어느 시점을 막연하게 이르는 말. *그전에 돌아간 아버지의 진혼가가 우스꽝스러웠던 것을 생각하고(「누이야 장하고나!」) *H는 그전하곤 달라졌어/내가 K의 시 얘기를 했더니 욕을 했어/욕을 한 건 그것뿐이었어[…]우리는 조금도 흥분하지 않았고/그는 그전처럼 욕도 하지 않았고/내 찻값까지 합해서 백 원을 치르고 나가는/그의 표정을 보고/나는 그가 필시 속으로는 나를 포기하고 있다는 것을 알았어//그가 그전하곤 달라졌어/그는 이제 조용하게 나를 경멸할 줄 알아/석 달 전에 결혼한 그는 그전하곤 모두가 좀 달라졌어(「H」) *나는 섬찍해서 그전의 둔감한 내 자신으로/다시 돌아간다(「性」)

그중(—中) 범위가 정해진 여럿 가운데. *차가운 이를 건져서 끼고 따라서 내려간다/그중 끝의 방문을 열고 보니 꺼먼 사람이 셋이나 앉었다(「미숙한 도적」) *나는 식인종같이 잔인한 탐욕과 강렬한 의욕으로 그중의 하나하나를 일일이 뚫어져라 하고 들여다보는 것이지만(「거리2」) *나의 친구들은 모조리 나를 회피하는 눈치이었다/그중의 어느 시인은 다음과 같이 나에게 욕을 하였다/〈더러운 자식 너는 백의와 간통하였다지? 너는 오늘부터 시인이 아니다……〉(「백의」) *오이, 고춧가루, 후춧가루는 너무나 창피하니까/그만두고라도/그중에 좀 점잖은 품목으로 또 있었는데/아이구 무어던가?(「마케팅」)

그치다 ①계속되던 일이나 움직임이 멈추거나 끝나다 또는 그렇게 하다. ②더 이상의 진전이 없이 어떤 상태에 머무르다.

그치는 *이제 나의 방의 옆방은 자연이다/푸석한 암석이 쌓인 산기슭이/그치는 곳이라고 해도 좋다(「이사」)

그치라는 *마당에 서리가 내린 것은 나에게 상상을 그치라는 신호다/그 대신 새벽의 꿈은 구체적이고 선명하다(「우리들의 웃음」)

그치면 *공포와 노인은 동일 공포와 노인과

유아는 동일……/예측만으로 그치면 돼/모자라는 영원이 있으면 돼(「장시1」)

그친 *비가 그친 후 어느 날―나의 방안에 설움이 충만되어 있는 것을 발견하였다(「방안에서 익어가는 설움」) *순자야 너는 꽃과 더워져 가는 화원의/초록빛과 초록빛의 너무나 빠른 변화에/놀라 잠시 찾아오기를 그친 벌과 나비의/소식을 완성하고(「꽃잎3」)

극단(劇壇) 연극을 하기 위해 만든 단체. *〈그것은 나의 역량 이상의 것이므로 신세계극단의 연출자 S씨를 찾아가보라〉고/터무니없는 거짓말을 하여가지고 즉석에 거절하여 버렸다(「백의」) *특종이니깐요, 극단도 좋고, 당신네도/좋고, 번역하는 사람도 좋고, 나도 좋은/일을 하는 폭이 되지요.(「전화 이야기」)

극도(極度) 더할 수 없는 정도. *먼저 어떻게 돼야 하고 어떻게 될 것이다/이런 극도의 낙천주의를 저녁 밥상을/물리고 나서 해본다/――아아 배가 부르다/배가 부른 탓이다(「라디오 계」)

극악무도하다(極惡無道―) 더할 나위 없이 악하고 도리에 완전히 어긋나 있다.

극악무도한 *우선 가까운 곳에서부터/차례차례로/다소곳이/조용하게/미소를 띠우면서/극악무도한 소름이 더덕더덕 끼치는/그놈의 사진일랑 소리없이/떼어 치우고―(「우선 그놈의 사진을 떼어서 밑씻개로 하자」)

극장(劇場) 연극이나 음악, 무용 따위를 공연하거나 영화를 상영하기 위하여 무대와 객석 등을 설치한 건물이나 시설. *극장이여/나도 지나간 날에는 배우를 꿈꾸고 살던 때가 있었단다(「거리2」) *나는 오늘부터 지리교사모양으로 벽을 보고 있을 필요가 없고/노쇠한 선교사모양으로 낮잠을 자지 않고도 견딜 만한 강인성을 가지고 있다/이러한 목표는 극장 의회 기계의 齒車/선박의 索具 등을 呪詛하지 않는다(「영롱한목표」)

극적(劇的) ①연극과 같은 요소가 있는. ②연극을 보는 것처럼 감격적이고 인상적인. *그녀는 인경전의 종소리가 울리면 장안의/남자들이 모조리 사라지고 갑자기 부녀자의 세계로/화하는 극적인 서울을 보았다 이 아름다운 시간에는/남자로서 거리를 무단통행할 수 있는 것은 교군꾼,(「거대한 뿌리」)

극점(極點) ①극도에 이른 점. ②위도 90도의 지점. 남극점과 북극점이 있음. *무위와 생활의 극점을 돌아서/나는 또 하나의 생활의 좁은 골목 속으로/들어서면서/이 골목이라고 생각하고 무릎을 친다(「생활」)

근대씨 명아줏과의 두해살이풀의 씨앗. 근대는 높이는 1~1.5미터, 잎은 두껍고 연함. 초여름에 누런빛을 띤 녹색 잔꽃이 이삭 모양으로 많이 핌. 줄기와 잎은 식용. 유럽 남부가 원산지로 밭에서 재배. *잿님이 할아버지가 상추씨, 아욱씨, 근대씨를 뿌린 다음에/호박씨, 배추씨, 무씨를 또 뿌리고/호박씨, 배추씨를 뿌린 다음에/시금치씨, 파씨를 또 뿌리는(「가다오 나가다오」)

근시안(近視眼) 시력이 약하여 가까운 데 있는 것은 잘 보아도 먼 데 있는 것은 잘 보지 못하는 눈. *설명이 필요하지 않은 희열 위에서/40년간의 조판 경험이 있는 근시안의 노직공의 가슴속에서/가장 심각한 나의 우둔 속에서/새로운 목표는 이미 나타나고 있었다(「영롱한 목표」)

근육(筋肉) 힘줄과 살을 통틀어 이르는 말. 동물의 운동을 맡은 기관. 단백질, 지방, 탄수화물, 무기 염류를 포함하고 있는데, 수분이 70%를 차지함. 기능적으로 보아 수의근인 골격근과 불수의근인 내장근이 있으며, 구조적으로 보아 가로무늬근과 민무늬근이 있음. *그때도 너는 기적이었다/너의 근육은 굳어지기 시작했다/너의 근육은/학교 밖에서 얻어맞은 모든 것이/골목길에서 얻어맞은 모든 것이/반드시 정말이 아니라는 것을 알았고(「'65년의 새해」)

근지럽다 ①무엇이 살에 닿아 가볍게 스칠 때처럼 가려운 느낌이 있다. ②어떤 일을 몹시 하고 싶어 참고 견디기 어렵다.

근지러운 *너는 기류를 안고/나는 근지러운 나의 살을 안고(「네이팜 탄」)

글 ①어떤 생각이나 일 따위의 내용을 글자로 나타낸 기록. ②학문이나 학식을 비유적으로 이르는 말. ☞ 글자. *무지무지한 坑夫는 나에게 글을 가르쳤다/그것이 千字文이 되는지도 나는 모르고 있었다(「아침의 유혹」) *이것은 누구에게도 보이지 않을 글이기에(「九羅重花」) *그의 가치는/왼손으로 글을 쓰는 소녀만이 알고 있다(「수난로」) *미국인과 소련인은 〈나가다오〉와 〈가다오〉의 차이가 있을 뿐/말갛게 개인 글 모르는 백성들의 마음에는:/〈미국인〉과 〈소련인〉도 똑같은 놈들(「가다오 나 가다오」)

글라디올러스(영, gladiolus) 붓꽃과의 여러 해살이 풀. 높이는 80~100cm. 잎은 알뿌리에서 나오는데 긴 칼 모양. 여름에 깔때기 모양의 빨간색, 노란색, 흰색 따위의 꽃이 한쪽으로 치우쳐서 핌. *어느 소녀에게 물어보니/너의 이름은 글라디올러스라고(「九羅重花」)

글라디올러스

글라스(영, glass) 유리로 만든 잔. *마루에 가도 마찬가지다 피아노 옆에 놓은/찬장이 울린다 유리문이 울리고 그 속에/넣어둔 노리다케 반상 세트와 글라스가/울린다 이따금씩 강 건너의 대포소리가//날 때도 울리지만 싱겁게 걸어갈 때/울리고 돌아서 걸어갈 때 울리고(「의자가 많아서 걸린다」)

글씨 ①쓴 글자의 모양. ☞ 글자. ②글자를 쓰는 법 또는 그런 일. *글씨가 가다가다 몹시 떨린 漢字가 있는데(「중용에 대하여」) *나는 광휘에 찬 신현대문학사의 시를 깨알같은 글씨로 쓰고 있다/될 수만 있으면 독자들에게 이 깨알만한 글씨보다 더/작게 써야 할 이 고초의 시기의/보다 더 작은 나의 즐거움을 피력하고 싶다(「이 한국문학사」)

글자(一字) 말을 적는 일정한 체계의 부호. ☞ 글. *우리의 잔등이에는 〈미숙한 도적〉이라는 글자가 씌어 있었을 것이다.(「미숙한 도적」) *너는 나와 함께 못난 놈이면서도 못난 놈이 아닌데/쓸데없는 도면 위에 글자만 박고 있으면 어떻게 하리(「사무실」) *꽃을 찾기 전의 것을 잊어버리세요/ 꽃의 글자가 비뚤어지지 않게[…] 내 말을 믿으세요 노란 꽃을/못 보는 글자를 믿으세요 노란 꽃을/떨리는 글자를 믿으세요 노란 꽃을(「꽃잎2」)

금 ①접거나 긋거나 한 자국. ②갈라지지 않고 터지기만 한 흔적. *번개처럼/번개처럼/금이 간 너의 얼굴은(「사랑」) *노란 꽃을 주세요 금이 간 꽃을/노란 꽃을 주세요 하얘져 가는 꽃을(「꽃잎2」)

금값(金—) ①금의 값. ②금에 맞먹을 만큼 비싼 값. *보라 항간에 금값이 오르고 있는 것을/그놈들은 털끝만치도 다치지 않으려고/버둥거리고 있다/보라 금값이 갑자기 8,900환이다(「육법전서와 혁명」)

금덩어리(金—) 황금의 덩이. 금덩이. 금괴(金塊). *그때는 인국 방송이 들리지 않아서/그들의 달콤한 억양이 금덩어리 같았다/그 금덩어리 같던 소리를 지금은 안 듣는다/참 이상하다(「라디오 계」)

금방 ①말하고 있는 시점(時點)보다 바로 조금 전. ②말하고 있는 시점과 같은 때. ③말하고 있는 시점부터 바로 조금 후. *껌벅껌벅/두 눈을/감아가면서/아주/금방 끓어떨어질 것/같은데(「〈4·19〉시」) *나는 한 가지를 안 속이려고 모든 것을 속였다/이 죄의 여운에는 사과의 길이 없다 불란서에 가더라도/금방 불란서에 가더라도/금방 자유가 온다 해도(「거짓말의 여운 속에서」)

금성라디오(金星radio) 국내 전자 제품 회사의 상품 이름. 금성전자주식회사에서 만들어낸 라디오. *금성라디오 A 504를 맑게 개인 가을날/일수로 사들여온 것처럼(「금성라디오」)

금성 라디오

금잔화(金盞花) 국화과의 한해살이풀. 높이는 30~50cm. 잎은 어긋나며, 독특한 냄새가 있다. 여름부터 가을까지 가지와 줄기 끝에 노란색 두상화가 피는데, 밤에는 오므라든다. 관상용이고 남부 유럽이 원산지이다. *금잔화도 인가도 보이지 않는 밤이 되면/폭포는 곧은 소리를 내며 떨어진다(「瀑布」)

급하다(急—) ①일을 서두르거나 다그치는 경향이 있다. ②사정이 지체할 겨를이 없다. ③사정이 몹시 딱하거나 군색하다. ④참거나 기다리기가 답답하고 안타깝다. ⑤성미가 참을성이 없다. 조급하다. ⑥병세가 위태롭다. ⑦경사가 가파르다.

급하게 *철망을 지나가는 비행기의/그림자

보다는 훨씬 급하게/스쳐가는 나의 고독을/누가 무슨 신기한 재주를 가지고/잡을 수 있겠느냐(「더러운 향로」)

긍정(肯定) ①그러하다고 생각하여 옳다고 인정함. ②(논리학) 일정한 판단에서 문제로 되어 있는 주어와 술어와의 관계를 그대로 인정하는 일. 'S는 P이다' 라는 형태의 명제를 참이라고 승인하는 것. *썩은 공기 나가는 지붕 위의 지붕만 있으면 돼/〈돼〉가 긍정에서 의문으로 돌아갔다/의문에서 긍정으로 또 돌아오면 돼(「장시1」)

긍지(矜持) 자신의 능력을 믿음으로써 가지는 당당함. *설움과 아름다움을 대신하여 있는 나의 긍지/오늘은 필경 긍지의 날인가 보다[…]피로들이 몇 배의 아름다움을 加하여 있을 때도/나의 원천과 더불어/나의 최종점은 긍지/파도처럼 요동하여/소리가 없고/비처럼 퍼부어/젖지 않는 것//그리하여 피로도 내가 만드는 것/긍지도 내가 만드는 것/그러할 때면은 나의 몸은 항상/한치를 더 자라는 꽃이 아니더냐/오늘은 필경 여러 가지를 합한 긍지의 날인가 보다/암만 불러도 싫지 않은 긍지의 날인가 보다/모든 설움이 합쳐지고 모든 것이 설움으로 돌아가는/긍지의 날인가 보다/이것이 나의 날/내가 자라는 날인가 보다(「긍지의 날」) *안개처럼 가벼웁게 날아가는 과감한 너의 의사 속에는/남을 보기 전에 네 자신을 먼저 보이는/긍지와 선의가 있다(「헬리콥터」) *나의 긍지는 애드벌룬보다는 좀 더 무거울 것이며/예지는 어느 煙筒보다도 훨씬 뾰죽하고 날카로울 것이다(「거리2」)

기거(起居) ①일정한 곳에서 먹고 자고 하는 따위의 일상적인 생활을 함 또는 그 생활. ②앉아 있다가 손님을 영접하려고 일어섬. ③몸을 뜻대로 움직이며 생활함. *여편네의 방에 와서 기거를 같이해도/나는 이렇듯 소년처럼 되었다[…]여편네의 방에 와서 기거를 같이해도/나는 점점 어린애/나는 점점 어린애[…]여편네의 방에 와서 기거를 같이해도/나는 점점 어린애/너를 더 사랑하고(「여편네의 방에 와서」)

기계(機械) ①동력을 써서 움직이거나 일을 하는 장치. 단위로 대, 조, 틀 따위가 있다. ②생각, 행동, 생활 방식 따위가 정확하거나 판에 박은 듯한 사람을 비유적으로 이르는 말. *차라리 앉아 있는 기계와 같이/취하지 않고 늙어가는/나와 나의 겨울을 한층 더 무거운 것으로 만들기 위하여/나의 눈이랑 한층 더 맑게 하여다오(「도취의 피안」) *기계가 아닌 자욱한 안개 같은/준엄한 태산 같은/시간의 퇴적뿐이 아닐 것이냐(「네이팜 탄」) *이러한 목표는 극장 의회 기계의 齒車/선박의 索具 등을 呪詛하지 않는다(「영롱한 목표」) *그러니까 이 다리를 건너갈 때마다/나는 나의 심장을 기계처럼 중지시킨다(「현대식 교량」) *헌 기계는 가게로 가게에 있던 기계는/옆에 새로 난 쌀가게로 타락해 가고(「금성라디오」) *상징이 된다 성속이 같다는 원효/대사가 이런 기계의 영광을 누릴/줄이야 〈제니〉의 덕택을 입을/줄이야 〈제니〉를 〈제니〉를 사랑할 줄이야(「원효대사」)

기계주의(機械主義) 정확하거나 판에 박은 듯한 생각, 행동, 생활 방식 따위를 중시하는 이론. *진정 나는 기계주의적 판단을 잊고 시들어갑니다/마차를 타고 가는 사람이 좋지 않아요(「웃음」)

기관포(機關砲) 기관총 가운데 구경이 20mm 이상인 포. 주로 비행기에 설치하거나 고사포 대신으로 씀. *미역국은 인생을 거꾸로 걸게 한다 그래도 우리는/삼십대보다는 약간 젊어졌다 육십이 넘으면 좀더/젊어질까 기관포나 뗏목처럼 인생도 인생의 부분도/통째 움직인다—우리는 그것을 貧窮의/소리라고 부른다(「미역국」)

기꺼이 마음속으로 은근히 기쁘게. *바닥이 없는 집이 되고 있다 소리만/남은 집이 되고 있다 모서리만 남은/돌음길만 남은 난삽한 집으로/기꺼이 기꺼이 변해 가고 있다(「의자가 많아서 걸린다」)

기나길다 몹시 길다.
  기나긴 *마지막의 몸부림도/마지막의 양복도/마지막의 신경질도/마지막의 다방도/기나긴 골목길의 순례도(「檄文」) *이제 가시밭, 덩쿨장미의 기나긴 가시가지/까지도 사랑이다(「사랑의 변주곡」)

기념탑(記念塔) 어떤 뜻 깊은 일을 오래도록

잊지 아니하고 마음에 간직하기 위하여 세운 탑. *그놈의 동상이 선 곳에는/민주주의의 첫 기둥을 세우고/쓰러진 성스러운 학생들의 웅장한/기념탑을 세우자(「우선 그놈의 사진을 떼어서 밑씻개로 하자」)

기념하다(記念—) 지난 일을 상기하여 기억을 새롭게 하다.
　기념한 *그 방은 바로 어제 내가 혁명을 기념한 방(「피아노」)

기다 ①가슴과 배를 바닥으로 향하고 손이나 팔다리 따위를 놀려 앞으로 나아가다. ②게나 가재, 벌레, 뱀 따위가 발을 놀리거나 배로 움직여 나아가다.
　기고 *하루살이의 유희여//너의 모습과 너의 몸짓은/어쩌면 이렇게 자연스러우냐/소리없이 기고 소리없이 날으다가/되돌아오고 되돌아가는 무수한 하루살이(「하루살이」)

기다랗다 매우 길다. 생각보다 퍽 길다
　기이다란 *이 웃음만은 흔적을 남기고 있을 것이라고 믿는 것은/어리석은 일/시간에 달린 기이다란 시간을 보시오(「웃음」)

기다리다 어떤 사람이나 때가 오기를 바라다.
　기다려 *지금도 빌려줄 수는 있어. 그렇지만 안 빌려줄 수도/있어. 그러나 너무 재촉하지는 마라. 이 문제가 해결/되기까지 기다려봐. 지금은 안 빌려주기로 하고(「엔카운터 誌」)
　기다려야 *이 영원한 숨바꼭질 속에서/나는 또한 영원히 늬가 없어도 살 수 있는 날을 기다려야 하겠다/나는 億萬無慮의 모욕인 까닭에(「너를 잃고」)
　기다렸다 *나는 秋收하고 돌아오는 伯父를 기다렸다/그래 도무지 모—두가 미칠 것만 같았다(「아침의 유혹」)
　기다리고 *나의 얇은 지붕 위에서 솔개미같은/사나운 놈이 약한 날짐승들이 오기를 노리면서 기다리고/더운 날과 추운 날을 가리지 않고(「도취의 피안」)
　기다리는 *가야만 하는 사람의 이별을/기다리는 것처럼/생활은 熱度를 측량할 수 없고/나의 노래는 물방울처럼/땅속으로 향하여 들어갈 것/애정지둔(「愛情遲鈍」) *이 밤이 기다리는 고요한 思想마저/나는 초연히 이것을 시간 위에 얹고/어려운 몇 고비를 넘어가는 기술을 알고 있나니가(「방안에서 익어가는 설움」)
*이 어두운 신은 밤에도 외출을 못하고 자기의 영토를 지킨다/—유일한 희망은 겨울을 기다리는 것이다(「수난로」) *그것은 또 한참 시간이 필요했다/ 시계를 맞추기 전에/ 라디오의 時鐘이 나오기를 기다리는 것처럼/ 안타깝다(「풀의 영상」)
　기다리라고 *29일까지는 된다고 하고 그러나 넉넉잡고 내일까지 기다리라고 한 3만 원/이것을 받아야 할 사람은 1·4후퇴 때 나온/친구의 부인(「판문점의 감상」)
　기다리세 *「도적질을 하는 것도 저렇게 부지런하여야 하는데 우리는 이게 무어야 빨리 나가서 배 들어오는 것을 기다리세」하고 친구가 서두른다(「미숙한 도적」)

기대(期待) 어떤 일이 이루어지기를 바라고 기다림. *방을 잃고 낙서를 잃고 기대를 잃고/노래를 잃고 가벼움마저 잃어도//이제 나는 무엇인지 모르게 기쁘고/나의 가슴은 이유없이 풍성하다(「그 방을 생각하며」)

기대다 ①몸이나 물건을 무엇에 의지하면서 비스듬히 대다. ②남의 힘에 의지하다.
　기대고 *투명의 대명사 같은 너의 몸을/지금 나는 은폐물같이 생각하고/기대고 앉아서/안도의 탄식을 짓는다(「너는 언제부터 세상과 배를 대고 서기 시작했느냐」)

기도(祈禱) 인간보다 능력이 뛰어나다고 생각하는 어떠한 절대적 존재에게 빎 또는 그런 의식. *덮어놓은 책은 기도와 같은 것/이 책에는/神밖에는 아무도 손을 대어서는 아니 된다(「서책」) *축소와 확대의 중간에 선 그들의 얼굴/강력과 기도가 일체가 되는 거리에서/너는 비로소 겸허를 배운다(「예지」)

기둥 ①건축물에서, 주춧돌 위에 세워 보나 도리 따위를 받치는 나무 또는 돌, 쇠, 벽돌, 콘크리트 따위로 모나거나 둥글게 만들어 곧추 높이 세운 것. ②어떤 물건을 밑에서 위로 곧게 받치거나 버티는 나무 또는 그런 형상으로 보이는 것. ③장롱, 책장 따위의 네 귀에 세로로 세운 나무. ④집안이나 단체, 나라 따위에서 의지가 될 만한 중요한 사람이나 중심이 되는 것을 비유적으로 이르는 말. *그놈의 동상이 선 곳에는/민주주의의 첫 기둥을 세우고/쓰러진 성스러운 학생들의 웅장한/기념탑을 세우자(「우선 그놈의 사진을 떼어서 밑씻개로 하자」) *이 땅에 발을 붙이기 위해서는/―제3인도교의 물속에 박은 철근 기둥도 내가 내 땅에/박는 거대한 뿌리에 비하면 좀벌레의 솜털(「거대한 뿌리」) *도적은 간밤에는 사그러진 담장 쪽이 아닌/우리집의 의젓한 벽돌기둥의 정문 앞을/새벽녘에 거닐었다고 한다(「도적」) *이 몇 개의 판테온의 기둥 사이에/뒹굴고 있는 폐허의 돌조각들보다도/더 값없게 발길에 차이는 隣國의 음성(「라디오계」)

기류(氣流) ①온도나 지형의 차이로 말미암아 일어나는 공기의 흐름. ②어떤 일이 진행되는 추세나 분위기를 비유적으로 이르는 말. *구름은 벌써 나의 머리를 스쳐가고/설움과 과거는/오천만분지 일의 俯瞰圖보다도 더/조밀하고 망막하고 까마득하게 사라졌다/생각할 틈도 없이/애정은 절박하고/과거와 미래와 오류와 혈액들이 모두 바쁘다//너는 기류를 안고/나는 근지러운 나의 살을 안고(「네이팜탄」)

기르다 ①동식물을 보살펴 자라게 하다. ②아이를 보살펴 키우다. ③사람을 가르쳐 키우다. ④육체나 정신을 단련하여 더 강하게 만들다. ⑤습관 따위를 몸에 익게 하다. ⑥머리카락이나 수염 따위를 깎지 않고 길게 자라도록 하다. ⑦병을 제때에 치료하지 않고 증세가 나빠지도록 내버려 두다.

기르고 *보석 같은 아내와 아들은/화롯불을 피워가며 병아리를 기르고/짓이긴 파 냄새가 술 취한/내 이마에 神藥처럼 생긋하다(「초봄의 뜰 안에」)

길러야 *만만치 않은 부탁/내가 너의 머리 위에/너를 대신하여/벼락과 천둥을 때리는 날까지/터전이 없으면 나의 머리 위에라도/잠시 이고 다니며 길러야 할/너는 불행하기 짝이 없는 죽순이다(「付託」)

기름 ①물보다 가볍고 불을 붙이면 잘 타는 액체. 약간 끈기가 있고 미끈미끈하며 물에 잘 풀리지 않음. 동물의 살, 뼈, 가죽에 엉기어 있기도 하고 식물의 씨앗에서 짜내기도 하는데, 원료에 따라서 빛깔과 성질이 다르고 쓰임새가 매우 다양함. ②'석유(石油)'를 달리 이르는 말. ③기계나 도구의 움직임이 부드럽게 되도록 마찰 부분에 치는 미끈미끈한 액체. ④얼굴이나 살갗에서 나오는 끈기 있는 물질. *시간과 땅/수레를 털털거리게 하는 욕심의 돌/기름을 주라/어서 기름을 주라/털털거리는 수레에다는 기름을 주라/욕심은 끝났어/논도 얼어붙고/대숲 사이로 침입하는 무자비한 푸른 하늘//쉬었다 가든 거꾸로 가든 모로 가든/어서 또 가요 기름을 발랐으니 어서 또 가요(「詩」(1961)) *미역국 위에 뜨는 기름이/우리의 역사를 가르쳐준다 우리의 환희를[…]오오 환희여 미역국이여 미역국에 뜬 기름이여 구슬픈 祖上이여(「미역국」) *왜 나는 조그마한 일에만 분개하는가/저 왕궁 대신에 왕궁의 음탕 대신에/50원짜리 갈비가 기름덩어리만 나왔다고 분개하고(「어느 날 고궁을 나오면서」)

기름지다 ①음식물 따위에 기름기가 많다. ②사람이나 동물 따위가 살지고 기름기가 많다. ③영양 상태가 좋아서 식물의 잎이나 줄기가 싱싱하고 윤기가 있다.

기름진 *오늘은 기름진 피아노가/덩덩 덩덩덩 울리면서/나의 고갈한 비참을 달랜다(「피아노」)

기막히다 ①어떠한 일이 놀랍거나 언짢아서 어이없다. ②어떻다고 말할 수 없을 만큼 좋거나 정도가 높다.

기막힌 *우리는 UN군에 포로가 되어 너무 좋아서 가시철망을 뛰어나오려고 애를 쓰다가 못 뛰어나오고/여러 동지들은 기막힌 쓰라림에 못 이겨 못 뛰어나오고(「조국에 돌아오신 傷病捕虜 동지들에게」)

기미 병이나 심한 괴로움 따위로 얼굴에 끼는 거뭇한 얼룩점. *그렇지만/구차한 나의 머리에/성스러운 鄕愁와 우주의 위대감을 담아주는 삽시간의 자극을/나의 가족들의 기미 많은 얼굴에 비하여 보아서는 아니 될 것이다(「나의 가족」)

기분(氣分) ①환경 따위에 따라 마음에 절로 생기며 한동안 지속되는, 유쾌함이나 불쾌함 따위의 감정. ②주위를 둘러싸고 있는 상황이나 분위기. ③(한의학) 원기의 방면을 혈분(血分)에 상대하여 이르는 말. *거기다가 나의 부처님을 모신 법당 뒷산에 묻혀 있는 검은 바위같이 큰 머리에는 둘레가 작아서 맞지 않아 그 모자를 쓴 기분이란 쳇바퀴를 쓴 것처럼 딱 딱하다(「시골 선물」)

기쁘다 마음에 즐거운 느낌이 나다.
　기쁘고 ＊방을 잃고 낙서를 잃고 기대를 잃고/노래를 잃고 가벼움마저 잃어도//이제 나는 무엇인지 모르게 기쁘고/나의 가슴은 이유 없이 풍성하다(「그 방을 생각하며」)
　기쁜 ＊무한히 망설이는 이 마음은 어둠과 절망의 어제를 위하여/사는 것이 아니고/너무나 기쁜 이 마음은 무슨 까닭인지 알 수는 없지만/확실히 어리석음에서 나오는 것은 아닐 텐데(「거리2」)

기사(記事) ①사실을 적음 또는 그런 글. ②신문이나 잡지 따위에서, 어떠한 사실을 알리는 글. ＊이 무수한 활자 가운데에/신문기자인 너의 기사도/매일 조금씩은 끼이게 되는데/큰 아름드리나무에 박힌 옹이처럼 너는 네가 한 신문기사를 매일 아침 게시판 위에서 찾아보는 버릇이 너도 모르게 어느덧 생기고 말았다[…]그래도 누가 읽어줄지 모르는 신문 한구석에 너의 피가 어리어 있는 것이 반가워서 보고 있는 것인가/기사라 하지만 네가 썼다고 알아주는 사람이 있어도 없어도 가히 무관한 것[…]아무도 모르고 너 혼자만이 아는/네가 쓴 기사 위에/황홀히 너를 찾아보는 아침이여/번개같이 가슴을 울리고 가는 묵은 생명과 새 희망의 무수한 충돌 충돌……[…]이것이 어제 오후에 써놓은 기사 대목으로/내일 조간분 사회면의 표독한 타이틀이 될 것이라고 해서(「기자의 정열」) ＊어느 삼류 신문의 사회면에는 간혹 그의 구제금 응모기사 같은 것이 나오고 있다/나는 이러한 사진과 기사를 볼 때마다/이것은 《아틀랜틱》과 《하퍼스》의 광고부의 分室이 나타났다고/이곳 저널리스트의 역습의 묘리에 감탄하고 있었는데(「백의」)

기색(氣色) ①마음의 작용으로 얼굴에 드러나는 빛. ②어떠한 행동이나 현상 따위가 일어날 것을 예측할 수 있게 하여 주는 눈치나 낌새. ＊폭포는 곧은 절벽을 무서운 기색도 없이 떨어진다(「瀑布」)

기생(妓生) 잔치나 술자리에서 노래나 춤 또는 풍류로 흥을 돋우는 것을 직업으로 하는 여자. ＊무식한 사랑이 여기 있구나/무식한 여자가 여기 있구나/평안도 기생이 여기 있구나(「滿洲의 여자」)

기성(旣成) 이미 이루어짐 또는 그런 것. ＊기성 육법전서를 기준으로 하고/혁명을 바라는 자는 바보다/혁명이란/방법부터가 혁명적이어야 할 터인데/이게 도대체 무슨 개수작이냐/불쌍한 백성들아/불쌍한 것은 그대들뿐이다(「육법전서와 혁명」)

기술(技術) ①과학 이론을 실제로 적용하여 자연의 사물을 인간 생활에 유용하도록 가공하는 수단. ②사물을 잘 다룰 수 있는 방법이나 능력. ＊이 밤이 기다리는 고요한 思想마저/나는 초연히 이것을 시간 위에 얹고/어려운 몇 고비를 넘어가는 기술을 알고 있나니/누구의 생활도 아닌 이것은 확실한 나의 생활//마지막 설움마저 보낸 뒤/빈 방안에 나는 홀로 이 머물러 앉아/어떠한 내용의 책을 열어보려 하는가(「방안에서 익어가는 설움」) ＊그리고 이 사랑을 만드는 기술을 안다/눈을 떴다 감는 기술──불란서혁명의 기술/최근 우리들이 4·19에서 배운 기술/그러나 이제 우리들은 소리 내어 외치지 않는다(「사랑의 변주곡」)

기어오르다 ①기는 듯한 모습으로 높은 곳을 올라가거나 올라오다. ②오르막을 힘겹게 올라가다. ③윗사람에게 예의를 저버리고 버릇없이 굴다.
　기어오르는 ＊내가 내가 취하면/너도 너도 취하지/구름 구름 부풀듯이/기어오르는 파도가/제일 높은 砂岸에/닿으려고 싸우듯이(「술과 어린 고양이」)

기어코(期於─) ①어떠한 일이 있더라도 반드시. ②결국에 가서는. ＊南廟 문고리 굳은 쇠 문고리/기어코 바람이 열고/열사흘 달빛은/이미 과부의 靑裳이어라(「廟庭의 노래」) ＊애정은 나뭇잎처럼/기어코 떨어졌으면서/나의 손 위에서 신음한다(「愛情遲鈍」)

기억(記憶) ①이전의 인상이나 경험을 의식 속에 간직하거나 도로 생각해 냄. ②사물이나 사상(事象)에 대한 정보를 마음속에 받아들이고 저장하고 인출하는 정신 기능. ③계산에 필요한 정보를 필요한 시간만큼 수용하여 둠. ＊팽이가 나를 비웃는 듯이 돌고 있다/비행기 프로펠러보다는 팽이가 기억이 멀고(「달나라의 장난」) *옛날 추억이 들은 그러나 일년 내내 한번도 펴본 일이 없는/죽은 기억의 휴지/아무것도 집어넣어본 일이 없는 왼쪽 안호주머니(「후란넬 저고리」)

기왓장(一張) 하나하나 낱장의 기와. *이조시대의 장안에 깔린 기왓장 수만큼/나는 많은 것을 버렸다/그리고 가장 피로할 때 가장 귀한/것을 버린다(「적2」)

기운 ①하늘과 땅 사이에 가득 차서, 만물이 나고 자라는 힘의 근원. ②생물이 살아 움직이는 힘. ③눈에는 보이지 않으나 오관(五官)으로 느껴지는 현상. *고색이 창연한 우리집에도/어느덧 물결과 바람이/신선한 기운을 가지고 쏟아져 들어왔다(「나의 가족」) *기운을 주라 더 기운을 주라/강바람은 소리도 곱다/기운을 주라 더 기운을 주라/달리아가 움직이지 않게/기운을주라 더 기운을 주라/무성하는 채소밭 가에서/기운을 주라 더 기운을 주라/돌아오는 채소밭 가에서/기운을 주라 더 기운을 주라/바람이 너를 마시기 전에(「채소밭 가에서」)

기울이다 '기울다'의 사동형.
  기울이지 *모든 사람에게 고해야 할 너무나 많은 말을 갖고 있지만/세상은 나의 말에 귀를 기울이지 않는다(「말」(1964))

기웃거리다 무엇을 보려고 자꾸 고개를 기울이다.
  기웃거려 *지프차를 타고 가는 어느 젊은 사람이/유쾌한 표정으로 활발하게 길을 건너가는 나에게/인사를 한다/옛날의 동창생인가 하고 고개를 기웃거려 보았으나(「거리2」)

기이하다(奇異一) 보통과는 달리 이상야릇함. 유별나고 이상함.
  기이한 *심야에는 여자는 사라지고 남자가 다시 오입을 하러/활보하고 나선다고 이런 기이한 관습을 가진 나라를/세계 다른 곳에서는 본 일이 없다고/천하를 호령한 민비는 한번도 장안 외출을 하지 못했다고……(「거대한 뿌리」)

기저귀 어린아이의 똥오줌을 받아 내기 위하여 다리 사이에 채우는 천이나 종이. *아가야 아가야/기저귀 위에는 나일론 종이까지 감겨져 있네/엄마는/바지가 젖는 것이 무서웁단다(「자장가」)

기적(汽笛)[1] 기차나 배 따위에서 증기를 내뿜는 힘으로 경적 소리를 내는 장치 또는 그 소리. *개가 울고 종이 들리고/기적소리가 과연 슬프다 하더라도/너는 결코 서둘지 말라/서둘지 말라 나의 빛이여/오오 인생이여(「봄밤」) *기적소리는 문명의 밑바닥을 가고/형이상학은 돈지갑처럼/나의 머리 위에서 떨어진다(「싸리꽃 핀 벌판」) *먼 데로 던지는 기적소리는/하늘끝을 때리고 돌아오는 고무공/그리운 것은 내 귓전에 붙어 있는 보이지 않는 젤라틴紙(「장시2」) *奇蹟을 기적으로 울리게 한다/죽은 기적을 산 기적으로 울리게 한다(「참음은」)

기적(奇蹟)[2] ①상식으로는 생각할 수 없는 기이한 일. ②신(神)에 의하여 행해졌다고 믿어지는 불가사의한 현상. *유년의 기적을 잃어버리고/얼마나 많은 세월이 흘러갔나(「생활」) *강아지풀 사이에 가지는 익고/인가 사이에서 기적처럼 자라나는 무성한 버드나무/연녹색,/하늘의 빛보다도 분간 못할 놈……(「말복」) *이런 집중이 여자의 선천적인 집중도와/기적적으로 마주치게 한 것이 전쟁이라고 생각했다(「여자」) *奇蹟을 기적으로 울리게 한다/죽은 기적을 산 기적으로 울리게 한다(「참음은」) *그때 너는 한 살이었다/그때 너는 한 살이었다/그때도 너는 기적이었다//그때 너는 여섯 살이었다/그때 너는 여섯 살이었다/그때도 너는 기적이었다//그때 너는 열여섯 살이었다/그때 너는 열여섯 살이었다/그때도 너는 기적이었다[…]그때 너는 열일곱 살이었다/그때 너는 열일곱 살이었다/그때도 너는 기적이었다[…]너는 이제 열아홉 살이었다/너는 이제 열아홉 살이었다/너는 여전히 기적이었다[…]너는 이제 스무 살이다/너는 이제 스무 살이다/너는 여전히 기적일 것이다(「65년의 새해」)

기준(基準) 기본이 되는 표준. *기성 육법전서를 기준으로 하고/혁명을 바라는 자는 바보다/혁명이란/방법부터가 혁명적이어야 할 터인데/이게 도대체 무슨 개수작이냐/불쌍한 백성들아/불쌍한 것은 그대들뿐이다(「육법전서와 혁명」)

기진맥진하다(氣盡脈盡―) 기운과 의지력이 다하여 스스로 가누지 못할 지경이 되다.
   기진맥진하여서 *기진맥진하여서 술을 마시고/기진맥진하여서 주정을 하고/기진맥진하여서 여관을 찾아 들어갔다(「미숙한 도적」)
   기진맥진하였다 *아침에 일어나서 나는 완전히/기진맥진하였다/눈알에 백태가 앉은 사람같이/보이는 것이 모두 몽롱하다(「미숙한 도적」)
   기진맥진한 *친구가 일어나서 창밖으로 침을 뱉고 아래로 내려갔다 오더니 또 술을 마시러 내려가자고 한다//기진맥진한 몸을 간신히 일으켜서/차가운 이를 건져서 끼고 따라서 내려간다[…]기진맥진한 머리를 쉬일 곳을 찾아서 친구의 뒤를 따라서 걸어나왔다.(「미숙한 도적」)
   기진맥진해서 *타성같이 습관같이/그저그저 쉬쉬하면서/할말도 다 못하고/기진맥진해서/그저그저 걸어만 두었던/흉악한 그놈의 사진을/오늘은 서슴지 않고 떼어놓아야 할 날이다(「우선 그놈의 사진을 떼어서 밑씻개로 하자」)

기차(汽車) 기관차에 객차나 화물차를 연결하여 궤도 위를 운행하는 차량. *새로운 목표는 이미 작업을 시작하고 있었다/역을 떠난 기차 속에서/능금을 먹는 아이들의 머리 위에서/설명이 필요하지 않은 희열 위에서(「영롱한 목표」) *이 다리 밑에서 엇갈리는 기차처럼/늙음과 젊음의 분간이 서지 않는다(「현대식 교량」) *사랑의 기차가 지나갈 때마다 우리들의/슬픔처럼 자라나고 도야지우리의 밥찌끼/같은 서울의 등불을 무시한다(「사랑의 변주곡」)

기천(幾千) 천의 몇 배가 되는 수 또는 그런 수의. *대한민국에서는 공산당만이 아니면/사람 따위는 기천 명쯤 죽여보아도 까딱도 없거든(「만시지탄은 있지만」)

기체(機體) ①기계의 바탕. ②비행기의 몸체. *1950년 7월 이후에 헬리콥터는/이 나라의 비좁은 산맥 위에 자태를 보이었고/이것이 처음 탄생한 것은 물론 그 이전이지만/그래도 제트기나 카고보다는 늦게 나왔다/그렇지만 린드버그가 헬리콥터를 타고서/대서양을 횡단하지 않았기 때문에/우리는 지금 동양의 諷刺를 그의 機體 안에서 느끼고야 만다(「헬리콥터」)

기침 ①기도의 점막이 자극을 받아 갑자기 숨소리를 터트려 내는 일. 목감기의 주된 증상 가운데 하나로, 건성 기침과 습성 기침의 두 가지가 있다. ②목소리를 가다듬거나 목구멍에 걸린 가래를 떼기 위하여 일부러 숨을 터트려 나오게 하는 일 또는 그런 숨소리. *기침을 하자/젊은 시인이여 기침을 하자/눈 위에 대고 기침을 하자/눈더러 보라고 마음 놓고 마음 놓고/기침을 하자//눈은 살아 있다/죽음을 잊어버린 영혼과 육체를 위하여/눈은 새벽이 지나도록 살아 있다//기침을 하자/젊은 시인이여 기침을 하자/눈을 바라보며/밤새도록 고인 가슴의 가래라도/마음껏 뱉자(「눈」(1956)) *나무뿌리가 좀더 깊이 겨울을 향해 가라앉았다/이제 내 몸은 내 몸이 아니다/이 가슴의 動悸도 기침도 寒氣도 내 것이 아니다(「말」(1964)) *내/방에는 아들놈이 가고 나는 식모아이가 쓰던 방으로/가고. 그런데 큰놈의 방에 같이 있는 가정교사가 내/기침소리를 싫어해. 내가 붓을 놓는 것까지/자리에서 일어나는 것까지 문을 여는 것까지 알고/방어작전을 써. 그래서 안방으로 다시 오고, 내가/있던 기침소리가 가정교사에게 들리는 방은 도로/식모아이한테 주었지. 그때까지도 의심하지 않았어./책을 빌려드리겠다고. 나의 모든 프라이드를/재산을 연장을 내드리겠다고.(「엔카운터 誌」) *손에는 무거운 보따리를 들고/가다가다 기침을 하면서/집에는 差押을 해온 파일오버가 있는데도(「네 얼굴은」)

기폭(旗幅) ①깃대에 달린 천이나 종이로 된 부분. ②깃발의 나비. *여기는 좁은 서울에서도 가장 번거로운 거리의 한 모퉁이/우울 대신에 수많은 기폭을 흔드는 쾌활/잊어버린 수많은 詩篇을 밟고 가는 길가에/영광의 집들이여 점포여 역사여(「거리2」)

기한(期限) ①미리 한정하여 놓은 시기. 마감. ②어느 때까지를 기약함. *31일 오오 나의 판문점이여/벌판이여 암흑의 바보의/장막이여 이 돈은 원은 10월 말일이/기한이고/내 날짜로는 그것이 기한이고/38선의 날짜로는 8월 15일이 기한인데(「판문점의 감상」)

기환 사람 이름. *영숙아 기환아 천석아 준이야 만용아/프레지던트 김 미스 리/정순이 박군 정식이/그놈의 사진일랑 소리없이 떼어 치우고(「우선 그놈의 사진을 떼어서 밑씻개로 하자」)

기회(機會) ①어떠한 일을 하는 데 적절한 시기나 경우. ②겨를이나 짬. *흘러가는 물결처럼/支那人의 의복/나는 또 하나의 해협을 찾았던 것이 어리석었다//기회와 油滴 그리고 능금/올바로 정신을 가다듬으면서/나는 수없이 길을 걸어왔다(「아메리카 타임 誌」)

길 ①사람이나 동물 또는 자동차 따위가 지나갈 수 있게 땅 위에 낸 일정한 너비의 공간. ②물 위나 공중에서 일정하게 다니는 곳. ③걷거나 탈것을 타고 어느 곳으로 가는 노정(路程). ④시간의 흐름에 따라 개인의 삶이나 사회적, 역사적 발전 따위가 전개되는 과정. ⑤사람이 삶을 살아가거나 사회가 발전해 가는 데에 지향하는 방향, 지침, 목적이나 전문 분야. ⑥어떤 자격이나 신분으로서 주어진 도리나 임무. ⑦방법이나 수단. ⑧어떤 행동이 끝나자마자 즉시. ⑨어떠한 일을 하는 도중이나 기회. *올바로 정신을 가다듬으면서/나는 수없이 길을 걸어왔다(「아메리카 타임 誌」) *포로수용소보다 더 어두운 곳이라 할지라도/자유가 살고 있는 영원한 길을 찾아/나와 나의 벗이 안심하고 살 수 있는/현대의 천당을 찾아나온 것이다[…]「여보세요 내 가슴을 헤치고 보세요. 여기 장 발장이 숨기고 있던 格印보다 더 크고 검은/호소가 있지요/길을 잊어버린 호소예요」[…]누가 나라와 민족과 청춘과/그리고 그대들의 영령을 위하여 잊어버릴 것인가!//자유의 길을 잊어버릴 것인가!(「조국에 돌아오신 傷病捕虜 동지들에게」) *길이 끝이 나기 전에는/나의 그림자를 보이지 않으리/적진을 돌격하는 전사와 같이[…]길을 걸으면서 생각하여 보는/향로가 이러하고/내가 그 향로와 같이 있을 때/살아있는 향로/소생하는 나/덧없는 나//이 길로 마냥 가면/이 길로 마냥 가면 어디인지 아는가/티끌도 아까운/더러운 것일수록 더한층 아까운/이 길로 마냥 가면 어디인지 아는가//더러운 것 중에도 가장 더러운/썩은 것을 찾으면서/비로소 마음 취하여 보는/이 더러운 길(「더러운 향로」) *나의 두 어깨는 꺼부러지고/영사판 위에 비치는 길 잃은 비둘기와 같이 가련하게 된다(「영사판」) *지프차를 타고 가는 어느 젊은 사람이/유쾌한 표정으로 활발하게 길을 건너가는 나에게/인사를 한다(「거리2」) *백의는 자동식 문명의 천재이었기 때문에 그의 소유주에게는/일언의 약속도 없이 제가 갈 길을 자유자재로 찾아 다니었다(「백의」) *그는 재판관처럼 판단을 내리는 게 아니라 구제의 길이 없는 사물의 주위에 떨어지는 태양처럼 판단을 내린다―월트 휘트먼(「미스터 리에게」) *죽은 옛 연인을 찾는 마음으로/잃어버린 길을 다시 찾은 반가운 마음으로/우리가 찾은 혁명을 마지막까지 이룩하자[…]죽은 옛 연인을 찾는 마음으로/잃어버린 길을 다시 찾은 반가운 마음으로/우리는 우리가 찾은 혁명을 마지막까지 이룩하자(「기도」) *쨉보야 태평양 밑의 개미 길에/미국사람들이 세워놓은 자동차란 자동차는/싹 없애버려라/저놈들이 타고 가면 안 된다/야 빨리 들어가 하바! 하바!/나는 아리조나 카보이야/아리조나 카보이야(「나는 아리조나 카보이야」) *버스를 피해서 길을 건너서는 어린 놈처럼/선뜻 큰길을 건너서면 돼(「장시1」) *그들이 돌아오는 길에 주막거리에서 쉬는 10분 동안의/지루한 정차를 생각하게 하고/그 주막거리의 이름이 말죽거리라는 것까지도/무료하게 생각하게 하고(「참음은」) *사흘 전에 술에 취해 흘린 가래침 자국―/아니 빚쟁이와 싸우다 나오는 길에 흘린/침자국(「네 얼굴은」) *이 죄에는 사과의 길이 없다 봄이 오고/쥐가 나돌고 풀이 솟는다 소리없이 소리없이(「거짓말의 여운 속에서」) *바다와 별장과 용솟음치는 파도와 조니 워커와 조크와 미인과 페티 김과 애교와 豪談과/남자의 포부의 미련에 대한/편지는 못 쓰겠소 매부 돌아오는 길에/차창에서 내다본 중앙선의 복선공사에 동원된/갈대보다도 더 약한 소년들과 부녀자들의/노동의 慘景에 대한 편지도 못 쓰겠소 매부(「美濃印札紙」) *그대의 길은 잘못된 길이다――세계일주를 하고 온 길은 잘못된 길이다――세계일주를 떠났다는 것이 잘못된 길이다/너무나 먼 잘못된 길이다(「세계일주」)

길가 길의 양쪽 가장자리. *여기는 좁은 서울에서도 가장 번거로운 거리의 한 모퉁이/우울 대신에 수많은 기폭을 흔드는 쾌활/잊어버린 수많은 詩篇을 밟고 가는 길가에/영광의 집들이여 점포여 역사여(「거리2」)

길다 ①물체의 두 끝이 서로 멀다. ②이어지는 시간상의 한 때에서 다른 때까지의 동안이 오래다. ③글이나 말 따위의 분량이 많다. ④소리, 한숨 따위가 오래 계속되다.

긴 *제2차 대전 이후의/긴 긴 역사를 갖춘 것 같은/ 엄연한 책이/지금 바람 속에 휘날리고 있다(「가까이 할 수 없는 서적」) *오늘 또 활자를 본다/한없이 긴 활자의 연속을 보고/와사의 정치가들을 응시한다(「아메리카 타임誌」) *너의 앞에서는 우둔한 얼굴을 하고 있어도 좋았다/백년이나 천년이 결코 긴 세월이 아니라는 것은/내가 사랑의 테두리 속에 끼여 있기 때문이 아니리라(「풍뎅이」) *내가 너를 좋아하는 원인을/네가 지니고 있는 긴 역사였다고 생각한 것은 과오였다(「더러운 향로」) *나비의 지분에/나의 나이가 덮이려 할 때/나비야/나는 긴 숲속을 헤치고/너의 무덤을 다시 찾아오마(「나비의 무덤」) *참으로 어려운/얻기 어려운 휴식/너의 긴 시간 속에 언제고 내포되어 있는 휴식(「기자의 정열」) *긴 것을 긴 것을 사랑할 줄이야/긴 것 중에 숨어 있는 것을 사랑할 줄이야/저절로 이루어지는 것이 긴 것 가운데/있을 줄이야//그것을 찾아보지 않을 줄이야 찾아보지/않아도 있을 줄이야 긴 것 중에는/있을 줄이야 어련히 어련히 있을/줄이야 나도 모르게 있을 줄이야(「원효대사」)

길고 *토끼는 앞발이 길고/귀가 크고/눈이 붉고/또는 〈이태백이 놀던 달 속에서 방아를 찧고〉……(「토끼」) *의지의 저쪽에서 영위하는 아내여/길고긴 오늘밤에 나의 사치를 받기 위하여/어서어서 불을 끄자/불을 끄자(「사치」) *너의 머리 위에/너의 몸을 반쯤 가려주는 길고/멋진 양철 차양이 있다고 외쳐라(「가옥 찬가」) *오므라질 때는 무궁화는 그보다 조금쯤 더 길고/진한 빛,/죽음의 빛인지도 모르는 놈……(「말복」)

길기 *꽃이 피어나는 순간/푸르고 연하고 길기만 한 가지와 줄기의 내면은/완전한 공허를 끝마치고 있었던 것이다(「꽃2」)

길어지다 ①길게 되다. ②동안이 뜨게 되다.
길어지고 *戱畵의 계시가 돈이 되고/돈이 되고 사랑이 되고 갱의 단층의 길이가/얇아지고 돈이 돈이 되고 돈이/길어지고 짧아지고/돈의 꿈이 길어지고 짧아지고 타락의/길이도 표준이 없어지고 먼지가 다시 생기고(「먼지」)

길옆 길의 가장자리. *시장거리의 먼지 나는 길옆의/좌판 위에 쌓인 호콩 마마콩 멍석의/호콩 마마콩이 어쩌면 저렇게 많은지(「생활」)

길이 ①한 끝에서 다른 한 끝까지의 거리. ②어느 때로부터 다른 때까지의 동안. ③논문, 소설 따위의 분량. *가을이 오기 전에는/내 팔은 좀체로 제대로 길이를 갖지 못하고(「말복」) *戱畵의 계시가 돈이 되고/돈이 되고 사랑이 되고 갱의 단층의 길이가/얇아지고 돈이 돈이 되고 돈이/길어지고 짧아지고(「먼지」)

김동인(金東仁) 1900~1951. 소설가. 호 금동(琴童), 금동인(琴童人), 춘사(春士). 평안남도 평양 출생. 1919년 최초의 문학동인지 『창조(創造)』를 발간하는 한편 처녀작 『약한 자의 슬픔』을 발표하고 귀국하였으나, 출판법 위반 혐의로 일제에 체포·구금
김동인
되어 4개월 간 투옥되었다. 출옥 후 「목숨」(1921), 「배따라기」(1921), 「감자」(1925), 「광염(狂炎) 소나타」(1929) 등의 단편소설을 통하여 간결하고 현대적인 문체로 문장혁신에 공헌하였다. *우리는 여지껏 희생하지 않는 오늘의 문학자들에 관해서/너무나 많이 고민해 왔다/김동인, 박승희 같은 이들처럼 私財를 털어놓고/문화에 헌신하지 않았다(「이 한국문학사」)

김병욱 시인. 대구 출신으로 일본대 불문과를 나왔다. 철공소에서 일하면서 일본 유학을 했을 만큼 밀어붙이는 뚝심과 끈기가 있었다. 그는 일본 시 동인지 중에서도 지명도가 높은 『신영토』, 『사계』의 동인이었다(최하림, 『김수영평전』, 실천문학, 1981. 참조). *8·15 후에 김병욱이란 시인은 두 발을 뒤로 꼬고/언제나 일본여자처럼 앉아서 변론을 일삼았지만/그는 일본 대학에 다니면서 4년 동안을 제철회사에서/노동을 한 强者다.(「거대한 뿌리」)

김소운(金素雲) 1907~1981. 시인 및 수필가. 호는 삼오당(三五堂). 본명은 교중(敎重). 부산 출생. 13세 때 도일하여 34년간 체재하였다. 일본 시인 기다하라 하쿠슈(北原白秋)에 사사하여 20세 전후부터 일본 시단에서 활약하였다. 「조선민요집」(1929), 「조선시집」(1943) 등 많은 작품을 일본에 소개하는 데 크게 공헌하였다. 국내에서는 주로 수필가로 명성을 얻었다. *여편네가 일본에서 온 새 잡지 안의/金素雲의 수필을 보라고 내던져 준다(「파자마 바람으로」)

김소운

김영길(金英吉) 재일 교포 테너. 일본 이름 나가타 겐지로. ☞ 나가타 겐지로. *아니 김영길이가/이북으로 갔다는 김영길이 이야기가/나왔다가 들어간 때이다(「나가타 겐지로」)

김유정(金裕貞) 1908~1937. 소설가. 강원도 춘천에서 출생. 휘문고보(徽文高普)를 거쳐 연희전문(延禧專門) 문과를 중퇴했다. 1935년 소설 「소낙비」가 《조선일보》 신춘문예에, 「노다지」가 《중외일보(中外日報)》에 각각 당선됨으로써 문단에 데뷔했다. 폐결핵에 시달리면서 29세를 일기로 요절하기까지 불과 2년 동안의 작가생활을 통해 30편에 가까운 작품을 남겼다. 데뷔작인 「소낙비」를 비롯하여 그의 작품은 대부분 농촌을 무대로 한 것인데, 「금 따는 콩밭」은 노다지를 찾으려고 콩밭을 파헤치는 인간의 어리석은 욕망을 그린 것이고, 「봄·봄」은 머슴인 데릴사위와 장인 사이의 희극적인 갈등을 소박하면서도 유머러스한 필치로 그린 그의 대표적인 농촌소설이다. 그 밖에 「동백꽃」, 「따라지」 등의 단편이 있다. *김유정처럼 그밖의 위대한 선배들처럼 거지짓을 하면서/소설에 골몰한 사람도 없다……(「이 한국문학사」)

김유정

김장 ①겨우내 먹기 위하여 김치를 한꺼번에 많이 담그는 일 또는 그렇게 담근 김치. ②김장거리로 무, 배추 따위를 심음 또는 그 배추나 무. *두 떼기의 차밭 옆에는 역시 두 떼기의/채소밭이 있다 김장 무나 배추를 심었을/인습적인 분가루를 칠한 밭 위에/나는 걸핏하면 개똥을 갖다 파묻는다(「반달」)

김해동(金海東) 사람 이름. *金海東─그놈은 항상 약삭빠른 놈이지만 언제나/부하를 사랑했다(「적」)

깃들이다 ①짐승이 보금자리를 만들어 그 속에 들어 살다. ②사람이나 건물 따위가 어디에 살거나 그곳에 자리 잡다.

깃들인 *날아가던 朱雀星/깃들인 矢箭/붉은 柱礎에 꽂혀있는/반절이 과하도다(「廟庭의 노래」)

깃발(旗―) ①깃대에 달린 천이나 종이로 된 부분. ②깃대의 반대쪽에 있는 기폭의 귀에 붙인 긴 오리. ③어떤 사상, 목적 따위를 뚜렷하게 내세우는 태도나 주장을 비유적으로 이르는 말. *지금 나는 21개국의 정수리에/사랑의 깃발을 꽂는다/당신의 눈에도 보이도록 꽂는다/그대가 봉변을 당한 식인종의 나라에도/그대가 납치를 당할 뻔한 공산국가에도/보이도록(「세계일주」)

깊다 ①겉에서 속까지의 거리가 멀다. ②생각이 듬쑥하고 신중하다. ③수준이 높거나 정도가 심하다. ④시간이 오래다.

깊게 *그러나 정글보다도 더 험하고/소용돌이보다도 더 어지럽고 해저보다도 더 깊게/아직까지도 부패와 부정과 살인자와 강도가 남아 있는 사회(「기도」)

깊은 *물소리 빗소리 바람소리 하나 들리지 않는 곳에/나란히 옆으로 가로 세로 위로 아래로 놓여 있는 무수한 꽃송이와 그 그림자/그것을 그리려고 하는 나의 붓은 말할 수 없이 깊은 치욕(「九羅重花」) *어두운 도서관 깊은 방에서 육중한 백과사전을 농락하는 학자처럼/나는 그네들의 고민에 대하여만은 투철한 자신이 있다(「거리2」) *나는 젊은 사나이의 그 눈초리를 보았다/흔들리는 자동차 속에서 창밖의 풍경이 흔들리듯/그의 가장 깊은 영혼이 흔들리는 것을 보았다(「靈交日」)

깊을수록 *지상의 소음이 번성하는 날은/하늘의 천둥도 번쩍인다/여름밤은 깊을수록/이래서 좋다(「여름 밤」)

깊이 ①겉에서 속까지의 거리가 멀게. ②생각

이 듬쑥하고 신중하게. ③수준이 높게 또는 정도가 심하게. *돌아가신 아버지의 사진에는/안경이 걸려있고/내가 떳떳이 내다볼 수 없는 현실처럼/그의 눈은 깊이 파지어서/그래도 그것은/돌아가신 그날의 푸른 눈은 아니오(「아버지의 사진」) *클라크 게이블/그리고 너절한 대중잡지/타락한 오늘을 위하여서는/내가 〈오늘〉보다 더 깊이 떨어져야 할 것이다(「바뀌어진 지평선」) *나무뿌리가 좀더 깊이 겨울을 향해 가라앉았다/이제 내 몸은 내 몸이 아니다(「말」(1964))

까닭 일이 생기게 된 원인이나 조건. *봉매와 연령이 언제 그에게/나타날는지 모르는 까닭에/잠시 그는 별과 또 하나의 것을 쳐다보고 있어야 하는 것이다(「토끼」) *이 영원한 숨바꼭질 속에서/나는 또한 영원히 늬가 없어도 살 수 있는 날을 기다려야 하겠다/나는 億萬無慮의 모욕인 까닭에(「너를 잃고」) *무한히 망설이는 이 마음은 어둠과 절망의 어제를 위하여/사는 것이 아니고/너무나 기쁜 이 마음은 무슨 까닭인지 알 수는 없지만/확실히 어리석음에서 나오는 것은 아닐 텐데(「거리2」) *오늘을 울지 않으려고/너를 잊고 살아야 하는 까닭에/로날드 골맨의 신작품을/눈여겨 살펴보며/피우기 싫은 담배를 피워본다(「바뀌어진 지평선」) *질책의 권리를 주면서 질책의 행동을 주지 않고/어떤 나라의 지폐보다도 신용은 있으나/신체가 너무 왜소한 까닭에 사람들의 눈에 띄지를 않는다(「백의」)

까딱 ①고개 따위를 아래위로 가볍게 한 번 움직이는 모양. ②움직이거나 변동되어서는 안 될 것이 조금이라도 움직이거나 잘못 변동되는 모양. *대한민국에서는 공산당만이 아니면/사람 따위는 기천 명쯤 죽여보아도 까딱도 없거든(「만시지탄은 있지만」) *그대의 저항은 無用/저항시는 더욱 무용/막대한/방해로소이다/까딱 마시오 손 하나 봄 하나/까딱 마시오/눈 오는 것만 지키고 계시오…….(「눈」(1961))

까딱하다 고개나 눈 따위를 아래위로 가볍게 한 번 움직이다.
  까딱하지 *지혜의 왕자처럼/눈 하나 까딱하지 아니하고/도사리고 앉아서/나의 원죄와 회한을 생각하기 전에/너의 생리부터 해부하여 보아야겠다/뮤즈여(「바뀌어진 지평선」)

까마귀 까마귓과의 새. 몸의 색깔은 광택이 있는 검은색이며 부리가 굵고 날카로움. 한국, 중국, 유럽 등지에 분포. *괴기영화의 맘모스를 연상시키는/까치도 까마귀도 응접을 못 하는 시꺼먼 가지를 가진/나도 감히 상상을 못 하는 거대한 거대한 뿌리에 비하면……(「거대한 뿌리」)

까마득하다 ①아주 멀어서 아득하다. ②매우 오래되어 아득하다.
  까마득하게 *구름은 벌써 나의 머리를 스쳐가고/설움과 과거는/오천만분지 일의 俯瞰圖보다도 더/조밀하고 망막하고 까마득하게 사라졌다/생각할 틈도 없이/애정은 절박하고/과거와 미래와 오류와 혈액들이 모두 바쁘다(「네이팜 탄」)

까마득히 아주 멀거나 오래되어서 아득하게. *생활이여 생활이여/잊어버린 생활이여/너무나 멀리 잊어버려 천상의 무슨 등대같이 까마득히 사라져버린 귀중한 생활들이여/말없는 생활들이여(「구슬픈 육체」)

까맣다 ①불빛이 전혀 없는 밤하늘과 같이 밝고 짙게 검다. ②거리나 시간이 아득하게 멀다. ③기억이나 아는 바가 전혀 없다.
  까맣게 *지금 팽이가 도는 것을 본다/그러면 팽이가 까맣게 변하여 서서 있는 것이다(「달나라의 장난」) *나는 너무나 자주 설움과 입을 맞추었기 때문에/가을바람에 늙어가는 거미처럼 몸이 까맣게 타버렸다.(「거미」)
  까맣고 *그 사람도 거짓말의 총알의 까맣고 빨간 흔적을 가진 사람이라고—그래서 우리의 혼란을 승화시켜 보자(「거짓말의 여운 속에서」)

까지다 ①껍질 따위가 벗겨지다. ②재물 따위가 줄어들다.
  까진 *머리가 누렇게 까진 땅주인은 어디로 갔나/여름저녁을 어울리지 않는 지팡이를 들고/이방인처럼 산책하던 땅주인은(「장시2」)

까치 까마귓과의 새. 머리에서 등까지는 검고 윤이 나며 어깨와 배는 흼. 봄에 5~6개의 알을 낳는다. 이 새가 울면 반가운 손님이 온다 하여 길조(吉鳥)로 여김. 인가 근처에 사는데 한

깎다

국, 일본, 중국, 유럽 등지에 분포. *괴기영화의 맘모스를 연상시키는/까치도 까마귀도 응접을 못하는 시꺼먼 가지를 가진/나도 감히 상상을 못하는 거대한 거대한 뿌리에 비하면……(「거대한 뿌리」)

깎다 ①칼 따위로 물건의 가죽이나 표면을 얇게 벗겨 내다. ②풀이나 털 따위를 잘라 내다. ③값이나 금액을 낮추어서 줄이다. ④체면이나 명예를 상하게 하다. ⑤구기 종목에서, 공을 한옆으로 힘 있게 치거나 차서 돌게 하다. ⑥주었던 권력이나 지위를 빼앗다.

깎아 *검은 철을 깎아 만든/고궁의 흰 지댓돌 위의/더러운 향로 앞으로 걸어가서(「더러운 향로」)

깎아서 *금성라디오 A 504를 맑게 개인 가을날/일수로 사들여온 것처럼/500원인가를 깎아서 일수로 사들여온 것처럼/그만큼 손쉽게/내 몸과 내 노래는 타락했다(「금성라디오」)

깎지 *아가야 아가야/돌도 아니 된 너는 머리도 한번 깎지를 않고/엄마는/너를 보고 되놈이라고 부르지(「자장가」)

깎이다 '깎다'의 피동형. ☞ 깎다.

깎이지 *우리들의 혁명을/배암에게 쐐기에게 쥐에게 살쾡이에게/진드기에게 악어에게 표범에게 승냥이에게/늑대에게 고슴도치에게 여우에게 수리에게 빈대에게/다치지 않고 깎이지 않고 물리지 않고 더럽히지 않게(「기도」)

깔다 ①바닥에 펴 놓다. ②돈이나 물건 따위를 여기저기 빌려 주거나 팔려고 내놓다. ③무엇을 밑에 두고 누르다. ④꼼짝 못하게 남을 억누르다. ⑤어떤 생각이나 현상의 바탕이 되게 하다. ⑥눈을 아래로 내리뜨다.

깐 *강아지장에 깐 짚이 젖었거든/그놈의 사진을 깔아주기로 하자……(「우선 그놈의 사진을 떼어서 밑씻개로 하자」) *마룻바닥에 깐 비닐 장판에 구공탄을 떨어뜨려/탄 자국, 내 구두에 묻은 흙, 변두리의 진흙,/그런 가슴의 죽음의 표식만을 지켜온,/밑바닥만을 보아 온, 빈곤에 마비된 눈에/하늘을 가리켜주는 잡지/VOGUE야(「VOGUE야」)

깔아 *강아지장에 깐 짚이 젖었거든/그놈의 사진을 깔아주기로 하자……(「우선 그놈의 사진을 떼어서 밑씻개로 하자」)

깔리다 '깔다'의 피동형. ☞ 깔다.

깔린 *이조시대의 장안에 깔린 기왓장 수만큼/나는 많은 것을 버렸다(「적2」)

깜짝 갑자기 놀라는 모양. *너의 의지는/학교 안에서 배운 모든 것이/학교 밖에서 본 모든 것이/반드시 정말이 아니라는 것을 알았고/너의 어린 의사를 발표할 줄 알았다/우리는 너를 보고 깜짝 놀랐다[…]너의 어린 행동은/어린 상징을 면하기 시작했다/너는 이제 우리 키만큼 되었다/우리는 너를 보고 깜짝 놀랐다[…]너는 이제 우리 키보다도 더 커졌다/우리는 너를 보고 깜짝 놀랐다[…]너는 이제 우리의 고통보다도 더 커졌다/우리는 너를 보고 깜짝 놀란다//아니 네가 우리를 보고 깜짝 놀란다/네가 우리를 보고 깜짝 놀란다(「65년의 새해」)

깜짝거리다 눈을 살짝 감았다 뜨다.

깜짝거린다 *피곤한 하루의 나머지 시간이 눈을 깜짝거린다/세계는 그러한 무수한 間斷(「피곤한 하루의 나머지 시간」)

깜찍하다 ①생김새나 모양 등이 작고 귀엽다. ②몹시 영악하거나 너무 단작스럽다.

깜찍하고나 *썩는 빛이 황금빛에 닮은 것이 순자야/너 때문이고/너는 내 웃음을 받지 않고/어린 너는 나의 전모를 알고 있는 듯/야아 순자야 깜찍하고나/너 혼자서 깜찍하고나(「꽃잎3」)

깟댐(영, god-damn) 영어의 욕. 망할, 빌어먹을, 제기랄 등의 뜻. *두목! 나머지 놈들 다 잡아왔습니다/아 홍찐구 놈도 섞어 있구나/너 이놈 정동 재판소에서 언제 달아나왔으냐 깟댐!/오냐 그놈들을 물에다 거꾸로 박아놓아라(「나는 아리조나 카보이야」)

깨꽃 꿀풀과의 한해살이풀. 높이는 60~90cm이며, 잎은 마주나고 긴 달걀 모양. 5~10월에 빨간 꽃이 줄기와 가지 끝에 총상(總狀) 꽃차례로 핌. 관상용이고 브라질이 원산지. *깨꽃이나 샐비어나 마찬가지 아니냐/내일의 채귀를/죽은 뒤의 채귀를 걱정하는/장시만 장시만 안 쓰려면 돼(「장시1」) *나는 잠자는 일/잠 속의 일/쫓기어다니는 일/불같은 일/암흑의 일/깨꽃같이 작고 많은/맨 끝으로 신경이 가는 일/암흑에 휘날리고/나의 키를 넘어서—/병아리같이 자는 일//눈을 뜨고 자는 억센 일/

短命의 일/쫓기어다니는 일/불같은 불같은 일/깨꽃같이 작은 자질구레한 일/자꾸자꾸 자질구레해지는 일/불같이 쫓기는 일/쫓기기 전 일/깨꽃 깨꽃 깨꽃이 피기 전 일/成長의 일 (「깨꽃」)

깨끗이 깨끗하게. ☞ 깨끗하다. ＊계집애 종아리에만/눈이 가던 稚氣도/그밖의 무수한 잡동사니 잡념까지도/깨끗이 버리고/깨끗이 버리고/깨끗이 버리고/깨끗이 버리고/깨끗이 버리고/깨끗이 버리고(「檄文」)

깨끗하다 ①때나 먼지가 없다. 청결하다. ②지저분하지 아니하고 말쑥하다. ③잡것이 섞이지 아니하여 맑고 산뜻하다. 순수하다. ④올바르고 떳떳하다. 결백하다. ⑤아무것도 남은 것이 없이 말끔하다. ＊청한 지 반 시간만에 떠다 주는 냉수를 한 대접 마시고/계단을 내려와서/어젯밤에 술을 마시던 방을 들여다 보니 이불도 베개도 타구 하나 없이 깨끗하다.(「미숙한 도적」)

깨끗하고 ＊남의 일하는 곳에 와서 아무 목적 없이 앉았으면 어떻게 하리/남이 일하는 모양이 내가 일하고 있는 것보다 더 밝고 깨끗하고 아름다웁게 보이면 어떻게 하리(「사무실」)

깨다 ①술기운 따위가 사라지고 온전한 정신 상태로 돌아오다. ②생각이나 지혜 따위가 사리를 가릴 수 있게 되다. ③잠, 꿈 따위에서 벗어나다.

깨고 ＊지루한 전향의 고백/되도록 지루할수록 좋다/지금 나는 자고 깨고 하면서 더 지루한/中共의 욕을 쓰고 있는데/치질도 낫기 전에 또 술을 마셨다/―당연한 일이다(「轉向記」) ＊불이 튕기고 별이 튕기고 영원의/행동이 튕기고 자고 깨고/죽고 하지만 모두가 坑 안에서/참호 안에서 일어나는 일(「먼지」)

깨어 ＊그것이 너무나 순진한 일이었기에 잠을 깨어 일어나서/나는 예수 크리스트가 되지 않았나 하는 신성한 錯感조차 느껴보는 것이었다(「조국에 돌아오신 傷病捕虜 동지들에게」)

깨닫다 ①사물의 본질이나 이치 따위를 생각하거나 궁리하여 알게 되다. ②감각 따위를 느끼거나 알아차리다.

깨달은 ＊사람이란 사람이 모두 고민하고 있는/어두운 대지를 차고 이륙하는 것이/이다지도 힘이 들지 않는다는 것을 처음 깨달은 것은/우매한 나라의 어린 시인들이었다(「헬리콥터」)

깨물다 ①아랫니와 윗니가 맞닿을 정도로 세게 물다. ②밖으로 나타나려는 감정이나 말 따위를 꾹 눌러 참다.

깨물고 ＊오― 그와 같이 이 서적은 있다/그 책장은 번쩍이고/연해 나는 괴로움으로 어찌 할 수 없이/이를 깨물고 있네!/가까이 할 수 없는 서적이여/가까이 할 수 없는 서적이여.(「가까이 할 수 없는 서적」)

깨알 깨씨의 낱알. ＊나는 광휘에 찬 신현대문학사의 시를 깨알같은 글씨로 쓰고 있다/될 수만 있으면 독자들에게 이 깨알만한 글씨보다 더/작게 써야 할 이 고초의 시기의/보다 더 작은 나의 즐거움을 피력하고 싶다(「이 한국문학사」)

깨어나다 ①잠이나 술기운 따위로 잃었던 의식을 되찾아 가다. ②어떤 생각에 깊이 빠졌다가 제정신을 차리다. ③사회나 생활 따위가 정신적·물질적으로 발달한 상태로 바뀌다.

깨어나 ＊너무 고요해서 잠에서 깨어나//내가 비는 것은/이 무한한 웃음의 가슴속에/그 얼음이 더 얼라는/내일의 呪符이었다(「凍夜」)

깨어나고 ＊전에는 즐거움을 모르고 조금/안 즐거움이 꽃으로 되어도/그저 조금 꺼졌다 깨어나고(「꽃잎」)

깨어나서도 ＊배가 부를 때도 목이 마를 때도/연애를 할 때도 졸음이 올 때도 꿈속에서도/깨어나서도 또 깨어나서도 또 깨어나서도……(「하…… 그림자가 없다」)

깨어난 ＊개가 울고 종이 들리고 달이 떠도/너는 조금도 당황하지 말라/술에서 깨어난 무거운 몸이어/오오 봄이여(「봄 밤」)

깨어지다 ①단단한 물건이 여러 조각이 나다. ②일 따위가 틀어져 성사가 안되다. ③얻어맞거나 부딪혀 상처가 나다. ④어려운 관문이나 기록 따위가 돌파되다. ⑤경기 따위에서 지다.

깨어졌다 ＊나의 천성은 깨어졌다/더러운 붓 끝에서 흔들리는 오욕/바다보다 아름다운 세월을 건너와서/나는 태양을 주웠다고 생각하지는 않았지만/설마 이런 것이 올 줄이야/괴물이여(「PLASTER」)

깨어진 ＊이발소의 화롯가에 연분홍빛 화로/깨어진 유리에 종이를 바르고/그 언 유리에 비친 내 얼굴이 제임스 띵같이/되기까지 내가 겪은, 내가 겪을/고뇌는 무한이다[…]겨울의 꿈 깨어진 유리의 제임스 띵/이제는 죽어서 불을 쬐인다/빠개진 난로에 발을 굽는다 시꺼먼 양말을 자꾸 비빈다(「제임스 띵」)

깨우다 '깨다'의 사동형. ☞ 깨다.

깨워 ＊그리고/나는 이미 정하여진 물체만을 보기로 결심하고 있는데/만약에 또 어느 나의 친구가 와서 나의 꿈을 깨워주고/나의 그릇됨을 꾸짖어주어도 좋다(「구름의 파수병」)

깨지다 '깨어지다'의 준말. ☞ 깨어지다.

깨지는 ＊미역국 위에 뜨는 기름이/우리의 역사를 가르쳐준다 우리의 환희를/풀 속에서는 노란 꽃이 지고 바람소리가 그릇 깨지는/소리보다 더 서걱거린다—우리는 그것을 영원의/소리라고 부른다(「미역국」)

깨진 ＊그와 내가 대결하고 있는 깨진 유리창문 밖에서는/新舊의 두 놈이 마적의 동생처럼/떨고 있다 「아녜요」하면서 오야붕을 응원/하려 들었지만 내가 그놈들에게/언권을 줄 리가 없다(「제임스 띵」)

꺼내다 ①속이나 안에 들어 있는 물건 따위를 손이나 도구를 이용하여 밖으로 나오게 하다. ②마음속의 생각 따위를 말로 드러내 놓기 시작하다.

꺼내는 ＊먼지를 꺼내는데도 책을 꺼내는 게 아니라/먼지를 꺼내는데도 유리문을 열고/육중한 유리문이 열릴 때마다 울리고/울려지고 돌고 돌려지고(「의자가 많아서 걸린다」)

꺼내는데도 ＊먼지를 꺼내는데도 책을 꺼내는 게 아니라/먼지를 꺼내는데도 유리문을 열고/육중한 유리문이 열릴 때마다 울리고/울려지고 돌고 돌려지고(「의자가 많아서 걸린다」)

꺼리다 ①사물이나 일 따위가 자신에게 해가 될까 하여 피하거나 싫어하다. ②개운치 않거나 언짢은 데가 있어 마음에 걸리다.

꺼리는 ＊비 오는 거리에는/40명가량의 취객들이 모여들었고/집에 돌아와서 제일 마음에 꺼리는 것이/아는 사람이/이 캄캄한 범행의 현장을/보았는가 하는 일이었다(「죄와 벌」)

꺼멓다 물체의 빛깔이 조금 지나치게 검다. '거멓다'보다 센 느낌을 준다.

꺼먼 ＊친구가 일어나서 창밖으로 침을 뱉고 아래로 내려갔다 오더니 또 술을 마시러 내려가자고 한다//기진맥진한 몸을 간신히 일으켜서/차가운 이를 건져서 끼고 따라서 내려간다/그중 끝의 방문을 열고 보니 꺼먼 사람이 셋이나 앉았다(「미숙한 도적」) ＊지금은 이 번잡한 현실 위에 하나하나 환상을 붙여서 보지 않아도 좋다/꺼먼 얼굴이며 노란 얼굴이며 찌그러진 얼굴이며가 모두 환상과 현실의 중간에 서서 있기에(「거리2」)

꺼멓게 ＊나를 몰라보면 아니 된다 나의 怒氣는 타당하니까/눈은, 짓밟힌 눈은, 꺼멓게 짓밟히고 있는 눈은(「제임스 띵」)

꺼부러지다 ①큰 물체의 높이나 부피 따위가 점점 줄어지다. ②기운이 빠져 몸이 구부러지거나 생기가 없이 아주 나른해지다.

꺼부러지고 ＊나의 두 어깨는 꺼부러지고/영사판 위에 비치는 길 잃은 비둘기와 같이 가련하게 된다(「영사판」)

꺼지다¹ ①불 따위가 사라져 없어지거나 걸렸던 시동이 도로 죽다. ②거품 따위가 가라앉아 사라지다. ③분노 따위의 심리적 현상이 사라지거나 풀어지다. ④목숨이 끊어지다. ⑤눈앞에서 안 보이게 없어지다.

꺼져라 ＊아아 보기 싫은 머리에 두툼한 어깨는/허위의 상징/꺼져라 20년 전의 악마야(「네 얼굴은」)

꺼졌다 ＊그 찰나에 꺼졌다 살아났다/너의 얼굴은 그만큼 불안하다//번개처럼/번개처럼/금이 간 너의 얼굴은(「사랑」) ＊바람의 고개는 자기가 일어서는줄/모르고 자기가 가 닿은 언덕을/모르고 거룩한 산에 가 닿기/전에는 즐거움을 모르고 조금/안 즐거움이 꽃으로 되어도/그저 조금 꺼졌다 깨어나고(「꽃잎1」)

꺼지다² ①물체의 바닥 따위가 내려앉아 빠지다. ②신체의 일부가 우묵하게 들어가다.

꺼지듯 ＊흡반 같은 나의 대문의 명패보다도/정체 없는 놈/더운 날/눈이 꺼지듯 적이 꺼진다(「적」)

꺾기 상대편의 관절을 꺾거나 비틀어서 움직

이지 못하게 하는 행동. *여름 뜰이여/크레인의 강철보다 더 강한 익어가는 황금빛을 꺾기 위하여/너의 뜰을 달려가는 조고마한 동물이라도 있다면(「여름 뜰」)

꺾다 ①길고 탄력이 있거나 단단한 물체를 구부려 다시 펴지지 않게 하거나 아주 끊어지게 하다. ②얇은 물체를 구부리거나 굽히다. ③몸의 한 부분을 구부리거나 굽히다. ④생각이나 기운 따위를 제대로 펴지 못하게 억누르다. ⑤목청이나 곡조 따위를 한껏 높였다가 갑자기 낮추다. ⑥술을 마시다.

꺾는 *시를 쓰는 마음으로/꽃을 꺾는 마음으로/자는 아이의 고운 숨소리를 듣는 마음으로/죽은 옛 연인을 찾는 마음으로/잃어버린 길을 다시 찾은 반가운 마음으로/우리가 찾은 혁명을 마지막까지 이룩하자[…]시를 쓰는 마음으로/꽃을 꺾는 마음으로/자는 아이의 고운 숨소리를 듣는 마음으로/죽은 옛 연인을 찾는 마음으로/잃어버린 길을 다시 찾은 반가운 마음으로/우리는 우리가 찾은 혁명을 마지막까지 이룩하자(「기도」)

꺾지 *라디오의 시종을 고하는 소리 대신에 西道歌와/목사의 열띤 설교 소리와 심포니가 나오지만/ 이 소음들은 나의 푸른 풀의 가냘픈/ 영상을 꺾지 못하고(「풀의 영상」)

껄껄 매우 시원스럽고 우렁찬 목소리로 못 참을 듯이 웃는 소리. *이번에는 우리가 의젓하게 그놈의 사진을 밑씻개로 하자/허허 웃으면서 밑씻개로 하자/껄껄 웃으면서 구공탄을 피우는 불쏘시개라도 하자(「우선 그놈의 사진을 떼어서 밑씻개로 하자」)

껌벅거리다 ①큰 불빛이나 별빛 따위가 자꾸 어두워졌다 밝아 졌다 하다. ②큰 눈이 자꾸 감겼다 뜨였다 하다. ☞ 껌벅껌벅.

껌벅거리고 *갯벌에 고인 게으른 물이/벌레가 뜰 때마다 눈을 껌벅거리고/그것이 보기 싫어지기 전에/그것을 차단할/가까운 거리의 부엌문이 있고(「이사」)

껌벅껌벅 ①큰 불빛이나 별빛 따위가 자꾸 어두워졌다 밝아졌다 하는 모양. ②큰 눈이 자꾸 감겼다 뜨였다 하는 모양. ☞ 껌벅거리다. *껌벅껌벅/두 눈을/감아 가면서/아주/금방 곯아떨어질 것/같은데/밥보다도/더 소중한/

잠이 안 오네(「〈4·19〉시」)

껍질 딱딱하지 않은 물체의 겉을 싸고 있는 질긴 물질의 켜. 껍데기. *삶은 계란의 껍질이/벗겨지듯/묵은 사랑이/벗겨질 때/붉은 파밭의 푸른 새싹을 보아라(「파밭 가에서」)

껴안는다 ①두 팔로 감싸서 품에 안는다. ②혼자서 여러 가지 일을 떠맡다.

껴안아도 *나들이를 갔다 온 씻은 듯한 마음에 오늘밤에는 아내를 껴안아도 좋으리/밋밋한 발회목에 내 눈이 자꾸 가네(「사치」)

꼬 닭의 울음 소리. *「꼬오, 꼬, 꼬, 꼬, 꼬오, 꼬, 꼬, 꼬, 꼬」/두 줄기로 뻗어올라가던 놈이/한 줄기가 더 생긴 것이 며칠 전이었나(「등나무」)

꼬다 ①가는 줄 따위의 여러 가닥을 비비면서 엇감아 한 줄로 만들다. ②몸의 일부분을 이리저리 뒤틀다.

꼬고 *8·15 후에 김병욱이란 시인은 두 발을 뒤로 꼬고/언제나 일본여자처럼 앉아서 변론을 일삼았지만(「거대한 뿌리」) *매춘부 젊은애들, 때묻은 발을 꼬고 앉아서/유부우동 먹고 있는 것을 보다가 생각한 것(「엔카운터 誌」)

꼬래비 꼴찌. 차례의 맨 끝. *그래도 정 허튼 소리가/필요하거든//나는 대한민국에서는/제일이지만/이북에 가면야/꼬래비지요(「허튼소리」)

꼬리 ①동물의 꽁무니나 몸뚱이의 뒤 끝에 붙어서 조금 나와 있는 부분. 짐승에 따라 조금씩 모양이 다름. ②사물의 한쪽 끝에 길게 내민 부분을 비유적으로 이르는 말. ③사람을 찾거나 쫓아갈 수 있을 만한 흔적.

꼬리 치다 아양을 떨다. *오징어발에 말라붙은 새처럼 꼬리만 치지 않으면 돼/입만 반드르르하게 닦아놓으면 돼[…]9월이 와도 꼬리만 치지 않으면 돼[…]겨자씨같이 조그맣게 살면서/장시만 장시만 안 쓰면 돼/오징어발에 말라붙은 새처럼 꼬리만 치지 않으면 돼(「장시 1」)

꼭 ①어떤 일이 있어도 반드시. ②조금도 어김없이. *시금치밭에 앉은 흑나비와 주홍나비 모양으로/나의 과거와 미래가 숨바꼭질만 한다「적이 어디에 있느냐?」/「적은 꼭 있어야 하느냐?」(「적」) ＊그런 사마귀가 나의 아들놈의 눈 아래에/있는 것을 발견하고 나도 꼭 빼주어야/하겠다고 결심한 일이 있었다 그런데/내 눈 아래에 다시 생긴 사마귀는/구태여 빼지 않을 작정이었다(「반달」)

꼴 ①사물의 모양새나 됨됨이. ②사물의 모양새나 됨됨이를 낮잡아 이르는 말. ③어떤 형편이나 처지 따위를 낮잡아 이르는 말. ＊폴리號 태풍이 일기 시작하는 여름밤에/아내가 마루에서 거미를 잡고 있는/꼴이 우습다(「거미잡이」)

꽂다 ①쓰러지거나 빠지지 아니하게 박아 세우거나 끼우다. ②내던져서 거꾸로 박히게 하다.

꽂는다 ＊지금 나는 21개국의 정수리에/사랑의 깃발을 꽂는다/당신의 눈에도 보이도록 꽂는다/그대가 봉변을 당한 식인종의 나라에도/그대가 납치를 당할 뻔한 공산국가에도/보이도록(「세계일주」)

꽂아 ＊와이셔츠 윗호주머니에는 한사코 색수건을 꽂아 뵈는 이유,/모르지?(「모르지?」)

꽂히다 끼워지다. 박히다.

꽂혀 ＊날아가던 朱雀星/깃들인 矢箭/붉은 柱礎에 꽂혀있는/반절이 과하도다(「廟庭의 노래」)

꽃 ①종자식물의 번식 기관. 모양과 색이 다양하며, 보호 기관과 긴요 기관으로 이루어지는데 보호 기관에는 꽃받침과 꽃잎, 긴요 기관에는 암술과 수술이 있음. 분류 기준에 따라 완전화와 불완전화, 단성화와 양성화, 통꽃과 갈래꽃, 풍매화와 충매화 따위로 나눔. ②꽃이 피는 식물을 통틀어 이르는 말. ③인기가 많거나 아름다운 여자를 비유적으로 이르는 말. ④아름답고 화려하게 번영하는 일을 비유적으로 이르는 말. ⑤중요하고 소중하며 핵심적인 것을 비유적으로 이르는 말. ⑥홍역 따위를 앓을 때 살갗에 좁쌀처럼 발갛게 돋아나는 것. ＊꽃이 열매의 상부에 피었을 때/너는 줄넘기 장난을 한다(「孔子의 생활난」) ＊나는 지금 자유를 연구하기 위하여『나는 자유를 선택하였다』의 두꺼운 책장을 들춰볼 필요가 없다/꽃같이 사랑하는 무수한 동지들과 함께/꽃같은 밥을 먹었고/꽃같은 옷을 입었고/꽃같은 정성을 지니고/대한민국의 꽃을 이마 위에 동여매고 싸우고 싸우고 싸워왔다(「조국에 돌아오신 傷病捕虜 동지들에게」) ＊나쁘지도 않고 좋지도 않은 꽃들/그리고 별과도 등지고 앉아서/모래알 사이에 너의 얼굴을 찾고 있는 나는 인제/늬가 없어도 산단다(「너를 잃고」) ＊저것이야말로 꽃이 아닐 것이다/저것이야말로 물도 아닐 것이다[…]꽃 꽃 꽃/부끄러움을 모르는 꽃들/누구의 것도 아닌 꽃들/너는 늬가 먹고사는 물의 것도 아니며/나의 것도 아니고 누구의 것도 아니기에/지금 마음 놓고 고즈넉이 날개를 펴라/마음대로 뛰놀 수 있는 마당은 아닐지나/(그것은「골고다」의 언덕이 아닌/현대의 가시철망 옆에 피어 있는 꽃이기에)/물도 아니며 꽃도 아닌 꽃일지나/너의 숨어 있는 인내와 용기를 다하여 날개를 펴라//물이 아닌 꽃(「九羅重花」) ＊그리하여/피로도 내가 만드는 것/긍지도 내가 만드는 것/그러할 때면은 나의 몸은 항상/한치를 더 자라는 꽃이 아니더냐(「긍지의 날」) ＊꽃은 과거와 또 과거를 향하여/피어나는 것/나는 결코 그의 種子에 대하여/말하고 있는 것은 아니다/또한 설움의 귀결을 말하고자 하는 것도 아니다/오히려 설움이 없기 때문에 꽃은 피어나고//꽃이 피어나는 순간/푸르고 연하고 길기만 한 가지와 줄기의 내면은/완전한 공허를 끝마치고 있었던 것이다//중단과 계속과 해학이 일치되듯이/어지러운 가지에 꽃이 피어오른다/과거와 미래에 통하는 꽃/견고한 꽃이/공허의 말단에서 마음껏 찬란하게 피어오른다(「꽃2」) ＊심연은 나의 붓끝에서 퍼져가고/나는 멀리 세계의 노예들을 바라본다/塵芥와 분노를 꽃으로 마구 바꿀 수 있는 나날/그러나 심연보다도 더 무서운 자기 상실에 꽃을 피우는 것은 신이고(「꽃」) ＊온돌 위에 서 있는 빌딩/하늘 위에 서 있는 꽃 위에로/하늘에서 내려오는 연령의 여유/시도 그런 여유에는 대항할 수 없고/지혜는 일어서 있는 너의 얼굴(「반주곡」) ＊시를 쓰는 마음으로/꽃을 꺾는 마음으로/자는 아이의 고운 숨소리를 듣는 마음으로/죽은 옛 연인을 찾는 마음으로/잃어버린 길을 다시 찾은 반가운 마음으로/우리가 찾은 혁명을 마지막까지 이룩하자(「기도」) ＊내 키만큼 자라나고 노란 꽃도 이제는/보잘것없이 되었는데도 밭주인은/아직도 나타나 잘라가지 않는다(「반달」) *거위의 울음소리는/밤에도 여자의 호마노색 원피스를 바람에 나부끼게 하고/강물이 흐르게 하고/꽃이 피게 하고/웃는 얼굴을 더 웃게 하고/죽은 사람을 되살아나게 한다(「거위소리」) *미역국 위에 뜨는 기름이/우리의 역사를 가르쳐준다 우리의 환희를/풀 속에서는 노란 꽃이 지고 바람소리가 그릇 깨지는/소리보다 더 서걱거린다—우리는 그것을 영원의/소리라고 부른다(「미역국」) *그의 약간의 오류는 문제가 아냐/그의 오류는 꽃이야/그 무엇이라고 말할 수 없는 나라의 수도의/한복판에서(「H」) *여름이 끝난 벽 저쪽에 서 있는 낯선 얼굴/가을이 설사를 하려고 약을 먹는다/성과 윤리의 약을 먹는다 꽃을 거두어들인다(「설사의 알리바이」) *전에는 즐거움을 모르고 조금/안 즐거움이 꽃으로 되어도/그저 조금 꺼졌다 깨어나고/…나중에 떨어져내린 작은 꽃잎 같고전에는 즐거움을 모르고 조금/안 즐거움이 꽃으로 되어도/그저 조금 꺼졌다 깨어나고(「꽃잎1」) *꽃을 주세요 우리의 고뇌를 위해서/꽃을 주세요 뜻밖의 일을 위해서/꽃을 주세요 아까와는 다른 시간을 위해서//노란 꽃을 주세요 금이 간 꽃을/노란 꽃을 주세요 하얘져 가는 꽃을/노란 꽃을 주세요 넓어져 가는 소란을//노란 꽃을 주세요 원수를 지우기 위해서/노란 꽃을 주세요 우리가 아닌 것을 위해서/노란 꽃을 주세요 거룩한 우연을 위해서//꽃을 찾기 전의 것을 잊어버리세요/ 꽃의 글자가 비뚤어지지 않게/꽃을 찾기 전의 것을 잊어버리세요/ 꽃의 소음이 바로 들어오게/꽃을 찾기 전의 것을 잊어버리세요/ 꽃의 글자가 다시 비뚤어지게//내 말을 믿으세요 노란 꽃을/못 보는 글자를 믿으세요 노란 꽃을/떨리는 글자를 믿으세요 노란 꽃을/영원히 떨리면서 빼먹은 모든 꽃잎을 믿으세요/보기 싫은 노란 꽃을(「꽃잎2」) *순자야 너는 꽃과 더워져 가는 화원의/초록빛과 초록빛의 너무나 빠른 변화에/놀라 잠시 찾아오기를 그친 벌과 나비의/소식을 완성하고[…]너는 어른도 아님을/꽃도 장미도 어제 떨어진 꽃잎도/아니고/떨어져 물 위에서 썩은 꽃잎이라도 좋고[…]꽃과 더워져 가는 화원의/꽃과 더러워져 가는 화원의/초록빛과 초록빛의 너무 빠른 변화에/놀라 오늘도 찾아오지 않는 벌과 나비의/소식을 더 완성하기까지(「꽃잎3」)

꽃밭 ①꽃을 심어 가꾼 밭. ②꽃이 많이 피어 있는 곳. ③미인 또는 여자가 많이 모인 곳을 비유적으로 이르는 말. *연기의 정체는 없어지기 위한 것이다/그리고/하필 꽃밭 넘어서/짓궂게 짓궂게 없어져 보려는/심술맞은 연기도 있는 것이다.(「연기」)

꽃송이 ①꽃자루 위의 꽃 전체를 이르는 말. ②앞날이 기대되는 어린 사람을 비유적으로 이르는 말. *저것이야말로 꽃이 아닐 것이다/저것이야말로 물도 아닐 것이다//눈에 걸리는 마지막 물건이 무엇이냐고 물어보는 듯/영롱한 꽃송이는 나의 마지막 인내를 부숴버리려고 한다[…]나란히 옆으로 가로 세로 위로 아래로 놓여 있는 무수한 꽃송이와 그 그림자(「九羅重花」)

꽃잎 꽃을 이루고 있는 낱낱의 조각. *사실은 벌써 滅하여 있을 너의 꽃잎 위에/이중의 봉오리를 맺고 날개를 펴고/죽음 위에 죽음 위에 죽음을 거듭하리/구라중화(「九羅重花」) *언뜻 보기엔 임종의 생명 같고/바위를 뭉개고 떨어져내릴/한 잎의 꽃잎 같고/혁명 같고/먼저 떨어져내린 큰 바위 같고/나중에 떨어진 작은 꽃잎 같고/나중에 떨어져내린 작은 꽃잎 같고전에는 즐거움을 모르고 조금/안 즐거움이 꽃으로 되어도/그저 조금 꺼졌다 깨어나고(「꽃잎1」) *내 말을 믿으세요 노란 꽃을/못 보는 글자를 믿으세요 노란 꽃을/떨리는 글자를 믿으세요 노란 꽃을/영원히 떨리면서 빼먹은 모든 꽃잎을 믿으세요/보기 싫은 노란 꽃을(「꽃잎2」) *너는 어린애가 아님을/너는 어른도 아님을/꽃도 장미도 어제 떨어진 꽃잎도/아니고/떨어져 물 위에서 썩은 꽃잎이라도 좋고/썩는 빛이 황금빛에 닮은 것이 순자야(「꽃잎3」)

꽉 ①힘을 주어 누르거나 잡거나 묶는 모양. ②가득 차거나 막힌 모양. ③슬픔이나 괴로움 따위의 감정을 드러내지 아니하려고 애써 참거나 견디는 모양. *낡은 대문 사이에 매일같이 흐르는 강물이 오늘에야 비로소 꽉 차 있

꾀하다 ①계획하다. ②어떤 일을 이루거나 해결하려고 노력하다.
　꾀하고 ＊나는 도적이 이 철사의 반환을 꾀하고 있다고/생각한다 우리집 건넌방의 캐비닛을/노리고 있다고는 생각되지 않는다 아마/그럴지도 모르지만(「도적」)

꾸다¹ 꿈을 보다.
　꾸는 ＊나 역시 이 마당에 무슨 원한이 있겠느냐/비록 내가 자란 터전같이 호화로운/꿈을 꾸는 마당이라고 해서(「휴식」)

꾸다² 뒤에 도로 갚기로 하고 남의 것을 얼마 동안 빌려 쓰다.
　꾸러 ＊5만 원을 무이자로 돌려보려고/피를 안 흘리려고 생전 처음으로 돈 가진 친구한테/정식으로 돈을 꾸러 가서 안 됐지(「이혼 취소」)

꾸루룩거리다 ①사람의 배 속이나 그릇 속의 액체 따위가 몹시 끓다. ②닭이 매우 놀라다. ③액체가 작은 구멍으로 가까스로 빠져나오다.
　꾸루룩거리는 ＊설파제를 먹어도 설사가 막히지 않는다/하룻동안 겨우 막히다가 다시 뒤가 들먹들먹한다/꾸루룩거리는 배에는 푸른색도 흰색도 敵이다(「설사의 알리바이」)

꾸부러지다 한쪽으로 구붓하게 휘어지다. '구부러지다'보다 센 느낌을 준다.
　꾸부러진 ＊원한이 솟는 가슴속에서 발사되는/포탄은 어두운 하늘을 날아간다/빛이 없는 둥근 하늘에서는/검은 포탄의 꾸부러진 哭聲이/정신의 주변보다 더 간지러웁고(「조그마한 세상의 지혜」)

꾸불텅거리다 느슨하게 구부러져 있는 상태가 잇따라 계속되다. '구불텅거리다'보다 센 느낌을 준다.
　꾸불텅거리면서 ＊나의 프레이저의 책 속의 낱말이/송충이처럼 꾸불텅거리면서 어찌나 지겨워 보이던지/이렇게 돼서야 그만이지/어떻게든지 체면을 차려볼 궁리 좀 해야지(「파자마 바람으로」)

꾸지람 아랫사람의 잘못을 꾸짖는 말. ＊내가 나가토(長門)라는 여가수도 같이 갔느냐고/농으로 물어보려는데/누가 벌써 재빨리 말꼬리를 돌렸다……/신은 곧잘 이런 꾸지람을 잘한다(「나가타 겐지로」)

꾸짖다 주로 아랫사람의 잘못에 대하여 엄격하게 나무라다.
　꾸짖는 ＊그리고 이러한 변명이 지루하다고 꾸짖는 독자에 대하여는/한마디 드려야 할 정당한 이유의 말이 있다(「조국에 돌아오신 傷病捕虜 동지들에게」) ＊내가 어느 날 그에게〈魔神〉이라고 별명을 붙였더니/그는 대뜸／〈오빠는 어머니보다도 더 완고하다〉고 하면서/나를 도리어 꾸짖는 척한다(「백의」)
　꾸짖어 ＊그리고/나는 이미 정하여진 물체만을 보기로 결심하고 있는데/만약에 또 어느 나의 친구가 와서 나의 꿈을 깨워주고/나의 그릇됨을 꾸짖어주어도 좋다(「구름의 파수병」)
　꾸짖지 ＊(그가 나를 진심으로 꾸짖지 않았다는 것을 나는 그의 은근하고 매혹적인 표정에서 능히 감득할 수 있었다)──비참한 것은 백의이다(「백의」)

꿀벌 ①꿀벌과 아피스속의 벌을 통틀어 이르는 말. 인도종, 서양종, 동양종 따위가 있음. ②꿀벌과의 곤충. 몸의 색깔은 어두운 갈색이고 날개는 희고 투명. 한 마리의 여왕벌을 중심으로 집단 생활을 하며 여왕벌과 수벌은 새끼를 치는 일만 하고 일벌이 꿀을 따다 나름. ＊너무 조용한 것도 병이다/너무 생각하는 것도 병이다/그것이 실개울의 물소리든/꿩이 푸다닥거리고 날아가는 소리든/하도 심심해서 정찰을 나온 꿀벌의 소리든/무슨 소리는 있어야겠다(「伏中」)

꿈 ①잠자는 동안에 깨어 있을 때와 마찬가지로 여러 가지 사물을 보고 듣는 정신 현상. ②실현하고 싶은 희망이나 이상. ③실현될 가능성이 아주 적거나 전혀 없는 헛된 기대나 생각. ＊일찍이 현실의 출발을 하지 못한 것을 뉘우치며/오늘밤도 보아야 할 죽순의 거치러운/꿈은/완전히 무시를 당하고 나서야/비로소 안심할 수 있는/부끄러움이 없는/부끄러움을 더한층 뜻있게 하기 위하여(「付託」) *그리하여 달아나오던 날 새벽에 파묻었던 총과 러시아 군복을 사흘을 걸려서 찾아내고 겨우 총살을 면하던 꿈 같은 일을 생각한다(「조국에 돌아오신 傷病捕虜 동지들에게」) *어둠 속에서 일순간을 다투며/없어져버린 애처롭고 아름답고 화려하고 부박한 꿈을 찾으려 하는 것은(「구슬픈 육체」) *내가 살기 위하여/몇 개의 번개 같은 환상이 필요하다 하더라도/꿈은 교훈/청춘 물 구름(「긍지의 날」) *마당은 주인의 마음이 숨어 있지 않은 것처럼 安穩한데/나 역시 이 마당에 무슨 원한이 있겠느냐/비록 내가 자란 터전같이 호화로운/꿈을 꾸는 마당이라고 해서(「휴식」) *구름도 필요 없고/항구가 없어도 아쉽지 않은/내가 바로 바라다보는/저 허연 석회 천정—/저것도/꿈이 아닌 꿈을 가리키는/내일의 지도다(「거리1」) *그리고/나는 이미 정하여진 물체만을 보기로 결심하고 있는데/만약에 또 어느 나의 친구가 와서 나의 꿈을 깨워주고/나의 그릇됨을 꾸짖어주어도 좋다[…]날아간 제비와 같이 자국도 꿈도 없이/어디로인지 알 수 없으나/어디로이든 가야 할 반역의 정신/나는 지금 산정에 있다—/시를 반역한 죄로/이 메마른 산정에서 오랫동안 꿈도 없이 바라보아야 할 구름/그리고 그 구름의 파수병인 나(「구름의 파수병」) *한없이 풀어지는 피곤한 마음에도/너는 결코 서둘지 말라/너의 꿈이 달의 행로와 비슷한 회전을 하더라도/개가 울고 종이 들리고/기적소리가 과연 슬프다 하더라도/너는 결코 서둘지 말라(「봄 밤」) *이제 꿈을 다시 꿀 필요가 없게 되었나 보다/나는 커단 서른아홉 살의 중턱에 서서/서슴지 않고 꿈을 버린다(「달밤」) *마당에 서리가 내린 것은 나에게 상상을 그치라는 신호다/그 대신 새벽의 꿈은 구체적이고 선명하다/꿈은 상상이 아니지만 꿈을 그리는 것은 상상이다/술이 상상이 아니지만 술에 취하는 것이 상상인 것처럼/오늘부터는 상상이 나를 상상한다(「우리들의 웃음」) *눈은, 짓밟힌 눈은, 꺼멓게 짓밟히고 있는 눈은/타당하니까 신·구의 교체식을 그 이튿날/꿈에까지 보이게 해서는 아니 된다[…]언청이야 언청이야 이 발쟁이야 너의/보꾹에 바른 신문지의 활자가

즐거웁구나/교정을 보았구나 나의 毒氣야/가벼운 겨울의 꿈이로구나 나의 독기야/꿈이로구나//쓸데없는 것이었다 저것이었다/너의 보꾹에 비친 활자이었다 거기에/그어진 붉은 잉크였다 인사를 하지 않은/나의 친구야 거만한 꿈은 사위어간다/내 잘못이 인제는 다 보인다//불 피우는 소리처럼 다 들리고/재 섞인 연기처럼 다 맡힌다 정정이 필요 없는/겨울의 꿈 깨어진 유리의 제임스 띵/이제는 죽어서 불을 쬐인다/빠개진 난로에 발을 굽는다 시꺼먼 양말을 자꾸 비빈다(「제임스 띵」) *돈의 꿈이 길어지고 짧아지고 타락의/길이도 표준이 없어지고 먼지가 다시 생기고/갱이 생기고 그늘이 생기고 돌이 쇠가/구리가 먼지가 생기고(「먼지」) *원효 대신 원효 대신 마이크로가/간다 「제니의 꿈」의 허깨비가/간다 연기가 가고 연기가 나타나고/마술의 원효가 이리 번쩍(「원효대사」)

꿈꾸다 ①꿈을 꾸는 상태에 있다. ②속으로 어떤 일이 이루어지기를 은근히 바라거나 뜻을 세우다.

꿈꾸고 *확실히 어리석음에서 나오는 것은 아닐 텐데—극장이여/나도 지나간 날에는 배우를 꿈꾸고 살던 때가 있었단다(「거리2」)

꿈속 ①꿈을 꾸는 동안. ②어떤 일에 열중하여 다른 일을 까맣게 잊은 채 명하게 있는 상태. *배가 부를 때도 목이 마를 때도/연애를 할 때도 졸음이 올 때도 꿈속에서도/깨어나서도 또 깨어나서도 또 깨어나서도……/수업을 할 때도 퇴근시에도/사이렌 소리에 시계를 맞출 때도 구두를 닦을 때도……/우리들의 싸움은 쉬지 않는다(「하…… 그림자가 없다」) *모든 게 중단이다 소리도 思念도 죽어라/중단이다 명령이다/부정 기적인 중단/부정 기적인 위협—/이러면 하루종일/밤의 꿈속에서도/당당한 피아노가 울리게 마련이다(「피아노」)

꿈틀거리다 이리저리 꾸부리어 자꾸 움직이다.

꿈틀거리는 *煙氣는 누구를 위하여 일을 하는 것도 아니다/해발 이천육백 척의 고지에서/지렁이같이 꿈틀거리는 바닷바람이 무섭다고/구름을 향하여 도망하는 놈(「연기」)

꿩 꿩과의 새. 닭과 비슷한 크기인데, 알락달

락한 검은 점이 많고 꼬리가 길고, 수컷은 목이 푸른색이고 그 위에 흰 줄이 있으며 암컷보다 크게 움. 암컷은 수컷보다 작고 갈색에 검은색 얼룩무늬가 있음. 수컷은 장끼, 암컷은 까투리라 부름. 5~6월에 6~10개의 알을 낳으며 한국, 일본, 중국 동북부 등지에 분포. *너무 생각하는 것도 병이다/그것이 실개울의 물소리든/꿩이 푸다닥거리고 날아가는 소리든/하도 심심해서 정찰을 나온 꿀벌의 소리든/무슨 소리는 있어야겠다(「伏中」)

꿰뚫다 ①이쪽에서 저쪽까지 꿰어서 뚫다. ②길 따위가 통하여 나가거나 강물 따위가 가로질러 흐르다. ③어떤 일의 내용이나 본질을 잘 알다.

꿰뚫는 *이 무언의 말/하늘의 빛이요 물의 빛이요 우연의 빛이요 우연의 말/죽음을 꿰뚫는 가장 무력한 말/죽음을 위한 말 죽음에 섬기는 말(「말」(1964))

끄다 ①타는 불을 못 타게 하다. ②전기나 동력이 통하는 길을 끊다. ③빛이나 급한 일 따위를 해결하다.

끄고 *불을 끄고 누웠다가/잊어지지 않는 것이 있어/다시 일어났다(「구슬픈 육체」) *흐린 봄철 어느 오후의 무거운 日氣처럼/그만한 우울이 또한 필요하다/세상을 속지 않고 걸어가기 위하여/나는 담배를 끄고/누구에게든지 신경질을 피우고 싶다(「바뀌어진 지평선」)

끄자 *의지의 저쪽에서 영위하는 아내여/길고긴 오늘밤에 나의 사치를 받기 위하여/어서어서 불을 끄자/불을 끄자(「사치」)

끈 ①물건을 매거나 꿰거나 하는 데 쓰는 가늘고 긴 물건. 노, 줄, 실, 헝겊 오리, 가죽 오리 따위가 있음. ②물건에 붙어서 잡아매거나 손잡이로 쓰는 물건. ④의지할 만한 힘이나 연줄. *팽이가 돈다/팽이가 돈다/팽이 밑바닥에 끈을 돌려 매이니 이상하고/손가락 사이에 끈을 한끝 잡고 방바닥에 내어던지니/소리없이 회색빛으로 도는 것이/오래 보지 못한 달나라의 장난 같다(「달나라의 장난」)

끊다 ①실, 줄, 끈 따위의 이어진 것을 잘라 따로 떨어지게 하다. ②관계를 이어지지 않게 하다. ③하던 일을 하지 않거나 멈추게 하다. ④습관처럼 하던 것을 더 이상 하지 않다. ⑤공급하던 것을 중단하다. ⑥길 따위의 통로를 막다. ⑦말을 잠시 중단하다. ⑧말이나 문장 따위에서 사이를 두다.

끊어 *병풍은 무엇에서부터라도 나를 끊어준다/등지고 있는 얼굴이여/주검은 취한 사람처럼 멋없이 서서/병풍은 무엇을 향하여서도 무관심하다(「병풍」)

끊어야 *주검에 숲面 같은 너의 얼굴 위에/용이 있고 落日이 있다/무엇보다도 먼저 끊어야 할 것이 설움이라고 하면서/병풍은 허위의 높이보다도 더 높은 곳에/飛瀑을 놓고 幽島를 점지한다(「병풍」)

끊었던 *끊었던 술을 다시 마시면서 사랑의 복습을 하는 셈인가/뚱뚱해진 몸집하고 푸르스름해진 눈자위가 아무리 보아도 설어 보인다[…]끊었던 술을 다시 마시는데 유행가처럼/아무리 마셔도 안 취하는 술/피안도 사투리를 마시고 있나(「滿洲의 여자」)

끊을 *늬가 끊을 수 있는 것은 오직 생사의 線條뿐/그러나 그 비애에 찬 선조도 하나가 아니기에/너는 다시 부끄러움과 躊躇를 품고 숨가빠하는가(「九羅重花」)

끌다 ①바닥에 댄 채로 잡아당기다. ②바퀴 달린 것을 움직이게 하다. ③짐승을 부리다. ④남의 관심 따위를 쏠리게 하다. ⑤시간이나 일을 늦추거나 미루다. ⑥길게 빼어 늘이다. ⑦이끌다.

끌고 *여기는 도회의 중심지/고개를 두리번거릴 필요도 없이/태연하다/―일은 나를 부르는 듯이/내가 일 위에 앉아 있는 듯이/그러나 필경 내가 일을 끌고 가는 것이다/일을 끌고 가는 것은 나다(「거리1」)

끌다가 *나는 이것이 쏟고 난 뒤에도 보통때보다/완연히 한참 더 오래 끌다가 쏟았다/한번 더 고비를 넘을 수도 있었는데 그만큼/지독하게 속이면 내가 곧 속고 만다(「性」)

끌어안다 ①끌어당기어 안다. ②일이나 책임을 떠맡다.

끌어안았다 *나는 발가벗은 아내의 목을 끌어안았다/山林과 時間이 오는 것이다/서울역에는 花環이 처음 생기고/나는 秋收하고 돌아오는 伯父를 기다렸다(「아침의 유혹」)

끓어오르다 ①그릇의 물이 끓어서 넘으려고

올라오다. ②목구멍의 가래가 끓어서 위로 올라오다. ③어떠한 감정이 강하게 솟구치다.

끓어오르는 *난로 위에 끓어오르는 주전자의 물이 아슬/아슬하게 넘지 않는 것처럼 사랑의 節度는/열렬하다/間斷도 사랑(「사랑의 변주곡」)

끝 ①시간, 공간, 사물 따위에서 마지막 한계가 되는 곳. ②긴 물건에서 가느다란 쪽의 맨 마지막 부분. ③순서의 마지막. ④행동이나 일이 있은 다음의 결과. *나는 이것을 자유라고 부릅니다/그리하여 나는 자유를 위하여 출발하고 포로수용소에서 끝을 맺은 나의 생명과 진실에 대하여/아무 뉘우침도 남기려 하지 않습니다(「조국에 돌아오신 傷病捕虜 동지들에게」) *늬가 없어도 나는 산단다/억만 번 늬가 없어 설워한 끝에/억만 걸음 떨어져있는/너는 억만 개의 모욕이다(「너를 잃고」) *기진맥진한 몸을 간신히 일으켜서/차가운 이를 건져서 끼고 따라서 내려간다/그중 끝의 방문을 열고 보니 꺼먼 사람이 셋이나 앉았다() *길이 끝이 나기 전에는/나의 그림자를 보이지 않으리/적진을 돌격하는 전사와 같이/나무에서 떨어진 새와 같이(「더러운 향로」) *사막의 한 끝을 찾아가는 먼 나라의 외국 사람처럼 나는 어디로 가야 할지 모르겠다//지금은 이 번잡한 현실 위에 하나하나 환상을 붙여서 보지 않아도 좋다(「거리2」) *풀잎 끝에서 일어나듯이/태양은 자기가 내린 것을 거둬들이는데/시들은 자국을 남기지만 도처에서/도처에서/卽決하는 영혼이여/완전한 놈⋯⋯/구름 끝에 혀를 대는 잎사귀처럼/몸을 떨며/귀기울이려 할 때/그 무수한 말 중의 제일 첫마디는/「나는 졌노라⋯⋯」(「말복」) *여기에 있는 것은 중용이 아니라/踏步다 죽은 평화다 懶惰다 무위다/(단 〈중용이 아니라〉의 다음에 〈反動이다〉라는/말은 지워져 있다/끝으로 〈모두 적당히 가면을 쓰고 있다〉라는/한 줄도 빼어놓기로 한다)(「중용에 대하여」) *조그마한 용기가/필요할 뿐이다//힘은 손톱 끝의/때나 다름없고(「허튼소리」) *인제는 산단다/오히려 더/착실하게/온몸으로 살지/발톱 끝부터로의/하극상이란다(「쌀난리」) *인생의 장마의/추녀 끝 물방울 소리가/아직도 메아리를 가지고 오지 못하는/8월의 밤에/너의 방은 너무 정돈되어 있더라(「누이의 방」) *먼 데로 던지는 기적소리는/하늘 끝을 때리고 돌아오는 고무공/그리운 것은 내 귓전에 붙어 있는 보이지 않는 젤라틴紙(「장시2」) *깨꽃같이 작고 많은/맨 끝으로 신경이 가는 일/암흑에 휘날리고/나의 키를 넘어서—/병아리같이 자는 일(「깨꽃」) *바람은 딴 데에서 오고/구원은 예기치 않은 순간에 오고/절망은 끝까지 그 자신을 반성하지 않는다(「절망」(1965)) *욕망이여 입을 열어라 그 속에서/사랑을 발견하겠다 도시의 끝에/사그러져 가는 라디오의 재갈거리는 소리가/사랑처럼 들리고 그 소리가 지워지는(「사랑의 변주곡」) *증오가 가고 이슬이 번쩍이고/음악이 오고 변화의 시작이 오고/변화의 끝이 가고 땅 위를 걷고 있는/발자국소리가 가슴을 펴고 웃고/[⋯]죽은 행동이 계속된다 너와 내가 계속되고/전화가 울리고 놀라고 놀래고/끝이 없어지고 끝이 생기고 겨우/망각을 실현한 나를 발견한다(「먼지」) *우주시대의 마이크로웨이브에 탄/원효대사의 민활성 바늘 끝에/묻은 죄와 먼지 그리고 모방/술에 취해서 쓰는 시여(「원효대사」)

끝나다 ①일이 다 이루어지다. ②시간이나 공간에서 이어져 있던 것이 다 되어 없어지다. ③끝장나다.

끝나거든 *괴로운 설사가 끝나거든 입을 다 물어라 누가/보았는가 무엇을 보았는가 일절 말하지 말아라/그것이 우리의 증명이다(「설사의 알리바이」)

끝나고 *말갛게 행주질한 비어홀의 카운터에/돈을 거둬들인 카운터 위에/적막이 오듯이/혁명이 끝나고 또 시작되고/혁명이 끝나고 또 시작되는 것은[⋯]가다오 가다오/〈4월 혁명〉이 끝나고 또 시작되고/끝나고 또 시작되고 끝나고 또 시작되는 것은(「가다오 나가다오」) *앞의 2층집이 신축을 하고 담을 두르고/가시철망을 칠 때 우리도 그 철망을 치던/일꾼을 본 일이 있다/그 일꾼이 우리집 마당에다 그놈을 팽개/쳤다 그것을 그놈이 일이 끝나고 나서(「도적」)

끝난 *여름이 끝난 벽 저쪽에 서 있는 낯선 얼굴/가을이 설사를 하려고 약을 먹는다/성과 윤리의 약을 먹는다 꽃을 거두어들인다(「설사의 알리바이」)

끝났소 *어서 일을 해요 변화는 끝났소/어서 일을 해요/미지근한 물이 고인 조그마한 논과/대숲 속의 초가집과/나무로 만든 장기와/게으르게 움직이는 물소와/(아니 물소는 호남 지방에서는 못 보았는데)/덜컥거리는 수레와//어서 또 일을 해요 변화는 끝났소(「시」(1961))

끝났어 *털털거리는 수레에다는 기름을 주라/욕심은 끝났어/논도 얼어붙고/대숲 사이로 침입하는 무자비한 푸른 하늘(「시」(1961))

끝났어요 *미친놈 뽄으로 어서 또 가요 변화는 끝났어요/어서 또 가요/실 같은 바람 따라 어서 또 가요(「시」(1961))

끝마치다 일을 끝내어 마치다.
끝마치고 *꽃이 피어나는 순간/푸르고 연하고 길기만 한 가지와 줄기의 내면은/완전한 공허를 끝마치고 있었던 것이다(「꽃2」)

끝없이 끝나는 데가 없거나 제한이 없이. *나는 이렇게도 가련한 놈 어느 사이에/자꾸자꾸 소심해져만 간다/동요도 없이 반성도 없이/자꾸자꾸 소인이 돼간다/속돼간다 속돼간다/끝없이 끝없이 동요도 없이(「강가에서」)

끼다¹ 벌어진 사이에 무엇을 넣고 죄어서 빠지지 않게 하다.
끼고 *기진맥진한 몸을 간신히 일으켜서/차가운 이를 건져서 끼고 따라서 내려간다/그중 끝의 방문을 열고 보니 꺼먼 사람이 셋이나 앉었다()

끼다² ①안개나 연기 따위가 퍼져서 서리다. ②때나 먼지 따위가 엉겨 붙다. ③이끼나 녹 따위가 물체를 덮다. ④얼굴이나 목소리에 어떤 기미가 어리어 돌다.
낀 *함부로 흘리는 피가 싫어서/이다지 낡아빠진 생활을 하는 것은 아니리라/먼지 낀 잡초 위에/잠자는 구름이여(「구름의 파수병」)

끼이다 ①틈새에 박히다. ②무리 가운데 섞이다.
끼여 *너의 앞에서는 우둔한 얼굴을 하고 있어도 좋았다/백년이나 천년이 결코 긴 세월이 아니라는 것은/내가 사랑의 테두리 속에 끼여 있기 때문이 아니리라/추한 나의 발밑에서 풍뎅이처럼 너는 하늘을 보고 운다(「풍뎅이」) *聖人은 처를 적으로 삼았다/이 한국에서도 눈이 뒤집힌 사람들/틈에 끼여 사는 처와 처들을 본다/오 결별의 신호여(「적2」)
끼이게 *4면의 신문 위에 6호 활자가 몇천 개 박혀 있는지 모르지만 너의 상상에서는 실제의 수십 배는 담겨 있으리라/이 무수한 활자 가운데에/신문기자인 너의 기사도/매일 조금씩은 끼이게 되는데(「기자의 정열」)

끼치다 ①소름이 돋아나다. ②기운이나 냄새 따위가 덮치듯이 확 밀려들다.
끼치는 *우선 가까운 곳에서부터/차례차례로/다소곳이/조용하게/미소를 띠우면서/극악무도한 소름이 더덕더덕 끼치는/그놈의 사진일랑 소리없이/떼어 치우고—(「우선 그놈의 사진을 떼어서 밑씻개로 하자」)

낑낑거리다 자꾸 낑낑 소리를 내다. 낑낑대다.
낑낑거리고 *햇빛에는 겨울보리에 싹이 트고/강아지는 낑낑거리고/골짜기들은 평화롭지 않으냐—/평화의 의지를 말하고 있지 않으냐//울고 간 새와/울러 올 새의/적막 사이에서(「冬麥」)

나 ①말하는 이가 대등한 관계에 있는 사람이나 아랫사람을 상대하여 자기를 가리키는 일인칭 대명사. 주격 조사 '가'나 보격 조사 '가'가 붙으면 '내'가 됨. ②남이 아닌 자기 자신. ③자아(自我). *나는 발산한 형상을 구하였으나/그것은 작전 같은 것이기에 어려웁다//국수—이태리어로는 마카로니라고/먹기 쉬운 것은 나의 叛亂性일까//동무여 이제 나는 바로 보마/사물과 사물의 생리와/사물의 수량과 한도와/사물의 우매와 사물의 명석성을//그리고 나는 죽을 것이다(「孔子의 생활난」) *나는 이 책을 멀리 보고 있다/그저 멀리 보고 있는 것이 타당한 것이므로/나는 괴롭다/오— 그와 같이 이 서적은 있다/그 책장은 번쩍이고/연해 나는 괴로움으로 어찌할 수 없이/이를 깨물고 있네!(「가까이 할 수 없는 서적」) *나는 또 하나의 해협을 찾았던 것이 어리석었다//기회와 油滴 그리고 능금/올바로 정신을 가다듬으면서/나는 수없이 길을 걸어왔다(「아메리카 타임 誌」) *倒立한 나의 아버지의/얼굴과 나여//나는 한번도 이[蝨]를/보지 못한 사람이다//어두운 옷 속에서만/이는 사람을 부르고/사람을 울린다//나는 한번도 아버지의/수염을 바로는 보지/못하였다(「이[蝨]」) *진정 나는 기계주의적 판단을 잊고 시들어갑니다/마차를 타고 가는 사람이 좋지 않아요/웃고 있어요/그것은 그림/토막방 안에서 나는 우주를 잡을 듯이 날뛰고 있지요/고운 神이 이 자리에 있다면/나에게 무엇이라고 하겠나요/아마 잘 있으라고 손을 휘두르고 가지요/문턱에서./이보다 더 추운 날처럼 나는 여기서 겨울을 맞이하다가/오랜 시간이 경과된 후에도/이 웃음만은 흔적을 남기고 있을 것이라고 믿는 것은/어리석은 일/시간에 달린 기이다란 시간을 보시오/내가 어리다고 한탄하지 마시오/나는 내 가슴에/또 하나의 종지부를 찍어야 합니다.(「웃음」) *자연은 나의 몇 사람의 독특한 벗들과 함께/토끼의 탄생의 방식에 대하여/하나의 異德을 주고 갔다[…]생후의 토끼가 살기 위하여서는/전쟁이나 혹은 나의 진실성 모양으로 서서 있어야 하였다(「토끼」) *나의 飢餓처럼 그는 서서 나를 보고/나는 모오든 사람을 또한/나의 妻를 피하여/그의 얼굴을 숨어 보는 것이오/詠嘆이 아닌 그의 키와/저주가 아닌 나의 얼굴에서/오오 나는 그의 얼굴을 따라/왜 이리 조바심하는 것이오//조바심도 습관이 되고/그의 얼굴도 습관이 되며/나의 無理하는 生에서/그의 사진도 무리가 아닐 수 없이//그의 사진은 이 맑고 넓은 아침에서/또 하나 나의 팔이 될 수 없는 비참이오/행길에 얼어붙은 유리창들같이/시계의 열두시같이/재차는 다시 보지 않을 편력의 역사……//나는 모든 사람을 피하여/그의 얼굴을 숨어 보는 버릇이 있소(「아버지의 사진」) *나는 발가벗은 아내의 복을 끌어안았다/山林과 時間이 오는 것이다/서울역에는 花環이 처음 생기고/나는 秋收하고 돌아오는 伯父를 기다렸다/그래 도무지 모—두가 미칠 것만 같았다/무지무지한 坑夫는 나에게 글을 가르쳤다/그것은 千字文이 되는지도 나는 모르고 있었다/스푼과 성냥을 들고 旅館에서 나는 나왔다/물속 모래알처럼/素朴한 習性은 나의 아내의 밑소리부터 始作되었다(「아침의 유혹」) *팽이가 돈다/어린아해이고 어른이고 살아가는 것이 신기로워/물끄러미 보고 있기를 좋아하는 나의 너무 큰 눈 앞에서/아해가 팽이를 돌린다/살림을 사는 아해들도 아름다웁듯이/노는 아해도 아름다워 보인다고 생각하면서/손님으로 온 나는 이 집 주인과의 이야기도 잊어버리고/또 한번 팽이를 돌려주었으면 하고 원하는 것이

다/도회 안에서 쫓겨다니는 듯이 사는/나의 일이며/어느 소설보다도 신기로운 나의 생활이며/모두 다 내던지고/점잖이 앉은 나의 나이와 나이가준 나의 무게를 생각하면서/정말 속임 없는 눈으로/지금 팽이가 도는 것을 본다/그러면 팽이가 까맣게 변하여 서서 있는 것이다/누구 집을 가보아도 나 사는 곳보다는 여유가 있고[…]팽이가 돌면서 나를 울린다/제트기 벽화 밑의 나보다 더 뚱뚱한 주인 앞에서/나는 결코 울어야 할 사람은 아니며/영원히 나 자신을 고쳐가야 할 운명과 사명에 놓여 있는 이 밤에/나는 한사코 방심조차 하여서는 아니 될 터인데/팽이가 나를 비웃는 듯이 돌고 있다/비행기 프로펠러보다는 팽이가 기억이 멀고/강한 것보다는 약한 것이 더 많은 나의 착한 마음이기에/팽이는 지금 수천 년 전의 聖人과 같이/내 앞에서 돈다/생각하면 서러운 것인데/너도 나도 스스로 도는 힘을 위하여(「달나라의 장난」) ＊조용한 시절은 돌아오지 않았다/그 대신 사랑이 생기었다/굵다란 사랑/누가 있어 나를 본다면은/이것은 확실히 우스운 이야깃거리다/다리 밑에 물이 흐르고/나의 시절은 좁다/사랑은 고독이라고 내가 나에게/재긍정하는 것이/또한 우스운 일일 것이다//조용한 시절 대신/나의 백골이 생기었다/생활의 백골/누가 있어 나를 본다면은/이것은 확실히 무서운 이야깃거리다/다리 밑에 물이 마르고/나의 몸도 없어지고/나의 그림자도 달아난다/나는 나에게 대답할 것이 없어져도/쓸쓸하지 않았다//生活無限/苦難突起/白骨衣服/三伏炎天去來/나의 시절은 태양 속에/나의 사랑도 태양 속에/日蝕을 하고/첩첩이 무서운 晝夜/애정은 나뭇잎처럼/기어코 떨어졌으면서/나의 손 위에서 신음한다/가야만 하는 사람의 이별을/기다리는 것처럼/생활은 熱度를 측량할 수 없고/나의 노래는 물방울처럼/땅속으로 향하여 들어갈 것/애정지둔(「愛情遲鈍」) ＊추한 나의 발밑에서 풍뎅이처럼 너는 하늘을 보고 운다/그 넓은 등판으로 땅을 쓸어가면서[…]너의 이름과 너와 나와의 관계가 무엇인지 알아질 때까지/소금 같은 이 세계가 존속할 것이며/의심할 것인데/등 등판 광택 거대한 여울 미끄러져가는 나의 의지/나의 의지보다 더 빠른 너의 노래(「풍뎅이」) ＊나는 눈이 먼 암소나 다름없이 선량한데/이 공간의 넓이를 가리키면서/한꺼번에 구겨지자 없어지는 벼락과 천둥[…]내가 너의 머리 위에/너를 대신하여/벼락과 천둥을 때리는 날까지/터전이 없으면 나의 머리 위에라도/잠시 이고 다니며 길러야 할/너는 불행하기 짝이 없는 죽순이다(「付託」) ＊자유가 살고 있는 영원한 길을 찾아/나와 나의 벗이 안심하고 살 수 있는/현대의 천당을 찾아 나온 것이다//나는 원래가 약게 살 줄 모르는 사람이다/진실을 찾기 위하여 진실을 잊어버려야 하는/내일의 역설 모양으로/나는 자유를 찾아서 포로수용소에 온 것이고/자유를 찾기 위하여 有刺鐵網을 탈출하려는 어리석은 동물이 되고 말았다/「여보세요 내 가슴을 헤치고 보세요. 여기 장 발장이 숨기고 있던 烙印보다 더 크고 검은/호소가 있지요/길을 잊어버린 호소예요」/「자유가 항상 싸늘한 것이라면 나는 당신과 더 이야기하지 않겠어요[…]나는 그들이 어떻게 용감하게 싸웠느냐 것에 대한 대변인이 아니다/또한 나의 죄악을 가리기 위하여 독자의 눈을 가리고 입을 봉하기 위한 연명을 위한 阿諛도 아니다[…]나는 그들의 용감성과 또 그들의 어마어마한 戰果에 대하여 말하는 것이 아니라/그들이 싸워온 독특한 위치와 세계사적 가치를 말하는 것입니다」//「나는 이것을 자유라고 부릅니다/그리하여 나는 자유를 위하여 출발하고 포로수용소에서 끝을 맺은 나의 생명과 진실에 대하여/아무 뉘우침도 남기려 하지 않습니다」/나는 지금 자유를 연구하기 위하여 『나는 자유를 선택하였다』의 두꺼운 책장을 들춰볼 필요가 없다[…]그것이 너무나 순진한 일이었기에 잠을 깨어 일어나서/나는 예수 크리스트가 되지 않았나 하는 신성한 錯感조차 느껴보는 것이었다[…]나는 대답하였습니다/내가 포로수용소에서 나온 것은/포로로서 나온 것이 아니라[…]나는 정말 미안하다고 하였습니다/이북에서 고생하고 돌아오는/상병포로들에게 말할 수 없는 미안한 감이 듭니다[…]그리고 나는 평양을 넘어서 남으로 오다가 포로가 되었지만/내가 만일 포로가 아니 되고 그대로 거기서 죽어버렸어도/아마 나의 영혼은 부지런히 일어나서 고생하고 돌아오는/대한민국 상병포로와 UN 상병포로들에게 한마디 말을 하였을 것이다[…]나는 이것을 진정한 자유의 노래라고 부르고 싶어라!/반항의 자유/진정한 반항의 자유조차 없는 그들에게/마지막 부르고 갈/새 날을 향한 戰勝의 노래라고 부르고 싶어라![…]나의 노래가 거치럽게 되는 것을 욕하지 마라!/지금 이 땅에는 온갖 형태의 희생이 있거니/나의 노래가 없어진들/누가 나라와 민족과 청춘과/그리고 그대들의 영령을 위하여 잊어버릴 것인가!(「조국에 돌아오신 傷病捕虜 동지들에게」) ＊늬가 없어도 나는 산단다[…]모래알 사이에 너의 얼굴을 찾고 있는 나는 인제/늬가 없어도 산단다//늬가 없이 사는 삶이 보람 있기 위하여 나는 돈을 벌지 않고/늬가 주는 모욕의 억만 배의 모욕을 사기를 좋아하고/억만 인의 여자를 보지 않고 산다//나의 생활의 圓周 위에 어느 날이고/늬가 서기를 바라고/나의 애정의 원주가 진정으로 위대하여지기 바라고//그리하여 이 공허한 원주가 가장 찬란하여지는 무렵/나는 또 하나 다른 유성을 향하여 달아날 것을 알고//이 영원한 숨바꼭질 속에서/나는 또한 영원히 늬가 없어도 살 수 있는 날을 기다려야 하겠다/나는 億萬無慮의 모욕인 까닭에(「너를 잃고」) ＊그러한 생각을 함으로써 하루하루 도회의 때가 묻어가는 나의 몸을 분하다고 한탄한다/친구가 일어나서 창밖으로 침을 뱉고 아래로 내려갔다 오더니 또 술을 마시러 내려가자고 한다[…]나는 의치를 빼서 호주머니에 넣고 앉자/선뜻 인사를 하고/淫詩를 한바탕 읊었더니/여간 좋아들 하지 않는다/나이를 물어보기에 마흔여덟이라고 하니 그대로 곧이듣는다.//아침에 일어나서 나는 완전히/기진맥진하였다(「미숙한 도적」) ＊종로 네거리도 행길에 가까운 일부러 떠들썩한 찻집을 택하여 나는 앉아 있다/이것이 도회 안에 사는 나로서는 어디보다도 조용한 곳이라고 생각하고 있기 때문이다/그러한 나의 반역성을 조소하는 듯이 스무 살도 넘을까 말까 한 노는 계집애와 머리가 고슴도치처럼 부스스하게 일어난 쓰메에리의 학생복을 입은 청년이 들어와서 커피니 오트밀이니 사과니 어수선하게 벌여놓고 계통 없이 처먹고 있다/신이라든지 하느님이라든지가 어디 있느냐고 나를 고루하다고 비웃은 어제저녁의 술친구의 천박한 머리를 생각한다/그 다음에는 나는 중앙선 어느 협곡에 있는 역에서 백여 리나 떨어진 광산촌에 두고 온 잃어버린 겨울 모자를 생각한다[…]거기다가 나의 부처님을 모신 법당 뒷산에 묻혀 있는 검은 바위같이 큰 머리에는 둘레가 작아서 맞지 않아 그 모자를 쓴 기분이란 쳇바퀴를 쓴 것처럼 딱딱하다/그러나 나는 그것을 시골이라고 무관하게 생각하고 쓰고 간 것인데 결국은 잃어버리고 말았다/그것은 아까워서가 아니라/서울에 돌아온 지 일주일도 못 되는 나에게는 도회의 소음과 狂症과 속도와 허위가 새삼스럽게 밉고 서글프게 느껴지고/그러할 때마다 잃어버려서 아까웁지 않은 잃어버리고 온 모자 생각이 불현듯이 난다/저기 나의 맞은편 의자에 앉아 먹고 떠들고 웃고 있는 여자와 젊은 학생을 내가 시골을 여행하기 전에 그들을 보았더라면 대하였으리 감정과는 다른 각도와 높이에서 보게 되는 나는 내 자신의 감정이 보다 더 거만하여지고 순화되어진 탓이라고는 생각하지 않는다/나는 구태여 생각하여 본다/그리고 비교하여 본다/나는 모자와 함께 나의 마음의 한 모퉁이를 모자 속에 놓고 온 것이라고/설운 마음의 한 모퉁이를.(「시골 선물」) ＊나의 마음을 딛고 가는 거룩한 발자국소리를 들으면서/지금 나는 마지막 붓을 든다//누가 무엇이라 하든 나의 붓은 이 시대를 진지하게 걸어가는 사람에게는 치욕[…]그것을 그리려고 하는 나의 붓은 말할 수 없이 깊은 치욕//이것은 누구에게도 보이지 않을 글이기에/(아아 그러한 시대가 온다면 얼마나 좋은 일이냐)/나의 동요 없는 마음으로/너를 다시 한번 치어다보고 혹은 내려다보면서 無量의 환희에 젖는다//꽃 꽃 꽃/부끄러움을 모르는 꽃들/누구의 것도 아닌 꽃들/너는 늬가 먹고사는 물의 것도 아니며/나의 것도 아니고 누구의 것도 아니기에(「九羅重花」) ＊내가 사는 지붕 위를 흘러가는 날짐승들이/울고 가는 울음소리에도/나는 취하지 않으련다//사람이야 말할 수 없이 애처로운 것이지만/내가 부끄러운 것은 사람보다도/저 날짐승이라 할까/내가 있는 방 위에 와서 앉거나/또는 그의 그림자가 혹시나 떨어질까 보아 두려워하는 것도/나는 아무것에도 취하여 살기를 싫어하기 때문이다.//하루에 한번씩 찾아오는/수치와 고민의 순간을 너에게 보이거나/들키거나 하기가 싫어서가 아니라//나의 얇은 지붕 위에서 솔개미같은/사나운 놈이 약한 날짐승들이 오기를 노리면서 기다리고[…]나에게 시간을 가르쳐주는 것이 나는 싫다/나야 늙어가는 몸 위에 하잘것없이 앉아있으면 고만이고/너는 날아가면 고만이지만/잠시라도 나는 취하는 것이 싫다는 말이다//나의 초라한 검은 지붕에/너의 날개 소리를 남기지 말고/네가 던지는 조그마한 그림자가 무서워/벌벌 떨고 있는/나의 귀에다 너의 엷은 울음소리를 남기지 말아라/차라리 앉아 있는 기계와 같이/취하지 않고 늙어가는/나와 나의 겨울을 한층 더 무거운것으로 만들기 위하여/나의 눈이랑 한층 더 맑게 하여다오(「도취의 피안」) *비가 그친 후 어느 날—/나의 방안에 설움이 충만되어 있는 것을 발견하였다/오고 가는 것이 직선으로 혹은 대각선으로 맞닥뜨리는 것 같은 속에서/나의 설움은 유유히 자기의 시간을 찾아갔다/설움을 역류하는 야릇한 것만을 구태여 찾아서 헤매는 것은/우둔한 일인 줄 알면서/그것이 나의 생활이며 생명이며 정신이며 시대이며 밑바닥이라는 것을 믿었기 때문에—[…]하나의 가냘픈 물체에 도저히 고정될 수 없는/나의 눈이며 나의 정신이며//이 밤이 기다리는 고요한 思想마저/나는 초연히 이것을 시간 위에 얹고/어려운 몇 고비를 넘어가는 기술을 알고 있나니/누구의 생활도 아닌 이것은 확실한 나의 생활//마지막 설움마저 보낸 뒤/빈 방안에 나는 홀로이 머물러 앉아/어떠한 내용의 책을 열어보려 하는가(「방안에서 익어가는 설움」) *그것은 저 넓은 문창호의 수많은/틈 사이로 흘러들어오는 겨울바람보다도 나의 눈을 밝게 한다[…]구차한 나의 머리에/성스러운 鄕愁와 우주의 위대감을 담아주는 삽시간의 자극을/나의 가족들의 기미 많은 얼굴에 비하여 보아서는 아니 될 것이다/제각각 자기 생각에 빠져 있으면서/그래도 조금이나 부자연한 곳이 없는/이 가족의 조화와 통일을/나는 무엇이라고 불러야 할 것이냐//차라리 위대한 것을 바라지 말았으면/유순한 가족들이 모여서/죄 없는 말을 주고받는/좁아도 좋고 넓어도 좋은 방안에서/나의 위대한 所在를 생각하고 더듬어보고 짚어보지 않았으면(「나의 가족」) *내가 으스러지게 설움에 몸을 태우는 것은 내가 바라는 것이 있기 때문이다.//그러나 나는 그 으스러진 설움의 풍경마저 싫어진다.//나는 너무나 자주 설움과 입을 맞추었기 때문에/가을바람에 늙어가는 거미처럼 몸이 까맣게 타버렸다.(「거미」) *길이 끝이 나기 전에는/나의 그림자를 보이지 않으리/적진을 돌격하는 전사와 같이/나무에서 떨어진 새와 같이/적에게나 벗에게나 땅에게나/그리고 모든 것에서부터/나를 감추리[…]철망을 지나가는 비행기의/그림자보다는 훨씬 급하게/스쳐가는 나의 고독을/누가 무슨 신기한 재주를 가지고/잡을 수 있겠느냐//향로인가 보다/나는 너와 같이 자기의 그림자를 마시고 있는 향로인가 보다//내가 너를 좋아하는 원인을/네가 지니고 있는 긴 역사였다고 생각한 것은 과오였다//길을 걸으면서 생각하여 보는/향로가 이러하고/내가 그 향로와 같이 있을 때/살아있는 향로/소생하는 나/덧없는 나(「더러운 향로」) *나의 천성은 깨어졌다/더러운 붓끝에서 흔들리는 오육/바다보다 아름다운 세월을 건너와서/나는 태양을 주웠다고 생각하지는 않았지만[…]나의 명예는 부서졌다/비 대신 황사가 퍼붓는 하늘 아래/누가 지어논 무덤이냐/그러나 그 속에서 부패하고 있는 것/—그것은 나의 앙상한 생명(「PLASTER」) *나는 잠시 아름다운 統覺과 조화와 영원과 귀결을 찾지 않으려 한다//어둠 속에 본 것은 청춘이었는지 대지의 진동이었는지/나는 자꾸 땅만 만지고 싶었는데[…]아아 아아 아아/불은 켜지고/나는 쉴 사이 없이 가야 하는 몸이기에/구슬픈 육체여.(「구슬픈 육체」) *나는 노염으로 사무친 정의 소재를 밝히지 아니하고/운명에 거역할 수 있는/큰 힘을 가지고 있으면서/여기에 밀려 내려간다//등잔은 바다를 보고/살아있는 듯이 나비가 죽어 누운/무덤 앞에서/나는 나의 할 일을 생각한다//나비의 지문이/그리고 나의 나이가/무서운 인생의 공백을 가르쳐주려 할 때//

나비의 지분에/나의 나이가 덮이려 할 때/나비야/나는 긴 숲속을 헤치고/너의 무덤을 다시 찾아오마//물소리 새소리 낯선 바람소리 다시 듣고/모자의 정보다 부부의 의리보다/더욱 뜨거운 너의 입김에/나의 고독한 정신을 녹이면서 우마//오늘이 있듯이 그날이 있는/두겹 절벽 가운데에서/오늘은 오늘을 담당하지 못하니/너의 가슴 위에서는/나 대신 값없는 낙엽이라도 울어줄 것이다/나비야 나비야 더러운 나비야/네가 죽어서 지분을 남기듯이/내가 죽은 뒤에는/고독의 명맥을 남기지 않으려고/나는 이다지도 주야를 무릎쓰고 애를 쓰고 있단다(「나비의 무덤」) * 너무나 잘 아는/순환의 원리를 위하여/나는 피로하였고/또 나는/영원히 피로할 것이기에/구태여 옛날을 돌아보지 않아도/설움과 아름다움을 대신하여 있는 나의 긍지/오늘은 필경 긍지의 날인가 보다//내가 살기 위하여/몇 개의 번개 같은 환상이 필요하다 하더라도/꿈은 교훈/청춘 물 구름/피로들이 몇 배의 아름다움을 加하여 있을 때도/나의 원천과 더불어/나의 최종점은 긍지/파도처럼 요동하여/소리가 없고/비처럼 퍼부어/젖지 않는 것//그리하여/피로도 내가 만드는 것/긍지도 내가 만드는 것/그러할 때면은 나의 몸은 항상/한치를 더 자라는 꽃이 아니더냐/오늘은 필경 여러 가지를 합한 긍지의 날인가 보다/암만 불러도 싫지 않은 긍지의 날인가 보다/모든 설움이 합쳐지고 모든 것이 설움으로 돌아가는/긍지의 날인가 보다/이것이 나의 날/내가 자라는 날인가 보다(「긍지의 날」) * 고통의 映寫板 뒤에 서서/어릉대며 변하여가는 찬란한 현실을 잡으려고/나는 어떠한 몸짓을 하여야 되는가[…]나의 두 어깨는 꺼부러지고/영사판 위에 비치는 길 잃은 비둘기와 같이 가련하게 된다//고통되는 점은/피가 통하는 듯이 느껴지는 것은/비둘기의 울음소리//구 구 구구구 구구//시원치 않은 이 울음소리만이/어째서 나의 뼈를 뚫고 총알같이 날쌔게 달아나는가//이때이다―/나의 온 정신에 畵龍點睛이 이루어지는 순간이(「영사판」) * 나에게 묻은 서책의 숙련―(「서책」) * 남의 집 마당에 와서 마음을 쉬다/매일같이 마시는 술이며 모욕이며/보기 싫은 나의 얼굴이며/다 잊어버리고/돈 없는 나는 남의 집 마당에 와서/비로소 마음을 쉬다//잣나무 전나무 집뽕나무 상나무/연못 흰 바위/이러한 것들이 나를 속이는가/어두운 그늘 밑에 드나드는 쥐새끼들//마음을 쉰다는 것이 남에게도 나에게도/속임을 받는 일이라는 것을/(쉰다는 것이 무엇이라는 것을 알면서)/쉬어야 하는 설움이여/멀리서 산이 보이고/개울 대신 실가닥처럼 먼지 나는/군용로가 보이는/고요한 마당 위에서/나는 나를 속이고 역사까지 속이고/구태여 낯익은 하늘을 보지 않고/구렁이같이 태연하게 앉아서/마음을 쉬다//마당은 주인의 마음이 숨어 있지 않은 것처럼 安穩한데/나 역시 이 마당에 무슨 원한이 있겠느냐/비록 내가 자란 터전같이 호화로운/꿈을 꾸는 마당이라고 해서(「휴식」) * 나는 이 어둠을 神이라고 생각한다(「수난로」) * 오래간만에 거리에 나와보니/나의 눈을 흡수하는 모든 물건[…]―일은 나를 부르는 듯이/내가 일 위에 앉아 있는 듯이/그러나 필경 내가 일을 끌고 가는 것이다/일을 끌고 가는 것은 나다//헌 옷과 낡은 구두가 그리 모양수통하지 않다 느끼면서/나는 옛날에 죽은 친구를/잠시 생각한다[…]쇠라*여/너는 이 세상을 점으로 가리켰지만/나는/나의 눈을 찌르는 이 따가운 가옥과/집물과 사람들의 음성과 거리의 소리들을/커다란 해양의 한 구석을 차지하는/조고마한 물방울로/그려보려 하는데(「거리1」) * 너는 언제부터 세상과 배를 대고 서기 시작했느냐/너와 나 사이에 세상이 있었는지/세상과 나 사이에 네가 있었는지/너무 밝아서 나는 웃음이 나온다[…]음탕할 만치 잘 보이는 유리창/그러나 나는 너를 통하여 아무것도/보지 않고 있는지도 모른다/두려운 세상과 같이 배를 대고 있는/너의 대담성―/그래서 나는 구태여 너에게로 더 한걸음 바싹 다가서서/그리움도 잊어버리고 웃는 것이다//부끄러움도 모르고/밝은 빛만으로 너는 살아왔고/또 너는 살 것인데/투명의 대명사 같은 너의 몸을/지금 나는 은폐물같이 생각하고/기대고 앉아서(「너는 언제부터 세상과 배를 대고 서기 시작했느냐」) * 모두들 공부하는 속에 와보면 나도 옛날에 공부하던 생각이 난다/그리고 그 당시의 시대가 지금보다 훨씬 좋았다고/누구나 어른들은 말하고 있으나/나는 그 우열을 따지고 싶지는 않다/그러나 〈그때는 그때이고 지금은 지금〉이라고/구태여 달관하고 있는 지금의 내 마음에/샘솟아 나오려는 이 설움은 무엇인가/모독당한 과거일까/약탈된 소유권일까/그대들 어린 학도들과 나 사이에 놓여 있는/연령의 넘지 못할 차이일까……[…]흥분할 줄 모르는 나의 생리와/방향을 가리지 않고 서 있는 서가 사이에서[…]모두들 공부하는 속에 와보면 나도 옛날에 공부하던 생각이 난다(「국립도서관」) ＊여기는 서울 안에서도 가장 번잡한 거리의 한 모퉁이/나는 오늘 세상에 처음 나온 사람모양으로 쾌활하다/피곤을 잊어버리게 하는 밝은 태양 밑에는/모든 사람에게 불가능한 일이 없는 듯하다[…]나도 지나간 날에는 배우를 꿈꾸고 살던 때가 있었단다/무수한 웃음과 벅찬 감격이여 소생하여라/거리에 굴러다니는 보잘것없는 설움이여/진시왕만큼은 강하지 않아도/나는 모든 사람의 고민을 아는 것 같다/어두운 도서관 깊은 방에서 육중한 백과사전을 농락하는 학자처럼/나는 그네들의 고민에 대하여만은 투철한 자신이 있다//지프차를 타고 가는 어느 젊은 사람이/유쾌한 표정으로 활발하게 길을 건너가는 나에게/인사를 한다[…]사막의 한 끝을 찾아가는 먼 나라의 외국 사람처럼 나는 어디로 가야 할지 모르겠다[…]나는 식인종같이 잔인한 탐욕과 강렬한 의욕으로 그중의 하나하나를 일일이 뚫어져라 하고 들여다보는 것이지만/나의 마음은 달과 바람모양으로 서늘하다//그네, 마지막으로/돈을 버는 거리의 부인이여/잠시 눈살을 펴고/찌그러진 입술을 펴라[…]나는 오늘 세상에 처음 나온 사람모양으로 쾌활하다―코에서 나오는 쇠 냄새가 그리웁다/내가 잠겨 있는 정신의 초점은 감상과 향수가 아닐 것이다/靜寂이 나의 가슴에 있고/부드러움이 바로 내가 따라가는 것인 이상/나의 긍지는 애드벌룬보다는 좀 더 무거울 것이며/예지는 어느 煙筒보다도 훨씬 뾰죽하고 날카로울 것이다//암흑과 맞닿는 나의 생명이여/거리의 생명이여/거만과 오만을 잊어버리고/밝은 대낮에라도 검손하게 지내는 妙理를 배우자[…]바람은 면도날처럼 날카로웁건만/어디까지 명랑한 나의 마음이냐(「거리2」) ＊네가 나에게 보이고 있는 시간이란/네가 달아나는 시간밖에는 없다(「연기」) ＊나의 가슴속에 흐트러진 파편들일 것이다//너의 표피의 원활과 각도에 이기지 못하고 미끄러지는 나의 발을/나는 미워한다/방향은 애정―//구름은 벌써 나의 머리를 스쳐가고[…]너는 기류를 안고/나는 근지러운 나의 살을 안고//四星將軍이 즐비한 거대한 파티 같은 풍성하고 너그러운 풍경을 바라보면서/나에게는 잔이 없다/투명하고 가벼웁고 쇠소리 나는 가벼운 잔이 없다/그리고 또 하나 指揮鞭이 없을 뿐이다//정치의 작전이 아닌/애정의 부름을 따라서/네가 떠나가기 전에/나는 나의 조심을 다하여 너의 내부를 살펴볼까(「네이팜 탄」) ＊나는 담배를 끄고/누구에게든지 신경질을 피우고 싶다//물에 빠지지 않기 위한/생활이 비겁하다고 경멸하지 말아라/뮤즈여/나는 공리적인 인간이 아니다/내가 괴로워하기보다도/남이 괴로워하는 양을 보기 위하여서도/나에게는 약간의 경박성이 필요한 것이다/지혜의 왕자처럼/눈 하나 까딱하지 아니하고/도사리고 앉아서/나의 원죄와 회한을 생각하기 전에/너의 생리부터 해부하여 보아야겠다[…]나는 적당히 넥타이를 고쳐 매고 앉아 있다/뮤즈여/너는 어제까지의 나의 세력/오늘은 나의 지평선이 바뀌어졌다[…]나에게는 약간의 경박성이 필요하다(「바뀌어진 지평선」) ＊만약에 나라는 사람을 유심히 들여다본다고 하자/그러면 나는 내가 詩와는 반역된 생활을 하고 있다는 것을 알 것이다//먼 산정에 서 있는 마음으로 나의 자식과 나의 아내와/그 주위에 놓인 잡스러운 물건들을 본다//그리고/나는 이미 정하여진 물체만을 보기로 결심하고 있는데/만약에 또 어느 나의 친구가 와서 나의 꿈을 깨워주고/나의 그릇됨을 꾸짖어주어도 좋다[…]나는 지금 산정에 있다―/시를 반역한 죄로/이 메마른 산정에서 오랫동안 꿈도 없이 바라보아야 할 구름/그리고 그 구름의 파수병인 나(「구름의 파수병」) ＊너는 나와 함께 못난 놈이면서도 못난 놈이 아닌데/쓸데없는 도면 위에 글자만 박고 있으면 어떻게 하리(「사무실」) ＊여름 뜰이여/나의 눈만이 혼자서 볼 수 있는 주름살이 있다 굴곡이 있다/모오든 언어가 시에로 통할 때/나는 바로 일순간 전의 대담성을 잊어버리고[…]합리와 비합리와의 사이에 묵연히 앉아 있는/나의 표정에는 무엇이지 우스웁고 간지럽고 서먹하고 쓰디쓴 것마저 섞여 있다[…]여름 뜰이여/나는 너에게 희생할 것을 준비하고 있노라//질서와 무질서와의 사이에/움직이는 나의 생활은/쉽지가 않아 시체나 다름없는 것이다(「여름 뜰」) *나는 지금 간밤의 쓰디쓴 후각과 청각과 미각과 統覺마저 잊어버리려고 한다[…]뜨거워질 햇살이 산 위를 걸어내려온다/가장 아름다운 이기적인 시간 위에서/나는 나의 검게 타야 할 정신을 생각하며/구별을 용서하지 않는/밭고랑 사이를 무겁게 걸어간다(「여름 아침」) *그는 나같이 몸이 약하지 않은 점에 주요한 원인이 있겠지만[…]나의 맏누이동생이 그를 〈허니〉라고 부르고 있는 것이 아니꼬워서/내가 어느 날 그에게 〈魔神〉이라고 별명을 붙였더니/그는 대뜸/〈오빠는 어머니보다도 더 완고하다〉고 하면서/나를 도리어 꾸짖는 척한다/(그가 나를 진심으로 꾸짖지 않았다는 것을 나는 그의 은근하고 매혹적인 표정에서 능히 감득할 수 있었다)—비참한 것은 백의이다[…]나는 이러한 사진과 기사를 볼 때마다/이것은 ≪아틀랜틱≫과 ≪하퍼스≫의 광고부의 分室이 나타났다고/이곳 저널리스트의 역습의 묘리에 감탄하고 있었는데/백의는 이와 같은 나의 안심과 태만을 비웃는 듯이/어느 틈에 우리 가정의 내부에까지 침입하여 들어와서/신심양면의 허약증으로 신음하고 있는 나를 독촉하여[…]이러한 그의 무리한 요청에 대하여 나는 하는 수 없이/〈그것은 나의 역량 이상의 것이므로 신세계극단의 연출자 S씨를 찾아가보라〉고/터무니없는 거짓말을 하여가지고 즉석에 거절하여 버렸다/오히려 이와 같은 나의 경멸과 剛毅로 인하여/나는 그날부터 그를 진심으로 사랑하게 되었다/그러나 바로 어저께 내가 오랜간만에 거리에 나가니/나의 친구들은 모조리 나를 회피하는 눈치이었다/그중의 어느 시인은 다음과 같이 나에게 욕을 하였다(「백의」) *병풍은 무엇에서부터라도 나를 끊어준다[…]나는 병풍을 바라보고/달은 나의 등뒤에서 병풍의 주인 六七翁海士의 印章을 비추어주는 것이었다(「병풍」) *나는 결코 그의 種子에 대하여/말하고 있는 것은 아니다(「꽃2」) *나는 오늘부터 지리교사모양으로 벽을 보고 있을 필요가 없고[…]가장 심각한 나의 우둔 속에서/새로운 목표는 이미 나타나고 있었다(「영롱한 목표」) *서둘지 말라 나의 빛이여[…]애타도록 마음에 서둘지 말라/절제여/나의 귀여운 아들이여/오오 나의 靈感이여(「봄 밤」) *나의 현실의 메트르여/어제와 함께 내일에 사는 사람들이여/강력한 사람들이여……(「예지」) *나는 일손을 멈추고 잠시 무엇을 생각하게 된다/—살아 있는 보람이란 이것뿐이라고—/하루살이의 狂舞여/하루살이는 지금 나의 일을 방해한다—나는 확실히 하루살이에게 졌다고 생각한다—/하루살이의 유희여[…]—그러나 나의 머리 위의 천장에서는 너의 소리가 들린다—/하루살이의 反覆이여[…]—나의 시각을 쉬게 하라—/하루살이의 황홀이여(「하루살이」) *나는 너무나 많은 첨단의 노래만을 불러왔다/나는 정지의 미에 너무나 둔하였다/나무여 영혼이여/가벼운 참새같이 나는 잠시 너의/흉하지 않은 가지 위에 피곤한 몸을 앉힌다[…]나는/아직도 명령의 과잉을 용서할 수 없는 시대이지만/이 시대는 아직도 명령의 과잉을 요구하는 밤이다/나는 그러한 밤에는 부엉이의 노래를 부를 줄도 안다(「서시」) *이제 나는 광야에 드러누워도/시대에 뒤떨어지지 않는 나를 발견하였다[…] 그것은 나의 육체의 융기//이제 나는 광야에 드러누워도/공동의 운명을 들을 수 있다[…]그것은 나의 육체의 융기//광야에 와서 어떻게 드러누울 줄을 알고 있는/나는 너무나도 악착스러운 몽상가[…]어떻게 뒤떨어지느냐가 무서운 것〉이라는 죽음의 잠꼬대여/그러나 오늘은 산보다도/그것은 나의 육체의 융기(「광야」) *나는 젊은 사나이의 그 눈초리를 보았다/흔들리는 자동차 속에서 창밖의 풍경이 흔들리듯/그의 가장 깊은 영혼이 흔들리는 것을 보았다//바람도 불지 않는 나무에서 열매가 떨어지듯 나의 마음에서 수없이 떨어져내리는 휴식의 열매/뒷걸음질치는 것은 憤激인가 조소인가 회한인가(「靈交日」) *심연은 나의 붓끝에서 퍼져가고/나는 멀리 세계의 노예들을 바라본대[…]나는 오늘도 누구에게든 얽매여 살아야 한다[…]나의 숙제는 미소이다/밤과 낮을 건너서 도회의 저편에/영영 저물어 사라져버린 미소이다(「꽃」) *옷을 벗어놓은 나의 정신은/늙은 바위에 앉은 이끼처럼 추워라(「초봄의 뜰 안에」) *나는 총에 맞는 새같이 가련하게도 당신의 집을 나와버렸다//그 아우는 물론 들어와서 쉬어가라고 미소를 띠우면서 권하였다//흔적은 없어도 戰災를 입은 것만 같은(그렇게 그 문은 나에게는 너무나 컸다)[…]나는 당신의 아우에게로 뛰어가서 나의 〈말〉을 하지 못하는 나를 미워하였다(「말」(1958)) *자연이 하라는 대로 나는 할 뿐이다/그리고 자연이 느끼라는 대로 느끼고/나는 실망하지 않을 것이다//의지의 저쪽에서 영위하는 아내여/길고긴 오늘밤에 나의 사치를 받기 위하여/어서어서 불을 끄자/불을 끄자(「사치」) *나는 비틀거리지도 않고 타락도 안했으리라/그러나 이 눈망울을 휘덮는 싯퍼런 작열의 의미가 밝혀지기까지는/나는 여기에 있겠다(「冬麥」) *언어는 나의 가슴에 있다/나는 謀利輩들한테서/언어의 단련을 받는다/그들은 나의 팔을 지배하고 나의/밥을 지배하고 나의 욕심을 지배한다//그래서 나는 우둔한 그들을 사랑한다/나는 그들을 생각하면서 하이데거를/읽고 또 그들을 사랑한다/생활과 언어가 이렇게까지 나에게/밀접해진 일은 없다//언어는 원래가 유치한 것이다/나도 그렇게 유치하게 되었다/그러니까 내가 그들을 사랑하지 않을 수가 없다/아아 모리배여 모리배여/나의 화신이여(「모리배」) *나는 저절로 웃음이 터져나왔다[…]나는 자꾸 허허……웃는다//무위와 생활의 극점을 돌아서/나는 또 하나의 생활의 좁은 골목 속으로/들어서면서/이 골목이라고 생각하고 무릎을 친다//생활은 孤絶이며/비애이었다/그처럼 나는 조용히 미쳐간다/조용히 조용히……(「생활」) *시골에 사는 나는—/달 밝은 밤을/언제부터인지 잠을 빨리 자는 습관이 생겼다//이제 꿈을 다시 꿀 필요가 없게 되었나 보다/나는 커단 서른아홉살의 중턱에 서서/서슴지 않고 꿈을 버린다(「달밤」) *나의 靈은 죽어 있는 것이 아니냐//벗이여[…]그대는 반짝거리면서 하늘 아래에서/간간이/자유를 말하는데/우스워라 나의 靈은 죽어 있는 것이 아니냐(「死靈」) *나는 여름//夕刊에 폭풍경보를 보고[…]목사여 정치가여 상인이여 노동자여/실직자여 방랑자여/그리고 나와 같은 집 없는 걸인이여/집이 여기에 있다고 외쳐라(「가옥 찬가」) *「나는 졌노라……」//*/자연은 〈여행〉을 하지 않는다//*/그러나 오늘은 말복도 다 아니 갔으며/밤에는 물고기가 물 밖으로/달빛을 때리러 나온다//영원한 한숨이여(「말복」) *나의 여자들의 더러운 발은 생활의 숙제[…]불가사의에 신음하는 나//「고맙습니다, 고맙습니다」/서양과 동양의 차이/나는 여유있는 시인—쉬페르비엘이/물에 빠진 뒤에 나는 젤라틴을 통해서/詩의 진지성을 본다//내용은 술집, 내용은 나, 내용은 도시,/내용은 그림자,/그림자의 비밀/종교의 획득은 종교를 잃었을 때부터 시작되었고/나는 그때부터 차차 늙어가는 탈을 썼다(「반주곡」) *나는 왜 이다지도 피로에 집착하고 있는가/기적소리는 문명의 밑바닥을 가고/형이상학은 돈지갑처럼/나의 머리 위에서 떨어진다(「싸리꽃 핀 벌판」) *나는 어느 날 뒷골목의 발코니 위에 나타난/생활에 얼이 빠진 여인의 모습을 다방의 창 너머로 瞥見하였기 때문에(「미스터 리에게」) *多病한 나에게는/파리도 이미 어제의 파리는 아니다//이미 오래전에 일과를 전폐해야 할/文明이/오늘도 또 나를 이렇게 괴롭힌다[…]저 광막한 양지 쪽에 반짝거리는/파리의 소리 없는 소리처럼/나는 죽어가는 법을 알고 있는 사람이기 때문이리라(「파리와 더불어」) *너도 나도 누나도 언니도 어머니도/철수도 용식이도 미스터 강도 유중사도/강중령도 그놈의 속을 모르는 바는 아니었지만(「우선 그놈의 사진을 떼어서 밑씻개로 하자」) *나의 죄 있는 몸의 억천만 개의 털구멍에/죄라는 죄가 가시같이 박히어도/그야 솜털만치도 아프지는 않으려니(「기도」) *나의 손등에 장을 지져라/4·26 혁명은 혁명이 될 수 없다/차라리/혁명이란 말을 걷어치워라(「육법전서와 혁명」) *야 손들어 나는 아리조나 카보이야/빵! 빵! 빵!/키크야! 너는 저놈을 쏘아라[…]나는 아리조나 카보이야//

두목! 나머지 놈들 다 잡아왔습니다[…]나는 아리조나 카보이야/아리조나 카보이야(「나는 아리조나 카보이야」) * 나는 오늘 아침에 서 약한 게 있다니까/남편은 어제의 남편이 아니라니까/정말 어제의 네 남편이 아니라니까(「거미잡이」) * 그러나 나는 오늘 아침의 때문은 혁명을 위해서/어차피 한마디 할 말이 있다/이것을 나는 나의 일기첩에서/찾을 수밖에 없었다//中庸은 여기에는 없다/(나는 여기에서 다시 한번 숙고한다/鷄舍건너 신축 가옥에서 마치질하는/소리가 들린다)//소비에트에는 있다/(계사 안에서 우는 알 겯는/닭소리를 듣다가 나는 마른침을 삼키고/담배를 피워 물지 않으면 아니 된다)[…]나는 사실은 담배를 피울 겨를이 없이/여기까지 내리썼고/일기의 원문은 일본어로 씌어져 있다(「중용에 대하여」) * 시간은 나의 뒤의/그림자이니까//거리에서는 고개/숙이고 걸음 걷고//집에 가면 말도/나지막한 소리로 걸어/그래도 정 허튼소리가/필요하거든//나는 대한민국에서는/제일 이지만//이북에 가면야/꼬래비지요(「허튼소리」) * 내가 나의 밖으로 나가는 것처럼/눈을 가늘게 뜨고 산이 있거든 불러보라/나의 머리는 관악기처럼/우주의 안개를 빨아올리다 만다(「피곤한 하루의 나머지 시간」) * 혁명은 안 되고 나는 방만 바꾸어버렸다/그 방의 벽에는 싸우라 싸우라 싸우라는 말이/헛소리처럼 아직도 어둠을 지키고 있을 것이다//나는 모든 노래를 그 방에 함께 남기고 왔을 게다/그렇듯 이제 나의 가슴은 이유 없이 메말랐다/그 방의 벽은 나의 가슴이고 나의 사지일까/일하라 일하라 일하라는 말이/헛소리처럼 아직도 나의 가슴을 울리고 있지만/나는 그 노래도 그 전의 노래도 함께 다 잊어버리고 말았다//혁명은 안 되고 나는 방만 바꾸어버렸다/나는 인제 녹슬은 펜과 뼈와 광기—/실망의 가벼움을 재산으로 삼을 줄 안다/이 가벼움 혹시나 역사일지도 모르는/이 가벼움을 나는 나의 재산으로 삼았다//혁명은 안 되고 나는 방만 바꾸었지만/나의 입속에는 달콤한 의지의 잔재 대신에/다시 쓰디쓴 담뱃진 냄새만 되살아났지만//방을 잃고 낙서를 잃고 기대를 잃고/노래를 잃고 가벼움마저 잃어도//이제 나는 무엇인지 모르게 기쁘고/나의 가슴은 이유 없이 풍성하다(「그 방을 생각하며」) * 백성들이/머리가 있어 산다든가/그처럼 나도/머리가 다 비어도/인제는 산단다(「쌀난리」) * 나의 주위에 말짱 〈반동〉만 앉아 있어(「황혼」) * 나는 하필이면/왜 이 詩를(「〈4·19〉시」) * 여편네의 방에 와서 기거를 같이해도/나는 이렇듯 소년처럼 되었다/흥분해도 소년/계산해도 소년/애무해도 소년/어린 놈 너야/네가 성을 내지 않게 해주마/네가 무어라 보채더라도/나는 너와 함께 성을 내지 않는 소년[…]여편네의 방에 와서 기거를 같이해도/나는 점점 어린애/나는 점점 어린애/태양 아래의 단 하나의 어린애/죽음 아래의 단 하나의 어린애[…]여편네의 방에 와서 기거를 같이해도/나는 점점 어린애(「여편네의 방에 와서」) * 밤사이에 이슬을 마신 놈이/지금 나의 혼을 마신다/無休의 태만의 혼을 마신다/등나무 등나무 등나무 등나무//얇상한 잎/그것이 이슬을 마셨다고 어찌 신용하랴/나의 혼, 목욕을 중지한 시인의 혼을 마셨다고/炎天의 혼을 마셨다고 어찌 신용하랴(「등나무」) * 너도 나도 취하는/中庸의 술잔(「술과 어린 고양이」) * 우리집 식모가 여편네가 외출만 하면/나한테 자꾸 웃고만 있는 이유,/모르지?(「모르지?」) * 나는 어찌나 좋았던지 목욕을 하러 갔지/개구리란 놈이 추락하는 폭격기처럼/사람을 놀랜다[…]나는 더위에 속은 조용함이 억울해서/미친 놈처럼 라디오를 튼다(「伏中」) * 나에게는 〈동생의 사진〉을 보고도/나는 몇 번이고 그의 진혼가를 피해 왔다/그전에 돌아간 아버지의 진혼가가 우스꽝스러웠던 것을 생각하고/그래서 나는 그 사진을 10년 만에 곰곰이 正視하면서/이내 거북해서 너의 방을 뛰쳐나오고 말았다[…]누이야/나는 분명히 그의 앞에 절을 했노라/그의 앞에 엎드렸노라/모르는 것 앞에는 엎드리는 것이/모르는 것 앞에는 무조건하고 숭배하는 것이[…]나의 인내이니까//「누이야 장하고나!」/나는 쾌활한 마음으로 말할 수 있다/이 광대한 여름날의 착잡한 숲속에/홀로 서서/나는 돌풍처럼 너한테 말할 수 있다/모든 산봉우리를 걸쳐온 돌풍처럼/당돌하고 시원하게/도회에서 달아나온 나는 말할 수 있다/「누이야 장하고나!」

(「누이야 장하고나!」) *나는 서울의 얼치기 洋館 속에서/골치를 앓는 여편네의 댓가지 백 속에/조약돌이 들어 있는/공간의 우연에 놀란다(「누이의 방」) *나도 모르는 사이에/내 몸이 아프다(「먼 곳에서부터」) *나를 돌리라/ㅡ아니 돌다 말리라//아픈 몸이/아프지 않을 때까지 가자/나의 발은 절망의 소리/저 말(馬)도 절망의 소리/병원 냄새에 휴식을 얻는/소년의 흰 볼처럼/교회여/이제는 나의 이 늙지도 젊지도 않은 몸에/해묵은/1,961개의/곰팡내를 풍겨 넣어라/오 썩어가는 탑/나의 연령/혹은/4,294알의/구슬이라도 된다//아픈 몸이/아프지 않을 때까지 가자/온갖 식구와 온갖 친구와 온갖 적들과 함께/적들의 적들과 함께/무한한 연습과 함께(「아픈 몸이」) *나는 내가 없는 동안의/아내의 비밀을 탐지하고/또/내가 없는 그날의/그의 비밀을/탐지할 수도 있었다//그대로 나는 조금도/놀라지 않았다/(그러기에는 나는 너무나/지쳤는지도 모른다)/여행이 나를/놀래일 수 없었던 것과 같이/나는 집에 와서도/그동안의 부재에도/놀라서는 안된다//상식에 취한 놈/상식에 취한/상식/상……하면서/나는 무엇인가에/여전히 바쁘기만 하다(「旅愁」) *내가 나를 잊어버리기 때문에/개울과 개울 사이에/하얀 모래를 골라 비둘기가 내려앉듯/시간이 내려앉는다//머리를 아프게 하는 것은/두통의 미덕은 시간이 아니다/내가 나를 잊어버리기 때문에/바다와 바다 사이에/지금의 3월의 구름이 내려앉듯/진실이 내려앉는다(「백지에서부터」) *더운 날/敵이란 海綿 같다/나의 양심과 독기를 빨아먹는/문어발 같다//흡반 같은 나의 대문의 명패보다도/정체 없는 놈/더운 날/눈이 꺼지듯 적이 꺼진다[…]시금치밭에 앉은 흑나비와 주홍나비모양으로/나의 과거와 미래가 숨바꼭질만 한다/「적이 어디에 있느냐?」/「적은 꼭 있어야 하느냐?」//순사와 땅주인에서부터 과속을 범하는 운전수에까지/나의 적은 아직도 늘비하지만/어제의 적은 없고(「적」) *말하자면 내가 찾고 있는 것은 언제나 나의 가장 가까운/내 곁에 있고/우물도 사닥다리도 愛兒도 거만한 문패도/내가 범인이 되기 전에/(벌써 오래전에!)/범인의 것이 되어 있었고//그동안에도/

그뒤에도 나의 시는 영원한 미완성이고(「절망」(1962)) *나의 프레이저의 책 속의 낱말이/송충이처럼 꾸불텅 거리면서 어찌나 지겨워 보이던지/이렇게 돼서야 그만이지/어떻게든지 체면을 차려볼 궁리 좀 해야지(「파자마 바람으로」) *나는 이 우중충한 막걸리 탁상 위에서/경험과 역사를 너한테 배운다[…]나는 이 사람이 만주 술집에서 고생할 때에/연애편지를 대필해 준 일이 있을 뿐이지(「滿洲의 여자」) *채귀가 어젯밤에 나 없는 사이에 돌아갔으면 돼/장시만 장시만 안 쓰면 돼(「장시1」) *그리운 것은 내 귓전에 붙어 있는 보이지 않는 젤라틴紙ㅡ나에게 남아 있는 유일한 재산처럼/외계의 소리를 여과하고 채색해서/숙제처럼 나를 괴롭히고 보호한다[…]ㅡ나도 필경 그처럼 보이지 않는 누구인가를/항시 괴롭히고 있는 보이지 않는 拷問人/시대의 숙명이여/숙명의 초현실이여/나의 생활의 定數는 어디에 있나[…]소리 없이 나를 괴롭히는/그들은 신의 고문인인가/ㅡ어른이 못 되는 나를 탓하는/구슬픈 어른들/나에게 방황할 시간을 다오/불만족의 物象을 다오(「장시2」) *일본의〈진보적〉지식인들은 소련한테는/욕을 하지 않는다고 한다 나도 얼마전까지는/흰 원고지 뒤에 낙서를 하면서/그것이 그럴듯하게 생각돼서/소련을 내심으로도 입밖으로도 두둔했었다ㅡ당연한 일이다//소련을 생각하면서 나는 치질을 앓고 피를 쏟았다[…]나는 지금 일본 시인들의 작품을 읽으면서/내가 너무 자연스러운 전향을 한 데 놀라면서[…]〈히시야마 슈조〉의 낙엽이 생활인 것처럼/5·16 이후의 나의 생활도 생활이다/복종의 미덕!/사상까지도 복종하라![…]지금 나는 자고 깨고 하면서 더 지루한/中共의 욕을 쓰고 있는데/치질도 낫기 전에 또 술을 마셨다ㅡ당연한 일이다(「轉向記」) *수입에 대해서 생각하는 것은 너나 나나 매일반이다[…]나는 點燈을 하고 새벽 모이를 주자고 주장하지만/여편네는 지금 주는 것으로 충분하다는 것이다[…]이렇게 주기적인 수입 소동이 날 때만은/네가 부리는 독살에도 나는 지지 않는다(「만용에게」) *피아노 앞에는 슬픈 사람들이 많이 있다/동계방학 동안 아르바이트를 하는 누이/잡지사에 다니는/

영화를 좋아하는 누이/식모살이를 하는 조카/그리고 나//피아노는 밥을 먹을 때도 새벽에도/한밤중에도 울린다/피아노의 주인은 나를 보고/시를 쓰니 음악도 잘 알 게 아니냐고/한 곡 쳐보라고 한다/나의 새끼는 피아노 앞에서는 노예/둘째 새끼는 왕자다//삭막한 집의 삭막한 방에 놓인 피아노/그 방은 바로 어제 내가 혁명을 기념한 방/오늘은 기름진 피아노가/덩덩 덩덩덩 울리면서/나의 고갈한 비참을 달랜다(「피아노」) * 나는 잠자는 일/잠 속의 일/쫓기어다니는 일/불같은 일/암흑의 일/깨꽃같이 작고 많은/맨 끝으로 신경이 가는 일/암흑에 휘날리고/나의 키를 넘어서—/병아리같이 자는 일(「깨꽃」) * 저놈은 나의 노동의 상징[…]또 무엇이 있나 나의 호주머니에는?/연필쪽![…]—휴식의 갈망도 나의 오랜 친근한 친구이다……(「후란넬 저고리」) * 여자란 집중된 동물이다/그 이마의 힘줄같이 나에게 설움을 가르쳐준다/전란도 서러웠지만/포로수용소 안은 더 서러웠고/그 안의 여자들은 더 서러웠다/고난이 나를 집중시켰고/이런 집중이 여자의 선천적인 집중도와/기적적으로 마주치게 한 것이 전쟁이라고 생각했다/그런 의미에서 나는 전쟁에 축복을 드렸다[…]그런 의미에서 나는 속죄에 축복을 드렸다(「여자」) * 나에게 30원이 여유가 생겼다는 것이 대견하다/나도 돈을 만질 수 있다는 것이 대견하다[…]하여간 바쁨과 한가와 실의와 초조를 나하고 같이한 돈/바쁜 돈—/아무도 正視하지 못한 돈—돈의 비밀이 여기 있다(「돈」) * 나는 걸핏하면 개통을 갖다 파묻는다/밭주인이 보면 질색을 할 노릇이지만/이 밭주인은 차밭 주인의 소작인이다[…]그러나 이런 거짓말을 해도 별로/성과는 없었다 성과가 없을 것을/알고 있기 때문에 나는 여편네의/거짓말에 반대하지 않는다//음악을 들으면 차밭의 앞뒤 시간이/가시처럼 생각된다 그리고 그 가시가/점점 더 똑똑해진다 동산에 걸린/새 달에 비친 나뭇가지처럼/세계를 배경으로 한 나의 사상처럼/죄이든 인생의 윤곽과 비밀처럼……[…]모든 곡은 눈물이다 어렸을 때 어머니는/나의 얼굴의 사마귀를 떼주었다/입밑의 사마귀와 눈밑의 사마귀……/그런 사마귀가 나의 아들놈의 눈 아래에/있는 것을 발견하고 나도 꼭 빼주어야/하겠다고 결심한 일이 있었다 그런데/내 눈 아래에 다시 생긴 사마귀는/구태여 빼지 않을 작정이었다/「눈물은 나의 장사이니까」—오오 눈물의/눈물이여 음악의 음악이여(「반달」) * 나는 아이들을 가르치면서/우리나라가 종교국이라는 것에 대한 자신을 갖는다/절망은 나의 목뼈는 못 자른다 겨우 손마디뼈를/새벽이면 하아프처럼 분질러놓고 간다/나의 아들이 머리가 나빠서가 아니다/머리가 나쁜 것은 선생, 어머니, IQ다/그저께 나는 파스깔이「머리가 나쁜 것은 나」라고 하는 말을 들었다//나는 아이들을 가르치면서/우리나라가 종교국이라는 것에 대한 자신을 갖는다/마당에 서리가 내린 것은 나에게 상상을 그치라는 신호다/그 대신 새벽의 꿈은 구체적이고 선명하다/꿈은 상상이 아니지만 꿈을 그리는 것은 상상이다/술이 상상이 아니지만 술에 취하는 것이 상상인 것처럼/오늘부터는 상상이 나를 상상한다//이제는 선생이 무섭지 않다/모두가 거꾸로다/선생과 나는 아이를 가르치는 것이 아니라 아이들을/가르치고 있기 때문이다(「우리들의 웃음」) * 나는 아직도 앉는 법을 모른다/어쩌다 셋이서 술을 마신다 둘은 한 발을 무릎 위에 얹고/도사리지않는다 나는 어느새 남쪽식으로/도사리고 앉았다 그럴 때는 이 둘은 반드시/이북 친구들이기 때문에 나는 나의 앉음새를 고친다/8·15 후에 김병욱이란 시인은 두 발을 뒤로 꼬고/언제나 일본여자처럼 앉아서 변론을 일삼았지만/그는 일본 대학에 다니면서 4년 동안을 제철회사에서/노동을 한 強者다//나는 이자벨 버드 비숍 여사와 연애하고 있다 그녀는[…]전통은 아무리 더러운 전통이라도 좋다 나는 광화문/네거리에서 시구문의 진창을 연상하고 寅煥네/처갓집 옆의 지금은 매립한 개울에서 아낙네들이/양잿물 솥에 불을 지피며 빨래하던 시절을 생각하고[…]나에게 놋주발보다도 더 쨍쨍 울리는 추억이/있는 한 인간은 영원하고 사랑도 그렇다[…]이 땅에 발을 붙이기 위해서는—제3인도교의 물속에 박은 철근 기둥도 내가 내 땅에/박는 거대한 뿌리에 비하면 좀벌레의 솜털/내가 내 땅에 박는 거대한 뿌리에 비하면//괴기영화의 맘모스를 연상시키는/까치도 까마귀도 응접을 못하는 시꺼먼 가지를 가진/나도 감히 상상을 못하는 거대한 거대한 뿌리에 비하면……(「거대한 뿌리」) * 저이는 나보다 여유가 있다/저이는 나보다도 가난하게 보이는데/저이는 우리집을 찾아와서 산보를 청한다/[…]죽은 고기처럼 혈색 없는 나를 보고/얼마전에는 애 업은 여자하고 오입을 했다고 한다/초저녁에 두 번 새벽에 한 번/그러니 아직도 늙지 않지 않았느냐고 한다/그래도 추탕을 먹으면서 나보다 더 땀을 흘리더라만/신문지로 얼굴을 씻으면서 나보고도/산보를 하라고 자꾸 권한다//그는 나보다도 가난해 보이는데/남방셔츠 밑에는 바지에 혁대도 매지 않았는데/그는 나보다도 가난해 보이고/그는 나보다도 짐이 무거워 보이는데/그는 나보다도 훨씬 늙었는데/그는 나보다도 눈이 들어갔는데/그는 나보다도 여유가 있고/그는 나에게 공포를 준다//이런 사람을 보면 세상사람들이 다 그처럼 살고 있는 것 같다/나같이 사는 것은 나밖에 없는 것 같다/나는 이렇게도 가련한 놈 어느 사이에/자꾸자꾸 소심해져만 간다(「강가에서」) * 발목이 굵은 여자들이 많이 사는 나의 마을로/지구에서 지구로 나는 왔다/나는 왔다 억지로 왔다(「X에서 Y로」) * 이제 나의 방은 막다른 방/이제 나의 방의 옆방은 자연이다(「이사」) * 나의 질서는 죽음의 질서/온 세상이 죽음의 가치로 변해 버렸다//익살스러울 만치 모든 거리가 단축되고/익살스러울 만치 모든 질문이 없어지고/모든 사람에게 고해야 할 너무나 많은 말을 갖고 있지만/세상은 나의 말에 귀를 기울이지 않는다//이 무언의 말/이 때문에 아내를 다루기 어려워지고/자식을 다루기 어려워지고 친구를/다루기 어려워지고/이 너무나 큰 어려움에 나는 입을 봉하고 있는 셈이고/무서운 무성의를 자행하고 있다(「말」) (1964)) * 현대식 교량을 건널 때마다 나는 갑자기 회고주의자가 된다/[…]그러니까 이 다리를 건너갈 때마다 나는 나의 심장을 기계처럼 중지시킨다//(이런 연습을 나는 무수히 해 왔다)//그러나 문제는 이러한 반항에 있지 않다/저 젊은이들의 나에 대한 사랑에 있다/아니 신용이라고 해도 된다/「선생님 이야기는 20년 전 이야기이지요」/할 때마다 나는 그들의 나이를 찬찬히/소급해 가면서 새로운 여유를 느낀다/새로운 역사라고 해도 좋다//이런 경이는 나를 늙게 하는 동시에 젊게 한다/아니 늙게 하지도 젊게 하지도 않는다/이 다리 밑에서 엇갈리는 기차처럼/늙음과 젊음의 분간이 서지 않는다/다리는 이러한 정지의 증인이다/젊음과 늙음이 엇갈리는 순간/그러한 속력과 속력의 停頓 속에서/다리는 사랑을 배운다/정말 희한한 일이다/나는 이제 적을 형제로 만드는 實證을/똑똑하게 천천히 보았으니까!(「현대식 교량」) * 눈[雪]에 너무 비참하게 보였던지/나는 마구 짜증을 냈다//필요 이상으로 화를 내는 것도 좋다/그 사나이는, 제임스 띵은 어이가 없어서/조그만 눈을 민첩하게 움직이면서 미소를/띄우고 섰지만/나의 고삐를 잃은 백마에 당할 리가 없다[…]제임스 띵의 위협감은, 이상한 지방색 공포감은/자유당 때와 민주당 때와 지금의 惡政의 구별을 말살하고/靜寂을 빼앗긴, 마지막 정적을 빼앗긴/나를 몰아세운다 어서 돈을 내라고[…]아니 된다 나의 아들에게 불손한 말을 걸어서는/아니 된다 나의 사상에 노기를 띄우게 해서는/아니 된다//문명의 혈세를 강요해서는 아니 된다 新과 舊가/탈을 낸 돈이 없나 순시를 다니는 제임스 띵은/독자를 괴롭혀서는 아니 된다/나를 몰라보면 아니 된다 나의 怒氣는 타당하니까/눈은, 짓밟힌 눈은, 꺼멓게 짓밟히고 있는 눈은//타당하니까 신·구의 교체식을 그 이튿날/꿈에까지 보이게 해서는 아니 된다/마지막 정적을 빼앗긴, 핏대가 난 나에게는/너희들의 儀式은 원시를 가리키고/노예매매를 연상시킨다[…]언청이야 언청이야 이발쟁이야 너의/보꾹에 바른 신문지의 활자가 즐거웁구나/교정을 보았구나 나의 毒氣야/가벼운 겨울의 꿈이로구나 나의 독기의/꿈이로구나[…]나의 친구야 거만한 꿈은 사위어간다(「제임스 띵」) * 나는 많은 것을 버렸다/그리고 가장 피로할 때 가장 귀한/것을 버린다(「적2」) * 초가 쳐 있다 잔인의 초가/요놈─ 요 어린 놈─ 맹랑한 놈─ 6학년 놈─/에미 없는 놈─ 생명/나도 나다─ 잔인이다─ 미안하지만 잔인이다─/콧노래를 부르더니 그만두었구나─ 너도 어지간한 놈이다─ 요놈— 죽어라(「잔인의 초」) ＊왜 나는 조그마한 일에만 분개하는가[…]옹졸한 나의 전통은 유구하고 이제 내 앞에 情緖로/가로놓여 있다/이를테면 이런 일이 있었다/부산에 포로수용소의 제14야전병원에 있을 때/정보원이 너스들과 스펀지를 만들고 거즈를/개키고 있는 나를 보고 포로경찰이 되지 않는다고[…]아무래도 나는 비켜서 있다 절정 위에는 서 있지/않고 암만해도 조금쯤 옆으로 비켜서 있다[…]모래야 나는 얼마큼 작으냐/바람아 먼지야 풀아 나는 얼마큼 작으냐/정말 얼마큼 작으냐……(「어느 날 고궁을 나오면서」) ＊지극히 시시한 발견이 나를 즐겁게 하는 야밤이 있다[…]그러나 덤핑 출판사의 20원짜리나 20원 이하의 고료를 받고 일하는/14원이나 13원이나 12원짜리 번역일을 하는/불쌍한 나나 내 부근의 친구들을 생각할 때/이 죽은 순교자들을 어떻게 생각해야 하나/우리의 주위에 너무나 많은 순교자들의 이 발견을/지금 나는 하고 있다//나는 광휘에 찬 신현대문학사의 시를 깨알같은 글씨로 쓰고 있다/될 수만 있으면 독자들에게 이 깨알만한 글씨보다 더/작게 써야 할 이 고초의 시기의/보다 더 작은 나의 즐거움을 피력하고 싶다(「이 한국문학사」) ＊吟味癖이 있는 나보다는 덜 알고 있겠지/그러니까 그가 나보다도 아직까지는 더 순수한 폭도 되고/우리는 월남의 중립 문제니 새로 생긴다는 혁신정당 얘기를/하고 있었지만[…]나는 그가 필시 속으로는 나를 포기하고/있다는 것을 알았어//그가 그전하곤 달라졌어/그는 이제 조용하게 나를 경멸할 줄 알아/석 달 전에 결혼한 그는 그전하곤 모두가 좀 달라졌어/그리고 그가 경멸하고 있는 건 나의/정치 문제뿐이 아냐(「H」) ＊당신이 내린 결단이 이렇게 좋군/나하고 별거를 하기로 작정한 이틀째 되는 날/당신은 나와의 이혼을 결정하고[…]아내여 화해하자 그대가 흘리는 피에 나도/참가하게 해다오 그러기 위해서만/이혼을 취소하자(「이혼 취소」) ＊나뿐이 아니라 賤役에 찌들린/나뿐만이 아니라/여편네뿐이 아니라 안달을 부리는/여편네뿐만이 아니라(「식모」) ＊목사의 열띤 설교 소리와 심포니가 나오지만/이 소음들은 나의 푸른 풀의 가냘픈/ 영상을 꺾지 못하고/그 영상의 전후의 고민의 환희를 지우지 못한다//나는 옷을 벗는다 엉클 샘을 위해서/아시아와 아프리카의 무거운 겨울옷을 벗는다/ 겨울옷의 영상도 충분하다 누더기 누빈 옷/ 가죽옷 융옷 솜이 몰린 솜옷……/그러다가 드디어 나는 월남인이 되기까지도 했다/엉클 샘에게 학살당한/월남인이 되기까지도 했다(「풀의 영상」) ＊무어란 말야. 나는 그 이전에 있었어. 내 몸. 빛나는/몸.//그렇게 매일을 믿어왔어. 방을 이사를 했지. 내/방에는 아들놈이 가고 나는 식모아이가 쓰던 방으로[…]책을 빌려드리겠다고. 나의 모든 프라이드를/재산을 연장을 내드리겠다고.[…]있는 시간야. 그래야 시간을 알겠어. 나는 지금 시간/과 싸우고 있는 거야. 시간이 있었어. 안 빌려주/게 됐다. 시간야. 시간을 느꼈기 때문야. 시간이/좋았기 때문야.[…]안 빌려주어도 넉넉하다. 나도 넉넉하고,/당신도 넉넉하다. 이게 세상이다.(「엔카운터 誌」) ＊아이놈은 자구 있어요. 구원이지요. 나를/방해를 안하니까요. 절망의 물방울이/뛴 거지요./내주신다면, 당신의 잡지의 8월호에 내주신다면,/특종이니깐요, 극단도 좋고, 당신네도/좋고, 번역하는 사람도 좋고, 나도 좋은/일을 하는 폭이 되지요.[…]이런 전화를, 번역하는 친구를 옆에 놓고,/생색을 내려고, 하고 나서, 그 話씀를/그에게 전하고, 그 무지무지한 소란 속에서/나의 소란을 하나 더 보탠 것에 만족을/느낀 것은 절망에 지각하고 난 뒤이다.(「전화 이야기」) ＊나는 지금 규제로 시를 쓰고 있다 타의의 규제/아슬아슬한 설사다(「설사의 알리바이」) ＊나를 죽이는 여자의 유희다/아이놈은 라디오를 보더니/왜 새 수련장은 안 사왔느냐고 대들지만(「금성라디오」) ＊나는 귀찮아서 나가지를 않았다/쥐보다 좀 큰 도적일 거라 아마/그 정도일 거라[…]나는 도적이 이 철사의 반환을 꾀하고 있다고/생각한다 우리집 건넌방의 캐비닛을/노리고 있다고는 생각되지 않는다 아마/그럴지도 모르지만/나는 광문에 못을 쳐놓았다(「도적」) ＊그 마지막 대책을 나는 일부러 생각하지/않고 있다 31일까지!(「판문점의 감상」) ＊그리고 아들아 나는 아직도 너에게 할 말이/왜 없겠는가 그러나 안한다(「VOGUE야」) ＊나의 정신이 순간적으로 들렸다 놓인다/요는 정치 의견이 맞지 않는 나라에는 못 산다[…]거짓말의 부피가 하늘을 덮는다 나는 눈을/가리고 변소에 갔다 온다/사람들은 내 말을 믿지 않고 내가 내 말을 안 믿는다//나는 아무것도 안 속였는데 모든 것을 속였다/이 죄에는 사과의 길이 없다 봄이 오고/쥐가 나돌고 풀이 솟는다 소리없이 소리없이//나는 한 가지를 안 속이려고 모든 것을 속였다(「거짓말의 여운 속에서」) *어린 너는 나의 전모를 알고 있는 듯/야아 순자야 깜찍하고나/너 혼자서 깜찍하고나//네가 물리친 썩은 문명의 두께/멀고도 가까운 그 어마어마한 낭비/그 낭비에 대항한다고 소모한/그 몇 갑절의 공허한 투자/대한민국의 전재산인 나의 온 정신을/너는 비웃는다//너는 열네 살 우리집에 고용을 살러 온 지/3일이 되는지 5일이 되는지 그러나 너와 내가/접한 시간은 단 몇 분이 안 되지 그런데/어떻게 알았느냐 나의 방대한 낭비와 넌센스와/허위를/나의 못 보는 눈을 나의 둔감한 영혼을/나의 애인 없는 더러운 고독을/나의 대대로 물려받은 음탕한 전통을(「꽃잎3」) *나를 불쌍히 생각함이라/나와 또 나의 아들까지도(「여름 밤」) *꽉 막히는 이것이 나의 생활의 자연의 시초요[…]이 인찰지와 이 봉투지로는 편지는 못 쓰겠소/더위도 가시고 오늘은 하루종일 일도/안하고 있지만 밀용인찰지의 나의 생활을/당신한테 보일 수는 없소 이제는/편지를 안해도 한 거나 다름없고 나는[…]살아 있던 시간에 대해서 미안하지 않소/나와 나의 아내와 우리집의 온 가옥의 무게를 다 합해서/밀양에서 온 식모의 소박과 원한까지를 다 합해서(「美濃印札紙」) *그대는 선물로 나에게 펼쳐 보이지만/그대가 준 손수건의 암시처럼/불길한 눈물을 흘리게 했지만/그 분풀이로 어리석은 나는 술을 마시고/창문을 부수고 여편네를 때리고/지옥의 시까지 썼지만//지금 나는 21개국의 정수리에/사랑의 깃발을 꽂는다(「세계일주」) *이 이상한 일을 놓고 나는 저녁상을/물리고 나서 한참이나 생각해 본다/지금 너무나 또렷한 입체음을 통해서/들어오는 이북 방송이 불온 방송이/아니 되는 날이 오면/그때는 지금 일본 말 방송을 안 듣듯이/나도 모르는 사이에 아무 미련도 없이/희한도 없이 안 듣게 되는 날이 올 것이다……(「라디오 계」) *죽은 행동이 계속된다 너와 내가 계속되고/전화가 울리고 놀라고 놀래고/끝이 없어지고 끝이 생기고 겨우/망각을 실현한 나를 발견한다(「먼지」) *나는 섬찍해서 그전의 둔감한 내 자신으로/다시 돌아간다/연민의 순간이다 황홀의 순간이 아니라/속아 사는 연민의 순간이다//나는 이것이 쏟고 난 뒤에도 보통때보다/완연히 한참 더 오래 끌다가 쏟았다/한번 더 고비를 넘을 수도 있었는데 그만큼/지독하게 속이면 내가 곧 속고 만다(「性」) *그 배우는 식모까지도 싫어하고/신이 나서 보는 것은 나 하나뿐이고(「원효대사」)

나가다 ①일정한 지역이나 공간의 범위와 관련하여 그 안에서 밖으로 이동하다. ②앞쪽으로 움직이다. ③생산되거나 만들어져 사회에 퍼지다. ④말이나 사실, 소문 따위가 널리 알려지다. ⑤사회적인 활동을 시작하다.

나가기 *〈뮤즈〉여/용서하라/생활을 하여 나가기 위하여는/요만한 경박성이 필요하단다(「바뀌어진 지평선」) *언어가 죽음의 벽을 뚫고 나가기 위한/숙제는 오래된다 이 숙제를 노상 방해하는 것이/성의 윤리와 윤리의 윤리다 중요한 것은//괴로움과 괴로움의 이행이다 우리의 행동(「설사의 알리바이」)

나가는 *이미 대한민국의 하늘을 가슴으로 등으로 쓸고 나가는/저 조그만 비행기같이 연기도 여운도 없이 살아진 몇몇 포로들의 영령이(「조국에 돌아오신 傷病捕虜 동지들에게」) *모두 다 같이 나가는 지평선의 대열/뮤즈는 조금쯤 걸음을 멈추고/서정시인은 조금만 더 속보로 가라/그러면 대열은 일자가 된다(「바뀌어진 지평선」) *내가 나의 밖으로 나가는 것처럼//눈을 가늘게 뜨고 산이 있거든 불러 보라(「피곤한 하루의 나머지 시간」) *썩은 공기 나가는 지붕 위의 지붕만 있으면 돼/〈돼〉가 긍정에서 의문으로 돌아갔다/의문에서 긍정으로 또 돌아오면 돼(「장시1」) *내 찻값까지 합해서 백 원을 치르고 나가는/그의 표정을 보고/나는 그가 필시 속으로는 나를 포기하고/있다는 것을 알았어(「H」)

나가니 *나는 그날부터 그를 진심으로 사랑하게 되었다/그러나 바로 어저께 내가 오랜간만에 거리에 나가니/나의 친구들은 모조리 나를 회피하는 눈치이었다(「백의」)

나가다오 *이유는 없다—/나가다오 너희들 다 나가다오/너희들 미국인과 소련인은 하루 바삐 나가다오/[…]미국인과 소련인은 〈나가다오〉와 〈가다오〉의 차이가 있을 뿐/말갛게 개인 글 모르는 백성들의 마음에는/〈미국인〉과 〈소련인〉도 똑같은 놈들[…]조용히 가다오 나가다오/서푼어치 값도 안 되는 미·소인은/초콜릿, 커피, 페티코트, 군복, 수류탄/따발총……을 가지고/적막이 오듯이/적막이 오듯이/소리없이 가다오 나가다오(「가다오 나가다오」)

나가서 *어젯밤에 술을 마시던 방을 들여다보니 이불도 베개도 타구 하나 없이 깨끗하다.//「도적질을 하는 것도 저렇게 부지런하여야 하는데 우리는 이게 무어야 빨리 나가서 배 들어오는 것을 기다리세」하고 친구가 서두른다(「미숙한 도적」) *이렇게 많은 식구들이/아침이면 눈을 부비고 나가서/저녁에 들어올 때마다/먼지처럼 인색하게 묻혀가지고 들어온 것(「나의 가족」) *파자마 바람으로 우는 아이를 데리러 나가서/노상에서 지서의 순경을 만났더니/「아니 어디를 갔다 오슈?」/이렇게 돼서야 그만이지/어떻게든지 체면을 차려볼 궁리 좀 해야지//파자마 바람으로 닭모이를 주러 나가서(「파자마 바람으로」)

나가지를 *도적이 우리집을 노리고 있다/닭장이 무너진 공터에 두른 판장을 뚫고/매일밤 저희집처럼 출입하고 있다/개가 여러 번 짖는 소리를 들었지만/나는 귀찮아서 나가지를 않았다(「도적」)

나갈 *그 아귀란 놈이 들어오고 나갈 때마다 집어갈 돈/풀방구리를 드나드는 쥐의 돈/그러나 내 돈이 아닌 돈(「돈」)

나갔을 *더욱이나 그가 外國地 양복이나/지아이 가리를 하고 있었다는 것도 아니라/그가 나갔을 때/洋盤 반주곡이 감상적이었다는 것이 아니라(「황혼」)

나가타 겐지로(永田鉉次郞) 재일교포 출신의 테너가수. 한국 이름 김영길(金英吉)(『김수영 전집1—시』, 민음사, 2003. 부록 참조). ☞ 김영길. *이토츄[伊藤忠] 商事의 신문광고 이야기가 나오고/곳쿄노 마찌 이야기가 나오다가/이북으로 갔다는 나가타 겐지로(永田鉉次郞) 이야기가 나왔다//아니 김영길이가/이북으로 갔다는 김영길이 이야기가/나왔다가 들어간 때이다//내가 나가토[長門]라는 여가수도 같이 갔느냐고/농으로 물어보려는데/누가 벌써 재빨리 말꼬리를 돌렸다……/신은 곧잘 이런 꾸지람을 잘한다(「나가타 겐지로」)

나가토[長門] 일본의 실존 여가수 '나가타 겐지로'를 일컬음. 김수영식의 언어 유희. *아니 김영길이가/이북으로 갔다는 김영길이 이야기가/나왔다가 들어간 때이다//내가 나가토[長門]라는 여가수도 같이 갔느냐고/농으로 물어보려는데/누가 벌써 재빨리 말꼬리를 돌렸다……/신은 곧잘 이런 꾸지람을 잘한다(「나가타 겐지로」)

나긋나긋하다 ①매우 보드랍고 연하다. ②사람을 대하는 태도가 매우 상냥하고 부드럽다.

나긋나긋할 *아까 점심때처럼 그렇게 나긋나긋할 줄 알지/시금치 이파리처럼 그렇게 부드러울 줄 알지/암 지금도 부드럽기는 하지만 좀 다르다/초가 쳐 있다 잔인의 초가(「잔인의 초」)

나날 계속 이어지는 하루하루의 날들. *심연은 나의 붓끝에서 퍼져가고/나는 멀리 세계의 노예들을 바라본다/塵芥와 분뇨를 꽃으로 마구 바꿀 수 있는 나날/그러나 심연보다도 더 무서운 자기 상실에 꽃을 피우는 것은 신이고(「꽃」)

나날이 ①매일매일. ②매일매일 조금씩. *나날이 새로워지는 괴기한 청년/때로는 일본에서/때로는 이북에서/때로는 삼랑진에서/말하자면 세계의 도처에서 나타날 수 있는 千手千足獸/미인, 시인, 사무가, 농사꾼, 상인, 耶蘇이기도 한/나날이 새로워지는 괴기한 인물(「절망」(1962))

나다¹ ①홍수, 장마 따위의 자연재해가 일어나다. ②농산물이나 광물 따위가 산출되다. ③어떤 현상이나 사건이 일어나다. ④인물이 배출되다. ⑤길, 통로, 창문 따위가 생기다. ⑥사물, 잡지 따위에 어떤 내용이 실리다.

나기 *길이 끝이 나기 전에는/나의 그림자를

보이지 않으리/적진을 돌격하는 전사와 같이/나무에서 떨어진 새와 같이/적에게나 벗에게나 땅에게나/그리고 모든 것에서부터/나를 감추리(「더러운 향로」)

나라지 *넓적다리 뒷살에/넓적다리 뒷살에/알이 배라지/손에서는/손에서는/불이 나라지/수챗가에 얼어 빠진/수세미모양/그 대신 머리는/온통 비어/움직이지 않는다지[…]넓적다리 뒷살에/넓적다리 뒷살에/알이 배라지/손에서는/손에서는/불이 나라지/온몸에/온몸에/힘이 없듯이/머리는/내일 아침 새벽까지도/아주 내쳐/비어 있으라지……(「쌀나리」) *낮잠을 자고 나서 들어보면/후란넬 저고리도 훨씬 무거워졌다/거지의 누더기가 될락 말락 한/저놈은 어제 비를 맞았다/저놈은 나의 노동의 상징(「후란넬 저고리」)

나서 *그 배우는 식모까지도 싫어하고/신이 나서 보는 것은 나 하나뿐이고/원효대사가 나오는 날이면/익살맞은 어린 놈은 활극이 되나 하고(「원효대사」)

난 *예언자가 나지 않는 거리로 창이 난 이 도서관은/창설의 의도부터가 풍자적이었는지도 모른다/모두들 공부하는 속에 와보면 나도 옛날에 공부하던 생각이 난다(「국립도서관」) *초봄의 뜰 안에 들어오면/서편으로 난 난간문 밖의 풍경은/모름지기/보이지 않고(「초봄의 뜰 안에」) *아무리 마셔도 취하지 않으니/같이 온 친구를 보기도 미안만 한데/옆상에 앉은 술친구들이 경사나 난 듯이/고함을 친다/상제보다 복재기가 더 섧다네(「滿洲의 여자」) *마지막 정적을 빼앗긴, 핏대가 난 나에게는/너희들의 儀式은 원시를 가리키고/노예매매를 연상시킨다(「제임스 띵」) *가뭄의 백성이여 퇴계든 정다산이든 수염 난 영감이면/복덕방 사기꾼도 도적놈 지주라도 좋으니 제발 순조로워라(「미역국」) *헌 기계는 가게로 가게에 있던 기계는/옆에 새로 난 쌀가게로 타락해 가고(「금성라디오」) *지금 불란서 소설을 읽으면서 아직도 말하지/못한 한 가지 말—정치 의견의 우리말이/생각이 안 난다 거짓말 거짓말(「거짓말의 여운 속에서」)

난다 *너의 잎은 지휘하라/베적삼, 옥양목, 데크론, 인조견, 항라,/모시치마 냄새 난다 냄새 난다/냄새여 지휘하라(「등나무」) *그러할 때마다 잃어버려서 아까웁지 않은 잃어버리고 온 모자 생각이 불현듯이 난다(「시골 선물」) *모두들 공부하는 속에 와보면 나도 옛날에 공부하던 생각이 난다(「국립도서관」) *지금 불란서 소설을 읽으면서 아직도 말하지/못한 한 가지 말—정치 의견의 우리말이/생각이 안 난다 거짓말 거짓말(「거짓말의 여운 속에서」)

날 *숲을 알려면 땅벌에 물려보면 돼/잔소리 날 때는 슬쩍 피하면 돼(「장시1」) *이렇게 주기적인 수입 소동이 날 때만은/네가 부리는 독살에도 나는 지지 않는다(「만용에게」) *울린다 이따금씩 강 건너의 대포소리가/날 때도 울리지만 싱겁게 걸어갈 때/울리고 돌아서 걸어갈 때 울리고/의자와 의자 사이로 비집고 갈 때/울리고 코 풀 수건을 찾으러 갈 때(「의자가 많아서 걸린다」)

났다 *「신문요」의 복소리를 회상하며/어떤 놈이 新인지 舊인지를 가려낼 틈도/없다 눈이 왔고 추웠고 너무 화가 났다(「제임스 띵」)

났단다 *뮤즈여/시인이 시의 뒤를 따라가기에는 싫증이 났단다/고갱, 녹턴 그리고/물새(「바뀌어진 지평선」)

났지 *대구에서/대구에서/쌀난리가/났지 않아/이만 하면 아직도/혁명은/살아 있는 셈이지(「쌀난리」)

나다² 보조동사. ①(동사 뒤에서 '-어 나다' 구성으로 쓰여) 앞말이 뜻하는 행동을 끝내어 이루었음을 나타내는 말. ②(동사 뒤에서 '-고 나다' 구성으로 쓰여) 앞말이 뜻하는 행동이 끝났음을 나타내는 말.

나서 *소련을 생각하면서 나는 치질을 앓고 피를 쏟았다/일주일 동안 단식까지 했다/단식을 하고 나서 죽을 먹고/그 다음에 밥을 떡국을 먹었는데(「轉向記」) *이런 전화를, 번역하는 친구를 옆에 놓고,/생색을 내려고, 하고 나서, 그 詰咎를/그에게 전하고, 그 무지무지한 소란 속에서/나의 소란을 하나 더 보탠 것에 만족을/느낀 것은 절망에 지각하고 난 뒤다.(「전화 이야기」) *그 일꾼이 우리집 마당에다 그놈을 팽개/쳤다 그것을 그놈이 일이 끝나고 나서/가져갈 작정이었다 막걸리값으로 하려고(「도적」) *이 이상한 일을 놓고 나는 저녁상을/물리고 나서 한참이나 생각해 본다[…]먼저 어떻게 돼야 하고 어떻게 될 것이다/이런 극도의 낙천주의를 저녁 밥상을/물리고 나서 해본다/―아아 배가 부르다/배가 부른 탓이다(「라디오 계」)
나서도 *고민이 사라진 뒤에/이슬이 앉은 새 봄의 낯익은 풀빛의 영상이/떠오르고 나서도/그것은 또 한참 시간이 필요했다(「풀의 영상」)
나서야 *꿈은/완전히 무시를 당하고 나서야/비로소 안심할 수 있는/부끄러움이 없는/부끄러움을 더한층 뜻있게 하기 위하여(「付託」)
난 *새로 파논 우물전에서 도배를 하고 난 귀얄을 씻고 간 두붓집 아가씨에게/무어라고 수고의 인사를 해야 한다지(「사치」) *고생한 것은 그대들이고/그놈들이 망하고 난 후에도 진짜 곯고 있는 것은/그대들인데/불쌍한 그대들은 천국이 온다고 바라고 있다(「육법전서와 혁명」) *눈이 온 뒤에도 또 내린다//생각하고 난 뒤에도 또 내린다(「눈」(1966)) *그에게 전하고, 그 무지무지한 소란 속에서/나의 소란을 하나 더 보탠 것에 만족을/느낀 것은 절망에 지각하고 난 뒤이다.(「전화 이야기」) *너의 술을 다 마시고 난 날에/미대륙에서 석유가 고갈되는 날에/그렇게 먼 날까지 가기 전에 너의 가슴에(「사랑의 변주곡」) *지옥의 시를 쓰고 난 뒤에/그대의 출발이 잘못된 출발이었다고/알려주려고/모든 세계일주가 잘못된 출발이라고/알려주려고―(「세계일주」) *나는 이것이 쏟고 난 뒤에도 보통때보다/완연히 한참 더 오래 끌다가 쏟았다/한번 더 고비를 넘을 수도 있었는데 그만큼/지독하게 속이면 내가 곧 속고 만다(「性」)
나돌다 ①바깥이나 주변에서 맴돌다. ②소문이나 어떤 물건 따위가 여기저기 퍼지거나 나타나다. ③정신이나 기운이 겉으로 드러나 보이다.
나돌고 *나는 아무것도 안 속였는데 모든 것을 속였다/이 죄에는 사과의 길이 없다 봄이 오고/쥐가 나돌고 풀이 솟는다 소리없이 소리없이(「거짓말의 여운 속에서」)
나들이 집을 떠나 가까운 곳에 잠시 다녀오는 일. *그 산에는 겨울을 가리키는 바람이 일기 시작하네//나들이를 갔다 온 씻은 듯한 마음에 오늘밤에는 아내를 껴안아도 좋으리[…]나들이를 갔다가 아들놈을 두고 온 안방 건넌방은 빈집 같구나(「사치」)

나라 ①국가(國家). ②어떤 단어가 나타내는 사물의 세상이나 세계를 이르는 말. *가까이 할 수 없는 서적이 있다/이것은 먼 바다를 건너온/용이하게 찾아갈 수 없는 나라에서 온 것이다(「가까이 할 수 없는 서적」) *내가 포로수용소에서 나온 것은/포로로서 나온 것이 아니라/민간 억류인으로서 나라에 충성을 다하기 위하여 나온 것이라고[…]나의 노래가 없어진들/누가 나라와 민족과 청춘과/그리고 그대들의 영령을 위하여 잊어버릴 것인가!//자유의 길을 잊어버릴 것인가!(「조국에 돌아오신 傷病捕虜 동지들에게」) *사람이란 사람이 모두 고민하고 있는/어두운 대지를 차고 이륙하는 것이/이다지도 힘이 들지 않는다는 것을 처음 깨달은 것은/우매한 나라의 어린 시인들이었다[…]1950년 7월 이후에 헬리콥터는/이 나라의 비좁은 산맥 위에 자태를 보이었고(「헬리콥터」) *그는 그 사람이 아니라/○○부의 어마어마한 자리에 앉은 과장이며 名士이다//사막의 한 끝을 찾아가는 먼 나라의 외국 사람처럼 나는 어디로 가야 할지 모르겠다(「거리 2」) *너를 딛고 일어서면/생각하는 것은 먼 나라의 일이 아니다/나의 가슴속에 흐트러진 파편들일 것이다(「네이팜 탄」) *질책의 권리를 주면서 질책의 행동을 주지않고/ 어떤 나라의 지폐보다도 신용은 있으나/신체가 너무 왜소한 까닭에 사람들의 눈에 띄지를 않는다(「백의」) *군대란 군대에서 장학사의 집에서/관공리의 집에서 경찰의 집에서/민주주의를 찾은 나라의 군대의 衛兵室에서 사단장실에서 정훈감실에서/민주주의를 찾은 나라의 교육가들의 사무실에서/4 · 19 후의 경찰서에서 파출소에서/민중의 벗인 파출소에서/협잡을 하지않고 뇌물을 받지않는/관공리의 집에서/역이란 역에서/아아 그놈의 사진을 떼어 없애야 한다(「우선 그놈의 사진을 떼어서 밑씻개로 하자」) *그렇게 되면 미 · 소보다는/일본, 瑞西, 인도가 더 뻐젓하고/그보다도 한국, 월남, 대만은 No.1 country in the world /

그런 나라에서 집권당이라면/얼마나 의젓한가(「만시지탄은 있지만」) *세계정부 理想이/따분해 그러나/이 나라/백성들이/너무 지쳐 그러나/별안간/빚 갚을 것/생각나 그러나/여편네와/짜증 낼까(「(4·19)시」) *심야에는 여자는 사라지고 남자가 다시 오입을 하러/활보하고 나선다고 이런 기이한 관습을 가진 나라를/세계 다른 곳에서는 본 일이 없다고/천하를 호령한 민비는 한번도 장안 외출을 하지 못했다고……(「거대한 뿌리」) *너의 회의는/나라 안에서 당한 모든 것이/나라 밖에서 당한 모든 것이/반드시 정말이 아니라는 것을 알았고(「65년의 새해」) *그의 약간의 오류는 문제가 아냐/그의 오류는 꽃이야/그 무엇이라고 말할 수 없는 나라의 수도의/한복판에서//우리는 그 또 한복판이 되구 있어(「H」) *시멘트 가죽을 뚫고 일어나면 내 집과/나의 정신이 순간적으로 들렸다 놓인다/요는 정치 의견이 맞지 않는 나라에는 못 산다(「거짓말의 여운 속에서」) *그대의 길은 잘못된 길이다/──세계일주를 하고 온 길은 잘못된 길이다/──세계일주를 떠났다는 것이 잘못된 길이다/너무나 먼 잘못된 길이다/너무나 많은 잘못된 나라다[…] 지금 나는 21개국의 정수리에/사랑의 깃발을 꽂는다/당신의 눈에도 보이도록 꽂는다/그대가 봉변을 당한 식인종의 나라에도/그대가 납치를 당할 뻔한 공산국가에도/보이도록(「세계일주」)

나란히 줄지어 있는 모양이 들쑥날쑥함이 없이 가지런한 모양. *물소리 빗소리 바람소리 하나 들리지 않는 곳에/나란히 옆으로 가로 세로 위로 아래로 놓여 있는 무수한 꽃송이와 그 그림자(「九羅重花」)

나래 '날개'의 방언. *간디의 모방자여/여치의 나래 밑의 고단한 밤잠이여/〈시대에 뒤떨어지는 것이 무서운 게 아니라/어떻게 뒤떨어지느냐가 무서운 것〉이라는 죽음의 잠꼬대여(「광야」)

나머지 ①어떤 한도에 차고 남은 부분. ②어떤 일을 하다가 마치지 못한 부분. ③어떤 일의 결과. ④나누어 똑 떨어지지 아니하고 남는 수. *나는 아리조나 카보이야/두목! 나머지 놈들 다 잡아왔습니다/아 홍찐구 놈도 섞여 있구나(「나는 아리조나 카보이야」) *피곤한 하루의 나머지 시간이 눈을 깜짝거린다/세계는 그러한 무수한 間斷(「피곤한 하루의 나머지 시간」)

나무 ①줄기나 가지가 목질로 된 여러해살이 식물. ②집을 짓거나 가구, 그릇 따위를 만들 때 재료로 사용하는 재목. *길이 끝이 나기 전에는/나의 그림자를 보이지 않으리/적진을 돌격하는 전사와 같이/나무에서 떨어진 새와 같이/적에게나 벗에게나 땅에게나/그리고 모든 것에서부터/나를 감추리(「더러운 향로」) *나는 너무나 많은 첨단의 노래만을 불러왔다/나는 정지의 미에 너무나 등한하였다/나무여 영혼이여[…整理는/전란에 시달린 20세기 시인들이 하여놓은 일/그래도 나무는 자라고 있다 영혼은(「서시」) *바람도 불지 않는 나무에서 열매가 떨어지듯 나의 마음에서 수없이 떨어져내리는 휴식의 열매(「靈交日」) *올 겨울에도 산 위의 초라한 나무들을 뿌리만 간신히 남기고 살살이 갈라갈 동네아이들……/손도 안 씻고/쥐똥도 제멋대로 내버려두고/닭에는 발등을 물린 채/나의 숙제는 미소이다(「꽃」) *싸늘한 가을바람 소리에/전통은/새처럼 겨우 나무그늘 같은 곳에/定處를 찾았나보다(「파리와 더불어」) *나는 너와 함께 성을 내지 않는 소년//바다의 물결 작년의 나무의 체취/그래 우리 이 盛夏에/온갖 나무의 추억과/물의 체취라도/다해서/어린 놈 너야/죽음이 오더라도/이제 성을 내지 않는 법을 배워주마(「여편네의 방에 와서」) *어서 일을 해요 변화는 끝났소/어서 일을 해요/미지근한 물이 고인 조그마한 논과/대숲 속의 초가집과/나무로 만든 장기와/게으르게 움직이는 물소와//(아니 물소는 호남 지방에서는 못 보았는데)/덜컥거리는 수레와(「시(1961)」) *술 취한 듯한 동네아이들의 함성/미쳐돌아가는 역사의 반복/나무 뿌리를 울리는 신의 발자국소리/가난한 침묵/자꾸 어두워가는 백주의 활극(「장시 2」) *나무뿌리가 좀더 깊이 겨울을 향해 가라앉았다/이제 내 몸은 내 몸이 아니다/이 가슴의 動悸도 기침도 寒氣도 내 것이 아니다(「말」(1964)) *강이 흐르고 그 강 건너에 사랑하는/암흑이 있고 3월을 바라보는 마른 나무들이/

사랑의 봉오리를 준비하고 그 봉오리의/속삭임이 안개처럼 이는 저쪽에 쪽빛/산이(「사랑의 변주곡」)

나무라다 ①잘못을 꾸짖어 알아듣도록 말하다. ②흠을 지적하여 말하다.
나무랄 *민주주의는 인제는 상식으로 되었다/자유는 이제는 상식으로 되었다/아무도 나무랄 사람은 없다/아무도 붙들어갈 사람은 없다(「우선 그놈의 사진을 떼어서 밑씻개로 하자」)

나뭇가지 나무의 줄기에서 뻗어 나는 가지. *음악을 들으면 차밭의 앞뒤 시간이/가시처럼 생각된다 그리고 그 가시가/점점 더 똑똑해진다 동산에 걸린/새 달에 비친 나뭇가지처럼/세계를 배경으로 한 나의 사상처럼/죄어든 인생의 윤곽과 비밀처럼······/곡은 무용곡─모든 음악은 무용곡이다(「반달」)

나뭇잎 나무의 잎. *나의 시절은 태양 속에/나의 사랑도 태양 속에/日蝕을 하고/첩첩이 무서운 晝夜/애정은 나뭇잎처럼/기어코 떨어졌으면서/나의 손 위에서 신음한다(「愛情遲鈍」)

나부끼다 천, 종이, 머리카락, 연기 따위의 가벼운 물체가 바람을 받아서 가볍게 흔들리다 또는 그렇게 하다.
나부껴 *풀이 눕는다/비를 몰아오는 동풍에 나부껴/풀은 눕고/드디어 울었다(「풀」)
나부껴서 *〈명령하고 결의하고/〈평범하게 되려는 일〉 가운데에/해초처럼 움직이는/바람에 나부껴서 밤을 모르고/언제나 새벽만을 향하고 있는/투명한 움직임의 비애를 알고 있느냐(「비」)
나부끼게 *거위의 울음소리는/밤에도 여자의 호마노색 원피스를 바람에 나부끼게 하고/강물이 흐르게 하고(「거위 소리」)

나비 나비목의 곤충 가운데 낮에 활동하는 무리를 통틀어 이르는 말. 몸은 가늘고 빛깔이 매우 아름다움. 머리에 한 쌍의 더듬이와 두 개의 겹눈이 있고 가슴에 큰 잎 모양의 두 쌍의 날개가 있음 긴 대롱처럼 생긴 입으로 꽃의 꿀을 빨아 먹으며, 애벌레는 대개 식물을 먹음. 전 세계에 2만여 종, 우리나라에는 250여 종이 있음. *나비의 몸이야 제철이 가면 죽지만은/그의 몸에 붙은 고운 지분은/겨울의 어느 차디찬 등잔 밑에서 죽어 없어지리라[···] 등잔은 바다를 보고/살아있는 듯이 나비가 죽어 누운/무덤 앞에서/나는 나의 할 일을 생각한다//나비의 지분이/그리고 나의 나이가/무서운 인생의 공백을 가르쳐주려 할 때//나비의 지분에/나의 나이가 덮이려 할 때/나비야/나는 긴 숲속을 헤치고/너의 무덤을 다시 찾아오마[···]나비야 나비야 더러운 나비야/네가 죽어서 지분을 남기듯이/내가 죽은 뒤에는/고독의 명맥을 남기지 않으려고/나는 이다지도 주야를 무릅쓰고 애를 쓰고 있단다(「나비의 무덤」) *하얀 종이가 옥색으로 노란 하드롱지가/이 세상에는 없는 빛으로 변할 만큼 밝다/시간이 나비모양으로 이 줄에서 저 줄로/춤을 추고/그 사이로 4월의 햇빛이 떨어졌다(「백지에서부터」) *음악을 들으면 차밭의 앞뒤 시간이/가시처럼 생각된다/나비날개처럼 된 차잎은 아침이면/날개를 펴고 저녁이면 체조라도 하듯이/일제히 쉬다 쉬는 데에도 규율이 있고(「반달」) *신앙이 動하지 않는 건지 동하지 않는 게/신앙인지 모르겠다//나비야 우리 방으로 가자/어제의 시를 다시 쓰러 가자(「시(1964)」) *순자야 너는 꽃과 더워져 가는 화원의/초록빛과 초록빛의 너무나 빠른 변화에/놀라 잠시 찾아오기를 그친 벌과 나비의/소식을 완성하고[···]꽃과 더워져 가는 화원의/꽃과 더러워져 가는 화원의/초록빛과 초록빛의 너무 빠른 변화에/놀라 오늘도 찾아오지 않는 벌과 나비의/소식을 더 완성하기까지(「꽃잎3」)

나쁘다 ①좋지 아니하다. ②옳지 아니하다. ③건강 따위에 해롭다. ④어떤 일을 하기에 시기나 상황이 적절치 아니하다. ⑤어떤 일을 하기에 쉽지 아니하다.
나빠서가 *절망은 나의 목뼈는 못 자른다 겨우 손마디뼈를/새벽이면 하아프처럼 분질러 놓고 간다/나의 아들이 머리가 나빠서가 아니다(「우리들의 웃음」)
나쁘지도 *나쁘지도 않고 좋지도 않은 꽃들/그리고 별과도 등지고 앉아서/모래알 사이에 너의 얼굴을 찾고 있는 나는 인제/늬가 없어도 산단다(「너를 잃고」)
나쁜 *고요해진 명수 할버이의/잿물거리는

눈이/비둘기 울음소리를 듣고 있을 동안에/나쁜 말은 안하니/가다오 가다오(「가다오 나가다오」) *나의 아들이 머리가 나빠서가 아니다/머리가 나쁜 것은 선생, 어머니, IQ다/그저께 나는 파스깔이 「머리가 나쁜 것은 나」라고 하는 말을 들었다(「우리들의 웃음」)

나서다 ①앞이나 밖으로 나와 서다. ②어떠한 일을 적극적으로 또는 직업적으로 시작하다. ③어떠한 일을 가로맡거나 간섭하다. ④어디를 가기 위하여 있던 곳을 나오다. ⑤구하던 사람, 물건 따위가 나타나다.

나선다고 *심야에는 여자는 사라지고 남자가 다시 오입을 하러/활보하고 나선다고 이런 기이한 관습을 가진 나라를/세계 다른 곳에서는 본 일이 없다고/천하를 호령한 민비는 한번도 장안 외출을 하지 못했다고……(「거대한 뿌리」)

나오다 ①안에서 밖으로 오다. ②속에서 바깥으로 솟아나다. ③일정한 목적으로 어떠한 곳에 오다. ④책, 신문 따위에 글, 그림 따위가 실리다. ⑤새 상품이 시장에 나타나다. ⑥어떠한 곳에 모습이 나타나다. ⑦상품이나 인물 따위가 산출되다. ⑧어떠한 근원에서 발생하다. ⑨처리나 결과로 이루어지거나 생기다. ⑩음식 따위가 차려지다. ⑪방송을 듣거나 볼 수 있다. ⑫감정 표현이나 생리 작용 따위가 나타나다.

나오고 *어느 삼류 신문의 사회면에는 간혹 그의 구제금 응모기사 같은 것이 나오고 있다(「백의」) *이토쮸[伊藤忠] 商事의 신문광고 이야기가 나오고(「나가타 겐지로」)

나오기 *라디오의 時鐘이 나오기를 기다리는 것처럼(「풀의 영상」)

나오는 *오히려 그러한 불굴의 의지에서 나오는 것인가(「구슬픈 육체」) *확실히 어리석음에서 나오는 것은 아닐 텐데[…]나는 오늘 세상에 처음 나온 사람모양으로 쾌활하다/—코에서 나오는 쇠 냄새가 그립구나(「거리2」) *행동이 죽음에서 나오는/이 욕된 교외에서는(「死靈」) *파권말에 붙어 나오는 역자 약력에는/한사코 ××대학 중퇴가 ××대학 졸업으로 誤植이 돼 나오니(「파자마 바람으로」) *아니 빚쟁이와 싸우다 나오는 길에 흘린/침자

국(「네 얼굴은」) *원효대사가 나오는 날이면/익살맞은 어린 놈은 활극이 되나 하고(「원효대사」)

나오니 *한사코 ××대학 중퇴가 ××대학 졸업으로 誤植이 돼 나오니(「파자마 바람으로」) *알은 하루 60개밖에 안 나오니(「만용에게」)

나오다가 *곳쿄노 마찌 이야기가 나오다가(「나가타 겐지로」)

나오더라도 *민중은 영원히 앞서 있소이다/웃음이 나오더라도(「눈」(1961))

나오려고 *정말 내가 포로수용소를 탈출하여 나오려고(「조국에 돌아오신 傷病捕虜 동지들에게」)

나오려는 *구태여 달관하고 있는 지금의 내 마음에/샘솟아 나오려는 이 설움은 무엇인가(「국립도서관」)

나오면서 *작품 제목임.(「어느 날 고궁을 나오면서」)

나오지 *지금같이 HIFI가 나오지 않았을 때(「라디오 계」)

나오지만 *목사의 열띤 설교 소리와 심포니가 나오지만(「풀의 영상」)

나온 *포로수용소로 오려고 집을 버리고 나온 것이 아니라/자유가 살고 있는 영원한 길을 찾아/나와 나의 벗이 안심하고 살 수 있는/현대의 천당을 찾아 나온 것이다[…]내가 포로수용소에서 나온 것은/포로로서 나온 것이 아니라/민간 억류인으로서 나라에 충성을 다하기 위하여 나온 것이라고(「조국에 돌아오신 傷病捕虜 동지들에게」) *나는 오늘 세상에 처음 나온 사람모양으로 쾌활하다(「거리2」) *물을 뜨러 나온 아내의 얼굴은/어느 틈에 저렇게 검어졌는지 모르나(「여름 아침」) *하도 심심해서 정찰을 나온 꿀벌의 소리든/무슨 소리는 있어야겠다(「伏中」) *이것을 받아야 할 사람은 1·4후퇴 때 나온/친구의 부인(「판문점의 감상」) *성속이 같다는 원효대사가/텔레비에 나온 것을 뉘우치지 않고(「원효대사」)

나온다 *이가 걸어나온다/행렬처럼/어제의 물처럼/걸어나온다(「이[蝨]」) *너무 밝아서 나는 웃음이 나온다(「너는 언제부터 세상과 배를 대고 서기 시작했느냐」) *밤에는 물고

기가 물 밖으로/달빛을 때리러 나온다(「말복」)
나온다고 *펌프의 물이 시원하게 쏟아져 나온다고(「檄文」) *일요일이면 빼지 않고 강으로 투망을 하러 나온다고 한다(「강가에서」)
나올 *이 돈이 31일까지 나올 가망성이 없다(「판문점의 감상」)
나와서 *모두 다 잊어버리고 나와서/태양의 다음가는 자유(「기자의 정열」) *거리에 나와서 집을 보고(「구름의 파수병」) *마침 당신은 집에 없고 당신의 아우만이 나와서 당신이 없다고 한다(「말」(1958))
나왔구나 *어디까지나 뒤퉁그러져 나왔구나(「PLASTER」)
나왔다 *스푼과 성냥을 들고 旅館에서 나는 나왔다(「아침의 유혹」) *기진맥진한 머리를 쉬일 곳을 찾아서 친구의 뒤를 따라서 걸어나왔다.(「미숙한 도적」) *그래도 제트기나 카고보다는 늦게 나왔다(「헬리콥터」) *이북으로 갔다는 나가타 겐지로(永田鉉次郎) 이야기가 나왔다(「나가타 겐지로」)
나왔다가 *아니 김영길이가/이북으로 갔다는 김영길이 이야기가/나왔다가 들어간 때이다(「나가타 겐지로」)
나왔다고 *50원짜리 갈비가 기름덩어리만 나왔다고 분개하고(「어느 날 고궁을 나오면서」)
나왔어 *들어갔다가 나왔어—모밀국수 전문집으로 갔지—(「엔카운터 誌」)
나왔어요 *8월달에 실어주세요. 절망에서 나왔어요.(「전화 이야기」)
나왔지요 *머릿속에 특종이란 자가 보여요. 여편네하고/싸우고 나왔지요. 순수하죠. 앨비 말예요.(「전화 이야기」)
나이 사람이나 동·식물 따위가 세상에 나서 살아온 햇수. *점잖이 앉은 나의 나이와 나이가 준 나의 무게를 생각하면서(「달나라의 장난」) *나이를 물어보기에 마흔여덟이라고 하니 그대로 곧이듣는다.(「미숙한 도적」) *나비의 지분이/그리고 나의 나이가/무서운 인생의 공백을 가르쳐주려 할 때//나비의 지분에/나의 나이가 덮이려 할 때(「나비의 무덤」) *여보게나 나이 사십을 어디로 먹었나(「만시지탄은 있지만」) *짜장 재주를 부릴 줄 아는 나이와 詩/배짱도 생겨가는 나이와 詩/정말 무서운 나이와 詩는/동그랗게 되어가는 나이와 詩/사전을 보면 쓰는 나이와 詩/사전이 詩 같은 나이의 詩(「시」(1961)) *나이 어린 사람들은 어째서 이 다리가 부자연스러운지를 모른다[…]할 때마다 나는 그들의 나이를 찬찬히(「현대식 교량」) *나이 어린 친구한테서 편지를 받았지(「이혼 취소」) *소녀가 무엇인지를/소녀는 나이를 초월한 것임을(「꽃잎3」)

나이아가라(Niagara) 미국과 캐나다의 국경을 가로질러 흐르는 강의 이름. 이리 호에서 온타리오 호로 흐름. 길이는 4.5km. *그는 남미의 어느 면공업자의 서자로 태어나서/나이아가라 강변에서 隧道工事에 挺身하고 있었다 하며/그의 모친은 희랍인이라고 한다(「백의」)

나이아가라 폭포

나일론(영, nylon) 탄소, 수소, 질소 따위를 원료로 하여 짠 합성 섬유의 하나. 가볍고 부드럽고 탄력성이 강하나 습기를 빨아들이는 힘이 약함. 상표명에서 유래. *아가야 아가야/기저귀 위에는 나일론 종이까지 감겨져 있네/엄마는/바지가 젖는 것이 무서웁단다(「자장가」)

나중에 ①얼마의 시간이 지난 뒤에. ②다른 일을 먼저 한 뒤의 차례에. 뒤에. 후에. 다음에. *한 잎의 꽃잎 같고/혁명 같고/먼저 떨어져 내린 큰 바위 같고/나중에 떨어진 작은 꽃잎 같고//나중에 떨어져내린 작은 꽃잎 같고(「꽃잎1」)

나지막하다 높이나 소리의 크기 따위가 꽤 나직하다.
나지막한 *집에 가면 말도/나지막한 소리로 걸어//그래도 정 허튼소리가/필요하거든(「허튼소리」)

나직이 높이나 소리의 크기 따위가 조금 낮게. *그것은 자유를 위한 영원한 여정이었다./나직이 부를 수도 소리높이 부를 수도 있는 그대들만의 노래를 위하여/마지막에는 울음으로 밖에 변할 수 없는/숭고한 희생이여!(「조국에 돌아오신 傷病捕虜 동지들에게」)

나체(裸體) ①아무것도 입지 않은 몸. 알몸. ②

재산이라고는 아무것도 없는 사람을 비유적으로 이르는 말. *시를 배반하고 사는 마음이여/자기의 나체를 더듬어보고 살펴볼 수 없는 시인처럼 비참한 사람이 또 어디 있을까(「구름의 파수병」)

나침반(羅針盤) 항공, 항해 따위에 쓰는 지리적인 방향 지시 계기. *이제 나는 광야에 드러누워도/시대에 뒤떨어지지 않는 나를 발견하였다/　　　시대의 지혜/너무나 많은 나침반이여(「광야」)

나타(懶惰) 행동, 성격 따위가 느리고 게으름. 나태(懶怠). *번개와 같이 떨어지는 물방울은/취할 순간조차 마음에 주지 않고/懶惰와 안정을 뒤집어놓은 듯이/높이도 폭도 없이//떨어진다(「瀑布」)

나타나다 ①보이지 아니하던 어떤 대상의 모습이 드러나다. ②어떤 일의 결과나 징후가 겉으로 드러나다. ③생각이나 느낌 따위가 글, 그림, 음악 따위로 드러나다. ④내면적인 심리 현상이 얼굴, 몸, 행동 따위로 드러나다. ⑤어떤 새로운 현상이나 사물이 발생하거나 생겨나다.

나타나 *탄력이 있다 9월 중순 차나무는 거의/내 키만큼 자라나고 노란 꽃도 이제는/보잘것없이 되었는데도 밭주인은/아직도 나타나 잘라가지 않는다(「반달」)

나타나고 *새로운 목표는 이미 나타나고 있었다/죽음보다도 엄숙하게/귀고리보다도 더 가까운 곳에[…]새로운 목표는 이미 나타나고 있었다/죽음보다도 엄숙하게/귀고리 보다도 더 가까운 곳에/종소리보다도 더 영롱하게(「영롱한 목표」) *원효 대신 원효 대신 마이크로가/간다 「제니의 꿈」의 허깨비가/간다 연기가 가고 연기가 나타나고/마술의 원효가 이리 번쩍(「원효대사」)

나타난 *나는 어느 날 뒷골목의 발코니 위에 나타난/생활에 얼이 빠진 여인의 모습을 다방의 창 너머로 瞥見하였기 때문에(「미스터 리에게」)

나타날 *나날이 새로워지는 괴기한 청년/때로는 일본에서/때로는 이북에서/때로는 삼랑진에서/말하자면 세계의 도처에서 나타날 수 있는 千手千足獸(「절망」(1962))

나타날는지 *몽매와 연령이 언제 그에게/나타날는지모르는 까닭에/잠시 그는 별과 또 하나의 것을 쳐다보고 있어야 하는 것이다(「토끼」)

나타났다고 *나는 이러한 사진과 기사를 볼 때마다/이것은 ≪아틀랜틱≫과 ≪하퍼스≫의 광고부의 分室이 나타났다고/이곳 저널리스트의 역습의 묘리에 감탄하고 있었는데(「백의」)

나팔꽃(喇叭—) 메꽃과의 한해살이풀. 줄기는 높이가 2~3미터이고 덩굴져 감아 올라가며, 잎은 어긋나고 심장 모양인데 세 갈래로 깊이 갈라짐. 여름에 나팔 모양의 보라색, 붉은색, 재색, 흰색 꽃이 피고 열매는 둥근 열매를 맺음. 관상용으로 재배하며 씨는 견우자(牽牛子)라 하여 약용함. *버드나무 발아래의 나팔꽃도 그렇다/앙상한 연분홍,/오므라질 때는 무궁화는 그보다 조금쯤 더 길고/진한 빛,/죽음의 빛인지도 모르는 놈……(「말복」)

나폴레옹(Napoleon Bonaparte) 1769~1821. 프랑스 장군이자 황제. 나폴레옹 1세. 프랑스와 서유럽 여러나라 제도에 오래도록 영향을 끼친 많은 개혁을 이루어 냈고 프랑스의 군사적 팽창에 가장 큰 열정을 쏟았다.

나폴레옹

그가 몰락했을 때 프랑스 영토는 1789년 혁명 때보다 줄어들었지만 그가 살아있는 동안, 그리고 조카인 나폴레옹 3세가 다스린 제2제정이 막을 내릴때까지 그는 거의 모든 사람들에게 역사상 가장 위대한 영웅으로 존경받았다. *나폴레옹만한 豪氣는 없어도/나는 거리의 운명을 보고(「거리2」)

낙반(落盤) 광산 따위의 갱내에서, 천장이나 벽의 암석이 떨어짐 또는 그 암석. *내일의 행동이 먼지를 쓰고 있다/위태로운 일이라고 落盤의 신호를/올릴 수도 없고 찻잔에 부딪치는/차순가락만한 쇳소리도 안 들리고(「먼지」)

낙서(落書) ①글을 베낄 때에, 잘못하여 글자를 빠뜨리고 씀. ②글자, 그림 따위를 장난으로 아무 데나 함부로 씀 또는 그 글자나 그림.

③시사나 인물에 관하여 풍자적으로 쓴 글이나 그림. *방을 잃고 낙서를 잃고 기대를 잃고/노래를 잃고 가벼움마저 잃어도//이제 나는 무엇인지 모르게 기쁘고/나의 가슴은 이유 없이 풍성하다(「그 방을 생각하며」)

낙엽(落葉) ①나뭇잎이 떨어짐. 대개 고등 식물의 잎이 말라서 떨어지는 현상인데 한기나 건조기 등의 환경에 대한 적응으로 일어남. ②말라서 떨어진 나뭇잎. *오늘은 오늘을 담당하지 못하니/너의 가슴 위에서는/나 대신 값없는 낙엽이라도 울어줄 것이다(「나비의 무덤」) *〈히시야마 슈조〉의 낙엽이 생활인 것처럼/5·16 이후의 나의 생활도 생활이다/복종의 미덕!/사상까지도 복종하라!(「轉向記」)

낙오자(落伍者) ①대오(隊伍)에서 처져 뒤떨어진 사람. ②사회나 시대의 진보에 뒤떨어진 사람. *여편네와 아들놈을 데리고/낙오자처럼 걸어가면서/나는 자꾸 허허……웃는다(「생활」)

낙일(落日) 지는 해. *병풍은 무엇을 향하여서도 무관심하다/주검에 숲面 같은 너의 얼굴 위에/용이 있고 落日이 있다(「병풍」)

낙천주의(樂天主義) 세상과 인생을 희망적으로 밝게 보는 생각이나 사상. *조악한 방송들이 어떻게 돼야 하고/어떻게 될 것이다/먼저 어떻게 돼야 하고 어떻게 될 것이다/이런 극도의 낙천주의를 저녁 밥상을/물리고 나서 해본다—아아 배가 부르다/배가 부른 탓이다 (「라디오 계」)

낙타(駱駝) 낙타과 낙타속의 짐승을 통틀어 이르는 말. 목과 다리가 길며 등에 지방을 저장하는 혹 모양의 육봉이 있음. 두꺼운 발바닥, 두 줄의 속눈썹, 열고 닫을 수 있는 콧구멍, 예민한 시각과 후각 따위를 갖고 있어 사막을 걷기에 적당함. 단봉낙타와 쌍봉낙타의 두 종류가 있음. *그 다음에는 나는 중앙선 어느 협곡에 있는 역에서 백여 리나 떨어진 광산촌에 두고 온 잃어버린 겨울 모자를 생각한다/그것은 갈색 낙타 모자/그리고 유행에서도 훨씬 뒤떨어진 서울의 화려한 거리에서는 도저히 쓰고 다니기 부끄러운 모자이다(「시골 선물」)

낙하시키다(落下—) 높은 데서 낮은 데로 떨어지게 하다.

낙하시켜 *앙상한 육체의 투명한 골격과 세포와 신경과 안구까지/모조리 노출 낙하시켜 가면서/안개처럼 가벼웁게 날아가는 과감한 너의 의사 속에는/남을 보기 전에 네 자신을 먼저 보이는/긍지와 선의가 있다(「헬리콥터」)

낚시질 ①낚시로 물고기를 낚는 일. ②잔꾀를 부리거나 옳지 아니한 수단을 써서 남을 제 마음대로 하는 짓 또는 그렇게 하여 이득을 얻는 짓. *그 이유를/말할 필요도 없다/낚시질도/안 간다/假裝 파티에/가본 일도 없다(「이놈이 무엇이지?」)

난간(欄干) 층계, 다리, 마루 따위의 가장자리에 일정한 높이로 막아 세우는 구조물. 사람이 떨어지는 것을 막거나 장식으로 설치함. *한 줄기가 더 생긴 것이 며칠 전이었나/난간 아래 등나무/넝쿨장미 위의 등나무(「등나무」) *초봄의 뜰 안에 들어오면/서편으로 난 난간 문 밖의 풍경은/모름지기/보이지 않고(「초봄의 뜰 안에」)

난로(煖爐) 난방 장치의 하나. 나무, 석탄, 석유, 가스 따위의 연료를 때거나 전기를 이용하여 열을 내어 방 안의 온도를 올리는 기구. *겨울의 꿈 깨어진 유리의 제임스 띵/이제는 죽어서 불을 쬐인다/빠개진 난로에 발을 굽는다 시꺼먼 양말을 자꾸 비빈다(「제임스 띵」) *난로 위에 끓어오르는 주전자의 물이 아슬/아슬하게 넘지 않는 것처럼 사랑의 節度는/열렬하다(「사랑의 변주곡」)

난삽하다(難澁—) 말이나 문장 따위의 표현이 어렵고 까다로워 매끄럽지 못하다.

난삽한 *바닥이 없는 집이 되고 있다 소리만/남은 집이 되고 있다 모서리만 남은/돌음길만 남은 난삽한 집으로/기꺼이 기꺼이 변해 가고 있다(「의자가 많아서 걸린다」)

날¹ ①지구가 한 번 자전하는 동안. 자정에서 다음 자정까지의 동안으로 24시간. ②하루 중 환한 동안. ③일정한 지역에서 그날그날의 비, 구름, 바람, 기온 따위 대기의 상태. 날씨. ④일정한 일을 하는 데 걸리는 날의 수. 날짜. ⑤어떠한 시절이나 때. ⑥(「날에는」, 「날이면」 꼴로 쓰여) '경우'의 뜻을 나타내는 말. *이보다 더 추운 날처럼 나는 여기서 겨울을 맞이하다가/오랜 시간이 경과된 후에도/이웃음만은 흔적을 남기고 있을 것이라고 믿는 것은/어리석은 일(「웃음」) ＊너를 대신하여/벼락과 천둥을 때리는 날까지/터전이 없으면 나의 머리 위에라도/잠시 이고 다니며 길러야 할/너는 불행하기 짝이 없는 죽순이다(「付託」) ＊그리하여 달아나오던 날 새벽에 파묻었던 총과 러시아 군복을 사흘을 걸려서 찾아내고 겨우 총살을 면하던 꿈같은 일을 생각한다[…]반항의 자유/진정한 반항의 자유조차 없는 그들에게/마지막 부르고 갈/새 날을 향한 戰勝의 노래라고 부르고 싶어라!(「조국에 돌아오신 傷病捕虜 동지들에게」) ＊나의 생활의 圓周 위에 어느 날이고/늬가 서기를 바라고/나의 애정의 원주가 진정으로 위대하여지기 바라고[…]이 영원한 숨바꼭질 속에서/나는 또한 영원히 늬가 없어도 살 수 있는 날을 기다려야 하겠다/나는 億萬無慮의 모욕인 까닭에(「너를 잃고」) ＊나의 얇은 지붕 위에서 솔개미같은/사나운 놈이 약한 날짐승들이 오기를 노리면서 기다리고/더운 날과 추운 날을 가리지 않고/늙은 버섯처럼 숨어 있기 때문에도 아니다(「도취의 피안」) ＊비가 그친 후 어느 날—/나의 방안에 설움이 충만되어 있는 것을 발견하였다(「방안에서 익어가는 설움」) ＊더러운 향로 앞으로 걸어가서/잃어버린 愛兒를 찾은 듯이/너의 거룩한 머리를 만지면서/우는 날이 오더라도(「더러운 향로」) ＊설움과 아름다움을 대신하여 있는 나의 긍지/오늘은 필경 긍지의 날인가 보다[…]오늘은 필경 여러 가지를 합한 긍지의 날인가 보다/암만 불러도 싫지 않은 긍지의 날인가 보다/모든 설움이 합쳐지고 모든 것이 설움으로 돌아가는/긍지의 날인가 보다/이것이 나의 날/내가 자라는 날인가 보다(「긍지의 날」) ＊나도 지나간 날에는 배우를 꿈꾸고 살던 때가 있었단다/무수한 웃음과 벅찬 감격이여 소생하여라[…]도회의 흑점—/오늘은 그것을 운운할 날이 아니다/나는 오늘 세상에 처음 나온 사람모양으로 쾌활하다(「거리2」) ＊나의 맏누이동생이 그를 〈허니〉라고 부르고 있는 것이 아니꼬워서/내가 어느 날 그에게 〈魔神〉이라고 별명을 붙였더니/그는 대뜸/〈오빠는 어머니보다도 더 완고하다〉고 하면서/나를 도리어 꾸짖는 척한다(「백의」) ＊현대의 종교는 〈출발〉에서 죽는 榮譽/그 누구의 시체처럼//　그러나 여보,　비오는 날의 마음의 그림자를(「비」) ＊나는 어느 날 뒷골목의 발코니 위에 나타난/생활에 얼이 빠진 여인의 모습을 다방의 창 너머로 瞥見하였기 때문에/다음과 같은 쪽지를 미스터 리한테 적어놓고/시골로 떠났다(「미스터 리에게」) ＊그저그저 걸어만 두었던/흉악한 그놈의 사진을/오늘은 서슴지 않고 떼어놓아야 할 날이다(「우선 그놈의 사진을 떼어서 밑씻개로 하자」) ＊웃음이 나오더라도/눈 내리는 날에는/손을 묶고 가만히 앉아 계시오/서울서/의정부로/뚫린/국도에/눈 내리는 날에는/〈빽〉차도/지프차도/파발이 다 된/시골 버스도/맥을 못 추고/맴을 도는 판이니(「눈」(1961)) ＊여행을/안 한다/가지고 있는/이데올로기도 없다/密謀는/전혀 없다/담배마저 안 피우는/날이 올지도 모른다(「이놈이 무엇이지?」) ＊더운 날/敵이란 海綿 같다/나의 양심과 독기를 빨아먹는/문어발 같다//흡반 같은 나의 대문의 명패보다도/정체 없는 놈/더운 날/눈이 꺼지듯 적이 꺼진다[…]더운 날/적을 運算하고 있으면/아무 데에도 적은 없고[…]더운 날처럼 어제의 적은 없고/더워진 날처럼 어제의 적은 없고(「적」) ＊혼미하는 아내며/날이 갈수록 간격이 생기는 골육들이며/새가 아직 모여들 시간이 못 된 늙은 포플러나무며(「장시2」) ＊신문배달 아이들이 사무를 인계하는 날/제임스 띵같이 생긴 책임자가 두 아이를/데리고 찾아온 풍경이/눈[雪]에 너무 비참하게 보였던지/나는 마구 짜증을 냈다[…]눈이 내린 날에는 白羊宮의 비약이 없는 날에는/개도 짖지 않는 날에는 제임스 띵이 뛰어들어서는/아니 된다 나의 아들에게 불손한 말을 걸어서는/아니 된다 나의 사상에 노기를 띄우게 해서는/아니 된다(「제임스 띵」) ＊해는 청교도가 대륙 동부에 상륙한 날보다 밝다/우리의 재[灰], 우리의 서걱거리는 말이여/인생과 말의 간결—우리는 그것을 전투의/소리라고 부른다(「미역국」) ＊흐린 날에는 연극은 없다/모든 게 쉰다/쉬지 않는 것은 처와 처들뿐이다/혹은 버림받은 애인뿐이다/버림받으려는 애인뿐이다/넝마뿐이다//제일 피곤할 때 적에 대한다/날이 흐릴 때면 너와 대한다/

가장 가까운 적에 대한다/가장 사랑하는 적에 대한다/우연한 싸움에 이겨보려고(「적2」) *우습지 않으냐 1원 때문에/모래야 나는 얼마큼 작으냐/바람아 먼지야 풀아 나는 얼마큼 작으냐/정말 얼마큼 작으냐……(「어느 날 고궁을 나오면서」) *당신이 내린 결단이 이렇게 좋군/나하고 별거를 하기로 작정한 이틀째 되는 날/당신은 나와의 이혼을 결정하고(「이혼취소」) *아들아 너에게 狂信을 가르치기 위한 것이 아니다/사랑을 알 때까지 자라라/인류의 종언의 날에/너의 술을 다 마시고 난 날에/미대륙에서 석유가 고갈되는 날에/그렇게 먼 날까지 가기 전에 너의 가슴에/새겨둘 말을 너는 도시의 피로에서/배울 거다(「사랑의 변주곡」) *지상의 소음이 번성하는 날은/하늘의 소음도 번쩍인다/여름은 이래서 좋고 여름밤은/이래서 더욱 좋다[…]사람이 사람을 아끼는 날/소음이 더욱 번성하다 남은 날/사람이 사람을 사랑하던 날/소음이 더욱 번성하기 전날[…]사람이 사람을 사랑하다 남은 날/땅에만 소음이 있는 줄만 알았더니/하늘에도 천둥이, 우리의 귀가/들을 수 없는 더 큰 천둥이 있는 줄/알았다 그것이 먼저 있는 줄 알았다//지상의 소음이 번성하는 날은/하늘의 천둥도 번쩍인다/여름밤은 깊을수록/이래서 좋다(「여름 밤」) *지금은 너무나 또렷한 입체음을 통해서/들어오는 이북 방송이 불온 방송이/아니 되는 날이 오면/그때는 지금 일본 말 방송을 안 듣듯이/나도 모르는 사이에 아무 미련도 없이/희한도 없이 안 듣게 되는 날이 올 것이다……(「라디오 계」) *그것하고 하고 와서 첫 번째로 여편네와/하던 날은 바로 그 이튿날 밤은/아니 바로 그 첫날 밤은 반시간도 넘어 했는데도/여편네가 만족하지 않는다(「性」) *그 배우는 식모까지도 싫어하고/신이 나서 보는 것은 나 하나뿐이고/원효대사가 나오는 날이면/익살맞은 어린 놈은 활극이 되나 하고(「원효대사」) *풀이 눕는다/비를 몰아오는 동풍에 나부껴/풀은 눕고/드디어 울었다/날이 흐려서 더 울다가/다시 누웠다[…]날이 흐리고 풀이 눕는다/발목까지/발밑까지 눕는다[…]날이 흐리고 풀뿌리가 눕는다(「풀」)

날² '나를'의 준말. ☞ 나. *일전에 어떤 친구를 만났더니 날더러 다시 포로수용소에 들어가고 싶은 생각이 없느냐고/정색을 하고 물어봅니다(「조국에 돌아오신 傷病捕虜 동지들에게」)

날개 ①새나 곤충의 몸 양쪽에 붙어서 날아다니는 데 쓰는 기관. ②공중에 잘 뜨게 하기 위하여 비행기의 양쪽 옆에 단 부분. ③선풍기 따위와 같이 바람을 일으키는 물건의 몸통에 달려 바람을 일으키도록 만들어 놓은 부분. ④식물의 씨에 달려 바람에 날 수 있도록 된 부분. ⑤구두나 운동화 따위에서 끈을 꿰는 양쪽 부분. *너는 늬가 먹고사는 물의 것도 아니며/나의 것도 아니고 누구의 것도 아니기에/지금 마음 놓고 고즈넉이 날개를 펴라[…]물도 아니며 꽃도 아닌 꽃일지나/너의 숨어 있는 인내와 용기를 다하여 날개를 펴라//물이 아닌 꽃/물같이 엷은 날개를 펴며/너의 무게를 안고 날아가려는 듯[…]사실은 벌써 滅하여 있을 너의 꽃잎 위에/이중의 봉오리를 맺고 날개를 펴고/죽음 위에 죽음 위에 죽음을 거듭하리/구라중화(「九羅重花」) *나의 초라한 검은 지붕에/너의 날개 소리를 남기지 말고/네가 던지는 조그마한 그림자가 무서워/벌벌 떨고 있는/나의 귀에다 너의 엷은 울음소리를 남기지 말아라(「도취의 피안」) *이 푸른 바다와 산과 들 위에/화려한 태양이 날개를 펴고 걸어가는 것이다(「거리1」) *어느 매춘부의 생활같이/다소곳한 분위기 안에서/오늘이 봄인지도 모르고/그래도 날개 돋친 마음을 위하여/너와 같이 걸어간다(「바뀌어진 지평선」) *그의 주위를 몇 번이고 돌고 돌고 돌고/또 도는 조름 같은 날개의 날것들과/갑충과 쉬파리떼/그리고 진드기[…]이제는 지휘하라 이카루스의 날개처럼/쑥잎보다 훨씬 얇은/너의 잎은 지휘하라(「등나무」) *음악을 들으면 차밭의 앞뒤 시간이/가시처럼 생각된다/나비날개처럼 된 차잎은 아침이면/날개를 펴고 저녁이면 체조라도 하듯이(「반달」)

날것 날개를 가지고 하늘을 날아다니는 것을 통틀어 이르는 말. *그의 주위를 몇 번이고 돌고 돌고 돌고/또 도는 조름 같은 날개의 날것들과/갑충과 쉬파리떼/그리고 진드기(「등나무」)

날다 ①공중에 떠서 어떤 위치에서 다른 위치

로 움직이다. ②어떤 물체가 매우 빨리 움직이다. ③'달아나다'를 속되게 이르는 말.

날고 *도야지우리에 새가 날고/국화꽃은 밤이면 더 한층 아름답게 이슬에 젖는데/올 겨울에도 산 위의 초라한 나무들을 뿌리만 간신히 남기고 살살이 갈라갈 동네아이들……(「꽃」)

날뛰다 ①날 듯이 껑충껑충 뛰다. ②함부로 덤비거나 거칠게 행동하다. ③어떤 일에 골몰하여 몹시 바쁘게 돌아다니다. ④(일부 형용사의 '-아/어'형 뒤에 쓰여) 그런 상태가 되어 어쩔 줄 모르고 함부로 행동하다.

날뛰고 *토막방 안에서 나는 우주를 잡을 듯이 날뛰고 있지요/고운 神이 이 자리에 있다면/나에게무엇이라고 하겠나요(「웃음」)

날뛸 *복사씨와 살구씨가/한번은 이렇게/사랑에 미쳐 날뛸 날이 올 거다!/그리고 그것은 아버지 같은 잘못된 시간의/그릇된 명상이 아닐 거다(「사랑의 변주곡」)

날쌔다 동작이 날래고 재빠르다.

날쌔게 *시원치 않은 이 울음소리만이/어째서 나의 뼈를 뚫고 총알같이 날쌔게 달아나는가//이때이다—나의 온 정신에 畵龍點睛이 이루어지는 순간이(「영사판」)

날씨 일정한 지역에서 그날그날의 비, 구름, 바람, 기온 따위 대기의 상태. *詩는 쨍쨍한 날씨에 청랑한 들에/환락의 개울가에 바늘 돋친 숲에/버려진 우산/망각의 想起다(「적2」)

날아가다 ①공중으로 날면서 가다. ②몹시 빠르게 움직이다. ③가지고 있거나 붙어 있던 것이 허망하게 없어지거나 떨어지다.

날아가는 *우리는 지금 동양의 諷刺를 그의 機體 안에서 느끼고야 만다/비애의 수직선을 그리면서 날아가는 그의 설운 모양을/우리는 좁은 뜰 안에서뿐만 아니라/심지어는 항아리 속에서부터라도 내어다볼 수 있고[…]안개처럼 가벼웁게 날아가는 과감한 너의 의사 속에는/남을 보기 전에 네 자신을 먼저 보이는/긍지와 선의가 있다(「헬리콥터」) *물 위를 날아가는 돌팔매질—/아슬아슬하게/세상에 배를 대고 날아가는 정신이여(「바뀌어진 지평선」) *작열할 지점을 향하여/지극히 정확한 각도로 날아가는/포탄이/행복의 파편과 영광과 熱度로써/목적을 이루게 되기 전에(「조그마한 세상의 지혜」) *너무 생각하는 것도 병이다/그것이 실개울의 물소리든/꿩이 푸다닥거리고 날아가는 소리든/하도 심심해서 정찰을 나온 꿀벌의 소리든/무슨 소리는 있어야겠다(「伏中」)

날아가던 *열사흘 달빛은/이미 과부의 靑裳이어라//날아가던 朱雀星/깃들인 矢箭/붉은 柱礎에 꽂혀있는/반절이 과하도다(「廟庭의 노래」)

날아가려는 *물이 아닌 꽃/물같이 엷은 날개를 펴며/너의 무게를 안고 날아가려는 듯//늬가 끊을 수 있는 것은 오직 생사의 線條뿐(「九羅重花」)

날아가면 *나야 늙어가는 몸 위에 하잘것없이 앉아있으면 고만이고/너는 날아가면 고만이지만/잠시라도 나는 취하는 것이 싫다는 말이다(「도취의 피안」)

날아가야 *조그마한 세상의 지혜를 배운다는 것은/설은 일이다//그것은 내일이 되면 포탄이 되어서/휘황하게 날아가야 할 지혜이기 때문이다(「조그마한 세상의 지혜」)

날아간 *집에 앉아서 거리를 그리던 어리석음도 이제는 모두 사라졌나 보다/날아간 제비와 같이//날아간 제비와 같이 자국도 꿈도 없이/어디로인지 알 수 없으나/어디로이든 가야 할 반역의 정신(「구름의 파수병」)

날아간다 *원한이 솟는 가슴속에서 발사되는/포탄은 어두운 하늘을 날아간다(「조그마한 세상의 지혜」)

날아오다 ①날아서 오다. ②몹시 빠르게 움직여 오다.

날아온 *차라리 앉아 있는 기계와 같이/취하지 않고 늙어가는/나와 나의 겨울을 한층 더 무거운 것으로 만들기 위하여/나의 눈이랑 한층 더 맑게 하여다오/짐승이여 짐승이여 날짐승이여/도취의 彼岸에서 날아온 무수한 날짐승들이여(「도취의 피안」)

날아온다 *화환이 화환이 서울역에서 날아온다/모자 쓴 靑年이여 誘惑이여/아침의 유혹이여(「아침의 유혹」)

날으다 '날다'의 예전 표기. ☞ 날다.

날으다가 *너의 모습과 너의 몸짓은/어쩌면 이렇게 자연스러우냐/소리없이 기고 소리없이 날으다가/되돌아오고 되돌아가는 무수한 하루살이(「하루살이」)

날짐승 날아다니는 짐승. *내가 사는 지붕 위를 흘러가는 날짐승들이/울고 가는 울음소리에도/나는 취하지 않으련다//사람이야 말할 수 없이 애처로운 것이지만/내가 부끄러운 것은 사람보다도/저 날짐승이라 할까[…]나의 얇은 지붕 위에서 솔개미같은/사나운 놈이 약한 날짐승들이 오기를 노리면서 기다리고/더운 날과 추운 날을 가리지 않고/늙은 버섯처럼 숨어 있기 때문에도 아니다/날짐승의 가는 발가락 사이에라도 잠겨있을 운명—/그것이 사람의 발자국 소리보다도/나에게 시간을 가르쳐주는 것이 나는 싫다[…]짐승이여 짐승이여 날짐승이여/도취의 彼岸에서 날아온 무수한 날짐승들이여(「도취의 피안」)

날짜 ①일정한 일을 하는 데 걸리는 날의 수. ②어느 날이라고 정한 날. ③어느 해의 어느 달 며칠에 해당하는 그날. *장막이여 이 돈은 원은 10월 말일이/기한이고/내 날짜로는 그것이 기한이고/38선의 날짜로는 8월 15일이 기한인데(「판문점의 감상」)

날카롭다 ①끝이 뾰족하거나 날이 서 있다. ②생각하는 힘이 빠르고 정확하다. ③모양이나 형세가 매섭다. ④소리나 냄새 따위가 감각에 거슬릴 만큼 강하다. ⑤자극에 대한 반응이 지나치게 민감하다. ⑥선이 가늘고힘 있다.

날카로울 *나의 긍지는 애드벌룬보다는 좀 더 무거울 것이며/예지는 어느 煙筒보다도 훨씬 뾰족하고 날카로울 것이다(「거리2」)

날카로웁건만 *바람은 면도날처럼 날카로웁건만/어디까지 명랑한 나의 마음이냐/구두여 양복이여 노점상이여/인쇄소여 입장권이여 負債여 여인이여(「거리2」)

낡다 ①물건 따위가 오래되어 헐고 너절하다. ②생각이나 제도, 문물 따위가 시대에 뒤떨어져 새롭지 못하다.

낡아 *함부로 흘리는 피가 싫어서/이다지 낡아빠진 생활을 하는 것은 아니리라/먼지 낀 잡초 위에/잠자는 구름이여(「구름의 파수병」)

낡아도 *거칠기 짝이 없는 우리 집안의/한없이 순하고 아득한 바람과 물결—/이것이 사랑이냐/낡아도 좋은 것은 사랑뿐이냐(「나의 가족」)

낡은 *헌 옷과 낡은 구두가 그리 모양수통하지 않다 느끼면서/나는 옛날에 죽은 친구를/잠시 생각한다(「거리1」) *흔적은 없어도 戰災를 입은 것만 같은(그렇게 그 문은 나에게는 너무나 컸다)//낡은 대문 사이에 매일같이 흐르는 강물이 오늘에야 비로소 꽉 차 있다(「말」(1958))

낡지 *텔레비 속의 텔레비에 취한/아아 원효여 이제 그대는 낡지/않았다 타동적으로 자동적으로/낡지 않았고(「원효대사」)

남¹ ①자기 이외의 다른 사람. ②일가가 아닌 사람. ③아무런 관계가 없거나 관계를 끊은 사람. *그들은 너무나 오랫동안 자기의 말을 잊고/남의 말을 하여 왔으며/그것도 간신히 떠듬는 목소리로밖에는 못해 왔기 때문이다[…]안개처럼 가벼웁게 날아가는 과감한 너의 의사 속에는/남을 보기 전에 네 자신을 먼저 보이는/긍지와 선의가 있다(「헬리콥터」) *남의 집 마당에 와서 마음을 쉬다//매일같이 마시는 술이며 모욕이며/보기 싫은 나의 얼굴이며/다 잊어버리고/돈 없는 나는 남의 집 마당에 와서/비로소 마음을 쉬다[…]마음을 쉰다는 것이 남에게도 나에게도/속임을 받는 일이라는 것을(「휴식」) *내가 괴로워하기보다도/남이 괴로워하는 양을 보기 위하여서도/나에게는 약간의 경박성이 필요한 것이다(「바뀌어진 지평선」) *외양만이라도 남과 같이 살아간다는 것이 이다지도 쑥스러울 수가 있을까(「구름의 파수병」) *남의 일하는 곳에 와서 아무 목적 없이 앉았으면 어떻게 하리/남이 일하는 모양이 내가 일하고 있는 것보다 더 밝고 깨끗하고 아름다웁게 보이면 어떻게 하리[…]남의 일하는 곳에 와서 덧없이 앉았으면 비로소 설워진다/어떻게 하리/어떻게 하리(「사무실」) *남에게 희생을 당할 만한/충분한 각오를 가진 사람만이/살인을 한다(「죄와 벌」) *전등에서 消燈으로/소음에서 라디오의 중단으로/모조품 銀丹에서 仁丹으로/남의 집에서 내 방으로(「X에서 Y로」) *이렇게 人情의 하늘이 가까워진/일이 없다 남을 불쌍히 생각함은/나를 불쌍히 생각함이라(「여름 밤」)

남(南)² 동서남북(東西南北)의 남쪽. *그리고 나는 평양을 넘어서 남으로 오다가 포로가 되었지만(「조국에 돌아오신 傷病捕虜 동지들에게」)

남극(南極) ①자침(磁針)이 가리키는 남쪽 끝. 에스(S)로 표시. ②지축(地軸)의 남쪽 끝. ③지구의 자전축을 연장할 때, 천구와 마주치는 남쪽 점. *地球儀의 양극을 관통하는 생활보다는/차라리 지구의의 남극에 생활을 박아라/고난이 풍선같이 바람에 불리거든/너의 힘을 알리는 신호인 줄 알아라(「지구의」)

남기다 ①나머지가 있게 하다. ②남아 있게 하다. ③뒤에까지 전하게 하다. ④이익이 나게 하다.

남기고 *오랜 시간이 경과된 후에도/이 웃음만은 흔적을 남기고 있을 것이라고 믿는 것은/어리석은 일(「웃음」) *올 겨울에도 산 위의 초라한 나무들을 뿌리만 간신히 남기고 살살이 갈라갈 동네아이들……(「꽃」) *나는 모든 노래를 그 방에 함께 남기고 왔을 게다/그렇듯 이제 나의 가슴은 이유 없이 메말랐다(「그 방을 생각하며」) *전화를 걸고 그는 떠나갔다/공연한 이야기만 남기고 떠나갔다/그의 이야기가 절망인 것이 아니라(「황혼」)

남기듯이 *나비야 나비야 더러운 나비야/네가 죽어서 지분을 남기듯이/내가 죽은 뒤에는/고독의 명맥을 남기지 않으려고(「나비의 무덤」)

남기려 *그리하여 나는 자유를 위하여 출발하고 포로수용소에서 끝을 맺은 나의 생명과 진실에 대하여/아무 뉘우침도 남기려 하지 않습니다(「조국에 돌아오신 傷病捕虜 동지들에게」)

남기지 *나의 초라한 검은 지붕에/너의 날개 소리를 남기지 말고(「도취의 피안」)

남기지만 *태양은 자기가 내린 것을 거두들이는데/시들은 자국을 남기지만 도처에서/도처에서/卽決하는 영혼이여(「말복」)

남다 ①다 쓰지 않거나 정해진 수준에 이르지 않아 나머지가 있게 되다. ②들인 밑천이나 제 값어치보다 얻는 것이 많다 또는 이익을 보다. ③나눗셈에서, 나누어 떨어지지 않고 나머지가 얼마 있게 되다. ④다른 사람과 함께 떠나지 않고 있던 그대로 있다. ⑤잊혀지지 않거나 뒤에까지 전하다. ⑥어떤 상황의 결과로 생긴 사물이나 상태 따위가 다른 사람이나 장소에 있게 되다.

남는다고 *여편네의 계산에 의하면 7할을 낳아도/만용이(닭 시중하는 놈)의 학비를 빼면/아무것도안 남는다고 한다(「만용에게」)

남아 *아직까지도 부패와 부정과 살인자와 강도가 남아 있는 사회(「기도」) *그리운 것은 내 귓전에 붙어 있는 보이지 않는 젤라틴 紙/—나에게 남아 있는 유일한 재산처럼/외계의 소리를 여과하고 채색해서/숙제처럼 나를 괴롭히고 보호한다(「장시2」)

남은 *겨울이 지나간 밭고랑 사이에 남은/고독은 신의 무재주와 사기라고/하여도 좋았다(「초봄의 뜰 안에」) *6·25 때에 남편을 잃고 큰 아이는 죽고/남은 계집애 둘을 데리고/재전락한 여자가 여기 있구나(「滿洲의 여자」) *사람이 사람을 아끼는 날/소음이 더욱 번성하다 남은 날/사람이 사람을 사랑하던 날[…]사람이 사람을 사랑하다 남은 날/땅에만 소음이 있는 줄만 알았더니(「여름 밤」) *바닥이 없는 집이 되고 있다 소리만/남은 집이 되고 있다 모서리만 남은/돌음길만 남은 난삽한 집으로/기꺼이 기꺼이 변해 가고 있다(「의자가 많아서 걸린다」)

남묘(南廟) 서울 남대문 밖에 있는, 중국 촉한(蜀漢)의 장수인 관우의 영을 모신 사당. *南廟 문고리 굳은 쇠문고리/기어코 바람이 열고/열사흘 달빛은/이미 과부의 靑裳이어라(「廟庭의 노래」)

남묘

남미(南美) 남아메리카 대륙을 일컫는 말. *그는 남미의 어느 면공업자의 서자로 태어나서/나이아가라 강변에서 隧道工事에 挺身하고 있었다 하며(「백의」)

남방셔츠(南方shirts) 여름에 양복저고리 대신으로 입는 얇은 옷. *그는 나보다도 가난해 보이는데/남방셔츠 밑에는 바지에 혁대도 매지 않았는데/그는 나보다도 가난해 보이고/그는 나보다도 짐이 무거워 보이는데/그는 나보다도 훨씬 늙었는데(「강가에서」)

남자(男子) ①남성(男性)으로 태어난 사람. ②사내다운 사내. ③한 여자의 남편이나 애인을 이르는 말. *그녀는 인경전의 종소리가 울리면 장안의/남자들이 모조리 사라지고 갑자기 부녀자의 세계로/화하는 극적인 서울을 보았다 이 아름다운 시간에는/남자로서 거리를 무단통행할 수 있는 것은 교군꾼,/내시, 외국인의 종놈, 관리들뿐이었다 그리고/심야에는 여자는 사라지고 남자가 다시 오입을 하러/활보하고 나선다고 이런 기이한 관습을 가진 나라를/세계 다른 곳에서는 본 일이 없다고(「거대한 뿌리」) *정보원이 너스들과 스펀지를 만들고 거즈를/개키고 있는 나를 보고 포로경찰이 되지 않는다고/남자가 뭐 이런 일을 하고 있느냐고 놀린 일이 있었다(「어느 날 고궁을 나오면서」) *조크와 미인과 페티 김과 애교와 豪談과/남자의 포부의 미련에 대한/편지는 못 쓰겠소 매부 돌아오는 길에(「美濃印札紙」)

남쪽(南─) ①네 방위의 하나. 나침반의 S극이 가리키는 방위이다. ②남한 지역을 북한 지역에 상대하여 이르는 말. *나는 아직도 앉는 법을 모른다/어쩌다 셋이서 술을 마신다 둘은 한 발을 무릎 위에 얹고/도사리지 않는다 나는 어느새 남쪽 식으로/도사리고 앉았다 그럴 때는 이 둘은 반드시/이북 친구들이기 때문에 나는 나의 앉음새를 고친다(「거대한 뿌리」)

남편(男便) 혼인을 하여 여자의 짝이 된 남자를 그 여자에 상대하여 이르는 말. *야 고만 죽여라 고만 죽여/나는 오늘 아침에 서약한 게 있다니까/남편은 어제의 남편이 아니라니까/정말 어제의 네 남편이 아니라니까(「거미잡이」) *6·25 때에 남편을 잃고 큰아이는 죽고/남은 계집애 둘을 데리고/재전락한 여자가 여기 있구나(「滿洲의 여자」)

납 푸르스름한 잿빛의 금속 원소. 금속 가운데 가장 무겁고 연하며, 전성(展性)은 크나 연성(延性)은 작음. 공기 중에서는 표면에 튼튼한 산화 피막을 만들어 안정하며, 불에 잘 녹음. 연판, 연관, 연박, 활자 합금 따위로 쓴다. *아버지 할머니 고조할아버지 때부터/어물전 좌판 밑바닥에서 결어 있던 것이면 돼/有線 합승자동차에도 양계장에도 납 공장에도(「장시1」)

납치(拉致) 강제 수단을 써서 억지로 데리고 감. *그대가 봉변을 당한 식인종의 나라에도/그대가 납치를 당할 뻔한 공산국가에도/보이도록(「세계일주」)

낫다¹ 병이나 상처 따위가 고쳐져 본래대로 되다.
  낫기 *지금 나는 자고 깨고하면서 더 지루한/中共의 욕을 쓰고 있는데/치질도 낫기 전에 또 술을 마셨다/─당연한 일이다(「轉向記」)

낫다² 더 좋거나 앞서 있다.
  낫다구요 *미해결이지요. 좋아요. 만족입니다./신문회관3층에서 하는 게 낫다구요. 아네요.(「전화 이야기」)

낭랑하다(朗朗─) ①소리가 매우 맑고 또랑또랑하다. ②빛이 매우 밝다.
  낭랑한 *이 몇 개의 판테온의 기둥 사이에/뒹굴고 있는 폐허의 돌조각들보다도/더 값없게 발길에 차이는 隣國의 음성─물론 낭랑한 일본 말들이다(「라디오 계」)

낭만적(浪漫的) 비현실적이며 이상적인 달콤한 것을 구하는. 환상적이며 공상적인. *그러나 이 초점을 바라고 보는 것이 아니다/낭만적 위대성을 잊어버린 지 오랜 네가 인류를 위하여 산다는 것도 거짓말에 가까운 것이지만(「기자의 정열」)

낭비(浪費) 시간이나 재물 따위를 헛되이 헤프게 씀. *저들의 고요한 숨길을 웃지 마라/저들의 무서운 방탕을 웃지 마라/이 무서운 낭비의 아들들을 웃지 마라(「이 한국문학사」) *네가 물리친 썩은 문명의 두께/멀고도 가까운 그 어마어마한 낭비/그 낭비에 대항한다고 소모한/그 몇 갑절의 공허한 투자/[…]어떻게 알았느냐 나의 방대한 낭비와 넌센스와/허위를/나의 못 보는 눈을 나의 둔감한 영혼을(「꽃잎 3」)

낮 ①해가 뜰 때부터 질 때까지의 동안. ②아침이 지나고 저녁이 되기 전까지의 동안. *그래서 그는 낮에도 밤에도/어둠을 지니고 있으면서/어둠과는 타협하는 법이 없다(「수난로」) *밤과 낮을 건너서 도회의 저편에/영영 저물어 사라져버린 미소이다(「꽃」) *아침에도 낮에도 밤에도 밥을 먹을 때에도/거리를 걸을 때도 환담을 할 때도(「하…… 그림자가 없다」) *낮에는 일손을 쉰다고 한잔 마시는 게라/저녁에는 어둠을 맞으려고 또 한잔 마시는 게라/먼 밭을 바라보며 마늘장아찌에/취하지 않은 듯이 취하는 게라(「술과 어린 고양이」) *밤보다도 더 어두운 낮의 마음/시간을 잊은 마음의 승리/환상이 환상을 이기는 시간/—大時間은 결국 쉬는 시간(「장시2」)

낮잠 낮에 자는 잠. *나는 오늘부터 지리교사 모양으로 벽을 보고 있을 필요가 없고/노쇠한 선교사모양으로 낮잠을 자지 않고도 견딜 만한 강인성을 가지고 있다(「영롱한 목표」) *낮잠을 자고 나서 들어보면/후란넬 저고리도 훨씬 무거워졌다(「후란넬 저고리」)

낮추다 ①낮게 하다. ②말을 하대(下待)하여 쓰다.
  낮추어라 *뮤즈여/앞장을 서지 마라/그리고 너의 노래와 음계를 조금만/낮추어라/오늘의 우울을 위하여/오늘의 경박을 위하여(「바뀌어진 지평선」)

낯설다 ①서로 알지 못하여 어색하고 서먹서먹하다. ②사물이 눈에 익지 아니하다.
  낯선 *기진맥진하여서 여관을 찾아 들어갔다/옛날같이 낯선 방이 그리 무섭지도 않고/더러운 침구가 마음을 괴롭히지도 않는데(「미숙한 도적」) *물소리 새소리 낯선 바람소리 다시 듣고/모자의 정보다 부부의 의리보다/더욱 뜨거운 너의 입김에/나의 고독한 정신을 녹이면서 우마(「나비의 무덤」) *여름이 끝난 벽 저쪽에 서 있는 낯선 얼굴/가을이 설사를 하려고 약을 먹는다(「설사의 알리바이」)

낯익다 ①여러 번 보아서 눈에 익거나 친숙하다. ②사물이 눈에 익다.
  낯익은 *나는 나를 속이고 역사까지 속이고/구태여 낯익은 하늘을 보지 않고/구렁이같이 태연하게 앉아서/마음을 쉬다(「휴식」) *고민이 사라진 뒤에/이슬이 앉은 새봄의 낯익은 풀빛의 영상이/떠오르고 나서도/그것은 또 한참 시간이 필요했다(「풀의 영상」) *봄은 오고 쥐새끼들이 총알만한 구멍의 조직을 만들고/풀이, 이름도 없는 낯익은 풀들이, 풀새끼들이/허물어진 담밑에서 사과껍질보다도 얇은(「거짓말의 여운 속에서」)

낱말 단어(單語). *나의 프레이저의 책 속의 낱말이/송충이처럼 꾸불텅 거리면서 어찌나 지겨워 보이던지/이렇게 돼서야 그만이지/어떻게든지 체면을 차려볼 궁리 좀 해야지(「파자마 바람으로」)

낳다 ①배 속의 아이, 새끼, 알을 몸 밖으로 내놓다. ②어떤 결과를 이루거나 가져오다. ③어떤 환경이나 상황의 영향으로 어떤 인물이 나타나도록 한다.
  낳는 *피혁점, 곰보, 애꾸, 애 못 낳는 여자, 무식쟁이,/이 모든 무수한 반동이 좋다(「거대한 뿌리」)
  낳아도 *봄에는 알값이 떨어진다/여편네의 계산에 의하면 7할을 낳아도/만용이(닭 시중하는 놈)의 학비를 빼면/아무것도 안 남는다고 한다(「만용에게」)

내¹ '나'가 주격 조사 '가'나 보격 조사 '가' 앞에 쓰일 때의 형태. *내가 옛날 아메리카에서 돌아오던 길/뱃전에 머리 대고 울던 것은 여인을 위해서가 아니다(「아메리카 타임誌」) *내가 어리다고 한탄하지 마시오/나는 내 가슴에/또 하나의 종지부를 찍어야 합니다.(「웃음」) *내가 떳떳이 내다볼 수 없는 현실처럼/그의 눈은 깊이 파지어서/그래도 그것은/돌아가신 그날의 푸른 눈은 아니오(「아버지의 사진」) *사랑은 고독이라고 내가 나에게/재긍정하는 것이/또한 우스운 일일 것이다(「愛情遲鈍」) *백년이나 천년이 결코 긴 세월이 아니라는 것은/내가 사랑의 테두리 속에 끼여 있기 때문이 아니리라[…]그 넓은 등판으로 땅을 쓸어가면서/늬가 부르는 노래가 어디서 오는 것을/너보다는 내가 더 잘 알고 있는 것이다/내가 추악하고 우둔한 얼굴을 하고 있으면(「풍뎅이」) *내가 너의 머리 위에/너를 대신하여/벼락과 천둥을 때리는 날까지/터전이 없으면 나의 머리 위에라도/잠시 이고 다니며 길러야 할/너는 불행하기 짝이 없는 죽순이다(「付託」) *정말 내가 포로수용소를 탈출하여 나오려고/무수한 동물적 企圖를 한 것은/이것이 거짓말이라면 용서하여 주시오[…]「여러분! 내가 쓰고 있는 것은 시가 아니겠습니까./일전에 어떤 친구를 만났더니 날더러 다시 포로수용소에 들어가고 싶은 생각이 없느냐고/정색을 하고 물어봅니다/나는 대답하였습니다/내가 포로수용소에서 나온 것은[…]내가 6·25 후에 价川 야영훈련소에서 받은 말할 수 없는 학대를 생각한다[…]내가 만일 포로가 아니 되고 그대로 거기서 죽어버렸어도(「조국에 돌아오신 傷病捕虜 동지들에게」) *의치를 빼어서 물에 담가놓고 드러누우니/마치 내가 임종하는 곳이 이러할 것이니 하는 생각이 불현듯이 든다/옆에 누운 친구가 내가 이를 뺀 얼굴이 어린 애 같다고 간간대소하며 좋아한다(「미숙한 도적」) *저기 나의 맞은편 의자에 앉아 먹고 떠들고 웃고 있는 여자와 젊은 학생을 내가 시골을 여행하기 전에 그들을 보았더라면 대하였으리 감정과는 다른 각도와 높이에서 보게 되는 나는 내 자신의 감정이 보다 더 거만하여지고 순화되어진 탓이라고는 생각하지 않는다(「시골 선물」) *내가 사는 지붕 위를 흘러가는 날짐승들이/울고 가는 울음소리에도/나는 취하지 않으련다//사람이야 말할 수 없이 애처로운 것이지만/내가 부끄러운 것은 사람보다도/저 날짐승이라 할까/내가 있는 방 위에 와서 앉거나(「도취의 피안」) *가족들이 저마다 떠드는 소리도/귀에 거슬리지 않는 것은/내가 그들에게 金靈을 맡긴 탓인가/내가 지금 순한 고개를 숙이고/온 마음을 다하여 즐기고 있는 서책은(「나의 가족」) *내가 으스러지게 설움에 몸을 태우는 것은 내가 바라는 것이 있기 때문이다.(「거미」) *내가 너를 좋아하는 원인을/네가 지니고 있는 긴 역사였다고 생각한 것은 과오였다//길을 걸으면서 생각하여 보는/향로가 이러하고/내가 그 향로와 같이 있을 때/살아있는 향로/소생하는 나/덧없는 나(「더러운 향로」) *이름도 모르는 뼈와 뼈/어디까지나 뒤틍그러져 나왔구나/─그것을 내가 아는 가장 비참한 친구가 붙이고 간 명칭으로 나는 정리하고 있는가(「PLASTER」) *암만해도 잊어버리지 못할 것이 있어 다시 불을 켜고 앉았을 때는/이미 내가 찾던 것은 없어졌을 때(「구슬픈 육체」) *내가 죽은 뒤에는/고독의 명맥을 남기지 않으려고/나는 이다지도 주야를 무릅쓰고 애를 쓰고 있단다(「나비의 무덤」) *내가 살기 위하여/몇 개의 번개 같은 환상이 필요하다 하더라도/꿈은 교훈/청춘 물 구름/피로들이 몇 배의 아름다움을 加하여 있을 때도[…]그리하여/피로도 내가 만드는 것/긍지도 내가 만드는 것/그러할 때면은 나의 몸은 항상/한치를 더 자라는 꽃이 아니더냐/오늘은 필경 여러 가지를 합한 긍지의 날인가 보다/암만 불러도 싫지 않은 긍지의 날인가 보다/모든 설움이 합쳐지고 모든 것이 설움으로 돌아가는/긍지의 날인가 보다/이것이 나의 날/내가 자라는 날인가 보다(「긍지의 날」) *잠자는 책은 이미 잊어버린 책/이 다음에 이 책을 여는 것은/내가 아닙니다(「서책」) *나 역시 이 마당에 무슨 원한이 있겠느냐/비록 내가 자란 터전같이 호화로운/꿈을 꾸는 마당이라고 해서(「휴식」) *내가 일 위에 앉아 있는 듯이/그러나 필경 내가 일을 끌고 가는 것이다/일을 끌고 가는 것은 나다[…]구름도 필요 없고/항구가 없어도 아쉽지 않은/내가 바로 바라다보는/저 허연 석회 천정─(「거리1」) *내가 웃는 것은 세상을 향하여서가 아니라/너를 보고 짓는 짓궂은 웃음인 줄 알아라(「너는 언제부터 세상과 배를 대고 서기 시작했느냐」) *내가 잠겨 있는 정신의 초점은 감상과 향수가 아닐 것이다/靜寂이 나의 가슴에 있고/부드러움이 바로 내가 따라가는 것인 이상(「거리2」) *자의식에 지친 내가 너를/막상 좋아한다손 치더라도(「연기」) *내가 괴로워하기보다도/남이 괴로워하는 양을 보기 위하여서도/나에게는 약간의 경박성이 필요한 것이다[…]클라크 게이블/그리고 너절한 대중잡지/타락한 오늘을 위하여서는/내가 〈오늘〉보다 더 깊이 떨어져야 할 것이(「바뀌어진 지평선」) *만약에 나라는 사람을 유심히 들여다본다고 하자/그러면 나는 내가 詩와는 반역된 생활을 하고 있다는 것을 알 것이다(「구름의 파수병」) *남이 일하는 모양이 내가 일하고 있는 것보다 더 밝고 깨끗하고 아름다웁게 보이면 어떻게 하리(「사무실」) *내가 비로소 여유를 갖게 된 것은/거리에서와 마찬가지로 집안에 있어서도 저 무시무시한 白蟻를 보기 시작한 때부터이었다[…]내가 어느 날 그에게 〈魔神〉이라고 별명을 붙였더니/그는 대뜸/〈오빠는 어머니보다도 더 완고하다〉고 하면서/나를 도리어 꾸짖는 척한다[…]그러나 바로 어저께 내가 오랜간만에 거리에 나가니/나의 친구들은 모조리 나를 회피하는 눈치이었다(「백의」) *그러니까 내가 그들을 사랑하지 않을 수가 없다/아아 모리배여 모리배여/

나의 화신이여(「모리배」) *내가 비는 것은/이 무한한 웃음의 가슴속에/그 얼음이 더 얼라는/내일의 呪符이었다(「凍夜」) *필경 내가 아직 건강한 사람이기 때문이리라/거대한 비애를 갖고 있는 사람이기 때문이리라(「파리와 더불어」) *내가 구름운전수 제퍼슨 선생한테 말해 놨으니까 시간은/2분밖에 안 걸릴 거다(「나는 아리조나 카보이야」) *오오 사랑이 추방을 당하는 시간이 바로 이때이다/내가 나의 밖으로 나가는 것처럼(「피곤한 하루의 나머지 시간」) *내가 나가토[長門]라는 여가수도 같이 갔느냐고/농으로 물어보려는데/누가 벌써 재빨리 말꼬리를 돌렸다……/신은 곧잘 이런 꾸지람을 잘한다(「나가타 겐지로」) *무엇보다도/내가 정말 시인이 됐으니 시원하고/인제 정말/진짜 시인이 될 수 있으니 시원하고(「檄文」) *내가 내가 취하면/너도 너도 취하지/구름 구름 부풀듯이/기어오르는 파도가/제일 높은 砂岸에/닿으려고 싸우듯이/너도 나도 취하는/中庸의 술잔(「술과 어린 고양이」) *그럴 때면 바람에 떨어진 빨래를 보고/내가 말없이 집어 걸기만 하는 이유,/모르지,(「모르지?」) *내가 피우고 있는 파이프/이건 2년이나 대학에서 떨어진 아우놈 거야…/미친 놈처럼 라디오를 튼다/지구와 우주를 진행시키기 위해서/어서어서 진행시키기 위해서/그렇지 않고서는 내가 미치고 말 것 같아서(「伏中」) *누이야/풍자가 아니면 해탈이다/네가 그렇고/내가 그렇고/네가 아니면 내가 그렇다(「누이야 장하고나!」) *이 뜰에서/나는 내가 없는 동안의/아내의 비밀을 탐지하고(「旅愁」) *내가 나를 잊어버리기 때문에/개울과 개울 사이에/하얀 모래를 골라 비둘기가 내려앉듯/시간이 내려앉는다//머리를 아프게 하는 것은/두통의 미덕은 시간이 아니다/내가 나를 잊어버리기 때문에/바다와 바다 사이에/지금의 3월의 구름이 내려앉듯/진실이 내려앉는다(「백지에서부터」) *말하자면 내가 찾고 있는 것은 언제나 나의 가장 가까운/내 곁에 있고/우물도 사닥다리도 愛兒도 거만한 문패도/내가 범인이 되기 전에/(벌써 오래전에!)/범인의 것이 되어 있고(「절망」(1962)) *아냐 아냐 오해야 내가 이 여자의 연인이 아니라네/나는 이 사람이 만주 술집에서 고생할 때에/연애편지를 대필해 준 일이 있을 뿐이지(「滿洲의 여자」) *나는 지금 일본 시인들의 작품을 읽으면서/내가 너무 자연스러운 전향을 한 데 놀라면서(「轉向記」) *무능한 내가 지지 않는 것은 이때만이다/너의 독기가 예에 없이 걸레쪽같이 보이고/너와 내가 반반―/「어디 마음대로 화를 부려보려무나!」(「만용에게」) *삭막한 집의 삭막한 방에 놓인 피아노/그 방은 바로 어제 내가 혁명을 기념한 방(「피아노」) *내가 지금 6학년 아이들의 과외공부집에서 만난/학부형회의 어떤 어머니에게 느낀 여자의 감각(「여자」) *이 땅에 발을 붙이기 위해서는:―제3인도교의 물속에 박은 철근 기둥도 내가 내 땅에/박는 거대한 뿌리에 비하면 좀벌레의 솜털/내가 내 땅에 박는 거대한 뿌리에 비하면(「거대한 뿌리」) *그와 내가 대결하고 있는 깨진 유리창문 밖에서는/新舊의 두 놈이 마적의 동생처럼/떨고 있다 「아녜요」하면서 오야붕을 응원/하려 들었지만 내가 그놈들에게/언권을 줄 리가 없다[…]또 내가 주어야 할 것도 신문값만이 아니다/수도세, 야경비, 땅세, 벌금, 전기세 이외에/내가 주어야 할 것은 신문값만이 아니다/마지막에 침묵까지 빼앗긴 내가 치러야 할/혈세―화가 있다[…]되기까지 내가 겪은, 내가 겪을/고뇌는 무한이다(「제임스 띵」) *말도 걸지 말고― 저놈은 내가 말을 걸 줄 알지(「잔인의 초」) *지금도 내가 반항하고 있는 것은 이 스펀지 만들기와/거즈 접고 있는 일과 조금도 다름없다(「어느 날 고궁을 나오면서」) *이것은 위대한 힌트가 아니니만큼 좋/또 내가 〈시시한〉 발견의 편집광이라는 것도 안다(「이 한국문학사」) *H는 그전하곤 달라졌어/내가 K의 시 얘기를 했더니 욕을 했어(「H」) *10만 원 중에서 5만 원만 줄까 3만 원만 줄까/하고 망설였지 당신보다도 내가 더 망설였지/5만 원을 무이자로 돌려보려고(「이혼취소」) *기침소리를 싫어해. 내가 붓을 놓는 것까지/자리에서 일어나는 것까지 문을 여는 것까지 알고/방어작전을 써. 그래서 안방으로 다시 오고, 내가/있던 기침소리가 가정교사에게 들리는 방은 도로/식모아이한테 주었지. 그때까지도 의심하지 않았어.[…]모레를 지내는 것은 내가 약한 탓이다.(「엔카운터誌」) *그래도 여편네는 담을 고치지 않는다/내가 고치라고 조르니까 더 안 고치는지도 모른다/고칠 사람을 구하기가 어려운 것도 있고/돈이 아까울지도 모른다[…]아니 내가 고치라고 하니까 안 고칠 거라(「도적」) *신념보다도 더 큰/내가 묻혀 사는 사랑의 위대한 도시에 비하면/너는 개미이냐(「사랑의 변주곡」) *詩評의 칭찬까지도 시집의 서문을 받은 사람까지도/내가 말한 정치 의견을 믿지 않는다[…]바꾸어 생각해 보자 내가 써준 시집의 서문을[…]몇 차례의 언어의 이민을 한 내가/우리말을 너무 잘해서 곤란하게 된 내가[…]사람들은 내 말을 믿지 않고 내가 내 말을 안 믿는다(「거짓말의 여운 속에서」) *3일이 되는지 5일이 되는지 그러나 너와 내가/접한 시간은 단 몇 분이 안 되지 그런데(「꽃잎3」) *그러나 이렇게 써도 내가 반공산주의자가/아니 되기 위해서는 그날까지 이 엉성한(「라디오 계」) *네가 씹는 음식에 내가 증오하지 않음이/내가 겨우 살아 있는 표시라[…]죽음 행동이 계속된다 너와 내가 계속되고/전화가 울리고 놀라고 놀래고/끝이 없어지고 끝이 생기고 겨우/망각을 실현한 나를 발견한다(「먼지」) *이게 아무래도 내가 저의 섹스를 개관하고/있는 것을 아는 모양이다/똑똑히는 몰라도 어렴풋이 느껴지는/모양이다[…]한번 더 고비를 넘을 수도 있었는데 그만큼/지독하게 속이면 내가 곧 속고 만다(「性」)

내² '나'에 관형격 조사 '의'가 붙어 줄어든 말. *나는 내 가슴에/또 하나의 종지부를 찍어야 합니다.(「웃음」) *내 앞에서 돈다/생각하면 서러운 것인데/너도 나도 스스로 도는 힘을 위하여/공통된 그 무엇을 위하여 울어서는 아니 된다는 듯이/서서 돌고 있는 것인가(「달나라의 장난」) *여보세요 내 가슴을 헤치고 보세요. 여기 장 발장이 숨기고 있던 格印보다 더 크고 검은/호소가 있지요/길을 잊어버린 호소예요.(「조국에 돌아오신 傷病捕虜 동지들에게」) *저기 나의 맞은편 의자에 앉아 먹고 떠들고 웃고 있는 여자와 젊은 학생을 내가 시골을 여행하기 전에 그들을 보았더라면 대하였으리 감정과는 다른 각도와 높이에서 보게 되는 나는 내 자신의 감정이 보다 더 거만하여지고 순화되어진 탓이라고는 생각하지 않는다(「시골 선물」) *영사판 양편에 하나씩 서 있는/설움이 합쳐지는 내 마음 위에(「영사판」) *그러나 〈그때는 그때이고 지금은 지금〉이라고/구태여 달관하고 있는 지금의 내 마음에/샘솟아 나오려는 이 설움은 무엇인가(「국립도서관」) *세상에 배를 대고 날아가는 정신이여/너무나 가벼워서 내 자신이/스스로 무서워지는 놀라운 육체여(「바뀌어진 지평선」) *가장 어려운 곳에 놓여 있는 병풍은/내 앞에 서서 주검을 가지고 주검을 막고 있다(「병풍」) *짓이긴 파 냄새가 술 취한/내 이마에 神藥처럼 생긋하다(「초봄의 뜰 안에」) *밋밋한 발회목에 내 눈이 자꾸 가네/내 눈이 자꾸 가네(「사치」) *내 몸은 아파서/태양에 비틀거린다/내 몸은 아파서/태양에 비틀거린다(「冬麥」) *거역하라 거역하라……/가을이 오기 전에는/내 팔은 좀체로 제대로 길이를 갖지 못하고(「말복」) *오늘밤의/앉아 있는 내 방의 촛불 같은 재산, 보석이여.(「반주곡」) *쫀! 너는 저 산 위에 올라가 망을 보아라/메리야 너는 내 뒤를 따라와(「나는 아리조나 카보이야」) *너는 내 눈을 알고/어린 놈도 내 눈을 안다(「여편네의 방에 와서」) *조용한 봄에서부터/조용한 봄으로/다시 내 몸이 아프다(「먼 곳에서부터」) *그리운 것은 내 귓전에 붙어 있는 보이지 않는 젤라틴紙(「장시2」) *그러나 내 돈이 아닌 돈/하여간 바쁨과 한가와 실의와 초조를 나하고 같이한 돈/바쁜 돈―아무도 正視하지 못한 돈―돈의 비밀이 여기 있다(「돈」) *탄력이 있다 9월 중순 차나무는 거의/내 키만큼 자라나고 노란 꽃도 이제는[…]내 눈 아래에 다시 생긴 사마귀는/구태여 빼지 않을 작정이었다/「눈물은 나의 장사이니까」―오오 눈물의/눈물이여 음악의 음악이여/달아난 음악이여 반달이여/내 눈 아래에 다시 생긴 사마귀는/구태여 빼지 않을 작정이다(「반달」) *이 땅에 발을 붙이기 위해서는/―제3인도교의 물속에 박은 철근 기둥도 내가 내 땅에/박는 거대한 뿌리에 비하면 좀벌레의 솜털(「거대한 뿌리」) *모조품 銀丹에서 仁丹으로/남의 집에서 내 방으로(「X에서 Y로」) *나무뿌리가 좀더 깊이 겨울을 향해 가라앉았다 /이제 내 몸은 내 몸이 아니다/이 가슴의 動悸도 기침도 寒氣도 내 것이 아니다/이 집도 아내도 아들도 어머니도 다시 내 것이 아니다/오늘도 여전히 일을 하고 걱정하고/돈을 벌고 싸우고 오늘부터의 할일을 하지만/내 생명은 이미 맡기어진 생명[…] 겨울의 말이자 봄의 말/이제 내 말은 내 말이 아니다(「말」(1964)) *이발소의 화롯가에 연분홍빛 화로/깨어진 유리에 종이를 바르고/그 언 유리에 비친 내 얼굴이 제임스 띵같이[…] 나의 친구야 거만한 꿈은 사위어간다 /내 잘못이 인제는 다 보인다(「제임스 띵」) *옹졸한 나의 전통은 유구하고 이제 내 앞에 情緖로/가로놓여 있다(「어느 날 고궁을 나오면서」) *불쌍한 나나 내 부근의 친구들을 생각할 때/이 죽은 순교자들을 어떻게 생각해야 하나(「이 한국문학사」) *그는 그전처럼 욕도 하지 않았고/내 찻값까지 합해서 백 원을 치르고 나가는/그의 표정을 보고(「H」) *당신은 나와의 이혼을 결정하고/내 친구의 미망인의 빚보를 선 것을/물어주기로 한 것이 이렇게 종군(「이혼 취소」) *무어란 말야. 나는 그 이전에 있었어. 내 몸. 빛나는/몸.//그렇게 매일을 믿어왔어. 방을 이사를 했지. 내/방에는 아들놈이 가고 나는 식모아이가 쓰던 방으로/가고. 그런데 큰놈의 방에 같이 있는 가정교사가 내/기침소리를 싫어해. 내가 붓을 놓는 것까지[…]시간은 내 목숨야. 어제하고는 틀려졌어. 틀려/졌다는 것을 알았어. 틀려져야겠다는 것을 알/았어. 그것을 당신한테 알릴 필요가 있어. 그것(「엔카운터 誌」) *그만큼 손쉽게/내 몸과 내 노래는 타락했다(「금성라디오」) *돈이 아까울 거라 그럴 거라/내 추측이 맞을 거라(「도적」) *장막이여 이 돈은 원은 10월 말일이/기한이고/내 날짜로는 그것이 기한이고(「판문점의 감상」) *탄 자국, 내 구두에 묻은 흙, 변두리의 진흙,(「VOGUE야」) *사람들은 내 말을 믿지 않는다[…]시멘트 가죽을 뚫고 일어나면 내 집과/내 정신이 순간적으로 들렸다 놓인다[…]사람들은 내 말을 믿지 않고 내가 내 말을 안 믿는다(「거짓말의 여운 속에서」) *내 말을 믿으세요 노란 꽃을(「꽃잎2」) *너는 내 웃음을 받지 않고/어린 너는 나의 전모를 알고 있는 듯(「꽃잎3」) *나는 섬찍해서 그전의 둔감한 내 자신으로/다시 돌아간다(「性」)

내내 처음부터 끝까지 계속해서. *옛날 추억이 들은 그러나 일년 내내 한번도 펴본 일이 없는/죽은 기억의 휴지(「후란넬 저고리」)

내다¹ ①돈이나 물건을 주거나 바치다. ②출판물을 발행하다.

내 *내 주신다면, 당신의 잡지의 8월호에 내 주신다면,/특종이니깐요, 극단도 좋고, 당신네도(「전화 이야기」)

내는 *시대의 여자가 여기 있구나/ 한잔 더 주게 한잔 더 주게/ 그런데 여자는 술을 안 따른다/ 건너편 친구가 내는 외상술이니까(「滿洲의 여자」) *필요 이상으로 화를 내는 것도 좋다/그 사나이는, 제임스 띵은 어이가 없어서(「제임스 띵」)

내라고 *靜寂을 빼앗긴, 마지막 정적을 빼앗긴/나를 몰아세운다 어서 돈을 내라고/그러니까 그들이 요구하는 것은 신문값이 아니다(「제임스 띵」)

내면 *돈을 내면 또 거둬들이고/돈을 내면 또 거둬들이고 돈을 내면/또 거둬들이는/석양에 비쳐 눈부신 카운터 같기도 한 것이니(「가다오 나가다오」)

내서 *이 3만 원을 달러 이자라도 내서 갚아 달라고 대드는 바람에(「판문점의 감상」)

내다² ①생기거나 일어나게 하다. ②밖으로 드러나게 하다.

내며 *금잔화도 인가도 보이지 않는 밤이 되면/폭포는 곧은 소리를 내며 떨어진다(「瀑布」)

내려고 *생색을 내려고, 하고 나서, 그 計告를/그에게 전하고, 그 무지무지한 소란 속에서(「전화 이야기」)

내지 *어린 놈 너야/네가 성을 내지 않게 해 주마/네가 무어라 보채더라도/나는 너와 함께 성을 내지 않는 소년(「여편네의 방에 와서」)

낸 *문명의 혈세를 강요해서는 아니 된다 新과 舊가/탈을 낸 돈이 없나 순시를 다니는 제임스 띵은/독자를 괴롭혀서는 아니 된다(「제임스 띵」)

낼까 *여편네가/짜증 낼까/무서워 그러나/동생들과/어머니가/걱정이 돼 그러나/참았던 오줌 마려/그래 그러나//시 같은 것/시 같은

냈다 *제임스 띵같이 생긴 책임자가 두 아이를/데리고 찾아온 풍경이/눈[雪]에 너무 비참하게 보였던지/나는 마구 짜증을 냈다(「제임스 띵」)

내다보다 ①안에서 밖을보다. ②먼 곳을 보다.
내다보는 *견고한 것을 좋아하는 사람들이/팔을 고이고 앉아서 창을 내다보는/水煖爐는 문명의 廢物(「수난로」)
내다본 *차창에서 내다본 중앙선의 복선공사에 동원된/갈대보다도 더 약한 소년들과 부녀자들의/노동의 慘景에 대한 편지도 못 쓰겠소 매부(「美濃印札紙」)
내다볼 *내가 떳떳이 내다볼 수 없는 현실처럼/그의 눈은 깊이 파지어서(「아버지의사진」)

내던지다 ①아무렇게나 힘차게 던지다. ②아무렇게나 말하다. ③관계를 끊고 돌보지 아니하다. ④일정한 목적을 위하여 희생하다.
내던져 *金素雲의 수필을 보라고 내던져 준다(「파자마 바람으로」)
내던지고 *도회 안에서 쫓겨다니는 듯이 사는/나의 일이며/어느 소설보다도 신기로운 나의 생활이며/모두 다 내던지고(「달나라의 장난」)

내드리다 ①윗사람에게 물건을 꺼내 주다. ②가지고 있거나 차지하고 있던 것을 윗사람에게 양도하다.
내드리겠다고 *책을 빌려드리겠다고. 나의 모든 프라이드를/재산을 연장을 내드리겠다고.(「엔카운터誌」)

내려가다 ①높은 곳에서 낮은 곳으로 또는 위에서 아래로 가다. ②지방으로 가다. ③중앙 부서에서 지방 부서로 또는 상급 기관에서 하급 기관으로 자리를 옮기다. ④북쪽에서 남쪽으로 가다. ⑤기준이 되는 장소에서 일정한 방향으로 계속 멀어져 가다. ⑥뒷날로 전하여 가다. ⑦음식물이 소화되다. ⑧값이나 통계 수치, 온도, 물가 따위가 낮아지거나 떨어지다. ⑨어떤 장소를 높은 곳에서 낮은 쪽으로 옮겨 가다. ⑩어떤 물체를 높은 곳에서 낮은 곳으로 옮겨 가다.
내려가는 *우리들은 다 같이 산등성이를 내려가는 사람들(「광야」) *일어서 있는 너의 얼굴/일어서 있는 너의 얼굴/顎骨에서 내려가는 너의 경련/―이것이 생활이다(「반주곡」)
내려가는데 *강물은 도도하게 흘러내려가는데/천국도 지옥도 너무나 가까운 곳(「여름 아침」)
내려가자고 *친구가 일어나서 창밖으로 침을 뱉고 아래로 내려갔다 오더니 또 술을 마시러 내려가자고 한다(「미숙한 도적」)
내려간다 *기진맥진한 몸을 간신히 일으켜서/차가운 이를 건져서 끼고 따라서 내려간다(「미숙한 도적」) *운명에 거역할 수 있는/큰 힘을 가지고 있으면서/여기에 밀려 내려간다(「나비의 무덤」)
내려갔다 *친구가 일어나서 창밖으로 침을 뱉고 아래로 내려갔다 오더니 또 술을 마시러 내려가자고 한다(「미숙한 도적」)

내려다보다 ①위에서 아래를 향하여 보다. ②자기보다 한층 낮추어 보다.
내려다보는 *가만히 앉아 있어도 자꾸 뻐근하여만 가는 목을 돌려/시간과 함께 비스듬히 내려다보는 것(「방안에서 익어가는 설움」)
내려다보면서 *나의 동요 없는 마음으로/너를 다시 한번 치어다보고 혹은 내려다보면서 無量의 환희에 젖는다(「九羅重花」)
내려다볼 *이러한 우리의 순수한 痴情을/헬리콥터에서도 내려다볼 수 있을 것을 짐작하기 때문에(「헬리콥터」)

내려앉다 ①먼지, 새, 비행기 따위가 아래로 내려와 앉다. ②건물, 지반, 다리, 틀 따위가 무너져 내리거나 평평하던 곳이 꺼지다. ③안개나 어둠 따위가 깔리다. ④몹시 놀라 걱정되거나 마음이 무거워지다. ⑤낮은 지위의 자리로 옮겨 앉다.
내려앉는다 *개울과 개울 사이에/하얀 모래를 골라 비둘기가 내려앉듯/시간이 내려앉는다//머리를 아프게 하는 것은/두통의 미덕은 시간이 아니다/내가 나를 잊어버리기 때문에/바다와 바다 사이에/지금의 3월의 구름이 내려앉듯/진실이 내려앉는다(「백지에서부터」)
내려앉듯 *하얀 모래를 골라 비둘기가 내려앉듯/시간이 내려앉는다[…]바다와 바다 사이에/지금의 3월의 구름이 내려앉듯/진실이 내려앉는다(「백지에서부터」)

내려오다 ①높은 곳에서 낮은 곳으로 또는 위에서 아래로 가다. ②서울 따위의 중앙에서 지방으로 오다. ③상급 기관에서 하급 기관으로 또는 높은 자리에서 낮은 자리로 옮겨 오다. ④북쪽에서 남쪽으로 오다. ⑤계통을 따라 차례대로 전해 오다. ⑥기준이 되는 시점으로 가까이 다가오다. ⑦과거로부터 지금까지 전해 오다. ⑧어떤 장소를 높은 곳에서 낮은 곳으로 옮겨 오다. ⑨어떤 물체를 높은 곳에서 낮은 곳으로 옮겨 오다.
  내려오는 *하늘에서 내려오는 연령의 여유/시도 그런 여유에는 대항할 수 없고(「반주곡」)
  내려온 *뜨거워질 햇살이 산 위를 걸어내려온다(「여름 아침」)
  내려와서 *계단을 내려와서/어젯밤에 술을 마시던 방을 들여다보니 이불도 베개도 타구 하나 없이 깨끗하다.(「미숙한 도적」)

내력(來歷) ①지금까지 지내온 경로나 경력. ②일정한 과정을 거치면서 이루어진 까닭. *봉투 두 장을 4원에 사가지고 왔으니 알지 않겠소/이것이 편지를 쓰다 만 내력이오—꽉 막히는구려(「美濃印札紙」)

내리다 ①눈, 비, 서리, 이슬 따위가 오다. ②어둠, 안개 따위가 짙어지거나 덮여 오다. ③ 쪘거나 부었던 살이 빠지다. ④타고 있던 물체에서 밖으로 나와 어떤 지점에 이르다. ⑤비행기 따위가 지상에 도달하여 멈추다. ⑥탈 것에서 밖이나 땅으로 옮아가다. ⑦위에 있는 것을 낮은 곳 또는 아래로 끌어당기거나 늘어뜨리다. ⑧판단, 결정을 하거나 결말을 짓다. ⑨위에 올려져 있는 물건을 아래로 옮기다. ⑩위에 있는 것을 아래에 옮겨 놓다. ⑪가루 따위를 체에 치다. ⑫값이나 수치, 온도, 성적 따위가 이전보다 떨어지거나 낮아지다 또는 그렇게 하다. ⑬먹은 음식물 따위가 소화되다 또는 그렇게 하다. ⑭막, 휘장, 커튼 따위가 위에서 아래로 옮겨 가다 또는 그렇게 하다. ⑮윗사람으로부터 아랫사람에게 상이나 벌 따위가 주어지다 또는 그렇게 하다.
  내리는 *억만의 소리가 비 오듯 내리는 여름 뜰을 보면서(「여름 뜰」) *밤이 산등성이에 넘어 내리는 새벽이면(「광야」) *그는 재판관처럼 판단을 내리는 게 아니라 구제의 길이 없는 사물의 주위에 떨어지는 태양처럼 판단을 내린다—월트 휘트먼(「미스터 리에게」) *저 펄펄/내리는/눈송이를 보시오[…]눈 내리는 날에는/손을 묶고 가만히/앉아 계시오.(「눈」(1961))
  내린 *태양은 자기가 내린 것을 거둬들이는데/시들은 자국을 남기지만 도처에서/도처에서/卽決하는 영혼이여(「말복」) *마당에 서리가 내린 것은 나에게 상상을 그치라는 신호다/그 대신 새벽의 꿈은 구체적이고 선명하다(「우리들의 웃음」) *눈이 내린 날에는 白羊宮의 비약이 없는 날에는(「제임스 띵」) *당신이 내린 결단이 이렇게 좋군/나하고 별거를 하기로 작정한 이틀째 되는 날(「이혼 취소」)
  내린다 *그는 재판관처럼 판단을 내리는 게 아니라 구제의 길이 없는 사물의 주위에 떨어지는 태양처럼 판단을 내린다—월트 휘트먼(「미스터 리에게」) *눈이 온 뒤에도 또 내린다//생각하고 난 뒤에도 또 내린다//응아 하고 운 뒤에도 또 내릴까//한꺼번에 생각하고 또 내린다(「눈」(1966))
  내릴까 *응아 하고 운 뒤에도 또 내릴까//한꺼번에 생각하고 또 내린다//한 줄 건너 두 줄 건너 또 내릴까//폐허에 폐허에 눈이 내릴까(「눈」(1966))

내리쓰다 위에서 아래쪽으로 글을 쓰다.
  내리썼고 *나는 사실은 담배를 피울 겨를이 없이/여기까지 내리썼고/일기의 원문은 일본어로 씌어져 있다(「중용에 대하여」)

내면(內面) ①물건의 안쪽. ②밖으로 드러나지 아니하는 사람의 속마음. *푸르고 연하고 길기만 한 가지와 줄기의 내면은/완전한 공허를 끝마치고 있었던 것이다(「꽃2」)

내무성(內務省) 1948년 9월 설립된 조선 민주주의 인민 공화국 중앙 행정부처 중 하나. *악귀의 눈동자보다도 더 어둡고 무서운 밤에 中西面 內務省 군대에게 체포된 일을 생각한다(「조국에 돌아오신 傷病捕虜 동지들에게」)

내버리다 ①필요 없게 된 것을 아주 버리다. ②상관하지 않거나 돌보지 아니하다.
  내버려 *손도 안 씻고/쥐똥도 제멋대로 내버려 두고/닭에는 발등을 물린 채/나의 숙제는 미소이다/밤과 낮을 건너서 도회의 저편에/영영 저물어 사라져버린 미소이다(「꽃」)

내보내다 ①밖으로 나가게 하다. ②가둔 상태에서 자유롭게 풀어 주다.
　내보내려는 *따놓는 방문이나 창문이/담배 연기만 내보내려는 것은/아니렷다(「미인」)

내부(內部) ①안쪽의 부분. ②어떤 조직에 속하는 범위의 안. *3월도 되기 전에/그의 내부에서는 더운 물이 없어지고/어둠이 들어앉는다(「수난로」) *나는 나의 조심을 다하여 너의 내부를 살펴볼까(「네이팜 탄」) *백의는 이와 같이 나의 안심과 태만을 비웃는 듯이/어느 틈에 우리 가정의 내부에까지 침입하여 들어와서(「백의」)

내뿜다 밖으로 향해 뿜다.
　내뿜는 *부처의 心思 같은 굴뚝이 허옇고/그 위에서 내뿜는 연기는/얼핏 생각하면 우습기도 하다(「연기」)

내시(內侍) ①고려 시대에, 근시(近侍) 및 숙위(宿衛)의 일을 맡아보던 벼슬아치. ②조선 시대에, 내시부에 속한 궁중의 남자 내관. 임금의 시중을 들거나 숙직 따위의 일을 맡아보았으며, 모두 거세된 사람이었음. ③불알 없는 사내를 빗대어 이르는 말. *남자로서 거리를 무단통행할 수 있는 것은 교군꾼,/내시, 외국인의 종놈, 관리들뿐이었다 그리고(「거대한 뿌리」)

내심(內心) 겉으로 드러나지 아니한 실제의 마음. 속마음. *鄭炳一──그놈은 내심과 정반대되는 행동만을/해왔고, 그것은 가족들을 먹여살리기 위해서였다(「적」) *그것이 그럴듯하게 생각돼서/소련을 내심으로도 입밖으로도 두둔했었다(「轉向記」)

내어다보다 '내다보다'의 강조말.
　내어다보는 *방향을 가리지 않고 서 있는 서가 사이에서/도적질이나 하듯이 희끗희끗 내어다보는 저 흰 벽들은(「국립도서관」)
　내어다볼 *우리는 좁은 뜰 안에서뿐만 아니라/심지어는 항아리 속에서부터라도 내어다볼 수 있고(「헬리콥터」)

내어던지다 '내던지다'의 강조말.
　내어던지니 *팽이가 돈다/팽이 밑바닥에 끈을 돌려 매이니 이상하고/손가락 사이에 끈을 한끝 잡고 방바닥에 내어던지니(「달나라의 장난」)

내어버리다 '내버리다'의 강조말.
　내어버린 *시내 위에 떨어지는 빗방울을 보셨나요/그것보다도 흔적이 더 없는 내어버린 자아도/하하! 우주의 비밀을/아니/비밀은 비밀을 먹는 것인가요/하하하⋯⋯(「靈交日」)

내용(內容) ①그릇이나 포장 따위의 안에 든 것. ②사물의 속내를 이루는 것. ③말, 글, 그림, 연출 따위의 모든 표현 매체 속에 들어 있는 것 또는 그런 것들로 전하고자 하는 것. ④어떤 일의 내막. ⑤철학에서 일컫는 사물과 현상의 기초를 형성하는 본질이나 의의. *빈 방안에 나는 홀로이 머물러 앉아/어떠한 내용의 책을 열어보려 하는가(「방안에서 익어가는 설움」) *물에 빠진 뒤에 나는 젤라틴을 통해서/詩의 진지성을 본다//내용은 술집, 내용은 나, 내용은 도시,/내용은 그림자,/그림자의 비밀/종교의 획득은 종교를 잃었을 때부터 시작되었고(「반주곡」)

내일(來日) ①오늘의 바로 다음날. ②다가올 앞날. *진실을 찾기 위하여 진실을 잊어버려야 하는/내일의 역설 모양으로/나는 자유를 찾아서 포로수용소에 온 것이고(「조국에 돌아오신 傷病捕虜 동지들에게」) *내가 바로 바라다보는/저 허연 석회 천정─/저것도/꿈이 아닌 꿈을 가리키는/내일의 지도다(「거리1」) *어제와 오늘이 다르고/오늘과 내일의 차이를 정시하기 위하여/하다못해 이와 같이 타락한 신문기자의/탈을 쓰고 살고 있단다(「바뀌어진 지평선」) *이것이 어제 오후에 써놓은 기사 대목으로/내일 조간분 사회면의 표독한 타이틀이 될 것이라고 해서(「기자의 정열」) *바늘구멍만한 예지의 저쪽에 사는 사람들이여/나의 현실의 메트르여/어제와 함께 내일에 사는 사람들이여/강력한 사람들이여⋯⋯(「예지」) *어제도 오늘도 내일도 마음에 들지 않아라//그대는 반짝거리면서 하늘 아래에서/간간이/자유를 말하는데/우스워라 나의 靈은 죽어 있는 것이 아니냐(「死靈」) *조그마한 세상의 지혜를 배운다는 것은/설운 일이다//그것은 내일이 되면 포탄이 되어서/휘황하게 날아가야 할 지혜이기 때문이다(「조그마한 세상의 지혜」) *내가 비는 것은/이 무한한 웃음의 가슴속에/그 얼음이 더 얼라는/내일의 呪符이었다(「凍夜」) *온몸에/온몸에/힘이 없듯이/머리는/내일 아침 새벽까지도/아주 내처/비어 있으라지……(「쌀난리」) *깨꽃이나 샐비어나 마찬가지 아니냐/내일의 채귀를/죽은 뒤의 채귀를 걱정하는/장시만 장시만 안 쓰려면 돼(「장시」) *지금의 적이 가장 무거운 것 같고 무서울 것 같지만/이 적이 없으면 또 다른 적― 내일/내일의 적은 오늘의 적보다 약할지 몰라도/오늘의 적도 내일의 적처럼 생각하면 되고/오늘의 적도 내일의 적처럼 생각하면 되고//오늘의 적으로 내일의 적을 쫓으면 되고/내일의 적으로 오늘의 적을 쫓을 수도 있다/이래서 우리들은 태평으로 지낸다(「적1」) *빌려주지 않겠다. 야한 선언을/하지 않고 우물쭈물 내일을 지내고/모레를 지내는 것은 내가 약한 탓이다.(「엔카운터 誌」) *29일까지는 된다고 하고 그러나 넉넉잡고 내일까지 기다리라고 한 3만 원(「판문점의 감상」) *어제의 행동과 내일의 복수가 상쇄되고/참호의 입구의 ㄱ자가 문제되고//내일의 행동이 먼지를 쓰고 있다[…]어제와 오늘이 하늘과 땅처럼/달라지고 침묵과 발악이 오늘과/내일처럼 달라지고 달라지지 않는/이 갱 안의 잉크 수건의 칼자국(「먼지」)

내처 ①어떤 일 끝에 더 나아가. ②줄곧 한결같이. *머리는/내일 아침 새벽까지도/아주 내처/비어 있으라지……(「쌀난리」)

내포되다(內包─) 어떤 성질이나 뜻 따위를 속에 품게 되다.
내포되어 *참으로 어려운/얻기 어려운 휴식/너의 긴 시간 속에 언제고 내포되어 있는 휴식(「기자의 정열」)

냄새 ①코로 맡을 수 있는 온갖 기운. ②어떤 사물이나 분위기 따위에서 느껴지는 특이한 성질이나 낌새. *그러나 그 속에서 부패하고 있는 것/―그것은 나의 앙상한 생명/PLASTER가 燃上하는 냄새가 이러할 것이다 (「PLASTER」) *나는 오늘 세상에 처음 나온 사람모양으로 쾌활하다/―코에서 나오는 쇠냄새가 그리웁다(「거리2」) *청결한 공기조차 어지러웁지 않은 것이/오히려 너의 냄새가 없어서 심심하다(「사무실」) *보석 같은 아내와 아들은/화롯불을 피워가며 병아리를 기르고/짓이긴 파 냄새가 술 취한/내 이마에 神藥처럼 생긋하다(「초봄의 뜰 안에」) *풋나물을 먹을 때도/시장에 가서 비린 생선냄새를 맡을 때도/배가 부를 때도 목이 마를 때도(「하…… 그림자가 없다」) *어째서 자유에는/피의 냄새가 섞여 있는가를/혁명은/왜 고독한 것인가를 (「푸른 하늘을」) *나의 입속에는 달콤한 의지의 잔재 대신에/다시 쓰디쓴 담뱃진 냄새만 되살아났지만(「그 방을 생각하며」) *베적삼, 옥양목, 데크론, 인조견, 항라,/모시치마 냄새난다 냄새 난다/냄새여 지휘하라(「등나무」) *나의 발은 절망의 소리/저 말(馬)도 절망의 소리/병원 냄새에 휴식을 얻는/소년의 흰 볼처럼/교회여/이제는 나의 이 늙지도 젊지도 않은 몸에/해묵은/1,961개의/곰팡내를 풍겨 넣어라(「아픈 몸이」) *오오 폐허의 질서여 수치의 凱歌여/차나무 냄새여 어둠이여 소녀여/휴식의 휴식이여/분명해진 그 가시의 의미여(「반달」)

냉면(冷麵) 차게 해서 먹는 국수. 흔히 메밀국수를 냉국이나 김칫국 따위에 말거나 고추장 양념에 비벼서 먹는데, 예전부터 평양의 물냉면과 함흥의 비빔냉면이 유명함. *빌려드릴 수 없어. 작년하고도 또 틀려./눈에 보여. 냉면 집 간판 밑으로―육개장을 먹으러―/들어갔다가 나왔어―모밀국수 전문집으로 갔지―(「엔카운터 誌」)

냉방장치(冷房裝置) 실내의 온도를 낮추어 시원하게 하는 장치. *신문회관 3층에서 하는 게 낫다구요. 아녜요./거기에는 냉방장치가 없어요. 장소는 200명가량/수용될지 모르지만요. 절망의 연료가 모자/란다구요. 그래요! 반도호텔 같은 데라(「전화 이야기」)

냉수(冷水) 차가운 물. *청한 지 반 시간만에 떠다 주는 냉수를 한 대접 마시고/계단을 내려와서/어젯밤에 술을 마시던 방을 들여다보니 이불도 베개도 타구 하나 없이 깨끗하다.(「미숙한 도적」) *文明된 아내에게 〈실력을 보이자면〉 무엇보다도 먼저/발이라도 씻고 보자/냉수도 마시자/맑은 공기도 마시어두자(「사치」)

냉철하다(冷徹—) 감정에 좌우되지 않고, 사물을 내다보는 데 냉정하고 날카롭다.
  냉철한 ＊어제 국회의장 공관의 칵테일 파티에 참석한/천사 같은 여류작가의 냉철한 지성적인/눈동자는 거짓말이다(「이혼 취소」)

너 듣는 이가 친구나 아랫사람일 때, 그 사람을 가리키는 이인칭 대명사. 주격 조사 '가' 나 보격 조사 '가' 가 붙으면 '네' 가 됨. ＊아아 어인 일이냐/너 주작의 星火/서리 앉은 胡弓에/피어 사위도 스럽구나(「廟庭의 노래」) ＊꽃이 열매의 상부에 피었을 때/너는 줄넘기 장난을 한다(「孔子의 생활난」) ＊瓦斯의 정치가여/너는 활자처럼 고웁다(「아메리카 타임 誌」) ＊토끼야/봄 달 속에서 나에게만 너의 재주를 보여라/너의 입에서 튀어나오는/너의 새끼를(「토끼」) ＊너도 나도 스스로 도는 힘을 위하여/공통된 그 무엇을 위하여 울어서는 아니 된다는 듯이/서서 돌고 있는 것인가/팽이가 돈다/팽이가 돈다(「달나라의 장난」) ＊너의 앞에서는 우둔한 얼굴을 하고 있어도 좋았다/백년이나 천년이 결코 긴 세월이 아니라는 것은 […]늬가 부르는 노래가 어디서 오는 것을/너보다는 내가 더 잘 알고 있는 것이다/내가 추악하고 우둔한 얼굴을 하고 있으면/너도 우둔한 얼굴을 만들 줄 안다/너의 이름과 너와 나와의 관계가 무엇인지 알아질 때까지/소금 같은 이 세계가 존속할 것이며/의심할 것인데/등 등판 광택 거대한 여울/미끄러져가는 나의 의지/나의 의지보다 더 빠른 너의 노래/너의 노래보다 더한층 신축성이 있는/너의 사랑(「풍뎅이」) ＊내가 너의 머리 위에/너를 대신하여/벼락과 천둥을 때리는 날까지/터전이 없으면 나의 머리 위에라도/잠시 이고 다니며 길러야 할/너는 불행하기 짝이 없는 죽순이다(「付託」) ＊늬가 없어도 나는 산단다/억만 번 늬가 없어 설워한 끝에/억만 걸음 떨어져있는/너는 억만 개의 모욕이다//나쁘지도 않고 좋지도 않은 꽃들/그리고 별과도 등지고 앉아서/모래알 사이에 너의 얼굴을 찾고 있는 나는 인제/늬가 없어도 산단다(「너를 잃고」) ＊나의 동요 없는 마음으로/너를 다시 한번 치어다보고 혹은 내려다보면서 無量의 환희에 젖는다[…]너는 늬가 먹고사는 물의 것도 아니며/나의 것도 아니고 누구의 것도 아니기에/지금 마음 놓고 고즈넉이 날개를 펴라/마음대로 뛰놀 수 있는 마당은 아닐지나/(그것은 「골고다」의 언덕이 아닌/현대의 가시철망 옆에 피어 있는 꽃이기에)/물도 아니며 꽃도 아닌 꽃일지나/너의 숨어 있는 인내와 용기를 다하여 날개를 펴라//물이 아닌 꽃/물같이 엷은 날개를 펴며/너의 무게를 안고 날아가려는 듯//늬가 끊을 수 있는 것은 오직 생사의 線條뿐/그러나 그 비애에 찬 선조도 하나가 아니기에/너는 다시 부끄러움과 躊躇를 품고 숨 가빠하는가[…]사실은 벌써 滅하여 있을 너의 꽃잎 위에/이중의 봉오리를 맺고 날개를 펴고/죽음 위에 죽음 위에 죽음을 거듭하리/구라중화(「九羅重花」) ＊하루에 한번씩 찾아오는/수치와 고민의 순간을 너에게 보이거나/들키거나 하기가 싫어서가 아니래[…]나야 늙어가는 몸 위에 하잘것없이 앉아있으면 고만이고/너는 날아가면 고만이지만/잠시라도 나는 취하는 것이 싫다는 말이다//나의 초라한 검은 지붕에/너의 날개 소리를 남기지 말고(「도취의 피안」) ＊검은 철을 깎아 만든/고궁의 흰 지댓돌 위의/더러운 향로 앞으로 걸어가서/잃어버린 愛兒를 찾은 듯이/너의 거룩한 머리를 만지면서/우는 날이 오더라도[…]향로인가 보다/나는 너와 같이 자기의 그림자를 마시고 있는 향로인가 보다//내가 너를 좋아하는 원인을/네가 지니고 있는 긴 역사였다고 생각한 것은 과오였다(「더러운 향로」) ＊나비야/나는 긴 숲속을 헤치고/너의 무덤을 다시 찾아오마//물소리 새소리 낯선 바람소리 다시 듣고/모자의 정보다 부부의 의리보다/더욱 뜨거운 너의 입김에/나의 고독한 정신을 녹이면서 우마//오늘이 있듯이 그날이 있는/두 겹 절벽 가운데에서/오늘은 오늘을 담당하지 못하니/너의 가슴 위에서는/나 대신 값없는 낙엽이라도 울어줄 것이다(「나비의 무덤」) ＊이러한 우리의 순수한 痴情을/헬리콥터에서도 내려다볼 수 있을 것을 짐작하기 때문에/「헬리콥터 너는 설운 동물이다」[…]안개처럼 가볍게 날아가는 과감한 너의 의사 속에는/남을 보기 전에 네 자신을 먼저 보이는/긍지와 선의가 있다/너의 조상들이 우리의 조상과 함께/손을 잡고 超動物 세계

속에서 영위하던/자유의 정신의 아름다운 원형을/너는 또한 우리가 발견하고 규정하기 전에 가지고 있었으며/오늘에 네가 전하는 자유의 마지막 파편에/스스로 겸손의 침묵을 지켜가며 울고 있는 것이다(「헬리콥터」) *쇠라* 여/너는 이 세상을 점으로 가리켰지만/나는/나의 눈을 찌르는 이 따가운 가옥과/집물과 사람들의 음성과 거리의 소리들을/커다란 해양의 한 구석을 차지하는/조고마한 물방울로/그려보려 하는데/차리리 어떠할까(「거리1」) * 너는 언제부터 세상과 배를 대고 서기 시작했느냐/너와 나 사이에 세상이 있었는지/세상과 나 사이에 네가 있었는지/너무 밝아서 나는 웃음이 나온다//그러나 결코 너를 격하고 있는 세상에게 웃는 것은 아니리/너를 보고/너의 곁에 애처로울 만치 바싹 다가서서/내가 웃는 것은 세상을 향하여서가 아니라/너를 보고 짓는 짓궂은 웃음인 줄 알아라//음탕할 만치 잘 보이는 유리창/그러나 나는 너를 통하여 아무것도/보지 않고 있는지도 모른다/두려운 세상과 같이 배를 대고 있는/너의 대담성—그래서 나는 구태여 너에게로 더 한걸음 바싹 다가서서/그리움도 잊어버리고 웃는 것이다//부끄러움도 모르고/밝은 빛만으로 너는 살아왔고/또 너는 살 것인데/투명의 대명사 같은 너의 몸을/지금 나는 은폐물같이 생각하고/기대고 앉아서/안도의 탄식을 짓는다/유리창이여/너는 언제부터 세상과 배를 대고 서기 시작했느냐(「너는 언제부터 세상과 배를 대고 서기 시작했느냐」) *전쟁의 모든 파괴 속에서/불사조같이 살아난 너의 몸뚱아리—/우주의 파편같이/혹은 혜성같이 반짝이는/무수한 잔재 속에 담겨있는 또 이 무수한 몸뚱아리—들은/지금 무엇을 銳意 연마하고 있는가[…]오 죽어 있는 방대한 서책들//너를 보는 설움은 피폐한 고향의 설움일지도 모른다(「국립도서관」) *자의식에 지친 내가 너를/막상 좋아한다손 치더라도/네가 나에게 보이고 있는 시간이란/네가 달아나는 시간밖에는 없다(「연기」) *너를 딛고 일어서면/생각하는 것은 먼 나라의 일이 아니다/나의 가슴속에 흐트러진 파편들일 것이다//너의 표피의 원활과 각도에 이기지 못하고 미끄러지는 나의 발을/나는 미워한다[…]너는 기류를 안고/나는 근지러운 나의 살을 안고//四星將軍이 즐비한 거대한 파티 같은 풍성하고 너그러운 풍경을 바라보면서/나에게는 잔이 없다/투명하고 가벼웁고 쇠소리 나는 가벼운 잔이 없다/그리고 또 하나 指揮鞭이 없을 뿐이다//정치의 작전이 아닌/애정의 부름을 따라서/네가 떠나가기 전에/나는 나의 조심을 다하여 너의 내부를 살펴볼까/이브의 심장이 아닌 너의 내부에는/〈시간은 시간을 먹는 듯이 바쁘기만 하다〉는/기계가 아닌 자옥한 안개 같은/준엄한 태산 같은/시간의 퇴적뿐이 아닐 것이냐/죽음이 싫으면서/너를 딛고 일어서고/시간이 싫으면서/너를 타고 가야 한다//창조를 위하여/방향은 현대—(「네이팜 탄」) *〈뮤즈〉여/용서하라/생활을 하여 나가기 위하여는/요만한 경박성이 필요하단다/시간의 표면에/물방울을 풍기어 가며/오늘을 울지 않으려고/너를 잊고 살아야 하는 까닭에[…]그래도 날개 돋친 마음을 위하여/너와 같이 걸어간다/흐린 봄철 어느 오후의 무거운 日氣처럼/그만한 우울이 또한 필요하다[…]나의 원죄와 회한을 생각하기 전에/너의 생리부터 해부하여 보아야겠다[…]뮤즈여/너는 어제까지의 나의 세력/오늘은 나의 지평선이 바뀌어졌다[…]솔직한 고백을 싫어하는/뮤즈여/妬忌와 경쟁과 살인과 간음과 사기에 대하여서는/너에게 이야기하지 않으리라[…]뮤즈여/너의 복부를랑 하늘을 바라보게 하고—/그러면/아름다움은 어제부터 출발하고/너의 육체는/오늘부터 출발하게 되는 것이다[…]뮤즈여/앞장을 서지 마라/그리고 너의 노래와 음계를 조금만/낮추어라/오늘의 우울을 위하여/오늘의 경박을 위하여(「바뀌어진 지평선」) *4면의 신문 위에 6호 활자가 몇천 개 박혀 있는지 모르지만 너의 상상에서는 실제의 수십 배는 담겨 있으리라/이 무수한 활자 가운데에/신문기자인 너의 기사도/매일 조금씩은 끼이게 되는데/큰 아름드리나무에 박힌 옹이처럼 너는 네가 한 신문기사를 매일 아침 게시판 위에서 찾아보는 버릇이 너도 모르게 어느덧 생기고 말았다[…]그래도 누가 읽어줄지 모르는 신문 한구석에 너의 피가 어리어 있는 것이 반가워서 보고 있는 것인가[…]아무도 모르고 너 혼자만이 아는/네가 쓴 기사 위에/황홀히 너를 찾아보는 아침이여[…]너무나 어려운 휴식이여/눈물이 흘러나올 여유조차 없는/게시판과 너 사이에/오늘의 생활이 있을진대[…]참으로 어려운/얻기 어려운 휴식/너의 긴 시간 속에 언제고 내포되어 있는 휴식/그러한 휴식이 찬란한 아침햇빛 비치는 게시판 위에서 떠돌아다니면서/희한한 상상과 무수한 활자를/너에게 눌러주는 지금 이 순간에도/너는 아예 놀라지 말아라/너는 아예 놀라지 말아라(「기자의 정열」) *너는 나와 함께 못난 놈이면서도 못난 놈이 아닌데/쓸데없는 도면 위에 글자만 박고 있으면 어떻게 하리[…]청결한 공기조차 어지러웁지 않은 것이/오히려 너의 냄새가 없어서 심심하다//남의 일하는 곳에 와서 덧없이 앉았으면 비로소 설워진다/어떻게 하리/어떻게 하리(「사무실」) *여름 뜰이여/너의 광대한 손[手]을 본다[…]너의 뜰을 달려가는 조고마한 동물이라도 있다면/여름 뜰이여/나는 너에게 희생할 것을 준비하고 있노라(「여름 뜰」) *〈더러운 자식 너는 백의와 간통하였다지? 너는 오늘부터 시인이 아니다……〉/—백의의 비극은 그가 현대의 경제학을 등한히 하였을 때에서부터 시작되었던 것이다(「백의」) *주검에 全面 같은 너의 얼굴 위에/용이 있고 落日이 있다/무엇보다도 먼저 끊어야 할 것이 설움이라고 하면서(「병풍」) *고난이 풍선같이 바람에 불리거든/너의 힘을 알리는 신호인 줄 알아라[…]쇠꼭지보다도 허망한 생활이 균형을 잃을 때/酩酊한 정신이 명정을 찾듯이/너는 비로소 너를 찾고 웃어라(「지구의」) *삶에 지친 耆여/자를 보라/너의 무게를 알 것이다(「자」) *개가 울고 종이 들리고 달이 떠도/너는 조금도 당황하지 말라/술에서 깨어난 무거운 몸이어/오오 봄이여//한없이 풀어지는 피곤한 마음에도/너는 결코 서둘지 말라/너의 꿈이 달의 행로와 비슷한 회전을 하더라도/개가 울고 종이 들리고 기적소리가 과연 슬프다 하더라도/너는 결코 서둘지 말라/서둘지 말라 나의 빛이여/오오 인생이여(「봄 밤」) *기운을 주라 더 기운을 주라/바람이 너를 마시기 전에(「채소밭 가에서」) *바늘구멍만한 叡智를 바라면서 사는 자의 설움이여/너는 차라리 부정한 자가 되라/오늘/이 헐벗은 거리에 가슴을 대고/뒤집어진 부정이 정의가 되지 않더라도//그러면 너의 벗들과/너의 이웃사람들의 얼굴이/바늘구멍 저쪽에 떠오르리라/축소와 확대의 중간에 선 그들의 얼굴/강력과 기도가 일체가 되는 거리에서/너는 비로소 겸허를 배운다(「예지」) *너의 모습과 너의 몸짓은/어쩌면 이렇게 자연스러우냐/소리없이 기고 소리없이 날으다가/되돌아오고 되돌아가는 무수한 하루살이—그러나 나의 머리 위의 천장에서는 너의 소리가 들린다—/하루살이의 反覆이여(「하루살이」) *가벼운 참새같이 나는 잠시 너의/흉하지 않은 가지 위에 피곤한 몸을 앉힌다/成長은 소크라테스 이후의 모든 현인들이 하여온 일(「서시」) *그 누구의 시처럼//그러나 여보/ 비오는 날의 마음의 그림자를/사랑하라/ 너의 벽에 비치는 너의 머리를/사랑하라/비가 오고 있다/움직이는 비애여/결의하는 비애/변혁하는 비애……/현대의 자살/그러나 오늘은 비가 너 대신 움직이고 있다/무수한 너의 〈종교〉를 보라(「비」) *너는 이런 밤을 무수한 거부 속에 헛되이 보냈구나(「밤」) *돌도 아니 된 너는 머리도 한번 깎지를 않고/엄마는/너를 보고 되놈이라고 부르지(「자장가」) *포탄의 이성이여//너의 自決과 같은 맹렬한 자유가/여기 있다(「조그마한 세상의 지혜」) *하얗게 마른 마루틈 사이에서/검은 바람이 들어온다고 외쳐라/너의 머리 위에/너의 몸을 반쯤 가려주는 길고/멋진 양철 차양이 있다고 외쳐라(「가옥 찬가」) *일어서 있는 너의 얼굴/일어서 있는 너의 얼굴/顎骨에서 내려가는 너의 경련—이것이 생활이다[…]지혜는 일어서 있는 너의 얼굴/종교의 연필 자국이 두드러진/청춘의 붉은 희롱,[…]「고맙습니다, 고맙습니다」/일어서 있는 너의 얼굴은/오늘밤의/앉아 있는 내 방의 촛불 같은 재산, 보석이여.(「반주곡」) *먼지 앉은 석경 너머로/너의 그림자가/움직이듯/묵은 사랑이/움직일 때(「파밭 가에서」) *너도 나도 누나도 언니도 어머니도/철수도 용식이도 미스터 강도 유중사도/강중령도 그놈의 속을 모르는 바는 아니었지만(「우선 그놈의 사진을 떼어서 밑씻개로 하자」) *야 손들어 나는 아리조나 카보이야/빵! 빵!/키크야! 너는 저놈을 쏘아라/빵! 빵! 빵!/쨔키야! 너는 빨리 말을 달려/저기 돈보따리를 들고 달아나는 놈을 잡아라/쫀! 너는 저 산 위에 올라가 망을 보아라/메리야 너는 내 뒤를 따라와[…]두목! 나머지 놈들 다 잡아왔습니다/아 홍찐구 놈도 섞여 있구나/너 이놈 정동 재판소에서 언제 달아나왔으냐 깟땜!/오냐 그놈들을 물에다 거꾸로 박아놓아라/쨈보야 너는 이성망이 놈을 빨리 잡아오너라(「나는 아리조나 카보이야」) *어둠 속에서도 불빛 속에서도 변치 않는/사랑을 배웠다 너로 해서//그러나 너의 얼굴은/어둠에서 불빛으로 넘어가는/그 찰나에 꺼졌다 살아났다/너의 얼굴은 그만큼 불안하다//번개처럼/번개처럼/금이 간 너의 얼굴은(「사랑」) *애무해도 소년/어린 놈 너야/네가 성을 내지 않게 해주마/네가 무어라 보채더라도/나는 너와 함께 성을 내지 않는 소년//바다의 물결 작년의 나무의 체취/그래 우리 이 盛夏에/온갖 나무의 추억과/물의 체취라도/다해서/어린 놈 너야/죽음이 오더라도/이제 성을 내지 않는 법을 배워주마[…]여편네의 방에 와서 기거를 같이해도/나는 점점 어린애/너를 더 사랑하고/오히려 너를 더 사랑하고/너는 내 눈을 알고/어린 놈도 내 눈을 안다(「여편네의 방에 와서」) *쑥잎보다 훨씬 얇은/너의 잎은 지휘하라(「등나무」) *내가 내가 취하면/너도 너도 취하지/구름 구름 부풀듯이(「술과 어린 고양이」) *누이야/풍자가 아니면 해탈이다/너는 이 말의 뜻을 아느냐/너의 방에 걸어놓은 오빠의 사진/나에게는 〈동생의 사진〉을 보고도/나는 몇 번이고 그의 진혼가를 피해 왔다/그전에 돌아간 아버지의 진혼가가 우스꽝스러웠던 것을 생각하고/그래서 나는 그 사진을 10년 만에 곰곰이 正視하면서/이내 거북해서 너의 방을 뛰쳐나오고 말았다[…]그를 생각할 수 있는/너까지도 다 함께 숭배하고 마는 것이/숭배할 줄 아는 것이/나의 인내이니까//「누이야 장하고나!」/나는 쾌활한 마음으로 말할 수 있다/이 광대한 여름날의 착잡한 숲속에/홀로 서서/나는 돌풍처럼 너한테 말할 수 있다(「누이야 장하고나!」) *8월의 밤에/너의 방은 너무 정돈되어 있더라[…]누이야/너의 방은 언제나/너무도 정돈되어 있다(「누이의 방」) *나는 이 우중충한 막걸리 탁상 위에서/경험과 역사를 너한테 배운다/무식한 것이 그것들이니까—/너에게서 취하는 전신의 영양/끊었던 술을 다시 마시면서 사랑의 복습을 하는 셈인가(「滿洲의 여자」) *수입에 대해서 생각하는 것은 너나 나나 매일반이다[…]너의 독기가 예에 없이 걸레쪽같이 보이고/너와 내가 반반—(「만용에게」) *그때 너는 한 살이었다/그때 너는 한 살이었다/그때도 너는 기적이었다//그때 너는 여섯 살이었다/그때 너는 여섯 살이었다/그때도 너는 기적이었다//그때 너는 열여섯 살이었다/그때 너는 열여섯 살이었다/그때도 너는 기적이었다/너의 의지는 싹트기 시작했다/너의 의지는/학교 안에서 배운 모든 것이/학교 밖에서 본 모든 것이/반드시 정말이 아니라는 것을 알았고/너의 어린 의사를 발표할 줄 알았다/우리는 너를 보고 깜짝 놀랐다//그때 너는 열일곱 살이었다/그때 너는 열일곱 살이었다/그때도 너는 기적이었다/너의 근육은 굳어지기 시작했다/너의 근육은/학교 밖에서 얻어맞은 모든 것이/골목길에서 얻어맞은 모든 것이/반드시 정말이 아니라는 것을 알았고/너의 어린 행동은/어린 상징을 면하기 시작했다/너는 이제 우리 키만큼 되었다/우리는 너를 보고 깜짝 놀랐다//너는 이제 열아홉 살이었다/너는 이제 열아홉 살이었다/너는 여전히 기적이었다/너의 회의는 굳어가기 시작했다/너의 회의는/나라 안에서 당한 모든 것이/나라 밖에서 당한 모든 것이/반드시 정말이 아니라는 것을 알았고/너의 어린 포부는/불가능의 한계를 두드려보기 시작했다/너는 이제 우리 키보다도 더 커졌다/우리는 너를 보고 깜짝 놀랐다//너는 이제 스무 살이다/너는 이제 스무 살이다/너는 여전히 기적일 것이다/너의 사랑은 익어가기 시작한다/너의 사랑은/38선 안에서 받은 모든 굴욕이/38선 밖에서 받은 모든 굴욕이/전혀 정당한 것이 아니라는 것을 알았고/너는 너의 모든 힘을 다해서 답쌔버릴 것이다/너의 가난을 눈에 보이는/눈에 보이지 않는 모든 가난을/이 엄청난 어려움을 고통을/이 몸을 찢는 부자유를 부자유를 나날을……/너는 이제 우리의 고통보다도 더 커졌다/우리는 너를 보고 깜짝 놀란다//아니 네가 우리를 보고 깜짝 놀란다/네가 우리를 보고 깜짝 놀란다/65년의 새 얼굴을 보고/65년의 새해를 보고(「65년의 새해」) *언청이야 언청이야 이발쟁이야 너의/보꾹에 바른 신문지의 활자가 즐거웁구나/교정을 보았구나 나의 毒氣야/가벼운 겨울의 꿈이로구나 나의 독기의/꿈이로구나//쓸데없는 것이었다 저것이었다/너의 보꾹에 비친 활자이었다 거기에/그어진 붉은 잉크였다 인사를 하지 않은/나의 친구야 거만한 꿈은 사위어간다(「제임스 띵」) *제일 피곤할 때 적에 대한다/날이 흐릴 때면 너와 대한다/가장 가까운 적에 대한다/가장 사랑하는 적에 대한다/우연한 싸움에 이겨보려고(「적2」) *나도 나다— 잔인이다— 미안하지만 잔인이다—콧노래를 부르더니 그만두었구나— 너도 어지간한 놈이다— 요놈— 죽어라(「잔인의 초」) *VOGUE야 넌 잡지가 아냐/섹스도 아냐 유물론도 아냐 선망조차도/아냐—선망이란 어지간히 따라갈 가망성이 있는/상대자에 대한 시기심이 아니냐, 그러니까 너는/선망도 아냐…/VOGUE야 너의 세계에 스크린을 친 죄,/아이들의 눈을 막은 죄—그 죄의 앙갚음/ VOGUE야//그리고 아들아 나는 아직도 너에게 할 말이/왜 없겠는가 그러나 안한다/안하기로 했다 안해도 된다고/생각했다 안해야 한다고 생각했다/너에게도 엄마에게도 모든/아버지보다 돈 많은 사람들에게도/아버지 자신에게도(「VOGUE야」) *신념이여/봄베이도 뉴욕도 서울도 마찬가지다/신념보다도 더 큰/내가 묻혀 사는 사랑의 위대한 도시에 비하면/너는 개미이냐//아들아 너에게 狂信을 가르치기 위한 것이 아니다/사랑을 알 때까지 자라라/인류의 종언의 날에/너의 술을 다 마시고 난 날에/미대륙에서 석유가 고갈되는 날에/그렇게 먼 날까지 가기 전에 너의 가슴에/새겨둘 말을 너는 도시의 피로에서/배울거다(「사랑의 변주곡」) *순자야 너는 꽃과 더워져 가는 화원의/초록빛과 초록빛의 너무나 빠른 변화에/놀라 잠시 찾아오기를 그친 벌과 나비의/소식을 완성하고//우주의 완성을 건 字의 생명의/귀추를 지연시키고/소녀가 무엇인지를/소녀는 나이를 초월한 것임을/너는 어린애가 아님을/너는 어른도 아님을/꽃도 장미도 어제 떨어진 꽃잎도/아니고/떨어져 물 위에서 썩은 꽃잎이라도 좋고/썩는 빛이 황금빛에 닮은 것이 순자야/너 때문이고/너는 내 웃음을 받지 않고/어린 너는 나의 전모를 알고 있는 듯/야아 순자야 깜찍하고나/너 혼자서 깜찍하고나//네가 물리친 썩은 문명의 두께/멀고도 가까운 그 어마어마한 낭비/그 낭비에 대항한다고 소모한/그 몇 갑절의 공허한 투자/대한민국의 전재산인 나의 온 정신을/너는 비웃는다//너는 열네 살 우리집에 고용을 살러 온 지/3일이 되는지 5일이 되는지 그러나 너와 내가/접한 시간은 단 몇 분이 안 되지 그런데/어떻게 알았느냐 나의 방대한 낭비와 넌센스와/허위를(「꽃잎3」) *죽은 행동이 계속된다 너와 내가 계속되고/전화가 울리고 놀라고 놀래고/끝이 없어지고 끝이 생기고 겨우/망각을 실현한 나를 발견한다(「먼지」)

너그럽다 ①마음이 넓고 아량이 있다. ②폭 따위가 여유 있게 넓다. ③경사가 급하지 아니하다. ④움직임이 완만하다.

너그러운 *四星將軍이 즐비한 거대한 파티 같은 풍성하고 너그러운 풍경을 바라보면서/나에게는 잔이 없다(「네이팜 탄」)

너머 높이나 경계로 가로막은 사물의 저쪽 또는 그 공간. *먼지 앉은 석경 너머로/너의 그림자가/움직이듯/묵은 사랑이/움직일 때(「파밭 가에서」) *생활에 얼이 빠진 여인의 모습을 다방의 창 너머로 瞥見하였기 때문에/다음과 같은 쪽지를 미스터 리한테 적어놓고/시골로 떠났다(「미스터 리에게」) *용감한 시인/—소용없소이다/산 너머 민중이라고/산 너머 민중이라고/하여둡시다(「눈」(1961))

너무 일정한 정도나 한계에 지나치게. ☞ 너무나. *팽이가 돈다/어린아해이고 어른이고 살아가는 것이 신기로워/물끄러미 보고 있기를 좋아하는 나의 너무 큰 눈 앞에서/아해가 팽이를 돌린다(「달나라의 장난」) *우리는 UN군에 포로가 되어 너무 좋아서 가시철망을 뛰어 나오려고 애를 쓰다가 못 뛰어나오고(「조국에 돌아오신 傷病捕虜 동지들에게」) *세상과 나 사이에 네가 있었는지/너무 밝아서 나는 웃음이 나온다(「너는 언제부터 세상과 배를 대고 서기 시작했느냐」) *신체가 너무 왜소한 까닭에 사람들의 눈에 띄지를 않는다(「백의」) *너무 고요해서 잠에서 깨어나//내가 비는 것은/이 무한한 웃음의 가슴속에/그 얼음이 더 얼라는/내일의 呪符이었다(「凍夜」) *베이컨의 『新論理學』을 읽어보게나/원자탄이나 유도탄은 너무 많아서/효과가 없으니까(「만시지탄은 있지만」) *이 나라/백성들이/너무 지쳐 그러나/별안간/빚 갚을 것/생각나 그러나/여편네가/짜증 낼까(「(4·19)시」) *너무 조용한 것도 병이다/너무 생각하는 것도 병이다/그것이 실개울의 물소리든/꿩이 푸다닥거리고 날아가는 소리든(「伏中」) *8월의 밤에/너의 방은 너무 정돈되어 있더라(「누이의 방」) *나는 지금 일본 시인들의 작품을 읽으면서/내가 너무 자연스러운 전향을 한 데 놀라면서/이 이유를 생각하려 하지만(「轉向記」) *제임스 띵같이 생긴 책임자가두 아이를/데리고 찾아온 풍경이/눈[雪]에 너무 비참하게 보였던지/나는 마구 짜증을 냈다[…]어떤놈이 新인지 舊인지를 가려낼 틈도/없다 눈이 왔고 추웠고 너무 화가 났다(「제임스 띵」) *봄이 오기 전에 속옷을 벗고 너무 시원해서 설워지듯이/성급한 우리들은 이 발견과 실감 앞에 서럽기까지도 하다(「풀의 영상」) *있어. 그러나 너무 재촉하지는 마라. 이 문제가 해결/되기까지 기다려봐. 지금은 안 빌려주기로 하고(「엔카운터 誌」) *몇 차례의 언어의 이민을 한 내가/우리말을 너무 잘해서 곤란하게 된 내가(「거짓말의 여운 속에서」) *초록빛과 초록빛의 너무 빠른 변화에/놀라 오늘도 찾아오지 않는 벌과 나비의/소식을 더 완성하기까지//캄캄한 소식의 실날 같은 완성/실날 같은 여름날이여/너무 간단해서 어처구니없이 웃는/너무 어처구니없이 간단한 진리에 웃는/너무 진리가 어처구니없이 간단해서 웃는/실날 같은 여름 바람의 아우성이여(「꽃잎3」)

너무나 '너무'를 강조하여 이르는 말. ☞너무. *저 조그만 비행기같이 연기도 여운도 없이 살아진 몇몇 포로들의 영령이/너무나 알기 쉬운 말로 아무도 듣지 못하게 당신의 뺨에다 대고 비로소 시작하는 귓속이야기지요?[…]그것이 너무나 순진한 일이었기에 잠을 깨어 일어나서/나는 예수 크리스트가 되지 않았나 하는 신성한 錯感조차 느껴보는 것이었다[…]포로수용소가 너무나 자유의 천당이었기 때문이다(「조국에 돌아오신 傷病捕虜 동지들에게」) *나는 너무나 자주 설움과 입을 맞추었기 때문에/가을바람에 늙어가는 거미처럼 몸이 까맣게 타버렸다.(「거미」) *생활이여 생활이여/잊어버린 생활이여/너무나 멀리 잊어버려 천상의 무슨 등대같이 까마득히 사라져버린 귀중한 생활들이여(「구슬픈 육체」) *너무나 잘 아는/순환의 원리를 위하여/나는 피로하였고(「영사판」) *그들은 너무나 오랫동안 자기의 말을 잊고/남의 말을 하여 왔으며(「헬리콥터」) *무한히 망설이는 이 마음은 어둠과 절망의 어제를 위하여/사는 것이 아니고/너무나 기쁜 이 마음은 무슨 까닭인지 알 수는 없지만(「거리2」) *너무나 가벼워서 내 자신이/스스로 무서워지는 놀라운 육체여(「바뀌어진 지평선」) *눈에는 보이지 않는 너무나 무거운/너의 짐/그리고 逸樂, 안이, 허위……/모두 다 잊어버리고 나와서/태양의 다음가는 자유/자유의 다음가는 게시판/너무나 어려운 휴식이여(「기자의 정열」) *강물은 도도하게 흘러내려가는데/천국도 지옥도 너무나 가까운 곳(「여름 아침」) *나는 너무나 많은 첨단의 노래만을 불러왔다/나는 정지의 미에 너무나 등한하였다(「서시」) *너무나 많은 나침반이여[…]나는 너무나도 악착스러운 몽상가(「광야」) *─모든 곳에 너무나 많은 움직임이 있다//여보/비는 움직임을 制하는 결의/움직이는 휴식//여보/그래도 무엇인가가 보이지 않느냐/그래서 비가 오고 있는데!(「비」) *흔적은 없어도 戰災를 입은 것만 같은(그렇게 그 문은 나에게는 너무나 컸다)(「말」(1958)) *체면을 세우는 문인들/너무나 투쟁적인 신문들의 보좌를 받고(「육법전서와 혁명」) *저 산허리를/돌아서/너무나도 좋아서/하늘을/묶는/허리띠모양으로/맴을 도는/눈송이를 보시오(「눈」(1961)) *10년이란 한 사람이 준 상처를 다스리기에는 너무나 짧은 세월이다(「누이야 장하고나!」) *그대로 나는 조금도/놀라지 않았다/(그러기에는 나는 너무나/지쳤는지도 모른다)(「旅愁」) *오이, 고춧가루, 후춧가루는 너무나 창피하니까(「마케팅」) *모든 사람에게 고해야 할 너무나 많은 말을 갖고 있지만/세상은 나의 말에 귀를 기울이지 않는다[…]이 너무나 큰 어려움에 나는 입을 봉하고 있는 셈이고,(「말」(1964)) *우리는 여지껏 희생하지 않는 오늘의 문학자들에 관해서/너무나 많이 고민해 왔다[…]우리의 주위에 너무나 많은 순교자들의 이 발견을/지금 나는 하고 있다(「이 한국문학사」) *순자야 너는 꽃과 더워져 가는 화원의/초록빛과 초록빛의 너무나 빠른 변화에(「꽃잎3」) *그대의 길은 잘못된 길이다―세계일주를 하고 온 길은 잘못된 길이다―세계일주를 떠났다는 것이 잘못된 길이다/너무나 먼 잘못된 길이다/너무나 많은 잘못된 나라다(「세계일주」) *지금은 너무나 또렷한 입체음을 통해서/들어오는 이북 방송이 불온 방송이(「라디오 계」)

너스(영, nurse) 간호원. *부산에 포로수용소의 제14야전병원에 있을 때/정보원이 너스들과 스펀지를 만들고 거즈를/개키고 있는 나를 보고 포로경찰이 되지 않는다고/남자가 뭐 이런 일을 하고 있느냐고 놀린 일이 있었다/너스들 옆에서(「어느 날 고궁을 나오면서」)

너절하다 ①허름하고 지저분하다. ②변변하지 못하다. ③품격이 낮다.
　너절한 *클라크 게이블/그리고 너절한 대중잡지/타락한 오늘을 위하여서는/내가 〈오늘〉보다 더 깊이 떨어져야 할 것이다(「바뀌어진 지평선」)

너희 ①듣는 이가 친구나 아랫사람일 때, 그 사람들을 가리키는 이인칭 대명사. ②듣는 이가 친구나 아랫사람일 때, 그 듣는 이를 포함한 여러 사람들을 이르는 이인칭 대명사. *야 이놈들아 고갤 숙여/너희놈 손에 돌아가신 우리 형님들/무덤 앞에 절을 구천육백삼십오만 번만 해(「나는 아리조나 카보이야」) *이유는 없다―나가다오 너희들 다 나가다오/너희들 미국인과 소련인은 하루바삐 나가다오[…] 가다오 너희들의 고장으로 소박하게 가다오/너희들 미국인과 소련인은 하루바삐 가다오 […]너희들이 피지 섬을 침략했을 당시에는 (「가다오 나가다오」) *너희들의 儀式은 원시를 가리키고 노예매매를 연상시킨다(「제임스 띵」)

넉넉잡다 시간이나 수량 따위를 넉넉할 만큼 여유를 두다.
　넉넉잡고 *31일까지 준다고 한 3만 원//29일까지는 된다고 하고 그러나 넉넉잡고 내일까지 기다리라고 한 3만 원(「판문점의 감상」)

넉넉하다 ①(크기·수량·시간 따위가) 어떤 기준에 차고도 꽤 남음이 있다. ②살림에 여유가 있다.
　넉넉하고 *안 빌려주어도 넉넉하다. 나도 넉넉하고,/당신도 넉넉하다. 이게 세상이다.(「엔카운터 誌」)

넌 '너는'의 준말. ☞너. *VOGUE야 넌 잡지가 아냐(「VOGUE야」)

넌센스(영, nonsense) 무의미한 말. 허튼소리. *어떻게 알았느냐 나의 방대한 낭비와 넌센스와/허위를(「꽃잎3」)

넌지시 드러나지 않게 가만히. *의문에서 긍정으로 또 돌아오면 돼/이것이 몇 바퀴만 넌지시 돌면 돼(「장시1」)

넓다 ①면이나 바다 따위의 면적이 크다. ②너비가 길다. ③마음 쓰는 것이 크고 너그럽다.
　넓어도 *유순한 가족들이 모여서/죄 없는 말을 주고받는/좁아도 좋고 넓어도 좋은 방안에서/나의 위대한 所在를 생각하고 더듬어보고 짚어보지 않았으면(「나의 가족」)
　넓은 *그의 사진은 이 맑고 넓은 아침에서/또 하나 나의 팔이 될 수 없는 비참이오(「아버지의 사진」) *추한 나의 발밑에서 풍뎅이처럼 너는 하늘을 보고 운다/그 넓은 등판으로 땅을 쓸어가면서(「풍뎅이」) *모든 가족의 입김이 합치어진 것/그것은 저 넓은 문창호의 수많은/틈 사이로 흘러들어오는 겨울바람보다도 나의 눈을 밝게 한다(「나의 가족」) *더 넓은 전망이 필요 없는 이 무제한의 시간 위에서 (「헬리콥터」) *VOGUE야//신성을 지키는 시인의 자리 위에 또 하나/넓은 자리가 있었던 것을 자식한테/가르쳐주지 않은 죄―그 죄에 그렇게/오랜 시간을 시달리면서도 그것을 몰랐다(「VOGUE야」)

넓어지다 '넓다'의 피동형. ☞넓다.
　넓어져 *노란 꽃을 주세요 하얘져 가는 꽃을/노란 꽃을 주세요 넓어져 가는 소란을(「꽃잎2」)

넓이 일정한 평면에 걸쳐 있는 공간이나 범위의 크기. *나는 눈이 먼 암소나 다름없이 선량한데/이 공간의 넓이를 가리키면서/한꺼번에 구겨지자 없어지는 벼락과 천둥(「付託」)

넓적다리 다리에서 무릎 관절 위의 부분. *넓적다리 뒷살에/넓적다리 뒷살에/알이 배라지[…]넓적다리 뒷살에/넓적다리 뒷살에/알이 배라지/손에서는/손에서는/불이 나라지/온몸에/온몸에/힘이 없듯이/머리는/내일 아침 새벽까지도/아주 내처/비어 있으라지……(「쌀난리」)

넘기다 ①'넘다'의 사동형. ②음식물, 침 따위를 목구멍으로 넘어가게 하다. ③누구에게 물건, 권리, 책임, 일 따위를 맡기다. ④지나쳐 보내다.
넘겨 *오이 호박의 손자며느리 값도 안 되게/헐값으로 넘겨버려 울화가 치받쳐서(「가다오 나가다오」)

넘다 ①일정한 수치에서 벗어나 지나다. ②높은 부분의 위를 지나가다. ③경계를 건너 지나다. ④일정한 기준, 정도 따위를 벗어나 지나다. ⑤어려움이나 고비 따위를 겪어 지나다. ⑥건너뛰다. ⑦일정한 곳에 가득 차고 나머지가 밖으로 나오다. ⑧칼날 따위를 지나치게 갈아 날이 한쪽으로 쏠리게 되다.
넘어 *밤이 산등성이에 넘어 내리는 새벽이면(「광야」) *아니 바로 그 첫날 밤은 반시간도 넘어 했는데도/여편네가 만족하지 않는다(「性」)
넘어서 *그리고 나는 평양을 넘어서 남으로 오다가 포로가 되었지만(「조국에 돌아오신 傷病捕虜 동지들에게」) *그리고/하필 꽃밭 넘어서/짓궂게 짓궂게 없어져 보려는/심술맞은 연기도 있는 것이다.(「연기」) *이 심연이나 사막이나 산악보다도/더 어려운 사회를 넘어서(「기도」) *나의 키를 넘어서—/병아리같이 자는 일(「깨꽃」) *하나의 행동이 열의 행동을 부르고/미리 막을 줄 알고 미리 막아져 있고/미리 칠 줄 알고 미리 쳐들어가 있고/遭遇의 마지막 윤리를 넘어서(「먼지」)
넘으면 *삼십대보다는 약간 젊어졌다 육십이 넘으면 좀더 젊어질까 기관포나 뗏목처럼 인생도 인생의 부분도/통째 움직인다—우리는 그것을 貧窮의/소리라고 부른다(「미역국」)
넘을 *한번 더 고비를 넘을 수도 있었는데 그만큼/지독하게 속이면 내가 곧 속고 만다(「性」)
넘을까 *그러한 나의 반역성을 조소하는 듯이 스무 살도 넘을까 말까 한 노는 계집애와 머리가 고슴도치처럼 부스스하게 일어난 쓰메에리의 학생복을 입은 청년이 들어와서 커피니 오트밀이니 사과니 어수선하게 벌여놓고 계통 없이 처먹고 있다(「시골 선물」)
넘지 *그대들 어린 학도들과 나 사이에 놓여 있는/연령의 넘지 못할 차이일까……(「국립도서관」) *난로 위에 끓어오르는 주전자의 물이 아슬/아슬하게 넘지 않는 것처럼 사랑의 節度는/열렬하다(「사랑의 변주곡」)

넘어가다 ①바로 있던 것이 한쪽으로 기울어지거나 쓰러지다. ②사람, 물건, 권리, 책임, 일 따위가 한쪽에서 다른 쪽으로 옮아가다. ③다음 순서나 시기, 또는 다른 경우로 옮아가다. ④해나 달이 지다. ⑤종이나 책장 따위가 젖혀지다. ⑥숨이 멎다. ⑦속임수에 빠지거나 마음을 뺏기다. ⑧음식물이나 침이 목구멍을 지나가다. ⑨어떤 상황이 별일 없이 지나가다. ⑩노래나 목소리가 막힘없이 잘 진행되다. ⑪어떤 상황이 일정한 수준이나 정도를 지나다. ⑫높은 부분의 위를 지나서 가다. ⑬경계를 건너서 가다. ⑭어떤 일을 처리하고 지나가다.
넘어가는 *나는 초연히 이것을 시간 위에 얹고/어려운 몇 고비를 넘어가는 기술을 알고 있나니/누구의 생활도 아닌 이것은 확실한 나의 생활(「방안에서 익어가는 설움」) *그러나 너의 얼굴은/어둠에서 불빛으로 넘어가는/그 찰나에 꺼졌다 살아났다(「사랑」)

넘어지다 ①사람이나 물체가 한쪽으로 기울어지며 쓰러지다. ②어떤 일에 실패하거나 망하다. ③병 따위를 견뎌 내지 못하고 쓰러지다.
넘어져 *지금 명수 할버이가 명석 위에 넘어져 자고 있는 동안에/가다오 가다오(「가다오 나가다오」)
넘어진 *억울하게 넘어진 반공포로들이/다 같은 대한민국의 이북 반공포로와 거제도 반공포로들이(「조국에 돌아오신 傷病捕虜 동지들에게」)

넘치다 ①가득 차서 밖으로 흘러나오거나 밀려나다. ②일정한 정도를 훨씬 넘을 만큼 많다. ③느낌이나 기운이 정도를 벗어나도록 강하게 일어나다. ④어떤 기준을 벗어나 지나다.
넘쳐 ＊피로는 도회뿐만 아니라 시골에도 있다/푸른 연못을 넘쳐 흐르는 장마통의/싸리꽃 핀 벌판에서(「싸리꽃 핀 벌판」)
넝마 낡고 해어져서 입지 못하게 된 옷, 이불 따위를 이르는 말. ＊모든 게 쉰다/쉬지 않는 것은 처와 처들뿐이다/혹은 버림받은 애인뿐이다/버림받으려는 애인뿐이다/넝마뿐이다(「적2」)
넝쿨장미(—薔薇) 길게 뻗어 나가면서 다른 물건을 감기도 하고 땅바닥에 퍼지며 자라는 장미. 덩굴장미. ＊난간 아래 등나무/넝쿨장미 위의 등나무/등꽃 위의 등나무/우물 옆의 등나무/우물 옆의 등꽃과 활련(「등나무」)
넣다 ①한정된 공간 속으로 들게 하다. ②다른 것에 섞거나 타다. ③어떤 범위 안에 들어 있게 하다. ④힘이나 타격 따위를 가하다. ⑤은행에 입금하다. ⑥난방을 위해 불을 때다. ⑦기계 따위가 작동하도록 조작하다. ⑧신문 따위를 정기적으로 배달하다. ⑨어떤 단체나 학교 따위에 들어가게 하다.
넣고 ＊나는 의치를 빼서 호주머니에 넣고 앉자/선뜻 인사를 하고 淫詩를 한바탕 읊었더니/여간 좋아들 하지 않는다(「미숙한 도적」) ＊우선 그놈의 사진을 떼어서 밑씻개로 하자/그 지긋지긋한 놈의 사진을 떼어서/조용히 개굴창에 넣고/썩어진 어제와 결별하자(「우선 그놈의 사진을 떼어서 밑씻개로 하자」) ＊집 문서를 넣고 6부 이자로 10만 원을/물어주기로 한 것이 이렇게 좋군(「이혼 취소」)
넣어둔 ＊찬장이 울린다 유리문이 울리고 그 속에/넣어둔 노리다케 반상 세트와 글라스가(「의자가 많아서 걸린다」)
넣어라 ＊해묵은/1,961 개의/곰팡내를 풍겨 넣어라/오 썩어가는 탑/나의 연령/혹은/4,294알의/구슬이라도 된다(「아픈 몸이」)
네[1] 그 수량이 넷임을 나타내는 말. ＊누가 거제도 제61수용소에서 단기 4284년 3월 16일 오전 5시에 바로 철망 하나 둘 셋 네 겹을 隔하고 불 일어나듯이 솟아나는 제62적색수용소로 돌을 던지고 돌을 받으며 뛰어들어갔는가(「조국에 돌아오신 傷病捕虜 동지들에게」) ＊그리고 또 하나 있는 것 같다/주요한 본론이 네 개는 있었다/비닐, 파리통, 도배지……?/주요한 본론이 4항목은 있는 것 같다/4항목 4항목 4항목……(면도날!)(「마케팅」) ＊20원을 받으러 세 번씩 네 번씩/찾아오는 야경꾼들만 증오하고 있는가(「어느 날 고궁을 나오면서」)

네[2] ①윗사람의 부름에 대답하거나 묻는 말에 긍정하여 대답할 때 쓰는 말. ②윗사람이 부탁하거나 명령하는 말에 동의하여 대답할 때 쓰는 말. ＊앨비예요, 앨비예요. 에이 엘 삐이 이. 네./그래요. 아아, 그렇군요./네에, 그러실 겁니다. 아뇨. 아아, 그렇군요.(「전화 이야기」)

네[3] '너'에 주격 조사 '가' 나 보격 조사 '가' 가 붙을 때의 형태. ＊네가 던지는 조그마한 그림자가 무서워/벌벌 떨고 있는/나의 귀에다 너의 엷은 울음소리를 남기지 말아라(「도취의 피안」) ＊내가 너를 좋아하는 원인을/네가 지니고 있는 긴 역사였다고 생각한 것은 과오였다(「더러운 향로」) ＊나비야 나비야 더러운 나비야/네가 죽어서 지분을 남기듯이/내가 죽은 뒤에는/고독의 명맥을 남기지 않으려고/나는 이다지도 주야를 무릅쓰고 애를 쓰고 있단다(「나비의 무덤」) ＊안개처럼 가벼웁게 날아가는 과감한 너의 의사 속에는/남을 보기 전에 네 자신을 먼저 보이는/긍지와 선의가 있다(「헬리콥터」) ＊너는 언제부터 세상과 배를 대고 서기 시작했느냐/너와 나 사이에 세상이 있었는지/세상과 나 사이에 네가 있었는지/너무 밝아서 나는 웃음이 나온다(「너는 언제부터 세상과 배를 대고 서기 시작했느냐」) ＊자의식에 지친 내가 너를/막상 좋아한다손 치더라도/네가 나에게 보이고 있는 시간이란/네가 달아나는 시간밖에는 없다(「연기」) ＊정치의 작전이 아닌/애정의 부름을 따라서/네가 떠나가기 전에/나는 나의 조심을 다하여 너의 내부를 살펴볼까(「네이팜 탄」) ＊큰 아름드리나무에 박힌 옹이처럼 너는 네가 한 신문기사를 매일 아침 게시판 위에서 찾아보는 버릇이 너도 모르게 어느덧 생기고 말았다[…]그러나 이 초점을 바라고 보는 것이 아니다/낭만적 위대성을 잊어버린 지 오랜 네가 인류를 위하여 산다는 것도 거짓말에 가까운 것이지만[…]기사라 하지만 네가 썼다고 알아주는 사람이 있어도 좋고 없어도 가히 무관한 것/그러기에 한결 가벼운 휴식의 마음으로 쓰고 있을 수 있었던 것//오랜 피곤도 고통도 인내도 잊어버리고/새 사람 아닌 새 사람이 되어/아무도 모르고 너 혼자만이 아는/네가 쓴 기사 위에/황홀히 너를 찾아보는 아침이여(「기자의 정열」) *아가야 아가야/네 모양이 우스워서 노래를 부르자니/엄마는/하필 국민학교 놈의 국어공책을 집어주지(「자장가」) *나는 오늘 아침에 서약한 게 있다니까/남편은 어제의 남편이 아니라니까/정말 어제의 네 남편이 아니라니까(「거미잡이」) *어린 놈 너야/네가 성을 내지 않게 해주마(「여편네의 방에 와서」) *누이야/풍자가 아니면 해탈이다/네가 그렇고/내가 그렇고/네가 아니면 내가 그렇다(「누이야 장하고나!」) *이렇게 주기적인 수입 소동이 날 때만은/네가 부리는 독살에도 나는 지지 않는다(「만용에게」) *아니 네가 우리를 보고 깜짝 놀란다/네가 우리를 보고 깜짝 놀란다/65년의 새 얼굴을 보고/65년의 새해를 보고(「65년의 새해」) *네 얼굴은 진리에 도달했다/어저께 진리에 도달했다/어저께 환희를 잃었기 때문이다[…]죽어라 이성을 되찾기 전에//네 얼굴은 진리에 도달했다/어저께 진리에 도달한 얼굴은/오늘은 술을 잊은 얼굴이다//가구점의 문앞에서 책꽂이를/묶어주는 철쭉꽃빛 루즈를 바른/주인 여자의 얼굴—/그 얼굴은 네 얼굴보다는/간음을 상상할 수 있을 만큼/그렇게 조금은 생생하지만/죽어라 돈을 받기보다는/죽어라 돈을 받기 전에(「네 얼굴은」) *네가 물리친 썩은 문명의 두께/멀고도 가까운 그 어마어마한 낭비(「꽃잎3」) *네 머리는 네 팔은 네 현재는/먼지에 싸여 있다 구름에 싸여 있고/그늘에 싸여 있고 산에 싸여 있고/구멍에 싸여 있고[…]네가 씹는 음식에 내가 증오하지 않음이/내가 겨우 살아있는 표시라(「먼지」)

네거리 한 지점에서 길이 네 방향으로 갈라져 나간 곳. *종로 네거리도 행길에 가까운 일부러 떠들썩한 찻집을 택하여 나는 앉아 있다(「시골 선물」) *전통은 아무리 더러운 전통이라도 좋다 나는 광화문/네거리에서 시구문의 진창을 연상하고 寅煥네/처갓집 옆의 지금은 매립한 개울에서 아낙네들이/양잿물 솥에 불을 지피며 빨래하던 시절을 생각하고(「거대한 뿌리」)

네에미 '너의 어머니'를 낮춰 부르는 욕의 일종. *비숍 여사와 연애를 하고 있는 동안에는 진보주의자와/사회주의자는 네에미 씹이다 통일도 중립도 개좆이다(「거대한 뿌리」)

네이팜 탄(napalm彈) 알루미늄·비누·팜유(油)·휘발유 등을 섞어 젤리 모양으로 만든 네이팜을 연료로 하는 유지소이탄(油脂燒夷彈). 소이력이 매우 커서 3,000℃의 고열을 내면서 반지름 30m 이

네이팜 탄

내를 불바다로 만들고, 사람을 타 죽게 하거나 질식하여 죽게 한다. 제2차 세계대전 때부터 비행기에서 투하하는 방법으로 쓰였다. 도시에 대한 공격에는 비교적 작은 것이 사용되었으나, 인도차이나전쟁·베트남전쟁 등에서 야전·밀림지대에 대해서 400kg 내외의 큰 것이 사용되었다. 김수영의 시에서는 "네이판彈은 최근 미국에서 새로 발명된 유도탄이다"라는 주가 달려 있다. 그러나 네이팜탄은 6·25 당시에도 사용되었으며, 유도탄도 아니다.(박순원, 「김수영 시의 화자와 대상의 관계 양상 연구」, 『어문논집』 49, 민족어문학회, 2004. 4. 참조) *작품 제목임.(「네이팜탄」)

넥타이(영, necktie) 양복을 입을 때 와이셔츠 깃 밑으로 둘러 매듭을 지어 앞으로 늘어뜨리거나 나비 모양으로 매듭을 만드는 천. *그러나 사람들이 웃을까 보아/나는 적당히 넥타이를 고쳐 매고 앉아 있다(「바뀌어진 지평선」)

넷 셋에 하나를 더한 수. *하나 죽이고/둘 죽이고/넷 죽이고/…………//야 고만 죽여라 고만 죽여/나는 오늘 아침에 서약한 게 있다니까/남편은 어제의 남편이 아니라니까/정말 어제의 네 남편이 아니라니까(「거미잡이」)

년¹ '여자'를 낮잡아 이르는 말. *친구의 부인/이것을 떼먹은 년은 우리 여편네가 든/契의 오야가 주재하는/우리 여편네는 들지 않은 백만 원짜리/계의 멤버로 인형을 만들어 파는 년이라나(「판문점의 감상」)

년²(年) 해를 세는 단위. *팽이는 지금 수천 년 전의 聖人과 같이/내 앞에서 돈다/생각하면 서러운 것인데(「달나라의 장난」) *너의 앞에서는 우둔한 얼굴을 하고 있어도 좋다/백 년이나 천 년이 결코 긴 세월이 아니라는 것은/내가 사랑의 테두리 속에 끼여 있기 때문이 아니리라(「풍뎅이」) *누가 거제도 제61수용소에서 단기 4284년 3월 16일 오전 5시에 바로 철망 하나 둘 셋 네 겹을 隔하고 불 일어나듯이 솟아나는 제62적색수용소로 돌을 던지고 돌을 받으며 뛰어들어갔는가(「조국에 돌아오신 傷病捕虜 동지들에게」) *1950년 7월 이후에 헬리콥터는/이 나라의 비좁은 산맥 위에 자태를 보이었고(「헬리콥터」) *40년간의 조판 경험이 있는 근시안의 노직공의 가슴속에서/가장 심각한 나의 우둔 속에서/새로운 목표는 이미 나타나고 있었다(「영롱한 목표」) *3년 전에 심은 버드나무의 악마 같은/그림자가 뿜는 이우성소리를 들으며(「가옥 찬가」) *석양에 비쳐 눈부신/일년 열두 달 쉬는 법이 없는/걸쭉한 강변밭 같기도 할 것이니(「가다오 나 가다오」) *내가 피우고 있는 파이프/이건 2년이나 대학에서 떨어진 아우놈 거야(「伏中」) *그래서 나는 그 사진을 10년 만에 곰곰이 正視하면서/이내 거북해서 너의 방을 뛰쳐나오고 말았다/10년이란 한 사람이 준 상처를 다스리기에는 너무나 짧은 세월이다(「누이야 장하고나!」) *이런 때면 매년 이맘때쯤 듣는/병아리 우는 소리와/그의 원수인 쥐 소리를 혼동한다(「백지에서부터」) *18년 만에 만난 만주의 여자/잊어버렸던 여자가 여기 있구나[…]18년 후에 이렇게 뻐젓이 서울의 다방 건너 막걸리집에서 또 만나게 됐으니/하여간 반갑다 잠입한 사랑아 무식한 사랑아(「滿洲의 여자」) *옛날 추억이 들은 그러나 일년 내내 한번도 펴본 일이 없는/죽은 기억의 휴지(「후란넬 저고리」) *그는 일본 대학에 다니면서 4년 동안을 제철회사에서/노동을 한 强者다//나는 이자벨 버드 비숍 여사와 연애하고 있다 그녀는/1893년에 조선을 처음 방문한 영국 왕립지학협회 회원이다(「거대한 뿌리」) *「선생님 이야기는 20년 전 이야기이지요」할 때마다 나는 그들의 나이를 찬찬히/소급해 가면서 새로운 여유를 느낀다(「현대식 교량」) *아니 네가 우리를 보고 깜짝 놀란다/네가 우리를 보고 깜짝 놀란다/65년의 새 얼굴을 보고/65년의 새해를 보고(「65년의 새해」) *아아 보기 싫은 머리에 두툼한 어깨는/허위의 상징/꺼져라 20년 전의 악마야(「네 얼굴은」)

노고지리 '종다리'의 옛말. 종다릿과의 새. 봄은 참새보다 조금 크며 붉은 갈색이고 검은 색 가로무늬가 있다. 뒷머리의 깃은 길어서 뿔처럼 보인다. 봄에 공중으로 높이 날아오르면서 잘 울며 한국, 일본, 중국 등지에 분포한다. *푸른 하늘을 제압하는/노고지리가 자유로웠다고/부러워하던/어느 시인의 말은 수정되어야 한다//자유를 위해서/비상하여 본 일이 있는/사람이면 알지/노고지리가/무엇을 보고/노래하는가를(「푸른 하늘을」)

노기(怒氣) 성난 얼굴빛 또는 그런 기색이나 기세. *아니 된다 나의 아들에게 불손한 말을 걸어서는/아니 된다 나의 사상에 노기를 띠우게 해서는/아니 된다(「제임스 띵」)

노년(老年) 나이가 들어 늙은 때 또는 늙은 나이. *모르지?/노년에 든 로버트 그레이브스가 연애시를 쓰는 이유,/모르지?(「모르지?」)

노동(勞動) ①사람이 생활에 필요한 물자를 얻기 위하여 육체적 노력이나 정신적 노력을 들이는 행위. ②몸을 움직여 일을 함. *낮잠을 자고 나서 들어보면/후란넬 저고리도 훨씬 무거워졌다/거지의 누더기가 될락 말락 한/저놈은 어제 비를 맞았다/저놈은 나의 노동의 상징(「후란넬 저고리」) *8·15 후에 김병욱이란 시인은 두 발을 뒤로 꼬고/언제나 일본여자처럼 앉아서 변론을 일삼았지만/그는 일본 대학에 다니면서 4년 동안을 제철회사에서/노동을 한 强者다(「거대한 뿌리」) *남의 집에서 내 방으로/노동에서 휴식으로/휴식에서 수면으로(「X에서 Y로」) *차창에서 내다본 중앙선의 복선공사에 동원된/갈대보다도 더 약한 소년들과 부녀자들의/노동의 慘景에 대한 편지도 못 쓰겠소 매부(「美濃印札紙」)

노동자(勞動者) ①노동력을 제공하고 얻은 임금으로 생활을 유지하는 사람. ②육체노동을 하여 그 임금으로 살아가는 사람. *복사여 정치가여 상인이여 노동자여/실직자여 방랑자여/그리고 나와 같은 집 없는 걸인이여/집이 여기에 있다고 외쳐라(「가옥 찬가」)

노랗다 ①병아리나 개나리꽃과 같이 밝고 선명하게 노르다. ②영양 부족이나 병으로 얼굴에 핏기가 없고 노르께하다.

노란 *먼 얼굴이며 노란 얼굴이며 찌그러진 얼굴이며가 모두 환상과 현실의 중간에 서서 있기에/나는 식인종같이 잔인한 탐욕과 강렬한 의욕으로 그중의 하나하나를 일일이 뚫어져라 하고 들여다보는 것이지만(「거리2」) *하얀 종이가 옥색으로 노란 하드롱지가/이 세상에는 없는 빛으로 변할 만큼 밝다(「백지에서부터」) *탄력이 있다 9월 중순 차나무는 거의/내 키만큼 자라나고 노란 꽃도 이제는/보잘것없이 되었는데도 밭주인은/아직도 나타나 잘라가지 않는다(「반달」) *미역국 위에 뜨는 기름이/우리의 역사를 가르쳐준다 우리의 환희를/풀 속에서는 노란 꽃이 지고 바람소리가 그릇 깨지는/소리보다 더 서걱거린다—우리는 그것을 영원의/소리라고 부른다(「미역국」) *노란 꽃을 주세요 금이 간 꽃을/노란 꽃을 주세요 하얘져 가는 꽃을/노란 꽃을 주세요 넓어져 가는 소란을/노란 꽃을 주세요 원수를 지우기 위해서/노란 꽃을 주세요 우리가 아닌 것을 위해서/노란 꽃을 주세요 거룩한 우연을 위해서[…]내 말을 믿으세요 노란 꽃을/못 보는 글자를 믿으세요 노란 꽃을/떨리는 글자를 믿으세요 노란 꽃을/영원히 떨리면서 빼먹은 모든 꽃잎을 믿으세요/보기 싫은 노란 꽃을(「꽃잎2」)

노래 ①가사에 곡조를 붙여 목소리로 부를 수 있게 만든 음악 또는 그 음악을 목소리로 부름. ②가곡, 가사, 시조 따위와 같이 운율이 있는 언어로 사상과 감정을 표현함 또는 그런 예술 작품. ③같은 말을 자꾸 되풀이하여 졸라 댐. ④새 따위가 지저귐 또는 그런 소리. *생활은 熱度를 측량할 수 없고/나의 노래는 물방울처럼/땅속으로 향하여 들어갈 것/애정지둔(「愛情遲鈍」) *그 넓은 등판으로 땅을 쓸어가면서/늬가 부르는 노래가 어디서 오는 것을/너보다는 내가 더 잘 알고 있는 것이다[…]등 등판 광택 거대한 여울/미끄러져가는 나의 의지/나의 의지보다 더 빠른 너의 노래/너의 노래보다 더한층 신축성이 있는/너의 사랑(「풍뎅이」) *다 같은 대한민국의 이북 반공포로와 거제도 반공포로들이/무궁화의 노래를 부를 것입니다?//나는 이것을 진정한 자유의 노래라고 부르고 싶어라!/반항의 자유/진정한 반항의 자유조차 없는 그들에게/마지막 부르고 갈/새 날을 향한 戰勝의 노래라고 부르고 싶어라!//그것은 자유를 위한 영원한 여정이었다./나직이 부를 수도 소리높이 부를 수도 있는 그대들만의 노래를 위하여/마지막에는 울음으로밖에 변할 수 없는/숭고한 희생이여!//나의 노래가 거치럽게 되는 것을 욕하지 마라!/지금 이 땅에는 온갖 형태의 희생이 있거니/나의 노래가 없어진들/누가 나라와 민족과 청춘과/그리고 그대들의 영령을 위하여 잊어버릴 것인가!(「조국에 돌아오신 傷病捕虜 동지들에게」) *그리고 너의 노래와 음계를 조금만/낮추어라/오늘의 우울을 위하여/오늘의 경박을 위하여(「바뀌어진 지평선」) *나는 너무나 많은 첨단의 노래만을 불러왔다[…]이 시대는 아직도 명령의 과잉을 요구하는 밤이다/나는 그러한 밤에는 부엉이의 노래를 부를 줄도 안다//지지한 노래를/더러운 노래를/생기 없는 노래를/아아 하나의 명령을(「서시」) *아가야 아가야/네 모양이 우스워서 노래를 부르자니/엄마는/하필 국민학교 놈의 국어공책을 집어주지(「자장가」) *나는 모든 노래를 그 방에 함께 남기고 왔을 게다/그렇듯 이제 나의 가슴은 이유 없이 메말랐다/그 방의 벽은 나의 가슴이고 나의 사지일까/일하라 일하라 일하라는 말이/헛소리처럼 아직도 나의 가슴을 울리고 있지만/나는 그 노래도 그 전의 노래도 함께 다 잊어버리고 말았다[…]방을 잃고 낙서를 잃고 기대를 잃고/노래를 잃고 가벼움마저 잃어도//이제 나는 무엇인지 모르게 기쁘고/나의 가슴은 이유 없이 풍성하다(「그 방을 생각하며」) *500원인가를 깎아서 일수로 사들여온 것처럼/그만큼 손쉽게/내 몸과 내 노래는 타락했다(「금성라디오」)

노래하다 노래를 소리내어 부르다.
　노래하는가 *자유를 위해서/비상하여 본 일이 있는/사람이면 알지/노고지리가/무엇을 보고/노래하는가를(「푸른 하늘을」)
　노래하면 *잠깐 앉았다가 떨어지면 돼/연기 나는 속으로 떨어지면 돼/구겨진 휴지처럼 노래하면 돼(「장시1」)

노르망디(Normandie) 프랑스 북서부에 있는 지방. 동쪽으로 센 강이 흐르고, 서부에는 코탕탱 반도가 영국 해협에 돌출해 있음. 농업과 목축을 주산업으로 하며 공업지대가 있음. 제이차 세계대전 말기인 1944년에 연합군의 상륙 작전이 펼쳐진 곳으로 유명함. *우리들의 전선은 됭케르크도 노르망디도 연희고지도 아니다/우리들의 전선은 지도책 속에는 없다(「하…… 그림자가 없다」)

노르망디 상륙작전

노릇 ①직업, 직책을 낮잡아 이르는 말. ②맡은 바 구실. ③일의 됨됨이나 형편. *윗호주머니나 혹은 속호주머니에 들은/치부책 노릇을 하는 종이쪽/그러나 돈은 없다(「후란넬 저고리」) *나는 걸핏하면 개똥을 갖다 파묻는다/밭주인이 보면 질색을 할 노릇이지만(「반달」)

노리다 ①눈에 독기를 품고 모질게 쏘아보다. ②무엇을 이루려고 모든 마음을 쏟아서 눈여겨보다. ③음흉한 목적을 가지고 남의 것을 빼앗으려고 벼르다.
　노리고 *도적이 우리집을 노리고 있다/닭장이 무너진 공터에 두른 판장을 뚫고/매일밤 저희집처럼 출입하고 있다[…]그놈은 우리집 광에 있는 철사를 노리고 있다[…]나는 도적이 이 철사의 반환을 꾀하고 있다고/생각한다 우리집 건넌방의 캐비닛을/노리고 있다고는 생각되지 않는다 아마(「도적」)
　노리면서 *나의 얇은 지붕 위에서 솔개미같은/사나운 놈이 약한 날짐승들이 오기를 노리면서 기다리고(「도취의 피안」)

노리다케(일, ノリタケ) 1904년에 설립한 일본 자기 회사의 최초 백색 자기 상품명. 낙타의 머리털로 만든 솔로 도자기의 플레이트를 돌리면서 두른 순금과 순백금 원료에 걸맞게 화려하고 컬러가 있으면서도 명품 그릇다운 클래식함을 함께 갖고 있다. *찬장이 울린다 유리문이 울리고 그 속에/넣어둔 노리다케 반상 세트와 글라스가(「의자가 많아서 걸린다」)

노리다케

노박(Novak, Kim) 1933~. 미국의 여배우. ☞ 킴 노박. *킴 노박의 사진과/국내 소설책들……(「누이의 방」)

노상¹ 언제나 변함없이 한 모양으로 줄곧. *숙제는 오래되다 이 숙제를 노상 방해하는 것이/성의 윤리와 윤리의 윤리다 중요한 것은(「설사의 알리바이」)

노상(路上)² 길바닥. *파자마 바람으로 우는 아이를 데리러 나가서/노상에서 지서의 순경을 만났더니(「파자마 바람으로」)

노쇠하다(老衰—) 늙어서 몸과 마음이 쇠약하다.
　노쇠한 *나는 오늘부터 지리교사모양으로 벽을 보고 있을 필요가 없고/노쇠한 선교사모양으로 낮잠을 자지 않고도 견딜 만한 강인성을 가지고 있다(「영롱한 목표」)

노염 '노여움'의 준말. 분하고 섭섭하여 화가 치미는 감정. *나는 노염으로 사무친 정의 소재를 밝히지 아니하고/운명에 거역할 수 있는/큰 힘을 가지고 있으면서/여기에 밀려 내려간다(「나비의 무덤」)

노예(奴隷) ①남의 소유물로 되어 부림을 당하는 사람. 모든 권리와 생산 수단을 빼앗기고, 사고팔리기도 하던 노예제 사회의 피지배계급. ②인간으로서 기본적인 권리나 자유를 빼앗겨 자기 의사나 행동을 주장하지 못하고 남에게 사역(使役)되는 사람. *심연은 나의 붓끝에서 퍼져가고/나는 멀리 세계의 노예들을 바라본다(「꽃」) *나의 새끼는 피아노 앞에서는 노예/둘째 새끼는 왕자다(「피아노」) *마지막 정적을 빼앗긴, 핏대가 난 나에게는/너희들의 儀式은 원시를 가리키고/노예 매매를 연상시킨다(「제임스 띵」)

노인(老人) 나이가 들어 늙은 사람. *경솔도 예측 봄도 예측 여름도 예측/범람도 예측 범람은 화려 공포는 화려/공포와 노인은 동일 공포와 노인과 유아는 동일……(「장시1」)

노점상(露店商) 길가의 한데에 물건을 벌여 놓고 하는 장사 또는 그런 장사를 하는 사람. *구두여 양복이여 노점상이여/인쇄소여 입장권이여 負債여 여인이여(「거리2」)

노직공(老職工) ①자기 손과 기술로 물건을 만드는 일을 업으로 하는 늙은 사람. ②공장에서 일하는 늙은 사람. *40년간의 조판 경험이 있는 근시안의 노직공의 가슴속에서/가장 심각한 나의 우둔 속에서/새로운 목표는 이미 나타나고 있었다(「영롱한 목표」)

노출(露出) 겉으로 드러남, 또는 드러냄. *앙상한 육체의 투명한 골격과 세포와 신경과 안구까지/모조리 노출 낙하시켜 가면서/안개처럼 가벼웁게 날아가는 과감한 너의 의사 속에는(「헬리콥터」)

노파심(老婆心) 필요 이상으로 남의 일을 걱정하고 염려하는 마음. *정말 내가 포로수용소를 탈출하여 나오려고/무수한 동물적 企圖를 한 것은/이것이 거짓말이라면 용서하여 주시오/포로수용소가 너무나 자유의 천당이었기 때문이다/노파심으로 만일을 염려하여 말해 두는 건데/이것은 寸豪의 諷刺味도 역설도 불쌍한 발악도 청년다운 광기도 섞여 있는 말이 아닐 것이다(「조국에 돌아오신 傷病捕虜 동지들에게」)

녹색(綠色) 파란색과 노란색의 중간 색 또는 그 물감. *하얀 종이가 분홍으로 분홍 하늘이/녹색으로 또 다른 색으로 변할 만큼 밝다―그러나 混色은 흑색이라는 걸 경고해 준 것은/소학교 때 선생님……(「백지에서부터」)

녹슬다 ①쇠붙이가 산화하여 빛이 변하다. ②(비유적으로) 오랫동안 쓰지 않고 버려두어 낡거나 무디어지다.
　녹슬은 *혁명은 안 되고 나는 방만 바꾸어버렸다/나는 인제 녹슬은 펜과 뼈와 광기―/실망의 가벼움을 재산으로 삼을 줄 안다(「그 방을 생각하며」)

녹이다 '녹다'의 사동형.

　녹이면서 *물소리 새소리 낯선 바람소리 다시 듣고/모자의 정보다 부부의 의리보다/더욱 뜨거운 너의 입김에/나의 고독한 정신을 녹이면서 우매(「나비의 무덤」)

녹턴(영, nocturn) 조용한 밤의 분위기를 나타낸 서정적인 피아노곡. 19세기 초엽에 필드(Field, J.)가 처음으로 작곡한 형식으로, 특정한 박자와 형식은 없고 세도막 형식 또는 론도 형식을 따름. *뮤즈여/시인이 시의 뒤를 따라가기에는 싫증이 났단다/고갱, 녹턴 그리고/물새//모두 다 같이 나가는 지평선의 대열(「바뀌어진 지평선」)

논 물을 대어 주로 벼를 심어 가꾸는 땅. *어서 일을 해요 변화는 끝났소/어서 일을 해요/미지근한 물이 고인 조그마한 논과/대숲 속의 초가집과/나무로 만든 장기와/게으르게 움직이는 물소왜[…]털털거리는 수레에다는 기름을 주라/욕심은 끝났어/논도 얼어붙고/대숲 사이로 침입하는 무자비한 푸른 하늘(「시」(1961))

논두렁 물이 괴어 있도록 논의 가장자리를 흙으로 둘러막은 두둑. *참음은 어제를 생각하게 하고/어제의 얼음을 생각하게 하고/새로 확장된 서울특별시 동남단 논두렁에/어느 막막한 얼음을 생각하게 하고(「참음은」)

놀다 ①놀이나 재미있는 일을 하며 즐겁게 지내다. ②주색을 일삼아 방탕하게 지내다.
　노는 *살림을 사는 아해들도 아름다웁듯이/노는 아해도 아름다워 보인다고 생각하면서(「달나라의 장난」) *그러한 나의 반역성을 조소하는 듯이 스무 살도 넘을까 말까 한 노는 계집애와 머리가 고슴도치처럼 부스스하게 일어난 쓰메에리의 학생복을 입은 청년이 들어와서 커피니 오트밀이니 사과니 어수선하게 벌여놓고 계통 없이 처먹고 있다(「시골 선물」) *그네의 얼굴이 나의 눈앞에서/어린아이들이 가지고 노는 도르라미모양으로 세찬 바람에 매암을 돌기 전에(「거리2」)
　놀던 *토끼는 앞발이 길고/귀가 크고/눈이 붉고/또는 〈이태백이 놀던 달 속에서 방아를 찧고〉……(「토끼」)

놀라다 ①뜻밖의 일로 가슴이 두근거리다. ②갑자기 강하게 무서움을 느끼다. ③뛰어나거나 신기한 것을 보고 매우 감동하다. ④어처구니가 없거나 기가 막히다. ⑤(신체 부위를 나타내는 말과 함께 쓰여) 평소와 다르게 심한 반응을 보이다.

놀라 *순자야 너는 꽃과 더워져 가는 화원의/초록빛과 초록빛의 너무나 빠른 변화에/놀라 잠시 찾아오기를 그친 벌과 나비의/소식을 완성하고[…]꽃과 더워져 가는 화원의/꽃과 더러워져 가는 화원의/초록빛과 초록빛의 너무 빠른 변화에/놀라 오늘도 찾아오지 않는 벌과 나비의/소식을 더 완성하기까지(「꽃잎3」)

놀라고 *전화가 울리고 놀라고 놀래고/끝이 없어지고 끝이 생기고 겨우/망각을 실현한 나를 발견한다(「먼지」)

놀라면서 *나는 지금 일본 시인들의 작품을 읽으면서/내가 너무 자연스러운 전향을 한 데 놀라면서/이 이유를 생각하려 하지만(「轉向記」)

놀라서는 *나는 집에 와서도/그동안의 부재에도/놀라서는 안 된다(「旅愁」)

놀라지 *또한 이것을 보고 놀라지 않는 것도 설움을 아는 사람일 것이다(「헬리콥터」) *희한한 상상과 무수한 활자를/너에게 눌러주는 지금 이 순간에도/너는 아예 놀라지 말아라/너는 아예 놀라지 말아라(「기자의 정열」) *아내의 비밀을 탐지하고/또/내가 없는 그날의/그의 비밀을/탐지할 수도 있었다//그대로 나는 조금도/놀라지 않았다/(그러기에는 나는 너무나/지쳤는지도 모른다)(「旅愁」) *돈에 치를 떠는 여편네도 도적이 들어왔다는/말에는 놀라지 않는다/그놈은 우리집 광에 있는 철사를 노리고 있다(「도적」)

놀란다 *골치를 앓는 여편네의 댓가지 백 속에/조약돌이 들어 있는/공간의 우연에 놀란다(「누이의 방」) *너는 이제 우리의 고통보다도 더 커졌다/우리는 너를 보고 깜짝 놀란다//아니 네가 우리를 보고 깜짝 놀란다/네가 우리를 보고 깜짝 놀란다/65년의 새 얼굴을 보고/65년의 새해를 보고(「65년의 새해」)

놀랄 *헬리콥터가 風船보다도 가벼웁게 상승하는 것을 보고/놀랄 수 있는 사람은 설움을 아는 사람이지만(「헬리콥터」)

놀랐다 *학교 밖에서 본 모든 것이/반드시 정말이 아니라는 것을 알았고/너의 어린 의사를 발표할 줄 알았다/우리는 너를 보고 깜짝 놀랐다[…]너의 어린 행동은/어린 상징을 면하기 시작했다/너는 이제 우리 키만큼 되었다/우리는 너를 보고 깜짝 놀랐다[…]너는 이제 우리 키보다도 더 커졌다/우리는 너를 보고 깜짝 놀랐다(「65년의 새해」)

놀랍다 ①감동을 일으킬 만큼 훌륭하거나 굉장하다. ②갑작스러워 두려움이나 흥분에 휩싸이다. ③어처구니없을 만큼 괴이하다.

놀라운 *세상에 배를 대고 날아가는 정신이여/너무나 가벼워서 내 자신이/스스로 무서워지는 놀라운 육체여/배반이여 모험이여 간악이여/간지러운 육체여(「바뀌어진 지평선」)

놀래다 '놀라다'의 사동형. ☞ 놀라다.

놀래고 *전화가 울리고 놀라고 놀래고/끝이 없어지고 끝이 생기고 겨우/망각을 실현한 나를 발견한다(「먼지」)

놀래일 *여행이 나를/놀래일 수 없었던 것과 같이/나는 집에 와서도/그동안의 부재에도/놀라서는 안 된다(「旅愁」)

놀랜다 *개구리란 놈이 추락하는 폭격기처럼/사람을 놀랜다(「伏中」)

놀리다 ①짓궂게 굴거나 흉을 보거나 웃음거리로 만들다. ②어떤 약점을 잡아 흉을 보다. ③다른 사람을 깔보아 시키는 대로 행동하게 하다.

놀리지 *코리안 드림이라구요. 놀리지 마세요./아이놈은 자구 있어요. 구원이지요. 나를(「전화 이야기」)

놀린 *정보원이 너스들과 스펀지를 만들고 거즈를/개키고 있는 나를 보고 포로경찰이 되지 않는다고/남자가 뭐 이런 일을 하고 있느냐고 놀린 일이 있었다(「어느 날 고궁을 나오면서」)

놈 ①남자를 낮잡아 이르는 말. ②남자 아이를 귀엽게 이르는 말. ③사물이나 동물을 홀하게 이르는 말. ④(사람을 나타내는 말 바로 뒤에 쓰여) 그 사람을 친근하게 혹은 낮추어 이르는 말. ⑤사람을 홀하게 이르는 말. ⑥(주로 '놈의' 꼴로 쓰여) 그 뒤에 나오는 말이 가리키는 대상을 주로 비관적으로 이르는 말. ⑦적대 관계에 있는 사람이나 그 무리를 이르는 말.

놈

＊나의 얇은 지붕 위에서 솔개미 같은/사나운 놈이 약한 날짐승들이 오기를 노리면서 기다리고(「도취의 피안」) ＊煙氣는 누구를 위하여 일을 하는 것도 아니다/해발 이천육백 척의 고지에서/지렁이같이 꿈틀거리는 바닷바람이 무섭다고/구름을 향하여 도망하는 놈(「연기」) ＊너는 나와 함께 못난 놈이면서도 못난 놈이 아닌데/쓸데없는 도면 위에 글자만 박고 있으면 어떻게 하리(「사무실」) ＊나들이를 갔다가 아들놈을 두고 온 안방 건넌방은 빈집 같구나/文明된 아내에게〈실력을 보이자면〉무엇보다도 먼저/발이라도 씻고 보자(「사치」) ＊엄마는/너를 보고 되놈이라고 부르지(「자장가」) ＊모든 것을 제압하는 생활 속의/애정처럼/솟아오른 놈//(유년의 기적을 잃어버리고/얼마나 많은 세월이 흘러갔나)//여편네와 아들놈을 데리고/낙오자처럼 걸어가면서/나는 자꾸 허허⋯⋯웃는다(「생활」) ＊인가 사이에서 기적처럼 자라나는 무성한 버드나무/연녹색,/하늘의 빛보다도 분간 못할 놈⋯⋯[⋯]오므라질 때는 무궁화는 그보다 조금쯤 더 길고/진한 빛,/죽음의 빛인지도 모르는 놈⋯⋯[⋯]도처에서/卽決하는 영혼이여/완전한 놈⋯⋯(「말복」) ＊그 지긋지긋한 놈의 사진을 떼어서/조용히 개굴창에 넣고/썩어진 어제와 결별하자[⋯]썩은 놈의 사진이었느니/아아 살인자의 사진이었느니(「우선 그놈의 사진을 떼어서 밑씻개로 하자」) ＊그런 사나운 추잡한 놈이 되고 말더라도//나의 죄 있는 몸의 억천만 개의 털구멍에/죄라는 죄가 가시같이 박히어도/그야 솜털만치도 아프지는 않으려니(「기도」) ＊불안을 불안으로 딴죽을 걸어서 퀘지게 할 수 있지/불안이란 놈 지게작대기보다도/더 간단하거든[⋯]비수란 놈 창조보다도 더 산뜻하거든/晩時之歎은 있지만(「만시지탄은 있지만」) ＊빵! 빵! 빵!/짜키야! 너는 빨리 말을 달려/저기 돈보따리를 들고 달아나는 놈을 잡아라/쫀! 너는 저 산 위에 올라가 망을 보아라/메리야 너는 내 뒤를 따라와//이놈들이 다 이성망이 부하들이다/한데다 묶어놔라/야 이놈들아 고갤 숙여/너희놈 손에 돌아가신 우리 형님들/무덤 앞에 절을 구천육백삼십오만 번만 해/나는 아리조나 카보이야/두목! 나머지 놈들 다 잡아왔습니다/아 홍찐구 놈도 섞여 있구나/너 이놈 정동 재판소에서 언제 달아나왔으냐 깟땜!/오냐 그놈들을 물에다 거꾸로 박아놓아라/쨈보야 너는 이성망이 놈을 빨리 잡아오너라/나는 아리조나 카보이야」) ＊말갛게 개인 글 모르는 백성들의 마음에는/〈미국인〉과〈소련인〉도 똑같은 놈들/가다오 가다오(「가다오 나가다오」) ＊애무해도 소년/어린 놈 너야/네가 성을 내지 않게 해주마[⋯]물의 체취라도/다해서/어린 놈 너야/죽음이 오더라도/이제 성을 내지 않는 법을 배워주마[⋯]너는 내 눈을 알고/어린 놈도 내 눈을 안다(「여편네의 방에 와서」) ＊두 줄기로 뻗어올라가던 놈이/한 줄기가 더 생긴 것이 며칠 전이었나[⋯]두 줄기로 뻗어올라가던 놈이/한 줄기가 더 생긴 것이 며칠 전이었나[⋯]두 줄기로 뻗어올라가던 놈이/한 줄기가 더 생긴 것이 며칠 전이었나(「등나무」) ＊개구리란 놈이 추락하는 폭격기처럼/사람을 놀랜다(「伏中」) ＊상식에 취한 놈/상식에 취한/상식/상⋯⋯하면서/나는 무엇인가에/여전히 바쁘기만 하다(「旅愁」) ＊정체 없는 놈/더운 날/눈이 꺼지듯 적이 꺼진다/金海東―그놈은 항상 약삭빠른 놈이지만 언제나/부하를 사랑했다/鄭炳―그놈은 내심과 정반대되는 행동만을/해왔고, 그것은 가족들을 먹여살리기 위해서였다(「적」) ＊문지방 안에 석간이 떨어져 뒹굴고 있는데도/심부름하는 놈더러/「저것 좀 집어와라」호령 하나 못하니/이렇게 돼서야 그만이지(「파자마 바람으로」) ＊버스를 피해서 길을 건너서는 어린 놈처럼/선뜻 큰길을 건너서면 돼(「장시1」) ＊여편네의 계산에 의하면 7할을 낳아도/만용이(닭 시중하는 놈)의 학비를 빼면/아무것도 안 남는다고 한다(「만용에게」) ＊쓸 필요도 없이 한 3, 4일을 나하고 침식을 같이한 돈/―어린 놈을 아귀라고 하지/그 아귀란 놈이 들어오고 나갈 때마다 집어갈 돈/풀방구리를 드나드는 쥐의 돈(「돈」) ＊우리들의 옆에서는/어린 놈이 울었고/비 오는 거리에는/40명가량의 취객들이/모여 들었고(「죄와 벌」) ＊나는 이렇게도 가련한 놈 어느 사이에/자꾸자꾸 소심해져만 간다/동요도 없이 반성도 없이(「강가에서」) ＊新舊의 두 놈이 마적의

동생처럼/떨고 있다 「아녜요」하면서 오야붕을 응원/하려 들었지만 내가 그놈들에게(「제임스 띵」) *요놈— 요 어린 놈— 맹랑한 놈— 6학년 놈—/에미 없는 놈— 생명/나도 나다— 잔인이다— 미안하지만 잔인이다—/콧노래를 부르더니 그만두었구나— 너도 어지간한 놈이다— 요놈— 죽어라(「잔인의 초」) *이 방에서 저 방으로 할머니가 계신 방에서/심부름하는 놈이 있는 방까지 죽음 같은/암흑 속을 고양이의 반짝거리는 푸른 눈망울처럼(「사랑의 변주곡」) *원효대사가 나오는 날이면/익살맞은 어린 놈은 활극이 되나 하고[…]돌부리를 차듯 서투른 원효로/분장한 놈이 돌부리를 차고 풀을/뽑듯 죄를 짓고 싶어 죄를(「원효대사」)

놋 구리에 아연을 10~45% 넣어 만든 합금. 가공하기 쉽고 녹슬지 않아 공업 재료로 널리 쓰임. *진창은 아무리 더러운 진창이라도 좋다/나에게 놋 주발보다도 더 쨍쨍 울리는 추억이/있는 한 인간은 영원하고 사랑도 그렇다(「거대한 뿌리」)

농(弄) 실없이 놀리거나 장난으로 하는 말. 농담. *내가 나가토[長門]라는 여가수도 같이 갔느냐고/농으로 물어보려는데/누가 벌써 재빨리 말꼬리를 돌렸다……/신은 곧잘 이런 꾸지람을 잘한다(「나가타 겐지로」)

농락하다(籠絡—) 남을 교묘한 꾀로 휘잡아서 제 마음대로 놀리거나 이용하다.
　농락하는 *어두운 도서관 깊은 방에서 육중한 백과사전을 농락하는 학자처럼/나는 그네들의 고민에 대하여만은 투철한 자신이 있다(「거리2」)

농부(農夫) 농사짓는 일을 직업으로 하는 사람. *농부의 몸차림으로 갈아입고/석경을 보니/땅이 편편하고(「檄文」)

농사꾼(農事—) 농사짓는 일꾼이라는 뜻으로, 농부를 달리 이르는 말. *미인, 시인, 사무가, 농사꾼, 상인, 耶蘇이기도 한/나날이 새로워지는 괴기한 인물(「절망」(1962))

높다 ①아래에서 위까지의 길이가 길다. ②아래에서부터 위까지 벌어진 사이가 크다. ③수치로 나타낼 수 있는 온도, 습도, 압력 따위가 기준치보다 위에 있다. ④품질, 수준, 능력, 가치 따위가 보통보다 위에 있다. ⑤값이나 비율 따위가 보통보다 위에 있다. ⑥지위나 신분 따위가 보통보다 위에 있다. ⑦소리가 음계에서 위쪽에 있거나 진동수가 많은 상태에 있다. ⑧이름이나 명성 따위가 널리 알려진 상태에 있다. ⑨기세 따위가 힘차고 대단한 상태에 있다.
　높다는 *8월의 하늘은 높다/높다는 것도 이렇게 웃음을 자아낸다(「누이야장하고나!」)
　높은 *병풍은 허위의 높이보다도 더 높은 곳에/飛爆을 놓고 幽島를 점지한다(「병풍」) *구름 구름 부풀듯이/기어오르는 파도가/제일 높은 砂岸에/닿으려고 싸우듯이(「술과 어린 고양이」)

높이¹ 높은 정도. *저기 나의 맞은편 의자에 앉아 먹고 떠들고 웃고 있는 여자와 젊은 학생을 내가 시골을 여행하기 전에 그들을 보았더라면 대하였으리 감정과는 다른 각도와 높이에서 보게 되는 나는 내 자신의 감정이 보다 더 거만하여지고 순화되어진 탓이라고는 생각하지 않는다(「시골 선물」) *병풍은 허위의 높이보다도 더 높은 곳에/飛爆을 놓고 幽島를 점지한다(「병풍」) *懶惰와 안정을 뒤집어놓은 듯이/높이도 폭도 없이//떨어진다(「瀑布」)

높이² ①소리가 음계에서 위쪽에 있거나 진동수가 많은 상태에 있게. ②기세 따위가 힘차고 대단하게. *나직이 부를 수도 소리 높이 부를 수도 있는 그대들만의 노래를 위하여/마지막에는 울음으로밖에 변할 수 없는/숭고한 희생이여!(「조국에 돌아오신 傷病捕虜 동지들에게」)

놓다 (동사) ①손으로 무엇을 쥐거나 잡거나 누르고 있는 상태에서 손을 펴거나 힘을 빼서 잡고 있던 물건이 손 밖으로 빠져나가게 하다. ②계속해 오던 일을 그만두고 하지 아니하다. ③걱정이나 근심, 긴장 따위를 잊거나 풀어 없애다. ④노름이나 내기에서 돈을 걸다. ⑤논의의 대상으로 삼다. ⑥수판이나 산가지 따위를 이용하여 셈을 하다. ⑦자유로운 상태로 만들어 주다. ⑧잡거나 쥐고 있던 물체를 일정한 곳에 두다. ⑨일정한 곳에 기계나 장치, 구조물 따위를 설치하다. ⑩무늬나 수를 새기다. ⑪불을 지르거나 피우다. ⑫치료를 위하여 주사나 침을 찌르다. ⑬집이나 돈, 쌀 따위를 세나 이자를 받고 빌려 주다. ⑭장기나 바둑에서 돌이나 말을 두다. ⑮말을 존대하지 않고 맞상대하거나 낮춰서 말하다. (보조동사) 용언 연결어미 뒤에 쓰여 앞말이 뜻하는 동작을 끝내고 그 결과를 지속함을 나타내거나 강조하는 말.

놓고 ＊의치를 빼서 물에 담가 놓고 드러누우니/마치 내가 임종하는 곳이 이러할 것이니 하는 생각이 불현듯이 든다(「미숙한 도적」) ＊그러한 나의 반역성을 조소하는 듯이 스무 살도 넘을까 말까 한 노는 계집애와 머리가 고슴도치처럼 부스스하게 일어난 쓰메에리의 학생복을 입은 청년이 들어와서 커피니 오트밀이니 사과니 어수선하게 벌여 놓고 계통 없이 처먹고 있다[…]나는 모자와 함께 나의 마음의 한 모퉁이를 모자 속에 놓고 온 것이라고/설운 마음의 한 모퉁이를.(「시골 선물」) ＊나의 것도 아니고 누구의 것도 아니기에/지금 마음 놓고 고즈넉이 날개를 펴라(「九羅重花」) ＊병풍은 허위의 높이보다도 더 높은 곳에 飛爆을 놓고 幽島를 점지한다(「병풍」) ＊눈더러 보라고 마음 놓고 마음 놓고/기침을 하자(「눈」(1956)) ＊다음과 같은 쪽지를 미스터 리한테 적어 놓고/시골로 떠났다(「미스터 리에게」) ＊인제는 지조랑 영원히 버리고 마음 놓고/비수를 써/거짓말이 아냐/비수란 놈 창조보다도 더 산뜻하거든/晚時之歎은 있지만(「만시지탄은 있지만」) ＊절망은 나의 목뼈는 못 자른다 겨우 손마디뼈를/새벽이면 하아프처럼 분질러 놓고 간다(「우리들의 웃음」) ＊저이는 우리집을 찾아와서 산보를 청한다/강가에 가서 돌아갈 차비만 남겨 놓고 술을 사준다(「강가에서」) ＊김동인, 박승희 같은이들처럼 私財를 털어 놓고/문화에 헌신하지 않았다(「이 한국문학사」) ＊이런 전화를, 번역하는 친구를 옆에 놓고,/생색을 내려고, 하고 나서, 그 計告를/그에게 전하고, 그 무지무지한 소란 속에서(「전화 이야기」) ＊이 이상한 일을 놓고 나는 저녁상을/물리고 나서 한참이나 생각해 본다(「라디오 계」)

놓는 ＊기침소리를 싫어해. 내가 붓을 놓는 것까지/자리에서 일어나는 것까지 문을 여는 것까지 알고(「엔카운터 誌」) ＊따 놓는 방문이나 창문이/담배연기만 내보내려는 것은/아니렷다(「미인」)

놓았는데 ＊개울은 달빛으로 얼음 위에/얼음을 놓았는데(「凍夜」)

놓여 ＊영원히 나 자신을 고쳐가야 할 운명과 사명에 놓여 있는 이 밤에/나는 한사코 방심조차 하여서는 아니 될 터인데(「달나라의 장난」) ＊나란히 옆으로 가로 세로 위로 아래로 놓여 있는 무수한 꽃송이와 그 그림자(「九羅重花」) ＊그대들어린 학도들과 나 사이에 놓여 있는/연령의 넘지 못할 차이일까……(「국립도서관」) ＊가장 어려운 곳에 놓여 있는 병풍은/내 앞에 서서 주검을 가지고 주검을 막고 있다(「병풍」)

놓은 ＊벽 위에 걸어 놓은 지도가/한없이 푸르다(「거리1」) ＊이것이 어제 오후에 써 놓은 기사 대목으로/내일 조간분 사회면의 표독한 타이틀이 될 것이라고 해서(「기자의 정열」) ＊懶惰와 안정을 뒤집어 놓은 듯이/높이도 폭도 없이//떨어진다(「瀑布」) ＊전란에 시달린 20세기 시인들이 하여 놓은 일/그래도 나무는 자라고 있다 영혼은/그리고 교훈은 명령은(「서시」) ＊옷을 벗어 놓은 나의 정신은/늙은 바위에 앉은 이끼처럼 추워라(「초봄의 뜰 안에」) ＊미국사람들이 세워놓은 자동차란 자동차는/싹 없애버려라/저놈들이 타고 가면 안 된다/야 빨리 들어가 하바! 하바!/나는 아리조나 카보이야/아리조나 카보이야(「나는 아리조나 카보이야」) ＊너의 방에 걸어 놓은 오빠의 사진/나에게는 〈동생의 사진〉을 보고도/나는 몇 번이고 그의 진혼가를 피해 왔다(「누이야 장하고나!」) ＊창문 앞에/안치해 놓은 당호박/평면을 사랑하는/코스모스/역시 평면을 사랑하는/킴 노박의 사진과/국내 소설책들……/이런 것들이 정돈될 가치가 있는 것들인가(「누이의 방」) ＊그이튿날 여편네와 식모가 하는 말을 들어보니/철사뭉치는 벌써 지하실에 도피시켜 놓은 모양이었다(「도적」) ＊복사씨와 살구씨와 곶감씨의 아름다운 단단함이여/고요함과 사랑이 이루어놓은 폭풍의 간악한/신념이여(「사랑의 변주곡」) ＊의자가 많아서 걸린다 테이블도 많으면/걸린다 테이블 밑에 가로질러 놓은/엮음대가 걸리고 테이블 위에 놓은/미제 磁器 스탠드가 울린다//마루에 가도 마찬가지다 피아노 옆에 놓은/찬장이 울린다 유리문이 울리고 그 속에(「의자가 많아서 걸린다」)

놓이다 '놓다'의 사동형. ☞ 놓다.

놓인 ＊오래간만에 거리에 나와보니/나의 눈을 흡수하는 모든 물건/그 중에도/빈 사무실에 놓인 무심한/집물 이것저것(「거리1」) ＊먼 산정에 서 있는 마음으로 나의 자식과 나의 아내와/그 주위에 놓인 잡스러운 물건들을 본다(「구름의 파수병」) ＊삭막한 집의 삭막한 방에 놓인 피아노/그 방은 바로 어제 내가 혁명을 기념한 방(「피아노」)

놓인다 ＊시멘트 가죽을 뚫고 일어나면 내 집과/나의 정신이 순간적으로 들렸다 놓인다(「거짓말의 여운 속에서」)

뇌까리다 ①아무렇게나 되는대로 마구 지껄이다. ②불쾌하다고 생각되는 상대편의 말이나 행동, 태도에 대하여 불쾌하다는 뜻을 담은 말을 거듭해서 자꾸 말하다.

뇌까렸다 ＊아니 430원짜리 한 가마니면 이틀은 먹일 터인데/어떻게 된 셈이냐고 오늘 아침에도 뇌까렸다(「만용에게」)

뇌물(賂物) 어떤 직위에 있는 사람을 매수하여 사사로운 일에 이용하기 위하여 넌지시 건네는 부정한 돈이나 물건. ＊민중의 벗인 파출소에서/협잡을 하지 않고 뇌물을 받지 않는/관공리의 집에서(「우선 그놈의 사진을 떼어서 밑씻개로 하자」) ＊그림자도 비친 일이 없다/뇌물은/물론 안 받았다/가지고 있는/시계도 없다/집에도/몸에도(「이놈이 무엇이지?」)

뇌신(雷神) 천둥을 맡고 있다는 신. 뇌공(雷公). ＊그는 나같이 몸이 약하지 않은 점에 주요한 원인이 있겠지만/雷神보다 더 사나웁게 사람들을 울리고(「백의」)

누가 '누구가'의 준말. ☞ 누구. ＊캘리포니아라는 곳에서 온 것만은/확실하지만 누가 지은 것인 줄도 모르는(「가까이 할 수 없는 서적」) ＊누가 서 있는 게 아니라/토끼가 서서 있어야 하였다(「토끼」) ＊굵다란 사랑/누가 있어 나를 본다면은/이것은 확실히 우스운 이야깃거리다(「愛情遲鈍」) ＊그것은 본 사람만이 아는 일이지요/누가 거제도 제61수용소에서 단기 4284년 3월 16일 오전 5시에 바로 철망 하나 둘 셋 네 겹을 隔하고 불 일어나듯이 솟아나는 제62적색수용소로 돌을 던지고 돌을 받으며 뛰어들어갔는가[…]누가 나라와 민족과 청춘과/그리고 그대들의 영령을 위하여 잊어버릴 것인가!//자유의 길을 잊어버릴 것인가!(「조국에 돌아오신 傷病捕虜 동지들에게」) ＊누가 무엇이라 하든 나의 붓은 이 시대를 진지하게 걸어가는 사람에게는 치욕(「九羅重花」) ＊스쳐가는 나의 고독/누가 무슨 신기한 재주를 가지고/잡을 수 있겠느냐(「더러운 향로」) ＊나의 명예는 부서졌다/비 대신 황사가 퍼붓는 하늘 아래/누가 지어논 무덤이냐(「PLASTER」) ＊누가 찾아오지나 않을까 망설이면서/앉아 있는 마음(「거리1」) ＊그래도 누가 읽어줄지 모르는 신문 한구석에 너의 피가 어리어 있는 것이 반가워서 보고 있는 것인가(「기자의 정열」) ＊내가 나가토(長門)라는 여가수도 같이 갔느냐고/농으로 물어보려는데/누가 벌써 재빨리 말꼬리를 돌렸다……/신은 곧잘 이런 꾸지람을 잘한다(「나가타 겐지로」) ＊괴로운 설사가 끝나거든 입을 다물어라 누가/보았는가 무엇을 보았는가 일절 말하지 말아라/그것이 우리의 증명이다(「설사의 알리바이」)

누구 ①잘 모르는 사람을 가리키는 인칭 대명사. ②특정한 사람이 아닌 막연한 사람을 가리키는 인칭 대명사. ③가리키는 대상을 굳이 밝혀서 말하지 않을 때 쓰는 인칭 대명사. ＊누구 집을 가보아도 나 사는 곳보다는 여유가 있고(「달나라의 장난」) ＊이것은 누구에게도 보이지 않을 글이기에[…]부끄러움을 모르는 꽃들/누구의 것도 아닌 꽃들/너는 늬가 먹고 사는 물의 것도 아니며/나의 것도 아니고 누구의 것도 아니기에/지금 마음 놓고 고즈넉이 날개를 펴라(「九羅重花」) ＊누구의 생활도 아닌 이것은 확실한 나의 생활(「방안에서 익어가는 설움」) ＊누구 한 사람의 입김이 아니라/모든 가족의 입김이 합치어진 것(「나의 가족」) ＊잠자는 책이여/누구를 향하여 앉아서도 아니 된다/누구를 향하여 열려서도 아니 된다(「서책」) ＊煙氣는 누구를 위하여 일을 하는 것도 아니다(「연기」) ＊세상을 속지 않고 걸어가기 위하여/나는 담배를 끄고/누구에게든지 신경질을 피우고 싶다(「바뀌어진 지평선」) ＊누구의 힘보다 강하다고 믿어 오던/無色의 생활자가 네가 아니던가(「기자의 정열」) *나는 오늘도 누구에게든 얽매여 살아야 한다(「꽃」) *현대의 종교는 〈출발〉에서 죽는 榮譽/그 누구의 시체럼(「비」) *이방인처럼 산책하던 땅주인은/―나도 필경 그처럼 보이지 않는 누구인가를/항시 괴롭히고 있는 보이지 않는 拷問人(「장시2」) *누구한테 머리를 숙일까/사람이 아닌 평범한 것에/많이는 아니고 조금(「꽃잎1」)

누구나 모두. 내남없이. *누구나 어른들은 말하고 있으나/나는 그 우열을 따지고 싶지는 않다(「국립도서관」)

누나 ①같은 부모에게서 태어난 사이거나 일가친척 가운데 항렬이 같은 사이에서, 남자가 나이가 위인 여자를 이르거나 부르는 말. ②남남끼리 나이가 적은 남자가 손위 여자를 정답게 이르거나 부르는 말. *너도 나도 누나도 언니도 어머니도/철수도 용식이도 미스터 강도 유중사도(「우선 그놈의 사진을 떼어서 밑씻개로 하자」)

누다 배설물을 몸 밖으로 내보내다.
   누러 *잊어버렸던 여자가 여기 있구나/ 한잔 더 주게 한잔 더 주게/ 그런데 여자는 술을 안 따른다/ 건너편 친구가 오줌을 누러 갔으니까(「滿洲의 여자」)

누더기 누덕누덕 기운 헌 옷. *낮잠을 자고 나서 들어보면/후란넬 저고리도 훨씬 무거워졌다/거지의 누더기가 될락 말락 한/저놈은 어제 비를 맞았다(「후란넬 저고리」) *아시아와 아프리카의 무거운 겨울옷을 벗는다/ 겨울옷의 영상도 충분하다 누더기 누빈 옷(「풀의 영상」)

누렇다 ①익은 벼와 같이 다소 탁하고 어둡게 누르다. ②영양 부족이나 병으로 얼굴에 핏기가 없고 누르께하다.
   누렇게 *편지봉투모양으로 누렇게 결은/시간과 땅(「시」(1961)) *머리가 누렇게 까진 땅주인은 어디로 갔나/여름저녁을 어울리지 않는 지팡이를 들고/이방인처럼 산책하던 땅주인은(「장시2」)

누르다 ①몸을 바닥 따위에 대고 수평 상태가 되게 하다. ②마음대로 행동하지 못하도록 힘이나 규제를 가하다. ③자신의 감정이나 생각을 밖으로 드러내지 않고 참다. ④경기나 경선 따위에서, 상대를 제압하여 이기다. ⑤국수틀로 국수를 뽑다.
   눌러 *희한한 상상과 무수한 활자를/너에게 눌러주는 지금 이 순간에도/너는 아예 놀라지 말아라/너는 아예 놀라지 말아라(「기자의 정열」)

누리다 생활 속에서 마음껏 즐기거나 맛보다.
   누릴 *상징이 된다 성속이 같다는 원효/대사가 이런 기계의 영광을 누릴/줄이야 〈제니〉의 덕택을 입을/줄이야 〈제니〉를 〈제니〉를 사랑할 줄이야(「원효대사」)

누비다 ①두 겹의 천 사이에 솜을 넣고 줄이 죽죽 지게 박다. ②이리저리 거리낌 없이 다니다.
   누빈 *아시아와 아프리카의 무거운 겨울옷을 벗는다/ 겨울옷의 영상도 충분하다 누더기 누빈 옷(「풀의 영상」)

누이 같은 부모에게서 태어난 사이거나 일가친척 가운데 항렬이 같은 사이에서 남자가 여자 형제를 이르는 말. 흔히 나이가 아래인 여자를 이른다. *누이야/풍자가 아니면 해탈이다[…]누이야/풍자가 아니면 해탈이다/네가 그렇고/내가 그렇고/네가 아니면 내가 그렇다[…]누이야/나는 분명히 그의 앞에 절을 했노라/그의 앞에 엎드렸노라[…]「누이야 장하고나」/나는 쾌활한 마음으로 말할 수 있다[…]모든 산봉우리를 걸쳐온 돌풍처럼/당돌하고 시원하게/도회에서 달아나온 나는 말할 수 있다(「누이야 장하고나!」) *돌배가 개울가에 자라는/숲속에선/누이의 방도 장마가 가시면 익어가는가[…]누이야/너의 방은 언제나/너무도 정돈되어 있다[…]이런 것들이 정돈될 가치가 있는 것들인가/누이야/이런 것들이 정돈될 가치가 있는 것들인가(「누이의 방」) *피아노 앞에는 슬픈 사람들이 많이 있다/동계방학 동안 아르바이트를 하는 누이/잡지사에 다니는/영화를 좋아하는 누이(「피아노」)

눈[1] ①빛의 자극을 받아 물체를 볼 수 있는 감각 기관. ②시력. ③사물을 보고 판단하는 힘. ④('눈으로' 꼴로 쓰여) 무엇을 보는 표정이나 태도. ⑤사람들의 눈길. ⑥태풍에서, 중심을 이루는 부분. *토끼는 앞발이 길고/귀가 크고/눈이 붉고(「토끼」) * 내가 떳떳이 내다볼 수 없는 현실처럼/그의 눈은 깊이 파지어서/그래도 그것은-돌아가신 그날의 푸른 눈은 아니오(「아버지의 사진」) * 물끄러미 보고 있기를 좋아하는 나의 너무 큰 눈 앞에서/아해가 팽이를 돌린다[…]정말 속임 없는 눈으로/지금 팽이가 도는 것을 본다(「달나라의 장난」) * 캄캄한 사무실 한복판에서/나는 눈이 먼 암소나 다름없이 선량한데(「付託」) * 또한 나의 죄악을 가리기 위하여 독자의 눈을 가리고 입을 봉하기 위한 연명을 위한 阿諛도 아니다(「조국에 돌아오신 傷病捕虜 동지들에게」) * 눈에 걸리는 마지막 물건이 무엇이냐고 물어보는 듯/영롱한 꽃송이는 나의 마지막 인내를 부숴버리려고 한다(「九羅重花」) * 나의 눈이랑 한층 더 맑게 하여다오/짐승이여 짐승이여 날짐승이여/도취의 彼岸에서 날아온 무수한 날짐승들이여(「도취의 피안」) * 하나의 가냘픈 물체에 도저히 고정될 수 없는/나의 눈이며 나의 정신이며(「방안에서 익어가는 설움」) * 아침이면 눈을 부비고 나가서/저녁에 들어올 때마다/먼지처럼 인색하게 묻혀가지고 들어온 것[…]틈 사이로 흘러들어오는 겨울바람보다도 나의 눈을 밝게 한다(「나의 가족」) * 오래간만에 거리에 나와보니/나의 눈을 흡수하는 모든 물건/그 중에도/빈 사무실에 놓인 무심한/집물 이것저것[…]나의 눈을 찌르는 이 따가운 가옥과/집물과 사람들의 음성과 거리의 소리들을(「거리1」) * 돈을 버는 거리의 부인이여/잠시 눈살을 펴고/눈에서는 독기를 빼고/자유로운 자세를 취하여 보아라(「거리2」) * 지혜의 왕자처럼/눈 하나 까딱하지 아니하고/도사리고 앉아서(「바꾸어진 지평선」) * 눈에는 보이지 않는 너무나 무거운/너의 짐/그리고 逸樂, 안이, 허위……(「기자의 정열」) * 여름 뜰이여/나의 눈만이 혼자서 볼 수 있는 주름살이 있다 굴곡이 있다(「여름 뜰」) * 신체가 너무 왜소한 까닭에 사람들의 눈에 띄지를 않는다(「백의」) * 눈을 뜨지 않은 땅속의 벌레같이/아둔하고 가난한 마음은 서둘지 말라(「봄 밤」) * 자꾸 수그러져 가는 눈을 들어 강과 對岸의 찬란한 불빛을 본다(「말」(1958)) * 밋밋한 발회복에 내 눈이 자꾸 가네/내 눈이 자꾸 가네(「사치」) * 우리들의 戰線은 눈에 보이지 않는다(「하…… 그림자가 없다」) * 고요해진 명수 할버이의/잿물거리는 눈이/비둘기 울음소리를 듣고 있을 동안에(「가다오 나가다오」) * 피곤한 하루의 나머지 시간이 눈을 깜짝거린다[…]눈을 가늘게 뜨고 산이 있거든 불러보라/나의 머리는 관악기처럼/우주의 안개를 빨아올리다 만다(「피곤한 하루의 나머지 시간」) * 껌벅껌벅/두 눈을/감아가면서/아주/금방 끓어떨어질 것/같은데(「(4·19)시」) * 너는 내 눈을 알고/어린 놈도 내 눈을 안다(「여편네의 방에 와서」) * 계집애 종아리에만/눈이 가던 稚氣도(「檄文」) * 더운 날/눈이 꺼지듯 적이 꺼진다(「적」) * 눈은 왜 이리 소경처럼 어두워만 지나(「장시2」) * 눈을 뜨고 자는 억센 일/短命의 일/쫓기어다니는 일(「깨꽃」) * 그런 사마귀가 나의 아들놈의 눈 아래에/있는 것을 발견하고 나도 꼭 빼주어야/하겠다고 결심한 일이 있었다 그런데/내 눈 아래에 다시 생긴 사마귀는-구태여 빼지 않을 작정이었다(「반달」) * 그는 나보다도 눈이 들어갔는데(「강가에서」) * 갯벌에 고인 게으른 물이/벌레가 뜰 때마다 눈을 껌벅거리고(「이사」) * 너의 가난을 눈에 보이는/눈에 보이지 않는 모든 가난을(「65년의 새해」) * 조그만 눈을 민첩하게 움직이면서 미소를/띄우고 섰지만(「제임스 띵」) * 이 한국에서도 눈이 뒤집힌 사람들/틈에 끼여 사는 처와 처들을 본다(「적2」) * 빌려드릴 수 없어. 작년하고도 또 틀려./눈에 보여. 냉면집 간판 밑으로-육개장을 먹으러-[…]그걸 할 수 있었어. 그것도 눈에 보였어. 엔카운터(「엔카운터 誌」) * 밑바닥만을 보아온, 빈곤에 마비된 눈에/하늘을 가리켜주는 잡지/VOGUE야[…]아이들의 눈을 막은 죄-그 죄의 앙갚음/VOGUE야(「VOGUE야」) * 그리고 이 사랑을 만드는 기술을 안다/눈을 떴다 감는 기술-불란서혁명의 기술(「사랑의 변주곡」) * 거짓말의 부피가 하늘을 덮는다 나는 눈을/가리고 변소에 갔다 온다(「거짓말의 여운 속에서」) * 나의 못 보는 눈을 나의 둔갑한 영혼을/나의 애인 없는 더러운 고독을/나의 대대로 물려받은 음탕한 전통을(「꽃잎3」) * 사랑의 깃발을 꽂는다/당신의 눈에도 보이도록 꽂는다(「세계일주」)

눈² 대기 중의 수증기가 찬 기운을 만나 얼어서 땅 위로 떨어지는 얼음의 결정체. *「올 겨울은 눈이 적어서 토끼가 은거할 곳이 없겠네」//「저기 저 하아얀 것이 무엇입니까」/「불이다 山火다」(「토끼」) *눈은 살아 있다/떨어진 눈은 살아 있다/마당 위에 떨어진 눈은 살아 있다//기침을 하자/젊은 시인이여 기침을 하자/눈 위에 대고 기침을 하자/눈더러 보라고 마음 놓고 마음 놓고/기침을 하자//눈은 살아 있다/죽음을 잊어버린 영혼과 육체를 위하여/눈은 새벽이 지나도록 살아 있다//기침을 하자/젊은 시인이여 기침을 하자/눈을 바라보며/밤새도록 고인 가슴의 가래라도/마음껏 뱉자(「눈」(1956)) *웃음이 나오더라도/눈 내리는 날에는/손을 묶고 가만히/앉아 계시오/서울서/의정부로/뚫린/국도에/눈 내리는 날에는[…]까딱 마시오 손 하나 몸 하나/까딱 마시오/눈 오는 것만 지키고 계시오…….(「눈」(1961)) *제임스 띵같이 생긴 책임자가 두 아이를/데리고 찾아온 풍경이/눈(雪)에 너무 비참하게 보였던지[…]어떤놈이 新인지 舊인지를 가려낼 틈도/없다 눈이 왔고 추웠고 너무 화가 났다[…] 눈이 내린 날에는 白羊宮의 비약이 없는 날에는[…]눈은, 짓밟힌 눈은, 꺼멓게 짓밟히고 있는 눈은(「제임스 띵」) *눈이 온 뒤에도 또 내린다//생각하고 난 뒤에도 또 내린다//응아 하고 운 뒤에도 또 내릴까/한꺼번에 생각하고 또 내린다/한 줄 건너 두 줄 건너 또 내릴까//폐허에 폐허에 눈이 내릴까(「눈」(1966))

눈동자(—瞳子) 눈알의 한가운데에 있는, 빛이 들어가는 부분. *푸른 목/귀여운 눈동자/진정 나는 기계주의적 판단을 잊고 시들어갑니다(「웃음」) *악귀의 눈동자보다도 더 어둡고 무서운 밤에 中西面 內務省 군대에게 체포된 일을 생각한다(「조국에 돌아오신 傷病捕虜 동지들에게」) *이미 멀리 달아나버린 비둘기의 두 눈동자에까지/붉은 광채가 떠오르는 것을 보다(「영사판」) *어제 국회의장 공관의 칵테일 파티에 참석한/천사 같은 여류작가의 냉철한 지성적인/눈동자는 거짓말이다(「이혼 취소」)

눈망울 눈알 앞쪽의 도톰한 곳 또는 눈동자가 있는 곳. *그러나 이 눈망울을 휘덮는 싯퍼런 작열의 의미가 밝혀지기까지는/나는 여기에 있겠다(「冬麥」) *암흑 속을 고양이의 반짝거리는 푸른 눈망울처럼/사랑이 이어져가는 밤을 안다(「사랑의 변주곡」)

눈물 눈알 바깥 면의 위에 있는 눈물샘에서 나오는 분비물. *너무나 어려운 휴식이여/눈물이 흘러나올 여유조차 없는/게시판과 너 사이에/오늘의 생활이 있을진대(「기자의 정열」) *모든 곡은 눈물이다 어렸을 때 어머니는/나의 얼굴의 사마귀를 떼주었다[…]내 눈 아래에 다시 생긴 사마귀는/구태여 빼지 않을 작정이었다/「눈물은 나의 장사이니까」—오오 눈물의 눈물이여 음악의 음악이여(「반달」) *그대가 준 손수건의 암시처럼/불길한 눈물을 흘리게 했지만(「세계일주」)

눈부시다 ①빛이 아주 아름답고 황홀하다. ②활약이나 업적이 뛰어나다.
  눈부신 *석양에 비쳐 눈부신 카운터 같기도 한 것이니[…]시금치씨, 파씨를 또 뿌리는/석양에 비쳐 눈부신/일년 열두 달 쉬는 법이 없는/걸쩍한 강변밭 같기도 할 것이니(「가다오 나가다오」)

눈살 두 눈썹 사이에 잡히는 주름. *돈을 버는 거리의 부인이여/잠시 눈살을 펴고/눈에서는 독기를 빼고/자유로운 자세를 취하여 보아라[…]그네, 마지막으로/돈을 버는 거리의 부인이여/잠시 눈살을 펴고/찌그러진 입술을 펴라(「거리2」)

눈송이 굵게 엉기어 꽃송이처럼 내리는 눈. *저 펄 펄/내리는/눈송이를 보시오/저 산허리를/돌아서/너무나도 좋아서/하늘을/묶는/허리띠모양으로/맴을 도는 눈송이를 보시오(「눈」(1961))

눈알 척추동물의 시각 기관인 눈구멍 안에 박혀 있는 공 모양의 기관. *아침에 일어나서 나는 완전히/기진맥진하였다/눈알에 백태가 앉은 사람같이/보이는 것이 모두 몽롱하다(「미숙한 도적」)

눈앞 ①아주 가까운 곳. ②매우 가까운 앞날. ③남이 보고 있는 그 앞. 면전(面前). ☞ 눈. *그네의 얼굴이 나의 눈앞에서(「거리2」)

눈여기다 주의 깊게 보다.

눈여겨 *로날드 골맨의 신작품을/눈여겨 살펴보며/피우기 싫은 담배를 피워본다(「바뀌어진 지평선」)

눈자위 눈알의 언저리. *뚱뚱해진 몸집하고 푸르스름해진 눈자위가 아무리 보아도 설어 보인다(「滿洲의 여자」)

눈초리 눈의 귀 쪽으로 째진 부분. *나는 젊은 사나이의 그 눈초리를 보았다/흔들리는 자동차 속에서 창밖의 풍경이 흔들리듯/그의 가장 깊은 영혼이 흔들리는 것을 보았다[…]신이여/그 사나이의 눈초리를 보셨나요/잊어버려야 할 그 눈초리를(「靈交日」)

눈치 ①남의 마음을 그때그때 상황을 미루어 알아내는 것. ②속으로 생각하는 바가 겉으로 드러나는 어떤 태도. *나의 친구들은 모조리 나를 회피하는 눈치이었다/그중의 어느 시인은 다음과 같이 나에게 욕을 하였다(「백의」)

눕다 ①몸을 바닥 따위에 대고 수평 상태가 되게 하다. ②나무나 풀 따위의 기다란 물체가 가로 놓이다. ③병 따위로 앓거나 하여 자리에서 일어나지 못하다.

눕고 *비를 몰아오는 동풍에 나부껴/풀은 눕고/드디어 울었다(「풀」)

눕는다 *풀이 눕는다/비를 몰아오는 동풍에 나부껴/풀은 눕고/드디어 울었다/날이 흐려서 더 울다가/다시 누웠다//풀이 눕는다/바람보다도 더 빨리 눕는다/바람보다도 더 빨리 울고/바람보다 먼저 일어난다//날이 흐리고 풀이 눕는다/발목까지/발밑까지 눕는다/바람보다 늦게 누워도/바람보다 먼저 일어나고/바람보다 늦게 울어도/바람보다 먼저 웃는다/날이 흐리고 풀뿌리가 눕는다(「풀」)

뉘우치다 스스로 제 잘못을 깨닫고 마음속으로 가책을 느끼다.

뉘우치는 *묵은 사랑이/뉘우치는 마음의 한복판에/젖어있을 때(「파밭 가에서」)

뉘우치며 *일찍이 현실의 출발을 하지 못한 것을 뉘우치며(「付託」)

뉘우치지 *죄를 짓고 얼굴을 붉히고──/성속이 같다는 원효대사가/텔레비에 나온 것을 뉘우치지 않고/春園 대신에 원작자가 된다(「원효대사」)

뉘우침 스스로 제 잘못을 깨닫고 마음속으로 가책을 느끼는 일 또는 그런 마음. *나는 이것을 자유라고 부릅니다/그리하여 나는 자유를 위하여 출발하고 포로수용소에서 끝을 맺은 나의 생명과 진실에 대하여/아무 뉘우침도 남기려 하지 않습니다(「조국에 돌아오신 傷病捕虜 동지들에게」)

뉴욕(New York) 지명, 뉴욕 주의 남쪽에 있는 미국 최대의 도시. 천연의 항구로, 맨해튼, 브롱크스, 브루클린, 퀸스, 스태튼아일랜드의 다섯 구로 이루어져 있다. 세계 경제와 외교의 중심지로서 높은 건물들이 즐비하게 솟아 있고, 국제 연합 본부 따위가 있다. 항구에는 자유의 여신상이 서 있다. *복사씨와 살구씨와 곶감씨의 아름다운 단단함이여/고요함과 사랑이 이루어놓은 폭풍의 간악한/신념이여/봄베이도 뉴욕도 서울도 마찬가지다/신념보다도 더 큰/내가 묻혀 사는 사랑의 위대한 도시에 비하면/너는 개미이냐(「사랑의 변주곡」)

느끼다 ①감각 기관을 통하여 어떤 자극을 깨닫다. ②마음속으로 어떤 감정 따위를 체험하고 맛보다. ③어떤 사실, 책임, 필요성 따위를 체험하여 깨닫다. ④특정한 대상이나 상황에 대하여 어떠하다고 생각하거나 인식하다.

느껴 *그것이 너무나 순진한 일이었기에 잠을 깨어 일어나서/나는 예수 크리스트가 되지 않았나 하는 신성한 錯感조차 느껴보는 것이었다(「조국에 돌아오신 傷病捕虜 동지들에게」)

느껴지고 *서울에 돌아온 지 일주일도 못 되는 나에게는 도회의 소음과 狂症과 속도와 허위가 새삼스럽게 미웁고 서글프게 느껴지고/그러할 때마다 잃어버려서 아까웁지 않은 잃어버리고 온 모자 생각이 불현듯이 난다(「시골 선물」)

느껴지는 *고통되는 점은/피가 통하는 듯이 느껴지는 것은/비둘기의 울음소리(「영사판」) *이게 아무래도 내가 저의 섹스를 개관하고/있는 것을 아는 모양이다/똑똑히는 몰라도 어렴풋이 느껴지는/모양이다(「性」)

느꼈기 *나는 지금 시간과 싸우고 있는 거야. 시간이 있었어. 안 빌려주/게 됐다. 시간야. 시간을 느꼈기 때문야. 시간이/좋았기 때문야.(「엔카운터 誌」)

느끼고 *그리고 자연이 느끼라는 대로 느끼고/나는 실망하지 않을 것이다(「사치」)

느끼고야 *그렇지만 린드버그가 헬리콥터를 타고서/대서양을 횡단하지 않았기 때문에/우리는 지금 동양의 諷刺를 그의 機體 안에서 느끼고야 만다(「헬리콥터」)

느끼는 *하얗게 마른 마루틈 사이에서/들어오는 바람에서/느끼는 투지와 애정은 젊다(「가옥 찬가」)

느끼라는 *자연이 하라는 대로 나는 할 뿐이다/그리고 자연이 느끼라는 대로 느끼고/나는 실망하지 않을 것이다(「사치」)

느끼면서 *헌 옷과 낡은 구두가 그리 모양수통하지 않다 느끼면서/나는 옛날에 죽은 친구를/잠시 생각한다(「거리1」)

느낀 *내가 지금 6학년 아이들의 과외공부집에서 만난/학부형회의 어떤 어머니에게 느낀 여자의 감각/그 이마의 힘줄/그 힘줄의 集中度/이것은 죄에서 우러나오는 것이다(「여자」)

느낀다 *「선생님 이야기는 20년 전 이야기이지요.」할 때마다 나는 그들의 나이를 찬찬히/소급해 가면서 새로운 여유를 느낀다(「현대식 교량」)

늑대 동물, 개과의 포유동물. 몸의 길이는 120cm, 꼬리는 35cm, 어깨 높이는 64cm 정도이다. 몸은 대개 누런 갈색이고 꼬리는 검은색이다. 개와 비슷한데 머리가 가늘고 길며 앞다리가 짧고 뒷다리가 길다. 귀는 짧고 쫑긋하며 가슴이 좁다. 육식성으로 10여 마리가 떼지어 생활한다. *물이 흘러가는 달이 솟아나는/평범한 대자연의 법칙을 본받아/어리석을 만치 소박하게 성취한/우리들의 혁명을/배암에게 쐐기에게 쥐에게 살쾡이에게/진드기에게 악어에게 표범에게 승냥이에게/늑대에게 고슴도치에게 여우에게 수리에게 빈대에게/다치지 않고 깎이지 않고 물리지 않고 더럽히지 않게[…]이번에는 우리가 배암이 되고 쐐기가 되더라도/이번에는 우리가 쥐가 되고 살쾡이가 되고 진드기가 되더라도/이번에는 우리가 악어가 되고 표범이 되고 승냥이가 되고 늑대가 되더라도/이번에는 우리가 고슴도치가 되고 여우가 되고 수리가 되고 빈대가 되더라도(「기도」)

늘다 ①물체의 길이나 넓이, 부피 따위가 본디보다 커지다. ②수나 분량이 본디보다 많아지다. ③힘이나 기운, 세력 따위가 이전보다 큰 상태가 되다. ④재주나 능력 따위가 나아지다.

늘어 *자라나는 竹筍 모양으로/부탁만이 늘어간다(「付託」)

늘비하다 ①죽 늘어놓이어 있다. ②죽 늘어서 있다.

늘비하지만 *순사와 땅주인에서부터 과속을 범하는 운전수에까지/나의 적은 아직도 늘비하지만/어제의 적은 없고/더운 날처럼 어제의 적은 없고/더워진 날처럼 어제의 적은 없고(「적」)

늙다 ①사람이나 동물, 식물 따위가 나이를 많이 먹다. 사람의 경우에는 흔히 중년이 지난 상태가 됨을 이른다. ②한창 때를 지나 쇠퇴하다. ③식물 따위가 지나치게 익은 상태가 되다. ④제 나이보다 더 들어 보이다. ⑤어떤 신분이나 자격에 맞는 시기가 지나다.

늙게 *이런 경이는 나를 늙게 하는 동시에 젊게 한다/아니 늙게 하지도 젊게 하지도 않는다(「현대식 교량」)

늙어 *나야 늙어가는 몸 위에 하잘것없이 앉아있으면 고만이고/너는 날아가면 고만이지만/잠시라도 나는 취하는 것이 싫다는 말이다[…]차라리 앉아 있는 기계와 같이/취하지 않고 늙어가는/나와 나의 겨울을 한층 더 무거운 것으로 만들기 위하여/나의 눈이랑 한층 더 맑게 하여다오(「도취의 피안」) *나는 너무나 자주 설움과 입을 맞추었기 때문에/가을바람에 늙어가는 거미처럼 몸이 까맣게 타버렸다.(「거미」) *내용은 술집, 내용은 나, 내용은 도시,/내용은 그림자,/그림자의 비밀/종교의 획득은 종교를 잃었을 때부터 시작되었고/나는 그때부터 차차 늙어가는 탈을 썼다(「반주곡」)

늙었는데 *그는 나보다도 가난해 보이고/그는 나보다도 짐이 무거워 보이는데/그는 나보다 훨씬 늙었는데/그는 나보다도 눈이 들어갔는데/그는 나보다도 여유가 있고/그는 나에게 공포를 준다(「강가에서」)

늙은 ＊나의 얇은 지붕 위에서 솔개미같은/사나운 놈이 약한 날짐승들이 오기를 노리면서 기다리고/더운 날과 추운 날을 가리지 않고/늙은 버섯처럼 숨어 있기 때문에도 아니다/날짐승의 가는 발가락 사이에라도 잠겨있을 운명―그것이 사람의 발자국 소리보다도/나에게 시간을 가르쳐주는 것이 나는 싫다(「도취의 피안」) ＊흐린 하늘에 이는 바람은/어제가 다르고 오늘이 다른데/옷을 벗어놓은 나의 정신은/늙은 바위에 앉은 이끼처럼 추워라(「초봄의 뜰 안에」) ＊혼미하는 아내며/날이 갈수록 간격이 생기는 골육들이며/새가 아직 모여들 시간이 못 된 늙은 포플러나무며/소리 없이 나를 괴롭히는/그들은 신의 고문인가(「장시2」)

늙음 ＊이 다리 밑에서 엇갈리는 기차처럼/늙음과 젊음의 분간이 서지 않는다/다리는 이러한 정지의 증인이다/젊음과 늙음이 엇갈리는 순간/그러한 속력과 속력의 停頓 속에서/다리는 사랑을 배운다(「현대식 교량」)

늙지 ＊교회여/이제는 나의 이 늙지도 젊지도 않은 몸에/해묵은/1,961개의/곰팡내를 풍겨 넣어라(「아픈 몸이」)

늠름하다(凜凜―) 의젓하고 당당하다.

늠름하지 ＊우리들의 적은 늠름하지 않다/우리들의 적은 커크 더글러스나 리처드 위드마크모양으로 사나웁지도 않다(「하…… 그림자가 없다」)

늠름한 ＊조용하고 늠름한 불빛 아래/가족들이 저마다 떠드는 소리도/귀에 거슬리지 않는 것은/내가 그들에게 全靈을 맡긴 탓인가(「나의 가족」)

능금 능금나무의 열매. 사과와 비슷한 모양이지만 훨씬 작다. ＊기회와 油滴 그리고 능금/올바로 정신을 가다듬으면서/나는 수없이 길을 걸어왔다(「아메리카 타임誌」) ＊새로운 목표는 이미 작업을 시작하고 있었다/역을 떠난 기차 속에서/능금을 먹는 아이들의 머리 위에서/설명이 필요하지 않은 희열 위에서/40년간의 조판 경험이 있는 근시안의 노직공의 가슴 속에서/가장 심각한 나의 우둔 속에서/새로운 목표는 이미 나타나고 있었다(「영롱한 목표」)

능금꽃 능금나무에서 피는 꽃 ＊능금꽃으로부터/능금꽃으로……//나도 모르는 사이에/내 몸이 아프다(「먼 곳에서부터」)

능변(能辯) 말을 능숙하게 잘함 또는 그 말. ＊자칭 예술파 시인들이 아무리 우리의 능변을 욕해도―이것이/환희인 걸 어떻게 하랴(「미역국」)

능히(能―) 익숙하게 잘. ＊그가 나를 진심으로 꾸짖지 않았다는 것을 나는 그의 은근하고 매혹적인 표정에서 능히 감득할 수 있었다(「백의」)

늦다 (동사)정해진 때보다 지나다. (형용사)① 기준이 되는 때보다 뒤져 있다. ②시간이 알맞을 때를 지나 있다 또는 시기가 한창인 때를 지나 있다. ③곡조, 동작 따위의 속도가 느리다.

늦게 ＊1950년 7월 이후에 헬리콥터는/이 나라의 비좁은 산맥 위에 자태를 보이었고/이것이 처음 탄생한 것은 물론 그 이전이지만/그래도 제트기나 카고보다는 늦게 나왔다(「헬리콥터」) ＊소음에 시달린 마당 한구석에/철 늦게 핀 여름 장미의 흰구름(「여름 밤」) ＊바람보다 늦게 누워도/바람보다 먼저 일어나고/바람보다 늦게 울어도/바람보다 먼저 웃는다(「풀」)

늦으랴 ＊아무리 바빠도 지장이 없느니라 술 취했다고 일이 늦으랴/취하면 취한 대로 다 하느니라(「술과 어린 고양이」)

늦은 ＊고생도 마음대로 할 수 없는 세상에서는/철 늦은 거미같이 존재 없이 살기도 어려운 일(「구름의 파수병」)

늬 '너'의 방언. ＊그 넓은 등판으로 땅을 쓸어가면서/늬가 부르는 노래가 어디서 오는 것을/너보다는 내가 더 잘 알고 있는 것이다(「풍뎅이」) ＊늬가 없어도 나는 산단다/억만 번 늬가 없어 설워한 끝에/억만 걸음 떨어져있는/너는 억만 개의 모욕이다[…]늬가 없어도 산단다//늬가 없이 사는 삶이 보람 있기 위하여 나는 돈을 벌지 않고/늬가 주는 모욕의 억만 배의 모욕을 사기를 좋아하고/억만 인의 여자를 보지 않고 산다//나의 생활의 圓周 위에 어느 날이고/늬가 서기를 바라고/나의 애정의 원주가 진정으로 위대하여지기 바라고[…]나는 또한 영원히 늬가 없어도 살 수 있는 날을 기다려야 하겠다/나는 億萬無慮의 모욕인 까닭에.(「너를 잃고」) ＊꽃/부끄러움을 모르는 꽃들/누구의 것도 아닌 꽃들/너는 늬가 먹고사는 물의 것도 아니며[…]늬가 끊을 수 있는 것은 오직 생사의 線條뿐[…]늬가 사는 엷은 세계는 자유로운 것이기에/생기와 신중을 한 몸에 지니고 (「九羅重花」) ＊이 사무실도 늬가 만든 것이며/이 많은 의자도 늬가 만든 것이며/늬가 그리고 있는 종이까지 늬가 製紙한 것이며/청결한 공기조차 어지러웁지 않은 것이/오히려 너의 냄새가 없어서 심심하다(「사무실」)

니야옹 의성어. 고양이가 우는 소리. ＊바보의 가족과 운명과/어린 고양이의 울음/니야옹 니야옹 니야옹//술 취한 바보의 가족과 운명과/술 취한 어린 고양이의 울음/역시/니야옹 니야옹 니야옹(「술과 어린 고양이」)

다 ①남거나 빠진 것이 없이 모두. ②거의. ③일이 뜻밖의 지경(地境)에 미침을 나타내는 말. 가벼운 놀람, 감탄, 비꼼 따위의 뜻을 나타낸다. ④실현할 수 없게 된 앞일을 이미 이루어진 것처럼 반어적으로 나타내는 말. *어느 소설보다도 신기로운 나의 생활이며/모두 다 내던지고(「달나라의 장난」) *그러나 천당이 있다면 모두 다 거기서 만나고 있을 것입니다/억울하게 넘어진 반공포로들이/다 같은 대한민국의 이북 반공포로와 거제도 반공포로들이/무궁화의 노래를 부를 것입니다(「조국에 돌아오신 傷病捕虜 동지들에게」) *매일같이 마시는 술이며 모욕이며/보기 싫은 나의 얼굴이며/다 잊어버리고/돈 없는 나는 남의 집 마당에 와서(「휴식」) *모두 다 같이 나가는 지평선의 대열/뮤즈는 조금씩 걸음을 멈추고/서정시인은 조금만 더 속보로 가라(「바뀌어진 지평선」) *눈에는 보이지 않는 너무나 무거운/너의 짐/그리고 逸樂, 안이, 허위……/모두 다 잊어버리고 나와서(「기자의 정열」) *피로와 피로의 발언/시인이 황홀하는 시간보다도 더 맥없는 시간이 어디 있느냐/도피하는 친구들/양심도 가지고 가라 휴식도—/우리들은 다 같이 산등성이를 내려가는 사람들(「광야」) *아가야 아가야/열 발가락이 다 나와 있네(「자장가」) *모두 다 마음에 들지 않아라/이 황혼도 저 돌벽 아래 잡초도/담장의 푸른 페인트빛도/저 고요함도 이 고요함도(「死靈」) *그러나 오늘은 말복도 다 아니 갔으며/밤에는 물고기가 물 밖으로/달빛을 때리러 나온다(「말복」) *신주처럼 모셔놓던 의젓한 얼굴의/그놈의 속을 창자 밑까지도 다 알고는 있었으나/타성같이 습관같이/그저그저 쉬쉬하면서/할 말도 다 못하고/기진맥진해서/그저그저 걸어만 두었던/흉악한 그놈의 사진/오늘은 서슴지 않고 떼어놓아야 할 날이다(「우선 그놈의 사진을 떼어서 밑씻개로 하자」) *이래도/그대들은 유구한 公序良俗 정신으로/위정자가 다 잘해 줄 줄 알고만 있다(「육법전서와 혁명」) *루소의 『民約論』을 다 정독하여도/집권당에 아부하지 말라는 말은 없는데[…]데카르트의 『方法通說』을 다 읽어보았지/아부에도 여유가 있어야 한다는 말일세(「만시지탄은 있지만」) *이놈들이 다 이성망이 부하들이다[…]두목! 나머지 놈들 다 잡아왔습니다[…]이놈들이 다 이성망이 부하들이지/이놈들 여기 개미구멍으로 다 들어가(「나는 아리조나 카보이야」) *이유는 없다—/나가다오 너희들 다 나가다오/너희들 미국인과 소련인은 하루바삐 나가다오(「가다오 나가다오」) *일하라 일하라 일하라는 말이/헛소리처럼 아직도 나의 가슴을 울리고 있지만/나는 그 노래도 그 전의 노래도 함께 다 잊어버리고 말았다(「그 방을 생각하며」) *눈 내리는 날에는:/〈빽〉차도/지프차도/파발이 다 된/시골 버스도/맥을 못 추고/맴을 도는 판이니(「눈」(1961)) *백성들이/머리가 있어 산다든가/그처럼 나도/머리가 다 비어도/인제는 산단다(「쌀난리」) *아무리 바빠도 지장이 없느니라 술 취했다고 일이 늦으랴/취하면 취한 대로 다 하느니라(「술과 어린 고양이」) *그를 생각하는/그를 생각할 수 있는/너까지도 다 함께 숭배하고 마는 것이/숭배할 줄 아는 것이/나의 인내이니까(「누이야 장하구나!」) *강가에 가서 돌아갈 차비만 남겨놓고 술을 사준다/아니 돌아갈 차비까지 다 마셨나 보다(「강가에서」) *쓸데없는 것이었다 저것이었다/너의 보꾹에 비친 활자이었다 거기에/그어진 붉은 잉크였다 인사를 하지 않은/나의 친구야 거만한 꿈은 사위어간다/내 잘못이 인제는 다 보인다(「제임스 띵」) *8월

달에 실어주세요. 절망에서 나왔어요./모레면 다 되요. 200매예요. 특종이죠(「전화 이야기」) *인류의 종언의 날에/너의 술을 다 마시고 난 날에/미대륙에서 석유가 고갈되는 날에(「사랑의 변주곡」) *나와 나의 아내와 우리집의 온 가욱의 무게를 다 합해서/밀양에서 온 식모의 소박과 원한까지를 다 합해서(「美濃印札紙」)

다가서다 ①어떤 대상이 있는 쪽으로 더 가까이 옮기어 서다. ②일정한 기준에 가까이 가다.
  다가서서 *그러나 결코 너를 격하고 있는 세상에게 웃는 것은 아니리/너를 보고/너의 곁에 애처로울 만치 바싹 다가서서/내가 웃는 것은 세상을 향하여서가 아니라/너를 보고 짓는 짓궂은 웃음인 줄 알아라//음탕할 만치 잘 보이는 유리창/그러나 나는 너를 통하여 아무것도/보지 않고 있는지도 모른다/두려운 세상과 같이 배를 대고 있는/너의 대담성—그래서 나는 구태여 너에게로 더 한걸음 바싹 다가서서/그리움도 잊어버리고 웃는 것이다(「너는 언제부터 세상과 배를 대고 서기 시작했느냐」)

다가오다 ①어떤 대상이 있는 쪽으로 더 가까이 옮기어 오다. ②일정한 때가 가까이 닥쳐 오다.
  다가오고 *횃불로 검은 물속을 비춰가며 고기를 잡는 배가 증언처럼 다가오고(「말」(1958))

다녀오다 어느 곳에 갔다가 돌아오다.
  다녀오는 *소리없이 가다오 나가다오/다녀오는 사람처럼 아주 가다오!(「가다오 나가다오」)

다니다 ①어떤 곳에 근무하거나, 교육 기관에서 배우다. ②왔다갔다 하다. 지나가고 지나오고 하다. ③어떤 목적 아래 왔다갔다 하다. ④어떤 곳에 들르다. ⑤드나들다.
  다니기 *그리고 유행에서도 훨씬 뒤떨어진 서울의 화려한 거리에서는 도저히 쓰고 다니기 부끄러운 모자이다(「시골 선물」)
  다니는 *잡지사에 다니는/영화를 좋아하는 누이(「피아노」) *문명의 혈세를 강요해서는 아니 된다 新과 舊가/탈을 낸 돈이 없나 순시를 다니는 제임스 띵은/독자를 괴롭혀서는 아니 된다(「제임스 띵」) *그러다가 스코틀랜드의 에딘버러 대학에 다니는/나이 어린 친구한테서 편지를 받았지(「이혼 취소」)
  다니며 *터전이 없으면 나의 머리 위에라도/잠시 이고 다니며 길러야 할/너는 불행하기 짝이 없는 죽순이다(「付託」)
  다니면서 *그는 일본 대학에 다니면서 4년 동안을 제철회사에서/노동을 한 强者다(「거대한 뿌리」)

달라다 '달라고 하다'의 준말.
  달라고 *집문서를 갖고 가서 무이자로 15개월만/돌려 달라고 우리가 강청한 사람은 이 돈을 받을 사람과 한 고향인 함경도 친구(…)3만원을 돌려 달라고 우리가 부탁한 친구가/돈을 받고 1·4후퇴의 친구 부인하고/한 고향이라는 것을(「판문점의 감상」)

다루다 ①사람을 대하다. ②일을 처리하여 치우거나 마무리하다. ③물건을 취급하여 이용하다.
  다루기 *이 무언의 말/이 때문에 아내를 다루기 어려워지고/자식을 다루기 어려워지고/친구를/다루기 어려워지고/이 너무나 큰 어려움에 나는 입을 봉하고 있는 셈이고/무서운 무성의를 자행하고 있다(「말」(1964))

다르다 ①비교가 되는 두 대상이 서로 같지 아니하다. ②보통의 것보다 두드러진 데가 있다. ③'그 밖의', '관계가 없는'의 뜻. *시금치 이파리처럼 그렇게 부드러울 줄 알지/암 지금도 부드럽기는 하지만 좀 다르다/초가 쳐 있다 잔인의 초가(「잔인의 초」)
  다르고 *물은 물이고 불은 불일 것이지만/어제와 오늘이 다르고/오늘과 내일의 차이를 정시하기 위하여(「바뀌어진 지평선」) *흐린 하늘에 이는 바람은/어제가 다르고 오늘이 다른데/옷을 벗어놓은 나의 정신은/늙은 바위에 앉은 이끼처럼 추워라(「초봄의 뜰 안에」)
  다른 *그리하여 이 공허한 원주가 가장 찬란하여지는무렵/나는 또 하나 다른 유성을 향하여 달아날 것을 알고(「너를 잃고」) *저기 나의 맞은편 의자에 앉아 먹고 떠들고 웃고 있는 여자와 젊은 학생을 내가 시골을 여행하기 전에 그들을 보았더라면 대하였으리 감정과는 다른 각도와 높이에서 보게 되는 나는 내 자신의 감정이 보다 더 거만하여지고 순화되어진 탓이라고는 생각하지 않는다(「시골 선물」) *하얀 종이가 분홍으로 분홍 하늘이/녹색으로 또 다른 색으로 변할 만큼 밝다(「백지에서부터」) *심야에는 여자는 사라지고 남자가 다시 오입을 하러/활보하고 나선다고 이런 기이한 관습을 가진 나라를/세계 다른 곳에서는 본 일이 없다고/천하를 호령한 민비는 한번도 장안 외출을 하지 못했다고……(「거대한 뿌리」) *지금의 적이 가장 무거운 것 같고 무서울 것 같지만/이 적이 없으면 또 다른 적 — 내일(「적1」) *꽃을 주세요 아까와는 다른 시간을 위해서(「꽃잎2」)

다른데 *흐린 하늘에 이는 바람은 어제가 다르고/오늘이 다른데(「초봄의 뜰 안에」)

다름없다 견주어 보아 같거나 비슷하다. *우리가 도적질을 한 것은 아니지만 우리가/훔친 거나 다름없다 아니 그보다도 더 나쁘다(「도적」)

다름없고 *이제는/편지를 안해도 한 거나 다름없고 나는/조금도 미안하지 않소(「美濃印札紙」)

다름없는 *질서와 무질서와의 사이에/움직이는 나의 생활은/쉽지가 않아 시체나 다름없는 것이다(「여름 뜰」)

다름없이 견주어 보아 같거나 비슷하게. ☞다름없다. *캄캄한 사무실 한복판에서/나는 눈이 먼 암소나 다름없이 선량한데(「付託」)

다리 ①물을 건너거나 또는 한편의 높은 곳에서 다른 편의 높은 곳으로 건너다닐 수 있도록 만든 시설물. ②두 사물이나 사람 사이를 이어 주는 역할을 하는 것. ③중간에 거쳐야 할 단계나 과정. *다리 밑에 물이 흐르고/나의 시절은 좁다[…]다리 밑에 물이 마르고/나의 봄도 없어지고/나의 그림자도 달아난다(「愛情遲鈍」) *얼마나 죄가 많은 다리인 줄 모르고/식민지의 곤충들이 24시간을/자기의 다리처럼 건너다닌다/나이 어린 사람들은 어째서 이 다리가 부자연스러운지를 모른다/그러니까 이 다리를 건너갈 때마다/나는 나의 심장을 기계처럼 중지시킨다[…]이 다리 밑에서 엇갈리는 기차처럼/늙음과 젊음의 분간이 서지 않는다/다리는 이러한 정지의 증인이다/젊음과 늙음이 엇갈리는 순간/그러한 속력과 속력의 停頓 속에서/다리는 사랑을 배운다(「현대식 교량」)

다만 ①다른 것이 아니라 오로지. ②앞의 말을 받아 예외적인 사항이나 조건을 덧붙일 때 그 말머리에 쓰는 말. *밀양에서 온 식모의 소박과 원한까지를 다 합해서/미안하지 않소—만 다만 식모를 부르는 소리가/좀 단호해졌을 뿐이요 미안할 정도로 좀—(「美濃印札紙」)

다물다 입술이나 그처럼 두 쪽으로 마주 보는 물건을 꼭 맞대다.

다문 *입을 다문 채/흰 실에 매어달려 있는 여주알의 곰보(「누이의 방」)

다물어라 *괴로운 설사가 끝나거든 입을 다물어라 누가/보았는가 무엇을 보았는가 일절 말하지 말아라/그것이 우리의 증명이다(「설사의 알리바이」)

다방(茶房) 사람들이 이야기를 나누거나 쉴 수 있도록 꾸며 놓고, 차(茶)나 음료 따위를 판매하는 곳. *나는 어느 날 뒷골목의 발코니 위에 나타난/생활에 얼이 빠진 여인의 모습을 다방의 창 너머로 瞥見하였기 때문에(「미스터 리에게」) *마지막의 신경질도/마지막의 다방도/기나긴 골목길의 순례도(「檄文」) *18년 후에 이렇게 뻐젓이 서울의 다방 건너 막걸리집에서 또 만나게 됐으니(「滿洲의 여자」)

다병하다(多病—) 병이 많다.

다병한 *多病한 나에게는/파리도 이미 어제의 파리는 아니다(「파리와 더불어」)

다부지다 ①벅찬 일을 견디어 낼 만큼 굳세고 야무지다. ②일을 해내는 솜씨나 태도가 빈틈이 없고 야무진 데가 있다.

다부지게 *어지간히 다부지게 해줬는데도/여편네가 만족하지 않는다(「性」)

다색(茶色) ①갈색. ②차(茶)의 색. *오 도배지 천장지, 다색 백색 청색의 모란꽃이/茶色의 主色 위에 탐스럽게 피어있는 천장지(「마케팅」)

다소곳이 얌전히, 다소곳하게. *우선 가까운 곳에서부터/차례차례로/다소곳이/조용하게/미소를 띠우면서[…]우선 가까운 곳에서부터/차례차례로/다소곳이/조용하게/미소를 띠우면서/극악무도한 소름이 더덕더덕 끼치는/그놈의 사진일랑 소리없이/떼어 치우고—(「우선 그놈의 사진을 떼어서 밑씻개로 하자」)

다소곳하다 ①고개를 좀 숙이고 말이 없다. ②온순한 태도가 있다.
다소곳한 *어느 매춘부의 생활같이/다소곳한 분위기 안에서(「바뀌어진 지평선」)

다스리다 ①병을 낫게 하다. ②몸이나 마음을 가다듬거나 노력을 들여서 바로잡다.
다스리기 *10년이란 한 사람이 준 상처를 다스리기에는 너무나 짧은 세월이다(「누이야 장하고나!」)

다시 ①하던 것을 되풀이해서 또. ②방법이나 방향을 고쳐서 새로이. ③하다가 그친 것을 계속하여. ④다음에 또. ⑤이전 상태로 또. *재차는 다시 보지 않을 편력의 역사……(「아버지의 사진」) *일전에 어떤 친구를 만났더니 날더러 다시 포로수용소에 들어가고 싶은 생각이 없느냐고/정색을 하고 물어봅니다(「조국에 돌아오신 傷病捕虜 동지들에게」) *나의 동요 없는 마음으로/너를 다시 한번 치어다보고 혹은 내려다보면서 無量의 환희에 젖는다[…]늬가 끊을 수 있는 것은 오직 생사의 線條뿐/그러나 그 비애에 찬 선조도 하나가 아니기에/너는 다시 부끄러움과 躊躇를 품고 숨 가빠하는가(「九羅重花」) *불을 끄고 누웠다가/잊어지지 않는 것이 있어/다시 일어났다//암만해도 잊어버리지 못할 것이 있어 다시 불을 켜고 앉았을 때는/이미 내가 찾던 것은 없어졌을 때(「구슬픈 육체」) *나비의 지분에/나의 나이가 덮이려 할 때/나비야/나는 긴 숲속을 헤치고/너의 무덤을 다시 찾아오마/물소리 새소리 낯선 바람소리 다시 듣고/모자의 정보다 부부의 의리보다/더욱 뜨거운 너의 입김에/나의 고독한 정신을 녹이면서 우마(「나비의 무덤」) *어제와 같이 다시는 〈헛소리〉를 하지 않으려고 결심하면서(「말」(1958)) *이제 꿈을 다시 꿀 필요가 없게 되었나 보다/나는 커단 서른아홉 살의 중턱에 서서/서슴지 않고 꿈을 버린다(「달밤」) *죽은 옛 연인을 찾는 마음으로/잃어버린 길을 다시 찾은 반가운 마음으로/우리가 찾은 혁명을 마지막까지 이룩하자[…]죽은 옛 연인을 찾는 마음으로/잃어버린 길을 다시 찾은 반가운 마음으로/우리는 우리가 찾은 혁명을 마지막까지 이룩하자(「기도」) *원자탄이나 유도탄은 너무 많아서/효과가 없으니까/인제는 다시 비수를 쓰는 법을 배우란 말일세(「만시지탄은 있지만」) *나는 여기에서 다시 한번 숙고한다/鷄舍건너 신축 가옥에서 마치질하는/소리가 들린다(「중용에 대하여」) *혁명은 안 되고 나는 방만 바꾸었지만/나의 입속에는 달콤한 의지의 잔재 대신에/다시 쓰디쓴 담뱃진 냄새만 되살아났지만(「그 방을 생각하며」) *먼 곳에서부터/먼 곳으로/다시 몸이 아프다//조용한 봄에서부터/조용한 봄으로/다시 내 몸이 아프다(「먼 곳에서부터」) *너에게서 취하는 전신의 영양/끊었던 술을 다시 마시면서 사랑의 복습을 하는 셈인가[…]끊었던 술을 다시 마시는데 유행가처럼/아무리 마셔도 안 취하는 술(「滿洲의 여자」) *내 눈 아래에 다시 생긴 사마귀는/구태여 빼지 않을 작정이었다(「눈물은 나의 장사이니까」—오오 눈물의/눈물이여 음악의 음악이여/달아난 음악이여 반달이여/내 눈 아래에 다시 생긴 사마귀는/구태여 빼지 않을 작정이다(「반달」) *심야에는 여자는 사라지고 남자가 다시 오입을 하러/활보하고 나선다고 이런 기이한 관습을 가진 나라를/세계 다른 곳에서는 본 일이 없다고(「거대한 뿌리」) *나비야 우리 방으로 가자/어제의 시를 다시 쓰러 가자(「시」(1964)) *이제 내 몸은 내 몸이 아니다/이 가슴의 動悸도 기침도 寒氣도 내 것이 아니다/이 집도 아내도 아들도 어머니도 다시 내 것이 아니다(「말」(1964)) *그래서 안방으로 다시 오고, 내가/있던 기침소리가 가정교사에게 들리는 방은 도로/식모아이한테 주었지.(「엔카운터 誌」) *설파제를 먹어도 설사가 막히지 않는다/하룻동안 겨우 막히다가 다시 뒤가 들먹들먹한다(「설사의 알리바이」) *꽃의 글자가 다시 비뚤어지게(「꽃잎2」) *돈의 꿈이 길어지고 짧아지고 타락의/길이도 표준이 없어지고 먼지가 다시 생기고/갱이 생기고 그늘이 생기고 돌이 쇠가/구리가 먼지가 생기고(「먼지」) *나는 섬쩍해서 그전의 둔감한 내 자신으로/다시 돌아간다/연민의 순간이다 황홀의 순간이 아니라/속아 사는 연민의 순간이다(「性」) *풀은 눕고/

드디어 울었다/날이 흐려서 더 울다가/다시 누웠다(「풀」)

다음 ①어떤 차례의 바로 뒤. ②이번 차례의 바로 뒤 ③나란히 있는 사물의 바로 인접한 것. ④어떤 일이나 과정이 끝난 뒤. ⑤어떤 시일이나 시간이 지난 뒤. ⑥그 아닌 사실을 힘주어 나타냄. ⑦한 층 낮은 자리. ⑧주로 바둑 따위에서, 뒤의 수단. ⑨뒤따르는 것. ⑩뒤따르는 결과. *그 다음에는 나는 중앙선 어느 협곡에 있는 역에서 백여 리나 떨어진 광산촌에 두고 온 잃어버린 겨울 모자를 생각한다(「시골 선물」) *잠자는 책은 이미 잊어버린 책/이 다음에 이 책을 여는 것은/내가 아닙니다(「서책」) *그중의 어느 시인은 다음과 같이 나에게 욕을 하였다(「백의」) *나는 어느 날 뒷골목의 발코니 위에 나타난/생활에 얼이 빠진 여인의 모습을 다방의 창 너머로 瞥見하였기 때문에/다음과 같은 쪽지를 미스터 리한테 적어놓고/시골로 떠났다(「미스터 리에게」) *잿님이 할아버지가 상추씨, 아욱씨, 근대씨를 뿌린 다음에/호박씨, 배추씨, 무씨를 또 뿌리고/호박씨, 배추씨를 뿌린 다음에/시금치씨, 파씨를 또 뿌리는/석양에 비쳐 눈부신/일년 열두 달 쉬는 법이 없는/걸찍한 강변밭 같기도 할 것이니(「가다오 나가다오」) *단 〈중용이 아니라〉의 다음에 〈反動이다〉라는/말은 지워져 있다(「중용에 대하여」) *단식을 하고 나서 죽을 먹고/그 다음에 밥을 떡국을 먹었는데/새삼스럽게 소화불량증이 생겼다/―당연한 일이다(「轉向記」)

다음가다 표준으로 삼는 등급이나 차례의 바로 뒤에 가다.

다음가는 *모두 다 잊어버리고 나와서/태양의 다음가는 자유/자유의 다음가는 게시판/너무나 어려운 휴식이여/눈물이 흘러나올 여유조차 없는/게시판과 너 사이에/오늘의 생활이 있을진대/달관한 신문기자여/생각하지 말아라(「기자의 정열」)

다치다 ①부딪치거나 맞거나 하여 신체에 상처를 입다. ②남의 마음이나 체면, 명예에 손상을 끼치다.

다치지 *어리석을 만치 소박하게 성취한/우리들의 혁명을/배암에게 쐐기에게 쥐에게 살쾡이에게/진드기에게 악어에게 표범에게 승냥이에게/늑대에게 고슴도치에게 여우에게 수리에게 빈대에게/다치지 않고 깎이지 않고 물리지 않고 더럽히지 않게(「기도」) *그놈들은 털끝만치도 다치지 않고 있다/보라 항간에 금값이 오르고 있는 것을/그놈들은 털끝만치도 다치지 않으려고/버둥거리고 있다(「육법전서와 혁명」)

다투다 ①시비나 이해 관계를 가리려고 싸우다. ②무엇을 차지하거나 이기려고 서로 겨루다. ③어떤 정도의 정확성을 요하다. ④지체할 수 없이 아주 급하다.

다투며 *어둠 속에서 일순간을 다투며/없어져버린 애처롭고 아름답고 화려하고 부박한 꿈을 찾으려 하는 것은(「구슬픈 육체」)

다하다 더는 남아 있지 아니하거나 계속되지 아니하다.

다하기 *내가 포로수용소에서 나온 것은/포로로서 나온 것이 아니라/민간 억류인으로서 나라에 충성을 다하기 위하여 나온 것이라고(「조국에 돌아오신 傷病捕虜 동지들에게」)

다하여 *물도 아니며 꽃도 아닌 꽃일지나/너의 숨어 있는 인내와 용기를 다하여 날개를 펴라(「九羅重花」) *내가 지금 순한 고개를 숙이고/온 마음을 다하여 즐기고 있는 서책은/위대한 고대 조각의 사진(「나의 가족」) *정치의 작전이 아닌/애정의 부름을 따라서/네가 떠나가기 전에/나는 나의 조심을 다하여 너의 내부를 살펴볼까(「네이팜 탄」)

다해서 *바다의 물결 작년의 나무의 체취/그래 우리 이 盛夏에/온갖 나무의 추억과/물의 체취라도/다해서/어린 놈 너야/죽음이 오더라도/이제 성을 내지 않는 법을 배워주마(「여편네의 방에 와서」) *너의 사랑은/38선 안에서 받은 모든 굴욕이/38선 밖에서 받은 모든 굴욕이/전혀 정당한 것이 아니라는 것을 알았고/너는 너의 모든 힘을 다해서 답쌔버릴 것이다(「65년의 새해」)

닦다 ①때, 먼지 녹 따위의 더러운 것을 없애거나 윤기를 내려고 거죽을 문지르다. ②거죽의 물기를 훔치다.

닦아 *오징어발에 말라붙은 새처럼 꼬리만 치지 않으면 돼/입만 반드르하게 닦아놓으면 돼(「장시1」)

닦을 *수업을 할 때도 퇴근시에도/사이렌 소리에 시계를 맞출 때도 구두를 닦을 때도……/우리들의 싸움은 쉬지 않는다(「하……그림자가 없다」)

단(單)¹ 오직, 단지. *단 한 장의 사진을 찍으리라(「여름 아침」) *여편네의 방에 와서 기거를 같이해도/나는 점점 어린애/나는 점점 어린애/태양 아래의 단 하나의 어린애/죽음 아래의 단 하나의 어린애/언덕 아래의 단 하나의 어린애/애정 아래의 단 하나의 어린애/사유 아래의 단 하나의 어린애/間斷 아래의 단 하나의 어린애/點의 어린애/베개의 어린애/고민의 어린애(「여편네의 방에 와서」) *너는 열네 살 우리집에 고용을 살러 온 지/3일이 되는지 5일이 되는지 그러나 너와 내가/접한 시간은 단 몇 분이 안 되지(「꽃잎3」)

단(但)² 예외나 조건이 되는 말을 인도할 때 쓰이어 '다만'의 뜻을 나타내는 접속 부사. *단 〈중용이 아니라〉의 다음에 〈反動이다〉라는/말은 지워져 있다/끝으로 〈모두 적당히 가면을 쓰고 있다〉라는/한 줄도 빼어놓기로 한다(「중용에 대하여」)

단기(檀紀) 단군 기원의 준말. 단군이 즉위한 해인 기원전 2333년을 원년(元年)으로 하는 기원. 우리나라의 기원으로, 대한민국 정부 수립과 동시에 이를 사용하다가 1962년부터는 공식적으로 서기(西紀)를 사용하기 시작하였다. *누가 거제도 제61수용소에서 단기 4284년 3월 16일 오전 5시에 바로 철망 하나 둘 셋 네 겹을 隔하고 불 일어나듯이 솟아나는 제62 적색수용소로 돌을 던지고 돌을 받으며 뛰어들어갔는가?

단념하다(斷念—) 생각을 끊다. 품었던 생각을 미련없이 잊어버리다.

단념하라 *괴로움과 괴로움의 이행이다 우리의 행동/이것을 우리의 시로 옮겨놓으려는 생각은/단념하라 괴로운 설사//괴로운 설사가 끝나거든 입을 다물어라 누가/보았는가 무엇을 보았는가 일절 말하지 말아라/그것이 우리의 증명이다(「설사의 알리바이」)

단단하다 ①무르지 아니하고 매우 굳다. ②속이 차서 야무지다. ③사람이 야무지고 몹시 튼튼하다. ④헐겁거나 느슨하지 아니하다.

단단한 *이 단단한 고요함을 배울 거다/복사씨가 사랑으로 만들어진 것이 아닌가 하고/의심할 거다!(「사랑의 변주곡」)

단단함 *복사씨와 살구씨와 곶감씨의 아름다운 단단함이여/고요함과 사랑이 이루어놓은 폭풍의 간악함/신념이여(「사랑의 변주곡」)

단련(鍛鍊) ①쇠붙이를 불에 달군 후 두드려서 단단하게 함. ②몸과 마음을 굳세게 함. ③어떤 일을 반복하여 익숙하게 됨 또는 그렇게 함. ④귀찮고 어려운 일에 시달림. *나는 謀利輩들한테서/언어의 단련을 받는다(「모리배」)

단면(斷面) ①물체의 잘라 낸 면. ②사물이나 사건의 여러 현상 가운데 한 부분적인 측면. *얼마나 장구한 세월이 흘러갔던가/파도처럼 옆으로/혹은 세대를 가리키는 지층의 단면처럼 억세고도 아름다운 색깔—(「나의 가족」)

단명(短命) 목숨이 짧음. *눈을 뜨고 자는 억센 일/短命의 일/쫓기어다니는 일/불같은 불같은 일/깨꽃같이 작은 자질구레한 일(「깨꽃」)

단순히(單純—) ①복잡하지 않고 간단히. ②어떤 제한이나 조건이 없이. *고대 형이상학자들은 그를 보고 〈양극의 합치〉라든가 혹은 〈거대한 희열〉이라고 부르고 있었지만/19세기 시인들은 그를 보고 〈도피의 王者〉 혹은 단순히 〈여유〉라고 불렀다(「백의」)

단식(斷食) 일정 기간 동안 의식적으로 음식을 먹지 아니함. *소련을 생각하면서 나는 치질을 앓고 피를 쏟았다/일주일 동안 단식까지 했다/단식을 하고 나서 죽을 먹고/그 다음에 밥을 떡국을 먹었는데(「轉向記」)

단자(單字) ①단어를 표시한 글자. ②한문 글자의 낱개의 글자. *하기야/혁명이란 단자는 학생들의 선언문하고/신문하고/열에 뜬 시인들이 속이 허해서/쓰는 말밖에는 아니 되지만(「육법전서와 혁명」)

단추 옷 따위의 두 폭이나 두 짝을 한데 붙였다 떼었다 하는, 옷고름이나 끈 대신으로 쓰는 물건. 수단추를 암단추에 끼거나 한쪽만 수단추를 달고 구멍에 끼우기도 한다. *흐르는 시간 속에 이를테면 푸른 옷이 걸리고 그 위에/반짝이는 별같이 흰 단추가 달려있고

(「방안에서 익어가는 설움」)

단축되다(短縮―) 시간이나 거리 따위가 짧게 줄어들게 되다.
　단축되고　＊익살스러울 만치 모든 거리가 단축되고/익살스러울 만치 모든 질문이 없어지고/모든 사람에게 고해야 할 너무나 많은 말을 갖고 있지만/세상은 나의 말에 귀를 기울이지 않는다(「말」(1964))

단층(單層) 하나로만 이루어진 층 또는 그런 층으로 된 것. ＊戱畵의 게시가 돈이 되고/돈이 되고 사랑이 되고 갱의 단층의 길이가/얇아지고 돈이 돈이 되고 돈이/길어지고 짧아지고(「먼지」)

단호하다(斷乎―) 결심한 것을 과단성 있게 처리하다.
　단호해졌을　＊미안하지 않소―만 다만 식모를 부르는 소리가/좀 단호해졌을 뿐이요 미안할 정도로 좀―(「美濃印札紙」)

닫히다 열렸던 것이 도로 닫아지다.
　닫히는　＊뚜껑이 열렸다 닫히는 소리(「풀의 영상」)

달　①지구의 위성(衛星). 햇빛을 반사하여 밤에 밝은 빛을 낸다. 표면에 많은 분화구가 있으며 대기는 없다. 공전 주기는 27.32일, 반지름은 1,738km이다. ②한 해를 12로 나눈 것의 하나. ＊〈이태백이 놀던 달 속에서 방아를 찧고〉[…]토끼야/봄 달 속에서 나에게만 너의 재주를 보여라/너의 입에서 튀어나오는/너의 새끼를(「토끼」) ＊나의 마음은 달과 바람모양으로 서늘하다(「거리2」) ＊나는 병풍을 바라보고/달은 나의 등뒤에서 병풍의 주인 六七翁海士의 印章을 비추어주는 것이었다(「병풍」) ＊개가 울고 종이 들리고 달이 떠도/너는 조금도 당황하지 말라[…]너의 꿈이 달의 행로와 비슷한 회전을 하더라도/개가 울고 종이 들리고/기적소리가 과연 슬프다 하더라도/너는 결코 서둘지 말라(「봄 밤」) ＊시골에 사는 나는―/달 밝은 밤을/언제부터인지 잠을 빨리 자는 습관이 생겼다(「달밤」) ＊물이 흘러가는 달이 솟아나는/평범한 대자연의 법칙을 본받아/어리석을 만치 소박하게 성취한/우리들의 혁명을(「기도」) ＊일년 열두 달 쉬는 법이 없는/걸쭉한 강변밭 같기도 할 것이니(「가다오 나가다 오」) ＊모이 한 가마니에 430원이니/한 달에 12, 3만 환이 소리 없이 들어가고(「만용에게」) ＊동산에 걸린/새 달에 비친 나뭇가지처럼/세계를 배경으로 한 나의 사상처럼/죄어든 인생의 윤곽과 비밀처럼……(「반달」) ＊석 달 전에 결혼한 그는 그전하곤 모두가 좀 달라졌어/그리고 그가 경멸하고 있는 건 나의/정치 문제뿐이 아냐(「H」) ＊그녀가 온 지 두 달 만에 우리들은 처음으로 완성되었다/처음으로 처음으로(「식모」) ＊여보세요. 앨비의 아메리칸 드림예요. 절망예요./8월달에 실어주세요. 절망에서 나왔어요./모레면 다 되요. 200매예요. 특종이죠.(「전화 이야기」)

달걀값　닭이 낳은 알에 일정하게 매겨진 액수. ＊보라 금값이 갑자기 8,900환이다/달걀값은 여전히 영하28환인데(「육법전서와 혁명」)

달관하다(達觀―)　①사물을 널리 보고 전체를 관찰하다. ②세속을 벗어난 높은 견식을 가지고 사소한 것에 얽매이지 아니하다.
　달관하고　＊그러나 〈그때는 그때이고 지금은 지금〉이라고/구태여 달관하고 있는 지금의 내 마음에/샘솟아 나오려는 이 설움은 무엇인가(「국립도서관」)
　달관한　＊눈물이 흘러나올 여유조차 없는/게시판과 너 사이에/오늘의 생활이 있을진대/달관한 신문기자여/생각하지 말아라(「기자의 정열」)

달나라　달을 지구와 같은 하나의 세계로 여기어 이르는 말. ＊손가락 사이에 끈을 한끝 잡고 방바닥에 내어던지니/소리없이 회색빛으로 도는 것이/오래 보지 못한 달나라의 장난 같다(「달나라의 장난」)

달다　(주로 '달라', '다오'의 꼴로 쓰여) 말하는 이가 듣는 이에게 어떤 것을 주도록 요구하다.
　다오　＊―어른이 못 되는 나를 탓하는/구슬픈 어른들/나에게 방황할 시간을 다오/불만족의 物象을 다오(「장시2」)

달라다　'달라고 하다'의 준말.
　달라고　＊전자를 현재 일리노이 주에 있는 자기의 모친에게 보내고/후자는 희랍 국립박물관 관장에게 보내달라고 한다(「백의」) ＊이 3만 원을 달러 이자라도 내서 갚아 달라고 대드는 바람에/집문서를 갖고 가서 무이자로 15개월만/돌려 달라고 우리가 강청한 사람은 이 돈을 받을 사람과 한 고향인 함경도 친구(「판문점의 감상」)

달라지다 변하여 전과는 다르게 되다.
　달라졌어 ＊H는 그전하곤 달라졌어/내가 K의 시 얘기를 했더니 욕을 했어/욕을 한 건 그것뿐이었어/그건 그의 인사였고 달라지지 않은 것은 그것뿐/그밖에는 모두가 좀 달라졌어[…]그가 그전하곤 달라졌어/그는 이제 조용하게 나를 경멸할 줄 알아/석 달 전에 결혼한 그는 그전하곤 모두가 좀 달라졌어/그리고 그가 경멸하고 있는 건 나의/정치 문제뿐이 아냐(「H」)
　달라지고 ＊어제와 오늘이 하늘과 땅처럼/달라지고 침묵과 발악이 오늘과/내일처럼 달라지고 달라지지 않는/이 갱 안의 잉크 수건의 칼자국(「먼지」)
　달라지지 ＊그건 그의 인사였고 달라지지 않은 것은 그것뿐/그밖에는 모두가 좀 달라졌어(「H」)

달래다 ①슬퍼하거나 고통스러워하거나 흥분한 사람을 어르거나 타일러 기분을 가라앉히다. ②슬프거나 고통스럽거나 흥분한 감정 따위를 가라앉게 하다.
　달랜다 ＊그 방은 바로 어제 내가 혁명을 기념한 방/오늘은 기름진 피아노가/덩덩 덩덩덩 울리면서/나의 고갈한 비참을 달랜다(「피아노」)

달러이자(dollar利子) 날로 계산하여 일정하게 무는 이자. ＊이 3만 원을 달러 이자라도 내서 갚아 달라고 대드는 바람에/집문서를 갖고 가서 무이자로 15개월만/돌려 달라고 우리가 강청한 사람은 이 돈을 받을 사람과 한 고향인 함경도 친구(「판문점의 감상」)

달려가다 달음질하여 빨리 가다.
　달려가는 ＊여름 뜰이여/크레인의 강철보다 더 강한 익어가는 황금빛을 꺾기 위하여/너의 뜰을 달려가는 조고마한 동물이라도 있다면(「여름 뜰」)

달리다¹ ①(열매 따위가 맺히어) 붙어 있다. ②의존하고 있는 식구나 아이가 있다. ③(어떤 일·대상·상태 따위가) 무엇에 의존하다.
　달려 ＊그의 가치는/왼손으로 글을 쓰는 소녀만이 알고 있다/그것은 그의 둥근 호흡기가 언제나 왼쪽에 달려 있기 때문이다//그러나 어디를 가보나/그의 머리 위에 반드시 窓이 달려 있는 것은/죄악이 아니겠느냐(「수난로」) ＊有線 합승자동차에도 양계장에도 납공장에도/미곡창고 지붕에도 달려 있는/썩은 공기 나가는 지붕 위의 지붕만 있으면 돼(「장시1」) ＊흐르는 시간 속에 이를테면 푸른 옷이 걸리고 그 위에/반짝이는 별같이 흰 단추가 달려 있고(「방안에서 익어가는 설움」)
　달린 ＊이 웃음만은 흔적을 남기고 있을 것이라고 믿는 것은/어리석은 일/시간에 달린 기이다란 시간을 보시오(「웃음」)

달리다² ①달음질쳐 빨리 가거나 오다. ②차, 배 따위가 빨리 움직이다.
　달려 ＊쨔키야! 너는 빨리 말을 달려/저기 돈보따리를 들고 달아나는 놈을 잡아라(「나는 아리조나카보이야」)

달리아(영, dahlia) 국화과의 여러해살이풀. 높이는 0.4~2미터이며, 잎은 깃모양 겹잎이고 고구마처럼 생긴 뿌리로 번식한다. 7월부터 늦가을까지 원줄기와 가지 끝에 꽃이 피고 열매는 수과(瘦果)로 10월에 익는다. 관상용이고 멕시코가 원산지이다. ＊기운을 주라 더 기운을 주라/달리아가 움직이지 않게(「채소밭 가에서」)

달밤 달이 떠서 밝은 밤. ＊작품 제목임.(「달밤」)

달빛 달에서 비쳐 오는 빛. ＊南廟 문고리 굳은 쇠문고리/기어코 바람이 열고/열사흘 달빛은/이미 과부의 靑裳이어라(「廟庭의 노래」) ＊우리집 뜰앞 토끼는 지금 하얀 털을 비비며 달빛에 서서 있다(「토끼」) ＊그러나 오늘은 말복도 다 아니 갔으며/밤에는 물고기가 물 밖에/달빛을 때리러 나온다(「말복」) ＊개울은 달빛으로 얼음 위에/얼음을 놓았는데(「凍夜」)

달아나다 ①빨리 내닫다. ②위험을 피하여 도망쳐 내닫다. ③(어떤 느낌이나 의욕 등이) 사라지다.
　달아나 ＊영사판 위의 모오든 검은 현실이 저마다 색깔을 입고/이미 멀리 달아나버린 비둘기의 두 눈동자에까지/붉은 광채가 떠오르는 것을 보다(「영사판」) *그리하여 달아나오던 날 새벽에 파묻었던 총과 러시아 군복을 사흘을 걸려서 찾아내고 겨우 총살을 면하던 꿈같은 일을 생각한다(「조국에 돌아오신 傷病捕虜 동지들에게」) *모든 산봉우리를 걸쳐온 돌풍처럼/당돌하고 시원하게/도회에서 달아나온 나는 말할 수 있다/「누이야 장하고나!」(「누이야 장하고나!」) *너 이놈 정동 재판소에서 언제 달아나왔느냐 깟땜!/오냐 그놈들을 물에다 거꾸로 박아놓아라(「나는 아리조나 카보이야」)

달아나는 *네가 나에게 보이고 있는 시간이란/네가 달아나는 시간밖에는 없다(「연기」) *짜키야! 너는 빨리 말을 달려/저기 돈보따리를 들고 달아나는 놈을 잡아라(「나는 아리조나 카보이야」)

달아나는가 *시원치 않은 이 울음소리만이/어째서 나의 뼈를 뚫고 총알같이 날쌔게 달아나는가(「영사판」)

달아난 *「눈물은 나의 장사이니까」―오오 눈물의/눈물이여 음악의 음악이여/달아난 음악이여 반달이여(「반달」)

달아난다 *다리 밑에 물이 마르고/나의 몸도 없어지고/나의 그림자도 달아난다(「愛情遲鈍」) *물소리는 먼 하늘을 찢고 달아난다/바람이 바람을 쫓고 생명을 쫓는다(「말복」)

달아날 *그리하여 이 공허한 원주가 가장 찬란하여지는 무렵/나는 또 하나 다른 유성을 향하여 달아날 것을 알고(「너를 잃고」)

달콤하다 ①감칠맛이 돌 정도로 알맞게 달다. ②아기자기하게 마음을 사로잡는 느낌이 있다.

달콤한 *혁명은 안 되고 나는 방만 바꾸었지만/나의 입속에는 달콤한 의지의 잔재 대신에/다시 쓰디쓴 담뱃진 냄새만 되살아났지만(「그 방을 생각하며」) *밥보다도/더 소중한/잠이 안 오네/달콤한/달콤한/잠이 안 오네(「《4·19》시」) *비참한 일들이 라디오 소리보다도 더 발광을 쳤을 때/그때는 인국 방송이 들리지 않아서/그들의 달콤한 억양이 금덩어리 같았다(「라디오 계」)

달큼하다 맛이 꽤 달다.

달큼한 *나는 거리의 운명을 보고/달큼한 마음에 싸여서/어디고 가야 할지 모르는 마음―(「거리2」)

달팽이 달팽잇과의 하나. 우렁이와 비슷한데 네 개의 가로무늬가 있고 등에는 나선형의 껍데기가 있으며, 두 더듬이와 눈이 있다. 살에는 점액이 있고 난생이며 암수 한 몸이다. 논·밭의 돌 밑, 풀숲에 산다. *흙빛 매미여/달팽이는 닭이 먹고/구데기 바람에 우는 소리 나면(「말복」)

닭 꿩과의 새. 머리에 붉은 볏이 있고 날개는 퇴화하여 잘 날지 못하며 다리는 튼튼하다. 육용과 난용으로 육종된 수많은 품종이 있으며, 가금으로 가장 많이 사육한다. 원종은 인도, 말레이시아 등지의 들꿩이다. *손도 안 씻고/쥐똥도 제멋대로 내버려두고/닭에는 발등을 물린 채/나의 숙제는 미소이다(「꽃」) *흙빛 매미여/달팽이는 닭이 먹고/구데기 바람에 우는 소리 나면(「말복」) *계사 안에서 우는 알 겯는/닭소리를듣다가 나는 마른침을삼키고/담배를 피워 물지 않으면 아니 된다(「중용에 대하여」) *알은 하루 60개밖에 안 나오니/묵은 닭까지 합한 닭모이값이/일주일에 6일을 먹고/사람은 하루를 먹는 편이다[…]만용이(닭 시중하는 놈)의 학비를 빼면(「만용에게」)

닭모이 닭의 먹이. *파자마 바람으로 닭모이를 주러 나가서(「파자마 바람으로」)

닭모이값 닭의 먹이에 드는 값. *묵은 닭까지 합한 닭모이값이(「만용에게」)

닭장 닭을 가두어 두는 장. *도적이 우리집을 노리고 있다/닭장이 무너진 공터에 두른 판장을 뚫고/매일밤 저희집처럼 출입하고 있다(「도적」)

닮다 ①사람 또는 사물의 생김새나 성질 따위가 다른 사람이나 사물과 서로 비슷하다. ②어떠한 것을 본떠 그와 같아지다.

닮아 *닿고 닿아지고 걸리고 걸려지고/모서리뿐인 형식뿐인 격식뿐인/관청을 우리집은 닮아가고 있다/철조망을 우리집은 닮아가고 있다(「의자가 많아서 걸린다」) *물을 뜨러 나온 아내의 얼굴은/어느 틈에 저렇게 검어졌는지 모르나/차차 시골 동리 사람들의 얼굴을 닮아간다(「여름 아침」)

닮은 *떨어져 물 위에서 썩은 꽃잎이라도 좋고/썩는 빛이 황금빛에 닮은 것이 순자야/너 때문이고(「꽃잎3」)

담 집의 둘레나 일정한 공간을 둘러막기 위하여 흙, 돌, 벽돌 따위로 쌓아 올린 것. ☞ 담장. *앞의 2층집이 신축을 하고 담을 두르고/가시철망을 칠 때 우리도 그 철망을 치던/일꾼을 본 일이 있다[…]그래도 여편네는 담을 고치지 않는다(「도적」)

담그다 ①액체 속에 넣다.
　담가 *의치를 빼어서 물에 담가놓고 드러누우니/마치 내가 임종하는 곳이 이러할 것이니 하는 생각이 불현듯이 든다(「미숙한 도적」)

담기다 ①담음을 당하다. ②담금을 당하다.
　담겨 *4면의 신문 위에 6호 활자가 몇천 개 박혀 있는지 모르지만 너의 상상에서는 실제의 수십 배는 담겨 있으리라(「기자의 정열」) *우주의 파편같이/혹은 혜성같이 반짝이는/무수한 잔재 속에 담겨있는 또 이 무수한 몸둥아리―들은/지금 무엇을 銳意 연마하고 있는가(「국립도서관」)
　담기려고 *어드메에 담기려고/칠흑의 壁板 위로/香烟을 찍어/白蓮을 무늬 놓는/이 밤 화공의 소맷자락 무거이 적셔/오늘도 우는/아아 짐승이냐 사람이냐.(「廟庭의 노래」)

담다 ①어떤 물건을 그릇 따위에 넣다. ②어떤 내용이나 사상을 그림, 글, 말, 표정 따위 속에 포함하거나 반영하다.
　담아 *그렇지만/구차한 나의 머리에/성스러운 鄕愁와 우주의 위대감을 담아주는 삼시간의 자극을/나의 가족들의 기미 많은 얼굴에 비하여 보아서는 아니 될 것이다(「나의 가족」)

담당하다(擔當―) 어떤 일을 맡다.
　담당하지 *오늘은 오늘을 담당하지 못하니/너의 가슴 위에서는/나 대신 값없는 낙엽이라도 울어줄 것이다(「나비의 무덤」)

담밑 담 아래. *허물어진 담밑에서 사과껍질보다도 얇은(「거짓말의 여운 속에서」)

담배 ①가지과의 한해살이풀. 남미 원산의 재배 식물. 여름에 엷은 홍자색의 꽃이 핌. 잎은 '담배'의 재료로, 그 성분 니코틴은 농업용 살충제로 씀. 연초. ②담배잎을 말려서 가공하여 피우는 물건의 총칭. *로날드 골맨의 신작품을/눈여겨 살펴보며/피우기 싫은 담배를 피워본다[…]세상을 속지 않고 걸어가기 위하여/나는 담배를 끄고/누구에게든지 신경질을 피우고 싶다[…]사과와 수첩과 담배와 같이/인간들이 걸어간다(「바뀌어진 지평선」) *(계사 안에서 우는 알 겯는/닭소리를 듣다가 나는 마른침을 삼키고/담배를 피워 물지 않으면 아니 된다)[…]담배를 피워 물지 않으면 아니 된다고 하였지만/나는 사실은 담배를 피울 겨를이 없이/여기까지 내리썼고/일기의 원문은 일본어로 씌어져 있다(「중용에 대하여」) *담배마저 안 피우는/날이 올지도 모른다(「이놈이 무엇이지?」) *저놈은 나의 노동의 상징/호주머니 속의 소눈깔만한 호주머니에 들은/물뿌리와 담배 부스러기의 오랜 친근(「후란넬 저고리」)

담배연기(―煙氣) 담배를 피울 때 나는 연기. *미인과 앉은 방에선 무심코/따놓는 방문이나 창문이/담배연기만 내보내려는 것은/아니렷다(「미인」)

담뱃진(―津) 담배에서 우러난 진. *나의 입 속에는 달콤한 의지의 잔재 대신에/다시 쓰디쓴 담뱃진 냄새만 되살아났지만(「그 방을 생각하며」)

담장(―墻) 집의 둘레나 일정한 공간을 둘러막기 위하여 흙, 돌, 벽돌 따위로 쌓아 올린 것. ☞ 담. *이 황혼도 저 돌벽 아래 잡초도/담장의 푸른 페인트빛도/저 고요함도 이 고요함도(死靈) *도적은 간밤에는 사그러진 담장 쪽이 아닌/우리집의 의젓한 벽돌기둥의 정문 앞을/새벽녘에 거닐었다고 한다(「도적」)

담홍색(淡紅色) 엷은 붉은색. *兩眼이 모두 담홍색을 하고 있는 것으로 보아/그가 오랜 세월을 暗夜 속에서 살고 있었던 것만은 확실하다고 나는 생각한다(「백의」)

답답하다(沓沓―) ①애가 타고 갑갑하다. ②숨이 막힐 듯이 가쁘다. ③시원한 느낌이 없다.
　답답하더라도 *답답하더라도/답답하더라도요 시인/가만히 계시오/민중은 영원히 앞서 있소이다(「눈」(1961))

답보(踏步) 제자리걸음. *여기에 있는 것은 중용이 아니라/踏步다 죽은 평화다 懶惰다 무위다(「중용에 대하여」)

답쌔다 '답새다'로 추정됨.『조선말대사전』(사회과학출판사, 1992.)에 의하면 '답새다'는 ①어떤 대상을 두드려패거나 족치다. ②냅다 족치다.
　답쌔 *너는 너의 모든 힘을 다해서 답쌔버릴 것이다(「65년의 새해」)

당당하다(堂堂—) ①의젓하다. ②어엿하고 번듯하다. ③버젓하고 정대하다. ④형세나 위세가 대단하다.
　당당한 *—이러면 하루종일/밤의 꿈속에서도/당당한 피아노가 울리게 마련이다(「피아노」)

당돌하다(唐突—) 어려워하거나 꺼리는 마음이 없이 주제넘은 데가 있다.
　당돌하고 *모든 산봉우리를 걸쳐온 돌풍처럼/당돌하고 시원하게/도회에서 달아나온 나는 말할 수 있다「누이야 장하고나!」(「누이야 장하고나!」)

당시(當時) 일이 있었던 바로 그때 또는 이야기하고 있는 그 시기. *그리고 그 당시의 시대가 지금보다 훨씬 좋았다고/누구나 어른들은 말하고 있으나(「국립도서관」) *너희들이 피지 섬을 침략했을 당시에는/그의 아버지들은 아직 젖도 떨어지기 전이었다니까(「가다오 나가다오」)

당신(當身) ①듣는 이를 가리키는 이인칭 대명사. 하오할 자리에 쓴다. ②부부 사이에서, 상대편을 높여 이르는 이인칭 대명사. ③맞서 싸울 때 상대편을 낮잡아 이르는 이인칭 대명사. ④웃어른을 아주 높이어 일컫는 3인칭 대명사. *자유가 항상 싸늘한 것이라면 나는 당신과 더 이야기하지 않겠어요/그러나 이것은 살아 있는 포로의 애원이 아니라/이미 대한민국의 하늘을 가슴으로 등으로 쓸고 나가는/저 조그만 비행기같이 연기도 여운도 없이 살아진 몇몇 포로들의 영령이/너무나 알기 쉬운 말로 아무도 듣지 못하게 당신의 뺨에다 대고 비로소 시작하는 귓속이야기지요(「조국에 돌아오신 傷病捕虜 동지들에게」) *순결과 오점이 모두 그의 상징이 되려 할 때/신이여/당신의 책을 당신이 여시오(「서책」) *당신을 찾아갔다는 것은 현실을 직시하기 위하여서였다//마침 당신은 집에 없고 당신의 아우만이 나와서 당신이 없다고 한다[…]나는 총에 맞는 새같이 가련하게도 당신의 집을 나와버렸다[…]나는 당신의 아우에게로 뛰어가서 나의 〈말〉을 하지 못하는 나를 미워하였다(「말」(1958)) *문명에 대항하는 비결은/당신 자신이 문명이 되는 것이다/미스터 리!?(「미스터 리에게」) *당신이 내린 결단이 이렇게 좋군/나하고 별거를 하기로 작정한 이튿째 되는 날/당신은 나와의 이혼을 결정하고/내 친구의 미망인의 빚보를 선 것을/물어주기로 한 것이 이렇게 좋군[…]10만 원 중에서 5만 원만 줄까 3만 원만 줄까/하고 망설였지 당신보다도 내가 더 망설였지[…]시간은 내 목숨야. 어제하고는 틀려졌어. 틀려/졌다는 것을 알았어. 틀려져야겠다는 것을 알/았어. 그것을 당신한테 알릴 필요가 있어.[…]—그게/될까? 되면? 안 되면? 당신! 당신이 빛난다.(「이혼 취소」) *안 빌려주어도 넉넉하다. 나도 넉넉하고,/당신도 넉넉하다. 이게 세상이다.(「엔카운터 誌」) *내주신다면, 당신의 잡지의 8월호에 내주신다면,/특종이니깐요, 극단도 좋고, 당신네도/좋고, 번역하는 사람도 좋고, 나도 좋은/일을 하는 폭이 되지요.(「전화 이야기」) *오늘은 하루종일 일도/안하고 있지만 밀용인찰지의 나의 생활을/당신한테 보일 수는 없소[…]당신이 사준 북어와 오징어와 2등차표와/경포대의 선물과 도리스 위스키와 라스베리 잼에 대해서/미안하지 않소 당신의 모든 행복과 우리들의 바닷가의/행복의 모든 추억에 대해서 미안하지 않소(「美濃印札紙」) *지금 나는 21개국의 정수리에/사랑의 깃발을 꽂는다/당신의 눈에도 보이도록 꽂는다(「세계일주」)

당연하다(當然—) 이치로 보아 마땅히 그러하다.
　당연한 *일본의 〈진보적〉 지식인들은 소련한테는/욕을 하지 않는다고 한다 나도 얼마전까지는/흰 원고지 뒤에 낙서를 하면서/그것이 그럴듯하게 생각돼서/소련을 내심으로도 입 밖으로도 두둔했었다—당연한 일이다//소련을 생각하면서 나는 치질을 앓고 피를 쏟았다/일주일 동안 단식까지 했다/단식을 하고 나서 죽을 먹고/그 다음에 밥을 떡국을 먹었는데/

새삼스럽게 소화불량중이 생겼다/─당연한 일이다//나는 지금 일본 시인들의 작품을 읽으면서/내가 너무 자연스러운 전향을 한 데 놀라면서/이 이유를 생각하려 하지만/그 이유는 시가 안 된다/아니 또 시가 된다/─당연한 일이다//〈히시야마 슈조〉의 낙엽이 생활인 것처럼/5·16 이후의 나의 생활도 생활이다/복종의 미덕!/사상까지도 복종하라!/일본의 〈진보적〉 지식인들이 이 말을 들으면 필시 웃을 것이다─당연한 일이다//지루한 전향의 고백/되도록 지루할수록 좋다/지금 나는 자고 깨고 하면서 더 지루한/中共의 욕을 쓰고 있는데/치질도 낫기 전에 또 술을 마셨다/─당연한 일이다(「轉向記」)

당하다(當─) ①(일정한 때·환경·사태 따위에) 이르러 처하다. 만나다. ②직접 만나거나 겪다. 감당하다. 넉넉히 이겨내다. ③사리에 맞다.
  당하고 *완전히 무시를 당하고 나서야/비로소 안심할 수 있는(「付託」)
  당하는 *오오 사랑이 추방을 당하는 시간이 바로 이때이다(「피곤한 하루의 나머지 시간」)
  당한 *모독당한 과거일까(「국립도서관」) *너의 회의는/나라 안에서 당한 모든 것이/나라 밖에서 당한 모든 것이/반드시 정말이 아니라는 것을 알았고(「65년의 새해」) *그대가 봉변을 당한 식인종의 나라에도(「세계일주」)
  당할 *남에게 희생을 당할 만한/충분한 각오를 가진 사람만이/살인을 한다(「죄와 벌」) *그 사나이는, 제임스 띵은 어이가 없어서/조그만 눈을 민첩하게 움직이면서 미소를 띄우고 섰지만/나의 고삐를 잃은 백마에 당할 리가 없다(「제임스 띵」) *그대가 납치를 당할 뻔한 공산국가에도/보이도록(「세계일주」)

당호박 단호박. 호박 가운데 전분과 미네랄·비타민 등의 함량이 많고, 맛도 좋아 식용으로 재배하는 호박. *창문 앞에/안치해 놓은 당호박(「누이의 방」)

당황하다(唐惶─·唐慌─) 놀라거나 다급하여 어찌할 바를 모르다.
  당황하지 *개가 울고 종이 들리고 달이 떠도/너는 조금도 당황하지 말라(「봄 밤」)

닿다 ①사물이 서로 맞붙어 사이에 빈틈이 없게 되다. ②목적지에 다다르다. ③어떤 곳·정도에 미치다. ④서로 관련이 맺어지다.
  닿고 *닿고 닿아지고 걸리고 걸려지고/모서리뿐인 형식뿐인 격식뿐인/관청을 우리집은 닮아가고 있다(「의자가 많아서 걸린다」)
  닿기 *바람의 고개는 자기가 일어서는 줄/모르고 자기가 가 닿은 언덕을/모르고 거룩한 산에 가 닿기/전에는 즐거움을 모르고 조금/안 즐거움이 꽃으로 되어도/그저 조금 꺼졌다 깨어나고(「꽃잎1」)
  닿는다고 *미제 도자기 스탠드가 울린다/방정맞게 울리고 돌아오라 울리고/돌아가라 울리고 닿는다고 울리고/안 닿는다고 울리고(「의자가 많아서 걸린다」)
  닿아지고 *닿고 닿아지고 걸리고 걸려지고/모서리뿐인 형식뿐인 격식뿐인/관청을 우리집은 닮아가고 있다(「의자가 많아서 걸린다」)
  닿은 *바람의 고개는 자기가 일어서는 줄/모르고 자기가 가 닿은 언덕을/모르고 거룩한 산에 가 닿기/전에는 즐거움을 모르고 조금/안 즐거움이 꽃으로 되어도/그저 조금 꺼졌다 깨어나고(「꽃잎1」)

대각선(對角線) 다각형에서 서로 이웃하지 않는 두 꼭짓점을 잇는 선분 또는 다면체에서 같은 면 위에 있지 않는 꼭짓점을 잇는 선분. *나의 방안에 설움이 충만되어 있는 것을 발견하였다/오고가는 것이 직선으로 혹은 대각선으로 맞닥뜨리는 것 같은 속에서/나의 설움은 유유히 자기의 시간을 찾아갔다(「방안에서 익어가는 설움」)

대견하다 ①마음에 퍽 흡족하다. ②무던히 소중하다. *나에게 30원이 여유가 생겼다는 것이 대견하다/나도 돈을 만질 수 있다는 것이 대견하다(「돈」)

대결하다(對決─) 양자(兩者)가 맞서서 우열이나 승패를 가림.
  대결하고 *그와 내가 대결하고 있는 깨진 유리창문 밖에서는/新舊의 두 놈이 마적의 동생처럼/떨고 있다(「제임스 띵」)

대구(大邱) 영남 지방의 중앙부에 있는 광역시. 섬유 공업을 비롯한 각종 공업이 활발하며, 특히 사과 산지로 유명하다. 동화사, 달성 공원, 수성 유원지, 팔공산(八公山) 따위의 명

대륙(大陸)

승지가 있다. *「대구에서/대구에서/쌀난리가/났지 않아/이만 하면 아직도/혁명은/살아 있는 셈이지」(「쌀난리」)

대꾸 '말대꾸'의 준말. *「그러니까 초년생 도적이지」하고 쑥스러운 대꾸를 하면서/기진맥진한 머리를 쉬일 곳을 찾아서 친구의 뒤를 따라서 걸어나왔다.(「미숙한 도적」) *이 문이 열리거든 아무 소리도 하지 말아봐라/태연히 조그맣게 인사 대꾸만 해두어봐라(「잔인의 초」)

대낮 환히 밝은 낮. *거만과 오만을 잊어버리고/밝은 대낮에라도 겸손하게 지내는 妙理를 배우자(「거리2」) *새벽에 준 조로의 물이/대낮이 지나도록 마르지 않고/젖어 있듯이(「파밭 가에서」)

대다 ①(무엇을 어디에) 닿게 하다. ②(자동차 · 배 따위를) 세우다. ③(도구를 사용하여) 어떠한 일을 하다. ④서로 연결이 되게 하다. ⑤어떠한 것을 목표로 삼아서 겨누거나 향하다.

대고 *내가 옛날 아메리카에서 돌아오던 길/뱃전에 머리 대고 울던 것은 여인을 위해서가 아니다(「아메리카 타임 誌」) *너무나 알기 쉬운 말로 아무도 듣지 못하게 당신의 뺨에다 대고 비로소 시작하는 귓속이야기지요(「조국에 돌아오신 傷病捕虜 동지들에게」) *너는 언제부터 세상과 배를 대고 서기 시작했느냐[…]두려운 세상과 같이 배를 대고 있는/너의 대담성—[…]유리창이여/너는 언제부터 세상과 배를 대고 서기 시작했느냐(「너는 언제부터 세상과 배를 대고 서기 시작했느냐」) *아슬아슬하게/세상에 배를 대고 날아가는 정신이여(「바뀌어진 지평선」) *젊은 시인이여 기침을 하자/눈 위에 대고 기침을 하자(「눈」(1956)) *오늘/이 헐벗은 거리에 가슴을 대고/뒤집어진 부정이 정의가 되지 않더라도(「예지」)

대는 *구름 끝에 혀를 대는 잎사귀처럼/몸을 떨며/귀기울이려 할 때(「말복」)

대어서는 *이 책에는/神밖에는 아무도 손을 대어서는 아니 된다(「서책」)

대담성(大膽性) 일을 대하는 데 담력이 크고 용감한 성질. *두려운 세상과 같이 배를 대고 있는/너의 대담성—(「너는 언제부터 세상과 배를 대고 서기 시작했느냐」) *모오든 언어가 시에로 통할 때/나는 바로 일순간 전의 대담성을 잊어버리고(「여름 뜰」)

대답하다(對答—) ①부르는 말에 응하여 어떤 말을 하다. ②상대가 묻거나 요구하는 것에 대하여 해답이나 제 뜻을 말하다. ③어떤 문제나 현상을 해명하거나 해결하는 방안을 제시하다.

대답하였습니다 *나는 대답하였습니다/내가 포로수용소에서 나온 것은/포로로서 나온 것이 아니라/민간 억류인으로서 나라에 충성을 다하기 위하여 나온 것이라고(「조국에 돌아오신 傷病捕虜 동지들에게」)

대답할 *나는 나에게 대답할 것이 없어져도/쓸쓸하지 않았다(「愛情遲鈍」)

대대로(代代—) 여러 대를 이어서 계속하여. *나의 애인 없는 더러운 고독을/나의 대대로 물려받은 음탕한 전통을(「꽃잎3」)

대들다 반항하느라고 맞서서 달려들다.

대드는 *이 3만 원을 달러 이자라도 내서 갚아 달라고 대드는 바람에(「판문점의 감상」)

대들지만 *아이놈은 라디오를 보더니/왜 새 수련장은 안 사왔느냐고 대들지만(「금성라디오」)

대뜸 이것저것 생각할 것 없이 그 자리에서 곧. *그는 대뜸/〈오빠는 어머니보다도 더 완고하다〉고 하면서/나를 도리어 꾸짖는 척한다(「백의」)

대로 ① '그 모양과 같이'의 뜻을 나타내는 말. ② '어떤 상태나 행동이 나타날 때마다'의 뜻을 나타내는 말. ③ '그 즉시'의 뜻을 나타내는 말. *여미지 못하는 생각 위에/여밀 수 없는 부탁이여/차라리 죽순같이 자라는 대로 맡겨 두련다(「付託」) *자연이 하라는 대로 나는 할 뿐이다/그리고 자연이 느끼라는 대로 느끼고/나는 실망하지 않을 것이다(「사치」) *아무리 바빠도 지장이 없느니라 술 취했다고 일이 늦으랴/취하면 취한 대로 다 하느니라(「술과 어린 고양이」)

대륙(大陸) 넓은 면적을 가지고 해양의 영향이 내륙부에까지 직접적으로 미치지 않는 육지. 일반적으로 유라시아, 아프리카, 북아메리카, 남아메리카, 오스트레일리아, 남극의 여섯 대륙을 이른다. *해는 청교도가 대륙 동부에 상륙한 날보다 밝다/우리의 재[灰], 우리의 서걱거리는 말이여(「미역국」) *그 섬조각 반도조각 대륙조각이(「풀의 영상」)

대만(臺灣) ①중국 남동쪽에 있는 큰 섬. 쌀, 사탕수수, 바나나, 우롱차 따위가 난다. ②아시아 동부, 중국 남동쪽 해안 밖에 있는 공화국. 1911년 신해혁명에 의하여 청나라가 무너지고 중국에 세워졌으나, 중국 공산당과의 내전에서 패하여 1949년에 본토를 떠나 이곳으로 옮겨 왔다. 지금의 영토는 대만 섬과 부근의 여러 섬으로 이루어져 있다. 아열대 기후에 속하며 서부에 넓은 평야가 있다. 수도는 타이베이(臺北). *그렇게 되면 미・소보다는/일본, 瑞西, 인도가 더 뻐젓하고/그보다도 한국, 월남, 대만은 No.1 country in the world/그런 나라에서 집권당이라면/얼마나 의젓한가(「만시지탄은 있지만」)

대명사(代名詞) 사람이나 사물의 이름을 대신 나타내는 말 또는 그런 말들을 지칭하는 품사. 인칭 대명사와 지시 대명사로 나뉨. *또 너는 살 것인데/투명한 대명사 같은 너의 몸을/지금 나는 은폐물같이 생각하고(「너는 언제부터 세상과 배를 대고 서기 시작했느냐」)

대목 글의 한 도막이나 단락. *이것이 어제 오후에 써놓은 기사 대목으로/내일 조간분 사회면의 표독한 타이틀이 될 것이라고 해서 (「기자의 정열」)

대문(大門) 큰 문. *낡은 대문 사이에 매일같이 흐르는 강물이 오늘에야 비로소 꽉 차 있다 (「말」(1958)) *흡반 같은 나의 대문의 명패보다도/정체 없는 놈(「적」)

대변인(代辯人) 어떤 사람이나 단체를 대신하여 의견이나 태도를 발표하는 일을 맡은 사람. *나는 그들이 어떻게 용감하게 싸웠느냐 것에 대한 대변인이 아니다(「조국에 돌아오신 傷病捕虜 동지들에게」)

대사(大師) ①'불보살'을 높여 이르는 말. ②'중'을 높여 이르는 말. ③고려 시대의 법계 가운데 하나. 중대사의 아래, 대덕의 위이다. ④조선 시대에, 교종의 법계 가운데 하나. 도대사의 아래, 대덕의 위이다. *聖俗이 같다는 원효대사가/텔레비에 텔레비에 들어오고 말았다/배우 이름은 모르지만 대사는/대사보다도 배우에 가까웠다[…]원효대사가 나오는 날이면/익살맞은 어린 놈은 활극이 되나 하고 […]죄를 짓고 얼굴을 붉히고—/성속이 같다는 원효대사가/텔레비에 나온 것을 뉘우치지 않고/春園 대신의 원작자가 된다//우주시대의 마이크로웨이브에 탄/원효대사의 민활성 바늘 끝에/묻은 죄와 먼지 그리고 모방/술에 취해서 쓰는 시여[…]저리 번쩍〈제니〉와 大師가/왔다갔다 앞뒤로 좌우로/왔다갔다 웃고 울고 왔다갔다/파우스트처럼 모든 상징이//상징이 된다 성속이 같다는 원효/대사가 이런 기계의 영광을 누릴/줄이야〈제니〉의 덕택을 입을/줄이야〈제니〉를〈제니〉를 사랑할 줄이야 (「원효대사」)

대서양(大西洋) 유럽・아프리카 대륙과 남・북아메리카 대륙을 분리하는 대양. 오대양의 하나로 세계에서 두 번째로 크며, 지구 표면적의 약 6분의 1을 차지한다. *그렇지만 린드버그가 헬리콥터를 타고서/대서양을 횡단하지 않았기 때문에/우리는 지금 동양의 諷刺를 그의 機體 안에서 느끼고야 만다(「헬리콥터」)

대숲 대나무로 이루어진 숲. *미지근한 물이 고인 조그마한 논과/대숲 속의 초가집과/나무로 만든 장기와/게으르게 움직이는 물소와 […]논도 얼어붙고/대숲 사이로 침입하는 무자비한 푸른 하늘(「시」(1961))

대시간(大時間) 큰 시간으로 추정됨. *밤보다도 더 어두운 낮의 마음/시간을 잊은 마음의 승리/환상이 환상을 이기는 시간/—大時間은 결국 쉬는 시간(「장시2」)

대신(代身) (명사)①남을 대리함. ②(어떤 것을) 딴 것으로 바꿈. (부사)남을 대리하거나 어떤 것을 대용하여. *조용한 시절은 돌아오지 않았다/그 대신 사랑이 생기었다[…]조용한 시절 대신/나의 백골이 생기었다(「愛情遲鈍」) *내가 너의 머리 위에/너를 대신하여/벼락과 천둥을 때리는 날까지(「付託」) *비 대신 황사가 퍼붓는 하늘 아래/누가 지어논 무덤이냐 (「PLASTER」) *오늘은 오늘을 담당하지 못하니/너의 가슴 위에서는/나 대신 값없는 낙엽이라도 울어줄 것이다(「나비의 무덤」) *구태여 옛날을 돌아보지 않아도/설움과 아름다움을 대신하여 있는 나의 긍지/오늘은 필경 긍지의 날인가 보다(「긍지의 날」) *멀리서 산이 보이고/개울 대신 실가락처럼 먼지 나는/군용로가 보이는/고요한 마당 위에서(「휴식」) *여기는 좁은 서울에서도 가장 번거로운 거리의 한 모퉁이/우울 대신에 수많은 기폭을 흔드는 쾌활(「거리2」) *현대의 자살/그러나 오늘은 비가 너 대신 움직이고 있다(「비」) *혁명은 안 되고 나는 방만 바꾸었지만/나의 입속에는 달콤한 의지의 잔재 대신에/다시 쓰디쓴 담뱃진 냄새만 되살아났지만(「그 방을 생각하며」) *수챗가에 얼어빠진/수세미모양/그 대신 머리는/온통 비어/움직이지 않는다지(「쌀난리」) *마당에 서리가 내린 것은 나에게 상상을 그치라는 신호다/그 대신 새벽의 꿈은 구체적이고 선명하다(「우리들의 웃음」) *아내는 집들이를 한다고/저녁 대신 뻘건 팥죽을 쑬 것이다 (「이사」) *왜 나는 조그마한 일에만 분개하는가/저 왕궁 대신에 왕궁의 음탕 대신에/50원짜리 갈비가 기름덩어리만 나왔다고 분개하고(「어느 날 고궁을 나오면서」) *라디오의 시종을 고하는 소리 대신에 西道歌와/목사의 열띤 설교 소리와 심포니가 나오지만(「풀의 영상」) *성속이 같다는 원효대사가/텔레비에 나온 것을 뉘우치지 않고/春園 대신의 원작자가 된다[…]원효 대신 원효 대신 마이크로가/간다 「제니의 꿈」의 허깨비가/간다 연기가 가고 연기가 나타나고/마술의 원효가 이리 번쩍 (「원효대사」)

대안(對岸) 강, 호수, 바다 따위의 건너편에 있는 언덕이나 기슭. *자꾸 수그러져 가는 눈을 들어 강과 對岸의 찬란한 불빛을 본다 (「말」(1958))

대열(隊列) ①줄을 지어 늘어선 행렬. ②어떤 활동을 목적으로 모인 무리. *모두 다 같이 나가는 지평선의 대열/뮤즈는 조금쯤 걸음을 멈추고/서정시인은 조금만 더 속보로 가라/그러면 대열은 일자가 된다(「바뀌어진 지평선」)

대자연(大自然) 넓고 큰, 위대한 자연. *물이 흘러가는 달이 솟아나는/평범한 대자연의 법칙을 본받아/어리석을 만치 소박하게 성취한/우리들의 혁명을(「기도」)

대전(大戰) ①여러 나라가 참가하여 넓은 지역에 걸쳐 큰 전쟁을 벌임 또는 그런 전쟁. ②세계 대전. *제2차 대전 이후의/긴 긴 역사를 갖춘 것 같은/이 엄연한 책이(「가까이 할 수 없는 서적」)

대접(待接) ①위가 넓적하고 운두가 낮으며 뚜껑이 없는 그릇. 국이나 물 따위를 담는 데 쓴다. ②(수량을 나타내는 말 뒤에 쓰이어) 국이나 물 따위를 '①'에 담아 그 분량을 세는 단위. *청한 지 반 시간만에 떠다 주는 냉수를 한 대접 마시고(「미숙한 도적」)

대중(大衆) ①수많은 사람의 무리. ②대량 생산·대량 소비를 특징으로 하는 현대 사회를 구성하는 대다수의 사람. 엘리트와 상대되는 개념으로, 수동적·감정적·비합리적인 특성을 가진다. *덤핑 출판사의 일을 하는 무의식 대중을 웃지 마라(「이 한국문학사」)

대중잡지(大衆雜誌) 일반 대중을 상대로 한 흥미 위주의 잡지. *클라크 게이블/그리고 너절한 대중잡지/타락한 오늘을 위하여서는/내가 〈오늘〉보다 더 깊이 떨어져야 할 것이다 (「바뀌어진 지평선」) *거리에 흩어진 월간 대중잡지 위에 매월 그의 사진이 게재되어 왔을 뿐만 아니라/어느 삼류 신문의 사회면에는 간혹 그의 구제금 응모기사 같은 것이 나오고 있다(「백의」)

대지(大地) 대자연의 넓고 큰 땅. *어둠 속에 본 것은 청춘이었는지 대지의 진동이었는지/나는 자꾸 땅만 만지고 싶었는데(「구슬픈 육체」) *사람이란 사람이 모두 고민하고 있는/어두운 대지를 차고 이륙하는 것이/이다지도 힘이 들지 않는다는 것을 처음 깨달은 것은/우매한 나라의 어린 시인들이었다(「헬리콥터」)

대책(對策) 어떤 일에 대처할 계획이나 수단. *이것이 안 되면 어떻게 하나 그 생각을/그 마지막 대책을 나는 일부러 생각하지/않고 있다(「판문점의 감상」)

대퇴골(大腿骨) 넓적다리의 뼈. *그는 사지의 관절에 힘이 빠져서/특히 무릎하고 대퇴골에 힘이 빠져서(「적2」)

대포(大砲) 화약의 힘으로 포탄을 멀리 내쏘는 무기. *울린다 이따금씩 강 건너의 대포 소리가//날 때도 울리지만 싱겁게 걸어갈 때/울리고 돌아서 걸어갈 때 울리고(「의자가 많아서 걸린다」)

대필(代筆) 남을 대신하여 글씨나 글을 씀 또는 그 글씨나 글. ＊나는 이 사람이 만주 술집에서 고생할 때에/연애편지를 대필해 준 일이 있을 뿐이지(「滿洲의 여자」)

대하다(對—) ①마주하다. ②상대하다. ③대항하다. ④대상으로 하다.
　대하여 ＊자연은 나의 몇 사람의 독특한 벗들과 함께/토끼의 탄생의 방식에 대하여/하나의 異德을 주고 갔다(「토끼」) ＊나는 그들의 용감성과 또 그들의 어마어마한 戰果에 대하여 말하는 것이 아니래[…]그리하여 나는 자유를 위하여 출발하고 포로수용소에서 끝을 맺은 나의 생명과 진실에 대하여/아무 뉘우침도 남기려 하지 않습니다(「조국에 돌아오신 傷病捕虜 동지들에게」) ＊이러한 그의 무리한 요청에 대하여 나는 하는 수 없이(「백의」) ＊나는 결코 그의 種子에 대하여/말하고 있는 것은 아니다(「꽃2」) ＊작품 제목임.(「중용에 대하여」)
　대하여는 ＊그리고 이러한 변명이 지루하다고 꾸짖는 독자에 대하여는/한마디 드려야 할 정당한 이유의 말이 있다(「조국에 돌아오신 傷病捕虜 동지들에게」)
　대하여만은 ＊어두운 도서관 깊은 방에서 육중한 백과사전을 농락하는 학자처럼/나는 그네들의 고민에 대하여만은 투철한 자신이 있다(「거리2」)
　대하여서는 ＊뮤즈여/妬忌와 경쟁과 살인과 간음과 사기에 대하여서는/너에게 이야기하지 않으리라(「바뀌어진 지평선」)
　대하였으리 ＊저기 나의 맞은편 의자에 앉아 먹고 떠들고 웃고 있는 여자와 젊은 학생을 내가 시골을 여행하기 전에 그들을 보았더라면 대하였으리 감정과는 다른 각도와 높이에서 보게 되는 나는 내 자신의 감정이 보다 더 거만하여지고 순화되어진 탓이라고는 생각하지 않는다(「시골 선물」)
　대한 ＊나는 그들이 어떻게 용감하게 싸웠느냐 것에 대한 대변인이 아니다(「조국에 돌아오신 傷病捕虜 동지들에게」) ＊〈희랍인을 모친으로 가진 미국인에게 대한 호소문〉과 〈精神上으로 본/희랍의 독립선언서〉를 써서(「백의」) ＊나는 아이들을 가르치면서/우리나라가 종교국이라는 것에 대한 자신을 갖는다[…]우리나라가 종교국이라는 것에 대한 자신을 갖는다(「우리들의 웃음」) ＊그러나 문제는 이러한 반항에 있지 않다/저 젊은이들의 나에 대한 사랑에 있다/아니 신용이라고 해도 된다(「현대식 교량」) ＊38선에 대한/또 한 해의 터무니없는 感傷이었다 보다(「판문점의 감상」) ＊선망이란 어지간히 따라갈 가망성이 있는/상대자에 대한 시기심이 아니냐, 그러니까 너는/선망도 아냐(「VOGUE야」) ＊조크와 미인과 페티 김과 애교와 豪談과/남자의 포부의 미련에 대한/편지는 못 쓰겠소 매부 돌아오는 길에/차창에서 내다본 중앙선의 복선공사에 동원된/갈대보다도 더 약한 소년들과 부녀자들의/노동의 慘景에 대한 편지도 못 쓰겠소 매부(「美濃印札紙」)
　대한다 ＊제일 피곤할 때 적에 대한다/바위의 아량이다[…]제일 피곤할 때 적에 대한다/날이 흐릴 때면 너와 대한다/가장 가까운 적에 대한다/가장 사랑하는 적에 대한다/우연한 싸움에 이겨보려고(「적2」)
　대해서 ＊수입에 대해서 생각하는 것은 너나 나나 매일반이다(「만용에게」) ＊나는/조금도 미안하지 않소 매부의 태산 같은/친절과 친절의 압력에 대해서 미안하지 않소//당신이 사준 북어와 오징어와 2등차표와/경포대의 선물과 도리스 위스키와 라스베리 잼에 대해서/미안하지 않소 당신의 모든 행복과 우리들의 바닷가의/행복의 모든 추억에 대해서 미안하지 않소/살아 있던 시간에 대해서 미안하지 않소(「美濃印札紙」)

대학(大學) 교육 기관의 하나. 학술 연구 및 지도적 인격 도야를 목적으로 하는 최고 교육 기관. ＊내가 피우고 있는 파이프/이건 2년이나 대학에서 떨어진 아우놈 거야(「伏中」) ＊권말에 붙어나오는 역자 약력에는/한사코 ×× 대학 중퇴가 ×× 대학 졸업으로 誤植이 돼 나오니(「파자마 바람으로」) ＊그는 일본 대학에 다니면서 4년 동안을 제철회사에서/노동을 한 强者다(「거대한 뿌리」)

대한민국(大韓民國) 우리 나라의 이름. 아시아 대륙 동쪽에 자리잡은 입헌 민주 공화국임. ＊이미 대한민국의 하늘을 가슴으로 등으로 쓸고 나가는/저 조그만 비행기같이 연기도 여운도 없이 살아진 몇몇 포로들의 영령이[…] 꽃같은 정성을 지니고/대한민국의 꽃을 이마 위에 동여매고 싸우고 싸우고 싸워왔다[…]그랬더니 그 친구가 빨리 38선을 향하여 가서/이북에 억류되고 있는 대한민국과 UN군의 포로들을 구하여내기 위하여/새로운 싸움을 하라고 합니다[…]아마 나의 영혼은 부지런히 일어나서 고생하고 돌아오는/대한민국 상병포로와 UN 상병포로들에게 한마디 말을 하였을 것이다[…]「그러나 천당이 있다면 모두 다 거기서 만나고 있을 것입니다/억울하게 넘어진 반공포로들이/다 같은 대한민국의 이북 반공포로와 거제도 반공포로들이/무궁화의 노래를 부를 것입니다」(「조국에 돌아오신 傷病捕虜 동지들에게」) *대한민국의 방방곡곡에 안 붙은 곳이 없는/그놈의 점잖은 얼굴의 사진을 (「우선 그놈의 사진을 떼어서 밑씻개로 하자」) *대한민국에서는 공산당만이 아니면/사람 따위는 기천 명쯤 죽여보아도 까딱도 없거든 (「만시지탄은 있지만」) *나는 대한민국에서는/제일이지만//이북에 가면야/꼬래 비지요 (「허튼소리」) *버드 비숍 여사를 안 뒤부터는 썩어빠진 대한민국이/괴롭지 않다 오히려 황송하다 역사는 아무리/더러운 역사라도 좋다 […]은밀도 심오도 학구도 체면도 인습도 치안국/으로 가라 동양척식회사, 일본영사관, 대한민국 관리,/아이스크림은 미국놈 좆대강이나 빨아라(「거대한 뿌리」) *대한민국의 전재산인 나의 온 정신을/너는 비웃는다(「꽃잎3」)

대항하다(對抗─) 굽히거나 지지 않으려고 맞서서 버티거나 항거하다.
　대항하는 *문명에 대항하는 비결은/당신 자신이 문명이 되는 것이다/미스터 리!?(「미스터 리에게」)
　대항한다고 *멀고도 가까운 그 어마어마한 낭비/그 낭비에 대항한다고 소모한/그 몇 갑절의 공허한 투자(「꽃잎3」)
　대항할 *하늘에서 내려오는 연령의 여유/시도 그런 여유에는 대항할 수 없고(「반주곡」)

댓가지 대나무의 가지. *골치를 앓는 여편네의 댓가지 백 속에/조약돌이 들어 있는/공간의 우연에 놀란다(「누이의 방」)

더 ①계속하여 또는 그 위에 보태어. ②어떤 기준보다 정도가 심하게 또는 그 이상으로. *이보다 더 추운 날처럼 나는 여기서 겨울을 맞이하다가(「웃음」) *제트기 벽화 밑의 나보다 더 뚱뚱한 주인 앞에서[…]강한 것보다는 약한 것이 더 많은 나의 착한 마음이기에(「달나라의 장난」) *너보다는 내가 더 잘 알고 있는 것이다[…]나의 의지보다 더 빠른 너의 노래(「풍뎅이」) *포로수용소보다 더 어두운 곳이라 할지라도[…]여기 장 발장이 숨기고 있던 格印보다 더 크고 검은/호소가 있지요[…]자유가 항상 싸늘한 것이라면 나는 당신과 더 이야기하지 않겠어요[…]포로의 반공전선을 위하여는/이것보다 더 장황한 전제가 필요하였습니다[…]악귀의 눈동자보다도 더 어둡고 무서운 밤에(「조국에 돌아오신 傷病捕虜 동지들에게」) *나는 내 자신의 감정이 보다 더 거만하여지고 순화되어진 탓이라고는 생각하지 않는다(「시골 선물」) *나와 나의 겨울을 한층 더 무거운 것으로 만들기 위하여/나의 눈이랑 한층 더 맑게 하여다오(「도취의 피안」) *더러운 것 중에도 가장 더러운(「더러운 향로」) *그러할 때면은 나의 몸은 항상/한치를 더 자라는 꽃이 아니더냐(「긍지의 날」) *영사판을 받치고 있는 주야를 가리지 않는 어둠이/표면에 비치는 현실보다 한치쯤은 더/소중하고 신성하기도 한 것인지 모르지만(「영사판」) *이러한 젊은 시절보다도 더 젊은 것이/헬리콥터의 영원한 生理이다[…]더 넓은 전망이 필요 없는 이 무제한의 시간 위에서(「헬리콥터」) *그래서 나는 구태여 너에게로 더 한걸음 바싹 다가서서(「너는 언제부터 세상과 배를 대고 서기 시작했느냐」) *나의 긍지는 애드벌룬보다는 좀 더 무거울 것이며(「거리2」) *설움과 과거는/오천만분지 일의 俯瞰圖보다도 더/조밀하고 망막하고 까마득하게 사라졌다(「네이팜 탄」) *내가 〈오늘〉보다 더 깊이 떨어져야 할 것이다[…]서정시인은 조금만 더 속보로 가라(「바뀌어진 지평선」) *남이 일하는 모양이 내가 일하고 있는 것보다 더 밝고 깨끗하고 아름답게 보이면 어떻게 하리(「사무실」) *여름 뜰이여/크레인의 강철보다 더 강한 익어가는 황금빛을 꺾기 위하여(「여름 뜰」) *雷神보다 더 사나웁게 사람들을 울리고/뮤즈보다도 더 부드러웁게 사람들의 상처를 쓰다듬어준다[…]그는 대뜸/〈오빠는 어머니보다도 더 완고하다〉고 하면서(「백의」) ＊병풍은 허위의 높이보다도 더 높은 곳에/飛爆을 놓고 幽島를 점지한다(「병풍」) ＊죽음보다도 엄숙하게/귀고리보다도 더 가까운 곳에/종소리보다도 더 영롱하게(「영롱한 목표」) ＊기운을 주라 더 기운을 주라/강바람은 소리도 고웁다/기운을 주라 더 기운을 주라/달리아가 움직이지 않게/기운을 주라 더 기운을 주라/무성하는 채소밭 가에서/기운을 주라 더 기운을 주라/돌아오는 채소밭 가에서/기운을 주라 더 기운을 주라/바람이 너를 마시기 전에(「채소밭 가에서」) ＊시인이 황홀하는 시간보다도 더 맥없는 시간이 어디 있느냐(「광야」) ＊무수한 공허 밑에 살찌는 공허보다/더 무서운 악몽이 있나요[…]그것보다도 흔적이 더 없는 내어버린 자아도(「靈交日」) ＊그러나 심연보다도 더 무서운 자기 상실 꽃을 피우는 것은 신이고[…]국화꽃은 밤이면 더 한층 아름답게 이슬에 젖는데(「꽃」) ＊황폐한 강변을/영혼보다도 더 새로운 해빙의 파편이/저 멀리/흐른다(「초봄의 뜰 안에」) ＊검은 포탄의 꾸부러진 哭聲이/정신의 주변보다 더 간지러웁고(「조그마한 세상의 지혜」) ＊버드나무 발아래의 나팔꽃도 그렇다/앙상한 연분홍,/오므라질 때는 무궁화는 그보다 조금쯤 더 길고/진한 빛,(「말복」) ＊내가 비는 것은/이 무한한 웃음의 가슴속에/그 얼음이 더 얼라는/내일의 呪符이었다(「凍夜」) ＊그러나 정글보다도 더 험하고/소용돌이보다도 더 어지럽고 해저보다도 더 깊게/아직까지도 부패와 부정과 살인자와 강도가 남아 있는 사회/이 심연이나 사막이나 산악보다도/더 어려운 사회를 넘어서(「기도」) ＊그보다도 창자가 더 메마른 저들은/더 이상 속이지 말아라/혁명의 육법전서는 〈혁명〉밖에는 없으니까(「육법전서와 혁명」) ＊불안이란 놈 지게작대기보다도/더 간단하거든[…]그렇게 되면 미·소보다는/일본, 瑞西, 인도가 더 뻐젓하고[…]비수를 써/거짓말이 아냐/비수란 놈 창조보다도 더 산뜻하거든/晩時之歎은 있지만(「만시지탄은 있지만」) ＊오히려 더/착실하게/온몸으로 살지(「쌀난리」) ＊잠 못 자는 것이/더 어렵다고 해서[…]밥보다도/더 소중한/잠이 안 오네(「〈4·19〉시」) ＊나는 점점 어린애/너를 더 사랑하고/오히려 너를 더 사랑하고(「여편네의 방에 와서」) ＊아아 그리고 저 도봉산보다도/더 큰 증오도/굴욕도(「檄文」) ＊두 줄기로 뻗어올라가던 놈이/한 줄기가 더 생긴 것이 며칠 전이었나/등나무[…]두 줄기로 뻗어올라가던 놈이/한 줄기가 더 생긴 것이 며칠 전이었내[…]한 줄기가 더 생긴 것이 며칠 전이었나(「등나무」) ＊더 사오라는 건 벽지이겠다(「마케팅」) ＊한 잔 더 주게 한잔 더 주게[…]한 잔 더 주게 한잔 더 주게[…]상제보다 복재기가 더 섧다네[…]한 잔 더 주게 한잔 더 주게[…]한 잔 더 주게 한잔 더 주게(「滿洲의 여자」) ＊밤보다도 더 어두운 낮의 마음(「장시2」) ＊지금 나는 자고 깨고 하면서 더 지루한/中共의 욕을 쓰고 있는데(「轉向記」) ＊전란도 서러웠지만/포로수용소 안은 더 서러웠고/그 안의 여자들은 더 서러웠다(「여자」) ＊음악을 들으면 차밭의 앞뒤 시간이/가시처럼 생각된다 그리고 그 가시가/점점 더 똑똑해진다(「반달」) ＊나에게 놋주발보다도 더 쨍쨍 울리는 추억이/있는 한 인간은 영원하고 사랑도 그렇다(「거대한 뿌리」) ＊웃는 얼굴을 더 웃게 하고/죽은 사람을 되살아나게 한다(「거위 소리」) ＊식구가 나보다도 일곱 식구나 더 많다는데[…]그래도 추탕을 먹으면서 나보다도 더 땀을 흘리더라만(「강가에서」) ＊나무뿌리가 좀더 깊이 겨울을 향해 가라앉았다.(「말」(1964)) ＊너는 이제 우리 키보다도 더 커졌다[…]너는 이제 우리의 고통보다도 더 커졌다(「'65년의 새해」) ＊풀 속에서는 노란 꽃이 지고 바람소리가 그릇 깨지는/소리보다 더 서걱거린다(「미역국」) ＊될 수만 있으면 독자들에게 이 깨알만한 글씨보다 더/작게 써야 할 이 고초의 시기의/보다 더 작은 나의 즐거움을 피력하고 싶다(「이 한국문학사」) ＊그러니까 그가 나보다도 아직까지는 더 순수한 폭도 되고(「H」) ＊10만 원 중에서 5만 원만 줄까 3만 원만 줄까/하고 망설였지 당신보다도 내가 더 망설였지(「이혼 취소」) ＊그것/이 책보다 더 중요하다는 걸 모르지.(「엔카운터 誌」) ＊나의 소란을 하나 더 보탠 것에 만족을/느낀 것은 절망에 지각하고 난 뒤이다.(「전화 이야기」)
＊훔친 거나 다름없다 아니 그보다도 더 나쁘다[…]내가 고치라고 조르니까 더 안 고치는지도 모른다(「도적」) ＊신념보다도 더 큰/내가 묻혀 사는 사랑의 위대한 도시에 비하면/너는 개미이냐(「사랑의 변주곡」) ＊일본 말보다도 더 빨리 영어를 읽을 수 있게 된,/몇 차례의 언어의 이민을 한 내가(「거짓말의 여운 속에서」) ＊초록빛과 초록빛의 너무 빠른 변화에/놀라 오늘도 찾아오지 않는 벌과 나비/소식을 더 완성하기까지(「꽃잎3」) ＊하늘에도 천둥이, 우리의 귀가/들을 수 없는 더 큰 천둥이 있는 줄/알았다 그것이 먼저 있는 줄 알았다(「여름 밤」) ＊갈대보다도 더 약한 소년들과 부녀자들의(「美濃印札紙」) ＊뒹굴고 있는 폐허의 돌 조각들보다도/더 값없게 발길에 차이는 隣國의 음성[…]시시한 라디오 소리라 더 시시한 것이/여기서는 판을 치니까 그렇게 됐는지 모른다/더 시시한 우리네 방송으로 만족하는 것이다(「라디오 계」) ＊지금같이 HIFI가 나오지 않았을 때/비참한 일들이 라디오 소리보다도 더 발광을 쳤을 때(「라디오 계」) ＊완연히 한참 더 오래 끌다가 쏟았다/한번 더 고비를 넘을 수도 있었는데 그만큼/지독하게 속이면 내가 곧 속고 만다(「性」) ＊날이 흐려서 더 울다가[…]풀이 눕는다/바람보다도 더 빨리 눕는다/바람보다도 더 빨리 울고(「풀」)

더구나 더군다나. ＊더구나/〈4·19〉시 같은 것/안 쓰려고 그러나(「〈4·19〉시」)

더덕더덕 좀 큰 것들이 보기 흉하게 잇달아 들러붙거나 몰려 있는 모양. ＊극악무도한 소름이 더덕더덕 끼치는/그놈의 사진일랑 소리없이/떼어 치우고—(「우선 그놈의 사진을 떼어서 밑씻개로 하자」)

더듬다 ①잘 보이지 않는 것을 손으로 이리저리 만져 보며 찾다. ②똑똑히 알지 못하는 것을 짐작하여 찾다. ③어렴풋한 생각이나 기억을 마음으로 짐작하여 헤아리다.
　더듬어 ＊나의 위대한 所在를 생각하고 더듬어보고 짚어보지 않았으면(「나의 가족」) ＊자기의 나체를 더듬어보고 살펴볼 수 없는 시인처럼 비참한 사람이 또 어디 있을까(「구름의 파수병」)

더디다 어떤 움직임이나 일에 걸리는 시간이 오래다.
　더디지도 ＊온몸에서 피는/빠르지도 더디지도 않게 흐르는데(「아픈 몸이」)

더러 ①전체 가운데 얼마쯤. ②이따금 드물게. ＊연애편지를 대필해 준 일이 있을 뿐이지/허고 더러 싱거운 충고도 한 일이 있는(「滿洲의 여자」)

더럽다 ①때나 찌꺼기 따위가 있어 지저분하다. ②언행이 순수하지 못하거나 인색하다. ③못마땅하거나 불쾌하다. ④순조롭지 않거나 고약하다. ⑤어떤 정도가 심하거나 지나치다.
　더러운 ＊더러운 침구가 마음을 괴롭히지도 않는데(「미숙한 도적」) ＊고궁의 흰 지댓돌 위의/더러운 향로 앞으로 걸어가서/잃어버린 愛兒를 찾은 듯이[…]티끌도 아까운/더러운 것일수록 더한층 아까운/이 길로 마냥 가면 어디인지 아는가[…]더러운 것 중에도 가장 더러운/썩은 것을 찾으면서/비로소 마음 취하여 보는/이 더러운 길.(「더러운 향로」) ＊나의 천성은 깨어졌다/더러운 붓끝에서 흔들리는 오욕(「PLASTER」) ＊나비야 나비야 더러운 나비야(「나비의 무덤」) ＊더러운 자식 너는 백의와 간통하였다지? 너는 오늘부터 시인이 아니다……(「백의」) ＊지지한 노래를/더러운 노래를 생기 없는 노래를/아아 하나의 명령을(「서시」) ＊나의 여자들의 더러운 발은 생활의 숙제(「반주곡」) ＊더러운 일기는 찢어버려도/짜장 재주를 부릴 줄 아는 나이와 詩(「시」(1961)) ＊전통은 아무리 더러운 전통이라도 좋다[…]역사는 아무리/더러운 역사라도 좋다/진창은 아무리 더러운 진창이라도 좋다(「거대한 뿌리」) ＊나의 애인 없는 더러운 고독을/나의 대대로 물려받은 음탕한 전통을(「꽃잎3」)
　더러워져 ＊꽃과 더워져 가는 화원의/꽃과 더러워져 가는 화원의/초록빛과 초록빛의 너무 빠른 변화에(「꽃잎3」)

더럽히다 '더럽다'의 사동형.
　더럽히지 ＊다치지 않고 깎이지 않고 물리지 않고 더럽히지 않게(「기도」)

더불다 ①둘 이상의 사람이 함께하다. ②무엇과 같이하다. ③어떤 일이 동시에 일어나다.

더불어 *결합된 색깔은 모두가 엷은 것이지만/설움과 힘찬 미소와 더불어 관용과 자비로 통하는 곳에서(「九羅重花」) *나의 원천과 더불어/나의 최종점은 긍지(「긍지의 날」) *작품 제목임.(「파리와 더불어」)

더욱 정도나 수준 따위가 한층 심하거나 높게. *모자의 정보다 부부의 의리보다/더욱 뜨거운 너의 입김에(「나비의 무덤」) *저항시는 더욱 무용/막대한/방해로소이다(「눈」(1961)) *여름은 이래서 좋고 여름밤은/이래서 더욱 좋다//소음에 시달린 마당 한구석에/철 늦게 핀 여름 장미의 흰구름/소나기가 지나고 바람이 불듯/하더니 또 안 불고/소음은 더욱 번성해진다//사람이 사람을 아끼는 날/소음이 더욱 번성하다 남은 날/사람이 사람을 사랑하던 날/소음이 더욱 번성하기 전 날/우리는 언제나 소음의 2층(「여름 밤」)

더욱이 그러한 데다가 더. *그가 범죄자이었다는 것이 아니라/더욱이나 그가 外國地 양복이나/지아이 가리를 하고 있었다는 것도 아니라/그가 나갔을 때/洋盤 반주곡이 감상적이었다는 것이 아니라/더욱이나 푸른 창가에/황혼이 걸터앉아 있었다는 것이/더욱이나 아니라/나의 주위에 말짱 〈반동〉만 앉아 있어/객소리만 씨부리고 있었다는 것이/더욱이나 더욱이나 아니라(「황혼」)

더위 여름철의 더운 기운. *삼복의 더위에 질려서인가 했더니[…]나는 더위에 속은 조용함이 억울해서/미친 놈처럼 라디오를 튼다(「伏中」) *더위도 가시고 오늘은 하루종일 일도/안하고 있지만(「美濃印札紙」)

더한층 이전보다 상태나 정도가 더하게. *너의 노래보다 더한층 신축성이 있는/너의 사랑(「풍뎅이」) *부끄러움을 더한층 뜻있게 하기 위하여(「付託」) *티끌도 아까운/더러운 것일수록 더한층 아까운(「더러운 향로」)

덕택(德澤) 덕분. *원효/대사가 이런 기계의 영광을 누릴/줄이야 〈제니〉의 덕택을 입을/줄이야(「원효대사」)

던지다 ①공중을 향하여 물건을 힘껏 내어 보내어 멀리 다다르게 하다. ②자기 몸을 어떤 환경에 있게 하다. ③내버리다. ④아낌없이 내놓다. ⑤영향을 미치다.

던지고 *제62적색수용소로 돌을 던지고 돌을 받으며 뛰어들어갔는가(「조국에 돌아오신 傷病捕虜 동지들에게」) *아직도/소록도의 하얀 바다에/두고/버리고/던지고 온 취기가/가시지 않은 탓이라고 생각한다……(「旅愁」)

던지는 *네가 던지는 조그마한 그림자가 무서워(「도취의 피안」) *눈은 왜 이리 소경처럼 어두워만 지나/먼 데로 던지는 기적소리는/하늘끝을 때리고돌아오는 고무공(「장시2」)

던진다 *절벽에 올라가 돌을 차듯이/생활을 아는 자는/태양 아래에서/생활을 차 던진다/미스터 리!(「미스터 리에게」)

덜 어떤 기준이나 정도가 약하게 또는 그 이하로. *그도 이 관용을 알고 이 마지막 관용을 알고 있지만/吟味癖이 있는 나보다는 덜 알고 있겠지(「H」)

덜컥거리다 자꾸 덜컥덜컥하는 소리가 나다. 또는 그런 소리를 내다. 덜컥대다. *게으르게 움직이는 물소와/(아니 물소는 호남 지방에서는 못 보았는데)/덜컥거리는 수레와(「시」(1961))

덤 제 값어치 외에 거저로 조금 더 얹어 주는 일 또는 그런 물건. *이것이 사랑의 뒤치다꺼리 인가 보다/평안도 사랑의 덤인가 보다(「滿洲의 여자」)

덤핑(영, dumping) 채산을 무시한 싼 가격으로 상품을 파는 일. *그러나 덤핑 출판사의 20원짜리나 20원 이하의 고료를 받고 일하는[…]덤핑 출판사의 일을 하는 무의식 대중을 웃지 마라(「이 한국문학사」)

덥다 ①기온이 높거나 기타의 이유로 몸에 느끼는 기운이 뜨겁다. ②사물의 온도가 높다.

더운 *더운 날과 추운 날을 가리지 않고(「도취의 피안」) *3월도 되기 전에/그의 내부에서는 더운 물이 없어지고/어둠이 들어앉는다(「수난로」) *더운 날/敵이란 海綿 같다/나의 양심과 독기를 빨아먹는/문어발 같다/흡반 같은 나의 대문의 명패보다도/정체 없는 놈/더운 날/눈이 꺼지듯 적이 꺼진다[…]더운 날/적을 運算하고 있으면/아무 데에도 적은 없고[…]어제의 적은 없고/더운 날처럼 어제의 적은 없고(「적」)

더워도 *아무리 더워도 베와이셔츠의 에리

를/안쪽으로 접어넣지 않는 이유(「모르지?」)

더워져 *순자야 너는 꽃과 더워져 가는 화원의/초록빛과 초록빛의 너무나 빠른 변화에[…]꽃과 더워져 가는 화원의/꽃과 더러워져 가는 화원의(「꽃잎3」)

더워진 *더운 날처럼 어제의 적은 없고/더워진 날처럼 어제의 적은 없고(「적」)

덧없다 ①알지 못하는 가운데 지나가는 시간이 매우 빠르다. ②보람이나 쓸모가 없어 헛되고 허전하다. ③갈피를 잡을 수 없거나 근거가 없다.

덧없는 *내가 그 향로와 같이 있을 때/살아있는 향로/소생하는 나/덧없는 나(「더러운 향로」)

덧없이 *남의 일하는 곳에 와서 덧없이 앉았으면 비로소 설워진다(「사무실」)

덩덩 북이나 장구, 소고 따위를 치는 소리. *오늘은 기름진 피아노가/덩덩 덩덩덩 울리면서/나의 고갈한 비참을 달랜다(「피아노」)

덩쿨장미(—薔薇) 덩굴장미. 장미과의 낙엽관목. 흔히 울타리 삼아 심는 덩굴성 식물로, 줄기는 5m 가량 뻗음. 줄기에는 가시가 드문드문 있고 깃 모양의 겹잎이 어긋나게 남. *이제 가시밭, 덩쿨장미의 기나긴 가시가지/까지도 사랑이다(「사랑의 변주곡」)

덮다 ①(뚜껑을) 씌우다. ②가리어 감추다. ③위에 얹어 씌우다. ④(펼쳐진 책 따위를) 닫다. ⑤(일정한 범위나 공간·지역을) 휩싸다.

덮는다 *거짓말의 부피가 하늘을 덮는다 나는 눈을/가리고 변소에 갔다 온다(「거짓말의 여운 속에서」)

덮어 *덮어놓은 책은 기도와 같은 것(「서책」)

덮이다 덮음을 당하다.

덮이려 *나비의 지분에/나의 나이가 덮이려 할 때(「나비의 무덤」)

데 ①'곳'이나 '장소'의 뜻을 나타내는 말. ②'일'이나 '것'의 뜻을 나타내는 말. ③'경우'의 뜻을 나타내는 말. *성급해지면 아무 데나 재를 떠는/이 우주의 폭력마저/없어질지도 모른다(「이놈이 무엇이지?」) *더운 날/적을 運算하고 있으면/아무 데에도 적은 없고(「적」) *가까운 데에서 나는 人聲도 옛날이야기처럼/멀리만 들리고[…]먼 데로 던지는 기적소리는/하늘끝을 때리고 돌아오는 고무공(「장시2」) *내가 너무 자연스러운 전향을 한 데 놀라면서/이 이유를 생각하려 하지만(「轉向記」) *일제히 쉰다 쉬는 데에도 규율이 있고/탄력이 있다(「반달」) *졸렬과 수치가 그들 자신을 반성하지 않는 것처럼/바람은 딴 데에서 오고(「절망」(1965)) *그래요! 반도호텔 같은 데라야/미국놈들한테서 입장료를 받을 수 있지요.(「전화 이야기」)

데리다 아랫사람이나 동물 따위를 자기 몸 가까이 있게 하다.

데리고 *여편네와 아들놈을 데리고/낙오자처럼 걸어가면서(「생활」) *6·25 때에 남편을 잃고 큰아이는 죽고/남은 계집애 둘을 데리고/재전락한 여자가 여기 있구나(「滿洲의 여자」) *제임스 띵같이 생긴 책임자가 두 아이를/데리고 찾아온 풍경이/눈[雪]에 너무 비참하게 보였던지(「제임스 띵」)

데리러 *파자마 바람으로 우는 아이를 데리러 나가서/노상에서 지서의 순경을 만났더니(「파자마 바람으로」)

데카르트(Descartes) 1596~1650. 프랑스의 철학자. 수학자. 물리학자. 근대 합리주의 철학의 개척자이자 해석기하학의 창시자로 일컬어진다. *데카르트의 『方法通說』을 다 읽어보았지/아부에도 여유가 있어야 한다는 말일세(「만시지탄은 있지만」)

데카르트

데크론 데토론(Tetoron)으로 추정됨. 폴리에스테르 계통의 합성 섬유의 일본 상품명. 흡수성이 적으며 양복감으로 씀. 테이크론은 미국 뒤퐁사가 ICI사로부터 제조·판매권을 양도받아 만든 폴리에스테르계 합성 섬유. 조성(組成)은 테릴렌과 같다. 똑같은 것이 여러 나라에서 제조되고 있다. 프랑스의 테르갈(Tergal), 독일의 트레비라(Trevira)·디올렌(Diolen), 이탈리아의 테리탈(Terital), 네델란드의 테를렝카(Terlenka), 일본의 테토론(Tetoron) 등이 있다. 테이크론은 폴리에스테르계 섬유의 특징을 가지고 있다. *베적삼, 옥양목, 데크론, 인조견, 항라,/모시치마 냄새 난다 냄새 난다(「등나무」)

도달하다(到達―) 목적한 곳이나 수준에 다다르다.
　도달했다 ＊네 얼굴은 진리에 도달했다/어저께 진리에 도달했다[…]네 얼굴은 진리에 도달했다/어저께 진리에 도달한 얼굴은/오늘은 술을 잊은 얼굴이다(「네 얼굴은」)
　도달한 ＊네 얼굴은 진리에 도달했다/어저께 진리에 도달한 얼굴은/오늘은 술을 잊은 얼굴이다(「네 얼굴은」)

도대체 ①(주로 의문을 나타내는 말과 함께 쓰여) 다른 말은 그만두고 요점만 말하자면. ②(주로 부정을 나타내는 말과 함께 쓰여) 유감스럽게도 전혀. ＊혁명이란/방법부터가 혁명적이어야 할 터인데/이게 도대체 무슨 개수작이냐(「육법전서와 혁명」)

도도하다(滔滔―) 물이 그득 퍼져 흐르는 모양이 막힘이 없고 기운 차다.
　도도하게 ＊강물은 도도하게 흘러내려가는데(「여름 아침」)

도로 ①향하던 쪽에서 되돌아서. ②먼저와 다름없이 또는 본래의 상태대로. ＊그래서 안방으로 다시 오고, 내가/있던 기침소리가 가정교사에게 들리는 방은 도로/식모아이한테 주었지.(「엔카운터誌」)

도르라미 도르래. 대를 얇게 깎고, 한가운데 대오리로 자루를 박은 장난감. 두 손바닥으로 비벼서 공중으로 날리기도 하고, 붓두껍 같은 곳에 꽂고 자루에 실을 감아서 이쪽저쪽으로 돌리기도 한다. ＊어린아이들이 가지고 노는 도르라미모양으로 세찬 바람에 매암을 돌기 전에(「거리2」)

도리스(영, Doris) 위스키 상표명. ＊경포대의 선물과 도리스 위스키와 라스베리 잼에 대해서(「美濃印札紙」)

도리어 예상이나 기대 또는 일반적인 생각과는 반대되거나 다르게. ＊그는 대뜸/<오빠는 어머니보다도 더 완고하다>고 하면서/나를 도리어 꾸짖는 척한다(「백의」)

도리스 위스키 광고

도립하다(倒立―) 물구나무를 서다.
　도립한 ＊倒立한 나의 아버지의/얼굴과 나여(「이[虱]」)

도망하다(逃亡―) 피하거나 쫓기어 달아나다.
　도망하는 ＊지렁이같이 꿈틀거리는 바닷바람이 무섭다고/구름을 향하여 도망하는 놈(「연기」)

도면(圖面) 토목, 건축, 기계 따위의 구조나 설계 또는 토지, 임야 따위를 제도기를 써서 기하학적으로 나타낸 그림. ＊너는 나와 함께 못난 놈이면서도 못난 놈이 아닌데/쓸데없는 도면 위에 글자만 박고 있으면 어떻게 하리(「사무실」)

도무지 ①아무리 해도. ②도통. ＊그래 도무지 모―두가 미칠 것만 같았다(「아침의 유혹」)

도배(塗褙) 종이로 벽이나 반자, 장지 따위를 바르는 일. ＊새로 파논 우물전에서 도배를 하고 난 귀얄을 씻고 간 두붓집 아가씨에게/무어라고 수고의 인사를 해야 한다지(「사치」)

도배지(塗褙紙) 도배하는 데 쓰는 종이. ＊오 도배지 천장지, 다색 백색 청색의 모란꽃이/茶色의 主色 위에 탐스럽게 피어있는 천장지[…]비닐, 파리통, 도배지……?(「마케팅」)

도벽(盜癖) 습관적으로 물건을 훔치는 버릇. ＊그녀는 도벽이 발견되었을 때 완성된다(「식모」)

도봉산(道峰山) 서울특별시와 의정부시 경계의 남서쪽에 있는 산. 산 전체가 큰 바위로 이루어져 있으며 경치가 아름답다. 높이는 717미터. ＊아아 그리고 저 도봉산보다도/더 큰 증오도/굴욕도(「檄文」)

도사리다 ①팔다리를 모으고 몸을 웅크리다. ②(긴 물건을) 사리다. ③들뜬 마음을 가라앉히어 다잡다. ④(일이나 말의) 뒤끝을 조심하여 감추다.
　도사리고 ＊눈 하나 까딱하지 아니하고/도사리고 앉아서(「바뀌어진 지평선」) ＊나는 어느새 남쪽식으로/도사리고 앉았다(「거대한 뿌리」)
　도사리지 ＊나는 아직도 앉는 법을 모른다/어쩌다 셋이서 술을 마신다 둘은 한 발을 무릎 위에 얹고/도사리지 않는다(「거대한 뿌리」)

도서관(圖書館) 온갖 종류의 도서, 문서, 기록, 출판물 따위의 자료를 모아 두고 일반이

볼 수 있도록 한 시설. ＊예언자가 나지 않는 거리로 창이 난 이 도서관은/창설의 의도부터가 풍자적이었는지도 모른다//모두들 공부하는 속에 와보면 나도 옛날에 공부하던 생각이 난다(「국립도서관」) ＊어두운 도서관 깊은 방에서 육중한 백과사전을 농락하는 학자처럼(「거리2」)

도시(都市) 일정한 지역의 정치·경제·문화의 중심이 되는, 사람이 많이 사는 지역. ＊내용은 술집, 내용은 나, 내용은 도시,/내용은 그림자,/그림자의 비밀(「반주곡」) ＊도시의 끝에/사그러져 가는 라디오의 재갈거리는 소리가[…]내가 묻혀 사는 사랑의 위대한 도시에 비하면/너는 개미이냐[…]미대륙에서 석유가 고갈되는 날에/그렇게 먼 날까지 가기 전에 너의 가슴에/새겨둘 말을 너는 도시의 피로에서/배울 거다(「사랑의 변주곡」)

도야지우리 돼지우리. ＊도야지우리에 새가 날고/국화꽃은 밤이면 더 한층 아름답게 이슬에 젖는데(「꽃」) ＊사랑의 기차가 지나갈 때마다 우리들의/슬픔처럼 자라나고 도야지우리의 밥찌끼/같은 서울의 등불을 무시한다(「사랑의 변주곡」)

도자기(陶瓷器) 질그릇, 오지그릇, 사기그릇 따위를 통틀어 이르는 말. 점토에 장석, 석영 따위의 가루를 섞어 성형, 건조, 소성(燒成)한 제품으로, 소지(素地)의 상태, 소성 온도 따위에 따라 토기, 도기, 석기, 자기로 나눈다. ＊미제 도자기 스탠드가 울린다(「의자가 많아서 걸린다」)

도저히 아무리 하여도. ＊그것은 갈색 낙타 모자/그리고 유행에서도 훨씬 뒤떨어진 서울의 화려한 거리에서는 도저히 쓰고 다니기 부끄러운 모자이다(「시골 선물」) ＊하나의 가냘픈 물체에 도저히 고정될 수 없는/나의 눈이며 나의 정신이며(「방안에서 익어가는 설움」)

도적(盜賊) 도둑. ＊「그러니까 초년생 도적이지」하고 쑥스러운 대꾸를 하면서/기진맥진한 머리를 쉬일 곳을 찾아서 친구의 뒤를 따라서 걸어나왔다./우리의 잔등이에는 〈미숙한 도적〉이라는 글자가 씌어 있었을 것이다.(「미숙한 도적」) ＊가뭄의 백성이여 퇴계든 정다산이든 수염 난 영감이면/복덕방 사기꾼도 도적 놈 지주라도 좋으니 제발 순조로워라(「미역국」) ＊도적이 우리집을 노리고 있다[…]쥐보다 좀 큰 도적일 거라 아마/그 정도일 거라//돈에 치를 떠는 여편네도 도적이 들어왔다는/말에는 놀라지 않는다[…]나는 도적이 이 철사의 반환을 꾀하고 있다고/생각한다[…]도적은 간밤에는 사그러진 담장 쪽이 아닌/우리집의 의젓한 벽돌기둥의 정문 앞을/새벽녘에 거닐었다고 한다(「도적」)

도적질(盜賊—) 도둑질. ＊「도적질을 하는 것도 저렇게 부지런하여야 하는데 우리는 이게 무어야 빨리 나가서 배 들어오는 것을 기다리세」하고 친구가 서두른다(「미숙한 도적」) ＊도적질이나 하듯이 희끗희끗 내어다보는 저 흰 벽들은/무슨 鳥類의 屎尿와도 같다(「국립도서관」) ＊우리가 도적질을 한 것은 아니지만 우리가/훔친 거나 다름없다 아니 그보다도 더 나쁘다(「도적」)

도처(到處) 가는 곳마다의 여러 곳. ＊시들은 자국을 남기지만 도처에서/도처에서 卽決하는 영혼이여(「말복」) ＊말하자면 세계의 도처에서 나타날 수 있는 千手千足獸/미인, 시인, 사무가, 농사꾼, 상인, 耶蘇이기도 한(「절망」(1962))

도취(陶醉) ①술이 거나하게 취함. ②어떠한 것에 마음이 쏠려 취하다시피 됨. ＊도취의 彼岸에서 날아온 무수한 날짐승들이여(「도취의 피안」)

도피(逃避) ①도망하여 몸을 피함. ②적극적으로 나서야 할 일에서 몸을 사려 빠져나감. ＊19세기 시인들은 그를 보고 〈도피의 王者〉 혹은 단순히 〈여유〉라고 불렀다(「백의」) ＊도피하는 친구들/양심도 가지고 가라 휴식도—/우리들은 다 같이 산등성이를 내려가는 사람들(「광야」) ＊철사뭉치는 벌써 지하실에 도피시켜 놓은 모양이었다(「도적」)

도회(都會) '도회지'의 준말. 사람이 많이 살고 상공업이 발달한 번잡한 지역. ＊도회 안에서 쫓겨다니는 듯이 사는/나의 일이며(「달나라의 장난」) ＊도회에서 태어나서 도회에서 죽어가는 사람들은/젊은 몸으로 죽어가는 前線의 전사에 못지않게 불쌍하다고 생각하며/그러한 생각을 함으로써 하루하루 도회의 때가 묻어가는 나의 몸을 분하다고 한탄한다(「미숙한 도적」) *이것이 도회 안에 사는 나로서는 어디보다도 조용한 곳이라고 생각하고 있기 때문이다…서울에 돌아온 지 일주일도 못 되는 나에게는 도회의 소음과 狂症과 속도와 허위가 새삼스럽게 밉고 서글프게 느껴지고(「시골 선물」) *여기는 도회의 중심지/고개를 두리번거릴 필요도 없이/태연하다(「거리1」) *도회의 흑점─오늘은 그것을 운운할 날이 아니다/나는 오늘 세상에 처음 나온 사람 모양으로 쾌활하다/─코에서 나오는 쇠 냄새가 그리웁다(「거리2」) *사람이 지나간 자국 위에 서서 부르짖는 것은/개와 도회의 詐欺師뿐이 아니겠느냐(「영롱한 목표」) *밤과 낮을 건너서 도회의 저편에/영영 저물어 사라져버린 미소이다(「꽃」) *피로는 도회뿐만 아니라 시골에도 있다(「싸리꽃 핀 벌판」) *도회와 시골이 편편하고/시골과 도회가 편편하고/신문이 편편하고/시원하고(「檄文」) *당돌하고 시원하게/도회에서 달아나온 나는 말할 수 있다/「누이야 장하고나!」(「누이야 장하고나!」)

독기(毒氣) ①독의 기운. ②사납고 모진 기운이나 기색. *돈을 버는 거리의 부인이여/잠시 눈살을 펴고/눈에서는 독기를 빼고/자유로운 자세를 취하여 보아라(「거리2」) *더운 날/敵이란 海綿 같다/나의 양심과 독기를 빨아먹는/문어발 같다(「적」) *너의 독기가 예에 없이 걸레쪽같이 보이고(「만용에게」) *나의 毒氣야/가벼운 겨울의 꿈이로구나 나의 독기의/꿈이로구나(「제임스 띵」)

독립선언서(獨立宣言書) 국가 또는 민족의 독립을 선언한 글. *〈精神上으로 본/희랍의 독립선언서〉를 써서/전자를 현재 일리노이 주에 있는 자기의 모친에게 보내고(「백의」)

독살(毒煞) 악에 받치어 생긴 모질고 사나운 기운. *이렇게 주기적인 수입 소동이 날 때만은/네가 부리는 독살에도 나는 지지 않는다(「만용에게」)

독자(讀者) 책, 신문, 잡지 따위의 글을 읽는 사람. *또한 나의 죄악을 가리기 위하여 독자의 눈을 가리고 입을 봉하기 위한 연명을 위한 阿諛도 아니다/그리고 이러한 변명이 지루하다고 꾸짖는 독자에 대하여는/한마디 드려야 할 정당한 이유의 말이 있다(「조국에 돌아오신 傷病捕虜 동지들에게」) *문명의 혈세를 강요해서는 아니 된다 新과 舊가/탈을 낸 돈이 없나 순시를 다니는 제임스 띵은/독자를 괴롭혀서는 아니 된다(「제임스 띵」) *될 수만 있으면 독자들에게 이 깨알만한 글씨보다 더/작게 써야 할 이 고초의 시기의(「이 한국문학사」)

독촉(督促) 일이나 행동을 빨리 하도록 재촉함. *어느 틈에 우리 가정의 내부에까지 침입하여 들어와서/신심양면의 허약증으로 신음하고 있는 나를 독촉하여(「백의」)

독특(獨特)하다 ①특별하게 다르다. ②다른 것과 견줄 수 없을 정도로 뛰어나다.

독특한 *자연은 나의 몇 사람의 독특한 벗들과 함께/토끼의 탄생의 방식에 대하여/하나의 異德을 주고 갔다(「토끼」) *나는 그들의 용감성과 또 그들의 어마어마한 戰果에 대하여 말하는 것이 아니라/그들이 싸워온 독특한 위치와 세계사적 가치를 말하는 것입니다(「조국에 돌아오신 傷病捕虜 동지들에게」)

돈 ①화폐. ②물건 값. ③재산이나 재물. *늬가 없이 사는 삶이 보람 있기 위하여 나는 돈을 벌지 않고(「너를 잃고」) *돈 없는 나는 남의 집 마당에 와서/비로소 마음을 쉬다(「휴식」) *돈을 버는 거리의 부인이여/…그네, 마지막으로/돈을 버는 거리의 부인이여/…돈을 버는 거리의 부인들의 어색한 모습이여(「거리2」) *돈을 벌기 위해서는 편리해서/가련한 목숨을 이어가기 위해서는(「우선 그놈의 사진을 떼어서 밑씻개로 하자」) *쨔키야! 너는 빨리 말을 달려/저기 돈보따리를 들고 달아나는 놈을 잡아라(「나는 아리조나 카보이야」) *말갛게 행주질한 비어홀의 카운터에/돈을 거둬들인 카운터 위에…혁명이 끝나고 또 시작되는 것은/돈을 내면 또 거둬들이고/돈을 내면 또 거둬들이고 돈을 내면/또 거둬들이는/석양에 비쳐 눈부신 카운터 같기도 한 것이니(「가다오 나가다오」) *그가 돈을 가지고 갔다는 것이 아니라(「황혼」) *파자마 바람으로 체면도 차리고 돈도 벌자고/하다하다못해 번역업을 했더니(「파자마 바람으로」) *가정을 알려면 돈을 떼여보면 돼(「장시1」) *값비싼 피아노가 값비싸게 울린다/돈이 울린다 돈이 울린다(「피아노」) * 윗호주머니나 혹은 속호주머니에 들은/치부책 노릇을 하는 종이쪽/그러나 돈은 없다──돈이 없다는 것도 오랜 친근이다──그리고 그 무게는 돈이 없는 무게이기도 하다(「후란넬 저고리」) * 나에게 30원이 여유가 생겼다는 것이 대견하다/나도 돈을 만질 수 있다는 것이 대견하다/무수한 돈을 만졌지만 결국은 헛 만진 것/쓸 필요도 없이 한 3, 4일을 나하고 침식을 같이한 돈/──어린 놈을 아귀라고 하지/그 아귀란 놈이 들어오고 나갈 때마다 집어갈 돈/풀방구리를 드나드는 쥐의 돈/그러나 내 돈이 아닌 돈/하여간 바쁨과 한가와 실의와 초조를 나하고 같이한 돈/바쁜 돈─/아무도 正視하지 못한 돈─돈의 비밀이 여기 있다(「돈」) * 오늘도 여전히 일을 하고 걱정하고/돈을 벌고 싸우고 오늘부터의 할일을 하지만(「말」(1964)) * 靜寂을 빼앗긴, 마지막 정적을 빼앗긴/나를 몰아세운다 어서 돈을 내라고 […]문명의 혈세를 강요해서는 아니 된다 新과 舊가/탈을 낸 돈이 없나 순시를 다니는 제임스 띵은/독자를 괴롭혀서는 아니 된다(「제임스 띵」) * 만 원을 무이자로 돌려보려고/피를 안 흘리려고 생전 처음으로 돈 가진 친구한테/정식으로 돈을 꾸러 가서 안 됐지(「이혼 취소」) * 돈에 치를 떠는 여편네도 도적이 들어왔다는/말에는 놀라지 않는데[…]고칠 사람을 구하기가 어려운 것도 있고/돈이 아까울지도 모른다//고칠 사람을 구하기가 어렵다고 하지만/돈이 아까울 거라 그럴 거라(「도적」) * 그 얼굴은 네 얼굴보다는/간음을 상상할 수 있을 만큼/그렇게 조금은 생생하지만/죽어라 돈을 받기보다는/죽어라 돈을 받기 전에(「네 얼굴은」) * 집문서를 갖고 가서 무이자로 15개월만/돌려 달라고 우리가 강청한 사람은 이 돈을 받을 사람과 한 고향인 함경도 친구//이 돈이 31일까지 나올 가망성이 없다[…]31일 오오 나의 판문점이여/벌판이여 암흑의 바보의/장막이여 이 돈은 원은 10월 말일이/기한이고[…]3만 원을 돌려 달라고 우리가 부탁한 친구가/돈을 받을 1·4후퇴의 친구 부인하고/한 고향이라는 것을(「판문점의 감상」) * 너에게도 엄마에게도 모든/아버지보다 돈 많은 사람들에게도/아버지 자신에게도(「VOGUE야」) * 戱畵의 계시가 돈이 되고/돈이 되고 사랑이 되고 갱의 단층의 길이가/얇아지고 돈이 돈이 되고 돈이/길어지고 짧아지고//돈의 꿈이 길어지고 짧아지고 타락의/길이도 표준이 없어지고 먼지가 다시 생기고(「먼지」)

돈지갑(一紙匣) 지갑. 돈, 증명서 따위를 넣을 수 있도록 가죽이나 헝겊 따위로 쌈지처럼 만든 자그마한 물건. * 기적소리는 문명의 밑바닥을 가고/형이상학은 돈지갑처럼/나의 머리 위에서 떨어진다(「싸리꽃 핀 벌판」)

돋치다 돋아서 내밀다.
 돋친 * 그래도 날개 돋친 마음을 위하여/너와 같이 걸어간다(「바뀌어진 지평선」) * 詩는 쨍쨍한 날씨에 청랑한 들에/환락의 개울가에 바늘 돋친 숲에/버려진 우산/망각의 想起다(「적 2」)

돌¹ ①어린아이가 태어난 날로부터 한 해가 되는 날. ②생일이 돌아온 횟수를 세는 단위. 주로 두세 살의 어린아이에게 쓴다. ③특정한 날이 해마다 돌아올 때, 그 횟수를 세는 단위. * 아가야 아가야/돌도 아니 된 너는 머리도 한 번 깎지를 않고/엄마는/너를 보고 되놈이라고 부르지(「자장가」)

돌² 흙 따위가 굳어서 된 광물질의 단단한 덩어리. 바위보다는 작고 모래보다는 큰 것을 이른다. * 그것은 본 사람만이 아는 일이지요/누가 거제도 제61수용소에서 단기 4284년 3월 16일 오전 5시에 바로 철망 하나 둘 셋 네 겹을 隔하고 불 일어나듯이 솟아나는 제62적색수용소로 돌을 던지고 돌을 받으며 뛰어들어갔는가(「조국에 돌아오신 傷病捕虜 동지들에게」) * 절벽에 올라가 돌을 차듯이/생활을 아는 자는/태양 아래에서/생활을 차 던진다(「미스터리에게」) * 모두 별안간에 가만히 있었다/씹었던 불고기를 문 채로 가만히 있었다/아니 그것은 불고기가 아니라 돌이었을지도 모른다(「나가타 겐지로」) * 위에 온몸이/돌같이 감각을 잃어도(「아픈 몸이」) * 수레를 털털거리게 하는 욕심의 돌(「시」(1961)) * 돌에 쇠에 구리에 넝마에 삭아/삭은 그늘에 또 삭아 부스러져[…]갱이 생기고 그늘이 생기고 돌이 쇠가/구리가 먼지가 생기고(「먼지」)

돌격하다(突擊―) ①갑자기 냅다 치다. ②(군사)공격 전투의 마지막 단계에 적진으로 돌진하여 공격하다.

  돌격하는 ＊나의 그림자를 보이지 않으리/적진을 돌격하는 전사와 같이(「더러운 향로」)

돌다 ①축을 중심으로 원을 그리는 방향으로 움직이다. ②둘레를 따라 움직여 가다. ＊아니 돌다 말리라(「아픈 몸이」)

  도는 ＊지금 팽이가 도는 것을 본다[…]소리없이 회색빛으로 도는 것이/오래 보지 못한 달나라의 장난 같다[…]너도 나도 스스로 도는 힘을 위하여(「달나라의 장난」) ＊허리띠모양으로/맴을 도는/눈송이를 보시오[…]〈빽〉차도/지프차도/파발이 다 된/시골 버스도/맥을 못 추고/맴을 도는 판이니(「눈」(1961)) ＊그의 주위를 몇 번이고 돌고 돌고 돌고/또 도는 조름 같은 날개의 날것들과/갑충과 쉬파리떼/그리고 진드기(「등나무」)

  돈다 ＊팽이가 돈다[…]팽이가 돈다/팽이가 돈다[…]팽이가 돈다[…]팽이는 지금 수천 년 전의 聖人과 같이/내 앞에서 돈다[…]팽이가 돈다/팽이가 돈다(「달나라의 장난」)

  돌기 ＊어린아이들이 가지고 노는 도르라미 모양으로 세찬 바람에 매암을 돌기 전에(「거리2」)

  돌면 ＊이것이 몇 바퀴만 넌지시 돌면 돼/해바라기 머리같이 돌면 돼(「장시1」)

  돌면서 ＊팽이가 돈다/팽이가 돌면서 나를 울린다(「달나라의 장난」)

  돌리라 ＊그 골목이/ 나를 돌리라(「아픈 몸이」)

  돌아서 ＊무위와 생활의 극점을 돌아서/나는 또 하나의 생활의 좁은 골목 속으로/들어서면서/(「생활」) ＊저 산허리를/돌아서/너무나도 좋아서/하늘을 묶는/허리띠모양으로/맴을 도는/눈송이를 보시오.(「눈」(1961)) ＊아픈 몸이/아프지 않을 때까지 가자/골목을 돌아서/베레모는 썼지만/또 골목을 돌아서/신이 찢어지고/온몸에서 피는/빠르지도 더디지도 않게 흐르는데/또 골목을 돌아서(「아픈 몸이」) ＊날 때도 울리지만 싱겁게 걸어갈 때/울리고 돌아서 걸어갈 때 울리고(「의자가 많아서 걸린다」)

돌리다¹ 돈이나 물건을 변통하다.

  돌려 ＊집문서를 갖고 가서 무이자로 15개월만/돌려 달라고 우리가 강청한 사람은 이 돈을 받을 사람과 한 고향인 함경도 친구/[…]3만 원을 돌려 달라고 우리가 부탁한 친구가/돈을 받을 1·4후퇴의 친구 부인하고/한 고향이라는 것을/31일까지 돌려 주겠다고 아니 29일까지/돌려 주겠다고 집문서를 가지고 간 친구에게/말한 것이 잘못이었나 보다(「판문점의 감상」) ＊5만 원을 무이자로 돌려보내려고(「이혼 취소」)

돌리다² ①돌게 하다. ②방향을 바꾸다.

  돌려 ＊팽이 밑바닥에 끈을 돌려 매이니 이상하고(「달나라의 장난」) ＊가만히 앉아 있어도 자꾸 뻐근하여만 가는 목을 돌려/시간과 함께 비스듬히 내려다보는 것(「방안에서 익어가는 설움」) ＊손님으로 온 나는 이 집 주인과의 이야기도 잊어버리고/또 한번 팽이를 돌려주었으면 하고 원하는 것이다(「달나라의 장난」) ＊육중한 유리문이 열릴 때마다 울리고/울리고 돌고 돌려지고(「의자가 많아서 걸린다」)

  돌려라 ＊무르익은 사랑을 돌리어보듯이/북극이 망가진 지구의를 돌려라(「지구의」)

  돌렸다 ＊농으로 물어보려는데/누가 벌써 재빨리 말꼬리를 돌렸다……(「나가타 겐지로」)

  돌리어 ＊무르익은 사랑을 돌리어보듯이/북극이 망가진 지구의를 돌려라(「지구의」)

  돌린다 ＊물끄러미 보고 있기를 좋아하는 나의 너무 큰 눈 앞에서/아해가 팽이를 돌린다(「달나라의 장난」)

돌벽(―壁) 돌로 쌓은 벽. ＊모두 다 마음에 들지 않아라/이 황혼도 저 돌벽 아래 잡초도(「死靈」)

돌부리 땅 위로 내민 돌멩이의 뾰족한 부분. ＊돌부리를 차듯 서투른 원효로/분장한 놈이 돌부리를 차고 풀을 뽑듯 죄를 짓고 싶어 죄를/짓고 얼굴을 붉히고(「원효대사」)

돌아가다 ①물체가 축을 중심으로 둥글게 움직이어 가다. ②(본디 있던 자리로) 다시 가다. ③(먼 길로) 둘러서 가다. ④방향을 바꾸어 가다. ⑤(한쪽으로) 틀어지다. ⑥차례를 옮기어 가다. ⑦(몫이) 차례로 배당되다. ⑧(어떤 결말로) 끝나다. ⑨(일이나 세상 형편이) 어떠한 상태로 되어 가다. ⑩(기계나 공장 따위가) 제대로 움직이다. ⑪'죽다'의 높임말.

돌아가는 *모든 설움이 합쳐지고 모든 것이 설움으로 돌아가는/긍지의 날인가 보다(「긍지의 날」) *계곡을 스쳐서 돌아가는/악마의 眼膜 같은/강물을 향하여(「조그마한 세상의 지혜」)

돌아가라 *미제 도자기 스탠드가 울린다/방정맞게 울리고 돌아오라 울리고/돌아가라 울리고 닿는다고 울리고/안 닿는다고 울리고(「의자가 많아서 걸린다」)

돌아가면 *모자라는 영원이 있으면 돼/채귀가 집으로 돌아가면 돼(「장시1」)

돌아가신 *돌아가신 아버지의 사진에는/안경이 걸려있고[…]그래도 그것은/돌아가신 그날의 푸른 눈은 아니오(「아버지의 사진」) *너희놈 손에 돌아가신 우리 형님들/무덤 앞에 절을 구천육백삼십오만 번만 해(「나는 아리조나 카보이야」)

돌아간 *나는 몇 번이고 그의 진혼가를 피해왔다/그전에 돌아간 아버지의 진혼가가 우스꽝스러웠던 것을 생각하고(「누이야 장하고나」)

돌아간다 *나는 섬쩍해서 그전의 둔감한 내 자신으로/다시 돌아간다(「性」)

돌아갈 *저이는 우리집을 찾아와서 산보를 청한다/강가에 가서 돌아갈 차비만 남겨놓고 술을 사준다/아니 돌아갈 차비까지 다 마셨나 보다(「강가에서」) *38선을 돌아오듯 테이블을 돌아갈 때/걸리고 울리고 일어나도 걸리고(「의자가 많아서 걸린다」)

돌아갔다 *〈돼〉가 긍정에서 의문으로 돌아갔다(「장시1」)

돌아갔으면 *채귀가 어젯밤에 나 없는 사이에 돌아갔으면 돼/장시만 장시만 안 쓰면 돼(「장시1」)

돌아오다 ①(떠났던 곳이나 갔던 길을) 도로 오다. ②(곧장 아니 오고) 돌아서 오다. ③(차례가) 닥치다. ④(몫이) 배당되다. ⑤(잃었던 것이) 회복되다. ⑥시간이 경과하여 일정한 때가 되다.

돌아오기 *아무 소리 없이 떠난/여행에서/전보도 안 치고/돌아오기를 잘했지(「旅愁」)

돌아오는 *나는 秋收하고 돌아오는 伯父를 기다렸다(「아침의 유혹」) *이북에서 고생하고 돌아오는/상병포로들에게 말할 수 없는 미안한 감이 듭니다[…]아마 나의 영혼은 부지런히 일어나서 고생하고 돌아오는/대한민국 상병포로와 UN 상병포로들에게 한마디 말을 하였을 것이다(「조국에 돌아오신 傷病捕虜 동지들에게」) *돌아오는 채소밭 가에서/기운을 주라 더 기운을 주라/바람이 너를 마시기 전에(「채소밭 가에서」) *먼 데로 던지는 기적소리는/하늘끝을 때리고 돌아오는 고무공(「장시2」) *그들이 돌아오는 길에 주막거리에서 쉬는 10분 동안의/지루한 정차를 생각하게 하고(「참음은」) *매부 돌아오는 길에/차창에서 내다본 중앙선의 복선공사에 동원된/갈대보다도 더 약한 소년들과 부녀자들의/노동의 慘景에 대한 편지도 못 쓰겠소 매부(「美濃印札紙」)

돌아오던 *내가 옛날 아메리카에서 돌아오던 길/뱃전에 머리 대고 울던 것은 여인을 위해서가 아니다(「아메리카타임誌」)

돌아오듯 *38선을 돌아오듯 테이블을 돌아갈 때(「의자가 많아서 걸린다」)

돌아오라 *미제 도자기 스탠드가 울린다/방정맞게 울리고 돌아오라 울리고(「의자가 많아서 걸린다」)

돌아오면 *〈돼〉가 긍정에서 의문으로 돌아갔다/의문에서 긍정으로 또 돌아오면 돼(「장시1」)

돌아오신 *돌아오신 여러분! 아프신 몸에 얼마나 수고하셨습니까!(「조국에 돌아오신 傷病捕虜 동지들에게」)

돌아오지 *조용한 시절은 돌아오지 않았다/그 대신 사랑이 생기었다(「愛情遲鈍」)

돌아온 *서울에 돌아온 지 일주일도 못 되는 나에게는 도회의 소음과 狂症과 속도와 허위가 새삼스럽게 미웁고 서글프게 느껴지고(「시골 선물」)

돌아올 *그리고 돌아올 때는 구름을 타고 오너라(「나는 아리조나 카보이야」)

돌아와 *보스토크가/돌아와 그러나/세계정부 理想이/따분해(「〈4·19〉시」)

돌아와서 *집에 돌아와서/제일 마음에 꺼리는 것이/아는 사람이/이 캄캄한 범행의 현장을/보았는가 하는 일이었다(「죄와 벌」)

돌음길 곧바로 가지 못하고 돌아가야 하는 길.

그만큼 좁은 집의 상황을 표현하려는 듯함. *바닥이 없는 집이 되고 있다 소리만/남은 집이 되고 있다 모서리만남은/돌음길만 남은 난삽한 집으로/기꺼이 기꺼이 변해 가고 있다(「의자가 많아서 걸린다」)

돌팔매질 무엇을 맞히려고 돌멩이를 던지는 짓. *나에게는 약간의 경박성이 필요하다/물위를 날아가는 돌팔매질—(「바뀌어진 지평선」)

돌풍(突風) ①갑자기 세게 부는 바람. ②갑작스럽게 사회적으로 많은 관심을 모으거나 많은 영향을 끼치는 현상을 이르는 말. *나는 돌풍처럼 너한테 말할 수 있다/모든 산봉우리를 걸쳐온 돌풍처럼/당돌하고 시원하게/도회에서 달아나온 나는 말할 수 있다/누이야 장하고나!(「누이야 장하고나!」)

동(同) 앞에서 말한 것과 같은. *6이 KBS 제2방송/7이 동 제1방송(「라디오 계」)

동계(動悸) 심장의 고동이 심하여 가슴이 울렁거리는 일. *이제 내 몸은 내 몸이 아니다/이 가슴의 動悸도 기침도 寒氣도 내 것이 아니다(「말」(1964))

동계방학(冬季放學) 겨울 방학. *동계방학 동안 아르바이트를 하는 누이/잡지사에 다니는/영화를 좋아하는누이(「피아노」)

동그랗다 또렷하게동글다.
  동그랗게 *정말 무서운 나이와 詩는/동그랗게 되어가는 나이와 詩(「시」(1961))

동남단(東南端) 동남쪽의 끝. *새로 확장된 서울특별시 동남단 논두렁에(「참음은」)

동네(洞—) 자기가 사는 집의 근처. *우리 동네엔 미대사관에서 쓰는 타이프 용지가 없다우(「美濃印札紙」)

동네아이(洞—) 자기 집 근처에 사는 나이 어린 사람. *올 겨울에도 산 위의 초라한 나무들을 뿌리만 간신히 남기고 살살이 갈라갈 동네아이들……(「꽃」) *술 취한 듯한 동네아이들의 함성/미쳐돌아가는 역사의 반복(「장시 2」)

동리(洞里) ①마을. ②동과 이(里). *어느 틈에 저렇게 검어졌는지 모르나/차차 시골 동리 사람들의 얼굴을 닮아간다(「여름 아침」) *그것은 우리들의 집안 안인 경우도 있고/우리들의 직장인 경우도 있고/우리들의 동리인 경우도 있지만……/보이지는 않는다(「하…… 그림자가 없다」)

동맥(冬麥) 겨울보리. *작품 제목임.(「冬麥」)

동무 ①늘 친하게 어울리는 사람. ②어떤 일을 짝이 되어 함께 하는 사람. *동무여 이제 나는 바로 보마(「孔子의 생활난」)

동물(動物) ①(생물)생물계의 두 갈래 가운데 하나. 현재 100만~120만 종이 알려져 있고 그 가운데 약 80%는 곤충이 차지한다. 원생동물부터 척추동물까지 23개 문(門)으로 분류된다. 주로 유기물을 영양분으로 섭취하며, 운동, 감각, 신경 따위의 기능이 발달하였다. 소화, 배설, 호흡, 순환, 생식 따위의 기관이 분화되어 있다. ②사람을 제외한 길짐승, 날짐승, 물짐승 따위를 통틀어 이르는 말. *나는 자유를 찾아서 포로수용소에 온 것이고/자유를 찾기 위하여 有刺鐵網을 탈출하려는 어리석은 동물이 되고 말았다[…]정말 내가 포로수용소를 탈출하여 나오려고/무수한 동물적 企圖를 한 것은(「조국에 돌아오신 傷病捕虜 동지들에게」) *헬리콥터여 너는 설운 동물이다(「헬리콥터」) *너의 뜰을 달려가는 조고마한 동물이라도 있다면/여름 뜰이여(「여름 뜰」) *鷄舍 위에 울리는 곡괭이 소리/동물의 교향곡/잠을 자면서 머리를 식히는 사색가(「비」) *여자란 집중된 동물이다/그 이마의 힘줄같이 나에게 설움을 가르쳐준다(「여자」)

동부(東部) 어떤 지역의 동쪽 부분. *해는 청교도가 대륙 동부에 상륙한 날보다 밝다(「미역국」)

동산 ①마을 부근에 있는 작은 산이나 언덕. ②큰 집의 정원에 만들어 놓은 작은 산이나 숲. *음악을 들으면 차밭의 앞뒤 시간이/가시처럼 생각된다 그리고 그 가시가/점점 더 똑똑해진다 동산에 걸린/새 달에 비친 나뭇가지처럼/세계를 배경으로 한 나의 사상처럼/죄어든 인생의 윤곽과 비밀처럼……(「반달」)

동상(銅像) 구리로 사람이나 동물의 형상을 만들거나 그런 형상에 구릿빛을 입혀서 만들어 놓은 기념물. *그놈의 동상이 선 곳에는/민주주의의 첫 기둥을 세우고/쓰러진 성스러운 학생들의 웅장한/기념탑을 세우자(「우선 그놈의 사진을 떼어서 밑씻개로 하자」)

동생 같은 부모에게서 태어난 사이거나 일가친척 가운데 손아랫사람을 이르는 말. *어린 동생들과의 잡담도 마치고(「가까이할 수 없는 서적」) *별안간/빚 갚을 것/생각나 그러나/여편네가/짜증 낼까/무서워 그러나/동생들과/어머니가/걱정이 돼 그러나/참았던 오줌 마려(「《4·19》시」) *너의 방에 걸어놓은 오빠의 사진/나에게는 〈동생의 사진〉을 보고도/나는 몇 번이고 그의 진혼가를 피해 왔다[…동생뿐이 아니라/그의 죽음뿐이 아니라/혹은 그의 실종뿐이 아니라/그를 생각하는/그를 생각할 수 있는/너까지도 다 함께 숭배하고 마는 것이/숭배할 줄 아는 것이/나의 인내이니까(「누이야 장하고나!」) *그와 내가 대결하고 있는 깨진 유리창문 밖에서는/新舊의 두 놈이 마적의 동생처럼/떨고 있다(「제임스 띵」)

동시(同時) ①같은 때나 시기. ②(주로 '동시에' 꼴로 쓰여) 어떤 사실을 겸함. *토끼는 태어날 때부터/뛰는 훈련을 받는 그러한 운명에 있었다/그는 어미의 입에서 탄생과 동시에 타락을 선고받는 것이다(「토끼」) *이런 경이는 나를 늙게 하는 동시에 젊게 한다/아니 늙게 하지도 젊게 하지도 않는다(「현대식 교량」)

동아방송(東亞放送) 1963년 4월 25일 동아일보사가 서울에서 설립한 상업 라디오 방송국. 1980년 11월 언론 통폐합 조치로 폐국되었다. *6이 KBS 제2방송/7이 동 제1방송/그 사이에 시시한 주파가 있고/8의 조금 전에 동아방송이 있고/8.5가 KY 인가보다/그리고 10.5는 봄 서리치이는 그것(「라디오 계」)

동안 어느 한때에서 다른 한때까지 시간의 길이. *고요해진 명수 할버이의/잿물거리는 눈이/비둘기 울음소리를 듣고 있을 동안에/나쁜 말은 안하니/가다오 가다오//지금 명수 할버이가 멍석 위에 넘어져 자고 있는 동안에/가다오 가다오[…선잠이 들어서/그가 모르는 동안에/조용히 가다오 나가다오(「가다오 나가다오」) *이 뜰에서/나는 내가 없는 동안의/아내의 비밀을 탐지하고[…]나는 집에 와서도/그 동안의 부재에도/놀라서는 안 된다(「旅愁」) *그동안에도/그뒤에도 나의 시는 영원한 미완성이고(「절망」(1962)) *소련을 생각하면서 나는 치질을 앓고 피를 쏟았다/일주일 동안 단식까지 했다(「轉向記」) *동계방학 동안 아르바이트를 하는 누이/잡지사에 다니는/영화를 좋아하는 누이(「피아노」) *그들이 돌아오는 길에 주막거리에서 쉬는 10분 동안의/지루한 정차를 생각하게 하고(「참음은」) *그는 일본 대학에 다니면서 4년 동안을 제철회사에서/노동을 한 强者다[…]비숍 여사와 연애를 하고 있는 동안에는 진보주의자와/사회주의자는 네 에미 씹이다 통일도 중립도 개좆이다(「거대한 뿌리」)

동야(凍夜) 추운 밤. *작품 제목임.(「凍夜」)

동양(東洋) 유라시아 대륙의 동부 지역. 아시아의 동부 및 남부를 이르는데 한국, 중국, 일본, 인도, 미얀마, 타이, 인도네시아 등이 있다. ☞ 서양. *우리는 지금 동양의 諷刺를 그의 機體 안에서 느끼고야 만다(「헬리콥터」) *「고맙습니다, 고맙습니다」/서양과 동양의 차이/나는 여유있는 시인―쉬페르비엘이/물에 빠진 뒤에 나는 젤라틴을 통해서/詩의 진지성을 본다(「반주곡」)

동양척식회사(東洋拓植會社) 1908년 일제가 조선의 토지와 자원을 수탈할 목적으로 설치한 식민지 착취 기관. *은밀도 십오도 학구도 체면도 인습도 치안국/으로 가

동양척식회사

라 동양척식회사, 일본영사관, 대한민국 관리,/아이스크림은 미국놈 좆대강이나 빨아라(「거대한 뿌리」)

동여매다 끈이나 새끼, 실 따위로 두르거나 감거나 하여 묶다.

동여매고 *꽃같은 정성을 지니고/대한민국의 꽃을 이마 위에 동여매고 싸우고 싸우고 싸워왔다(「조국에 돌아오신 傷病捕虜 동지들에게」)

동요(動搖) ①물체 따위가 흔들리고 움직임. ②생각이나 처지가 확고하지 못하고 흔들림. ③어떤 체제나 상황 따위가 혼란스럽고 술렁임. *나의 동요 없는 마음으로/너를 다시 한 번 치어다보고 혹은 내려다보면서 無量의 환희에 젖는다(「九羅重花」) *나는 이렇게도 가

동원되다(動員—) ①전쟁 따위의 비상사태에 대처할 수 있도록 군의 편제가 평시 편제에서 전시 편제로 옮겨지다. 병력을 소집하고 군수물자를 징발하며, 모든 기관을 전시 체제로 재편성하게 된다. ②어떤 목적을 위하여 사람이나 물건이 집중되다.
동원된 *돌아오는 길에/차창에서 내다본 중앙선의 복선공사에 동원된/갈대보다도 더 약한 소년들과 부녀자들의/노동의 慘景에 대한 편지도 못 쓰겠소 매부(「美濃印札紙」)

동일(同一) ①어떤 것과 비교하여 똑같음. ②각각 다른 것이 아니라 하나임. *정열도 예측 고함도 예측 장시도 예측/경솔도 예측 봄도 예측 여름도 예측/범람도 예측 범람은 화려 공포는 화려/공포와 노인은 동일 공포와 노인과 유아는 동일……(「장시1」)

동정(同情) ①남의 어려운 처지를 자기 일처럼 딱하고 가엾게 여김. ②남의 어려운 사정을 이해하고 정신적으로나 물질적으로 도움을 베풂. *술을 마시고 웃고 잡담하고/동정하고 진지한 얼굴을 하고/바쁘다고 서두르면서 일도 하고/원고도 쓰고 치부도 하고(「하…… 그림자가 없다」)

동지(同志) 목적이나 뜻이 서로 같음 또는 그런 사람. *꽃같이 사랑하는 무수한 동지들과 함께/꽃같은 밥을 먹었고/꽃같은 옷을 입었고[…]/돌아오신 여러분! 아프신 몸에 얼마나 수고하셨습니까!/우리는 UN군에 포로가 되어 너무 좋아서 가시철망을 뛰어나오려고 애를 쓰다가 못 뛰어나오고/여러 동지들은 기막힌 쓰라림에 못 이겨 못 뛰어나오고(「조국에 돌아오신 傷病捕虜 동지들에게」)

동창생(同窓生) 같은 학교를 나온 사람. *지프차를 타고 가는 어느 젊은 사람이/유쾌한 표정으로 활발하게 길을 건너가는 나에게/인사를 한다/옛날의 동창생인가 하고 고개를 기웃거려 보았으나/그는 그 사람이 아니라 ○○부의 어마어마한 자리에 앉은 과장이며 名士이다(「거리2」)

동풍(東風) ①동쪽에서 부는 바람. ②봄바람. *풀이 눕는다/비를 몰아오는 동풍에 나부껴/풀은 눕고/드디어 울었다(「풀」)

동하다(動—) ①(감정이) 일어나다. ②(어떤 병증이) 다시 나타나다.
동하지 *신앙이 動하지 않는 건지 동하지 않는 게/신앙인지 모르겠다(「시」(1964))

동회(洞會) ①동네의 일을 협의하는 모임. ②예전에, '동사무소'를 이르던 말. *그놈의 점잖은 얼굴의 사진을/동회란 동회에서 시청이란 시청에서/회사란 회사에서(「우선 그놈의 사진을 떼어서 밑씻개로 하자」) *그러니까 이렇게 옹졸하게 반항한다/이발쟁이에게/땅주인에게는 못하고 이발쟁이에게/구청 직원에게는 못하고 동회 직원에게도 못하고/야경꾼에게 20원 때문에 10원 때문에 1원 때문에(「어느 날 고궁을 나오면서」)

돼지 ①멧돼짓과의 포유동물. 몸무게는 200~250kg이며, 다리와 꼬리가 짧고 주둥이가 뾰죽하다. 잡식성으로 온순하며 건강하다. 임신 4개월 만에 8~15마리의 새끼를 낳는다. 멧돼지를 길들여 가축으로 만든 것인데, 중요한 축산 동물의 하나로 모양과 색깔이 다른 여러 품종이 있다. ②몹시 미련하거나 탐욕스러운 사람을 비유적으로 이르는 말. ③몹시 뚱뚱한 사람을 놀림조로 이르는 말. *옹졸하게 분개하고 설렁탕집 돼지 같은 주인년한테 욕을 하고/옹졸하게 욕을 하고(「어느 날 고궁을 나오면서」)

되놈 ①예전에, 만주 지방에 살던 여진족을 낮잡는 뜻으로 이르던 말. ②중국 사람을 낮잡아 이르는 말. *아가야 아가야/돌도 아니 된 너는 머리도 한번 깎지를 않고/엄마는/너를 보고 되놈이라고 부르지(「자장가」)

되다 ①다 만들어지다. ②어떤 시기·나이·계절 따위에 이르다. ③어떤 신분·위치·상태에 놓이다. ④필요한 요소를 갖추다. ⑤일이 이루어지다. ⑥어떤 수량에 미치다. ⑦경과하다. ⑧성립하다. 구성하다. ⑨합당하거나 괜찮다. ⑩가능하다.
돼 *어머니가/걱정이 돼(「4·19」시」) *한사코 ××대학 중퇴가 ××대학 졸업으로 誤植이 돼 나오니(「파자마 바람으로」) *겨자씨같이 조그맣게 살면 돼/복숭아 가지나 아가위 가지에 앉은/배부른 흰 새모양으로/잠깐 앉았다가 떨어지면 돼/연기 나는 속으로 떨어지면 돼/구겨진 휴지처럼 노래하면 돼//가정을 알려면 돈을 떼여보면 돼/숲을 알려면 땅벌에 물려보면 돼/잔소리 날 때는 슬쩍 피하면 돼/―債鬼가 올 때도―/버스를 피해서 길을 건너서는 어린 놈처럼/선뜻 큰길을 건너서면 돼/長詩만 장시만 안 쓰려면 돼//*//오징어발에 말라붙은 새처럼 꼬리만 치지 않으면 돼/입만 반드르르하게 닦아놓으면 돼/아버지 할머니 고조할아버지 때부터/어물전 좌판 밑바닥에서 곁어 있던 것이면 돼/有線 합승자동차에도 양계장에도 납공장에도/미곡창고 지붕에도 달려 있는/썩은 공기 나가는 지붕 위의 지붕만 있으면 돼/〈돼〉가 긍정에서 의문으로 돌아갔다/의문에서 긍정으로 또 돌아오면 돼/이것이 몇 바퀴만 넌지시 돌면 돼/해바라기 머리같이 돌면 돼//깨꽃이나 샐비어나 마찬가지 아니냐/내일의 채귀를/죽은 뒤의 채귀를 걱정하는/장시만 장시만 안 쓰려면 돼/샐비어 씨는 빨갛지 않으니까/장시만 장시만 안 쓰려면 돼/영원만 영원만 고민하지 않으면 돼/오징어에 말라붙은 새처럼 5월이 와도/9월이 와도 꼬리만 치지 않으면 돼//트럭 소리가 나면 돼/아카시아 잎을 이기는 소리가 방바닥 밑까지 울리면 돼/라디오 소리도 거리의 풍습대로 기를 쓰고 크게만 틀어놓으면 돼//겨자씨같이 조그맣게 살면서/장시만 장시만 안 쓰면 돼/오징어발에 말라붙은 새처럼 꼬리만 치지 않으면 돼/트럭 소리가 나면 돼/아카시아 잎을 이기는 소리가 방바닥 밑까지 콩콩 울리면 돼/흙 묻은 비옷이 24시간 걸려 있으면 돼/정열도 예측 고함도 예측 장시도 예측/경솔도 예측 봄도 예측 여름도 예측/범람도 예측 범람은 화려 공포는 화려/공포와 노인은 동일 공포와 노인과 유아는 동일……/예측만으로 그치면 돼/모자라는 영원이 있으면 돼/채귀가 집으로 돌아가면 돼/성당으로 가듯이/채귀가 어젯밤에 나 없는 사이에 돌아갔으면 돼/장시만 장시만 안 쓰면 돼(「장시1」) *자꾸자꾸 소인이 돼간다/속돼간다 속돼간다/끝없이 끝없이 동요도 없이(「강가에서」)

돼서야 *이렇게 돼서야 그만이지/어떻게든지 체면을 차려볼 궁리 좀 해야지[…]이렇게 돼서야 그만이지/어떻게든지 체면을 차려볼 궁리 좀 해야지[…]이렇게 돼서야 그만이지/어떻게든지 체면을 차려볼 궁리 좀 해야지[…]이렇게 돼서야 그만이지/어떻게든지 체면을 차려볼 궁리 좀 해야지(「파자마 바람으로」)

돼야 *조악한 방송들이 어떻게 돼야 하고/어떻게 될 것이다/먼저 어떻게 돼야 하고 어떻게 될 것이다(「라디오 계」)

돼요 *살롱 드라마이지요. 반도호텔이나 조선호텔에서/공연을 하게 돼요. 절망의 여운이에요.(「전화 이야기」)

됐느냐고 *이 돈이 31일까지 나올 가망성이 없다/전화를 걸어 보니 아직도 해결이 안 됐느냐고/오히려 반문하는 품이 벌써 이상스럽다(「판문점의 감상」)

됐는지 *시시한 라디오 소리라 더 시시한 것이/여기서는 판을 치니까 그렇게 됐는지 모른다(「라디오 계」)

됐다 *시간이 있었어. 안 빌려주/게 됐다. 시간야(「엔카운터 誌」).

됐으니 *무엇보다도/내가 정말 시인이 됐으니 시원하고(「檄文」) *18년 후에 이렇게 뻐젓이 서울의 다방 건너 막걸리집에서 또 만나게 됐으니/하여간 반갑다 잠입한 사랑아 무식한 사랑아(「滿洲의 여자」)

됐지 *5만 원을 무이자로 돌려보려고/피를 안 흘리려고 생전 처음으로 돈 가진 친구한테/정식으로 돈을 꾸러 가서 안 됐지(「이혼 취소」)

되게 *오이 호박의 손자며느리 값도 안 되게/헐값으로 넘겨버려 울화가 치받쳐서(「가다오 나가다오」)

되고 *조바심도 습관이 되고/그의 얼굴도 습관이 되며(「아버지의 사진」) *자유를 찾기 위하여 有刺鐵網을 탈출하려는 어리석은 동물이 되고 말았다[…]내가 만일 포로가 아니 되고 그대로 거기서 죽어버렸어도(「조국에 돌아오신 傷病捕虜 동지들에게」) *이번에는 우리가 배암이 되고 쐬기가 되더라도/이번에는 우리가 쥐가 되고 살쾡이가 되고 진드기가 되더라도/이번에는 우리가 악어가 되고 표범이 되고 승냥이가 되고 늑대가 되더라도/이번에는 우리가 고슴도치가 되고 여우가 되고 수리가 되고 빈대가 되더라도/아아 슬프게도 슬프게도 이번에는/우리가 혁명이 성취되는 마지막 날에는/그런 사나운 추잡한 놈이 되고 말더라도(「기도」) *혁명은 안 되고 나는 방만 바꾸어버렸다[…]혁명은 안 되고 나는 방만 바꾸어버렸다[…]혁명은 안 되고 나는 방만 바꾸었지만(「그 방을 생각하며」) *오늘의 적도 내일의 적처럼 생각하면 되고/오늘의 적도 내일의 적처럼 생각하면 되고//오늘의 적으로 내일의 적을 쫓으면 되고(「적1」) *그러니까 그가 나보다도 아직까지는 더 순수한 폭도 되고(「H」) *사람의 얼굴도 무섭지 않고/그의 목소리도 방해가 안 되고[…]戲畵의 계시가 돈이 되고/돈이 되고 사랑이 되고 갱의 단층의 길이가/얇아지고 돈이 돈이 되고 돈이/길어지고 짧아지고(「먼지」) *바닥이 없는 집이 되고 있다 소리만/남은 집이 되고 있다 모서리만 남은/돌음길만 남은 난삽한 집으로/기꺼이 기꺼이 변해 가고 있다(「의자가 많아서 걸린다」)

되구 *우리는 그 또 한복판이 되구 있어(「H」)
되기 *나는 자꾸 땅만 만지고 싶었는데/땅과 몸이 일체가 되기를 원하며 그것만을 힘삼고 있었는데(「구슬픈 육체」) *3월도 되기 전에/그의 내부에서는 더운 물이 없어지고(「수난로」) *포탄이/행복의 파편과 영광과 熱度로써/목적을 이루게 되기 전에(「조그마한 세상의 지혜」) *내가 범인이 되기 전에(「절망」(1962)) *그 언 유리에 비친 내 얼굴이 제임스 띵같이/되기까지 내가 겪은, 내가 겪을/고뇌는 무한이다(「제임스 띵」) *그러다가 드디어 나는 월남인이 되기까지도 했다/엉클 샘에게 학살당한/월남인이 되기까지도 했다(「풀의 영상」) *그러나 너무 재촉하지는 마라. 이 문제가 해결/되기까지 기다려봐.(「엔카운터 誌」) *그러나 이렇게 써도 내가 반공산주의자가/아니 되기 위해서는(「라디오 계」)
되나 *원효대사가 나오는 날이면/익살맞은 어린 놈은 활극이 되나 하고//조바심을 하고 식모 아가씨나 가게/아가씨는 연애가 되나 하고(「원효대사」)
되는 *만지면은 죽어버릴 듯 말 듯 되는 책(「가까이 할 수 없는 서적」) *나의 노래가 거치럽게 되는 것을 욕하지 마라!(「조국에 돌아오신 傷病捕虜 동지들에게」) *서울에 돌아온 지 일주일도 못 되는 나에게는 도회의 소음과 狂症과 속도와 허위가 새삼스럽게 미웁고 서글프게 느껴지고[…]저기 나의 맞은편 의자에 앉아 먹고 떠들고 웃고 있는 여자와 젊은 학생을 내가 시골을 여행하기 전에 그들을 보았더라면 대하였으리 감정과는 다른 각도와 높이에서 보게 되는 나는 내 자신의 감정이 보다 더 거만하여지고 순화되어진 탓이라고는 생각하지 않는다(「시골 선물」) *너의 육체는/오늘부터 출발하게 되는 것이다(「바뀌어진 지평선」) *강력과 기도가 일체가 되는 거리에서(「예지」) *피로를 알게 되는 것은 과연 슬픈 일이다(「달밤」) *문명에 대항하는 비결은/당신 자신이 문명이 되는 것이다/미스터 리!(「미스터 리에게」) *아아 새까맣게 손때 묻은 육법전서가/표준이 되는 한(「육법전서와 혁명」) *서푼어치 값도 안 되는 미·소인은(「가다오 나가다오」) *어른이 못 되는 나를 탓하는/구슬픈 어른들(「장시2」) *나하고 별거를 하기로 작정한 이틀째 되는 날(「이혼 취소」) *이북 방송이 불온 방송이/아니 되는 날이 오면[…]나도 모르는 사이에 아무 미련도 없이/희한도 없이 안 듣게 되는 날이 올 것이다……(「라디오 계」)

되는가 *나는 어떠한 몸짓을 하여야 되는가(「영사판」)
되는데 *이 무수한 활자 가운데에/신문기자인 너의 기사도/매일 조금씩은 끼이게 되는데(「기자의 정열」)
되는지 *너는 열네 살 우리집에 고용을 살러 온 지/3일이 되는지 5일이 되는지(「꽃잎3」)
되는지도 *그것은 千字文이 되는지도 나는 모르고 있었다(「아침의 유혹」)
되니 *시원하다고 말하지 않아도 되니/이건 진짜 시원하고(「檄文」)
되더라도 *이번에는 우리가 배암이 되고 쐐기가 되더라도/이번에는 우리가 쥐가 되고 살쾡이가 되고 진드기가 되더라도/이번에는 우리가 악어가 되고 표범이 되고 승냥이가 되고 늑대가 되더라도/이번에는 우리가 고슴도치가 되고 여우가 되고 수리가 되고 빈대가 되더라도(「기도」)
되라 *바늘구멍만한 叡智를 바라면서 사는 자의 설움이여/너는 차라리 부정한 자가 되라(「예지」)
되려 *순결과 오점이 모두 그의 상징이 되려 할 때/신이여/당신의 책을 당신이 여시오(「서책」)
되려는 *명령하고 결의하고/〈평범하게 되려는 일〉 가운데에(「비」)
되며 *조바심도 습관이 되고/그의 얼굴도 습관이 되며(「아버지의 사진」)
되면 *금잔화도 인가도 보이지 않는 밤이 되면/폭포는 곧은 소리를 내며 떨어진다(「瀑布」) *그것은 내일이 되면 포탄이 되어서/휘황하게 날아가야 할 지혜이기 때문이다(「조그마한 세상의 지혜」) *민주당이 제일인 세상에서는/민주당에 붙고/혁신당이 제일인 세상이 되면/혁신당에 붙으면 되지 않는가[…]그렇게 되면 미·소보다는/일본, 瑞西, 인도가 더 빼젓하고(「만시지탄은 있지만」) *그게/될까? 되면? 안 되면? 당신! 당신이 빛난다.(「엔카운터 誌」) *이것이 안 되면 어떻게 하나 그 생각을/그 마지막 대책을 나는 일부러 생각하지/않고 있다/31일까지!(「판문점의 감상」)
되어 *우리는 UN군에 포로가 되어 너무 좋아서 가시철망을 뛰어나오려고 애를 쓰다가 못 뛰어나오고(「조국에 돌아오신 傷病捕虜 동지들에게」) *오랜 피곤도 고통도 인내도 잊어버리고/새 사람 아닌 새 사람이 되어(「기자의 정열」) *사람들이여/차라리 숙련이 없는 영혼이 되어/씨를 뿌리고 밭을 갈고 가래질을 하고 고물개질을 하자(「여름 아침」) *그렇게 피투성이가 되어 찾던 만년필은/처의 백 속에 숨은 듯이 걸려 있고[…]내가 범인이 되기 전에/(벌써 오래전에!)/범인의 것이 되어 있었고(「절망」(1962)) *동그랗게 되어가는 나이(「시」(1961))
되어도 *전에는 즐거움을 모르고 조금/안 즐거움이 꽃으로 되어도(「꽃잎」)
되어서 *그것은 내일이 되면 포탄이 되어서/휘황하게 날아가야 할 지혜이기 때문이다(「조그마한 세상의 지혜」)
되었고 *그는 한국에 수입되어 가지고 완전한 고아가 되었고(「백의」)
되었나 *이제 꿈을 다시 꿀 필요가 없게 되었나 보다(「달밤」)
되었는데도 *내 키만큼 자라나고 노란 꽃도 이제는/보잘것없이 되었는데도(「반달」)
되었다 *나는 그날부터 그를 진심으로 사랑하게 되었다(「백의」) *언어는 원래가 유치한 것이다/나도 그렇게 유치하게 되었다(「모리배」) *민주주의는 인제는 상식으로 되었다/자유는 이제는 상식으로 되었다(「우선 그놈의 사진을 떼어서 밑씻개로 하자」) *여편네의 방에 와서 기거를 같이해도/나는 이렇듯 소년처럼 되었다(「여편네의 방에 와서」) *너는 이제 우리 키만큼 되었다(「65년의 새해」)
되었지만 *그리고 나는 평양을 넘어서 남으로 오다가 포로가 되었지만(「조국에 돌아오신 傷病捕虜 동지들에게」)
되요 *모레면 다 되요. 200매예요. 특종이죠.(「전화 이야기」)
되지 *그것이 너무나 순진한 일이었기에 잠을 깨어 일어나서/나는 예수 크리스트가 되지 않았나 하는 신성한 錯感조차 느껴보는 것이었다(「조국에 돌아오신 傷病捕虜 동지들에게」) *이 헐벗은 거리에 가슴을 대고/뒤집어진 부정이 정의가 되지 않더라도(「예지」) *위안이 되지 않는 시를 쓰는 시인을 건져주기 전에/신이여/그 사나이의 눈초리를 보셨나요/잊어버려야 할 그 눈초리를(「靈交日」) *혁신당이 제일인 세상이 되면/혁신당에 붙으면 되지 않는가(「만시지탄은 있지만」) *거즈를/개키고 있는 나를 보고 포로경찰이 되지 않는다고(「어느 날 고궁을 나오면서」) *배가 모조리 설사를 하는 것은 머리가 설사를/시작하기 위해서다 性도 윤리도 약이/되지 않는 머리가 불을 토한다(「설사의 알리바이」) *그러나 너와 내가/접한 시간은 단 몇 분이 안 되지(「꽃잎3」)
되지만 *열에 뜬 시인들이 속이 허해서/쓰는 말밖에는 아니 되지만(「육법전서와 혁명」) *여편네하고는 헤어져도 되지만, 아이들이/불쌍해서요. 미해결예요.(「전화 이야기」)
되지요 *극단도 좋고, 당신네도/좋고, 번역하는 사람도 좋고, 나도 좋은/일을 하는 폭이 되지요.(「전화 이야기」)

된 *내가 비로소 여유를 갖게 된 것은(「백의」) *아가야 아가야/돌도 아니 된 너는 머리도 한번 깎지를 않고(「자장가」) *파발이 다 된/시골 버스도/맥을 못 추고(「눈」(1961)) *새가 아직 모여들 시간이 못 된 늙은 포플러나무며(「장시2」) *아니 430원짜리 한 가마니면 이틀은 먹일 터인데/어떻게 된 셈이냐고 오늘 아침에도 뇌까렸다(「만용에게」) *나비날개처럼 된 차잎은 아침이면/날개를 펴고 저녁이면 체조라도 하듯이(「반달」) *일본 말보다도 더 빨리 영어를 읽을 수 있게 된,/몇 차례의 언어의 이민을 한 내가/우리말을 너무 잘해서 곤란하게 된 내가(「거짓말의 여운 속에서」)

된다 *영사판 위에 비치는 길 잃은 비둘기와 같이 가련하게 된다(「영사판」) *이 책에는/神 밖에는 아무도 손을 대어서는 아니 된다//잠자는 책이여/누구를 향하여 앉아서도 아니 된다/누구를 향하여 열려서도 아니 된다(「서책」) *그러면 대열은 일자가 된다(「바뀌어진 지평선」) *나는 일손을 멈추고 잠시 무엇을 생각하게 된다(「하루살이」) *저놈들이 타고 가면 안 된다(「나는 아리조나 카보이야」) *계사 안에서 우는 알 겯는/닭소리를 듣다가 나는 마른 침을 삼키고/담배를 피워 물지 않으면 아니 된다(「중용에 대하여」) *혹은/4,294알의/구슬이라도 된다(「아픈 몸이」) *그동안의 부재에도/놀라서는 안 된다(「旅愁」) *그 이유는 시가 안 된다/아니 또 시가 된다(「轉向記」) *현대식 교량을 건널 때마다 나는 갑자기 회고주의자가 된다[…]저 젊은이들의 나에 대한 사랑에 있다/아니 신용이라고 해도 된다(「현대식 교량」) *눈이 내린 날에는 白羊宮의 비약이 없는 날에는/개도 짖지 않는 날에는 제임스 띵이 뛰어들어서는/아니 된다 나의 아들에게 불손한 말을 걸어서는/아니 된다 나의 사상에 노기를 띄우게 해서는/아니 된다//문명의 혈세를 강요해서는 아니 된다 新과 舊가/탈을 낸 돈이 없나 순시를 다니는 제임스 띵은/독자를 괴롭혀서는 아니 된다/나를 몰라보면 아니 된다 나의 怒氣는 타당하니까/눈은, 짓밟힌 눈은, 꺼멓게 짓밟히고 있는 눈은/타당하니까 신·구의 교체식을 그 이튿날/꿈에까지 보이게 해서는 아니 된다/마지막 정적을 빼앗긴, 핏대가 난 나에게는/너희들의 儀式은 원시를 가리키고/노예매매를 연상시킨다(「제임스 띵」) *야한 선언은 안 해도 된다. 거짓말을 해도/된다.(「엔카운터 誌」) *春園 대신의 원작자가 된다[…]파우스트처럼 모든 상징이//상징이 된다(「원효대사」)

된다고 *담배를 피워 물지 않으면 아니 된다고 하였지만(「중용에 대하여」) *29일까지는 된다고 하고 그러나 넉넉잡고 내일까지 기다리라고 한 3만 원(「판문점의 감상」) *안하기로 했다 안해도 된다고/생각했다 안해야 한다고 생각했다(「VOGUE야」)

된다는 *공통된 그 무엇을 위하여 울어서는 아니 된다는 듯이(「달나라의 장난」)

될 *주변 없는 사람이 만져서는 아니 될 책(「가까이 할 수 없는 서적」) *또 하나 나의 팔이 될 수 없는 비참이오(「아버지의 사진」) *나는 한사코 방심조차 하여서는 아니 될 터인데(「달나라의 장난」) *나의 가족들의 기미 많은 얼굴에 비하여 보아서는 아니 될 것이다(「나의 가족」) *마지막에는 해저의 풀떨기같이 혹은 책상에 붙은 민민한 판대기처럼 무감각하게 될 생활이여[…]잊어버린 생활을 위하여 불을 켜서는 아니 될 것이지만(「구슬픈 육체」) *내일 조간분 사회면의 표독한 타이틀이 될 것이라고 해서(「기자의 정열」) *여름 뜰을 밟아서도 아니 될 것이다(「여름 뜰」) *굵은 밧줄 밑에 뒹구는/구렁이가 악몽이 될 수 있겠나요(「靈交日」) *4·26혁명은 혁명이 될 수 없다(「육법전서와 혁명」) *진짜 시인이 될 수 있으니 시원하고(「檄文」) *될 수만 있으면 독자들에게 이 깨알만한 글씨보다 더/작게 써야 할 이 고초의 시기의/보다 더 작은 나의 즐거움을 피력하고 싶다(「이 한국문학사」) *어떻게 될 것이다/먼저 어떻게 돼야 하고 어떻게 될 것이다(「라디오 계」)

될까 *불법을 해도 될까 말까 한/혁명을—(「육법전서와 혁명」) *그게/될까? 되면? 안 되면? 당신! 당신이 빛난다.(「엔카운터 誌」)

될락 *거지의 누더기가 될락 말락 한/저놈은 어제 비를 맞았다(「후란넬 저고리」)

되도록 할 수 있는 대로. *지루한 전향의 고백/되도록 지루할수록 좋다(「轉向記」)

되돌아가다 오던 길을 다시 돌아가다.
　되돌아가는 ＊되돌아오고 되돌아가는 무수한 하루살이(「하루살이」)
되돌아오다 되짚어서 다시 오다.
　되돌아오고 ＊되돌아오고 되돌아가는 무수한 하루살이(「하루살이」)
되찾다 다시 찾다.
　되찾기 ＊죽어라 이성을 되찾기 전에(「네 얼굴은」)
됭케르크(Dunkerque) 프랑스 북부 도시. 인구 약 8만(1991). 파리 북쪽 270km, 벨기에 국경에서 14km 지점에 있으며, 도버 해협에 면한다. 됭케르크라는 명칭은 '사구(砂丘)의 교회'라는 뜻으로 7세기에 성(聖) 엘리기우스(생텔루아)가 이곳에 건설한 예배당에서 유래된다고 한다. 제2차 세계대전 중인 1940년에는 유명한 철수작전이 있었으며, 1944년 9월부터 미군이 포위하여 1945년 5월 9일에 해방되었다. ＊우리들의 전선은 됭케르크도 노르망디도 연희고지도 아니다(「하…… 그림자가 없다」)
두 '둘'의 뜻. ＊오늘이 있듯이 그날이 있는/두겹 절벽 가운데에서(「나비의 무덤」) ＊나의 두 어깨는 꺼부러지고…이미 멀리 달아나버린 비둘기의 두 눈동자에까지(「영사판」) ＊네가 이 두 시간의 중간 위에 서있는 것이라고 해서/어려운 휴식(「기자의 정열」) ＊방 두 칸과 마루 한 칸과 말쑥한 부엌과 애처로운 처를 거느리고(「구름의 파수병」) ＊꺽벅꺽벅/두 눈을/감아가면서/아주/금방 곯아떨어질 것/같은데(「4·19」시) ＊두 줄기로 뻗어올라가던 놈이/한 줄기가 더 생긴 것이 며칠 전이었나…두 줄기로 뻗어올라가던 놈이…두 줄기로 뻗어올라가던 놈이(「등나무」) ＊두 떼기의 차밭 옆에는 역시 두 떼기의/채소밭이 있다(「반달」) ＊8·15 후에 김병욱이란 시인은 두 발을 뒤로 꼬고/언제나 일본여자처럼 앉아서 변론을 일삼았지만(「거대한 뿌리」) ＊얼마전에는 애 업은 여자하고 오입을 했다고 한다/초저녁에 두 번 새벽에 한 번(「강가에서」) ＊제임스 띵같이 생긴 책임자가 두 아이를/데리고 찾아온 풍경이[…新舊의 두 놈이 마적의 동생처럼/떨고 있다(「제임스 띵」) ＊한 줄 건너 두 줄 건너 또 내릴까(「눈」(1966)) ＊그녀가 온 지 두 달 만에 우리들은 처음으로 완성되었다(「식모」) ＊편지지뿐만 아니라 봉투도 마찬가지지 밀용지 녁 장에/봉투 두 장을 4월에 사가지고 왔으니 알지 않겠소(「美濃印札紙」)

두껍다 ①두께가 보통의 정도보다 크다. ②층을 이루는 사물의 높이나 집단의 규모가 보통의 정도보다 크다.
　두꺼운 ＊나는 지금 자유를 연구하기 위하여 『나는 자유를 선택하였다』의 두꺼운 책장을 들춰볼 필요가 없다(「조국에 돌아오신 傷病捕虜 동지들에게」)
두께 두꺼운 정도. ＊네가 물리친 썩은 문명의 두께(「꽃잎3」)
두다 (동사) ①있게 하다. ②저장·보관하다. ③손대지 아니하고 그 상태대로 있게 하다. ④관심 따위를 기울이지 아니하고 그냥 지나치다. (보조동사) ①그 동사가 뜻하는 동작의 결과를 그대로 지니어 감을 뜻하는 말.
　두고 ＊먼 時間을 두고 물속을 흘러온 흰 모래처럼 그들은 온다(「아침의 유혹」) ＊그 다음에는 나는 중앙선 어느 협곡에 있는 역에서 백여리나 떨어진 광산촌에 두고 온 잃어버린 겨울모자를 생각한다(「시골 선물」) ＊나들이를 갔다가 아들놈을 두고 온 안방 건넌방은 빈집 같구나(「사치」) ＊아직도/소록도의 하얀 바다에/두고/버리고/던지고 온 취기가/가시지 않은 탓이라고 생각한다……(「旅愁」)
　두는 ＊노파심으로 만일을 염려하여 말해 두는 건데/이것은 寸豪의 諷刺味도 역설도 불쌍한 발악도 청년다운 광기도 섞여 있는 말이 아닐 것이다(「조국에 돌아오신 傷病捕虜 동지들에게」)
　두었던 ＊그저그저 걸어만 두었던/흉악한 그놈의 사진을(「우선 그놈의 사진을 떼어서 밑씻개로 하자」)
두둔 편들어 허물 따위를 감싸 줌. ＊소련을 내심으로도 입밖으로도 두둔했었다(「轉向記」)
두드러지다 (동사) ①가운데가 불룩하게 쑥 나오다. ②겉으로 뚜렷하게 드러나다. (형용사) ①가운데가 쑥 나와서 불룩하다. ②겉으로 드러나서 뚜렷하다.
　두드러진 ＊종교의 연필 자국이 두드러진/청

춘의 붉은 희롱?(「반주곡」)

두드리다 여러 번 치거나 때리다.
　두드려 *너의 어린 포부는/불가능의 한계를 두드려보기 시작했다(「65년의 새해」)

두려움 두려운 느낌. *이제야말로 아무 두려움 없이/그놈의 사진을 태워도 좋다(「우선 그놈의 사진을 떼어서 밑씻개로 하자」)

두려워하다 꺼려하거나 무서워하는 마음을 갖다.
　두려워하는 *또는 그의 그림자가 혹시나 떨어질까 보아 두려워하는 것도/나는 아무것에도 취하여 살기를 싫어하기 때문이다(「도취의 피안」)

두렵다 ①어떤 대상을 무서워하여 마음이 불안하다. ②마음에 꺼리거나 염려스럽다.
　두려운 *두려운 세상과 같이 배를 대고 있는/너의 대담성—(「너는 언제부터 세상과 배를 대고 서기 시작했느냐」)

두르다 ①싸서 가리거나 휘감다. ②원을 그리듯이 돌리다.
　두르고 *앞의 2층집이 신축을 하고 담을 두르고/가시철망을 칠 때(「도적」)
　두른 *도적이 우리집을 노리고 있다/닭장이 무너진 공터에 두른 판장을 뚫고/매일밤 저희집처럼 출입하고 있다(「도적」)

두리번거리다 어리둥절하여 눈을 멀뚱멀뚱 뜨고 이쪽저쪽을 휘둘러보다. 두리번대다.
　두리번거릴 *여기는 도회의 중심지/고개를 두리번거릴 필요도 없이/태연하다(「거리1」)

두목(頭目) ①패거리의 우두머리. ②예전에, 무역을 목적으로 중국 사신을 따라온 북경 상인을 이르던 말. *두목! 나머지 놈들 다 잡아왔습니다(「나는 아리조나 카보이야」)

두부(豆腐) 콩으로 만든 식품의 하나. 물에 불린 콩을 갈아서 짜낸 콩물을 끓인 다음 간수를 넣어 엉기게 하여 만든다. *두부를 엉기게 하는 따뜻한 불도/졸고 있는 잡초도(「장시2」)

두붓집(豆腐—) 두부를 만드는 집. ☞ 두부.
*새로 파는 우물전에서 도배를 하고 난 귀얄을 씻고 간 두붓집 아가씨에게/무어라고 수고의 인사를 해야 한다지(「사치」) *경복이 할아버지/두붓집 할아버지는/너희들이 피지 섬을 침략했을 당시에는/그의 아버지들은 아직 젖도 떨어지기 전이었다니까/명수 할버이가 불쌍하지 않으냐/잿님이 할아버지가 불쌍하지 않으냐/두붓집 할아버지가 불쌍하지 않으냐(「가다오 나가다오」)

두통(頭痛) 머리가 아픈 증세. *머리를 아프게 하는 것은/두통의 미덕은 시간이 아니다(「백지에서부터」)

두툼하다 ①좀 두껍다. ②어지간히 넉넉하다.
　두툼한 *아아 보기 싫은 머리에 두툼한 어깨는/허위의 상징(「네 얼굴은」)

둔감하다(鈍感—) 감정이나 감각이 무디다.
　둔감한 *나는 섬찍해서 그전의 둔감한 내 자신으로/다시 돌아간다(「性」)

둔갑하다(遁甲—) ①술법을 써서 자기 몸을 감추거나 다른 것으로 바꾸다. ②사물의 본디 형체나 성질이 바뀌거나 가리어지다.
　둔갑한 *나의 못 보는 눈을 나의 둔갑한 영혼을/나의 애인 없는 더러운 고독을(「꽃잎3」)

둔하다(鈍—) ①깨우침이 늦고 재주가 없다. ②언행이 느리고 미련하다. ③감수성이 무디다.
　둔한 *나의 표정에는 무엇이지 우스웁고 간지럽고 서먹하고 쓰디쓴 것마저 섞여 있다/그것은 둔한 머리에 움직이지 않는 사념일 것이다(「여름 뜰」)

둘 하나에 하나를 더한 수. *누가 거제도 제61수용소에서 단기 4284년 3월 16일 오전 5시에 바로 철망 하나 둘 셋 네 겹을 隔하고 불 일어나듯이 솟아나는 제62적색수용소로 돌을 던지고 돌을 받으며 뛰어들어갔는가?(「조국에 돌아오신 傷病捕虜 동지들에게」) *남은 계집애 둘을 데리고/재전락한 여자가 여기 있구나(「滿洲의 여자」) *어쩌다 셋이서 술을 마신다 둘은 한 발을 무릎 위에 얹고/도사리지 않는다 나는 어느새 남쪽식으로/도사리고 앉았다 그럴 때는 이 둘은 반드시/이북 친구들이기 때문에 나는 나의 앉음새를 고친다(「거대한 뿌리」) *하나 죽이고/둘 죽이고/넷 죽이고(「거미잡이」)

둘레 ①사물의 테두리나 바깥 언저리. ②사물의 가를 한 바퀴 돈 길이. *거기다가 나의 부처님을 모신 법당 뒷산에 묻혀 있는 검은 바위같이 큰 머리에는 둘레가 작아서 맞지 않아 그 모자를 쓴 기분이란 쳇바퀴를 쓴 것처럼 딱딱하다(「시골 선물」)

둘째 첫째의 다음. *나의 새끼는 피아노 앞에서는 노예/둘째 새끼는 왕자다(「피아노」)

둥글다 ①중심에서 밖의 어느 곳까지든지 거리가 똑같다. ②모가 없이 원만하다.

둥근 *그것은 그의 둥근 호흡기가 언제나 왼쪽에 달려 있기 때문이다(「수난로」) *생각하면 그것은 둥근 옹이같이 어지러웁기만 한 일이지만(「기자의 정열」) *빛이 없는 둥근 하늘에서는(「조그마한 세상의 지혜」)

뒈지다 '죽다'를 속되게 이르는 말.

뒈지지 *8·15를 6·25를 4·19를/뒈지지 않고 살아왔으면 알겠지(「만시지탄은 있지만」)

뒤 ①향하고 있는 방향과 반대되는 쪽이나 곳. ②시간이나 순서상으로 다음이나 나중. ③보이지 않는 배후나 겉으로 드러나지 않는 부분. ④일의 끝이나 마지막이 되는 부분. ⑤선행한 것의 다음을 잇는 것. ⑥어떤 일을 할 수 있게 이바지하거나 도와주는 힘. ⑦어떤 일이 진행된 다음에 나타난 자취나 흔적 또는 결과. ⑧좋지 않은 감정이 있는 다음에도 여전히 남아 있는 감정. ⑨사람의 똥을 완곡하게 이르는 말. ⑩'엉덩이'를 완곡하게 이르는 말. *기진맥진한 머리를 쉬일 곳을 찾아서 친구의 뒤를 따라서 걸어나왔다.(「미숙한 도적」) *마지막 설움마저 보낸 뒤(「방안에서 익어가는 설움」) *내가 죽은 뒤에는/고독의 명맥을 남기지 않으려고(「나비의 무덤」) *고통의 映寫板 뒤에 서서(「영사판」) *뮤즈여/시인이 시의 뒤를 따라가기에는 싫증이 났단다(「바뀌어진 지평선」) *나는 여유있는 시인—쉬페르비엘이/물에 빠진 뒤에 나는 젤라틴을 통해서 詩의 진지성을 본다(「반주곡」) *벽 뒤로 퍼진 원근 속에/밤이/가벼웁게 개울을 갖고(「凍夜」) *메리야 너는 내 뒤를 따라와(「나는 아리조나 카보이야」) *시간은 나의 뒤의/그림자이니까(「허튼소리」) *그동안에도/그 뒤에도 나의 시는 영원한 미완성이고(「절망」(1962)) *내일의 채귀를/죽은 뒤의 채귀를 걱정하는(「장시1」) *흰 원고지 뒤에 낙서를 하면서(「轉向記」) *8·15 후에 김병욱이란 시인은 두 발을 뒤로 꼬고/언제나 일본여자처럼 앉아서 변론을 일삼았지만[…]버드 비숍 여사를 안 뒤부터는 썩어빠진 대한민국이/괴롭지 않다 오히려 황송하다 역사는 아무리/더러운 역사라도 좋다(「거대한 뿌리」) *눈이 온 뒤에도 또 내린다//생각하고 난 뒤에도 또 내린다//응아 하고 운 뒤에도 또 내릴까//한꺼번에 생각하고 또 내린다(「눈」(1966)) *고민이 사라진 뒤에(「풀의 영상」) *나의 소란을 하나 더 보탠 것에 만족을/느낀 것은 절망에 지각하고 난 뒤이다.(「전화 이야기」) *설파제를 먹어도 설사가 막히지 않는다/하룻동안 겨우 막히다가 다시 뒤가 들먹들먹한다(「설사의 알리바이」) *지옥의 시를 쓰고 난 뒤에(「세계일주」) *나는 이것이 쏟고 난 뒤에도 보통때보다/완연히 한참 더 오래 끌다가 쏟았다(「性」)

뒤떨어지다 ①뒤에 처지다. ②뒤에 처져 남아 있다. ③발전 속도가 느려 어떤 기준·수준에 이르지 못하다. ④(시대나 사회 조류 따위에) 맞지 아니하게 뒤지다.

뒤떨어지느냐가 *〈시대에 뒤떨어지는 것이 무서운 게 아니라/어떻게 뒤떨어지느냐가 무서운 것〉이라는 죽음의 잠꼬대여(「광야」)

뒤떨어지는 *〈시대에 뒤떨어지는 것이 무서운 게 아니라/어떻게 뒤떨어지느냐가 무서운 것〉이라는 죽음의 잠꼬대여(「광야」)

뒤떨어지지 *이제 나는 광야에 드러누워도/시대에 뒤떨어지지 않는 나를 발견하였다(「광야」)

뒤떨어진 *그것은 갈색 낙타 모자/그리고 유행에서도 훨씬 뒤떨어진 서울의 화려한 거리에서는 도저히 쓰고 다니기 부끄러운 모자이다(「시골 선물」)

뒤집다 ①안과 겉을 뒤바꾸다. ②위가 밑으로 되고 밑이 위로 되게 하다. ③일 따위의 차례나 승부를 바꾸다. ④되어 가는 일이나 하기로 된 일을 돌려서 틀어지게 하다. ⑤체제, 제도, 학설 따위를 뒤엎다. ⑥조용하던 것을 소란하고 어지럽게 하다. ⑦눈을 크게 흡뜨다.

뒤집어 *懶惰와 안정을 뒤집어놓은 듯이/높이도 폭도 없이//떨어진다(「瀑布」)

뒤집어진 *이 헐벗은 거리에 가슴을 대고/뒤집어진 부정이 정의가 되지 않더라도(「예지」) *뒤집어진 세상의 저쪽에서는/나는 비틀거

뒤집히다 뒤집음을 당하다.
  뒤집힌 ＊聖人은 처를 적으로 삼았다/이 한국에서도 눈이 뒤집힌 사람들/틈에 끼여 사는 처와 처들을 본다(「적2」)
뒤치다꺼리 뒤에서 일을 보살펴서 도와주는 일. ＊이것이 사랑의 뒤치다꺼리인가 보다/평안도 사랑의 덤인가 보다(「滿洲의 여자」)
뒤퉁그러지다 '퉁겨지다'의 강한 표현. ＊이름도 모르는 뼈와 뼈/어디까지나 뒤퉁그러져 나왔구나(「PLASTER」)
뒷걸음질 ①발을 뒤로 떼어 놓으며 걸음을 걷는 일. ②본디보다 뒤지거나 뒤떨어짐. ＊뒷걸음질치는 것은 憤激인가 조소인가 회한인가/무수한 궤도여(「靈交日」)
뒷골목 ①큰길 뒤에 있는 좁은 골목. ②폭력이나 매춘 따위의 사건이 많이 일어나는 범죄 세계를 비유적으로 이르는 말. ＊나는 어느 날 뒷골목의 발코니 위에 나타난/생활에 얼이 빠진 여인의 모습을 다방의 창 너머로 瞥見하였기 때문에(「미스터 리에게」)
뒷산(一山) ①마을이나 집 뒤쪽에 있는 산. ②앞뒤로 있는 두 개의 산에서 뒤쪽에 있는 산. ＊거기다가 나의 부처님을 모신 법당 뒷산에 묻혀 있는 검은 바위같이 큰 머리에는 둘레가 작아서 맞지 않아 그 모자를 쓴 기분이란 쳇바퀴를 쓴 것처럼 딱딱하다(「시골 선물」)
뒷살 뒤에 붙은 살. ＊넓적다리 뒷살에/넓적다리 뒷살에/알이 배라지[…]넓적다리 뒷살에/넓적다리 뒷살에/알이 배라지(「쌀난리」)
뒹굴다 ①누워서 몸을 이리 저리 구르다. ②하는 일 없이 빈둥빈둥 놀다. ③여기저기 널리어 구르다.
  뒹구는 ＊굵은 밧줄 밑에 뒹구는/구렁이가 악몽이 될 수 있겠나요(「靈交日」)
  뒹굴고 ＊문지방 안에 석간이 떨어져 뒹굴고 있는데도(「파자마 바람으로」) ＊이 몇 개의 판테온의 기둥 사이에/뒹굴고 있는 폐허의 돌조각들보다도/더 값없게 발길에 차이는 隣國의 음성(「라디오 계」)
드나들다 ①자주 들어갔다 나왔다 하다. ②이것저것이 자주 갈아들다. ③고르지 못하고 들쭉날쭉하다.
  드나드는 ＊어두운 그늘 밑에 드나드는 쥐새끼들(「휴식」) ＊그 아귀란 놈이 들어오고 나갈 때마다 집어갈 돈/풀방구리를 드나드는 쥐의 돈(「돈」)
드디어 무엇으로 말미암아 그 결과로. ＊그러다가 드디어 나는 월남인이 되기까지도 했다(「풀의 영상」) ＊풀은 눕고/드디어 울었다(「풀」)
드라마(영, drama) ①희곡 ②텔레비전 따위에서 방송되는 극. ③극적인 사건이나 상황을 비유적으로 이르는 말. ＊살롱 드라마이지요. 반도호텔이나 조선호텔에서/공연을 하게 돼요. 절망의 여운이에요(「전화 이야기」)
드러눕다 ①편하게 눕다. ②앓아서 자리에 눕다.
  드러누우니 ＊의치를 빼어서 물에 담가놓고 드러누우니(「미숙한 도적」)
  드러누울 ＊광야에 와서 어떻게 드러누울 줄을 알고 있는/나는 너무나도 악착스러운 몽상가(「광야」)
  드러누워도 ＊이제 나는 광야에 드러누워도/시대에 뒤떨어지지 않는 나를 발견하였다[…]이제 나는 광야에 드러누워도/공동의 운명을 들을 수 있다(「광야」)
드리다 ① '주다'의 높임말. ②윗사람에게 그 사람을 높여 말이나 인사, 결의, 축하 따위를 하다. ③신에게 비는 일을 하다.
  드려야 ＊그리고 이러한 변명이 지루하다고 꾸짖는 독자에 대하여는/한마디 드려야 할 정당한 이유의 말이 있다(「조국에 돌아오신 傷病捕虜 동지들에게」)
  드렸다 ＊그런 의미에서 나는 전쟁에 축복을 드렸다[…]그런 의미에서 나는 속죄에 축복을 드렸다(「여자」)
드림(영, dream) 꿈. ＊여보세요. 앨비의 아메리칸 드림예요. 절망예요.[…]코리안 드림이라구요. 놀리지 마세요.(「전화 이야기」)
듣다 ①귀로 소리를 느끼다. ②칭찬·꾸지람 따위를 받다. ③이르거나 시키는 대로 실천하다. ④허락하다.
  듣게 ＊나도 모르는 사이에 아무 미련도 없이/희한도 없이 안 듣게 되는 날이 올 것이다……(「라디오 계」)

듣고 *물소리 새소리 낯선 바람소리 다시 듣고(「나비의 무덤」) *비둘기 울음소리를 듣고 있을 동안에(「가다오 나가다오」) *개의 울음소리를 듣고 그 비명에 지고(「어느 날 고궁을 나오면서」)

듣는 *그대의 말을 고개 숙이고 듣는 것이/그대는 마음에 들지 않겠지(「死靈」) *자는 아이의 고운 숨소리를 듣는 마음으로[…]자는 아이의 고운 숨소리를 듣는 마음으로(「기도」) *이런 때면 매년 이맘때쯤 듣는/병아리 우는 소리와(「백지에서부터」)

듣는다 *더 값없게 발길에 차이는 隣國의 음성/—물론 낭랑한 일본 말들이다/이것을 요즘은 안 듣는다[…]그 금덩어리 같던 소리를 지금은 안 듣는다(「라디오 계」)

듣다가 *닭소리를 듣다가 나는 마른침을 삼키고(「중용에 대하여」)

듣듯이 *그때는 지금 일본 말 방송을 안 듣듯이(「라디오 계」)

듣지 *너무나 알기 쉬운 말로 아무도 듣지 못하게 당신의 뺨에다 대고 비로소 시작하는 귓속이야기지요(「조국에 돌아오신 傷病捕虜 동지들에게」)

들어야 *테이블 밑에 신경이 가고 탱크가 지나가는/沿道의 음악을 들어야 한다(「의자가 많아서 걸린다」)

들어 *그 이튿날 여편네와 식모가 하는 말을 들어보니(「도적」)

들어도 *창을 흔들고 가는 바람소리를 들어도 불안하지도 않고(「미숙한 도적」)

들었다 *그저께 나는 파스깔이「머리가 나쁜 것은 나」라고 하는 말을 들었다(「우리들의 웃음」)

들었지만 *개가 여러 번 짖는 소리를 들었지만(「도적」)

들으며 *3년 전에 심은 버드나무의 악마 같은/그림자가 뿜는 아우성소리를 들으며(「가옥찬가」)

들으면 *일본의 〈진보적〉 지식인들이 이 말을 들으면 필시 웃을 것이다(「轉向記」) *음악을 들으면 차밭의 앞뒤 시간이/가시처럼 생각된다[…]음악을 들으면 차밭의 앞뒤 시간이(「반달」)

들으면서 *나의 마음을 딛고 가는 거룩한 발자국소리를 들으면서/지금 나는 마지막 붓을 든다(「九羅重花」)

들은 *또 한 놈은 잘 안 보였고 매일 아침 들은/「신문요」의 목소리를 회상하며(「제임스 띵」)

들을 *이제 나는 광야에 드러누워도/공동의 운명을 들을 수 있다(「광야」) *하늘에도 천둥이, 우리의 귀가/들을 수 없는 더 큰 천둥이 있는 줄/알았다 그것이 먼저 있는 줄 알았다(「여름 밤」)

들 ①편평하고 넓게 트인 땅. ②논이나 밭으로 되어 있는 넓은 땅. *이 푸른 바다와 산과 들 위에/화려한 태양이 날개를 펴고 걸어가는 것이다(「거리1」) *詩는 쨍쨍한 날씨에 청량한 들에/환락의 개울가에 바늘 돋친 숲에/버려진 우산/망각의 想起다(「적2」)

들끓다 ①한곳에 여럿이 많이 모여 수선스럽게 움직이다. ②기쁨, 감격, 증오 따위의 심리 현상이 고조되다.

들끓고 *시금치밭에 거름을 뿌려서 파리가 들끓고(「장시2」)

들다¹ ①거처를 정하고 머물러 있게 되다. ②(어떤 장소나 범위의) 안에 있게 되다. ③빛깔이 물건에 배다. ④(자본이나 재료 따위가) 필요하거나 쓰이게 되다. ⑤(어떤 절기나 때가) 되거나 돌아오다. ⑥(기분이나 마음에) 꼭 맞다. ⑦병이 생기다. ⑧맛이 알맞게 되다. ⑨(버릇·생각·느낌 따위가) 생기다. ⑩안에 담기거나 들어 있다. ⑪(어떤 집단에) 가입하거나 고용되다. ⑫(어떤 환경이나 상태에) 빠지거나 처하다. ⑬어느 정도 많은 나이에 이르다. ⑭애써 하려고 들다.

든 *노년에 든 로버트 그레이브스가 연애시를 쓰는 이유,/모르지?(「모르지?」) *이것을 떼먹은 년은 우리 여편네가 든/契의 오야가 주재하는/우리 여편네는 들지 않은 백만 원짜리/계의 멤버로 인형을 만들어 파는 년이라나(「판문점의 감상」)

든다 *마치 내가 임종하는 곳이 이러할 것이니 하는 생각이 불현듯이 든다(「미숙한 도적」)

들어 *지금 참외와 수박을/지나치게 풍년이 들어(「가다오 나가다오」) *골치를 앓는 여편네의 댓가지 백 속에/조약돌이 들어 있는/공간의 우연에 놀란다(「누이의 방」) *─여기에는 혹시 휴식의 갈망이 들어 있는지도 모른다(「후란넬 저고리」) *이 횡재물이 지금 우리집 뜰 아래 광에/들어 있다(「도적」)

들어서 *선잠이 들어서/그가 모르는 동안에/조용히 가다오 나가다오(「가다오 나가다오」)

들었지만 *「아네요」하면서 오야붕을 응원/하려 들었지만(「제임스 띵」)

들은 *호주머니 속의 소눈깔만한 호주머니에 들은/물뿌리와 담배 부스러기의 오랜 친근/윗호주머니나 혹은 속호주머니에 들은/치부책 노릇을 하는 종이쪽[…]옛날 추억이 들은 그러나 일년 내내 한번도 펴본 일이 없는/죽은 기억의 휴지(「후란넬 저고리」) *어제는 캐시밀론이 들은 새 이불이(「금성라디오」)

들지 *이다지도 힘이 들지 않는다는 것을 처음 깨달은 것은(「헬리콥터」) *그대는 마음에 들지 않겠지/마음에 들지 않아라//모두 다 마음에 들지 않아라[…]어제도 오늘도 내일도 마음에 들지 않아라(「死靈」) *우리 여편네는 들지 않은 백만 원짜리/계의 멤버로 인형을 만들어 파는 년이라나(「판문점의 감상」)

듭니다 *이북에서 고생하고 돌아오는/상병포로들에게 말할 수 없는 미안한 감이 듭니다(「조국에 돌아오신 傷病捕虜 동지들에게」)

들다² ①손에 가지다. ②놓인 물건을 잡아 위로 올리다. ③(몸의 한 부분을) 쳐들어 올린다. ④(어떤 사실이나 예를) 내보이거나 지적하다. ⑤'먹다'의 높임말.

들 *착잡한 머리에 책을 집어들 필요가 없고(「달밤」)

들고 *그는 고개를 들고 서서 있어야 하였다(「토끼」) *스푼과 성냥을 들고 旅館에서 나왔다(「아침의 유혹」) *저기 돈보따리를 들고 달아나는 놈을 잡아라(「나는 아리조나 카보이야」) *여름저녁을 어울리지 않는 지팡이를 들고/이방인처럼 산책하던 땅주인은(「장시2」) *손에는 무거운 보따리를 들고/가다가다 기침을 하면서(「네 얼굴은」)

들어 *자꾸 수그러져 가는 눈을 들어 강과 對岸의 찬란한 불빛을 본다(「말」(1958)) *낮잠을 자고 나서 들어보면/후란넬 저고리도 훨씬 무거워졌다(「후란넬 저고리」)

들리다 소리가 귀청을 울려 감각이 일어나다.

들리고 *종이 들리고 달이 떠도/너는 조금도 당황하지 말라[…]개가 울고 종이 들리고/기적소리가 과연 슬프다 하더라도(「봄 밤」) *가까운 데에서 나는 人聲도 옛날이야기처럼/멀리만 들리고(「장시2」) *불 피우는 소리처럼 다 들리고/재 섞인 연기처럼 다 맡힌다(「제임스 띵」) *도시의 끝에/사그러져 가는 라디오의 재갈거리는 소리가/사랑처럼 들리고(「사랑의 변주곡」) *찻잔에 부딪치는/차숟가락만한 쇳소리도 안 들리고(「먼지」)

들리는 *기침소리가 가장교사에게 들리는 방은 도로/식모아이한테 주었지.(「엔카운터 誌」)

들리지 *물소리 빗소리 바람소리 하나 들리지 않는 곳에(「九羅重花」) *새의 울음소리가 그 이전의 정적이 없이는 들리지 않는 것처럼……(「우리들의 웃음」) *그때는 인국 방송이 들리지 않아서/그들의 달콤한 억양이 금덩어리 같았다(「라디오 계」)

들린다 *그러나 나의 머리 위의 천장에서는 너의 소리가 들린다(「하루살이」) *鷄舍건너 신축 가옥에서 마치질하는/소리가 들린다(「중용에 대하여」)

들먹들먹 ①무거운 물체 따위가 자꾸 들렸다 내려앉았다 하는 모양. ②어깨나 엉덩이 따위가 자꾸 들렸다 놓였다 하는 모양. *설파제를 먹어도 설사가 막히지 않는다/하룻동안 겨우 막히다가 다시 뒤가 들먹들먹한다(「설사의 알리바이」)

들어가다 ①안이나 속으로 가다. ②어떤 단체·기관·조직의 구성원이 되다. ③어떤 범위 안에 속하거나 포함되다. ④비용·물자·노동 등이 어떤 필요에 쓰이다. ⑤말·글의 내용이 이해되어 기억되다. ⑥새로운 상태나 시기가 시작되다. ⑦물체의 표면이 우묵하게 되다. ⑧어떤 것에 끼이다.

들어가 *이놈들 여기 개미구멍으로 다 들어가[…]야 빨리 들어가 하바! 하바!(「나는 아리조나 카보이야」)

들어가고 *일전에 어떤 친구를 만났더니 날더러 다시 포로수용소에 들어가고 싶은 생각이 없느냐고/정색을 하고 물어봅니다(「조국에 돌아오신 傷病捕虜 동지들에게」) *요릿집엘 들어가고/술을 마시고 웃고 잡담하고(「하…… 그림자가 없다」) *한 달에 12, 3만 환이 소리 없이 들어가고(「만용에게」)

들어가면 *이 구멍으로 들어가면 아리조나에 있는/우리 고조할아버지 산소 망두석 밑으로 빠질 수 있으니까(「나는 아리조나 카보이야」)

들어간 *이북으로 갔다는 김영길이 이야기가/나왔다가 들어간 때이다(「나가타 겐지로」)

들어갈 *나의 노래는 물방울처럼/땅속으로 향하여 들어갈 것(「愛情遲鈍」)

들어갔는데 *그는 나보다도 눈이 들어갔는데(「강가에서」)

들어갔다 *기진맥진하여서 여관을 찾아 들어갔다(「미숙한 도적」)

들어갔다가 *눈에 보여. 냉면집 간판 밑으로―육개장을 먹으러―/들어갔다가 나왔어―모밀국수 전문집으로 갔지―(「엔카운터 誌」)

들어서다 ①안쪽으로 옮겨 서거나 가다. ②어떤 곳에 자리잡고 서다. ③가까이 대들어서 버티어 서다. ④어떤 상태나 시기 등이 시작되다.

들어서면서 *나는 또 하나의 생활의 좁은 골목 속으로/들어서면서(「생활」)

들어앉다 ①안쪽으로 다가 앉다. ②일정한 곳에 자리를 잡다. ③어떤 지위를 차지하다. ④바깥 활동이나 직장을 그만두고 집에만 틀어박혀 지내다.

들어앉고 *돌에 쇠에 구리에 넝마에 삭아/삭은 그늘에 또 삭아 부스러져/거미줄이 쳐지고 망각이 들어앉고/들어왔다 튀어나오고(「먼지」)

들어앉는다 *3월도 되기 전에/그의 내부에서는 더운 물이 없어 지고/어둠이 들어앉는다(「수난로」)

들어오다 ①밖에서 안으로 오다. ②어떤 조직·기관 등의 구성원이 되다. ③수입 등이 생기다. ④말·글의 내용이 이해되어 기억에 남다.

들어오게 *꽃의 소음이 바로 들어오게/꽃을 찾기 전의 것을 잊어버리세요(「꽃잎2」)

들어오고 *그 아귀란 놈이 들어오고 나갈 때마다 집어갈 돈/풀방구리를 드나드는 쥐의 돈(「돈」) *聖俗이 같다는 원효대사가/텔레비에 텔레비에 들어오고 말았다(「원효대사」)

들어오는 *「도적질을 하는 것도 저렇게 부지런하여야 하는데 우리는 이게 무어야 빨리 나가서 배 들어오는 것을 기다리세」하고 친구가 서두른다(「미숙한 도적」) *하얗게 마른 마루틈 사이에서/들어오는 바람에서/느끼는 투지와 애정은 젊다(「가옥 찬가」) *지금은 너무나 또렷한 입체음을 통해서/들어오는 이북 방송이 불온 방송이/아니 되는 날이 오면(「라디오계」)

들어오면 *초봄의 뜰 안에 들어오면(「초봄의 뜰 안에」)

들어온 *먼지처럼 인색하게 묻혀가지고 들어온 것(「나의 가족」)

들어온다고 *하얗게 마른 마루틈 사이에서/검은 바람이 들어온다고 외쳐라(「가옥 찬가」)

들어올 *아침이면 눈을 부비고 나가서/저녁에 들어올 때마다(「나의 가족」)

들어와서 *그러한 나의 반역성을 조소하는 듯이 스무 살도 넘을까 말까 한 노는 계집애와 머리가 고슴도치처럼 부스스하게 일어난 쓰메에리의 학생복을 입은 청년이 들어와서 커피니 오트밀이니 사과니 어수선하게 벌여놓고 계통 없이 처먹고 있다(「시골 선물」) *백의는 이와 같은 나의 안심과 태만을 비웃는 듯이/어느 틈에 우리 가정의 내부에까지 침입하여 들어와서(「백의」) *그 아우는 물론 들어와서 쉬어가라고 미소를 띄우면서 권하였다(「말」(1958))

들어왔다 *고색이 창연한 우리집에도/어느덧 물결과 바람이/신선한 기운을 가지고 쏟아져 들어왔다(「나의 가족」) *어젯밤에는 새 책이/오늘 오후에는 새 라디오가 승격해 들어왔다(「금성라디오」) *돌에 쇠에 구리에 넝마에 삭아/삭은 그늘에 또 삭아 부스러져/거미줄이 쳐지고 망각이 들어앉고/들어왔다 튀어나오고(「먼지」)

들어왔다는 *돈에 치를 떠는 여편네도 도적이 들어왔다는/말에는 놀라지 않는다(「도적」)

들여다보다 ①밖에서 안을 보다. ②가까이서

자세히 살피다. ③어디에 들러서 보다.

들여다보는　＊나는 식인종같이 잔인한 탐욕과 강렬한 의욕으로 그중의 하나하나를 일일이 뚫어져라 하고 들여다보는 것이지만(「거리2」)

들여다보니　＊어젯밤에 술을 마시던 방을 들여다보니 이불도 베개도 타구 하나 없이 깨끗하다.(「미숙한 도적」)

들여다본다고　＊만약에 나라는 사람을 유심히 들여다본다고 하자(「구름의 파수병」)

들오리　야생의 오리. ＊어느 이름 없는 개울가에서/들오리가 서투른 앉음새로/병아리를 품고 있을지도 모른다(「황혼」)

들추다　①속이 드러나게 들어 올리다. ②무엇을 찾으려고 자꾸 뒤지다. ③숨은 일, 지난 일, 잊은 일 따위를 끄집어내어 드러나게 하다.

들춰　＊두꺼운 책장을 들춰볼 필요가 없다(「조국에 돌아오신 傷病捕虜 동지들에게」)

들키다　숨기려던 것이 남의 눈에 뜨이다.

들키거나　＊하루에 한번씩 찾아오는/수치와 고민의 순간을 너에게 보이거나/들키거나 하기가 싫어서가 아니라(「도취의 피안」)

듯　①'듯이'의 준말. ②('-은 듯 만 듯', '-는 듯 마는 듯', '-을 듯 말 듯' 구성으로 쓰여) 그런 것 같기도 하고 그렇지 아니한 것 같기도 함을 나타내는 말. ＊주변 없는 사람이 만져서는 아니 될 책/만지면은 죽어버릴 듯 말 듯 되는 책(「가까이 할 수 없는 서적」) ＊눈에 걸리는 마지막 물건이 무엇이냐고 물어보는 듯[…]물같이 엷은 날개를 펴며/너의 무게를 안고 날아가려는 듯(「九羅重花」) ＊피곤을 잊어버리게 하는 밝은 태양 밑에는/모든 사람에게 불가능한 일이 없는 듯하다(「거리2」) ＊나들이를 갔다 온 씻은 듯한 마음에 오늘밤에는 아내를 껴안아도 좋으리(「사치」) ＊술 취한 듯한 동네아이들의 함성/미쳐돌아가는 역사의 반복(「장시2」) ＊어린 너는 나의 전모를 알고 있는 듯(「꽃잎3」)

듯이　듯하게. ＊토막방 안에서 나는 우주를 잡을 듯이 날뛰고 있지요(「웃음」) ＊도회 안에서 쫓겨다니는 듯이 사는/나의 일이며(「달나라의 장난」) ＊팽이가 나를 비웃는 듯이 돌고 있다[…]공통된 그 무엇을 위하여 울어서는 아니 된다는 듯이/서서 돌고 있는 것인가(「달나라의 장난」) ＊그러한 나의 반역성을 조소하는 듯이 스무 살도 넘을까 말까 한 노는 계집애와 머리가 고슴도치처럼 부스스하게 일어난 쓰메에리의 학생복을 입은 청년이 들어와서 커피니 오트밀이니 사과니 어수선하게 벌여놓고 계통 없이 처먹고 있다(「시골 선물」) ＊더러운 향로 앞으로 걸어가서/잃어버린 愛兒를 찾은 듯이/너의 거룩한 머리를 만지면서(「더러운 향로」) ＊등잔은 바다를 보고/살아있는 듯이 나비가 죽어 누운/무덤 앞에서(「나비의 무덤」) ＊고통되는 젊은/피가 통하는 듯이 느껴지는 것은/비둘기의 울음소리(「영사판」) ＊일은 나를 부르는 듯이/내가 일 위에 앉아 있는 듯이/그러나 필경 내가 일을 끌고 가는 것이다(「거리1」) ＊이브의 심장이 아닌 너의 내부에는/〈시간은 시간을 먹는 듯이 바쁘기만 하다〉는/기계가 아닌 자욱한 안개 같은/준엄한 태산 같은/시간의 퇴적뿐이 아닐 것이냐(「네이팜 탄」) ＊일한다는 의미가 없어져도 좋다는 듯이 구수한 벗이 있는 곳(「사무실」) ＊백의는 이와 같은 나의 안심과 태만을 비웃는 듯이(「백의」) ＊懶惰와 안정을 뒤집어놓은 듯이/높이도 폭도 없이//떨어진다(「瀑布」) ＊먼 밭을 바라보며 마늘장아찌에/취하지 않은 듯이 취하는 게라(「술과 어린 고양이」) ＊그렇게 피투성이가 되어 찾던 만년필은/처의 백 속에 숨은 듯이 걸려 있고(「절망」(1962)) ＊옆상에 앉은 술친구들이 경사나 난 듯이/고함을 친다(「滿洲의 여자」)

등[1]　①사람이나 동물의 몸통에서 가슴과 배의 반대쪽 부분. ②물체의 위쪽이나 바깥쪽에 볼록하게 내민 부분. ＊등 등판 광택 거대한 여울(「풍뎅이」) ＊이미 대한민국의 하늘을 가슴으로 등으로 쓸고 나가는/저 조그만 비행기같이 연기도 여운도 없이 살아진 몇몇 포로들의 영령이(「조국에 돌아오신 傷病捕虜 동지들에게」)

등(等)[2]　그 밖에도 같은 종류의 것이 더 있음을 나타내는 말. ＊이러한 목표는 극장 의회 기계의 齒車/선박의 索具 등을 呪詛하지 않는다(「영롱한 목표」)

등꽃(藤―) 등나무의 꽃. *등꽃 위의 등나무[…]우물 옆의 등꽃과 활련(「등나무」)

등나무(藤―) 콩과의 낙엽 덩굴성 식물. 줄기는 길이가 10미터 정도이고 마디가 있다. 잎은 길이가 4~8미터이고 달걀 모양의 타원형이며 끝에 덩굴손이 있어 다른 물건을 감아 올라간다. 여름에 자주색의 잔꽃이 총상(總狀) 꽃차례를 이루는데 수꽃은 길다. 열매는 협과(莢果)를 맺는다. *두 줄기로 뻗어올라가던 놈이/한 줄기가 더 생긴 것이 며칠 전이었나/등나무[…]등나무 등나무 등나무 등나무//얇상한 잎[…]등나무? 등나무? 등나무? 등나무?[…]난간 아래 등나무/넝쿨장미 위의 등나무/등꽃 위의 등나무/우물 옆의 등나무/우물 옆의 등꽃과 활련[…]등나무여 지휘하라 부끄러움 고만 타고[…]등나무 등나무 등나무 등나무[…]등나무 등나무 등나무 등나무[…]등나무? 등나무? 등나무? 등나무?(「등나무」)

등대(燈臺) ①항로 표지의 하나. 바닷가나 섬 같은 곳에 탑 모양으로 높이 세워 밤에 다니는 배에 목표, 뱃길, 위험한 곳 따위를 알려 주려고 불을 켜 비추는 시설이다. ②나아가야 할 길을 밝혀 줌을 비유적으로 이르는 말. *너무나 멀리 잊어버려 천상의 무슨 등대같이 까마득히 사라져버린 귀중한 생활들이여(「구슬픈 육체」)

등뒤 등의 뒤. 배후. *나는 병풍을 바라보고/달은 나의 등뒤에서 병풍의 주인 六七翁海士의 印章을 비추어주는 것이었다(「병풍」)

등불(燈―) ①등에 켠 불. ②등잔불. ③앞날에 희망을 주는 존재를 비유적으로 이르는 말. *사랑의 기차가 지나갈 때마다 우리들의/슬픔처럼 자라나고 도야지우리의 밥찌끼/같은 서울의 등불을 무시한다(「사랑의 변주곡」)

등잔(燈盞) 기름을 담아 등불을 켜는 데에 쓰는 그릇. *등잔은 바다를 보고/살아있는 듯이 나비가 죽어 누운/무덤 앞에서/나는 나의 할 일을 생각한다(「나비의 무덤」)

등지다 (자동사)서로 사이가 나빠지다. (타동사)①(무엇을) 등 뒤에 두고 의지하다. ②(무엇을) 뒤로 두다. ③관계를 끊고 멀리 하다.

등지고 *나쁘지도 않고 좋지도 않은 꽃들/그리고 별과도 등지고 앉아서(「너를 잃고」) *병풍은 무엇에서부터라도 나를 끊어준다/등지고 있는 얼굴이여(「병풍」) *불을 등지고 있는 성황당이 보이는/그 산에는 겨울을 가리키는 바람이 일기 시작하네(「사치」)

등판(―板) 등을 이룬 넓적한 부분. *그 넓은 등판으로 땅을 쓸어가면서/늬가 부르는 노래가 어디서 오는 것을/너보다는 내가 더 잘 알고 있는 것이다[…]등 등판 광택 거대한 여울(「풍뎅이」)

등한하다(等閑―) 어떤 일에 관심이 없거나 소홀하다.

등한하였다 *나는 정지의 미에 너무나 등한하였다(「서시」)

등한히 *―백의의 비극은 그가 현대의 경제학을 등한히 하였을 때에서부터 시작되었던 것이다(「백의」)

딛다 '디디다'의 준말. 발을 올려놓고 서거나 발로 내리 누르다.

딛고 *나의 마음을 딛고 가는 거룩한 발자국 소리를 들으면서/지금 나는 마지막 붓을 든다(「九羅重花」) *너를 딛고 일어서면/생각하는 것은 먼 나라의 일이 아니다[…]죽음이 싫으면서/너를 딛고 일어서고/시간이 싫으면서/너를 타고 가야 한다(「네이팜 탄」)

디보스(영, divorce) 이혼. 부부가 합의 또는 재판에 의하여 혼인 관계를 인위적으로 소멸시키는 일. *골맨, 게이블, 레이트, 디보스,/매리지,/하우스펠 에어리어/―(「바뀌어진 지평선」)

따갑다 ①매우 더운 느낌이 있다. ②살을 찌르는 듯이 아픈 느낌이 있다.

따가운 *나의 눈을 찌르는 이 따가운 가옥과/집물과 사람들의 음성과 거리의 소리들을(「거리1」)

따다 꽉 봉한 것을 뜯다.

따 *미인과 앉은 방에선 무심코/따놓는 방문이나 창문이/담배연기만 내보내려는 것은/아니렷다(「미인」)

따뜻하다 ①기분 좋을 만큼 알맞게 덥다. ②부드럽고 포근하다.

따뜻한 *두부를 엉기게 하는 따뜻한 불도/졸고 있는 잡초도(「장시2」)

따라가다 ①다른 사람이나 동물의 뒤에서, 그

가 가는 대로 가다. ②남에게 뒤처지지 않고 그가 하는 만큼 하다. ③남의 행동이나 명령 따위를 그대로 실행하다. ④일정한 선 따위를 그대로 밟아 가다.

따라가기 *뮤즈여/시인이 시의 뒤를 따라가기에는 싫증이 났단다(「바뀌어진 지평선」)

따라가는 *靜寂이 나의 가슴에 있고/부드러움이 바로 내가 따라가는 것인 이상/나의 긍지는 애드벌룬보다는 좀 더 무거울 것이며(「거리2」)

따라갈 *선망이란 어지간히 따라갈 가망성이 있는/상대자에 대한 시기심이 아니냐, 그러니까 너는/선망도 아냐(「VOGUE야」)

따라오다 ①다른 사람이나 동물의 뒤에서, 그가 오는 대로 오다. ②남이 하는 대로 해 오다. ③앞서 있는 것의 정도나 수준에 이를 만큼 좇아오다.

따라와 *쫀! 너는 저 산 위에 올라가 망을 보아라/메리야 너는 내 뒤를 따라와(「나는 아리조나 카보이야」)

따르다¹ ①다른 사람이나 동물의 뒤에서, 그가 가는 대로 같이 가다. ②앞선 것을 좇아 같은 수준에 이르다. ③좋아하거나 존경하여 가까이 좇다. ④관례, 유행이나 명령, 의견 따위를 그대로 실행하다. ⑤나란히 같이 움직이다. ⑥어떤 일이 다른 일과 더불어 일어나다. ⑦어떤 경우, 사실이나 기준 따위에 의거하다.

따라 *詠嘆이 아닌 그의 키와/저주가 아닌 나의 얼굴에서/오오 나는 그의 얼굴을 따라/왜 이리 조바심하는 것이오(「아버지의 사진」) *어서 또 가요/실 같은 바람 따라 어서 또 가요(「시」(1961))

따라서 *기진맥진한 몸을 간신히 일으켜서/차가운 이를 건져서 끼고 따라서 내려간다[…] 기진맥진한 머리를 쉬일 곳을 찾아서 친구의 뒤를 따라서 걸어나왔다.(「미숙한 도적」) *정치의 작전이 아닌/애정의 부름을 따라서/네가 떠나가기 전에(「네이팜 탄」)

따르다² 그릇을 기울여 안에 들어 있는 액체를 밖으로 조금씩 흐르게 하다.

따른다 *그런데 여자는 술을 안 따른다[…]그런데 여자는 술을 안 따른다[…]그런데 여자는 술을 안 따른다[…]그런데 여자는 술을 안 따른다(「滿洲의 여자」)

따발총(—銃) 탄창이 따리 모양으로 둥글납작한 소련제 기관 단총을 속되게 이르는 말. *서푼어치 값도 안 되는 미·소인은/초콜릿, 커피, 페티코트, 군복, 수류탄/따발총……을 가지고/적막이 오듯이/적막이 오듯이/소리없이 가다오 나가다오(「가다오 나가다오」)

따분하다 ①싱겁고 재미가 없어 지루하다. ②착 까부라져서 맥이 없다. 난처한 형편에 있다.

따분해 *세계정부 理想이/따분해 그러나/이 나라/백성들이/너무 지쳐(「⟨4·19⟩시」)

따위 ①앞에 나온 것과 같은 종류의 것들이 나열되었음을 나타내는 말. ②앞에 나온 대상을 낮잡거나 부정적으로 이르는 말. *대한민국에서는 공산당만이 아니면/사람 따위는 기천 명쯤 죽여보아도 까딱도 없거든(「만시지탄은 있지만」)

따지다 ①옳고 그른 것을 밝혀 가리다. ②계산이나 셈을 구체적으로 헤아리다.

따지고 *나는 그 우열을 따지고 싶지는 않다(「국립도서관」)

딱딱하다 ①굳어서 단단하다. ②(태도·말씨·분위기 등이) 부드러운 맛이 없이 엄격하다. *거기다가 나의 부처님을 모신 법당 뒷산에 묻혀 있는 검은 바위같이 큰 머리에는 둘레가 작아서 맞지 않아 그 모자를 쓴 기분이란 쳇바퀴를 쓴 것처럼 딱딱하다(「시골 선물」)

딴 어떤 사물과 관계가 없는 별개의. *바람은 딴 데에서 오고/구원은 예기치 않은 순간에 오고(「절망」(1965))

딴죽 씨름이나 태껸에서, 발로 상대편의 다리를 옆으로 치거나 끌어당겨 넘어뜨리는 기술. *여유가 있어야지/불안을 불안으로 딴죽을 걸어서 퀘지게 할 수 있지(「만시지탄은 있지만」)

땀 ①사람의 피부나 동물의 살가죽에서 나오는 찝찔한 액체. 염분·지방산·요소 등이 있어 특유한 냄새가 나는데, 주로 날씨가 덥거나 운동을 하거나 긴장을 하거나 병으로 몸에서 열이 날 때 분비된다. ②'노력'이나 '수고'를 비유적으로 이르는 말. *그래도 추탕을 먹으면서 나보다도 더 땀을 흘리더라만/신문지로 얼굴을 씻으면서 나보고도/산보를 하라고 자꾸 권한다(「강가에서」)

땅 ①강이나 바다와 같이 물이 있는 곳을 제외한 지구의 겉면. ②영토(領土) 또는 영지(領地). ③그 지방 또는 그곳. ④토지나 택지. ⑤흙이나 토양. ⑥논이나 밭을 통틀어 이르는 말. *그 넓은 등판으로 땅을 쓸어가면서(「풍뎅이」) *지금 이 땅에는 온갖 형태의 희생이 있거니/나의 노래가 없어진들/누가 나라와 민족과 청춘과/그리고 그대들의 영령을 위하여 잊어버릴 것인가!(「조국에 돌아오신 傷病捕虜 동지들에게」) *나무에서 떨어진 새와 같이/적에게나 벗에게나 땅에게나/그리고 모든 것에서부터/나를 감추리(「더러운 향로」) *어둠 속에 본 것은 청춘이었는지 대지의 진동이었는지/나는 자꾸 땅만 만지고 싶었는데/땅과 몸이 일체가 되기를 원하며 그것만을 힘삼고 있었는데(「구슬픈 육체」) *우리들의 싸움은 하늘과 땅 사이에 가득 차 있다(「하…… 그림자가 없다」) *농부의 몸차림으로 갈아입고/석경을 보니/땅이 편편하고/집이 편편하고(「檄文」) *편지봉투모양으로 누렇게 결은/시간과 땅(「시」(1961)) *이 땅에 발을 붙이기 위해서는/―제3인도교의 물속에 박은 철근 기둥도 내가 내 땅에/박는 거대한 뿌리에 비하면 좀벌레의 솜털/내가 내 땅에 박는 거대한 뿌리에 비하면(「거대한 뿌리」) *우리는 언제나 소음의 2층//땅의 2층이 하늘인 것처럼[…]땅에만 소음이 있는 줄만 알았더니/하늘에도 천둥이, 우리의 귀가/들을 수 없는 더 큰 천둥이 있는 줄/알았다 그것이 먼저 있는 줄 알았다(「여름 밤」) *어제와 오늘이 하늘과 땅처럼/달라지고 침묵과 발악이 오늘과/내일처럼 달라지고 달라지지 않는[…]증오가 가고 이슬이 번쩍이고/음악이 오고 변화의 시작이 오고/변화의 끝이 가고 땅 위를 걷고 있는/발자국소리가 가슴을 펴고 웃고(「먼지」)

땅벌 ①땅속에 집을 짓고 사는 벌. ②말벌과의 벌. 몸의 길이는 암컷이 1.6cm, 일벌이 1.2cm 정도이며, 검은색이고 등 쪽에 각각 누런색을 띤 백색의 얼룩무늬와 줄무늬가 있다. 애벌레는 식용하며 땅속에 집을 짓고 사는데 한국, 일본, 중국 등지에 분포한다. *가정을 알려면 돈을 떼여보면 돼/숲을 알려면 땅벌에 물려 보면 돼(「장시1」)

땅세(―貰) 땅을 빌려 쓰고 내거나 또는 빌려 주고 받는 세. *또 내가 주어야 할 것도 신문 값만이 아니다/수도세, 야경비, 땅세, 벌금, 전기세 이외에/내가 주어야 할 것은 신문값만이 아니다(「제임스 띵」)

땅속 땅 밑. *나의 노래는 물방울처럼/땅속으로 향하여 들어갈 것/애정지둔(「愛情遲鈍」) *눈을 뜨지 않은 땅속의 벌레같이/아둔하고 가난한 마음은 서둘지 말라(「봄 밤」)

땅주인(―主人) 땅의 주인. *순사와 땅주인에서부터 과속을 범하는 운전수에까지/나의 적은 아직도 늘비하지만(「적」) *머리가 누렇게 까진 땅주인은 어디로 갔나/여름저녁을 어울리지 않는 지팡이를 들고/이방인처럼 산책하던 땅주인은(「장시2」) *그러니까 이렇게 옹졸하게 반항한다/이발쟁이에게/땅주인에게는 못하고 이발쟁이에게(「어느 날 고궁을 나오면서」)

때[1] ①시간의 어떤 순간이나 부분. ②끼니 또는 식사 시간. ③좋은 기회나 알맞은 시기. ④일정한 일이나 현상이 일어나는 시간. ⑤어떤 경우. ⑥일정한 시기 동안. ⑦계절 ⑧끼니를 세는 단위. *꽃이 열매의 상부에 피었을 때(「孔子의 생활난」) *토끼는 태어날 때부터/뛰는 훈련을 받는 그러한 운명에 있었다(「토끼」) *너의 이름과 너와 나와의 관계가 무엇인지 알아질 때까지(「풍뎅이」) *그러할 때마다 잃어버려서 아까웁지 않은 잃어버리고 온 모자 생각이 불현듯이 난다(「시골 선물」) *이렇게 많은 식구들이/아침이면 눈을 부비고 나가서/저녁에 들어올 때마다/먼지처럼 인색하게 묻혀가지고 들어온 것(「나의 가족」) *내가 그 향로와 같이 있을 때/살아있는 향로/소생하는 나/넋없는 나(「더러운 향로」) *암만해도 잊어버리지 못할 것이 있어 다시 불을 켜고 앉았을 때는/이미 내가 찾던 것은 없어졌을 때(「구슬픈 육체」) *나비의 지분이/그리고 나의 나이가/무서운 인생의 공백을 가르쳐주려 할 때//나비의 지분이/나의 나이가 덮이려 할 때(「나비의 무덤」) *피로들이 몇 배의 아름다움을 加하여 있을 때도[…]그리하여/피로도 내가 만드는 것/긍지도 내가 만드는 것/그러할 때면은 나의 몸은 항상/한치를 더 자라는 꽃이 아니더냐(「긍지의 날」) ＊이때이다─/나의 온 정신에 畵龍點睛이 이루어지는 순간이(「영사판」) ＊순결과 오점이 모두 그의 상징이 되려 할 때/신이여/당신의 책을 당신이 여시오(「서책」) ＊그러나〈그때는 그때이고 지금은 지금〉이라고(「국립도서관」) ＊나도 지나간 날에는 배우를 꿈꾸고 살던 때가 있었단다(「거리2」) ＊모오든 언어가 시에로 통할 때(「여름 뜰」) ＊내가 비로소 여유를 갖게 된 것은/거리에서와 마찬가지로 집안에 있어서도 저 무시무시한 白蟻를 보기 시작한 때부터이었다[…]나는 이러한 사진과 기사를 볼 때마다[…]─백의의 비극은 그가 현대의 경제학을 등한히 하였을 때에서부터 시작되었던 것이다(「백의」) ＊쇠꼭지보다도 허망한 생활이 균형을 잃을 때(「지구의」) ＊앙상한 연분홍,/오므라질 때는 무궁화는 그보다 조금쯤 더 길고/진한 빛,/죽음의 빛인지도 모르는 놈……[…]구름 끝에 혀를 대는 잎사귀처럼/몸을 떨며/귀기울이려 할 때(「말복」) ＊그림자의 비밀/종교의 획득은 종교를 잃었을 때부터 시작되었고/나는 그때부터 차차 늙어가는 탈을 썼다(「반주곡」) ＊삶은 계란의 껍질이/벗겨지듯/묵은 사랑이/벗겨질 때[…]묵은 사랑이/움직일 때[…]뉘우치는 마음의 한복판에/젖어있을 때(「파밭 가에서」) ＊아침에도 낮에도 밤에도 밥을 먹을 때에도/거리를 걸을 때도 환담을 할 때도/장사를 할 때도 토목공사를 할 때도/여행을 할 때도 울 때도 웃을 때도/풋나물을 먹을 때도/시장에 가서 비린 생선 냄새를 맡을 때도/배가 부를 때도 목이 마를 때도/연애를 할 때도 졸음이 올 때도 꿈속에서도/깨어나서도 또 깨어나서도 또 깨어나서도……/수업을 할 때도 퇴근시에도/사이렌 소리에 시계를 맞출 때도 구두를 닦을 때도……/우리들의 싸움은 쉬지 않는다(「하…… 그림자가 없다」) ＊그놈들이 배불리 먹고 있을 때도/고생한 것은 그대들이고(「육법전서와 혁명」) ＊그리고 돌아올 때는 구름을 타고 오느라(「나는 아리조나 카보이야」) ＊오오 사랑이 추방을 당하는 시간이 바로 이때이다(「피곤한 하루의 나머지 시간」) ＊아니 김영길이가/이북으로 갔다는 김영길이 이야기가/나왔다가 들어간 때이다(「나가타 겐지로」) ＊그가 나갔을 때/洋盤 반주곡이 감상적이었다는 것이 아니라(「황혼」) ＊그럴 때면 바람에 떨어진 빨래를 보고(「모르지?」) ＊아픈 몸이/아프지 않을 때까지 가자[…]아픔이/아프지 않을 때는/그 무수한 골목이 없어질 때[…]아픈 몸이/아프지 않을 때까지 가자[…]아픈 몸이/아프지 않을 때까지 가자(「아픈 몸이」) ＊이런 때면 매년 이맘때쯤 듣는/병아리 우는 소리와/그의 원수인 쥐 소리를 혼동한다[…]─그러나 混色은 흑색이라는 걸 경고해 준 것은/소학교 때 선생님……(「백지에서부터」) ＊6·25 때에 남편을 잃고 큰아이는 죽고/남은 계집애 둘을 데리고/재전락한 여자가 여기 있구나[…]나는 이 사람이 만주 술집에서 고생할 때에/연애편지를 대필해 준 일이 있을 뿐이지(「滿洲의 여자」) ＊잔소리 날 때는 슬쩍 피하면 돼/─債鬼가 올 때도─[…]아버지 할머니 고조할아버지 때부터/어물전 좌판 밑바닥에서 걸어 있던 것이면 돼(「장시1」) ＊이렇게 주기적인 수입 소동이 날 때만은/네가 부리는 독살에도 나는 지지 않는다/무능한 내가 지지 않는 것은 이때만이다(「만용에게」) ＊피아노는 밥을 먹을 때도 새벽에도/한밤중에도 울린다(「피아노」) ＊그 아귀란 놈이 들어오고 나갈 때마다 집어갈 돈/풀방구리를 드나드는 쥐의 돈(「돈」) ＊그러나 이런 거짓말이 필요할 때가 있다[…]모든 곡은 눈물이다 어렸을 때 어머니는/나의 얼굴의 사마귀를 떼주었다(「반달」) ＊그러나 우산대로/여편네를 때려눕혔을 때(「죄와 벌」) ＊나는 어느새 남쪽식으로/도사리고 앉았다 그럴 때는 이 둘은 반드시/이북 친구들이기 때문에 나는 나의 앉음새를 고친다(「거대한 뿌리」) ＊갯벌에 고인 게으른 물이/벌레가 뜰 때마다 눈을 껌벅거리고(「이사」) ＊현대식 교량을 건널 때마다 나는 갑자기 회고주의자가 된다[…]그러니까 이 다리를 건너갈 때마다/나는 나의 심장을 기계처럼 중지시킨다[…]「선생님 이야기는 20년 전 이야기이지요」/할 때마다 나는 그들의 나이를 찬찬히/소급해 가면서 새로운 여유를 느낀다(「현대식 교량」) ＊자유당 때와 민주당 때와 지금의 惡政의 구별을 말살하고(「제임스 띵」) ＊제일 피곤할 때 적에 대한다/바위의 아량이다/날이 흐릴 때 정신의 집중이 생긴다/신의 아량이다[…]그리고 가장 피로할 때 가장 귀한/것을 버린다[…] 제일 피곤할 때 적에 대한다/날이 흐릴 때면 너와 대한다/가장 가까운 적에 대한다(「적2」) *부산에 포로수용소의 제14야전병원에 있을 때(「어느 날 고궁을 나오면서」) *14원이나 13원이나 12월짜리 번역일을 하는/불쌍한 나나 내 부근의 친구들을 생각할 때(「이 한국문학사」) *그녀는 도벽이 발견되었을 때 완성된다(「식모」) *앞의 2층집이 신축을 하고 담을 두르고/가시철망을 칠 때 우리도 그 철망을 치던/일꾼을 본 일이 있다(「도적」) *이것을 받아야 할 사람은 1·4후퇴 때 나온/친구의 부인(「판문점의 감상」) *사랑의 기차가 지나갈 때마다 우리들의/슬픔처럼 자라나고 도야지우리의 밥찌끼/같은 서울의 등불을 무시한다[…]왜 이렇게 벅차게 사랑의 숲은 밀려닥치느냐/사랑의 음식이 사랑이라는 것을 알 때까지[…]아들아 너에게 狂信을 가르치기 위한 것이 아니다/사랑을 알 때까지 자라라(「사랑의 변주곡」) *날 때도 울리지만 싱겁게 걸어갈 때/울리고 돌아서 걸어갈 때 울리고/의자와 의자 사이로 비집고 갈 때/울리고 코 풀 수건을 찾으러 갈 때/38선을 돌아오듯 테이블을 돌아갈 때/걸리고 울리고 일어나도 걸리고/앉아도 걸리고 항상 일어서야 하고 항상/앉아야 한다 피로하지 않으면[…]육중한 유리문이 열릴 때마다 울리고/울려지고 돌고 돌려지고(「의자가 많아서 걸린다」)

때² ①옷이나 몸 따위에 묻은 더러운 먼지 따위의 물질 또는 피부의 분비물과 먼지 따위가 섞이어 생긴 것. ②불순하고 속된 것. *그러한 생각을 함으로써 하루하루 도회의 때가 묻어가는 나의 몸을 분하다고 한탄한다(「미숙한 도적」) *조그마한 용기가/필요할 뿐이다//힘은 손톱 끝의/때나 다름없고(「허튼소리」)

때려눕히다 ①주먹이나 몽둥이 따위로 쳐서 쓰러지게 하다. ②싸움에서 상대를 완전히 이기다.

때려눕혔을 *그러나 우산대로/여편네를 때려눕혔을 때(「죄와 벌」)

때로 ①경우에 따라서 ②잦지 아니하게 이따금 *나날이 새로워지는 괴기한 청년/때로는 일본에서/때로는 이북에서/때로는 삼랑진에서/말하자면 세계의 도처에서 나타날 수 있는 千手千足獸(「절망」(1962))

때리다 ①손이나 손에 든 물건 따위로 아프게 치다. ②어떤 물체가 다른 물체에 세차게 부딪치다. ③심한 충격을 주다.

때리고 *먼 데로 던지는 기적소리는/하늘끝을 때리고 돌아오는 고무공(「장시2」) *창문을 부수고 여편네를 때리고/지옥의 시까지 썼지만(「세계일주」)

때리는 *벼락과 천둥을 때리는 날까지(「付託」)

때리는구나 *부정한 마음아//밤이 밤의 窓을 때리는구나(「밤」)

때리러 *그러나 오늘은 말복도 다 아니 갔으며/밤에는 물고기가 물 밖으로/달빛을 때리러 나온다(「말복」)

때문 어떤 일의 원인이나 까닭. *내가 사랑의 테두리 속에 끼여 있기 때문이 아니리라(「풍뎅이」) *포로수용소가 너무나 자유의 천당이었기 때문이다(「조국에 돌아오신 傷病捕虜 동지들에게」) *이것이 도회 안에 사는 나로서는 어디보다도 조용한 곳이라고 생각하고 있기 때문이다(「시골 선물」) *나는 아무것에도 취하여 살기를 싫어하기 때문이다[…]더운 날과 추운 날을 가리지 않고/늙은 버섯처럼 숨어 있기 때문에도 아니다(「도취의 피안」) *그것이 나의 생활이며 생명이며 정신이며 시대이며 밑바닥이라는 것을 믿었기 때문에—(「방안에서 익어가는 설움」) *내가 으스러지게 설움에 몸을 태우는 것은 내가 바라는 것이 있기 때문이다.[…]나는 너무나 자주 설움과 입을 맞추었기 때문에/가을바람에 늙어가는 거미처럼 몸이 까맣게 타버렸다.(「거미」) *그것도 간신히 떠듬는 목소리로밖에는 못해 왔기 때문이다.[…]그렇지만 린드버그가 헬리콥터를 타고서/대서양을 횡단하지 않았기 때문에/우리는 지금 동양의 諷刺를 그의 機體 안에서 느끼고야 만다[…]이러한 우리의 순수한 痴情을/헬리콥터에서도 내려다볼 수 있을 것을 짐작하기 때문에/「헬리콥터여 너는 설운 동물이다」(「헬리콥터」) *그것은 그의 둥근 호흡기가 언제나 왼쪽에 달려 있기 때문이다(「수난로」) *무엇 때문에 부자유한 생활을 하고 있으며/무엇 때문에 자유스러운 생활을 피하고 있느냐[…무엇 때문에 부자유한 생활을 하고 있으며/무엇 때문에 자유스러운 생활을 피하고 있느냐(「여름 뜰」) *백의는 자동식 문명의 천재이었기 때문에 그의 소유주에게는/일언의 약속도 없이 제가 갈 길을 자유자재로 찾아다니었다(「백의」) *오히려 설움이 없기 때문에 꽃은 피어나고(「꽃2」) *믿는 것이 있기 때문이다/믿는 것이 있기 때문이다(「冬麥」) *그것은 내일이 되면 포탄이 되어서/휘황하게 날아가야 할 지혜이기 때문이다(「조그마한 세상의 지혜」) *생활에 얼이 빠진 여인의 모습을 다방의 창 너머로 瞥見하였기 때문에(「미스터 리에게」) *병에 매어달리는 것은/필경 내가 아직 건강한 사람이기 때문이리라/거대한 비애를 갖고 있는 사람이기 때문이리라/거대한 여유를 갖고 있는 사람이기 때문이리라//저 광막한 양지 쪽에 반짝거리는/파리의 소리 없는 소리처럼/나는 죽어가는 법을 알고 있는 사람이기 때문이리라(「파리와 더불어」) *그것은 물론 현정부가 그만큼 악독하고 반동적이고/가면을 쓰고 있기 때문이다(「중용에 대하여」) *내가 나를 잊어버리기 때문에[…]내가 나를 잊어버리기 때문에(「백지에서부터」) *그러나 이런 거짓말을 해도 별로/성과는 없었다 성과가 없을 것을/알고 있기 때문에 나는 여편네의/거짓말에 반대하지 않는다(「반달」) *선생과 나는 아이를 가르치는 것이 아니라 아이들을/가르치고 있기 때문이다(「우리들의 웃음」) *그럴 때는 이 둘은 반드시/이북 친구들이기 때문에 나는 나의 앉음새를 고친다(「거대한 뿌리」) *이 무언의 말/이 때문에 아내를 다루기 어려워지고/자식을 다루기 어려워지고 친구를/다루기 어려워지고(「말」(1964)) *야경꾼에게 20원 때문에 10원 때문에 1원 때문에/우습지 않으냐 1원 때문에/모래야 나는 얼마큼 작으냐(「어느 날 고궁을 나오면서」) *시간야. 시간을 느꼈기 때문야. 시간이 좋았기 때문야(「엔카운터 誌」) *어저께 진리에 도달했다/어저께 환희를 잃었기 때문이다(「네 얼굴은」) *썩는 빛이 황금빛에 닮은 것이 순자야/너 때문

이고(「꽃잎3」)
때묻다 ①때가 붙어 더러워지다. ②순수성을 잃거나 마음이 깨끗하지 못하게 되다.
  때묻은 *그러나 나는 오늘 아침의 때묻은 혁명을 위해서/어차피 한마디 할 말이 있다(「중용에 대하여」) *매춘부 젊은애들, 때묻은 발을 꼬고 앉아서/유부우동 먹고 있는 것을 보다가 생각한 것/아냐.(「엔카운터 誌」)
땡 '댕'의 센말. 작은 종이나 그릇 따위의 쇠붙이를 두드리는 소리. *똥, 땡, 똥, 땡, 찡, 찡, 찡……(「등나무」)
떠나가다 ①있던 곳에서 다른 곳으로 옮겨 가다. ②주위가 떠서 나갈 듯이 소리가 요란하다.
  떠나가기 *네가 떠나가기 전에/나는 나의 조심을 다하여 너의 내부를 살펴볼까(「네이팜탄」)
  떠나갔다 *전화를 걸고 그는 떠나갔다/공연한 이야기만 남기고 떠나갔다(「황혼」)
떠나다 ①있던 곳에서 다른 곳으로 옮기다. ②다른 곳이나 사람에게 옮겨 가려고 있던 곳이나 사람들한테서 벗어나다. ③어떤 일이나 사람들과 관계를 끊거나 관련이 없는 상태가 되다. ④어떤 일을 하러 나서다. ⑤길을 나서다.
  떠나서 *자유당이 감행한 정도의 불법을/혁명정부가 구육법 전서를 떠나서/합법적으로 불법을 해도 될까 말까 한/혁명을—(「육법전서와 혁명」)
  떠난 *역을 떠난 기차 속에서/능금을 먹는 아이들의 머리 위에서(「영롱한 목표」) *아무 소리 없이 떠난/여행에서/전보도 안 치고/돌아오기를 잘했지(「旅愁」)
  떠났다 *다음과 같은 쪽지를 미스터 리한테 적어놓고/시골로 떠났다(「미스터 리에게」)
  떠났다는 *세계일주를 떠났다는 것이 잘못된 길이다(「세계일주」)
떠돌아다니다 정처 없이 이곳저곳을 옮겨 다니다.
  떠돌아다니면서 *그러한 휴식이 찬란한 아침 햇빛 비치는 게시판 위에서 떠돌아다니면서(「기자의 정열」)
떠들다 ①시끄럽게 큰 소리로 말하다. ②소문이나 여론이 크게 나다. ③소동이 나서 매우

술렁거리다.

떠드는 *조용하고 늠름한 불빛 아래/가족들이 저마다 떠드는 소리도/귀에 거슬리지 않는 것은(「나의 가족」)

떠들고 *저기 나의 맞은편 의자에 앉아 먹고 떠들고 웃고 있는 여자와 젊은 학생을(「시골 선물」)

떠들썩하다 ①여럿이서 큰 소리로 떠들어 몹시 시끄럽다. ②소문이 퍼져 자자하다.

떠들썩한 *종로 네거리도 행길에 가까운 일부러 떠들썩한 찻집을 택하여 나는 앉아 있다(「시골 선물」)

떠듬다 말을 하거나 글을 읽을 때 순조롭게 나오지 않고 자꾸 막히다. *그것도 간신히 떠듬는 목소리로밖에는 못해 왔기 때문이다(「헬리콥터」)

떡갈나무 참나뭇과의 낙엽 활엽 교목. 높이는 10미터 정도이며, 잎은 어긋나고 긴 타원형으로 두꺼우며 마른 뒤에도 겨우내 붙어 있다가 새싹이 나올 때 떨어진다. 늦봄에 황갈색의 잔꽃이 이삭 모양으로 늘어져 피고 열매는 2cm 정도의 갸름한 견과로 10월에 익는다. 재목은 단단하여 침목, 선박재, 기구재 따위로 쓰고 나무껍질의 타닌은 물감 또는 가죽을 다루는 데 쓰며, 열매는 주로 묵을 만들어 먹는다. *여기 떡갈나무 잎이 있는데 이것을 가지고 가서/하와이 영사한테 보여라(「나는 아리조나 카보이야」)

떡국 가래떡을 어슷썰기로 얇게 썰어 맑은장국에 넣고 끓인 음식. *단식을 하고 나서 죽을 먹고/그 다음에 밥을 떡국을 먹었는데(「轉向記」)

떨다 (자동사)①물체가 작은 폭으로 빠르게 반복하여 흔들리다. ②매우 인색하여 좀스럽게 행동하다. ③몹시 추워하거나 두려워하다. (타동사)①몸이나 몸의 일부를 빠르고 잦게 자꾸 흔들다. ②북청 따위가 순조롭지 않게 울림을 심하게 일으키다. ③그런 행동을 경망스럽게 자꾸 하다 또는 그런 성질을 겉으로 나타내다.

떠는 *성급해지면 아무 데나 재를 떠는/이 우주의 폭력마저/없어질지도 모른다(「이놈이 무엇이지?」) *돈에 치를 떠는 여편네도 도적이 들어왔다는/말에는 놀라지 않는다(「도적」)

떨고 *네가 던지는 조그마한 그림자가 무서워/벌벌 떨고 있는/나의 귀에다 너의 엷은 울음소리를 남기지 말아라(「도취의 피안」) *新舊의 두 놈이 마적의 동생처럼/떨고 있다「아녜요」하면서 오야붕을 응원/하려 들었지만 내가 그놈들에게/언권을 줄 리가 없다(「제임스 띵」)

떨며 *구름 끝에 혀를 대는 잎사귀처럼/봄을 떨며/귀기울이려 할 때(「말복」)

떨리다 '떨다'의 피동형.

떨리는 *못 보는 글자를 믿으세요 노란 꽃을/떨리는 글자를 믿으세요 노란 꽃을(「꽃잎2」)

떨리면서 *영원히 떨리면서 빼먹은 모든 꽃잎을 믿으세요/보기 싫은 노란 꽃을(「꽃잎2」)

떨린 *글씨가 가다가다 몹시 떨린 漢字가 있는데(「중용에 대하여」)

떨어뜨리다 ①위에서 아래로 내려지게 하다. ②높은 데서 갑자기 아래로 내려지게 하다. ③달렸거나 붙었던 것을 떼어 갈라지게 하다. ④가졌던 것을 빠뜨려서 흘리다.

떨어뜨려 *마룻바닥에 깐 비닐 장판에 구공탄을 떨어뜨려/탄 자국, 내 구두에 묻은 흙, 변두리의 진흙,(「VOGUE야」)

떨어지다 ①위에서 아래로 내려지다. ②어떤 상태나 처지에 빠지다. ③진지나 성 따위가 적에게 넘어가게 되다. ④정이 없어지거나 멀어지다. ⑤급한 일이나 임무가 맡겨지다. ⑥명령이나 허락 따위가 내려지다. ⑦다른 것보다 수준이 처지거나 못하다. ⑧시험, 선거, 선발 따위에 응하여 뽑히지 못하다. ⑨함께 하거나 따르지 않고 뒤에 처지다. ⑩달렸거나 붙었던 것이 갈라지거나 떼어지다. ⑪지녔던 것이 흘러서 빠지다. ⑫관계가 끊어지거나 헤어지다. ⑬일정한 거리를 두고 있다. ⑭값, 기온, 수준, 형세 따위가 낮아지거나 내려가다. ⑮병이나 습관 따위가 없어지다. ⑯해, 달이 서쪽으로 지다. ⑰이익이 남다. ⑱뒤를 대지 못하여 남아 있는 것이 없게 되다. ⑲옷이나 신발 따위가 해어져서 못 쓰게 되다. ⑳숨이 끊어지다.

떨어져 *억만 걸음 떨어져있는/너는 억만 개의 모욕이다(「너를 잃고」) *바람도 불지 않는 나무에서 열매가 떨어지듯 나의 마음에서 수 없이 떨어져내리는 휴식의 열매(「靈交日」) *언뜻 보기엔 임종의 생명 같고/바위를 뭉개고 떨어져내릴/한 잎의 꽃잎 같고/革命같고/먼저 떨어져내린 큰 바위 같고/나중에 떨어진 작은 꽃잎 같고//나중에 떨어져내린 작은 꽃잎 같고(「꽃잎1」) *문지방 안에 석간이 떨어져 뒹굴고 있는데도(「파자마 바람으로」) *떨어져 물 위에서 썩은 꽃잎이라도 좋고(「꽃잎3」) *그년하고 하듯이 혓바닥이 떨어져나가게/물어제끼지는 않았지만 그래도/어지간히 다부지게 해줬는데도(「性」)

떨어져야 *타락한 오늘을 위하여서는/내가 〈오늘〉보다 더 깊이 떨어져야 할 것이다(「바뀌어진 지평선」)

떨어졌다 *시간이 나비모양으로 이 줄에서 저 줄로/춤을 추고/그 사이로/4월의 햇빛이 떨어졌다(「백지에서부터」)

떨어졌으면서 *애정은 나뭇잎처럼/기어코 떨어졌으면서/나의 손 위에서 신음한다(「愛情遲鈍」)

떨어지기 *너희들이 피지 섬을 침략했을 당시에는/그의 아버지들은 아직 젖도 떨어지기 전이었다니까(「가다오 나가다오」)

떨어지는 *번개와 같이 떨어지는 물방울은(「瀑布」) *시내 위에 떨어지는 빗방울을 보셨나요(「靈交日」) *그는 재판관처럼 판단을 내리는 게 아니라 구제의 길이 없는 사물의 주위에 떨어지는 태양처럼 판단을 내린다—월트 휘트먼(「미스터 리에게」) *떨어지는 은행나무잎도 내가 밟고 가는 가시밭(「어느 날 고궁을 나오면서」)

떨어지듯 *바람도 불지 않는 나무에서 열매가 떨어지듯 나의 마음에서 수없이 떨어져내리는 휴식의 열매(「靈交日」)

떨어지면 *배부른 흰 새모양으로/잠깐 앉았다가 떨어지면 돼/연기 나는 속으로 떨어지면 돼(「장시1」)

떨어진 *그 다음에는 나는 중앙선 어느 협곡에 있는 역에서 백여 리나 떨어진 광산촌에 두고 온 잃어버린 겨울 모자를 생각한다(「시골 선물」) *나무에서 떨어진 새와 같이(「더러운 향로」) *눈은 살아 있다/떨어진 눈은 살아 있다/마당 위에 떨어진 눈은 살아 있다(「눈」(1956)) *강물 위에 떨어진 불빛처럼/혁혁한 업적을 바라지 말라(「봄 밤」) *그럴 때면 바람에 떨어진 빨래를 보고/내가 말없이 집어 걸기만 하는 이유,(「모르지?」) *내가 피우고 있는 파이프/이건 2년이나 대학에서 떨어진 아우놈 거야(「伏中」) *나중에 떨어진 작은 꽃잎 같고//나중에 떨어져내린 작은 꽃잎 같고(「꽃잎1」) *꽃도 장미도 어제 떨어진 꽃잎도/아니고(「꽃잎3」)

떨어진다 *그리하여 응결한 물이 떨어진다(「아메리카 타임 誌」) *폭포는 곧은 절벽을 무서운 기색도 없이 떨어진다[…]고매한 정신처럼 쉴 사이 없이 떨어진다//금잔화도 인가도 보이지 않는 밤이 되면/폭포는 곧은 소리를 내며 떨어진다[…]번개와 같이 떨어지는 물방울은/취할 순간조차 마음에 주지 않고/懶惰와 안정을 뒤집어놓은 듯이/높이도 폭도 없이//떨어진다(「瀑布」) *형이상학은 돈지갑처럼/나의 머리 위에서 떨어진다(「싸리꽃 핀 벌판」) *봄에는 알값이 떨어진다(「만용에게」)

떨어진다는 *규정할 수 없는 물결이/무엇을 향하여 떨어진다는 의미도 없이(「瀑布」)

떨어질까 *또는 그의 그림자가 혹시나 떨어질까 보아 두려워하는 것도/나는 아무것에도 취하여 살기를 싫어하기 때문이다(「도취의 피안」)

떳떳이 정당하여 굽힐 것이 없고 어그러짐이 없이. *내가 떳떳이 내다볼 수 없는 현실처럼(「아버지의 사진」)

떼다¹ ①붙어 있거나 잇닿은 것을 떨어지게 하다. ②전체에서 한 부분을 덜어 내다. ③어떤 것에서 마음이 돌아서다. ④권리를 없애거나 직위를 그만두게 하다.

떼 *모든 곡은 눈물이다 어렸을 때 어머니는/나의 얼굴의 사마귀를 떼주었다(「반달」)

떼어 *아아 그놈의 사진을 떼어 없애야 한다[…]그놈의 사진일랑 소리없이 떼어 치우고그놈의 사진일랑 소리없이/떼어 치우고[…]흉악한 그놈의 사진을/오늘은 서슴지 않고 떼어놓아야 할 날이다(「우선 그놈의 사진을 떼어서 밑씻개로 하자」)

떼어서 *우선 그놈의 사진을 떼어서 밑씻개로 하자/그 지긋지긋한 놈의 사진을 떼어서/

조용히 개굴창에 넣고/썩어진 어제와 결별하자(「우선 그놈의 사진을 떼어서 밑씻개로 하자」)

떼다² 남에게서 빌려 온 돈 따위를 돌려주지 않다.
　떼여보면 ＊가정을 알려면 돈을 떼여보면 돼(「장시1」)

떼먹다 '떼어먹다'의 준말.
　떼먹은 ＊이것을 떼먹은 년은 우리 여편네가 든/契의 오야가 주재하는/우리 여편네는 들지 않은 백만 원짜리/계의 멤버로 인형을 만들어 파는 년이라나(「판문점의 감상」)

뗏목(―木) 통나무를 떼로 가지런히 엮어서 물에 띄워 사람이나 물건을 운반할 수 있도록 만든 것. ＊기관포나 뗏목처럼 인생도 인생의 부분도/통째 움직인다(「미역국」)

또 ①어떤 일이 거듭하여. ②그 밖에 더. ③그럼에도 불구하고. ④ 그래도 혹시. ⑤그뿐만 아니라 다시 더. ⑥단어를 이어 줄 때 쓰는 말. ＊나는 또 하나의 해협을 찾았던 것이 어리석었다[…]오늘 또 활자를 본다(「아메리카 타임誌」) ＊나는 내 가슴에/또 하나의 종지부를 찍어야 합니다.(「웃음」) ＊그가 입에서 탄생되었다는 것은 또 한번 토끼를 생각하게 한다[…]잠시 그는 별과 또 하나의 것을 쳐다보고 있어야 하는 것이다/또 하나의 것이란 우리의 육안에는 보이지 않는 곡선 같은 것일까(「토끼」) ＊그의 사진은 이 맑고 넓은 아침에서/또 하나 나의 팔이 될 수 없는 비참이오(「아버지의 사진」) ＊또 한번 팽이를 돌려주었으면 하고 원하는 것이다(「달나라의 장난」) ＊한꺼번에 구겨지자 없어지는 벼락과 천둥/이것이 또 앞으로 얼마나 계속될는지(「付託」) ＊가족과 애인과 그리고 또 하나 부실한 처를 버리고[…]나는 그들의 용감성과 또 그들의 어마어마한 戰果에 대하여 말하는 것이 아니라(「조국에 돌아오신 傷病捕虜 동지들에게」) ＊나는 또 하나 다른 유성을 향하여 달아날 것을 알고(「너를 잃고」) ＊친구가 일어나서 창밖으로 침을 뱉고 아래로 내려갔다 오더니 또 술을 마시러 내려가자고 한다(「미숙한 도적」) ＊나는 피로하였고/또 나는/영원히 피로할 것이기에(「궁지의 날」) ＊부끄러움도 모르고/밝은 빛만으로 너는 살아왔고/또 너는 살 것인데(「너는 언제부터 세상과 배를 대고 서기 시작했느냐」) ＊우주의 파편같이/혹은 혜성같이 반짝이는/무수한 잔재 속에 담겨있는 또 이 무수한 몸뚱아리―들은(「국립도서관」) ＊그리고 또 하나 指揮鞭이 없을 뿐이다(「네이팜 탄」) ＊그리고/나는 이미 정하여진 물체만을 보기로 결심하고 있는데/만약에 또 어느 나의 친구가 와서 나의 꿈을 깨워주고/나의 그릇됨을 꾸짖어주어도 좋다[…]자기의 나체를 더듬어보고 살펴 볼 수 없는 시인처럼 비참한 사람이 또 어디 있을까(「구름의 파수병」) ＊꽃은 과거와 또 과거를 향하여/피어나는 것(「꽃2」) ＊또 지금 헛되이 보내고 있구나(「밤」) ＊나는 그들을 생각하면서 하이데거를/읽고 또 그들을 사랑한다(「모리배」) ＊나는 또 하나의 생활의 좁은 골목 속으로/들어서면서(「생활」) ＊집과 문명을 새삼스럽게/즐거워하고 또 비판한다(「가옥 찬가」) ＊이미 오래전에 일과를 전폐해야 할/文明이/오늘도 또 나를 이렇게 괴롭힌다(「파리와 더불어」) ＊깨어나서도 또 깨어나서도 또 깨어나서도……(「하…… 그림자가 없다」) ＊혁명이 끝나고 또 시작되고/혁명이 끝나고 또 시작되는 것은/돈을 내면 또 거둬들이고/돈을 내면 또 거둬들이고 돈을 내면/또 거둬들이는/석양에 비쳐 눈부신 카운터 같기도 한 것이니[…]《4월 혁명》이 끝나고 또 시작되고/끝나고 또 시작되고 끝나고 또 시작되는 것은/잿님이 할아버지가 상추씨, 아욱씨, 근대씨를 뿌린 다음에/호박씨, 배추씨, 무씨를 또 뿌리고/호박씨, 배추씨를 뿌린 다음에/시금치씨, 파씨를 또 뿌리는(「가다오 나가다오」) ＊그의 주위를 몇 번이고 돌고 돌고 돌고/또 도는 조름 같은 날개의 날것들과/갑충과 쉬파리떼/그리고 진드기(「등나무」) ＊저녁에는 어둠을 맞으려고 또 한잔 마시는 게라(「술과 어린 고양이」) ＊또 골목을 돌아서/신이 찢어지고/온몸에서 피는/빠르지도 더디지도 않게 흐르는데/또 골목을 돌아서/추위에 온몸이/돌같이 감각을 잃어도/또 골목을 돌아서(「아픈 몸이」) ＊어서 또 일을 해요 변화는 끝났소[…]어서 또 가요 기름을 발랐으니 어서 또 가요/타마구를 발랐으니 어서 또 가요/미친놈 뿐으로 어서 또 가

또는 요 변화는 끝났어요/어서 또 가요/실 같은 바람 따라 어서 또 가요(「시」(1961)) *이 뜰에서/나는 내가 없는 동안의/아내의 비밀을 탐지하고/또/내가 없는 그날의/그의 비밀을/탐지할 수도 있었다(「旅愁」) *하얀 종이가 분홍으로 분홍 하늘이/녹색으로 또 다른 색으로 변할 만큼 밝다(「백지에서부터」) *비닐, 파리통,/그리고 또 무엇이던가?[…]오 주사기/2 cc짜리 국산 슈빙지/그리고 또 무엇이던가?[…]그중에 좀 점잖은 품목으로 또 있었는데[…]그리고 또 하나 있는 것 같다(「마케팅」) *18년 후에 이렇게 뻬젓이 서울의 다방 건너 막걸리집에서 또 만나게 됐으니(「滿洲의 여자」) *〈돼〉가 긍정에서 의문으로 돌아갔다/의문에서 긍정으로 또 돌아오면 돼(「장시1」) *그 이유는 시가 안 된다/아니 또 시가 된다[…]치질도 낫기 전에 또 술을 마셨다—당연한 일이다(「轉向記」) *그녀가 새벽부터 부정기적으로/타온 순서대로/또 그 비참대로/값비싼 피아노가 값비싸게 울린다(「피아노」) *또 무엇이 있나 나의 호주머니에는?(「후란넬 저고리」) *한 놈은 가죽 방한모에 빨간 마후라였지만/또 한 놈은 잘 안 보였고[…]또 내가 주어야 할 것도 신문값만이 아니다(「제임스 띵」) *이 적이 없으면 또 다른 적(「적1」) *또 내가 〈시시한〉 발견의 편집광이라는 것도 안다(「이 한국문학사」) *우리는 그 또 한복판이 되구 있어(「H」) *눈이 온 뒤에도 또 내린다//생각하고 난 뒤에도 또 내린다//응 하고 운 뒤에도 또 내릴까//한꺼번에 생각하고 또 내린다//한 줄 건너 두 줄 건너 또 내릴까/폐허에 폐허에 눈이 내릴까(「눈」(1966)) *그것은 또 한참 시간이 필요했다(「풀의 영상」) *빌려드릴 수 없어. 작년하고도 또 틀려.(「엔카운터 誌」) *38선에 대한/또 한 해의 터무니없는 感傷이었다 보다/그렇지?(「판문점의 감상」) *신성을 지키는 시인의 자리 위에 또 하나/넓은 자리가 있었던 것을 자식한테/가르쳐주지 않은 죄(「VOGUE야」) *소나기가 지나고 바람이 불듯/하더니 또 안 불고/소음은 더욱 번성해진다[…]남을 불쌍히 생각함은/나를 불쌍히 생각함이라/나와 또 나의 아들까지도(「여름 밤」) *돌에 쇠에 구리에 넝마에 삭아/삭은 그늘에 또 삭아 부스러져(「먼지」)

또는 그렇지 않으면. *토끼는 앞발이 길고/귀가 크고/눈이 붉고/또는 〈이태백이 놀던 달 속에서 방아를 찧고〉……(「토끼」) *내가 있는 방 위에 와서 앉거나/또는 그의 그림자가 혹시나 떨어질까 보아 두려워하는 것도(「도취의 피안」)

또렷하다 ①흐리지 않고 매우 밝거나 똑똑하다. ②섞갈려 있지 않고 분명하다.
  또렷한 *지금은 너무나 또렷한 입체음을 통해서/들어오는 이북 방송이 불온 방송이/아니 되는 날이 오면(「라디오 계」)

또한 ①어떤 것을 전제로 하고 그것과 같게. ②그 위에 더 또는 거기에다 더. *나는 모오든 사람을 또한/나의 妻를 피하여/그의 얼굴을 숨어 보는 것이오(「아버지의 사진」) *사랑은 고독이라고 내가 나에게/재긍정하는 것이/또한 우스운 일일 것이다(「愛情遲鈍」) *또한 나의 죄악을 가리기 위하여 독자의 눈을 가리고 입을 봉하기 위한 연명을 위한 阿諛도 아니다(「조국에 돌아오신 傷病捕虜 동지들에게」) *나는 또한 영원히 늬가 없어도 살 수 있는 날을 기다려야 하겠다(「너를 잃고」) *헬리콥터가 風船보다도 가벼웁게 상승하는 것을 보고/놀랄 수 있는 사람은 설움을 아는 사람이지만/또한 이것을 보고 놀라지 않는 것도 설움을 아는 사람일 것이다[…]자유의 정신의 아름다운 원형을/너는 또한 우리가 발견하고 규정하기 전에 가지고 있었으며(「헬리콥터」) *흐린 봄철 어느 오후의 무거운 日氣처럼/그만한 우울이 또한 필요하다(「바뀌어진 지평선」) *나는 결코 그의 種子에 대하여/말하고 있는 것은 아니다/또한 설움의 귀결을 말하고자 하는 것도 아니다(「꽃2」)

똑같다 조금도 틀림이 없이 같다.
  똑같은 *말갛게 개인 글 모르는 백성들의 마음에는/〈미국인〉과 〈소련인〉도 똑같은 놈들/가다오 가다오(「가다오 나가다오」)

똑똑하다 ①(들리는 소리나 보이는 것이) 또렷하다. ②매우 영리하다.
  똑똑하게 *나는 이제 적을 형제로 만드는 實證을/똑똑하게 천천히 보았으니까!(「현대식 교량」)

똑똑해진다 *음악을 들으면 차밭의 앞뒤 시간이/가시처럼 생각된다 그리고 그 가시가/점점 더 똑똑해진다(「반달」)

똑똑히 또렷이. 영리하게. *똑똑하는 몰라도 어렴풋이 느껴지는/모양이다(「性」)

똘배 콩배나무의 열매. 아주 작고 단단하며 맛은 시고 떫다. *똘배가 개울가에 자라는/숲속에선/누이의 방도 장마가 가시면 익어가는가(「누이의 방」)

똥 의성어. *똥, 땡, 똥, 땡, 찡, 찡, 찡……(「등나무」)

뙈기 ①경계를 지어 놓은 논밭의 구획. ②일정하게 경계를 지은 논밭의 구획을 세는 단위. ③하찮은 쪼가리. *두 뙈기의 차밭 옆에는 역시 두 뙈기의/채소밭이 있다(「반달」)

뚜껑 ①그릇이나 상자 따위의 아가리를 덮는 물건. ②만년필이나 펜 따위의 촉을 보호하기 위하여 겉에 씌우는 물건. ③'모자(帽子)'를 속되게 이르는 말. *뚜껑이 열렸다 닫히는 소리(「풀의 영상」)

뚜렷하다 흐리지 않고 아주 분명하다.

뚜렷하지 *아직도 얼굴의 윤곽이 뚜렷하지 않은(「X에서 Y로」)

뚫다 ①구멍을 내다. ②막힌 것을 통하게 하다. ③장애물을 헤치다. ④시련이나 난관 따위의 어려움을 극복하다. ⑤깊이 연구하여 이치를 깨닫거나 통할 수 있다. ⑥사람의 마음이나 미래의 사실을 예측하다. ⑦무엇을 융통하거나 해결할 길을 찾아내다.

뚫고 *시원치 않은 이 울음소리만이/어째서 나의 뼈를 뚫고 총알같이 날쌔게 달아나는가(「영사판」) *언어가 죽음의 벽을 뚫고 나가기 위한(「설사의 알리바이」) *도적이 우리집을 노리고 있다/닭장이 무너진 공터에 두른 판장을 뚫고/매일밤 저희집처럼 출입하고 있다(「도적」) *시멘트 가죽을 뚫고 일어나면 내 집과/나의 정신이 순간적으로 들렸다 놓인다(「거짓말의 여운 속에서」)

뚫린 *서울서/의정부로/뚫린/국도에/눈 내리는 날에는(「눈」(1961))

뚫어지다 ①구멍이나 틈이 생기다. ②길이 통하여지다. ③이치를 깨닫게 되다. ④뚫어질 정도로 집중하여.

뚫어져라 *나는 식인종같이 잔인한 탐욕과 강렬한 의욕으로 그중의 하나하나를 일일이 뚫어져라 하고 들여다보는 것이지만(「거리2」)

뚱뚱하다 ①살이 쪄서 몸이 옆으로 퍼지다. ②물체의 한 부분이 팽창되어 부피가 크다.

뚱뚱한 *제트기 벽화 밑의 나보다 더 뚱뚱한 주인 앞에서(「달나라의 장난」)

뚱뚱해진 *뚱뚱해진 몸집하고 푸르스름해진 눈자위가 아무리 보아도 설어 보인다(「滿洲의 여자」)

뛰놀다 ①이리저리 뛰어다니며 놀다. ②맥박이나 심장 따위가 세게 뛰다.

뛰놀 *마음대로 뛰놀 수 있는 마당은 아닐지나(「九羅重花」)

뛰다 ①빨리 달리다. ②몸을 위로 솟게 하여 오르다. ③차례·순서 따위를 거르거나 넘기다.

뛰는 *토끼는 태어날 때부터/뛰는 훈련을 받는 그러한 운명에 있었다(「토끼」)

뛰어가다 빨리 달려서 가다.

뛰어가서 *나는 당신의 아우에게로 뛰어가서 나의 〈말〉을 하지 못하는 나를 미워하였다(「말」(1958))

뛰어나오다 몸을 솟쳐 밖으로 빨리 달려 나오다.

뛰어나오고 *우리는 UN군에 포로가 되어 너무 좋아서 가시철망을 뛰어나오려고 애를 쓰다가 못 뛰어나오고/여러 동지들은 기막힌 쓰라림에 못 이겨 못 뛰어나오고(「조국에 돌아오신 傷病捕虜 동지들에게」)

뛰어나오려고 *우리는 UN군에 포로가 되어 너무 좋아서 가시철망을 뛰어나오려고 애를 쓰다가 못 뛰어나오고(「조국에 돌아오신 傷病捕虜 동지들에게」)

뛰어들다 ①높은 데서 물속으로 몸을 던지다. ②날쌔게 움직여 갑자기 들어가거나 들어오다. ③몸을 던져 위험한 속으로 가다. ④어떤 일이나 사건에 적극적으로 관련을 맺다.

뛰어들어갔는가 *그것은 본 사람만이 아는 일이지요/누가 거제도 제61수용소에서 단기 4284년 3월 16일 오전 5시에 바로 철망 하나 둘 셋 네 겹을 隔하고 불 일어나듯이 솟아나는 제

62적색수용소로 돌을 던지고 돌을 받으며 뛰어들어갔는가(「조국에 돌아오신 傷病捕虜 동지들에게」)

뛰어들어서는 ＊개도 짖지 않는 날에는 제임스 띵이 뛰어들어서는/아니 된다(「제임스 띵」)

뛰쳐나오다 힘 있게 뛰어나오다.

뛰쳐나오고 ＊그래서 나는 그 사진을 10년 만에 곰곰이 正視하면서/이내 거북해서 너의 방을 뛰쳐나오고 말았다(「누이야 장하고나!」)

뜨겁다 ①손이나 몸에 상당한 자극을 느낄 정도로 온도가 높다. ②사람의 몸이 정상보다 열이 높다. ③무안하거나 부끄러워 얼굴이 몹시 화끈하다.

뜨거운 ＊모자의 정보다 부부의 의리보다/더욱 뜨거운 너의 입김에/나의 고독한 정신을 녹이면서 우마(「나비의 무덤」)

뜨거워질 ＊뜨거워질 햇살이 산 위를 걸어내려온다(「여름 아침」)

뜨다¹ ①물속이나 지면 따위에서 가라앉거나 내려앉지 않고 물 위나 공중에 있거나 위쪽으로 솟아오르다. ②착 달라붙지 않아 틈이 생기다. ③(비유적으로) 가라앉거나 차분하지 못하고 들썽하게 되다.

떠도 ＊개가 울고 종이 들리고 달이 떠도/너는 조금도 당황하지 말라(「봄 밤」)

뜨는 ＊미역국 위에 뜨는 기름이/우리의 역사를 가르쳐준다(「미역국」)

뜬 ＊혁명이란 단자는 학생들의 선언문하고/신문하고/열에 뜬 시인들이 속이 허해서/쓰는 말밖에는 아니 되지만(「육법전서와 혁명」) ＊오오 환희여 미역국이여 미역국에 뜬 기름이여 구슬픈 祖上이여(「미역국」)

뜰 ＊갯벌에 고인 게으른 물이/벌레가 뜰 때마다 눈을 껌벅거리고(「이사」)

뜨다² ①큰 것에서 일부를 떼어 내다. ②물속에 있는 것을 건져 내다. ③어떤 곳에 담겨 있는 물건을 퍼내거나 덜어 내다.

떠다 ＊청한 지 반 시간만에 떠다 주는 냉수를 한 대접 마시고(「미숙한 도적」)

뜨러 ＊물을 뜨러 나온 아내의 얼굴은/어느 틈에 저렇게 검어졌는지 모르나/차차 시골 동리 사람들의 얼굴을 닮아간다(「여름 아침」)

뜨다³ ①감았던 눈을 벌리다. ②처음으로 청각을 느끼다. ③무엇을 들으려고 청각의 신경을 긴장시키다.

떴다 ＊눈을 떴다 감는 기술―불란서혁명의 기술(「사랑의 변주곡」)

뜨고 ＊눈을 가늘게 뜨고 산이 있거든 불러보라(「피곤한 하루의 나머지 시간」) ＊눈을 뜨고 자는 억센 일(「깨꽃」)

뜨지 ＊눈을 뜨지 않은 땅속의 벌레같이/아둔하고 가난한 마음은 서둘지 말라(「봄밤」)

뜰 집 안의 앞뒤나 좌우로 가까이 딸려 있는 빈터. ＊우리집 뜰앞 토끼는 지금 하얀 털을 비비며 달빛에 서 있다(「토끼」) ＊우리는 좁은 뜰 안에서뿐만 아니라/심지어는 항아리 속에서부터라도 내어다볼 수 있고(「헬리콥터」) ＊여름 뜰이여/나의 눈만이 혼자서 볼 수 있는 주름살이 있다 굴곡이 있다[…]여름 뜰이여/너의 광대한 손[手]을 본다[…]억만의 소리가 비 오듯 내리는 여름 뜰을 보면서[…]여름 뜰이여/크레인의 강철보다 더 강한 익어가는 황금빛을 꺾기 위하여/너의 뜰을 달려가는 조고마한 동물이라도 있다면/여름 뜰이여/나는 너에게 희생할 것을 준비하고 있노라[…]여름 뜰을 흘겨보지 않을 것이다/여름 뜰을 밟아서도 아니 될 것이다/묵연히 묵연히/그러나 속지 않고 보고 있을 것이다(「여름 뜰」) ＊초봄의 뜰 안에 들어오면(「초봄의 뜰 안에」) ＊시멘트로 만든 뜰에/겨울이 와 있었다[…]이 뜰에서/나는 내가 없는 동안의/아내의 비밀을 탐지하고(「旅愁」) ＊이 횡재물이 지금 우리집 뜰 아래 광에/들어 있다(「도적」)

뜻 ①무엇을 하겠다고 속으로 먹는 마음. ②말이나 글, 또는 어떠한 행동 따위로 나타내는 속내. ③어떠한 일이나 행동이 지니는 가치나 중요성. ＊부끄러움이 없는/부끄러움을 더한층 뜻있게 하기 위하여(「付託」) ＊누이야/풍자가 아니면 해탈이다/너는 이 말의 뜻을 아느냐(「누이야 장하고나!」) ＊"Sooner murder an infant in its/cradle than nurse unacted desire" 이것이/무슨 뜻인지 알았지 그러나 완성하진 못했지(「이혼 취소」)

뜻밖 전혀 생각이나 예상을 하지 못함. ＊꽃을 주세요 뜻밖의 일을 위해서(「꽃잎2」)

띄다 '뜨이다'의 준말. 눈에 보이다.

띄지 *신체가 너무 왜소한 까닭에 사람들의 눈에 띄지를 않는다(「백의」)

띄우다 띠우다. '띠다'의 사동형. 표정이나 감정이 겉으로 좀 드러나다.

띄우게 *나의 사상에 노기를 띄우게 해서는/아니 된다(「제임스 띵」)

띄우고 *조그만 눈을 민첩하게 움직이면서 미소를/띄우고 섰지만(「제임스 띵」)

띄우면서 *그 아우는 물론 들어와서 쉬어가라고 미소를 띄우면서 권하였다(「말」(1958)) *우선 가까운 곳에서부터/차례차례로/다소곳이/조용하게/미소를 띄우면서[…]우선 가까운 곳에서부터/차례차례로/다소곳이/조용하게/미소를 띄우면서/극악무도한 소름이 더덕더덕 끼치는/그놈의 사진일랑 소리없이/떼어 치우고—(「우선 그놈의 사진을 떼어서 밑씻개로 하자」)

띠다 빛깔이나 색채 따위를 가지다.

띠고 *술 한 병만이 방 한가운데/광채를 띠고 앉아 있다(「미숙한 도적」)

라디오(영, radio) ①방송국에서, 일정한 시간 안에 음악·드라마·뉴스·강연 따위의 음성을 전파로 방송하여 수신 장치를 갖추고 있는 청취자들에게 듣게 하는 일 또는 그런 방송 내용. ②방송국에서 보낸 전파를 수신하여 음성으로 바꿔 주는 기계 장치. *나는 더위에 속은 조용함이 억울해서/미친 놈처럼 라디오를 튼다(「伏中」) *라디오 소리도 거리의 풍습대로 기를 쓰고 크게만 틀어놓으면 돼(「장시1」) *전등에서 消燈으로/소음에서 라디오의 중단으로(「X에서 Y로」) *라디오의 時鐘이 나오기를 기다리는 것처럼[…]라디오의 시종을 고하는 소리 대신에 西道歌와/목사의 열띤 설교 소리와 심포니가 나오지만(「풀의 영상」) *금성라디오 A 504를 맑게 개인 가을날/일수로 사들여온 것처럼[…]어젯밤에는 새 책이/오늘 오후에는 새 라디오가 승격해 들어왔다[…]아이놈은 라디오를 보더니/왜 새 수련장은 안 사왔느냐고 대들지만(「금성라디오」) *사그러져 가는 라디오의 재갈거리는 소리가(「사랑의 변주곡」) *시시한 라디오 소리라 더 시시한 것이/여기서는 판을 치니까 그렇게 됐는지 모른다[…]비참한 일들이 라디오 소리보다도 더 발광을 쳤을 때(「라디오 계」)

라스베리 잼(영, raspberry jam) 나무딸기 잼. *당신이 사준 북어와 오징어와 2등차표와/경포대의 선물과 도리스 위스키와 라스베리 잼에 대해서(「美濃印札紙」)

러시아(Russia) 유럽 대륙의 동부에서 시베리아에 걸쳐 있는 나라. 862년에 노브고로트(Novgorod) 공국(公國)에서 시작하여, 차르(tsar)의 전제 정치가 계속되다가 1917년의 2월 혁명으로 소비에트 사회주의 공화국 연방이 되었다. 1990년대에 들어 소비에트 사회주의 공화국 연방이 해체되면서 독립국이 되었다. 주민의 대부분은 슬라브 민족이고 주요 언어는 슬라브 어이다. 수도는 모스크바. *새벽에 파묻었던 총과 러시아 군복을 사흘을 걸려서 찾아내고 겨우 총살을 면하던 꿈같은 일을 생각한다(「조국에 돌아오신 傷病捕虜 동지들에게」)

레이트 '비율(rate)'이나 사람 이름으로 추정됨. *골맨, 게이블, 레이트, 디보스,/매리지,/하우스펠 에어리어(「바뀌어진 지평선」)

로날드 골맨(Colman, Ronald) 1891~1958. 영국의 영화배우. 주로 미국에서 활동하였다. 우아한 매너와 지성미로 전통적인 영국신사를 연기하면서 40년 가까이 대단한 인기를 누렸다. 1920년 미국으로 이민한 그는 1923년 무대에서 릴리언 기쉬에게 발견되어 〈백인 여동생(White Sister)〉(1923)의 주연으로 발탁되었고 귀족적인 점잖은 풍모와 풍성하고 달콤한 목소리로 유성영화에도 훌륭하게 적응하여 장애없이 유성영화로 진출한 보기 드문 무성시대 스타가 되었다. 출연한 작품으로 〈보게스트(Beau Geste)〉(1926), 〈추첨표(Raffles)〉(1929), 〈잃어버린 지평선(Lost Horizon)〉(1937), 〈마음의 행로(Random Harvest)〉(1942) 등이 있고, 〈이중의 삶(The Double Life)〉(1948)의 1인 2역으로 아카데미 남우주연상을 수상하였다(한세정, 「생활의 발견 혹은 '오늘'의 뮤즈의 발견」, 『다시 읽는 김수영 시』(최동호, 강웅식 편), 작가출판사, 2005. 참조). ☞ 골맨. *로날드 골맨의 신작품을/눈여겨 살펴보며/피우기 싫은 담배를 피워본다(「바뀌어진 지평선」)

로날드 골맨

로버트 그레이브스(Graves, Robert von

Ranke) 1895~1985. 영국의 시인. 소설가. 역사소설도 많이 썼으나 주로 시인으로서 창작 및 비평활동을 하였다. 제1차 세계대전에 참가하여 그때의 체험을 바탕으로 시를 쓰기 시작하였으며, 영국 시단에서 고립하여 착실한 활동을 계속 하였다. 시집으로 『모든 것과의 이별』(1929), 『하얀 여신』(1948) 등이 있다. ＊노년에 든 로버트 그레이브스가 연애시를 쓰는 이유,/모르지?(「모르지?」)

로버트 그레이브스

루소(Rousseau, Jean-Jacques) 1712~1778. 프랑스의 사상가. 소설가. '자연으로 돌아가라'는 주장으로 유명하다. 19세기 프랑스 낭만주의 문학의 선구적 역할을 하였으며, 그의 자유 민권 사상은 프랑스 혁명 지도자들의 사상적 지주가 되었다. ＊루소의 『民約論』을 다 정독하여도/집권당에 아부하지 말라는 말은 없는데(「만시지탄은 있지만」)

루소

루즈(프, rouge) 입술연지. ＊가구점의 문앞에서 책꽂이를/묶어주는 철쭉꽃빛 루즈를 바른/주인 여자의 얼굴―(「네 얼굴은」)

리(里)[1] 거리의 단위. 1리는 약 0.393km에 해당한다. ＊그 다음에는 나는 중앙선 어느 협곡에 있는 역에서 백여 리나 떨어진 광산촌에 두고 온 잃어버린 겨울 모자를 생각한다(「시골 선물」)

리(理)[2] '까닭', '이치'의 뜻을 나타내는 말. ＊나의 고삐를 잃은 백마에 당할 리가 없다[…]내가 그놈들에게/언권을 줄 리가 없다(「제임스 띵」)

리처드 위드마크(Widmark Richard) 1914~2008. 미국의 영화배우. 출연작품으로 〈부러진 창(Broken Lance)〉(1954), 〈고스트타운의 결투(The Law And Jake Wade)〉(1958) 〈서부 개척사(How West Won)〉(1962), 〈전함바이킹(The Long Ships)〉(1963), 등이 있다. ＊우리들의 적은 커크 더글러스나 리처드 위드마크모양으로 사나웁지도 않다(「하…… 그림자가 없다」)

리처드 위드마크

린드버그(Lindbergh, Charles Augustus) 1902~1974. 미국의 조종사. 1924~1925년 텍사스 육군비행학교에서 교육을 받았으며, 1926년 세인트루이스~시카고 간의 우편항공기 조종사가 되었다. 1927년 5월 20~21일 '스피릿 오브 세인트루이스호(號)'를 타고, 뉴욕 파리 간의 대서양 무착륙 단독비행에 처음으로 성공하였다. ＊그렇지만 린드버그가 헬리콥터를 타고서/대서양을 횡단하지 않았기 때문에/우리는 지금 동양의 諷刺를 그의 機體 안에서 느끼고야 만다(「헬리콥터」)

린드버그

마구 ①몹시 세차게 또는 아주 심하게. ②아무렇게나 함부로. *塵芥와 분뇨를 꽃으로 마구 바꿀 수 있는 나날(「꽃」) *무더운 자연 속에서/검은 손과 발에 마구 상처를 입고 와서(「가옥 찬가」) *나는 마구 짜증을 냈다(「제임스 딘」)

마냥 ①언제까지나 줄곧. ②부족함이 없이 실컷. ③보통의 정도를 넘어 몹시. *이 길로 마냥 가면/이 길로 마냥 가면 어디인지 아는가//티끌도 아까운/더러운 것일수록 더한층 아까운/이 길로 마냥 가면 어디인지 아는가(「더러운 향로」)

마늘장아찌 마늘이나 마늘종, 마늘잎을 식초와 설탕에 절여 진간장에 넣어 두었다가 간이 밴 다음에 먹는 반찬. *먼 밭을 바라보며 마늘장아찌에/취하지 않은 듯이 취하는 게라(「술과 어린 고양이」)

마당 ①집의 앞이나 뒤에 평평하게 닦아 놓은 땅. ②어떤 일이 이루어지고 있는 곳. *지금 마음 놓고 고즈넉이 날개를 펴라/마음대로 뛰놀 수 있는 마당은 아닐지나(「九羅重花」) *남의 집 마당에 와서 마음을 쉬다[…]돈 없는 나는 남의 집 마당에 와서/비로소 마음을 쉬다[…]고요한 마당 위에서/나는 나를 속이고 역사까지 속이고…마당은 주인의 마음이 숨어 있지 않은 것처럼 安穩한데/나 역시 이 마당에 무슨 원한이 있겠느냐/비록 내가 자란 터전같이 호화로운/꿈을 꾸는 마당이라고 해서(「휴식」) *마당 위에 떨어진 눈은 살아 있다(「눈」(1956)) *마당에 서리가 내린 것은 나에게 상상을 그치라는 신호다(「우리들의 웃음」) *마루바닥에서 하든지 마당에서 하든지/하다가 가든지 공부를 하든지 무얼 하든지(「잔인의 초」) *그 일꾼이 우리집 마당에다 그놈을 팽개쳤다(「도적」) *벼를 터는 마당에서 바람도 안 부는데(「꽃잎1」) *소음에 시달린 마당 한 구석에/철 늦게 핀 여름 장미의 흰구름(「여름밤」)

마련 ①헤아려서 갖춤. ②어떤 일을 하기 위한 속셈이나 궁리. ③당연히 그럴 것임을 나타내는 말. ④ '그런 정도나 상태로' 의 뜻을 나타내는 말. *―이러면 하루종일/밤의 꿈속에서도/당당한 피아노가 울리게 마련이다(「피아노」)

마렵다 대소변을 누고 싶은 느낌이 있다.
  마려 *동생들과/어머니가/걱정이 돼 그러나/참았던 오줌 마려(「〈4·19〉시」)

마루 집채 안에 바닥과 사이를 띄우고 깐 널빤지 또는 그 널빤지를 깔아 놓은 곳. *방 두 칸과 마루 한 칸과 말쑥한 부엌과 애처로운 처를 거느리고(「구름의 파수병」) *아내가 마루에서 거미를 잡고 있는/꼴이 우습다(「거미잡이」) *마루에 가도 마찬가지다 피아노 옆에 놓은/찬장이 울린다 유리문이 울리고 그 속에/넣어 둔 노리다케 반상 세트와 글라스가/울린다(「의자가 많아서 걸린다」)

마루틈 마루에 깐 널빤지 사이의 틈. *하얗게 마른 마루틈 사이에서/들어오는 바람에서/느끼는 투지와 애정은 젊다[…]하얗게 마른 마루틈 사이에서/검은 바람이 들어온다고 외쳐라(「가옥 찬가」)

마룻바닥 마루의 바다. ☞ 마루. *마루바닥에서 하든지 마당에서 하든지/하다가 가든지 공부를 하든지 무얼 하든지(「잔인의 초」) *마룻바닥에 깐 비닐 장판에 구공탄을 떨어뜨려/탄 자국, 내 구두에 묻은 흙, 변두리의 진흙(「VOGUE야」)

마르다 ①물기가 다 날아가서 없어지다. ②입이나 목구멍에 물기가 적어져 갈증이 나다. ③살이 빠져 야위다. ④강이나 우물 따위의 물이 줄어 없어지다. ⑤돈이나 물건 따위가

다 쓰여 없어지다. ⑥감정이나 열정 따위가 없어지다.

마르고 *다리 밑에 물이 마르고/나의 몸도 없어지고(「愛情遲鈍」)

마르지 *새벽에 준 조로의 물이/대낮이 지나도록 마르지 않고/젖어 있듯이(「파밭 가에서」)

마른 *하얗게 마른 마루틈 사이에서[…]하얗게 마른 마루틈 사이에서(「가옥 찬가」) *머리에 피도 안 마른 애놈의 투정에 진다(「어느 날 고궁을 나오면서」) *강이 흐르고 그 강 건너에 사랑하는/암흑이 있고 3월을 바라보는 마른 나무들이(「사랑의 변주곡」)

마를 *배가 부를 때도 목이 마를 때도 (「하…… 그림자가 없다」)

마른침 애가 타거나 긴장하였을 때 입 안이 말라 무의식중에 힘들게 삼키는 아주 적은 양의 침. *계사 안에서 우는 알 겯는/닭소리를 듣다가 나는 마른침을 삼키고/담배를 피워 물지 않으면 아니 된다(「중용에 대하여」)

마마콩 누에콩. 잠두(蠶豆)라고도 한다. 콩의 일종. *시장거리의 먼지 나는 길옆의/좌판 위에 쌓인 호콩 마마콩 명석의/호콩 마마콩이 어쩌면 저렇게 많은지(「생활」)

마물(魔物) 사람의 정신을 홀리는 요사스러운 물건. *여자는 魔物야/저렇게 조용해지다니/주위까지도 저렇게 조용하게 만드는/마법을 가졌다니(「伏中」)

마법(魔法) 마력(魔力)으로 불가사의한 일을 행하는 술법. *여자는 魔物야/저렇게 조용해지다니/주위까지도 저렇게 조용하게 만드는/마법을 가졌다니(「伏中」)

마비(麻痺·痲痺) 신경이나 근육이 형태의 변화 없이 기능을 잃어버리는 상태. 감각이 없어지고 힘을 제대로 쓰지 못하게 된다. *밑바닥만을 보아온, 빈곤에 마비된 눈에/하늘을 가리켜주는 잡지/VOGUE야(「VOGUE야」)

마술(魔術) 재빠른 손놀림이나 여러 가지 장치, 속임수 따위를 써서 불가사의한 일을 하여 보이는 술법 또는 그런 구경거리. *연기가 가고 연기가 나타나고/마술의 원효가 이리 번쩍 (「원효대사」)

마시다 ①물이나 술 따위의 액체를 목구멍으로 넘기다. ②공기나 냄새 따위를 입이나 코로 들이쉬다.

마셔도 *아무리 마셔도 안 취하는 술/피안도 사투리를 마시고 있나/아무리 마셔도 취하지 않으니/같이 온 친구를 보기도 미안만 한데 (「滿洲의 여자」)

마셨나 *강가에 가서 돌아갈 차비만 남겨놓고 술을 사준다/아니 돌아갈 차비까지 다 마셨나 보다(「강가에서」)

마셨다 *치질도 낫기 전에 또 술을 마셨다 (「轉向記」)

마셨다고 *그것이 이슬을 마셨다고 어찌 신용하랴/나의 혼, 목욕을 중지한 시인의 혼을 마셨다고/炎天의 혼을 마셨다고 어찌 신용하랴(「등나무」)

마시고 *기진맥진하여서 술을 마시고[…]청한 지 반 시간만에 떠다 주는 냉수를 한 대접 마시고(「미숙한 도적」) *나는 너와 같이 자기의 그림자를 마시고 있는 향로인가 보다(「더러운 향로」) *술을 마시고 웃고 잡담하고 (「하…… 그림자가 없다」) *피안도 사투리를 마시고 있나(「滿洲의 여자」) *인류의 종언의 날에/너의 술을 다 마시고 난 날에(「사랑의 변주곡」) *그 분풀이로 어리석은 나는 술을 마시고(「세계일주」)

마시고야 *이태백이가 술을 마시고야 詩作을 한 이유,/모르지?(「모르지?」)

마시기 *바람이 너를 마시기 전에(「채소밭 가에서」)

마시는 *매일같이 마시는 술이며 모욕이며 (「휴식」) *낮에는 일손을 쉰다고 한잔 마시는 게라/저녁에는 어둠을 맞으려고 또 한잔 마시는 게라/먼 밭을 바라보며 마늘장아찌에/취하지 않은 듯이 취하는 게라(「술과 어린 고양이」)

마시는데 *끊었던 술을 다시 마시는데 유행가처럼/아무리 마셔도 안 취하는 술(「滿洲의 여자」)

마시던 *어젯밤에 술을 마시던 방을 들여다 보니 이불도 베개도 타구 하나 없이 깨끗하다.(「미숙한 도적」)

마시러 *친구가 일어나서 창밖으로 침을 뱉고 아래로 내려갔다 오더니 또 술을 마시러 내려가자고 한다(「미숙한 도적」)

마시면서 ＊파자마 바람으로 주스를 마시면서(「파자마 바람으로」) ＊끊었던 술을 다시 마시면서 사랑의 복습을 하는 셈인가(「滿洲의 여자」)

마시어 ＊냉수도 마시자/맑은 공기도 마시어 두자(「사치」)

마시자 ＊냉수도 마시자/맑은 공기도 마시어 두자(「사치」)

마신 ＊밤사이에 이슬을 마신 놈이/지금 나의 혼을 마신다(「등나무」)

마신다 ＊밤사이에 이슬을 마신 놈이/지금 나의 혼을 마신다/無休의 태만의 혼을 마신다(「등나무」) ＊어쩌다 셋이서 술을 마신다 둘은 한 발을 무릎 위에 얹고/도사리지 않는다 나는 어느새 남쪽식으로/도사리고 앉았다(「거대한 뿌리」)

마신(魔神) 재앙을 주는 신. ＊내가 어느 날 그에게〈魔神〉이라고 별명을 붙였더니/그는 대뜸/〈오빠는 어머니보다도 더 완고하다〉고 하면서/나를 도리어 꾸짖는 척한다(「백의」)

마을 ①주로 시골에서, 여러 집이 모여 사는 곳. ②이웃에 놀러 다니는 일. ＊발목이 굵은 여자들이 많이 사는 나의 마을로/지구에서 지구로(「X에서 Y로」)

마음 ①사람이 본래부터 지닌 성격이나 품성. ②사람이 다른 사람이나 사물에 대하여 감정이나 의지, 생각 따위를 느끼거나 일으키는 작용이나 태도. ③사람의 생각, 감정, 기억 따위가 생기거나 자리 잡는 공간이나 위치. ④사람이 어떤 일에 대하여 가지는 관심. ⑤사람이 사물의 옳고 그름이나 좋고 나쁨을 판단하는 심리나 심성의 바탕. ⑥이성이나 타인에 대한 사랑이나 호의의 감정. ⑦사람이 어떤 일을 생각하는 힘. ＊강한 것보다는 약한 것이 더 많은 나의 착한 마음이기에(「달나라의 장난」) ＊더러운 침구가 마음을 괴롭히지도 않는데(「미숙한 도적」) ＊나는 모자와 함께 나의 마음의 한 모퉁이를 모자 속에 놓고 온 것이라고/설운 마음의 한 모퉁이를.(「시골 선물」) ＊나의 마음을 딛고 가는 거룩한 발자국 소리를 들으면서[…]나의 동요 없는 마음으로[…]지금 마음 놓고 고즈넉이 날개를 펴라(「九羅重花」) ＊내가 지금 순한 고개를 숙이고/온 마음을 다하여 즐기고 있는 서책은(「나의 가족」) ＊비로소 마음 취하여 보는/이 더러운 길.(「더러운 향로」) ＊영사판 양편에 하나씩 서 있는/설움이 합쳐지는 내 마음 위에(「영사판」) ＊남의 집 마당에 와서 마음을 쉬다[…]돈 없는 나는 남의 집 마당에 와서/비로소 마음을 쉬다[…]마음을 쉰다는 것이 남에게도 나에게도/속임을 받는 일이라는 것을[…]구렁이같이 태연하게 앉아서/마음을 쉬다//마당은 주인의 마음이 숨어 있지 않은 것처럼 安穩한데(「휴식」) ＊누가 찾아오지나 않을까 망설이면서/앉아 있는 마음(「거리1」) ＊구태여 달관하고 있는 지금의 내 마음에(「국립도서관」) ＊달콤한 마음에 싸여서/어디고 가야 할지 모르는 마음―/무한히 망설이는 이 마음은 어둠과 절망의 어제를 위하여/사는 것이 아니고/너무나 기쁜 이 마음은 무슨 까닭인지 알 수는 없지만[…]나의 마음은 달과 바람모양으로 서늘하다[…]바람은 면도날처럼 날카로울건만/어디까지 명랑한 나의 마음이냐(「거리2」) ＊그래도 날개 돋친 마음을 위하여(「바뀌어진 지평선」) ＊그러기에 한결 가벼운 휴식의 마음으로 쓰고 있을 수 있었던 것(「기자의 정열」) ＊먼 산정에 서 있는 마음으로 나의 자식과 나의 아내와/그 주위에 놓인 잡스러운 물건들을 본다[…]시를 배반하고 사는 마음이여(「구름의 파수병」) ＊눈더러 보라고 마음 놓고 마음 놓고/기침을 하자(「눈」(1956)) ＊무엇이든지/재어볼 수 있는 마음은/아무것도 재지 못할 마음(「자」) ＊취할 순간조차 마음에 주지 않고/懶惰와 안정을 뒤집어놓은 듯이/높이도 폭도 없이//떨어진다(「瀑布」) ＊애타도록 마음에 서둘지 말라[…]한없이 풀어지는 피곤한 마음에도/너는 결코 서둘지 말라[…]아둔하고 가난한 마음은 서둘지 말라/애타도록 마음에 서둘지 말라(「봄밤」) ＊바람도 불지 않는 나무에서 열매가 떨어지듯 나의 마음에서 수없이 떨어져내리는 휴식의 열매(「靈交日」) ＊비오는 날의 마음의 그림자를/　사랑하라(「비」) ＊나들이를 갔다 온 씻은 듯한 마음에 오늘밤에는 아내를 껴안아도 좋으리(「사치」) ＊부정한 마음아/밤이 밤의 窓을 때리는구나(「밤」) ＊그대의 말을 고개 숙이고 듣는 것이/그대는 마음에 들지 않겠지/마음에 들지 않아라//모두 다 마음에 들지 않아라[…]어제도 오늘도 내일도 마음에 들지 않아라(「死靈」) ＊뉘우치는 마음의 한복판에/젖어있을 때(「파밭 가에서」) ＊시를 쓰는 마음으로/꽃을 꺾는 마음으로/자는 아이의 고운 숨소리를 듣는 마음으로/죽은 옛 연인을 찾는 마음으로/잃어버린 길을 다시 찾은 반가운 마음으로/우리가 찾은 혁명을 마지막까지 이룩하자[…]시를 쓰는 마음으로/꽃을 꺾는 마음으로/자는 아이의 고운 숨소리를 듣는 마음으로/죽은 옛 연인을 찾는 마음으로/잃어버린 길을 다시 찾은 반가운 마음으로/우리는 우리가 찾은 혁명을 마지막까지 이룩하자(「기도」) ＊비수를 써/인제는 지조랑 영원히 버리고 마음 놓고/비수를 써(「만시지탄은 있지만」) ＊말갛게 개인 글 모르는 백성들의 마음에는/〈미국인〉과 〈소련인〉도 똑같은 놈들(「가다오 나가다오」) ＊나는 쾌활한 마음으로 말할 수 있다(「누이야 장하고나!」) ＊밤보다도 더 어두운 낮의 마음/시간을 잊은 마음의 승리/환상이 환상을 이기는 시간──大時間은 결국 쉬는 시간(「장시2」) ＊제일 마음에 꺼리는 것이(「죄와 벌」)

마음껏 마음에 흡족하도록. ＊밤새도록 고인 가슴의 가래라도/마음껏 뱉자(「눈」(1956)) ＊견고한 꽃이/공허의 말단에서 마음껏 찬란하게 피어오른다(「꽃2」)

마음대로 하고 싶은 대로. ＊마음대로 뛰놀 수 있는 마당은 아닐지나(「九羅重花」) ＊고생도 마음대로 할 수 없는 세상에서는(「구름의 파수병」) ＊어디 마음대로 화를 부려보려무나!(「만용에게」)

마이크로(영, micro) '마이크로웨이브'의 준말. 극초단파. ☞ 마이크로웨이브. ＊원효 대신 원효 대신 마이크로가/간다「제니의 꿈」의 허깨비가/간다(「원효대사」)

마이크로웨이브(영, microwave) 파장이 1mm에서 1m까지인 전파의 총칭. 빛처럼 곧게 나아가는 성질을 가진 것으로, 레이더나 텔레비전 따위에 이용됨. 극초단파. 마이크로파. ＊우주시대의 마이크로웨이브에 탄/원효대사의 민활성 바늘 끝에(「원효대사」)

마적(馬賊) 말을 타고 떼를 지어 다니는 도둑. ＊그와 내가 대결하고 있는 깨진 유리창문 밖에서는/新舊의 두 놈이 마적의 동생처럼/떨고 있다(「제임스 띵」)

마주치다 ①서로 똑바로 부딪치다. ②우연히 서로 만나다. ③눈길이 서로 닿다. ④어떤 경우나 처지에 부닥치다.
마주치게 ＊이런 집중이 여자의 선천적인 집중도와/기적적으로 마주치게 한 것이 전쟁이라고 생각했다(「여자」)

마지막 시간상이나 순서상의 맨 끝. ＊진정한 반항의 자유조차 없는 그들에게/마지막 부르고 갈/새 날을 향한 戰勝의 노래라고 부르고 싶어라!//그것은 자유를 위한 영원한 여정이었다./나직이 부를 수도 소리높이 부를 수도 있는 그대들만의 노래를 위하여/마지막에는 울음으로밖에 변할 수 없는/숭고한 희생이여!(「조국에 돌아오신 傷病捕虜 동지들에게」) ＊눈에 걸리는 마지막 물건이 무엇이냐고 물어보는 듯/영롱한 꽃송이는 나의 마지막 인내를 부숴버리려고 한다//나의 마음을 딛고 가는 거룩한 발자국소리를 들으면서/지금 나는 마지막 붓을 든다(「九羅重花」) ＊마지막 설움마저 보낸 뒤/빈 방안에 나는 홀로이 머물러 앉아/어떠한 내용의 책을 열어보려 하는가(「방안에서 익어가는 설움」) ＊말없는 생활들이여/마지막에는 해저의 풀떨기같이 혹은 책상에 붙은 민민한 판대기처럼 무감각하게 될 생활이여(「구슬픈 육체」) ＊오늘에 네가 전하는 자유의 마지막 파편에/스스로 겸손의 침묵을 지켜가며 울고 있는 것이다(「헬리콥터」) ＊그네, 마지막으로/돈을 버는 거리의 부인이(「거리2」) ＊착잡한 머리에 책을 집어들 필요가 없고/마지막으로 봉상을 거듭하기도 피곤해진 밤에는(「달밤」) ＊잃어버린 길을 다시 찾은 반가운 마음으로/우리가 찾은 혁명을 마지막까지 이룩하자[…]아아 슬프게도 슬프게도 이번에는/우리가 혁명이 성취되는 마지막날에는/그런 사나운 추잡한 놈이 되고 말더라도[…]잃어버린 길을 다시 찾은 반가운 마음으로/우리는 우리가 찾은 혁명을 마지막까지 이룩하자(「기도」) ＊마지막의 몸부림도/마지막의 양복도/마지막의 신경질도/마지막의 다방도/기나긴 골목길의 순례도(「檄文」) ＊靜寂을 빼앗긴, 마지막 정적을 빼앗긴/나를 몰아세운다 어서 돈을 내라고[…]내가 주어야 할 것은 신문값만이 아니다/마지막에 침묵까지 빼앗긴 내가 치러야 할/혈세―화가 있다[…]마지막 정적을 빼앗긴, 핏대가 난 나에게는(「제임스 띵」) *그도 이 관용을 알고 이 마지막 관용을 알고 있지만/吟味癖이 있는 나보다는 덜 알고 있겠지(「H」) *그 마지막 대책을 나는 일부러 생각하지/않고 있다/31일까지!(「판문점의 감상」) *惰眠의 축적으로 우리 몸은 자라고/그래도 행동이 마지막 의미를 갖고[…]遭遇의 마지막 윤리를 넘어서(「먼지」)

마차(馬車) 말이 끄는 수레. *마차를 타고 가는 사람이 좋지 않아요(「먼지」)

마찬가지 사물의 모양이나 일의 형편이 서로 같음. *내가 비로소 여유를 갖게 된 것은/거리에서와 마찬가지로 집안에 있어서도 저 무시무시한 白蟻를 보기 시작한 때부터이었다(「백의」) *깨꽃이나 샐비어나 마찬가지 아니냐(「장시1」) *모르는 사람은 봄에 알을 많이 받을 것이니/마찬가지라고 하지만/봄에는 알 값이 떨어진다(「만용에게」) *봄베이도 뉴욕도 서울도 마찬가지다(「사랑의 변주곡」) *편지지뿐만 아니라 봉투도 마찬가지지(「美濃印札紙」) *마루에 가도 마찬가지다 피아노 옆에 놓은/찬장이 울린다 유리문이 울리고 그 속에/넣어둔 노리다케 반상 세트와 글라스가/울린다(「의자가 많아서 걸린다」)

마치 거의 비슷하게. *누구 집을 가보아도 나 사는 곳보다는 여유가 있고/바쁘지도 않으니/마치 別世界같이 보인다(「달나라의 장난」) *의치를 빼어서 물에 담가놓고 드러누우니/마치 내가 임종하는 곳이 이러할 것이니 하는 생각이 불현듯이 든다(「미숙한 도적」)

마치다 ①어떤 일이나 과정, 절차 따위가 끝나다 또는 그렇게 하다 ②사람이 생(生)을 더 누리지 못하고 끝내다.
　마치고 *어린 동생들과의 잡담도 마치고/오늘도 어제와 같이 괴로운 잠을/이루울 준비를 해야 할 이 시간에(「가까이 할 수 없는 서적」)

마치질 망치로 무엇을 박거나 두드리는 일. *鷄舍건너 신축 가옥에서 마치질하는/소리가 들린다(「중용에 대하여」)

마침 어떤 경우나 기회에 알맞게 또는 공교롭게. *마침 당신은 집에 없고 당신의 아우만이 나와서 당신이 없다고 한다(「말」(1958))

마카로니(이, macaroni) 밀가루를 써서 가느다란 대롱같이 가운데가 구멍이 나게 만들어 말린 이탈리아식 국수. *국수―이태리어로는 마카로니라고/먹기 쉬운 것은 나의 叛亂性일까(「孔子의 생활난」)

마케팅(영, marketing) 제품을 생산자로부터 소비자에게 원활하게 이전하기 위한 기획 활동. 시장 조사, 상품화 계획, 선전, 판매 촉진 따위가 있다. *작품 제목임.(「마케팅」)

마후라(일, マフラー) 머플러(muffler). 추위를 막거나 멋을 내기 위해 목에 두르는 물건. 목도리. *한 놈은 가죽 방한모에 빨간 마후라였지만(「제임스 띵」)

마흔여덟 마흔일곱보다 하나 크고 마흔아홉보다 하나 적은 수. 48. *나이를 물어보기에 마흔여덟이라고 하니 그대로 곧이듣는다.(「미숙한 도적」)

막걸리 우리나라 고유한 술의 하나. 맑은술을 떠내지 아니하고 그대로 걸러 짠 술로 빛깔이 흐리고 맛이 텁텁하다. *나는 이 우중충한 막걸리 탁상 위에서/경험과 역사를 너한테 배운다[…]18년 후에 이렇게 뻐젓이 서울의 다방 건너 막걸리집에서 또 만나게 됐으니/하여간 반갑다 잠입한 사랑아 무식한 사랑아(「滿洲의 여자」) *그것을 그놈이 일이 끝나고 나서/가져갈 작정이었다 막걸리값으로 하려고/했는지 아침쌀을 팔려고 했는지(「도적」)

막다 ①길, 통로 따위가 통하지 못하게 하다. ②트여져 있는 곳을 가리게 둘러싸다. ③강물, 추위, 햇빛 따위가 어떤 대상에 미치지 못하게 하다. ④어떤 일이나 행동을 못하게 하다. ⑤어떤 현상이 일어나지 못하게 하다. ⑥어떤 공간을 나누기 위하여 사이를 가리다.
　막고 *가장 어려운 곳에 놓여 있는 병풍은/내 앞에 서서 주검을 가지고 주검을 막고 있다(「병풍」)
　막아져 *하나의 행동이 열의 행동을 부르고/미리 막을 줄 알고 미리 막아져 있고/미리 칠 줄 알고 미리 쳐들어가 있고(「먼지」)
　막은 *VOGUE야 너의 세계에 스크린을 친

죄,/아이들의 눈을 막은 죄―그 죄의 앙갚음 (「VOGUE야」)
막을 *하나의 행동이 열의 행동을 부르고/미리 막을 줄 알고 미리 막아져 있고/미리 칠 줄 알고 미리 쳐들어가 있고(「먼지」)

막다르다 더 나아갈 수 없도록 앞이 막혀 있다.
막다른 *이제 나의 방은 막다른 방/이제 나의 방의 옆방은 자연이다(「이사」)

막대하다(莫大―) ①더할 수 없이 크다. ②말할 수 없이 많다.
막대한 *저항시는 더욱 무용/막대한/방해로소이다(「눈」(1961)) *막대한/막대한/막대한/막대한/모방도/아아 그리고 저 도봉산보다도/더 큰 증오도/굴욕도(「檄文」)

막막하다(寞寞―) ①아무 기척이 없이 괴괴하고 쓸쓸하다. ②의지할 데가 없어서 답답하고 외롭다.
막막한 *새로 확장된 서울특별시 동남단 논두렁에/어는 막막한 얼음을 생각하게 하고(「참음은」)

막상 어떤 일에 실지로 이르러. *자의식에 지친 내가 너를/막상 좋아한다손 치더라도(「연기」)

막히다 '막다'의 피동형. ☞막다.
막히는 *꽉 막히는 이것이 나의 생활의 자연의 시초요(「美濃印札紙」)
막히는구려 *이것이 편지를 쓰다 만 내력이오―꽉 막히는구려(「美濃印札紙」)
막히다가 *설파제를 먹어도 설사가 막히지 않는다/하룻동안 겨우 막히다가 다시 뒤가 들먹들먹한다(「설사의 알리바이」)
막히지 *설파제를 먹어도 설사가 막히지 않는다/하룻동안 겨우 막히다가 다시 뒤가 들먹들먹한다(「설사의 알리바이」)

만 동안이 얼마간 계속되었음을 나타내는 말. *청한 지 반 시간 만에 떠 주는 냉수를 한 대접 마시고(「미숙한 도적」) *그래서 나는 그 사진을 10년 만에 곰곰이 正視하면서/이내 거북해서 너의 방을 뛰쳐나오고 말았다(「누이야 장하고나!」) *18년 만에 만난 만주의 여자(「滿洲의 여자」)

만나다 ①서로 마주 보게 되다. ②재앙이나 화를 입다. ③때를 당하다. ④인연으로 관계가 이루어지다. ⑤사람을 대하여 요건을 말하다.
만나게 *8년 후에 이렇게 뻐젓이 서울의 다방 건너 막걸리집에서 또 만나게 됐으니/하여간 반갑다 잠입한 사랑아 무식한 사랑아(「滿洲의 여자」)
만나고 *그러나 천당이 있다면 모두 다 거기서 만나고 있을 것입니다(「조국에 돌아오신 傷病捕虜 동지들에게」)
만난 *18년 만에 만난 만주의 여자(「滿洲의 여자」) *내가 지금 6학년 아이들의 과외공부집에서 만난/학부형회의 어떤 어머니에게 느낀 여자의 감각(「여자」)
만났더니 *일전에 어떤 친구를 만났더니 날더러 다시 포로수용소에 들어가고 싶은 생각이 없느냐고/정색을 하고 물어봅니다(「조국에 돌아오신 傷病捕虜 동지들에게」) *파자마 바람으로 우는 아이를 데리러 나가서/노상에서 지서의 순경을 만났더니(「파자마 바람으로」)

만년필(萬年筆) 글씨를 쓰는 펜의 하나. 펜대 속에 넣은 잉크가 펜촉으로 흘러나와 오래 쓸 수 있다. *그렇게 피투성이가 되어 찾던 만년필은/처의 백 속에 숨은 듯이 걸려 있고(「절망」(1962))

만능(萬能) 모든 일에 다 능통하거나 모든 일을 다 할 수 있음. *고지식한 것을 제일 싫어하는 말/이 만능의 말/겨울의 말이자 봄의 말/이제 내 말은 내 말이 아니다(「말」(1964))

만들다 ①노력이나 기술 따위를 들여 목적하는 사물을 이루다. ②책을 저술하거나 편찬하다. ③새로운 상태를 이루어 내다. ④글이나 노래를 짓거나 문서 같은 것을 짜다. ⑤규칙이나 법, 제도 따위를 정하다. ⑥기관이나 단체 따위를 결성하다. ⑦돈이나 일 따위를 마련하다. ⑧틈, 시간 따위를 짜내다. ⑨허물이나 상처 따위를 생기게 하다. ⑩말썽이나 일 따위를 일으키거나 꾸며 내다. ⑪무엇이 되게 하다. ⑫그렇게 되게 하다.
만드는 *웃음은 자기 자신이 만드는 것이라면 그것은 얼마나 서러운 것일까(「웃음」) *그리하여/피로도 내가 만드는 것/긍지도 내가 만드는 것(「긍지의 날」) *여자는 魔物야/저렇게 조용해지다니/주위까지도 저렇게 조용하게 만드는/마법을 가졌다니(「伏中」) *나는 이제 적을 형제로 만드는 實證을/똑똑하게 천천히 보았으니까!(「현대식 교량」) *사랑이 이어져가는 밤을 안다/그리고 이 사랑을 만드는 기술을 안다(「사랑의 변주곡」)

만든 *검은 철을 깎아 만든/고궁의 흰 지댓돌 위의/더러운 향로 앞으로 걸어가서(「더러운 향로」) *이 사무실도 늬가 만든 것이며/이 많은 의자도 늬가 만든 것이며(「사무실」) *대숲 속의 초가집과/나무로 만든 장기와/게으르게 움직이는 물소와(「시」(1961)) *시멘트로 만든 뜰에/겨울이 와 있었다(「旅愁」)

만든다 *우리들의 戰線은 눈에 보이지 않는다/그것이 우리들의 싸움을 이다지도 어려운 것으로 만든다(「하…… 그림자가 없다」)

만든 *내가 추악하고 우둔한 얼굴을 하고 있으면/너도 우둔한 얼굴을 만들 줄 안다(「풍뎅이」)

만들고 *부산에 포로수용소의 제14야전병원에 있을 때/정보원이 너스들과 스펀지를 만들고 거즈를/개키고 있는 나를 보고 포로경찰이 되지 않는다고/남자가 뭐 이런 일을 하고 있느냐고 놀린 일이 있었다(「어느 날 고궁을 나오면서」) *봄은 오고 쥐새끼들이 총알만한 구멍의 조직을 만들고(「거짓말의 여운 속에서」)

만들기 *나와 나의 겨울을 한층 더 무거운 것으로 만들기 위하여/나의 눈이랑 한층 더 맑게 하여다오(「도취의 피안」) *지금도 내가 반항하고 있는 것은 이 스펀지 만들기와/거즈 접고 있는 일과 조금도 다름없다(「어느 날 고궁을 나오면서」)

만들어 *우리 여편네는 들지 않은 백만 원짜리/계의 멤버로 인형을 만들어 파는 년이라나(「판문점의 감상」) *엄마가/만들어준 빨간 양말에서(「자장가」)

만들어진 *복사씨가 사랑으로 만들어진 것이 아닌가 하고/의심할 거다!(「사랑의 변주곡」)

만만하다 ①연하고 보드랍다. ②마음대로 대할 수 있어 보이다.

만만치 *부끄러움을 더한층 뜻있게 하기 위하여/있으리라는 믿음에서/만만치 않은 부탁[…]유일한 시간을 연상시키는

만만하지 *유일한 시간을 연상시키는/만만하지 않은 부탁과 죽순이 자라노니라(「付託」).

만발하다(滿發—) 많은 꽃이 활짝 다 핌.
만발한 *백화가 만발한 언덕 저편에/부처의 心思 같은 굴뚝이 허옇고(「연기」)

만사(萬事) 여러 가지 온갖 일. *아부에도 여유가 있어야 한다는 말일세/만사에 여유가 있어야 하지만/위대한 〈개헌〉 헌법에 발을 맞추어 가자면/여유가 있어야지(「만시지탄은 있지만」)

만시지탄(晚時之歎) 시기에 늦어 기회를 놓쳤음을 안타까워하는 탄식. *인제는 지조랑 영원히 버리고 마음 놓고/비수를 써/거짓말이 아냐/비수란 놈 창조보다도 더 산뜻하거든/晚時之歎은 있지만(「만시지탄은 있지만」)

만약(萬若) 만일. ☞ 만일. *만약에 나라는 사람을 유심히 들여다본다고 하자[…]만약에 또 어느 나의 친구가 와서 나의 꿈을 깨워주고/나의 그릇됨을 꾸짖어주어도 좋다(「구름의 파수병」)

만용 사람 이름. 김수영 집에서 양계일을 했던 아이. 전라남도 담양이 고향인 만용이는 김수영 집의 양계장에서 닭을 기르면서 야간 중고등학교를 졸업하고 야간 대학까지 마쳤다(최하림, 『김수영평전』, 실천문학, 1981. 참조). *영숙아 기환아 천석아 준이야 만용아/프레지던트 김 미스 리/정순이 박군 정식이/그놈의 사진일랑 소리없이 떼어 치우고(「우선 그놈의 사진을 떼어서 밑씻개로 하자」) *여편네의 계산에 의하면 7할을 낳아도/만용이(닭 시중하는 놈)의 학비를 빼면/아무것도 안 남는다고 한다(「만용에게」)

만일(萬一) ①있을지도 모르는 뜻밖의 경우. ②만 가운데 하나 정도로 아주 적은 양. *노파심으로 만일을 염려하여 말해 두는 건데/이것은 寸毫의 諷刺味도 역설도 불쌍한 발악도 청년다운 광기도 섞여 있는 말이 아닐 것이다[…]내가 만일 포로가 아니 되고 그대로 거기서 죽어버렸어도(「조국에 돌아오신 傷病捕虜 동지들에게」)

만족(滿足) ①마음에 흡족함. ②모자람이 없이 충분하고 넉넉함. *미해결이지요. 좋아요. 만족입니다[…]나의 소란을 하나 더 보탠 것에 만족을/느낀 것은 절망에 지각하고 난 뒤

이다.(「전화 이야기」)

만족하다(滿足―) ①마음에 흡족하다. ②모자람이 없이 충분하고 넉넉하다.
　만족하는 *시시한 라디오 소리라 더 시시한 것이/여기서는 판을 치니까 그렇게 됐는지 모른다/더 시시한 우리네 방송으로 만족하는 것이다(「라디오 계」)
　만족하지 *아니 바로 그 첫날 밤은 반시간도 넘어 했는데도/여편네가 만족하지 않는다/그년하고 하듯이 혓바닥이 떨어져나가게/물어제끼지는 않았지만 그래도/어지간히 다부지게 해줬는데도/여편네가 만족하지 않는다(「性」)

만주(滿洲) 중국 둥베이(東北) 지방을 이르는 말. 랴오닝(遼寧), 지린(吉林), 헤이룽 강(黑龍江)의 둥베이 삼성(東北三省)으로 구성되어 있다. 동쪽과 북쪽은 러시아와 접해 있고, 남쪽은 압록강과 두만강을 경계로 한반도와 접해 있다. 젠다오(間島)를 중심으로 우리 동포가 많이 산다. *만주에서 해방을 겪고/평양에 있다가 인천에 와서[…]18년 만에 만난 만주의 여자/잊어버렸던 여자가 여기 있구나[…]나는 이 사람이 만주 술집에서 고생할 때에/연애편지를 대필해 준 일이 있을 뿐이지(「滿洲의 여자」)

만지다 ①손을 대어 여기저기 주무르거나 쥐다. ②어떤 물건이나 돈 따위를 가지다. ③물건을 다루어 쓰다. ④물건을 손질하다.
　만져서는 *주변 없는 사람이 만져서는 아니 될 책/만지면은 죽어버릴듯 말 듯 되는 책(「가까이 할 수 없는 서적」)
　만졌지만 *무수한 돈을 만졌지만 결국은 헛만진 것(「돈」)
　만지고 *나는 자꾸 땅만 만지고 싶었는데/땅과 봄이 일체가 되기를 원하며 그것만을 힘삼고 있었는데(「구슬픈 육체」)
　만지면서 *잃어버린 愛兒를 찾은 듯이/너의 거룩한 머리를 만지면서/우는 날이 오더라도(「더러운 향로」)
　만지면은 *주변 없는 사람이 만져서는 아니 될 책/만지면은 죽어버릴듯 말 듯 되는 책(「가까이 할 수 없는 서적」)
　만진 *무수한 돈을 만졌지만 결국은 헛 만진 것(「돈」)
　만질 *나도 돈을 만질 수 있다는 것이 대견하다(「돈」)

만치 만큼. ☞ 만큼. *부끄러움을 더한층 뜻있게 하기 위하여/있으리라는 믿음에서/만만치 않은 부탁(付託) *너를 보고/너의 곁에 애처로울 만치 바싹 다가서서[…]음탕할 만치 잘 보이는 유리창(「너는 언제부터 세상과 배를 대고 서기 시작했느냐」) *평범한 대자연의 법칙을 본받아/어리석을 만치 소박하게 성취한/우리들의 혁명을(「기도」) *익살스러울 만치 모든 거리가 단축되고/익살스러울 만치 모든 질문이 없어지고/모든 사람에게 고해야 할 너무나 많은 말을 갖고 있지만(「말」(1964))

만큼 ①앞의 내용에 상당하는 수량이나 정도임을 나타내는 말. ②뒤에 나오는 내용의 원인이나 근거가 됨을 나타내는 말. *하얀 종이가 옥색으로 노란 하드롱지가/이 세상에는 없는 빛으로 변할 만큼 밝다[…]녹색으로 또 다른 색으로 변할 만큼 밝다(「백지에서부터」) *얼굴은 네 얼굴보다는/간음을 상상할 수 있을 만큼/그렇게 조금은 생생하지만(「네 얼굴은」)

만하다 ①동작이나 상태가 거의 어떤 정도에 미치어 있음을 나타내는 말. ②어떤 사물의 값어치나 힘이 넉넉한 정도에 이름을 나타내는 말.
　만한 *노쇠한 선교사모양으로 낮잠을 자지 않고도 견딜 만한 강인성을 가지고 있다(「영롱한 목표」) *남에게 희생을 당할 만한/충분한 각오를 가진 사람만이/살인을 한다(「죄와 벌」)

만화(萬華) 온갖 꽃. 온갖 화려함. *白花의 意匠/萬華의 거동의/지금 고요히 잠드는 얼을 흔드며/關公의 色帶로 감도는/향로의 餘烟이 신비한데(「廟庭의 노래」)

많다 수효나 분량, 정도 따위가 일정한 기준을 넘다.
　많다는데 *식구가 나보다도 일곱 식구나 더 많다는데/일요일이면 빼지 않고 강으로 투망을 하러 나온다고 한다(「강가에서」)
　많아 *배고픈 사람이/하도 많아 그러나(「〈4·19〉시」)

많아서 *베이컨의『新論理學』을 읽어보게나/원자탄이나 유도탄은 너무 많아서/효과가 없으니까/인제는 다시 비수를 쓰는 법을 배우란 말일세(「만시지탄은 있지만」) *의자가 많아서 걸린다 테이블도 많으면/걸린다 테이블 밑에 가로질러놓은/엮음대가 걸리고 테이블 위에 놓은/미제 磁器 스탠드가 울린다(「의자가 많아서 걸린다」)

많으면 *의자가 많아서 걸린다 테이블도 많으면/걸린다 테이블 밑에 가로질러놓은/엮음대가 걸리고 테이블 위에 놓은/미제 磁器 스탠드가 울린다(「의자가 많아서 걸린다」)

많은 *강한 것보다는 약한 것이 더 많은 나의 착한 마음이기에(「달나라의 장난」) *이렇게 많은 식구들이/아침이면 눈을 부비고 나가서/저녁에 들어올 때마다/먼지처럼 인색하게 묻혀가지고 들어온 것[…]나의 가족들의 기미 많은 얼굴에 비하여 보아서는 아니 될 것이다(「나의 가족」) *이 사무실도 늬가 만든 것이며/이 많은 의자도 늬가 만든 것이며/늬가 그리고 있는 종이까지 늬가 製紙한 것이며(「사무실」) *나는 너무나 많은 첨단의 노래만을 불러왔다(「서시」) *시대의 지혜/너무나 많은 나침반이여(「광야」) *─모든 곳에 너무나 많은 움직임이 있다(「비」) *유년의 기적을 잃어버리고/얼마나 많은 세월이 흘러갔나(「생활」) *깨꽃같이 작고 많은/맨 끝으로 신경이 가는 일(「깨꽃」) *모든 사람에게 고해야 할 너무나 많은 말을 갖고 있지만/세상은 나의 말에 귀를 기울이지 않는다(「말」(1964)) *이것이 얼마나 죄가 많은 다리인 줄 모르고(「현대식 교량」) *이조시대의 장안에 깔린 기왓장 수만큼/나는 많은 것을 버렸다(「적2」) *우리의 주위에 너무나 많은 순교자들의 이 발견을/지금 나는 하고 있다(「이 한국문학사」) *아버지보다 돈 많은 사람들에게도/아버지 자신에게도(「VOGUE야」) *너무나 먼 잘못된 길이다/너무나 많은 잘못된 나라다(「세계일주」)

많은지 *호콩 마마콩이 어쩌면 저렇게 많은지/나는 저절로 웃음이 터져나왔다(「생활」)

많이 수효나 분량, 정도 따위가 일정한 기준보다 넘게. *모르는 사람은 봄에 알을 많이 받을 것이니/마찬가지라고 하지만/봄에는 알값이 떨어진다(「만용에게」) *피아노 앞에는 슬픈 사람들이 많이 있다(「피아노」) *발목이 굵은 여자들이 많이 사는 나의 마을로/지구에서 지구로(「X에서 Y로」) *우리는 여지껏 희생하지 않는 오늘의 문학자들에 관해서/너무나 많이 고민해 왔다(「이 한국문학사」) *많이는 아니고 조금(「꽃잎1」)

맏누이 둘 이상의 누이 가운데 맏이가 되는 누이. *나의 맏누이동생이 그를 〈허니〉라고 부르고 있는 것이 아니꼬워서/내가 어느 날 그에게 〈魔神〉이라고 별명을 붙였더니(「백의」)

말¹ ①사람의 생각이나 느낌 따위를 표현하고 전달하는 데 쓰는 음성 기호. 곧 사람의 생각이나 느낌 따위를 목구멍을 통하여 조직적으로 나타내는 소리를 가리킨다. ②음성 기호로 생각이나 느낌을 표현하고 전달하는 행위 또는 그런 결과물. ③일정한 주제나 줄거리를 가진 이야기. ④단어, 구, 문장 따위를 통틀어 이르는 말. ⑤소문이나 풍문 따위를 이르는 말. ⑥다시 강조하거나 확인하는 뜻을 나타내는 말. ⑦'망정이지'의 뜻을 나타내는 말. ⑧'-을 것 같으면'의 뜻을 나타내는 말. ⑨어떤 행위가 잘 이루어지지 않음을 탄식하는 말. ⑩앞에서 언급한 사실을 강조하여 말하는 뜻을 나타내는 말. ⑪어감을 고르게 할 때 쓰는 군말. 상대편의 주의를 끌거나 말을 다짐하는 뜻을 나타낸다. *너무나 알기 쉬운 말로 아무도 듣지 못하게 당신의 뺨에다 대고 비로소 시작하는 귓속이야기 지요[…]그리고 이러한 변명이 지루하다고 꾸짖는 독자에 대하여는/한마디 드려야 할 정당한 이유의 말이 있다[…]이것은 寸豪의 諷刺味도 역설도 불쌍한 발악도 청년다운 광기도 섞여 있는 말이 아닐 것이다(「조국에 돌아오신 傷病捕虜 동지들에게」) *너는 날아가면 고만이지만/잠시라도 나는 취하는 것이 싫다는 말이다(「도취의 피안」) *유순한 가족들이 모여서/죄 없는 말을 주고받는/좁아도 좋고 넓어도 좋은 방안에서(「나의 가족」) *그들은 너무나 오랫동안 자기의 말을 잊고/남의 말을 하여 왔으며/그것도 간신히 떠듬는 목소리로밖에는 못해 왔기 때문이(「헬리콥터」) *나는 당신의 아우에게로 뛰어가서 나의 〈말〉을 하지 못하는 나를 미워하였다(「말」(1958)) *벗이여/그대의 말을 고개 숙이고 듣는 것이/그대는 마음에 들지 않겠지(「死靈」) *그 무수한 말 중의 제일 첫마디는/「나는 졌노라……」(「말복」) *그저그저 쉬쉬하면서/할말도 다 못하고(「우선 그놈의 사진을 떼어서 밑씻개로 하자」) *차라리/혁명이란 말을 걷어치워라[…]열에 뜬 시인들이 속이 허해서/쓰는 말밖에는 아니 되지만(「육법전서와 혁명」) *푸른 하늘을 제압하는/노고지리가 자유로웠다고/부러워하던/어느 시인의 말은 수정되어야 한다(「푸른 하늘을」) *집권당에 아부하지 말라는 말은 없는데[…]아부에도 여유가 있어야 한다는 말일세[…]인제는 다시 비수를 쓰는 법을 배우란 말일세(「만시지탄은 있지만」) *비둘기 울음소리를 듣고 있을 동안에/나쁜 말은 안하니/가다오 가다오(「가다오 나가다오」) *그러나 나는 오늘 아침의 때문은 혁명을 위해서/어차피 한마디 할 말이 있다[…]단 〈중용이 아니라〉의 다음에 〈反動이다〉라는/말은 지워져 있다(「중용에 대하여」) *집에 가면 말도/나지막한 소리로 걸어(「허튼소리」) *그 방의 벽에는 싸우라 싸우라 싸우라는 말이/헛소리처럼 아직도 어둠을 지키고 있을 것이다[…]일하라 일하라 일하라는 말이/헛소리처럼 아직도 나의 가슴을 울리고 있지만(「그 방을 생각하며」) *죄수들의 말이/배고픈 것보다도/잠 못 자는 것이/더 어렵다고 해서(「4·19시」) *우물이 말을 한다/어제의 말을 한다(「등나무」) *누이야/풍자가 아니면 해탈이다/너는 이 말의 뜻을 아느냐(「누이야 장하고나!」) *일본의 〈진보적〉 지식인들이 이 말을 들으면 필시 웃을 것이다(「轉向記」) *그저께 나는 파스칼이「머리가 나쁜 것은 나」라고 하는 말을 들었다(「우리들의 웃음」) *모든 사람에게 고해야 할 너무나 많은 말을 갖고 있지만/세상은 나의 말에 귀를 기울이지 않는다[…]이 무언의 말/이 때문에 아내를 다루기 어려워지고/자식을 다루기 어려워지고 친구를/다루기 어려워지고[…]이 무언의 말/하늘의 빛이요 물의 빛이요 우연의 빛이요 우연의 말/죽음을 꿰뚫는 가장 무력한 말/죽음을 위한 말 죽음에 섬기는 말/고지식한 것을 제일 싫어하는 말/이 만능의 말/겨울의 말이자 봄의 말/이제 내 말은 내 말이 아니다(「말」(1964)) *나의 아들에게 불손한 말을 걸어서는/아니 된다 나의 사상에 노기를 띄우게 해서는/아니 된다(「제임스 띵」) *해는 청교도가 대륙 동부에 상륙한 날보다 밝다/우리의 재[灰], 우리의 서걱거리는 말이여/인생과 말의 간결—우리는 그것을 전투의/소리라고 부른다(「미역국」) *말도 걸지 말고— 저놈은 내가 말을 걸 줄 알지(「잔인의 초」) *여편네하고/싸우고 나왔지요. 순수하죠. 앨비 말예요./살롱 드라마이지요.(「전화 이야기」) *돈에 치를 떠는 여편네도 도적이 들어왔다는/말에는 놀라지 않는다[…]그 이튿날 여편네와 식모가 하는 말을 들어보니[…]시험공부를 하느라고 밤을 새는 큰아이놈의/말이다 필시 그럴 거라(「도적」) *그리고 아들아 나는 아직도 너에게 할 말이/왜 없겠는가 그러나 안한다(「VOGUE야」) *그렇게 먼 날까지 가기 전에 너의 가슴에/새겨둘 말을 너는 도시의 피로에서/배울 거다(「사랑의 변주곡」) *사람들은 내 말을 믿지 않는다(「거짓말의 여운 속에서」) *일본 말보다도 더 빨리 영어를 읽을 수 있게 된,/몇 차례의 언어의 이민을 한 내가/우리말을 너무 잘 해서 곤란하게 된 내가//지금 불란서 소설을 읽으면서 아직도 말하지/못한 한 가지 말—정치 의견의 우리말이/생각이 안 난다[…]사람들은 내 말을 믿지 않고 내가 내 말을 안 믿는다(「거짓말의 여운 속에서」) *내 말을 믿으세요 노란 꽃을/못 보는 글자를 믿으세요 노란 꽃을(「꽃잎2」) *—물론 낭랑한 일본 말들이다/이것을 요즘은 안 듣는다[…]그때는 지금 일본 말 방송을 안 듣듯이(「라디오 계」)

말² 말과의 포유동물. 어깨의 높이는 1.2~1.7미터이며, 갈색·검은색·붉은 갈색·흰색 따위가 있다. 네 다리와 복, 얼굴이 길고 목덜미에는 갈기가 있으며, 꼬리는 긴 털로 덮여 있다. 성질이 온순하고 잘 달리며 힘이 세어 농경, 운반, 승용, 경마 따위에 사용한다. *쨔키야! 너는 빨리 말을 달려/저기 돈보따리를 들고 달아나는 놈을 잡아라(「나는 아리조나 카보이야」) *나의 발은 절망의 소리/저 말(馬)도 절망의 소리(「아픈 몸이」)

말갛다 ①산뜻하게 맑다. ②국물 따위가 진하

지 않고 묽다. ③눈이 맑고 생기가 있다. ④정신이나 의식 따위가 또렷하다.
　말갛게 ＊말갛게 행주질한 비어홀의 카운터에 […]말갛게 갠 글 모르는 백성들의 마음에는/〈미국인〉과 〈소련인〉도 똑같은 놈들/가다오 가다오(「가다오 나가다오」)

말꼬리 말끝. 한 마디 말이나 한 차례 말의 맨끝. ＊누가 벌써 재빨리 말꼬리를 돌렸다……/신은 곧잘 이런 꾸지람을 잘한다(「나가타 겐지로」)

말다¹ (동사) ①어떤 일이나 행동을 하지 않거나 그만두다. ②'아니하다'의 뜻을 나타낸다. ③'아니고'의 뜻을 나타낸다.
　만 ＊이것이 편지를 쓰다 만 내력이오—꽉 막히는구려(「美濃印札紙」)
　만다 ＊우주의 안개를 빨아올리다 만다(「피곤한 하루의 나머지 시간」)
　말고 ＊울린다 시를 쓰다 말고 코를 풀다 말고(「의자가 많아서 걸린다」)
　말까 ＊그러한 나의 반역성을 조소하는 듯이 스무 살도 넘을까 말까 한 노는 계집애와(「시골 선물」) ＊불법을 해도 될까 말까 한/혁명을—(「육법전서와 혁명」)
　말락 ＊—그러나 그것은 보일락 말락 나의 시야에서/멀어져 가는 것—(「방안에서 익어가는 설움」) ＊거지의 누더기가 될락 말락 한/저놈은 어제 비를 맞았다(「후란넬 저고리」)
　말리라 ＊아니 돌다 말리라(「아픈 몸이」)

말다² (보조동사) ①앞말이 뜻하는 행동을 하지 못하게 하다. ②앞말이 뜻하는 행동이 끝내 실현되다.
　마는 ＊너까지도 다 함께 숭배하고 마는 것이/숭배할 줄 아는 것이/나의 인내이니까(「누이야 장하고나!」)
　마라 ＊나의 노래가 거치럽게 되는 것을 욕하지 마라!(「조국에 돌아오신 傷病捕虜 동지들에게」) ＊뮤즈여/앞장을 서지 마라(「바뀌어진 지평선」) ＊야, 영희야, 메리의 밥을 아무거나 주지 마라,/밥통을 좀 부셔주지?!(「등나무」) ＊덤핑 출판사의 일을 하는 무의식 대중을 웃지 마라/지극히 시시한 이 발견을 웃지 마라/비로소 충만한 이 한국문학사를 웃지 마라/저들의 고요한 숨길을 웃지 마라/저들의 무서운 방탕을 웃지 마라/이 무서운 낭비의 아들들을 웃지 마라(「이 한국문학사」) ＊그러나 너무 재촉하지는 마라. 이 문제가 해결/되기까지 기다려봐.(「엔카운터 誌」)

마세요 ＊코리안 드림이라구요. 놀리지 마세요.(「전화 이야기」)

마시오 ＊내가 어리다고 한탄하지 마시오(「웃음」) ＊까딱 마시오 손 하나 몸 하나/까딱 마시오/눈 오는 것만 지키고 계시오…….(「눈」(1961))

만다 ＊우리는 지금 동양의 諷刺를 그의 機體 안에서 느끼고야 만다(「헬리콥터」) ＊지독하게 속이면 내가 곧 속고 만다(「性」)

말고 ＊나의 초라한 검은 지붕에/너의 날개 소리를 남기지 말고(「도취의 피안」) ＊말도 걸지 말고— 저놈은 내가 말을 걸 줄 알지(「잔인의 초」)

말라 ＊애타도록 마음에 서둘지 말라/강물 위에 떨어진 불빛처럼/혁혁한 업적을 바라지 말라/개가 울고 종이 들리고 달이 떠도/너는 조금도 당황하지 말라/술에서 깨어난 무거운 몸이여/오오 봄이여//한없이 풀어지는 피곤한 마음에도/너는 결코 서둘지 말라/너의 꿈이 달의 행로와 비슷한 회전을 하더라도/개가 울고 종이 들리고/기적소리가 과연 슬프다 하더라도/너는 결코 서둘지 말라/서둘지 말라 나의 빛이여/오오 인생이여//재앙과 불행과 격투와 청춘과 천만 인의 생활과/그러한 모든 것이 보이는 밤/눈을 뜨지 않은 땅속의 벌레같이/아둔하고 가난한 마음은 서둘지 말라/애타도록 마음에 서둘지 말라/절제여/나의 귀여운 아들이여/오오 나의 靈感이여(「봄 밤」)

말라는 ＊집권당에 아부하지 말라는 말은 없는데(「만시지탄은 있지만」)

말아 ＊이 문이 열리거든 아무 소리도 하지 말아봐라(「잔인의 초」)

말아라 ＊벌벌 떨고 있는/나의 귀에다 너의 엷은 울음소리를 남기지 말아라(「도취의 피안」) ＊물에 빠지지 않기 위한/생활이 비겁하다고 경멸하지 말아라(「바뀌어진 지평선」) ＊달관한 신문기자여/생각하지 말아라[…]희한한 상상과 무수한 활자를/너에게 눌러주는 지금 이 순간에도/너는 아예 놀라지 말아라/너는 아예 놀라지 말아라(「기자의 정열」) *그보다도 창자가 더 메마른 저들은/더 이상 속이지 말아라(「육법전서와 혁명」) *괴로운 설사가 끝나거든 입을 다물어라 누가/보았는가 무엇을 보았는가 일절 말하지 말아라/그것이 우리의 증명이다(「설사의 알리바이」)

말았다 *나는 자유를 찾아서 포로수용소에 온 것이고/자유를 찾기 위하여 有刺鐵網을 탈출하려는 어리석은 동물이 되고 말았다(「조국에 돌아오신 傷病捕虜 동지들에게」) *그러나 나는 그것을 시골이라고 무관하게 생각하고 쓰고 간 것인데 결국은 잃어 버리고 말았다(「시골 선물」) *큰 아름드리나무에 박힌 옹이처럼 너는 네가 한 신문기사를 매일 아침 게시판 위에서 찾아보는 버릇이 너도 모르게 어느덧 생기고 말았다(「기자의 정열」) *나는 그 노래도 그 전의 노래도 함께 다 잊어버리고 말았다(「그 방을 생각하며」) *그래서 나는 그 사진을 10년 만에 곰곰이 正視하면서/이내 거북해서 너의 방을 뛰쳐나오고 말았다(「누이야 장하고나!」) *聖俗이 같다는 원효대사가/텔레비에 텔레비에 들어오고 말았다(「원효대사」)

말았으면 *차라리 위대한 것을 바라지 말았으면(「나의 가족」)

말단(末端) ①맨 끄트머리. ②조직에서 제일 아랫자리에 해당하는 부분. *견고한 꽃이/공허의 말단에서 마음껏 찬란하게 피어오른다(「꽃2」) *모든 관념의 말단에 서서 생활하는 사람만이 이기는 법이다(「영롱한 목표」)

말뚝 ①땅에 두드려 박는 기둥이나 몽둥이. 아래쪽 끝이 뾰족하다. ②뒤꽂이의 하나. 금이나 은 같은 것으로 위는 굵고 아래는 가늘고 네모나게 만듦. *휴식에서 수면으로/신축공장이 아교공장의 말뚝처럼 일어서는(「X에서 Y로」)

말라붙다 액체 따위가 바싹 줄거나 말라서 물기가 아주 없어지다.
말라붙은 *오징어발에 말라붙은 새처럼 꼬리만 치지 않으면 돼[…]오징어에 말라붙은 새처럼 5월이 와도/9월이 와도 꼬리만 치지 않으면 돼[…]오징어발에 말라붙은 새처럼 꼬리만 치지 않으면 돼/트럭 소리가 나면 돼(「장시1」)

말복(末伏) 삼복에서 마지막 복. 입추가 지난 뒤의 첫 번째 경일(庚日)을 이른다. *그러나 오늘은 말복도 다 아니 갔으며(「말복」)

말살하다(抹殺—) 있는 사물을 뭉개어 아주 없애 버리다.
말살하고 *자유당 때와 민주당 때와 지금의 惡政의 구별을 말살하고(「제임스 띵」)

말쑥하다 모양이 지저분함이 없이 깨끗하다.
말쑥한 *방 두 칸과 마루 한 칸과 말쑥한 부엌과 애처로운 처를 거느리고(「구름의 파수병」)

말일(末日) ①어떤 시기나 기간의 맨 마지막 날. ②그믐날. *이 돈은 원은 10월 말일이/기한이고(「판문점의 감상」)

말죽거리 지금의 지하철 3호선 양재역 부근. 조선시대에 지방과 서울을 오가는 여행자들이 타고 온 말에게 죽을 끓여 먹이고 자신도 쉬어 갔던 곳을 말한다. *그 주막거리의 이름이 말죽거리라는 것까지도/무료하게 생각하게 하고(「참음은」)

말짱 속속들이 모두. *나의 주위에 말짱 〈반동〉만 앉아 있어/객소리만 씨부리고 있었다는 것이(「황혼」)

말하다 ①생각이나 느낌을 말로 나타내다. ②어린 아이가 처음으로 말을 시작하다. ③말리는 뜻으로 꾸짖는 말을 하다.
말하고 *누구나 어른들은 말하고 있으나/나는 그 우열을 따지고 싶지는 않다(「국립도서관」) *나는 결코 그의 種子에 대하여/말하고 있는 것은 아니다/또한 설움의 귀결을 말하고자 하는 것도 아니다(「꽃2」) *골짜기들은 평화롭지 않으냐—/평화의 의지를 말하고 있지 않으냐(「冬麥」)
말하고자 *나는 결코 그의 種子에 대하여/말하고 있는 것은 아니다/또한 설움의 귀결을 말하고자 하는 것도 아니다(「꽃2」)
말하는 *나는 그들의 용감성과 또 그들의 어마어마한 戰果에 대하여 말하는 것이 아니라/그들이 싸워온 독특한 위치와 세계사적 가치를 말하는 것입니다(「조국에 돌아오신 傷病捕虜 동지들에게」)
말하는데 *……活字는 반짝거리면서 하늘 아래에서/간간이/자유를 말하는데/나의 靈은 죽어 있는 것이 아니냐[…]그대는 반짝거리면서 하늘 아래에서/간간이/자유를 말하는데/우스워라 나의 靈은 죽어 있는 것이 아니냐(「死靈」)

말하자면 *그들은 말하자면 우리들의 곁에 있다(「하…… 그림자가 없다」) *때로는 이북에서/때로는 삼랑진에서/말하자면 세계의 도처에서 나타날 수 있는 千手千足獸[…]말하자면 내가 찾고 있는 것은 언제나 나의 가장 가까운/내 곁에 있고(「절망」(1962))

말하지 *진짜 시인이 될 수 있으니 시원하고/시원하다고 말하지 않아도 되니/이건 진짜 시원하고/이 시원함은 진짜이고/자유다(「橄文」) *괴로운 설사가 끝나거든 입을 다물어라 누가/보았는가 무엇을 보았는가 일절 말하지 말아라/그것이 우리의 증명이다(「설사의 알리바이」) *지금 불란서 소설을 읽으면서 아직도 말하지/못한 한 가지 말—정치 의견의 우리말이/생각이 안 난다(「거짓말의 여운 속에서」)

말한 *1일까지 돌려 주겠다고 아니 29일까지/돌려 주겠다고 집문서를 가지고 간 친구에게/말한 것이 잘못이었나 보다(「판문점의 감상」) *詩評의 칭찬까지도 시집의 서문을 받은 사람까지도/내가 말한 정치 의견을 믿지 않는다(「거짓말의 여운 속에서」)

말할 *「이북에서 고생하고 돌아오는/상병포로들에게 말할 수 없는 미안한 감이 듭니다」//내가 6·25 후에 伊川 야영훈련소에서 받은 말할 수 없는 학대를 생각한다(「조국에 돌아오신 傷病捕虜 동지들에게」) *나란히 옆으로 가로 세로 위로 아래로 놓여 있는 무수한 꽃송이와 그 그림자/그것을 그리려고 하는 나의 붓은 말할 수 없이 깊은 치욕(「九羅重花」) *사람이야 말할 수 없이 애처로운 것이지만(「도취의 피안」) *나는 쾌활한 마음으로 말할 수 있다/이 광대한 여름날의 착잡한 숲속에/홀로 서서/나는 돌풍처럼 너한테 말할 수 있다/모든 산봉우리를 걸쳐온 돌풍처럼/당돌하고 시원하게/도회에서 달아나온 나는 말할 수 있다/「누이야 장하고나!」(「누이야 장하고나!」) *그 이유를/말할 필요도 없다/낚시질도/안 간다[…]말할 필요가 없다/집에도/몸에도/이놈이 무엇이지?(「이놈이 무엇이지?」) *그 무엇이라고 말할 수 없는 나라의 수도의/한복판에서(「H」)

말해 *노파심으로 만일을 염려하여 말해 두는 건데/이것은 寸豪의 諷刺味도 역설도 불쌍한 발악도 청년다운 광기도 섞여 있는 말이 아닐 것이다(「조국에 돌아오신 傷病捕虜 동지들에게」) *내가 구름운전수 제퍼슨 선생한테 말해 놨으니까 시간은/2분밖에 안 걸릴 거다(「나는 아리조나 카보이야」)

맑다 ①잡스럽고 탁한 것이 섞이지 아니하여 환하고 깨끗하다. ②구름이나 안개가 끼지 아니하여 날씨가 깨끗하다. ③소리 따위가 가볍고 또랑또랑하여 듣기에 상쾌하다. ④정신이 초롱초롱하고 또렷하다. ⑤살림이 넉넉하지 못하고 박하다.

맑게 *나와 나의 겨울을 한층 더 무거운 것으로 만들기 위하여/나의 눈이랑 한층 더 맑게 하여다오(「도취의 피안」) *금성라디오 A 504를 맑게 개인 가을날/일수로 사들여온 것처럼(「금성라디오」)

맑고 *그의 사진은 이 맑고 넓은 아침에서/또 하나 나의 팔이 될 수 없는 비참이오(「아버지의 사진」)

맑은 *文明된 아내에게 〈실력을 보이자면〉 무엇보다도 먼저/발이라도 씻고 보자/냉수도 마시자/맑은 공기도 마시어두자(「사치」)

맘모스 매머드(mammoth). 코끼릿과의 화석 포유 동물. 몸의 길이는 4m 정도이며, 털로 덮였고 굽은 엄니가 있다. 4만 년 전부터 1만 년 전까지 생존하였던 동물로, 시베리아 화석으로 발견된다. *괴기영화의 맘모스를 연상시키는/까치도 까마귀도 응접을 못하는 시꺼먼 가지를 가진/나도 감히 상상을 못하는 거대한 거대한 뿌리에 비하면……(「거대한 뿌리」)

맘모스

망(望) 상대편의 동태를 알기 위하여 멀리서 동정을 살피는 일. *쫀! 너는 저 산 위에 올라가 망을 보아라(「나는 아리조나 카보이야」)

망가지다 ①부서지거나 찌그러져 못 쓰게 되다. ②상황이나 상태 따위가 좋지 아니하게 되다.

망가진 *무르익은 사랑을 돌리어보듯이/북극이 망가진 지구의를 돌려라(「지구의」)

망각(忘却) 어떤 사실을 잊어버림. *詩는 쨍쨍한 날씨에 청량한 들에/환락의 개울가에 바늘 돋친 숲에/버려진 우산/망각의 想起다(「적2」) *돌에 쇠에 구리에 넝마에 삭아/삭은 그늘에 또 삭아 부스러져/거미줄이 쳐지고 망각이 들어앉고/들어왔다 튀어나오고[…]죽은 행동이 계속된다 너와 내가 계속되고/전화가 울리고 놀라고 놀래고/끝이 없어지고 끝이 생기고 겨우/망각을 실현한 나를 발견한다(「먼지」)

망건(網巾) 상투를 튼 사람이 머리카락을 걷어 올려 흘러내리지 아니하도록 머리에 두르는 그물처럼 생긴 물건. 보통 말총, 곱소리 또는 머리카락으로 만든다. *그러나/요강, 망건, 장죽, 종묘상, 장전, 구리개 약방, 신전,/피혁점, 곰보, 애꾸, 애 못 낳는 여자, 무식쟁이,/이 모든 무수한 반동이 좋다(「거대한 뿌리」)

망두석(望頭石) 망주석. *이놈들 여기 개미구멍으로 다 들어가/이 구멍으로 들어가면 아리조나에 있는/우리 고조할아버지 산소 망두석 밑으로 빠질 수 있으니까(「나는 아리조나 카보이야」)

망막하다(茫漠―) ①넓고 멀다. ②뚜렷한 구별이 없다.
  망막하고 *구름은 벌써 나의 머리를 스쳐가고/설움과 과거는/오천만분지 일의 俯瞰圖보다도 더/조밀하고 망막하고 까마득하게 사라졌다(「네이팜 탄」)

망설이다 머뭇거리고 뜻을 결정하지 못하다.
  망설였지 *10만 원 중에서 5만 원만 줄까 3만 원만 줄까/하고 망설였지 당신보다도 내가 더 망설였지(「이혼 취소」)
  망설이는 *무한히 망설이는 이 마음은 어둠과 절망의 어제를 위하여/사는 것이 아니고(「거리2」)
  망설이면서 *누가 찾아오지나 않을까 망설이면서/앉아 있는 마음(「거리1」)

망하다(亡―) 조직체나 사물이 깨어져 못 쓰게 되다.
  망하고 *그놈들이 배불리 먹고 있을 때도/고생한 것은 그대들이고/그놈들이 망하고 난 후에도 진짜 곯고 있는 것은/그대들인데/불쌍한 그대들은 천국이 온다고 바라고 있다(「육법전서와 혁명」)

맞다¹ ①틀리지 않게 되다. ②어울리다. 조화하다. ③마음이나 입맛에 들다. ④물건과 물건이 틈이 없이 서로 닿다. ⑤합치다. 하나가 되다. ⑥손해가 되지 않다. ⑦겨눈 것이 목표에 똑바로 닿다. ⑧서로 통하다.
  맞을 *고칠 사람을 구하기가 어렵다고 하지만/돈이 아까울 거라 그럴 거라/내 추측이 맞을 거라/아니 내가 고치라고 하니까 안 고칠 거라/이 추측이 맞을 거라 이 추측이 맞을 거라/이 추측이 맞을 거라(「도적」)
  맞지 *거기다가 나의 부처님을 모신 법당 뒷산에 묻혀 있는 검은 바위같이 큰 머리에는 둘레가 작아서 맞지 않아 그 모자를 쓴 기분이란 쳇바퀴를 쓴 것처럼 딱딱하다(「시골 선물」) *요는 정치 의견이 맞지 않는 나라에는 못 산다(「거짓말의 여운 속에서」)

맞다² ①오는 사람이나 물건을 예의로 받아들이다. ②적이나 어떤 세력에 대항하여 맞서다. ③시간이 흐름에 따라 오는 어떤 때를 대하다. ④자연현상에 따라 내리는 눈, 비 따위의 닿음을 받다. ⑤점수를 받다. ⑥어떤 좋지 아니한 일을 당하다. ⑦가족의 일원으로 예를 갖추어 데려오다.
  맞았다 *거지의 누더기가 될락 말락 한/저놈은 어제 비를 맞았다(「후란넬 저고리」)
  맞으려고 *저녁에는 어둠을 맞으려고 또 한 잔 마시는 게라(「술과 어린 고양이」)
  맞이하다가 *이보다 더 추운 날처럼 나는 여기서 겨울을 맞이하다가(「웃음」)

맞다³ ①외부로부터 어떤 힘이 가해져 몸에 해를 입다. ②침, 주사 따위로 치료를 받다. ③쏘거나 던지거나 한 물체가 어떤 물체에 닿다 또는 그런 물체에 닿음을 입다.
  맞는 *나는 총에 맞는 새같이 가련하게도 당신의 집을 나와버렸다(「말」(1958))

맞닥뜨리다 서로 부딪칠 정도로 마주 대하여 닥치다.
  맞닥뜨리는 *오고가는 것이 직선으로 혹은 대각선으로 맞닥뜨리는 것 같은 속에서/나의 설움은 유유히 자기의 시간을 찾아갔다(「방안

맞닿다 마주 닿다.
　맞닿는 *암흑과 맞닿는 나의 생명이여/거리의 생명이여(「거리2」)
맞은편(―便) ①서로 마주 바라보이는 편. ②상대가 되는 사람. *나의 맞은편 의자에 앉아 먹고 떠들고 웃고 있는 여자와 젊은 학생을 (「시골 선물」)
맞추다 ①서로 떨어져 있는 부분을 제자리에 맞게 대어 붙이다. ②둘 이상의 일정한 대상들을 나란히 놓고 비교하여 살피다. ③서로 어긋남이 없이 조화를 이루다. ④어떤 기준이나 정도에 어긋나지 아니하게 하다. ⑤어떤 기준에 틀리거나 어긋남이 없이 조정하다. ⑥일정한 수량이 되게 하다. ⑦열이나 차례 따위에 똑바르게 하다. ⑧다른 사람의 의도나 의향 따위에 맞게 행동하다. ⑨약속 시간 따위를 넘기지 아니하다. ⑩일정한 규격의 물건을 만들도록 미리 부탁을 하다. ⑪다른 어떤 대상에 닿게 하다. ⑫서로 일치되어 꼭 맞도록 하다.
　맞추기 *시계를 맞추기 전에(「풀의 영상」)
　맞추어 *水牛나 生魚같이/음정을 맞추어 우는 법도/습득하지는 못하였다(「토끼」) *위대한 〈개헌〉 헌법에 발을 맞추어 가자면/여유가 있어야지(「만시지탄은 있지만」)
　맞추었기 *나는 너무나 자주 설움과 입을 맞추었기 때문에/가을바람에 늙어가는 거미처럼 몸이 까맣게 타버렸다.(「거미」)
　맞출 *사이렌 소리에 시계를 맞출 때도 구두를 닦을 때도……/우리들의 싸움은 쉬지 않는다(「하…… 그림자가 없다」)
맡기다 ①제 할 일을 남에게 부탁·위임하다. ②물건의 보관을 남에게 부탁하다. ③하게 내버려 두다.
　맡겨 *여미지 못하는 생각 위에/여밀 수 없는 부탁이여/차라리 죽순같이 자라는 대로 맡겨두련다(「付託」)
　맡기어진 *돈을 벌고 싸우고 오늘부터의 할 일을 하지만/내 생명은 이미 맡기어진 생명(「말」(1964))
　맡긴 *가족들이 저마다 떠드는 소리도/귀에 거슬리지 않는 것은/내가 그들에게 全靈을 맡긴 탓인가(「나의 가족」)
맡다 ①코로 냄새를 느끼다. ②어떤 일의 낌새를 눈치 채다.
　맡을 *시장에 가서 비린 생선 냄새를 맡을 때도(「하…… 그림자가 없다」)
맡히다 '맡다'의 피동형.
　맡힌다 *불 피우는 소리처럼 다 들리고/재 섞인 연기처럼 다 맡힌다 정정이 필요 없는/겨울의 꿈 깨어진 유리의 제임스 띵/이제는 죽어서 불을 쬐인다/빠개진 난로에 발을 굽는다 시꺼먼 양말을 자꾸 비빈다(「제임스 띵」)
매년(每年) 해마다. *이런 때면 매년 이맘때쯤 듣는/병아리 우는 소리와/그의 원수인 쥐 소리를 혼동한다
매다 ①끈이나 줄 따위의 두 끝을 엇걸고 잡아당기어 풀어지지 아니하게 마디를 만들다. ②끈이나 줄 따위로 꿰매거나 동이거나 하여 무엇을 만들다. ③가축을 달아나지 못하도록 말뚝 같은 데에 붙잡아 묶어 두다. ④옷감을 짜기 위하여 날아 놓은 날실에 풀을 먹이고 고루 다듬어 말리어 감다.
　매고 *그러나 사람들이 웃을까 보아/나는 적당히 넥타이를 고쳐 매고 앉아 있다(「바뀌어진 지평선」)
　매지 *남방셔츠 밑에는 바지에 혁대도 매지 않았는데(「강가에서」)
매리지(영, marriage) 결혼. ☞ 결혼. *골맨, 게이블, 레이트, 디보스,/매리지,/하우스펠 에어리어(「바뀌어진 지평선」)
매립하다(埋立―) 우묵한 땅이나 하천, 바다 등을 돌이나 흙 따위로 채우다.
　매립한 *寅煥네/처갓집 옆의 지금은 매립한 개울에서 아낙네들이/양잿물 솥에 불을 지피며 빨래하던 시절을 생각하고(「거대한 뿌리」)
매미 매밋과의 곤충을 통틀어 이르는 말. 몸의 길이는 1.2~8cm이며, 머리가 크고 겹눈은 돌출되어 있으며 세 개의 홑눈은 정수리에 붙어 있다. 날개는 막질로 투명하며 날개맥은 굵다. 더듬이는 털처럼 가늘고 짧으며 입은 긴 대롱 모양이다. 수컷은 발음기와 공명기가 있어 '맴맴' 소리를 낸다. 6~7년의 애벌레기를 거쳐 자란벌레가 된다. *숲과 숲 사이의 하늘을 향해서/우는 매미/흙빛 매미여/달팽이

는 닭이 먹고/구데기 바람에 우는 소리 나면(「말복」)

매부(妹夫) 누이의 남편. *남자의 포부의 미련에 대한/편지는 못 쓰겠소 매부 돌아오는 길에/차창에서 내다본 중앙선의 복선공사에 동원된/갈대보다도 더 약한 소년들과 부녀자들의/노동의 慘景에 대한 편지도 못 쓰겠소 매부[…]이제는/편지를 안해도 한 거나 다름없고 나는/조금도 미안하지 않소 매부의 태산 같은/친절과 친절의 압력에 대해서 미안하지 않소(「美濃印札紙」)

매암 제자리에 서서 뱅뱅 도는 장난. ☞ 맴. *어린아이들이 가지고 노는 도르라미모양으로 세찬 바람에 매암을 돌기 전에(「거리2」)

매어달리다 매달리다. '매달다'의 피동형. 줄이나 끈, 실 따위에 달여 있다.
  매어달려 *입을 다문 채/흰 실에 매어달려 있는 여주알의 곰보(「누이의 방」)
  매어달리는 *병을 생각하는 것은/병에 매어달리는 것은/필경 내가 아직 건강한 사람이기 때문이리라(「파리와 더불어」)

매월(每月) 다달이. *그는 한국에 수입되어 가지고 완전한 고아가 되었고/거리에 흩어진 월간 대중잡지 위에 매월 그의 사진이 게재되어 왔을 뿐만 아니라(「백의」)

매이다 '매다'의 피동형. 끈이나 줄 따위로 몸에 두르거나 감아 잘 풀어지지 않게 만들어지다.
  매이니 *팽이 밑바닥에 끈을 돌려 매이니 이상하고/손가락 사이에 끈을 한끝 잡고 방바닥에 내어던지니(「달나라의 장난」)

매일(每日) 날마다. *U・N위원단이 매일 오는 것이다(「아침의 유혹」) *매일같이 마시는 술이며 모욕이며/보기 싫은 나의 얼굴이며/다 잊어버리고(「휴식」) *이 무수한 활자 가운데에/신문기자인 너의 기사도/매일 조금씩은 끼이게 되는데/큰 아름드리나무에 박힌 옹이처럼 너는 네가 한 신문기사를 매일 아침 게시판 위에서 찾아보는 버릇이 너도 모르게 어느덧 생기고 말았다(「기자의 정열」) *낡은 대문 사이에 매일같이 흐르는 강물이 오늘에야 비로소 꽉 차 있다(「말」(1958)) *또 한 놈은 잘 안 보였고 매일 아침 들은/「신문요」의 목소리를 회상하며/어떤놈이 新인지 舊인지를 가려낼 틈도/없다 눈이 왔고 추웠고 너무 화가 났다(「제임스 띵」) *그렇게 매일을 믿어왔어. 방을 이사를 했지.[…]그렇게 매일 믿어왔는데, 갑자기 변했어.(「엔카운터 誌」) *도적이 우리집을 노리고 있다/닭장이 무너진 공터에 두른 판장을 뚫고/매일밤 저희집처럼 출입하고 있다(「도적」)

매일반(——般) 결국 서로 같음. 마찬가지. *수입에 대해서 생각하는 것은 너나 나나 매일반이다(「만용에게」)

매춘부(賣春婦) 돈을 받고 남자에게 몸을 파는 여자. *어느 매춘부의 생활같이/다소곳한 분위기 안에서(「바뀌어진 지평선」) *매춘부 젊은애들, 때묻은 발을 꼬고 앉아서/유부우동 먹고 있는 것을 보다가 생각한 것/아냐.(「엔카운터 誌」)

매혹(魅惑) 남의 마음을 사로잡아 호림. *그가 나를 진심으로 꾸짖지 않았다는 것을 나는 그의 은근하고 매혹적인 표정에서 능히 감득할 수 있었다(「백의」)

맥(脈) 기운이나 힘. *파발이 다 된/시골 버스도/맥을 못 추고/맴을 도는 판이니(「눈」(1961))

맥없다(脈—) 기운이 없다.
  맥없는 *시인이 황홀하는 시간보다도 더 맥없는 시간이 어디 있느냐(「광야」)

맨 더 할 수 없을 정도나 경지에 있음을 나타내는 말. *깨꽃같이 작고 많은/맨 끝으로 신경이 가는 일(「깨꽃」)

맴 '매암'의 준말. 제자리에 서서 뱅뱅 도는 장난. ☞ 매암. *하늘을/묶는/허리띠모양으로/맴을 도는/눈송이를 보시오/[…]파발이 다 된/시골 버스도/맥을 못 추고/맴을 도는 판이니(「눈」(1961))

맹랑하다(孟浪—) ①생각하던 바와 아주 다르게 허망하다. ②가볍게 볼 수 없다.
  맹랑한 *요놈— 요 어린 놈— 맹랑한 놈— 6학년 놈—/에미 없는 놈— 생명(「잔인의 초」)

맹렬하다(猛烈—) 기세가 사납고 세차다.
  맹렬한 *너의 自決과 같은 맹렬한 자유가/여기 있다(「조그마한 세상의 지혜」)

맺다 ①물방울이나 땀방울 따위가 생겨나 매달리다. ②열매나 꽃망울 따위가 생겨나거나 그것을 이루다. ③끄나풀, 실, 노끈 따위를 얽어 매듭을 만들다. ④하던 일을 끝내다. ⑤관계나 인연 따위를 이루거나 만들다.
맺고 *사실은 벌써 滅하여 있을 너의 꽃잎 위에/이중의 봉오리를 맺고 날개를 펴고/죽음 위에 죽음 위에 죽음을 거듭하리/구라중화(「九羅重花」)
맺은 *그리하여 나는 자유를 위하여 출발하고 포로수용소에서 끝을 맺은 나의 생명과 진실에 대하여(「조국에 돌아오신 傷病捕虜 동지들에게」)
머리 ①사람이나 동물의 목 위의 부분. 눈, 코, 입 따위가 있는 얼굴을 포함하며 머리털이 있는 부분을 이른다. 뇌와 중추 신경 따위가 들어 있다. ②생각하고 판단하는 능력. ③머리털. ④한자에서 글자의 윗부분에 있는 부수. ⑤단체의 우두머리. ⑥사물의 앞이나 위를 비유적으로 이르는 말. ⑦일의 시작이나 처음을 비유적으로 이르는 말. ⑧음표의 희거나 검고 둥근 부분. ⑨어떤 때가 시작될 무렵을 비유적으로 이르는 말. *내가 옛날 아메리카에서 돌아오던 길/뱃전에 머리 대고 울던 것은 여인을 위해서가 아니다(「아메리카 타임 誌」) *내가 너의 머리 위에/너를 대신하여/벼락과 천둥을 때리는 날까지/터전이 없으면 나의 머리 위에라도/잠시 이고 다니며 길러야 할/너는 불행하기 짝이 없는 죽순이다.(「付託」) *「그러니까 초년생 도적이지」하고 쑥스러운 대꾸를 하면서/기진맥진한 머리를 쉬일 곳을 찾아서 친구의 뒤를 따라서 걸어나왔다.(「미숙한 도적」) *그러한 나의 반역성을 조소하는 듯이 스무 살도 넘을까 말까 한 노는 계집애와 머리가 고슴도치처럼 부스스하게 일어난 쓰메에리의 학생복을 입은 청년이 들어와서 커피니 오트밀이니 사과니 어수선하게 벌여놓고 계통 없이 처먹고 있다/신이라든지 하느님이라든지가 어디 있느냐고 나를 고루하다고 비웃은 어제저녁의 술친구의 천박한 머리를 생각한다[…]거기다가 나의 부처님을 모신 법당 뒷산에 묻혀 있는 검은 바위같이 큰 머리에는 둘레가 작아서 맞지 않아 그 모자를 쓴 기분이란 쳇바퀴를 쓴 것처럼 딱딱하다(「시골 선물」) *그렇지만/구차한 나의 머리에/성스러운 鄕愁와 우주의 위대감을 담아주는 삽시간의 자극을(「나의 가족」) *더러운 향로 앞으로 걸어가서/잃어버린 愛兒를 찾은 듯이/너의 거룩한 머리를 만지면서/우는 날이 오더라도(「더러운 향로」) *그러나 어디를 가보나/그의 머리 위에 반드시 窓이 달려 있는 것은/죄악이 아니겠느냐(「수난로」) *구름은 벌써 나의 머리를 스쳐가고/설움과 과거는/오천만분지 일의 俯瞰圖보다도 더/조밀하고 망막하고 까마득하게 사라졌다(「네이팜 탄」) *나의 표정에는 무엇이지 우스웁고 간지럽고 서먹하고 쓰디쓴 것마저 섞여 있다/그것은 둔한 머리에 움직이지 않는 사념일 것이다(「여름 뜰」) *역을 떠난 기차 속에서/능금을 먹는 아이들의 머리 위에서/설명이 필요하지 않은 희열 위에서(「영롱한 목표」) *―그러나 나의 머리 위의 천장에서는 너의 소리가 들린다―(「하루살이」) *너의 벽에 비치는 너의 머리를[…]잠을 자면서 머리를 식히는 사색가(「비」) *아가야 아가야/돌도 아니 된 너는 머리도 한번 깎지를 않고/엄마는/너를 보고 되놈이라고 부르지(「자장가」) *밤거리를 방황할 필요가 없고/착잡한 머리에 책을 집어들 필요가 없고(「달밤」) *너의 머리 위에/너의 몸을 반쯤 가려주는 길고/멋진 양철 차양이 있다고 외쳐라(「가옥 찬가」) *기적소리는 문명의 밑바닥을 가고/형이상학은 돈지갑처럼/나의 머리 위에서 떨어진다(「싸리꽃 핀 벌판」) *눈을 가늘게 뜨고 산이 있거든 불러보라/나의 머리는 관악기처럼/우주의 안개를 빨아올리다 만다(「피곤한 하루의 나머지 시간」) *그 대신 머리는/온통 비어/움직이지 않는다지[…]백성들이/머리가 있어 산다든가/그처럼 나도/머리가 다 비어도/인제는 산단다/오히려 더/착실하게/온몸으로 살지/발톱 끝부터로의/하극상이란다[…]온몸에/온몸에/힘이 없듯이/머리는/내일 아침 새벽까지도/아주 내처/비어 있으라지……(「쌀난리」) *머리를 아프게 하는 것은/두통의 미덕은 시간이 아니다(「백지에서부터」) *이것이 몇 바퀴만 넌지시 돌면 돼/해바라기 머리같이 돌면 돼(「장시1」) *머리가 누렇게 까진 땅주인은 어디로 갔나(「장시2」) *나의 아들이 머리가 나빠서가 아니다/머리가 나쁜 것은 선생, 어머니, IQ다/그저께 나는 파스깔이「머리가 나쁜 것은 나」라고 하는 말을 들었다(「우리들의 웃음」) *개의 울음소리를 듣고 그 비명에 지고/머리에 피도 안 마른 애놈의 투정에 진다(「어느 날 고궁을 나오면서」) *배가 모조리 설사를 하는 것은 머리가 설사를/시작하기 위해서다 性도 윤리도 약이/되지 않는 머리가 불을 토한다(「설사의 알리바이」) *아아 보기 싫은 머리에 두툼한 어깨는/허위의 상징/꺼져라 20년 전의 악마야(「네 얼굴은」) *누구한테 머리를 숙일까/사람이 아닌 평범한 것에/많이는 아니고 조금(「꽃잎1」) *네 머리는 네 팔은 네 현재는/먼지에 싸여 있다 구름에 싸여 있고(「먼지」)

머릿속 상상이나 생각이 이루어지거나 지식 따위가 저장된다고 믿는 머리 안의 추상적인 공간. *모레면 다 되요. 200매예요. 특종이죠./머릿속에 특종이란 자가 보여요.(「전화 이야기」)

머물다 '머무르다'의 준말.

머물러 *마지막 설움마저 보낸 뒤/빈 방안에 나는 홀로이 머물러 앉아/어떠한 내용의 책을 열어보려 하는가(「방안에서 익어가는 설움」)

먹고살다 생계를 유지하다.

먹고사는 *부끄러움을 모르는 꽃들/누구의 것도 아닌 꽃들/너는 뇌가 먹고사는 물의 것도 아니며/나의 것도 아니고 누구의 것도 아니기에/지금 마음 놓고 고즈넉이 날개를 펴라(「九羅重花」)

먹다 ①음식 따위를 입을 통하여 배 속에 들여보내다. ②담배나 아편 따위를 피우다. ③연기나 가스 따위를 들이마시다. ④어떤 마음이나 감정을 품다. ⑤일정한 나이에 이르거나 나이를 더하다. ⑥욕, 핀잔 따위를 듣거나 당하다. ⑦(속되게) 뇌물을 받아 가지다. ⑧수익이나 이문을 차지하여 가지다. ⑨물이나 습기 따위를 빨아들이다. ⑩어떤 등급을 차지하거나 점수를 따다. ⑪구기 경기에서, 점수를 잃다. ⑫매 따위를 맞다. ⑬날이 있는 도구가 소재를 깎거나 자르거나 갈거나 하는 작용을 하다. ⑭바르는 물질이 배어들거나 고루 퍼지다. ⑮벌레, 균 따위가 파 들어가거나 퍼지다.

먹고 *저기 나의 맞은편 의자에 앉아 먹고 떠들고 웃고 있는 여자와 젊은 학생을(「시골 선물」) *흙빛 매미여/달팽이는 닭 먹고/구데기 바람에 우는 소리 나면(「말복」) *불쌍한 것은 이래저래 그대들뿐이다/그놈들이 배불리 먹고 있을 때도/고생한 것은 그대들이고(「육법전서와 혁명」) *흰 쌀밥을 먹고 갔는데 보리알을 먹고 간 것 같고(「절망」(1962)) *일주일 동안 단식까지 했다/단식을 하고 나서 죽을 먹고/그 다음에 밥을 떡국을 먹었는데/새삼스럽게 소화불량증이 생겼다—당연한 일이다(「轉向記」) *묵은 닭까지 합한 닭모이값이/일주일에 6일을 먹고/사람은 하루를 먹는 편이다(「만용에게」) *매춘부 젊은애들, 때문은 발을 꼬고 앉아서/유부우동 먹고 있는 것을 보다가 생각한 것이/아냐.(「엔카운터 誌」)

먹기 *국수—이태리어로는 마카로니라고/먹기 쉬운 것은 나의 叛亂性일까(「孔子의 생활난」)

먹는 *이브의 심장이 아닌 너의 내부에는/〈시간은 시간을 먹는 듯이 바쁘기만 하다〉는/기계가 아닌 자옥한 안개 같은/준엄한 태산 같은/시간의 퇴적뿐이 아닐 것이냐(「네이팜 탄」) *나는 바로 일순간 전의 대담성을 잊어버리고/젖 먹는 아이와 같이 이지러진 얼굴로/여름 뜰이여/너의 광대한 손[手]을 본다(「여름 뜰」) *능금을 먹는 아이들의 머리 위에서(「영롱한 목표」) *하하! 우주의 비밀을/아니/비밀은 비밀을 먹는 것인가요/하하하……(「靈交日」) *묵은 닭까지 합한 닭모이값이/일주일에 6일을 먹고/사람은 하루를 먹는 편이다(「만용에게」)

먹는다 *여름이 끝난 벽 저쪽에 서 있는 낯선 얼굴/가을이 설사를 하려고 약을 먹는다/성과 윤리의 약을 먹는다 꽃을 거두어들인다(「설사의 알리바이」)

먹어도 *설파제를 먹어도 설사가 막히지 않는다(「설사의 알리바이」)

먹었고 *꽃같이 사랑하는 무수한 동지들과 함께/꽃같은 밥을 먹었고/꽃같은 옷을 입었고/꽃같은 정성을 지니고/대한민국의 꽃을 이마 위에 동여매고 싸우고 싸우고 싸워왔다(「조국에 돌아오신 傷病捕虜 동지들에게」)

먹었나 *여보게나 나이 사십을 어디로 먹었

먹이다

나(「만시지탄은 있지만」)
먹었는데 *일주일 동안 단식까지 했다/단식을 하고 나서 죽을 먹고/그 다음에 밥을 떡국을 먹었는데/새삼스럽게 소화불량증이 생겼다―당연한 일이다(「轉向記」)
먹었던 *설움이 설움을 먹었던 시절이 있었다(「헬리콥터」)
먹으러 *눈에 보여. 냉면집 간판 밑으로―육개장을 먹으러―들어갔다가 나왔어―모밀국수 전문집으로 갔지―(「엔카운터 誌」)
먹으면서 *그래도 추탕을 먹으면서 나보다도 더 땀을 흘리더라만/신문지로 얼굴을 씻으면서 나보고도/산보를 하라고 자꾸 권한다(「강가에서」)
먹을 *아침에도 낮에도 밤에도 밥을 먹을 때에도/거리를 걸을 때도 환담을 할 때도[…]풋나물을 먹을 때도/시장에 가서 비린 생선 냄새를 맡을 때도(「하…… 그림자가 없다」) *피아노는 밥을 먹을 때도 새벽에도/한밤중에도 울린다(「피아노」)

먹이다 '먹다'의 사동형.
먹여 *鄭炳――그놈은 내심과 정반대되는 행동만을/해왔고, 그것은 가족들을 먹여살리기 위해서였다(「적」)
먹일 *나는 點燈을 하고 새벽모이를 주자고 주장하지만/여편네는 지금 주는 것으로 충분하다는 것이다/아니 430원짜리 한 가마니면 이틀은 먹일 터인데/어떻게 된 셈이냐고 오늘 아침에도 뇌까렸다(「만용에게」)

먼저 (명사)시간적으로나 순서상으로 앞선 때. (부사)시간적으로나 순서상으로 앞서서. *남을 보기 전에 네 자신을 먼저 보이는/긍지와 선의가 있다(「헬리콥터」) *무엇보다도 먼저 끊어야 할 것이 설움이라고 하면서(「병풍」) *文明된 아내에게 <실력을 보이자면> 무엇보다도 먼저/발이라도 씻고 보자(「사치」) *―아니 그보다도 먼저/아까운 것이/지우산을 현장에 버리고 온 일이었다(「죄와 벌」) *먼저 떨어져 내린 큰 바위 같고/나중에 떨어진 작은 꽃잎 같고(「꽃잎1」) *사람이 사람을 사랑하다 남은 날/땅에만 소음이 있는 줄만 알았더니/하늘에도 천둥이, 우리의 귀가/들을 수 없는 더 큰 천둥이 있는 줄/알았다 그것이 먼저 있는 줄 알

았다(「여름 밤」) *조악한 방송들이 어떻게 돼야 하고/어떻게 될 것이다/먼저 어떻게 돼야 하고 어떻게 될 것이다(「라디오 界」) *바람보다도 더 빨리 울고/바람보다 먼저 일어난다//날이 흐리고 풀이 눕는다/발목까지/발밑까지 눕는다/바람보다 늦게 누워도/바람보다 먼저 일어나고/바람보다 늦게 울어도/바람보다 먼저 웃는다/날이 흐리고 풀뿌리가 눕는다(「풀」)

먼지 가늘고 보드라운 티끌. *이렇게 많은 식구들이/아침이면 눈을 부비고 나가서/저녁에 들어올 때마다/먼지처럼 인색하게 묻혀가지고 들어온 것(「나의 가족」) *멀리서 산이 보이고/개울 대신 실가락처럼 먼지 나는/군용로가 보이는/고요한 마당 위에서(「휴식」) *먼지 낀 잡초 위에/잠자는 구름이여(「구름의 파수병」) *시장거리의 먼지 나는 길옆의/좌판 위에 쌓인 호콩 마마콩 명석의(「생활」) *먼지 앉은 석경 너머로/너의 그림자가/움직이듯(「파밭 가에서」) *바람아 먼지야 풀아 나는 얼마큼 작으냐/정말 얼마큼 작으냐……(「어느 날 고궁을 나오면서」) *머리는 네 팔은 네 현재는/먼지에 싸여 있다 구름에 싸여 있고[…]내일의 행동이 먼지를 쓰고 있다[…]돈의 꿈이 길어지고 짧아지고 타락의/길이도 표준이 없어지고 먼지가 다시 생기고/갱이 생기고 그늘이 생기고 돌이 쇠가/구리가 먼지가 생기고(「먼지」) *원효대사의 민활성 바늘 끝에/묻은 죄와 먼지 그리고 모방(「원효대사」) *먼지를 꺼내는데도 책을 꺼내는 게 아니라/먼지를 꺼내는데도 유리문을 열고/육중한 유리문이 열릴 때마다 울리고/울려 지고 돌고 돌려 지고(「의자가 많아서 걸린다」)

멀다¹ 시력이나 청력 따위를 잃다.
먼 *캄캄한 사무실 한복판에서/나는 눈이 먼 암소나 다름없이 선량한데(「付託」)

멀다² ①거리가 많이 떨어져 있다. ②어떤 기준점에 모자라다. ③서로의 사이가 다정하지 않고 서먹서먹하다. ④시간적으로 사이가 길거나 오래다. ⑤촌수가 매우 뜨다. ⑥어떤 시간이나 거리가 채 되기도 전임을 비유적으로 이르는 말.
먼 *가까이 할 수 없는 서적이 있다/이것은 먼 바다를 건너온/용이하게 찾아갈 수 없는 나

라에서 온 것이다(「가까이 할 수 없는 서적」) *어느 교과서에도 질투의 ○○은 무수하다/먼 時間을 두고 물속을 흘러온 흰 모래처럼 그들은 온다(「아침의 유혹」) *사막의 한 끝을 찾아가는 먼 나라의 외국 사람처럼 나는 어디로 가야 할지 모르겠다(「거리2」) *너를 딛고 일어서면/생각하는 것은 먼 나라의 일이 아니다(「네이팜 탄」) *먼 산정에 서 있는 마음으로 나의 자식과 나의 아내와/그 주위에 놓인 잡스러운 물건들을 본다(「구름의 파수병」) *물소리는 먼 하늘을 찢고 달아난다(「말복」) *저녁에는 어둠을 맞으려고 또 한잔 마시는 게라/먼 밭을 바라보며 마늘장아찌에/취하지 않은 듯이 취하는 게라(「술과 어린 고양이」) *먼 곳에서부터/먼 곳으로/다시 몸이 아프다(「먼 곳에서부터」) *눈은 왜 이리 소경처럼 어두워만 지나/먼 데로 던지는 기적소리는/하늘 끝을 때리고 돌아오는 고무공(「장시2」) *너의 술을 다 마시고 난 날에/미대륙에서 석유가 고갈되는 날에/그렇게 먼 날까지 가기 전에 너의 가슴에/새겨둘 말을 너는 도시의 피로에서/배울 거다(「사랑의 변주곡」) *─세계일주를 떠났다는 것이 잘못된 길이다/너무나 먼 잘못된 길이다/너무나 많은 잘못된 나라다(「세계일주」)

멀고 *비행기 프로펠러보다는 팽이가 기억이 멀고/강한 것보다는 약한 것이 더 많은 나의 착한 마음이기에(「달나라의 장난」)

멀고도 *네가 물리친 썩은 문명의 두께/멀고도 가까운 그 어마어마한 낭비(「꽃잎3」)

멀리 한 지점에서 거리가 몹시 떨어져 있는 상태로. *괴로움도 모르고/나는 이 책을 멀리 보고 있다/그저 멀리 보고 있는 것이 타당한 것이므로(「가까이 할 수 없는 서적」) *생활이여 생활이여/잊어버린 생활이여/너무나 멀리 잊어버려 천상의 무슨 등대같이 까마득히 사라져버린 귀중한 생활들이여(「구슬픈 육체」) *영사판 위의 모오든 검은 현실이 저마다 색깔을 입고/이미 멀리 달아나버린 비둘기의 두 눈동자에까지(「영사판」) *멀리서 산이 보이고/개울 대신 실가락처럼 먼지 나는/군용로가 보이는/고요한 마당 위에서(「휴식」) *심연은 나의 붓끝에서 퍼져가고/나는 멀리 세계의 노

예들을 바라본다(「꽃」) *황폐한 강변을/영혼보다도 더 새로운 해빙의 파편이/저 멀리/흐른다(「초봄의 뜰 안에」) *가까운 데에서 나는 人聲도 옛날이야기처럼/멀리만 들리고/눈은 왜 이리 소경처럼 어두워만 지나(「장시2」)

멀어지다 멀게 되다.
멀어져 *가만히 앉아 있어도 자꾸 뼈근하여만 가는 목을 돌려/시간과 함께 비스듬히 내려다보는 것/그것은 혹시 한 자루의 부채/─그러나 그것은 보일락 말락 나의 시야에서/멀어져가는 것─/하나의 가냘픈 물체에 도저히 고정될 수 없는/나의 눈이며 나의 정신이며(「방 안에서 익어가는 설움」)

멀쩡하다 ①흠이 없이 깨끗하고도 온전하다. ②부끄러워하는 빛이 없이 뻔뻔스럽다.
멀쩡한 *그러나 우리집 여편네는 이것을 모두/자기 밭이라고 한다 멀쩡한 거짓말이다(「반달」)

멈추다 ①사물의 움직임이나 동작이 그치다. ②비나 눈 따위가 그치다. ③사물의 움직임이나 동작을 그치게 하다.
멈추고 *뮤즈는 조금쯤 걸음을 멈추고/서정시인은 조금만 더 속보로 가라/그러면 대열은 일자가 된다(「바뀌어진 지평선」) *나는 일손을 멈추고 잠시 무엇을 생각하게 된다(「하루살이」)

멋없다 격에 어울리지 않아 싱겁다.
멋없이 *주검은 취한 사람처럼 멋없이 서서/병풍은 무엇을 향하여서도 무관심하다(「병풍」)

멋지다 ①매우 멋이 있다. ②썩 훌륭하다.
멋진 *너의 머리 위에/너의 몸을 반쯤 가려주는 길고/멋진 양철 차양이 있다고 외쳐라(「가옥 찬가」)

멍석 짚으로 결어 만든 큰 깔개. 흔히 곡식을 널어 말리는 데 쓰나, 시골에서는 큰일이 있을 때 마당에 깔아 놓고 손님을 모시기도 한다. *시장거리의 먼지 나는 길옆의/좌판 위에 쌓인 호콩 마마콩 멍석의/호콩 마마콩이 어쩌면 저렇게 많은지/나는 저절로 웃음이 터져 나왔다(「생활」) *지금 명수 할버이가 멍석 위에 넘어져 자고 있는 동안에/가다오 가다오(「가다오 나가다오」)

메리(Mary) 사람 이름. 김수영 시에서는 개 이름으로 추정됨. *죤! 너는 저 산 위에 올라가 망을 보아라/메리야 너는 내 뒤를 따라와(「나는 아리조나 카보이야」) *야, 영희야, 메리의 밥을 아무거나 주지 마라,/밥통을 좀 부셔주지?!(「등나무」)

메마르다 ①땅이 물기가 없고 기름지지 아니하다. ②살결이 윤기가 없고 까슬까슬하다. ③성격, 생활 같은 데에서 느낌이 몹시 무디고 정서가 마르다. ④목소리가 부드럽지 못하고 가칠가칠하다. ⑤공기가 건조하다.
 메마른 *시를 반역한 죄로/이 메마른 산정에서 오랫동안 꿈도 없이 바라보아야 할 구름/그리고 그 구름의 파수병인 나.(「구름의 파수병」) *그보다도 창자가 더 메마른 저들은/더 이상 속이지 말아라/혁명의 육법전서는 〈혁명〉 밖에는 없으니까(「육법전서와 혁명」)
 메말랐다 *나는 모든 노래를 그 방에 함께 남기고 왔을 게다/그렇듯 이제 나의 가슴은 이유 없이 메말랐다(「그 방을 생각하며」)

메아리 울려 퍼져 가던 소리가 산이나 절벽 같은 데에 부딪쳐 되울려오는 소리. *인생의 장마의/추녀 끝 물방울 소리가/아직도 메아리를 가지고 오지 못하는/8월의 밤에(「누이의 방」)

메트르(프, maitre) 주인, 지배자, 선생. *바늘구멍만한 예지의 저쪽에 사는 사람들이여/나의 현실의 메트르여/어제와 함께 내일에 사는 사람들이여/강력한 사람들이여……(「예지」)

멤버(영, member) 단체를 구성하는 일원(一員). 구성원, 선수, 회원. *우리 여편네는 들지 않은 백만 원짜리/계의 멤버로 인형을 만들어 파는 년이라나(「판문점의 감상」)

며칠 ①그 달의 몇째 되는 날. ②몇 날. *두 줄기로 뻗어올라가던 놈이/한 줄기가 더 생긴 것이 며칠 전이었나[…]두 줄기로 뻗어올라가던 놈이/한 줄기가 더 생긴 것이 며칠 전이었나[…]두 줄기로 뻗어올라가던 놈이/한 줄기가 더 생긴 것이 며칠 전이었나(「등나무」)

면공업자(綿工業者) 면공업에 종사하는 사람. *그는 남미의 어느 면공업자의 서자로 태어나서/나이아가라 강변에서 隨道工事에 挺身하고 있었다 하며/그의 모친은 희랍인이라고 한다(「백의」)

면도날(面刀─) ①면도칼의 날. ②안전면도기에 끼는, 날이 선 얇은 쇳조각. *영광의 집들이여 점포여 역사여/바람은 면도날처럼 날카로움건만/어디까지 명랑한 나의 마음이냐(「거리2」) *주요한 본론이 4항목은 있는 것 같다/4항목4항목4항목……(면도날!)(「마케팅」)

면하다(免─) ①책임이나 의무에서 벗어나다. ②벌이나 욕을 받지 않게 되다. ③재앙을 피하게 되다.
 면하기 *골목길에서 얻어맞은 모든 것이/반드시 정말이 아니라는 것을 알았고/너의 어린 행동은/어린 상징을 면하기 시작했다(「65년의 새해」)
 면하던 *그리하여 달아나오던 날 새벽에 파묻었던 총과 러시아 군복을 사흘을 걸려서 찾아내고 겨우 총살을 면하던 꿈같은 일을 생각한다(「조국에 돌아오신 傷病捕虜 동지들에게」)

멸하다(滅─) 쳐부수어 없애 버리다.
 멸하여 *사실은 벌써 滅하여 있을 너의 꽃잎 위에/이중의 봉오리를 맺고 날개를 펴고/죽음 위에 죽음 위에 죽음을 거듭하리/구라중화(「九羅重花」)

명(名) 사람을 세는 단위. *대한민국에서는 공산당만이 아니면/사람 따위는 기천 명쯤 죽여보아도 까딱도 없거든(「만시 지탄은 있지만」)

명랑하다(明朗─) 밝고 쾌활하다.
 명랑한 *바람은 면도날처럼 날카로움건만/어디까지 명랑한 나의 마음이냐(「거리2」)

명령(命令) ①웃사람이 아랫사람에게 내리는 분부. ②관청이 법률 시행을 위해서나 법률의 위임에 의하여 정하는 법의 형식. ③관청이 특정인에게 대하여 의무를 부과하는 구체적인 처분. *그래도 나무는 자라고 있다 영혼은/그리고 교훈은 명령은/나는/아직도 명령의 과잉을 용서할 수 없는 시대이지만/이 시대는 아직도 명령의 과잉을 요구하는 밤이다/나는 그러한 밤에는 부엉이의 노래를 부를 줄도 안다//지지한 노래를/더러운 노래를 생기 없는 노래를/아아 하나의 명령을(「서시」) *벙어리 벙어리 벙어리/식모도 벙어리 나도 벙어리/모든 게 중단이다 소리도 思念도 죽어라/중단이다 명령이다(「피아노」)

명령하다(命令—) 명령을 내리다.
　명령하고 ＊명령하고 결의하고/〈평범하게 되려는 일〉 가운데에(「비」)

명맥(命脈) ①맥(脈)이나 목숨이 유지되는 근본. ②어떤 일의 지속에 필요한 최소한의 중요한 부분. ＊내가 죽은 뒤에는/고독의 명맥을 남기지 않으려고/나는 이다지도 주야를 무릅쓰고 애를 쓰고 있단다(「나비의 무덤」)

명사(名士) ①세상에 널리 알려진 사람. ②이름난 선비. ＊옛날의 동창생인가 하고 고개를 기웃거려 보았으나/그는 그 사람이 아니라/ㅇㅇ부의 어마어마한 자리에 앉은 과장이며 名士이다(「거리2」)

명상(冥想) 고요히 눈을 감고 깊이 생각함 또는 그런 생각. ＊그리고 그것은 아버지 같은 잘못된 시간의/그릇된 명상이 아닐 거다(「사랑의 변주곡」)

명석성(明晳性) 분명하고 똑똑한 성질. ＊동무여 이제 나는 바로 보마/사물과 사물의 생리와/사물의 수량과 한도와/사물의 우매와 사물의 명석성을(「孔子의 생활난」)

명수 사람 이름. ＊고요해진 명수 할버이의/잿물거리는 눈이/비둘기 울음소리를 듣고 있을 동안에/나쁜 말은 안하니/가다오 가다오//지금 명수 할버이가 명석 위에 넘어져 자고 있는 동안에/가다오 가다오/명수 할버이/잿님이 할아버지/경복이 할아버지/두붓집 할아버지는/너희들이 피지 섬을 침략했을 당시에는/그의 아버지들은 아직 젖도 떨어지기 전이었다니까/명수 할버이가 불쌍하지 않으냐/잿님이 할아버지가 불쌍하지 않으냐/두붓집 할아버지가 불쌍하지 않으냐/가다오 가다오(「가다오 나가다오」)

명예(名譽) ①세상에서 훌륭하다고 인정되는 이름이나 자랑 또는 그런 존엄이나 품위. ②어떤 사람의 공로나 권위를 높이 기리어 특별히 수여하는 칭호. ＊나의 명예는 부서졌다(「PLASTER」)

명정(酩酊) 정신을 가눌 수 없을 정도로 술에 취함. ＊쇠꼭지보다도 허망한 생활이 균형을 잃을 때/酩酊한 정신이 명정을 찾듯이/너는 비로소 너를 찾고 웃어라(「지구의」)

명칭(名稱) 사람이나 사물 따위를 부르는 이름. ＊이름도 모르는 뼈와 뼈/어디까지나 뒤퉁그러져 나왔구나/——그것을 내가 아는 가장 비참한 친구가 붙이고 간 명칭으로 나는 정리하고 있는가(「PLASTER」)

명패(名牌) ①이름이나 직위를 써서 책상 위에 놓아 두는 패. 보통 길고 세모지게 만든다. ②이름표. ③문패(門牌). ＊흡반 같은 나의 대문의 명패보다도/정체 없는 놈/더운 날/눈이 꺼지듯 적이 꺼진다(「적」)

몇 (수사)①그리 많지 않은 얼마만큼의 수를 막연하게 이르는 말. ②잘 모르는 수를 물을 때 쓰는 말. (관형사)①뒤에 오는 말과 관련된, 그리 많지 않은 얼마만큼의 수를 막연하게 이르는 말. ②뒤에 오는 말과 관련된 수를 물을 때 쓰는 말. ＊자연은 나의 몇 사람의 독특한 벗들과 함께/토끼의 탄생의 방식에 대하여/하나의 異德을 주고 갔다(「토끼」) ＊이 밤이 기다리는 고요한 思想마저/나는 초연히 이것을 시간 위에 얹고/어려운 몇 고비를 넘어가는 기술을 알고 있나니(「방안에서 익어가는 설움」) ＊내가 살기 위하여/몇 개의 번개 같은 환상이 필요하다 하더라도/꿈은 교훈/청춘 물구름/피로들이 몇 배의 아름다움을 加하여 있을 때도(「긍지의 날」) ＊4면의 신문 위에 6호 활자가 몇천 개 박혀 있는지 모르지만 너의 상상에서는 실제의 수십 배는 담겨 있으리라(「기자의 정열」) ＊그의 주위를 몇 번이고 돌고 돌고 돌고(「등나무」) ＊너의 방에 걸어놓은 오빠의 사진/나에게는 〈동생의 사진〉을 보고도/나는 몇 번이고 그의 진혼가를 피해 왔다(「누이야 장하고나!」) ＊〈돼〉가 긍정에서 의문으로 돌아갔다/의문에서 긍정으로 또 돌아오면 돼/이것이 몇 바퀴만 넌지시 돌면 돼(「장시1」) ＊일본 말보다도 더 빨리 영어를 읽을 수 있게 된,/몇 차례의 언어의 이민을 한 내가/우리말을 너무 잘해서 곤란하게 된 내가(「거짓말의 여운 속에서」) ＊네가 물리친 썩은 문명의 두께/멀고도 가까운 그 어마어마한 낭비/그 낭비에 대항한다고 소모한/그 몇 갑절의 공허한 투자/대한민국의 전재산인 나의 온 정신을/너는 비웃는대[…]너는 열네 살 우리집에 고용을 살러 온 지/3일이 되는지 5일이 되는지 그러나 너와 내가/접한 시간은 단 몇 분이 안 되지(「꽃잎3」) *이 몇 개의 판테온의 기둥 사이에/뒹굴고 있는 폐허의 돌조각들보다도/더 값없게 발길에 차이는 隣國의 음성(「라디오계」)

몇몇 '몇'을 강조하여 이르는 말. ☞ 몇. *저 조그만 비행기같이 연기도 여운도 없이 살아진 몇몇 포로들의 영령이(「조국에 돌아오신 傷病捕虜 동지들에게」)

모기 모깃과의 곤충을 통틀어 이르는 말. *밤이 산등성이에 넘어 내리는 새벽이면/모기의 피처럼/시인이 쏟고 죽을 오욕의 역사(「광야」)

모독(冒瀆) 말이나 행동으로 더럽혀 욕되게 함. *구태여 달관하고 있는 지금의 내 마음에/샘솟아 나오려는 이 설움은 무엇인가/모독당한 과거일까/약탈된 소유권일까(「국립도서관」)

모두 (명사)일정한 수효나 양을 기준으로 하여 빠짐이나 넘침이 없는 전체. (부사)일정한 수효나 양을 빠짐없이 다. *토끼는 앞발이 길고/귀가 크고/눈이 붉고/또는 〈이태백이 놀던 달 속에서 방아를 찧고〉……/모두 재미있는 현상이지만/그가 입에서 탄생되었다는 것은 또 한번 토끼를 생각하게 한다(「토끼」) *나의 일이며/어느 소설보다도 신기로운 나의 생활이며/모두 다 내던지고(「달나라의 장난」) *그러나 천당이 있다면 모두 다 거기서 만나고 있을 것입니다/억울하게 넘어진 반공포로들이/다 같은 대한민국의 이북 반공포로와 거제도 반공포로들이/무궁화의 노래를 부를 것입니다(「조국에 돌아오신 傷病捕虜 동지들에게」) *아침에 일어나서 나는 완전히/기진맥진하였다/눈알에 백태가 앉은 사람같이/보이는 것이 모두 몽롱하다(「미숙한 도적」) *결합된 색깔은 모두가 엷은 것이지만/설움과 힘찬 미소와 더불어 관용과 자비로 통하는 곳에서(「九羅重花」) *순결과 오점이 모두 그의 상징이 되려 할 때(「서책」) *사람이란 사람이 모두 고민하고 있는/어두운 대지를 차고 이륙하는 것이/이다지도 힘이 들지 않는다는 것을 처음 깨달은 것은/우매한 나라의 어린 시인들이었다(「헬리콥터」) *모두들 공부하는 속에 와보면 나도 옛날에 공부하던 생각이 난대[…]모두들 공부하는 속에 와보면 나도 옛날에 공부하던 생각이 난다(「국립도서관」) *꺼먼 얼굴이며 노란 얼굴이며 찌그러진 얼굴이며가 모두 환상과 현실의 중간에 서서 있기에(「거리2」) *생각할 틈도 없이/애정은 절박하고/과거와 미래와 오류와 혈액들이 모두 바쁘다(「네이팜탄」) *모두 다 같이 나가는 지평선의 대열/뮤즈는 조금쯤 걸음을 멈추고/서정시인은 조금만 더 속보로 가라/그러면 대열은 일자가 된다(「바뀌어진 지평선」) *눈에는 보이지 않는 너무나 무거운/너의 집/그리고 逸樂, 안이, 허위……/모두 다 잊어버리고 나와서(「기자의 정열」) *거리에 나와서 집을 보고/집에 앉아서 거리를 그리던 어리석음도 이제는 모두 사라졌나 보다(「구름의 파수병」) *兩眼이 모두 담홍색을 하고 있는 것으로 보아/그가 오랜 세월을 暗夜 속에서 살고 있었던 것만은 확실하다고 나는 생각한다(「백의」) *모두 다 마음에 들지 않아라/이 황혼도 저 돌벽 아래 잡초도/담장의 푸른 페인트빛도/저 고요함도 이 고요함도(「死靈」) *단 〈중용이 아니라〉의 다음에 〈反動이다〉라는/말은 지워져 있다/끝으로 〈모두 적당히 가면을 쓰고 있다〉라는/한 줄도 빼어놓기로 한다(「중용에 대하여」) *모두 별안간에 가만히 있었다/씹던 불고기를 문 채로 가만히 있었다(「나가타 겐지로」) *그러나 우리집 여편네는 이것을 모두/자기 밭이라고 한다 멀쩡한 거짓말이다(「반달」) *이제는 선생이 무섭지 않다/모두가 거꾸로다/선생과 나는 아이를 가르치는 것이 아니라 아이들을/가르치고 있기 때문이다[…]모두가 거꾸로다(「우리들의 웃음」) *그건 그의 인사였고 달라지지 않은 것은 그것뿐/그밖에는 모두가 좀 달라졌어[…]석 달 전에 결혼한 그는 그전하곤 모두가 좀 달라졌어/그리고 그가 경멸하고 있는 건 나의/정치 문제뿐이 아냐(「H」) *불이 튕기고 별이 튕기고 영원의/행동이 튕기고 참고 깨고/죽고 하지만 모두가 坑 안에서/참호 안에서 일어나는 일(「먼지」) *나는 秋收하고 돌아오는 伯父를 기다렸다/그래 도무지 모―두가 미칠 것만 같았다(「아침의 유혹」)

모든 빠짐이나 남김없이 전부의. *나는 모든 사람을 피하여/그의 얼굴을 숨어 보는 버릇이 있소(「아버지의 사진」) *누구 한 사람의 입김이 아니라/모든 가족의 입김이 합치어진 것(「나의 가족」) *적에게나 벗에게나 땅에게나/그리고 모든 것에서부터/나를 감추리(「더러운 향로」) *모든 설움이 합쳐지고 모든 것이 설움으로 돌아가는/긍지의 날인가 보다(「긍지의 날」) *오래간만에 거리에 나와보니/나의 눈을 흡수하는 모든 물건(「거리1」) *전쟁의 모든 파괴 속에서/불사조같이 살아난 너의 몸뚱아리—(「국립도서관」) *피곤을 잊어버리게 하는 밝은 태양 밑에는/모든 사람에게 불가능한 일이 없는 듯하다[…]거리에 굴러다니는 보잘것없는 설움이여/진시왕만큼은 강하지 않아도/나는 모든 사람의 고민을 아는 것 같다(「거리2」) *모든 관념의 말단에 서서 생활하는 사람만이 이기는 법이다(「영롱한 목표」) *재앙과 불행과 격투와 청춘과 천만 인의 생활과/그러한 모든 것이 보이는 밤/눈을 뜨지 않은 땅속의 벌레같이/아둔하고 가난한 마음은 서둘지 말라(「봄 밤」) *成長은 소크라테스 이후의 모든 현인들이 하여온 일/整理는/전란에 시달린 20세기 시인들이 하여놓은 일(「서시」) *鷄舍 위에 울리는 곡괭이 소리/동물의 교향곡/잠을 자면서 머리를 식히는 사색가/—모든 곳에 너무나 많은 움직임이 있다(「비」) *모든 것을 제압하는 생활 속의/애정처럼/솟아오른 놈(「생활」) *나는 모든 노래를 그 방에 함께 남기고 왔을 게다/그렇듯 이제 나의 가슴은 이유 없이 메말랐다(「그 방을 생각하며」) *모든 산봉우리를 걸쳐온 돌풍처럼/당돌하고 시원하게/도회에서 달아나온 나는 말할 수 있다/「누이야 장하고나!」(「누이야 장하고나!」) *벙어리 벙어리 벙어리/식모도 벙어리 나도 벙어리/모든 게 중단이다 소리도 思念도 죽어라(「피아노」) *곡은 무용곡—모든 음악은 무용곡이다[…]모든 곡은 눈물이다 어렸을 때 어머니는/나의 얼굴의 사마귀를 떼주었다(「반달」) *요강, 망건, 장죽, 종묘상, 장전, 구리개 약방, 신전,/피혁점, 곰보, 애꾸, 애 못 낳는 여자, 무식쟁이,/이 모든 무수한 반동이 좋다(「거대한 뿌리」) *익살스러울 만치 모든 거리가 단축되고/익살스러울 만치 모든 질문이 없어지고/모든 사람에게 고해야 할 너무나 많은 말을 갖고 있지만/세상은 나의 말에 귀를 기울이지 않는다(「말」(1964)) *너의 의지는/학교 안에서 배운 모든 것이/학교 밖에서 본 모든 것이/반드시 정말이 아니라는 것을 알았고/너의 어린 의사를 발표할 줄 알았다[…]너의 근육은/학교 밖에서 얻어맞은 모든 것이/골목길에서 얻어맞은 모든 것이/반드시 정말이 아니라는 것을 알았고[…]너의 회의는/나라 안에서 당한 모든 것이/나라 밖에서 당한 모든 것이/반드시 정말이 아니라는 것을 알았고[…]너의 사랑은/38선 안에서 받은 모든 굴욕이/38선 밖에서 받은 모든 굴욕이/전혀 정당한 것이 아니라는 것을 알았고/너는 너의 모든 힘을 다해서 답쌔버릴 것이다/너의 가난을 눈에 보이는/눈에 보이지 않는 모든 가난을(「65년의 새해」) *흐린 날에는 연극은 없다/모든 게 쉰다(「적2」) *선이 아닌 모든 것은 악이다 신의 地帶에는/중립이 없다(「이혼 취소」) *책을 빌려 드리겠다고. 나의 모든 프라이드를/재산을 연장을 내드리겠다고.(「엔카운터 誌」) *너에게도 엄마에게도 모든/아버지보다 돈 많은 사람들에게도/아버지 자신에게도(「VOGUE야」) *나는 아무것도 안 속였는데 모든 것을 속였다/이 죄에는 사과의 길이 없다 봄이 오고/쥐가 나돌고 풀이 솟는다 소리없이 소리없이//나는 한 가지를 안 속이려고 모든 것을 속였다(「거짓말의 여운 속에서」) *떨리는 글자를 믿으세요 노란 꽃을/영원히 떨리면서 빼먹은 모든 꽃잎을 믿으세요/보기 싫은 노란 꽃을(「꽃잎2」) *경포대의 선물과 도리스 위스키와 라스베리 잼에 대해서/미안하지 않소 당신의 모든 행복과 우리들의 바닷가의/행복의 모든 추억에 대해서 미안하지 않소(「美濃印札紙」) *모든 세계일주가 잘못된 출발이라고/알려주려고—(「세계일주」) *저리 번쩍 〈제니〉와 大師가/왔다갔다 앞뒤로 좌우로/왔다갔다 웃고 울고 왔다갔다/파우스트처럼 모든 상징이(「원효대사」)

모란(牡丹) 작약과의 낙엽 활엽 관목. 높이는 2미터 정도이고 가지는 굵고 털이 없으며, 잎은 크고 두번 깃모양 겹잎이다. 늦봄에 붉고 큰 꽃이 피는데 꽃 빛은 보통 붉으나 개량 품종에 따라 흰색, 붉은 보라색, 검은 자주색, 누런색, 복숭앗빛을 띤 흰색 따위의 여러 가지가 있다. *그건 천장지가 아니라/벽지이겠다/더 사오라는 건 벽지이겠다/그러니까 모란이다 모란이다 모란 모란……(「마케팅」)
모란꽃(牡丹―) 모란의 꽃. *오 도배지 천장지, 다색 백색 청색의 모란꽃이/茶色의 主色 위에 탐스럽게 피어있는 천장지(「마케팅」)
모래 자연히 잘게 부스러진 돌 부스러기. *먼 時間을 두고 물속을 흘러온 흰 모래처럼 그들은 온다(「아침의 유혹」) *개울과 개울 사이에/하얀 모래를 골라 비둘기가 내려앉듯/시간이 내려앉는다(「백지에서부터」) *모래야 나는 얼마큼 작으냐/바람아 먼지야 풀아 나는 얼마큼 작으냐/정말 얼마큼 작으냐……(「어느 날 고궁을 나오면서」)
모래알 모래의 낱 알갱이. *물속 모래알처럼/素朴한 習性은 나의 아내의 밑소리부터 始作되었다(「아침의 유혹」) *나쁘지도 않고 좋지도 않은 꽃들/그리고 별과도 등지고 앉아서/모래알 사이에 너의 얼굴을 찾고 있는 나는 인제/늬가 없어도 산단다(「너를 잃고」)
모레 내일의 다음 날. *빌려주지 않겠다. 빌려주겠다고 했지만/빌려주지 않겠다. 야한 선언을/하지 않고 우물쭈물 내일을 지내고/모레를 지내는 것은 내가 약한 탓이다.(「엔카운터誌」) *8월달에 실어주세요. 절망에서 나왔어요./모레면 다 되요. 200매예요. 특종이죠.(「전화 이야기」)
모로 ①비껴서 또는 대각선으로. ②옆쪽으로. *쉬었다 가든 거꾸로 가든 모로 가든/어서 또 가요 기름을 발랐으니 어서 또 가요/타마구를 발랐으니 어서 또 가요(「시」(1961))
모르다 ①사람이나 사물 따위를 알거나 이해하지 못하다. ②사실을 알지 못하다. ③불확실한 사실에 대한 짐작이나 의문의 뜻을 나타낸다. ④'자신의 행위나 행동 또는 자신에게 직접 관련된 일을 의식하지 못하는 가운데 저절로'의 뜻을 나타낸다.
모르게 *큰 아름드리나무에 박힌 옹이처럼 너는 네가 한 신문기사를 매일 아침 게시판 위에서 찾아보는 버릇이 너도 모르게 어느덧 생기고 말았다(「기자의 정열」) *이제 나는 무엇인지 모르게 기쁘고/나의 가슴은 이유 없이 풍성하다(「그 방을 생각하며」) *어련히 어련히 있을/줄이야 나도 모르게 있을 줄이야(「원효대사」)
모르겠다 *사막의 한 끝을 찾아가는 먼 나라의 외국 사람처럼 나는 어디로 가야 할지 모르겠다(「거리2」) *신앙이 動하지 않는 건지 동하지 않는 게/신앙인지 모르겠다(「시」(1964))
모르고 *괴로움도 모르고/나는 이 책을 멀리 보고 있다(「가까이 할 수 없는 서적」) *그것은 千字文이 되는지도 나는 모르고 있었다(「아침의 유혹」) *부끄러움도 모르고/밝은 빛만으로 너는 살아왔고(「너는 언제부터 세상과 배를 대고 서기 시작했느냐」) *오늘이 봄인지도 모르고/그래도 날개 돋친 마음을 위하여(「바뀌어진 지평선」) *아무도 모르고 너 혼자만이 아는/네가 쓴 기사 위에(「기자의 정열」) *바람에 나부껴서 밤을 모르고/언제나 새벽만을 향하고 있는/투명한 움직임의 비애를 알고 있느냐(「비」) *이것이 얼마나 죄가 많은 다리인 줄 모르고(「현대식 교량」) *바람의 고개는 자기가 일어서는 줄/모르고 자기가 가 닿은 언덕을/모르고 거룩한 산에 가 닿기/전에는 즐거움을 모르고(「꽃잎1」)
모르나 *물을 뜨러 나온 아내의 얼굴은/어느 틈에 저렇게 검어졌는지 모르나(「여름 아침」)
모르는 *확실하지만 누가 지은 것인 줄도 모르는(「가까이 할 수 없는 서적」) *봉매와 연령이 언제 그에게/나타날는지 모르는 까닭에(「토끼」) *나는 원래가 약게 살 줄 모르는 사람이다(「조국에 돌아오신 傷病捕虜 동지들에게」) *부끄러움을 모르는 꽃들(「九羅重花」) *이름도 모르는 뼈와 뼈/어디까지나 뒤퉁그러져 나왔구나(「PLASTER」) *흥분할 줄 모르는 나의 생리와/방향을 가리지 않고 서 있는 서가 사이에서(「국립도서관」) *어디고 가야 할지 모르는 마음(「거리2」) *그래도 누가 읽어줄지 모르는 신문 한구석에 너의 피가 어리어 있는 것이 반가워서 보고 있는 것인가(「기자의 정열」) *그가 어떠한 은근한 인사를 하였는지/아무도 모르는 일이다(「조그마한 세상의 지혜」) *죽음의 빛인지도 모르는 놈……

(「말복」) *너도 나도 누나도 언니도 어머니도/철수도 용식이도 미스터 강도 유중사도/강중령도 그놈의 속을 모르는 바는 아니었지만 (「우선 그놈의 사진을 떼어서 밑씻개로 하자」) *말갛게 개인 글 모르는 백성들의 마음에는 […]그가 모르는 동안에/조용히 가다오 나가다오(「가다오 나가다오」) *이 가벼움 혹시나 역사일지도 모르는(「그 방을 생각하며」) *모르는 것 앞에는 엎드리는 것이/모르는 것 앞에는 무조건하고 숭배하는 것이/나의 습관이니까(「누이야 장하고나!」) *나도 모르는 사이에/내 봄이 아프다(「먼 곳에서부터」) *모르는 사람은 봄에 알을 많이 받을 것이니/마찬가지라고 하지만/봄에는 알값이 떨어진다(「만용에게」) *그녀뿐이 아니라/나뿐이 아니라 賤役에 찌들린/나뿐만이 아니라/여편네뿐이 아니라 안달을 부리는/여편네뿐만이 아니라/우리들의 새끼들까지도/아무것도 모르는 우리들의 새끼들까지도(「식모」) *그때는 지금 일본말 방송을 안 듣듯이/나도 모르는 사이에 아무 미련도 없이/회한도 없이 안 듣게 되는 날이 올 것이다……(「라디오 계」)

모르지 *이태백이가 술을 마시고야 詩作을 한 이유,/모르지?/구차한 문밖 선비가 벽장문 옆에다/카잘스, 그람, 슈바이처, 엡스타인의 사진을 붙이고 있는 이유,/모르지?/노년에 든 로버트 그레이브스가 연애시를 쓰는 이유,/모르지?/우리집 식모가 여편네가 외출만 하면/나한테 자꾸 웃고만 있는 이유,/모르지?/그럴 때면 바람에 떨어진 빨래를 보고/내가 말없이 집어 걸기만 하는 이유,/모르지?/함경도 친구와 경상도 친구가 외국인처럼 생각돼서/술집에서 반드시 표준어만 쓰는 이유,/모르지?/5월 혁명 이전에는 백양을 피우다/그 후부터는/아리랑을 피우고/와이셔츠 윗호주머니에는 한사코 색수건을 꽂아 뵈는 이유,/모르지?/아무리 더워도 베와이셔츠의 에리를/안쪽으로 접어넣지 않는 이유,/모르지?/아무리 혼자 있어도 베와이셔츠의 에리를/안쪽으로 접어넣지 않는 이유,/모르지?/술이 거나해서 아무리 졸려도/의젓한 포즈는/의젓한 포즈는 취하고 있는 이유,/모르지?/모르지?(「모르지?」) *시간은 내 목숨야. 어제하고는 틀려졌어. 틀려/졌다는것을 알았어. 틀려져야겠다는 것을 알/았어. 그것을 당신한테 알릴 필요가 있어. 그 것/이 책보다 더 중요하다는 걸 모르지.(「엔카운터 誌」)

모르지만 *영사판을 받치고 있는 주야를 가리지 않는 어둠이/표면에 비치는 현실보다 한치쯤은 더/소중하고 신성하기도 한 것인지 모르지만(「영사판」) *4면의 신문 위에 6호 활자가 몇천 개 박혀 있는지 모르지만 너의 상상에서는 실제의 수십 배는 담겨 있으리라(「기자의 정열」) *신문회관 3층에서 하는 게 낫다구요. 아녜요./거기에는 냉방장치가 없어요. 장소는 200명가량/수용될 모르지만요. 절망의 연료가 모자/란다구요. 그래요! 반도호텔 같은 데라야/미국놈들한테서 입장료를 받을 수 있지요.(「전화 이야기」) *우리집 건넌방의 캐비닛을/노리고 있다고는 생각되지 않는다 아마/그럴지도 모르지만/나는 광문에 못을 쳐놓았다(「도적」) *聖俗이 같다는 원효대사가/텔레비에 텔레비에 들어오고 말았다/배우 이름은 모르지만 대사는/대사보다도 배우에 가까웠다(「원효대사」)

모른다 *음탕할 만치 잘 보이는 유리창/그러나 나는 너를 통하여 아무것도/보지 않고 있는지도 모른다(「너는 언제부터 세상과 배를 대고 서기 시작했느냐」) *오 죽어 있는 방대한 서책들/너를 보는 설움은 피폐한 고향의 설움일지도 모른다/예언자가 나지 않는 거리로 창이 난 이 도서관은/창설의 의도부터가 풍자적이었는지도 모른다(「국립도서관」) *아니 그것은 불고기가 아니라 돌이었을지도 모른다/신은 곧잘 이런 장난을 잘한다(「나가타 겐지로」) *이런 황혼에는 시베리아의/어느 이름 없는 개울가에서/들오리가 서투른 앉음새로/병아리를 품고 있을지도 모른다/심심해서 아아 심심해서(「황혼」) *담배마저 안 피우는/날이 올지도 모른다/그때에는/성급해지면 아무 데나 재를 떠는/이 우주의 폭력마저/없어질지도 모른다(「이놈이 무엇이지?」) *나는 조금도/놀라지 않았다/(그러기에는 나는 너무나/지쳤는지도 모른다)(「旅愁」) *아무것도 집어넣어본 일이 없는 왼쪽 안호주머니/—여기에는 혹시 휴식의 갈망이 들어 있는지도 모른다(「후란넬 저고리」) *여자의 본성은 에고이스트/뱀과 같은 에고이스트/그러니까 뱀은 선천적인 포로인지도 모른다/그런 의미에서 나는 속죄에 축복을 드렸다(「여자」) *나는 아직도 앉는 법을 모른다/어쩌다 셋이서 술을 마신다 둘은 한 발을 무릎 위에 얹고/도사리지 않는다(「거대한 뿌리」) *나이 어린 사람들은 어째서 이 다리가 부자연스러운지를 모른다/그러니까 이 다리를 건너갈 때마다/나는 나의 심장을 기계처럼 중지시킨다(「현대식 교량」) *그래도 여편네는 담을 고치지 않는다/내가 고치라고 조르니까 더 안 고치는지도 모른다/고칠 사람을 구하기가 어려운 것도 있고/돈이 아까울지도 모른다(「도적」) *시시한 라디오 소리라 더 시시한 것이/여기서는 판을 치니까 그렇게 됐는지 모른다/더 시시한 우리네 방송으로 만족하는 것이다(「라디오 계」)

몰라도 *이 적이 없으면 또 다른 적—내일/내일의 적은 오늘의 적보다 약할지 몰라도(「적1」) *이게 아무래도 내가 저의 섹스를 개관하고/있는 것을 아는 모양이다/똑똑히는 몰라도 어렴풋이 느껴지는/모양이다(「性」)

몰랐다 *VOGUE야//신성을 지키는 시인의 자리 위에 또 하나/넓은 자리가 있었던 것을 자식한테/가르쳐주지 않은 죄—그 죄에 그렇게/오랜 시간을 시달리면서도 그것을 몰랐다(「VOGUE야」)

모름지기 사리를 따져 보건대 마땅히 또는 반드시. *초봄의 뜰 안에 들어오면/서편으로 난 난간문 밖의 풍경은/모름지기/보이지 않고(「초봄의 뜰 안에」)

모리배(謀利輩) 온갖 옳지 않은 방법으로 자기의 이익을 꾀하는 사람. *언어는 나의 가슴에 있다/나는 謀利輩들한테서/언어의 단련을 받는다/그들은 나의 팔을 지배하고 나의/밥을 지배하고 나의 욕심을 지배한다[…]언어는 원래가 유치한 것이다/나도 그렇게 유치하게 되었다/그러니까 내가 그들을 사랑하지 않을 수가 없다/아아 모리배여 모리배여/나의 화신이여(「모리배」)

모밀국수 '메밀국수'의 평안북도 방언. 메밀가루로 만든 국수. *빌려드릴 수 없어. 작년하고도 또 틀려./눈에 보여. 냉면집 간판 밑으로—육개장을 먹으러—/들어갔다가 나왔어—모밀국수 전문집으로 갔지—(「엔카운터 誌」)

모방(模倣) 다른 것을 본뜨거나 본받음. *막대한/막대한/막대한/막대한/모방도(「檄文」) *우주시대의 마이크로웨이브에 탄/원효대사의 민활성 바늘 끝에/붙은 죄와 먼지 그리고 모방(「원효대사」)

모방자(模倣者) 남의 것을 본뜨는 사람. *조잡한 天地여/간디의 모방자여/여치의 나래 밑의 고단한 밤잠이여(「광야」)

모서리 물체의 모가 진 가장자리. *닳고 닳아지고 걸리고 걸려지고/모서리뿐인 형식뿐인 격식뿐인/관청을 우리집은 닮아가고 있다/철조망을 우리집은 닮아가고 있다/바닥이 없는 집이 되고 있다 소리만/남은 집이 되고 있다 모서리만 남은/돌음길만 남은 난삽한 집으로/기꺼이 기꺼이 변해 가고 있다(「의자가 많아서 걸린다」)

모습(模襲) ①사람의 생김새. ②사물의 겉으로 드러난 모양. *여인 중에도 가장 아름다운 그네여/돈을 버는 거리의 부인들의 어색한 모습이여(「거리2」) *너의 모습과 너의 몸짓은/어쩌면 이렇게 자연스러우냐/소리없이 기고 소리없이 날으다가/되돌아오고 되돌아가는 무수한 하루살이(「하루살이」) *나는 어느날 뒷골목의 발코니 위에 나타난/생활에 얼이 빠진 여인의 모습을 다방의 창 너머로 瞥見하였기 때문에/다음과 같은 쪽지를 미스터 리한테 적어놓고/시골로 떠났다(「미스터 리에게」) *우리들의 싸움의 모습은 초토작전이나/「건힐의 혈투」모양으로 활발하지도 않고 보기 좋은 것도 아니다(「하…… 그림자가 없다」) *그의 이야기가 절망인 것이 아니라/그의 모습이 절망인 것이 아니라/그가 돈을 가지고 갔다는 것이 아니라(「황혼」)

모시다 웃어른이나 신주 등을 어떤 곳에 자리 잡게 하다.

모셔 *돈을 벌기 위해서는 편리해서/가련한 목숨을 이어가기 위해서/신주처럼 모셔놓던 의젓한 얼굴의/그놈의 속을 창자 밑까지도 다 알고는 있었으나(「우선 그놈의 사진을 떼어서 밑씻개로 하자」)

모시고 *선량한 백성들이 하늘같이 모시고/

아침저녁으로 우러러보던 그 사진은/사실은 억압과 폭정의 방패였느니/썩은 놈의 사진이었느니/아아 살인자의 사진이었느니(「우선 그 놈의 사진을 떼어서 밑씻개로 하자」)

모신 ＊거기다가 나의 부처님을 모신 법당 뒷산에 묻혀 있는 검은 바위같이 큰 머리에는 둘레가 작아서 맞지 않아 그 모자를 쓴 기분이란 쳇바퀴를 쓴 것처럼 딱딱하다(「시골 선물」)

모시치마 모시풀 껍질의 섬유로 짠 피륙으로 지은 여자의 아랫도리 겉옷. ＊베적삼, 옥양목, 데크론, 인조견, 항라,/모시치마 냄새 난다 냄새 난다/냄새여 지휘하라/연기여 지휘하라(「등나무」)

모양(模樣) ①어떠한 형편이나 되어 나가는 꼴. ②어떤 모습과 같은 모습. ③짐작이나 추측을 나타내는 말. ＊생후의 토끼가 살기 위하여서는/전쟁이나 혹은 나의 진실성 모양으로 서서 있어야 하였다(「토끼」) ＊자라나는 竹筍 모양으로/부탁만이 늘어간다(「付託」) ＊진실을 찾기 위하여 진실을 잊어버려야 하는/내일의 역설 모양으로/나는 자유를 찾아서 포로수용소에 온 것이고(「조국에 돌아오신 傷病捕虜 동지들에게」) ＊비애의 수직선을 그리면서 날아가는 그의 설운 모양을/우리는 좁은 뜰 안에서뿐만 아니라/심지어는 항아리 속에서부터라도 내어다볼 수 있고(「헬리콥터」) ＊남의 일하는 곳에 와서 아무 목적 없이 앉았으면 어떻게 하리/남이 일하는 모양이 내가 일하고 있는 것보다 더 밝고 깨끗하고 아름답게 보이면 어떻게 하리(「사무실」) ＊아가야 아가야/네 모양이 우스워서 노래를 부르자니/엄마는/하필 국민학교 놈의 국어공책을 집어주지(「자장가」) ＊이게 아무래도 내가 저의 섹스를 개관하고 있는 것을 아는 모양이다/똑똑히는 몰라도 어렴풋이 느껴지는/모양이다(「性」) ＊그 이튿날 여편네와 식모가 하는 말을 들어보니/철사뭉치는 벌써 지하실에 도피시켜 놓은 모양이었다(「도적」)

모양수통하다 겉으로 나타나 보이는 생김새나 모습이 흉하다.
모양수통하지 ＊헌 옷과 낡은 구두가 그리 모양수통하지 않다 느끼면서/나는 옛날에 죽은 친구를/잠시 생각한다(「거리1」)

모여들다 여럿이 어떤 일정한 곳으로 모여 오다.
모여드는 ＊불 옆으로 모여드는 하루살이여/벽을 사랑하는 하루살이여/감정을 잊어버린 시인에게로/모여드는 모여드는 하루살이여(「하루살이」)
모여들 ＊혼미하는 아내며/날이 갈수록 간격이 생기는 골육들이며/새가 아직 모여들 시간이 못 된 늙은 포플러나무며/소리 없이 나를 괴롭히는/그들은 신의 고문인인가(「장시2」)
모여들었고 ＊비 오는 거리에는/40명가량의 취객들이/모여들었고/집에 돌아와서/제일 마음에 꺼리는 것이/아는 사람이/이 캄캄한 범행의 현장을/보았는가 하는 일이었다(「죄와 벌」)

모욕(侮辱) 깔보고 욕되게 함. ＊늬가 없어도 나는 산단다/억만 번 늬가 없어 설워한 끝에/억만 걸음 떨어져있는/너는 억만 개의 모욕이다[…]늬가 없이 사는 삶이 보람 있기 위하여 나는 돈을 벌지 않고/늬가 주는 모욕의 억만 배의 모욕을 사기를 좋아하고/억만 인의 여자를 보지 않고 산다[…]나는 億萬無慮의 모욕인 까닭에.(「너를 잃고」) ＊매일같이 마시는 술이며 모욕이며/보기 싫은 나의 얼굴이며/다 잊어버리고/돈 없는 나는 남의 집 마당에 와서/비로소 마음을 쉬다(「휴식」)

모이 닭이나 날짐승의 먹이. ＊모이 한 가마니에 430원이니/한 달에 12, 3만 환이 소리 없이 들어가고/알은 하루 60개밖에 안 나오니(「만용에게」)

모이다 '모으다'의 피동형. 여러 사람이 한곳으로 오다.
모여서 ＊유순한 가족들이 모여서/죄 없는 말을 주고받는/좁아도 좋고 넓어도 좋은 방안에서/나의 위대한 所在를 생각하고 더듬어보고 짚어보지않았으면(「나의 가족」)

모자(母子)¹ 어머니와 아들. ＊물소리 새소리 낯선 바람소리 다시 듣고/모자의 정보다 부부의 의리보다/더욱 뜨거운 너의 입김에/나의 고독한 정신을 녹이면서 우매(「나비의 무덤」)

모자(帽子)² 예의를 차리거나 추위, 더위, 먼지 따위를 막기 위해 머리에 쓰는 물건의 하나. ＊U・N위원단이 매일 오는 것이다/화환이 화환이 서울역에서 날아온다/모자 쓴 靑年이여 誘惑이여/아침의 유혹이여(「아침의 유혹」) *그 다음에는 나는 중앙선 어느 협곡에 있는 역에서 백여 리나 떨어진 광산촌에 두고 온 잃어버린 겨울 모자를 생각한다/그것은 갈색 낙타 모자/그리고 유행에서도 훨씬 뒤떨어진 서울의 화려한 거리에서는 도저히 쓰고 다니기 부끄러운 모자이다/거기다가 나의 부처님을 모신 법당 뒷산에 묻혀 있는 검은 바위같이 큰 머리에는 둘레가 작아서 맞지 않아 그 모자를 쓴 기분이란 쳇바퀴를 쓴 것처럼 딱딱하다[…] 그러할 때마다 잃어버려서 아까웁지 않은 잃어버리고 온 모자 생각이 불현듯이 난다[…]나는 구태여 생각하여 본다/그리고 비교하여 본다/나는 모자와 함께 나의 마음의 한 모퉁이를 모자 속에 놓고 온 것이라고/설운 마음의 한 모퉁이를.(「시골 선물」) *여름 아침의 시골은 가족과 같다/햇살을 모자같이 이고 앉은 사람들이 밭을 고르고/우리집에도 어저께는 무씨를 뿌렸다(「여름 아침」)

모자라다 어떤 기준이나 정도에 이르지 못하다.
모자라는 *예측만으로 그치면 돼/모자라는 영원이 있으면돼/채귀가 집으로 돌아가면 돼/성당으로 가듯이/채귀가 어젯밤에 나 없는 사이에 돌아갔으면 돼/장시만 장시만 안 쓰면 돼(「장시1」)
모자란다 *장소는 200명가량/수용될지 모르지만요. 절망의 연료가 모자/란다구요. 그래요! 반도호텔 같은 데라야/미국놈들한테서 입장료를 받을 수 있지요.(「전화 이야기」)

모조리 빠짐없이 모두. *앙상한 육체의 투명한 골격과 세포와 신경과 안구까지/모조리 노출 낙하시켜 가면서/안개처럼 가벼웁게 날아가는 과감한 너의 의사 속에는/남을 보기 전에 네 자신을 먼저 보이는/긍지와 선의가 있다(「헬리콥터」) *바로 어저께 내가 오래간만에 거리에 나가니/나의 친구들은 모조리 나를 회피하는 눈치이었다(「백의」) *그녀는 인경전의 종소리가 울리면 장안의/남자들이 모조리 사라지고 갑자기 부녀자의 세계로/화하는 극적인 서울을 보았다(「거대한 뿌리」) *배가 모조리 설사를 하는 것은 머리가 설사를/시작하기 위해서다 性도 윤리도 약이/되지 않는 머리가 불을 토한다(「설사의 알리바이」)

모조품(模造品) 다른 물건을 본떠서 만든 물건. *방대한/방대한/방대한/모조품과/막대한/막대한/막대한/막대한/모방도(「檄文」) *전등에서 消燈으로/소음에서 라디오의 중단으로/모조품 銀丹에서 仁丹으로/남의 집에서 내 방으로/노동에서 휴식으로/휴식에서 수면으로(「X에서 Y로」)

모친(母親) '어머니'의 높임말. *그의 모친은 희랍인이라고 한다/兩眼이 모두 담홍색을 하고 있는 것으로 보아/그가 오랜 세월을 暗夜 속에서 살고 있었던 것만은 확실하다고 나는 생각한다[…]〈희랍인을 모친으로 가진 미국인에게 대한 호소문〉과〈精神上으로 본/희랍의 독립선언서〉를 써서/전자를 현재 일리노이 주에 있는 자기의 모친에게 보내고/후자는 희랍 국립박물관 관장에게 보내 달라고 한다(「백의」)

모퉁이 ①구부러지거나 꺾어져 돌아간 자리. ②구석진 곳이나 가장자리. *나는 모자와 함께 나의 마음의 한 모퉁이를 모자 속에 놓고 온 것이라고/설운 마음의 한 모퉁이를.(「시골 선물」) *여기는 서울 안에서도 가장 번잡한 거리의 한 모퉁이/나는 오늘 세상에 처음 나온 사람모양으로 쾌활하다[…]여기는 좁은 서울에서도 가장 번거로운 거리의 한 모퉁이/우울 대신에 수많은 기폭을 흔드는 쾌활/잊어버린 수많은 詩篇을 밟고 가는 길가에/영광의 집들이여 점포여 역사여(「거리2」)

모험(冒險) 위험을 무릅쓰고 하는 일. *물 위를 날아가는 돌팔매질―/아슬아슬하게/세상에 배를 대고 날아가는 정신이여/너무나 가벼워서 내 자신이/스스로 무서워지는 놀라운 육체여/배반이여 모험이여 간악이여/간지러운 육체여(「바꾸어진 지평선」)

목 ①척추동물의 머리와 몸통을 잇는 잘록한 부분. ②'목구멍'의 준말. *웃음은 자기 자신이 만드는 것이라면 그것은 얼마나 서러운 것일까/푸른 목/귀여운 눈동자/진정 나는 기계주의적 판단을 잊고 시들어갑니다.(「웃음」) *나는 발가벗은 아내의 목을 끌어안았다/山林과 時間이 오는 것이다(「아침의 유혹」) *가만히 앉아 있어도 자꾸 뻐근하여만 가는 목을 돌려/시간과 함께 비스듬히 내려다보는 것/그것은 혹시 한 자루의 부채(「방안에서 익어가는 설움」) *배가 부를 때도 목이 마를 때도/연애를 할 때도 졸음이 올 때도 꿈속에서도/깨어나서도 또 깨어나서도 또 깨어나서도……(「하…… 그림자가 없다」)

목가(牧歌) 전원의 한가로운 생활을 주제로 한 서정적이고 소박한 시가. *자연을 보지 않고 자연을 사랑하라/목가가 여기 있다고 외쳐라/폭풍의 목가가 여기 있다고 외쳐라(「가옥 찬가」)

목뼈 머리와 몸 사이를 잇는 목의 뼈. *절망은 나의 목뼈는 못 자른다 겨우 손마디뼈를/새벽이면 하아프처럼 분질러놓고 간다(「우리들의 웃음」)

목사(牧師) 개신교에서, 교회를 맡아 예배를 인도하고 신자의 영적 생활을 지도하는 성직자. *목사여 정치가여 상인이여 노동자여/실직자여 방랑자여/그리고 나와 같은 집 없는 걸인이여/집이 여기에 있다고 외쳐라(「가옥 찬가」) *라디오의 시종을 고하는 소리 대신에 西道歌와/목사의 열띤 설교 소리와 심포니가 나오지만(「풀의 영상」)

목소리 목구멍에서 나는 소리. *그들은 너무나 오랫동안 자기의 말을 잊고/남의 말을 하여 왔으며/그것도 간신히 떠듬는 목소리로밖에는 못해 왔기 때문이다(「헬리콥터」) *한 놈은 가죽 방한모에 빨간 마후라였지만/또 한 놈은 잘 안 보였고 매일 아침 들은/「신문요」의 목소리를 회상하며/어떤놈이 新인지 舊인지를 가려낼 틈도/없다 눈이 왔고 추웠고 너무 화가 났다(「제임스 띵」) *사람의 얼굴도 무섭지 않고/그의 목소리도 방해가 안 되고/어제의 행동과 내일의 복수가 상쇄되고/참호의 입구의 ㄱ자가 문제되고(「먼지」)

목숨 살아 있기 위한 힘의 바탕이 되는 것. *빨갱이라고 할까 보아 무서워서/돈을 벌기 위해서는 편리해서/가련한 목숨을 이어가기 위해서(「우선 그놈의 사진을 떼어서 밑씻개로 하자」) *시간은 내 목숨야. 어제하고는 틀려졌어. 틀려/졌다는 것을 알았어.(「엔카운터誌」)

목욕(沐浴) 머리를 감고 온몸을 씻음. *얇상한 잎/그것이 이슬을 마셨다고 어찌 신용하랴/나의 혼, 목욕을 중지한 시인의 혼을 마셨다고/炎天의 혼을 마셨다고 어찌 신용하랴(「등나무」) *나는 어찌나 좋았던지 목욕을 하러 갔지/개구리란 놈이 추락하는 폭격기처럼/사람을 놀랜다(「伏中」)

목적(目的) 이루거나 실현하려고 하는 일의 목표나 방향. *남의 일하는 곳에 와서 아무 목적 없이 앉았으면 어떻게 하리/남이 일하는 모양이 내가 일하고 있는 것보다 더 밝고 깨끗하고 아름다웁게 보이면 어떻게 하리(「사무실」) *지극히 정확한 각도로 날아가는/포탄이/행복의 파편과 영광과 熱度로써/목적을 이루게 되기 전에(「조그마한 세상의 지혜」)

목표(目標) 행동을 통하여 이루거나 도달하려고 함, 또는 그 대상. *새로운 목표는 이미 나타나고 있었다/죽음보다도 엄숙하게/귀고리보다도 더 가까운 곳에/종소리보다도 더 영롱하게[…]이러한 목표는 극장 의회 기계의 齒車/선박의 索具 등을 呪詛하지 않는다[…]모든 관념의 말단에 서서 생활하는 사람만이 이기는 법이다/새로운 목표는 이미 작업을 시작하고 있었다/역을 떠난 기차 속에서/능금을 먹는 아이들의 머리 위에서/설명이 필요하지 않은 희열 위에서/40년간의 조판 경험이 있는 근시안의 노직공의 가슴속에서/가장 심각한 나의 우둔 속에서/새로운 목표는 이미 나타나고 있었다(「영롱한 목표」)

몰라보다 ①알 만한 사실이나 사물을 보고도 알아차리지 못하다. ②예의를 갖추어야 하는 대상에 대하여 무례하게 굴다. ③진정한 가치를 제대로 평가하지 못하다.

 몰라보면 *순시를 다니는 제임스 띵은/독자를 괴롭혀서는 아니 된다/나를 몰라보면 아니 된다 나의 怒氣는 타당하니까(「제임스 띵」)

몰리다 '몰다'의 피동형. 여럿이 한곳으로 모여들다.

 몰린 *가죽용 융옷 솜이 몰린 솜옷……/그러다가 드디어 나는 월남인이 되기까지도 했다/엉클 샘에게 학살당한/월남인이 되기까지도 했다(「풀의 영상」)

몰아세우다 마구 다그치거나 나무라다.

 몰아세운다 *제임스 띵의 위협감은, 이상한 지방색 공포감은/자유당 때와 민주당 때와 지금의 惡政의 구별을 말살하고/靜寂을 빼앗긴, 마지막 정적을 빼앗긴/나를 몰아세운다 어서 돈을 내라고/그러니까 그들이 요구하는 것은 신문값이 아니다(「제임스 띵」)

몰아오다 한곳으로 몰려서 한꺼번에 오다.
　몰아오는 ＊풀이 눕는다/비를 몰아오는 동풍에 나부껴/풀은 눕고/드디어 울었다/날이 흐려서 더 울다가/다시 누웠다(「풀」)

몸 사람이나 동물의 형상을 이룬 육체의 전체. 신체. ＊이것은 확실히 무서운 이야깃거리다/다리 밑에 물이 마르고/나의 몸도 없어지고/나의 그림자도 달아난다(「愛情遲鈍」) ＊돌아오신 여러분! 아프신 몸에 얼마나 수고하셨습니까!(「조국에 돌아오신 傷病捕虜 동지들에게」) ＊도회에서 태어나서 도회에서 죽어가는 사람들은/젊은 몸으로 죽어가는 前線의 전사에 못지않게 불쌍하다고 생각하며/그러한 생각을 함으로써 하루하루 도회의 때가 묻어가는 나의 몸을 분하다고 한탄한다/친구가 일어나서 창밖으로 침을 뱉고 아래로 내려갔다 오더니 또 술을 마시러 내려가자고 한다/기진맥진한 몸을 간신히 일으켜서/차가운 이를 건져서 끼고 따라서 내려간다(「미숙한 도적」) ＊늬가 사는 엷은 세계는 자유로운 것이기에/생기와 신중을 한 몸에 지니고(「九羅重花」) ＊나야 늙어가는 몸 위에 하잘것없이 앉아있으면 고만이고/너는 날아가면 고만이지만/잠시라도 나는 취하는 것이 싫다는 말이다(「도취의 피안」) ＊내가 으스러지게 설움에 몸을 태우는 것은 내가 바라는 것이 있기 때문이다.[…]나는 너무나 자주 설움과 입을 맞추었기 때문에/가을바람에 늙어가는 거미처럼 몸이 까맣게 타버렸다.(「거미」) ＊어둠 속에 본 것은 청춘이었는지 대지의 진동이었는지/나는 자꾸 땅만 만지고 싶었는데/땅과 몸이 일체가 되기를 원하며 그것만을 힘삼고 있었는데/오히려 그러한 불굴의 의지에서 나오는 것인가[…]아아 아아/불은 커지고/나는 쉴 사이 없이 가야 하는 몸이기에/구슬픈 육체여.(「구슬픈 육체」) ＊나비의 몸이야 제철이 가면 죽지만은/그의 몸에 붙은 고운 지분은/겨울의 어느 차디찬 둥잔 밑에서 죽어 없어지리라(「나비의 무덤」) ＊그리하여/피로도 내가 만드는 것/긍지도 내가 만드는 것/그러할 때면은 나의 몸은 항상/한치를 더 자라는 꽃이 아니더냐(「긍지의 날」) ＊투명한 대명사 같은 너의 몸을/지금 나는 은폐물같이 생각하고/기대고 앉아서/안도의 탄식을 짓는다(「너는 언제부터 세상과 배를 대고 서기 시작했느냐」) ＊그는 나같이 몸이 약하지 않은 점에 주요한 원인이 있겠지만/雷神보다 더 사나웁게 사람들을 울리고/뮤즈보다도 더 부드러웁게 사람들의 상처를 쓰다듬어준다(「백의」) ＊술에서 깨어난 무거운 몸이어/오오 봄이여(「봄밤」) ＊나무여 영혼이여/가벼운 참새같이 나는 잠시 너의/흉하지 않은 가지 위에 피곤한 몸을 앉힌다(「서시」) ＊내 몸은 아파서/태양에 비틀거린다/내 몸은 아파서/태양에 비틀거린다(「冬麥」) ＊너의 머리 위에/너의 몸을 반쯤 가려주는 길고/멋진 양철 차양이 있다고 외쳐라(「가옥 찬가」) ＊구름 끝에 혀를 대는 잎사귀처럼/몸을 떨며/귀 기울이려 할 때/그 무수한 말 중의 제일 첫마디는/「나는 졌노라……」(「말복」) ＊나의 죄 있는 몸의 억천만 개의 털구멍에/죄라는 죄가 가시같이 박히어도/그야 솜털만치도 아프지는 않으려니(「기도」) ＊까딱 마시오 손 하나 몸 하나/까딱 마시오/눈 오는 것만 지키고 계시오……(「눈」(1961)) ＊뇌물은/물론 안 받았다/가지고 있는/시계도 없다/집에도/몸에도/그러니까/the reason why/you don't get/a clock/or a watch마저/말할 필요가 없다/집에도/몸에도/이놈이 무엇이지?(「이놈이 무엇이지?」) ＊먼 곳에서부터/먼 곳으로/다시 몸이 아프다//조용한 봄에서부터/조용한 봄으로/다시 내 몸이 아프다[…]나도 모르는 사이에/내 몸이 아프다(「먼 곳에서부터」) ＊아픈 몸이/아프지 않을 때까지 가자/골목을 돌아서[…]아픈 몸이/아프지 않을 때까지 가자/나의 발은 절망의 소리/저 말(馬)도 절망의 소리[…]교회여/이제는 나의 이 늙지도 젊지도 않은 몸에/해묵은/1,961개의/곰팡내를 풍겨 넣어라[…]아픈 몸이/아프지 않을 때까지 가자(「아픈 몸이」) ＊나무뿌리가 좀더 깊이 겨울을 향해 가라앉았다/이제 내 몸은 내 몸이 아니다(「말」(1964)) ＊너의 가난을 눈에 보이는/눈에 보이지 않는 모든 가난을/이 엄청난 어려움을 고통을/이 몸을 찢는 부자유를 부자유를 나날을……(「'65년의 새해」) *나는 그 이전에 있었어. 내 몸. 빛나는/몸.(「엔카운터誌」) *금성라디오 A 504를 맑게 개인 가을날/일수로 사들여온 것처럼/500원인가를 깎아서 일수로 사들여온 것처럼/그만큼 손쉽게/내 몸과 내 노래는 타락했다(「금성라디오」) *惰眠의 축적으로 우리 몸은 자라고/그래도 행동이 마지막 의미를 갖고(「먼지」)

몸뚱아리 몸의 덩치. 몸뚱이. *전쟁의 모든 파괴 속에서/불사조같이 살아난 너의 몸뚱아리─/우주의 파편같이/혹은 혜성같이 반짝이는/무수한 잔재 속에 담겨있는 또 이 무수한 몸뚱아리─들은/지금 무엇을 銳意 연마하고 있는가(「국립도서관」)

몸부림 고통, 저항 등을 견디기 위해 온갖 수단 방법으로 애씀을 비유적으로 이르는 말. *마지막의 몸부림도/마지막의 양복도/마지막의 신경질도/마지막의 다방도(「檄文」)

몸서리치다 몹시 싫거나 무서워서 몸을 떨다.
몸서리치이는 *6이 KBS 제2방송/7이 동 제1방송/그 사이에 시시한 주파가 있고/8의 조금 전에 동아방송이 있고/8.5 가 KY 인가보다/그리고 10.5는 몸서리치이는 그것(「라디오 계」)

몸집 몸의 부피. *뚱뚱해진 몸집하고 푸르스름해진 눈자위가 아무리 보아도 설어 보인다(「滿洲의 여자」)

몸짓 몸을 놀리는 모양. *고통의 映寫板 뒤에 서서/어룽대며 변하여가는 찬란한 현실을 잡으려고/나는 어떠한 몸짓을 하여야 되는가(「영사판」) *너의 모습과 너의 몸짓은/어쩌면 이렇게 자연스러우냐(「하루살이」)

몸차림 몸을 꾸밈 또는, 그 모양새. 몸치장. *농부의 몸차림으로 갈아입고/석경을 보니(「檄文」)

몹시 더할 수 없이 심하게. *글씨가 가다가다 몹시 떨린 漢字가 있는데/그것은 물론 현정부가 그만큼 악독하고 반동적이고/가면을 쓰고 있기 때문이다(「중용에 대하여」)

못[1] 나무 따위에 박기 위해 끝을 뾰족하게 만든 가느다란 물건. *나는 도적이 이 철사의 반환을 꾀하고 있다고/생각한다 우리집 건넌방의 캐비닛을/노리고 있다고는 생각되지 않는다 아마/그럴지도 모르지만/나는 광문에 못을 쳐놓았다(「도적」)

못[2] 동사가 나타내는 동작을 할 수 없다거나 상태가 이루어지지 않았다는 부정의 뜻을 나타내는 말. *우리는 UN군에 포로가 되어 너무 좋아서 가시철망을 뛰어나오려고 애를 쓰다가 못 뛰어나오고/여러 동지들은 기막힌 쓰라림에 못 이겨 못 뛰어나오고(「조국에 돌아오신 傷病捕虜 동지들에게」) *서울에 돌아온 지 일주일도 못 되는 나에게는 도회의 소음과 狂症과 속도와 허위가 새삼스럽게 밉고 서글프게 느껴지고(「시골 선물」) *눈 내리는 날에는/〈빽〉차도/지프차도/파발이 다 된/시골 버스도/맥을 못 추고/맴을 도는 판이니(「눈」(1961)) *죄수들의 말이/배고픈 것보다도/잠 못 자는 것이/더 어렵다고 해서/그래 그러나(「《4·19》시」) *아니 물소는 호남 지방에서는 못 보았는데(「시」(1961))

못나다 능력이 모자라거나 어리석다.

못난 일한다는 의미가 없어져도 좋다는 듯이 구수한 벗이 있는 곳/너는 나와 함께 못난 놈이면서도 못난 놈이 아닌데/쓸데없는 도면 위에 글자만 박고 있으면 어떻게 하리(「사무실」)

못지않다 '못지아니하다'의 준말. 일정한 수준이나 정도에 미치다.
못지않게 *도회에서 태어나서 도회에서 죽어가는 사람들은/젊은 몸으로 죽어가는 前線의 전사에 못지않게 불쌍하다고 생각하며(「미숙한 도적」)

못하다 할 수가 없다.
못하게 *저 조그만 비행기같이 연기도 여운도 없이 살아진 몇몇 포로들의 영령이/너무나 알기 쉬운 말로 아무도 듣지 못하게 당신의 뺨에다 대고 비로소 시작하는 귓속이야기지요(「조국에 돌아오신 傷病捕虜 동지들에게」)
못하고 *이 어두운 신은 밤에도 외출을 못하고 자기의 영토를 지킨다/─유일한 희망은 겨울을 기다리는 것이다(「수난로」) *영상을 꺾지 못하고/그 영상의 전후의 고민의 환희를 지우지 못한다(「풀의 영상」) *北院 훈련소를 탈출하여 順川 읍내까지도 가지 못하고/악귀의 눈동자보다도 더 어둡고 무서운 밤에 中西面 內務省 군대에게 체포된 일을 생각한다(「조국에 돌아오신 傷病捕虜 동지들에게」) *너의 표피의 원활과 각도에 이기지 못하고 미끄러지는 나의 발을/나는 미워한다/방향은 애정—(「네이팜 탄」) *거역하라 거역하라……/가을이 오기 전에는/내 팔은 좀체로 제대로 길이를 갖지 못하고(「말복」) *타성같이 습관같이/그저그저 쉬쉬하면서/할말도 다 못하고/기진맥진해서/그저그저 걸어만 두었던/흉악한 그놈의 사진을/오늘은 서슴지 않고 떼어놓아야 할 날이다(「우선 그놈의 사진을 떼어서 밑씻개로 하자」) *한번 정정당당하게/붙잡혀간 소설가를 위해서/언론의 자유를 요구하고 월남파병에 반대하는/자유를 이행하지 못하고/20원을 받으러 세 번씩 네 번씩/찾아오는 야경꾼들만 증오하고 있는가[…]이발쟁이에게/땅주인에게는 못하고 이발쟁이에게/구청 직원에게는 못하고 동회 직원에게도 못하고/야경꾼에게 20원 때문에 10원 때문에 1원 때문에/우습지 않으냐(「어느 날 고궁을 나오면서」)

못하는 *여미지 못하는 생각 위에/여밀 수 없는 부탁이여/차라리 죽순같이 자라는 대로 맡겨두련다(「付託」) *인생의 장마의/추녀 끝 물방울 소리가/아직도 메아리를 가지고 오지 못하는/8월의 밤에/너의 방은 너무 정돈되어 있더라(「누이의 방」) *괴기영화의 맘모스를 연상시키는/까치도 까마귀도 응접을 못하는 시꺼먼 가지를 가진/나도 감히 상상을 못하는 거대한 거대한 뿌리에 비하면……(「거대한 뿌리」) *나는 당신의 아우에게로 뛰어가서 나의 〈말〉을 하지 못하는 나를 미워하였다(「말」(1958))

못하니 *오늘이 있듯이 그날이 있는/두 겹 절벽 가운데에서/오늘은 오늘을 담당하지 못하니/너의 가슴 위에서는/나 대신 값없는 낙엽이라도 울어줄 것이다(「나비의 무덤」) *심부름하는 놈더러/「저것 좀 집어와라!」 호령 하나 못하니/이렇게 돼서야 그만이지/어떻게든지 체면을 차려볼 궁리 좀 해야지(「파자마 바람으로」)

못하였다 *나는 한번도 아버지의/수염을 바로는 보지/못하였다(「이[蝨]」) *그러나 그는 캥거루의 일족은 아니다/水牛나 生魚같이/음정을 맞추어 우는 법도/습득하지는 못하였다(「토끼」)

못한 *倒立한 나의 아버지의/얼굴과 나여//나는 한번도 이[蝨]를/보지 못한 사람이다(「이[蝨]」) *팽이 밑바닥에 끈을 돌려 매이니 이상하고/손가락 사이에 끈을 한끝 잡고 방바닥에 내어던지니/소리없이 회색빛으로 도는 것이/오래 보지 못한 달나라의 장난 같다(「달나라의 장난」) *일찍이 현실의 출발을 하지 못한 것을 뉘우치며/오늘밤도 보아야 할 죽순의 거치러운/꿈은(「付託」) 아무도 正視하지 못한 돈—돈의 비밀이 여기 있다(「돈」) *지금 불란서 소설을 읽으면서 아직도 말하지/못한 한 가지 말—정치 의견의 우리말이/생각이 안 난다(「거짓말의 여운 속에서」)

못한다 *이 소음들은 나의 푸른 풀의 가냘픈/영상을 꺾지 못하고/그 영상의 전후의 고민의 환희를 지우지 못한다(「풀의 영상」)

못할 *암만해도 잊어버리지 못할 것이 있어 다시 불을 켜고 앉았을 때는/이미 내가 찾던 것은 없어졌을 때(「구슬픈 육체」) *그대들 어린 학도들과 나 사이에 놓여 있는/연령의 넘지 못할 차이일까……(「국립도서관」) *무엇이든지/재어볼 수 있는 마음은/아무것도 재지 못할 마음(「자」) *강아지풀 사이에 가지는 익고/인가 사이에서 기적처럼 자라나는 무성한 버드나무/연녹색,/하늘의 빛보다도 분간 못할 놈……(「말복」)

못해 *그들은 너무나 오랫동안 자기의 말을 잊고/남의 말을 하여 왔으며/그것도 간신히 떠듬는 목소리로밖에는 못해 왔기 때문이다(「헬리콥터」)

못했다고 *심야에는 여자는 사라지고 남자가 다시 오입을 하러/활보하고 나선다고 이런 기이한 관습을 가진 나라를/세계 다른 곳에서는 본 일이 없다고/천하를 호령한 민비는 한번도 장안 외출을 하지 못했다고……(「거대한 뿌리」)

못했지 'Sooner murder an infant in its /cradle than nurse unacted desire" 이것이/무슨 뜻인지 알았지 그러나 완성하진 못했지(「이혼 취소」)

몽롱하다(朦朧—) 흐릿하고 희미하다. *아침에 일어나서 나는 완전히/기진맥진하였다/

눈알에 백태가 앉은 사람같이/보이는 것이 모두 몽롱하다(「미숙한 도적」)

몽매(蒙昧) 어리석고 사리에 어두움. *몽매와 연령이 언제 그에게/나타날는지 모르는 까닭에/잠시 그는 별과 또 하나의 것을 쳐다보고 있어야 하는 것이다(「토끼」)

몽상(夢想) 실현성이 없는 헛된 생각. *마지막으로 몽상을 거듭하기도 피곤해진 밤에는/시골에 사는 나는―/달 밝은 밤을/언제부터인지 잠을 빨리 자는 습관이 생겼다(「달밤」)

몽상가(夢想家) 실현성이 없는 헛된 생각을 즐겨 하는 사람. *광야에 와서 어떻게 드러누울 줄을 알고 있는/나는 너무나도 악착스러운 몽상가(「광야」)

묘리(妙理) 묘한 이치. *나는 이러한 사진과 기사를 볼 때마다/이것은 ≪아틀랜틱≫과 ≪하퍼스≫의 광고부의 分室이 나타났다고/이곳 저널리스트의 역습의 묘리에 감탄하고 있었는데(「백의」) *암흑과 맞닿는 나의 생명이여/거리의 생명이여/거만과 오만을 잊어버리고/밝은 대낮에라도 겸손하게 지내는 妙理를 배우자(「거리2」)

묘정(廟庭) 종묘와 명당을 아울러 이르는 말. *작품 제목임(「廟庭의 노래」)

무 십자화과의 한해살이풀 또는 두해살이풀. 채소의 한 가지로 줄기는 높이가 1m 가량이고, 뿌리에서 돋은 잎은 깃 모양의 겹잎이며, 뿌리는 잎과 먹고 씨는 한방에서 약재로 쓰임. *두 뙈기의 차밭 옆에는 역시 두 뙈기의/채소밭이 있다 김장 무나 배추를 심었을/인습적인 분가루를 칠한 밭 위에/나는 걸핏하면 개똥을 갖다 파묻는다(「반달」)

무감각(無感覺) 아무 감각이 없음. *두부를 엉기게 하는 따뜻한 불도/졸고 있는 잡초도/이 무감각의 비애가 없이는 죽은 것(「장시2」)

무감각하다(無感覺—) 아무 감각이 없다.
  무감각하게 *마지막에는 해저의 풀떨기같이 혹은 책상에 붙은 민민한 판대기처럼 무감각하게 될 생활이여(「구슬픈 육체」)

무겁다 ①무게가 많이 나가다. ②마음이 유쾌하지 않고 우울하다. ③분위기 따위가 어둡고 답답하다.

무거운 *차라리 앉아 있는 기계와 같이/취하지 않고 늙어가는/나와 나의 겨울을 한층 더 무거운 것으로 만들기 위하여/나의 눈이랑 한층 더 맑게 하여다오(「도취의 피안」) *흐린 봄철 어느 오후의 무거운 日氣처럼/그만한 우울이 또한 필요하다(「바뀌어진 지평선」) *부르기 힘든 사람의 이름들/눈에는 보이지 않는 너무나 무거운/너의 짐/그리고 逸樂, 안이, 허위……(「기자의 정열」) *개가 울고 종이 들리고 달이 떠도/너는 조금도 당황하지 말라/술에서 깨어난 무거운 몸이어(「봄밤」) *우리는 무슨 적이든 적을 갖고 있다/적에는 가벼운 적도 무거운 적도 없다/지금의 적이 가장 무거운 것 같고 무서울 것 같지만(「적1」) *나는 옷을 벗는다 엉클 샘을 위해서/아시아와 아프리카의 무거운 겨울옷을 벗는다(「풀의 영상」) *손에는 무거운 보따리를 들고/가다가다 기침을 하면서/집에는 差押을 해온 파일오버가 있는데도/배자 위에 얄따란 검정 오버를 입고(「네 얼굴은」)

무거울 *나의 긍지는 애드벌룬보다는 좀 더 무거울 것이며/예지는 어느 煙筒보다도 훨씬 뾰죽하고 날카로울 것이다(「거리2」)

무거워 *그는 나보다도 가난해 보이고/그는 나보다도 짐이 무거워 보이는데/그는 나보다도 훨씬 늙었는데/그는 나보다도 눈이 들어갔는데(「강가에서」)

무거워졌다 *낮잠을 자고 나서 들어보면/후란넬 저고리도 훨씬 무거워졌다(「후란넬 저고리」)

무거이 *어드메에 담기려고/칠흑의 壁板 위로/香烟을 찍어/白蓮을 무늬 놓는/이 밤 화공의 소맷자락 무거이 적셔/오늘도 우는/아아 짐승이냐 사람이냐.(「廟庭의 노래」)

무겁게 *가장 아름다운 이기적인 시간 위에서/나는 나의 검게 타야 할 정신을 생각하며/구별을 용서하지 않는/밭고랑 사이를 무겁게 걸어간다(「여름 아침」)

무게 물건의 무거운 정도. *점잖이 앉은 나의 나이와 나이가 준 나의 무게를 생각하면서/정말 속임 없는 눈으로/지금 팽이가 도는 것을 본다(「달나라의 장난」) *물이 아닌 꽃/물같이 엷은 날개를 펴며/너의 무게를 안고 날아가려는 듯(「九羅重花」) *가벼운 무게가 하늘을/생각하게 하는/자[針尺]의 優雅는 무엇인가[…]/삶에 지친 者여/자를 보라/너의 무게를 알 것이다(「자」) * 그러나 돈은 없다/─돈이 없다는 것도 오랜 친근이다/─그리고 그 무게는 돈이 없는 무게이기도 하다(「후란넬 저고리」) * 나와 나의 아내와 우리집의 온 가옥의 무게를 다 합해서/밀양에서 온 식모의 소박과 원한까지를 다 합해서/미안하지 않소(「美濃印札紙」)

무관심하다(無關心─) 관심이나 흥미가 없다.
 * 병풍은 무엇에서부터라도 나를 끊어준다/등지고 있는 얼굴이여/주검은 취한 사람처럼 멋없이 서서/병풍은 무엇을 향하여서도 무관심하다(「병풍」)

무관하다(無關─) 관계가 없다.
 무관하게 * 기다가 나의 부처님을 모신 법당 뒷산에 묻혀 있는 검은 바위같이 큰 머리에는 둘레가 작아서 맞지 않아 그 모자를 쓴 기분이란 쳇바퀴를 쓴 것처럼 딱딱하다/그러나 나는 그것을 시골이라고 무관하게 생각하고 쓰고 간 것인데 결국 잃어버리고 말았다(「시골 선물」)
 무관한 * 기사라 하지만 네가 썼다고 알아주는 사람이 있어도 좋고 없어도 가히 무관한 것/그러기에 한결 가벼운 휴식의 마음으로 쓰고 있을 수 있었던 것(「기자의 정열」)

무궁화(無窮花) 아욱과의 낙엽 활엽 관목. 높이는 3미터 가량이며, 잎은 늦게 돋아나고 어긋나며 알 모양인데 잎 가장자리에 톱니가 있다. 여름부터 가을까지 꽃이 잎겨드랑이에 하나씩 달려 핀다. 우리나라의 국화(國花) * 그러나 천당이 있다면 모두 다 거기서 만나고 있을 것입니다/억울하게 넘어진 반공포로들이/다 같은 대한민국의 이북 반공포로와 거제도 반공포로들이/무궁화의 노래를 부를 것입니다(「조국에 돌아오신 傷病捕虜 동지들에게」) * 버드나무 발아래의 나팔꽃도 그렇다/앙상한 연분홍,/오므라질 때는 무궁화는 그보다 조금쯤 더 길고/진한 빛,/죽음의 빛인지도 모르는 놈……(「말복」)

무너지다 쌓거나 포개어 있는 물건 따위가 허물어지다.
 무너진 * 도적이 우리집을 노리고 있다/닭장이 무너진 공터에 두른 판장을 뚫고/매일밤 저희집처럼 출입하고 있다(「도적」)

무능하다(無能─) 능력이 없다.
 무능한 * 무능한 내가 지지 않는 것은 이때만이다/너의 독기가 예에 없이 걸레쪽같이 보이고/너와 내가 반반─「어디 마음대로 화를 부려보려무나」(「만용에게」)

무늬 물건의 거죽에 어룽져 나타난 어떤 모양.
 * 어드메에 담기려고/칠흑의 壁板 위로/香烟을 찍어/白蓮을 무늬 놓는/이 밤 화공의 소맷자락 무거이 젖어/오늘도 우는/아아 짐승이냐 사람이냐.(「廟庭의 노래」) * 천장지는 푸른 바탕에/아니 흰 바탕에 엇갈린 벽돌처럼 빌딩 창문처럼/바로 그런 무늬겠다(「마케팅」)

무단통행하다(無斷通行─) 사전에 허락 없이 또는 사유를 말하지 않고 일정한 장소를 지나다니다.
 무단통행할 * 남자로서 거리를 무단통행할 수 있는 것은 교군꾼,/내시, 외국인의 종놈, 관리들뿐이었다(「거대한 뿌리」)

무덤 시체나 유골을 묻은 곳. ☞ 산소(山所).
 * 비 대신 황사가 퍼붓는 하늘 아래/누가 지어 논 무덤이냐/그러나 그 속에서 부패하고 있는 것/─그것은 나의 앙상한 생명/PLASTER가 燃上하는 냄새가 이러할 것이다(「PLASTER」) * 등잔은 바다를 보고/살아있는 듯이 나비가 죽어 누운/무덤 앞에서/나는 나의 할 일을 생각한다[…]나비의 지문에/나의 나이가 덮이려 할 때/나비야/나는 긴 숲속을 헤치고/너의 무덤을 다시 찾아오마(「나비의 무덤」) * 이놈들이 다 이성망이 부하들이다/한데다 묶어놔라/야 이놈들아 고갤 숙여/너희놈 손에 돌아가신 우리 형님들/무덤 앞에 절을 구천육백삼십오만 번만 해/나는 아리조나 카보이야(「나는 아리조나 카보이야」)

무덥다 찌는 듯이 덥다.
 무더운 * 무더운 자연 속에서/검은 손과 발에 마구 상처를 입고 와서/병든 사자처럼/벌거벗고 지내는/나는(「가옥 찬가」)
 무더웁기만 * 시금치밭에 거름을 뿌려서 파리가 들끓고/이틀째 흐린 가을날은 무더웁기만 해/가까운 데에서 나는 人聲도 옛날이야기처럼/멀리만 들리고/눈은 왜 이리 소경처럼 어두워만 지나(「장시2」)

무되다(無—) 『김수영 전집』(민음사, 2003)에서는 이 단어를 '무디다' 혹은 '무(無) 되다'의 뜻으로 해석하면서, 원고의 표기를 그대로 따랐다고 부기하고 있다.
　무된 *사랑이여//무된 밤에는 무된 사람을 축복하자(「밤」)

무량(無量) 정도를 헤아릴 수 없을 만큼 많음. *나의 동요 없는 마음으로/너를 다시 한번 치어다보고 혹은 내려다보면서 無量의 환희에 젖는다(「九羅重花」)

무력하다(無力—) 힘이나 능력이 없다.
　무력한 *이 무언의 말/하늘의 빛이요 물의 빛이요 우연의 빛이요 우연의 말/죽음을 꿰뚫는 가장 무력한 말/죽음을 위한 말 죽음에 섬기는 말/고지식한 것을 제일 싫어하는 말/이 만능의 말/겨울의 말이자 봄의 말/이제 내 말은 내 말이 아니다(「말」(1964))

무렵 일이 벌어지거나 이루어지는 시간을 중심으로 전후의 때나 그 즈음. *그리하여 이 공허한 원주가 가장 찬란하여지는 무렵/나는 또 하나 다른 유성을 향하여 달아날 것을 알고(「너를 잃고」)

무료하다(無聊—) 심심하고 지루하다.
　무료하게 *그들이 돌아오는 길에 주막거리에서 쉬는 10분 동안의/지루한 정차를 생각하게 하고/그 주막거리의 이름이 말죽거리라는 것까지도/무료하게 생각하게 하고(「참음은」)

무르익다 시기나 일이 충분히 성숙되다.
　무르익은 *지구의의 남극에는 검은 쇠꼭지가 심겨 있는지라—/무르익은 사랑을 돌리어 보듯이/북극이 망가진 지구의를 돌려라(「지구의」)

무릅쓰다 어렵고힘든 일을 참고 견디다.
　무릅쓰고 *나비야 나비야 더러운 나비야/네가 죽어서 지분을 남기듯이/내가 죽은 뒤에는/고독의 명맥을 남기지 않으려고/나는 이다지도 주야를 무릅쓰고 애를 쓰고 있단다(「나비의 무덤」)

무릎 넓적다리와 정강이 사이에 있는 관절의 앞쪽. *무위와 생활의 극점을 돌아서/나는 또 하나의 생활의 좁은 골목 속으로/들어서면서/이 골목이라고 생각하고 무릎을 친다(「생활」) *나는 아직도 앉는 법을 모른다/어쩌다 셋이서 술을 마신다 둘은 한 발을 무릎 위에 얹고/도사리지 않는다(「거대한 뿌리」) *그는 사지의 관절에 힘이 빠져서/특히 무릎하고 대퇴골에 힘이 빠져서/사람들과/특히 그가 가장 사랑하는 사람과의 관련을 해체시킨다(「적2」)

무리(無理) ①힘든 일을 억지로 우겨서 함. ②이치에 맞지 않음. *조바심도 습관이 되고/그의 얼굴도 습관이 되며/나의 無理하는 생에서/그의 사진도 무리가 아닐 수 없이(「아버지의 사진」)

무리하다(無理—) ①힘든 일을 억지로 우겨서 하다. ②이치에 맞지 않다.
　무리하는 *조바심도 습관이 되고/그의 얼굴도 습관이 되며/나의 無理하는 생에서/그의 사진도 무리가아닐 수 없이(「아버지의 사진」)
　무리한 *이러한 그의 무리한 요청에 대하여 나는 하는 수 없이/〈그것은 나의 역량 이상의 것이므로 신세계극단의 연출자 S 씨를 찾아가 보라〉고/터무니없는 거짓말을 하여가지고 즉석에 거절하여 버렸다(「백의」)

무색(無色) 아무 빛깔이 없음. *누구의 힘보다 강하다고 믿어 오던/無色의 생활자가 네가 아니던가/자유여/아니 휴식이여(「기자의 정열」)

무서워지다 어떤 대상에 대해 두려운 느낌이 들고 마음이 불안해지다.
　무서워지는 *너무나 가벼워서 내 자신이/스스로 무서워지는 놀라운 육체여/배반이여 모험이여 간악이여/간지러운 육체여(「바뀌어진 지평선」)

무섭다 어떤 대상에 대해 두려운 느낌이 들고 마음이 불안하다.
　무서운 *조용한 시절 대신/나의 백골이 생기었다/생활의 백골/누가 있어 나를 본다면은/이것은 확실히 무서운 이야깃거리다[…]나의 시절은 태양 속에/나의 사랑도 태양 속에/日蝕을 하고/첩첩이 무서운 晝夜(「愛情遲鈍」) *北院 훈련소를 탈출하여 順川 읍내까지도 가지 못하고/악귀의 눈동자보다도 더 어둡고 무서운 밤에 中西面 內務省 군대에게 체포된 일을 생각한다(「조국에 돌아오신 傷病捕虜 동지들에게」) *나비의 지분이/그리고 나의 나이가/무서운 인생의 공백을 가르쳐주려 할 때

(「나비의 무덤」) *폭포는 곧은 절벽을 무서운 기색도 없이 떨어진다(「瀑布」) *〈시대에 뒤떨어지는 것이 무서운 게 아니라/어떻게 뒤떨어지느냐가 무서운 것〉이라는 죽음의 잠꼬대여 (「광야」) *무수한 공허 밑에 살찌는 공허보다/ 더 무서운 악몽이 있나요(「靈交日」) *심연은 나의 붓끝에서 퍼져가고/나는 멀리 세계의 노예들을 바라본다/塵芥와 분노를 꽃으로 마구 바꿀 수 있는 나날/그러나 심연보다도 더 무서운 자기 상실에 꽃을 피우는 것은 신이고 (「꽃」) *더러운 일기는 찢어버려도/짜장 재주를 부릴 줄 아는 나이와 詩/배짱도 생겨가는 나이와 詩/정말 무서운 나이와 詩는/동그랗게 되어가는 나이와 詩/사전을 보면 쓰는 나이와 詩/사전이 詩 같은 나이의 詩/사전이 앞을 가는 변화의 詩/감기가 가도 감기가 가도/줄곧 앞을 가는 사전의 詩/詩.(「시」(1961)) *이 너무나 큰 어려움에 나는 입을 봉하고 있는 셈이고/ 무서운 무성의를 자행하고 있다(「말」(1964)) * 덤핑 출판사의 일을 하는 무의식 대중을 웃지 마라[…]저들의 무서운 방탕을 웃지 마라/이 무서운 낭비의 아들들을 웃지 마라(「이 한국문학사」)

무서울 *지금의 적이 가장 무거운 것 같고 무서울 것 같지만(「적1」)

무서웁단다 *아가야 아가야/기저귀 위에는 나일론 종이까지 감겨져 있네/엄마는/바지가 젖는 것이 무서웁단다(「자장가」)

무서워 *나의 초라한 검은 지붕에/너의 날개 소리를 남기지 말고/네가 던지는 조그마한 그림자가 무서워/벌벌 떨고 있는/나의 귀에다 너의 엷은 울음소리를 남기지 말아라(「도취의 피안」) *여편네가/짜증 낼까/무서워 그러나 (「〈4·19〉시」)

무서워서 *너도 나도 누나도 언니도 어머니도/철수도 용식이도 미스터 강도 유중사도/강 중령도 그놈의 속을 모르는 바는 아니었지만/ 무서워서 편리해서 살기 위해서/빨갱이라고 할까 보아 무서워서(「우선 그놈의 사진을 떼어서 밑씻개로 하자」)

무서워할 *「조심하여라! 자중하여라! 무서워할 줄 알아라」하는/억만의 소리가 비 오듯 내리는 여름 뜰을 보면서(「여름 뜰」)

무섭다고 *해발 이천육백 척의 고지에서/지렁이같이 꿈틀거리는 바닷바람이 무섭다고/ 구름을 향하여 도망하는 놈(「연기」)

무섭지 *이제는 선생이 무섭지 않다/모두가 거꾸로다/선생과 나는 아이를 가르치는 것이 아니라 아이들을/가르치고 있기 때문이다(「우리들의 웃음」) *사람의 얼굴도 무섭지 않고/ 그의 복소리도 방해가 안 되고/어제의 행동과 내일의 복수가 상쇄되고/참호의 입구의 ㄱ자가 문제되고(「먼지」)

무섭지도 *옛날같이 낯선 방이 그리 무섭지도 않고/더러운 침구가 마음을 괴롭히지도 않는데(「미숙한 도적」)

무성의(無誠意) 성의가 없음. *이 무언의 말/ 이 때문에 아내를 다루기 어려워지고/자식을 다루기 어려워지고 친구를/다루기 어려워지고/이 너무나 큰 어려움에 나는 입을 봉하고 있는 셈이고/무서운 무성의를 자행하고 있다 (「말」(1964))

무성하다(茂盛—) 우거지다.

무성하는 *무성하는 채소밭 가에서/기운을 주라 더 기운을 주라(「채소밭 가에서」)

무성한 *강아지풀 사이에 가지는 익고/인가 사이에서 기적처럼 자라나는 무성한 버드나무(「말복」)

무수하다(無數—) 수없이 많다. *어느 교과서에도 질투의 ○○은 무수하다/먼 時間을 두고 물속을 흘러온 흰 모래처럼 그들은 온다/U·N위원단이 매일 오는 것이다(「아침의 유혹」)

무수한 *꽃같이 사랑하는 무수한 동지들과 함께/꽃같은 밥을 먹었고/꽃같은 옷을 입었고/꽃같은 정성을 지니고/대한민국의 꽃을 이마 위에 동여매고 싸우고 싸우고 싸워왔다[…]정말 내가 포로수용소를 탈출하여 나오려고/무수한 동물적 企圖를 한 것은/이것이 거짓말이라면 용서하여 주시오/포로수용소가 너무나 자유의 천당이었기 때문이다(「조국에 돌아오신 傷病捕虜 동지들에게」) *물소리 빗소리 바람소리 하나 들리지 않는 곳에/나란히 옆으로 가로 세로 위로 아래로 놓여 있는 무수한 꽃송이와 그 그림자/그것을 그리려고 하는 나의 붓은 말할 수 없이 깊은 치욕(「九羅重花」) *도취의

彼岸에서 날아온 무수한 날짐승들이여(「도취의 피안」) *우주의 파편같이/혹은 혜성같이 반짝이는/무수한 잔재 속에 담겨있는 또 이 무수한 봄동아리들은/지금 무엇을 銳意 연마하고 있는가(「국립도서관」) *나도 지나간 날에는 배우를 꿈꾸고 살던 때가 있었단다/무수한 웃음과 벅찬 감격이여 소생하여라(「거리2」) *이 무수한 활자 가운데에/신문기자인 너의 기사도/매일 조금씩은 끼이게 되는데[…]네가 쓴 기사 위에/황홀히 너를 찾아보는 아침이여/번개같이 가슴을 울리고 가는 묵은 생명과 새 희망의 무수한 충돌 충돌……/희한한 상상과 무수한 활자를/너에게 눌러주는 지금 이 순간에도(「기자의 정열」) *여름 아침에는/자비로운 하늘이 무수한 우리들의 사진을 찍으리라/단 한 장의 사진을 찍으리라(「여름 아침」) *소리없이 기고 소리없이 날으다가/되돌아오고 되돌아가는 무수한 하루살이(「하루살이」) *뒷걸음질치는 것은 憤激인가 조소인가 회한인가/무수한 궤도여[…]무수한 공허 밑에 살찌는 공허보다/더 무서운 악몽이 있나요(「靈交日」) *결의하는 비애/변혁하는 비애……/현대의 자살/그러나 오늘은 비가 너 대신 움직이고 있다/무수한 너의 〈종교〉를 보라(「비」) *너는 이런 밤을 무수한 거부 속에 헛되이 보냈구나(「밤」) *구름 끝에 혀를 대는 잎사귀처럼/몸을 떨며/귀기울이려 할 때/그 무수한 말 중의 제일 첫마디는/「나는 졌노라……」(「말복」) *그놈의 사진을 태워도 좋다/협잡과 아부와 무수한 악독의 상징인/지긋지긋한 그놈의 미소하는 사진을—(「우선 그놈의 사진을 떼어서 밑씻개로 하자」) *피곤한 하루의 나머지 시간이 눈을 깜짝거린다/세계는 그러한 무수한 間斷(「피곤한 하루의 나머지 시간」) *그밖의 무수한 잡동사니 잡념까지도/깨끗이 버리고(「橄文」) *아픔이/아프지 않을 때는/그 무수한 골목이 없어질 때(「아픈 몸이」) *무수한 돈을 만졌지만 결국은 헛 만진 것/쓸 필요도 없이 한 3, 4일을 나하고 침식을 같이 한 돈(「돈」) *그러나/요강, 망건, 장죽, 종묘상, 장전, 구리개 약방, 신전,/피혁점, 곰보, 애꾸, 애 못 낳는 여자, 무식쟁이,/이 모든 무수한 반동이 좋다(「거대한 뿌리」)

무수히(無數—) 헤아릴 수 없이 많이. *그러니까 이 다리를 건너갈 때마다/나는 나의 심장을 기계처럼 중지시킨다/(이런 연습을 나는 무수히 해 왔다)(「현대식 교량」)

무슨 ①의문을 나타내는 말. ②사물을 정하여 꼭 집어내 이를 수 없을 때 하는 말. *철망을 지나가는 비행기의/그림자보다는 훨씬 급하게/스쳐가는 나의 고독을/누가 무슨 신기한 재주를 가지고/잡을 수 있겠느냐(「더러운 향로」) *생활이여 생활이여/잊어버린 생활이여/너무나 멀리 잊어버려 천상의 무슨 등대같이 까마득히 사라져버린 귀중한 생활들이여/말없는 생활들이여(「구슬픈 육체」) *마당은 주인의 마음이 숨어 있지 않은 것처럼 安穩한데/나 역시 이 마당에 무슨 원한이 있겠느냐/비록 내가 자란 터전같이 호화로운/꿈을 꾸는 마당이라고 해서(「휴식」) *흥분할 줄 모르는 나의 생리와/방향을 가리지 않고 서 있는 서가 사이에서/도적질이나 하듯이 희끗희끗 내어다보는 저 흰 벽들은/무슨 鳥類의 屎尿와도 같다(「국립도서관」) *무한히 망설이는 이 마음은 어둠과 절망의 어제를 위하여/사는 것이 아니고/너무나 기쁜 이 마음은 무슨 까닭인지 알 수는 없지만/확실히 어리석음에서 나오는 것은 아닐 텐데(「거리2」) *기성 육법전서를 기준으로 하고/혁명을 바라는 자는 바보다/혁명이란/방법부터가 혁명적이어야 할 터인데/이게 도대체 무슨 개수작이냐(「육법전서와 혁명」) *너무 조용한 것도 병이다/너무 생각하는 것도 병이다/그것이 실개울의 물소리든/꿩이 푸다닥거리고 날아가는 소리든/하도 심심해서 정찰을 나온 꿀벌의 소리든/무슨 소리는 있어야겠다(「伏中」) *우리는 무슨 적이든 적을 갖고 있다/적에는 가벼운 적도 무거운 적도 없다(「적1」) *그 편지 안에 적힌 블레이크의 시를 감동을 하고/읽었지 "Sooner murder an infant in its cradle than nurse unacted desire" 이것이/무슨 뜻인지 알았지 그러나 완성하진 못했지(「이혼 취소」)

무시(無視) 깔보거나 업신여김. *일찍이 현실의 출발을 하지 못한 것을 뉘우치며/오늘밤도 보아야 할 죽순의 거치러운/꿈은/완전히 무시를 당하고 나서야/비로소 안심할 수 있는/부끄러움이 없는/부끄러움을 더한층 뜻있게 하기 위하여/있으리라는 믿음에서/만만치 않은 부탁/내가 너의 머리 위에/너를 대신하여/벼락과 천둥을 때리는 날까지/터전이 없으면 나의 머리 위에라도/잠시 이고다니며 길러야 할/너는 불행하기 짝이 없는 죽순이다(「付託」)

무시무시하다 몹시 무서운 느낌을 주는 기운이 있다.
　무시무시한 ＊내가 비로소 여유를 갖게 된 것은/거리에서와 마찬가지로 집안에 있어서도 저 무시무시한 白蟻를 보기 시작한 때부터이었다(「백의」)

무시하다(無視—) 깔보거나 업신여기다.
　무시하고 ＊煙氣는 누구를 위하여 일을 하는 것도 아니다/해발 이천육백 척의 고지에서/지렁이같이 꿈틀거리는 바닷바람이 무섭다고/구름을 향하여 도망하는 놈/숫자를 무시하고 사는지/이미 헤아릴 수 없이 오래된 연기(「연기」)
　무시한다 ＊사랑의 기차가 지나갈 때마다 우리들의/슬픔처럼 자라나고 도야지우리의 밥찌끼/같은 서울의 등불을 무시한다/이제 가시밭, 덩쿨장미의 기나긴 가시가지/까지도 사랑이다(「사랑의 변주곡」)

무식쟁이(無識—) '무식한 사람'의 낮춤말. 지식이나 학식이 없는 사람. ＊비숍 여사와 연애를 하고 있는 동안에는 진보주의자와/사회주의자는 네에미 씹이다 통일도 중립도 개좆이다/은밀도 심오도 학구도 체면도 인습도 치안국/으로 가라 동양척식회사, 일본영사관, 대한민국 관리,/아이스크림은 미국놈 좆 대강이나 빨아라 그러나/요강, 망건, 장죽, 종묘상, 장전, 구리개 약방, 신전,/피혁점, 곰보, 애꾸, 애 못 낳는 여자, 무식쟁이,/이 모든 무수한 반동이 좋다(「거대한 뿌리」)

무식하다(無識—) ①지식이나 학식이 없다. ②매우 우악스럽다.
　무식하게 ＊신축공장이 아교공장의 말뚝처럼 일어서는/시골에서/새까만 발에 샌들을 신은 여자의 시골에서/무식하게 사치스러운 공허의 서울의/간선도로를 지나/아직도 얼굴의 윤곽이 뚜렷하지 않은/발목이 굵은 여자들이 많이 사는 나의 마을로/지구에서 지구로 나는 왔다/나는 왔다 억지로 왔다(「X에서 Y로」)
　무식한 ＊무식한 사랑이 여기 있구나/무식한 여자가 여기 있구나/평안도 기생이 여기 있구나[…]나는 이 우중충한 막걸리 탁상 위에서/경험과 역사를 너한테 배운다/무식한 것이 그것들이니까—/너에게서 취하는 전신의 영양/끊었던 술을 다시 마시면서 사랑의 복습을 하는 셈인가[…]18년 후에 이렇게 뻐젓이 서울의 다방 건너 막걸리집에서 또 만나게 됐으니/하여간 반갑다 잠입한 사랑아 무식한 사랑아(「滿洲의 여자」)

무심코(無心—) 아무런 생각 없이. ＊미인이면 미인일수록 그럴 것이니/미인과 앉은 방에선 무심코/따놓는 방문이나 창문이/담배연기만 내보내려는 것은/아니렷다(「미인」)

무심하다(無心—) 아무런 생각이나 감정이 없다.
　무심한 ＊오래간만에 거리에 나와보니/나의 눈을 흡수하는 모든 물건/그 중에도/빈 사무실에 놓인 무심한/집물 이것저것(「거리1」)

무씨 무의 종자. ＊여름 아침의 시골은 가족과 같다/햇살을 모자같이 이고 앉은 사람들이 밭을 고르고/우리집에도 어저께는 무씨를 뿌렸다(「여름 아침」) ＊〈4월 혁명〉이 끝나고 또 시작되고/끝나고 또 시작되고 끝나고 또 시작되는 것은/잿님이 할아버지가 상추씨, 아욱씨, 근대씨를 뿌린 다음에/호박씨, 배추씨, 무씨를 또 뿌리고/호박씨, 배추씨를 뿌린 다음에/시금치씨, 파씨를 또 뿌리는/석양에 비쳐 눈부신/일년 열두 달 쉬는 법이 없는/걸찍한 강변밭 같기도 할 것이니(「가다오 나가다오」)

무어 무엇. ☞ 무엇. 뭐. ＊「도적질을 하는 것도 저렇게 부지런하여야 하는데 우리는 이게 무어야 빨리 나가서 배 들어오는 것을 기다리세」하고 친구가 서두른다(「미숙한 도적」) ＊새로 파논 우물전에서 도배를 하고 난 귀얄을 씻고 간 두붓집 아가씨에게/무어라고 수고의 인사를 해야 한다지(「사치」) ＊흥분해도 소년/계산해도 소년/애무해도 소년/어린 놈 너야/내가 성을 내지 않게 해주마/네가 무어라 보채더라도/나는 너와 함께 성을 내지 않는 소년(「여편네의 방에 와서」) ＊오이, 고춧가루, 후춧가루는 너무나 창피하니까/그만두고라도/그

중에 좀 점잖은 품목으로 또 있었는데/아이구 무어던가?(「마케팅」) *아냐. 그때는 빌려드리려고 했어. 관용의 미덕―/그걸 할 수 있었어. 그것도 눈에 보였어. 엔카운터/속의 이오네스코까지도 희생할 수 있었어. 그게/무어란 말야. 나는 그 이전에 있었어. 내 몸. 빛나는/몸.(「엔카운터誌」)

무언(無言) 말이 없음. *이 무언의 말/이 때문에 아내를 다루기 어려워지고/자식을 다루기 어려워지고 친구를/다루기 어려워지고/이 너무나 큰 어려움에 나는 입을 봉하고 있는 셈이고/무서운 무성의를 자행하고 있다//이 무언의 말/하늘의 빛이요 물의 빛이요 우연의 빛이요 우연의 말/죽음을 꿰뚫는 가장 무력한 말/죽음을 위한 말 죽음에 섬기는 말/고지식한 것을 제일 싫어하는 말/이 만능의 말/겨울의 말이자 봄의 말/이제 내 말은 내 말이 아니다(「말」(1964))

무얼 '무엇을'의 준말. *마루바닥에서 하든지 마당에서 하든지/하다가 가든지 공부를 하든지 무얼 하든지/말도 걸지 말고― 저놈은 내가 말을 걸 줄 알지/아까 점심때처럼 그렇게 나긋나긋할 줄 알지/시금치 이파리처럼 그렇게 부드러울 줄 알지(「잔인의 초」)

무엇 모르는 대상을 나타내는 말. ☞ 무어. 뭐. *고운 神이 이 자리에 있다면/나에게 무엇이라고 하겠나요(「웃음」) *「올 겨울은 눈이 적어서 토끼가 은거할 곳이 없겠네」//「저기 저 하아얀 것이 무엇입니까」「불이다 山火다」(「토끼」) *너도 나도 스스로 도는 힘을 위하여/공통된 그 무엇을 위하여 울어서는 아니 된다는 듯이/서서 돌고 있는 것인가/팽이가 돈다/팽이가 돈다(「달나라의 장난」) *너의 이름과 너와 나와의 관계가 무엇인지 알아질 때까지/소금 같은 이 세계가 존속할 것이며/의심할 것인데/등 등판 광택 거대한 여울/미끄러져가는 나의 의지/나의 의지보다 더 빠른 너의 노래/너의 노래보다 더한층 신축성이 있는/너의 사랑(「풍뎅이」) *눈에 걸리는 마지막 물건이 무엇이냐고 물어보는 듯/영롱한 꽃송이는 나의 마지막 인내를 부숴버리려고 한다[…]누가 무엇이라 하든 나의 붓은 이 시대를 진지하게 걸어가는 사람에게는 치욕(「九羅重花」) *제각각 자기 생각에 빠져 있으면서/그래도 조금이나 부자연한 곳이 없는/이 가족의 조화와 통일을/나는 무엇이라고 불러야 할 것이냐(「나의 가족」) *마음을 쉰다는 것이 남에게도 나에게도/속임을 받는 일이라는 것을/(쉰다는 것이 무엇이라는 것을 알면서)/쉬어야 하는 설움이여(「휴식」) *그러나 〈그때는 그때이고 지금은 지금〉이라고/구태여 달관하고 있는 지금의 내 마음에/샘솟아 나오려는 이 설움은 무엇인가[…]전쟁의 모든 파괴 속에서/불사조같이 살아난 너의 몸뚱아리―/우주의 파편같이/혹은 혜성같이 반짝이는/무수한 잔재 속에 담겨있는 또 이 무수한 몸뚱아리―들은/지금 무엇을 銳意 연마하고 있는가(「국립도서관」) *무엇 때문에 부자유한 생활을 하고 있으며/무엇 때문에 자유스러운 생활을 피하고 있느냐[…]「조심하여라! 자중하여라! 무서워할 줄 알아라」하는/억만의 소리가 비 오듯 내리는 여름 뜰을 보면서/합리와 비합리와의 사이에 묵연히 앉아 있는/나의 표정에는 무엇인지 우스웁고 간지럽고 서먹하고 쓰디쓴 것마저 섞여 있다/그것은 둔한 머리에 움직이지 않는 사념일 것이다//무엇 때문에 부자유한 생활을 하고 있으며/무엇 때문에 자유스러운 생활을 피하고 있느냐(「여름 뜰」) *병풍은 무엇에서부터라도 나를 끊어준다/등지고 있는 얼굴이여/주검은 취한 사람처럼 맥없이 서서/병풍은 무엇을 향하여서도 무관심하다/주검에 全面 같은 너의 얼굴 위에/용이 있고 落日이 있다/무엇보다도 먼저 끊어야 할 것이 설움이라고 하면서/병풍은 허위의 높이보다도 더 높은 곳에/飛瀑을 놓고 幽島를 점지한다(「병풍」) *가벼운 무게가 하늘을/생각하게 하는/자[針尺]의 優雅는 무엇인가//무엇이든지/재어볼 수 있는 마음은/아무것도 재지 못할 마음(「자」) *규정할 수 없는 물결이/무엇을 향하여 떨어진다는 의미도 없이/계절과 주야를 가리지 않고/고매한 정신처럼 쉴 사이 없이 떨어진다(「瀑布」) *나는 일손을 멈추고 잠시 무엇을 생각하게 된다――살아 있는 보람이란 이것뿐이라고――/하루살이의 狂舞여(「하루살이」) *여보/그래도 무엇인가가 보이지 않느냐/그래서 비가 오고 있는데!(「비」) *文明된 아내에게 〈실력을 보이자면〉 무엇보다도 먼저/발이라도 씻고 보자/냉수도 마시자/맑은 공기도 마시어두자(「사치」) ＊자유를 위해서/비상하여 본 일이 있는/사람이면 알지/노고지리가/무엇을 보고/노래하는가를/어째서 자유에는/피의 냄새가 섞여 있는가를/혁명은/왜 고독한 것인가를//혁명은/왜 고독해야 하는 것인가를(「푸른 하늘을」) ＊이제 나는 무엇인지 모르게 기쁘고/나의 가슴은 이유 없이 풍성하다(「그 방을 생각하며」) ＊펌프의 물이 시원하게 쏟아져 나온다고/어머니가 감탄하니 과연 시원하고/무엇보다도/내가 정말 시인이 됐으니 시원하고/인제 정말/진짜 시인이 될 수 있으니 시원하고/시원하다고 말하지 않아도 되니 이건 진짜 시원하고/이 시원함은 진짜이고/자유다(「檄文」) ＊가지고 있는/시계도 없다/집에도/몸에도/그러니까/the reason why /you don't get /a clock /or /a watch 마저/말할 필요가 없다/집에도/몸에도/이놈이 무엇이지?(「이놈이 무엇이지?」) ＊상식에 취한 놈/상식에 취한/상식상……하면서/나는 무엇인가에/여전히 바쁘기만 하다(「旅愁」) ＊비닐, 파리통,/그리고 또 무엇이던가?/아무튼 구질구레한 생활필수품/오 주사기/2cc짜리 국산 슈빙지/그리고 또 무엇이던가?/오이, 고춧가루, 후춧가루는 너무나 창피하니까/그만두고라도/그중에 좀 점잖은 품목으로 또 있었는데(「마케팅」) ＊또 무엇이 있나 나의 호주머니에는?/연필쪽!/옛날 추억이 들은 그러나 일년 내내 한번도 펴본 일이 없는/죽은 기억의 휴지/아무것도 집어넣어본 일이 없는 왼쪽 안호주머니/—여기에는 혹시 휴식의 갈망이 들어 있는지도 모른다(「후란넬 저고리」) ＊우리는 격하지 않고 얘기할 수 있었어/훌륭하게 훌륭하게 얘기할 수 있었어/그의 약간의 오류는 문제가 아냐/그의 오류는 꽃이야/그 무엇이라고 말할 수 없는 나라의 수도의/한복판에서(「H」) ＊문명의 하늘은 무엇인가로 채워지기를 원한다/나는 지금 규제로 시를 쓰고 있다 타의의 규제/아슬아슬한 설사다 […]괴로운 설사가 끝나거든 입을 다물어라 누가/보았는가 무엇을 보았는가 일절 말하지 말아라/그것이 우리의 증명이다(「설사의 알리바이」) ＊우주의 완성을 건 한 字의 생명의/귀추

를 지연시키고/소녀가 무엇인지를/소녀는 나이를 초월한 것임을/너는 어린애가 아님을/너는 어른도 아님을/꽃도 장미도 어제 떨어진 꽃잎도/아니고/떨어져 물 위에서 썩은 꽃잎이라도 좋고/썩는 빛이 황금빛에 닮은 것이 순자야/너 때문이고(「꽃잎3」)

무역상(貿易商) 무역을 영업으로 하는 장사. ＊대한민국의 방방곡곡에 안 붙은 곳이 없는/그놈의 점잖은 얼굴의 사진을/동회란 동회에서 시청이란 시청에서/회사란 회사에서/××단체에서 ○○협회에서/하물며는 술집에서 음식점에서 양화점에서/무역상에서 가솔린 스탠드에서(「우선 그놈의 사진을 떼어서 밑씻개로 하자」)

무용(無用) 쓸모가 없음. ＊요 시인/용감한 착오야/그대의 저항은 無用/저항시는 더욱 무용/막대한/방해로소이다/까딱 마시오 손 하나 몸 하나/까딱 마시오/눈 오는 것만 지키고 계시오……. (「눈」(1961))

무용곡(舞踊曲) 무용을 위해 연주되는 악곡. ＊음악을 들으면 차밭의 앞뒤 시간이/가시처럼 생각된다 그리고 그 가시가/점점 더 똑똑해진다 동산에 걸린/새 달에 비친 나뭇가지처럼/세계를 배경으로 한 나의 사상처럼/죄어든 인생의 윤곽과 비밀처럼……/곡은 무용곡—모든 음악은 무용곡이다/오오 폐허의 질서여 수치의 凱歌여/차나무 냄새여 어둠이여 소녀여/휴식의 휴식이여/분명해진 그 가시의 의미여(「반달」)

무위(無爲) 하는 일이 없음. ＊무위와 생활의 극점을 돌아서/나는 또 하나의 생활의 좁은 골목 속으로/들어서면서 /이 골목이라고 생각하고 무릎을 친다(「생활」) ＊여기에 있는 것은 중용이 아니라/踏步다 죽은 평화다 懶惰다 무위다(「중용에 대하여」)

무의식(無意識) ①의식함이 없음. ②의식이 없는 상태. ＊덤핑 출판사의 일을 하는 무의식 대중을 웃지 마라/지극히 시시한 이 발견을 웃지 마라/비로소 충만한 이 한국문학사를 웃지 마라/저들의 고요한 숨길을 웃지 마라/저들의 무서운 방탕을 웃지 마라/이 무서운 낭비의 아들들을 웃지 마라(「이 한국문학사」)

무이자(無利子) 이자가 없음. ＊10만 원 중에

서 5만 원만 줄까 3만 원만 줄까/하고 망설였지 당신보다도 내가 더 망설였지/5만 원을 무이자로 돌려보내려고/피를 안 흘리려고 생전 처음으로 돈 가진 친구한테/정식으로 돈을 꾸러 가서 안 됐지(「이혼 취소」) *29일까지는 된다고 하고 그러나 넉넉잡고 내일까지 기다리라고 한 3만 원/[…]이 3만 원을 달러 이자라도 내서 갚아 달라고 대드는 바람에/집문서를 갖고 가서 무이자로 15개월만/돌려 달라고 우리가 강청한 사람은 이 돈을 받을 사람과 한 고향인 함경도 친구(「판문점의 감상」)

무자비하다(無慈悲—) 매정하다. 냉혹하다.
  무자비한 *어서 또 일을 해요 변화는 끝났소/편지봉투모양으로 누렇게 결은/시간과 땅/수레를 털털거리게 하는 욕심의 돌/기름을 주라/어서 기름을 주라/털털거리는 수레에다는 기름을 주라/욕심은 끝났어/논도 얼어붙고/대숲 사이로 침입하는 무자비한 푸른 하늘(「시」(1961))

무재주(無—) 능력이나 슬기가 없음. *겨울이 지나간 밭고랑 사이에 남은/고독은 신의 무재주와 사기라고/하여도 좋았다(「초봄의 뜰 안에」)

무제한(無制限) 아무런 제한이 없음. *더 넓은 전망이 필요 없는 이 무제한의 시간 위에서/산도 없고 바다도 없고 진흙도 없고 진창도 없고 미련도 없이/앙상한 육체의 투명한 골격과 세포와 신경과 안구까지/모조리 노출 낙하시켜 가면서/안개처럼 가벼웁게 날아가는 과감한 너의 의사 속에는/남을 보기 전에 네 자신을 먼저 보이는/긍지와 선의가 있다(「헬리콥터」)

무조건(無條件) 아무런 조건이 없음. *누이야/나는 분명히 그의 앞에 절을 했노라/그의 앞에 엎드렸노라/모르는 것 앞에는 엎드리는 것이/모르는 것 앞에는 무조건하고 숭배하는 것이/나의 습관이니까(「누이야 장하고나!」)

무지무지하다 ①엄청나다. ②무지막지하다.
  무지무지한 *무지무지한 坑夫는 나에게 글을 가르쳤다/그것이 千字文이 되는지도 나는 모르고 있었다(「아침의 유혹」) *이런 전화를, 번역하는 친구를 옆에 놓고,/생색을 내려고, 하고 나서, 그 副告를/그에게 전하고, 그 무지

무지한 소란 속에서/나의 소란을 하나 더 보탠 것에 만족을/느낀 것은 절망에 지각하고 난 뒤이다.(「전화 이야기」)

무질서(無秩序) 질서가 없음. *질서와 무질서와의 사이에/움직이는 나의 생활은/쉽지가 않아 시체나 다름없는 것이다(「여름 뜰」)

무한(無限) 제한이나 한계가 없음. *이발소의 화롯가에 연분홍빛 화로/깨어진 유리에 종이를 바르고/그 언 유리에 비친 내 얼굴이 제임스 띵같이/되기까지 내가 겪은, 내가 겪을/고뇌는 무한이다(「제임스 띵」)

무한하다(無限—) 제한이나 한계가 없다.
  무한한 *내가 비는 것은/이 무한한 웃음의 가슴속에/그 얼음이 더 얼라는/내일의 呪符이었다(「凍夜」) *아픈 몸이/아프지 않을 때까지 가자/온갖 식구와 온갖 친구와/온갖 적들과 함께/적들의 적들과 함께/무한한 연습과 함께(「아픈 몸이」)

무한히(無限—) 제한이나 한계가 없이. *나폴레옹만한 豪氣는 없어도/나는 거리의 운명을 보고/달큼한 마음에 싸여서/어디고 가야 할지 모르는 마음—/무한히 망설이는 이 마음은 어둠과 절망의 어제를 위하여/사는 것이 아니고/너무나 기쁜 이 마음은 무슨 까닭인지 알 수는 없지만/확실히 어리석음에서 나오는 것은 아닐 텐데/—극장이여, 나도 지나간 날에는 배우를 꿈꾸고 살던 때가 있었단다(「거리2」)

무휴(無休) 쉬지 않음. *밤사이에 이슬을 마신 놈이/지금 나의 혼을 마신다/無休의 태만의 혼을 마신다/등나무 등나무 등나무 등나무(「등나무」)

묵다 일정한 때를 지나서 오래 되다.
  묵은 *오랜 피곤도 고통도 인내도 잊어버리고/새 사람 아닌 새 사람이 되어/아무도 모르고 너 혼자만이 아는/네가 쓴 기사 위에/황홀히 너를 찾아보는 아침이여/번개같이 가슴을 울리고 가는 묵은 생명과 새 희망의 무수한 충돌 충돌……(「기자의 정열」) *삶은 계란의 껍질이/벗겨지듯/묵은 사랑이/벗겨질 때/붉은 파밭의 푸른 새싹을 보아라/얻는다는 것은 곧 잃는 것이다//먼지 앉은 석경 너머로/너의 그 림자가/움직이듯/묵은 사랑이/움직일 때/붉은 파밭의 푸른 새싹을 보아라/얻는다는 것은

곧 잃는 것이다//새벽에 준 조로의 물이/대낮이 지나도록 마르지 않고/젖어 있듯이/묵은 사랑이/뉘우치는 마음의 한복판에/젖어있을 때/붉은 파밭의 푸른 새싹을 보아라/얻는다는 것은 곧 잃는 것이다(「파밭 가에서」) ＊모이 한 가마니에 430원이니/한 달에 12, 3만 환이 소리 없이 들어가고/알은 하루 60개밖에 안 나오니/묵은 닭까지 합한 닭모이값이/일주일에 6일을 먹고/사람은 하루를 먹는 편이다(「만용에게」)

묵연히(默然—) 말 없이 잠잠히. ＊「조심하여라! 자중하여라! 무서워할 줄 알아라」하는/억만의 소리가 비 오듯 내리는 여름 뜰을 보면서/합리와 비합리와의 사이에 묵연히 앉아 있는/나의 표정에는 무엇인지 우스움고 간지럽고 서먹하고 쓰디쓴 것마저 섞여 있다[…]여름 뜰을 흘겨보지 않을 것이다/여름 뜰을 밟아서도 아니 될 것이다/묵연히 묵연히/그러나 속지 않고 보고 있을 것이다(「여름 뜰」)

묶다 움직이지 못하게 얽어매다.
　묶고 ＊요 시인/용감한 시인―소용없소이다/산 너머 민중이라고/산 너머 민중이라고/하여둡시다/민중은 영원히 앞서 있소이다/웃음이 나오더라도/눈 내리는 날에는/손을 묶고 가만히/앉아 계시오(「눈」(1961))
　묶어 ＊이놈들이 다 이성망이 부하들이다/한데다 묶어놔라/야 이놈들아 고갤 숙여/너희놈 손에 돌아가신 우리 형님들/무덤 앞에 절을 구천육백삼십오만 번만 해/나는 아리조나 카보이야(「나는 아리조나 카보이야」) ＊가구점의 문앞에서 책꽂이를/묶어주는 철쭉꽃빛 루즈를 바른/주인 여자의 얼굴――그 얼굴은 네 얼굴보다는/간음을 상상할 수 있을 만큼/그렇게 조금은 생생하지만/죽어라 돈을 받기보다는/죽어라 돈을 받기 전에(「네 얼굴은」)

문(門) 드나들거나 여닫게 만든 시설. ＊흔적은 없어도 戰災를 입은 것만 같은(그렇게 그 문은 나에게는 너무나 컸다)(「말」(1958)) ＊한번 잔인해봐라/이 문이 열리거든 아무 소리도 하지 말아봐라(「잔인의 초」) ＊그렇게 매일을 믿어왔어. 방을 이사를 했지. 내/방에는 아들놈이 가고 나는 식모아이가 쓰던 방으로/가고. 그런데 큰놈의 방에 같이 있는 가정교사가 내/기침소리를 싫어해. 내가 붓을 놓는 것까지/자리에서 일어나는 것까지 문을 여는 것까지 알고/방어작전을 써. 그래서 안방으로 다시 오고, 내가/있던 기침소리가 가장교사에게 들리는 방은 도로/식모아이한테 주었지. 그때까지도 의심하지 않았어.(「엔카운터 誌」)

문고리(門—) 문을 잠그거나 여닫는 데 쓰는 고리. ＊南廟 문고리 굳은 쇠문고리/기어코 바람이 열고/열사흘 달빛은/이미 과부의 靑裳이어라(「廟庭의 노래」)

문명(文明) ①기술이나 물질 면에서 인간 생활이 발전된 상태. ②야만, 미개에서 탈피한 상태. ＊견고한 것을 좋아하는 사람들이/팔을 고이고 앉아서 창을 내다보는/水煖爐는 문명의 廢物(「수난로」) ＊백의는 자동식 문명의 천재이었기 때문에 그의 소유주에게는/일언의 약속도 없이 제가 갈 길을 자유자재로 찾아다니었다(「백의」) ＊집과 문명을 새삼스럽게/즐거워하고 또 비판한다(「가옥 찬가」) ＊기적소리는 문명의 밑바닥을 가고/형이상학은 돈지갑처럼/나의 머리 위에서 떨어진다(「싸리꽃 핀 벌판」) ＊문명에 대항하는 비결은/당신 자신이 문명이 되는 것이다/미스터 리!?(「미스터 리에게」) ＊문명의 혈세를 강요해서는 아니 된다 新과 舊가/탈을 낸 돈이 없나 순시를 다니는 제임스 띵은/독자를 괴롭혀서는 아니 된다(「제임스 띵」) ＊문명의 하늘은 무엇인가로 채워지기를 원한다/나는 지금 규제로 시를 쓰고 있다 타의의 규제/아슬아슬한 설사다(「설사의 알리바이」) ＊네가 물리친 썩은 문명의 두께/밀고도 가까운 그 어마어마한 낭비/그 낭비에 대항한다고 소모한/그 몇 갑절의 공허한 투자/대한민국의 전재산인 나의 온 정신을/너는 비웃는다(「꽃잎3」) ＊文明된 아내에게 〈실력을 보이자면〉 무엇보다도 먼저/발이라도 씻고 보자/냉수도 마시자/맑은 공기도 마시어두자(「사치」) ＊이미 오래전에 일과를 전폐해야 할/文明이/오늘도 또 나를 이렇게 괴롭힌다(「파리와 더불어」)

문밖(門—) 문의 바깥. ＊이태백이가 술을 마시고야 詩作을 한 이유,/모르지?/구차한 문밖 선비가 벽장문 옆에다/카잘스, 그람, 슈바이처, 엡스타인의 사진을 붙이고 있는 이유,/모르지?(「모르지?」)

문앞(門―) 문의 앞쪽. *가구점의 문앞에서 책꽂이를/묶어주는 철쭉꽃빛 루즈를 바른/주인 여자의 얼굴―/그 얼굴은 네 얼굴보다는/간음을 상상할 수 있을 만큼/그렇게 조금은 생생하지만/죽어라 돈을 받기보다는/죽어라 돈을 받기 전에에(「네 얼굴은」)

문어발(文魚―) 문어과에서 가장 크고, 몸통은 공처럼 둥근 연체동물의 발. *더운 날/敵이란 海綿 같다/나의 양심과 독기를 빨아먹는/문어발 같다(「적」)

문인(文人) 문필에 종사하는 사람. *이래도/그대들은 유구한 公序良俗 정신으로/위정자가 다 잘해 줄 줄 알고만 있다/순진한 학생들/점잖은 학자님들/체면을 세우는 문인들/너무나 투쟁적인 신문들의 보좌를 받고(「육법전서와 혁명」)

문제(問題) ①해결하거나 연구해야할 사항. ②성가시거나 논쟁이 될만한 일. *隔行의 문제를 硏究하여야 한다.(「나비의 무덤」의 원주) *그러나 문제는 이러한 반항에 있지 않다/저 젊은이들의 나에 대한 사랑에 있다/아니 신용이라고 해도 된다(「현대식 교량」) *우리는 격하지 않고 얘기할 수 있었어/훌륭하게 훌륭하게 얘기할 수 있었어/그의 약간의 오류는 문제가 아냐/그의 오류는 꽃이야[…]우리는 월남의 중립 문제니 새로 생긴다는 혁신정당 얘기를/하고 있었지만/아아 비겁한 민주주의여 안심하라/우리는 정치 얘기를 하구 있었던 게 아니야[…]석 달 전에 결혼한 그는 그전하곤 모두가 좀 달라졌어/그리고 그가 경멸하고 있는 건 나의/정치 문제뿐이 아냐(「H」) *그렇게 매일 믿어왔는데, 갑자기 변했어./왜 변했을까. 이게 문제야. 이게 내 고민야./지금도 빌려줄 수는 있어. 그렇지만 안 빌려줄 수도/있어. 그러나 너무 재촉하지는 마라. 이 문제가 해결/되기까지 기다려봐. 지금은 안 빌려주기로 하고/있는 시간야. 그래야 시간을 알겠어. 나는 지금 시간/과 싸우고 있는 거야. 시간이 있었어. 안 빌려주/게 됐다. 시간야. 시간을 느꼈기 때문야. 시간이/좋았기 때문야.(「엔카운터 誌」) *사람의 얼굴도 무섭지 않고/그의 목소리도 방해가 안 되고/어제의 행동과 내일의 복

수가 상쇄되고/참호의 입구의 ㄱ자가 문제되고,(「먼지」)

문지방(門地枋) 출입문의 두 문설주 밑에 조금 높게 가로 댄 나무. *파자마 바람으로 닭모이를 주러 나가서/문지방 안에 석간이 떨어져 뒹굴고 있는데도/심부름하는 놈더러/「저것 좀 집어와라」 호령 하나 못하니/이렇게 돼서야 그만이지(「파자마 바람으로」)

문창호(門窓戶) 문에 바른 창호. *누구 한 사람의 입김이 아니라/모든 가족의 입김이 합치어진 것/그것은 저 넓은 문창호의 수많은/틈 사이로 흘러들어오는 겨울바람보다도 나의 눈을 밝게 한다(「나의 가족」)

문턱(門―) 문짝의 밑이 닿는 문지방의 윗머리. *토막방 안에서 나는 우주를 잡을 듯이 날뛰고 있지요/고운 神이 이 자리에 있다면/나에게 무엇이라고 하겠나요/아마 잘 있으라고 손을 휘두르고 가지요/문턱에서.(「웃음」)

문패(門牌) 주소, 이름 등을 적어 대문 위나 옆에 붙이는 패. *우물도 사닥다리도 愛兒도 거만한 문패도/내가 범인이 되기 전에/(벌써 오래전에!)/범인의 것이 되어 있었고//그동안에도/그뒤에도 나의 시는 영원한 미완성이고(「절망」(1962))

문학자(文學者) 문학을 연구하거나 창작하는 사람. 문학가. *우리는 여지껏 희생하지 않는 오늘의 문학자들에 관해서/너무나 많이 고민해 왔다/김동인, 박승희 같은 이들처럼 私財를 털어놓고/문화에 헌신하지 않았다(「이 한국문학사」)

문화(文化) 학문을 통해 사람들의 인지(人智)가 깨어 밝게 되는 것. *우리는 여지껏 희생하지 않는 오늘의 문학자들에 관해서/너무나 많이 고민해 왔다/김동인, 박승희 같은 이들처럼 私財를 털어놓고/문화에 헌신하지 않았다(「이 한국문학사」)

묻다 가루, 때, 물 등이 다른 사물에 들러붙다.
  묻어 *도회에서 태어나서 도회에서 죽어가는 사람들은/젊은 몸으로 죽어가는 前線의 전사에 못지않게 불쌍하다고 생각하며/그러한 생각을 함으로써 하루하루 도회의 때가 묻어가는 나의 몸을 분하다고 한탄한다(「미숙한 도적」)

묻은 ＊지구에 묻은 풀잎같이/나에게 묻은 서책의 숙련—/순결과 오점이 모두 그의 상징이 되려 할 때/신이여/당신의 책을 당신이 여시오(「서책」) ＊아아 새까맣게 손때 묻은 육법전서가/표준이 되는 한/나의 손등에 장을 지져라(「육법전서와 혁명」) ＊겨자씨같이 조그맣게 살면서/장시만 장시만 안 쓰면 돼/오징어 발에 말라붙은 새처럼 꼬리만 치지 않으면 돼/트럭 소리가 나면 돼/아카시아 잎을 이기는 소리가 방바닥 밑까지 콩콩 울리면 돼/흙 묻은 비옷이 24시간 걸려 있으면 돼(「장시1」) ＊마룻바닥에 깐 비닐 장판에 구공탄을 떨어뜨려 탄 자국, 내 구두에 묻은 흙, 변두리의 진흙,/그런 가슴의 죽음의 표식만을 지켜온,/밑바닥만을 보아온, 빈곤에 마비된 눈에/하늘을 가리켜주는 잡지 VOGUE야(「VOGUE야」) ＊우주시대의 마이크로웨이브에 탄/원효대사의 민활성 바늘 끝에/묻은 죄와 먼지 그리고 모방/술에 취해서 쓰는 시여(「원효대사」)

묻히다[1] 가루, 때, 물 등을 붙이다.
　묻혀 ＊이렇게 많은 식구들이/아침이면 눈을 부비고 나가서/저녁에 들어올 때마다/먼지처럼 인색하게 묻혀가지고 들어온 것(「나의 가족」)

묻히다[2] 사물이 흙이나 다른 것 속에 덮이다.
　묻혀 ＊거기다가 나의 부처님을 모신 법당 뒷산에 묻혀 있는 검은 바위같이 큰 머리에는 둘레가 작아서 맞지 않아 그 모자를 쓴 기분이란 쳇바퀴를 쓴 것처럼 딱딱하다(「시골 선물」) ＊봄베이도 뉴욕도 서울도 마찬가지다/신념보다도 더 큰/내가 묻혀 사는 사랑의 위대한 도시에 비하면/너는 개미이냐(「사랑의 변주곡」)

물 산소와 수소의 화합물로, 색·냄새·맛이 없는 액체. ＊기회와 油滴 그리고 능금/올바로 정신을 가다듬으면서/나는 수없이 길을 걸어왔다/그리하여 응결한 물이 떨어진다/바위를 문다(「아메리카 타임誌」) ＊이가 걸어나온다/행렬처럼/어제의 물처럼/걸어나온다(「이[蝨]」) ＊다리 밑에 물이 흐르고/나의 시절은 좁다/사랑은 고독이라고 내가 나에게/재긍정하는 것이/또한 우스운 일일 것이다[…]다리 밑에 물이 마르고/나의 몸도 없어지고/나의 그림자도 달아난다/나는 나에게 대답할 것이 없어져도/쓸쓸하지 않았다(「愛情遲鈍」) ＊옛날같이 낯선 방이 그리 무섭지도 않고/더러운 침구가 마음을 괴롭히지도 않는데/의치를 빼어서 물에 담가놓고 드러누우니/마치 내가 임종하는 곳이 이러할 것이니 하는 생각이 불현듯이 든다(「미숙한 도적」) ＊저것이야말로 꽃이 아닐 것이다/저것이야말로 물도 아닐 것이다[…]누구의 것도 아닌 꽃들/너는 늬가 먹고 사는 물의 것도 아니며/나의 것도 아니고 누구의 것도 아니기에/지금 마음 놓고 고즈넉이 날개를 펴라[…]물도 아니며 꽃도 아닌 꽃일지나/너의 숨어 있는 인내와 용기를 다하여 날개를 펴라//물이 아닌 꽃/물같이 엷은 날개를 펴며/너의 무게를 안고 날아가려는 듯//늬가 끊을 수 있는 것은 오직 생사의 線條뿐(「九羅重花」) ＊내가 살기 위하여/몇 개의 번개 같은 환상이 필요하다 하더라도/꿈은 교훈/청춘 물 구름/피로들이 몇 배의 아름다움을 加하여 있을 때도/나의 원천과 더불어/나의 최종점은 긍지/파도처럼 요동하여/소리가 없고/비처럼 퍼부어/젖지 않는 것(「긍지의 날」) ＊3월도 되기 전에/그의 내부에서는 더운 물이 없어지고/어둠이 들어앉는다(「수난로」) ＊물에 빠지지 않기 위한/생활이 비겁하다고 경멸하지 말아라/뮤즈여/나는 공리적인 인간이 아니다[…]물은 물이고 불은 불일 것이지만/어제와 오늘이 다르고/오늘과 내일의 차이를 정시하기 위하여/하다못해 이와 같이 타락한 신문기자의/탈을 쓰고 살고 있단다[…]물 위를 날아가는 돌팔매질—/아슬아슬하게/세상에 배를 대고 날아가는 정신이여(「바뀌어진 지평선」) ＊물을 뜨러 나온 아내의 얼굴은/어느 틈에 저렇게 검어졌는지 모르나/차차 시골 동리 사람들의 얼굴을 닮아간다/뜨거워질 햇살이 산 위를 걸어내려온다(「여름 아침」) ＊그러나 오늘은 말복도 다 아니 갔으며/밤에는 물고기가 물 밖으로/달빛을 때리러 나온다//영원한 한숨이여(「말복」) ＊「고맙습니다, 고맙습니다」/서양과 동양의 차이/나는 여유있는 시인—쉬페르비엘이/물에 빠진 뒤에 나는 젤라틴을 통해서/詩의 진지성을 본다(「반주곡」) ＊새벽에 준 조로의 물이/대낮이 지나도록 마르지 않고/젖어 있듯이/묵은 사랑이/뉘우치는 마음의 한복판에/젖어있을 때/붉은 파밭의 푸른 새싹을 보아라/얻는다는 것은 곧 잃는 것이다(「파밭 가에서」) ＊물이 흘러가는 달이 솟아나는/평범한 대자연의 법칙을 본받아/어리석을 만치 소박하게 성취한/우리들의 혁명을/배암에게 쐐기에게 쥐에게 살쾡이에게/진드기에게 악어에게 표범에게 승냥이에게/늑대에게 고슴도치에게 여우에게 수리에게 빈대에게/다치지 않고 깎이지 않고 물리지 않고 더럽히지 않게(「기도」) ＊오냐 그놈들을 물에다 거꾸로 박아놓아라/쨈보야 너는 이성망이 놈을 빨리 잡아오너라(「나는 아리조나 카보이야」) ＊바다의 물결 작년의 나무의 체취/그래 우리 이 盛夏에/온갖 나무의 추억과/물의 체취라도/다해서/어린 놈 너야/죽음이 오더라도/이제 성을 내지 않는 법을 배워주마(「여편네의 방에 와서」) ＊농부의 몸차림으로 갈아입고/석경을 보니/땅이 편편하고/집이 편편하고/하늘이 편편하고/물이 편편하고/앉아도 편편하고/서도 편편하고/누워도 편편하고/도회와 시골이 편편하고/시골과 도회가 편편하고/신문이 편편하고/시원하고/버스가 편편하고/시원하고/하수도가 편편하고/시원하고/펌프의 물이 시원하게 쏟아져 나온다고/어머니가 감탄하니 과연 시원하고(「檄文」) ＊어서 일을 해요 변화는 끝났소/어서 일을 해요/미지근한 물이 고인 조그마한 논과/대숲 속의 초가집과/나무로 만든 장기와/게으르게 움직이는 물소와/(아니 물소는 호남 지방에서는 못 보았는데)/덜컥거리는 수레와(「시」(1961)) ＊푸석한 암석이 쌓인 산기슭이/그치는 곳이라고 해도 좋다/거기에는 반드시 구름이 있고/갯벌에 고인 게으른 물이/벌레가 뜰 때마다 눈을 껌벅거리고(「이사」) ＊이 무언의 말/하늘의 빛이요 물의 빛이요 우연의 빛이요 우연의 말/죽음을 꿰뚫는 가장 무력한 말/죽음을 위한 말 죽음에 섬기는 말/고지식한 것을 제일 싫어하는 말/이 만능의 말/겨울의 말이자 봄의 말/이제 내 말은 내 말이 아니다(「말」(1964)) ＊난로 위에 끓어오르는 주전자의 물이 아슬/아슬하게 넘지 않는 것처럼 사랑의 節度는/열렬하다(「사랑의 변주곡」) ＊우주의 완성을 건 한 字의 생명의/귀추를 지연시키고/소녀가 무엇인지를/소녀의 나이를 초월한 것임을/너는 어린애가 아님을/너는 어른도 아님을/꽃도 장미도 어제 떨어진 꽃잎도/아니고/떨어져 물 위에서 썩은 꽃잎이라도 좋고/썩는 빛이 황금빛에 닮은 것이 순자야/너 때문이고(「꽃잎3」)

물건(物件) 일정한 형체를 갖춘 사물. ☞ 물체. ＊눈에 걸리는 마지막 물건이 무엇이냐고 물어보는 듯/영롱한 꽃송이는 나의 마지막 인내를 부숴버리려고 한다(「九羅重花」) ＊오래간만에 거리에 나와보니/나의 눈을 흡수하는 모든 물건/그 중에도/빈 사무실에 놓인 무심한/집물 이것저것(「거리1」) ＊먼 산정에 서 있는 마음으로 나의 자식과 나의 아내와/그 주위에 놓인 잡스러운 물건들을 본다(「구름의 파수병」)

물결 파동에 의해 물이 올라갔다 내려왔다 하는 운동이나 모양. ＊흘러가는 물결처럼/支那人의 의복/나는 또 하나의 해협을 찾았던 것이 어리석었다(「아메리카 타임 誌」) ＊고색이 창연한 우리집에도/어느덧 물결과 바람이/신선한 기운을 가지고 쏟아져 들어왔다[…]거칠기 짝이 없는 우리 집안의/한없이 순하고 아득한 바람과 물결—/이것이 사랑이냐/낡아도 좋은 것은 사랑뿐이냐(「나의 가족」) ＊규정할 수 없는 물결이/무엇을 향하여 떨어진다는 의미도 없이/계절과 주야를 가리지 않고/고매한 정신처럼 쉴 사이 없이 떨어진다(「瀑布」) ＊바다의 물결 작년의 나무의 체취/그래 우리 이 盛夏에/온갖 나무의 추억과/물의 체취라도/다해서/어린 놈 너야/죽음이 오더라도/이제 성을 내지 않는 법을 배워주마(「여편네의 방에 와서」)

물고기 물에 사는 아가미와 지느러미가 있는 척추동물을 통틀어 이르는 말. ＊그러나 오늘은 말복도 다 아니 갔으며/밤에는 물고기가 물 밖으로/달빛을 때리러 나온다//영원한 한숨이여(「말복」)

물끄러미 우두커니 한곳만 바라보는 모양. ＊팽이가 돈다/어린아해이고 어른이고 살아가는 것이 신기로워/물끄러미 보고 있기를 좋아하는 나의 너무 큰 눈 앞에서/아해가 팽이를 돌린다(「달나라의 장난」)

물다 아랫니나 윗니 또는 양 입술 사이에 끼운 상태로 빠져나가지 않도록 누르다.

문다 *기회와 油滴 그리고 능금/올바로 정신을 가다듬으면서/나는 수없이 길을 걸어왔다/그리하여 응결한 물이 떨어진다/바위를 문다(「아메리카 타임 誌」)

물지 *소비에트에는 있다/(계사 안에서 우는 알 겯는/닭소리를 듣다가 나는 마른침을 삼키고/담배를 피워 물지 않으면 아니 된다)[…]담배를 피워 물지 않으면 아니 된다고 하였지만/나는 사실은 담배를 피울 겨를이 없이/여기까지 내리썼고/일기의 원문은 일본어로 씌어져 있다(「중용에 대하여」)

물려받다 재물이나 지위, 관습 등을 전하여 받다.

물려받은 *너는 열네 살 우리집에 고용을 살러 온 지/3일이 되는지 5일이 되는지 그러나 너와 내가/접한 시간은 단 몇 분이 안 되지 그런데/어떻게 알았느냐 나의 방대한 낭비와 넌센스와/허위를 나의 못 보는 눈을 나의 둔감한 영혼을/나의 애인 없는 더러운 고독을/나의 대대로 물려받은 음탕한 전통을(「꽃잎3」)

물론(勿論) 말할 것도 없이. *1950년 7월 이후에 헬리콥터는/이 나라의 비좁은 산맥 위에 자태를 보이었고/이것이 처음 탄생한 것은 물론 그 이전이지만/그래도 제트기나 카고보다는 늦게 나왔다(「헬리콥터」) *나는 총에 맞는 새같이 가련하게도 당신의 집을 나와버렸다//그 아우는 물론 들어와서 쉬어가라고 미소를 띄우면서 권하였다(「말」(1958)) *글씨가 가다가 몹시 떨린 漢字가 있는데/그것은 물론 현정부가 그만큼 악독하고 반동적이고/가면을 쓰고 있기 때문이다(「중용에 대하여」) *뇌물은/물론 안 받았다/가지고 있는/시계도 없다/집에도/몸에도/그러니까 the reason why /you don't get /a clock /or/a watch 마저/말할 필요가 없다/집에도/몸에도/이놈이 무엇이지?(「이놈이 무엇이지?」) *이 몇 개의 판테온의 기둥 사이에/뒹굴고 있는 폐허의 돌조각들보다도/더 값없게 발길에 차이는 隣國의 음성/—물론 낭랑한 일본 말들이다/이것을 요즘은 안 듣는다(「라디오 계」)

물리다¹ '물다'의 피동형. 물림을 당하다. ①이빨을 마주해서 상처가 날 만큼 세게 누르다. ②주둥이 끝으로 살을 찌르다.

물려 *가정을 알려면 돈을 떼여보면 돼/숲을 알려면 땅벌에 물려보면돼/잔소리 날 때는 슬쩍 피하면 돼/—債鬼가 올 때도—/버스를 피해서 길을 건너서는 어린 놈처럼/선뜻 큰길을 건너서면 돼/長詩만 장시만 안 쓰려면 돼(「장시1」)

물리지 *물이 흘러가는 달이 솟아나는/평범한 대자연의 법칙을 본받아/어리석을 만치 소박하게 성취한/우리들의 혁명을/배암에게 쐐기에게 쥐에게 살쾡이에게/진드기에게 악어에게 표범에게 승냥이에게/늑대에게 고슴도치에게 여우에게 수리에게 빈대에게/다치지 않고 깎이지 않고 물리지 않고 더럽히지 않게(「기도」)

물린 *손도 안 씻고/쥐똥도 제멋대로 내버려 두고/닭에는 발등을 물린 채/나의 숙제는 미소이다/밤과 낮을 건너서 도회의 저편에/영영 저물어 사라져버린 미소이다(「꽃」)

물리다² 물건 등을 다른 곳으로 옮겨 놓거나 옮겨가게 하다.

물리고 *이 이상한 일을 놓고 나는 저녁상을/물리고 나서 한참이나 생각해 본다[…]이런 극도의 낙천주의를 저녁 밥상을/물리고 나서 해 본다—아아 배가 부르다/배가 부른 탓이다(「라디오 계」)

물리치다 ①극복하거나 치워 없애 버리다. ②거절하여 받아들이지 않다.

물리친 *네가 물리친 썩은 문명의 두께/멀도 가까운 그 어마어마한 낭비/그 낭비에 대항한다고 소모한/그 몇 갑절의 공허한 투자/대한민국의 전재산인 나의 온 정신을/너는 비웃는다(「꽃잎3」)

물방울 작고 둥근 물의 덩이. *가야만 하는 사람의 이별을/기다리는 것처럼/생활은 熱度를 측량할 수 없고/나의 노래는 물방울처럼/땅속으로 향하여 들어갈 것/애정지둔(「愛情遲鈍」) *나는/나의 눈을 찌르는 이 따가운 가옥과/집물과 사람들의 음성과 거리의 소리들을/커다란 해양의 한 구석을 차지하는/조그마한 물방울로/그려보려 하는데/차라리 어떠할까—이것은 구차한 선비의 보잘것없는 일일 것인가(「거리1」) *시간의 표면에/물방울을 풍기어 가며/오늘을 울지 않으려고/너를 잊고 살아야 하는 까닭에/로날드 골맨의 신작품을/눈여겨 살펴보며/피우기 싫은 담배를 피워본다(「바뀌어진 지평선」) *번개와 같이 떨어지는 물방울은/취할 순간조차 마음에 주지 않고/懶惰와 안정을 뒤집어놓은 듯이/높이도 폭도 없이/떨어진다(「瀑布」) *똘배가 개울가에 자라는/숲속에선/누이의 방도 장마가 가시면 익어가는가/허나/인생의 장마의/추녀 끝 물방울 소리가/아직도 메아리를 가지고 오지 못하는/8월의 밤에/너의 방은 너무 정돈되어 있더라(「누이의 방」) *코리안 드림이라구요. 놀리지 마세요./아이놈은 자구 있어요. 구원이지요. 나를/방해를 안하니까요. 절망의 물방울이/뛴 거지요.(「전화 이야기」)

물뿌리 물부리. 담배를 끼워 입에 물고 빠는 물건. *호주머니 속의 소눈깔만한 호주머니에 들은/물뿌리와 담배 부스러기의 오랜 친근/윗호주머니나 혹은 속호주머니에 들은/치부책 노릇을 하는 종이쪽/그러나 돈은 없다(「후란넬 저고리」)

물상(物象) 사물의 모양이나 형체. *혼미하는 아내며/날이 갈수록 간격이 생기는 골육들이며/새가 아직 모여들 시간이 못 된 늙은 포플러나무며/소리 없이 나를 괴롭히는/그들은 신의 고문인가/——어른이 못 되는 나를 탓하는/구슬픈 어른들/나에게 방황할 시간을 다오/불만족의 物象을 다오(「장시2」)

물새 물에서 살거나 생활 조건이 물과 관계가 있는 새를 이르는 말. *뮤즈여/시인이 시의 뒤를 따라가기에는 싫증이 났단다/고갱, 녹턴 그리고/물새//모두 다 같이 나가는 지평선의 대열/뮤즈는 조금쯤 걸음을 멈추고/서정시인은 조금만 더 속보로 가라/그러면 대열은 일자가 된다(「바뀌어진 지평선」)

물소 솟과에 속하고 생활 조건이 물과 관계가 있는 짐승을 이르는 말. *어서 일을 해요 변화는 끝났소/어서 일을 해요/미지근한 물이 고인 조그마한 논과/대숲 속의 초가집과/나무로 만든 장기와/게으르게 움직이는 물소와/(아니 물소는 호남 지방에서는 못 보았는데)/털컥거리는 수레와(「시」(1961))

물소리 물이 흐르거나 부딪히면서 나는 소리. *물소리 빗소리 바람소리 하나 들리지 않는 곳에/나란히 옆으로 가로 세로 위로 아래로 놓여 있는 무수한 꽃송이와 그 그림자/그것을 그리려고 하는 나의 붓은 말할 수 없이 깊은 치욕(「九羅重花」) *물소리 새소리 낯선 바람소리 다시 듣고/모자의 정보다 부부의 의리보다/더욱 뜨거운 너의 입김에/나의 고독한 정신을 녹이면서 우마(「나비의 무덤」) *시냇물소리 푸르고 희고 잔잔한 물소리/숲과 숲 사이의 하늘을 향해서/우는 매미/흙빛 매미여/달팽이는 닭이 먹고/구데기 바람에 우는 소리 나면//물소리는 먼 하늘을 찢고 달아난다(「말복」) *너무 조용한 것도 병이다/너무 생각하는 것도 병이다/그것이 실개울의 물소리든/찡이 푸다닥거리고 날아가는 소리든/하도 심심해서 정찰을 나온 꿀벌의 소리든/무슨 소리는 있어야 겠다(「伏中」)

물속 물의 속. 수중(水中). *스푼과 성냥을 들고 旅館에서 나는 나왔다/물속 모래알처럼/素朴한 習性은 나의 아내의 밑소리부터 始作되었다/어느 교과서에도 질투의 ○○은 무수하다/먼 時間을 두고 물속을 흘러온 흰 모래처럼 그들은 온다/U・N위원단이 매일 오는 것이다(「아침의 유혹」) *햇불로 검은 물속을 비춰가며 고기를 잡는 배가 증언처럼 다가오고(「말」(1958)) *이 땅에 발을 붙이기 위해서는/——제3인도교의 물속에 박은 철근 기둥도 내가 내 땅에/박는 거대한 뿌리에 비하면 좀벌레의 솜털(「거대한 뿌리」)

물어보다 무엇을 밝히거나 알아내기 위해 상대방에게 묻다.

물어보기 *나는 의치를 빼서 호주머니에 넣고 앉자/선뜻 인사를 하고/淫詩를 한바탕 읊었더니/여간 좋아들 하지 않는다/나이를 물어보기에 마흔여덟이라고 하니 그대로 곧이듣는다.(「미숙한 도적」)

물어보는 *눈에 걸리는 마지막 물건이 무엇이냐고 물어보는 듯/영롱한 꽃송이는 나의 마지막 인내를 부숴버리려고 한다(「九羅重花」)

물어보니 *어느 소녀에게 물어보니 너의 이름은 글라디올러스라고(「九羅重花」의 부제임)

물어보려는데 *내가 나가토[長門]라는 여자 수도 같이 갔느냐고/농으로 물어보려는데/누가 벌써 재빨리 말꼬리를 돌렸다……/신은 곧

잘 이런 꾸지람을 잘한다(「나가타 겐지로」)

물어보아야 *부산에서 언제 올라왔느냐고 헛말같이라도 물어보아야 할 것을(「말」(1958))

물어봅니다 *일전에 어떤 친구를 만났더니 날더러 다시 포로수용소에 들어가고 싶은 생각이 없느냐고/정색을 하고 물어봅니다(「조국에 돌아오신 傷病捕虜 동지들에게」)

물어제끼다 물어젖히다. 물어서 안쪽이 겉으로 나오게 하다.

물어제끼지는 *그년하고 하듯이 혓바닥이 떨어져 나가게/물어제 끼지는 않았지만 그래도/어지간히 다부지게 해줬는데도/여편네가 만족하지 않는다(「性」)

물어주다 갚아주다.

물어주기 *당신이 내린 결단이 이렇게 좋군/나하고 별거를 하기로 작정한 이틀째 되는 날/당신은 나와의 이혼을 결정하고/내 친구의 미망인의 빚보를 선 것을/물어주기로 한 것이 이렇게 좋군(「이혼 취소」)

물체(物體) 물건의 형체. ☞ 물건. *하나의 가냘픈 물체에 도저히 고정될 수 없는/나의 눈이며 나의 정신이며(「방안에서 익어가는 설움」) *그리고/나는 이미 정하여진 물체만을 보기로 결심하고 있는데/만약에 또 어느 나의 친구가 와서 나의 꿈을 깨워주고/나의 그릇됨을 꾸짖어주어도 좋다(「구름의 파수병」)

뭉개다 모양이나 형태가 변하도록 문질러 으깨거나 짓이기다.

뭉개고 *언뜻 보기엔 임종의 생명 같고/바위를 뭉개고 떨어져내릴/한 잎의 꽃잎 같고/혁명 같고/먼저 떨어져내린 큰 바위 같고/나중에 떨어진 작은 꽃잎 같고//나중에 떨어져내린 작은 꽃잎 같고(「꽃잎1」)

뭐 '무어'의 준말. ☞ 무어. 무엇. *하…… 그렇다……/하…… 그렇지……/아암 그렇구말구…… 그렇지 그래……/응응…… 응…… 뭐?/아 그래…… 그래 그래.(「하…… 그림자가 없다」) *부산에 포로수용소의 제14야전병원에 있을 때/정보원이 너스들과 스펀지를 만들고 거즈를/개키고 있는 나를 보고 포로경찰이 되지 않는다고/남자가 뭐 이런 일을 하고 있느냐고 놀린 일이 있었다(「어느 날 고궁을 나오면서」)

뮤즈(영, Muse) 그리스 신화에서 학예(學藝)를 맡은 여신으로, 일반적으로 시나 음악의 신으로 알려져 있음. *〈뮤즈〉여/용서하라/생활을 하여 나가기 위하여는/요만한 경박성이 필요하단다[…]물에 빠지지 않기 위한/생활이 비겁하다고 경멸하지 말아라/뮤즈여/나는 공리적인 인간이 아니다[…]지혜의 왕자처럼/눈 하나 까딱하지 아니하고/도사리고 앉아서/나의 원죄와 회한을 생각하기 전에/너의 생리부터 해부하여 보아야겠다/뮤즈여[…]그러나 사람들이 웃을까 보아/나는 적당히 넥타이를 고쳐 매고 앉아 있다/뮤즈여/너는 어제까지의 나의 세력/오늘은 나의 지평선이 바뀌어졌다[…]솔직한 고백을 싫어하는/뮤즈여/妬忌와 경쟁과 살인과 간음과 사기에 대하여서는/너에게 이야기하지 않으리라[…]물 위를 날아가는 돌팔매질―아슬아슬하게/세상에 배를 대고 날아가는 정신이여/너무나 가벼워서 내 자신이/스스로 무서워지는 놀라운 육체여/배반이여 모험이여 간악이여/간지러운 육체여/표면에 살아라/뮤즈여/너의 복부를랑 하늘을 바라보게 하고―[…]뮤즈여/시인이 시의 뒤를 따라가기에는 싫증이 났단다/고갱, 녹턴 그리고/물새//모두 다 같이 나가는 지평선의 대열/뮤즈는 조금쯤 걸음을 멈추고/서정시인은 조금만 더 속보로 가라/그러면 대열은 일자가 된다//사과와 수첩과 담배와 같이/인간들이 걸어간다/뮤즈여/앞장을 서지 마라/그리고 너의 노래와 음계를 조금만/낮추어라/오늘의 우울을 위하여/오늘의 경박을 위하여(「바뀌어진 지평선」) *그는 나같이 몸이 약하지 않은 점에 주요한 원인이 있겠지만/雷神보다 더 사나웁게 사람들을 울리고/뮤즈보다도 더 부드러웁게 사람들의 상처를 쓰다듬어준다(「백의」)

미(美) 아름다움. *나는 너무나 많은 첨단의 노래만을 불러왔다/나는 정지의 미에 너무나 등한하였다(「서시」)

미·소(美·蘇) 미국과 소련. *그렇게 되면 미·소보다는/일본, 瑞西, 인도가 더 빼젓하고/그보다도 한국, 월남, 대만은 No.1 country in the world/그런 나라에서 집권당이라면/얼마나 의젓한가(「만시지탄은 있지만」)

미·소인(美·蘇人) 미국인과 소련인. *조

용히 가다오 나가다오/서푼어치 값도 안 되는 미·소인은/초콜릿, 커피, 페티코트, 군복, 수류탄/따발총……을 가지고(「가다오 나가다오」)

미각(味覺) 맛을 느끼는 감각. *원활하게 굽은 산등성이를 바라보며/나는 지금 간밤의 쓰디쓴 후각과 청각과 미각과 統覺마저 잊어버리려고 한다(「여름 아침」)

미곡창고(米穀倉庫) 곡식을 저장하거나 보관하는 건물. *有線 합승자동차에도 양계장에도 납공장에도/미곡창고 지붕에도 달려 있는/썩은 공기 나가는 지붕 위의 지붕만 있으면 돼(「장시1」)

미국(美國) 정식명칭은 아메리카합중국(United States of America)이며 수도는 워싱턴이다. 통화는 US 달러이고 본토 48개주와 알래스카·하와이 2개주로 구성된 연방공화국이다. *네이팜 탄은 최근 미국에서 새로 발명된 유도탄이다(「네이팜 탄」의 원주)

미국놈(美國—) 미국사람을 홀하게 이르는 말. *은밀도 심오도 학구도 체면도 인습도 치안국/으로 가라 동양척식회사, 일본영사관, 대한민국 관리,/아이스크림은 미국놈 좆대강이나 빨아라 그러나/요강, 망건, 장죽, 종묘상, 장전, 구리개 약방, 신전,/피혁점, 곰보, 애꾸, 애 못 낳는 여자, 무식쟁이,/이 모든 무수한 반동이 좋다(「거대한 뿌리」) *신문회관 3층에서 하는 게 낫다구요. 아네요./거기에는 냉방장치가 없어요. 장소는 200명가량/수용될지 모르지만요. 절망의 연료가 모자/란다구요. 그래요! 반도호텔 같은 데라야/미국놈들한테서 입장료를 받을 수 있지요.(「전화이야기」)

미국사람(美國—) 미국국적을 가진 사람. ☞ 미국인. *잼보야 태평양 밑의 개미 길에/미국사람들이 세워놓은 자동차란 자동차는/싹 없애버려라/저놈들이 타고 가면 안 된다/야 빨리 들어가 하바! 하바!/나는 아리조나 카보이야/아리조나 카보이야(「나는 아리조나 카보이야」)

미국인(美國人) ☞ 미국사람. *〈희랍인을 모친으로 가진 미국인에 대한 호소문〉과 〈精神上으로 본/희랍의 독립선언서〉를 써서/전자를 현재 일리노이 주에 있는 자기의 모친에게 보내고/후자는 희랍 국립박물관 관장에게 보내달라고 한다(「백의」) *이유는 없다—/나 가다오 너희들 다 나가다오/너희들 미국인과 소련인은 하루바삐 나가다오[…]이유는 없다—/가다오 너희들의 고장으로 소박하게 가다오/너희들 미국인과 소련인은 하루바삐 가다오/미국인과 소련인은 〈나가다오〉와 〈가다오〉의 차이가 있을 뿐/말갛게 개인 글 모르는 백성들의 마음에는/〈미국인〉과 〈소련인〉도 똑같은 놈들/가다오 가다오(「가다오 나가다오」)

미끄러지다 비탈지거나 미끄러운 곳에서 한쪽으로 밀려 나가거나 넘어지다.

미끄러져 *니의 이름과 너와 나와의 관계가 무엇인지 알아질 때까지/소금 같은 이 세계가 존속할 것이며/의심할 것인데/등 등판 광택 거대한 여울/미끄러져가는 나의 의지/나의 의지보다 더 빠른 너의 노래/너의 노래보다 더한 층 신축성이 있는/너의 사랑(「풍뎅이」)

미끄러지는 *너의 표피의 원활과 각도에 이기지 못하고 미끄러지는 나의 발을/나는 미워한다/방향은 애정—(「네이팜 탄」)

미농인찰지(美濃印札紙) '미농지'는 닥나무 껍질로 만든 썩 질기고 얇은 종이의 하나이다. 묵지(墨紙)를 받치고 글씨를 쓰거나 장지문 따위에 바르는 데에 쓰는 종이로, 일본 기후 현(岐阜縣) 미노(美濃) 지방의 특산물인 데서 생긴 이름이다. '인찰지'는 괘선을 박은 종이를 뜻한다. 흔히, 공문서를 작성하는 데 쓴다. '미농인찰지'는 미농지에 괘선을 인쇄한 종이이다. ☞ 밀양인찰지·미용인찰지·미룡인찰지. *작품 제목임(「美濃印札紙」)

미대륙(美大陸) 아메리카합중국. ☞ 미국. *아들아 너에게 狂信을 가르치기 위한 것이 아니다/사랑을 알 때까지 자라라/인류의 종언의 날에/너의 술을 다 마시고 난 날에/미대륙에서 석유가 고갈되는 날에/그렇게 먼 날까지 가기 전에 너의 가슴에/새겨둘 말을 너는 도시의 피로에서/배울 거다(「사랑의 변주곡」)

미대사관(美大使館) 미국대사가 주재국에서 공무를 처리하는 기관. *우리 동네엔 미대사관에서 쓰는 타이프 용지가 없다우/편지를 쓰려고 그걸 사오라니까 밀용인찰지를 사왔드라우(「美濃印札紙」)

미덕(美德) 아름다운 덕성. *어깨를 아프게 하는 것은/老朽의 미덕은 시간이 아니다[…] 머리를 아프게 하는 것은/두통의 미덕은 시간이 아니다/내가 나를 잊어버리기 때문에/바다와 바다 사이에/지금의 3월의 구름이 내려앉듯/진실이 내려앉는다(「백지에서부터」) *〈히시야마 슈조〉의 낙엽이 생활인 것처럼/5·16 이후의 나의 생활도 생활이다/복종의 미덕!/사상까지도 복종하라!/일본의 〈진보적〉 지식인들이 이 말을 들으면 필시 웃을 것이다―─당연한 일이다(「轉向記」) *매춘부 젊은애들, 때묻은 발을 꼬고 앉아서/유부우동 먹고 있는 것을 보다가 생각한 것/아냐. 그때는 빌려드리려고 했어. 관용의 미덕―─그걸 할 수 있었어. 그것도 눈에 보였어. 엔카운터/속의 이오네스코까지도 희생할 수 있었어. 그게/무어란 말야. 나는 그 이전에 있었어. 내 몸. 빛나는/몸.(「엔카운터 誌」)

미래(未來) 아직 다가오지 않은 시간. *구름은 벌써 나의 머리를 스쳐가고/설움과 과거는/오천만분지 일의 俯瞰圖보다도 더/조밀하고 망막하고 까마득하게 사라졌다/생각할 틈도 없이/애정은 절박하고/과거와 미래와 오류와 혈액들이 모두 바쁘다(「네이팜 탄」) *중단과 계속과 해학이 일치되듯이/어지러운 가지에 꽃이 피어오른다/과거와 미래에 통하는 꽃/견고한 꽃이/공허의 말단에서 마음껏 찬란하게 피어오른다(「꽃2」) *시금치밭에 앉은 흑나비와 주홍나비모양으로/나의 과거와 미래가 숨바꼭질만 한다(「적이 어디에 있느냐?」/「적은 꼭 있어야 하느냐?」(「적」)

미련(未練) 단념하지 못한 채 남아 있는 마음. *더 넓은 전망이 필요 없는 이 무제한의 시간 위에서/산도 없고 바다도 없고 진흙도 없고 진창도 없고 미련도 없이/앙상한 육체의 투명한 골격과 세포와 신경과 안구까지/모조리 노출낙하시켜 가면서(「헬리콥터」) *바다와 별장과 용솟음치는 파도와 조니 워커와/조크와 미인과 페티 김과 애교와 豪談과/남자의 포부의 미련에 대한/편지는 못 쓰겠소 매부 돌아오는 길에/차창에서 내다본 중앙선의 복선공사에 동원된/갈대보다도 더 약한 소년들과 부녀자들의/노동의 慘景에 대한 편지도 못 쓰겠소 매부(「美濃印札紙」) *지금은 너무나 또렷한 입체음을 통해서/들어오는 이북 방송이 불온 방송이/아니 되는 날이 오면/그때는 지금 일본말 방송을 안 듣듯이/나도 모르는 사이에 아무 미련도 없이/희한도 없이 안 듣게 되는 날이 올 것이다……(「라디오 계」)

미롱인찰지(―印札紙) 미농지에 괘선을 인쇄한 종이. ☞ 미농인찰지. *우리 동네엔 미대사관에서 쓰는 타이프 용지가 없다우/편지를 쓰려고 그걸 사오라니까 밀용인찰지를 사왔드라우/(밀용인찰지인지 밀양인찰지인지 미롱인찰지인지/사전을 찾아보아도 없드라우)(「美濃印札紙」)

미리 어떤 일이 아직 생기기 전에, 또는 어떤 일을 하기 앞서. 먼저. *하나의 행동이 열의 행동을 부르고/미리 막을 줄 알고 미리 막아져 있고/미리 칠 줄 알고 미리 쳐들어가 있고/遭遇의 마지막 윤리를 넘어서(「먼지」)

미립자(微粒子) 아주 작고 미세한 입자. *내 몸은 아파서/태양에 비틀거린다/내 몸은 아파서/태양에 비틀거린다//믿는 것이 있기 때문이다/믿는 것이 있기 때문이다/광선의 미립자와 분말이 너무도 시들하다(「冬麥」)

미망인(未亡人) 남편이 죽고 홀로 남은 여자. *당신이 내린 결단이 이렇게 좋군/나하고 별거를 하기로 작정한 이튿째 되는 날/당신은 나와의 이혼을 결정하고/내 친구의 미망인의 빚보를 선 것을/물어주기로 한 것이 이렇게 좋군(「이혼 취소」) *상대방은 곧 미망인이다(「이혼 취소」의 원주)

미소(微笑) 소리 없이 빙긋이 웃음, 또는 그런 웃음. *결합된 색깔은 모두가 엷은 것이지만/설움과 힘찬 미소와 더불어 관용과 자비로 통하는 곳에서/뇌가 사는 엷은 세계는 자유로운 것이기에/생기와 신중을 한 몸에 지니고(「九羅重花」) *손도 안 씻고/쥐똥도 제멋대로 내버려두고/닭에는 발등을 물린 채/나의 숙제는 미소이다/밤과 낮을 건너서 도회의 저편에/영영 저물어 사라져버린 미소이다(「꽃」) *나는 총에 맞는 새같이 가련하게도 당신의 집을 나와버렸다//그 아우는 물론 들어와서 쉬어가라고 미소를 띄우면서 권하였다(「말」(1958)) *우선 가까운 곳에서부터/차례차례로/다소곳이/조용하게/미소를 띄우면서//영숙아 기환아 천석아 준이야 만용아/프레지덴트 김 미스 리/정순이 박군 정식이/그놈의 사진일랑 소리없이 떼어 치우고//우선 가까운 곳에서부터/차례차례로/다소곳이/조용하게/미소를 띄우면서/극악무도한 소름이 더덕더덕 끼치는/그놈의 사진일랑 소리없이/떼어 치우고―(「우선 그놈의 사진을 떼어서 밑씻개로 하자」) *필요 이상으로 화를 내는 것도 좋다/그 사나이는, 제임스 띵은 어이가 없어서/조그만 눈을 민첩하게 움직이면서 미소를/띄우고 섰지만/나의 고삐를 잃은 백마에 당할 리가 없다(「제임스 띵」)

미소하다(微笑―) 소리 없이 빙긋이 웃다.
　미소하는 *이제야말로 아무 두려움 없이/그놈의 사진을 태워도 좋다/협잡과 아부와 무수한 악독의 상징인/지긋지긋한 그놈의 미소하는 사진을―/대한민국의 방방곡곡에 안 붙은 곳이 없는/그놈의 점잖은 얼굴의 사진을(「우선 그놈의 사진을 떼어서 밑씻개로 하자」)

미숙하다(未熟―) 익숙하지 않다.
　미숙한 *우리의 잔등이에는 〈미숙한 도적〉이라는 글자가 씌어 있었을 것이다.(「미숙한 도적」)

미스(영, Miss) 미혼 여성의 성 앞에 붙이는 호칭. *영숙아 기환아 천석아 준이야 만용아/프레지덴트 김 미스 리/정순이 박군 정식이/그놈의 사진일랑 소리없이 떼어 치우고(「우선 그놈의 사진을 떼어서 밑씻개로 하자」)

미스 리(Miss―) 이씨 성을 가진 미혼 여성을 멋스럽게 부르는 서양식 호칭. *영숙아 기환아 천석아 준이야 만용아/프레지덴트 김 미스 리/정순이 박군 정식이/그놈의 사진일랑 소리없이 떼어 치우고(「우선 그놈의 사진을 떼어서 밑씻개로 하자」)

미스터(영, Mister/Mr.) 남자의 성 앞에 붙이는 호칭. *나는 어느 날 뒷골목의 발코니 위에 나타난/생활에 얼이 빠진 여인의 모습을 다방의 창 너머로 瞥見하였기 때문에/다음과 같은 쪽지를 미스터 리한테 적어놓고/시골로 떠났다//「태양이 하나이듯이/생활은 어디에 가보나 하나이다/미스터 리!//절벽에 올라가 돌을 차듯이/생활을 아는 자는/태양 아래에서/생활을 차 던진다/미스터 리!//문명에 대항하는 비결은/당신 자신이 문명이 되는 것이다/미스터 리!」(「미스터 리에게」) *너도 나도 누나도 언니도 어머니도/철수도 용식이도 미스터 강도 유중사도/강중령도 그놈의 속을 모르는 바는 아니었지만(「우선 그놈의 사진을 떼어서 밑씻개로 하자」)

미스터 강(Mister/Mr.―) 강씨 성을 가진 사람을 멋스럽게 부르는 서양식 호칭. ☞ 미스터. *철수도 용식이도 미스터 강도 유중사도/강중령도 그놈의 속을 모르는 바는 아니었지만(「우선 그놈의 사진을 떼어서 밑씻개로 하자」)

미스터 리(Mister/Mr.―) 이씨 성을 가진 사람을 멋스럽게 부르는 서양식 호칭. ☞ 미스터. *다음과 같은 쪽지를 미스터 리한테 적어놓고 시골로 떠났다(「미스터 리에게」)

미안(未安) 마음이 편치 못하고 부끄러움. *아무리 마셔도 취하지 않으니/같이 온 친구를 보기도 미안만 한데/옆상에 앉은 술친구들이 경사나 난 듯이/고함을 친다(「滿洲의 여자」)

미안하다(未安―) 남을 대하는 데 마음이 편치 못하고 부끄럽다.
　미안하다고 *그랬더니 그 친구가 빨리 38선을 향하여 가서/이북에 억류되고 있는 대한민국과 UN군의 포로들을 구하여내기 위하여/새로운 싸움을 하라고 합니다/나는 정말 미안하다고 하였습니다(「조국에 돌아오신 傷病捕虜 동지들에게」)
　미안하지 *편지를 안해도 한 거나 다름없고 나는/조금도 미안하지 않소 매부의 태산 같은/친절과 친절의 압력에 대해서 미안하지 않소//당신이 사준 북어와 오징어와 2등차표와/경포대의 선물과 도리스 위스키와 라스베리 잼에 대해서/미안하지 않소 당신의 모든 행복과 우리들의 바닷가의/행복의 모든 추억에 대해서 미안하지 않소/살아 있던 시간에 대해서 미안하지 않소/나와 나의 아내와 우리집의 온 가옥의 무게를 다 합해서/밀양에서 온 식모의 소박과 원한까지를 다 합해서/미안하지 않소―만 다만 식모를 부르는 소리가/좀 단호해졌을 뿐이요 미안할 정도로 좀―(「美濃印札紙」)
　미안하지만 *요놈― 요 어린 놈― 맹랑한

놈—6학년 놈—/에미 없는 놈—생명/나도 나다—잔인이다—미안하지만 잔인이다—/콧노래를 부르더니 그만두었구나—너도 어지간한 놈이다—요놈—죽어라(「잔인의 초」)

미안한 *여러분! 내가 쓰고 있는 것은 시가 아니겠습니까./일전에 어떤 친구를 만났더니 날더러 다시 포로수용소에 들어가고 싶은 생각이 없느냐고/정색을 하고 물어봅니다/나는 대답하였습니다/내가 포로수용소에서 나온 것은/포로로서 나온 것이 아니라/민간 억류인으로서 나라에 충성을 다하기 위하여 나온 것이라고/그랬더니 그 친구가 빨리 38선을 향하여 가서/이북에 억류되고 있는 대한민국과 UN군의 포로들을 구하여내기 위하여/새로운 싸움을 하라고 합니다/나는 정말 미안하다고 하였습니다/이북에서 고생하고 돌아오는/상병포로들에게 말할 수 없는 미안한 감이 듭니다(「조국에 돌아오신 傷病捕虜 동지들에게」)

미안할 * 다만 식모를 부르는 소리가/좀 단호해졌을 뿐이요 미안할 정도로 좀—(「美濃印札紙」)

미역국 미역을 넣고 끓인 국. *미역국 위에 뜨는 기름이/우리의 역사를 가르쳐준다[…]미역국은 인생을 거꾸로 걷게 한다[…]오오 환희여 미역국이여 미역국에 뜬 기름이여 구슬픈 祖上이여/가뭄의 백성이여 퇴계든 정다산이든 수염 난 영감이면/복덕방 사기꾼도 도적놈 지주라도 좋으니 제발 순조로워라(「미역국」)

미완성(未完成) 아직 덜 만들어짐. *그동안에도/그뒤에도 나의 시는 영원한 미완성이고(「절망」(1962))

미웁다 '밉다'의 방언, 늘임말. 생김새나 행동이 마음에 들지 않다.

미웁고 *서울에 돌아온 지 일주일도 못 되는 나에게는 도회의 소음과 狂症과 속도와 허위가 새삼스럽게 미웁고 서글프게 느껴지고(「시골 선물」)

미워하다 밉게 여기거나 밉게 여기는 마음을 행동으로 드러내다.

미워하였다 *나는 당신의 아우에게로 뛰어가서 나의 〈말〉을 하지 못하는 나를 미워하였다(「말」(1958))

미워한다 *너의 표피의 원활과 각도에 이기지 못하고 미끄러지는 나의 발을/나는 미워한다/방향은 애정—(「네이팜 탄」)

미인(美人) 아름다운 여자. *말하자면 세계의 도처에서 나타날 수 있는 千手千足獸/미인, 시인, 사무가, 농사꾼, 상인, 耶蘇이기도 한/나날이 새로워지는 괴기한 인물(「절망」(1962)) *바다와 별장과 용솟음치는 파도와 조니 워커와/조크와 미인과 페티 김과 애교와 豪談과/남자의 포부의 미련에 대한/편지는 못 쓰겠소(「美濃印札紙」) *미인을 보고 좋다고들 하지만/미인은 자기 얼굴이 싫을 거야/그렇지 않고야 미인일까//미인이면 미인일수록 그럴 것이니/미인과 앉은 방에선 무심코/따놓는 방문이나 창문이/담배연기만 내보내려는 것은/아니렷다(「미인」)

미제(美製) 미국에서 만들어진 물품. *의자가 많아서 걸린다 테이블도 많으면/걸린다 테이블 밑에 가로질러놓은/엮음대가 걸리고 테이블 위에 놓은/미제 磁器 스탠드가 울린다[…]미제 도자기 스탠드가 울린다/방정맞게 울리고 돌아오라 울리고/돌아가라 울리고 닿는다고 울리고/안 닿는다고 울리고(「의자가 많아서 걸린다」)

미지근하다 더운 기가 조금 있는 듯하다.

미지근한 *어서 일을 해요 변화는 끝났소/어서 일을 해요/미지근한 물이 고인 조그마한 논과/대숲 속의 초가집과/나무로 만든 장기와(「시」(1961))

미치다 ①정신에 이상이 생기다. ②어떤 일에 지나칠 정도로 열중하다.

미쳐 *복사씨와 살구씨가/한번은 이렇게/사랑에 미쳐 날뛸 날이 올 거다!/그리고 그것은 아버지 같은 잘못된 시간의/그릇된 명상이 아닐 거다(「사랑의 변주곡」) *술 취한 듯한 동네아이들의 함성/미쳐돌아가는 역사의 반복/나무뿌리를 울리는 신의 발자국소리/가난한 침묵/자꾸 어두워가는 백주의 활극/밤보다도 더 어두운 낮의 마음/시간을 잊은 마음의 승리/환상이 환상을 이기는 시간/—大時間은 결국 쉬는 시간(「장시2」) *생활은 孤絕이며/비애이었다/그처럼 나는 조용히 미쳐간다/조용히 조용히……(「생활」)

미치고 *나는 더위에 속은 조용함이 억울해

서/미친 놈처럼 라디오를 튼다/지구와 우주를 진행시키기 위해서/어서어서 진행시키기 위해서/그렇지 않고서는 내가 미치고 말 것 같아서(「伏中」)

미친 *나는 더위에 속은 조용함이 억울해서/미친 놈처럼 라디오를 튼다/지구와 우주를 진행시키기 위해서/어서어서 진행시키기 위해서/그렇지 않고서는 내가 미치고 말 것 같아서(「伏中」)

미칠 *서울역에는 花環이 처음 생기고/나는 秋收하고 돌아오는 伯父를 기다렸다/그래 도무지 모―두가 미칠 것만 같았다(「아침의 유혹」)

미친놈 ①정신에 이상이 생겨 말과 행동이 보통 사람과 다른 사람. ②상식에서 벗어나는 행동을 하는 사람을 낮잡아 이르는 말. ③어떤 일에 지나치리만큼 열중하는 사람을 낮잡아 이르는 말. *쉬었다 가든 거꾸로 가든 모로 가든/어서 또 가요 기름을 발랐으니 어서 또 가요/타마구를 발랐으니 어서 또 가요/미친놈 뿐으로 어서 또 가요 변화는 끝났어요/어서 또 가요/실 같은 바람 따라 어서 또 가요(「시」(1961))

미해결(未解決) 해결되지 않음. *살롱 드라마이지요. 반도호텔이나 조선호텔에서/공연을 하게 돼요. 절망의 여운이에요./미해결이지요. 좋아요. 만족입니다.[…]여편네하고는 헤어져도 되지만, 아이들이/불쌍해서요, 미해결예요.(「전화 이야기」)

민간(民間) 일반 백성들의 사이. *내가 포로수용소에서 나온 것은/포로로서 나온 것이 아니라/민간 억류인으로서 나라에 충성을 다하기 위하여 나온 것이라고(「조국에 돌아오신 傷病捕虜 동지들에게」)

민민하다(憫憫―) 몹시 딱하여 안쓰럽다.
민민한 *마지막에는 해저의 풀떨기같이 혹은 책상에 붙은 민민한 판대기처럼 무감각하게 될 생활이여(「구슬픈 육체」)

민비(閔妃) 1851~1857. 조선 고종의 황후. 명성황후. *천하를 호령한 민비는 한번도 장안 외출을 하지 못했다고……(「거

명성황후

대한 뿌리」)

민약론(民約論) 1762년에 프랑스의 계몽주의 철학자 루소가 발표한 현대 민주주의의 선구적 이론 또는 그 논문 이름. 사회나 국가의 성립은 국민의 자유로운 계약에서 이루어진 것이며 그 주권은 국민에게 있다고 주장하여, 19세기 이후 절대 왕권에 반대하는 민주주의 혁명에 커다란 영향을 줌. *루소의『民約論』을 다 정독하여도/집권당에 아부하지 말라는 말은 없는데/민주당이 제일인 세상에서는/민주당에 붙고/혁신당이 제일인 세상이 되면/혁신당에 붙으면 되지 않는가(「만시지탄은 있지만」)

민족(民族) 일정한 지역에서 오랜 세월 동안 공동생활을 하면서 언어와 문화상의 공통성에 기초하여 역사적으로 형성된 사회 집단. *나의 노래가 거치럽게 되는 것을 욕하지 마라!/지금 이 땅에는 온갖 형태의 희생이 있거니/나의 노래가 없어진들/누가 나라와 민족과 청춘과/그리고 그대들의 영령을 위하여 잊어버릴 것인가!//자유의 길을 잊어버릴 것인가!(「조국에 돌아오신 傷病捕虜 동지들에게」)

민주당(民主黨) 한국 제2공화국 때의 집권여당. *루소의『民約論』을 다 정독하여도/집권당에 아부하지 말라는 말은 없는데/민주당이 제일인 세상에서는/민주당에 붙고/혁신당이 제일인 세상이 되면/혁신당에 붙으면 되지 않는가(「만시지탄은 있지만」) *제임스 띵의 위협감은, 이상한 지방색 공포감은/자유당 때와 민주당 때와 지금의 惡政의 구별을 말살하고/靜寂을 빼앗긴, 마지막 정적을 빼앗긴/나를 몰아세운다 어서 돈을 내라고/그러니까 그들이 요구하는 것은 신문값이 아니다(「제임스 띵」)

민주주의(民主主義) 국민이 권력을 가지고 그 권력을 스스로 행사하는 제도 또는 그런 정치를 지향하는 사상. *우리들의 싸움은 하늘과 땅 사이에 가득 차 있다/민주주의의 싸움이니까 싸우는 방법도 민주주의식으로 싸워야 한다/하늘에 그림자가 없듯이 민주주의의 싸움에도 그림자가 없다/하…… 그림자가 없다//하…… 그렇다……/하…… 그렇지……/아암 그렇구말구…… 그렇지 그래……/응응…… 응…… 뭐?/아 그래…… 그래 그래.(「하

그림자가 없다」) *그놈의 동상이 선 곳에는/민주주의의 첫 기둥을 세우고/쓰러진 성스러운 학생들의 웅장한/기념탑을 세우자/아아 어서어서 썩어빠진 어제와 결별하자[…]민주주의는 인제는 상식으로 되었다/자유는 이제는 상식으로 되었다/아무도 나무랄 사람은 없다/아무도 붙들어갈 사람은 없다//군대란 군대에서 장학사의 집에서/관공리의 집에서 경찰의 집에서/민주주의를 찾은 나라의 군대의 衛兵室에서 사단장실에서 정훈감실에서/민주주의를 찾은 나라의 교육가들의 사무실에서/4·19 후의 경찰서에서 파출소에서/민중의 벗인 파출소에서/협잡을 하지 않고 뇌물을 받지 않는/관공리의 집에서/역이란 역에서/아아 그놈의 사진을 떼어 없애야 한다(「우선 그놈의 사진을 떼어서 밑씻개로 하자」) *우리는 월남의 중립 문제니 새로 생긴다는 혁신정당 얘기를 하고 있었지만/아아 비겁한 민주주의여 안심하라/우리는 정치 얘기를 하구 있었던 게 아니야(「H」)

민주주의자(民主主義者) 국민이 권력을 가지고 그 권력을 스스로 행사하는 제도를 옹호하는 사람. *우리들의 적은 늠름하지 않다/우리들의 적은 커크 더글러스나 리처드 위드마크모양으로 사나웁지도 않다/그들은 조금도 사나운 악한이 아니다/그들은 선량하기까지도 하다/그들은 민주주의자를 가장하고/자기들이 양민이라고도 하고/자기들이 선량이라고도 하고/자기들이 회사원이라고도 하고(「하…… 그림자가 없다」)

민중(民衆) 국가나 사회를 구성하는 일반 국민. 피지배 계급으로서의 일반 대중. *민주주의를 찾은 나라의 교육가들의 사무실에서/4·19 후의 경찰서에서 파출소에서/민중의 벗인 파출소에서/협잡을 하지 않고 뇌물을 받지 않는/관공리의 집에서/역이란 역에서/아아 그놈의 사진을 떼어 없애야 한다(「우선 그놈의 사진을 떼어서 밑씻개로 하자」) *요 시인/용감한 시인/―소용없소이다/산 너머 민중이라고/산 너머 민중이라고/하여 둡시다/민중은 영원히 앞서 있소이다/웃음이 나오더라도/눈 내리는 날에는/손을 묶고 가만히/앉아 계시오[…]답답하더라도/요 시인/가만히 계시오/민중은 영원히 앞서 있소이다(「눈」(1961))

민첩하다(敏捷―) 재빠르고 신속하다.
민첩하게 *필요 이상으로 화를 내는 것도 좋다/그 사나이는, 제임스 띵은 어이가 없어서/조그만 눈을 민첩하게 움직이면서 미소를/띄우고 섰지만/나의 고삐를 잃은 백마에 당할 리가 없다(「제임스 띵」)

민활성(敏活性) 민첩하고 활발한 성질. *우주시대의 마이크로웨이브에 탄/원효대사의 민활성 바늘 끝에/묻은 죄와 먼지 그리고 모방/술에 취해서 쓰는 시여(「원효대사」)

믿다 어떤 사실이나 말을 그렇다고 여기거나 의심하지 않다.
믿는 *이보다 더 추운 날처럼 나는 여기서 겨울을 맞이하다가/오랜 시간이 경과된 후에도/이 웃음만은 흔적을 남기고 있을 것이라고 믿는 것은/어리석은 일(「웃음」) *믿는 것이 있기 때문이다/믿는 것이 있기 때문이다/광선의 미립자와 분말이 너무도 시들하다(「冬麥」)
믿는다 *거짓말의 부피가 하늘을 덮는다 나는 눈을/가리고 변소에 갔다 온다/사람들은 내 말을 믿지 않고 내가 내 말을 안 믿는다(「거짓말의 여운 속에서」)
믿어 *누구의 힘보다 강하다고 믿어 오던/無色의 생활자가 네가 아니던가/자유여/아니 휴식이여/어려운 휴식이여(「기자의 정열」) *그렇게 매일을 믿어왔어. 방을 이사를 했지. 내/방에는 아들놈이 가고 나는 식모아이가 쓰던 방으로/가고. 그런데 큰놈의 방에 같이 있는 가정교사가 내/기침소리를 싫어해. 내가 붓을 놓는 것까지/자리에서 일어나는 것까지 문을 여는 것까지 알고/방어작전을 써. 그래서 안방으로 다시 오고, 내가/있던 기침소리가 가정교사에게 들리는 방은 도로/식모아이한테 주었지. 그때까지도 의심하지 않았어./책을 빌려드리겠다고. 나의 모든 프라이드를/재산을 연장을 내드리겠다고.//그렇게 매일 믿어 왔는데, 갑자기 변했어.(「엔카운터 誌」)
믿었기 *설움을 역류하는 야릇한 것만을 구태여 찾아서 헤매는 것은/우둔한 일인 줄 알면서/그것이 나의 생활이며 생명이며 정신이며 시대이며 밑바닥이라는 것을 믿었기 때문에―/아아 그러나 지금 이 방안에는/오직 시간만이 있지 않으냐(「방안에서 익어가는 설움」)

믿으세요 *내 말을 믿으세요 노란 꽃을/못 보는 글자를 믿으세요 노란 꽃을/떨리는 글자를 믿으세요 노란 꽃을/영원히 떨리면서 빼먹은 모든 꽃잎을 믿으세요/보기 싫은 노란 꽃을(「꽃잎2」)

믿지 *사람들은 내 말을 믿지 않는다/詩評의 칭찬까지도 시집의 서문을 받은 사람까지도/내가 말한 정치 의견을 믿지 않는다[…]그러나 쥐구멍을 잠시 거짓말의 구멍이라고/바꾸어 생각해 보자 내가 써준 시집의 서문을/믿지 않는 사람의 얼굴의 사마귀나 여드름을─[…]거짓말의 부피가 하늘을 덮는다 나는 눈을/가리고 변소에 갔다 온다/사람들은 내 말을 믿지 않고 내가 내 말을 안 믿는다(「거짓말의 여운 속에서」)

믿음 어떤 사실이나 말을 그렇다고 여기거나 의심하지 않는 마음. *부끄러움이 없는/부끄러움을 더한층 뜻있게 하기 위하여/있으리라는 믿음에서/만만치 않은 부탁(「付託」)

밀려닥치다 한꺼번에 여럿이 들이닥치다.
　밀려닥치느냐 *왜 이렇게 벅차게 사랑의 숲은 밀려닥치느냐/사랑의 음식이 사랑이라는 것을 알 때까지(「사랑의 변주곡」)

밀리다 어떤 힘에 의해 자리에서 벗어나다.
　밀려 *나는 노염으로 사무친 정의 소재를 밝히지 아니하고/운명에 거역할 수 있는/큰 힘을 가지고 있으면서/여기에 밀려 내려간다(「나비의 무덤」)

밀모(密謀) 비밀스런 모의. *여행을/안 한다/가지고 있는/이데올로기도 없다/密謀는/전혀 없다/담배마저 안 피우는/날이 올지도 모른다(「이놈이 무엇이지?」)

밀양(密陽) 경상남도의 북동부에 위치한 도시. 농산물, 축산물 따위와 도자기가 많이 나며, 우리나라 최초로 모직 공업이 시작되었다. 표충사, 아랑사, 영남루 따위의 명승지가 있다. *나와 나의 아내와 우리집의 온 가옥의 무게를 다 합해서/밀양에서 온 식모의 소박과 원한까지를 다 합해서/미안하지 않소─만 다만 식모를 부르는 소리가/좀 단호해졌을 뿐이오 미안할 정도로 좀─(「美濃印札紙」)

밀양인찰지(─印札紙) 미농지에 괘선을 인쇄한 종이. ☞미농인찰지. *우리 동네엔 미대사관에서 쓰는 타이프 용지가 없다우/편지를 쓰려고 그걸 사오라니까 밀용인찰지를 사왔드라우/(밀용인찰지인지 밀양인찰지인지 미룡인찰지인지/사전을 찾아보아도 없드라우)(「美濃印札紙」)

밀용인찰지(─印札紙) 미농지에 괘선을 인쇄한 종이. ☞미농인찰지. *우리 동네엔 미대사관에서 쓰는 타이프 용지가 없다우/편지를 쓰려고 그걸 사오라니까 밀용인찰지를 사왔드라우/(밀용인찰지인지 밀양인찰지인지 미룡인찰지인지/사전을 찾아보아도 없드라우)[…]이 인찰지와 이 봉투지로는 편지는 못 쓰겠소/더위도 가시고 오늘은 하루종일 일도/안하고 있지만 밀용인찰지의 나의 생활을/당신한테 보일 수는 없소 이제는/편지를 안해도 한 거나 다름없고 나는/조금도 미안하지 않소 매부의 태산 같은/친절과 친절의 압력에 대해서 미안하지 않소(「美濃印札紙」)

밀용지 미농지. ☞미농인찰지. *편지지뿐만 아니라 봉투도 마찬가지지 밀용지 넉 장에/봉투 두 장을 4원에 사가지고 왔으니 알지 않겠소/이것이 편지를 쓰다 만 내력이오─꽉 막히는구려(「美濃印札紙」)

밀접하다(密接─) 아주 가깝게 맞닿아 있거나 또는 그런 관계에 있다.
　밀접해 *그래서 나는 우둔한 그들을 사랑한다/나는 그들을 생각하면서 하이데거를/읽고 또 그들을 사랑한다/생활과 언어가 이렇게까지 나에게/밀접해진 일은 없다(「모리배」)

밋밋하다 생김새가 거침없이 미끈하게 곧고 길다.
　밋밋한 *나들이를 갔다 온 씻은 듯한 마음에 오늘밤에는 아내를 껴안아도 좋으리/밋밋한 발회복에 내 눈이 자꾸 가네/내 눈이 자꾸 가네(「사치」)

밑 어떤 것의 아래. *팽이가 돈다/팽이가 돌면서 나를 울린다/제트기 벽화 밑의 나보다 더 뚱뚱한 주인 앞에서/나는 결코 울어야 할 사람은 아니며(「달나라의 장난」) *다리 밑에 물이 흐르고/나의 시절은 좁다[…]다리 밑에 물이 마르고/나의 몸도 없어지고/나의 그림자도 달아난다(「愛情遲鈍」) *나비의 몸이야 제철이 가면 죽지만은/그의 몸에 붙은 고운 지분은/겨울의 어느 차디찬 등잔 밑에서 죽어 없어지리라(「나비의 무덤」) *잣나무 전나무 집뽕나무 상나무/연못 흰 바위/이러한 것들이 나를 속이는가/어두운 그늘 밑에 드나드는 쥐새끼들(「휴식」) *피곤을 잊어버리게 하는 밝은 태양 밑에는/모든 사람에게 불가능한 일이 없는 듯하다(「거리2」) *조잡한 天地여/간디의 모방자여/여치의 나래 밑의 고단한 밤잠이여(「광야」) *굵은 밧줄 밑에 뒹구는/구렁이가 악몽이 될 수 있겠나요/무수한 공허 밑에 살찌는 공허보다/더 무서운 악몽이 있나요(「靈交日」) *그놈의 속 창자 밑까지도 다 알고는 있었으나(「우선 그놈의 사진을 떼어서 밑씻개로 하자」) *이놈들이 다 이성망이 부하들이지/이놈들 여기 개미구멍으로 다 들어가/이 구멍으로 들어가면 아리조나에 있는/우리 고조할아버지 산소 망두석 밑으로 빠질 수 있으니까/쨈보야 태평양 밑의 개미 길에/미국사람들이 세워놓은 자동차란 자동차는/싹 없애버려라/저놈들이 타고 가면 안 된다(「나는 아리조나 카보이야」) *트럭 소리가 나면 돼/아카시아 잎을 이기는 소리가 방바닥 밑까지 울리면 돼/라디오 소리도 거리의 풍습대로 기를 쓰고 크게만 틀어놓으면 돼[…]아카시아 잎을 이기는 소리가 방바닥 밑까지 콩콩 울리면 돼/흙 묻은 비옷이 24시간 걸려 있으면 돼(「장시1」) *그는 나보다도 가난해 보이는데/남방셔츠 밑에는 바지에 혁대도 매지 않았는데(「강가에서」) *이런 경이는 나를 늙게 하는 동시에 젊게 한다/아니 늙게하지도 젊게도 하지 않는다/이 다리 밑에서 엇갈리는 기차처럼/늙음과 젊음의 분간이 서지 않는다(「현대식 교량」) *눈에 보여. 냉면집 간판 밑으로―육개장을 먹으러―들어갔다가 나왔어―모밀국수 전문집으로 갔지―(「엔카운터 誌」) *의자가 많아서 걸린다 테이블도 많으면/걸린다 테이블 밑에 가로질러놓은/엮음대가 걸리고 테이블 위에 놓은/미제 磁器 스탠드가 울린다[…]울린다 시를 쓰다 말고 코를 풀다 말고/테이블 밑에 신경이 가고 탱크가 지나가는/沿道의 음악을 들어야 한다 피로하지/않으면 울린다 가만히 있어도 울린다(「의자가 많아서 걸린다」)

밑바닥 어떤 것의 아래가 되는 부분. *팽이 밑바닥에 끈을 돌려 매이니 이상하고/손가락 사이에 끈을 한끝 잡고 방바닥에 내어던지니/소리없이 회색빛으로 도는 것이/오래 보지 못한 달나라의 장난 같다(「달나라의 장난」) *그것이 나의 생활이며 생명이며 정신이며 시대이며 밑바닥이라는 것을 믿었기 때문에―/아아 그러나 지금 이 방안에는/오직 시간만이 있지 않으냐(「방안에서 익어가는 설움」) *기적소리는 문명의 밑바닥을 가고/형이상학은 돈지갑처럼/나의 머리 위에서 떨어진다(「싸리꽃 핀 벌판」) *아버지 할머니 고조할아버지 때부터/어물전 좌판 밑바닥에서 걸어 있던 것이면 돼(「장시1」) *마룻바닥에 깐 비닐 장판에 구공탄을 떨어뜨려/탄 자국, 내 구두에 묻은 흙, 변두리의 진흙,/그런 가슴의 죽음의 표식만을 지켜온,/밑바닥만을 보아온, 빈곤에 마비된 눈에/하늘을 가리켜주는 잡지/VOGUE야(「VOGUE야」)

밑소리 배 밑에서 나오는 소리. 흉성(가슴소리). *물속 모래알처럼/素朴한 習性은 나의 아내의 밑소리부터 始作되었다(「아침의 유혹」)

밑씻개 뒤를 본 뒤 밑을 씻어 내는 종이 따위를 이르는 말. *우선 그놈의 사진을 떼어서 밑씻개로 하자/그 지긋지긋한 놈의 사진을 떼어서/조용히 개굴창에 넣고/썩어진 어제와 결별하자[…]밑씻개로 하자/이번에는 우리가 의젓하게 그놈의 사진을 밑씻개로 하자/허허 웃으면서 밑씻개로 하자/껄걸 웃으면서 구공탄을 피우는 불쏘시개라도 하자/강아지장에 깐 짚이 젖었거든/그놈의 사진을 깔아주기로 하자……(「우선 그놈의 사진을 떼어서 밑씻개로 하자」)

바 앞에 말한 내용이나 일 등을 나타내는 말. *너도 나도 누나도 언니도 어머니도/철수도 용식이도 미스터 강도 유중사도/강중령도 그놈의 속을 모르는 바는 아니었지만(「우선 그놈의 사진을 떼어서 밑씻개로 하자」)

바꾸다 원래의 것을 버리고 다른 것으로 갈다.

바꾸어 *그러나 쥐구멍을 잠시 거짓말의 구멍이라고/바꾸어 생각해 보자 내가 써준 시집의 서문을/믿지 않는 사람의 얼굴의 사마귀나 여드름을―(「거짓말의 여운 속에서」) *혁명은 안 되고 나는 방만 바꾸어버렸다/그 방의 벽에는 싸우라 싸우라 싸우라는 말이/헛소리처럼 아직도 어둠을 지키고 있을 것이다[…]혁명은 안 되고 나는 방만 바꾸어버렸다(「그 방을 생각하며」)

바꾸었지만 *혁명은 안 되고 나는 방만 바꾸었지만/나의 입속에는 달콤한 의지의 잔재 대신에/다시 쓰디쓴 담뱃진 냄새만 되살아났지만(「그 방을 생각하며」)

바꿀 *심연은 나의 붓끝에서 퍼져가고/나는 멀리 세계의 노예들을 바라본다/塵芥와 분노를 꽃으로 마구 바꿀 수 있는 나날(「꽃」)

바뀌어지다 '바꾸다'의 피동형.

바뀌어졌다 *뮤즈여/너는 어제까지의 나의 세력/오늘은 나의 지평선이 바뀌어졌다(「바뀌어진 지평선」)

바뀌어진 *작품 제목임(「바뀌어진 지평선」)

바늘 한끝이 뾰족한, 가늘고 긴 물건을 통틀어 이르는 말. *詩는 쨍쨍한 날씨에 청량한 들에/환락의 개울가에 바늘 돋친 숲에/버려진 우산/망각의 想起다(「적2」) *우주시대의 마이크로웨이브에 탄/원효대사의 민활성 바늘 끝에/묻은 죄와 먼지 그리고 모방/술에 취해서 쓰는 시여(「원효대사」)

바늘구멍 ①실을 꿰기 위해 바늘 위쪽에 뚫은 구멍. ②아주 작은 구멍을 비유적으로 이르는 말. *바늘구멍만한 叡智를 바라면서 사는 자의 설움이여/너는 차라리 부정한 자가 되라/오늘/이 헐벗은 거리에 가슴을 대고/뒤집어진 부정이 정의가 되지 않더라도//그러면 너의 벗들과/너의 이웃사람들의 얼굴이/바늘구멍 저쪽에 떠오르리라/축소와 확대의 중간에 선 그들의 얼굴/강력과 기도가 일체가 되는 거리에서/너는 비로소 겸허를 배운다/바늘구멍만한 예지의 저쪽에 사는 사람들이여/나의 현실의 메트르여/어제와 함께 내일에 사는 사람들이여/강력한 사람들이여……(「예지」)

바다 지구 위에서, 육지 이외의 부분으로 소금물이 괴어 있는 넓은 부분. *가까이 할 수 없는 서적이 있다/이것은 먼 바다를 건너온/용이하게 찾아갈 수 없는 나라에서 온 것이다(「가까이 할 수 없는 서적」) *나의 천성은 깨어졌다/더러운 붓끝에서 흔들리는 오욕/바다보다 아름다운 세월을 건너와서/나는 태양을 주웠다고 생각하지는 않았지만/설마 이런 것이 올 줄이야/괴물이여(「PLASTER」) *등잔은 바다를 보고/살아있는 듯이 나비가 죽어 누운/무덤 앞에서/나는 나의 할 일을 생각한다(「나비의 무덤」) *더 넓은 전망이 필요 없는 이 무제한의 시간 위에서/산도 없고 바다도 없고 진흙도 없고 진창도 없고 미련도 없이/앙상한 육체의 투명한 골격과 세포와 신경과 안구까지/모조리 노출 낙하시켜 가면서/안개처럼 가볍게 날아가는 과감한 너의 의사 속에는/남을 보기 전에 네 자신을 먼저 보이는/긍지와 선의가 있다(「헬리콥터」) *벽 위에 걸어놓은 지도가/한없이 푸르다/이 푸른 바다와 산과 들 위에/화려한 태양이 날개를 펴고 걸어가는 것이다(「거리1」) *바다의 물결 작년의 나무의 체취/그래 우리 이 盛夏에/온갖 나무의 추억과/

물의 체취라도/다해서/어린 놈 너야/죽음이 오더라도/이제 성을 내지 않는 법을 배워주마(「여편네의 방에 와서」) *상식에 취한 놈/상식에 취한/상식/상……하면서/나는 무엇인가에/여전히 바쁘기만 하다/아직도/소록도의 하얀 바다에/두고/버리고/던지고 온 취기가/가시지 않은 탓이라고 생각한다……(「旅愁」) *머리를 아프게 하는 것은/두통의 미덕은 시간이 아니다/내가 나를 잊어버리기 때문에/바다와 바다 사이에/지금의 3월의 구름이 내려앉듯/진실이 내려앉는다(「백지에서부터」) *꽉 막히는 이것이 나의 생활의 자연의 시초요/바다와 별장과 용솟음치는 파도와 조니 워커와/조크와 미인과 페터 김과 애교와 豪談과/남자의 포부의 미련에 대한(「美濃印札紙」)

바닥 물체의 거죽을 이루는 편편한 부분. *바닥이 없는 집이 되고 있다 소리만/남은 집이 되고 있다 모서리만 남은/돌음길만 남은 난삽한 집으로/기꺼이 기꺼이 변해 가고 있다(「의자가 많아서 걸린다」)

바닷가 바닷물과 땅이 서로 닿는 곳이나 그 부근. *당신이 사준 북어와 오징어와 2등차표와/경포대의 선물과 도리스 위스키와 라스베리 잼에 대해서/미안하지 않소 당신의 모든 행복과 우리들의 바닷가의/행복의 모든 추억에 대해서 미안하지 않소(「美濃印札紙」)

바닷바람 바다에서 뭍으로 불어오는 바람. *煙氣는 누구를 위하여 일을 하는 것도 아니다/해발 이천육백 척의 고지에서/지렁이같이 꿈틀거리는 바닷바람이 무섭다고/구름을 향하여 도망하는 놈/숫자를 무시하고 사는지/이미 헤아릴 수 없이 오래된 연기(「연기」)

바라다 필요하거나 생각하는 것이 이루어지기를 원하다. 기대하다.
바라고 *나의 생활의 圓周 위에 어느 날이고/늬가 서기를 바라고/나의 애정의 원주가 진정으로 위대하여지기 바라고(「너를 잃고」) *생각하면 그것은 둥근 옹이같이 어지러웁기만 한 일이지만/거기에는 초점이 없지도 않다/그러나 이 초점을 바라고 보는 것이 아니다(「기자의 정열」) *불쌍한 백성들아/불쌍한 것은 그대들뿐이다/천국이 온다고 바라고 있는 그대들뿐이다[…]그놈들이 망하고 난 후에도 진짜 곯고 있는 것은/그대들인데/불쌍한 그대들은 천국이 온다고 바라고 있다(「육법전서와 혁명」)

바라는 *내가 으스러지게 설움에 몸을 태우는 것은 내가 바라는 것이 있기 때문이다.(「거미」) *기성 육법전서를 기준으로 하고/혁명을 바라는 자는 바보다/혁명이란/방법부터가 혁명적이어야 할 터인데/이게 도대체 무슨 개수작이냐/불쌍한 백성들아/불쌍한 것은 그대들뿐이다(「육법전서와 혁명」)

바라면서 *바늘구멍만한 叡智를 바라면서 사는 자의 설움이여/너는 차라리 부정한 자가 되라/(「예지」)

바라지 *차라리 위대한 것을 바라지 말았으면/유순한 가족들이 모여서/죄 없는 말을 주고받는/좁아도 좋고 넓어도 좋은 방안에서/나의 위대한 所在를 생각하고 더듬어보고 짚어보지 않았으면(「나의 가족」) *애타도록 마음에 서둘지 말라/강물 위에 떨어진 불빛처럼/혁혁한 업적을 바라지 말라(「봄밤」)

바라다보다 얼굴을 바로 향하고 쳐다보다.
바라다보는 *구름도 필요 없고/항구가 없어도 아쉽지 않은/내가 바로 바라다보는/저 허연 석회 천정―저것도/꿈이 아닌 꿈을 가리키는/내일의 지도다(「거리1」)

바라보다 어떤 대상을 바로 향하여 보다.
바라보게 *뮤즈여/너의 복부를랑 하늘을 바라보게 하고―(「바뀌어진 지평선」)
바라보고 *나는 병풍을 바라보고/달은 나의 등뒤에서 병풍의 주인 六七翁海士의 印章을 비추어주는 것이었다(「병풍」)
바라보는 *욕망이여 입을 열어라 그 속에서/사랑을 발견하겠다 도시의 끝에/사그러져 가는 라디오의 재갈거리는 소리가/사랑처럼 들리고 그 소리가 지워지는/강이 흐르고 그 강 건너에 사랑하는/암흑이 있고 3월을 바라보는 마른 나무들이/사랑의 봉오리를 준비하고 그 봉오리의/속삭임이 안개처럼 이는 저쪽에 쪽빛/산이(「사랑의 변주곡」)
바라보며 *원활하게 굽은 산등성이를 바라보며/나는 지금 간밤의 쓰디쓴 후각과 청각과 미각과 統覺마저 잊어버리려고 한다(「여름 아침」) *기침을 하자/젊은 시인이여 기침을 하자/눈을 바라보며/밤새도록 고인 가슴의 가래라도/마음껏 뱉자(「눈」(1956)) ＊먼 밭을 바라보며 마늘장아찌에/취하지 않은 듯이 취하는 게라(「술과 어린 고양이」)

바라보면서 ＊四星將軍이 즐비한 거대한 파티 같은 풍성하고 너그러운 풍경을 바라보면서/나에게는 잔이 없다(「네이팜 탄」)

바라보아야 ＊나는 지금 산정에 있다―/시를 반역한 죄로/이 메마른 산정에서 오랫동안 꿈도 없이 바라보아야 할 구름/그리고 그 구름의 파수병인 나.(「구름의 파수병」)

바라본다 ＊심연은 나의 붓끝에서 퍼져가고/나는 멀리 세계의 노예들을 바라본다/塵芥와 분뇨를 꽃으로 마구 바꿀 수 있는 나날/그러나 심연보다도 더 무서운 자기 상실에 꽃을 피우는 것은 신이고(「꽃」)

바람¹ 기압의 변화로 일어나는 대기의 흐름. ＊南廟 문고리 굳은 쇠문고리/기어코 바람이 열고/열사흘 달빛은/이미 과부의 靑裳이어라(「廟庭의 노래」) ＊제2차 대전 이후의/긴 긴 역사를 갖춘 것 같은/이 엄연한 책이/지금 바람 속에 휘날리고 있다(「가까이 할 수 없는 서적」) ＊樵夫의 일하는 소리/바람이 생기는 곳으로/흘러가는 흘러가는 새소리/갈대소리(「토끼」) ＊고색이 창연한 우리집에도/어느덧 물결과 바람이/신선한 기운을 가지고 쏟아져 들어왔다[…]누구 한 사람의 입김이 아니라/모든 가족의 입김이 합치어진 것/그것은 저 넓은 문창호의 수많은/틈 사이로 흘러들어오는 겨울바람보다도 나의 눈을 밝게 한다[…]거칠기 짝이 없는 우리 집안의/한없이 순하고 아득한 바람과 물결―/이것이 사랑이냐/낡아도 좋은 것은 사랑뿐이냐(「나의 가족」) ＊나는 너무나 자주 설움과 입을 맞추었기 때문에/가을 바람에 늙어가는 거미처럼 몸이 까맣게 타버렸다.(「거미」) ＊[…]나는 식인종같이 잔인한 탐욕과 강렬한 의욕으로 그중의 하나하나를 일일이 뚫어져라 하고 들여다보는 것이지만/나의 마음은 달과 바람모양으로 서늘하다[…]그네의 얼굴이 나의 눈앞에서/어린아이들이 가지고 노는 도르라미모양으로 세찬 바람에 매암을 돌기 전에[…]바람은 면도날처럼 날카로웁건만/어디까지 명랑한 나의 마음이냐(「거리2」) ＊고난이 풍선같이 바람에 불리거든/너의 힘을 알리는 신호인 줄 알아라(「지구의」) ＊돌아오는 채소밭 가에서/기운을 주라 더 기운을 주라/바람이 너를 마시기 전에(「채소밭 가에서」) ＊바람도 불지 않는 나무에서 열매가 떨어지듯 나의 마음에서 수없이 떨어져내리는 휴식의 열매(「靈交日」) ＊흐린 하늘에 이는 바람은/어제가 다르고 오늘이 다른데/옷을 벗어놓은 나의 정신은/늙은 바위에 앉은 이끼처럼 추워라(「초봄의 뜰 안에」) ＊명령하고 결의하고/〈평범하게 되려는 일〉 가운데에/해초처럼 움직이는/바람에 나부껴서 밤을 모르고/언제나 새벽만을 향하고 있는/투명한 움직임의 비애를 알고 있느냐(「비」) ＊어둠속에 비치는 해바라기와…… 주전자와…… 흰 벽과……/불을 등지고 있는 성황당이 보이는/그 산에는 겨울을 가리키는 바람이 일기 시작하네(「사치」) ＊하얗게 마른 마루틈 사이에서/들어오는 바람에서/느끼는 투지와 애정은 젊다[…]하얗게 마른 마루틈 사이에서/검은 바람이 들어온다고 외쳐라/너의 머리 위에/너의 몸을 반쯤 가려주는 길고/멋진 양철 차양이 있다고 외쳐라(「가옥 찬가」) ＊시냇물소리 푸르고 희고 잔잔한 물소리/숲과 숲 사이의 하늘을 향해서/우는 매미/흙빛 매미여/달팽이는 닭이 먹고/구데기 바람에 우는 소리 나면/물소리는 먼 하늘을 찢고 달아난다/바람이 바람을 쫓고 생명을 쫓는다(「말복」) ＊그럴 때면 바람에 떨어진 빨래를 보고/내가 말없이 집어 걸기만 하는 이유,/모르지?(「모르지?」) ＊미친놈뽄으로 어서 또 가요 변화는 끝났어요/어서 또 가요/실 같은 바람 따라 어서 또 가요(「시」(1961)) ＊거위의 울음소리는/밤에도 여자의 호마노색 원피스를 바람에 나부끼게 하고/강물이 흐르게 하고/꽃이 피게 하고/웃는 얼굴을 더 웃게 하고/죽은 사람을 되살아나게 한다(「거위 소리」) ＊바람은 딴 데에서 오고/구원은 예기치 않은 순간에 오고/절망은 끝까지 그 자신을 반성하지 않는다(「절망」(1965)) ＊모래야 나는 얼마큼 작으냐/바람아 먼지야 풀아 나는 얼마큼 작으냐/정말 얼마큼 작으냐……(「어느 날 고궁을 나오면서」) ＊누구한테 머리를 숙일까/사람이 아닌 평범한 것에/많이는 아니고 조금/벼를 터는 마당에서 바람도 안 부는데/옥수수잎이 흔들리듯 그렇게 조금//바람의 고개는 자기가 일어서는 줄/모르고 자기가 가 닿은 언덕을/모르고 거룩한 산에 가 닿기/전에는 즐거움을 모르고 조금/안 즐거움이 꽃으로 되어도/그저 조금 꺼졌다 깨어나고(「꽃잎1」) *너무 진리가 어처구니없이 간단해서 웃는/실낱 같은 여름 바람의 아우성이여(「꽃잎3」) *소음에 시달린 마당 한구석에/철 늦게 핀 여름 장미의 흰구름/소나기가 지나고 바람이 불듯/하더니 또 안 불고 소음은 더욱 번성해진다(「여름 밤」) *풀이 눕는다/바람보다도 더 빨리 눕는다/바람보다도 더 빨리 울고/바람보다 먼저 일어난다/날이 흐리고 풀이 눕는다/발목까지/발밑까지 눕는다/바람보다 늦게 누워도/바람보다 먼저 일어나고/바람보다 늦게 울어도/바람보다 먼저 웃는다/날이 흐리고 풀뿌리가 눕는다(「풀」)

바람² ①주로 몸에 차려야 할 것을 제대로 갖추지 아니한 차림새. ②원인이나 근거. *「파자마 바람으로 우는 아이를 데리러 나가서/노상에서 지서의 순경을 만났더니/「아니 어디를 갔다 오슈?」/이렇게 돼서야 그만이지/어떻게든지 체면을 차려볼 궁리 좀 해야지//파자마 바람으로 닭모이를 주러 나가서/문지방 안에 석간이 떨어져 뒹굴고 있는데도/심부름하는 놈더러/「저것 좀 집어와라!」 호령 하나 못하니/이렇게 돼서야 그만이지/어떻게든지 체면을 차려볼 궁리 좀 해야지//파자마 바람으로 체면도 차리고 돈도 벌자고/하다하다못해 번역업을 했더니/권말에 붙어나오는 역자 약력에는/한사코 ××대학 중퇴가 ××대학 졸업으로 誤植이 돼 나오니/이렇게 돼서야 그만이지/어떻게든지 체면을 차려볼 궁리 좀 해야지//파자마 바람으로 주스를 마시면서/프레이저의 현대시론을 사전을 찾아가며 읽고 있으려니/여편네가 일본에서 온 새 잡지 안의/金素雲의 수필을 보라고 내던져준다/읽어보지 않으신 분은 읽어보시오/나의 프레이저의 책 속의 낱말이/송충이처럼 꾸불텅거리면서 어찌나 지겨워 보이던지/이렇게 돼서야 그만이지/어떻게든지 체면을 차려볼 궁리 좀 해야지(「파자마 바람으로」) *이 3만 원을 달러 이자라도 내서 갚아 달라고 대드는 바람에/집문서를 갖고 가서 무이자로 15개월만/돌려 달라고 우리가 강청한 사람은 이 돈을 받을 사람과 한 고향인 함경도 친구(「판문점의 감상」)

바람소리 바람이 부는 소리. *창을 흔들고 가는 바람소리를 들어도 불안하지도 않고/도회에서 태어나서 도회에서 죽어가는 사람들은(「미숙한 도적」) *물소리 빗소리 바람소리 하나 들리지 않는 곳에/나란히 옆으로 가로 세로 위로 아래로 놓여 있는 무수한 꽃송이와 그 그림자(「九羅重花」) *물소리 새소리 낯선 바람소리 다시 듣고/모자의 정보다 부부의 의리보다/더욱 뜨거운 너의 입김에/나의 고독한 정신을 녹이면서 우마(「나비의 무덤」) *미역국 위에 뜨는 기름이/우리의 역사를 가르쳐준다 우리의 환희를/풀 속에서는 노란 꽃이 지고 바람소리가 그릇 깨지는/소리보다 더 서걱거린다―우리는 그것을 영원의/소리라고 부른다(「미역국」)

바로 ①비껴나지 않고 곧게. ②사리나 원리, 원칙 등에 어긋나지 아니하게. ③다른 것이 아니라 곧. ④동안을 두지 않고 곧. *동무여 이제 나는 바로 보마/사물과 사물의 생리와/사물의 수량과 한도와/사물의 우매와 사물의 명석성을(「孔子의 생활난」) *나는 한번도 아버지의/수염을 바로는 보지/못하였다(「이[蝨]」) *그것은 본 사람만이 아는 일이지요/누가 거제도 제61수용소에서 단기 4284년 3월 16일 오전 5시에 바로 철망 하나 둘 셋 네 겹을 隔하고 불 일어나듯이 솟아나는 제62적색수용소로 돌을 던지고 돌을 받으며 뛰어들어갔는가(「조국에 돌아오신 傷病捕虜 동지들에게」) *구름도 필요 없고/항구가 없어도 아쉽지 않은/내가 바로 바라다보는/저 허연 석회 천정―/저것도/꿈이 아닌 꿈을 가리키는/내일의 지도다(「거리1」) *靜寂이 나의 가슴에 있고/부드러움이 바로 내가 따라가는 것인 이상/나의 긍지는 애드벌룬보다는 좀 더 무거울 것이며/예지는 어느 煙筒보다도 훨씬 뾰죽하고 날카로울 것이다(「거리2」) *모오든 언어가 시에로 통할 때/나는 바로 일순간 전의 대담성을 잊어버리고/젖 먹는 아이와 같이 이지러진 얼굴로/여름 뜰이여/너의 광대한 손[手]을 본다(「여름 뜰」) * 나는 그날부터 그를 진심으로 사랑하게 되었다/그러나 바로 어저께 내가 오래간만에 거리에 나가니/나의 친구들은 모조리 나를 회피하는 눈치이었다(「백의」) * 오오 사랑이 추방을 당하는 시간이 바로 이때이다(「피곤한 하루의 나머지 시간」) * 천장지는 푸른 바탕에/아니 흰 바탕에/엇갈린 벽돌처럼 빌딩 창문처럼/바로 그런 무늬겠다(「마케팅」) * 삭막한 집의 삭막한 방에 놓인 피아노/그 방은 바로 어제 내가 혁명을 기념한 방/오늘은 기름진 피아노가/덩덩 덩덩덩 울리면서/나의 고갈한 비참을 달랜다(「피아노」) * 꽃의 소음이 바로 들어오게/꽃을 찾기 전의 것을 잊어버리세요/꽃의 글자가 다시 비뚤어지게(「꽃잎 2」) * 그것하고 하고 와서 첫번째로 여편네와/하던 날은 바로 그 이튿날 밤은/아니 바로 그 첫날 밤은 반시간도 넘어 했는데도/여편네가 만족하지 않는다(「性」)

바르다 ①풀칠한 종이나 헝겊 따위를 물건의 표면에 붙이다. ②물이나 풀, 화장품 등을 물체의 표면에 문질러 묻히다.
바르고 * 이발소의 화롯가에 연분홍빛 화로/깨어진 유리에 종이를 바르고/그 언 유리에 비친 내 얼굴이 제임스 띵같이/되기까지 내가 겪은, 내가 겪을/고뇌는 무한이다(「제임스 띵」)
바른 * 언청이야 언청이야 이발쟁이야 너의/보꾹에 바른 신문지의 활자가 즐거웁구나(「제임스 띵」) * 가구점의 문앞에서 책꽂이를/묶어주는 철쭉꽃빛 루즈를 바른/주인 여자의 얼굴—그 얼굴은 네 얼굴보다는/간음을 상상할 수 있을 만큼/그렇게 조금은 생생하지만/죽어라 돈을 받기보다는/죽어라 돈을 받기 전에(「네 얼굴은」)

발랐으니 * 쉬었다 가든 거꾸로 가든 모로 가든/어서 또 가요 기름을 발랐으니 어서 또 가요/타마구를 발랐으니 어서 또 가요(「시」(1961))

바보 ①지능이 부족하여 정상적으로 판단하지 못하는 사람. ②어리석고 멍청한 사람 욕하거나 얕잡아 이르는 말. * 기성 육법전서를 기준으로 하고/혁명을 바라는 자는 바보다/혁명이란/방법부터가 혁명적이어야 할 터인데/이게 도대체 무슨 개수작이냐(「육법전서와 혁명」) * 바보의 가족과 운명과/어린 고양이의 울음/니야옹 니야옹 니야옹//술 취한 바보의 가족과 운명과/술 취한 어린 고양이의 울음/역시/니야옹 니야옹 니야옹 니야옹(「술과 어린 고양이」) * 31일 오오 나의 판문점이여/벌판이여 암흑의 바보의/장막이여 이 돈은 원은 10월 말일이/기한이고/내 날짜로는 그것이 기한이고/38선의 날짜로는 8월 15일이 기한인데(「판문점의 감상」)

바쁘다 ①해야 할 일이 많아서 겨를이 없다. ②몹시 급하다. * 생각할 틈도 없이/애정은 절박하고/과거와 미래와 오류와 혈액들이 모두 바쁘다(「네이팜 탄」)
바빠도 * 아무리 바빠도 지장이 없느니라 술 취했다고 일이 늦으랴/취하면 취한 대로 다 하느니라(「술과 어린 고양이」)
바쁘기만 * 〈시간은 시간을 먹는 듯이 바쁘기만 하다〉는/기계가 아닌 자옥한 안개 같은/준엄한 태산 같은/시간의 퇴적뿐이 아닐 것이냐(「네이팜 탄」) * 상식에 취한 놈/상식에 취한/상식/상……하면서/나는 무엇인가에/여전히 바쁘기만 하다(「旅愁」)
바쁘다고 * 동정하고 진지한 얼굴을 하고/바쁘다고 서두르면서 일도 하고/원고도 쓰고 치부도 하고/시골에도 있고 해변가에도 있고/서울에도 있고 산보도 하고/영화관에도 가고/애교도 있다/그들은 말하자면 우리들의 곁에 있다(「하…… 그림자가 없다」)
바쁘지도 * 누구 집을 가보아도 나 사는 곳보다는 여유가 있고/바쁘지도 않으니/마치 別世界같이 보인다(「달나라의 장난」)
바쁜 * 하여간 바쁨과 한가와 실의와 초조를 나하고 같이한 돈/바쁜 돈—/아무도 正視하지 못한 돈—돈의 비밀이 여기 있다(「돈」)
바쁨 * 하여간 바쁨과 한가와 실의와 초조를 나하고 같이한 돈/바쁜 돈—/아무도 正視하지 못한 돈—돈의 비밀이 여기 있다(「돈」)

바싹 아주 가까이 달라붙거나 다가가는 모양. * 그러나 결코 너를 격하고 있는 세상에게 웃는 것은 아니리/너를 보고/너의 곁에 애처로울 만치 바싹 다가서서/내가 웃는 것은 세상을 향하여서가 아니라/너를 보고 짓는 짓궂은 웃음인 줄 알아라[…]두려운 세상과 같이 배를 대고 있는/너의 대담성—/그래서 나는 구태여 너에게로 더 한걸음 바싹 다가서서/그리움도 잊어버리고 웃는 것이다(「너는 언제부터 세상과 배를 대고 서기 시작했느냐」)

바위 매우 큰 돌. *기회와 油滴 그리고 능금/올바로 정신을 가다듬으면서/나는 수없이 길을 걸어왔다/그리하여 응결한 물이 떨어진다/바위를 문다(「아메리카 타임 誌」) *거기다가 나의 부처님을 모신 법당 뒷산에 묻혀 있는 검은 바위같이 큰 머리에는 둘레가 작아서 맞지 않아 그 모자를 쓴 기분이란 쳇바퀴를 쓴 것처럼 딱딱하다(「시골 선물」) *잣나무 전나무 집뿅나무 상나무/연못 흰 바위/이러한 것들이 나를 속이는가/어두운 그늘 밑에 드나드는 쥐새끼들(「휴식」) *흐린 하늘에 이는 바람은/어제가 다르고 오늘이 다른데/옷을 벗어놓은 나의 정신은/늙은 바위에 앉은 이끼처럼 추워라(「초봄의 뜰 안에」) *제일 피곤할 때 적에 대한다/바위의 아량이다/날이 흐릴 때 정신의 집중이 생긴다/신의 아량이다(「적2」) *언뜻 보기엔 임종의 생명 같고/바위를 뭉개고 떨어져내릴/한 잎의 꽃잎 같고/혁명 같고/먼저 떨어져내린 큰 바위 같고/나중에 떨어진 작은 꽃잎 같고//나중에 떨어져내린 작은 꽃잎 같고(「꽃잎1」)

바지 아랫도리에 입는 옷의 일종으로 두 다리를 꿰는 가랑이가 있음. *아가야 아가야/기저귀 위에는 나일론 종이까지 감겨져 있네/엄마는/바지가 젖는 것이 무서웁단다(「자장가」) *그는 나보다도 가난해 보이는데/남방셔츠 밑에는 바지에 혁대도 매지 않았는데/그는 나보다도 가난해 보이고/그는 나보다도 짐이 무거워 보이는데/그는 나보다도 훨씬 늙었는데/그는 나보다도 눈이 들어갔는데/그는 나보다도 여유가 있고/그는 나에게 공포를 준다(「강가에서」)

바퀴 빙 돌아서 제자리까지 돌아오는 횟수를 세는 단위. *〈돼〉가 긍정에서 의문으로 돌아갔다/의문에서 긍정으로 또 돌아오면 돼/이것이 몇 바퀴만 넌지시 돌면 돼/해바라기 머리같이 돌면 돼(「장시1」)

바탕 그림, 글씨, 무늬 등을 놓는 물체의 바닥. *천장지는 푸른 바탕에/아니 흰 바탕에/엇갈린 벽돌처럼 빌딩 창문처럼/바로 그런 무늬겠다(「마케팅」)

박군(一君) 박씨 성을 가진 친구나 아랫사람을 친근하게 부르거나 이르는 말. *영숙아 기환아 천석아 준이야 만용아/프레지덴트 김 미스 리/정순이 박군 정식이/그놈의 사진일랑 소리없이 떼어 치우고(「우선 그놈의 사진을 떼어서 밑씻개로 하자」)

박다 ①어떤 물체를 다른 물체에 꽂거나 끼우다. ②글씨를 쓸 때, 글자 하나 하나의 획을 또렷이 하다.

박고 *너는 나와 함께 못난 놈이면서도 못난 놈이 아닌데/쓸데없는 도면 위에 글자만 박고 있으면 어떻게 하리(「사무실」)

박는 *이 모든 무수한 반동이 좋다/이 땅에 발을 붙이기 위해서는/—제3인도교의 물속에 박은 철근 기둥도 내가 내 땅에/박는 거대한 뿌리에 비하면 좀벌레의솜털/내가 내 땅에 박는 거대한 뿌리에 비하면(「거대한 뿌리」)

박아 *너 이놈 정동 재판소에서 언제 달아났으냐 깟땜!/오냐 그놈들을 물에다 거꾸로 박아놓아라(「나는 아리조나카보이야」)

박아라 *地球儀의 양극을 관통하는 생활보다는/차라리 지구의의 남극에 생활을 박아라/고난이 풍선같이 바람에 불리거든/너의 힘을 알리는 신호인 줄 알아라(「지구의」)

박은 *이 모든 무수한 반동이 좋다/이 땅에 발을 붙이기 위해서는/—제3인도교의 물속에 박은 철근 기둥도 내가 내 땅에/박는 거대한 뿌리에 비하면 좀벌레의솜털/내가 내 땅에 박는 거대한 뿌리에 비하면(「거대한 뿌리」)

박승희(朴勝喜) 1901~1964. 서울 출생. 중앙고보(中央高普)를 졸업하고, 1923년 일본 메이지(明治)대학 영문과 재학 중 김복진(金復鎭)·김기진(金基鎭) 등과 극단 토월회(土月會)를 조직한 예술인. *우리는 여지껏 희생하지 않는 오늘의 문학자들에 관해서/너무나 많이 고민해 왔다/김동인, 박승희 같은 이들처럼 私財를 털어놓고/문화에 헌신하지 않았다/김유정처럼 그밖

박승희

박히다 '박다'의 피동형.
　박혀 *4면의 신문 위에 6호 활자가 몇천 개 박혀 있는지 모르지만 너의 상상에서는 실제의 수십 배는 담겨 있으리라(「기자의 정열」)
　박히어도 *나의 죄 있는 몸의 억천만 개의 털구멍에/죄라는 죄가 가시같이 박히어도/그야 솜털만치도 아프지는 않으려니(「기도」)
　박힌 *이 무수한 활자 가운데에/신문기자인 너의 기사도/매일 조금씩은 끼이게 되는데/큰 아름드리나무에 박힌 옹이처럼 너는 네가 한 신문기사를 매일 아침 게시판 위에서 찾아보는 버릇이 너도 모르게 어느덧 생기고 말았다(「기자의 정열」)

밖 ①어떤 선이나 경계를 넘어선 쪽. ②일정하게 한정되어 있는 곳을 벗어난 곳. 바깥. *초봄의 뜰 안에 들어오면/서편으로 난 난간문 밖의 풍경은/모름지기/보이지 않고(「초봄의 뜰 안에」) *그러나 오늘은 말복도 다 아니 갔으며/밤에는 물고기가 물 밖으로/달빛을 때리러 나온다//영원한 한숨이여(「말복」) *오오 사랑이 추방을 당하는 시간이 바로 이때이다/내가 나의 밖으로 나가는 것처럼(「피곤한 하루의 나머지 시간」) *그때 너는 열여섯 살이었다/그때 너는 열여섯 살이었다/그때도 너는 기적이었다/너의 의지는 싹트기 시작했다/너의 의지는/학교 안에서 배운 모든 것이/학교 밖에서 본 모든 것이/반드시 정말이 아니라는 것을 알았고/너의 어린 의사를 발표할 줄 알았다/우리는 너를 보고 깜짝 놀랐다//그때 너는 열일곱 살이었다/그때 너는 열일곱 살이었다/그때도 너는 기적이었다/너의 근육은/학교 밖에서 얻어맞은 모든 것이/골목길에서 얻어맞은 모든 것이/반드시 정말이 아니라는 것을 알았고/너의 어린 행동은/어린 상징을 면하기 시작했다[…]너는 이제 열아홉 살이었다/너는 이제 열아홉 살이었다/너는 여전히 기적이었다/너의 회의는 굳어가기 시작했다/너의 회의는/나라 안에서 당한 모든 것이/나라 밖에서 당한 모든 것이/반드시 정말이 아니라는 것을 알았고/너의 어린 포부는/불가능의 한계를 두드려보기 시작했다(「65년의 새해」) *그와 내가 대결하고 있는 깨진 유리창문 밖에서는/新舊의 두 놈이 마적의 동생처럼/떨고 있다「아녜요」 하면서 오야붕을 응원/하려 들었지만 내가 그놈들에게/언권을 줄 리가 없다(「제임스 띵」)

반(半) 둘로 똑같이 나눈 것의 한 부분. *寒鴉가 와서/그날을 울더라/밤을 반이나 울더라/사람은 영영 잠귀를 잃었더라(「廟庭의 노래」)

반갑다 그리던 사람을 만나거나 원하던 일이 이루어져서 마음이 즐겁고 기쁘다.
　반가운 *시를 쓰는 마음으로/꽃을 꺾는 마음으로/자는 아이의 고운 숨소리를 듣는 마음으로/죽은 옛 연인을 찾는 마음으로/잃어버린 길을 다시 찾은 반가운 마음으로/우리가 찾은 혁명을 마지막까지 이룩하자(「기도」)
　반가워서 *낭만적 위대성을 잊어버린 지 오랜 네가 인류를 위하여 산다는 것도 거짓말에 가까운 것이지만/그래도 누가 읽어줄지 모르는 신문 한구석에 너의 피가 어리어 있는 것이 반가워서 보고 있는 것인가(「기자의 정열」)
　반갑다 *18년 후에 이렇게 뻐젓이 서울의 다방 건너 막걸리집에서 또 만나게 됐으니/하여간 반갑다 잠입한 사랑아 무식한 사랑아(「滿洲의 여자」)

반공산주의자(反共産主義者) 공산주의를 반대하는 사람. *그러나 이렇게 써도 내가 반공산주의자가/아니 되기 위해서는 그날까지 이 엉성한/조각한 방송들이 어떻게 돼야 하고/어떻게 될 것이다/먼저 어떻게 돼야 하고 어떻게 될 것이다(「라디오 계」)

반공전선(反共戰線) 공산주의에 반대하는 사상을 고취하는 일 또는 그런 투쟁 형태. *포로의 반공전선을 위하여는/이것보다 더 장황한 전제가 필요하였습니다/나는 그들의 용감성과 또 그들의 어마어마한 戰果에 대하여 말하는 것이 아니라/그들이 싸워온 독특한 위치와 세계사적 가치를 말하는 것입니다(「조국에 돌아오신 傷病捕虜 동지들에게」)

반공포로(反共捕虜) 남한의 포로수용소에 수용된 북한군 중 공산주의에 반대하여 북으로 송환되기를 거부한 포로. *그러나 천당이 있다면 모두 다 거기서 만나고 있을 것입니다/억울하게 넘어진 반공포로들이/다 같은 대한민국의 이북 반공포로와 거제도 반공포로들이/무궁화의 노래를 부를 것입니다(「조국에 돌아오신 傷病捕虜 동지들에게」)

반달(半―) 반원형의 달. ＊「눈물은 나의 장사이니까」―오오 눈물의/눈물이여 음악의 음악이여/달아난 음악이여 반달이여/내 눈 아래에 다시 생긴 사마귀는/구태여 빼지 않을 작정이다(「반달」)

반대하다(反對―) 어떤 행동이나 견해, 제안 따위에 따르지 아니하고 맞서 거스르다.

반대하는 ＊한번 정정당당하게/붙잡혀간 소설가를 위해서/언론의 자유를 요구하고 월남파병에 반대하는/자유를 이행하지 못하고/20원을 받으러 세 번씩 네 번씩/찾아오는 야경꾼들만 증오하고 있는가(「어느 날 고궁을 나오면서」)

반대하지 ＊이 밭주인은 차밭 주인의 소작인이다/그러나 우리집 여편네는 이것을 모두/자기 밭이라고 한다 멀쩡한 거짓말이다/그러나 이런 거짓말이 필요할 때가 있다/그러나 이런 거짓말을 해도 별로/성과는 없었다 성과가 없을 것을/알고 있기 때문에 나는 여편네의/거짓말에 반대하지 않는다(「반달」)

반도조각(半島―) 삼면이 바다로 둘러싸이고 한 면은 육지에 이어진 땅. 대륙에서 바다 쪽으로 좁다랗게 돌출한 육지. ＊전 아시아의 후진국 전 아프리카의 후진국/그 섬조각 반도조각 대륙조각이/이 발견의 봄이 오기 전에 옷을 벗으려고/뚜껑이 열렸다 닫히는 소리(「풀의 영상」)

반도호텔(半島 Hotel) 1936년에 세워진 최초의 상용호텔. 해방 직후 미군사령부가 차지하고 있을 때는 하지 장군을 만나러 한국의 정치지도자들이 여기를

반도호텔

자주 드나들었고 자유당 정권 때는 이기붕 국회의장이 이곳을 자주 이용하여 그 전부터 호텔정치로 유명한 곳이기도 하다(남시욱, 『체험적 기자론』, 나남출판사, 1997). ＊여보세요. 앨비의 아메리칸 드림예요. 절망예요./8월달에 실어주세요. 절망에서 나왔어요./모 레면 다 되요. 200매예요. 특종이죠./머릿속에 특종이란 자가 보여요. 여편네하고/싸우고 나왔지요. 순수하죠. 앨비 말예요./살롱 드라마이지요. 반도호텔이나 조선호텔에서/공연을 하게 돼요. 절망의 여운이예요./미해결이지요. 좋아요. 만족입니다./신문회관3층에서 하는 게 낫다구요. 아녜요./거기에는 냉방장치가 없어요. 장소는 200명가량/수용될지 모르지만요. 절망의 연료가 모자/란다구요. 그래요! 반도호텔 같은 데라야/미국놈들한테서 입장료를 받을 수 있지요.(「전화 이야기」)

반동(反動) ①어떤 작용에 대하여 그 반대로 작용함. ②진보적이거나 발전적인 움직임을 반대하여 강압적으로 가로막음. ＊글씨가 가다가다 몹시 떨린 漢字가 있는데/그것은 물론 현정부가 그만큼 악독하고 반동적이고/가면을 쓰고 있기 때문이다(「중용에 대하여」) ＊나의 주위에 말짱〈반동〉만 앉아 있어/객소리만 씨부리고 있었다는 것이/더욱이나 더욱이나 아니라(「황혼」) ＊비숍 여사와 연애를 하고 있는 동안에는 진보주의자와 사회주의자는 네 에미 씹이다 통일도 중립도 개좆이다/은밀도 심오도 학구도 체면도 인습도 치안국/으로 가라 동양척식회사, 일본영사관, 대한민국 관리,/아이스크림은 미국놈 좆대강이나 빨아라 그러나/요강, 망건, 장죽, 종묘상, 장전, 구리개 약방, 신전,/피혁점, 곰보, 애꾸, 애 못 낳는 여자, 무식쟁이,/이 모든 무수한 반동이 좋다(「거대한 뿌리」) ＊여기에 있는 것은 중용이 아니라/踏步다 죽은 평화다 懶惰다 무위다/(단〈중용이 아니라〉의 다음에〈反動이다〉라는/말은 지워져 있다/끝으로〈모두 적당히 가면을 쓰고 있다〉라는/한 줄도 빼어놓기로 한다)(「중용에 대하여」)

반드르르하다 윤기가 있고 모양이 매끄럽다.

반드르르하게 ＊오징어발에 말라붙은 새처럼 꼬리만 치지 않으면 돼/입만 반드르르하게 닦아놓으면 돼(「장시1」)

반드시 틀림없이 꼭. ＊반드시 찾으려고 불을 컨 것도 아니지만/없어지는 자체를 보기 위하여서만 불을 컨 것도 아닌데/잊어버려서 아까운지 아까웁지 않은지 헤아릴 사이도 없이 불은 커지고(「구슬픈 육체」) ＊그러나 어디를 가

보나/그의 머리 위에 반드시 窓이 달려 있는 것은/죄악이 아니겠느냐(「수난로」) *함경도 친구와 경상도 친구가 외국인처럼 생각돼서/술집에서 반드시 표준어만 쓰는 이유,/모르지?(「모르지?」) *나는 아직도 앉는 법을 모른다/어쩌다 셋이서 술을 마신다 둘은 한 발을 무릎 위에 얹고/도사리지 않는다 나는 어느새 남쪽식으로/도사리고 앉았다 그럴 때는 이 둘은 반드시/이북 친구들이기 때문에 나는 나의 앉음새를 고친다(「거대한 뿌리」) *식구가 나보다도 일곱 식구나 더 많다는데/일요일이면 빼지 않고 강으로 투망을 하러 나온다고 한다/그리고 반드시 4킬로가량을 걷는다고 한다(「강가에서」) *이제 나의 방은 막다른 방/이제 나의 방의 옆방은 자연이다/푸석한 암석이 쌓인 산기슭이/그치는 곳이라고 해도 좋다/거기에는 반드시 구름이 있고/갯벌에 고인 게으른 물이/벌레가 뜰 때마다 눈을 껌벅거리고(「이사」) *그때 너는 열여섯 살이었다/그때 너는 열여섯 살이었다/그때도 너는 기적이었다/너의 의지는 싹트기 시작했다/너의 의지는/학교 안에서 배운 모든 것이/학교 밖에서 본 모든 것이/반드시 정말이 아니라는 것을 알았고/너의 어린 의사를 발표할 줄 알았다/우리는 너를 보고 깜짝 놀랐다//그때 너는 열일곱 살이었다/그때 너는 열일곱 살이었다/그때도 너는 기적이었다/너의 근육은/학교 밖에서 얻어맞은 모든 것이/골목길에서 얻어맞은 모든 것이/반드시 정말이 아니라는 것을 알았고/너의 어린 행동은/어린 상징을 면하기 시작했다[…]너의 회의는/나라 안에서 당한 모든 것이/나라 밖에서 당한 모든 것이/반드시 정말이 아니라는 것을 알았고/너의 어린 포부는/불가능의 한계를 두드려보기 시작했다(「65년의 새해」)

반란성(叛亂性) 반역하는 성질. *국수―이태리어로는 마카로니라고/먹기 쉬운 것은 나의 叛亂性일까(「孔子의 생활난」)

반문하다(反問―) 남의 물음에는 답하지 않고 도리어 되묻다.
  반문하는 *이 돈이 31일까지 나올 가망성이 없다/전화를 걸어 보니 아직도 해결이 안 됐느냐고/오히려 반문하는 품이 벌써 이상스럽다(「판문점의 감상」)

반반(半半) 절반으로 가른, 또는 갈라진 각각. *무능한 내가 지지 않는 것은 이때만이다/너의 독기가 예에 없이 걸레쪽같이 보이고/너와 내가 반반―「어디 마음대로 화를 부려보려무나」(「만용에게」)

반복(反覆) 되풀이함. *술 취한 듯한 동네아이들의 함성/미쳐돌아가는 역사의 반복/나무뿌리를 울리는 신의 발자국소리/가난한 침묵/자꾸 어두워가는 백주의 활극(「장시2」) *되돌아오고 되돌아가는 무수한 하루살이/―그러나 나의 머리 위의 천장에서는 너의 소리가 들린다―/하루살이의 反覆이여(「하루살이」)

반상(飯床) '반상기(飯床器)'의 준말. 격식을 갖추어 밥상 하나를 차리게 만든 한 벌의 그릇. *마루에 가도 마찬가지다 피아노 옆에 놓은/찬장이 울린다 유리문이 울리고 그 속에/넣어둔 노리다케 반상 세트와 글라스가/울린다 이따금씩 강 건너의 대포소리가(「의자가 많아서 걸린다」)

반성(反省) 자신의 과거 언행에 대하여 잘못이나 부족함이 없는지 돌이켜서 생각함. *나같이 사는 것은 나밖에 없는 것 같다/나는 이렇게도 가련한 놈 어느 사이에/자꾸자꾸 소심해져만 간다/동요도 없이 반성도 없이/자꾸자꾸 소인이 돼간다/속돼간다 속돼간다/끝없이 끝없이 동요도 없이(「강가에서」)

반성하다(反省―) 자신의 과거 언행에 대하여 잘못이나 부족함이 없는지 돌이켜서 생각하다.
  반성하지 *풍경이 풍경을 반성하지 않는 것처럼/곰팡이 곰팡을 반성하지 않는 것처럼/여름이 여름을 반성하지 않는 것처럼/속도가 속도를 반성하지 않는 것처럼/졸렬과 수치가 그들 자신을 반성하지 않는 것처럼/바람은 딴 데에서 오고/구원은 예기치 않은 순간에 오고/절망은 끝까지 그 자신을 반성하지 않는다(「절망」(1965))

반시간(半時間) 한 시간의 절반. 30분. *그것 하고 하고 와서 첫번째로 여편네와/하던 날은 바로 그 이튿날 밤은/아니 바로 그 첫날 밤은/반시간도 넘어 했는데도/여편네가 만족하지 않는다(「性」)

반역(反逆) 배반하여 돌아섬. ＊날아간 제비와 같이 자국도 꿈도 없이/어디로인지 알 수 없으나/어디로이든 가야 할 반역의 정신(「구름의 파수병」)

반역되다(反逆—) '반역하다'의 피동형. ☞ 반역하다.
  반역된 ＊만약에 나라는 사람을 유심히 들여다본다고 하자/그러면 나는 내가 詩와는 반역된 생활을 하고 있다는 것을 알 것이다(「구름의 파수병」)

반역성(反逆性) 반역하려는 성질. ＊종로 네거리도 행길에 가까운 일부러 떠들썩한 찻집을 택하여 나는 앉아 있다/이것이 도회 안에 사는 나로서는 어디보다도 조용한 곳이라고 생각하고 있기 때문이다/그러한 나의 반역성을 조소하는 듯이 스무 살도 넘을까 말까 한 노는 계집애와 머리가 고슴도치처럼 부스스하게 일어난 쓰메에리의 학생복을 입은 청년이 들어와서 커피니 오트밀이니 사과니 어수선하게 벌여놓고 계통 없이 처먹고 있다(「시골 선물」)

반역하다(反逆—) 배반하여 돌아서다.
  반역한 ＊나는 지금 산정에 있다—/시를 반역한 죄로/이 메마른 산정에서 오랫동안 꿈도 없이 바라보아야 할 구름/그리고 그 구름의 파수병인 나.(「구름의 파수병」)

반절(半—) 선 채로 상반신만 반쯤 굽혀서 하는 절. ＊날아가던 朱雀星/깃들인 矢箭/붉은 柱礎에 꽂혀있는/반절이 과하도다(「廟庭의 노래」)

반주곡(伴奏曲) 노래나 기악의 연주를 도와주기 위하여 옆에서 다른 악기를 연주함. ＊작품 제목임(「반주곡」) ＊전화를 걸고 그는 떠나갔다/공연한 이야기만 남기고 떠나갔다/그의 이야기가 절망인 것이 아니라/그의 모습이 절망인 것이 아니라/그가 돈을 가지고 갔다는 것이 아니라/그가 범죄자이었다는 것이 아니라/더욱이나 그가 外國地 양복이나/지아이 가리를 하고 있었다는 것도 아니라/그가 나갔을 때/洋盤 반주곡이 감상적이었다는 것이 아니라(「황혼」)

반짝거리다 자꾸 반짝이다.
  반짝거리는 ＊저 광막한 양지 쪽에 반짝거리는/파리의 소리 없는 소리처럼/나는 죽어가는 법을 알고 있는 사람이기 때문이리라(「파리와 더불어」)
  반짝거리면서 ＊……活字는 반짝거리면서 하늘 아래에서/간간이/자유를 말하는데/나의 靈은 죽어 있는 것이 아니냐…]그대는 반짝거리면서 하늘 아래에서/간간이/자유를 말하는데/우스워라 나의 靈은 죽어 있는 것이 아니냐(「死靈」)

반짝이다 '반작이다'의 센말. 빛이 잠깐 나타났다가 사라지다.
  반짝이는 ＊흐르는 시간 속에 이를테면 푸른 옷이 걸리고 그 위에/반짝이는 별같이 흰 단추가 달려있고(「방안에서 익어가는 설움」) ＊전쟁의 모든 파괴 속에서/불사조같이 살아난 너의 몸뚱아리—/우주의 파편같이/혹은 혜성같이 반짝이는/무수한 잔재 속에 담겨있는 또 이 무수한 몸뚱아리—들은/지금 무엇을 銳意 연마하고 있는가(「국립도서관」)

반쯤(半—) 반 정도. ＊하얗게 마른 마루틈 사이에서/검은 바람이 들어온다고 외쳐라/너의 머리 위에/너의 몸을 반쯤 가려주는 길고/멋진 양철 차양이 있다고 외쳐라(「가옥 찬가」)

반항(反抗) 순순히 복종하지 않고 대들거나 반대함. ＊나는 이것을 진정한 자유의 노래라고 부르고 싶어라!/반항의 자유/진정한 반항의 자유조차 없는 그들에게/마지막 부르고 갈/새 날을 향한 戰勝의 노래라고 부르고 싶어라!(「조국에 돌아오신 傷病捕虜 동지들에게」) ＊그러나 문제는 이러한 반항에 있지 않다/저 젊은이들의 나에 대한 사랑에 있다(「현대식 교량」)

반항하다(反抗—) 순순히 복종하지 않고 대들거나 반대하다.
  반항하고 ＊지금도 내가 반항하고 있는 것은 이 스펀지 만들기와/거즈 접고 있는 일과 조금도 다름없다(「어느 날 고궁을 나오면서」)
  반항한다 ＊아무래도 나는 비켜서 있다 절정 위에는 서 있지/않고 암만해도 조금쯤 옆으로 비켜서 있다/그리고 조금쯤 옆에 서 있는 것이 조금쯤/비겁한 것이라고 알고 있다!//그러니까 이렇게 옹졸하게 반항한다(「어느 날 고궁을 나오면서」)

반환(返還) 빌리거나 차지했던 것을 되돌려줌. *나는 도적이 이 철사의 반환을 꾀하고 있다고/생각한다 우리집 건넌방의 캐비닛을/노리고 있다고는 생각되지 않는다 아마/그럴지도 모르지만/나는 광문에 못을 쳐놓았다(「도적」)

받다 ①다른 사람이 주거나 보내오는 것을 가지다. ②자기 쪽으로 오거나 떨어지는 것을 손으로 잡다. ③자기에게 다가온 어려운 과정을 겪다. ④어떤 일이나 사태를 당하다.

받고 *순진한 학생들/점잖은 학자님들/체면을 세우는 문인들/너무나 투쟁적인 신문들의 보좌를 받고(「육법전서와 혁명」) *그러나 덤핑 출판사의 20원짜리나 20원 이하의 고료를 받고 일하는/14원이나 13원이나 12원짜리 번역일을 하는/불쌍한 나나 내 부근의 친구들을 생각할 때(「이 한국문학사」)

받기 *의지의 저쪽에서 영위하는 아내여/길고긴 오늘밤에 나의 사치를 받기 위하여/어서어서 불을 끄자/불을 끄자(「사치」) *가구점의 문앞에서 책꽂이를/묶어주는 철쭉꽃빛 루즈를 바른/주인 여자의 얼굴—그 얼굴은 네 얼굴보다는/간음을 상상할 수 있을 만큼/그렇게 조금은 생생하지만/죽어라 돈을 받기보다는/죽어라 돈을 받기 전에(「네 얼굴은」)

받는 *토끼는 입으로 새끼를 뱉다//토끼는 태어날 때부터/뛰는 훈련을 받는 그러한 운명에 있었다/그는 어미의 입에서 탄생과 동시에 타락을 선고받는 것이다(「토끼」) *마음을 쉰다는 것이 남에게도 나에게도/속임을 받는 일이라는 것을/(쉰다는 것이 무엇이라는 것을 알면서)/쉬어야 하는 설움이여(「휴식」)

받는다 *언어는 나의 가슴에 있다/나는 謀利輩들한테서/언어의 단련을 받는다/그들은 나의 팔을 지배하고 나의/밥을 지배하고 나의 욕심을 지배한다(「모리배」)

받아야 *31일까지 준다고 한 3만 원//29일까지는 된다고 하고 그러나 넉넉잡고 내일까지 기다리라고 한 3만 원/이것을 받아야 할 사람은 1·4후퇴 때 나온/친구의 부인(「판문점의 감상」)

받았다 *假裝 파티에/가본 일도 없다/하물며/중립사상연구소에는/그림자도 비친 일이 없다/뇌물은/물론 안 받았다(「이놈이 무엇이 지?」)

받았지 *그러다가 스코틀랜드의 에딘버러 대학에 다니는/나이 어린 친구한테서 편지를 받았지(「이혼 취소」)

받으러 *한번 정정당당하게/붙잡혀간 소설가를 위해서/언론의 자유를 요구하고 월남파병에 반대하는/자유를 이행하지 못하고/20원을 받으러 세 번씩 네 번씩/찾아오는 야경꾼들만 증오하고 있는가(「어느 날 고궁을 나오면서」)

받으며 *누가 거제도 제61수용소에서 단기 4284년 3월 16일 오전 5시에 바로 철망 하나 둘 셋 네 겹을 隔하고 불 일어나듯이 솟아나는 제62적색수용소로 돌을 던지고 돌을 받으며 뛰어들어갔는가(「조국에 돌아오신 傷病捕虜 동지들에게」)

받은 *내가 6·25 후에 价川 야영훈련소에서 받은 말할 수 없는 학대를 생각한다(「조국에 돌아오신 傷病捕虜 동지들에게」) *너의 사랑은/38선 안에서 받은 모든 굴욕이/38선 밖에서 받은 모든 굴욕이/전혀 정당한 것이 아니라는 것을 알았고/너는 너의 모든 힘을 다해서 답쌔 버릴 것이다(「'65년의 새해」) *사람들은 내 말을 믿지 않는다/詩評의 칭찬까지도 시집의 서문을 받은 사람까지도/내가 말한 정치 의견을 믿지 않는다(「거짓말의 여운 속에서」)

받을 *모르는 사람은 봄에 알을 많이 받을 것이니/마찬가지라고 하지만/봄에는 알값이 떨어진다(「만용에게」) *신문회관 3층에서 하는 게 낫다구요. 아녜요./거기에는 냉방장치가 없어요. 장소는 200명가량/수용될지 모르지만요. 절망의 연료가 모자/란다구요. 그래요! 반도호텔 같은 데라야/미국놈들한테서 입장료를 받을 수 있지요.(「전화 이야기」) *이 3만 원을 달러 이자라도 내서 갚아 달라고 대드는 바람에/집문서를 갖고 가서 무이자로 15개월만/돌려 달라고 우리가 강청한 사람은 이 돈을 받을 사람과 한 고향인 함경도 친구[…]3만 원을 돌려 달라고 우리가 부탁한 친구가/돈을 받을 1·4후퇴의 친구 부인하고/한 고향이라는 것을/31일까지 돌려 주겠다고 아니 29일까지/돌려 주겠다고 집문서를 가지고 간 친구에게/말한 것이 잘못이었나 보다(「판문점의 감상」)

받지 *4·19 후의 경찰서에서 파출소에서/민중의 벗인 파출소에서/협잡을 하지 않고 뇌물을 받지 않는/관공리의 집에서/역이란 역에서/아아 그놈의 사진을 떼어 없애야 한다(「우선 그놈의 사진을 떼어서 밑씻개로 하자」)

받치다 밑을 다른 물건으로 괴다.
　받치고 *하기는 현실이 고귀한 것이 아니라/영사판을 받치고 있는 주야를 가리지 않는 어둠이/표면에 비치는 현실보다 한치쯤은 더/소중하고 신성하기도 한 것인지 모르지만(「영사판」)

발 ①사람이나 동물의 다리 맨 아랫부분. ②걸음. *너의 표피의 원활과 각도에 이기지 못하고 미끄러지는 나의 발을/나는 미워한다/방향은 애정─(「네이팜 탄」) *文明된 아내에게 〈실력을 보이자면〉 무엇보다도 먼저/발이라도 씻고 보자/냉수도 마시자/맑은 공기도 마시어두자(「사치」) *무더운 자연 속에서/검은 손과 발에 마구 상처를 입고 와서/병든 사자처럼/벌거벗고 지내는/나는 여름//夕刊에 폭풍경보를 보고/배를 타고 가는 사람을/습관에서가 아니라 염려하고(「가옥 찬가」) *나의 여자들의 더러운 발은 생활의 숙제[…]「고맙습니다, 고맙습니다」/역사의 숙제, 발을 벗는 일,/연결의 〈使徒〉─일어선 것과 앉은 것의/불가사의에 신음하는 나(「반주곡」) *아부에도 여유가 있어야 한다는 말일세/만사에 여유가 있어야 하지만/위대한 〈개헌〉 헌법에 발을 맞추어 가자면/여유가 있어야지/불안을 불안으로 딴죽을 걸어서 꿰지게 할 수 있지(「만시지탄은 있지만」) *아픈 몸이/아프지 않을 때까지 가자/나의 발은 절망의 소리/저 말(馬)도 절망의 소리(「아픈 몸이」) *어쩌다 셋이서 술을 마신다 둘은 한 발을 무릎 위에 얹고/도사리지 않는다 나는 어느새 남쪽식으로/도사리고 앉았다 그럴 때는 이 둘은 반드시/이북 친구들이기 때문에 나는 나의 앉음새를 고친다/8·15 후에 김병욱이란 시인은 두 발을 뒤로 꼬고/언제나 일본여자처럼 앉아서 변론을 일삼았지만/그는 일본 대학에 다니면서 4년 동안을 제철회사에서/노동을 한 强者다[…]이 땅에 발을 붙이기 위해서는──제3인도교의 물속에 박은 철근 기둥도 내가 내 땅에/박는 거대한 뿌리에 비하면 좀벌레의 솜털/내가 내 땅에 박는 거대한 뿌리에 비하면(「거대한 뿌리」) *신축공장이 아교공장의 말뚝처럼 일어서는/시골에서/새까만 발에 샌들을 신은 여자의 시골에서/무식하게 사치스러운 공허의 서울의/간선도로를 지나/아직도 얼굴의 윤곽이 뚜렷하지 않은/발목이 굵은 여자들이 많이 사는 나의 마을로(「X에서 Y로」) *겨울의 꿈 깨어진 유리의 제임스 띵/이제는 죽어서 불을 쬐인다/빠개진 난로에 발을 굽는다 시꺼먼 양말을 자꾸 비빈다(「제임스 띵」) *매춘부 젊은애들, 때묻은 발을 꼬고 앉아서/유부우동 먹고 있는 것을 보다가 생각한 것(「엔카운터 誌」)

발가락 발 앞쪽의 갈라진 부분. *날짐승의 가는 발가락 사이에라도 잠겨있을 운명─/그것이 사람의 발자국 소리보다도/나에게 시간을 가르쳐주는 것이 나는 싫다(「도취의 피안」) *아가야 아가야/열 발가락이 다 나와 있네/엄마가/만들어준 빨간 양말에서(「자장가」)

발가벗다 알몸이 되도록 옷을 모두 벗다. ☞벌거벗다.
　발가벗은 *나는 발가벗은 아내의 목을 끌어안았다/山林과 時間이 오는 것이다/서울역에는 花環이 처음 생기고/나는 秋收하고 돌아오는 伯父를 기다렸다(「아침의 유혹」)

발견(發見) 남이 미처 찾아내지 못하였거나 세상에 아직 알려지지 않은 사물이나 현상, 사실 등을 먼저 찾아냄. *지극히 시시한 발견이 나를 즐겁게 하는 야밤이 있다/오늘밤 우리의 현대문학사의 변명을 얻었다/이것은 위대한 힌트가 아니니만큼 좋다/또 내가 〈시시한〉 발견의 편집광이라는 것도 안다/중요한 것은 야밤이다[…]덤핑 출판사의 일을 하는 무의식 대중을 웃지 마라/지극히 시시한 이 발견을 웃지 마라/비로소 충만한 이 한국문학사를 웃지 마라/저들의 고요한 숨길을 웃지 마라/저들의 무서운 방탕을 웃지 마라/이 무서운 낭비의 아들들을 웃지 마라(「이 한국문학사」) *봄이 오기 전에 속옷을 벗고 너무 시원해서 설워지듯이/성급한 우리들은 이 발견과 실감 앞에 서럽기까지도 하다/전 아시아의 후진국 전 아프리카의 후진국/그 섬조각 반도조각 대륙조각이/이 발견의 봄이 오기 전에 옷을 벗으려

발견되다(發見―) 남이 미처 찾아내지 못하였거나 세상에 아직 알려지지 않은 것이 찾아지다.

발견되었을 *그녀는 도벽이 발견되었을 때 완성된다/그녀뿐이 아니라/나뿐이 아니라 賤役에 찌들린/나뿐만이 아니라/여편네뿐이 아니라 안달을 부리는/여편네뿐만이 아니라/우리들의 새끼들까지도/아무것도 모르는 우리들의 새끼들까지도(「식모」)

발견하다(發見―) 남이 미처 찾아내지 못하였거나 세상에 아직 알려지지 않은 사물이나 현상, 사실 등을 먼저 찾아내다.

발견하겠다 *욕망이여 입을 열어라 그 속에서/사랑을 발견하겠다(「사랑의 변주곡」)

발견하고 *너의 조상들이 우리의 조상과 함께/손을 잡고 超動物 세계 속에서 영위하던/자유의 정신의 아름다운 원형을/너는 또한 우리가 발견하고 규정하기 전에 가지고 있었으며/오늘에 네가 전하는 자유의 마지막 파편에/스스로 겸손의 침묵을 지켜가며 울고 있는 것이다(「헬리콥터」) *입밑의 사마귀와 눈밑의 사마귀……/그런 사마귀가 나의 아들놈의 눈 아래에/있는 것을 발견하고 나도 꼭 빼주어야/하겠다고 결심한 일이 있었다 그런데/내 눈 아래에 다시 생긴 사마귀는/구태여 빼지 않을 작정이었다(「반달」)

발견하였다 *비가 그친 후 어느 날―/나의 방 안에 설움이 충만되어 있는 것을 발견하였다(「방안에서 익어가는 설움」) *이제 나는 광야에 드러누워도/시대에 뒤떨어지지 않는 나를 발견하였다(「광야」)

발견한다 *죽은 행동이 계속된다 너와 내가 계속되고/전화가 울리고 놀라고 놀래고/끝이 없어지고 끝이 생기고 겨우/망각을 실현한 나를 발견한다(「먼지」)

발견했다 *앞의 2층집이 신축을 하고 담을 두르고/가시철망을 칠 때 우리도 그 철망을 치던/일꾼을 본 일이 있다/그 일꾼이 우리집 마당에다 그놈을 팽개쳤다 그것을 그놈이 일이 끝나고 나서/가져갈 작정이었다 막걸리값으로 하려고/했는지 아침쌀을 팔려고 했는지 아마/그 정도일 거라 그것을 그놈이 가져/가기 전에 우리가 발견했다(「도적」)

발광(發狂) 미친 듯이 날뜀. *지금같이 HIFI가 나오지 않았을 때/비참한 일들이 라디오 소리보다도 더 발광을 쳤을 때/그때는 인국 방송이 들리지 않아서/그들의 달콤한 억양이 금덩어리 같았다(「라디오 계」)

발길 앞으로 걸어차는 동작이나 걸을 때의 발을 일컫는 말. *이 몇 개의 판테온의 기둥 사이에/뒹굴고 있는 폐허의 돌조각들보다도/더 값없게 발길에 차이는 隣國의 음성/―물론 낭랑한 일본 말들이다/이것을 요즘은 안 듣는다(「라디오 계」)

발등 발의 위쪽 부분. *손도 안 씻고/쥐똥도 제멋대로 내버려두고/닭에는 발등을 물린 채/나의 숙제는 미소이다/밤과 낮을 건너서 도회의 저편에/영영 저물어 사라져버린 미소이다(「꽃」)

발명되다(發明―) 아직까지 없던 기술이나 물건이 새로 만들어지다.

발명된 *네이팜 탄은 최근 미국에서 새로 발명된 유도탄이다.(「네이팜 탄」의 원주)

발목 다리와 발이 이어지는 관절 부분. *신축공장이 아교공장의 말뚝처럼 일어서는/시골에서/새까만 발에 샌들을 신은 여자의 시골에서/무식하게 사치스러운 공허의 서울의/간선도로를 지나/아직도 얼굴의 윤곽이 뚜렷하지 않은/발목이 굵은 여자들이 많이 사는 나의 마을로/지구에서 지구로 나는 왔다/나는 왔다 억지로 왔다(「X에서 Y로」) *날이 흐리고 풀이 눕는다/발목까지/발밑까지 눕는다/바람보다 늦게 누워도/바람보다 먼저 일어나고/바람보다 늦게 울어도/바람보다 먼저 웃는다/날이 흐리고 풀뿌리가 눕는다(「풀」)

발밑 ①발바닥. ②발바닥이 향하거나 닿는 자리. *추한 나의 발밑에서 풍뎅이처럼 너는 하늘을 보고 운다/그 넓은 등판으로 땅을 쓸어가면서/늬가 부르는 노래가 어디서 오는 것을/너보다는 내가 더 잘 알고 있는 것이다(「풍뎅이」) *날이 흐리고 풀이 눕는다/발목까지/발밑까지 눕는다(「풀」)

발사되다(發射―) 총포나 로켓, 광선이나 음파 등이 쏘아지다.

발사되는 *원한이 솟는 가슴속에서 발사되

는/포탄은 어두운 하늘을 날아간다(「조그마한 세상의 지혜」)

발산하다(發散—) 밖으로 풀어 흩어지게 하다.
　발산한 ＊나는 발산한 형상을 구하였으나/그것은 작전 같은 것이기에 어려웁다(「孔子의 생활난」)

발아래 서 있는 곳의 바로 아래. ＊버드나무 발아래의 나팔꽃도 그렇다/앙상한 연분홍,/오므라질 때는 무궁화는 그보다 조금쯤 더 길고/진한 빛,/죽음의 빛인지도 모르는 놈……(「말복」)

발악(發惡) 사리를 가리지 않은 채 덮어놓고 악을 씀. ＊포로수용소가 너무나 자유의 천당이었기 때문이다/노파심으로 만일을 염려하여 말해 두는 건데/이것은 寸豪의 諷刺味도 역설도 불쌍한 발악도 청년다운 광기도 섞여 있는 말이 아닐 것이다(「조국에 돌아오신 傷病捕虜 동지들에게」) ＊어제와 오늘이 하늘과 땅처럼/달라지고 침묵과 발악이 오늘과/내일처럼 달라지고 달라지지 않는/이 갱 안의 잉크 수건의 칼자국(「먼지」)

발언(發言) 말을 꺼내어 의견을 나타냄. ＊이제 나는 광야에 드러누워도/공동의 운명을 들을 수 있다/피로와 피로의 발언/시인이 황홀하는 시간보다도 더 맥없는 시간이 어디 있느냐(「광야」)

발자국 발로 밟은 자리에 남은 흔적. ＊날짐승의 가는 발가락 사이에라도 잠겨있을 운명―/그것이 발자국 소리보다도/나에게 시간을 가르쳐주는 것이 나는 싫다(「도취의 피안」)

발자국소리 발소리. 발을 옮겨 디딜 때 발이 바닥에 닿아 나는 소리. ＊나의 마음을 딛고 가는 거룩한 발자국소리를 들으면서/지금 나는 마지막 붓을 든다(「九羅重花」) ＊술 취한 듯한 동네아이들의 함성/미쳐돌아가는 역사의 반복/나무뿌리를 울리는 신의 발자국소리/가난한 침묵/자꾸 어두워가는 백주의 활극/밤보다도 더 어두운 낮의 마음/시간을 잊은 마음의 승리/환상이 환상을 이기는 시간―大時間은 결국 쉬는 시간(「장시2」) ＊증오가 가고 이슬이 번쩍이고 음악이 오고 변화의 시작이 오고/변화의 끝이 가고 땅 위를 걷고 있는/발자국소리가 가슴을 펴고 웃고(「먼지」)

발코니(영, balcony) 건물 바깥으로 돌출되어 난간이나 낮은 벽으로 둘러싸인 뜬 바닥이나 마루. ＊나는 어느 날 뒷골목의 발코니 위에 나타난/생활에 얼이 빠진 여인의 모습을 다방의 창 너머로 瞥見하였기 때문에/다음과 같은 쪽지를 미스터 리한테 적어놓고/시골로 떠났다(「미스터 리에게」)

발톱 발가락 끝을 덮어 보호하는 뿔과 같이 단단한 물질. ＊백성들이/머리가 있어 산다든가/그처럼 나도/머리가 다 비어도/인제는 산단다/오히려 더/착실하게/온몸으로 살지/발톱 끝부터로의/하극상이란다(「쌀난리」)

발표하다(發表—) 여러 사람 앞에서 자신의 생각이나 의견을 진술하다.
　발표할 ＊너의 의지는/학교 안에서 배운 모든 것이/학교 밖에서 본 모든 것이/반드시 정말이 아니라는 것을 알았고/너의 어린 의사를 발표할 줄 알았다/우리는 너를 보고 깜짝 놀랐다(「65년의 새해」)

발회목 다리 끝 발목에서 복사뼈 위의 잘록하게 들어간 부분. ＊나들이를 갔다 온 씻은 듯한 마음에 오늘밤에는 아내를 껴안아도 좋으리/밋밋한 발회목에 내 눈이 자꾸 가네/내 눈이 자꾸 가네(「사치」)

밝다 ①빛이 환하다. ②빛깔의 느낌이 환하고 산뜻하다. ③분위기, 표정 등이 즐겁고 좋아 보이다. ④눈이 잘 보이다. ＊하얀 종이가 옥색으로 노란 하드롱지가/이 세상에는 없는 빛으로 변할 만큼 밝다(…)하얀 종이가 분홍으로 분홍 하늘이/녹색으로 또 다른 색으로 변할 만큼 밝다(「백지에서부터」) ＊해는 청교도가 대륙 동부에 상륙한 날보다 밝다/우리의 재[灰],/우리의 서걱거리는 말이여/인생과 말의 간결―우리는 그것을 전투의/소리라고 부른다(「미역국」)
　밝게 ＊누구 한 사람의 입김이 아니라/모든 가족의 입김이 합치어진것/그것은 저 넓은 문창호의 수많은/틈 사이로 흘러들어오는 겨울바람보다도 나의 눈을 밝게 한다(「나의 가족」)
　밝고 ＊남의 일하는 곳에 와서 아무 목적 없이 앉았으면 어떻게 하리/남이 일하는 모양이 내가 일하고 있는 것보다 더 밝고 깨끗하고 아름다움게 보이면 어떻게 하리(「사무실」)

밝아서 *너는 언제부터 세상과 배를 대고 서기 시작했느냐/너와 나 사이에 세상이 있었는지/세상과 나 사이에 네가 있었는지/너무 밝아서 나는 웃음이 나온다(「너는 언제부터 세상과 배를 대고 서기 시작했느냐」)

밝은 *부끄러움도 모르고/밝은 빛만으로 너는 살아왔고/또 너는 살 것인데/투명의 대명사 같은 너의 몸을/지금 나는 은폐물같이 생각하고/기대고 앉아서/안도의 탄식을 짓는다/유리창이여/너는 언제부터 세상과 배를 대고 서기 시작했느냐(「너는 언제부터 세상과 배를 대고 서기 시작했느냐」) *여기는 서울 안에서도 가장 번잡한 거리의 한 모퉁이/나는 오늘 세상에 처음 나온 사람모양으로 쾌활하다/피곤을 잊어버리게 하는 밝은 태양 밑에는/모든 사람에게 불가능한 일이 없는 듯하다[…]암흑과 맞닿는 나의 생명이여/거리의 생명이여/거만과 오만을 잊어버리고/밝은 대낮에라도 겸손하게 지내는 妙理를 배우자(「거리2」) *언제부터인지 잠을 빨리 자는 습관이 생겼다/밤거리를 방황할 필요가 없고/착잡한 머리에 책을 집어들 필요가 없고/마지막으로 봉상을 거듭하기도 피곤해진 밤에는/시골에 사는 나는―/달 밝은 밤을/언제부터인지 잠을 빨리 자는 습관이 생겼다(「달밤」)

밝혀지다 드러나다.
　밝혀지기 *그러나 이 눈망울을 휘덮는 싯퍼런 작열의 의미가 밝혀지기까지는/나는 여기에 있겠다(「冬麥」)

밝히다 드러나지 않은 사실, 내용, 생각 등을 드러내 알리다.
　밝히지 *나는 노염으로 사무친 정의 소재를 밝히지 아니하고/운명에 거역할 수 있는/큰 힘을 가지고 있으면서/여기에 밀려 내려간다(「나비의 무덤」)

밟다 발로 디디거나 디디면서 걷다.
　밟고 *여기는 좁은 서울에서도 가장 번거로운 거리의 한 모퉁이/우울 대신에 수많은 기폭을 흔드는 쾌활/잊어버린 수많은 詩篇을 밟고 가는 길가에/영광의 집들이여 점포여 역사여/바람은 면도날처럼 날카로웁건만/어디까지 명랑한 나의 마음이냐(「거리2」) *지금도 내가 반항하고 있는 것은 이 스펀지 만들기와/거즈 접고 있는 일과 조금도 다름없다/개의 울음소리를듣고 그 비명에 지고/머리에 피도 안 마른 애놈의 투정에 진다/떨어지는 은행나무 잎도 내가 밟고 가는 가시밭(「어느 날 고궁을 나오면서」)

　밟아서도 *여름 뜰을 흘겨보지 않을 것이다/여름 뜰을 밟아서도 아니 될 것이다/묵연히 묵연히/그러나 속지 않고 보고 있을 것이다(「여름 뜰」)

밤 해가 진 뒤부터 날이 새기 전까지의 동안.
*寒鴉가 와서/그날을 울더라/밤을 반이나 울더라/사람은 영영 잠귀를 잃었더라[…]어드메에 담그려고/칠흑의 壁板 위로/香烟을 찍어/白蓮을 무늬 놓는/이 밤 화공의 소맷자락 무거이 적셔/오늘도 우는/아아 짐승이냐 사람이냐(「廟庭의 노래」) *제트기 벽화 밑의 나보다 더 뚱뚱한 주인 앞에서/나는 결코 울어야 할 사람은 아니며/영원히 나 자신을 고쳐가야 할 운명과 사명에 놓여 있는 이 밤에/나는 한사코 방심조차 하여서는 아니 될 터인데/팽이가 나를 비웃는 듯이 돌고 있다(「달나라의 장난」) *내가 6·25 후에 价川 야영훈련소에서 받은 말할 수 없는 학대를 생각한다/北院 훈련소를 탈출하여 順川 읍내까지도 가지 못하고/악귀의 눈동자보다도 더 어둡고 무서운 밤에 中西面 內務省 군대에게 체포된 일을 생각한다(「조국에 돌아오신 傷病捕虜 동지들에게」) *이 밤이 기다리는 고요한 思想마저/나는 초연히 이것을 시간 위에 얹고/어려운 몇 고비를 넘어가는 기술을 알고 있나니/누구의 생활도 아닌 이것은 확실한 나의 생활(「방안에서 익어가는 설움」) *이 어두운 신은 밤에도 외출을 못하고 자기의 영토를 지킨다―유일한 희망은 겨울을 기다리는 것이다[…]그는 인간의 비극을 안다//그래서 그는 낮에도 밤에도/어둠을 지니고 있으면서/어둠과는 타협하는 법이 없다(「수난로」) *금잔화도 인가도 보이지 않는 밤이 되면/폭포는 곧은 소리를 내며 떨어진다(「瀑布」) *재앙과 불행과 격투와 청춘과 천만 인의 생활과/그러한 모든 것이 보이는 밤/눈을 뜨지 않은 땅속의 벌레같이/아둔하고 가난한 마음은 서둘지 말라/애타도록 마음에 서

둘지 말라/절제여/나의 귀여운 아들이여/오오 나의 靈感이여(「봄밤」) *그래도 나무는 자라고 있다 영혼은/그리고 교훈은 명령은/나는/아직도 명령의 과잉을 용서할 수 없는 시대이지만/이 시대는 아직도 명령의 과잉을 요구하는 밤이다/나는 그러한 밤에는 부엉이의 노래를 부를 줄도 안다(「서시」) *시대의 지혜/너무나 많은 나침반이여/밤이 산등성이에 넘어 내리는 새벽이면/모기의 피처럼/시인이 쏟고 죽을 오욕의 역사(「광야」) *도야지우리에 새가 날고/국화꽃은 밤이면 더 한층 아름답게 이슬에 젖는데/올 겨울에도 산 위의 초라한 나무들을 뿌리만 간신히 남기고 살살이 갈라갈 동네아이들……/손도 안 씻고/쥐똥도 제멋대로 내버려두고/닭에는 발등을 물린 채/나의 숙제는 미소이다/밤과 낮을 건너서 도회의 저편에/영영 저물어 사라져버린 미소이다(「꽃」) *명령하고 결의하고/〈평범하게 되려는 일〉 가운데에/해초처럼 움직이는/바람에 나부껴서 밤을 모르고/언제나 새벽만을 향하고 있는/투명한 움직임의 비애를 알고 있느냐(「비」) *부정한 마음아//밤이 밤의 窓을 때리는구나//너는 이런 밤을 무수한 거부 속에 헛되이 보냈구나/또 지금 헛되이 보내고 있구나//하늘 아래 비치는 별이 아깝구나/사랑이여//무된 밤에는 무된 사람을 축복하자(「밤」) *언제부터인지 잠을 빨리 자는 습관이 생겼다/밤거리를 방황할 필요가 없고/착잡한 머리에 책을 집어들 필요가 없고/마지막으로 봉상을 거듭하기도 피곤해진 밤에는/시골에 사는 나는―/달 밝은 밤을/언제부터인지 잠을 빨리 자는 습관이 생겼다[…]피로를 알게 되는 것은 과연 슬픈 일이다/밤이여 밤이여 피로한 밤이여(「달밤」) *그러나 오늘은 말복도 다 아니 갔으며/밤에는 물고기가 물 밖으로/달빛을 때리러 나온다//영원한 한숨이여(「말복」) *벽 뒤로 퍼진 원근 속에/밤이/가벼움게 개울을 갖고//개울은 달빛으로 얼음 위에/얼음을 놓았는데(「凍夜」) *우리들의 싸움의 모습은 초토작전이나/「건 힐의 혈투」모양으로 활발하지도 않고 보기 좋은 것도 아니다/그러나 우리들은 언제나 싸우고 있다/아침에도 낮에도 밤에도 밥을 먹을 때에도/거리를 걸을 때도 환담을 할 때도/장사를 할 때도 토목공사를 할 때도[…]우리들의 싸움은 쉬지 않는다(「하…… 그림자가 없다」) *(그리 흥겨운 밤의 일도 아니었는데)/사실은 일본에 가는 친구의 잔치에서/이토쥬[伊藤忠] 商事의 신문광고 이야기가 나오고/곳쿄노 마찌 이야기가 나오다가/이북으로 갔다는 나가타 겐지로[永田鉉次郎] 이야기가 나왔다(「나가타 겐지로」) *돌배가 개울가에 자라는/숲속에선/누이의 방도 장마가 가시면 익어가는가/허나/인생의 장마의/추녀 끝 물방울 소리가/아직도 메아리를 가지고 오지 못하는/8월의 밤에/너의 방은 너무 정돈되어 있더라/이런 밤에/나는 서울의 얼치기 洋館 속에서/골치를 앓는 여편네의 댓가지 백 속에/조약돌이 들어 있는/공간의 우연에 놀란다(「누이의 방」) *술 취한 듯한 동네아이들의 함성/미쳐돌아가는 역사의 반복/나무뿌리를 울리는 신의 발자국소리/가난한 침묵/자꾸 어두워가는 백주의 활극/밤보다도 더 어두운 낮의 마음/시간을 잊은 마음의 승리/환상이 환상을 이기는 시간/―大時間은 결국 쉬는 시간(「장시2」) *벙어리 벙어리 벙어리/식모도 벙어리 나도 벙어리/모든 게 중단이다 소리도 思念도 죽어라/중단이다 명령이다/부정기적인 중단/부정기적인 위협/―이러면 하루종일/밤의 꿈속에서도/당당한 피아노가 울리게 마련이다(「피아노」) *거위의 울음소리는/밤에도 여자의 호마노색 원피스를 바람에 나부끼게 하고/강물이 흐르게 하고/꽃이 피게 하고/웃는 얼굴을 더 웃게 하고/죽은 사람을 되살아나게 한다(「거위 소리」) *도적은 간밤에는 사그러진 담장 쪽이 아닌/우리집의 의젓한 벽돌기둥의 정문 앞을/새벽녘에 거닐었다고 한다/시험공부를 하느라고 밤을 새는 큰아이놈의/말이다 필시 그럴 거라(「도적」) *이 방에서 저 방으로 할머니가 계신 방에서/심부름하는 놈이 있는 방까지 죽음 같은/암흑 속을 고양이의 반짝거리는 푸른 눈망울처럼/사랑이 이어져가는 밤을 안다/그리고 이 사랑을 만드는 기술을 안다(「사랑의 변주곡」) *그것하고 하고 와서 첫번째로 여편네와/하던 날은 바로 그 이튿날 밤은/아니 바로 그 첫날 밤은 반시간도 넘어 했는데도/여편네가 만족하지 않는다(「性」)

밤거리 밤의 거리. *언제부터인지 잠을 빨리 자는 습관이 생겼다/밤거리를 방황할 필요가 없고/착잡한 머리에 책을 집어들 필요가 없고/마지막으로 몽상을 거듭하기도 피곤해진 밤에는/시골에 사는 나는—/달 밝은 밤을/언제부터인지 잠을 빨리 자는 습관이 생겼다(「달밤」)

밤사이 밤이 지나는 동안. *밤사이에 이슬을 마신 놈이/지금 나의 혼을 마신다/無休의 태만의 혼을 마신다/등나무 등나무 등나무 등나무(「등나무」)

밤새도록 밤이 끝날 때까지 계속. *기침을 하자/젊은 시인이여 기침을 하자/눈을 바라보며/밤새도록 고인 가슴의 가래라도/마음껏 뱉자(「눈」(1956))

밤잠 밤에 자는 잠. *조잡한 天地여/간디의 모방자여/여치의 나래 밑의 고단한 밤잠이여/〈시대에 뒤떨어지는 것이 무서운 게 아니라/어떻게 뒤떨어지느냐가 무서운 것〉이라는 죽음의 잠꼬대여(「광야」)

밥 ①쌀, 보리 등의 곡식을 씻어서 솥 같은 데 안치고 물을 붓고, 끓여 익힌 음식. ②끼니로 먹는 음식. ③동물의 먹이. ④생활에 필요한 긴요한 양식. *꽃같이 사랑하는 무수한 동지들과 함께/꽃같은 밥을 먹었고/꽃같은 옷을 입었고/꽃같은 정성을 지니고/대한민국의 꽃을 이마 위에 동여매고 싸우고 싸우고 싸워왔다(「조국에 돌아오신 傷病捕虜 동지들에게」) *언어는 나의 가슴에 있다/나는 謀利輩들한테서/언어의 단련을 받는다/그들은 나의 팔을 지배하고 나의/밥을 지배하고 나의 욕심을 지배한다(「모리배」) *그러나 우리들은 언제나 싸우고 있다/아침에도 낮에도 밤에도 밥을 먹을 때에도/거리를 걸을 때도 환담을 할 때도[…]우리들의 싸움은 쉬지 않는다(「하…… 그림자가 없다」) *껌벅껌벅/두 눈을/감아가면서/아주/금방 곯아떨어질 것/같은데/밥보다도/더 소중한/잠이 안 오네/달콤한/달콤한/잠이 안 오네(「〈4·19〉시」) *야, 영희야, 메리의 밥을 아무거나 주지 마라,/밥통을 좀 부셔주지?!(「등나무」) *소련을 생각하면서 나는 치질을 앓고 피를 쏟았다/일주일 동안 단식까지 했다/단식을 하고 나서 죽을 먹고/그 다음에 밥을 떡국을 먹었는데/새삼스럽게 소화불량증이 생겼다—당연한 일이다(「轉向記」) *피아노는 밥을 먹을 때도 새벽에도/한밤중에도 울린다(「피아노」)

밥상(一床) 음식을 갖추어 차린 상. *이런 극도의 낙천주의를 저녁 밥상을/물리고 나서 해본다/—아아 배가 부르다/배가 부른 탓이다(「라디오 계」)

밥찌끼 밥을 먹은 뒤에 남은 음식물. *사랑의 기차가 지나갈 때마다 우리들의/슬픔처럼 자라나고 도야지우리의 밥찌끼/같은 서울의 등불을 무시한다/이제 가시밭, 덩쿨장미의 기나긴 가시가지/까지도 사랑이다(「사랑의 변주곡」)

밥통 밥을 담는 통. *야, 영희야, 메리의 밥을 아무거나 주지 마라,/밥통을 좀 부셔주지?!(「등나무」)

밧줄 볏짚이나 삼 등으로 세 가닥을 지어 굵게 꼬아낸 줄. *굵은 밧줄 밑에 뒹구는/구렁이가 악몽이 될 수 있겠나요/무수한 공허 밑에 살찌는 공허보다/더 무서운 악몽이 있나요/시내 위에 떨어지는 빗방울을 보셨나요/그것보다도 흔적이 더 없는 내어버린 자아도(「靈交日」)

방(房) 사람이 살기 위하여 집 안에 벽 따위로 막아 만든 칸. *기진맥진하여서 술을 마시고/기진맥진하여서 주정을 하고/기진맥진하여서 여관을 찾아 들어갔다/옛날같이 낯선 방이 그리 무섭지도 않고/더러운 침구가 마음을 괴롭히지도 않는데/의치를 빼어서 물에 담가놓고 드러누우니/마치 내가 임종하는 곳이 이러할 것이니 하는 생각이 불현듯이 든다[…]그 중 끝의 방문을 열고 보니 꺼먼 사람이 셋이나 앉았다/얼굴은 분간할 수도 없는데/술 한 병만이 방 한가운데/광채를 띠고 앉아 있다[…]청한 지 반 시간만에 떠다 주는 냉수를 한 대접 마시고/계단을 내려와서/어젯밤에 술을 마시던 방을 들여다보니 이불도 베개도 타구 하나 없이 깨끗하다(「미숙한 도적」) *사람이야 말할 수 없이 애처로운 것이지만/내가 부끄러운 것은 사람보다도/저 날짐승이라 할까/내가 있는 방 위에 와서 앉거나/또는 그의 그림자가

방(房)

혹시나 떨어질까 보아 두려워하는 것도/나는 아무것에도 취하여 살기를 싫어하기 때문이다(「도취의 피안」) * 어두운 도서관 깊은 방에서 육중한 백과사전을 농락하는 학자처럼/나는 그네들의 고민에 대하여만은 투철한 자신이 있다(「거리2」) * 방 두 칸과 마루 한 칸과 말쑥한 부엌과 애처로운 처를 거느리고/외양만이라도 남과 같이 살아간다는 것이 이다지도 쑥스러울 수가 있을까(「구름의 파수병」) * 「고맙습니다, 고맙습니다」/일어서 있는 너의 얼굴은/오늘밤의/앉아 있는 내 방의 촛불 같은 재산, 보석이여.(「반주곡」) * 혁명은 안 되고 나는 방만 바꾸어버렸다/그 방의 벽에는 싸우라 싸우라 싸우라는 말이/헛소리처럼 아직도 어둠을 지키고 있을 것이다//나는 모든 노래를 그 방에 함께 남기고 왔을 게다/그렇듯이 이제 나의 가슴은 이유 없이 메말랐다/그 방의 벽은 나의 가슴이고 나의 사지일까/일하라 일하라 일하라는 말이/헛소리처럼 아직도 나의 가슴을 울리고 있지만/나는 그 노래도 그 전의 노래도 함께 다 잊어버리고 말았다//혁명은 안 되고 나는 방만 바꾸어버렸다/나는 이제 녹슬은 펜과 뼈와 광기―/실망의 가벼움을 재산으로 삼을 줄 안다/이 가벼움 혹시나 역사일지도 모르는/이 가벼움을 나는 나의 재산으로 삼았다//혁명은 안 되고 나는 방만 바꾸었지만/나의 입속에는 달콤한 의지의 잔재 대신에/다시 쓰디쓴 담뱃진 냄새만 되살아났지만//방을 잃고 낙서를 잃고 기대를 잃고/노래를 잃고 가벼움마저 잃어도//이제 나는 무엇인지 모르게 기쁘고/나의 가슴은 이유 없이 풍성하다(「그 방을 생각하며」) * 여편네의 방에 와서 기거를 같이해도/나는 이렇듯 소년처럼 되었다[…]여편네의 방에 와서 기거를 같이해도/나는 점점 어린애/나는 점점 어린애/태양 아래의 단 하나의 어린애/죽음 아래의 단 하나의 어린애[…]여편네의 방에 와서 기거를 같이해도/나는 점점 어린애/너를 더 사랑하고/오히려 너를 더 사랑하고/너는 내 눈을 알고/어린 놈도 내 눈을 안다(「여편네의 방에 와서」) * 누이야/풍자가 아니면 해탈이다/너는 이 말의 뜻을 아느냐/너의 방에 걸어놓은 오빠의 사진/나에게는 〈동생의 사진〉을 보고도/나는 몇 번이고 그의 진혼가를 피해 왔다/그전에 돌아간 아버지의 진혼가가 우스꽝스러웠던 것을 생각하고/그래서 나는 그 사진을 10년 만에 곰곰이 正視하면서/이내 거북해서 너의 방을 뛰쳐나오고 말았다(「누이야 장하고나!」) * 돌배가 개울가에 자라는/숲속에선/누이의 방도 장마가 가시면 익어가는가/허나/인생의 장마의/추녀 끝 물방울 소리가/아직도 메아리를 가지고 오지 못하는/8월의 밤에/너의 방은 너무 정돈되어 있더라/이런 밤에/나는 서울의 얼치기 洋館 속에서/골치를 앓는 여편네의 댓가지 백 속에/조약돌이 들어 있는/공간의 우연에 놀란다/누이야/너의 방은 언제나/너무도 정돈되어 있다(「누이의 방」) * 삭막한 집의 삭막한 방에 놓인 피아노/그 방은 바로 어제 내가 혁명을 기념한 방/오늘은 기름진 피아노가/덩덩덩덩덩 울리면서/나의 고갈한 비참을 달랜다(「피아노」) * 신앙이 動하지 않는 건지 동하지 않는 게/신앙인지 모르겠다//나비야 우리 방으로 가자/어제의 시를 다시 쓰러 가자(「시」(1964)) * 전등에서 消燈으로/소음에서 라디오의 중단으로/모조품 銀丹에서 仁丹으로/남의 집에서 내 방으로(「X에서 Y로」) * 이제 나의 방은 막다른 방/이제 나의 방의 옆방은 자연이다(「이사」) * 그렇게 매일을 믿어왔어. 방을 이사를 했지. 내/방에는 아들놈이 가고 나는 식모아이가 쓰던 방으로/가고. 그런데 큰놈의 방에 같이 있는 가정교사가 내/기침소리를 싫어해. 내가 붓을 놓는 것까지/자리에서 일어나는 것까지 문을 여는 것까지 알고/방어작전을 써. 그래서 안방으로 다시 오고, 내가/있던 기침소리가 가정교사에게 들리는 방은 도로/식모아이한테 주었지. 그때까지도 의심하지 않았어.(「엔카운터 誌」) * 난로 위에 끓어오르는 주전자의 물이 아슬/아슬하게 넘지 않는 것처럼 사랑의 節度는/열렬하다/間斷도 사랑/이 방에서 저 방으로 할머니가 계신 방에서/심부름하는 놈이 있는 방까지 죽음 같은/암흑 속을 고양이의 반짝거리는 푸른 눈망울처럼/사랑이 이어져가는 밤을 안다(「사랑의 변주곡」) * 미인이면 미인일수록 그럴 것이니/미인과 앉은 방에선 무심코/따놓는 방문이나 창문이/담배연기만 내보내려는 것은/아니렷다(「미인」)

방대하다(厖大—) 규모나 양이 매우 크거나 많다.
　방대한 *오 죽어 있는 방대한 서책들//너를 보는 설움은 피폐한 고향의 설움일지도 모른다/예언자가 나지 않는 거리로 창이 난 이 도서관은/창설의 의도부터가 풍자적이었는지도 모른다(「국립도서관」) *마지막의 몸부림도/마지막의 양복도/마지막의 신경질도/마지막의 다방도/기나긴 골목길의 순례도/〈어깨〉도/허세도/방대한/방대한/방대한/모조품과 막대한/막대한/막대한/막대한/모방도(「檄文」) *너는 열네 살 우리집에 고용을 살러 온 지/3일이 되는지 5일이 되는지 그러나 너와 내가/접한 시간은 단 몇 분이 안 되지 그런데/어떻게 알았느냐 나의 방대한 낭비와 넌센스와/허위를/나의 못 보는 눈을 나의 둔갑한 영혼을/나의 애인 없는 더러운 고독을/나의 대대로 물려받은 음탕한 전통을(「꽃잎3」) *그 罪過를 그 방대한 21개국의 지도를/그대는 선물로 나에게 펼쳐 보이지만/그대가 준 손수건의 암시처럼/불길한 눈물을 흘리게 했지만/그 분풀이로 어리석은 나는 술을 마시고/창문을 부수고 여편네를 때리고/지옥의 시까지 썼지만(「세계일주」)

방랑자(放浪者) 여기저기를 떠돌아다니는 사람. *목사여 정치가여 상인이여 노동자여/실직자여 방랑자여/그리고 나와 같은 집 없는 걸인이여/집이 여기에 있다고 외쳐라(「가옥 찬가」)

방문(房門) 방으로 드나들 수 있게 만든 문. *기진맥진한 몸을 간신히 일으켜서/차가운 이를 건져서 끼고 따라서 내려간다/그중 끝의 방문을 열고 보니 꺼먼 사람이 셋이나 앉았다(「미숙한 도적」) *미인이면 미인일수록 그럴 것이니/미인과 앉은 방에선 무심코/따놓는 방문이나 창문이/담배연기만 내보내려는 것이/아니렷다(「미인」)

방문하다(訪問—) 어떤 사람이나 장소를 찾아가서 만나거나 보다.
　방문한 *나는 이자벨 버드 비숍 여사와 연애하고 있다 그녀는/1893년에 조선을 처음 방문한 영국 왕립지학협회 회원이다(「거대한 뿌리」)

방바닥(房—) 방밑을 이루는 평평한 부분. *팽이 밑바닥에 끈을 돌려 매이니 이상하고/손가락 사이에 끈을 한끝 잡고 방바닥에 내어던지니/소리없이 회색빛으로 도는 것이/오래 보지 못한 달나라의 장난 같다/팽이가 돈다/팽이가 돌면서 나를 울린다(「달나라의 장난」) *트럭 소리가 나면 돼/아카시아 잎을 이기는 소리가 방바닥 밑까지 울리면 돼/라디오 소리도 거리의 풍습대로 기를 쓰고 크게만 틀어놓으면 돼//겨자씨같이 조그맣게 살면서/장시만 장시만 안 쓰면 돼/오징어발에 말라붙은 새처럼 꼬리만 치지 않으면 돼/트럭 소리가 나면 돼/아카시아 잎을 이기는 소리가 방바닥 밑까지 콩콩 울리면 돼(「장시1」)

방방곡곡(坊坊曲曲) 한 군데도 빼놓지 않은 모든 곳. *이제야말로 아무 두려움 없이/그놈의 사진을 태워도 좋다/협잡과 아부와 무수한 악독의 상징인/지긋지긋한 그놈의 미소하는 사진을—대한민국의 방방곡곡에 안 붙은 곳이 없는/그놈의 점잖은 얼굴의 사진을(「우선 그놈의 사진을 떼어서 밑씻개로 하자」)

방법(方法) 어떤 일을 해 나가기 위하여 취하는 수단이나 방식. *우리들의 싸움은 하늘과 땅 사이에 가득 차 있다/민주주의의 싸움이니까 싸우는 방법도 민주주의식으로 싸워야 한다(「하…… 그림자가 없다」) *기성 육법전서를 기준으로 하고/혁명을 바라는 자는 바보다/혁명이란/방법부터가 혁명적이어야 할 터인데/이게 도대체 무슨 개수작이냐/불쌍한 백성들아/불쌍한 것은 그대들뿐이다(「육법전서와 혁명」)

방법통설(方法通說) 1637년에 간행된 책으로, 프랑스의 철학자 R. 데카르트의 저서. 유명한 명제 "나는 생각한다. 그러므로 나는 존재한다"를 탄생시킨 작품으로 데카르트 사상에 대한 기본적인 입문서로 꼽힌다. 인간의 이성적 능력 속에서 절대 진리의 가능성을 찾는 합리론 철학의 전형을 보여주는 작품이다. *데카르트의 『方法通說』을 다 읽어보았지/아부에도 여유가 있어야 한다는 말일세/만사에 여유가 있어야 하지만/위대한 〈개헌〉 헌법에 발을 맞추어 가자면/여유가 있어야지(「만시지탄은 있지만」)

방송(放送) 라디오나 텔레비전 등을 통해 널리 듣고 볼 수 있도록 음성이나 영상을 전파로 내보내는 일. ＊6이 KBS 제2방송/7이 동 제1방송/그 사이에 시시한 주파가 있고/8의 조금 전에 동아방송이 있고/8.5 가 KY 인가보다/그리고 10.5는 몸서리치이는 그것//이 몇 개의 판테온의 기둥 사이에/뒹굴고 있는 폐허의 돌조각들보다도/더 값없게 발길에 차이는 隣國의 음성—/물론 낭랑한 일본 말들이다/이것을 요즘은 안 듣는다/시시한 라디오 소리라 더 시시한 것이/여기서는 판을 치니까 그렇게 됐는지 모른다/더 시시한 우리네 방송으로 만족하는 것이다//지금같이 HIFI 가 나오지 않았을 때/비참한 일들이 라디오 소리보다도 더 발광을 쳤을 때/그때는 인국 방송이 들리지 않아서/그들의 달콤한 억양이 금덩어리 같았다/그 금덩어리 같던 소리를 지금은 안 듣는다/참 이상하다//이 이상한 일을 놓고 나는 저녁상을/물리고 나서 한참이나 생각해 본다/지금은 너무나 또렷한 입체음을 통해서/들어오는 이북 방송이 불온 방송이/아니 되는 날이 오면/그때는 지금 일본 말 방송을 안 듣듯이/나도 모르는 사이에 아무 미련도 없이/희한도 없이 안 듣게 되는 날이 올 것이다……//그러나 이렇게 써도 내가 반공산주의자가/아니 되기 위해서는 그날까지 이 엉성한/조악한 방송들이 어떻게 돼야 하고/어떻게 될 것이다/먼저 어떻게 돼야 하고 어떻게 될 것이다/이런 극도의 낙천주의를 저녁 밥상을/물리고 나서 해본다/—아아 배가 부르다/배가 부른 탓이다(「라디오 계」)

방식(方式) 어떤 일정한 방법이나 형식. ＊자연은 나의 몇 사람의 독특한 벗들과 함께/토끼의 탄생의 방식에 대하여/하나의 異德을 주고 갔다(「토끼」)

방심(放心) 마음을 다잡지 않고 놓아 버림. ＊제트기 벽화 밑의 나보다 더 풍풍한 주인 앞에서/나는 결코 울어야 할 사람이 아니며/영원히 나 자신을 고쳐가야 할 운명과 사명에 놓여 있는 이 밤에/나는 한사코 방심조차 하여서는 아니 될 터인데/팽이가 나를 비웃는 듯이 돌고 있다(「달나라의 장난」)

방아 곡식을 빻는 기구. ＊토끼는 앞발이 길고/귀가 크고/눈이 붉고/또는 〈이태백이 놀던 달 속에서 방아를 찧고〉……/모두 재미있는 현상이지만/그가 입에서 탄생되었다는 것은 또 한번 토끼를 생각하게 한다(「토끼」)

방안(房—) 방의 안쪽. ＊비가 그친 후 어느 날—/나의 방안에 설움이 충만되어 있는 것을 발견하였다/오고가는 것이 직선으로 혹은 대각선으로 맞닥뜨리는 것 같은 속에서/나의 설움은 유유히 자기의 시간을 찾아갔다//설움을 역류하는 야릇한 것만을 구태여 찾아서 헤매는 것은/우둔한 일인 줄 알면서/그것이 나의 생활이며 생명이며 정신이며 시대이며 밑바닥이라는 것을 믿었기 때문에—/아아 그러나 지금 이 방안에는/오직 시간만이 있지 않으냐[…]/이 밤이 기다리는 고요한 思想마저/나는 초연히 이것을 시간 위에 얹고/어려운 몇 고비를 넘어가는 기술을 알고 있나니/누구의 생활도 아닌 이것은 확실한 나의 생활//마지막 설움마저 보낸 뒤/빈 방안에 나는 홀로이 머물러 앉아/어떠한 내용의 책을 열어보려 하는가(「방안에서 익어가는 설움」) ＊차라리 위대한 것을 바라지 말았으면/유순한 가족들이 모여서/죄 없는 말을 주고받는/좁아도 좋고 넓어도 좋은 방안에서/나의 위대한 所在를 생각하고 더듬어보고 짚어보지 않았으면(「나의 가족」)

방어작전(防禦作戰) 상대방의 공격을 막기 위해 짜는 대책. ＊그렇게 매일을 믿어왔어. 방을 이사를 했지. 내/방에는 아들놈이 가고 나는 식모아이가 쓰던 방으로/가고. 그런데 큰놈의 방에 같이 있는 가정교사가 내/기침소리를 싫어해. 내가 붓을 놓는 것까지/자리에서 일어나는 것까지 문을 여는 것까지 알고/방어작전을 써. 그래서 안방으로 다시 오고, 내가/있던 기침소리가 가장교사에게 들리는 방은 도로/식모아이한테 주었지. 그때까지도 의심하지 않았어.(「엔카운터誌」)

방정맞다 말이나 하는 짓이 찬찬하지 못하고 몹시 경망스럽다.
방정맞게 ＊미제 도자기 스탠드가 울린다/방정맞게 울리고 돌아오라 울리고/돌아가라 울리고 닿는다고 울리고/안 닿는다고 울리고

(「의자가 많아서 걸린다」)

방탕(放蕩) 무엇인가에 빠져 행실이 좋지 못함. *덤핑 출판사의 일을 하는 무의식 대중을 웃지 마라/지극히 시시한 이 발견을 웃지 마라/비로소 충만한 이 한국문학사를 웃지 마라/저들의 고요한 숨김을 웃지 마라/저들의 무서운 방탕을 웃지 마라/이 무서운 낭비의 아들들을 웃지 마라(「이 한국문학사」)

방패(防牌) 적의 칼, 창, 화살 등을 막는 데 쓰던 무기. *아침저녁으로 우러러보던 그 사진은/사실은 억압과 폭정의 방패였느니/썩은 놈의 사진이었느니/아아 살인자의 사진이었느니(「우선 그놈의 사진을 떼어서 밑씻개로 하자」)

방한모(防寒帽) 추위를 막기 위해 쓰는 모자. *한 놈은 가죽 방한모에 빨간 마후라였지만/또 한 놈은 잘 안 보였고 매일 아침 들은 「신문요」의 목소리를 회상하며/어떤놈이 新인지 舊인지를 가려낼 틈도/없다 눈이 왔고 추웠고 너무 화가 났다(「제임스 띵」)

방해(妨害) 남의 일에 훼방을 놓아 해를 끼침. *요 시인/이제 저항시는/방해로소이다/이제 영원히/저항시는/방해로소이다[…]요 시인/용감한 착오야/그대의 저항은 無用/저항시는 더욱 무용/막대한/방해로소이다/까딱 마시오 손 하나 몸 하나/까딱 마시오/눈 오는 것만 지키고 계시오…….(「눈」(1961)) *코리안 드림이라구요. 놀라지 마세요./아이놈은 자구 있어요. 구원이지요. 나를/방해를 안하니까요. 절망의 물방울이/튄 거지요./내주신다면, 당신의 잡지의 8월호에 내주신다면,/특종이니깐요. 극단도 좋고, 당신네도/좋고, 번역하는 사람도 좋고, 나도 좋은/일을 하는 폭이 되지요.(「전화 이야기」) *사람의 얼굴도 무섭지 않고/그의 목소리도 방해가 안 되고/어제의 행동과 내일의 복수가 상쇄되고/참호의 입구의 ㄱ자가 문제되고(「먼지」)

방해하다(妨害—) 남의 일에 훼방을 놓아 해를 끼치다.

방해하는 *언어가 죽음의 벽을 뚫고 나가기 위한/숙제는 오래된다 이 숙제를 노상 방해하는 것이/성의 윤리와 윤리의 윤리다 중요한 것은//괴로움과 괴로움의 이행이다 우리의 행동/이것을 우리의 시로 옮겨놓으려는 생각은/단념하라 괴로운 설사(「설사의 알리바이」)

방해한다 *나는 일손을 멈추고 잠시 무엇을 생각하게 된다/—살아 있는 보람이란 이것뿐이라고—/하루살이의 狂舞여/하루살이는 지금 나의 일을 방해한다/—나는 확실히 하루살이에게 졌다고 생각한다—/하루살이의 유희여(「하루살이」)

방향(方向) ①어떤 방위를 향한 쪽. ②어떤 뜻이나 현상이 목표를 향하여 나아가는 쪽. *흥분할 줄 모르는 나의 생리와/방향을 가리지 않고 서 있는 서가 사이에서/도적질이나 하듯이 희끗희끗 내어다보는 저 흰 벽들은/무슨 鳥類의 屎尿와도 같다(「국립도서관」) *너의 표피의 원활과 각도에 이기지 못하고 미끄러지는 나의 발을/나는 미워한다/방향은 애정—[…]죽음이 싫으면서/너를 딛고 일어서고/시간이 싫으면서/너를 타고 가야 한다//창조를 위하여/방향은 현대—(「네이팜 탄」)

방황하다(彷徨—) 발길 닫는 대로 정처 없이 돌아다니다.

방황할 *언제부터인지 잠을 빨리 자는 습관이 생겼다/밤거리를 방황할 필요가 없고/착잡한 머리에 책을 집어들 필요가 없고(「달밤」) *혼미하는 아내며/날이 갈수록 간격이 생기는 골육들이며/새가 아직 모여들 시간이 못 된 늙은 포플러나무며/소리 없이 나를 괴롭히는/그들은 신의 고문인인가/—어른이 못 되는 나를 탓하는/구슬픈 어른들/나에게 방황할 시간을 다오(「장시2」)

밭 물을 대지 않고 야채나 곡류를 심어 농사를 짓는 땅. *여름 아침의 시골은 가족과 같다/햇살을 모자같이 이고 앉은 사람들이 밭을 고르고/우리집에도 어저께는 무씨를 뿌렸다[…]강물은 도도하게 흘러내려가는데/천국도 지옥도 너무나 가까운 곳/사람들이여/차라리 숙련이 없는 영혼이 되어/씨를 뿌리고 밭을 갈고 가래질을 하고 고물개질을 하자(「여름 아침」) *낮에는 일손을 쉰다고 한잔 마시는 게라/저녁에는 어둠을 맞으려고 또 한잔 마시는 게라/먼 밭을 바라보며 마늘장아찌에/취하지 않은 듯이 취하는 게라/지장이 없느니라(「술과 어린 고양이」) *두 떼기의 차밭 옆에는 역시 두 뙈기의/채소밭이 있다 김장 무나 배추를 심었을/인습적인 분가루를 칠한 밭 위에/나는 걸핏하면 개똥을 갖다 파묻는다/밭주인이 보면 질색을 할 노릇이지만/이 밭주인은 차밭 주인의 소작인이다/그러나 우리집 여편네는 이것을 모두/자기 밭이라고 한다 멀쩡한 거짓말이다(「반달」)

밭고랑 밭의 이랑과 이랑 사이의 홈. ＊가장 아름다운 이기적인 시간 위에서/나는 나의 검게 타야 할 정신을 생각하며/구별을 용서하지 않는/밭고랑 사이를 무겁게 걸어간다(「여름 아침」) ＊겨울이 지나간 밭고랑 사이에 남은/고독은 신의 무재주와 사기라고/하여도 좋았다(「초봄의 뜰 안에」)

밭주인 밭을 소유한 사람. ＊나비날개처럼 된 차잎은 아침이면/날개를 펴고 저녁이면 체조라도 하듯이/일제히 쉰다 쉬는 데에도 규율이 있고/탄력이 있다 9월 중순 차나무는 거의/내 키만큼 자라나고 노란 꽃도 이제는/보잘것없이 되었는데도 밭주인은/아직도 나타나 잘라 가지 않는다//두 뙈기의 차밭 옆에는 역시 두 뙈기의/채소밭이 있다 김장 무나 배추를 심었을/인습적인 분가루를 칠한 밭 위에/나는 걸핏하면 개똥을 갖다 파묻는다/밭주인이 보면 질색을 할 노릇이지만/이 밭주인은 차밭 주인의 소작인이다/그러나 우리집 여편네는 이것을 모두/자기 밭이라고 한다 멀쩡한 거짓말이다(「반달」)

배[1] 사람이나 기타 척추동물의 위와 장 등이 들어 있는 가슴과 골반 사이의 부분. ＊너는 언제부터 세상과 배를 대고 서기 시작했느냐/너와 나 사이에 세상이 있었는지/세상과 나 사이에 네가 있었는지/너무 밝아서 나는 웃음이 나온다[…]음탕할 만치 잘 보이는 유리창/그러나 나는 너를 통하여 아무것도/보지 않고 있는지도 모른다/두려운 세상과 같이 배를 대고 있는/너의 대담성―/그래서 나는 구태여 너에게로 더 한걸음 바싹 다가서서/그리움도 잊어버리고 웃는 것이다[…]유리창이여/너는 언제부터 세상과 배를 대고 서기 시작했느냐(「너는 언제부터 세상과 배를 대고 서기 시작했느냐」) ＊물 위를 날아가는 돌팔매질―/아슬아슬하게/세상에 배를 대고 날아가는 정신이여(「바뀌어진 지평선」) ＊우리들의 싸움의 모습은 초토작전이나/「건 힐의 혈투」모양으로 활발하지도 않고 보기 좋은 것도 아니다/그러나 우리들은 언제나 싸우고 있다/아침에도 낮에도 밤에도 밥을 먹을 때에도[…]배가 부를 때도 목이 마를 때도/연애를 할 때도 졸음이 올 때도 꿈속에서도[…]우리들의 싸움은 쉬지 않는다(「하…… 그림자가 없다」) ＊설파제를 먹어도 설사가 막히지 않는다/하룻동안 겨우 막히다가 다시 뒤가 들먹들먹한다/꾸루룩거리는 배에는 푸른색도 흰색도 敵이다//배가 모조리 설사를 하는 것은 머리가 설사를/시작하기 위해서다 性도 윤리도 약이/되지 않는 머리가 불을 토한다(「설사의 알리바이」) ＊이런 극도의 낙천주의를 저녁 밥상을/물리고 나서 해본다/―아아 배가 부르다/배가 부른 탓이다(「라디오 계」)

배[2] 사람이나 짐 따위를 싣고 물 위에 떠다니도록 만든 물건. ＊「도적질을 하는 것도 저렇게 부지런하여야 하는데 우리는 이게 무어야 빨리 나가서 배 들어오는 것을 기다리세」하고 친구가 서두른다(「미숙한 도적」) ＊횃불로 검은 물속을 비춰가며 고기를 잡는 배가 증언처럼 다가오고//나는 당신의 아우에게로 뛰어가서 나의 〈말〉을 하지 못하는 나를 미워하였다(「말」(1958)) ＊夕刊에 폭풍경보를 보고/배를 타고 가는 사람을/습관에서가 아니라 염려하고/3년 전에 심은 버드나무의 악마 같은/그림자가 뿜는 아우성소리를 들으며(「가옥 찬가」)

배(倍)[3] 일정한 수나 양이 그 수만큼 거듭됨을 이르는 말. ＊늬가 없이 사는 삶이 보람 있기 위하여 나는 돈을 벌지 않고/늬가 주는 모욕의 억만 배의 모욕을 사기를 좋아하고/억만 인의 여자를 보지 않고 산다(「너를 잃고」) ＊내가 살기 위하여/몇 개의 번개 같은 환상이 필요하다 하더라도/꿈은 교훈/청춘 물 구름/피로들이 몇 배의 아름다움을 加하여 있을 때도/나의 원천과 더불어/나의 최종점은 긍지/파도처럼 요동하여/소리가 없고/비처럼 퍼부어/젖지 않는 것(「긍지의 날」) ＊4면의 신문 위에 6호 활자가 몇천 개 박혀 있는지 모르지만 너의 상상에서는 실제의 수십 배는 담겨 있으리라(「기자의 정열」)

배경(背景) ①뒤쪽의 경치. ②무대의 안쪽 벽에 그린 그림, 또는 무대 장치. ③사진이나 그림 등에서 그 주요 제재 뒤편에 펼쳐진 부분. ④작품의 시대적·역사적인 환경. ⑤뒤에서 돌보아 주는 힘. ⑥사건이나 환경을 둘러싼 주위의 정경. *음악을 들으면 차밭의 앞뒤 시간이/가시처럼 생각된다 그리고 그 가시가/점점 더 똑똑해진다 동산에 걸린/새 달에 비친 나뭇가지처럼/세계를 배경으로 한 나의 사상처럼/죄어든 인생의 윤곽과 비밀처럼⋯⋯/곡은 무용곡—모든 음악은 무용곡이다(「반달」)

배고프다 뱃속이 비어서 음식을 먹고 싶은 마음이 간절하다.

배고픈 *죄수들의 말이/배고픈 것보다도/잠 못 자는 것이/더 어렵다고 해서/그래 그러나/배고픈 사람이/하도 많아 그러나(「〈4·19〉시」)

배다 ①뱃속에 아이를 가지다. ②뭉친 것과 같은 것이 근육에 생기다.

배라지 *넓적다리 뒷살에/넓적다리 뒷살에/알이 배라지/손에서는/손에서는/불이 나라지[⋯]넓적다리 뒷살에/넓적다리 뒷살에/알이 배라지/손에서는/손에서는/불이 나라지(「쌀난리」)

배서 *삼복의 더위에 질려서인가 했더니/아냐/아이를 뱄어/계수가 아이를 배서 조용하고/식모 아이는 사랑을 하는 중이라네(「伏中」)

뱄어 *삼복의 더위에 질려서인가 했더니/아냐/아이를 뱄어/계수가 아이를 배서 조용하고/식모 아이는 사랑을 하는 중이라네(「伏中」)

배반(背反) 신의를 저버리고 돌아섬. *배반이여 모험이여 간악이여/간지러운 육체여/표면에 살아라/뮤즈여/너의 복부를랑 하늘을 바라보게 하고—(「바뀌어진 지평선」)

배반하다(背反—) 신의를 저버리고 돌아서다.

배반하고 *시를 배반하고 사는 마음이여/자기의 나체를 더듬어보고 살펴볼 수 없는 시인처럼 비참한 사람이 또 어디 있을까(「구름의 파수병」)

배부르다 더 먹고 싶지 않게 양이 차다.

배부른 *겨자씨같이 조그맣게 살면 돼/복숭아 가지나 아가위 가지에 앉은/배부른 흰 새모양으로/잠깐 앉았다가 떨어지면 돼(「장시1」)

배불리 *불쌍한 것은 이래저래 그대들뿐이다/그놈들이 배불리 먹고 있을 때도/고생한 것은 그대들이고/그놈들이 망하고 난 후에도 진짜 곯고 있는 것은/그대들인데/불쌍한 그대들은 천국이 온다고 바라고 있다(「육법전서와 혁명」)

배암 뱀. ☞ 뱀. *물이 흘러가는 달이 솟아나는/평범한 대자연의 법칙을 본받아/어리석을 만치 소박하게 성취한/우리들의 혁명을/배암에게 쐐기에게 쥐에게 살쾡이에게/진드기에게 악어에게 표범에게 승냥이에게/늑대에게 고슴도치에게 여우에게 수리에게 빈대에게/다치지 않고 깎이지 않고 물리지 않고 더럽히지 않게[⋯]이번에는 우리가 배암이 되고 쐐기가 되더라도/이번에는 우리가 쥐가 되고 살쾡이가 되고 진드기가 되더라도/이번에는 우리가 악어가 되고 표범이 되고 승냥이가 되고 늑대가 되더라도/이번에는 우리가 고슴도치가 되고 여우가 되고 수리가 되고 빈대가 되더라도/아아 슬프게도 슬프게도 이번에는/우리가 혁명이 성취되는 마지막날에는/그런 사나운 추잡한 놈이 되고 말더라도(「기도」)

배우(俳優) 영화나 연극 등에서 어떤 인물로 분(扮)하여 연기하는 사람. *극장이여/나도 지나간 날에는 배우를 꿈꾸고 살던 때가 있었단다(「거리2」) *聖俗이 같다는 원효대사가/텔레비에 텔레비에 들어오고 말았다/배우 이름은 모르지만 대사는/대사보다도 배우에 가까웠다//그 배우는 식모까지도 싫어하고/신이 나서 보는 것은 나 하나뿐이고/원효대사가 나오는 날이면/익살맞은 어린 놈은 활극이 되나 하고(「원효대사」)

배우다 ①새로운 지식이나 교양을 익히다. ②남이 하는 일을 본받다.

배우란 *베이컨의 『新論理學』을 읽어보게나/원자탄이나 유도탄은 너무 많아서/효과가 없으니까/인제는 다시 비수를 쓰는 법을 배우란 말일세(「만시지탄은 있지만」)

배우자 *암흑과 맞닿는 나의 생명이여/거리의 생명이여/거만과 오만을 잊어버리고/밝은 대낮에라도 겸손하게 지내는 妙理를 배우자(「거리2」)

배운 *그때 너는 열여섯 살이었다/그때 너는 열여섯 살이었다/그때도 너는 기적이었다/너의 의지는 싹트기 시작했다/너의 의지는/학교 안에서 배운 모든 것이/학교 밖에서 본 모든 것이/반드시 정말이 아니라는 것을 알았고/너의 어린 의사를 발표할 줄 알았다/우리는 너를 보고 깜짝 놀랐다(「65년의 새해」) *눈을 떴다 감는 기술―불란서혁명의 기술/최근 우리들이 4·19에서 배운 기술/그러나 이제 우리들은 소리내어 외치지 않는다(「사랑의 변주곡」)

배운다 *축소와 확대의 중간에 선 그들의 얼굴/강력과 기도가 일체가 되는 거리에서/너는 비로소 겸허를 배운다(「예지」) *나는 이 우중충한 막걸리 탁상 위에서/경험과 역사를 너한테 배운다(「滿洲의 여자」) *다리는 이러한 정지의 증인이다/젊음과 늙음이 엇갈리는 순간/그러한 속력과 속력의 停頓 속에서/다리는 사랑을 배운다(「현대식 교량」)

배운다는 *조그마한 세상의 지혜를 배운다는 것은/설운 일이다//그것은 내일이 되면 포탄이 되어서/휘황하게 날아가야 할 지혜이기 때문이다(「조그마한 세상의 지혜」)

배울 *인류의 종언의 날에/너의 술을 다 마시고 난 날에/미대륙에서 석유가 고갈되는 날에/그렇게 먼 날까지 가기 전에 너의 가슴에 새겨둘 말 너는 도시의 피로에서/배울 거다/이 단단한 고요함을 배울 거다(「사랑의 변주곡」)

배워주마 *바다의 물결 작년의 나무의 체취/그래 우리 이 盛夏에/온갖 나무의 추억과 물의 체취라도/다해서/어린 놈 너야/죽음이 오더라도/이제 성을 내지 않는 법을 배워주마(「여편네의 방에 와서」)

배웠다 *어둠 속에서도 불빛 속에서도 변치 않는/사랑을 배웠다 너로 해서(「사랑」)

배자(褙子) 추울 때에 저고리 위에 입는 조끼 모양의 옷. *손에는 무거운 보따리를 들고/가다가다 기침을 하면서/집에는 差押을 해온 파일오버가 있는데도/배자 위에 얄따란 검정 오버를 입고/사흘 전에 술에 취해 흘린 가래침 자국―아니 빚쟁이와 싸우다 나오는 길에 흘린/침자국(「네 얼굴은」)

배짱 굽힘이 없이 버티려는 성품이나 태도. *더러운 일기는 찢어버려도/짜장 재주를 부릴 줄 아는 나이와 詩/배짱도 생겨가는 나이와 詩(「시」(1961))

배추 십자화과의 1년생 또는 2년생 채소로 잎은 옆으로 포개어 자라고, 잎·줄기·뿌리를 먹을 수 있음. 주로 김치를 담그는 데 씀. *두 뙈기의 차밭 옆에는 역시 두 뙈기의/채소밭이 있다 김장 무나 배추를 심었을/인습적인 분가루를 칠한 밭 위에/나는 걸핏하면 개똥을 갖다 파묻는다(「반달」)

배추씨 배추의 씨앗. *《4월 혁명》이 끝나고 또 시작되고/끝나고 또 시작되고 끝나고 또 시작되는 것은/잿님이 할아버지가 상추씨, 아욱씨, 근대씨를 뿌린 다음에/호박씨, 배추씨, 무씨를 또 뿌리고/호박씨, 배추씨를 뿌린 다음에/시금치씨, 파씨를 또 뿌리는/석양에 비쳐 눈부신/일년 열두 달 쉬는 법이 없는/걸쭉한 강변밭 같기도 할 것이니(「가다오 나가다오」)

백(百)¹ 십의 열 배가 되는 수. *우리는 조금도 흥분하지 않았고/그는 그전처럼 욕도 하지 않았고/내 찻값까지 합해서 백 원을 치르고 나가는/그의 표정을 보고/나는 그가 필시 속으로는 나를 포기하고/있다는 것을 알았어(「H」)

백(영, bag)² 들고 다니는 가방. *이런 밤에/나는 서울의 얼치기 洋館 속에서/골치를 앓는 여편네의 댓가지 백 속에/조약돌이 들어 있는/공간의 우연에 놀란다(「누이의 방」) *흰 쌀밥을 먹고 갔는데 보리알을 먹고 간 것 같고/그렇게 피투성이가 되어 찾던 만년필은/처의 백 속에 숨은 듯이 걸려 있고(「절망」(1962))

백골(白骨) 죽은 사람의 살이 썩고 남은 흰 뼈. *조용한 시절 대신/나의 백골이 생기었다/생활의 백골/누가 있어 나를 본다면은/이것은 확실히 무서운 이야깃거리다(「愛情遲鈍」)

백골의복(白骨衣服) 백골에 걸친 옷가지. ☞生活無限. *生活無限/苦難突起/白骨衣服/三伏炎天去來(「愛情遲鈍」)

백과사전(百科事典) 학문, 예술, 사회, 경제 등 모든 분야에 걸친 지식을 사전 형식으로 분류, 배열하여 해설해 놓은 책. *어두운 도서관 깊은 방에서 육중한 백과사전을 농락하는 학자처럼/나는 그네들의 고민에 대하여만은 투철한 자신이 있다(「거리2」)

백년(百年) ①오랜 세월. ②한평생. *너의 앞에서는 우둔한 얼굴을 하고 있어도 좋았다/백년이나 천년이 결코 긴 세월이 아니라는 것은/내가 사랑의 테두리 속에 끼여 있기 때문이 아니리라.(「풍뎅이」)

백련(白蓮) ①흰색 연꽃. ② '백목련' 의 준말. *어드메에 담기려고/칠흑의 壁板 위로/香烟을 찍어/白蓮을 무늬 놓는/이 밤 화공의 소맷자락 무거이 적셔/오늘도 우는/아아 짐승이냐 사람이냐.(「廟庭의 노래」)

백마(白馬) 흰색 말. *필요 이상으로 화를 내는 것도 좋다/그 사나이는, 제임스 띵은 어이가 없어서/조그만 눈을 민첩하게 움직이면서 미소를 띄우고 섰지만/나의 고삐를 잃은 백마에 당할 리가 없다(「제임스 띵」)

백만(百萬) 만의 백 배가 되는 수. *이것을 떼먹은 년은 우리 여편네가 든/契의 오야가 주재하는/우리 여편네는 들지 않은 백만 원짜리/계의 멤버로 인형을 만들어 파는 년이라나 (「판문점의 감상」)

백부(伯父) 큰아버지. *나는 발가벗은 아내의 목을 끌어안았다/山林과 時間이 오는 것이다/서울역에는 花環이 처음 생기고/나는 秋收하고 돌아오는 伯父를 기다렸다(「아침의 유혹」)

백색(白色) 흰 빛깔. 흰색. *오 도배지 천장지, 다색 백색 청색의 모란꽃이/茶色의 主色 위에 탐스럽게 피어있는 천장지/아니 그건 천장지가 아냐 (벽지지!)/천장지는 푸른 바탕에/아니 흰 바탕에/엇갈린 벽돌처럼 빌딩 창문처럼/바로 그런 무늬겠다(「마케팅」)

백성(百姓) '국민' 의 옛말. 나라의 근간이 되는 일반 국민. *선량한 백성들이 하늘같이 모시고/아침저녁으로 우러러보던 그 사진은/사실은 억압과 폭정의 방패였느니/썩은 놈의 사진이었느니/아아 살인자의 사진이었느니/(「우선 그놈의 사진을 떼어서 밑씻개로 하자」) *기성 육법전서를 기준으로 하고/혁명을 바라는 자는 바보다/혁명이란/방법부터가 혁명적이어야 할 터인데/이게 도대체 무슨 개수작이냐/불쌍한 백성들아/불쌍한 것은 그대들뿐이다(「육법전서와 혁명」) *말갛게 개인 글 모르는 백성들의 마음에는/〈미국인〉과 〈소련인〉도 똑같은 놈들/가다오 가다오.(「가다오 나가다오」) *백성들이/머리가 있어 산다든가/그처럼 나도/머리가 다 비어도/인제는 산단다/오히려 더/착실하게/온몸으로 살지/발톱 끝부터로의/하극상이란다(「쌀난리」) *보스토크가/돌아와 그러나/세계정부 理想이/따분해 그러나/이 나라/백성들이/너무 지쳐 그러나 (「〈4·19〉시」) *오오 환희여 미역국이여 미역국에 뜬 기름이여 구슬픈 祖上이여/가뭄의 백성이여 퇴계든 정다산이든 수염 난 영감이면/복덕방 사기꾼도 도적놈 지주라도 좋으니 제발 순조로워라(「미역국」)

백양(白羊) 50년대 중반부터 60년대 후반까지 생산된 국산 담배의 일종. 1955년 판매되기 시작하였다. 최초 판매가는 100환, 1957년 1월부터 150환으로 인상되었다. 1960년대 초 기준으로 중급 품질의 담배였다. *5월 혁명 이전에는 백양을 피우다/그 후부터는/아리랑을 피우고/와이셔츠 윗호주머니에는 한사코 색수건을 꽂아 뵈는 이유,/모르지?(「모르지?」)

백양

백양궁(白羊宮) 황도 십이궁의 하나. 양자리. *눈이 내린 날에는/白羊宮의 비약이 없는 날에는/개도 짖지 않는 날에는 제임스 띵이 뛰어들어서는/아니 된다 나의 아들에게 불손한 말을 걸어서는/아니 된다 나의 사상에 노기를 띠우게 해서는/아니 된다(「제임스 띵」)

백여(百餘) 백을 넘음. *그 다음에는 나는 중앙선 어느 협곡에 있는 역에서 백여 리나 떨어진 광산촌에 두고 온 잃어버린 겨울 모자를 생각한다(「시골 선물」)

백의(白蟻) 흰개미. *내가 비로소 여유를 갖게 된 것은/거리에서와 마찬가지로 집안에 있어서도 저 무시무시한 白蟻를 보기 시작한 때부터이었다/백의는 자동식 문명의 천재이었기 때문에 그의 소유주에게는/일언의 약속도 없이 제가 갈 길을 자유자재로 찾아다니었다 […]/내가 어느 날 그에게 〈魔神〉이라고 별명을 붙였더니/그는 대뜸/〈오빠는 어머니보다도 더 완고하다〉고 하면서/나를 도리어 꾸짖는 척한다/(그가 나를 진심으로 꾸짖지 않았다는 것을 나는 그의 은근하고 매혹적인 표정에서 능히 감득할 수 있었다)/―비참한 것은 백의이다/그는 한국에 수입되어 가지고 완전한 고아가 되었고/거리에 흩어진 월간 대중잡지 위에 매월 그의 사진이 게재되어 왔을 뿐만 아니라/어느 삼류 신문의 사회면에는 간혹 그의 구제금 응모기사 같은 것이 나오고 있다/나는 이러한 사진과 기사를 볼 때마다/이것은 ≪아틀랜틱≫과 ≪하퍼스≫의 광고부의 分室이 나타났다고/이곳 저널리스트의 역습의 묘리에 감탄하고 있었는데/백의는 이와 같은 나의 안심과 태만을 비웃는 듯이/어느 틈에 우리 가정의 내부에까지 침입하여 들어와서/신심양면의 허약증으로 신음하고 있는 나를 독촉하여/〈희랍인을 모친으로 가진 미국인에게 대한 호소문〉과 〈精神上으로 본/희랍의 독립선언서〉를 써서/전자를 현재 일리노이 주에 있는 자기의 모친에게 보내고/후자는 희랍 국립박물관 관장에게 보내달라고 한다[…]그러나 바로 어저께 내가 오래간만에 거리에 나가니/나의 친구들은 모조리 나를 회피하는 눈치이었다/그중의 어느 시인은 다음과 같이 나에게 욕을 하였다/〈더러운 자식 너는 백의와 간통하였다지」너는 오늘부터 시인이 아니다……〉/―백의의 비극은 그가 현대의 경제학을 등한히 하였을 때에서부터 시작되었던 것이다(「백의」)

백주(白晝) 대낮. *술 취한 듯한 동네아이들의 함성/미쳐돌아가는 역사의 반복/나무뿌리를 울리는 신의 발자국소리/가난한 침묵/자꾸 어두워가는 백주의 활극/밤보다도 더 어두운 낮의 마음/시간을 잊은 마음의 승리/환상이 환상을 이기는 시간/―大時間은 결국 쉬는 시간(「장시2」)

백지(白紙) 흰 종이 또는 아무 것도 적지 않은 빈 종이. *작품 제목임(「백지에서부터」)

백태(白苔) 눈병의 일종. 눈에 희끄무레하게 덮이는 막. *아침에 일어나서 나는 완전히/기진맥진하였다/눈알에 백태가 앉은 사람같이/보이는 것이 모두 몽롱하다(「미숙한도적」)

백화(白花) 흰 꽃. *평화와 조화를 원하는 것이/아닌 현실의 選手/백화가 만발한 언덕 저편에/부처의 心思 같은 굴뚝이 허옇고/그 위에서 내뿜는 연기는/얼핏 생각하면 우습기도 하다(「연기」) *白花의 意匠/萬華의 거동의/지금 고요히 잠드는 얼을 흔드며/關公의 色帶로 감도는/향로의 餘烟이 신비한데(「廟庭의 노래」)

뱀 파충강 뱀목의 동물을 통틀어 이르는 말. 몸은 가늘고 길며 비늘로 덮여 있음. 난생이며 변온동물임. ☞ 배암. *여자의 본성은 에고이스트/뱀과 같은 에고이스트/그러니까 뱀은 선천적인 포로인지도 모른다/그런 의미에서 나는 속죄에 축복을 드렸다(「여자」)

뱃전 배의 양쪽 가장자리 부분. *瓦斯의 정치가여/너는 활자처럼 고웁다/내가 옛날 아메리카에서 돌아오던 길/뱃전에 머리 대고 울던 것은 여인을 위해서가 아니다(「아메리카 타임誌」)

뱉다 입안에 있는 것을 밖으로 내보내다.

뱉고 *친구가 일어나서 창밖으로 침을 뱉고 아래로 내려갔다 오더니 또 술을 마시러 내려가자고 한다(「미숙한 도적」)

뱉으다 *토끼는 입으로 새끼를 뱉으다//토끼는 태어날 때부터/뛰는 훈련을 받는 그러한 운명에 있었다/그는 어미의 입에서 탄생과 동시에 타락을 선고받는 것이다(「토끼」)

뱉자 *기침을 하자/젊은 시인이여 기침을 하자/눈을 바라보며/밤새도록 고인 가슴의 가래라도/마음껏 뱉자(「눈」(1956))

버둥거리다 ①팔다리를 내저으며 몸을 마구 움직이다. ②힘겨운 상황에서 벗어나려고 부득부득 애를 쓰다.

버둥거리고 *그놈들은 털끝만치도 다치지 않고 있다/보라 항간에 금값이 오르고 있는 것을/그놈들은 털끝만치도 다치지 않으려고/버둥거리고 있다(「육법전서와 혁명」)

버드 비숍(Bird Bishop, Isabella) 1831~1904. 영국의 여행가. 작가. 지리학자. ☞ 이자벨 버드 비숍. *나는 이자벨 버드 비숍 여사와 연애하고 있다 그녀는/1893년에 조선을 처음 방문한 영국 왕립지학협회 회원이다(「거대한 뿌리」)

버드나무 버드나뭇과의 낙엽 교목. *夕刊에 폭풍경보를 보고/배를 타고 가는 사람을/습관에서가 아니라 염려하고/3년 전에 심은 버드

버려지다 버림을 당하다. ☞ 버림받다.

버려진 *詩는 쨍쨍한 날씨에 청량한 들에/환락의 개울가에 바늘 돋친 숲에/버려진 우산/망각의 想起다(「적2」)

버릇 자꾸 반복하여 몸에 익어 버린 행동. *나는 모든 사람을 피하여/그의 얼굴을 숨어 보는 버릇이 있소(「아버지의 사진」) *이 무수한 활자 가운데에/신문기자인 너의 기사도/매일 조금씩은 끼이게 되는데/큰 아름드리나무에 박힌 옹이처럼 너는 네가 한 신문기사를 매일 아침 게시판 위에서 찾아보는 버릇이 너도 모르게 어느덧 생기고말았다(「기자의 정열」)

버리다 ①가지고 있는 것을 내던지거나 쏟거나 하다. ②깊은 관계가 있는 사람과의 사이를 끊다.

버렸다 *이조시대의 장안에 깔린 기왓장 수만큼/나는 많은 것을 버렸다/그리고 가장 피로할 때 가장 귀한/것을 버린다(「적2」)

버리고 *그것은 자유를 찾기 위해서의 여정이었다/가족과 애인과 그리고 또 하나 부실한 처를 버리고/포로수용소로 오려고 집을 버리고 나온 것이 아니라/포로수용소보다 더 어두운 곳이라 할지라도/자유가 살고 있는 영원한 길을 찾아/나와 나의 벗이 안심하고 살 수 있는/현대의 천당을 찾아 나온 것이다(「조국에 돌아오신 傷病捕虜 동지들에게」) *인제는 지조랑 영원히 버리고 마음 놓고/비수를 써/거짓말이 아냐/비수란 놈 창조보다도 더 산뜻하거든/晩時之歎은 있지만(「만시지탄은 있지만」) *아아 그리고 저 도봉산보다도/더 큰 증오도/굴욕도/계집애 종아리에만/눈이 가던 稚氣도/그밖의 무수한 잡동사니 잡념까지도/깨끗이 버리고/깨끗이 버리고/깨끗이 버리고/깨끗이 버리고/깨끗이 버리고/깨끗이 버리고(「檄文」) *상식에 취한 놈/상식에 취한 상식/상……하면서/나는 무엇인가에/여전히 바쁘기만 하다/아직도 소록도의 하얀 바다에/두고/버리고/던지고 온 취기가/가시지 않은 탓이라고 생각한다……(「旅愁」) *—아니 그보다도 먼저/아까운 것이/지우산을 현장에 버리고 온 일이었다(「죄와 벌」)

버린다 *이제 꿈을 다시 꿀 필요가 없게 되었나 보다/나는 커단 서른아홉살의 중턱에 서서/서슴지 않고 꿈을 버린다(「달밤」) *이조시대의 장안에 깔린 기왓장 수만큼/나는 많은 것을 버렸다/그리고 가장 피로할 때 가장 귀한/것을 버린다(「적2」)

버림받다 버림을 당하다. ☞ 버려지다.

버림받으려는 *흐린 날에는 연극은 없다/모든 게 쉰다/쉬지 않는 것은 처와 처들뿐이다/혹은 버림받은 애인뿐이다/버림받으려는 애인뿐이다/넝마뿐이다(「적2」)

버림받은 *흐린 날에는 연극은 없다/모든 게 쉰다/쉬지 않는 것은 처와 처들뿐이다/혹은 버림받은 애인뿐이다/버림받으려는 애인뿐이다/넝마뿐이다(「적2」)

버섯 주로 그늘진 땅이나 썩은 나무에서 자라는 담자균류의 고등균류를 통틀어 이르는 말. *나의 얇은 지붕 위에서 솔개미같은/사나운 놈이 약한 날짐승들이 오기를 노리면서 기다리고/더운 날과 추운 날을 가리지 않고/늙은 버섯처럼 숨어 있기 때문에도 아니다(「도취의 피안」)

버스(영, bus) 일정한 노선과 운임으로 많은 승객을 태워 나를 수 있는 승합 자동차. *서울서/의정부로/뚫린/국도에/눈 내리는 날에는/〈빽〉차도/지프차도/파발이 다 된/시골 버스도/맥을 못 추고/맴을 도는 판이니/답답하더라도/답답하더라도/요 시인/가만히 계시오(「눈」(1961)) *농부의 몸차림으로 갈아입고/석경을 보니/땅이 편편하고/집이 편편하고/하늘이 편편하고/물이 편편하고/앉아도 편편하고/서도 편편하고/누워도 편편하고/도회와 시골이 편편하고/시골과 도회가 편편하고/신문이 편편하고/시원하고/버스가 편편하고/시원하고/하수도가 편편하고(「檄文」) *가정을 알려면 돈을 떼여보면 돼/숲을 알려면 땅벌에 물려보면 돼/잔소리 날 때는 슬쩍 피하면 돼/—債鬼가 올 때도—/버스를 피해서 길을 건너서는 어린 놈처럼/선뜻 큰길을 건너서면 돼/長詩만 장시만안 쓰려면 돼(「장시1」)

벅차다 감격, 기쁨 등이 넘칠 듯이 가득하다.
　벅차게 ＊왜 이렇게 벅차게 사랑의 숲은 밀려 닥치느냐/사랑의 음식이 사랑이라는 것을 알 때까지//난로 위에 끓어오르는 주전자의 물이 아슬/아슬하게 넘지 않는 것처럼 사랑의 節度는/열렬하다(「사랑의 변주곡」)
　벅찬 ＊극장이여/나도 지나간 날에는 배우를 꿈꾸고 살던 때가 있었단다/무수한 웃음과 벅찬 감격이여 소생하여라(「거리2」)

번(番) 일의 횟수를 나타내는 단위. ＊늬가 없어도 나는 산단다/억만 번 늬가 없어 설워한 끝에/억만 걸음 떨어져있는/너는 억만 개의 모욕이다(「너를 잃고」) ＊야 이놈들아 고갤 숙여/너희놈 손에 돌아가신 우리 형님들/무덤 앞에 절을 구천육백삼십오만 번만 해/나는 아리조나 카보이야(「나는 아리조나 카보이야」) ＊그의 주위를 몇 번이고 돌고 돌고 돌고/또 도는 조름 같은 날개의 날것들과/갑충과 쉬파리떼/그리고 진드기(「등나무」) ＊누이야/풍자가 아니면 해탈이다/너는 이 말의 뜻을 아느냐/너의 방에 걸어놓은 오빠의 사진/나에게는 〈동생의 사진〉을 보고도/나는 몇 번이고 그의 진혼가를 피해 왔다(「누이야 장하고나!」) ＊죽은 고기처럼 혈색 없는 나를 보고/얼마전에는 애 업은 여자하고 오입을 했다고 한다/초저녁에 두 번 새벽에 한 번/그러니 아직도 늙지 않지 않았느냐고 한다(「강가에서」) ＊한번 정정당당하게/붙잡혀간 소설가를 위해서/언론의 자유를 요구하고 월남파병에 반대하는/자유를 이행하지 못하고/20원을 받으러 세 번씩 네 번씩/찾아오는 야경꾼들만 증오하고 있는가(「어느 날 고궁을 나오면서」) ＊도적이 우리집을 노리고 있다/닭장이 무너진 공터에 두른 판장을 뚫고/매일밤 저희집처럼 출입하고 있다/개가 여러 번 짖는 소리를 들었지만/나는 귀찮아서 나가지를 않았다(「도적」)

번개 구름과 구름, 구름과 대지 사이에서 생겨 순간적으로 번쩍이는 빛. ☞ 벼락. ＊내가 살기 위하여/몇 개의 번개 같은 환상이 필요하다 하더라도/꿈은 교훈(「긍지의 날」) ＊오랜 피곤도 고통도 인내도 잊어버리고/새 사람 아닌 새 사람이 되어/아무도 모르고 너 혼자만이 아는/네가 쓴 기사 위에/황홀히 너를 찾아보는 아침이여/번개같이 가슴을 울리고 가는 묵은 생명과 새 희망의 무수한 충돌 충돌……(「기자의 정열」) ＊번개와 같이 떨어지는 물방울은/취할 순간조차 마음에 주지 않고/懶惰와 안정을 뒤집어놓은 듯이/높이도 폭도 없이/떨어진다(「瀑布」) ＊번개처럼/번개처럼/금이 간 너의 얼굴은(「사랑」)

번거롭다 복잡하고 어수선하다.
　번거로운 ＊여기는 좁은 서울에서도 가장 번거로운 거리의 한 모퉁이(「거리2」)

번성하다(繁盛—) 한창 잘되어 성하다. ＊사람이 사람을 아끼는 날/소음이 더욱 번성하다 남은 날/사람이 사람을 사랑하던 날/소음이 더욱 번성하기 전 날/우리는 언제나 소음의 2층(「여름 밤」)
　번성하기 ＊사람이 사람을 아끼는 날/소음이 더욱 번성하다 남은 날/사람이 사람을 사랑하던 날/소음이 더욱 번성하기 전 날/우리는 언제나 소음의 2층(「여름 밤」)
　번성하는 ＊지상의 소음이 번성하는 날은/하늘의 소음도 번쩍인다/여름은 이래서 좋고 여름밤은/이래서 더욱 좋다[…]지상의 소음이 번성하는 날은/하늘의 천둥도 번쩍인다/여름밤은 깊을수록/이래서 좋다(「여름 밤」)
　번성해진다 ＊소음에 시달린 마당 한구석에/철 늦게 핀 여름 장미의 흰구름/소나기가 지나고 바람이 불듯/하더니 또 안 불고/소음은 더욱 번성해진다(「여름 밤」)

번역업(飜譯業) 한 나라의 언어로 된 글을 다른 언어로 바꾸는 직업. ☞ 번역일. ＊파자마 바람으로 체면도 차리고 돈도 벌자고/하다하다못해 번역업을 했더니/권말에 붙어나오는 역자 약력에는/한사코 ××대학 중퇴가 ××대학 졸업으로 誤植이 돼 나오니/이렇게 돼서야 그만이지(「파자마 바람으로」)

번역일(飜譯—) 한 나라의 언어로 된 글을 다른 언어로 바꾸는 일. ☞ 번역업. ＊그러나 덤핑 출판사의 20원짜리나 20원 이하의 고료를 받고 일하는/14원이나 13원이나 12원짜리 번역일을 하는/불쌍한 나나 내 부근의 친구들을 생각할 때/이 죽은 순교자들을 어떻게 생각해야 하나/우리의 주위에 너무나 많은 순교자들의 이 발견을/지금 나는 하고 있다(「이 한국문학사」)

번역하다(飜譯―) 한 나라의 언어로 된 글을 다른 언어로 바꾸다. ☞ 번역일. 번역업.
　번역하는 *코리안 드림이라구요. 놀리지 마세요./아이놈은 자구 있어요. 구원이지요. 나를/방해를 안하니까요. 절망의 물방울이/튄 거지요./내주신다면, 당신의 잡지의 8월호에 내주신다면,/특종이니깐요, 극단도 좋고, 당신네도/좋고, 번역하는 사람도 좋고, 나도 좋은/일을 하는 폭이 되지요.[…]이런 전화를, 번역하는 친구를 옆에 놓고,/생색을 내려고, 하고 나서, 그 話쑴를/그에게 전하고, 그 무지 무지한 소란 속에서/나의 소란을 하나 더 보탠 것에 만족을/느낀 것은 절망에 지각하고 난 뒤이다.(「전화 이야기」)

번잡하다(煩雜―) 번거롭고 어수선하다.
　번잡한 *여기는 서울 안에서도 가장 번잡한 거리의 한 모퉁이/나는 오늘 세상에 처음 나온 사람모양으로 쾌활하다[…]지금은 이 번잡한 현실 위에 하나하나 환상을 붙여서 보지 않아도 좋다(「거리2」)

번쩍 빛이 순간적으로 나타났다가 사라지는 모양. *원효 대신 원효 대신 마이크로가/간다 「제니의 꿈」의 허깨비가/간다 연기가 가고 연기가 나타나고/마술의 원효가 이리 번쩍//저리 번쩍〈제니〉와 大師가/왔다갔다 앞뒤로 좌우로/왔다갔다 웃고 울고 왔다갔다(「원효대사」)

번쩍이다 빛이 나타났다가 사라지다.
　번쩍이고 *그 책장은 번쩍이고/연해 나는 괴로움으로 어찌할 수 없이/이를 깨물고 있네!/가까이 할 수 없는 서적이여(「가까이 할 수 없는 서적」) *증오가 가고 이슬이 번쩍이고/음악이 오고 변화의 시작이 오고/변화의 끝이 가고 땅 위를 걷고 있는/발자국소리가 가슴을 펴고 웃고(「먼지」)
　번쩍인다 *지상의 소음이 번성하는 날은/하늘의 소음도 번쩍인다[…]지상의 소음이 번성하는 날은/하늘의 천둥도 번쩍인다/여름밤은 깊을수록/이래서 좋다(「여름 밤」)

벌[1] 벌목의 곤충 가운데 개미류를 제외한 곤충을 이르는 말. *나는 더위에 속은 조용함이 억울해서/미친 놈처럼 라디오를 튼다/지구와 우주를 진행시키기 위해서/어서어서 진행시키기 위해서/그렇지 않고서는 내가 미치고 말 것 같아서/아아 벌/소리야!(「伏中」) *순자야 너는 꽃과 더워져 가는 화원의/초록빛과 초록빛의 너무나 빠른 변화에/놀라 잠시 찾아오기를 그친 벌과 나비의/소식을 완성하고[…]꽃과 더워져 가는 화원의/꽃과 더러워져 가는 화원의/초록빛과 초록빛의 너무 빠른 변화에/놀라 오늘도 찾아오지 않는 벌과 나비의/소식을 더 완성하기까지(「꽃잎3」)

벌(罰)[2] 잘못하거나 죄를 지은 사람에게 고통이나 괴로움을 주는 일. *작품 제목임.(「죄와 벌」)

벌거벗다 알몸이 되도록 옷을 모두 벗다. ☞ 발가벗다.
　벌거벗고 *무더운 자연 속에서/검은 손과 발에 마구 상처를 입고 와서/병든 사자처럼/벌거벗고 지내는/나는 여름//夕刊에 폭풍경보를 보고/배를 타고 가는 사람을/습관에서가 아니라 염려하고(「가옥 찬가」)

벌금(罰金) 규약을 위반한 대가로 내는 돈. *또 내가 주어야 할 것도 신문값만이 아니다/수도세, 야경비, 땅세, 벌금, 전기세 이외에/내가 주어야 할 것은 신문값만이 아니다(「제임스 띵」)

벌다 일을 하여 돈을 모으다.
　버는 *돈을 버는 거리의 부인이여/잠시 눈살을 펴고/눈에서는 독기를 빼고/자유로운 자세를 취하여 보아라[…]그네, 마지막으로/돈을 버는 거리의 부인이여/잠시 눈살을 펴고/찌그러진 입술을 펴라[…]그리고 여인 중에도 가장 아름다운 그네여/돈을 버는 거리의 부인들의 어색한 모습이여(「거리2」)
　벌고 *오늘도 여전히 일을 하고 걱정하고/돈을 벌고 싸우고 오늘부터의 할일을 하지만/내 생명은 이미 맡기어진 생명/나의 질서는 죽음의 질서/온 세상이 죽음의 가치로 변해 버렸다(「말」(1964))
　벌기 *돈을 벌기 위해서는 편리해서/가련한 목숨을 이어가기 위해서/신주처럼 모셔놓던 의젓한 얼굴의/그놈의 속을 창자 밑까지도 다 알고는 있었으나/타성같이 습관같이/그저그저 쉬쉬하면서(「우선 그놈의 사진을 떼어서 밑씻개로 하자」)

벌자고 *파자마 바람으로 체면도 차리고 돈도 벌자고/하다하다못해 번역업을 했더니/권말에 붙어나오는 역자 약력에는/한사코 ××대학 중퇴가 ×× 대학 졸업으로 誤植이 돼 나오니/이렇게 돼서야 그만이지(「파자마 바람으로」)

벌지 *늬가 없이 사는 삶이 보람 있기 위하여 나는 돈을 벌지 않고/늬가 주는 모욕의 억만 배의 모욕을 사기를 좋아하고/억만 인의 여자를 보지 않고 산다(「너를 잃고」)

벌레 곤충을 비롯해 기생충과 같은 하등 동물을 일컫는 말. *재앙과 불행과 격투와 청춘과 천만 인의 생활과/그러한 모든 것이 보이는 밤/눈을 뜨지 않은 땅속의 벌레같이/아둔하고 가난한 마음은 서둘지 말라(「봄밤」) *거기에는 반드시 구름이 있고/갯벌에 고인 게으른 물이/벌레가 뜰 때마다 눈을 껌벅거리고/그것이 보기 싫어지기 전에/그것을 차단할/가까운 거리의 부엌문이 있고/아내는 집들이를 한다고/저녁 대신 뻘건 팥죽을 쑬 것이다(「이사」)

벌벌 추위나 두려움 등으로 몸을 떠는 모양. *나의 초라한 검은 지붕에/너의 날개 소리를 남기지 말고/네가 던지는 조그마한 그림자가 무서워/벌벌 떨고 있는/나의 귀에다 너의 엷은 울음소리를 남기지 말아라(「도취의 피안」)

벌써 예상보다 빠르게. 어느새. *사실은 벌써 滅하여 있을 너의 꽃잎 위에/이중의 봉오리를 맺고 날개를 펴고/죽음 위에 죽음 위에 죽음을 거듭하리/구라중화(「九羅重花」) *구름은 벌써 나의 머리를 스쳐가고/설움과 과거는/오천만분지 일의 俯瞰圖보다도 더/조밀하고 망막하고 까마득하게 사라졌다(「네이팜 탄」) *내가 나가토[長門]라는 여가수도 같이 갔느냐고/농으로 물어보려는데/누가 벌써 재빨리 말꼬리를 돌렸다……/신은 곧잘 이런 꾸지람을 잘한다(「나가타 겐지로」) *말하자면 내가 찾고 있는 것은 언제나 나의 가장 가까운/내 곁에 있고/우물도 사다리도 愛兒도 거만한 문패도/내가 범인이 되기 전에/(벌써 오래전에!)/범인의 것이 되어 있었고//그동안에도/그뒤에도 나의 시는 영원한 미완성이고(「절망」(1962)) *한잔 더 주게 한잔 더 주게/그런데 여자는 술을 안 따른다/건너편 친구가 벌써 곯아떨어졌으니까(「滿洲의 여자」) *그 이튿날 여편네와 식모가 하는 말을 들어보니/철사뭉치는 벌써 지하실에 도피시켜 놓은 모양이었다(「도적」) *이 돈이 31일까지 나올 가망성이 없다/전화를 걸어 보니 아직도 해결이 안 됐느냐고/오히려 반문하는 품이 벌써 이상스럽다/이것이 안 되면 어떻게 하나 그 생각을/그 마지막 대책을 나는 일부러 생각하지/않고 있다(「판문점의 감상」)

벌이다 여러 가지 물건을 늘어놓다.

벌여 *그러한 나의 반역성을 조소하는 듯이 스무 살도 넘을까 말까 한 노는 계집애와 머리가 고슴도치처럼 부스스하게 일어난 쓰메에리의 학생복을 입은 청년이 들어와서 커피니 오트밀이니 사과니 어수선하게 벌여놓고 계통 없이 처먹고 있다(「시골 선물」)

벌판 넓게 펼쳐진 들판. *피로는 도회뿐만 아니라 시골에도 있다/푸른 연못을 넘쳐흐르는 장마통의/싸리꽃 핀 벌판에서/나는 왜 이다지도 피로에 집착하고 있는가(「싸리꽃 핀 벌판」) *31일 오오 나의 판문점이여/벌판이여 암흑의 바보의/장막이여 이 돈은 원은 10월 말일이/기한이고/내 날짜로는 그것이 기한이고/38선의 날짜로는 8월 15일이 기한인데(「판문점의 감상」)

범람(氾濫) 물이 차서 넘쳐 흐름. *정열도 예측 고함도 예측 장시도 예측/경솔도 예측 봄도 예측 여름도 예측/범람도 예측 범람은 화려 공포는 화려/공포와 노인은 동일 공포와 노인과 유아는 동일……/예측만으로 그치면 돼(「장시 1」)

범인(犯人) 죄를 저지른 사람. ☞ 범죄자. *말하자면 내가 찾고 있는 것은 언제나 나의 가장 가까운/내 곁에 있고/우물도 사다리도 愛兒도 거만한 문패도/내가 범인이 되기 전에/(벌써 오래전에!)/범인의 것이 되어 있었고(「절망」(1962))

범죄자(犯罪者) 죄를 저지른 사람. ☞ 범인. *그의 이야기가 절망인 것이 아니라/그의 모습이 절망인 것이 아니라/그가 돈을 가지고 갔다는 것이 아니라/그가 범죄자이었다는 것이 아니라(「황혼」)

범하다(犯—) 그릇된 일을 저지르다.
　범하는 *순사와 땅주인에서부터 과속을 범하는 운전수에까지/나의 적은 아직도 늘비하지만/어제의 적은 없고/더운 날처럼 어제의 적은 없고/더워진 날처럼 어제의 적은 없고(「적」)

범행(犯行) 범죄행위를 함. *그러나 우산대로/여편네를 때려눕혔을 때/우리들의 옆에서는/어린 놈이 울었고/비 오는 거리에는/40명 가량의 취객들이/모여들었고/집에 돌아와서/제일 마음에 꺼리는 것이/아는 사람이/이 캄캄한 범행의 현장을/보았는가 하는 일이었다(「죄와 벌」)

법(法) 방법이나 방식. *누가 서 있는 게 아니라/토끼가 서서 있어야 하였다/그러나 그는 캥거루의 일족은 아니다/水牛나 生魚같이/음정을 맞추어 우는 법도/습득하지는 못하였다(「토끼」) *그는 인간의 비극을 안다//그래서 그는 낮에도 밤에도/어둠을 지니고 있으면서/어둠과는 타협하는 법이 없다(「수난로」) *모든 관념의 말단에 서서 생활하는 사람만이 이기는 법이다(「영롱한 목표」) *베이컨의 『新論理學』을 읽어보게나/원자탄이나 유도탄은 너무 많아서/효과가 없으니까/인제는 다시 비수를 쓰는 법을 배우란 말일세(「만시지탄은 있지만」) *석양에 비쳐 눈부신/일년 열두 달 쉬는 법이 없는/걸죽한 강변밭 같기도 할 것이니(「가다오 나가다오」) *바다의 물결 작년의 나무의 체취/그래 우리 이 盛夏에/온갖 나무의 추억과/물의 체취라도/다해서/어린 놈 너야/죽음이 오더라도/이제 성을 내지 않는 법을 배워주마(「여편네의 방에 와서」) *나는 아직도 앉는 법을 모른다/어쩌다 셋이서 술을 마신다 둘은 한 발을 무릎 위에 얹고/도사리지 않는다 나는 어느새 남쪽식으로/도사리고 앉았다 그럴 때는 이 둘은 반드시/이북 친구들이기 때문에 나는 나의 앉음새를 고친다(「거대한 뿌리」)

법당(法堂) 불상을 모시고 설법도 하는 절의 정당(正堂). *거기다가 나의 부처님을 모신 법당 뒷산에 묻혀 있는 검은 바위같이 큰 머리에는 둘레가 작아서 맞지 않아 그 모자를 쓴 기분이란 쳇바퀴를 쓴 것처럼 딱딱하다(「시골 선물」)

법칙(法則) 모든 사물과 현상 사이에 내재하는 보편적이고도 필연적인 관계. *물이 흘러가는 달이 솟아나는/평범한 대자연의 법칙을 본받아/어리석을 만치 소박하게 성취한/우리들의 혁명을/배암에게 쐐기에게 쥐에게 살쾡이에게(「기도」)

벗 나이나 처지가 비슷하여, 서로 가까이 지내는 사람. *자연은 나의 몇 사람의 독특한 벗들과 함께/토끼의 탄생의 방식에 대하여/하나의 異德을 주고 갔다(「토끼」) *포로수용소보다 더 어두운 곳이라 할지라도/자유가 살고 있는 영원한 길을 찾아/나와 나의 벗이 안심하고 살 수 있는/현대의 천당을 찾아 나온 것이다(「조국에 돌아오신 傷病捕虜 동지들에게」) *길이 끝이 나기 전에는/나의 그림자를 보이지 않으리/적진을 돌격하는 전사와 같이/나무에서 떨어진 새와 같이/적에게나 벗에게나 땅에게나/그리고 모든 것에서부터/나를 감추리(「더러운 향로」) *지나간 생활을 지나간 벗같이 여기고/해 지자 헤어진 구슬픈 벗같이 여기고/잊어버린 생활을 위하여 불을 켜서는 아니 될 것이지만/천사같이 천사같이 흘려버릴 것이지만(「구슬픈 육체」) *일한다는 의미가 없어져도 좋다는 듯이 구수한 벗이 있는 곳/너는 나와 함께 못난 놈이면서도 못난 놈이 아닌데/쓸데없는 도면 위에 글자만 박고 있으면 어떻게 하리(「사무실」) *그러면 너의 벗들과/너의 이웃사람들의 얼굴이/바늘구멍 저쪽에 떠오르리라/축소와 확대의 중간에 선 그들의 얼굴/강력과 기도가 일체가 되는 거리에서/너는 비로소 겸허를 배운다(「예지」) *벗이여/그대의 말을 고개 숙이고 듣는 것이/그대는 마음에 들지 않겠지/마음에 들지 않아라(「死靈」) *군대란 군대에서 장학사의 집에서/관공리의 집에서 경찰의 집에서[…]민중의 벗인 파출소에서/협잡을 하지 않고 뇌물을 받지 않는/관공리의 집에서/역이란 역에서/아아 그놈의 사진을 떼어 없애야 한다(「우선 그놈의 사진을 떼어서 밑씻개로 하자」)

벗겨지다 덮이거나 씌워져 있는 것이 떼어지거나 떨어지다.
　벗겨지듯 *삶은 계란의 껍질이/벗겨지듯/묵은 사랑이/벗겨질 때/붉은 파밭의 푸른 새싹을 보아라/얻는다는 것은 곧 잃는 것이다(「파밭 가에서」)

벗겨질 *삶은 계란의 껍질이/벗겨지듯/묵은 사랑이/벗겨질 때/붉은 파밭의 푸른 새싹을 보아라/얻는다는 것은 곧 잃는 것이다(「파밭 가에서」)

벗다 ①사람이 쓰거나 입거나 신은 것 등을 자기의 몸에서 떼어 내다. ②고통이나 괴로운 상태를 감당하지 않게 되다.

벗고 *봄이 오기 전에 속옷을 벗고 너무 시원해서 설워지듯이/성급한 우리들은 이 발견과 실감 앞에 서럽기까지도 하다(「풀의 영상」)

벗는 *「고맙습니다, 고맙습니다」/역사의 숙제, 발을 벗는 일,/연결의 《使徒》―일어선 것과 앉은 것의/불가사의에 신음하는 나(「반주곡」)

벗는다 *나는 옷을 벗는다 엉클 샘을 위해서/아시아와 아프리카의 무거운 겨울옷을 벗는다(「풀의 영상」)

벗어 *흐린 하늘에 이는 바람은/어제가 다르고 오늘이 다른데/옷을 벗어놓은 나의 정신은/늙은 바위에 앉은 이끼처럼 추워라(「초봄의 뜰 안에」)

벗으려고 *전 아시아의 후진국 전 아프리카의 후진국/그 섬조각 반도조각 대륙조각이/이 발견의 봄이 오기 전에 옷을 벗으려고/뚜껑이 열렸다 닫히는 소리(「풀의 영상」)

벙어리 언어 장애로 말을 못하는 사람. *벙어리 벙어리 벙어리/식모도 벙어리 나도 벙어리/모든 게 중단이다 소리도 思念도 죽어라/중단이다 명령이다(「피아노」)

베개 눕거나 잠을 잘 때 머리에 괴는 물건. *아침에 일어나서 나는 완전히/기진맥진하였다/눈알에 백태가 앉은 사람같이/보이는 것이 모두 몽롱하다/청한 지 반 시간만에 떠다 주는 냉수를 한 대접 마시고/계단을 내려와서/어젯밤에 술을 마시던 방을 들여다보니 이불도 베개도 타구 하나 없이 깨끗하다(「미숙한 도적」) *여편네의 방에 와서 기거를 같이해도/나는 점점 어린애/나는 점점 어린애/태양 아래의 단 하나의 어린애/죽음 아래의 단 하나의 어린애/언덕 아래의 단 하나의 어린애/애정 아래의 단 하나의 어린애/사유 아래의 단 하나의 어린애/間斷 아래의 단 하나의 어린애/點의 어린애/베개의 어린애/고민의 어린애(「여편네의 방에 와서」)

베레모(bére帽) 챙이 없는 동글납작한 모자. *아픈 몸이/아프지 않을 때까지 가자/골목을 돌아서/베레모는 썼지만/또 골목을 돌아서/신이 찢어지고/온몸에서 피는/빠르지도 더디지도 않게 흐르는데/또 골목을 돌아서/추위에 온몸이/돌같이 감각을 잃어도/또 골목을 돌아서(「아픈 몸이」)

베와이셔츠(―white shirts) 삼베로 만든 와이셔츠. ☞ 베적삼. *아무리 더워도 베와이셔츠의 에리를/안쪽으로 접어넣지 않는 이유,/모르지?/아무리 혼자 있어도 베와이셔츠의 에리를/안쪽으로 접어넣지 않는 이유,/모르지?(「모르지?」)

베이컨(Bacon, Francis) 1561~1626. 영국의 철학자. 과학자 경험학 (scientia experimentalis) 을 제창했으며, 지식은 모두 경험에 기초한다고 보았다. 경험(실험) 의 중시, 광학에서의 업적, 공학적 예견 등에 의하여 근대과학의 선구자로 불린다. *베이컨의 『新論理學』을 읽어보게나/원자탄이나 유도탄은 너무 많아서/효과가 없으니까/인제는 다시 비수를 쓰는 법을 배우란 말일세(「만시지탄은 있지만」)

베이컨

베적삼 베로 지은 여름용 홑저고리. ☞ 베와이셔츠. *베적삼, 옥양목, 데크론, 인조견, 항라,/모시치마 냄새 난다 냄새 난다/냄새여 지휘하라/연기여 지휘하라(「등나무」)

벼 볏과의 일년생 풀. 논이나 밭에 심음. 줄기는 속이 비고 마디가 있으며, 잎은 가늘고 길며, 가을에 줄기 끝에 이삭이 나와 꽃이 핀 다음 열매를 맺음. 그 열매를 찧은 것을 쌀이라 함. *누구한테 머리를 숙일까/사람이 아닌 평범한 것에/많이는 아니고 조금/벼를 터는 마당에서 바람도 안 부는데/옥수수잎이 흔들리듯 그렇게 조금(「꽃잎1」)

벼락 구름과 구름, 구름과 대지 사이에서 생겨

순간적으로 번쩍이는 빛. ☞ 번개. *캄캄한 사무실 한복판에서/나는 눈이 먼 암소나 다름없이 선량한데/이 공간의 넓이를 가리키면서/한꺼번에 구겨지자 없어지는 벼락과 천둥/이것이 또 앞으로 얼마나 계속될는지[…]내가 너의 머리 위에/너를 대신하여/벼락과 천둥을 때리는 날까지/터전이 없으면 나의 머리 위에라도/잠시 이고 다니며 길러야 할/너는 불행하기 짝이 없는 죽순이다(「付託」)

벽(壁) 집이나 방 등의 둘러막은 건축구조물. *벽 위에 걸어놓은 지도가/한없이 푸르다/이 푸른 바다와 산과 들 위에/화려한 태양이 날개를 펴고 걸어가는 것이다(「거리1」) *흥분할 줄 모르는 나의 생리와/방향을 가리지 않고 서 있는 서가 사이에서/도적질이나 하듯이 희끗희끗 내어다보는 저 흰 벽들은/무슨 鳥類의 屎尿와도 같다(「국립도서관」) *나는 오늘부터 지리교사모양으로 벽을 보고 있을 필요가 없고/노쇠한 선교사모양으로 낮잠을 자지 않고도 견딜 만한 강인성을 가지고 있다(「영롱한 목표」) *불 옆으로 모여드는 하루살이여/벽을 사랑하는 하루살이여/감정을 잊어버린 시인에게로/모여드는 모여드는 하루살이여──나의 시각을 쉬게 하라──하루살이의 황홀이여(「하루살이」) *그러나 여보/비오는 날의 마음의 그림자를/사랑하라/너의 벽에 비치는 너의 머리를/사랑하라/비가 오고 있다(「비」) *어둠속에 비치는 해바라기와…… 주전자와…… 흰 벽과……/불을 등지고 있는 성황당이 보이는/그 산에는 겨울을 가리키는 바람이 일기 시작하네(「사치」) *벽 뒤로 퍼진 원근 속에/밤이/가볍게 개울을 갖고//개울은 달빛으로 얼음 위에/얼음을 놓았는데(「凍夜」) *혁명은 안 되고 나는 방만 바꾸어버렸다/그 방의 벽에는 싸우라 싸우라 싸우라는 말이/헛소리처럼 아직도 어둠을 지키고 있을 것이다//나는 모든 노래를 그 방에 함께 남기고 왔을 게다/그렇듯 이제 나의 가슴은 이유 없이 메말랐다/그 방의 벽은 나의 가슴이고 나의 사지일까(「그 방을 생각하며」) *여름이 끝난 벽 저쪽에 서 있는 낯선 얼굴/가을이 설사를 하려고 약을 먹는다/성과 윤리의 약을 먹는다 꽃을 거두어들인다[…]언어가 죽음의 벽을 뚫고 나가기 위한/숙제는 오래된다 이 숙제를 노상 방해하는 것이/성의 윤리와 윤리의 윤리다 중요한 것은(「설사의 알리바이」)

벽돌(壁─) 진흙과 모래를 차지게 반죽하여 틀에 박아 네모나게 찍어서 굽거나 건조한 건축 재료. *천장지는 푸른 바탕에/아니 흰 바탕에/엇갈린 벽돌처럼 빌딩 창문처럼/바로 그런 무늬겠다/아냐 틀렸다/벽지가 아니라/아냐 틀렸다/그건 천장지가 아니라/벽지이겠다(「마케팅」)

벽돌기둥(壁─) 벽돌로 만든 기둥. *도적은 간밤에는 사그러진 담장 쪽이 아닌/우리집의 의젓한 벽돌기둥의 정문 앞을/새벽녘에 거닐었다고 한다(「도적」)

벽장문(壁欌門) 벽장에 달아 놓은 문. *이태백이가 술을 마시고야 詩作을 한 이유,/모르지?/구차한 문밖 선비가 벽장문 옆에다/카잘스, 그람, 슈바이처, 엡스타인의 사진을 붙이고 있는 이유,/모르지?(「모르지?」)

벽지(壁紙) 벽에 바르는 종이. *오 도배지 천장지, 다색 백색 청색의 모란꽃이/茶色의 主色 위에 탐스럽게 피어있는 천장지/아니 그건 천장지가 아냐 (벽지지!)/천장지는 푸른 바탕에/아니 흰 바탕에/엇갈린 벽돌처럼 빌딩 창문처럼/바로 그런 무늬겠다/아냐 틀렸다/벽지가 아니라/아냐 틀렸다/그건 천장지가 아니라/벽지이겠다/더 사오라는 건 벽지이겠다/그러니까 모란이다 모란이다 모란 모란……(「마케팅」)

벽판(壁板) 벽이나 천장을 바르는 데 쓰는 널빤지. *어드메에 담기려고/칠흑의 壁板 위로/香烟을 찍어/白蓮을 무늬 놓는/이 밤 화공의 소맷자락 무거이 적셔/오늘도 우는/아아 짐승이냐 사람이냐(「廟庭의 노래」)

벽화(壁畵) 벽에 걸어 놓은 그림. *제트기 벽화 밑의 나보다 더 뚱뚱한 주인 앞에서/나는 결코 울어야 할 사람은 아니며/영원히 나 자신을 고쳐가야 할 운명과 사명에 놓여 있는 이 밤에/나는 한사코 방심조차 하여서는 아니 될 터인데/팽이가 나를 비웃는 듯이 돌고 있다(「달나라의 장난」)

변두리(邊─) 어떤 지역의 가장자리가 되는 곳. *마룻바닥에 깐 비닐 장판에 구공탄을 떨

변론(辯論) 사리를 밝혀 옳고 그름을 따짐. *8·15 후에 김병욱이란 시인은 두 발을 뒤로 꼬고/언제나 일본여자처럼 앉아서 변론을 일삼았지만/그는 일본 대학에 다니면서 4년 동안을 제철회사에서/노동을 한 强者다(「거대한 뿌리」)

변명(辨明) 어떤 잘못이나 실수에 대해 구실을 댐. *그리고 이러한 변명이 지루하다고 꾸짖는 독자에 대하여는/한마디 드려야 할 정당한 이유의 말이 있다(「조국에 돌아오신 傷病捕虜 동지들에게」) *지극히 시시한 발견이 나를 즐겁게 하는 야밤이 있다/오늘밤 우리의 현대문학사의 변명을 얻었다(「이 한국문학사」)

변소(便所) 대소변을 볼 수 있게 만들어 놓은 곳. *거짓말의 부피가 하늘을 덮는다 나는 눈을/가리고 변소에 갔다 온다/사람들은 내 말을 믿지 않고 내가 내 말을 안 믿는다(「거짓말의 여운 속에서」)

변주곡(變奏曲) 주제가 되는 선율을 바탕으로, 리듬, 선율, 화성 등에 다양하게 변화를 주어 만든 기악곡. *작품 제목임(「사랑의 변주곡」)

변하다(變─) 무엇이 다른 것이 되거나 또는 다른 성질로 달라지다.
  변치 *어둠 속에서도 불빛 속에서도 변치 않는/사랑을 배웠다 너로 해서(「사랑」)
  변하여 *점잖이 앉은 나의 나이와 나이가 준 나의 무게를 생각하면서/정말 속임 없는 눈으로/지금 팽이가 도는 것을 본다/그러면 팽이가 까맣게 변하여 서서 있는 것이다(「달나라의 장난」) *고통의 映寫板 뒤에 서서/어룽대며 변하여가는 찬란한 현실을 잡으려고/나는 어떠한 몸짓을 하여야 되는가(「영사판」)
  변할 *그것은 자유를 위한 영원한 여정이었다./나직이 부를 수도 소리높이 부를 수도 있는 그대들만의 노래를 위하여/마지막에는 울음으로밖에 변할 수 없는/숭고한 희생이여!(「조국에 돌아오신 傷病捕虜 동지들에게」) *하얀 종이가 옥색으로 노란 하드롱지가/이 세상에는 없는 빛으로 변할 만큼 밝다[…]하얀 종이가 분홍으로 분홍 하늘이/녹색으로 또 다른 색으로 변할 만큼 밝다──그러나 混色은 흑색이라는 걸 경고해 준 것은/소학교 때 선생님……(「백지에서부터」)
  변해 *오늘도 여전히 일을 하고 걱정하고/돈을 벌고 싸우고 오늘부터의 할일을 하지만/내 생명은 이미 맡기어진 생명/나의 질서는 죽음의 질서/온 세상이 죽음의 가치로 변해 버렸다(「말」(1964)) *바닥이 없는 집이 되고 있다 소리만/남은 집이 되고 있다 모서리만 남은/돌음길만 남은 난삽한 집으로/기꺼이 기꺼이 변해 가고 있다(「의자가 많아서 걸린다」)
  변했어 *그렇게 매일 믿어왔는데, 갑자기 변했어./왜 변했을까. 이게 문제야. 이게 내 고민야.(「엔카운터誌」)
  변했을까 *그렇게 매일 믿어왔는데, 갑자기 변했어./왜 변했을까. 이게 문제야. 이게 내 고민야.(「엔카운터誌」)

변혁하다(變革─) 급격하게 바꾸어 달라지게 하다.
  변혁하는 *움직이는 비애여/결의하는 비애/변혁하는 비애……/현대의 자살/그러나 오늘은 비가 너 대신 움직이고 있다(「비」)

변화(變化) 사물의 성질, 모양, 상태 등이 달라짐. *어서 일을 해요 변화는 끝났소/어서 일을 해요/미지근한 물이 고인 조그마한 논과/대숲 속의 초가집과/나무로 만든 장기와/게으르게 움직이는 물소와/(아니 물소는 호남지방에서는 못 보았는데)/덜컥거리는 수레와//어서 또 일을 해요 변화는 끝났소/편지봉투모양으로 누렇게 결은/시간과 땅/수레를 털털거리게 하는 욕심의 돌/기름을 주라/어서 기름을 주라/털털거리는 수레에다는 기름을 주라/욕심은 끝났어/논도 얼어붙고/대숲 사이로 침입하는 무자비한 푸른 하늘//쉬었다 가든 거꾸로 가든 모로 가든/어서 또 가요 기름을 발랐으니 어서 또 가요/타마구를 발랐으니 어서 또 가요/미친놈 뿐으로 어서 또 가요 변화는 끝났어요/어서 또 가요/실 같은 바람 따라 어서 또 가요//더러운 일기는 찢어버려도/짜장 재주를 부릴 줄 아는 나이와 詩/배짱도 생겨가는 나이와 詩/정말 무서운 나이와 詩는/동그랗게 되어가는 나이와 詩/사전을 보면 쓰는 나이와 詩/사전이 詩 같은 나이의 詩/사전이 앞을 가는 변화의 詩/감기가 가도 감기가 가도/줄곧 앞을 가는 사전의 詩/詩.(「시」(1961)) ＊순자야 너는 꽃과 더워져 가는 화원의/초록빛과 초록빛의 너무나 빠른 변화에/놀라 잠시 찾아오기를 그친 벌과 나비의/소식을 완성하고[…]꽃과 더워져 가는 화원의/꽃과 더러워져 가는 화원의/초록빛과 초록빛의 너무 빠른 변화에/놀라 오늘도 찾아오지 않는 벌과 나비의/소식을 더 완성하기까지(「꽃잎3」) ＊증오가 가고 이슬이 번쩍이고/음악이 오고 변화의 시작이 오고/변화의 끝이 가고 땅 위를 걷고 있는/발자국소리가 가슴을 펴고 웃고(「먼지」)

별 빛을 관측할 수 있는 천체 가운데 태양, 지구, 달 등을 제외한 모든 천체. ＊몽매와 연령이 언제 그에게/나타날는지 모르는 까닭에/잠시 그는 별과 또 하나의 것을 쳐다보고 있어야 하는 것이다(「토끼」) ＊나쁘지도 않고 좋지도 않은 꽃들/그리고 별과도 등지고 앉아서/모래알 사이에 너의 얼굴을 찾고 있는 나는 인제/늬가 없어도 산단다(「너를 잃고」) ＊흐르는 시간 속에 이를테면 푸른 옷이 걸리고 그 위에/반짝이는 별같이 흰 단추가 달려있고(「방안에서 익어가는 설움」) ＊하늘 아래 비치는 별이 아깝구나//사랑이여//무된 밤에는 무된 사람을 축복하자(「밤」) ＊불이 튕기고 별이 튕기고 영원의/행동이 튕기고 자고 깨고/죽고 하지만 모두가 坑 안에서/참호 안에서 일어나는 일(「먼지」)

별거(別居) 부부 또는 한가족이 따로 떨어져 삶. ＊당신이 내린 결단이 이렇게 좋군/나하고 별거를 하기로 작정한 이튿째 되는 날/당신은 나와의 이혼을 결정하고/내 친구의 미망인의 빚보를 선 것을/물어주기로 한 것이 이렇게 좋군(「이혼 취소」)

별견하다(瞥見―) 얼른 흘긋 보다.
　별견하였기 ＊나는 어느 날 뒷골복의 발코니 위에 나타난/생활에 얼이 빠진 여인의 모습을 다방의 창 너머로 瞥見하였기 때문에/다음과 같은 쪽지를 미스터 리한테 적어놓고/시골로 떠났다(「미스터 리에게」)

별로(別―) 그다지. 별반. ＊이 밭주인은 차밭주인의 소작인이다/그러나 우리집 여편네는 이것을 모두/자기 밭이라고 한다 멀쩡한 거짓말이다/그러나 이런 거짓말이 필요할 때가 있다/그러나 이런 거짓말을 해도 별로/성과는 없었다 성과가 없을 것을/알고 있기 때문에 나는 여편네의/거짓말에 반대하지 않는다(「반달」)

별명(別名) 본이름 외에 사람의 외모나 성격 등의 특징을 바탕으로 남이 지어 부르는 이름. ＊나의 맏누이동생이 그를 〈허니〉라고 부르고 있는 것이 아니꼬워서/내가 어느 날 그에게 〈魔神〉이라고 별명을 붙였더니/그는 대뜸/〈오빠는 어머니보다도 더 완고하다〉고 하면서/나를 도리어 꾸짖는 척한다(「백의」)

별세계(別世界) ①속된 세상과는 아주 다른 세상. ②자기가 있는 곳과는 아주 다른 환경이나 사회. ＊누구 집을 가보아도 나 사는 곳보다는 여유가 있고/바쁘지도 않으니/마치 別世界같이 보인다/팽이가 돈다/팽이가 돈다(「달나라의 장난」)

별안간(瞥眼間) 갑작스럽고 아주 짧은 순간. ＊모두 별안간에 가만히 있었다/씹던 불고기를 문 채로 가만히 있었다/아니 그것은 불고기가 아니라 돌이었을지도 모른다/신은 곧잘 이런 장난을 잘한다(「나가타 겐지로」) ＊보스토크가/돌아와 그러나/세계정부 理想이/따분해 그러나/이 나라/백성들이/너무 지쳐 그러나/별안간/빚 갚을 것/생각나 그러나/여편네가/짜증 낼까/무서워 그러나(「4・19」시」)

별장(別莊) 본집 외에 경치 좋은 곳에 따로 지어 놓고 가끔씩 묵으면서 쉬는 집. ＊꽉 막히는 이것이 나의 생활의 자연의 시초요/바다와 별장과 용솟음치는 파도와 조니 워커와/조크와 미인과 페티 김과 애교와 豪談과/남자의 포부의 미련에 대한/편지는 못 쓰겠소 매부 돌아오는 길에(「美濃印札紙」)

병(病)[1] ①생물체의 정상적인 활동이 파괴되어 이상이 생긴 상태. ②좋지 않은 버릇이나 흠. ☞ 병들다. ＊병을 생각하는 것은/병에 매어달리는 것은/필경 내가 아직 건강한 사람이기 때문이리라/거대한 비애를 갖고 있는 사람이기 때문이리라/거대한 여유를 갖고 있는 사람이기 때문이리라(「파리와 더불어」) ＊너무 조용한 것도 병이다/너무 생각하는 것도 병이다

(「伏中」)

병(甁)² 액체 따위를 담는 데에 쓰는 목이 좁은 그릇. ＊얼굴은 분간할 수도 없는데/술 한 병만이 방 한가운데/광채를 띠고 앉아 있다(「미숙한 도적」)

병들다(病—) 생물체의 정상적인 활동이 파괴되어 이상이 생기다. ☞ 병¹.
　병든 ＊무더운 자연 속에서/검은 손과 발에 마구 상처를 입고 와서/병든 사자처럼(「가옥찬가」)

병아리 닭의 새끼. ＊보석 같은 아내와 아들은/화롯불을 피워가며 병아리를 기르고/짓이긴 파 냄새가 술 취한/내 이마에 神藥처럼 생긋하다(「초봄의 뜰 안에」) ＊이런 황혼에는 시베리아의/어느 이름 없는 개울가에서/들오리가 서투른 앉음새로/병아리를 품고 있을지도 모른다/심심해서 아아 심심해서(「황혼」) ＊이런 때면 매년 이맘때쯤 듣는/병아리 우는 소리와/그의 원수인 쥐 소리를 혼동한다(「백지에서부터」) ＊잠자는 일/잠 속의 일/쫓기어다니는 일/불같은 일/암흑의 일/깨꽃같이 작고 많은/맨 끝으로 신경이 가는 일/암흑에 휘날리고/나의 키를 넘어서—/병아리같이 자는 일(「깨꽃」)

병원(病院) 아픈 사람을 진찰하거나 치료하는 곳. ＊아픈 몸이/아프지 않을 때까지 가자/나의 발은 절망의 소리/저 말(馬)도 절망의 소리/병원 냄새에 휴식을 얻는/소년의 흰 볼처럼/교회여/이제는 나의 이 늙지도 젊지도 않은 몸에/해묵은/1,961개의/곰팡내를 풍겨 넣어라(「아픈 몸이」)

병풍(屛風) 장식을 하거나 바람을 막거나 또는 무엇을 가리거나 하기 위하여 방안에 치는 물건. ＊병풍은 무엇에서부터라도 나를 끊어 준다/등지고 있는 얼굴이여/주검은 취한 사람처럼 멋없이 서서/병풍은 무엇을 향하여서도 무관심하다/주검에 全面 같은 너의 얼굴 위에/용이 있고 落日이 있다/무엇보다도 먼저 끊어야 할 것이 설움이라고 하면서/병풍은 허위의 높이보다도 더 높은 곳에/飛爆을 놓고 幽島를 점지한다/가장 어려운 곳에 놓여 있는 병풍은/내 앞에 서서 주검을 가지고 주검을 막고 있다/나는 병풍을 바라보고/달은 나의 등뒤에서 병풍의 주인 六七翁海士의 印章을 비추어 주는 것이었다(「병풍」)

보꾹 지붕의 안쪽. ＊언청이야 언청이야 이발쟁이야 너의/보꾹에 바른 신문지의 활자가 즐거웁구나/교정을 보았구나 나의 毒氣야/가벼운 겨울의 꿈이로구나 나의 독기의/꿈이로구나(「제임스 띵」)

보내다 사람이나 물건을 다른 곳으로 가게 하다.
　보내 ＊백의는 이와 같은 나의 안심과 태만을 비웃는 듯이/어느 틈에 우리 가정의 내부에까지 침입하여 들어와서/신심양면의 허약증으로 신음하고 있는 나를 독촉하여〈희랍인을 모친으로 가진 미국인에 대한 호소문〉과〈精神上으로 본/희랍의 독립선언서〉를 써서/전자를 현재 일리노이 주에 있는 자기의 모친에게 보내고/후자는 희랍 국립박물관 관장에게 보내달라고 한다(「백의」)
　보내고 ＊백의는 이와 같은 나의 안심과 태만을 비웃는 듯이/어느 틈에 우리 가정의 내부에까지 침입하여 들어와서/신심양면의 허약증으로 신음하고 있는 나를 독촉하여〈희랍인을 모친으로 가진 미국인에 대한 호소문〉과〈精神上으로 본/희랍의 독립선언서〉를 써서/전자를 현재 일리노이 주에 있는 자기의 모친에게 보내고/후자는 희랍 국립박물관 관장에게 보내달라고 한다(「백의」)
　보낸 ＊마지막 설움마저 보낸 뒤/빈 방안에 나는 홀로이 머물러 앉아/어떠한 내용의 책을 열어보려 하는가(「방안에서 익어가는 설움」)
　보냈구나 ＊부정한 마음아//밤이 밤의 窓을 때리는구나/너는 이런 밤을 무수한 거부 속에 헛되이 보냈구나(「밤」)

보다¹ ①눈으로 사물의 모양을 알다. ②눈으로 대상을 즐기거나 감상하다. ③책이나 신문 등을 읽다. ④고려의 대상이나 판단의 기초로 삼다. ＊영사판 위의 모오든 검은 현실이 저마다 색깔을 입고/이미 멀리 달아나버린 비둘기의 두 눈동자에까지/붉은 광채가 떠오르는 것을 보다(「영사판」)
　보게 ＊저기 나의 맞은편 의자에 앉아 먹고 떠들고 웃고 있는 여자와 젊은 학생을 내가 시골을 여행하기 전에 그들을 보았더라면 대하였으리 감정과는 다른 각도와 높이에서 보게 되는 나는 내 자신의 감정이 보다 더 거만하여지고 순화되어진 탓이라고는 생각하지 않는다(「시골 선물」)

보고 ＊죽음보다도 엄숙하게/귀고리보다도 더 가까운 곳에/종소리보다도 더 영롱하게/나는 오늘부터 지리교사모양으로 벽을 보고 있을 필요가 없고/노쇠한 선교사모양으로 낮잠을 자지 않고도 견딜 만한 강인성을 가지고 있다(「영롱한 목표」) ＊어린 동생들과의 잡담도 마치고/오늘도 어제와 같이 괴로운 잠을/이루울 준비를 해야 할 이 시간에/괴로움도 모르고/나는 이 책을 멀리 보고 있다/그저 멀리 보고 있는 것이 타당한 것이므로/나는 괴롭다(「가까이 할 수 없는 서적」) ＊오늘 또 활자를 본다/한없이 긴 활자의 연속을 보고/와사의 정치가들을 응시한다(「아메리카 타임 誌」) ＊돌아가신 아버지의 사진에는/안경이 걸려있고/내가 떳떳이 내다볼 수 없는 현실처럼/그의 눈은 깊이 파지어서/그래도 그것은/돌아가신 그날의 푸른 눈은 아니오/나의 飢餓처럼 그는 서서 나를 보고/나는 모오든 사람을 또한/나의 妻를 피하여/그의 얼굴을 숨어 보는 것이오(「아버지의 사진」) ＊팽이가 돈다/어린아해이고 어른이고 살아가는 것이 신기로워/물끄러미 보고 있기를 좋아하는 나의 너무 큰 눈 앞에서/아해가 팽이를 돌린다(「달나라의 장난」) ＊너의 앞에서는 우둔한 얼굴을 하고 있어도 좋았다/백년이나 천년이 결코 긴 세월이 아니라는 것은/내가 사랑의 테두리 속에 끼여 있기 때문이 아니리라/추한 나의 발밑에서 풍뎅이처럼 너는 하늘을 보고 운다(「풍뎅이」) ＊등잔은 바다를 보고/살아있는 듯이 나비가 죽어 누운/무덤 앞에서/나는 나의 할 일을 생각한다(「나비의 무덤」) ＊헬리콥터가 風船보다도 가벼웁게 상승하는 것을 보고/놀랄 수 있는 사람은 설움을 아는 사람이지만/또한 이것을 보고 놀라지 않는 것도 설움을 아는 사람일 것이다(「헬리콥터」) ＊그러나 결코 너를 격하고 있는 세상에게 웃는 것은 아니리/너를 보고/너의 곁에 애처로울 만치 바싹 다가서서/내가 웃는 것은 세상을 향하여서가 아니라/너를 보고 짓는 짓궂은 웃음인 줄 알아라(「너는 언제부터 세상과 배를 대고 서기 시작했느냐」) ＊나폴레옹만한 豪氣는 없어도/나는 거리의 운명을 보고/달콤한 마음에 싸여서/어디고 가야 할지 모르는 마음——(「거리2」) ＊낭만적 위대성을 잊어버린 지 오랜 네가 인류를 위하여 산다는 것도 거짓말에 가까운 것이지만/그래도 누가 읽어줄지 모르는 신문 한구석에 너의 피가 어리어 있는 것이 반가워서 보고 있는 것인가/기사라 하지만 네가 썼다고 알아주는 사람이 있어도 좋고 없어도 가히 무관한 것(「기자의 정열」) ＊여름 뜰을 흘겨보지 않을 것이다/여름 뜰을 밟아서도 아니 될 것이다/묵연히 묵연히/그러나 속지 않고 보고 있을 것이다(「여름 뜰」) ＊고대 형이상학자들은 그를 보고 〈양극의 합치〉라든가 혹은 〈거대한 희열〉이라고 부르고 있었지만/19세기 시인들은 그를 보고 〈도피의 王者〉 혹은 단순히 〈여유〉라고 불렀다(「백의」) ＊아가야 아가야/돌도 아니 된 너는 머리도 한번 깎지를 않고/엄마는/너를 보고 되놈이라고 부르지(「자장가」) ＊夕刊에 폭풍경보를 보고/배를 타고 가는 사람을/습관에서가 아니라 염려하고/3년 전에 심은 버드나무의 악마 같은/그림자가 뿜는 아우성소리를 들으며(「가옥 찬가」) ＊자유를 위해서/비상하여 본 일이 있는/사람이면 알지/노고지리가/무엇을 보고/노래하는가를/어째서 자유에는/피의 냄새가 섞여 있는가를/혁명은/왜 고독한 것인가를(「푸른 하늘을」) ＊우리집 식모가 여편네가 외출만 하면/나한테 자꾸 웃고만 있는 이유,/모르지?/그럴 때면 바람에 떨어진 빨래를 보고/내가 말없이 집어 걸기만 하는 이유,/모르지?(「모르지?」) ＊피아노는 밥을 먹을 때도 새벽에도/한밤중에도 울린다/피아노의 주인은 나를 보고/시를 쓰니 음악도 잘 알 게 아니냐고/한 곡 쳐보라고 한다/나의 새끼는 피아노 앞에서는 노예/둘째 새끼는 왕자다(「피아노」) ＊죽은 고기처럼 혈색 없는 나를 보고/얼마전에는 애 업은 여자하고 오입을 했다고 한다(「강가에서」) ＊그때 너는 열여섯 살이었다/그때 너는 열여섯 살이었다/그때도 너는 기적이었다/너의 의지는 싹트기 시작했다/너의 의지는/학교 안에서 배운 모든 것이/학교 밖에서 본 모든 것이/반드시 정말이 아니라는 것을 알았고/너의 어린 의사를 발표할 줄 알았다/

우리는 너를 보고 깜짝 놀랐다[…]우리는 너를 보고 깜짝 놀랐다[…]우리는 너를 보고 깜짝 놀랐다[…]우리는 너를 보고 깜짝 놀란다//아니 네가 우리를 보고 깜짝 놀란다/네가 우리를 보고 깜짝 놀란다/65년의 새 얼굴을 보고/65년의 새해를 보고(「65년의 새해」) *부산에 포로수용소의 제14야전병원에 있을 때/정보원이 너스들과 스펀지를 만들고 거즈를/개키고 있는 나를 보고 포로경찰이 되지 않는다고/남자가 뭐 이런 일을 하고 있느냐고 놀린 일이 있었다(「어느 날 고궁을 나오면서」) *우리는 조금도 흥분하지 않았고/그는 그전처럼 욕도 하지 않았고/내 찻값까지 합해서 백 원을 치르고 나가는/그의 표정을 보고/나는 그가 필시 속으로는 나를 포기하고/있다는 것을 알았어(「H」) *미인을 보고 좋다고들 하지만/미인은 자기 얼굴이 싫을 거야/그렇지 않고야 미인일까(「미인」)

보고도 *누이야/풍자가 아니면 해탈이다/너는 이 말의 뜻을 아느냐/너의 방에 걸어놓은 오빠의 사진/나에게는 〈동생의 사진〉을 보고도/나는 몇 번이고 그의 진혼가를 피해 왔다(「누이야 장하고나!」)

보기 *반드시 찾으려고 불을 켠 것도 아니지만/없어지는 자체를 보기 위하여서만 불을 켠 것도 아닌데/잊어버려서 아까운지 아깝지 않은지 헤아릴 사이도 없이 불은 켜지고(「구슬픈 육체」) *안개처럼 가볍게 날아가는 과감한 너의 의사 속에는/남을 보기 전에 네 자신을 먼저 보이는/긍지와 선의가 있다(「헬리콥터」) *매일같이 마시는 술이며 모욕이며/보기 싫은 나의 얼굴이며/다 잊어버리고/돈 없는 나는 남의 집 마당에 와서/비로소 마음을 쉬다(「휴식」) *내가 괴로워하기보다도/남이 괴로워하는 양을 보기 위하여서도/나에게는 약간의 경박성이 필요한 것이다(「바뀌어진 지평선」) *내가 비로소 여유를 갖게 된 것은/거리에서와 마찬가지로 집안에 있어서도 저 무시무시한 白蟻를 보기 시작한 때부터이었다(「백의」) *「건 힐의 혈투」모양으로 활발하지도 않고 보기 좋은 것도 아니다/그러나 우리들은 언제나 싸우고 있다(「하……그림자가 없다」) *끊었던 술을 다시 마시는데 유행가처럼/아무리 마셔도 안 취하는 술/피안도 사투리를 마시고 있나/아무리 마셔도 취하지 않으니/같이 온 친구를 보기도 미안만 한데(「滿洲의 여자」) *거기에는 반드시 구름이 있고/갯벌에 고인 게으른 물이/벌레가 뜰 때마다 눈을 껌벅거리고/그것이 보기 싫어지기 전에/그것을 차단할/가까운 거리의 부엌문이 있고/아내는 집들이를 한다고/저녁 대신 뻘건 팥죽을 쑬 것이다(「이사」) *아아 보기 싫은 머리에 두툼한 어깨는/허위의 상징/꺼져라 20년 전의 악마야(「네 얼굴은」) *언뜻 보기엔 임종의 생명 같고/바위를 뭉개고 떨어져내릴/한 잎의 꽃잎 같고/혁명 같고/먼저 떨어져내린 큰 바위 같고/나중에 떨어진 작은 꽃잎 같고(「꽃잎 1」) *내 말을 믿으세요 노란 꽃을/못 보는 글자를 믿으세요 노란 꽃을/떨리는 글자를 믿으세요 노란 꽃을/영원히 떨리면서 빼먹은 모든 꽃잎을 믿으세요/보기 싫은 노란 꽃을(「꽃잎 2」)

보는 *나의 飢餓처럼 그는 서서 나를 보고/나는 모오든 사람을 또한/나의 妻를 피하여/그의 얼굴을 숨어 보는 것이오[…]나는 모든 사람을 피하여/그의 얼굴을 숨어 보는 버릇이 있소(「아버지의 사진」) *너를 보는 설움은 피폐한 고향의 설움일지도 모른다(「국립도서관」) *생각하면 그것은 둥근 옹이같이 어지러웁기만 한 일이지만/거기에는 초점이 없도 않다/그러나 이 초점을 바라고 보는 것이 아니다(「기자의 정열」) *내 말을 믿으세요 노란 꽃을/못 보는 글자를 믿으세요 노란 꽃을/떨리는 글자를 믿으세요 노란 꽃을/영원히 떨리면서 빼먹은 모든 꽃잎을 믿으세요/보기 싫은 노란 꽃을(「꽃잎2」) *어떻게 알았느냐 나의 방대한 낭비와 넌센스와/허위를/나의 못 보는 눈을 나의 둔갑한 영혼을/나의 애인 없는 더러운 고독을/나의 대대로 물려받은 음탕한 전통을(「꽃잎3」) *그 배우는 식모까지도 싫어하고/신이 나서 보는 것은 나 하나뿐이고/원효대사가 나오는 날이면/익살맞은 어린 놈은 활극이 되나 하고(「원효대사」)

보니 *옆에 누운 친구가 내가 이를 뺀 얼굴이 어린 아해 같다고 간간대소하며 좋아한다/이 친구도 술이 취한 얼굴을 보니 처참하다[…]기진맥진한 몸을 간신히 일으켜서/차가운 이를 건져서 끼고 따라서 내려간다/그중 끝의 방문을 열고 보니 꺼먼 사람이 셋이나 앉았다(「미숙한 도적」) *농부의 몸차림으로 갈아입고/석경을 보니/땅이 편편하고/집이 편편하고/하늘이 편편하고/물이 편편하고/앉아도 편편하고/서도 편편하고/누워도 편편하고/도회와 시골이 편편하고/시골과 도회가 편편하고/신문이 편편하고/시원하고/버스가 편편하고/시원하고/하수도가 편편하고(「檄文」)

보다가 *매춘부 젊은애들, 때묻은 발을 꼬고 앉아서/유부우동 먹고 있는 것을 보다가 생각한 것(「엔카운터 誌」)

보더니 *아내는 이런 어려운 일들을 어렵지 않게 해치운다/결단은 이제 여자의 것이다/나를 죽이는 여자의 유희다/아이놈은 라디오를 보더니/왜 새 수련장은 안 사왔느냐고 대들지만(「금성라디오」)

보라 *삶에 지친 者여/자를 보라/너의 무게를 알 것이다(「자」) *비가 오고 있다/움직이는 비애여/결의하는 비애/변혁하는 비애……/현대의 자살/그러나 오늘은 비가 너 대신 움직이고 있다/무수한 너의 〈종교〉를 보라(「비」) *그놈들은 털끝만치도 다치지 않고 있다/보라 항간에 금값이 오르고 있는 것을/그놈들은 털끝만치도 다치지 않으려고/버둥거리고 있다/보라 금값이 갑자기 8,900환이다/달걀값은 여전히 영하28환인데(「육법전서와 혁명」)

보라고 *기침을 하자/젊은 시인이여 기침을 하자/눈 위에 대고 기침을 하자/눈더러 보라고 마음 놓고 마음 놓고/기침을 하자(「눈」(1956)) *파자마 바람으로 주스를 마시면서/프레이저의 현대시론을 사전을 찾아가며 읽고 있으려니/여편네가 일본에서 온 새 잡지 안의/金素雲의 수필을 보라고 내던져준다(「파자마 바람으로」)

보마 *동무여 이제 나는 바로 보마/사물과 사물의 생리와/사물의 수량과 한도와/사물의 우매와 사물의 명석성을(「孔子의 생활난」)

보면 *사전을 보면 쓰는 나이와 詩/사전이 詩 같은 나이의 詩/사전이 앞을 가는 변화의 詩/감기가 가도 감기가 가도/줄곧 앞을 가는 사전의 詩/詩.(「시」(1961)) *두 뙈기의 차밭 옆에는 역시 두 뙈기의/채소밭이 있다 김장 무나 배추를 심었을/인습적인 분가루를 칠한 밭 위에/나는 걸핏하면 개똥을 갖다 파묻는다/밭주인이 보면 질색을 할 노릇이지만/이 밭주인은 차밭 주인의 소작이다(「반달」) *이런 사람을 보면 세상사람들이 다 그처럼 살고 있는 것 같다/나같이 사는 것은 나밖에 없는 것 같다(「강가에서」)

보면서 *「조심하여라! 자중하여라! 무서워할 줄 알아라!」하는/억만의 소리가 비 오듯 내리는 여름 뜰을 보면서/합리와 비합리와의 사이에 묵연히 앉아 있는/나의 표정에는 무엇인지 우스웁고 간지럽고 서먹하고 쓰디쓴 것마저 섞여 있다(「여름 뜰」)

보세요 *여보세요 내 가슴을 헤치고 보세요. 여기 장 발장이 숨기고 있던 烙印보다 더 크고 검은/호소가 있지요/길을 잃어버린 호소예요(「조국에 돌아오신 傷病捕虜 동지들에게」)

보셨나요 *위안이 되지 않는 시를 쓰는 시인을 건져주기 전에/신이여/그 사나이의 눈초리를 보셨나요/잊어버려야 할 그 눈초리를//굵은 밧줄 밑에 뒹구는/구렁이가 악몽이 될 수 있겠나요/무수한 공허 밑에 살찌는 공허보다/더 무서운 악몽이 있나요/시내 위에 떨어지는 빗방울을 보셨나요(「靈交日」)

보시오 *이보다 더 추운 날처럼 나는 여기서 겨울을 맞이하다가/오랜 시간이 경과된 후에도/이 웃음만은 흔적을 남기고 있을 것이라고 믿는 것은/어리석은 일/시간에 달린 기이다란 시간을 보시오(「웃음」) *요 시인/이제 저항시는/방해로소이다/이제 영원히/저항시는/방해로소이다/저 펄 펄/내리는/눈송이를 보시오/저 산허리를/돌아서/너무나도 좋아서/하늘을/묶는/허리띠모양으로/맴을 도는/눈송이를 보시오(「눈」(1961))

보아 *兩眼이 모두 담홍색을 하고 있는 것으로 보아/그가 오랜 세월을 暗夜 속에서 살고 있었던 것만은 확실하다고 나는 생각한다(「백의」) *마룻바닥에 깐 비닐 장판에 구공탄을 떨어뜨려/탄 자국, 내 구두에 묻은 흙, 변두리의 진흙,/그런 가슴의 죽음의 표식만을 지켜온,/밑바닥만을 보아온, 빈곤에 마비된 눈에/하늘을 가리켜주는 잡지/VOGUE야(「VOGUE야」)

보아도 *퉁퉁해진 몸집하고 푸르스름해진 눈자위가 아무리 보아도 설어 보인다(「滿洲의 여자」)

보아라 *삶은 계란의 껍질이/벗겨지듯/묵은 사랑이/벗겨질 때/붉은 파밭의 푸른 새싹을 보아라/얻는다는 것은 곧 잃는 것이다//먼지 앉은 석경 너머로/너의 그림자가/움직이듯/묵은 사랑이/움직일 때/붉은 파밭의 푸른 새싹을 보아라/얻는다는 것은 곧 잃는 것이다//새벽에 준 조로의 물이/대낮이 지나도록 마르지 않고/젖어 있듯이/묵은 사랑이/뉘우치는 마음의 한복판에/젖어있을 때/붉은 파밭의 푸른 새싹을 보아라/얻는다는 것은 곧 잃는 것이다(「파밭 가에서」) *쫀! 너는 저 산 위에 올라가 망을 보아라(「나는 아리조나 카보이야」)

보아야 *일찍이 현실의 출발을 하지 못한 것을 뉘우치며/오늘밤도 보아야 할 죽순의 거치러운/꿈은/완전히 무시를 당하고 나서야/비로소 안심할 수 있는/부끄러움이 없는/부끄러움을 더한층 뜻있게 하기 위하여(「付託」)

보았구나 *언청이야 언청이야 이발쟁이야 너의/보꾹에 바른 신문지의 활자가 즐거웁구나/교정을 보았구나 나의 毒氣야/가벼운 겨울의 꿈이로구나 나의 독기의/꿈이로구나(「제임스 띵」)

보았는가 *그러나 우산대로/여편네를 때려 눕혔을 때/우리들의 옆에서는/어린 놈이 울었고/비 오는 거리에는/40명가량의 취객들이/모여들었고/집에 돌아와서/제일 마음에 꺼리는 것이/아는 사람이/이 캄캄한 범행의 현장을/보았는가 하는 일이었다/—아니 그보다도 먼저/아까운 것이/지우산을 현장에 버리고 온 일이었다(「죄와 벌」) *괴로운 설사가 끝나거든 입을 다물어라 누가/보았는가 무엇을 보았는가 일절 말하지 말아라/그것이 우리의 증명이다(「설사의 알리바이」)

보았는데 *어서 일을 해요/미지근한 물이 고인 조그마한 논과/대숲 속의 초가집과/나무로 만든 장기와/게으르게 움직이는 물소와/(아니 물소는 호남 지방에서는 못 보았는데)(「시」(1961))

보았다 *나는 젊은 사나이의 그 눈초리를 보았다/흔들리는 자동차 속에서 창밖의 풍경이 흔들리듯/그의 가장 깊은 영혼이 흔들리는 것을 보았다(「靈交日」) *나는 이자벨 버드 비숍 여사와 연애하고 있다 그녀는/1893년에 조선을 처음 방문한 영국 왕립지학협회 회원이다/그녀는 인경전의 종소리가 울리면 장안의/남자들이 모조리 사라지고 갑자기 부녀자의 세계로/화하는 극적인 서울을 보았다 이 아름다운 시간에는/남자로서 거리를 무단통행할 수 있는 것은 교군꾼,/내시, 외국인의 종놈, 관리들뿐이었다 그리고/심야에는 여자는 사라지고 남자가 다시 오입을 하러/활보하고 나선다고 이런 기이한 관습을 가진 나라를/세계 다른 곳에서는 본 일이 없다고/천하를 호령한 민비는 한번도 장안 외출을 하지 못했다고……(「거대한 뿌리」)

보았더라면 *저기 나의 맞은편 의자에 앉아 먹고 떠들고 웃고 있는 여자와 젊은 학생을 내가 시골을 여행하기 전에 그들을 보았더라면 대하였으리 감정과는 다른 각도와 높이에서 보게 되는 나는 내 자신의 감정보다 더 거만하여지고 순화되어진 탓이라고는 생각하지 않는다(「시골 선물」)

보았으니까 *다리는 이러한 정지의 증인이다/젊음과 늙음이 엇갈리는 순간/그러한 속력과 속력의 停頓 속에서/다리는 사랑을 배운다/정말 희한한 일이다/나는 이제 적을 형제로 만드는 實證을 똑똑하게 천천히 보았으니까!(「현대식 교량」)

보지 *나는 한번도 이[蝨]를/보지 못한 사람이다[…]나는 한번도 아버지의/수염을 바로는 보지/못하였다(「이[蝨]」) *아버지의 사진을 보지 않아도/비참은 일찍이 있었던 것[…]그의 사진은 이 맑고 넓은 아침에서/또 하나 나의 팔이 될 수 없는 비참이오/행길에 얼어붙은 유리창들같이/시계의 열두시같이/재차는 다시 보지 않을 편력의 역사……(「아버지의 사진」) *소리없이 회색빛으로 도는 것이/오래 보지 못한 달나라의 장난 같다(「달나라의 장난」) *늬가 없이 사는 삶이 보람 있기 위하여 나는 돈을 벌지 않고/늬가 주는 모욕의 억만 배의 모욕을 사기를 좋아하고/억만 인의 여자를 보지 않고 산다(「너를 잃고」) *멀리서 산이 보이고/개울 대신 실가락처럼 먼지 나는/

군용로가 보이는/고요한 마당 위에서/나는 나를 속이고 역사까지 속이고/구태여 낯익은 하늘을 보지 않고/구렁이같이 태연하게 앉아서/마음을 쉬다(「휴식」) ✽음탕할 만치 잘 보이는 유리창/그러나 나는 너를 통하여 아무것도/보지 않고 있는지도 모른다(「너는 언제부터 세상과 배를 대고 서기 시작했느냐」) ✽지금은 이 번잡한 현실 위에 하나하나 환상을 붙여서 보지 않아도 좋다(「거리2」) ✽자연을 보지 않고 자연을 사랑하라/목가가 여기 있다고 외쳐라/폭풍의 목가가 여기 있다고 외쳐라(「가옥찬가」)

본 ✽그것은 본 사람만이 아는 일이지요/누가 거제도 제61수용소에서 단기 4284년 3월 16일 오전 5시에 바로 철망 하나 둘 셋 네 겹을 隔하고 불 일어나듯이 솟아나는 제62적색수용소로 돌을 던지고 돌을 받으며 뛰어들어갔는가(「조국에 돌아오신 傷病捕虜 동지들에게」) ✽어둠 속에 본 것은 청춘이었는지 대지의 진동이었는지/나는 자꾸 땅만 만지고 싶었는데(「구슬픈 육체」) ✽백의는 이와 같은 나의 안심과 태만을 비웃는 듯이/어느 틈에 우리 가정의 내부에까지 침입하여 들어와서/신심양면의 허약증으로 신음하고 있는 나를 독촉하여 〈희랍인을 모친으로 가진 미국인에 대한 호소문〉과 〈精神上으로 본/희랍의 독립선언서〉를 써서/전자를 현재 일리노이 주에 있는 자기의 모친에게 보내고/후자는 희랍 국립박물관 관장에게 보내달라고 한다(「백의」) ✽나는 이자벨 버드 비숍 여사와 연애하고 있다 그녀는/1893년에 조선을 처음 방문한 영국 왕립지학협회 회원이다/그녀는 인경전의 종소리가 울리면 장안의/남자들이 모조리 사라지고 갑자기 부녀자의 세계로/화하는 극적인 서울을 보았다 이 아름다운 시간에는/남자로서 거리를 무단통행할 수 있는 것은 교군꾼,/내시, 외국인의 종놈, 관리들뿐이었다 그리고/심야에는 여자는 사라지고 남자가 다시 오입을 하러/활보하고 나선다고 이런 기이한 관습을 가진 나라를/세계 다른 곳에서는 본 일이 없다고/천하를 호령한 민비는 한번도 장안 외출을 하지 못했다고……(「거대한 뿌리」) ✽너의 의지는/학교 안에서 배운 모든 것이/학교 밖에서 본 모든 것이/반드시 정말이 아니라는 것을 알았고/너의 어린 의사를 발표할 줄 알았다/우리는 너를 보고 깜짝 놀랐다(「'65년의 새해」) ✽앞의 2층집이 신축을 하고 담을 두르고/가시철망을 칠 때 우리도 그 철망을 치던/일꾼을 본 일이 있다(「도적」)

본다 ✽오늘 또 활자를 본다/한없이 긴 활자의 연속을 보고/와사의 정치가들을 응시한다(「아메리카 타임 誌」) ✽도회 안에서 쫓겨다니는 듯이 사는/나의 일이며/어느 소설보다도 신기로운 나의 생활이며/모두 다 내던지고/점잖이 앉은 나의 나이와 나이가 준 나의 무게를 생각하면서/정말 속임 없는 눈으로/지금 팽이가 도는 것을 본다(「달나라의 장난」) ✽먼 산정에 서 있는 마음으로 나의 자식과 나의 아내와/그 주위에 놓인 잡스러운 물건들을 본다(「구름의 파수병」) ✽모오든 언어가 시에로 통할 때/나는 바로 일순간 전의 대담성을 잊어버리고/젖 먹는 아이와 같이 이지러진 얼굴로/여름 뜰이여/너의 광대한 손[手]을 본다(「여름 뜰」) ✽자꾸 수그러져 가는 눈을 들어 강과 對岸의 찬란한 불빛을 본다(「말」(1958)) ✽「고맙습니다, 고맙습니다」/서양과 동양의 차이/나는 여유있는 시인—쉬페르비엘이/물에 빠진 뒤에 나는 젤라틴을 통해서/詩의 진지성을 본다(「반주곡」) ✽聖人은 처를 적으로 삼았다/이 한국에서도 눈이 뒤집힌 사람들/틈에 끼여 사는 처와 처들을 본다/오 결별의 신호여(「적2」)

본다면은 ✽조용한 시절은 돌아오지 않았다/그 대신 사랑이 생기었다/굵다란 사랑/누가 있어 나를 본다면은/이것은 확실히 우스운 이야깃거리다[…]조용한 시절 대신/나의 백골이 생기었다/생활의 백골/누가 있어 나를 본다면은/이것은 확실히 무서운 이야깃거리다(「愛情遲鈍」)

볼 ✽여름 뜰이여/나의 눈만이 혼자서 볼 수 있는 주름살이 있다 굴곡이 있다(「여름 뜰」) ✽나는 이러한 사진과 기사를 볼 때마다/이것은 ≪아틀랜틱≫과 ≪하퍼스≫의 광고부의 分室이 나타났다고/이곳 저널리스트의 역습의 묘리에 감탄하고 있었는데(「백의」)

보다² 보조동사. (동사 어미 —어, —아, —여 뒤에서 쓰여) 시험삼아하는 뜻을 나타내는 말.

보고 *시를 배반하고 사는 마음이여/자기의 나체를 더듬어보고 살펴볼 수 없는 시인처럼 비참한 사람이 또 어디 있을까/거리에 나와서 집을 보고/집에 앉아서 거리를 그리던 어리석음도 이제는 모두 사라졌나 보다/날아간 제비와 같이(「구름의 파수병」)

보아서는 *그렇지만/구차한 나의 머리에/성스러운 鄕愁와 우주의 위대감을 담아주는 삽시간의 자극을/나의 가족들의 기미 많은 얼굴에 비하여 보아서는 아니 될 것이다(「나의 가족」)

본 *자유를 위해서/비상하여 본 일이 있는/사람이면 알지/노고지리가/무엇을 보고/노래하는가를/어째서 자유에는/피의 냄새가 섞여 있는가를/혁명은/왜 고독한 것인가를(「푸른 하늘을」)

보다³ (용언의 어미 ─ㄴ가/─는가/─ㄹ까/─을까/─나 등의 뒤에 쓰여) 짐작이나 막연한 자기 의향을 나타냄. *향로인가 보다/나는 너와 같이 자기의 그림자를 마시고 있는 향로인가 보다(「더러운 향로」) *너무나 잘 아는/순환의 원리를 위하여/나는 피로하였고/또 나는/영원히 피로할 것이기에/구태여 옛날을 돌아보지 않아도/설움과 아름다움을 대신하여 있는 나의 긍지/오늘은 필경 긍지의 날인가 보다[…]오늘은 필경 여러 가지를 합한 긍지의 날인가 보다/암만 불러도 싫지 않은 긍지의 날인가 보다/모든 설움이 합쳐지고 모든 것이 설움으로 돌아가는/긍지의 날인가 보다/이것이 나의 날/내가 자라는 날인가 보다(「긍지의 날」) *시를 배반하고 사는 마음이여/자기의 나체를 더듬어보고 살펴볼 수 없는 시인처럼 비참한 사람이 또 어디 있을까/거리에 나와서 집을 보고/집에 앉아서 거리를 그리던 어리석음도 이제는 모두 사라졌나 보다(「구름의 파수병」) *이제 꿈을 다시 꿀 필요가 없게 되었나 보다(「달밤」) *18년 후에 이렇게 뻐젓이 서울의 다방 건너 막걸리집에서 또 만나게 됐으니/하여간 반갑다 잠입한 사랑아 무식한 사랑아/이것이 사랑의 뒤치다꺼리인가 보다/평안도 사랑의 덤인가 보다(「滿洲의 여자」) *강가에 가서 돌아갈 차비만 남겨놓고 술을 사준다/아니 돌아갈 차비까지 다 마셨나 보다(「강가에서」) *3만 원을 돌려 달라고 우리가 부탁한 친구가/돈을 받을 1·4후퇴의 친구 부인하고/한 고향이라는 것을/31일까지 돌려 주겠다고 아니 29일까지/돌려 주겠다고 집문서를 가지고 간 친구에게/말한 것이 잘못이었나 보다/이것이 이남 사람인 우리 부부의 誤算이었나 보다/38선에 대한/또 한 해의 터무니없는 感傷이었다 보다/그렇지?(「판문점의 감상」)

보아 *내가 있는 방 위에 와서 앉거나/또는 그의 그림자가 혹시나 떨어질까 보아 두려워하는 것도/나는 아무것에도 취하여 살기를 싫어하기 때문이다(「도취의 피안」) *그러나 사람들이 웃을까 보아/나는 적당히 넥타이를 고쳐 매고 앉아 있다/뮤즈여/너는 어제까지의 나의 세력/오늘은 나의 지평선이 바뀌어졌다(「바뀌어진 지평선」) *兩眼이 모두 담홍색을 하고 있는 것으로 보아/그가 오랜 세월을 暗夜 속에서 살고 있었던 것만은 확실하다고 나는 생각한다(「백의」) *너도 나도 누나도 언니도 어머니도/철수도 용식이도 미스터 강도 유중사도/강중령도 그놈의 속모르는 바는 아니었지만/무서워서 편리해서 살기 위해서/빨갱이라고 할까 보아 무서워서/돈을 벌기 위해서는 편리해서/가련한 목숨을 이어가기 위해서(「우선 그놈의 사진을 떼어서 밑씻개로 하자」)

보다⁴ 어떤 수준에 비하여 한층 더. *나는 광휘에 찬 신현대문학사의 시를 깨알같은 글씨로 쓰고 있다/될 수만 있으면 독자들에게 이 깨알만한 글씨보다 더/작게 써야 할 이 고초의 시기의/보다 더 작은 나의 즐거움을 피력하고 싶다(「이 한국문학사」)

보따리 보자기에 싸서 꾸린 물건 뭉치. *손에는 무거운 보따리를 들고/가다가다 기침을 하면서/집에는 差押을 해온 파일오버가 있는데도/배자 위에 얄따란 검정 오버를 입고/사흘 전에 술에 취해 흘린 가래침 자국—/아니 빚쟁이와 싸우다 나오는 길에 흘린/침자국(「네 얼굴은」)

보람 한 일에 대한 좋은 결과나 만족감. *늬가 없이 사는 삶이 보람 있기 위하여 나는 돈을 벌지 않고/늬가 주는 모욕의 억만 배의 모욕을 사기를 좋아하고/억만 인의 여자를 보지 않고 산다(「너를 잃고」) *나는 일손을 멈추고 잠시 무엇을 생각하게 된다/—살아 있는 보람이란 이것뿐이라고—/하루살이의 狂舞여(「하루살이」)

보리알 보리의 낱알. *흰 쌀밥을 먹고 갔는데 보리알을 먹고 간 것 같고/그렇게 피투성이가 되어 찾던 만년필은/처의 백 속에 숨은 듯이 걸려 있고/말하자면 내가 찾고 있는 것은 언제나 나의 가장 가까운/내 곁에 있고(「절망」(1962))

보석(寶石) 단단하고 빛깔과 광택이 아름다워 대개 장신용으로 쓰는 희귀한 광물. *보석 같은 아내와 아들은/화롯불을 피워가며 병아리를 기르고/짓이긴 파 냄새가 술 취한/내 이마에 神藥처럼 생긋하다(「초봄의 뜰 안에」) *「고맙습니다, 고맙습니다」/일어서 있는 너의 얼굴은/오늘밤의/앉아 있는 내 방의 촛불 같은 재산, 보석이여.(「반주곡」)

보스토크(Vostok) 구소련이 발사한 세계 최초의 1인승 인공위성. *달콤한/달콤한/잠이 안 오네/보스토크가/돌아와 그러나/세계정부 理想이/따분해 그러나/이 나라/백성들이/너무 지쳐 그러나/별안간/빚 갚을 것/생각나 그러나 (「〈4·19〉시」)

보스토크

보이다¹ 눈에 띄다.

보여 *빌려드릴 수 없어. 작년하고도 또 틀려./눈에 보여. 냉면집 간판 밑으로—육개장을 먹으러—들어갔다가 나왔어—모밀국수 전문집으로 갔지—(「엔카운터 誌」)

보여요 *여보세요. 앨비의 아메리칸 드림예요. 절망예요./8월달에 실어주세요. 절망에서 나왔어요./모레면 다 되요. 200매예요. 특종이죠./머릿속에 특종이란 자가 보여요. 여편네하고/싸우고 나왔지요. 순수하죠. 앨비 말예요.(「전화 이야기」)

보였고 *한 놈은 가죽 방한모에 빨간 마후라였지만/또 한 놈은 잘 안 보였고 매일 아침 듣은/「신문요」의 목소리를 회상하며/어떤놈이 新인지 舊인지를 가려낼 틈도/없다 눈이 왔고 추웠 너무 화가 났다(「제임스 띵」)

보였던지 *신문배달 아이들이 사무를 인계하는 날/제임스 띵같이 생긴 책임자가 두 아이를/데리고 찾아온 풍경이/눈[雪]에 너무 비참하게 보였던지/나는 마구 짜증을 냈다(「제임스 띵」)

보였어 *매춘부 젊은애들, 때묻은 발을 꼬고 앉아서/유부우동 먹고 있는 것을 보다가 생각한 것/아냐. 그때는 빌려드리려고 했어. 관용의 미덕—/그걸 할 수 있었어. 그것도 눈에 보였어. 엔카운터/속의 이오네스코까지도 희생할 수 있었어. 그게/무어란 말야. 나는 그 이전에 있었어. 내 몸. 빛나는/몸(「엔카운터 誌」)

보이고 *멀리서 산이 보이고/개울 대신 실가락처럼 먼지 나는/군용로가 보이는/고요한 마당 위에서/나는 나를 속이고 역사까지 속이고/구태여 낯익은 하늘을 보지 않고/구렁이같이 태연하게 앉아서/마음을 쉬다(「휴식」) *무능한 내가 지지 않는 것은 이때만이다/너의 독기가 예에 없이 걸레쪽같이 보이고/너와 내가 반반—/「어디 마음대로 화를 부려보려무나!」(「만용에게」) *그는 나보다도 가난해 보이고/그는 나보다도 짐이 무거워 보이는데/그는 나보다도 훨씬 늙었는데/그는 나보다도 눈이 들어갔는데/그는 나보다도 여유가 있고/그는 나에게 공포를 준다(「강가에서」)

보이는 *아침에 일어나서 나는 완전히/기진맥진하였다/눈알에 백태가 앉은 사람같이/보이는 것이 모두 몽롱하다(「미숙한 도적」) *너는 이제 스무 살이다/너는 이제 스무 살이다/너는 여전히 기적일 것이다/너의 사랑은 익어가기 시작한다/너의 사랑은/38선 안에서 받은 모든 굴욕이/38선 밖에서 받은 모든 굴욕이/전혀 정당한 것이 아니라는 것을 알았고/너는 너의 모든 힘을 다해서 답쌔버릴 것이다/너의 가난을 눈에 보이는/눈에 보이지 않는 모든 가난을/이 엄청난 어려움을 고통을/이 몸을 찢는 부자유를 부자유를 나날을……/너는 이제 우리의 고통보다도 더 커졌다/우리는 너를 보고 깜짝 놀란다(「65년의 새해」)

보이는데 *저이는 나보다 여유가 있다/저이는 나보다도 가난하게 보이는데/저이는 우리 집을 찾아와서 산보를 청한다/강가에 가서 돌아갈 차비만 남겨놓고 술을 사준다[…]그는 나보다도 가난해 보이는데/남방셔츠 밑에는 바지에 혁대도 매지 않았는데/그는 나보다 가난해 보이고/그는 나보다도 짐이 무거워 보이는데/그는 나보다도 훨씬 늙었는데/그는 나보다도 눈이 들어갔는데/그는 나보다도 여유가 있고/그는 나에게 공포를 준다(「강가에서」)

보이던지 ＊나의 프레이저의 책 속의 낱말이/송충이처럼 꾸불텅거리면서 어찌나 지겨워 보이던지/이렇게 돼서야 그만이지/어떻게든지 체면을 차려볼 궁리 좀 해야지(「파자마 바람으로」)

보이도록 ＊지금 나는 21개국의 정수리에/사랑의 깃발을 꽂는다/당신의 눈에도 보이도록 꽂는다/그대가 봉변을 당한 식인종의 나라에도/그대가 납치를 당할 뻔한 공산국가에도/보이도록(「세계일주」)

보이면 ＊남의 일하는 곳에 와서 아무 목적 없이 앉았으면 어떻게 하리/남이 일하는 모양이 내가 일하고 있는 것보다 더 밝고 깨끗하고 아름다웁게 보이면 어떻게 하리(「사무실」)

보이지 ＊몽매와 연령이 언제 그에게/나타날는지 모르는 까닭에/잠시 그는 별과 또 하나의 것을 쳐다보고 있어야 하는 것이다/또 하나의 것이란 우리의 육안에는 보이지 않는 곡선 같은 것일까(「토끼」) ＊이것은 누구에게도 보이지 않을 글이기에/(아아 그러한 시대가 온다면 얼마나 좋은 일이냐)/나의 동요 없는 마음으로/너를 다시 한번 치어다보고 혹은 내려다보면서 無量의 환희에 젖는다(「九羅重花」) ＊부르기 힘든 사람의 이름들/눈에는 보이지 않는 너무나 무거운/너의 짐/그리고 逸樂, 안이, 허위……(「기자의 정열」) ＊금잔화도 인가도 보이지 않는 밤이 되면/폭포는 곧은 소리를 내며 떨어진다(「瀑布」) ＊초봄의 뜰 안에 들어오면/서편으로 난 난간문 밖의 풍경은/모름지기/보이지 않고(「초봄의 뜰 안에」) ＊여보/그래도 무엇인가가 보이지 않느냐/그래서 비가 오고 있는데!(「비」) ＊우리들의 戰線은 눈에 보이지 않는다/그것이 우리들의 싸움을 이다지도 어려운 것으로 만든다(「하…… 그림자가 없다」) ＊그리운 것은 내 귓전에 붙어 있는 보이지 않는 젤라틴紙[…]나도 필경 그처럼 보이지 않는 누구인가를/항시 괴롭히고 있는 보이지 않는 拷問人/시대의 숙명이여/숙명의 초현실이여(「장시2」) ＊너의 가난을 눈에 보이는/눈에 보이지 않는 모든 가난을/이 엄청난 어려움을 고통을/이 몸을 찢는 부자유를 부자유를 나날을……/너는 이제 우리의 고통보다도 더 커졌다/우리는 너를 보고 깜짝 놀란다(「65년의 새해」)

보이지는 ＊우리들의 전선은 됭케르크도 노르망디도 연희고지도 아니다/우리들의 전선은 지도책 속에는 없다/그것은 우리들의 집안 안인 경우도 있고/우리들의 직장인 경우도 있고/우리들의 동리인 경우도 있지만……/보이지는 않는다(「하…… 그림자가 없다」)

보인다 ＊누구 집을 가보아도 나 사는 곳보다는 여유가 있고/바쁘지도 않으니/마치 別世界같이 보인다(「달나라의 장난」) ＊뚱뚱해진 몸집하고 푸르스름해진 눈자위가 아무리 보아도 설어 보인다/18년 만에 만난 만주의 여자/잊어버렸던 여자가 여기 있구나(「滿洲의 여자」) ＊쓸데없는 것이었다 저것이었다/너의 보꾹에 비친 활자이었다 거기에/그어진 붉은 잉크였다 인사를 하지 않은/나의 친구야 거만한 꿈은 사위어간다/내 잘못이 인제는 다 보인다(「제임스 띵」)

보인다고 ＊살림을 사는 아해들도 아름다웁듯이/노는 아해도 아름다워 보인다고 생각하면서/손님으로 온 나는 이 집 주인과의 이야기도 잊어버리고/또 한번 팽이를 돌려주었으면 하고 원하는 것이다(「달나라의 장난」)

보일락 ＊가만히 앉아 있어도 자꾸 뻐근하여만 가는 목을 돌려/시간과 함께 비스듬히 내려다보는 것/그것은 혹시 한 자루의 부채/─그러나 그것은 보일락 말락 나의 시야에서/멀어져가는 것─(「방안에서 익어가는 설움」)

보이다² 보게 하다. ☞ 뵈다.

보여라 ＊자연은 나의 몇 사람의 독특한 벗들과 함께/토끼의 탄생의 방식에 대하여/하나의 異德을 주고 갔다/우리집 뜰앞 토끼는 지금 하얀 털을 비비며 달빛에 서서 있다/토끼야/봄달 속에서 나에게만 너의 재주를 보여라/너의 입에서 튀어나오는/너의 새끼를(「토끼」) ＊두목! 나머지 놈들 다 잡아왔습니다/아 홍찐구 놈도 섞여 있구나/너 이놈 정동 재판소에서 언제 달아나왔느냐 깟땜!/오냐 그놈들을 물에다 거꾸로 박아놓아라/쨈보야 너는 이성망이 놈을 빨리 잡아오너라/여기 떡갈나무 잎이 있는데 이것을 가지고 가서/하와이 영사한테 보여라(「나는 아리조나 카보이야」)

보이거나 ＊하루에 한번씩 찾아오는/수치와 고민의 순간을 너에게 보이거나/들키거나 하기가 싫어서가 아니라(「도취의 피안」)

보이게 ＊타당하니까 신·구의 교체식을 그 이튿날/꿈에까지 보이게 해서는 아니 된다/마지막 정적을 빼앗긴, 핏대가 난 나에게는/너희들의 儀式은 원시를 가리키고/노예매매를 연상시킨다(「제임스 띵」)

보이고 ＊자의식에 지친 내가 너를/막상 좋아한다손 치더라도/네가 나에게 보이고 있는 시간이란/네가 달아나는 시간밖에는 없다(「연기」)

보이는 ＊더 넓은 전망이 필요 없는 이 무제한의 시간 위에서/산도 없고 바다도 없고 진흙도 없고 진창도 없고 미련도 없이/앙상한 육체의 투명한 골격과 세포와 신경과 안구까지/모조리 노출 낙하시켜 가면서/안개처럼 가볍게 날아가는 과감한 너의 의사 속에는/남을 보기 전에 네 자신을 먼저 보이는/긍지와 선의가 있다(「헬리콥터」)

보이었고 ＊1950년 7월 이후에 헬리콥터는/이 나라의 비좁은 산맥 위에 자태를 보이었고/이것이 처음 탄생한 것은 물론 그 이전이지만/그래도 제트기나 카고보다는 늦게 나왔다(「헬리콥터」)

보이자면 ＊文明된 아내에게〈실력을 보이자면〉 무엇보다도 먼저/발이라도 씻고 보자/냉수도 마시자/맑은 공기도 마시어두자(「사치」)

보이지 ＊이것은 누구에게도 보이지 않을 글이기에/(아아 그러한 시대가 온다면 얼마나 좋은 일이냐)/나의 동요 없는 마음으로/너를 다시 한번 치어다보고 혹은 내려다보면서 無量의 환희에 젖는다(「九羅重花」) ＊길이 끝이 나기 전에는/나의 그림자를 보이지 않으리/적진을 돌격하는 전사와 같이/나무에서 떨어진 새와 같이/적에게나 벗에게나 땅에게나 그리고 모든 것에서부터/나를 감추리(「더러운 향로」)

보이지만 ＊그 罪過를 그 방대한 21개국의 지도를/그대는 선물로 나에게 펼쳐 보이지만/그대가 준 손수건의 암시처럼/불길한 눈물을 흘리게 했지만/그 분풀이로 어리석은 나는 술을 마시고/창문을 부수고 여편네를 때리고/지옥의 시까지 썼지만(「세계일주」)

보일 ＊이 인찰지와 이 봉투지로는 편지는 못 쓰겠소/더위도 가시고 오늘은 하루종일 일도/안하고 있지만 밀용인찰지의 나의 생활을/당신한테 보일 수는 없소 이제는/편지를 안해도 한 거나 다름없고 나는/조금도 미안하지 않소 매부의 태산 같은/친절과 친절의 압력에 대해서 미안하지 않소(「美濃印札紙」)

보잘것없다 볼 만한 가치가 없을 정도로 하찮다.

보잘것없는 ＊이것은 구차한 선비의 보잘것없는 일일 것인가.(「거리1」) ＊나도 지나간 날에는 배우를 꿈꾸고 살던 때가 있었단다/무수한 웃음과 벅찬 감격이여 소생하여라/거리에 굴러다니는 보잘것없는 설움이여(「거리2」)

보잘것없이 ＊나비날개처럼 된 차잎은 아침이면/날개를 펴고 저녁이면 체조라도 하듯이/일제히 쉰다 쉬는 데에도 규율이 있고/탄력이 있다 9월 중순 차나무는 거의/내 키만큼 자라나고 노란 꽃도 이제는/보잘것없이 되었는데도 밭주인은/아직도 나타나 잘라가지 않는다(「반달」)

보좌(補佐) 윗사람을 도와 일을 처리함. ＊순진한 학생들/점잖은 학자님들/체면을 세우는 문인들/너무나 투쟁적인 신문들의 보좌를 받고(「육법전서와 혁명」)

보채다 성가시게 조르다.

보채더라도 ＊네가 무어라 보채더라도/나는 너와 함께 성을 내지 않는 소년(「여편네의 방에 와서」)

보태다 더하여 많아지게 하다.

보탠 ＊이런 전화를, 번역하는 친구를 옆에 놓고,/생색을 내려고, 하고 나서, 그 誥告를/그에게 전하고, 그 무지무지한 소란 속에서/나의 소란을 하나 더 보탠 것에 만족을/느낀 것은 절망에 지각하고 난 뒤이다.(「전화 이야기」)

보통(普通) 특별하지 아니하고 예사로움. ＊나는 이것이 쏟고 난 뒤에도 보통때보다/완연히 한참 더 오래 끌다가 쏟았다(「性」)

보호하다(保護―) 위험이나 곤란 등이 미치지 않도록 잘 보살피다.

보호한다 ＊그리운 것은 내 귓전에 붙어 있는 보이지 않는 젤라틴紙―나에게 남아 있는 유일한 재산처럼/외계의 소리를 여과하고 채색해서/숙제처럼 나를 괴롭히고 보호한다(「장시2」)

복덕방(福德房) 가옥이나 토지 같은 부동산의 매매나 임대차를 중계하는 곳. *오오 환희여 미역국이여 미역국에 뜬 기름이여 구슬픈 祖上이여/가뭄의 백성이여 퇴계든 정다산이든 수염 난 영감이면/복덕방 사기꾼도 도적놈 지주라도 좋으니 제발 순조로워라(「미역국」)

복부(腹部) 배 부분. ☞ 배. *뮤즈여/너의 복부를랑 하늘을 바라보게 하고—(「바뀌어진 지평선」)

복사씨 복숭아 씨. *복사씨와 살구씨와 곶감씨의 아름다운 단단함이여/고요함과 사랑이 이루어놓은 폭풍의 간악한/신념이여/봄베이도 뉴욕도 서울도 마찬가지다[…]이 단단한 고요함을 배울 거다/복사씨가 사랑으로 만들어진 것이 아닌가 하고/의심할 거다!/복사씨와 살구씨가/한번은 이렇게/사랑에 미쳐 날뛸 날이 올 거다!(「사랑의 변주곡」)

복선공사(複線工事) 차량이 각기 다른 방향이나 다른 곳으로 통하게 하기 위해 길을 두 가닥 이상으로 나란히 깔아 놓는 일. *차창에서 내다본 중앙선의 복선공사에 동원된/갈대보다도 더 약한 소년들과 부녀자들의/노동의 慘景에 대한 편지도 못 쓰겠소 매부(「美濃印札紙」)

복수(復讐) 원수를 갚음. *사람의 얼굴도 무섭지 않고/그의 목소리도 방해가 안 되고/어제의 행동과 내일의 복수가 상쇄되고/참호의 입구의 ㄱ자가 문제되고(「먼지」)

복숭아 복숭아나무의 열매. 달고 신맛이 나며 담홍색으로 익음. *겨자씨같이 조그맣게 살면 돼/복숭아 가지나 아가위 가지에 앉은/배부른 흰 새모양으로/잠깐 앉았다가 떨어지면 돼(「장시1」)

복습(復習) 배운 것을 되풀이하여 공부함. *너에게서 취하는 전신의 영양/끊었던 술을 다시 마시면서 사랑의 복습을 하는 셈인가(「滿洲의 여자」)

복재기(服—) '복인(服人)'의 속어. 일 년이 안 되게 상복(喪服)을 입는 사람. *옆상에 앉은 술친구들이 경사나 난 듯이/고함을 친다/상제보다 복재기가 더 섧다나(「滿洲의 여자」)

복종(僕從) 남의 명령이나 의사에 그대로 따름. *〈히시야마 슈조〉의 낙엽이 생활인 것처럼/5·16 이후의 나의 생활도 생활이다/복종의 미덕!/사상까지도 복종하라!(「轉向記」)

복종하다(僕從—) 남의 명령이나 의사에 그대로 따르다.

복종하라 *〈히시야마 슈조〉의 낙엽이 생활인 것처럼/5·16 이후의 나의 생활도 생활이다/복종의 미덕!/사상까지도 복종하라!(「轉向記」)

복중(伏中) 초복에서 말복까지의 동안. *작품 제목임(「伏中」)

본론(本論) 말이나 글에서 중심이 되는 부분. *그리고 또 하나 있는 것 같다/주요한 본론이 네 개는 있었다/비닐, 파라통, 도배지……?/주요한 본론이 4항목은 있는 것 같다/4항목 4항목 4항목……(면도날!)(「마케팅」)

본받다(本—) 어떤 것을 본보기로 하여 그대로 따라하다.

본받아 *물이 흘러가는 달이 솟아나는/평범한 대자연의 법칙을 본받아/어리석을 만치 소박하게 성취한/우리들의 혁명을/배암에게 쐐기에게 쥐에게 살쾡이에게[…]다치지 않고 깎이지 않고 물리지 않고 더럽히지 않게(「기도」)

본성(本性) 사람의 타고난 성질. *여자의 본성은 에고이스트/뱀과 같은 에고이스트/그러니까 뱀은 선천적인 포로인지도 모른다(「여자」)

볼 뺨의 한복판. *병원 냄새에 휴식을 얻는/소년의 흰 볼처럼/교회여/이제는 나의 이 늙지도 젊지도 않은 몸에/해묵은/1,961개의/곰팡내를 풍겨 넣어라(「아픈 몸이」)

봄 한 해의 네 계절 가운데 첫째 계절. 겨울 다음, 여름 앞의 계절. 절기로는 입춘에서 입하 전까지, 천문학상으로는 춘분에서 하지 전까지를 이름. *토끼야/봄 달 속에서 나에게만 너의 재주를 보여라(「토끼」) *어느 매춘부의 생활같이/다소곳한 분위기 안에서/오늘이 봄인지도 모르고/그래도 날개 돋친 마음을 위하여/너와 같이 걸어간다(「바뀌어진 지평선」) *술에서 깨어난 무거운 봄이여/오오 봄이여//한없이 풀어지는 피곤한 마음에도/너는 결코 서둘지 말라(「봄밤」) *조용한 봄에서부터/조용한 봄으로/다시 내 봄이 아프다(「먼 곳에서부터」) *정열도 예측 고함도 예측 장시도 예측/경솔도 예측 봄도 예측 여름도 예측/범람도 예측 범람은 화려 공포는 화려/공포와 노인은 동일 공포와 노인과 유아는 동일……/예측만으로 그치면 돼(「장시1」) *모르는 사람은 봄에 알을 많이 받을 것이니/마찬가지라고 하지만/봄에는 알값이 떨어진다(「만용에게」) *겨울의 말이자 봄의 말/이제 내 말은 내 말이 아니다(「말」(1964)) *봄이 오기 전에 속옷을 벗고 너무 시원해서 설워지듯이/성급한 우리들은 이 발견과 실감 앞에 서럽기까지도 하다/전 아시아의 후진국 전 아프리카의 후진국/그 섬조각 반도조각 대륙조각이/이 발견의 봄이 오기 전에 옷을 벗으려고/뚜껑이 열렸다 닫히는 소리(「풀의 영상」) *봄은 오고 쥐새끼들이 총알만한 구멍의 조직을 만들고/풀이, 이름도 없는 낯익은 풀들이, 풀새끼들이/허물어진 담 밑에서 사과껍질보다도 얇은[…]나는 아무것도 안 속였는데 모든 것을 속았다/이 죄에는 사과의 길이 없다 봄이 오고/쥐가 나돌고 풀이 솟는다 소리없이 소리없이(「거짓말의 여운 속에서」)

봄베이(Bombay) 인도 마하라슈트라주(州)의 주도로 인도 최대의 도시. 1995년 11월 뭄바이로 개칭 *복사씨와 살구씨와 곶감씨의 아름다운 단단함이여/고요함과 사랑이 이루어놓은 폭풍의 간악함/신념이여/봄베이도 뉴욕도 서울도 마찬가지다/신념보다도 더 큰/내가 묻혀 사는 사랑의 위대한 도시에 비하면/너는 개미이냐(「사랑의 변주곡」)

봄철 봄의 계절. *흐린 봄철 어느 오후의 무거운 日氣처럼/그만한 우울이 또한 필요하다(「바뀌어진 지평선」)

봉변(逢變) 뜻밖의 변을 당함. *지금 나는 21개국의정수리에/사랑의 깃발을 꽂는다/당신의 눈에도 보이도록 꽂는다/그대가 봉변을 당한 식인종의 나라에도/그대가 납치를 당할 뻔한 공산국가에도/보이도록(「세계일주」)

봉오리 '꽃봉오리'의 준말. 망울만 맺히고 아직 피지 않은 꽃. *사실은 벌써 滅하여 있을 너의 꽃잎 위에/이중의 봉오리를 맺고 날개를 펴고/죽음 위에 죽음 위에 죽음을 거듭하리/구라중화(九羅重花) *욕망이여 입을 열어라 그 속에서/사랑을 발견하겠다 도시의 끝에/사그러져 가는 라디오의 재갈거리는 소리가/사랑처럼 들리고 그 소리가 지워지는/강이 흐르고 그 강 건너에 사랑하는/암흑이 있고 3월을 바라보는 마른 나무들이/사랑의 봉오리를 준비하고 그 봉오리의/속삭임이 안개처럼 이는 저쪽에 쪽빛/산이(「사랑의 변주곡」)

봉투(封套) 편지나 서류 등을 넣기 위하여 종이로 만든 주머니. ☞ 봉투지. *편지지뿐만 아니라 봉투도 마찬가지지 미농지 넉 장에/봉투 두 장을 4원에 사가지고 왔으니 알지 않겠소/이것이 편지를 쓰다 만 내력이오―꽉 막히는구려(「美濃印札紙」)

봉투지(封套紙) 봉투. ☞ 봉투. *이 인찰지와 이 봉투지로는 편지는 못 쓰겠소(「美濃印札紙」)

봉하다(封―) ①봉투나 문 등을 열지 못하게 붙이다. ②입을 다물어 말을 하지 않다.
 봉하고 *이 무언의 말/이 때문에 아내를 다루기 어려워지고/자식을 다루기 어려워지고 친구를/다루기 어려워지고/이 너무나 큰 어려움에 나는 입을 봉하고 있는 셈이고/무서운 무성의를 자행하고 있다(「말」(1964))
 봉하기 *나는 그들이 어떻게 용감하게 싸웠느냔 것에 대한 대변인이 아니다/또한 나의 죄악을 가리기 위하여 독자의 눈을 가리고 입을 봉하기 위한 연명을 위한 阿諛도 아니다(「조국에 돌아오신 傷兵捕虜 동지들에게」)

뵈다 '보이다'의 준말. ☞ 보이다².
 뵈는 *5월 혁명 이전에는 백양을 피우다/그 후부터는/아리랑을 피우고/와이셔츠 윗호주머니에는 한사코 색수건을 꽂아 뵈는 이유./모르지?(「모르지?」)

부 푼. 십진법에서 100분의 1을 일컫는 말. *집문서를 넣고 6부 이자로 10만 원을/물어주기로 한 것이 이렇게 좋군(「이혼 취소」)

부감도(俯瞰圖) 높은 곳에서 내려다본 그림이나 지도. *구름은 벌써 나의 머리를 스쳐가고/설움과 과거는,/오천만분지 일의 俯瞰圖보다도 더/조밀하고 망막하고 까마득하게 사라졌다(「네이팜 탄」)

부고(訃告) 사람의 죽음을 알림, 또는 그런 글. *이런 전화를, 번역하는 친구를 옆에 놓고,/생색을 내려고, 하고 나서, 그 訃告를/그에게 전하고, 그 무지무지한 소란 속에서/나의 소란을 하나 더 보탠 것에 만족을/느낀 것은 절망에 지각하고 난 뒤이다(「전화 이야기」)

부근(附近) 어떤 곳을 중심으로 하여 가까운 곳. 근처. *그러나 덤핑 출판사의 20원짜리나 20원 이하의 고료를 받고 일하는/14원이나 13원이나 12원짜리 번역일을 하는/불쌍한 나나 내 부근의 친구들을 생각할 때/이 죽은 순교자들을 어떻게 생각해야 하나(「이 한국문학사」)

부끄러움 부끄러워하는 느낌이나 마음. *일찍이 현실의 출발을 하지 못한 것을 뉘우치며/오늘밤도 보아야 할 죽순의 거치러운/꿈은/완전히 무시를 당하고 나서야/비로소 안심할 수 있는/부끄러움이 없는/부끄러움을 더한층 뜻있게 하기 위하여/있으리라는 믿음에서/만만치 않은 부탁/내가 너의 머리 위에/너를 대신하여(「付託」) *꽃 꽃 꽃/부끄러움을 모르는 꽃들/누구의 것도 아닌 꽃들[…]늬가 끊을 수 있는 것은 오직 생사의 線條뿐/그러나 그 비애에 찬 선조도 하나가 아니기에/너는 다시 부끄러움과 躊躇를 품고 숨 가빠하는가(「九羅重花」) *부끄러움도 모르고/밝은 빛만으로 너는 살아왔고/또 너는 살 것인데/투명의 대명사 같은 너의 몸을/지금 나는 은폐물같이 생각하고/기대고 앉아서/안도의 탄식을 짓는다(「너는 언제부터 세상과 배를 대고 서기 시작했느냐」) *등나무여 지휘하라 부끄러움 고만 타고/이제는 지휘하라 이카루스의 날개처럼/쑥잎보다 훨씬 얇은/너의 잎은 지휘하라(「등나무」)

부끄럽다 ①떳떳하지 못해 양심에 거리끼다. ②스스러움을 느껴 수줍다.
부끄러운 *그것은 갈색 낙타 모자/그리고 유행에서도 훨씬 뒤떨어진 서울의 화려한 거리에서는 도저히 쓰고 다니기 부끄러운 모자이다(「시골 선물」) *사람이야 말할 수 없이 애처로운 것이지만/내가 부끄러운 것은 사람보다도/저 날짐승이라 할까/내가 있는 방 위에 와서 앉거나/또는 그의 그림자가 혹시나 떨어질까 보아 두려워하는 것도/나는 아무것에도 취하여 살기를 싫어하기 때문이다(「도취의 피안」)

부녀자(婦女子) 결혼한 여자와 성숙한 여자를 통틀어 이르는 말. *나는 이자벨 버드 비숍 여사와 연애하고 있다 그녀는/1893년에 조선을 처음 방문한 영국 왕립지학협회 회원이다/그녀는 인경전의 종소리가 울리면 장안의/남자들이 모조리 사라지고 갑자기 부녀자의 세계로/화하는 극적인 서울을 보았다 이 아름다운 시간에는/남자로서 거리를 무단통행할 수 있는 것은 교군꾼,/내시, 외국인의 종놈, 관리들뿐이었다(「거대한 뿌리」) *차창에서 내다본 중앙선의 복선공사에 동원된/갈대보다도 더 약한 소년들과 부녀자들의/노동의 慘景에 대한 편지도 못 쓰겠소 매부(「美濃印札紙」)

부드럽다 ①닿는 느낌이나 감촉이 거칠거나 뻣뻣하지 않다. ②성질이나 태도가 억세지 않고 따뜻하다.
부드러울 *아까 점심때처럼 그렇게 나긋나긋할 줄 알지/시금치 이파리처럼 그렇게 부드러울 줄 알지(「잔인의 초」)
부드러움 *靜寂이 나의 가슴에 있고/부드러움이 바로 내가 따라가는 것인 이상/나의 긍지는 애드벌룬보다는 좀 더 무거울 것이며/예지는 어느 煙筒보다도 훨씬 뾰죽하고 날카로울 것이다(「거리2」)
부드러웁게 *그는 나같이 몸이 약하지 않은 점에 주요한 원인이 있겠지만/雷神보다 더 사나웁게 사람들을 울리고/뮤즈보다도 더 부드러웁게 사람들의 상처를 쓰다듬어준다(「백의」)
부드럽기는 *아까 점심때처럼 그렇게 나긋나긋할 줄 알지/시금치 이파리처럼 그렇게 부드러울 줄 알지/암 지금도 부드럽기는 하지만 좀 다르다/초가 쳐 있다 잔인의 초가(「잔인의 초」)

부딪치다 '부딪다'를 강조하여 이르는 말. 무엇인가에 힘있게 마주 닿거나 대다 또는 닿거나 대게 하다.
부딪치는 *내일의 행동이 먼지를 쓰고 있다/위태로운 일이라고 落盤의 신호를/올릴 수도 없고 찻잔에 부딪치는/차숟가락만한 쇳소리도 안 들리고(「먼지」)

부러워하다 좋은 것이나 다른 사람이 잘되는 것을 보고 그렇게 되고 싶어하다.
　부러워하던 ＊푸른 하늘을 제압하는/노고지리가 자유로웠다고/부러워하던/어느 시인의 말은 수정되어야 한다(「푸른 하늘을」)

부르다¹ ①말이나 행동 등으로 남을 오라고 하다. ②이름이나 명단을 소리내어 읽으며 대상을 확인하다. ③노래를 하다. ④어떤 말이나 행동이 다른 일이나 상황을 초래하다. ⑤무엇이라 일컫거나 이름을 붙이다.
　부르고 ＊어두운 옷 속에서만/이는 사람을 부르고/사람을 울린다(「이[蝨]」) ＊나는 이것을 진정한 자유의 노래라고 부르고 싶어라!/반항의 자유/진정한 반항의 자유조차 없는 그들에게/마지막 부르고 갈/새 날을 향한 戰勝의 노래라고 부르고 싶어라!(「조국에 돌아오신 傷病捕虜 동지들에게」) ＊고대 형이상학자들은 그를 보고 〈양극의 합치〉라든가 혹은 〈거대한 희열〉이라고 부르고 있었지만/19세기 시인들은 그를 보고 〈도피의 王者〉 혹은 단순히 〈여유〉라고 불렀다[…]나의 맏누이동생이 그를 〈허니〉라고 부르고 있는 것이 아니꼬워서/내가 어느 날 그에게 〈魔神〉이라고 별명을 붙였더니/그는 대뜸/〈오빠는 어머니보다도 더 완고하다〉고 하면서/나를 도리어 꾸짖는 척한다(「백의」) ＊하나의 행동이 열의 행동을 부르고/미리 막을 줄 알고 미리 막아져 있고/미리 칠 줄 알고 미리 쳐들어가 있고/遭遇의 마지막 윤리를 넘어서(「먼지」)
　부르기 ＊부르기 힘든 사람의 이름들/눈에는 보이지 않는 너무나 무거운/너의 짐(「기자의 정열」)
　부르는 ＊그 넓은 등판으로 땅을 쓸어가면서/늬가 부르는 노래가 어디서 오는 것을/너보다는 내가 더 잘 알고 있는 것이다(「풍뎅이」) ＊―일은 나를 부르는 듯이/내가 일 위에 앉아 있는 듯이/그러나 필경 내가 일을 끌고 가는 것이다/일을 끌고 가는 것은 나다(「거리1」) ＊나와 나의 아내와 우리집의 온 가옥의 무게를 다 합해서/밀양에서 온 식모의 소박과 원한까지를 다 합해서/미안하지 않소―만 다만 식모를 부르는 소리가/좀 단호해졌을 뿐이요 미안할 정도로 좀―(「美濃印札紙」)
　부르더니 ＊요놈― 요 어린 놈― 맹랑한 놈―6학년 놈―/에미 없는 놈― 생명/나도 나다― 잔인이다― 미안하지만 잔인이다―/콧노래를 부르더니 그만두었구나― 너도 어지간한 놈이다― 요놈―죽어라(「잔인의 초」)
　부르자니 ＊아가야 아가야/네 모양이 우스워서 노래를 부르자니/엄마는/하필 국민학교 놈의 국어공책을 집어주지(「자장가」)
　부르지 ＊아가야 아가야/돌도 아니 된 너는 머리도 한번 깎지를 않고/엄마는/너를 보고 되놈이라고 부르지(「자장가」)
　부른다 ＊곧은 소리는 소리이다/곧은 소리는 곧은/소리를 부른다(「폭포」) ＊우리는 그것을 영원의/소리라고 부른다//해는 청교도가 대륙 동부에 상륙한 날보다 밝다/우리의 재[灰], 우리의 서걱거리는 말이여/인생과 말의 간결―우리는 그것을 전투의/소리라고 부른다//미역국은 인생을 거꾸로 걷게 한다 그래도 우리는/삼십대보다는 약간 젊어졌다 육십이 넘으면 좀더/젊어질까 기관포나 뗏목처럼 인생도 인생의 부분도/통째 움직인다―우리는 그것을 貧窮의/소리라고 부른다[…]인생도 인생의 부분도 통째 움직인다―우리는 그것을/결혼의 소리라고 부른다(「미역국」)
　부를 ＊「그러나 천당이 있다면 모두 다 거기서 만나고 있을 것입니다/억울하게 넘어진 반공포로들이/다 같은 대한민국의 이북 반공포로와 거제도 반공포로들이/무궁화의 노래를 부를 것입니다[…]그것은 자유를 위한 영원한 여정이었다./나직이 부를 수도 소리높이 부를 수도 있는 그대들만의 노래를 위하여/마지막에는 울음으로밖에 변할 수 없는/숭고한 희생이여!(「조국에 돌아오신 傷病捕虜 동지들에게」) ＊아직도 명령의 과잉을 용서할 수 없는 시대이지만/이 시대는 아직도 명령의 과잉을 요구하는 밤이다/나는 그러한 밤에는 부엉이의 노래를 부를 줄도 안다(「서시」)
　부릅니다 ＊나는 이것을 자유라고 부릅니다/그리하여 나는 자유를 위하여 출발하고 포로수용소에서 끝을 맺은 나의 생명과 진실에 대하여/아무 뉘우침도 남기려 하지 않습니다(「조국에 돌아오신 傷病捕虜 동지들에게」)

불러 *눈을 가늘게 뜨고 산이 있거든 불러보라/나의 머리는 관악기처럼/우주의 안개를 빨아올리다 만다(「피곤한 하루의 나머지 시간」) *나는 너무나 많은 첨단의 노래만을 불러왔다/나는 정지의 미에 너무나 둔하였다(「서시」)

불러야 *제각각 자기 생각에 빠져 있으면서/그래도 조금이나 부자연한 곳이 없는/이 가족의 조화와 통일을/나는 무엇이라고 불러야 할 것이냐(「나의 가족」)

불러도 *오늘은 필경 여러 가지를 합한 긍지의 날인가 보다/암만 불러도 싫지 않은 긍지의 날인가 보다(「긍지의 날」)

불렀다 *고대 형이상학자들은 그를 보고 〈양극의 합치〉라든가 혹은 〈거대한 희열〉이라고 부르고 있었지만/19세기 시인들은 그를 보고 〈도피의 王者〉 혹은 단순히 〈여유〉라고 불렀다(「백의」)

부르다² 많이 먹어 뱃속이 꽉 찬 느낌이 들다. *먼저 어떻게 돼야 하고 어떻게 될 것이다/이런 극도의 낙천주의를 저녁 밥상을/물리고 나서 해본다―아아 배가 부르다/배가 부른 탓이다(「라디오 계」)

부른 *먼저 어떻게 돼야 하고 어떻게 될 것이다/이런 극도의 낙천주의를 저녁 밥상을/물리고 나서 해본다―아아 배가 부르다/배가 부른 탓이다(「라디오 계」)

부를 *풋나물을 먹을 때도/시장에 가서 비린 생선 냄새를 맡을 때도/배가 부를 때도 목이 마를 때도[…]사이렌 소리에 시계를 맞출 때도 구두를 닦을 때도……/우리들의 싸움은 쉬지 않는다(「하…… 그림자가 없다」)

부르짖다 어떤 의견이나 주장 등을 열렬히 말하다.

부르짖는 *사람이 지나간 자국 위에 서서 부르짖는 것은/개와 도회의 詐欺師뿐이 아니겠느냐(「영롱한 목표」)

부름 어떤 일을 위하여 불러들임. *정치의 작전이 아닌/애정의 부름을 따라서/네가 떠나가기 전에/나는 나의 조심을 다하여 너의 내부를 살펴볼까(「네이팜 탄」)

부리다 어떤 행동이나 성질 등을 계속 드러내다.

부려 *무능한 내가 지지 않는 것은 이때만이다/너의 독기가 예에 없이 걸레쪽같이 보이고/너와 내가 반반―/「어디 마음대로 화를 부려 보려무나!」(「만용에게」)

부리는 *이렇게 주기적인 수입 소동이 날 때만은/네가 부리는 독살에도 나는 지지 않는다(「만용에게」) *그녀는 도벽이 발견되었을 때 완성된다/그녀뿐이 아니라/나뿐이 아니라 賤役에 찌들린/나뿐만이 아니라/여편네뿐이 아니라 안달을 부리는/여편네뿐만이 아니라/우리들의 새끼들까지도/아무것도 모르는 우리들의 새끼들까지도//그녀가 온 지 두 달 만에 우리들은 처음으로 완성되었다/처음으로 처음으로(「식모」)

부릴 *더러운 일기는 찢어버려도/짜장 재주를 부릴 줄 아는 나이와 詩(「시」(1961))

부박하다(浮薄―) 실없고 경솔하다.

부박한 *어둠 속에서 일순간을 다투며/없어져버린 애처롭고 아름답고 화려하고 부박한 꿈을 찾으려 하는 것은(「구슬픈 육체」)

부부(夫婦) 남편과 아내. *물소리 새소리 낯선 바람소리 다시 듣고/모자의 정보다 부부의 의리보다/더욱 뜨거운 너의 입김에/나의 고독한 정신을 녹이면서 우마(「나비의 무덤」) *이것이 이남 사람인 우리 부부의 誤算이었나 보다/38선에 대한/또 한 해의 터무니없는 感傷이었다 보다/그렇지?(「판문점의 감상」)

부분(部分) 전체를 몇으로 나눈 것 중의 하나. 전체를 이루는 작은 범위. *미역국은 인생을 거꾸로 걷게 한다 그래도 우리는/삼십대보다는 약간 젊어졌다 육십이 넘으면 좀더/젊어질까 기관포나 뗏목처럼 인생도 인생의 부분도/통째 움직인다―우리는 그것을 貧窮의/소리라고 부른다[…]인생도 인생의 부분도 통째 움직인다―우리는 그것을/결혼의 소리라고 부른다(「미역국」)

부비다 비비다. 두 물체를 맞대어 문지르다.

부비고 *이렇게 많은 식구들이/아침이면 눈을 부비고 나가서/저녁에 들어올 때마다/먼지처럼 인색하게 묻혀가지고 들어온 것(「나의 가족」)

부산(釜山) 경상남도 남부에 위치한 대도시이며 우리나라 최고의 무역항. *부산에서 언제

올라왔느냐고 헛말같이라도 물어보아야 할 것을//나는 총에 맞는 새같이 가련하게도 당신의 집을 나와버렸다(「말」(1958)) *부산에 포로수용소의 제14야전병원에 있을 때/정보원이 너스들과 스펀지를 만들고 거즈를/개키고 있는 나를 보고 포로경찰이 되지 않는다고/남자가 뭐 이런 일을 하고 있느냐고 놀린 일이 있었다/너스들 옆에서(「어느 날 고궁을 나오면서」)

부서지다 ①단단한 물체가 깨져 조각나다. ②희망이나 기대 등이 무너지다.
　부서졌다 *나의 명예는 부서졌다/비 대신 황사가 퍼붓는 하늘 아래/누가 지어논 무덤이냐/그러나 그 속에서 부패하고 있는 것—그것은 나의 앙상한 생명/PLASTER가 燃上하는 냄새가 이러할 것이다(「PLASTER」)

부수다 단단한 물체를 여러 조각이 나게 깨뜨리다.
　부수고 *그 분풀이로 어리석은 나는 술을 마시고/창문을 부수고 여편네를 때리고/지옥의 시까지 썼지만(「세계일주」)
　부숴 *눈에 걸리는 마지막 물건이 무엇이냐고 물어보는 듯/영롱한 꽃송이는 나의 마지막 인내를 부숴버리려고 한다(「九羅重花」)

부스러기 잘게 부스러진 물건. *저놈은 나의 노동의 상징/호주머니 속의 소눈깔만한 호주머니에 들은/물뿌리와 담배 부스러기의 오랜 친근(「후란넬 저고리」)

부스러지다 잘게 조각이 나다.
　부스러져 *돌에 쇠에 구리에 넝마에 삭아/삭은 그늘에 또 삭아 부스러져/거미줄이 처지고 망각이 들어앉고/들어왔다 튀어나오고(「먼지」)

부스스하다 머리카락이나 털 같은 것이 몹시 어지럽게 일어나다.
　부스스하게 *그러한 나의 반역성을 조소하는 듯이 스무 살도 넘을까 말까 한 노는 계집애와 머리가 고슴도치처럼 부스스하게 일어난 쓰메에리의 학생복을 입은 청년이 들어와서 커피니 오트밀이니 사과니 어수선하게 벌여놓고 계통 없이 처먹고 있다(「시골 선물」)

부시다 그릇 등을 깨끗하게 씻다.
　부셔 *야, 영희야, 메리의 밥을 아무거나 주지 마라,/밥통을 좀 부셔주지?!(「등나무」)

부실하다(不實—) 몸 또는 마음 등이 튼튼하지 못하고 약하다.
　부실한 *그것은 자유를 찾기 위해서의 여정이었다/가족과 애인과 그리고 또 하나 부실한 처를 버리고/포로수용소로 오려고 집을 버리고 나온 것이 아니라(「조국에 돌아오신 傷病捕虜 동지들에게」)

부엉이 올빼밋과의 새. 야행성으로 몸은 회색 바탕에 갈색 또는 담황색을 띠며 가로무늬가 있다. 눈이 크고 머리 꼭대기에 귀 모양의 깃털이 있다. *나는/아직도 명령의 과잉을 용서할 수 없는 시대이지만/이 시대는 아직도 명령의 과잉을 요구하는 밤이다/나는 그러한 밤에는 부엉이의 노래를 부를 줄도 안다(「서시」)

부엌 음식을 만들거나 설거지를 하는 등 식사에 관련된 일을 하는 곳. *방 두 칸과 마루 한 칸과 말쑥한 부엌과 애처로운 처를 거느리고/외양만이라도 남과 같이 살아간다는 것이 이다지도 쑥스러울 수가 있을까(「구름의 파수병」)

부엌문(—門) 부엌에 드나들 수 있게 만든 문. *벌레가 뜰 때마다 눈을 껌벅거리고/그것이 보기 싫어지기 전에/그것을 차단할/가까운 거리의 부엌문이 있고/아내는 집들이를 한다고/저녁 대신 뻘건 팥죽을 쑬 것이다(「이사」)

부인(夫人·婦人) ①남의 아내를 높여 부르는 말. ②기혼 여자. *돈을 버는 거리의 부인이여/잠시 눈살을 펴고/눈에서는 독기를 빼고/자유로운 자세를 취하여 보아라[…]그네, 마지막으로/돈을 버는 거리의 부인이여/잠시 눈살을 펴고/찌그러진 입술을 펴라/그네의 얼굴이 나의 눈앞에서/어린아이들이 가지고 노는 도르라미모양으로 세찬 바람에 매암을 돌기 전에[…]구두여 양복이여 노점상이여/인쇄소여 입장권이여 負債여 여인이여/그리고 여인 중에도 가장 아름다운 그네여/돈을 버는 거리의 부인들의 어색한 모습이여(「거리2」) *31일까지 준다고 한 3만 원//29일까지는 된다고 하고 그러나 넉넉잡고 내일까지 기다리라고 한 3만 원/이것을 받아야 할 사람은 1·4후퇴 때 나온/친구의 부인[…]3만 원을 돌려 달라고 우리가 부탁한 친구가/돈을 받을 1·4후퇴의 친구 부인하고/한 고향이라는 것을/31일까지 돌려 주겠다고 아니 29일까지/돌려 주겠다고 집문서를 가지고 간 친구에게/말한 것이 잘못이었나 보다(「판문점의 감상」)

부자연스럽다(不自然—) 억지로 꾸민 듯하여 어색한 데가 있다.
　부자연스러운지 ＊이것이 얼마나 죄가 많은 다리인 줄 모르고/식민지의 곤충들이 24시간을/자기의 다리처럼 건너다닌다/나이 어린 사람들은 어째서 이 다리가 부자연스러운지를 모른다(「현대식 교량」)

부자연하다(不自然—) 자연스럽지 못하다.
　부자연한 ＊제각각 자기 생각에 빠져 있으면서/그래도 조금이나 부자연한 곳이 없는/이 가족의 조화와 통일을/나는 무엇이라고 불러야 할 것이냐(「나의 가족」)

부자유(不自由) 무엇인가에 얽매여 자기 마음대로 행동할 수 없음. ＊너는 너의 모든 힘을 다해서 답쌔버릴 것이다/너의 가난을 눈에 보이는/눈에 보이지 않는 모든 가난을/이 엄청난 어려움을 고통을/이 몸을 찢는 부자유를 부자유를 나날을……(「65년의 새해」)

부자유하다(不自由—) 무엇인가에 얽매여 자기 마음대로 행동할 수 없다.
　부자유한 ＊무엇 때문에 부자유한 생활을 하고 있으며/무엇 때문에 자유스러운 생활을 피하고 있느냐/여름 뜰이여[…]무엇 때문에 부자유한 생활을 하고 있으며/무엇 때문에 자유스러운 생활을 피하고 있느냐/여름 뜰이여(「여름 뜰」)

부재(不在) 그곳에 있지 아니함. ＊여행이 나를/놀래일 수 없었던 것과 같이/나는 집에 와서도/그동안의 부재에도/놀라서는 안 된다(「旅愁」)

부정(不正) 옳지 못함. ＊바늘구명만한 叡智를 바라면서 사는 자의 설움이여/너는 차라리 부정한 자가 되라/오늘/이 헐벗은 거리에 가슴을 대고/뒤집어진 부정이 정의가 되지 않더라도(「예지」) ＊그러나 정글보다도 더 험하고/소용돌이보다도 더 어지럽고 해저보다도 더 깊게/아직까지도 부패와 부정과 살인자와 강도가 남아 있는 사회/이 심연이나 사막이나 산악보다도/더 어려운 사회를 넘어서(「기도」)

부정기적(不定期的) 시기나 기한이 일정하지 않은. ＊벙어리 벙어리 벙어리/식모도 벙어리 나도 벙어리/모든 게 중단이다 소리도 思念도 죽어라/중단이다 명령이다/부정기적인 중단/부정기적인 위협/—이러면 하루종일/밤의 꿈 속에서도/당당한 피아노가 울리게 마련이다/그녀가 새벽부터 부정기적으로/타온 순서대로/또 그 비참대로/값비싼 피아노가 값비싸게 울린다/돈이 울린다 돈이 울린다(「피아노」)

부정하다(不正—) 올바르지 아니 하거나 옳지 못하다.
　부정한 ＊바늘구명만한 叡智를 바라면서 사는 자의 설움이여/너는 차라리 부정한 자가 되라/오늘/이 헐벗은 거리에 가슴을 대고/뒤집어진 부정이 정의가 되지 않더라도(「예지」) ＊부정한 마음아//밤이 밤의 窓을 때리는구나//너는 이런 밤을 무수한 거부 속에 헛되이 보냈구나(「밤」)

부지런하다 하는 일에 열성이 있고 꾸준하다.
　부지런하여야 ＊「도적질을 하는 것도 저렇게 부지런하여야 하는데 우리는 이게 무어야 빨리 나가서 배 들어오는 것을 기다리세」하고 친구가 서두른다(「미숙한 도적」)

부지런히 하는 일에 열성을 가지고 꾸준히. ＊그리고 나는 평양을 넘어서 남으로 오다가 포로가 되었지만/내가 만일 포로가 아니 되고 그대로 거기서 죽어버렸어도/아마 나의 영혼은 부지런히 일어나서 고생하고 돌아오는/대한민국 상병포로와 UN 상병포로들에게 한마디 말을 하였을 것이다「수고하였습니다」(「조국에 돌아오신 傷病捕虜 동지들에게」)

부채[1] 손으로 흔들어 바람을 일으키는 물건. ＊가만히 앉아 있어도 자꾸 뻐근하여만 가는 목을 돌려/시간과 함께 비스듬히 내려다보는 것/그것은 혹시 한 자루의 부채/—그러나 그것은 보일락 말락 나의 시야에서/멀어져가는 것—/하나의 가냘픈 물체에 도저히 고정될 수 없는/나의 눈이며 나의 정신이며(「방안에서 익어가는 설움」)

부채(負債)[2] 남에게 빚을 짐 또는 그 빚. ＊구두여 양복이여 노점상이여/인쇄소여 입장권이여 負債여 여인이여/그리고 여인 중에도 가장 아름다운 그네여/돈을 버는 거리의 부인들의 어색한 모습이여(「거리2」)

부처 석가모니 또는 불도를 깨달은 성자. ☞ 부처님. *평화와 조화를 원하는 것이/아닌 현실의 選手/백화가 만발한 언덕 저편에/부처의 心思 같은 굴뚝이 허옇고/그 위에서 내뿜는 연기는/얼핏 생각하면 우습기도 하다(「연기」)

부처님 '부처'의 높임말. ☞ 부처. *거기다가 나의 부처님을 모신 법당 뒷산에 묻혀 있는 검은 바위같이 큰 머리에는 둘레가 작아서 맞지 않아 그 모자를 쓴 기분이란 쳇바퀴를 쓴 것처럼 딱딱하다(「시골 선물」)

부탁(付託) 어떤 일을 해달라고 청함. *자라나는 竹筍 모양으로/부탁만이 늘어간다//귀치않은 부탁을 하러 오는 사람들이/갖다 주는 것으로 연명을 하고 보니/거절할 수도 없는[…]여미지 못하는 생각 위에/여밀 수 없는 부탁이여/차라리 죽순같이 자라는 대로 맡겨두련다//일찍이 현실의 출발을 하지 못한 것을 뉘우치며/오늘밤도 보아야 할 죽순의 거치러운/꿈은/완전히 무시를 당하고 나서야/비로소 안심할 수 있는/부끄러움이 없는/부끄러움을 더한층 뜻있게 하기 위하여/있으리라는 믿음에서/만만치 않은 부탁(「付託」)

부탁하다(付託—) 어떤 일을 해달라고 청하다.
부탁한 *3만 원을 돌려 달라고 우리가 부탁한 친구가/돈을 받을 1·4후퇴의 친구 부인하고/한 고향이라는 것을/31일까지 돌려 주겠다고 아니 29일까지/돌려 주겠다고 집문서를 가지고 간 친구에게/말한 것이 잘못이었나 보다(「판문점의 감상」)

부패(腐敗) ①미생물의 작용으로 단백질이나 지방 등의 유기물이 악취를 내면서 분해됨. ②정치적 또는 의식적으로 타락함. *그러나 정글보다도 더 험하고/소용돌이보다도 더 어지럽고 해저보다도 더 깊게/아직까지도 부패와 부정과 살인자와 강도가 남아 있는 사회/이 심연이나 사막이나 산악보다도/더 어려운 사회를 넘어서(「기도」)

부패하다(腐敗—) ①미생물의 작용으로 단백질이나 지방 등의 유기물이 악취를 내면서 분해되다. ②정치적으로 또는 의식적으로 타락하다.
부패하고 *나의 명예는 부서졌다/비 대신 황사가 퍼붓는 하늘 아래/누가 지어논 무덤이냐/그러나 그 속에서 부패하고 있는 것/—그것은 나의 앙상한 생명/PLASTER가 燃上하는 냄새가 이러할 것이다(「PLASTER」)

부풀다 물체의 부피가 커지다.
부풀듯이 *내가 내가 취하면/너도 너도 취하지/구름 구름 부풀듯이/기어오르는 파도가/제일 높은 砂岸에/닿으려고 싸우듯이/너도 나도 취하는/中庸의 술잔(「술과 어린 고양이」)

부피 물체의 크고 작은 정도. 체적. *거짓말의 부피가 하늘을 덮는다 나는 눈을/가리고 변소에 갔다 온다/사람들은 내 말을 믿지 않고 내가 내 말을 안 믿는다(「거짓말의 여운 속에서」)

부하(部下) 지휘자나 책임자 밑에 속하여 그의 명령에 따라 움직이는 사람. *이놈들이다 이성망이 부하들이다/한데다 묶어놔라/야 이놈들아 고갤 숙여/너희놈 손에 돌아가신 우리 형님들/무덤 앞에 절을 구천육백삼십오만번만 해/나는 아리조나 카보이야[…]이놈들이다 이성망이 부하들이지/이놈들 여기 개미구멍으로 다 들어가(「나는 아리조나 카보이야」)
*金海東—그놈은 항상 약삭빠른 놈이지만 언제나/부하를 사랑했다(「적」)

북극(北極) ①지구의 자전축(自轉軸)의 북쪽 끝의 지점. ②천구(天球)의 극의 하나. 지축의 북쪽 연장선이 천구와 만나는 점. ☞ 남극. *지구의의 남극에는 검은 쇠쪽지가 심겨 있는지라—/무르익은 사랑을 돌리어보듯이/북극이 망가진 지구의를 돌려라(「지구의」)

북어(北魚) 말린 명태. *당신이 사준 북어와 오징어와 2등차표와/경포대의 선물과 도리스 위스키와 라스베리 잼에 대해서/미안하지 않소 당신의 모든 행복과 우리들의 바닷가의/행복의 모든 추억에 대해서 미안하지 않소/살아 있던 시간에 대해서 미안하지 않소(「美濃印札紙」)

북원(北院) 평안남도 개천시에 있던 마을. *내가 6·25 후에 价川 야영훈련소에서 받은 말할 수 없는 학대를 생각한다/北院 훈련소를 탈출하여 順川 읍내까지도 가지 못하고/악귀의 눈동자보다도 더 어둡고 무서운 밤에 中西面 內務省 군대에게 체포된 일을 생각한다(「조국에 돌아오신 傷病捕虜 동지들에게」)

분¹ 사람을 높여 부르는 말. *파자마 바람으로 주스를 마시면서/프레이저의 현대시론을 사전을 찾아가며 읽고 있으려니/여편네가 일본에서 온 새 잡지 안의/金素雲의 수필을 보라고 내던져준다/읽어보지 않으신 분은 읽어보시오.(「파자마 바람으로」)

분(分)² 한 시간의 60분의 1이 되는 동안을 세는 시간 단위. *너는 열네 살 우리집에 고용을 살러 온 지/3일이 되는지 5일이 되는지 그러나 너와 내가/접한 시간은 단 몇 분이 안 되지 그런데/어떻게 알았느냐 나의 방대한 낭비와 넌센스와 허위를/나의 못 보는 눈을 나의 둔감한 영혼을/나의 애인 없는 더러운 고독을/나의 대대로 물려받은 음탕한 전통을.(「꽃잎3」)

분(分)³ 전체를 몇으로 나눈 부분. *내일 조간 분 사회면의 표독한 타이틀이 될 것이라고해서.(「기자의 정열」)

분가루(粉─) ①분의 가루. ②분처럼 하얀 가루. *두 뙈기의 차밭 옆에는 역시 두 뙈기의/채소밭이 있다 김장 무나 배추를 심었을/인습적인 분가루를 칠한 밭 위에/나는 걸핏하면 개똥을 갖다 파묻는다.(「반달」)

분간(分揀) 사물의 속성이나 옳고 그름, 좋고 나쁨 등을 가리어 헤아림. *물소리는 먼 하늘을 찢고 달아난다/바람이 바람을 쫓고 생명을 쫓는다/강아지풀 사이에 가지는 익고/인가 사이에서 기적처럼 자라나는 무성한 버드나무/연녹색,/하늘의 빛보다도 분간 못할 놈……(「말복」) *이런 경이는 나를 늙게 하는 동시에 젊게 한다/아니 늙게 하지도 젊게 하지도 않는다/이 다리 밑에서 엇갈리는 기차처럼/늙음과 젊음의 분간이 서지 않는다/다리는 이러한 정지의 증인이다.(「현대식 교량」)

분간하다(分揀─) 사물의 속성이나 옳고 그름, 좋고 나쁨 등을 가리어 헤아리다.
　분간할 *얼굴은 분간할 수도 없는데/술 한 병만이 방 한가운데/광채를 띠고 앉아 있다.(「미숙한 도적」)

분개하다(憤慨─) 몹시 화를 내다.
　분개하고 *왜 나는 조그마한 일에만 분개하는가/저 왕궁 대신에 왕궁의 음탕 대신에/50원짜리 갈비가 기름덩어리만 나왔다고 분개하고/옹졸하게 분개하고 설렁탕집 돼지 같은 주인년한테 욕을 하고/옹졸하게 욕을 하고.(「어느 날 고궁을 나오면서」)
　분개하는가 *왜 나는 조그마한 일에만 분개하는가/저 왕궁 대신에 왕궁의 음탕 대신에/50원짜리 갈비가 기름덩어리만 나왔다고 분개하고/옹졸하게 분개하고 설렁탕집 돼지 같은 주인년한테 욕을 하고/옹졸하게 욕을 하고.(「어느 날 고궁을 나오면서」)

분격(憤激) 매우 분하고 노여운 감정이 북받쳐 오름. *바람도 불지 않는 나무에서 열매가 떨어지듯 나의 마음에서 수없이 떨어져내리는 휴식의 열매/뒷걸음질치는 것은 憤激인가 조소인가 회한인가/무수한 궤도여.(「靈交日」)

분뇨(糞尿) 똥과 오줌. *심연은 나의 붓끝에서 퍼져가고/나는 멀리 세계의 노예들을 바라본다/塵芥와 분뇨를 꽃으로 마구 바꿀 수 있는 나날.(「꽃」)

분말(粉末) 가루. *믿는 것이 있기 때문이다/믿는 것이 있기 때문이다/광선의 미립자와 분말이 너무도 시들하다.(「冬麥」)

분명해지다(分明─) 흐리지않고 또렷해지다.
　분명해진 *오오 폐허의 질서여 수치의 凱歌여/차나무 냄새여 어둠이여 소녀여/휴식의 휴식이여/분명해진 그 가시의 의미여.(「반달」)

분명히(分明─) 확실히. 명백히. *누이야/나는 분명히 그의 앞에 절을 했노라/그의 앞에 엎드렸노라/모르는 것 앞에는 엎드리는 것이/모르는 것 앞에는 무조건하고 숭배하는 것이/나의 습관이니까.(「누이야 장하고나!」)

분실(分室) ①작게 나눈 방. ②본부에서 갈라져 나가 따로 설치한 작은 기관. *나는 이러한 사진과 기사를 볼 때마다/이것은 ≪아틀랜틱≫과 ≪하퍼스≫의 광고부의 分室이 나타났다고/이곳 저널리스트의 역습의 묘리에 감탄하고 있었는데.(「백의」)

분위기(雰圍氣) 어떤 자리나 장면에서 느껴지는 기분. *어느 매춘부의 생활같이/다소곳한 분위기 안에서/오늘이 봄인지도 모르고/그래도 날개 돋친 마음을 위하여/너와 같이 걸어간다.(「바뀌어진 지평선」)

분장하다(扮裝─) 무대에 출연하는 배우가

등장 인물로 꾸미기 위하여, 얼굴, 몸, 옷 등을 꾸미어 차리다. 꾸미다.

분장한 *돌부리를 차듯 서투른 원효로/분장한 놈이 돌부리를 차고 풀을/뽑듯 죄를 짓고 싶어 죄를/짓고 얼굴을 붉히고(「원효대사」)

분지르다 단단한 물체를 꺾어서 부러지게 하다.

분질러 *나는 아이들을 가르치면서/우리나라가 종교국이라는 것에 대한 자신을 갖는다/절망은 나의 목뼈는 못 자른다 겨우 손마디뼈를/새벽이면 하아프처럼 분질러놓고 간다(「우리들의 웃음」)

분풀이(憤一) 분한 마음을 풀어 버리는 일. *그 罪過를 그 방대한 21개국의 지도를/그대는 선물로 나에게 펼쳐 보이지만/그대가 준 손수건의 암시처럼/불길한 눈물을 흘리게 했지만/그 분풀이로 어리석은 나는 술을 마시고/창문을 부수고 여편네를 때리고/지옥의 시까지 썼지만(「세계일주」)

분하다(憤一) 억울하고 원통하다.

분하다고 *창을 흔들고 가는 바람소리를 들어도 불안하지도 않고/도회에서 태어나서 도회에서 죽어가는 사람들은/젊은 몸으로 죽어가는 前線의 전사에 못지않게 불쌍하다고 생각하며/그러한 생각을 함으로써 하루하루 도회의 때가 묻어가는 나의 몸을 분하다고 한탄한다(「미숙한 도적」)

분홍(粉紅) 흰빛이 섞인 붉은빛. *하얀 종이가 분홍으로 분홍 하늘이/녹색으로 또 다른 색으로 변할 만큼 밝다/―그러나 混色은 흑색이라는 걸 경고해 준 것은/소학교 때 선생님……(「백지에서부터」)

불 ①물질이 산소와 화합하여 높은 온도로 빛과 열을 내면서 타는 것. ②화재(火災). ③어둠을 밝히는 빛. *「올 겨울은 눈이 적어서 토끼가 은거할 곳이 없겠네//「저기 저 하아얀 것이 무엇입니까」/「불이다 山火다」(「토끼」) *그것은 본 사람만이 아는 일이지요/누가 거제도 제61수용소에서 단기 4284년 3월 16일 오전 5시에 바로 철망 하나 둘 셋 네 겹을 隔하고 불 일어나듯이 솟아나는 제62적색수용소로 돌을 던지고 돌을 받으며 뛰어들어갔는가(「조국에 돌아오신 傷病捕虜 동지들에게」) *불을 끄고 누웠다가/잊어지지 않는 것이 있어/다시 일어났다//암만해도 잊어버리지 못할 것이 있어 다시 불을 켜고 앉았을 때는/이미 내가 찾던 것은 없어졌을 때//반드시 찾으려고 불을 켠 것도 아니지만/없어지는 자체를 보기 위하여서만 불을 켠 것도 아닌데/잊어버려서 아까운지 아까웁지 않은지 헤아릴 사이도 없이 불은 켜지고…/지나간 생활을 지나간 벗같이 여기고/해 지자 헤어진 구슬픈 벗같이 여기고/잊어버린 생활을 위하여 불을 켜서는 아니 될 것이지만/천사같이 천사같이 흘려버릴 것이지만//아아 아아 아아/불은 켜지고/나는 쉴 사이 없이 가야 하는 몸이기에/구슬픈 육체여(「구슬픈 육체」) *물은 물이고 불은 불일 것이지만/어제와 오늘이 다르고/오늘과 내일의 차이를 정시하기 위하여/하다못해 이와 같이 타락한 신문기자의/탈을 쓰고 살고 있단다(「바꾸어진 지평선」) *불 옆으로 모여드는 하루살이여/벽을 사랑하는 하루살이여/감정을 잊어버린 시인에게로/모여드는 모여드는 하루살이여/―나의 시각을 쉬게 하라―/하루살이의 황홀이여(「하루살이」) *어둠속에 비치는 해바라기와…… 주전자와…… 흰 벽과……/불을 등지고 있는 성황당이 보이는/그 산에는 겨울을 가리키는 바람이 일기 시작하네…/의지의 저쪽에서 영위하는 아내여/길고긴 오늘밤에 나의 사치를 받기 위하여/어서어서 불을 끄자/불을 끄자(「사치」) *넓적다리 뒷살에/넓적다리 뒷살에/알이 배라지/손에서는/손에서는/불이 나라지/수챗가에 얼어빠진/수세미 모양…/넓적다리 뒷살에/넓적다리 뒷살에/알이 배라지/손에서는/손에서는/불이 나라지/온몸에/온몸에/힘이 없듯이/머리는/내일 아침 새벽까지도/아주 내처/비어 있으라지……(「쌀난리」) *두부를 엉기게 하는 따뜻한 불도/졸고 있는 잡초도/이 무감각의 비애가 없이는 죽은 것(「장시2」) *나는 잠자는 일/잠 속의 일/쫓기어다니는 일/불같은 일/암흑의 일…/눈을 뜨고 자는 억센 일/短命의 일/쫓기어다니는 일/불같은 불같은 일/깨꽃같이 작은 자질구레한 일/불같이 쫓기는 일(「깨꽃」) *전통은 아무리 더러운 전통이라도 좋다 나는 광화문/네거리에서 시구문의 진창을 연상하고 寅煥

네/처갓집 옆의 지금은 매립한 개울에서 아낙네들이/양잿물 솥에 불을 지피며 빨래하던 시절을 생각하고/이 우울한 시대를 파라다이스처럼 생각한다(「거대한 뿌리」) *불 피우는 소리처럼 다 들리고/재 섞인 연기처럼 다 맡힌다 정정이 필요 없는/겨울의 꿈 깨어진 유리의 제임스 띵/이제는 죽어서 불을 쬐인다(「제임스 띵」) *배가 모조리 설사를 하는 것은 머리가 설사를 시작하기 위해서다 性도 윤리도 약이/되지 않는 머리가 불을 토한다(「설사의 알리바이」) *불이 튕기고 별이 튕기고 영원의/행동이 튕기고 자고 깨고/죽고 하지만 모두가 坑안에서/참호 안에서 일어나는 일(「먼지」)

불가능(不可能) 가능하지 않음. *너의 회의는/나라 안에서 당한 모든 것이/나라 밖에서 당한 모든 것이/반드시 정말이 아니라는 것을 알았고/너의 어린 포부는/불가능의 한계를 두드려보기 시작했다(「65년의 새해」)

불가능하다(不可能—) 가능하지 않다.
불가능한 *피곤을 잊어버리게 하는 밝은 태양 밑에는/모든 사람에게 불가능한 일이 없는 듯하다(「거리2」)

불가사의(不可思議) 상식으로는 미루어 헤아릴 수 없이 이상하고 야릇함. *「고맙습니다, 고맙습니다」/역사의 숙제, 발을 벗는 일./연결의 〈使徒〉—일어선 것과 앉은 것의/불가사의에 신음하는 나(「반주곡」)

불고기 쇠고기 따위의 살코기를 얇게 저며 양념하여 재었다가 불에 구운 고기. *모두 별안간에 가만히 있었다/씹었던 불고기를 문 채로 가만히 있었다/아니 그것은 불고기가 아니라 돌이었을지도 모른다/신은 곧잘 이런 장난을 잘한다(「나가타 겐지로」)

불굴(不屈) 온갖 어려움에도 굽히지 않음. *어둠 속에 본 것은 청춘이었는지 대지의 진동이었는지/나는 자꾸 땅만 만지고 싶었는데/땅과 몸이 일체가 되기를 원하며 그것만을 힘삼고 있었는데/오히려 그러한 불굴의 의지에서 나오는 것인가(「구슬픈 육체」)

불길하다(不吉—) 길하지 않다. 좋지 않다.
불길한 *그 罪過를 그 방대한 21개국의 지도를/그대는 선물로 나에게 펼쳐 보이지만/그대가 준 손수건의 암시처럼/불길한 눈물을 흘리게 했지만/그 분풀이로 어리석은 나는 술을 마시고/창문을 부수고 여편네를 때리고/지옥의 시까지 썼지만(「세계일주」)

불다 바람이 일어나서 어느 방향으로 움직이다.
부는데 *누구한테 머리를 숙일까/사람이 아닌 평범한 것에/많이는 아니고 조금/벼를 터는 마당에서 바람도 안 부는데/옥수수잎이 흔들리듯 그렇게 조금(「꽃잎1」)
불고 *소음에 시달린 마당 한구석에/철 늦게 핀 여름 장미의 흰구름/소나기가 지나고 바람이 불듯/하더니 또 안 불고/소음은 더욱 번성해진다(「여름 밤」)
불듯 *소음에 시달린 마당 한구석에/철 늦게 핀 여름 장미의 흰구름/소나기가 지나고 바람이 불듯/하더니 또 안 불고/소음은 더욱 번성해진다(「여름 밤」)
불지 *바람도 불지 않는 나무에서 열매가 떨어지듯 나의 마음에서 수없이 떨어져내리는 휴식의 열매/뒷걸음질치는 것은 憤激인가 조소인가 회한인가/무수한 궤도여(「靈交日」)

불란서(佛蘭西) 프랑스(France)의 한자식 표기. *지금 불란서 소설을 읽으면서 아직도 말하지/못한 한 가지 말—정치 의견의 우리말이/생각이 안 난다 거짓말 거짓말[…]나는 한 가지를 안 속이려고 모든 것을 속였다/이 죄의 여운에는 사과의 길이 없다 불란서에 가더라도/금방 불란서에 가더라도 금방 자유가 온다 해도(「거짓말의 여운 속에서」)

불란서혁명(佛蘭西革命) 1789년 1799년에 걸쳐 일어난 프랑스의 시민혁명. 부르봉 왕조를 무너뜨리고 프랑스의 사회, 정치, 사법, 종교적 구조를 크게 바꾸어 놓음. *그리고 이 사랑을 만드는 기술을 안다/눈을 떴다 감는 기술—불란서혁명의 기술/최근 우리들이 4·19에서 배운 기술/그러나 이제 우리들은 소리내어 외치지 않는다(「사랑의 변주곡」)

불리다 '불다'의 피동형. 바람을 받아서 날리어지다.
불리거든 *地球儀의 양극을 관통하는 생활보다는/차라리 지구의의 남극에 생활을 박아라/고난이 풍선같이 바람에 불리거든/너의 힘을 알리는 신호인 줄 알아라(「지구의」)

불만족(不滿足) 만족스럽지 않음 또는 그 상태. *―어른이 못 되는 나를 탓하는/구슬픈 어른들/나에게 방황할 시간을 다오/불만족의 物象을 다오(「장시2」)

불법(不法) 법에 어긋남. *불쌍한 백성들아/불쌍한 것은 그대들뿐이다/천국이 온다고 바라고 있는 그대들뿐이다/최소한도로/자유당이 감행한 정도의 불법을/혁명정부가 구육법전서를 떠나서/합법적으로 불법을 해도 될까 말까 한/혁명을―불쌍한 것은 이래저래 그대들뿐이다(「육법전서와 혁명」)

불빛 등불·전등 따위에서 비치는 빛. *조용하고 늠름한 불빛 아래/가족들이 저마다 떠드는 소리도/귀에 거슬리지 않는 것은/내가 그들에게 全靈을 맡긴 탓인가(「나의 가족」) *애타도록 마음에 서둘지 말라/강물 위에 떨어진 불빛처럼/혁혁한 업적을 바라지 말라(「봄밤」) *자꾸 수그러져 가는 눈을 들어 강과 對岸의 찬란한 불빛을 본다(「말」(1958)) *어둠 속에서도 불빛 속에서도 변치 않는/사랑을 배웠다 너로 해서//그러나 너의 얼굴은/어둠에서 불빛으로 넘어가는/그 찰나에 꺼졌다 살아났다(「사랑」)

불사조(不死鳥) ①영원히 죽지 않는다는 전설의 새와 같이, 어떤 고난에도 굴하지 않고 이겨 내는 사람을 비유적으로 이르는 말. ②이집트 신화에 나오는 새. 500년마다 제단의 불에 타 죽고 다시 그 재 속에서 다시 태어난다는 새. *전쟁의 모든 파괴 속에서/불사조같이 살아난 너의 몸뚱아리―/우주의 파편같이/혹은 혜성같이 반짝이는/무수한 잔재 속에 담겨있는 또 이 무수한 몸뚱아리―들은/지금 무엇을 銳意 연마하고 있는가(「국립도서관」)

불손하다(不遜―) 공손하지 않다. 거만하다.
불손한 *눈이 내린 날에는 白羊宮의 비약이 없는 날에는/개도 짖지 않는 날에는 제임스 띵이 뛰어들어서는/아니 된다 나의 아들에게 불손한 말을 걸어서는/아니 된다 나의 사상에 노기를 띠우게 해서는/아니 된다(「제임스 띵」)

불쌍하다 가엾고 애처롭다.
불쌍하다고 *창을 흔들고 가는 바람소리를 들어도 불안하지도 않고/도회에서 태어나서 도회에서 죽어가는 사람들은/젊은 몸으로 죽어가는 前線의 전사에 못지않게 불쌍하다고 생각하며/그러한 생각을 함으로써 하루하루 도회의 때가 묻어가는 나의 몸을 분하다고 한탄한다(「미숙한 도적」)

불쌍하지 *명수 할비이/잿님이 할아버지/경복이 할아버지/두붓집 할아버지는/너희들이 피지 섬을 침략했을 당시에는/그의 아버지들은 아직 젖도 떨어지기 전이었다니까/명수 할버이가 불쌍하지 않으냐/잿님이 할아버지가 불쌍하지 않으냐/두붓집 할아버지가 불쌍하지 않으냐/가다오 가다오(「가다오 나가다오」)

불쌍한 *노파심으로 만일을 염려하여 말해 두는 건데/이것은 寸豪의 諷刺味도 역설도 불쌍한 발악도 청년다운 광기도 섞여 있는 말이 아닐 것이다(「조국에 돌아오신 傷病捕虜 동지들에게」) *불쌍한 백성들아/불쌍한 것은 그대들뿐이다/천국이 온다고 바라고 있는 그대들뿐이다…]불쌍한 것은 이래저래 그대들뿐이다/그놈들이 배불리 먹고 있을 때도/고생한 것은 그대들이고/그놈들이 망하고 난 후에도 진짜 곯고 있는 것은/그대들인데/불쌍한 그대들은 천국이 온다고 바라고 있다(「육법전서와 혁명」) *그러나 덤핑 출판사의 20원짜리나 20원 이하의 고료를 받고 일하는/14원이나 13원이나 12원짜리 번역일을 하는/불쌍한 나나 내 부근의 친구들을 생각할 때/이 죽은 순교자들을 어떻게 생각해야 하나/우리의 주위에 너무나 많은 순교자들의 이 발견을/지금 나는 하고 있다(「이 한국문학사」)

불쌍해서요 *여편네하고는 헤어져도 되지만, 아이들이/불쌍해서요, 미해결예요.//코리안 드림이라구요. 놀리지 마세요.(「전화 이야기」)

불쌍히 가엾고 애처로이. *땅의 2층이 하늘인 것처럼/이렇게 人情의 하늘이 가까워진/일이 없다 남을 불쌍히 생각함은/나를 불쌍히 생각함이라/나와 또 나의 아들까지도(「여름 밤」)

불쏘시개 장작이나 숯불을 피울 때 불이 쉽게 옮겨 붙게 하기 위하여 먼저 태우는 물건. *이번에는 우리가 의젓하게 그놈의 사진을 밑씻개로 하자/허허 웃으면서 밑씻개로 하자/껄껄 웃으면서 구공탄을 피우는 불쏘시개라도 하자(「우선 그놈의 사진을 떼어서 밑씻개로

불안(不安) 걱정이 되어 마음이 편하지 않음. *만사에 여유가 있어야 하지만/위대한 〈개헌〉 헌법에 발을 맞추어 가자면/여유가 있어야지/불안을 불안으로 딴죽을 걸어서 퀘지게 할 수 있지/불안이란 놈 지게작대기보다도/더 간단하거든(「만시지탄은 있지만」)

불안하다(不安―) 걱정이 되어 마음이 편하지 않다. *그러나 너의 얼굴은/어둠에서 불빛으로 넘어가는/그 찰나에 꺼졌다 살아났다/너의 얼굴은 그만큼 불안하다(「사랑」)

불안하지도 *창을 흔들고 가는 바람소리를 들어도 불안하지도 않고/도회에서 태어나서 도회에서 죽어가는 사람들은/젊은 몸으로 죽어가는 前線의 전사에 못지않게 불쌍하다고 생각하며(「미숙한 도적」)

불온(不穩) ①온당하지 않음. ②치안을 문란하게 할 우려가 있음. *지금은 너무나 또렷한 입체음을 통해서/들어오는 이북 방송이 불온 방송이/아니 되는 날이 오면/그때는 지금 일본 말 방송을 안 듣듯이/나도 모르는 사이에 아무 미련도 없이/희한도 없이 안 듣게 되는 날이 올 것이다……(「라디오 계」)

불행(不幸) 행복하지 않음. *재앙과 불행과 격투와 청춘과 천만 인의 생활과/그러한 모든 것이 보이는 밤(「봄밤」)

불행하다(不幸―) 행복하지 않다.

불행하기 *만만치 않은 부탁/내가 너의 머리 위에/너를 대신하여/벼락과 천둥을 때리는 날까지/터전이 없으면 나의 머리 위에라도/잠시 이고 다니며 길러야 할/너는 불행하기 짝이 없는 죽순이다(「付託」)

불현듯이 갑자기 어떤 생각이 걷잡을 수 없이 떠오르는 모양. *옛날같이 낯선 방이 그리 무섭지도 않고/더러운 침구가 마음을 괴롭히지도 않는데/의치를 빼어서 물에 담가놓고 드러누우니/마치 내가 임종하는 곳이 이러할 것이니 하는 생각이 불현듯이 든다(「미숙한 도적」) *그것은 아까워서가 아니라/서울에 돌아온 지 일주일도 못 되는 나에게는 도회의 소음과 狂症과 속도와 허위가 새삼스럽게 미웁고 서글프게 느껴지고/그러할 때마다 잃어버려서 아까웁지 않은 잃어버리고 온 모자 생각이 불현듯이 난다(「시골 선물」)

붉다 빛깔이 핏빛 또는 익은 고추의 빛과 같다.

붉고 *토끼는 앞발이 길고/귀가 크고/눈이 붉고/또는 〈이태백이 놀던 달 속에서 방아를 찧고〉……/모두 재미있는 현상이지만/그가 입에서 탄생되었다는 것은 또 한번 토끼를 생각하게 한다(「토끼」)

붉은 *날아가던 朱雀星/깃들인 矢箭/붉은 柱礎에 꽂혀있는/반절이 과하도다(「廟庭의 노래」) *영사판 위의 모오든 검은 현실이 저마다 색깔을 입고/이미 멀리 달아나버린 비둘기의 두 눈동자에까지/붉은 광채가 떠오르는 것을 보다(「영사판」) *종교의 연필 자국이 두드러진/청춘의 붉은 희롱?(「반주곡」) *삶은 계란의 껍질이/벗겨지듯/묵은 사랑이/벗겨질 때/붉은 파밭의 푸른 새싹을 보아라/얻는다는 것은 곧 잃는 것이다[…]붉은 파밭의 푸른 새싹을 보아라/얻는다는 것은 곧 잃는 것이다[…]붉은 파밭의 푸른 새싹을 보아라/얻는다는 것은 곧 잃는 것이다(「파밭 가에서」) *쓸데없는 것이었다 저것이었다/너의 보꾹에 비친 활자이었다 거기에/그어진 붉은 잉크였다 인사를 하지 않은/나의 친구야 거만한 꿈은 사위어간다/내 잘못이 인제는 다 보인다(「제임스 띵」)

붉히다 성이 나거나 부끄러워 얼굴을 붉게 하다.

붉히고 *돌부리를 차듯 서투른 원효로/분장한 놈이 돌부리를 차고 풀을/뽑듯 죄를 짓고 싶어 죄를/짓고 얼굴을 붉히고//죄를 짓고 얼굴을 붉히고—(「원효대사」)

붓 ①짐승의 털을 묶고, 먹이나 그림물감을 찍어 글씨를 쓰거나 그림을 그릴 때 쓰는 도구. ②연필, 철필, 만년필, 볼펜 등의 글씨나 그림을 그리는 데 쓰는 도구를 이르는 말. *나의 마음을 딛고 가는 거룩한 발자국소리를 들으면서/지금 나는 마지막 붓을 든다//누가 무엇이라 하든 나의 붓은 이 시대를 진지하게 걸어가는 사람에게는 치욕//물소리 빗소리 바람소리 하나 들리지 않는 곳에/나란히 옆으로 가로 세로 위로 아래로 놓여 있는 무수한 꽃송이와 그 그림자/그것을 그리려고 하는 나의 붓은 말할 수 없이 깊은 치욕(「九羅重花」) *그렇게 매일을 믿어왔어. 방을 이사를 했지. 내/방에는 아들놈이 가고 나는 식모아이가 쓰던 방으로/가고. 그런데 큰놈의 방에 같이 있는 가정교사가 내/기침소리를 싫어해. 내가 붓을 놓는 것까지/자리에서 일어나는 것까지 문을 여는 것까지 알고(「엔카운터誌」)

붓끝 ①붓의 뾰족한 끝. ②붓의 놀림새. 문자나 문장에서 느껴지는 힘. *나의 천성은 깨어졌다/더러운 붓끝에서 흔들리는 오욕/바다보다 아름다운 세월을 건너와서/나는 태양을 주웠다고 생각하지는 않았지만/설마 이런 것이 올 줄이야/괴물이여(「PLASTER」) *심연은 나의 붓끝에서 퍼져가고/나는 멀리 세계의 노예들을 바라본다(「꽃」)

붙다 ①서로 맞닿아 떨어지지 않다. ②서로 바짝 가까이하다. ③좇아서 따르다.

붙고 *루소의 『民約論』을 다 정독하여도/집권당에 아부하지 말라는 말은 없는데/민주당이 제일인 세상에서는/민주당에 붙고/혁신당이 제일인 세상이 되면/혁신당에 붙으면 되지 않는가(「만시지탄은 있지만」)

붙어 *권말에 붙어나오는 역자 약력에는/한사코 ××대학 중퇴가 ××대학 졸업으로 誤植이 돼 나오니/이렇게 돼서야 그만이지(「파자마 바람으로」) *그리운 것은 내 귓전에 붙어 있는 보이지 않는 젤라틴紙(「장시2」)

붙으면 *민주당이 제일인 세상에서는/민주당에 붙고/혁신당이 제일인 세상이 되면/혁신당에 붙으면 되지 않는가(「만시지탄은 있지만」)

붙은 *마지막에는 해저의 풀떨기같이 혹은 책상에 붙은 민민한 판대기처럼 무감각하게 될 생활이여(「구슬픈 육체」) *나비의 몸이야 제철이 가면 죽지만은/그의 몸에 붙은 고운 지분은/겨울의 어느 차디찬 등잔 밑에서 죽어 없어지리라(「나비의 무덤」) *이제야말로 아무 두려움 없이/그놈의 사진을 태워도 좋다/협잡과 아부와 무수한 악독의 상징인/지긋지긋한 그놈의 미소하는 사진을——대한민국의 방방곡곡에 안 붙은 곳이 없는/그놈의 점잖은 얼굴의 사진을(「우선 그놈의 사진을 떼어서 밑씻개로 하자」)

붙들다 ①꽉 쥐다. ②달아나는 것을 잡다. ③가지 못하게 말리다. ④도와주다.

붙들어 *민주주의는 인제는 상식으로 되었다/자유는 이제는 상식으로 되었다/아무도 나무랄 사람은 없다/아무도 붙들어갈 사람은 없다(「우선 그놈의 사진을 떼어서 밑씻개로 하자」)

붙이다 ①서로 맞닿아 떨어지지 않게 하다. ②서로 가까이 닿게 하다. ③이름이나 명칭을 정해주다.

붙여서 *지금은 이 번잡한 현실 위에 하나하나 환상을 붙여서 보지 않아도 좋다(「거리2」)

붙였더니 *나의 맏누이동생이 그를 〈허니〉라고 부르고 있는 것이 아니꼬와서/내가 어느 날 그에게 〈魔神〉이라고 별명을 붙였더니/그는 대뜸/〈오빠는 어머니보다도 더 완고하다〉고 하면서/나를 도리어 꾸짖는 척한다(「백의」)

붙이고 *이름도 모르는 뼈와 뼈/어디까지나 뒤퉁그러져 나왔구나/——그것을 내가 아는 가장 비참한 친구가 붙이고 간 명칭으로 나는 정리하고 있는가(「PLASTER」) *구차한 문밖 선비가 벽장문 옆에다/카잘스, 그람, 슈바이처, 엡스타인의 사진을 붙이고 있는 이유,/모르지?(「모르지?」)

붙이기 *이 땅에 발을 붙이기 위해서는/——제3인도교의 물속에 박은 철근 기둥도 내가 내 땅에/박는 거대한 뿌리에 비하면 좀벌레의 솜털(「거대한 뿌리」)

붙잡히다 붙들린 채 다른 곳으로 이끌려가다.

붙잡혀 *한번 정정당당하게/붙잡혀간 소설가를 위해서/언론의 자유를 요구하고 월남파병에 반대하는/자유를 이행하지 못하고(「어느 날 고궁을 나오면서」)

블레이크(Blake, William) 1757~1827. 영국의 시인. 화가. 주로 신비로운 체험을 시로 표현했다. 『결백의 노래』, 『셀의 서』, 『밀턴』 등의 작품이 있다. *그러다가 스코틀랜드의 에딘버러 대학에 다니는/나이 어린 친구한테서 편지를 받았지/그 편지 안에 적힌 블레이크의 시를 감

블레이크

동을 하고/읽었지 'Sooner murder an infant in its /cradle than nurse unacted desire" 이것이/무슨 뜻인지 알았지 그러나 완성하진 못했지//이것을 지금 완성했다 아내여 우리는 이겼다/우리는 블레이크의 시를 완성했다 우리는/이제 차디찬 사람들을 경멸할 수 있다(「이혼 취소」)

비 대기 중의 수증기가 찬 공기를 만나 식어서 엉기어 땅 위로 떨어지는 물방울. *비가 그친 후 어느 날―나의 방안에 설움이 충만되어 있는 것을 발견하였다(「방안에서 익어가는 설움」) *나의 명예는 부서졌다/비 대신 황사가 퍼붓는 하늘 아래/누가 지어논 무덤이냐(「PLASTER」) *내가 살기 위하여/몇 개의 번개 같은 환상이 필요하다 하더라도/꿈은 교훈/청춘 물 구름/피로들이 몇 배의 아름다움을 加하여 있을 때도/나의 원천과 더불어/나의 최종점은 긍지/파도처럼 요동하여/소리가 없고/비처럼 퍼부어/젖지 않는 것(「긍지의 날」) *「조심하여라! 자중하여라! 무서워할 줄 알아라」하는/억만의 소리가 비 오듯 내리는 여름 뜰을 보면서/합리와 비합리와의 사이에 묵연히 앉아 있는/나의 표정에는 무엇인지 우스웁고 간지럽고 서먹하고 쓰디쓴 것마저 섞여 있다(「여름 뜰」) *비가 오고 있다/여보/움직이는 비애를 알고 있느냐[…]그러나 여보/비오는 날의 마음의 그림자를/사랑하라/너의 벽에 비치는 너의 머리를/사랑하라/비가 오고 있다/움직이는 비애여/결의하는 비애/변혁하는 비애……/현대의 자살/그러나 오늘은 비가 너 대신 움직이고 있다[…]여보/비는 움직임을 制하는 결의/움직이는 휴식//여보/그래도 무엇인가가 보이지 않느냐/그래서 비가 오고 있는데!(「비」) *낮잠을 자고 나서 들어보면/후란넬 저고리도 훨씬 무거워졌다/거지의 누더기가 될락 말락 한/저놈은 어제 비를 맞았다(「후란넬 저고리」) *그러나 우산대로/여편네를 때려눕혔을 때/우리들의 옆에서는/어린 놈이 울었고/비 오는 거리에는/40명가량의 취객들이/모여들었고/집에 돌아와서/제일 마음에 꺼리는 것이/아는 사람이/이 캄캄한 범행의 현장을/보았는가 하는 일이었다(「죄와 벌」) *풀이 눕는다/비를 몰아오는 동풍에 나부껴/풀은 눕고/드디어 울었다/날이 흐려서 더 울다가/다시 누웠다(「풀」)

비겁하다(卑怯─) 하는 짓이 떳떳하지 못하고 야비하다.
비겁하다고 *물에 빠지지 않기 위한/생활이 비겁하다고 경멸하지 말아라/뮤즈여(「바뀌어진 지평선」)
비겁한 *아무래도 나는 비켜서 있다 절정 위에는 서 있지/않고 암만해도 조금쯤 옆으로 비켜서 있다/그리고 조금쯤 옆에 서 있는 것이 조금쯤/비겁한 것이라고 알고 있다!(「어느 날 고궁을 나오면서」) *그러니까 그가 나보다도 아직까지는 더 순수한 폭도 되고/우리는 월남의 중립 문제니 새로 생긴다는 혁신정당 얘기를/하고 있었지만/아아 비겁한 민주주의여 안심하라/우리는 정치 얘기를 하구 있었던 게 아니야(「H」)

비결(秘訣) 남이 알지 못하는 자기만의 효과적인 방법. *문명에 대항하는 비결은/당신 자신이 문명이 되는 것이다/미스터 리!(「미스터 리에게」)

비교하다(比較─) 서로 견주어 보다.
비교하여 *나는 구태여 생각하여 본다/그리고 비교하여 본다/나는 모자와 함께 나의 마음의 한 모퉁이를 모자 속에 놓고 온 것이라고/설운 마음의 한 모퉁이를.(「시골 선물」)

비극(悲劇) 매우 비참한 사건. *그는 인간의 비극을 안다//그래서 그는 낮에도 밤에도/어둠을 지니고 있으면서/어둠과는 타협하는 법이 없다(「수난로」) *―백의의 비극은 그가 현대의 경제학을 등한히 하였을 때에서부터 시작되었던 것이다(「백의」)

비닐(영, vinyl) 아세틸렌을 주된 원료로 하는 합성수지. *비닐, 파리통,/그리고 또 무엇이던가?/아무튼 구질구레한 생활필수품/오줌사기/2cc짜리 국산 슈빙지[…]그리고 또 하나 있는 것 같다/주요한 본론이 네 개는 있었다/비닐, 파리통, 도배지……?/주요한 본론이 4항목은 있는 것 같다/4항목 4항목 4항목……(면도날!)(「마케팅」) *마룻바닥에 깐 비닐 장판에 구공탄을 떨어뜨려/탄 자국, 내 구두에 묻은 흙, 변두리의 진흙,/그런 가슴의 죽음의 표식만을 지켜온,/밑바닥만을 보아온, 빈곤에 마비된 눈에/하늘을 가리켜주는 잡지 VOGUE야(「VOGUE야」)

비다 ①일정한 공간에 든 것이 없는 상태가 되다. ②아는 것이 없는 상태가 되다.

비어 *넓적다리 뒷살에/넓적다리 뒷살에/알이 배라지/손에서는/손에서는/불이 나라지/수챗가에 얼어빠진/수세미모양/그 대신 머리는/온통 비어/움직이지 않는다지/그래도 좋아/그래도 좋아[…]넓적다리 뒷살에/넓적다리 뒷살에/알이 배라지/손에서는/손에서는/불이 나라지/온몸에/온몸에/힘이 없듯이/머리는/내일 아침 새벽까지도/아주 내처/비어 있으라지……(「쌀난리」)

비어도 *백성들이/머리가 있어 산다든가/그처럼 나도/머리가 다 비어도/인제는 산단다/오히려 더/착실하게/온몸으로살지/발톱 끝부터로의/하극상이란다(「쌀난리」)

빈 *마지막 설움마저 보낸 뒤/빈 방안에 나는 홀로이 머물러 앉아/어떠한 내용의 책을 열어보려 하는가(「방안에서 익어가는 설움」) *오래간만에 거리에 나와보니/나의 눈을 흡수하는 모든 물건/그 중에도/빈 사무실에 놓인 무심한/집물 이것저것(「거리1」)

비둘기 비둘기목의 새를 통틀어 이르는 말. 야생종과 집비둘기로 크게 나뉜다. 머리가 작고 둥글며 부리가 짧다. 성질이 순해 길들이기 쉽고, 날개의 힘이 강하여 멀리 날 수 있다. 귀소성을 이용하여 통신에 쓰기도 하며, 평화를 상징하는 새이기도 하다. *나의 두 어깨는 꺼부러지고/영사판 위에 비치는 길 잃은 비둘기와 같이 가련하게 된다//고통되는 점은/피가 통하는 듯이 느껴지는 것은/비둘기의 울음소리[…]영사판 위의 모오든 검은 현실이 저마다 색깔을 입고/이미 멀리 달아나버린 비둘기의 두 눈동자에까지/붉은 광채가 떠오르는 것을 보다(「영사판」)

비뚤어지다 반듯하지 못하고 한쪽으로 기울다.

비뚤어지게 *꽃을 찾기 전의 것을 잊어버리세요/꽃의 글자가 비뚤어지지 않게/꽃을 찾기 전의 것을 잊어버리세요/꽃의 소음이 바로 들어오게/꽃을 찾기 전의 것을 잊어버리세요/꽃의 글자가 다시 비뚤어지게(「꽃잎2」)

비뚤어지지 *꽃을 찾기 전의 것을 잊어버리세요/꽃의 글자가 비뚤어지지 않게/꽃을 찾기 전의 것을 잊어버리세요/꽃의 소음이 바로 들어오게/꽃을 찾기 전의 것을 잊어버리세요/꽃의 글자가 다시 비뚤어지게(「꽃잎2」)

비로소 어느 한 시점을 기준으로 그 전까지 이루어지지 않았던 사건이나 사태가 이루어지거나 변화하기 시작함을 나타내는 말. *일찍이 현실의 출발을 하지 못한 것을 뉘우치며/오늘밤도 보아야 할 죽순의 거치러운/꿈은/완전히 무시를 당하고 나서야/비로소 안심할 수 있는/부끄러움이 없는/부끄러움을 더한층 뜻있게 하기 위하여/있으리라는 믿음에서/만만치 않은 부탁(「付託」) *자유가 항상 싸늘한 것이라면 나는 당신과 더 이야기하지 않겠어요/그러나 이것은 살아 있는 포로의 애원이 아니라/이미 대한민국의 하늘을 가슴으로 등으로 쓸고 나가는/저 조그만 비행기같이 연기도 여운도 없이 살아진 몇몇 포로들의 영령이/너무나 알기 쉬운 말로 아무도 듣지 못하게 당신의 뺨에다 대고 비로소 시작하는 귓속이야기지요(「조국에 돌아오신 傷病捕虜 동지들에게」) *더러운 것 중에도 가장 더러운/썩은 것을 찾으면서/비로소 마음 취하여 보는/이 더러운 길.(「더러운 향로」) *매일같이 마시는 술이며 모욕이며/보기 싫은 나의 얼굴이며/다 잊어버리고/돈 없는 나는 남의 집 마당에 와서/비로소 마음을 쉬다(「휴식」) *남의 일하는 곳에 와서 덧없이 앉았으면 비로소 설워진다/어떻게 하리/어떻게 하리(「사무실」) *내가 비로소 여유를 갖게 된 것은/거리에서와 마찬가지로 집안에 있어서도 저 무시무시한 白蟻를 보기 시작한 때부터이었다(「백의」) *쇠꼭지보다도 허망한 생활이 균형을 잃을 때/酩酊한 정신이 명정을 찾듯이/너는 비로소 너를 찾고 웃어라(「지구의」) *그러면 너의 벗들과/너의 이웃사람들의 얼굴이/바늘구멍 저쪽에 떠오르리라/축소와 확대의 중간에 선 그들의 얼굴/강력과 기도가 일체가 되는 거리에서/너는 비로소 겸허를 배운다(「예지」) *낡은 대문 사이에 매일같이 흐르는 강물이 오늘에야 비로소 꽉 차 있다//설움의 탓이라고 이 새로운 현실을 경시하면서도(「말」(1958)) *덤핑 출판사의 일을 하는 무의식 대중을 웃지 마라/지극히 시시한 이 발견을 웃지 마라/비로소 충만한 이 한국문학사를 웃지 마라/저들의 고요한 숨길을 웃지 마라/저들의 무서운 방탕을 웃지 마라/이 무서운 낭비의 아들들을 웃지 마라(「이 한국문학사」)

비록 '—라 하더라도' 또는 '—(이)지만' 등의 말을 동반하여, 어떤 것을 가정할 때 쓰는 말. ＊마당은 주인의 마음이 숨어 있지 않은 것처럼 安穩한데/나 역시 이 마당에 무슨 원한이 있겠느냐/비록 내가 자란 터전같이 호화로운/꿈을 꾸는 마당이라고 해서(「휴식」)

비리다 날콩을 씹을 때의 맛이나 물고기, 동물의 피에서 나는 맛이나 냄새와 같다.
　비린 ＊그러나 우리들은 언제나 싸우고 있다/아침에도 낮에도 밤에도 밥을 먹을 때에도[…] 풋나물을 먹을 때도/시장에 가서 비린 생선 냄새를 맡을 때도/배가 부를 때도 목이 마를 때도(「하…… 그림자가 없다」)

비명(悲鳴) 몹시 괴롭거나 놀라거나 할 때에 지르는 외마디 소리. ＊지금도 내가 반항하고 있는 것은 이 스펀지 만들기와/거즈 접고 있는 일과 조금도 다름없다/개의 울음소리를 듣고 그 비명에 지고/머리에 피도 안 마른 애놈의 투정에 진다/떨어지는 은행나무잎도 내가 밟고 가는 가시밭(「어느 날 고궁을 나오면서」)

비밀(秘密) ①숨겨져 있어서 남이 알 수 없는 상태나 그 내용. ②아직 밝혀지지 않은 사실. ＊하하! 우주의 비밀을/아니/비밀은 비밀을 먹는 것인가요/하하……(「靈交日」) ＊내용은 술집, 내용은 나, 내용은 도시,/내용은 그림자,/그림자의 비밀/종교의 획득은 종교를 잃었을 때부터 시작되었고/나는 그때부터 차차 늙어가는 탈을 썼다(「반주곡」) ＊이 뜰에서/나는 내가 없는 동안의/아내의 비밀을 탐지하고/또/내가 없는 그날의/그의 비밀을/탐지할 수도 있었다(「旅愁」) ＊그러나 내 돈이 아닌 돈/하여간 바쁨과 한가와 실의와 초조를 나하고 같이한 돈/바쁜 돈—아무도 正視하지 못한 돈—돈의 비밀이 여기 있다(「돈」) ＊음악을 들으면 차밭의 앞뒤 시간이/가시처럼 생각된다 그리고 그 가시가/점점 더 똑똑해진다 동산에 걸린/새 달에 비친 나뭇가지처럼/세계를 배경으로 한 나의 사상처럼/죄어든 인생의 윤곽과 비밀처럼……(「반달」)

비비다 두 물체를 맞대어서 문지르다.
　비비며 ＊우리집 뜰앞 토끼는 지금 하얀 털을 비비며 달빛에 서서 있다/토끼야/봄 달 속에서 나에게만 너의 재주를 보여라/너의 입에서 튀어나오는/너의 새끼를(「토끼」)
　비빈다 ＊불 피우는 소리처럼 다 들리고/재 섞인 연기처럼 다 말힌다 정정이 필요 없는/겨울의 꿈 깨어진 유리의 제임스 띵/이제는 죽어서 불을 쬐인다/빠개진 난로에 발을 굽는다 시꺼면 양말을 자꾸 비빈다(「제임스 띵」)

비상하다(飛上—) 날아오르다.
　비상하여 ＊자유를 위해서/비상하여 본 일이 있는/사람이면 알지/노고지리가/무엇을 보고/노래하는가를/어째서 자유에는/피의 냄새가 섞여 있는가를/혁명은/왜 고독한 것인가를(「푸른 하늘을」)

비수(匕首) 날이 예리하고 짧은 칼. ＊베이컨의 『新論理學』을 읽어보게나/원자탄이나 유도탄은 너무 많아서/효과가 없으니까/인제는 다시 비수를 쓰는 법을 배우란 말일세/그렇게 되면 미·소보다는/일본, 瑞西, 인도가 더 뻐 젓하고/그보다도 한국, 월남, 대만은 No.1 country in the world/그런 나라에서 집권당이라면/얼마나 의젓한가/비수를 써/인제는 지조랑 영원히 버리고 마음 놓고/비수를 써/거짓말이 아냐/비수란 놈 창조보다도 더 산뜻하거든/晚時之歎은 있지만(「만시 지탄은 있지만」)

비숍(Bird Bishop, Isabella) 1831~1904. 영국의 여행가. 작가. 지리학자. ☞ 이자벨 버드 비숍. ＊나는 이자벨 버드 비숍 여사와 연애하고 있다 그녀는/1893년에 조선을 처음 방문한 영국 왕립지학협회 회원이다(「거대한 뿌리」)

비스듬히 한쪽으로 약간 기운 듯하게. ＊가만히 앉아 있어도 자꾸 뻐근하여만 가는 목을 돌려/시간과 함께 비스듬히 내려다보는 것/그것은 혹시 한 자루의 부채(「방안에서 익어가는 설움」)

비슷하다 서로 닮은 점이 많아 거의 같게 여겨지다.
　비슷한 ＊한없이 풀어지는 피곤한 마음에도/

너는 결코 서둘지 말라/너의 꿈이 달의 행로와 비슷한 회전을 하더라도(「봄밤」)

비시(非詩) 시가 아님. *종교와 비종교, 시와 비시의 차이가 아이들과 아이의 차이이다(「우리들의 웃음」)

비애(悲哀) 슬픔과 설움. *늬가 끊을 수 있는 것은 오직 생사의 線條뿐/그러나 그 비애에 찬 선조도 하나가 아니기에/너는 다시 부끄러움과 躊躇를 품고 숨 가빠하는가(「九羅重花」) *비애의 수직선을 그리면서 날아가는 그의 설운 모양을/우리는 좁은 뜰 안에서뿐만 아니라/심지어는 항아리 속에서부터라도 내어다볼 수 있고/이러한 우리의 순수한 痴情을/헬리콥터에서도 내려다볼 수 있을 것을 짐작하기 때문에/「헬리콥터여 너는 설운 동물이다」//―자유/―비애(「헬리콥터」) *비가 오고 있다/여보/움직이는 비애를 알고 있느냐[…]투명한 움직임의 비애를 알고 있느냐/여보/움직이는 비애를 알고 있느냐[…]비가 오고 있다/움직이는 비애여/결의하는 비애/변혁하는 비애……(「비」) *생활은 孤絶이며/비애이었다/그처럼 나는 조용히 미쳐간다/조용히 조용히……(「생활」) *병을 생각하는 것은/병에 매어달리는 것은/필경 내가 아직 건강한 사람이기 때문이리라/거대한 비애를 갖고 있는 사람이기 때문이리라/거대한 여유를 갖고 있는 사람이기 때문이리라(「파리와 더불어」) *두부를 엉기게 하는따뜻한 불도/졸고 있는 잡초도/이 무감각의 비애가 없이는 죽은 것(「장시2」)

비약(飛躍) 나는 듯이 높이 뛰어오름. *눈이 내린 날에는 白羊宮의 비약이 없는 날에는/개도 짖지 않는 날에는 제임스 띵이 뛰어들어서는/아니 된다 나의 아들에게 불손한 말을 걸어서는/아니 된다 나의 사상에 노기를 띄우게 해서는/아니 된다(「제임스 띵」)

비어홀(영, beer-hall) 주로 맥주와 간단한 음식을 곁들여 파는 술집. *이유는 없다―/나가다오 너희들 다 나가다오/너희들 미국인과 소련인은 하루바삐 나가다오/말갛게 행주질한 비어홀의 카운터에/돈을 거둬들인 카운터 위에/적막이 오듯이(「가다오 나가다오」)

비오다 비가 내리다.
  비오는 *그러나 여보/비오는 날의 마음의 그림자를/사랑하라/너의 벽에 비치는 너의 머리를/사랑하라(「비」)

비옷 비에 젖지 않도록 옷 위에 덧입는 옷. 우의(雨衣). *겨자씨같이 조그맣게 살면서/장시만 장시만 안 쓰면 돼[…]아카시아 잎을 이기는 소리가 방바닥 밑까지 콩콩 울리면 돼/흙묻은 비옷이 24시간 걸려 있으면 돼(「장시1」)

비웃다 빈정거리거나 업신여기는뜻으로 웃다.
  비웃는 *팽이가 나를 비웃는 듯이 돌고 있다(「달나라의 장난」) *백의는 이와 같은 나의 안심과 태만을 비웃는 듯이/어느 틈에 우리 가정의 내부에까지 침입하여 들어와서(「백의」)
  비웃는다 *네가 물리친 썩은 문명의 두께/멀고도 가까운 그 어마어마한 낭비/그 낭비에 대항한다고 소모한/그 몇 갑절의 공허한 투자/대한민국의 전재산인 나의 온 정신을/너는 비웃는다(「꽃잎3」)
  비웃은 *신이라든지 하느님이라든지가 어디 있느냐고 나를 고루하다고 비웃은 어제저녁의 술친구의 천박한 머리를 생각한다(「시골 선물」)

비좁다 자리가 몹시 좁다.
  비좁은 *1950년 7월 이후에 헬리콥터는/이 나라의 비좁은 산맥 위에 자태를 보이었고/이것이 처음 탄생한 것은 물론 그 이전이지만/그래도 제트기나 카고보다는 늦게 나왔다(「헬리콥터」)

비종교(非宗敎) 종교가 아님. *종교와 비종교, 시와 비시의 차이가 아이들과 아이의 차이이다(「우리들의 웃음」)

비집다 좁은 틈을 헤쳐서 넓히다.
  비집고 *의자와 의자 사이로 비집고 갈 때/울리고 코 풀 수건을 찾으러 갈 때//38선을 돌아오듯 테이블을 돌아갈 때/걸리고 울리고 일어나도 걸리고(「의자가 많아서 걸린다」)

비참(悲慘) 슬프고 처참함. *아버지의 사진을 보지 않아도/비참은 일찍이 있었던 것[…]그의 사진은 이 맑고 넓은 아침에서/또 하나 나의 팔이 될 수 없는 비참이오/행길에 얼어붙은 유리창들같이/시계의 열두시같이/재차는 다시 보지 않을 편력의 역사……(「아버지의 사진」) *삭막한 집의 삭막한 방에 놓인 피아노/그 방은 바로 어제 내가 혁명을 기념한 방/

오늘은 기름진 피아노가/덩덩 덩덩덩 울리면서/나의 고갈한 비참을 달랜다/[…]그녀가 새벽부터 부정기적으로/타온 순서대로/또 그 비참대로/값비싼 피아노가 값비싸게 울린다/돈이 울린다 돈이 울린다(「피아노」)

비참하다(悲慘――) 슬프고 처참하다.
　비참하게 신문배달 아이들이 사무를 인계하는 날/제임스 띵같이 생긴 책임자가 두 아이를/데리고 찾아온 풍경이/눈[雪]에 너무 비참하게 보였던지/나는 마구 짜증을 냈다(「제임스 띵」)
　비참한 *이름도 모르는 뼈와 뼈/어디까지나 뒤틍그러져 나왔구나/―그것을 내가 아는 가장 비참한 친구가 붙이고 간 명칭으로 나는 정리하고 있는가(「PLASTER」) *시를 배반하고 사는 마음이여/자기의 나체를 더듬어보고 살펴볼 수 없는 시인처럼 비참한 사람이 또 어디 있을까(「구름의 파수병」) *―비참한 것은 백의이다/그는 한국에 수입되어 가지고 완전한 고아가 되었고/거리에 흩어진 월간 대중잡지 위에 매월 그의 사진이 게재되어 왔을 뿐만 아니라/어느 삼류 신문의 사회면에는 간혹 그의 구제금 응모기사 같은 것이 나오고 있다(「백의」) *지금같이 HIFI가 나오지 않았을 때/비참한 일들이 라디오 소리보다도 더 발광을 쳤을 때/그때는 인국 방송이 들리지 않아서/그들의 달콤한 억양이 금덩어리 같았다(「라디오 계」)

비추다 빛을 내는 대상이 다른 대상에 빛을 보내어 밝게 하다.
　비추어 *나는 병풍을 바라보고/달은 나의 등 뒤에서 병풍의 주인 六七翁海士의 印章을 비추어주는 것이었다(「병풍」)
　비춰 *횃불로 검은 물속을 비춰가며 고기를 잡는 배가 증언처럼 다가오고(「말」(1958))

비치다 ①빛이 나서 환하게 되다. ②물체의 그림자나 영상이 나타나 보이다. ③투명하거나 얇은 것을 통하여 드러나 보이다.
　비쳐 *돈을 내면 또 거둬들이고 돈을 내면/또 거둬들이는/석양에 비쳐 눈부신 카운터 같기도 한 것이니/[…]호박씨, 배추씨를 뿌린 다음에/시금치씨, 파씨를 또 뿌리는/석양에 비쳐 눈부신/일년 열두 달 쉬는 법이 없는/걸쭉한 강변밭 같기도 할 것이니(「가다오 나가다오」)
　비치는 *하기는 현실이 고귀한 것이 아니라/영사판을 받치고 있는 주야를 가리지 않는 어둠이/표면에 비치는 현실보다 한치쯤은 더/소중하고 신성하기도 한 것인지 모르지만//나의 두 어깨는 꺼부러지고/영사판 위에 비치는 길 잃은 비둘기와 같이 가련하게 된다(「영사판」) *너의 긴 시간 속에 언제고 내포되어 있는 휴식/그러한 휴식이 찬란한 아침햇빛 비치는 게시판 위에서 떠돌아다니면서/희한한 상상과 무수한 활자를/너에게 눌러주는 지금 이 순간에도/너는 아예 놀라지 말아라(「기자의 정열」) *그러나 여보/비오는 날의 마음의 그림자를/사랑하라/너의 벽에 비치는 너의 머리를/사랑하라(「비」) *어둠속에 비치는 해바라기와…… 주전자와…… 흰 벽과……/불을 등지고 있는 성황당이 보이는/그 산에는 겨울을 가리키는 바람이 일기 시작하네(「사치」) *하늘 아래 비치는 별이 아깝구나(「밤」)
　비친 *낚시질도/안 간다/假裝 파티에/가본 일도 없다/하물며/중립사상연구소에는/그림자도 비친 일이 없다(「이놈이 무엇이지?」) *음악을 들으면 차밭의 앞뒤 시간이/가시처럼 생각된다 그리고 그 가시가/점점 더 똑똑해진다 동산에 걸린/새 달에 비친 나뭇가지처럼/세계를 배경으로 한 나의 사상처럼/죄어든 인생의 윤곽과 비밀처럼……(「반달」) *이발소의 화롯가에 연분홍빛 화로/깨어진 유리에 종이를 바르고/그 언 유리에 비친 내 얼굴이 제임스 띵같이/되기까지 내가 겪은, 내가 겪을/고뇌는 무한이다[…]쓸데없는 것이었다 저것이었다/너의 보꾹에 비친 활자이었다 거기에/그어진 붉은 잉크였다 인사를 하지 않은/나의 친구야 거만한 꿈은 사위어간다/내 잘못이 인제는 다 보인다(「제임스 띵」)

비켜서다 몸을 옮겨 물러서다.
　비켜서 *아무래도 나는 비켜서 있다 절정 위에는 서 있지/않고 암만해도 조금쯤 옆으로 비켜서 있다(「어느 날 고궁을 나오면서」)

비틀거리다 자꾸 비틀비틀하다.
　비틀거리지도 *뒤집어진 세상의 저쪽에서는/나는 비틀거리지도 않고 타락도 안했으리라(「冬麥」)

비틀거린다 *내 몸은 아파서/태양에 비틀거린다/내 몸은아파서/태양에 비틀거린다(「冬麥」)

비판하다(批判—) 사물의 옳고 그름을 가리어 판단하거나 밝히다.

비판한다 *집과 문명을 새삼스럽게/즐거워하고 또 비판한다(「가옥 찬가」)

비폭(飛瀑) 문맥상 '飛瀑'으로 추정됨. 아주 높은 곳에서 세차게 떨어지는 폭포. *무엇보다도 먼저 끊어야 할 것이 설움이라고 하면서/병풍은 허위의 높이보다도 더 높은 곳에/飛瀑을 놓고 幽島를 점지한다(「병풍」)

비하다(比—) 견주다. 비교하다.

비하면 *이 땅에 발을 붙이기 위해서는/—제3인도교의 물속에 박은 철근 기둥도 내가 내 땅에/박는 거대한 뿌리에 비하면 좀벌레의 솜털/내가 내 땅에 박는 거대한 뿌리에 비하면//괴기영화의 맘모스를 연상시키는/까치도 까마귀도 응접을 못하는 시꺼먼 가지를 가진/나도 감히 상상을 못하는 거대한 거대한 뿌리에 비하면……(「거대한 뿌리」) *봄베이도 뉴욕도 서울도 마찬가지다/신념보다도 더 큰/내가 묻혀 사는 사랑의 위대한 도시에 비하면/너는 개미이냐(「사랑의 변주곡」)

비하여 *그렇지만/구차한 나의 머리에/성스러운 鄕愁와 우주의 위대감을 담아주는 삽시간의 자극을/나의 가족들의 기미 많은 얼굴에 비하여 보아서는 아니 될 것이다(「나의 가족」)

비합리(非合理) ①불합리. ②지성과 오성 또는 이성으로는 파악할 수 없는 일. *「조심하여라! 자중하여라! 무서워할 줄 알아라」하는/억만의 소리가 비 오듯 내리는 여름 뜰을 보면서/합리와 비합리와의 사이에 묵연히 앉아 있는/나의 표정에는 무엇인지 우스웁고 간지럽고 서먹하고 쓰디쓴 것마저 섞여 있다(「여름 뜰」)

비행기(飛行機) 동력으로 프로펠러를 돌리거나 연소 가스를 내뿜는 힘에 의하여 생기는 양력(揚力)을 이용하여 공중으로 떠서 날아다니게 만든 항공기. *비행기 프로펠러보다는 팽이가 기억이 멀고/강한 것보다는 약한 것이 더 많은 나의 착한 마음이기에/팽이는 지금 수천 년 전의 聖人과 같이/내 앞에서 돈다(「달나라의 장난」) *자유가 항상 싸늘한 것이라면 나는 당신과 더 이야기하지 않겠어요/그러나 이것은 살아 있는 포로의 애원이 아니라/이미 대한민국의 하늘을 가슴으로 등으로 쓸고 나가는/저 조그만 비행기같이 연기도 여운도 없이 살아진 몇몇 포로들의 영령이/너무나 알기 쉬운 말로 아무도 듣지 못하게 당신의 뺨에다 대고 비로소 시작하는 귓속이야기지요(「조국에 돌아오신 傷病捕虜 동지들에게」) *철망을 지나가는 비행기의/그림자보다는 훨씬 급하게/스쳐가는 나의 고독을/누가 무슨 신기한 재주를 가지고/잡을 수 있겠느냐(「더러운 향로」)

빈곤(貧困) ①물질적인 것이 부족해 살기가 어려움. ②필요한 것이 없거나 모자람. *마룻바닥에 깐 비닐 장판에 구공탄을 떨어뜨려/탄 자국, 내 구두에 묻은 흙, 변두리의 진흙,/그런 가슴의 죽음의 표식만을 지켜온,/밑바닥만을 보아온, 빈곤에 마비된 눈에/하늘을 가리켜주는 잡지/VOGUE야(「VOGUE야」)

빈궁(貧窮) 가난하여 생활이 몹시 어려움. *미역국은 인생을 거꾸로 걷게 한다 그래도 우리는/삼십대보다는 약간 젊어졌다 육십이 넘으면 좀더/젊어질까 기관포나 뗏목처럼 인생도 인생의 부분도/통째 움직인다—우리는 그것을 貧窮의/소리라고 부른다(「미역국」)

빈대 빈댓과의 곤충. 몸 길이는 5mm 정도이고 둥글면서 납작하며, 몸빛은 갈색이다. 고약한 냄새를 풍기고 집 안에 살며, 밤에 활동하여 사람의 피를 빨아 먹는다. *물이 흘러가는 달이 솟아나는/평범한 대자연의 법칙을 본받아/어리석을 만치 소박하게 성취한/우리들의 혁명을/배암에게 쐐기에게 쥐에게 살쾡이에게/진드기에게 악어에게 표범에게 승냥이에게/늑대에게 고슴도치에게 여우에게 수리에게 빈대에게/다치지 않고 깎이지 않고 물리지 않고 더럽히지 않게[…]이번에는 우리가 배암이 되고 쐐기가 되더라도/이번에는 우리가 쥐가 되고 살쾡이가 되고 진드기가 되더라도/이번에는 우리가 악어가 되고 표범이 되고 승냥이가 되고 늑대가 되더라도/이번에는 우리가 고슴도치가 되고 여우가 되고 수리가 되고 빈대가 되더라도(「기도」)

빈집 사람이 살지 않는 집. *새로 파논 우물전에서 도배를 하고 난 귀얄을 씻고 간 두붓집 아가씨에게/무어라고 수고의 인사를 해야 한다지/나들이를 갔다가 아들놈을 두고 온 안방 건넌방은 빈집 같구나(「사치」)

빌다 바라는 바를 이루게 해 달라고 간청하다.
　비는 ＊내가 비는 것은/이 무한한 웃음의 가슴속에/그 얼음이 더 얼라는/내일의 呪符이었다(「凍夜」)

빌딩(영, building) 철근 콘크리트 등으로 지어 올린 고층 건물. ＊온돌 위에 서 있는 빌딩/하늘 위에 서 있는 꽃 위에로/하늘에서 내려오는 연령의 여유/시도 그런 여유에는 대항할 수 없고/지혜는 일어서 있는 너의 얼굴(「반주곡」) ＊천장지는 푸른 바탕에/아니 흰 바탕에/엇갈린 벽돌처럼 빌딩 창문처럼/바로 그런 무늬겠다/아냐 틀렸다/벽지가 아니라/아냐 틀렸다(「마케팅」)

빌리다 나중에 다시 받기로 하고 남에게 물건을 내주어 쓰게 하다.
　빌려 ＊빌려드릴 수 없어. 작년하고도 또 틀려./눈에 보여. 냉면집 간판 밑으로—육개장을 먹으러—/들어갔다가 나왔어—모밀국수 전문집으로 갔지—/매춘부 젊은애들, 때문은 발을 꼬고 앉아서/유부우동 먹고 있는 것을 보다가 생각한 것/아냐. 그때는 빌려드리려고 했어. 관용의 미덕—/그걸 할 수 있었어. 그것도 눈에 보였어. 엔카운터/속의 이오네스코까지도 희생할 수 있었어. 그게/무어란 말야. 나는 그 이전에 있었어. 내 몸. 빛나는/몸.//그렇게 매일을 믿어왔어. 방을 이사를 했지. 내/방에는 아들놈이 가고 나는 식모아이가 쓰던 방으로/가고. 그런데 큰놈의 방에 같이 있는 가정교사가 내/기침소리를 싫어해. 내가 붓을 놓는 것까지/자리에서 일어나는 것까지 문을 여는 것까지 알고/방어작전을 써. 그래서 안방으로 다시 오고, 내가/있던 기침소리가 가정교사에게 들리는 방은 도로/식모아이한테 주었지. 그때까지도 의심하지 않았어./책을 빌려드리겠다고. 나의 모든 프라이드를/재산을 연장을 내드리겠다고.//그렇게 매일 믿어왔는데, 갑자기 변했어./왜 변했을까. 이게 문제야. 이게 내 고민야./지금도 빌려줄 수는 있어. 그렇지만 안 빌려줄 수도/있어. 그러나 너무 재촉하지는 마라. 이 문제가 해결/되까지 기다려봐. 지금은 안 빌려주기로 하고/있는 시간야. 그래야 시간을 알겠어. 나는 지금 시간/과 싸우고 있는 거야. 시간이 있었어. 안 빌려주/게 됐다. 시간야. 시간을 느꼈기 때문야. 시간이/좋았기 때문야.//시간은 내 목숨야. 어제하고는 틀려졌어. 틀려/졌다는 것을 알았어. 틀려져야겠다는 것을 알/았어. 그것을 당신한테 알릴 필요가 있어. 그것/이 책보다 더 중요하다는 걸 모르지. 그것을/이제부터 당신에게 알리면서 살아야겠어—그게/될까? 되면? 안 되면? 당신! 당신이 빛난다./우리들은 빛나지 않는다. 어제도 빛나지 않고,/오늘도 빛나지 않는다. 그 연관만이 빛난다./시간만이 빛난다. 시간의 인식만이 빛난다./빌려주지 않겠다. 빌려주겠다고 했지만/빌려주지 않겠다. 야한 선언을/하지 않고 우물쭈물 내일을 지내고/모레를 지내는 것은 내가 약한 탓이다./야한 선언은 안 해도 된다. 거짓말을 해도/된다.//안 빌려주어도 넉넉하다. 나도 넉넉하고,/당신도 넉넉하다. 이게 세상이다.(「엔카운터 誌」)

빗방울 비가 되어 떨어지는 물방울. ＊무수한 공허 밑에 살찌는 공허보다/더 무서운 악몽이 있나요/시내 위에 떨어지는 빗방울을 보셨나요/그것보다도 흔적이 더 없는 내어버린 자아도(「靈交日」)

빗소리 비가 내리는 소리. ＊물소리 빗소리 바람소리 하나 들리지 않는 곳에/나란히 옆으로 가로 세로 위로 아래로 놓여 있는 무수한 꽃송이와 그 그림자/그것을 그리려고 하는 나의 붓은 말할 수 없이 깊은 치욕(「九羅重花」)

빚 남에게 갚아야 할 돈. ＊보스토크가/돌아와 그러나/세계 정부 理想이/따분해 그러나/이 나라/백성들이/너무 지쳐 그러나/별안간/빚 갚을 것/생각나 그러나(「〈4·19〉시」)

빚보(—保) 다른 사람이 빚을 내는 데 참여하여 보증하는 일. 빚보증. ＊나하고 별거를 하기로 작정한 이틀째 되는 날/당신은 나와의 이혼을 결정하고/내 친구의 미망인의 빚보를 선 것을/물어주기로 한 것이 이렇게 좋군(「이혼취소」)

빚쟁이 돈을 빌려 준 사람을 낮추어 부르는 말. ＊사흘 전에 술에 취해 흘린 가래침 자국—/아니 빗쟁이와 싸우다 나오는 길에 흘린/침자국(「네 얼굴은」)

빛 ①태양·별 등에서 나오며 시신경을 자극하여 무엇을 알아볼 수 있게 하는 입자. ②빛깔. 색(色). ③희망 또는 영광 등을 비유하여 이르는 말. *부끄러움도 모르고/밝은 빛만으로 너는 살아왔고/또 너는 살 것인데/투명의 대명사 같은 너의 몸을/지금 나는 은폐물같이 생각하고/기대고 앉아서/안도의 탄식을 짓는다(「너는 언제부터 세상과 배를 대고 서기 시작했느냐」) *너의 꿈이 달의 행로와 비슷한 회전을 하더라도/개가 울고 종이 들리고/기적 소리가 과연 슬프다 하더라도/너는 결코 서둘지 말라/서둘지 말라 나의 빛이여/오오 인생이여(「봄밤」) *원한이 솟는 가슴속에서 발사되는/포탄은 어두운 하늘을 날아간다/빛이 없는 둥근 하늘에서는/검은 포탄의 꾸부러진 못 聲이/정신의 주변보다 더 간지러웁고(「조그마한 세상의 지혜」) *인가 사이에서 기적처럼 자라나는 무성한 버드나무/연녹색,/하늘의 빛보다도 분간 못할 놈……//버드나무 발아래의 나팔꽃도 그렇다/앙상한 연분홍,/오므라질 때는 무궁화 그보다 조금쯤 더 길고/진한 빛,/죽음의 빛인지도 모르는 놈……(「말 복」) *하얀 종이가 옥색으로 노란 하드롱지가/이 세상에는 없는 빛으로 변할 만큼 밝다(「백지에서부터」) *이 무언의 말/하늘의 빛이요 물의 빛이요 우연의 빛이요 우연의 말(「말」(1964)) *떨어져 물 위에서 썩은 꽃잎이라도 좋고/썩는 빛이 황금빛에 닮은 것이 순자야/너 때문이고(「꽃잎3」)

빛나다 빛이 밝게 비치다.
빛나는 *매춘부 젊은애들, 때묻은 발을 꼬고 앉아서/유부우동 먹고 있는 것을 보다가 생각한 것/아냐. 그때는 빌려드리려고 했어. 관용의 미덕—/그걸 할 수 있었어. 그것도 눈에 보였어. 엔카운터/속의 이오네스코까지도 희생할 수 있었어. 그게/무어란 말야. 나는 그 이전에 있었어. 내 몸. 빛나는/몸.(「엔카운터 誌」)
빛나지 *우리들은 빛나지 않는다. 어제도 빛나지 않고,/오늘도 빛나지 않는다. 그 연관만이 빛난다./시간만이 빛난다. 시간의 인식만이 빛난다.(「엔카운터 誌」)
빛난다 *시간은 내 목숨야. 어제하고는 틀려졌어. 틀려/졌다는 것을 알았어. 틀려져야겠다는 것을 알/았어. 그것을 당신한테 알릴 필요가 있어. 그것/이 책보다 더 중요하다는 걸 모르지. 그것을/이제부터 당신에게 알리면서 살아야겠어—그게/될까? 되면? 안 되면? 당신! 당신이 빛난다./우리들은 빛나지 않는다. 어제도 빛나지 않고,/오늘도 빛나지 않는다. 그 연관만이 빛난다./시간만이 빛난다. 시간의 인식만이 빛난다.(「엔카운터 誌」)

빠개지다 단단한 물건이 갈라져 조각나다.
빠개진 *불 피우는 소리처럼 다 들리고/재 섞인 연기처럼 다 말한다 정정이 필요 없는/겨울의 꿈 깨어진 유리의 제임스 띵/이제는 죽어서 불을 쬐인다/빠개진 난로에 발을 굽는다 시꺼먼 양말을 자꾸 비빈다(「제임스 띵」)

빠르다 어떤 동작을 하는 데 걸리는 시간이 짧다.
빠르지도 *아픈 몸이/아프지 않을 때까지 가자/골목을 돌아서/베레모는 썼지만/또 골목을 돌아서/신이 찢어지고/온몸에서 피는/빠르지도 더디지도 않게 흐르는데(「아픈 몸이」)
빠른 *나의 의지보다 더 빠른 너의 노래/너의 노래보다 더한층 신축성이 있는/너의 사랑(「풍뎅이」) *순자야 너는 꽃과 더워져 가는 화원의/초록빛과 초록빛의 너무나 빠른 변화에/놀라 잠시 찾아오기를 그친 벌과 나비의/소식을 완성하고[…]꽃과 더워져 가는 화원의/꽃과 더러워져 가는 화원의/초록빛과 초록빛의 너무 빠른 변화에/놀라 오늘도 찾아오지 않는 벌과 나비의/소식을 더 완성하기까지(「꽃잎3」)

빠지다 ①물속이나 구덩이 속 등으로 잠기거나 잠겨 들어가다. ②무엇인가에 마음을 뺏겨 헤어나지 못하다. ③기운이 줄거나 없어지다.
빠져 *제각각 자기 생각에 빠져 있으면서/그래도 조금이나 부자연한 곳이 없는/이 가족의 조화와 통일을/나는 무엇이라고 불러야 할 것이냐(「나의 가족」)
빠져서 *그는 사지의 관절에 힘이 빠져서/특히 무릎하고 대퇴골에 힘이 빠져서/사람들과/특히 그가 가장 사랑하는 사람과의 관련을 해체시킨다(「적2」)

빠진 *「고맙습니다, 고맙습니다」/서양과 동양의 차이/나는 여유있는 시인—쉬페르비엘이/물에 빠진 뒤에 나는 젤라틴을 통해서/詩의 진지성을 본다(「반주곡」)

빠질 *이놈들이 다 이성망이 부하들이지/이놈들 여기 개미구멍으로 다 들어가/이 구멍으로 들어가면 아리조나에 있는/우리 고조할아버지 산소 망두석 밑으로 빠질 수 있으니까(「나는 아리조나 카보이야」)

빨갛다 아주 진하고도 산뜻하게 붉다. ☞ 뻘겋다.

빨간 *아가야 아가야/열 발가락이 다 나와 있네/엄마가/만들어준 빨간 양말에서(「자장가」) *한 놈은 가죽 방한모에 빨간 마후라였지만/또 한 놈은 잘 안 보였고 매일 아침 들은/「신문요」의 목소리를 회상하며/어떤놈이 新인지 舊인지를 가려낼 틈도/없다 눈이 왔고 추웠고 너무 화가 났다(「제임스 띵」) *그 사람도 거짓말의 총알의 까맣고 빨간 흔적을 가진 사람이라고—/그래서 우리의 혼란을 승화시켜 보자(「거짓말의 여운 속에서」)

빨갛지 *깨꽃이나 샐비어나 마찬가지 아니냐/내일의 채귀를/죽은 뒤의 채귀를 걱정하는/장시만 장시만 안 쓰려면 돼/샐비어 씨는 빨갛지 않으니까/장시만 장시만 안 쓰려면 돼(「장시1」)

빨갱이 '공산주의자'를 비하하여 부르는 말. *너도 나도 누나도 언니도 어머니도/철수도 용식이도 미스터 강도 유중사도/강중령도 그놈의 속을 모르는 바는 아니었지만/무서워서 편리해서 살기 위해서/빨갱이라고 할까 보아 무서워서[…]그저그저 걸어만 두었던/흉악한 그놈의 사진을/오늘은 서슴지 않고 떼어놓아야 할 날이다(「우선 그놈의 사진을 떼어서 밑씻개로 하자」)

빨다 무엇인가를 입속에 넣고 녹이거나 혀로 핥다.

빨아라 *비숍 여사와 연애를 하고 있는 동안에는 진보주의자와/사회주의자는 네에미 씹이다 통일도 중립도 개좆이다/은밀도 심오도 학구도 체면도 인습도 치안국/으로 가라 동양척식회사, 일본영사관, 대한민국 관리,/아이스크림은 미국놈 좆대강이나 빨아라 그러나/요강, 망건, 장죽, 종묘상, 장전, 구리개 약방, 신전,/피혁점, 곰보, 애꾸, 애 못 낳는 여자, 무식쟁이,/이 모든 무수한 반동이 좋다(「거대한 뿌리」)

빨래 더러운 옷이나 피륙을 물에 빠는 일. *우리집 식모가 여편네가 외출만 하면/나한테 자꾸 웃고만 있는 이유,/모르지?/그럴 때면 바람에 떨어진 빨래를 보고/내가 말없이 집어 걸기만 하는 이유,/모르지?(「모르지?」)

빨래하다 더러운 옷이나 피륙을 물에 빨다.

빨래하던 *전통은 아무리 더러운 전통이라도 좋다 나는 광화문/네거리에서 시구문의 진창을 연상하고 寅煥네/처갓집 옆의 지금은 매립한 개울에서 아낙네들이/양잿물 솥에 불을 지피며 빨래하던 시절을 생각하고/이 우울한 시대를 파라다이스처럼 생각한다(「거대한 뿌리」)

빨리 걸리는 시간이 짧게. *내가 포로수용소에서 나온 것은/포로로서 나온 것이 아니라/민간 억류인으로서 나라에 충성을 다하기 위하여 나온 것이라고/그랬더니 그 친구가 빨리 38선을 향하여 가서/이북에 억류되고 있는 대한민국과 UN군의 포로들을 구하여내기 위하여/새로운 싸움을 하라고 합니다(「조국에 돌아오신 傷病捕虜 동지들에게」) *「도적질을 하는 것도 저렇게 부지런하여야 하는데 우리는 이게 무어야 빨리 나가서 배 들어오는 것을 기다리세」하고 친구가 서두른다(「미숙한 도적」) *언제부터인지 잠을 빨리 자는 습관이 생겼다/밤거리를 방황할 필요가 없고/착잡한 머리에 책을 집어들 필요가 없고/마지막으로 봉상을 거듭하기도 피곤해진 밤에는/시골에 사는 나는—/달 밝은 밤을/언제부터인지 잠을 빨리 자는 습관이 생겼다(「달밤」) *쨔키야! 너는 빨리 말을 달려/저기 돈보따리를 들고 달아나는 놈을 잡아라[…]쨈보야 너는 이성망이 놈을 빨리 잡아오너라[…]쨈보야 태평양 밑의 개미 길에/미국사람들이 세워놓은 자동차란 자동차는/싹 없애버려라/저놈들이 타고 가면 안 된다/야 빨리 들어가 하바! 하바!/나는 아리조나 카보이야/아리조나 카보이야(「나는 아리조나 카보이야」) *일본 말보다도 더 빨리 영어를 읽을 수 있게 된,/몇 차례의 언어의 이민을 한 내가/우리말을 너무 잘해서 곤란하게 된 내가//지금 불란서 소설을 읽으면서 아직도 말하지/못한 한 가지 말—정치 의견의 우리말이/생각이 안 난다 거짓말 거짓말(「거짓말의 여운 속에서」) *풀이 눕는다/바람보다도 더 빨리 눕는다/바람보다도 더 빨리 울고/바람보다 먼저 일어난다(「풀」)

빨아먹다 남의 것을 우려내어 제 것으로 만들다.
　빨아먹는 *더운 날/敵이란 海綿 같다/나의 양심과 독기를 빨아먹는/문어발 같다(「적」)

빨아올리다 밑에 있는 액체를 빨아서 올라오게 하다. *눈을 가늘게 뜨고 산이 있거든 불러보라/나의 머리는 관악기처럼/우주의 안개를 빨아올리다 만다(「피곤한 하루의 나머지 시간」)

빵 ①갑자기 무엇이 요란하게 터지는 모양이나 소리. ②공을 세차게 차는 모양이나 소리. ③큰 구멍이 뚫리는 모양이나 소리. *야 손들어 나는 아리조나 카보이야/빵! 빵! 빵!/키크야! 너는 저놈을 쏘아라/빵! 빵! 빵! 빵!/짜키야! 너는 빨리 말을 달려/저기 돈보따리를 들고 달아나는 놈을 잡아라(「나는 아리조나 카보이야」)

빼다 ①속에 끼여 있거나 박혀 있는 것을 밖으로 나오게 하다. ②어떤 것에서 일부를 제외하거나 덜어내다. ③힘이나 기운 등을 줄이거나 없애다.
　빼고 *돈을 버는 거리의 부인이여/잠시 눈살을 펴고/눈에서는 독기를 빼고/자유로운 자세를 취하여 보아라(「거리2」)
　빼면 *모르는 사람은 봄에 알을 많이 받을 것이니/마찬가지라고 하지만/봄에는 알값이 떨어진다/여편네의 계산에 의하면 7할을 낳아도/만용이(닭 시중하는 놈)의 학비를 빼면/아무 것도 안 남는다고 한다(「만용에게」)
　빼서 *나는 의치를 빼서 호주머니에 넣고 앉자/선뜻 인사를 하고/淫詩를 한바탕 읊었더니/여간 좋아하지 않는다(「미숙한 도적」)
　빼어서 *의치를 빼어서 물에 담가놓고 드러누우니/마치 내가 임종하는 곳이 이러할 것이니 하는 생각이 불현듯이 든다(「미숙한 도적」)
　빼지 *내 눈 아래에 다시 생긴 사마귀는/구태여 빼지 않을 작정이었다/「눈물은 나의 장사이니까」—오오 눈물의/눈물이여 음악의 음악이여/달아난 음악이여 반달이여/내 눈 아래에 다시 생긴 사마귀는/구태여 빼지 않을 작정이다(「반달」) *식구가 나보다도 일곱 식구나 더 많다는데/일요일이면 빼지 않고 강으로 투망을 하러 나온다고 한다(「강가에서」)
　뺀 *옆에 누운 친구가 내가 이를 뺀 얼굴이 어린 애 같다고 간간대소하며 좋아한다(「미숙한 도적」)

빼먹다 말 또는 글의 구절 등을 빠뜨리다.
　빼먹은 *내 말을 믿으세요 노란 꽃을/못 보는 글자를 믿으세요 노란 꽃을/떨리는 글자를 믿으세요 노란 꽃을/영원히 떨리면서 빼먹은 모든 꽃잎을 믿으세요/보기 싫은 노란 꽃을(「꽃잎2」)

빼앗기다 '빼앗다'의 피동형. 빼앗음을 당하다.
　빼앗긴 *제임스 띵의 위협감은, 이상한 지방색 공포감은/자유당 때와 민주당 때와 지금의 惡政의 구별을 말살하고/靜寂을 빼앗긴, 마지막 정적을 빼앗긴/나를 몰아세운다 어서 돈을 내라고/그러니까 그들이 요구하는 것은 신문값이 아니다//또 내가 주어야 할 것도 신문값만이 아니다/수도세, 야경비, 땅세, 벌금, 전기세 이외에/내가 주어야 할 것은 신문값만이 아니다/마지막에 침묵까지 빼앗긴 내가 치러야 할/혈세—화가 있다(「제임스 띵」)

빼어놓다 어떤 것에서 일부를 제외하거나 덜어낸 상태로 두다.
　빼어놓기로 *단 〈중용이 아니라〉의 다음에 〈反動이다〉라는/말은 지워져 있다/끝으로 〈모두 적당히 가면을 쓰고 있다〉라는/한 줄도 빼어놓기로 한다(「중용에 대하여」)

빼주다 남을 위해 속에 끼여 있거나 박혀 있는 것을 밖으로 나오게 하다.
　빼주어야 *그런 사마귀가 나의 아들놈의 눈 아래에/있는 것을 발견하고 나도 꼭 빼주어야/하겠다고 결심한 일이 있었다 그런데/내 눈 아래에 다시 생긴 사마귀는/구태여 빼지 않을 작정이었다(「반달」)

빽차(一車) '백차(白車)'의 센말. 차체에 흰 칠을 한, 경찰이나 헌병의 순찰차. *서울서/의정부로/뚫린/국도에,/눈 내리는 날에는/〈빽

차도/지프차도/파발이 다 된/시골 버스도/맥을 못 추고/맴을 도는 판이니(「눈」(1961))

뺨 얼굴의 양쪽 관자놀이에서 턱 위까지의 살이 많은 부분. ＊저 조그만 비행기같이 연기도 여운도 없이 살아진 몇몇 포로들의 영령이/너무나 알기 쉬운 말로 아무도 듣지 못하게 당신의 뺨에다 대고 비로소 시작하는 귓속이야기지요(「조국에 돌아오신 傷病捕虜 동지들에게」)

뻐근하다 근육의 피로가 풀리지 않거나 운동이 순조롭지 못해 거북한 느낌이 들다.
　뻐근하여만 ＊가만히 앉아 있어도 자꾸 뻐근하여만 가는 목을 돌려/시간과 함께 비스듬히 내려다보는 것/그것은 혹시 한 자루의 부채(「방안에서 익어가는 설움」)

뻐젓이 '버젓이'의 센말. ①흠잡히거나 굽힐 것이 없이 떳떳하고 의젓하게. ②남의 축에 빠지지 않을 만큼 의젓하고 번듯하게. ＊18년 후에 이렇게 뻐젓이 서울의 다방 건너 막걸리집에서 또 만나게 됐으니/하여간 반갑다 잠입한 사랑아 무식한 사랑아(「滿洲의 여자」)

뻐젓하다 '버젓하다'의 센말. ①흠잡히거나 굽힐 것이 없이 떳떳하고 의젓하다. ②남의 축에 빠지지 않을 만큼 의젓하고 번듯하다.
　뻐젓하고 ＊인제는 다시 비수를 쓰는 법을 배우란 말일세/그렇게 되면 미·소보다는/일본, 瑞西, 인도가 더 뻐젓하고/그보다도 한국, 월남, 대만은 No.1 country in the world/그런 나라에서 집권당이라면/얼마나 의젓한가(「만시지탄은 있지만」)

뻔하다 하마터면 어찌 될 지경이었으나 결국에는 그렇게 되지 않았다
　뻔한 ＊지금 나는 21개국의 정수리에/사랑의 깃발을 꽂는다/당신의 눈에도 보이도록 꽂는다/그대가 봉변을 당한 식인종의 나라에도/그대가 납치를 당할 뻔한 공산국가에도/보이도록(「세계일주」)

뻗다 가지나 덩굴, 뿌리 따위가 길게 자라다.
　뻗어 두 줄기로 뻗어올라가던 놈이/한 줄기가 더 생긴 것이 며칠 전이었나/등나무[…]두 줄기로 뻗어올라가던 놈이/한 줄기가 더 생긴 것이 며칠 전이었나/난간 아래 등나무[…]/아이스 캔디! 아이스 캔디!」/「꼬오, 꼬, 꼬, 꼬, 꼬오, 꼬, 꼬, 꼬, 꼬」/두 줄기로 뻗어올라가던 놈이/한 줄기가 더 생긴 것이 며칠 전이었나(「등나무」)

뻘겋다 '벌겋다'의 센말. 어둡고 짙게 붉다.
　☞ 빨갛다.
　뻘건 ＊아내는 집들이를 한다고/저녁 대신 뻘건 팥죽을 쑬 것이다(「이사」)

뼈 ①주로 척추동물의 살 속에서 그 몸을 지탱하며 속의 연한 기관을 보호하는 단단한 물질. ②중심 내용. 일의 핵심. ③기개. 기골. ④속뜻. 저의. ＊이름도 모르는 뼈와 뼈/어디까지나 뒤틍그러져 나왔구나/―그것을 내가 아는 가장 비참한 친구가 붙이고 간 명칭으로 나는 정리하고 있는가…」오욕·뼈·PLASTER·뼈·뼈/뼈·뼈……………………(「PLASTER」) ＊비둘기의 울음소리//구 구 구 구구 구구//시원치 않은 이 울음소리만이/어째서 나의 뼈를 뚫고 총알같이 날쌔게 달아나는가(「영사판」) ＊혁명은 안 되고 나는 방만 바꾸어버렸다/나는 인제 녹슬은 펜과 뼈와 광기―/실망의 가벼움을 재산으로 삼을 줄 안다/이 가벼움 혹시나 역사일지도 모르는/이 가벼움을 나는 나의 재산으로 삼았다(「그 방을 생각하며」)

뽄 '뽄새' 또는 '본새'. ①생김새. 모양새. ②동작이나 버릇의 됨됨이. ＊미친놈 뽄으로 어서 또 가요 변화는 끝났어요/어서 또 가요/실같은 바람 따라 어서 또 가요(「시」(1961))

뽑다 박힌 것을 잡아당기어 빼내다.
　뽑듯 ＊돌부리를 차듯 서투른 원효로/분장한 놈이 돌부리를 차고 풀을/뽑듯 죄를 짓고 싶어 죄를/짓고 얼굴을 붉히고(「원효대사」)

뾰죽하다 뾰족하다. 물체의 끝이 날카롭다.
　뾰죽하고 ＊나의 긍지는 애드벌룬보다는 좀 더 무거울 것이며/예지는 어느 煙筒보다도 훨씬 뾰죽하고 날카로울 것이다(「거리2」)

뿌리 ①흔히 땅 속에 박혀 식물체를 떠받치고 땅 속에서 수분이나 양분을 빨아 올리는 식물의 한 기관. ②깊숙이 박힌 물건의 밑동. ③사물이나 현상의 근본이 되는 것을 비유하는 말. ＊도야지우리에 새가 날고/국화꽃은 밤이면 더 한층 아름답게 이슬에 젖는데/올 겨울에도 산 위의 초라한 나무들을 뿌리만 간신히 남

기고 살살이 갈라갈 동네아이들……(「꽃」) *이 땅에 발을 붙이기 위해서는/―제3인도교의 물속에 박은 철근 기둥도 내가 내 땅에/박는 거대한 뿌리에 비하면 좀벌레의 솜털/내가 내 땅에 박는 거대한 뿌리에 비하면//괴기영화의 맘모스를 연상시키는/까치도 까마귀도 응접을 못하는 시꺼먼 가지를 가진/나도 감히 상상을 못하는 거대한 거대한 뿌리에 비하면……(「거대한 뿌리」)

뿌리다 액체나 가루, 씨앗 따위의 물체를 곳곳에 흩어지도록 던지거나 떨어지게 하다.

뿌려서 *시금치밭에 거름을 뿌려서 파리가 들끓고/이틀째 흐린 가을날은 무더웁기만 해/가까운 데에서 나는 人聲도 옛날이야기처럼/멀리만 들리고(「장시2」)

뿌렸다 *여름 아침의 시골은 가족과 같다/햇살을 모자같이 이고 앉은 사람들이 밭을 고르고/우리집에도 어저께는 무씨를 뿌렸다(「여름 아침」)

뿌리고 *사람들이여/차라리 숙련이 없는 영혼이 되어/씨를 뿌리고 밭을 갈고 가래질을 하고 고물개질을 하자(「여름 아침」) *《4월 혁명》이 끝나고 또 시작되고/끝나고 또 시작되고 끝나고 또 시작되는 것은/잿님이 할아버지가 상추씨, 아욱씨, 근대씨를 뿌린 다음에/호박씨, 배추씨, 무씨를 또 뿌리고/호박씨, 배추씨를 뿌린 다음에/시금치씨, 파씨를 또 뿌리는/석양에 비쳐 눈부신/일년 열두 달 쉬는 법이 없는/걸찍한 강변밭 같기도 할 것이니(「가다오 나가다오」)

뿌리는 *《4월 혁명》이 끝나고 또 시작되고/끝나고 또 시작되고 끝나고 또 시작되는 것은/잿님이 할아버지가 상추씨, 아욱씨, 근대씨를 뿌린 다음에/호박씨, 배추씨, 무씨를 또 뿌리고/호박씨, 배추씨를 뿌린 다음에/시금치씨, 파씨를 또 뿌리는/석양에 비쳐 눈부신/일년 열두 달 쉬는 법이 없는/걸찍한 강변밭 같기도 할 것이니(「가다오 나가다오」)

뿌린 *《4월 혁명》이 끝나고 또 시작되고/끝나고 또 시작되고 끝나고 또 시작되는것은/잿님이 할아버지가 상추씨, 아욱씨, 근대씨를 뿌린 다음에/호박씨, 배추씨, 무씨를 또 뿌리고/호박씨, 배추씨를 뿌린 다음에/시금치씨, 파씨를 또 뿌리는/석양에 비쳐 눈부신/일년 열두 달 쉬는 법이 없는/걸찍한 강변밭 같기도 할 것이니(「가다오 나가다오」)

뿐 '다만 어떠하거나 어찌할 따름'이라는 뜻을 나타내는 말. *四星將軍이 즐비한 거대한 파티 같은 풍성하고 너그러운 풍경을 바라보면서/나에게는 잔이 없다/투명하고 가벼웁고 쇠소리 나는 가벼운 잔이 없다/그리고 또 하나 指揮鞭이 없을 뿐이다(「네이팜 탄」) *그는 한국에 수입되어 가지고 완전한 고아가 되었고/거리에 흩어진 월간 대중잡지 위에 매월 그의 사진이 게재되어 왔을 뿐만 아니라/어느 삼류신문의 사회면에는 간혹 그의 구제금 응모기사 같은 것이 나오고 있다(「백의」) *자연이 하라는 대로 나는 할 뿐이다/그리고 자연이 느끼라는 대로 느끼고/나는 실망하지 않을 것이다(「사치」) *미국인과 소련인은 〈나가다오〉와 〈가다오〉의 차이가 있을 뿐/말갛게 개인 글 모르는 백성들의 마음에는/〈미국인〉과 〈소련인〉도 똑같은 놈들/가다오 가다오(「가다오 나가다오」) *조그마한 용기가/필요할 뿐이다//힘은 손톱 끝의/때나 다름없고//시간은 나의 뒤의/그림자이니까(「허튼소리」) *아냐 아냐 오해야 내가 이 여자의 연인이 아니라네/나는 이 사람이 만주 술집에서 고생할 때에/연애편지를 대필해 준 일이 있을 뿐이지(「滿洲의 여자」) *나와 나의 아내와 우리집의 온 가옥의 무게를 다 합해서/밀양에서 온 식모의 소박과 원한까지를 다 합해서/미안하지 않소―만 다만 식모를 부르는 소리가/좀 단호해졌을 뿐이요 미안할 정도로 좀―(「美濃印札紙」)

뿜다 ①속에 있는 것을 밖으로 세차게 밀어내다. ②입이나 어떤 구멍으로 물을 뿌리다. ③빛이나 냄새 등을 세차게 발산하다.

뿜는 *3년 전에 심은 버드나무의 악마 같은/그림자가 뿜는 아우성소리를 들으며(「가옥 찬가」)

사과(沙果)[1] 사과나무의 열매. *그러한 나의 반역성을 조소하는 듯이 스무 살도 넘을까 말까 한 노는 계집애와 머리가 고슴도치처럼 부스스하게 일어난 쓰메에리의 학생복을 입은 청년이 들어와서 커피니 오트밀이니 사과니 어수선하게 벌여놓고 계통 없이 처먹고 있다(「시골 선물」) *사과와 수첩과 담배와 같이/인간들이 걸어간다/뮤즈여/앞장을 서지 마라(「바뀌어진 지평선」) *봄은 오고 쥐새끼들이 총알만한 구멍의 조직을 만들고/풀이, 이름도 없는 낯익은 풀들이, 풀새끼들이/허물어진 담 밑에서 사과껍질보다도 얇은//시멘트 가죽을 뚫고 일어나면 내 집과/나의 정신이 순간적으로 들렸다 놓인다(「거짓말의 여운 속에서」)

사과(謝過)[2] 자기의 잘못에 대하여 용서를 빎. *나는 아무것도 안 속였는데 모든 것을 속였다/이 죄에는 사과의 길이 없다 봄이 오고/쥐가 나돌고 풀이 솟는다 소리없이 소리없이//나는 한 가지를 안 속이려고 모든 것을 속였다/이 죄의 여운에는 사과의 길이 없다 불란서에 가더라도/금방 불란서에 가더라도 금방 자유가 온다 해도(「거짓말의여운 속에서」)

사그러지다 사그라지다. 삭아서 없어지다.
　사그러져 *욕망이여 입을 열어라 그 속에서/사랑을 발견하겠다 도시의 끝에/사그러져 가는 라디오의 재갈거리는 소리가/사랑처럼 들리고 그 소리가 지워지는/강이 흐르고 그 강 건너에 사랑하는/암흑이 있고 3월을 바라보는 마른 나무들이/사랑의 봉오리를 준비하고 그 봉오리의/속삭임이 안개처럼 이는 저쪽에 쪽빛/산이(「사랑의 변주곡」)
　사그러진 *도적은 간밤에는 사그러진 담장쪽이 아닌/우리집의 의젓한 벽돌기둥의 정문 앞을/새벽녘에 거닐었다고 한다(「도적」)

사기(詐欺) 나쁜 꾀로 남을 속임. *솔직한 고백을 싫어하는/뮤즈여/妬忌와 경쟁과 살인과 간음과 사기에 대하여서는/너에게 이야기하지 않으리라/적당한 음모는 세상의 것이다(「바뀌어진 지평선」) *겨울이 지나간 밭고랑 사이에 남은/고독은 신의 무재주와 사기라고/하여도 좋았다(「초봄의 뜰 안에」)

사기꾼(詐欺—) 상습적으로 남을 속여 이득을 꾀하는 사람. ☞ 사기사. *오오 환희여 미역국이여 미역국에 뜬 기름이여 구슬픈 祖上이여/가뭄의 백성이여 퇴계든 정다산이든 수염 난 영감이면/복덕방 사기꾼도 도적놈 지주라도 좋으니 제발 순조로워라(「미역국」)

사기사(詐欺師) 상습적으로 남을 속여 이득을 꾀하는 사람. ☞ 사기꾼. *사람이 지나간 자국 위에 서서 부르짖는 것은/개와 도회의 詐欺師뿐이 아니겠느냐(「영롱한목표」)

사나이 한창 혈기가 왕성할 때의 남자. *나는 젊은 사나이의 그 눈초리를 보았다/흔들리는 자동차 속에서 창밖의 풍경이 흔들리듯/그의 가장 깊은 영혼이 흔들리는 것을 보았다[…]위안이 되지 않는 시를 쓰는 시인을 건져주기 전에/신이여/그 사나이의 눈초리를 보셨나요/잊어버려야 할 그 눈초리를(「靈交日」) *필요 이상으로 화를 내는 것도 좋다/그 사나이는, 제임스 띵은 어이가 없어서/조그만 눈을 민첩하게 움직이면서 미소를/띄우고 섰지만/나의 고삐를 잃은 백마에 당할 리가 없다(「제임스 띵」)

사납다 성질이나 행동이 억세고 거칠다.
　사나운 *나의 얇은 지붕 위에서 솔개미같은/사나운 놈이 약한 날짐승들이 오기를 노리면서 기다리고/더운 날과 추운 날을 가리지 않고/늙은 버섯처럼 숨어 있기 때문에도 아니다(「도취의 피안」) *우리들의 적은 늠름하지 않다/우리들의 적은 커크 더글러스나 리처드 위드마크모양으로 사나웁지도 않다/그들은 조금도 사나운 악한이 아니다/그들은 선량하기까지도 하다(「하…… 그림자가 없다」) *아아 슬프게도 슬프게도 이번에는/우리가 혁명이 성취되는 마지막날에는/그런 사나운 추잡한 놈이 되고 말더라도(「기도」)

사나웁게 *그는 나같이 몸이 약하지 않은 점에 주요한 원인이 있겠지만/雷神보다 더 사나웁게 사람들을 울리고/뮤즈보다도 더 부드러웁게 사람들의 상처를 쓰다듬어준다(「백의」)

사나웁지도 *우리들의 적은 늠름하지 않다/우리들의 적은 키크 더글러스나 리처드 위드마크모양으로 사나웁지도 않다/그들은 조금도 사나운 악한이 아니다/그들은 선량하기까지도 하다(「하…… 그림자가 없다」)

사념(思念) 여러 가지 일에 관한 깊은 생각과 근심. *합리와 비합리와의 사이에 묵연히 앉아 있는/나의 표정에는 무엇인지 우스웁고 간지럽고 서먹하고 쓰디쓴 것마저 섞여 있다/그것은 둔한 머리에 움직이지 않는 사념일 것이다(「여름 뜰」) *벙어리 벙어리 벙어리/식모도 벙어리 나도 벙어리/모든 게 중단이다 소리도 思念도 죽어라/중단이다 명령이다(「피아노」)

사다 ①값을 치르고 어떤 물건을 가져오다. ②임금을 치르고 노동력을 얻다. ③물건을 주고 돈을 마련하다. ④상대방에게 어떤 마음을 일으키다. ⑤자기가 한 말이나 행동으로 인해 괴로운 일이 자신에게 미치다.

사 *우리 동네엔 미대사관에서 쓰는 타이프 용지가 없다우/편지를 쓰려고 그걸 사오라니까 밀용인찰지를 사왔드라우[…]편지지뿐만 아니라 봉투도 마찬가지지 밀용지 넉 장에/봉투 두 장을 4원에 사가지고 왔으니 알지 않겠소(「美濃印札紙」) *오 도배지 천장지, 다색 백색 청색의 모란꽃이 茶色의 主色 위에 탐스럽게 피어있는 천장지/아니 그건 천장지가 아냐 (벽지지!)/천장지는 푸른 바탕에/아니 흰 바탕에/엇갈린 벽돌처럼 빌딩 창문처럼/바로 그런 무늬겠다/아냐 틀렸다/벽지가 아니라/아냐 틀렸다/그건 천장지가아니라/벽지이겠다/더 사오라는 건 벽지이겠다/그러니까 모란이다 모란이다 모란 모란……(「마케팅」) *아내는 이런 어려운 일들을 어렵지 않게 해치운다/결단은 이제 여자의 것이다/나를 죽이는 여자의 유희다/아이놈은 라디오를 보더니/왜 새 수련장은 안 사왔느냐고 대들지만(「금성라디오」)

사기 *늬가 없이 사는 삶이 보람 있기 위하여 나는 돈을 벌지 않고/늬가 주는 모욕의 억만배의 모욕을 사기를 좋아하고/억만 인의 여자를 보지 않고 산다(「너를 잃고」)

사닥다리 높거나 낮은 곳에 오르내릴 때 디딜 수 있도록 만든 기구. 사다리. *우물도 사닥다리도 愛兒도 거만한 문패도/내가 범인이 되기 전에/(벌써 오래전에!)/범인의 것이 되어 있었고(「절망」(1962))

사단장실(師團長室) 사단을 지휘하고 통솔하는 최고 지휘관의 방. *군대란 군대에서 장학사의 집에서/관공리의 집에서 경찰의 집에서/민주주의를 찾은 나라의 군대의 衛兵室에서 사단장실에서 정훈감실에서(「우선 그놈의 사진을 떼어서 밑씻개로 하자」)

사도(使徒) 신성한 일을 위하여 헌신하는 사람. *「고맙습니다, 고맙습니다/역사의 숙제, 발을 벗는 일,/연결의 《使徒》─일어선 것과 앉은 것의/불가사의에 신음하는 나(「반주곡」)

사들이다 물건 따위를 사서 들여오다.

사들여 *금성라디오 A 504를 맑게 개인 가을날/일수로 사들여온 것처럼/500원인가를 깎아서 일수로 사들여온 것처럼/그만큼 손쉽게/내 몸과 내 노래는 타락했다(「금성라디오」)

사라지다 현상이나 물체의 자취 따위가 없어지다.

사라져 *생활이여 생활이여/잊어버린 생활이여/너무나 멀리 잊어버려 천상의 무슨 등대같이 까마득히 사라져버린 귀중한 생활들이여/말없는 생활들이여(「구슬픈 육체」) *손도 안 씻고/쥐똥도 제멋대로 내버려두고/닭에는 발등을 물린 채/나의 숙제는 미소이다/밤과 낮을 건너서 도회의 저편에/영영 저물어 사라져버린 미소이다(「꽃」)

사라졌나 *거리에 나와서 집을 보고/집에 앉아서 거리를 그리던 어리석음도 이제는 모두 사라졌나 보다/날아간 제비와 같이(「구름의 파수병」)

사라졌다 *구름은 벌써 나의 머리를 스쳐가고/설움과 과거는/오천만분지 일의 俯瞰圖보다도 더/조밀하고 망막하고 까마득하게 사라졌다(「네이팜 탄」)

사라지고 *그녀는 인경전의 종소리가 울리면 장안의/남자들이 모조리 사라지고 갑자기 부녀자의 세계로/화하는 극적인 서울을 보았다 이 아름다운 시간에는/남자로서 거리를 무단통행할 수 있는 것은 교군꾼,/내시, 외국인의 종놈, 관리들뿐이었다 그리고/심야에는 여자는 사라지고 남자가 다시 오입을 하러/활보하고 나선다고 이런 기이한 관습을 가진 나라를/세계 다른 곳에서는 본 일이 없다고(「거대한 뿌리」)

사라진 *자유가 항상 싸늘한 것이라면 나는 당신과 더 이야기하지 않겠어요/그러나 이것은 살아 있는 포로의 애원이 아니라/이미 대한민국의 하늘을 가슴으로 등으로 쓸고 나가는/저 조그만 비행기같이 연기도 여운도 없이 살아진 몇몇 포로들의 영령이/너무나 알기 쉬운 말로 아무도 듣지 못하게 당신의 뺨에다 대고 비로소 시작하는 귓속이야기지요(「조국에 돌아오신 傷病捕虜 동지들에게」)

사람 ①사유와 언어를 가지며 사회를 이루어 사는 지구상에서 가장 진보된 고등동물. 인류. 인간. ②어떤 지역이나 시기에 태어나거나 살고 있거나 살았던 자. ③자기 외의 남을 막연하게 이르는 말. *寒鴉가 와서/그날을 울더라/밤을 반이나 울더라/사람은 영영 잠귀를 잃었더래[…]어드메에 담기려고/칠흑의 壁板 위로/香烟을 찍어/白蓮을 무늬 놓는/이 밤 화공의 소맷자락 무거이 적셔/오늘도 우는/아아 짐승이냐 사람이냐.(「廟庭의 노래」) *가까이 할 수 없는 서적이 있다/이것은 먼 바다를 건너온/용이하게 찾아갈 수 없는 나라에서 온 것이다/주변 없는 사람이 만져서는아니 될 책(「가까이 할 수 없는 서적」) *나는 한번도 이 [蟲]를 보지 못한 사람이다//어두운 옷 속에서만/이는 사람을 부르고/사람을 울린다(「이[蟲]」) *마차를 타고 가는 사람이 좋지 않아요/웃고 있어요/그것은 그림/토막방 안에서 나는 우주를 잡을 듯이 날뛰고 있지요(「웃음」) *자연은 나의 몇 사람의 독특한 벗들과 함께/토끼의 탄생의 방식에 대하여/하나의 異德을 주고 갔다(「토끼」) *나는 모오든 사람을 또한/나의 妻를 피하여/그의 얼굴을 숨어 보는 것이오[…]나는 모든 사람을 피하여/그의 얼굴을 숨어 보는 버릇이 있소(「아버지의 사진」) *팽이가 돈다/팽이가 돌면서 나를 울린다/제트기 벽화 밑의 나보다 더 뚱뚱한 주인 앞에서/나는 결코 울어야 할 사람은 아니며(「달나라의 장난」) *가야만 하는 사람의 이별을/기다리는 것처럼/생활은 熱度를 측량할 수 없고/나의 노래는 물방울처럼/땅속으로 향하여 들어갈 것/애정지둔(「愛情遲鈍」) *귀치않은 부탁을 하러 오는 사람들이/갖다 주는 것으로 연명을 하고 보니/거절할 수도 없는(「付託」) *나는 원래가 약게 살 줄 모르는 사람이다/진실을 찾기 위하여 진실을 잊어버려야 하는/내일의 역설 모양으로/나는 자유를 찾아서 포로수용소에 온 것이고/자유를 찾기 위하여 有刺鐵網을 탈출하려는 어리석은 동물이 되고 말았다[…]「그것은 본 사람만이 아는 일이지요/누가 거제도 제61수용소에서 단기 4284년 3월 16일 오전 5시에 바로 철망 하나 둘 셋 네 겹을 隔하고 불 일어나듯이 솟아나는 제62 적색수용소로 돌을 던지고 돌을 받으며 뛰어 들어갔는가」(「조국에 돌아오신 傷病捕虜 동지들에게」) *도회에서 태어나서 도회에서 죽어가는 사람들은/젊은 몸으로 죽어가는 前線의 전사에 못지않게 불쌍하다고 생각하며[…]그 중 끝의 방문을 열고 보니 꺼먼 사람이 셋이나 앉았다/얼굴은 분간할 수도 없는데[…]눈알에 백태가 앉은 사람같이/보이는 것이 모두 몽롱하다(「미숙한 도적」) *누가 무엇이라 하든 나의 붓은 이 시대를 진지하게 걸어가는 사람에게는 치욕(「九羅重花」) *사람이야 말할 수 없이 애처로운 것이지만/내가 부끄러운 것은 사람보다도/저 날짐승이라 할까[…]날짐승의 가는 발가락 사이에라도 잠겨있을 운명―그것이 사람의 발자국 소리보다도/나에게 시간을 가르쳐주는 것이 나는 싫다(「도취의 피안」) *누구 한 사람의 입김이 아니라/모든 가족의 입김이 합치어진 것/그것은 저 넓은 문창호의 수많은/틈 사이로 흘러들어오는 겨울바람보다도 나의 눈을 밝게 한다(「나의 가족」) *나비의 몸이야 제철이 가면 죽지만은/그의 몸에 붙은 고운 지분은/겨울의 어느 차디찬 동잔 밑에서 죽어 없어지리라/그러나/고독한 사람의 죽음은 이러하지는 않다(「나비의 무덤」) *사람이란 사람이 모두 고민하고 있는/어두운 대지를 차고 이륙하는 것이/이다지도 힘이 들지 않는다는 것을 처음 깨달은 것은/우매한 나라의 어린 시인들이었다/헬리콥터가 風船보다도 가벼웁게 상승하는 것을 보고/놀랄 수 있는 사람은 설움을 아는 사람이지만/또한 이것을 보고 놀라지 않는 것도 설움을 아는 사람일 것이다(「헬리콥터」) *견고한 것을 좋아하는 사람들이/팔을 고이고 앉아서 창을 내다보는/水煖爐는 문명의 廢物[…]공원이나 휴식이 필요한 사람들이/여름이면 그의 곁에 와서/곧잘 팔을 고이고 앉아 있으니까//그는 인간의 비극을 안다(「수난로」) *나는/나의 눈을 찌르는 이 따가운 가옥과/집물과 사람들의 음성과 거리의 소리들을/커다란 해양의 한 구석을 차지하는/조고마한 물방울로/그려보려 하는데/차라리 어떠할까(「거리1」) *여기는 서울 안에서도 가장 번잡한 거리의 한 모퉁이/나는 오늘 세상에 처음 나온 사람모양으로 쾌활하다/피곤을 잊어버리게 하는 밝은 태양 밑에는/모든 사람에게 불가능한 일이 없는 듯하다[…]거리에 굴러다니는 보잘것없는 설움이여/진시왕만큼은 강하지 않아도/나는 모든 사람의 고민을 아는 것 같다[…]지프차를 타고 가는 어느 젊은 사람이/유쾌한 표정으로 활발하게 길을 건너가는 나에게/인사를 한다/옛날의 동창생인가 하고 고개를 기웃거려 보았으나/그는 그 사람이 아니라/ㅇㅇ부의 어마어마한 자리에 앉은 과장이며 名士이다//사막의 한 끝을 찾아가는 먼 나라의 외국 사람처럼 나는 어디로 가야 할지 모르겠다[…]나는 오늘 세상에 처음 나온 사람모양으로 쾌활하다(「거리2」) *그러나 사람들이 웃을까 보아/나는 적당히 넥타이를 고쳐 매고 앉아 있다/뮤즈여/너는 어제까지의 나의 세력/오늘은 나의 지평선이 바뀌어졌다(「바뀌어진 지평선」) *기사라 하지만 네가 썼다고 알아주는 사람이 있어도 없어도 가히 무관한 것/그러기에 한결 가벼운 휴식의 마음으로 쓰고 있을 수 있었던 것//오랜 피곤도 고통도 인내도 잊어버리고/새 사람 아닌 새 사람이 되어[…]부르기 힘든 사람의 이름들(「기자의 정열」) *만약에 나라는 사람을 유심히 들여다본다고 하자[…]시를 배반하고 사는 마음이여/자기의 나체를 더듬어보고 살펴볼 수 없는 시인처럼 비참한 사람이 또 어디 있을까(「구름의 파수병」) *여름 아침의 시골은 가족과 같다/햇살을 모자같이 이고 앉은 사람들이 밭을 고르고/우리집에도 어저께는 무씨를 뿌렸다[…]물을 뜨러 나온 아내의 얼굴은/어느 틈에 저렇게 검어졌는지 모르나/차차 시골 동리 사람들의 얼굴을 닮아간다[…]사람들이여/차라리 숙련이 없는 영혼이 되어/씨를 뿌리고 밭을 갈고 가래질을 하고 고물개질을 하자(「여름 아침」) *그는 나같이 몸이 약하지 않은 점에 주요한 원인이 있겠지만/雷神보다 더 사나웁게 사람들을 울리고/뮤즈보다도 더 부드러웁게 사람들의 상처를 쓰다듬어준다/질책의 권리를 주면서 질책의 행동을 주지 않고/어떤 나라의 지폐보다도 신용은 있으나/신체가 너무 왜소한 까닭에 사람들의 눈에 띄지를 않는다(「백의」) *병풍은 무엇에서부터라도 나를 끊어준다/등지고 있는 얼굴이여/주검은 취한 사람처럼 멋없이 서서/병풍은 무엇을 향하여서도 무관심하다(「병풍」) *모든 관념의 말단에 서서 생활하는 사람만이 이기는 법이다(「영롱한 목표」) *그러면 너의 벗들과/너의 이웃사람들의 얼굴이/바늘구멍 저쪽에 떠오르리라[…]바늘구멍만한 예지의 저쪽에 사는 사람들이여/나의 현실의 메트르여/어제와 함께 내일에 사는 사람들이여/강력한 사람들이여……(「예지」) *우리들은 다 같이 산등성이를 내려가는 사람들/   그러나 오늘은 산보다도/   그것은 나의 육체의 융기(「광야」) *사랑이여//무된 밤에는 무된 사람을 축복하자(「밤」) *나는 여름//夕刊에 폭풍경보를 보고/배를 타고 가는 사람을/습관에서가 아니라 염려하고(「가옥 찬가」) *병을 생각하는 것은/병에 매어달리는 것은/필경 내가 아직 건강한 사람이기 때문이리라/거대한 비애를 갖고 있는 사람이기 때문이리라/거대한 여유를 갖고 있는 사람이기 때문이리라//저 광막한 양지 쪽에 반짝거리는/파리의 소리 없는 소리처럼/나는 죽어가는법을 알고 있는 사람이기 때문이리라(「파리와 더불어」) *민주주의는 인제는 상식으로 되었다/자유는 이제는 상식으로 되었다/아무도 나무랄 사람은 없다/아무도 붙들어갈 사람은 없다(「우선 그놈의 사진을 떼어서 밑씻개로 하자」) *자유를 위해서/비상하여 본 일이 있는/사람이면 알지/노고지리가/무엇을 보고/노래하는가를/어째서 자유에는/피의 냄새가 섞여 있는가를/혁명은/왜 고독한 것인가를(「푸른 하늘을」) * 8·15를 6·25를 4·19를/뒈지지 않고 살아왔으면 알겠지/대한민국에서는 공산당만이 아니면/사람 따위는 기천 명쯤 죽여보아도 까딱도 없거든(「만시지탄은 있지만」) *서푼어치 값도 안 되는 미·소인은/초콜릿, 커피, 페티코트, 군복, 수류탄/따발총……을 가지고/적막이 오듯이/적막이 오듯이/소리없이 가다오 나가다오/다녀오는 사람처럼 아주 가다오!(「가다오 나가다오」) *죄수들의 말이/배고픈 것보다도/잠 못 자는 것이/더 어렵다고 해서/그래 그러나/배고픈 사람이/하도 많아 그러나/시 같은 것/시 같은 것/안 쓰려고 그러나(「《4·19》시」) *나는 어찌나 좋았던지 목욕을 하러 갔지/개구리란 놈이 추락하는 폭격기처럼/사람을 놀랜다(「伏中」) *10년이란 한 사람이 준 상처를 다스리기에는 너무나 짧은 세월이다//누이야/풍자가 아니면 해탈이다/네가 그렇고/내가 그렇고/네가 아니면 내가 그렇다/우스운 것이 사람의 죽음이다/우스워하지 않고서 생각할 수 없는 것이 사람의 죽음이다(「누이야 장하고나!」) *아냐 아냐 오해야 내가 이 여자의 연인이 아니라네/나는 이 사람이 만주 술집에서 고생할 때에/연애편지를 대필해 준 일이 있을 뿐이지(「滿洲의 여자」) *모이 한 가마니에 430원이니/한 달에 12, 3만 환이 소리 없이 들어가고/알은 하루 60개밖에 안 나오니/묵은 닭까지 합한 닭모이값이/일주일에 6일을 먹고/사람은 하루를 먹는 편이다//모르는 사람은 봄에 알을 많이 받을 것이니/마찬가지라고 하지만/봄에는 알값이 떨어진다(「만용에게」) *피아노 앞에는 슬픈 사람들이 많이 있다/동계방학 동안 아르바이트를 하는 누이/잡지사에 다니는/영화를 좋아하는 누이/식모살이를 하는 조카/그리고 나(「피아노」) *남에게 희생을 당할 만한/충분한 각오를 가진 사람만이/살인을 한다//그러나 우산대로/여편네를 때려눕혔을 때/우리들의 옆에서는/어린 놈이 울었고/비 오는 거리에는/40명가량의 취객들이/모여들었고/집에 돌아와서/제일 마음에 꺼리는 것이/아는 사람이/이 캄캄한 범행의 현장을/보았는가 하는 일이었다(「죄와 벌」) *거위의 울음소리는/밤에도 여자의 호마노색 원피스를 바람에 나부끼게 하고/강물이 흐르게 하고/꽃이 피게 하고/웃는 얼굴을 더 웃게 하고/죽은 사람을 되살아나게 한다(「거위 소리」) *이런 사람을 보면 세상사람들이 다 그처럼 살고 있는 것 같다/나같이 사는 것은 나밖에 없는 것 같다/나는 이렇게도 가련한 놈 어느 사이에/자꾸자꾸 소심해져만 간다(「강가에서」) *모든 사람에게 고해야 할 너무나 많은 말을 갖고 있지만/세상은 나의 말에 귀를 기울이지 않는다(「말」(1964)) *이것이 얼마나 죄가 많은 다리인 줄 모르고/식민지의 곤충들이 24시간을/자기의 다리처럼 건너다닌다/나이 어린 사람들은 어째서 이 다리가 부자연스러운지를 모른다(「현대식 교량」) *그는 사지의 관절에 힘이 빠져서/특히 무릎하고 대퇴골에 힘이 빠져서/사람들과/특히 그가 가장 사랑하는 사람과의 관련을 해체시킨다[…]聖人은 처를 적으로 삼았다/이 한국에서도 눈이 뒤집힌 사람들/틈에 끼여 사는 처와 처들을 본다(「적2」) *김동인, 박승희 같은 이들처럼 私財를 털어놓고/문화에 헌신하지 않았다/김유정처럼 그밖의 위대한 선배들처럼 거지짓을 하면서/소설에 골몰한 사람도 없다……(「이 한국문학사」) *이것을 지금 완성했다 아내여 우리는 이겼다/우리는 블레이크의 시를 완성했다 우리는/이제 차디찬 사람들을 경멸할 수 있다(「이혼 취소」) *내주신다면, 당신의 잡지의 8월호에 내주신다면,/특종이니깐요, 극단도 좋고, 당신네도 좋고, 번역하는 사람도 좋고, 나도 좋은/일을 하는 폭이 되지요.(「전화 이야기」) *그래도 여편네는 담을 고치지 않는다/내가 고치라고 조르니까 더 안 고치는지도 모른다/고칠 사람을 구하기가 어려운 것도 있고/돈이 아까울지도 모른다//고칠 사람을 구하기가 어렵다고 하지만/돈이 아까울 거라 그럴 거라(「도적」) *31일까지 준다고 한 3만 원//29일까지는 된다고 하고 그러나 넉넉잡고 내일까지 기다리라고 한 3만 원/이것을 받아야 할 사람은 1·4후퇴 때 나온/친구의 부인[…]이 3만 원을 달러 이자라도 내서 갚아 달라고 대드는 바람에/집문서를 갖고 가서 무이자로 15개월만/돌려 달라고 우리가 강청한 사람은 이 돈을 받을 사람과 한 고향인 함경도 친구[…]31일까지 돌려 주겠다고 아니 29일까지/돌려 주겠다고 집문서를 가지고 간 친구에게/말한 것이 잘못이었나 보다/이것이 이남 사람인 우리 부부의 誤算이었나 보다(「판문점의 감상」) *VOGUE야//그리고 아들아 나는 아직도 너에게 할 말이/왜 없겠는가 그러나 안한다/안하기로 했다 안해도 된다고/생각했다 안해야 한다고 생각했다/너에게도 엄마에게도 모든/아버지보다 돈 많은 사람들에게도/아버지 자신에게도(「VOGUE야」) *사람들은 내 말을 믿지 않는다/詩評의 칭찬까지도 시집의 서문을 받은 사람까지도/내가 말한 정치 의견을 믿지 않는데[…]그러나 쥐구멍을 잠시 거짓말의 구멍이라고/바꾸어 생각해 보자 내가 써 준 시집의 서문을/믿지 않는 사람의 얼굴의 사마귀나 여드름을—//그 사람도 거짓말의 총알의 까맣고 빨간 흔적을 가진 사람이라고—[…] 사람들은 내 말을 믿지 않고 내가 내 말을 안 믿는다//나는 아무것도 안 속였는데 모든 것을 속였다(「거짓말의 여운 속에서」) *누구한테 머리를 숙일까/사람이 아닌 평범한 것에/많이는 아니고 조금/벼를 터는 마당에서 바람도 안 부는데/옥수수잎이 흔들리듯 그렇게 조금(「꽃잎」) *사람이 사람을 아끼는 날/소음이 더욱 번성하다 남은 날/사람이 사람을 사랑하던 날[…]사람이 사람을 사랑하다 남은 날/땅에만 소음이 있는 줄만 알았더니/하늘에도 천둥이, 우리의 귀가/들을 수 없는 더 큰 천둥이 있는 줄/알았다 그것이 먼저 있는 줄 알았다(「여름 밤」) *사람의 얼굴도 무섭지 않고/그의 목소리도 방해가 안 되고/어제의 행동과 내일의 복수가 상쇄되고/참호의 입구의 ㄱ자가 문제되고(「먼지」)

사랑 ①이성에 끌려 열렬히 그리워하는 마음. ②어떤 사물이나 대상을 아끼고 귀하게 여기는 마음. ③남을 돕고 이해하려는 마음. ④몹시 좋아하는 대상. *조용한 시절은 돌아오지 않았다/그 대신 사랑이 생기었다/굵다란 사랑/누가 있어 나를 본다면은/이것은 확실히 우스운 이야깃거리다/다리 밑에 물이 흐르고/나의 시절은 좁다/사랑은 고독이라고 내가 나에게/재긍정하는 것이/또한 우스운 일일 것이다[…]나의 시절은 태양 속에/나의 사랑도 태양 속에/日蝕을 하고/첩첩이 무서운 晝夜/애정은 나뭇잎처럼/기어코 떨어졌으면서/나의 손 위에서 신음한다(「愛情遲鈍」) *너의 앞에서는 우둔한 얼굴을 하고 있어도 좋았다/백년이나 천년이 결코 긴 세월이 아니라는 것은/내가 사랑의 테두리 속에 끼여 있기 때문이 아니리라[…]미끄러져가는 나의 의지/나의 의지보다 더 빠른 너의 노래/너의 노래보다 더한층 신축성이 있는/너의 사랑(「풍뎅이」) *거칠기 짝이 없는 우리 집안의/한없이 순하고 아득한 바람과 물결—/이것이 사랑이냐/낡아도 좋은 것은 사랑뿐이냐(「나의 가족」) *지구의의 남극에는 검은 쇠꽂지가 심겨 있는지라—/무르익은 사랑을 돌리어보듯이/북극이 망가진 지구의를 돌려라(「지구의」) *사랑이여//무된 밤에는 무된 사람을 축복하자(「밤」) *삶은 계란의 껍질이/벗겨지듯/묵은 사랑이/벗겨질 때/붉은 파밭의 푸른 새싹을 보아라/얻는다는 것은 곧 잃는 것이다//먼지 앉은 석경 너머로/너의 그림자가/움직이듯/묵은 사랑이/움직일 때/붉은 파밭의 푸른 새싹을 보아라/얻는다는 것은 곧 잃는 것이다/새벽에 준 조로의 물이/대낮이 지나도록 마르지 않고/젖어 있듯이/묵은 사랑이/뉘우치는 마음의 한복판에/젖어있을 때/붉은 파밭의 푸른 새싹을 보아라/얻는다는 것은 곧 잃는 것이다(「파밭 가에서」) *피곤한 하루의 나머지 시간이 눈을 깜짝거린다/세계는 그러한 무수한 間斷//오오 사랑이 추방을 당하는 시간이 바로 이때이다(「피곤한 하루의 나머지 시간」) *어둠 속에서도 불빛 속에서도 변치 않는/사랑을 배웠다 너로 해서(「사랑」) *삼복의 더위에 질려서인가 했더니/아냐/아이를 뱄어/계수가 아이를 배서 조용하고/식모 아이는 사랑을 하는 중이라네(「伏中」)

＊무식한 사랑이 여기 있구나/무식한 여자가 여기 있구나/평안도 기생이 여기 있구나[…]/너에게서 취하는 전신의 영양/끊던 술을 다시 마시면서 사랑의 복습을 하는 셈인가[…]하여간 반갑다 잠입한 사랑아 무식한 사랑아/이것이 사랑의 뒤치다꺼리인가 보다/평안도 사랑의 덤인가 보다/한잔 더 주게 한잔 더 주게/그런데 여자는 술을 안 따른다/건너편 친구가 벌써 곯아떨어졌으니까(「滿洲의 여자」) ＊버드 비숍 여사를 안 뒤부터는 썩어빠진 대한민국이/괴롭지 않다 오히려 황송하다 역사는 아무리/더러운 역사라도 좋다/진창은 아무리 더러운 진창이라도 좋다/나에게 놋주발보다도 더 쨍쨍 울리는 추억이/있는 한 인간은 영원하고 사랑도 그렇다(「거대한 뿌리」) ＊그러나 문제는 이러한 반항에 있지 않다/저 젊은이들의 나에 대한 사랑에 있다/아니 신용이라고 해도 된다[…]다리는 이러한 정지의 증인이다/젊음과 늙음이 엇갈리는 순간/그러한 속력과 속력의 停頓 속에서/다리는 사랑을 배운다(「현대식 교량」) ＊너는 이제 스무 살이다/너는 이제 스무 살이다/너는 여전히 기적일 것이다/너의 사랑은 익어가기 시작한다/너의 사랑은/38선 안에서 받은 모든 굴욕이/38선 밖에서 받은 모든 굴욕이/전혀 정당한 것이 아니라는 것을 알았고/너는 너의 모든 힘을 다해서 답쌔버릴 것이다(「65년의 새해」) ＊욕망이여 입을 열어라 그 속에서/사랑을 발견하겠다 도시의 끝에/사그러져 가는 라디오의 재갈거리는 소리가/사랑처럼 들리고 그 소리가 지워지는/강이 흐르고 그 강 건너에 사랑하는/암흑이 있고 3월을 바라보는 마른 나무들이/사랑의 봉오리를 준비하고 그 봉오리의/속삭임이 안개처럼 이는 저쪽에 쪽빛/산이//사랑의 기차가 지나갈 때마다 우리들의/슬픔처럼 자라나고 도야지우리의 밥찌끼/같은 서울의 등불을 무시한다/이제 가시밭, 덩쿨장미의 기나긴 가시가지/까지도 사랑이다//왜 이렇게 벅차게 사랑의 숲은 밀려닥치느냐/사랑의 음식이 사랑이라는 것을 알 때까지//난로 위에 끓어오르는 주전자의 물이 아슬/아슬하게 넘지 않는 것처럼 사랑의 節度는/열렬하다/間斷도 사랑/이 방에서 저 방으로 할머니가 계신 방에서/심부름하는 놈이 있는 방까지 죽음 같은/암흑 속을 고양이의 반짝거리는 푸른 눈망울처럼/사랑이 이어져가는 밤을 안다/그리고 이 사랑을 만드는 기술을 안다/눈을 떴다 감는 기술―불란서혁명의 기술/최근 우리들이 4·19에서 배운 기술/그러나 이제 우리들은 소리내어 외치지 않는다//복사씨와 살구씨와 곶감씨의 아름다운 단단함이여/고요함과 사랑이 이루어놓은 폭풍의 간악한/신념이여/봄베이도 뉴욕도 서울도 마찬가지다/신념보다도 더 큰/내가 묻혀 사는 사랑의 위대한 도시에 비하면/너는 개미이냐//아들아 너에게 狂信을 가르치기 위한 것이 아니다/사랑을 알 때까지 자라라/인류의 종언의 날에/너의 술을 다 마시고 난 날에/미대륙에서 석유가 고갈되는 날에/그렇게 먼 날까지 가기 전에 너의 가슴에/새겨둘 말을 너는 도시의 피로에서/배울 거다/이 단단한 고요함을 배울 거다/복사씨가 사랑으로 만들어진 것이 아닌가 하고/의심할 거다!/복사씨와 살구씨가/한번은 이렇게/사랑에 미쳐 날뛸 날이 올 거다!/그리고 그것은 아버지 같은 잘못된 시간의/그릇된 명상이 아닐 거다(「사랑의 변주곡」) ＊지금 나는 21개국의 정수리에/사랑의 깃발을 꽂는다/당신의 눈에도 보이도록 꽂는다/그대가 봉변을 당한 식인종의 나라에도/그대가 납치를 당할 뻔한 공산국가에도/보이도록(「세계일주」) ＊戱畵의 계시가 돈이 되고/돈이 되고 사랑이 되고 갱의 단층의 길이가 얇아지고 돈이 돈이 되고 돈이/길어지고 짧아지고(「먼지」)

사랑하다 어떤 사물이나 대상을 귀하게 여기다. 몹시 좋아하다. ＊사람이 사람을 사랑하다 남은 날/땅에만 소음이 있는 줄만 알았더니/하늘에도 천둥이, 우리의 귀가/들을 수 없는 더 큰 천둥이 있는 줄/알았다 그것이 먼저 있는 줄 알았다(「여름 밤」)

사랑하게 ＊오히려 이와 같은 나의 경멸과 剛毅로 인하여/나는 그날부터 그를 진심으로 사랑하게 되었다(「백의」)

사랑하고 ＊여편네의 방에 와서 기거를 같이 해도/나는 점점 어린애/너를 더 사랑하고/오히려 너를 더 사랑하고/너는 내 눈을 알고/어린 놈도 내 눈을 안다(「여편네의 방에 와서」)

사랑하는 *꽃같이 사랑하는 무수한 동지들과 함께/꽃같은 밥을 먹었고/꽃같은 옷을 입었고/꽃같은 정성을 지니고/대한민국의 꽃을 이마 위에 동여매고 싸우고 싸우고 싸워왔다(「조국에 돌아오신 傷病捕虜 동지들에게」) *불 옆으로 모여드는 하루살이여/벽을 사랑하는 하루살이여/감정을 잊어버린 시인에게로/모여드는 모여드는 하루살이여——나의 시각을 쉬게 하라——하루살이의 황홀이여(「하루살이」) *누이야/너의 방은 언제나/너무도 정돈되어 있다/입을 다문 채/흰 실에 매어달려 있는 여주알의 곰보/창문 앞에/안치해 놓은 당호박/평면을 사랑하는/코스모스/역시 평면을 사랑하는/킴 노박의 사진과/국내 소설책들……(「누이의 방」) *그는 사지의 관절에 힘이 빠져서/특히 무릎하고 대퇴골에 힘이 빠져서/사람들과/특히 그가 가장 사랑하는 사람과의 관련을 해체시킨다[…]제일 피곤할 때 적에 대한다/날이 흐릴 때면 너와 대한다/가장 가까운 적에 대한다/가장 사랑하는 적에 대한다/우연한 싸움에 이겨보려고(「적2」) *욕망이여 입을 열어라 그 속에서/사랑을 발견하겠다 도시의 끝에/사그러져 가는 라디오의 재갈거리는 소리가/사랑처럼 들리고 그 소리가 지워지는/강이 흐르고 그 강 건너에 사랑하는/암흑이 있고 3월을 바라보는 마른 나무들이/사랑의 봉오리를 준비하고 그 봉오리의/속삭임이 안개처럼 이는 저쪽에 쪽빛/산이(「사랑의 변주곡」)

사랑하던 *사람이 사람을 아끼는 날/소음이 더욱 번성하다 남은 날/사람이 사람을 사랑하던 날/소음이 더욱 번성하기 전 날(「여름 밤」)

사랑하라 *그러나 여보/비오는 날의 마음의 그림자를/사랑하라/너의 벽에 비치는 너의 머리를/사랑하라/비가 오고 있다/움직이는 비애여/결의하는 비애/변혁하는 비애……(「비」) *자연을 보지 않고 자연을 사랑하라/복가가 여기 있다고 외쳐라/폭풍의 복가가 여기 있다고 외쳐라(「가옥 찬가」)

사랑하지 *내가 그들을 사랑하지 않을 수가 없다/아아 모리배여 모리배여/나의 화신이여(「모리배」)

사랑한다 *언어는 나의 가슴에 있다/나는 謀利輩들한테서/언어의 단련을 받는다/그들은 나의 팔을 지배하고 나의/밥을 지배하고 나의 욕심을 지배한다//그래서 나는 우둔한 그들을 사랑한다/나는 그들을 생각하면서 하이데거를/읽고 또 그들을 사랑한다/생활과 언어가 이렇게까지 나에게/밀접해진 일은 없다(「모리배」)

사랑할 *상징이 된다 성속이 같다는 원효/대사가 이런 기계의 영광을 누릴/줄이야 〈제니〉의 덕택을 입을/줄이야 〈제니〉를 〈제니〉를 사랑할 줄이야//긴 것을 긴 것을 사랑할 줄이야/긴 것 중에 숨어 있는 것을 사랑할 줄이야(「원효대사」)

사랑했다 *金海東——그놈은 항상 약삭빠른 놈이지만 언제나/부하를 사랑했다(「적」)

사령(死靈) 죽은 사람의 넋. *작품 제목임(「死靈」)

사마귀 피부 위에 낟알만 하게 도도록하고 납작하게 돋은 군살. *모든 곡은 눈물이다 어렸을 때 어머니는/나의 얼굴의 사마귀를 떼주었다/입밑의 사마귀와 눈밑의 사마귀……/그런 사마귀가 나의 아들놈의 눈 아래에/있는 것을 발견하고 나도 꼭 빼주어야/하겠다고 결심한 일이 있었다 그런데/내 눈 아래에 다시 생긴 사마귀는/구태여 빼지 않을 작정이었다/「눈물은 나의 장사이니까」——오오 눈물의/눈물이여 음악의 음악이여/달아난 음악이여 반달이여/내 눈 아래에 다시 생긴 사마귀는/구태여 빼지 않을 작정이다(「반달」) *그러나 쥐구멍을 잠시 거짓말의 구멍이라고/바꾸어 생각해 보자 내가 써준 시집의 서문을/믿지 않는 사람의 얼굴의 사마귀나 여드름을——//그 사람도 거짓말의 총알의 까맣고 빨간 흔적을 가진 사람이라고——그래서 우리의 혼란을 승화시켜 보자(「거짓말의 여운 속에서」)

사막(沙漠) 강수량이 적고 식물이 거의 자라지 않으며, 모래나 자갈 따위가 뒤덮인 불모의 땅. *사막의 한 끝을 찾아가는 먼 나라의 외국 사람처럼 나는 어디로 가야 할지 모르겠다(「거리2」) *그러나 정글보다도 더 험하고/소용돌이보다도 더 어지럽고 해저보다도 더 깊게/아직까지도 부패와 부정과 살인자와 강도가 남아 있는 사회/이 심연이나 사막이나 산악보다도/더 어려운 사회를 넘어서(「기도」)

사명(使命) 맡겨진 임무. *영원히 나 자신을 고쳐가야 할 운명과 사명에 놓여 있는 이 밤에/나는 한사코 방심조차 하여서는 아니 될 터인데/팽이가 나를 비웃는 듯이 돌고 있다(「달나라의 장난」)

사무(事務) 자신이 맡고 있는 직무에 관련된 일을 처리하는 활동. *신문배달 아이들이 사무를 인계하는 날/제임스 띵같이 생긴 책임자가 두 아이를/데리고 찾아온 풍경이/눈[雪]에 너무 비참하게 보였던지/나는 마구 짜증을 냈다(「제임스 띵」)

사무가(事務家) 사무를 맡아보는 사람. *나날이 새로워지는 괴기한 청년/때로는 일본에서/때로는 이북에서/때로는 삼랑진에서/말하자면 세계의 도처에서 나타날 수 있는 千手千足獸/미인, 시인, 사무가, 농사꾼, 상인, 耶蘇이기도 한/나날이 새로워지는 괴기한 인물(「절망」(1962))

사무실(事務室) 사무를 보는 방. *캄캄한 사무실 한복판에서/나는 눈이 먼 암소나 다름없이 선량한데(「付託」) *오래간만에 거리에 나와보니/나의 눈을 흡수하는 모든 물건/그 중에도,/빈 사무실에 놓인 무심한/집물 이것저것(「거리1」) *엄숙하지 않은 일을 하는 곳에 사는 친구를 찾아왔다/이 사무실도 늬가 만든 것이며/이 많은 의자도 늬가 만든 것이며/늬가 그리고 있는 종이까지 늬가 製紙한 것이며(「사무실」) *군대란 군대에서 장학사의 집에서/관공리의 집에서 경찰의 집에서/민주주의를 찾은 나라의 군대의 衛兵室에서 사단장실에서 정훈감실에서/민주주의를 찾은 나라의 교육가들의 사무실에서/4·19 후의 경찰서에서 파출소에서/민중의 벗인 파출소에서/협잡을 하지 않고 뇌물을 받지 않는/관공리의 집에서/역이란 역에서/아아 그놈의 사진을 떼어 없애야 한다(「우선 그놈의 사진을 떼어서 밑씻개로 하자」)

사무치다 깊이 스며들거나 멀리까지 미치어 통하다.
  사무친 *나는 노염으로 사무친 정의 소재를 밝히지 아니하고/운명에 거역할 수 있는/큰 힘을 가지고 있으면서/여기에 밀려 내려간다(「나비의 무덤」)

사물(事物) ①일이나 물건. ②사건과 목적물. *동무여 이제 나는 바로 보마/사물과 사물의 생리와/사물의 수량과 한도와/사물의 우매와 사물의 명석성을//그리고 나는 죽을 것이다(「孔子의 생활난」) *그는 재판관처럼 판단을 내리는 게 아니라 구제의 길이 없는 사물의 주위에 떨어지는 태양처럼 판단을 내린다―월트 휘트먼(「미스터 리에게」)

사상(思想) ①어떠한 사물에 대하여 가지고 있는 구체적인 사고나 생각. ②사고작용의 결과로 생기는 의식 내용. *〈히시야마 슈조〉의 낙엽이 생활인 것처럼/5·16 이후의 나의 생활도 생활이다/복종의 미덕!/사상까지도 복종하라!/일본의 〈진보적〉 지식인들이 이 말을 들으면 필시 웃을 것이다―당연한 일이다(「轉向記」) *음악을 들으면 차밭의 앞뒤 시간이/가시처럼 생각된다 그리고 그 가시가/점점 더 똑똑해진다 동산에 걸린/새 달에 비친 나뭇가지처럼/세계를 배경으로 한 나의 사상처럼/죄어든 인생의 윤곽과 비밀처럼……(「반달」) *눈이 내린 날에는 白羊宮의 비약이 없는 날에는/개도 짖지 않는 날에는 제임스 띵이 뛰어들어서는/아니 된다 나의 아들에게 불손한 말을 걸어서는/아니 된다 나의 사상에 노기를 띠우게 해서는/아니 된다(「제임스 띵」) *이 밤이 기다리는 고요한 思想마저/나는 초연히 이것을 시간 위에 얹고/어려운 몇 고비를 넘어가는 기술을 알고 있나니/누구의 생활도 아닌 이것은 확실한 나의 생활(「방안에서 익어가는 설움」)

사색가(思索家) 사색하여 진리를 탐구하는 사람. *鷄舍 위에 울리는 곡괭이 소리/동물의 교향곡/잠을 자면서 머리를 식히는 사색가/―모든 곳에 너무나 많은 움직임이 있다(「비」)

사성장군(四星將軍) 대장. 장성 계급의 하나. 중장의 위, 원수의 아래임. *너는 기류를 안고/나는 근지러운 나의 살을 안고//四星將軍이 즐비한 거대한 파티 같은 풍성하고 너그러운 풍경을 바라보면서/나에게는 잔이 없다(「네이팜 탄」)

사실(事實) 실제로 있거나, 실제로 있었던 일. *사실은 벌써 滅하여 있을 너의 꽃잎 위에/이중의 봉오리를 맺고 날개를 펴고/죽음 위에 죽

음 위에 죽음을 거듭하리/구라중화(「九羅重花」) *아침저녁으로 우러러보던 그 사진은/사실은 억압과 폭정의 방패였느니/썩은 놈의 사진이었느니/아아 살인자의 사진이었느니(「우선 그놈의 사진을 떼어서 밑씻개로 하자」) *담배를 피워 물지 않으면 아니 된다고 하였지만/나는 사실은 담배를 피울 겨를이 없이/여기까지 내리썼고/일기의 원문은 일본어로 씌어져 있다(「중용에 대하여」) *사실은 일본에 가는 친구의 잔치에서/이토츄[伊藤忠] 商事의 신문광고 이야기가 나오고/콧쿄노 마찌 이야기가 나오다가/이북으로 갔다는 나가타 겐지로(永田鉉次郞) 이야기가 나왔다(「나가타 겐지로」)

사십(四十) 마흔. 그 수량이 마흔임을 나타내는 말. *귀에 걸면 귀걸이 코에 걸면 코걸이가/제2공화국 이후의 정치의 철칙이 아니라고 하는가/여보게나 나이 사십을 어디로 먹었나(「만시지탄은 있지만」)

사안(砂岸) 모래 언덕. 사구(砂丘). *구름 구름 부풀듯이/기어오르는 파도가/제일 높은 砂岸에/닿으려고 싸우듯이/너도 나도 취하는/中庸의 술잔(「술과 어린 고양이」)

사위 어쩐지 불길하고 꺼림직함. *아아 어인 일이냐/너 주작의 星火/서리 앉은 胡弓에/피어 사위도 스럽구나(「廟庭의 노래」)

사위다 불이 사그라져 재가 되다.

사위어 *쓸데없는 것이었다 저것이었다/너의 보꾹에 비친 활자이었다 거기에/그어진 붉은 잉크였다 인사를 하지 않은/나의 친구야 거만한 꿈은 사위어간다(「제임스 띵」)

사유(思惟) ①대상을 논리적으로 생각함. ②개념, 구성, 판단, 추리 등을 행하는 인간의 이성 작용. 사고. *여편네의 방에 와서 기거를 같이해도/나는 점점 어린애[…]사유 아래의 단 하나의 어린애/間斷 아래의 단 하나의 어린애/點의 어린애/베개의 어린애/고민의 어린애(「여편네의 방에 와서」)

사이 ①한 곳에서 다른 곳까지. 한 대상에서 다른 대상까지의 거리나 공간. ②한 때로부터 다른 때까지의 동안. ③시간적인 여유나 겨를. *팽이 밑바닥에 끈을 돌려 매니 이상하고/손가락 사이에 끈을 한끝 잡고 방바닥에 내어던지니/소리없이 회색빛으로 도는 것이/오래 보지 못한 달나라의 장난 같다(「달나라의 장난」) *나쁘지도 않고 좋지도 않은 꽃들/그리고 별과도 등지고 앉아서/모래알 사이에 너의 얼굴을 찾고 있는 나는 인제/늬가 없어도 산단다(「너를 잃고」) *날짐승의 가는 발가락 사이에라도 잠겨있을 운명—그것이 사람의 발자국 소리보다도/나에게 시간을 가르쳐주는 것이 나는 싫다(「도취의 피안」) *누구 한 사람의 입김이 아니라/모든 가족의 입김이 합치어진 것/그것은 저 넓은 문창호의 수많은/틈 사이로 흘러들어오는 겨울바람보다도 나의 눈을 밝게 한다(「나의 가족」) *반드시 찾으려고 불을 켠 것도 아니지만/없어지는 자체를 보기 위하여서만 불을 켠 것도 아닌데/잊어버려서 아까운지 아까웁지 않은지 헤아릴 사이도 없이 불은 켜지고…아아 아아 아아/불은 켜지고/나는 쉴 사이 없이 가야 하는 몸이기에/구슬픈 육체여(「구슬픈 육체」) *너는 언제부터 세상과 배를 대고 서기 시작했느냐/너와 나 사이에 세상이 있었는지/세상과 나 사이에 네가 있었는지/너무 밝아서 나는 웃음이 나온다(「너는 언제부터 세상과 배를 대고 서기 시작했느냐」) *그대들 어린 학도들과 나 사이에 놓여 있는/연령의 넘지 못할 차이일까……[…]흥분할 줄 모르는 나의 생리와/방향을 가리지 않고 서 있는 서가 사이에서/도적질이나 하듯이 희끗희끗 내어다보는 저 흰 벽들은/무슨 鳥類의 屎尿와도 같다(「국립도서관」) *눈물이 흘러나올 여유조차 없는/게시판과 너 사이에/오늘의 생활이 있을진대/달관한 신문기자여/생각하지 말아라(「기자의 정열」) *「조심하여라! 자중하여라! 무서워할 줄 알아라!」하는/억만의 소리가 비 오듯 내리는 여름 뜰을 보면서/합리와 비합리와의 사이에 묵연히 앉아 있는/나의 표정에는 무엇인지 우스웁고 간지럽고 서먹하고 쓰디쓴 것마저 섞여 있다[…]질서와 무질서와의 사이에/움직이는 나의 생활은/섧지가 않아 시체나 다름없는 것이다(「여름 뜰」) *가장 아름다운 이기적인 시간 위에서/나는 나의 검게 타야 할 정신을 생각하며/구별을 용서하지 않는/밭고랑 사이를 무겁게 걸어간다(「여름 아침」) *규정할 수 없는 물결이/무엇을 향하여 떨어진다는 의미도 없이/계절과 주야를 가리지 않고/고매한 정신처럼 쉴 사이 없이 떨어진다(「瀑布」) *겨울이 지나간 밭고랑 사이에 남은/고독은 신의 무재주와 사기라고/하여도 좋았다(「초봄의 뜰 안에」) *낡은 대문 사이에 매일같이 흐르는 강물이 오늘에야 비로소 꽉 차 있다(「말」(1958)) *울고 간 새와/울러 올 새의/적막 사이에서(「冬麥」) *하얗게 마른 마루틈 사이에서/들어오는 바람에서/느끼는 투지와 애정은 젊다[…]하얗게 마른 마루틈 사이에서/검은 바람이 들어온다고 외쳐라/너의 머리 위에/너의 몸을 반쯤 가려주는 길고/멋진 양철 차양이 있다고 외쳐라(「가옥 찬가」) *시냇물소리 푸르고 희고 잔잔한 물소리/숲과 숲 사이의 하늘을 향해서/우는 매미/흙빛 매미여/달팽이는 닭이 먹고/구데기 바람에 우는 소리 나면/물소리는 먼 하늘을 찢고 달아난다/바람이 바람을 쫓고 생명을 쫓는다/강아지풀 사이에 가지는 익고/인가 사이에서 기적처럼 자라나는 무성한 버드나무/연녹색,/하늘의 빛보다도 분간 못할 놈……(「말복」) *우리들의 싸움은 하늘과 땅 사이에 가득 차 있다/민주주의의 싸움이니까 싸우는 방법도 민주주의식으로 싸워야 한다(「하…… 그림자가 없다」) *나도 모르는 사이에/내 몸이 아프다(「먼 곳에서부터」) *대숲 사이로 침입하는 무자비한 푸른 하늘(「시」(1961)) *하얀 종이가 옥색으로 노란 하드롱지가/이 세상에는 없는 빛으로 변할 만큼 밝다/시간이 나비모양으로 이 줄에서 저 줄로/춤을 추고/그 사이로/4월의 햇빛이 떨어졌다[…]어깨를 아프게 하는 것은/老朽의 미덕은 시간이 아니다/내가 나를 잊어버리기 때문에/개울과 개울 사이에/하얀 모래를 골라 비둘기가 내려앉듯/시간이 내려앉는다//머리를 아프게 하는 것은/두통의 미덕은 시간이 아니다/내가 나를 잊어버리기 때문에/바다와 바다 사이에/지금의 3월의 구름이 내려앉듯/진실이 내려앉는다(「백지에서부터」) *예측만으로 그치면 돼/모자라는 영원이 있으면 돼/채귀가 집으로 돌아가면 돼/성당으로 가듯이/채귀가 어젯밤에 나 없는 사이에 돌아갔으면 돼/장시만 장시만 안 쓰면 돼(「장시1」) *나는 이렇게도 가련한 놈 어느 사이에/자꾸자꾸 소심해져만 간다(「강가에서」) *6이 KBS 제2방송/7이 동 제1방송/그 사이에 시시한 주파가 있고/8의 조금 전에 동아방송이 있고/8.5 가 KY인가 보다/그리고 10.5는 몸서리치이는 그것//이 몇 개의 판테온의 기둥 사이에/뒹굴고 있는 폐허의 돌조각들보다도/더 값없게 발길에 차이는 隣國의 음성─물론 낭랑한 일본 말들이다[…]지금은 너무도 또렷한 입체음을 통해서/들어오는 이북 방송이 불온 방송이/아니 되는 날이 오면/그때는 지금 일본 말 방송을 안 듣듯이/나도 모르는 사이에 아무 미련도 없이/희한도 없이 안 듣게 되는 날이 올 것이다……(「라디오 계」) *날 때도 울리지만 싱겁게 걸어갈 때/울리고 돌아서 걸어갈 때 울리고/자와 의자 사이로 비집고 갈 때/울리고 코 풀 수건을 찾으러 갈 때(「의자가 많아서 걸린다」)

사이렌(영, siren) 시간이나 경보 따위를 알리는 데 쓰이는 음향 장치. 많은 공기 구멍이 뚫린 원판을 빠르게 돌려 소리를 내는 장치 또는 그 소리. *수업을 할 때도 퇴근시에도/사이렌 소리에 시계를 맞출 때도 구두를 닦을 때도……/우리들의 싸움은 쉬지 않는다(「하…… 그림자가 없다」)

사자(獅子) 고양잇과의 포유동물. 몸길이 2m, 꼬리 90cm, 어깨 높이 1m 가량. 몸빛은 황갈색이고 수컷은 머리에 긴 갈기가 있으며, 주로 밤에 사냥을 함. 나무가 없는 초원에서 무리 지어 사는데 아프리카의 초원 지대, 서부 아시아에 분포함. *무더운 자연 속에서/검은 손과 발에 마구 상처를 입고 와서/병든 사자처럼/벌거벗고 지내는/나는 여름(「가옥 찬가」)

사재(私財) 개인이 소유한 재산. *우리는 여지껏 희생하지 않는 오늘의 문학자들에 관해서/너무나 많이 고민해 왔다/김동인, 박승희 같은 이들처럼 私財를 털어놓고/문화에 헌신하지 않았다(「이 한국문학사」)

사전(事典) 여러 가지 사물이나 사항을 모아 일정한 순서로 배열하고 그 각각에 해설을 붙인 책. *사전을 보면 쓰는 나이와 詩/사전이 詩 같은 나이의 詩/사전이 앞을 가는 변화의 詩/감기가 가도 감기가 가도/줄곧 앞을 가는 사전의 詩/詩(「시」(1961)) *파자마 바람으로 주스를 마시면서/프레이저의 현대시론을 사전을 찾아가며 읽고 있으려니/여편네가 일본에서 온 새 잡지 안의/金素雲의 수필을 보라고 내던져준다(「파자마 바람으로」) *우리 동네엔 미대사관에서 쓰는 타이프 용지가 없다우/편지를 쓰려고 그걸 사오라니까 밀용인찰지를 사왔드라우//(밀용인찰지인지 밀양인찰지인지 미룡이착지인지/사전은 찾아보아도 없드라우)(「美濃印札紙」)

사주다 값을 치르고 어떤 물건이나 권리를 얻어 다른 사람에게 건네다.

사준 *당신이 사준 북어와 오징어와 2등차표와/경포대의 선물과 도리스 위스키와 라스베리 잼에 대해서/미안하지않소 당신의 모든 행복과 우리들의 바닷가의/행복의 모든 추억에 대해서 미안하지않소(「美濃印札紙」)

사준다 *저이는 나보다 여유가 있다/저이는 나보다도 가난하게 보이는데/저이는 우리집을 찾아와서 산보를 청한다/강가에 가서 돌아갈 차비만 남겨놓고 술을 사준다(「강가에서」)

사지(四肢) 두 팔과 두 다리를 통틀어 이르는 말. *그 방의 벽은 나의 가슴이고 나의 사지일까/일하라 일하라 일하라는 말이/헛소리처럼 아직도 나의 가슴을 울리고 있지만/나는 그 노래도 그 전의 노래도 함께 다 잊어버리고 말았다(「그 방을 생각하며」) *그는 사지의 관절에 힘이 빠져서/특히 무릎하고 대퇴골에 힘이 빠져서/사람들과/특히 그가 가장 사랑하는 사람과의 관련을 해체시킨다(「적2」)

사진(寫眞) 사진기로 물체의 화상(畵像)을 찍어내는 기술이나 인화지에 나타낸 그 화상. *아버지의 사진을 보지 않아도/비참은 일찍이 있었던 것/돌아가신 아버지의 사진에는/안경이 걸려있고/내가 떳떳이 내다볼 수 없는 현실처럼/그의 눈은 깊이 파지어서/그래도 그것은/돌아가신 그날의 푸른 눈은 아니오//나의 無理하는 生에서/그의 사진도 무리가 아닐 수 없이[…]그의 사진은 이 맑고 넓은 아침에서/또 하나의 팔이 될 수 없는 비참이오(「아버지의 사진」) *내가 지금 순한 고개를 숙이고/온 마음을 다하여 즐기고 있는 서책은/위대한 고대 조각의 사진(「나의 가족」) *여름 아침에는/자비로운 하늘이 무수한 우리들의 사진을 찍으리라/단 한 장의 사진을 찍으리라(「여름 아침」) *거리에 흩어진 월간 대중잡지 위에 매월 그의 사진이 게재되어 왔을 뿐만 아니라/어느 삼류 신문의 사회면에는 간혹 그의 구제금 응모기사 같은 것이 나오고 있다/나는 이러한 사진과 기사를 볼 때마다/이것은 ≪아틀랜틱≫과 ≪하퍼스≫의 광고부의 分室이니다,라고/이곳 저널리스트의 억숙의 모리에 감탄하고 있었는데(「백의」) *우선 그놈의 사진을 떼어서 밑씻개로 하자/그 지긋지긋한 놈의 사진을 떼어서/조용히 개굴창에 넣고/썩어진 어제와 결별하자//이제야말로 아무 두려움 없이/그놈의 사진을 태워도 좋다/협잡과 아부와 무수한 악독의 상징인/지긋지긋한 그놈의 미소하는 사진을—/대한민국의 방방곡곡에 안 붙은 곳이 없는/그놈의 점잖은 얼굴의 사진을/동회란 동회에서 시청이란 시청에서/회사란 회사에서/××단체에서 ○○협회에서/하물며는 술집에서 음식점에서 양화점에서/무역상에서 가솔린 스탠드에서/책방에서 학교에서 전국의 국민학교란 국민학교에서 유치원에서/선량한 백성들이 하늘같이 모시고/아침저녁으로 우러러보던 그 사진은/사실은 억압과 폭정의 방패였느니/썩은 놈의 사진이었느니/아아 살인자의 사진이었느니[…]그저 그저 걸어만 두었던/흉악한 그놈의 사진을/오늘은 서슴지 않고 떼어놓아야 할 날이다//밑씻개로 하자/이번에는 우리가 의젓하게 그놈의 사진을 밑씻개로 하자[…]강아지장에 깐 짚이 젖었거든/그놈의 사진을 깔아주기로 하자……[…]아아 그놈의 사진을 떼어 없애야 한다//우선 가까운 곳에서부터/차례차례로/다소곳이/조용하게/미소를 띄우면서//영숙아 기환아 천석아 준이야 만용아/프레지덴트 김 미스 리/정순이 박군 정식이/그놈의 사진일랑 소리없이 떼어 치우고(「우선 그놈의 사진을 떼어서 밑씻개로 하자」) *구차한 문밖 선비가 벽장문 옆에다/카잘스, 그람, 슈바이처, 엡스타인의 사진을 붙이고 있는 이유,/모르지?(「모르지?」) *누이야/풍자가 아니면 해탈이다/너는 이 말의 뜻을 아느냐/너의 방에 걸어놓은 오빠의 사진/나에게는 〈동생의 사진〉을 보고도/나는 몇 번이고 그의 진혼가를 피해

왔다/그전에 돌아간 아버지의 진혼가가 우스꽝스러웠던 것을 생각하고/그래서 나는 그 사진을 10년 만에 곰곰이 正視하면서/이내 거북해서 너의 방을 뛰쳐나오고 말았다(「누이야 장하고나!」) *평면을 사랑하는/코스모스/역시 평면을 사랑하는/킴 노박의 사진과/국내 소설책들(「누이의 방」)

사치(奢侈) 필요 이상의 돈이나 물건을 쓰거나 분수에 지나친 생활을 함. *의지의 저쪽에서 영위하는 아내여/길고긴 오늘밤에 나의 사치를 받기 위하여/어서어서 불을 끄자/불을 끄자(「사치」)

사치스럽다(奢侈—) 필요 이상의 돈이나 물건을 쓰거나 분수에 지나친 생활을 하는 데가 있다.
　사치스러운 *신축공장이 아교공장의 말뚝처럼 일어서는/시골에서/새까만 발에 샌들을 신은 여자의 시골에서/무식하게 사치스러운 공허의 서울의/간선도로를 지나/아직도 얼굴의 윤곽이 뚜렷하지 않은/발목이 굵은 여자들이 많이 사는 나의 마을로(「X에서 Y로」)

사투리 어느 한 지역에서만 쓰이는 방언. *끊었던 술을 다시 마시는데 유행가처럼/아무리 마셔도 안 취하는 술/피안도 사투리를 마시고 있나/아무리 마셔도 취하지 않으니/같이 온 친구를 보기도 미안만 한데(「滿洲의 여자」)

사회(社會) 공동생활을 하는 인간의 집단. *그러나 정글보다도 더 험하고/소용돌이보다도 더 어지럽고 해저보다도 더 깊게/아직까지도 부패와 부정과 살인자와 강도가 남아 있는 사회/이 심연이나 사막이나 산악보다도/더 어려운 사회를 넘어서(「기도」)

사회면(社會面) 사회와 관계된 기사를 싣는 신문 지면. *이것이 어제 오후에 써놓은 기사 대복으로/내일 조간분 사회면의 표독한 타이틀이 될 것이라고 해서(「기자의 정열」) *어느 삼류 신문의 사회면에는 간혹 그의 구제금 응모기사 같은 것이 나오고 있다/나는 이러한 사진과 기사를 볼 때마다(「백의」)

사회주의자(社會主義者) 사회주의를 신봉하고 그 실현을 위하여 노력하는 사람. *비숍 여사와 연애를 하고 있는 동안에는 진보주의자와/사회주의자는 네에미 씹이다 통일도 중립도 개좆이다(「거대한 뿌리」)

사흘 세 날. 3일. *그리하여 달아나오던 날 새벽에 파묻었던 총과 러시아 군복을 사흘을 걸려서 찾아내고 겨우 총살을 면하던 꿈같은 일을 생각한다(「조국에 돌아오신 傷病捕虜 동지들에게」) *손에는 무거운 보따리를 들고/가다가다 기침을 하면서/집에는 差押을 해온 파일오버가 있는데도/배자 위에 얄따란 검정 오버를 입고/사흘 전에 술에 취해 흘린 가래침 자국—(「네 얼굴은」)

삭구(索具) 배에서 쓰는 밧줄이나 쇠사슬 따위를 통틀어 이르는 말. *이러한 목표는 극장 의회 기계의 齒車/선박의 索具 등을 呪詛하지 않는다(「영롱한 목표」)

삭다 오래되어 썩은 것처럼 되다.
　삭아 *돌에 쇠에 구리에 넝마에 삭아/삭은 그늘에 또 삭아 부스러져/거미줄이 쳐지고 망각이 들어앉고/들어왔다 튀어나오고(「먼지」)
　삭은 *돌에 쇠에 구리에 넝마에 삭아/삭은 그늘에 또 삭아 부스러져/거미줄이 쳐지고 망각이 들어앉고/들어왔다 튀어나오고(「먼지」)

삭막하다(索莫—) 황폐하여 쓸쓸하다.
　삭막한 *삭막한 집의 삭막한 방에 놓인 피아노/그 방은 바로 어제 내가 혁명을 기념한 방/오늘은 기름진 피아노가/덩덩 덩덩덩 울리면서/나의 고갈한 비참을 달랜다(「피아노」)

산(山) 평지보다 높이 솟아 있는 땅의 부분. *더 넓은 전망이 필요 없는 이 무제한의 시간 위에서/산도 없고 바다도 없고 진흙도 없고 진창도 없고 미련도 없이(「헬리콥터」) *멀리서 산이 보이고/개울 대신 실가락처럼 먼지 나는/군용로가 보이는/고요한 마당 위에서(「휴식」) *벽 위에 걸어놓은 지도가/한없이 푸르다/이 푸른 바다와 산과 들 위에/화려한 태양이 날개를 펴고 걸어가는 것이다(「거리1」) *뜨거워질 햇살이 산 위를 걸어내려온다(「여름 아침」) *그러나 오늘은 산보다도/　　　그것은 나의 육체의 융기[…]그러나 오늘은 산보다도/그것은 나의 육체의 융기[…]그러나 오늘은 산보다도/　　　그것은 나의 육체의 융기(「광야」) *도야지우리에 새가 날고/국화꽃은 밤이면 더 한층 아름답게 이슬에 젖는데/올 겨울에도 산 위의 초라한 나무들을 뿌리만 간신히 남기고 살살이 갈라갈 동네아이들……(「꽃」) *어둠속에 비치는 해바라기와…… 주전자와…… 흰 벽과……/불을 등지고 있는 성황당이 보이는/그 산에는 겨울을 가리키는 바람이 일기 시작하네(「사치」) *쫀! 너는 저 산 위에 올라가 망을 보아라/메리야 너는 내 뒤를 따라와(「나는 아리조나 카보이야」) *눈을 가늘게 뜨고 산이 있거든 불러보라/나의 머리는 관악기처럼/우주의 안개를 빨아올리다 만다(「피곤한 하루의 나머지 시간」) *요 시인/용감한 시인/―소용없소이다/산 너머 민중이라고/산 너머 민중이라고/하여둡시다/민중은 영원히 앞서 있소이다(「눈」(1961)) *3월을 바라보는 마른 나무들이/사랑의 봉오리를 준비하고 그 봉오리의/속삭임이 안개처럼 이는 저 쪽에 쪽빛/산이//사랑의 기차가 지나갈 때마다 우리들의/슬픔처럼 자라나고 도야지우리의 밥찌끼/같은 서울의 등불을 무시한다(「사랑의 변주곡」) *바람의 고개는 자기가 일어서는 줄/모르고 자기가 가 닿은 언덕을/모르고 거룩한 산에 가 닿기/전에는 즐거움을 모르고 조금/안 즐거움이 꽃으로 되어도/그저 조금 꺼졌다 깨어나고(「꽃잎1」) *네 머리는 네 팔은 네 현재는/먼지에 싸여 있다 구름에 싸여 있고/그늘에 싸여 있고 산에 싸여 있고/구멍에 싸여 있고(「먼지」)

산기슭(山―) 산의 비탈이 끝나는 아랫 부분. *이제 나의 방은 막다른 방/이제 나의 방의 옆방은 자연이다/푸석한 암석이 쌓인 산기슭이/그치는 곳이라고 해도 좋다(「이사」)

산등성이(山―) 산의 등줄기. *원활하게 굽은 산등성이를 바라보며/나는 지금 간밤의 쓰디쓴 후각과 청각과 미각과 統覺마저 잊어버리려고 한다(「여름 아침」) *시대의 지혜/너무나 많은 나침반이여/밤이 산등성이에 넘어 내리는 새벽이면/모기의 피처럼/시인이 쏟고 죽을 오욕의 역사[…]도피하는 친구들/양심도 가지고 가라 휴식도―/우리들은 다 같이 산등성이를 내려가는 사람들(「광야」)

산뜻하다 깨끗하고 시원하다.
  산뜻하거든 *거짓말이 아냐/비수란 놈 창조보다도 더 산뜻하거든/晚時之歎은 있지만(「만시지탄은 있지만」)

산림(山林) 산과 숲, 또는 산에 있는 숲. *나는 발가벗은 아내의 목을 끌어안았다/山林과 時間이 오는 것이다(「아침의 유혹」)

산맥(山脈) 많은 산이 길게 이어져 줄기 모양을 하고 있는 산지. *1950년 7월 이후에 헬리콥터는/이 나라의 비좁은 산맥 위에 자태를 보이었고/이것이 처음 탄생한 것은 물론 그 이전이지만/그래도 제트기나 카고보다는 늦게 나왔다(「헬리콥터」)

산보(散步) 한가한 마음으로 또는 가벼운 기분으로 이리저리 거닒. *자기들이 회사원이라고도 하고/전차를 타고 자동차를 타고/요릿집엘 들어가고[…]서울에도 있고 산보도 하고/영화관에도 가고/애교도 있다/그들은 말하자면 우리들의 곁에 있다(「하…… 그림자가 없다」) *저이는 나보다 여유가 있다/저이는 나보다도 가난하게 보이는데/저이는 우리집을 찾아와서 산보를 청한다[…]그래도 추탕을 먹으면서 나보다도 더 땀을 흘리더라만/신문지로 얼굴을 씻으면서 나보고도/산보를 하라고 자꾸 권한다(「강가에서」)

산봉우리(山―) 산에서 높이 솟은 부분. *모든 산봉우리를 걸쳐온 돌풍처럼/당돌하고 시원하게/도회에서 달아나온 나는 말할 수 있다/「누이야 장하고나!」(「누이야 장하고나!」)

산소(山所) '무덤'을 높이어 이르는 말. ☞ 무덤. *이 구멍으로 들어가면 아리조나에 있는/우리 고조할아버지 산소 망두석 밑으로 빠질 수 있으니까(「나는 아리조나 카보이야」)

산악(山岳) 높고 험준하게 솟은 산들. *그러나 정글보다도 더 험하고/소용돌이보다도 더 어지럽고 해저보다도 더 깊게/아직까지도 부패와 부정과 살인자와 강도가 남아 있는 사회/이 심연이나 사막이나 산악보다도/더 어려운 사회를 넘어서(「기도」)

산정(山頂) 산의 맨 위. *먼 산정에 서 있는 마음으로 나의 자식과 나의 아내와/그 주위에 놓인 잡스러운 물건들을 본다[…]나는 지금 산정에 있다―/시를 반역한 죄로/이 메마른 산정에서 오랫동안 꿈도 없이 바라보아야 할 구름/그리고 그 구름의 파수병인 나(「구름의 파수병」)

산책하다(散策―) 한가한 마음으로 또는 가

벼운 기분으로 이리저리 거닐다.
산책하던 *머리가 누렇게 까진 땅주인은 어디로 갔나/여름저녁을 어울리지 않는 지팡이를 들고/이방인처럼 산책하던 땅주인은(「장시 2」)

산허리(山—) 산 둘레의 중턱. *저 산허리를/돌아서/너무나도 좋아서/하늘을/묶는/허리띠 모양으로/맴을 도는/눈송이를 보시오(「눈」(1961))

산화(山火) 산에 난 불. *「올 겨울은 눈이 적어서 토끼가 은거할 곳이 없겠네」//「저기 저 하아얀 것이 무엇입니까」/「불이다 山火다」(「토끼」)

살¹ 사람이나 동물의 뼈를 싸서 몸을 이루는 부드러운 부분. *너는 기류를 안고/나는 근지러운 나의 살을 안고(「네이팜 탄」)

살² 나이를 세는 말. *그러한 나의 반역성을 조소하는 듯이 스무 살도 넘을까 말까 한 노는 계집애와 머리가 고슴도치처럼 부스스하게 일어난 쓰메에리의 학생복을 입은 청년이 들어와서 커피니 오트밀이니 사과니 어수선하게 벌여놓고 계통 없이 처먹고 있다(「시골 선물」) *이제 꿈을 다시 꿀 필요가 없게 되었나 보다/나는 커단 서른아홉 살의 중턱에 서서/서슴지 않고 꿈을 버린다(「달밤」) *그때 너는 한 살이었다/그때 너는 한 살이었다/그때도 너는 기적이었다//그때 너는 여섯 살이었다/그때 너는 여섯 살이었다/그때도 너는 기적이었다//그때 너는 열여섯 살이었다/그때 너는 열여섯 살이었다/그때도 너는 기적이었다[…]그때 너는 열일곱 살이었다/그때 너는 열일곱 살이었다/그때도 너는 기적이었다[…]너는 이제 열아홉 살이었다/너는 이제 열아홉 살이었다/너는 여전히 기적이었다[…]너는 이제 스무 살이다/너는 이제 스무 살이다/너는 여전히 기적일 것이다(「65년의 새해」) *너는 열네 살 우리집에 고용을 살러 온 지/3일이 되는지 5일이 되는지 그러나 너와 내가/접한 시간은 단 몇 분이 안 되지 그런데/어떻게 알았느냐 나의 방대한 낭비와 넌센스와/허위를/나의 못 보는 눈을 나의 둔감한 영혼을/나의 애인 없는 더러운 고독을/나의 대대로 물려받은 음탕한 전통을(「꽃잎3」)

살구씨 살구나무 열매의 씨앗. *복사씨와 살구씨와 곶감씨의 아름다운 단단함이여/고요함과 사랑이 이루어놓은 폭풍의 간악한/신념이여[…]복사씨와 살구씨가/한번은 이렇게/사랑에 미쳐 날뛸 날이 올 거다!(「사랑의 변주곡」)

살다 ①목숨을 이어 나가다. ②생활을 하다. ③거주하거나 거처하다.
사는 *살림을 사는 아해들도 아름다웁듯이/노는 아해도 아름다워 보인다고 생각하면서/손님으로 온 나는 이 집 주인과의 이야기도 잊어버리고/또 한번 팽이를 돌려주었으면 하고 원하는 것이다[…]도회 안에서 쫓겨다니는 듯이 사는/나의 일이며/어느 소설보다도 신기로운 나의 생활이며/모두 다 내던지고[…]누구 집을 가보아도 나 사는 곳보다는 여유가 있고/바쁘지도 않으니/마치 別世界같이 보인다(「달나라의 장난」) *늬가 없이 사는 삶이 보람 있기 위하여 나는 돈을 벌지 않고/늬가 주는 모욕의 억만 배의 모욕을 사기를 좋아하고/억만 인의 여자를 보지 않고 산다(「너를 잃고」) *종로 네거리도 행길에 가까운 일부러 떠들썩한 찻집을 택하여 나는 앉아 있다/이것이 도회 안에 사는 나로서는 어디보다도 조용한 곳이라고 생각하고 있기 때문이다(「시골 선물」) *늬가 사는 엷은 세계는 자유로운 것이기에/생기와 신중을 한 몸에 지니고(「九羅重花」) *내가 사는 지붕 위를 흘러가는 날짐승들이/울고 가는 울음소리에도/나는 취하지 않으련다(「도취의 피안」) *무한히 망설이는 이 마음은 어둠과 절망의 어제를 위하여/사는 것이 아니고(「거리2」) *시를 배반하고 사는 마음이여/자기의 나체를 더듬어보고 살펴볼 수 없는 시인처럼 비참한 사람이 또 어디 있을까(「구름의 파수병」) *엄숙하지 않은 일을 하는 곳에 사는 친구를 찾아왔다(「사무실」) *바늘구멍만한 叡智를 바라면서 사는 자의 설움이여/너는 차라리 부정한 자가 되라[…]바늘구멍만한 예지의 저쪽에 사는 사람들이여/나의 현실의 메트르여/어제와 함께 내일에 사는 사람들이여/강력한 사람들이여……(「예지」) *마지막으로 몽상을 거듭하기도 피곤해진 밤에는/시골에 사는 나는—/달 밝은 밤을/언제부터인지 잠을 빨리 자는 습관이 생겼다(「달밤」) *이런 사람을 보면 세상사람들이 다 그처럼 살고 있는 것 같다/나같이 사는 것은 나밖에 없는 것 같다(「강가에서」) *무식하게 사치스러운 공허의 서울의/간선도로를 지나/아직도 얼굴의 윤곽이 뚜렷하지 않은/발목이 굵은 여자들이 많이 사는 나의 마을로(「X에서 Y로」) *聖人은 처를 적으로 삼았다/이 한국에서도 눈이 뒤집힌 사람들/틈에 끼여 사는 처와 처들을 본다/오결별의 신호여(「적2」) *봄베이도 뉴욕도 서울도 마찬가지다/신념보다도 더 큰/내가 묻혀 사는 사랑의 위대한 도시에 비하면/너는 개미이냐(「사랑의 변주곡」) *나는 섬찍해서 그전의 둔감한 내 자신으로/다시 돌아간다/연민의 순간이다 황홀의 순간이 아니라/속아 사는 연민의 순간이다(「性」)

사는지 *숫자를 무시하고 사는지/이미 헤아릴 수 없이 오래된 연기(「연기」)

산 *奇蹟을 기적으로 울리게 한다/죽은 기적을 산 기적으로 울리게 한다(「참음은」)

산다 *늬가 없이 사는 삶이 보람 있기 위하여 나는 돈을 벌지 않고/늬가 주는 모욕의 억만 배의 모욕을 사기를 좋아하고/억만 인의 여자를 보지 않고 산다(「너를 잃고」) *시멘트 가죽을 뚫고 일어나면 내 집과/나의 정신이 순간적으로 들렸다 놓인다/요는 정치 의견이 맞지 않는 나라에는 못 산다(「거짓말의 여운 속에서」)

산다는 *낭만적 위대성을 잊어버린 지 오랜 네가 인류를 위하여 산다는 것도 거짓말에 가까운 것이지만/그래도 누가 읽어줄지 모르는 신문 한구석에 너의 피가 어리어 있는 것이 반가워서 보고 있는 것인가(「기자의 정열」)

산다든가 *대구에서/대구에서/쌀난리가/났지 않아/이만 하면 아직도/혁명은/살아 있는 셈이지//백성들이/머리가 있어 산다든가/그처럼 나도/머리가 다 비어도/인제는 산단다(「쌀난리」)

산단다 *늬가 없어도 나는 산단다/억만 번 늬가 없어 설워한 끝에/억만 걸음 떨어져있는/너는 억만 개의 모욕이다//나쁘지도 않고 좋지도 않은 꽃들/그리고 별과도 등지고 앉아서/모래알 사이에 너의 얼굴을 찾고 있는 나는 인

제/늬가 없어도 산단다(「너를 잃고」) *백성들이/머리가 있어 산다든가/그처럼 나도/머리가 다 비어도/인제는 산단다/오히려 더/착실하게/온몸으로 살지/발톱 끝부터로의/하극상 이란다(「쌀난리」)

살 *포로수용소보다 더 어두운 곳이라 할지라도/자유가 살고 있는 영원한 길을 찾아/나와 나의 벗이 안심하고 살 수 있는/현대의 천당을 찾아 나온 것이다//나는 원래가 약게 살 줄 모르는 사람이다/진실을 찾기 위하여 진실을 잊어버려야 하는/내일의 역설 모양으로/나는 자유를 찾아서 포로수용소에 온 것이고(「조국에 돌아오신 傷病捕虜 동지들에게」) *이 영원한 숨바꼭질 속에서/나는 또한 영원히 늬가 없어도 살 수 있는 날을 기다려야 하겠다/나는 億萬無慮의 모욕인 까닭에(「너를 잃고」) *부끄러움도 모르고/밝은 빛만으로 너는 살아왔고/또 너는 살 것인데(「너는 언제부터 세상과 배를 대고 서기 시작했느냐」)

살고 *포로수용소로 오려고 집을 버리고 나온 것이 아니라/포로수용소보다 더 어두운 곳이라 할지라도/자유가 살고 있는 영원한 길을 찾아/나와 나의 벗이 안심하고 살 수 있는/현대의 천당을 찾아 나온 것이다(「조국에 돌아오신 傷病捕虜 동지들에게」) *물은 물이고 불은 불일 것이지만/어제와 오늘이 다르고/오늘과 내일의 차이를 정시하기 위하여/하다못해 이와 같이 타락한 신문기자의/탈을 쓰고 살고 있단다(「바꾸어진 지평선」) *兩眼이 모두 담홍색을 하고 있는 것으로 보아/그가 오랜 세월을 暗夜 속에서 살고 있었던 것만은 확실하다고 나는 생각한다(「백의」) *이런 사람을 보면 세상사람들이 다 그처럼 살고 있는 것 같다/나같이 사는 것은 나밖에 없는 것 같다(「강가에서」)

살기 *생후의 토끼가 살기 위하여서는/전쟁이나 혹은 나의 진실성 모양으로 서서 있어야 하였다(「토끼」) *내가 살기 위하여/몇 개의 번개 같은 환상이 필요하다 하더라도(「긍지의 날」) *나는 아무것에도 취하여 살기를 싫어하기 때문이다(「도취의 피안」) *무서워서 편리해서 살기 위해서/빨갱이라고 할까 보아 무서워서/돈을 벌기 위해서는 편리해서/가련한

목숨을 이어가기 위해서(「우선 그놈의 사진을 떼어서 밑씻개로 하자」)

살던 *극장이여/나도 지나간 날에는 배우를 꿈꾸고 살던 때가 있었단다(「거리2」)

살러 *너는 열네 살 우리집에 고용을 살러 온 지/3일이 되는지 5일이 되는지 그러나 너와 내가/접한 시간은 단 몇 분이 안 되지 그런데/어떻게 알았느냐 나의 방대한 낭비와 넌센스와/허위를(「꽃잎3」)

살면 *겨자씨같이 조그맣게 살면 돼/복숭아 가지나 아가위 가지에 앉은/배부른 흰 새모양으로/잠깐 앉았다가 떨어지면 돼(「장시1」)

살면서 *겨자씨같이 조그맣게 살면서/장시만 장시만 안 쓰면 돼(「장시1」)

살아 *눈은 살아 있다/떨어진 눈은 살아 있다/마당 위에 떨어진 눈은 살아 있다[…]눈은 살아 있다/죽음을 잊어버린 영혼과 육체를 위하여/눈은 새벽이 지나도록 살아 있다(「눈」(1956)) *대구에서/대구에서/쌀난리가 났지 않아/이만 하면 아직도/혁명은/살아 있는 셈이지(「쌀난리」) *당신의 모든 행복과 우리들의 바닷가의/행복의 모든 추억에 대해서 미안하지 않소/살아 있던 시간에 대해서 미안하지 않소(「美濃印札紙」) *길을 걸으면서 생각하여 보는/향로가 이러하고/내가 그 향로와 같이 있을 때/살아있는 향로/소생하는 나/덧없는 나(「더러운 향로」) *등잔은 바다를 보고/살아있는 듯이 나비가 죽어 누운/무덤 앞에서/나는 나의 할 일을 생각한다(「나비의 무덤」) *惰眠의 축적으로 우리 몸은 자라고/그래도 행동이 마지막 의미를 갖고/네가 씹는 음식에 내가 증오하지 않음이/내가 겨우 살아있는 표시라(「먼지」)

살아라 *물 위를 날아가는 돌팔매질―/아슬아슬하게/세상에 배를 대고 날아가는 정신이여/너무나 가벼워서 내 자신이/스스로 무서워지는 놀라운 육체여/배반이여 모험이여 간악이여/간지러운 육체여/표면에 살아라(「바뀌어진 지평선」)

살아야 *시간의 표면에/물방울을 풍기어 가며/오늘을 울지 않으려고/너를 잊고 살아야 하는 까닭에/로날드 골맨의 신작품을/눈여겨 살펴보며/피우기 싫은 담배를 피워본다(「바뀌어진 지평선」) *나는 오늘도 누구에게든 얽매여 살아야 한다(「꽃」)

살아야겠어 *시간은 내 목숨야. 어제하고는 틀려졌어. 틀려/졌다는 것을 알았어. 틀려져야겠다는 것을 알/았어. 그것을 당신한테 알릴 필요가 있어. 그것/이 책보다 더 중요하다는 걸 모르지. 그것을/이제부터 당신에게 알리면서 살아야겠어―그게/될까? 되면? 안 되면? 당신! 당신이 빛난다(「엔카운터誌」)

살지 *백성들이/머리가 있어 산다든가/그처럼 나도/머리가 다 비어도/인제는 산단다/오히려 더/착실하게/온몸으로 살지(「쌀난리」)

살롱드라마(영, salon drama) 부르주아 살롱에서 토론하고 있는 등장인물들을 제시하는 극. drawing-room play, high comedy라고도 한다. 이 희극에서는 언어가 희극적인 것의 전부이며, 아주 섬세하고, 멋진 말이나 작가의 말을 탐구한다. 극행동은 관념이나 주장 또는 흔쾌히 받아들일 수 있는 짓궂은 말의 교환에 한정되어 있다. 체홉, 모옴, 슈니즐러 등의 작가가 있다. *순수하죠. 앨비 말예요./살롱 드라마이지요. 반도호텔이나 조선호텔에서/공연을 하게 돼요. 절망의 여운이에요.(「전화 이야기」)

살리다 '살다'의 사동형. ①목숨을 이어 나가게 하다. ②생활을 하게 하다.

살리기 *가족들을 먹여살리기 위해서였다(「적」)

살림 한 집안을 이루어 살아가는 일. *살림을 사는 아해들도 아름다웁듯이/노는 아해도 아름다워 보인다고 생각하면서/손님으로 온 나는 이 집 주인과의 이야기도 잊어버리고/또 한 번 팽이를 돌려주었으면 하고 원하는 것이다(「달나라의 장난」)

살살이 ①살금살금. ②간사하고 교활하게. ③ 샅샅이. 알뜰하게. 남김없이. *도야지우리에 새가 날고/국화꽃은 밤이면 더 한층 아름답게 이슬에 젖는데/올 겨울에도 산 위의 초라한 나무들을 뿌리만 간신히 남기고 살살이 갈라 갈 동네아이들……(「꽃」)

살아가다 목숨을 이어 가거나 생활을 해 나가다.

살아가기 *이 어지러운 세상을 살아가기 위

하여/나에게는 약간의 경박성이 필요하다(「바꾸어진 지평선」)
살아가는 *팽이가 돈다/어린아해이고 어른이고 살아가는 것이 신기로워/물끄러미 보고 있기를 좋아하는 나의 너무 큰 눈 앞에서/아해가 팽이를 돌린다(「달나라의 장난」)
살아간다는 *방 두 칸과 마루 한 칸과 말쑥한 부엌과 애처로운 처를 거느리고/외양만이라도 남과 같이 살아간다는 것이 이다지도 쑥스러울 수가 있을까(「구름의 파수병」)
살아나다 죽었거나 거의 죽게 되었다가 다시 생명을 얻다.
살아난 *전쟁의 모든 파괴 속에서/불사조같이 살아난 너의 몸뚱아리—(「국립도서관」)
살아났다 *그러나 너의 얼굴은/어둠에서 불빛으로 넘어가는/그 찰나에 꺼졌다 살아났다/너의 얼굴은 그만큼 불안하다//번개처럼/번개처럼/금이 간 너의 얼굴은(「사랑」)
살아오다 목숨을 이어 오다.
살아왔고 *부끄러움도 모르고/밝은 빛만으로 너는 살아왔고/또 너는 살 것인데/투명의 대명사 같은 너의 몸을/지금 나는 은폐물같이 생각하고/기대고 앉아서/안도의 탄식을 짓는다/유리창이여(「너는 언제부터 세상과 배를 대고 서기 시작했느냐」)
살아왔으면 *8·15를 6·25를 4·19를/뒈지지 않고 살아왔으면 알겠지/대한민국에서는 공산당만이 아니면/사람 따위는 기천 명쯤 죽여보아도 까딱도 없거든(「만시지탄은 있지만」)
살인(殺人) 사람을 죽임. *솔직한 고백을 싫어하는/뮤즈여/妬忌와 경쟁과 살인과 간음과 사기에 대하여서는/너에게 이야기하지 않으리라(「바꾸어진 지평선」) *남에게 희생을 당할 만한/충분한 각오를 가진 사람만이/살인을 한다(「죄와 벌」)
살인자(殺人者) 사람을 죽인 사람. *선량한 백성들이 하늘같이 모시고/아침저녁으로 우러러보던 그 사진은/사실은 억압과 폭정의 방패였느니/썩은 놈의 사진이었느니/아아 살인자의 사진이었느니(「우선 그놈의 사진을 떼어서 밑씻개로 하자」) *아직까지도 부패와 부정과 살인자와 강도가 남아 있는 사회/이 십연이나 사막이나 산악보다도/더 어려운 사회를 넘어서(「기도」)

살찌다 몸에 살이 오르다.
살찌는 *굵은 밧줄 밑에 뒹구는/구렁이가 악몽이 될 수 있겠나요/무수한 공허 밑에 살찌는 공허보다/더 무서운 악몽이 있나요(「靈交日」)
살쾡이 고양이와 비슷하게 생겼으나 몸집이 더 크고, 갈색 바탕에 흑갈색 줄무늬가 있는 사나운 산짐승. *우리들의 혁명을/배암에게 쐐기에게 쥐에게 살쾡이에게/진드기에게 악어에게 표범에게 승냥이에게/늑대에게 고슴도치에게 여우에게 수리에게 빈대에게/다치지 않고 깎이지 않고 물리지 않고 더럽히지 않게[…]이번에는 우리가 배암이 되고 쐐기가 되더라도/이번에는 우리가 쥐가 되고 살쾡이가 되고 진드기가 되더라도/이번에는 우리가 악어가 되고 표범이 되고 승냥이가 되고 늑대가 되더라도/이번에는 우리가 고슴도치가 되고 여우가 되고 수리가 되고 빈대가 되더라도(「기도」)
살펴보다 자세히 바라보다.
살펴보며 *시간의 표면에/물방울을 풍기어가며/오늘을 울지 않으려고/너를 잊고 살아야 하는 까닭에/로날드 골맨의 신작품을/눈여겨 살펴보며/피우기 싫은 담배를 피워본다(「바꾸어진 지평선」)
살펴볼 *자기의 나체를 더듬어보고 살펴볼 수 없는 시인처럼 비참한 사람이 또 어디 있을까(「구름의 파수병」)
살펴볼까 정치의 작전이 아닌/애정의 부름을 따라서/네가 떠나가기 전에/나는 나의 조심을 다하여 너의 내부를 살펴볼까(「네이팜 탄」)
삶 ①사는 일 또는 살아 있음. ②목숨 또는 생명. *삶에 지친 者여/자를 보라/너의 무게를 알 것이다(「자」) *늬가 없이 사는 삶이 보람 있기 위하여 나는 돈을 벌지 않고/늬가 주는 모욕의 억만 배의 모욕을 사기를 좋아하고(「너를 잃고」)
삶다 ①물에 넣고 끓이다. ②달래거나 꾀어서 고분고분하게 만들다. ③논밭의 흙을 써레로 썰고 나래로 골라 노글노글하게 만들다.
삶은 *삶은 계란의 껍질이/벗겨지듯/묵은 사랑이/벗겨질 때/붉은 파밭의 푸른 새싹을 보아라(「파밭 가에서」)

삼다 ①어떤 대상과 인연을 맺어 자기와 관계 있는 사람으로 만들다. ②무엇을 무엇이 되게 하거나 여기다. ③무엇을 무엇으로 가정하다.
　삼았다 *이 가벼움 혹시나 역사일지도 모르는/이 가벼움을 나는 나의 재산으로 삼았다(「그 방을 생각하며」) *聖人은 처를 적으로 삼았다/이 한국에서도 눈이 뒤집힌 사람들/틈에 끼여 사는 처와 처들을 본다(「적2」)
　삼을 *나는 인제 녹슬은 펜과 뼈와 광기―/실망의 가벼움을 재산으로 삼을 줄 안다(「그 방을 생각하며」)

삼랑진(三浪津) 경상남도 밀양시에 있는 읍. *나날이 새로워지는 괴기한 청년/때로는 일본에서/때로는 이북에서/때로는 삼랑진에서/말하자면 세계의 도처에서 나타날 수 있는 千手千足獸(「절망」(1962))

삼류(三流) 어떠한 부류에 있어서 정도나 수준이 낮은 층(層). *그는 한국에 수입되어 가지고 완전한 고아가 되었고/거리에 흩어진 월간 대중잡지 위에 매월 그의 사진이 게재되어 왔을 뿐만 아니라/어느 삼류 신문의 사회면에는 간혹 그의 구제금 응모기사 같은 것이 나오고 있다(「백의」)

삼복(三伏) ①초복, 중복, 말복을 통틀어 이르는 말. ②여름철의 몹시 더운 기간. *삼복의 더위에 질려서인가 했더니/아냐/아이를 뱄어/계수가 아이를 배서 조용하고/식모 아이는 사랑을 하는 중이라네(「伏中」)

삼복염천거래(三伏炎天去來) 삼복 뜨거운 하늘 아래 왔다간다. ☞ 생활무한. *生活無限/苦難突起/白骨衣服/三伏炎天去來/나의 시절은 태양 속에/나의 사랑도 태양 속에/日蝕을 하고(「愛情遲鈍」)

삼십대(三十代) 서른 살부터 서른아홉 살까지의 나이때. *미역국은 인생을 거꾸로 걷게 한다 그래도 우리는/삼십대보다는 약간 젊어졌다 육십이 넘으면 좀더/젊어질까 기관포나 뗏목처럼 인생도 인생의 부분도/통째 움직인다(「미역국」)

삼키다 ①무엇을 입에 넣어서 목구멍으로 넘기다. ②남의 것을 자기 것으로 만들어 버리다. ③웃음, 눈물, 소리 따위를 억지로 참다.
　삼키고 *소비에트에는 있다/(계사 안에서 우는 알 겯는/닭소리를 듣다가 나는 마른침을 삼키고/담배를 피워 물지 않으면 아니 된다)//여기에 있는 것은 중용이 아니라/踏步다 죽은 평화다 懶惰다 무위다(「중용에 대하여」)

삽시간(霎時間) 매우 짧은 시간. *그렇지만/구차한 나의 머리에/성스러운 鄕愁와 우주의 위대감을 담아주는 삽시간의 자극을/나의 가족들의 기미 많은 얼굴에 비하여 보아서는 아니 될 것이다(「나의 가족」)

상기(想起) 지난 일을 생각해 냄. *詩는 쨍쨍한 날씨에 청랑한 들에/환락의 개울가에 바늘돋친 숲에/버려진 우산/망각의 想起다(「적2」)

상나무 향나무. 측백나뭇과의 상록 침엽 교목. 높이는 20미터 정도이며, 잎은 마주나거나 돌려나고 비늘 조각 또는 바늘 모양이다. 4월에 단성화가 가지 끝에 피고 열매는 구과(毬果)로 다음 해 10월에 익는다. 재목은 조각재, 가구재, 향료로 쓰며 약용한다. 산기슭이나 평지에서 자라는데 한국, 일본, 만주 등지에 분포한다. *잣나무 전나무 집뽕나무 상나무/연못 흰 바위/이러한 것들이 나를 속이는가/어두운 그늘 밑에 드나드는 쥐새끼들(「휴식」)

상대자(相對者) ①어떤 일에서 짝을 이루는 사람. ②시합이나 이해관계가 있는 일에서 서로 맞서는 사람. *VOGUE야 넌 잡지가 아냐/섹스도 아냐 유물론도 아냐 선망조차도/아냐―선망이란 어지간히 따라갈 가망성이 있는/상대자에 대한 시기심이 아니냐(「VOGUE야」)

상륙하다(上陸―) 배에서 육지로 오르다.
　상륙한 *해는 청교도가 대륙 동부에 상륙한 날보다 밝다/우리의 재[灰], 우리의 서걱거리는 말이여(「미역국」)

상병포로(傷病捕虜) 부상당하거나 병이 든 포로. *「[…]이북에서 고생하고 돌아오는/상병포로들에게 말할 수 없는 미안한 감이 듭니다」[…]아마 나의 영혼은 부지런히 일어나서 고생하고 돌아오는/대한민국 상병포로와 UN 상병포로들에게 한마디 말을 하였을 것이다(「조국에 돌아오신 傷病捕虜 동지들에게」)

상부(上部) ①위쪽 부분. ②더 높은 직위나 기관. *꽃이 열매의 상부에 피었을 때/너는 줄넘기 장난을 한다(「孔子의 생활난」)

상상(想像) ①실제로 경험하지 않은 현상이나 사물에 대하여 마음속으로 그려 봄. ②외부 자극에 의하지 않고 기억된 생각이나 새로운 심상을 떠올리는 일. *4면의 신문 위에 6호 활자가 몇천 개 박혀 있는지 모르지만 너의 상상에서는 실제의 수십 배는 담겨 있으리라[…] 그러한 휴식이 찬란한 아침햇빛 비치는 게시판 위에서 떠돌아다니면서/희한한 상상과 무수한 활자를/너에게 눌러주는 지금 이 순간에도/너는 아예 놀라지 말아라(「기자의 정열」) *마당에 서리가 내린 것은 나에게 상상을 그치라는 신호다/그 대신 새벽의 꿈은 구체적이고 선명하다/꿈은 상상이 아니지만 꿈을 그리는 것은 상상이다/술이 상상이 아니지만 술에 취하는 것이 상상인 것처럼/오늘부터는 상상이 나를 상상한다(「우리들의 웃음」) *괴기영화의 맘모스를 연상시키는/까치도 까마귀도 응접을 못하는 시꺼먼 가지를 가진/나도 감히 상상을 못하는 거대한 거대한 뿌리에 비하면……(「거대한 뿌리」)

상상하다(想像—) ①실제로 경험하지 않은 현상이나 사물에 대하여 마음속으로 그려 보다. ②외부 자극에 의하지 않고 기억된 생각이나 새로운 심상을 떠올리다.
　상상한다 *술이 상상이 아니지만 술에 취하는 것이 상상인 것처럼/오늘부터는 상상이 나를 상상한다(「우리들의 웃음」)
　상상할 *그 얼굴은 네 얼굴보다는/간음을 상상할 수 있을 만큼/그렇게 조금은 생생하지만/죽어라 돈을 받기보다는/죽어라 돈을 받기 전에(「네 얼굴은」)

상쇄되다(相殺—) 셈을 서로 비기게 되다.
　상쇄되고 *사람의 얼굴도 무섭지 않고/그의 목소리도 방해가 안 되고/어제의 행동과 내일의 복수가 상쇄되고/참호의 입구의 ㄱ자가 문제되고(「먼지」)

상승하다(上昇—) 위로 올라가다.
　상승하는 *헬리콥터가 風船보다도 가벼웁게 상승하는 것을 보고/놀랄 수 있는 사람은 설움을 아는 사람이지만/또한 이것을 보고 놀라지 않는 것도 설움을 아는 사람일 것이다(「헬리콥터」)

상식(常識) 보통 사람으로서 으레 가지고 있는 일반적인 지식이나 판단력. *민주주의는 인제는 상식으로 되었다/자유는 이제는 상식으로 되었다(「우선 그놈의 사진을 떼어서 밑씻개로 하자」) *상식에 취한 놈/상식에 취한/상식/상……하면서/나는 무엇인가에/여전히 바쁘기만 하다(「旅愁」)

상실(喪失) 기억이나 자신·자격·권리·의미 등 주로 추상적인 것을 잃어버림. *塵芥와 분뇨를 꽃으로 마구 바꿀 수 있는 나날/그러나 심연보다도 더 무서운 자기 상실에 꽃을 피우는 것은 신이고(「꽃」)

상인(商人) 장사를 업으로 하는 사람. *목사여 정치가여 상인이여 노동자여/실직자여 방랑자여/그리고 나와 같은 집 없는 걸인이여/집이 여기에 있다고 외쳐라(「가옥 찬가」) *미인, 시인, 사무가, 농사꾼, 상인, 耶蘇이기도 한/나날이 새로워지는 괴기한 인물(「절망」(1962))

상제(喪制) ①부모나 조부모가 세상을 떠나서 거상 중에 있는 사람. ②상례에 관한 제도.

상제보다 복재기가 더 섧다나 상제보다 복재기가 더 섧워한다. 직접 일을 당한 사람보다도 오히려 다른 사람이 더 걱정하고 있음을 비유적으로 이르는 말. *옆상에 앉은 술친구들이 경사나 난 듯이/고함을 친다/상제보다 복재기가 더 섧다나(「滿洲의 여자」)

상징(象徵) ①추상적인 개념이나 사물을 구체적인 사물로 나타냄 또는 그렇게 나타낸 표지(標識)·기호·물건 따위. ②추상적인 사물이나 관념 또는 사상을 구체적인 사물로 나타내는 일 또는 그 사물. *순결과 오점이 모두 그의 상징이 되려 할 때/신이여/당신의 책을 당신이 여시오(「서책」) *이제야말로 아무 두려움 없이/그놈의 사진을 태워도 좋다/협잡과 아부와 무수한 악독의 상징인/지긋지긋한 그놈의 미소하는 사진을―(「우선 그놈의 사진을 떼어서 밑씻개로 하자」) *낮잠을 자고 나서 들어보면/후란넬 저고리도 훨씬 무거워졌다/거지의 누더기가 될락 말락 한/저놈은 어제 비를 맞았다/저놈은 나의 노동의 상징(「후란넬 저고리」) *너의 근육은/학교 밖에서 얻어맞은 모든 것이/골목길에서 얻어맞은 모든 것이/반드시 정말이 아니라는 것을 알았고/너의 어린 행동은/어린 상징을 면하기 시작했다(「'65년의 새해」) *아아 보기 싫은 머리에 두툼한 어깨는/허위의 상징/꺼져라 20년 전의 악마야(「네 얼굴은」) *저리 번쩍〈제니〉와 大師가/왔다갔다 앞뒤로 좌우로/왔다갔다 웃고 울고 왔다갔다/파우스트처럼 모든 상징이//상징이 된다 성속이 같다는 원효/대사가 이런 기계의 영광을 누릴/줄이야〈제니〉의 덕택을 입을/줄이야〈제니〉를〈제니〉를 사랑할 줄이야(「원효대사」)

상처(傷處) ①몸을 다쳐서 부상을 입은 자리. ②피해를 입은 흔적. *그는 나같이 몸이 약하지 않은 점에 주요한 원인이 있겠지만/雷神보다 더 사나웁게 사람들을 울리고/뮤즈보다도 더 부드러웁게 사람들의 상처를 쓰다듬어 준다(「백의」) *무더운 자연 속에서/검은 손과 발에 마구 상처를 입고 와서/병든 사자처럼/벌거벗고 지내는/나는 여름(「가옥 찬가」) *10년이란 한 사람이 준 상처를 다스리기에는 너무나 짧은 세월이다(「누이야 장하고나!」)

상추씨 상추의 씨. 상추는 국화과의 일년초로 잎을 먹을 수 있어 채소로 널리 재배됨. *잿님이 할아버지가 상추씨, 아욱씨, 근대씨를 뿌린 다음에/호박씨, 배추씨, 무씨를 또 뿌리고(「가다오 나가다오」)

새¹ 몸에 깃털이 있고 다리가 둘이며, 하늘을 자유로이 날 수 있는 짐승을 통틀어 이르는 말. *적진을 돌격하는 전사와 같이/나무에서 떨어진 새와 같이/적에게나 벗에게나 땅에게나/그리고 모든 것에서부터/나를 감추리(「더러운 향로」) *도야지우리에 새가 날고/국화꽃은 밤이면 더 한층 아름답게 이슬에 젖는데(「꽃」) *나는 총에 맞는 새같이 가련하게도 당신의 집을 나와버렸다(「말」(1958)) *햇빛에는 겨울보리에 싹이 트고/강아지는 낑낑거리고/골짜기들은 평화롭지 않으냐—평화의 의지를 말하고 있지 않으냐/울고 간 새와/울을 새의/적막 사이에서(「冬麥」) *싸늘한 가을 바람 소리에/전통은/새처럼 겨우 나무그늘 같은 곳에 定處를 찾았나보다(「파리와 더불어」) *복숭아 가지나 아가위 가지에 앉은/배부른 흰 새모양으로/잠깐 앉았다가 떨어지면 돼[…]오징어발에 말라붙은 새처럼 꼬리만 치지 않으면 돼[…]오징어에 말라붙은 새처럼 5월이 와도/9월이 와도 꼬리만 치지 않으면 돼[…]오징어발에 말라붙은 새처럼 꼬리만 치지 않으면 돼(「장시1」) *혼미하는 아내며/날이 갈수록 간격이 생기는 골육들이며/새가 아직 모여들 시간이 못 된 늙은 포플러나무며/소리 없이 나를 괴롭히는/그들은 신의 고문인인가(「장시2」) *그러니까 종교도 종교 이전에 있다 우리나라가/종교국인 것처럼/새의 울음소리가 그 이전의 정적이 없이는 들리지 않는 것처럼……(「우리들의 웃음」)

새² 새로운. 낡지 않은. *반항의 자유/진정한 반항의 자유조차 없는 그들에게/마지막 부르고 갈/새 날을 향한 戰勝의 노래라고 부르고 싶어라!(「조국에 돌아오신 傷病捕虜 동지들에게」) *오랜 피곤도 고통도 인내도 잊어버리고/새 사람 아닌 새 사람이 되어/아무도 모르고 너 혼자만이 아는/네가 쓴 기사 위에/황홀히 너를 찾아보는 아침이여/번개같이 가슴을 울리고 가는 묵은 생명과 새 희망의 무수한 충돌 충돌……(「기자의 정열」) *여편네가 일본에서 온 새 잡지 안의/金素雲의 수필을 보라고 내던져준다(「파자마 바람으로」) *동산에 걸린/새 달에 비친 나뭇가지처럼/세계를 배경으로 한 나의 사상처럼(「반달」) *네가 우리를 보고 깜짝 놀란다/65년의 새 얼굴을 보고/65년의 새해를 보고(「'65년의 새해」) *어제는 캐시밀론이 들은 새 이불이/어젯밤에는 새 책이/오늘 오후에는 새 라디오가 승격해 들어왔다[…]아이놈은 라디오를 보더니/왜 새 수련장은 안 사왔느냐고 대들지만(「금성라디오」) *싯가 700원가량의 새 철사뭉치는 우리집의/양심의 가책이다(「도적」)

새기다 ①물건의 바탕에 글씨나 형상을 파다. ②잊지 아니하도록 마음속에 깊이 기억하다. ③적거나 인쇄하다.
　새겨 *그렇게 먼 날까지 가기 전에 너의 가슴에/새겨둘 말을 너는 도시의 피로에서/배울 거다(「사랑의 변주곡」)

새까맣다 ①매우 까맣다. ②거리나 시간 따위가 매우 아득하게 멀다. ③기억이나 아는 바가 아주 전혀 없다. ④헤아릴 수 없이 매우 많다. ⑤마음이나 행실 따위가 매우 앙큼하다.

새까만 *신축공장이 아교공장의 말뚝처럼 일어서는/시골에서/새까만 발에 샌들을 신은 여자의 시골에서/무식하게 사치스러운 공허의 서울의/간선도로를 지나(「X에서 Y로」)

새까맣게 *아아 새까맣게 손때 묻은 육법전서가/표준이 되는 한/나의 손등에 장을 지져라(「육법전서와 혁명」)

새끼 ①낳은 지 얼마 안 되는 어린 짐승. ②자식을 낮잡아 이르는 말. *토끼는 입으로 새끼를 뱉으다[…]토끼야/봄 달 속에서 나에게만 너의 재주를 보여라/너의 입에서 튀어나오는/너의 새끼를(「토끼」) *나의 새끼는 피아노 앞에서는 노예/둘째 새끼는 왕자다(「피아노」) *나뿐만이 아니라/여편네뿐이 아니라 안달을 부리는/여편네뿐만이 아니라/우리들의 새끼들까지도/아무것도 모르는 우리들의 새끼들까지도(「식모」)

새다 '새우다'의 준말. 온밤을 자지 않고 뜬눈으로 밝히다.

새는 *시험공부를 하느라고 밤을 새는 큰아이놈의/말이다 필시 그럴 거라(「도적」)

새로 ①지금까지 있은 적이 없이 처음으로. ②전과 달리 새롭게 또는 새것으로. ③시각이 시작됨을 이르는 말. *네이팜 탄은 최근 미국에서 새로 발명된 유도탄이다.(「네이팜 탄」의 원주) *새로 파논 우물전에서 도배를 하고 난 귀얄을 씻고 간 두붓집 아가씨에게/무어라고 수고의 인사를 해야 한다지(「사치」) *참음은 어제를 생각하게 하고/어제의 얼음을 생각하게 하고/새로 확장된 서울특별시 동남단 논두렁에/어는 막막한 얼음을 생각하게 하고(「참음은」) *그러니까 그가 나보다도 아직까지는 더 순수한 폭도 되고/우리는 월남의 중립 문제니 새로 생긴다는 혁신정당 얘기를/하고 있었지만(「H」) *헌 기계는 가게로 가게에 있던 기계는/옆에 새로 난 쌀가게로 타락해 가고(「금성라디오」)

새롭다 ①지금까지 있은 적이 없다. ②전과 달리 생생하고 산뜻하게 느껴지는 맛이 있다. ③절실하게 필요하다.

새로운 *이북에 억류되고 있는 대한민국과 UN군의 포로들을 구하여내기 위하여/새로운 싸움을 하라고 합니다/나는 정말 미안하다고 하였습니다(「조국에 돌아오신 傷病捕虜 동지들에게」) *새로운 목표는 이미 나타나고 있었다/죽음보다도 엄숙하게/귀고리보다도 더 가까운 곳에[…]새로운 목표는 이미 작업을 시작하고 있었다/역을 떠난 기차 속에서/능금을 먹는 아이들의 머리 위에서[…]새로운 목표는 이미 나타나고 있었다/죽음보다도 엄숙하게/귀고리보다도 더 가까운 곳에/종소리보다도 더 영롱하게(「영롱한 목표」) *황폐한 강변을/영혼보다도 더 새로운 해빙의 파편이/저 멀리/흐른다(「초봄의 뜰 안에」) *설움의 탓이라고 이 새로운 현실을 경시하면서도(「말」(1958)) *「선생님 이야기는 20년 전 이야기이지요」/할 때마다 나는 그들의 나이를 찬찬히/소급해 가면서 새로운 여유를 느낀다/새로운 역사라고 해도 좋다(「현대식 교량」)

새로워지는 *나날이 새로워지는 괴기한 청년/때로는 일본에서/때로는 이북에서/때로는 삼랑진에서[…]미인, 시인, 사무가, 농사꾼, 상인, 耶蘇이기도 한/나날이 새로워지는 괴기한 인물(「절망」(1962))

새벽 날이 밝을 무렵. *그리하여 달아나오던 날 새벽에 파묻었던 총과 러시아 군복을 사흘을 걸려서 찾아내고 겨우 총살을 면하던 꿈같은 일을 생각한다(「조국에 돌아오신 傷病捕虜 동지들에게」) *눈은 살아 있다/죽음을 잊어버린 영혼과 육체를 위하여/눈은 새벽이 지나도록 살아 있다(「눈」(1956)) *시대의 지혜/너무나 많은 나침반이여/밤이 산등성이에 넘어 내리는 새벽이면/모기의 피처럼/시인이 쏟고 죽을 오욕의 역사(「광야」) *해초처럼 움직이는/바람에 나부껴서 밤을 모르고/언제나 새벽만을 향하고 있는/투명한 움직임의 비애를 알고 있느냐(「비」) *새벽에 준 조로의 물이/대낮이 지나도록 마르지 않고/젖어 있듯이/묵은 사랑이/뉘우치는 마음의 한복판에/젖어있을 때(「파밭 가에서」) *온몸에/온몸에/힘이 없듯이/머리는/내일 아침 새벽까지도/아주 내처/비어 있으라지……(「쌀난리」) *피아노는 밥을 먹을 때도 새벽에도/한밤중에도 울린다[…]그녀가 새벽부터 부정기적으로/타온 순서대로/또 그 비참대로/값비싼 피아노가 값비싸게 울린다/돈이 울린다 돈이 울린다(「피아노」)

*절망은 나의 목뼈는 못 자른다 겨우 손마디 뼈를/새벽이면 하아프처럼 분질러놓고 간다[…]마당에 서리가 내린 것은 나에게 상상을 그치라는 신호다/그 대신 새벽의 꿈은 구체적이고 선명하다(「우리들의 웃음」) *죽은 고기처럼 혈색 없는 나를 보고/얼마전에는 애 업은 여자하고 오입을 했다고 한다/초저녁에 두 번 새벽에 한 번/그러니 아직도 늙지 않지 않았느냐고 한다(「강가에서」)

새벽녘 새벽이 될 무렵. *도적은 간밤에는 사그러진 담장 쪽이 아닌/우리집의 의젓한 벽돌 기둥의 정문 앞을/새벽녘에 거닐었다고 한다(「도적」)

새벽모이 닭이나 날짐승에게 새벽에 주는 먹이. *나는 點燈을 하고 새벽모이를 주자고 주장하지만/여편네는 지금 주는 것으로 충분하다는 것이다(「만용에게」)

새봄 ①겨울을 보내고 새로 맞는 첫봄. ②새로운 힘이 생기거나 희망이 가득 찬 시절을 비유적으로 이르는 말. *고민이 사라진 뒤에/이슬이 앉은 새봄의 낯익은 풀빛의 영상이/떠오르고 나서도/그것은 또 한참 시간이 필요했다(「풀의 영상」)

새삼스럽다 ①이미 알고 있는 사실에 대하여 느껴지는 감정이 갑자기 새로운 데가 있다. ②하지 않던 일을 이제 와서 하는 것이 보기에 두드러진 데가 있다.

새삼스럽게 *서울에 돌아온 지 일주일도 못 되는 나에게는 도회의 소음과 狂症과 속도와 허위가 새삼스럽게 미웁고 서글프게 느껴지고(「시골 선물」) *집과 문명을 새삼스럽게/즐거워하고 또 비판한다(「가옥 찬가」) *단식을 하고 나서 죽을 먹고/그 다음에 밥을 떡국을 먹었는데/새삼스럽게 소화불량증이 생겼다(「轉向記」)

새소리 새가 지저귀는 소리. *樵夫의 일하는 소리/바람이 생기는 곳으로/흘러가는 흘러가는 새소리/갈대소리(「토끼」) *물소리 새소리 낯선 바람소리 다시 듣고/모자의 정보다 부부의 의리보다/더욱 뜨거운 너의 입김에/나의 고독한 정신을 녹이면서 우마(「나비의 무덤」)

새싹 ①새로 돋아나는 싹. ②사물의 근원이 될 수 있는 새로운 시초를 비유적으로 이르는 말. *삶은 계란의 껍질이/벗겨지듯/묵은 사랑이/벗겨질 때/붉은 파밭의 푸른 새싹을 보아라[…]먼지 앉은 석경 너머로/너의 그림자가/움직이듯/묵은 사랑이 움직일 때/붉은 파밭의 푸른 새싹을 보아라[…]새벽에 준 조로의 물이/대낮이 지나도록 마르지 않고/젖어 있듯이/묵은 사랑이/뉘우치는 마음의 한복판에/젖어있을 때/붉은 파밭의 푸른 새싹을 보아라/얻는다는 것은 곧 잃는 것이다(「파밭 가에서」)

새해 새로 시작되는 해. *아니 네가 우리를 보고 깜짝 놀란다/네가 우리를 보고 깜짝 놀란다/65년의 새 얼굴을 보고/65년의 새해를 보고(「65년의 새해」)

색(色) 빛을 흡수하고 반사하는 결과로 나타나는 사물의 밝고 어두움이나 빨강, 파랑, 노랑 따위의 물리적 현상 또는 그것을 나타내는 물감 따위의 안료. *하얀 종이가 분홍으로 분홍 하늘이/녹색으로 또 다른 색으로 변할 만큼 밝다(「백지에서부터」)

색깔(色—) ①빛깔. ②정치나 이념상의 경향. *결합된 색깔은 모두가 엷은 것이지만/설움과 힘찬 미소와 더불어 관용과 자비로 통하는 곳에서(「九羅重花」) *얼마나 장구한 세월이 흘러갔던가/파도처럼 옆으로/혹은 세대를 가리키는 지층의 단면처럼 억세고도 아름다운 색깔—(「나의 가족」) *영사판 위의 모오든 검은 현실이 저마다 색깔을 입고/이미 멀리 달아나버린 비둘기의 두 눈동자에까지/붉은 광채가 떠오르는 것을 보다(「영사판」)

색대(色帶) 다양한 색의 실로 짠 띠. *白花의 意匠/萬華의 거동의/지금 고요히 잠드는 얼을 흔드며/關公의 色帶로 감도는/향로의 餘烟이 신비한데(「廟庭의 노래」)

색수건(色手巾) 색깔이 있는 수건. *와이셔츠 윗호주머니에는 한사코 색수건을 꽂아 뵈는 이유,/모르지?(「모르지?」)

샌들(영, sandal) 나무, 가죽, 비닐 따위로 바닥을 만들고 이를 가느다란 끈으로 발등에 매어 신게 만든 신발. *시골에서/새까만 발에 샌들을 신은 여자의 시골에서/무식하게 사치스러운 공허의 서울의/간선도로를 지나(「X에서 Y로」)

샐비어(영, salvia) ①꿀풀과의 여러해살이 풀. 높이는 50~80cm이며, 잎은 마주나고 긴 타원형으로 끝이 뾰족하고 가에 톱니가 있다. 9~10월에 주로 꽃이 줄기 끝에 핀다. 잎은 약용하거나 서양 요리에 향료로 쓴다. 남유럽이 원산지이다. ②깨꽃. ③샐비어속의 식물을 통틀어 이르는 말. *깨꽃이나 샐비어나 마찬가지 아니냐/내일의 채귀를/죽은 뒤의 채귀를 걱정하는/장시만 장시만 안 쓰려면 돼/샐비어씨는 빨갛지 않으니까/장시만 장시만 안 쓰려면 돼(「장시1」)

샘솟다 힘이나 용기 또는 눈물 따위가 끊이지 아니하고 솟아 나오다.
  샘솟아 *그러나 〈그때는 그때이고 지금은 지금〉이라고/구태여 달관하고 있는 지금의 내 마음에/샘솟아 나오려는 이 설움은 무엇인가(「국립도서관」)

생(生) ①삶. ②생명. *조바심도 습관이 되고/그의 얼굴도 습관이 되며/나의 無理하는 生에서/그의 사진도 무리가 아닐 수 없이(「아버지의 사진」)

생각 ①사람이 머리를 써서 사물을 헤아리고 판단하는 작용. ②어떤 사람이나 일 따위에 대한 기억. ③어떤 일을 하고 싶어 하거나 관심을 가짐 또는 그런 일. ④어떤 일을 하려고 마음을 먹음 또는 그런 마음. ⑤앞으로 일어날 일에 대하여 상상해 봄 또는 그런 상상. ⑥어떤 일에 대한 의견이나 느낌을 가짐 또는 그 의견이나 느낌. ⑦어떤 사람이나 일에 대하여 성의를 보이거나 정성을 기울임 또는 그런 일. ⑧사리를 분별함 또는 그런 일. *여미지 못하는 생각 위에/여밀 수 없는 부탁이여/차라리 죽순같이 자라는 대로 맡겨두련다(「부탁」) *일전에 어떤 친구를 만났더니 날더러 다시 포로수용소에 들어가고 싶은 생각이 없느냐고/정색을 하고 물어봅니다(「조국에 돌아오신 傷病捕虜 동지들에게」) *의치를 빼어서 물에 담가놓고 드러누우니/마치 내가 임종하는 곳이 이러할 것이니 하는 생각이 불현듯이 든다[…]그러한 생각을 함으로써 하루하루 도회의 때가 묻어가는 나의 몸을 분하다고 한탄한다(「미숙한 도적」) *그러할 때마다 잃어버려서 아깝지 않은 잃어버리고 온 모자 생각이 불현듯이 난다(「시골 선물」) *제각각 자기 생각에 빠져 있으면서/그래도 조금이나 부자연한 곳이 없는/이 가족의 조화와 통일을/나는 무엇이라고 불러야 할 것이냐(「나의 가족」) *모두들 공부하는 속에 와보면 나도 옛날에 공부하던 생각이 난다/그리고 그 당시의 시대가 지금보다 훨씬 좋았다고/누구나 어른들은 말하고 있으나[…]모두들 공부하는 속에 와보면 나도 옛날에 공부하던 생각이 난다(「국립도서관」) *이것이 안 되면 어떻게 하나 그 생각을/그 마지막 대책을 나는 일부러 생각하지/않고 있다(「판문점의 감상」) *괴로움과 괴로움의 이행이다 우리의 행동/이것을 우리의 시로 옮겨놓으려는 생각은/단념하라 괴로운 설사(「설사의 알리바이」)

생각나다 생각이 일어나다.
  생각나 *별안간/빚 갚을 것/생각나 그러나/여편네가/짜증 낼까/무서워 그러나(「〈4·19〉시」)

생각되다 생각이 이루어지다.
  생각돼서 *일본의 〈진보적〉 지식인들은 소련한테는/욕을 하지 않는다고 한다 나도 얼마 전까지는/흰 원고지 뒤에 낙서를 하면서/그것이 그럴듯하게 생각돼서/소련을 내심으로도 입밖으로도 두둔했었다(「轉向記」) *함경도 친구와 경상도 친구가 외국인처럼 생각돼서/술집에서 반드시 표준어만 쓰는 이유,/모르지?(「모르지?」)
  생각되지 *우리집 건넌방의 캐비닛을/노리고 있다고는 생각되지 않는다 아마/그럴지도 모르지만/나는 광문에 못을 쳐놓았다(「도적」)
  생각된다 *음악을 들으면 차밭의 앞뒤 시간이/가시처럼 생각된다[…]음악을 들으면 차밭의 앞뒤 시간이/가시처럼 생각된다 그리고 그 가시가/점점 더 똑똑해진다 동산에 걸린/새 달에 비친 나뭇가지처럼(「반달」)

생각하다 ①사람이 머리를 써서 사물을 헤아리고 판단하다. ②어떤 사람이나 일 따위에 대해 기억하다. ③어떤 일을 하고 싶어 하거나 관심을 가지다. ④어떤 일을 하려고 마음을 먹다. ⑤앞으로 일어날 일에 대하여 상상하다. ⑥어떤 일에 대한 의견이나 느낌을 가지다. ⑦어떤 사람이나 일에 대하여 성의를 보이

생각하다

거나 정성을 기울이다. ⑧사리를 분별하다.
생각하게 *모두 재미있는 현상이지만/그가 입에서 탄생되었다는 것은 또 한번 토끼를 생각하게 한다(「토끼」) *가벼운 무게가 하늘을/생각하게 하는/자[針尺]의 優雅는 무엇인가(「자」) *나는 일손을 멈추고 잠시 무엇을 생각하게 된다——살아 있는 보람이란 이것뿐이라고——/하루살이의 狂舞여/하루살이는 지금 나의 일을 방해한다(「하루살이」) *참음은 어제를 생각하게 하고/어제의 얼음을 생각하게 하고/새로 확장된 서울특별시 동남단 논두렁에/어는 막막한 얼음을 생각하게 하고/그리로 전근을 한 국민학교 선생을 생각하게 하고/그들이 돌아오는 길에 주막거리에서 쉬는 10분 동안의/지루한 정차를 생각하게 하고/그 주막거리의 이름이 말죽거리라는 것까지도/무료하게 생각하게 하고(「참음은」)
생각하고 *유순한 가족들이 모여서/죄 없는 말을 주고받는/좁아도 좋고 넓어도 좋은 방안에서/나의 위대한 所在를 생각하고 더듬어보고 짚어보지 않았으면(「나의 가족」) *종로 네거리도 행길에 가까운 일부러 떠들썩한 찻집을 택하여 나는 앉아 있다/이것이 도회 안에 사는 나로서는 어디보다도 조용한 곳이라고 생각하고 있기 때문이다[…]그러나 나는 그것을 시골이라고 무관하게 생각하고 쓰고 간 것인데 결국은 잃어버리고 말았다(「시골 선물」) *투명의 대명사 같은 너의 몸을/지금 나는 은폐물같이 생각하고/기대고 앉아서/안도의 탄식을 짓는다(「너는 언제부터 세상과 배를 대고 서기 시작했느냐」) *나는 또 하나의 생활의 좁은 골목 속으로/들어서면서/이 골목이라고 생각하고 무릎을 친다(「생활」) *그전에 돌아간 아버지의 진혼가가 우스꽝스러웠던 것을 생각하고/그래서 나는 그 사진을 10년 만에 곰곰이 正視하면서/이내 거북해서 너의 방을 뛰쳐나오고 말았다(「누이야 장하고나!」) *처갓집 옆의 지금은 매립한 개울에서 아낙네들이/양잿물 솥에 불을 지피며 빨래하던 시절을 생각하고(「거대한 뿌리」) *눈이 온 뒤에도 또 내린다//생각하고 난 뒤에도 또 내린다//응아 하고 운 뒤에도 또 내릴까//한꺼번에 생각하고 또 내린다(「눈」(1966))

생각하기 *나의 원죄와 회한을 생각하기 전에/너의 생리부터 해부하여 보아야겠다/뮤즈여(「바뀌어진 지평선」)
생각하는 *너를 딛고 일어서면/생각하는 것은 먼 나라의 일이 아니다/나의 가슴속에 흐트러진 파편들일 것이다(「네이팜 탄」) *병을 생각하는 것은/병에 매어달리는 것은/필경 내가 아직 건강한 사람이기 때문이리라/거대한 비애를 갖고 있는 사람이기 때문이리라(「파리와 더불어」) *너무 조용한 것도 병이다/너무 생각하는 것도 병이다(「伏中」) *동생뿐이 아니라/그의 죽음뿐이 아니라/혹은 그의 실종뿐이 아니라/그를 생각하는(「누이야 장하고나!」) *수입에 대해서 생각하는 것은 너나 나나 매일 반이다(「만용에게」)
생각하려 *나는 지금 일본 시인들의 작품을 읽으면서/내가 너무 자연스러운 전향을 한 데 놀라면서/이 이유를 생각하려 하지만/그 이유는 시가 안 된다(「轉向記」)
생각하며 *도회에서 태어나서 도회에서 죽어가는 사람들은/젊은 몸으로 죽어가는 前線의 전사에 못지않게 불쌍하다고 생각하며(「미숙한 도적」) *가장 아름다운 이기적인 시간 위에서/나는 나의 검게 타야 할 정신을 생각하며/구별을 용서하지 않는/밭고랑 사이를 무겁게 걸어간다(「여름 아침」)
생각하면 *팽이는 지금 수천 년 전의 聖人과 같이/내 앞에서 돈다/생각하면 서러운 것인데/너도 나도 스스로 도는 힘을 위하여/공통된 그 무엇을 위하여 울어서는 아니 된다는 듯이/서서 돌고 있는 것인가(「달나라의 장난」) *백화가 만발한 언덕 저편에/부처의 心思 같은 굴뚝이 허옇고/그 위에서 내뿜는 연기는/얼핏 생각하면 우습기도 하다(「연기」) *생각하면 그것은 둥근 옹이같이 어지러웁기만 한 일이지만/거기에는 초점이 없지도 않다(「기자의 정열」) *내일의 적은 오늘의 적보다 약할지 몰라도/오늘의 적도 내일의 적처럼 생각하면 되고/오늘의 적도 내일의 적처럼 생각하면 되고(「적1」)
생각하면서 *소련을 생각하면서 나는 치질을 앓고 피를 쏟았다/일주일 동안 단식까지 했다(「轉向記」) *살림을 사는 아해들도 아름다읍듯이/노는 아해도 아름다워 보인다고 생각하면세[…]점잖이 앉은 나의 나이와 나이가 준 나의 무게를 생각하면서/정말 속임 없는 눈으로/지금 팽이가 도는 것을 본다(「달나라의 장난」) *나는 그들을 생각하면서 하이데거를/읽고 또 그들을 사랑한다(「모리배」)
생각하여 *나는 구태여 생각하여 본다/그리고 비교하여 본다/나는 모자와 함께 나의 마음의 한 모퉁이를 모자 속에 놓고 온 것이라고/설운 마음의 한 모퉁이를(「시골 선물」) *길을 걸으면서 생각하여 보는/향로가 이러하고/내가 그 향로와 같이 있을 때/살아있는 향로/소생하는 나/덧없는 나(「더러운 향로」)
생각하지 *감정과는 다른 각도와 높이에서 보게 되는 나는 내 자신의 감정이 보다 더 거만하여지고 순화되어진 탓이라고는 생각하지 않는다(「시골 선물」) *눈물이 흘러나올 여유조차 없는/게시판과 너 사이에/오늘의 생활이 있을진대/달관한 신문기자여/생각하지 말아라(「기자의 정열」) *이것이 안 되면 어떻게 하나 그 생각을/그 마지막 대책을 나는 일부러 생각하지/않고 있다(「판문점의 감상」)
생각하지는 *나는 태양을 주웠다고 생각하지는 않았지만/설마 이런 것이 올 줄이야/괴물이여(「PLASTER」)
생각한 *내가 너를 좋아하는 원인을/네가 지니고 있는 긴 역사였다고 생각한 것은 과오였다(「더러운 향로」) *매춘부 젊은애들, 때묻은 발을 꼬고 앉아서/유부우동 먹고 있는 것을 보다가 생각한 것/아냐. 그때는 빌려드리려고 했어. 관용의 미덕—(「엔카운터 誌」)
생각한다 *내가 6·25 후에 价川 야영훈련소에서 받은 말할 수 없는 학대를 생각한다[…] 악귀의 눈동자보다도 더 어둡고 무서운 밤에 中西面 內務省 군대에게 체포된 일을 생각한다/그리하여 달아나오던 날 새벽에 파묻었던 총과 러시아 군복을 사흘을 걸려서 찾아내고 겨우 총살을 면하던 꿈같은 일을 생각한다(「조국에 돌아오신 傷病捕虜 동지들에게」) *신이라든지 하느님이라든지가 어디 있느냐고 나를 고루하다고 비웃은 어제저녁의 술친구의 천박한 머리를 생각한다/그 다음에는 나는 중앙선 어느 협곡에 있는 역에서 백여 리 떨어진 광산촌에 두고 온 잃어버린 겨울 모자를 생각한다(「시골 선물」) *등잔은 바다를 보고/살아있는 듯이 나비가 죽어 누운/무덤 앞에서/나는 나의 할 일을 생각한다(「나비의 무덤」) *3월도 되기 전에/그의 내부에서는 더운 물이 없어지고/어둠이 들어앉는다//나는 이 어둠을 神이라고 생각한다(「수난로」) *헌 옷과 낡은 구두가 그리 모양수통하지 않다 느끼면서/나는 옛날에 죽은 친구를/잠시 생각한다(「거리1」) *兩眼이 모두 담홍색을 하고 있는 것으로 보아/그가 오랜 세월을 暗夜 속에서 살고 있었던 것만은 확실하다고 나는 생각한다(「백의」) *―나는 확실히 하루살이에게 졌다고 생각한다―/하루살이의 유희여(「하루살이」) *나는 무엇인가에/여전히 바쁘기만 하다/아직도/소록도의 하얀 바다에/두고/버리고/던지고 온 취기가/가시지 않은 탓이라고 생각한다……(「旅愁」) *이 우울한 시대를 파라다이스처럼 생각한다/버드 비숍 여사를 안 뒤부터는 썩어빠진 대한민국이/괴롭지 않다(「거대한 뿌리」) *나는 도적이 이 철사의 반환을 꾀하고 있다고/생각한다(「도적」)
생각할 *생각할 틈도 없이/애정은 절박하고/과거와 미래와 오류와 혈액들이 모두 바쁘다(「네이팜 탄」) *우스운 것이 사람의 죽음이다/우스워하지 않고서 생각할 수 없는 것이 사람의 죽음이다[…]그를 생각할 수 있는/너까지도 다 함께 숭배하고 마는 것이/숭배할 줄 아는 것이/나의 인내이니까(「누이야 장하고나!」)
생각함 *땅의 2층이 하늘인 것처럼/이렇게 人情의 하늘이 가까워진/일이 없다 남을 불쌍히 생각함은/나를 불쌍히 생각함이라(「여름 밤」)
생각해 *그러나 쥐구멍을 잠시 거짓말의 구멍이라고/바꾸어 생각해 보자 내가 써준 시집의 서문을/믿지 않는 사람의 얼굴의 사마귀나 여드름을—(「거짓말의 여운 속에서」) *이 이상한 일을 놓고 나는 저녁상을/물리고 나서 한참이나 생각해본다(「라디오 계」)
생각해야 *이 죽은 순교자들을 어떻게 생각해야 하나(「이 한국문학사」)
생각했다 *고난이 나를 집중시켰고/이런 집

중이 여자의 선천적인 집중도와/기적적으로 마주치게 한 것이 전쟁이라고 생각했다(「여자」) *안하기로 했다 안해도 된다고/생각했다 안해야 한다고 생각했다/너에게도 엄마에게도 모든/아버지보다 돈 많은 사람들에게도/아버지 자신에게도(「VOGUE야」)

생긋하다 눈과 입을 살며시 움직이며 소리 없이 가볍게 웃다. 김수영의 시에서는 '싱그럽다' 의 뜻. *짓이긴 파 냄새가 술 취한/내 이마에 神藥처럼 생긋하다(「초봄의 뜰 안에」)

생기(生氣) 싱싱하고 힘찬 기운. *늬가 사는 엷은 세계는 자유로운 것이기에/생기와 신중을 한 몸에 지니고(「九羅重花」) *지지한 노래를/더러운 노래를 생기 없는 노래를/아아 하나의 명령을(「서시」)

생기다¹ ①없던 것이 새로 있게 되다. ②자기의 소유가 아니던 것이 자기의 소유가 되다. ③어떤 일이 일어나다.
　생겨 *더러운 일기는 찢어버려도/짜장 재주를 부릴 줄 아는 나이와 詩/배짱도 생겨가는 나이와 詩(「詩」(1961))
　생겼다 *언제부터인지 잠을 빨리 자는 습관이 생겼다/밤거리를 방황할 필요가 없고/착잡한 머리에 책을 집어들 필요가 없고/마지막으로 봉상을 거듭하기도 피곤해진 밤에는/시골에 사는 나는―/달 밝은 밤을/언제부터인지 잠을 빨리 자는 습관이 생겼다(「달밤」) *단식을 하고 나서 죽을 먹고/그 다음에 밥을 떡국을 먹었는데/새삼스럽게 소화불량증이 생겼다/―당연한 일이다(「轉向記」) *나에게 30원이 여유가 생겼다는 것이 대견하다/나도 돈을 만질 수 있다는 것이 대견하다(「돈」)
　생기고 *서울역에는 花環이 처음 생기고/나는 秋收하고 돌아오는 伯父를 기다렸다(「아침의 유혹」) *큰 아름드리나무에 박힌 옹이처럼 너는 네가 한 신문기사를 매일 아침 게시판 위에서 찾아보는 버릇이 너도 모르게 어느덧 생기고 말았다(「기자의 정열」) *돈의 꿈이 길어지고 짧아지고 타락의/길이도 표준이 없어지고 먼지가 다시 생기고/갱이 생기고 그늘이 생기고 돌이 쇠가/구리가 먼지가 생기고[…]/전화가 울리고 놀라고 놀래고/끝이 없어지고 끝이 생기고 겨우-/망각을 실현한 나를 발견한 다(「먼지」)
　생기는 *樵夫의 일하는 소리/바람이 생기는 곳으로/흘러가는 흘러가는 새소리/갈대소리(「토끼」) *혼미하는 아내며/날이 갈수록 간격이 생기는 골육들이며/새가 아직 모여들 시간이 못 된 늙은 포플러나무며/소리 없이 나를 괴롭히는/그들은 신의 고문인가(「장시2」)
　생기었다 *조용한 시절은 돌아오지 않았다/그 대신 사랑이 생기었다/굵다란 사랑[…]조용한 시절 대신/나의 백골이 생기었다/생활의 백골/누가 있어 나를 본다면은/이것은 확실히 무서운 이야깃거리다(「愛情遲鈍」)
　생긴 *두 줄기로 뻗어올라가던 놈이/한 줄기가 더 생긴 것이 며칠 전이었나/등나무(「등나무」) *내 눈 아래에 다시 생긴 사마귀는/구태여 빼지 않을 작정이었다(「반달」)
　생긴다 *제일 피곤할 때 적에 대한다/바위의 아량이다/날이 흐릴 때 정신의 집중이 생긴다/신의 아량이다(「적2」) *우리는 월남의 중립 문제니 새로 생긴다는 혁신정당 얘기를/하고 있었지만/아아 비겁한 민주주의여 안심하라(「H」)

생기다² 사람이나 사물의 생김새가 어떠한 모양으로 되어 있다.
　생긴 *신문배달 아이들이 사무를 인계하는 날/제임스 땅같이 생긴 책임자가 두 아이를/데리고 찾아온 풍경이/눈[雪]에 너무 비참하게 보였던지/나는 마구 짜증을 냈다(「제임스 땅」)

생리(生理) ①생물체의 생물학적 기능과 작용 또는 그 원리. ②생활하는 습성이나 본능. *동무여 이제 나는 바로 보마/사물과 사물의 생리와/사물의 수량과 한도와/사물의 우매와 사물의 명석성을(「孔子의 생활난」) *흥분할 줄 모르는 나의 생리와/방향을 가리지 않고 서 있는 서가 사이에서/도적질이나 하듯이 희끗희끗 내어다보는 저 흰 벽들은/무슨 鳥類의 屎尿와도 같다(「국립도서관」) *나의 원죄와 회한을 생각하기 전에/너의 생리부터 해부하여 보아야겠다 뮤즈여(「바뀌어진 지평선」) *설움이 설움을 먹었던 시절이 있었다/이러한 젊은 시절보다도 더 젊은 것이/헬리콥터의 영원한 生理이다(「헬리콥터」)

생명(生命) ①사람이 살아서 숨 쉬고 활동할 수 있게 하는 힘. ②여자의 자궁 속에 자리 잡아 앞으로 사람으로 태어날 존재. ③동물과 식물의, 생물로서 살아 있게 하는 힘. ④사물이 유지되는 일정한 기간. ⑤사물이 존재할 수 있는 가장 중요한 요건을 비유적으로 이르는 말. *나는 이것을 자유라고 부릅니다/그리하여 나는 자유를 위하여 출발하고 포로수용소에서 끝을 맺은 나의 생명과 진실에 대하여/아무 뉘우침도 남기려 하지 않습니다(「조국에 돌아오신 傷病捕虜 동지들에게」) *설움을 역류하는 야릇한 것만을 구태여 찾아서 헤매는 것은/우둔한 일인 줄 알면서/그것이 나의 생활이며 생명이며 정신이며 시대이며 밑바닥이라는 것을 믿었기 때문에—(「방안에서 익어가는 설움」) *—그것은 나의 앙상한 생명/PLASTER 燃上하는 냄새가 이러할 것이다(「PLASTER」) *암흑과 맞닿는 나의 생명이여/거리의 생명이여/거만과 오만을 잊어버리고/밝은 대낮에라도 겸손하게 지내는 妙理를 배우자(「거리2」) *번개같이 가슴을 울리고 가는 묵은 생명과 새 희망의 무수한 충돌 충돌……(「기자의 정열」) *물소리는 먼 하늘을 찢고 달아난다/바람이 바람을 쫓고 생명을 쫓는다(「말복」) *오늘도 여전히 일을 하고 걱정하고/돈을 벌고 싸우고 오늘부터의 할일을 하지만/내 생명은 이미 맡기어진 생명/나의 질서는 죽음의 질서(「말」(1964)) *요놈— 요 어린 놈— 맹랑한 놈— 6학년 놈—/에미 없는 놈— 생명/나도 나다— 잔인이다— 미안하지만 잔인이다—(「잔인의 초」) *언뜻 보기엔 임종의 생명 같고/바위를 뭉개고 떨어져내릴/한 잎의 꽃잎 같고(「꽃잎1」) *우주의 완성을 건한 字의 생명의/귀추를 지연시키고/소녀가 무엇인지를/소녀는 나이를 초월한 것임을(「꽃잎3」)

생사(生死) ①삶과 죽음. ②태어남과 죽음. *늬가 끊을 수 있는 것은 오직 생사의 線條뿐/그러나 그 비애에 찬 선조도 하나가 아니기에/너는 다시 부끄러움과 躊躇를 품고 숨 가빠하는가(「九羅重花」)

생색(生色) 다른 사람 앞에 당당히 나설 수 있거나 자랑할 수 있는 체면. *이런 전화를, 번역하는 친구를 옆에 놓고,/생색을 내려고, 하고 나서, 그 訃告를/그에게 전하고, 그 무지무지한 소란 속에서/나의 소란을 하나 더 보탠 것에 만족을/느낀 것은 절망에 지각하고 난 뒤이다(「전화 이야기」)

생생하다(生生—) ①생기가 왕성하다. 신선하고 발랄하다. ②눈에 보이는 듯 또렷하다.
생생하지만 *그 얼굴은 네 얼굴보다는/간음을 상상할 수 있을 만큼/그렇게 조금은 생생하지만/죽어라 돈을 받기보다는/죽어라 돈을 받기 전에(「네 얼굴은」)

생선(生鮮) 말리거나 절이지 아니한, 물에서 잡아낸 그대로의 물고기. ☞생어. *시장에 가서 비린 생선 냄새를 맡을 때도/배가 부를 때도 목이 마를 때도(「하…… 그림자가 없다」)

생어(生魚) 살아 있는 물고기. ☞생선. *그러나 그는 캥거루의 일족이 아니다/水牛나 生魚 같이/음정을 맞추어 우는 법도/습득하지는 못하였다(「토끼」)

생전(生前) 살아 있는 동안. 죽기 전. *5만 원을 무이자로 돌려보려고/피를 안 흘리려고 생전 처음으로 돈 가진 친구한테/정식으로 돈을 꾸러 가서 안 됐지(「이혼 취소」)

생활(生活) ①사람이나 동물이 일정한 환경에서 활동하며 살아감. ②생계나 살림을 꾸려 나감. ③조직체에서 그 구성원으로 활동함. ④어떤 행위를 하며 살아감 또는 그런 상태. *도회 안에서 쫓겨다니는 듯이 사는/나의 일이며/어느 소설보다도 신기로운 나의 생활이며/모두 다 내던지고(「달나라의 장난」) *조용한 시절 대신/나의 백골이 생기었다/생활의 백골/누가 있어 나를 본다면은/이것은 확실히 무서운 이야깃거리다[…]가야만 하는 사람의 이별을/기다리는 것처럼/생활은 熱度를 측량할 수 없고/나의 노래는 물방울처럼/땅속으로 향하여 들어갈 것/애정지둔(愛情遲鈍)(「너를 잃고」) *나의 생활의 圓周 위에 어느 날이고/늬가 서기를 바라고/나의 애정의 원주가 진정으로 위대하여지기 바라고(「너를 잃고」) *그것이 나의 생활이며 생명이며 정신이며 시대이며 밑바닥이라는 것을 믿었기 때문에—[…]누구의 생활도 아닌 이것은 확실한 나의 생활//마지막 설움마저 보낸 뒤/빈 방안에 나는 홀로이 머물러 앉아/어떠한 내용의 책을 열어 보려 하는가 (「방안에서 익어가는 설움」) *생활이여 생활이여/잊어버린 생활이여/너무나 멀리 잊어버려 천상의 무슨 등대같이 까마득히 사라져버린 귀중한 생활들이여/말없는 생활들이여/마지막에는 해저의 풀떨기같이 혹은 책상에 붙은 민민한 판대기처럼 무감각하게 될 생활이여//조화가 없어 아름다웠던 생활을 조화를 원하는 가슴으로 찾을 것은 아니로나/조화를 원하는 심장으로 찾을 것은 아니로나//지나간 생활을 지나간 벗같이 여기고/해 지자 헤어진 구슬픈 벗같이 여기고/잊어버린 생활을 위하여 불을 켜서는 아니 될 것이지만(「구슬픈 육체」) *〈뮤즈〉여/용서하라/생활을 하여 나가기 위하여는/요만한 경박성이 필요하단다[…] 어느 매춘부의 생활같이/다소곳한 분위기 안에서/오늘이 봄인지도 모르고[…]물에 빠지지 않기 위한/생활이 비겁하다고 경멸하지 말아라(「바뀌어진 지평선」) *너무나 어려운 휴식이여/눈물이 흘러나올 여유조차 없는/게시판과 너 사이에/오늘의 생활이 있을진대/달관한 신문기자여/생각하지 말아라(「기자의 정열」) *만약에 나라는 사람을 유심히 들여다본다고 하자/그러면 나는 내가 詩와는 반역된 생활을 하고 있다는 것을 알 것이다[…]함부로 흘리는 피가 싫어서/이다지 낡아빠진 생활을 하는 것은 아니라라(「구름의 파수병」) *무엇 때문에 부자유한 생활을 하고 있으며/무엇 때문에 자유스러운 생활을 피하고 있느냐[…]질서와 무질서와의 사이에/움직이는 나의 생활은/섧지가 않아 시체나 다름없는 것이다(「여름뜰」) *地球儀의 양극을 관통하는 생활보다는/차라리 지구의의 남극에 생활을 박아라[…]쇠꼭지보다도 허망한 생활이 균형을 잃을 때/酩酊한 정신이 명정을 찾듯이/너는 비로소 너를 찾고 웃어라(「지구의」) *모든 관념의 말단에 서서 생활하는 사람만이 이기는 법이다(「영롱한 목표」) *재앙과 불행과 격투와 청춘과 천만 인의 생활과/그러한 모든 것이 보이는 밤/눈을 뜨지 않은 땅속의 벌레같이/아둔하고 가난한 마음은 서둘지 말라(「봄밤」) *생활과 언어가 이렇게까지 나에게/밀접해진 일은 없다(「모리배」) *모든 것을 제압하는 생활 속의/애정처럼/솟아오른 놈[…]무위와 생활의 극점을 돌아서/나는 또 하나의 생활의 좁은 골목 속으로/들어서면서/이 골목이라고 생각하고 무릎을 친다//생활은 孤絶이며/비애이었다(「생활」) *일어서 있는 너의 얼굴/일어서 있는 너의 얼굴/顎骨에서 내려가는 너의 경련/―이것이 생활이다//나의 여자들의 더러운 발은 생활의 숙제(「반주곡」) *나는 어느 날 뒷골목의 발코니 위에 나타난/생활에 얼이 빠진 여인의 모습을 다방의 창 너머로 瞥見하였기 때문에/다음과 같은 쪽지를 미스터 리한테 적어놓고/시골로 떠났다//「태양이 하나이듯이/생활은 어디에 가보나 하나이다/미스터 리!//절벽에 올라가 돌을 차듯이/생활을 아는 자는/태양 아래에서/생활을 차 던진다/미스터 리!//문명에 대항하는 비결은/당신 자신이 문명이 되는 것이다/미스터 리!」(「미스터 리에게」) *시대의 숙명이여/숙명의 초현실이여/나의 생활의 定數는 어디에 있나(「장시 2」) *〈히시야마 슈조〉의 낙엽이 생활인 것처럼/5·16 이후의 나의 생활도 생활이다(「轉向記」) *꽉 막히는 이것이 나의 생활의 자연의 시초요[…]더위도 가시고 오늘은 하루종일 일도/안하고 있지만 밀용인찰지의 나의 생활을/당신한테 보일 수는 없소(「美濃印札紙」)

생활난(生活難) 가난 때문에 겪는 생활의 어려움. *작품 제목임(「孔子의 생활난」)

생활무한(生活無限) 생활은 한계가 없다. 「애정지둔」의 한문 문구는 "생활은 무한한데 고난은 갑자기 일어난다. 백골에 옷가지를 걸치고 삼복 뜨거운 하늘 아래 왔다간다"로 풀이할 수 있다. *生活無限/苦難突起/白骨衣服/三伏炎天去來/나의 시절은 태양 속에/나의 사랑도 태양 속에/日蝕을 하고(「愛情遲鈍」)

생활자(生活者) 생활하고 있는 사람. *누구의 힘보다 강하다고 믿어 오던/無色의 생활자가 네가 아니던가/자유여/아니 휴식이여/어려운 휴식이여(「기자의 정열」)

생활필수품(生活必需品) 일상생활에 반드시 있어야 할 물품. *비닐, 파리통,/그리고 또 무엇이던가?/아무튼 구질구레한 생활필수품/오 주사기/2cc짜리 국산 슈빙지/그리고 또 무엇이던가?(「마케팅」)

생후(生後) 태어난 후. *생후의 토끼가 살기 위하여서는/전쟁이나 혹은 나의 진실성 모양으로 서서 있어야 하였다(「토끼」)

서가(書架) 문서나 책 따위를 얹어 두거나 꽂아 두도록 만든 선반. *흥분할 줄 모르는 나의 생리와/방향을 가리지 않고 서 있는 서가 사이에서/도적질이나 하듯이 희끗희끗 내어다보는 저 흰 벽들은/무슨 鳥類의 屎尿와도 같다(「국립도서관」)

서걱거리다 자꾸 서걱서걱하다. 서걱대다.
　서걱거리는 *우리의 재[灰], 우리의 서걱거리는 말이여(「미역국」)
　서걱거린다 *풀 속에서는 노란 꽃이 지고 바람소리가 그릇 깨지는/소리보다 더 서걱거린다―우리는 그것을 영원의/소리라고 부른다(「미역국」)

서글프다 ①쓸쓸하고 외로워 슬프다. ②섭섭하고 언짢다.
　서글프게 *서울에 돌아온 지 일주일도 못 되는 나에게는 도회의 소음과 狂症과 속도와 허위가 새삼스럽게 미웁고 서글프게 느껴지고(「시골 선물」)

서늘하다 ①몹시 선선하다. ②놀라거나 하여 가슴속에 찬 기운이 도는 듯하다. ③설렁한 느낌이 도는 듯하다. *나의 마음은 달과 바람모양으로 서늘하다(「거리2」)

서다 ①사람이나 동물이 발을 땅에 대고 다리를 쭉 뻗으며 몸을 곧게 하다. ②처져 있던 것이 똑바로 위를 향하여 곧게 되다. ③계획, 결심, 자신감 따위가 마음속에 이루어지다. ④무딘 것이 날카롭게 되다. ⑤질서나 체계, 규율 따위가 올바르게 있게 되거나 짜여지다. ⑥아이가 뱃속에 생기다. ⑦줄이나 주름 따위가 두드러지게 생기다. ⑧물품을 생산하는 기계 따위가 작동이 멈추다. ⑨열리다. 판이 벌어지다. ⑩이치·논리 따위가 맞다. 일관성이 있다. ⑪어떤 일을 맡아 보거나 책임을 지다.
　서 *누가 서 있는 게 아니라/토끼가 서서 있어야 하였다(「토끼」) *영사판 양편에 하나씩 서 있는/설움이 합쳐지는 내 마음 위에(「영사판」) *흥분할 줄 모르는 나의 생리와/방향을 가리지 않고 서 있는 서가 사이에서(「국립도서관」) *네가 이 두 시간의 중간 위에 서있는 것이라고해서/어려운 휴식/참으로 어려운/얻기 어려운 휴식(「기자의 정열」) *먼 산정에 서 있는 마음으로 나의 자식과 나의 아내와/그 주위에 놓인 잡스러운 물건들을 본다(「구름의 파수병」) *온돌 위에 서 있는 빌딩/하늘 위에 서 있는 꽃 위에로/하늘에서 내려오는 연령의 여유(「반주곡」) *아무래도 나는 비켜서 있다 절정 위에는 서 있지/않고 암만해도 조금쯤 옆으로 비켜서 있다/그리고 조금쯤 옆에 서 있는 것이 조금쯤/비겁한 것이라고 알고 있다!(「어느 날 고궁을 나오면서」) *여름이 끝난 벽 저쪽에 서 있는 낯선 얼굴/가을이 설사를 하려고 약을 먹는다(「설사의 알리바이」)

　서기 *너는 언제부터 세상과 배를 대고 서기 시작했느냐/너와 나 사이에 세상이 있었는지/세상과 나 사이에 네가 있었는지[…]유리창이여/너는 언제부터 세상과 배를 대고 서기 시작했느냐(「너는 언제부터 세상과 배를 대고 서기 시작했느냐」) *나의 생활의 圓周 위에 어느 날이고 늬가 서기를 바라고/나의 애정의 원주가 진정으로 위대하여지기 바라고(「너를 잃고」)

　서도 *앉아도 편편하고/서도 편편하고/누워도 편편하고(「檄文」)

　서서 *우리집 뜰앞 토끼는 지금 하얀 털을 비비며 달빛에 서서 있다[…]생후의 토끼가 살기 위하여서는/전쟁이나 혹은 나의 진실성 모양으로 서서 있어야 하였다/누가 서 있는 게 아니라/토끼가 서서 있어야 하였다[…]그는 고개를 들고 서서 있어야 하였다(「토끼」) *나의 飢餓처럼그는 서서 나를 보고/나는 모오든 사람을 또한/나의 妻를 피하여/그의 얼굴을 숨어 보는 것이오(「아버지의 사진」) *그러면 팽이가 까맣게 변하여 서서 있는 것이다[…]너도 나도 스스로 도는 힘을 위하여/공통된 그 무엇을 위하여 울어서는 아니 된다는 듯이/서서 돌고 있는 것인가/팽이가 돈다/팽이가 돈다(「달나라의 장난」) *지금 枯渴 시인의 절정에 서서//이름도 모르는 뼈와 뼈/어디까지나 뒤퉁그러져 나왔구나(「PLASTER」) *고통의 映寫板 뒤에 서서/어룽대며 변하여가는 찬란한 현실을 잡으려고/나는 어떠한 몸짓을 하여야 되는가(「영사판」) *꺼먼 얼굴이며 노란 얼굴이

서도가(西道歌)

며 찌그러진 얼굴이며가 모두 환상과 현실의 중간에 서서 있기에(「거리2」) *주검은 취한 사람처럼 멋없이 서서/병풍은 무엇을 향하여서도 무관심하다[…]가장 어려운 곳에 놓여 있는 병풍은/내 앞에 서서 주검을 가지고 주검을 막고 있다(「병풍」) *사람이 지나간 자국 위에 서서 부르짖는 것은/개와 도회의 詐欺師뿐이 아니겠느냐/모든 관념의 말단에 서서 생활하는 사람만이 이기는 법이다(「영롱한 목표」) *나는 키단 서른아홉 살의 중턱에 서서/서슴지 않고 꿈을 버린다(「달밤」) *이 광대한 여름날의 착잡한 숲속에/홀로 서서/나는 돌풍처럼 너한테 말할 수 있다(「누이야 장하고나!」)

서지 *뮤즈여/앞장을 서지 마라/그리고 너의 노래와 음계를 조금만/낮추어라/오늘의 우울을 위하여/오늘의 경박을 위하여(「바뀌어진 지평선」) *이 다리 밑에서 엇갈리는 기차처럼/늙음과 젊음의 분간이 서지 않는다(「현대식 교량」)

선 *축소와 확대의 중간에 선 그들의 얼굴/강력과 기도가 일체가 되는 거리에서(「예지」) *그놈의 동상이 선 곳에는/민주주의의 첫 기둥을 세우고(「우선 그놈의 사진을 떼어서 밑씻개로 하자」) *당신은 나와의 이혼을 결정하고/내 친구의 미망인의 빚보를 선 것을/물어주기로 한 것이 이렇게 좋군(「이혼 취소」)

섰지만 *조그만 눈을 민첩하게 움직이면서 미소를 띄우고 섰지만/나의 고삐를 잃은 백마에 당할 리가 없다(「제임스 띵」)

서도가(西道歌) 평안도·황해도 등 관서지방의 향토가요. *라디오의 시종을 고하는 소리 대신에 西道歌와/목사의 열띤 설교 소리와 심포니가 나오지만(「풀의 영상」)

서두르다 ①일을 빨리 해치우려고 급하게 바삐 움직이다. ②어떤 일을 예정보다 빠르게 혹은 급하게 처리하려고 하다.
  서두르면서 *바쁘다고 서두르면서 일도 하고/원고도 쓰고 치부도 하고(「하…… 그림자가 없다」)
  서두른다 *「도적질을 하는 것도 저렇게 부지런하여야 하는데 우리는 이게 무어야 빨리 나가서 배 들어오는 것을 기다리세」하고 친구가 서두른다(「미숙한 도적」)

서둘지 *애타도록 마음에 서둘지 말라/강물 위에 떨어진 불빛처럼/혁혁한 업적을 바라지 말라[…]한없이 풀어지는 피곤한 마음에도/너는 결코 서둘지 말라[…]기적소리가 과연 슬프다 하더라도/너는 결코 서둘지 말라/서둘지 말라 나의 빛이여[…]아둔하고 가난한 마음은 서둘지 말라/애타도록 마음에 서둘지 말라(「봄밤」)

서럽다 원통하고 슬프다. ☞ 섧다.
  서러운 *웃음은 자기 자신이 만드는 것이라면 그것은 얼마나 서러운 것일까(「웃음」) *생각하면 서러운 것인데/너도 나도 스스로 도는 힘을 위하여/공통된 그 무엇을 위하여 울어서는 아니 된다는 듯이(「달나라의 장난」)
  서러웠고 *포로수용소 안은 더 서러웠고/그 안의 여자들은 더 서러웠다(「여자」)
  서러웠다 *그 안의 여자들은 더 서러웠다(「여자」)
  서러웠지만 *전란도 서러웠지만/포로수용소 안은 더 서러웠고(「여자」)
  서럽기 *성급한 우리들은 이 발견과 실감 앞에 서럽기까지도 하다(「풀의 영상」)

서른아홉 39. *나는 키단 서른아홉 살의 중턱에 서서/서슴지 않고 꿈을 버린다(「달밤」)

서리 대기 중의 수증기가 지상의 물체 표면에 얼어붙은 것. 땅 위의 표면이 복사 냉각으로 차가워지고, 그 위에서 수증기가 승화하여 생긴다. *아아 어인 일이냐/너 주작의 星火/서리 앉은 胡弓에/피어 사위도 스럽구나(「廟庭의 노래」) *마당에 서리가 내린 것은 나에게 상상을 그치라는 신호다(「우리들의 웃음」)

서먹하다 낯익지 않아 어색하다. 어울려 행동하기가 자연스럽지 않다.
  서먹하고 *나의 표정에는 무엇인지 우스웁고 간지럽고 서먹하고 쓰디쓴 것마저 섞여 있다(「여름 뜰」)

서문(序文) 책의 머리말. *詩評의 칭찬까지도 시집의 서문을 받은 사람까지도/내가 말한 정치 의견을 믿지 않는다[…]그러나 쥐구멍을 잠시 거짓말의 구멍이라고/바꾸어 생각해 보자 내가 써준 시집의 서문을/믿지 않는 사람의 얼굴의 사마귀나 여드름을—(「거짓말의 여운 속에서」)

서서(瑞西) '스위스(Swiss)'의 한자음 표기. *그렇게 되면 미·소보다는/일본, 瑞西, 인도가 더 뻐젓하고(「만시지탄은 있지만」)

서슴다 딱 잘라 결정하지 못하고 머뭇거리며 망설이다.

서슴지 *나는 커단 서른아홉 살의 중턱에 서서/서슴지 않고 꿈을 버린다(「달밤」) *그저그저 걸어만 두었던/흉악한 그놈의 사진을/오늘은 서슴지 않고 떼어놓아야 할 날이다(「우선 그놈의 사진을 떼어서 밑씻개로 하자」)

서시(序詩) ①책의 첫머리에 서문 대신으로 싣는 시. ②긴 시에서 머리말 구실을 하는 시. *작품 제목임(「서시」)

서약(誓約) 맹세하고 약속함. *야 고만 죽여라 고만 죽여/나는 오늘 아침에 서약한 게 있다니까(「거미잡이」)

서양(西洋) 유럽과 남북아메리카의 여러 나라를 통틀어 이르는 말. ☞ 동양. *서양과 동양의 차이/나는 여유있는 시인—쉬페르비엘이/물에 빠진 뒤에 나는 젤라틴을통해서/詩의 진지성을 본다(「반주곡」)

서울 ①한 나라의 중앙 정부가 있는 곳. ②우리나라의 수도. ☞ 수도. *그리고 유행에서도 훨씬 뒤떨어진 서울의 화려한 거리에서는 도저히 쓰고 다니기 부끄러운 모자이다[…]서울에 돌아온 지 일주일도 못 되는 나에게는 도회의 소음과 狂症과 속도와 허위가 새삼스럽게 미웁고 서글프게 느껴지고(「시골 선물」) *여기는 서울 안에서도 가장 번잡한 거리의 한 모퉁이/나는 오늘 세상에 처음 나온 사람모양으로 쾌활하다[…]여기는 좁은 서울에서도 가장 번거로운 거리의 한 모퉁이/우울 대신에 수많은 기폭을 흔드는 쾌활/잊어버린 수많은 詩篇을 밟고 가는 길가에(「거리2」) *시골에도 있고 해변가에도 있고/서울에도 있고 산보도 하고/영화관에도 가고(「하…… 그림자가 없다」) *서울서/의정부로/뚫린/국도에/눈 내리는 날에는/〈빽〉차도/지프차도/파발이 다 된/시골 버스도/맥을 못 추고(「눈」(1961)) *나는 서울의 얼치기 洋館 속에서/골치를 앓는 여편네의 댓가지 백 속에/조약돌이 들어 있는/공간의 우연에 놀란다(「누이의 방」) *18년 후에 이렇게 뻐젓이 서울의 다방 건너 막걸리집에

서 또 만나게 됐으니(「滿洲의 여자」) *남자들이 모조리 사라지고 갑자기 부녀자의 세계로/화하는 극적인 서울을 보았다(「거대한 뿌리」) *무식하게 사치스러운 공허의 서울의/간선도로를 지나(「X에서 Y로」) *사랑의 기차가 지나갈 때마다 우리들의/슬픔처럼 자라나고 도야지우리의 밥찌끼/같은 서울의 등불을 무시한다[…]봄베이도 뉴욕도 서울도 마찬가지다(「사랑의 변주곡」)

서울역(一驛) 서울 중구에 자리한 중앙역. 1900년에 경성역이라는 이름으로 지어졌으며 1925년에 완공되었다. 경부선, 호남선, 전라선, 장항선 등 주요 간선열차의 시발역인 동시에 종착역이다. 사적 제284호. *서울역에는 花環이 처음 생기고/나는 秋收하고 돌아오는 伯父를 기다렸다[…]화환이 화환이 서울역에서 날아온다/모자 쓴 靑年이여 誘惑이여/아침의 유혹이여(「아침의 유혹」)

서울특별시(一特別市) '서울'을 지방 자치 단체인 특별시로서 이르는 이름. *새로 확장된 서울특별시 동남단 논두렁에/○는 막막한 얼음을 생각하게 하고(「참음은」

서자(庶子) 본부인이 아닌 ○○에서 태어난 아들. *그는 남미의 어느 ○○의 서자로 태어나서/나이아가라 ○ ○○ 隧道工事에 挺身하고 있었다 하며(「○」)

서적(書籍) 책. ☞ 서책. *가까이 할 수 없는 서적이 있다/이것은 먼 바다를 건너온/용이하게 찾아갈 수 없는 나라에서 온 것이다[…]오— 그와 같이 이 서적은 있다/그 책장은 번쩍이고/연해 나는 괴로움으로 어찌할 수 없이/이를 깨물고 있네!/가까이 할 수 없는 서적이여/가까이 할 수 없는 서적이여.(「가까이 할 수 없는 서적」)

서정시인(抒情詩人) 서정시를 쓰는 시인. *뮤즈는 조금쯤 걸음을 멈추고/서정시인은 조금만 더 속보로 가라(「바뀌어진 지평선」)

서책(書册) 책. ☞ 서적. *내가 지금 순한 고개를 숙이고/온 마음을 다하여 즐기고 있는 서책은/위대한 고대 조각의 사진(「나의 가족」) *지구에 묻은 풀잎같이/나에게 묻은 서책의 숙련—(「서책」) *오 죽어 있는 방대한 서책들//너를 보는 설움은 피폐한 고향의 설

움일지도 모른다(「국립도서관」)

서투르다 ①일 따위에 익숙하지 못하여 다루기에 설다. ②전에 만난 적이 없어 어색하다.
　서투른 *이런 황혼에는 시베리아의/어느 이름 없는 개울가에서/들오리가 서투른 앉음새로/병아리를 품고 있을지도 모른다(「황혼」) *돌부리를 차듯 서투른 원효로/분장한 놈이 돌부리를 차고(「원효대사」)

서편(西便) 서쪽 편. 해가 지는 방향. *초봄의 뜰 안에 들어오면서/서편으로 난 난간문 밖의 풍경은/모름지기/보이지 않고(「초봄의 뜰 안에」)

서푼 한 푼짜리 엽전 세 개라는 뜻으로, 아주 보잘것없는 값을 이르는 말. *서푼어치 값도 안 되는 미·소인은/초콜릿, 커피, 페티코트, 군복, 수류탄/따발총……을 가지고/적막이 오듯이/적막이 오듯이/소리없이 가다오 나가다오/다녀오는 사람처럼 아주 가다오!(「가다오 나가다오」)

석 그 수량이 셋임을 나타내는 말. *석 달 전에 결혼하는 그전하곤 모두가 좀 달라졌어/그리고 그가 절멸하고 있는 건 나의/정치 문제뿐이 아니

석간(夕刊) ▆▆신문. 매일 저녁때 발행되는 신문. ▆▆▆▆람으로 닭모이를 주러 나가서/▆▆▆에 석간이 떨어져 뒹굴고 있는데도(「▆사 바람으로」) *夕刊에 폭풍경보를 보고/배를 타고 가는 사람을/습관에서가 아니라 염려하고(「가옥 찬가」)

석경(石鏡) ①유리로 만든 거울. ②몸에 지닐 수 있도록 자그마하게 만든 거울. *먼지 앉은 석경 너머로/너의 그림자가/움직이듯/묵은 사랑이/움직일 때(「파밭 가에서」) *농부의 몸차림으로 갈아입고/석경을 보니(「橄文」)

석양(夕陽) ①저녁때의 햇빛 또는 저녁때의 저무는 해. ②석양이 질 무렵. ③'노년(老年)'을 비유적으로 이르는 말. *돈을 내면 또 거둬들이고 돈을 내면/또 거둬들이는/석양에 비쳐 눈부신 카운터 같기도 한 것이니[…]석양에 비쳐 눈부신/일년 열두 달 쉬는 법이 없는/걸쭉한 강변밭 같기도 할 것이니(「가다오 나가다오」)

석유(石油) 땅속에서 천연으로 나는, 탄화수소를 주성분으로 하는 가연성 기름. 검은 갈색을 띤 액체인 천연 그대로의 것을 원유라 하는데 이것을 증류하여 휘발유, 등유, 경유, 중유, 석유 피치, 아스팔트 따위를 얻는다. 동력의 연료와 공업용으로 널리 쓴다. *미대륙에서 석유가 고갈되는 날에/그렇게 먼 날까지 가기 전에(「사랑의 변주곡」)

석회(石灰) 석회석을 태워 이산화탄소를 제거하여 얻는 생석회와 생석회에 물을 부어 얻는 소석회를 통틀어 이르는 말. *내가 바로 바라다보는/저 허연 석회 천정—(「거리1」)

섞이다 ①두 가지 이상의 것이 한데 합쳐지다. ②어떤 말이나 행동에 다른 말이나 행동이 함께 나타나다.
　섞여 *이것은 寸豪의 諷刺味도 역설도 불쌍한 발악도 청년다운 광기도 섞여 있는 말이 아닐 것이다(「조국에 돌아오신 傷病捕虜 동지들에게」) *나의 표정에는 무엇인지 우스웁고 간지럽고 서먹하고 쓰디쓴 것마저 섞여 있다(「여름 뜰」) *어째서 자유에는/피의 냄새가 섞여 있는가를/혁명은/왜 고독한 것인가를(「푸른 하늘을」) *두목! 나머지 놈들 다 잡아왔습니다/아 홍찐구 놈도 섞여 있구나(「나는 아리조나 카보이야」)
　섞인 *불 피우는 소리처럼 다 들리고/재 섞인 연기처럼 다 맡긴다(「제임스 띵」)

선(善) ①올바르고 착하여 도덕적 기준에 맞음 또는 그런 것. ②윤리학에서 도덕적 생활의 최고 이상. *선이 아닌 모든 것은 악이다 신의 地帶에는/중립이 없다(「이혼 취소」)

선고(宣告) ①중대한 일을 선언하여 알림. ②공판정에서 재판관이 재판의 판결을 당사자에게 알림. *그는 어미의 입에서 탄생과 동시에 타락을 선고받는 것이다(「토끼」)

선교사(宣敎師) 종교의 가르침을 펴는 사람. 특히 기독교의 선교를 위하여 이교국에 파견된 사람. *노쇠한 선교사모양으로 낮잠을 자지 않고도 견딜 만한 강인성을 가지고 있다(「영롱한 목표」)

선뜻 동작이 빠르고 시원스러운 모양. *나는 의치를 빼서 호주머니에 넣고 앉자/선뜻 인사를 하고/淫詩를 한바탕 읊었더니(「미숙한 도적」) *버스를 피해서 길을 건너서는 어린 놈

처럼/선뜻 큰길을 건너서면 돼(「장시1」)

선량(選良) ①뛰어난 인물을 뽑음 또는 그렇게 뽑힌 인물. ②'국회의원'을 달리 이르는 말. *그들은 민주주의자를 가장하고/자기들이 양민이라고도 하고/자기들이 선량이라고도 하고(「하⋯⋯ 그림자가 없다」)

선량하다(善良—) 행실이나 성질이 착하다.
  선량하기 *그들은 조금도 사나운 악한이 아니다/그들은 선량하기까지도 하다(「하⋯⋯ 그림자가 없다」)
  선량한 *선량한 백성들이 하늘같이 모시고/아침저녁으로 우러러보던 그 사진은/사실은 억압과 폭정의 방패였느니(「우선 그놈의 사진을 떼어서 밑씻개로 하자」)
  선량한데 *캄캄한 사무실 한복판에서/나는 눈이 먼 암소나 다름없이 선량한데(「부탁」)

선망(羨望) 부러워하여 바람. *VOGUE야 년 잡지가 아냐/섹스도 아냐 유물론도 아냐 선망조차도/아냐—선망이란 어지간히 따라갈 가망성이 있는/상대자에 대한 시기심이 아니냐, 그러니까 너는/선망도 아냐(「VOGUE야」)

선명하다(鮮明—) 산뜻하고 뚜렷하여 다른 것과 혼동되지 않다. *그 대신 새벽의 꿈은 구체적이고 선명하다(「우리들의 웃음」)

선물(膳物) 남에게 어떤 물건 따위를 선사함 또는 그 물건. *당신이 사준 북어와 오징어와 2등차표와/경포대의 선물과 도리스 위스키와 라스베리 잼에 대해서/미안하지 않소(「美濃印札紙」) *그 罪過를 그 방대한 21개국의 지도를/그대는 선물로 나에게 펼쳐 보이지만(「세계일주」)

선박(船舶) 사람이나 짐 따위를 싣고 물 위로 떠다니도록 나무나 쇠로 만든 물건. ☞ 배2. *이러한 목표는 극장 의회 기계의 齒車/선박의 索具 등을 呪詛하지않는다(「영롱한목표」)

선배(先輩) ①같은 분야에서 지위나 나이·학예(學藝) 따위가 자기보다 많거나 앞선 사람. ②자신의 출신 학교를 먼저 졸업한 사람. *김유정처럼 그밖의 위대한 선배들처럼 거지짓을 하면서/소설에 골몰한 사람도 없다⋯⋯(「이 한국문학사」)

선비 ①예전에 학식은 있으나 벼슬하지 않은 사람을 이르던 말. ②학문을 닦는 사람을 예스럽게 이르는 말. ③학식이 있고 행동과 예절이 바르며 의리와 원칙을 지키고 관직과 재물을 탐내지 않는 고결한 인품을 지닌 사람을 이르는 말. ④품성이 얌전하기만 하고 현실에 어두운 사람을 비유적으로 이르는 말. *—이것은 구차한 선비의 보잘것없는 일일 것인가(「거리1」) *구차한 문밖 선비가 벽장문 옆에다/카잘스, 그람, 슈바이처, 엡스타인의 사진을 붙이고 있는 이유,/모르지?(「모르지?」)

선생(先生) ①학생을 가르치는 사람. ②학예가 뛰어난 사람을 높여 이르는 말. ③성(姓)이나 직함 따위에 붙여 남을 높여 이르는 말. ④어떤 일에 경험이 많거나 잘 아는 사람을 비유적으로 이르는 말. ⑤자기보다 나이가 적은 남자 어른을 높여 이르는 말. ☞ 선생님. *내가 구름운전수 제퍼슨 선생한테 말해 놨으니까 시간은/2분밖에 안 걸릴 거다(「나는 아리조나 카보이야」) *나의 아들이 머리가 나빠서가 아니다/머리가 나쁜 것은 선생, 어머니, IQ다 […]이제는 선생이 무섭지 않다/모두가 거꾸로다/선생과 나는 아이를 가르치는 것이 아니라 아이들을/가르치고 있기 때문이다(「우리들의 웃음」) *새로 확장된 서울특별시 동남단 논두렁에/어는 막막한 얼음을 생각하게 하고/그리로 전근을 한 국민학교 선생을 생각하게 하고(「참음은」)

선생님(先生—) ①'선생'의 높임말. ②남자 어른을 높여 부르는 말. ☞ 선생. *—그러나 混色은 흑색이라는 걸 경고해 준 것은/소학교 때 선생님⋯⋯(「백지에서부터」) *「선생님 이야기는 20년 전 이야기이지요」/할 때마다 나는 그들의 나이를 찬찬히/소급해 가면서 새로운 여유를 느낀다(「현대식 교량」)

선수(選手) ①운동 경기나 기술 따위에서, 기량이 뛰어나 많은 사람 가운데에서 대표로 뽑힌 사람 또는 스포츠를 직업으로 하는 사람. ②어떤 일을 능숙하게 하거나 버릇으로 자주 하는 사람을 비유적으로 이르는 말. *평화와 조화를 원하는 것이/아닌 현실의 選手(「연기」)

선언(宣言) ①널리 펴서 말함 또는 그런 내용. ②국가나 집단이 자기의 방침, 의견, 주장 따위를 외부에 정식으로 표명함. ③어떤 회의의 진행에 한계를 두기 위하여 말함 또는 그런 말.＊야한 선언을/하지 않고 우물쭈물 내일을 지내고/모레를 지내는 것은 내가 약한 탓이다./야한 선언은 안 해도 된다. 거짓말을 해도 된다.(「엔카운터 誌」)

선언문(宣言文) 선언하는 내용을 적은 글. ＊혁명이란 단자는 학생들의 선언문하고/신문하고/열에 뜬 시인들이 속이 허해서/쓰는 말 밖에는 아니 되지만(「육법전서와 혁명」)

선의(善意) ①착한 마음. 좋은 뜻. ②남을 위하는 마음. 남을 좋게 보려는 마음. ③법률적으로, 어떤 사실을 모르고 하는 일. ＊안개처럼 가벼웁게 날아가는 과감한 너의 의사 속에는/남을 보기 전에 네 자신을 먼저 보이는/긍지와 선의가 있다(「헬리콥터」)

선잠 깊이 들지 못한 잠. 겉잠. ＊선잠이 들어서/그가 모르는 동안에/조용히 가다오 나가다오(「가다오 나가다오」)

선조(線條) 요소들이 연결되어 이루는 줄. ＊늬가 끊을 수 있는 것은 오직 생사의 線條뿐/그러나 그 비애에 찬 선조도 하나가 아니기에/너는 다시 부끄러움과 躊躇를 품고 숨 가빠하는가(「九羅重花」)

선천적(先天的) 태어날 때부터 가지고 있는. ＊고난이 나를 집중시켰고/이런 집중이 여자의 선천적인 집중도와/기적적으로 마주치게 한 것이 전쟁이라고 생각했다[…]그러니까 뱀은 선천적인 포로인지도 모른다/그런 의미에서 나는 속죄에 축복을 드렸다(「여자」)

선택하다(選擇—) 둘 이상의 것에서 마음에 드는 것을 골라 뽑다.
　선택하였다 ＊나는 지금 자유를 연구하기 위하여『나는 자유를 선택하였다』의 두꺼운 책장을 들춰볼 필요가 없다(「조국에 돌아오신 傷病捕虜 동지들에게」)

설교(說敎) ①종교의 교리를 설명함 또는 그런 설명. ②어떤 일의 견해나 관점을 다른 사람이 수긍하도록 단단히 타일러서 가르침 또는 그런 가르침. ＊라디오의 시종을 고하는 소리 대신에 西道歌와/목사의 열띤 설교 소리와 심포니가 나오지만(「풀의 영상」)

설다 서투르다. 낯익지 못하여 서먹하거나 어색하다.

설어 ＊뚱뚱해진 몸집하고 푸르스름해진 눈자위가 아무리 보아도 설어 보인다(「滿洲의 여자」)

설렁탕집(—湯—) 설렁탕을 파는 가게. '설렁탕'은 소의 머리, 내장, 뼈다귀, 발, 도가니 따위를 푹 삶아서 만든 국 또는 그 국에 밥을 만 음식을 일컫는 말. ＊50원짜리 갈비가 기름덩어리만 나왔다고 분개하고/옹졸하게 분개하고 설렁탕집 돼지 같은 주인년한테 욕을 하고/옹졸하게 욕을 하고(「어느 날 고궁을 나오면서」)

설마 아무리 그러하기로. 부정적인 추측을 강조할 때 쓴다. ＊나는 태양을 주웠다고 생각하지는 않았지만/설마 이런 것이 올 줄이야/괴물이여(「PLASTER」)

설명(說明) 어떤 일이나 대상의 내용을 상대편이 잘 알 수 있도록 밝혀 말함 또는 그런 말. ＊능금을 먹는 아이들의 머리 위에서/설명이 필요하지 않은 희열 위에서(「영롱한 목표」)

설사(泄寫) 변에 포함된 수분의 양이 많아져서 변이 액상(液狀)으로 된 경우 또는 그 변. 소화 불량이나 세균 감염으로 인해 장에서 물과 염분 따위가 충분히 흡수되지 않을 때나 소장이나 대장으로부터의 분비액이 늘어나거나 장관(腸管)의 연동 운동이 활발해졌을 때 일어난다. ＊설파제를 먹어도 설사가 막히지 않는다[…]배가 모조리 설사를 하는 것은 머리가 설사를/시작하기 위해서다 性도 윤리도 약이/되지 않는 머리가 불을 토한다//여름이 끝난 벽 저쪽에 서 있는 낯선 얼굴/가을이 설사를 하려고 약을 먹는다[…]나는 지금 규제로 시를 쓰고 있다 타의의 규제/아슬아슬한 설사다[…]이것을 우리의 시로 옮겨놓으려는 생각은/단념하라 괴로운 설사//괴로운 설사가 끝나거든 입을 다물어라 누가/보았는가 무엇을 보았는가 일절 말하지 말아라(「설사의 알리바이」)

설움 서럽게 느껴지는 마음. ＊결합된 색깔은 모두가 엷은 것이지만/설움과 힘찬 미소와 더불어 관용과 자비로 통하는 곳에서(「九羅重花」) ＊비가 그친 후 어느 날—/나의 방안에 설움이 충만되어 있는 것을 발견하였다[…]나의 설움은 유유히 자기의 시간을 찾아갔다//설움을 역류하는 야릇한 것만을 구태여 찾아서 헤매는 것은/우둔한 일인 줄 알면서[…]마지막 설움마저 보낸 뒤/빈 방안에 나는 홀로이 머물러 앉아/어떠한 내용의 책을 열어보려 하는가(「방안에서 익어가는 설움」) *내가 으스러지게 설움에 몸을 태우는 것은 내가 바라는 것이 있기 때문이다.//그러나 나는 그 으스러진 설움의 풍경마저 싫어진다.//나는 너무나 자주 설움과 입을 맞추었기 때문에/가을바람에 늙어가는 거미처럼 몸이 까맣게 타버렸다(「거미」) *구태여 옛날을 돌아보지 않아도/설움과 아름다움을 대신하여 있는 나의 긍지[…]모든 설움이 합쳐지고 모든 것이 설움으로 돌아가는/긍지의 날인가 보다(「긍지의 날」) *영사판 양편에 하나씩 서 있는/설움이 합쳐지는 내 마음 위에(「영사판」) *헬리콥터가 風船보다도 가벼웁게 상승하는 것을 보고/놀랄 수 있는 사람은 설움을 아는 사람이지만/또한 이것을 보고 놀라지 않는 것도 설움을 아는 사람일 것이다/그들은 너무나 오랫동안 자기의 말을 잊고/남의 말을 하여 왔으며/그것도 간신히 떠듣는 목소리로밖에는 못해 왔기 때문이다/설움이 설움을 먹었던 시절이 있었다(「헬리콥터」) *마음을 쉰다는 것이 남에게도 나에게도/속임을 받는 일이라는 것을/(쉰다는 것이 무엇이라는 것을 알면서)/쉬어야 하는 설움이여(「휴식」) *그러나 〈그때는 그때이고 지금은 지금〉이라고/구태여 달관하고 있는 지금의 내 마음에/샘솟아 나오려는 이 설움은 무엇인가[…]너를 보는 설움은 피폐한 고향의 설움일지도 모른다(「국립도서관」) *거리에 굴러다니는 보잘것없는 설움이여/진시왕만큼 강하지 않아도/나는 모든 사람의 고민을 아는 것 같다(「거리2」) *구름은 벌써 나의 머리를 스쳐가고/설움과 과거는/오천만분지 일의 俯瞰圖보다도 더/조밀하고 망막하고 까마득하게 사라졌다(「네이팜 탄」) *무엇보다도 먼저 끊어야 할 것이 설움이라고 하면서/병풍은 허위의 높이보다도 더 높은 곳에/飛爆을 놓고 幽島를 점지한다(「병풍」) *나는 결코 그의 種子에 대하여/말하고 있는 것은 아니다/또한 설움의 귀결을 말하고자 하는 것도 아니다/오히려 설움이 없기 때문에 꽃은 피어나고(「꽃2」) *바늘구멍만한 叡智를 바라면서 사는 자의 설움이여/너는 차라리 부정한 자가 되라(「예지」) *설움의 탓이라고 이 새로운 현실을 경시하면서도(「말」(1958)) *여자란 집중된 동물이다/그 이마의 힘줄같이 나에게 설움을 가르쳐 준다(「여자」)

설파제(sulfa劑) 술폰아미드제 및 술포기를 갖는 화학 요법제를 통틀어 이르는 말. 화농성 질환과 거의 모든 세균성 질환의 치료에 쓰며, 넓은 뜻으로는 이뇨 강압제와 혈당 강하제를 포함한다. *설파제를 먹어도 설사가 막히지 않는다/하룻동안 겨우 막히다가 다시 뒤가 들먹들먹한다(「설사의 알리바이」)

섫다 원통하고 슬프다. ☞ 서럽다.

설운 *나는 모자와 함께 나의 마음의 한 모퉁이를 모자 속에 놓고 온 것이라고/설운 마음의 한 모퉁이를(「시골 선물」) *비애의 수직선을 그리면서 날아가는 그의 설운 모양을/우리는 좁은 뜰 안에서뿐만 아니라/심지어는 항아리 속에서부터라도 내어다볼 수 있고[…]헬리콥터여 너는 설운 동물이다(「헬리콥터」) *조그마한 세상의 지혜를 배운다는 것은/설운 일이다(「조그마한 세상의 지혜」)

설워지듯이 *봄이 오기 전에 속옷을 벗고 너무 시원해서 설워지듯이(「풀의 영상」)

설워진다 *남의 일하는 곳에 와서 덧없이 앉았으면 비로소 설워진다/어떻게 하리/어떻게 하리(「사무실」)

설워 *늬가 없어도 나는 산단다/억만 번 늬가 없어 설워한 끝에/억만 걸음 떨어져있는/너는 억만 개의 모욕이다(「너를 잃고」)

섫다나 *옆상에 앉은 술친구들이 경사나 난 듯이/고함을 친다/상제보다 복재기가 더 섫다나(「滿洲의 여자」)

섫지가 *질서와 무질서와의 사이에/움직이는 나의 생활은/섫지가 않아 시체나 다름없는 것이다(「여름 뜰」)

섬 둘레가 물로 둘러싸인 육지. *너희들이 피지 섬을 침략했을 당시에는/그의 아버지들은 아직 젖도 떨어지기 전이었다니까(「가다오 나가다오」)

섬기다 ①신(神)이나 윗사람을 잘 모시어 받들다. ②남을 아끼다.

섬기는 *죽음을 위한 말 죽음에 섬기는 말/

섬세(纖細)

고지식한 것을 제일 싫어하는 말(「말」(1964))

섬세(纖細) ①곱고 가늚. ②여리면서도 날카로움. *그대의 정의도 우리들의 섬세도/행동이 죽음에서 나오는/이 욕된 교외에서는/어제도 오늘도 내일도 마음에 들지 않아라(「死靈」)

섬조각 섬을 작게 이르는 말. *그 섬조각 반도조각 대륙조각이/ 이 발견의 봄이 오기 전에 옷을 벗으려고/ 뚜껑이 열렸다 닫히는 소리(「풀의 영상」)

섬찍하다 섬뜩하다. 갑자기 소름이 끼치도록 무섭고 끔찍한 느낌이 들다.

　섬찍해서 *나는 섬찍해서 그전의 둔감한 내 자신으로/다시 돌아간다(「性」)

성¹ 노엽거나 언짢게 여겨 일어나는 불쾌한 감정. *어린 놈 너야/네가 성을 내지 않게 해주마/네가 무어라 보채더라도/나는 너와 함께 성을 내지 않는 소년[…]어린 놈 너야/죽음이 오더라도/이제 성을 내지 않는 법을 배워주마(「여편네의 방에 와서」)

성(性)² ①남성과 여성, 수컷과 암컷의 구별 또는 남성이나 여성의 육체적 특징. ②남녀의 육체적 관계 또는 그에 관련된 일. ③인도·유럽 계통 언어에서, 명사나 대명사에 문법적으로 매기는 남성·여성·중성의 구별. ☞ 섹스. *배가 모조리 설사를 하는 것은 머리가 설사를/시작하기 위해서다 性도 윤리도 약이/되지 않는 머리가 불을 토한다[…]가을이 설사를 하려고 약을 먹는다/성과 윤리의 약을 먹는다 꽃을 거두어들인다[…]언어가 죽음의 벽을 뚫고 나가기 위한/숙제는 오래된다 이 숙제를 노상 방해하는 것이/성의 윤리와 윤리의 윤리다(「설사의 알리바이」)

성과(成果) 이루어 내거나 이루어진 결과. *그러나 이런 거짓말을 해도 별로/성과는 없었다 성과가 없을 것을/알고 있기 때문에 나는 여편네의/거짓말에 반대하지 않는다(「반달」)

성급하다(性急—) 성질이 매우 급하다.

　성급한 *봄이 오기 전에 속옷을 벗고 너무 시원해서 설워지듯이/성급한 우리들은 이 발견과 실감 앞에 서럽기까지도 하다(「풀의 영상」)

　성급해지면 *그때에는/성급해지면 아무 데나 재를 떠는/이 우주의 폭력마저/없어질지도 모른다(「이놈이 무엇이지」)

성냥 마찰에 의하여 불을 일으키는 물건. 작은 나뭇개비의 한쪽 끝에 황 따위의 연소성 물질을 입혀 만든다. *스푼과 성냥을 들고 旅館에서 나는 나왔다(「아침의 유혹」)

성당(聖堂) ①가톨릭의 교회당. ②공자의 묘당. *성당으로 가듯이/채귀가 어젯밤에 나 없는 사이에 돌아갔으면 돼/장시만 장시만 안 쓰면 돼(「장시1」)

성속(聖俗) 성스러운 것과 속된 것. *聖俗이 같다는 원효대사가/텔레비에 텔레비에 들어오고 말았다[…]죄를 짓고 얼굴을 붉히고—/성속이 같다는 원효대사가/텔레비에 나온 것을 뉘우치지 않고/春園 대신의 원작자가 된다[…]파우스트처럼 모든 상징이//상징이 된다 성속이 같다는 원효/대사가 이런 기계의 영광을 누릴/줄이야 〈제니〉의 덕택을 입을/줄이야 〈제니〉를 〈제니〉를 사랑할 줄이야(「원효대사」)

성스럽다(聖—) 거룩하다. 고결하고 위대하다.

　성스러운 *그렇지만/구차한 나의 머리에/성스러운 鄕愁와 우주의 위대감을 담아주는 삽시간의 자극을(「나의 가족」) *그놈의 동상이 선 곳에는/민주주의의 첫 기둥을 세우고/쓰러진 성스러운 학생들의 웅장한/기념탑을 세우자(「우선 그놈의 사진을 떼어서 밑씻개로 하자」)

성인(聖人) ①지혜와 덕이 매우 뛰어나 길이 우러러 본받을 만한 사람. ②가톨릭에서, 신앙과 덕성이 특히 뛰어난 사람에게 교회에서 일정한 의식을 통하여 내리는 칭호. *팽이는 지금 수천 년 전의 聖人과 같이/내 앞에서 돈다(「달나라의 장난」) *聖人은 처를 적으로 삼았다/이 한국에서도 눈이 뒤집힌 사람들/틈에 끼여 사는 처와 처들을 본다(「적2」)

성장(成長) ①사람이나 동식물 따위가 자라서 점점 커짐. ②사물의 규모나 세력 따위가 점점 커짐. *成長은 소크라테스 이후의 모든 현인들이 하여온 일(「서시」) *깨꽃 깨꽃 깨꽃이 피기 전 일/成長의 일(「깨꽃」)

성취되다(成就—) 목적한 바가 이루어지다. ☞ 성취하다.

　성취되는 *우리가 혁명이 성취되는 마지막 날에는/그런 사나운 추잡한 놈이 되고 말더라도(「기도」)

성취하다(成就―) 목적한 바를 이루다. ☞ 성취되다.
　　성취한 *물이 흘러가는 달이 솟아나는/평범한 대자연의 법칙을 본받아/어리석을 만치 소박하게 성취한/우리들의 혁명을(「기도」)

성하(盛夏) 한여름. *그래 우리 이 盛夏에/온갖 나무의 추억과/물의 체취라도/다해서(「여편네의 방에 와서」)

성화(星火) ①별똥별. 유성(流星). ②별똥별이 떨어질 때의 불빛. ③매우 다급하게 굴거나 몹시 조르는 짓. ④몹시 작은 숯불. 불티. *아아 어인 일이냐/너 주작의 星火/서리 앉은 胡弓에/피어 사위도 스럽구나(「廟庭의 노래」)

성황당(城隍堂) '서낭당'의 본디말. 서낭신을 모시는 당집. *불을 등지고 있는 성황당이 보이는/그 산에는 겨울을 가리키는 바람이 일기 시작하네(「사치」)

세 그 수량이 셋임을 나타내는 말. *20원을 받으러 세 번씩 네 번씩/찾아오는 야경꾼들만 증오하고 있는가(「어느 날 고궁을 나오면서」)

세계(世界) ①지구상의 모든 나라 또는 인류 사회 전체. ②집단적 범위를 지닌 특정 사회나 영역. ③대상이나 현상의 모든 범위. *너의 이름과 너와 나와의 관계가 무엇인지 알아질 때까지/소금 같은 이 세계가 존속할 것이며/의심할 것인데(「풍뎅이」) *설움과 힘찬 미소와 더불어 관용과 자비로 통하는 곳에서/늬가 사는 엷은 세계는 자유로운 것이기에(「九羅重花」) *너의 조상들이 우리의 조상과 함께/손을 잡고 超動物 세계 속에서 영위하던/자유의 정신의 아름다운 원형을(「헬리콥터」) *심연은 나의 붓끝에서 퍼져가고/나는 멀리 세계의 노예들을 바라본다(「꽃」) *피곤한 하루의 나머지 시간이 눈을 깜짝거린다/세계는 그러한 무수한 間斷(「피곤한 하루의 나머지 시간」) *말하자면 세계의 도처에서 나타날 수 있는 千手千足獸(「절망」(1962)) *세계를 배경으로 한 나의 사상처럼/죄어든 인생의 윤곽과 비밀처럼……(「반달」) *그녀는 인경전의 종소리가 울리면 장안의/남자들이 모조리 사라지고 갑자기 부녀자의 세계로/화하는 극적인 서울을 보았다[…]이런 기이한 관습을 가진 나라를/세계 다른 곳에서는 본 일이 없다고/천하를 호령한 민비는 한번도 장안 외출을 하지 못했다고……(「거대한 뿌리」) *VOGUE야 너의 세계에 스크린을 친 죄,/아이들의 눈을 막은 죄―그 죄의 앙갚음(「VOGUE야」)

세계사적(世界史的) ①세계전체의 범위로 보아 역사적 의의를 가지는 또는 그러한 것. ②세계 역사와 관련되는 또는 그러한 것. *나는 그들의 용감성과 또 그들의 어마어마한 戰果에 대하여 말하는 것이 아니라/그들이 싸워온 독특한 위치와 세계사적 가치를 말하는 것입니다(「조국에 돌아오신 傷病捕虜 동지들에게」)

세계일주(世界一周) 세계를 한 바퀴 돎. 세계를 두루 여행함. *그대의 길은 잘못된 길이다/―세계일주를 하고 온 길은 잘못된 길이다/―세계일주를 떠났다는 것이 잘못된 길이다[…]지옥의 시를 쓰고 난 뒤에/그대의 출발이 잘못된 출발이었다고/알려주려고/모든 세계일주가 잘못된 출발이라고/알려주려고―(「세계일주」)

세계정부(世界政府) 세계국가의 정부. '세계국가'는 민족의 차별 없이 온 세계를 하나로 하여, 인류 모두를 그 국민으로 하자는 이상적인 국가를 일컬음. *보스토크가/돌아와 그러나/세계정부 理想이/따분해 그러나(「〈4·19〉시」)

세대(世代) ①어린아이가 성장하여 부모 일을 계승할 때까지의 약 30년 정도 되는 기간. ②같은 시대에 살면서 공통의 의식을 가지는 비슷한 연령층의 사람 전체. ③한 생물이 생겨나서 생존을 끝마칠 때까지의 기간. ④그때에 당면한 시대. *파도처럼 옆으로/혹은 세대를 가리키는 지층의 단면처럼 억세고도 아름다운 색깔―(「나의 가족」)

세력(勢力) ①남을 누르고 자기 마음대로 행동할 수 있는 힘. 권력이나 기세의 힘. ②어떤 속성이나 힘을 가진 집단. *뮤즈여/너는 어제까지의 나의 세력/오늘은 나의 지평선이 바뀌어졌다(「바뀌어진 지평선」)

세로 위에서 아래로 나 있는 방향 또는 그 길이. *나란히 옆으로 가로 세로 위로 아래로 놓여 있는 무수한 꽃송이와 그 그림자(「九羅

重花」)

세상(世上) ①사람이 살고 있는 모든 사회를 통틀어 이르는 말. ②사람이 태어나서 죽을 때까지의 기간. 한평생. 일생. ③어떤 개인이나 단체가 마음대로 활동할 수 있는 시간이나 공간. ④절, 수도원, 감옥 따위에서 바깥 사회를 이르는 말. ⑤세상 사람들의 인심. ⑥지상을 천상에 상대하여 이르는 말. *너는 이 세상을 점으로 가리켰지만(「거리1」) *너는 언제부터 세상과 배를 대고 서기 시작했느냐/너와 나 사이에 세상이 있었는지/세상과 나 사이에 네가 있었는지/너무 밝아서 나는 웃음이 나온다//그러나 결코 너를 격하고 있는 세상에게 웃는 것은 아니리[…]내가 웃는 것은 세상을 향하여서가 아니라/너를 보고 짓는 짓궂은 웃음인 줄 알아라[…]두려운 세상과 같이 배를 대고 있는/너의 대담성―[…]유리창이여/너는 언제부터 세상과 배를 대고 서기 시작했느냐(「너는 언제부터 세상과 배를 대고 서기 시작했느냐」) *여기는 서울 안에서도 가장 번잡한 거리의 한 모퉁이/나는 오늘 세상에 처음 나온 사람모양으로 쾌활하다[…]도회의 흑점―오늘은 그것을 운운할 날이 아니다/나는 오늘 세상에 처음 나온 사람모양으로 쾌활하다(「거리2」) *세상을 속지 않고 걸어가기 위하여/나는 담배를 끄고[…]적당한 음모는 세상의 것이다/이 어지러운 세상을 살아가기 위하여/나에게는 약간의 경박성이 필요하다/물 위를 날아가는 돌팔매질―/아슬아슬하게/세상에 배를 대고 날아가는 정신이여(「바뀌어진 지평선」) *고생도 마음대로 할 수 없는 세상에서는/철 늦은 거미같이 존재 없이 살기도 어려운 일(「구름의 파수병」) *뒤집어진 세상의 저쪽에서는/나는 비틀거리지도 않고 타락도 안했으리라(「冬麥」) *조그마한 세상의 지혜를 배운다는 것은/설운 일이다(「조그마한 세상의 지혜」) *민주당이 제일인 세상에서는/민주당에 붙고/혁신당이 제일인 세상이 되면/혁신당에 붙으면 되지 않는가(「만시지탄은 있지만」) *하얀 종이가 옥색으로 노란 하드롱지가/이 세상에는 없는 빛으로 변할 만큼 밝다(「백지에서부터」) *내 생명은 이미 맡기어진 생명/나의 질서는 죽음의 질서/온 세상이 죽음의 가치로 변해 버렸다[…]모든 사람에게 고해야 할 너무나 많은 말을 갖고 있지만/세상은 나의 말에 귀를 기울이지 않는다(「말」(1964)) *안 빌려주어도 넉넉하다. 나도 넉넉하고,/당신도 넉넉하다. 이게 세상이다.(「엔카운터 誌」)

세상사람(世上―) ①이 세상의 모든 사람. ②수많은 사람. *이런 사람을 보면 세상사람들이 다 그처럼 살고 있는 것 같다/나같이 사는 것은 나밖에 없는 것 같다(「강가에서」)

세우다 ①세로로 서게 하다. 일으키다. ②움직이는 것을 멈추게 하다. ③날카롭게 하다. ④짓거나 만들다. 축조하다. ⑤정하다. ⑥계획·방침 따위를 짜다. ⑦잃지 않고 보전하다. 유지하다. ⑧굳게 주장하다. 고집하다. ⑨어떤 자리에 있게 하다. 나아가게 하다. ⑩공로나 업적 따위를 이룩하다.

세우고 *그놈의 동상이 선 곳에는/민주주의의 첫 기둥을 세우고(「우선 그놈의 사진을 떼어서 밑씻개로 하자」)

세우는 *순진한 학생들/점잖은 학자님들/체면을 세우는 문인들(「육법전서와 혁명」)

세우자 *쓰러진 성스러운 학생들의 웅장한/기념탑을 세우자(「우선 그놈의 사진을 떼어서 밑씻개로 하자」)

세워 *미국사람들이 세워놓은 자동차란 자동차는/싹 없애버려라(「나는 아리조나 카보이야」)

세월(歲月) ①흘러가는 시간. ②지내는 형편이나 사정 또는 재미. ③살아가는 세상. ④어느 한 때. *백년이나 천년이 결코 긴 세월이 아니라는 것은/내가 사랑의 테두리 속에 끼여 있기 때문이 아니리라(「풍뎅이」) *얼마나 장구한 세월이 흘러갔던가/파도처럼 옆으로/혹은 세대를 가리키는 지층의 단면처럼 억세고도 아름다운 색깔―(「나의 가족」) *더러운 붓끝에서 흔들리는 오욕/바다보다 아름다운 세월을 건너와서/나는 태양을 주웠다고 생각하지는 않았지만(「PLASTER」) *兩眼이 모두 담홍색을 하고 있는 것으로 보아/그가 오랜 세월을 暗夜 속에서 살고 있었던 것만은 확실하다고 나는 생각한다(「백의」) *모든 것을 제압하는 생활 속의/애정처럼/솟아오른 놈//(유년의 기적을 잃어버리고/얼마나 많은 세월이 흘러갔나」(「생활」) *10년이란 한 사람이 준 상처를 다스리기에는 너무도 짧은 세월이다(「누이야 장하고나!」)

세차다 기세나 형세 따위가 힘 있고 억세다.
　세찬 *어린아이들이 가지고 노는 도르라미 모양으로 세찬 바람에 매암을 돌기 전에(「거리2」)

세트(영, set) 도구나 가구 따위의 한 벌. *유리문이 울리고 그 속에/넣어둔 노리다케 반상 세트와 글라스가/울린다(「의자가 많아서 걸린다」)

세포(細胞) ①생물체를 이루는 기본 단위. 동물 세포와 식물 세포로 나누며, 핵의 유무에 따라 진핵세포와 원핵세포로 나눈다. ②어떤 단체나 조직의 최소 구성 단위. *앙상한 육체의 투명한 골격과 세포와 신경과 안구까지/모조리 노출 낙하시켜 가면서(「헬리콥터」)

섹스(영, sex) ①암컷과 수컷 또는 남자와 여자의 구별. ②성교. ☞ 성. *VOGUE야 넌 잡지가 아냐/섹스도 아냐 유물론도 아냐 선망조차도/아냐—(「VOGUE야」) *이게 아무래도 내가 저의 섹스를 개관하고/있는 것을 아는 모양이다(「性」)

셈 ①수를 세는 일. ②주고받을 돈이나 물건 따위를 서로 따져 밝히는 일 또는 그 돈이나 물건. ③수를 따져 얼마인가를 세어 맞추는 일. ④사물을 분별하는 슬기. ⑤어떤 형편이나 결과를 나타내는 말. ⑥'속셈'의 준말. 어떻게 하겠다는 생각을 나타내는 말. ⑦미루어 가정함을 나타내는 말. *대구에서/대구에서/쌀난리가/났지 않아/이만 하면 아직도/혁명은/살아 있는 셈이지(「쌀난리」) *끊었던 술을 다시 마시면서 사랑의 복습을 하는 셈인가(「滿洲의 여자」) *아니 430원짜리 한 가마니면 이틀은 먹일 터인데/어떻게 된 셈이냐고 오늘 아침에도 뇌까렸다(「만용에게」) *이 너무나 큰 어려움에 나는 입을 봉하고 있는 셈이고/무서운 무성의를 자행하고 있다(「말」(1964))

셋 둘에 하나를 더한 수. *누가 거제도 제61수용소에서 단기 4284년 3월 16일 오전 5시에 바로 철망 하나 둘 셋 네 겹을 隔하고 불 일어나듯이 솟아나는 제62적색수용소로 돌을 던지고 돌을 받으며 뛰어들어갔는가(「조국에 돌아오신 傷病捕虜 동지들에게」) *그중 끝의 방문을 열고 보니 꺼먼 사람이 셋이나 앉았다(「미숙한 도적」) *어쩌다 셋이서 술을 마신다 둘은 한 발을 무릎 위에 얹고/도사리지 않는다(「거대한 뿌리」)

소경 ①눈이 멀어 앞을 못보는 사람. 맹인(盲人). ②세상 물정에 어둡거나 글을 모르는 사람을 비유적으로 이르는 말. *가까운 데에서 나는 人聲도 옛날이야기처럼/멀리만 들리고/눈은 왜 이리 소경처럼 어두워만 지나(「장시2」)

소금 짠맛을 내는 무색의 천연 광물성 식품. 염소와 나트륨의 결정성 화합물로 조미료와 방부제로 쓰임. *너의 이름과 너와 나와의 관계가 무엇인지 알아질 때까지/소금 같은 이 세계가 존속할 것이며/의심할 것인데(「풍뎅이」)

소급하다(遡及—) 과거에까지 거슬러 올라가서 영향이나 효력을 미치다.
　소급해 *나는 그들의 나이를 찬찬히/소급해 가면서 새로운 여유를 느낀다(「현대식 교량」)

소나기 ①갑자기 세차게 쏟아지다가 곧 그치는 비. 특히 여름에 많으며 번개나 천둥, 강풍 따위를 동반한다. ②갑자기 들이퍼붓는 것을 비유적으로 이르는 말. *소음에 시달린 마당 한구석에/철 늦게 핀 여름 장미의 흰구름/소나기가 지나고 바람이 불듯/하더니 또 안 불고(「여름 밤」)

소녀(少女) 아주 어리지도 않고 성숙하지도 않은 여자 아이. *그의 가치는/왼손으로 글을 쓰는 소녀만이 알고 있다(「수난로」) *차나무 냄새여 어둠이여 소녀여/휴식의 휴식이여/분명해진 그 가시의 의미여(「반달」) *소녀가 무엇인지를/소녀는 나이를 초월한 것임을(「꽃잎3」) *어느 소녀에게 물어보니 너의 이름을 글라디올러스라고(「九羅重花」의 부제임)

소년(少年) ①아주 어리지도 않고 완전히 자라지도 않은 남자 아이. ②젊은 나이 또는 그런 나이의 사람. ③소년법 등에서의 20세 미만 12세 이상인 자. *여편네의 방에 와서 기거를 같이해도/나는 이렇듯 소년처럼 되었다/흥분해도 소년/계산해도 소년/애무해도 소년/어린 놈 너야/네가 성을 내지 않게 해주마/네가 무어라 보채더라도/나는 너와 함께 성을 내지 않는 소년(「여편네의 방에 와서」) ＊병원 냄새에 휴식을 얻는/소년의 흰 볼처럼(「아픈 몸이」) ＊갈대보다도 더 약한 소년들과 부녀자들의/노동의 慘景에 대한 편지도 못 쓰겠소 매부(「美濃印札紙」)

소눈깔 ①'쇠눈'을 속되게 이르는 말. ②큰 눈을 속되게 이르는 말. ＊호주머니 속의 소눈깔만한 호주머니에 들은/물뿌리와 담배 부스러기의 오랜 친근(「후란넬 저고리」)

소동(騷動) 사람들이 놀라거나 흥분하여 시끄럽게 법석거리고 떠들어 대는 일. ＊이렇게 주기적인 수입 소동이 날 때만은/네가 부리는 독살에도 나는 지지 않는다(「만용에게」)

소등(消燈) 등불을 끔. ＊전등에서 消燈으로/소음에서 라디오의 중단으로/모조품 銀丹에서 仁丹으로(「X에서 Y로」)

소란(騷亂) 시끄럽고 어수선함. ＊생색을 내려고, 하고 나서, 그 訃告를/그에게 전하고, 그 무지무지한 소란 속에서/나의 소란을 하나 더 보탠 것에 만족을/느낀 것은 절망에 지각하고 난 뒤이다.(「전화 이야기」) ＊노란 꽃을 주세요 하얘져 가는 꽃을/노란 꽃을 주세요 넓어져 가는 소란을(「꽃잎2」)

소련(蘇聯) 소비에트 사회주의 공화국 연방. 1917년 10월 혁명이 성공하여 생긴 최초의 사회주의 국가. 1991년 사회주의가 붕괴되고 연방이 해체되었다. ＊일본의 〈진보적〉 지식인들은 소련한테는/욕을 하지 않는다고 한다 나도 얼마전까지는/흰 원고지 뒤에 낙서를 하면서/그것이 그럴듯하게 생각돼서/소련을 내심으로도 입밖으로도 두둔했었다/—당연한 일이다//소련을 생각하면서 나는 치질을 앓고 피를 쏟았다(「轉向記」)

소련인(蘇聯人) 소련 국적의 사람. ＊나가다오 너희들 다 나가다오/너희들 미국인과 소련인은 하루바삐 나가다오/…너희들 미국인과 소련인은 하루바삐 가다오/미국인과 소련인은 〈나가다오〉와 〈가다오〉의 차이가 있을 뿐/말갛게 개인 글 모르는 백성들의 마음에는/〈미국인〉과 〈소련인〉도 똑같은 놈들/가다오 가다오(「가다오 나가다오」)

소록도(小鹿島) 전라남도 고흥군 도양읍에 속하는 섬. 나병 환자를 수용하는 요양원이 있다. ＊아직도/소록도의 하얀 바다에/두고/버리고/던지고 온 취기가/가시지 않은 탓이라고 생각한다……(「旅愁」)

소름 춥거나 무섭거나 징그러울 때 살갗이 오그라들며 겉에 좁쌀 같은 것이 도톨도톨하게 돋는 것. ＊극악무도한 소름이 더덕더덕 끼치는/그놈의 사진일랑 소리없이/떼어 치우고—(「우선 그놈의 사진을 떼어서 밑씻개로 하자」)

소리 ①물체의 진동에 의하여 생긴 음파가 귀청을 울리어 귀에 들리는 것. ②말. ③사람의 목소리. ④여론이나 소문. ⑤판소리나 잡가 따위를 통틀어 이르는 말. ＊樵夫의 일하는 소리/바람이 생기는 곳으로/흘러가는 흘러가는 새소리/갈대소리(「토끼」) ＊손가락 사이에 끈을 한끝 잡고 방바닥에 내어던지니/소리없이 회색빛으로 도는 것이/오래 보지 못한 달나라의 장난 같다(「달나라의 장난」) ＊나직이 부를 수도 소리높이 부를 수도 있는 그대들만의 노래를 위하여(「조국에 돌아오신 傷病捕虜 동지들에게」) ＊그것이 사람의 발자국 소리보다도/나에게 시간을 가르쳐주는 것이 나는 싫다[…]나의 초라한 검은 지붕에/너의 날개 소리를 남기지 말고(「도취의 피안」) ＊조용하고 늠름한 불빛 아래/가족들이 저마다 떠드는 소리도/귀에 거슬리지 않는 것은(「나의 가족」) ＊나의 최종점은 궁지/파도처럼 요동하여/소리가 없고/비처럼 퍼부어/젖지 않는 것(「궁지의 날」) ＊나는/나의 눈을 찌르는 이 따가운 가옥과/집물과 사람들의 음성과 거리의 소리들을/커다란 해양의 한 구석을 차지하는/조고마한 물방울로/그려보려 하는데(「거리」) ＊억만의 소리가 비 오듯 내리는 여름 뜰을 보면서(「여름 뜰」) ＊금잔화도 인가도 보이지 않는 밤이 되면/폭포는 곧은소리를 내며 떨어진다//곧은 소리는 소리이다/곧은 소리는 곧은/소리를 부른다(「瀑布」) ＊기운을 주라 더 기운을 주라/강바람은 소리도 고웁다(「채소밭 가에서」) ＊소리없이 기고 소리없이 날으다가/되돌아오고 되돌아가는 무수한 하루살이—그러나 나의 머리 위의 천장에서는 너의 소리가 들린다—(「하루살이」) ＊鷄舍 위에 울리는 곡괭이 소리/동물의 교향곡/잠을 자면서 머리를 식히는 사색가(「비」) *달팽이는 닭이 먹고/구데기 바람에 우는 소리 나면(「말복」) *싸늘한 가을 바람 소리에/전통은/새처럼 겨우 나무그늘 같은 곳에/定處를 찾았나보다[…]저 광막한 양지 쪽에 반짝거리는/파리의 소리 없는 소리처럼/나는 죽어가는 법을 알고 있는 사람이기 때문이리라(「파리와 더불어」) *수업을 할 때도 퇴근시에도/사이렌 소리에 시계를 맞출 때도 구두를 닦을 때도……/우리들의 싸움은 쉬지 않는다(「하…… 그림자가 없다」) *그놈의 사진일랑 소리없이 떼어 치우고[…]극악무도한 소름이 더덕더덕 끼치는/그놈의 사진일랑 소리없이/떼어 치우고—(「우선 그놈의 사진을 떼어서 밑씻개로 하자」) *적막이 오듯이/적막이 오듯이/소리없이 가다오 나가다오(「가다오 나가다오」) *中庸은 여기에는 없다/(나는 여기에서 다시 한번 숙고한다/鷄舍건너 신축 가옥에서 마치질하는/소리가 들린다)(「중용에 대하여」) *집에 가면 말도/나지막한 소리로 걸어(「허튼소리」) *꿩이 푸다닥거리고 날아가는 소리든/하도 심심해서 정찰을 나온 꿀벌의 소리든/무슨 소리는 있어야겠다[…]아아벌/소리야(「伏中」) *추녀 끝 물방울 소리가/아직도 메아리를 가지고 오지 못하는/8월의 밤에(「누이의 방」) *아픈 몸이/아프지 않을 때까지 가자/나의 발은 절망의 소리/저 말(馬)도 절망의 소리(「아픈 몸이」) *아무 소리 없이 떠난/여행에서/전보도 안 치고/돌아오기를 잘했지(「旅愁」) *이런 때면 매년 이맘때쯤 듣는/병아리 우는 소리와/그의 원수인 쥐 소리를 혼동한다(「백지에서부터」) *트럭 소리가 나면 돼/아카시아 잎을 이기는 소리가 방바닥 밑까지 울리면 돼/라디오 소리도 거리의 풍습대로 기를 쓰고 크게만 틀어놓으면 돼[…]트럭 소리가 나면 돼/아카시아 잎을 이기는 소리가 방바닥 밑까지 콩콩 울리면 돼(「장시1」) *외계의 소리를 여과하고 채색해서/숙제처럼 나를 괴롭히고 보호한다[…]소리 없이 나를 괴롭히는/그들은 신의 고문인가(「장시2」) *한 달에 12, 3만 환이 소리 없이 들어가고/알은 하루 60개밖에 안 나오니(「만용에게」) *모든 게 중단이다 소리도 思念도 죽어라/중단이다 명령이다(「피아노」) *불 피우는 소리처럼 다 들리고/재 섞인 연기처럼 다 맡힌다(「제임스 띵」) *풀 속에서는 노란 꽃이 지고 바람소리가 그릇 깨지는/소리보다 더 서걱거린다—우리는 그것을 영원의/소리라고 부른다[…]인생과 말의 간결—우리는 그것을 전투의/소리라고 부른다[…]기관포나 뗏목처럼 인생도 인생의 부분도/통째 움직인다—우리는 그것을 貧窮의/소리라고 부른다[…]인생도 인생의 부분도 통째 움직인다—우리는 그것을/결혼의 소리라고 부른다(「미역국」) *한번 잔인해봐라/이 문이 열리거든 아무 소리도 하지 말아봐라(「잔인의 초」) *뚜껑이 열렸다 닫히는 소리//라디오의 시종을 고하는 소리 대신에 西道歌와/목사의 열띤 설교 소리와 심포니가 나오지만(「풀의 영상」) *개가 여러 번 짖는 소리를 들었지만/나는 귀찮아서 나가지를 않았다(「도적」) *사그러져 가는 라디오의 재갈거리는 소리가/사랑처럼 들리고 그 소리가 지워지는/강이 흐르고[…]그러나 이제 우리들은 소리내어 외치지 않는다(「사랑의 변주곡」) *이 죄에는 사과의 길이 없다 봄이 오고/쥐가 나돌고 풀이 솟는다 소리없이 소리없이(「거짓말의 여운 속에서」) *미안하지 않소—만 다만 식모를 부르는 소리가/좀 단호해졌을 뿐이요 미안할 정도로 좀—(「美濃印札紙」) *시시한 라디오 소리라 더 시시한 것이/여기서는 판을 치니까 그렇게 됐는지 모른다[…]비참한 일들이 라디오 소리보다도 더 발광을 쳤을 때/그때는 인국 방송이 들리지 않아서/그들의 달콤한 억양이 금덩어리 같았다/그 금덩어리 같던 소리를 지금은 안 듣는다(「라디오 계」) *아가씨는 연애가 되나 하고/애타고 원효의 염불 소리까지도/잊고—죄를 짓고 싶다(「원효대사」) *바닥이 없는 집이 되고 있다 소리만/남은 집이 되고 있다(「의자가 많아서 걸린다」)

소맷자락 옷소매의 드리운 부분. *이 밤 화공의 소맷자락 무거이 적셔/오늘도 우는/아아 짐승이냐 사람이냐.(「廟庭의 노래」)

소모하다(消耗—) 써서 없어지다.
　소모한 *그 낭비에 대항한다고 소모/그 몇 갑절의 공허한 투자(「꽃잎3」)

소박(疎薄·疏薄) 처나 첩을 박대하거나 내

어 쫓음. *밀양에서 온 식모의 소박과 원한까지를 다 합해서(「美濃印札紙」)

소박하다(素朴—) 꾸밈이나 거짓이 없이 있는 그대로이다.
  소박하게 *어리석을 만치 소박하게 성취한/우리들의 혁명을(「기도」) *가다오 너희들의 고장으로 소박하게 가다오/너희들 미국인과 소련인은 하루바삐 가다오(「가다오 나가다오」)
  소박한 *물속 모래알처럼/素朴한 習性은 나의 아내의 밑소리부터 始作되었다(「아침의 유혹」)

소비에트(Soviet) ①소련에서 노동자·농민·병사의 대표자가 구성한 평의회. ②소비에트 사회주의 공화국 연방. *中庸은 여기에는 없다/(나는 여기에서 다시 한번 숙고한다/鷄舍건너 신축 가옥에서 마치질하는/소리가 들린다//소비에트에는 있다(「중용에 대하여」)

소생하다(蘇生— · 甦生—) 다시 살아나다.
  소생하는 *내가 그 향로와 같이 있을 때/살아있는 향로/소생하는 나(「더러운 향로」)
  소생하여라 *무수한 웃음과 벅찬 감격이여 소생하여라(「거리2」)

소설(小說) ①사실 또는 작가의 상상력에 바탕을 두고 허구적으로 이야기를 꾸며 나간 산문체의 문학 양식. 일정한 구조 속에서 배경과 등장인물의 행동, 사상, 심리 따위를 통하여 인간의 모습이나 사회상을 드러낸다. 분량에 따라 장편·중편·단편으로, 내용에 따라 과학 소설·역사 소설·추리 소설 따위로 구분할 수 있으며, 옛날의 설화나 서사시 따위의 전통을 이어받아 근대에 와서 발달한 문학 양식이다. ②소설책. *도회 안에서 쫓겨다니는 듯이 사는/나의 일이며/어느 소설보다도 신기로운 나의 생활이며/모두 다 내던지고(「달나라의 장난」) *김유정처럼 그밖의 위대한 선배들처럼 거지짓을 하면서/소설에 골몰한 사람도 없다……(「이 한국문학사」) *지금 불란서 소설을 읽으면서 아직도 말하지/못한 한 가지 말—정치 의견의 우리말이/생각이 안 난다 거짓말 거짓말(「거짓말의 여운 속에서」)

소설가(小說家) 소설을 쓰는 일을 전문으로 하는 사람. *한번 정정당당하게/붙잡혀간 소설가를 위해서/언론의 자유를 요구하고 월남 파병에 반대하는/자유를 이행하지 못하고(「어느 날 고궁을 나오면서」)

소설책(小說冊) 소설로 엮은 책. 소설이 실린 책. *킴 노박의 사진과/국내 소설책들……/이런 것들이 정돈될 가치가 있는 것들인가(「누이의 방」)

소식(消息) ①안부나 어떤 형세 따위를 알리거나 통지함. ②어떤 상황이나 동정 따위에 대한 사정. *초록빛과 초록빛의 너무나 빠른 변화에/놀라 잠시 찾아오기를 그친 벌과 나비의/소식을 완성하고[…]초록빛과 초록빛의 너무 빠른 변화에/놀라 오늘도 찾아오지 않는 벌과 나비의/소식을 더 완성하기까지//캄캄한 소식의 실낱 같은 완성/실낱 같은 여름날이여(「꽃잎3」)

소심하다(小心—) ①도량이 좁다. ②대담하지 못하고 겁이 많다. 조심성이 많다.
  소심해져만 *나는 이렇게도 가련한 놈 어느 사이에/자꾸자꾸 소심해져만 간다(「강가에서」)

소용돌이 ①바닥이 패어 물이 돌아 흐르는 현상 또는 그런 곳. ②힘이나 사상, 감정 따위가 서로 뒤엉켜 요란스러운 상태를 비유적으로 이르는 말. *그러나 정글보다도 더 험하고/소용돌이보다도 더 어지럽고 해저보다도 더 깊게(「기도」)

소용없다(所用—) 아무런 쓸모나 득이 될 것이 없다. 필요 없다.
  소용없소이다 *요 시인/용감한 시인/—소용없소이다/산 너머 민중이라고/산 너머 민중이라고/하여둡시다(「눈」(1961))

소유권(所有權) 법률상, 어떠한 물건을 소유하고 법이 인정한 범위 내에서 임으로 이용하거나 처분할 수 있는 권리. ☞ 소유주. *지금의 내 마음에/샘솟아 나오려는 이 설움은 무엇인가/모독당한 과거일까/약탈된 소유권일까(「국립도서관」)

소유주(所有主) 소유권을 가진 사람. 소유자. ☞ 소유권. *백의는 자동식 문명의 천재이었기 때문에 그의 소유주에게는/일언의 약속도 없이 제가 갈 길을 자유자재로 찾아다니었다

(「백의」)

소음(騷音) 불규칙하게 뒤섞여 불쾌하고 시끄러운 소리. *서울에 돌아온 지 일주일도 못 되는 나에게는 도회의 소음과 狂症과 속도와 허위가 새삼스럽게 밉고 서글프게 느껴지고(「시골 선물」) *전등에서 消燈으로/소음에서 라디오의 중단으로/모조품 銀丹에서 仁丹으로(「X에서 Y로」) *이 소음들은 나의 푸른 풀의 가냘픈/ 영상을 꺾지 못하고(「풀의 영상」) *꽃의 소음이 바로 들어오게/꽃을 찾기 전의 것을 잊어버리세요(「꽃잎2」) *지상의 소음이 번성하는 날은/하늘의 소음도 번쩍인다[…]소음에 시달린 마당 한구석에/철 늦게 핀 여름 장미의 흰구름/소나기가 지나고 바람이 불듯/하더니 또 안 불고/소음은 더욱 번성해진다//사람이 사람을 아끼는 날/소음이 더욱 번성하다 남은 날/사람이 사람을 사랑하던 날/소음이 더욱 번성하기 전 날/우리는 언제나 소음의 2층[…]땅에만 소음이 있는 줄만 알았더니/하늘에도 천둥이, 우리의 귀가/들을 수 없는 더 큰 천둥이 있는 줄/알았다 그것이 먼저 있는 줄 알았다//지상의 소음이 번성하는 날은/하늘의 천둥도 번쩍인다/여름밤은 깊을수록/이래서 좋다(「여름 밤」)

소인(小人) ①나이가 어린 사람. ②키나 몸집 따위가 작은 사람. ③도량이 좁고 간사한 사람. *동요도 없이 반성도 없이/자꾸자꾸 소인이 돼간다/속돼간다 속돼간다/끝없이 끝없이 동요도 없이(「강가에서」)

소작인(小作人) 다른 사람의 농지를 빌려 농사를 짓고 그 대가로 사용료를 지급하는 사람. *이 밭주인은 차밭 주인의 소작인이다/그러나 우리집 여편네는 이것을 모두/자기 밭이라고 한다 멀쩡한 거짓말이다(「반달」)

소재(所在) 어떤 곳에 있음 또는 있는 곳. *나는 노염으로 사무친 정의 소재를 밝히지 아니하고(「나비의 무덤」) *좁아도 좋고 넓어도 좋은 방안에서/나의 위대한 所在를 생각하고 더듬어보고 짚어보지 않았으면(「나의 가족」)

소중하다(所重—) 매우 귀중하다.

　소중하고 *영사판을 받치고 있는 주야를 가리지 않는 어둠이/표면에 비치는 현실보다 한 치쯤은 더/소중하고 신성하기도 한 것인지 모르지만(「영사판」)

　소중한 *밥보다도/더 소중한/잠이 안 오네/달콤한/달콤한/잠이 안 오네(「4·19」시」)

소크라테스(Socrates) BC469~BC399. 고대그리스의 철학자. 문답을 통하여 상대의 무지를 깨닫게 하고, 시민의 도덕의식을 개혁하는 일에 힘썼다. 그의 사상은 제자 플라톤의 『대화편』에 전해진다. *成長은 소크라테스 이후의 모든 현인들이 하여온 일(「서시」)

소크라테스

소학교(小學校) '초등학교'를 이전에 이르던 말. *—그러나 混色은 흑색이라는 걸 경고해 준 것은/소학교 때 선생님……(「백지에서부터」)

소화불량증(消化不良症) 먹은 음식을 위나 장에서 잘 받아들이지 못하여 영양분을 흡수하지 못하는 증상. *단식을 하고 나서 죽을 먹고/그 다음에 밥을 떡국을 먹었는데/새삼스럽게 소화불량증이 생겼다(「轉向記」)

속 ①거죽이나 껍질로 쌓인 물체의 안쪽 부분. ②일정하게 둘러싸인 것의 안쪽으로 들어간 부분. ③사람의 몸에서 배의 안 또는 위장. ④사람이나 사물을 대하는 자세나 태도. ⑤품고 있는 마음이나 생각. ⑥어떤 현상이나 상황, 일의 안이나 가운데. ⑦감추어진 일의 내용. ⑧사리를 분별할 수 있는 힘이나 정신 또는 줏대 있게 행동하는 태도. *제2차 대전 이후의/긴 긴 역사를 갖춘 것 같은/이 엄연한 책이/지금 바람 속에 휘날리고 있다(「가까이 할 수 없는 서적」) *어두운 옷 속에서만/이는 사람을 부르고/사람을 울린다(「이蝨」) *토끼는 앞발이 길고/귀가 크고/눈이 붉고/또는 〈이태백이 놀던 달 속에서 방아를 찧고〉……[…]토끼야/봄 달 속에서 나에게만 너의 재주를 보여라(「토끼」) *나의 시절은 태양 속에/나의 사랑도 태양 속에/日蝕을 하고(「愛情遲鈍」) *백년이나 천년이 결코 긴 세월이 아니라는 것은/내가 사랑의 테두리 속에 끼여 있기 때문이 아니리라(「풍뎅이」) *이 영원한 숨바꼭질 속에서/나는 또한 영원히 늬가 없어도 살 수 있는 날을 기다려야 하겠다(「너를 잃고」) ＊나는 모자와 함께 나의 마음의 한 모퉁이를 모자 속에 놓고 온 것이라고/설운 마음의 한 모퉁이를(「시골 선물」) ＊오고가는 것이 직선으로 혹은 대각선으로 맞닥뜨리는 것 같은 속에서[…]흐르는 시간 속에 이를테면 푸른 옷이 걸리고 그 위에/반짝이는 별같이 흰 단추가 달려 있고(「방안에서 익어가는 설움」) ＊그러나 그 속에서 부패하고 있는 것/―그것은 나의 앙상한 생명(「PLASTER」) ＊어둠 속에 본 것은 청춘이었는지 대지의 진동이었는지[…]어둠 속에서 일순간을 다투며/없어져버린 애처롭고 아름답고 화려하고 부박한 꿈을 찾으려 하는 것은(「구슬픈 육체」) ＊우리는 좁은 뜰 안에서뿐만 아니라/심지어는 항아리 속에서부터라도 내어다볼 수 있고[…]안개처럼 가벼웁게 날아가는 과감한 너의 의사 속에는[…]너의 조상들이 우리의 조상과 함께/손을 잡고 超動物 세계 속에서 영위하던/자유의 정신의 아름다운 원형을(「헬리콥터」) ＊모두들 공부하는 속에 와보면 나도 옛날에 공부하던 생각이 난다[…]전쟁의 모든 파괴 속에서/불사조같이 살아난 너의 봄뚱아리―/우주의 파편같이/혹은 혜성같이 반짝이는/무수한 잔재 속에 담겨있는 또 이 무수한 봄뚱아리―들은[…]모두들 공부하는 속에 와보면 나도 옛날에 공부하던 생각이 난다(「국립도서관」) ＊어려운 휴식/참으로 어려운/얻기 어려운 휴식/너의 긴 시간 속에 언제고 내포되어 있는 휴식(「기자의 정열」) ＊그가 오랜 세월을 暗夜 속에서 살고 있었던 것만은 확실하다고 나는 생각한다(「백의」) ＊역을 떠난 기차 속에서/능금을 먹는 아이들의 머리 위에서[…]가장 심각한 나의 우둔 속에서(「영롱한 목표」) ＊흔들리는 자동차 속에서 창밖의 풍경이 흔들리듯/그의 가장 깊은 영혼이 흔들리는 것을 보았다(「靈交日」) ＊너는 이런 밤을 무수한 거부 속에 헛되이 보냈구나(「밤」) ＊모든 것을 제압하는 생활 속의/애정처럼/솟아오른 놈[…]나는 또 하나의 생활의 좁은 골목 속으로/들어서면서(「생활」) ＊무더운 자연 속에서/검은 손과 발에 마구 상처를 입고 와서(「가옥 찬가」) ＊벽 뒤로 퍼진 원근 속에/밤이 가벼웁게 개울을 갖고(「凍夜」) ＊우리들의 전선

은 지도책 속에는 없다[…]연애를 할 때도 졸음이 올 때도 꿈속에서도(「하…… 그립자가 없다」) ＊강중령도 그놈의 속을 모르는 바는 아니었지만[…]그놈의 속을 창자 밑까지도 다 알고는 있었으나(「우선 그놈의 사진을 떼어서 밑씻개로 하자」) ＊열에 뜬 시인들이 속이 허해서/쓰는 말밖에는 아니 되지만(「육법전서와 혁명」) ＊어둠 속에서도 불빛 속에서도 변치 않는/사랑을 배웠다 너로 해서(「사랑」) ＊나는 서울의 얼치기 洋館 속에서/골치를 앓는 여편네의 댓가지 백 속에/조약돌이 들어 있는/공간의 우연에 놀란다(「누이의 방」) ＊대숲 속의 초가집과/나무로 만든 장기와(「시」(1961)) ＊그렇게 피투성이가 되어 찾던 만년필은/처의 백 속에 숨은 듯이 걸려 있고(「절망」(1962)) ＊나의 프레이저의 책 속의 낱말이/송충이처럼 꾸불텅거리면서 어찌나 지겨워 보이던지(「파자마 바람으로」) ＊연기 나는 속으로 떨어지면 돼/구겨진 휴지처럼 노래하면 돼(「장시1」) ＊나는 잠자는 일/잠 속의 일(「깨꽃」) ＊호주머니 속의 소눈깔만한 호주머니에 들은/물뿌리와 담배 부스러기의 오랜 친근(「후란넬 저고리」) ＊그러한 속력과 속력의 停頓 속에서/다리는 사랑을 배운다(「현대식 교량」) ＊풀 속에서는 노란 꽃이 지고(「미역국」) ＊나는 그가 필시 속으로는 나를 포기하고/있다는 것을 알았어(「H」) ＊엔카운터/속의 이오네스코까지도 희생할 수 있었어.(「엔카운터誌」) ＊그 무지무지한 소란 속에서/나의 소란을 하나 더 보탠 것에 만족을/느낀 것은 절망에 지각하고 난 뒤이다.(「전화 이야기」) ＊욕망이여 입을 열어라 그 속에서/사랑을 발견하겠다[…]암흑 속을 고양이의 반짝거리는 푸른 눈망울처럼(「사랑의 변주곡」) ＊텔레비 속의 텔레비에 취한(「원효대사」) ＊찬장이 울린다 유리문이 울리고 그 속에/넣어둔 노리다께 반상 세트와 글라스가/울린다(「의자가 많아서 걸린다」)

속다 ①남의 거짓이나 꾀에 넘어가다. ②어떤 것을 다른 것으로 잘못 알다.

속고 ＊한번 더 고비를 넘을 수도 있었는데 그만큼/지독하게 속이면 내가 곧 속고 만다(「性」)

속아 ＊연민의 순간이다 황홀의 순간이 아니

라/속아 사는 연민의 순간이다(「性」)
속였는데 *나는 아무것도 안 속였는데 모든 것을 속였다(「거짓말의 여운 속에서」)
속였다 *나는 아무것도 안 속였는데 모든 것을 속였다[…]나는 한 가지를 안 속이려고 모든 것을 속였다(「거짓말의 여운 속에서」)
속은 *나는 더위에 속은 조용함이 억울해서/미친 놈처럼 라디오를 튼다(「伏中」)
속지 *세상을 속지 않고 걸어가기 위하여/나는 담배를 끄고/누구에게든지 신경질을 피우고 싶다(「바뀌어진 지평선」) *여름 뜰을 밟아서도 아니 될 것이다/묵연히 묵연히/그러나 속지 않고 보고 있을 것이다(「여름 뜰」)
속도(速度) ①물체가 나아가거나 일이 진행되는 빠르기. ②물리에서, 움직이는 물체가 단위 시간에 이동한 거리. *서울에 돌아온 지 일주일도 못 되는 나에게는 도회의 소음과 狂症과 속도와 허위가 새삼스럽게 미웁고 서글프게 느껴지고(「시골 선물」) *여름이 여름을 반성하지 않는 것처럼/속도가 속도를 반성하지 않는 것처럼(「절망」(1965))
속되다(俗—) ①품위가 없고 고상하지 못하다. ②세속적이다.
속돼 *자꾸자꾸 소인이 돼간다/속돼간다 속돼간다/끝없이 끝없이 동요도 없이(「강가에서」)
속력(速力) 속도의 크기 또는 속도를 이루는 힘. *그러한 속력과 속력의 停頓 속에서/다리는 사랑을 배운다(「현대식 교량」)
속보(速步) 빨리 걸음 또는 빠른 걸음. *뮤즈는 조금쯤 걸음을 멈추고/서정시인은 조금만 더 속보로 가라(「바뀌어진 지평선」)
속삭임 ①나지막한 목소리로 가만가만히 하는 이야기. ②무엇이 가만히 스치는 소리. *3월을 바라보는 마른 나무들이/사랑의 봉오리를 준비하고 그 봉오리의/속삭임이 안개처럼 이는 저쪽에 쪽빛/산이(「사랑의 변주곡」)
속옷 겉옷의 안쪽에 몸에 직접 닿게 입는 옷. 속에 받쳐 입는 옷. *봄이 오기 전에 속옷을 벗고 너무 시원해서 설워지듯이(「풀의 영상」)
속이다 거짓을 참으로 곧이듣게 하다.
속이고 *고요한 마당 위에서/나는 나를 속이고 역사까지 속이고/구태여 낯익은 하늘을 보지 않고(「휴식」)
속이는가 *잣나무 전나무 집뽕나무 상나무/연못 흰 바위/이러한 것들이 나를 속이는가(「휴식」)
속이려고 *나는 한 가지를 안 속이려고 모든 것을 속였다(「거짓말의 여운 속에서」)
속이면 *한번 더 고비를 넘을 수도 있었는데 그만큼/지독하게 속이면 내가 곧 속고 만다(「性」)
속이지 *그보다도 창자가 더 메마른 저들은/더 이상 속이지 말아라/혁명의 육법전서는 〈혁명〉밖에는 없으니까(「육법전서와 혁명」)
속임 *점잖이 앉은 나의 나이와 나이가 준 나의 무게를 생각하면서/정말 속임 없는 눈으로/지금 팽이가 도는 것을 본다(「달나라의 장난」) *마음을 쉰다는 것이 남에게도 나에게도/속임을 받는 일이라는 것을(「휴식」)
속죄(贖罪) ①지은 죄를 물건이나 다른 공로 따위로 비겨 없앰. ②기독교에서, 예수가 십자가에 못박힘으로써 인류의 죄를 대신 씻어 구원한 일. *그러니까 뱀은 선천적인 포로인지도 모른다/그런 의미에서 나는 속죄에 축복을 드렸다(「여자」)
속호주머니(—胡—) 옷의 안쪽이나 속옷에 단 주머니. *윗호주머니나 혹은 속호주머니에 들은/치부책 노릇을 하는 종이쪽(「후란넬 저고리」)
손 ①사람의 팔목 끝에 달린 부분. 손등, 손바닥, 손목으로 나누며 그 끝에 다섯 개의 손가락이 있어, 무엇을 만지거나 잡거나 한다. ②손가락. ③손바닥. ④일손. ⑤어떤 사람의 영향력이나 권한이 미치는 범위. ⑥사람의 수완이나 꾀. ⑦어떤 일을 하는 데 드는 사람의 힘이나 노력, 기술. ⑧필요한 조처. *고운 神이 이 자리에 있다면/나에게 무엇이라고 하겠나요/아마 잘 있으라고 손을 휘두르고 가지요(「웃음」) *애정은 나뭇잎처럼/기어코 떨어졌으면서/나의 손 위에서 신음한다(「愛情遲鈍」) *덮어놓은 책은 기도와 같은 것/이 책에는/神밖에는 아무도 손을 대어서는 아니 된다(「서책」) *너의 조상들이 우리의 조상과 함께/손을 잡고 超動物 세계 속에서 영위하던(「헬리콥터」) *젖 먹는 아이와 같이 이지러진 얼굴로/여름 뜰이여/너의 광대한 손[手]을 본다(「여름 뜰」) *손도 안 씻고/쥐똥도 제멋대로 내버려두고/닭에는 발등을 물린 채(「꽃」) *무더운 자연 속에서/검은 손과 발에 마구 상처를 입고 와서/병든 사자처럼/벌거벗고 지내는/나는 여름(「가옥 찬가」) *야 이놈들아 고갤 숙여/너희놈 손에 돌아가신 우리 형님들/무덤 앞에 절을 구천육백삼십오만 번만 해(「나는 아리조나 카보이야」) *웃음이 나오더라도/눈 내리는 날에는/손을 묶고 가만히/앉아 계시오[…]까딱 마시오 손 하나 몸 하나/까딱 마시오(「눈」(1961)) *넓적다리 뒷살에/넓적다리 뒷살에/알이 배라지/손에서는/손에서는/불이 나라지[…]넓적다리 뒷살에/넓적다리 뒷살에/알이 배라지/손에서는/손에서는/불이 나라지/온몸에/온몸에/힘이 없듯이/머리는/내일 아침 새벽까지도/아주 내처/비어 있으라지……(「쌀난리」) *손에는 무거운 보따리를 들고/가다가다 기침을 하면서(「네 얼굴은」)

손가락 손끝에 달려 있는 다섯 개의 가락. *손가락 사이에 끈을 한끝 잡고 방바닥에 내어던지니(「달나라의 장난」)

손님 '손'의 높임말. *손님으로 온 나는 이 집 주인과의 이야기도 잊어버리고/또 한번 팽이를 돌려주었으면 하고 원하는 것이다(「달나라의 장난」)

손들다 팔을 올려 머리 위쪽으로 들다.
손들어 *야 손들어 나는 아리조나 카보이야/빵! 빵! 빵!(「나는 아리조나 카보이야」)

손등 손의 바깥쪽. 손바닥의 반대편. *아아 새까맣게 손때 묻은 육법전서가/표준이 되는 한/나의 손등에 장을 지져라(「육법전서와 혁명」)

손때 ①오랫동안 쓰고 매만져서 길이 든 흔적. ②손을 대어 건드리거나 만져서 생긴 때. *아아 새까맣게 손때 묻은 육법전서가/표준이 되는 한/나의 손등에 장을 지져라(「육법전서와 혁명」)

손마디뼈 손가락의 마디를 이루는 뼈. *절망은 나의 목뼈는 못 자른다 겨우 손마디뼈를/새벽이면 하아프처럼 분질러놓고 간다(「우리들의 웃음」)

손수건(—手巾) 몸에 지니고 다니며 쓰는 얇고 자그마한 수건. *그대가 준 손수건의 암시처럼/불길한 눈물을 흘리게 했지만(「세계일주」)

손쉽다 처리하기 까다롭지 아니하고 매우 쉽다.
손쉽게 *500원인가를 깎아서 일수로 사들여온 것처럼/그만큼 손쉽게/내 몸과 내 노래는 타락했다(「금성라디오」)

손자며느리(孫子—) 손자의 아내. *오이 호박의 손자며느리 값도 안 되게/헐값으로 넘겨 버려 울화가 치받쳐서(「가다오 나가다오」)

손톱 손가락 끝에 붙어 있는 딱딱하고 얇은 조각. 손가락 끝을 보호하는 역할을 한다. *힘은 손톱 끝의/때나 다름없고//시간은 나의 뒤의/그림자이니까(「허튼소리」)

솔개미 솔개. 솔개는 수리과의 새를 이르는 말. *나의 얇은 지붕 위에서 솔개미같은/사나운 놈이 약한 날짐승들이 오기를 노리면서 기다리고(「도취의 피안」)

솔직하다(率直—) 거짓이나 숨김이 없이 바르고 곧다.
솔직한 *솔직한 고백을 싫어하는/뮤즈여(「바뀌어진 지평선」)

솜 목화씨에 달라붙은 털 모양의 흰 섬유질. 부드럽고 가벼우며 탄력이 풍부하고 흡습성, 보온성이 있다. 가공하여 직물 따위로 널리 쓴다. *가죽옷 융옷 솜이 몰린 솜옷……(「풀의 영상」)

솜옷 안에 솜을 두어 만든 옷. *가죽옷 융옷 솜이 몰린 솜옷……(「풀의 영상」)

솜털 ①솜에서 일어나는 잔털. ②매우 잘고 보드라운 털. *죄라는 죄가 가시같이 박히어도/그야 솜털만치도 아프지는 않으려니(「기도」) *—제3인도교의 물속에 박은 철근 기둥도 내가 내 땅에/박는 거대한 뿌리에 비하면 좀벌레의 솜털(「거대한 뿌리」)

솟다 아래에서 위로, 또는 속에서 겉으로 세차게 움직이다.
솟는 *원한이 솟는 가슴속에서 발사되는/포탄은 어두운 하늘을 날아간다(「조그마한 세상의 지혜」)
솟는다 *이 죄에는 사과의 길이 없다 봄이 오고/쥐가 나돌고 풀이 솟는다 소리없이 소리없이(「거짓말의 여운 속에서」)

솟아나다 ①안에서 밖으로 나오다. ②감정이나 힘 따위가 생겨서 일어나다.
　솟아나는 *철망 하나 둘 셋 네 겹을 隔하고 불 일어나듯이 솟아나는 제62적색수용소로 돌을 던지고 돌을 받으며 뛰어들어갔는가(「조국에 돌아오신 傷病捕虜 동지들에게」) *물이 흘러가는 달이 솟아나는/평범한 대자연의 법칙을 본받아(「기도」)

솟아오르다 ①아래에서 위로 또는 안에서 밖으로 불쑥 나타나다. ②감정이나 힘 따위가 힘차게 일어나다.
　솟아오른 *모든 것을 제압하는 생활 속의/애정처럼/솟아오른 놈(「생활」)

송충이(松蟲—) 솔나방의 애벌레. 몸은 누에 모양이며 검은 갈색이다. 온몸에 긴 털이 나 있고 소나무 잎을 갉아 먹는다. *나의 프레이저의 책 속의 낱말이/송충이처럼 꾸불텅거리면서 어찌나 지겨워 보이던지(「파자마 바람으로」)

솥 쇠붙이나 오지 따위로 만들어, 밥을 짓거나 음식을 끓이는 데 쓰는 그릇. *처갓집 옆의 지금은 매립한 개울에서 아낙네들이/양잿물 솥에 불을 지피며 빨래하던 시절을 생각하고(「거대한 뿌리」)

쇠 '철(鐵)'을 일상적으로 이르는 말. *—코에서 나오는 쇠 냄새가 그리웁다(「거리2」) *돌에 쇠에 구리에 넝마에 삭아/삭은 그늘에 또 삭아 부스러져[…]갱이 생기고 그늘이 생기고 돌이 쇠가/구리가 먼지가 생기고(「먼지」)

쇠꼭지 쇠로 만들어진 꼭지. *지구의의 남극에는 검은 쇠꼭지가 심겨 있는지라—[…]쇠꼭지보다도 허망한 생활이 균형을 잃을 때/酩酊한 정신이 명정을 찾듯이/너는 비로소 너를 찾고 웃어라(「지구의」)

쇠라(Seurat, Georges) 1859~1981. 프랑스의 화가. 신인상주의를 대표하는 화가 중의 한 명으로 점묘 화법을 작품에 적용하였다. *쇠라*여/너는 이 세상을 점으로 가리켰지만/나는/나의 눈을 찌르는 이 따가운 가옥과/집물과 사람들의 음성과 거리의 소리들을/커다란 해양의 한 구석을 차지하는/조고마한 물방울로/그려보려 하는데(「거리1」)

쇠라

쇠문고리(—門—) 쇠로 된 문고리. *南廟 문고리 굳은 쇠문고리(「廟庭의 노래」)

쇠소리 쇳소리. ☞쇳소리. *투명하고 가벼웁고 쇠소리 나는 가벼운 잔이 없다(「네이팜 탄」)

쇳소리 ①쇠붙이가 부딪쳐서 나는 소리. ②쨍쨍 울릴 정도로 야무지고 날카로운 목소리를 비유적으로 이르는 말. *위태로운 일이라고 落盤의 신호를/올릴 수도 없고 찻잔에 부딪치는/차숟가락만한 쇳소리도 안 들리고(「먼지」)

수¹ ①어떤 일을 처리하기 위한 방법. ②놓이게 되는 경우. ③어떤 일을 할 만한 힘이나 가능성. ④'허용'의 뜻을 나타냄. ⑤'까닭', '이유'의 뜻을 나타냄. *가까이 할 수 없는 서적이 있다/이것은 먼 바다를 건너온/용이하게 찾아갈 수 없는 나라에서 온 것이다[…]그 책장은 번쩍이고/연해 나는 괴로움으로 어찌할 수 없이/이를 깨물고 있네!/가까이 할 수 없는 서적이여/가까이 할 수 없는 서적이여(「가까이 할 수 없는 서적」) *내가 떳떳이 내다볼 수 없는 현실처럼/그의 눈은 깊이 파지어서[…]나의 無理하는 生에서/그의 사진도 무리가 아닐 수 없이//그의 사진은 이 맑고 넓은 아침에서/또 하나 나의 팔이 될 수 없는 비참이오(「아버지의 사진」) *생활은 熱度를 측량할 수 없고/나의 노래는 물방울처럼/땅속으로 향하여 들어갈 것/애정지둔(「愛情遲鈍」) *귀치않은 부탁을 하러 오는 사람들이/갖다 주는 것으로 연명을 하고 보니/거절할 수도 없는[…]여미지 못하는 생각 위에/여밀 수 없는 부탁이여[…]비로소 안심할 수 있는/부끄러움이 없는/부끄러움을 더한층 뜻있게 하기 위하여/있으리라는 믿음에서/만만치 않은 부탁(「부탁」) *나와 나의 벗이 안심하고 살 수 있는/현대의 천당을 찾아 나온 것이다[…]「[…]이북에서 고생하고 돌아오는/상병포로들에게 말할 수 없는 미안한 감이 듭니다」/내가 6·25 후에 价川 야영훈련소에서 받은 말할 수 없는 학대를 생각한대[…]나직이 부를 수도 소리높이 부를 수도 있는 그대들만의 노래를 위하여/마지막에는 울음으로밖에 변할 수 없는/숭고한 희생이여!(「조국에 돌아오신 傷病捕虜 동지들에게」) *이 영원한 숨바꼭질 속에서/나는 또한 영원히 늬가 없어도 살 수 있는 날을 기다려야 하겠다(「너를 잃고」) *얼굴은 분간할 수도 없는데/술 한 병만이 방 한가운데/광채를 띠고 앉아 있다(「미숙한 도적」) *그것을 그리려고 하는 나의 붓은 말할 수 없이 깊은 치욕[…]지금 마음 놓고 고즈넉이 날개를 펴라/마음대로 뛰놀 수 있는 마당은 아닐지나[…]늬가 끊을 수 있는 것은 오직 생사의 線條뿐(「九羅重花」) *사람이야 말할 수 없이 애처로운 것이지만(「도취의 피안」) *하나의 가냘픈 물체에 도저히 고정될 수 없는/나의 눈이며 나의 정신이며(「방안에서 익어가는 설움」) *그림자보다는 훨씬 급하게/스쳐가는 나의 고독을/누가 무슨 신기한 재주를 가지고/잡을 수 있겠느냐(「더러운 향로」) *나는 노염으로 사무친 정의 소재를 밝히지 아니하고/운명에 거역할 수 있는/큰 힘을 가지고 있으면서(「나비의 무덤」) *헬리콥터가 風船보다도 가벼웁게 상승하는 것을 보고/놀랄 수 있는 사람은 설움을 아는 사람이지만[…]심지어는 항아리 속에서부터라도 내어다볼 수 있고/이러한 우리의 순수한 痴情을/헬리콥터에서도 내려다볼 수 있을 것을 짐작하기 때문에(「헬리콥터」) *너무나 기쁜 이 마음은 무슨 까닭인지 알 수는 없지만/확실히 어리석음에서 나오는 것은 아닐 텐데(「거리2」) *숫자를 무시하고 사는지/이미 헤아릴 수 없이 오래된 연기(「연기」) *그러기에 한결 가벼운 휴식의 마음으로 쓰고 있을 수 있었던 것(「기자의 정열」) *고생도 마음대로 할 수 없는 세상에서는/철 늦은 거미같이 존재 없이 살기도 어려운 일//방 두 칸과 마루 한 칸과 말쑥한 부엌과 애처로운 처를 거느리고/외양만이라도 남과 같이 살아간다는 것이 이다지도 쑥스러울 수가 있을까//시를 배반하고 사는 마음이여/자기의 나체를 더듬어보고 살펴볼 수 없는 시인처럼 비참한 사람이 또 어디 있을까[…]어디로인지 알 수 없으나/어디로든 가야 할 반역의 정신(「구름의 파수병」) *나의 눈만이 혼자서 볼 수 있는 주름살이 있다 굴곡이 있다(「여름 뜰」) *(그가 나를 진심으로 꾸짖지 않았다는 것을 나는 그의 은근하고 매혹적인 표정에서 능히 감득할 수 있었다)[…]이러한 그의 무리한 요청에 대하여 나는 하는 수 없이(「백의」) *무엇이든지/재어볼 수 있는 마음은/아무것도 재지 못할 마음(「자」) *규정할 수 없는 물결이/무엇을 향하여 떨어진다는 의미도 없이/계절과 주야를 가리지 않고/고매한 정신처럼 쉴 사이 없이 떨어진다(「瀑布」) *아직도 명령의 과잉을 용서할 수 없는 시대이지만(「서시」) *이제 나는 광야에 드러누워도/공동의 운명을 들을 수 있다(「광야」) *굵은 밧줄 밑에 뒹구는/구렁이가 악몽이 될 수 있겠나요(「靈交日」) *塵芥와 분노를 꽃으로 마구 바꿀 수 있는 나날(「꽃」) *그러니까 내가 그들을 사랑하지 않을 수가 없다(「모리배」) *시도 그런 여유에는 대항할 수 없고/지혜는 일어서 있는 너의 얼굴(「반주곡」) *4·26혁명은 혁명이 될 수 없다(「육법전서와 혁명」) *불안을 불안으로 딴죽을 걸어서 퀘지게 할 수 있지(「만시지탄은 있지만」) *이 구멍으로 들어가면 아리조나에 있는/우리 고조할아버지 산소 망두석 밑으로 빠질 수 있으니까(「나는 아리조나 카보이야」) *이것을 나는 나의 일기첩에서/찾을 수밖에 없었다(「중용에 대하여」) *인제 정말/진짜 시인이 될 수 있으니 시원하고(「檄文」) *우스워하지 않고서 생각할 수 없는 것이 사람의 죽음이다[…]그를 생각할 수 있는/너까지도 다 함께 숭배하고 마는 것이[…]나는 쾌활한 마음으로 말할 수 있다[…]나는 돌풍처럼 너한테 말할 수 있다[…]도회에서 달아나온 나는 말할 수 있다/「누이야 장하고나!」(「누이야 장하고나!」) *이 뜰에서/나는 내가 없는 동안의/아내의 비밀을 탐지하고/또/내가 없는 그날의/그의 비밀을/탐지할 수도 있었다[…]여행이 나를/놀래일 수 없었던 것과 같이/나는 집에 와서도/그동안의 부재에도/놀라서는 안 된다(「旅愁」) *말하자면 세계의 도처에서 나타날 수 있는 千手千足獸(「절망」(1962)) *나도 돈을 만질 수 있다는 것이 대견하다(「돈」) *모두가 거꾸로다—태연할 수밖에 없다 웃지 않을 수밖에 없다/조용히 우리들의 웃음을 웃지 않을 수 없다(「우리들의 웃음」) *남자로서 거리를 무단통행할 수 있는 것은 교군꾼,/내시, 외국인의 종놈, 관리들뿐이었다(「거대한 뿌리」) *내일의 적으로 오늘의 적을 쫓을 수도 있다(「적1」) *될 수만 있으면 독자들에게 이 깨알만한 글씨보다 더/작게 써야 할 이 고초의 시기의/보다 더 작은 나의 즐거움을 피력하고 싶다(「이 한국문학사」) *우리는 격하지 않고 얘기할 수 있었어/훌륭하게 훌륭하게 얘기할 수 있었어[…]그 무엇이라고 말할 수 없는 나라의 수도의/한복판에서(「H」) *이제 차디찬 사람들을 경멸할 수 있다(「이혼 취소」) *빌려드릴 수 없어. 작년하고도 또 틀려.[…]그걸 할 수 있었어. 그것도 눈에 보였어. 엔카운터//속의 이 오네스코까지도 희생할 수 있었어.[…]지금도 빌려줄 수는 있어. 그렇지만 안 빌려줄 수도/있어(「엔카운터 誌」) *그래요! 반도호텔 같은 데라야/미국놈들한테서 입장료를 받을 수 있지요(「전화 이야기」) *그 얼굴은 네 얼굴보다는/간음을 상상할 수 있을 만큼/그렇게 조금은 생생하지만(「네 얼굴은」) *일본 말보다도 더 빨리 영어를 읽을 수 있게 된(「거짓말의 여운 속에서」) *하늘에도 천둥이, 우리의 귀가/들을 수 없는 더 큰 천둥이 있는 줄/알았다 그것이 먼저 있는 줄 알았다(「여름 밤」) *더위도 가시고 오늘은 하루종일 일도/안하고 있지만 밀용인찰지의 나의 생활을/당신한테 보일 수는 없소(「美濃印札紙」) *위태로운 일이라고 落盤의 신호를/올릴 수도 없고 찻잔에 부딪치는/차숟가락만한 쇳소리도 안 들리고(「먼지」) *한번 더 고비를 넘을 수도 있었는데 그만큼/지독하게 속이면 내가 곧 속고 만다(「性」)

수(數)² ①셀 수 있는 사물의 많고 적음. ②'숫자'의 준말. ③자연수, 정수, 분수, 유리수, 무리수, 실수, 허수 따위를 통틀어 이르는 말. *이조시대의 장안에 깔린 기왓장 수만큼/나는 많은 것을 버렸다(「적2」)

수건(手巾) 얼굴이나 몸 등을 닦기 위하여 만든 천 조각. *내일처럼 달라지고 달라지지 않는/이 갱 안의 잉크 수건의 칼자국(「먼지」) *의자와 의자 사이로 비집고 갈 때/울리고 코풀 수건을 찾으러 갈 때(「의자가 많아서 걸린다」)

수고 일을 하느라고 힘을 들이고 애를 씀 또는 그런 어려움. *새로 파논 우물전에서 도배를 하고 난 귀얄을 씻고 간 두붓집 아가씨에게/무어라고 수고의 인사를 해야 한다지(「사치」)

수고하다 일을 하느라고 힘을 들이고 애를 쓰다.

수고하셨습니까 *아마 나의 영혼은 부지런히 일어나서 고생하고 돌아오는/대한민국 상병포로와 UN 상병포로들에게 한마디 말을 하였을 것이다/「수고하였습니다」//「돌아오신 여러분! 아프신 몸에 얼마나 수고하셨습니까!(「조국에 돌아오신 傷病捕虜 동지들에게」)

수고하였습니다 *아마 나의 영혼은 부지런히 일어나서 고생하고 돌아오는/대한민국 상병포로와 UN 상병포로들에게 한마디 말을 하였을 것이다/「수고하였습니다」(「조국에 돌아오신 傷病捕虜 동지들에게」)

수그리다 ①깊이 숙이다. ②형세나 기세를 죽이거나 굽히다.

수그러져 *자꾸 수그러져 가는 눈을 들어 강과 對岸의 찬란한 불빛을 본다(「말」(1958))

수난로(水煖爐) 증기나 온수의 열을 발산하여 공기를 따뜻하게 하는 난방 장치. *견고한 것을 좋아하는 사람들이/팔을 고이고 앉아서 창을 내다보는/水煖爐는 문명의 廢物(「수난로」)

수도(首都) 한 나라의 중앙 정부가 있는 도시. ☞ 서울. *그 무엇이라고 말할 수 없는 나라의 수도의/한복판에서(「H」)

수도공사(隧道工事) 수도는 평지나 산, 바다, 강 따위의 밑바닥을 뚫어서 굴로 만드는 일. *그는 남미의 어느 면공업자의 서자로 태어나서/나이아가라 강변에서 隧道工事에 挺身하고 있었다 하며(「백의」)

수도세(水道稅) '수도료'를 일상적으로 이르는 말. 수돗물을 사용한 데 대한 요금. *수도세, 야경비, 땅세, 벌금, 전기세 이외에/내가 주어야 할 것은 신문값만이 아니다(「제임스 띵」)

수량(數量) 수효와 분량. *동무여 이제 나는 바로 보마/사물과 사물의 생리와/사물의 수량과 한도와/사물의 우매와 사물의 명석성을(「孔子의 생활난」)

수레 바퀴를 달아서 굴러 가게 만든 기구. 사람이 타거나 짐을 싣는다. *덜컥거리는 수레와//어서 또 일을 해요 변화는 끝났소/편지봉투모양으로 누렇게 결은/시간과 땅/수레를 털털거리게 하는 욕심의 돌/기름을 주라/어서 기름을 주라/털털거리는 수레에다는 기름을 주라(「시」(1961))

수련장(修鍊帳) 주로 초등학생들의 자습을 위하여 교과서의 내용에 대한 문제와 풀이 따위를 담고 있는 책. *아이놈은 라디오를 보더니/왜 새 수련장은 안 사왔느냐고 대들지만(「금성라디오」)

수류탄(手榴彈) 손으로 던지는 근접 전투용의 소형 폭탄. *조용히 가다오 나가다오/서푼어치 값도 안 되는 미·소인은/초콜릿, 커피, 페티코트, 군복, 수류탄/따발총……을 가지고(「가다오 나가다오」)

수리 수릿과의 독수리, 참수리, 흰죽지참수리, 검독수리 따위를 통틀어 이르는 말. 몸이 크고 힘이 세며, 크고 끝이 굽은 부리와 굵고 날카로운 발톱이 있다. 들쥐, 토끼 따위를 잡아먹는다. *늑대에게 고슴도치에게 여우에게 수리에게 빈대에게/다치지 않고 깎이지 않고 물리지 않고 더럽히지 않게[…]이번에는 우리가 고슴도치가 되고 여우가 되고 수리가 되고 빈대가 되더라도(「기도」)

수많다(數—) 수효가 매우 많다.
수많은 *그것은 저 넓은 문창호의 수많은/틈 사이로 흘러들어오는 겨울바람보다도 나의 눈을 밝게 한다(「나의 가족」) *우울 대신에 수많은 기폭을 흔드는 쾌활/잊어버린 수많은 詩篇을 밟고 가는 길가에/영광의 집들이여 점포여 역사여(「거리2」)

수면(睡眠) ①잠을 자는 일. ②활동을 쉬는 상태를 비유적으로 이르는 말. *노동에서 휴식으로/휴식에서 수면으로(「X에서 Y로」)

수박 박과의 한해살이 덩굴풀. 줄기의 길이는 4~6미터이고 땅 위를 기며, 잎은 어긋나고 3~4개로 깊게 갈라진다. 여름에 연한 누런색 꽃이 핀다. 열매는 크고 둥글며 수분이 많고 달다. 씨는 검거나 붉은데 차(茶)의 재료로도 쓴다. 아프리카가 원산지로 세계 각지에서 재배한다. *지금 참외와 수박을/지나치게 풍년이 들어/오이 호박의 손자며느리 값도 안 되게/헐값으로 넘겨버려 울화가 치받쳐서(「가다오 나가다오」)

수세미 ①설거지할 때 그릇을 씻는 데 쓰는 물건. 예전에는 짚이나 수세미외의 열매 속 따위로 만들었으나 오늘날에는 공장에서 만들어 나온다. ②심하게 구겨지거나 더러워진 물건을 이르는 말. *수챗가에 얼어빠진/수세미 모양/그 대신 머리는/온통 비어/움직이지 않는다지(「쌀난리」)

수십(數十) ①십의 두서너 배가 되는 수효. 몇십. ②십의 두서너 배 정도로 많은 수나 수량의. *4면의 신문 위에 6호 활자가 몇천 개 박혀 있는지 모르지만 너의 상상에서는 실제의 수십 배는 담겨 있으리라(「기자의 정열」)

수업(授業) 교사가 학생에게 지식이나 기능을 가르쳐 줌 또는 그런 일. *수업을 할 때도 퇴근시에도/사이렌 소리에 시계를 맞출 때도 구두를 닦을 때도……/우리들의 싸움은 쉬지 않는다(「하…… 그림자가 없다」)

수없이(數—) 무수히. 많이. 헤아릴 수 없이. *올바로 정신을 가다듬으면서/나는 수없이 길을 걸어왔다(「아메리카 타임 誌」) *바람도 불지 않는 나무에서 열매가 떨어지듯 나의 마음에서 수없이 떨어져내리는 휴식의 열매(「靈交日」)

수염(鬚髥) 성숙한 남자의 입 주변이나 턱 또는 뺨에 나는 털. *나는 한번도 아버지의/수염을 바로는 보지/못하였다(「이[蝨]」) *퇴계든 정다산이든 수염 난 영감이면/복덕방 사기꾼도 도적놈 지주라도 좋으니 제발 순조로워라(「미역국」)

수용되다(收容—) 사람이나 물품 따위가 거두어져 일정한 곳에 넣어지다.
수용될지 *거기에는 냉방장치가 없어요. 장소는 200명가량/수용될지 모르지만요.(「전화 이야기」)

수우(水牛) 솟과의 물에 사는 짐승을 통틀어 이르는 말. 인도종, 아프리카종이 있다. *그러나 그는 캥거루의 일족은 아니다/水牛나 生魚같이/음정을 맞추어 우는 법도/습득하지는 못하였다(「토끼」)

수입(收入) ①돈이나 물품 따위를 거두어들임 또는 그 돈이나 물품. ②개인, 국가, 단체 따위가 합법적으로 얻어 들이는 일정액의 금액. *수입에 대해서 생각하는 것은 너나 나나 매일반이다[…]이렇게 주기적인 수입 소동이 날 때만은/네가 부리는 독살에도 나는 지지 않는다(「만용에게」)

수입되다(輸入—) ①물품이 다른 나라로부터 들어오다. ②다른 나라의 사상, 문화, 제도 따위가 들어오다.
　수입되어 *그는 한국에 수입되어 가지고 완전한 고아가 되었고/거리에 흩어진 월간 대중잡지 위에 매월 그의 사진이 게재되어 왔을 뿐만 아니라/어느 삼류 신문의 사회면에는 간혹 그의 구제금 응모기사 같은 것이 나오고 있다(「백의」)

수정되다(修正—) 잘못된 점이 바로잡히다.
　수정되어야 *푸른 하늘을 제압하는/노고지리가 자유로웠다고/부러워하던/어느 시인의 말은 수정되어야 한다(「푸른 하늘을」)

수직선(垂直線) 일정한 직선이나 평면과 직각을 이루는 직선. *비애의 수직선을 그리면서 날아가는 그의 설운 모양을/우리는 좁은 뜰 안에서뿐만 아니라/심지어는 항아리 속에서부터라도 내어다볼 수 있고(「헬리콥터」)

수챗가 수채의 주변이나 가장자리. '수채'는 집 안에서 버린 허드렛물이나 빗물 따위가 흘러가도록 만든 시설을 이르는 말. *수챗가에 얼어 빠진/수세미모양/그 대신 머리는/온통 비어/움직이지 않는다지(「쌀난리」)

수천(數千) ①천의 두서너 배가 되는 수 또는 그런 수의. ②천의 두서너 배 정도로 많은 수나 수량의. *팽이는 지금 수천 년 전의 聖人과 같이/내 앞에서 돈다(「달나라의 장난」)

수첩(手帖) 간단한 기록을 하기 위하여 지니고 다니는 작은 공책. *사과와 수첩과 담배와 같이/인간들이 걸어간다(「바뀌어진 지평선」)

수치(羞恥) 부끄러움. *하루에 한번씩 찾아오는/수치와 고민의 순간을 너에게 보이거나/들키거나 하기가 싫어서가 아니라(「도취의 피안」) *오오 폐허의 질서여 수치의 凱歌여/차

나무 냄새여 어둠이여 소녀여(「반달」) *속도가 속도를 반성하지 않는 것처럼/졸렬과 수치가 그들 자신을 반성하지 않는 것처럼(「절망」(1965))

수필(隨筆) 일정한 형식 없이 체험이나 감상·의견 따위를 생각나는 대로 자유롭게 적은 글. *여편네가 일본에서 온 새 잡지 안의/金素雲의 수필을 보라고 내던져준다(「파자마 바람으로」)

숙고하다(熟考—) 잘 생각하다. 깊이 생각하다.
　숙고한다 *中庸은 여기에는 없다/(나는 여기에서 다시 한번 숙고한다/鷄舍건너 신축 가옥에서 마치질하는/소리가 들린다)(「중용에 대하여」)

숙련(熟練) 무슨 일에 숙달하여 능숙해짐. *지구에 묻은 풀잎같이/나에게 묻은 서책의 숙련—(「서책」) *사람들이여/차라리 숙련이 없는 영혼이 되어/씨를 뿌리고 밭을 갈고 가래질을 하고 고물개질을 하자(「여름 아침」)

숙명(宿命) 날 때부터 타고난 운명. 피할 수 없는 운명. *시대의 숙명이여/숙명의 초현실이여/나의 생활의 定數는 어디에 있나(「장시 2」)

숙이다 '숙다'의 사동형. ①앞으로나 한쪽으로 기울어지게 하다. ②기운 따위가 줄어지게 하다.
　숙여 *야 이놈들아 고갤 숙여/너희놈 손에 돌아가신 우리 형님들/무덤 앞에 절을 구천육백삼십오만 번만 해(「나는 아리조나 카보이야」)
　숙이고 *내가 지금 순한 고개를 숙이고/온 마음을 다하여 즐기고 있는 서책은(「나의 가족」) *벗이여/그대의 말을 고개 숙이고 듣는 것이/그대는 마음에 들지 않겠지(「死靈」) *거리에서는 고개/숙이고 걸음 걷고(「허튼소리」)
　숙일까 *누구한테 머리를 숙일까(「꽃잎1」)

숙제(宿題) ①학생들에게 복습이나 예습을 위하여 집에서 하도록 내주는 과제. ②두고 생각해 보거나 해결해야 할 문제. ③모이기 며칠 전에 미리 내어서 돌리는 시나 글의 제목. *나의 숙제는 미소이다(「꽃」) *나의 여자들의 더러운 발은 생활의 숙제[…]역사의 숙제,/발을 벗는 일,/연결의 〈使徒〉—일어선 것과

앉은 것의/불가사의에 신음하는 나(「반주곡」) *외계의 소리를 여과하고 채색해서/숙제처럼 나를 괴롭히고 보호한다(「장시2」) *언어가 죽음의 벽을 뚫고 나가기 위한/숙제는 오래된다 이 숙제를 노상 방해하는 것이/성의 윤리와 윤리의 윤리다(「설사의 알리바이」)

순간(瞬間) 눈 깜짝할 사이. 잠깐 동안. 찰나. *하루에 한번씩 찾아오는/수치와 고민의 순간을 너에게 보이거나/들키거나 하기가 싫어서가 아니라(「도취의 피안」) *이때이다―/나의 온 정신에 畵龍點睛이 이루어지는 순간이(「영사판」) *희한한 상상과 무수한 활자를/너에게 눌러주는 지금 이 순간에도(「기자의 정열」) *꽃이 피어나는 순간/푸르고 연하고 길기만 한 가지와 줄기의 내면은/완전한 공허를 끝마치고 있었던 것이다(「꽃2」) *번개와 같이 떨어지는 물방울을/취할 순간조차 마음에 주지 않고(「瀑布」) *움직이는 비애를 알고 있느냐/순간이 순간을 죽이는 것이 현대/현대가 현대를 죽이는 〈종교〉(「비」) *나는 하필이면/왜 이 詩를/잠이 와/잠이 와/잠이 와 죽겠는데/왜 지금 쓰려나/이 순간에 쓰려나(「 《4·19》시」) *젊음과 늙음이 엇갈리는 순간/그러한 속력과 속력의 停頓 속에서/다리는 사랑을 배운다(「현대식 교량」) *구원은 예기치 않은 순간에 오고/절망은 끝까지 그 자신을 반성하지 않는다(「절망」(1965)) *연민의 순간이다 황홀의 순간이 아니라/속아 사는 연민의 순간이다(「性」)

순간적(瞬間的) 눈 깜짝할 만큼의 짧은 사이에. *시멘트 가죽을 뚫고 일어나면 내 집과/나의 정신이 순간적으로 들렸다 놓인다(「거짓말의 여운 속에서」)

순결(純潔) ①잡된 것이 섞이지 아니하고 깨끗함. ②마음에 사욕, 사념 따위와 같은 더러움이 없이 깨끗함. ③이성과의 육체관계가 없음. *순결과 오점이 모두 그의 상징이 되려할 때/신이여/당신의 책을 당신이 여시오(「서책」)

순경(巡警) 경찰 공무원 계급의 한 가지. 경장의 아래로 경찰관의 가장 낮은 계급. *파자마 바람으로 우는 아이를 데리러 나가서/노상에서 지서의 순경을 만났더니/「아니 어디를 갔다 오슈?」/이렇게 돼서야 그만이지/어떻게든지 체면을 차려볼 궁리 좀 해야지(「파자마 바람으로」)

순교자(殉敎者) 자기가 믿는 종교, 주의, 사상 등을 위하여 목숨을 바친 사람. *이 죽은 순교자들을 어떻게 생각해야 하나/우리의 주위에 너무나 많은 순교자들의 이 발견을/지금 나는 하고 있다(「이 한국문학사」)

순국학도(殉國學徒) 나라를 위해 목숨을 바친 학생들. *4·19 순국학도 위령제에 붙이는 노래(「기도」의 부제임)

순례(巡禮) ①종교의 발생지. ②본산(本山)의 소재지. ③성인의 무덤이나 거주지와 같이 종교적인 의미가 있는 곳을 찾아다니며 방문하여 참배함. *기나긴 골목길의 순례도/〈어깨〉도/허세도(「檄文」)

순사(巡査) 일제 강점기, 경찰관의 가장 낮은 계급. 지금의 순경에 해당한다. *순사와 땅주인에서부터 과속을 범하는 운전수에까지/나의 적은 아직도 늘비하지만(「적」)

순서(順序) 정하여져 있는 차례. *그녀가 새벽부터 부정기적으로/타온 순서대로/또 그 비참대로/값비싼 피아노가 값비싸게 울린다(「피아노」)

순수하다(純粹―) ①전혀 다른 것이 섞이지 아니하다. ②사사로운 욕심이나 못된 생각이 없다.

순수하죠 *머릿속에 특종이란 자가 보여요. 여편네하고/싸우고 나왔지요. 순수하죠. 앨비 말예요.(「전화 이야기」)

순수한 *이러한 우리의 순수한 痴情을/헬리콥터에서도 내려다볼 수 있을 것을 짐작하기 때문에(「헬리콥터」) *그러니까 그가 나보다도 아직까지는 더 순수한 폭도 되고(「H」)

순시(巡視) 돌아다니며 살펴 봄 또는 그러한 사람. *탈을 낸 돈이 없나 순시를 다니는 제임스 띵은/독자를 괴롭혀서는 아니 된다(「제임스 띵」)

순자 사람 이름. *순자야 너는 꽃과 더워져 가는 화원의/초록빛과 초록빛의 너무나 빠른 변화에/놀라 잠시 찾아오기를 그친 벌과 나비의/소식을 완성하고[…]썩는 빛이 황금빛에 닮은 것이 순자야/너 때문이고/너는 내 웃음을 받지 않고/어린 너는 나의 전모를 알고 있는 듯/야아 순자야 깜찍하고나/너 혼자서 깜찍하고나(「꽃잎3」)

순조롭다(順調—) 예정대로 잘 되어가 아무 탈이 없다.
순조로워라 *복덕방 사기꾼도 도적놈 지주라도 좋으니 제발 순조로워라(「미역국」)

순진하다(純眞—) 마음이 꾸밈이 없고 참되다.
순진한 *그것이 너무나 순진한 일이었기에 잠을 깨어 일어나서/나는 예수 크리스트가 되지 않았나 하는 신성한 錯感조차 느껴보는 것이었다(「조국에 돌아오신 傷病捕虜 동지들에게」) *이래도/그대들은 유구한 公序良俗 정신으로/위정자가 다 잘해 줄 줄 알고만 있다/순진한 학생들/점잖은 학자님들/체면을 세우는 문인들(「육법전서와 혁명」)

순천(順川) 광복 이후 북한이 신설한 행정 구역 명칭 중 하나. 평안남도에 속하여 있으며 1974년 5월에 은산군이 폐지되면서 은산군의 대부분 지역을 넘겨 받고 1983년에 시로 승격되었다. *北院 훈련소를 탈출하여 順川 읍내까지도 가지 못하고/악귀의 눈동자보다도 더 어둡고 무서운 밤에 中西面 內務省 군대에게 체포된 일을 생각한다(「조국에 돌아오신 傷病捕虜 동지들에게」)

순하다(順—) ①성질이 부드럽다. ②맛이 독하지 않다. ③일이 어려움이나 가탈 없이 잘 되다.
순하고 *거칠기 짝이 없는 우리 집안의/한없이 순하고 아득한 바람과 물결—(「나의 가족」)
순한 *내가 지금 순한 고개를 숙이고/온 마음을 다하여 즐기고 있는 서책은/위대한 고대 조각의 사진(「나의 가족」)

순화되다(純化—) 잡스러운 것이 순수하게 되다.
순화되어진 *나는 내 자신의 감정이 보다 더 거만하여지고 순화되어진 탓이라고는 생각하지 않는다(「시골 선물」)

순환(循環) 한차례 돌아서 다시 먼저의 자리로 돌아오거나 그것을 되풀이 함. *너무나 잘 아는/순환의 원리를 위하여/나는 피로하였고(「긍지의 날」)

술 알코올 성분이 들어 있는 음료를 통틀어 이르는 말. *기진맥진하여서 술을 마시고/기진맥진하여서 주정을 하고[…]이 친구도 술이 취한 얼굴을 보니 처참하다[…]친구가 일어나서 창밖으로 침을 뱉고 아래로 내려갔다 오더니 또 술을 마시러 내려가자고 한다[…]얼굴은 분간할 수도 없는데/술 한 병만이 방 한가운데/광채를 띠고 앉아 있다[…]어젯밤에 술을 마시던 방을 들여다보니 이불도 베개도 타구 하나 없이 깨끗하다.(「미숙한 도적」) *매일같이 마시는 술이며 모욕이며/보기 싫은 나의 얼굴이며/다 잊어버리고(「휴식」) *너는 조금도 당황하지 말라/술에서 깨어난 무거운 봄이어/오오 봄이여(「봄밤」) *짓이긴 파 냄새가 술 취한/내 이마에 神藥처럼 생긋하다(「초봄의 뜰 안에」) *요릿집엘 들어가고/술을 마시고 웃고 잡담하고(「하…… 그림자가 없다」) *아무리 바빠도 지장이 없느니라 술 취했다고 일이 늦으랴[…]술 취한 바보의 가족과 운명과/술 취한 어린 고양이의 울음(「술과 어린 고양이」) *이태백이가 술을 마시고야 詩作을 한 이유,/모르지?[…]술이 거나해서 아무리 졸려도/의젓한 포즈는/의젓한 포즈는 취하고 있는 이유,/모르지?(「모르지?」) *그런데 여자는 술을 안 따른다[…]끊었던 술을 다시 마시면서 사랑의 복습을 하는 셈인가[…] 한잔 더 주게 한잔 더 주게/ 그런데 여자는 술을 안 따른다[…]끊었던 술을 다시 마시는데 유행가처럼/아무리 마셔도 안 취하는 술[…] 한잔 더 주게 한잔 더 주게/ 그런데 여자는 술을 안 따른다[…] 한잔 더 주게 한잔 더 주게/ 그런데 여자는 술을 안 따른다(「滿洲의 여자」) *술 취한 듯한 동네아이들의 함성/미쳐돌아가는 역사의 반복(「장시2」) *치질도 낫기 전에 또 술을 마셨다/—당연한 일이다(「轉位記」) *술이 상상이 아니지만 술에 취하는 것이 상상인 것처럼(「우리들의 웃음」) *나는 아직도 앉는 법을 모른다/어쩌다 셋이서 술을 마신다 둘은 한 발을 무릎 위에 얹고(「거대한 뿌리」) *강가에 가서 돌아갈 차비만 남겨놓고 술을 사준다(「강가에서」) *사흘 전에 술에 취해 흘린 가래침 자국—[…]어저께 진리에 도달한 얼굴은/오늘은 술을 잊은 얼굴이다(「네 얼굴은」) *인류의 종언의 날에/너의 술을 다 마시고 난

날에(「사랑의 변주곡」)＊그 분풀이로 어리석은 나는 술을 마시고/창문을 부수고 여편네를 때리고(「세계일주」) ＊술에 취해서 쓰는 시여(「원효대사」)

술잔(―盞) ①술을 따라 마시는 그릇. ②술 몇 잔. ＊너도 나도 취하는/中庸의 술잔(「술과 어린 고양이」)

술집 술을 파는 집. ＊내용은 술집, 내용은 나, 내용은 도시,/내용은 그림자,/그림자의 비밀(「반주곡」) ＊××단체에서 ○○협회에서/하물며는 술집에서 음식점에서 양화점에서(「우선 그놈의 사진을 떼어서 밑씻개로 하자」) ＊함경도 친구와 경상도 친구가 외국인처럼 생각돼서/술집에서 반드시 표준어만 쓰는 이유,/모르지?(「모르지?」) ＊나는 이 사람이 만주 술집에서 고생할 때에/연애편지를 대필해 준 일이 있을 뿐이지(「滿洲의 여자」)

술친구(―親舊) 술로써 사귄 벗 또는 술을 함께 마시는 사람. ＊신이라든지 하느님이라든지가 어디 있느냐고 나를 고루하다고 비웃은 어제저녁의 술친구의 천박한 머리를 생각한다(「시골 선물」) ＊옆상에 앉은 술친구들이 경사나 난 듯이/고함을 친다(「滿洲의 여자」)

숨 사람이나 동물이 코 또는 입으로 공기를 들이마시고 내쉬는 기운 또는 그렇게 하는 일. ＊그러나 그 비애에 찬 선조도 하나가 아니기에/너는 다시 부끄러움과 躊躇를 품고 숨 가빠 하는가(「九羅重花」)

숨기다 '숨다'의 사동형. 숨게 하다. 드러나지 않게 하다. 남이 알지 못하게 하다. ☞ 숨다.
  숨기고 ＊여보세요 내 가슴을 헤치고 보세요. 여기 장 발장이 숨기고 있던 烙印보다 더 크고 검은/호소가 있지요/길을 잊어버린 호소예요(「조국에 돌아오신 傷病捕虜 동지들에게」)

숨길 ①숨을 쉴 때 공기가 나오는 길. ②숨을 쉬면서 코나 입으로 내보내는 공기나 기운. ＊저들의 고요한 숨길을 웃지 마라/저들의 무서운 방탕을 웃지 마라(「이 한국문학사」)

숨다 ①보이지 않게 몸을 감추다. ②겉으로 드러나지 아니하다 또는 잠재되어 있다.
  숨어 ＊나는 모오든 사람을 또한/나의 妻를 피하여/그의 얼굴을 숨어 보는 것이오[…]나는 모든 사람을 피하여/그의 얼굴을 숨어 보는 버릇이 있소(「아버지의 사진」) ＊너의 숨어 있는 인내와 용기를 다하여 날개를 펴라(「九羅重花」) ＊더운 날과 추운 날을 가리지 않고/늙은 버섯처럼 숨어 있기 때문에도 아니다(「도취의 피안」) ＊마당은 주인의 마음이 숨어 있지 않은 것처럼 安穩한데(「휴식」) ＊긴 것을 긴 것을 사랑할 줄이야/긴 것 중에 숨어 있는 것을 사랑할 줄이야(「원효대사」)
  숨은 ＊그렇게 피투성이가 되어 찾던 만년필은/처의 백 속에 숨은 듯이 걸려 있고(「절망」(1962))

숨바꼭질 ①아이들 놀이의 하나. 여럿 가운데서 한 아이가 술래가 되어 숨은 사람을 찾아내는 것인데, 술래에게 들킨 아이가 다음 술래가 된다. ②헤엄칠 때에 물속으로 숨는 짓. ③무엇이 숨었다 보였다 하는 일. ＊이 영원한 숨바꼭질 속에서/나는 또한 영원히 늬가 없어도 살 수 있는 날을 기다려야 하겠다(「너를 잃고」) ＊시금치밭에 앉은 흑나비와 주홍나비모양으로/나의 과거와 미래가 숨바꼭질만 한다(「적」)

숨소리 숨을 쉬는 소리. ＊시를 쓰는 마음으로/꽃을 꺾는 마음으로/자는 아이의 고운 숨소리를 듣는 마음으로[…]시를 쓰는 마음으로/꽃을 꺾는 마음으로/자는 아이의 고운 숨소리를 듣는 마음으로/죽은 옛 연인을 찾는 마음으로/잃어버린 길을 다시 찾은 반가운마음으로/우리는 우리가 찾은 혁명을 마지막까지 이룩하자(「기도」)

숫자(數字) ①수를 나타내는 글자. 1, 2, 3, …… 또는 一, 二, 三, …… 따위이다. ②금전, 예산, 통계 따위에 숫자로 표시되는 사항 또는 수량적인 사항. ③사물이나 사람의 수. ＊숫자를 무시하고 사는지/이미 헤아릴 수 없이 오래된 연기(「연기」)

숭고하다(崇高―) 존엄하고 거룩하다.
  숭고한 ＊나직이 부를 수도 소리높이 부를 수도 있는 그대들만의 노래를 위하여/마지막에는 울음으로밖에 변할 수 없는/숭고한 희생이여!(「조국에 돌아오신 傷病捕虜 동지들에게」)

숭배하다(崇拜―) ①어떤 사람을 훌륭히 여겨 마음으로부터 우러러 공경하다. ②종교적 대상을 절대시하여 우러러 받들다.

숭배하고 *너까지도 다 함께 숭배하고 마는 것이(「누이야 장하고나!」)
숭배하는 *모르는 것 앞에는 엎드리는 것이/모르는 것 앞에는 무조건하고 숭배하는 것이/나의 습관이니까(「누이야 장하고나!」)
숭배할 *숭배할 줄 아는 것이/나의 인내이니까(「누이야 장하고나!」)
숲 '수풀'의 준말. ①나무들이 무성하게 우거지거나 꽉 들어찬 것. ②풀, 나무, 덩굴 따위가 한데 엉킨 것. ☞ 숲속. *숲과 숲 사이의 하늘을 향해서/우는 매미/흙빛 매미여(「말복」) *숲을 알려면 땅벌에 물려보면 돼(「장시1」) *환락의 개울가에 바늘 돋친 숲에/버려진 우산(「적2」) *왜 이렇게 벅차게 사랑의 숲은 밀려닥치느냐(「사랑의 변주곡」)
숲속 숲의 속. ☞ 숲. *나는 긴 숲속을 헤치고/너의 무덤을 다시 찾아오마(「나비의 무덤」) *이 광대한 여름날의 착잡한 숲속에/홀로 서서/나는 돌풍처럼 너한테 말할 수 있다(「누이야 장하고나!」) *똘배가 개울가에 자라는/숲속에선/누이의 방도 장마가 가시면 익어가는가(「누이의 방」)
쉬다 ①피로를 풀려고 몸을 편안히 두다. ②잠을 자다. ③잠시 머무르다. ④물체나 물질 따위가 움직임을 멈추다. ⑤결석이나 결근을 하다. *남의 집 마당에 와서 마음을 쉬다[…]돈 없는 나는 남의 집 마당에 와서/비로소 마음을 쉬다[…]구렁이같이 태연하게 앉아서/마음을 쉬다(「휴식」)
쉬게 *나의 시각을 쉬게 하라—/하루살이의 황홀이여(「하루살이」)
쉬는 *일년 열두 달 쉬는 법이 없는/걸쭉한 강변밭 같기도 할 것이니(「가다오 나가다오」) *환상이 환상을 이기는 시간/—大時間은 결국 쉬는 시간(「장시2」) *쉬는 데에도 규율이 있고/탄력이 있다(「반달」) *그들이 돌아오는 길에 주막거리에서 쉬는 10분 동안의/지루한 정차를 생각하게 하고(「참음은」)
쉬어 *그 아우는 물론 들어와서 쉬어가라고 미소를 띄우면서 권하였다(「말」(1958))
쉬어야 *쉬어야하는 설움이여(「휴식」)
쉬었다 *쉬었다 가든 거꾸로 가든 모로 가든(「시」(1961))

쉬일 *기진맥진한 머리를 쉬일 곳을 찾아서 친구의 뒤를 따라서 걸어나왔다.(「미숙한 도적」)
쉬지 *우리들의 싸움은 쉬지 않는다(「하……그림자가 없다」) *쉬지 않는 것은 처와 처들 뿐이다(「적2」)
쉰다 *날개를 펴고 저녁이면 체조라도 하듯이/일제히 쉰다(「반달」) *흐린 날에는 연극은 없다/모든 게 쉰다(「적2」)
쉰다고 *낮에는 일손을 쉰다고 한잔 마시는 게라(「술과 어린 고양이」)
쉰다는 *마음을 쉰다는 것이 남에게도 나에게도/속임을 받는 일이라는 것을/(쉰다는 것이 무엇이라는 것을 알면서)(「휴식」)
쉴 *나는 쉴 사이 없이 가야 하는 몸이기에(「구슬픈 육체」) *계절과 주야를 가리지 않고/고매한 정신처럼 쉴 사이 없이 떨어진다(「瀑布」)
쉬쉬하다 남이 알까 경계하여 말이 안 나게 숨기다.
쉬쉬하면서 *그저그저 쉬쉬하면서/할말도 다 못하고/기진맥진해서/그저그저 걸어만 두었던/흉악한 그놈의 사진을/오늘은 서슴지 않고 떼어놓아야 할 날이다(「우선 그놈의 사진을 떼어서 밑씻개로 하자」)
쉬파리 쉬파릿과의 곤충을 통틀어 이르는 말. 몸빛은 회색이며 머리는 회황색에 금빛이 있고 다리는 검음. 썩은 고기나 산 동물에 붙어 산다. *그의 주위를 몇 번이고 돌고 돌고 돌고/또 도는 조름 같은 날개의 날것들과/갑충과 쉬파리떼/그리고 진드기(「등나무」)
쉬페르비엘(Supervielle, Jules) 1884~1960. 프랑스의 시인. 소설가. 극작가. 광대한 우주적 공간 감각과 섬세한 감정이 특징적이다. *나는 여유 있는 시인—쉬페르비엘이/물에 빠진 뒤에 나는 젤라틴을 통해서/詩의 진지성을 본다(「반주곡」)

쉬페르비엘

쉽다 ①어렵거나 힘들지 않다. ②예사롭거나 흔하다. ③가능성이 많다.

쉬운 *국수—이태리어로는 마카로니라고/먹기 쉬운 것은 나의 叛亂性일까(「孔子의 생활난」) *너무나 알기 쉬운 말로 아무도 듣지 못하게 당신의 뺨에다 대고 비로소 시작하는 귓속이야기지요(「조국에 돌아오신 傷病捕虜 동지들에게」) *실낱 같은 여름 풀의 아우성이여/너무 쉬운 여름 풀의 아우성이여(「꽃잎」)

쉽게 *피를 흘리되 조금 쉽게 흘리려고(「이혼 취소」)

슈바이처(Schweitzer, Albert) 1875~1965. 독일계의 프랑스 의사. 사상가. 신학자. 음악가. *구차한 문밖 선비가 벽장문 옆에다/카잘스, 그람, 슈바이처, 엡스타인의 사진을 붙이고 있는 이유,/모르지?(「모르지?」)

슈바이처

슈빙지 ①종이의 일종으로 추정됨. ②면도 크림으로 추정됨. *2cc짜리 국산 슈빙지/그리고 또 무엇이던가?(「마케팅」)

스럽다 '그러한 느낌이 있다'는 뜻의 형용사를 만드는 접미사. ☞ 사위스럽다.

스럽구나 *서리 앉은 胡弓에/피어 사위도 스럽구나(「廟庭의 노래」)

스무 '스물'을 나타내는 말. 열의 갑절. 이십. *그러한 나의 반역성을 조소하는 듯이 스무 살도 넘을까 말까 한 노는 계집애와 머리가 고슴도치처럼 부스스하게 일어난 쓰메에리의 학생복을 입은 청년이 들어와서 커피니 오트밀이니 사과니 어수선하게 벌여놓고 계통 없이 처먹고 있다(「시골 선물」) *너는 이제 스무 살이다/너는 이제 스무 살이다/너는 여전히 기적일 것이다(「65년의 새해」)

스스로 ①저절로. ②자진하여. ③자기 힘으로. ④자기 자신. *너도 나도 스스로 도는 힘을 위하여/공통된 그 무엇을 위하여 울어서는 아니 된다는 듯이/서서 돌고 있는 것인가(「달나라의 장난」) *오늘에 네가 전하는 자유의 마지막 파편에/스스로 겸손의 침묵을 지켜가며 울고 있는 것이다(「헬리콥터」) *너무나 가벼워서 내 자신이/스스로 무서워지는 놀라운 육체여(「바뀌어진 지평선」)

스치다 ①서로 살짝 닿으면서 지나가다. ②어떤 느낌, 생각, 표정 따위가 퍼뜩 떠올랐다가 이내 사라지다. ③시선이 훑어 지나가다.

스쳐 *구름은 벌써 나의 머리를 스쳐가고/설움과 과거는/오천만분지 일의 俯瞰圖보다도 더/조밀하고 망막하고 까마득하게 사라졌다(「네이팜 탄」) *철망을 지나가는 비행기의/그림자보다는 훨씬 급하게/스쳐가는 나의 고독을/누가 무슨 신기한 재주를 가지고/잡을 수 있겠느냐(「더러운 향로」)

스쳐서 *계곡을 스쳐서 돌아가는/악마의 眼膜 같은/강물을 향하여(「조그마한 세상의 지혜」)

스코틀랜드(Scotland) 영국의 그레이트브리튼 북부에 있는 지방. 10~11세기에 왕국이 성립되었고 1707년에 그레이트브리튼 왕국에 병합되었으나, 별개의 자치법으로 통치되고 독자적인 사법 제도·교육 제도·국교회 제도를 가지고 있다. 전통적인 모직물 공업이 세계적으로 유명하며, 목축업·광업이 활발하고 제철·조선 따위의 공업도 발달하였다. 주민은 켈트 인으로 대부분이 신교도이다. 중심 도시는 에든버러이다. *그러다가 스코틀랜드의 에딘버러 대학에 다니는/나이 어린 친구한테서 편지를 받았지(「이혼 취소」)

스크린(영, screen) ①영화나 환등(幻燈) 따위를 투영하기 위한 백색 또는 은색의 막 또는 그 영화. ②인쇄의 제판에서, 감광판의 앞에 대는 그물눈을 새긴 유리판. *VOGUE야 너의 세계에 스크린을 친 죄,/아이들의 눈을 막은 죄—그 죄의 앙갚음/VOGUE야(「VOGUE야」)

스탠드(영, stand) ①물건을 세우는 대(臺). ②음식점이나 술집 따위에서 카운터를 향하여 의자를 설치한 자리. ③전기스탠드. ④경기장의 계단식 관람석. *무역상에서 가솔린 스탠드에서/책방에서 학교에서 전국의 국민학교란 국민학교에서 유치원에서(「우선 그놈의 사진을 떼어서 밑씻개로 하자」) *테이블 위에 놓은/미제 磁器 스탠드가 울린다[…]미제 도자기 스탠드가 울린다/방정맞게 울리고 돌아오라 울리고(「의자가 많아서 걸린다」)

스펀지(영, sponge) 생고무나 합성수지로 해면(海綿)처럼 만든 물건. 탄력이 있고 수분을 잘 빨아들여 쿠션이나 물건을 닦는 재료로 많이 쓴다. *정보원이 너스들과 스펀지를 만들고 거즈를/개키고 있는 나를 보고 포로경찰이 되지 않는다고/남자가 뭐 이런 일을 하고 있느냐고 놀린 일이 있었다/너스들 옆에서//지금도 내가 반항하고 있는 것은 이 스펀지 만들기와/거즈 접고 있는 일과 조금도 다름없다(「어느 날 고궁을 나오면서」)

스푼(영, spoon) ①서양식 숟가락. 테이블 스푼, 디저트 스푼, 티스푼 따위가 있다. ②음식물을 담아 그 분량을 세는 단위. *스푼과 성냥을 들고 旅館에서 나는 나왔다(「아침의 유혹」)

슬쩍 ①남의 눈을 피하여 재빠르게. ②힘들이지 않고 가볍게. ③심하지 않게 약간. ④표 나지 않게 넌지시. ⑤특별히 마음을 쓰거나 정성을 들이지 않고 빠르게. *잔소리 날 때는 슬쩍 피하면 돼(「장시1」)

슬프다 원통한 일을 겪거나 불쌍한 일을 보고 마음이 아프고 괴롭다. *기적소리가 과연 슬프다 하더라도/너는 결코 서둘지 말라(「봄밤」)

슬프게도 *아아 슬프게도 슬프게도 이번에는/우리가 혁명이 성취되는 마지막날에는/그런 사나운 추잡한 놈이 되고 말더라도(「기도」)

슬픈 *피로를 알게 되는 것은 과연 슬픈 일이다/밤이여 밤이여 피로한 밤이여(「달밤」) *피아노 앞에는 슬픈 사람들이 많이 있다(「피아노」)

슬픔 슬픈 마음. 슬픈 느낌. *사랑의 기차가 지나갈 때마다 우리들의/슬픔처럼 자라나고 도야지우리의 밥찌끼/같은 서울의 등불을 무시한다(「사랑의 변주곡」)

습관(習慣) 어떤 행위를 오랫동안 되풀이하는 과정에서 저절로 익혀진 행동 방식. *조바심도 습관이 되고/그의 얼굴도 습관이 되며(「아버지의 사진」) *언제부터인지 잠을 빨리 자는 습관이 생겼다[…]시골에 사는 나는—/달 밝은 밤을/언제부터인지 잠을 빨리 자는 습관이 생겼다(「달밤」) *夕刊에 폭풍경보를 보고/배를 타고 가는 사람을/습관에서가 아니라 염려하고(「가옥 찬가」) *타성같이 습관같이/그저그저 쉬쉬하면서/할말도 다 못하고(「우선 그놈의 사진을 떼어서 밑씻개로 하자」) *모르는 것 앞에는 무조건하고 숭배하는 것이/나의 습관이니까(「누이야 장하고나!」)

습득하다(習得—) 학문이나 기술 따위를 배워서 자기 것으로 하다.
습득하지는 *水牛나 生魚같이/음정을 맞추어 우는 법도/습득하지는 못하였다(「토끼」)

습성(習性) ①습관이 되어 버린 성질. ②동일한 동물종 내에서 공통되는 생활양식이나 행동 양식. *물속 모래알처럼/素朴한 習性은 나의 아내의 밑소리부터 始作되었다(「아침의 유혹」)

승격하다(昇格—) 지위나 등급 따위가 오르다 또는 지위나 등급 따위를 올리다.
승격해 *어젯밤에는 새 책이/오늘 오후에는 새 라디오가 승격해 들어왔다(「금성라디오」)

승냥이 갯과의 포유동물. 이리와 비슷하나 더 작고 꼬리는 길다. 몸빛은 붉은색을 띤 회갈색에서 누런 갈색, 붉은 갈색 따위로 변한다. 성질이 사납고 산에서 무리 지어 사는데 주로 초식성 동물을 잡아먹는다. 한국, 중국, 인도, 중앙아시아, 동북아시아 등지에 분포한다. *진드기에게 악어에게 표범에게 승냥이에게/늑대에게 고슴도치에게 여우에게 수리에게 빈대에게[…]이번에는 우리가 악어가 되고 표범이 되고 승냥이가 되고 늑대가 되더라도(「기도」)

승리(勝利) 겨루거나 싸워서 이김. *밤보다도 더 어두운 낮의 마음/시간을 잊은 마음의 승리(「장시2」)

승패(勝敗) 이김과 짐. 승부. *승패의 차이를 계산할 줄 아는/포탄의 이성이여(「조그마한 세상의 지혜」)

승화시키다(昇華—) 어떤 현상을 더 높은 상태로 전환되게 하다.
승화시켜 *그 사람도 거짓말의 총알의 까맣고 빨간 흔적을 가진 사람이라고—그래서 우리의 혼란을 승화시켜 보자(「거짓말의 여운 속에서」)

시(詩) 문학의 한 갈래. 자연이나 인생에 대하여 일어나는 감흥과 사상 따위를 함축적이고 운율적인 언어로 표현한 문학 양식. 형식에 따라 정형시·자유시·산문시로 나누며, 내용에 따라 서정시·서사시·극시로 나눈다. *여러분! 내가 쓰고 있는 것은 시가 아니겠습니까(「조국에 돌아오신 傷病捕虜 동지들에게」) *만약에 나라는 사람을 유심히 들여다본다고 하자/그러면 나는 내가 詩와는 반역된 생활을 하고 있다는 것을 알 것이다[…]시를 배반하고 사는 마음이여[…]나는 지금 산정에 있다――/시를 반역한 죄로/이 메마른 산정에서 오랫동안 꿈도 없이 바라보아야 할 구름(「구름의 파수병」) *모오든 언어가 시에로 통할 때/나는 바로 일순간 전의 대담성을 잊어버리고(「여름 뜰」) *위안이 되지 않는 시를 쓰는 시인을 건져주기 전에(「靈交日」) *현대의 종교는 〈출발〉에서 죽는 榮譽/그 누구의 시체처럼(「비」) *하늘에서 내려오는 연령의 여유/시도 그런 여유에는 대항할 수 없고[…]나는 여유있는 시인――쉬페르비엘이/물에 빠진 뒤에 나는 젤라틴을 통해서/詩의 진지성을 본다(「반주곡」) *시를 쓰는 마음으로/꽃을 꺾는 마음으로[…]시를 쓰는 마음으로/꽃을 꺾는 마음으로/자는 아이의 고운 숨소리를 듣는 마음으로(「기도」) *나는 하필이면/왜 이 詩를/잠이 와/잠이 와/잠이 와 죽겠는데/왜/지금 쓰려나[…]시 같은 것/시 같은 것/안 쓰려고 그러나/더구나/《4·19》 시 같은 것/안 쓰려고 그러나[…]시 같은 것/시 같은 것/써보려고 그러나/《4·19》 시 같은 것/써보려고 그러나(「《4·19》시」) *그리고 철자법을 틀린 시/철자법을 틀린 인생(「등나무」) *더러운 일기는 찢어버려도/짜장 재주를 부릴 줄 아는 나이와 詩/배짱도 생겨가는 나이와 詩/정말 무서운 나이와 詩는/동그랗게 되어가는 나이와 詩/사전을 보면 쓰는 나이와 詩/사전이 詩 같은 나이의 詩/사전이 앞을 가는 변화의 詩/감기가 가도 감기가 가도/줄곧 앞을 가는 사전의 詩/詩(「시」(1961)) *그동안에도/그뒤에도 나의 시는 영원한 미완성이고(「절망」(1962)) *그 이유는 시가 안 된다/아니 또 시가 된다(「轉向記」) *피아노의 주인은 나를 보고/시를 쓰니 음악도 잘 알 게 아니냐고/한 곡 쳐보라고 한다(「피아노」) *나비야 우리 방으로 가자/어제의 시를 다시 쓰러 가자(「시」(1964)) *나는 광휘에 찬 신현대문학사의 시를 깨알같은 글씨로 쓰고 있다(「이 한국문학사」) *H는 그전하곤 달라졌어/내가 K의 시 얘기를 했더니 욕을 했어(「H」) *그 편지 안에 적힌 블레이크의 시를 감동을 하고/읽었지[…]우리는 블레이크의 시를 완성했다 우리는/이제 차디찬 사람들을 경멸할 수 있다(「이혼 취소」) *나는 지금 규제로 시를 쓰고 있다 타의의 규제[…]이것을 우리의 시로 옮겨놓으려는 생각은/단념하라 괴로운 설사(「설사의 알리바이」) *그 분풀이로 어리석은 나는 술을 마시고/창문을 부수고 여편네를 때리고/지옥의 시까지 썼지만[…]지옥의 시를 쓰고 난 뒤에/그대의 출발이 잘못된 출발이었다고/알려주려고(「세계일주」) *원효대사의 민활성 바늘 끝에/묻은 죄와 먼지 그리고 모방/술에 취해서 쓰는 시여(「원효대사」) *시를 쓰다 말고 코를 풀다 말고/테이블 밑에 신경이 가고 탱크가 지나가는/沿道의 음악을 들어야 한다(「의자가 많아서 걸린다」) *詩는 쨍쨍한 날씨에 청랑한 들에/환락의 개울가에 바늘 돋친 숲에/버려진 우산/망각의 想起다(「적2」) *종교와 비종교, 시와 비시의 차이가 아이들과 아이의 차이이다(「우리들의 웃음」) *뮤즈여/시인이 시의 뒤를 따라가기에는 싫증이 났단다(「바뀌어진 지평선」)

시각(視覺) 눈을 통해 빛의 자극을 받아들이는 감각 작용. *감정을 잊어버린 시인에게로/모여드는 모여드는 하루살이여――/나의 시각을 쉬게 하라――(「하루살이」)

시간(時間) ①어떤 시각에서 어떤 시각까지의 사이. ②어떤 행동을 할 틈. ③어떤 일을 하기로 정하여진 동안. ④때의 흐름. ⑤철학에서, 과거로부터 현재와 미래로 무한히 연속되는 것. 곧 사물의 현상이나 운동, 발전의 계기성과 지속성을 규정하는 객관적인 존재 형식을 말한다. *오늘도 어제와 같이 괴로운 잠을/이루울 준비를 해야 할 이 시간에/괴로움도 모르고/나는 이 책을 멀리 보고 있다(「가까이 할 수 없는 서적」) *오랜 시간이 경과된 후에도/이 웃음만은 흔적을 남기고 있을 것이라고 믿는 것은/어리석은 일/시간에 달린 기이다란 시간을 보시오(「웃음」) *나는 발가벗은 아내의 목을 끌어안았다/山林과 時間이 오는 것이다[…]먼 時間을 두고 물속을 흘러온 흰 모래처럼 그들은 온다(「아침의 유혹」) *유일한 시간을 연상시키는/만만하지 않은 부탁과 죽순이 자라느니라(「부탁」) *청한 지 반 시간만에 떠다 주는 냉수를 한 대접 마시고(「미숙한 도적」) *그것이 사람의 발자국 소리보다도/나에게 시간을 가르쳐주는 것이 나는 싫다(「도취의 피안」) *나의 설움은 유유히 자기의 시간을 찾아갔다[…]아아 그러나 지금 이 방안에는/오직 시간만이 있지 않느냐//흐르는 시간 속에 이를테면 푸른 옷이 걸리고 그 위에/반짝이는 별같이 흰 단추가 달려있고//가만히 앉아 있어도 자꾸 뻐근하여만 가는 목을 돌려/시간과 함께 비스듬히 내려다보는 것[…]나는 초연히 이것을 시간 위에 얹고/어려운 몇 고비를 넘어가는 기술을 알고 있나니(「방안에서 익어가는 설움」) *더 넓은 전망이 필요 없는 이 무제한의 시간 위에서(「헬리콥터」) *네가 나에게 보이고 있는 시간이란/네가 달아나는 시간밖에는 없다(「연기」) *〈시간은 시간을 먹는 듯이 바쁘기만 하다〉는/기계가 아닌 자욱한 안개 같은/준엄한 태산 같은/시간의 퇴적뿐이 아닐 것이냐/죽음이 싫으면서/너를 딛고 일어서고/시간이 싫으면서/너를 타고 가야 한다(「네이팜 탄」) *시간의 표면에/물방울을 풍기어 가며(「바뀌어진 지평선」) *네가 이 두 시간의 중간 위에 서있는 것이라고 해서/어려운 휴식/참으로 어려운/얻기 어려운 휴식/너의 긴 시간 속에 언제고 내포되어 있는 휴식(「기자의 정열」) *가장 아름다운 이기적인 시간 위에서/나는 나의 검게 타야 할 정신을 생각하며/구별을 용서하지 않는/밭고랑 사이를 무겁게 걸어간다(「여름 아침」) *시인이 황홀하는 시간보다도 더 맥없는 시간이 어디 있느냐(「광야」) *내가 구름운전수 제퍼슨 선생한테 말해 놨으니까 시간은/2분밖에 안 걸릴 거다(「나는 아리조나 카보이야」) *시간은 나의 뒤의/그림자이니까(「허튼소리」) *피곤한 하루의 나머지 시간이 눈을 깜짝거린다/세계는 그러한 무수한 間斷//오오 사랑이 추방을 당하는 시간이 바로 이때이다(「피곤한 하루의 나머지 시간」) *편지봉투모양으로 누렇게 결은/시간과 땅(「시」(1961)) *시간이 나비모양으로 이 줄에서 저 줄로/춤을 추고[…]老朽의 미덕은 시간이 아니다/내가 나를 잊어버리기 때문에/개울과 개울 사이에/하얀 모래를 골라 비둘기가 내려앉듯/시간이 내려앉는다//머리를 아프게 하는 것은/두통의 미덕은 시간이 아니다(「백지에서부터」) *혼미하는 아내며/날이 갈수록 간격이 생기는 골육들이며/새가 아직 모여들 시간이 못 된 늙은 포플러나무며[…]나에게 방황할 시간을 다오[…]밤보다도 더 어두운 낮의 마음/시간을 잊은 마음의 승리/환상이 환상을 이기는 시간/—大時間은 결국 쉬는 시간(「장시2」) *음악을 들으면 차밭의 앞뒤 시간이/가시처럼 생각된다[…]음악을 들으면 차밭의 앞뒤 시간이/가시처럼 생각된다 그리고 그 가시가/점점 더 똑똑해진다(「반달」) *이 아름다운 시간에는/남자로서 거리를 무단통행할 수 있는 것은 교군꾼,/내시, 외국인의 종놈, 관리들뿐이었다(「거대한 뿌리」) *고민이 사라진 뒤에/이슬이 앉은 새봄의 낯익은 풀빛의 영상이/떠오르고 나서도/그것은 또 한참 시간이 필요했다(「풀의 영상」) *지금은 안 빌려주기로 하고/있는 시간야. 그래야 시간을 알겠어. 나는 지금 시간과 싸우고 있는 거야. 시간이 있었어. 안 빌려주/게 됐다. 시간야. 시간을 느꼈기 때문야. 시간이/좋았기 때문야.//시간은 내 목숨야. 어제하고는 틀려졌어.[…]시간만이 빛난다. 시간의 인식만이 빛난다.(「엔카운터 誌」) *오랜 시간을 달리면서도 그것을 몰랐다(「VOGUE야」) *그리고 그것은 아버지 같은 잘못된 시간의/그릇된 명상이 아닐 거다(「사랑의 변주곡」) *꽃을 주세요 아까와는 다른 시간을 위해서(「꽃잎2」) *그러나 너와 내가/접한 시간은 단 몇 분이 안 되지(「꽃잎3」) *살아 있던 시간에 대해서 미안하지 않소(「美濃印札紙」)

시계(時計) 시간을 재거나 시각을 나타내는 기계나 장치를 통틀어 이르는 말. *행길에 얼어붙은 유리창들같이/시계의 열두시같이/재차는 다시 보지 않을 편력의 역사……(「아버지의 사진」) *사이렌 소리에 시계를 맞출 때도 구두를 닦을 때도……/우리들의 싸움은 쉬지 않는다(「하…… 그림자가 없다」) *가지고 있는/시계도 없다/집에도/몸에도(「이놈이

시골

무엇이지」) ＊시계를 맞추기 전에/ 라디오의 時鐘이 나오기를 기다리는 것처럼/ 안타깝다 (「풀의 영상」)

시골 ①도시에서 떨어져 있는 지역. 주로 도시보다 인구수가 적고 인공적인 개발이 덜 돼 자연을 접하기가 쉬운 곳을 이른다. ②도시로 떠나온 사람이 고향을 이르는 말. ＊그러나 나는 그것을 시골이라고 무관하게 생각하고 쓰고 간 것인데 결국은 잃어버리고 말았다[…] 저기 나의 맞은편 의자에 앉아 먹고 떠들고 웃고 있는 여자와 젊은 학생을 내가 시골을 여행하기 전에 그들을 보았더라면(「시골 선물」) ＊여름 아침의 시골은 가족과 같다[…]물을 뜨러 나온 아내의 얼굴은/어느 틈에 저렇게 검어졌는지 모르나/차차 시골 동리 사람들의 얼굴을 닮아간다(「여름 아침」) ＊시골에 사는 나는—/달 밝은 밤을/언제부터인지 잠을 빨리 자는 습관이 생겼다(「달밤」) ＊피로는 도회뿐만 아니라 시골에도 있다(「싸리꽃 핀 벌판」) ＊다음과 같은 쪽지를 미스터 리한테 적어놓고/시골로 떠났다(「미스터 리에게」) ＊시골에도 있고 해변가에도 있고/서울에도 있고 산보도 하고/영화관에도 가고/애교도 있다(「하…… 그림자가 없다」) ＊〈빽〉차도/지프차도/파발이 다 된/시골 버스도/맥을 못 추고/맴을 도는 판이니 (「눈」(1961)) ＊도회와 시골이 편편하고/시골과 도회가 편편하고(「檄文」) ＊신축공장이 아교공장의 말뚝처럼 일어서는/시골에서/새까만 발에 샌들을 신은 여자의 시골에서(「X에서 Y로」)

시구문(屍口門) 시체를 내가는 문이라는 뜻으로, '수구문(水口門)'을 달리 이르던 말. ＊전통은 아무리 더러운 전통이라도 좋다 나는 광화문/네거리에서 시구문의 진창을 연상하고 (「거대한 뿌리」)

시금치 명아줏과의 한해살이풀 또는 두해살이풀. 뿌리는 굵고 붉으며, 잎은 어긋나고 세모진 달걀 모양이다. 5월에 녹색 꽃이 원추(圓錐) 또는 수상(穗狀) 꽃차례로 피고 열매는 위과(僞果)이다. 데쳐서 무쳐 먹거나 국으로 끓여 먹는다. 아시아 서남부 지방이 원산지이다. ＊아까 점심때처럼 그렇게 나긋나긋할 줄 알지/시금치 이파리처럼 그렇게 부드러울 줄 알지(「잔인의 초」)

시금치밭 시금치를 심어 놓은 밭. ＊시금치밭에 앉은 흑나비와 주홍나비모양으로/나의 과거와 미래가 숨바꼭질만 한다(「적」) ＊시금치밭에 거름을 뿌려서 파리가 들끓고/이틀째 흐린 가을날은 무더웁기만 해(「장시2」)

시금치씨 시금치의 씨. ＊호박씨, 배추씨를 뿌린 다음에/시금치씨, 파씨를 또 뿌리는/석양에 비쳐 눈부신/일년 열두 달 쉬는 법이 없는/걸쭉한 강변밭 같기도 할 것이니(「가다오 나가다오」)

시기(時期) 때. 기간. ＊될 수만 있으면 독자들에게 이 깨알만한 글씨보다 더/작게 써야 할 이 고초의 시기의/보다 더 작은 나의 즐거움을 피력하고 싶다(「이 한국문학사」)

시기심(猜忌心) 남을 샘하는 마음. ＊선망이란 어지간히 따라갈 가망성이 있는/상대자에 대한 시기심이 아니냐, 그러니까 너는/선망도 아냐(「VOGUE야」)

시꺼멓다 ①매우 꺼멓다. ②헤아릴 수 없이 몹시 많다. ③마음이나 행실 따위가 매우 엉큼하다.

시꺼먼 ＊까치도 까마귀도 응접을 못하는 시꺼먼 가지를 가진/나도 감히 상상을 못하는 거대한 거대한 뿌리에 비하면……(「거대한 뿌리」) ＊빠개진 난로에 발을 굽는다 시꺼먼 양말을 자꾸 비빈다(「제임스 띵」)

시내 골짜기나 평지에서 흐르는 자그마한 내. ＊시내 위에 떨어지는 빗방울을 보셨나요/그것보다도 흔적이 더 없는 내어버린 자아도 (「靈交日」)

시냇물소리 시냇물이 흐르는 소리. ＊시냇물소리 푸르고 희고 잔잔한 물소리/숲과 숲 사이의 하늘을 향해서/우는 매미/흙빛 매미여(「말복」)

시뇨(屎尿) 똥과 오줌. ＊도적질이나 하듯이 희끗희끗 내어다보는 저 흰 벽들은/무슨 鳥類의 屎尿와도 같다(「국립도서관」)

시달리다 괴로움이나 성가심을 당하다.

시달리면서도 ＊오랜 시간을 시달리면서도 그것을 몰랐다(「VOGUE야」)

시달린 ＊整理는/전란에 시달린 20세기 시인들이 하여놓은 일(「서시」) ＊소음에 시달린 마당 한구석에/철 늦게 핀 여름 장미의 흰구름 (「여름 밤」)

시대(時代) ①역사적으로 어떤 표준에 의하여 구분한 일정한 기간. ②지금 있는 그 시기 또는 문제가 되고 있는 그 시기. *누가 무엇이라 하든 나의 붓은 이 시대를 진지하게 걸어가는 사람에게는 치욕[…]이것은 누구에게도 보이지 않을 글이기에/(아아 그러한 시대가 온다면 얼마나 좋은 일이냐)(「九羅重花」) *그것이 나의 생활이며 생명이며 정신이며 시대이며 밑바닥이라는 것을 믿었기 때문에—(「방안에서 익어가는 설움」) *그리고 그 당시의 시대가 지금보다 훨씬 좋았다고/누구나 어른들은 말하고 있으나/나는 그 우열을 따지고 싶지는 않다(「국립도서관」) *아직도 명령의 과잉을 용서할 수 없는 시대이지만/이 시대는 아직도 명령의 과잉을 요구하는 밤이다(「서시」) *이제 나는 광야에 드러누워도/시대에 뒤떨어지지 않는 나를 발견하였다/시대의 지혜/너무나 많은 나침반이여[…]〈시대에 뒤떨어지는 것이 무서운 게 아니라/어떻게 뒤떨어지느냐가 무서운 것〉이라는 죽음의 잠꼬대여(「광야」) *만주에서 해방을 겪고/평양에 있다가 인천에 와서/6·25 때에 남편을 잃고 큰아이는 죽고/남은 계집애 둘을 데리고/재전락한 여자가 여기 있구나/시대의 여자가 여기 있구나(「滿洲의 여자」) *시대의 숙명이여/숙명의 초현실이여/나의 생활의 定數는 어디에 있나(「장시 2」) *나는 광화문/네거리에서 시구문의 진창을 연상하고 寅煥네/처갓집 옆의 지금은 매립한 개울에서 아낙네들이/양잿물 솥에 불을 지피며 빨래하던 시절을 생각하고/이 우울한 시대를 파라다이스 처럼 생각한다(「거대한 뿌리」)

시들다 ①꽃이나 풀 따위가 말라 생기가 없어지다. ②몸의 기력이나 기운이 빠져서 생기가 없어지다. ③기세가 약해지다. ④기술이나 재능 따위가 피어나지 못하고 빛을 잃어 스러져 가다.
  시들어 *진정 나는 기계주의적 판단을 잊고 시들어갑니다.(「웃음」)
  시들은 *풀잎 끝에서 일어나듯이/태양은 자기가 내린 것을 거둬들이는데/시들은 자국을 남기지만 도처에서/도처에서/卽決하는 영혼이여(「말복」)

시들하다 ①풀이나 꽃 따위가 시들어서 생기가 없어지다. ②조금도 마음에 차지 않고 언짢다. ③조금도 대수롭지 않다. *광선의 미립자와 분말이 너무도 시들하다(「冬麥」)

시멘트(영, cement) 건축이나 토목 재료로 쓰는 접합제. 석회석과 진흙과 적당량의 석고를 섞어 이긴 것을 구워서 가루로 만든 것이다. *시멘트로 만든 뜰에/겨울이 와 있었다(「旅愁」) *시멘트 가죽을 뚫고 일어나면 내 집과/나의 정신이 순간적으로 들렸다 놓인다(「거짓말의 여운 속에서」)

시베리아(Siberia) 러시아의 우랄 산맥에서 태평양 연안에 이르는 북아시아 지역. 석유, 천연가스, 철, 금 따위의 지하자원이 풍부하다. 러시아 혁명 이후 풍부한 자원이 개발되어 세계적으로 주목의 대상이 되었다. *이런 황혼에는 시베리아의/어느 이름 없는 개울가에서/들오리가 서투른 앉음새로/병아리를 품고 있을지도 모른다(「황혼」)

시시하다 ①재미없고 보잘것없다. ②하는 짓이나 일의 끝장이 너절하거나 분명하지 않다.
  시시한 *지극히 시시한 발견이 나를 즐겁게 하는 야밤이 있다[…]또 내가 〈시시한〉 발견의 편집광이라는 것도 안다[…]덤핑 출판사의 일을 하는 무의식 대중을 웃지 마라/지극히 시시한 이 발견을 웃지 마라(「이 한국문학사」) *6이 KBS 제2방송/7이 동 제1방송/그 사이에 시시한 주파가 있고/8의 조금 전에 동아방송이 있고[…]이것을 요즘은 안 듣는다/시시한 라디오 소리라 더 시시한 것이/여기서는 판을 치니까 그렇게 됐는지 모른다/더 시시한 우리네 방송으로 만족하는 것이다(「라디오 계」)

시야(視野) 시력이 미치는 범위. *—그러나 그것은 보일락 말락 나의 시야에서/멀어져가는 것—(「방안에서 익어가는 설움」)

시원하다 ①더울 때 선선한 바람을 쐬는 느낌처럼 서늘하다. ②마음을 찜찜하게 하던 것이 해결되어 후련하고 가뿐하다. ③말이나 행동 등이 거침새가 없고 서글서글하다. ④가렵거나 체하거나 마려운 느낌이 가셔서 기분이 상쾌하다. ⑤앞이 막힌 데 없이 틔어 있어 답답하지 않다. ⑥국물 따위의 맛이 텁텁하지 않고 산뜻하다. ⑦기대나 욕구 등에 만족할 만큼 충분하다.

시원치 *구 구 구구구 구구//시원치 않은 이 울음소리만이/어째서 나의 뼈를 뚫고 총알같이 날쌔게 달아나는가(「영사판」)

시원하게 *펌프의 물이 시원하게 쏟아져 나온다고/어머니가 감탄하니 과연 시원하고(「檄文」) *모든 산봉우리를 걸쳐온 돌풍처럼/당돌하고 시원하게/도회에서 달아나온 나는 말할 수 있다/「누이야 장하고나!」(「누이야 장하고나!」)

시원하고 *신문이 편편하고/시원하고/버스가 편편하고/시원하고/하수도가 편편하고/시원하고/펌프의 물이 시원하게 쏟아져 나온다고/어머니가 감탄하니 과연 시원하고/무엇보다도/내가 정말 시인이 됐으니 시원하고/인제 정말/진짜 시인이 될 수 있으니 시원하고/시원하다고 말하지 않아도 되니/이건 진짜 시원하고/이 시원함은 진짜이고/자유다(「檄文」)

시원하다고 *시원하다고 말하지 않아도 되니/이건 진짜 시원하고(「檄文」)

시원해서 *봄이 오기 전에 속옷을 벗고 너무 시원해서 설워지듯이/성급한 우리들은 이 발견과 실감 앞에 서럽기까지도 하다(「풀의 영상」)

시원함 *이 시원함은 진짜이고/자유다(「檄文」)

시인(詩人) 시를 전문적으로 짓는 사람. *지금 枯渴 시인의 절정에 서서//이름도 모르는 뼈와 뼈/어디까지나 뒤퉁그러져 나왔구나(「PLASTER」) *사람이란 사람이 모두 고민하고 있는/어두운 대지를 차고 이륙하는 것이/이다지도 힘이 들지 않는다는 것을 처음 깨달은 것은/우매한 나라의 어린 시인들이었다(「헬리콥터」) *뮤즈여/시인이 시의 뒤를 따라가기에는 싫증이 났단다(「바뀌어진 지평선」) *자기의 나체를 더듬어보고 살펴볼 수 없는 시인처럼 비참한 사람이 또 어디 있을까(「구름의 파수병」) *19세기 시인들은 그를 보고 〈도피의 王者〉 혹은 단순히 〈여유〉라고 불렀다[…]그중의 어느 시인은 다음과 같이 나에게 욕을 하였다/〈더러운 자식 너는 백의와 간통하였다지」 너는 오늘부터 시인이 아니다……〉(「백의」) *기침을 하자/젊은 시인이여 기침을 하자[…]기침을 하자/젊은 시인이여 기침을 하자/눈을 바라보며/밤새도록 고인 가슴의 가래라도/마음껏 뱉자(「눈」(1956)) *감정을 잊어버린 시인에게로/모여드는 모여드는 하루살이여(「하루살이」) *整理는/전란에 시달린 20세기 시인들이 하여놓은 일(「서시」) *밤이 산등성이에 넘어 내리는 새벽이면/모기의 피처럼/시인이 쏟고 죽을 오욕의 역사[…]피로와 피로의 발언/시인이 황홀하는 시간보다도 더 맥없는 시간이 어디 있느냐(「광야」) *위안이 되지 않는 시를 쓰는 시인을 건져주기 전에/신이여/그 사나이의 눈초리를 보셨나요(「靈交日」) *나는 여유있는 시인—쉬페르비엘이/물에 빠진 뒤에 나는 젤라틴을 통해서/詩의 진지성을 본다(「반주곡」) *하기야/혁명이란 단자는 학생들의 선언문하고/신문하고/열에 뜬 시인들이 속이 허해서/쓰는 말밖에는 아니 되지만(「육법전서와 혁명」) *푸른 하늘을 제압하는/노고지리가 자유로웠다고/부러워하던/어느 시인의 말은 수정되어야 한다(「푸른 하늘을」) *요 시인/이제 저항시는/방해로소이다[…]요 시인/용감한 시인—소용없소이다/산 너머 민중이라고/산 너머 민중이라고/하여둡시다[…]요 시인/가만히 계시오/민중은 영원히 앞서 있소이다/요 시인/용감한 착오야/그대의 저항은 無用/저항시는 더욱 무용(「눈」(1961)) *무엇보다도/내가 정말 시인이 됐으니 시원하고/인제 정말/진짜 시인이 될 수 있으니 시원하고(「檄文」) *나의 혼, 목욕을 중지한 시인의 혼을 마셨다고/炎天의 혼을 마셨다고 어찌 신용하랴(「등나무」) *미인, 시인, 사무가, 농사꾼, 상인, 耶蘇이기도 한/나날이 새로워지는 괴기한 인물(「절망」(1962)) *나는 지금 일본 시인들의 작품을 읽으면서/내가 너무 자연스러운 전향을 한 데 놀라면서(「轉向記」) *8·15 후에 김병욱이란 시인은 두 발을 뒤로 꼬고/언제나 일본여자처럼 앉아서 변론을 일삼았지만(「거대한 뿌리」) *자칭 예술파 시인들이 아무리 우리의 능변을 욕해도—이것이/환희인 걸 어떻게 하랴(「미역국」) *신성을 지키는 시인의 자리 위에 또 하나/넓은 자리가 있었던 것을 자식한테/가르쳐주지 않은 죄—(「VOGUE야」)

시작(詩作)[1] 시를 지음. *이태백이가 술을 마시고야 詩作을 한 이유./모르지(「모르지?」)

시작(始作)[2] ①처음으로 하거나 쉬었다가 다시 함. ②어떤 행동이나 현상의 처음. *음악이 오고 변화의 시작이 오고/변화의 끝이 가고 땅 위를 걷고 있는/발자국소리가 가슴을 펴고 웃고,(「먼지」)

시작되다(始作—) 어떤 일이나 행동의 처음 단계를 이루게 되다.
  시작되고 *말갛게 행주질한 비어홀의 카운터에/돈을 거둬들인 카운터 위에/적막이 오듯이/혁명이 끝나고 또 시작되고[…]가다오 가다오/«4월 혁명»이 끝나고 또 시작되고/끝나고 또 시작되고 끝나고 또 시작되는 것은(「가다오 나가다오」)
  시작되는 *혁명이 끝나고 또 시작되고/혁명이 끝나고 또 시작되는 것은[…]«4월 혁명»이 끝나고 또 시작되고/끝나고 또 시작되고 끝나고 또 시작되는 것은(「가다오 나가다오」)
  시작되었고 *종교의 획득은 종교를 잃었을 때부터 시작되었고/나는 그때부터 차차 늙어가는 탈을 썼다(「반주곡」)
  시작되었다 *물속 모래알처럼/素朴한 習性은 나의 아내의 밑소리부터 始作되었다(「아침의 유혹」)
  시작되었던 *—백의의 비극은 그가 현대의 경제학을 등한히 하였을 때에서부터 시작되었던 것이다(「백의」)

시작하다(始作—) 어떤 일이나 행동의 처음 단계를 이루다.
  시작하고 *새로운 목표는 이미 작업을 시작하고 있었다(「영롱한 목표」)
  시작하기 *배가 모조리 설사를 하는 것은 머리가 설사를/시작하기 위해서다 性도 윤리도 약이/되지 않는 머리가 불을 토한다(「설사의 알리바이」)
  시작하네 *불을 등지고 있는 성황당이 보이는/그 산에는 겨울을 가리키는 바람이 일기 시작하네(「사치」)
  시작하는 *너무나 알기 쉬운 말로 아무도 듣지 못하게 당신의 뺨에다 대고 비로소 시작하는 귓속이야기지요(「조국에 돌아오신 傷病捕虜 동지들에게」) *폴리號 태풍이 일기 시작하는 여름밤에/아내가 마루에서 거미를 잡고 있는/꼴이 우습다(「거미잡이」)
  시작한 *내가 비로소 여유를 갖게 된 것은/거리에서와 마찬가지로 집안에 있어서도 저 무시무시한 白蟻를 보기 시작한 때부터이었다(「백의」)
  시작한다 *너는 이제 스무 살이다/너는 여전히 기적일 것이다/너의 사랑은 익어가기 시작한다(「65년의 새해」)
  시작했느냐 *너는 언제부터 세상과 배를 대고 서기 시작했느냐[…]유리창이여/너는 언제부터 세상과 배를 대고 서기 시작했느냐(「너는 언제부터 세상과 배를 대고 서기 시작했느냐」)
  시작했다 *그때 너는 열여섯 살이었다/그때도 너는 기적이었다/너의 의지는 싹트기 시작했다[…]그때 너는 열일곱 살이었다/그때도 너는 기적이었다/너의 근육은 굳어지기 시작했다[…]너의 어린 행동은/어린 상징을 면하기 시작했다[…]너는 이제 열아홉 살이었다/너는 여전히 기적이었다/너의 회의는 굳어가기 시작했다[…]너의 어린 포부는/불가능의 한계를 두드려보기 시작했다/너는 이제 우리 키보다도 더 커졌다/우리는 너를 보고 깜짝 놀랐다(「65년의 새해」)

시장(市場) ①여러 가지 상품을 사고 파는 일정한 장소. ②상품으로서의 재화와 서비스의 거래가 이루어지는 추상적인 영역. *시장에 가서 비린 생선 냄새를 맡을 때도/배가 부를 때도 목이 마를 때도/연애를 할 때도 졸음이 올 때도 꿈속에서도(「하…… 그림자가 없다」)

시장거리(市場—) 여러 가지 상품을 사고 파는 길거리. *시장거리의 먼지 나는 길옆의/좌판 위에 쌓인 호콩 마마콩 명석의/호콩 마마콩이 어쩌면 저렇게 많은지(「생활」)

시전(矢箭) 화살. 활시위에 메워서 당겼다가 놓으면 그 반동으로 멀리 날아가도록 만든 물건. *날아가던 朱雀星/깃들인 矢箭/붉은 柱礎에 꽂혀있는/반절이 과하도다(「廟庭의 노래」)

시절(時節) ①일정한 시기나 때. ②계절(季節).

③철에 따르는 날씨. ④세상의 형편. ＊조용한 시절은 돌아오지 않았다/그 대신 사랑이 생기었다[…]다리 밑에 물이 흐르고/나의 시절은 좁다[…]조용한 시절 대신/나의 백골이 생기었다[…]나의 시절은 태양 속에/나의 사랑도 태양 속에/日蝕을 하고(「愛情遲鈍」) ＊설움이 설움을 먹었던 시절이 있었다/이러한 젊은 시절보다도 더 젊은 것이/헬리콥터의 영원한 生理이다(「헬리콥터」) ＊처갓집 옆의 지금은 매립한 개울에서 아낙네들이/양잿물 솥에 불을 지피며 빨래하던 시절을 생각하고(「거대한 뿌리」)

시종(時鐘) ①예전에, '시계(時計)'를 이르던 말. ②표준 시간을 알리기 위해 종소리 따위를 울리는 일. ＊라디오의 時鐘이 나오기를 기다리는 것처럼[…]라디오의 시종을 고하는 소리 대신에 西道歌와/목사의 열띤 설교 소리와 심포니가 나오지만(「풀의 영상」)

시중하다 옆에서 보살피거나 여러 가지 심부름을 하다.
　시중하는 ＊여편네의 계산에 의하면 7할을 낳아도/만용이(닭 시중하는 놈)의 학비를 빼면/아무것도 안 남는다고 한다(「만용에게」)

시집(詩集) 여러 편의 시를 모아 엮은 책. ＊사람들은 내 말을 믿지 않는다/詩評의 칭찬까지도 시집의 서문을 받은 사람까지도/내가 말한 정치 의견을 믿지 않는다[…]그러나 쥐구멍을 잠시 거짓말의 구멍이라고/바꾸어 생각해 보자 내가 써준 시집의 서문을/믿지 않는 사람의 얼굴의 사마귀나 여드름을─(「거짓말의 여운 속에서」)

시청(市廳) 시의 행정 사무를 맡아보는 곳 또는 그 청사. ＊동회란 동회에서 시청이란 시청에서/회사란 회사에서/××단체에서 ○○협회에서(「우선 그놈의 사진을 떼어서 밑씻개로 하자」)

시체(屍體) 죽은 사람의 몸뚱이. 송장. 주검. ＊질서와 무질서와의 사이에/움직이는 나의 생활은/섧지가 않아 시체나 다름없는 것이다(「여름 뜰」)

시초(始初) 맨 처음. ＊꼭 막히는 이것이 나의 생활의 자연의 시초요(「美濃印札紙」)

시편(詩篇) ①편 단위의 시. ②시를 모아 묶은 책. ③150편의 종교시(宗敎詩)를 모은 구약 성경의 한 편(篇). 모세, 다윗, 솔로몬, 에스라 등의 작품으로 이루어져 있으며, 신의 은혜에 대한 찬미와 메시아에 관한 예언적 내용을 다루고 있다. ＊잊어버린 수많은 詩篇을 밟고 가는 길가에/영광의 집들이여 점포여 역사여(「거리2」)

시평(詩評) 시 작품에 대한 비평. ＊사람들은 내 말을 믿지 않는다/詩評의 칭찬까지도 시집의 서문을 받은 사람까지도(「거짓말의 여운 속에서」)

시험공부(試驗工夫) 시험을 치기 위하여 하는 공부. ＊시험공부를 하느라고 밤을 새는 큰아이놈의/말이다 필시 그럴 거다(「도적」)

식구(食口) 같은 집에서 끼니를 함께 하며 사는 사람. ＊이렇게 많은 식구들이/아침이면 눈을 부비고 나가서/저녁에 들어올 때마다/먼지처럼 인색하게 묻혀가지고 들어온 것(「나의 가족」) ＊아픈 몸이/아프지 않을 때까지 가자/온갖 식구와 온갖 친구와/온갖 적들과 함께(「아픈 몸이」) ＊식구가 나보다도 일곱 식구나 더 많다는데/일요일이면 빼지 않고 강으로 투망을 하러 나온다고 한다(「강가에서」)

식모(食母) 남의 집에 고용되어 주로 부엌일을 맡아 하는 여자. ＊우리집 식모가 여편네가 외출만 하면/나한테 자꾸 웃고만 있는 이유,/모르지?(「모르지?」) ＊벙어리 벙어리 벙어리/식모도 벙어리 나도 벙어리(「피아노」) ＊그 이튿날 여편네와 식모가 하는 말을 들어보니/철사뭉치는 벌써 지하실에 도피시켜 놓은 모양이었다(「도적」) ＊나와 나의 아내와 우리 집의 온 가옥의 무게를 다 합해서/밀양에서 온 식모의 소박과 원한까지를 다 합해서/미안하지 않소─만 다만 식모를 부르는 소리가/좀 단호해졌을 뿐이요 미안할 정도로 좀─(「美濃印札紙」) ＊그 배우는 식모까지도 싫어하고/신이 나서 보는 것은 나 하나뿐이고/원효대사가 나오는 날이면/익살맞은 어린 놈은 활극이 되나 하고//조바심을 하고 식모 아가씨나 가게 아가씨는 연애가 되나 하고(「원효대사」)

식모살이(食母─) 남의 집에 고용되어 주로 부엌일을 맡아 하는 생활이나 일 또는 그런 직업. ＊잡지사에 다니는/영화를 좋아하는 누이

/식모살이를 하는 조카/그리고 나(「피아노」)

식모아이(食母—) 나이 어린 식모. *계수가 아이를 배서 조용하고/식모 아이는 사랑을 하는 중이라네(「伏中」) *내/방에는 아들놈이 가고 나는 식모아이가 쓰던 방으로/가고.[…]내가/있던 기침소리가 가정교사에게 들리는 방은 도로/식모아이한테 주었지. 그때까지도 의심하지 않았어.(「엔카운터 誌」)

식민지(植民地) 정치적·경제적으로 다른 나라에 예속되어 국가로서의 주권을 상실한 나라. 경제적으로는 식민지 본국에 대한 원료 공급지, 상품 시장, 자본 수출지의 기능을 하며, 정치적으로는 종속국이 된다. *이것이 얼마나 죄가 많은 다리인 줄 모르고/식민지의 곤충들이 24시간을/자기 다리처럼 건너다닌다(「현대식 교량」)

식인종(食人種) 사람을 잡아먹는 풍습이 있는 미개 인종. *나는 식인종같이 잔인한 탐욕과 강렬한 의욕으로 그중의 하나하나를 일일이 뚫어져라 하고 들여다보는 것이지만(「거리2」) *당신의 눈에도 보이도록 꽂는다/그대가 봉변을 당한 식인종의 나라에도/그대가 납치를 당할 뻔한 공산국가에도/보이도록(「세계 일주」)

식히다 '식다'의 사동형. ①더운 기가 없어지게 하다. ②어떤 일에 대한 열나 생각 따위를 줄게 하거나 가라앉다. ③땀을 말리거나 더 흐르지 않게 하다.

식히는 *鷄舍 위에 울리는 곡괭이 소리/동물의 교향곡/잠을 자면서 머리를 식히는 사색가/—모든 곳에 너무나 많은 움직임이 있다(「비」)

신[1] 땅을 딛고 서거나 걸을 때 발에 신는 물건을 통틀어 이르는 말. 신발. *또 골목을 돌아서/신이 찢어지고/온몸에서 피는/빠르지도 더디지도 않게 흐르는데(「아픈 몸이」)

신[2] 좋은 일이 있거나 또는 어떤 일에 흥미나 열성이 생겨 매우 좋아진 기분. *그 배우는 식모까지도 싫어하고/신이 나서 보는 것은 나 하나뿐이고(「원효대사」)

신(神)[3] ①종교의 대상으로 초인간적, 초자연적 위력을 가지고 인간에게 화복을 내린다고 믿어지는 존재. ② '귀신'의 준말. ③하느님. ④철학에서, 세계의 근원, 원인이라고 생각하는 실체. *고운 神이 이 자리에 있다면/나에게 무엇이라고 하겠나요(「웃음」) *덮어놓은 책은 기도와 같은 것/이 책에는/神밖에는 아무도 손을 대어서는 아니 된다[…]순결과 오점이 모두 그의 상징이 되려 할 때/신이여/당신의 책을 당신이 여시오(「서책」) *나는 이 어둠을 神이라고 생각한다//이 어두운 신은 밤에도 외출을 못하고 자기의 영토를 지킨다(「수난로」) *겨울이 지나간 밭고랑 사이에 남은/고독은 신의 무재주와 사기라고/하여도 좋았다(「초봄의 뜰 안에」) *아니 그것은 불고기가 아니라 돌이었을지도 모른다/신은 곧잘 이런 장난을 잘한다[…]누가 벌써 재빨리 말꼬리를 돌렸다……/신은 곧잘 이런 꾸지람을 잘한다(「나가타 겐지로」) *소리 없이 나를 괴롭히는/그들은 신의 고문인가[…]미쳐돌아가는 역사의 반복/나무뿌리를 울리는 신의 발자국소리/가난한 침묵(「장시2」) *날이 흐릴 때 정신의 집중이 생긴다/신의 아량이다(「적2」) *선이 아닌 모든 것은 악이다 신의 地帶에는/중립이 없다(「이혼 취소」) *신이라든지 하느님이라든지가 어디 있느냐고 나를 고루하다고 비웃은 어제저녁의 술친구의 천박한 머리를 생각한다(「시골 선물」) *위안이 되지 않는 시를 쓰는 시인을 건져주기 전에/신이여/그 사나이의 눈초리를 보셨나요(「靈交日」) *그러나 십연보다도 더 무서운 자기 상실에 꽃을 피우는 것은 신이고(「꽃」)

신(新)[4] 새로운 것. *어떤놈이 新인지 舊인지를 가려낼 틈도/없다 눈이 왔고 추웠고 너무 화가 났다[…]문명의 혈세를 강요해서는 아니된다 新과 舊가/탈을 낸 돈이 없나 순시를 다니는 제임스 띵은/독자를 괴롭혀서는 아니 된다(「제임스 띵」)

신경(神經) ①생물이 자신의 몸과 주위에서 일어나는 각종 변화를 감지하고 종합하여 적절한 반응을 일으키도록 하는 기관. 수많은 신경 세포로 되어 있다. ②어떤 일에 대한 느낌이나 생각. *앙상한 육체의 투명한 골격과 세포와 신경과 안구까지/모조리 노출 낙하시켜 가면서/안개처럼 가벼웁게 날아가는 과감한 너의 의사 속에는(「헬리콥터」) *깨꽃같이 작고 많은/맨 끝으로 신경이 가는 일/암흑에 휘날리고/나의 키를 넘어서―/병아리같이 자는 일(「깨꽃」) *테이블 밑에 신경이 가고 탱크가 지나가는/沿道의 음악을 들어야 한다(「의자가 많아서 걸린다」)

신경질(神經質) 신경이 너무 예민하거나 섬약하여 사소한 일에도 자극되어 곧잘 흥분하는 성질 또는 그런 상태. *세상을 속지 않고 걸어가기 위하여/나는 담배를 끄고/누구에게든지 신경질을 피우고 싶다(「바뀌어진 지평선」) *마지막의 몸부림도/마지막의 양복도/마지막의 신경질도/마지막의 다방도/기나긴 골목길의 순례도(「檄文」)

신구(新舊) 새 것과 헌 것. 새 것과 낡은 것. *그와 내가 대결하고 있는 깨진 유리창문 밖에서는/新舊의 두 놈이 마적의 동생처럼/떨고 있다[…]눈은, 짓밟힌 눈은, 꺼멓게 짓밟히고 있는 눈은//타당하니까 신·구의 교체식을 그 이튿날/꿈에까지 보이게 해서는 아니 된다(「제임스 띵」)

신귀거래(新歸去來) 새로운 귀거래(歸去來). '귀거래'는 관직을 그만두고 고향으로 돌아가는 것을 뜻하는 것으로 중국 진(晉)나라 도연명(陶淵明)의 「귀거래사」에 나오는 말이다. *작품의 부제임(「여편네의 방에 와서」「檄文」「등나무」「술과 어린 고양이」「모르지?」「伏中」「누이야 장하고나!」「누이의 방」「이놈이 무엇이지?」)

신기롭다(新奇―) 새롭고 기이한 느낌이 있다. ☞신기하다.
 신기로운 *도회 안에서 쫓겨다니는 듯이 사는/나의 일이며/어느 소설보다도 신기로운 나의 생활이며(「달나라의 장난」)
 신기로워 *팽이가 돈다/어린아해이고 어른이고 살아가는 것이 신기로워/물끄러미 보고 있기를 좋아하는 나의 너무 큰 눈 앞에서(「달나라의 장난」)

신기하다(新奇―) 새롭고 기이하다. ☞신기롭다.
 신기한 *철망을 지나가는 비행기의/그림자보다는 훨씬 급하게/스쳐가는 나의 고독을/누가 무슨 신기한 재주를 가지고/잡을 수 있겠느냐(「더러운 향로」)

신념(信念) 굳게 믿는 마음. *고요함과 사랑이 이루어놓은 폭풍의 간악한/신념이여/봄베이도 뉴욕도 서울도 마찬가지다/신념보다도 더 큰/내가 묻혀 사는 사랑의 위대한 도시에 비하면/너는 개미이냐(「사랑의 변주곡」)

신논리학(新論理學) 영국의 철학자 베이컨의 『노붐 오르가눔』(Novum Organum)을 지칭하는 말. 아리스토텔레스의 논리학서 『오르가논』에 대항하여 저술되었다. *베이컨의 『新論理學』을 읽어보게나/원자탄이나 유도탄은 너무 많아서/효과가 없으니까(「만시지탄은 있지만」)

신다 신, 버선, 양말 따위를 발에 꿰다.
 신은 *새까만 발에 샌들을 신은 여자의 시골에서(「X에서 Y로」)

신문(新聞) ①새로운 소식이나 견문. ②사회에서 발생한 사건에 대한 사실이나 해설을 널리 신속하게 전달하기 위한 정기 간행물. ③신문지. *신문을 펴라//이가 걸어나온다/행렬처럼/어제의 물처럼/걸어나온다(「이[蝨]」) *4면의 신문 위에 6호 활자가 몇천 개 박혀 있는지 모르지만 너의 상상에서는 실제의 수십 배는 담겨 있으리라[…]그래도 누가 읽어줄지 모르는 신문 한구석에 너의 피가 어리어 있는 것이 반가워서 보고 있는 것인가(「기자의 정열」) *어느 삼류 신문의 사회면에는 간혹 그의 구제금 응모기사 같은 것이 나오고 있다(「백의」) *순진한 학생들/점잖은 학자님들/체면을 세우는 문인들/너무나 투쟁적인 신문들의 보좌를 받고[…]하기야/혁명이란 단자는 학생들의 선언문하고/신문하고/열에 뜬 시인들이 속이 허해서/쓰는 말밖에는 아니 되지만(「육법전서와 혁명」) *신문이 편편하고/시원하고/버스가 편편하고/시원하고(「檄文」) *한 놈은 가죽 방한모에 빨간 마후라였지만/또 한 놈은 잘 안 보였고 매일 아침 들은/「신문요」의 목소리를 회상하며(「제임스 띵」)

신문값(新聞―) 신문에 매겨진 가격. *그러니까 그들이 요구하는 것은 신문값이 아니다//또 내가 주어야 할 것도 신문값만이 아니다/수도세, 야경비, 땅세, 벌금, 전기세 이외에/내가 주어야 할 것은 신문값만이 아니다(「제임스 띵」)

신문광고(新聞廣告) 신문에 게재하는 상업 광고나 안내 광고. *사실은 일본에 가는 친구의 잔치에서/이토츄[伊藤忠] 商事의 신문광고 이야기가 나오고/곳쿄노 마찌 이야기가 나오다가/이북으로 갔다는 나가타 겐지로(永田鉉次郎) 이야기가 나왔다(「나가타 겐지로」)

신문기사(新聞記事) 신문에서 어떤 사실을 알리는 글. *큰 아름드리나무에 박힌 옹이처럼 너는 네가 한 신문기사를 매일 아침 게시판 위에서 찾아보는 버릇이 너도 모르게 어느덧 생기고 말았다(「기자의 정열」)

신문기자(新聞記者) 신문에 실을 기사의 수집, 취재, 집필, 편집하는 사람. *오늘과 내일의 차이를 정시하기 위하여/하다못해 이와 같이 타락한 신문기자의/탈을 쓰고 살고 있단다(「바뀌어진 지평선」) *이 무수한 활자 가운데에/신문기자인 너의 기사도/매일 조금씩은 끼이게 되는데[…]달관한 신문기자여/생각하지 말아라(「기자의 정열」)

신문배달(新聞配達) 신문을 나누어 돌림. *신문배달 아이들이 사무를 인계하는 날/제임스 띵같이 생긴 책임자가두 아이를/데리고 찾아온 풍경이/눈[雪]에 너무 비참하게 보였던지(「제임스 띵」)

신문지(新聞紙) 신문 기사를 인쇄한 종이. 신문으로 인쇄된 종이. *신문지로 얼굴을 씻으면서 나보고도/산보를 하라고 자꾸 권한다(「강가에서」) *언청이야 언청이야 이발쟁이야 너의/보꾹에 바른 신문지의 활자가 즐거웁구나(「제임스 띵」)

신문회관(新聞會館) 신문·잡지 등의 출판과 언론 활동의 본부로 삼는 건물을 일반적으로 지칭함. 1964년 '한국신문연구소'라는 언론단체가 한국신문회관에 사무소를 두고 정식으로 발족한 바 있고, 1965년에는 '한국도서잡지주간신문윤리위원회'가 결성되어 신문회관에서 발대식을 가졌다. *신문회관 3층에서 하는 게 낫다구요. 아녜요./거기에는 냉방장치가 없어요. 장소는 200명가량/수용될지 모르지만요.(「전화 이야기」)

신비하다(神秘—) 일이나 현상 따위가 사람의 힘이나 지혜 또는 보통의 이론이나 상식으로는 도저히 이해할 수 없을 만큼 신기하고 묘하다.

신비한데 *지금 고요히 잠드는 얼을 흔드며/關公의 色帶로 감도는/향로의 餘烟이 신비한데(「廟庭의 노래」)

신선하다(新鮮—) ①새롭고 산뜻하다. ②싱싱하다.

신선한 *고색이 창연한 우리집에도/어느덧 물결과 바람이/신선한 기운을 가지고 쏟아져 들어왔다(「나의 가족」)

신성(神聖) ①신과 같이 성스러움. ②더럽힐 수 없도록 거룩함. 매우 존귀함. *신성을 지키는 시인의 자리 위에 또 하나/넓은 자리가 있었던 것을 자식한테/가르쳐주지 않은 죄—그 죄에 그렇게/오랜 시간을 시달리면서도 그것을 몰랐다(「VOGUE야」)

신성하다(神聖—) ①신과 같이 성스럽다. ②더럽힐 수 없도록 거룩하다.

신성하기 *영사판을 받치고 있는 주야를 가리지 않는 어둠이/표면에 비치는 현실보다 한 치쯤은 더/소중하고 신성하기도 한 것인지 모르지만(「영사판」)

신성한 *나는 예수 크리스트가 되지 않았나 하는 신성한 錯感조차 느껴보는 것이었다(「조국에 돌아오신 傷病捕虜 동지들에게」)

신세계극단(新世界劇團) 극단 이름. *〈그것은 나의 역량 이상의 것이므로 신세계극단의 연출자 S씨를 찾아가보라〉고/터무니없는 거짓말을 하여가지고 즉석에 거절하여 버렸다(「백의」)

신심(身心) 몸과 마음을 아울러 이르는 말. *어느 틈에 우리 가정의 내부에까지 침입하여 들어와서/신심양면의 허약증으로 신음하고 있는 나를 독촉하여(「백의」)

신앙(信仰) ①믿고 받드는 일. ②초자연적인 절대자, 창조자 및 종교 대상에 대한 신자 자신의 태도로서, 두려워하고 경건히 여기며, 자비·사랑·의뢰심을 갖는 일. *신앙이 動하지 않는 건지 동하지 않는 게/신앙인지 모르겠다(「시」(1964))

신약(神藥) 신통할 정도로 효험이 있는 약. *짓이긴 파 냄새가 술 취한/내 이마에 神藥처럼 생긋하다(「초봄의 뜰 안에」)

신용(信用) ①사람이나 사물이 틀림없다고 믿

어 의심하지 아니함 또는 그런 믿음성의 정도. ②거래한 재화의 대가를 앞으로 치를 수 있음을 보이는 능력. 외상값, 빚, 급부 따위를 감당할 수 있는 지급 능력으로 소유 재산의 화폐적 기능을 이른다. *어떤 나라의 지폐보다도 신용은 있으나/신체가 너무 왜소한 까닭에 사람들의 눈에 띄지를 않는다(「백의」) *저 젊은이들의 나에 대한 사랑에 있다/아니 신용이라고 해도 된다(「현대식 교량」)

신용하다(信用―) 사람이나 사물이 틀림없다고 믿어 의심하지 아니하다.
　신용하랴 *얇상한 잎/그것이 이슬을 마셨다고 어찌 신용하랴/나의 혼, 목욕을 중지한 시인의 혼을 마셨다고/炎天의 혼을 마셨다고 어찌 신용하랴(「등나무」)

신음하다(呻吟―) ①앓는 소리를 내다. ②고통이나 괴로움으로 고생하며 허덕이다.
　신음하고 *신심양면의 허약증으로 신음하고 있는 나를 독촉하여/〈희랍인을 모친으로 가진 미국인에 대한 호소문〉과 〈精神上으로 본/희랍의 독립선언서〉를 써서/전자를 현재 일리노이 주에 있는 자기의 모친에게 보내고/후자는 희랍 국립박물관 관장에게 보내달라고 한다(「백의」)
　신음하는 *연결의 〈使徒〉―일어선 것과 앉은 것의/불가사의에 신음하는 나(「반주곡」)
　신음한다 *애정은 나뭇잎처럼/기어코 떨어졌으면서/나의 손 위에서 신음한다(「愛情遲鈍」)

신작품(新作品) 새로 만든 작품. *로날드 골맨의 신작품을/눈여겨 살펴보며/피우기 싫은 담배를 피워본다(「바뀌어진 지평선」)

신전(―廛) 신발을 파는 가게. *요강, 망건, 장죽, 종묘상, 장전, 구리개 약방, 신전,/피혁점, 곰보, 애꾸, 애 못 낳는 여자, 무식쟁이,/이 모든 무수한 반동이 좋다(「거대한 뿌리」)

신주(神主) 죽은 이의 위패. *가련한 목숨을 이어가기 위해서/신주처럼 모셔놓던 의젓한 얼굴의/그놈의 속을 창자 밑까지도 다 알고는 있었으나(「우선 그놈의 사진을 떼어서 밑씻개로 하자」)

신중(愼重) 매우 조심스러움. *늬가 사는 엷은 세계는 자유로운 것이기에/생기와 신중을 한 몸에 지니고(「九羅重花」)

신체(身體) 사람의 몸. *어떤 나라의 지폐보다도 신용은 있으나/신체가 너무 왜소한 까닭에 사람들의 눈에 띄지를 않는다(「백의」)

신축(新築) 새로 축조하거나 건축함. *中庸은 여기에는 없다/나는 여기에서 다시 한번 숙고한다/鷄舍건너 신축 가옥에서 마치질하는/소리가 들린다(「중용에 대하여」) *앞의 2층집이 신축을 하고 담을 두르고/가시철망을 칠 때 우리도 그 철망을 치던/일꾼을 본 일이 있다(「도적」)

신축공장(新築工場) 새로 축조한 공장. *신축공장이 아교공장의 말뚝처럼 일어서는/시골에서/새까만 발에 샌들을 신은 여자의 시골에서(「X에서 Y로」)

신축성(伸縮性) ①물체가 늘어나고 줄어드는 성질. ②일의 형편에 따라 적절하게 대처할 수 있는 성질. *미끄러져가는 나의 의지/나의 의지보다 더 빠른 너의 노래/너의 노래보다 더한층 신축성이 있는/너의 사랑(「풍뎅이」)

신현대문학사(新現代文學史) 새로운 현대문학사. '현대문학사'는 근대문학을 이어받아 오늘날 우리가 살고 있는 당대에 이루어지는 문학을 사적으로 기술한 것을 일컬음. *나는 광휘에 찬 신현대문학사의 시를 깨알같은 글씨로 쓰고 있다(「이 한국문학사」)

신호(信號) ①일정한 부호, 표지, 소리, 몸짓 따위로 특정한 내용 또는 정보를 전달하거나 지시를 함 또는 그렇게 하는 데 쓰는 부호. ②전화나 무전기 따위가 울리는 소리. ③일이나 사건 따위의 출발점. *고난이 풍선같이 바람에 불리거든/너의 힘을 알리는 신호인 줄 알아라(「지구의」) *마당에 서리가 내린 것은 나에게 상상을 그치라는 신호다(「우리들의 웃음」) *이 한국에서도 눈이 뒤집힌 사람들/틈에 끼여 사는 처와 처들을 본다/오 결별의 신호여(「적2」) *위태로운 일이라고 落盤의 신호를/올릴 수도 없고 찻잔에 부딪치는/차순가락만 한 쇳소리도 안 들리고(「먼지」)

싣다 ①물체를 운반하기 위하여 차, 배, 수레, 비행기, 짐승의 등 따위에 올리다. ②사람이 어떤 곳을 가기 위하여 차, 배, 비행기 따위의 탈것에 오르다. ③글, 그림, 사진 따위를 책이나 신문 따위의 출판물에 내다. ④다른 기운을 함께 품거나 띠다. ⑤보나 논바닥에 물이 괴게 하다.
 실어 ＊여보세요. 앨비의 아메리칸드림예요. 절망예요./8월달에 실어주세요. 절망에서 나왔어요.(「전화 이야기」)

실 ①고치, 털, 솜, 삼 따위나 화학 원료를 써서 가늘고 길게 뽑아 만든 것. 옷감을 짜고 바느질을 하는 데 쓴다. ②실같이 가늘고 길게 생긴 것. ＊실 같은 바람 따라 어서 또 가요(「시」(1961)) ＊입을 다문 채/흰 실에 매어달려 있는 여주알의 곰보(「누이의 방」)

실가락 실처럼 가느다란 가락. ＊멀리서 산이 보이고/개울 대신 실가락처럼 먼지 나는/군용로가 보이는/고요한 마당 위에서(「휴식」)

실감(實感) ①실제로 대하고 있는 것 같은 느낌이나 그 감정. ②실제로 체험하는 느낌. ＊성급한 우리들은 이 발견과 실감 앞에 서럽기까지도 하다(「풀의 영상」)

실개울 폭이 매우 좁은 작은 개울. ＊그것이 실개울의 물소리든/꿩이 푸다닥거리고 날아가는 소리든/하도 심심해서 정찰을 나온 꿀벌의 소리든/무슨 소리는 있어야겠다(「伏中」)

실낱 실의 올. 가는 실오리.
 실낱 같은 ①아주 작고 가는. ②목숨이나 희망 따위가 자칫하면 끊어질 것 같은. ＊캄캄한 소식의 실낱 같은 완성/실낱 같은 여름날이여[…]너무 어처구니없이 간단한 진리에 웃는/너무 진리가 어처구니없이 간단해서 웃는/실낱 같은 여름 바람의 아우성이여/실낱 같은 여름 풀의 아우성이여(「꽃잎3」)

실력(實力) ①실제로 갖추고 있는 힘이나 능력. ②강제력이나 무력. ＊文明된 아내에게〈실력을 보이자면〉무엇보다도 먼저/발이라도 씻고 보자(「사치」)

실망(失望) 희망이나 명망을 잃음 또는 바라던 일이 뜻대로 되지 아니하여 마음이 몹시 상함. ＊나는 인제 녹슬은 펜과 뼈와 광기―/실망의 가벼움을 재산으로 삼을 줄 안다(「그 방을 생각하며」)

실망하다(失望―) 희망이나 명망을 잃다 또는 바라던 일이 뜻대로 되지 아니하여 마음이 몹시 상하다.
 실망하지 ＊자연이 하라는 대로 나는 할 뿐이다/그리고 자연이 느끼라는 대로 느끼고/나는 실망하지 않을 것이다(「사치」)

실의(失意) 기대에 어긋나 뜻이나 의욕을 잃음. ＊하여간 바쁨과 한가와 실의와 초조를 나하고 같이한 돈/바쁜 돈―(「돈」)

실제(實際) 있는 그대로의, 또는 나타나거나 당하는 그대로의 상태나 형편. ＊4면의 신문 위에 6호 활자가 몇천 개 박혀 있는지 모르지만 너의 상상에서는 실제의 수십 배는 담겨 있으리라(「기자의 정열」)

실종(失踪) 종적을 잃어 간 곳이나 생사를 알 수 없게 됨. ＊동생뿐이 아니라/그의 죽음뿐이 아니라/혹은 그의 실종뿐이 아니라(「누이야 장하고나!」)

실증(實證) ①확실한 증거. ②실물이나 사실에 근거하여 증명함 또는 그에 따른 증거. ＊나는 이제 적을 형제로 만드는 實證을/똑똑하게 천천히 보았으니까!(「현대식 교량」)

실직자(失職者) 직업을 잃은 사람. ＊목사여 정치가여 상인이여 노동자여/실직자여 방랑자여/그리고 나와 같은 집 없는 걸인이여(「가옥 찬가」)

실현하다(實現―) 실제로 나타나거나 나타내다.
 실현한 ＊끝이 없어지고 끝이 생기고 겨우/망각을 실현한 나를 발견한다(「먼지」)

싫다 ①마음에 들지 않다. ②하고 싶지 않다. ＊그것이 사람의 발자국 소리보다도/나에게 시간을 가르쳐주는 것이 나는 싫다(「도취의 피안」)
 싫다는 ＊나야 늙어가는 몸 위에 하잘것없이 앉아있으면 고만이고/너는 날아가면 고만이지만/잠시라도 나는 취하는 것이 싫다는 말이다(「도취의 피안」)
 싫어서 ＊함부로 흘리는 피가 싫어서/이다지 낡아빠진 생활을 하는 것은 아니리라(「구름의 파수병」)
 싫어서가 ＊하루에 한번씩 찾아오는/수치와 고민의 순간을 너에게 보이거나/들키거나 하기가 싫어서가아니라(「도취의 피안」)
 싫어지기 ＊그것이 보기 싫어지기 전에/그것을 차단할/가까운 거리의 부엌문이 있고(「이사」)
싫어진다 ＊그러나 나는 그 으스러진 설움의 풍경마저 싫어진다.(「거미」)
싫으면서 ＊죽음이 싫으면서/너를 딛고 일어서고/시간이 싫으면서/너를 타고 가야 한다 (「네이팜 탄」)
싫은 ＊매일같이 마시는 술이며 모욕이며/보기 싫은 나의 얼굴이며/다 잊어버리고(「휴식」) ＊로날드 골맨의 신작품을/눈여겨 살펴보며/피우기 싫은 담배를 피워본다(「바뀌어진 지평선」) ＊아아 보기 싫은 머리에 두툼한 어깨는/허위의 상징/꺼져라 20년 전의 악마야(「네 얼굴은」) ＊영원히 떨리면서 빼먹은 모든 꽃잎을 믿으세요/보기 싫은 노란 꽃을(「꽃잎2」)
싫을 ＊미인을 보고 좋다고들 하지만/미인은 자기 얼굴이 싫을 거야(「미인」)
싫지 ＊오늘은 필경 여러 가지를 합한 긍지의 날인가 보다/암만 불러도 싫지 않은 긍지의 날인가 보다(「긍지의 날」)

싫어하다 싫다고 여기거나 하고 싶어하지 않다.
싫어하고 ＊그 배우는 식모까지도 싫어하고/신이 나서 보는 것은 나 하나뿐이고(「원효대사」)
싫어하기 ＊나는 아무것에도 취하여 살기를 싫어하기 때문이다(「도취의 피안」)
싫어하는 ＊솔직한 고백을 싫어하는/뮤즈여 (「바뀌어진 지평선」) ＊고지식한 것을 제일 싫어하는 말/이 만능의 말(「말」(1964))
싫어해 ＊그런데 큰놈의 방에 같이 있는 가정교사가 내/기침소리를 싫어해.(「엔카운터 誌」)

싫증(―症) 싫은 생각. 달갑지 않게 여기는 마음. ＊뮤즈여/시인이 시의 뒤를 따라가기에는 싫증이 났단다(「바뀌어진 지평선」)

심각하다(深刻―) 매우 중대하고 절실하다.
심각한 ＊40년간의 조판 경험이 있는 근시안의 노직공의 가슴속에서/가장 심각한 나의 우둔 속에서(「영롱한 목표」)

심기다 '심다'의 피동형. 심음을 당하다. 심어지다. ☞ 심다.
심겨 ＊지구의의 남극에는 검은 쇠꼭지가 심겨 있는지라―(「지구의」)

심다 초목의 뿌리나 씨앗 따위를 흙 속에 묻다.
심었을 ＊두 떼기의 차밭 옆에는 역시 두 떼기의/채소밭이 있다 김장 무나 배추를 심었을/인습적인 분가루를 칠한 밭 위에(「반달」)
심은 ＊3년 전에 심은 버드나무의 악마 같은/그림자가 뿜는 아우성소리를 들으며(「가옥 찬가」)

심부름하다 남이 시키는 일을 하여 주다.
심부름하는 ＊문지방 안에 석간이 떨어져 뒹굴고 있는데도/심부름하는 놈더러/「저것 좀 집어와라.」 호령 하나 못하니(「파자마 바람으로」) ＊이 방에서 저 방으로 할머니가 계신 방에서/심부름하는 놈이 있는 방까지(「사랑의 변주곡」)

심사(心思) ①어떤 일에 대한 여러 가지 마음의 작용. ②마음에 맞지 않아 어깃장을 놓고 싶은 마음. ＊백화가 만발한 언덕 저편에/부처의 心思 같은 굴뚝이 허옇고/그 위에서 내뿜는 연기는/얼핏 생각하면 우습기도 하다(「연기」)

심술맞다(心術―) 심술이 몹시 많다.
심술맞은 ＊연기의 정체는 없어지기 위한 것이다/그리고/하필 꽃밭 넘어서/짓궂게 짓궂게 없어져 보려는/심술맞은 연기도 있는 것이다 (「연기」)

심심하다 할 일이나 재미 붙일 데가 없어 시간을 보내기가 지루하고 따분하다. ＊오히려 너의 냄새가 없어서 심심하다(「사무실」)
심심해서 ＊이런 황혼에는 시베리아의/어느 이름 없는 개울가에서/들오리가 서투른 앉음새로/병아리를 품고 있을지도 모른다/심심해서 아아 심심해서(「황혼」) ＊그것이 실개울의 물소리든/꿩이 푸다닥거리고 날아가는 소리든/하도 심심해서 정찰을 나온 꿀벌의 소리든/무슨 소리는 있어야겠다(「伏中」)

심야(深夜) 깊은 밤. ＊심야에는 여자는 사라지고 남자가 다시 오입을 하러/활보하고 나선다고 이런 기이한 관습을 가진 나라를/세계 다른 곳에서는 본 일이 없다고(「거대한 뿌리」)

심연(深淵) ①깊은 못. ②좀처럼 빠져나오기 힘든 구렁을 비유적으로 이르는 말. ③뛰어넘을 수 없는 깊은 간격을 비유적으로 이르는 말. ＊심연은 나의 붓끝에서 퍼져가고/나는 멀리 세계의 노예들을 바라본다/塵芥와 분노를 꽃으로 마구 바꿀 수 있는 나날/그러나 심연보다도 더 무서운 자기 상실에 꽃을 피우는 것은 신이고(「꽃」) *이 심연이나 사막이나 산악보다도/더 어려운 사회를 넘어서(「기도」)

심오(深奧) 사물의 뜻이 매우 깊고 오묘함. *은밀도 심오도 학구도 체면도 인습도 치안국/으로 가라(「거대한 뿌리」)

심장(心臟) ①주기적인 수축에 의하여 혈액을 몸 전체로 보내는, 순환계의 중심적인 근육 기관. ②사물의 중심이 되는 곳을 비유적으로 이르는 말. ③마음을 비유적으로 이르는 말. ④비위가 좋은 마음보를 비유하여 이르는 말. *조화가 없어 아름다웠던 생활을 조화를 원하는 가슴으로 찾을 것은 아니로나/조화를 원하는 심장으로 찾을 것은 아니로나(「구슬픈 육체」) *이브의 심장이 아닌 너의 내부에는/〈시간은 시간을 먹는 듯이 바쁘기만 하다〉는/기계가 아닌 자욱한 안개 같은/준엄한 태산 같은/시간의 퇴적뿐이 아닐 것이냐(「네이팜 탄」) *그러니까 이 다리를 건너갈 때마다/나는 나의 심장을 기계처럼 중지시킨다(「현대식 교량」)

심지어(甚至於) 심하게는. 심하다 못해 나중에는. *비애의 수직선을 그리면서 날아가는 그의 설운 모양을/우리는 좁은 뜰 안에서뿐만 아니라/심지어는 항아리 속에서부터라도 내어다볼 수 있고(「헬리콥터」)

심포니(영, symphony) ①교향곡. ② '심포니 오케스트라' 의 준말. *라디오의 시종을 고하는 소리 대신에 西道歌와/목사의 열띤 설교 소리와 심포니가 나오지만(「풀의 영상」)

싯가[市價] 시장에서 상품이 매매되는 가격. *싯가 700원가량의 새 철사뭉치는 우리집의/양심의 가책이다(「도적」)

싯퍼렇다 시퍼렇다. ①매우 퍼렇다. ②춥거나 겁에 질려 얼굴이나 입술 따위가 몹시 푸르께하다. ③위풍이나 권세가 당당하다. ④날 따위가 몹시 날카롭다.
  싯퍼런 *그러나 이 눈망울을 휘덮는 싯퍼런 작열의 의미가 밝혀지기까지는/나는 여기에 있겠다(「冬麥」)

싱겁다 ①음식의 간이 보통 정도에 이르지 못하고 약하다. ②술이나 담배나 한약 따위의 맛이 약하다. ③사람의 말이나 행동이 상황에 어울리지 않고 다소 엉뚱한 느낌을 준다. ④어떤 행동이나 말, 글 따위가 흥미를 끌지 못하고 흐지부지하다. ⑤물건이나 그림의 배치에 빈 곳이 많아 야물지 못하고 엉성하다.
  싱거운 *나는 이 사람이 만주 술집에서 고생할 때에/연애편지를 대필해 준 일이 있을 뿐이지/허고 더러 싱거운 충고도 한 일이 있는—(「滿洲의 여자」)
  싱겁게 *이따금씩 강 건너의 대포소리가//날 때도 울리지만 싱겁게 걸어갈 때/울리고 돌아서 걸어갈 때 울리고(「의자가 많아서 걸린다」)

싸늘하다 '사늘하다' 의 센말. ①물체의 온도나 기온이 몹시 산산하다. ②놀라거나 하여 가슴속에 찬 기운이 도는 듯하다. ③표정이 냉랭하여 인정이 싹 가신 듯하다. ④분위기 따위가 살랑한 느낌이 도는 듯하다.
  싸늘한 *자유가 항상 싸늘한 것이라면 나는 당신과 더 이야기하지 않겠어요(「조국에 돌아오신 傷病捕虜 동지들에게」) *싸늘한 가을바람 소리에/전통은/새처럼 겨우 나무그늘 같은 곳에/定處를 찾았나보다(「파리와 더불어」)

싸다 ①물건을 안에 넣고 보이지 않게 씌워 가리거나 둘러 말다. ②둘레를 가리거나 막다. ③음식을 담아서 꾸리다.
  싸여 *네 머리는 네 팔은 네 현재는/먼지에 싸여 있다 구름에 싸여 있고/그늘에 싸여 있고 산에 싸여 있고/구멍에 싸여 있고(「먼지」)
  싸여서 *나는 거리의 운명을 보고/달콤한 마음에 싸여서/어디로 가야 할지 모르는 마음—(「거리2」)

싸리꽃 싸리의 꽃. '싸리' 는 콩과의 낙엽 활엽 교목. 7월에 짙은 자색이나 홍자색 꽃이 총상 꽃차례로 피고, 열매는 협과로 10월에 익는다. *푸른 연못을 넘쳐흐르는 장마통의/싸리꽃 핀 벌판에서/나는 왜 이다지도 피로에 집착하고 있는가(「싸리꽃 핀 벌판」)

싸우다 ①말, 힘, 무기 따위를 가지고 서로 이기려고 다투다. ②기량의 우열을 가리다. ③무엇을 물리치거나 달성하기 위하여 힘쓰다.
  싸우고 *대한민국의 꽃을 이마 위에 동여매고 싸우고 싸우고 싸워왔다(「조국에 돌아오신

싸움 傷病捕虜 동지들에게」)＊그러나 우리들은 언제나 싸우고 있다(「하······ 그림자가 없다」)＊오늘도 여전히 일을 하고 걱정하고/돈을 벌고 싸우고 오늘부터의 할일을 하지만(「말」(1964))＊나는 지금 시간/과 싸우고 있는 거야.(「엔카운터 誌」)＊머릿속에 특종이란 자가 보여요. 어편네하고/싸우고 나왔지요. 순수하죠. 앨비 말예요.(「전화 이야기」)

싸우는 ＊싸우는 방법도 민주주의식으로 싸워야 한다(「하······ 그림자가 없다」)

싸우다 ＊사흘 전에 술에 취해 흘린 가래침 자국─/아니 빚쟁이와 싸우다 나오는 길에 흘린/침자국(「네 얼굴은」)

싸우듯이 ＊기어오르는 파도가/제일 높은 砂岸에/닿으려고 싸우듯이/너도 나도 취하는/中庸의 술잔(「술과 어린 고양이」)

싸우라 ＊그 방의 벽에는 싸우라 싸우라 싸우라는 말이/헛소리처럼 아직도 어둠을 지키고 있을 것이다(「그 방을 생각하며」)

싸워 ＊「나는 그들의 용감성과 또 그들의 어마어마한 戰果에 대하여 말하는 것이 아니라/그들이 싸워온 독특한 위치와 세계사적 가치를 말하는 것입니다/[···]대한민국의 꽃을 이마 위에 동여매고 싸우고 싸우고 싸워왔다(「조국에 돌아오신 傷病捕虜 동지들에게」)

싸워야 ＊싸우는 방법도 민주주의식으로 싸워야 한다(「하······ 그림자가 없다」)

싸웠느냐 ＊나는 그들이 어떻게 용감하게 싸웠느냐 것에 대한 대변인이 아니다(「조국에 돌아오신 傷病捕虜 동지들에게」)

싸움 싸우는 일. ＊이북에 억류되고 있는 대한민국과 UN군의 포로들을 구하여내기 위하여/새로운 싸움을 하라고 합니다(「조국에 돌아오신 傷病捕虜 동지들에게」)＊우리들의 戰線은 눈에 보이지 않는다/그것이 우리들의 싸움을 이다지도 어려운 것으로 만든다[···]우리들의 싸움의 모습은 초토작전이나/「건 힐의 혈투」 모양으로 활발하지도 않고 보기 좋은 것도 아니다[···]우리들의 싸움은 쉬지 않는다//우리들의 싸움은 하늘과 땅 사이에 가득 차 있다/민주주의의 싸움이니까[···]하늘에 그림자가 없듯이 민주주의의 싸움에도 그림자가 없다(「하······ 그림자가 없다」)＊우연한 싸움에 이겨보려고(「적2」)

싹¹ 씨, 줄기, 뿌리 따위에서 처음 돋아나는 어린잎이나 줄기. ＊햇빛에는 겨울보리에 싹이 트고/강아지는 낑낑거리고/골짜기들은 평화롭지 않으냐─평화의 의지를 말하고 있지 않으냐(「冬麥」)

싹² '삭'의 센말. ①종이나 헝겊 따위를 칼이나 가위로 단번에 베는 소리 또는 그 모양. ②거침없이 자꾸 밀거나 쓸거나 비비거나 하는 소리 또는 그 모양. ③조금도 남기지 않고 전부. ＊미국사람들이 세워놓은 자동차란 자동차는/싹 없애버려라(「나는 아리조나카보이야」)

싹트다 ①식물의 싹이 생겨나다. ②어떤 생각이나 감정, 현상 따위가 처음 생겨나다.

싹트기 ＊그때도 너는 기적이었다/너의 의지는 싹트기 시작했다(「65년의 새해」)

쌀가게 쌀을 파는 가게. 싸전. ＊헌 기계는 가게로 가게에 있던 기계는/옆에 새로 난 쌀가게로 타락해 가고(「금성라디오」)

쌀난리(—亂離) 쌀 부족으로 생긴 기근 현상. ＊대구에서/대구에서/쌀난리가/났지 않아(「쌀난리」)

쌀밥 멥쌀로만 지은 밥. 이밥. 흰밥. ＊흰 쌀밥을 먹고 갔는데 보리알을 먹고 간 것 같고/그렇게 피투성이가 되어 찾던 만년필은/처의 백 속에 숨은 듯이 걸려 있고(「절망」(1962))

쌓다 여러 개의 물건을 겹겹이 포개어 얹어 놓다.

쌓인 ＊시장거리의 먼지 나는 길옆의/좌판 위에 쌓인 호콩 마마콩(「생활」)＊이제 나의 방의 옆방은 자연이다/푸석한 암석이 쌓인 산기슭이/그치는 곳이라고 해도 좋다(「이사」)

썩다 ①유기물이 부패균에 의하여 분해됨으로써 원래의 성질을 잃어 나쁜 냄새가 나고 형체가 뭉개지는 상태가 된다. ②사람 몸의 일부분이 균의 침입으로 기능을 잃고 회복하기 어려운 상태가 된다. ③쇠붙이 따위가 녹이 심하게 슬어 부스러지기 쉬운 상태가 된다. ④물건이나 사람 또는 사람의 재능 따위가 쓰여야 할 곳에 제대로 쓰이지 못하고 내버려진 상태에 있다. ⑤사회의 조직이나 기관, 또는 사람의 사고방식이나 생각 따위가 건전하지 못하고 부정이나 비리를 저지르는 상태가 된다.

⑥걱정이나 근심 따위로 마음이 몹시 상하다.

썩는 *썩는 빛이 황금빛에 닮은 것이 순자야/너 때문이고(「꽃잎3」)

썩어 *오 썩어가는 탑/나의 연령/혹은/4,294알의/구슬이라도 된다(「아픈 몸이」) *아아 어서서 썩어빠진 어제와 결별하자(「우선 그놈의 사진을 떼어서 밑씻개로 하자」) *버드 비숍 여사를 안 뒤부터는 썩어빠진 대한민국이/괴롭지 않다(「거대한 뿌리」)

썩어진 *그 지긋지긋한 놈의 사진을 떼어서/조용히 개굴창에 넣고/썩어진 어제와 결별하자(「우선 그놈의 사진을 떼어서 밑씻개로 하자」)

썩은 *더러운 것 중에도 가장 더러운/썩은 것을 찾으면서/비로소 마음 취하여 보는/이 더러운 길.(「더러운 향로」) *선량한 백성들이 하늘같이 모시고/아침저녁으로 우러러보던 그 사진은/사실은 억압과 폭정의 방패였느니/썩은 놈의 사진이었느니(「우선 그놈의 사진을 떼어서 밑씻개로 하자」) *썩은 공기 나가는 지붕 위의 지붕만 있으면 돼(「장시1」) *떨어져 물 위에서 썩은 꽃잎이라도 좋고[…]네가 물리친 썩은 문명의 두께(「꽃잎3」)

쏘다 활이나 총, 대포 따위를 일정한 목표를 향하여 발사하다.

쏘아라 *키크야! 너는 저놈을 쏘아라/빵! 빵! 빵! 빵!(「나는 아리조나 카보이야」)

쏟다 ①액체나 물질을 그것이 들어 있는 용기에서 바깥으로 나오게 하다. ②마음이나 정신 따위를 어떤 대상이나 일에 기울이다. ③마음속에 품고 있는 생각이나 말을 밖으로 드러내다. ④눈물이나 땀, 피 따위를 많이 흘리다. ⑤햇볕이나 비 따위를 강하게 비치게 하거나 내리게 하다.

쏟고 *밤이 산등성이에 넘어 내리는 새벽이면/모기의 피처럼/시인이 쏟고 죽을 오욕의 역사(「광야」) *나는 이것이 쏟고 난 뒤에도 보통때보다/완연히 한참 더 오래 끌다가(「性」)

쏟았다 *소련을 생각하면서 나는 치질을 앓고 피를 쏟았다(「轉向記」) *보통때보다/완연히 한참 더 오래 끌다가쏟았다(「性」)

쏟아지다 한꺼번에 많이 떨어지거나 몰려나오거나 생기다.

쏟아져 *고색이 창연한 우리집에도/어느덧 물결과 바람이/신선한 기운을 가지고 쏟아져 들어왔다(「나의 가족」) *펌프의 물이 시원하게 쏟아져 나온다고/어머니가 감탄하니 과연 시원하고(「檄文」)

쐐기 ①쐐기나방의 유충. 마디마다 가시가 있어 닿으면 아프고 부어오른다. 과실나무의 해충이다. ②풀쐐기. 불나방의 애벌레. 작은 누에처럼 생겼는데 몸빛은 검푸르고 거친 털이 온몸에 촘촘히 나 있다. 잡초의 잎을 갉아 먹는다. *배암에게 쐐기에게 쥐에게 살쾡이에게/진드기에게 악어에게 표범에게 승냥이에게[…]이번에는 우리가 배암이 되고 쐐기가 되더라도(「기도」)

쑤다 곡식의 알이나 가루를 물에 끓여 익히다.

쑬 *아내는 집들이를 한다고/저녁 대신 뻘건 팥죽을 쑬 것이다(「이사」)

쑥스럽다 하는 짓이나 모양이 자연스럽지 못하고 어색하여 우습고 싱거운 데가 있다.

쑥스러운 *「그러니까 초년생 도적이지」하고 쑥스러운대꾸를 하면서(「미숙한 도적」)

쑥스러울 *외양만이라도 남과 같이 살아간다는 것이 이다지도 쑥스러울 수가 있을까(「구름의 파수병」)

쑥잎 쑥의 잎. *이제는 지휘하라 이카루스의 날개처럼/쑥잎보다 훨씬 얇은/너의 잎은 지휘하라(「등나무」)

쓰다¹ ①어떤 일을 하는 데에 재료나 도구, 수단을 이용하다. ②사람에게 일정한 돈을 주고 어떤 일을 하도록 부리다. ③사람을 어떤 일정한 직위나 자리에 임명하여 일을 하게 하다. ④다른 사람에게 베풀거나 내다. ⑤어떤 일을 하는 데 시간이나 돈을 들이다. ⑥힘이나 노력 따위를 들이다. ⑦어떤 못마땅한 표정을 짓거나 합당치 못한 일을 강하게 요구하다. ⑧몸의 일부분을 제대로 놀리거나 움직이다. ⑨어떤 건물이나 장소를 일정 기간 사용하거나 임시로 다른 일을 하는 곳으로 이용하다. ⑩어떤 말이나 언어를 사용하다. ⑪도리에 맞는 바른 상태가 되다.

써 *그런 나라에서 집권당이라면/얼마나 의젓한가/비수를 써/인제는 지조랑 영원히 버리고 마음 놓고/비수를 써(「만시지탄은 있지만」) *내가 붓을 놓는 것까지/자리에서 일어나는 것까지 문을 여는 것까지 알고/방어작전을 써.(「엔카운터 誌」)
쓰고 ＊내가 죽은 뒤에는/고독의 명맥을 남기지 않으려고/나는 이다지도 주야를 무릅쓰고 애를 쓰고 있단다(「나비의 무덤」) ＊라디오 소리도 거리의 풍습대로 기를 쓰고 크게만 틀어 놓으면 돼(「장시1」)
쓰는 ＊혁명이란 단자는 학생들의 선언문하고/신문하고/열에 뜬 시인들이 속이 허해서/쓰는 말밖에는 아니 되지만(「육법전서와 혁명」) ＊인제는 다시 비수를 쓰는 법을 배우란 말일세(「만시지탄은 있지만」) ＊우리 동네엔 미대사관에서 쓰는 타이프 용지가 없다우(「美濃印札紙」)
쓰다가 ＊우리는 UN군에 포로가 되어 너무 좋아서 가시철망을 뛰어나오려고 애를 쓰다가 못 뛰어나오고(「조국에 돌아오신 傷病捕虜 동지들에게」)
쓰던 ＊내/방에는 아들놈이 가고 나는 식모아이가 쓰던 방으로/가고.(「엔카운터 誌」)
쓸 ＊무수한 돈을 만졌지만 결국은 헛 만진 것/쓸 필요도 없이 한 3, 4일을 나하고 침식을 같이한 돈(「돈」)
쓰다² ①붓, 펜, 연필과 같이 선을 그을 수 있는 도구로 종이나 다른 편평한 면 위에 획을 그어서 일정한 글자의 모양이 이루어지게 하다. ②머릿속의 생각을 종이 혹은 이와 유사한 대상 따위에 글로 나타내다. ③원서, 계약서 등과 같은 서류 따위를 작성하거나 일정한 양식을 갖춘 글을 쓰는 작업을 하다. ④머릿속에 떠오른 곡을 일정한 기호로 악보 위에 나타내다. ＊이것이 편지를 쓰다 만 내력이오―꽉 막히는구려(「美濃印札紙」) ＊시를 쓰다 말고 코를 풀다 말고/테이블 밑에 신경이 가고(「의자가 많아서 걸린다」)
써 ＊이것이 어제 오후에 써놓은 기사 대목으로/내일 조간분 사회면의 표독한 타이틀이 될 것이라고 해서(「기자의 정열」) ＊시 같은 것/시 같은 것/써보려고 그러나/《4·19》시 같은 것/써보려고 그러나(「《4·19》시」) ＊그러나 쥐구멍을 잠시 거짓말의 구멍이라고/바꾸어 생각해 보자 내가 써준 시집의 서문을/믿지 않는 사람의 얼굴의 사마귀나 여드름을―(「거짓말의 여운 속에서」)
써도 ＊그러나 이렇게 써도 내가 반공산주의자가/아니 되기 위해서는 그날까지 이 엉성한/조악한 방송들이 어떻게 돼야 하고(「라디오 계」)
써서 ＊〈희랍인을 모친으로 가진 미국인에게 대한 호소문〉과 〈精神上으로 본/희랍의 독립선언서〉를 써서/전자를 현재 일리노이 주에 있는 자기의 모친에게 보내고/후자는 희랍 국립박물관 관장에게 보내달라고 한다(「백의」)
써야 ＊될 수만 있으면 독자들에게 이 깨알만한 글씨보다 더/작게 써야 할 이 고초의 시기의/보다 더 작은 나의 즐거움을 피력하고 싶다(「이 한국문학사」)
썼다고 ＊기사라 하지만 네가 썼다고 알아주는 사람이 있어도 좋고 없어도 가히 무관한 것(「기자의 정열」)
썼지만 ＊그 분풀이로 어리석은 나는 술을 마시고/창문을 부수고 여편네를 때리고/지옥의 시까지 썼지만//지금 나는 21개국의 정수리에/사랑의 깃발을 꽂는다(「세계일주」)
쓰겠소 ＊편지는 못 쓰겠소 매부 돌아오는 길에/차창에서 내다본 중앙선의 복선공사에 동원된/갈대보다도 더 약한 소년들과 부녀자들의/노동의 慘景에 대한 편지도 못 쓰겠소 매부//이 인찰지와 이 봉투지로는 편지는 못 쓰겠소(「美濃印札紙」)
쓰고 ＊여러분! 내가 쓰고 있는 것은 시가 아니겠습니까(「조국에 돌아오신 傷病捕虜 동지들에게」) ＊기사라 하지만 네가 썼다고 알아주는 사람이 있어도 좋고 없어도 가히 무관한 것/그러기에 한결 가벼운 휴식의 마음으로 쓰고 있을 수 있었던 것(「기자의 정열」) ＊바쁘다고 서두르면서 일도 하고/원고도 쓰고 치부도 하고/시골에도 있고 해변가에도 있고(「하…… 그림자가 없다」) ＊지금 나는 자고 깨고 하면서 더 지루한/中共의 욕을 쓰고 있는데/치질도 낫기 전에 또 술을 마셨다(「轉向記」) ＊나는 광휘에 찬 신현대문학사의 시를 깨알같은 글씨로 쓰고 있다(「이 한국문학사」) ＊나는 지금 규제로 시를 쓰고 있다 타의의 규제(「설사의 알리바이」) ＊지옥의 시를 쓰고 난 뒤에/그대의 출발이 잘못된 출발이었다고/알려주려고/모든 세계일주가 잘못된 출발이라고/알려주려고—(「세계일주」)

쓰는 *그의 가치는/왼손으로 글을 쓰는 소녀만이 알고 있다(「수난로」) *위안이 되지 않는 시를 쓰는 시인을 건져주기 전에/신이여(「靈交日」) *시를 쓰는 마음으로/꽃을 꺾는 마음으로[…]시를 쓰는 마음으로/꽃을 꺾는 마음으로/자는 아이의 고운 숨소리를 듣는 마음으로(「기도」) *노년에 든 로버트 그레이브스가 연애시를 쓰는 이유,/모르지?[…]함경도 친구와 경상도 친구가 외국인처럼 생각돼서/술집에서 반드시 표준어만 쓰는 이유,/모르지?(「모르지?」) *동그랗게 되어가는 나이와 詩/사전을 보면 쓰는 나이와 詩(「시」(1961)) *우주시대의 마이크로웨이브에 탄/원효대사의 민활성 바늘 끝에/묻은 죄와 먼지 그리고 모방/술에 취해서 쓰는 시여(「원효대사」)

쓰니 *피아노의 주인은 나를 보고/시를 쓰니 음악도 잘 알 게 아니냐고/한 곡 쳐보라고 한다(「피아노」)

쓰러 *나비야 우리 방으로 가자/어제의 시를 다시 쓰러 가자(「시」(1964))

쓰려고 *시 같은 것/시 같은 것/안 쓰려고 그러나/더구나/《4·19》시 같은 것/안 쓰려고 그러나(「《4·19》시」) *편지를 쓰려고 그걸 사오라니까 밀용인찰지를 사왔드라우(「美濃印札紙」)

쓰려나 *나는 하필이면/왜 이 詩를/잠이 와/잠이 와/잠이 와 죽겠는데/왜/지금 쓰려나/이 순간에 쓰려나(「《4·19》시」)

쓰려면 *버스를 피해서 길을 건너서는 어린 놈처럼/선뜻 큰길을 건너서면 돼/長詩만 장시만 안 쓰려면 돼[…]내일의 채귀를/죽은 뒤의 채귀를 걱정하는/장시만 장시만 안 쓰려면 돼/샐비어 씨는 빨갛지 않으니까/장시만 장시만 안 쓰려면 돼(「장시1」)

쓰면 *겨자씨같이 조그맣게 살면서/장시만 장시만 안 쓰면 돼[…]채귀가 어젯밤에 나 없는 사이에 돌아갔으면 돼/장시만 장시만 안 쓰면 돼(「장시1」)

쓴 *네가 쓴 기사 위에/황홀히 너를 찾아보는 아침이여(「기자의 정열」)

쓰다³ ①모자 따위를 머리에 얹어 덮다. ②얼굴에 어떤 물건을 걸거나 덮어쓰다. ③먼지나 가루 따위를 몸에 덮은 상태가 되다. ④우산이나 양산 따위를 머리 위에 펴 들다. ⑤사람이 죄나 누명을 가지거나 입게 되다.

썼다 *나는 그때부터 차차 늙어가는 탈을 썼다(「반주곡」)

썼지만 *골목을 돌아서/베레모는 썼지만/또 골목을 돌아서/신이 찢어지고/온몸에서 피는/빠르지도 더디지도 않게 흐르는데(「아픈 몸이」)

쓰고 *그리고 유행에서도 훨씬 뒤떨어진 서울의 화려한 거리에서는 도저히 쓰고 다니기 부끄러운 모자이다[…]그러나 나는 그것을 시골이라고 무관하게 생각하고 쓰고 간 것인데 결국은 잃어버리고 말았다(「시골 선물」) *하다못해 이와 같이 타락한 신문기자의/탈을 쓰고 살고 있단다(「바뀌어진 지평선」) *끝으로 〈모두 적당히 가면을 쓰고 있다〉라는/한 줄도 빼어놓기로 한다)[…]그것은 물론 현정부가 그만큼 악독하고 반동적이고/가면을 쓰고 있기 때문이다(「중용에 대하여」) *내일의 행동이 먼지를 쓰고 있다(「먼지」)

쓴 *모자 쓴 青年이여 誘惑이여/아침의 유혹이여(「아침의 유혹」) *그 모자를 쓴 기분이란 쳇바퀴를 쓴 것처럼 딱딱하다(「시골 선물」)

쓰다듬다 ①손으로 살살 쓸어 어루만지다. ②살살 달래어 가라앉히다.

쓰다듬어 *뮤즈보다도 더 부드러웁게 사람들의 상처를 쓰다듬어준다(「백의」)

쓰디쓰다 ①몹시 쓰다. ②몹시 괴롭다.

쓰디쓴 *나의 표정에는 무엇인지 우스웁고 간지럽고 서먹하고 쓰디쓴 것마저 섞여 있다(「여름 뜰」) *나는 지금 간밤의 쓰디쓴 후각과 청각과 미각과 統覺마저 잊어버리려고 한다(「여름 아침」) *나의 입속에는 달콤한 의지의 잔재 대신에/다시 쓰디쓴 담뱃진 냄새만 되살아났지만(「그 방을 생각하며」)

쓰라림 쓰리고 아린 느낌이나 마음. *여러 동지들은 기막힌 쓰라림에 못 이겨 못 뛰어나오고(「조국에 돌아오신 傷病捕虜 동지들에게」)

쓰러지다 ①사람이나 물체가 힘이 빠지거나 외부의 힘에 의하여 서 있던 상태에서 바닥에 눕는 상태가 되다. ②사람이 병이나 과로 따

쓰러진 *그놈의 동상이 선 곳에는/민주주의의 첫 기둥을 세우고/쓰러진 성스러운 학생들의 웅장한/기념탑을 세우자「우선 그놈의 사진을 떼어서 밑씻개로 하자」)

쓰메에리[詰襟] 깃의 높이가 4cm쯤 되게 하여, 목을 둘러 바싹 여미게 지은 양복. 학생복으로 많이 지었다. *머리가 고슴도치처럼 부스스하게 일어난 쓰메에리의 학생복을 입은 청년이 들어와서 커피니 오트밀이니 사과니 어수선하게 벌여놓고 계통 없이 처먹고 있다(「시골 선물」)

쓰이다 '쓰다'의 피동형. 글씨가 써지다.
씌어 *우리의 잔등이에는 〈미숙한 도적〉이라는 글자가 씌어 있었을 것이다.(「미숙한 도적」)
씌어져 *나는 사실은 담배를 피울 겨를이 없이/여기까지 내리썼고/일기의 원문은 일본어로 씌어져 있다(「중용에 대하여」)

쓸다 ①비로 쓰레기 따위를 밀어내거나 한데 모아서 버리다. ②가볍게 쓰다듬거나 문지르다. ③질질 끌어서 바닥을 스치다. ④전염병 따위가 널리 퍼지거나 태풍, 홍수 따위가 널리 피해를 입히다. ⑤모두 그러모아 독차지하다.
쓸고 *이미 대한민국의 하늘을 가슴으로 등으로 쓸고 나가는/저 조그만 비행기같이 연기도 여운도 없이 사라진 몇몇 포로들의 영령이(「조국에 돌아오신 傷病捕虜 동지들에게」)
쓸어 *그 넓은 등판으로 땅을 쓸어가면서/늬가 부르는 노래가 어디서 오는 것을/너보다는 내가 더 잘 알고 있는 것이다(「풍뎅이」)

쓸데없다 ①쓸 자리가 없다. 소용이 없다. ②아무 값어치가 없다. 아무 뜻이 없다.
쓸데없는 *너는 나와 함께 못난 놈이면서도 못난 놈이 아닌데/쓸데없는 도면 위에 글자만 박고 있으면 어떻게 하리(「사무실」) *쓸데없는 이야기도 주고받고 쓸데없는 일도/찾아보면 있느니라(「술과 어린 고양이」) *쓸데없는 것이었다 저것이었다/너의 보꾹에 비친 활자이었다(「제임스 띵」)

쓸쓸하다 ①으스스하고 썰렁하다. ②외롭고 적적하다.
쓸쓸하지 *나는 나에게 대답할 것이 없어져도/쓸쓸하지 않았다(「愛情遲鈍」)

씨 식물의 열매 속에 있는, 장차 싹이 터서 새로운 개체가 될 단단한 물질. *씨를 뿌리고 밭을 갈고 가래질을 하고 고물개질을 하자(「여름 아침」) *샐비어 씨는 빨갛지 않으니까/장시만 장시만 안 쓰려면 돼(「장시1」)

씨부리다 주책없이 함부로 실없는 말을 하다.
씨부리고 *나의 주위에 말짱 〈반동〉만 앉아 있어/객소리만 씨부리고 있었다는 것이/더욱이나 더욱이나아니라(「황혼」)

씹 ①여성의 성기를 비속하게 이르는 말. ②'성교'를 비속하게 이르는 말. *비숍 여사와 연애를 하고 있는 동안에는 진보주의자와/사회주의자는 네에미 씹이다(「거대한 뿌리」)

씹다 ①사람이나 동물이 음식 따위를 입에 넣고 윗니와 아랫니를 움직여 잘게 자르거나 부드럽게 갈다. ②다른 사람의 행동이나 말을 의도적으로 꼬집거나 공개적으로 비난하다.
씹는 *네가 씹는 음식에 내가 증오하지 않음이/내가 겨우 살아있는 표시라(「먼지」)
씹었던 *모두 별안간에 가만히 있었다/씹었던 불고기를 문 채로 가만히 있었다(「나가타 겐지로」)

씻다 ①물이나 휴지 따위로 때나 더러운 것을 없게 하다. ②누명, 오해, 죄과 따위에서 벗어나 다른 사람 앞에서 떳떳한 상태가 되다. ③원한 따위를 풀어서 마음속에 응어리가 된 것을 없애다. ④관계 따위를 끊다. ⑤현재의 좋지 않은 상태에서 벗어나다.
씻고 *손도 안 씻고/쥐똥도 제멋대로 내버려두고(「꽃」) *새로 파논 우물전에서 도배를 하고 난 귀얄을 씻고 간 두붓집 아가씨에게/무어라고 수고의 인사를 해야 한다지[…]文明된 아내에게 〈실력을 보이자면〉 무엇보다도 먼저/발이라도 씻고 보자(「사치」)
씻으면서 *신문지로 얼굴을 씻으면서 나보고도/산보를 하라고 자꾸 권한다(「강가에서」)
씻은 *나들이를 갔다 온 씻은 듯한 마음에 오늘밤에는 아내를 껴안아도 좋으리(「사치」)

아 ①놀라거나, 당황하거나, 초조하거나, 다급할 때 가볍게 내는 소리. ②기쁘거나, 슬프거나, 뉘우치거나, 칭찬할 때 가볍게 내는 소리. ③말을 하기에 앞서 상대편의 주의를 끌기 위하여 가볍게 내는 소리. ④모르던 것을 깨달을 때 내는 소리. *응응…… 응…… 뭐?/아 그래…… 그래 그래.(「하…… 그림자가 없다」) *두목! 나머지 놈들 다 잡아왔습니다/아 홍찐구 놈도 섞여 있구나(「나는 아리조나 카보이야」)

아가 ①'아기'를 귀여워하여 부르는 말. ②시부모가 젊은 며느리를 친근하게 부르는 말. *아가야 아가야/열 발가락이 다 나와 있네[…]아가야 아가야/기저귀 위에는 나일론 종이까지 감겨져 있네[…]아가야 아가야/돌도 아니 된 너는 머리도 한번 깎지를 않고[…]아가야 아가야/네 모양이 우스워서 노래를 부르자니/엄마는/하필 국민학교 놈의 국어공책을 집어주지(「자장가」)

아가씨 ①시집갈 나이의 여자를 이르는 말. ②손아래 시누이를 이르는 말. ③예전에, 미혼의 양반집 딸을 높여 이르던 말. *새로 파논 우물전에서 도배를 하고 난 귀얄을 씻고 간 두 붓집 아가씨에게/무어라고 수고의 인사를 해야 한다지(「사치」) *원효대사가 나오는 날이면/익살맞은 어린 놈은 활극이 되나 하고//조바심을 하고 식모 아가씨나 가게/아가씨는 연애가 되나 하고(「원효대사」)

아가위 산사나무의 열매. 둥글고 작은 사과 모양이며, 9~10월에 붉은색으로 익는데 겉면에는 흰 점들이 있다. 한약 재료로 쓴다. *복숭아 가지나 아가위 가지에 앉은/배부른 흰 새 모양으로/잠깐 앉았다가 떨어지면 돼(「장시1」)

아교공장(阿膠工場) 아교를 생산하는 공장. '아교'는 짐승의 가죽, 힘줄, 뼈 따위를 진하게 고아서 굳힌 것으로 주로 풀로 쓰는데 지혈제나 그림을 그리는 재료로도 사용한다. *신축공장이 아교공장의 말뚝처럼 일어서는/시골에서(「X에서 Y로」)

아귀(餓鬼) ①팔부의 하나. 계율을 어기거나 탐욕을 부려 아귀도에 떨어진 귀신으로, 몸이 앙상하게 마르고 배가 엄청나게 큰데, 목구멍이 바늘구멍 같아서 음식을 먹을 수 없어 늘 굶주림으로 괴로워한다고 한다. ②염치없이 먹을 것을 탐하는 사람을 비유적으로 이르는 말. ③성질이 사납고 지독히 탐욕스러운 사람을 비유적으로 이르는 말. *─어린 놈을 아귀라고 하지/그 아귀란 놈이 들어오고 나갈 때마다 집어갈 돈(「돈」)

아까 조금 전. 조금 전에. *아까 점심때처럼 그렇게 나긋나긋할 줄 알지(「잔인의 초」) *꽃을 주세요 아까와는 다른 시간을 위해서(「꽃잎2」)

아깝다 ①소중히 여기는 것을 잃어 섭섭하거나 서운한 느낌이 있다. ②어떤 대상이 가치 있는 것이어서 버리거나 내놓기가 싫다. ③가치 있는 대상이 제대로 쓰이거나 다루어지지 못하여 안타깝다.

아까운 *티끌도 아까운/더러운 것일수록 더 한층 아까운/이 길로 마냥 가면 어디인지 아는가(「더러운 향로」) *─아니 그보다도 먼저/아까운 것이/지우산을 현장에 버리고 온 일이었다(「죄와 벌」)

아까운지 *잊어버려서 아까운지 아까웁지 않은지 헤아릴 사이도 없이 불은 켜지고(「구슬픈 육체」)

아까울 *고칠 사람을 구하기가 어렵다고 하지만/돈이 아까울 거라 그럴 거라(「도적」)

아까울지도 *고칠 사람을 구하기가 어려운 것도 있고/돈이 아까울지도 모른다(「도적」)

아까웁지 *그러할 때마다 잃어버려서 아까웁지 않은 잃어버리고 온 모자 생각이 불현듯이 난다(「시골 선물」) *잊어버려서 아까운지 아까웁지 않은지 헤아릴 사이도 없이 불은 켜지고(「구슬픈 육체」)

아까워서가 *그것은 아까워서가 아니라/서울에 돌아온 지 일주일도 못 되는 나에게는 도회의 소음과 狂症과 속도와 허위가 새삼스럽게 밉고 서글프게 느껴지고(「시골 선물」)

아깝구나 *하늘 아래 비치는 별이 아깝구나(「밤」)

아끼다 ①물건이나 돈, 시간 따위를 함부로 쓰지 아니하다. ②물건이나 사람을 소중하게 여겨 보살피거나 위하는 마음을 가지다.

아끼는 *사람이 사람을 아끼는 날/소음이 더욱 번성하다(「여름 밤」)

아낙네 남의 집의 어른인 여자를 흔히 이르는 말. *寅煥네/처갓집 옆의 지금은 매립한 개울에서 아낙네들이/양잿물 솥에 불을 지피며 빨래하던 시절을 생각하고(「거대한 뿌리」)

아내 결혼한 여자를 그 남편에 상대하여 이르는 말. *나는 발가벗은 아내의 목을 끌어안았다[…]물속 모래알처럼/素朴한 習性은 나의 아내의 밑소리부터 始作되었다(「아침의 유혹」) *먼 산정에 서 있는 마음으로 나의 자식과 나의 아내와/그 주위에 놓인 잡스러운 물건들을 본다(「구름의 파수병」) *물을 뜨러 나온 아내의 얼굴은/어느 틈에 저렇게 검어졌는지 모르나/차차 시골 동리 사람들의 얼굴을 닮아 간다(「여름 아침」) *보석 같은 아내와 아들은/화롯불을 피워가며 병아리를 기르고/짓이긴 파 냄새가 술 취한/내 이마에 神藥처럼 생긋하다(「초봄의 뜰 안에」) *나들이를 갔다 온 씻은 듯한 마음에 오늘밤에는 아내를 껴안아도 좋으리[…]文明된 아내에게 〈실력을 보이자면〉 무엇보다도 먼저/발이라도 씻고 보자[…]의지의 저쪽에서 영위하는 아내여/길고긴 오늘밤에 나의 사치를 받기 위하여/어서어서 불을 끄자(「사치」) *폴리號 태풍이 일기 시작하는 여름밤에/아내가 마루에서 거미를 잡고 있는/꼴이 우습다(「거미잡이」) *이 뜰에서/나는 내가 없는 동안의/아내의 비밀을 탐지하고/또/내가 없는 그날의/그의 비밀을/탐지할 수도 있었다(「旅愁」) *혼미하는 아내며/날이 갈수록 간격이 생기는 골육들이며/새가 아직 모여들 시간이 못 된 늙은 포플러나무며/소리 없이 나를 괴롭히는/그들은 신의 고문인가(「장시 2」) *아내는 집들이를 한다고/저녁 대신 뻘건 팥죽을 쑬 것이다(「이사」) *이 집도 아내도 아들도 어머니도 다시 내 것이 아니다[…]이 무언의 말/이 때문에 아내를 다루기 어려워지고(「말」(1964)) *이것을 지금 완성했다 아내여 우리는 이겼다[…]아내여 화해하자 그대가 흘리는 피에 나도/참가하게 해다오 그러기 위해서만/이혼을 취소하자(「이혼 취소」) *아내는 이런 어려운 일들을 어렵지 않게 해치운다(「금성라디오」) *나와 나의 아내와 우리집의 온 가옥의 무게를 다 합해서/밀양에서 온 식모의 소박과 원한까지를 다 합해서(「美濃印札紙」)

아냐 '아니야'의 준말. 아랫사람이나 대등한 관계에 있는 사람이 묻는 말에 부정하여 대답할 때 쓰는 말. 부정의 뜻을 힘주어 나타낼 때 쓴다. ☞ 아니야. *거짓말이 아냐/비수란 놈 창조보다도 더 산뜻하거든(「만시지탄은 있지만」) *삼복의 더위에 질려서인가 했더니/아냐/아이를 뱄어(「伏中」) *아니 그건 천장지가 아냐 (벽지지!)[…]아냐 틀렸다/벽지가 아니라/아냐 틀렸다/그건 천장지가 아니라/벽지이겠다(「마케팅」) *아냐 아냐 오해야 내가 이 여자의 연인이 아니라네(「滿洲의 여자」) *그의 약간의 오류는 문제가 아냐/그의 오류는 꽃이야[…]그리고 그가 경멸하고 있는 건 나의/정치 문제뿐이 아냐(「H」) *매춘부 젊은애들, 때묻은 발을 꼬고 앉아서/유부우동 먹고 있는 것을 보다가 생각한 것/아냐(「엔카운터 誌」) *VOGUE야 넌 잡지가 아냐/섹스도 아냐 유물론도 아냐 선망조차도/아냐―선망이란 어지간히 따라갈 가망성이 있는/상대자에 대한 시기심이 아니냐, 그러니까 너는/선망도 아냐(「VOGUE야」)

아녜요 '아니예요'의 준말. 윗사람이 묻는 말에 부정하며 대답할 때 쓰는 말. *「아녜요」하면서 오야붕을 응원/하려 들었지만 내가 그놈들에게/언권을 줄 리가 없다(「제임스 띵」) *신문회관 3층에서 하는 게 낫다구요. 아네요./거기에는 냉방장치가 없어요.(「전화 이야기」)

아뇨 '아니요'의 준말. 윗사람이 묻는 말에 부정하여 대답할 때 쓰는 말. *그래요. 아아, 그렇군요./네에, 그러실 겁니다. 아뇨. 아아, 그렇군요.(「전화 이야기」)

아니 ①부정이나 반대의 뜻을 나타내는 말. ② 어떤 사실을 더 강조할 때 쓰는 말. ☞ 안. *주변 없는 사람이 만져서는 아니 될 책(「가까이 할 수 없는 서적」) *나는 한사코 방심조차 하여서는 아니 될 터인데[…]공통된 그 무엇을 위하여 울어서는 아니 된다는 듯이(「달나라의 장난」) *내가 만일 포로가 아니 되고 그대로 거기서 죽어버렸어도(「조국에 돌아오신 傷病捕虜 동지들에게」) *나의 가족들의 기미 많은 얼굴에 비하여 보아서는 아니 될 것이다(「나의 가족」) *잊어버린 생활을 위하여 불을 켜서는 아니 될 것이지만(「구슬픈 육체」) *이 책에는/神밖에는 아무도 손을 대어서는 아니 된다(「서책」) *자유여/아니 휴식이여(「기자의 정열」) *여름 뜰을 밟아서도 아니 될 것이다(「여름 뜰」) *하하! 우주의 비밀을/아니/비밀은 비밀을 먹는 것인가요(「靈交日」) *아가야 아가야/돌도 아니 된 너는 머리도 한번 깎지를 않고(「자장가」) *그러나 오늘은 말복도 다 아니 갔으며(「말복」) *혁명이란 단자는 학생들의 선언문하고/신문하고/열에 뜬 시인들이 속이 허해서/쓰는 말밖에는 아니 되지만(「육법전서와 혁명」) *계사 안에서 우는 알 겯는/닭소리를 듣다가 나는 마른침을 삼키고/담배를 피워 물지 않으면 아니 된다(「중용에 대하여」) *아니 그것은 불고기가 아니라 돌이었을지도 모른다[…]아니 김영길이가/이북으로 갔다는 김영길 이야기가/나왔다가 들어간 때이다(「나가타 겐지로」) *이제부터는/즐거운 골목/ 그 골목이 나를 돌리라/ ─아니 돌다 말리라(「아픈 몸이」) *게으르게 움직이는 물소와/(아니 물소는 호남 지방에서는 못 보았는데)(「시」(1961)) *아니 그건 천장지가 아냐 (벽지지!)/천장지는 푸른 바탕에/아니 흰 바탕에/엇갈린 벽돌처럼 빌딩 창문처럼/바로 그런 무늬겠다(「마케팅」) *노상에서 지서의 순경을 만났더니/「아니 어디를 갔다 오슈?」/이렇게 돼서야 그만이지(「파자마 바람으로」) *그 이유는 시가 안 된다/아니 또 시가 된다(「轉向記」) *아니 430원짜리 한 가마니면 이틀은 먹일 터인데(「만용에게」) *─아니 그보다도 먼저/아까운 것이(「죄와 벌」) *강가에 가서 돌아갈 차비만 남겨놓고 술을 사준다/아니 돌아갈 차비까지 다 마셨나 보다(「강가에서」) *저 젊은이들의 나에 대한 사랑에 있다/아니 신용이라고 해도 된다[…]이런 경이는 나를 늙게 하는 동시에 젊게 한다/아니 늙게 하지도 젊게 하지도 않는다(「현대식 교량」) *아니 네가 우리를 보고 깜짝 놀란다(「65년의 새해」) *개도 짖지 않는 날에는 제임스 띵이 뛰어들어서는/아니 된다 나의 아들에게 불손한 말을 걸어서는/아니 된다(「제임스 띵」) *우리가/훔친 거나 다름없다 아니 그보다도 더 나쁘다[…]내 추측이 맞을 거라/아니 내가 고치라고 하니까 안 고칠 거라(「도적」) *사흘 전에 술에 취해 흘린 가래침 자국─/아니 빚쟁이와 싸우다 나오는 길에 흘린/침자국(「네 얼굴은」) *31일까지 돌려 주겠다고 아니 29일까지/돌려 주겠다고(「판문점의 감상」) *이북 방송이 불온 방송이/아니 되는 날이 오면[…]그러나 이렇게 써도 내가 반공산주의자가/아니 되기 위해서는 그날까지 이 엉성한/조악한 방송들이 어떻게 돼야 하고(「라디오 계」) *그것하고 하고 와서 첫번째로 여편네와/하던 날은 바로 그 이튿날 밤은/아니 바로 그 첫날 밤은(「性」)

아니꼽다 ①비위가 뒤집혀 구역날 듯하다. ②하는 말이나 행동이 눈에 거슬려 불쾌하다.

아니꼬워서 *나의 맏누이동생이 그를 〈허니〉라고 부르고 있는 것이 아니꼬워서/내가 어느 날 그에게 〈魔神〉이라고 별명을 붙였더니(「백의」)

아니다 ①어떤 사실을 부정하는 뜻을 나타내는 말. ② '아닐까'의 꼴로 쓰여 물음이나 짐작의 뜻을 나타내는 말. 사실을 긍정적으로 강조하는 효과가 있다. *뱃전에 머리 대고 울던 것은 여인을 위해서가 아니다(「아메리카 타임 誌」) *그러나 그는 캥거루의 일족은 아니다(「토끼」) *나는 그들이 어떻게 용감하게 싸웠느냐 것에 대한 대변인이 아니다/또한 나의 죄악을 가리기 위하여 독자의 눈을 가리고 입을 봉하기 위한 연명을 위한 阿諛도 아니다(「조국에 돌아오신 傷病捕虜 동지들에게」) ＊늙은 버섯처럼 숨어 있기 때문에도 아니다(「도취의 피안」) ＊오늘은 그것을 운운할 날이 아니다(「거리2」) ＊煙氣는 누구를 위하여 일을 하는 것도 아니다(「연기」) ＊생각하는 것은 먼 나라의 일이 아니다(「네이팜 탄」) ＊나는 공리적인 인간이 아니다(「바뀌어진 지평선」) ＊그러나 이 초점을 바라고 보는 것이 아니다(「기자의 정열」) ＊더러운 자식 너는 백의와 간통하였다지? 너는 오늘부터 시인이 아니다……(「백의」) ＊나는 결코 그의 種子에 대하여/말하고 있는 것은 아니다/또한 설움의 귀결을 말하고자 하는 것도 아니다(「꽃2」) ＊파리도 이미 어제의 파리는 아니다(「파리와 더불어」) ＊그들은 조금도 사나운 악한이 아니다(「하……그림자가 없다」) ＊어깨를 아프게 하는 것은/老朽의 미덕은 시간이 아니다[…]머리를 아프게 하는 것은/두통의 미덕은 시간이 아니다(「백지에서부터」) ＊나의 아들이 머리가 나빠서가 아니다(「우리들의 웃음」) ＊이제 내 몸은 내 몸이 아니다/이 가슴의 動悸도 기침도 寒氣도 내 것이 아니다(「말」(1964)) ＊그러니까 그들이 요구하는 것은 신문값이 아니다//또 내가 주어야 할 것도 신문값만이 아니다(「제임스 띵」) ＊아들아 너에게 狂信을 가르치기 위한 것이 아니다(「사랑의 변주곡」)

아니겠느냐 ＊그의 머리 위에 반드시 窓이 달려 있는 것은/죄악이 아니겠느냐(「수난로」) ＊개와 도회의 詐欺師뿐이 아니겠느냐(「영롱한 목표」)

아니겠습니까 ＊여러분! 내가 쓰고 있는 것은 시가 아니겠습니까(「조국에 돌아오신 傷病捕虜 동지들에게」)

아니고 ＊나의 것도 아니고 누구의 것도 아니기에(「九羅重花」) ＊무한히 망설이는 이 마음은 어둠과 절망의 어제를 위하여/사는 것이 아니고(「거리2」) ＊많이는 아니고 조금(「꽃잎1」) ＊꽃도 장미도 어제 떨어진 꽃잎도/아니고(「꽃잎3」)

아니기에 ＊누구의 것도 아니기에[…]그러나 그 비애에 찬 선조도 하나가 아니기에(「九羅重花」)

아니냐 ＊나의 靈은 죽어 있는 것이 아니냐[…]우스워라 나의 靈은 죽어 있는 것이 아니냐(「死靈」) ＊깨꽃이나 샐비어나 마찬가지 아니냐(「장시1」) ＊선망이란 어지간히 따라갈 가망성이 있는/상대자에 대한 시기심이 아니냐(「VOGUE야」)

아니냐고 ＊시를 쓰니 음악도 잘 알 게 아니냐고(「피아노」)

아니니만큼 ＊이것은 위대한 힌트가 아니니만큼 좋다(「이 한국문학사」)

아니더냐 ＊그러할 때면은 나의 몸은 항상/한 치를 더 자라는 꽃이 아니더냐(「긍지의 날」)

아니던가 ＊無色의 생활자가 네가 아니던가(「기자의 정열」)

아니라 ＊누가 서 있는 게 아니라/토끼가 서 있어야 하였다(「토끼」) ＊포로수용소로 오려고 집을 버리고 나온 것이 아니라(「조국에 돌아오신 傷病捕虜 동지들에게」) ＊그것은 아까워서가 아니라(「시골 선물」) ＊수치와 고민의 순간을 너에게 보이거나/들키거나 하기가 싫어서가 아니라(「도취의 피안」) ＊누구 한 사람의 입김이 아니라/모든 가족의 입김이 합치어진 것(「나의 가족」) ＊하기는 현실이 고귀한 것이 아니라(「영사판」) ＊우리는 좁은 뜰 안에서뿐만 아니라(「헬리콥터」) ＊내가 웃는 것은 세상을 향하여서가 아니라(「너는 언제부터 세상과 배를 대고 서기 시작했느냐」) ＊그는 그 사람이 아니라/○○부의 어마어마한 자리에 앉은 과장이며 名士이다(「거리2」) ＊거리에 흩어진 월간 대중잡지 위에 매월 그의 사진이 게재되어 왔을 뿐만 아니라(「백의」) ＊〈시대에 뒤떨어지는 것이 무서운 게 아니라/어떻게 뒤떨어지느냐가 무서운 것〉이라는 죽음의 잠꼬대여(「광야」) ＊배를 타고 가는 사람을/습관에서가 아니라 염려하고(「가옥 찬가」) ＊피로는 도회뿐만 아니라 시골에도 있다(「싸리꽃 핀 벌판」) ＊그는 재판관처럼 판단을 내리는 게 아니라 구제의 길이 없는 사물의 주위에 떨어지는 태양처럼 판단을 내린다―월트 휘트먼(「미스터 리에게」) ＊여기에 있는 것은 중용이 아니라/踏步다 죽은 평화다 懶惰다 무위다/(단 〈중용이 아니라〉의 다음에 〈反動이다〉라는/말은 지워져 있다(「중용에 대하여」) ＊아니 그것은 불고기가 아니라 돌이었을지도 모른다(「나가타 겐지로」) *그의 이야기가 절망인 것이 아니라/그의 모습이 절망인 것이 아니라(「황혼」) *동생뿐이 아니라/그의 죽음뿐이 아니라/혹은 그의 실종뿐이 아니라(「누이야 장하고나!」) *아냐 틀렸다/벽지가 아니라/아냐 틀렸다/그건 천장지가 아니라/벽지이겠다(「마케팅」) *선생과 나는 아이를 가르치는 것이 아니라 아이들을/가르치고 있기 때문이다(「우리들의 웃음」) *그녀뿐이 아니라/나뿐이 아니라(「식모」) *편지지뿐만 아니라 봉투도 마찬가지지(「美濃印札紙」) *연민의 순간이다 황홀의 순간이 아니라/속아 사는 연민의 순간이다(「性」) *먼지를 꺼내는데도 책을 꺼내는 게 아니라(「의자가 많아서 걸린다」)

아니라고 *귀에 걸면 귀걸이 코에 걸면 코걸이가/제2공화국 이후의 정치의 철칙이 아니라고 하는가(「만시지탄은 있지만」)

아니라네 *내가 이 여자의 연인이 아니라네(「滿洲의 여자」)

아니라는 *학교 안에서 배운 모든 것이/학교 밖에서 본 모든 것이/반드시 정말이 아니라는 것을 알았고(「'65년의 새해」) *백년이나 천년이 결코 긴 세월이 아니라는 것은(「풍뎅이」)

아니라니까 *남편은 어제의 남편이 아니라니까/정말 어제의 네 남편이 아니라니까(「거미잡이」)

아니렷다 *무심코/따놓는 방문이나 창문이/담배연기만 내보내려는 것은/아니렷다(「미인」)

아니로나 *조화가 없어 아름다웠던 생활을 조화를 원하는 가슴으로 찾을 것은 아니로나/조화를 원하는 심장으로 찾을 것은 아니로나(「구슬픈 육체」)

아니리 *그러나 결코 너를 격하고 있는 세상에게 웃는 것은 아니리(「너는 언제부터 세상과 배를 대고 서기 시작했느냐」)

아니리라 *내가 사랑의 테두리 속에 끼여 있기 때문이 아니리라(「풍뎅이」) *이다지 낡아 빠진 생활을 하는 것은 아니리라(「구름의 파수병」)

아니며 *나는 결코 울어야 할 사람은 아니며(「달나라의 장난」) *너는 늬가 먹고사는 물의 것도 아니며[…]물도 아니며 꽃도 아닌 꽃잎지 나(「九羅重花」)

아니면 *대한민국에서는 공산당만이 아니면/사람 따위는 기천 명쯤 죽여보아도 까딱도 없거든(「만시지탄은 있지만」) *누이야/풍자가 아니면 해탈이다(「누이야 장하고나!」)

아니었는데 *그리 흥겨운 밤의 일도 아니었는데(「나가타 겐지로」)

아니었지만 *그놈의 속을 모르는 바는 아니었지만(「우선 그놈의 사진을 떼어서 밑씻개로 하자」)

아니오 *그래도 그것은/돌아가신 그날의 푸른 눈은 아니오(「아버지의 사진」)

아니지만 *반드시 찾으려고 불을 켠 것도 아니지만(「구슬픈 육체」) *꿈은 상상이 아니지만 꿈을 그리는 것은 상상이다/술이 상상이 아니지만 술에 취하는 것이 상상인 것처럼(「우리들의 웃음」) *우리가 도적질을 한 것은 아니지만 우리가/훔친 거나 다름없다(「도적」)

아닌 *詠嘆이 아닌 그의 키와/저주가 아닌 나의 얼굴에서(「아버지의 사진」) *누구의 것도 아닌 꽃들(「九羅重花」) *누구의 생활도 아닌 이것은 확실한 나의 생활(「방안에서 익어가는 설움」) *꿈이 아닌 꿈을 가리키는/내일의 지도다(「거리1」) *평화와 조화를 원하는 것이/아닌 현실의 選手(「연기」) *정치의 작전이 아닌/애정의 부름을 따라서(「네이팜 탄」) *새 사람 아닌 새 사람이 되어(「기자의 정열」) *그러나 내 돈이 아닌 돈(「돈」) *선이 아닌 모든 것은 악이다(「이혼 취소」) *도적은 간밤에는 사그러진 담장 쪽이 아닌/우리집의 의젓한 벽돌기둥의 정문 앞을(「도적」) *누구한테 머리를 숙일까/사람이 아닌 평범한 것에(「꽃잎1」) *노란 꽃을 주세요 우리가 아닌 것을 위해서(「꽃잎2」)

아닌가 *복사씨가 사랑으로 만들어진 것이 아닌가 하고/의심할 거다!(「사랑의 변주곡」)

아닌데 *없어지는 자체를 보기 위하여서만 불을 켠 것도 아닌데(「구슬픈 육체」) *너는 나와 함께 못난 놈이면서도 못난 놈이 아닌데(「사무실」)

아닐 *그의 사진도 무리가 아닐 수 없이(「아버지의 사진」) *이것은 寸豪의 諷刺味도 역설도 불쌍한 발악도 청년다운 광기도 섞여 있는 말이 아닐 것이다(「조국에 돌아오신 傷病捕虜 동지들에게」) *저것이야말로 꽃이 아닐 것이다/저것이야말로 물도 아닐 것이다(「九羅重花」) *확실히 어리석음에서 나오는 것은 아닐 텐데[…]내가 잠겨 있는 정신의 초점은 감상과 향수가 아닐 것이다(「거리2」) *시간의 퇴적뿐이 아닐 것이냐(「네이팜 탄」) *그리고 그것은 아버지 같은 잘못된 시간의/그릇된 명상이 아닐 거다(「사랑의 변주곡」)

아닐지나 *마음대로 뛰놀 수 있는 마당은 아닐지나(「九羅重花」)

아님 *너는 어린애가 아님을/너는 어른도 아님을(「꽃잎3」)

아닙니다 *이 다음에 이 책을 여는 것은/내가 아닙니다(「서책」)

아니야 아랫사람이나 대등한 관계에 있는 사람이 묻는 말에 부정하여 대답할 때 쓰는 말. 부정의 뜻을 힘주어 나타낼 때 쓴다. ☞ 아냐. *아아 비겁한 민주주의여 안심하라/우리는 정치 얘기를 하구 있었던 게 아니야(「H」)

아니하다 '않다'의 본말. 부정의 뜻을 나타냄. ☞ 않다.

아니하고 *나는 노염으로 사무친 정의 소재를 밝히지 아니하고/운명에 거역할 수 있는/큰 힘을 가지고 있으면서/여기에 밀려 내려간다(「나비의 무덤」) *지혜의 왕자처럼/눈 하나 까딱하지 아니하고/도사리고 앉아서(「바뀌어진 지평선」)

아둔하다 슬기롭지 못하여 하는 짓이 미련하다.

아둔하고 *눈을 뜨지 않은 땅속의 벌레같이/아둔하고 가난한 마음은 서둘지 말라(「봄밤」)

아득하다 ①가물가물하거나 들릴 듯 말 듯할 정도로 매우 멀다. ②까마득하게 오래다. ③어찌해야 좋을지 모르게 답답하고 어리어리하다. 막연하다.

아득한 *한없이 순하고 아득한 바람과 물결—/이것이 사랑이냐(「나의 가족」)

아들 남자인 자식. ☞ 아들놈. *절제여/나의 귀여운 아들이여/오오 나의 靈感이여(「봄밤」) *보석 같은 아내와 아들은/화롯불을 피워가며 병아리를 기르고(「초봄의 뜰 안에」) *나의 아들이 머리가 나빠서가 아니다(「우리들의 웃음」) *이 집도 아내도 아들도 어머니도 다시 내 것이 아니다(「말」(1964)) *나의 아들에게 불손한 말을 걸어서는/아니 된다(「제임스 띵」) *저들의 무서운 방탕을 웃지 마라/이 무서운 낭비의 아들들을 웃지 마라(「이 한국문학사」) *그리고 아들아 나는 아직도 너에게 할 말이/왜 없겠는가 그러나 안한다(「VOGUE야」) *아들아 너에게 狂信을 가르치기 위한 것이 아니다/사랑을 알 때까지 자라라(「사랑의 변주곡」) *남을 불쌍히 생각함은/나를 불쌍히 생각함이라/나와 또 나의 아들까지도(「여름 밤」)

아들놈 자기의 아들이나 남의 아들을 낮추어 이르는 말. ☞ 아들. *나들이를 갔다가 아들놈을 두고 온 안방 건넌방은 빈집 같구나(「사치」) *여편네와 아들놈을 데리고/나오자처럼 걸어 가면서/나는 자꾸 허허……웃는다(「생활」) *그런 사마귀가 나의 아들놈의 눈 아래에/있는 것을 발견하고(「반달」) *내/방에는 아들놈이 가고 나는 식모아이가 쓰던 방으로/가고(「엔카운터 誌」)

아래 ①어떤 기준보다 낮은 위치. ②신분, 연령, 지위, 정도 따위에서 어떠한 것보다 낮은 쪽. ③조건, 영향 따위가 미치는 범위. ④글 따위에서, 뒤에 오는 내용. *친구가 일어나서 창밖으로 침을 뱉고 아래로 내려갔다 오더니 또 술을 마시러 내려가자고 한다(「미숙한 도적」) *나란히 옆으로 가로 세로 위로 아래로 놓여 있는 무수한 꽃송이와 그 그림자(「九羅重花」) *조용하고 늠름한 불빛 아래/가족들이 저마다 떠드는 소리도/귀에 거슬리지 않는 것은/내가 그들에게 全靈을 맡긴 탓인가(「나의 가족」) *비 대신 황사가 퍼붓는 하늘 아래/누가 지어논 무덤이냐(「PLASTER」) *하늘 아래 비치는 별이 아깝구나(「밤」) *……活字는 반짝거리면서 하늘 아래에서/간간이 자유를 말하는데[…]이 황혼도 저 돌벽 아래 잡초도[…]그대는 반짝거리면서 하늘 아래에서/간간이 자유를 말하는데/우스워라 나의 靈은 죽어 있는 것이 아니냐(「死靈」) *생활을 아는 자는/태양 아래에서/생활을 차 던진다(「미스터 리에게」) *태양 아래의 단 하나의 어린/죽음 아래의 단 하나의 어린애/언덕 아래의 단 하나의 어린애/애정 아래의 단 하나의 어린애/사유 아래의 단 하나의 어린애/間斷 아래의 단 하나의 어린애(「여편네의 방에 와서」) *난간 아래 등나무/넝쿨장미 위의 등나무(「등나무」) *그런 사마귀가 나의 아들놈의 눈 아래에/있는 것을 발견하고 나도 꼭 빼주어야/하겠다고 결심한 일이 있었다 그런데/내 눈 아래에 다시 생긴 사마귀는/구태여 빼지 않을 작정이었다[…]내 눈 아래에 다시 생긴 사마귀는/구태여 빼지 않을 작정이다(「반달」) *이 횡재물이 지금 우리집 뜰 아래 광에/들어 있다(「도적」)

아량(雅量) 너그러운 속이 깊은 마음씨. 도량. *제일 피곤할 때 적에 대한다/바위의 아량이다/날이 흐릴 때 정신의 집중이 생긴다/신의 아량이다(「적2」)

아르바이트(독, Arbeit) 한국에서는 흔히 직업으로 하는 일이 아닌, 임시로 하는 일을 일컬음. '부업'으로 순화. *동계방학 동안 아르바이트를 하는 누이/잡지사에 다니는/영화를 좋아하는 누이/식모살이를 하는 조카/그리고 나(「피아노」)

아름답다 ①보이는 대상이나 음향, 목소리 따위가 균형과 조화를 이루어 눈과 귀에 즐거움과 만족을 줄 만하다. ②하는 일이나 마음씨 따위가 훌륭하고 갸륵하다.

아름다운 *파도처럼 옆으로/혹은 세대를 가리키는 지층의 단면처럼 억세고도 아름다운 색깔―(「나의 가족」) *바다보다 아름다운 세월을 건너와서/나는 태양을 주웠다고 생각하지는 않았지만(「PLASTER」) *나는 잠시 아름다운 統覺과 조화와 영원과 귀결을 찾지 않으려 한다(「구슬픈 육체」) *자유의 정신의 아름다운 원형을/너는 또한 우리가 발견하고 규정하기 전에 가지고 있었으며(「헬리콥터」) *인쇄소여 입장권이여 負債여 여인이여/그리고 여인 중에도 가장 아름다운 그네여(「거리 2」) *가장 아름다운 이기적인 시간 위에서/나는 나의 검게 타야 할 정신을 생각하며(「여름 아침」) *이 아름다운 시간에는/남자로서 거리를 무단통행할 수 있는 것은 교군꾼/내시, 외국인의 종놈, 관리들뿐이었다(「거대한 뿌리」) *복사씨와 살구씨와 곶감씨의 아름다운 단단함이여(「사랑의 변주곡」)

아름다움 *구태여 옛날을 돌아보지 않아도/설움과 아름다움을 대신하여 있는 나의 긍지[…]피로들이 몇 배의 아름다움을 加하여 있을 때도(「긍지의 날」) *그러면/아름다움은 어제부터 출발하고/너의 육체는/오늘부터 출발하게 되는 것이다(「바뀌어진 지평선」)

아름다웁게 *남이 일하는 모양이 내가 일하고 있는 것보다 더 밝고 깨끗하고 아름다웁게 보이면 어떻게 하리(「사무실」)

아름다웁듯이 *살림을 사는 아해들도 아름다웁듯이/노는 아해도 아름다워 보인다고 생각하면서(「달나라의 장난」)

아름다워 *살림을 사는 아해들도 아름다웁듯이/노는 아해도 아름다워 보인다고 생각하면서(「달나라의 장난」)

아름다웠던 *조화가 없어 아름다웠던 생활을 조화를 원하는 가슴으로 찾을 것은 아니로나(「구슬픈 육체」)

아름답게 *국화꽃은 밤이면 더 한층 아름답게 이슬에 젖는데(「꽃」)

아름답고 *어둠 속에서 일순간을 다투며/없어져버린 애처롭고 아름답고 화려하고 부박한 꿈을 찾으려 하는 것은(「구슬픈 육체」)

아름드리나무 둘레가 한 아름이 넘는 큰 나무. *큰 아름드리나무에 박힌 옹이처럼 너는 네가 한 신문기사를 매일 아침 게시판 위에서 찾아보는 버릇이 너도 모르게 어느덧 생기고 말았다(「기자의 정열」)

아리랑 1958년 발매된 우리나라 최초의 필터 담배. 1958년 첫 발매되어 1976년까지 제조되다 일시 단종된 뒤 1984년 재발매되었으나 1988년 완전히 단종되었다. *5월 혁명 이전에는 백양을 피우다/그 후부터는/아리랑을 피우고/와이셔츠 윗호주머니에는 한사코 색수건을 꽂아 뵈는 이유,/모르지?(「모르지?」)

아리랑

아리조나(Arizona) 미국 남서부에 있는 주. 선인장이 많은 사막과 그랜드 캐니언으로 유명함. *야 손들어 나는 아리조나 카보이야

[…]야 이놈들아 고갤 숙여/너희놈 손에 돌아가신 우리 형님들/무덤 앞에 절을 구천육백삼십오만 번만 해/나는 아리조나 카보이야[…] 이놈들 여기 개미구멍으로 다 들어가/이 구멍으로 들어가면 아리조나에 있는/우리 고조할아버지 산소 망두석 밑으로 빠질 수 있으니까[…]야 빨리 들어가 하바! 하바!/나는 아리조나 카보이야/아리조나 카보이야(「나는 아리조나 카보이야」)

아마 짐작하건대. 대개. 단정할 수는 없지만 미루어 짐작하거나 생각하여 볼 때 그럴 가능성이 크다는 뜻을 나타내는 말. ＊고운 神이 이 자리에 있다면/나에게 무엇이라고 하겠나요/아마 잘 있으라고 손을 휘두르고 가지요(「웃음」) ＊아마 나의 영혼은 부지런히 일어나서 고생하고 돌아오는/대한민국 상병포로와 UN 상병포로들에게 한마디 말을 하였을 것이다(「조국에 돌아오신 傷病捕虜 동지들에게」) ＊쥐보다 좀 큰 도적일 거라 아마/그 정도일 거라[…]막걸리값으로 하려고/했는지 아침쌀을 팔려고 했는지 아마/그 정도일 거라[…]우리집 건넌방의 캐비닛을/노리고 있다고는 생각되지 않는다 아마/그럴지도 모르지만(「도적」)

아메리카(America) ①육대주의 하나로, 서반구를 포괄하는 대륙. 태평양과 대서양의 경계가 되며, 파나마 운하를 경계로 남아메리카 대륙과 북아메리카 대륙으로 나뉜다. 이탈리아 항해가 아메리고 베스푸치의 이름을 따서 붙인 이름이다. ②미국. ＊내가 옛날 아메리카에서 돌아오던 길/뱃전에 머리 대고 울던 것은 여인을 위해서가 아니다(「아메리카 타임誌」)

아메리칸 드림(영, American Dream) ①미국 사람들이 갖고 있는 미국적인 이상 사회를 이룩하려는 꿈. 다수 미국인의 공통된 소망으로 무계급 사회와 경제적 번영의 재현, 압제가 없는 자유로운 정치 체제의 영속 따위이다. ②미국에 가면 무슨 일을 하든 행복하게 잘살 수 있으리라는 생각. ＊여보세요. 앨비의 아메리칸 드림예요. 절망예요.(「전화 이야기」)

아무 ①어떤 사람이나 사물 따위를 특별히 정하지 않고 이를 때 쓰는 말. ②어떤 사람을 구체적인 이름 대신 이르는 인칭 대명사. ③'아무런', '조금도'의 뜻. ＊너무나 알기 쉬운 말로 아무도 듣지 못하게 당신의 뺨에다 대고 비로소 시작하는 귓속이야기지요[…]그리하여 나는 자유를 위하여 출발하고 포로수용소에서 끝을 맺은 나의 생명과 진실에 대하여/아무 뉘우침도 남기려 하지 않습니다(「조국에 돌아오신 傷病捕虜 동지들에게」) ＊덮어놓은 책은 기도와 같은 것이/이 책에는/神밖에는 아무도 손을 대어서는 아니 된다(「서책」) ＊아무도 모르고 너 혼자만이 아는/네가 쓴 기사 위에/황홀히 너를 찾아보는 아침이여(「기자의 정열」) ＊남의 일하는 곳에 와서 아무 목적 없이 앉았으면 어떻게 하리(「사무실」) ＊그가 어떠한 은근한 인사를 하였는지/아무도 모르는 일이다(「조그마한 세상의 지혜」) ＊이제야말로 아무 두려움 없이/그놈의 사진을 태워도 좋다[…]아무도 나무랄 사람은 없다/아무도 붙들어갈 사람은 없다(「우선 그놈의 사진을 떼어서 밑씻개로 하자」) ＊그때에는:/성급해지면 아무 데나 재를 떠는/이 우주의 폭력마저/없어질지도 모른다(「이놈이 무엇이지?」) ＊아무 소리 없이 떠난/여행에서/전보도 안 치고/돌아오기를 잘했지(「旅愁」) ＊더운 날/적을 運算하고 있으면/아무 데에도 적은 없고(「적」) ＊아무도 正視하지 못한 돈—돈의 비밀이 여기 있다(「돈」) ＊한번 잔인해봐라/이 문이 열리거든 아무 소리도 하지 말아봐라(「잔인의 초」) ＊나도 모르는 사이에 아무 미련도 없이/회한도 없이 안 듣게 되는 날이 올 것이다……(「라디오 계」)

아무거나 '아무것이나'의 준말. ☞ 아무것. ＊야, 영희야, 메리의 밥을 아무거나 주지 마라./밥통을 좀 부셔주지?!(「등나무」)

아무것 ①무엇이라고 꼭 지정하지 아니하고 이를 때 쓰이는 말. 어떤 것. ②대단하거나 특별한 어떤 것. ＊나는 아무것에도 취하여 살기를 싫어하기 때문이다(「도취의 피안」) ＊그러나 나는 너를 통하여 아무것도/보지 않고 있는지도 모른다(「너는 언제부터 세상과 배를 대고 서기 시작했느냐」) ＊무엇이든지/재어볼 수 있는 마음은/아무것도 재지 못할 마음

(「자」) ＊여편네의 계산에 의하면 7할을 낳아도/만용이(닭 시중하는 놈)의 학비를 빼면/아무것도 안 남는다고 한다(「만용에게」) ＊아무것도 집어넣어본 일이 없는 왼쪽 안호주머니(「후란넬 저고리」) ＊우리들의 새끼들까지도/아무것도 모르는 우리들의 새끼들까지도(「식모」) ＊나는 아무것도 안 속였는데 모든 것을 속였다(「거짓말의 여운 속에서」)

아무래도　아무리 생각해 보아도 또는 아무리 이리저리 하여 보아도. ＊아무래도 나는 비켜서 있다 절정 위에는 서 있지/않고 암만해도 조금쯤 옆으로 비켜서 있다(「어느 날 고궁을 나오면서」) ＊이게 아무래도 내가 저의 섹스를 개관하고/있는 것을 아는 모양이다(「性」)

아무리　①정도가 매우 심함을 나타내는 말. ② 비록 그렇다 하더라도. 암만. ③결코 그럴 리가 없다는 뜻으로 하는 말. ＊아무리 바빠도 지장이 없느니라 술 취했다고 일이 늦으랴(「술과 어린 고양이」) ＊아무리 더워도 베와이셔츠의 에리를/안쪽으로 접어넣지 않는 이유,/모르지?/아무리 혼자 있어도 베와이셔츠의 에리를/안쪽으로 접어넣지 않는 이유,/모르지?/술이 거나해서 아무리 졸려도/의젓한 포즈는/의젓한 포즈는 취하고 있는 이유,/모르지?/모르지?(「모르지?」) ＊뚱뚱해진 몸집하고 푸르스름해진 눈자위가 아무리 보아도 설어 보인다[…]끊었던 술을 다시 마시는데 유행가처럼/아무리 마셔도 안 취하는 술/피안도 사투리를 마시고 있나/아무리 마셔도 취하지 않으니/같이 온 친구를 보기도 미안만 한데(「滿洲의 여자」) ＊전통은 아무리 더러운 전통이라도 좋다[…]역사는 아무리/더러운 역사라도 좋다/진창은 아무리 더러운 진창이라도 좋다(「거대한 뿌리」) ＊자칭 예술파 시인들이 아무리 우리의 능변을 욕해도―이것이/환희인걸 어떻게 하랴(「미역국」)

아무튼　의견이나 일의 성질, 형편, 상태 따위가 어떻게 되어 있든. 어떻든. 어쨌든. 하여튼. ＊비닐, 파리통,/그리고 또 무엇이던가?/아무튼 구질구레한 생활필수품(「마케팅」)

아버지　①남자인 어버이. ②자녀를 둔 남자를 자식에 대한 관계로 이르는 말. ③자녀의 이름 뒤에 붙여, 자기 남편을 호칭하거나 지칭하는 말. ④자기를 낳아 준 남자처럼 삼은 이. ⑤자기의 아버지와 나이가 비슷한 남자를 친근하게 이르는 말. ⑥시조부모 앞에서 시아버지를 이르는 말. ⑦어떤 일을 처음 이루거나 완성한 사람을 비유적으로 이르는 말. ⑧기독교에서, '하나님'을 친근하게 이르는 말. ＊倒立한 나의 아버지의/얼굴과 나여[…]나는 한번도 아버지의/수염을 바로는 보지/못하였다(「이[蝨]」) ＊아버지의 사진을 보지 않아도/비참은 일찍이 있었던 것/돌아가신 아버지의 사진에는/안경이 걸려있고(「아버지의 사진」) ＊너희들이 피지 섬을 침략했을 당시에는/그의 아버지들은 아직 젖도 떨어지기 전이었다니까(「가다오 나가다오」) ＊그전에 돌아간 아버지의 진혼가가 우스꽝스러웠던 것을 생각하고(「누이야 장하고나!」) ＊아버지 할머니 고조할아버지 때부터/어물전 좌판 밑바닥에서 걸어 있던 것이면 돼(「장시1」) ＊너에게도 엄마에게도 모든/아버지보다 돈 많은 사람들에게도/아버지 자신에게도(「VOGUE야」) ＊그리고 그것은 아버지 같은 잘못된 시간의/그릇된 명상이 아닐 거다(「사랑의 변주곡」)

아부(阿附)　남의 비위를 맞추어 알랑거림. ＊협잡과 아부와 무수한 악독의 상징인/지긋지긋한 그놈의 미소하는 사진을―(「우선 그놈의 사진을 떼어서 밑씻개로 하자」) ＊데카르트의 『方法通說』을 다 읽어보았지/아부에도 여유가 있어야 한다는 말일세(「만시지탄은 있지만」)

아부하다(阿附―)　남의 비위를 맞추어 알랑거리다.

아부하지　＊루소의 『民約論』을 다 정독하여도/집권당에 아부하지 말라는 말은 없는데/민주당이 제일인 세상에서는/민주당에 붙고/혁신당이 제일인 세상이 되면/혁신당에 붙으면 되지 않는가(「만시지탄은 있지만」)

아쉽다　①필요할 때 없거나 모자라서 안타깝고 만족스럽지 못하다. ②미련이 남아 서운하다.

아쉽지　＊구름도 필요 없고/항구가 없어도 아쉽지 않은/내가 바로 바라다보는/저 허연 석회 천정―(「거리1」)

아슬아슬하다　①소름이 끼칠 정도로 약간 차

가운 느낌이 잇따라 들다. ②일 따위가 잘 안 될까 봐 두려워서 소름이 끼칠 정도로 마음이 약간 위태롭거나 조마조마하다.

아슬아슬하게 ＊아슬아슬하게/세상에 배를 대고 날아가는 정신이여(「바뀌어진 지평선」) ＊난로 위에 끓어오르는 주전자의 물이 아슬/아슬하게 넘지 않는 것처럼 사랑의 節度는/열렬하다(「사랑의 변주곡」)

아슬아슬한 ＊나는 지금 규제로 시를 쓰고 있다 타의의 규제/아슬아슬한 설사다(「설사의 알리바이」)

아시아(Asia) 육대주의 하나. 동반구의 북부를 차지하는데, 세계 육지의 약 3분의 1에 해당하며 유럽 주와 함께 유라시아 대륙을 이룬다. 남북은 인도네시아에서 시베리아, 동서는 일본에서 터키 및 아라비아에 걸치는 지역이다. 우랄 산맥, 카스피 해, 카프카스 산맥, 보스포루스 해협에 의하여 유럽과 갈라져 있고, 수에즈 지협으로 아프리카 대륙에 접해 있다. 인구는 세계 인구의 2분의 1 이상을 차지한다. ＊전 아시아의 후진국 전 아프리카의 후진국[…]나는 옷을 벗는다 엉클 샘을 위해서/아시아와 아프리카의 무기운 겨울옷을 벗는다(「풀의 영상」)

아아 ①감격하거나 탄식할 때 내는 소리. ②뜻밖의 일을 당하였을 때 나오는 소리. ③떼 지어 싸울 때, 기운을 내거나 돋우려고 내는 소리. ＊아아 어인 일이냐/너 주작의 星火[…]오늘도 우는/아아 짐승이냐 사람이냐(「廟庭의 노래」) ＊아아 그러한 시대가 온다면 얼마나 좋은 일이냐(「九羅重花」) ＊아아 그러나 지금 이 방안에는/오직 시간만이 있지 않으냐(「방안에서 익어가는 설움」) ＊아아 아아 아아/불은 커지고/나는 쉴 사이 없이 가야 하는 몸이기에/구슬픈 육체여(「구슬픈 육체」) ＊지지한 노래를/더러운 노래를 생기 없는 노래를/아아 하나의 명령을(「서시」) ＊아아 모리배여 모리배여/나의 화신이여(「모리배」) ＊아아 어서어서 썩어빠진 어제와 결별하자[…]아침저녁으로 우러러보던 그 사진은/사실은 억압과 폭정의 방패였느니/썩은 놈의 사진이었느니/아아 살인자의 사진이었느니[…]아아 그놈의 사진을 떼어 없애야 한다(「우선 그놈의 사진을 떼

어서 밑씻개로 하자」) ＊아아 슬프게도 슬프게도 이번에는/우리가 혁명이 성취되는 마지막날에는/그런 사나운 추잡한 놈이 되고 말더라도(「기도」) ＊아아 새까맣게 손때 묻은 육법전서가/표준이 되는 한/나의 손등에 장을 지져라(「육법전서와 혁명」) ＊심심해서 아아 심심해서(「황혼」) ＊아아 그리고 저 도봉산보다도/더 큰 증오도/굴욕도(「檄文」) ＊아아 벌/소리야!(「伏中」) ＊아아 비겁한 민주주의여 안심하라/우리는 정치 얘기를 하구 있었던 게 아니야(「H」) ＊그래요. 아아, 그렇군요./네에, 그러실 겁니다. 아뇨. 아아, 그렇군요.(「전화 이야기」) ＊아아 보기 싫은 머리에 두툼한 어깨는/허위의 상징/꺼져라 20년 전의 악마야(「네 얼굴은」) ＊──아아 배가 부르다/배가 부른 탓이다(「라디오 계」) ＊텔레비 속의 텔레비에 취한/아아 원효여 이제 그대는 낡지/않았다(「원효대사」)

아암 말할 나위 없이 그렇다는 뜻으로, 상대편의 말에 강한 긍정을 보일 때 하는 말. 아무렴. ＊하…… 그렇다……/하…… 그렇지……/아암 그렇구말구…… 그렇지 그래……(「하…… 그림자가 없다」)

아예 ①처음부터. 애초부터. ②절대로. 결코. ＊너는 아예 놀라지 말아라/너는 아예 놀라지 말아라(「기자의 정열」)

아우 ①같은 부모에게서 태어난 사이거나 일가 친척 가운데 항렬이 같은 남자들 사이에서 손아랫사람을 이르는 말. 주로 남동생을 이를 때 쓴다. ②친근한 남남끼리의 사이에서 자기보다 나이가 적은 사람을 이르는 말. ③같은 또래 사이에서 자기를 낮추어 이르는 말. ☞ 아우놈. ＊마침 당신은 집에 없고 당신의 아우만이 나와서 당신이 없다고 한다[…]그 아우는 물론 들어와서 쉬어가라고 미소를 띄우면서 권하였다[…]나는 당신의 아우에게로 뛰어가서 나의 〈말〉을 하지 못하는 나를 미워하였다(「말」(1958))

아우놈 '아우'를 낮추어 이르는 말. ☞ 아우. ＊이건 2년이나 대학에서 떨어진 아우놈 거야(「伏中」)

아우성 여럿이 함께 기세를 올려 지르는 소리. ＊실낱 같은 여름 바람의 아우성이여/실낱 같

은 여름 풀의 아우성이여/너무 쉬운 여름 풀의 아우성이여(「꽃잎3」) *3년 전에 심은 버드나무의 악마 같은/그림자가 뿜는 아우성소리를 들으며(「가옥 찬가」)

아욱씨 아욱의 씨. '아욱'은 아욱과의 두해살이풀로 연한 줄기와 잎은 국을 끓여 먹고, 씨는 동규자(冬葵子)라고 하여 한방에서 이뇨제로 사용한다. *잿님이 할아버지가 상추씨, 아욱씨, 근대씨를 뿌린 다음에/호박씨, 배추씨, 무씨를 또 뿌리고(「가다오 나가다오」)

아유(阿諛) 남의 환심을 사거나 잘 보이려고 알랑거리는 것. 아첨. *또한 나의 죄악을 가리기 위하여 독자의 눈을 가리고 입을 봉하기 위한 연명을 위한 阿諛도 아니다(「조국에 돌아오신 傷病捕虜 동지들에게」)

아이 ①나이가 어린 사람. ②남에게 자기 자식을 낮추어 이르는 말. ③아직 태어나지 않았거나 막 태어난 아기. ④어른이 아닌 제삼자를 예사롭게 이르거나 낮잡아 이르는 말. *나는 바로 일순간 전의 대담성을 잊어버리고/젖 먹는 아이와 같이 이지러진 얼굴로/여름 뜰이여/너의 광대한 손[手]을 본다(「여름 뜰」) *역을 떠난 기차 속에서/능금을 먹는 아이들의 머리 위에서/설명이 필요하지 않은 희열 위에서(「영롱한 목표」) *시를 쓰는 마음으로/꽃을 꺾는 마음으로/자는 아이의 고운 숨소리를 듣는 마음으로[…]자는 아이의 고운 숨소리를 듣는 마음으로/죽은 옛 연인을 찾는 마음으로(「기도」) *삼복의 더위에 질려서인가 했더니/아냐/아이를 뱄어/계수가 아이를 배서 조용하고/식모 아이는 사랑을 하는 중이라네(「伏中」) *파자마 바람으로 우는 아이를 데리러 나가서/노상에서 지서의 순경을 만났더니(「파자마 바람으로」) *내가 지금 6학년 아이들의 과외공부집에서 만난/학부형회의 어떤 어머니에게 느낀 여자의 감각(「여자」) *나는 아이들을 가르치면서/우리나라가 종교국이라는 것에 대한 자신을 갖는데[…]나는 아이들을 가르치면서/우리나라가 종교국이라는 것에 대한 자신을 갖는데[…]선생과 나는 아이를 가르치는 것이 아니라 아이들을/가르치고 있기 때문이다/종교와 비종교, 시와 비시의 차이가 아이들과 아이의 차이이다(「우리들의 웃음」) *신

문배달 아이들이 사무를 인계하는 날/제임스 띵같이 생긴 책임자가 두 아이를/데리고 찾아온 풍경이(「제임스 띵」) *여편네하고는 헤어져도 되지만, 아이들이/불쌍해서요, 미해결예요.(「전화 이야기」) *VOGUE야 너의 세계에 스크린을 친 죄,/아이들의 눈을 막은 죄—그 죄의 앙갚음(「VOGUE야」)

아이구 아이고. ①아프거나 힘들거나 놀라거나 원통하거나 기막힐 때 내는 소리. ②반갑거나 좋을 때 내는 소리. *그중에 좀 점잖은 품목으로 또 있었는데/아이구 무어던가?(「마케팅」)

아이놈 '사내아이' 혹은 자신의 자식을 낮잡아 이르는 말. *아이놈은 자구 있어요. 구원이지요. 나를/방해를 안하니까요.(「전화 이야기」) *아이놈은 라디오를 보더니/왜 새 수련장은 안 사왔느냐고 대들지만(「금성라디오」)

아이스 캔디(영, ice candy) 감미료, 향료, 착색료, 우유, 과즙 등을 넣은 수용액을 막대 모양으로 얼린 것. *「아이스 캔디! 아이스 캔디」/「꼬오, 꼬, 꼬, 꼬, 꼬오, 꼬, 꼬, 꼬, 꼬」(「등나무」)

아이스크림(영, ice cream) 우유, 달걀, 향료, 설탕 따위를 넣어 크림 상태로 얼린 과자. *동양척식회사, 일본영사관, 대한민국 관리,/아이스크림은 미국놈 좆대강이나 빨아라(「거대한 뿌리」)

아주 ①대단히. 매우. 썩. ②완전히. 전혀. ③영영. 영원히. *소리없이 가다오 나가다오/다녀오는 사람처럼 아주 가다오!(「가다오 나가다오」) *머리는/내일 아침 새벽까지도/아주 내처/비어 있으라지……(「쌀난리」) *껌벅껌벅/두 눈을/감아가면서/아주/금방 곯아떨어질 것/같은데/밥보다도/더 소중한/잠이 안 오네(「4·19시」)

아직 어떤 일이나 상태 또는 어떻게 되기까지 시간이 더 지나야 함을 나타내거나, 어떤 일이나 상태가 끝나지 아니하고 지속되고 있음을 나타내는 말. ☞ 아직도. *병을 생각하는 것은/병에 매어달리는 것은/필경 내가 아직 건강한 사람이기 때문이리라(「파리와 더불어」) *너희들이 피지 섬을 침략했을 당시에는/그의 아버지들은 아직 젖도 떨어지기 전이

아직까지 지금까지. 아직껏. *아직까지도 부패와 부정과 살인자와 강도가 남아 있는 사회(「기도」) *그러니까 그가 나보다도 아직까지는 더 순수한 폭도 되고/(「H」)

아직도 '아직'의 힘줌말. ☞ 아직. *아직도 명령의 과잉을 용서할 수 없는 시대이지만/이 시대는 아직도 명령의 과잉을 요구하는 밤이다(「서시」) *그 방의 벽에는 싸우라 싸우라 싸우라는 말이/헛소리처럼 아직도 어둠을 지키고 있을 것이다[…]일하라 일하라 일하라는 말이/헛소리처럼 아직도 나의 가슴을 울리고 있지만(「그 방을 생각하며」) *대구에서/대구에서/쌀난리가/났지 않아/이만 하면 아직도/혁명은/살아 있는 셈이지(「쌀난리」) *허나/인생의 장마의/추녀 끝 물방울 소리가/아직도 메아리를 가지고 오지 못하는/8월의 밤에(「누이의 방」) *아직도/소록도의 하얀 바다에/두고/버리고/던지고 온 취기가/가시지 않은 탓이라고 생각한다……(「旅愁」) *순사와 땅주인에서부터 과속을 범하는 운전수에까지/나의 적은 아직도 늘비하지만(「적」) *밭주인은/아직도 나타나 잘라가지 않는다(「반달」) *나는 아직도 앉는 법을 모른다(「거대한 뿌리」) *그러니 아직도 늙지 않지 않았느냐고 한다(「강가에서」) *아직도 얼굴의 윤곽이 뚜렷하지 않은/발복이 굵은 여자들이 많이 사는 나의 마을로('X에서 Y로」) *전화를 걸어 보니 아직도 해결이 안 됐느냐고/오히려 반문하는 품이 벌써 이상스럽다(「판문점의 감상」) *그리고 아들아 나는 아직도 너에게 할 말이/왜 없겠는가 그러나 안한다('VOGUE야」) *지금 불란서 소설을 읽으면서 아직도 말하지/못한 한 가지 말—정치 의견의 우리말이/생각이 안 난다 거짓말 거짓말(「거짓말의 여운 속에서」)

아침 ①날이 새면서 오전 반나절쯤까지의 동안. ②아침밥. *그의 사진은 이 맑고 넓은 아침에서/또 하나 나의 팔이 될 수 없는 비참이오(「아버지의 사진」) *모자 쓴 靑年이여 誘惑이여/아침의 유혹이여(「아침의 유혹」) *아침에 일어나서 나는 완전히/기진맥진하였다(「미숙한 도적」) *이렇게 많은 식구들이/아침이면 눈을 부비고 나가서/저녁에 들어올 때마다/먼지처럼 인색하게 묻혀가지고 들어온 것(「나의 가족」) *큰 아름드리나무에 박힌 옹이처럼 너는 네가 한 신문기사를 매일 아침 게시판 위에서 찾아보는 버릇이 너도 모르게 어느덧 생기고 말았다[…]아무도 모르고 너 혼자만이 아는/네가 쓴 기사 위에/황홀히 너를 찾아보는 아침이여(「기자의 정열」) *여름 아침의 시골은 가족과 같다[…]여름 아침에는/자비로운 하늘이 무수한 우리들의 사진을 찍으리라(「여름 아침」) *그러나 우리들은 언제나 싸우고 있다/아침에도 낮에도 밤에도 밥을 먹을 때에도(「하…… 그림자가 없다」) *야 고만 죽여라 고만 죽여/나는 오늘 아침에 서약한 게 있다니까(「거미잡이」) *그러나 나는 오늘 아침의 때묻은 혁명을 위해서/어차피 한마디 할 말이 있다(「중용에 대하여」) *머리는/내일 아침 새벽까지도/아주 내처/비어 있으라지……(「쌀난리」) *아니 430원짜리 한 가마니면 이틀은 먹일 터인데/어떻게 된 셈이냐고 오늘 아침에도 뇌까렸다(「만용에게」) *나비날개처럼 된 차잎은 아침이면/날개를 펴고 저녁이면 체조라도 하듯이/일제히 쉰다(「반달」) *또 한 놈은 잘 안 보였고 매일 아침 들은/「신문요」의 목소리를 회상하며/어떤놈이 新인지 舊인지를 가려낼 틈도/없다(「제임스 띵」)

아침쌀 아침밥을 지을 쌀. *막걸리값으로 하려고/했는지 아침쌀을 팔려고 했는지 아마/그 정도일 거라(「도적」)

아침저녁 아침과 저녁을 아울러이르는 말. 자주, 날마다의 뜻. *선량한 백성들이 하늘같이 모시고/아침저녁으로 우러러보던 그 사진은/사실은 억압과 폭정의 방패였느니(「우선 그놈의 사진을 떼어서 밑씻개로 하자」)

아침햇빛 아침의 햇빛. *그러한 휴식이 찬란한 아침햇빛 비치는 게시판 위에서 떠돌아다니면서/희한한 상상과 무수한 활자를/너에게 눌러주는 지금 이 순간에도/너는 아예 놀라지 말아라(「기자의 정열」)

아카시아(영, acacia) 아까시. 콩과의 낙엽교목. 높이는 20미터 정도이며, 잎은 어긋나고 깃모양 겹잎이다. 5~6월에 흰 꽃이 총상(總

狀) 꽃차례로 피고 향기가 강하며 열매는 평평한 선 모양으로 5~10개의 종자가 들어 있다. 꽃에서 꿀을 채취한다.＊아카시아 잎을 이기는 소리가 방바닥 밑까지 울리면 돼[…]아카시아 잎을 이기는 소리가 방바닥 밑까지 콩콩 울리면 돼(「장시1」)

아틀랜틱(The Atlantic) 1857년 미국 보스톤에서 발행되어 현재에 이르는 월간 잡지. 원래 문학, 문화 논평지로 창간되었으나 점차 사상적 지도층들을 주요한 독자층으로 하여 국제문제 정치 경제나 문화적 흐름에 초점을 맞춘 내용을 주장하는 일반잡지의 성격을 띠게 되었다. 기사들은 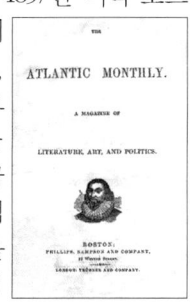 아틀랜틱 대체로 비정치적이며, 온건한 자세로 쓰여진 것이었으며 자유로운 경향을 가졌다. 창립자들은 에머슨, 롱펠로우, 홈스, 로웰 같은 작가들이었다. ＊이것은 ≪아틀랜틱≫과 ≪하퍼스≫의 광고부의 分室이 나타났다고/이곳 저 널리스트의 역습의 묘리에 감탄하고 있었는데(「백의」)

아프다 ①몸의 어느 부분이 다치거나 맞거나 자극을 받아 괴로움을 느끼다. ②몸에 이상이 생겨 앓는 상태에 있다. ③오랫동안 어떤 일을 하여 몸의 어떤 부분에 괴로운 느낌을 받는 상태에 있다. ④해결하기 어려운 일이나 복잡한 문제로 생각을 하기 어렵거나 괴로운 상태에 있다. ⑤슬픔이나 연민이나 쓰라림 따위가 있어 괴로운 상태에 있다. ＊먼 곳에서부터/먼 곳으로/다시 몸이 아프다//조용한 봄에서부터/조용한 봄으로/다시 내 몸이 아프다[…]나도 모르는 사이에/내 몸이 아프다(「먼 곳에서부터」)

아파서 ＊내 몸은 아파서/태양에 비틀거린다/내 몸은 아파서/태양에 비틀거린다(「冬麥」)

아프게 ＊어깨를 아프게 하는 것은/老朽의 미덕은 시간이 아니다[…]머리를 아프게 하는 것은/두통의 미덕은 시간이 아니다(「백지에서부터」)

아프신 ＊돌아오신 여러분! 아프신 몸에 얼마나 수고하셨습니까!(「조국에 돌아오신 傷病捕虜 동지들에게」)

아프지 ＊아픈 몸이/아프지 않을 때까지 가자[…]아픔이/아프지 않을 때는/그 무수한 골목이 없어질 때[…]아픈 몸이/아프지 않을 때까지 가자[…]아픈 몸이/아프지 않을 때까지 가자/온갖 식구와 온갖 친구와/온갖 적들과 함께/적들의 적들과 함께(「아픈 몸이」)

아프지는 ＊나의 죄 있는 몸의 억천만 개의 털구멍에/죄라는 죄가 가시같이 박히어도/그야 솜털만치도 아프지는 않으려니(「기도」)

아픈 ＊아픈 몸이/아프지 않을 때까지 가자/골목을 돌아서/베레모는 썼지만[…]아픈 몸이/아프지 않을 때까지 가자/나의 발은 절망의 소리[…]아픈 몸이/아프지 않을 때까지 가자/온갖 식구와 온갖 친구와/온갖 적들과 함께/적들의 적들과 함께(「아픈 몸이」)

아프리카(Africa) 아시아 대륙에 이어 세계에서 두 번째로 큰 대륙. 동쪽은 인도양, 서쪽은 대서양, 북쪽은 지중해에 면해 있으며, 육대주의 하나이다. 적도가 중앙부에 걸쳐 있어 열대·아열대 기후를 나타낸다. 16세기부터 유럽 제국의 식민지로 전락되어 '검은 대륙'이라고 불렸으나 제이 차 세계 대전 이후 독립운동이 가속되어 대부분의 나라가 독립하였다. ＊전 아시아의 후진국 전 아프리카의 후진국[…]나는 옷을 벗는다 엉클 샘을 위해서/아시아와 아프리카의 무거운 겨울옷을 벗는다(「풀의 영상」)

아픔 육체적으로나 정신적으로 괴로운 느낌. ＊아픔이/아프지 않을 때는/그 무수한 골목이 없어질 때(「아픈 몸이」)

아해(兒孩) 아이. ☞ 아이. ＊아해가 팽이를 돌린다/살림을 사는 아해들도 아름다웁듯이/노는 아해도 아름다워 보인다고 생각하면서(「달나라의 장난」) ＊옆에 누운 친구가 내가 이를 뺀 얼굴이 어린 아해 같다고 간간대소하며 좋아한다(「미숙한 도적」)

악(惡) ①인간의 도덕적 기준에 어긋나는 나쁨 또는 그런 것. ②도덕률이나 양심을 어기거나 남에게 피해를 주는 일. ＊선이 아닌 모든 것은 악이다 신의 地帶에는/중립이 없다(「이혼취소」)

악골(顎骨) 턱을 이루는 뼈. 턱뼈. ＊일어서

있는 너의 얼굴/일어서 있는 너의 얼굴/顎骨에서 내려가는 너의 경련/─이것이 생활이다(「반주곡」)

악귀(惡鬼) ①몹쓸 귀신. ②악독한 행동을 하는 사람을 속되게 이르는 말. *악귀의 눈동자보다도 더 어둡고 무서운 밤에 中西面 內務省 군대에게 체포된 일을 생각한다(「조국에 돌아오신 傷病捕虜 동지들에게」)

악독(惡毒) 마음이 흉악하고 독살스러움. *이제야말로 아무 두려움 없이/그놈의 사진을 태워도 좋다/협잡과 아부와 무수한 악독의 상징인/지긋지긋한 그놈의 미소하는 사진을─(「우선 그놈의 사진을 떼어서 밑씻개로 하자」)

악독하다(惡毒─) 마음이 흉악하고 독살스럽다.
　악독하고 *그것은 물론 현정부가 그만큼 악독하고 반동적이고/가면을 쓰고 있기 때문이다(「중용에 대하여」)

악마(惡魔) ①불교에서, 사람의 마음을 홀려 제정신을 차리지 못하게 하고 불도 수행을 방해하여 악한 길로 유혹하는 나쁜 신. ②불의 나 암흑, 또는 사람을 악으로 유혹하고 멸망하게 하는 마물. ③남을 못살게 구는 아주 악독한 사람을 비유적으로 이르는 말. *계곡을 스쳐서 돌아가는/악마의 眼膜 같은/강물을 향하여/그가 어떠한 은근한 인사를 하였는지/아무도 모르는 일이다(「조그마한 세상의 지혜」) *3년 전에 심은 버드나무의 악마 같은/그림자가 뿜는 아우성소리를 들으며//집과 문명을 새삼스럽게/즐거워하고 또 비판한다(「가옥 찬가」) *아아 보기 싫은 머리에 두툼한 어깨는/허위의 상징/꺼져라 20년 전의 악마야(「네 얼굴은」)

악몽(惡夢) 불길하고 무서운 꿈. *굵은 밧줄 밑에 뒹구는/구렁이가 악몽이 될 수 있겠나요/무수한 공허 밑에 살찌는 공허보다/더 무서운 악몽이 있나요(「靈交日」)

악어(鰐魚) 파충강 악어목의 동물을 통틀어 이르는 말. 난생으로 모양은 도마뱀과 비슷하지만 몸의 길이는 10미터에 이르는 것도 있을 정도로 크다. 각질의 비늘로 덮여 있고, 주둥이는 넓고 길며 튼튼하다. 눈이 머리 꼭대기에 있고 발가락 사이에는 물갈퀴가 있으며, 물고기나 다른 짐승을 잡아먹는다. *진드기에게 악어에게 표범에게 승냥이에게/늑대에게 고슴도치에게 여우에게 수리에게 빈대에게[…]이번에는 우리가 악어가 되고 표범이 되고 승냥이가 되고 늑대가 되더라도(「기도」)

악정(惡政) 백성을 괴롭히고 나라를 잘못되게 하는 정치. *제임스 띵의 위협감은, 이상한 지방색 공포감은/자유당 때와 민주당 때와 지금의 惡政의 구별을 말살하고(「제임스 띵」)

악착스럽다(齷齪─) 매우 모질고 끈덕지게 일을 해 나가는 태도가 있다.
　악착스러운 *광야에 와서 어떻게 드러누울 줄을 알고 있는/나는 너무나도 악착스러운 몽상가(「광야」)

악한(惡漢) 악독한 짓을 하는 사람. *우리들의 적은 커크 더글러스나 리처드 위드마크 모양으로 사나웁지도 않다/그들은 조금도 사나운 악한이 아니다(「하…… 그림자가 없다」)

안¹ ①어떤 물체나 공간의 둘러싸인 가에서 가운데로 향한 쪽 또는 그런 곳이나 부분. ②일정한 표준이나 한계를 넘지 않은 정도. ③'아내'를 이르는 말. ④집에서 부인들이 거처하는 곳. ⑤조직이나 나라 따위를 벗어나지 않은 영역. *토막방 안에서 나는 우주를 잡을 듯이 날뛰고 있지요(「웃음」) *도회 안에서 쫓겨다니는 듯이 사는/나의 일이며/어느 소설보다도 신기로운 나의 생활이며/모두 다 내던지고(「달나라의 장난」) *이것이 도회 안에 사는 나로서는 어디보다도 조용한 곳이라고 생각하고 있기 때문이다(「시골 선물」) *우리는 지금 동양의 諷刺를 그의 機體 안에서 느끼고야 만다/비애의 수직선을 그리면서 날아가는 그의 설운 모양을/우리는 좁은 뜰 안에서뿐만 아니라/심지어는 항아리 속에서부터라도 내어다볼 수 있고(「헬리콥터」) *여기는 서울 안에서도 가장 번잡한 거리의 한 모퉁이(「거리2」) *어느 매춘부의 생활같이/다소곳한 분위기 안에서/오늘이 봄인지도 모르고(「바뀌어진 지평선」) *초봄의 뜰 안에 들어오면/서편으로 난 난간문 밖의 풍경은/모름지기/보이지 않고(「초봄의 뜰 안에」) *그것은 우리들의 집안 안인 경우도 있고/우리들의 직장인 경우도 있고(「하…… 그림자가 없다」) *소비에트에는 있다/(계사 안에서 우는 알 겯는/닭소리를 듣다가 나는 마른침을 삼키고/담배를 피워 물지 않으면 아니 된다)(「중용에 대하여」) *파자마 바람으로 닭모이를 주러 나가서/문지방 안에 석간이 떨어져 뒹굴고 있는데도[…]여편네가 일본에서 온 새 잡지 안의/金素雲의 수필을 보라고 내던져준다(「파자마 바람으로」) *전란도 서러웠지만/포로수용소 안은 더 서러웠고/그 안의 여자들은 더 서러웠다(「여자」) *너의 의지는/학교 안에서 배운 모든 것이/학교 밖에서 본 모든 것이/반드시 정말이 아니라는 것을 알았고[…]너의 회의는/나라 안에서 당한 모든 것이/나라 밖에서 당한 모든 것이/반드시 정말이 아니라는 것을 알았고[…]너의 사랑은/38선 안에서 받은 모든 굴욕이/38선 밖에서 받은 모든 굴욕이/전혀 정당한 것이 아니라는 것을 알았고(「65년의 새해」) *그 편지 안에 적힌 블레이크의 시를 감동을 하고/읽었지(「이혼 취소」) *불이 튕기고 별이 튕기고 영원의/행동이 튕기고 자고 깨고/죽고 하지만 모두가 坑 안에서/참호 안에서 일어나는 일[…]달라지지 않는/이 갱 안의 잉크 수건의 칼자국(「먼지」)

안² '아니'의 준말. ☞아니. *손도 안 씻고/쥐똥도 제멋대로 내버려두고/닭에는 발등을 물린 채/나의 숙제는 미소이다(「꽃」) *대한민국의 방방곡곡에 안 붙은 곳이 없는/그놈의 점잖은 얼굴의 사진을(「우선 그놈의 사진을 떼어서 밑씻개로 하자」) *내가 구름운전수 제퍼슨 선생한테 말해 놨으니까 시간은/2분밖에 안 걸릴 거다[…]미국사람들이 세워놓은 자동차란 자동차는/싹 없애버려라/저놈들이 타고 가면 안 된다(「나는 아리조나 카보이야」) *오이 호박의 손자며느리 값도 안 되게/헐값으로 넘겨버려 울화가 치밭쳐서[…]서푼어치 값도 안 되는 미·소인은/초콜릿, 커피, 페티코트, 군복, 수류탄/따발총……을 가지고(「가다오 나가다오」) *혁명은 안 되고 나는 방만 바꾸어버렸다/그 방의 벽에는 싸우라 싸우라 싸우라는 말이/헛소리처럼 아직도 어둠을 지키고 있을 것이다[…]혁명은 안 되고 나는 방만 바꾸어버렸다/나는 인제 녹슬은 펜과 뼈와 광기—실망의 가벼움을 재산으로 삼을 줄 안다[…]혁명은 안 되고 나는 방만 바꾸었지만/나의 입속에는 달콤한 의지의 잔재 대신에/다시 쓰디쓴 담뱃진 냄새만 되살아났지만(「그 방을 생각하며」) *시 같은 것/시 같은 것/안 쓰려고 그러나/더구나/《4·19》시 같은 것/안 쓰려고 그러나[…]밥보다도/더 소중한/잠이 안 오네/달콤한/달콤한/잠이 안 오네(「《4·19》시」) *「엄마 안 가? 엄마 안 가?」/「안 가 엄마! 안 가 엄마! 엄마가 어디를 가니?」/「안 가유?」/「안 가유! 하……」/「으흐흐……」[…]「엄마 안 가?」/「엄마 안 가?」/「엄마 가?」/「엄마 가?」(「등나무」) *여행을/안 한다/가지고 있는/이데올로기도 없다/密謀는/전혀 없다/담배마저 안 피우는/날이 올지도 모른다[…]낚시질도/안 간다/假裝 파티에/가본 일도 없다/하물며 중립사상연구소에는/그림자도 비친 일이 없다/뇌물은/물론 안 받았다(「이놈이 무엇이지?」) *아무 소리 없이 떠난/여행에서/전보도 안 치고/돌아오기를 잘했지[…]나는 집에 와서도/그동안의 부재에도/놀라서는 안 된다(「旅愁」) *그런데 여자는 술을 안 따른다/건너편 친구가 내는 외상술이니까[…] 그런데 여자는 술을 안 따른다/ 건너편 친구가 오줌을 누러 갔으니까/끊었던 술을 다시 마시는데 유행가처럼/아무리 마셔도 안 취하는 술[…] 그런데 여자는 술을 안 따른다/ 건너편 친구가 같이 자러 가자고 쥐정만 하니까[…]그런데 여자는 술을 안 따른다/ 건너편 친구가 벌써 곯아떨어졌으니까(「滿洲의 여자」) *長詩만 장시만 안 쓰려면 돼[…]내일의 채귀를/죽은 뒤의 채귀를 걱정하는/장시만 장시만 안 쓰려면 돼/샐비어 씨는 빨갛지 않으니까/장시만 장시만 안 쓰려면 돼[…]겨자씨같이 조그맣게 살면서/장시만 장시만 안 쓰면 돼/오징어 발에 말라붙은 새처럼 꼬리만 치지 않으면 돼[…]장시만 장시만 안 쓰면 돼(「장시1」) *나는 지금 일본 시인들의 작품을 읽으면서/내가 너무 자연스러운 전향을 한 데 놀라면서/이 이유를 생각하려 하지만/그 이유는 시가 안 된다(「轉向記」) *한 달에 12, 3만 환이 소리 없이 들어가고/알은 하루 60개밖에 안 나오니[…]만용이(닭 시중하는 놈)의 학비를 빼면/아무것도 안 남는다고 한다(「만용에게」) *한 놈은 가죽 방한모에 빨간 마후라였지만/또 한 놈은 잘 안 보였고(「제임스 띵」) *개의 울음소리를 듣고 그 비명에 지고/머리에 피도 안 마른 애놈의 투정에 진다(「어느 날 고궁을 나오면서」) *안 흘리려고 생전 처음으로 돈 가진 친구한테/정식으로 돈을 꾸러 가서 안 됐지/이것을 하고 저것을 하고 저것을 하고 이것을/하고 피를 안 흘리려고(「이혼 취소」) *지금도 빌려줄 수는 있어. 그렇지만 안 빌려줄 수도/있어.[…]지금은 안 빌려주기로 하고/있는 시간야. 그래야 시간을 알겠어. 나는 지금 시간/과 싸우고 있는 거야. 시간이 있었어. 안 빌려주/게 됐다. 시간아. 시간을 느꼈기 때문야.[…]그게/될까? 되면? 안 되면? 당신! 당신이 빛난다.[…]안 빌려주어도 넉넉하다. 나도 넉넉하고,/당신도 넉넉하다. 이게 세상이다.(「엔카운터 誌」) *아이놈은 라디오를 보더니/왜 새 수련장은 안 사왔느냐고 대들지만(「금성라디오」) *내가 고치라고 조르니까 더 안 고치는 지도 모른다[…]내 추측이 맞을 거라/아니 내가 고치라고 하니까 안 고칠 거라/이 추측이 맞을 거라 이 추측이 맞을 거라(「도적」) *전화를 걸어 보니 아직도 해결이 안 됐느냐고/오히려 반문하는 품이 벌써 이상스럽다/이것이 안 되면 어떻게 하나 그 생각을/그 마지막 대책을 나는 일부러 생각하지/않고 있다(「판문점의 감상」) *지금 불란서 소설을 읽으면서 아직도 말하지/못한 한 가지 말―정치 의견의 우리말이/생각이 안 난다 거짓말 거짓말…] 사람들은 내 말을 믿지 않고 내가 내 말을 안 믿는다//나는 아무것도 안 속였는데 모든 것을 속였대[…]나는 한 가지를 안 속이려고 모든 것을 속였다(「거짓말의 여운 속에서」) *벼를 터는 마당에서 바람도 안 부는데/옥수수잎이 흔들리듯 그렇게 조금(「꽃잎1」) *그러나 너와 내가/접한 시간은 단 몇 분이 안 되지(「꽃잎3」) *소나기가 지나고 바람이 불듯/하더니 또 안 불고/소음은 더욱 번성해진다(「여름밤」) *이것을 요즘은 안 듣는다/시시한 라디오 소리라 더 시시한 것이/여기서는 판을 치니까 그렇게 됐는지 모른다[…]그 금덩어리 같던 소리를 지금은 안 듣는다/참 이상하다[…]그때는 지금 일본 말 방송을 안 듣듯이/나도 모르는 사이에 아무 미련도 없이/회한도 없이 안 듣게 되는 날이 올 것이다……(「라디오 계」) *사람의 얼굴도 무섭지 않고/그의 목소리도 방해가 안 되고[…]위태로운 일이라고 落盤의 신호를/올릴 수도 없고 찻잔에 부딪치는/차숟가락만한 쇳소리도 안 들리고(「먼지」) *미제 도자기 스탠드가 울린다/방정맞게 울리고 돌아오라 울리고/돌아가라 울리고 닿는다고 울리고/안 닿는다고 울리고(「의자가 많아서 걸린다」)

안개 지표면 가까이에 아주 작은 물방울이 부옇게 떠 있는 현상. *안개처럼 가볍게 날아가는 과감한 너의 의사 속에는/남을 보기 전에 네 자신을 먼저 보이는/긍지와 선의가 있다(「헬리콥터」) *이브의 심장이 아닌 너의 내부에는/〈시간은 시간을 먹는 듯이 바쁘기만 하다〉는/기계가 아닌 자욱한 안개 같은/준엄한 태산 같은/시간의 퇴적뿐이 아닐 것이냐(「네이팜 탄」) *눈을 가늘게 뜨고 산이 있거든 불러보라/나의 머리는 관악기처럼/우주의 안개를 빨아올리다 만다(「피곤한 하루의 나머지 시간」) *3월을 바라보는 마른 나무들이/사랑의 봉오리를 준비하고 그 봉오리의/속삭임이 안개처럼 이는 저쪽에 쪽빛/산이//사랑의 기차가 지나갈 때마다 우리들의/슬픔처럼 자라나고 도야지우리의 밥찌끼/같은 서울의 등불을 무시한다(「사랑의 변주곡」)

안경(眼鏡) 시력이 나쁜 눈을 잘 보이게 하기 위하여나 바람, 먼지, 강한 햇빛 따위를 막기 위하여 눈에 쓰는 물건. *돌아가신 아버지의 사진에는/안경이 걸려있고(「아버지의 사진」)

안구(眼球) '눈알'을 전문적으로 이르는 말. 눈의 주요 부분을 이루고 있는 구형(球形)의 시각 기관. *앙상한 육체의 투명한 골격과 세포와 신경과 안구까지/모조리 노출 낙하시켜 가면서(「헬리콥터」)

안다 ①두 팔을 벌려 가슴 쪽으로 끌어당기거나 그렇게 하여 품 안에 있게 하다. ②두 팔로 자신의 가슴, 머리, 배, 무릎 따위를 꼭 잡다. ③바람이나 비, 눈, 햇빛 따위를 정면으로 받다. ④손해나 빚 또는 책임을 맡다. ⑤새가 알을 까기 위하여 가슴이나 배 부분으로 알을 덮고 있다. ⑥생각이나 감정 따위를 마음속에 가지다. ⑦담이나 산 따위를 곧바로 앞에 맞대다.
안고 *물이 아닌 꽃/물같이 엷은 날개를 펴며/너의 무게를 안고 날아가려는 듯(「九羅重花」) *너는 기류를 안고/나는 근지러운 나의 살을 안고(「네이팜 탄」)

안달 속을 태우며 조급하게 구는 짓. *여편네뿐이 아니라 안달을 부리는/여편네뿐만이 아니라/우리들의 새끼들까지도/아무것도 모르는 우리들의 새끼들까지도(「식모」)

안도(安堵) ①사는 곳에서 평안히 지냄. ②어떤 일이 잘 진행되어 마음을 놓음. *투명의 대명사 같은 너의 몸을/지금 나는 은폐물같이 생각하고/기대고 앉아서/안도의 탄식을 짓는다(「너는 언제부터 세상과 배를 대고 서기 시작했느냐」)

안막(眼膜) 눈알의 앞쪽에 약간 볼록하게 나와 있는 투명한 막. 몇 층의 막으로 되어 있는 것으로, 이 기관을 통하여 빛이 눈으로 들어간다. 각막. *계곡을 스쳐서 돌아가는/악마의 眼膜 같은/강물을 향하여/그가 어떠한 은근한 인사를 하였는지/아무도 모르는 일이다(「조그마한 세상의 지혜」)

안방(—房) ①집 안채의 부엌에 딸린 방. ②안주인이 거처하는 방. *나들이를 갔다가 아들놈을 두고 온 안방 건넌방은 빈집 같구나(「사치」) *그래서 안방으로 다시 오고, 내가/있던 기침소리가 가정교사에게 들리는 방은 도로/식모아이한테 주었지.(「엔카운터誌」)

안심(安心) ①모든 걱정을 떨쳐 버리고 마음을 편히 가짐. ②불교의 가르침을 깨닫거나 수행의 체험으로 움직임이 없는 경지에 마음을 머무르게 함. *백의는 이와 같은 나의 안심과 태만을 비웃는 듯이/어느 틈에 우리 가정의 내부에까지 침입하여 들어와서(「백의」)

안심하다(安心—) ①모든 걱정을 떨쳐 버리고 마음을 편히 가지다. ②불교의 가르침을 깨닫거나 수행의 체험으로 움직임이 없는 경지에 마음을 머무르게 하다.
안심하고 *자유가 살고 있는 영원한 길을 찾아/나와 나의 벗이 안심하고 살 수 있는/현대의 천당을 찾아 나온 것이다(「조국에 돌아오신 傷病捕虜 동지들에게」)

안심하라 *아아 비겁한 민주주의여 안심하라/우리는 정치 얘기를 하구 있었던 게 아니야(「H」)
안심할 *완전히 무시를 당하고 나서야/비로소 안심할 수 있는/부끄러움이 없는/부끄러움을 더한층 뜻있게 하기 위하여(「부탁」)

안온하다(安穩—) ①조용하고 편안하다. ②날씨가 바람이 없고 따뜻하다.
안온한데 *마당은 주인의 마음이 숨어 있지 않은 것처럼 安穩한데/나 역시 이 마당에 무슨 원한이 있겠느냐(「휴식」)

안이(安易) ①무엇을 하기에 어렵지 아니함. ②근심없이 편안함. ③충분히 생각하지 않고 적당히 처리하려는 태도. *눈에는 보이지 않는 너무나 무거운/너의 집/그리고 逸樂, 안이, 허위……(「기자의 정열」)

안정(安靜) ①육체적 또는 정신적으로 편안하고 고요함. ②병을 치료하기 위하여 몸과 마음을 편안하고 고요하게 하는 일. *번개와 같이 떨어지는 물방울은/취할 순간조차 마음에 주지 않고/懶惰와 안정을 뒤집어놓은 듯이/높이도 폭도 없이/떨어진다(「瀑布」)

안쪽 ①안으로 향한 부분이나 안에 있는 부분. ②어떤 수효나 기준에 미치지 못함을 이르는 말. *아무리 더워도 베와이셔츠의 에리를/안쪽으로 접어넣지 않는 이유,/모르지?/아무리 혼자 있어도 베와이셔츠의 에리를/안쪽으로 접어넣지 않는 이유,/모르지?(「모르지?」)

안치하다(安置—) ①안전하게 잘 두다. ②상(像), 위패, 시신 따위를 잘 모셔 두다. ③조선시대에, 귀양살이하는 죄인을 가두어 두다.
안치해 *창문 앞에/안치해 놓은 당호박/평면을 사랑하는/코스모스(「누이의 방」)

안타깝다 뜻대로 되지 아니하거나 보기에 딱하여 애타고 답답하다. *시계를 맞추기 전에/라디오의 時鐘이 나오기를 기다리는 것처럼/안타깝다(「풀의 영상」)

안하다 아니하다. 하지 않다.
안하고 *더위도 가시고 오늘은 하루종일 일도/안하고 있지만 밀용-인찰지의 나의 생활을/당신한테 보일 수는 없소(「美濃印札紙」)
안하기로 *그리고 아들아 나는 아직도 너에게 할 말이/왜 없겠는가 그러나 안한다/안하기로 했다(「VOGUE야」)
안하니 *나쁜 말은 안하니/가다오 가다오(「가다오 나가다오」)
안하니까요 *아이놈은 자구 있어요. 구원이지요. 나를/방해를 안하니까요.(「전화 이야기」)
안한다 *그리고 아들아 나는 아직도 너에게 할 말이/왜 없겠는가 그러나 안한다(「VOGUE야」)
안해도 *야한 선언은 안 해도 된다. 거짓말을 해도/된다(「엔카운터 誌」) *그리고 아들아 나는 아직도 너에게 할 말이/왜 없겠는가 그러나 안한다/안하기로 했다 안해도 된다고/생각했다(「VOGUE야」) *이제는/편지를 안해도 한 거나 다름없고 나는/조금도 미안하지 않소(「美濃印札紙」)
안해야 *그러나 안한다/안하기로 했다 안해도 된다고/생각했다 안해야 한다고 생각했다(「VOGUE야」)
안했으리라 *뒤집어진 세상의 저쪽에서는/나는 비틀거리지도 않고 타락도 안했으리라(「冬麥」)
안호주머니(-胡-) 옷 따위의 안쪽에 달린 주머니. *아무것도 집어넣어본 일이 없는 왼쪽 안호주머니/——여기에는 혹시 휴식의 갈망이 들어 있는지도 모른다(「후란넬 저고리」)
앉다 ①사람이나 동물이 윗몸을 바로 한 상태에서 엉덩이에 몸무게를 실어 다른 물건 위에 몸을 올려놓거나 무릎을 구부려 엉덩이를 다리나 발 위에 올려놓다. ②새나 곤충 또는 비행기 따위가 일정한 곳에 내려 자기 몸을 다른 물건 위에 놓다. ③건물이나 집 따위가 일정한 방향이나 장소에 자리를 잡다. ④어떤 직위나 자리를 차지하다. ⑤공기 중에 있던 먼지와 같은 미세한 것이 다른 물건 위에 내려 쌓이다. ⑥어떤 것이 물체 위에 덮이거나 끼다. ⑦어떤 일에 적극적으로 나서지 아니하고 수수방관하다. ☞ 앉히다.
앉거나 *내가 있는 방 위에 와서 앉거나/또는 그의 그림자가 혹시나 떨어질까 보아 두려워하는 것도(「도취의 피안」)
앉는 *나는 아직도 앉는 법을 모른다(「거대한 뿌리」)
앉아 *얼굴은 분간할 수도 없는데/술 한 병만이 방 한가운데/광채를 띠고 앉아 있다(「미숙한 도적」) *종로 네거리도 행길에 가까운 일부러 떠들썩한 찻집을 택하여 나는 앉아 있다[…]저기 나의 맞은편 의자에 앉아 먹고 떠들고 웃고 있는 여자와 젊은 학생을(「시골 선물」) *나야 늙어가는 몸 위에 하잘것없이 앉아있으면 고만이고/너는 날아가면 고만이지만[…]차라리 앉아 있는 기계와 같이/취하지 않고 늙어가는/나와 나의 겨울을 한층 더 무거운 것으로 만들기 위하여(「도취의 피안」) *가만히 앉아 있어도 자꾸 뻐근하여만 가는 목을 돌려/시간과 함께 비스듬히 내려다보는 것[…]빈 방안에 나는 홀로이 머물러 앉아/어떠한 내용의 책을 열어보려 하는가(「방안에서 익어가는 설움」) *공원이나 휴식이 필요한 사람들이/여름이면 그의 곁에 와서/곧잘 팔을 고이고 앉아 있으니까(「수난로」) *누가 찾아오지나 않을까 망설이면서/앉아 있는 마음[…]—일은 나를 부르는 듯이/내가 일 위에 앉아 있는 듯이/그러나 필경 내가 일을 끌고 가는 것이다(「거리1」) *그러나 사람들이 웃을까 보아/나는 적당히 넥타이를 고쳐 매고 앉아 있다(「바뀌어진 지평선」) *합리와 비합리와의 사이에 묵연히 앉아 있는/나의 표정에는 무엇인지 우스웁고 간지럽고 서먹하고 쓰디쓴 것마저 섞여 있다(「여름 뜰」) *일어서 있는 너의 얼굴은/오늘밤의/앉아 있는 내 방의 촛불 같은 재산, 보석이여(「반주곡」) *웃음이 나오더라도/눈 내리는 날에는/손을 묶고 가만히/앉아 계시오(「눈」(1961)) *나의 주위에 말짱 〈반동〉만 앉아 있어/객소리만 씨부리고 있었다는 것이/더욱이나 더욱이나 아니랴(「황혼」)
앉아도 *앉아도 편편하고/서도 편편하고/누워도 편편하고(「檄文」) *38선을 돌아오듯 테이블을 돌아갈 때/걸리고 울리고 일어나도 걸리고/앉아도 걸리고(「의자가 많아서 걸린다」)
앉아서 *나쁘지도 않고 좋지도 않은 꽃들/그리고 별과도 등지고 앉아서/모래알 사이에 너의 얼굴을 찾고 있는 나는 인제/늬가 없어도 산단다(「너를 잃고」) *구렁이같이 태연하게 앉아서/마음을 쉬다(「휴식」) *견고한 것을 좋아하는 사람들이/팔을 고이고 앉아서 창을 내다보는/水煖爐는 문명의 廢物(「수난로」) ＊투명의 대명사 같은 너의 몸을/지금 나는 은폐물같이 생각하고/기대고 앉아서/안도의 탄식을 짓는다(「너는 언제부터 세상과 배를 대고 서기 시작했느냐」) ＊지혜의 왕자처럼/눈 하나 까딱하지 아니하고/도사리고 앉아서/나의 원죄와 회한을 생각하기 전에/너의 생리부터 해부하여 보아야겠다(「바뀌어진 지평선」) ＊거리에 나와서 집을 보고/집에 앉아서 거리를 그리던 어리석음도 이제는 모두 사라졌나 보다(「구름의 파수병」) ＊8·15 후에 김병욱이란 시인은 두 발을 뒤로 꼬고/언제나 일본여자처럼 앉아서 변론을 일삼았지만(「거대한 뿌리」) ＊매춘부 젊은애들, 때묻은 발을 꼬고 앉아서/유부우동 먹고 있는 것을 보다가 생각한 것/아냐(「엔카운터 誌」)

앉아서도 ＊잠자는 책이여/누구를 향하여 앉아서도 아니 된다(「서책」)

앉아야 ＊항상 일어서야 하고 항상/앉아야 한다(「의자가 많아서 걸린다」)

앉았다 ＊나는 어느새 남쪽식으로/도사리고 앉았다(「거대한 뿌리」)

앉았다가 ＊복숭아 가지나 아가위 가지에 앉은/배부른 흰 새모양으로/잠깐 앉았다가 떨어지면 돼(「장시1」)

앉았으면 ＊남의 일하는 곳에 와서 아무 목적 없이 앉았으면 어떻게 하리[…]남의 일하는 곳에 와서 덧없이 앉았으면 비로소 설워진다(「사무실」)

앉았을 ＊암만해도 잊어버리지 못할 것이 있어 다시 불을 켜고 앉았을 때는/이미 내가 찾던 것은 없어졌을 때(「구슬픈 육체」)

앉었다 ＊그중 끝의 방문을 열고 보니 꺼먼 사람이 셋이나 앉었다(「미숙한 도적」)

앉은 ＊아아 어인 일이냐/너 주작의 星火/서리 앉은 胡弓에/피어 사위도 스럽구나(「廟庭의 노래」) ＊점잖이 앉은 나의 나이와 나이가 준 나의 무게를 생각하면서/정말 속임 없는 눈으로/지금 팽이가 도는 것을 본다(「달나라의 장난」) ＊눈알에 백태가 앉은 사람같이/보이는 것이 모두 몽롱하다(「미숙한 도적」) ＊○○부의 어마어마한 자리에 앉은 과장이며 名士이다(「거리2」) ＊햇살을 모자같이 이고 앉은 사람들이 밭을 고르고/우리집에도 어저께는 무씨를 뿌렸다(「여름 아침」) ＊옷을 벗어놓은 나의 정신은/늙은 바위에 앉은 이끼처럼 추워라(「초봄의 뜰 안에」) ＊역사의 숙제, 발을 벗는 일,/연결의 〈使徒〉―일어선 것과 앉은 것의/불가사의에 신음하는 나(「반주곡」) ＊먼지 앉은 석경 너머로/너의 그림자가/움직이듯/묵은 사랑이/움직일 때(「파밭 가에서」) ＊시금치 밭에 앉은 흑나비와 주홍나비모양으로/나의 과거와 미래가 숨바꼭질만 한다(「적」) ＊옆상에 앉은 술친구들이 경사나 난 듯이/고함을 친다(「滿洲의 여자」) ＊복숭아 가지나 아가위 가지에 앉은/배부른 흰 새모양으로(「장시1」) ＊고민이 사라진 뒤에/이슬이 앉은 새봄의 낯익은 풀빛의 영상이/떠오르고 나서도(「풀의 영상」) ＊미인과 앉은 방에선 무심코/따놓는 방문이나 창문이/담배연기만 내보내려는 것은/아니렷다(「미인」)

앉자 ＊나는 의치를 빼서 호주머니에 넣고 앉자/선뜻 인사를 하고(「미숙한 도적」)

앉음새 자리에 앉아 있는 모양새. ＊이런 황혼에는 시베리아의/어느 이름 없는 개울가에서/들오리가 서투른 앉음새로/병아리를 품고 있을지도 모른다(「황혼」) ＊그럴 때는 이 둘은 반드시/이북 친구들이기 때문에 나는 나의 앉음새를 고친다(「거대한 뿌리」)

앉히다 '앉다'의 사동. ①앉게 하다. ②어떤 지위를 차지하게 하다. ③버릇을 가르치다. ④문서에 어떤 사항을 따로 잡아 기록하다. ☞ 앉다.

앉힌다 ＊가벼운 참새같이 나는 잠시 너의/흥하지 않은 가지 위에 피곤한 몸을 앉힌다(「서시」)

않다 하지 않다. 아니하다. ☞ 아니하다. ＊그러나/고독한 사람의 죽음은 이러하지는 않다(「나비의 무덤」) ＊헌 옷과 낡은 구두가 그리 모양수통하지 않다 느끼면서(「거리1」) ＊나는 그 우열을 따지고 싶지는 않다(「국립도서관」) ＊생각하면 그것은 둥근 옹이같이 어지러웁기만 한 일이지만/거기에는 초점이 없지도 않다(「기자의 정열」) ＊우리들의 적은 늠름하지 않다/우리들의 적은 커크 더글러스나 리처드 위드마크모양으로 사나웁지도 않다(「하……

그림자가 없다」) *이제는 선생이 무섭지 않다(「우리들의 웃음」) *버드 비숍 여사를 안 뒤부터는 썩어빠진 대한민국이/괴롭지 않다(「거대한 뿌리」) *그러나 문제는 이러한 반항에 있지 않다(「현대식 교량」) *그 눈동자는 피를 흘리고 있지 않다(「이혼 취소」)

않게 *달리아가 움직이지 않게/기운을 주라 더 기운을 주라(「채소밭 가에서」) *다치지 않고 깎이지 않고 물리지 않고 더럽히지 않게(「기도」) *어린 놈 너야/네가 성을 내지 않게 해주마(「여편네의 방에 와서」) *온몸에서 피는/빠르지도 더디지도 않게 흐르는데(「아픈 몸이」) *아내는 이런 어려운 일들을 어렵지 않게 해치운다(「금성라디오」) *꽃의 글자가 비뚤어지지 않게/꽃을 찾기 전의 것을 잊어버리세요(「꽃잎2」)

않겠다 *빌려주지 않겠다. 빌려주겠다고 했지만/빌려주지 않겠다.(「엔카운터 誌」)

않겠소 *편지지뿐만 아니라 봉투도 마찬가지지 밀용지 넉 장에/봉투 두 장을 4원에 사가지고 왔으니 알지 않겠소(「美濃印札紙」)

않겠어요 *자유가 항상 싸늘한 것이라면 나는 당신과 더 이야기하지 않겠어요(「조국에 돌아오신 傷病捕虜 동지들에게」)

않겠지 *벗이여/그대의 말을 고개 숙이고 듣는 것이/그대는 마음에 들지 않겠지(「死靈」)

않고 *나쁘지도 않고 좋지도 않은 꽃들[…]늬가 없이 사는 삶이 보람 있기 위하여 나는 돈을 벌지 않고[…]억만 인의 여자를 보지 않고 산다(「너를 잃고」) *옛날같이 낯선 방이 그리 무섭지도 않고[…]창을 흔들고 가는 바람소리를 들어도 불안하지도 않고(「미숙한 도적」) *더운 날과 추운 날을 가리지 않고/늙은 버섯처럼 숨어 있기 때문에도 아니다[…]차라리 앉아 있는 기계와 같이/취하지 않고 늙어가는/나와 나의 겨울을 한층 더 무거운 것으로 만들기 위하여(「도취의 피안」) *나는 나를 속이고 역사까지 속이고/구태여 낯익은 하늘을 보지 않고/구렁이같이 태연하게 앉아서/마음을 쉬다(「휴식」) *그러나 나는 너를 통하여 아무것도/보지 않고 있는지도 모른다(「너는 언제부터 세상과 배를 대고 서기 시작했느냐」) *흥분할 줄 모르는 나의 생리와/방향을 가리지 않고 서 있는 서가 사이에서(「국립도서관」) *세상을 속지 않고 걸어가기 위하여/나는 담배를 끄고/누구에게든지 신경질을 피우고 싶다(「바뀌어진 지평선」) *묵연히 묵연히/그러나 속지 않고 보고 있을 것이다(「여름 뜰」) *질책의 권리를 주면서 질책의 행동을 주지 않고(「백의」) *계절과 주야를 가리지 않고/고매한 정신처럼 쉴 사이 없이 떨어진다[…]번개와 같이 떨어지는 물방울은/취할 순간조차 마음에 주지 않고/懶惰와 안정을 뒤집어놓은 듯이/높이도 폭도 없이/떨어진다(「瀑布」) *초봄의 뜰 안에 들어오면/서편으로 난 난간문 밖의 풍경은/모름지기/보이지 않고(「초봄의 뜰 안에」) *뒤집어진 세상의 저쪽에서는/나는 비틀거리지도 않고 타락도 안했으리라(「冬麥」) *아가야 아가야/돌도 아니 된 너는 머리도 한번 깎지를 않고/엄마는/너를 보고 되놈이라고 부르지(「자장가」) *나는 커단 서른아홉 살의 중턱에 서서/서슴지 않고 꿈을 버린다(「달밤」) *자연을 보지 않고 자연을 사랑하라(「가옥찬가」) *새벽에 준 조로의 물이/대낮이 지나도록 마르지 않고/젖어 있듯이(「파밭 가에서」) *우리들의 싸움의 모습은 초토작전이나/「건힐의 혈투」모양으로 활발하지도 않고 보기 좋은 것도 아니다(「하 …… 그림자가 없다」) *흉악한 그놈의 사진을/오늘은 서슴지 않고 떼어놓아야 할 날이다[…]협잡을 하지 않고 뇌물을 받지 않는/관공리의 집에서(「우선 그놈의 사진을 떼어서 밑씻개로 하자」) *다치지 않고 깎이지 않고 물리지 않고 더럽히지 않게(「기도」) *그놈들은 털끝만치도 다치지 않고 있다(「육법전서와 혁명」) *8·15를 6·25를 4·19를/뒈지지 않고 살아왔으면 알겠지(「만시지탄은 있지만」) *일요일이면 빼지 않고 강으로 투망을 하러 나온다고 한다(「강가에서」) *아무래도 나는 비켜서 있다 절정 위에는 서 있지/않고 암만해도 조금쯤 옆으로 비켜서 있다(「어느 날 고궁을 나오면서」) *우리는 격하지 않고 얘기할 수 있었어(「H」) *우리들은 빛나지 않는다. 어제도 빛나지 않고,/오늘도 빛나지 않는다.[…]야한 선언을/하지 않고 우물쭈물 내일을 지내고(「엔카운터 誌」) *이것이 안 되면 어떻게 하나 그 생각을/그 마지막 대책을 나는 일부러 생각하지/않고 있다(「판문점의 감상」) *사람들은 내 말을 믿지 않고 내가 내 말을 안 믿는다(「거짓말의 여운 속에서」) *너는 내 웃음을 받지 않고/어린 너는 나의 전모를 알고 있는 듯/야아 순자야 깜찍하고나(「꽃잎3」) *사람의 얼굴도 무섭지 않고/그의 목소리도 방해가 안 되고(「먼지」) *성속이 같다는 원효대사가/텔레비에 나온 것을 뉘우치지 않고/春園 대신의 원작자가 된다(「원효대사」)

않고도 *노쇠한 선교사모양으로 낮잠을 자지 않고도 견딜 만한 강인성을 가지고 있다(「영롱한 목표」)

않고서 *우스운 것이 사람의 죽음이다/우스워하지 않고서 생각할 수 없는 것이 사람의 죽음이다(「누이야 장하고나!」)

않고서는 *그렇지 않고서는 내가 미치고 말 것 같아서(「伏中」)

않고야 *미인을 보고 좋다고들 하지만/미인은 자기 얼굴이 싫을 거야/그렇지 않고야 미인일까(「미인」)

않기 *물에 빠지지 않기 위한/생활이 비겁하다고 경멸하지 말아라(「바꾸어진 지평선」)

않느냐 *여보/그래도 무엇인가가 보이지 않느냐/그래서 비가 오고 있는데!(「비」)

않는 *또 하나의 것이란 우리의 육안에는 보이지 않는 곡선 같은 것일까(「토끼」) *물소리 빗소리 바람소리 하나 들리지 않는 곳에(「九羅重花」) *가족들이 저마다 떠드는 소리도/귀에 거슬리지 않는 것은/내가 그들에게 全靈을 맡긴 탓인가(「나의 가족」) *불을 끄고 누웠다가/잊어지지 않는 것이 있어/다시 일어났다(「구슬픈 육체」) *파도처럼 요동하여/소리가 없고/비처럼 퍼부어/젖지 않는 것(「긍지의 날」) *영사판을 받치고 있는 주야를 가리지 않는 어둠이/표면에 비치는 현실보다 한치쯤은 더/소중하고 신성하기도 한 것인지 모르지만(「영사판」) *또한 이것을 보고 놀라지 않는 것도 설움을 아는 사람일 것이다(「헬리콥타」) *예언자가 나지 않는 거리로 창이 난 이 도서관은/창설의 의도부터가 풍자적이었는지도 모른다(「국립도서관」) *눈에는 보이지 너무나 무거운/너의 짐(「기자의 정열」) *그것은 둔한 머리에 움직이지 않는 사념일 것이다(「여름 뜰」) *나는 나의 검게 타야 할 정신을 생각하며/구별을 용서하지 않는/밭고랑 사이를 무겁게 걸어간다(「여름 아침」) *금잔화도 인가도 보이지 않는 밤이 되면/폭포는 곧은 소리를 내며 떨어진다(「瀑布」) *이제 나는 광야에 드러누워도/시대에 뒤떨어지지 않는 나를 발견하였다(「광야」) *바람도 불지 않는 나무에서 열매가 떨어지듯 나의 마음에서 수없이 떨어져내리는 휴식의 열매[…]위안이 되지 않는 시를 쓰는 시인을 건져주기 전에/신이여/그 사나이의 눈초리를 보셨나요(「靈交日」) *협잡을 하지 않고 뇌물을 받지 않는/관공리의 집에서/역이란 역에서(「우선 그놈의 사진을 떼어서 밑씻개로 하자」) *어둠 속에서도 불빛 속에서도 변치 않는/사랑을 배웠다 너로 해서(「사랑」) *네가 무어라 보채더라도/나는 너와 함께 성을 내지 않는 소년[…]어린 놈 너야/죽음이 오더라도/이제 성을 내지 않는 법을 배워주마(「여편네의 방에 와서」) *아무리 더워도 베와이셔츠의 에리를/안쪽으로 접어넣지 않는 이유,/모르지?/아무리 혼자 있어도 베와이셔츠의 에리를/안쪽으로 접어넣지 않는 이유,/모르지?(「모르지?」) *그리운 것은 내 귓전에 붙어 있는 보이지 않는 젤라틴紙[…]머리가 누렇게 까진 땅주인은 어디로 갔나/여름저녁을 어울리지 않는 지팡이를 들고/이방인처럼 산책하던 땅주인은/—나도 필경 그처럼 보이지 않는 누구인가를/항시 괴롭히고 있는 보이지 않는 拷問人(「장시2」) *무능한 내가 지지 않는 것은 이때만이다(「만용에게」) *새의 울음소리가 그 이전의 정적이 없이는 들리지 않는 것처럼……/모두가 거꾸로다(「우리들의 웃음」) *신앙이 動하지 않는 건지 동하지 않는 게/신앙인지 모르겠다(「시」(1964)) *너의 가난을 눈에 보이는/눈에 보이지 않는 모든 가난을(「65년의 새해」) *개도 짖지 않는 날에는 제임스 띵이 뛰어들어서는/아니 된다(「제임스 띵」) *흐린 날에는 연극은 없다/모든 게 쉰다/쉬지 않는 것은 처와 처들뿐이다(「적2」) *풍경이 풍경을 반성하지 않는 것처럼/곰팡이 곰팡을 반성하지 않는 것처럼/여름이 여름을 반성하지 않는 것처럼/속도가 속도를 반성하지 않는 것처럼/졸렬과 수치가 그들 자신을 반성하지 않는 것처럼(「절망」(1965)) *우리는 여지껏 희생하지 않는 오늘의 문학자들에 관해서/너무나 많이 고민해 왔다(「이 한국문학사」) *性도 윤리도 약이/되지 않는 머리가 불을 토한다(「설사의 알리바이」) *난로 위에 끓어오르는 주전자의 물이 아슬/아슬하게 넘지 않는 것처럼 사랑의 節度는/열렬하다(「사랑의 변주곡」) *요는 정치 의견이 맞지 않는 나라에는 못 산다[…]내가 써준 시집의 서문을/믿지 않는 사람의 얼굴의 사마귀나 여드름을─(「거짓말의 여운 속에서」) *초록빛과 초록빛의 너무 빠른 변화에/놀라 오늘도 찾아오지 않는 벌과 나비의/소식을 더 완성하기까지(「꽃잎 3」) *침묵과 발악이 오늘과/내일처럼 달라지고 달라지지 않는/이 갱 안의 잉크 수건의 칼자국(「먼지」)

않는가 *혁신당이 제일인 세상이 되면/혁신당에 붙으면 되지 않는가(「만시지탄은 있지만」)

않는다 *淫詩를 한바탕 읊었더니/여간 좋아들 하지 않는다(「미숙한 도적」) *나는 내 자신의 감정이 보다 더 거만하여지고 순화되어진 탓이라고는 생각하지 않는다(「시골 선물」) *신체가 너무 왜소한 까닭에 사람들의 눈에 띄지를 않는다(「백의」) *이러한 목표는 극장 의회 기계의 齒車/선박의 素具 등을 呪詛하지 않는다(「영롱한 목표」) *자연은 <여행>을 하지 않는다(「말복」) *우리들의 戰線은 눈에 보이지 않는다[…]그것은 우리들의 집안 안인 경우도 있고/우리들의 직장인 경우도 있고/우리들의 동리인 경우도 있지만……/보이지는 않는다[…]우리들의 싸움은 쉬지 않는다(「하…… 그림자가 없다」) *이렇게 주기적인 수입 소동이 날 때만은/네가 부리는 독살에도 나는 지지 않는다(「만용에게」) *밭주인은/아직도 나타나 잘라가지 않는다[…]성과가 없을 것을/알고 있기 때문에 나는 여편네의/거짓말에 반대하지 않는다(「반달」) *어쩌다 셋이서 술을 마신다 둘은 한 발을 무릎 위에 얹고/도사리지 않는다(「거대한 뿌리」) *모든 사람에게 고해야 할 너무나 많은 말을 갖고 있지만/세상은 나의 말에 귀를 기울이지 않는다(「말」(1964)) *이런 경이는 나를 늙게 하는 동시에 젊게 한다/아니 늙게 하지도 젊게 하지도 않는다/이 다리 밑에서 엇갈리는 기차처럼/늙음과 젊음의 분간이 서지 않는다(「현대식 교량」) *절망은 끝까지 그 자신을 반성하지 않는다(「절망」(1965)) *우리들은 빛나지 않는다. 어제도 빛나지 않고, /오늘도 빛나지 않는다.(「엔카운터誌」) *설파제를 먹어도 설사가 막히지 않는다(「설사의 알리바이」) *돈에 치를 떠는 여편네도 도적이 들어왔다는/말에는 놀라지 않는다[…]우리집 건넌방의 캐비닛을/노리고 있다고는 생각되지 않는다[…]그래도 여편네는 담을 고치지 않는다(「도적」) *그러나 이제 우리들은 소리 내어 외치지 않는다(「사랑의 변주곡」) *사람들은 내 말을 믿지 않는다/詩評의 칭찬까지도 시집의 서문을 받은 사람까지도/내가 말한 정치 의견을 믿지 않는다(「거짓말의 여운 속에서」) *아니 바로 그 첫날 밤은 반시간도 넘어 했는데도/여편네가 만족하지 않는다[…]어지간히 다부지게 해줬는데도/여편네가 만족하지 않는다(「性」)

않는다고 *일본의 <진보적> 지식인들은 소련한테는/욕을 하지 않는다고 한다(「轉向記」) *정보원이 너스들과 스펀지를 만들고 거즈를/개키고 있는 나를 보고 포로경찰이 되지 않는다고/남자가 뭐 이런 일을 하고 있느냐고 놀린 일이 있었다(「어느 날 고궁을 나오면서」)

않는다는 *어두운 대지를 차고 이륙하는 것이/이다지도 힘이 들지 않는다는 것을 처음 깨달은 것은/우매한 나라의 어린 시인들이었다(「헬리콥터」)

않는다지 *그 대신 머리는/온통 비어/움직이지 않는다지(「쌀난리」)

않는데 *더러운 침구가 마음을 괴롭히지도 않는데/의치를 빼어서 물에 담가놓고 드러누우니/마치 내가 임종하는 곳이 이러할 것이니 하는 생각이 불현듯 든다(「미숙한 도적」)

않더라도 *오늘/이 헐벗은 거리에 가슴을 대고/뒤집어진 부정이 정의가 되지 않더라도(「예지」)

않소 *나는/조금도 미안하지 않소 매부의 태산 같은/친절과 친절의 압력에 대해서 미안하지 않소[…]경포대의 선물과 도리스 위스키와 라스베리 잼에 대해서/미안하지 않소 당신의 모든 행복과 우리들의 바닷가의/행복의 모든 추억에 대해서 미안하지 않소/살아 있던 시간에 대해서 미안하지 않소/나와 나의 아내와 우리집의 온 가옥의 무게를 다 합해서/밀양에서 온 식모의 소박과 원한까지를 다 합해서/미안하지 않소―만 다만 식모를 부르는 소리가/좀 단호해졌을 뿐이요 미안할 정도로 좀―(「美濃印札紙」)

않습니다 ＊그리하여 나는 자유를 위하여 출발하고 포로수용소에서 끝을 맺은 나의 생명과 진실에 대하여/아무 뉘우침도 남기려 하지 않습니다(「조국에 돌아오신 傷病捕虜 동지들에게」)

않아 ＊거기다가 나의 부처님을 모신 법당 뒷산에 묻혀 있는 검은 바위같이 큰 머리에는 둘레가 작아서 맞지 않아 그 모자를 쓴 기분이란 쳇바퀴를 쓴 것처럼 딱딱하다(「시골 선물」) ＊질서와 무질서와의 사이에/움직이는 나의 생활은/쉽지가 않아 시체나 다름없는 것이다(「여름 뜰」) ＊대구에서/대구에서/쌀난리가/났지 않아(「쌀난리」)

않아도 ＊아버지의 사진을 보지 않아도/비참은 일찍이 있었던 것(「아버지의 사진」) ＊구태여 옛날을 돌아보지 않아도/설움과 아름다움을 대신하여 있는 나의 긍지(「긍지의 날」) ＊진시왕만큼은 강하지 않아도/나는 모든 사람의 고민을 아는 것 같다[…]지금은 이 번잡한 현실 위에 하나하나 환상을 붙여서 보지 않아도 좋다(「거리2」) ＊시원하다고 말하지 않아도 되니/이건 진짜 시원하고(「檄文」) ＊그것을 찾아보지 않을 줄이야 찾아보지/않아도 있을 줄이야(「원효대사」)

않아라 ＊그대는 마음에 들지 않겠지/마음에 들지 않아라//모두 다 마음에 들지 않아라[…]어제도 오늘도 내일도 마음에 들지 않아라(「死靈」)

않아서 ＊그때는 인국 방송이 들리지 않아서/그들의 달콤한 억양이 금덩어리 같았다(「라디오 계」)

않아요 ＊마차를 타고 가는 사람이 좋지 않아요/웃고 있어요(「웃음」)

않았고 ＊우리는 조금도 흥분하지 않았고/그는 그전처럼 욕도 하지 않았고(「H」) ＊아아 원효여 이제 그대는 낡지/않았다 타동적으로 자동적으로/낡지 않았고(「원효대사」)

않았기 ＊그렇지만 린드버그가 헬리콥터를 타고서/대서양을 횡단하지 않았기 때문에(「헬리콥터」)

않았나 ＊나는 예수 크리스트가 되지 않았나 하는 신성한 錯感조차 느껴보는 것이었다(「조국에 돌아오신 傷病捕虜 동지들에게」)

않았느냐고 ＊초저녁에 두 번 새벽에 한 번/그러니 아직도 늦지 않지 않았느냐고 한다(「강가에서」)

않았는데 ＊그는 나보다도 가난해 보이는데/남방셔츠 밑에는 바지에 혁대도 매지 않았는데(「강가에서」)

않았다 ＊조용한 시절은 돌아오지 않았다/그 대신 사랑이 생기었다[…]나는 나에게 대답할 것이 없어져도/쓸쓸하지 않았다(「愛情遲鈍」) ＊그래도 나는 조금도/놀라지 않았다(「旅愁」) ＊김동인, 박승희 같은 이들처럼 私財를 털어놓고/문화에 헌신하지 않았다(「이 한국문학사」) ＊개가 여러 번 짖는 소리를 들었지만/나는 귀찮아서 나가지를 않았다(「도적」) ＊텔레비 속의 텔레비에 취한/아아 원효여 이제 그대는 낡지/않았다(「원효대사」)

않았다는 ＊그가 나를 진심으로 꾸짖지 않았다는 것을 나는 그의 은근하고 매혹적인 표정에서 능히 감득할 수 있었다(「백의」)

않았어 ＊그때까지도 의심하지 않았어(「엔카운터 誌」)

않았으면 ＊좁아도 좋고 넓어도 좋은 방안에서/나의 위대한 所在를 생각하고 더듬어보고 짚어보지 않았으면(「나의 가족」)

않았을 ＊지금같이 HIFI가 나오지 않았을 때(「라디오 계」)

않았지만 ＊나는 태양을 주웠다고 생각하지는 않았지만/설마 이런 것이 올 줄이야(「PLASTER」) ＊그년하고 하듯이 혓바닥이 떨어져 나가게/물어제 끼지는 않았지만 그래도/어지간히 다부지게 해줬는데도/여편네가 만족하지 않는다(「性」)

않어 ＊충고는 허사였어 그렇지 않어?(「滿洲의 여자」)

않으냐 ＊아아 그러나 지금 이 방안에는/오직 시간만이 있지 않으냐(「방안에서 익어가는 설움」) ＊햇빛에는 겨울보리에 싹이 트고/강아지는 낑낑거리고/골짜기들은 평화롭지 않으냐—평화의 의지를 말하고 있지 않으냐(「冬麥」) ＊명수 할버이가 불쌍하지 않으냐/잿님이 할아버지가 불쌍하지 않으냐/두붓집 할아버지가 불쌍하지 않으냐/가다오 가다오(「가다오 나가다오」) ＊야경꾼에게 20원 때문에 10원 때문에 1원 때문에/우습지 않으냐 1원 때문에(「어느 날 고궁을 나오면서」)

않으니 ＊누구 집을 가보아도 나 사는 곳보다는 여유가 있고/바쁘지도 않으니/마치 別世界같이 보인다(「달나라의 장난」) ＊아무리 마셔도 취하지 않으니/같이 온 친구를 보기도 미안만 한데(「滿洲의 여자」)

않으니까 ＊샐비어 씨는 빨갛지 않으니까/장시만 장시만 안 쓰려면 돼(「장시1」)

않으려 ＊나는 잠시 아름다운 統覺과 조화와 영원과 귀결을 찾지 않으려 한다(「구슬픈 육체」)

않으려고 ＊내가 죽은 뒤에는/고독의 명맥을 남기지 않으려고/나는 이다지도 주야를 무릅쓰고 애를 쓰고 있단다(「나비의 무덤」) ＊시간의 표면에/물방울을 풍기어 가며/오늘을 울지 않으려고/너를 잊고 살아야 하는 까닭에(「바뀌어진 지평선」) ＊어제와 같이 다시는 〈헛소리〉를 하지 않으려고 결심하면서(「말」(1958)) ＊그놈들은 털끝만치도 다치지 않으려고/버둥거리고 있다(「육법전서와 혁명」)

않으려니 ＊나의 죄 있는 몸의 억천만 개의 털구멍에/죄라는 죄가 가시같이 박히어도/그야 솜털만치도 아프지는 않으려니(「기도」)

않으련다 ＊내가 사는 지붕 위를 흘러가는 날짐승들이/울고 가는 울음소리에도/나는 취하지 않으련다(「도취의 피안」)

않으리 ＊길이 끝이 나기 전에는/나의 그림자를 보이지 않으리(「더러운 향로」)

않으리라 ＊妬忌와 경쟁과 살인과 간음과 사기에 대하여서는/너에게 이야기하지 않으리라(「바뀌어진 지평선」)

않으면 ＊(계사 안에서 우는 알 겯는/닭소리를 듣다가 나는 마른침을 삼키고/담배를 피워 물지 않으면 아니 된다)[…]담배를 피워 물지 않으면 아니 된다고 하였지만(「중용에 대하여」) ＊오징어발에 말라붙은 새처럼 꼬리만 치지 않으면 돼[…]영원만 영원만 고민하지 않으면 돼/오징어에 말라붙은 새처럼 5월이 와도/9월이 와도 꼬리만 치지 않으면 돼[…]오징어발에 말라붙은 새처럼 꼬리만 치지 않으면 돼(「장시1」) ＊피로하지 않으면//울린다 시를 쓰다 말고 코를 풀다 말고[…]피로하지/않으면 울린다 가만히 있어도 울린다(「의자가 많아서 걸린다」)

않으신 ＊읽어보지 않으신 분은 읽어보시오(「파자마 바람으로」)

않은 ＊부끄러움이 없는/부끄러움을 더한층 뜻있게 하기 위하여/있으리라는 믿음에서/만만치 않은 부탁[…]유일한 시간을 연상시키는/만만하지 않은 부탁과 죽순이 자라노니라(「부탁」) ＊나쁘지도 않고 좋지도 않은 꽃들(「너를 잃고」) ＊그러할 때마다 잃어버려서 아까웁지 않은 잃어버리고 온 모자 생각이 불현듯이 난다(「시골 선물」) ＊암만 불러도 싫지 않은 긍지의 날인가 보다(「긍지의 날」) ＊시원치 않은 이 울음소리만이/어째서 나의 뼈를 뚫고 총알같이 날쌔게 달아나는가(「영사판」) ＊마당은 주인의 마음이 숨어 있지 않은 것처럼 安穩한데(「휴식」) ＊구름도 필요 없고/항구가 없어도 아쉽지 않은/내가 바로 바라다보는/저 허연 석회 천정—(「거리1」) ＊엄숙하지 않은 일을 하는 곳에 사는 친구를 찾아왔다[…]청결한 공기조차 어지러웁지 않은 것이/오히려 너의 냄새가 없어서 심심하다(「사무실」) ＊그는 나같이 몸이 약하지 않은 점에 주요한 원인이 있겠지만(「백의」) ＊능금을 먹는 아이들의 머리 위에서/설명이 필요하지 않은 희열 위에서(「영롱한 목표」) ＊눈을 뜨지 않은 땅속의 벌레같이/아둔하고 가난한 마음은 서둘지 말라(「봄밤」) ＊가벼운 참새같이 나는 잠시 너의/흉하지 않은 가지 위에 피곤한 몸을 앉힌다(「서시」) ＊먼 밭을 바라보며 마늘장아찌에/취하지 않은 듯이 취하는 게라(「술과 어린 고양이」) ＊이제는 나의 이 늙지도 젊지도 않은 몸에/해묵은/1,961개의/곰팡내를 풍겨 넣어라(「아픈 몸이」) ＊아직도/소록도의 하얀 바다에/

두고/버리고/던지고 온 취기가/가시지 않은 탓이라고 생각한다……(「旅愁」) *아직도 얼굴의 윤곽이 뚜렷하지 않은/발목이 굵은 여자들이 많이 사는 나의 마을로(「X에서 Y로」) *인사를 하지 않은/나의 친구야 거만한 꿈은 사위어간다(「제임스 띵」) *바람은 딴 데에서 오고/구원은 예기치 않은 순간에 오고(「절망」 (1965)) *그건 그의 인사였고 달라지지 않은 것은 그것뿐(「H」) *이것을 떼먹은 년은 우리 여편네가 든/契의 오야가 주재하는/우리 여편네는 들지 않은 백만 원짜리/계의 멤버로 인형을 만들어 파는 년이라나(「판문점의 감상」) *신성을 지키는 시인의 자리 위에 또 하나/넓은 자리가 있었던 것을 자식한테/가르쳐주지 않은 죄—(「VOGUE야」)

않은지 *잊어버려서 아까운지 아까웁지 않은지 헤아릴 사이도 없이 불은 켜지고(「구슬픈 육체」)

않을 *행길에 얼어붙은 유리창들같이/시계의 열두시같이/재차는 다시 보지 않을 편력의 역사……(「아버지의 사진」) *이것은 누구에게도 보이지 않을 글이기에(「九羅重花」) *여름 뜰을 흘겨보지 않을 것이다(「여름 뜰」) *자연이 하라는 대로 나는 할 뿐이다/그리고 자연이 느끼라는 대로 느끼고/나는 실망하지 않을 것이다(「사치」) *그러니까 내가 그들을 사랑하지 않을 수가 없다(「모리배」) *아픈 몸이/아프지 않을 때까지 가자/[…]아픔이/아프지 않을 때는/그 무수한 골목이 없어질 때/[…] 아픈 몸이/아프지 않을 때까지 가자/[…]아픈 몸이/아프지 않을 때까지 가자/온갖 식구와 온갖 친구와/온갖 적들과 함께(「아픈 몸이」) *그런데/내 눈 아래에 다시 생긴 사마귀는/구태여 빼지 않을 작정이었다[…]내 눈 아래에 다시 생긴 사마귀는/구태여 빼지 않을 작정이다(「반달」) *—태연할 수밖에 없다 웃지 않을 수밖에 없다/조용히 우리들의 웃음을 웃지 않을 수 없다(「우리들의 웃음」) *그것을 찾아보지 않을 줄이야 찾아보지/않아도 있을 줄이야 (「원효대사」)

않을까 *누가 찾아오지나 않을까 망설이면서/앉아 있는 마음(「거리」)

않음 *네가 씹는 음식에 내가 증오하지 않음이/내가 겨우 살아있는 표시라(「먼지」)

않지 *초저녁에 두 번 새벽에 한 번/그러니 아직도 늙지 않지 않았느냐고 한다(「강가에서」)

알 ①생물 조류, 파충류, 어류, 곤충 따위의 암컷이 낳는, 둥근 모양의 물질. ②작고 둥근 열매나 곡식의 낱개. ③속이 들어 있거나 박혀 있는 작고 둥근 물체. ④근육이 딴딴하고 둥글게 된 것. ⑤작고 둥근 열매나 곡식의 낱개를 세는 단위. *계사 안에서 우는 알 곁는/닭소리를 듣다가 나는 마른침을 삼키고/담배를 피워 물지 않으면 아니 된다(「중용에 대하여」) *나의 연령/혹은/4,294알의/구슬이라도 된다(「아픈 몸이」) *한 달에 12, 3만 환이 소리 없이 들어가고/알은 하루 60개밖에 안 나오니/묵은 닭까지 합한 닭모이값이/일주일에 6일을 먹고/사람은 하루를 먹는 편이다//모르는 사람은 봄에 알을 많이 받을 것이니/마찬가지라고 하지만/봄에는 알값이 떨어진다(「만용에게」) *넓적다리 뒷살에/알이 배라지/손에서는/손에서는/불이 나라지[…]넓적다리 뒷살에/넓적다리 뒷살에/알이 배라지(「쌀난리」)

알다 ①교육이나 경험, 사고 행위를 통하여 사물이나 상황에 대한 정보나 지식을 갖추다. ②의식이나 감각으로 깨닫거나 느끼다. ③어떤 일을 어떻게 할지 스스로 정하거나 판단하다. ④어떤 일을 할 능력이나 소양이 있다. ⑤어떤 일에 대하여 관여하거나 관심을 가지다. ⑥잘 모르던 대상에 대하여 그 좋은 점을 깨달아 가까이하려 하다. ⑦어떤 사람이나 사물에 대하여 소중히 생각하다. ⑧상대편의 어떤 명령이나 요청에 대하여 그대로 하겠다고 동의하다. ⑨다른 사람과 사귐이 있거나 안면이 있다. ⑩어떠한 사실에 대하여 그러하다고 믿거나 생각하다.

알 *너무나 기쁜 이 마음은 무슨 까닭인지 알 수는 없지만/확실히 어리석음에서 나오는 것은 아닐 텐데(「거리2」) *만약에 나라는 사람을 유심히 들여다본다고 하자/그러면 나는 내가 詩와는 반역된 생활을 하고 있다는 것을 알 것이다(「구름의 파수병」) *삶에 지친 者여/자를 보라/너의 무게를 알 것이다(「자」) *한밤중에도 울린다/피아노의 주인은 나를 보고/

시를 쓰니 음악도 잘 알 게 아니냐고/한 곡 쳐 보라고 한다(「피아노」) *사랑의 음식이 사랑이라는 것을 알 때까지/난로 위에 끓어오르는 주전자의 물이 아슬/아슬하게 넘지 않는 것처럼 사랑의 節度는/열렬하다/間斷도 사랑[…]아들아 너에게 狂信을 가르치기 위한 것이 아니다/사랑을 알 때까지 자라라(「사랑의 변주곡」)

알게 *피로를 알게 되는 것은 과연 슬픈 일이다/밤이여 밤이여 피로한 밤이여(「달밤」)

알겠어 *있는 시간야. 그래야 시간을 알겠어. 나는 지금 시간과 싸우고 있는 거야. 시간이 있었어. 안 빌려주/게 됐다. 시간야. 시간을 느꼈기 때문야(「엔카운터 誌」)

알겠지 *뒈지지 않고 살아왔으면 알겠지/대한민국에서는 공산당만이 아니면/사람 따위는 기천 명쯤 죽여보아도 까딱도 없거든(「만시지탄은 있지만」)

알고 *너보다는 내가 더 잘 알고 있는 것이다/내가 추악하고 우둔한 얼굴을 하고 있으면/너도 우둔한 얼굴을 만들 줄 안다(「풍뎅이」) *그리하여 이 공허한 원주가 가장 찬란하여지는 무렵/나는 또 하나 다른 유성을 향하여 달아날 것을 알고(「너를 잃고」) *이 밤이 기다리는 고요한 思想마저/나는 초연히 이것을 시간 위에 얹고/어려운 몇 고비를 넘어가는 기술을 알고 있나니(「방안에서 익어가는 설움」) *그의 가치는/왼손으로 글을 쓰는 소녀만이 알고 있다/그것은 그의 둥근 호흡기가 언제나 왼쪽에 달려 있기 때문이다(「수난로」) *그것은 나의 육체의 융기/광야에 와서 어떻게 드러누울 줄을 알고 있는/나는 너무나도 악착스러운 봉상가(「광야」) *비가 오고 있다/여보/움직이는 비애를 알고 있느냐//명령하고 결의하고/〈평범하게 되려는 일〉 가운데에/해초처럼 움직이는/바람에 나부껴서 밤을 모르고/언제나 새벽만을 향하고 있는/투명한 움직임의 비애를 알고 있느냐/여보/움직이는 비애를 알고 있느냐/순간이 순간을 죽이는 것이 현대/현대가 현대를 죽이는 〈종교〉/현대의 종교는 〈출발〉에서 죽는 榮譽/그 누구의 시처럼(「비」) *저 광막한 양지 쪽에 반짝거리는/파리의 소리 없는 소리처럼/나는 죽어가는 법을 알고 있는 사람이기 때문이리라(「파리와 더불어」) *오히려 너를 더 사랑하고/너는 내 눈을 알고/어린 놈도 내 눈을 안다(「여편네의 방에 와서」) *성과는 없었다 성과가 없을 것을/알고 있기 때문에 나는 여편네의/거짓말에 반대하지 않는다(「반달」) *그리고 조금쯤 옆에 서 있는 것이 조금쯤/비겁한 것이라고 알고 있다!(「어느 날 고궁을 나오면서」) *그도 이 관용을 알고 이 마지막 관용을 알고 있지만/吟味癖이 있는 나보다는 덜 알고 있겠지(「H」) *자리에서 일어나는 것까지 문을 여는 것까지 알고/방어작전을 써(「엔카운터 誌」) *어린 너는 나의 전모를 알고 있는 듯/야아 순자야 깜찍하고나/너 혼자서 깜찍하고나(「꽃잎3」) *미리 막을 줄 알고 미리 막아져 있고/미리 칠 줄 알고 미리 쳐들어가 있고(「먼지」)

알고는 *그놈의 속을 창자 밑까지도 다 알고는 있었으나/타성같이 습관같이/그저그저 쉬쉬하면서/할말도 다 못하고/기진맥진해서/그저그저 걸어만 두었던/흉악한 그놈의 사진을/오늘은 서슴지 않고 떼어놓아야 할 날이다(「우선 그놈의 사진을 떼어서 밑씻개로 하자」)

알고만 *그대들은 유구한 公序良俗 정신으로/위정자가 다 잘해 줄 줄 알고만 있다(「육법전서와 혁명」)

알기 *저 조그만 비행기같이 연기도 여운도 없이 살아진 몇몇 포로들의 영령이/너무나 알기 쉬운 말로 아무도 듣지 못하게 당신의 뺨에다 대고 비로소 시작하는 귓속이야기지요(「조국에 돌아오신 傷病捕虜 동지들에게」)

알려면 *가정을 알려면 돈을 떼어보면 돼/숲을 알려면 땅벌에 물려보면 돼(「장시1」)

알면서 *설움을 역류하는 야릇한 것만을 구태여 찾아서 헤매는 것은/우둔한 일인 줄 알면서/그것이 나의 생활이며 생명이며 정신이며 시대이며 밑바닥이라는 것을 믿었기 때문에—(「방안에서 익어가는 설움」) *마음을 쉰다는 것이 남에게도 나에게도/속임을 받는 일이라는 것을/(쉰다는 것이 무엇이라는 것을 알면서)/쉬어야 하는 설움이여(「휴식」)

알아 *그는 이제 조용하게 나를 경멸할 줄 알

아/석 달 전에 결혼한 그는 그전하곤 모두가 좀 달라졌어/그리고 그가 경멸하고 있는 건 나의/정치 문제뿐이 아냐(「H」)

알아라 ＊내가 웃는 것은 세상을 향하여서가 아니라/너를 보고 짓는 짓궂은 웃음인 줄 알아라(너는 언제부터 세상과 배를 대고 서기 시작했느냐) ＊여름 뜰이여/너의 광대한 손[手]을 본다//「조심하여라! 자중하여라! 무서워할 줄 알아라!」 하는/억만의 소리가 비 오듯 내리는 여름 뜰을 보면서(「여름 뜰」) ＊너의 힘을 알리는 신호인 줄 알아라//지구의의 남극에는 검은 쇠꼭지가 심겨 있는지라―(「지구의」)

알아질 ＊너의 이름과 너와 나와의 관계가 무엇인지 알아질 때까지/소금 같은 이 세계가 존속할 것이며/의심할 것인데(「풍뎅이」)

알았고 ＊반드시 정말이 아니라는 것을 알았고/너의 어린 의사를 발표할 줄 알았다[…]골목길에서 얻어맞은 모든 것이/반드시 정말이 아니라는 것을 알았고/너의 어린 행동은/어린 상징을 면하기 시작했다[…]너의 회의는/나라 안에서 당한 모든 것이/나라 밖에서 당한 모든 것이/반드시 정말이 아니라는 것을 알았고/너의 어린 포부는/불가능의 한계를 두드려보기 시작했다[…]너의 사랑은/38선 안에서 받은 모든 굴욕이/38선 밖에서 받은 모든 굴욕이/전혀 정당한 것이 아니라는 것을 알았고/너는 너의 모든 힘을 다해서 답쌔버릴 것이다(「65년의 새해」)

알았다 ＊너의 어린 의사를 발표할 줄 알았다/우리는 너를 보고 깜짝 놀랐다(「65년의 새해」) ＊하늘에도 천둥이, 우리의 귀가/들을 수 없는 더 큰 천둥이 있는 줄/알았다 그것이 먼저 있는 줄 알았다(「여름 밤」)

알았더니 ＊사람이 사람을 사랑하다 남은 날/땅에만 소음이 있는 줄만 알았더니/하늘에도 천둥이, 우리의 귀가/들을 수 없는 더 큰 천둥이 있는 줄/알았다(「여름 밤」)

알았어 ＊내 찻값까지 합해서 백 원을 치르고 나가는/그의 표정을 보고/나는 그가 필시 속으로는 나를 포기하고/있다는 것을 알았어(「H」) ＊시간은 내 목숨야. 어제하고는 틀려졌어. 틀려졌다는 것을 알았어. 틀려져야겠다는 것을 알/았어(「엔카운터 誌」)

알았지 ＊"Sooner murder an infant in its/cradle than nurse unacted desire" 이것이/무슨 뜻인지 알았지 그러나 완성하진 못했지(「이혼 취소」)

알지 ＊자유를 위해서/비상하여 본 일이 있는/사람이면 알지/노고지리가/무엇을 보고/노래하는가를(「푸른 하늘을」) ＊저놈은 내가 말을 걸 줄 알지/아까 점심때처럼 그렇게 나긋나긋할 줄 알지/시금치 이파리처럼 그렇게 부드러울 줄 알지/암 지금도 부드럽기는 하지만 좀 다르다/초가 쳐 있다 잔인의 초가(「잔인의 초」)

알리다 ① '알다'의 사동형. ②다른 사람에게 어떤 것을 소개하여 알게 하다. ③어떠한 사실이나 현상을 나타내거나 표시하다.

알려 ＊그대의 출발이 잘못된 출발이었다고/알려주려고/모든 세계일주가 잘못된 출발이라고/알려주려고―(「세계일주」)

알리는 ＊너의 힘을 알리는 신호인 줄 알아라//지구의의 남극에는 검은 쇠꼭지가 심겨 있는지라―(「지구의」)

알리면서 ＊이제부터 당신에게 알리면서 살아야겠어―그게/될까? 되면? 안 되면? 당신! 당신이 빛난다./우리들은 빛나지 않는다.(「엔카운터 誌」)

알릴 ＊그것을 당신한테 알릴 필요가 있어. 그것/이 책보다 더 중요하다는 걸 모르지.(「엔카운터 誌」)

알리바이(영, alibi) 범죄가 일어난 때에, 피고인 또는 피의자가 범죄 현장 이외의 장소에 있었다는 사실을 주장함으로써 무죄를 입증하는 방법. '현장 부재 증명'으로 순화. ＊작품 제복임(「설사의 알리바이」)

알아주다 ①남의 사정을 이해하다. ②남의 장점을 인정하거나 좋게 평가하여 주다. ③어떤 사람의 특이한 성격을 다른 사람들이 인정하다.

알아주는 ＊그래도 누가 읽어줄지 모르는 신문 한구석에 너의 피가 어리어 있는 것이 반가워서 보고 있는 것인가/기사라 하지만 네가 썼다고 알아주는 사람이 있어도 좋고 없어도 가히 무관한 것(「기자의 정열」)

앓다 투병(鬪病)하다. 끙끙거리다. 편찮다. ☞

병들다. 병걸리다.
앓고 *소련을 생각하면서 나는 치질을 앓고 피를 쏟았다/일주일 동안 단식까지 했다(「轉向記」)

앓는 *나는 서울의 얼치기 洋館 속에서/골치를 앓는 여편네의 댓가지 백 속에/조약돌이 들어 있는/공간의 우연에 놀란다(「누이의 방」)

암 '아무렴'의 준말. ☞ 아암. *시금치 이파리처럼 그렇게 부드러울 줄 알지/암 지금도 부드럽기는 하지만 좀 다르다/초가 쳐 있다 잔인의 초가(「잔인의 초」)

암만 아무리. *오늘은 필경 여러 가지를 합한 긍지의 날인가 보다/암만 불러도 싫지 않은 긍지의 날인가 보다(「긍지의 날」)

암만하다 ①이러저러하게 애를 쓰거나 노력을 들이다. ②이리저리 생각하여 보다.
암만해도 *불을 끄고 누웠다가/잊어지지 않는 것이 있어/다시 일어났다//암만해도 잊어버리지 못할 것이 있어 다시 불을 켜고 앉았을 때는/이미 내가 찾던 것은 없어졌을 때(「구슬픈 육체」) *아무래도 나는 비켜서 있다 절정 위에는 서 있지/않고 암만해도 조금쯤 옆으로 비켜서 있다(「어느 날 고궁을 나오면서」)

암석(巖石) 지각을 구성하고 있는 단단한 물질. 화성암, 퇴적암, 변성암으로 크게 나눈다. *이제 나의 방은 막다른 방/이제 나의 방의 옆방은 자연이다/푸석한 암석이 쌓인 산기슭이/그치는곳이라고 해도 좋다(「이사」)

암소 소의 암컷. *캄캄한 사무실 한복판에서/나는 눈이 먼 암소나 다름없이 선량한데/이 공간의 넓이를 가리키면서/한꺼번에 구겨지자 없어지는 벼락과 천둥/이것이 또 앞으로 얼마나 계속될는지(「付託」)

암시(暗示) ①넌지시 알림 또는 그 내용. ②뜻하는 바를 간접적으로 나타내는 표현법. *그 罪過를 그 방대한 21개국의 지도를/그대는 선물로 나에게 펼쳐 보이지만/그대가 준 손수건의 암시처럼/불길한 눈물을 흘리게 했지만/그 분풀이로 어리석은 나는 술을 마시고/창문을 부수고 여편네를 때리고/지옥의 시까지 썼지만(「세계일주」)

암야(暗夜) ①앞이 잘 보이지 아니하게 어두운 밤. ②절망적인 처지나 환경을 비유적으로 이르는 말. *그가 오랜 세월을 暗夜 속에서 살고 있었던 것만은 확실하다고 나는 생각한다(「백의」)

암흑(暗黑) ①어둡고 캄캄함. ②암담하고 비참한 상태를 비유적으로 이르는 말. *예지는 어느 煙筒보다도 훨씬 뾰죽하고 날카로울 것이다//암흑과 맞닿는 나의 생명이여/거리의 생명이여(「거리2」) *나는 잠자는 일/잠 속의 일/쫓기어다니는 일/불같은 일/암흑의 일/깨꽃같이 작고 많은/맨 끝으로 신경이 가는 일/암흑에 휘날리고/나의 키를 넘어서―(「깨꽃」) *31일 오오 나의 판문점이여/벌판이여 암흑의 바보의/장막이여(「판문점의 감상」) *그 소리가 지워지는/강이 흐르고 그 강 건너에 사랑하는/암흑이 있고 3월을 바라보는 마른 나무들이/사랑의 봉오리를 준비하고(「사랑의 변주곡」)

압력(壓力) ①두 물체가 접촉면을 경계로 하여 서로 그 면에 수직으로 누르는 단위 면적에서의 힘의 단위. ②권력이나 세력에 의하여 타인을 자기 의지에 따르게 하는 힘. *친절과 친절의 압력에 대해서 미안하지 않소(「美濃印札紙」)

압박(壓迫) ①강한 힘으로 내리누름. ②기운을 못 펴게 세력으로 내리누름. *광선의 미립자와 분말이 너무도 시들하다/(압박해 주고 싶다)/뒤집어진 세상의 저쪽에서는/나는 비틀거리지도 않고 타락도 안했으리라(「冬麥」)

앙갚음 남이 저에게 해를 준 대로 저도 그에게 해를 줌. *아이들의 눈을 막은 죄―그 죄의 앙갚음/VOGUE야(「VOGUE야」)

앙상하다 ①꼭 째지 않아 아울리지 않다. ②살이 빠져서 보기에 까칠하다. ③잎이 지고 가지만 남아서 나무가 스산하다.
앙상한 *그러나 그 속에서 부패하고 있는 것/―그것은 나의 앙상한 생명(「PLASTER」) *산도 없고 바다도 없고 진흙도 없고 진창도 없고 미련도 없이/앙상한 육체의 투명한 골격과 세포와 신경과 안구까지/모조리 노출 낙하시켜 가면서다(「헬리콥터」) *버드나무 발아래의 나팔꽃도 그렇다/앙상한 연분홍,/오프라질 때는 무궁화는 그보다 조금쯤 더 길고/진한 빛,/죽음의 빛인지도 모르는 놈……(「말복」)

앞 ①얼굴이 향한 쪽. ②차례에서 먼저 있는 편. ③물건이 향하고 있는 쪽. ④장래. ⑤지금보다 먼저. ⑥몫. ⑦ '이제부터 뒤에'의 뜻. * 팽이가 돈다/어린아해이고 어른이고 살아가는 것이 신기로워/물끄러미 보고 있기를 좋아하는 나의 너무 큰 눈 앞에서/아해가 팽이를 돌린다[…]제트기 벽화 밑의 나보다 더 뚱뚱한 주인 앞에서/나는 결코 울어야 할 사람은 아니며/영원히 나 자신을 고쳐가야 할 운명과 사명에 놓여 있는 이 밤에[…]팽이는 지금 수천 년 전의 聖人과 같이/내 앞에서 돈다(「달나라의 장난」) * 너의 앞에서는 우둔한 얼굴을 하고 있어도 좋았다/백년이나 천년이 결코 긴 세월이 아니라는 것은/내가 사랑의 테두리 속에 끼여 있기 때문이 아니리라(「풍뎅이」) * 등잔은 바다를 보고/살아있는 듯이 나비가 죽어 누운/무덤 앞에서/나는 나의 할 일을 생각한다(「나비의 무덤」) * 내 앞에 서서 주검을 가지고 주검을 막고 있다/나는 병풍을 바라보고/달은 나의 등뒤에서 병풍의 주인 六七翁海士의 印章을 비추어주는 것이었다(「병풍」) * 너희놈 손에 돌아가신 우리 형님들/무덤 앞에 절을 구천육백삼십오만 번만 해/나는 아리조나 카보이야(「나는 아리조나 카보이야」) * 누이야/나는 분명히 그의 앞에 절을 했노라/그의 앞에 엎드렸노라/모르는 것 앞에는 엎드리는 것이/모르는 것 앞에는 무조건하고 숭배하는 것이/나의 습관이니까(「누이야 장하고나!」) * 흰 실에 매어달려 있는 여주알의 곰보/창문 앞에/안치해 놓은 당호박/평면을 사랑하는/코스모스(「누이의 방」) * 피아노 앞에는 슬픈 사람들이 많이 있다/동계방학 동안 아르바이트를 하는 누이[…]나의 새끼는 피아노 앞에서는 노예/둘째 새끼는 왕자다(「피아노」) * 옹졸한 나의 전통은 유구하고 이제 내 앞에 情緖로/가로놓여 있다/이를테면 이런 일이 있었다(「어느 날 고궁을 나오면서」) * 봄이 오기 전에 속옷을 벗고 너무 시원해서 설워지듯이/성급한 우리들은 이 발견과 실감 앞에 서럽기까지도 하다(「풀의 영상」) * 가구점의 문앞에서 책꽂이를/묶어주는 철쭉꽃빛 루즈를 바른/주인 여자의 얼굴—(「네 얼굴은」) * 한꺼번에 구겨지자 없어지는 벼락과 천둥/이것이 또 앞으로 얼마나 계속될는지(「付託」) * 검은 철을 깎아 만든/고궁의 흰 지댓돌 위의/더러운 향로 앞으로 걸어가서/잃어버린 愛兒를 찾은 듯이(「더러운 향로」) * 사전이 詩 같은 나이의 詩/사전이 앞을 가는 변화의 詩/감기가 가도 감기가 가도/줄곧 앞을 가는 사전의 詩/詩(「시」(1961)) * 도적은 간밤에는 사그러진 담장 쪽이 아닌/우리집의 의젓한 벽돌기둥의 정문 앞을/새벽녘에 거닐었다고 한다[…]우리가/훔친 거나 다름없다 아니 그보다도 더 나쁘다/앞의 2층집이 신축을 하고 담을 두르고/가시철망을 칠 때 우리도 그 철망을 치던/일꾼을 본 일이 있다(「도적」)

앞뒤 앞과 뒤. 전후. * 음악을 들으면 차밭의 앞뒤 시간이/가시처럼 생각된다(「반달」) * 마술의 원효가 이리 번쩍//저리 번쩍 〈제니〉와 大師가/왔다갔다 앞뒤로 좌우로/왔다갔다 웃고 울고 왔다갔다/파우스트처럼 모든 상징이//상징이 된다(「원효대사」)

앞발 ①네발짐승의 앞에 달린 두 발. 전족(前足). ②앞쪽에 놓인 발. * 토끼는 앞발이 길고/귀가 크고/눈이 붉고/또는 〈이태백이 놀던 달 속에서 방아를 찧고〉……/모두 재미있는 현상이지만/그가 입에서 탄생되었다는 것은 또 한번 토끼를 생각하게 한다(「토끼」)

앞서 ①남보다 먼저. ②지금보다 앞선 때에. * 민중은 영원히 앞서 있소이다/웃음이 나오더라도/눈 내리는 날에는/손을 묶고 가만히/앉아 계시오(「눈」(1961))

앞장 무리의 맨 앞자리 또는 거기에 있는 사람. * 사과와 수첩과 담배와 같이/인간들이 걸어간다/뮤즈여/앞장을 서지 마라/그리고 너의 노래와 음계를 조금만/낮추어라/오늘의 우울을 위하여/오늘의 경박을 위하여(「바뀌어진 지평선」)

애[1] ①초조한 마음속. ②몹시 수고로움. * 우리는 UN군에 포로가 되어 너무 좋아서 가시철망을 뛰어나오려고 애를 쓰다가 못 뛰어나오고/여러 동지들은 기막힌 쓰라림에 못 이겨 못 뛰어나오고(「조국에 돌아오신 傷病捕虜 동지들에게」) * 나비야 나비야 더러운 나비야/네가 죽어서 지분을 남기듯이/내가 죽은 뒤에는/고독의 명맥을 남기지 않으려고/나는 이다지도 주야를 무릅쓰고 애를 쓰고 있단다(「나비의 무덤」)

애² '아이'의 준말. ＊피혁점, 곰보, 애꾸, 애 못 낳는 여자, 무식쟁이,/이 모든 무수한 반동이 좋다(「거대한 뿌리」) ＊얼마전에는 애 업은 여자하고 오입을 했다고 한다/초저녁에 두 번 새벽에 한 번/그러니 아직도 늙지 않지 않았느냐고 한다(「강가에서」)

애교(愛嬌) 남에게 귀엽게 보이는 태도. ＊서울에도 있고 산보도 하고/영화관에도 가고/애교도 있다/그들은 말하자면 우리들의 곁에 있다(「하…… 그림자가 없다」) ＊꽉 막히는 이것이 나의 생활의 자연의 시초요/바다와 별장과 용솟음치는 파도와 조니 워커와/조크와 미인과 페티 김과 애교와 豪談과/남자의 포부의 미련에 대한/편지는 못 쓰겠소(「美濃印札紙」)

애꾸 한쪽 눈이 먼 눈. 반맹(半盲). ＊피혁점, 곰보, 애꾸, 애 못 낳는 여자, 무식쟁이,/이 모든 무수한 반동이 좋다(「거대한 뿌리」)

애놈 '아이놈'의 준말. ＊머리에 피도 안 마른 애놈의 투정에 진다/떨어지는 은행나무잎도 내가 밟고 가는 가시밭(「어느 날 고궁을 나오면서」)

애드벌룬(영, adballoon) 광고하는 글이나 그림 따위를 매달아 공중에 띄우는 풍선. ＊나의 긍지는 애드벌룬보다는 좀 더 무거울 것이며/예지는 어느 煙筒보다도 훨씬 뾰죽하고 날카로울 것이다(「거리2」)

애무(愛撫) 주로 이성을 사랑하여 어루만짐. ＊여편네의 방에 와서 기거를 같이해도/나는 이렇듯 소년처럼 되었다/흥분해도 소년/계산해도 소년/애무해도 소년(「여편네의 방에 와서」)

애아(愛兒) 사랑하는 어린 자식. ＊더러운 향로 앞으로 걸어가서/잃어버린 愛兒를 찾은 듯이/너의 거룩한 머리를 만지면서/우는 날이 오더라도(「더러운 향로」) ＊우물도 사다리도 愛兒도 거만한 문패도/내가 범인이 되기 전에/(벌써 오래전에!)/범인의 것이 되어 있었고(「절망」(1962))

애원(哀願) 소원이나 요구 따위를 들어 달라고 애처롭게 사정하여 간절히 바람. ＊자유가 항상 싸늘한 것이라면 나는 당신과 더 이야기 하지 않겠어요/그러나 이것은 살아 있는 포로의 애원이 아니라/이미 대한민국의 하늘을 가슴으로 등으로 쓸고 나가는/저 조그만 비행기같이 연기도 여운도 없이 살아진 몇몇 포로들의 영령이(「조국에 돌아오신 傷病捕虜 동지들에게」)

애인(愛人) 사랑하는 사람. 연인(戀人). ＊그것은 자유를 찾기 위해서의 여정이었다/가족과 애인과 그리고 또 하나 부실한 처를 버리고/포로수용소로 오려고 집을 버리고 나온 것이 아니라(「조국에 돌아오신 傷病捕虜 동지들에게」) ＊흐린 날에는 연극은 없다/모든 게 쉰다/쉬지 않는 것은 처와 처들뿐이다/혹은 버림받은 애인뿐이다/버림받으려는 애인뿐이다/넝마뿐이다(「적2」) ＊어떻게 알았느냐 나의 방대한 낭비와 넌센스와 허위를/나의 못 보는 눈을 나의 둔갑한 영혼을/나의 애인 없는 더러운 고독을/나의 대대로 물려받은 음탕한 전통을(「꽃잎3」)

애정(愛情) ①사랑하는 마음. ②이성(異性)을 간절히 그리워하는 마음. ＊첩첩이 무서운 晝夜/애정은 나뭇잎처럼/기어코 떨어졌으면서/나의 손 위에서 신음한다[…]물방울처럼/땅속으로 향하여 들어갈 것/애정지둔(「愛情遲鈍」) ＊나의 생활의 圓周 위에 어느 날이고/늬가 서기를 바라고/나의 애정의 원주가 진정으로 위대하여지기 바라고(「너를 잃고」) ＊너를 딛고 일어서면/생각하는 것은 먼 나라의 일이 아니다/나의 가슴속에 흐트러진 파편들일 것이다//너의 표피의 원활과 각도에 이기지 못하고 미끄러지는 나의 발을/나는 미워한다/방향은 애정―[…]애정은 절박하고/과거와 미래와 오류와 혈액들이 모두 바쁘다[…]정치의 작전이 아닌/애정의 부름을 따라서/네가 떠나가기 전에/나는 나의 조심을 다하여 너의 내부를 살펴볼까(「네이팜 탄」) ＊모든 것을 제압하는 생활 속의/애정처럼/솟아오른 놈(「생활」) ＊하얗게 마른 마루틈 사이에서/들어오는 바람에서/느끼는 투지와 애정은 젊다(「가옥 찬가」) ＊여편네의 방에 와서 기거를 같이해도/나는 점점 어린애/나는 점점 어린애/태양 아래의 단 하나의 어린애/죽음 아래의 단 하나의 어린애/언덕 아래의 단 하나의 어린애/애정 아래의 단 하나의 어린애(「여편네의 방에 와서」)

애정지둔(愛情遲鈍) 사랑은 느리고 둔하다. ＊작품 제목임(「愛情遲鈍」)

애처롭다 가엾고 불쌍하여 마음이 슬프다.

애처로운 ＊사람이야 말할 수 없이 애처로운 것이지만/내가 부끄러운 것은 사람보다도/저 날짐승이라 할까(「도취의 피안」) ＊방 두 칸과 마루 한 칸과 말쑥한 부엌과 애처로운 처를 거느리고/외양만이라도 남과 같이 살아간다는 것이 이다지도 쑥스러울 수가 있을까(「구름의 파수병」)

애처로울 ＊너를 보고/너의 곁에 애처로울 만치 바싹 다가서서/내가 웃는 것은 세상을 향하여서가 아니라/너를 보고 짓는 짓궂은 웃음인 줄 알아라(「너는 언제부터 세상과 배를 대고 서기 시작했느냐」)

애처롭고 ＊어둠 속에서 일순간을 다투며/없어져버린 애처롭고 아름답고 화려하고 부박한 꿈을 찾으려 하는 것은//생활이여 생활이여/잊어버린 생활이여(「구슬픈 육체」)

애타다 속이 탈 것같이 몹시 걱정이 되다.

애타도록 ＊애타도록 마음에 서둘지 말라/강물 위에 떨어진 불빛처럼/혁혁한 업적을 바라지 말라[…]아둔하고 가난한 마음은 서둘지 말라/애타도록 마음에 서둘지 말라/절제여/나의 귀여운 아들이여/오오 나의 靈感이여(「봄밤」)

애타하다 애태우다. ☞ 애타다.

애타하고 ＊조바심을 하고 식모 아가씨나 가게/아가씨는 연애가 되나 하고/애타하고 원효의 염불 소리 까지도/잊고―죄를 짓고 싶다(「원효대사」)

앨비(Albee, Edward) 1928~. 미국의 극작가. 단막극 『동물원 이야기』를 공연했고, 『누가 버지니아 울프를 무서워하랴』로 유명해졌다. 김수영의 「전화이야기」에 등장하는 드라마는 시기상, 내용상 『동물원 이야기』(1958년 작)로 추정된다. 『대머리 여가수』와 함께 당대에 유행한 연극 소재였던 『동물원 이야기』는 어느 일요일 오후 뉴욕에 있는 센트럴 공원의 벤치를 무대로 하여 두 사람(한 사람은 출판사 간부사원, 한 사람은 가난하고 소외된 청년) 사이에 일어난 사건을 중심으로 타인과의 교류를 원하는, 절망과 단절의 극복을 묘사한 작품이다. 출판사 간부와 가난한 청년의 2인극이라는 점에서 이 시와의 유사성을 찾을 수 있다. 한국에서는 '올비'라고도 부름. ＊여보세요. 앨비의 아메리칸 드림예요. 절망예요.[…]머릿속에 특종이란 자가 보여요. 여편네하고/싸우고 나왔지요. 순수하죠. 앨비 말예요./살롱 드라마이지요. 반도호텔이나 조선호텔에서/공연을 하게돼요.[…]앨비예요, 앨비예요. 에이 엘 삐 이이. 네./그래요. 아아, 그렇군요.(「전화 이야기」)

앨비

야 ①매우 놀라거나 반가울 때 내는 소리. ②어른이 아이를 부르거나 같은 또래끼리 서로 부르는 말. ☞ 야아. ＊야 손들어 나는 아리조나 카보이야/빵! 빵![…]야 이놈들아 고갤 숙여/너희놈 손에 돌아가신 우리 형님들/무덤 앞에 절을 구천육백삼십오만 번만 해[…]야 빨리 들어가 하바! 하바!/나는 아리조나 카보이야/아리조나 카보이야(「나는 아리조나 카보이야」) ＊야 고만 죽여라 고만 죽여/나는 오늘 아침에 서약한 게 있다니까/남편은 어제의 남편이 아니라니까/정말 어제의 네 남편이 아니라니까(「거미잡이」)

야경(夜警) 밤에 공공건물·회사·동네 등을 돌며 화재나 범죄 따위를 경계하는 일. ＊수도세, 야경비, 땅세, 벌금, 전기세 이외에/내가 주어야 할 것은 신문값만이 아니다(「제임스 띵」)

야경꾼(夜警―) 밤 사이에 화재나 범죄가 없도록 살피고 지키는 사람. ＊20원을 받으러 세 번씩 네 번씩/찾아오는 야경꾼들만 증오하고 있는가[…]그러니까 이렇게 옹졸하게 반항한다/이발쟁이에게/땅주인에게는 못하고 이발쟁이에게/구청 직원에게는 못하고 동회 직원에게도 못하고/야경꾼에게 20원 때문에 10원 때문에 1원 때문에/우습지 않으냐(「어느 날 고궁을 나오면서」)

야릇하다 무엇이라 표현할 수 없게 묘하고 이상하다.

야릇한 설움을 역류하는 야릇한 것만을 구태여 찾아서 헤매는 것은/우둔한 일인 줄 알면서(「방안에서 익어가는 설움」)

야밤(夜—) 깊은 밤. *지극히 시시한 발견이 나를 즐겁게 하는 야밤이 있다/오늘밤 우리의 현대문학사의 변명을 얻었다[…중요한 것은 야밤이다//우리는 여지껏 희생하지 않는 오늘의 문학자들에 관해서/너무나 많이 고민해 왔다(「이 한국문학사」)

야소(耶蘇) '예수'의 가차 한자. ☞예수. *미인, 시인, 사무가, 농사꾼, 상인, 耶蘇이기도 한/나날이 새로워지는 괴기한 인물(「절망」(1962))

야아 매우 놀라거나 반가울 때 내는 소리 '야'의 늘인 말. ☞야. *어린 너는 나의 전모를 알고 있는 듯/야아 순자야 깜찍하고나/너 혼자서 깜찍하고나(「꽃잎3」)

야영(野營) ①군대가 일정한 지역에 임시로 주둔하면서 생활하는 데 필요한 시설들을 갖추어 놓은 곳 또는 거기서 하는 생활. ②휴양이나 훈련을 목적으로 야외에 천막을 쳐 놓고 하는 생활. *내가 6·25 후에 价川 야영훈련소에서 받은 말할 수 없는 학대를 생각한다(「조국에 돌아오신 傷病捕虜 동지들에게」)

야하다(冶/野—) 아리땁게 보이려고 꾸민 것이 되바라지고 천하다. 이곳에만 밝다.

야한 *빌려주겠다고 했지만/빌려주지 않겠다. 야한 선언을/하지 않고 우물쭈물 내일을 지내고/모레를 지내는 것은 내가 약한 탓이다./야한 선언은 안 해도 된다. 거짓말을 해도/된다(「엔카운터 誌」)

약(藥) ①병이나 상처 따위를 고치거나 예방하기 위하여 먹거나 바르거나 주사하는 물질. *배가 모조리 설사를 하는 것은 머리가 설사를/시작하기 위해서다 性도 윤리도 약이/되지 않는 머리가 불을 토한다//여름이 끝난 벽 저쪽에 서 있는 낯선 얼굴/가을이 설사를 하려고 약을 먹는다/성과 윤리의 약을 먹는다 꽃을 거두어들인다(「설사의 알리바이」)

약간(若干) 조금. 얼마쯤. *남이 괴로워하는 양을 보기 위하여서도/나에게는 약간의 경박성이 필요한 것이다[…]이 어지러운 세상을 살아가기 위하여/나에게는 약간의 경박성이 필요하다/물 위를 날아가는 돌팔매질—(「바뀌어진 지평선」) *그래도 우리는/삼십대보다는 약간 젊어졌다 육십이 넘으면 좀더/젊어질까 기관포나 뗏목처럼 인생도 인생의 부분도/통째 움직인다(「미역국」) *훌륭하게 훌륭하게 얘기할 수 있었어/그의 약간의 오류는 문제가 아냐/그의 오류는 꽃이야/그 무엇이라고 말할 수 없는 나라의 수도의/한복판에서(「H」)

약다 ①자신에게만 이롭게 꾀를 부리는 성질이 있다. ②어려운 일이나 난처한 일을 잘 피하는 꾀가 많고 눈치가 빠르다.

약게 *나는 원래가 약게 살 줄 모르는 사람이다/진실을 찾기 위하여 진실을 잊어버려야 하는/내일의 역설 모양으로/나는 자유를 찾아서 포로수용소에 온 것이고(「조국에 돌아오신 傷病捕虜 동지들에게」)

약력(略歷) 간략하게 적은 이력. *권말에 붙어나오는 역자 약력에는/한사코 ××대학 중퇴가 ××대학 졸업으로 誤植이 돼 나오니/이렇게 돼서야 그만이지(「파자마 바람으로」)

약방(藥房) ①약국(藥局). ②약사가 없이 약종상 면허만으로 양약을 소매하는 가게. *요강, 망건, 장죽, 종묘상, 장전, 구리개 약방, 신전,/피혁점, 곰보, 애꾸, 애 못 낳는 여자, 무식쟁이,/이 모든 무수한 반동이 좋다(「거대한 뿌리」)

약삭빠르다 눈치가 빠르거나, 자기 잇속에 맞게 행동하는 데 재빠르다.

약삭빠른 *金海東—그놈은 항상 약삭빠른 놈이지만 언제나/부하를 사랑했다/鄭炳一—그놈은 내심과 정반대되는 행동만을/해왔고, 그것은 가족들을 먹여살리기 위해서였다(「적」)

약속(約束) 다른 사람과 앞으로의 일을 어떻게 할 것인가를 미리 정하여 둠 또는 그렇게 정한 내용. *백의는 자동식 문명의 천재이었기 때문에 그의 소유주에게는/일언의 약속도 없이 제가 갈 길을 자유자재로 찾아다니었다(「백의」)

약탈(掠奪) 폭력을 써서 남의 것을 억지로 빼앗음. *구태여 달관하고 있는 지금의 내 마음에/샘솟아 나오려는 이 설움은 무엇인가/모독당한 과거일까/약탈된 소유권일까(「국립도

약하다(弱―) ①힘이 세지 않다. 세력이 강하지 않다. ②튼튼하지 못하다. ③의지 따위가 굳세지 못하다. ④잘하지 못하다. ⑤여리다. ⑥자극에 대한 저항력이 모자라다.

약하지 ＊그는 나같이 몸이 약하지 않은 점에 주요한 원인이 있겠지만/雷神보다 더 사나웁게 사람들을 울리고/뮤즈보다도 더 부드러웁게 사람들의 상처를 쓰다듬어준다(「백의」)

약한 ＊강한 것보다는 약한 것이 더 많은 나의 착한 마음이기에/팽이는 지금 수천 년 전의 聖人과 같이/내 앞에서 돈다(「달나라의 장난」) ＊나의 얇은 지붕 위에서 솔개미같은/사나운 놈이 약한 날짐승들이 오기를 노리면서 기다리고/더운 날과 추운 날을 가리지 않고/늙은 버섯처럼 숨어 있기 때문에도 아니다(「도취의 피안」) ＊야한 선언을/하지 않고 우물쭈물 내일을 지내고/모레를 지내는 것이 내가 약한 탓이다./야한 선언은 안 해도 된다. 거짓말을 해도/된다(「엔카운터 誌」) ＊차창에서 내다본 중앙선의 복선공사에 동원된/갈대보다도 더 약한 소년들과 부녀자들의/노동의 慘景에 대한 편지도 못 쓰겠소 매부(「美濃印札紙」)

약할지 ＊내일의 적은 오늘의 적보다 약할지 몰라도/오늘의 적도 내일의 적처럼 생각하면 되고/오늘의 적도 내일의 적처럼 생각하면 되고(「적1」)

얄따랗다 꽤 얇다.

얄따란 ＊손에는 무거운 보따리를 들고/가다가다 기침을 하면서/집에는 差押을 해온 파일 오버가 있는데도/배자 위에 얄따란 검정 오버를 입고/사흘 전에 술에 취해 흘린 가래침 자국―(「네 얼굴은」)

얇다 ①두께가 두껍지 아니하다. ②층을 이루는 사물의 높이나 집단의 규모가 보통의 정도에 미치지 못하다. ③빛깔이 연하다. ④빤히 들여다보일 만큼 속이 좁다.

얇아지고 ＊戲畫의 계시가 돈이 되고/돈이 되고 사랑이 되고 갱의 단층의 길이가/얇아지고 돈이 돈이 되고 돈이/길어지고 짧아지고(「먼지」)

얇은 ＊나의 얇은 지붕 위에서 솔개미같은/사나운 놈이 약한 날짐승들이 오기를 노리면서 기다리고(「도취의 피안」) ＊쑥잎보다 훨씬 얇은/너의 잎은 지휘하라/베적삼, 옥양목, 데크론, 인조견, 항라,/모시치마 냄새 난다 냄새 난다(「등나무」) ＊허물어진 담밑에서 사과껍질보다도 얇은//시멘트 가죽을 뚫고 일어나면 내 집과/나의 정신이 순간적으로 들렸다 놓인다(「거짓말의 여운 속에서」)

얄상하다 얇다. ☞ 얇다.

얄상한 ＊등나무 등나무 등나무 등나무/얄상한 잎/그것이 이슬을 마셨다고 어찌 신용하랴(「등나무」)

양(樣) '양식', '양상', '모양'의 준말. ＊뮤즈여/나는 공리적인 인간이 아니다/내가 괴로워하기보다도/남이 괴로워하는 양을 보기 위하여서도/나에게는 약간의 경박성이 필요한 것이다(「바뀌어진 지평선」)

양계장(養鷄場) 여러 가지 필요한 설비를 갖추어 두고 닭을 먹여 기르는 곳. ＊有線 합승자동차에도 양계장에도 납공장에도/미곡창고 지붕에도 달려 있는/썩은 공기 나가는 지붕 위의 지붕만 있으면 돼(「장시1」)

양관(洋館) 서양식 집. ＊이런 밤에/나는 서울의 얼치기 洋舘 속에서/골치를 앓는 여편네의 댓가지 백 속에/조약돌이 들어 있는/공간의 우연에 놀란다(「누이의 방」)

양극(兩極) ①양극과 음극. ②북극과 남극. ③양극단. ＊고대 형이상학자들은 그를 보고 〈양극의 합치〉라든가 혹은 〈거대한 희열〉이라고 부르고 있었지만/19세기 시인들은 그를 보고 〈도피의 王者〉 혹은 단순히 〈여유〉라고 불렀다(「백의」) ＊地球儀의 양극을 관통하는 생활보다는/차라리 지구의의 남극에 생활을 박아라(「지구의」)

양말(洋襪) 맨발에 신도록 실이나 섬유로 짠 것. ＊아가야 아가야/열 발가락이 다 나와 있네/엄마가 만들어준 빨간 양말에서(「자장가」) ＊겨울의 꿈 깨어진 유리의 제임스 띵/이제는 죽어서 불을 쬐인다/빠개진 난로에 발을 굽는다 시꺼먼 양말을 자주 비빈다(「제임스 띵」)

양민(良民) ①선량한 백성. ②조선 시대에, 양반과 천민의 중간 신분으로 천역(賤役)에 종사하지 아니하던 백성. ＊그들은 선량하기까지도 하다/그들은 민주주의자를 가장하고/자기

양반(洋盤) 서양 음반. *지아이 가리를 하고 있었다는 것도 아니라/그가 나갔을 때/洋盤 반주곡이 감상적이었다는 것이 아니라/더욱이나 푸른 창가에/황혼이 걸터앉아 있었다는 것이/더욱이나아니라(「황혼」)

양복(洋服) ①서양식의 의복. ②남성의 서양식 정장. *어디까지 명랑한 나의 마음이냐/구두여 양복이여 노점상이여/인쇄소여 입장권이여 負債여 여인이여(「거리2」) *더욱이나 그가 外國地 양복이나/지아이 가리를 하고 있었다는 것도 아니라/그가 나갔을 때/洋盤 반주곡이 감상적이었다는 것이 아니라(「황혼」) *마지막의 몸부림도/마지막의 양복도/마지막의 신경질도/마지막의 다방도/기나긴 골목길의 순례도(「檄文」)

양심(良心) 사물의 가치를 변별하고 자기의 행위에 대하여 옳고 그름과 선과 악의 판단을 내리는 도덕적 의식. *도피하는 친구들/양심도 가지고 가라 휴식도―/우리들은다 같이 산등성이를 내려가는 사람들(「광야」) *더운 날/敵이란 海綿 같다/나의 양심과 독기를 빨아먹는/문어발 같다(「적」) *싯가 700원가량의 새 철사뭉치는 우리집의/양심의 가책이다/우리가 도적질을 한 것은 아니지만우리가/훔친 거나 다름없다(「도적」)

양안(兩眼) 양쪽의 두 눈. *그의 모친은 희랍인이라고 한다/兩眼이 모두 담홍색을 하고 있는 것으로 보아(「백의」)

양잿물(洋―) 서양에서 받아들인 잿물이라는 뜻으로, 빨래하는 데 쓰이는 수산화나트륨을 이르는 말. *寅煥네/처갓집 옆의 지금은 매립한 개울에서 아낙네들이/양잿물 솥에 불을 지피며 빨래하던 시절을 생각하고/이 우울한 시대를 파라다이스처럼 생각한다(「거대한 뿌리」)

양지(陽地) ①볕이 바로 드는 곳. ②혜택을 받는 입장을 비유적으로 이르는 말. *저 광막한 양지 쪽에 반짝거리는/파리의 소리 없는 소리처럼/나는 죽어가는 법을 알고 있는 사람이기 때문이리라(「파리와 더불어」)

양철(洋鐵) 안팎에 주석을 입힌 얇은 철판. 통조림이나 석유통 따위를 만드는 데에 쓴다. *너의 머리 위에/너의 몸을 반쯤 가려주는 길고/멋진 양철 차양이 있다고 외쳐라(「가옥 찬가」)

양편(兩便) 상대가 되는 두 편. *이미 멀리 달아나버린 비둘기의 두 눈동자에까지/붉은 광채가 떠오르는 것을 보다//영사판 양편에 하나씩 서 있는/설움이 합쳐지는 내 마음 위에(「영사판」)

양화점(洋靴店) 구둣방. *대한민국의 방방곡곡에 안 붙은 곳이 없는/그놈의 점잖은 얼굴의 사진을[…]하물며는 술집에서 음식점에서 양화점에서(「우선 그놈의 사진을 떼어서 밑씻개로 하자」)

얘기 '이야기'의 준말. *H는 그전하곤 달라졌어/내가 K의 시 얘기를 했더니 욕을 했어/욕을 한 건 그것뿐이었어[…]그밖에는 모두가 좀 달라졌어//우리는 격하지 않고 얘기할 수 있었어/훌륭하게 훌륭하게 얘기할 수 있었어/그의 약간의 오류는 문제가 아냐[…]우리는 월남의 중립 문제니 새로 생긴다는 혁신정당 얘기를/하고 있었지만/아아 비겁한 민주주의여 안심하라/우리는 정치 얘기를 하구 있었던 게 아니야(「H」)

어깨 ①사람의 몸에서, 목의 아래 끝에서 팔의 위 끝에 이르는 부분. ②옷소매가 붙은 솔기와 깃 사이의 부분. ③짐승의 앞다리나 새의 날개가 붙은 윗부분. ④힘이나 폭력 따위를 일삼는 불량배를 속되게 이르는 말. *나의 두 어깨는 꺼부러지고/영사판 위에 비치는 길 잃은 비둘기와 같이 가련하게 된다(「영사판」) *마지막의 몸부림도/마지막의 양복도/마지막의 신경질도/마지막의 다방도/기나긴 골목길의 순례도/〈어깨〉도/허세도/방대한/방대한/방대한/모조품과/막대한/막대한/막대한/막대한/모방도(「檄文」) *그의 원수인 쥐 소리를 혼동한다//어깨를 아프게 하는 것은/老朽의 미덕은 시간이 아니다/내가 나를 잊어버리기 때문에(「백지에서부터」) *아아 보기 싫은 머리에 두툼한 어깨는/허위의 상징/꺼져라 20년 전의 악마야(「네 얼굴은」)

어느 ①여럿 가운데 대상이 되는 것이 무엇인

지 물을 때 쓰는 말. ②여럿 가운데 똑똑히 모르거나 꼭 집어 말할 필요가 없는 막연한 사람이나 사물을 이를 때 쓰는 말. ③정도나 수량을 묻거나 또는 어떤 정도나 얼마만큼의 수량을 막연하게 이를 때 쓰는 말. ④관련되는 대상이 특별히 제한되지 않음을 이를 때 쓰는 말. *어느 교과서에도 질투의 ○○은 무수하다/먼 時間을 두고 물속을 흘러온 흰 모래처럼 그들은 온다(「아침의 유혹」) *도회 안에서 쫓겨다니는 듯이 사는/나의 일이며/어느 소설보다도 신기로운 나의 생활이며(「달나라의 장난」) *나의 생활의 圓周 위에 어느 날이고/늬가 서기를 바라고/나의 애정의 원주가 진정으로 위대하여지기 바라고(「너를 잃고」) *그 다음에는 나는 중앙선 어느 협곡에 있는 역에서 백여 리나 떨어진 광산촌에 두고 온 잃어버린 겨울 모자를 생각한다(「시골 선물」) *비가 그친 후 어느 날―/나의 방안에 설움이 충만되어 있는 것을 발견하였다(「방안에서 익어가는 설움」) *나비의 봄이야 제철이 가면 죽지만은/그의 몸에 붙은 고운 지분은/겨울의 어느 차디찬 등장 밑에서 죽어 없어지리라(「나비의 무덤」) *지프차를 타고 가는 어느 젊은 사람이/유쾌한 표정으로 활발하게 길을 건너가는 나에게/인사를 한다(「거리2」) *어느 매춘부의 생활같이/다소곳한 분위기 안에서/오늘이 봄인지도 모르고/그래도 날개 돋친 마음을 위하여/너와 같이 걸어간다/흐린 봄철 어느 오후의 무거운 日氣처럼/그만한 우울이 또한 필요하다(「바뀌어진 지평선」) *만약에 또 어느 나의 친구가 와서 나의 꿈을 깨워주고/나의 그릇됨을 꾸짖어주어도 좋다(「구름의 파수병」) *물을 뜨러 나온 아내의 얼굴은/어느 틈에 저렇게 검어졌는지 모르나/차차 시골 동리 사람들의 얼굴을 닮아간다(「여름 아침」) *그는 남미의 어느 면공업자의 서자로 태어나서[…]나의 맏누이동생이 그를 〈허니〉라고 부르고 있는 것이 아니꼬워서/내가 어느 날 그에게 〈魔神〉이라고 별명을 붙였더니[…]거리에 흩어진 월간 대중잡지 위에 매월 그의 사진이 게재되어 왔을 뿐만 아니라/어느 삼류 신문의 사회면에는 간혹 그의 구제금 응모기사 같은 것이 나오고 있다[…]백의는 이와 같은 나의 안심과 태 만을 비웃는 듯이/어느 틈에 우리 가정의 내부에까지 침입하여 들어와서/신심양면의 허약증으로 신음하고 있는 나를 독촉하여[…]그러나 바로 어저께 내가 오래간만에 거리에 나가니/나의 친구들은 모조리 나를 회피하는 눈치이었다/그중의 어느 시인은 다음과 같이 나에게 욕을 하였다(「백의」) *나는 어느 날 뒷골목의 발코니 위에 나타난/생활에 얼이 빠진 여인의 모습을 다방의 창 너머로 瞥見하였기 때문에(「미스터 리에게」) *푸른 하늘을 제압하는/노고지리가 자유로웠다고/부러워하던/어느 시인의 말은 수정되어야 한다(「푸른 하늘을」) *이런 황혼에는 시베리아의/어느 이름 없는 개울가에서/들오리가 서투른 앉음새로/병아리를 품고 있을지도 모른다/심심해서 아아 심심해서(「황혼」) *나는 이렇게도 가련한 놈 어느 사이에/자꾸자꾸 소심해져만 간다/동요도 없이 반성도 없이/자꾸자꾸 소인이 돼간다/속돼간다 속돼간다/끝없이 끝없이 동요도 없이(「강가에서」) *작품 제목임(「어느 날 고궁을 나오면서」)

어느덧 어느 사이인지도 모르는 동안에. *고색이 창연한 우리집에도/어느덧 물결과 바람이/신선한 기운을 가지고 쏟아져 들어왔다(「나의 가족」) *큰 아름드리나무에 박힌 옹이처럼 너는 네가 한 신문기사를 매일 아침 게시판 위에서 찾아보는 버릇이 너도 모르게 어느덧 생기고 말았다(「기자의 정열」)

어느새 어느 틈에 벌써. *나는 아직도 앉는 법을 모른다/어쩌다 셋이서 술을 마신다 둘은 한 발을 무릎 위에 얹고/도사리지 않는다 나는 어느새 남쪽식으로/도사리고 앉았다(「거대한 뿌리」)

어둠 어두운 상태. 어두움. *어둠 속에 본 것은 청춘이었는지 대지의 진동이었는지/나는 자꾸 땅만 만지고 싶었는데[…]어둠 속에서 일순간을 다투며/없어져버린 애처롭고 아름답고 화려하고 부박한 꿈을 찾으려 하는 것은//생활이여 생활이여(「구슬픈 육체」) *하기는 현실이 고귀한 것이 아니라/영사판을 받치고 있는 주야를 가리지 않는 어둠이/표면에 비치는 현실보다 한치쯤은 더/소중하고 신성하기도 한 것인지 모르지만(「영사판」) *3월도 되기 전에/그의 내부에서는 더운 물이 없어지고/어둠이 들어앉는다//나는 이 어둠을 神이라고 생각한다[…]그는 인간의 비극을 안다//그래서 그는 낮에도 밤에도/어둠을 지니고 있으면서/어둠과는 타협하는 법이 없다(「수난로」) *어디고 가야 할지 모르는 마음─무한히 망설이는 이 마음은 어둠과 절망의 어제를 위하여/사는 것이 아니고/너무나 기쁜 이 마음은 무슨 까닭인지 알 수는 없지만/확실히 어리석음에서 나오는 것은 아닐 텐데(「거리2」) *어둠 속에 비치는 해바라기와…… 주전자와…… 흰 벽과……/불을 등지고 있는 성황당이 보이는/그 산에는 겨울을 가리키는 바람이 일기 시작하네(「사치」) *혁명은 안 되고 나는 방만 바꾸어버렸다/그 방의 벽에는 싸우라 싸우라 싸우라는 말이/헛소리처럼 아직도 어둠을 지키고 있을 것이다(「그 방을 생각하며」) *어둠 속에서도 불빛 속에서도 변치 않는/사랑을 배웠다 너로 해서//그러나 너의 얼굴은/어둠에서 불빛으로 넘어가는/그 찰나에 꺼졌다 살아났다(「사랑」) *낮에는 일손을 쉰다고 한잔 마시는 게라/저녁에는 어둠을 맞으려고 또 한잔 마시는 게라/먼 밭을 바라보며 마늘장아찌에/취하지 않은 듯이 취하는 게라(「술과 어린 고양이」) *오오 폐허의 질서여 수치의 凱歌여/차나무 냄새여 어둠이여 소녀여/휴식이여/분명해진 그 가시의 의미여(「반달」)

어둡다 ①빛이 없어 밝지 아니하다. ②빛깔의 느낌이 무겁고 침침하다. ③분위기나 표정, 성격 따위가 침울하고 무겁다. ④희망이 없이 참담하고 막막하다. ⑤사람이나 사회가 깨지 못하다. ⑥눈이 잘 보이지 아니하거나 귀가 잘 들리지 아니하다. ⑦수상쩍거나 좋지 아니하다. ⑧어떤 분야에 대하여 잘 알지 못하다.

어두운 *倒立한 나의 아버지의/얼굴과 나여//나는 한번도 이[齒]를/보지 못한 사람이다//어두운 옷 속에서만/이는 사람을 부르고/사람을 울린다(「이[齒]」) *포로수용소보다 더 어두운 곳이라 할지라도/자유가 살고 있는 영원한 길을 찾아/나와 나의 벗이 안심하고 살 수 있는/현대의 천당을 찾아 나온 것이다(「조국에 돌아오신 傷病捕虜 동지들에게」) *사람이란 사람이 모두 고민하고 있는/어두운 대지를 차고 이륙하는 것이/이다지도 힘이 들지 않는다는 것을 처음 깨달은 것은/우매한 나라의 어린 시인들이었다(「헬리콥터」) *잣나무 전나무 집뽕나무 상나무/연못 흰 바위/이러한 것들이 나를 속이는가/어두운 그늘 밑에 드나드는 쥐새끼들(「휴식」) *이 어두운 신은 밤에도 외출을 못하고 자기의 영토를 지킨다─유일한 희망은 겨울을 기다리는 것이다(「수난로」) *나는 모든 사람의 고민을 아는 것 같다/어두운 도서관 깊은 방에서 육중한 백과사전을 농락하는 학자처럼/나는 그네들의 고민에 대하여만은 투철한 자신이 있다(「거리2」) *원한이 솟는 가슴속에서 발사되는/포탄은 어두운 하늘을 날아간다/빛이 없는 둥근 하늘에서는/검은 포탄의 꾸부러진 哭聲이/정신의 주변보다 더 간지러웁고(「조그마한 세상의 지혜」) *밤보다도 더 어두운 낮의 마음/시간을 잊은 마음의 승리/환상이 환상을 이기는 시간─大時間은 결국 쉬는 시간(「장시2」)

어두워 *가까운 데에서 나는 人聲도 옛날이야기처럼/멀리만 들리고/눈은 왜 이리 소경처럼 어두워만 지나/[…]술 취한 듯한 동네아이들의 함성/미쳐돌아가는 역사의 반복/나무뿌리를 울리는 신의 발자국소리/가난한 침묵/자꾸 어두워가는 백주의 활극(「장시2」)

어둡고 *악귀의 눈동자보다도 더 어둡고 무서운 밤에 中西面 內務省 군대에게 체포된 일을 생각한다(「조국에 돌아오신 傷病捕虜 동지들에게」)

어드메 ①'어디'를 구어적으로 이르는 말. ②'어디'의 옛말. *白花의 意匠/萬華의 거동의/지금 고요히 잠드는 얼을 흔드며/關公의 色帶로 감도는/향로의 餘烟이 신비한데//어드메에 담그려고/칠흑의 壁板 위로/香烟을 찍어/白蓮을 무늬 놓는/이 밤 화공의 소맷자락 무거이 적셔/오늘도 우는/아아 짐승이냐 사람이냐(「廟庭의 노래」)

어디¹ ①잘 모르는 어느 곳을 가리키는 지시 대명사. ②가리키는 곳을 굳이 밝혀서 말하지 아니할 때 쓰는 지시 대명사. ③일정하게 정해져 있지 아니하거나 꼭 집어 댈 수 없는 곳을 가리키는 지시 대명사. ④무엇이라 말하기 어려운 점을 가리키는 지시 대명사. ⑤수량,

범위, 장소 따위가 아주 대단함을 가리키는 지시 대명사. ⑥조금의 여지도 없음을 이르는 말. *그 넓은 등판으로 땅을 쓸어가면서/늬가 부르는 노래가 어디서 오는 것을/너보다는 내가 더 잘 알고 있는 것이다(「풍뎅이」) *이것이 도회 안에 사는 나로서는 어디보다도 조용한 곳이라고 생각하고 있기 때문이다[…]신이라든지 하느님이라든지가 어디 있느냐고 나를 고루하다고 비웃은 어제저녁의 술친구의 천박한 머리를 생각한다(「시골 선물」) *이 길로 마냥 가면 어디인지 아는가//티끌도 아까운/더러운 것일수록 더한층 아까운/이 길로 마냥 가면 어디인지 아는가(「더러운 향로」) *이름도 모르는 뼈와 뼈/어디까지나 뒤틍그러져 나왔구나/―그것을 내가 아는 가장 비참한 친구가 붙이고 간 명칭으로 나는 정리하고 있는가(「PLASTER」) *그러나 어디를 가보나/그의 머리 위에 반드시 窓이 달려 있는 것은/죄악이 아니겠느냐(「수난로」) *나는 거리의 운명을 보고/달큼한 마음에 싸여서/어디고 가야 할지 모르는 마음―[…]사막의 한 끝을 찾아가는 먼 나라의 외국 사람처럼 나는 어디로 가야 할지 모르겠다[…]영광의 집들이여 점포여 역사여/바람은 면도날처럼 날카로웁건만/어디까지 명랑한 나의 마음이냐/구두여 양복이여 노점상이여(「거리2」) *「행복은 어디에 있나?」/이것이 어제 오후에 써놓은 기사 대목으로/내일 조간분 사회면의 표독한 타이틀이 될 것이라고 해서(「기자의 정열」) *자기의 나체를 더듬어보고 살펴볼 수 없는 시인처럼 비참한 사람이 또 어디 있을까[…]날아간 제비와 같이 자국도 꿈도 없이/어디로인지 알 수 없으나/어디로이든 가야 할 반역의 정신(「구름의 파수병」) *시인이 황홀하는 시간보다도 더 맥없는 시간이 어디 있느냐/도피하는 친구들/양심도 가지고 가라 휴식도―/우리들은 다 같이 산등성이를 내려가는 사람들(「광야」) *태양이 하나이듯이/생활은 어디에 가보나 하나이다/미스터 리!(「미스터 리에게」) *여보게 나 나이 사십을 어디로 먹었나/8·15를 6·25를 4·19를 뒈지지 않고 살아왔으면 알겠지/대한민국에서는 공산당만이 아니면/사람 따위는 기천 명쯤 죽여 보아도 까딱도 없거든

(「만시지탄은 있지만」) *「안 가 엄마! 안 가 엄마! 엄마가 어디를 가니?」/「안 가유?」/「안 가유! 하……」/「으흐흐……」(「등나무」) *나의 과거와 미래가 숨바꼭질만 한다/「적이 어디에 있느냐?」/「적은 꼭 있어야 하느냐?」(「적」) *노상에서 지서의 순경을 만났더니/아니 어디를 갔다 오슈?/이렇게 돼서야 그만이지/어떻게든지 체면을 차려볼 궁리 좀 해야지(「파자마 바람으로」) *머리가 누렇게 까진 땅주인은 어디로 갔나/여름저녁을 어울리지 않는 지팡이를 들고/이방인처럼 산책하던 땅주인은[…]시대의 숙명이여/숙명의 초현실이여/나의 생활의 定數는 어디에 있나(「장시2」)

어디² ①벼르거나 다짐할 때 쓰는 말. ②되물어 강조할 때 쓰는 말. ③남의 주의를 끌 때 쓰는 말. ④마음대로 되지 아니하여 딱한 사정이 있는 형편을 강조할 때 쓰는 말. *너의 독기가 예에 없이 걸레쪽같이 보이고/너와 내가 반반―/「어디 마음대로 화를 부려보려무나!」(「만용에게」)

어떠하다 의견, 성질, 형편, 상태 따위가 어찌 되어 있다. ☞ 어떻다.

어떠한 *마지막 설움마저 보낸 뒤/빈 방안에 나는 홀로이 머물러 앉아/어떠한 내용의 책을 열어보려 하는가(「방안에서 익어가는 설움」) *고통의 映寫板 뒤에 서서/어룽대며 변하여 가는 찬란한 현실을 잡으려고/나는 어떠한 몸짓을 하여야 되는가(「영사판」) *계곡을 스쳐서 돌아가는/악마의 眼膜 같은/강물을 향하여/그가 어떠한 은근한 인사를 하였는지/아무도 모르는 일이다(「조그마한 세상의 지혜」)

어떠할까 *사람들의 음성과 거리의 소리들을/커다란 해양의 한 구석을 차지하는/조고마한 물방울로/그려보려 하는데/차라리 어떠할까―이것은 구차한 선비의 보잘것없는 일일 것인가.(「거리1」)

어떤 '어떠한'의 준말. ①사람이나 사물의 특성, 내용, 상태, 성격이 무엇인지 물을 때 쓰는 말. ②주어진 여러 사물 중 대상으로 삼는 것이 무엇인지 물을 때 쓰는 말. ③대상을 뚜렷이 밝히지 아니하고 이를 때 쓰는 말. ④관련되는 대상이 특별히 제한되지 아니할 때 쓰는 말. *일전에 어떤 친구를 만났더니 날더러

다시 포로수용소에 들어가고 싶은 생각이 없느냐고/정색을 하고 물어봅니다(「조국에 돌아오신 傷病捕虜 동지들에게」) *질책의 권리를 주면서 질책의 행동을 주지 않고/어떤 나라의 지폐보다도 신용은 있으나/신체가 너무 왜소한 까닭에 사람들의 눈에 띄지를 않는다(「백의」) *내가 지금 6학년 아이들의 과외공부집에서 만난/학부형회의 어떤 어머니에게 느낀 여자의 감각(「여자」) *또 한 놈은 잘 안 보였고 매일 아침 들은/「신문요」의 목소리를 회상하며/어떤놈이 新인지 舊인지를 가려낼 틈도/없다 눈이 왔고 추웠고 너무 화가 났다(「제임스 띵」)

어떻다 '어떠하다'의 준말. ☞어떠하다.
　어떻게 *나는 그들이 어떻게 용감하게 싸웠느냔 것에 대한 대변인이 아니다/또한 나의 죄악을 가리기 위하여 독자의 눈을 가리고 입을 봉하기 위한 연명을 위한 阿諛도 아니다(「조국에 돌아오신 傷病捕虜 동지들에게」) *남의 일하는 곳에 와서 아무 목적 없이 앉았으면 어떻게 하리/남이 일하는 모양이 내가 일하고 있는 것보다 더 밝고 깨끗하고 아름다웁게 보이면 어떻게 하리[…]쓸데없는 도면 위에 글자만 박고 있으면 어떻게 하리[…]남의 일하는 곳에 와서 덧없이 앉으면 비로소 설워진다/어떻게 하리/어떻게 하리(「사무실」) *그것은 나의 육체의 융기//광야에 와서 어떻게 드러누울 줄을 알고 있는/나는 너무나도 악착스러운 봉상가[…]<시대에 뒤떨어지는 것이 무서운 게 아니라/어떻게 뒤떨어지느냐가 무서운 것>이라는 죽음의 잠꼬대여(「광야」) *이렇게 돼서야 그만이지/어떻게든지 체면을 차려볼 궁리 좀 해야지[…]심부름하는 놈더러/「저것 좀 집어와라」 호령 하나 못하니/이렇게 돼서야 그만이지/어떻게든지 체면을 차려볼 궁리 좀 해야지[…]이렇게 돼서야 그만이지/어떻게든지 체면을 차려볼 궁리 좀 해야지[…]송충이처럼 꾸불텅거리면서 어찌나 지겨워 보이던지/이렇게 돼서야 그만이지/어떻게든지 체면을 차려볼 궁리 좀 해야지(「파자마 바람으로」) *아니 430원짜리 한 가마니면 이틀은 먹일 터인데/어떻게 된 셈이냐고 오늘 아침에도 뇌까렸다(「만용에게」) *자칭 예술파 시인들이 아무리 우리의 능변을 욕해도―이것이/환희인 걸 어떻게 하랴(「미역국」) *불쌍한 나라 내 부근의 친구들을 생각할 때/이 죽은 순교자들을 어떻게 생각해야 하나/우리의 주위에 너무나 많은 순교자들의 이 발견을/지금 나는 하고 있다(「이 한국문학사」) *전화를 걸어 보니 아직도 해결이 안 됐느냐고/오히려 반문하는 품이 벌써 이상스럽다/이것이 안 되면 어떻게 하나 그 생각을/그 마지막 대책을 나는 일부러 생각하지/않고 있다(「판문점의 감상」) *너는 열네 살 우리집에 고용을 살러 온 지/3일이 되는지 5일이 되는지 그러나 너와 내가/접한 시간은 단 몇 분이 안 되지 그런데/어떻게 알았느냐 나의 방대한 낭비와 넌센스와/허위를(「꽃잎 3」) *그러나 이렇게 써도 내가 반공산주의자가/아니 되기 위해서는 그날까지 이 엉성한/조악한 방송들이 어떻게 돼야 하고/어떻게 될 것이다/먼저 어떻게 돼야 하고 어떻게 될 것이다(「라디오 계」)

어려움 어려운 것. ☞어렵다. *이 너무나 큰 어려움에 나는 입을 봉하고 있는 셈이고/무서운 무성의를 자행하고 있다(「말」(1964)) *눈에 보이지 않는 모든 가난을/이 엄청난 어려움을 고통을/이 봄을 찢는 부자유를 부자유를 나날을……(「65년의 새해」)

어련히 잘못할 리 없이. *그것을 찾아보지 않을 줄이야 찾아보지/않아도 있을 줄이야 긴 것 중에는/있을 줄이야 어련히 어련히 있을/줄이야 나도 모르게 있을 줄이야(「원효대사」)

어렴풋이 ①잘 분간할 수 없이 희미하게. ②의식이나 기억에 잘 떠오르지 아니하고 어슴푸레하게. *이게 아무래도 내가 저의 섹스를 개관하고/있는 것을 아는 모양이다/똑똑히는 몰라도 어렴풋이 느껴지는/모양이다(「性」)

어렵다 ①하기가 까다로워 힘에 겹다. ②겪게 되는 곤란이나 시련이 많다. ③말이나 글이 이해하기에 까다롭다. ④가난하여 살아가기가 고생스럽다. ⑤성미가 맞추기 힘들 만큼 까다롭다. ⑥가능성이 거의 없다. ⑦상대가 되는 사람이 거리감이 있어 행동하기가 조심스럽고 거북하다.
　어려운 *이 밤이 기다리는 고요한 思想마저/나는 초연히 이것을 시간 위에 얹고/어려운 몇 고비를 넘어가는 기술을 알고 있나니(「방안에서 익어가는 설움」) *누구의 힘보다 강하다고 믿어 오던/無色의 생활자가 네가 아니던가/자유여/아니 휴식이여/어려운 휴식이여[…] 자유의 다음가는 게시판/너무나 어려운 휴식이여/눈물이 흘러나올 여유조차 없는/게시판과 너 사이에[…]네가 이 두 시간의 중간 위에 서있는 것이라고 해서/어려운 휴식/참으로 어려운/얻기 어려운 휴식(「기자의 정열」) *먼지 낀 잡초 위에/잠자는 구름이여/고생도 마음대로 할 수 없는 세상에서는/철 늦은 거미같이 존재 없이 살기도 어려운 일(「구름의 파수병」) *병풍은 허위의 높이보다도 더 높은 곳에/飛爆을 놓고 幽島를 점지한다/가장 어려운 곳에 놓여 있는 병풍은/내 앞에 서서 주검을 가지고 주검을 막고 있다(「병풍」) *우리들의 戰線은 눈에 보이지 않는다/그것이 우리들의 싸움을 이다지도 어려운 것으로 만든다/우리들의 전선은됭케르크도 노르망디도 연희고지도 아니다(「하…… 그림자가 없다」) *이 심연이나 사막이나 산악보다도/더 어려운 사회를 넘어서//이번에는 우리가 배암이 되고 쐐기가 되더라도(「기도」) *아내는 이런 어려운 일들을 어렵지 않게 해치운다/결단은 이제 여자의 것이다(「금성라디오」) *고칠 사람을 구하기가 어려운 것도 있고/돈이 아까울지도 모른다(「도적」)

어려웁다 *나는 발산한 형상을 구하였으나/그것은 작전 같은 것이기에 어려웁다(「孔子의 생활난」)

어려워지고 *이 무언의 말이/이 때문에 아내를 다루기 어려워지고/자식을 다루기 어려워지고 친구를/다루기 어려워지고/이 너무나 큰 어려움에 나는 입을 봉하고 있는 셈이고(「말」(1964))

어렵다고 *죄수들의 말이/배고픈 것보다도/잠 못 자는 것이/더 어렵다고 해서/그래 그러나/배고픈 사람이/하도 많아 그러나/시 같은 것/시 같은 것/안 쓰려고(「〈4·19〉시」) *고칠 사람을 구하기가 어렵다고 하지만/돈이 아까울 거라 그럴 거라/내 추측이 맞을 거라(「도적」)

어렵지 *아내는 이런 어려운 일들 어렵지 않게 해치운다/결단은 이제 여자의 것이다/나를 죽이는 여자의 유희다/아이놈은 라디오를 보더니/왜 새 수련장은 안 사왔느냐고 대들지만(「금성라디오」)

어룽대다 눈앞에 흐릿하게 어른거리다.
어룽대며 *고통의 映寫板 뒤에 서서/어룽대며 변하여가는 찬란한 현실을 잡으려고/나는 어떠한 몸짓을 하여야 되는가(「영사판」)

어른 ①다 자란 사람 또는 다 자라서 자기 일에 책임을 질 수 있는 사람. ②나이나 지위나 항렬이 높은 윗사람. ③결혼을 한 사람. ④한 집안이나 마을 따위의 집단에서 나이가 많고 경륜이 많아 존경을 받는 사람. ⑤남의 아버지를 높여 이르는 말. *팽이가 돈다/어린아해이고 어른이고 살아가는 것이 신기로워/물 끄러미 보고 있기를 좋아하는 나의 너무 큰 눈앞에서/아해가 팽이를 돌린다(「달나라의 장난」) *모두들 공부하는 속에 와보면 나도 옛날에 공부하던 생각이 난다/그리고 그 당시의 시대가 지금보다 훨씬 좋았다고/누구나 어른들은 말하고 있으나/나는 그 우열을 따지고 싶지는 않다(「국립도서관」) *소리 없이 나를 괴롭히는/그들은 신의 고문인가/—어른이 못 되는 나를 탓하는/구슬픈 어른들/나에게 방황할 시간을 다오(「장시2」) *우주의 완성을 건 한 字의 생명의/귀추를 지연시키고/소녀가 무엇인지를/소녀는 나이를 초월한 것임을/너는 어린애가 아님을/너는 어른도 아님을(「꽃잎3」)

어리다¹ ①눈에 눈물이 조금 괴다. ②어떤 현상, 기운, 추억 따위가 배어 있거나 은근히 드러나다. ③빛이나 그림자, 모습 따위가 희미하게 비치다. ④연기, 안개, 구름 따위가 한곳에 모여 나타나다.
어리어 *그래도 누가 읽어줄지 모르는 신문 한구석에 너의 피가 어리어 있는 것이 반가워서 보고 있는 것인가(「기자의 정열」)

어리다² ①나이가 적다. ②나이가 비교 대상보다 적다. ③동물이나 식물 따위가 난 지 얼마 안 되어 작고 여리다. ④생각이 모자라거나 경험이 적거나 수준이 낮다.
어렸을 *모든 곡은 눈물이다 어렸을 때 어머니는/나의 얼굴의 사마귀를 떼주었다/입밑의 사마귀와 눈밑의 사마귀……(「반달」)
어리다고 ＊시간에 달린 기이다란 시간을 보시오/내가 어리다고 한탄하지 마시오/나는 내 가슴에/또 하나의 종지부를 찍어야 합니다(「웃음」)
어린 ＊어린 동생들과의 잡담도 마치고/오늘도 어제와 같이 괴로운 잠을/이루울 준비를 해야 할 이 시간에/괴로움도 모르고/나는 이 책을 멀리 보고 있다(「가까이 할 수 없는 서적」) ＊옆에 누운 친구가 내가 이를 뺀 얼굴이 어린 아해 같다고 간간대소하며 좋아한다/이 친구도 술이 취한 얼굴을 보니 처참하다(「미숙한 도적」) ＊사람이란 사람이 모두 고민하고 있는/어두운 대지를 차고 이륙하는 것이/이다지도 힘이 들지 않는다는 것을 처음 깨달은 것은/우매한 나라의 어린 시인들이었다(「헬리콥터」) ＊지금의 내 마음에/샘솟아 나오려는 이 설움은 무엇인가/모독당한 과거일까/약탈된 소유권일까/그대들 어린 학도들과 나 사이에 놓여 있는/연령의 넘지 못할 차이일까……(「국립도서관」) ＊여편네의 방에 와서 기거를 같이해도/나는 이렇듯 소년처럼 되었다/흥분해도 소년/계산해도 소년/애무해도 소년/어린 놈 너야[…]온갖 나무의 추억과/물의 체취라도/다해서/어린 놈 너야/죽음이 오더라도/이제 성을 내지 않는 법을 배워주마[…]여편네의 방에 와서 기거를 같이해도/나는 점점 어린애/너를 더 사랑하고/오히려 너를 더 사랑하고/너는 내 눈을 알고/어린 놈도 내 눈을 안다(「여편네의 방에 와서」) ＊바보의 가족과 운명과/어린 고양이의 울음/니야옹 니야옹 니야옹//술 취한 바보의 가족과 운명과/술 취한 어린 고양이의 울음/역시/니야옹 니야옹 니야옹(「술과 어린 고양이」) ＊버스를 피해서 길을 건너서는 어린 놈처럼/선뜻 큰길을 건너서면 돼/長詩만 장시만 안 쓰려면 돼(「장시1」) ＊쓸 필요도 없이 한 3, 4일을 나하고 침식을 같이한 돈/―어린 놈을 아귀라고 하지/그 아귀란 놈이 들어오고 나갈 때마다 집어갈 돈(「돈」) ＊그러나 우산대로/여편네를 때려눕혔을 때/우리들의 옆에서는/어린 놈이 울었고/비 오는 거리에는/40명가량의 취객들이 모여들었고(「죄와 벌」) ＊식민지의 곤충들이 24시

간을/자기의 다리처럼 건너다닌다/나이 어린 사람들은 어째서 이 다리가 부자연스러운지를 모른다(「현대식 교량」) ＊너의 의지는/학교 안에서 배운 모든 것이/학교 밖에서 본 모든 것이/반드시 정말이 아니라는 것을 알았고/너의 어린 의사를 발표할 줄 알았다[…]너의 어린 행동은/어린 상징을 면하기 시작했다/너는 이제 우리 키만큼 되었다[…]너의 어린 포부는/불가능의 한계를 두드려보기 시작했다(「65년의 새해」) ＊그러다가 스코틀랜드의 에딘버러 대학에 다니는/나이 어린 친구한테서 편지를 받았지/그 편지 안에 적힌 블레이크의 시를 감동을 하고/읽었지(「이혼 취소」) ＊너는 내 웃음을 받지 않고/어린 너는 나의 전모를 알고 있는 듯/야아 순자야 깜찍하고나/너 혼자서 깜찍하고나(「꽃잎3」) ＊원효대사가 나오는 날이면/익살맞은 어린 놈은 활극이 되나 하고//조바심을 하고 식모 아가씨나 가게/아가씨는 연애가 되나 하고/애타하고(「원효대사」)
어리석다 슬기롭지 못하고 둔하다.
 어리석었다 ＊흘러가는 물결처럼/支那人의 의복/나는 또 하나의 해협을 찾았던 것이 어리석었다(「아메리카 타임 誌」)
 어리석은 ＊오랜 시간이 경과된 후에도/이 웃음만은 흔적을 남기고 있을 것이라고 믿는 것은/어리석은 일/시간에 달린 기이다란 시간을 보시오(「웃음」) ＊나는 자유를 찾아서 포로수용소에 온 것이고/자유를 찾기 위하여 有刺鐵網을 탈출하려는 어리석은 동물이 되고 말았다(「조국에 돌아오신 傷病捕虜 동지들에게」) ＊그 분풀이로 어리석은 나는 술을 마시고/창문을 부수고 여편네를 때리고/지옥의 시까지 썼지만(「세계일주」)
 어리석을 ＊물이 흘러가는 달이 솟아나는/평범한 대자연의 법칙을 본받아/어리석을 만치 소박하게 성취한/우리들의 혁명을(「기도」)
 어리석음 ＊무한히 망설이는 이 마음은 어둠과 절망의 어제를 위하여/사는 것이 아니고/너무나 기쁜 이 마음은 무슨 까닭인지 알 수는 없지만/확실히 어리석음에서 나오는 것은 아닐 텐데(「거리2」) ＊거리에 나와서 집을 보고/집에 앉아서 거리를 그리던 어리석음도 이제는 모두 사라졌나 보다/날아간 제비와 같이

(「구름의 파수병」)

어린아이 나이가 적은 아이. ☞ 어린아해, 어린애. *그네, 마지막으로/돈을 버는 거리의 부인이여/잠시 눈살을 펴고/찌그러진 입술을 펴라/그네의 얼굴이 나의 눈앞에서/어린아이들이 가지고 노는 도로라미모양으로 세찬 바람에 매암을 돌기 전에,(「거리2」)

어린아해 '어린아이'의 옛말. ☞ 어린아이, 어린애. *팽이가 돈다/어린아해이고 어른이고 살아가는 것이 신기로워/물끄러미 보고 있기를 좋아하는 나의 너무 큰 눈 앞에서/아해가 팽이를 돌린다(「달나라의 장난」)

어린애 '어린아이'의 준말. ☞ 어린아이, 어린아해. *여편네의 방에 와서 기거를 같이해도/나는 점점 어린애/나는 점점 어린애/태양 아래의 단 하나의 어린애/죽음 아래의 단 하나의 어린애/언덕 아래의 단 하나의 어린애/애정 아래의 단 하나의 어린애/사유 아래의 단 하나의 어린애/間斷 아래의 단 하나의 어린애/點의 어린애/베개의 어린애/고민의 어린애//여편네의 방에 와서 기거를 같이해도/나는 점점 어린애/너를 더 사랑하고/오히려 너를 더 사랑하고/너는 내 눈을 알고/어린 놈도 내 눈을 안다(「여편네의 방에 와서」) *소녀는 나이를 초월한 것임을/너는 어린애가 아님을/너는 어른도 아님을/꽃도 장미도 어제 떨어진 꽃잎도/아니고/떨어져 물 위에서 썩은 꽃잎이라도 좋고/썩는 빛이 황금빛에 닮은 것이 순자야/너 때문이고(「꽃잎3」)

어마어마하다 굉장하고 엄청나고 장엄하다.
어마어마한 *나는 그들의 용감성과 또 그들의 어마어마한 戰果에 대하여 말하는 것이 아니라/그들이 싸워온 독특한 위치와 세계사적 가치를 말하는 것입니다(「조국에 돌아오신 傷病捕虜 동지들에게」) *지프차를 타고 가는 어느 젊은 사람이/유쾌한 표정으로 활발하게 길을 건너가는 나에게/인사를 한다/옛날의 동창생인가 하고 고개를 기웃거려 보았으나/그는 그 사람이 아니라/○○부의 어마어마한 자리에 앉은 과장이며 名士이다(「거리2」) *아아 순자야 깜짝하고나/너 혼자서 깜짝하고나//네가 물리친 썩은 문명의 두께/멀고도 가까운 그 어마어마한 낭비(「꽃잎3」)

어머니 ①자기를 낳은 여자. 모친(母親). ②자녀를 둔 여자를 자식에 대한 관계로 이르는 말. ③자기를 낳아 준 여성처럼 삼은 이. ④자기의 어머니와 나이가 비슷한 여자를 친근하게 이르는 말. ⑤사랑으로써 뒷바라지하여 주고 걱정하여 주는 존재를 비유적으로 이르는 말. ⑥'시어머니'를 친근하게 이르는 말. ⑦무엇이 배태되어 생겨나게 된 근본을 비유적으로 이르는 말. ☞ 엄마. 어미. *그는 대뜸/〈오빠는 어머니보다도 더 완고하다〉고 하면서/나를 도리어 꾸짖는 척한다(「백의」) *아아 살인자의 사진이었느니//너도 나도 누나도 언니도 어머니도/철수도 용식이도 미스터 강도 유중사도/강중령도 그놈의 속을 모르는 바는 아니었지만(「우선 그놈의 사진을 떼어서 밑씻개로 하자」) *여편네가/짜증 낼까/무서워 그러나/동생들과/어머니가/걱정이 돼 그러나(「〈4·19〉시」) *버스가 편편하고/시원하고/하수도가 편편하고/시원하고/펌프의 물이 시원하게 쏟아져 나온다고/어머니가 감탄하니 과연 시원하고/무엇보다도/내가 정말 시인이 됐으니 시원하고(「檄文」) *내가 지금 6학년 아이들의 과외공부집에서 만난/학부형회의 어떤 어머니에게 느낀 여자의 감각/그 이마의 힘줄/그 힘줄의 集中度/이것은 죄에서 우러나오는 것이다(「여자」) *모든 곡은 눈물이다 어렸을 때 어머니는/나의 얼굴의 사마귀를 떼주었다/입 밑의 사마귀와 눈밑의 사마귀……(「반달」) *나의 아들이 머리가 나빠서가 아니다/머리가 나쁜 것은 선생, 어머니, IQ다/그저께 나는 파스칼의 「머리가 나쁜 것은 나」라고 하는 말을 들었다(「우리들의 웃음」) *이 집도 아내도 아들도 어머니도 다시 내 것이 아니다/오늘도 여전히 일을 하고 걱정하고/돈을 벌고 싸우고 오늘부터의 할일을 하지만/내 생명은 이미 맡기어진 생명(「말」)(1964))

어물전(魚物廛) 생선, 김, 미역 따위의 어물을 전문적으로 파는 가게. *오징어발에 말라붙은 새처럼 꼬리만 치지 않으면 돼/입만 반드르르하게 닦아놓으면 돼/아버지 할머니 고조할아버지 때부터/어물전 좌판 밑바닥에서 걸어 있던 것이면 돼(「장시1」)

어미 '어머니'의 낮춤말. ☞ 어머니. 엄마. *

토끼는 입으로 새끼를 뱉으다//토끼는 태어날 때부터/뛰는 훈련을 받는 그러한 운명에 있었다/그는 어미의 입에서 탄생과 동시에 타락을 선고받는 것이다(「토끼」)

어색하다(語塞―) ①서먹서먹하다. ②멋쩍고 쑥스럽다. ③보기에 서투르다.
 어색한 *인쇄소여 입장권이여 負債여 여인이여/그리고 여인 중에도 가장 아름다운 그네여/돈을 버는 거리의 부인들의 어색한 모습이여(「거리2」)

어서 ①일이나 행동을 지체 없이 빨리 하기를 재촉하는 말. ②반갑게 맞아들이거나 간절히 권하는 말. ③지체 없이 빨리. *어서 일을 해요 변화는 끝났소/어서 일을 해요/미지근한 물이 고인 조그마한 논과/대숲 속의 초가집과/나무로 만든 장기와/게으르게[…]어서 또 일을 해요 변화는 끝났소/편지봉투모양으로 누렇게 결은/시간과 땅/수레를 털털거리게 하는 욕심의 돌/기름을 주라/어서 기름을 주라/털털거리는 수레에다는 기름을 주라[…]쉬었다 가든 거꾸로 가든 모로 가든/어서 또 가요 기름을 발랐으니 어서 또 가요/타마구를 발랐으니 어서 또 가요/미친놈 뿐으로 어서 또 가요 변화는 끝났어요/어서 또 가요/실 같은 바람 따라 어서 또 가요//더러운 일기는 찢어버려도(「시」(1961)) *제임스 띵의 위협감은, 이상한 지방색 공포감은/자유당 때와 민주당 때와 지금의 惡政의 구별을 말살하고/靜寂을 빼앗긴, 마지막 정적을 빼앗긴/나를 몰아세운다 어서 돈을 내라고/그러니까 그들이 요구하는 것은 신문값이 아니다(「제임스 띵」)

어서어서 '어서'의 힘줌말. *의지의 저쪽에서 영위하는 아내여/길고긴 오늘밤에 나의 사치를 받기 위하여/어서어서 불을 끄자/불을 끄자(「사치」) *아아 어서어서 썩어빠진 어제와 결별하자//이제야말로 아무 두려움 없이/그놈의 사진을 태워도 좋다(「우선 그놈의 사진을 떼어서 밑씻개로 하자」) *지구와 우주를 진행시키기 위해서/어서어서 진행시키기 위해서/그렇지 않고서는 내가 미치고 말 것 같아서//아아 벌/소리야!(「伏中」)

어수선하다 ①사물이 어지럽게 뒤섞여 매우 수선스럽다. ②마음이 뒤숭숭하다.
 어수선하게 *스무 살도 넘을까 말까 한 노는 계집애와 머리가 고슴도치처럼 부스스하게 일어난 쓰메에리의 학생복을 입은 청년이 들어와서 커피니 오트밀이니 사과니 어수선하게 벌여놓고 계통 없이 처먹고 있다(「시골 선물」)

어울리다 ①어우르게 되다. ②서로 조화가 잘 이루어져 자연스럽게 되다.
 어울리지 *머리가 누렇게 까진 땅주인은 어디로 갔나/여름저녁을 어울리지 않는 지팡이를 들고/이방인처럼 산책하던 땅주인은(「장시 2」)

어이 어처구니. *필요 이상으로 화를 내는 것도 좋다/그 사나이는, 제임스 띵은 어이가 없어서/조그만 눈을 민첩하게 움직이면서 미소를 띄우고 섰지만/나의 고삐를 잃은 백마에 당할 리가 없다(「제임스 띵」)

어인 '어찌 된'을 예스럽게 이르는 말. *아아 어인 일이냐/너 주작의 星火/서리 앉은 胡弓에/피어 사위도 스럽구나(「廟庭의 노래」)

어저께 어제. *여름 아침의 시골은 가족과 같다/햇살을 모자같이 이고 앉은 사람들이 밭을 고르고/우리집에도 어저께는 무씨를 뿌렸다(「여름 아침」) *나는 그날부터 그를 진심으로 사랑하게 되었다/그러나 바로 어저께 내가 오래간만에 거리에 나가니/나의 친구들은 모조리 나를 회피하는 눈치이었다(「백의」) *네 얼굴은 진리에 도달했다/어저께 진리에 도달했다/어저께 환희를 잃었기 때문이다[…]네 얼굴은 진리에 도달했다/어저께 진리에 도달한 얼굴은/오늘은 술을 잊은 얼굴이다(「네 얼굴은」)

어제 ①오늘의 바로 하루 전날. ②지나간 때. *이 엄연한 책이/지금 바람 속에 휘날리고 있다/어린 동생들과의 잡담도 마치고/오늘도 어제와 같이 괴로운 잠을/이루울 준비를 해야 할 이 시간에(「가까이 할 수 없는 서적」) *신문을 펴라//이가 걸어나온다/행렬처럼/어제의 물처럼/걸어나온다(「이(蝨)」) *신이라든지 하느님이라든지가 어디 있느냐고 나를 고루하다고 비웃은 어제저녁의 술친구의 천박한 머리를 생각한다(「시골 선물」) *무한히 망설이는 이 마음은 어둠과 절망의 어제를 위하여/

사는 것이 아니고/너무나 기쁜 이 마음은 무슨 까닭인지 알 수는 없지만/확실히 어리석음에서 나오는 것은 아닐 텐데(「거리2」) *뮤즈여/너는 어제까지의 나의 세력/오늘은 나의 지평선이 바뀌어졌다//물은 물이고 불은 불일 것이지만/어제와 오늘이 다르고/오늘과 내일의 차이를 정시하기 위하여[…]그러면/아름다움은 어제부터 출발하고/너의 육체는/오늘부터 출발하게 되는 것이다(「바뀌어진 지평선」) *「결혼윤리의 좌절/행복은 어디에 있나?—」/이것이 어제 오후에 써놓은 기사 대목으로/내일 조간분 사회면의 표독한 타이틀이 될 것이라고 해서(「기자의 정열」) *바늘구멍만한 예지의 저쪽에 사는 사람들이여/나의 현실의 메트르여/어제와 함께 내일에 사는 사람들이여/강력한 사람들이여……(「예지」) *흐린 하늘에 이는 바람은/어제가 다르고 오늘이 다른데/옷을 벗어놓은 나의 정신은/늙은 바위에 앉은 이끼처럼 추워라(「초봄의 뜰 안에」) *설움의 탓이라고 이 새로운 현실을 경시하면서도//어제와 같이 다시는 〈헛소리〉를 하지 않으려고 결심하면서(「말」(1958)) *그대의 정의도 우리들의 섬세도/행동이 죽음에서 나오는/이 욕된 교외에서는/어제도 오늘도 내일도 마음에 들지 않아라(「死靈」) *多病한 나에게는/파리도 이미 어제의 파리는 아니다//이미 오래 전에 일과를 전폐해야 할/文明이/오늘도 또 나를 이렇게 괴롭힌다(「파리와 더불어」) *그 지긋지긋한 놈의 사진을 떼어서/조용히 개굴창에 넣고/썩어진 어제와 결별하자/그놈의 동상이 선 곳에는/민주주의의 첫 기둥을 세우고/쓰러진 성스러운 학생들의 웅장한/기념탑을 세우자/아아 어서어서 썩어빠진 어제와 결별하자(「우선 그놈의 사진을 떼어서 밑씻개로 하자」) *야 고만 죽여라 고만 죽여/나는 오늘 아침에 서약한 게 있다니까/남편은 어제의 남편이 아니라니까/정말 어제의 네 남편이 아니라니까(「거미잡이」) *우물이 말을 한다/어제의 말을 한다(「등나무」) *순사와 땅주인에서부터 과속을 범하는 운전수까지/나의 적은 아직도 늘비하지만/어제의 적은 없고/더운 날처럼 어제의 적은 없고/더위진 날처럼 적은 없고(「적」) *그 방은 바로 어제 내가 혁명을 기념한 방/오늘은 기름진 피아노가/덩덩 덩덩덩 울리면서/나의 고갈한 비참을 달랜다(「피아노」) *저놈은 어제 비를 맞았다/저놈은 나의 노동의 상징/호주머니 속의 소눈깔만한 호주머니에 들은/물뿌리와 담배 부스러기의 오랜 친근(「후란넬 저고리」) *참음은 어제를 생각하게 하고/어제의 얼음을 생각하게 하고/새로 확장된 서울특별시 동남단 논두렁에/어는 막막한 얼음을 생각하게 하고(「참음은」) *신앙이 動하지 않는 건지 동하지 않는 게/신앙인지 모르겠다//나비야 우리 방으로 가자/어제의 시를 다시 쓰러 가자(「시」(1964)) *어제 국회의장 공관의 칵테일 파티에 참석한/천사 같은 여류작가의 냉철한 지성적인/눈동자는 거짓말이다(「이혼 취소」) *시간은 내 목숨야. 어제하고는 틀려졌어. 틀려/졌다는 것을 알았어. 틀려져야겠다는 것을 알/았어. 그것을 당신한테 알릴 필요가 있어.[…]우리들은 빛나지 않는다. 어제도 빛나지 않고,/오늘도 빛나지 않는다. 그 연관만이 빛난다(「엔카운터 誌」) *헌 기계는 가게로 가게에 있던 기계는/옆에 새로 난 쌀가게로 타락해 가고/어제는 캐시밀론이 들은 새 이불이(「금성라디오」) *꽃도 장미도 어제 떨어진 꽃잎도/아니고/떨어져 물 위에서 썩은 꽃잎이라도 좋고/썩는 빛이 황금빛에 닮은 것이(「꽃잎3」) *사람의 얼굴도 무섭지 않고/그의 목소리도 방해가 안 되고/어제의 행동과 내일의 복수가 상쇄되고[…]어제와 오늘이 하늘과 땅처럼/달라지고 침묵과 발악이 오늘과/내일처럼 달라지고 달라지지 않는/이 갱 안의 잉크 수건의 칼자국(「먼지」)

어젯밤 어제의 밤. *어젯밤에 술을 마시던 방을 들여다보니 이불도 베개도 타구 하나 없이 깨끗하다(「미숙한 도적」) *모자라는 영원이 있으면 돼/채귀가 집으로 돌아가면 돼/성당으로 가듯이/채귀가 어젯밤에 나 없는 사이에 돌아갔으면 돼/장시만 장시만 안 쓰면 돼(「장시 1」) *어제는 캐시밀론이 들은 새 이불이/어젯밤에는 새 책이/오늘 오후에는 새 라디오가 습격해 들어왔다(「금성라디오」)

어지간하다 ①어떤 표준에 거의 가깝다. ②꽤 무던하다. ③그저 그만하다. 웬만하다.
  어지간한 *나도 나다— 잔인이다— 미안하

지만 잔인이다―콧노래를 부르더니 그만두었구나― 너도 어지간한 놈이다― 요놈― 죽어라(「잔인의 초」)

어지간히 ①어떤 표준에 거의 가깝게. ②꽤 무던하게. ③그저 그만하게. 웬만하게. *VOGUE야 넌 잡지가 아냐/섹스도 아냐 유물론도 아냐 선망조차도/아냐―선망이란 어지간히 따라갈 가망성이 있는/상대자에 대한 시기심이 아니냐, 그러니까 너는/선망도 아냐(「VOGUE야」) *그년하고 하듯이 혓바닥이 떨어져 나가게/물어제끼지는 않았지만 그래도/어지간히 다부지게 해줬는데도/여편네가 만족하지 않는다(「性」)

어지럽다 ①몸을 제대로 가눌 수 없이 정신이 흐리고 얼떨떨하다. ②모든 것이 뒤섞이거나 뒤얽혀 갈피를 잡을 수 없다. ③사회가 혼란스럽고 질서가 없다. ④품행이 단정하지 못하고 난잡하다. ⑤물건들이 제자리에 있지 못하고 널려 있어 너저분하다.

어지러운 *적당한 음모는 세상의 것이다/이 어지러운 세상을 살아가기 위하여/나에게는 약간의 경박성이 필요하다(「바뀌어진 지평선」) *중단과 계속과 해학이 일치되듯이/어지러운 가지에 꽃이 피어오른다/과거와 미래에 통하는 꽃/견고한 꽃이/공허의 말단에서 마음껏 찬란하게 피어오른다(「꽃2」)

어지러웁기만 *생각하면 그것은 둥근 옹이같이 어지러웁기만 한 일이지만/거기에는 초점이 없지도 않다/그러나 이 초점을 바라고 보는 것이 아니다(「기자의 정열」)

어지러웁지 *청결한 공기조차 어지러웁지 않은 것이/오히려 너의 냄새가 없어서 심심하다//남의 일하는 곳에 와서 덧없이 앉았으면 비로소 설워진다/어떻게 하리/어떻게 하리(「사무실」)

어지럽고 *그러나 정글보다도 더 험하고/소용돌이보다도 더 어지럽고 해저보다도 더 깊게/아직까지도 부패와 부정과 살인자와 강도가 남아 있는 사회(「기도」)

어째서 '어찌하여서'의 준말. 어떠한 이유 때문에. *시원치 않은 이 울음소리만이/어째서 나의 뼈를 뚫고 총알같이 날새게 달아나는가(「영사판」) *자유를 위해서/비상하여 본 일이 있는/사람이면 알지/노고지리가/무엇을 보고/노래하는가를/어째서 자유에는/피의 냄새가 섞여 있는가를(「푸른 하늘을」) *나이 어린 사람들은 어째서 이 다리가 부자연스러운지를 모른다/그러니까 이 다리를 건너갈 때마다/나는 나의 심장을 기계처럼 중지시킨다(「현대식 교량」)

어쩌다 '어쩌다가'의 준말. ①뜻 밖에 우연히. ②이따금 가끔가다가. *나는 아직도 앉는 법을 모른다/어쩌다 셋이서 술을 마신다 둘은 한 발을 무릎 위에 얹고/도사리지않는다 나는 어느새 남쪽식으로/도사리고 앉았다(「거대한 뿌리」)

어쩌면 ①확실하지 아니하지만 짐작하건대. ②도대체 어떻게 하여서. *하루살이의 유희여//너의 모습과 너의 몸짓은/어쩌면 이렇게 자연스러우냐/소리없이 기고 소리없이 날으다가/되돌아오고 되돌아가는 무수한 하루살이(「하루살이」) *시장거리의 먼지 나는 길옆의/좌판 위에 쌓인 호콩 마마콩 명석의/호콩 마마콩이 어쩌면 저렇게 많은지/나는 저절로 웃음이 터져나왔다(「생활」)

어찌 ①어떠한 이유로. ②어떠한 방법으로. ③어떠한 관점으로. ④동작의 강도나 상태의 정도가 대단하여. *등나무 등나무 등나무 등나무//얄상한 잎/그것이 이슬을 마셨다고 어찌 신용하랴/나의 혼, 목욕을 중지한 시인의 혼을 마셨다고/炎天의 혼을 마셨다고 어찌 신용하랴(「등나무」)

어찌나 '어찌'를 강조하여 이르는 말. ☞ 어찌. *나는 어찌나 좋았던지 목욕을 하러 갔지/개구리란 놈이 추락하는 폭격기처럼/사람을 놀랜다(「伏中」) *나의 프레이저의 책 속의 낱말이/송충이처럼 꾸불텅거리면서 어찌나 지겨워 보이던지/이렇게 돼서야 그만이지/어떻게든지 체면을 차려볼 궁리 좀 해야지(「파자마 바람으로」)

어찌하다 어떻게 하다. ☞ 어떻게.

어찌할 *그 책장은 번쩍이고/연해 나는 괴로움으로 어찌할 수 없이/이를 깨물고 있네!/가까이 할 수 없는 서적이여(「가까이 할 수 없는 서적」)

어차피(於此彼) 이렇게 하든지 저렇게 하든지

또는 이렇게 되든지 저렇게 되든지. *그러나 나는 오늘 아침의 때묻은 혁명을 위해서/어차피 한마디 할 말이 있다(「중용에 대하여」)

어처구니없이 일이 너무 뜻밖이어서 기가 막히는 듯하게. *실낱 같은 여름날이여/너무 간단해서 어처구니없이 웃는/너무 어처구니없이 간단한 진리에 웃는/너무 진리가 어처구니없이 간단해서 웃는/실낱 같은 여름 바람의 아우성이여/실낱 같은 여름 풀의 아우성이여/너무 쉬운 여름 풀의 아우성이여(「꽃잎3」)

억류(抑留) 억지로 머무르게 함. *그랬더니 그 친구가 빨리 38선을 향하여 가서/이북에 억류되고 있는 대한민국과 UN군의 포로들을 구하여내기 위하여/새로운 싸움을 하라고 합니다(「조국에 돌아오신 傷病捕虜 동지들에게」)

억류인(抑留人) 강제로 억류되어 있는 사람. *내가 포로수용소에서 나온 것은/포로로서 나온 것이 아니라/민간 억류인으로서 나라에 충성을 다하기 위하여 나온 것이라고/그랬더니(「조국에 돌아오신 傷病捕虜 동지들에게」)

억만(億萬) 셀 수 없을 만큼 많은 수효를 비유적으로 이를 때 쓰는 말. *늬가 없어도 나는 산단다/억만 번 늬가 없어 설워한 끝에/억만 걸음 떨어져있는/너는 억만 개의 모욕이다[…]늬가 없이 사는 삶이 보람 있기 위하여 나는 돈을 벌지 않고/늬가 주는 모욕의 억만 배의 모욕을 사기를 좋아하고/억만 인의 여자를 보지 않고 산다[…]이 영원한 숨바꼭질 속에서/나는 또한 영원히 늬가 없어도 살 수 있는 날을 기다려야 하겠다/나는 億萬無慮의 모욕인 까닭에(「너를 잃고」) *「조심하여라! 자중하여라! 무서워할 줄 알아라」 하는/억만의 소리가 비 오듯 내리는 여름 뜰을 보면서/합리와 비합리와의 사이에 묵연히 앉아 있는/나의 표정에는 무엇인지 우스웁고 간지럽고 서먹하고 쓰디쓴 것마저 섞여 있다(「여름 뜰」)

억만무려(億萬無慮) 셀 수 없을 만큼 헤아릴 수 없이. *나는 또한 영원히 늬가 없어도 살 수 있는 날을 기다려야 하겠다/나는 億萬無慮의 모욕인 까닭에.(「너를 잃고」)

억세다 ①마음먹은 바를 이루려는 뜻이나 행동이 억척스럽고 세차다. ②생선의 뼈나 식물의 줄기, 잎 따위가 뻣뻣하고 세다. ③팔, 다리, 골격 따위가 매우 우락부락하고 거칠어 힘이 세어 보이다. ④운수 따위의 좋고 나쁨이 크게 차이가 나다. ⑤말투 따위가 매우 거칠고 무뚝뚝하다.

억세고도 *얼마나 장구한 세월이 흘러갔던가/파도처럼 옆으로/혹은 세대를 가리키는 지층의 단면처럼 억세고도 아름다운 색깔(「나의 가족」)

억센 *눈을 뜨고 자는 억센 일/短命의 일/쫓기어다니는 일/불같은 불같은 일/깨꽃같이 작은 자질구레한 일(「깨꽃」)

억압(抑壓) ①자기의 뜻대로 자유로이 행동하지 못하도록 억지로 억누름. ②제2의 돌연변이가 최초의 돌연변이에 의한 형질(形質)의 변화를 억눌러 본디 형질을 발현시킴 또는 그런 현상. ③의식적 또는 무의식적으로 어떤 과정이나 행동, 특히 충동이나 욕망을 억누름. *선량한 백성들이 하늘같이 모시고/아침저녁으로 우러러보던 그 사진은/사실은 억압과 폭정의 방패였느니/썩은 놈의 사진이었느니(「우선 그놈의 사진을 떼어서 밑씻개로 하자」)

억양(抑揚) ①혹은 억누르고 혹은 찬양함. ②음(音)의 상대적인 높이를 변하게 함 또는 그런 변화. *그때는 인국 방송이 들리지 않아서/그들의 달콤한 억양이 금덩어리 같았다/그 금덩어리 같던 소리를 지금은 안 듣는다(「라디오 계」)

억울하다(抑鬱—) ①억눌리어 마음이 답답하다. ②애먼 일이나 불공평한 일을 당하여 속상하고 분하다.

억울하게 *그러나 천당이 있다면 모두 다 거기서 만나고 있을 것입니다/억울하게 넘어진 반공포로들이/다 같은 대한민국의 이북 반공포로와 거제도 반공포로들이/무궁화의 노래를 부를 것입니다(「조국에 돌아오신 傷病捕虜 동지들에게」)

억울해서 *나는 더위에 속은 조용함이 억울해서/미친 놈처럼 라디오를 튼다/지구와 우주를 진행시키기 위해서/어서어서 진행시키기 위해서/그렇지 않고서는 내가 미치고 말 것 같아서//아아 별/소리야!(「伏中」)

억지로 이치나 조건에 맞지 아니하게 강제로. *아직도 얼굴의 윤곽이 뚜렷하지 않은/발목이 굵은 여자들이 많이 사는 나의 마을로/지구에서 지구로 나는 왔다/나는 왔다 억지로 왔다(「X에서Y로」)

억천만(億千萬) 셀 수 없을 만큼 많은 수효를 비유적으로 이르는 말. *나의 죄 있는 몸의 억천만 개의 털구멍에/죄라는 죄가 가시같이 박히어도/그야 솜털만치도 아프지는 않으려니(「기도」)

언권(言權) '발언권'의 준말. ①회의에서 자기의 의견을 말할 수 있는 권리. ②발언에 대한 권위나 영향력. *그와 내가 대결하고 있는 깨진 유리창문 밖에서는/新舊의 두 놈이 마적의 동생처럼/떨고 있다「아네요」하면서 오야붕을 응원/하려 들었지만 내가 그놈들에게/언권을 줄 리가 없다(「제임스 띵」)

언니 ①동성(同性)의 손위 형제를 이르는 말. 주로 여자 형제 사이에 많이 쓴다. ②남남끼리의 여자들 사이에서 자기보다 나이가 위인 여자를 높여 정답게 이르는 말. ③오빠의 아내를 이르는 말. *너도 나도 누나도 언니도 어머니도/철수도 용식이도 미스터 강도 유중사도/강중령도 그놈의 속을 모르는 바는 아니었지만(「우선 그놈의 사진을 떼어서 밑씻개로 하자」)

언덕 ①땅이 비탈지고 조금 높은 곳. ②보살펴 주고 이끌어 주는 미더운 대상을 비유적으로 이르는 말. *지금 마음 놓고 고즈넉이 날개를 펴라/마음대로 뛰놀 수 있는 마당은 아닐지나/(그것은「골고다」의 언덕이 아닌/현대의 가시철망 옆에 피어 있는 꽃이기에)(「九羅重花」) *백화가 만발한 언덕 저편에/부처의 心思 같은 굴뚝이 허옇고/그 위에서 내뿜는 연기는/얼핏 생각하면 우습기도 하다(「연기」) *나는 점점 어린애/태양 아래의 단 하나의 어린애/죽음 아래의 단 하나의 어린애/언덕 아래의 단 하나의 어린애(「여편네의 방에 와서」) *바람의 고개는 자기가 일어서는 줄/모르고 자기가 가 닿은 언덕을/모르고 거룩한 산에 가 닿기/전에는 즐거움을 모르고(「꽃잎1」)

언뜻 ①지나는 결에 잠깐 나타나는 모양. ②생각이나 기억 따위가 문득 떠오르는 모양. ☞얼핏. *언뜻 보기엔 임종의 생명 같고/바위를 뭉개고 떨어져내릴/잎의 꽃잎 같고(「꽃잎1」)

언론(言論) ①개인이 말이나 글로 자기의 생각을 발표하는 일 또는 그 말이나 글. ②매체를 통하여 어떤 사실을 밝혀 알리거나 어떤 문제에 대하여 여론을 형성하는 활동. *한번 정정당당하게/붙잡혀간 소설가를 위해서/언론의 자유를 요구하고 월남파병에 반대하는/자유를 이행하지 못하고/20원을 받으러 세 번씩 네 번씩/찾아오는 야경꾼들만 증오하고 있는가(「어느 날 고궁을 나오면서」)

언어(言語) 생각, 느낌 따위를 나타내거나 전달하는 데에 쓰는 음성, 문자 따위의 수단 또는 그 음성이나 문자 따위의 사회 관습적인 체계. *모오든 언어가 시에로 통할 때/나는 바로 일순간 전의 대담성을 잊어버리고/젖 먹는 아이와 같이 이지러진 얼굴로/여름 뜰이여/너의 광대한 손[手]을 본다(「여름 뜰」) *언어는 나의 가슴에 있다/나는 謀利輩들한테서/언어의 단련을 받는다[…]생활과 언어가 이렇게까지 나에게/밀접해진 일은 없다//언어는 원래가 유치한 것이다/나도 그렇게 유치하게 되었다(「모리배」) *언어가 죽음의 벽을 뚫고 나가기 위한/숙제는 오래된다 이 숙제를 노상 방해하는 것이/성의 윤리와 윤리의 윤리다(「설사의 알리바이」) *일본 말보다도 더 빨리 영어를 읽을 수 있게 된,/몇 차례의 언어의 이민을 한 내가/우리말을 너무 잘해서 곤란하게 된 내가(「거짓말의 여운 속에서」)

언제 ①잘 모르는 때를 가리키는 지시 대명사. ②과거의 어느 때. ③때가 특별히 정해지지 않았음을 나타내는 말. ④잘 모르는 때를 물을 때 쓰는 말. *봉매와 연령이 언제 그에게/나타날는지 모르는 까닭에/잠시 그는 별과 또 하나의 것을 쳐다보고 있어야 하는 것이다(「토끼」) *너는 언제부터 세상과 배를 대고 서기 시작했느냐/너와 나 사이에 세상이 있었는지/세상과 나 사이에 네가 있었는지/너무 밝아서 나는 웃음이 나온다[…]유리창이여/너는 언제부터 세상과 배를 대고 서기 시작했느냐(「너는 언제부터 세상과 배를 대고 서기 시작했느냐」) *너의 긴 시간 속에 언제고 내포되어 있는 휴식/그러한 휴식이 찬란한 아침햇빛 비치는 게시판 위에서 떠돌아다니면서(「기자의 정열」) *부산에서 언제 올라왔느냐고 헛말같이라도 물어보아야 할 것을//나는 총에 맞는 새같이 가련하게도 당신의 집을 나와버렸다(「말」(1958)) *언제부터인지 잠을 빨리 자는 습관이 생겼다/밤거리를 방황할 필요가 없고[…]시골에 사는 나는—/달 밝은 밤을/언제부터인지 잠을 빨리 자는 습관이 생겼다(「달밤」) *두목! 나머지 놈들 다 잡아왔습니다/아 홍찐구 놈도 섞여 있구나/너 이놈 정동 재판소에서 언제 달아나왔으냐 깟땜!(「나는 아리조나 카보이야」)

언제나 ①모든 시간 범위에 걸쳐서 또는 때에 따라 달라짐이 없이 항상. ②어느 때가 되어야. *그것은 그의 둥근 호흡기가 언제나 왼쪽에 달려 있기 때문이다//그러나 어디를 가보나/그의 머리 위에 반드시 窓이 달려 있는 것은/죄악이 아니겠느냐(「수난로」) *해초처럼 움직이는/바람에 나부껴서 밤을 모르고/언제나 새벽만을 향하고 있는/투명한 움직임의 비애를 알고 있느냐(「비」) *「건 힐의 혈투」모양으로 활발하지도 않고 보기 좋은 것도 아니다/그러나 우리들은 언제나 싸우고 있다(「하…… 그림자가 없다」) *누이야/너의 방은 언제나/너무도 정돈되어 있다/입을 다문 채/흰 실에 매어달려 있는 여주알의 곰보(「누이의 방」) *金海東—그놈은 항상 약삭빠른 놈이지만 언제나/부하를 사랑했다(「적」) *말하자면 내가 찾고 있는 것은 언제나 나의 가장 가까운/내 곁에 있고(「절망」(1962)) *8·15 후에 김병욱이란 시인은 두 발을 뒤로 꼬고/언제나 일본여자처럼 앉아서 변론을 일삼았지만/그는 일본 대학에 다니면서 4년 동안을 제철회사에서/노동을 한 強者다(「거대한 뿌리」) *소음이 더욱 번성하기 전 날/우리는 언제나 소음의 2층//땅의 2층이 하늘인 것처럼/이렇게 人情의 하늘이 가까워진/일이 없다(「여름 밤」)

언청이 선천적으로 윗입술이 세로로 찢어진 사람 또는 그렇게 찢어진 입술. ☞ 쨈보. *언청이야 언청이야 이발쟁이야 너의/보꾹에 바른 신문지의 활자가 즐거웁구나(「제임스 띵」)

얹다 ①위에 올려놓다. ②일정한 분량이나 액수 위에 얼마 정도 더 덧붙이다. ③활에 시위를 걸어서 팽팽하게 당기다. ④윷놀이에서, 한 말을 다른 말에 어우르다.

얹고 *이 밤이 기다리는 고요한 思想마저/나는 초연히 이것을 시간 위에 얹고/어려운 몇 고비를 넘어가는 기술을 알고 있나니(「방안에서 익어가는 설움」) *나는 아직도 앉는 법을 모른다/어쩌다 셋이서 술을 마신다 둘은 한 발을 무릎 위에 얹고/도사리지 않는다 나는 어느새 남쪽식으로/도사리고 앉았다(「거대한 뿌리」)

얻다 ①거저 주는 것을 받아 가지다. ②긍정적인 태도, 반응, 상태 따위를 가지거나 누리게 되다. ③구하거나 찾아서 가지다. ④돈을 빌리다. ⑤집이나 방 따위를 빌리다. ⑥권리나 결과, 재산 따위를 차지하거나 획득하다. ⑦일꾼이나 일손 따위를 구하여 쓸 수 있게 되다. ⑧사위, 며느리, 자식, 남편, 아내 등을 맞다. ⑨병을 앓게 되다.

얻기 *네가 이 두 시간의 중간 위에 서있는 것이라고 해서/어려운 휴식/참으로 어려운/얻기 어려운 휴식(「기자의 정열」)

얻는 *저 말(馬)도 절망의 소리/병원 냄새에 휴식을 얻는/소년의 흰 볼처럼(「아픈 몸이」)

얻는다는 *삶은 계란의 껍질이/벗겨지듯/묵은 사랑이/벗겨질 때/붉은 파밭의 푸른 새싹을 보아라/얻는다는 것은 곧 잃는 것이다[…]묵은 사랑이/움직일 때/붉은 파밭의 푸른 새싹을 보아라/얻는다는 것은 곧 잃는 것이다[…]묵은 사랑이/뉘우치는 마음의 한복판에/젖어있을 때/붉은 파밭의 푸른 새싹을 보아라/얻는다는 것은 곧 잃는 것이다(「파밭 가에서」)

얻었다 *지극히 시시한 발견이 나를 즐겁게 하는 야밤이 있다/오늘밤 우리의 현대문학사의 변명을 얻었다(「이 한국문학사」)

얻어맞다 ①남에게 매를 맞다. ②여론이나 언론 따위의 비난을 받다.

얻어맞은 *너의 근육은/학교 밖에서 얻어맞은 모든 것이/골목길에서 얻어맞은 모든 것이/반드시 정말이 아니라는 것을 알았고/너의 어린 행동은/어린 상징을 면하기 시작했다(「65년의 새해」)

얼 정신의 줏대. *白花의 意匠/萬華의 거동의/지금 고요히 잠드는 얼을 흔드며/關公의 色帶로 감도는/향로의 餘烟이 신비한데(「廟庭

의 노래」) *생활에 얼이 빠진 여인의 모습을 다방의 창 너머로 瞥見하였기 때문에/다음과 같은 쪽지를 미스터 리한테 적어놓고/시골로 떠났다(「미스터 리에게」)

얼굴 ①눈, 코, 입이 있는 머리의 앞면. ②머리 앞면의 전체적 윤곽이나 생김새. ③주위에 잘 알려져서 얻은 평판이나 명예 또는 체면. ④어떤 심리 상태가 나타난 형색(形色). ⑤어떤 분야에 활동하는 사람. ⑥어떤 사물의 진면목을 단적으로 보여 주는 대표적 표상. *倒立한 나의 아버지의/얼굴과 나여//나는 한번도 이[齒]를 보지 못한 사람이다(「이[齒]」) *나는 모오든 사람을 또한/나의 妻를 피하여/그의 얼굴을 숨어 보는 것이오/詠嘆이 아닌 그의 키와/저주가 아닌 나의 얼굴에서/오오 나는 그의 얼굴을 따라[…]조바심도 습관이 되고/그의 얼굴도 습관이 되며/나의 無理하는 生에서/그의 사진도 무리가 아닐 수 없이[…]나는 모든 사람을 피하여/그의 얼굴을 숨어 보는 버릇이 있소(「아버지의 사진」) *너의 앞에서는 우둔한 얼굴을 하고 있어도 좋았다[…]내가 추악하고 우둔한 얼굴을 하고 있으면/너도 우둔한 얼굴을 만들 줄 안다(「풍뎅이」) *그리고 별과도 등지고 앉아서/모래알 사이에 너의 얼굴을 찾고 있는 나는 인제/늬가 없어도 산다(「너를 잃고」) *옆에 누운 친구가 내가 이를 뺀 얼굴이 어린 아해 같다고 간간대소하며 좋아한다/이 친구도 술이 취한 얼굴을 보니 처참하다[…]그중 끝의 방문을 열고 보니 꺼먼 사람이 셋이나 앉았다/얼굴은 분간할 수도 없는데/술 한 병만이 방 한가운데/광채를 띠고 앉아 있다(「미숙한 도적」) *구차한 나의 머리에/성스러운 鄕愁와 우주의 위대감을 담아주는 삽시간의 자극을/나의 가족들의 기미 많은 얼굴에 비하여 보아서는 아니 될 것이다(「나의 가족」) *매일같이 마시는 술이며 모욕이며/보기 싫은 나의 얼굴이며/다 잊어버리고/돈 없는 나는 남의 집 마당에 와서/비로소 마음을 쉬다(「휴식」) *꺼먼 얼굴이며 노란 얼굴이며 찌그러진 얼굴이며가 모두 환상과 현실의 중간에 서서 있기에[…]돈을 버는 거리의 부인이여/잠시 눈살을 펴고/찌그러진 입술을 펴라/그네의 얼굴이 나의 눈앞에서/어린아이들이 가지고 노는 도르라미모양으로 세찬 바람에 매암을 돌기 전에(「거리2」) *나는 바로 일순간 전의 대담성을 잊어버리고/젖 먹는 아이와 같이 이지러진 얼굴로/여름 뜰이여/너의 광대한 손[手]을 본다(「여름 뜰」) *물을 뜨러 나온 아내의 얼굴은/어느 틈에 저렇게 검어졌는지 모르나/차차 시골 동리 사람들의 얼굴을 닮아간다(「여름 아침」) *등지고 있는 얼굴이여/주검은 취한 사람처럼 멋없이 서서/병풍은 무엇을 향하여서도 무관심하다/주검에 全面 같은 너의 얼굴 위에/용이 있고 落日이 있다(「병풍」) *그러면 너의 벗들과/너의 이웃사람들의 얼굴이/바늘구멍 저쪽에 떠오르리라/축소와 확대의 중간에 선 그들의 얼굴(「예지」) *일어서 있는 너의 얼굴/일어서 있는 너의 얼굴/顎骨에서 내려가는 너의 경련[…]시도 그런 여유에는 대항할 수 없고/지혜는 일어서 있는 너의 얼굴[…]일어서 있는 너의 얼굴은/오늘밤의/앉아 있는 내 방의 촛불 같은 재산, 보석이여(「반주곡」) *요릿집엘 들어가고/술을 마시고 웃고 잡담하고/동정하고 진지한 얼굴을 하고/바쁘다고 서두르면서 일도 하고(「하…… 그림자가 없다」) *대한민국의 방방곡곡에 안 붙은 곳이 없는/그놈의 점잖은 얼굴의 사진을/동회란 동회에서 시청이란 시청에서[…]가련한 목숨을 이어가기 위해서/신주처럼 모셔놓던 의젓한 얼굴의/그놈의 속을 창자 밑까지도 다 알고는 있었으나(「우선 그놈의 사진을 떼어서 밑씻개로 하자」) *그러나 너의 얼굴은/어둠에서 불빛으로 넘어가는/그 찰나에 꺼졌다 살아났다/너의 얼굴은 그만큼 불안하다//번개처럼/번개처럼/금이 간 너의 얼굴은(「사랑」) *모든 곡은 눈물이다 어렸을 때 어머니는/나의 얼굴의 사마귀를 떼주었다(「반달」) *거위의 울음소리는/밤에도 여자의 호마노색 원피스를 바람에 나부끼게 하고/강물이 흐르게 하고/꽃이 피게 하고/웃는 얼굴을 더 웃게 하고/죽은 사람을 되살아나게 한다(「거위 소리」) *그래도 추탕을 먹으면서 나보다도 더 땀을 흘리더라만/신문지로 얼굴을 씻으면서 나보고도/산보를 하라고 자꾸 권한다(「강가에서」) *간선도로를 지나/아직도 얼굴의 윤곽이 뚜렷하지 않은/발목이 굵은 여자들이 많이 사는 나의 마을로/지구에서 지구로(「X에서Y로」) *우리는 너를 보고 깜짝 놀란다//아니 네가 우리를 보고 깜짝 놀란다/네가 우리를 보고 깜짝 놀란다/65년의 새 얼굴을 보고/65년의 새해를 보고(「65년의 새해」) *이발소의 화롯가에 연분홍빛 화로/깨어진 유리에 종이를 바르고/그 언 유리에 비친 내 얼굴이 제임스 띵같이/되기까지 내가 겪은, 내가 겪을/고뇌는 무한이다(「제임스 띵」) *여름이 끝난 벽 저쪽에 서 있는 낯선 얼굴/가을이 설사를 하려고 약을 먹는다(「설사의 알리바이」) *네 얼굴은 진리에 도달했다/어저께 진리에 도달했다/어저께 환희를 잃었기 때문이다[…]죽어라 이성을 되찾기 전에//네 얼굴은 진리에 도달했다/어저께 진리에 도달한 얼굴은/오늘은 술을 잊은 얼굴이다//가구점의 문앞에서 책꽂이를/묶어주는 철쭉꽃빛 루즈를 바른/주인 여자의 얼굴―/그 얼굴은 네 얼굴보다는/간음을 상상할 수 있을 만큼(「네 얼굴은」) *내가 써준 시집의 서문을/믿지 않는 사람의 얼굴의 사마귀나 여드름을(「거짓말의 여운 속에서」) *미인을 보고 좋다고들 하지만/미인은 자기 얼굴이 싫을 거야/그렇지 않고야 미인일까(「미인」) *사람의 얼굴도 무섭지 않고/그의 목소리도 방해가 안 되고/어제의 행동과 내일의 복수가 상쇄되고/참호의 입구의 ㄱ자가 문제되고(「먼지」) *돌부리를 차듯 서투른 원효로/분장한 놈이 돌부리를 차고 풀을/뽑듯 죄를 짓고 싶어 죄를/짓고 얼굴을 붉히고//죄를 짓고 얼굴을 붉히고(「원효대사」)

얼다 ①액체나 물기가 있는 물체가 찬 기운 때문에 고체 상태로 굳어지다. ②추위로 인하여 신체 또는 그 일부가 뻣뻣하여지고 감각이 없어질 만큼 아주 차가워지다. ③어떤 분위기나 사람에게 위압되어 긴장하거나 흥분하여, 침착한 태도를 잃고 당황하다. ④술에 취하여 혀가 굳어지다.

어는 *새로 확장된 서울특별시 동남단 논두렁에/어는 막막한 얼음을 생각하게 하고(「참음은」)

언 *깨어진 유리에 종이를 바르고/그 언 유리에 비친 내 얼굴이 제임스 띵같이/되기까지 내가 겪은, 내가 겪을/고뇌는 무한이다(「제임스 띵」)

얼라는 *너무 고요해서 잠에서 깨어나//내가 비는 것은/이 무한한 웃음의 가슴속에/그 얼음이 더 얼라는/내일의 呪符이었다(「凍夜」)

얼어 *넓적다리 뒷살에/넓적다리 뒷살에/알이 배라지/손에서는/손에서는/불이 나라지/수챗가에 얼어빠진/수세미모양(「쌀난리」)

얼어붙다 ①액체나 물기가 있는 물체가 찬 기운 때문에 얼어서 꽉 들어붙다. ②긴장이나 무서움 때문에 몸이 굳어진다.

얼어붙고 *기름을 주라/어서 기름을 주라/털털거리는 수레에다는 기름을 주라/욕심은 끝났어/논도 얼어붙고/대숲 사이로 침입하는 무자비한 푸른 하늘(「시」(1961))

얼어붙은 *또 하나 나의 팔이 될 수 없는 비참이오/행길에 얼어붙은 유리창들같이/시계의 열두시같이/재차는 다시 보지 않을 편력의 역사……(「아버지의 사진」)

얼마 ①잘 모르는 수량이나 정도. ②정하지 아니한 수량이나 정도. ③뚜렷이 밝힐 필요가 없는 비교적 적은 수량이나 값 또는 정도. *일본의 〈진보적〉 지식인들은 소련한테는/욕을 하지 않는다고 한다 나도 얼마전까지는/흰 원고지 뒤에 낙서를 하면서/그것이 그럴듯하게 생각돼서/소련을 내심으로도 입밖으로도 두둔했었다(「轉向記」) *죽은 고기처럼 혈색없는 나를 보고/얼마전에는 애 업은 여자하고 오입을 했다고 한다/초저녁에 두 번 새벽에 한 번(「강가에서」)

얼마나 동작의 강도나 상태의 정도가 대단함을 나타내는 말. *웃음은 자기 자신이 만드는 것이라면 그것은 얼마나 서러운 것일까/푸른 목/귀여운 눈동자/진정 나는 기계주의적 판단을 잊고 시들어갑니다(「웃음」) *이 공간의 넓이를 가리키면서/한꺼번에 구겨지자 없어지는 벼락과 천둥/이것이 또 앞으로 얼마나 계속될는지(「付託」) *돌아오신 여러분! 아프신 몸에 얼마나 수고하셨습니까!/우리는 UN군에 포로가 되어 너무 좋아서 가시철망을 뛰어나오려고 애를 쓰다가 못 뛰어나오고/여러 동지들은 기막힌 쓰라림에 못 이겨 못 뛰어나오고(「조국에 돌아오신 傷病捕虜 동지들에

얼마큼 '얼마만큼'의 준말. ☞ 얼마. *모래야 나는 얼마큼 작으냐/바람아 먼지야 풀아 나는 얼마큼 작으냐/정말 얼마큼 작으냐……(「어느 날 고궁을 나오면서」)

*이것은 누구에게도 보이지 않을 글이기에/(아아 그러한 시대가 온다면 얼마나 좋은 일이냐)(「九羅重花」) *얼마나 장구한 세월이 흘러갔던가/파도처럼 옆으로/혹은 세대를 가리키는 지층의 단면처럼 억세고도 아름다운 색깔―(「나의 가족」) *모든 것을 제압하는 생활 속의/애정처럼/솟아오른 놈//(유년의 기적을 잃어버리고/얼마나 많은 세월이 흘러갔나)(「생활」) *그런 나라에서 집권당이라면/얼마나 의젓한가/비수를 써/인제는 지조랑 영원히 버리고 마음 놓고(「만시지탄은 있지만」) *현대식 교량을 건널 때마다 나는 갑자기 회고주의자가 된다/이것이 얼마나 죄가 많은 다리인 줄 모르고(「현대식 교량」)

얼음 ①물이 얼어서 굳어진 물질. ②몸의 한 부분이 얼어서 신경이 마비된 것. *개울은 달빛으로 얼음 위에/얼음을 놓았는데//너무 고요해서 잠에서 깨어나//내가 비는 것은/이 무한한 웃음의 가슴속에/그 얼음이 더 얼라는/내일의 呪符이었다(「凍夜」) *참음은 어제를 생각하게 하고/어제의 얼음을 생각하게 하고/새로 확장된 서울특별시 동남단 논두렁에/어느 막막한 얼음을 생각하게 하고(「참음은」)

얼치기 ①이것도 저것도 아닌 중간치. ②이것 저것이 조금씩 섞인 것. ③탐탁하지 아니한 사람. *이런 밤에/나는 서울의 얼치기 洋館 속에서/골치를 앓는 여편네의 댓가지 백 속에/조약돌이 들어 있는/공간의 우연에 놀란다(「누이의 방」)

얼핏 ①지나는 결에 잠깐 나타나는 모양. ②생각이나 기억 따위가 문득 떠오르는 모양. ☞ 언뜻. *그 위에서 내뿜는 연기는/얼핏 생각하면 우습기도 하다//연기의 정체는 없어지기 위한 것이다(「연기」)

엄마 ①어린아이가 '어머니'를 이르는 말. ②아이가 딸린 여자를 이르는 말. ☞ 어머니. 어미. *아가야 아가야/열 발가락이 다 나와 있네/엄마가/만들어준 빨간 양말에서[…]엄마는/바지가 젖는 것이 무서웁단다[…]엄마는/너를 보고 되놈이라고 부르지[…]엄마는/하필 국민학교 놈의 국어공책을 집어주지(「자장가」) *「엄마 안 가? 엄마 안 가?」/「안 가 엄마! 안 가 엄마! 엄마가 어디를 가니?」/「안 가 유?」/「안 가유! 하……」/「으흐흐……」[…]「엄마 안 가?」/「엄마 안 가?」/「엄마 가?」/「엄마 가?」//등나무 등나무 등나무 등나무(「등나무」) *안하기로 했다 안해도 된다고/생각했다 안해야 한다고 생각했다/너에게도 엄마에게도 모든/아버지보다 돈 많은 사람들에게도/아버지 자신에게도(「VOGUE야」)

엄숙하다(嚴肅―) 장엄하고 정숙하다.
　엄숙하게 *새로운 목표는 이미 나타나고 있었다/죽음보다도 엄숙하게/귀고리보다도 더 가까운 곳에[…]새로운 목표는 이미 나타나고 있었다/죽음보다도 엄숙하게/귀고리보다도 더 가까운 곳에/종소리보다도 더 영롱하게(「영롱한 목표」)
　엄숙하지 *쓸데없는 도면 위에 글자만 박고 있으면 어떻게 하리/엄숙하지 않은 일을 하는 곳에 사는 친구를 찾아왔다(「사무실」)

엄연하다(儼然―) 누구도 감히 부인하지 못할 정도로 명백하다.
　엄연한 *확실하지만 누가 지은 것인 줄도 모르는/제2차 대전 이후의/긴 긴 역사를 갖춘 것 같은/이 엄연한 책이/지금 바람 속에 휘날리고 있다(「가까이 할 수 없는 서적」)

엄청나다 보기에 양이나 정도가 아주 지나친 데가 있다.
　엄청난 *너의 가난을 눈에 보이는/눈에 보이지 않는 모든 가난을/이 엄청난 어려움을 고통을/이 몸을 찢는 부자유를 부자유를 나날을……(「65년의 새해」)

업다 사람이나 동물 따위를 등에 대고 손으로 붙잡거나 무엇으로 동여매어 붙어 있게 하다.
　업은 *죽은 고기처럼 혈색 없는 나를 보고/얼마전에는 애 업은 여자하고 오입을 했다고 한다(「강가에서」)

업적(業績) 어떤 사업이나 연구 따위에서 세운 공적. *애타도록 마음에 서둘지 말라/강물 위에 떨어진 불빛처럼/혁혁한 업적을 바라지 말라(「봄밤」)

없다 ①사람, 동물, 물체 따위가 실제로 존재하지 않다. ②어떤 사실이나 현상이 현실로 존재하지 않다. ③어떤 일이나 현상이나 증상 따위가 생겨 나타나지 않다. ④어떤 것이 많지 않은 상태이다. ⑤재물이 넉넉하지 못하여 가난하다. ⑥어떤 일이 가능하지 않다. ⑦사람이나 동물이 어느 곳에 머무르거나 살지 않다. ⑧매우 드물다. ⑨일정한 범위에 포함되지 않다. ⑩어떤 물체를 소유하고 있지 않거나 자격이나 능력 따위를 갖추고 있지 않다. ⑪일정한 관계를 가진 사람이 존재하지 않다. ⑫어떤 사람에게 아무 일도 생기지 않다. ⑬성립되지 않다. ⑭상하, 좌우, 위계 따위가 구별되지 않다. *나는 지금 자유를 연구하기 위하여 『나는 자유를 선택하였다』의 두꺼운 책장을 들춰볼 필요가 없다(「조국에 돌아오신 傷病捕虜 동지들에게」) *그래서 그는 낮에도 밤에도/어둠을 지니고 있으면서/어둠과는 타협하는 법이 없다(「수난로」) *자의식에 지친 내가 너를/막상 좋아한다손 치더라도/네가 나에게 보이고 있는 시간이란/네가 달아나는 시간밖에는 없다(「연기」) *四星將軍이 즐비한 거대한 파티 같은 풍성하고 너그러운 풍경을 바라보면서/나에게는 잔이 없다/투명하고 가벼웁고 쇠소리 나는 가벼운 잔이 없다(「네이팜 탄」) *나는 그들을 생각하면서 하이데거를/읽고 또 그들을 사랑한다/생활과 언어가 이렇게까지 나에게/밀접해진 일은 없다//언어는 원래가 유치한 것이다/나도 그렇게 유치하게 되었다/그러니까 내가 그들을 사랑하지 않을 수가 없다(「모리배」) *우리들의 전선은 지도책 속에는 없다[…]하늘에 그림자가 없듯이 민주주의의 싸움에도 그림자가 없다/하…… 그림자가 없다(「하…… 그림자가 없다」) *민주주의는 인제는 상식으로 되었다/자유는 이제는 상식으로 되었다/아무도 나무랄 사람은 없다/아무도 붙들어갈 사람은 없다(「우선 그놈의 사진을 떼어서 밑씻개로 하자」) *아아 새까맣게 손때 묻은 육법전서가/표준이 되는 한/나의 손등에 장을 지져라/4·26 혁명은 혁명이 될 수 없다(「육법전서와 혁명」) *이유는 없다―나가다오 너희들 다 나가다오/너희들 미국인과 소련인은 하루바삐 나가다오[…]이유는 없다―/가다오 너희들의 고장으로 소박하게 가다오(「가다오 나가다오」) *오늘 아침의 때문은 혁명을 위해서/어차피 한 마디 할 말이 있다/이것을 나는 나의 일기첩에서/찾을 수밖에 없었다//中庸은 여기에는 없다(「중용에 대하여」) *여행을/안 한다/가지고 있는/이데올로기도 없다/密謀는/전혀 없다[…]靜寂이/필요 없다/그 이유를/말할 필요도 없다[…]假裝 파티에/가본 일도 없다/하물며/중립사상연구소에는/그림자도 비친 일이 없다[…]가지고 있는/시계도 없다[…]the reason why/you don't get/a clock/or/a watch 마저/말할 필요가 없다(「이놈이 무엇이지?」) *윗호주머니나 혹은 속호주머니에 들은/치부책 노릇을 하는 종이쪽/그러나 돈은 없다/―돈이 없다는 것도 오랜 친근이다(「후란넬 저고리」) *모두가 거꾸로다/―태연할 수밖에 없다 웃지 않을 수밖에 없다/조용히 우리들의 웃음을 웃지 않을 수 없다(「우리들의 웃음」) *조그만 눈을 민첩하게 움직이면서 미소를/띄우고 섰지만/나의 고삐를 잃은 백마에 당할 리가 없다[…]「아녜요」하면서 오야붕을 응원/하려 들었지만 내가 그놈들에게/언권을 줄 리가 없다[…]「신문요」의 목소리를 회상하며/어떤 놈이 新인지 舊인지를 가려낼 틈도 없다(「제임스 띵」) *우리는 무슨 적이든 적을 갖고 있다/적에는 가벼운 적도 무거운 적도 없다(「적1」) *흐린 날에는 연극은 없다/모든 게 쉽다/쉬지 않는 것은 처와 처들뿐이다(「적2」) *김유정처럼 그밖의 위대한 선배들처럼 거지짓을 하면서/소설에 골몰한 사람도 없다……(「이 한국문학사」) *선이 아닌 모든 것은 악이다 신의 地帶에는/중립이 없다/아내여 화해하자 그대가 흘리는 피에 나도/참가하게 해다오(「이혼 취소」) *이 돈이 31일까지 나올 가망성이 없다/전화를 걸어 보니 아직도 해결이 안 됐느냐고/오히려 반문하는 품이 벌써 이상스럽다(「판문점의 감상」) *나는 아무것도 안 속였는데 모든 것을 속였다/이 죄에는 사과의 길이 없다[…]나는 한 가지를 안 속이려고 모든 것을 속였다/이 죄의 여운에는 사과의 길이 없다(「거짓말의 여운 속에서」) *이렇게 人情의 하늘이 가까워진/일이 없다 남을 불쌍히 생각함은/나를 불쌍히 생각함이라(「여름 밤」)

없다

없거든 ＊대한민국에서는 공산당만이 아니면/사람 따위는 기천 명쯤 죽여보아도 까딱도 없거든(「만시지탄은 있지만」)

없게 ＊이제 꿈을 다시 꿀 필요가 없게 되었나보다/나는 커단 서른아홉 살의 중턱에 서서(「달밤」)

없겠네 ＊「올 겨울은 눈이 적어서 토끼가 은거할 곳이 없겠네」//「저기 저 하아얀 것이 무엇입니까」「불이다 山火다」(「토끼」)

없겠는가 ＊아들아 나는 아직도 너에게 할 말이/왜 없겠는가 그러나 안한다/안하기로 했다 안해도 된다고/생각했다(「VOGUE야」)

없고 ＊생활은 熱度를 측량할 수 없고/나의 노래는 물방울처럼/땅속으로 향하여 들어갈 것/애정지둔(「愛情遲鈍」) ＊나의 최종점은 궁지/파도처럼 요동하여/소리가 없고/비처럼 퍼부어/젖지 않는 것(「긍지의 날」) ＊더 넓은 전망이 필요 없는 이 무제한의 시간 위에서/산도 없고 바다도 없고 진흙도 없고 진창도 없고 미련도 없이(「헬리콥터」) ＊구름도 필요 없고/항구가 없어도 아쉽지 않은/내가 바로 바라다보는/저 허연 석회 천정(「거리1」) ＊나는 오늘부터 지리교사모양으로 벽을 보고 있을 필요가 없고/노쇠한 선교사모양으로 낮잠을 자지 않고도 견딜 만한 강인성을 가지고 있다(「영롱한 목표」) ＊마침 당신은 집에 없고 당신의 아우만이 나와서 당신이 없다고 한다(「말」(1958)) ＊언제부터인지 잠을 빨리 자는 습관이 생겼다/밤거리를 방황할 필요가 없고/착잡한 머리에 책을 집어들 필요가 없고(「달밤」) ＊온돌 위에 서 있는 빌딩/하늘 위에 서 있는 꽃 위에로/하늘에서 내려오는 연령의 여유/시도 그런 여유에는 대항할 수 없고/지혜는 일어서 있는 너 얼굴(「반주곡」) ＊더운 날/적을 運算하고 있으면/아무 데에도 적은 없고[…]나의 적은 아직도 늘비하지만/어제의 적은 없고/더운 날처럼 어제의 적은 없고/더워진 날처럼 어제의 적은 없고(「적」) ＊내일의 행동이 먼지를 쓰고 있다/위태로운 일이라고 落盤의 신호를/올릴 수도 없고 찻잔에 부딪치는/차숟가락만한 쇳소리도 안 들리고(「먼지」)

없나 ＊문명의 혈세를 강요해서는 아니 된다 新과 舊가/탈을 낸 돈이 없나 순시를 다니는 제임스 띵은/독자를 괴롭혀서는 아니 된다(「제임스 띵」)

없느냐고 ＊일전에 어떤 친구를 만났더니 날더러 다시 포로수용소에 들어가고 싶은 생각이 없느냐고/정색을 하고 물어봅니다(「조국에 돌아오신 傷病捕虜 동지들에게」)

없느니라 ＊먼 밭을 바라보며 마늘장아찌에/취하지 않은 듯이 취하는 게라/지장이 없느니라/아무리 바빠도 지장이 없느니라 술 취했다고 일이 늦으랴(「술과 어린 고양이」)

없는 ＊가까이 할 수 없는 서적이 있다/이것은 먼 바다를 건너온/용이하게 찾아갈 수 없는 나라에서 온 것이다/주변 없는 사람이 만져서는 아니 될 책[…]나는 괴로움으로 어찌할 수 없이/이를 깨물고 있네!/가까이 할 수 없는 서적이여/가까이 할 수 없는 서적이여.(「가까이 할 수 없는 서적」) ＊내가 떳떳이 내다볼 수 없는 현실처럼/그의 눈은 깊이 파지어서/그래도 그것은/돌아가신 그날의 푸른 눈은 아니오[…]그의 사진은 이 맑고 넓은 아침에서/또 하나 나의 팔이 될 수 없는 비참이오(「아버지의 사진」) ＊점잖이 앉은 나의 나이와 나이가 준 나의 무게를 생각하면서/정말 속임 없는 눈으로/지금 팽이가 도는 것을 본다(「달나라의 장난」) ＊귀치않은 부탁을 하러 오는 사람들이/갖다 주는 것으로 연명을 하고 보니/거절할 수도 없는[…]여미지 못하는 생각 위에/여밀 수 없는 부탁이여[…]완전히 무시를 당하고 나서야/비로소 안심할 수 있는/부끄러움이 없는/부끄러움을 더한층 뜻있게 하기 위하여[…]잠시 이고 다니며 길러야 할/너는 불행하기 짝이 없는 죽순이다(「付託」) ＊이북에서 고생하고 돌아오는/상병포로들에게 말할 수 없는 미안한 감이 듭니다[…]야영훈련소에서 받은 말할 수 없는 학대를 생각한다[…]진정한 반항의 자유조차 없는 그들에게/마지막 부르고 갈/새 날을 향한 戰勝의 노래라고 부르고 싶어라!(「조국에 돌아오신 傷病捕虜 동지들에게」) ＊나의 동요 없는 마음으로/너를 다시 한번 치어다보고 혹은 내려다보면서 無量의 환희에 젖는다(「九羅重花」) ＊하나의 가냘픈 물체에 도저히 고정될 수 없는/나의 눈이며 나의 정신이며(「방안에서 익어가는 설움」) ＊제각각 자기 생각에 빠져 있으면서/그래도 조금이나 부자연한 곳이 없는/이 가족의 조화와 통일을/나는 무엇이라고 불러야 할 것이냐[…]유순한 가족들이 모여서/죄 없는 말을 주고받는/좁아도 좋고 넓어도 좋은 방안에서[…]거칠기 짝이 없는 우리 집안의/한없이 순하고 아득한 바람과 물결―/이것이 사랑이냐(「나의 가족」) ✽ 더 넓은 전망이 필요 없는 이 무제한의 시간 위에 서/산도 없고 바다도 없고 진흙도 없고 진창도 없고 미련도 없이(「헬리콥터」) ✽ 매일같이 마시는 술이며 모욕이며/보기 싫은 나의 얼굴이며/다 잊어버리고 돈 없는 나는 남의 집 마당에 와서/비로소 마음을 쉬다(「휴식」) ✽ 피곤을 잊어버리게 하는 밝은 태양 밑에는/모든 사람에게 불가능한 일이 없는 듯하다(「거리2」) ✽ 자유의 다음가는 게시판/너무나 어려운 휴식이여/눈물이 흘러나올 여유조차 없는/게시판과 너 사이에/오늘의 생활이 있을진대/달관한 신문기자여/생각하지 말아라(「기자의 정열」) ✽ 먼지 낀 잡초 위에/잠자는 구름이여/고생도 마음대로 할 수 없는 세상에서는/철 늦은 거미같이 존재 없이 살기도 어려운 일[…]시를 배반하고 사는 마음이여/자기의 나체를 더듬어 보고 살펴볼 수 없는 시인처럼 비참한 사람이 또 어디 있을까(「구름의 파수병」) ✽ 사람들이여/차라리 숙련이 없는 영혼이 되어/씨를 뿌리고 밭을 갈고 가래질을 하고 고물개질을 하자(「여름 아침」) ✽ 규정할 수 없는 물결이/무엇을 향하여 떨어진다는 의미도 없이/계절과 주야를 가리지 않고/고매한 정신처럼 쉴 사이 없이 떨어진다(「瀑布」) ✽ 영혼은/그리고 교훈은 명령은/나는 아직도 명령의 과잉을 용서할 수 없는 시대이지만[…]나는 그러한 밤에는 부엉이의 노래를 부를 줄도 안다//지지한 노래를/더러운 노래를 생기 없는 노래를(「서시」) ✽ 시내 위에 떨어지는 빗방울을 보셨나요/그것보다도 흔적이 더 없는 내어버린 자아도//하하! 우주의 비밀을/아니/비밀은 비밀을 먹는 것인가요/하하하……(「靈交日」) ✽ 빛이 없는 둥근 하늘에서는/검은 포탄의 꾸부러진 몾聲이/정신의 주변보다 더 간지러웁고(「조그마한 세상의 지혜」) ✽ 목사여 정치가여 상인이여 노동자여/실직자여 방랑자여/그리고 나와 같은 집 없는 걸인이여/집이 여기에 있다고 외쳐라(「가옥 찬가」) ✽ 그는 재판관처럼 판단을 내리는 게 아니라 구제의 길이 없는 사물의 주위에 떨어지는 태양처럼 판단을 내린다(「미스터 리에게」) ✽ 저 광막한 양지 쪽에 반짝거리는/파리의 소리 없는 소리처럼/나는 죽어가는 법을 알고 있는 사람이기 때문이리라(「파리와 더불어」) ✽ 대한민국의 방방곡곡에 안 붙은 곳이 없는/그놈의 점잖은 얼굴의 사진을/동회란 동회에서 시청이란 시청에서/회사란 회사에서(「우선 그놈의 사진을 떼어서 밑씻개로 하자」) ✽ 호박씨, 배추씨, 무씨를 또 뿌리고/호박씨, 배추씨를 뿌린 다음에/시금치씨, 파씨를 또 뿌리는/석양에 비쳐 눈부신/일년 열두 달 쉬는 법이 없는/걸쩍한 강변밭 같기도 할 것이니(「가다오 나가다오」) ✽ 황혼에는 시베리아의/어느 이름 없는 개울가에서/들오리가 서투른 앉음새로/병아리를 품고 있을지도 모른다(「황혼」) ✽ 우스운 것이 사람의 죽음이다/우스워하지 않고서 생각할 수 없는 것이 사람의 죽음이다(「누이야 장하고나!」) ✽ 이 뜰에서/나는 내가 없는 동안의/아내의 비밀을 탐지하고/또/내가 없는 그날의/그의 비밀을/탐지할 수도 있었다(「旅愁」) ✽ 하얀 종이가 옥색으로 노란 하드롱지가/이 세상에는 없는 빛으로 변할 만큼 밝다/시간이 나비모양으로 이 줄에서 저 줄로/춤을 추고/그 사이로/4월의 햇빛이 떨어졌다(「백지에서부터」) ✽ 흡반 같은 나의 대문의 명패보다도/정체 없는 놈/더운 날/눈이 꺼지듯 적이 꺼진다(「적」) ✽ 채귀가 집으로 돌아가면 돼/성당으로 가듯이/채귀가 어젯밤에 나 없는 사이에 돌아갔으면 돼(「장시1」) ✽ 그 무게는 돈이 없는 무게이기도 하다/또 무엇이 있나 나의 호주머니에는?/연필쪽/옛날 추억이 들은 그러나 일년 내내 한번도 펴본 일이 없는/죽은 기억의 휴지/아무것도 집어넣어 본 일이 없는 왼쪽 안호주머니(「후란넬 저고리」) ✽ 죽은 고기처럼 혈색 없는 나를 보고/얼마전에는 애 업은 여자하고 오입을 했다고 한다[…]나같이 사는 것은 나밖에 없는 것 같다(「강가에서」) ✽ 눈이 내린 날에는 白羊宮의 비약이 없는 날에는/개도 짖지 않는 날에는 제임스 띵이 뛰어들어서는/아니 된다[…]정정이 필요 없는/겨울의 꿈 깨어진 유리의 제임스 띵(「제임스 띵」) *요놈— 요 어린 놈— 맹랑한 놈—6학년 놈—/에미 없는 놈— 생명/나도 나다— 잔인이다— 미안하지만 잔인이다—(「잔인의 초」) *그의 오류는 꽃이야/그 무엇이라고 말할 수 없는 나라의 수도의/한복판에서(「H」) *봄은 오고 쥐새끼들이 총알만한 구멍의 조직을 만들고/풀이, 이름도 없는 낯익은 풀들이, 풀새끼들이(「거짓말의 여운 속에서」) *어떻게 알았느냐 나의 방대한 낭비와 넌센스와/허위를/나의 못 보는 눈을 나의 둔갑한 영혼을/나의 애인 없는 더러운 고독을/나의 대대로 물려받은 음탕한 전통을(「꽃잎3」) *하늘에도 천둥이, 우리의 귀가/들을 수 없는 더 큰 천둥이 있는 줄/알았다(「여름 밤」) *바다이 없는 집이 되고 있다 소리만/남은 집이 되고 있다 모서리만 남은/돌음길만 남은 난삽한 집으로(「의자가 많아서 걸린다」)

없는데 *그중 끝의 방문을 열고 보니 꺼먼 사람이 셋이나 앉았었다/얼굴은 분간할 수도 없는데/술 한 병만이 방 한가운데/광채를 띠고 앉아 있다(「미숙한 도적」) *루소의『民約論』을 다 정독하여도/집권당에 아부하지 말라는 말은 없는데(「만시지탄은 있지만」)

없다고 *마침 당신은 집에 없고 당신의 아우만이 나와서 당신이 없다고 한다//부산에서 언제 올라왔느냐고 헛말같이라도 물어보아야 할 것을(「말」(1958)) *심야에는 여자는 사라지고 남자가 다시 오입을 하러/활보하고 나선다고 이런 기이한 관습을 가진 나라를/세계 다른 곳에서는 본 일이 없다고(「거대한 뿌리」)

없다는 *그러나 돈은 없다/—돈이 없다는 것도 오랜 친근이다/—그리고 그 무게는 돈이 없는 무게이기도 하다(「후란넬 저고리」)

없다우 *우리 동네엔 미대사관에서 쓰는 타이프 용지가 없다우/편지를 쓰려고 그걸 사오라니까 밀용인찰지를 사왔드라우(「美濃印札紙」)

없드라우 *밀용인찰지인지 밀양인찰지인지 미룡인찰지인지/사전을 찾아보아도 없드라우(「美濃印札紙」)

없듯이 *하늘에 그림자가 없듯이 민주주의의 싸움에도 그림자가 없다(「하…… 그림자가 없다」) *온몸에/온몸에/힘이 없듯이/머리는/내일 아침 새벽까지도/아주 내처/비어 있으라지……(「쌀난리」)

없소 *더위도 가시고 오늘은 하루종일 일도/안하고 있지만 밀용인찰지의 나의 생활을/당신한테 보일 수는 없소(「美濃印札紙」)

없어 *늬가 없어도 나는 산단다/억만 번 늬가 없어 설워한 끝에/억만 걸음 떨어져있는/너는 억만 개의 모욕이다(「너를 잃고」) *조화가 없어 아름다웠던 생활을 조화를 원하는 가슴으로 찾을 것은 아니로나(「구슬픈 육체」) *빌려드릴 수 없어. 작년하고도 또 틀려./눈에 보여. 냉면집 간판 밑으로—육개장을 먹으러—/들어갔다가 나왔어(「엔카운터 誌」)

없어도 *늬가 없어도 나는 산단다/억만 번 늬가 없어 설워한 끝에[…]모래알 사이에 너의 얼굴을 찾고 있는 나는 인제/늬가 없어도 산단다[…]이 영원한 숨바꼭질 속에서/나는 또한 영원히 늬가 없어도 살 수 있는 날을 기다려야 하겠다(「너를 잃고」) *구름도 필요 없고/항구가 없어도 아쉽지 않은/내가 바로 바라다 보는/저 허연 석회 천정(「거리1」) *나폴레옹만한 豪氣는 없어도/나는 거리의 운명을 보고/달큼한 마음에 싸여서/어디고 가야 할지 모르는 마음(「거리2」) *기사라 하지만 네가 썼다고 알아주는 사람이 있어도 좋고 없어도 가히 무관한 것(「기자의 정열」) *흔적은 없어도 戰災를 입은 것만 같은(그렇게 그 문은 나에게는 너무나 컸다)(「말」(1958))

없어서 *청결한 공기조차 어지러웁지 않은 것이/오히려 너의 냄새가 없어서 심심하다(「사무실」) *그 사나이는, 제임스 띵은 어이가 없어서/조그만 눈을 민첩하게 움직이면서 미소를/띄우고 섰지만/나의 고삐를 잃은 백마에 당할 리가 없다(「제임스 띵」)

없어요 *미해결이지요. 좋아요. 만족입니다./신문회관3층에서 하는 게 낫다구요. 아네요./거기에는 냉방장치가 없어요. 장소는 200명가량/수용될지 모르지만요(「전화 이야기」)

없어져 *연기의 정체는 없어지기 위한 것이다/그리고/하필 꽃밭 넘어서/짓궂게 짓궂게 없어져 보려는/심술맞은 연기도 있는 것이다.(「연기」) *어둠 속에서 일순간을 다투며/없어져버린 애처롭고 아름답고 화려하고 부박한 꿈을 찾으려 하는 것은(「구슬픈 육체」)
없어져도 *나의 몸도 없어지고/나의 그림자도 달아난다/나는 나에게 대답할 것이 없어져도/쓸쓸하지 않았다(「愛情遲鈍」) *일한다는 의미가 없어져도 좋다는 듯이 구수한 벗이 있는 곳/너는 나와 함께 못난 놈이면서도 못난 놈이 아닌데(「사무실」)
없어졌을 *암만해도 잊어버리지 못할 것이 있어 다시 불을 켜고 앉았을 때는/이미 내가 찾던 것은 없어졌을 때(「구슬픈 육체」)
없어지고 *이것은 확실히 무서운 이야깃거리다/다리 밑에 물이 마르고/나의 몸도 없어지고/나의 그림자도 달아난다(「愛情遲鈍」) *3월도 되기 전에/그의 내부에서는 더운 물이 없어지고/어둠이 들어앉는다(「수난로」) *익살스러울 만치 모든 거리가 단축되고/익살스러울 만치 모든 질문이 없어지고(「말」(1964)) *돈의 꿈이 길어지고 짧아지고 타락의/길이도 표준이 없어지고 먼지가 다시 생기고[…]죽은 행동이 계속된다 너와 내가 계속되고/전화가 울리고 놀라고 놀래고/끝이 없어지고 끝이 생기고(「먼지」)
없어지기 *연기의 정체는 없어지기 위한 것이다/그리고 하필 꽃밭 넘어서/짓궂게 짓궂게 없어져 보려는/심술맞은 연기도 있는 것이다(「연기」)
없어지는 *이 공간의 넓이를 가리키면서/한꺼번에 구겨지자 없어지는 벼락과 천둥/이것이 또 앞으로 얼마나 계속될는지(「付託」) *반드시 찾으려고 불을 켠 것도 아니지만/없어지는 자체를 보기 위하여서만 불을 켠 것도 아닌데(「구슬픈 육체」)
없어지리라 *나비의 몸이야 제철이 가면 죽지만은/그의 몸에 붙은 고운 지분은/겨울의 어느 차디찬 등잔 밑에서 죽어 없어 지리라(「나비의 무덤」)
없어진들 *나의 노래가 없어진들/누가 나라와 민족과 청춘과/그리고 그대들의 영령을 위하여 잊어버릴 것인가(「조국에 돌아오신 傷病捕虜 동지들에게」)
없어질 *아픔이/아프지 않을 때는/그 무수한 골목이 없어질 때(「아픈 몸이」)
없어질지도 *그때에는/성급하면 아무 데

나 재를 떠는/이 우주의 폭력마저/없어질지도 모른다(「이놈이 무엇이지?」)
없었다 *그러나 나는 오늘 아침의 때문은 혁명을 위해서/어차피 한마디 할 말이 있다/이것을 나는 나의 일기첩에서/찾을 수밖에 없었다(「중용에 대하여」)
없었던 *여행이 나를/놀래일 수 없었던 것과 같이/나는 집에 와서도/그동안의 부재에도/놀라서는 안 된다(「旅愁」)
없으나 *날아간 제비와 같이 자국도 꿈도 없이/어디로인지 알 수 없으나/어디로이든 가야 할 반역의 정신(「구름의 파수병」)
없으니까 *그보다도 창자가 더 메마른 저들은/더 이상 속이지 말아라/혁명의 육법전서는 <혁명>밖에는 없으니까(「육법전서와 혁명」) *원자탄이나 유도탄은 너무 많아서/효과가 없으니까/인제는 다시 비수를 쓰는 법을 배우란 말일세(「만시지탄은 있지만」)
없으면 *터전이 없으면 나의 머리 위에라도/잠시 이고 다니며 길러야 할/너는 불행하기 짝이 없는 죽순이다(「付託」) *지금의 적이 가장 무거운 것 같고 무서울 것 같지만/이 적이 없으면 또 다른 적(「적1」)
없을 *투명하고 가벼웁고 쇠소리 나는 가벼운 잔이 없다/그리고 또 하나 指揮鞭이 없을 뿐이다(「네이팜 탄」) *그러나 이런 거짓말을 해도 별로/성과는 없었다 성과가 없을 것을/알고 있기 때문에 나는 여편네의/거짓말에 반대하지 않는다(「반달」)
없지도 *생각하면 그것은 둥근 옹이같이 어지러웁기만 한 일이지만/거기에는 초점이 없지도 않다/그러나 이 초점을 바라고 보는 것이 아니다(「기자의 정열」)
없지만 *무한히 망설이는 이 마음은 어둠과 절망의 어제를 위하여/사는 것이 아니고/너무나 기쁜 이 마음은 무슨 까닭인지 알 수는 없지만(「거리2」)
없애다 '없다'의 사동형. ☞ 없다.
없애 *미국사람들이 세워놓은 자동차란 자동차는/싹 없애버려라/저놈들이 타고 가면 안 된다(「나는 아리조나 카보이야」)
없애야 *아아 그놈의 사진을 떼어 없애야 한다//우선 가까운 곳에서부터/차례차례로/다소곳이/조용하게/미소를 띠우면서(「우선 그놈의 사진을 떼어서 밑씻개로 하자」)

없이 ①어떤 일이나 현상이나 증상 따위가 생겨 나타나지 않게. ②어떤 것이 많지 않은 상태로. ③재물이 넉넉하지 못하여 가난하게. ④어떤 일이 가능하지 않게. ⑤사람이나 사물 또는 어떤 사실이나 현상 따위가 어떤 곳에 자리나 공간을 차지하고 존재하지 않게. ⑥어떤 물체를 소유하고 있지 않거나 자격이나 능력 따위를 갖추고 있지 않게. ⑦일정한 관계를 가진 사람이 존재하지 않게. ⑧어떤 사람에게 아무 일도 생기지 않게. ⑨이유, 근거, 구실, 가능성 따위가 성립되지 않게. *그 책장은 번쩍이고/연해 나는 괴로움으로 어찌할 수 없이/이를 깨물고 있네(「가까이 할 수 없는 서적」) *조바심도 습관이 되고/그의 얼굴도 습관이 되며/나의 無理하는 生에서/그의 사진도 무리가 아닐 수 없이(「아버지의 사진」) *저 조그만 비행기같이 연기도 여운도 없이 살아진 몇몇 포로들의 영령이/너무나 알기 쉬운 말로 아무도 듣지 못하게 당신의 뺨에다 대고 비로소 시작하는 귓속이야기지요(「조국에 돌아오신 傷病捕虜 동지들에게」) *늬가 없이 사는 삶이 보람 있기 위하여 나는 돈을 벌지 않고/늬가 주는 모욕의 억만 배의 모욕을 사기를 좋아하고(「너를 잃고」) *계단을 내려와서/어젯밤에 술을 마시던 방을 들여다보니 이불도 베개도 타구 하나 없이 깨끗하다(「미숙한 도적」) *스무 살도 넘을까 말까 한 노는 계집애와 머리가 고슴도치처럼 부스스하게 일어난 쓰메에리의 학생복을 입은 청년이 들어와서 커피니 오트밀이니 사과니 어수선하게 벌여 놓고 계통 없이 처먹고 있다(「시골 선물」) *나란히 옆으로 가로 세로 위로 아래로 놓여 있는 무수한 꽃송이와 그 그림자/그것을 그리려고 하는 나의 붓은 말할 수 없이 깊은 치욕(「九羅重花」) *사람이야 말할 수 없이 애처로운 것이지만/내가 부끄러운 것은 사람보다도/저 날짐승이라 할까[…]나야 늙어가는 몸 위에 하잘것없이 앉아있으면 고만이고(「도취의 피안」) *반드시 찾으려고 불을 켠 것도 아니지만/없어지는 자체를 보기 위하여서만 불을 켠 것도 아닌데/잊어버려서 아까웁지 아까웁지 않은지 헤아릴 사이도 없이 불은 켜지고[…]나는 쉴 사이 없이 가야 하는 몸이기에/구슬픈 육체여.(「구슬픈 육체」) *더 넓은 전망이 필요 없는 이 무제한의 시간 위에서/산도 없고 바다도 없고 진흙도 없고 진창도 없고 미련도 없이(「헬리콥터」) *누가 찾아오지나 않을까 망설이면서/앉아 있는 마음/여기는 도회의 중심지/고개를 두리번거릴 필요도 없이/태연하다[…]벽 위에 걸어놓은 지도가/한없이 푸르다(「거리1」) *구름을 향하여 도망하는 놈/숫자를 무시하고 사는지/이미 헤아릴 수 없이 오래된 연기(「연기」) *설움과 과거는/오천만 분지 일의 俯瞰圖보다도 더/조밀하고 망막하고 까마득하게 사라졌다/생각할 틈도 없이(「네이팜 탄」) *잠자는 구름이여/고생도 마음대로 할 수 없는 세상에서는/철 늦은 거미같이 존재 없이 살기도 어려운 일[…]날아간 제비와 같이 자국도 꿈도 없이[…]이 메마른 산정에서 오랫동안 꿈도 없이 바라보아야 할 구름(「구름의 파수병」) *남의 일하는 곳에 와서 아무 목적 없이 앉았으면 어떻게 하리(「사무실」) *백의는 자동식 문명의 천재이었기 때문에 그의 소유주에게는/일언의 약속도 없이 제가 갈 길을 자유자재로 찾아다니었다[…]이러한 그의 무리한 요청에 대하여 나는 하는 수 없이/<그것은 나의 역량 이상의 것이므로 신세계극단의 연출자 S씨를 찾아가보라>고(「백의」) *폭포는 곧은 절벽을 무서운 기색도 없이 떨어진다//규정할 수 없는 물결이/무엇을 향하여 떨어진다는 의미도 없이/계절과 주야를 가리지 않고/고매한 정신처럼 쉴 사이 없이 떨어진다[…]懶惰와 안정을 뒤집어놓은 듯이/높이도 폭도 없이/떨어진다(「瀑布」) *이제야말로 아무 두려움 없이/그놈의 사진을 태워도 좋다[…]그놈의 사진일랑 소리없이 떼어 치우고/우선 가까운 곳에서부터/차례차례로/다소곳이/조용하게/미소를 띠우면서/극악무도한 소름이 더덕더덕 끼치는/그놈의 사진일랑 소리없이/떼어 치우고—(「우선 그놈의 사진을 떼어서 밑씻개로 하자」) *담배를 피워 물지 않으면 아니 된다고 하였지만/나는 사실은 담배를 피울 겨를이 없이/여기까지 내리썼고(「중용에 대하여」) *나는 모든 노래를 그 방에 함께 남기고 왔을 게다/그렇듯 이제 나의 가슴은 이유 없이 메말랐다[…]이제 나는 무엇인지 모르게 기쁘고/나의 가슴은 이유 없이 풍성하다(「그 방을 생각하며」) *시멘트로 만든 뜰에/겨울이 와 있었다/아무 소리 없이 떠난/여행에서/전보도 안 치고/돌아오기를 잘했지(「旅愁」) *새가 아직 모여들 시간이 못 된 늙은 포플러나무며/소리 없이 나를 괴롭히는/그들은 신의 고문인가[…]두부를 엉기게 하는 따뜻한 불도/졸고 있는 잡초도/이 무감각의 비애가 없이는 죽은 것(「장시2」) *수입에 대해서 생각하는 것은 너나 나나 매일반이다/모이 한 가마니에 430원이니/한 달에 12, 3만환이 소리 없이 들어가고[…]너의 독기가 예에 없이 걸레쪽같이 보이고/너와 내가 반반—/「어디 마음대로 화를 부려보려무나!」(「만용에게」) *무수한 돈을 만졌지만 결국은 헛 만진 것/쓸 필요도 없이 한 3, 4일을 나하고 침식을 같이한 돈(「돈」) *자꾸자꾸 소심해져만 간다/동요도 없이 반성도 없이/자꾸자꾸 소인이 돼간다/속돼간다 속돼간다/끝없이 끝없이 동요도 없이(「강가에서」) *너무 간단해서 어처구니없이 웃는/너무 어처구니없이 간단한 진리에 웃는/너무 진리가 어처구니없이 간단해서 웃는(「꽃잎3」) *나도 모르는 사이에 아무 미련도 없이/회한도 없이 안 들게 되는 날이 올 것이다……(「라디오 계」) *그러니까 종교도 종교 이전에 있다 우리나라가/종교국인 것처럼/새의 울음소리가 그 이전의 정적이 없이는 들리지 않는 것처럼……(「우리들의 웃음」)

엇갈리다 서로 어긋나서 만나지 못하다.

엇갈리는 *이 다리 밑에서 엇갈리는 기차처럼/늙음과 젊음의 분간이 서지 않는다/다리는 이러한 정지의 증인이다/젊음과 늙음이 엇갈리는 순간/그러한 속력과 속력의 停頓 속에서/다리는 사랑을 배운다(「현대식 교량」)

엇갈린 *아니 그건 천장지가 아냐 (벽지지!)/천장지는 푸른 바탕에/아니 흰 바탕에/엇갈린 벽돌처럼 빌딩 창문처럼/바로 그런 무늬겠다(「마케팅」)

엉기다 ①액체 모양이던 것이 굳어지다. ②가는 물건이 한데 뒤얽히다. ③감정이나 기운 따위가 한데 뒤섞여 응어리가 생긴다.

엉기게 *두부를 엉기게 하는 따뜻한 불도/졸고 있는 잡초도/이 무감각의 비애가 없이는 죽은 것(「장시2」)

엉성하다 ①꼭 째지 않아 어울리는 맛이 없다. ②살이 빠져서 보기에 꺼칠하다. ③빽빽하지 못하고 성기다. ④사물의 형태나 내용이 부실하다.

엉성한 *그러나 이렇게 써도 내가 반공산주의자가/아니 되기 위해서는 그날까지 이 엉성한/조악한 방송들이 어떻게 돼야 하고/어떻게 될 것이다(「라디오 계」)

엉클 샘(영, Uncle Sam) 일반적인 미국인을 상징하는 캐릭터. 미국을 뜻하는 U.S.(United State)를 따서 만든 단어. 머리에 성조기가 그려진 신사 모자를 쓰고, 파란 양복을 입고, 흰수염을 길게 기른 신사로 형상화되어 있다.

엉클 샘

*나는 옷을 벗는다 엉클 샘을 위해서/아시아와 아프리카의 무거운 겨울옷을 벗는다[…]그러다가 드디어 나는 월남인이 되기까지도 했다/엉클 샘에게 학살당한/월남인이 되기까지도 했다(「풀의 영상」)

엎드리다 배, 가슴, 얼굴 등 몸의 앞부분을 바닥에 가까이하거나 붙이다.

엎드렸노라 *누이야/나는 분명히 그의 앞에 절을 했노라/그의 앞에 엎드렸노라(「누이야 장하고나!」)

엎드리는 *모르는 것 앞에는 엎드리는 것이/모르는 것 앞에는 무조건하고 숭배하는 것이/나의 습관이니까(「누이야 장하고나!」)

에고이스트(영, egoist) 이기적인 사람. 이기주의자. *여자의 본성은 에고이스트/뱀과 같은 에고이스트/그러니까 뱀은 선천적인 포로인지도 모른다/그런 의미에서 나는 속죄에 축복을 드렸다(「여자」)

에딘버러 대학(Edinburgh 大學) 영국 스코틀랜드의 에든버러에 있는 사립종합대학교. *그러다가 스코틀랜드의 에딘버러 대학에 다니는/나이 어린 친구한테서 편지를 받았지(「이혼 취소」)

에리(일, えリ) 저고리나 두루마기의 목에 둘러대어 앞으로 여미게 된 부분. 옷깃. *아무리 더워도 베와이셔츠의 에리를/안쪽으로 접어넣지 않는 이유,/모르지?/아무리 혼자 있어도 베와이셔츠의 에리를/안쪽으로 접어넣지 않는 이유,/모르지?(「모르지?」)

에미 '어미'의 방언. 속어. ☞ 어머니. 엄마. 어미. *요놈— 요 어린 놈— 맹랑한 놈—6학년 놈—/에미 없는 놈— 생명(「잔인의 초」)

에어리어(영, area/aria/ariel) '지역/아리아/공기의 요정'. 1981년 민음사 판『김수영 전집』에서는 '에아리아'로 표기. 원어를 'area'로 추정하여, 그 발음을 고려해 개정판에서 수정한 것으로 보인다. 그러나 김수영의 영어 발음이 일본식 영어 발음을 고려했을 때 받침 'L'을 누락했을 가능성을 배제할 수 없다. 김승희(「김수영의 시와 탈식민지적 반(反)언술」,『현대시 텍스트 읽기』, 태학사, 2001. 181쪽)는 '에아리아'의 원어를 'ariel'로 보고 이 단어가 들어간「바뀌어진 지평선」의 구절을 "영국인들은 친절한 공기의 요정?"이라고 해석했다. 시의 본문에 나오는 '뮤즈', 즉 음악의 여신이 부르는 노랫소리도 공기의 요정을 거쳐 전달된다는 것을 참조할 때 '에아리아'의 본디 표기를 'ariel'로 본 것이다. *골맨, 게이블, 레이트, 디보스,/매리지,/하우스펠 에어리어—(영국인들은 호스피털 에어리어?)(「바뀌어진 지평선」)

에이(영, A) 영어 알파벳의 첫 글자. *앨비예요, 앨비예요. 에이 엘 삐 이 이. 네./그래요. 아아, 그렇군요./네에, 그러실 겁니다. 아뇨. 아아, 그렇군요(「전화 이야기」)

엔카운터 지(Encounter 誌) 1953년에 문화자유회의(Cultural Freedom : 반공주의 지식인들의 국제적 조직)가 발행한 영국 지부 기관지. 1953년에 시인 S. 스펜더와 크리스틀의 공동편집으로 창간되었으며, 그 후 몇 차례 편집자의 교체를 거쳐 오늘에 이르렀다. 문학을 중심으로 정치·경제 관계의 시사적인 문제를 폭넓게 다루며, 서유럽의 자유주의 진영을 옹호하는 입장을 명확히 하고 있다. *그걸 할 수 있었어. 그것도 눈에 보였어. 엔카운터/속의 이오네스코까지도 희생할 수 있었어. 그게/무어란 말야. 나는 그 이전에 있었어. 내 몸. 빛나는/몸(「엔카운터誌」)

엔카운터 지

엘(영, L) 영어 알파벳의 열두 번째 글자. *앨비예요, 앨비예요. 에이 엘 삐 이 이. 네./그래요. 아아, 그렇군요./네에, 그러실 겁니다. 아뇨. 아아, 그렇군요(「전화 이야기」)

엡스타인(Sir Ebstein, Jacob) 1880~1959. 영국의 조각가. 고대 조각의 소박한 형태로 현대적인 미를 창조하였다. 작품에〈아담〉이 있다. *이태백이가 술을 마시고야 詩作을 한 이유,/모르지?/구차한 문밖 선비가 벽장문 옆에다/카잘스, 그람, 슈바이처, 엡스타인의 사진을 붙이고 있는 이유,/모르지?(「모르지?」)

엡스타인

여가수(女歌手) 여자 가수. *내가 나가토[長門]라는 여가수도 같이 갔느냐고/농으로 물어보려는데/누가 벌써 재빨리 말꼬리를 돌렸다……/신은 곧잘 이런 꾸지람을 잘한다(「나가타 겐지로」)

여간(如干) 보통으로. 어지간하게. *나는 의치를 빼서 호주머니에 넣고 앉자/선뜻 인사를 하고/狂詩를 한바탕 읊었더니/여간 좋아들 하지 않는다/나이를 물어보기에 마흔여덟이라고 하니 그대로 곧이듣는다(「미숙한 도적」)

여과하다(濾過—) 액체나 기체를 다공질(多孔質)의 물질에 받아서 먼지나 이물질을 걸러 내다.

여과하고 *나에게 남아 있는 유일한 재산처럼/외계의 소리를 여과하고 채색해서/숙제처럼 나를 괴롭히고 보호한다(「장시2」)

여관(旅館) 나그네를 묵게 하는 일을 업으로 하는 집. *스푼과 성냥을 들고 旅館에서 나는 나왔다/물속 모래알처럼/素朴한 習性은 나의 아내의 밑소리부터 始作되었다(「아침의 유혹」) *기진맥진하여서 술을 마시고/기진맥진하여서 주정을 하고/기진맥진하여서 여관을 찾아 들어갔다/옛날같이 낯선 방이 그리 무섭지도 않고/더러운 침구가 마음을 괴롭히지도 않는데(「미숙한 도적」)

여기 ①이곳. ②이것. *이보다 더 추운 날처럼 나는 여기서 겨울을 맞이하다가/오랜 시간이 경과된 후에도/이 웃음만은 흔적을 남기고 있을 것이라고 믿는 것은/어리석은 일(「웃음」) *여보세요 내 가슴을 헤치고 보세요. 여기 장발장이 숨기고 있던 格印보다 더 크고 검은/호소가 있지요/길을 잊어버린 호소예요(「조국에 돌아오신 傷病捕虜 동지들에게」) *운명에 거역할 수 있는/큰 힘을 가지고 있으면서/여기에 밀려 내려간다(「나비의 무덤」) *누가 찾아오지나 않을까 망설이면서/앉아 있는 마음/여기는 도회의 중심지/고개를 두리번거릴 필요도 없이/태연하다(「거리1」) *여기는 서울 안에서도 가장 번잡한 거리의 한 모퉁이/나는 오늘 세상에 처음 나온 사람모양으로 쾌활하다[…]여기는 좁은 서울에서도 가장 번거로운 거리의 한 모퉁이/우울 대신에 수많은 기폭을 흔드는 쾌활(「거리2」) *그러나 이 눈망울을 휘덮는 싯퍼런 작열의 의미가 밝혀지기까지는/나는 여기에 있겠다(「冬麥」) *승패의 차이를 계산할 줄 아는/포탄의 이성이여/「너의 自決과 같은 맹렬한 자유가/여기 있다」(「조그마한 세상의 지혜」) *자연을 보지 않고 자연을 사랑하라/목가가 여기 있다고 외쳐라/폭풍의 목가가 여기 있다고 외쳐라[…]집이 여기에 있다고 외쳐라(「가옥 찬가」) *쨈보야 너는 이성망이 놈을 빨리 잡아오너라/여기 떡갈나무 잎이 있는데 이것을 가지고 가서/하와이 영사한테 보여라[…]이놈들 여기 개미구멍으로 다 들어가(「나는 아리조나 카보이야」) *中庸은 여기에는 없다/(나는 여기에서 다시 한번 숙고한다/鷄숨건너 신축 가옥에서 마치질하는/소리가 들린다)[…]여기에 있는 것은 중용이 아니라/踏步다 죽은 평화다 懶惰다 무위다[…]나는 사실은 담배를 피울 겨를이 없이/여기까지 내리썼고/일기의 원문은 일본어로 씌어져 있다(「중용에 대하여」) *무식한 사랑이 여기 있구나/무식한 여자가 여기 있구나/평안도 기생이 여기 있구나[…]재전락한 여자가 여기 있구나/시대의 여자가 여기 있구나[…]잊어버렸던 여자가 여기 있구나(「滿洲의 여자」) *죽은 기억의 휴지/아무것도 집어넣어본 일이 없는 왼쪽 안호주머니/—여기에는 혹시 휴식의 갈망이 들어 있는지도 모른다(「후란넬 저고리」) *그러나 내 돈이 아닌 돈/하여간 바쁨과 한가와 실의와 초조를 나하고 같이한 돈/바쁜 돈—/아무도 正視하지 못한 돈—돈의 비밀이 여기 있다(「돈」) *시시한 라디오 소리라 더 시시한 것이/여기서는 판을 치니까 그렇게 됐는지 모른다/더 시시한 우리네 방송으로 만족하는 것이다(「라디오 계」)

여기다 마음 속으로 그렇게 인정하거나 생각하다.

여기고 *지나간 생활을 지나간 벗같이 여기고/해 지자 헤어진 구슬픈 벗같이 여기고/잊어버린 생활을 위하여 불을 켜서는 아니 될 것이지만(「구슬픈 육체」)

여드름 주로 사춘기에, 얼굴 등에 나는 작은 종기의 한 가지. 털구멍에 지방이 차서 굳어지거나 곪거나 한 것. *그러나 쥐구멍을 잠시 거짓말의 구멍이라고/바꾸어 생각해 보자 내가 써준 시집의 서문을/믿지 않는 사람의 얼굴의 사마귀나 여드름을—(「거짓말의 여운 속에서」)

여러 많은 수효의. *우리는 UN군에 포로가 되어 너무 좋아서 가시철망을 뛰어나오려고 애를 쓰다가 못 뛰어나오고/여러 동지들은 기막힌 쓰라림에 못 이겨 못 뛰어나오고(「조국에 돌아오신 傷病捕虜 동지들에게」) *오늘은 필경 여러 가지를 합한 긍지의 날인가 보다/암만 불러도 싫지 않은 긍지의 날인가 보다(「긍지의 날」) *개가 여러 번 짖는 소리를 들었지만/나는 귀찮아서 나가지를 않았다/쥐보다 좀 큰 도적일 거라 아마/그 정도일 거라(「도적」)

여러분 '여러 사람'을 높이어 이르는 말. *여러분! 내가 쓰고 있는 것은 시가 아니겠습니까./일전에 어떤 친구를 만났더니 날더러 다시 포로수용소에 들어가고 싶은 생각이 없느냐고/정색을 하고 물어봅니다[…]돌아오신 여러분! 아프신 몸에 얼마나 수고하셨습니까!(「조국에 돌아오신 傷病捕虜 동지들에게」)

여류작가(女流作家) 작품 활동을 하는 여성을 일컫는 말. * 어제 국회의장 공관의 칵테일 파티에 참석한/천사 같은 여류작가의 냉철한 지성적인/눈동자는 거짓말이다(「이혼 취소」)

여름 한 해의 네 철 가운데의 둘째 철. 봄과 가을 사이의 계절로, 입하부터 입추 전까지를 이름. * 여름이면 그의 곁에 와서/곧잘 팔을 고이고 앉아 있으니까//그는 인간의 비극을 안다(「수난로」) * 무엇 때문에 부자유한 생활을 하고 있으며/무엇 때문에 자유스러운 생활을 피하고 있느냐/여름 뜰이여/[…]젖 먹는 아이와 같이 이지러진 얼굴로/여름 뜰이여/너의 광대한 손[手]을 본다[…]억만의 소리가 비 오듯 내리는 여름 뜰을 보면서/합리와 비합리와의 사이에 묵연히 앉아 있는/나의 표정에는[…]여름 뜰이여/크레인의 강철보다 더 강한 익어가는 황금빛을 꺾기 위하여/너의 뜰을 달려가는 조고마한 동물이라도 있다면/여름 뜰이여/나는 너에게 희생할 것을 준비하고 있노라[…]여름 뜰을 흘겨보지 않을 것이다/여름 뜰을 밟아서도 아니 될 것이다/묵연히 묵연히/그러나 속지 않고 보고 있을 것이다(「여름 뜰」) * 여름 아침의 시골은 가족과 같다/햇살을 모자같이 이고 앉은 사람들이 밭을 고르고/우리집에도 어저께는 무씨를 뿌렸다[…]여름 아침에는/자비로운 하늘이 무수한 우리들의 사진을 찍으리라/단 한 장의 사진을 찍으리라(「여름 아침」) * 병든 사자처럼/벌거벗고 지내는/나는 여름//夕刊에 폭풍경보를 보고/배를 타고 가는 사람을/습관에서가 아니라 염려하고(「가옥 찬가」) * 폴리號 태풍이 일기 시작하는 여름밤에/아내가 마루에서 거미를 잡고 있는/꼴이 우습다(「거미」) * 경솔도 예측 봄도 예측 여름도 예측/범람도 예측 범람은 화려 공포는 화려/공포와 노인은 동일 공포와 노인과 유아는 동일……(「장시1」) * 여름저녁을 어울리지 않는 지팡이를 들고/이방인처럼 산책하던 땅주인은/―나도 필경 그처럼 보이지 않는 누구인가를/항시 괴롭히고 있는 보이지 않는 拷問人(「장시2」) * 풍경이 풍경을 반성하지 않는 것처럼/곰팡이 곰팡을 반성하지 않는 것처럼/여름이 여름을 반성하지 않는 것처럼(「절망」(1965)) * 여름이 끝난 벽 저쪽에 서 있는 낯선 얼굴/가을이 설사를 하려고 약을 먹는다/성과 윤리의 약을 먹는다 꽃을 거두어들인다(「설사의 알리바이」) * 실낱 같은 여름 바람의 아우성이여/실낱 같은 여름 풀의 아우성이여/너무 쉬운 여름 풀의 아우성이여(「꽃잎3」) * 지상의 소음이 번성하는 날은/하늘의 소음도 번쩍인다/여름은 이래서 좋고 여름밤은/이래서 더욱 좋다//소음에 시달린 마당 한구석에/철 늦게 핀 여름 장미의 흰구름…]여름밤은 깊을수록/이래서 좋다(「여름 밤」)

여름날 여름철의 날. 여름의 날씨. * 이 광대한 여름날의 착잡한 숲속에/홀로 서서/나는 돌풍처럼 너한테 말할 수 있다/모든 산봉우리를 걸쳐온 돌풍처럼/당돌하고 시원하게(「누이야 장하고나!」) * 캄캄한 소식의 실낱 같은 완성/실낱 같은 여름날이여/너무 간단해서 어처구니없이 웃는/너무 어처구니없이 간단한 진리에 웃는(「꽃잎3」)

여미다 옷깃 따위를 바로잡아 단정하게 하다.

  여미지 * 여미지 못하는 생각 위에/여밀 수 없는 부탁이여/차라리 죽순같이 자라는 대로 맡겨두련다(「付託」)

  여밀 * 여밀 수 없는 부탁이여/차라리 죽순같이 자라는 대로 맡겨두련다(「付託」)

여보 ① '여보시오' 의 낮춤말. ②부부간에 서로 부르는 말. * 비가 오고 있다/여보/움직이는 비애를 알고 있느냐[…]투명한 움직임의 비애를 알고 있느냐/여보/움직이는 비애를 알고 있느냐/순간이 순간을 죽이는 것이 현대[…]그러나 여보[…]모든 곳에 너무나 많은 움직임이 있다//여보/비는 움직임을 制하는 결의/움직이는 휴식//여보/그래도 무엇인가가 보이지 않느냐/그래서 비가 오고 있는데!(「비」)

여보게 '여보시오' 를 하게 할 자리에 쓰는 말. * 제2공화국 이후의 정치의 철칙이 아니라고 하는가/여보게나 나이 사십을 어디로 먹었나/8·15를 6·25를 4·19를/돼지지 않고 살아왔으면 알겠지(「만시지탄은 있지만」)

여보세요 '여보시오' 의 비격식체. * 여보세요 내 가슴을 헤치고 보세요.(「조국에 돌아오신 傷病捕虜 동지들에게」) * 여보세요. 앨비의 아메리칸 드림예요. 절망예요./8월달에 실어

주세요. 절망에서 나왔어요(「전화 이야기」)
여사(女史) ①학자, 예술가, 정치가 등 사회적으로 활동하는 여자를 높이어 일컫는 말. ②결혼한 여자를 높이어 일컫는 말. *나는 이자벨 버드 비숍 여사와 연애하고 있다 그녀는/1893년에 조선을 처음 방문한 영국 왕립지학협회 회원이다[…]버드 비숍 여사를 안 뒤부터는 썩어빠진 대한민국이/괴롭지 않다 오히려 황송하다[…]비숍 여사와 연애를 하고 있는 동안에는 진보주의자와/사회주의자는 네에미 씹이다(「거대한 뿌리」) *Y 여사에게(「미인」)
여섯 다섯보다 하나 더 많은 수. *그때 너는 한 살이었다/그때 너는 한 살이었다/그때도 너는 기적이었다//그때 너는 여섯 살이었다/그때 너는 여섯 살이었다/그때도 너는 기적이었다(「65년의 새해」)
여수(旅愁) 나그네의 시름. 여행지에서 느끼는 시름. *작품 제목임(「旅愁」)
여연(餘烟) 남아 있는 연기. *白花의 意匠/萬華의 거동의/지금 고요히 잠드는 얼을 흔드며/關公의 色帶로 감도는/향로의 餘烟이 신비한데(「廟庭의 노래」)
여우 ①갯과의 짐승. 개와 비슷하나 몸이 더 홀쭉하고 다리는 짧고 가늘. 털빛은 적갈색 또는 황갈색인데, 털가죽으로는 흔히 목도리를 만듦. ②매우 교활한 사람을 비유하여 이르는 말. *우리들의 혁명을/배암에게 쐐기에게 쥐에게 살쾡이에게/진드기에게 악어에게 표범에게 승냥이에게/늑대에게 고슴도치에게 여우에게 수리에게 빈대에게/다치지 않고 깎이지 않고 물리지 않고 더럽히지 않게[…]이번에는 우리가 고슴도치가 되고 여우가 되고 수리가 되고 빈대가 되더라도/아아 슬프게도 슬프게도 이번에는/우리가 혁명이 성취되는 마지막날에는/그런 사나운 추잡한 놈이 되고 말더라도(「기도」)
여운(餘韻) ①소리가 그친 다음에도 귀에 남아 있는 어렴풋한 울림. ②일이 끝난 다음에도 남아 있는 느낌이나 정취. ③시문(詩文) 따위에서, 말로 직접 표현하지 않은 데서 느껴지는 정취. *저 조그만 비행기같이 연기도 여운도 없이 살아진 몇몇 포로들의 영령이/너무나 알기 쉬운 말로 아무도 듣지 못하게 당신의 뺨에다 대고 비로소 시작하는 귓속이야기지요(「조국에 돌아오신 傷病捕虜 동지들에게」) *살롱 드라마이지요. 반도호텔이나 조선호텔에서/공연을 하게 돼요. 절망의 여운이에요./미해결이지요. 좋아요. 만족입니다(「전화 이야기」) *이 죄의 여운에는 사과의 길이 없다 불란서에 가더라도/금방 불란서에 가더라도 금방 자유가 온다 해도(「거짓말의 여운 속에서」)
여울 강이나 바다의 바닥이 얕거나 폭이 좁거나 하여, 물살이 세차게 흐르는 곳. *등 등판 광택 거대한 여울/미끄러져가는 나의 의지/나의 의지보다 더 빠른 너의 노래/너의 노래보다 더한층 신축성이 있는/너의 사랑(「풍뎅이」)
여유(餘裕) 정신적・경제적・물질적・시간적으로 넉넉하여 남음이 있음. *누구 집을 가보아도 나 사는 곳보다는 여유가 있고/바쁘지도 않으니/마치 別世界같이 보인다/팽이가 돈다/팽이가 돈다(「달나라의 장난」) *너무나 어려운 휴식이여/눈물이 흘러나올 여유조차 없는/게시판과 너 사이에/오늘의 생활이 있을진대/달관한 신문기자여/생각하지 말아라(「기자의 정열」) *내가 비로소 여유를 갖게 된 것은/거리에서와 마찬가지로 집안에 있어서도 저 무시무시한 白蟻를 보기 시작한 때부터이었다[…]19세기 시인들은 그를 보고 〈도피의 王者〉 혹은 단순히 〈여유〉라고 불렀다(「백의」) *온돌 위에 서 있는 빌딩/하늘 위에 서 있는 꽃 위에로/하늘에서 내려오는 연령의 여유/시도 그런 여유에는 대항할 수 없고/지혜는 일어서 있는 너의 얼굴[…]서양과 동양의 차이/나는 여유있는 시인―쉬페르비엘이/물에 빠진 뒤에 나는 젤라틴을 통해서/詩의 진지성을 본다(「반주곡」) *거대한 비애를 갖고 있는 사람이기 때문이리라/거대한 여유를 갖고 있는 사람이기 때문이리라(「파리와 더불어」) *아부에도 여유가 있어야 한다는 말일세/만사에 여유가 있어야 하지만/위대한 〈개헌〉 헌법에 발을 맞추어 가자면/여유가 있어야지(「만시지탄은 있지만」) *나에게 30원이 여유가 생겼다는 것이 대견하다/나도 돈을 만질 수 있다는 것이 대견하다(「돈」) *저이는 나보다 여유가 있다/저이는 나보다도 가난하게 보이는데/저이는 우리집을 찾아와서 산보를 청한다[…]그는 나보다도 짐이 무거워 보이는데/그는 나보다도 훨씬 늙었는데/그는 나보다도 눈이 들어갔는데/그는 나보다도 여유가 있고(「강가에서」) *「선생님 이야기는 20년 전 이야기이지요」/할 때마다 나는 그들의 나이를 찬찬히/소급해 가면서 새로운 여유를 느낀다(「현대식 교량」)

여인(女人) 어른인 여자(女子). ☞ 여자. *뱃전에 머리 대고 울던 것은 여인을 위해서가 아니다//오늘 또 활자를 본다/한없이 긴 활자의 연속을 보고/와사의 정치가들을 응시한다(「아메리카 타임 誌」) *인쇄소여 입장권이여 負債여 여인이여/그리고 여인 중에도 가장 아름다운 그네여/돈을 버는 거리의 부인들의 어색한 모습이여(「거리2」) *나는 어느 날 뒷골목의 발코니 위에 나타난/생활에 얼이 빠진 여인의 모습을 다방의 창 너머로 瞥見하였기 때문에/다음과 같은 쪽지를 미스터 리한테 적어놓고/시골로 떠났다(「미스터 리에게」)

여자(女子) 여성(女性)인 사람. ☞ 여인. *늬가 주는 모욕의 억만 배의 모욕을 사기를 좋아하고/억만 인의 여자를 보지 않고 산다(「너를 잃고」) *저기 나의 맞은편 의자에 앉아 먹고 떠들고 웃고 있는 여자와 젊은 학생을 내가 시골을 여행하기 전에 그들을 보았더라면 대하였으리(「시골 선물」) *나의 여자들의 더러운 발은 생활의 숙제//온돌 위에 서 있는 빌딩/하늘 위에 서 있는 꽃 위에로/하늘에서 내려오는 연령의 여유(「반주곡」) *여자는 魔物야/저렇게 조용해지다니/주위까지도 저렇게 조용하게 만드는/마법을 가졌다니(「伏中」) *먼 곳에서부터/먼 곳으로/다시 몸이 아프다//조용한 봄에서부터/조용한 봄으로/다시 내 몸이 아프다//여자에게서 부터/여자에게로(「먼 곳에서부터」) *무식한 사랑이 여기 있구나/무식한 여자가 여기 있구나[…]6·25 때에 남편을 잃고 큰아이는 죽고/남은 계집애 둘을 데리고/재전락한 여자가 여기 있구나/시대의 여자가 여기 있구나[…]그런데 여자는 술을 안 따른다[…]18년 만에 만난 만주의 여자/잊어버렸던 여자가 여기 있구나[…]그런데 여자는 술을 안 따른다[…]그런데 여자는 술을 안 따른다[…]아냐 아냐 오해야 내가 이 여자의 연인이 아니라네/나는 이 사람이 만주 술집에서 고생할 때에/연애편지를 대필해 준 일이 있을 뿐이지[…]그런데 여자는 술을 안 따른다[…]건너편 친구가 벌써 곯아 떨어졌으니까(「滿洲의 여자」) *여자란 집중된 동물이다[…]전란도 서러웠지만/포로수용소 안은 더 서러웠고/그 안의 여자들은 더 서러웠다/고난이 나를 집중시켰고/이런 집중이 여자의 선천적인 집중도와/기적적으로 마주치게 한 것이 전쟁이라고 생각했다[…]과외공부집에서 만난/학부형회의 어떤 어머니에게 느낀 여자의 감각/그 이마의 힘줄/그 힘줄의 集中度/이것은 죄에서 우러나오는 것이다/여자의 본성은 에고이스트(「여자」) *언제나 일본여자처럼 앉아서 변론을 일삼았지만/그는 일본 대학에 다니면서 4년 동안을 제철회사에서/노동을 한 强者다[…]심야에는 여자는 사라지고 남자가 다시 오입을 하러/활보하고 나선다고 이런 기이한 관습을 가진 나라를[…]피혁점, 곰보, 애꾸, 애 못 낳는 여자, 무식쟁이,/이 모든 무수한 반동이 좋다(「거대한 뿌리」) *거위의 울음소리는/밤에도 여자의 호마노색 원피스를 바람에 나부끼게 하고/강물이 흐르게 하고/꽃이 피게 하고(「거위 소리」) *죽은 고기처럼 혈색 없는 나를 보고/얼마전에는 애 업은 여자하고 오입을 했다고 한다(「강가에서」) *새까만 발에 샌들을 신은 여자의 시골에서/무식하게 사치스러운 공허의 서울의/간선도로를 지나/아직도 얼굴의 윤곽이 뚜렷하지 않은/발목이 굵은 여자들이 많이 사는 나의 마을로(「X에서 Y로」) *결단은 이제 여자의 것이다/나를 죽이는 여자의 유희다/아이놈은 라디오를 보더니/왜 새 수련장은 안 사왔느냐고 대들지만(「금성라디오」) *가구점의 문앞에서 책꽂이를/묶어주는 철쭉꽃빛 루즈를 바른/주인 여자의 얼굴(「네 얼굴은」)

여전히(如前─) 전과 다름이 없이. *달걀값은 여전히 영하 28환인데//이래도/그대들은 유구한 公序良俗 정신으로/위정자가 다 잘해 줄 줄 알고만 있다(「육법전서와 혁명」) *나는 무엇인가에/여전히 바쁘기만 하다/아직도/소록도의 하얀 바다에/두고/버리고/던지고 온 취기가/가시지 않은 탓이라고 생각한다……

(「旅愁」) *오늘도 여전히 일을 하고 걱정하고/돈을 벌고 싸우고 오늘부터의 할일을 하지만/내 생명은 이미 맡기어진 생명(「말」(1964)) *너는 이제 열아홉 살이었다/너는 여전히 기적이었다/너의 회의는 굳어가기 시작했다[…]너는 이제 스무 살이다/너는 여전히 기적일 것이다(「65년의 새해」)

여정(旅程) ①여행의 노정(路程). ②여행의 일정(日程). *그것은 자유를 찾기 위해서의 여정이었다/가족과 애인과 그리고 또 하나 부실한 처를 버리고/포로수용소로 오려고 집을 버리고 나온 것이 아니라[…]그것은 자유를 위한 영원한 여정이었다./나직이 부를 수도 소리높이 부를 수도 있는 그대들만의 노래를 위하여(「조국에 돌아오신 傷病捕虜 동지들에게」)

여주알 '여주'와 '알'의 합성어. '여주'는 박과의 일년생 만초. 열대 아시아 원산의 관상식물. 잎은 손바닥 모양으로 갈라져 있고 여름과 가을에 노란 꽃이 핌. 길둥근 열매에는 혹 같은 것이 우툴두툴 돋아 있음. '알'은 작고 둥근 곡식의 낱개. *누이야/너의 방은 언제나/너무도 정돈되어 있다/입을 다문 채/흰 실에 매어달려 있는 여주알의 곰보(「누이의 방」)

여지껏 여태껏. 지금에 이르기까지. *우리는 여지껏 희생하지 않는 오늘의 문학자들에 관해서/너무나 많이 고민해 왔다(「이 한국문학사」)

여치 여칫과의 곤충. 몸길이 3~4cm. 메뚜기와 비슷하나 긴 실 모양의 촉각이 있음. 날개는 녹색이고 배는 황색임. 여름에 나타나 수컷은 큰 소리로 우는데, 완상용으로 기르기도 함. 동부 아시아에 분포함. 씨르래기. *조잡한 天地여/간디의 모방자여/여치의 나래 밑의 고단한 밤잠이여/〈시대에 뒤떨어지는 것이 무서운 게 아니라/어떻게 뒤떨어지느냐가 무서운 것〉이라는 죽음의 잠꼬대여(「광야」)

여편네(女便―) ①결혼한 여자를 속되게 이르는 말. ②자기 아내를 속되게 이르는 말. *여편네와 아들놈을 데리고/낙오자처럼 걸어가면서/나는 자꾸 허허……웃는다(「생활」) *여편네가/짜증 낼까/무서워 그러나/동생들과 어머니가/걱정이 돼 그러나/참았던 오줌 마려 (「《4·19》시」) *여편네의 방에 와서 기거를 같이해도/나는 이렇듯 소년처럼 되었다/흥분해도 소년[…]여편네의 방에 와서 기거를 같이해도/나는 점점 어린애[…]여편네의 방에 와서 기거를 같이해도/나는 점점 어린애(「여편네의 방에 와서」) *우리집 식모가 여편네가 외출만 하면/나한테 자꾸 웃고만 있는 이유./모르지?(「모르지?」) *이런 밤에/나는 서울의 얼치기 洋館 속에서/골치를 앓는 여편네의 댓가지 백 속에/조약돌이 들어 있는/공간의 우연에 놀란다(「누이의 방」) *프레이저의 현대시론을 사전을 찾아가며 읽고 있으려니/여편네가 일본에서 온 새 잡지 안의/金素雲의 수필을 보라고 내던져준다(「파자마 바람으로」) *여편네의 계산에 의하면 7할을 낳아도/만용이(닭 시중하는 놈)의 학비를 빼면/아무것도 안 남는다고 한다//나는 點燈을 하고 새벽모이를 주자고 주장하지만/여편네는 지금 주는 것으로 충분하다는 것이다(「만용에게」) *그러나 우리집 여편네는 이것을 모두/자기 밭이라고 한다 멀쩡한 거짓말이다[…]나는 여편네의/거짓말에 반대하지 않는다(「반달」) *그러나 우산대로/여편네를 때려눕혔을 때/우리들의 옆에서는/어린 놈이 울었고/비 오는 거리에는/40명가량의 취객들이/모여들었고(「죄와 벌」) *그녀는 도벽이 발견되었을 때 완성된다/그녀뿐이 아니라/나뿐이 아니라 賤役에 찌들린/나뿐만이 아니라/여편네뿐이 아니라 안달을 부리는/여편네뿐만이 아니라/우리들의 새끼들까지도(「식모」) *여편네하고/싸우고 나왔지요. 순수하죠. 앨비 말예요[…]여편네하고는 헤어져도 되지만, 아이들이/불쌍해서요, 미해결예요(「전화 이야기」) *돈에 치를 떠는 여편네도 도적이 들어왔다는/말에는 놀라지 않는다[…]나는 광문에 못을 쳐놓았다/그 이튿날 여편네와 식모가 하는 말을 들어보니/철사뭉치는 벌써 지하실에 도피시켜 놓은 모양이었다[…]그래도 여편네는 담을 고치지 않는다 (「도적」) *이것을 받아야 할 사람은 1·4후퇴 때 나온/친구의 부인/이것을 떼먹은 년은 우리 여편네가 든/契의 오야가 주재하는/우리 여편네는 들지 않은 백만 원짜리/계의 멤버로 인형을 만들어 파는 년이라나(「판문점의 감상」) *그 분풀이로 어리석은 나는 술을 마시고/창문을 부수고 여편네를 때리고/지옥의 시까지 썼지만(「세계일주」) *그것하고 하고 와서 첫번째로 여편네와/하던 날은 바로 그 이튿날 밤은/아니 바로 그 첫날 밤은 반시간도 넘어 했는데도/여편네가 만족하지 않는다[…]어지간히 다부지게 해줬는데도/여편네가 만족하지 않는다(「性」)

여행(旅行) 일정 기간 다른 고장이나 다른 나라에 가는 일. *자연은 〈여행〉을 하지 않는다(「말복」) *장사를 할 때도 토목공사를 할 때도/여행을 할 때도 울 때도 웃을 때도/풋나물을 먹을 때도(「하…… 그림자가 없다」) *여행을/안 한다/가지고 있는/이데올로기도 없다/密謀는/전혀 없다/담배마저 안 피우는/날이 올지도 모른다(「이놈이 무엇이지?」) *시멘트로 만든 뜰에/겨울이 와 있었다/아무 소리 없이 떠난/여행에서/전보도 안 치고/돌아오기를 잘했지(「旅愁」)

여행하다(旅行—) 일정 기간 다른 고장이나 다른 나라에 가다.

여행하기 *여자와 젊은 학생을 내가 시골을 여행하기 전에 그들을 보았더라면 대하였으리 감정과는 다른 각도와 높이에서 보게 되는 나는(「시골 선물」)

역(驛) ①철도의 정거장. ②나라의 공문을 중계(中繼)하고, 공무로 여행하는 관원에게 마필(馬匹)의 편의를 제공하던 곳. *그 다음에는 나는 중앙선 어느 협곡에 있는 역에서 백여리나 떨어진 광산촌에 두고 온 잃어버린 겨울모자를 생각한다(「시골 선물」) *협잡을 하지 않고 뇌물을 받지 않는/관공리의 집에서/역이란 역에서/아아 그놈의 사진을 떼어 없애야 한다(「우선 그놈의 사진을 떼어서 밑씻개로 하자」) *새로운 목표는 이미 작업을 시작하고 있었다/역을 떠난 기차 속에서/능금을 먹는 아이들의 머리 위에서(「영롱한 목표」)

역량(力量) 일을 해낼 수 있는 능력, 또는 그 능력의 정도. *〈그것은 나의 역량 이상의 것이므로 신세계극단의 연출자 S씨를 찾아가 보라〉고/터무니없는 거짓말을 하여가지고 즉석에 거절하여 버렸다(「백의」)

역류하다(逆流—) ①거꾸로 흐르다 ②흐름을 거슬러 오르다.

역류하는 *설움을 역류하는 야릇한 것만을 구태여 찾아서 헤매는 것은/우둔한 일인 줄 알면서(「방안에서 익어가는 설움」)

역사(歷史) ①인간 사회가 거쳐 온 변천의 모습, 또는 그 기록. ②어떤 사물이나 인물, 조직 따위가 오늘에 이르기까지의 자취. *누가 지은 것인 줄도 모르는/제2차 대전 이후의/긴 긴 역사를 갖춘 것 같은/이 엄연한 책이/지금 바람 속에 휘날리고 있다(「가까이 할 수 없는 서적」) *또 하나 나의 팔이 될 수 없는 비참이오/행길에 얼어붙은 유리창들같이/시계의 열두시같이/재차는 다시 보지 않을 편력의 역사……(「아버지의 사진」) *내가 너를 좋아하는 원인을/네가 지니고 있는 긴 역사였다고 생각한 것은 과오였다(「더러운 향로」) *나는 나를 속이고 역사까지 속이고/구태여 낯익은 하늘을 보지 않고/구렁이같이 태연하게 앉아서/마음을 쉬다(「휴식」) *잊어버린 수많은 詩篇을 밟고 가는 길가에/영광의 집들이여 점포여 역사여(「거리2」) *시대의 지혜/너무나 많은 나침반이여/밤이 산등성이에 넘어 내리는 새벽이면/모기의 피처럼/시인이 쏟고 죽을 오욕의 역사(「광야」) *「고맙습니다, 고맙습니다」/역사의 숙제, 발을 벗는 일,/연결의 〈使徒〉—일어선 것과 앉은 것의/불가사의에 신음하는 나(「반주곡」) *실망의 가벼움을 재산으로 삼을 줄 안다/이 가벼움 혹시나 역사일지도 모르는/이 가벼움을 나는 나의 재산으로 삼았다(「그 방을 생각하며」) *나는 이 우중충한 막걸리 탁상 위에서/경험과 역사를 너한테 배운다/무식한 것이 그것들이니까(「滿洲의 여자」) *술 취한 듯한 동네아이들의 함성/미쳐돌아가는 역사의 반복/나무뿌리를 울리는 신의 발자국소리/가난한 침묵(「장시2」) *버드 비숍 여사를 안 뒤부터는 썩어빠진 대한민국이/괴롭지 않다 오히려 황송하다 역사는 아무리/더러운 역사라도 좋다(「거대한 뿌리」) *「선생님 이야기는 20년 전 이야기이지요」/할 때마다 나는 그들의 나이를 찬찬히/소급해 가면서 새로운 여유를 느낀다/새로운 역사라고 해도 좋다(「현대식 교량」) *미역국 위에 뜨는 기름이/우리의 역사를 가르쳐준다 우리의 환희를/

풀 속에서는 노란 꽃이 지고 바람소리가 그릇 깨지는/소리보다 더 서걱거린다(「미역국」)

역설(逆說) 표현 구조상으로나 상식적으로는 모순되는 말이지만, 실질적 내용은 진리를 나타내고 있는 표현. *진실을 찾기 위하여 진실을 잊어버려야 하는/내일의 역설 모양으로/나는 자유를 찾아서 포로수용소에 온 것이고 […]이것은 寸豪의 諷刺味도 역설도 불쌍한 발악도 청년다운 광기도 섞여 있는 말이 아닐 것이다(「조국에 돌아오신 傷病捕虜 동지들에게」)

역습(逆襲) 적의 공격을 받고 있던 수비 측이, 거꾸로 적을 습격함. *나는 이러한 사진과 기사를 볼 때마다/이것은 ≪아틀랜틱≫과 ≪하퍼스≫의 광고부의 分室이 나타났다고/이곳 저널리스트의 역습의 묘리에 감탄하고 있었는데(「백의」)

역시(亦是) ①또한. ②예상한 대로. ③아무리 생각하여도. *마당은 주인의 마음이 숨어 있지 않은 것처럼 安穩한데/나 역시 이 마당에 무슨 원한이 있겠느냐(「휴식」) *술 취한 바보의 가족과 운명과/술 취한 어린 고양이의 울음/역시/니야옹 니야옹 니야옹 니야옹(「술과 어린 고양이」) *창문 앞에/안치해 놓은 당호박/평면을 사랑하는/코스모스/역시 평면을 사랑하는/킴 노박의 사진과/국내 소설 책들……(「누이의 방」) *두 떼기의 차밭 옆에는 역시 두 떼기의/채소밭이 있다 김장 무나 배추를 심었을/인습적인 분가루를 칠한 밭 위에(「반달」)

역자(譯者) 번역한 사람. *하다하다못해 번역업을 했더니/권말에 붙어나오는 역자 약력에는/한사코 ××대학 중퇴가 ××대학 졸업으로 誤植이 돼 나오니(「파자마 바람으로」)

엮음대 의자나 책상 따위의 가구를 흔들리지 않게 하기 위해 다리 부분에 장치하여 놓은 지지대. *의자가 많아서 걸린다 테이블도 많으면/걸린다 테이블 밑에 가로질러놓은/엮음대가 걸리고 테이블 위에 놓은/미제 磁器 스탠드가 울린다(「의자가 많아서 걸린다」)

연결(連結) 서로 이어서 맺음. *역사의 숙제, 발을 벗는 일,/연결의 〈使徒〉―일어선 것과 앉은 것의/불가사의에 신음하는 나(「반주곡」)

연관(聯關) 어떤 사물과 다른 사물이 내용적으로 이어져 있음. 서로 어떠한 관계에 있음. ☞ 관련(關聯). *우리들은 빛나지 않는다. 어제도 빛나지 않고,/오늘도 빛나지 않는다. 그 연관만이 빛난다(「엔카운터誌」)

연구하다(研究―) 사물을 깊이 생각하거나 자세히 조사하거나 하여 어떤 이치나 사실을 밝혀내다. 또는 그 내용을 밝혀내다.

연구하기 *나는 지금 자유를 연구하기 위하여『나는 자유를 선택하였다』의 두꺼운 책장을 들춰볼 필요가 없다(「조국에 돌아오신 傷病捕虜 동지들에게」)

연구하여야 *隔行의 문제를 研究하여야 한다.(「나비의 무덤」의 원주)

연극(演劇) ①배우가 무대 위에서 대본에 따라 동작과 대사를 통하여 표현하는 예술. 연희(演戱). ②남을 속이기 위하여 꾸며 낸 말이나 행동. *흐린 날에는 연극은 없다/모든 게 쉰다/쉬지 않는 것은 처와 처들뿐이다/혹은 버림받은 애인뿐이다/버림받으려는 애인뿐이다/넝마뿐이다(「적2」)

연기(煙氣) 물건이 탈 때 생기는 빛깔이 있는 기체. *저 조그만 비행기같이 연기도 여운도 없이 살아진 몇몇 포로들의 영령이/너무나 알기 쉬운 말로 아무도 듣지 못하게 당신의 뺨에다 대고 비로소 시작하는 귓속이야기지요(「조국에 돌아오신 傷病捕虜 동지들에게」) *煙氣는 누구를 위하여 일을 하는 것도 아니다[…] 이미 헤아릴 수 없이 오래된 연기[…]굴뚝이 허옇고/그 위에서 내뿜는 연기는/얼핏 생각하면 우습기도 하다//연기의 정체는 없어지기 위한 것이다[…]짓궂게 짓궂게 없어져 보려는/심술맞은 연기도 있는 것이다.(「연기」) *냄새여 지휘하라/연기여 지휘하라/등나무 등나무 등나무 등나무(「등나무」) *겨자씨같이 조그맣게 살면 돼/복숭아 가지나 아가위 가지에 앉은/배부른 흰 새모양으로/잠깐 앉았다가 떨어지면 돼/연기 나는 속으로 떨어지면 돼(「장시1」) *불 피우는 소리처럼 다 들리고/재 섞인 연기처럼 다 맡힌다 정정이 필요 없는/겨울의 꿈 깨어진 유리의 제임스 띵(「제임스 띵」) *원효 대신 원효 대신 마이크로가/간다「제니의 꿈」의 허깨비가/간다 연기가 가고 연기가 나타나고/마술의 원효가 이리 번쩍(「원효대사」)

연녹색(軟綠色) 연한 녹색. *인가 사이에서 기적처럼 자라나는 무성한 버드나무/연녹색,/하늘의 빛보다도 분간 못할 놈……(「말복」)

연도(沿道) 큰길을 낀 곳. 도로의 연변. 연로(沿路). *울린다 시를 쓰다 말고 코를 풀다 말고/테이블 밑에 신경이 가고 탱크가 지나가는/沿道의 음악을 들어야 한다(「의자가 많아서 걸린다」)

연령(年齡) 나이. *몽매와 연령이 언제 그에게/나타날는지 모르는 까닭에/잠시 그는 별과 또 하나의 것을 쳐다보고 있어야 하는 것이다(「토끼」) *그대들 어린 학도들과 나 사이에 놓여 있는/연령의 넘지 못할 차이일까……(「국립도서관」) *하늘 위에 서 있는 꽃 위에로/하늘에서 내려오는 연령의 여유/시도 그런 여유에는 대항할 수 없고/지혜는 일어서 있는 너의 얼굴(「반주곡」) *오 썩어가는 탑/나의 연령/혹은/4,294알의/구슬이라도 된다(「아픈 몸이」)

연료(燃料) 열, 빛, 동력 따위를 얻기 위하여 태우는 물질을 통틀어 이르는 말. *장소는 200명가량/수용될지 모르지만요. 절망의 연료가 모/란다구요. 그래요! 반도호텔 같은 데라야/미국놈들한테서 입장료를 받을 수 있지요.(「전화 이야기」)

연마하다(研磨—. 鍊磨—. 練磨—) ①갈고 닦아서 표면을 반질반질하게 하다. ②학문이나 지식, 기능 따위를 힘써 배우고 닦다.
  연마하고 *우주의 파편같이/혹은 혜성같이 반짝이는/무수한 잔재 속에 담겨있는 또 이 무수한 몸뚱아리—들은/지금 무엇을 銳意 연마하고 있는가(「국립도서관」)

연명(延命) ①목숨을 겨우 이어 살아감. ②조선 시대에, 감사(監司)나 수령(守令) 등이 임지로 떠날 때, 궐패(闕牌) 앞에서 왕명을 전포(傳布)하던 의식. ③조선 시대에, 수령이 감사를 처음 가서 보던 의식. *부탁만이 늘어간다//귀치않은 부탁을 하러 오는 사람들이/갖다 주는 것으로 연명을 하고 보니/거절할 수도 없는(「付託」) *또한 나의 죄악을 가리기 위하여 독자의 눈을 가리고 입을 봉하기 위한 연명을 위한 阿諛도 아니다(「조국에 돌아오신 傷病捕虜 동지들에게」)

연못(蓮—) ①연을 심은 못. ②뜰 안이나 집 가까이에 있는 작은 못. *잣나무 전나무 집뽕나무 상나무/연못 흰 바위/이러한 것들이 나를 속이는가(「휴식」) *피로는 도회뿐만 아니라 시골에도 있다/푸른 연못을 넘쳐흐르는 장마통의/싸리꽃 핀 벌판에서/나는 왜 이다지도 피로에 집착하고 있는가(「싸리꽃 핀 벌판」)

연민(憐憫. 憐愍) 불쌍하고 딱하게 여김. *나는 섬찍해서 그전의 둔감한 내 자신으로/다시 돌아간다/연민의 순간이다 황홀의 순간이 아니라/속아 사는 연민의 순간이다(「性」)

연분홍(軟粉紅) 엷은 분홍색. *버드나무 발 아래의 나팔꽃도 그렇다/앙상한 연분홍,/오므라질 때는 무궁화는 그보다 조금쯤 더 길고/진한 빛,/죽음의 빛인지도 모르는 놈……(「말복」)

연분홍빛(軟粉紅—) 연분홍색을 띤 빛. *이발소의 화롯가에 연분홍빛 화로/깨어진 유리에 종이를 바르고/그 언 유리에 비친 내 얼굴이 제임스 띵같이/되기까지 내가 겪은, 내가 겪을/고뇌는 무한이다(「제임스 띵」)

연상시키다(聯想—) 어떤 사물을 보거나 듣거나 생각하거나 할 때, 그와 관련 있는 다른 사물이 머리에 떠올리게 하다.
  연상시키는 *유일한 시간을 연상시키는/만만하지 않은 부탁과 죽순이 자라노니라(「付託」) *괴기영화의 맘모스를 연상시키는/까치도 까마귀도 응접을 못하는 시꺼먼 가지를 가진/나도 감히 상상을 못하는 거대한 거대한 뿌리에 비하면……(「거대한 뿌리」)
  연상시킨다 *마지막 정적을 빼앗긴, 핏대가 난 나에게는/너희들의 儀式은 원시를 가리키고/노예매매를 연상시킨다(「제임스 띵」)

연상하다(聯想—)[1] 어떤 사물을 보거나 듣거나 생각하거나 할 때, 그와 관련 있는 다른 사물이 머리에 떠올리다.
  연상하고 *전통은 아무리 더러운 전통이라도 좋다 나는 광화문/네거리에서 시구문의 진창을 연상하고(「거대한 뿌리」)

연상하다(燃上—)[2] 타오르다.
  연상하는 *그것은 나의 앙상한 생명/

PLASTER가 燃上하는 냄새가 이러할 것이다 (「PLASTER」)

연속(連續) 끊이지 않고 죽 이어지거나 지속함. *오늘 또 활자를 본다/한없이 긴 활자의 연속을 보고/와사의 정치가들을 응시한다(「아메리카 타임 誌」)

연습(練習·鍊習) 학문이나 기예 따위를 되풀이하여 익힘. *온갖 적들과 함께/적들의 적들과 함께/무한한 연습과 함께(「아픈 몸이」) *그러니까 이 다리를 건너갈 때마다/나는 나의 심장을 기계처럼 중지시킨다/이런 연습을 나는 무수히 해 왔다)(「현대식 교량」)

연애(戀愛) 어떤 이성(異性)에 특별한 애정을 느끼어 그리워하는 일, 또는 그런 상태. *배가 부를 때도 목이 마를 때도/연애를 할 때도 졸음이 올 때도 꿈속에서도/깨어나서도 또 깨어나서도 또 깨어나서도(「하……그림자가 없다」) *비숍 여사와 연애를 하고 있는 동안에는 진보주의자와/사회주의자는 네에미 씹이다 통일도 중립도 개좆이다(「거대한 뿌리」) *조바심을 하고 식모 아가씨나 가게/아가씨는 연애가 되나 하고/애타고 원효의 염불 소리까지도/잊고―죄를 짓고 싶다(「원효대사」)

연애시(戀愛詩) 남녀 간의 애정이나 사랑을 주로 다룬 시 작품. ☞ 연애. *노년에 든 로버트 그레이브스가 연애시를 쓰는 이유,/모르지?(「모르지?」)

연애편지(戀愛便紙) 연애하는 남녀 사이에 주고받는 애정의 편지. *연애편지를 대필해 준 일이 있을 뿐이지(「滿洲의 여자」)

연애하다(戀愛―) '연애(戀愛)'를 하다. ☞ 연애.
　연애하고 *나는 이자벨 버드 비숍 여사와 연애하고 있다 그녀는/1893년에 조선을 처음 방문한 영국 왕립지학협회 회원이다(「거대한 뿌리」)

연인(戀人) 연애의 상대자. *시를 쓰는 마음으로/꽃을 꺾는 마음으로/자는 아이의 고운 숨소리를 듣는 마음으로/죽은 옛 연인을 찾는 마음으로[…]죽은 옛 연인을 찾는 마음으로/잃어버린 길을 다시 찾은 반가운 마음으로/우리는 우리가 찾은 혁명을 마지막까지 이룩하자(「기도」) *아냐 아냐 오해야 내가 이 여자의 연인이 아니라네/나는 이 사람이 만주 술집에서 고생할 때에/연애편지를 대필해 준 일이 있을 뿐이지(「滿洲의 여자」)

연장 어떤 일을 하는 데 쓰는 도구. *그때까지도 의심하지 않았어./책을 빌려드리겠다고. 나의 모든 프라이드를/재산을 연장을 내드리겠다고.//그렇게 매일 믿어왔는데, 갑자기 변했어(「엔카운터 誌」)

연출자(演出者) ①연극, 영화, 방송극 따위에서, 대본(臺本)에 따라 배우의 연기나 무대 장치, 조명, 음향 효과 따위를 지도하고, 전체를 종합하여 하나의 작품이 되게 하는 사람. ② 어떤 행사나 집회를 효과적으로 진행시키는 사람. *〈그것은 나의 역량 이상의 것이므로 신세계극단의 연출자 S씨를 찾아가보라〉고/터무니없는 거짓말을 하여가지고 즉석에 거절하여 버렸다(「백의」)

연통(煙筒) 양철 따위로 둥글게 만든 굴뚝. *예지는 어느 煙筒보다도 훨씬 뾰죽하고 날카로울 것이다//암흑과 맞닿는 나의 생명이여/거리의 생명이여(「거리2」)

연필(鉛筆) 필기 용구의 한 가지. 흑연 가루와 점토를 섞어 개어, 가늘고 길게 만들어서 굳힌 심을, 가는 나뭇대에 박은 것. *종교의 연필 자국이 두드러진/청춘의 붉은 희롱(「반주곡」) *그리고 그 무게는 돈이 없는 무게이기도 하다/또 무엇이 있나 나의 호주머니에는?/연필쪽!(「후란넬 저고리」)

연하다(軟―) ①무르고 부드럽다. ②빛깔이 옅고 산뜻하다.
　연하고 *꽃이 피어나는 순간/푸르고 연하고 길기만 한 가지와 줄기의 내면은/완전한 공허를 끝마치고 있었던 것이다(「꽃2」)

연해(連―) 자꾸 계속하여. *오― 그와 같이 서적은 있다/그 책장은 번쩍이고/연해 나는 괴로움으로 어찌할 수 없이/이를 깨물고 있네!/가까이 할 수 없는 서적이여.(「가까이 할 수 없는 서적」)

연희고지(延禧高地) 서울 연희동에 있는 언덕. 6·25전쟁 초기에 서울 근방에서 치열한 전투가 벌어졌다. 낙동강 유역까지 밀렸을 정도로 전세가 불리했던 남한과 연합군은 맥아더 장군의 지휘 아래 1950년 9월, 서울을 탈환하기 위해 인천상륙작전을 감행한다. 인천에서 서울에 이르기까지 한국군과 연합군은 전투를 계속하며 승기를 잡는데, 이중에서 남가좌동의 104고지와 안산지맥(鞍山支脈)의 연희고지(延禧高地) 전투가 치열했다. 연희고지는 북한군이 서울을 방어한 최종 진지로서 그들은 소련제 무기와 중, 경기관총으로 명렬히 저항했다. 9월 22일부터 9월 24일까지 벌어진 이 전투에서 국군이 승리하면서 전쟁 국면은 전환을 가져오게 되었고, 마침내 9월 26일 오후 세 시에 시청 옥상에 태극기를 꽂을 수 있었다. *우리들의 전선은 됭케르크도 노르망디도 연희고지도 아니다/우리들의 전선은 지도책 속에는 없다(「하······그림자가 없다」)

연희고지

열[1] 아홉에 하나를 더한 수. 십(十). *아가야 아가야/열 발가락이 다 나와 있네/엄마가/만들어준 빨간 양말에서(「자장가」) *하나의 행동이 열의 행동을 부르고/미리 막을 줄 알고 미리 막아져 있고(「먼지」)

열(熱)[2] ①물건을 데우거나 태우거나 하는 힘. ②'신열(身熱)'의 준말. ③무슨 일에 정신을 집중시키는 일. ④흥분된 마음. *혁명이란 단자는 학생들의 선언문하고/신문하고/열에 뜬 시인들이 속이 허해서/쓰는 말밖에는 아니되지만(「육법전서와 혁명」)

열다 ①밀거나 당기거나 하여 틔우다. ②시작하다. ③관계를 맺거나 가지다. ④나아갈 길을 마련하다.

　여는 *잠자는 책은 이미 잊어버린 책/이 다음에 이 책을 여는 것은/내가 아닙니다(「서책」) *내가 붓을 놓는 것까지/자리에서 일어나는 것까지 문을 여는 것까지 알고/방어작전을 써. 그래서 안방으로 다시 오고(「엔카운터誌」)

　여시오 *순결과 오점이 모두 그의 상징이 되려 할 때/신이여/당신의 책을 당신이 여시오(「서책」)

　열고 *南廟 문고리 굳은 쇠문고리/기어코 바람이 열고/열사흘 달빛은/이미 과부의 靑裳이어라(「廟庭의 노래」) *기진맥진한 몸을 간신히 일으켜서/차가운 이를 건져서 끼고 따라서 내려간다/그중 끝의 방문을 열고 보니 꺼먼 사람이 셋이나 앉았었다(「미숙한 도적」) *먼지를 꺼내는데도 책을 꺼내는 게 아니라/먼지를 꺼내는데도 유리문을 열고/육중한 유리문이 열릴 때마다 울리고(「의자가 많아서 걸린다」)

　열어 *빈 방안에 나는 홀로이 머물러 앉아/어떠한 내용의 책을 열어보려 하는가(「방안에서 익어가는 설움」)

　열어라 *욕망이여 입을 열어라 그 속에서/사랑을 발견하겠다(「사랑의 변주곡」)

열도(熱度) ①열의 정도. 뜨거운 정도. ②열의(熱意)의 정도. *가야만 하는 사람의 이별을/기다리는 것처럼/생활은 熱度를 측량할 수 없고/나의 노래는 물방울처럼/땅속으로 향하여 들어갈 것(「愛情遲鈍」) *포탄이/행복의 파편과 영광과 熱度로써/목적을 이루게 되기 전에(「조그마한 세상의 지혜」)

열띠다(熱—) 열기를 띠다. 열의를 띠다.

　열띤 *라디오의 시종을 고하는 소리 대신에 西道歌와/목사의 열띤 설교 소리와 심포니가 나오지만(「풀의 영상」)

열렬하다(熱烈—, 烈烈—) 태도나 행동이 걷잡을 수 없이 세차다. *난로 위에 끓어오르는 주전자의 물이 아슬/아슬하게 넘지 않는 것처럼 사랑의 節度는/열렬하다(「사랑의 변주곡」)

열리다 ①닫힌 것이나 덮인 것이 틔다. ②무슨 일이 시작되다. ③어떤 관계가 맺어지다. ④사람들의 머리가 깨고 문화가 발전하다. ⑤나아갈 길이 마련되다.

　열려서도 *잠자는 책이여/누구를 향하여 앉아서도 아니 된다/누구를 향하여 열려서도 아니 된다(「서책」)

　열렸다 *뚜껑이 열렸다 닫히는 소리//라디오의 시종을 고하는 소리 대신에 西道歌와 목사의 열띤 설교 소리와 심포니가 나오지만(「풀의 영상」)

　열리거든 *한번 잔인해봐라/이 문이 열리거든 아무 소리도 하지 말아봐라(「잔인의 초」)

　열릴 *먼지를 꺼내는데도 유리문을 열고/육중한 유리문이 열릴 때마다 울리고/울려지고 돌고 돌려지고(「의자가 많아서 걸린다」)

열매 ①식물의 꽃이 수정(受精)한 후 씨방이 자라서 맺힌 것. 과실(果實). ②'이루어 놓은 결과'를 비유하여 이르는 말. *꽃이 열매의 상부에 피었을 때/너는 줄넘기 장난을 한다(「孔子의 생활난」) *바람도 불지 않는 나무에서 열매가 떨어지듯 나의 마음에서 수없이 떨어져내리는 휴식의 열매/뒷걸음질치는 것은 憤激인가 조소인가 회한인가/무수한 궤도여(「靈交日」)

열사흘 13일. 김수영의 「廟庭의 노래」에서는 음력 13일로 추정됨. *열사흘 달빛은/이미 과부의 靑裳이어라(「廟庭의 노래」)

열아홉 19. *너는 이제 열아홉 살이었다/너는 이제 열아홉 살이었다/너는 여전히 기적이었다/너의 회의는 굳어가기 시작했다(「65년의 새해」)

열여섯 16. *그때 너는 열여섯 살이었다/그때 너는 열여섯 살이었다/그때도 너는 기적이었다/너의 의지는 싹트기 시작했다(「65년의 새해」)

열일곱 17. *그때 너는 열일곱 살이었다/그때 너는 열일곱 살이었다/그때도 너는 기적이었다/너의 근육은 굳어지기 시작했다(「65년의 새해」)

엷다 ①두께가 두껍지 않다. ②농도, 밀도, 빛깔 따위가 진하지 않다. ③하는 짓이나 마음이 뻔히 들여다보이게 얄팍하다. ④웃음 따위가 보일 듯 말 듯 은근하다.

엷은 *물이 아닌 꽃/물같이 엷은 날개를 펴며/너의 무게를 안고 날아가려는 듯[…]결합된 색깔은 모두가 엷은 것이지만/설움과 힘찬 미소와 더불어 관용과 자비로 통하는 곳에서/늬가 사는 엷은 세계는 자유로운 것이기에/생기와 신중을 한 몸에 지니고(「九羅重花」) *네가 던지는 조그마한 그림자가 무서워/벌벌 떨고 있는/나의 귀에다 너의 엷은 울음소리를 남기지 말아라(「도취의 피안」)

염려하다(念慮—) 마음을 놓지 못하다. 걱정하다.

염려하여 *포로수용소가 너무나 자유의 천당이었기 때문이다/노파심으로 만일을 염려하여 말해 두는 건데(「조국에 돌아오신 傷病捕虜 동지들에게」)

염려하고 *夕刊에 폭풍경보를 보고/배를 타고 가는 사람을/습관에서가 아니라 염려하고/3년 전에 심은 버드나무의 악마 같은/그림자가 뿜는 아우성소리를 들으며(「가옥 찬가」)

염불(念佛) ①부처의 모습이나 그 공덕을 생각하면서 부처의 이름을 외는 일. ②불경을 외는 일. *조바심을 하고 식모 아가씨나 가게/아가씨는 연애가 되나 하고/애타하고 원효의 염불 소리까지도/잊고—죄를 짓고 싶다(「원효대사」)

염천(炎天) ①타는 듯이 더운 한여름의 하늘, 또는 그런 날씨. ②구천(九天)의 하나. 남쪽 하늘. ☞ 생활무한(生活無限). *生活無限/苦難突起/白骨衣服/三伏炎天去來/나의 시절은 태양 속에/나의 사랑도 태양 속에(「愛情遲鈍」) *얇상한 잎/그것이 이슬을 마셨다고 어찌 신용하랴/나의 혼, 목욕을 중지한 시인의 혼을 마셨다고/炎天의 혼을 마셨다고 어찌 신용하랴(「등나무」)

영(靈) ①신령. ②영혼. *活字는 반짝거리면서 하늘 아래에서/간간이/자유를 말하는데/나의 靈은 죽어 있는 것이 아니냐[…]그대는 반짝거리면서 하늘 아래에서/간간이/자유를 말하는데/우스워라 나의 靈은 죽어 있는 것이 아니냐(「死靈」)

영감(令監)¹ ①나이 든 남편을 일컫는 말. ②지체 있는 사람이나 나이가 많은 사람을 대접해서 일컫는 말. ③지난날, 종이품과 정삼품의 벼슬아치를 높여 그 관직명에 붙여서 부르던 말. *가뭄의 백성이여 퇴계든 정다산이든 수염 난 영감이면/복덕방 사기꾼도 도적놈 지주라도 좋으니 제발 순조로워라(「미역국」)

영감(靈感)² 신의 계시를 받은 것같이 머리에 번득이는 신묘한 생각. *애타도록 마음에 서둘지 말라/절제여/나의 귀여운 아들이여/오오 나의 靈感이여(「봄밤」)

영광(榮光) 빛나는 영예. 광영. *우울 대신에 수많은 기폭을 흔드는 쾌활/잊어버린 수많은 詩篇을 밟고 가는 길가에/영광의 집들이여 점포여 역사여(「거리2」) *지극히 정확한 각도로 날아가는/포탄이/행복의 파편과 영광과 熱度

로써/목적을 이루게 되기 전에//승패의 차이를 계산할 줄 아는/포탄의 이성이여(「조그마한 세상의 지혜」) *성속이 같다는 원효/대사가 이런 기계의 영광을 누릴/줄이야 〈제니〉의 덕택을 입을/줄이야(「원효대사」)

영교일(靈交日) 영혼이 서로 통한 날. *작품 제목임(「靈交日」)

영국 왕립지학협회(英國 王立地學協會) 영국 왕립 지리학 협회(Royal Geographical Society). 지리과학의 발전과 연구를 위해 1830년 영국 런던에 창립된 지리학회. 김수영 시에 나오는 이자벨 버드 비숍 여사는 최초의 여성 회원으로서, 빅토리아 시대의 우상이었다고 전해진다. *나는 이자벨 버드 비숍 여사와 연애하고 있다 그녀는/1893년에 조선을 처음 방문한 영국 왕립지학협회 회원이다(「거대한 뿌리」)

영국(英國) 유럽 서부 대서양 가운데 있는 입헌 군주국. 그레이트브리튼 섬과 북아일랜드 및 부근 900여 개의 섬으로 이루어진 국가로, 석탄과 철광을 이용한 중공업 및 원료 수입에 의한 각종 공업이 발달하였다. 주민은 대부분이 앵글로색슨으로 신교를 신봉하고 주요 언어는 영어이다. 수도는 런던. *나는 이자벨 버드 비숍 여사와 연애하고 있다 그녀는/1893년에 조선을 처음 방문한 영국 왕립지학협회 회원이다(「거대한 뿌리」)

영국인(英國人) 영국 사람. *골맨, 게이블, 레이트, 디보스,/매리 지,/하우스펠 에어리어/─(영국인들은 호스피털 에어리어?)(「바뀌어진 지평선」)

영령(英靈) ①죽은 사람의 영혼을 높여 이르는 말. ②산천의 정기를 타고난 뛰어난 사람. *몇몇 포로들의 영령이/너무나 알기 쉬운 말로 아무도 듣지 못하게 당신의 뺨에다 대고 비로소 시작하는 귓속이야기지요[…]나의 노래가 없어진들/누가 나라와 민족과 청춘과/그리고 그대들의 영령을 위하여 잊어버릴 것인가!(「조국에 돌아오신 傷病捕虜 동지들에게」)

영롱하다(玲瓏─) ①구슬에 반사되거나 비치는 빛처럼 맑고 아름답다. ②소리가 맑고 아름답다.

영롱하게 *새로운 목표는 이미 나타나고 있었다/죽음보다도 엄숙하게/귀고리보다도 더 가까운 곳에/종소리보다도 더 영롱하게[…]새로운 목표는 이미 나타나고 있었다/죽음보다도 엄숙하게/귀고리보다도 더 가까운 곳에/종소리보다도 더 영롱하게(「영롱한 목표」)

영롱한 *눈에 걸리는 마지막 물건이 무엇이냐고 물어보는 듯/영롱한 꽃송이는 나의 마지막 인내를 부숴버리려고 한다(「九羅重花」) *작품 제목임(「영롱한 목표」)

영사(領事) 외국에 있으면서 본국의 무역 통상의 이익을 도모하며 아울러 자국민의 보호를 담당하는 공무원. 본국에서 파견되는 영사와 그 나라의 거주자 가운데 무보수로 선임하는 명예 영사의 두 가지가 있다. *쨈보야 너는 이성망이 놈을 빨리 잡아오너라/여기 떡갈나무 잎이 있는데 이것을 가지고 가서/하와이 영사한테 보여라(「나는 아리조나 카보이야」)

영사판(映寫板) 영화나 환등 따위의 필름에 있는 상을 비추어 나타내는 막. *고통의 映寫板 뒤에 서서/어룽대며 변하여가는 찬란한 현실을 잡으려고/나는 어떠한 몸짓을 하여야 되는가//하기는 현실이 고귀한 것이 아니라/영사판을 받치고 있는 주야를 가리지 않는 어둠이/표면에 비치는 현실보다 한치쯤은 더/소중하고 신성하기도 한 것인지 모르지만//나의 두 어깨는 꺼부러지고/영사판 위에 비치는 길 잃은 비둘기와 같이 가련하게 된다[…]나의 온 정신에 畵龍點睛이 이루어지는 순간이//영사판 위의 모오든 검은 현실이 저마다 색깔을 입고/이미 멀리 달아나버린 비둘기의 두 눈동자에까지/붉은 광채가 떠오르는 것을 보다//영사판 양편에 하나씩 서 있는/설움이 합쳐지는 내 마음 위에(「영사판」)

영상(影像) 빛의 굴절이나 반사에 의하여 물체의 상(像)이 비추어진 것. *고민이 사라진 뒤에/이슬이 앉은 새봄의 낯익은 풀빛의 영상이/떠오르고 나서도/그것은 또 한참 시간이 필요했다[…]영상을 꺾지 못하고/그 영상의 전후의 고민의 환희를 지우지 못한대[…]겨울 옷의 영상도 충분하다 누더기 누빈 옷(「풀의 영상」)

영숙 사람 이름. *영숙아 기환아 천석아 준이야 만용아/프레지던트 김 미스 리/정순이 박군 정식이/그놈의 사진일랑 소리없이 떼어 치우고,(「우선 그놈의 사진을 떼어서 밑씻개로 하자」)

영양(營養) 생물체가 외부에서 물질을 섭취하여 소화, 호흡, 순환, 배설을 함으로써 생활 기능을 유지하는 작용 또는 그것을 위하여 필요한 성분이나 그런 것을 함유한 음식물. *나는 이 우중충한 막걸리 탁상 위에서/경험과 역사를 너한테 배운다/무식한 것이 그것들이니까—/너에게서 취하는 전신의 영양(「滿洲의 여자」)

영어(英語) 영국을 비롯한 미국, 캐나다, 오스트레일리아, 뉴질랜드 등의 공용어. 국제어 구실을 함. *일본 말보다도 더 빨리 영어를 읽을 수 있게 된,/몇 차례의 언어의 이민을 한 내가/우리말을 너무 잘해서 곤란하게 된 내가(「거짓말의여운 속에서」)

영영(永永) 영원히 언제까지나. *寒鴉가 와서/그날을 울더라/밤을 반이나 울더라/사람은 영영 잠귀를 잃었더라(「廟庭의 노래」) *손도 안 씻고/쥐똥도 제멋대로 내버려두고/닭에는 발등을 물린 채/나의 숙제는 미소이다/밤과 낮을 건너서 도회의 저편에/영영 저물어 사라져 버린 미소이다(「꽃」)

영예(榮譽) 영광스러운 명예. *여보/움직이는 비애를 알고 있느냐/순간이 순간을 죽이는 것이 현대/현대가 현대를 죽이는 <종교>/현대의 종교는 <출발>에서 죽는 榮譽(「비」)

영원(永遠) ①어떤 상태가 끝없이 이어짐 또는 시간을 초월하여 변하지 아니함. ②보편적인 진리처럼 그 의미나 타당성이 시간을 초월하는 것. ③신(神)이나 진실성처럼 시간을 초월하여 존재하는 것. *나는 잠시 아름다운 統覺과 조화와 영원과 귀결을 찾지 않으려 한다(「구슬픈 육체」) *장시만 장시만 안 쓰려면 돼/영원만 영원만 고민하지 않으면 돼[…]예측만으로 그치면 돼/모자라는 영원이 있으면 돼(「장시1」) *풀 속에서는 노란 꽃이 지고 바람소리가 그릇 깨지는/소리보다 더 서걱거린다—우리는 그것을 영원의/소리라고 부른다(「미역국」) *불이 튕기고 별이 튕기고 영원의/행동이 튕기고 자고 깨고/죽고 하지만 모두가 坑 안에서/참호 안에서 일어나는 일(「먼지」)

영원하다(永遠—) ①어떤 상태가 끝없이 이어지다. ②시간을 초월하여 변하지 아니하다.
영원하고 *나에게 놋주발보다도 더 쨍쨍 울리는 추억이/있는 한 인간은 영원하고 사랑도 그렇다(「거대한 뿌리」)
영원한 *포로수용소보다 더 어두운 곳이라 할지라도/자유가 살고 있는 영원한 길을 찾아/나와 나의 벗이 안심하고 살 수 있는/현대의 천당을 찾아 나온 것이다[…]새 날을 향한 戰勝의 노래라고 부르고 싶어라!!/그것은 자유를 위한 영원한 여정이었다.(「조국에 돌아오신 傷病捕虜 동지들에게」) *이 영원한 숨바꼭질 속에서/나는 또한 영원히 늬가 없어도 살 수 있는 날을 기다려야 하겠다(「너를 잃고」) *이러한 젊은 시절보다도 더 젊은 것이/헬리콥터의 영원한 生理이다//1950년 7월 이후에 헬리콥터는/이 나라의 비좁은 산맥 위에 자태를 보이었고(「헬리콥터」) *그러나 오늘은 말복도 다 아니 갔으며/밤에는 물고기가 물 밖으로/달빛을 때리러 나온다//영원한 한숨이여(「말복」) *그동안에도/그뒤에도 나의 시는 영원한 미완성이고(「절망」(1962))

영원히(永遠—) ①어떤 상태가 끝없이 이어져. ②시간을 초월하여 변하지 아니하여. *이 영원한 숨바꼭질 속에서/나는 또한 영원히 늬가 없어도 살 수 있는 날을 기다려야 하겠다(「너를 잃고」) *나는 결코 울어야 할 사람은 아니며/영원히 나 자신을 고쳐가야 할 운명과 사명에 놓여 있는 이 밤에(「달나라의 장난」) *너무나 잘 아는/순환의 원리를 위하여/나는 피로하였고/또 나는/영원히 피로할 것이기에/구태여 옛날을 돌아보지 않아도/설움과 아름다움을 대신하여 있는 나의 긍지(「긍지의 날」) *인제는 지조랑 영원히 버리고 마음 놓고/비수를 써/거짓말이 아냐/비수란 놈 창조보다도 더 산뜻하거든/晩時之歎은 있지만(「만시지탄은 있지만」) *요 시인/이제 저항시는/방해로소이다/이제 영원히/저항시는/방해로소이다[…]민중은 영원히 앞서 있소이다/웃음이 나오더라도/눈 내리는 날에는/손을 묶고 가만히/앉아 계시오[…]민중은 영원히 앞서 있소이다/요 시인/용감한 착오야/그대의 저항은 無用(「눈」(1961)) *떨리는 글자를 믿으세요 노란 꽃을/영원히 떨리면서 빼곡은 모든 꽃잎을 믿으세요/보기 싫은 노란 꽃을(「꽃잎2」)

영위하다(營爲―) 일을 하다. 무슨 일을 해 나가다.
　영위하는 ＊의지의 저쪽에서 영위하는 아내여/길고긴 오늘밤에 나의 사치를 받기 위하여/어서어서 불을 끄자/불을 끄자(「사치」)
　영위하던 ＊너의 조상들이 우리의 조상과 함께/손을 잡고 超動物 세계 속에서 영위하던/자유의 정신의 아름다운 원형을/너는 또한 우리가 발견하고 규정하기 전에 가지고 있었으며(「헬리콥터」)

영탄(詠嘆) ①목소리를 길게 뽑아 깊은 정회(情懷)를 읊음. ②감탄. ＊詠嘆이 아닌 그의 키와/저주가 아닌 나의 얼굴에서/오오 나는 그의 얼굴을 따라/왜 이리 조바심하는 것이오(「아버지의사진」)

영토(領土) 국제법에서, 국가의 통치권이 미치는 구역. 흔히 토지로 이루어진 국가의 영역을 이르나 영해와 영공을 포함하는 경우도 있다. ＊이 어두운 신은 밤에도 외출을 못하고 자기의 영토를 지킨다/―유일한 희망은 겨울을 기다리는 것이다(「수난로」)

영하(零下) 섭씨 온도계에서, 눈금이 0℃ 이하의 온도. ＊보라 금값이 갑자기 8,900환이다/달걀값은 여전히 영하28환인데//이래도/그대들은 유구한 公序良俗 정신으로/위정자가 다 잘해 줄 줄 알고만 있다(「육법전서와 혁명」)

영혼(靈魂) ①죽은 사람의 넋. ②육체에 깃들어 마음의 작용을 맡고 생명을 부여한다고 여겨지는 비물질적 실체. ③신령하여 불사불멸하는 정신. ④육체 밖에 따로 있다고 생각되는 정신적 실체. ＊내가 만일 포로가 아니 되고 그대로 거기서 죽어버렸어도/아마 나의 영혼은 부지런히 일어나서 고생하고 돌아오는/대한민국 상병포로와 UN 상병포로들에게 한마디 말을 하였을 것이다(「조국에 돌아오신 傷病捕虜 동지들에게」) ＊사람들이여/차라리 숙련이 없는 영혼이 되어/씨를 뿌리고 밭을 갈고 가래질을 하고 고물개질을 하자(「여름 아침」) ＊눈은 살아 있다/죽음을 잊어버린 영혼과 육체를 위하여/눈은 새벽이 지나도록 살아 있다(「눈」(1956)) ＊나는 너무나 많은 첨단의 노래만을 불러왔다/나는 정지의 미에 너무나 등한하였다/나무여 영혼이여[…]그래도 나무는 자라고 있다 영혼은/그리고 교훈은 명령은/나는/아직도 명령의 과잉을 용서할 수 없는 시대이지만(「서시」) ＊나는 젊은 사나이의 그 눈초리를 보았다/흔들리는 자동차 속에서 창밖의 풍경이 흔들리듯/그의 가장 깊은 영혼이 흔들리는 것을 보았다(「靈交日」) ＊황폐한 강변을/영혼보다도 더 새로운 해빙의 파편이/저 멀리/흐른다(「초봄의 뜰 안에」) ＊도처에서/卽決하는 영혼이여/완전한 놈……/구름 끝에 혀를 대는 잎사귀처럼/몸을 떨며/귀기울이려 할 때/그 무수한 말 중의 제일 첫마디는/「나는 졌노라……」(「말복」) ＊어떻게 알았느냐 나의 방대한 낭비와 넌센스와/허위를/나의 못 보는 눈을 나의 둔감한 영혼을/나의 애인 없는 더러운 고독을(「꽃잎3」)

영화(映畵) 현대 예술 장르 중 하나. 연속 촬영한 필름을 연속으로 영사막에 비추어, 물건의 모습이나 움직임을 실제와 같이 재현하여 보이는 것. ＊피아노 앞에는 슬픈 사람들이 많이 있다/동계방학 동안 아르바이트를 하는 누이/잡지사에 다니는/영화를 좋아하는 누이/식모살이를 하는 조카/그리고 나(「피아노」)

영화관(映畵館) 영화를 상영하는 시설을 갖춘 건물. ＊시골에도 있고 해변가에도 있고/서울에도 있고 산보도 하고/영화관에도 가고/애교도 있다/그들은 말하자면 우리들의 곁에 있다(「하…… 그림자가 없다」)

영희 사람 이름. ＊「야, 영희야, 메리의 밥을 아무거나 주지 마라,/밥통을 좀 부셔주지?」/등나무? 등나무? 등나무? 등나무?(「등나무」)

옆 사물의 오른쪽이나 왼쪽의 면 또는 그 근처. ＊마치 내가 임종하는 곳이 이러할 것이니 하는 생각이 불현듯이 든다/옆에 누운 친구가 내가 이를 뺀 얼굴이 어린 아해 같다고 간간대소하며 좋아한다(「미숙한 도적」) ＊물소리 빗소리 바람소리 하나 들리지 않는 곳에/나란히 옆으로 가로 세로 위로 아래로 놓여 있는 무수한 꽃송이와 그 그림자[…](그것은 「골고다」의 언덕이 아닌/현대의 가시철망 옆에 피어 있는 꽃이기에)(「九羅重花」) ＊얼마나 장구한 세월이 흘러갔던가/파도처럼 옆으로/혹은 세대를 가리키는 지층의 단면처럼 억세고도 아름다운 색깔—(「나의 가족」) *불 옆으로 모여드는 하루살이여/벽을 사랑하는 하루살이여/감정을 잊어버린 시인에게로/모여드는 모여드는 하루살이여(「하루살이」) *난간 아래 등나무/넝쿨장미 위의 등나무/등꽃 위의 등나무/우물 옆의 등나무/우물 옆의 등꽃과 활련/그리고 철자법을 틀린 시/철자법을 틀린 인생/이슬, 이슬의 합창이다(「등나무」) *구차한 문밖 선비가 벽장문 옆에다/카잘스, 그람, 슈바이처, 엡스타인의 사진을 붙이고 있는 이유,/모르지?(「모르지?」) *아무리 마셔도 취하지 않으니/같이 온 친구를보기도 미안만 한데/옆상에 앉은 술친구들이 경사나 난 듯이/고함을 친다(「滿洲의 여자」) *두 뙈기의 차밭 옆에는 역시 두 뙈기의/채소밭이 있다 김장 무나 배추를 심었을/인습적인 분가루를 칠한 밭 위에/나는 걸핏하면 개똥을 갖다 파묻는다(「반달」) *우리들의 옆에서는/어린 놈이 울었고/비 오는 거리에는/40명가량의 취객들이/모여 들었고(「죄와 벌」) *나는 광화문/네거리에서 시구문의 진창을 연상하고 寅煥네/처갓집 옆의 지금은 매립한 개울에서 아낙네들이/양잿물 솥에 불을 지피며 빨래하던 시절을 생각하고/이 우울한 시대를 파라다이스처럼 생각한다(「거대한 뿌리」) *지금도 내가 반항하고 있는 것은 이 스펀지 만들기와/거즈 접고 있는 일과 조금도 다름없다[…]아무래도 나는 비켜서 있다 절정 위에는 서 있지/않고 암만해도 조금쯤 옆으로 비켜서 있다/그리고 조금쯤 옆에 서 있는 것이 조금쯤/비겁한 것이라고 알고 있다!(「어느 날 고궁을 나오면서」) *이런 전화를, 번역하는 친구를 옆에 놓고,/생색을 내려고, 하고 나서, 그 訃告를/그에게 전하고(「전화 이야기」) *기계는/옆에 새로 난 쌀가게로 타락해 가고/어제는 캐시밀론이 들은 새 이불이/어젯밤에는 새 책이/오늘 오후에는 새 라디오가 승격해 들어왔다(「금성라디오」) *마루에 가도 마찬가지다 피아노 옆에 놓은/찬장이 울린다 유리문이 울리고 그 속에/넣어둔 노리다케 반상 세트와 글라스가/울린다(「의자가 많아서 걸린다」)

옆방(—房) 방이 연이어 있을 때 이웃하는 방. *이제 나의 방은 막다른 방/이제 나의 방의 옆방은 자연이다/푸석한 암석이 쌓인 산기슭이/그치는 곳이라고 해도 좋다(「이사」)

예(例) ①본보기가 될 만한 사물이나 현상. ②세상에 흔한 것. ③전례(前例). *무능한 내가 지지 않는 것은 이때만이다/너의 독기가 예에 없이 걸레쪽같이 보이고/너와 내가 반반—(「만용에게」)

예기하다(豫期—) 앞으로 닥쳐올 일에 대하여 미리 생각하고 기다리다.

예기치 *바람은 딴 데에서 오고/구원은 예기치 않은 순간에 오고/절망은 끝까지 그 자신을 반성하지 않는다(「절망」(1965))

예수(Jesus) 기독교 창시자. 처녀 마리아에게 성령으로 잉태되어 베들레헴에서 태어나 30세쯤에 세례 요한에게 세례를 받고 복음을 전파하다가 바리새 인들에 의하여 십자가에 못 박혀 죽었다. 그의 예언대로 죽은 지 사흘 만에 부활하고 40일 후 승천하였다고 한다. *그것이 너무나 순진한 일이었기에 잠을 깨어 일어나서/나는 예수 크리스트가 되지 않았나 하는 신성한 錯感조차 느껴보는 것이었다(「조국에 돌아오신 傷病捕虜 동지들에게」)

예술파(藝術派) 예술 지상주의를 주장하며 예술의 독립성을 강조하는 유파. *수염 난 영감이면/복덕방 사기꾼도 도적놈 지주라도 좋으니 제발 순조로워라/자칭 예술파 시인들이 아무리 우리의 능변을 욕해도—이것이/환희인 걸 어떻게 하랴(「미역국」)

예언자(豫言者) 앞으로 다가올 일을 미리 짐작하여 말하는 사람. *예언자가 나지 않는 거리로 창이 난 이 도서관은/창설의 의도부터가 풍자적이었는지도 모른다(「국립도서관」)

예의(銳意) 어떤 일을 잘하려고 단단히 차리는 마음. *우주의 파편같이/혹은 혜성같이 반짝이는/무수한 잔재 속에 담겨있는 또 이 무수한 몸뚱아리—들은/지금 무엇을 銳意 연마하고 있는가(「국립도서관」)

예지(叡智) 사물의 이치를 꿰뚫어 보는 지혜롭고 밝은 마음. *靜寂이 나의 가슴에 있고/부드러움이 바로 내가 따라가는 것인 이상/나의 긍지는 애드벌룬보다는 좀 더 무거울 것이며/예지는 어느 煙筒보다도 훨씬 뾰죽하고 날카로울 것이다(「거리2」) *바늘구멍만한 叡智를 바라면서 사는 자의 설움이여/너는 차라리 부정한 자가 되라[…]바늘구멍만한 예지의 저쪽에 사는 사람들이여/나의 현실의 메트르여/어제와 함께 내일에 사는 사람들이여/강력한 사람들이여……(「예지」)

예측(豫測) 미리 헤아려 짐작함. *정열도 예측 고함도 예측 장시도예측/경솔도 예측 봄도 예측 여름도 예측/범람도 예측 범람은 화려 공포는 화려/공포와 노인은 동일 공포와 노인과 유아는 동일……/예측만으로 그치면 돼/모자라는 영원이 있으면 돼(「장시1」)

옛 지나간 때의. *죽은 옛 연인을 찾는 마음으로/잃어버린 길을 다시 찾은 반가운 마음으로/우리가 찾은 혁명을 마지막까지 이룩하자[…]시를 쓰는 마음으로/꽃을 꺾는 마음으로/자는 아이의 고운 숨소리를 듣는 마음으로/죽은 옛 연인을 찾는 마음으로(「기도」)

옛날 ①지난 지 꽤 오래된 시기를 막연히 이르는 말. ②이미 지나간 어떤 날. *너는 활자처럼 고웁다/내가 옛날 아메리카에서 돌아오던 길/뱃전에 머리 대고 울던 것은 여인을 위해서가 아니다(「아메리카 타임 誌」) *기진맥진하여서 여관을 찾아 들어갔다/옛날같이 낯선 방이 그리 무섭지도 않고/더러운 침구가 마음을 괴롭히지도 않는데(「미숙한 도적」) *또 나는/영원히 피로할 것이기에/구태여 옛날을 돌아보지 않아도/설움과 아름다움을 대신하여 있는 나의 궁지(「궁지의 날」) *헌 옷과 낡은 구두가 그리 모양수통하지 않다 느끼면서/나는 옛날에 죽은 친구를/잠시 생각한다(「거리1」) *모두들 공부하는 속에 와보면 나도 옛날에 공부하던 생각이 난다/그리고 그 당시의 시대가 지금보다 훨씬 좋았다고[…]모두들 공부하는 속에 와보면 나도 옛날에 공부하던 생각이 난다(「국립도서관」) *옛날의 동창생인가 하고 고개를 기웃거려 보았으나/그는 그 사람이 아니라 ○○부의 어마어마한 자리에 앉은 과장이며 名士이다(「거리2」) *옛날 추억이 들은 그러나 일년 내내 한번도 펴본 일이 없는/죽은 기억의 휴지/아무것도 집어넣어본 일이 없는 왼쪽 안호주머니(「후란넬 저고리」)

옛날이야기 옛날에 있었던 일이라고 전하여 지거나 있었다고 꾸며서 하는 재미있는 이야기. *가까운 데에서 나는 人聲도 옛날이야기처럼/멀리만 들리고/눈은 왜 이리 소경처럼 어두워만 지나(「장시2」)

오 ①상대편의 말이나 행동을 인정하는 뜻으로 내는 소리. ②상대편의 말에 대답하는 뜻으로 내는 소리. ③감탄할 때 내는 소리. ☞ 오오. *오 죽어 있는 방대한 서책들//너를 보는 설움은 피폐한 고향의 설움일지도 모른다(「국립도서관」) *오 썩어가는 탑/나의 연령/혹은 /4,294알의/구슬이라도 된다(「아픈 몸이」) *비닐, 파리통,/그리고 또 무엇이던가?/아무튼 구질구레한 생활필수품/오 주사기/2cc짜리 국산 슈빙지[…]아이구 무어던가?/오 도배지 천장지, 다색 백색 청색의 모란꽃이/茶色 主色 위에 탐스럽게 피어있는 천장지(「마케팅」) *이 한국에서도 눈이 뒤집힌 사람들/틈에 끼여 사는 처와 처들을 본다/오 결별의 신호여(「적2」) *그저 멀리 보고 있는 것이 타당한 것이므로/나는 괴롭다/오— 그와 같이 이 서적은 있다(「가까이 할 수 없는 서적」)

오냐 ①아랫사람의 부름에 대하여 대답할 때 하는 말. ②아랫사람의 물음이나 부탁에 대하여 긍정하여 대답할 때 하는 말. ③어떤 사실을 긍정하거나 다짐할 때 하는 말. *너 이놈 정동 재판소에서 언제 달아나왔으냐 깟땜!/오냐 그놈들을 물에다 거꾸로 박아놓아라(「나는 아리조나 카보이야」)

오늘 (명사)①지금 지나가고 있는 이날. ②지금의 시대. (부사) 지금 지내고 있는 이 날에. *이 밤 화공의 소맷자락 무거이 적셔/오늘도 우는/아아 짐승이냐 사람이냐.(「廟庭의 노래」) *오늘도 어제와 같이 괴로운 잠을/이루울 준비를 해야 할 이 시간에/괴로움도 모르고/나는 이 책을 멀리 보고 있다(「가까이 할 수 없는 서적」) *오늘 또 활자를 본다/한없이 긴 활자의 연속을 보고/와사의 정치가들을 응시한다(「아메리카 타임 誌」) *일찍이 현실의 출발을 하지 못한 것을 뉘우치며/오늘밤도 보아야 할 죽순의 거치러운/꿈은(「付託」) *오늘이 있듯이 그날이 있는/두 겹 절벽 가운데에서/오늘은 오늘을 담당하지 못하니/너의 가슴 위에서는/나 대신 값없는 낙엽이라도 울어줄 것이다(「나비의 무덤」) * 설움과 아름다움을 대신하여 있는 나의 긍지/오늘은 필경 긍지의 날인가 보다[…]나의 몸은 항상/한치를 더 자라는 꽃이 아니더냐/오늘은 필경 여러 가지를 합한 긍지의 날인가 보다(「긍지의 날」) * 오늘에 네가 전하는 자유의 마지막 파편에/스스로 겸손의 침묵을 지켜가며 울고 있는 것이다(「헬리콥터」) * 여기는 서울 안에서도 가장 번잡한 거리의 한 모퉁이/나는 오늘 세상에 처음 나온 사람모양으로 쾌활하다[…]도회의 흑점―/오늘은 그것을 운운할 날이 아니다/나는 오늘 세상에 처음 나온 사람모양으로 쾌활하다(「거리2」) * 시간의 표면에/물방울을 풍기어 가며/오늘을 울지 않으려고/너를 잊고 살아야 하는 까닭에[…]어느 매춘부의 생활같이/다소곳한 분위기 안에서/오늘이 봄인지도 모르고/그래도 날개 돋친 마음을 위하여/너와 같이 걸어간다[…]타락한 오늘을 위하여서는/내가 〈오늘〉보다 더 깊이 떨어져야 할 것이다[…]너는 어제까지의 나의 세력/오늘은 나의 지평선이 바뀌어졌다//물은 물이고 불은 불일 것이지만/어제와 오늘이 다르고/오늘과 내일의 차이를 정시하기 위하여/하다못해 이와 같이 타락한 신문기자의/탈을 쓰고 살고 있단다[…]너의 육체는/오늘부터 출발하게 되는 것이다[…]그리고 너의 노래와 음계를 조금만/낮추어라/오늘의 우울을 위하여/오늘의 경박을 위하여(「바뀌어진 지평선」) * 너무나 어려운 휴식이여/눈물이 흘러나올 여유조차 없는/게시판과 너 사이에/오늘의 생활이 있을진대/달관한 신문기자여/생각하지 말아라(「기자의 정열」) * 〈더러운 자식 너는 백의와 간통하였다지? 너는 오늘부터 시인이 아니다……〉(「백의」) * 나는 오늘부터 지리교사모양으로 벽을 보고 있을 필요가 없고/노쇠한 선교사모양으로 낮잠을 자지 않고도 견딜 만한 강인성을 가지고 있다(「영롱한 목표」) * 바늘구멍만한 叡智를 바라면서 사는 자의 설움이여/너는 차라리 부정한 자가 되라/오늘/이 헐벗은 거리에 가슴을 대고/뒤집어진 부정이 정의가 되지 않더라도(「예지」) * 모기의 피처럼/시인이 쏟고 죽을 오욕의 역사/   그러나 오늘은 산보다도[…]우리들은 다 같이 산등성이를 내려가는 사람들/   그러나 오늘은 산보다도[…]그러나 오늘은 산보다도/   그것은 나의 육체의 용기(「광야」) * 나는 오늘도 누구에게든 얽매여 살아야 한다//도야지우리에 새가 날고/국화꽃은 밤이면 더 한층 아름답게 이슬에 젖는데(「꽃」) * 흐린 하늘에 이는 바람은/어제가 다르고 오늘이 다른데/옷을 벗어놓은 나의 정신은/늙은 바위에 앉은 이끼처럼 추워라(「초봄의 뜰 안에」) * 현대의 자살/그러나 오늘은 비가 너 대신 움직이고 있다/무수한 너의 〈종교〉를 보라(「비」) * 낡은 대문 사이에 매일같이 흐르는 강물이 오늘에야 비로소 꽉 차 있다//설움의 탓이라고 이 새로운 현실을 경시하면서도(「말」(1958)) * 나들이를 갔다 온 씻은 듯한 마음에 오늘밤에는 아내를 껴안아도 좋으리[…]길고긴 오늘밤에 나의 사치를 받기 위하여/어서서 불을 끄자/불을 끄자(「사치」) * 그대의 정의도 우리들의 섬세도/행동이 죽음에서 나오는/이 욕된 교외에서는/어제도 오늘도 내일도 마음에 들지 않아라(「死靈」) * 그러나 오늘은 말복도 다 아니 갔으며/밤에는 물고기가 물 밖으로/달빛을 때리러 나온다//영원한 한숨이여(「말복」) * 「고맙습니다, 고맙습니다」/일어서 있는 너의 얼굴은/오늘밤의/앉아 있는 내 방의 촛불 같은 재산, 보석이여(「반주곡」) * 이미 오래전에 일과를 전폐해야 할/文明이/오늘도 또 나를 이렇게 괴롭힌다(「파리와 더불어」) * 흉악한 그놈의 사진을/오늘은 서슴지 않고 떼어놓아야 할 날이다//밑씻개로 하자(「우선 그놈의 사진을 떼어서 밑씻개로 하자」) * 야 고만 죽여라 고만 죽여/나는 오늘 아침에 서약한 게 있다니까/남편은 어제의 남편이 아니라니까/정말 어제의 네 남편이 아니라니까(「거미잡이」) * 그러나 나는 오늘 아침의 때묻은 혁명을 위해서/어차피 한마디 할 말이 있다/이것을 나는 나의 일기첩에서/찾을 수밖에 없었다(「중용에 대하여」) * 아니 430원짜리 한 가마니면 이틀은 먹일 터인데/어떻게 된 셈이냐고 오늘 아침에도 뇌까렸다(「만용에게」) * 그 방은 바로 어제 내가 혁명을 기념한 방/오늘은 기름진 피아노가/덩덩 덩덩덩 울리면서/나의 고갈한 비참을 달랜다(「피아노」) * 술이 상상이 아니지만 술에 취하는 것이 상상인 것처럼/오늘부터는 상상이 나를 상상한다(「우리들의 웃음」) *이 집도 아내도 아들도 어머니도 다시 내 것이 아니다/오늘도 여전히 일을 하고 걱정하고/돈을 벌고 싸우고 오늘부터의 할일을 하지만(「말」(1964)) *이 적이 없으면 또 다른 적 — 내일/내일의 적은 오늘의 적보다 약할지 몰라도/오늘의 적도 내일의 적처럼 생각하면 되고/오늘의 적도 내일의 적처럼 생각하면 되고//오늘의 적으로 내일의 적을 쫓으면 되고/내일의 적으로 오늘의 적을 쫓을 수도 있다/이래서 우리들은 태평으로 지낸다(「적1」) *지극히 시시한 발견이 나를 즐겁게 하는 야밤이 있다/오늘밤 우리의 현대문학사의 변명을 얻었다[…]우리는 여지껏 희생하지 않는 오늘의 문학자들에 관해서/너무나 많이 고민해 왔다(「이 한국문학사」) *우리들은 빛나지 않는다. 어제도 빛나지 않았고,/오늘도 빛나지 않는다. 그 연관만이 빛난다./시간만이 빛난다. 시간의 인식만이 빛난다(「엔카운터誌」) *어제는 캐시밀론이 들은 새 이불이/어젯밤에는 새 책이/오늘 오후에는 새 라디오가 승격해 들어왔다//아내는 이런 어려운 일들을 어렵지 않게 해치운다/결단은 이제 여자의 것이다/나를 죽이는 여자의 유희다/아이놈은 라디오를 보더니/왜 새 수련장은 안 사왔느냐고 대들지만(「금성라디오」) *네 얼굴은 진리에 도달했다/어저께 진리에 도달한 얼굴은/오늘은 술을 잊은 얼굴이다(「네 얼굴은」) *더워져 가는 화원의/꽃과 더러워져 가는 화원의/초록빛과 초록빛의 너무 빠른 변화에/놀라 오늘도 찾아오지 않는 벌과 나비의/소식을 더 완성하기까지(「꽃잎3」) *이 인찰지와 이 봉투지로는 편지는 못 쓰겠소/더위도 가시고 오늘은 하루종일 일도/안하고 있지만 밀용인찰지의 나의 생활을/당신한테 보일 수는 없소(「美濃印札紙」) *어제와 오늘이 하늘과 땅처럼/달라지고 침묵과 발악이 오늘과/내일처럼 달라지고 달라지지 않는/이 갱 안의 잉크 수건의 칼자국은(「먼지」)

오다¹ ①기준이 되는 사람, 사물이 있는 쪽으로 움직여 위치를 옮기다. ②어떤 사람이 직업이나 학업 따위를 위하여 말하는 사람이 있는 쪽으로 옮기다. ③물건이나 권리 따위가 자기에게 옮겨지다. ④관심이나 눈길 따위가 말하는 사람에게로 쏠리다. ⑤소식이나 연락 따위가 말하는 사람이 있는 곳으로 전하여지다. ⑥운수나 보람, 기회 따위가 말하는 사람 쪽에 나타나다. ⑦느낌이나 뜻이 말하는 사람에게 전달되다. ⑧어떤 대상에 어떤 상태가 이르다. ⑨길이나 깊이를 가진 물체가 어떤 정도에 이르거나 닿다. ⑩말하는 때나 시기에 이르다. ⑪비, 눈, 서리나 추위 따위가 내리거나 닥치다. ⑫건강에 해가 되거나 질병이나 졸음 따위의 생리적 현상이 일어나거나 생기다. ⑬어떤 때나 계절 따위가 말하는 시점을 기준으로 현재나 가까운 미래에 닥치다. ⑭어떤 현상이 어떤 원인에서 비롯하여 생겨나거나 다른 곳에서 전하여지다. ⑮어떤 여자가 결혼을 하여 그 집안의 식구가 되다.

오고 *오고가는 것이 직선으로 혹은 대각선으로 맞닥뜨리는 것 같은 속에서(「방안에서 익어가는 설움」) *비가 오고 있다/여보/움직이는 비애를 알고 있느냐[…]비가 오고 있다/움직이는 비애여[…]그래서 비가 오고 있는데!(「비」) *졸렬과 수치가 그들 자신을 반성하지 않는 것처럼/바람은 딴 데에서 오고/구원은 예기치 않은 순간에 오고(「절망」(1965)) *그래서 안방으로 다시 오고, 내가(「엔카운터誌」) *봄은 오고 쥐새끼들이 총알만한 구멍의 조직을 만들고[…]이 죄에는 사과의 길이 없다 봄이 오고(「거짓말의 여운 속에서」) *증오가 가고 이슬이 번쩍이고/음악이 오고 변화의 시작이 오고(「먼지」)

오기 *사나운 놈이 약한 날짐승들이 오기를 노리면서 기다리고(「도취의 피안」) *가을이 오기 전에는/내 팔은 좀체로 제대로 길이를 갖지 못하고(「말복」) *봄이 오기 전에 속옷을 벗고 너무 시원해서 설워지듯이[…]이 발견의 봄이 오기 전에 옷을 벗으려고(「풀의 영상」)

오너라 *그리고 돌아올 때는 구름을 타고 오너라(「나는 아리조나 카보이야」)

오네 *밥보다도/더 소중한/잠이 안 오네/달콤한/달콤한/잠이 안 오네(「④ · 19」시」)

오는 *山林과 時間이 오는 것이다[…]U · N 위원단이 매일 오는 것이다(「아침의 유혹」) *그러나 여보/ 비오는 날의 마음의 그림자를/

사랑하라(「비」) *늬가 부르는 노래가 어디서 오는 것을/너보다는 내가 더 잘 알고 있는 것이다(「풍뎅이」) *귀치않은 부탁을 하러 오는 사람들이/갖다 주는 것으로 연명을 하고 보니(「付託」) *까딱 마시오/눈 오는 것만 지키고 계시오……(「눈」(1961)) *비 오는 거리에는/40명가량의 취객들이/모여들었고(「죄와 벌」)

오다가 *그리고 나는 평양을 넘어서 남으로 오다가 포로가 되었지만(「조국에 돌아오신 傷病捕虜 동지들에게」)

오더니 *친구가 일어나서 창밖으로 침을 뱉고 아래로 내려갔다 오더니 또 술을 마시러 내려가자고 한다(「미숙한 도적」)

오더라도 *너의 거룩한 머리를 만지면서/우는 날이 오더라도(「더러운 향로」) *어린 놈 너야/죽음이 오더라도/이제 성을 내지 않는 법을 배워주마(「여편네의 방에 와서」)

오듯 *「조심하여라! 자중하여라! 무서워할 줄 알아라!」 하는/억만의 소리가 비 오듯 내리는 여름 뜰을 보면서(「여름 뜰」) *적막이 오듯이/혁명이 끝나고 또 시작되고[…]적막이 오듯이/적막이 오듯이/소리없이 가다오 나가다오(「가다오 나가다오」)

오려고 *포로수용소로 오려고 집을 버리고 나온 것이 아니라(「조국에 돌아오신 傷病捕虜 동지들에게」)

오면 *이북 방송이 불온 방송이/아니 되는 날이 오면(「라디오 계」)

오슈 *노상에서 지서의 순경을 만났더니/「아니 어디를 갔다 오슈?」(「파자마 바람으로」)

오지 *추녀 끝 물방울 소리가/아직도 메아리를 가지고 오지 못하는/8월의 밤에(「누이의 방」)

온 *이것은 먼 바다를 건너온/용이하게 찾아갈 수 없는 나라에서 온 것이다[…]캘리포니아라는 곳에서 온 것만은/확실하지만 누가 지은 것인 줄도 모르는(「가까이 할 수 없는 서적」) *손님으로 온 나는 이 집 주인과의 이야기도 잊어버리고(「달나라의 장난」) *내일의 역설 모양으로/나는 자유를 찾아서 포로수용소에 온 것이고/(「조국에 돌아오신 傷病捕虜 동지들에게」) *그 다음에는 나는 중앙선 어느 협곡에 있는 역에서 백여 리나 떨어진 광산촌에 두고 온 잃어버린 겨울 모자를 생각한다[…]그러할 때마다 잃어버려서 아까웁지 않은 잃어버리고 온 모자 생각이 불현듯이 난다[…]나는 모자와 함께 나의 마음의 한 모퉁이를 모자 속에 놓고 온 것이라고(「시골 선물」) *나들이를 갔다 온 씻은 듯한 마음에 오늘밤에는 아내를 껴안아도 좋으리[…]나들이를 갔다가 아들놈을 두고 온 안방 건넌방은 빈집 같구나(「사치」) *소록도의 하얀 바다에/두고/버리고/던지고 온 취기가(「旅愁」) *여편네가 일본에서 온 새 잡지 안의/金素雲의 수필을 보라고 내던져준다(「파자마 바람으로」) *같이 온 친구를 보기도 미안만 한데(「滿洲의 여자」) *아까운 것이/지우산을 현장에 버리고 온 일이었다(「죄와 벌」) *눈이 온 뒤에도 또 내린다(「눈」(1966)) *그녀가 온 지 두 달 만에 우리들은 처음으로 완성되었다(「식모」)

온다 *먼 時間을 두고 물속을 흘러온 흰 모래처럼 그들은 온다(「아침의 유혹」) *거짓말의 부피가 하늘을 덮는다 나는 눈을/가리고 변소에 갔다 온다[…]금방 불란서에 가더라도 금방 자유가 온다 해도(「거짓말의 여운 속에서」)

온다고 *천국이 온다고 바라고 있는 그대들뿐이다[…]불쌍한 그대들은 천국이 온다고 바라고 있다(「육법전서와 혁명」)

온다면 *(아아 그러한 시대가 온다면 얼마나 좋은 일이냐(「九羅重花」)

올 *설마 이런 것이 올 줄이야/괴물이여(「PLASTER」) *울고 간 새와/울러 올 새의/적막 사이에서(「冬麥」) *연애를 할 때도 졸음이 올 때도 꿈속에서도(「하…… 그림자가 없다」) *숲을 알려면 땅벌에 물려보면 돼/잔소리 날 때는 슬쩍 피하면 돼/──債鬼가 올 때도──(「장시1」) *복사 씨와 살구 씨가/한번은 이렇게/사랑에 미쳐 날뛸 날이 올 거다!(「사랑의 변주곡」) *회한도 없이 안 듣게 되는 날이 올 것이다……(「라디오 계」)

올지도 *담배마저 안 피우는/날이 올지도 모른다(「이놈이 무엇이지?」)

와 *왜 이 詩를/잠이 와/잠이 와/잠이 와 죽겠는데/왜/지금 쓰느냐(「〈4·19〉시」) *시멘트로 만든 뜰에/겨울이 와 있었다(「旅愁」)

와도 *오징어에 말라붙은 새처럼 5월이 와

도/9월이 와도 꼬리만 치지 않으면 돼(「장시1」) *모두들 공부하는 속에 와보면 나도 옛날에 공부하던 생각이 난다(「국립도서관」)

와서 *寒鴉가 와서/그날을 울더라(「廟庭의 노래」) *내가 있는 방 위에 와서 앉거나/또는 그의 그림자가 혹시나 떨어질까 보아 두려워하는 것도(「도취의 피안」) *남의 집 마당에 와서 마음을 쉬다[…]돈 없는 나는 남의 집 마당에 와서/비로소 마음을 쉬다(「휴식」) *여름이면 그의 곁에 와서/곧잘 팔을 고이고 앉아 있으니까(「수난로」) *만약에 또 어느 나의 친구가 와서 나의 꿈을 깨워주고(「구름의 파수병」) *남의 일하는 곳에 와서 아무 목적 없이 앉았으면 어떻게 하리[…]남의 일하는 곳에 와서 덧없이 앉았으면 비로소 설워진다(「사무실」) *광야에 와서 어떻게 드러누울 줄을 알고 있는(「광야」) *검은 손과 발에 마구 상처를 입고 와서(「가옥 찬가」) *여편네의 방에 와서 기거를 같이해도(「여편네의 방에 와서」) *만주에서 해방을 겪고/평양에 있다가 인천에 와서(「滿洲의 여자」) *그것하고 하고 와서 첫번째로 여편네와/하던 날은 바로 그 이튿날 밤은(「性」)

와서도 *여행이 나를/놀래일 수 없었던 것과 같이/나는 집에 와서도/그동안의 부재에도/놀라서는 안 된다(「旅愁」)

왔고 *어떤놈이 新인지 舊인지를 가려낼 틈도/없다 눈이 왔고 추웠고 너무 화가 났다(「제임스 띵」)

왔기 *남의 말을 하여 왔으며/그것도 간신히 떠듬는 목소리로밖에는 못해 왔기 때문이다(「헬리콥터」)

왔다 *발목이 굵은 여자들이 많이 사는 나의 마을로/지구에서 지구로 나는 왔다/나는 왔다 억지로 왔다(「X에서 Y로」) *저리 번쩍 〈제니〉와 大師가/왔다갔다 앞뒤로 좌우로/왔다갔다 웃고 울고 왔다갔다/파우스트처럼 모든 상징이//상징이 된다(「원효대사」)

왔으니 *봉투 두 장을 4원에 사가지고 왔으니 알지 않겠소(「美濃印札紙」)

왔을 *나는 모든 노래를 그 방에 함께 남기고 왔을 게다(「그 방을 생각하며」)

오다² 보조동사. ①어떤 행동이나 상태가 계속하여 진행됨을 나타냄. ②일정 기간에 차게 됨을 나타냄. ③어떤 상태나 현상이 시작되거나 비롯됨을 나타냄.

오던 *누구의 힘보다 강하다고 믿어 오던/無色의 생활자가 네가 아니던가(「기자의 정열」)

와라 「저것 좀 집어와라!」 호령하나 못하니(「파자마 바람으로」)

온 *너는 열네 살 우리집에 고용을 살러 온 지(「꽃잎3」)

왔다 *나에게는 〈동생의 사진〉을 보고도/나는 몇 번이고 그의 진혼가를 피해 왔다(「누이야 장하고나!」) *나는 나의 심장을 기계처럼 중지시킨다/(이런 연습을 나는 무수히 해 왔다)(「현대식 교량」) *우리는 여지껏 희생하지 않는 오늘의 문학자들에 관해서/너무나 많이 고민해 왔다(「이 한국문학사」)

왔으며 *그들은 너무나 오랫동안 자기의 말을 잊고/남의 말을 하여 왔으며(「헬리콥터」)

왔을 *거리에 흩어진 월간 대중잡지 위에 매월 그의 사진이 게재되어 왔을 뿐만 아니라(「백의」)

오래 시간이 지나가는 동안이 길게. *손가락 사이에 끈을 한끝 잡고 방바닥에 내어던지니/소리없이 회색빛으로 도는 것이/오래 보지 못한 달나라의 장난 같다/팽이가 돈다(「달나라의 장난」) *나는 이것이 쏟고 난 뒤에도 보통 때보다/완연히 한참 더 오래 끌다가 쏟았다(「性」)

오래간만 어떤 일이 있은 때로부터 긴 시간이 지난 뒤. *오래간만에 거리에 나와보니/나의 눈을 흡수하는 모든 물건/그 중에도/빈 사무실에 놓인 무심한/집물 이것저것(「거리1」)

오래되다 시간이 지나간 동안이 길다.

오래된 *지렁이같이 꿈틀거리는 바닷바람이 무섭다고/구름을 향하여 도망하는 놈/숫자를 무시하고 사는지/이미 헤아릴 수 없이 오래된 연기(「연기」)

오래된다 *언어가 죽음의 벽을 뚫고 나가기 위한/숙제는 오래된다 이 숙제를 노상 방해하는 것이/성의 윤리와 윤리의 윤리다(「설사의 알리바이」)

오래전(一前) 상당한 시간이 지나간 과거. *多病한 나에게는/파리도 이미 어제의 파리는 아니다//이미 오래전에 일과를 전폐해야 할/文明이/오늘도 또 나를 이렇게 괴롭힌다(「파리와 더불어」) *우물도 사다리도 愛兒도 거만한 문패도/내가 범인이 되기 전에(/벌써 오래전에!)/범인의 것이 되어 있었고(「절망」(1962))

오랜 이미 지난 동안이 긴. *이보다 더 추운 날처럼 나는 여기서 겨울을 맞이하다가/오랜 시간이 경과된 후에도/이 웃음만은 흔적을 남기고 있을 것이라고 믿는 것은/어리석은 일(「웃음」) *낭만적 위대성을 잊어버린 지 오랜 네가 인류를 위하여 산다는 것도 거짓말에 가까운 것이지만[…]오랜 피곤도 고통도 인내도 잊어버리고/새 사람 아닌 새 사람이 되어/아무도 모르고 너 혼자만이 아는/네가 쓴 기사 위에(「기자의 정열」) *兩眼이 모두 담홍색을 하고 있는 것으로 보아/그가 오랜 세월을 暗夜 속에서 살고 있었던 것만은 확실하다고 나는 생각한다(「백의」) *호주머니 속의 소눈깔만한 호주머니에 들은/물뿌리와 담배 부스러기의 오랜 친근[…]그러나 돈은 없다/—돈이 없다는 것도 오랜 친근이다[…]휴식의 갈망도 나의 오랜 친근한 친구이다……(「후란넬 저고리」) *신성을 지키는 시인의 자리 위에 또 하나/넓은 자리가 있었던 것을 자식한테/가르쳐 주지 않은 죄—그 죄에 그렇게/오랜 시간을 시달리면서도 그것을 몰랐다(「VOGUE야」)

오랫동안 시간상으로 썩 긴 기간 동안. *또한 이것을 보고 놀라지 않는 것도 설움을 아는 사람일 것이다/그들은 너무나 오랫동안 자기의 말을 잊고/남의 말을 하여 왔으며/그것도 간신히 떠듬는 목소리로밖에는 못해 왔기 때문이다(「헬리콥터」)

오류(誤謬) ①그릇되어 이치에 맞지 않는 일. ②사유의 혼란, 감정적인 동기 때문에 논리적 규칙을 소홀히 함으로써 저지르게 되는 바르지 못한 추리. ③연산 처리 장치의 잘못된 동작이나 소프트웨어의 잘못 때문에 생기는, 계산 값과 참값과의 오차. *생각할 틈도 없이/애정은 절박하고/과거와 미래와 오류와 혈액들이 모두 바쁘다//너는 기류를 안고/나는 근지러운 나의 살을 안고(「네이팜 탄」) *훌륭하게 훌륭하게 얘기할 수 있었어/그의 약간의 오류는 문제가 아냐/그의 오류는 꽃이야/그 무엇이라고 말할 수 없는 나라의 수도의/한복판에서(「H」)

오르다 값이나 수치, 온도, 성적, 기운, 세력 따위가 이전보다 많아지거나 높아지다.
오르고 *보라 한간에 금값이 오르고 있는 것을/그놈들은 털끝만치도 다치지 않으려고/버둥거리고 있다(「육법전서와 혁명」)

오만(傲慢) 태도나 행동이 건방지거나 거만함 또는 그 태도나 행동. *암흑과 맞닿는 나의 생명이여/거리의 생명이여/거만과 오만을 잊어버리고/밝은 대낮에라도 겸손하게 지내는 妙理를 배우자(「거리2」)

오므라지다 ①물건의 가장자리 끝이 한곳으로 줄어지어 모이다. ②물체의 거죽이 안으로 오목하게 패어 들어가다.
오므라질 *버드나무 발아래의 나팔꽃도 그렇다/앙상한 연분홍,/오므라질 때는 무궁화는 그보다 조금쯤 더 길고/진한 빛,/죽음의 빛인지도 모르는 놈……(「말복」)

오버(영, over) 오버 코트. 겉옷. *집에는 差押을 해온 파일 오버가 있는데도/배자 위에 얄따란 검정 오버를 입고(「네 얼굴은」)

오빠 ①같은 부모에게서 태어난 사이이거나 일가친척 가운데 항렬이 같은 손위 남자 형제를 여동생이 이르는 말. ②남남끼리에서 나이 어린 여자가 손위 남자를 정답게 이르는 말. *내가 어느 날 그에게 〈魔神〉이라고 별명을 붙였더니/그는 대뜸/〈오빠는 어머니보다도 더 완고하다〉고 하면서/나를 도리어 꾸짖는 척한다(「백의」) *누이야/풍자가 아니면 해탈이다/너는 이 말의 뜻을 아느냐/너의 방에 걸어놓은 오빠의 사진/나에게는 〈동생의 사진〉을 보고도/나는 몇 번이고 그의 진혼가를 피해 왔다(「누이야 장하고나!」)

오산(誤算) ①잘못 셈함 또는 그 셈. ②추측이나 예상을 잘못함 또는 그런 추측이나 예상. *이것이 이남 사람인 우리 부부의 誤算이었나 보다/38선에 대한/또 한 해의 터무니없는 感傷이었다 보다/그렇지?(「판문점의 감상」)

오식(誤植) 잘못된 글자나 틀린 글자를 인쇄함 또는 그런 것. *권말에 붙어나오는 역자 약력에는/한사코 ××대학 중퇴가 ××대학

오야(일, 親[おや]) 패거리의 우두머리. '두목', '우두머리'로 순화. ☞ 오야붕. *이것을 떼먹은 년은 우리 여편네가 든/契의 오야가 주재하는/우리 여편네는 들지 않은 백만 원짜리/계의 멤버로 인형을 만들어 파는 년이라나(「판문점의 감상」)

오야붕(일, 親分[おやぶん]) 패거리의 우두머리. '두목', '우두머리', '책임자'로 순화. ☞ 오야. *그와 내가 대결하고 있는 깨진 유리창문 밖에서는/新舊의 두 놈이 마적의 동생처럼/떨고 있다 「아녜요」하면서 오야붕을 응원/하려 들었지만 내가 그놈들에게/언권을 줄 리가 없다(「제임스 띵」)

오오 상대편의 말이나 행동을 인정하거나 감탄할 때 내는 소리인 '오'의 힘준 말. ☞ 오. *詠嘆이 아닌 그의 키와/저주가 아닌 나의 얼굴에서/오오 나는 그의 얼굴을 따라/왜 이리 조바심하는 것이오(「아버지의 사진」) *혁혁한 업적을 바라지 말라/개가 울고 종이 들리고 달이 떠도/너는 조금도 당황하지 말라/술에서 깨어난 무거운 봄이어/오오 봄이여[…]너는 결코 서둘지 말라/서둘지 말라 나의 빛이여/오오 인생이여[…]애타도록 마음에 서둘지 말라/절제여/나의 귀여운 아들이여/오오 나의 靈感이여(「봄밤」) *피곤한 하루의 나머지 시간이 눈을 깜짝거린다/세계는 그러한 무수한 間斷//오오 사랑이 추방을 당하는 시간이 바로 이때이다/내가 나의 밖으로 나가는 것처럼(「피곤한 하루의 나머지 시간」) *곡은 무용곡─모든 음악은 무용곡이다/오오 폐허의 질서여 수치의 凱歌여/차나무 냄새여 어둠이여 소녀여/휴식의 휴식이여/분명해진 그 가시의 의미여[…]오오 눈물의/눈물이여 음악의 음악이여/달아난 음악이어 반달이여/내 눈 아래에 다시 생긴 사마귀는/구태여 빼지 않을 작정이다(「반달」) *오오 환희여 미역국이여 미역국에 뜬 기름이여 구슬픈 祖上이여/가뭄의 백성이여 퇴계든 정다산이든 수염 난 영감이면/복덕방 사기꾼도 도적놈 지주라도 좋으니 제발 순조로워라(「미역국」) *31일 오오 나의 판문점이여/벌판이여 암흑의 바보의/장막이여 이

돈은 원은 10월 말일이/기한이고/내 날짜로는 그것이 기한이고(「판문점의 감상」)

오욕(汚辱) 명예를 더럽히고 욕되게 함. *나의 천성은 깨어졌다/더러운 붓끝에서 흔들리는 오욕/바다보다 아름다운 세월을 건너와서/나는 태양을 주웠다고 생각하지는 않았지만/설마 이런 것이 올 줄이야/괴물이여[…]오욕·뼈·PLASTER·뼈·뼈(「PLASTER」) *너무나 많은 나침반이여/밤이 산등성이에 넘어 내리는 새벽이면/모기의 피처럼/시인이 쏟고 죽을 오욕의 역사(「광야」)

오이 ①박과의 한해살이 덩굴풀. 여름에 노란 통꽃이 잎겨드랑이에서 피고 열매는 긴 타원형의 장과(漿果)로 누런 갈색으로 익는다. 열매는 식용하며, 인도가 원산지로 세계 각지에 분포한다. ② '①'의 열매. 단단하고 독특한 향이 있으며 시원한 맛이 있어 열매의 즙액은 뜨거운 물에 덴 데에 효과가 있다. 반찬거리로 쓰며, 김치를 담그기도 한다. *지금 참외와 수박을/지나치게 풍년이 들어/오이 호박의 손자며느리 값도 안 되게/헐값으로 넘겨버려 울화가 치밭쳐서(「가다오 나가다오」) *그리고 또 무엇이던가?/오이, 고춧가루, 후춧가루는 너무나 창피하니까/그만두고라도/그중에 좀 점잖은 품목으로 또 있었는데(「마케팅」)

오입(誤入) 아내가 아닌 여자와 성관계를 가지는 일. *심야에는 여자는 사라지고 남자가 다시 오입을 하러/활보하고 나선다고 이런 기이한 관습을 가진 나라를/세계 다른 곳에서는 본 일이 없다고/천하를 호령한 민비는 한번도 장안 외출을 하지 못했다고(「거대한 뿌리」) *죽은 고기처럼 혈색 없는 나를 보고/얼마전에는 애 업은 여자하고 오입을 했다고 한다/초저녁에 두 번 새벽에 한 번/그러니 아직도 늦지 않지 않았느냐고 한다(「강가에서」)

오전(午前) ①자정부터 낮 열두 시까지의 시간. ②해가 뜰 때부터 정오까지의 시간. *그것은 본 사람만이 아는 일이지요/누가 거제도 제61수용소에서 단기 4284년 3월 16일 오전 5시에 바로 철망 하나 둘 셋 네 겹을 隔하고 불 일어나듯이 솟아나는 제62적색수용소로 돌을 던지고 돌을 받으며 뛰어들어갔는가(「조국에 돌아오신 傷病捕虜 동지들에게」)

오점(汚點) ①더러운 점. ②명예롭지 못한 흠이나 결점. *순결과 오점이 모두 그의 상징이 되려 할 때/신이여/당신의 책을 당신이 여시오.(「서책」)

오줌 혈액 속의 노폐물과 수분이 신장에서 걸러져서 방광 속에 괴어 있다가 요도를 통하여 몸 밖으로 배출되는 액체. 빛깔은 누렇고 지린내가 난다. *그러나/동생들과/어머니가/걱정이 돼 그러나/참았던 오줌 마려/그래 그러나//시 같은 것/시 같은 것/써보려고 그러나/〈4·19〉시 같은 것/써보려고 그러나(「〈4·19〉시」) *건너편 친구가 오줌을 누러 갔으니까//끊었던 술을 다시 마시는데 유행가처럼/아무리 마셔도 안 취하는 술/피안도 사투리를 마시고 있나(「滿洲의 여자」)

오직 여러 가지 가운데서 다른 것은 있을 수 없고 다만. *늬가 끊을 수 있는 것은 오직 생사의 線條뿐/그러나 그 비애에 찬 선조도 하나가 아니기에/너는 다시 부끄러움과 躊躇를 품고 숨 가빠하는가(「九羅重花」) *아아 그러나 지금 이 방안에는/오직 시간만이 있지 않으냐//흐르는 시간 속에 이를테면 푸른 옷이 걸리고 그 위에/반짝이는 별같이 흰 단추가 달려 있고(「방안에서 익어가는 설움」)

오징어 연체동물 두족강 갑오징어목과 살오징어목의 일부 종들을 통틀어 이르는 말. 머리 부분에 다섯 쌍의 다리가 있고, 그중 한 쌍의 촉완에 있는 빨판으로 먹이를 잡는다. 몸통의 끝에 지느러미가 있으며 적을 만나면 먹물을 토하고 달아난다. *오징어발에 말라붙은 새처럼 꼬리만 치지 않으면 돼[…]오징어에 말라붙은 새처럼 5월이 와도/9월이 와도 꼬리만 치지 않으면 돼[…]장시만 장시만 안 쓰면 돼/오징어발에 말라붙은 새처럼 꼬리만 치지 않으면 돼/트럭 소리가 나면 돼(「장시1」) *당신이 사준 북어와 오징어와2등차표와/경포대의 선물과 도리스 위스키와 라스베리 잼에 대해서/미안하지 않소(「美濃印札紙」)

오천만분지 일(五千萬分之一) 오천만 분의 일(1/50,000,000). *구름은 벌써 나의 머리를 스쳐가고/설움과 과거는/오천만분지 일의 俯瞰圖보다도 더/조밀하고 망막하고 까마득하게 사라졌다(「네이팜 탄」)

오트밀(영, oatmeal) 귀리의 가루로 죽을 쑤어 소금, 설탕, 우유 따위를 가하여 먹는 서양 음식. 보통 아침에 먹는다. *노는 계집애와 머리가 고슴도치처럼 부스스하게 일어난 쓰메에리의 학생복을 입은 청년이 들어와서 커피니 오트밀이니 사과니 어수선하게 벌여놓고 계통 없이 처먹고 있다(「시골 선물」)

오해(誤解) 그릇되게 해석하거나 뜻을 잘못 앎 또는 그런 해석이나 이해. *아냐 아냐 오해야 내가 이 여자의 연인이 아니라네/나는 이 사람이 만주 술집에서 고생할 때에/연애편지를 대필해 준 일이 있을 뿐이지(「滿洲의 여자」)

오후(午後) ①정오(正午)부터 밤 열두시까지의 시간. ②정오부터 해가 질 때까지의 동안. *흐린 봄철 어느 오후의 무거운 日氣처럼/그만한 우울이 또한 필요하다(「바뀌어진 지평선」) *이것이 어제 오후에 써놓은 기사 대목으로/내일 조간분 사회면의 표독한 타이틀이 될 것이라고 해서(「기자의 정열」) *어제는 캐시밀론이 들은 새 이불이/어젯밤에는 새 책이/오늘 오후에는 새 라디오가 승격해 들어왔다//아내는 이런 어려운 일들을 어렵지 않게 해치운다(「금성라디오」)

오히려 ①일반적인 기준이나 예상, 짐작, 기대와는 전혀 반대가 되거나 다르게. ②그럴 바에는 차라리. *땅과 몸이 일체가 되기를 원하며 그것만을 힘삼고 있었는데/오히려 그러한 불굴의 의지에서 나오는 것인가(「구슬픈 육체」) *청결한 공기조차 어지러웁지 않은 것이/오히려 너의 냄새가 없어서 심심하다(「사무실」) *터무니없는 거짓말을 하여가지고 즉석에 거절하여 버렸다/오히려 이와 같은 나의 경멸과 剛毅로 인하여/나는 그날부터 그를 진심으로 사랑하게 되었다(「백의」) *또한 설움의 귀결을 말하고자 하는 것도 아니다/오히려 설움이 없기 때문에 꽃은 피어나고(「꽃2」) *그처럼 나도/머리가 다 비어도/인제는 산단다/오히려 더/착실하게/온몸으로 살지/발톱 끝부터로의/하극상이란다(「쌀난리」) *여편네의 방에 와서 기거를 같이해도/나는 점점 어린애/너를 더 사랑하고/오히려 너를 더 사랑하고/너는 내 눈을 알고/어린 놈도 내 눈을 안다(「여편네의 방에 와서」) *이 우울한 시대를 파라다이스처럼 생각한다/버드 비숍 여사를 안 뒤부터는 썩어빠진 대한민국이/괴롭지 않다 오히려 황송하다 역사는 아무리/더러운 역사라도 좋다(「거대한 뿌리」) *이 돈이 31일까지 나올 가망성이 없다/전화를 걸어 보니 아직도 해결이 안 됐느냐고/오히려 반문하는 품이 벌써 이상스럽다(「판문점의 감상」)

옥색(玉色) 옥의 빛깔과 같이 엷은 푸른색. *하얀 종이가 옥색으로 노란 하드롱지가/이 세상에는 없는 빛으로 변할 만큼 밝다(「백지에서부터」)

옥수수 볏과의 한해살이풀 또는 그 열매. 높이는 2~3미터이며, 잎은 수숫잎같이 크고 길다. 꽃은 단성화로 수꽃이삭은 줄기 끝에 달리고 암꽃이삭은 줄기 중앙의 잎겨드랑이에 달린다. 열매는 녹말이 풍부하고 식용하거나 가축 사료로 쓴다. 멕시코에서 남아메리카 북부에 걸친 지역이 원산지로, 전 세계에서 재배한다. 열매는 쪄 먹거나 떡, 묵, 밥, 술 따위를 만들어 먹는다. *누구한테 머리를 숙일까/사람이 아닌 평범한 것에/많이는 아니고 조금/벼를 터는 마당에서 바람도 안 부는데/옥수수 잎이 흔들리듯 그렇게 조금(「꽃잎1」)

옥양목(玉洋木) 생목보다 발이 고운 무명. 빛이 희고 얇다. *이제는 지휘하라 이카루스의 날개처럼/쑥잎보다 훨씬 얇은/너의 잎은 지휘하라/베적삼, 옥양목, 데크론, 인조견, 항라,/모시치마 냄새 난다 냄새 난다/냄새여 지휘하라(「등나무」)

온 전부의 또는 모두의. *내가 지금 순한 고개를 숙이고/온 마음을 다하여 즐기고 있는 서책은/위대한 고대 조각의 사진(「나의 가족」) *이때이다—/나의 온 정신에 畵龍點睛이 이루어지는 순간이//영사판 위의 모오든 검은 현실이 저마다 색깔을 입고/이미 멀리 달아나 버린 비둘기의 두 눈동자에까지/붉은 광채가 떠오르는 것을 보다(「영사판」) *돈을 벌고 싸우고 오늘부터의 할일을 하지만/내 생명은 이미 맡기어진 생명/나의 질서는 죽음의 질서/온 세상이 죽음의 가치로 변해 버렸다(「말」 (1964)) *그 낭비에 대항한다고 소모한/그 몇 갑절의 공허한 투자/대한민국의 전재산인 나의 온 정신을/너는 비웃는다(「꽃잎3」) *나와 나의 아내와 우리집의 온 가옥의 무게를 다 합해서/밀양에서 온 식모의 소박과 원한까지를 다 합해서/미안하지 않소(「美濃印札紙」)

온갖 이런저런 여러 가지의. *지금 이 땅에는 온갖 형태의 희생이 있거니/나의 노래가 없어진들/누가 나라와 민족과 청춘과/그리고 그대들의 영령을 위하여 잊어버릴 것인가!(「조국에 돌아오신 傷病捕虜 동지들에게」) *그래 우리 이 盛夏에/온갖 나무의 추억과/물의 체취라도/다해서/어린 놈 너야/죽음이 오더라도/이제 성을 내지 않는 법을 배워주마(「여편네의 방에 와서」) *아픈 몸이/아프지 않을 때까지 가자/온갖 식구와 온갖 친구와/온갖 적들과 함께/적들의 적들과 함께/무한한 연습과 함께(「아픈 몸이」)

온돌(溫突·溫堗) ①화기(火氣)가 방 밑을 통과하여 방을 덥히는 장치. 우리나라 및 중국 동북부에서 발달하였다. ②구들을 놓아 난방 장치를 한 방. *온돌 위에 서 있는 빌딩/하늘 위에 서 있는 꽃 위에로/하늘에서 내려오는 연령의 여유/시도 그런 여유에는 대항할 수 없고/지혜는 일어서 있는 너의 얼굴(「반주곡」)

온몸 몸 전체. *그처럼 나도/머리가 다 비어도/인제는 산단다/오히려 더/착실하게/온몸으로 살지/발톱 끝부터로의/하극상이란다[…]온몸에/온몸에/힘이 없듯이/머리는/내일 아침 새벽까지도/아주 내처/비어 있으라지……(「쌀난리」) *또 골목을 돌아서/신이 찢어지고/온몸에서 피는/빠르지도 더디지도 않게 흐르는데/또 골목을 돌아서/추위에 온몸이/돌같이 감각을 잃어도(「아픈 몸이」)

온통 ①있는 전부. ②쪼개거나 나누지 아니한 덩어리 또는 온전한 것. ③전부 다. *수챗가에 얼어빠진/수세미모양/그 대신 머리는/온통 비어/움직이지 않는다지/그래도 좋아(「쌀난리」)

올 올해의. *「올 겨울은 눈이 적어서 토끼가 은거할 곳이 없겠네」/「저기 저 하아얀 것이 무엇입니까」/「불이다 山火다」(「토끼」) *올 겨울에도 산 위의 초라한 나무들을 뿌리만 간신히 남기고 살살이 갈라갈 동네아이들……(「꽃」)

올라가다 낮은 곳에서 높은 곳으로 또는 아래에서 위로 가다.
　올라가　＊절벽에 올라가 돌을 차듯이/생활을 아는 자는/태양 아래에서/생활을 차 던진다/미스터 리!//문명에 대항하는 비결은/당신 자신이 문명이 되는 것이다/미스터 리!?(「미스터 리에게」)　＊쫀! 너는 저 산 위에 올라가 망을 보아라/메리야 너는 내 뒤를 따라와(「나는 아리조나 카보이야」)
　올라가던　＊두 줄기로 뻗어올라가던 놈이/한 줄기가 더 생긴 것이 며칠 전이었나/등나무[…]두 줄기로 뻗어올라가던 놈이/한 줄기가 더 생긴 것이 며칠 전이었나[…]두 줄기로 뻗어올라가던 놈이/한 줄기가 더 생긴 것이 며칠 전이었나(「등나무」)
올라오다 ①낮은 곳에서 높은 곳으로 옮아오다. ②지방에서 서울 따위의 중앙으로 오다.
　올라왔느냐고　＊마침 당신은 집에 없고 당신의 아우만이 나와서 당신이 없다고 한다//부산에서 언제 올라왔느냐고 헛말같이라도 물어보아야 할 것을(「말」(1958))
올리다 ①'오르다'의 사동형.. ②위쪽으로 높게 하거나 세우다. ③의식이나 예식을 거행하다. ④큰 소리를 내거나 지르다. ⑤낮은 곳에 있는 것을 높은 곳으로 옮기다.
　올릴　＊내일의 행동이 먼지를 쓰고 있다/위태로운 일이라고 落盤의 신호를/올릴 수도 없고 찻잔에 부딪치는/차숟가락만한 쇳소리도 안 들리고(「먼지」)
올바로 곧고 바르게. ＊기회와 油滴 그리고 능금/올바로 정신을 가다듬으면서/나는 수없이 길을 걸어왔다/그리하여 응결한 물이 떨어진다/바위를 문다(「아메리카 타임 誌」)
옮기다 ①'옮다'의 사동형. ②어떤 곳에서 다른 곳으로 움직여 자리를 바꾸게 하다.
　옮겨　＊괴로움과 괴로움의 이행이다 우리의 행동/이것을 우리의 시로 옮겨놓으려는 생각은/단념하라 괴로운 설사(「설사의 알리바이」)
옷 몸을 싸서 가리거나 보호하기 위하여 피륙 따위로 만들어 입는 물건. ＊어두운 옷 속에서만/이는 사람을 부르고/사람을 울린다//나는 한번도 아버지의/수염을 바로는 보지/못하였다(「이[虱]」)　＊꽃같이 사랑하는 무수한 동지들과 함께/꽃같은 밥을 먹었고/꽃같은 옷을 입었고/꽃같은 정성을 지니고/대한민국의 꽃을 이마 위에 동여매고 싸우고 싸우고 싸워왔다(「조국에 돌아오신 傷病捕虜 동지들에게」)　＊흐르는 시간 속에 이를테면 푸른 옷이 걸리고 그 위에/반짝이는 별같이 흰 단추가 달려있고(「방안에서 익어가는 설움」)　＊헌 옷과 낡은 구두가 그리 모양수통하지 않다 느끼면서/나는 옛날에 죽은 친구를/잠시 생각한다(「거리 1」)　＊흐린 하늘에 이는 바람은/어제가 다르고 오늘이 다른데/옷을 벗어놓은 나의 정신은/늙은 바위에 앉은 이끼처럼 추워라(「초봄의 뜰 안에」)　＊이 발견의 봄이 오기 전에 옷을 벗으려고[…]그 영상의 전후의 고민의 환희를 지우지 못한다/나는 옷을 벗는데[…]누더기 누빈 옷[…]가죽옷 융옷 솜이 몰린 솜옷……(「풀의 영상」)
옹이 ①나무의 몸에 박힌 가지의 그루터기. ②'굳은살'을 비유적으로 이르는 말. ③귀에 박힌 말이나 가슴에 맺힌 감정 따위를 비유적으로 이르는 말. ＊이 무수한 활자 가운데에/신문기자인 너의 기사도/매일 조금씩은 끼이게 되는데/큰 아름드리나무에 박힌 옹이처럼 너는 네가 한 신문기사를 매일 아침 게시판 위에서 찾아보는 버릇이 너도 모르게 어느덧 생기고 말았다/생각하면 그것은 둥근 옹이같이 어지러웁기만 한 일이지만/거기에는 초점이 없지도 않다(「기자의 정열」)
옹졸하다(壅拙—) 성질이 너그럽지 못하고 소견이 좁다.
　옹졸하게　＊50원짜리 갈비가 기름덩어리만 나왔다고 분개하고/옹졸하게 분개하고 설렁탕집 돼지 같은 주인년한테 욕을 하고/옹졸하게 욕을 하고[…]그리고 조금쯤 옆에 서 있는 것이 조금쯤/비겁한 것이라고 알고 있다!//그러니까 이렇게 옹졸하게 반항한다(「어느 날 고궁을 나오면서」)
　옹졸한　＊옹졸한 나의 전통은 유구하고 이제 내 앞에 情緖로/가로놓여 있다(「어느 날 고궁을 나오면서」)
와사(일, 瓦斯[ガス]) '가스(gas)'의 일본말. '가스'로 순화. ①기체 물질을 통틀어 이르는 말. ②연료로 사용되는 기체.③살상 무기로

사용되는 유독한 기체. *瓦斯의 정치가여/너는 활자처럼 고웁다[…]오늘 또 활자를 본다/한없이 긴 활자의 연속을 보고/와사의 정치가들을 응시한다(「아메리카 타임 誌」)

와이셔츠(영, white-shirt) 양복 바로 안에 입는 서양식 윗옷. 칼라와 소매가 달려 있고 목에 넥타이를 매게 되어 있다. *5월 혁명 이전에는 백양을 피우다/그 후부터는/아리랑을 피우고/와이셔츠 윗호주머니에는 한사코 색수건을 꽂아 뵈는 이유,/모르지?/아무리 더워도 베와이셔츠의 에리를/안쪽으로 접어넣지 않는 이유,/모르지?/아무리 혼자 있어도 베와이셔츠의 에리를/안쪽으로 접어넣지 않는 이유,/모르지?(「모르지?」)

완고하다(頑固—) 성질이 완강하고 고루하다. *내가 어느 날 그에게 〈魔神〉이라고 별명을 붙였더니/그는 대뜸/〈오빠는 어머니 보다도 더 완고하다〉고 하면서/나를 도리어 꾸짖는 척한다(「백의」)

완성(完成) 완전히 다 이룸. *우주의 완성을 건 한 字의 생명의/귀추를 지연시키고/소녀가 무엇인지를/소녀는 나이를 초월한 것임을[…] 캄캄한 소식의 실낱 같은 완성/실낱 같은 여름날이여(「꽃잎3」)

완성되다(完成—) 완전히 다 이루어지다.
　완성되었다 *아무것도 모르는 우리들의 새끼들까지도//그녀가 온 지 두 달 만에 우리들은 처음으로 완성되었다/처음으로 처음으로 (「식모」)
　완성된다 *그녀는 도벽이 발견되었을 때 완성된다/그녀뿐이 아니라 나뿐이 아니라 賤役에 찌들린/나뿐만이 아니라(「식모」)

완성하다(完成—) 완전히 다 이루다.
　완성하고 *순자야 너는 꽃과 더워져 가는 화원의/초록빛과 초록빛의 너무나 빠른 변화에/놀라 잠시 찾아오기를 그친 벌과 나비의/소식을 완성하고(「꽃잎3」)
　완성하기까지 *꽃과 더워져 가는 화원의/꽃과 더러워져 가는 화원의/초록빛과 초록빛의 너무 빠른 변화에/놀라 오늘도 찾아오지 않는 벌과 나비의/소식을 더 완성하기까지(「꽃잎3」)
　완성하진 *그 편지 안에 적힌 블레이크의 시를 감동을 하고/읽었지 "Sooner murder an infant in its/cradle than nurse unacted desire" 이것이/무슨 뜻인지 알았지 그러나 완성하진 못했지(「이혼 취소」)
　완성했다 *이것을 지금 완성했다 아내여 우리는 이겼다/우리는 블레이크의 시를 완성했다 우리는/이제 차디찬 사람들을 경멸할 수 있다(「이혼 취소」)

완연히(宛然—) 분명히. *나는 이것이 쏟고 난 뒤에도 보통때보다/완연히 한참 더 오래 끌다가 쏟았다/한번 더 고비를 넘을 수도 있었는데 그만큼/지독하게 속이면 내가 곧 속고 만다 (「性」)

완전하다(完全—) 필요한 것이 모두 갖추어져 있다. 부족함이나 흠이 없다.
　완전한 *그는 한국에 수입되어 가지고 완전한 고아가 되었고/거리에 흩어진 월간 대중잡지 위에 매월 그의 사진이 게재되어 왔을 뿐만 아니라(「백의」) *꽃이 피어나는 순간/푸르고 연하고 길기만 한 가지와 줄기의 내면은/완전한 공허를 끝마치고 있었던 것이다(「꽃2」) * 시들은 자국을 남기지만 도처에서/도처에서/卽決하는 영혼이여/완전한 놈……/구름 끝에 혀를 대는 잎사귀처럼/몸을 떨며/귀기울이려 할 때(「말복」)

완전히(完全—) 필요한 것이 모두 갖추어져. 부족함이나 흠이 없이. *일찍이 현실의 출발을 하지 못한 것을 뉘우치며/오늘밤도 보아야 할 죽순의 거치러운/꿈은/완전히 무시를 당하고 나서야/비로소 안심할 수 있는(「付託」) * 아침에 일어나서 나는 완전히/기진맥진하였다/눈알에 백태가 앉은 사람같이/보이는 것이 모두 몽롱하다(「미숙한 도적」)

왕궁(王宮) 임금이 거처하는 궁전. *왜 나는 조그마한 일에만 분개하는가/저 왕궁 대신에 왕궁의 음탕 대신에/50원짜리 갈비가 기름덩어리만 나왔다고 분개하고/옹졸하게 분개하고 설렁탕집 돼지 같은 주인년한테 욕을 하고 (「어느 날 고궁을 나오면서」)

왕립지학협회(王立地學協會) ☞ 영국 왕립지학협회.

왕자(王子)[1] ①임금의 아들. ②아직 어리거나 젊은 사내아이를 귀엽게 이르는 말. *피아노의 주인은 나를 보고/시를 쓰니 음악도 잘 알게 아니냐고/한 곡 쳐보라고 한다/나의 새끼는 피아노 앞에서는 노예/둘째 새끼는 왕자다(「피아노」)

왕자(王者)² ①임금. ②왕도로써 천하를 다스리는 사람. ③각 분야에서 특히 뛰어난 사람을 비유적으로 이르는 말. *고대 형이상학자들은 그를 보고 〈양극의 합치〉라든가 혹은 〈거대한 희열〉이라고 부르고 있었지만/19세기 시인들은 그를 보고 〈도피의 王者〉 혹은 단순히 〈여유〉라고 불렀다(「백의」) *나에게는 약간의 경박성이 필요한 것이다/지혜의 왕자처럼/눈 하나 까딱하지 아니하고/도사리고 앉아서/나의 원죄와 회한을 생각하기 전에/너의 생리부터 해부하여 보아야겠다(「바뀌어진 지평선」)

왜 무슨 까닭으로 또는 어째서. *詠嘆이 아닌 그의 키와/저주가 아닌 나의 얼굴에서/오오 나는 그의 얼굴을 따라/왜 이리 조바심하는 것이오(「아버지의 사진」) *장마통의/싸리꽃 핀 벌판에서/나는 왜 이다지도 피로에 집착하고 있는가/기적소리는 문명의 밑바닥을 가고/형이상학은 돈지갑처럼/나의 머리 위에서 떨어진다(「싸리꽃 핀 벌판」) *어째서 자유에는/피의 냄새가 섞여 있는가를/혁명은/왜 고독한 것인가를//혁명은/왜 고독해야 하는 것인가를(「푸른 하늘을」) *나는 하필이면/왜 이 詩를/잠이 와/잠이 와/잠이 와 죽겠는데/왜/지금 쓰려나/이 순간에 쓰려나(「〈4·19〉시」) *가까운 데에서 나는 人聲도 옛날이야기처럼/멀리만 들리고/눈은 왜 이리 소경처럼 어두워만 지나/먼 데로 던지는 기적소리는/하늘끝을 때리고 돌아오는 고무공(「장시2」) *왜 나는 조그마한 일에만 분개하는가/저 왕궁 대신에 왕궁의 음탕 대신에/50원짜리 갈비가 기름덩어리만 나왔다고 분개하고(「어느 날 고궁을 나오면서」) *나의 모든 프라이드를/재산을 연장을 내드리겠다고.//그렇게 매일 믿어왔는데, 갑자기 변했어./왜 변했을까. 이게 문제야. 이게 내 고민야(「엔카운터 誌」) *아내는 이런 어려운 일들을 어렵지 않게 해치운다/결단은 이제 여자의 것이다/나를 죽이는 여자의 유희다/아이놈은 라디오를 보더니/왜 새 수련장은 안 사왔느냐고 대들지만(「금성라디오」) *VOGUE야//그리고 아들아 나는 아직도 너에게 할 말이/왜 없겠는가 그러나 안한다/안하기로 했다(「VOGUE야」) *이제 가시밭, 덩쿨장미의 기나긴 가시가지/까지도 사랑이다//왜 이렇게 벅차게 사랑의 숲은 밀려닥치느냐(「사랑의 변주곡」)

왜소하다(矮小──) 키가 작고 몸피가 작다.
　왜소한 *雷神보다 더 사나웁게 사람들을 울리고/뮤즈보다도 더 부드러웁게 사람들의 상처를 쓰다듬어준다/질책의 권리를 주면서 질책의 행동을 주지 않고/어떤 나라의 지폐보다도 신용은 있으나/신체가 너무 왜소한 까닭에 사람들의 눈에 띄지를 않는다(「백의」)

외계(外界) ①바깥 세계 또는 자기 몸 밖의 범위. ②지구 밖의 세계. ③불교용어로서 육계(六界) 가운데, 식(識)을 제외한 오계(五界)를 이르는 말. 지(地), 수(水), 화(火), 풍(風), 공(空)이며, 이에 대하여 식대(識大)는 내계(內界)라 한다. ④인간의 마음이나 자아에 독립하여 존재하는 일체의 실재를 통틀어 이르는 말. *나에게 남아 있는 유일한 재산처럼/외계의 소리를 여과하고 채색해서/숙제처럼 나를 괴롭히고 보호한다(「장시2」)

외국(外國) 자기 나라가 아닌 다른 나라. *사막의 한 끝을 찾아가는 먼 나라의 외국 사람처럼 나는 어디로 가야 할지 모르겠다(「거리2」)

외국인(外國人) ①다른 나라 사람. ②우리나라의 국적을 갖지 않은 사람. 법률상의 지위는 원칙적으로 한국인과 동일하지만 참정권, 광업 소유권, 출입국 따위와 관련된 법적 권리에서는 제한을 받는다. *함경도 친구와 경상도 친구가 외국인처럼 생각돼서/술집에서 반드시 표준어만 쓰는 이유,/모르지?(「모르지?」) *이 아름다운 시간에는/남자로서 거리를 무단통행할 수 있는 것은 교군꾼,/내시, 외국인의 종놈, 관리들뿐이었다(「거대한 뿌리」)

외국지(外國地) 다른 나라 땅. *더욱이나 그가 外國地 양복이나/지아이 가리를 하고 있었다는 것도 아니라/그가 나갔을 때/洋盤 반주곡이 감상적이었다는 것이 아니라(「황혼」)

외상술 값을 나중에 치르기로 하고 마시는 술. *건너편 친구가 내는 외상술이니까//나는 이 우중충한 막걸리 탁상 위에서/경험과 역사를 너한테 배운다(「滿洲의 여자」)

외양(外樣) 겉모습. *방 두 칸과 마루 한 칸과 말쑥한 부엌과 애처로운 처를 거느리고/외양만이라도 남과 같이 살아간다는 것이 이다지도 쑥스러울 수가 있을까(「구름의 파수병」)

외출(外出) 집이나 근무지 따위에서 벗어나 잠시 밖으로 나감. *이 어두운 신은 밤에도 외출을 못하고 자기의 영토를 지킨다/—유일한 희망은 겨울을 기다리는 것이다(「수난로」) *우리집 식모가 여편네가 외출만 하면/나한테 자꾸 웃고만 있는 이유,/모르지?/그럴 때면 바람에 떨어진 빨래를 보고/내가 말없이 집어 걸기만 하는 이유,/모르지?(「모르지?」) *이런 기이한 관습을 가진 나라를/세계 다른 곳에서는 본 일이 없다고/천하를 호령한 민비는 한번도 장안 외출을 하지 못했다고……//전통은 아무리 더러운 전통이라도 좋다(「거대한 뿌리」)

외치다 ①남의 주의를 끌거나 다른 사람에게 어떤 행동을 하도록 하기 위하여 큰 소리를 지르다. ②의견이나 요구 따위를 강하게 주장하다.
  외쳐라 *목가가 여기 있다고 외쳐라/폭풍의 목가가 여기 있다고 외쳐라//목사여 정치가여 상인이여 노동자여/실직자여 방랑자여/그리고 나와 같은 집 없는 걸인이여/집이 여기에 있다고 외쳐라//하얗게 마른마루틈 사이에서/검은 바람이 들어온다고 외쳐라/너의 머리 위에/너의 몸을 반쯤 가려주는 길고/멋진 양철 차양이 있다고 외쳐라(「가옥 찬가」)
  외치지 *최근 우리들이 4·19에서 배운 기술/그러나 이제 우리들은 소리내어 외치지 않는다(「사랑의 변주곡」)

왼손 왼쪽 손. *그의 가치는/왼손으로 글을 쓰는 소녀만이 알고 있다/그것은 그의 둥근 호흡기가 언제나 왼쪽에 달려 있기 때문이다(「수난로」)

왼쪽 북쪽을 향하였을 때의 서쪽과 같은 쪽. *그의 가치는/왼손으로 글을 쓰는 소녀만이 알고 있다/그것은 그의 둥근 호흡기가 언제나 왼쪽에 달려 있기 때문이다(「수난로」) *죽은 기억의 휴지/아무것도 집어넣어본 일이 없는 왼쪽 안호주머니/—여기에는 혹시 휴식의 갈망이 들어 있는지도 모른다(「후란넬 저고리」)

요[1] 가까운 거리를 지칭하는 대명사 '이'를 낮잡아 이르거나 귀엽게 이르는 말. *요 시인/이제 저항시는/방해로소이다[…]요 시인/용감한 시인—소용없소이다[…]요 시인/가만히 계시오/민중은 영원히 앞서 있소이다/요 시인/용감한 착오야/그대의 저항은 無用/저항시는 더욱 무용/막대한/방해로소이다(「눈」(1961)) *초가 쳐 있다 잔인의 초가/요놈— 요 어린 놈— 맹랑한 놈—6학년 놈—/에미 없는 놈— 생명(「잔인의 초」)

요(要)[2] 중요하다고 생각되는 골자 또는 요점이나 요지(要旨). *시멘트 가죽을 뚫고 일어나면 내 집과/나의 정신이 순간적으로 들렸다 놓인다/요는 정치 의견이 맞지 않는 나라에는 못 산다(「거짓말의 여운 속에서」)

요강 방에 두고 오줌을 누는 그릇. 놋쇠나 양은, 사기 따위로 작은 단지처럼 만든다. *아이스크림은 미국놈 좆대강이나 빨아라 그러나/요강, 망건, 장죽, 종묘상, 장전, 구리개 약방, 신전,/피혁점, 곰보, 애꾸, 애 못 낳는 여자, 무식쟁이,/이 모든 무수한 반동이 좋다(「거대한 뿌리」)

요구하다(要求—) ①받아야 할 것을 필요에 의하여 달라고 청하다. ②어떤 행위를 할 것을 청하다.
  요구하고 *한번 정정당당하게/붙잡혀간 소설가를 위해서/언론의 자유를 요구하고 월남 파병에 반대하는/자유를 이행하지 못하고/20원을 받으러 세 번씩 네 번씩/찾아오는 야경꾼들만 증오하고 있는가(「어느 날 고궁을 나오면서」)
  요구하는 *나는/아직도 명령의 과잉을 용서할 수 없는 시대이지만/이 시대는 아직도 명령의 과잉을 요구하는 밤이다/나는 그러한 밤에는 부엉이의 노래를 부를 줄도 안다(「서시」) *그러니까 그들이 요구하는 것은 신문값이 아니다//또 내가 주어야 할 것도 신문값만이 아니다/수도세, 야경비, 땅세, 벌금, 전기세 이외에/내가 주어야 할 것은 신문값만이 아니다(「제임스 띵」)

요놈 '이놈'을 낮잡아 이르거나 귀엽게 이르

는 말. *초가 쳐 있다 잔인의 초가/요놈— 요 어린 놈— 맹랑한 놈—6학년 놈—/에미 없는 놈— 생명/나도 나다— 잔인이다— 미안하지만 잔인이다—/콧노래를 부르더니 그만두었구나— 너도 어지간한 놈이다— 요놈— 죽어라(「잔인의 초」)

요동하다(搖動—) 흔들리어 움직이다 또는 흔들어 움직이게 하다.
　요동하여 *나의 원천과 더불어/나의 최종점은 궁지/파도처럼 요동하여/소리가 없고/비처럼 퍼부어/젖지 않는 것(「궁지의 날」)

요릿집(料理—) 기생을 두고 술과 요리를 파는 집. *그들은 민주주의자를 가장하고/자기들이 양민이라고도 하고/자기들이 선량이라고도 하고/자기들이 회사원이라고도 하고/전차를 타고 자동차를 타고/요릿집엘 들어가고(「하…… 그림자가 없다」)

요만하다 요 정도만 하다. ☞ 요^1.
　요만한 *〈뮤즈〉여/용서하라/생활을 하여 나가기 위하여는/요만한 경박성이 필요하단다/시간의 표면에/물방울을 풍기어 가며/오늘을 울지 않으려고/너를 잊고 살아야 하는 까닭은(「바꾸어진 지평선」)

요즘 '요즈음'의 준말. 바로 얼마 전부터 이제까지의 무렵. *이것을 요즘은 안 듣는다/시시한 라디오 소리라 더 시시한 것이/여기서는 판을 치니까 그렇게 됐는지 모른다(「라디오계」)

요청(要請) 필요한 일이 이루어지도록 요긴하게 부탁함 또는 그런 부탁. *이러한 그의 무리한 요청에 대하여 나는 하는 수 없이/〈그것은 나의 역량 이상의 것이므로 신세계극단의 연출자 S씨를 찾아가보라〉고/터무니없는 거짓말을 하여가지고 즉석에 거절하여 버렸다(「백의」)

욕(辱) ①남의 인격을 무시하는 모욕적인 말 또는 남을 저주하는 말. ②아랫사람의 잘못을 꾸짖음. ③부끄럽고 치욕적이고 불명예스러운 일. ④'수고'를 속되게 이르는 말. *그중의 어느 시인은 다음과 같이 나에게 욕을 하였다/〈더러운 자식 너는 백의와 간통하였다지? 너는 오늘부터 시인이 아니다……〉(「백의」) *일본의 〈진보적〉 지식인들은 소련한테는/욕을 하지 않는다고 한다 나도 얼마전까지는/흰 원고지 뒤에 낙서를 하면서/그것이 그럴듯하게 생각돼서[…]지금 나는 자고 깨고 하면서 더 지루한/中共의 욕을 쓰고 있는데(「轉向記」) *옹졸하게 분개하고 설렁탕집 돼지 같은 주인년한테 욕을 하고/옹졸하게 욕을 하고(「어느 날 고궁을 나오면서」) *H는 그전하곤 달라졌어/내가 K의 시 얘기를 했더니 욕을 했어/욕을 한 건 그것뿐이었어[…]그는 그전처럼 욕도 하지 않았고/내 찻값까지 합해서 백원을 치르고 나가는/그의 표정을 보고(「H」)

욕되다(辱—) 면목이 없거나 명예롭지 못하다.
　욕된 *그대의 정의도 우리들의 섬세도/행동이 죽음에서 나오는/이 욕된 교외에서는/어제도 오늘도 내일도 마음에 들지 않아라(「死靈」)

욕망(慾望) 부족을 느껴 무엇을 가지거나 누리고자 탐함 또는 그런 마음. *욕망이여 입을 열어라 그 속에서/사랑을 발견하겠다 도시의 끝에/사그라져 가는 라디오의 재갈거리는 소리가/사랑처럼 들리고(「사랑의 변주곡」)

욕심(慾心) 분수에 넘치게 무엇을 탐내거나 누리고자 하는 마음. *그들은 나의 팔을 지배하고 나의/밥을 지배하고 나의 욕심을 지배한다(「모리배」) *어서 또 일을 해요 변화는 끝났소/편지봉투모양으로 누렇게 결은/시간과 땅/수레를 털털거리게 하는 욕심의 돌/기름을 주라/어서 기름을 주라/털털거리는 수레에다는 기름을 주라/욕심은 끝났어/논도 얼어붙고/대숲 사이로 침입하는 무자비한 푸른 하늘(「시」(1961))

욕하다(辱—) 비난하다. 욕을 하다.
　욕하지 *나의 노래가 거치럽게 되는 것을 욕하지 마라!/지금 이 땅에는 온갖 형태의 희생이 있거니(「조국에 돌아오신 傷病捕虜 동지들에게」)
　욕해도 *자칭 예술파 시인들이 아무리 우리의 능변을 욕해도—이것이/환희인 걸 어떻게 하랴(「미역국」)

용(龍) 상상의 동물 가운데 하나. 몸은 거대한 뱀과 비슷한데 비늘과 네 개의 발을 가지며 뿔은 사슴에, 귀는 소에 가깝다고 한다. 깊은 못이나 늪, 호수, 바다 등 물속에서 사는데 때로는 하늘로 올라가 풍운을 일으킨다고 한다.

중국에서는 상서로운 동물로 기린, 봉황, 거북과 함께 사령(四靈)의 하나로서 천자에 견주며, 인도에서는 불법을 수호하는 사천왕의 하나로 생각하고 있다. *병풍은 무엇을 향하여서도 무관심하다/주검에 金面 같은 너의 얼굴 위에/용이 있고 落日이 있다(「병풍」)

용감성(勇敢性) 용기가 있으며 씩씩하고 기운찬 성질. *나는 그들의 용감성과 또 그들의 어마어마한 戰果에 대하여 말하는 것이 아니라/그들이 싸워온 독특한 위치와 세계사적 가치를 말하는 것입니다(「조국에 돌아오신 傷病捕虜 동지들에게」)

용감하다(勇敢—) 씩씩하고 겁이 없으며 기운차다.
  용감하게 *나는 그들이 어떻게 용감하게 싸웠느냐 것에 대한 대변인이 아니다/또한 나의 죄악을 가리기 위하여 독자의 눈을 가리고 입을 봉하기 위한 연명을 위한 阿諛도 아니다 (「조국에 돌아오신 傷病捕虜 동지들에게」)
  용감한 *요 시인/용감한 시인—소용없소이다/산 너머 민중이라고/산 너머 민중이라고/하여둡시다[…]요 시인/용감한 착오야/그대의 저항은 無用/저항시는 더욱 무용/막대한/방해로소이다(「눈」(1961))

용기(勇氣) 씩씩하고 굳센 기운 또는 사물을 겁내지 아니하는 기개. *물도 아니며 꽃도 아닌 꽃일지나/너의 숨어 있는 인내와 용기를 다하여 날개를 펴라(「九羅重花」) *조그마한 용기가/필요할 뿐이다/힘은 손톱 끝의/때나 다름없고//시간은 나의 뒤의/그림자이니까 (「허튼소리」)

용서하다(容恕—) 지은 죄나 잘못한 일에 대하여 꾸짖거나 벌하지 아니하고 덮어 주다.
  용서하라 *〈뮤즈〉여/용서하라/생활을 하여 나가기 위하여는/요만한 경박성이 필요하단다(「바뀌어진 지평선」)
  용서하여 *정말 내가 포로수용소를 탈출하여 나오려고/무수한 동물적 企圖를 한 것은/이것이 거짓말이라면 용서하여 주시오(「조국에 돌아오신 傷病捕虜 동지들에게」)
  용서하지 *나는 나의 검게 타야 할 정신을 생각하며/구별을 용서하지 않는/밭고랑 사이를 무겁게 걸어간다(「여름 아침」)
  용서할 *그리고 교훈은 명령은/나는/아직도 명령의 과잉을 용서할 수 없는 시대이지만/이 시대는 아직도 명령의 과잉을 요구하는 밤이다(「서시」)

용솟음치다(湧—) ①물 따위가 매우 세찬 기세로 위로 나오다. ②힘이나 기세 따위가 매우 세차게 북받쳐 오르거나 급히 솟아오르다.
  용솟음치는 *꽉 막히는 이것이 나의 생활의 자연의 시초요/바다와 별장과 용솟음치는 파도와 조니 워커와/조크와 미인과 페티 김과 애교와 豪談과/남자의 포부의 미련에 대한/편지는 못 쓰겠소(「美濃印札紙」)

용식 사람 이름. *철수도 용식이도 미스터 강도 유중사도/강중령도 그놈의 속을 모르는 바는 아니었지만/무서워서 편리해서 살기 위해서/빨갱이라고 할까 보아 무서워서(「우선 그 놈의 사진을 떼어서 밑씻개로 하자」)

용이하다(容易—) 아주 쉽다. 어렵지 않다.
  용이하게 *가까이 할 수 없는 서적이 있다/이것은 먼 바다를 건너온/용이하게 찾아갈 수 없는 나라에서 온 것이다(「가까이 할 수 없는 서적」)

용지(用紙) 어떤 일에 쓰는 종이. *우리 동네엔 미대사관에서 쓰는 타이프 용지가 없다우/편지를 쓰려고 그걸 사오라니까 밀용인찰지를 사왔드라우(「美濃印札紙」)

우둔(愚鈍) 어리석고 둔함. *40년간의 조판 경험이 있는 근시안의 노직공의 가슴속에서/가장 심각한 나의 우둔 속에서/새로운 목표는 이미 나타나고 있었다(「영롱한 목표」)

우둔하다(愚鈍—) 어리석고 둔하다.
  우둔한 *너의 앞에서는 우둔한 얼굴을 하고 있어도 좋았다/백년이나 천년이 결코 긴 세월이 아니라는 것은/내가 사랑의 테두리 속에 끼여 있기 때문이 아니리래[…]내가 추악하고 우둔한 얼굴을 하고 있으면/너도 우둔한 얼굴을 만들 줄 안다(「풍뎅이」) *설움을 역류하는 야릇한 것만을 구태여 찾아서 헤매는 것은/우둔한 일인 줄 알면서/그것이 나의 생활이며 생명이며 정신이며 시대이며 밑바닥이라는 것을 믿었기 때문에(「방안에서 익어가는 설움」) *그래서 나는 우둔한 그들을 사랑한다/나는 그들을 생각하면서 하이데거를/읽고 또 그들을 사랑한다/생활과 언어가 이렇게까지 나에게/밀접해진 일은 없다(「모리배」)

우러나오다 생각, 감정, 성질 따위가 마음속에서 저절로 생겨나다.

우러나오는 *학부형회의 어떤 어머니에게 느낀 여자의 감각/그 이마의 힘줄/그 힘줄의 集中度/이것은 죄에서 우러나오는 것이다/여자의 본성은 에고이스트(「여자」)

우러러보다 ①위를 향하여 쳐다보다. ②마음속으로 공경하여 떠받들다.

우러러보던 *선량한 백성들이 하늘같이 모시고/아침저녁으로 우러러보던 그 사진은/사실은 억압과 폭정의 방패였느니/썩은 놈의 사진이었느니/아아 살인자의 사진이었느니(「우선 그놈의 사진을 떼어서 밑씻개로 하자」)

우리 ①말하는 이가 자기와 듣는 이, 또는 자기와 듣는 이를 포함한 여러 사람을 가리키는 일인칭 대명사. ②말하는 이가 자기보다 높지 아니한 사람을 상대하여 자기를 포함한 여러 사람을 가리키는 일인칭 대명사. ③말하는 이가 자기보다 높지 아니한 사람을 상대하여 어떤 대상이 자기와 친밀한 관계임을 나타낼 때 쓰는 말. *또 하나의 것이란 우리의 육안에는 보이지 않는 곡선 같은 것일까(「토끼」) *우리는 UN군에 포로가 되어 너무 좋아서 가시철망을 뛰어나오려고 애를 쓰다가 못 뛰어나오고/여러 동지들은 기막힌 쓰라림에 못 이겨 못 뛰어나오고(「조국에 돌아오신 傷病捕虜 동지들에게」) *「도적질을 하는 것도 저렇게 부지런하여야 하는데 우리는 이게 무어야 빨리 나가서 배 들어오는 것을 기다리세」하고 친구가 서두른다[…]우리의 잔등이에는 〈미숙한 도적〉이라는 글자가 씌어 있었을 것이다.(「미숙한 도적」) *거칠기 짝이 없는 우리 집안의/한없이 순하고 아득한 바람과 물결(「나의 가족」) *그렇지만 린드버그가 헬리콥터를 타고서/대서양을 횡단하지 않았기 때문에/우리는 지금 동양의 諷刺를 그의 機體 안에서 느끼고야 만다[…]우리는 좁은 뜰 안에서뿐만 아니라/심지어는 항아리 속에서부터라도 내어다볼 수 있고/이러한 우리의 순수한 痴情을/헬리콥터에서도 내려다볼 수 있을 것을 짐작하기 때문에[…]너의 조상들이 우리의 조상과 함께/손을 잡고 超動物 세계 속에서 영위하던/자유의 정신의 아름다운 원형을/너는 또한 우리가 발견하고 규정하기 전에 가지고 있었으며(「헬리콥터」) *백의는 이와 같은 나의 안심과 태만을 비웃는 듯이/어느 틈에 우리 가정의 내부에까지 침입하여 들어와서(「백의」) *밑씻개로 하자/이번에는 우리가 의젓하게 그놈의 사진을 밑씻개로 하자(「우선 그놈의 사진을 떼어서 밑씻개로 하자」) *시를 쓰는 마음으로/꽃을 꺾는 마음으로/자는 아이의 고운 숨소리를 듣는 마음으로/죽은 옛 연인을 찾는 마음으로/잃어버린 길을 다시 찾은 반가운 마음으로/우리가 찾은 혁명을 마지막까지 이룩하자[…]우리가 배암이 되고 쐐기가 되더라도/이번에는 우리가 쥐가 되고 살쾡이가 되고 진드기가 되더라도/이번에는 우리가 악어가 되고 표범이 되고 승냥이가 되고 늑대가 되더라도/이번에는 우리가 고슴도치가 되고 여우가 되고 수리가 되고 빈대가 되더라도/아아 슬프게도 슬프게도 이번에는/우리가 혁명이 성취되는 마지막날에는/그런 사나운 추잡한 놈이 되고 말더라도[…]우리는 우리가 찾은 혁명을 마지막까지 이룩하자(「기도」) *야 이놈들아 고갤 숙여/너희놈 손에 돌아가신 우리 형님들/무덤 앞에 절을 구천육백삼십오만 번만 해/나는 아리조나 카보이야[…]이놈들 여기 개미구멍으로 다 들어가/이 구멍으로 들어가면 아리조나에 있는/우리 고조할아버지 산소 망두석 밑으로 빠질 수 있으니까(「나는 아리조나 카보이야」) *바다의 물결 작년의 나무의 체취/그래 우리 이 盛夏에/온갖 나무의 추억과/물의 체취라도/다해서/어린 놈 너야/죽음이 오더라도/이제 성을 내지 않는 법을 배워주마(「여편네의 방에 와서」) *나비야 우리 방으로 가자/어제의 시를 다시 쓰러 가자(「시」(1964)) *학교 밖에서 본 모든 것이/반드시 정말이 아니라는 것을 알았고/너의 어린 의사를 발표할 줄 알았다/우리는 너를 보고 깜짝 놀랐다[…]너는 이제 우리 키만큼 되었다/우리는 너를 보고 깜짝 놀랐다[…]너는 이제 우리 키보다도 더 커졌다/우리는 너를 보고 깜짝 놀랐다[…]너는 이제 우리의 고통보다도 더 커졌다/우리는 너를 보고 깜짝 놀란다//아니 네가 우리를 보고 깜짝 놀란다/네가 우리를 보고 깜짝 놀란다(「65년의 새해」) *미역국 위에 뜨는 기름이/우리의 역사를 가르쳐준다 우리의 환희를/풀 속에서는 노란 꽃이 지고 바람소리가 그릇 깨지는/소리보다 더 서걱거린다—우리는 그것을 영원의/소리라고 부른다[…]우리의 재[灰], 우리의 서걱거리는 말이여/인생과 말의 간결—우리는 그 그것을 전투의/소리라고 부른다[…]그래도 우리는/삼십대보다는 약간 젊어졌다[…]우리는 그것을 貧窮의/소리라고 부른다[…]자칭 예술파 시인들이 아무리 우리의 능변을 욕해도—이것이/환희인 걸 어떻게 하랴[…]우리는 그것을/결혼의 소리라고 부른다(「미역국」) *우리는 무슨 적이든 적을 갖고 있다/적에는 가벼운 적도 무거운 적도 없다(「적1」) *지극히 시시한 발견이 나를 즐겁게 하는 야밤이 있다/오늘밤 우리의 현대문학사의 변명을 얻었다[…]우리는 여지껏 희생하지 않는 오늘의 문학자들에 관해서/너무나 많이 고민해 왔다[…]우리의 주위에 너무나 많은 순교자들의 이 발견을/지금 나는 하고 있다(「이 한국문학사」) *우리는 격하지 않고 얘기할 수 있었에[…]우리는 그 또 한복판이 되구 있어/그도 이 관용을 알고 이 마지막 관용을 알고 있지만[…]우리는 월남의 중립 문제니 새로 생긴다는 혁신정당 얘기를/하고 있었지만/아아 비겁한 민주주의여 안심하라/우리는 정치 얘기를 하구 있었던 게 아니야//우리는 조금도 흥분하지 않았고/그는 그전처럼 욕도 하지 않았고(「H」) *이것을 지금 완성했다 아내여 우리는 이겼다/우리는 블레이크의 시를 완성했다 우리는/이제 차디찬 사람들을 경멸할 수 있다(「이혼 취소」) *괴로움과 괴로움의 이행이다 우리의 행동/이것을 우리의 시로 옮겨놓으려는 생각은/단념하라 괴로운 설사//괴로운 설사가 끝나거든 입을 다물어라 누가/보았는가 무엇을 보았는가 일절 말하지 말아라/그것이 우리의 증명이다(「설사의 알리바이」) *우리가 도적질을 한 것은 아니지만 우리가/훔친 거나 다름없다[…]가시철망을 칠 때 우리도 그 철망을 치던/일꾼을 본 일이 있다[…]그것을 그놈이 가져/가기 전에 우리가 발견했다/이 횡재물이 지금 우리집 뜰 아래 광에/들어 있다(「도적」) *친구의 부인/이것을 떼먹은 년은 우리 여편네가 든 契의 오야가 주재하는/우리 여편네는 들지 않은 백만 원짜리/계의 멤버로 인형을 만들어 파는 년이라나[…]집문서를 갖고 가서 무이자로 15개월만/돌려 달라고 우리가 강청한 사람은 이 돈을 받을 사람과 한 고향인 함경도 친구[…]38선의 날짜로는 8월 15일이 기한인데/3만 원을 돌려 달라고 우리가 부탁한 친구가/돈을 받을 1·4후퇴의 친구 부인하고/한 고향이라는 것을[…]이것이 이남 사람인 우리 부부의 誤算이었나 보다(「판문점의 감상」) *그래서 우리의 혼란을 승화시켜 보자/그러나 그러나 그러나//일본 말보다도 더 빨리 영어를 읽을 수 있게 된,/몇 차례의 언어의 이민을 한 내가(「거짓말의 여운 속에서」) *꽃을 주세요 우리의 고뇌를 위해서/꽃을 주세요 뜻밖의 일을 위해서[…]노란 꽃을 주세요 우리가 아닌 것을 위해서/노란 꽃을 주세요 거룩한 우연을 위해서(「꽃잎2」) *우리는 언제나 소음의 2층//땅의 2층이 하늘인 것처럼/이렇게 人情의 하늘이 가까워진/일이 없다[…]하늘에도 천둥이, 우리의 귀가/들을 수 없는 더 큰 천둥이 있는 줄/알았다(「여름 밤」) *우리 동네엔 미대사관에서 쓰는 타이프 용지가 없다우(「美濃印札紙」) *惰眠의 축적으로 우리 몸은 자라고/그래도 행동이 마지막 의미를 갖고/네가 씹는 음식에 내가 증오하지 않음이/내가 겨우 살아있는 표시라(「먼지」)

우리나라 우리 한민족이 세운 나라를 스스로 이르는 말. *나는 아이들을 가르치면서/우리나라가 종교국이라는 것에 대한 자신을 갖는다/절망은 나의 목뼈는 못 자른다[…]나는 아이들을 가르치면서/우리나라가 종교국이라는 것에 대한 자신을 갖는다/마당에 서리가 내린 것은 나에게 상상을 그치라는 신호다[…]그러니까 종교도 종교 이전에 있다 우리나라가/종교국인 것처럼(「우리들의 웃음」)

우리네 우리. ☞ 우리들. *시시한 라디오 소리라 더 시시한 것이/여기서는 판을 치니까 그렇게 됐는지 모른다/더 시시한 우리네 방송으로 만족하는 것이다(「라디오 계」)

우리들 우리네. ☞ 우리. *여름 아침에는/자비로운 하늘이 무수한 우리들의 사진을 찍으리라/단 한 장의 사진을 찍으리라(「여름 아침」) *우리들은 다 같이 산등성이를 내려가는 사람들(「광야」) *그대의 정의도 우리들의 섬세도/행동이 죽음에서 나오는/이 욕된 교외에서는/어제도 오늘도 내일도 마음에 들지 않아라(「死靈」) *우리들의 적은 늠름하지 않다/우리들의 적은 키크 더글러스나 리처드 위드마크모양으로 사나웁지도 않다[…]그들은 말하자면 우리들의 곁에 있다//우리들의 戰線은 눈에 보이지 않는다/그것이 우리들의 싸움을 이다지도 어려운 것으로 만든다/우리들의 전선은 됭케르크도 노르망디도 연희고지도 아니다/우리들의 전선은 지도책 속에는 없다/그것은 우리들의 집안 안인 경우도 있고/우리들의 직장인 경우도 있고/우리들의 동리인 경우도 있지만……/보이지는 않는다//우리들의 싸움의 모습은 초토작전이나「건 힐의 혈투」모양으로 활발하지도 않고 보기 좋은 것도 아니다/그러나 우리들은 언제나 싸우고 있다[…]우리들의 싸움은 쉬지 않는다//우리들의 싸움은 하늘과 땅 사이에 가득 차 있다(「하…… 그림자가 없다」) *물이 흘러가는 달이 솟아나는/평범한 대자연의 법칙을 본받아/어리석을 만치 소박하게 성취한/우리들의 혁명을/배암에게 쐐기에게 쥐에게 살쾡이에게(「기도」) *그러나 우산대로/여편네를 때려눞혔을 때/우리들의 옆에서는/어린 놈이 울었고/비 오는 거리에는/40명가량의 취객들이/모여들었고(「죄와 벌」) *모두가 거꾸로다—태연할 수밖에 없다 웃지 않을 수밖에 없다/조용히 우리들의 웃음을 웃지 않을 수 없다(「우리들의 웃음」) *오늘의 적으로 내일의 적을 쫓으면 되고/내일의 적으로 오늘의 적을 쫓을 수도 있다/이래서 우리들은 태평으로 지낸다(「적1」) *여편네뿐만이 아니라/우리들의 새끼들까지도/아무 것도 모르는 우리들의 새끼들까지도//그녀가 온 지 두 달 만에 우리들은 처음으로 완성되었다/처음으로 처음으로(「식모」) *성급한 우리들이 발견과 실감 앞에 서럽기까지도 하다/전 아시아의 후진국 전 아프리카의 후진국(「풀의 영상」) *될까? 되면? 안 되면? 당신! 당신이 빛난다./우리들은 빛나지 않는다. 어제도 빛나지 않고,/오늘도 빛나지 않는다. 그 연관만이 빛난다(「엔카운터 誌」) *사랑의 기차가 지나갈 때마다 우리들의/슬픔처럼 자라나고 도야지우리의 밥찌끼/같은 서울의 등불을 무시한다[…]최근 우리들이 4·19에서 배운 기술/그러나 이제 우리들은 소리내어 외치지 않는다(「사랑의 변주곡」) *미안하지 않소 당신의 모든 행복과 우리들의 바닷가의/행복의 모든 추억에 대해서 미안하지 않소/살아 있던 시간에 대해서 미안하지않소(「美濃印札紙」)

우리말 우리나라 사람의 말. *우리말을 너무 잘해서 곤란하게 된 내가//지금 불란서 소설을 읽으면서 아직도 말하지/못한 한 가지 말—정치 의견의 우리말이/생각이 안 난다(「거짓말의 여운 속에서」)

우리집 자신이 살고 있는 집을 흔히 일컫는 말. *우리집 뜰앞 토끼는 지금 하얀 털을 비비며 달빛에 서서 있다/토끼야/봄 달 속에서 나에게만 너의 재주를 보여라/너의 입에서 튀어나오는/너의 새끼를(「토끼」) *고색이 창연한 우리집에도/어느덧 물결과 바람이/신선한 기운을 가지고 쏟아져 들어왔다(「나의 가족」) *여름 아침의 시골은 가족과 같다/햇살을 모자같이 이고 앉은 사람들이 밭을 고르고/우리집에도 어저께는 무씨를 뿌렸다/원활하게 굽은 산등성이를 바라보며/나는 지금 간밤의 쓰디쓴 후각과 청각과 미각과 統覺마저 잊어버리려고 한다(「여름 아침」) *모르지?/우리집 식모가 여편네가 외출만 하면/나한테 자꾸 웃고만 있는 이유,/모르지?(「모르지?」) *그러나 우리집 여편네는 이것을 모두/자기 밭이라고 한다 멀쩡한 거짓말이다(「반달」) *저이는 나보다 여유가 있다/저이는 나보다도 가난하게 보이는데/저이는 우리집을 찾아와서 산보를 청한다(「강가에서」) *도적이 우리집을 노리고 있다/닭장이 무너진 공터에 두른 판장을 뚫고/매일밤 저희집처럼 출입하고 있다[…]그놈은 우리집 광에 있는 철사를 노리고 있다/싯가 700원가량의 새 철사뭉치는 우리집의/양심의 가책이다[…]그 일꾼이 우리집 마당에다 그놈을 팽개/쳤다 그것을 그놈이 일이 끝나고 나서/가져갈 작정이었다[…]이 횡재물이 지금 우리집 뜰 아래 광에/들어 있다//나는 도적이 이 철사의 반환을 꾀하고 있다고/생각한다 우리집 건넌방의 캐비닛을/노리고 있다고는 생각되지 않는다[…]우리집의 의젓한 벽돌기둥의 정문 앞을/새벽녘에 거닐었다고 한다(「도적」) *너는 열네 살 우리집에 고용을 살러 온 지/3일이 되는지 5일이 되는지 그러나 너와 내가/접한 시간은 단 몇 분이 안 되지(「꽃잎3」) *나와 나의 아내와 우리집의 온 가옥의 무게를 다 합해서/밀양에서 온 식모의 소박과 원한까지를 다 합해서/미안하지 않소(「美濃印札紙」) *닿고 닿아지고 걸리고 걸려지고/모서리뿐인 형식뿐인 격식뿐인/관청을 우리집은 닮아가고 있다/철조망을 우리집은 닮아가고 있다(「의자가 많아서 걸린다」)

우매(愚昧) 어리석고 사리에 어두움. '어리석음'으로 순화. *동무여 이제 나는 바로 보마/사물과 사물의 생리와/사물의 수량과 한도와/사물의 우매와 사물의 명석성을//그리고 나는 죽을 것이다(「孔子의 생활난」)

우매하다(愚昧—) 어리석고 사리에 어둡다.
  우매한 *사람이란 사람이 모두 고민하고 있는/어두운 대지를 차고 이륙하는 것이/이다지도 힘이 들지 않는다는 것을 처음 깨달은 것은/우매한 나라의 어린 시인들이었다(「헬리콥터」)

우물 ①물을 긷기 위하여 땅을 파서 지하수를 괴게 한 곳 또는 그런 시설. ②견식이 좁아 저만 잘난 줄로 아는 사람을 비꼬는 말. *난간 아래 등나무/넝쿨장미 위의 등나무/등꽃 위의 등나무/우물 옆의 등나무/우물 옆의 등꽃과 활련/그리고 철자법을 틀린 시[…]우물이 말을 한다/어제의 말을 한다(「등나무」) *말하자면 내가 찾고 있는 것은 언제나 나의 가장 가까운/내 곁에 있고/우물도 사닥다리도 愛兒도 거만한 문패도/내가 범인이 되기 전에/(벌써 오래전에!)/범인의 것이 되어 있었고//그동안에도/그뒤에도 나의 시는 영원한 미완성이고(「절망」(1962))

우물전 우물을 둘러막아 쌓아 올렸거나 방틀을 짜 놓은 윗부분. *새로 파논 우물전에서 도배를 하고 난 귀얄을 씻고 간 두붓집 아가씨에게/무어라고 수고의 인사를 해야 한다지(「사치」)

우물쭈물 말이나 행동을 분명하게 하지 않고 우물거리면서 흐리멍덩하게 하는 모양. *야한 선언을/하지 않고 우물쭈물 내일을 지내고/모레를 지내는 것은 내가 약한 탓이다(「엔카운터 誌」)

우산(雨傘) 우비(雨備)의 하나. 펴고 접을 수 있어 비가 올 때에 펴서 손에 들고 머리 위를 가린다. *詩는 쨍쨍한 날씨에 청량한 들에/환락의 개울가에 바늘 돋친 숲에/버려진 우산/망각의 想起다(「적2」)

우산대(雨傘—) 우산을 버티는 중간의 굵은 대. *그러나 우산대로/여편네를 때려눕혔을 때/우리들의 옆에서는/어린 놈이 울었고/비 오는 거리에는/40명가량의 취객들이/모여들었고/집에 돌아와서/제일 마음에 꺼리는 것이/아는 사람이/이 캄캄한 범행의 현장을/보았는가 하는 일이었다(「죄와 벌」)

우선(于先) ①어떤 일에 앞서서. '먼저'로 순화. ②아쉬운 대로. *우선 그놈의 사진을 떼어서 밑씻개로 하자/그 지긋지긋한 놈의 사진을 떼어서/조용히 개굴창에 넣고/썩어진 어제와 결별하자[…]우선 가까운 곳에서부터/차례차례로/다소곳이/조용하게/미소를 띄우면서[…]우선 가까운 곳에서부터/차례차례로/다소곳이/조용하게/미소를 띄우면서/극악무도한 소름이 더덕더덕 끼치는/그놈의 사진일랑 소리없이/떼어 치우고—(「우선 그놈의 사진을 떼어서 밑씻개로 하자」)

우스꽝스럽다 ①말이나 행동, 모습 따위가 특이하여 우습다. ②매우 가소롭다.
  우스꽝스러웠던 *그전에 돌아간 아버지의 진혼가가 우스꽝스러웠던 것을 생각하고/그래서 나는 그 사진을 10년 만에 곰곰이 正視하면서/이내 거북해서 너의 방을 뛰쳐나오고 말았다(「누이야 장하고나!」)

우습다 ①재미가 있어 웃을 만하다. ②못마땅하여 보기 거북하다. ③대단치 아니하거나 하잘것없다. ④공교롭고 이상하다. *폴리號 태풍이 일기 시작하는 여름밤에/아내가 마루에서 거미를 잡고 있는/꼴이 우습다(「거미잡이」)
  우스운 *굵다란 사랑/누가 있어 나를 본다면은/이것은 확실히 우스운 이야깃거리다/다리 밑에 물이 흐르고/나의 시절은 좁다/사랑은 고독이라고 내가 나에게/재긍정하는 것이/또

한 우스운 일일 것이다(「愛情遲鈍」) *누이야/풍자가 아니면 해탈이다/네가 그렇고/내가 그렇고/네가 아니면 내가 그렇다/우스운 것이 사람의 죽음이다(「누이야 장하고나!」)

우스웁고 *합리와 비합리와의 사이에 묵연히 앉아 있는/나의 표정에는 무엇인지 우스웁고 간지럽고 서먹하고 쓰디쓴 것마저 섞여 있다(「여름 뜰」)

우스워 *우스운 것이 사람의 죽음이다/우스워하지 않고서 생각할 수 없는 것이 사람의 죽음이다(「누이야 장하고나!」)

우스워라 *그대는 반짝거리면서 하늘 아래에서/간간이 자유를 말하는데/우스워라 나의 靈은 죽어 있는 것이 아니냐(「死靈」)

우스워서 *아가야 아가야/네 모양이 우스워서 노래를 부르자니/엄마는/하필 국민학교 놈의 국어공책을 집어주지(「자장가」)

우습기 *백화가 만발한 언덕 저편에/부처의 心思 같은 굴뚝이 허옇고/그 위에서 내뿜는 연기는/얼핏 생각하면 우습기도 하다(「연기」)

우습지 *구청 직원에게는 못하고 동회 직원에게도 못하고/야경꾼에게 20원 때문에 10원 때문에 1원 때문에/우습지 않으냐 1원 때문에/모래야 나는 얼마큼 작으냐/바람아 먼지야 풀아 나는 얼마큼 작으냐/정말 얼마큼 작으냐……(「어느 날 고궁을 나오면서」)

우아(優雅) 아름다운 품위와 아취. *가벼운 무게가 하늘을/생각하게 하는/자[針尺]의 優雅는 무엇인가(「자」)

우연(偶然) 아무런 인과 관계가 없이 뜻하지 아니하게 일어난 일. *이런 밤에/나는 서울의 얼치기 洋館 속에서/골치를 앓는 여편네의 댓가지 백 속에/조약돌이 들어 있는/공간의 우연에 놀란다(「누이의 방」) *이 무언의 말/하늘의 빛이요 물의 빛이요 우연의 빛이요 우연의 말/죽음을 꿰뚫는 가장 무력한 말(「말」(1964)) *노란 꽃을 주세요 우리가 아닌 것을 위해서/노란 꽃을 주세요 거룩한 우연을 위해서(「꽃잎2」)

우연하다(偶然—) 뜻밖에 저절로 되다.
  우연한 *제일 피곤할 때 적에 대한다/날이 흐릴 때면 너와 대한다/가장 가까운 적에 대한다/가장 사랑하는 적에 대한다/우연한 싸움에 이겨보려고(「적2」)

우열(優劣) 나음과 못함. *모두들 공부하는 속에 와보면 나도 옛날에 공부하던 생각이 난다/그리고 그 당시의 시대가 지금보다 훨씬 좋았다고/누구나 어른들은 말하고 있으나/나는 그 우열을 따지고 싶지는 않다(「국립도서관」)

우울(憂鬱) ①근심스럽거나 답답하여 활기가 없음. ②반성과 공상이 따르는 가벼운 슬픔. *여기는 좁은 서울에서도 가장 번거로운 거리의 한 모퉁이/우울 대신에 수많은 기폭을 흔드는 쾌활(「거리2」) *너와 같이 걸어간다/흐린 봄철 어느 오후의 무거운 日氣처럼/그만한 우울이 또한 필요하다[…]그리고 너의 노래와 음계를 조금만/낮추어라/오늘의 우울을 위하여/오늘의 경박을 위하여(「바뀌어진 지평선」)

우울하다(憂鬱—) 슬프다. 울적하다.
  우울한 *寅煥네/처갓집 옆의 지금은 매립한 개울에서 아낙네들이/양잿물 솥에 불을 지피며 빨래하던 시절을 생각하고/이 우울한 시대를 파라다이스처럼 생각한다(「거대한 뿌리」)

우주(宇宙) ①무한한 시간과 만물을 포함하고 있는 끝없는 공간의 총체. ②물질과 복사가 존재하는 모든 공간. ③모든 천체(天體)를 포함하는 공간. ④만물을 포용하고 있는 공간. *마차를 타고 가는 사람이 좋지 않아요/웃고 있어요/그것은 그림/토막방 안에서 나는 우주를 잡을 듯이 날뛰고 있지요(「웃음」) *그렇지만/구차한 나의 머리에/성스러운 鄕愁와 우주의 위대감을 담아주는 삽시간의 자극을/나의 가족들의 기미 많은 얼굴에 비하여 보아서는 아니 될 것이다(「나의 가족」) *우주의 파편같이/혹은 혜성같이 반짝이는/무수한 잔재 속에 담겨있는 또 이 무수한 봄뚱아리─들은/지금 무엇을 銳意 연마하고 있는가(「국립도서관」) *하하! 우주의 비밀을/아니/비밀은 비밀을 먹는 것인가요/하하하……(「靈交日」) *눈을 가늘게 뜨고 산이 있거든 불러보라/나의 머리는 관악기처럼/우주의 안개를 빨아올리다 만다(「피곤한 하루의 나머지 시간」) *나는 더위에 속은 조용함이 억울해서/미친 놈처럼 라디오를 튼다/지구와 우주를 진행시키기 위해서(「伏中」) *담배마저 안 피우는/날이 올지도 모른다/그때에는/성급해지면 아무 데나 재를 떠는/이 우주의 폭력마저/없어질지도 모른다(「이놈이 무엇이지?」) *우주의 완성을 건 한 字의 생명의/귀추를 지연시키고/소녀가 무엇인지를/소녀는 나이를 초월한 것임을/너는 어린애가 아님을/너는 어른도 아님을(「꽃잎」)

우주시대(宇宙時代) 인공위성이나 로켓, 그리고 우주 왕복선 같은 도구를 사용하여 지구보다 큰 우주라는 특별한 환경 속에서 자기 임무를 수행하게 되는 것이 일상화되는 시대. *우주시대의 마이크로웨이브에 탄/원효대사의 민활성 바늘 끝에/묻은 죄와 먼지 그리고 모방/술에 취해서 쓰는 시여(「원효대사」)

우중충하다 ①날씨나 분위기 따위가 어둡고 침침하다. ②오래되거나 바래서 색깔이 선명하지 못하다. ③침침하고 어수선하다.

우중충한 *나는 이 우중충한 막걸리 탁상 위에서/경험과 역사를 너한테 배운다/무식한 것이 그것들이니까―(「滿洲의 여자」)

운명(運命) ①인간을 포함한 모든 것을 지배하는 초인간적인 힘 또는 그것에 의하여 이미 정하여져 있는 목숨이나 처지. ②앞으로의 생사나 존망에 관한 처지. *토끼는 입으로 새끼를 뱉으다//토끼는 태어날 때부터/뛰는 훈련을 받는 그러한 운명에 있었다/그는 어미의 입에서 탄생과 동시에 타락을 선고받는 것이다(「토끼」) *나는 결코 울어야 할 사람은 아니며/영원히 나 자신을 고쳐가야 할 운명과 사명에 놓여 있는 이 밤에/나는 한사코 방심조차 하여서는 아니 될 터인데/팽이가 나를 비웃는 듯이 돌고 있다(「달나라의 장난」) *날짐승의 가는 발가락 사이에라도 잠겨있을 운명―/그것이 사람의 발자국 소리보다도/나에게 시간을 가르쳐주는 것이 나는 싫다(「도취의 피안」) *나는 노염으로 사무친 정의 소재를 밝히지 아니하고/운명에 거역할 수 있는/큰 힘을 가지고 있으면서/여기에 밀려 내려간다(「나비의 무덤」) *나폴레옹만한 豪氣는 없어도/나는 거리의 운명을 보고/달큼한 마음에 싸워서/어디고 가야 할지 모르는 마음(「거리2」) *이제 나는 광야에 드러누워도/공동의 운명을 들을 수 있다/　　　　　피로와 피로의 발언/시인이 황홀하는 시간보다도 더 맥없는 시간이 어디 있느냐(「광야」) *바보의 가족과 운명과/어린 고양이의 울음/니야옹 니야옹 니야옹//술 취한 바보의 가족과 운명과/술 취한 어린 고양이의 울음(「술과 어린 고양이」)

운산하다(運算―) 식이 나타낸 일정한 규칙에 따라 계산하다.

운산하고 *더운 날/적을 運算하고 있으면/아무 데에도 적은 없고//시금치밭에 앉은 흑나비와 주홍나비모양으로/나의 과거와 미래가 숨바꼭질만 한다(「적」)

운운하다(云云―) 이러쿵저러쿵 말하다.

운운할 *도회의 흑점―/오늘은 그것을 운운할 날이 아니다/나는 오늘 세상에 처음 나온 사람모양으로 쾌활하다(「거리2」)

운전수(運轉手) 자동차나 기차, 선박, 기계 따위를 운전하는 사람. '운전사(運轉士)', '운전기사'로 순화. *그리고 돌아올 때는 구름을 타고 오느라/내가 구름운전수 제퍼슨 선생한테 말해 놨으니까(「나는 아리조나 카보이야」) *순사와 땅주인에서부터 과속을 범하는 운전수에까지/나의 적은 아직도 늘비하지만/어제의 적은 없고/더운 날처럼 어제의 적은 없고/더워진 날처럼 어제의 적은 없고(「적」)

울다 ①소리를 내면서 눈물을 흘리다. ②짐승, 벌레, 바람 따위가 소리를 내다. ③물체가 바람 따위에 흔들리거나 움직여 소리가 나다. ④종이나 천둥, 벨 따위가 소리를 내다. ⑤병적으로 일정한 높이로 계속되는 소리가 실제로는 들리지 않는데도 들리는 것처럼 느끼다. ⑥상대를 때리거나 공격할 수 없어 분한 마음을 느끼다.

우는 *오늘도 우는/아아 짐승이냐 사람이냐.(「廟庭의 노래」) *水牛나 生魚같이/음정을 맞추어 우는 법도/습득하지는 못하였다(「토끼」) *너의 거룩한 머리를 만지면서/우는 날이 오더라도(「더러운 향로」) *숲과 숲 사이의 하늘을 향해서/우는 매미/흙빛 매미여/달팽이는 닭이 먹고/구데기 바람에 우는 소리 나면(「말복」) *(계사 안에서 우는 알 겯는/닭소리를 듣다가 나는 마른침을 삼키고/담배를 피워 물지 않으면 아니 된다)(「중용에 대하여」) *이런 때면 매년 이맘때쯤 듣는/병아리 우는 소리와(「백지에서부터」) *파자마 바람으로 우는 아이를 데리러 나가서(「파자마 바람으로」)
우마 *더욱 뜨거운 너의 입김에/나의 고독한 정신을 녹이면서 우마(「나비의 무덤」)
운 *응아 하고 운 뒤에도 또 내릴까(「눈」(1966))
운다 *추한 나의 발밑에서 풍뎅이처럼 너는 하늘을 보고 운다(「풍뎅이」)
울 *여행을 할 때도 울 때도 웃을 때도(「하…… 그림자가 없다」)
울고 *내가 사는 지붕 위를 흘러가는 날짐승들이/울고 가는 울음소리에도(「도취의 피안」) *울고 간 새와/울러 올 새의/적막 사이에서(「冬麥」) *스스로 겸손의 침묵을 지켜가며 울고 있는 것이다(「헬리콥터」) *개가 울고 종이 들리고 달이 떠도[…]개가 울고 종이 들리고(「봄밤」) *저리 번쩍 〈제니〉와 大師가/왔다갔다 앞뒤로 좌우로/왔다갔다 웃고 울고 왔다갔다(「원효대사」) *바람보다도 더 빨리 울고/바람보다 먼저 일어난다(「풀」)
울다가 *날이 흐려서 더 울다가/다시 누웠다(「풀」)
울더라 *寒鴉가 와서/그날을 울더라/밤을 반이나 울더라(「廟庭의 노래」)
울던 *뱃전에 머리 대고 울던 것은 여인을 위해서가 아니다(「아메리카 타임 誌」)
울러 *울고 간 새와/울러 올 새의/적막 사이에서(「冬麥」)
울어 *너의 가슴 위에서는/나 대신 값없는 낙엽이라도 울어줄 것이다(「나비의 무덤」)
울어도 *바람보다 늦게 울어도/바람보다 먼저 웃는다(「풀」)
울어서는 *공통된 그 무엇을 위하여 울어서는 아니 된다는 듯이(「달나라의 장난」)
울어야 *나는 결코 울어야 할 사람은 아니며(「달나라의 장난」)
울었고 *우리들의 옆에서는/어린 놈이 울었고(「죄와 벌」)
울었다 *풀은 눕고/드디어 울었다(「풀」)
울지 *시간의 표면에/물방울을 풍기어 가며/오늘을 울지 않으려고(「바뀌어진 지평선」)
울리다¹ ①어떤 물체가 소리를 내다. ②소리가 반사되어 퍼지다 또는 그 소리가 들리다. ③땅이나 건물 따위가 외부의 힘이나 소리로 떨리다.
울려지고 *육중한 유리문이 열릴 때마다 울리고/울려지고 돌고 돌려지고(「의자가 많아서 걸린다」)
울리게 *당당한 피아노가 울리게 마련이다(「피아노」) *奇蹟을 기적으로 울리게 한다/죽은 기적을 산 기적으로 울리게 한다(「참음은」)
울리고 *전화가 울리고 놀라고 놀래고(「먼지」) *유리문이 울리고 그 속에/넣어둔 노리다케 반상 세트와 글라스가/울린다[…]싱겁게 걸어갈 때/울리고 돌아서 걸어갈 때 울리고/의자와 의자 사이로 비집고 갈 때/울리고 코 풀 수건을 찾으러 갈 때//38선을 돌아오듯 테이블을 돌아갈 때/걸리고 울리고 일어나도 걸리고[…]방정맞게 울리고 돌아오라 울리고/돌아가라 울리고 닿는다고 울리고/안 닿는다고 울리고//먼지를 꺼내는데도 책을 꺼내는 게 아니라/먼지를 꺼내는데도 유리문을 열고/육중한 유리문이 열릴 때마다 울리고(「의자가 많아서 걸린다」)
울리는 *鷄舍 위에 울리는 곡괭이 소리(「비」) *나무뿌리를 울리는 신의 발자국소리(「장시 2」) *나에게 놋주발보다도 더 쨍쨍 울리는 추억이/있는 한 인간은 영원하고 사랑도 그렇다(「거대한 뿌리」)
울리면 *트럭 소리가 나면 돼/아카시아 잎을 이기는 소리가 방바닥 밑까지 울리면 돼[…]아카시아 잎을 이기는 소리가 방바닥 밑까지 콩콩 울리면 돼(「장시1」) *그녀는 인경전의 종소리가 울리면 장안의/남자들이 모조리 사라지고 갑자기 부녀자의 세계로/화하는 극적인 서울을 보았다(「거대한 뿌리」)
울리면서 *오늘은 기름진 피아노가/덩덩 덩덩 울리면서/나의 고갈한 비참을 달랜다(「피아노」)
울리지만 *이따금씩 강 건너의 대포소리가//날 때도 울리지만(「의자가 많아서 걸린다」)
울린다 *피아노는 밥을 먹을 때도 새벽에도/한밤중에도 울린다[…]값비싼 피아노가 값비싸게 울린다/돈이 울린다 돈이 울린다(「피아노」) *테이블 위에 놓은/미제 磁器 스탠드가 울린다//마루에 가도 마찬가지다 피아노 옆에 놓은/찬장이 울린다 유리문이 울리고 그 속에/

넣어둔 노리다케 반상 세트와 글라스가/울린다[…]피로하지 않으면//울린다 시를 쓰다 말고 코를 풀다 말고[…]피로하지/않으면 울린다 가만히 있어도 울린다//미제 도자기 스탠드가 울린다(「의자가 많아서 걸린다」)

울리다² ①'울다'의 사동형. ②감동을 일으키다.

울리고 ＊번개같이 가슴을 울리고 가는 묵은 생명과 새 희망의 무수한 충돌 충돌……(「기자의 정열」) ＊雷神보다 더 사나웁게 사람들을 울리고(「백의」) ＊일하라 일하라 일하라는 말이/헛소리처럼 아직도 나의 가슴을 울리고 있지만(「그 방을 생각하며」)

울린다 ＊어두운 옷 속에서만/이는 사람을 부르고/사람을 울린다(「이[蝨]」) ＊팽이가 돈다/팽이가 돌면서 나를 울린다(「달나라의 장난」)

울음 우는 일 또는 그런 소리. ＊나직이 부를 수도 소리높이 부를 수도 있는 그대들만의 노래를 위하여/마지막에는 울음으로밖에 변할 수 없는/숭고한 희생이여!(「조국에 돌아오신 傷病捕虜 동지들에게」) ＊바보의 가족과 운명과/어린 고양이의 울음/니야옹 니야옹 니야옹//술 취한 바보의 가족과 운명과/술 취한 어린 고양이의 울음(「술과 어린 고양이」)

울음소리 우는 소리. ＊내가 사는 지붕 위를 흘러가는 날짐승들이/울고 가는 울음소리에도/나는 취하지 않으련다[…]네가 던지는 조그마한 그림자가 무서워/벌벌 떨고 있는/나의 귀에다 너의 엷은 울음소리를 남기지 말아라(「도취의 피안」) ＊고통되는 점은/피가 통하는 듯이 느껴지는 것은/비둘기의 울음소리//구구 구구구 구구//시원치 않은 이 울음소리만이/어째서 나의 뼈를 뚫고 총알같이 날쌔게 달아나는가(「영사판」) ＊지금 참외와 수박을/지나치게 풍년이 들어/오이 호박의 손자며느리 값도 안 되게/헐값으로 넘겨버려 울화가 치받쳐서/고요해진 명수 할버이의/쨋물거리는 눈이/비둘기 울음소리를 듣고 있을 동안에/나쁜 말은 안하니/가다오 가다오(「가다오 나가다오」) ＊그러니까 종교도 종교 이전에 있다 우리나라가/종교국인 것처럼/새의 울음소리가 그 이전의 정적이 없이는 들리지 않는 것처럼……(「우리들의 웃음」) ＊거위의 울음소리는/밤에도 여자의 호마노색 원피스를 바람에 나부끼게 하고/강물이 흐르게 하고/꽃이 피게 하고(「거위 소리」) ＊개의 울음소리를 듣고 그 비명에 지고/머리에 피도 안 마른 애놈의 투정에 진다/떨어지는 은행나무잎도 내가 밟고 가는 가시밭(「어느 날 고궁을 나오면서」)

울화(鬱火) 마음속이 답답하여 일어나는 화. ＊지금 참외와 수박을/지나치게 풍년이 들어/오이 호박의 손자며느리 값도 안 되게/헐값으로 넘겨버려 울화가 치받쳐서(「가다오 나가다오」)

움직이다 ①위치를 옮겨 가며 동작을 계속하다. ②바뀌다. 변동하다. ③활동하다. 조종하다. ④경영하다. ⑤마음이 흔들리다. 할 마음이 생기다. ⑥제자리에서 흔들리다. ⑦감동하다.

움직이고 ＊현대의 자살/그러나 오늘은 비가 너 대신 움직이고 있다/무수한 너의〈종교〉를 보라(「비」)

움직이는 ＊질서와 무질서와의 사이에/움직이는 나의 생활은/섧지가 않아 시체나 다름없는 것이다(「여름 뜰」) ＊비가 오고 있다/여보/움직이는 비애를 알고 있느냐//명령하고 결의하고/〈평범하게 되려는 일〉 가운데에/해초처럼 움직이는/바람에 나부껴서 밤을 모르고/언제나 새벽만을 향하고 있는/투명한 움직임의 비애를 알고 있느냐/여보/움직이는 비애를 알고 있느냐/순간이 순간을 죽이는 것이 현대[…]비가 오고 있다/움직이는 비애여/결의하는 비애/변혁하는 비애……[…]여보/비는 움직임을 制하는 결의/움직이는 휴식(「비」) ＊미지근한 물이 고인 조그마한 논과/대숲 속의 초가집과/나무로 만든 장기와/게으르게 움직이는 물소와/(아니 물소는 호남 지방에서는 못 보았는데)(「시」(1961))

움직이듯 ＊먼지 앉은 석경 너머로/너의 그림자가/움직이듯/묵은 사랑이/움직일 때/붉은 파밭의 푸른 새싹을 보아라(「파밭 가에서」)

움직이면서 ＊그 사나이는, 제임스 띵은 어이가 없어서/조그만 눈을 민첩하게 움직이면서 미소를/띄우고 섰지만/나의 고삐를 잃은 백마에 당할 리가 없다(「제임스 띵」)

움직이지 ＊나의 표정에는 무엇인지 우스움

고 간지럽고 서먹하고 쓰디쓴 것마저 섞여 있다/그것은 둔한 머리에 움직이지 않는 사념일 것이다(「여름 뜰」) *기운을 주라 더 기운을 주라/달리아가 움직이지 않게/기운을 주라 더 기운을 주라/무성하는 채소밭 가에서(「채소밭 가에서」) *수챗가에 얼어빠진/수세미모양/그 대신 머리는/온통 비어/움직이지 않는다지/그래도 좋아 그래도 좋아(「쌀난리」)

움직인다 *그래도 우리는/삼십대보다는 약간 젊어졌다 육십이 넘으면 좀더/젊어질까 기관포나 펫목처럼 인생도 인생의 부분도 통째 움직인다─우리는 그것을 貧窮의/소리라고 부른다[…]인생도 인생의 부분도 통째 움직인다─우리는 그것을/결혼의 소리라고 부른다(「미역국」)

움직일 *먼지 앉은 석경 너머로/너의 그림자가/움직이듯/묵은 사랑이/움직일 때/붉은 파밭의 푸른 새싹을 보아라(「파밭 가에서」)

움직임 ①멈추어 있던 자세나 자리가 바뀜 또는 자세나 자리를 바꿈. ②가지고 있던 생각이 바뀜 또는 그런 생각을 함. ③어떤 목적을 가지고 활동함 또는 활동하게 함. ④어떤 사실이나 현상이 바뀜 또는 다른 상태가 되게 함. ⑤기계나 공장 따위가 가동되거나 운영됨 또는 가동하거나 운영함. *명령하고 결의하고/〈평범하게 되려는 일〉 가운데에/해초처럼 움직이는/바람에 나부껴서 밤을 모르고/언제나 새벽만을 향하고 있는/투명한 움직임의 비애를 알고 있느냐[…]모든 곳에 너무나 많은 움직임이 있다//여보/비는 움직임을 制하는 결의/움직이는 휴식(「비」)

웃다 ①기쁘거나 만족스럽거나 우스울 때 얼굴을 활짝 펴거나 소리를 내다. ②얼굴에 환한 표정을 짓거나 소리를 내어 어떤 종류의 웃음을 나타내다. ③같잖게 여기어 경멸하다.

웃게 *꽃이 피게 하고/웃는 얼굴을 더 웃게 하고/죽은 사람을 되살아나게 한다(「거위 소리」)

웃고 *마차를 타고 가는 사람이 좋지 않아요/웃고 있어요/그것은 그림/토막방 안에서 나는 우주를 잡을 듯이 날뛰고 있지요(「웃음」) *저기 나의 맞은편 의자에 앉아 먹고 떠들고 웃고 있는 여자와 젊은 학생을 내가 시골을 여행하기 전에 그들을 보았더라면 대하였으리(「시골 선물」) *전차를 타고 자동차를 타고/요릿집엘 들어가고/술을 마시고 웃고 잡담하고/동정하고 진지한 얼굴을 하고/바쁘다고 서두르면서 일도 하고(「하…… 그림자가 없다」) *증오가 가고 이슬이 번쩍이고/음악이 오고 변화의 시작이 오고/변화의 끝이 가고 땅 위를 걷고 있는/발자국소리가 가슴을 펴고 웃고(「먼지」) *저리 번쩍〈제니〉와 大師가/왔다갔다 앞뒤로 좌우로/왔다갔다 웃고 울고 왔다갔다/파우스트처럼 모든 상징이(「원효대사」)

웃고만 *우리집 식모가 여편네가 외출만 하면/나한테 자꾸 웃고만 있는 이유,/모르지?(「모르지?」)

웃는 *그러나 결코 너를 격하고 있는 세상에게 웃는 것은 아니리/너를 보고/너의 곁에 애처로울 만치 바싹 다가서서/내가 웃는 것은 세상을 향하여서가 아니라[…]그래서 나는 구태여 너에게로 더 한걸음 바싹 다가서서/그리움도 잊어버리고 웃는 것이다(「너는 언제부터 세상과 배를 대고 서기 시작했느냐」) *거위의 울음소리는/밤에도 여자의 호마노색 원피스를 바람에 나부끼게 하고/강물이 흐르게 하고/꽃이 피게 하고/웃는 얼굴을 더 웃게 하고(「거위 소리」) *실낱 같은 여름날이여/너무 간단해서 어처구니없이 웃는/너무 어처구니없이 간단한 진리에 웃는/너무 진리가 어처구니없이 간단해서 웃는/실낱 같은 여름 바람의 아우성이여(「꽃잎3」)

웃는다 *여편네와 아들놈을 데리고/낙오자처럼 걸어가면서/나는 자꾸 허허……웃는다//무위와 생활의 극점을 돌아서/나는 또 하나의 생활의 좁은 골목 속으로/들어서면서(「생활」) *날이 흐리고 풀이 눕는다/발목까지/발밑까지 눕는다/바람보다 늦게 누워도/바람보다 먼저 일어나고/바람보다 늦게 울어도/바람보다 먼저 웃는다(「풀」)

웃어라 *쇠꼭지보다도 허망한 생활이 균형을 잃을 때/酩酊한 정신이 명정을 찾듯이/너는 비로소 너를 찾고 웃어라(「지구의」)

웃으면서 *이번에는 우리가 의젓하게 그놈의 사진을 밑씻개로 하자/허허 웃으면서 밑씻개로 하자/껄껄 웃으면서 구공탄을 피우는 불쏘시개라도 하자(「우선 그놈의 사진을 떼어서 밑씻개로 하자」)

웃을 *장사를 할 때도 토목공사를 할 때도/여행을 할 때도 울 때도 웃을 때도/풋나물을 먹을 때도/시장에 가서 비린 생선 냄새를 맡을 때도(「하…… 그림자가 없다」) *〈히시야마 슈조〉의 낙엽이 생활인 것처럼/5·16 이후의 나의 생활도 생활이다/복종의 미덕!/사상까지도 복종하라!/일본의 〈진보적〉 지식인들이 이 말을 들으면 필시 웃을 것이다/─당연한 일이다(「轉向記」)

웃을까 *내가 〈오늘〉보다 더 깊이 떨어져야 할 것이다//그러나 사람들이 웃을까 보아/나는 적당히 넥타이를 고쳐 매고 앉아 있다/뮤즈여/너는 어제까지의 나의 세력(「바뀌어진 지평선」)

웃지 *모두가 거꾸로다─태연할 수밖에 없다 웃지 않을 수밖에 없다/조용히 우리들의 웃음을 웃지 않을 수 없다(「우리들의 웃음」) *덤핑 출판사의 일을 하는 무의식 대중을 웃지 마라/지극히 시시한 이 발견을 웃지 마라/비로소 충만한 이 한국문학사를 웃지 마라/저들의 고요한 숨길을 웃지 마라/저들의 무서운 방탕을 웃지 마라/이 무서운 낭비의 아들들을 웃지 마라(「이 한국문학사」)

웃음 웃는 일 또는 그런 소리나 표정. *웃음은 자기 자신이 만드는 것이라면 그것은 얼마나 서러운 것일까/푸른 목/귀여운 눈동자/진정 나는 기계주의적 판단을 잊고 시들어갑니다.[…]오랜 시간이 경과된 후에도/이 웃음만은 흔적을 남기고 있을 것이라고 믿는 것은/어리석은 일(「웃음」) *너는 언제부터 세상과 배를 대고 서기 시작했느냐/너와 나 사이에 세상이 있었는지/세상과 나 사이에 네가 있었는지/너무 밝아서 나는 웃음이 나온다[…]내가 웃는 것은 세상을 향하여서가 아니라/너를 보고 짓는 짓궂은 웃음인 줄 알아라(「너는 언제부터 세상과 배를 대고 서기 시작했느냐」) *나도 지나간 날에는 배우를 꿈꾸고 살던 때가 있었단다/무수한 웃음과 벅찬 감격이여 소생하여라/거리에 굴러다니는 보잘것없는 설움이여(「거리2」) *시장거리의 먼지 나는 길옆의/좌판 위에 쌓인 호콩 마마콩 명석의/호콩 마마콩이 어쩌면 저렇게 많은지/나는 저절로 웃음이 터져나왔다(「생활」) *너무 고요해서 잠에서 깨어나//내가 비는 것은/이 무한한 웃음의 가슴속에/그 얼음이 더 얼라는/내일의 呪符이었다(「凍夜」) *산 너머 민중이라고/산 너머 민중이라고/하여둡시다/민중은 영원히 앞서 있소이다/웃음이 나오더라도/눈 내리는 날에는/손을 묶고 가만히/앉아 계시오(「눈」(1961)) *우스운 것이 사람의 죽음이다/우스워하지 않고서 생각할 수 없는 것이 사람의 죽음이다/8월의 하늘은 높다/높다는 것도 이렇게 웃음을 자아낸다(「누이야 장하고나!」) *모두가 거꾸로다─태연할 수밖에 없다 웃지 않을 수밖에 없다/조용히 우리들의 웃음을 웃지 않을 수 없다(「우리들의 웃음」) *썩는 빛이 황금빛에 닮은 것이 순자야/너 때문이고/너는 내 웃음을 받지 않고/어린 너는 나의 전모를 알고 있는 듯/야아 순자야 깜찍하고나(「꽃잎3」)

웅장하다(雄壯─) 우람하고 으리으리하다.
웅장한 *그놈의 동상이 선 곳에는/민주주의의 첫 기둥을 세우고/쓰러진 성스러운 학생들의 웅장한/기념탑을 세우자/아아 어서어서 썩어빠진 어제와 결별하자(「우선 그놈의 사진을 떼어서 밑씻개로 하자」)

원 우리나라의 화폐 단위. 1원은 1전의 100배이다. 1962년 6월 10일부터 시행되었다. 기호는 ₩.

당대 백원짜리 화폐

*왜 나는 조그마한 일에만 분개하는가/저 왕궁 대신에 왕궁의 음탕 대신에/50원짜리 갈비가 기름덩어리만 나왔다고 분개하고[…]월남파병에 반대하는/자유를 이행하지 못하고/20원을 받으러 세 번씩 네 번씩/찾아오는 야경꾼들만 증오하고 있는가[…]동회 직원에게도 못하고/야경꾼에게 20원 때문에 10원 때문에 1원 때문에/우습지 않으냐 1원 때문에(「어느 날 고궁을 나오면서」) *그러나 덤핑 출판사의 20원짜리나 20원 이하의 고료를 받고 일하는/14원이나 13원이나 12원짜리 번역일을 하는/불쌍한 나나 내 부근의 친구들을 생각할 때/이 죽은 순교자

들을 어떻게 생각해야 하나(「이 한국문학사」) *집문서를 넣고 6부 이자로 10만 원을/물어 주기로 한 것이 이렇게 좋군//10만 원 중에서 5만 원만 줄까 3만 원만 줄까/하고 망설였지 당신보다도 내가 더 망설였지/5만 원을 무이자로 돌려보려고/피를 안 흘리려고 생전 처음으로 돈 가진 친구한테/정식으로 돈을 꾸러 가서 안 됐지(「이혼 취소」) *31일까지 준다고 한 3만 원//29일까지는 된다고 하고 그러나 넉넉잡고 내일까지 기다리라고 한 3만 원[…]우리 여편네는 들지 않은 백만 원짜리/계의 멤버로 인형을 만들어 파는 년이라나/이 3만 원을 달러 이자라도 내서 갚아 달라고 대드는 바람에[…]벌판이여 암흑의 바보의/장막이여 이 돈은 원은 10월 말일이/기한이고/…B만 원을 돌려 달라고 우리가 부탁한 친구가(「판문점의 감상」) *그는 그전처럼 욕도 하지 않았고/내 찻값까지 합해서 백 원을 치르고 나가는/그의 표정을 보고/나는 그가 필시 속으로는 나를 포기하고/있다는 것을 알았어(「H」) *모이 한 가마니에 430원이니/한 달에 12, 3만 환이 소리 없이 들어가고[…]아니 430원짜리 한 가마니면 이틀은 먹일 터인데/어떻게 된 셈이냐고 오늘 아침에도 뇌까렸다(「만용에게」) *나에게 30원이 여유가 생겼다는 것이 대견하다/나도 돈을 만질 수 있다는 것이 대견하다(「돈」) *그러나 덤핑 출판사의 20원짜리나 20원 이하의 고료를 받고 일하는/14원이나 13원이나 12원짜리 번역일을 하는/불쌍한 나나 내 부근의 친구들을 생각할 때/이 죽은 순교자들을 어떻게 생각해야 하나(「이 한국문학사」) *금성라디오 A 504를 맑게 개인 가을날/일수로 사들여 온 것처럼/500원인가를 깎아서 일수로 사들여 온 것처럼/그만큼 손쉽게/내 몸과 내 노래는 타락했다(「금성라디오」) *싯가 700원가량의 새 철사뭉치는 우리집의/양심의 가책이다/우리가 도적질을 한 것은 아니지만 우리가/훔친 거나 다름없다(「도적」) *밀용지 넉 장에/봉투 두 장을 4원에 사가지고 왔으니 알지 않겠소/이것이 편지를 쓰다 만 내력이오―꽉 막히는 구려(「美濃印札紙」)

원고(原稿) 인쇄하거나 발표하기 위하여 쓴 글이나 그림 따위. *술을 마시고 웃고 잡담하고/동정하고 진지한 얼굴을 하고/바쁘다고 서두르면서 일도 하고/원고도 쓰고 치부도 하고(「하…… 그림자가 없다」)

원고지(原稿紙) 원고를 쓰기 편리하게 만든 종이. 자수(字數) 계산이 편하도록 일정한 규격을 갖추고 있다. *일본의 〈진보적〉 지식인들은 소련한테는/욕을 하지 않는다고 한다 나도 얼마전까지는/흰 원고지 뒤에 낙서를 하면서/그것이 그럴듯하게 생각돼서/소련을 내심으로도 입밖으로도 두둔했었다(「轉向記」)

원근(遠近) ①멀고 가까움. ②먼 곳과 가까운 곳 또는 그곳의 사람. *벽 뒤로 퍼진 원근 속에/밤이/가벼웁게 개울을 갖고//개울은 달빛으로 얼음 위에/얼음을 놓았는데(「凍夜」)

원래(元來, 原來) 사물이 전하여 내려온 그 처음. *나는 원래가 약게 살 줄 모르는 사람이다/진실을 찾기 위하여 진실을 잊어버려야 하는/내일의 역설 모양으로/나는 자유를 찾아서 포로수용소에 온 것이고(「조국에 돌아오신 傷病捕虜 동지들에게」) *언어는 원래가 유치한 것이다/나도 그렇게 유치하게 되었다/그러니까 내가 그들을 사랑하지 않을 수가 없다/아아 모리배여 모리배여/나의 화신이여(「모리배」)

원리(原理) ①사물의 근본이 되는 이치. ②행위의 규범. ③기초가 되는 근거 또는 보편적 진리. *너무나 잘 아는/순환의 원리를 위하여/나는 피로하였고/또 나는/영원히 피로할 것이기에/구태여 옛날을 돌아보지 않아도/설움과 아름다움을 대신하여 있는 나의 긍지/오늘은 필경 긍지의 날인가 보다(「긍지의 날」)

원문(原文) 베끼거나 번역하거나 퇴고한 글에 대한 본래의 글. *담배를 피워 물지 않으면 아니 된다고 하였지만/나는 사실은 담배를 피울 겨를이 없이/여기까지 내리썼고/일기의 원문은 일본어로 씌어져 있다(「중용에 대하여」)

원수(怨讐) 원한이 맺힐 정도로 자기에게 해를 끼친 사람이나 집단. *4월의 햇빛이 떨어졌다/이런 때면 매년 이맘때쯤 듣는/병아리 우는 소리와/그의 원수인 쥐 소리를 혼동한다(「백지에서부터」) *노란 꽃을 주세요 원수를 지우기 위해서/노란 꽃을 주세요 우리가 아닌 것을 위해서/노란 꽃을 주세요 거룩한 우연을 위해서(「꽃잎2」)

원시(原始) ①시작하는 처음. ②처음 시작된 그대로 있어 발달하지 아니한 상태. *타당하니까 신·구의 교체식을 그 이튿날/꿈에까지 보이게 해서는 아니 된다/마지막 정적을 빼앗긴, 핏대가 난 나에게는/너희들의 儀式은 원시를 가리키고/노예매매를 연상시킨다(「제임스 띵」)

원인(原因) 어떤 사물이나 상태를 변화시키거나 일으키게 하는 근본이 된 일이나 사건. *향로인가 보다/나는 너와 같이 자기의 그림자를 마시고 있는 향로인가 보다//내가 너를 좋아하는 원인을/네가 지니고 있는 긴 역사였다고 생각한 것은 과오였다(「더러운 향로」) *그는 나같이 몸이 약하지 않은 점에 주요한 원인이 있겠지만/雷神보다 더 사나웁게 사람들을 울리고/뮤즈보다도 더 부드러웁게 사람들의 상처를 쓰다듬어준다(「백의」)

원자탄(原子彈) 원자핵이 분열할 때 생기는 에너지를 이용한 폭탄. 주로 쓰이는 원료로는 우라늄 235와 플루토늄 239이며, 1kg의 우라늄 235가 폭발하여 방출하는 에너지는 티엔티(TNT) 2만 톤이 폭발할 때의 에너지와 맞먹는다. 핵분열 때에 발생하는 방사선에 의한 방사선 장애, 열복사에 의한 화재와 화상, 충격파로 인한 파괴 따위가 일어난다. 휴대용의 대전차용과 방공 미사일용 탄두도 있고, 수소폭탄의 기폭 장치에도 쓴다. *베이컨의 『新論理學』을 읽어보게나/원자탄이나 유도탄은 너무 많아서/효과가 없으니까/인제는 다시 비수를 쓰는 법을 배우란 말일세(「만시지탄은 있지만」)

원작자(原作者) 처음에 지은 사람. *죄를 짓고 얼굴을 붉히고—/성속이 같다는 원효대사가/텔레비에 나온 것을 뉘우치지 않고/春園 대신의 원작자가 된다(「원효대사」)

원죄(原罪) ①죄를 용서하여 형을 더하지 아니함. ②기독교에서 인류의 시조인 아담과 하와가 선악과를 따 먹은 죄 때문에 모든 인간이 날 때부터 가지고 있다는 죄. *나에게는 약간의 경박성이 필요한 것이다/지혜의 왕자처럼/눈 하나 까딱하지 아니하고/도사리고 앉아서/나의 원죄와 회한을 생각하기 전에/너의 생리부터 해부하여 보아야겠다(「바뀌어진 지평선」)

원주(圓周) 일정한 점에서 같은 거리에 있는 점의 자취. *나의 생활의 圓周 위에 어느 날이고/늬가 서기를 바라고/나의 애정의 원주가 진정으로 위대하여지기 바라고//그리하여 이 공허한 원주가 가장 찬란하여지는 무렵/나는 또 하나 다른 유성을 향하여 달아날 것을 알고(「너를 잃고」)

원천(源泉) ①물이 흘러나오는 근원. ②사물의 근원. *피로들이 몇 배의 아름다움을 加하여 있을 때도/나의 원천과 더불어/나의 최종점은 궁지(「궁지의 날」)

원피스(영, one-piece) 윗옷과 아래옷이 붙어서 한 벌로 된 옷. 주로 여성복에 많다. *거위의 울음소리는/밤에도 여자의 호마노색 원피스를 바람에 나부끼게 하고/강물이 흐르게 하고(「거위 소리」)

원하다(願—) 장래에 무엇이 이루어지거나 얻게 되기를 바라거나 청하다.
  원하는 *손님으로 온 나는 이 집 주인과의 이야기도 잊어버리고/또 한번 팽이를 돌려주었으면 하고 원하는 것이다(「달나라의 장난」) *조화가 없어 아름다웠던 생활을 조화를 원하는 가슴으로 찾을 것은 아니로나/조화를 원하는 심장으로 찾을 것은 아니로나(「구슬픈 육체」) *평화와 조화를 원하는 것이/아닌 현실의 選手/백화가 만발한 언덕 저편에/부처의 心思 같은 굴뚝이 허옇고/그 위에서 내뿜는 연기는/얼핏 생각하면 우습기도 하다(「연기」)
  원하며 *어둠 속에 본 것은 청춘이었는지 대지의 진동이었는지/나는 자꾸 땅만 만지고 싶었는데/땅과 몸이 일체가 되기를 원하며 그것만을 힘삼고 있었는데(「구슬픈 육체」)
  원한다 *가을이 설사를 하려고 약을 먹는다/성과 윤리의 약을 먹는다 꽃을 거두어들인다//문명의 하늘은 무엇인가로 채워지기를 원한다(「설사의 알리바이」)

원한(怨恨) 억울하고 원통한 일을 당하여 응어리진 마음. *마당은 주인의 마음이 숨어 있지 않은 것처럼 安穩한데/나 역시 이 마당에 무슨 원한이 있겠느냐(「휴식」) *원한이 솟는 가슴속에서 발사되는/포탄은 어두운 하늘을 날아간다/빛이 없는 둥근 하늘에서는/검은 포탄의 꾸부러진 哭聲이/정신의 주변보다 더 간지러웁고(「조그마한 세상의 지혜」) *밀양에서 온 식모의 소박과 원한까지를 다 합해서/미안하지 않소(「美濃印札紙」)

원형(原型) ①같거나 비슷한 여러 개가 만들어져 나온 본바탕. ②옷감을 잘라 양복을 만들 때 그 밑그림의 바탕이 되는 본(本). ③여러 종류의 동식물 가운데 현존하는 생물의 근원으로 생각되는 모델. *너의 조상들이 우리의 조상과 함께/손을 잡고 超動物 세계 속에서 영위하던/자유의 정신의 아름다운 원형을/너는 또한 우리가 발견하고 규정하기 전에 가지고 있었으며(「헬리콥터」)

원활(圓滑) ①모난 데가 없고 원만함. ②거침이 없이 잘되어 나감. *너의 표피의 원활과 각도에 이기지 못하고 미끄러지는 나의 발을/나는 미워한다/방향은 애정(「네이팜 탄」)

원활하다(圓滑—) ①일이 거침이 없이 순조롭다. ②모나지 않고 부드럽다.

원활하게 *우리집에도 어저께는 무씨를 뿌렸다/원활하게 굽은 산등성이를 바라보며/나는 지금 간밤의 쓰디쓴 후각과 청각과 미각과 統覺마저 잊어버리려고 한다(「여름 아침」)

원효(元曉) 617~686. 신라의 승려. 세속의 성은 설(薛)이며 법명은 원효. 설총(薛聰)의 아버지이다. 신라의 승려로 당나라로 가는 유학길 중 간밤에 마신 물이 해골에 괸 물이었음을 알고 대오했다는 일화는 유명하다. 초개사를 건립하고, 불교경전을

원효

강해하는 등 평생 불교사상의 융합과 그 실천에 힘썼으며 정토교(淨土敎)의 선구자로서 한국 불교사상에 큰 발자취를 남겼다고 평가받는다. 저서로『대승기신론소(大乘起信論疏)』,『금강삼매경론(金剛三昧經論)』등 다수가 전해진다. ☞ 원효대사. *조바심을 하고 식모 아가씨나 가게/아가씨는 연애가 되나 하고/애타하고 원효의 염불 소리까지도/잊고―죄를 짓고 싶다//돌부리를 차듯 서투른 원효로/분

장한 놈이 돌부리를 차고 풀을/뽑듯 죄를 짓고 싶어 죄를/짓고 얼굴을 붉히고[…]텔레비 속의 텔레비에 취하/아아 원효여 이제 그대는 낡지/않았다 타동적으로 자동적으로/낡지 않았고//원효 대신 원효 대신 마이크로가/간다「제니의 꿈」의 허깨비가/간다 연기가 가고 연기가 나타나고/마술의 원효가 이리 번쩍(「원효대사」)

원효대사(元曉大師) 신라의 승려. 김수영의 시에서는 동양방송 TBC에서 방영한 드라마를 일컫는다. 최금동 각본, 서석주 연출, 박병호・주연・윤인자 출연의「원효대사」는 1967년 제작되었고 1967년 11월 8일부터 1968년 3월 27일까지 방영되었다. ☞ 원효. *聖俗이 같다는 원효대사가/텔레비에 텔레비에 들어오고 말았다[…]신이 나서 보는 것은 나 하나뿐이고/원효대사가 나오는 날이면/익살맞은 어린 놈은 활극이 되나 하고[…]성속이 같다는 원효대사가/텔레비에 나온 것을 뉘우치지 않고/春園 대신의 원작자가 된다//우주시대의 마이크로웨이브에 탄/원효대사의 민활성 바늘 끝에/묻은 죄와 먼지 그리고 모방[…]상징이 된다 성속이 같다는 원효/대사가 이런 기계의 영광을 누릴/줄이야(「원효대사」)

월간(月刊) 한 달에 한 번씩 정해 놓고 책을 발행하는 일. *그는 한국에 수입되어 가지고 완전한 고아가 되었고/거리에 흩어진 월간 대중잡지 위에 매월 그의 사진이 게재되어 왔을 뿐만 아니라/어느 삼류 신문의 사회면에는 간혹 그의 구제금 응모기사 같은 것이 나오고 있다(「백의」)

월남(越南) 베트남(Vietnam). 동남아시아 인도차이나 반도의 동부에 있는 나라. 인도차이나의 공화국. *그렇게 되면 미・소보다는/일본, 瑞西, 인도가 더 뻐젓하고/그보다도 한국, 월남, 대만은 No.1 country in the world/그런 나라에서 집권당이라면/얼마나 의젓한가(만시지탄은 있지만) *우리는 월남의 중립 문제니 새로 생긴다는 혁신정당 얘기를/하고 있었지만/아아 비겁한 민주주의여 안심하라(「H」)

월남인(越南人) 베트남 사람. *그러다가 드디어 나는 월남인이 되기까지도 했다/엉클 샘

에게 학살당한/월남인이 되기까지도 했다(「풀의 영상」)

월남파병(越南派兵) 국군파월(國軍派越). 한국이 베트남 전쟁에 국군을 파병한 일. 베트남 전쟁이 치열해지기 시작한 1964년부터 휴전협정이 조인된 1973년까지 8년에 걸쳐 자유 베트남을 돕기 위해 국군을 파견하였다. ✽언론의 자유를 요구하고 월남파병에 반대하는/자유를 이행하지 못하고(「어느 날 고궁을 나오면서」)

월남파병

월트 휘트먼(Whitman, Walt) 1819~1892. 미국의 시인. 뉴욕주 롱아일랜드 출생으로 주요 저서로는 『풀잎』(Leaves of Grass), 『자선일기 기타』 등이 있다. 불우한 가정환경의 영향으로 초등학교를 중퇴하여 인쇄공으로 일하면서 독학으로 교양을 쌓았으며 주로 신문 편집과 저널리스트로서 활동하였다. 그의 첫 시집이자 대표시집인 『풀잎』은 종래의 전통적 시형을 크게 벗어난 것으로서 미국의 적나라한 모습을 고스란히 받아들여 찬미한 것이었으며 점차로 예언자적인 시인으로 변모, 미국의 희망을 노래했다. ✽그는 재판관처럼 판단을 내리는 게 아니라 구제의 길이 없는 사물의 주위에 떨어지는 태양처럼 판단을 내린다― 월트 휘트먼(「미스터 리에게」)

위 ①어떤 기준보다 더 높은 쪽 또는 사물의 중간 부분보다 더 높은 쪽. ②길고 높은 것의 꼭대기나 그쪽에 가까운 곳. ③어떤 사물의 거죽이나 바닥의 표면. ④신분, 지위, 연령, 등급, 정도 따위에서 어떠한 것보다 더 높거나 나은 쪽. ⑤글 따위에서, 앞에서 밝힌 내용. ⑥강 따위의 물이 흘러가는 반대 방향이나 부분. ⑦시간적 순서가 앞에 오는 것. ⑧어떤 일이나 조건 따위에 의하여 특징지어지는 테두리나 범위. ⑨어떤 것의 바깥이나 이외. ✽어드메에 담기려고/칠흑의 壁板 위로/香烟을 찍어/白蓮을 무늬 놓는/이 밤 화공의 소맷자락 무거이 적셔/오늘도 우는/아아 짐승이냐 사람이냐.(「廟庭의 노래」) ✽나의 시절은 태양 속에/나의 사랑도 태양 속에/日蝕을 하고/첩첩이 무서운 晝夜/애정은 나뭇잎처럼/기어코 떨어졌으면서/나의 손 위에서 신음한다(「愛情遲鈍」) ✽여미지 못하는 생각 위에/여밀 수 없는 부탁이여/차라리 죽순같이 자라는 대로 맡겨두련다[…]내가 너의 머리 위에/너를 대신하여/벼락과 천둥을 때리는 날까지/터전이 없으면 나의 머리 위에라도/잠시 이고 다니며 길러야 할/너는 불행하기 짝이 없는 죽순이다(「付託」) ✽꽃같이 사랑하는 무수한 동지들과 함께/꽃같은 밥을 먹었고/꽃같은 옷을 입었고/꽃같은 정성을 지니고/대한민국의 꽃을 이마 위에 동여매고 싸우고 싸우고 싸워왔다(「조국에 돌아오신 傷病捕虜 동지들에게」) ✽나의 생활의 圓周 위에 어느 날이고/늬가 서기를 바라고/나의 애정의 원주가 진정으로 위대하여지기 바라고(「너를 잃고」) ✽물소리 빗소리 바람소리 하나 들리지 않는 곳에/나란히 옆으로 가로 세로 위로 아래로 놓여 있는 무수한 꽃송이와 그 그림자[…]사실은 벌써 滅하여 있을 너의 꽃잎 위에/이중의 봉오리를 맺고 날개를 펴고/죽음 위에 죽음 위에 죽음을 거듭하리/구라중화(「九羅重花」) ✽내가 사는 지붕 위를 흘러가는 날짐승들이/울고 가는 울음소리에도/나는 취하지 않으련다[…]내가 있는 방 위에 와서 앉거나/또는 그의 그림자가 혹시나 떨어질까 보아 두려워하는 것도/나는 아무 것에도 취하여 살기를 싫어하기 때문이다[…]나의 얇은 지붕 위에서 솔개미같은/사나운 놈이 약한 날짐승들이 오기를 노리면서 기다리고/더운 날과 추운 날을 가리지 않고/늙은 버섯처럼 숨어 있기 때문에도 아니다[…]나야 늙어가는 몸 위에 하잘것없이 앉아있으면 고만이고/너는 날아가면 고만이지만/잠시라도 나는 취하는 것이 싫다는 말이다(「도취의 피안」) ✽흐르는 시간 속에 이를테면 푸른 옷이 걸리고 그 위에/반짝이는 별같이 흰 단추가 달려있고[…]이 밤이 기다리는 고요한 思想마저/나는 초연히 이것을 시간 위에 얹고/어려운 몇 고비를 넘어가는 기술을 알고 있나니(「방안에서 익어가는 설움」) ✽검은 철을 깎아 만든/고궁의 흰 지댓돌 위의/더러운 향로 앞으로 걸어가서/잃어버린 愛兒를 찾은 듯이/너의 거룩한 머리를 만지면서/우는 날이 오더라도(「더러운 향로」) ＊오늘이 있듯이 그날이 있는/두 겹 절벽 가운데에서/오늘은 오늘을 담당하지 못하니/너의 가슴 위에서는/나 대신 값없는 낙엽이라도 울어줄 것이다(「나비의 무덤」) ＊나의 두 어깨는 꺼부러지고/영사판 위에 비치는 길 잃은 비둘기와 같이 가련하게 된다[…]영사판 위의 모오든 검은 현실이 저마다 색깔을 입고/이미 멀리 달아나버린 비둘기의 두 눈동자에까지/붉은 광채가 떠오르는 것을 보다//영사판 양편에 하나씩 서 있는/설움이 합쳐지는 내 마음 위에(「영사판」) ＊1950년 7월 이후에 헬리콥터는/이 나라의 비좁은 산맥 위에 자태를 보이었고/이것이 처음 탄생한 것은 물론 그 이전이지만/그래도 제트기나 카고보다는 늦게 나왔다[…]더 넓은 전망이 필요 없는 이 무제한의 시간 위에서/산도 없고 바다도 없고 진흙도 없고 진창도 없고 미련도 없이(「헬리콥터」) ＊고요한 마당 위에서/나는 나를 속이고 역사까지 속이고/구태여 낯익은 하늘을 보지 않고/구렁이같이 태연하게 앉아서/마음을 쉬다(「휴식」) ＊그러나 어디를 가보나/그의 머리 위에 반드시 窓이 달려 있는 것은/죄악이 아니겠느냐(「수난로」) ＊내가 일 위에 앉아 있는 듯이/그러나 필경 내가 일을 끌고 가는 것이다[…]벽 위에 걸어놓은 지도가/한없이 푸르다/이 푸른 바다와 산과 들 위에/화려한 태양이 날개를 펴고 걸어가는 것이다(「거리1」) ＊사막의 한 끝을 찾아가는 먼 나라의 외국 사람처럼 나는 어디로 가야 할지 모르겠다//지금은 이 번잡한 현실 위에 하나하나 환상을 붙여서 보지 않아도 좋다(「거리2」) ＊평화와 조화를 원하는 것이/아닌 현실의 選手/백화가 만발한 언덕 저편에/부처의 心思 같은 굴뚝이 허옇고/그 위에서 내뿜는 연기는/얼핏 생각하면 우습기도 하다(「연기」) ＊나에게는 약간의 경박성이 필요하다/물 위를 날아가는 돌팔매질—/아슬아슬하게/세상에 배를 대고 날아가는 정신이여(「바꿔어진 지평선」) ＊4면의 신문 위에 6호 활자가 몇천 개 박혀 있는지 모르지만 너의 상상에서는 실제의 수십 배는 담겨 있으리라[…]큰 아름드리나무에 박힌 옹이처럼 너는 네가 한 신문기사를 매일 아침 게시판 위에서 찾아보는 버릇이 너도 모르게 어느덧 생기고 말았다[…]아무도 모르고 너 혼자만이 아는/네가 쓴 기사 위에/황홀히 너를 찾아보는 아침이여[…]네가 이 두 시간의 중간 위에 서있는 것이라고 해서/어려운 휴식(「기자의 정열」) ＊이다지 낡아빠진 생활을 하는 것은 아니리라/먼지 낀 잡초 위에/잠자는 구름이여/고생도 마음대로 할 수 없는 세상에서는/철 늦은 거미같이 존재 없이 살기도 어려운 일(「구름의 파수병」) ＊일한다는 의미가 없어져도 좋다는 듯이 구수한 벗이 있는 곳/너는 나와 함께 못난 놈이면서도 못난 놈이 아닌데/쓸데없는 도면 위에 글자만 박고 있으면 어떻게 하리(「사무실」) ＊뜨거워질 햇살이 산 위를 걸어내려온다/가장 아름다운 이기적인 시간 위에서/나는 나의 검게 타야 할 정신을 생각하며/구별을 용서하지 않는/밭고랑 사이를 무겁게 걸어간다(「여름 아침」) ＊그는 한국에 수입되어 가지고 완전한 고아가 되었고/거리에 흩어진 월간 대중잡지 위에 매월 그의 사진이 게재되어 왔을 뿐만 아니라/어느 삼류 신문의 사회면에는 간혹 그의 구제금 응모기사 같은 것이 나오고 있다(「백의」) ＊주검에 全面 같은 너의 얼굴 위에/용이 있고 落日이 있다/무엇보다도 먼저 끊어야 할 것이 설움이라고 하면서/병풍은 허위의 높이보다도 더 높은 곳에(「병풍」) ＊눈은 살아 있다/떨어진 눈은 살아 있다/마당 위에 떨어진 눈은 살아 있다//기침을 하자/젊은 시인이여 기침을 하자/눈 위에 대고 기침을 하자(「눈」(1956)) ＊사람이 지나간 자국 위에 서서 부르짖는 것은/개와 도회의 詐欺師뿐이 아니겠느냐[…]능금을 먹는 아이들의 머리 위에서/설명이 필요하지 않은 희열 위에서/40년간의 조판 경험이 있는 근시안의 노직공의 가슴속에서/가장 심각한 나의 우둔 속에서/새로운 목표는 이미 나타나고 있었다(「영롱한 목표」) ＊애타도록 마음에 서둘지 말라/강물 위에 떨어진 불빛처럼/혁혁한 업적을 바라지 말라/개가 울고 종이 들리고 달이 떠도/너는 조금도 당황하지 말라(「봄밤」) ＊소리없이 기고 소리없이 날으다가/되돌아오고 되돌아가는 무수한 하루살이/—그러나 나의 머리 위의 천장에서는 너의 소리가 들린다—/하루살이의 反覆이여(「하루살이」) *나무여 영혼이여/가벼운 참새같이 나는 잠시 너의/흥하지 않은 가지 위에 피곤한 몸을 앉힌다(「서시」) *시내 위에 떨어지는 빗방울을 보셨나요/그것보다도 흔적이 더 없는 내어버린 자아도//하하! 우주의 비밀을/아니/비밀은 비밀을 먹는 것인가요(「靈交日」) *국화꽃은 밤이면 더 한층 아름답게 이슬에 젖는데/올 겨울에도 산 위의 초라한 나무들을 뿌리만 간신히 남기고 살살이 갈라갈 동네아이들……(「꽃」) *鷄舍 위에 울리는 곡괭이 소리/동물의 교향곡/잠을 자면서 머리를 식히는 사색가/—모든 곳에 너무나 많은 움직임이 있다(「비」) *아가야 아가야/기저귀 위에는 나일론 종이까지 감겨져 있네/엄마는/바지가 젖는 것이 무서웁단다(「자장가」) *시장거리의 먼지 나는 길옆의/좌판 위에 쌓인 호콩 마마콩 멍석의/호콩 마마콩이 어쩌면 저렇게 많은지(「생활」) *하얗게 마른 마루틈 사이에서/검은 바람이 들어온다고 외쳐라/너의 머리 위에/너의 몸을 반쯤 가려주는 길고/멋진 양철 차양이 있다고 외쳐라(「가옥 찬가」) *온돌 위에 서 있는 빌딩/하늘 위에 서 있는 꽃 위에로/하늘에서 내려오는 연령의 여유/시도 그런 여유에는 대항할 수 없고/지혜는 일어서 있는 너의 얼굴(「반주곡」) *나는 왜 이다지도 피로에 집착하고 있는가/기적소리는 문명의 밑바닥을 가고/형이상학은 돈지갑처럼/나의 머리 위에서 떨어진다(「싸리꽃 핀 벌판」) *개울은 달빛으로 얼음 위에/얼음을 놓았는데//너무 고요해서 잠에서 깨어나/내가 비는 것은/이 무한한 웃음의 가슴속에/그 얼음이 더 얼라는/내일의 呪符이었다(「凍夜」) *나는 어느 날 뒷골목의 발코니 위에 나타난/생활에 얼이 빠진 여인의 모습을 다방의 창 너머로 瞥見하였기 때문에/다음과 같은 쪽지를 미스터 리한테 적어놓고/시골로 떠났다(「미스터 리에게」) *쨔키야! 너는 빨리 말을 달려/저기 돈보따리를 들고 달아나는 놈을 잡아라/죤! 너는 저 산 위에 올라가 망을 보아라(「나는 아리조나 카보이야」) *너희들 미국인과 소련인은 하루바삐 나가다오/말갛게 행주질한 비어홀의 카운터에/돈을 거둬들인 카운터 위에/적막이 오듯이/혁명이 끝나고 또 시작되고[…]지금 명수 할버이가 명석 위에 넘어져 자고 있는 동안에/가다오 가다오(「가다오 나가다오」) *난간 아래 등나무/넝쿨장미 위의 등나무/등꽃 위의 등나무/우물 옆의 등나무/우물 옆의 등꽃과 활련/그리고 철자법을 틀린 시/철자법을 틀린 인생/이슬, 이슬의 합창이다(「등나무」) *오도배지 천장지, 다색 백색 청색의 모란꽃이/茶色의 主色 위에 탐스럽게 피어있는 천장지/아니 그건 천장지가 아냐 (벽지지!)(「마케팅」) *나는 이 우중충한 막걸리 탁상 위에서/경험과 역사를 너한테 배운다/무식한 것이 그것들이니까—(「滿洲의 여자」) *미곡창고 지붕에도 달려 있는/썩은 공기 나가는 지붕 위의 지붕만 있으면 돼/〈돼〉가 긍정에서 의문으로 돌아갔다(「장시1」) *두 뙈기의 차밭 옆에는 역시 두 뙈기의/채소밭이 있다 김장 무나 배추를 심었을/인습적인 분가루를 칠한 밭 위에/나는 걸핏하면 개똥을 갖다 파묻는다(「반달」) *나는 아직도 앉는 법을 모른다/어쩌다 셋이서 술을 마신다 둘은 한 발을 무릎 위에 얹고/도사리지 않는다 나는 어느새 남쪽식으로/도사리고 앉았다(「거대한 뿌리」) *미역국 위에 뜨는 기름이/우리의 역사를 가르쳐준다 우리의 환희를/풀 속에서는 노란 꽃이 지고 바람소리가 그릇 깨지는/소리보다 더 서걱거린다(「미역국」) *아무래도 나는 비켜서 있다 절정 위에는 서 있지/않고 암만해도 조금쯤 옆으로 비켜서 있다(「어느 날 고궁을 나오면서」) *집에는 差押을 해온 파일오버가 있는데도/배자 위에 얄따란 검정 오버를 입고/사흘 전에 술에 취해 흘린 가래침 자국(「네 얼굴은」) *신성을 지키는 시인의 자리 위에 또 하나/넓은 자리가 있었던 것을 자식한테/가르쳐주지 않은 죄(「VOGUE야」) *사랑의 음식이 사랑이라는 것을 알 때까지//난로 위에 끓어오르는 주전자의 물이 아슬/아슬하게 넘지 않는 것처럼 사랑의 節度는/열렬하다/間斷도 사랑(「사랑의 변주곡」) *너는 어린애가 아님을/너는 어른도 아님을/꽃도 장미도 어제 떨어진 꽃잎도/아니고/떨어져 물 위에서 썩은 꽃잎이라도 좋고(「꽃잎3」) *증오가 가고 이슬이 번쩍이고/음악이 오고 변화의 시작이 오고/변화의 끝이 가고 땅 위를 걷고 있는/발자국소리가 가슴을 펴고 웃고(「먼지」) *의자가 많아서 걸린다 테이블도 많으면/걸린다 테이블 밑에 가로질러 놓은/엮음대가 걸리고 테이블 위에 놓은/미제 磁器 스탠드가 울린다(「의자가 많아서 걸린다」)

위대감(偉大感) 도량이나 업적 따위가 크게 뛰어나고 훌륭하다고 느끼는 감정. *그렇지만/구차한 나의 머리에/성스러운 鄕愁와 우주의 위대감을 담아주는 삽시간의 자극을/나의 가족들의 기미 많은 얼굴에 비하여 보아서는 아니 될 것이다(「나의 가족」)

위대성(偉大性) 도량이나 업적 따위가 크게 뛰어나고 훌륭한 성질. *그러나 이 초점을 바라고 보는 것이 아니다/낭만적 위대성을 잊어버린 지 오랜 네가 인류를 위하여 산다는 것도 거짓말에 가까운 것이지만/그래도 누가 읽어줄지 모르는 신문 한구석에 너의 피가 어리어 있는 것이 반가워서 보고 있는 것인가(「기자의 정열」)

위대하다(偉大—) 도량이나 업적 따위가 크게 뛰어나고 훌륭하다.
　위대하여지기 *나의 생활의 圓周 위에 어느 날이고/늬가 서기를 바라고/나의 애정의 원주가 진정으로 위대하여지기 바라고(「너를 잃고」)
　위대한 *조용하고 늠름한 불빛 아래/가족들이 저마다 떠드는 소리도/귀에 거슬리지 않는 것은/내가 그들에게 숯靈을 맡긴 탓인가/내가 지금 순한 고개를 숙이고/온 마음을 다하여 즐기고 있는 서책은/위대한 고대 조각의 사진(「나의 가족」) *만사에 여유가 있어야 하지만/위대한 〈개헌〉 헌법에 발을 맞추어 가자면/여유가 있어야지(「만시지탄은 있지만」) *오늘밤 우리의 현대문학사의 변명을 얻었다/이것은 위대한 힌트가 아니니만큼 좋다/또 내가 〈시시한〉 발견의 편집광이라는 것도 안다[…] 김유정처럼 그밖의 위대한 선배들처럼 거짓을 하면서/소설에 골몰한 사람도 없다……(「이 한국문학사」) *봄베이도 뉴욕도 서울도 마찬가지다/신념보다도 더 큰/내가 묻혀 사는 사랑의 위대한 도시에 비하면/너는 개미이냐(「사랑의 변주곡」)

위령제(慰靈祭) 죽은 사람의 영혼을 위로하기 위하여 지내는 제사. *四・一九殉國學徒慰靈祭에 붙이는 노래. 작품 부제목임(「祈禱」)

위병실(衛兵室) 부대나 숙영지 따위의 경비와 순찰의 임무를 맡은 병사가 근무하는 곳. 대개 부대 정문에 설치한다. *군대란 군대에서 장학사의 집에서/관공리의 집에서 경찰의 집에서/민주주의를 찾은 나라의 군대의 衛兵室에서 사단장실에서 정훈감실에서(「우선 그놈의 사진을 떼어서 밑씻개로 하자」)

위스키(영, whiskey) 보리, 밀, 수수 따위의 맥아에 효모를 넣어 발효시킨 후 이를 증류하여 만든 술. 알코올 함량은 41~61%이며 영국산 스카치위스키가 세계적으로 유명하다. *당신이 사준 북어와 오징어와 2등차표와/경포대의 선물과 도리스 위스키와 라스베리 잼에 대해서/미안하지 않소(「美濃印札紙」)

위안(慰安) 위로하여 마음을 편하게 함 또는 그렇게 하여 주는 대상. *위안이 되지 않는 시를 쓰는 시인을 건져주기 전에/신이여/그 사나이의 눈초리를 보셨나요/잊어버려야 할 그 눈초리를(「靈交日」)

위정자(爲政者) 정치를 하는 사람. *이래도/그대들은 유구한 公序良俗 정신으로/위정자가 다 잘해줄 줄 알고만 있다(「육법전서와 혁명」)

위치(位置) ①일정한 곳에 자리를 차지함 또는 그 자리. ②사회적으로 담당하고 있는 지위나 역할. *나는 그들의 용감성과 또 그들의 어마어마한 戰果에 대하여 말하는 것이 아니라/그들이 싸워온 독특한 위치와 세계사적 가치를 말하는 것입니다(「조국에 돌아오신 傷病捕虜 동지들에게」)

위태롭다(危殆—) 어떤 형세가 마음을 놓을 수 없을 만큼 위험한 듯하다.
　위태로운 *내일의 행동이 먼지를 쓰고 있다/위태로운 일이라고 落盤의 신호를/올릴 수도 없고 찻잔에 부딪치는/차숟가락만한 쇳소리도 안 들리고(「먼지」)

위하다(爲—) ①어떤 사람이나 사물을 사랑하거나 소중히 여기다. ②공경하여 말씨를 존대하다. ③일정한 목적이나 행동을 이루려고 생각하다. ④이롭게 하려고 생각하다.
　위하여 *너도 나도 스스로 도는 힘을 위하

여/공통된 그 무엇을 위하여 울어서는 아니 된다는 듯이(「달나라의 장난」) *부끄러움을 더 한층 뜻있게 하기 위하여(「付託」) *진실을 찾기 위하여 진실을 잊어버려야 하는/내일의 역설 모양으로(「조국에 돌아오신 傷病捕虜 동지들에게」) *늬가 없이 사는 삶이 보람 있기 위하여 나는 돈을 벌지 않고(「너를 잃고」) *나와 나의 겨울을 한층 더 무거운 것으로 만들기 위하여(「도취의 피안」) *잊어버린 생활을 위하여 불을 켜서는 아니 될 것이지만(「구슬픈 육체」) *너무나 잘 아는/순환의 원리를 위하여[…]내가 살기 위하여/몇 개의 번개 같은 환상이 필요하다 하더라도/꿈은 교훈(「긍지의 날」) *무한히 망설이는 이 마음은 어둠과 절망의 어제를 위하여/사는 것이 아니고(「거리 2」) *煙氣는 누구를 위하여 일을 하는 것도 아니다(「연기」) *창조를 위하여/방향은 현대—(「네이팜 탄」) *그래도 날개 돋친 마음을 위하여/너와 같이 걸어간다(「바뀌어진 지평선」) *낭만적 위대성을 잊어버린 지 오랜 네가 인류를 위하여 산다는 것도 거짓말에 가까운 것이지만(「기자의 정열」) *크레인의 강철보다 더 강한 익어가는 황금빛을 꺾기 위하여(「여름 뜰」) *죽음을 잊어버린 영혼과 육체를 위하여(「눈」(1956)) *길고긴 오늘밤에 나의 사치를 받기 위하여(「사치」)

위하여서 *생후의 토끼가 살기 위하여서는(「토끼」) *타락한 오늘을 위하여서는/내가 〈오늘〉보다 더 깊이 떨어져야 할 것이다(「바뀌어진 지평선」) *없어지는 자체를 보기 위하여서만 불을 켠 것도 아닌데(「구슬픈 육체」)

위하여서였다 *당신을 찾아갔다는 것은 현실을 직시하기 위하여서였다(「말」(1958))

위한 *또한 나의 죄악을 가리기 위하여 독자의 눈을 가리고 입을 봉하기 위한 연명을 위한 阿諛도 아니다(「조국에 돌아오신 傷病捕虜 동지들에게」) *연기의 정체는 없어지기 위한 것이다(「연기」) *물에 빠지지 않기 위한/생활이 비겁하다고 경멸하지 말아라(「바뀌어진 지평선」) *죽음을 위한 말 죽음에 섬기는 말(「말」(1964)) *언어가 죽음의 벽을 뚫고 나가기 위한/숙제는 오래된다이 숙제를 노상 방해하는 것이(「설사의 알리바이」) *아들아 너에게 狂信을 가르치기 위한 것이 아니다(「사랑의 변주곡」)

위해서 *瓦斯의 정치가여/너는 활자처럼 고웁다/내가 옛날 아메리카에서 돌아오던 길/뱃전에 머리 대고 울던 것은 여인을 위해서가 아니다(「아메리카 타임 誌」) *그것은 자유를 찾기 위해서의 여정이었다(「조국에 돌아오신 傷病捕虜 동지들에게」) *무서워서 편리해서 살기 위해서/빨갱이라고 할까 보아 무서워서/돈을 벌기 위해서는 편리해서/가련한 목숨을 이어가기 위해서(「우선 그놈의 사진을 떼어서 밑씻개로 하자」) *자유를 위해서/비상하여 본 일이 있는/사람이면 알지(「푸른 하늘을」) *그러나 나는 오늘 아침의 때묻은 혁명을 위해서(「중용에 대하여」) *지구와 우주를 진행시키기 위해서/어서어서 진행시키기 위해서(「伏中」) *鄭炳一—그놈은 내심과 정반대되는 행동만을/해왔고, 그것은 가족들을 먹여살리기 위해서였다(「적」) *한번 정정당당하게/붙잡혀간 소설가를 위해서(「어느 날 고궁을 나오면서」) *나는 옷을 벗는다 엉클 샘을 위해서(「풀의 영상」) *꽃을 주세요 우리의 고뇌를 위해서/꽃을 주세요 뜻밖의 일을 위해서/꽃을 주세요 아까와는 다른 시간을 위해서[…] 노란 꽃을 주세요 원수를 지우기 위해서/노란 꽃을 주세요 우리가 아닌 것을 위해서/노란 꽃을 주세요 거룩한 우연을 위해서(「꽃잎2」) *이 모든 무수한 반동이 좋다/이 땅에 발을 붙이기 위해서는(「거대한 뿌리」) *그러나 이렇게 써도 내가 반공산주의자가/아니 되기 위해서는 그날까지 이 엉성한/조악한 방송들이 어떻게 돼야 하고(「라디오 계」) *아내여 화해하자 그대가 흘리는 피에 나도/참가하게 해다오 그러기 위해서만/이혼을 취소하자(「이혼 취소」) *배가 모조리 설사를 하는 것은 머리가 설사를/시작하기 위해서다(「설사의 알리바이」)

위협(威脅) 힘으로 으르고 협박함. *벙어리 벙어리 벙어리/식모도 벙어리 나도 벙어리/모든 게 중단이다 소리도 思念도 죽어라/중단이다 명령이다/부정기적인 중단/부정기적인 위협(「피아노」)

위협감(威脅感) 위협을 느끼는 감정. *제임

스 띵의 위협감은, 이상한 지방색 공포감은/자유당 때와 민주당 때와 지금의 惡政의 구별을 말살하고/靜寂을 빼앗긴, 마지막 정적을 빼앗긴/나를 몰아세운다(「제임스 띵」)

윗호주머니(一胡一) 상의의 일정한 곳에 헝겊을 달거나 덧대어 돈, 소지품 따위를 넣도록 만든 부분. ☞ 위, 호주머니. *그 후부터는/아리랑을 피우고/와이셔츠 윗호주머니에는 한사코 색수건을 꽂아 뵈는 이유,/모르지?(「모르지?」) *윗호주머니나 혹은 속호주머니에 들은/치부책 노릇을 하는 종이쪽/그러나 돈은 없다(「후란넬 저고리」)

유구하다(悠久一) 연대가 아득히 길고 오래되다. 유원(悠遠)하다.

유구하고 *옹졸한 나의 전통은 유구하고 이제 내 앞에 情緖로/가로놓여 있다(「어느 날 고궁을 나오면서」)

유구한 *달걀값은 여전히 영하28환인데//이래도/그대들은 유구한 公序良俗 정신으로/위정자가 다 잘해 줄 줄 알고만 있다(「육법전서와 혁명」)

유년(幼年) 어린 나이나 때 또는 어린 나이의 아이. *모든 것을 제압하는 생활 속의/애정처럼/솟아오른 놈//(유년의 기적을 잃어버리고/얼마나 많은 세월이 흘러갔나)(「생활」)

유도(幽島) 흔히 병풍에 그리는 산수화에 안개에 싸여 그윽한 풍취를 드러내는 섬을 일컫는 말. *병풍은 허위의 높이보다도 더 높은 곳에/飛爆을 놓고 幽島를 점지한다/가장 어려운 곳에 놓여 있는 병풍은/내 앞에 서서 주검을 가지고 주검을 막고 있다(「병풍」)

유도탄(誘導彈) 무선, 레이더, 적외선 따위의 유도에 따라 목표물에 닿아서 폭발하도록 만든 포탄이나 폭탄. 대개 핵탄두 따위의 탄두를 장비하고 로켓이나 제트 엔진에 의하여 발사, 추진된다. 추진 방식, 사정 거리, 발사 방법 따위에 따라 여러 종류가 있다. *네이팜 탄은 최근 미국에서 새로 발명된 유도탄이다.(「네이팜 탄」의 주석) *베이컨의 『新論理學』을 읽어보게나/원자탄이나 유도탄은 너무 많아서/효과가 없으니까/인제는 다시 비수를 쓰는 법을 배우란 말일세(「만시지탄은 있지만」)

유리(琉璃) 석영, 탄산소다, 석회암을 섞어 높은 온도에서 녹인 다음 급히 냉각하여 만든 물질. 투명하고 단단하며 잘 깨진다. *이발소의 화롯가에 연분홍빛 화로/깨어진 유리에 종이를 바르고/그 언 유리에 비친 내 얼굴이 제임스 띵같이/되기까지 내가 겪은, 내가 겪을/고뇌는 무한이다[…]정정이 필요 없는/겨울의 꿈 깨어진 유리의 제임스 띵/이제는 죽어서 불을 쬐인다(「제임스 띵」)

유리문(琉璃門) 유리를 낀 문. *찬장이 울린다 유리문이 울리고 그 속에/넣어둔 노리다케 반상 세트와 글라스가/울린다[…]책을 꺼내는 게 아니라/먼지를 꺼내는데도 유리문을 열고/육중한 유리문이 열릴 때마다 울리고/울려지고 돌고 돌려지고(「의자가 많아서 걸린다」)

유리창(琉璃窓) 유리를 낀 창. *그의 사진은 이 맑고 넓은 아침에서/또 하나 나의 팔이 될 수 없는 비참이오/행길에 얼어붙은 유리창들같이/시계의 열두시같이/재차는 다시 보지 않을 편력의 역사……(「아버지의 사진」) *음탕할 만치 잘 보이는 유리창/그러나 나는 너를 통하여 아무것도/보지 않고 있는지도 모른다[…]유리창이여/너는 언제부터 세상과 배를 대고 서기 시작했느냐(「너는 언제부터 세상과 배를 대고 서기 시작했느냐」)

유리창문(琉璃窓門) ☞ 유리창. *조그만 눈을 민첩하게 움직이면서 미소를/띄우고 섰지만/나의 고삐를 잃은 백마에 당할 리가 없다//그와 내가 대결하고 있는 깨진 유리창문 밖에서는/新舊의 두 놈이 마적의 동생처럼/떨고 있다(「제임스 띵」)

유물론(唯物論) 만물의 근원을 물질로 보고, 모든 정신 현상도 물질의 작용이나 그 산물이라고 주장하는 이론. 이 학설은 고대 그리스의 원자론에서 비롯하였으며, 근대의 기계적, 자연 과학적 또는 변증법적 유물론에 이르렀다. *VOGUE야 넌 잡지가 아냐/섹스도 아냐 유물론도 아냐 선망조차도/아냐—선망이란 어지간히 따라갈 가망성이 있는/상대자에 대한 시기심이 아니냐, 그러니까 너는/선망도 아냐(「VOGUE야」)

유부우동(일, 油腐うどん) 두부를 얇게 썰어 기름에 튀긴 것을 넣은 가락국수. *유부우동 먹고 있는 것을 보다가 생각한 것/아냐. 그때

는 빌려드리려고 했어(「엔카운터 誌」)
유선(有線) 통신이나 교통 따위에서, '전선(電線)을 사용함'을 이르는 말. *有線 합승자동차에도 양계장에도 납공장에도/미곡창고 지붕에도 달려 있는/썩은 공기 나가는 지붕 위의 지붕만 있으면 돼(「장시1」)
유성(流星) ①지구의 대기권 안으로 들어와 빛을 내며 떨어지는 작은 물체. ②중심 별의 강한 인력의 영향으로 타원 궤도를 그리며 중심별의 주위를 도는 천체. 스스로 빛을 내지 못하고, 중심 별의 빛을 받아 반사한다. *그리하여 이 공허한 원주가 가장 찬란하여지는 무렵/나는 또 하나 다른 유성을 향하여 달아날 것을 알고//이 영원한 숨바꼭질 속에서/나는 또한 영원히 늬가 없어도 살 수 있는 날을 기다려야 하겠다(「너를 잃고」)
유순하다(柔順—) 성질하고 부드럽고 순하다.
  유순한 *차라리 위대한 것을 바라지 말았으면/유순한 가족들이 모여서/죄 없는 말을 주고받는/좁아도 좋고 넓어도 좋은 방안에서/나의 위대한 所在를 생각하고 더듬어보고 짚어보지 않았으면(「나의 가족」)
유심히(有心—) 마음을 한 곳으로 쏟으며, 주의 깊이. *만약에 나라는 사람을 유심히 들여다본다고 하자/그러면 나는 내가 詩와는 반역된 생활을 하고 있다는 것을 알 것이다(「구름의 파수병」)
유아(幼兒) ①생후 1년부터 만6세까지의 어린아이. ②어린아이. *범람도 예측 범람은 화려 공포는 화려/공포와 노인은 동일 공포와 노인과 유아는 동일……/예측만으로 그치면 돼(「장시1」)
유유히(悠悠—) ①태연하고 느긋이, 침착하고 여유가 있게. ②느릿느릿하고 한가하게. ③아득히 멀리. *오고가는 것이 직선으로 혹은 대각선으로 맞닥뜨리는 것 같은 속에서/나의 설움은 유유히 자기의 시간을 찾아갔다(「방안에서 익어가는 설움」)
유일하다(唯——) 오직 하나밖에 없다.
  유일한 *터전이 없으면 나의 머리 위에라도/잠시 이고 다니며 길러야 할/너는 불행하기 짝이 없는 죽순이다//유일한 시간을 연상시키는/만만하지 않은 부탁과 죽순이 자라노니라(「付託」) *이 어두운 신은 밤에도 외출을 못하고 자기의 영토를 지킨다—유일한 희망은 겨울을 기다리는 것이다(「수난로」) *그리운 것은 내 귓전에 붙어 있는 보이지 않는 젤라틴 紙—나에게 남아 있는 유일한 재산처럼/외계의 소리를 여과하고 채색해서/숙제처럼 나를 괴롭히고 보호한다(「장시2」)
유자철망(有刺鐵網) 가시를 단 철사를 그물 모양으로 얼기설기 엮어 놓은 물건 또는 그것을 둘러친 울타리. *진실을 찾기 위하여 진실을 잊어버려야 하는/내일의 역설 모양으로/나는 자유를 찾아서 포로수용소에 온 것이고/자유를 찾기 위하여 有刺鐵網을 탈출하려는 어리석은 동물이 되고 말았다(「조국에 돌아오신 傷病捕虜 동지들에게」)
유적(油滴) 기름 방울. *기회와 油滴 그리고 능금/올바로 정신을 가다듬으면서/나는 수없이 길을 걸어왔다/그리하여 응결한 물이 떨어진다/바위를 문다(「아메리카 타임 誌」)
유중사(—中士) 유씨 성을 가진 중사(中士). '중사'는 국군의 하사관 계급의 하나. 상사의 아래, 하사의 위. *너도 나도 누나도 언니도 어머니도/철수도 용식이도 미스터 강도 유중사도/강중령도 그놈의 속을 모르는 바는 아니었지만(「우선 그놈의 사진을 떼어서 밑씻개로 하자」)
유치원(幼稚園) 학령이 안 된 어린이의 심신 발달을 위한 교육 시설. 쉬운 음악, 그림, 공작(工作), 유희 따위를 가르치는 곳으로, 독일의 교육자 프뢰벨이 1837년에 창시하였다. *책방에서 학교에서 전국의 국민학교란 국민학교에서 유치원에서/선량한 백성들이 하늘같이 모시고/아침저녁으로 우러러보던 그 사진은/사실은 억압과 폭정의 방패였느니(「우선 그놈의 사진을 떼어서 밑씻개로 하자」)
유치하다(幼稚—) ①사람의 나이가 어리다. ②생각이나 하는 짓이 어리다. ③지식이나 기술 따위가 아직 익숙하지 아니하다.
  유치하게 *언어는 원래가 유치한 것이다/나도 그렇게 유치하게 되었다/그러니까 내가 그들을 사랑하지않을 수가 없다(「모리배」)
  유치한 *생활과 언어가 이렇게까지 나에게/밀접해진 일은 없다//언어는 원래가 유치한 것이다(「모리배」)

유쾌하다(愉快—) 마음이 즐겁고 상쾌하다.
　유쾌한 ＊지프차를 타고 가는 어느 젊은 사람이/유쾌한 표정으로 활발하게 길을 건너가는 나에게/인사를 한다/옛날의 동창생인가 하고 고개를 기웃거려 보았으나/그는 그 사람이 아니라(「거리2」)

유행(流行) ①전염병이 널리 퍼져 돌아다님. ②특정한 행동 양식이나 사상 따위가 일시적으로 많은 사람의 추종을 받아서 널리 퍼짐 또는 그런 사회적 동조 현상이나 경향. ＊그 다음에는 나는 중앙선 어느 협곡에 있는 역에서 백여 리나 떨어진 광산촌에 두고 온 잃어버린 겨울 모자를 생각한다/그것은 갈색 낙타 모자/그리고 유행에서도 훨씬 뒤떨어진 서울의 화려한 거리에서는 도저히 쓰고 다니기 부끄러운 모자이다(「시골 선물」)

유행가(流行歌) 특정한 시기에 대중의 인기를 얻어서 많은 사람이 듣고 부르는 노래. ＊건너편 친구가 오줌을 누러 갔으니까//끊었던 술을 다시 마시는데 유행가처럼/아무리 마셔도 안 취하는 술/피안도 사투리를 마시고 있나 (「滿洲의 여자」)

유혹(誘惑) ①꾀어서 정신을 혼미하게 하거나 좋지 아니한 길로 이끎. ②성적인 목적을 갖고 이성(異性)을 꾐. ＊먼 時間을 두고 물속을 흘러온 흰 모래처럼 그들은 온다/U·N위원단이 매일 오는 것이다/화환이 화환이 서울역에서 날아온다/모자 쓴 靑年이여 誘惑이여/아침의 유혹이여(「아침의 유혹」)

유희(遊戲) ①즐겁게 놀며 장난함 또는 그런 행위. ②유치원이나 초등학교에서, 어린이들의 육체적 단련과 정서 교육을 위하여 일정한 방법에 따라 재미있게 하는 운동. ＊하루살이의 유희여//너의 모습과 너의 몸짓은/어쩌면 이렇게 자연스러우냐/소리없이 기고 소리없이 날으다가/되돌아오고 되돌아가는 무수한 하루살이(「하루살이」) ＊결단은 이제 여자의 것이다/나를 죽이는 여자의 유희다/아이놈은 라디오를 보더니/왜 새 수련장은 안 사왔느냐고 대들지만(「금성라디오」)

육개장(肉—醬) 쇠고기를 삶아서 알맞게 뜯어 넣고, 얼큰하게 갖은 양념을 하여 끓인 국. ＊빌려드릴 수 없어. 작년하고도 또 틀려./눈에 보여. 냉면집 간판 밑으로—육개장을 먹으러—/들어갔다가 나왔어—모밀국수 전문집으로 갔지(「엔카운터 誌」)

육법전서(六法全書) 온갖 법령을 다 모아서 수록한 종합 법전. ＊기성 육법전서를 기준으로 하고/혁명을 바라는 자는 바보다[…]천국이 온다고 바라고 있는 그대들뿐이다/최소한 도로/자유당이 감행한 정도의 불법을/혁명정부가 구육법전서를 떠나서/합법적으로 불법을 해도 될까 말까 한/혁명을[…]아아 새까맣게 손때 묻은 육법전서가/표준이 되는 한/나의 손등에 장을 지져라[…]그보다도 창자가 더 메마른 저들은/더 이상 속이지 말아라/혁명의 육법전서는 〈혁명〉밖에는 없으니까(「육법전서와 혁명」)

육십(六十) ①십의 여섯 배가 되는 수. ②그 수량이 예순임을 나타내는 말. ③그 순서가 예순 번째임을 나타내는 말. ＊미역국은 인생을 거꾸로 걷게 한다 그래도 우리는/삼십대보다는 약간 젊어졌다 육십이 넘으면 좀더/젊어질까 기관포나 뗏목처럼 인생도 인생의 부분도/통째 움직인다(「미역국」)

육안(肉眼) ①안경이나 망원경, 현미경 따위를 이용하지 아니하고 직접 보는 눈. ②식견 없이 단순히 표면적인 현상만을 보는 것. ③사람의 육신에 갖추어진 눈. 단지 눈에 보이는 것만을 볼 수 있다. ＊봉매와 연령이 언제 그에게/나타날는지 모르는 까닭에/잠시 그는 별과 또 하나의 것을 쳐다보고 있어야 하는 것이다/또 하나의 것이란 우리의 육안에는 보이지 않는 곡선 같은 것일까(「토끼」)

육중하다(肉重—) 덩치나 생김새 따위가 투박하고 무겁다.
　육중한 ＊어두운 도서관 깊은 방에서 육중한 백과사전을 농락하는 학자처럼/나는 그네들의 고민에 대하여만은 투철한 자신이 있다 (「거리2」) ＊먼지를 꺼내는데도 책을 꺼내는 게 아니라/먼지를 꺼내는데도 유리문을 열고/육중한 유리문이 열릴 때마다 울리고/울려지고 돌고 돌려지고(「의자가 많아서 걸린다」)

육체(肉體) 구체적인 물체로서 사람의 몸. ＊아아 아아 아아/불은 켜지고/나는 쉴 사이 없이 가야 하는 몸이기에/구슬픈 육체여.(「구슬픈 육체」) *앙상한 육체의 투명한 골격과 세포와 신경과 안구까지/모조리 노출 낙하시켜 가면서/안개처럼 가볍게 날아가는 과감한 너의 의사 속에는/남을 보기 전에 네 자신을 먼저 보이는/긍지와 선의가 있다(「헬리콥터」) *너무나 가벼워서 내 자신이/스스로 무서워지는 놀라운 육체여/배반이여 모험이여 간악이여/간지러운 육체여/표면에 살아라/뮤즈여/너의 복부를랑 하늘을 바라보게 하고—//그러면/아름다움은 어제부터 출발하고/너의 육체는/오늘부터 출발하게 되는 것이다(「바뀌어진 지평선」) *눈은 살아 있다/죽음을 잊어버린 영혼과 육체를 위하여/눈은 새벽이 지나도록 살아 있다(「눈」(1956)) *그것은 나의 육체의 융기//이제 나는 광야에 드러누워도/공동의 운명을 들을 수 있다[…]그것은 나의 육체의 융기//광야에 와서 어떻게 드러누울 줄을 알고 있는/나는 너무나도 악착스러운 몽상가[…]그러나 오늘은 산보다도/   그것은 나의 육체의 융기(「광야」)

육칠옹해사(六七翁海士) 육, 칠십 세된 바닷가에 사는 선비, 혹은 육십칠 세 된 바닷가의 선비. 김수영의 시에서는 문맥상 병풍의 그림을 그린 이가 자신을 일컬어 나타낸 말로 추정됨. *내 앞에서 서서 주검을 가지고 주검을 막고 있다/나는 병풍을 바라보고/달은 나의 등 뒤에서 병풍의 주인 六七翁海士의 印章을 비추어주는 것이었다(「병풍」)

윤곽(輪廓) ①일이나 사건의 대체적인 줄거리. ②사물의 테두리나 대강의 모습. *그리고 그 가시가/점점 더 똑똑해진다 동산에 걸린/새 달에 비친 나뭇가지처럼/세계를 배경으로 한 나의 사상처럼/죄어든 인생의 윤곽과 비밀처럼……(「반달」) *아직도 얼굴의 윤곽이 뚜렷하지 않은/발목이 굵은 여자들이 많이 사는 나의 마을로/지구에서 지구로   나는 왔다(「X에서 Y로」)

윤리(倫理) 사람으로서 마땅히 행하거나 지켜야 할 도리. *「결혼윤리의 좌절/—행복은 어디에 있나?—」/이것이 어제 오후에 써놓은 기사 대목으로/내일 조간분 사회면의 표독한 타이틀이 될 것이라고 해서(「기자의 정열」) *배가 모조리 설사를 하는 것은 머리가 설사를/시작하기 위해서다 性도 윤리도 약이/되지 않는 머리가 불을 토한다[…]성과 윤리의 약을 먹는다 꽃을 거두어들인다[…]이 숙제를 노상 방해하는 것이/성의 윤리와 윤리의 윤리다 중요한 것은//괴로움과 괴로움의 이행이다 우리의 행동/이것을 우리의 시로 옮겨놓으려는 생각은/단념하라(「설사의 알리바이」) *遭遇의 마지막 윤리를 넘어서/어제와 오늘이 하늘과 땅처럼/달라지고 침묵과 발악이 오늘과/내일처럼 달라지고 달라지지 않는/이 갱 안의 잉크 수건의 칼자국(「먼지」)

융기(隆起) ①높게 일어나 들뜸 또는 그런 부분. ②땅이 기준면에 대하여 상대적으로 높아짐 또는 그런 지반. *그것은 나의 육체의 융기//이제 나는 광야에 드러누워도/공동의 운명을 들을 수 있다[…]그것은 나의 육체의 융기//광야에 와서 어떻게 드러누울 줄을 알고 있는/나는 너무나도 악착스러운 몽상가[…]그러나 오늘은 산보다도/   그것은 나의 육체의 융기(「광야」)

융옷(絨—) 표면이 부드럽고 부풋부풋한 천으로 만든 옷. *가죽옷 융옷 솜이 몰린 솜옷……/그러다가 드디어 나는 월남인이 되기까지도 했다/엉클 샘에게 학살당한/월남인이 되기까지도 했다(「풀의 영상」)

으스러지다 ①덩어리가 깨어져 조각조각 부스러지다. ②살갗이 무엇에 부딪혀서 몹시 벗겨지다.

으스러지게 *내가 으스러지게 설움에 몸을 태우는 것은 내가 바라는 것이 있기 때문이다(「거미」)

으스러진 *그러나 나는 그 으스러진 설움의 풍경마저 싫어진다.//나는 너무 자주 설움과 입을 맞추었기 때문에/가을바람에 늙어가는 거미처럼 몸이 까맣게 타버렸다.(「거미」)

으흐흐 ①짐짓 내숭스럽게 웃는 소리 또는 그 모양. ②슬퍼서 흐느껴 우는 소리 또는 그 모양. *그의 주위를 몇 번이고 돌고 돌고 돌고/또 도는 조름 같은 날개의 날것들과/갑충과 쉬파리떼/그리고 진드기/「엄마 안 가? 엄마 안 가?」/「안 가 엄마! 안 가 엄마! 엄마가 어디를 가니?」/「안 가요?」/「안 가요! 하……」/으흐

은거하다(隱居—) ①세상을 피하여 숨어서 살다. ②예전에, 벼슬자리에서 물러나 한가로이 지내다.
　은거할 ＊「올 겨울은 눈이 적어서 토끼가 은거할 곳이 없겠네」//「저기 저 하아얀 것이 무엇입니까」/「불이다 山火다」(「토끼」)

은근하다(慇懃—) 야단스럽지 아니하고 꾸준하다.
　은근하고 ＊(그가 나를 진심으로 꾸짖지 않았다는 것을 나는 그의 은근하고 매혹적인 표정에서 능히 감득할 수 있었다)—비참한 것은 백의이다(「백의」)
　은근한 ＊빛이 없는 둥근 하늘에서는/검은 포탄의 꾸부러진 哭聲이/정신의 주변보다 더 간지러웁고/계곡을 스쳐서 돌아가는/악마의 眼膜 같은/강물을 향하여/그가 어떠한 은근한 인사를 하였는지/아무도 모르는 일이다(「조그마한 세상의 지혜」)

은단(銀丹) 향기로운 맛과 시원한 느낌이 나는 작은 알약. 입 안을 시원하게 하려고 할 때, 멀미를 할 때, 체하였을 때, 가슴이 쓰리거나 배가 아플 때 먹는다. ＊전등에서 消燈으로/소음에서 라디오의 중단으로/모조품 銀丹에서 仁丹으로/남의 집에서 내 방으로/노동에서 휴식으로/휴식에서 수면으로(「X에서 Y로」)

은밀(隱密) 생각이나 행동 따위를 숨겨서 행적이 드러나지 아니함. ＊비숍 여사와 연애를 하고 있는 동안에는 진보주의자와/사회주의자는 네에미 씹이다 통일도 중립도 개좆이다/은밀도 십오도 학구도 체면도 인습도 치안국/으로 가라(「거대한 뿌리」)

은폐물(隱蔽物) 적의 관측으로부터 인원, 기재 따위를 숨기는 데 쓰는 물체. ＊투명의 대명사 같은 너의 봄을/지금 나는 은폐물같이 생각하고/기대고 앉아서/안도의 탄식을 짓는다(「너는 언제부터 세상과 배를 대고 서기 시작했느냐」)

은행나무(銀杏—) 은행나뭇과의 낙엽 교목. 높이는 60미터 정도이며, 잎은 부채 모양으로 한군데서 여러 개가 난다. 암수딴그루로 5월에 꽃이 피는데, 암꽃은 녹색이고 수꽃은 연한 노란색이다. 열매는 핵과(核果)로 10월에 노랗게 익는데 '은행'이라고 한다. 목재는 조각, 가구 용재 따위에 쓰고, 관상용 또는 가로수로 재배한다. 동아시아에 한 종만이 분포한다. ＊떨어지는 은행나뭇잎도 내가 밟고 가는 가시밭//아무래도 나는 비켜서 있다 절정 위에는 서 있지/않고 암만해도 조금쯤 옆으로 비켜서 있다(「어느 날 고궁을 나오면서」)

읊다 ①억양을 넣어서 소리를 내어 시를 읽거나 외다. ②시를 짓다.
　읊었더니 ＊나는 의치를 빼서 호주머니에 넣고 앉자/선뜻 인사를 하고/淫詩를 한바탕 읊었더니/여간 좋아들 하지 않는다/나이를 물어보기에 마흔여덟이라고 하니 그대로 곧이듣는다.(「미숙한 도적」)

음계(音階) 일정한 음정의 순서로 음을 차례로 늘어놓은 것. 동양 음악은 5음 음계, 서양 음악은 7음 음계를 기초로 한다. ＊사과와 수첩과 담배와 같이/인간들이 걸어간다/뮤즈여/앞장을 서지 마라/그리고 너의 노래와 음계를 조금만/낮추어라/오늘의 우울을 위하여/오늘의 경박을 위하여(「바꾸어진 지평선」)

음모(陰謀) 나쁜 목적으로 몰래 흉악한 일을 꾸밈 또는 그런 꾀. ＊솔직한 고백을 싫어하는/뮤즈여/妬忌와 경쟁과 살인과 간음과 사기에 대하여서는/너에게 이야기하지 않으리라/적당한 음모는 세상의 것이다(「바꾸어진 지평선」)

음미벽(吟味癖) 어떤 사물 또는 개념의 속 내용을 새겨서 느끼거나 생각하는 버릇. ＊우리는 그 또 한복판이 되구 있어/그도 이 관용을 알고 이 마지막 관용을 알고 있지만/吟味癖이 있는 나보다는 덜 알고 있겠지(「H」)

음성(音聲) ①사람의 목소리나 말소리. ②사람의 발음 기관을 통해 내는 구체적이고 물리적인 소리. ＊나의 눈을 찌르는 이 따가운 가옥과/집물과 사람들의 음성과 거리의 소리들을/커다란 해양의 한 구석을 차지하는/조고마한 물방울로/그려보려 하는데/차라리 어떠할까(「거리1」) ＊이 몇 개의 판테온의 기둥 사이에/뒹굴고 있는 폐허의 돌조각들보다도/더 값없게 발길에 차이는 隣國의 음성/—물론 낭랑한 일본 말들이다/이것을 요즘은 안 듣는다(「라디오 계」)

음시(淫詩) 내용이나 분위기 따위가 음란하고 방탕한 시. ＊술 한 병만이 방 한가운데/광채를 띠고 앉아 있다/나는 의치를 빼서 호주머니에 넣고 앉자/선뜻 인사를 하고/淫詩를 한바탕 읊었더니/여간 좋아들 하지 않는다(「미숙한 도적」)

음식(飮食) 사람이 먹을 수 있도록 만든, 밥이나 국 따위의 물건. ＊왜 이렇게 벅차게 사랑의 숲은 밀려닥치느냐/사랑의 음식이 사랑이라는 것을 알 때까지//난로 위에 끓어오르는 주전자의 물이 아슬/아슬하게 넘지 않는 것처럼 사랑의 節度는/열렬하다(「사랑의 변주곡」) ＊惰眠의 축적으로 우리 봄은 자라고/그래도 행동이 마지막 의미를 갖고/네가 씹는 음식에 내가 증오하지 않음이/내가 겨우 살아있는 표시라(「먼지」)

음식점(飮食店) 음식을 파는 가게. ＊그놈의 점잖은 얼굴의 사진을/동회란 동회에서 시청이란 시청에서/회사란 회사에서/××단체에서 ○○협회에서/하물며는 술집에서 음식점에서 양화점에서(「우선 그놈의 사진을 떼어서 밑씻개로 하자」)

음악(音樂) 박자, 가락, 음성 따위를 갖가지 형식으로 조화하고 결합하여, 목소리나 악기를 통하여 사상 또는 감정을 나타내는 예술. ＊피아노는 밥을 먹을 때도 새벽에도/한밤중에도 울린다/피아노의 주인은 나를 보고/시를 쓰니 음악도 잘 알 게 아니냐고/한 곡 쳐보라고 한다(「피아노」) ＊음악을 들으면 차밭의 앞뒤 시간이/가시처럼 생각된다/나비날개처럼 된 차잎은 아침이면/날개를 펴고 저녁이면 체조라도 하듯이/일제히 쉰다[…]음악을 들으면 차밭의 앞뒤 시간이/가시처럼 생각된다 그리고 그 가시가/점점 더 똑똑해진다[…]곡은 무용곡—모든 음악은 무용곡이다[…]눈물이여 음악의 음악이여/달아난 음악이여 반달이여/내 눈 아래에 다시 생긴 사마귀는/구태여 빼지 않을 작정이다(「반달」) ＊증오가 가고 이슬이 번쩍이고/음악이 오고 변화의 시작이 오고/변화의 끝이 가고 땅 위를 걷고 있는/발자국소리가 가슴을 펴고 웃고(「먼지」) ＊시를 쓰다 말고 코를 풀다 말고/테이블 밑에 신경이 가고 탱크가 지나가는/沿道의 음악을 들어야 한다 피로하지/않으면 울린다 가만히 있어도 울린다(「의자가 많아서 걸린다」)

음정(音程) 높이가 다른 두 음 사이의 간격. 서양 음악의 장음계를 기준으로 '도(度)'를 단위로 표시하며, 같은 수치의 도로 표시되는 음정도 완전, 장, 단, 증, 감에 의하여 크기를 구별한다. ＊水牛나 生魚같이/음정을 맞추어 우는 법도/습득하지는 못하였다/그는 고개를 들고 서서 있어야 하였다(「토끼」)

음탕(淫蕩) 음란하고 방탕함. ☞ 음탕하다. ＊왜 나는 조그마한 일에만 분개하는가/저 왕궁 대신에 왕궁의 음탕 대신에/50원짜리 갈비가 기름덩어리만 나왔다고 분개하고/옹졸하게 분개하고 설렁탕집 돼지 같은 주인년한테 욕을 하고(「어느 날 고궁을 나오면서」)

음탕하다(淫蕩—) 주색(酒色)에 마음을 빼앗기어 행실이 온당하지 못하다.
  음탕한 ＊어떻게 알았느냐 나의 방대한 낭비와 넌센스와/허위를/나의 못 보는 눈을 나의 둔갑한 영혼을/나의 애인 없는 더러운 고독을/나의 대대로 물려받은 음탕한 전통을(「꽃잎3」)
  음탕할 ＊음탕할 만치 잘 보이는 유리창/그러나 나는 너를 통하여 아무것도/보지 않고 있는지도 모른다/두려운 세상과 같이 배를 대고 있는/너의 대담성—(「너는 언제부터 세상과 배를 대고 서기 시작했느냐」)

읍내(邑內) ①읍의 구역 안. ②고을. ③왕조 때, 관찰 관아(觀察官衙)를 제외한, 지방 관아가 있던 마을. ＊내가 6·25 후에 价川 야영훈련소에서 받은 말할 수 없는 학대를 생각한다/北院 훈련소를 탈출하여 順川 읍내까지도 가지 못하고/악귀의 눈동자보다도 더 어둡고 무서운 밤에 中西面 內務省 군대에게 체포된 일을 생각한다(「조국에 돌아오신 傷病捕虜 동지들에게」)

응 ①상대편의 물음에 긍정적으로 대답하거나 부름에 응할 때 쓰는 말. ②상대편의 대답을 재촉하거나 다짐을 둘 때 쓰는 말. ③남의 행동이 못마땅하여 질책할 때 하는 말. ＊하늘에 그림자가 없듯이 민주주의의 싸움에도 그림자가 없다/하…… 그림자가 없다//하…… 그렇다……/하…… 그렇지……/아암 그렇구말구…… 그렇지 그래……/응응…… 응……

뭐?/아 그래…… 그래 그래.(「하…… 그림자가 없다」)

응결하다(凝結―) ①한데 엉기어 뭉치다. ②포화 증기의 온도 저하 또는 압축에 의하여 증기의 일부가 액체로 변하다.
　응결한 ＊기회와 油滴 그리고 능금/올바로 정신을 가다듬으면서/나는 수없이 길을 걸어왔다/그리하여 응결한 물이 떨어진다/바위를 문다(「아메리카 타임 誌」)

응모기사(應募記事) 신문이나 잡지 따위에서, 모집에 응하거나 지원하는 사실을 알리는 글. ＊거리에 흩어진 월간 대중잡지 위에 매월 그의 사진이 게재되어 왔을 뿐만 아니라/어느 삼류 신문의 사회면에는 간혹 그의 구제금 응모 기사 같은 것이 나오고 있다(「백의」)

응시하다(凝視―) 눈길을 모아 한 곳을 똑바로 바라보다.
　응시한다 ＊오늘 또 활자를 본다/한없이 긴 활자의 연속을 보고/와사의 정치가들을 응시한다(「아메리카 타임 誌」)

응아 갓난아이가 우는 소리. ＊눈이 온 뒤에도 또 내린다//생각하고 난 뒤에도 또 내린다//응아 하고 운 뒤에도 또 내릴까(「눈」(1966))

응원하다(應援―) ①운동 경기 따위에서, 선수들이 힘을 낼 수 있도록 도와주다. ②곁에서 성원하다 또는 호응하여 도와주다.
　응원하려 ＊그와 내가 대결하고 있는 깨진 유리창문 밖에서는/新舊의 두 놈이 마적의 동생처럼/떨고 있다 「아네요」하면서 오야봉을 응원/하려 들었지만 내가 그놈들에게/언권을 줄리가 없다(「제임스 띵」)

응응 ①어린아이가 응석을 부리며 잇따라 우는 소리 또는 그 모양. ② '응'을 잇따라 하는 말. ＊하늘에 그림자가 없듯이 민주주의의 싸움에도 그림자가 없다/하…… 그림자가 없다//하…… 그렇다……/하…… 그렇지……/아암 그렇구말구…… 그렇지 그래……/응응…… 응 뭐?/아 그래…… 그래 그래.(「하…… 그림자가 없다」)

응접(應接) ①손님을 맞아들여 접대함. ②어떤 사물에 접촉함. ＊내가 내 땅에 박는 거대한 뿌리에 비하면//괴기영화의 맘모스를 연상시키는/까치도 까마귀도 응접을 못하는 시꺼먼 가지를 가진/나도 감히 상상을 못하는 거대한 거대한 뿌리에 비하면……(「거대한 뿌리」)

의견(意見) 어떤 대상에 대하여 가지는 생각. ＊사람들은 내 말을 믿지 않는다/詩評의 칭찬까지도 시집의 서문을 받은 사람까지도/내가 말한 정치 의견을 믿지 않는다[…]요는 정치 의견이 맞지 않는 나라에는 못 산다//그러나 쥐구멍을 잠시 거짓말의 구멍이라고/바꾸어 생각해 보자[…]지금 불란서 소설을 읽으면서 아직도 말하지/못한 한 가지 말―정치 의견의 우리말이/생각이 안 난다 거짓말 거짓말(「거짓말의 여운 속에서」)

의도(意圖) 무엇을 하고자 하는 생각이나 계획 또는 무엇을 하려고 꾀함. ＊예언자가 나지 않는 거리로 창이 난 이 도서관은/창설의 의도부터가 풍자적이었는지도 모른다//모두들 공부하는 속에 와보면 나도 옛날에 공부하던 생각이 난다(「국립도서관」)

의리(義理) ①사람으로서 마땅히 지켜야 할 도리. ②사람과의 관계에 있어서 지켜야 할 바른 도리. ③남남끼리 혈족 관계를 맺는 일. ＊물소리 새소리 낯선 바람소리 다시 듣고/모자의 정보다 부부의 의리보다/더욱 뜨거운 너의 입김에/나의 고독한 정신을 녹이면서 우마(「나비의 무덤」)

의문(疑問) 의심스럽게 생각함 또는 그런 문제나 사실. ＊썩은 공기 나가는 지붕 위의 지붕만 있으면 돼/〈돼〉가 긍정에서 의문으로 돌아갔다/의문에서 긍정으로 또 돌아오면 돼/이것이 몇 바퀴만 넌지시 돌면 돼/해바라기 머리같이 돌면 돼(「장시1」)

의미(意味) ①말이나 글의 뜻. ②행위나 현상이 지닌 뜻. ③사물이나 현상의 가치. ＊일한다는 의미가 없어져도 좋다는 듯이 구수한 벗이 있는 곳/너는 나와 함께 못난 놈이면서도 못난 놈이 아닌데/쓸데없는 도면 위에 글자만 박고 있으면 어떻게 하리(「사무실」) ＊폭포는 곧은 절벽을 무서운 기색도 없이 떨어진다//규정할 수 없는 물결이/무엇을 향하여 떨어진다는 의미도 없이/계절과 주야를 가리지 않고/고매한 정신처럼 쉴 사이 없이 떨어진다(「瀑布」) ＊나는 비틀거리지도 않고 타락도 안했으리라//그러나 이 눈망울을 휘덮는 싯퍼런 작열의 의미가 밝혀지기까지는/나는 여기에 있겠다(「冬麥」) ＊이런 집중이 여자의 선천적인 집중도와/기적적으로 마주치게 한 것이 전쟁이라고 생각했다/그런 의미에서 나는 전쟁에 축복을 드렸다[…]여자의 본성은 에고이스트/뱀과 같은 에고이스트/그러니까 뱀은 선천적인 포로인지도 모른다/그런 의미에서 나는 속죄에 축복을 드렸다(「여자」) ＊곡은 무용곡—모든 음악은 무용곡이다/오오 폐허의 질서여 수치의 凱歌여/차나무 냄새여 어둠이여 소녀여/휴식의 휴식이여/분명해진 그 가시의 의미여(「반달」) ＊惰眠의 축적으로 우리 몸은 자라고/그래도 행동이 마지막 의미를 갖고/네가 씹는 음식에 내가 증오하지않음이/내가 겨우 살아있는 표시라(「먼지」)

의복(衣服) 몸을 싸서 가리거나 보호하기 위하여 피륙 따위로 만들어 입는 물건. ＊흘러가는 물결처럼/支那人의 의복/나는 또 하나의 해협을 찾았던 것이 어리석었다(「아메리카 타임誌」)

의사(意思) 무엇을 하고자 하는 생각. ＊앙상한 육체의 투명한 골격과 세포와 신경과 안구까지/모조리 노출 낙하시켜 가면서/안개처럼 가벼웁게 날아가는 과감한 너의 의사 속에는/남을 보기 전에 네 자신을 먼저 보이는/긍지와 선의가 있다(「헬리콥터」) ＊너의 의지는/학교 안에서 배운 모든 것이/학교 밖에서 본 모든 것이/반드시 정말이 아니라는 것을 알았고/너의 어린 의사를 발표할줄 알았다/우리는 너를 보고 깜짝 놀랐다(「65년의 새해」)

의식(儀式) 행사를 치르는 일정한 법식 또는 정하여진 방식에 따라 치르는 행사. ＊신·구의 교체식을 그 이튿날/꿈에까지 보이게 해서는 아니 된다/마지막 정적을 빼앗긴, 핏대가 난 나에게는/너희들의 儀式은 원시를 가리키고/노예매매를 연상시킨다(「제임스 띵」)

의심하다(疑心—) 확실히 알 수 없어서 믿지 못하다.
의심하지 ＊그래서 안방으로 다시 오고, 내가/있던 기침소리가 가정교사에게 들리는 방은 도로/식모아이한테 주었지. 그때까지도 의심하지 않았어./책을 빌려드리겠다고. 나의 모든 프라이드를/재산을 연장을 내드리겠다고.(「엔카운터 誌」)
의심할 ＊너의 이름과 너와 나와의 관계가 무엇인지 알아질 때까지/소금 같은 이 세계가 존속할 것이며/의심할 것인데/등 등판 광택 거대한 여울(「풍뎅이」) ＊너의 가슴에/새겨둘 말을 너는 도시의 피로에서/배울 거다/이 단단한 고요함을 배울 거다/복사씨가 사랑으로 만들어진 것이 아닌가 하고/의심할 거다!/복사씨와 살구씨가/한번은 이렇게/사랑에 미쳐 날뛸 날이 올 거다!(「사랑의 변주곡」)

의욕(意欲) ①무엇을 하고자 하는 적극적인 마음이나 욕망. ②선택이나 행위의 결정에 대한 내적이고 개인적인 역량. ③일정한 목표를 향하여 의지가 적극적으로 작용하는 일. ＊꺼먼 얼굴이며 노란 얼굴이며 찌그러진 얼굴이며가 모두 환상과 현실의 중간에 서서 있기에/나는 식인종같이 잔인한 탐욕과 강렬한 의욕으로 그중의 하나하나를 일일이 뚫어져라 하고 들여다보는 것이지만/나의 마음은 달과 바람모양으로 서늘하다(「거리2」)

의자(椅子) 사람이 걸터앉는 데 쓰는 기구. 보통 뒤에 등받이가 있고 종류가 다양하다. ＊저기 나의 맞은편 의자에 앉아 먹고 떠들고 웃고 있는 여자와 젊은 학생을 내가 시골을 여행하기 전에 그들을 보았더라면 대하였으리 감정과는 다른 각도와 높이에서 보게 되는 나는(「시골 선물」) ＊이 사무실도 늬가 만든 것이며/이 많은 의자도 늬가 만든 것이며/늬가 그리고 있는 종이까지 늬가 製紙한 것이며/청결한 공기조차 어지러웁지 않은 것이/오히려 너의 냄새가 없어서 심심하다(「사무실」) ＊의자가 많아서 걸린다 테이블도 많으면/걸린다 테이블 밑에 가로질러놓은/엮음대가 걸리고 테이블 위에 놓은/미제 磁器 스탠드가 울린다[…]의자와 의자 사이로 비집고 갈 때/울리고(「의자가 많아서 걸린다」)

의장(意匠) 시각을 통하여 미감(美感)을 일으키는 것. 물품의 형상, 모양, 색채 또는 이들을 결합한 것으로서, 의장권의 대상이 된다. ＊白花의 意匠/萬華의 거동이/지금 고요히 잠드는 얼을 흔드며/關公의 色帶로 감도는/향로의 餘烟이 신비한데(「廟庭의 노래」)

의젓하다 말이나 행동이 점잖고 무게가 있다.

의젓하게 *밑씻개로 하자/이번에는 우리가 의젓하게 그놈의 사진을 밑씻개로 하자/허허 웃으면서 밑씻개로 하자/껄껄 웃으면서 구공탄을 피우는 불쏘시개라도 하자(「우선 그놈의 사진을 떼어서 밑씻개로 하자」)

의젓한 *신주처럼 모셔놓던 의젓한 얼굴의/그놈의 속을 창자 밑까지도 다 알고는 있었으나/타성같이 습관같이/그저그저 쉬쉬하면서/할말도 다 못하고/기진맥진해서/그저그저 걸어만 두었던/흉악한 그놈의 사진을/오늘은 서슴지 않고 떼어놓아야 할 날이다(「우선 그놈의 사진을 떼어서 밑씻개로 하자」) *술이 거나해서 아무리 졸려도/의젓한 포즈는/의젓한 포즈는 취하고 있는 이유,/모르지?/모르지?(「모르지?」) *도적은 간밤에는 사그러진 담장 쪽이 아닌/우리집의 의젓한 벽돌기둥의 정문 앞을/새벽녘에 거닐었다고 한다(「도적」)

의젓한가 *그보다도 한국, 월남, 대만은 No.1 country in the world/그런 나라에서 집권당이라면/얼마나 의젓한가(「만시지탄은 있지만」)

의정부(議政府) 한강 이북 경기도 중앙에 있는 시. 서울 특별시의 북쪽 관문도시로 6·25 전쟁 이후 미군기지가 들어서면서 인구가 증가해 1963년 시로 승격, 양주군에서 분리되었다. *서울서/의정부로/뚫린/국도에/눈 내리는 날에는/〈빽〉차도/지프차도/파발이 다 된/시골 버스도/맥을 못 추고/맴을 도는 판이니/답답하더라도/답답하더라도/요 시인/가만히 계시오/민중은 영원히 앞서 있소이다(「눈」)(1961))

의지(意志) ①어떠한 일을 이루고자 하는 마음. ②선택이나 행위의 결정에 대한 내적이고 개인적인 역량. ③어떠한 목적을 실현하기 위하여 자발적으로 의식적인 행동을 하게 하는 내적 욕구. *등 등판 광택 거대한 여울/미끄러져가는 나의 의지/나의 의지보다 더 빠른 너의 노래/너의 노래보다 더한층 신축성이 있는/너의 사랑(「풍뎅이」) *어둠 속에 본 것은 청춘이었는지 대지의 진동이었는지/나는 자꾸 땅만 만지고 싶었는데/땅과 몸이 일체가 되기를 원하며 그것만을 힘삼고 있었는데/오히려 그러한 불굴의 의지에서 나오는 것인가(「구슬픈 육체」) *의지의 저쪽에서 영위하는 아내여/길고긴 오늘밤에 나의 사치를 받기 위하여/어서어서 불을 끄자/불을 끄자(「사치」) *햇빛에는 겨울보리에 싹이 트고/강아지는 낑낑거리고/골짜기들은 평화롭지 않으냐—평화의 의지를 말하고 있지 않으냐//울고 간 새와/울러 올 새의/적막 사이에서(「冬麥」) *혁명은 안 되고 나는 방만 바꾸었지만/나의 입속에는 달콤한 의지의 잔재 대신에/다시 쓰디쓴 담뱃진 냄새만 되살아났지만(「그 방을 생각하며」) *그때 너는 열여섯 살이었다/그때 너는 열여섯 살이었다/그때도 너는 기적이었다/너의 의지는 싹트기 시작했다/너의 의지는/학교 안에서 배운 모든 것이/학교 밖에서 본 모든 것이/반드시 정말이 아니라는 것을 알았고/너의 어린 의사를 발표할 줄 알았다(「65년의 새해」)

의치(義齒) 이가 빠진 자리에 만들어 박은 가짜 이. *옛날같이 낯선 방이 그리 무섭지도 않고/더러운 침구가 마음을 괴롭히지도 않는데/의치를 빼어서 물에 담가놓고 드러누우니/마치 내가 임종하는 곳이 이러할 것이니 하는 생각이 불현듯이 든다[…]나는 의치를 빼서 호주머니에 넣고 앉자/선뜻 인사를 하고/淫詩를 한바탕 읊었더니/여간 좋아들 하지 않는다(「미숙한 도적」)

의하다(依—) ①말미암다. ②어떠한 사실에 근거하다. 의거하다.

의하면 *여편네의 계산에 의하면 7할을 낳아도/만용이(닭 시중하는 놈)의 학비를 빼면/아무것도 안 남는다고한다(「만용에게」)

의회(議會) 민선 의원으로 구성되고 입법 및 기타 중요한 국가 작용에 참여하는 권능을 가진 합의체. 입법 작용을 담당하는 것이 본디의 임무이므로 입법부라고도 하며, 국가 기관의 의회를 국회라 하고 지방 자치 단체 기관의 의회를 지방 의회라 한다. *나는 오늘부터 지리교사모양으로 벽을 보고 있을 필요가 없고/노쇠한 선교사모양으로 낮잠을 자지 않고도 견딜 만한 강인성을 가지고 있다/이러한 목표는 극장 의회 기계의 齒車/선박의 索具 등을 呪詛하지 않는다(「영롱한 목표」)

이[1] ①말하는 이에게 가까이 있거나 말하는 이가 생각하고 있는 대상을 가리키는 말. ②바로 앞에서 이야기한 대상을 가리키는 말. ③ '이 사람'을 가리키는 말. ④말하는 이에게 가까이 있거나 말하는 이가 생각하고 있는 대상을 가리킬 때 쓰는 말. ⑤바로 앞에서 이야기한 대상을 가리킬 때 쓰는 말. *제2차 대전 이후의/긴 긴 역사를 갖춘 것 같은/이 엄연한 책이/지금 바람 속에 휘날리고 있다[…]오늘도 어제와 같이 괴로운 잠을/이루울 준비를 해야 할 이 시간에/괴로움도 모르고/나는 이 책을 멀리 보고 있다[…]오— 그와 같이 이 서적은 있다(「가까이 할 수 없는 서적」) *고운 神이 이 자리에 있다면/나에게 무엇이라고 하겠나요[…]이보다 더 추운 날처럼 나는 여기서 겨울을 맞이하다가/오랜 시간이 경과된 후에도/이 웃음만은 흔적을 남기고 있을 것이라고 믿는 것은/어리석은 일(「웃음」) *그의 사진은 이 맑고 넓은 아침에서/또 하나 나의 팔이 될 수 없는 비참이오(「아버지의 사진」) *손님으로 온 나는 이 집 주인과의 이야기도 잊어버리고/또 한번 팽이를 돌려주었으면 하고 원하는 것이다[…]나는 결코 울어야 할 사람은 아니며/영원히 나 자신을 고쳐야 할 운명과 사명에 놓여 있는 이 밤에/나는 한사코 방심조차 하여서는 아니 될 터인데(「달나라의 장난」) *소금 같은 이 세계가 존속할 것이며/의심할 것인데/등 등판 광택 거대한 여울(「풍뎅이」) *지금 이 땅에는 온갖 형태의 희생이 있거니/나의 노래가 없어 진들/누가 나라와 민족과 청춘과(「조국에 돌아오신 傷病捕虜 동지들에게」) *이 공간의 넓이를 가리키면서/한꺼번에 구겨지자 없어지는 벼락과 천둥(「付託」) *그리하여 이 공허한 원주가 가장 찬란하여지는 무렵/나는 또 하나 다른 유성을 향하여 달아날 것을 알고//이 영원한 숨바꼭질 속에서/나는 또한 영원히 늬가 없어도 살 수 있는 날을 기다려야 하겠다(「너를 잃고」) *누가 무엇이라 하든 나의 붓은 이 시대를 진지하게 걸어가는 사람에게는 치욕(「九羅重花」) *구 구 구구구 구구//시원치 않은 이 울음소리만이/어째서 나의 뼈를 뚫고 총알같이 날쌔게 달아나는가(「영사판」) *이 친구도 술이 취한 얼굴을 보니 처참하다(「미숙한 도적」) *그러나 지금 이 방안에는/오직 시간만이 있지 않으냐[…]이 밤이 기다리는 고요한 思想마저/나는 초연히 이것을 시간 위에 얹고(「방안에서 익어가는 설움」) *그래도 조금이나 부자연한 곳이 없는/이 가족의 조화와 통일을/나는 무엇이라고 불러야 할 것이냐(「나의 가족」) *이 길로 마냥 가면/이 길로 마냥 가면 어디인지 아는가//티끌도 아까운/더러운 것일수록 더한층 아까운/이 길로 마냥 가면 어디인지 아는가//더러운 것 중에도 가장 더러운/썩은 것을 찾으면서/비로소 마음 취하여 보는/이 더러운 길.(「더러운 향로」) *덮어놓은 책은 기도와 같은 것/이 책에는/神밖에는 아무도 손을 대어서는 아니 된다[…]이 다음에 이 책을 여는 것은/내가 아닙니다(「서책」) *1950년 7월 이후에 헬리콥터는/이 나라의 비좁은 산맥 위에 자태를 보이었고[…]더 넓은 전망이 필요 없는 이 무제한의 시간 위에서/산도 없고 바다도 없고 진흙도 없고 진창도 없고 미련도 없이(「헬리콥터」) *나 역시 이 마당에 무슨 원한이 있겠느냐/비록 내가 자란 터전같이 호화로운/꿈을 꾸는 마당이라고 해서(「휴식」) *나는 이 어둠을 神이라고 생각한다//이 어두운 신은 밤에도 외출을 못하고 자기의 영토를 지킨다(「수난로」) *이 푸른 바다와 산과 들 위에/화려한 태양이 날개를 펴고 걸어가는 것이다[…]너는 이 세상을 점으로 가리켰지만/나는/나의 눈을 찌르는 이 따가운 가옥과/집물과 사람들의 음성과 거리의 소리들을(「거리1」) *구태여 달관하고 있는 지금의 내 마음에/샘솟아 나오려는 이 설움은 무엇인가[…]무수한 잔재 속에 담겨있는 또 이 무수한 몸뚱아리—들은/지금 무엇을 銳意 연마하고 있는가[…]예언자가 나지 않는 거리로 창이 난 이 도서관은/창설의 의도부터가 풍자적이었는지도 모른다(「국립도서관」) *무한히 망설이는 이 마음은 어둠과 절망의 어제를 위하여/사는 것이 아니고/너무나 기쁜 이 마음은 무슨 까닭인지 알 수는 없지만[…]지금은 이 번잡한 현실 위에 하나하나 환상을 붙여서 보지 않아도 좋다(「거리2」) *하다못해 이와 같이 타락한 신문기자의/탈을 쓰고 살고 있단다[…]이 어지러운 세상을 살아가기 위하여/나에게는 약간의 경박성이 필요하다(「바뀌어진 지평선」) *백의는 이와 같은 나의 안심과 태만을 비웃는 듯이/어느 틈에 우리 가정의 내부에까지 침입하여 들어와서[…]오히려 이와 같은 나의 경멸과 剛毅로 인하여/나는 그날부터 그를 진심으로 사랑하게 되었다(「백의」) *이 무수한 활자 가운데에/신문기자인 너의 기사도/매일 조금씩은 끼이게 되는데[…]그러나 이 초점을 바라고 보는 것이 아니다[…]네가 이 두 시간의 중간 위에 서있는 것이라고 해서/어려운 휴식[…]너에게 눌러주는 지금 이 순간에도/너는 아예 놀라지 말아라(「기자의 정열」) *설움의 탓이라고 이 새로운 현실을 경시하면서도//어제와 같이 다시는 〈헛소리〉를 하지 않으려고 결심하면서(「말」(1958)) *그러나 이 눈망울을 휘덮는 싯퍼런 작열의 의미가 밝혀지기까지는/나는 여기에 있겠다(「冬麥」) *시를 반역한 죄로/이 메마른 산정에서 오랫동안 꿈도 없이 바라보아야 할 구름/그리고 그 구름의 파수병인 나.(「구름의 파수병」) *이 사무실도 늬가 만든 것이며/이 많은 의자도 늬가 만든 것이며/늬가 그리고 있는 종이까지 늬가 製紙한 것이며(「사무실」) *바늘구멍만한 叡智를 바라면서 사는 자의 설움이여/너는 차라리 부정한 자가 되라/오늘/이 헐벗은 거리에 가슴을 대고/뒤집어진 부정이 정의가 되지 않더라도(「예지」) *나는/아직도 명령의 과잉을 용서할 수 없는 시대이지만/이 시대는 아직도 명령의 과잉을 요구하는 밤이다(「서시」) *나는 또 하나의 생활의 좁은 골목 속으로/들어서면서/이 골목이라고 생각하고 무릎을 친다(「생활」) *모두 다 마음에 들지 않아라/이 황혼도 저 돌벽 아래 잡초도/담장의 푸른 페인트 빛도/저 고요함도 이 고요함도//그대의 정의도 우리들의 섬세도/행동이 죽음에서 나오는/이 욕된 교외에서는/어제도 오늘도 내일도 마음에 들지 않아라(「死靈」) *내가 비는 것은/이 무한한 웃음의 가슴속에/그 얼음이 더 얼라는/내일의 呪符이었다(「凍夜」) *아직까지도 부패와 부정과 살인자와 강도가 남아 있는 사회/이 심연이나 사막이나 산악보다도/더 어려운 사회를 넘어서(「기도」) *이놈들 여기 개미구멍으로 다 들어가/이 구멍으로 들어가면 아리조나에 있는/우리 고조할아버지 산소 망두석 밑으로 빠질 수 있으니까(「나는 아리조나 카보이야」) *이 가벼움 혹시나 역사일지도 모르는/이 가벼움을 나는 나의 재산으로 삼았다//혁명은 안 되고 나는 방만 바꾸었지만(「그 방을 생각하며」) *나는 하필이면/왜 이 詩를/잠이 와/잠이 와/잠이 와 죽겠는데/왜/지금 쓰려나/이 순간에 쓰려나[…]그러나/이 나라/백성들이/너무 지쳐(「〈4·19〉시」) *그래 우리 이 盛夏에/온갖 나무의 추억과/물의 체취라도/다해서/어린 놈 너야/죽음이 오더라도/이제 성을 내지 않는 법을 배워주마(「여편네의 방에 와서」) *진짜 시인이 될 수 있으니 시원하고/시원하다고 말하지 않아도 되니/이건 진짜 시원하고/이 시원함은 진짜이고/자유다(「檄文」) *누이야/풍자가 아니면 해탈이다/너는 이 말의 뜻을 아느냐[…]이 광대한 여름날의 착잡한 숲속에/홀로 서서/나는 돌풍처럼 너한테 말할 수 있다(「누이야 장하고나!」) *이제는 나의 이 늙지도 젊지도 않은 몸에/해묵은/1,961개의/곰팡내를 풍겨 넣어라(「아픈 몸이」) *그때에는/성급해지면 아무 데나 재를 떠는/이 우주의 폭력마저/없어질지도 모른다(「이놈이 무엇이지?」) *이 뜰에서/나는 내가 없는 동안의/아내의 비밀을 탐지하고/또/내가 없는 그날의/그의 비밀을/탐지할 수도 있었다(「旅愁」) *하얀 종이가 옥색으로 노란 하드롱지가/이 세상에는 없는 빛으로 변할 만큼 밝다/시간이 나비모양으로 이 줄에서 저 줄로/춤을 추고/그 사이로/4월의 햇빛이 떨어졌다(「백지에서부터」) *나는 이 우중충한 막걸리 탁상 위에서/경험과 역사를 너한테 배운다[…]아냐 아냐 오해야 내가 이 여자의 연인이 아니라네/나는 이 사람이 만주 술집에서 고생할 때에/연애편지를 대필해 준 일이 있을 뿐이지(「滿洲의 여자」) *두부를 엉기게 하는 따뜻한 불도/졸고 있는 잡초도/이 무감각의 비애가 없이는 죽은 것(「장시2」) *나는 지금 일본 시인들의 작품을 읽으면서/내가 너무 자연스러운 전향을 한 데 놀라면서/이 이유를 생각하려 하지만[…]일본의 〈진보적〉 지식인들이 이 말을 들으면 필시 웃을 것이다(「轉向記」) *이 밭주인은 차밭 주인의 소작인이다/그러나 우리집 여편네는 이것을 모두/자기 밭이라고 한다(「반달」) *아는 사람이/이 캄캄한 범행의 현장을/보았는가 하는 일이었다(「죄와 벌」) * 그럴 때는 이 둘은 반드시/이북 친구들이기 때문에 나는 나의 앉음새를 고친다[…]이 아름다운 시간에는/남자로서 거리를 무단통행할 수 있는 것은 교군꾼,/내시, 외국인의 종놈, 관리들뿐이었다[…]이 우울한 시대를 파라다이스처럼 생각한다[…]이 모든 무수한 반동이 좋다/이 땅에 발을 붙이기 위해서는(「거대한 뿌리」) * 지금도 내가 반항하고 있는 것은 이 스펀지 만들기와/거즈 접고 있는 일과 조금도 다름없다(「어느 날 고궁을 나오면서」) * 이 가슴의 動悸도 기침도 寒氣도 내 것이 아니다/이 집도 아내도 아들도 어머니도 다시 내 것이 아니다[…]이 무언의 말/이 때문에 아내를 다루기 어려워지고[…]이 너무나 큰 어려움에 나는 입을 봉하고 있는 셈이고/무서운 무성의를 자행하고 있다//이 무언의 말[…]이 만능의 말(「말」(1964)) * 나이 어린 사람들은 어째서 이 다리가 부자연스러운지를 모른다/그러니까 이 다리를 건너갈 때마다/나는 나의 심장을 기계처럼 중지시킨다[…]이 다리 밑에서 엇갈리는 기차처럼/늙음과 젊음의 분간이 서지 않는다(「현대식 교량」) * 너의 가난을 눈에 보이는/눈에 보이지 않는 모든 가난을/이 엄청난 어려움을 고통을/이 몸을 찢는 부자유를 부자유를 나날을……(「65년의 새해」) * 지금의 적이 가장 무거운 것 같고 무서울 것 같지만/이 적이 없으면 또 다른 적(「적1」) * 이 한국에서도 눈이 뒤집힌 사람들/틈에 끼여 사는 처와 처들을 본다/오 결별의 신호여(「적2」) * 한번 잔인해봐라/이 문이 열리거든 아무 소리도 하지 말아봐라(「잔인의 초」) * 이 죽은 순교자들을 어떻게 생각해야 하나/우리의 주위에 너무나 많은 순교자들의 이 발견을/지금 나는 하고 있다[…]이 깨알만한 글씨보다 더/작게 써야 할 이 고초의 시기의/보다 더 작은 나의 즐거움을 피력하고 싶다[…]지극히 시시한 이 발견을 웃지 마라/비로소 충만한 이 한국문학사를 웃지 마라[…]이 무서운 낭비의 아들들을 웃지 마라(「이 한국문학사」) * 그도 이 관용을 알고 이 마지막 관용을 알고 있지만/吟味癖이 있는 나보다는 덜 알고 있겠지(「H」) * 성급한 우리들은 이 발견과 실감 앞에 서럽기까지도 하다 […]이 발견의 봄이 오기 전에 옷을 벗으려고[…]이 소음들은 나의 푸른 풀의 가냘픈(「풀의 영상」) * 언어가 죽음의 벽을 뚫고 나가기 위한/숙제는 오래된다 이 숙제를 노상 방해하는 것이/성의 윤리와 윤리의 윤리다(「설사의 알리바이」) * 그러나 너무 재촉하지는 마라. 이 문제가 해결/되기까지 기다려봐. 지금은 안 빌려주기로 하고/있는 시간야.[…]이 책보다 더 중요하다는 걸 모르지.(「엔카운터 誌」) * 이 횡재물이 지금 우리집 뜰 아래 광에/들어 있다//나는 도적이 이 철사의 반환을 꾀하고 있다고/생각한다[…]이 추측이 맞을 거라 이 추측이 맞을 거라/이 추측이 맞을 거라(「도적」) * 이 3만 원을 달러 이자라도 내서 갚아달라고 대드는 바람에[…]우리가 강청한 사람은 이 돈을 받을 사람과 한 고향인 함경도 친구//이 돈이 31일까지 나올 가망성이 없다[…]이 돈은 원은 10월 말일이/기한이고(「판문점의 감상」) * 間斷도 사랑/이 방에서 저 방으로 할머니가 계신 방에서/심부름하는 놈이 있는 방까지[…]그리고 이 사랑을 만드는 기술을 안다/눈을 떴다 감는 기술[…]이 단단한 고요함을 배울 거다/복사씨가 사랑으로 만들어진 것이 아닌가 하고/의심할 거다!(「사랑의 변주곡」) * 이 죄에는 사과의 길이 없다 봄이 오고/쥐가 나돌고 풀이 솟는다 소리없이 소리없이//나는 한 가지를 안 속이려고 모든 것을 속였다/이 죄의 여운에는 사과의 길이 없다(「거짓말의 여운 속에서」) * 이 인찰지와 이 봉투지로는 편지는 못 쓰겠소/더위도 가시고 오늘은 하루종일 일도/안하고 있지만 미용인찰지의 나의 생활을/당신한테 보일 수는 없소(「美濃印札紙」) * 이 몇 개의 판테온의 기둥 사이에/뒹굴고 있는 폐허의 돌조각들보다도/더 값없게 발길에 차이는 隣國의 음성[…]이 이상한 일을 놓고 나는 저녁상을/물리고 나서 한참이나 생각해 본다[…]그러나 이렇게 써도 내가 반공산주의자가/아니 되기 위해서는 그날까지 이 엉성한/조악한 방송들이 어떻게 돼야 하고/어떻게 될 것이다(「라디오 계」) * 어제와 오늘이 하늘과 땅처럼/달라지고 침묵과 발악이 오늘과/내일처럼 달라지고 달라지지 않는/이 갱 안의 잉크 수건의 칼자국(「먼지」)

이[齒]² ① 척추동물의 입 안에 있으며 무엇을 물거나 음식물을 씹는 역할을 하는 기관. ② 톱, 톱니바퀴 따위의 뾰족뾰족 내민 부분. ③ 기구, 기계 따위의 맞물리는 짬. *옆에 누운 친구가 내가 이를 뺀 얼굴이 어린 아해 같다고 간간대소하며 좋아한다[…]기진맥진한 몸을 간신히 일으켜서/차가운 이를 건져서 끼고 따라서 내려간다(「미숙한 도적」) *그 책장은 번쩍이고/연해 나는 괴로움으로 어찌할 수 없이/이를 깨물고 있네!/가까이 할 수 없는 서적이여/가까이 할 수 없는 서적이여.(「가까이 할 수 없는 서적」)

이[蝨]³ ① 이목의 곤충을 통틀어 이르는 말. 몸의 길이는 1~4mm이고 편평한 방추형이다. 날개는 없고 머리 양쪽에 홑눈이 한 개씩 있다. 사람의 몸에 기생하면서 피를 빨아 먹는다. 잇과, 짐승닛과, 털닛과 따위가 있다. *나는 한번도 이[蝨]를/보지 못한 사람이다//어두운 옷 속에서만/이는 사람을 부르고/사람을 울린다//나는 한번도 아버지의 수염을 바로는 보지/못하였다//   신문을 펴라//이가 걸어 나온다/행렬처럼/어제의 물처럼/걸어나온다 (「이[蝨]」)

이(영, E)⁴ 영어의 다섯째 자모의 이름. *앨비 예요. 앨비예요. 에이 엘 삐 이 이. 네./그래요. 아아, 그렇군요.(「전화 이야기」)

이건 '이것은'의 준말. *무엇보다도/내가 정말 시인이 됐으니 시원하고/인제 정말/진짜 시인이 될 수 있으니 시원하고/시원하다고 말하지 않아도 되니/이건 진짜 시원하고/이 시원함은 진짜이고/자유다(「檄文」) *나는 어찌나 좋았던지 목욕을 하러 갔지/개구리란 놈이 추락하는 폭격기처럼/사람을 놀랜다/내가 피우고 있는 파이프/이건 2년이나 대학에서 떨어진 아우놈 거야(「伏中」)

이것 ① 말하는 이에게 가까이 있거나 말하는 이가 생각하고 있는 사물을 가리키는 지시 대명사. ② 바로 앞에서 이야기한 대상을 가리키는 지시 대명사. ③ '이 사람'을 낮잡아 이르는 삼인칭 대명사. ④ '이 아이'를 귀엽게 이르는 삼인칭 대명사. *가까이 할 수 없는 서적이 있다/이것은 먼 바다를 건너온/용이하게 찾아갈 수 없는 나라에서 온 것이다(「가까이 할 수 없는 서적」) *그 대신 사랑이 생기었다/굵다란 사랑/누가 있어 나를 본다면은/이것은 확실히 우스운 이야깃거리다[…]생활의 백골/누가 있어 나를 본다면은/이것은 확실히 무서운 이야깃거리다(「愛情遲鈍」) *캄캄한 사무실 한복판에서/나는 눈이 먼 암소나 다름없이 선량한데/이 공간의 넓이를 가리키면서/한꺼번에 구겨지자 없어지는 벼락과 천둥/이것이 또 앞으로 얼마나 계속될는지(「付託」) *그러나 이것은 살아 있는 포로의 애원이 아니라/이미 대한민국의 하늘을 가슴으로 등으로 쓸고 나가는[…]포로의 반공전선을 위하여는/이것보다 더 장황한 전제가 필요하였습니다[…]나는 이것을 자유라고 부릅니다[…]정말 내가 포로수용소를 탈출하여 나오려고/무수한 동물적 企圖를 한 것은/이것이 거짓말이라면 용서하여 주시오[…]이것은 寸豪의 諷刺味도 역설도 불쌍한 발악도 청년다운 광기도 섞여 있는 말이 아닐 것이다[…]나는 이것을 진정한 자유의 노래라고 부르고 싶어라!/반항의 자유(「조국에 돌아오신 傷病捕虜 동지들에게」) *종로 네거리도 행길에 가까운 일부러 떠들썩한 찻집을 택하여 나는 앉아 있다/이것이 도회 안에 사는 나로서는 어디보다도 조용한 곳이라고 생각하고 있기 때문이다(「시골 선물」) *이것은 누구에게도 보이지 않을 글이기에/(아아 그러한 시대가 온다면 얼마나 좋은 일이냐)/나의 동요 없는 마음으로/너를 다시 한번 치어다보고 혹은 내려다보면서 無量의 환희에 젖는다(「九羅重花」) *이 밤이 기다리는 고요한 사상마저/나는 초연히 이것을 시간 위에 얹고/어려운 몇 고비를 넘어가는 기술을 알고 있나니/누구의 생활도 아닌 이것은 확실한 나의 생활(「방안에서 익어가는 설움」) *거칠기 짝이 없는 우리 집안의/한없이 순하고 아득한 바람과 물결—/이것이 사랑이냐/낡아도 좋은 것은 사랑뿐이냐(「나의 가족」) *오늘은 필경 여러 가지를 합한 긍지의 날인가 보다/암만 불러도 싫지 않은 긍지의 날인가 보다/모든 설움이 합쳐지고 모든 것이 설움으로 돌아가는/긍지의 날인가 보다/이것이 나의 날/내가 자라는 날인가 보다(「긍지의 날」) *헬리콥터가 風船보다도 가벼웁게 상승하는 것을 보고/놀랄 수 있는 사람은 설움을 아는 사람이지만/또한 이것을 보고 놀라지 않는 것도 설움을 아는 사람일 것이다[…]이것이 처음 탄생한 것은 물론 그 이전이지만/그래도 제트기나 카고보다는 늦게 나왔다(「헬리콥터」) ＊나는/나의 눈을 찌르는 이 따가운 가옥과/집물과 사람들의 음성과 거리의 소리들을/커다란 해양의 한 구석을 차지하는/조고마한 물방울로/그려보려 하는데/차라리 어떠할까—이것은 구차한 선비의 보잘것없는 일일 것인가.(「거리1」) ＊달관한 신문기자여/생각하지 말아라/「결혼윤리의 좌절/—행복은 어디에 있나?—」/이것이 어제 오후에 써놓은 기사 대목으로/내일 조간분 사회면의 표독한 타이틀이 될 것이라고 해서(「기자의 정열」) ＊나는 이러한 사진과 기사를 볼 때마다/이것은 ≪아틀랜틱≫과 ≪하퍼스≫의 광고부의 分室이 나타났다고/이곳 저널리스트의 역습의 묘리에 감탄하고 있었는데(「백의」) ＊나는 일손을 멈추고 잠시 무엇을 생각하게 된다—/살아 있는 보람이란 이것뿐이라고—/하루살이의 狂舞여/하루살이는 지금 나의 일을 방해한다(「하루살이」) ＊일어서 있는 너의 얼굴/일어서 있는 너의 얼굴/顎骨에서 내려가는 너의 경련—/이것이 생활이다(「반주곡」) ＊쨈보야 너는 이성망이 놈을 빨리 잡아오너라/여기 떡갈나무 잎이 있는데 이것을 가지고 가서/하와이 영사한테 보여라/그리고 돌아올 때는 구름을 타고 오너라(「나는 아리조나 카보이야」) ＊그러나 나는 오늘 아침의 때묻은 혁명을 위해서/어차피 한마디 할 말이 있다/이것을 나는 나의 일기첩에서/찾을 수밖에 없었다(「중용에 대하여」) ＊하여간 반갑다 잠입한 사랑아 무식한 사랑아/이것이 사랑의 뒤치다꺼리인가 보다/평안도 사랑의 덤인가 보다(「滿洲의 여자」) ＊썩은 공기 나가는 지붕 위의 지붕만 있으면 돼/〈돼〉가 긍정에서 의문으로 돌아갔다/의문에서 긍정으로 또 돌아오면 돼/이것이 몇 바퀴만 넌지시 돌면 돼/해바라기 머리같이 돌면 돼(「장시1」) ＊내가 지금 6학년 아이들의 과외공부집에서 만난/학부형회의 어떤 어머니에게 느낀 여자의 감각/그 이마의 힘줄/그 힘줄의 集中度/이것은 죄에서 우러나오는 것이다(「여자」) ＊밭주인이 보면 질색을 할 노릇이지만/이 밭주인은 차밭 주인의 소작인이다/그러나 우리집 여편네는 이것을 모두/자기 밭이라고 한다 멀쩡한 거짓말이다(「반달」) ＊현대식 교량을 건널 때마다 나는 갑자기 회고주의자가 된다/이것이 얼마나 죄가 많은 다리인 줄 모르고/식민지의 곤충들이 24시간을/자기의 다리처럼 건너다닌다(「현대식 교량」) ＊퇴계든 정다산이든 수염 난 영감이면/복덕방 사기꾼도 도적놈 지주라도 좋으니 제발 순조로워라/자칭 예술파 시인들이 아무리 우리의 능변을 욕해도—이것이/환희인 걸 어떻게 하랴(「미역국」) ＊오늘밤 우리의 현대문학사의 변명을 얻었다/이것은 위대한 힌트가 아니니만큼 좋다/또 내가 〈시시한〉 발견의 편집광이라는 것도 안다/중요한 것은 야밤이다(「이 한국문학사」) ＊이것을 하고 저것을 하고 저것을 하고 이것을/하고 피를 안 흘리려고/피를 흘리되 조금 쉽게 흘리려고/저것을 하고 이것을 하고 저것을 하고/이것을 하고[…]그 편지 안에 적힌 블레이크의 시를 감동을 하고/읽었지 "Sooner murder an infant in its /cradle than nurse unacted desire" 이것이/무슨 뜻인지 알았지 그러나 완성하진 못했지//이것을 지금 완성했다 아내여 우리는 이겼다(「이혼 취소」) ＊중요한 것은//괴로움과 괴로움의 이행이다 우리의 행동/이것을 우리의 시로 옮겨놓으려는 생각은/단념하라 괴로운 설사(「설사의 알리바이」) ＊29일까지는 된다고 하고 그러나 넉넉잡고 내일까지 기다리라고 한 3만 원/이것을 받아야 할 사람은 1·4후퇴 때 나온/친구의 부인/이것을 떼먹은 년은 우리 여편네가 든/契의 오야가 주재하는/우리 여편네는 들지 않은 백만 원짜리/계의 멤버로 인형을 만들어 파는 년이라나[…]이것이 안 되면 어떻게 하나 그 생각을/그 마지막 대책을 나는 일부러 생각하지/않고 있다/31일까지![…]이것이 이남 사람인 우리 부부의 誤算이었나 보다(「판문점의 감상」) ＊편지지뿐만 아니라 봉투도 마찬가지지 밀용지 넉 장에/봉투 두 장을 4원에 사가지고 왔으니 알지 않겠소/이것이 편지를 쓰다 만 내력이오—꽉 막히는구려//꽉 막히는이것이 나의 생활의 자연의 시초요(「美濃印札紙」) ＊이 몇 개의 판테온의 기둥 사이에/뒹굴고 있는 폐허의 돌조각들보다도/더 값없게 발길에 차이는 隣國의 음성/—물론 낭랑한 일본 말들이다/이것을 요즘은 안 듣는다(「라디오 계」) *나는 이것이 쏟고 난 뒤에도 보통때보다/완연히 한참 더 오래 끌다가 쏟았다/한번 더 고비를 넘을 수도 있었는데 그만큼/지독하게 속이면 내가 곧 속고 만다(「性」)

이것저것 여러 개의 사물을 통틀어 이르는 말. *오래간만에 거리에 나와보니/나의 눈을 흡수하는 모든 물건/그 중에도/빈 사무실에 놓인 무심한/집물 이것저것(「거리」)

이게 '이것이'의 준말. *「도적질을 하는 것도 저렇게 부지런하여야 하는데 우리는 이게 무어야 빨리 나가서 배 들어오는 것을 기다리세」하고 친구가 서두른다(「미숙한 도적」) *기성 육법전서를 기준으로 하고/혁명을 바라는 자는 바보다/혁명이란/방법부터가 혁명적이어야 할 터인데/이게 도대체 무슨 개수작이냐/불쌍한 백성들아/불쌍한 것은 그대들뿐이다(「육법전서와 혁명」) *그렇게 매일 믿어왔는데, 갑자기 변했어./왜 변했을까. 이게 문제야. 이게 내 고민야./지금도 빌려줄 수는 있어. 그렇지만 안 빌려줄 수도/있어[…]안 빌려주어도 넉넉하다. 나도 넉넉하고,/당신도 넉넉하다. 이게 세상이다.(「엔카운터 誌」) *이게 아무래도 내가 저의 섹스를 개관하고/있는 것을 아는 모양이다/똑똑히는 몰라도 어렴풋이 느껴지는/모양이다(「性」)

이기다¹ ①내기나 시합, 싸움 따위에서 재주나 힘을 겨루어 상대를 꺾다. ②고통이나 고난을 참고 견디어 내다.
이겨 *여러 동지들은 기막힌 쓰라림에 못 이겨 못 뛰어나오고(「조국에 돌아오신 傷病捕虜 동지들에게」) *우연한 싸움에 이겨 보려고(「적2」)
이겼다 *이것을 지금 완성했다 아내여 우리는 이겼다(「이혼 취소」)
이기는 *모든 관념의 말단에 서서 생활하는 사람만이 이기는 법이다(「영롱한 목표」) *환상이 환상을 이기는 시간(「장시2」)
이기지 *너의 표피의 원활과 각도에 이기지 못하고 미끄러지는 나의 발을/나는 미워한다

(「네이팜 탄」)
이기다² 칼 따위로 잘게 썰어서 짓찧어 다지다.
이기는 *트럭 소리가 나면 돼/아카시아 잎을 이기는 소리가 방바닥 밑까지 울리면 돼/라디오 소리도 거리의 풍습대로 기를 쓰고 크게만 틀어놓으면 돼[…]아카시아 잎을 이기는 소리가 방바닥 밑까지 콩콩 울리면 돼/흙 묻은 비옷이 24시간 걸려 있으면 돼(「장시1」)

이기적(利己的) 자신의 이익만 생각하는 것. *가장 아름다운 이기적인 시간 위에서/나는 나의 검게 타야 할 정신을 생각하며(「여름 아침」)

이끼 그늘이 지고 습기가 많은 곳에서 자라는, 잎사귀와 줄기의 구별이 뚜렷하지 못하고 얇은 헝겊처럼 퍼져 나는 식물. *나의 정신은/늙은 바위에 앉은 이끼처럼 추워라(「초봄의 뜰 안에」)

이남(以南) 38도선의 남쪽. 휴전선의 남쪽. *이것이 이남 사람인 우리 부부의 誤算이었나 보다/38선에 대한/또 한 해의 터무니없는 感傷이었다 보다(「판문점의 감상」)

이내 오래 끌지 않고 곧. 지체 없이 곧. *나는 그 사진을 10년 만에 곰곰이 正視하면서/이내 거북해서 너의 방을 뛰쳐나오고 말았다(「누이야 장하고나!」)

이놈 자기 자신이나 상대방을 속되게 낮추어 이르는 말. *이놈들이 다 이성망이 부하들이다/한데다 묶어놔라/야 이놈들아 고갤 숙여[…]너 이놈 정동 재판소에서 언제 달아나왔으냐 깟땜![…]이놈들이 다 이성망이 부하들이지/이놈들 여기 개미구멍으로 다 들어가(「나는 아리조나 카보이야」) *뇌물은/물론 안 받았다/가지고 있는/시계도 없다/집에도/몸에도[…]이놈이 무엇이지?(「이놈이 무엇이지?」)

이다지 이러한 정도로까지, 이렇게까지. *함부로 흘리는 피가 싫어서/이다지 낡아빠진 생활을 하는 것은 아니리라(「구름의 파수병」) *내가 죽은 뒤에는/고독의 명맥을 남기지 않으려고/나는 이다지도 주야를 무릅쓰고 애를 쓰고 있단다(「나비의 무덤」) *어두운 대지를 차고 이륙하는 것이/이다지도 힘이 들지 않는다는 것을 처음 깨달은 것은/우매한 나라의 어린

시인들이었다(「헬리콥터」) *외양만이라도 남과 같이 살아간다는 것이 이다지도 쑥스러울 수가 있을까(「구름의 파수병」) *싸리꽃 핀 벌판에서/나는 왜 이다지도 피로에 집착하고 있는가(「싸리꽃 핀 벌판」) *우리들의 戰線은 눈에 보이지 않는다/그것이 우리들의 싸움을 이다지도 어려운 것으로 만든다(「하…… 그림자가 없다」)

이덕(異德) 다른 덕. 여기서 '덕'은 '덕분(德分)' 혹은 '덕택(德澤)'에서와 같이, 어떤 좋은 결과를 가져오게 한 원인이나 조건의 도움의 뜻. *자연은 나의 몇 사람의 독특한 벗들과 함께/토끼의 탄생의 방식에 대하여/하나의 異德을 주고 갔다(「토끼」)

이데올로기(독, Ideologie) 사회 집단에 있어서 사상, 행동, 생활 방법을 근본적으로 제약하고 있는 관념이나 신조의 체계. *여행을/안 한다/가지고 있는/이데올로기도 없다/密謀는/전혀 없다(「이놈이 무엇이지?」)

이따금 얼마쯤씩 있다가 가끔. *이따금씩 강 건너의 대포소리가//날 때도 울리지만 싱겁게 걸어갈 때/울리고 돌아서 걸어갈 때 울리고(「의자가 많아서 걸린다」)

이때 다른 때가 아니라 지금. *무능한 내가 지지 않는 것은 이때만이다(「만용에게」) *시원치 않은 이 울음소리만이/어째서 나의 뼈를 뚫고 총알같이 날쌔게 달아나는가//이때이다/나의 온 정신에 畵龍點睛이 이루어지는 순간이(「영사판」) *오오 사랑이 추방을 당하는 시간이 바로 이때이다(「피곤한 하루의 나머지 시간」)

이래도 이러하여도. ☞ 이러하다. *달걀값은 여전히 영하 28환인데//이래도/그대들은 유구한 公序良俗 정신으로/위정자가 다 잘해 줄 줄 알고만 있다(「육법전서와 혁명」)

이래서 이러하여서. ☞ 이러하다. *오늘의 적으로 내일의 적을 쫓으면 되고/내일의 적으로 오늘의 적을 쫓을 수도 있다/이래서 우리들은 태평으로 지낸다(「적1」) *지상의 소음이 번성하는 날은/하늘의 소음도 번쩍인다/여름은 이래서 좋고 여름밤은/이래서 더욱 좋다[…]여름밤은 깊을수록/이래서 좋다(「여름 밤」)

이래저래 이렇게 저렇게. 이렇게 보아도, 저렇게 보아도. *불쌍한 것은 이래저래 그대들 뿐이다/그놈들이 배불리 먹고 있을 때도/고생한 것은 그대들이고/그놈들이 망하고 난 후에도 진짜 곯고 있는 것은/그대들인데/불쌍한 그대들은 천국이 온다고 바라고 있다(「육법전서와 혁명」)

이러하다 ①이와 같다. ②이런 모양으로 되어 있다. ☞ 이렇다.

이러하고 *길을 걸으면서 생각하여 보는/향로가 이러하고(「더러운 향로」)

이러하지는 *고독한 사람의 죽음은 이러하지는 않다(「나비의 무덤」)

이러한 *이러한 변명이 지루하다고 꾸짖는 독자에 대하여는/한마디 드려야 할 정당한 이유의 말이 있다(「조국에 돌아오신 傷病捕虜 동지들에게」) *설움이 설움을 먹었던 시절이 있었다/이러한 젊은 시절보다도 더 젊은 것이/헬리콥터의 영원한 生理이다[…]이러한 우리의 순수한 痴情을/헬리콥터에서도 내려다볼 수 있을 것을 짐작하기 때문에/「헬리콥터여 너는 설운 동물이다」(「헬리콥터」) *잣나무 전나무 집뽕나무 상나무/연못 흰 바위/이러한 것들이 나를 속이는가(「휴식」) *나는 이러한 사진과 기사를 볼 때마다/이것은 《아틀랜틱》과 《하퍼스》의 광고부의 分室이/이곳 저널리스트의 역습의 묘리에 감탄하고 있었는데[…]이러한 그의 무리한 요청에 대하여 나는 하는 수 없이/〈그것은 나의 역량 이상의 것이므로 신세계극단의 연출자 S씨를 찾아가보라〉고/터무니없는 거짓말을 하여가지고 즉석에 거절하여 버렸다(「백의」) *나는 오늘부터 지리 교사모양으로 벽을 보고 있을 필요가 없고/노쇠한 선교사모양으로 낮잠을 자지 않고도 견딜 만한 강인성을 가지고 있다/이러한 목표는 극장 의회 기계의 齒車/선박의 索具 등을 呪詛하지 않는다(「영롱한 목표」) *그러나 문제는 이러한 반항에 있지 않다/저 젊은이들의 나에 대한 사랑에 있다[…]늙음과 젊음의 분간이 서지 않는다/다리는 이러한 정지의 증인이다(「현대식 교량」)

이러할 *의치를 빼어서 물에 담가놓고 드러누우니/마치 내가 임종하는 곳이 이러할 것이니 하는 생각이 불현듯이 든다(「미숙한 도적」)

＊그것은 나의 앙상한 생명/PLASTER가 燃上하는 냄새가 이러할 것이다(「PLASTER」)

이렇게 '이러하게'의 준말. ＊이렇게 많은 식구들이/아침이면 눈을 부비고 나가서/저녁에 들어올 때마다/먼지처럼 인색하게 묻혀가지고 들어온 것(「나의 가족」) ＊너의 모습과 너의 몸짓은/어쩌면 이렇게 자연스러우냐(「하루살이」) ＊생활과 언어가 이렇게까지 나에게/밀접해진 일은 없다(「모리배」) ＊이미 오래전에 일과를 전폐해야 할/文明이/오늘도 또 나를 이렇게 괴롭힌다(「파리와 더불어」) ＊8월의 하늘은 높다/높다는 것도 이렇게 웃음을 자아낸다(「누이야 장하고나!」) ＊노상에서 지서의 순경을 만났더니/「아니 어디를 갔다 오슈?」/이렇게 돼서야 그만이지/어떻게든지 체면을 차려볼 궁리 좀 해야지[…]「저것 좀 집어와라!」 호령 하나 못하니/이렇게 돼서야 그만이지[…]한사코 利대학 중퇴가 利대학 졸업으로 誤植이 돼 나오니/이렇게 돼서야 그만이지[…]나의 프레이저의 책 속의 낱말이/송충이처럼 꾸불텅거리면서 어찌나 지겨워 보이던지/이렇게 돼서야 그만이지(「파자마 바람으로」) ＊18년 후에 이렇게 뻐젓이 서울의 다방 건너 막걸리집에서 또 만나게 됐으니/하여간 반갑다(「滿洲의 여자」) ＊이렇게 주기적인 수입 소동이 날 때만은/네가 부리는 독살에도 나는 지지 않는다(「만용에게」) ＊그리고 조금쯤 옆에 서 있는 것이 조금쯤/비겁한 것이라고 알고 있다!/그러니까 이렇게 옹졸하게 반항한다(「어느 날 고궁을 나오면서」) ＊당신이 내린 결단이 이렇게 좋군/나하고 별거를 하기로 작정한 이틀째 되는 날/당신은 나와의 이혼을 결정하고[…]내 친구의 미망인의 빚보를 선 것을/물어주기로 한 것이 이렇게 좋군(「이혼 취소」) ＊왜 이렇게 벅차게 사랑의 숲은 밀려닥치느냐[…]복사씨와 살구씨가/한번은 이렇게/사랑에 미쳐 날뛸 날이 올 거다!(「사랑의 변주곡」) ＊땅의 2층이 하늘인 것처럼/이렇게 人情의 하늘이 가까워진/일이 없다(「여름 밤」) ＊그러나 이렇게 써도 내가 반공산주의자가/아니 되기 위해서는 그날까지 이 엉성한/조악한 방송들이 어떻게 돼야 하고/어떻게 될 것이다(「라디오 계」)

이렇게 ＊나같이 사는 것은 나밖에 없는 것 같다/나는 이렇게도 가련한 놈 어느 사이에/자꾸자꾸 소심해져만 간다(「강가에서」)

이렇다 '이러하다'의 준말. ①상태, 모양, 성질 따위가 그와 같다. ②특별한 변화가 없다. ③만족스럽지 아니하다. ☞ 이러하다.

이러면 ＊모든 게 중단이다[…]부정기적인 중단/부정기적인 위협/이러면 하루종일/밤의 꿈 속에서도/당당한 피아노가 울리게 마련이다(「피아노」)

이런 ＊나는 태양을 주웠다고 생각하지는 않았지만/설마 이런 것이 올 줄이야/괴물이여(「PLASTER」) ＊부정한 마음아/밤이 밤의 窓을 때리는구나/너는 이런 밤을 무수한 거부 속에 헛되이 보냈구나//또 지금 헛되이 보내고 있구나(「밤」) ＊신은 곧잘 이런 장난을 잘 한다[…]신은 곧잘 이런 꾸지람을 잘한다(「나가타 겐지로」) ＊이런 황혼에는 시베리아의/어느 이름 없는 개울가에서/들오리가 서투른 앉음새로/병아리를 품고 있을지도 모른다(「황혼」) ＊이런 밤에/나는 […]여편네의 댓가지 백 속에/조약돌이 들어 있는/공간의 우연에 놀란다[…]이런 것들이 정돈될 가치가 있는 것들인가/누이야/이런 것들이 정돈될 가치가 있는 것들인가(「누이의 방」) ＊이런 때면 매년 이맘때쯤 듣는/병아리 우는 소리와/그의 원수인 쥐 소리를 혼동한다(「백지에서부터」) ＊이런 집중이 여자의 선천적인 집중도와/기적적으로 마주치게 한 것이 전쟁이라고 생각했다(「여자」) ＊멀쩡한 거짓말이다/그러나 이런 거짓말이 필요할 때가 있다(「반달」) ＊심야에는 여자는 사라지고 남자가 다시 오입을 하러/활보하고 나선다고 이런 기이한 관습을 가진 나라를/세계 다른 곳에서는 본 일이 없다고(「거대한 뿌리」) ＊이런 사람을 보면 세상사람들이 다 그처럼 살고 있는 것 같다(「강가에서」) ＊그러니까 이 다리를 건너갈 때마다/나는 나의 심장을 기계처럼 중지시킨다/(이런 연습을 나는 무수히 해 왔다)[…]이런 경이는 나를 늙게 하는 동시에 젊게 한다(「현대식 교량」) ＊이를테면 이런 일이 있었다/부산에 포로수용소의 제14야전병원에 있을 때[…]남자가 뭐 이런 일을 하고 있느냐고 놀린 일이 있었다(「어느 날 고궁을 나오면서」) ＊아뇨. 아아, 그렇군요.//이런 전화를, 번역하는 친구를 옆에 놓고,/생색을 내려고,(「전화 이야기」) *아내는 이런 어려운 일들을 어렵지 않게 해치운다(「금성라디오」) *조악한 방송들이 어떻게 돼야 하고/어떻게 될 것이다[…]이런 극도의 낙천주의를 저녁 밥상을/물리고 나서 해본다(「라디오 계」) *성속이 같다는 원효/대사가 이런 기계의 영광을 누릴/줄이야(「원효대사」)

이렇듯 *여편네의 방에 와서 기거를 같이해도/나는 이렇듯 소년처럼 되었다(「여편네의 방에 와서」)

이루다 어떠한 상태나 상황으로 되게 하다.
이루게 *지극히 정확한 각도로 날아가는/포탄이/행복의 파편과 영광과 熱度로써/목적을 이루게 되기 전에(「조그마한 세상의 지혜」)
이루어 *고요함과 사랑이 이루어놓은 폭풍의 간악한/신념이여(「사랑의 변주곡」)
이루울 *오늘도 어제와 같이 괴로운 잠을/이루울 준비를 해야 할 이 시간에/괴로움도 모르고/나는 이 책을 멀리 보고 있다(「가까이 할 수 없는 서적」)

이루어지다 ①어떤 대상에 의하여 일정한 상태나 결과가 생기거나 만들어지다. ②뜻한 대로 되다. ③몇 가지 부분이나 요소가 모여 일정한 성질이나 모양을 가진 존재가 되다.
이루어지는 *이때이다/나의 온 정신에 畵龍點睛이 이루어지는 순간이(「영사판」) *저절로 이루어지는 것이 긴 것 가운데/있을 줄이야(「원효대사」)

이룩하다 목적하던 바나 상태 등을 이루다. 성취하다. 달성하다.
이룩하자 *잃어버린 길을 다시 찾은 반가운 마음으로/우리가 찾은 혁명을 마지막까지 이룩하자(「기도」)

이룩하다(離陸—) 비행기나 비행체가 날기 위하여 땅에서 하늘로 떠오르다.
이룩하는 *어두운 대지를 차고 이룩하는 것이/이다지도 힘이 들지 않는다는 것을 처음 깨달은 것은/우매한 나라의 어린 시인들이었다(「헬리콥터」)

이를테면 예를 들어 말하자면. 다른 말로 말하자면. *흐르는 시간 속에 이를테면 푸른 옷이 걸리고 그 위에/반짝이는 별같이 흰 단추가 달려있고(「방안에서 익어가는 설움」)

이름 동물 또는 사물이나 현상 따위를 가리키거나 다른 것과 구분하기 위하여 그것에 붙여 이르는 말. *이런 황혼에는 시베리아의/어느 이름 없는 개울가에서/들오리가 서투른 앉음새로/병아리를 품고 있을지도 모른다(「황혼」) *너의 이름과 너와 나와의 관계가 무엇인지 알아질 때까지/소금 같은 이 세계가 존속할 것이며(「풍뎅이」) *지금 枯渴 시인의 절정에 서서//이름도 모르는 뼈와 뼈/어디까지나 뒤퉁그러져 나왔구나(「PLASTER」) *풀이, 이름도 없는 낯익은 풀들이, 풀새끼들이(「거짓말의 여운 속에서」) *부르기 힘든 사람의 이름들(「기자의 정열」) *배우 이름은 모르지만 대사는/대사보다도 배우에 가까웠다(「원효대사」) *그 주막거리의 이름이 말죽거리라는 것까지도/무료하게 생각하게 하고(「참음은」)

이리[1] 이렇게. 이토록. 이다지. *오오 나는 그의 얼굴을 따라/왜 이리 조바심하는 것이오(「아버지의 사진」) *눈은 왜 이리 소경처럼 어두워만 지나(「장시2」)

이리[2] 이쪽으로. 이곳으로. *마술의 원효가 이리 번쩍//저리 번쩍〈제니〉와 大師가 왔다갔다 앞뒤로 좌우로(「원효대사」)

이마 얼굴의 눈썹 위로부터 머리카락이 난 아래까지의 부분. *대한민국의 꽃을 이마 위에 동여매고 싸우고 싸우고 싸워왔다(「조국에 돌아오신 傷病捕虜 동지들에게」) *짓이긴 파 냄새가 술 취한/내 이마에 神藥처럼 생긋하다(「초봄의 뜰 안에」) *여자란 집중된 동물이다/그 이마의 힘줄같이 나에게 설움을 가르쳐준다[…]그 이마의 힘줄/그 힘줄의 集中度(「여자」)

이만하다 이것만하다. 이 정도만하다.
이만하면 *대구에서/대구에서/쌀난리가/났지 않아/이만하면 아직도/혁명은/살아 있는 셈이지(「쌀난리」)

이맘때 이만한 정도가 된 때. *이런 때면 매년 이맘때쯤 듣는/병아리 우는 소리와/그의 원수인 쥐 소리를 혼동한다(「백지에서부터」)

이미 어떤 사건이나 상태가 생긴 것이 시간상으로 그보다 앞서. *열사흘 달빛은/이미 과부의 靑裳이어라(「廟庭의 노래」) *그러나 그것은 살아 있는 포로의 애원이 아니라/이미 대한민국의 하늘을 가슴으로 등으로 쓸고 나가는/저 조그만 비행기같이 연기도 여운도 없이 살아진 몇몇 포로들의 영령이/너무나 알기 쉬운 말로 아무도 듣지 못하게 당신의 뺨에다 대고 비로소 시작하는 귓속이야기지요?(「조국에 돌아오신 傷病捕虜 동지들에게」) ＊암만해도 잊어버리지 못할 것이 있어 다시 불을 켜고 앉았을 때는/이미 내가 찾던 것은 없어졌을 때(「구슬픈 육체」) ＊영사판 위의 모오든 검은 현실이 저마다 색깔을 입고/이미 멀리 달아나 버린 비둘기의 두 눈동자에까지/붉은 광채가 떠오르는 것을 보다(「영사판」) ＊잠자는 책은 이미 잊어버린 책/이 다음에 이 책을 여는 것은/내가 아닙니다(「서책」) ＊숫자를 무시하고 사는지/이미 헤아릴 수 없이 오래된 연기(「연기」) ＊그리고/나는 이미 정하여진 물체만을 보기로 결심하고 있는데(「구름의 파수병」) ＊새로운 목표는 이미 나타나고 있었다[…]새로운 목표는 이미 작업을 시작하고 있었다/역을 떠난 기차 속에서[…]새로운 목표는 이미 나타나고 있었다(「영롱한 목표」) ＊多病한 나에게는/파리도 이미 어제의 파리는 아니다//이미 오래전에 일과를 전폐해야 할/文明이/오늘도 또 나를 이렇게 괴롭힌다(「파리와 더불어」) ＊내 생명은 이미 맡기어진 생명/나의 질서는 죽음의 질서/온 세상이 죽음의 가치로 변해 버렸다(「말」(1964))

이민(移民) 다른 나라로 옮겨가서 사는 것. ＊몇 차례의 언어의 이민을 한 내가/우리말을 너무 잘해서 곤란하게 된 내가(「거짓말의 여운 속에서」)

이발소(理髮所) 남자의 머리털을 깎고 다듬는 곳. ＊이발소의 화롯가에 연분홍빛 화로/깨어진 유리에 종이를 바르고/그 언 유리에 비친 내 얼굴이 제임스 띵같이/되기까지 내가 겪은, 내가 겪을/고뇌는 무한이다(「제임스 띵」)

이발쟁이(理髮—) 이발하는 사람. 이발사를 낮추는 말. ＊언청이야 언청이야 이발쟁이야 너의/보꾹에 바른 신문지의 활자가 즐거웁구나(「제임스 띵」) ＊그러니까 이렇게 옹졸하게 반항한다/이발쟁이에게/땅주인에게는 못하고 이발쟁이에게/구청 직원에게는 못하고 동회 직원에게도 못하고(「어느 날 고궁을 나오면서」)

이방인(異邦人) 다른 나라 사람. ＊여름저녁을 어울리지 않는 지팡이를 들고/이방인처럼 산책하던 땅주인은(「장시2」)

이번(一番) 돌아온 바로 지금의 차례. ＊이번에는 우리가 의젓하게 그놈의 사진을 밑씻개로 하자(「우선 그놈의 사진을 떼어서 밑씻개로 하자」) ＊이번에는 우리가 배암이 되고 쐐기가 되더라도/이번에는 우리가 쥐가 되고 살쾡이가 되고 진드기가 되더라도/이번에는 우리가 악어가 되고 표범이 되고 승냥이가 되고 늑대가 되더라도/이번에는 우리가 고슴도치가 되고 여우가 되고 수리가 되고 빈대가 되더라도/아아 슬프게도 슬프게도 이번에는/우리가 혁명이 성취되는 마지막날에는(「기도」)

이별(離別) 오랫동안 만나지 못할 것이라 생각하고 떨어지거나 헤어지는 것. ＊가야만 하는 사람의 이별을/기다리는 것처럼/생활은 熱度를 측량할 수 없고(「愛情遲鈍」)

이북(以北) 한국에서 삼팔선 북쪽에 있는 지역. ＊그럴 때는 이 둘은 반드시/이북 친구들이기 때문에 나는 나의 앉음새를 고친다(「거대한 뿌리」) ＊지금은 너무나 또렷한 입체음을 통해서/들어오는 이북 방송이 불온 방송이/아니 되는 날이 오면(「라디오 계」) ＊그랬더니 그 친구가 빨리 38선을 향하여 가서/이북에 억류되고 있는 대한민국과 UN군의 포로들을 구하여내기 위하여/새로운 싸움을 하라고 합니다[…]이북에서 고생하고 돌아오는/상병포로들에게 말할 수 없는 미안한 감이 듭니다[…]다 같은 대한민국의 이북 반공포로와 거제도 반공포로들이/무궁화의 노래를 부를 것입니다(「조국에 돌아오신 傷病捕虜 동지들에게」) ＊그래도 정 허튼소리가/필요하거든//나는 대한민국에서는/제일이지만//이북에 가면야/꼬래비지요(「허튼소리」) ＊때로는 일본에서/때로는 이북에서/때로는 삼랑진에서/말하자면 세계의 도처에서 나타날 수 있는 千手千足獸(「절망」(1962)) ＊곳쿄노 마찌 이야기가 나오다가/이북으로 갔다는 나가타 겐지로(永田鉉次郎) 이야기가 나왔다//아니 김영길이가/이북으로 갔다는 김영길이 이야기가/나왔다가 들어간 때이다(「나가타 겐지로」)

이불 잘 때에 몸을 덮는 침구의 하나. ＊어젯

이브(영, Eve)

밤에 술을 마시던 방을 들여다보니 이불도 베개도 타구 하나 없이 깨끗하다.(「미숙한 도적」) *어제는 캐시밀론이 들은 새 이불이/어젯밤에는 새 책이/오늘 오후에는 새 라디오가 승격해 들어왔다(「금성라디오」)

이브(영, Eve) 구약 성서에 나오는, 하나님이 아담의 갈비뼈로 만든 인류 최초의 여성. 아담의 아내. 하와. *이브의 심장이 아닌 너의 내부에는/〈시간은 시간을 먹는 듯이 바쁘기만 하다〉는/기계가 아닌 자욱한 안개 같은/준엄한 태산 같은/시간의 퇴적뿐이 아닐 것이냐(「네이팜탄」)

이사(移徙) 살던 곳을 떠나 다른 곳으로 옮기는 것. *작품 제목임(「이사」) *방을 이사를 했지. 내/방에는 아들놈이 가고 나는 식모아이가 쓰던 방으로/가고.(「엔카운터誌」)

이상(以上)[1] 기준이 되는 어떤 상황이나 상태에 비하여 그 보다 더 크거나 많은 정도. *그보다도 창자가 더 메마른 저들은/더 이상 속이지 말아라(「육법전서와 혁명」) *나는 마구 짜증을 냈다//필요 이상으로 화를 내는 것도 좋다(「제임스 띵」) *〈그것은 나의 역량 이상의 것이므로 신세계극단의 연출자 S씨를 찾아가 보라〉고/터무니없는 거짓말을 하여가지고 즉석에 거절하여 버렸다(「백의」) *靜寂이 나의 가슴에 있고/부드러움이 바로 내가 따라가는 것인 이상/나의 긍지는 애드벌룬보다는 좀 더 무거울 것이며/예지는 어느 煙筒보다도 훨씬 뾰죽하고 날카로울 것이다(「거리2」)

이상(理想)[2] 마음에 그리며 추구하는 최고의 목표. *달콤한/달콤한/잠이 안 오네/보스토크가/돌아와 그러나/세계정부 理想이/따분해(「4·19시」)

이상스럽다(異常—) 보기에 이상한 데가 있다. *전화를 걸어 보니 아직도 해결이 안 됐느냐고/오히려 반문하는 품이 벌써 이상스럽다(「판문점의 감상」)

이상하다(異常—) 정상이 아니다. *금덩어리 같던 소리를 지금은안 듣는다/참 이상하다(「라디오 계」)

이상하고 *팽이가 돈다/팽이가 돈다/팽이 밑바닥에 끈을 돌려 매이니 이상하고(「달나라의 장난」)

이상한 *제임스 띵의 위협감은, 이상한 지방색 공포감은/자유당 때와 민주당 때와 지금의 惡政의 구별을 말살하고(「제임스 띵」) *이 이상한 일을 놓고 나는 저녁상을/물리고 나서 한참이나 생각해본다(「라디오 계」)

이성(理性) 이치에 맞고 논리적으로 생각하고 판단하는 능력. *아니 빗쟁이와 싸우다 나오는 길에 흘린/침자국//죽어라 이성을 되찾기 전에(「네 얼굴은」) *목적을 이루게 되기 전에//승패의 차이를 계산할 줄 아는/포탄의 이성이여(「조그마한 세상의 지혜」)

이성망[李承晩] 1875~1965. 이승만을 빗대어 지어낸 이름. 대한민국 초대 대통령. *이놈들이 다 이성망이 부하들이다[…]쨉보야 너는 이 성망이 놈을 빨리 잡아 오너라[…]이놈들이 다 이성망이 부하들이지/이놈들 여기 개미구멍으로 다 들어가(「나는 아리조나 카보이야」)

이승만

이슬 공기 중의 수증기가 기온이 내려가거나 찬 물체에 부딪쳐서 한데 뭉치어 생긴 작은 물방울. *야지우리에 새가 날고/국화꽃은 밤이면 더 한층 아름답게 이슬에 젖는데(「꽃」) *밤사이에 이슬을 마신 놈이/지금 나의 혼을 마신다[…]얄상한 잎/그것이 이슬을 마셨다고 어찌 신용하랴[…]그리고 철자법을 틀린 시/철자법을 틀린 인생/이슬, 이슬의 합창이다(「등나무」) *고민이 사라진 뒤에/이슬이 앉은 새봄의 낯익은 풀빛의 영상이/떠오르고 나서도/그것은 또 한참 시간이 필요했다(「풀의 영상」) *이 갱 안의 잉크 수건의 칼자국//증오가 가고 이슬이 번쩍이고/음악이 오고 변화의 시작이 오고(「먼지」)

이야기 일정한 주제에 대하여 서로 주고 받는 말. *작품 제목임(「전화 이야기」) *이토츄[伊藤忠] 商事의 신문광고 이야기가 나오고/곳코노 마찌 이야기가 나오다가/이북으로 갔다는 나가타 겐지로(永田鉉次郎) 이야기가 나왔다//아니 김영길이가/이북으로 갔다는 김영길이 이야기가/나왔다가 들어간 때이다(「나가타 겐지로」)＊전화를 걸고 그는 떠나갔다/ 공연한 이야기만 남기고 떠나갔다/그의 이야기가 절망인 것이 아니라/그의 모습이 절망인 것이 아니라(「황혼」) ＊「선생님 이야기는 20년 전 이야기이지요」(「현대식 교량」) ＊손님으로 온 나는 이 집 주인과의 이야기도 잊어버리고/ 또 한번 팽이를 돌려주었으면 하고 원하는 것이다(「달나라의 장난」) ＊쓸데없는 이야기도 주고받고 쓸데없는 일도/찾아보면 있느니라 (「술과 어린 고양이」)

이야기하다 일정한 주제에 대하여 말하다. ☞ 이야기.

이야기하지 ＊「자유가 항상 싸늘한 것이라면 나는 당신과 더 이야기하지 않겠어요[…]너무나 알기 쉬운 말로 아무도 듣지 못하게 당신의 뺨에다 대고 비로소 시작하는 귓속이야기지요」(「조국에 돌아오신 傷病捕虜 동지들에게」) ＊妬忌와 경쟁과 살인과 간음과 사기에 대하여서는/너에게 이야기하지 않으리라(「바뀌어진 지평선」)

이야깃거리 이야기할 만한 재료나 소재. ＊누가 있어 나를 본다면은/이것은 확실히 우스운 이야깃거리다[…]누가 있어 나를 본다면은/이것은 확실히 무서운 이야깃거리다(「愛情遲鈍」)

이오네스코(Ionesco, Eugene) 1912~1994. 루마니아 출생 프랑스의 극작가. 그의 작품은 전통적 연극에 대한 도전적인 태도로 일관되었다. 작품으로 「대머리 여가수」, 「알마 즉흥극」 등이 있다. ＊엔카운터/속의 이오네스코까지도 희생할 수 있었어.(「엔카운터 誌」)

이오네스코

이외(以外) 어떤 기준이나 범위의 밖. ＊수도세, 야경비, 땅세, 벌금, 전기세 이외에/내가 주어야 할 것은 신문값만이 아니다(「제임스 띵」)

이웃 가까이 있는 집 또는 가까이 사는 사람. ＊그러면 너의 벗들과/너의 이웃사람들의 얼굴이/바늘구멍 저쪽에 떠오르리라(「예지」)

이유(理由) 어떤 결과나 결론에 이르게 된 까닭이나 근거. ＊나는 모든 노래를 그 방에 함께 남기고 왔을 게다/그렇듯 이제 나의 가슴은 이유 없이 메말랐다[…]이제 나는 무엇인지 모르게 기쁘고/나의 가슴은 이유 없이 풍성하다 (「그 방을 생각하며」) ＊이태백이가 술을 마시고야 詩作을 한 이유,/모르지?/구차한 문밖 선비가 벽장문 옆에다/카잘스, 그람, 슈바이처, 엡스타인의 사진을 붙이고 있는 이유,/모르지?/노년에 든 로버트 그레이브스가 연애시를 쓰는 이유,/모르지?/우리집 식모가 여편네가 외출만 하면/나한테 자꾸 웃고만 있는 이유,/모르지?/그럴 때면 바람에 떨어진 빨래를 보고/내가 말없이 집어 걸기만 하는 이유,/모르지?/함경도 친구와 경상도 친구가 외국인처럼 생각돼서/술집에서 반드시 표준어만 쓰는 이유,/모르지?/5월 혁명 이전에는 백양을 피우다/그 후부터는/아리랑을 피우고/와이셔츠 윗호주머니에는 한사코 색수건을 꽂아 뵈는 이유,/모르지?/아무리 더워도 베와이셔츠의 에리를/안쪽으로 접어넣지 않는 이유,/모르지?/아무리 혼자 있어도 베와이셔츠의 에리를/안쪽으로 접어넣지 않는 이유,/모르지?/술이 거나해서 아무리 졸려도/의젓한 포즈는/의젓한 포즈는 취하고 있는 이유,/모르지?/모르지?(「모르지?」) ＊이유는 없다/나가다오 너희들 다 나가다오/너희들 미국인과 소련인은 하루바삐 나가다오[…]이유는 없다/가다오 너희들의 고장으로 소박하게 가다오(「가다오 나가다오」) ＊내가 너무 자연스러운 전향을 한 데 놀라면서/이 이유를 생각하려 하지만/그 이유는 시가 안 된다(「轉向記」) ＊성급해지면 아무데나 재를 떠는/이 우주의 폭력마저/없어질지도 모른다/靜寂이/필요 없다/그 이유를/말할 필요도 없다(「이놈이 무엇이지?」) ＊그리고 이러한 변명이 지루하다고 꾸짖는 독자에 대하여는/한마디 드려야 할 정당한 이유의 말이 있다(「조국에 돌아오신 傷病捕虜 동지들에게」)

이자(利子) 남에게 돈을 꾸어 쓴 대가로 치르는 일정한 비율의 돈. ＊이 3만 원을 달러 이자라도 내서 갚아 달라고 대드는 바람에/집문서를 갖고 가서 무이자로 15개월만/돌려 다라고 우리가 강청한 사람은 이 돈을 받을 사람과 한

이자벨 버드 비숍(Bishop, Isabella Bird)

1831~1904. 영국의 작가. 지리학자. 그녀는 청일전쟁이 일어난 1894년부터 1897년 사이 네 차례 조선을 방문했고, 그 경험을 책으로 묶은 『한국과 그 이웃 나라들』(Korea and Her Neighbours)이

비숍

라는 책에서 당대 한국사회의 풍경을 묘사하고 있다. ＊나는 이자벨 버드 비숍 여사와 연애하고 있다 그녀는/1893년에 조선을 처음 방문한 영국 왕립지학협회 회원이다(「거대한 뿌리」)

이전(以前)

기준이 되는 일정한 때나 일보다 앞의 시기. ＊종교와 비종교, 시와 비시의 차이가 아이들과 아이의 차이이다/그러니까 종교도 종교 이전에 있다 우리나라가/종교국인 것처럼/새의 울음소리가 그 이전의 정적이 없이는 들리지 않는 것처럼……(「우리들의 웃음」) ＊나는 그 이전에 있었어. 내 몸. 빛나는/봄.//그렇게 매일을 믿어왔어.(「엔카운터 誌」) ＊5월 혁명 이전에는 백양을 피우다/그 후부터는/아리랑을 피우고/와이셔츠 윗호주머니에는 한사코 색수건을 꽂아 뵈는 이유(「모르지?」) ＊이것이 처음 탄생한것은 물론 그 이전이지만/그래도 제트기나 카고보다는 늦게 나왔다(「헬리콥터」)

이제

이 때. 지금 이 시간. ＊동무여 이제 나는 바로 보마/사물과 사물의 생리와/사물의 수량과 한도와/사물의 우매와 사물의 명석성을(「孔子의 생활난」) ＊이제 나는 광야에 드러누워도/시대에 뒤떨어지지 않는 나를 발견하였다[…]이제 나는 광야에 드러누워도/공동의 운명을 들을 수 있다(「광야」) ＊언제부터인지 잠을 빨리 자는 습관이 생겼다//이제 꿈을 다시 꿀 필요가 없게 되었나 보다(「달밤」) ＊나는 모든 노래를 그 방에 함께 남기고 왔을 게다/그렇듯 이제 나의 가슴은 이유 없이 메말랐다[…]이제 나는 무엇인지 모르게 기쁘고/나의 가슴은 이유 없이 풍성하다(「그 방을 생각하며」) ＊요 시인/이제 저항시는/방해로소이다/이제 영원히/저항시는/방해로소이다(「눈」(1961)) ＊죽음이 오더라도/이제 성을 내지 않는 법을 배워주마(「여편네의 방에 와서」) ＊등나무여 지휘하라 부끄러움 고만 타고/이제는 지휘하라(「등나무」) ＊(이제부터는/ 즐거운 골목/ 그 골목이/ 나를 돌리라/ 아니 돌다 말리라)[…]이제는 나의 이 늙지도 젊지도 않은 몸에/해묵은/1,961개의/곰팡내를 풍겨 넣어라(「아픈 몸이」) ＊노란 꽃도 이제는/보잘것없이 되었는데도 밭주인은/아직도 나타나 잘라가지 않는다(「반달」) ＊이제는 선생이 무섭지 않다/모두가 거꾸로다(「우리들의 웃음」) ＊이제 나의 방은 막다른 방/이제 나의 방의 옆방은 자연이다(「이사」) ＊이제 내 몸은 내 몸이 아니다/이 가슴의 動悸도 기침도 寒氣도 내 것이 아니다[…]이제 내 말은 내 말이 아니다(「말」(1964)) ＊나는 이제 적을 형제로 만드는 實證을/똑똑하게 천천히 보았으니까!(「현대식 교량」) ＊너는 이제 우리 키만큼 되었다[…]너는 이제 열아홉 살이었다/너는 이제 열아홉 살이었다[…]너는 이제 우리 키보다도 더 커졌다[…]너는 이제 스무 살이다/너는 이제 스무 살이다[…]너는 이제 우리의 고통보다도 더 커졌다(「65년의 새해」) ＊옹졸한 나의 전통은 유구하고 이제 내 앞에 情緖로/가로놓여 있다(「어느 날 고궁을 나오면서」) ＊그가 그전하곤 달라졌어/그는 이제 조용하게 나를 경멸할 줄 알아(「H」) ＊우리는 블레이크의 시를 완성했다 우리는/이제 차디찬 사람들을 경멸할 수 있다(「이혼 취소」) ＊결단은 이제 여자의 것이다(「금성라디오」) ＊이제 가시밭, 덩쿨장미의 기나긴 가시가지/까지도 사랑이다[…]최근 우리들이 4·19에서 배운 기술/그러나 이제 우리들은 소리내어 외치지 않는다(「사랑의 변주곡」) ＊아아 원효여 이제 그대는 낡지/않았다(「원효대사」) ＊거리에 나와서 집을 보고/집에 앉아서 거리를 그리던 어리석음도 이제는 모두 사라졌나 보다(「구름의 파수병」) ＊겨울의 꿈 깨어진 유리의 제임스 띵/이제는 죽어서 불

을 죄인다(「제임스 띵」) *이제는/편지를 안해도 한 거나 다름없고 나는/조금도 미안하지 않소(「美濃印札紙」) *이 책보다 더 중요하다는 걸 모르지. 그것을/이제부터 당신에게 알리면서 살아야겠어(「엔카운터 誌」) *이제야말로 아무 두려움 없이/그놈의 사진을 태워도 좋다[…]자유는 이제는 상식으로 되었다/아무도 나무랄 사람은 없다(「우선 그놈의 사진을 떼어서 밑씻개로 하자」)

이조(李朝) 일본인들이 '조선 왕조'를 얕잡아 이르던 말. *이조시대의 장안에 깔린 기왓장 수만큼/나는 많은 것을 버렸다(「적2」)

이중(二重) 겹침. 두 겹. *지니고//사실은 벌써 滅하여 있을 너의 꽃잎 위에/이중의 봉오리를 맺고 날개를 펴고/죽음 위에 죽음 위에 죽음을 거듭하리/구라중화(九羅重花)

이지러지다 한 모퉁이가 떨어져 나가거나 가려서 본래의 제 모양을 잃어버리다.
이지러진 *젖 먹는 아이와 같이 이지러진 얼굴로/여름 뜰이여/너의 광대한 손[手]을 본다(「여름뜰」)

이천육백(二千六百) 2600. *해발 이천육백 척의 고지에서/지렁이같이 꿈틀거리는 바닷바람이 무섭다고/구름을 향하여 도망하는 놈/숫자를 무시하고 사는지/이미 헤아릴 수 없이 오래된 연기(「연기」)

이카루스(Icarus) 그리스신화에 나오는 다이달로스와 미노스의 여종 나우크라테의 아들. 신화 속에서 이카루스는 새의 깃털과 밀랍으로 날개를 만들어 붙이고 하늘 높이 올라갔다가 추락한다. 이 신화에서 비롯된 '이카루스의 날개'는 미지의 세계에 대한 인간의 동경을 상징한다. *이제는 지휘하라 이카루스의 날개처럼/쑥잎보다 훨씬 얇은/너의 잎은 지휘하라(「등나무」)

이태리어(伊太利語) '이탈리아(Italia) 말[語]'의 한자식 표기. *국수 이태리어로는 마카로니라고/먹기 쉬운 것은 나의 叛亂性일까(「孔子의 생활난」)

이태백(李太白) 701~762. 중국 당나라의 시인. 이백(李白). 두보(杜甫)와 함께 '이두(李杜)'로 병칭되는 중국 최대의 시인이며, 시선(詩仙)이라 불린다. *〈이태백이 놀던 달 속에서 방아를 찧고〉(「토끼」) *태백이가 술을 마시고야 詩作을 한 이유,/모르지?(「모르지?」)

이토츄 상사(伊藤忠 商事) 1858년 이토 추베이가 설립한 회사로 종합무역상사. 주요 사업은 생활필수품, 식품, 전자제품의 수출입이고 본사는 일본의 오사카에 있음. *이토츄[伊藤忠]商事의 신문광고 이야기가 나오고/굣쿄노마찌 이야기가 나오다가/이북으로 갔다는 나가타 겐지로(永田鉉次郎) 이야기가 나왔다(「나가타 겐지로」)

이튿날 그 다음 날. *타당하니까 신 구의 교체식을 그 이튿날/꿈에까지 보이게 해서는 아니 된다(「제임스 띵」) *그 이튿날 여편네와 식모가 하는 말을 들어보니/철사뭉치는 벌써 지하실에 도피시켜 놓은 모양이었다(「도적」) *그것하고 하고 와서 첫번째로 여편네와/하던 날은 바로 그 이튿날 밤은/아니 바로 그 첫날 밤은(「性」)

이틀 2일. 양일. *아니 430원짜리 한 가마니면 이틀은 먹일 터인데/어떻게 된 셈이냐고 오늘 아침에도 뇌까렸다(「만용에게」) *이틀째 흐린 가을날은 무더웁기만 해(「장시2」) *나하고 별거를 하기로 작정한 이틀째 되는 날/당신은 나와의 이혼을 결정하고(「이혼 취소」)

이파리 나무나 풀의 잎사귀. *아까 점심때처럼 그렇게 나긋나긋할 줄 알지/시금치 이파리처럼 그렇게 부드러울 줄 알지(「잔인의 초」)

이하(以下) 일정한 기준을 포함하여 그것보다 적거나 아래인 것. *그러나 덤핑 출판사의 20원짜리나 20원 이하의 고료를 받고 일하는(「이 한국문학사」)

이행(履行) 약속이나 계약 따위를 실제로 행동으로 옮기는 것. *중요한 것은//괴로움과 괴로움의 이행이다(「설사의 알리바이」)

이행하다(履行—) 실제로 행동에 옮기다.
이행하지 *언론의 자유를 요구하고 월남파병에 반대하는/자유를 이행하지 못하고(「어느 날 고궁을 나오면서」)

이혼(離婚) 결혼한 부부가 서로의 합의나 재판상의 청구로 부부 관계를 끊는 것. *나하고 별거를 하기로 작정한 이틀째 되는 날/당신은 나와의 이혼을 결정하고[…]그대가 흘리는 피에 나도/참가하게 해다오 그러기 위해서만/이혼을 취소하자(「이혼 취소」)

이후(以後) 일정한 때로부터 뒤. *1950년 7월 이후에 헬리콥터는/이 나라의 비좁은 산맥 위에 자태를 보이었고(「헬리콥터」) *제2차 대전 이후의/긴 긴 역사를 갖춘 것 같은/이 엄연한 책이/지금 바람 속에 휘날리고 있다(「가까이 할 수 없는 서적」) *成長은 소크라테스 이후의 모든 현인들이 하여온 일(「서시」) *귀에 걸면 귀걸이 코에 걸면 코걸이가/제2공화국 이후의 정치의 철칙이 아니라고 하는가(「만시지탄은 있지만」) *5·16 이후의 나의 생활도 생활이다(「轉向記」)

익다 열매 따위가 여물다.
익고 *강아지풀 사이에 가지는 익고/인가 사이에서 기적처럼 자라나는 무성한 버드나무 (「말복」)
익어 *너의 사랑은 익어가기 시작한다(「65년의 새해」) *작품 제목임(「방안에서 익어가는 설움」) *여름 뜰이여/크레인의 강철보다 더 강한 익어가는 황금빛을 꺾기 위하여(「여름뜰」) *똘배가 개울가에 자라는/숲속에선/누이의 방도 장마가 가시면 익어가는가(「누이의 방」)

익살맞다 익살스러운 데가 있다.
익살맞은 *익살맞은 어린 놈은 활극이 되나 하고//조바심을 하고(「원효대사」)

익살스럽다 보기에 재미있고 우스운 데가 있다.
익살스러울 *익살스러울 만치 모든 거리가 단축되고/익살스러울 만치 모든 질문이 없어지고/모든 사람에게 고해야 할 너무나 많은 말을 갖고 있지만/세상은 나의 말에 귀를 기울이지 않는다(「말」(1964))

인(人) 수량을 나타내는 말 뒤에 쓰여 사람을 세는 단위. 한자어 수와 함께 쓴다. *늬가 주는 모욕의 억만 배의 모욕을 사기를 좋아하고/억만 인의 여자를 보지 않고 산다(「너를 잃고」) *재앙과 불행과 격투와 청춘과 천만 인의 생활과/그러한 모든 것이 보이는 밤(「봄밤」)

인가(人家) 사람이 살고 있는 집. *금잔화도 인가도 보이지 않는 밤이 되면/폭포는 곧은 소리를 내며 떨어진다(「폭포」)

인간(人間) 사람, 혹은 사람의 됨됨이. *나에게 놋주발보다도 더 쨍쨍 울리는 추억이/있는 한 인간은 영원하고 사랑도 그렇다(「거대한 뿌리」) *그는 인간의 비극을 안다//그래서 그는 낮에도 밤에도/어둠을 지니고 있으면서/어둠과는 타협하는 법이 없다(「수난로」) *뮤즈여/나는 공리적인 인간이 아니다[…]사과와 수첩과 담배와 같이/인간들이 걸어간다(「바뀌어진 지평선」)

인경전(仁慶殿) 종로 네거리에 있는 보신각의 다른 이름. 수십 년 전까지 거기에 있는 인경종을 아침 저녁으로 쳐서 여러 사람들에게 시간을 알게 하여, 인경전이라 불렀다. *그녀는 인경전의 종소리가 울리면 장안의/남자들이 모조리 사라지고 갑자기 부녀자의 세계로/화하는 극적인 서울을 보았다(「거대한 뿌리」)

인계하다(引繼―) 다른 대상의 손에 넘기거나 남으로부터 넘겨받다.
인계하는 *신문배달 아이들이 사무를 인계하는 날(「제임스 띵」)

인국(隣國) 국경 마주하고 있는 이웃 나라. *이 몇 개의 판테온의 기둥 사이에/뒹굴고 있는 폐허의 돌조각들보다도/더 값없게 발길에 차이는 隣國의 음성[…]그때는 인국 방송이 들리지 않아서/그들의 달콤한 억양이 금덩어리 같았다(「라디오 계」)

인내(忍耐) 괴로움이나 노여움 따위를 참고 견디는 것. *오랜 피곤도 고통도 인내도 잊어버리고/새 사람 아닌 새 사람이 되어(「기자의 정열」) *눈에 걸리는 마지막 물건이 무엇이냐고 물어보는 듯/영롱한 꽃송이는 나의 마지막 인내를 부숴버리려고 한다[…]너의 숨어 있는 인내와 용기를 다하여 날개를 펴라(「九羅重花」) *그를 생각하는/그를 생각할 수 있는/너까지도 다 함께 숭배하고 마는 것이/숭배할 줄 아는 것이/나의 인내이니까(「누이야 장하고나!」)

인단(仁丹) 입안을 상쾌하게 하는 작은 환약. 은단(銀丹)과 같은 것. 원래 상표명이었으나, 관용화되어 보통명사처럼 쓰이기도 했다. 20세기초 이후 각종 출간물 등에 광고를 하던 대표적인 의약품 가운데 하나였다. *전등에서

消燈으로/소음에서 라디오의 중단으로/모조품 銀丹에서 仁丹으로(「X에서 Y로」)

인도(印度) 인디아(India)의 한자 표기. 남부 아시아의 나라 이름. 정식 명칭은 인도 공화국(Republic of India). 수도는 뉴델리. ＊그렇게 되면 미・소보다는/일본, 瑞西, 인도가 더 뻐젓하고(「만시지탄은 있지만」)

인류(人類) 세상의 모든 사람 ＊낭만적 위대성을 잊어버린 지 오랜 네가 인류를 위하여 산다는 것도 거짓말에 가까운 것이지만(「기자의 정열」) ＊인류의 종언의 날에/너의 술을 다 마시고 난 날에/미대륙에서 석유가 고갈되는 날에(「사랑의 변주곡」)

인물(人物) 사람. 혹은 특정한 재능을 가진 인재. ＊미인, 시인, 사무가, 농사꾼, 상인, 耶蘇이기도 한/나날이 새로워지는 괴기한 인물(「절망」(1962))

인사(人事) 안부를 묻거나 공경하여 예를 보이는 것. ＊이 문이 열리거든 아무 소리도 하지 말아봐라/태연히 조고맣게 인사 대꾸만 해두어봐라(「잔인의 초」) ＊나는 의치를 빼서 호주머니에 넣고 앉자/선뜻 인사를 하고/淫詩를 한바탕 읊었더니/여간 좋아들 하지 않는다(「미숙한 도적」) ＊지프차를 타고 가는 어느 젊은 사람이/유쾌한 표정으로 활발하게 길을 건너가는 나에게/인사를 한다(「거리2」) ＊새로 파논 우물전에서 도배를 하고 난 귀얄을 씻고 간 두붓집 아가씨에게/무어라고 수고의 인사를 해야 한다지(「사치」) ＊악마의 眼膜 같은/강물을 향하여/그가 어떠한 은근한 인사를 하였는지/아무도 모르는 일이다(「조그마한 세상의 지혜」) ＊거기에/그어진 붉은 잉크였다 인사를 하지 않은/나의 친구야 거만한 꿈은 사위어간다(「제임스 띵」) ＊욕을 한 건 그것뿐이었어/그건 그의 인사였고 달라지지 않은 것은 그것뿐(「H」)

인색하다(吝嗇―) 어떤 일이나 사람을 평가함에 있어서 박하다.
인색하게 ＊이렇게 많은 식구들이/아침이면 눈을 부비고 나가서/저녁에 들어올 때마다/먼지처럼 인색하게 묻혀가지고 들어온 것(「나의 가족」)

인생(人生) 사람이 세상에서 살아 나가는 일. ＊그리고 철자법을 틀린 시/철자법을 틀린 인생(「등나무」) ＊인생과 말의 간결 우리는 그것을 전투의/소리라고 부른다//미역국은 인생을 거꾸로 걸게 한다[…]기관포나 뗏목처럼 인생도 인생의 부분도/통째 움직인다[…]인생도 인생의 부분도 통째 움직인다 우리는 그것을/결혼의 소리라고 부른다(「미역국」) ＊그리고 나의 나이가/무서운 인생의 공백을 가르쳐주려 할 때(「나비의 무덤」) ＊인생의 장마의/추녀 끝 물방울 소리가/아직도 메아리를 가지고 오지 못하는/8월의 밤에(「누이의 방」) ＊세계를 배경으로 한 나의 사상처럼/죄어든 인생의 윤곽과 비밀처럼……(「반달」) ＊서둘지 말라 나의 빛이여/오오 인생이여(「봄 밤」)

인성(人聲) 사람의 목소리. ＊가까운 데에서 나는 人聲도 옛날이야기처럼/멀리만 들리고(「장시2」)

인쇄소(印刷所) 인쇄 설비를 갖추고 전문적으로 인쇄의 일을 하는 곳. ＊구두여 양복이여 노점상이여/인쇄소여 입장권이여 負債여 여인이여/그리고 여인 중에도 가장 아름다운 그네여(「거리2」)

인습(因習) 이전부터 전해져 내려오는 관습. ＊은밀도 심오도 학구도 체면도 인습도 치안국/으로 가라(「거대한 뿌리」) ＊김장 무나 배추를 심었을/인습적인 분가루를 칠한 밭 위에/나는 걸핏하면 개똥을 갖다 파묻는다(「반달」)

인식(認識) 사물을 분별하고 판단하여 아는 일, 또는 그 작용. ＊시간만이 빛난다. 시간의 인식만이 빛난다(「엔카운터誌」)

인장(印章) 이름 또는 자신을 표시하는 글씨를 새긴 도장. 혹은 종이 등에 찍힌 도장 자국. ＊달은 나의 등뒤에서 병풍의 주인 六七翁海士의 印章을 비추어주는 것이었다(「병풍」)

인정(人情) 사람의 감정이나 심정. ＊땅의 2층이 하늘인 것처럼/이렇게 人情의 하늘이 가까워진/일이 없다(「여름 밤」)

인제 지금에 이르러. '이제'의 방언. ☞ 이제. ＊나는 인제 녹슬은 펜과 뼈와 광기/실망의 가벼움을 재산으로 삼을 줄 안다(「그 방을 생각하며」) ＊모래알 사이에 너의 얼굴을 찾고 있는 나는 인제/늬가 없어도 산단다(「너를 잃고」) ＊민주주의는 인제는 상식으로 되었다

(「우선 그놈의 사진을 떼어서 밑씻개로 하자」) *원자탄이나 유도탄은 너무 많아서/효과가 없으니까/인제는 다시 비수를 쓰는 법을 배우란 말일세[…]인제는 지조랑 영원히 버리고 마음 놓고/비수를 써(「만시지탄은 있지만」) *그처럼 나도/머리가 다 비어도/인제는 산단다(「쌀난리」) *내가 정말 시인이 됐으니 시원하고/인제 정말/진짜 시인이 될 수 있으니 시원하고(「檄文」) *내 잘못이 인제는 다 보인다(「제임스 띵」)

인조견(人造絹) 인조 견사(Rayon)로 짠 비단. *베적삼, 옥양목, 데크론, 인조견, 항라,/모시치마 냄새 난다 냄새 난다(「등나무」)

인찰지(印札紙) 미농지에 괘선을 인쇄해 놓은 종이. 괘지(罫紙). *편지를 쓰려고 그걸 사오라니까 밀용인찰지를 사왔드라우/(밀용인찰지인지 밀양인찰지인지 미룡인찰지인지/사전을 찾아보아도 없드라우)[…]이 인찰지와 이 봉투지로는 편지는 못 쓰겠소(「美濃印札紙」)

인천(仁川) 옛 이름은 제물포. 해방 후 1949년에 인천시로 개칭되고, 1981년에 직할시로 승격되었다. 1995년 광역시로 개칭됨. *평양에 있다가 인천에 와서/6·25 때에 남편을 잃고 큰아이는 죽고/남은 계집애 둘을 데리고/재전락한 여자가 여기 있구나(「滿洲의 여자」)

인하다(因—) 무엇으로 말미암다.
인하여 *오히려 이와 같은 나의 경멸과 剛毅로 인하여/나는 그날부터 그를 진심으로 사랑하게 되었다(「백의」)

인형(人形) 사람이나 동물의 모양으로 만든 장난감. *우리 여편네는 들지 않은 백만 원짜리/계의 멤버로 인형을 만들어 파는 년이라나(「판문점의 감상」)

인환(寅煥) 1926~1956. 박인환. 후반기 동인이자 모더니즘 시인으로 일컬어지는 박인환은 김수영의 친구이자 문학활동의 동반자였다. 김수영과는 1948년에 동인지 신시론에 함께 참여하였고, 1949년에 5인 합동시집 『새로운 도시와 시민들의 합창』을

박인환

함께 엮기도 하였다. *네거리에서 시구문의 진창을 연상하고 寅煥네/처갓집 옆의 지금은 매립한 개울에서 아낙네들이/양잿물 솥에 불을 지피며 빨래하던 시절을 생각하고(「거대한 뿌리」)

일 ①무엇을 만들거나 이루기 위해서 생각하고 몸을 움직여 하는 인간의 활동. ②어떤 사건이나 사태와 관련된 행위나 사건. *이 웃음만은 흔적을 남기고 있을 것이라고 믿는 것은/어리석은 일(「웃음」) *그것은 본 사람만이 아는 일이지요[…]그것이 너무나 순진한 일이었기에 잠을 깨어 일어나서/나는 예수 크리스트가 되지 않았나 하는 신성한 錯感조차 느껴보는 것이었다[…]악귀의 눈동자보다도 더 어둡고 무서운 밤에 中西面 內務省 군대에게 체포된 일을 생각한다/그리하여 달아나오던 날 새벽에 파묻었던 총과 러시아 군복을 사흘을 걸려서 찾아내고 겨우 총살을 면하던 꿈같은 일을 생각한다(「조국에 돌아오신 傷病捕虜 동지들에게」) *일은 나를 부르는 듯이/내가 일 위에 앉아 있는 듯이/그러나 필경 내가 일을 끌고 가는 것이다/일을 끌고 가는 것은 나다[…]이것은 구차한 선비의 보잘것없는 일일 것인가(「거리1」) *고생도 마음대로 할 수 없는 세상에서는/철 늦은 거미같이 존재 없이 살기도 어려운 일(「구름의 파수병」) *成長은 소크라테스 이후의 모든 현인들이 하여온 일/整理는/전란에 시달린 20세기 시인들이 하여놓은 일(「서시」) *명령하고 결의하고/〈평범하게 되려는 일〉(「비」) *역사의 숙제, 발을 벗는 일(「반주곡」) *나는 잠자는 일/잠 속의 일/쫓기어다니는 일/불같은 일/암흑의 일/깨꽃같이 작고 많은/맨 끝으로 신경이 가는 일/암흑에 휘날리고/나의 키를 넘어서/병아리같이 자는 일//눈을 뜨고 자는 억센 일/短命의 일/쫓기어다니는 일/불같은 불같은 일/깨꽃같이 작은 자질구레한 일/자꾸자꾸 자질구레해지는 일/불같이 쫓기는 일/쫓기기 전 일/깨꽃 깨꽃 깨꽃이 피기 전 일/成長의 일(「깨꽃」) *참호 안에서 일어나는 일[…]위태로운 일이라고 落盤의 신호를/올릴 수도 없고(「먼지」) *그리 흥겨운 밤의 일도 아니었는데(「나가타 겐지로」) *바쁘다고 서두르면서 일도 하고(「하…… 그

림자가 없다」) ＊오늘은 하루종일 일도/안하고 있지만(「美濃印札紙」) ＊아내는 이런 어려운 일들을 어렵지 않게 해치운다(「금성라디오」) ＊비참한 일들이 라디오 소리보다도 더 발광을 쳤을 때[…]이 이상한 일을 놓고 나는 저녁상을/물리고 나서 한참이나 생각해 본다 (「라디오 계」) ＊왜 나는 조그마한 일에만 분개하는가[…]이를테면 이런 일이 있었다[…]남자가 뭐 이런 일을 하고 있느냐고 놀린 일이 있었다[…]거즈 접고 있는 일과 조금도 다름없다(「어느 날 고궁을 나오면서」) ＊생활과 언어가 이렇게까지나에게/밀접해진 일은 없다(「모리배」) ＊오늘도 여전히 일을 하고 걱정하고/돈을 벌고 싸우고 오늘부터의 할일을 하지만 (「말」(1964)) ＊덤핑 출판사의 일을 하는 무의식 대중을 웃지 마라(「이 한국문학사」) ＊뜻밖의 일을 위해서/꽃을 주세요(「꽃잎2」) ＊하루살이는 지금 나의 일을 방해한다(「하루살이」) ＊살아있는 듯이 나비가 죽어 누운/무덤 앞에서/나는 나의 할 일을 생각한다(「나비의 무덤」) ＊어서 일을 해요 변화는 끝났소/어서 일을 해요[…]덜컥거리는 수레와//어서 또 일을 해요.(「시」(1961)) ＊煙氣는 누구를 위하여 일을 하는 것도 아니다(「연기」) ＊자유를 위해서/비상하여본 일이 있는/사람이면 알지(「푸른 하늘을」) ＊술 취했다고 일이 늦으랴/취하면 취한 대로 다 하느니라/쓸데없는 이야기도 주고받고 쓸데없는 일도/찾아보면 있느니라(「술과 어린 고양이」) ＊假裝 파티에/가본 일도 없다/하물며 중립사상연구소에는/그림자도 비친 일이 없다(「이놈이 무엇이지?」) ＊나는 이 사람이 만주 술집에서 고생할 때에/연애편지를 대필해 준 일이 있을 뿐이지/허고 더러 싱거운 충고도 한 일이 있는(「滿洲의 여자」) ＊그러나 일년 내내 한번도 펴본 일이 없는/죽은 기억의 휴지/아무것도 집어넣어본 일이 없는 왼쪽 안호주머니(「후란넬 저고리」) ＊그런 사마귀가 나의 아들놈의 눈 아래에/있는 것을 발견하고 나도 꼭 빼주어야/하겠다고 결심한 일이 있었다(「반달」) ＊이런 기이한 관습을 가진 나라를/세계 다른 곳에서는 본 일이 없다고 (「거대한 뿌리」) ＊우리도 그 철망을 치던/일꾼을 본 일이 있다/그 일꾼이 우리집 마당에다 그놈을 팽개/쳤다 그것을 그놈이 일이 끝나고 나서/가져갈 작정이었다(「도적」) ＊피곤을 잊어버리게 하는 밝은 태양 밑에는/모든 사람에게 불가능한 일이 없는 듯하다(「거리2」) ＊너를 딛고 일어서면/생각하는 것은 먼 나라의 일이 아니다(「네이팜 탄」) ＊아아 어인 일이냐/너 주작의 星火/서리 앉은 胡弓에/피어 사위도 스럽구나(「廟庭의 노래」) ＊아아 그러한 시대가 온다면 얼마나 좋은 일이냐(「九羅重花」) ＊소련을 내심으로도 입밖으로도 두둔했었다/ 당연한 일이다[…]새삼스럽게 소화불량증이 생겼다/ 당연한 일이다[…]아니 또 시가 된다/ 당연한 일이다[…]일본의 〈진보적〉 지식인들이 이 말을 들으면 필시 웃을 것이다/ 당연한 일이다[…]치질도 낫기 전에 또 술을 마셨다/당연한 일이다(「轉向記」) ＊그러한 속력과 속력의 停頓 속에서/다리는 사랑을 배운다/정말 희한한 일이다(「현대식 교량」) ＊피로를 알게 되는 것은 과연 슬픈 일이다(「달밤」) ＊조그마한 세상의 지혜를 배운다는 것은/설운 일이다[…]그가 어떠한 은근한 인사를 하였는지/아무도 모르는 일이다(「조그마한 세상의 지혜」) ＊마음을 쉰다는 것이 남에게도 나에게도/속임을 받는 일이라는 것을(「휴식」) ＊도회 안에서 쫓겨다니는듯이 사는/나의 일이며/어느 소설보다도 신기로운 나의 생활이며(「달나라의 장난」) ＊이 캄캄한 범행의 현장을/보았는가 하는 일이었다/아니 그보다도 먼저/아까운 것이/지우산을 현장에 버리고 온 일이었다(「죄와 벌」) ＊생각하면 그것은 둥근옹이같이 어지러웁기만 한 일이지만/거기에는 초점이 없지도 않다(「기자의 정열」) ＊설움을 역류하는 야릇한 것만을 구태여 찾아서 헤매는 것은/우둔한 일인 줄 알면서(「방안에서 익어가는 설움」) ＊사랑은 고독이라고 내가 나에게/재긍정하는 것이/또한 우스운 일일 것이다 (「愛情遲鈍」)

일곱 7. ＊식구가 나보다도 일곱 식구나 더 많다는데/일요일이면 빠지지 않고 강으로 투망을 하러 나온다고 한다(「강가에서」)

일과(日課) 정해 놓고 날마다 하는 일. 정해진 하루의 일. ＊이미 오래전에 일과를 전폐해야 할/文明이/오늘도 또 나를 이렇게 괴롭힌다

(「파리와 더불어」)

일기(日記)[1] 하루 동안 겪은 일이나 감상을 매일 적은 글. ☞ 일기첩. ✽더러운 일기는 찢어 버려도/짜장 재주를 부릴 줄 아는 나이와 詩(「시」(1961)) ✽일기의 원문은 일본어로 씌어져 있다(「중용에 대하여」)

일기(日氣)[2] 날씨. ✽흐린 봄철 어느 오후의 무거운 日氣처럼/그만한 우울이 또한 필요하다(「바뀌어진 지평선」)

일기첩(日記帖) 하루 동안 겪은 일이나 감상을 매일 적은 글을 묶어 놓은 책 ☞ 일기. ✽이것을 나는 나의 일기첩에서/찾을 수밖에 없었다(「중용에 대하여」)

일꾼 삯을 받기로 하고 남의 일을 해 주는 사람. ✽가시철망을 칠 때 우리도 그 철망을 치던/일꾼을 본 일이 있다/그 일꾼이 우리집 마당에다 그놈을 팽개/쳤다(「도적」)

일년(一年) 한 해. ✽시금치씨, 파씨를 또 뿌리는/석양에 비쳐 눈부신/일년 열두 달 쉬는 법이 없는/걸쭉한 강변밭 같기도 할 것이니(「가다오 나가다오」) ✽옛날 추억이 들은 그러나 일년 내내 한번도 펴본 일이 없는/죽은 기억의 휴지(「후란넬 저고리」)

일다 생겨나다.

이는 ✽흐린 하늘에 이는 바람은/어제가 다르고 오늘이 다른데(「초봄의 뜰 안에」) ✽그 봉오리의/속삭임이 안개처럼 이는 저쪽에 쪽빛/산이(「사랑의 변주곡」)

일기 ✽그 산에는 겨울을 가리키는 바람이 일기 시작하네(「사치」) ✽폴리號 태풍이 일기 시작하는 여름밤에/아내가 마루에서 거미를 잡고 있는/꼴이 우습다(「거미잡이」)

일락(逸樂) 편안히 놀며 즐김. ✽눈에는 보이지 않는 너무나 무거운/너의 짐/그리고 逸樂, 안이, 허위……(「기자의 정열」)

일리노이(Illinois) 미국 중서부에 있는 주. ✽전자는 현재 일리노이주에 있는 자기의 모친에게 보내고/후자는 희랍 국립박물관 관장에게 보내달라고 한다(「백의」)

일본(日本) 아시아 동쪽 끝에 있는 입헌 군주국. 일본 열도를 이루는 홋카이도(北海道)·혼슈(本州)·시코쿠(四國)·규슈(九州) 및 그 부속 도서(島嶼)로 이루어진 섬나라로, 1867년 메이지 유신(明治維新) 이후 자본주의적 군주 국가로서 급속히 발전하였다. ✽그렇게 되면 미·소보다는/일본, 瑞西, 인도가 더 빠젓하고(「만시지탄은 있지만」) ✽그는 일본 대학에 다니면서 4년 동안을 제철회사에서/노동을 한 强者다(「거대한 뿌리」) ✽일본 말보다도 더 빨리 영어를 읽을 수 있게 된,/몇 차례의 언어의 이민을 한 내가(「거짓말의 여운 속에서」) ✽더 값없게 발길에 차이는 隣國의 음성/ 물론 낭랑한 일본 말들이다[…]그때는 지금 일본 말 방송을 안 듣듯이/나도 모르는 사이에 아무 미련도 없이/희한도 없이 안 듣게 되는 날이 올 것이다……(「라디오 계」) ✽사실은 일본에 가는 친구의 잔치에서/이토츄[伊藤忠] 商事의 신문광고 이야기가 나오고(「나가타 겐지로」) ✽나날이 새로워지는 괴기한 청년/때로는 일본에서/때로는 이북에서(「절망」(1962)) ✽여편네가 일본에서 온새 잡지 안의/金素雲의 수필을 보라고 내던져준다(「파자마 바람으로」) ✽8·15 후에 김병욱이란 시인은 두 발을 뒤로 꼬고/언제나 일본 여자처럼 앉아서 변론을 일삼았지만(「거대한 뿌리」) ✽일본의 〈진보적〉 지식인들은 소련한테는/욕을 하지 않는다고 한데[…]나는 지금 일본 시인들의 작품을 읽으면서[…]일본의 〈진보적〉 지식인들이 이 말을 들으면 필시 웃을 것이다(「轉向記」)

일본어(日本語) 일본인들의 국어. ✽일기의 원문은 일본어로 씌어져 있다(「중용에 대하여」)

일본영사관(日本領事館) 일본영사가 주재하는 곳에서 사무를 보는 공관(公館). ✽동양척식회사, 일본영사관, 대한민국 관리,/아이스크림은 미국놈 좆대강이나 빨아라(「거대한 뿌리」)

일본영사관

일부러 마음먹고 일삼아서. ✽종로 네거리도 행길에 가까운 일부러 떠들썩한 찻집을 택하여 나는 앉아 있다(「시골 선물」) ✽그 마지막 대책을 나는 일부러 생각하지/않고 있다(「판

일삼다 계속하여 또는 자주 행하다.
　일삼았지만 ＊언제나 일본여자처럼 앉아서 변론을 일삼았지만(「거대한 뿌리」)

일손 일하고 있는 손. 손을 놀려하고 있는 일. ＊나는 일손을 멈추고 잠시 무엇을 생각하게 된다(「하루살이」) ＊낮에는 일손을 쉰다고 한 잔 마시는 게라(「술과 어린 고양이」)

일수(日收) 본전과 이자를 일정한 날짜로 나누어 날마다 거두어 들이는 일, 또는 그 빚. ＊금성라디오 A 504를 맑게 개인 가을날/일수로 사들여온 것처럼/500원인가를 깎아서 일수로 사들여온 것처럼/그만큼 손쉽게/내 몸과 내 노래는 타락했다(「금성라디오」)

일순간(一瞬間) 눈 깜짝할 사이. 지극히 짧은 동안. ＊나는 바로 일순간 전의 대담성을 잊어버리고/젖 먹는 아이와 같이 이지러진 얼굴로/여름 뜰이여/너의 광대한 손[手]을 본다(「여름 뜰」) ＊어둠 속에서 일순간을 다투며/없어져버린 애처롭고 아름답고 화려하고 부박한 꿈을 찾으려 하는 것은(「구슬픈 육체」)

일식(日蝕) 태양, 달, 지구가 일직선위에 놓이게 되어, 지구에서 볼 때 태양의 일부나 전부가 달에 가리게 되는 현상. ＊나의 사랑도 태양 속에/日蝕을 하고/첩첩이 무서운 晝夜/애정은 나뭇잎처럼/기어코 떨어졌으면서/나의 손 위에서 신음한다(「愛情遲鈍」)

일어나다 누워 있다가 앉거나, 앉아 있다가 서다.
　일어나고 ＊바람보다 늦게 누워도/바람보다 먼저 일어나고(「풀」)
　일어나는 ＊내가 붓을 놓는 것까지/자리에서 일어나는 것까지 문을 여는 것까지 알고/방어작전을 써(「엔카운터 誌」) ＊불이 튕기고 별이 튕기고 영원의/행동이 튕기고 자고 깨고/죽고 하지만 모두가 坑 안에서/참호 안에서 일어나는 일(「먼지」)
　일어나도 ＊38선을 돌아오듯 테이블을 돌아갈 때/걸리고 울리고 일어나도 걸리고/앉아도 걸리고 항상 일어서야 하고 항상/앉아야 한다(「의자가 많아서 걸린다」)
　일어나듯이 ＊누가 거제도 제61수용소에서 단기 4284년 3월 16일 오전 5시에 바로 철망 하나 둘 셋 네 겹을 隔하고 불 일어나듯이 솟아나는 제62 적색수용소로 돌을 던지고 돌을 받으며 뛰어들어갔는가?(「조국에 돌아오신 傷病捕虜 동지들에게」) ＊풀잎 끝에서 일어나듯이/태양은 자기가 내린 것을 거둬들이는데/시들은 자국을 남기지만 도처에서/도처에서/卽決하는 영혼이여/완전한 놈……(「말복」)
　일어나면 ＊풀새끼들이/허물어진 담밑에서 사과껍질보다도 얇은//시멘트 가죽을 뚫고 일어나면 내 집과/나의 정신이 순간적으로 들렸다 놓인다(「거짓말의 여운 속에서」)
　일어나서 ＊그것이 너무나 순진한 일이었기에 잠을 깨어 일어나서/나는 예수 크리스트가 되지 않았나 하는 신성한 錯感조차 느껴보는 것이었다[…]아마 나의 영혼은 부지런히 일어나서 고생하고 돌아오는/대한민국 상병포로와 UN 상병포로들에게 한마디 말을 하였을 것이다(「조국에 돌아오신 傷病捕虜 동지들에게」) ＊친구가 일어나서 창밖으로 침을 뱉고 아래로 내려갔다 오더니 또 술을 마시러 내려가자고 한다[…]아침에 일어나서 나는 완전히/기진맥진하였다(「미숙한 도적」)
　일어난 ＊머리가 고슴도치처럼 부스스하게 일어난 쓰메에리의 학생복을 입은 청년이 들어와서(「시골 선물」)
　일어난다 ＊바람보다도 더 빨리 울고/바람보다 먼저 일어난다(「풀」)
　일어났다 ＊불을 끄고 누웠다가/잊혀지지 않는 것이 있어/다시 일어났다(「구슬픈 육체」)

일어서다 앉았다가 몸을 일으켜 서다.
　일어서 ＊일어서 있는 너의 얼굴/일어서 있는 너의 얼굴/顎骨에서 내려가는 너의 경련[…]시도 그런 여유에는 대항할 수 없고/지혜는 일어서 있는 너의 얼굴[…]일어서 있는 너의 얼굴은/오늘밤의/앉아 있는 내 방의 촛불 같은 재산, 보석이여.(「반주곡」)
　일어서고 ＊너를 딛고 일어서면/생각하는 것은 먼 나라의 일이 아니다[…]죽음이 싫으면서/너를 딛고 일어서고/시간이 싫으면서/너를 타고 가야 한다(「네이팜 탄」)
　일어서는 ＊신축공장이 아교공장의 말뚝처럼 일어서는/시골에서(「X에서 Y로」) ＊바람의 고개는 자기가 일어서는 줄/모르고 자기가 가 닿은 언덕을/모르고(「꽃잎1」)

일어서야 *일어나도 걸리고/앉아도 걸리고 항상 일어서야 하고 항상/앉아야 한다(「의자가 많아서 걸린다」)

일어선 *연결의 〈使徒〉 일어선 것과 앉은 것의/불가사의에 신음하는 나(「반주곡」)

일언(一言) 한 마디 말. *백의는 자동식 문명의 천재이었기 때문에 그의 소유주에게는/일언의 약속도 없이 제가 갈 길을 자유자재로 찾아다니었다(「백의」)

일요일(日曜日) 한 주일의 첫째 되는 날로, 토요일의 다음날. *식구가 나보다도 일곱 식구나 더 많다는데/일요일이면 빼지 않고 강으로 투망을 하러 나온다고 한다(「강가에서」)

일으키다 일어나게 하다.
일으켜서 *기진맥진한 몸을 간신히 일으켜서/차가운 이를 건져서 끼고 따라서 내려간다 (「미숙한 도적」)

일일이(———) 하나하나. 빠짐없이 다. *나는 식인종같이 잔인한 탐욕과 강렬한 의욕으로 그중의 하나하나를 일일이 뚫어져라 하고 들여다보는 것이지만(「거리2」)

일자(一字) 한 일(一)자, 혹은 그 모양. *뮤즈는 조금쯤 걸음을 멈추고/서정시인은 조금만 더 속보로 가라/그러면 대열은 일자가 된다 (「바뀌어진 지평선」)

일전(日前) 며칠 전. *일전에 어떤 친구를 만났더니 날더러 다시 포로수용소에 들어가고 싶은 생각이 없느냐고/정색을 하고 물어봅니다(「조국에 돌아오신 傷病捕虜 동지들에게」)

일절(一切) 아주, 전혀, 절대로의 뜻으로 흔히 사물을 부인하거나 행위를 금지할 때에 쓰는 말 *누가/보았는가 무엇을 보았는가 일절 말하지 말아라(「설사의 알리바이」)

일제히 하나같이 다 함께. *나비날개처럼 된 차잎은 아침이면/날개를 펴고 저녁이면 체조라도 하듯이/일제히 쉰다(「반달」)

일족(一族) 조상이 같은 피붙이. *토끼가 서서 있어야 하였다/그러나 그는 캥거루의 일족은 아니다(「토끼」)

일주일(一週日) 한 주일 또는 칠 일. *일주일 동안 단식까지 했다(「轉向記」) *서울에 돌아온 지 일주일도 못 되는 나에게는 도회의 소음

과 狂症과 속도와 허위가 새삼스럽게 미웁고 서글프게 느껴지고(「시골 선물」) *묵은 닭가지 합한 닭모이값이/일주일에 6일을 먹고/사람은 하루를 먹는 편이다(「만용에게」)

일찍이 일정한 시간보다 이르게. *아버지의 사진을 보지 않아도/비참은 일찍이 있었던 것 (「아버지의 사진」)

일체(一體) 떨어지지 아니하는 몸이나 한 덩어리. *땅과 몸이 일체가 되기를 원하며 그것만을 힘삼고 있었는데/오히려 그러한 불굴의 의지에서 나오는 것인가(「구슬픈 육체」) *축소와 확대의 중간에 선 그들의 얼굴/강력과 기도가 일체가 되는 거리에서/너는 비로소 겸허를 배운다(「예지」)

일치되다(一致—) 생각이나 모양이 서로 어긋나지 않고 꼭 맞다.
일치되듯이 *중단과 계속과 해학이 일치되듯이/어지러운 가지에 꽃이 피어오른다(「꽃2」)

일하다 작업하다. 노동하다. 무엇을 이루려고 몸이나 정신을 쓰다.
일하고 *남이 일하는 모양이 내가 일하고 있는 것보다 더 밝고 깨끗하고 아름다웁게 보이면 어떻게 하리(「사무실」)

일하는 *남의 일하는 곳에 와서 아무 목적 없이 앉았으면 어떻게 하리/남이 일하는 모양이 내가 일하고 있는 것보다 더 밝고 깨끗하고 아름다웁게 보이면 어떻게 하리[…]남의 일하는 곳에 와서 덧없이 앉았으면 비로소 설워진다(「사무실」) *樵夫의 일하는 소리/바람이 생기는 곳으로/흘러가는 흘러가는 새소리/갈대소리(「토끼」) *그러나 덤핑 출판사의 20원짜리나 20원 이하의 고료를 받고 일하는/14원이나 13원이나 12원짜리 번역일을 하는/불쌍한 나나 내 부근의 친구들을 생각할 때(「이 한국문학사」)

일하라 *일하라 일하라 일하라는 말이/헛소리처럼 아직도 나의 가슴을 울리고 있지만 (「그 방을 생각하며」)

일하라는 *일하라 일하라 일하라는 말이/헛소리처럼 아직도 나의 가슴을 울리고 있지만 (「그 방을 생각하며」)

일한다는 *일한다는 의미가 없어져도 좋다

는 듯이 구수한 벗이 있는 곳(「사무실」)
읽다 글로 되어 있는 것을 소리내거나 눈으로 보아 그 뜻을 알다.
　읽고 ＊나는 그들을 생각하면서 하이데거를/읽고 또 그들을 사랑한다(「모리배」) ＊파자마 바람으로 주스를 마시면서/프레이저의 현대시론을 사전을 찾아가며 읽고 있으려니(「파자마 바람으로」)
　읽어 ＊데카르트의 方法通說을 다 읽어보았지[…]베이컨의 新論理學을 읽어보게나(「만시지탄은 있지만」) ＊읽어보지 않으신 분은 읽어보시오/나의 프레이저의 책 속의 낱말이/송충이처럼 꾸불텅거리면서 어찌나 지겨워 보이던지(「파자마 바람으로」) ＊그래도 누가 읽어줄지 모르는 신문 한구석에 너의 피가 어리어 있는 것이 반가워서 보고 있는 것인가(「기자의 정열」)
　읽었지 ＊그 편지 안에 적힌 블레이크의 시를 감동을 하고/읽었지(「이혼 취소」)
　읽으면서 ＊나는 지금 일본 시인들의 작품을 읽으면서/내가 너무 자연스러운 전향을 한 데 놀라면서/이 이유를 생각하려 하지만(「轉向記」)
　읽을 ＊일본 말보다도 더 빨리 영어를 읽을 수 있게 된,/몇 차례의 언어의 이민을 한 내가/우리말을 너무 잘해서 곤란하게 된 내가//지금 불란서 소설을 읽으면서 아직도 말하지/못한 한 가지 말 정치 의견의 우리말이/생각이 안 난다(「거짓말의 여운 속에서」)
잃다 (가지고 있던 물건을) 자신도 모르게 흘리거나 놓쳐서 더 이상 가지지 못하게 되다.
　잃고 ＊작품 제목임(「너를 잃고」) ＊방을 잃고 낙서를 잃고 기대를 잃고/노래를 잃고 가벼움마저 잃어도//이제 나는 무엇인지 모르게 기쁘고/나의 가슴은 이유 없이 풍성하다(「그 방을 생각하며」) ＊6·25 때에 남편을 잃고 큰아이는 죽고/남은 계집애 둘을 데리고/재전락한 여자가 여기 있구나(「滿洲의 여자」)
　잃는 ＊얻는다는 것은 곧 잃는 것이다[…]얻는다는 것은 곧 잃는 것이다[…]얻는다는 것은 곧 잃는 것이다(「파밭 가에서」)
　잃어도 ＊또 골목을 돌아서/추위에 온몸이/돌같이 감각을 잃어도/또 골목을 돌아서(「아픈 몸이」)
　잃었기 ＊네 얼굴은 진리에 도달했다/어저께 진리에 도달했다/어저께 환희를 잃었기 때문이다(「네 얼굴은」)
　잃었더라 ＊寒鴉가 와서/그날을 울더라/밤을 반이나 울더라/사람은 영영 잠귀를 잃었더라(「廟庭의 노래」)
　잃었을 ＊종교의 획득은 종교를 잃었을 때부터 시작되었고/나는 그때부터 차차 늙어가는 탈을 썼다(「반주곡」)
　잃은 ＊나의 두 어깨는 꺼부러지고/영사판 위에 비치는 길 잃은 비둘기와 같이 가련하게 된다(「영사판」) ＊그 사나이는, 제임스 띵은 어이가 없어서/조그만 눈을 민첩하게 움직이면서 미소를/띄우고 섰지만/나의 고삐를 잃은 백마에 당할 리가 없다(「제임스 띵」)
　잃을 ＊쇠꼭지보다도 허망한 생활이 균형을 잃을 때/酩酊한 정신이 명정을 찾듯이/너는 비로소 너를 찾고 웃어라(「지구의」)
잃어버리다 (가지고 있던 물건을) 자신도 모르게 흘리거나 놓쳐서 더 이상 가지지 못하다.
　잃어버려서 ＊그것은 아까워서가 아니라/서울에 돌아온 지 일주일도 못 되는 나에게는 도회의 소음과 狂症과 속도와 허위가 새삼스럽게 미웁고 서글프게 느껴지고/그러할 때마다 잃어버려서 아까웁지 않은 잃어버리고 온 모자 생각이 불현듯이 난다(「시골 선물」)
　잃어버리고 ＊그러나 나는 그것을 시골이라고 무관하게 생각하고 쓰고 간 것인데 결국은 잃어버리고 말았다[…]그러할 때마다 잃어버려서 아까웁지 않은 잃어버리고 온 모자 생각이 불현듯이 난다(「시골 선물」) ＊유년의 기적을 잃어버리고/얼마나 많은 세월이 흘러갔나(「생활」)
　잃어버린 ＊그 다음에는 나는 중앙선 어느 협곡에 있는 역에서 백여 리나 떨어진 광산촌에 두고 온 잃어버린 겨울 모자를 생각한다.(「시골 선물」) ＊더러운 향로 앞으로 걸어가서/잃어버린 愛兒를 찾은 듯이/너의 거룩한 머리를 만지면서/우는 날이 오더라도(「더러운 향로」) ＊죽은 옛 연인을 찾는 마음으로/잃어버린 길을 다시 찾은 반가운 마음으로/우리가 찾은 혁명을 마지막까지 이룩하자[…]잃어버린 길을 다시 찾은 반가운 마음으로/우리는 우리가 찾은 혁명을 마지막까지 이룩하자(「기도」)

임종(臨終) 목숨이 끊어지는 것. * 언뜻 보기엔 임종의 생명 같고/바위를 뭉개고 떨어져내릴/한 잎의 꽃잎 같고/혁명 같고(「꽃잎1」) * 의치를 빼어서 물에 담가놓고 드러누우니/마치 내가 임종하는 곳이 이러할 것이니 하는 생각이 불현듯이 든다(「미숙한 도적」)

입 먹고 소리를 내는 신체 기관으로, 입술에서 목구멍에 이르는 부분. * 오징어발에 말라붙은 새처럼 꼬리만 치지 않으면 돼/입만 반드르르하게 닦아놓으면 돼(「장시1」) * 모든 곡은 눈물이다 어렸을 때 어머니는/나의 얼굴의 사마귀를 떼주었다/입밑의 사마귀와 눈밑의 사마귀……(「반달」) * 소련을 내심으로도 입밖으로도 두둔했었다(「轉向記」) * 혁명은 안 되고 나는 방만 바꾸었지만/나의 입속에는 달콤한 의지의 잔재 대신에/다시 쓰디쓴 담뱃진 냄새만 되살아났지만(「그 방을 생각하며」) * 토끼는 입으로 새끼를 뱉으다//토끼는 태어날 때부터/뛰는 훈련을 받는 그러한 운명에 있었다/그는 어미의 입에서 탄생과 동시에 타락을 선고받는 것이다[…]그가 입에서 탄생되었다는 것은 또 한번 토끼를 생각하게 한다[…]토끼야/봄 달 속에서 나에게만 너의 재주를 보여라/너의 입에서 튀어나오는/너의 새끼를(「토끼」) * 독자의 눈을 가리고 입을 봉하기 위한 연명을 위한 阿諛도 아니다(「조국에 돌아오신 傷病捕虜 동지들에게」) * 나는 너무나 자주 설움과 입을 맞추었기 때문에/가을바람에 늙어가는 거미처럼 몸이 까맣게 타버렸다.(「거미」) * 입을 다문 채/흰 실에 매어달려 있는 여주알의 곰보(「누이의 방」) * 이 너무나 큰 어려움에 나는 입을 봉하고 있는 셈이고/무서운 무성의를 자행하고 있다(「말」(1964)) * 괴로운 설사가 끝나거든 입을 다물어라 누가/보았는가 무엇을 보았는가 일절 말하지 말아라(「설사의 알리바이」) * 욕망이여 입을 열어라 그 속에서/사랑을 발견하겠다(「사랑의 변주곡」)

입구(入口) 들어가는 어귀나 문. * 어제의 행동과 내일의 복수가 상쇄되고/참호의 입구의 ㄱ자가 문제되고//내일의 행동이 먼지를 쓰고 있다(「먼지」)

입김 입에서 나오는 더운 김. * 모자의 정보다 부부의 의리보다/더욱 뜨거운 너의 입김에/나의 고독한 정신을 녹이면서(「나비의 무덤」) * 누구 한 사람의 입김이 아니라/모든 가족의 입김이 합치어진 것(「나의 가족」)

입다 (옷 등을) 몸에 걸치거나 두르다.

 입고 * 영사판 위의 모오든 검은 현실이 저마다 색깔을 입고/이미 멀리 달아나버린 비둘기의 두 눈동자에까지/붉은 광채가 떠오르는 것을 보다(「영사판」) * 무더운 자연 속에서/검은 손과 발에 마구 상처를 입고 와서/병든 사자처럼/벌거벗고 지내는/나는(「가옥 찬가」) * 집에는 差押을 해온 파일오버가 있는데도/배자 위에 얄따란 검정 오버를 입고(「네 얼굴은」)

 입었고 * 꽃같이 사랑하는 무수한 동지들과 함께/꽃같은 밥을 먹었고/꽃같은 옷을 입었고/꽃같은 정성을 지니고/대한민국의 꽃을 이마 위에 동여매고 싸우고 싸우고 싸워왔다(「조국에 돌아오신 傷病捕虜 동지들에게」)

 입은 * 쓰메에리의 학생복을 입은 청년이 들어와서 커피니 오트밀이니 사과니 어수선하게 벌여놓고 계통 없이 처먹고 있다(「시골 선물」) * 흔적은 없어도 戰災를 입은 것만 같은 (그렇게 그 문은 나에게는 너무나 컸다)(「말」(1958))

 입을 * 성속이 같다는 원효/대사가 이런 기계의 영광을 누릴/줄이야 〈제니〉의 덕택을 입을/줄이야(「원효대사」)

입술 입의 아래 위의 둘레를 이루는 살. * 그네, 마지막으로/돈을 버는 거리의 부인이여 잠시 눈살을 펴고/찌그러진 입술을 펴라(「거리2」)

입장권(入場券) 연주회장, 극장, 경기장과 같은 일정한 장소에 들어가는 것을 허락하는 표. * 구두여 양복이여 노점상이여/인쇄소여 입장권이여 負債여 여인이여(「거리2」)

입장료(入場料) 경기장, 극장, 연주회장과 같은 일정한 장소에 들어가기 위하여 내는 돈. * 반도호텔 같은 데라야/미국놈들한테서 입장료를 받을 수 있지요.(「전화 이야기」)

입체음(立體音) 둘 이상의 스피커를 사용하여 원음의 음색뿐만 아니라 방향감이나 거리감 따위도 재생한 음향. * 지금은 너무나 또렷한 입체음을 통해서/들어오는 이북 방송이 불온 방송이/아니 되는 날이 오면(「라디오 계」)

잇다 두 끝을 매거나 맞대어 붙여서 하나로 만들다.
　이어 ＊가련한 목숨을 이어가기 위해서/신주처럼 모셔놓던 의젓한 얼굴의/그놈의 속을 창자 밑까지도 다 알고는 있었으나(「우선 그놈의 사진을 떼어서 밑씻개로 하자」) ＊심부름하는 놈이 있는 방까지 죽음 같은/암흑 속을 고양이의 반짝거리는 푸른 눈망울처럼/사랑이 이어져가는 밤을 안다(「사랑의 변주곡」)

있다¹ 존재하다. 생기거나 발생하다. (무엇을) 지니거나 가지다. ＊가까이 할 수 없는 서적이 있다[…]지금 바람 속에 휘날리고 있다[…]나는 이 책을 멀리 보고 있다[…]오 그와 같이 이 서적은 있다(「가까이 할 수 없는 서적」) ＊한마디 드려야 할 정당한 이유의 말이 있다(「조국에 돌아오신 傷病捕虜 동지들에게」) ＊긍지와 선의가 있다(「헬리콥터」) ＊나는 그네들의 고민에 대하여만은 투철한 자신이 있다(「거리2」) ＊나는 지금 산정에 있다(「구름의 파수병」) ＊나의 눈만이 혼자서 볼 수 있는 주름살이 있다 굴곡이 있다[…]우스웁고 간지럽고 서먹하고 쓰디쓴 것마저 섞여 있다(「여름 뜰」) ＊너의 얼굴 위에/용이 있고 落日이 있다[…]내 앞에 서서 주검을 가지고 주검을 막고 있다(「병풍」) ＊눈은 살아 있다/떨어진 눈은 살아 있다/마당 위에 떨어진 눈은 살아 있다[…]눈은 살아 있다[…]눈은 새벽이 지나도록 살아 있다(「눈」(1956)) ＊이제 나는 광야에 드러누워도/공동의 운명을 들을 수 있다(「광야」) ＊언어는 나의 가슴에 있다(「모리배」) ＊너의 自決과 같은 맹렬한 자유가/여기 있다(「조그마한 세상의 지혜」) ＊피로는 도회뿐만 아니라 시골에도 있다(「싸리꽃 핀 벌판」) ＊영화관에도 가고/애교도있다/그들은 말하자면 우리들의 곁에 있다[…]그러나 우리들은 언제나 싸우고 있다[…]우리들의 싸움은 하늘과 땅 사이에 가득 차 있다(「하…… 그림자가 없다」) ＊나는 쾌활한 마음으로 말할 수 있다[…]나는 돌풍처럼 너한테 말할 수 있다[…]도회에서 달아나온 나는 말할 수 있다(「누이야 장하고나!」) ＊피아노 앞에는 슬픈 사람들이 많이 있다(「피아노」) ＊돈의 비밀이 여기 있다(「돈」) ＊쉬는 데에도 규율이 있고/탄력이 있다[…]두 뙈기의/채소밭이 있다[…]그러나 이런 거짓말이 필요할 때가 있다(「반달」) ＊그러니까 종교도 종교 이전에 있다(「우리들의 웃음」) ＊저이는 나보다 여유가 있다(「강가에서」) ＊저 젊은이들의 나에 대한 사랑에 있다(「현대식 교량」) ＊우리는 무슨 적이든 적을 갖고 있다[…]내일의 적으로 오늘의 적을 쫓을 수도 있다(「적1」) ＊지극히 시시한 발견이 나를 즐겁게 하는 야밤이 있다[…]우리의 주위에 너무나 많은 순교자들의 이 발견을/지금 나는 하고 있다//나는 광휘에 찬 신현대문학사의 시를 깨알같은 글씨로 쓰고 있다(「이 한국문학사」) ＊우리는/이제 차디찬 사람들을 경멸할 수 있다(「이혼 취소」)
　있거니 ＊지금 이 땅에는 온갖 형태의 희생이 있거니/나의 노래가 없어진들/누가 나라와 민족과 청춘과/그리고 그대들의 영령을 위하여 잊어버릴 것인가!(「조국에 돌아오신 傷病捕虜 동지들에게」)
　있거든 ＊눈을 가늘게 뜨고 산이 있거든 불러보라(「피곤한 하루의 나머지 시간」)
　있게 ＊일본 말보다도 더 빨리 영어를 읽을 수 있게 된(「거짓말의 여운 속에서」)
　있겠나요 ＊굵은 밧줄 밑에 뒹구는/구렁이가 악몽이 될 수 있겠나요(「靈交日」)
　있겠느냐 ＊스쳐가는 나의 고독을/누가 무슨 신기한 재주를 가지고/잡을 수 있겠느냐(「더러운 향로」) ＊나 역시 이 마당에 무슨 원한이 있겠느냐/비록 내가 자란 터전같이 호화로운/꿈을 꾸는 마당이라고 해서(「휴식」)
　있겠다 ＊그러나 이 눈망울을 휘덮는 싯퍼런 작열의 의미가 밝혀지기까지는/나는 여기에 있겠다(「冬麥」)
　있겠지 ＊그도 이 관용을 알고 이 마지막 관용을 알고 있지만/吟味癖이 있는 나보다는 덜 알고 있겠지(「H」)
　있겠지만 ＊그는 나같이 몸이 약하지 않은 점에 주요한 원인이 있겠지만/雷神보다 더 사나웁게 사람들을 울리고(「백의」)
　있고 ＊누구 집을 가보아도 나 사는 곳보다는 여유가 있고/바쁘지도않으니/마치 別世界같이 보인다(「달나라의 장난」) ＊우리는 좁은 뜰 안에서뿐만 아니라/심지어는 항아리 속에서부터라도 내어다볼 수 있고(「헬리콥터」) *靜寂이 나의 가슴에 있고(「거리2」) *주검에 金面 같은 너의 얼굴 위에/용이 있고 落日이 있다(「병풍」) *시골에도 있고 해변가에도 있고/서울에도 있고 산보도 하고/영화관에도 가고/애교도 있다/그들은 말하자면 우리들의 곁에 있다[…]그것은 우리들의 집안 안인 경우도 있고/우리들의 직장인 경우도 있고/우리들의 동리인 경우도 있지만……(「하…… 그림자가 없다」) *그렇게 피투성이가 되어 찾던 만년필은/처의 백 속에 숨은 듯이 걸려 있고/말하자면 내가 찾고 있는 것은 언제나 나의 가장 가까운/내 곁에 있고/우물도 사닥다리도 愛兒도 거만한 문패도/내가 범인이 되기 전에/(벌써 오래전에!)/범인의 것이 되어 있었고(「절망」(1962)) *쉬는 데에도 규율이 있고/탄력이 있다(「반달」) *그는 나보다도 여유가 있고/그는 나에게 공포를 준다//이런 사람을 보면 세상 사람들이 다 그처럼 살고 있는 것 같다(「강가에서」) *거기에는 반드시 구름이 있고[…]가까운 거리의 부엌문이 있고(「이사」) *고칠 사람을 구하기가 어려운 것도 있고/돈이 아까울지도 모른다(「도적」) *강이 흐르고 그 강 건너에 사랑하는/암흑이 있고(「사랑의 변주곡」) *6이 KBS 제2방송/7이 동 제1방송/그 사이에 시시한 주파가 있고/8의 조금 전에 동아방송이 있고(「라디오 계」)

있구나 *너는 이런 밤을 무수한 거부 속에 헛되이 보냈구나//또 지금 헛되이 보내고 있구나(「밤」) *무식한 사랑이 여기 있구나/무식한 여자가 여기 있구나/평안도 기생이 여기 있구나/만주에서 해방을 겪고/평양에 있다가 인천에 와서/6·25 때에 남편을 잃고 큰아이는 죽고/남은 계집애 둘을 데리고/재전락한 여자가 여기 있구나 시대의 여자가 여기 있구나[…]18년 만에 만난 만주의 여자/잊어버렸던 여자가 여기 있구나(「滿洲의 여자」)

있기 *백년이나 천년이 결코 긴 세월이 아니라는 것은/내가 사랑의 테두리 속에 끼여 있기 때문이 아니리라(「풍뎅이」) *늬가 없이 사는 삶이 보람 있기 위하여 나는 돈을 벌지 않고(「너를 잃고」) *늙은 버섯처럼 숨어 있기 때문에도 아니다(「도취의 피안」) *내가 으스러지게 설움에 몸을 태우는 것은 내가 바라는 것이 있기 때문이다(「거미」) *꺼먼 얼굴이며 노란 얼굴이며 찌그러진 얼굴이며가 모두 환상과 현실의 중간에 서서 있기에(「거리2」) *믿는 것이 있기 때문이다/믿는 것이 있기 때문이다(「冬麥」)

있나 *행복은 어디에 있나?(「기자의 정열」) *나의 생활의 定數는 어디에 있나(「장시2」) *또 무엇이 있나 나의 호주머니에는?(「후란넬 저고리」)

있나요 *무수한 공허 밑에 살찌는 공허보다/더 무서운 악몽이 있나요(「靈交日」)

있네 *아가야 아가야/열 발가락이 다 나와 있네/엄마가/만들어준 빨간 양말에서//아가야 아가야/기저귀 위에는 나일론 종이까지 감겨져 있네(「자장가」)

있느냐 *시인이 황홀하는 시간보다도 더 맥없는 시간이 어디 있느냐(「광야」) *적이 어디에 있느냐?(「적」)

있느냐고 *신이라든지 하느님이라든지가 어디 있느냐고 나를 고루하다고 비웃은 어제저녁의 술친구의 천박한 머리를 생각한다(「시골 선물」)

있느니라 *쓸데없는 이야기도 주고받고 쓸데없는 일도/찾아보면 있느니라(「술과 어린 고양이」)

있는 *그러면 팽이가 까맣게 변하여 서서 있는 것이다[…]영원히 나 자신을 고쳐야 할 운명과 사명에 놓여 있는 이 밤에[…]공통된 그 무엇을 위하여 울어서는 아니 된다는 듯이/서서 돌고 있는 것인가(「달나라의 장난」) *완전히 무시를 당하고 나서야/비로소 안심할 수 있는(「付託」) *자유가 살고 있는 영원한 길을 찾아/나와 나의 벗이 안심하고 살 수 있는[…]그러나 이것은 살아 있는 포로의 애원이 아니라[…]이것은 寸豪의 諷刺味도 역설도 불쌍한 발악도 청년다운 광기도 섞여 있는 말이 아닐 것이다//여러분!내가 쓰고 있는 것은 시가 아니겠습니까.[…]이북에 억류되고 있는 대한민국과 UN군의 포로들을 구하여내기 위하여나 직이 부를 수도 소리높이 부를 수도 있는 그대들만의 노래를 위하여(「조국에 돌아오신 傷病

捕虜 동지들에게」) ＊그 다음에는 나는 중앙선 어느 협곡에 있는 역에서[…]거기다가 나의 부처님을 모신 법당 뒷산에 묻혀 있는 검은 바위같이 큰 머리에는[…]저기 나의 맞은편 의자에 앉아 먹고 떠들고 웃고 있는 여자와 젊은 학생을(「시골 선물」) ＊내가 있는 방 위에 와서 앉거나[…]벌벌 떨고 있는/나의 귀에다 너의 엷은 울음소리를 남기지 말아라//차라리 앉아 있는 기계와 같이/취하지 않고(「도취의 피안」) ＊운명에 거역할 수 있는/큰 힘을 가지고 있으면서[…]오늘이 있듯이 그날이 있는(「나비의 무덤」) ＊무엇이든지/재어볼 수 있는 마음은/아무것도 재지 못할 마음(「자」) ＊40년간의 조판 경험이 있는 근시안의 노직공의 가슴속에서(「영롱한 목표」) ＊塵芥와 분노를 꽃으로 마구 바꿀 수 있는 나날(「꽃」) ＊자유를 위해서/비상하여본 일이 있는/사람이면 알지(「푸른 하늘을」) ＊이 구멍으로 들어가면 아리조나에 있는/우리 고조할아버지 산소 망두석 밑으로 빠질 수 있으니까(「나는 아리조나 카보이야」) ＊여기에 있는 것은 중용이 아니라/踏步다 죽은 평화다 懶惰다 무위다(「중용에 대하여」) ＊그를 생각할 수 있는/너까지도(「누이야 장하고나!」) ＊그리고 또 하나 있는 것 같다[…]주요한 본론이 4항목은 있는 것 같다(「마케팅」) ＊세계의 도처에서 나타날 수 있는 千手千足獸[…]내가 찾고 있는 것은 언제나 나의 가장 가까운(「절망」(1962)) ＊더러 싱거운 충고도 한 일이 있는(「滿洲의 여자」) ＊그런 사마귀가 나의 아들놈의 눈 아래에/있는 것을 발견하고(「반달」) ＊남자로서 거리를 무단통행할 수 있는 것은 교군꾼[…]추억이/있는 한 인간은 영원하고[…]비숍 여사와 연애를 하고 있는 동안에는(「거대한 뿌리」) ＊吟味癖이 있는 나보다는 덜 알고 있겠지[…]그가 경멸하고 있는 건(「H」) ＊우리집 광에 있는 철사를 노리고 있다(「도적」) ＊따라갈 가망성이 있는/상대자에 대한 시기심이 아니냐(「VOGUE야」) ＊심부름하는 놈이 있는 방까지(「사랑의 변주곡」) ＊땅에만 소음이 있는 줄만 알았더니[…]들을 수 없는 더 큰 천둥이 있는 줄/알았다 그것이 먼저 있는 줄 알았다(「여름 밤」)

있는데 ＊여기 떡갈나무 잎이 있는데 이것을 가지고 가서(「나는 아리조나 카보이야」) ＊글씨가 가다가다 몹시 떨린 漢字가 있는데(「중용에 대하여」)

있다가 ＊만주에서 해방을 겪고/평양에 있다가(「滿洲의 여자」)

있다고 ＊복가가 여기 있다고 외쳐라/폭풍의 복가가 여기 있다고 외쳐라[…]집이 여기에 있다고 외쳐라[…]멋진 양철 차양이 있다고 외쳐라(「가옥 찬가」)

있다는 ＊나도 돈을 만질 수 있다는 것이 대견하다(「돈」) ＊나는 그가 필시 속으로는 나를 포기하고/있다는 것을 알았어(「H」)

있다니까 ＊나는 오늘 아침에 서약한 게 있다니까(「거미잡이」)

있다면 ＊고운 神이 이 자리에 있다면/나에게 무엇이라고 하겠나요(「웃음」) ＊너의 뜰을 달려가는 조고마한 동물이라도 있다면(「여름 뜰」) ＊그러나 천당이 있다면 모두 다 거기서 만나고 있을 것입니다(「조국에 돌아오신 傷病捕虜 동지들에게」)

있던 ＊여기 장 발장이 숨기고 있던 格印보다 더 크고 검은/호소가 있지요(「조국에 돌아오신 傷病捕虜 동지들에게」) ＊헌 기계는 가게로 가게에 있던 기계는/옆에 새로 난 쌀가게로 타락해 가고(「금성라디오」) ＊내가/있던 기침소리가 가정교사에게 들리는 방은 도로/식모 아이한테 주었지.(「엔카운터 誌」)

있듯이 ＊오늘이 있듯이 그날이있는/두 겹 절벽 가운데에서/오늘은 오늘을 담당하지 못하니(「나비의 무덤」)

있소 ＊나는 모든 사람을 피하여/그의 얼굴을 숨어 보는 버릇이 있소(「아버지의 사진」)

있소이다 ＊민중은 영원히 앞서 있소이다[…]가만히 계시오/민중은 영원히 앞서 있소이다(「눈」(1961))

있어 ＊누가 있어 나를 본다면은/이것은 확실히 우스운 이야깃거리다[…]누가 있어 나를 본다면은/이것은 확실히 무서운 이야깃거리다(「愛情遲鈍」) ＊불을 끄고 누웠다가/잊어지지 않는 것이 있어/다시 일어났다/암만해도 잊어버리지 못할 것이 있어 다시 불을 켜고 앉았을 때는(「구슬픈 육체」) ＊백성들이/머리가 있어 산다든가(「쌀난리」) ＊지금도 빌려줄 수는 있어. 그렇지만 안 빌려줄 수도/있어.[…]그것을 당신한테 알릴 필요가 있어.(「엔카운터 誌」)

있어도 *알아주는 사람이 있어도좋고 없어도 가히 무관한 것(「기자의 정열」) *아무리 혼자 있어도 베와이셔츠의 에리를/안쪽으로 접어넣지 않는 이유(「모르지?」) *가만히 있어도 울린다(「의자가 많아서 걸린다」)

있어서도 *거리에서와 마찬가지로 집안에 있어서도 저 무시무시한 白蟻를 보기 시작한 때부터이었다(「백의」)

있어야 *아부에도 여유가 있어야한다는 말일세/만사에 여유가 있어야 하지만/위대한 〈개헌〉 헌법에 발을 맞추어 가자면/여유가 있어야지(「만시지탄은 있지만」) *적은 꼭 있어야 하느냐?(「적」)

있어야겠다 *하도 심심해서 정찰을 나온 꿀벌의 소리든/무슨 소리는 있어야겠다(「伏中」)

있었는데 *오이, 고춧가루, 후춧가루는 너무나 창피하니까/그만두고라도/그중에 좀 점잖은 품목으로 또 있었는데(「마케팅」) *한번 더 고비를 넘을 수도 있었는데 그만큼/지독하게 속이면 내가 곧 속고 만다(「性」)

있었는지 *너와 나 사이에 세상이 있었는지/세상과 나 사이에 네가 있었는지/너무 밝아서 나는 웃음이 나온다(「너는 언제부터 세상과 배를 대고 서기 시작했느냐」)

있었다 *토끼는 태어날 때부터/뛰는 훈련을 받는 그러한 운명에 있었다(「토끼」) *설움이 설움을 먹었던 시절이 있었다(「헬리콥터」) *(그가 나를 진심으로 꾸짖지 않았다는 것을 나는 그의 은근하고 매혹적인 표정에서 능히 감득할 수 있었다)(「백의」) *모두 별안간에 가만히 있었다/씹었던 불고기를 문 채로 가만히 있었다(「나가타 겐지로」) *그리고 또 하나 있는 것 같다/주요한 본론이 네 개는 있었다(「마케팅」) *그런 사마귀가 나의 아들놈의 눈 아래에/있는 것을 발견하고 나도 꼭 빼주어야 하겠다고 결심한 일이 있었다(「반달」) *이를테면 이런 일이 있었다[…]남자가 뭐 이런 일을 하고 있느냐고 놀린 일이 있었다(「어느 날 고궁을 나오면서」)

있었단다 *나도 지나간 날에는 배우를 꿈꾸고 살던 때가 있었단다(「거리2」)

있었던 *아버지의 사진을 보지 않아도/비참은 일찍이 있었던 것(「아버지의 사진」) *그러기에 한결 가벼운 휴식의 마음으로 쓰고 있을 수 있었던 것(「기자의 정열」) *신성을 지키는 시인의 자리 위에 또 하나/넓은 자리가 있었던 것을 자식한테/가르쳐주지 않은 죄(「VOGUE야」)

있었어 *우리는 격하지 않고 얘기할 수 있었어/훌륭하게 훌륭하게얘기할 수 있었어(「H」) *아냐. 그때는 빌려드리려고 했어. 관용의 미덕 /그걸 할 수 있었어. 그것도 눈에 보였어. 엔카운터/속의 이오네스코까지도 희생할 수 있었어. 그게/무어란 말야. 나는 그 이전에 있었어.[…]나는 지금 시간/과 싸우고 있는 거야. 시간이 있었어(「엔카운터 誌」)

있으나 *질책의 권리를 주면서 질책의 행동을 주지 않고/ 어떤 나라의 지폐보다도 신용은 있으나(「백의」)

있으니 *인제 정말/진짜 시인이 될 수 있으니 시원하고(「檄文」)

있으니까 *이 구멍으로 들어가면아리조나에 있는/우리 고조할아버지 산소 망두석 밑으로 빠질 수 있으니까(「나는 아리조나 카보이야」)

있으라고 *고운 神이 이 자리에 있다면/나에게 무엇이라고 하겠나요/아마 잘 있으라고 손을 휘두르고 가지요(「웃음」)

있으리라는 *부끄러움을 더한층 뜻있게 하기 위하여/있으리라는 믿음에서/만만치 않은 부탁(「付託」)

있으면 *썩은 공기 나가는 지붕 위의 지붕만 있으면 돼[…]흙 묻은 비옷이 24시간 걸려 있으면 돼[…]예측만으로 그치면 돼/모자라는 영원이 있으면 돼(「장시1」) *될 수만 있으면 독자들에게 이 깨알만한 글씨보다 더/작게 써야 할 이 고초의 시기의/보다 더 작은 나의 즐거움을 피력하고 싶다(「이 한국문학사」)

있으면서 *운명에 거역할 수 있는/큰 힘을 가지고 있으면서/여기에 밀려 내려간다(「나비의 무덤」) *그래서 그는 낮에도 밤에도/어둠을 지니고 있으면서/어둠과는 타협하는 법이 없다(「수난로」)

있을 *그러나 천당이 있다면 모두 다 거기서

만나고 있을 것입니다!(「조국에 돌아오신 傷病捕虜 동지들에게」) 내가 그 향로와 같이 있을 때/살아있는 향로/소생하는 나/덧없는 나(「더러운 향로」) *피로들이 몇 배의 아름다움을 加하여 있을 때도/나의 원천과 더불어/나의 최종점은 긍지(「긍지의 날」) *이러한 우리의 순수한 痴情을/헬리콥터에서도 내려다볼 수 있을 것을 짐작하기 때문에(「헬리콥터」) *미국인과 소련인은 <나가다오>와 <가다오>의 차이가 있을 뿐[…]고요해진 명수 할버이의/잿물거리는 눈이/비둘기 울음소리를 듣고 있을 동안에(「가다오 나가다오」) *나는 이 사람이 만주 술집에서 고생할 때에/연애편지를 대필해 준 일이 있을 뿐이지(「滿洲의 여자」) *부산에 포로수용소의 제14야전병원에 있을 때(「어느 날 고궁을 나오면서」) *그 얼굴은 네 얼굴보다는/간음을 상상할 수 있을 만큼/그렇게 조금은 생생하지만(「네 얼굴은」) *저절로 이루어지는 것이 긴 것 가운데/있을 줄이야//그것을 찾아보지 않을 줄이야 찾아보지/않아도 있을 줄이야 긴 것 중에는/있을 줄이야 어련히 어련히 있을/줄이야 나도 모르게 있을 줄이야(「원효대사」)

있을까 *외양만이라도 남과 같이살아간다는 것이 이다지도 쑥스러울 수가 있을까[…]자기의 나체를 더듬어보고 살펴볼 수 없는 시인처럼 비참한 사람이 또 어디 있을까(「구름의 파수병」)

있을진대 *눈물이 흘러나올 여유조차 없는/게시판과 너 사이에/오늘의 생활이 있을진대(「기자의 정열」)

있지 *아아 그러나 지금 이 방안에는/오직 시간만이 있지 않으냐(「방안에서 익어가는 설움」) *불안을 불안으로 딴죽을 걸어서 퀘지게 할 수 있지(「만시지탄은 있지만」) *그러나 문제는 이러한 반항에 있지 않다(「현대식 교량」) *눈동자는 거짓말이다/그 눈동자는 피를 흘리고 있지 않다(「이혼 취소」)

있지만 *우리들의 동리인 경우도 있지만……/보이지는 않는다(「하…… 그림자가 없다」) *거짓말이 아냐/비수란 놈 창조보다도 더 산뜻하거든/晩時之歎은 있지만(「만시지탄은 있지만」)

있지요 *여기 장 발장이 숨기고 있던 烙印보다 더 크고 검은/호소가 있지요(「조국에 돌아오신 傷病捕虜 동지들에게」) *미국놈들한테서 입장료를 받을 수 있지요.(「전화 이야기」)

있다2 보조동사. 동작이나 상황이 계속 진행되다. *토끼는 지금 하얀 털을 비비며 달빛에서 있다(「토끼」) *팽이가 나를 비웃는 듯이 돌고 있다(「달나라의 장난」) *술 한 병만이 방 한가운데/광채를 띠고 앉아 있다(「미숙한 도적」) *떠들썩한 찻집을 택하여 나는 앉아 있다[…]어수선하게 벌여놓고 계통 없이 처먹고 있다(「시골 선물」) *왼손으로 글을 쓰는 소녀만이 알고 있다(「수난로」) *나는 적당히 넥타이를 고쳐 매고 앉아 있다(「바뀌어진 지평선」) *그의 구제금 응모기사 같은 것이 나오고 있다(「백의」) *낮잠을 자지 않고도 견딜 만한 강인성을 가지고 있다(「영롱한 목표」) *그래도 나무는 자라고 있다(「서시」) *비가 오고 있다[…]비가 오고 있다[…]그러나 오늘은 비가 너 대신 움직이고 있다[…]모든 곳에 너무나 많은 움직임이 있다(「비」) *강물이 오늘에야 비로소 꽉 차 있다(「말」(1958)) *불쌍한 그대들은 천국이 온다고 바라고 있다//그놈들은 털끝만치도 다치지 않고 있다[…]그놈들은 털끝만치도 다치지 않으려고/버둥거리고 있다[…]위정자가 다 잘해 줄 줄 알고만 있다(「육법전서와 혁명」) *어차피 한마디 할 말이 있다[…]소비에트에는 있다[…]<反動이다>라는/말은 지워져 있다[…]모두 적당히 가면을 쓰고 있다[…]일기의 원문은 일본어로 씌어져 있다(「중용에 대하여」) *누이의 방은 언제나/너무도 정돈되어 있다(「누이의 방」) *나는 이자벨 버드 비숍 여사와 연애하고 있다(「거대한 뿌리」) *무서운 무성의를 자행하고 있다(「말」(1964)) *新舊의 두 놈이 마적의 동생처럼/떨고 있다[…]마지막에 침묵까지 빼앗긴 내가 치러야 할/혈세 화가 있다(「제임스 띵」) *초가처 있다 잔인의 초가(「잔인의 초」) *옹졸한 나의 전통은 유구하고 이제 내 앞에 情緖로/가로놓여 있다[…]아무래도 나는 비켜서 있다 절정 위에는 서 있지/않고 암만해도 조금쯤 옆으로 비켜서 있다/그리고 조금쯤 옆에 서 있는 것이 조금쯤/비겁한 것이라고 알고 있다!(「어느 날 고궁을 나오면서」) *나는 지금 규제로 시를 쓰고 있다 타의의 규제(「설사의 알리바이」) *도적이 우리집을 노리고 있다[…]매일 밤 저희집처럼출입하고 있다[…]그놈은 우리집 광에 있는 철사를 노리고 있다[…]우리도 그 철망을 치던/일꾼을 본 일이 있다[…]이 횡재물이 지금 우리집 뜰 아래 광에/들어 있다(「도적」) *그 마지막 대책을 나는 일부러 생각하지/않고 있다(「판문점의 감상」) *네 머리는 네 팔은 네 현재는/먼지에 싸여 있다[…]내일의 행동이 먼지를 쓰고 있다(「먼지」) *모서리뿐인 형식뿐인 격식뿐인/관청을 우리집은 닮아가고 있다/철조망을 우리집은 닮아가고 있다//바닥이 없는 집이 되고 있다 소리만/남은 집이 되고 있다 모서리만 남은/돌음길만 남은 난삽한 집으로/기꺼이 기꺼이 변해 가고 있다(「의자가 많아서 걸린다」)

있고 *네 머리는 네 팔은 네 현재는/먼지에 싸여 있다 구름에 싸여 있고/그늘에 싸여 있고 산에 싸여 있고/구멍에 싸여 있고[…]미리 막을 줄 알고 미리 막아져 있고/미리 칠 줄 알고 미리 쳐들어가 있고(「먼지」)

있구나 *아 홍찐구 놈도 섞여 있구나(「나는 아리조나 카보이야」)

있기 *물끄러미 보고 있기를 좋아하는 나의 너무 큰 눈 앞에서/아해가 팽이를 돌린다(「달나라의 장난」) *이것이 도회 안에 사는 나로서는 어디보다도 조용한 곳이라고 생각하고 있기 때문이다(「시골 선물」) *그것은 그의 둥근 호흡기가 언제나 왼쪽에 달려 있기 때문이다(「수난로」) *그것은 물론 현정부가 그만큼 악독하고 반동적이고/가면을 쓰고 있기 때문이다(「중용에 대하여」) *성과가 없을 것을/알고 있기 때문에(「반달」) *선생과 나는 아이를 가르치는 것이 아니라 아이들을/가르치고 있기 때문이다(「우리들의 웃음」)

있나 *아무리 마셔도 안 취하는 술/피안도 사투리를 마시고 있나(「滿洲의 여자」)

있나니 *어려운 몇 고비를 넘어가는 기술을 알고 있나니(「방안에서 익어가는 설움」)

있네 *연해 나는 괴로움으로 어찌할 수 없이/이를 깨물고 있네!(「가까이 할 수 없는 서적」)

있노라 *여름 뜰이여/나는 너에게 희생할 것을 준비하고 있노라(「여름 뜰」)

있느냐 *무엇 때문에 자유스러운 생활을 피하고 있느냐[…]무엇 때문에 자유스러운 생활을 피하고 있느냐(「여름 뜰」) *비가 오고 있다/여보/움직이는 비애를 알고 있느냐[…]투명한 움직임의 비애를 알고 있느냐/여보/움직이는 비애를 알고 있느냐(「비」)

있느냐고 *남자가 뭐 이런 일을 하고 있느냐고 놀린 일이 있었다(「어느 날 고궁을 나오면서」)

있는 *그저 멀리 보고 있는 것이 타당한 것이므로(「가까이 할 수 없는 서적」) *누가 서 있는 게 아니라/토끼가 서서 있어야 하였다(「토끼」) *너보다는 내가 더 잘 알고 있는 것이다[…]너의 노래보다 더한층 신축성이 있는/의 사랑(「풍뎅이」) *모래알 사이에 너의 얼굴을 찾고 있는 나는[…]나는 또한 영원히 늬가 없어도 살 수 있는 날을 기다려야 하겠다(「너를 잃고」) *나란히 옆으로 가로 세로 위로 아래로 놓여 있는 무수한 꽃송이와 그 그림자[…]마음대로 뛰놀 수 있는 마당은 아닐지나/(그것은 「골고다」의 언덕이 아닌/현대의 가시철망 옆에 피어 있는 꽃이기에)[…]너의 숨어 있는 인내와 용기를 다하여 날개를 펴라[…]늬가 끊을 수 있는 것은 오직 생사의 線條뿐(「九羅重花」) *나의 방안에 설움이 충만되어 있는 것을 발견하였다(「방안에서 익어가는 설움」) *온 마음을 다하여 즐기고 있는 서책은(「나의 가족」) *나는 너와 같이 자기의 그림자를 마시고 있는 향로인가 보다[…]네가 지니고 있는 긴 역사였다고 생각한 것은 과오였다[…]내가 그 향로와 같이 있을 때/살아있는 향로(「더러운 향로」) *그러나 그 속에서 부패하고 있는 것(「PLASTER」) *영사판을 받치고 있는 주야를 가리지 않는 어둠이[…]영사판 양편에 하나씩 서 있는/설움이 합쳐지는 내 마음 위에(「영사판」) *사람이란 사람이 모두 고민하고 있는[…]놀랄 수 있는 사람은 설움을 아는 사람이지만[…]스스로 겸손의 침묵을 지켜가며 울고 있는 것이다(「헬리콥터」) *그의 머리 위에 반드시 窓이 달려 있는 것은/죄악이 아니겠느냐(「수난로」) *누가 찾아오지나 않을까 망설이면서/앉아 있는 마음[…]내가 일 위에 앉아 있는 듯이(「거리1」) *그러나 결코 너를 격하고 있는 세상에게 웃는 것은 아니리[…]그러나 나는 너를 통하여 아무것도/보지 않고 있는지도 모른다/두려운 세상과 같이 배를 대고 있는/너의 대담성(「너는 언제부터 세상과 배를 대고 서기 시작했느냐」) *구태여 달관하고 있는 지금의 내 마음에[…]그대들 어린 학도들과 나 사이에 놓여 있는/연령의 넘지 못할 차이일까……[…]지금 무엇을 銳意 연마하고 있는가[…]방향을 가리지 않고 서 있는 서가 사이에서[…]오 죽어 있는 방대한 서책들(「국립도서관」) *내가 잠겨 있는 정신의 초점은 감상과 향수가 아닐 것이다(「거리2」) *네가 나에게 보이고 있는 시간이란/네가 달아나는 시간밖에는 없다[…]심술맞은 연기도 있는 것이다.(「연기」) *너의 피가 어리어 있는 것이 반가워서 보고 있는 것인가[…]너의 긴 시간 속에 언제고 내포되어 있는 휴식(「기자의 정열」) *먼 산정에 서 있는 마음으로 나의 자식과 나의 아내와(「구름의 파수병」) *남이 일하는 모양이 내가 일하고 있는 보다 더 밝고 깨끗하고 아름다웁게 보이면 어떻게 하리[…]구수한 벗이 있는 곳[…]늬가 그리고 있는 종이까지(「사무실」) *나의 눈만이 혼자서 볼 수 있는 주름살이 있다[…]합리와 비합리와의 사이에 묵연히 앉아 있는/나의 표정에는(「여름 뜰」) *설움과 아름다움을 대신하여 있는 나의 긍지(「긍지의 날」) *兩眼이 모두 담홍색을 하고 있는 것으로 보아[…]나의 맏누이동생이 그를 〈허니〉라고 부르고 있는 것이 아니꼬워서[…]신심양면의 허약증으로 신음하고 있는 나를 독촉하여(「백의」) *등지고 있는 얼굴이여[…]가장 어려운 곳에 놓여 있는 병풍은(「병풍」) *나는 결코 그의 種子에 대하여/말하고 있는 것은 아니다(「꽃2」) *살아 있는 보람이란 이것뿐이라고(「하루살이」) *광야에 와서 어떻게 드러누울 줄을 알고 있는/나는 너무나도 악착스러운 몽상가(「광야」) *언제나 새벽만을 향하고 있는/투명한 움직임의 비애를 알고 있느냐(「비」) *불을 등지고 있는 성황당이 보이는(「사치」) *나의 靈은 죽어 있는 것이 아니냐[…]우스워라 나의 靈은 죽어 있는 것이 아니냐(「死靈」) *일어서 있는 너의 얼굴/일어서 있는 너의 얼굴[…]온돌 위에 서 있는 빌딩/하늘 위에 서 있는 꽃 위에로[…]지혜는 일어서 있는 너의 얼굴[…]일어서 있는 너의 얼굴은/오늘밤의/앉아 있는 내 방의 촛불 같은 재산,보석이여.(「반주곡」) *거대한 비애를 갖고 있는 사람이기 때문이리라/거대한 여유를 갖고 있는 사람이기 때문이리라[…]나는 죽어가는 법을 알고 있는 사람이기 때문이리라(「파리와 더불어」) *아직까지도 부패와 부정과 살인자와 강도가 남아 있는 사회[…]나의 죄 있는 몸의 억천만 개의 털구멍에(「기도」) *천국이 온다고 바라고 있는 그대들뿐이다[…]그놈들이 망하고 난 후에도 진짜 곯고 있는 것은/그대들인데[…]보라 항간에 금값이 오르고 있는 것을(「육법전서와 혁명」) *아내가 마루에서 거미를 잡고 있는/꼴이 우습다(「거미잡이」) *지금 명수 할버이가 멍석 위에 넘어져 자고 있는 동안에/가다오 가다오(「가다오 나가다오」) *이만 하면 아직도/혁명은/살아 있는 셈이지(「쌀난리」) *엡스타인의 사진을 붙이고 있는 이유[…]나한테 자꾸 웃고만 있는 이유[…]의젓한 포즈는 취하고 있는 이유(「모르지?」) *내가 피우고 있는 파이프(「伏中」) *조약돌이 들어 있는/공간의 우연에 놀란다[…]흰 실에 매어달려 있는 여주알의 곰보[…]이런 것들이 정돈될 가치가 있는 것들인가/누이야/이런 것들이 정돈될 가치가 있는 것들인가(「누이의 방」) *가지고 있는/이데올로기도 없다[…]가지고 있는/시계도 없다(「이놈이 무엇이지?」) *미곡창고 지붕에도 달려 있는/썩은 공기(「장시1」) *내 귓전에 붙어 있는 보이지 않는 젤라틴紙/나에게 남아 있는 유일한 재산처럼[…]항시 괴롭히고 있는 보이지 않는 拷問人[…]졸고 있는 잡초도(「장시2」) *세상사람들이 다 그처럼 살고 있는 것 같다(「강가에서」) *나는 입을 봉하고 있는 셈이고(「말?(1964)」) *그와 내가 대결하고 있는 깨진 유리창문 밖에서는[…]꺼멓게 짓밟히고 있는 눈은//타당하니까(「제임스 띵」) *거즈를/개키고 있는 나를 보고[…]지금도 내가 반항하고 있는 것은 이 스펀지 만들기와/거즈 접고 있는 일과 조금도 다름없다[…]조금쯤 옆에 서 있는 것이(「어느 날 고궁을 나오면서」) *유부우동 먹고 있는 것을 보다가[…]큰놈의 방에 같이 있는 가정교사가 […]지금은 안 빌려주기로 하고/있는 시간야 […]나는 지금 시간/과 싸우고 있는 거야(「엔카운터 誌」) *벽 저쪽에 서 있는 낯선 얼굴(「설사의 알리바이」) *어린 너는 나의 전모를 알고 있는 듯(「꽃잎3」) *뒹굴고 있는 폐허의 돌조각들보다도(「라디오 계」) *땅 위를 걷고 있는/발자국소리가(「먼지」) *내가 저의 섹스를 개관하고/있는 것을 아는 모양이다(「性」) *긴 것 중에 숨어 있는 것을 사랑할 줄이야(「원효대사」)

있는가 *그것을 내가 아는 가장 비참한 친구가 붙이고 간 명칭으로 나는 정리하고 있는가(「PLASTER」) *지금 무엇을 銳意 연마하고 있는가(「국립도서관」) *나는 왜 이다지도 피로에 집착하고 있는가(「싸리꽃 핀 벌판」)

있는가를 *어째서 자유에는/피의 냄새가 섞여 있는가를(「푸른 하늘을」)

있는데 *나는 이미 정하여진 물체만을 보기로 결심하고 있는데(「구름의 파수병」) *그래서 비가 오고 있는데!(「비」) *中共의 욕을 쓰고 있는데(「轉向記」)

있는데도 *문지방 안에 석간이 떨어져 뒹굴고 있는데도(「파자마 바람으로」) *집에는 差押을 해온 파일오버가 있는데도(「네 얼굴은」)

있는지 *4면의 신문 위에 6호 활자가 몇천 개 박혀 있는지 모르지만(「기자의 정열」)

있는지도 *아무것도/보지 않고 있는지도 모른다(「너는 언제부터 세상과 배를 대고 서기 시작했느냐」)

있는지라 *지구의의 남극에는 검은 쇠꼭지가 심겨 있는지라(「지구의」)

있다고 *나는 도적이 이 철사의 반환을 꾀하고 있다고/생각한다 우리집 건넌방의 캐비닛을/노리고 있다고는 생각되지 않는다(「도적」)

있다는 *그러면 나는 내가 詩와는 반역된 생활을 하고 있다는 것을 알 것이다(「구름의 파수병」)

있단다 *나는 이다지도 주야를 무릅쓰고 애를 쓰고 있단다(「나비의 무덤」) *하다못해 이와 같이 타락한 신문기자의/탈을 쓰고 살고 있단다(「바뀌어진 지평선」)

있더라 *너의 방은 너무 정돈되어 있더라(「누이의 방」)

있던 *어물전 좌판 밑바닥에서 걸어 있던 것이면 돼(「장시1」) *살아 있던 시간에 대해서 미안하지않소(「美濃印札紙」)

있듯이 *새벽에 준 조로의 물이/대낮이 지나도록 마르지 않고/젖어있듯이(「파밭 가에서」)

있어 *나의 주위에 말짱 〈반동〉만 앉아 있어(「황혼」) *우리는 그 또 한복판이 되구 있어(「H」)

있어도 *너의 앞에서는 우둔한 얼굴을 하고 있어도 좋았다(「풍뎅이」) *가만히 앉아 있어도 자꾸 뻐근하여만 가는 목을 돌려(「방안에서 익어가는 설움」)

있어야 *전쟁이나 혹은 나의 진실성 모양으로 서서 있어야 하였다/누가 서 있는 게 아니라/토끼가 서서 있어야 하였다[…]그는 고개를 들고 서서 있어야 하였다[…]잠시 그는 별과 또 하나의 것을 쳐다보고 있어야 하는 것이다(「토끼」)

있어요 *마차를 타고 가는 사람이 좋지 않아요/웃고 있어요(「웃음」) *아이놈은 자꾸 있어요. 구원이지요.(「전화 이야기」)

있었고 *내가 범인이 되기 전에(/벌써 오래 전에!)/범인의 것이 되어 있었고(「절망?(1962)」)

있었는데 *땅과 몸이 일체가 되기를 원하며 그것만을 힘삼고 있었는데/오히려 그러한 불굴의 의지에서 나오는 것인가(「구슬픈 육체」) *이것은 아틀랜틱 과 하퍼스 의 광고부의 分室이 나타났다고/이곳 저널리스트의 역습의 묘리에 감탄하고 있었는데(「백의」)

있었다 *무지무지한 坑夫는 나에게 글을 가르쳤다/그것이 千字文이 되는지도 나는 모르고 있었다(「아침의 유혹」) *그는 남미의 어느 면공업자의 서자로 태어나서/나이아가라 강변에서 隨道工事에 挺身하고 있었다 하며[…](그가 나를 진심으로 꾸짖지 않았다는 것을 나는 그의 은근하고 매혹적인 표정에서 능히 감득할 수 있었다)(「백의」) *새로운 목표는 이미 나타나고 있었다[…]새로운 목표는 이미 작업을 시작하고 있었다[…]가장 심각한 나의 우둔 속에서/새로운 목표는 이미 나타나고 있었다(「영롱한 목표」) *시멘트로 만든 뜰에/겨울이 와 있었다[…]또/내가 없는 그날의/그의 비밀을/탐지할수도 있었다(「旅愁」)
있었다는 ＊더욱이나 그가 外國地 양복이나/지아이 가리를 하고 있었다는 것도 아니라[…] 더욱이나 푸른 창가에/황혼이 걸터앉아 있었다는 것이/더욱이나 아니라/나의 주위에 말짱 〈반동〉만 앉아 있어/객소리만 씨부리고 있었다는 것이/더욱이나 더욱이나 아니라(「황혼」)
있었던 ＊그가 오랜 세월을 暗夜 속에서 살고 있었던 것만은 확실하다고 나는 생각한다(「백의」) ＊푸르고 연하고 길기만 한 가지와 줄기의 내면은/완전한 공허를 끝마치고 있었던 것이다(「꽃2」) ＊아아 비겁한 민주주의여안심하라/우리는 정치 얘기를 하구 있었던 게 아니야 (「H」)
있었으나 ＊신주처럼 모셔놓던 의젓한 얼굴의/그놈의 속을 창자 밑까지도 다 알고는 있었으나(「우선 그놈의 사진을 떼어서 밑씻개로 하자」) ＊자유의 정신의 아름다운 원형을/너는 또한 우리가 발견하고 규정하기 전에 가지고 있었으며(「헬리콥터」)
있었을 ＊우리의 잔등이에는 〈미숙한 도적〉이라는 글자가 씌어 있었을 것이다.(「미숙한 도적」)
있었지만 ＊고대 형이상학자들은 그를 보고 〈양극의 합치〉라든가 혹은 〈거대한 희열〉이라고 부르고 있었지만(「백의」) ＊우리는 월남의 중립 문제니 새로 생긴다는 혁신정당 얘기를/하고 있었지만(「H」)
있으나 ＊그리고 그 당시의 시대가 지금보다 훨씬 좋았다고/누구나 어른들은 말하고 있으나(「국립도서관」)
있으니까 ＊공원이나 휴식이 필요한 사람들이/여름이면 그의 곁에 와서/곧잘 팔을 고이고 앉아 있으니까//그는 인간의 비극을 안다 (「수난로」)
있으라지 ＊머리는/내일 아침 새벽까지도/아주 내처/비어 있으라지……(「쌀난리」)
있으려니 ＊파자마 바람으로 주스를 마시면서/프레이저의 현대시론을 사전을 찾아가며 읽고 있으려니(「파자마 바람으로」)
있으리라 ＊4면의 신문 위에 6호 활자가 몇천 개 박혀 있는지 모르지만 너의 상상에서는 실제의 수십 배는 담겨 있으리라(「기자의 정열」)
있으며 ＊무엇 때문에 부자유한 생활을 하고 있으며/무엇 때문에 자유스러운 생활을 피하고 있느냐[…]무엇 때문에 부자유한 생활을 하고 있으며/무엇 때문에 자유스러운 생활을 피하고 있느냐(「여름 뜰」)
있으면 ＊내가 추악하고 우둔한 얼굴을 하고 있으면/너도 우둔한 얼굴을 만들 줄 안다(「풍뎅이」) ＊너는 나와 함께 못난 놈이면서도 못난 놈이 아닌데/쓸데없는 도면 위에 글자만 박고 있으면 어떻게 하리(「사무실」) ＊더운 날/적을 運算하고 있으면/아무 데에도 적은 없고 (「적」)
있으면서 ＊제각각 자기 생각에 빠져 있으면서/그래도 조금이나 부자연한 곳이 없는/이 가족의 조화와 통일을/나는 무엇이라고 불러야 할 것이냐(「나의 가족」)
있을 ＊이 웃음만은 흔적을 남기고 있을 것이라고 믿는 것은/어리석은 일(「웃음」) ＊그러나 천당이 있다면 모두 다 거기서 만나고 있을 것입니다!(「조국에 돌아오신 傷病捕虜 동지들에게」) ＊사실은 벌써 滅하여 있을 너의 꽃잎 위에/이중의 봉오리를 맺고 날개를 펴고(「九羅重花」) ＊그러기에 한결 가벼운 휴식의 마음으로 쓰고 있을 수 있었던 것(「기자의 정열」) ＊묵연히 묵연히/그러나 속지 않고 보고 있을 것이다(「여름 뜰」) ＊나는 오늘부터 지리교사 모양으로 벽을 보고 있을 필요가 없고(「영롱한 목표」) ＊묵은 사랑이/뉘우치는 마음의 한복판에/젖어있을 때(「파밭 가에서」) ＊그놈들이 배불리 먹고 있을 때도/고생한 것은 그대들이고(「육법전서와 혁명」) ＊그 방의 벽에는 싸우라 싸우라 싸우라는 말이/헛소리처럼 아직도 어둠을 지키고 있을 것이다(「그 방을 생각하며」)
있을지도 ＊어느 이름 없는 개울가에서/들오리가 서투른 앉음새로/병아리를 품고 있을지도 모른다(「황혼」)
있지 ＊마당은 주인의 마음이 숨어 있지 않은 것처럼 安穩한데(「휴식」) ＊평화의 의지를 말하고 있지 않으냐//울고 간 새와/울러 올 새의/적막 사이에서(「冬麥」) ＊아무래도 나는 비켜서 있다 절정 위에는 서 있지/않고 암만해도 조금쯤 옆으로 비켜서 있다(「어느 날 고궁을 나오면서」)

있지만 *일하라 일하라 일하라는 말이/헛소리처럼 아직도 나의 가슴을 울리고 있지만(「그 방을 생각하며」) *모든 사람에게 고해야 할 너무나 많은 말을 갖고 있지만(「말」(1964)) *그도 이 관용을 알고 이 마지막 관용을 알고 있지만 吟味癖이 있는 나보다는 덜 알고 있겠지(「H」) *더위도 가시고 오늘은 하루종일 일도/안하고 있지만(「美濃印札紙」)

있지요 *토막방 안에서 나는 우주를 잡을 듯이 날뛰고 있지요(「웃음」)

잉크(영, ink) 필기나 인쇄에 쓰는 빛깔이 있는 액체. *침묵과 발악이 오늘과/내일처럼 달라지고 달라지지 않는/이 갱 안의 잉크 수건의 칼자국(「먼지」) *너의 보꾹에 비친 활자이었다 거기에/그어진 붉은 잉크였다(「제임스 띵」)

잊다 (과거에 알거나 들었던 것을) 기억하지 못하다.

잊고 *푸른 목/귀여운 눈동자/진정 나는 기계주의적 판단을 잊고 시들어갑니다(「웃음」) *그들은 너무나 오랫동안 자기의 말을 잊고/남의 말을 하여 왔으며(「헬리콥타」) *오늘을 울지 않으려고/너를 잊고 살아야 하는 까닭에(「바뀌어진 지평선」) *아가씨는 연애가 되나 하고/애타고 원효의 염불 소리까지도/잊고 죄를 짓고 싶다(「원효대사」)

잊은 *밤보다도 더 어두운 낮의 마음/시간을 잊은 마음의 승리(「장시2」) *어저께 진리에 도달한 얼굴은/오늘은 술을 잊은 얼굴이다(「네 얼굴은」)

잊어버리다 과거에 알거나 들었던 것을 기억하지 못하다.

잊어버려 *잊어버린 생활이여/너무나 멀리 잊어버려 천상의 무슨 등대같이 까마득히 사라져버린 귀중한 생활들이여.(「구슬픈 육체」) 잊어버려서 *잊어버려서 아까운지 아까움지 않은지 헤아릴 사이도 없이 불은 켜지고(「구슬픈 육체」)

잊어버려야 *진실을 찾기 위하여 진실을 잊어버려야 하는/내일의 역설 모양으로/나는 자유를 찾아서 포로수용소에 온 것이고(「조국에 돌아오신 傷病捕虜 동지들에게」) *그 사나이

의 눈초리를 보셨나요/잊어버려야 할 그 눈초리를(「靈交日」)

잊어버렸던 *18년 만에 만난 만주의 여자/잊어버렸던 여자가 여기 있구나(「滿洲의 여자」)

잊어버리게 *피곤을 잊어버리게 하는 밝은 태양 밑에는/모든 사람에게 불가능한 일이 없는 듯하다(「거리2」)

잊어버리고 *손님으로 온 나는 이 집 주인과의 이야기도 잊어버리고/또 한번 팽이를 돌려주었으면 하고 원하는 것이다(「달나라의 장난」) *매일같이 마시는 술이며 모욕이며/보기 싫은 나의 얼굴이며/다 잊어버리고(「휴식」) *그래서 나는 구태여 너에게로 더 한걸음 바싹 다가서서/그리움도 잊어버리고 웃는 것이다(「너는 언제부터 세상과 배를 대고 서기 시작했느냐」) *거만과 오만을 잊어버리고/밝은 대낮에라도 겸손하게 지내는 妙理를 배우자(「거리2」) *오랜 피곤도 고통도 인내도 잊어버리고/새 사람 아닌 새 사람이 되어[…]모두 다 잊어버리고 나와서/태양의 다음가는 자유(「기자의 정열」) *나는 바로 일순간 전의 대담성을 잊어버리고/젖 먹는 아이와 같이 이지러진 얼굴로(「여름 뜰」) *나는 그 노래도 그 전의 노래도 함께 다 잊어버리고 말았다(「그 방을 생각하며」)

잊어버리기 *내가 나를 잊어버리기 때문에/개울과 개울 사이에/하얀 모래를 골라 비둘기가 내려앉듯/시간이 내려앉는다[…]내가 나를 잊어버리기 때문에/바다와 바다 사이에/지금의 3월의 구름이 내려앉듯/진실이 내려앉는다(「백지에서부터」)

잊어버리려고 *나는 지금 간밤의 쓰디쓴 후각과 청각과 미각과 統覺마저 잊어버리려고 한다(「여름 아침」)

잊어버리세요 *노란 꽃을 주세요 거룩한 우연을 위해서//꽃을 찾기 전의 것을 잊어버리세요/　꽃의 글자가 비뚤어지지 않게/꽃을 찾기 전의 것을 잊어버리세요/　꽃의 소음이 바로 들어오게/꽃을 찾기 전의 것을 잊어버리세요(「꽃잎2」)

잊어버린 *잊어버린 생활을 위하여 불을 켜서는 아니 될 것이지만(「구슬픈 육체」) *여기 장 발장이 숨기고 있던 格印보다 더 크고 검은/

호소가 있지요/길을 잊어버린 호소예요?(「조국에 돌아오신 傷病捕虜 동지들에게」) ＊잠자는 책은 이미 잊어버린 책/이 다음에 이 책을 여는 것은/내가 아닙니다(「서책」) ＊우울 대신에 수많은 기폭을 흔드는 쾌활/잊어버린 수많은 詩篇을 밟고 가는 길가에(「거리2」) ＊낭만적 위대성을 잊어버린 지 오랜 네가 인류를 위하여 산다는 것도 거짓말에 가까운 것이지만 (「기자의 정열」) ＊죽음을 잊어버린 영혼과 육체를 위하여/눈은 새벽이 지나도록 살아 있다 (「눈」(1956)) ＊감정을 잊어버린 시인에게로/모여드는 모여드는 하루살이여(「하루살이」)

잊어버릴 ＊누가 나라와 민족과 청춘과/그리고 그대들의 영령을 위하여 잊어버릴 것인가!//자유의 길을 잊어버릴 것인가!(「조국에 돌아오신 傷病捕虜 동지들에게」)

잊어지다 (과거에 알거나 들었던 것을) 기억하지 못하게 되다.

잊어지지 ＊불을 끄고 누웠다가/잊어지지 않는 것이 있어/다시 일어났다//암만해도 잊어버리지 못할 것이 있어 다시 불을 켜고 앉았을 때는/이미 내가 찾던 것은 없어졌을 때(「구슬픈 육체」)

잎 식물의 줄기나 가지 끝에 붙어 있는, 대체로 납작하고 푸른 부분. ＊등나무 등나무 등나무 등나무//얇상한 잎/그것이 이슬을 마셨다고 어찌 신용하랴(「등나무」) ＊아카시아 잎을 이기는 소리가 방바닥 밑까지 울리면 돼[…]아카시아 잎을 이기는 소리가 방바닥 밑까지 콩콩 울리면 돼(「장시1」) ＊바위를 뭉개고 떨어져내릴/한 잎의 꽃잎 같고/혁명 같고(「꽃잎1」) ＊여기 떡갈나무 잎이 있는데 이것을 가지고 가서/하와이 영사한테 보여라[…]이카루스의 날개처럼/쑥잎보다 훨씬 얇은/너의 잎은 지휘하라(「나는 아리조나 카보이야」)

잎사귀 낱낱의 잎. ＊구름 끝에 혀를 대는 잎사귀 처럼/몸을 떨며/귀기울이려 할 때(「말복」)

자(者)¹ 특정한 사람을 가리켜서, 그런 또는 그 사람. *생활을 아는 자는/태양 아래에서/생활을 차 던진다(「미스터 리에게」) *기성 육법전서를 기준으로 하고/혁명을 바라는 자는 바보다(「육법전서와 혁명」) *삶에 지친 者여/자를 보라/너의 무게를 알 것이다(「자」) *바늘구멍만한 叡智를 바라면서 사는 자의 설움이여/너는 차라리 부정한 자가 되라(「예지」)

자(字)² 글자. *특종이죠./머릿속에 특종이란 자가 보여요.(「전화 이야기」) *우주의 완성을 건 한 字의 생명의/귀추를 지연시키고(「꽃잎 3」)

자(尺)³ 길이를 재는 데 쓰는 도구. *가벼운 무게가 하늘을/생각하게 하는/자[針尺]의 優雅는 무엇인가(「자」) *자를 보라/너의 무게를 알 것이다(「자」)

자결(自決) 자기의 일을 스스로 결단하여 처리하는 것. *승패의 차이를 계산할 줄 아는/포탄의 이성이여//너의 自決과 같은 맹렬한 자유가/여기 있다(「조그마한 세상의 지혜」)

자국 어떤 물체에 다른 물체가 닿거나 누르거나 하여 생긴 자리. *사람이 지나간 자국 위에 서서 부르짖는 것은/개와 도회의 詐欺師뿐이 아니겠느냐(「영롱한 목표」) *사흘 전에 술에 취해 흘린 가래침 자국(「네 얼굴은」) *마룻바닥에 깐 비닐 장판에 구공탄을 떨어뜨려 탄 자국(「VOGUE야」) *날아간 제비와 같이 자국도 꿈도 없이(「구름의 파수병」) *태양은 자기가 내린 것을 거둬들이는데/시들은 자국을 남기지만(「말복」) *종교의 연필 자국이 두드러진/청춘의 붉은 희욕?(「반주곡」)

자극(刺戟) 생체에 작용하여 어떤 반응을 일으키게 하는 것. *성스러운 鄕愁와 우주의 위대감을 담아주는 삼시간의 자극을/나의 가족들의 기미 많은 얼굴에 비하여 보아서는 아니 될 것이다(「나의 가족」)

자기(自己)¹ (이야기되거나 행동하는 사람을 다시 가리키는 말로) 바로 그 사람. 자신. *웃음은 자기 자신이 만드는 것이라면 그것은 얼마나 서러운 것일까(「웃음」) *제각각 자기 생각에 빠져 있으면서(「나의 가족」) *그러나 심연보다도 더 무서운 자기 상실에 꽃을 피우는 것은 신이고(「꽃」) *그러나 우리집 여편네는 이것을 모두/자기 밭이라고 한다(「반달」) *미인은 자기 얼굴이 싫을 거야(「미인」) *태양은 자기가 내린 것을 거둬들이는데(「말복」) *바람의 고개는 자기가 일어서는 줄/모르고 자기가 가 닿은 언덕을/모르고(「꽃잎1」) *그들은 민주주의자를 가장하고/자기들이 양민이라고도 하고/자기들이 선량이라고도 하고/자기들이 회사원이라고도 하고(「하…… 그림자가 없다」) *나의 설움은 유유히 자기의 시간을 찾아갔다(「방안에서 익어가는 설움」) *나는 너와 같이 자기의 그림자를 마시고 있는 향로인가 보다(「더러운 향로」) *그들은 너무나 오랫동안 자기의 말을 잊고/남의 말을 하여 왔으며(「헬리콥터」) *이 어두운 신은 밤에도 외출을 못하고 자기의 영토을 지킨다(「수난로」) *자기의 나체를 더듬어보고 살펴볼 수 없는 시인처럼 비참한 사람이 또 어디 있을까(「구름의 파수병」) *전자를 현재 일리노이 주에 있는 자기의 모친에게 보내고(「백의」) *식민지의 곤충들이 24시간을/자기의 다리처럼 건너다닌다(「현대식 교량」)

자기(磁器)² 백토 따위를 원료로 하여 빚어서 아주 높은 온도로 구운 그릇. *엮음대가 걸리고 테이블 위에 놓은/미제 磁器 스탠드가 울린다(「의자가 많아서 걸린다」)

자꾸 잇달아 여러 번. 계속해서. *가만히 앉

아 있어도 자꾸 뻐근하여만 가는 목을 돌려(「방안에서 익어가는 설움」) *나는 자꾸 땅만 만지고 싶었는데(「구슬픈 육체」) *자꾸 수그러져 가는 눈을 들어 강과 對岸의 찬란한 불빛을 본다(「말」(1958)) *밋밋한 발회목에 내 눈이 자꾸 가네/내 눈이 자꾸 가네(「사치」) *나는 자꾸 허허……웃는다(「생활」) *우리집 식모가 여편네가 외출만 하면/나한테 자꾸 웃고만 있는 이유./모르지?(「모르지?」) *자꾸 어두워가는 백주의 활극(「장시2」) *산보를 하라고 자꾸 권한다(「강가에서」) *시꺼먼 양말을 자꾸 비빈다(「제임스 띵」)

자꾸자꾸 정도가 지나친 데가 있을 정도로 잇따라 여러 번 반복하거나 끊임없이 계속하여. *자꾸자꾸 자질구레해지는 일(「깨꽃」) *나는 이렇게도 가련한 놈 어느 사이에/자꾸자꾸 소심해져만 간다/동요도 없이 반성도 없이/자꾸자꾸 소인이 돼간다(「강가에서」)

자다 잠이 들다. ☞ 잠자다.
  자고 *지금 명수 할버이가 명석 위에 넘어져 자고 있는 동안에/가다오 가다오(「가다오 나 가다오」) *지금 나는 자고 깨고 하면서 더 지루한/中共의 욕을 쓰고 있는데(「轉向記」) *낮잠을 자고 나서 들어보면/후란넬 저고리도 훨씬 무거워졌다(「후란넬 저고리」) *불이 튕기고 별이 튕기고 영원의/행동이 튕기고 자고 깨고/죽고 하지만(「먼지」)
  자구 *아이놈은 자구 있어요..(「전화 이야기」)
  자는 *언제부터인지 잠을 빨리 자는 습관이 생겼다[…]언제부터인지 잠을 빨리 자는 습관이 생겼다(「달밤」) *자는 아이의 고운 숨소리를 듣는 마음으로[…]자는 아이의 고운 숨소리를 듣는 마음으로(「기도」) *죄수들의 말이/배고픈 것보다도/잠 못 자는 것이/더 어렵다고 해서(「〈4·19〉시」) *병아리같이 자는 일//눈을 뜨고 자는 억센 일(「깨꽃」)
  자러 *건너편 친구가 같이 자러 가자고 쥐정만 하니까(「滿洲의 여자」)
  자면서 *잠을 자면서 머리를 식히는 사색가(「비」)
  자지 *노쇠한 선교사모양으로 낮잠을 자지 않고도 견딜 만한 강인성을 가지고 있다(「영

롱한 목표」)
자동식(自動式) 어떤 작용이나 작업이 사람이 부리지 않고 자동적으로 되는 방식. *백의는 자동식 문명의 천재이었기 때문에 그의 소유주에게는/일언의 약속도 없이 제가 갈 길을 자유자재로 찾아다니었다(「백의」)
자동적(自動的) 다른 힘을 빌리지 않고 저절로 움직이거나 작용하는 것. *타동적으로 자동적으로/낡지 않았고(「원효대사」)
자동차(自動車) 석유나 가스를 원료로 하여 엔진의 힘으로 도로 위를 달리게 만든 차. *흔들리는 자동차 속에서 창밖의 풍경이 흔들리듯/그의 가장 깊은 영혼이 흔들리는 것을 보았다(「靈交日」) *미국사람들이 세워놓은 자동차란 자동차는/싹 없애버려라(「나는 아리조나 카보이야」) *전차를 타고 자동차를 타고/요릿집엘 들어가고(「하……그림자가 없다」)

자라나다 자라서 크게 되다. ☞ 자라다.
  자라나고 *9월 중순 차나무는 거의/내 키만큼 자라나고(「반달」) *사랑의 기차가 지나갈 때마다 우리들의/슬픔처럼 자라나고 도야지 우리의 밥찌꺼/같은 서울의 등불을 무시한다(「사랑의 변주곡」)
  자라나는 *자라나는 竹筍 모양으로/부탁만이 늘어간다(「付託」) *인가 사이에서 기적처럼 자라나는 무성한 버드나무/연녹색(「말복」)
  자라노니라 *유일한 시간을 연상시키는/만만하지 않은 부탁과 죽순이 자라노니라(「付託」)

자라다 생물이 부분적으로 또는 전체적으로 크기나 부피가 커지다. 성장하다.
  자라고 *전란에 시달린 20세기 시인들이 하여놓은 일/그래도 나무는 자라고 있다(「서시」) *惰眠의 축적으로 우리 몸은 자라고(「먼지」)
  자라는 *그러할 때면은 나의 몸은 항상/한치를 더 자라는 꽃이 아니더냐[…]이것이 나의 날/내가 자라는 날인가 보다(「긍지의 날」) 차라리 죽순같이 자라는 대로 맡겨두련다(「付託」) *똘배가 개울가에 자라는/숲속에선/누이의 방도 장마가 가시면 익어가는가(「누이의 방」)
  자라라 *사랑을 알 때까지 자라라(「사랑의 변주곡」)

자란 *비록 내가 자란 터전같이 호화로운/꿈을 꾸는 마당이라고 해서(「휴식」)

자루 기름하게 생긴 물건의 수를 세는 단위를 나타냄. *그것은 혹시 한 자루의 부채(「방안에서 익어가는 설움」)

자르다 물체를 베어 동강을 내다.
　자른다 *절망은 나의 목뼈는 못 자른다(「우리들의 웃음」)
　잘라 *밭주인은/아직도 나타나 잘라 가지 않는다(「반달」)

자리 어떤 사물이나 사람이 차지하는 일정한 곳. *고운 神이 이 자리에 있다면/나에게 무엇이라고 하겠나요(「웃음」) *그는 그 사람이 아니라/ 부의 어마어마한 자리에 앉은 과장이며 名士이다(「거리2」) *신성을 지키는 시인의 자리 위에 또 하나/넓은 자리가 있었던 것을 자식한테/가르쳐주지 않은 죄(「VOGUE야」) *자리에서 일어나는 것까지 문을 여는 것까지 알고/방어작전을 써.(「엔카운터 誌」)

자비(慈悲) 다른 사람을 귀하게 여기고 불쌍히 여김. *설움과 힘찬 미소와 더불어 관용과 자비로 통하는 곳에서(「九羅重花」)

자비롭다(慈悲—) 남을 귀중히 여기고 불쌍히 여기는 마음이 매우 지극하다.
　자비로운 *자비로운 하늘이 무수한 우리들의 사진을 찍으리라(「여름 아침」)

자살(自殺) 자신의 목숨을 스스로 끊는 것. *현대의 자살/그러나 오늘은 비가 너 대신 움직이고 있다(「비」)

자세(姿勢) 몸을 움직이는 모양이나 태도. *눈에서는 독기를 빼고/자유로운 자세를 취하여 보아라(「거리2」)

자식(子息) ①아들과 딸, 또는 아들이나 딸. ②남자를 욕하여 이르는 말. *먼 산정에 서 있는 마음으로 나의 자식과 나의 아내와/그 위에 놓인 잡스러운 물건들을 본다(「구름의 파수병」) *자식을 다루기 어려워지고(「말」(1964)) *넓은 자리가 있었던 것을 자식한테/가르쳐주지 않은 죄(「VOGUE야」) *〈더러운 자식 너는 백의와 간통하였다지? 너는 오늘부터 시인이 아니다……〉(「백의」)

자신(自身)[1] 자기 스스로, 자기. *아버지보다 돈 많은사람들에게도/아버지 자신에게도 (「VOGUE야」) *나는 섬찍해서 그전의 둔감한 내 자신으로/다시 돌아간다(「性」) *영원히 나 자신을 고쳐야 할 운명과 사명에 놓여 있는 이 밤에(「달나라의 장난」) *남을 보기 전에 네 자신을 먼저 보이는/긍지와 선의가 있다(「헬리콥터」) *졸렬과 수치가 그들 자신을 반성하지 않는 것처럼[…]절망은 끝까지 그 자신을 반성하지 않는다(「절망」(1965)) *나는 내 자신의 감정이 보다 더 거만하여지고 순화되어진 탓이라고는 생각하지 않는다(「시골 선물」) *웃음은 자기 자신이 만드는 것이라면 그것은 얼마나 서러운 것일까(「웃음」) *너무나 가벼워서 내 자신이/스스로 무서워지는 놀라운 육체여(「바뀌어진 지평선」) *문명에 대항하는 비결은/당신 자신이 문명이 되는 것이다/미스터 리!(「미스터 리에게」)

자신(自信)[2] (어떠한 일에 대하여) 자기의 능력이나 값어치를 스스로 믿는 것. *나는 그네들의 고민에 대하여만은 투철한 자신이 있다(「거리2」) *나는 아이들을 가르치면서/우리나라가 종교국이라는 것에 대한 자신을 갖는다[…]나는 아이들을 가르치면서/우리나라가 종교국이라는 것에 대한 자신을 갖는다(「우리들의 웃음」)

자아(自我) 인식이나 행동의 주체로서 타인과 구별되는 자기. *시내 위에 떨어지는 빗방울을 보셨나요/그것보다도 흔적이 더 없는 내어버린 자아도(「靈交日」)

자아내다 어떤 느낌을 일으키다.
　자아낸다 *높다는 것도 이렇게 웃음을 자아낸다(「누이야 장하고나!」)

자연(自然) 사람의 손에 의한 것이 아닌, 저절로 된 세상의 모든 현상. *무더운 자연 속에서/검은 손과 발에 마구 상처를 입고 와서[…]자연을 보지 않고 자연을 사랑하라(「가옥 찬가」) *자연은 나의 몇 사람의 독특한 벗들과 함께/토끼의 탄생의 방식에 대하여/하나의 異德을 주고 갔다(「토끼」) *자연은 〈여행〉을 하지 않는다(「말복」) *꽉 막히는 이것이 나의 생활의 자연의 시초요(「美濃印札紙」) *자연이 하라는 대로 나는 할 뿐이다/그리고 자연이 느끼라는 대로 느끼고/나는 실망하지 않을 것이다(「사치」) *이제 나의 방은 막다른 방/이제 나의 방의 옆방은 자연이다(「이사」)

자연스럽다(自然—) 거짓으로 꾸미거나 인공적인 데가 없어 어색하지 않다.
　자연스러우냐 ＊너의 모습과 너의 몸짓은/어쩌면 이렇게 자연스러우냐(「하루살이」)
　자연스러운 ＊내가 너무 자연스러운 전향을 한 데 놀라면서(「轉向記」)

자옥하다 (연기나 안개 등이) 짙게 끼어 흐릿하다.
　자옥한 ＊기계가 아닌 자옥한 안개 같은/준엄한 태산 같은/시간의 퇴적뿐이 아닐 것이냐(「네이팜 탄」)

자유(自由) 남에게 얽매이거나 무엇에 구속 받지 않고 자기가 책임지고 자기 의사대로 행동하는 일. ＊자유/ 비애//더 넓은 전망이 필요 없는 이 무제한의 시간 위에서[…]손을 잡고 超動物 세계 속에서 영위하던/자유의 정신의 아름다운 원형을[…]오늘에 네가 전하는 자유의 마지막 파편에(「헬리콥터」) ＊「너의 自決과 같은 맹렬한 자유가/여기 있다」(「조그마한 세상의 지혜」) ＊금방 불란서에 가더라도 금방 자유가 온다 해도(「거짓말의 여운 속에서」) ＊자유는 이제는 상식으로 되었다(「우선 그놈의 사진을 떼어서 밑씻개로 하자」) ＊이건 진짜 시원하고/이 시원함은 진짜이고/자유다(「檄文」) ＊그것은 자유를 찾기 위해서의 여정이었다[…]자유가 살고 있는 영원한 길을 찾아[…]나는 자유를 찾아서 포로수용소에 온 것이고/자유를 찾기 위하여 有刺鐵網을 탈출하려는 어리석은 동물이 되고 말았다[…]「자유가 항상 싸늘한 것이라면 나는 당신과 더 이야기하지 않겠어요[…]」나는 이것을 자유라고 부릅니다/그리하여 나는 자유를 위하여 출발하고[…]나는 지금 자유를 연구하기 위하여 『나는 자유를 선택하였다』의 두꺼운 책장을 들춰 볼 필요가 없다[…]포로수용소가 너무나 자유의 천당이었기 때문이다[…]나는 이것을 진정한 자유의 노래라고 부르고 싶어라!/반항의 자유/진정한 반항의 자유조차 없는 그들에게[…]그것은 자유를 위한 영원한 여정이었다.[…]자유의 길을 잊어버릴 것인가!(「조국에 돌아오신 傷病捕虜 동지들에게」) ＊……活字는 반짝거리면서 하늘 아래에서/간간이/자유를 말하는데[…]그대는 반짝거리면서 하늘 아래에서/간간이/자유를 말하는데(「死靈」) ＊언론의 자유를 요구하고 월남파병에 반대하는/자유를 이행하지 못하고(「어느 날 고궁을 나오면서」) ＊자유여/아니 휴식이여/어려운 휴식이여[…]태양의 다음가는 자유/자유의 다음가는 게시판(「기자의 정열」)

자유당(自由黨) 1951년 12월에 창당되어 약 10년간 존속하였던 한국의 보수정당(保守政黨). '사사오입(四捨五入)개헌'과 같은 정치적 비리를 저지르며 이승만 정권의 집권연장을 꾀하다가 마침내 1960년 3·15부정선거로 말미암아 4·19혁명이 일어나면서 붕괴됨. ＊이상한 지방색 공포감은/자유당 때와 민주당 때와 지금의 惡政의 구별을 말살하고(「제임스 띵」) ＊최소한도로/자유당이 감행한 정도의 불법을/혁명정부가 구육법전서를 떠나서(「육법전서와 혁명」)

자유롭다(自由—) 아무런 구속을 받지 않고 자기 마음대로 할 수 있는 상태에 있다.
　자유로운 ＊늬가 사는 엷은 세계는 자유로운 것이기에(「九羅重花」) ＊자유로운 자세를 취하여 보아라(「거리2」)
　자유로웠다고 ＊노고지리가 자유로웠다고/부러워하던/어느 시인의 말은 수정되어야 한다//자유를 위해서/비상하여 본 일이 있는/사람이면 알지[…]자유에는/피의 냄새가 섞여 있는가를(「푸른 하늘을」)

자유스럽다(自由—) 자유로운 상태에 있다.
　자유스러운 ＊무엇 때문에 부자유한 생활을 하고 있으며/무엇 때문에 자유스러운 생활을 피하고 있느냐[…]무엇 때문에 자유스러운 생활을 피하고 있느냐(「여름 뜰」)

자유자재(自由自在) 자기 뜻대로 모든 것이 자유롭고 거침이 없음. ＊일언의 약속도 없이 제가 갈 길을 자유자재로 찾아다니었다(「백의」)

자의식(自意識) 자기 자신에 대한 주관적 인식이나 지각. ＊자의식에 지친 내가 너를/막상 좋아한다손 치더라도(「연기」)

자장가(—歌) 아기를 재우려고 부르는 노래. ＊작품 제목임(「자장가」)

자주 같은 일을 잇달아, 잦게. ＊나는 너무나

자중하다(自重—) 자주 설움과 입을 맞추었기 때문에(「거미」)
말, 행동, 몸가짐 따위를 스스로 조심하고 신중하게 하다.
  자중하여라 *조심하여라! 자중하여라! 무서워할 줄 알아라!(「여름 뜰」)

자질구레하다 여러 물건이나 사실이 서로 비슷하게 작고 모두가 별로 중요하지 않다.
  자질구레한 *깨꽃같이 작은 자질구레한 일/자꾸자꾸 자질구레해지는 일(「깨꽃」)

자체(自體) 다른 것이 아닌 바로 그것. *없어지는 자체를 보기 위하여서만 불을 켠 것도 아닌데(「구슬픈 육체」)

자칭(自稱) 스스로 자기를 일컫는 것. *자칭 예술파 시인들이 아무리 우리의 능변을 욕해도 이것이/환희인 걸 어떻게 하랴(「미역국」)

자태(姿態) 좋은 몸가짐과 맵시. *이 나라의 비좁은 산맥 위에 자태를 보이었고(「헬리콥터」)

자행하다(自行—) 어떠한 일을 제멋대로 저지르다.
  자행하고 *이 너무나 큰 어려움에 나는 입을 봉하고 있는 셈이고/무서운 무성의를 자행하고 있다(「말」(1964))

작년(昨年) 지난해. 올해의 바로 전 해. *바다의 물결 작년의 나무의 체취(「여편네의 방에 와서」) *빌려드릴 수 없어. 작년하고도 또 틀려.(「엔카운터誌」)

작다 부피, 넓이, 길이, 높이, 둘레 등이 보통의 정도에 못 미치다.
  작게 *될 수만 있으면 독자들에게 이 깨알만한 글씨보다 더/작게 써야 할 이 고초의 시기의[…]보다 더 작은 나의 즐거움을 피력하고 싶다(「이 한국문학사」)
  작고 *깨꽃같이 작고 많은/맨 끝으로 신경이 가는 일[…]깨꽃같이 작은 자질구레한 일(「깨꽃」)
  작아서 *거기다가 나의 부처님을 모신 법당 뒷산에 묻혀 있는 검은 바위같이 큰 머리에는 둘레가 작아서 맞지 않아(「시골 선물」)
  작으냐 *모래야 나는 얼마큼 작으냐/바람아 먼지야 풀아 나는 얼마큼 작으냐/정말 얼마큼 작으냐……(「어느 날 고궁을 나오면서」)
  작은 *나중에 떨어진 작은 꽃잎 같고//나중에 떨어져내린 작은 꽃잎 같고(「꽃잎1」)

작업(作業) 일정한 목적을 가지고 일정한 계획 아래 하는 노동이나 일. *새로운 목표는 이미 작업을 시작하고 있었다(「영롱한 목표」)

작열(灼熱) 매우 뜨겁게 타오르는 상태. *그러나 이 눈망울을 휘덮는 싯퍼런 작열의 의미가 밝혀지기까지는/나는 여기에 있겠다(「冬麥」)

작열하다(灼熱—) 매우 뜨겁게 타오르다.
  작열할 *작열할 지점을 향하여/지극히 정확한 각도로 날아가는/포탄이(「조그마한 세상의 지혜」)

작전(作戰) 어떤 일을 실현하기 위해 필요한 조처나 방법. *나는 발산한 형상을 구하였으나/그것은 작전 같은 것이기에 어려움다(「孔子의 생활난」) *정치의 작전이 아닌/애정의 부름을 따라서/네가 떠나가기 전에/나는 나의 조심을 다하여 너의 내부를 살펴볼까(「네이팜 탄」)

작정(作定) 마음속으로 어떤 일을 결정하는 것. *내 눈 아래에 다시 생긴 사마귀는/구태여 빼지 않을 작정이었다[…]내 눈 아래에 다시 생긴 사마귀는/구태여 빼지 않을 작정이다(「반달」) *그것을 그놈이 일이 끝나고 나서/가져갈 작정이었다(「도적」)

작정하다(作定—) 마음속으로 어떤 일을 결정하다.
  작정한 *나하고 별거를 하기로 작정한 이틀째 되는 날(「이혼 취소」)

작품(作品) 그림, 조각, 소설, 시 등 예술이나 창작 활동으로 만든 것. *나는 지금 일본 시인들의 작품을 읽으면서/내가 너무 자연스러운 전향을 한 데 놀라면서(「轉向記」)

잔(盞) 술이나 차, 물 따위를 따라 먹는 작은 그릇. *四星將軍이 즐비한 거대한 파티 같은 풍성하고 너그러운 풍경을 바라보면서/나에게는 잔이 없다[…]투명하고 가벼웁고 쇠소리 나는 가벼운 잔이 없다(「네이팜 탄」) *한잔 더 주게 한잔 더 주게/ 그런데 여자는 술을 안 따른다/ 건너편 친구가 내는 외상술이니까(「滿洲의 여자」)

잔등이 등을 친근하게 일컫는 말. *우리의 잔등이에는 〈미숙한 도적〉이라는 글자가 씌어 있었을 것이다.(「미숙한 도적」)
잔소리 귀찮게 늘어놓는 자질구레한 말. *잔소리 날 때는 슬쩍 피하면 돼(「장시1」)
잔인하다(殘忍—) 인정이 없고 몹시 모질다.
　잔인한 *나는 식인종같이 잔인한 탐욕과 강렬한 의욕으로 그중의 하나하나를 일일이 뚫어져라 하고 들여다보는 것이지만(「거리2」)
　잔인해 *한번 잔인해봐라[…]초가 켜 있다 잔인의 초가[…]나도 나다 잔인이다 미안하지만 잔인이다(「잔인의 초」)
잔잔하다 바람이나 물결이 조용하여 거의 움직이지 않다.
　잔잔한 *시냇물소리 푸르고 희고 잔잔한 물소리(「말복」)
잔재(殘宰) 남은 찌꺼기. *무수한 잔재 속에 담겨있는 또 이 무수한 몸뚱아리들은(「국립도서관」) *나의 입속에는 달콤한 의지의 잔재 대신에/다시 쓰디쓴 담뱃진 냄새만 되살아났지만(「그 방을 생각하며」)
잔치 경사스러운 일이 있을 때, 음식을 차리고 손님을 청하여 즐기는 일. *사실은 일본에 가는 친구의 잔치에서/이토츄(伊藤忠) 商事의 신문광고 이야기가 나오고(「나가타 겐지로」)
잘 능력 있게. 솜씨 있게. 충분히 만족스럽게. *아마 잘 있으라고 손을 휘두르고 가지요(「웃음」) *너보다는 내가 더 잘 알고 있는 것이다(「풍뎅이」) *너무나 잘 아는/순환의 원리를 위하여/나는 피로하였고(「궁지의 날」) *음탕할 만치 잘 보이는 유리창(「너는 언제부터 세상과 배를 대고 서기 시작했느냐」) *시를 쓰니 음악도 잘 알 게 아니냐고/한 곡 쳐보라고 한다(「피아노」) *또 한 놈은 잘 안 보였고(「제임스 띵」)
잘못 바르지 않거나 그릇되게 한 일. *내 잘못이 인제는 다 보인다(「제임스 띵」) *돌려주겠다고 집문서를 가지고 간 친구에게/말한 것이 잘못이었나 보다(「판문점의 감상」)
잘못되다 어떤 일이 그릇되거나 실패로 돌아가다.
　잘못된 *그리고 그것은 아버지 같은 잘못된 시간의/그릇된 명상이 아닐 거다(「사랑의 변주곡」) *그대의 길은 잘못된 길이다/세계일주를 하고 온 길은 잘못된 길이다/세계일주를 떠났다는 것이 잘못된 길이다/너무나 먼 잘못된 길이다/너무나 많은 잘못된 나라다[…]그대의 출발이 잘못된 출발이었다고/알려주려고/모든 세계일주가 잘못된 출발이라고/알려주려고(「세계일주」)
잘하다 ①도리에 맞게 옳게 행동하다. ②어떤 일을 한 것에 대해 충분히 만족할 만하다. ③어떠한 행동을 버릇으로 걸핏하면 자주 혹은 쉽게 하다.
　잘한다 *신은 곧잘 이런 장난을 잘한다[…]신은 곧잘 이런 꾸지람을 잘한다(「나가타 겐지로」)
　잘해 *그대들은 유구한 公序良俗 정신으로/위정자가 다 잘해 줄 줄 알고만 있다(「육법전서와 혁명」)
　잘해서 *몇 차례의 언어의 이민을 한 내가/우리말을 너무 잘해서 곤란하게 된 내가(「거짓말의 여운 속에서」)
　잘했지 *아무 소리 없이 떠난/여행에서/전보도 안 치고/돌아오기를 잘했지(「旅愁」)
잠 활동을 쉬고 자는 상태. *너무 고요해서 잠에서 깨어나//내가 비는 것은/이 무한한 웃음의 가슴속에/그 얼음이 더 얼라는/내일의 呪符이었다(「凍夜」) *오늘도 어제와 같이 괴로운 잠을/이루울 준비를 해야 할 이 시간에(「가까이 할 수 없는 서적」) *그것이 너무나 순진한 일이었기에 잠을 깨어 일어나서(「조국에 돌아오신 傷病捕虜 동지들에게」) *잠을 자면서 머리를 식히는 사색가(「비」) *언제부터인지 잠을 빨리 자는 습관이 생겼다[…]언제부터인지 잠을 빨리 자는 습관이 생겼다(「달밤」) *잠이 와/잠이 와/잠이 와 죽겠는데/왜/지금 쓰려나[…]밥보다도/더 소중한/잠이 안 오네/달콤한/달콤한/잠이 안 오네(「4·19」시」)
잠귀 잠결에 소리를 들을 수 있는 감각. *사람은 영영 잠귀를 잃었더라(「廟庭의 노래」)
잠기다 (물 속에) 들어가 있다. 수면의 아래에 있다.
　잠겨 *내가 잠겨 있는 정신의 초점은 감상과 향수가 아닐 것이다(「거리2」) *날짐승의 가는 발가락사이에라도 잠겨있을 운명(「도취의 피안」)
잠깐 오래지 않는 짧은 동안. *배부른 흰 새

모양으로/잠깐 앉았다가 떨어지면 돼(「장시1」)

잠꼬대 잠을 자면서 자기도 모르게 하는 헛소리. *〈시대에 뒤떨어지는 것이 무서운 게 아니라/어떻게 뒤떨어지느냐가 무서운 것〉이라는 죽음의 잠꼬대여(「광야」)

잠들다 ①잠에 들다. ②무엇이 잠잠해지다.
　잠드는 *지금 고요히 잠드는 얼을 흔드며 (「廟庭의 노래」)

잠시(暫時) 짧은 시간. *잠시 그는 별과 또 하나의 것을 쳐다보고 있어야 하는 것이다(「토끼」) *터전이 없으면 나의 머리 위에라도/잠시 이고 다니며 길러야할/너는 불행하기 짝이 없는 죽순이다(「付託」) *너는 날아가면 고만이지만/잠시라도 나는 취하는 것이 싫다는 말이다(「도취의 피안」) *나는 잠시 아름다운 統覺과 조화와 영원과 귀결을 찾지 않으려 한다 (「구슬픈 육체」) *나는 옛날에 죽은 친구를/잠시 생각한다(「거리1」) *잠시 눈살을 펴고/눈에서는 독기를 빼고/자유로운 자세를 취하여 보아라[…]잠시 눈살을 펴고/찌그러진 입술을 펴라(「거리2」) *나는 일손을 멈추고 잠시 무엇을 생각하게 된다(「하루살이」) *가벼운 참새같이 나는 잠시 너의/흥하지 않은 가지 위에 피곤한 몸을 앉힌다(「서시」) *그러나 쥐구멍을 잠시 거짓말의 구멍이라고/바꾸어 생각해 보자(「거짓말의 여운 속에서」) *초록빛과 초록빛의 너무나 빠른 변화에/놀라 잠시 찾아오기를 그친 벌과 나비의/소식을 완성하고 (「꽃잎3」)

잠입하다(潛入—) 몰래 숨어 들어가다.
　잠입한 *하여간 반갑다 잠입한 사랑아 무식한 사랑아(「滿洲의 여자」)

잠자다 잠 속에 빠져들다. (사물이) 이용되지 않고 있거나 본디 기능을 다하지 못하는 상태에 있다. ☞ 자다.
　잠자는 *잠자는 책이여/누구를 향하여 앉아서도 아니 된다[…]잠자는 책은 이미 잊어버린 책(「서책」) *먼지 낀 잠초 위에/잠자는 구름이여(「구름의 파수병」) *나는 잠자는 일/잠 속의 일/쫓기어다니는 일(「깨꽃」)

잡념(雜念) 여러 가지 쓸데없는 생각. *그밖의 무수한 잡동사니 잡념까지도/깨끗이 버리고(「檄文」)

잡다 손으로 쥐다.
　잡고 *손가락 사이에 끈을 한끝 잡고 방바닥에 내어던지니(「달나라의 장난」) *너의 조상들이 우리의 조상과 함께/손을 잡고 超動物 세계 속에서 영위하던(「헬리콥터」) *아내가 마루에서 거미를 잡고 있는/꼴이 우습다(「거미잡이」)
　잡는 *횃불로 검은 물속을 비춰가며 고기를 잡는 배가 증언처럼 다가오고(「말」(1958))
　잡아라 *저기 돈보따리를 들고 달아나는 놈을 잡아라[…]두목! 나머지 놈들 다 잡아왔습니다[…]쨈보야 너는 이성망이 놈을 빨리 잡아 오너라(「나는 아리조나 카보이야」)
　잡으려고 *고통의 映寫板 뒤에서서/어룽대며 변하여가는 찬란한 현실을 잡으려고/나는 어떠한 몸짓을 하여야 되는가(「영사판」)
　잡을 *토막방 안에서 나는 우주를 잡을 듯이 날뛰고 있지요(「웃음」) *스쳐가는 나의 고독을/누가 무슨 신기한 재주를 가지고/잡을 수 있겠느냐(「더러운 향로」)

잡담(雜談) 실속 없이 주고받는 이야기. *어린 동생들과의 잡담도 마치고(「가까이 할 수 없는 서적」)

잡담하다(雜談—) 실속 없이 이야기를 주고받다.
　잡담하고 *술을 마시고 웃고 잡담하고/동정하고 진지한 얼굴을 하고(「하…… 그림자가 없다」)

잡동사니(雜—) 마구 뒤섞여 있는 별로 소용이 없는 것들. *그밖의 무수한 잡동사니 잡념까지도/깨끗이 버리고(「檄文」)

잡스럽다(雜—) 하찮고 자질구레하다.
　잡스러운 *먼 산정에 서 있는 마음으로 나의 자식과 나의 아내와/그 주위에 놓인 잡스러운 물건들을 본다(「구름의 파수병」)

잡지(雜誌) 여러 가지 내용의 기사나 글을 모아 정기적으로 출판하는 책. *여편네가 일본에서 온 새 잡지 안의/金素雲의 수필을 보라고 내던져준다(「파자마 바람으로」) *VOGUE야 넌 잡지가 아냐[…]하늘을 가리켜주는 잡지/VOGUE야(「VOGUE야」) *내주신다면, 당신의 잡지의 8월호에 내주신다면,(「전화 이야기」)

잡지사(雜誌社) 잡지를 편집하고 간행하는 회사. *잡지사에 다니는/영화를 좋아하는 누이(「피아노」)

잡초(雜草) 가꾸지 않아도 저절로 나서 잘 자라는 여러 가지 풀. *먼지 낀 잡초 위에/잠자는 구름이여(「구름의 파수병」) *이 황혼도 저 돌벽 아래 잡초도/담장의 푸른 페인트빛도(「死靈」) *졸고 있는 잡초도/이 무감각의 비애가 없이는 죽은 것(「장시2」)

잣나무 소나무과의 상록 교목. 잎은 솔잎보다 굵으며, 다섯 개씩 뭉쳐 남. 열매는 솔방울보다 크며, 그 속의 씨를 식용함. *잣나무 전나무 집뽕나무 상나무/연못 흰 바위/이러한 것들이 나를 속이는가(「휴식」)

장 발장(Jean Valjean) 프랑스 작가 V. 위고의 장편소설에 나오는 인물. *여기 장 발장이 숨기고 있던 烙印보다 더 크고 검은/호소가 있지요/길을 잊어버린 호소예요(「조국에 돌아오신 傷病捕虜 동지들에게」)

장(張)¹ 종이나 유리 따위의 얇고 넓적한 물건을 세는 단위를 나타냄. *밀용지 넉 장에/봉투 두 장을 4원에 사가지고 왔으니 알지 않겠소(「美濃印札紙」) *단 한 장의 사진을 찍으리라(「여름 아침」)

장(掌)² 손바닥. 장을 지진다는 표현은 손에 불을 붙이는 고행을 말함. *나의 손등에 장을 지져라(「육법전서와 혁명」)

장구하다(長久—) 매우 길고 오래다.
  장구한 *얼마나 장구한 세월이 흘러갔던가(「나의 가족」)

장기 쟁기. 논밭을 가는 농기구. *대숲 속의 초가집과/나무로 만든 장기와/게으르게 움직이는 물소와(「시」(1961))

장난 실없이 하는 짓. 놀이. *오래 보지 못한 달나라의 장난 같다(「달나라의 장난」) *꽃이 열매의 상부에 피었을 때/너는 줄넘기 장난을 한다(「孔子의 생활난」) *신은 곧잘 이런 장난을 잘한다(「나가타 겐지로」)

장마 여러 날 계속하여 많은 비가 오는 것. *누이의 방도 장마가 가시면 익어가는가[…]인생의 장마의/추녀 끝 물방울 소리가/아직도 메아리를 가지고 오지 못하는/8월의 밤에(「누이의 방」)

장마통 장마가 벌어진 환경이나 판국. ☞ 장마. *푸른 연못을 넘쳐흐르는 장마통의/싸리꽃 핀 벌판에서/나는 왜 이다지도 피로에 집착하고 있는가(「싸리꽃 핀 벌판」)

장막(帳幕) 그 너머에 있는 것이 보이지 않게 가리고 있는 것. *31일 오오 나의 판문점이여/벌판이여 암흑의 바보의/장막이여(「판문점의 감상」)

장미(薔薇) 길게 벋는 줄기에 가시가 있고 5월이나 6월에 꽃이 피는 덤불나무, 또는 그 꽃. *꽃도 장미도 어제 떨어진 꽃잎도/아니고(「꽃잎3」) *철 늦게 핀 여름 장미의 흰구름/소나기가 지나고 바람이 불듯/하더니(「여름 밤」)

장사 직업으로 물건을 팔거나 사는 일. *거리를 걸을 때도 환담을 할 때도/장사를 할 때도 토목공사를 할 때도/(하…… 그림자가 없다」) *「눈물은 나의 장사이니까」 오오 눈물의/눈물이여 음악의 음악이여(「반달」)

장소(場所) (어떠한 일이) 일어나는 곳. *거기에는 냉방장치가 없어요. 장소는 200명가량/수용될지 모르지만요.(「전화 이야기」)

장시(長詩) 길이가 긴 시. *長詩만 장시만 안 쓰려면 돼[…]죽은 뒤의 채귀를 걱정하는/장시만 장시만 안 쓰려면 돼[…]장시만 장시만 안 쓰려면 돼[…]겨자씨같이 조그맣게 살면서/장시만 장시만 안 쓰면 돼[…]정열도 예측 고함도 예측 장시도 예측[…]장시만 장시만 안 쓰면 돼(「장시1」) *작품 제목임(「장시2」)

장안(長安) 서울의 중심지. 도성 안. *이조시대의 장안에 깔린 기왓장 수만큼/나는 많은 것을 버렸다(「적2」) *그녀는 인경전의 종소리가 울리면 장안의/남자들이 모조리 사라지고 갑자기 부녀자의 세계로/화하는 극적인 서울을 보았다[…]천하를 호령한 민비는 한번도 장안 외출을 하지 못했다고……(「거대한 뿌리」)

장전(欌廛) 장롱·찬장·뒤주 따위의 방세간을 파는 가게. *요강, 망건, 장죽, 종묘상, 장전, 구리개 약방, 신전(「거대한 뿌리」)

장죽(長竹) 긴 담뱃대. 긴대. *요강, 망건, 장죽, 종묘상, 장전, 구리개 약방, 신전(「거대한 뿌리」)

장판(壯版) 방바닥에 바르는 기름 먹인 두꺼

운 종이. 비닐 등의 재료로 만들기도 함. *마룻바닥에 깐 비닐 장판에 구공탄을 떨어뜨려/탄 자국(「VOGUE야」)

장하다(壯―) 매우 훌륭하다. 기특하고 갸륵하다.
　장하고나 *「누이야 장하고나!」/나는 쾌활한 마음으로 말할 수 있다[…]「누이야 장하고나!」(「누이야 장하고나!」)

장학사(奬學士) 장학관의 아래 직급으로 교육 내용의 지도와 교사의 감독에 관한 일을 맡아보는 교육 공무원. *군대란 군대에서 장학사의 집에서/관공리의 집에서 경찰의 집에서(「우선 그놈의 사진을 떼어서 밑씻개로 하자」)

장황하다(張皇―) 내용이 별로 없이 길고 지루하다.
　장황한 *포로의 반공전선을 위하여는/이것보다 더 장황한 전제가 필요하였습니다(「조국에 돌아오신 傷病捕虜 동지들에게」)

재[灰] 불에 다 타고 남은 것. *우리의 재[灰], 우리의 서걱거리는 말이여(「미역국」) *성급해지면 아무 데나 재를 떠는/이 우주의 폭력마저/없어질지도 모른다(「이놈이 무엇이지?」)

재갈거리다 '재잘거리다'의 오식. 떠들썩하게 자꾸 이야기하거나 소리를 내다. 김수영의 육필 원고에는 '재잘거리는'으로 표기되어 있으나, 출간 과정에서 오류가 발생한 듯하다.
　재갈거리는 *사그러져 가는 라디오의 재갈거리는 소리가/사랑처럼 들리고(「사랑의 변주곡」)

재긍정하다(再肯定―) 한번 옳다고 한 일을 다시 인정하다.
　재긍정하는 *사랑은 고독이라고 내가 나에게/재긍정하는 것이/또한 우스운 일일 것이다(「愛情遲鈍」)

재다 크기, 길이, 양, 우열 따위를 알아보다.
　재어 *무엇이든지/재어볼 수 있는 마음은/아무것도 재지 못할 마음(「자」)

재미있다 느낌이 즐겁고 유쾌하다.
　재미있는 *모두 재미있는 현상이지만/그가 입에서 탄생되었다는 것은 또 한번 토끼를 생각하게 한다(「토끼」)

재빨리 아주 빠르게. *누가 벌써 재빨리 말꼬리를 돌렸다……(「나가타 겐지로」)

재산(財産) 개인이나 단체가 소유한 유형, 무형의 경제적 가치가 있는 것의 총체. *일어서 있는 너의 얼굴은/오늘밤의/앉아 있는 내 방의 촛불 같은 재산, 보석이여.(「반주곡」) *실망의 가벼움을 재산으로 삼을 줄 안다/이 가벼움 혹시나 역사일지도 모르는/이 가벼움을 나는 나의 재산으로 삼았다(「그 방을 생각하며」) *나의 모든 프라이드를/재산을 연장을 내드리겠다고.(「엔카운터 誌」) *나에게 남아 있는 유일한 재산처럼/외계의 소리를 여과하고 채색해서/숙제처럼 나를 괴롭히고 보호한다(「장시2」)

재앙(災殃) 불행한 사고. *재앙과 불행과 격투와 청춘과 천만 인의 생활과/그러한 모든 것이 보이는 밤(「봄 밤」)

재전락하다(再轉落―) 다시 한 번 더 나빠지거나 타락하다.
　재전락한 *남은 계집애 둘을 데리고/재전락한 여자가 여기 있구나(「滿洲의 여자」)

재주 교묘한 솜씨나 기술이나 방법. *토끼야/봄 달 속에서 나에게만 너의 재주를 보여라(「토끼」) *스쳐가는 나의 고독을/누가 무슨 신기한 재주를 가지고/잡을 수 있겠느냐(「더러운 향로」) *더러운 일기는 찢어버려도/짜장 재주를 부릴 줄 아는 나이와 詩(「시」(1961))

재차(再次) 거듭하여. 다시금. *재차는 다시 보지 않을 편력의 역사……(「아버지의 사진」)

재촉하다 누구에게 어떤 일을 빨리 하도록 요구하다.
　재촉하지는 *그러나 너무 재촉하지는 마라. 이 문제가 해결/되기까지 기다려봐.(「엔카운터 誌」)

재판관(裁判官) 재판을 맡은 법관. *그는 재판관처럼 판단을 내리는 게 아니라 구제의 길이 없는 사물의 주위에 떨어지는 태양처럼 판단을 내린다(「미스터 리에게」)

재판소(裁判所) 분쟁에 대한 재판권을 가진 기관 또는 그 장소. ☞ 정동재판소. *너 이놈 정동 재판소에서 언제 달아나왔으냐 깟땜!(「나는 아리조나 카보이야」)

잿님이 사람 이름. *명수 할버이가 불쌍하지 않으냐/잿님이 할아버지가 불쌍하지 않으냐/두붓집 할아버지가 불쌍하지 않으냐/가다오

잿물거리다 물기가 어려 일렁거리다.
　잿물거리는 ＊울화가 치받쳐서/고요해진 명수 할아버이의/잿물거리는 눈이/비둘기 울음소리를 듣고 있을 동안에(「가다오 나가다오」)
저¹ 행동이나 이야기의 주인을 다시 되받아서 가리키는 3인칭 대명사. ＊이게 아무래도 내가 저의 섹스를 개관하고/있는 것을 아는 모양이다(「性」)
저² 대화에 참여하지 않았으나 눈앞에 보이는 사람이나 제삼자를 지칭하는 3인칭 대명사. ＊그보다도 창자가 더 메마른 저들은/더 이상 속이지 말아라(「육법전서와 혁명」) ＊저들의 고요한 숨길을 웃지 마라/저들의 무서운 방탕을 웃지 마라(「이 한국문학사」)
저³ ①대화하는 사람에게 보일 만큼 비교적 가까운 거리에 있는 사람이나 사물을 가리킬 때 쓰는 말. ②'여러 가지'라는 뜻을 나타냄. ③어떤 사물의 상태를 강조할 때 쓰는 말. ＊저기 저 하아얀 것이 무엇입니까」(「토끼」) ＊저 조그만 비행기같이 연기도 여운도 없이 살아진 몇몇 포로들의 영령이(「조국에 돌아오신 傷病捕虜 동지들에게」) ＊내가 부끄러운 것은 사람보다도/저 날짐승이라 할까(「도취의 피안」) ＊그것은 저 넓은 문창호의 수많은/틈 사이로 흘러들어오는 겨울바람보다도 나의 눈을 밝게 한다(「나의 가족」) ＊내가 바로 바라다보는/저 허연 석회 천정ㅡ(「거리1」) ＊도적질이나 하듯이 희끗희끗 내어다보는 저 흰 벽들은/무슨 鳥類의 屎尿와도 같다(「국립도서관」) ＊거리에서와 마찬가지로 집안에 있어서도 저 무시무시한 白蟻를 보기 시작한 때부터이었다(「백의」) ＊황폐한 강변을/영혼보다도 더 새로운 해빙의 파편이/저 멀리/흐른다(「초봄의 뜰 안에」) ＊이 황혼도 저 돌벽 아래 잡초도/담장의 푸른 페인트빛도/저 고요함도 이 고요함도(「死靈」) ＊저 광막한 양지 쪽에 반짝거리는/파리의 소리 없는 소리처럼(「파리와 더불어」) ＊쫀! 너는 저 산 위에 올라가 망을 보아라(「나는 아리조나 카보이야」) ＊저 펄 펄/내리는/눈송이를 보시오/저 산허리를/돌아서(「눈」(1961)) ＊아아 그리고 저 도봉산보다도/더 큰 증오도/굴욕도(「檄文」) ＊나의 발은 절

망의 소리/저 말(馬)도 절망의 소리(「아픈 몸이」) ＊시간이 나비모양으로 이 줄에서 저 줄로/춤을 추고(「백지에서부터」) ＊저 젊은이들의 나에 대한 사랑이 있다(「현대식 교량」) ＊저 왕궁 대신에 왕궁의 음탕 대신에/50원짜리 갈비가 기름덩어리만 나왔다고 분개하고(「어느 날 고궁을 나오면서」) ＊이 방에서 저 방으로 할머니가 계신 방에서/심부름하는 놈이 있는 방까지 죽음 같은(「사랑의 변주곡」)
저것 ①물건이나 동물을 대신 가리키는 말. ②일이나 상황을 대신 가리키는 말. ③저 사람. ④이것 이외에 다른 것. ＊「저것 좀 집어와라」 호령 하나 못하니(「파자마 바람으로」) ＊저것도/꿈이 아닌 꿈을 가리키는/내일의 지도다(「거리1」) ＊이것을 하고 저것을 하고 저것을 하고 이것을/하고 피를 안 흘리려고/피를 흘리되 조금 쉽게 흘리려고/저것을 하고 이짓을 하고 저짓을 하고(「이혼 취소」) ＊저것이야말로 꽃이 아닐 것이다/저것이야말로 물도 아닐 것이다(「九羅重花」) ＊쓸데없는 것이었다 저것이었다(「제임스 띵」)
저고리 윗옷의 우리말. 김수영의 시에서는 '양복 저고리'를 이르는 말. ＊낮잠을 자고 나서 들어보면/후란넬 저고리도 훨씬 무거워졌다(「후란넬 저고리」)
저기 저 곳. ＊「저기 저 하아얀 것이 무엇입니까」/「불이다 山火다」(「토끼」) ＊저기 나의 맞은편 의자에 앉아 먹고 떠들고 웃고 있는 여자와 젊은 학생을(「시골 선물」) ＊저기 돈보따리를 들고 달아나는 놈을 잡아라(「나는 아리조나 카보이야」)
저널리스트(영, journalist) 언론계에 종사하는 사람. ＊이곳 저널리스트의 역습의 묘리에 감탄하고 있었는데(「백의」)
저녁 해가 지고 밤이 되기까지의 사이. ＊아내는 집들이를 한다고/저녁 대신 뻘건 팥죽을 쑬 것이다(「이사」) ＊저녁에 들어올 때마다/먼지처럼 인색하게 묻혀가지고 들어온 것(「나의 가족」) ＊저녁에는 어둠을 맞으려고 또 한잔 마시는 게라(「술과 어린 고양이」) ＊날개를 펴고 저녁이면 체조라도 하듯이/일제히 쉰다(「반달」)
저녁상(一床) 저녁밥을 차려 놓은 상. ＊이 이

상한 일을 놓고 나는 저녁상을/물리고 나서 한참이나 생각해 본다[…]이런 극도의 낙천주의를 저녁 밥상을/물리고 나서 해본다(「라디오계」)

저놈 ①말하는 상대로부터 멀리 있는 남자를 낮추어 이르는 말. ② '저 아이'를 낮추어 이르는 말. ③말하는 이로부터 멀리 있는 사물을 낮추어 이르는 말. *키크야! 너는 저놈을 쏘아라/빵! 빵! 빵! 빵![…]저놈들이 타고 가면 안 된다(「나는 아리조나 카보이야」) *거지의 누더기가 될락 말락 한/저놈은 어제 비를 맞았다/저놈은 나의 노동의 상징(「후란넬 저고리」) *말도 걸지 말고— 저놈은 내가 말을 걸 줄 알지(「잔인의 초」)

저렇다 성질, 모양, 상태 따위가 저와 같다.
   저렇게 *「도적질을 하는 것도 저렇게 부지런하여야 하는데 우리는 이게 무어야 빨리 나가서 배 들어오는 것을 기다리세」(「미숙한 도적」) *물을 뜨러 나온 아내의 얼굴은/어느 틈에 저렇게 검어졌는지 모르나(「여름 아침」) *좌판 위에 쌓인 호콩 마마콩 멍석의/호콩 마마콩이 어쩌면 저렇게 많은지(「생활」) *여자는 魔物야/저렇게 조용해지다니/주위까지도 저렇게 조용하게 만드는/마법을 가졌다니(「伏中」)

저리 저쪽으로. 저 곳으로. *저리 번쩍〈제니〉와 大師가/왔다갔다 앞뒤로 좌우로(「원효대사」)

저마다 사람이나 사물마다 각각. *가족들이 저마다 떠드는 소리도/귀에 거슬리지 않는 것은(「나의 가족」) *영사판 위의 모오든 검은 현실이 저마다 색깔을 입고(「영사판」)

저물다 ①해가 져서 어두워지다. ②(계절이나 한 해가) 다 지나가게 되다.
   저물어 *밤과 낮을 건너서 도회의 저편에/영영 저물어 사라져버린 미소이다(「꽃」)

저이 저 사람. *저이는 나보다 여유가 있다/저이는 나보다도 가난하게 보이는데/저이는 우리 집을 찾아와서 산보를 청한다(「강가에서」)

저절로 ①다른 아무런 힘을 빌지 않고 제 스스로. ②인위적인 노력이 없이 자연적으로. *나는 저절로 웃음이 터져나왔다(「생활」) *저절로 이루어지는 것이 긴 것 가운데/있을 줄이야(「원효대사」)

저주(詛呪) 재앙이나 불행을 당하도록 비는 것. *詠嘆이 아닌 그의 키와/저주가 아닌 나의 얼굴에서(「아버지의 사진」)

저쪽 ①말하는 사람에게서 좀 떨어진 곳. ②우리 쪽이 아닌 상대편 쪽. ③자기와 반대되는 입장에 있는 편. *너의 이웃사람들의 얼굴이/바늘구멍 저쪽에 떠오르리라[…]바늘구멍만한 예지의 저쪽에 사는 사람들이여(「예지」) *여름이 끝난 벽 저쪽에 서 있는 낯선 얼굴(「설사의 알리바이」) *사랑의 봉오리를 준비하고 그 봉오리의/속삭임이 안개처럼 이는 저쪽에 쪽빛/산이(「사랑의 변주곡」) *의지의 저쪽에서 영위하는 아내여(「사치」) *뒤집어진 세상의 저쪽에서는/나는 비틀거리지도 않고 타락도 안했으리라(「冬麥」)

저편(—便) 저쪽, 저쪽 사람. *백화가 만발한 언덕 저편에/부처의 心思 같은 굴뚝이 허옇고(「연기」) *밤과 낮을 건너서 도회의 저편에/영영 저물어 사라져버린 미소이다(「꽃」)

저항(抵抗) 권위나 압력에 대하여 굴하지 않고 견디는 것. *그대의 저항은 無用(「눈」(1961))

저항시(抵抗詩) 권위나 압력에 대항하는 시. *요 시인/이제 저항시는/방해로소이다/이제 영원히/저항시는/방해로소이다[…]저항시는 더욱 무용/막대한/방해로소이다(「눈」(1961))

저희 '우리'의 낮춤말. ☞ 우리. *닭장이/무너진 공터에 두른 판장을 뚫고/매일밤 저희집처럼 출입하고 있다(「도적」)

적(敵) ①원수가 되는 자. ②경쟁 관계에 있는 상대자. ③전쟁에서 상대편. *우리는 무슨 적이든 적을 갖고 있다/적에는 가벼운 적도 무거운 적도 없다/지금의 적이 가장 무거운 것 같고 무서울 것 같지만/이 적이 없으면 또 다른 적—내일/내일의 적은 오늘의 적보다 약할지 몰라도/오늘의 적도 내일의 적처럼 생각하면 되고/오늘의 적도 내일의 적처럼 생각하면 되고//오늘의 적으로 내일의 적을 쫓으면 되고/내일의 적으로 오늘의 적을 쫓을 수도 있다(「적1」) *온갖 적들과 함께/적들의 적들과 함께/무한한 연습과 함께(「아픈 몸이」) *제일 피곤할 때 적에 대한다[…]聖人은 처를 적으로 삼았다[…]제일 피곤할 때 적에 대한다[…]가장 가까운 적에 대한다/가장 사랑하는 적에 대한다(「적2」) *적에게나 벗에게나 땅에게나/그리고 모든 것에서부터/나를 감추리(「더러운 향로」) *우리들의 적은 늠름하지 않다/우리들의 적은 커크 더글러스나 리처드 위드마크 모양으로 사나웁지도 않다(「하…… 그림자가 없다」) *나는 이제 적을 형제로 만드는 實證을/똑똑하게 천천히 보았으니까(「현대식 교량」) *더운 날/敵이란 海綿 같다[…]더운 날/눈이 꺼지듯 적이 꺼진다[…]더운 날/적을 運算하고 있으면/아무 데에도 적은 없고[…]「적이 어디에 있느냐?」/「적은 꼭 있어야 하느냐?」[…]나의 적은 아직도 늘비하지만/어제의 적은 없고/더운 날처럼 어제의 적은 없고/더워진 날처럼 어제의 적은 없고(「적」) *꾸루룩거리는 배에는 푸른색도 흰색도 敵이다(「설사의 알리바이」)

적다¹ 글로 쓰다.
　적어 *다음과 같은 쪽지를 미스터 리한테 적어놓고/시골로 떠났다(「미스터 리에게」)

적다² 수나 양이 많지 않다.
　적어서 *「올 겨울은 눈이 적어서 토끼가 은거할 곳이 없겠네」(「토끼」)

적당하다(適當—) 뒤탈이 없을 정도로 요령이 있다.
　적당한 *나는 적당히 넥타이를 고쳐 매고 앉아 있다[…]적당한 음모는 세상의 것이다(「바뀌어진 지평선」)

적당히(適當—) 알맞게, 적당하게. *끝으로 〈모두 적당히 가면을 쓰고 있다〉라는/한 줄도 빼어놓기로 한다(「중용에 대하여」)

적막(寂寞) 고요하고 쓸쓸함. *울고 간 새와/울러 올 새의/적막 사이에서(「冬麥」) *돈을 거둬들인 카운터 위에/적막이 오듯이[…]적막이 오듯이/적막이 오듯이(「가다오 나가다오」)

적시다 물이나 액체에 젖게 하다.
　적셔 *이 밤 화공의 소맷자락 무거이 적셔/오늘도 우는/아아 짐승이냐 사람이냐.(「廟庭의 노래」)

적진(敵陣) 적의 진영. *적진을 돌격하는 전사와 같이(「더러운 향로」)

적히다 어떠한 내용이 글로 쓰여지다.
　적힌 *그 편지 안에 적힌 블레이크의 시를 감

동을 하고/읽었지(「이혼 취소」)

전(前)¹ ①과거. ②일정한 시간만큼 과거의 어느 때. *쫓기기 전 일/깨꽃 깨꽃 깨꽃이 피기 전 일/成長의 일(「깨꽃」) *「선생님 이야기는 20년 전 이야기이지요」(「현대식 교량」) *소음이 더욱 번성하기 전 날(「여름 밤」) *내가 시골을 여행하기 전에 그들을 보았더라면(「시골 선물」) *남을 보기 전에 네 자신을 먼저 보이는/긍지와 선의가 있다[…]너는 또한 우리가 발견하고 규정하기 전에 가지고 있었으며(「헬리콥터」) *3월도 되기 전에/그의 내부에서는 더운 물이 없어지고(「수난로」) *어린아이들이 가지고 노는 도르라미모양으로 세찬 바람에 매암을 돌기 전에(「거리2」) *네가 떠나가기 전에/나는 나의 조심을 다하여 너의 내부를 살펴볼까(「네이팜 탄」) *나의 원죄와 회한을 생각하기 전에/너의 생리부터 해부하여 보아야겠다(「바뀌어진 지평선」) *바람이 너를 마시기 전에(「채소밭 가에서」) *위안이 되지 않는 시를 쓰는 시인을 건져주기 전에/신이여(「靈交日」) *포탄이/행복의 파편과 영광과 熱度로써/목적을 이루게 되기 전에(「조그마한 세상의 지혜」) *3년 전에 심은 버드나무의 악마 같은(「가옥 찬가」) *내가 범인이 되기 전에/(벌써 오래전에!)(「절망」(1962)) *치질도 낫기 전에 또 술을 마셨다―당연한 일이다(「轉向記」) *그것이 보기 싫어지기 전에/그것을 차단할/가까운 거리의 부엌문이 있고(「이사」) *석 달 전에 결혼한 그는 그전하곤 모두가 좀 달라졌어(「H」) *시계를 맞추기 전에[…]봄이 오기 전에 속옷을 벗고[…]이 발견의 봄이 오기 전에 옷을 벗으려고(「풀의 영상」) *그것을 그놈이 가져/가기 전에 우리가 발견했다(「도적」) *그렇게 먼 날까지 가기 전에 너의 가슴에/새겨들 말을 너는 도시의 피로에서/배울 거다(「사랑의 변주곡」) *8의 조금 전에 동아방송이 있고(「라디오 계」) *길이 끝이 나기 전에는/나의 그림자를 보이지 않으리(「더러운 향로」) *가을이 오기 전에는/내 팔은 좀체로 제대로 길이를 갖지 못하고(「말복」) *거룩한 산에 가 닿기/전에는 즐거움을 모르고(「꽃잎1」) *팽이는 지금 수천 년 전의 聖人과 같이/내 앞에서 돈다(「달나라의 장난」) *나는 바로 일순간 전의 대담성을 잊어버리고(「여름 뜰」) *나는 그 노래도 그 전의 노래도 함께 다 잊어버리고 말았다(「그 방을 생각하며」) *꺼져라 20년 전의 악마야…사흘 전에 술에 취해 흘린 가래침 자국—[…]죽어라 이성을 되찾기 전에[…]죽어라 돈을 받기 전에(「네 얼굴은」) *꽃을 찾기 전의 것을 잊어버리세요[…]꽃을 찾기 전의 것을 잊어버리세요[…]꽃을 찾기 전의 것을 잊어버리세요(「꽃잎2」) *두 줄기로 뻗어올라가던 놈이/한 줄기가 더 생긴 것이 며칠 전이었나[…]두 줄기로 뻗어올라가던 놈이/한 줄기가 더 생긴 것이 며칠 전이었나[…]두 줄기로 뻗어올라가던 놈이/한 줄기가 더 생긴 것이 며칠 전이었나(「등나무」) *그의 아버지들은 아직 젖도 떨어지기 전이었다니까(「가다오 나가다오」)

전(全)² 온. 모든. 전체의. *전 아시아의 후진국 전 아프리카의 후진국(「풀의 영상」)

전과(戰果) 전쟁이나 시합에서 얻은 성과. *나는 그들의 용감성과 또 그들의 어마어마한 戰果에 대하여 말하는 것이 아니라(「조국에 돌아오신 傷病捕虜 동지들에게」)

전국(全國) 온 나라. 나라 전체. *책방에서 학교에서 전국의 국민학교란 국민학교에서 유치원에서(「우선 그놈의 사진을 떼어서 밑씻개로 하자」)

전근(轉勤) 근무처를 옮기는 것. *그리로 전근을 한 국민학교 선생을 생각하게 하고(「참음은」)

전기세(電氣稅) 전기를 사용한 데에 대한 요금. 전기 요금. *수도세, 야경비, 땅세, 벌금, 전기세 이외에/내가 주어야 할 것은 신문 값만이 아니다(「제임스 띵」)

전나무 잎은 마주나고 짧은 바늘 모양이며 아주 높이 곧게 자라는 늘 푸른 큰키나무. *잣나무 전나무 집뽕나무 상나무/연못 흰 바위/이러한 것들이 나를 속이는가(「휴식」)

전등(電燈) 전기로 불을 밝히는 등. *전등에서 消燈으로/소음에서 라디오의 중단으로(「X에서 Y로」)

전란(戰亂) 전쟁으로 생긴 혼란. 난리. *전란도 서러웠지만/포로수용소 안은 더 서러웠고(「여자」) *전란에 시달린 20세기 시인들이 하여놓은 일(「서시」)

전령(全靈) 온 영혼. 영혼의 모든 것. *가족들이 저마다 떠드는 소리도/귀에 거슬리지 않는 것은/내가 그들에게 全靈을 맡긴 탓인가(「나의 가족」)

전망(展望) ①멀리 바라보이는 풍경. ②미리 내다보는 앞날. *더 넓은 전망이 필요 없는 이 무제한의 시간 위에서(「헬리콥터」)

전면(全面) 전체적인 모든 면. 온통. *주검에 全面 같은 너의 얼굴 위에/용이 있고 落日이 있다(「병풍」)

전모(全貌) 전체 모습. *어린 너는 나의 전모를 알고 있는 듯(「꽃잎3」)

전문집(專門—) 특정한 물건이나 일을 전문으로 하는 집. *냉면집 간판 밑으로—육개장을 먹으러—들어갔다가 나왔어—모밀국수 전문집으로 갔지—(「엔카운터 誌」)

전보(電報) 전신으로 단시간에 보내는 통신, 또는 그러한 방법으로 보내는 소식. *전보도 안 치고/돌아오기를 잘했지(「旅愁」)

전사(戰士) 싸우는 사람. 마치 싸우는 것처럼 열심히 일하는 사람. *젊은 몸으로 죽어가는 前線의 전사에 못지않게 불쌍하다고 생각하며(「미숙한 도적」) *적진을 돌격하는 전사와 같이/나무에서 떨어진 새와 같이(「더러운 향로」)

전선(戰線)¹ ①직접 전투나 작전이 벌어지는 지역. ②치열한 경쟁이나 싸움이 벌어지는 곳. *우리들의 戰線은 눈에 보이지 않는다[…]우리들의 전선은 됭케르크도 노르망디도 연희고지도 아니다/우리들의 전선은 지도책 속에는 없다(「하…… 그림자가 없다」)

전선(前線)² 특정한 일이 벌어지는 영역 가운데 가장 앞선 쪽. *젊은 몸으로 죽어가는 前線의 전사에 못지않게 불쌍하다고 생각하며(「미숙한 도적」)

전승(戰勝) 시합이나 전쟁에서 이기는 것. *새 날을 향한 戰勝의 노래라고 부르고 싶어라!(「조국에 돌아오신 傷病捕虜 동지들에게」)

전신(全身) 몸 전체. *너에게서 취하는 전신의 영양(「滿洲의 여자」)

전자(前者) 앞에서 말한 두 가지의 사물이나 사람 가운데에서, 앞에 먼저 말한 사물이나 사람. *전자를 현재 일리노이 주에 있는 자기의 모친에게 보내고/후자는 희랍 국립박물관 관장에게 보내달라고 한다(「백의」)

전재(戰災) 전쟁으로 인해 입은 재해. *흔적은 없어도 戰災를 입은 것만 같은(「말」(1958))

전재산(全財産) 가진 재산의 전부. *대한민국의 전재산인 나의 온 정신을/너는 비웃는다(「꽃잎3」)

전쟁(戰爭) ①국가와 국가 또는 어떤 집단과 집단 사이에서 무력을 사용하여 싸우는 것. ②어떤 이득을 얻기 위하여 심하게 경쟁을 하는 것. *전쟁의 모든 파괴 속에서/불사조같이 살아난 너의 몸둥아리─(「국립도서관」) *생후의 토끼가 살기 위하여서는/전쟁이나 혹은 나의 진실성 모양으로 서서 있어야 하였다(「토끼」) *이런 집중이 여자의 선천적인 집중도와/기적적으로 마주치게 한 것이 전쟁이라고 생각했다/그런 의미에서 나는 전쟁에 축복을 드렸다(「여자」)

전제(前提) 무엇이 성립되기 위하여서는 먼저 동의하든가 해결해야 하는 일. *이것보다 더 장황한 전제가 필요하였습니다(「조국에 돌아오신 傷病捕虜 동지들에게」)

전차(電車) 전기의 힘으로 궤도 위를 굴러가게 만든, 주로 한 칸으로 된 차. *전차를 타고 자동차를 타고/요릿집엘 들어가고(「하…… 그림자가 없다」)

전통(傳統) 어떤 집단이나 공동체에서, 지난날로부터 이어 내려오는 사상, 관습, 행동 따위의 양식, 또는 그것의 핵심을 이루는 정신. *싸늘한 가을바람 소리에/전통은/새처럼 겨우 나무그늘 같은 곳에/定處를 찾았나보다(「파리와 더불어」) *전통은 아무리 더러운 전통이라도 좋다(「거대한 뿌리」) *옹졸한 나의 전통은 유구하고 이제 내 앞에 情緖로/가로놓여 있다(「어느 날 고궁을 나오면서」) *나의 애인 없는 더러운 고독을/나의 대대로 물려받은 음탕한 전통을(「꽃잎3」)

전투(戰鬪) 전쟁에서 이기기 위해 무기를 써서 적과 맞서서 하는 싸움. *인생과 말의 간결─우리는 그것을 전투의/소리라고 부른다(「미역국」)

전폐하다(全廢─) 아주 없애 버리다. 모두 폐지하다.
전폐해야 *이미 오래전에 일과를 전폐해야 할/文明이/오늘도 또 나를 이렇게 괴롭힌다(「파리와 더불어」)

전하다(傳─) 알려져서 내려오다. 알리다.
전하고 *그 訃告를/그에게 전하고, 그 무지무지한 소란 속에서(「전화 이야기」)
전하는 *오늘에 네가 전하는 자유의 마지막 파편에/스스로 겸손의 침묵을 지켜가며 울고 있는 것이다(「헬리콥터」)

전향(轉向) 지금까지 지니고 있던 사상, 신념, 주장 따위를 다른 것으로 바꾸는 것. *내가 너무 자연스러운 전향을 한 데 놀라면서/이 이유를 생각하려 하지만/그 이유는 시가 안 된다[…]지루한 전향의 고백/되도록 지루할수록 좋다(「轉向記」)

전혀(全─) 전적으로. 도무지. 조금도. *가지고 있는/이데올로기도 없다/密謀는/전혀 없다(「이놈이 무엇이지?」) *38선 밖에서 받은 모든 굴욕이/전혀 정당한 것이 아니라는 것을 알았고(「'65년의 새해」)

전화(電話) ①'전화기'의 준말. ②전화기를 이용하여 말을 보내고 받고 하는 일. *전화가 울리고 놀라고 놀래고/끝이 없어지고 끝이 생기고 겨우/망각을 실현한 나를 발견한다(「먼지」) *전화를 걸고 그는 떠나갔다(「황혼」) *이런 전화를, 번역하는 친구를 옆에 놓고,/생색을 내려고, 하고 나서(「전화 이야기」) *전화를 걸어 보니 아직도 해결이 안 됐느냐고/오히려 반문하는 품이 벌써 이상스럽다(「판문점의 감상」)

전후(前後) ①앞과 뒤. ②먼저와 나중. *그 영상의 전후의 고민의 환희를 지우지 못한다(「풀의 영상」)

절 숭배의 대상이나 어른, 또는 죽은 이에게 존경의 뜻으로 몸을 바닥에 구부리고 머리를 조아리는 것, 또는 그렇게 하는 예법. *나는 분명히 그의 앞에 절을 했노라(「누이야 장하고나!」) *너희놈 손에 돌아가신 우리 형님들/무덤 앞에 절을 구천육백삼십오만 번만 해(「나는 아리조나 카보이야」)

절도(節度) 일이나 행동이 규칙적이고 질서가 있는 것. *난로 위에 끓어오르는 주전자의 물이 아슬/아슬하게 넘지 않는 것처럼 사랑의 節度는/열렬하다(「사랑의 변주곡」)

절망(絶望) 모든 희망이 사라지는 것. 모든 희망을 다 버리고 단념하는 것. ＊작품 제목임(「절망」(1962)) ＊절망예요./8월달에 실어주세요. 절망에서 나왔어요.[…]공연을 하게 돼요. 절망의 여운이에요.[…]절망의 연료가 모자/란다구요.[…]절망의 물방울이/튄 거지요.[…]나의 소란을 하나 더 보탠 것에 만족을/느끼는 것은 절망에 지각하고 난 뒤이다.(「전화 이야기」) ＊절망은 나의 목뼈는 못 자른다(「우리들의 웃음」) ＊절망은 끝까지 그 자신을 반성하지 않는다(「절망」(1965)) ＊무한히 망설이는 이 마음은 어둠과 절망의 어제를 위하여/사는 것이 아니고(「거리2」) ＊나의 발은 절망의 소리/저 말(馬)도 절망의 소리(「아픈 몸이」) ＊그의 이야기가 절망인 것이 아니라/그의 모습이 절망인 것이 아니라(「황혼」)

절박하다(切迫―) 다급하여 여유가 없다.
　절박하고 ＊애정은 절박하고/과거와 미래와 오류와 혈액들이 모두 바쁘다(「네이팜 탄」)

절벽(絶壁) 바위가 곧 바로 솟아 있는 곳. 낭떠러지. ＊두 겹 절벽 가운데에서/오늘은 오늘을 담당하지 못하니(「나비의 무덤」) ＊절벽에 올라가 돌을 차듯이/생활을 아는 자는/태양 아래에서/생활을 차 던진다(「미스터 리에게」) ＊폭포는 곧은 절벽을 무서운 기색도 없이 떨어진다(「瀑布」)

절정(絶頂) 어떤 일이나 현상의 진행이나 발전 과정에서 최고의 상태. ＊아무래도 나는 비켜서 있다 절정 위에는 서 있지/않고 암만해도 조금쯤 옆으로 비켜서 있다(「어느 날 고궁을 나오면서」) ＊지금 枯渴 시인의 절정에 서서//이름도 모르는 뼈와 뼈/어디까지나 뒤통 그러져 나왔구나(「PLASTER」)

절제(節制) 일정한 정도를 넘지 않도록 스스로를 다스리는 것. ＊애타도록 마음에 서둘지 말라/절제여/나의 귀여운 아들이여(「봄 밤」)

젊다 ①나이가 많지 않고 발육이 왕성한 한창 나이 때에 있다. ②혈기가 왕성하다. ＊들어오는 바람에서/느끼는 투지와 애정은 젊다(「가옥 찬가」)
　젊게 ＊이런 경이는 나를 늙게 하는 동시에 젊게 한다/아니 늙게 하지도 젊게 하지도 않는다[…]늙음과 젊음의 분간이 서지 않는다[…]젊음과 늙음이 엇갈리는 순간/그러한 속력과 속력의 停頓 속에서/다리는 사랑을 배운다(「현대식 교량」)
　젊어졌다 ＊그래도 우리는/삼십대보다는 약간 젊어졌다 육십이 넘으면 좀더/젊어 질까(「미역국」)
　젊어질까 ＊육십이 넘으면 좀더/젊어질까(「미역국」)
　젊은 ＊젊은 몸으로 죽어가는 前線의 전사에 못지않게 불쌍하다고 생각하며(「미숙한 도적」) ＊웃고 있는 여자와 젊은 학생을 내가 시골을 여행하기 전에 그들을 보았더라면(「시골 선물」) ＊이러한 젊은 시절보다도 더 젊은 것이/헬리콥터의 영원한 生理이다(「헬리콥터」) ＊지프차를 타고 가는 어느 젊은 사람이/유쾌한 표정으로 활발하게 길을 건너가는 나에게/인사를 한다(「거리2」) ＊젊은 시인이여 기침을 하자[…]젊은 시인이여 기침을 하자(「눈」(1956)) ＊나는 젊은 사나이의 그 눈초리를 보았다(「靈交日」)
　젊지도 ＊이제는 나의 이 늙지도 젊지도 않은 몸에/해묵은/1,961 개의/곰팡내를 풍겨 넣어라(「아픈 몸이」)

젊은애 ☞ 젊은이. ＊매춘부 젊은애들, 때묻은 발을 꼬고 앉아서/유부우동 먹고 있는 것을 보다가 생각한 것(「엔카운터 誌」)

젊은이 나이가 젊은 사람. 청년. ＊저 젊은이들의 나에 대한 사랑에 있다(「현대식 교량」)

점(點) ①둥글고 작은 흔적이나 표시. ②특정한 측면이나 사실. ＊너는 이 세상을 점으로 가리켰지만(「거리1」) ＊間斷 아래의 단 하나의 어린애/點의 어린애/베개의 어린애/고민의 어린애(「여편네의 방에 와서」) ＊그는 나같이 몸이 약하지 않은 점에 주요한 원인이 있겠지만(「백의」) ＊고통되는 점은/피가 통하는 듯이 느껴지는 것은/비둘기의 울음소리(「영사판」)

점등(點燈) 등에 불을 켜는 것. ＊나는 點燈을 하고 새벽모이를 주자고 주장하지만/여편네는 지금 주는 것으로 충분하다는 것이다(「만용에게」)

점심때(點心―) 점심 먹을 만한 시간. 한낮.

＊저놈은 내가 말을 걸 줄 알지/아까 점심때처럼 그렇게 나긋나긋할 줄 알지(「잔인의 초」)

점잖다 ①언행이나 태도가 의젓하고 신중하다. ②품격이 속되지 않고 고상하다.

점잖은 ＊그놈의 점잖은 얼굴의 사진을/동회란 동회에서 시청이란 시청에서(「우선 그놈의 사진을 떼어서 밑씻개로 하자」) ＊순진한 학생들/점잖은 학자님들/체면을 세우는 문인들/너무나 투쟁적인 신문들의 보좌를 받고(「육법전서와 혁명」) ＊그중에 좀 점잖은 품목으로 또 있었는데/아이구 무어던가?(「마케팅」)

점잖이 경솔하지 않고 의젓하게. ＊점잖이 앉은 나의 나이와 나이가 준 나의 무게를 생각하면서(「달나라의 장난」)

점점(漸漸) 조금씩 더. 차츰. ＊나는 점점 어린애/나는 점점 어린애/태양 아래의 단 하나의 어린애[…]나는 점점 어린애/너를 더 사랑하고(「여편네의 방에 와서」) ＊그리고 그 가시가/점점 더 똑똑해진다(「반달」)

점지하다(點指—) 신 따위가 기대하고 바라는 일이 생기게 하여 주다.

점지한다 ＊병풍은 허위의 높이보다도 더 높은 곳에/飛爆을 놓고 幽島를 점지한다(「병풍」)

점포(店鋪) 손님에게 물건을 팔거나 돈을 받고 편의를 보아주는 가게나 업소. ＊잊어버린 수많은 詩篇을 밟고 가는 길가에/영광의 집들이여 점포여 역사여(「거리2」)

접다 종이나 천을 구부려서 한 쪽이 다른 쪽에 겹치게 하다.

접고 ＊지금도 내가 반항하고 있는 것은 이 스펀지 만들기와/거즈 접고 있는 일과 조금도 다름없다(「어느 날 고궁을 나오면서」)

접어 ＊아무리 더워도 베와이셔츠의 에리를/안쪽으로 접어넣지 않는 이유,/모르지?/아무리 혼자 있어도 베와이셔츠의 에리를/안쪽으로 접어넣지 않는 이유,/모르지?(「모르지?」)

접하다(接—) 무엇과 이웃하거나 경계를 이루다. 어떠한 것에 가까이 있거나 마주 붙어 있다.

접한 ＊그러나 너와 내가/접한 시간은 단 몇 분이 안 되지(「꽃잎3」)

정(情) ①무엇을 느껴 일어나는 마음. ②오랫동안 사귀거나 함께 지내어 생기게 되는 친하거나 사랑하는 마음. ＊나는 노염으로 사무친 정의 소재를 밝히지 아니하고[…]모자의 정보다 부부의 의리보다/더욱 뜨거운 너의 입김에/나의 고독한 정신을 녹이면서 우마(「나비의 무덤」)

정글(영, jungle) 열대의 밀림. ＊그러나 정글보다도 더 험하고/소용돌이보다도 더 어지럽고 해저보다도 더 깊게(「기도」)

정다산(丁茶山) 1762~1836. 조선의 실학자. 정약용. '다산'은 정약용의 호. 자는 미용(美鏞). 호는 다산(茶山)이외에도 사암(俟菴), 여유당(與猶堂), 자하도인(紫霞道人)이 있음. 문장과 경학(經學)에 뛰어난 학자로, 유형원과 이익 등의 실학을 계승하고 집대성하였다. 신유사옥 때 전라남도 강진으로 귀양 갔다가 년 만에 풀려났다. 저서로 『목민심서』, 『흠흠신서』, 『경세유표』 등이 있다. ＊가뭄의 백성이여 퇴계든 정다산이든 수염 난 영감이면/복덕방 사기꾼도 도적놈 지주라도 좋으니 제발 순조로워라(「미역국」)

정당하다(正當—) 바르고 마땅하다.

정당한 ＊그리고 이러한 변명이 지루하다고 꾸짖는 독자에 대하여는/한마디 드려야 할 정당한 이유의 말이 있다(「조국에 돌아오신 傷病捕虜 동지들에게」) ＊38선 밖에서 받은 모든 굴욕이/전혀 정당한 것이 아니라는 것을 알았고(「65년의 새해」)

정도(程度) ①얼마만큼의 분량이나 수준. ② '~할 만큼'의 뜻. ＊미안하지 않소—만 다만 식모를 부르는 소리가/좀 단호해졌을 뿐이요 미안할 정도로 좀—(「美濃印札紙」) ＊최소한도로/자유당이 감행한 정도의 불법을/혁명정부가 구육법전서를 떠나서(「육법 전서와 혁명」) ＊쥐보다 좀 큰 도적일 거라 아마/그 정도일 거라[…]아침쌀을 팔려고 했는지 아마/그 정도일 거라 그것을 그놈이 가져/가기 전에 우리가 발견했다(「도적」)

정독하다(精讀—) 꼼꼼하고 자세히 읽는 것.

정독하여도 ＊루소의 『民約論』을 다 정독하여도/집권당에 아부하지 말라는 말은 없는데(「만시지탄은 있지만」)

정돈(整頓) 가지런히 바로잡는 것. ＊그러한 속력과 속력의 停頓 속에서/다리는 사랑을 배운다(「현대식 교량」)

정돈되다(整頓—) 가지런히 바로잡히다.
　정돈되어 ＊너의 방은 너무 정돈되어 있더라[…]너의 방은 언제나/너무도 정돈되어 있다(「누이의 방」)
　정돈될 ＊이런 것들이 정돈될 가치가 있는 것들인가/누이야/이런 것들이 정돈될 가치가 있는 것들인가(「누이의 방」)

정동 재판소(貞洞裁判所) 서울 중구에 있는 재판소. 1927년에 경성재판소로 지어져 1989년까지 대법원 건물로 쓰이다가 이후 서울시립미술관으로 사용되고 있음. ＊너 이놈 정동 재판소에서 언제 달아나왔으냐 깟댐!(「나는 아리조나 카보이야」)

정동 재판소

정리(整理) 흐트러진 것이나 혼란한 상태에 있는 것을 질서 있게 하는 일. 필요한 것만 남기고 불필요한 것을 없애는 일. ＊整理는/전란에 시달린 20세기 시인들이 하여놓은 일(「서시」)

정리하다(整理—) 흐트러진 것이나 혼란한 상태에 있는 것을 질서 있게 하다. 필요한 것만 남기고 불필요한 것을 없애다.
　정리하고 ＊―그것을 내가 아는 가장 비참한 친구가 붙이고 간 명칭으로 나는 정리하고 있는가(「PLASTER」)

정말(正—) ①거짓이 아닌 바른말. ②진실로. 참으로. ＊학교 밖에서 본 모든 것이/반드시 정말이 아니라는 것을 알았고/너의 어린 의사를 발표할 줄 알았다[…]골목길에서 얻어맞은 모든 것이/반드시 정말이 아니라는 것을 알았고[…]나라 밖에서 당한 모든 것이/반드시 정말이 아니라는 것을 알았고(「65년의 새해」) ＊정말 속임 없는 눈으로/지금 팽이가 도는 것을 본다(「달나라의 장난」) ＊정말 내가 포로수용소를 탈출하여 나오려고/무수한 동물적 企圖를 한 것이/이것이 거짓말이라면 용서하여 주시오[…]나는 정말 미안하다고 하였습니다(「조국에 돌아오신 傷病捕虜 동지들에게」) ＊남편은 어제의 남편이 아니라니까/정말 어제의 네 남편이 아니라니까(「거미잡이」) ＊내가 정말 시인이 됐으니 시원하고/인제 정말/진짜 시인이 될 수 있으니 시원하고(「檄文」) ＊배짱도 생겨가는 나이와 詩/정말 무서운 나이와 詩는/동그랗게 되어가는 나이와 詩(「詩」(1961)) ＊그러한 속력과 속력의 停頓 속에서/다리는 사랑을 배운다/정말 희한한 일이다(「현대식 교량」) ＊바람아 먼지야 풀아 나는 얼마큼 작으냐/정말 얼마큼 작으냐……(「어느 날 고궁을 나오면서」)

정문(正門) 사람이나 차들이 주로 드나드는, 건물의 앞에 있는 문. ＊우리집의 의젓한 벽돌기둥의 정문 앞을/새벽녘에 거닐었다고 한다(「도적」)

정반대(正反對) 완전히 반대되는 것. ＊鄭炳――그놈은 내심과 정반대되는 행동만을/해왔고, 그것은 가족들을 먹여살리기 위해서였다(「적」)

정병일(鄭炳一) 사람 이름. ＊鄭炳――그놈은 내심과 정반대되는 행동만을/해왔고, 그것은 가족들을 먹여살리기 위해서였다(「적」)

정보원(情報員) 정보에 관한 일을 맡아 처리하는 사람. ＊부산에 포로수용소의 제14야전병원에 있을 때/정보원이 너스들과 스펀지를 만들고 거즈를/개키고 있는 나를 보고(「어느 날 고궁을 나오면서」)

정색(正色) 얼굴빛을 바꾸어 다소 엄격하게 표정을 짓는 것. ＊일전에 어떤 친구를 만났더니 날더러 다시 포로수용소에 들어가고 싶은 생각이 없느냐고/정색을 하고 물어봅니다(「조국에 돌아오신 傷病捕虜 동지들에게」)

정서(情緖) 다양한 경험과 생각을 바탕으로 하여 일정한 방향과 흐름을 이루게 된 감정. ＊옹졸한 나의 전통은 유구하고 이제 내 앞에 情緖로/가로놓여 있다(「어느 날 고궁을 나오면서」)

정성(精誠) 온갖 성의를 다하려는 참되고 거짓이 없는 마음. ＊꽃같은 옷을 입었고/꽃같은 정성을 지니고/대한민국의 꽃을 이마 위에 동여매고 싸우고 싸우고 싸워왔다(「조국에 돌아오신 傷病捕虜 동지들에게」)

정수(定數) 일정하게 정해진 인원수. *숙명의 초현실이여/나의 생활의 定數는 어디에 있나(「장시2」)

정수리(頂—) ①머리의 꼭대기 부분. ②무엇의 맨 위 부분이나 어떤 일의 가장 높은 상태. *지금 나는 21개국의 정수리에/사랑의 깃발을 꽂는다(「세계일주」)

정순이 사람 이름. *영숙아 기환아 천석아 준이야 만용아/프레지던트 김 미스 리/정순이 박군 정식이/그놈의 사진일랑 소리없이 떼어치우고(「우선 그놈의 사진을 떼어서 밑씻개로 하자」)

정시하다(正視—) ①똑바로 보다. ②정확히 보거나 관찰하다.
  정시하기 *오늘과 내일의 차이를 정시하기 위하여/하다못해 이와 같이 타락한 신문기자의/탈을 쓰고 살고 있단다(「바뀌어진 지평선」)
  正視하면서 *그래서 나는 그 사진을 10년 만에 곰곰이 正視하면서/이내 거북해서 너의 방을 뛰쳐나오고 말았다(「누이야 장하고나!」)
  正視하지 *아무도 正視하지 못한 돈―돈의 비밀이 여기 있다(「돈」)

정식(定式) 미리 정한 대로의 바른 방식. 공공의 규정을 따름. *생전 처음으로 돈 가진 친구한테/정식으로 돈을 꾸러 가서 안 됐지(「이혼 취소」)

정식이 사람 이름. *영숙아 기환아 천석아 준이야 만용아/프레지던트 김 미스 리/정순이 박군 정식이/그놈의 사진일랑 소리없이 떼어치우고(「우선 그놈의 사진을 떼어서 밑씻개로 하자」)

정신(精神) 자기의 감각, 감정, 생각을 판단하고 다스리는 의식. *〈희랍인을 모친으로 가진 미국인에게 대한 호소문〉과 〈精神上으로 본/희랍의 독립선언서〉를 써서(「백의」) *이때이다―나의 온 정신에 畵龍點睛이 이루어지는 순간이(「영사판」) *이래도/그대들은 유구한 公序良俗 정신으로/위정자가 다 잘해 줄 줄 알고만 있다(「육법전서와 혁명」) *옷을 벗어놓은 나의 정신은/늙은 바위에 앉은 이끼처럼 추워라(「초봄의 뜰 안에」) *올바로 정신을 가다듬으면서/나는 수없이 길을 걸어왔다(「아메리카 타임 誌」) *모자의 정보다 부부의 의리보다/더욱 뜨거운 너의 입김에/나의 고독한 정신을 녹이면서 우마(「나비의 무덤」) *나는 나의 검게 타야 할 정신을 생각하며(「여름 아침」) *대한민국의 전재산인 나의 온 정신을/너는 비웃는다(「꽃잎3」) *자유의 정신의 아름다운 원형을/너는 또한 우리가 발견하고 규정하기 전에 가지고 있었으며(「헬리콥터」) *내가 잠겨 있는 정신의 초점은 감상과 향수가 아닐 것이다(「거리2」) *검은 포탄의 꾸부러진 哭聲이/정신의 주변보다 더 간지러웁고(「조그마한 세상의 지혜」) *날이 흐릴 때 정신의 집중이 생긴다(「적2」) *酩酊한 정신이 명정을 찾듯이/너는 비로소 너를 찾고 웃어라(「지구의」) *시멘트 가죽을 뚫고 일어나면 내 집과/나의 정신이 순간적으로 들렸다 놓는다(「거짓말의 여운 속에서」) *그것이 나의 생활이며 생명이며 정신이며 시대이며 밑바닥이라는 것을 믿었기 때문에―[…]하나의 가냘픈 물체에 도저히 고정될 수 없는/나의 눈이며 나의 정신이며(「방안에서 익어가는 설움」) *아슬아슬하게/세상에 배를 대고 날아가는 정신이여(「바뀌어진 지평선」) *고매한 정신처럼 쉴 사이 없이 떨어진다(「瀑布」)

정신하다(挺身—) 어떤 일에 남보다 앞장서서 나아가다. 솔선하여 일에 부딪치다.
  挺身하고 *그는 남미의 어느 면공업자의 서자로 태어나서/나이아가라 강변에서 隨道工事에 挺身하고 있었다 하며(「백의」)

정열(情熱) 강렬한 마음. 열렬한 감정. *작품 제목임(「기자의 정열」) *정열도 예측 고함도 예측 장시도 예측/경솔도 예측 봄도 예측 여름도 예측(「장시1」)

정의(正義) 기본 원칙에 맞는 옳고 바른 도리. *오늘/이 헐벗은 거리에 가슴을 대고/뒤집어진 부정이 정의가 되지 않더라도(「예지」) *그대의 정의도 우리들의 섬세도/행동이 죽음에서 나오는/이 욕된 교외에서는/어제도 오늘도 내일도 마음에 들지 않아라(「死靈」)

정적(靜寂) 쓸쓸할 정도로 고요하고 잠잠한 상태. *靜寂을 빼앗긴, 마지막 정적을 빼앗긴/나를 몰아세운다 어서 돈을 내라고[…]마지막 정적을 빼앗긴, 핏대가 난 나에게는/너희들의 儀式은 원시를 가리키고(「제임스 띵」)

*새의 울음소리가 그 이전의 정적이 없이는 들리지 않는 것처럼……(「우리들의 웃음」) *靜寂이 나의 가슴에 있고/부드러움이 바로 내가 따라가는 것인 이상(「거리2」) *靜寂이/필요 없다/그 이유를/말할 필요도 없다(「이놈이 무엇이지?」)

정정(訂正) 틀린 곳을 고치는 것. 딴 것으로 바꾸어서 바로잡는 것. *정정이 필요 없는/겨울의 꿈 깨어진 유리의 제임스 띵(「제임스 띵」)

정정당당하다(正正堂堂—) 부끄러움이 없이 바르고 떳떳하다.
  정정당당하게 *한번 정정당당하게/붙잡혀간 소설가를 위해서/언론의 자유를 요구하고 월남파병에 반대하는/자유를 이행하지 못하고(「어느 날 고궁을 나오면서」)

정지(停止) 움직이지 않고 조용히 멈춰 있는 상태. *나는 정지의 미에 너무나 등한하였다(「서시」) *다리는 이러한 정지의 증인이다(「현대식 교량」)

정차(停車) 차가 운행 중에 한동안 멈추는 것. *그들이 돌아오는 길에 주막거리에서 쉬는 10분 동안의/지루한 정차를 생각하게 하고(「참음은」)

정찰(偵察) 적의 사정을 몰래 살피어 알아내는 것. *하도 심심해서 정찰을 나온 꿀벌의 소리든/무슨 소리는 있어야겠다(「伏中」)

정처(定處) 정한 곳. 정해진 곳. *싸늘한 가을바람 소리에/전통은/새처럼 겨우 나무그늘 같은 곳에/定處를 찾았나보다(「파리와 더불어」)

정체(正體) 사물의 본 모양. 겉으로 드러나지 않는 본 모습. *흡반 같은 나의 대문의 명패보다도/정체 없는 놈(「적」) *연기의 정체는 없어지기 위한 것이다(「연기」)

정치(政治) ①국민의 생활을 보장하고 서로의 이해 관계를 조정하며 사회 질서를 지키기 위하여, 국가의 권력을 유지하고 부리는 활동. ②자기나 자기가 속한 집단의 이익과 권력을 얻거나 늘이기 위하여 사회적으로 교섭하고 정략적으로 활동하는 것. *아아 비겁한 민주주의여 안심하라/우리는 정치 얘기를 하구 있었던 게 아니야[…]그리고 그가 경멸하고 있는 건 나의/정치 문제뿐이 아냐(「H」) *詩評의 칭찬까지도 시집의 서문을 받은 사람까지도/내가 말한 정치 의견을 믿지 않는다[…]요는 정치 의견이 맞지 않는 나라에는 못 산다[…]지금 불란서 소설을 읽으면서 아직도 말하지/못한 한 가지 말—정치 의견의 우리말이/생각이 안 난다(「거짓말의 여운 속에서」) *정치의 작전이 아닌/애정의 부름을 따라서/네가 떠나가기 전에/나는 나의 조심을 다하여 너의 내부를 살펴볼까(「네이팜 탄」) *귀에 걸면 귀걸이 코에 걸면 코걸이가/제2공화국 이후의 정치의 철칙이 아니라고 하는가(「만시 지탄은 있지만」)

정치가(政治家) 직업적으로 정치적 활동을 하든가 정치에 관련된 직업을 가진 사람. *瓦斯의 정치가여/너는 활자처럼 고웁다[…]한없이 긴 활자의 연속을 보고/와사의 정치가들을 응시한다(「아메리카 타임 誌」) *목사여 정치가여 상인이여 노동자여/실직자여 방랑자여/그리고 나와 같은 집 없는 걸인이여(「가옥 찬가」)

정하다(定—) ①골라 놓다. ②굳히다. 결심하다. 결정하다.
  정하여진 *그리고/나는 이미 정하여진 물체만을 보기로 결심하고 있는데(「구름의 파수병」)

정확하다(正確—) 바르고 확실하다.
  정확한 *작열할 지점을 향하여/지극히 정확한 각도로 날아가는/포탄이(「조그마한 세상의 지혜」)

정훈감실(政訓監室) 각군 본부에서 정훈에 관한 일을 맡아보는 부서. *민주주의를 찾은 나라의 군대의 위병실에서 사단장실에서 정훈감실에서(「우선 그놈의 사진을 떼어서 밑씻개로 하자」)

젖 어머니나 포유 동물의 어미의 몸에서 나오는, 아기와 새끼의 먹이가 되는 하얀 액체. *젖 먹는 아이와 같이 이지러진 얼굴로/여름 뜰이여/너의 광대한 손[手]을 본다(「여름 뜰」) *너희들이 피지 섬을 침략했을 당시에는/그의 아버지들은 아직 젖도 떨어지기 전이었다니까(「가다오 나가다오」)

젖다 ①물기가 배어들어 축축하게 되다. ②어

띤 감정이나 생각에 깊이 빠지다.

젖는 *엄마는/바지가 젖는 것이 무서웁단다(「자장가」)

젖는다 *나의 동요 없는 마음으로/너를 다시 한번 치어다보고 혹은 내려다보면서 無量의 환희에 젖는다(「九羅重花」)

젖는데 *국화꽃은 밤이면 더 한층 아름답게 이슬에 젖는데(「꽃」)

젖어 *새벽에 준 조로의 물이/대낮이 지나도록 마르지 않고/젖어 있듯이/묵은 사랑이/뉘우치는 마음의 한복판에/젖어있을 때/붉은 파밭의 푸른 새싹을 보아라(「파밭 가에서」)

젖었거든 *강아지장에 깐 짚이 젖었거든/그놈의 사진을 깔아주기로 하자……(「우선 그놈의 사진을 떼어서 밑씻개로 하자」)

젖지 *나의 최종점은 긍지/파도처럼 요동하여/소리가 없고/비처럼 퍼부어/젖지 않는 것(「긍지의 날」)

제 '저'가 조사 '가' 앞에서 쓰이는 꼴. '내'의 뜻. *그의 소유주에게는/일언의 약속도 없이 제가 갈 길을 자유자재로 찾아다니었다(「백의」)

제14야전병원(第—野戰病院) 한국전쟁 때 설치된 야전병원 중 하나. '야전병원'은 싸움터에서 생기는 부상병을 일시적으로 수용하고 치료하기 위하여 전투 지역에서 가까운 후방에 설치하는 병원. *부산에 포로수용소의 제14야전병원에 있을 때(「어느 날 고궁을 나오면서」)

제1방송(第—放送) 한국방송공사(KBS)가 송출하는 방송 중 하나. KBS 제1방송. *6이 KBS 제2방송/7이 동 제1방송/그 사이에 시시한 주파가 있고(「라디오 계」)

제2공화국(第—共和國) 1960년 4·19혁명으로 제1공화국이 붕괴된 이후 1961년 5·16군사정변 때까지 존속된 한국의 두 번째 공화헌정체제. *귀에 걸면 귀걸이 코에 걸면 코걸이가/제2공화국 이후의 정치의 철칙이 아니라고 하는가(「만시지탄은 있지만」)

제2방송(第—放送) 한국방송공사(KBS)가 송출하는 방송 중 하나. KBS 제2방송. *6이 KBS 제2방송/7이 동 제1방송/그 사이에 시시한 주파가 있고(「라디오 계」)

제3인도교(第—人道橋) 한강에 사람이나 자동차가 다니도록 놓은 다리 중 세 번째 다리. 그러나 김수영은 자신의 산문 「가장 아름다운 우리말 열 개」에서 시 「巨大한 뿌리」의 구절 '제3인도교'는 '제2인도교'를 "잘못 쓴 것"이라고 밝힌 뒤, 여러 생각 끝에 그대로 내버려두었다고 적었다. '제2인도교'는 마포구 합정동과 영등포구 양평동을 잇는 오늘날 확장공사를 거친 '양화대교'를 일컫는다. 김수영이 「巨大한 뿌리」를 창작할 당시 제2인도교는 착공중이었다. *—제3인도교의 물속에 박은 철근 기둥도 내가 내 땅에/박는 거대한 뿌리에 비하면 좀벌레의 솜털(「거대한 뿌리」)

제61수용소(第—收容所) 거제도 포로수용소 안의 한 곳. *누가 거제도 제61수용소에서 단기 4284년 3월 16일 오전 5시에 바로 철망 하나 둘 셋 네 겹을 隔하고 불 일어나듯이 솟아나는 제62적색수용

제61수용소 모형
(거제도 포로수용소 유적공원)

소로 돌을 던지고 돌을 받으며 뛰어들어갔는가(「조국에 돌아오신 傷病捕虜 동지들에게」)

제62적색수용소(第—赤色收容所) 거제도 포로수용소 안의 한 곳. '적색'을 강조한 것으로 보아 비전향수 수용시설로 추정됨. *누가 거제도 제61수용소에서 단기 4284년 3월 16일 오전 5시에 바로 철망 하나 둘 셋 네 겹을 隔하고 불 일어나듯이 솟아나는 제62적색수용소로 돌을 던지고 돌을 받으며 뛰어들어갔는가(「조국에 돌아오신 傷病捕虜 동지들에게」)

제각각 저마다 각각. 여럿이 다 따로따로. *제각각 자기 생각에 빠져 있으면서/그래도 조금이나 부자연한 곳이 없는/이 가족의 조화와 통일을/나는 무엇이라고 불러야 할 것이냐(「나의 가족」)

제끼다 젖히다. 뒤로 기울게 하다.

제끼지는 *그년하고 하듯이 혓바닥이 떨어져나가게/물어제끼지는 않았지만 그래도(「性」)

제니(Jeannie) 미국 TV 시리즈 「제니의 꿈」의 주인공. ☞ 제니의 꿈. *원효 대신 원효 대

신 마이크로가/간다 「제니의 꿈」의 허깨비가/간다 연기가 가고 연기가 나타나고/마술의 원효가 이리 번쩍//저리 번쩍 〈제니〉와 大師가/왔다갔다 앞뒤로 좌우로/왔다갔다 웃고 울고 왔다갔다/파우스트처럼 모든 상징이//상징이 된다 성속이 같다는 원효/대사가 이런 기계의 영광을 누릴/줄이야 〈제니〉의 덕택을 입을/줄이야 〈제니〉를 〈제니〉를 사랑할 줄이야(「원효대사」)

제니의 꿈(I Dream of Jeannie) 미국의 TV 시리즈. 시드니 셸던(Sidney Sheldon) 원작이며 1965~1970년까지 방영되었다. '제니'는 '지니'라고도 불린다. 제니 역을 맡은 배우는 바바라 이든(Babara Eden)이다. 이든의 상대역 배우는 당시는 그다지 유명하지 않았던, 그러나 이후 메가 히트작 댈러스의 J. R. Ewing 역으로 유명해진 래리 해그먼(Larry Hagman)이었다. 원작에서는 우주비행사 토니 넬슨이 무인도에 착륙 후 구조대가 오기를 기다리다 무인도 해변가에서 녹색호리병을 주워 2000살 먹은 요술쟁이 제니와 만난다는 내용이다. 이후 제니와 넬슨이 동고동락하며 도움을 주고받으면서 제니와 넬슨의 성대한 결혼식으로 끝을 맺는다. ☞ 제니. *원효 대신 원효 대신 마이크로가/간다 「제니의 꿈」의 허깨비가/간다 연기가 가고 연기가 나타나고(「원효대사」)

〈제니의 꿈〉

제대로 제 규격, 격식이나 모양에 맞게. 바르게. *내 팔은 좀체로 제대로 길이를 갖지 못하고(「말복」)

제멋대로 무질서하게 아무렇게나. *손도 안 씻고/쥐똥도 제멋대로 내버려두고(「꽃」)

제발 간절히 부탁하는 것인데. 꼭 그래주기를 바라는 것인데. *복덕방 사기꾼도 도적놈 지주라도 좋으니 제발 순조로워라(「미역국」)

제비 등이 검고 배는 희고 매우 빠르게 날며, 봄에 한국에 날아 왔다가 가을에 남쪽으로 날아가는 작은 여름 철새. *날아간 제비와 같이//날아간 제비와 같이 자국도 꿈도 없이/어디로인지 알 수 없으나/어디로이든 가야 할 반역의 정신(「구름의 파수병」)

제압하다(制壓—) 세력이나 힘을 억누르다.
  제압하는 *모든 것을 제압하는 생활 속의/애정처럼/솟아오른 놈(「생활」) *푸른 하늘을 제압하는/노고지리가 자유로웠다고/부러워하던/어느 시인의 말은 수정되어야 한다(「푸른 하늘을」)

제일(第一) 첫 번째. 가장으뜸. *그 무수한 말 중의 제일 첫마디는/「나는 졌노라……」(「말복」) *기어오르는 파도가/제일 높은 砂岸에/닿으려고 싸우듯이/너도 나도 취하는/中庸의 술잔(「술과 어린 고양이」) *집에 돌아와서/제일 마음에 꺼리는 것이/아는 사람이/이 캄캄한 범행의 현장을/보았는가 하는 일이었다(「죄와 벌」) *고지식한 것을 제일 싫어하는 말/이 만능의 말(「말」(1964)) *제일 피곤할 때 적에 대한다[…]제일 피곤할 때 적에 대한다(「적2」) *나는 대한민국에서는/제일이지만//이북에 가면야/꼬래비지요(「허튼소리」) *민주당이 제일인 세상에서는/민주당에 붙고/혁신당이 제일인 세상이 되면/혁신당에 붙으면 되지 않는가(「만시지탄은 있지만」)

제임스 띵 1931~1955. 제임스 딘(Dean, James Byron). 미국의 영화배우. 출연한 작품으로 〈자이언트〉, 〈이유없는 반항〉, 〈에덴의 동쪽〉 등이 있다. *제임스 띵같이 생긴 책임자가 두 아이를/데리고 찾아온 풍경이/눈[雪]에 너무 비참하게 보였던지(「제임스 띵」)

제지하다(製紙—) 종이를 만들다.
  製紙한 *늬가 그리고 있는 종이까지 늬가 製紙한 것이며(「사무실」)

제철 알맞은 때. *나비의 봄이야 제철이 가면 죽지만은(「나비의 무덤」)

제철회사(製鐵會社) 철광석을 녹이고 다듬어 쇠를 만들어 내는 회사. *그는 일본 대학에 다니면서 4년 동안을 제철회사에서/노동을 한 强者다(「거대한 뿌리」)

제트기(jet機) 제트 엔진의 힘으로 움직이는 비행기. *제트기 벽화 밑의 나보다 더 뚱뚱한 주인 앞에서/나는 결코 울어야 할 사람은 아니며(「달나라의 장난」) *이것이 처음 탄생한 것은 물론 그 이전이지만/그래도 제트기나

제퍼슨 사람 이름. ＊내가 구름운전수 제퍼슨 선생한테 말해 놨으니까 시간은/2분밖에 안 걸릴 거다(「나는 아리조나 카보이야」)

제하다(制—) 제어하다. 통제하다.
　制하는 ＊여보/비는 움직임을 制하는 결의/움직이는 휴식(「비」)

젤라틴(영, gelatin) 단순 단백(蛋白)의 한 가지. 동물의 가죽·뼈·뿔 따위를 오랫동안 석회액에 담갔다가 물을 붓고 끓이거나 산(酸)을 넣어 만듦. 지혈제·식용·공업용 따위로 쓰임. ＊물에 빠진 뒤에 나는 젤라틴을 통해서/詩의 진지성을 본다(「반주곡」) ＊그리운 것은 내 귓전에 붙어 있는 보이지 않는 젤라틴紙(「장시2」)

조각(彫刻) 조형 미술의 한 가지. 나무·돌·흙·쇠붙이 따위에, 그림·글씨·사람·짐승 등을 새기거나 빚는 일, 또는 그렇게 새기거나 빚은 것. ＊온 마음을 다하여 즐기고 있는 서책은/위대한 고대 조각의 사진(「나의 가족」)

조간분(朝刊分) '조간'과 '분'의 합성어. '조간'은 아침에 나오는 조간신문을 일컬음. '분'은 전체를 몇으로 나눈 부분. ＊내일 조간분 사회면의 표독한 타이틀이 될 것이라고 해서(「기자의 정열」)

조고마하다 조그마하다. ☞ 조그마하다.
　조고마한 ＊커다란 해양의 한 구석을 차지하는/조고마한 물방울로/그려보려 하는데(「거리1」) ＊너의 뜰을 달려가는 조고마한 동물이라도 있다면(「여름 뜰」)

조국(祖國) 조상 때부터 살아오며 자기가 태어나서 아끼는 나라. 자기의 국적이 속해 있는 나라. ＊작품 제목임(「조국에 돌아오신 傷病捕虜 동지들에게」)

조그마하다 조금 작거나 적다.
　조그마한 ＊네가 던지는 조그마한 그림자가 무서워/벌벌 떨고 있는/나의 귀에다 너의 엷은 울음소리를 남기지 말아라(「도취의 피안」) ＊조그마한 세상의 지혜를 배운다는 것은/설운 일이다(「조그마한 세상의 지혜」) ＊조그마한 용기가/필요할 뿐이다(「허튼소리」) ＊미지근한 물이 고인 조그마한 논과/대숲 속의 초가집과/나무로 만든 장기와(「시」(1961)) ＊왜 나는 조그마한 일에만 분개하는가(「어느 날 고궁을 나오면서」)

조그맣다 '조그마하다'의 준말. ☞ 조그마하다.
　조그만 ＊저 조그만 비행기같이 연기도 여운도 없이 살아진 몇몇 포로들의 영령이(「조국에 돌아오신 傷病捕虜 동지들에게」) ＊제임스 띵은 어이가 없어서/조그만 눈을 민첩하게 움직이면서 미소를/띠우고 섰지만(「제임스 띵」)
　조그맣게 ＊겨자씨같이 조그맣게 살면 돼[…] 겨자씨같이 조그맣게 살면서/장시만 장시만 안 쓰면 돼(「장시1」) ＊태연히 조그맣게 인사대꾸만 해두어봐라(「잔인의 초」)

조금 ①적은 분량이나 정도. ②짧은 시간. ＊피를 흘리되 조금 쉽게 흘리려고/저짓을 하고 이짓을 하고 저짓을 하고(「이혼 취소」) ＊사람이 아닌 평범한 것에/많이는 아니고 조금[…] 옥수수잎이 흔들리듯 그렇게 조금[…]거룩한 산에 가 닿기/전에는 즐거움을 모르고 조금/안 즐거움이 꽃으로 되어도/그저 조금 꺼졌다 깨어나고(「꽃잎1」) ＊8의 조금 전에 동아방송이 있고(「라디오 계」) ＊개가 울고 종이 들리고 달이 떠도/너는 조금도 당황하지 말라(「봄밤」) ＊그들은 조금도 사나운 악한이 아니다(「하…… 그림자가 없다」) ＊그대로 나는 조금도/놀라지 않았다(「旅愁」) ＊지금도 내가 반항하고 있는 것은 이 스펀지 만들기와/거즈 접고 있는 일과 조금도 다름없다[…]절정 위에는 서 있지/않고 암만해도 조금쯤 옆으로 비켜서 있다/그리고 조금쯤 옆에 서 있는 것이 조금쯤/비겁한 것이라고 알고 있다!(「어느 날 고궁을 나오면서」) ＊우리는 조금도 흥분하지 않았고/그는 그전처럼 욕도 하지 않았고(「H」) ＊편지를 안해도 한 거나 다름없고 나는/조금도 미안하지 않소(「美濃印札紙」) ＊이 무수한 활자 가운데에/신문기자인 너의 기사도/매일 조금씩은 끼이게 되는데(「기자의 정열」) ＊간음을 상상할 수 있을 만큼/그렇게 조금은 생생하지만(「네 얼굴은」) ＊그래도 조금이나 부자연한 곳이 없는/이 가족의 조화와 통일을/나는 무엇이라고 불러야 할 것이냐(「나의 가족」) ＊뮤즈는 조금쯤 걸음을 멈추고/서정시인은 조금만 더 속보로 가라[…]그리고 너의 노래와 음계를 조금만/낮추어라(「바뀌어진 지평선」) ＊오프라질 때는 무궁화는 그보다 조금쯤 더 길고/진한 빛./죽음의 빛인지도 모르는 놈……(「말복」)

조니 워커(Johnnie Walker) 양주 상표명. *바다와 별장과 용솟음치는 파도와 조니 워커와/조크와 미인과 페티 김과 애교와 豪談과/남자의 포부의 미련에 대한/편지는 못 쓰겠소(「美濃印札紙」)

조로[일, じょうろ·如雨露] 물뿌리개. 화초 따위에 물을 주거나 뿌리는 데에 쓰는 기구. 물이 담기는 통에 도관(導管)이 비스듬하게 내밀려 있고 그 끝에 잔구멍이 많이 뚫린 덮개가 있어 골고루 물이 뿌려지게 되어 있다. 이것은 원래 포르투갈말인 jorro에서 유래하여 일본에서 조로[じょうろ·如雨露]로 사용됨. 일본어식 생활 용어. *새벽에 준 조로의 물이/대낮이 지나도록 마르지 않고/젖어 있듯이(「파밭 가에서」)

조류(鳥類) 날개가 있고 온몸이 깃털로 덮여 있으며 알을 낳는 짐승의 무리. 새에 속한 동물의 종류. *도적질이나 하듯이 희끗희끗 내어다보는 저 흰 벽들은/무슨 鳥類의 屎尿와도 같다(「국립도서관」)

조르다 무엇을 해달라고 끈덕지게 요구하다.
조르니까 *내가 고치라고 조르니까 더 안 고치는지도 모른다(「도적」)

조름 물고기의 아가미 안에 있는, 숨을 쉬는 기관. 반원형으로 검붉으며 빗살처럼 생겼음. *그의 주위를 몇 번이고 돌고 돌고 돌고/또 도는 조름 같은 날것들의 날것들과/갑충과 쉬파리떼(「등나무」)

조밀하다(稠密—) 들어선 것이 촘촘하고 빽빽하다.
조밀하고 *설움과 과거는/오천만분지 일의 俯瞰圖보다도 더/조밀하고 망막하고 까마득하게 사라졌다(「네이팜 탄」)

조바심 조마조마하여 마음을 졸이는 것. *조바심도 습관이 되고/그의 얼굴도 습관이 되며(「아버지의 사진」) *조바심을 하고 식모 아가씨나 가게/아가씨는 연애가 되나 하고(「원효대사」)

조바심하다 조마조마하여 마음을 졸이다.
조바심하는 *오오 나는 그의 얼굴을 따라/왜 이리 조바심하는 것이오(「아버지의 사진」)

조상(祖上) ①한 가족의 가계 혈통에서 할아버지보다 먼저 산 사람. ②현재 살고 있는 세대 이전의 모든 세대. 한 문화나 전통에 속한 옛 세대. *너의 조상들이 우리의 조상과 함께/손을 잡고 超動物 세계 속에서 영위하던/자유의 정신의 아름다운 원형을(「헬리콥터」) *오오 환희여 미역국이여 미역국에 뜬 기름이여 구슬픈 祖上이여(「미역국」)

조선(朝鮮) 1392년 이성계가 고려를 무너뜨리고 세운 나라. 한양에 도읍하였으며, 불교를 배척하고 성리학을 사회의 지도 이념으로 삼아 중앙 집권적인 양반 관료 체제를 이루었다. 15세기에 전성기를 이루었으며, 16세기에서 17세기에 걸쳐 내외적 혼란을 극복하고 18세기 이후 새로운 전성기를 맞이하였으나, 19세기에 구미 열강과 일본의 압력을 받다가 1910년 일본에 국권을 강탈당하였다. *그녀는/1893년에 조선을 처음 방문한 영국 왕립지학협회 회원이다(「거대한 뿌리」)

조선호텔(朝鮮 hotel) 한국 최초의 근대식 호텔로서, 일제 강점기인 1914년 10월 10일 조선 철도국에 의해 설립되었다. 설립 당시는 일본식 명칭인

조선호텔

'조선 호테루'였으며, 이후 이승만에 의해 지금의 이름으로 개칭되었다. 1967년 법인으로 전환되었고 1979년 미국 웨스틴(Westin)호텔 그룹의 투자관계에 의해 웨스틴조선호텔로 이름이 바뀌었으며, 1995년 신세계가 웨스틴 체인의 지분을 완전히 인수하였다. 독일 건축회사 게오텔란트(Geotheland)가 설계하여 서울의 중심부 소공동에 신축한 4층 규모의 호텔건물은 일제강점기로부터 근현대에 이르기까지 한국의 정치, 경제, 문화의 중심지가 되어왔고, 1970년에 20층짜리 현대식 건물로 개축하였다. *반도호텔이나 조선호텔에서/공연을 하게 돼요.(「전화 이야기」)

조소(嘲笑) 놀리고 비웃는 것. *뒷걸음질치

는 것은 憤激인가 조소인가 회한인가(「靈交日」)

조소하다(嘲笑—) 놀리고 비웃다.
　조소하는 ＊그러한 나의 반역성을 조소하는 듯이 스무 살도 넘을까 말까 한 노는 계집애와 머리가 고슴도치처럼 부스스하게 일어난 쓰메에리의 학생복을 입은 청년이 들어와서(「시골 선물」)

조심(操心) 잘못이나 실수가 없게 하려고 정신을 차리고 주의를 하는 것. ＊네가 떠나가기 전에／나는 나의 조심을 다하여 너의 내부를 살펴볼까(「네이팜 탄」)

조심하다(操心—) 잘못이나 실수가 없게 하려고 정신을 차리고 주의를 하다.
　조심하여라 ＊「조심하여라! 자중하여라! 무서워할 줄 알아라」 하는／억만의 소리가 비 오듯 내리는 여름 뜰을 보면서(「여름 뜰」)

조악하다(粗惡—) (제품 따위의 질이) 거칠고 나쁘다.
　조악한 ＊이 엉성한／조악한 방송들이 어떻게 돼야 하고／어떻게 될 것이다(「라디오 계」)

조약돌 둥글고 매끈한 작은 돌. ＊나는 서울의 얼치기 洋館 속에서／골치를 앓는 여편네의 댓 가지 백 속에／조약돌이 들어 있는／공간의 우연에 놀란다(「누이의 방」)

조용하다 ①아무런 소리도 들리지 않고 잠잠하다. ②말이 적고 행동이 차분하다. ③말썽이나 문제가 없다. ④혼란하거나 시끄럽지 않다.
　조용하게 ＊주위까지도 저렇게 조용하게 만드는／마법을 가졌다니(「伏中」) ＊그는 이제 조용하게 나를 경멸할 줄 알아(「H」) ＊우선 가까운 곳에서부터／차례차례로／다소곳이／조용하게／미소를 띄우면서[…]선 가까운 곳에서부터／차례차례로／다소곳이／조용하게／미소를 띄우면서(「우선 그놈의 사진을 떼어서 밑씻개로 하자」)
　조용하고 ＊조용하고 늠름한 불빛 아래／가족들이 저마다 떠드는 소리도／귀에 거슬리지 않는 것은／내가 그들에게 銃靈을 맡긴 탓인가(「나의 가족」) ＊계수가 아이를 배서 조용하고／식모 아이는 사랑을 하는 중이라네(「伏中」)
　조용한 ＊조용한 시절은 돌아오지 않았다[…] 조용한 시절 대신／나의 백골이 생기었다(「愛情遲鈍」) ＊이것이 도회 안에 사는 나로서는 어디보다도 조용한 곳이라고 생각하고 있기 때문이다(「시골 선물」) ＊너무 조용한 것도 병이다(「伏中」) ＊조용한 봄에서부터／조용한 봄으로／다시 내 몸이 아프다(「먼 곳에서부터」)
　조용함 ＊나는 더위에 속은 조용함이 억울해서／미친 놈처럼 라디오를 튼다(「伏中」)
　조용해지다니 ＊여자는 魔物야／저렇게 조용해지다니／주위까지도 저렇게 조용하게 만드는／마법을 가졌다니(「伏中」)

조용히 ①아무런 소리도 들리지 않고 고요히. ②말이나 행동, 성격 따위가 수선스럽지 않고 매우 얌전히. ③말썽이 없이 평온히. ④북받쳤던 감정이 가라앉아 마음이 평온하게. ⑤바쁜 일이 없이 한가히. ⑥공공연하지 않고 은밀하게. ☞ 조용하다. ＊생활은 孤絕이며／비애이었다／그처럼 나는 조용히 미쳐간다／조용히 조용히……(「생활」) ＊그 지긋지긋한 놈의 사진을 떼어서／조용히 개굴창에 넣고／썩어진 어제와 결별하자(「우선 그놈의 사진을 떼어서 밑씻개로 하자」) ＊선잠이 들어서／그가 모르는 동안에／조용히 가다오 나가다오(「가다오 나가다오」) ＊조용히 우리들의 웃음을 웃지 않을 수 없다(「우리들의 웃음」)

조우(遭遇) 우연히 만나거나 맞닥뜨리는 것. ＊미리 칠 줄 알고 미리 쳐들어가 있고／遭遇의 마지막 윤리를 넘어서(「먼지」)

조잡하다(粗雜—) 생각이나 일 따위가 거칠고 엉성하다.
　조잡한 ＊조잡한 天地여／간디의 모방자여／여치의 나래 밑의 고단한 밤잠이여(「광야」)

조직(組織) 천의 짜임새. ＊봄은 오고 쥐새끼들이 총알만한 구멍의 조직을 만들고(「거짓말의 여운 속에서」)

조카 형제 자매의 아들. ＊영화를 좋아하는 누이／식모살이를 하는 조카／그리고 나(「피아노」)

조크(영, joke) 농담. 익살. 우스갯소리. ＊바다와 별장과 용솟음치는 파도와 조니 워커와／조크와 미인과 페티 김과 애교와 豪談과(「美濃印札紙」)

조판(組版) 원고에 따라 활자로 인쇄의 판을 짜는 것, 또는 그 판. ＊설명이 필요하지 않은 희열 위에서/40년간의 조판 경험이 있는 근시안의 노직공의 가슴속에서(「영롱한 목표」)

조화(調和) 여럿이 서로 알맞게 어울려 바람직한 전체를 이루는 것. *나는 잠시 아름다운 統覺과 조화와 영원과 귀결을 찾지 않으려 한다[…]조화가 없어 아름다웠던 생활을 조화를 원하는 가슴으로 찾을 것은 아니로나/조화를 원하는 심장으로 찾을 것은 아니로나(「구슬픈 육체」) *평화와 조화를 원하는 것이/아닌 현실의 選手/백화가 만발한 언덕 저편에/부처의 心思 같은 굴뚝이 허옇고(「연기」) *그래도 조금이나 부자연한 곳이 없는/이 가족의 조화와 통일을/나는 무엇이라고 불러야 할 것이냐(「나의 가족」)

존속하다(存續—) 어떠한 체제, 제도 따위가 없어지지 않고 그대로 이어져 내려와 존재하다.
　존속할 *너의 이름과 너와 나와의 관계가 무엇인지 알아질 때까지/소금 같은 이 세계가 존속할 것이며(「풍뎅이」)

존재(存在) 실제로 있는 것. *철 늦은 거미같이 존재 없이 살기도 어려운 일(「구름의 파수병」)

졸다 잠이 완전히 든 것은 아니면서 자꾸 잠자는 상태가 되다.
　졸고 *두부를 엉기게 하는 따뜻한 불도/졸고 있는 잡초도/이 무감각의 비애가 없이는 죽은 것(「장시2」)

졸렬(拙劣) 말이나 행동이 못나고 유치함. *속도가 속도를 반성하지 않는 것처럼/졸렬과 수치가 그들 자신을 반성하지 않는 것처럼(「절망」(1965))

졸리다 자고 싶은 느낌이 들다.
　졸려도 *술이 거나해서 아무리 졸려도/의젓한 포즈는/의젓한 포즈는 취하고 있는 이유,/모르지?/모르지?(「모르지?」)

졸업(卒業) 정해진 교과를 모두 마치는 것. *한사코 ××대학 중퇴가 ××대학 졸업으로 誤植이 돼 나오니/이렇게 돼서야 그만이지(「파자마 바람으로」)

졸음 자려고 하지 않는데도 저절로 잠이 오거나 자고 싶은 느낌. *연애를 할 때도 졸음이 올 때도 꿈속에서도/깨어나서도 또 깨어나서도 또 깨어나서도……(「하…… 그림자가 없다」)

좀 '조금'의 준말. *나의 긍지는 애드벌룬보다는 좀 더 무거울 것이며(「거리2」) *야, 영희야, 메리의 밥을 아무거나 주지 마라,/밥통을 좀 부셔주지?!(「등나무」) *오이, 고춧가루, 후춧가루는 너무나 창피하니까/그만두고라도/그중에 좀 점잖은 품목으로 또 있었는데(「마케팅」) *어떻게든지 체면을 차려볼 궁리 좀 해야지[…]『저것 좀 집어와라!』 호령 하나 못하니[…]어떻게든지 체면을 차려볼 궁리 좀 해야지[…]어떻게든지 체면을 차려볼 궁리 좀 해야지[…]어떻게든지 체면을 차려볼 궁리 좀 해야지(「파자마 바람으로」) *암 지금도 부드럽기는 하지만 좀 다르다(「잔인의 초」) *그건 그의 인사였고 달라지지 않은 것은 그것뿐/그밖에는 모두가 좀 달라졌어[…]석 달 전에 결혼한 그는 그전하곤 모두가 좀 달라졌어(「H」) *쥐보다 좀 큰 도적일 거라 아마/그 정도일 거라(「도적」) *미안하지 않소—만 다만 식모를 부르는 소리가/좀 단호해졌을 뿐이요 미안할 정도로 좀—(「美濃印札紙」) *나무뿌리가 좀더 깊이 겨울을 향해 가라앉았다(「말」(1964)) *그래도 우리는/삼십대보다는 약간 젊어졌다 육십이 넘으면 좀더/젊어질까(「미역국」)

좀벌레 옷이나 가구 등에 좀이 슬게 만드는 벌레. *제3인도교의 물속에 박은 철근 기둥도 내가 내 땅에/박는 거대한 뿌리에 비하면 좀벌레의 솜털(「거대한 뿌리」)

좀체로 좀체. 좀처럼. *가을이 오기 전에는/내 팔은 좀체로 제대로 길이를 갖지 못하고(「말복」)

좁다 ①너비나 공간이 적다. ②폭이 짧다. ③규모나 범위가 작다.
　좁아도 *유순한 가족들이 모여서/죄 없는 말을 주고받는/좁아도 좋고 넓어도 좋은 방안에서(「나의 가족」)
　좁은 *우리는 좁은 뜰 안에서뿐만 아니라/심지어는 항아리 속에서부터라도 내어다볼 수 있고(「헬리콥터」) *여기는 좁은 서울에서도 가장 번거로운 거리의 한 모퉁이(「거리2」) *나는 또 하나의 생활의 좁은 골목 속으로/들어서면서/이 골목이라고 생각하고 무릎을 친다

(「생활」)

종(鍾) 깊고 둥근 그릇처럼 만들어 거꾸로 매어 달고 치든가 흔들어 '땡땡', '딸랑딸랑' 하는 소리를 내는, 쇠붙이로 된 물건. *개가 울고 종이 들리고 달이 떠도/너는 조금도 당황하지 말라[…]개가 울고 종이 들리고/기적소리가 과연 슬프다 하더라도/너는 결코 서둘지 말라(「봄 밤」)

종교(宗敎) 신 또는 초인간적 존재를 우주와 사람의 지배자이며 인도자로 믿고 복종하고 일정한 의식을 통하여 예배하며 일정한 윤리나 철학의 기본으로 삼는 것. *현대가 현대를 죽이는 〈종교〉/현대의 종교는 〈출발〉에서 죽는 榮譽[…]무수한 너의 〈종교〉를 보라(「비」) *종교의 연필 자국이 두드러진/청춘의 붉은 희롱?[…]종교의 획득은 종교를 잃었을 때부터 시작되었고/나는 그때부터 차차 늙어가는 탈을 썼다(「반주곡」) *나는 아이들을 가르치면서/우리나라가 종교국이라는 것에 대한 자신을 갖는대[…]나는 아이들을 가르치면서/우리나라가 종교국이라는 것에 대한 자신을 갖는다[…]종교와 비종교, 시와 비시의 차이가 아이들과 아이의 차이이다/그러니까 종교도 종교 이전에 있다 우리나라가/종교국인 것처럼/새의 울음소리가 그 이전의 정적이 없이는 들리지 않는 것처럼……(「우리들의 웃음」)

종놈 하인으로 부리는 사내를 낮추어 부르는 말. *이 아름다운 시간에는/남자로서 거리를 무단통행할 수 있는 것은 교군꾼,/내시, 외국인의 종놈, 관리들뿐이었다(「거대한 뿌리」)

종로(鐘路) 서울의 종각이 있는 네거리. *종로 네거리도 행길에 가까운 일부러 떠들썩한 찻집을 택하여 나는 앉아 있다(「시골 선물」)

종묘상(種苗商) 식물의 어린 싹이나 씨앗을 파는 상점. *요강, 망건, 장죽, 종묘상, 장전, 구리개 약방, 신전,/피혁점, 곰보, 애꾸, 애 못 낳는 여자, 무식쟁이(「거대한 뿌리」)

종소리(鍾—) 종을 치면 나는 소리. *그녀는 인경전의 종소리가 울리면 장안의/남자들이 모조리 사라지고 갑자기 부녀자의 세계로/화하는 극적인 서울을 보았다(「거대한 뿌리」) *귀고리보다도 더 가까운 곳에/종소리보다도 더 영롱하게[…]귀고리보다도 더 가까운 곳에/종소리보다도 더 영롱하게(「영롱한 목표」)

종아리 무릎과 발목 사이의 뒷 부분. *계집애 종아리에만/눈이 가던 稚氣도/그밖의 무수한 잡동사니 잡념까지도/깨끗이 버리고(「檄文」)

종언(終焉) 어떤 일이나 상황이 끝나는 것. *인류의 종언의 날에/너의 술을 다 마시고 난 날에(「사랑의 변주곡」)

종이 식물의 섬유를 가늘게 으깨어서 얇고 넓게 펴서 말리어, 글씨를 쓰거나 인쇄를 하거나 포장을 하거나 상자를 만들거나 하는 여러 가지 일에 쓰이는 물질. *하얀 종이가 옥색으로 노란 하드롱지가/이 세상에는 없는 빛으로 변할 만큼 밝다[…]하얀 종이가 분홍으로 분홍 하늘이/녹색으로 또 다른 색으로 변할 만큼 밝다(「백지에서부터」) *늬가 그리고 있는 종이까지 늬가 製紙한 것이며(「사무실」) *아가야 아가야/기저귀 위에는 나일론 종이까지 감겨져 있네(「자장가」) *이발소의 화롯가에 연분홍빛 화로/깨어진 유리에 종이를 바르고(「제임스 띵」) *윗호주머니나 혹은 속호주머니에 들은/치부책 노릇을 하는 종이쪽(「후란넬 저고리」)

종자(種子) ①씨. 씨앗. ②동물의 혈통이나 품종, 또는 그로부터 번식된 새끼. *나는 결코 그의 種子에 대하여/말하고 있는 것은 아니다(「꽃2」)

종지부(終止符) 글의 끝을 나타내는 부호. *나는 내 가슴에/또 하나의 종지부를 찍어야 합니다(「웃음」)

좆대강이 남자의 성기를 비하하여 욕설로 쓰는 말. *아이스크림은 미국놈 좆대강이나 빨아라(「거대한 뿌리」)

좋다 ①훌륭하거나 뛰어나다. ②즐겁거나 기쁘다. ③마음에 들거나 마땅하다. *지금은 이 번잡한 현실 위에 하나하나 환상을 붙여서 보지 않아도 좋다(「거리2」) *만약에 또 어느 나의 친구가 와서 나의 꿈을 깨워주고/나의 그릇됨을 꾸짖어주어도 좋다(「구름의 파수병」) *이제야말로 아무 두려움 없이/그놈의 사진을 태워도 좋다(「우선 그놈의 사진을 떼어서 밑씻개로 하자」) *지루한 전향의 고백/되도록 지루할수록 좋다(「轉向記」) *전통은 아무리 더러운 전통이라도 좋다[…]역사는 아무리/더러운 역사라도 좋다/진창은 아무리 더러운 진창이라도 좋다[…]이 모든 무수한 반동이 좋다(「거대한 뿌리」) *푹석한 암석이 쌓인 산기슭이/그치는 곳이라고 해도 좋다(「이사」) *새로운 역사라고 해도 좋다(「현대식 교량」) *필요 이상으로 화를 내는 것도 좋다(「제임스 띵」) *이것은 위대한 힌트가 아니니만큼 좋다(「이 한국문학사」) *여름은 이래서 좋고 여름밤은/이래서 더욱 좋다[…]여름밤은 깊을수록/이래서 좋다(「여름 밤」)

좋고 *죄 없는 말을 주고받는/좁아도 좋고 넓어도 좋은 방안에서[…]이것이 사랑이냐/낡아도 좋은 것은 사랑뿐이냐(「나의 가족」) *기사라 하지만 네가 썼다고 알아주는 사람이 있어도 좋고 없어도 가히 무관한 것(「기자의 정열」) *특종이니깐요, 극단도 좋고, 당신네도/좋고, 번역하는 사람도 좋고,(「전화 이야기」) *떨어져 물 위에서 썩은 꽃잎이라도 좋고(「꽃잎3」) *여름은 이래서 좋고 여름밤은/이래서 더욱 좋다[…]여름밤은 깊을수록/이래서 좋다(「여름 밤」)

좋군 *당신이 내린 결단이 이렇게 좋군[…]내 친구의 미망인의 빚보를 선 것을/물어주기로 한 것이 이렇게 좋군/집문서를 넣고 6부 이자로 10만 원을/물어주기로 한 것이 이렇게 좋군(「이혼 취소」)

좋다고들 *미인을 보고 좋다고들 하지만/미인은 자기 얼굴이 싫을 거야(「미인」)

좋다는 *일한다는 의미가 없어져도 좋다는 듯이 구수한 벗이 있는 곳(「사무실」)

좋아 *그 대신 머리는/온통 비어/움직이지 않는다지/그래도 좋아/그래도 좋아(「쌀난리」)

좋아들 *淫詩를 한바탕 읊었더니/여간 좋아들 하지 않는다(「미숙한 도적」)

좋아서 *우리는 UN군에 포로가 되어 너무 좋아서 가시철망을 뛰어나오려고 애를 쓰다가 못 뛰어나오고(「조국에 돌아오신 傷病捕虜 동지들에게」) *너무나도 좋아서/하늘을/묶는/허리띠모양으로/맴을 도는/눈송이를 보시오(「눈」(1961))

좋아요 *미해결이지요. 좋아요. 만족입니다.[…]특종이니깐요, 극단도 좋고, 당신네도/좋고, 번역하는 사람도 좋고, 나도 좋은/일을 하는 폭이 되지요.(「전화 이야기」)

좋았기 *시간야. 시간을 느꼈기 때문야. 시간이/좋았기 때문야.(「엔카운터 誌」)

좋았다 *너의 앞에서는 우둔한 얼굴을 하고 있어도 좋았다(「풍뎅이」) *겨울이 지나간 밭고랑 사이에 남은/고독은 신의 무재주와 사기라고/하여도 좋았다(「초봄의 뜰 안에」)

좋았다고 *그리고 그 당시의 시대가 지금보다 훨씬 좋았다고/누구나 어른들은 말하고 있으나(「국립도서관」)

좋았던지 *나는 어찌나 좋았던지 목욕을 하러 갔지/개구리란 놈이 추락하는 폭격기처럼/사람을 놀랜다(「伏中」)

좋으니 *복덕방 사기꾼도 도적놈 지주라도 좋으니 제발 순조로워라(「미역국」)

좋으리 *나들이를 갔다 온 씻은 듯한 마음에 오늘밤에는 아내를 껴안아도 좋으리(「사치」)

좋은 *아아 그러한 시대가 온다면 얼마나 좋은 일이냐(「九羅重花」) *「건 힐의 혈투」모양으로 활발하지도 않고 보기 좋은 것도 아니다(「하…… 그림자가 없다」) *좋은/일을 하는 폭이 되지요.(「전화 이야기」)

좋지 *마차를 타고 가는 사람이 좋지 않아요(「웃음」)

좋지도 *나쁘지도 않고 좋지도 않은 꽃들[…]늬가 주는 모욕의 억만 배의 모욕을 사기를 좋아하고(「너를 잃고」)

좋아하다 ①어떤 일이나 사물 따위에 대하여 좋은 느낌을 가지다. ②음식 따위를 선호하다. ③운동이나 어떤 행동 따위를 즐기다. ④다른 사람을 아끼어 친밀하게 여기거나 서로 마음에 들다. ⑤기쁘거나 즐거운 감정을 밖으로 나타내다.

좋아하는 *물끄러미 보고 있기를 좋아하는 나의 너무 큰 눈 앞에서/아해가 팽이를 돌린다(「달나라의 장난」) *내가 너를 좋아하는 원인을/네가 지니고 있는 긴 역사였다고 생각한 것은 과오였다(「더러운 향로」) *견고한 것을 좋아하는 사람들이/팔을 고이고 앉아서 창을 내다보는/水煖爐는 문명의 廢物(「수난로」) *잡지사에 다니는/영화를 좋아하는 누이(「피아노」)

좋아한다 *옆에 누운 친구가 내가 이를 뺀 얼굴이 어린 아해 같다고 간간대소하며 좋아한다(「미숙한 도적」)

좋아한다손 *자의식에 지친 내가 너를/막상 좋아한다손 치더라도/네가 나에게 보이고 있는 시간이란/네가 달아나는 시간밖에는 없다(「연기」)

좌우(左右) 왼쪽과 오른쪽. *왔다갔다 앞뒤로 좌우로/왔다갔다 웃고 울고 왔다갔다(「원효대사」)

좌절(挫折) ①뜻이나 기운 따위가 꺾이는 것. ②어떤 계획이나 일이 이루어지지 못하고 헛되이 끝나는 것. *결혼윤리의 좌절(「기자의 정열」)

좌판(坐板) 장사를 하기 위해서 땅바닥에 벌여 놓고 물건을 올려놓는 판. *좌판 위에 쌓인 호콩 마마콩 멍석의/호콩 마마콩이 어쩌면 저렇게 많은지(「생활」)

죄(罪) 양심이나 도의, 종교적 가르침, 또는 법에 벗어나는 잘못된 행위, 또는 그러한 생각. *유순한 가족들이 모여서/죄 없는 말을 주고받는/좁아도 좋고 넓어도 좋은 방안에서(「나의 가족」) *나의 죄 있는 몸의 억천만 개의 털구멍에/죄라는 죄가 가시같이 박히어도/그야 솜털만치도 아프지는 않으려니(「기도」) *넓은 자리가 있었던 것을 자식한테/가르쳐주지 않은 죄―그 죄에 그렇게/오랜 시간을 시달리면서도 그것을 몰랐다/VOGUE야 너의 세계에 스크린을 친 죄,/아이들의 눈을 막은 죄―그 죄의 앙갚음/VOGUE야(「VOGUE야」) *이것이 얼마나 죄가 많은 다리인 줄 모르고(「현대식 교량」) *시를 반역한 죄로/이 메마른 산정에서 오랫동안 꿈도 없이 바라보아야 할 구름(「구름의 파수병」) *애타하고 원효의 염불 소리까지도/잊고―죄를 짓고 싶다[…]돌부리를 차고 풀을/뽑듯 죄를 짓고 싶어 죄를/짓고 얼굴을 붉히고//죄를 짓고 얼굴을 붉히고―[…]원효대사의 민활성 바늘 끝에/묻은 죄와 먼지 그리고 모방(「원효대사」) *이 죄에는 사과의 길이 없다[…]이 죄의 여운에는 사과의 길이 없다(「거짓말의 여운 속에서」) *그 이마의 힘줄/그 힘줄의 集中度/이것은 죄에서 우러나오는 것이다(「여자」) *작품 제복임(「죄와 벌」)

죄과(罪過) 죄가 될 만한 허물. *그 罪過를 그 방대한 21개국의 지도를/그대는 선물로 나에게 펼쳐 보이지만(「세계일주」)

죄수(罪囚) 죄를 지어 감옥이나 교도소에 갇힌 사람. *죄수들의 말이/배고픈 것보다도/잠 못 자는 것이/더 어렵다고 해서(「⟨4·19⟩시」)

죄악(罪惡) 죄가 될 만한 나쁜 짓, 또는 도덕이나 종교의 가르침을 어기거나 계율을 거스르는 짓. *또한 나의 죄악을 가리기 위하여 독자의 눈을 가리고 입을 봉하기 위한 연명을 위한 阿諛도 아니다(「조국에 돌아오신 傷病捕虜 동지들에게」) *그의 머리 위에 반드시 窓이 달려 있는 것은/죄악이 아니겠느냐(「수난로」)

죄어들다 바싹 죄어서 안으로 오그라들다.
  죄어든 *세계를 배경으로 한 나의 사상처럼/죄어든 인생의 윤곽과 비밀처럼……(「반달」)

주(州) 연방을 이룬 나라의 행정 구역. *전자를 현재 일리노이 주에 있는 자기의 모친에게 보내고(「백의」)

주검 사람이 죽은 시체. *주검은 취한 사람처럼 멋없이 서서/병풍은 무엇을 향하여서도 무관심하다/주검에 金面 같은 너의 얼굴 위에/용이 있고 落日이 있다[…]가장 어려운 곳에 놓여 있는 병풍은/내 앞에 서서 주검을 가지고 주검을 막고 있다(「병풍」)

주고받다 서로 번갈아 이야기하다.
  주고받고 *쓸데없는 이야기도 주고받고 쓸데없는 일도/찾아보면 있느니라(「술과 어린 고양이」)
  주고받는 *유순한 가족들이 모여서/죄 없는 말을 주고받는/좁아도 좋고 넓어도 좋은 방안에서(「나의 가족」)

주기적(週期的) 일정한 시간이나 간격을 두고 같은 특성이나 현상이 반복되어 나타나는 것. *이렇게 주기적인 수입 소동이 날 때만은/네가 부리는 독살에도 나는 지지 않는다(「만용에게」)

주다[1] ①가지도록 건네다. ② 지불하다. ③(남에게 먹을 것을) 공급하다. ④공급하다. ⑤소유하게 하다.

주게 ＊한잔 더 주게 한잔 더 주게[…]한잔 더 주게 한잔 더 주게[…]한잔 더 주게 한잔 더 주게[…]한잔 더 주게 한잔 더 주게(「滿洲의 여자」)

주고 ＊토끼의 탄생의 방식에 대하여/하나의 異德을 주고 갔다(「토끼」)

주는 ＊늬가 주는 모욕의 억만 배의 모욕을 사기를 좋아하고(「너를 잃고」) ＊나는 點燈을 하고 새벽모이를 주자고 주장하지만/여편네는 지금 주는 것으로 충분하다는 것이다(「만용에게」)

주라 ＊기운을 주라 더 기운을 주라[…]기운을 주라 더 기운을 주라[…]기운을 주라 더 기운을 주라[…]기운을 주라 더 기운을 주라[…]기운을 주라 더 기운을 주라(「채소밭 가에서」) ＊수레를 털털거리게 하는 욕심의 돌/기름을 주라/어서 기름을 주라/털털거리는 수레에다는 기름을 주라(「시」(1961))

주러 ＊파자마 바람으로 닭모이를 주러 나가서/문지방 안에 석간이 떨어져 뒹굴고 있는데도(「파자마 바람으로」)

주면서 ＊질책의 권리를 주면서 질책의 행동을 주지 않고(「백의」)

주세요 ＊꽃을 주세요 우리의 고뇌를 위해서/꽃을 주세요 뜻밖의 일을 위해서/꽃을 주세요 아까와는 다른 시간을 위해서//노란 꽃을 주세요 금이 간 꽃을/노란 꽃을 주세요 하얘져 가는 꽃을/노란 꽃을 주세요 넓어져 가는 소란을//노란 꽃을 주세요 원수를 지우기 위해서/노란 꽃을 주세요(「꽃잎2」)

주어야 ＊또 내가 주어야 할 것도 신문값만이 아니다/수도세, 야경비, 땅세, 벌금, 전기세 이외에/내가 주어야 할 것은 신문값만이 아니다(「제임스 띵」)

주었지 ＊내가/있던 기침소리가 가정교사에게 들리는 방은 도로/식모아이한테 주었지.(「엔카운터 誌」)

주지 ＊질책의 권리를 주면서 질책의 행동을 주지 않고(「백의」) ＊번개와 같이 떨어지는 물방울은/취할 순간조차 마음에 주지 않고/懶惰와 안정을 뒤집어놓은 듯이/높이도 폭도 없이//떨어진다(「瀑布」) ＊야, 영희야, 메리의 밥을 아무거나 주지 마라(「등나무」)

준 ＊점잖이 앉은 나의 나이와 나이가 준 나의 무게를 생각하면서(「달나라의 장난」) ＊새벽에 준 조로의 물이/대낮이 지나도록 마르지 않고/젖어 있듯이(「파밭 가에서」) ＊10년이란 한 사람이 준 상처를 다스리기에는 너무나 짧은 세월이다(「누이야 장하고나!」) ＊그대가 준 손수건의 암시처럼/불길한 눈물을 흘리게 했지만(「세계일주」)

준다 ＊그는 나보다도 여유가 있고/그는 나에게 공포를 준다(「강가에서」)

준다고 ＊31일까지 준다고 한 3만 원(「판문점의 감상」)

줄까 ＊10만 원 중에서 5만 원만 줄까 3만 원만 줄까/하고 망설였지(「이혼 취소」)

주다² 보조동사. ①남을 위하여 어떠한 일을 하다. ②말하는 이를 위하여 어떠한 일이 되다.

주겠다고 ＊31일까지 돌려 주겠다고 아니 29일까지/돌려 주겠다고 집문서를 가지고 간 친구에게/말한 것이 잘못이었나 보다(「판문점의 감상」)

주고 ＊압박해주고 싶다(「冬麥」)

주는 ＊귀치않은 부탁을 하러 오는 사람들이/갖다 주는 것으로 연명을 하고 보니(「付託」) ＊청한 지 반 시간만에 떠다 주는 냉수를 한 대접 마시고(「미숙한 도적」)

주시오 ＊이것이 거짓말이라면 용서하여 주시오.(「조국에 돌아오신 傷病捕虜 동지들에게」)

준 ＊그러나 混色은 흑색이라는 걸 경고해 준 것은/소학교 때 선생님……(「백지에서부터」) ＊나는 이 사람이 만주 술집에서 고생할 때에/연애편지를 대필해 준 일이 있을 뿐이지(「滿洲의 여자」)

주름살 피부가 늘어지거나 노화되어 생긴 줄, 또는 잔금. ＊나의 눈만이 혼자서 볼 수 있는 주름살이 있다(「여름 뜰」)

주막거리(酒幕—) 주막이 있는 거리. ＊그들이 돌아오는 길에 주막거리에서 쉬는 10분 동안의/지루한 정차를 생각하게 하고/그 주막거리의 이름이 말죽거리라는 것까지도/무료하게 생각하게 하고(「참음은」)

주변¹ 일을 주선하거나 변통하는 재주. ＊주변

없는 사람이 만져서는 아니 될 책(「가까이 할 수 없는 서적」)

주변(周邊)² 어떤 대상의 둘레 부근. *빛이 없는 둥근 하늘에서는/검은 포탄의 꾸부러진 哭聲이/정신의 주변보다 더 간지러웁고(「조그마한 세상의 지혜」)

주부(呪符) 부적. 화를 물리치거나 복을 빌기 위하여 만든 물건. *내가 비는 것은/이 무한한 웃음의 가슴속에/그 얼음이 더 얼라는/내일의 呪符이었다(「凍夜」)

주사기(注射器) 신체에 약물을 주입시키는 의료 기구. *오 주사기/2cc짜리 국산 슈빙지/그리고 또 무엇이던가?(「마케팅」)

주색(主色) ①전체적으로 밑바탕을 이루는 색깔. ②중심이 되는 색깔. *오 도배지 천장지, 다색 백색 청색의 모란꽃이/茶色의 主色 위에 탐스럽게 피어있는 천장지(「마케팅」)

주스(영, juice) 과일이나 채소에서 짜낸 즙이나 그것을 원료로 만든 음료. *파자마 바람으로 주스를 마시면서/프레이저의 현대시론을 사전을 찾아가며 읽고 있으려니(「파자마 바람으로」)

주야(晝夜) ①낮과 밤. ②쉼없이 계속됨. *나의 사랑도 태양 속에/日蝕을 하고/첩첩이 무서운 晝夜/애정은 나뭇잎처럼/기어코 떨어졌으면서(「愛情遲鈍」) *내가 죽은 뒤에는/고독의 명맥을 남기지 않으려고/나는 이다지도 주야를 무릅쓰고 애를 쓰고 있단다(「나비의 무덤」) *영사판을 받치고 있는 주야를 가리지 않는 어둠이/표면에 비치는 현실보다 한치쯤은 더/소중하고 신성하기도 한 것인지 모르지만(「영사판」) *계절과 주야를 가리지 않고/고매한 정신처럼 쉴 사이 없이 떨어진다(「瀑布」)

주요하다(主要—) 주가 되어 중요하다.
주요한 *그는 나같이 몸이 약하지 않은 점에 주요한 원인이 있겠지만(「백의」) *그리고 또 하나 있는 것 같다/주요한 본론이 네 개는 있었다[…]주요한 본론이 4항목이 있는 것 같다/4항목4항목4항목……(「마케팅」)

주위(周圍) ①가까운 부근. ②사람을 둘러싸고 있는 환경, 또는 가까이에서 사귀고 관계하는 사람들. *주위까지도 저렇게 조용하게 만드는/마법을 가졌다니(「伏中」) *그의 주위를 몇 번이고 돌고 돌고 돌고(「등나무」) *먼 산정에 서 있는 마음으로 나의 자식과 나의 아내와/그 위에 놓인 잡스러운 물건들을 본다(「구름의 파수병」) *그는 재판관처럼 판단을 내리는 게 아니라 구제의 길이 없는 사물의 주위에 떨어지는 태양처럼 판단을 내린다(「미스터 리에게」) *나의 주위에 말짱 〈반동〉만 앉아 있어/객소리만 씨부리고 있었다는 것이/더욱이나 더욱이나 아니라(「황혼」) *우리의 주위에 너무나 많은 순교자들의 이 발견을/지금 나는 하고 있다(「이 한국문학사」)

주인(主人) 어떤 대상이나 물건을 소유한 사람. *달은 나의 등뒤에서 병풍의 주인 六七翁海士의 印章을 비추어주는 것이었다(「병풍」) *가구점의 문앞에서 책꽂이를/묶어주는 철쭉꽃빛 루즈를 바른/주인 여자의 얼굴—(「네 얼굴은」) *손님으로 온 나는 이 집 주인과의 이야기도 잊어버리고[…]제트기 벽화 밑의 나보다 더 뚱뚱한 주인 앞에서/나는 결코 울어야 할 사람은 아니며(「달나라의 장난」) *피아노의 주인은 나를 보고/시를 쓰니 음악도 잘 알 게 아니냐고/한 곡 쳐보라고 한다(「피아노」) *마당은 주인의 마음이 숨어 있지 않은 것처럼 安穩한데(「휴식」) *밭주인이 보면 질색을 할 노릇이지만/이 밭주인은 차밭 주인의 소작인이다(「반달」)

주인년(主人—) 어떤 대상이나 물건을 소유한 여자를 낮잡아 이르는 말. *설렁탕집 돼지 같은 주인년한테 욕을 하고/옹졸하게 욕을 하고(「어느 날 고궁을 나오면서」)

주작(朱雀) 상상의 동물로 남쪽의 방위를 맡고 있다는 신령스러운 새. *날아가던 朱雀星/깃들인 矢箭/붉은 柱礎에 꽂혀있는/반절이 과하도다//아아 어인 일이냐/너 주작의 星火(「廟庭의 노래」)

주작성(朱雀星) 별자리 이름. ☞ 주작. *날아가던 朱雀星/깃들인 矢箭/붉은 柱礎에 꽂혀있는/반절이 과하도다(「廟庭의 노래」)

주장하다(主張—) 의견이나 생각, 권리 따위를 굳게 내세우다.
주장하지만 *나는 點燈을 하고 새벽모이를 주자고 주장하지만/여편네는 지금 주는 것으로 충분하다는 것이다(「만용에게」)

주재하다(主宰—) 책임을 지고 일을 맡아 처리하다.
　주재하는 *이것을 떼먹은 년은 우리 여편네가 든/契의 오야가 주재하는/우리 여편네는 들지 않은 백만 원짜리/계의 멤버로 인형을 만들어 파는 년이라나(「판문점의 감상」)

주저(躊躇) 머뭇거리거나 행동하지 못하고 망설이는 것. *그러나 그 비애에 찬 선조도 하나가 아니기에/너는 다시 부끄러움과 躊躇를 품고 숨 가빠하는가(「九羅重花」)

주저하다(呪詛—) 저주하다.
　呪詛하지 *이러한 목표는 극장 의회 기계의 齒車/선박의 索具 등을 呪詛하지 않는다(「영롱한 목표」)

주전자(酒煎子) 술이나 물 따위를 데우거나, 담아서 따를 수 있게 작은 주둥이와 뚜껑, 손잡이가 있는 그릇. *어둠속에 비치는 해바라기와…… 주전자와…… 흰 벽과……(「사치」) *난로 위에 끓어오르는 주전자의 물이 아슬/아슬하게 넘지 않는 것처럼 사랑의 節度는/열렬하다(「사랑의 변주곡」)

주정(酒酊) 술에 취해 정신없이 하는 말이나 행동. *기진맥진하여서 술을 마시고/기진맥진하여서 주정을 하고(「미숙한 도적」)

주초(柱礎) '주추'의 비표준어. 기둥 밑에 괴는 큰 돌이나 단단한 물건. *날아가던 朱雀星/깃들인 矢箭/붉은 柱礎에 꽂혀있는/반절이 과하도다(「廟庭의 노래」)

주파(周波) 소리나 전파의 파동이 일정하게 되풀이 될 때 한 차례의 파동. *6이 KBS 제2방송/7이 동 제1방송/그 사이에 시시한 주파가 있고(「라디오 계」)

주홍나비(朱紅—) 작은주홍부전나비. 편날개의 길이는 3.2cm. 앞날개의 빛깔은, 봄형의 경우 등색을 띤 붉은색에 검은 점이 흩어져 있고, 여름형의 경우 검은빛이 돈다. 뒷날개는 검은 갈색 바탕에 네 개의 검은 점 무늬가 있고 뒷면은 잿빛 갈색이다. *시금치밭에 앉은 흑나비와 주홍나비모양으로/나의 과거와 미래가 숨바꼭질만 한다(「적」)

죽 곡식에 물을 많이 넣고 오래 끓여 미음보다는 되고 밥보다는 묽게 만든 음식. *단식을 하고 나서 죽을 먹고/그 다음에 밥을 떡국을 먹었는데/새삼스럽게 소화불량증이 생겼다(「轉向記」)

죽다 ①목숨이 끊어지다. ②활기나 생기가 없어지다. ③더할 나위없이 심하다.
　죽겠는데 *나는 하필이면/왜 이 詩를/잠이 와/잠이 와/잠이 와 죽겠는데/왜/지금 쓰려나(「〈4·19〉시」)
　죽고 *6·25 때에 남편을 잃고 큰아이는 죽고/남은 계집애 둘을 데리고/재전략한 여자가 여기 있구나(「滿洲의 여자」) *불이 튕기고 별이 튕기고 영원의/행동이 튕기고 자고 깨고/죽고 하지만(「먼지」)
　죽는 *현대의 종교는 〈출발〉에서 죽는 榮譽/그 누구의 시처럼(「비」)
　죽어 *주변 없는 사람이 만져서는 아니 될 책/만지면은 죽어버릴 듯 말 듯 되는 책(「가까이 할 수 없는 서적」) *내가 만일 포로가 아니 되고 그대로 거기서 죽어버렸어도(「조국에 돌아오신 傷病捕虜 동지들에게」) *오 죽어 있는 방대한 서책들//너를 보는 설움은 피폐한 고향의 설움일지도 모른다(「국립도서관」) *나의 靈은 죽어 있는 것이 아니냐…]우스워라 나의 靈은 죽어 있는 것이 아니냐(「死靈」) *도회에서 태어나서 도회에서 죽어가는 사람들은/젊은 몸으로 죽어가는 前線의 전사에 못지않게 불쌍하다고 생각하며(「미숙한 도적」) *저 광막한 양지 쪽에 반짝거리는/파리의 소리 없는 소리처럼/나는 죽어가는 법을 알고 있는 사람이기 때문이리라(「파리와 더불어」)
　죽어라 *모든 게 중단이다 소리도 思念도 죽어라/중단이다 명령이다(「피아노」) *콧노래를 부르더니 그만두었구나— 너도 어지간한 놈이다— 요놈— 죽어라(「잔인의 초」) *죽어라 이성을 되찾기 전에[…]죽어라 돈을 받기보다는/죽어라 돈을 받기 전에(「네 얼굴은」)
　죽어서 *겨울의 꿈 깨어진 유리의 제임스 띵/이제는 죽어서 불을 쬐인다(「제임스 띵」)
　죽은 *나는 옛날에 죽은 친구를/잠시 생각한다(「거리1」) *죽은 옛 연인을 찾는 마음으로/잃어버린 길을 다시 찾은 반가운 마음으로/우리가 찾은 혁명을 마지막까지 이룩하자[…]죽은 옛 연인을 찾는 마음으로/잃어버린 길을 다시 찾은 반가운 마음으로/우리는 우리가 찾은 혁명을 마지막까지 이룩하자(「기도」) *여기에 있는 것은 중용이 아니라/踏步다 죽은 평화다 懶惰다 무위다(「중용에 대하여」) *내일의 채귀를/죽은 뒤의 채귀를 걱정하는/장시만 장시만 안 쓰려면 돼(「장시1」) *두부를 엉기게 하는 따뜻한 불도/졸고 있는 잡초도/이 무감각의 비애가 없이는 죽은 것(「장시2」) *옛날 추억이 들은 그러나 일년 내내 한번도 펴본 일이 없는/죽은 기억의 휴지(「후란넬 저고리」) *奇蹟을 기적으로 울리게 한다/죽은 기적을 산 기적으로 울리게 한다(「참음은」) *웃는 얼굴을 더 웃게 하고/죽은 사람을 되살아나게 한다(「거위 소리」) *죽은 고기처럼 혈색 없는 나를 보고/얼마전에는 애 업은 여자하고 오입을 했다고 한다(「강가에서」) *이 죽은 순교자들을 어떻게 생각해야 하나(「이 한국문학사」) *죽은 행동이 계속된다 너와 내가 계속되고/전화가 울리고 놀라고 놀래고/끝이 없어지고 끝이 생기고 겨우/망각을 실현한 나를 발견한다(「먼지」)

죽을 *동무여 이제 나는 바로 보마/사물과 사물의 생리와/사물의 수량과 한도와/사물의 우매와 사물의 명석성을//그리고 나는 죽을 것이다(「孔子의 생활난」) *밤이 산등성이에 넘어 내리는 새벽이면/모기의 피처럼/시인이 쏟고 죽을 오욕의 역사(「광야」)

죽지만은 *나비의 몸이야 제철이 가면 죽지만은/그의 몸에 붙은 고운 지분은/겨울의 어느 차디찬 등잔 밑에서 죽어 없어지리라[…]살아있는 듯이 나비가 죽어 누운/무덤 앞에서/나는 나의 할 일을 생각한다[…]나비야 나비야 더러운 나비야/네가 죽어서 지분을 남기듯이/내가 죽은 뒤에는/고독의 명맥을 남기지 않으려고(「나비의 무덤」)

죽순(竹筍) 대나무의 어린 싹. *자라나는 竹筍 모양으로/부탁만이 늘어간다[…]차라리 죽순같이 자라는 대로 맡겨두련다[…]오늘밤도 보아야 할 죽순의 거치러운/꿈은/완전히 무시를 당하고 나서야/비로소 안심할 수 있는[…] 너는 불행하기 짝이 없는 죽순이다//유일한 시간을 연상시키는/만만하지 않은 부탁과 죽순이 자라노니라(「付託」)

죽음 죽는 것. 죽은 상태. *사실은 벌써 滅하여 있을 너의 꽃잎 위에/이중의 봉오리를 맺고 날개를 펴고/죽음 위에 죽음 위에 죽음을 거듭하리/구라중화(「九羅重花」) *그러나/고독한 사람의 죽음은 이러하지는 않다(「나비의 무덤」) *이 방에서 저 방으로 할머니가 계신 방에서/심부름하는 놈이 있는 방까지 죽음 같은/암흑 속을 고양이의 반짝거리는 푸른 눈망울처럼/사랑이 이어져가는 밤을 안다(「사랑의 변주곡」) 죽음보다도 엄숙하게/귀고리보다도 더 가까운 곳에/종소리보다도 더 영롱하게[…]죽음보다도 엄숙하게/귀고리보다도 더 가까운 곳에/종소리보다도 더 영롱하게(「영롱한 목표」) *그대의 정의도 우리들의 섬세도/행동이 죽음에서 나오는/이 욕된 교외에서는/어제도 오늘도 내일도 마음에 들지 않아라(「死靈」) *죽음을 잊어버린 영혼과 육체를 위하여/눈은 새벽이 지나도록 살아 있다(「눈」(1956)) *〈시대에 뒤떨어지는 것이 무서운 게 아니라/어떻게 뒤떨어지느냐가 무서운 것〉이라는 죽음의 잠꼬대여(「광야」) *오므라질 때는 무궁화는 그보다 조금쯤 더 길고/진한 빛,/죽음의 빛인지도 모르는 놈……(「말복」) *내 생명은 이미 맡기어진 생명/나의 질서는 죽음의 질서/온 세상이 죽음의 가치로 변해 버렸다[…]죽음을 꿰뚫는 가장 무력한 말/죽음을 위한 말 죽음에 섬기는 말(「말」(1964)) *언어가 죽음의 벽을 뚫고 나가기 위한/숙제는 오래된다(「설사의 알리바이」) *그런 가슴의 죽음의 표식만을 지켜온,/밑바닥만을 보아온, 빈곤에 마비된 눈에/하늘을 가리켜주는 잡지 VOGUE야(「VOGUE야」) *죽음이 싫으면서/너를 딛고 일어서고/시간이 싫으면서/너를 타고 가야 한다(「네이팜 탄」) *어린 놈 너야/죽음이 오더라도/이제 성을 내지 않는 법을 배워주마[…]죽음 아래의 단 하나의 어린애(「여편네의 방에 와서」) *우스운 것이 사람의 죽음이다/우스워하지 않고서 생각할 수 없는 것이 사람의 죽음이다[…]동생뿐이 아니라/그의 죽음뿐이 아니라/혹은 그의 실종뿐이 아니라/그를 생각하는/그를 생각할 수 있는/너까지도 다 함께 숭배하고 마는 것이/숭배할 줄 아는 것이/나의 인내이니까(「누이야 장하고나」)

죽이다 ①누구의 목숨을 끊어지게 하다. ②기세, 기운, 감정 등을 누그러뜨리거나 없애다.
　죽여 ＊대한민국에서는 공산당만이 아니면/사람 따위는 기천 명쯤 죽여보아도 까딱도 없거든(「만시지탄은 있지만」)
　죽이고 ＊하나 죽이고/둘 죽이고/넷 죽이고/…………//야 고만 죽여라 고만 죽여(「거미잡이」)
　죽이는 ＊순간이 순간을 죽이는 것이 현대/현대가 현대를 죽이는〈종교〉(「비」) ＊결단은 이제 여자의 것이다/나를 죽이는 여자의 유희다(「금성라디오」)

준비(準備) 앞으로 해야 할 일에 필요한 것을 미리 갖추는 것. ＊오늘도 어제와 같이 괴로운 잠을/이루울 준비를 해야 할 이 시간에/괴로움도 모르고/나는 이 책을 멀리 보고 있다(「가까이 할 수 없는 서적」)

준비하다(準備─) 앞으로 해야 할 일에 필요한 것을 미리 갖추다.
　준비하고 ＊여름 뜰이여/나는 너에게 희생할 것을 준비하고 있노라(「여름 뜰」) ＊3월을 바라보는 마른 나무들이/사랑의 봉오리를 준비하고 그 봉오리의/속삭임이 안개처럼 이는 저쪽에 쪽빛/산이(「사랑의 변주곡」)

준엄하다(峻嚴─) 조금의 여지도 없이 매우 엄격하다.
　준엄한 ＊〈시간은 시간을 먹는 듯이 바쁘기만 하다〉는/기계가 아닌 자옥한 안개 같은/준엄한 태산 같은/시간의 퇴적뿐이 아닐 것이냐(「네이팜 탄」)

준이 사람 이름. ＊영숙아 기환아 천석아 준이야 만용아/프레지던트 김 미스 리/정순이 박군 정식이/그놈의 사진일랑 소리없이 떼어 치우고(「우선 그놈의 사진을 떼어서 밑씻개로 하자」)

줄¹ ①무엇을 동이거나 양쪽에 건너질러 매거나 하는 데 쓰는 긴 물건을 통틀어 이르는 말. ②가로나 세로로 그은 선. ③벌여 선 행렬. ＊한 줄 건너 두 줄 건너 또 내릴까//폐허에 폐허에 눈이 내릴까(「눈」(1966)) ＊끝으로〈모두 적당히 가면을 쓰고 있다〉라는/한 줄도 빼어놓기로 한다(「중용에 대하여」) ＊시간이 나비모양으로 이 줄에서 저 줄로/춤을 추고/그 사이로/4월의 햇빛이 떨어졌다(「백지에서부터」)

줄² (의존명사) 어떤 방법이나 셈속 등의 뜻을 나타내는 말. ＊내가 추악하고 우둔한 얼굴을 하고 있으면/너도 우둔한 얼굴을 만들 줄 안다(「풍뎅이」) ＊나는 원래가 약게 살 줄 모르는 사람이다(「조국에 돌아오신 傷病捕虜 동지들에게」) ＊설움을 역류하는 야릇한 것만을 구태여 찾아서 헤매는 것은/우둔한 일인 줄 알면서/그것이 나의 생활이며 생명이며 정신이며 시대이며 밑바닥이라는 것을 믿었기 때문에(「방안에서 익어가는 설움」) ＊나는 태양을 주웠다고 생각하지는 않았지만/설마 이런 것이 올 줄이야(「PLASTER」) ＊내가 웃는 것은 세상을 향하여서가 아니라/너를 보고 짓는 짓궂은 웃음인 줄 알아라(「너는 언제부터 세상과 배를 대고 서기 시작했느냐」) ＊흥분할 줄 모르는 나의 생리와/방향을 가리지 않고 서 있는 서가 사이에서/도적질이나 하듯이 희끗희끗 내어다보는 저 흰 벽들은/무슨 鳥類의 屎尿와도 같다(「국립도서관」) ＊조심하여라! 자중하여라! 무서워할 줄 알아라!(「여름 뜰」) ＊고난이 풍선같이 바람에 불리거든/너의 힘을 알리는 신호인 줄 알아라(「지구의」) ＊승패의 차이를 계산할 줄 아는/포탄의 이성이여(「조그마한 세상의 지혜」) ＊그대들은 유구한 公序良俗 정신으로/위정자가 다 잘해 줄 줄 알고만 있다(「육법전서와 혁명」) ＊실망의 가벼움을 재산으로 삼을 줄 안다(「그 방을 생각하며」) ＊너까지도 다 함께 숭배하고 마는 것이/숭배할 줄 아는 것이/나의 인내이니까(「누이야 장하고나!」) ＊더러운 일기는 찢어버려도/짜장 재주를 부릴 줄 아는 나이와 詩(「시」(1961)) ＊이것이 얼마나 죄가 많은 다리인 줄 모르고/식민지의 곤충들이 24시간을/자기의 다리처럼 건너다닌다(「현대식 교량」) ＊학교 밖에서 본 모든 것이/반드시 정말이 아니라는 것을 알았고/너의 어린 의사를 발표할 줄 알았다(「65년의 새해」) ＊「아녜요」하면서 오야붕을 응원하려 들었지만 내가 그놈들에게/언권을 줄 리가 없다(「제임스 띵」) ＊저놈은 내가 말을 걸 줄 알지/아까 점심때처럼 그렇게 나긋나긋할 줄 알지/시금치 이파리처럼 그렇게 부드러울 줄 알지(「잔인의 초」) ＊그가 그전하곤 달라졌어/그는 이제 조용하게 나를 경멸할 줄 알아(「H」) *바람의 고개는 자기가 일어서는 줄/모르고 자기가 가 닿은 언덕을/모르고(「꽃잎1」) *하나의 행동이 열의 행동을 부르고/미리 막을 줄 알고 미리 막아져 있고/미리 칠 줄 알고 미리 쳐들어가 있고(「먼지」) *캘리포니아라는 곳에서 온 것만은/확실하지만 누가 지은 것인 줄도 모르는(「가까이 할 수 없는 서적」) *나는 그러한 밤에는 부엉이의 노래를 부를 줄도 안다(「서시」) *땅에만 소음이 있는 줄만 알았더니/하늘에도 천둥이, 우리의 귀가/들을 수 없는 더 큰 천둥이 있는 줄/알았다 그것이 먼저 있는 줄 알았다(「여름 밤」) *광야에 와서 어떻게 드러누울 줄을 알고 있는/나는 너무나도 악착스러운 몽상가(「광야」) *성속이 같다는 원효/대사가 이런 기계의 영광을 누릴/줄이야 〈제니〉의 덕택을 입을/줄이야 〈제니〉를 〈제니〉를 사랑할 줄이야/긴 것을 긴 것을 사랑할 줄이야/긴 것 중에 숨어 있는 것을 사랑할 줄이야/저절로 이루어지는 것이 긴 것 가운데/있을 줄이야//그것을 찾아보지 않을 줄이야 찾아보지/않아도 있을 줄이야 긴 것 중에는/있을 줄이야 어렵히 어렵히 있을/줄이야 나도 모르게 있을 줄이야(「원효대사」)

줄곧 어떤 일이 있은 다음부터 잇달아, 계속. *사전이 앞을 가는 변화의 詩/감기가 가도 감기가 가도/줄곧 앞을 가는 사전의 詩/詩(「시」)(1961))

줄기 나무나 풀의 작은 가지나 잎이 붙는 중심 되는 부분. *두 줄기로 뻗어올라가던 놈이/한 줄기가 더 생긴 것이 며칠 전이었나[…]두 줄기로 뻗어올라가던 놈이/한 줄기가 더 생긴 것이 며칠 전이었나[…]두 줄기로 뻗어올라가던 놈이/한 줄기가 더 생긴 것이 며칠 전이었나(「등나무」) *꽃이 피어나는 순간/푸르고 연하고 길기만 한 가지와 줄기의 내면은/완전한 공허를 끝마치고 있었던 것이다(「꽃2」)

줄넘기 각 줄 끝을 두 손으로 잡고 앞뒤로 돌리며 뛰는 놀이나 운동, 또는 그 놀이 기구. *꽃이 열매의 상부에 피었을 때/너는 줄넘기 장난을 한다(「孔子의 생활난」)

줍다 집어 가지다.

주웠다고 *나는 태양을 주웠다고 생각하지는 않았지만/설마 이런 것이 올 줄이야(「PLASTER」)

중(中) ①가운데, 속. ②동안, 그 사이. *긴 것 중에 숨어 있는 것을 사랑할 줄이야[…]긴 것 중에는/있을 줄이야 어렵히 어렵히 있을/줄이야(「원효대사」) *더러운 것 중에도 가장 더러운/썩은 것을 찾으면서/비로소 마음 취하여 보는/이 더러운 길(「더러운 향로」) *나의 눈을 흡수하는 모든 물건/그 중에도/빈 사무실에 놓인 무심한/집물(「거리1」) *그리고 여인 중에도 가장 아름다운 그네여(「거리2」) *10만 원 중에서 5만 원만 줄까 3만 원만 줄까/하고 망설였지(「이혼 취소」) *그 무수한 말 중의 제일 첫마디는/「나는 졌노라……」(「말복」) *계수가 아이를 배서 조용하고/식모 아이는 사랑을 하는 중이라네(「伏中」)

중간(中間) 두 사물이나 현상의 사이. *꺼먼 얼굴이며 노란 얼굴이며 찌그러진 얼굴이며가 모두 환상과 현실의 중간에 서서 있기에(「거리2」) *축소와 확대의 중간에 선 그들의 얼굴/강력과 기도가 일체가 되는 거리에서/너는 비로소 겸허를 배운다(「예지」)

중공(中共) 수교 이전에 중국(중화인민민주주의공화국)을 부르던 명칭. *지금 나는 자고 깨고 하면서 더 지루한/中共의 욕을 쓰고 있는데(「轉向記」)

중단(中斷) 중도에서 멎거나 그만두는 것. *중단과 계속과 해학이 일치되듯이/어지러운 가지에 꽃이 피어오른다(「꽃2」) *전등에서 消燈으로/소음에서 라디오의 중단으로/모조품 銀丹에서 仁丹으로(「X에서 Y로」) *모든 게 중단이다 소리도 思念도 죽어라/중단이다 명령이다/부정기적인 중단/부정기적인 위협(「피아노」)

중립(中立) 대립하는 두 세력이나 국가 사이에서 어느 편에도 치우치지 않는 중간적인 입장, 또는 그 위치. *사회주의자는 네에미 씹이다 통일도 중립도 개좆이다(「거대한 뿌리」) *선이 아닌 모든 것은 악이다 신의 地帶에는/중립이 없다(「이혼 취소」)

중립사상연구소(中立思想硏究所) 당대 사상 연구소의 한 곳으로 추정됨. *하물며/중립사상연구소에는/그림자도 비친 일이 없다(「이놈이 무엇이지?」)

중서면(中西面) 지명. 한국 전쟁 때 김수영은 1950년 8월, 의용군에 강제 입대 평남 개천 야영 훈련소에서 한 달간 훈련을 받은 후 순천군 중서면 부근에 배치되었음. *악귀의 눈동자보다도 더 어둡고 무서운 밤에 中西面 內務省 군대에게 체포된 일을 생각한다(「조국에 돌아오신 傷病捕虜 동지들에게」)

중순(中旬) 한 달의 중간이 되는 열흘간. *9월 중순 차나무는 거의/내 키만큼 자라나고(「반달」)

중심지(中心地) 중심이 되는 지역. *여기는 도회의 중심지/고개를 두리번거릴 필요도 없이/태연하다(「거리1」)

중앙선(中央線) 서울특별시 청량리역과 경상북도 경주 사이를 잇는 철도. 1942년 4월 1일에 개통되었으며 1973년에 청량리와 제천 사이를 잇는 구간이 복선 전철화되었다. *그 다음에는 나는 중앙선 어느 협곡에 있는 역에서 백여 리나 떨어진 광산촌에 두고 온 잃어버린 겨울 모자를 생각한다(「시골 선물」) *돌아오는 길에/차창에서 내다본 중앙선의 복선공사에 동원된/갈대보다도 더 약한 소년들과 부녀자들의/노동의 慘景에 대한 편지도 못 쓰겠소(「美濃印札紙」)

중요하다(重要—) 요긴하고 소중하다.
  중요하다는 *그것/이 책보다 더 중요하다는 걸 모르지.(「엔카운터 誌」)
  중요한 *중요한 것은 야밤이다(「이 한국문학사」) *중요한 것은//괴로움과 괴로움의 이행이다(「설사의 알리바이」)

중용(中庸) 어느 한 쪽으로도 치우치지 않고, 넘치지도 모자라지도 않는, 알맞은 상태나 정도, 또는 그런 일. *中庸은 여기에는 없다 […]여기에 있는 것은 중용이 아니라/踏步다 죽은 평화다 懶惰다 무위다//단 〈중용이 아니라〉의 다음에 〈反動이다〉라는/말은 지워져 있다(「중용에 대하여」) *제일 높은 砂岸에/닿으려고 싸우듯이/너도 나도 취하는/中庸의 술잔(「술과 어린 고양이」)

중지시키다(中止—) 일 따위를 중간에서 멈추거나 그만두게 하다.
  중지시킨다 *그러니까 이 다리를 건너갈 때마다/나는 나의 심장을 기계처럼 중지시킨다(「현대식 교량」)

중지하다(中止—) 일 따위를 중간에서 멈추거나 그만두다.
  중지한 *나의 혼, 목욕을 중지한 시인의 혼을 마셨다고/炎天의 혼을 마셨다고 어찌 신용하랴(「등나무」)

중턱(中—) 중간 정도의 높이인 곳. *나는 커다란 서른아홉 살의 중턱에 서서/서슴지 않고 꿈을 버린다(「달밤」)

중퇴(中退) 완전히 마치지 않고 중도에서 학업을 그만두는 것. *한사코 ××대학 중퇴가 ××대학 졸업으로 誤植이 돼 나오니/이렇게 돼서야 그만이지(「파자마 바람으로」)

쥐 사람의 집 주변에 구멍을 뚫고 살면서 음식물 따위를 훔쳐 먹는, 잿빛의 꼬리가 긴 작은 동물. *이런 때면 매년 이맘때쯤 듣는/병아리 우는 소리와/그의 원수인 쥐 소리를 혼동한다(「백지에서부터」) *이번에는 우리가 쥐가 되고 살쾡이가 되고 진드기가 되더라도(「기도」) *쥐보다 좀 큰 도적일 거라 아마/그 정도일 거라(「도적」) *배암에게 쐐기에게 쥐에게 살쾡이에게/진드기에게 악어에게 표범에게 승냥이에게[…]이번에는 우리가 쥐가 되고 살쾡이가 되고 진드기가 되더라도/이번에는 우리가 악어가 되고 표범이 되고 승냥이가 되고 늑대가 되더라도(「기도」) *그 아귀란 놈이 들어오고 나갈 때마다 집어갈 돈/풀방구리를 드나드는 쥐의 돈(「돈」)

쥐똥 쥐의 배설물. *쥐똥도 제멋대로 내버려 두고/닭에는 발등을 물린 채/나의 숙제는 미소이다(「꽃」)

쥐새끼 아주 교활하고 잔일에 약삭빠른 사람을 속되게 이르는 말. *어두운 그늘 밑에 드나드는 쥐새끼들(「휴식」) *봄은 오고 쥐새끼들이 총알만한 구멍의 조직을 만들고[…]그러나 쥐구멍을 잠시 거짓말의 구멍이라고/바꾸어 생각해 보자[…]이 죄에는 사과의 길이 없다 봄이 오고/쥐가 나돌고 풀이 솟는다(「거짓말의 여운 속에서」)

쥐정 주정(酒酊). 술에 취하여 정신없이 말하거나 행동함 또는 그런 말이나 행동. ☞ 주정. *건너편 친구가 같이 자러 가자고 쥐정만 하니까(「滿洲의 여자」)

즉결하다(卽決─) 그 자리에서 바로 결정하여 처리하다.
　卽決하는 ＊태양은 자기가 내린 것을 거둬들이는데/시들은 자국을 남기지만 도처에서/도처에서/卽決하는 영혼이여(「말복」)

즉석(卽席) 일이 일어나는 바로 그 자리. ＊터무니없는 거짓말을 하여가지고 즉석에 거절하여 버렸다(「백의」)

즐거움 즐거운 느낌이나 마음. ＊보다 더 작은 나의 즐거움을 피력하고 싶다(「이 한국문학사」) ＊거룩한 산에 가 닿기/전에는 즐거움을 모르고 조금/안 즐거움이 꽃으로 되어도/그저 조금 꺼졌다 깨어나고(「꽃잎1」)

즐겁다 마음에 들어 기쁘다. 만족스럽다.
　즐거운 ＊즐거운 골목(「아픈 몸이」)
　즐거웁구나 ＊언청이야 언청이야 이발쟁이야 너의/보꾹에 바른 신문지의 활자가 즐거웁구나(「제임스 띵」)
　즐거워 ＊집과 문명을 새삼스럽게/즐거워하고 또 비판한다(「가옥 찬가」)
　즐겁게 ＊지극히 시시한 발견이 나를 즐겁게 하는 야밤이 있다(「이 한국문학사」)

즐기다 무엇을 좋아하여 거기에 마음을 쏟다.
　즐기고 ＊내가 지금 순한 고개를 숙이고/온 마음을 다하여 즐기고 있는 서책은/위대한 고대 조각의 사진(「나의 가족」)

즐비하다(櫛比─) 빽빽하게 죽 늘어서 있다.
　즐비한 ＊四星將軍이 즐비한 거대한 파티 같은 풍성하고 너그러운 풍경을 바라보면서/나에게는 잔이 없다(「네이팜 탄」)

증명(證明) 증거를 들어서 어떤 사건이나 내용이 참인지 거짓인지, 또는 옳은지 그른지를 판단하는 것. ＊누가/보았는가 무엇을 보았는가 일절 말하지 말아라/그것이 우리의 증명이다(「설사의 알리바이」)

증언(證言) 어떤 사건이나 내용이 사실인지 아닌지를 말로써 밝히는 것. ＊횃불로 검은 물속을 비춰가며 고기를 잡는 배가 증언처럼 다가오고(「말」(1958))

증오(憎惡) 몹시 원망하고 미워하는 것. ＊아아 그리고 저 도봉산보다도/더 큰 증오도/굴욕도/계집애 종아리에만/눈이 가던 稚氣도/그밖의 무수한 잡동사니 잡념까지도/깨끗이 버리고(「檄文」) ＊증오가 가고 이슬이 번쩍이고/음악이 오고 변화의 시작이 오고(「먼지」)

증오하다(憎惡─) 몹시 원망하고 미워하다.
　증오하고 ＊20원을 받으러 세 번씩 네 번씩/찾아오는 야경꾼들만 증오하고 있는가(「어느 날 고궁을 나오면서」)
　증오하지 ＊네가 씹는 음식에 내가 증오하지 않음이/내가 겨우 살아있는 표시라[…]증오가 가고 이슬이 번쩍이고/음악이 오고 변화의 시작이 오고(「먼지」)

증인(證人) 어떤 사실을 증명하거나 증언하는 사람. ＊다리는 이러한 정지의 증인이다(「현대식 교량」)

지¹ 때로부터. ＊청한 지 반 시간만에 떠다 주는 냉수를 한 대접 마시고(「미숙한 도적」) ＊서울에 돌아온 지 일주일도 못 되는 나에게는 도회의 소음과 狂症과 속도와 허위가 새삼스럽게 밉고 서글프게 느껴지고(「시골 선물」) ＊낭만적 위대성을 잊어버린 지 오랜 네가 인류를 위하여 산다는 것도 거짓말에 가까운 것이지만(「기자의 정열」) ＊그녀가 온 지 두 달 만에 우리들은 처음으로완성되었다(「식모」)

지(誌)² '잡지'의 준말. ＊작품 제복임(「아메리카 타임 誌」) ＊작품 제복임(「엔카운터 誌」)

지각하다(知覺─) 깨닫다.
　지각하고 ＊나의 소란을 하나 더 보탠 것에 만족을/느낀 것은 절망에 지각하고 난 뒤이다.(「전화 이야기」)

지게작대기 지게를 세울 때에 받치는 작대기. ＊불안이란 놈 지게작대기보다도/더 간단하거든(「만시지탄은 있지만」)

지겹다 같은 일이 자꾸 되풀이되어 재미가 없고 싫다.
　지겨워 ＊나의 프레이저의 책 속의 낱말이/송충이처럼 꾸불텅거리면서 어찌나 지겨워 보이던지(「파자마 바람으로」)

지구(地球) 태양을 중심으로 하여 도는 태양계의 한 행성으로서 인류가 살고 있는 땅덩어리. ＊지구에 묻은 풀잎같이/나에게 묻은 서책의 숙련―(「서책」) ＊발목이 굵은 여자들이 많이 사는 나의 마을로/지구에서 지구로(「X에서 Y로」) ＊지구와 우주를 진행시키기 위해서

(「伏中」)

지구의(地球儀)   지구의 모양을 본떠서 만든 모형. *地球儀의 양극을 관통하는 생활보다는/차라리 지구의의 남극에 생활을 박아라/지구의의 남극에는 검은 쇠꼭지가 심겨 있는지라─/무르익은 사랑을 돌리어보듯이/북극이 망가진 지구의를 돌려라(「지구의」)

지극히(至極─)   더할 나위 없이 아주. *작열할 지점을 향하여/지극히 정확한 각도로 날아가는/포탄이/행복의 파편과 영광과 熱度로써/목적을 이루게 되기 전에(「조그마한 세상의 지혜」) *지극히 시시한 발견이 나를 즐겁게 하는 야밤이 있다[…]지극히 시시한 이 발견을 웃지 마라(「이 한국문학사」)

지금   이 때. *제2차 대전 이후의/긴 긴 역사를 갖춘 것 같은/이 엄연한 책이/지금 바람 속에 휘날리고 있다(「가까이 할 수 없는 서적」) *우리집 뜰앞 토끼는 지금 하얀 털을 비비며 달빛에 서 있다(「토끼」) *정말 속임 없는 눈으로/지금 팽이가 도는 것을 본다[…]팽이는 지금 수천 년 전의 聖人과 같이/내 앞에서 돈다(「달나라의 장난」) *나는 지금 자유를 연구하기 위하여 『나는 자유를 선택하였다』의 두꺼운 책장을 들춰볼 필요가 없다[…]지금 이 땅에는 온갖 형태의 희생이 있거니(「조국에 돌아오신 傷病捕虜 동지들에게」) *나의 마음을 딛고 가는 거룩한 발자국소리를 들으면서/지금 나는 마지막 붓을 든다[…]지금 마음 놓고 고즈넉이 날개를 펴라(「九羅重花」) *아아 그러나 지금 이 방안에는/오직 시간만이 있지 않으냐(「방안에서 익어가는 설움」) *내가 지금 순한 고개를 숙이고/온 마음을 다하여 즐기고 있는 서책은/위대한 고대 조각의 사진(「나의 가족」) *지금 枯渴 시인의 절정에 서서//이름도 모르는 뼈와 뼈/어디까지나 뒤퉁그려져 나왔구나(「PLASTER」) *우리는 지금 동양의 諷刺를 그의 機體 안에서 느끼고야 만다(「헬리콥터」) *투명의 대명사 같은 너의 몸을/지금 나는 은폐물같이 생각하고/기대고 앉아서/안도의 탄식을 짓는다(「너는 언제부터 세상과 배를 대고 서기 시작했느냐」) *희한한 상상과 무수한 활자를/너에게 눌러주는 지금 이 순간에도/너는 아예 놀라지 말아라(「기자의 정열」) *나는 지금 산정에 있다(「구름의 파수병」) *나는 지금 간밤의 쓰디쓴 후각과 청각과 미각과 統覺마저 잊어버리려고 한다(「여름 아침」) *하루살이는 지금 나의 일을 방해한다(「하루살이」) *또 지금 헛되이 보내고 있구나(「밤」) *지금 참외와 수박을/지나치게 풍년이 들어/오이 호박의 손자며느리 값도 안 되게/헐값으로 넘겨버려 울화가 치받쳐서[…]지금 명수 할버이가 명석 위에 넘어져 자고 있는 동안에/가다오 가다오(「가다오 나가다오」) *잠이 와 죽겠는데/왜/지금 쓰려나(「(4·19)시」) *밤사이에 이슬을 마신 놈이/지금 나의 혼을 마신다(「등나무」) *나는 지금 일본 시인들의 작품을 읽으면서/내가 너무 자연스러운 전향을 한 데 놀라면서[…]지금 나는 자고 깨고 하면서 더 지루한/中共의 욕을 쓰고 있는데(「轉向記」) *나는 點燈을 하고 새벽모이를 주자고 주장하지만/여편네는 지금 주는 것으로 충분하다는 것이다(「만용에게」) *내가 지금 6학년 아이들의 과외공부집에서 만난/학부형회의 어떤 어머니에게 느낀 여자의 감각(「여자」) *우리의 주위에 너무나 많은 순교자들의 이 발견을/지금 나는 하고 있다(「이 한국문학사」) *이것을 지금 완성했다 아내여 우리는 이겼다(「이혼 취소」) *나는 지금 규제로 시를 쓰고 있다 타의의 규제/아슬아슬한 설사다(「설사의 알리바이」) *이 횡재물이 지금 우리집 뜰 아래 광에/들어 있다(「도적」) *지금 불란서 소설을 읽으면서 아직도 말하지/못한 한 가지 말─정치 의견의 우리말이/생각이 안 난다(「거짓말의 여운 속에서」) *지금 나는 21개국의 정수리에/사랑의 깃발을 꽂는다(「세계일주」) *지금같이 HIFI가 나오지 않았을 때[…]그 금덩어리 같던 소리를 지금은 안 듣는다[…]지금은 너무나 또렷한 입체음을 통해서/들어오는 이북 방송이 불온 방송이/아니 되는 날이 오면/그때는 지금 일본 말 방송을 안 듣듯이/나도 모르는 사이에 아무 미련도 없이/희한도 없이 안 듣게 되는 날이 올 것이다……(「라디오 계」) *시금치 이파리처럼 그렇게 부드러울 줄 알지/암 지금도 부드럽기는 하지만 좀 다르다(「잔인의 초」) *지금도 내가 반항하고 있는 것은 이 스펀지 만들기와/거즈 접고 있는 일과 조금도 다름없다(「어느 날 고궁을 나오면서」) *지금도 빌려줄 수는 있어. 그렇지만 안 빌려줄 수도/있어.[…]지금은 안 빌려주기로 하고/있는 시간야. 그래야 시간을 알겠어. 나는 지금 시간/과 싸우고 있는 거야.(「엔카운터 誌」) *그리고 그 당시의 시대가 지금보다 훨씬 좋았다고/누구나 어른들은 말하고 있으나[…]그러나 〈그때는 그때이고 지금은 지금〉이라고/구태여 달관하고 있는 지금의 내 마음에/샘솟아 나오려는 이 설움은 무엇인가[…]또 이 무수한 봄뭉아리─들은/지금 무엇을 銳意 연마하고 있는가(「국립도서관」) *지금은 이 번잡한 현실 위에 하나하나 환상을 붙여서 보지 않아도 좋다(「거리2」) *처갓집 옆의 지금은 매립한 개울에서 아낙네들이/양잿물 솥에 불을 지피며 빨래하던 시절을 생각하고(「거대한 뿌리」) *바다와 바다 사이에/지금의 3월의 구름이 내려앉듯/진실이 내려앉는다(「백지에서부터」) *지금의 적이 가장 무거운 것 같고 무서울 것 같지만/이 적이 없으면 또 다른 적(「적1」)

지긋지긋하다 진저리가 나도록 몹시 싫고 괴로워하다.
 지긋지긋한 *그 지긋지긋한 놈의 사진을 떼어서/조용히 개굴창에 넣고/썩어진 어제와 결별하자[…]협잡과 아부와 무수한 악독의 상징인/지긋지긋한 그놈의 미소하는 사진을─(「우선 그놈의 사진을 떼어서 밑씻개로 하자」)

지나가다 어떤 곳을 머무르거나 들르지 않고 거쳐서 가다.
 지나가는 *철망을 지나가는 비행기의/그림자보다는 훨씬 급하게/스쳐가는 나의 고독을/누가 무슨 신기한 재주를 가지고/잡을 수 있겠느냐(「더러운 향로」) *테이블 밑에 신경이 가고 탱크가 지나가는/沿道의 음악을 들어야 한다(「의자가 많아서 걸린다」)
 지나간 *지나간 생활을 지나간 벗같이 여기고/해 지자 헤어진 구슬픈 벗같이 여기고(「구슬픈 육체」) *나도 지나간 날에는 배우를 꿈꾸고 살던 때가 있었단다(「거리2」) *사람이 지나간 자국 위에 서서 부르짖는 것은/개와 도회의 詐欺師뿐이 아니겠느냐(「영롱한 목표」) *겨울이 지나간 밭고랑 사이에 남은/고독은 신의 무재주와 사기라고/하여도 좋았다(「초봄의 뜰 안에」)
 지나갈 *사랑의 기차가 지나갈 때마다 우리들의/슬픔처럼 자라나고(「사랑의 변주곡」)

지나다 거쳐서 가거나 오거나 하다.
 지나 *무식하게 사치스러운 공허의 서울의/간선도로를 지나/아직도 얼굴의 윤곽이 뚜렷하지 않은/발복이 굵은 여자들이 많이 사는 나의 마을로(「X에서 Y로」)
 지나고 *소나기가 지나고 바람이 불듯/하더니 또 안 불고(「여름 밤」)
 지나도록 *눈은 새벽이 지나도록 살아 있다(「눈」(1956)) *새벽에 준 조로의 물이/대낮이 지나도록 마르지 않고/젖어 있듯이(「파밭 가에서」)

지나인(支那人) 중국사람. '지나(支那)'는 '진(秦)'이 와전된 것으로 '중국(中國)'을 달리 이르는 말. *흘러가는 물결처럼/支那人의 의복/나는 또 하나의 해협을 찾았던 것이 어리석었다(「아메리카 타임 誌」)

지나치다 어떠한 정도를 넘어서다.
 지나치게 *지금 참외와 수박을/지나치게 풍년이 들어(「가다오 나가다오」)

지내다 생활하거나 살아가다.
 지내고 *야한 선언을/하지 않고 우물쭈물 내일을 지내고/모레를 지내는 것이 내가 약한 탓이다(「엔카운터 誌」)
 지내는 *거만과 오만을 잊어버리고/밝은 대낮에라도 겸손하게 지내는 妙理를 배우자(「거리2」) *검은 손과 발에 마구 상처를 입고와서/병든 사자처럼/벌거벗고 지내는(「가옥 찬가」) *모레를 지내는 것이 내가 약한 탓이다(「엔카운터 誌」)
 지낸다 *내일의 적으로 오늘의 적을 쫓을 수도 있다/이래서 우리들은 태평으로 지낸다(「적1」)

지니다 몸에 간직하여 가지다.
 지니고 *꽃같은 정성을 지니고/대한민국의 꽃을 이마 위에 동여매고 싸우고 싸우고 싸워왔다(「조국에 돌아오신 傷病捕虜 동지들에게」) *늬가 사는 엷은 세계는 자유로운 것이기에/생기와 신중을 한 몸에 지니고(「九羅重花」) *내가 너를 좋아하는 원인을/네가 지니고 있는 긴 역사였다고 생각한 것은 과오였다(「더러운 향로」) *그래서 그는 낮에도 밤에도/어둠을 지니고 있으면서/어둠과는 타협하는 법이 없다(「수난로」)

지다[1] 꽃이나 잎이 시들어 떨어지다. 해나 달이 서쪽으로 넘어가다.
  지고 *풀 속에서는 노란 꽃이 지고 바람소리가 그릇 깨지는/소리보다 더 서걱거린다(「미역국」)
  지자 *지나간 생활을 지나간 벗같이 여기고/해 지자 헤어진 구슬픈 벗같이 여기고(「구슬픈 육체」)

지다[2] 경기나 싸움 따위에서 상대에게 이기지 못하고 꺾이다.
  졌노라 *「나는 졌노라……」//*/자연은 〈여행〉을 하지 않는다(「말복」)
  졌다고 *―나는 확실히 하루살이에게 졌다고 생각한다―(「하루살이」)
  지고 *개의 울음소리를 듣고 그 비명에 지고/머리에 피도 안 마른 애놈의 투정에 진다(「어느 날 고궁을 나오면서」)
  지지 *이렇게 주기적인 수입 소동이 날 때만은/네가 부리는 독살에도 나는 지지 않는다//무능한 내가 지지 않는 것은 이때만이다(「만용에게」)

지다[3] 점점 어떤 상태로 되어 가다.
  지나 *나는 人聲도 옛날이야기처럼/멀리만 들리고/눈은 왜 이리 소경처럼 어두워만 지나(「장시2」)

지대(地帶) 일정한 범위의 땅. *신의 地帶에는/중립이 없다(「이혼 취소」)

지댓돌(址臺―) 지대를 쌓은 돌. 지대석(址臺石). *검은 철을 깎아 만든/고궁의 흰 지댓돌 위의/더러운 향로 앞으로 걸어가서(「더러운 향로」)

지도(地圖) 지구 표면의 전부 혹은 일부를 일정한 비율로 줄여 평면으로 그려 놓은 그림. *벽 위에 걸어놓은 지도가/한없이 푸르다[…]저것도/꿈이 아닌 꿈을 가리키는/내일의 지도다(「거리1」) *그 罪過를 그 방대한 21개국의 지도를/그대는 선물로 나에게 펼쳐 보이지만(「세계일주」)

지도책(地圖冊) 지도를 묶어놓은 책. ☞ 지도. *우리들의 전선은 지도책 속에는 없다(「하…… 그림자가 없다」)

지독하다(至毒―) 느끼기에 정도가 매우 심하다.
  지독하게 *한번 더 고비를 넘을 수도 있었는데 그만큼/지독하게 속이면 내가 곧 속고 만다(「性」)

지렁이 축축한 땅속이나 물속에 사는 가늘고 긴 자줏빛의 원통꼴 동물. *해발 이천육백 척의 고지에서/지렁이같이 꿈틀거리는 바닷바람이 무섭다고/구름을 향하여 도망하는 놈(「연기」)

지루하다 같은 상태가 계속되어 싫증이 나고 따분하다.
  지루하다고 *그리고 이러한 변명이 지루하다고 꾸짖는 독자에 대하여는/한마디 드려야 할 정당한 이유의 말이 있다(「조국에 돌아오신 傷病捕虜 동지들에게」)
  지루한 *지루한 전향의 고백/되도록 지루할수록 좋다/지금 나는 자고 깨고 하면서 더 지루한/中共의 욕을 쓰고 있는데(「轉向記」) *그들이 돌아오는 길에 주막거리에서 쉬는 10분 동안의/지루한 정차를 생각하게 하고(「참음은」)

지리교사(地理教師) 지리 과목을 가르치는 선생. *나는 오늘부터 지리교사모양으로 벽을 보고 있을 필요가 없고(「영롱한 목표」)

지방(地方) 행정 구획이나 다른 어떤 특징에 의해 나누어지는 지역. *아니 물소는 호남 지방에서는 못 보았는데(「시」(1961))

지방색(地方色) 특정 지역이 가지고 있는 고유의 특색. *제임스 띵의 위협감은, 이상한 지방색 공포감은/자유당 때와 민주당 때와 지금의 惡政의 구별을 말살하고(「제임스 띵」)

지배하다(支配―) 상대편의 위에서 군림하며 복종시켜 다스리다.
  지배하고 *그들은 나의 팔을 지배하고 나의/밥을 지배하고 나의 욕심을 지배한다(「모리배」)

지분(脂粉) 입술 연지와 분. *나비의 몸이야 제철이 가면 죽지만은/그의 몸에 붙은 고운 지분은/겨울의 어느 차디찬 등잔 밑에서 죽어 없어지리라[…]나비의 지분이/그리고 나의 나이가/무서운 인생의 공백을 가르쳐주려 할 때//나비의 지분에/나의 나이가 덮이려 할 때[…]나비야 나비야 더러운 나비야/네가 죽어서 지분을 남기듯이(「나비의 무덤」)

지붕 건축물의 위쪽을 덮는 부분. *내가 사는 지붕 위를 흘러가는 날짐승들이/울고 가는 울음소리에도/나는 취하지 않으련다[…]나의 얇은 지붕 위에서 솔개미같은/사나운 놈이 약한 날짐승들이 오기를 노리면서 기다리고[…]나의 초라한 검은 지붕에/너의 날개 소리를 남기지 말고(「도취의 피안」) *미곡창고 지붕에도 달려 있는/썩은 공기 나가는 지붕 위의 지붕만 있으면 돼(「장시1」)

지상(地上) 땅 위. *지상의 소음이 번성하는 날은/하늘의 소음도 번쩍인다[…]지상의 소음이 번성하는 날은/하늘의 천둥도 번쩍인다(「여름 밤」)

지서(支署) 본서에서 갈려나와 그 관할 아래서 어떤 곳의 일을 맡아보는 관서. *노상에서 지서의 순경을 만났더니(「파자마 바람으로」)

지성적(知性的) 지적인 것이나 그 작용에 관한 특성이나 능력에 근거하는 것. *천사 같은 여류작가의 냉철한 지성적인/눈동자는 거짓말이다(「이혼 취소」)

지식인(知識人) 일정한 수준 이상의 지식을 갖춘 사람. *일본의 〈진보적〉 지식인들은 소련한테는/욕을 하지 않는다고 한다[…]일본의 〈진보적〉 지식인들이 이 말을 들으면 필시 웃을 것이다(「轉向記」)

지아이 가리(GI —) 미군 부대원(GI) 식으로 머리를 짧게 자른 모양. 『김수영 전집』(민음사, 2003) 부록 참조. ☞ 가리. *더욱이나 그가 外國地 양복이나/지아이 가리를 하고 있었다는 것도 아니라(「황혼」)

지연시키다(遲延—) 어떤 일이 예정보다 시간이 오래 걸리게 하거나 늦추다.
지연시키고 *우주의 완성을 건 한 字의 생명의/귀추를 지연시키고(「꽃잎3」)

지옥(地獄) 이승에서 나쁜 짓을 많이 한 사람이 죽으면 가게 된다고 하는 고통으로 가득 찬 세계. *강물은 도도하게 흘러내려가는데/천국도 지옥도 너무나 가까운 곳(「여름 아침」)

*창문을 부수고 여편네를 때리고/지옥의 시까지 썼지만[…]지옥의 시를 쓰고 난 뒤에/그대의 출발이 잘못된 출발이었다고/알려주려고(「세계일주」)

지우다 안 보이게 없애거나 의식적으로 잊다.
지우기 *원수를 지우기 위해서/노란 꽃을 주세요(「꽃잎2」)
지우지 *영상을 꺾지 못하고/그 영상의 전후의 고민의 환희를 지우지 못한다(「풀의 영상」)
지워져 *단 〈중용이 아니라〉의 다음에 〈反動이다〉라는/말은 지워져 있다(「중용에 대하여」)
지워지는 *사그러져 가는 라디오의 재갈거리는 소리가/사랑처럼 들리고 그 소리가 지워지는/강이 흐르고(「사랑의 변주곡」)

지우산(紙雨傘) 대오리로 만든 살에 기름 먹인 종이를 바른 우산. *아니 그보다도 먼저/아까운 것이/지우산을 현장에 버리고 온 일이었다(「죄와 벌」)

지장(支障) 문제를 일으키거나 방해가 되는 장애. *지장이 없느니라/아무리 바빠도 지장이 없느니라 술 취했다고 일이 늦으랴(「술과 어린 고양이」)

지점(地點) 시간적 혹은 공간적인 한 위치. *작열할 지점을 향하여/지극히 정확한 각도로 날아가는/포탄이(「조그마한 세상의 지혜」)

지조(志操) 원칙과 신념을 꿋꿋이 지키려는 의지. *인제는 지조랑 영원히 버리고 마음 놓고/비수를 써(「만시지탄은 있지만」)

지주(地主) 자기 땅을 남에게 빌려주고 그 대가로 지대를 받는 사람. *복덕방 사기꾼도 도적놈 지주라도 좋으니 제발 순조로워라(「미역국」)

지지다 불에 달군 물건을 다른 물체에 대어 뜨겁게 하거나 타게 하다.
지져라 *아아 새까맣게 손때 묻은 육법전서가/표준이 되는 한/나의 손등에 장을 지져라(「육법전서와 혁명」)

지지하다(遲遲—) 질질 끌기만 하고 보잘것없다.
지지한 *지지한 노래를/더러운 노래를 생기 없는 노래를/아아 하나의 명령을(「서시」)

지층(地層) 서로 다른 시기에 생겼거나 형태

나 성분이 달라서 생긴 땅의 층. *혹은 세대를 가리키는 지층의 단면처럼 억세고도 아름다운 색깔(「나의 가족」)

지치다 힘든 일을 하거나 무엇에 시달려 힘이 빠지다.
　지쳐 *그러나/이 나라/백성들이/너무 지쳐 그러나/별안간/빚 갚을 것(「〈4·19〉시」)
　지쳤는지도 *그러기에는 나는 너무나/지쳤는지도 모른다(「旅愁」)
　지친 *자의식에 지친 내가 너를/막상 좋아한다손 치더라도(「연기」) *삶에 지친 者여/자를 보라/너의 무게를 알 것이다(「자」)

지키다 계속 보살피고 보호하거나 감시하다.
　지켜 *오늘에 네가 전하는 자유의 마지막 파편에/스스로 겸손의 침묵을 지켜가며 울고 있는 것이다(「헬리콥터」) *그런 가슴의 죽음의 표식만을 지켜온,/밑바닥만을 보아온, 빈곤에 마비된 눈에/하늘을 가리켜주는 잡지/VOGUE야//신성을 지키는 시인의 자리 위에 또 하나/넓은 자리가 있었던 것을 자식한테/가르쳐주지 않은 죄(「VOGUE야」)
　지키고 *그 방의 벽에는 싸우라 싸우라 싸우라는 말이/헛소리처럼 아직도 어둠을 지키고 있을 것이다(「그 방을 생각하며」) *까딱 마시오 손 하나 몸 하나/까딱 마시오/눈 오는 것만 지키고 계시오……(「눈」(1961))
　지킨다 *이 어두운 신은 밤에도 외출을 못하고 자기의 영토을 지킨다(「수난로」)

지팡이 걸음걸이에 도움을 받기 위하여 짚는 막대기 *여름저녁을 어울리지 않는 지팡이를 들고/이방인처럼 산책하던 땅주인은(「장시2」)

지평선(地平線) 평평한 땅에서, 땅과 하늘이 맞닿아 보이는 금. *너는 어제까지의 나의 세력/오늘은 나의 지평선이 바뀌어졌다[…]모두 다 같이 나가는 지평선의 대열/뮤즈는 조금쯤 걸음을 멈추고/서정시인은 조금만 더 속보로 가라(「바뀌어진 지평선」)

지폐(紙幣) 종이로 된 화폐. *어떤 나라의 지폐보다도 신용은 있으나/신체가 너무 왜소한 까닭에 사람들의 눈에 띄지를 않는다(「백의」)

지프차(jeep車) 험한 지형에도 잘 달리게 고안된 4륜 구동의 소형 자동차. *〈뺑〉차도/지프차도/파발이 다 된/시골 버스도/맥을 못 추고/맴을 도는 판이니(「눈」(1961)) *지프차를 타고 가는 어느 젊은 사람이/유쾌한 표정으로 활발하게 길을 건너가는 나에게/인사를 한다(「거리2」)

지피다 아궁이나 화로 등에 땔나무를 넣고 불을 붙이다.
　지피며 *처갓집 옆의 지금은 매립한 개울에서 아낙네들이/양잿물 솥에 불을 지피며 빨래하던 시절을 생각하고(「거대한 뿌리」)

지하실(地下室) 건물에서 땅속에 만들어 놓은 방. *철사뭉치는 벌써 지하실에 도피시켜 놓은 모양이었다(「도적」)

지혜(智慧) 사물의 도리나 이치를 잘 분별하는 정신 능력. *시대의 지혜/너무나 많은 나침반이여(「광야」) *시도 그런 여유에는 대항할 수 없고/지혜는 일어서 있는 너의 얼굴(「반주곡」) *조그마한 세상의 지혜를 배운다는 것은/설운 일이다//그것은 내일이 되면 포탄이 되어서/휘황하게 날아가야 할 지혜이기 때문이다(「조그마한 세상의 지혜」) *지혜의 왕자처럼/눈 하나 까딱하지 아니하고/도사리고 앉아서(「바뀌어진 지평선」)

지휘편(指揮鞭) 어떤 단체의 구성원들에게 지시와 명령을 내리거나 행동을 통솔하는 것. *투명하고 가벼웁고 쇠소리 나는 가벼운 잔이 없다/그리고 또 하나 指揮鞭이 없을 뿐이다(「네이팜 탄」)

지휘하다(指揮—) 어떤 단체나 또는 그 구성원들에게 명령이나 지시를 내리거나 행동을 통솔하다.
　지휘하라 *등나무여 지휘하라 부끄러움 고만 타고/이제는 지휘하라 이카루스의 날개처럼/쑥잎보다 훨씬 얇은/너의 잎은 지휘하라[…]냄새여 지휘하라 연기여 지휘하라(「등나무」)

직선(直線) 굽지 않은 곧은 선. *오고가는 것이 직선으로 혹은 대각선으로 맞닥뜨리는 것 같은 속에서/나의 설움은 유유히 자기의 시간을 찾아갔다(「방안에서 익어가는 설움」)

직시하다(直視—) 본질을 꿰뚫어 보다.
　직시하기 *당신을 찾아갔다는 것은 현실을 직시하기 위하여서였다(「말」(1958))

직원(職員) 직장에 소속되어 일을 하는 사람. *구청 직원에게는 못하고 동회 직원에게도 못하고(「어느 날 고궁을 나오면서」)

직장(職場) 보수를 받으며 일을 하는 곳. *우리들의 직장인 경우도 있고/우리들의 동리인 경우도 있지만……/보이지는 않는다(「하……그림자가 없다」)

진개(塵芥) 먼지와 쓰레기. *塵芥와 분뇨를 꽃으로 마구 바꿀 수 있는 나날(「꽃」)

진동(振動) 규칙적으로 흔들리면서 움직이는 것. *어둠 속에 본 것은 청춘이었는지 대지의 진동이었는지/나는 자꾸 땅만 만지고 싶었는데(「구슬픈 육체」)

진드기 소, 말, 개 등의 동물의 살갗에 기생하며 피를 빨아 먹는 작은 벌레. *또 도는 조름 같은 날개의 날것들과/갑충과 쉬파리떼/그리고 진드기(「등나무」) *배암에게 쐐기에게 쥐에게 살쾡이에게/진드기에게 악어에게 표범에게 승냥이에게[…]이번에는 우리가 쥐가 되고 살쾡이가 되고 진드기가 되더라도(「기도」)

진리(眞理) 참된 이치. 거짓이 아닌 사실. *너무 어처구니없이 간단한 진리에 웃는/너무 진리가 어처구니없이 간단해서 웃는/실낱 같은 여름 바람의 아우성이여(「꽃잎3」) *네 얼굴은 진리에 도달했다/어저께 진리에 도달했다[…]네 얼굴은 진리에 도달했다/어저께 진리에 도달한 얼굴은/오늘은 술을 잊은 얼굴이다(「네 얼굴은」)

진보적(進步的) 역사적 발전의 법칙에 따라 새롭고 좋은 상태로 변하여 가려 하는. *일본의 〈진보적〉 지식인들은 소련한테는/욕을 하지 않는다고 한다[…]일본의 〈진보적〉 지식인들이 이 말을 들으면 필시 웃을 것이다(「轉向記」)

진보주의자(進步主義者) 진보주의를 믿고 주장하는 사람. *비숍 여사와 연애를 하고 있는 동안에는 진보주의자와/사회주의자는 네 에미 씹이다 통일도 중립도 개좆이다(「거대한 뿌리」)

진시왕(秦始王) BC 259~BC 210. 진시황(秦始皇). 중국 최초의 중앙 집권적 통일제국인 진(秦)나라를 건설한 전제군주. 강력한 부국 강병책을 추진하여 천하 통일의 위업을 달성했다. 중앙 집권 정책을 추진하여 법령의 정비, 전국적인 군현제 실시, 문자·도량형·화폐의 통일, 전국적인 도로망의 건설, 구 6국의 성곽 요새의 파괴 등을 강행하였다. *진시왕만큼은 강하지 않아도/나는 모든 사람의 고민을 아는 것 같다(「거리2」)

진실(眞實) 거짓이 없이 바르고 참됨. *진실을 찾기 위하여 진실을 잊어버려야 하는/내일의 역설 모양으로/나는 자유를 찾아서 포로수용소에 온 것이고[…]그리하여 나는 자유를 위하여 출발하고 포로수용소에서 끝을 맺은 나의 생명과 진실에 대하여/아무 뉘우침도 남기려 하지 않습니다(「조국에 돌아오신 傷病捕虜 동지들에게」) *바다와 바다 사이에/지금의 3월의 구름이 내려앉듯/진실이 내려앉는다(「백지에서부터」)

진실성(眞實性) 참되고 바른 성질이나 품성. *생후의 토끼가 살기 위하여서는/전쟁이나 혹은 나의 진실성 모양으로 서서 있어야 하였다(「토끼」)

진심(眞心) 거짓없이 참된 마음. *그가 나를 진심으로 꾸짖지 않았다는 것을 나는 그의 은근하고 매혹적인 표정에서 능히 감득할 수 있었다[…]오히려 이와 같은 나의 경멸과 剛毅로 인하여/나는 그날부터 그를 진심으로 사랑하게 되었다(「백의」)

진정(眞正) 참되고 거짓이 아님. 정말로. *푸른 목/귀여운 눈동자/진정 나는 기계주의적 판단을 잊고 시들어갑니다.(「웃음」) *나의 애정의 원주가 진정으로 위대하여지기 바라고(「너를 잃고」)

진정하다(眞正—) 참되고 올바르다.
  진정한 *나는 이것을 진정한 자유의 노래라고 부르고 싶어라!/반항의 자유/진정한 반항의 자유조차 없는 그들에게/마지막 부르고 갈/새 날을 향한 戰勝의 노래라고 부르고 싶어라!(「조국에 돌아오신 傷病捕虜 동지들에게」)

진지성(眞摯性) (말이나 태도의) 참답고 성실한 성질. *물에 빠진 뒤에 나는 젤라틴을 통해서/詩의 진지성을 본다(「반주곡」)

진지하다(眞摯—) 참되고 성실하다.
  진지하게 *누가 무엇이라 하든 나의 붓은 이 시대를 진지하게 걸어가는 사람에게는 치욕(「九羅重花」)
  진지한 *술을 마시고 웃고 잡담하고/동정하

고 진지한 얼굴을 하고/바쁘다고 서두르면서 일도 하고(「하…… 그림자가 없다」)

진짜(眞—) 실지로. 참으로. *그놈들이 망하고 난 후에도 진짜 곯고 있는 것은/그대들인데/불쌍한 그대들은 천국이 온다고 바라고 있다(「육법전서와 혁명」) *인제 정말/진짜 시인이 될 수 있으니 시원하고/시원하다고 말하지 않아도 되니/이건 진짜 시원하고/이 시원함은 진짜이고/자유다(「檄文」)

진창 땅이 흙탕물로 범벅이 되어 질퍽질퍽하게 된 곳. *산도 없고 바다도 없고 진흙도 없고 진창도 없고 미련도 없이(「헬리콥터」) *나는 광화문/네거리에서 시구문의 진창을 연상하고/…진창은 아무리 더러운 진창이라도 좋다(「거대한 뿌리」)

진하다 (빛깔, 냄새, 안개, 화장 따위가) 짙다.
진한 *오므라질 때는 무궁화는 그보다 조금쯤 더 길고/진한 빛(「말복」)

진행시키다(進行—) 어떤 일을 앞으로 나아가게 하다.
진행시키기 *지구와 우주를 진행시키기 위해서/어서어서 진행시키기 위해서/그렇지 않고서는 내가 미치고 말 것 같아서(「伏中」)

진혼가(鎭魂歌) 죽은 영혼을 진정시키는 노래. *나에게는 〈동생의 사진〉을 보고도/나는 몇 번이고 그의 진혼가를 피해 왔다/그전에 돌아간 아버지의 진혼가가 우스꽝스러웠던 것을 생각하고(「누이야 장하고나!」)

진흙 빛깔이 붉고 차진 흙. *내 구두에 묻은 흙, 변두리의 진흙(「VOGUE야」) *산도 없고 바다도 없고 진흙도 없고 진창도 없고 미련도 없이(「헬리콥터」)

질리다 진력이 나서 귀찮은 느낌이 들다.
질려서 *삼복의 더위에 질려서인가 했더니/아냐/아이를 뱄어(「伏中」)

질문(質問) 모르는 것이나 알고 싶은 것 등을 묻는 것. *익살스러울 만치 모든 질문이 없어지고/모든 사람에게 고해야 할 너무나 많은 말을 갖고 있지만(「말」(1964))

질색(窒塞) 기가 막힐 정도로 아주 싫거나 놀라는 것. *밭주인이 보면 질색을 할 노릇이지만/이 밭주인은 차밭 주인의 소작인이다(「반달」)

질서(秩序) 사물 또는 사회가 올바른 상태를 유지하기 위해서 지켜야 할 일정한 차례나 규칙. *나의 질서는 죽음의 질서/온 세상이 죽음의 가치로 변해 버렸다(「말」(1964)) *오오 폐허의 질서여 수치의 凱歌여/차나무 냄새여 어둠이여 소녀여/휴식의 휴식이여(「반달」) *질서와 무질서와의 사이에/움직이는 나의 생활은/섧지가 않아 시체나 다름없는 것이다(「여름 뜰」)

질책(叱責) 꾸짖고 나무라는 것. *질책의 권리를 주면서 질책의 행동을 주지 않고/어떤 나라의 지폐보다도 신용은 있으나/신체가 너무 왜소한 까닭에 사람들의 눈에 띄지를 않는다(「백의」)

질투(嫉妬) 남을 시기하고 미워하는 것. *어느 교과서에도 질투의 ○○은 무수하다(「아침의 유혹」)

짐 맡겨진 부담이나 책임. *눈에는 보이지 않는 너무나 무거운/너의 짐/그리고 逸樂, 안이, 허위……(「기자의 정열」) *그는 나보다도 가난해 보이고/그는 나보다도 짐이 무거워 보이는데(「강가에서」)

짐승 사람이 아닌 동물. *이 밤 화공의 소맷자락 무거이 적셔/오늘도 우는/아아 짐승이냐 사람이냐.(「廟庭의 노래」) *짐승이여 짐승이여 날짐승이여/도취의 彼岸에서 날아온 무수한 날짐승들이여(「도취의 피안」)

짐작하다(斟酌—) 사정이나 형편 따위를 어림쳐서 헤아리다.
짐작하기 *이러한 우리의 순수한 痴情을/헬리콥터에서도 내려다볼 수 있을 것을 짐작하기 때문에(「헬리콥터」)

집 사람이 살기 위하여 지은 건물이나 가정을 이루고 생활하는 집안. 또는 그러한 가정. *손님으로 온 나는 이 집 주인과의 이야기도 잊어버리고/또 한번 팽이를 돌려주었으면 하고 원하는 것이다[…]누구 집을 가보아도 나 사는 곳보다는 여유가 있고/바쁘지도 않으니/마치 別世界같이 보인다(「달나라의 장난」) *포로수용소로 오려고 집을 버리고 나온 것이 아니라(「조국에 돌아오신 傷病捕虜 동지들에게」) *남의 집 마당에 와서 마음을 쉬다[…]돈 없는 나는 남의 집 마당에 와서/비로소 마음을 쉬다

(「휴식」) *집과 문명을 새삼스럽게/즐거워하고 또 비판한다[…]그리고 나와 같은 집 없는 걸인이여/집이 여기에 있다고 외쳐라(「가옥찬가」) *시멘트 가죽을 뚫고 일어나면 내 집과/나의 정신이 순간적으로 들렸다 놓인다(「거짓말의 여운 속에서」) *이 집도 아내도 아들도 어머니도 다시 내 것이 아니다(「말」(1964)) *잊어버린 수많은 詩篇을 밟고 가는 길가에/영광의 집들이여 점포여 역사여(「거리2」) *마침 당신은 집에 없고 당신의 아우만이 나와서 당신이 없다고 한다[…]나는 총에 맞는 새같이 가련하게도 당신의 집을 나와버렸다(「말」(1958)) *집에 가면 말도/나지막한 소리로 걸어//그래도 정 허튼소리가 필요하거든(「허튼소리」) *나는 집에 와서도/그동안의 부재에도/놀라서는 안 된다(「旅愁」) *집에 돌아와서/제일 마음에 꺼리는 것이/아는 사람이/이 캄캄한 범행의 현장을/보았는가 하는 일이었다(「죄와 벌」) *집에는 差押을 해온 파일오버가 있는데도/배자 위에 얄따란 검정 오버를 입고/사흘 전에 술에 취해 흘린 가래침 자국(「네 얼굴은」) *집에도/몸에도/그러니까/the reason why/you don't get/a clock /or/a watch 마저/말할 필요가 없다/집에도/몸에도/이놈이 무엇이지?(「이놈이 무엇이지?」) *군대란 군대에서 장학사의 집에서/관공리의 집에서 경찰의 집에서/민주주의를 찾은 나라의 군대의 衛兵室에서 사단장실에서 정훈감실에서[…]협잡을 하지 않고 뇌물을 받지 않는/관공리의 집에서/역이란 역에서/아아 그놈의 사진을 떼어 없애야 한다(「우선 그놈의 사진을 떼어서 밑씻개로 하자」) *남의 집에서 내 방으로/노동에서 휴식으로/휴식에서 수면으로(「X에서 Y로」) *채귀가 집으로 돌아가면 돼/성당으로 가듯이/채귀가 어젯밤에 나 없는 사이에 돌아갔으면 돼(「장시1」) *거리에 나와서 집을 보고/집에 앉아서 거리를 그리던 어리석음도 이제는 모두 사라졌나 보다(「구름의 파수병」) *삭막한 집의 삭막한 방에 놓인 피아노/그 방은 바로 어제 내가 혁명을 기념한 방(「피아노」) *땅이 편편하고/집이 편편하고/하늘이 편편하고/물이 편편하고(「檄文」) *닭장이/무너진 공터에 두른 판장을 뚫고/매일밤 저희집처럼 출입하고 있다(「도적」) *바닥이 없는 집이 되고 있다 소리만/남은 집이 되고 있다 모서리만 남은/돋음길만 남은 난삽한 집으로/기꺼이 기꺼이 변해 가고 있다(「의자가 많아서 걸린다」)

집권당(執權黨) 정권을 잡고 있는 정당. *루소의 『民約論』을 다 정독하여도/집권당에 아부하지 말라는 말은 없는데[…]그런 나라에서 집권당이라면/얼마나 의젓한가(「만시지탄은 있지만」)

집다 손으로 물건을 잡거나 떨어진 것을 줍다.
집어 *내가 말없이 집어 걸기만 하는 이유,/모르지?(「모르지?」) *그 아귀란 놈이 들어오고 나갈 때마다 집어갈 돈(「돈」) *착잡한 머리에 책을 집어들 필요가 없고(「달밤」) *「저것 좀 집어와라!」 호령 하나 못하니/이렇게 돼서야 그만이지(「파자마 바람으로」)

집들이 결혼을 하거나 이사를 해서 새 집으로 들어간 뒤에 집 구경과 인사를 겸해 손님을 초대하는 것. *아내는 집들이를 한다고/저녁 대신 뻘건 팥죽을 쑬 것이다(「이사」)

집문서(—文書) 집의 소유권을 증명하는 문서. *집문서를 갖고 가서 무이자로 15개월만/돌려 달라고 우리가 강청한 사람은 이 돈을 받을 사람과 한 고향인 함경도 친구[…]돌려 주겠다고 집문서를 가지고 간 친구에게/말한 것이 잘못이었나 보다(「판문점의 감상」)

집물(什物) 살림살이에 쓰이는 온갖 기구. 가구(家具). 집기. *그 중에도/빈 사무실에 놓인 무심한/집물 이것저것[…]나의 눈을 찌르는 이 따가운 가옥과/집물과 사람들의 음성과 거리의 소리들을/커다란 해양의 한 구석을 차지하는/조고마한 물방울로/그려보려 하는데(「거리1」)

집뽕나무 집에서 키우는 뽕나무. 산뽕나무는 우리나라에 자생하는 뽕나무이고, 잎이 큰 집뽕나무는 중국에서 들여온 귀화종이다. *잣나무 전나무 집뽕나무 상나무/연못 흰 바위/이러한 것들이

집뽕나무

나를 속이는가(「휴식」)

집안 가족을 구성원으로 하는 공동체. 가족.
＊그것은 우리들의 집안 안인 경우도 있고/우리들의 직장인 경우도 있고(「하…… 그림자가 없다」) ＊거리에서와 마찬가지로 집안에 있어서도 저 무시무시한 白蟻를 보기 시작한 때부터이었다(「백의」) ＊거칠기 짝이 없는 우리 집안의/한없이 순하고 아득한 바람과 물결(「나의 가족」)

집어넣다 어떤 공간이나 단체 따위에 들어가게 하다.
집어넣어 ＊아무것도 집어넣어본 일이 없는 왼쪽 안호주머니(「후란넬 저고리」)

집어주다 손으로 물건을 잡아서 건네주다.
집어주지 ＊엄마는/하필 국민학교 놈의 국어 공책을 집어주지(「자장가」)

집중(集中) 어떤 일에 정신을 모으는 것. ＊날이 흐릴 때 정신의 집중이 생긴다(「적2」)

집중되다(集中—) 관심이 한 곳으로 모이다.
집중된 ＊여자란 집중된 동물이다[…]고난이 나를 집중시켰고/이런 집중이 여자의 선천적인 집중도와/기적적으로 마주치게 한 것이 전쟁이라고 생각했다[…]그 이마의 힘줄/그 힘줄의 集中度/이것은 죄에서 우러나오는 것이다(「여자」)

집착하다(執着—) 어떤 것에만 마음을 쏟고 떠나지 않다.
집착하고 ＊나는 왜 이다지도 피로에 집착하고 있는가(「싸리꽃 핀 벌판」)

짓궂다 일부러 괴롭혀 귀찮다. 장난기가 있다.
짓궂게 ＊그리고/하필 꽃밭 넘어서/짓궂게 짓궂게 없어져 보려는/심술맞은 연기도 있는 것이다.(「연기」)
짓궂은 ＊내가 웃는 것은 세상을 향하여서가 아니라/너를 보고 짓는 짓궂은 웃음인 줄 알아라(「너는 언제부터 세상과 배를 대고 서기 시작했느냐」)

짓다 ①재료를 들여 밥, 옷, 집 따위를 만들다. ②여러 가지 재료를 섞어 약을 만들다. ③시, 소설, 편지, 노래 가사 따위와 같은 글을 쓰다. ④한데 모여 줄이나 대열 따위를 이루다. ⑤논밭을 다루어 농사를 하다. ⑥거짓으로 꾸미다. ⑦어떤 표정이나 태도 따위를 얼굴이나 몸에 나타내다. ⑧이름 따위를 붙이다.
지어 ＊비 대신 황사가 퍼붓는 하늘 아래/누가 지어논 무덤이냐(「PLASTER」)
지은 ＊누가 지은 것인 줄도 모르는/제2차 대전 이후의/긴 긴 역사를 갖춘 것 같은/이 엄연한 책이/지금 바람 속에 휘날리고 있다(「가까이 할 수 없는 서적」)
짓고 ＊원효의 염불 소리까지도/잊고—죄를 짓고 싶다[…]죄를 짓고 싶어 죄를/짓고 얼굴을 붉히고//죄를 짓고 얼굴을 붉히고—(「원효대사」)
짓는 ＊내가 웃는 것은 세상을 향하여서가 아니라/너를 보고 짓는 짓궂은 웃음인 줄 알아라(「너는 언제부터 세상과 배를 대고 서기 시작했느냐」)
짓는다 ＊지금 나는 은폐물같이 생각하고/기대고 앉아서/안도의 탄식을 짓는다/유리창이여/너는 언제부터 세상과 배를 대고 서기 시작했느냐(「너는 언제부터 세상과 배를 대고 서기 시작했느냐」)

짓밟히다 '짓밟다'의 피동형. ①함부로 마구 밟히다. ②인격이나 권리 따위를 침해받다.
짓밟히고 ＊나를 몰라보면 아니 된다 나의 怒氣는 타당하니까/눈은, 짓밟힌 눈은, 꺼멓게 짓밟히고 있는 눈은//타당하니까 신·구의 교체식을 그 이튿날/꿈에까지 보이게 해서는 아니 된다(「제임스 띵」)
짓밟힌 ＊나를 몰라보면 아니 된다 나의 怒氣는 타당하니까/눈은, 짓밟힌 눈은, 꺼멓게 짓밟히고 있는 눈은//타당하니까 신·구의 교체식을 그 이튿날/꿈에까지 보이게 해서는 아니 된다(「제임스 띵」)

짓이기다 함부로 마구 이기다.
짓이긴 ＊보석 같은 아내와 아들은/화롯불을 피워가며 병아리를 기르고/짓이긴 파 냄새가 술 취한/내 이마에 神藥처럼 생긋하다(「초봄의 뜰 안에」)

짖다 ①개가 목청으로 소리를 내다. ②까마귀나 까치가 시끄럽게 울어서 지저귀다.
짖는 ＊매일밤 저희집처럼 출입하고 있다/개가 여러 번 짖는 소리를 들었지만/나는 귀찮아서 나가지를 않았다(「도적」)
짖지 ＊눈이 내린 날에는 白羊宮의 비약이 없

는 날에는/개도 짖지 않는 날에는 제임스 띵이 뛰어들어서는/아니 된다(「제임스 띵」)

짚 벼·밀·조·보리 따위의 이삭을 떨어낸 줄기. *강아지장에 깐 짚이 젖었거든/그놈의 사진을 깔아주기로 하자……(「우선 그놈의 사진을 떼어서 밑씻개로 하자」)

짚다 ①지팡이나 손을 바닥에 대서 버티어 몸을 기대라. ②손을 대고 가볍게 누르다. ③지목하여 지적하다.

  짚어 *유순한 가족들이 모여서/죄 없는 말을 주고받는/좁아도 좋고 넓어도 좋은 방안에서/나의 위대한 所在를 생각하고 더듬어보고 짚어보지 않았으면(「나의 가족」)

짜장 참. 과연. 틀림없이 정말로. *더러운 일기는 찢어버려도/짜장 재주를 부릴 줄 아는 나이와 詩/배짱도 생겨가는 나이와 詩(「시」(1961))

짜증 마음에 꼭 맞지 않아서 역정을 내는 짓, 또는 그러한 성미. *별안간/빚 갚을 것/생각나 그러나/여편네가/짜증 낼까/무서워 그러나/동생들과/어머니가/걱정이 돼 그러나(「4·19」시) *신문배달 아이들이 사무를 인계하는 날/제임스 띵같이 생긴 책임자가 두 아이를/데리고 찾아온 풍경이/눈[雪]에 너무 비참하게 보였던지/나는 마구 짜증을 냈다//필요 이상으로 화를 내는것도 좋다(「제임스 띵」)

짝 '~기 짝이 없다' 구성으로 쓰여, 비할 데 없이 대단하거나 매우 심함을 나타내는 말. *터전이 없으면 나의 머리 위에라도/잠시 이고 다니며 길러야 할/너는 불행하기 짝이 없는 죽순이다//유일한 시간을 연상시키는/만만하지 않은 부탁과 죽순이 자라노니라(「付託」) *거칠기 짝이 없는 우리 집안의/한없이 순하고 아득한 바람과 물결—/이것이 사랑이냐/낡아도 좋은 것은 사랑뿐이냐(「나의 가족」)

짧다 이어지는 시간상의 한 때에서 다른 때까지의 동안이 오래지 않다.

  짧은 *10년이란 한 사람이 준 상처를 다스리기에는 너무나 짧은 세월이다//누이야/풍자가 아니면 해탈이다/네가 그렇고/내가 그렇고/네가 아니면 내가 그렇다(「누이야 장하고나!」)

짧아지다 짧게 되다.

  짧아지고 *戱畵의 계시가 돈이 되고/돈이 되고 사랑이 되고 갱의 단층의 길이가/얇아지고 돈이 돈이 되고 돈이/길어지고 짧아지고//돈의 꿈이 길어지고 짧아지고 타락의/길이도 표준이 없어지고 먼지가 다시 생기고(「먼지」)

쨈보 째보. ☞ 언청이. *오냐 그놈들을 물에다 거꾸로 박아놓아라/쨈보야 너는 이성망이 놈을 빨리 잡아오너라/여기 떡갈나무 잎이 있는데 이것을 가지고 가서/하와이 영사한테 보여라[…]쨈보야 태평양 밑의 개미 길에/미국사람들이 세워놓은 자동차란 자동차는/싹 없애버려라/저놈들이 타고 가면 안 된다(「나는 아리조나 카보이야」)

쨍쨍 쇠붙이 따위가 자꾸 세게 부딪쳐서 날카롭고 높게 울리는 소리. *역사는 아무리/더러운 역사라도 좋다/진창은 아무리 더러운 진창이라도 좋다/나에게 놋주발보다도 더 쨍쨍 울리는 추억이/있는 한 인간은 영원하고 사랑도 그렇다(「거대한 뿌리」)

쨍쨍하다 햇볕 따위가 몹시 내리쬐다.

  쨍쨍한 *詩는 쨍쨍한 날씨에 청량한 들에/환락의 개울가에 바늘 돋친 숲에/버려진 우산/망각의 想起를 想起한다(「적2」)

쨔키(영, jockey) 자키(jockey). 경마의 기수. 운전자. 조정자. *야 손들어 나는 아리조나 카보이야/빵! 빵! 빵!/키크야! 너는 저놈을 쏘아라/빵! 빵! 빵! 빵!/쨔키야! 너는 빨리 말을 달려/저기 돈보따리를 들고 달아나는 놈을 잡아라(「나는 아리조나 카보이야」)

쪽¹ 방향을 가리키는 말. *저 광막한 양지 쪽에 반짝거리는/파리의 소리 없는 소리처럼/나는 죽어가는 법을 알고 있는 사람이기 때문이리라(「파리와 더불어」) *도적은 간밤에는 사그러진 담장 쪽이 아닌/우리집의 의젓한 벽돌 기둥의 정문 앞을/새벽녘에 거닐었다고 한다(「도적」)

쪽² ①어떤 물건을 쪼갰을 때의 한 부분. ②(의존명사) 쪼개진 물건의 부분을 세는 단위. *무능한 내가 지지 않는 것은 이때만이다/너의 독기가 예에 없이 걸레쪽같이 보이고(「만용에게」) *윗호주머니나 혹은 속호주머니에 들은/치부책 노릇을 하는 종이쪽/그러나 돈은 없다—돈이 없다는 것도 오랜 친근이다—그리고 그 무게는 돈이 없는 무게이기도 하다/또 무엇이 있나 나의 호주머니에는?/연필쪽!/옛날 추억이 들은 그러나 일년 내내 한번도 펴본 일이 없는/죽은 기억의 휴지(「후란넬 저고리」)

쪽빛 쪽의 빛깔. 곧 남빛. *3월을 바라보는 마른 나무들이/사랑의 봉오리를 준비하고 그 봉오리의/속삭임이 안개처럼 이는 저쪽에 쪽빛/산//사랑의 기차가 지나갈 때마다 우리들의/슬픔처럼 자라나고 도야지우리의 밥찌끼/같은 서울의 등불을 무시한다(「사랑의 변주곡」)

쪽지 ①작은 종잇조각. ②글쪽지. *나는 어느 날 뒷골목의 발코니 위에 나타난/생활에 얼이 빠진 여인의 모습을 다방의 창 너머로 瞥見하였기 때문에/다음과 같은 쪽지를 미스터 리한테 적어놓고/시골로 떠났다(「미스터 리에게」)

쫓기다 '쫓다'의 피동형. ☞쫓다.
　쫓겨 *도회 안에서 쫓겨다니는 듯이 사는/나의 일이며/어느 소설보다도 신기로운 나의 생활이며/모두 다 내던지고/점잖이 앉은 나의 나이와 나이가 준 나의 무게를 생각하면서/정말 속임 없는 눈으로/지금 팽이가 도는 것을 본다(「달나라의 장난」)
　쫓기기 *깨꽃같이 작은 자질구레한 일/자꾸자꾸 자질구레해지는 일/불같이 쫓기는 일/쫓기기 전 일/깨꽃 깨꽃 깨꽃이 피기 전 일/成長의 일(「깨꽃」)
　쫓기는 *깨꽃같이 작은 자질구레한 일/자꾸자꾸 자질구레해지는 일/불같이 쫓기는 일/쫓기기 전 일/깨꽃 깨꽃 깨꽃이 피기 전 일/成長의 일(「깨꽃」)
　쫓기어 *나는 잠자는 일/잠 속의 일/쫓기어 다니는 일/불같은 일/암흑의 일/깨꽃같이 작고 많은/맨 끝으로 신경이 가는 일/암흑에 휘날리고/나의 키를 넘어서—/병아리같이 자는 일//눈을 뜨고 자는 억센 일/短命의 일/쫓기어 다니는 일/불같은 불같은 일(「깨꽃」)

쫓다 ①어떤 대상을 잡거나 만나기 위하여 뒤를 따라서 급히 가다. ②어떤 자리에서 떠나도록 내몰다. ③밀려드는 졸음이나 잡념 따위를 물리치다.
　쫓고 *물소리는 먼 하늘을 찢고 달아난다/바람이 바람을 쫓고 생명을 쫓는다(「말복」)
　쫓는다 *물소리는 먼 하늘을 찢고 달아난다/바람이 바람을 쫓고 생명을 쫓는다(「말복」)
　쫓으면 *오늘의 적으로 내일의 적을 쫓으면 되고/내일의 적으로 오늘의 적을 쫓을 수도 있다/이래서 우리들은 태평으로 지낸다(「적1」)
　쫓을 *오늘의 적으로 내일의 적을 쫓으면 되고/내일의 적으로 오늘의 적을 쫓을 수도 있다/이래서 우리들은 태평으로 지낸다(「적1」)

쬐이다 '쬐다'의 사동형.
　쬐인다 *정정이 필요 없는/겨울의 꿈 깨어진 유리의 제임스 띵/이제는 죽어서 불을 쬐인다/빠개진 난로에 발을 굽는다 시꺼먼 양말을 자꾸 비빈다(「제임스 띵」)

쫀(John) 사람 이름. *쨔키야! 너는 빨리 말을 달려/저기 돈보따리를 들고 달아나는 놈을 잡아라/쫀! 너는 저 산 위에 올라가 망을 보아라/메리야 너는 내 뒤를 따라와(「나는 아리조나 카보이야」)

찌그러진다 ①눌려서 모양이 고르지 않게 우그러지다. ②몹시 말라서 쭈글쭈글하게 주름이 잡히고 작아지다.
　찌그러진 *지금은 이 번잡한 현실 위에 하나하나 환상을 붙여서 보지 않아도 좋다/꺼먼 얼굴이며 노란 얼굴이며 찌그러진 얼굴이며가 모두 환상과 현실의 중간에 서서 있기에[…]그네, 마지막으로/돈을 버는 거리의 부인이여/잠시 눈살을 펴고/찌그러진 입술을 펴라/그네의 얼굴이 나의 눈앞에서/어린아이들이 가지고 노는 도르라미모양으로 세찬 바람에 매암을 돌기 전에(「거리2」)

찌들리다 찌들다. ①오래되어 때나 기름이 묻어 더럽게 되다. ②어려운 일에 몹시 시달려 위축되다.
　찌들린 *그녀는 도벽이 발견되었을 때 완성된다/그녀뿐이 아니라/나뿐이 아니라 賤役에 찌들린/나뿐만이 아니라/여편네뿐이 아니라 안달을 부리는/여편네뿐만이 아니라/우리들의 새끼들까지도(「식모」)

찌르다 끝이 뾰족하거나 날카로운 것으로 물체의 겉면이 뚫어지거나 쑥 들어가도록 세차게 들이밀다.
　찌르는 *쇠라*여/너는 이 세상을 점으로 가리켰지만/나는/나의 눈을 찌르는 이 따가운 가옥과/집물과 사람들의 음성과 거리의 소리

들을/커다란 해양의 한 구석을 차지하는/조고
마한 물방울로/그려보려 하는데(「거리1」)
찍다¹ ①날이 있는 연장으로 내리치다. ②끝이
뾰족한 것으로 내리치거나 찌르다. ③표 따위
에 구멍을 뚫다.
　찍어 ＊어드메에 담기려고/칠흑의 壁板 위로/
香烟을 찍어/白蓮을 무늬 놓는/이 밤 화공의
소맷자락 무거이 적셔/오늘도 우는/아아 짐승
이냐 사람이냐.(「廟庭의 노래」)
　찍어야 ＊시간에 달린 기이다란 시간을 보시
오/내가 어리다고 한탄하지 마시오/나는 내
가슴에/또 하나의 종지부를 찍어야 합니
다.(「웃음」)
찍다² 어떤 대상을 촬영기로 비추어 그 모양을
옮기다.
　찍으리라 ＊여름 아침에는/자비로운 하늘이
무수한 우리들의 사진을 찍으리라/단 한 장의
사진을 찍으리라(「여름 아침」)
찡 의성어. ＊우물이 말을 한다/어제의 말을
한다/「똥, 땡, 똥, 땡, 찡, 찡, 찡……」/「엄마
안 가?」/「엄마 안 가?」/「엄마 가?」/「엄마 가?」
(「등나무」)
찢다 ①물체를 잡아당기어 가르다. ②(비유적
으로) 날카로운 소리가 귀를 심하게 자극하
다.
　찢고 ＊물소리는 먼 하늘을 찢고 달아난다/바
람이 바람을 쫓고 생명을 쫓는다(「말복」)
　찢는 ＊너의 가난을 눈에 보이는/눈에 보이
지 않는 모든 가난을/이 엄청난 어려움을 고
통을/이 몸을 찢는 부자유를 부자유를 나날
을……(「65년의 새해」)
　찢어 ＊더러운 일기는 찢어버려도/짜장 재주
를 부릴 줄 아는 나이와 詩/배짱도 생겨가는
나이와 詩(「시」(1961))
찢어지다 찢기어 갈라지다.
　찢어지고 ＊아픈 몸이/아프지 않을 때까지 가
자/골목을 돌아서/베레모는 썼지만/또 골목을
돌아서/신이 찢어지고/온몸에서 피는/빠르지
도 더디지도 않게 흐르는데(「아픈 몸이」)
찧다 ①곡식 따위를 쓿거나 빻으려고 절구에
담고 공이로 내리치다. ②무거운 물건을 들어
서 아래 있는 물체를 내리치다.
　찧고 ＊토끼는 앞발이 길고/귀가 크고/눈이
붉고/또는 〈이태백이 놀던 달 속에서 방아를
찧고〉……(「토끼」)

차갑다 ①촉감이 서늘하고 썩 찬 느낌이 있다. ②인정이 없이 매정하거나 쌀쌀하다.
  차가운 *기진맥진한 몸을 간신히 일으켜서/차가운 이를 건져서 끼고 따라서 내려간다/그 중 끝의 방문을 열고 보니 꺼먼 사람이 셋이나 앉었다(「미숙한 도적」)

차나무(茶—) 차나뭇과의 상록 활엽 관목. 잎은 긴 타원형인데 두껍고 윤이 난다. 10~11월에 흰 꽃이 가지 끝의 잎겨드랑이에 1~3개씩 피고, 열매는 다음해 11월에 다갈색으로 익는다. *쉬는 데에도 규율이 있고/탄력이 있다 9월 중순 차나무는 거의/내 키만큼 자라나고 노란 꽃도 이제는/보잘것없이 되었는데도 밭주인은/아직도 나타나 잘라가지 않는다[…]오오 폐허의 질서여 수치의 凱歌여/차나무 냄새여 어둠이여 소녀여/휴식의 휴식이여/분명해진 그 가시의 의미여(「반달」)

차다[1] 일정한 공간에 사람, 사물, 냄새 따위가 더 들어갈 수 없이 가득하게 되다.
  차 *낡은 대문 사이에 매일같이 흐르는 강물이 오늘에야 비로소 꽉 차 있다(「말」(1958)) *우리들의 싸움은 쉬지 않는다//우리들의 싸움은 하늘과 땅 사이에 가득 차 있다(「하…… 그림자가 없다」)
  찬 *늬가 끊을 수 있는 것은 오직 생사의 線條뿐/그러나 그 비애에 찬 선조도 하나가 아니기에/너는 다시 부끄러움과 躊躇를 품고 숨 가빠하는가(「九羅重花」) *나는 광휘에 찬 신현 대문학사의 시를 깨알같은 글씨로 쓰고 있다(「이 한국문학사」)

차다[2] ①발로 내어 지르거나 받아 올리다. ②발을 힘껏 뻗어 사람을 치다. ③혀끝을 입천장 앞쪽에 붙였다가 떼어 소리를 내다. ④발로 힘있게 밀어젖히다.
  차 *절벽에 올라가 돌을 차듯이 생활을 아는 자는/태양 아래에서/생활을 차 던진다(「미스터 리에게」)

차고 *사람이란 사람이 모두 고민하고 있는/어두운 대지를 차고 이륙하는 것이/이다지도 힘이 들지 않는다는 것을 처음 깨달은 것은/우매한 나라의 어린 시인들이었다(「헬리콥터」) *돌부리를 차듯 서투른 원효로/분장한 놈이 돌부리를 차고 풀을/뽑듯 죄를 짓고 싶어 죄를/짓고 얼굴을 붉히고(「원효대사」)

차듯 *돌부리를 차듯 서투른 원효로/분장한 놈이 돌부리를 차고 풀을/뽑듯 죄를 짓고 싶어 죄를/짓고 얼굴을 붉히고(「원효대사」)

차듯이 *절벽에 올라가 돌을 차듯이/생활을 아는 자는/태양 아래에서/생활을 차 던진다(「미스터 리에게」)

차단하다(遮斷—) 막다.
  차단할 *갯벌에 고인 게으른 물이/벌레가 뜰 때마다 눈을 껌벅거리고/그것이 보기 싫어지기 전에/그것을 차단할/가까운 거리의 부엌문이 있고(「이사」)

차디차다 매우 차다.
  차디찬 *나비의 몸이야 제철이 가면 죽지만은/그의 몸에 붙은 고운 지분은/겨울의 어느 차디찬 등잔 밑에서 죽어 없어지리라(「나비의 무덤」) *이것을 지금 완성했다 아내여 우리는 이겼다/우리는 블레이크의 시를 완성했다 우리는/이제 차디찬 사람들을 경멸할 수 있다(「이혼 취소」)

차라리 여러 가지 사실을 말할 때에, 저리 하는 것보다 이리 하는 것이 나음을 이르는 말. 대비되는 두 가지 사실이 모두 마땅치 않을 때 상대적으로 나음을 나타낸다. *여미지 못하는 생각 위에/여밀 수 없는 부탁이여/차라리 죽순같이 자라는 대로 맡겨두련다(「付託」) *나의 귀에다 너의 엷은 울음소리를 남기지 말아라//차라리 앉아 있는 기계와 같이/취하지 않고 늙어가는/나와 나의 겨울을 한층 더 무거운 것으로 만들기 위하여/나의 눈이랑 한층 더 맑게 하여다오(「도취의 피안」) *이 가족의 조화와 통일을/나는 무엇이라고 불러야 할 것이냐//차라리 위대한 것을 바라지 말았으면(「나의 가족」) *천국도 지옥도 너무나 가까운 곳/사람들이여/차라리 숙련이 없는 영혼이 되어/씨를 뿌리고 밭을 갈고 가래질을 하고 고물개질을 하자(「여름 아침」) *地球儀의 양극을 관통하는 생활보다는/차라리 지구의의 남극에 생활을 박아라(「지구의」) *바늘구멍만한 叡智를 바라면서 사는 자의 설움이여/너는 차라리 부정한 자가 되라(「예지」) *4·26 혁명은 혁명이 될 수 없다/차라리/혁명이란 말을 걷어치워라(「육법전서와 혁명」) *나는/나의 눈을 찌르는 이 따가운 가옥과/집물과 사람들의 음성과 거리의 소리들을/커다란 해양의 한 구석을 차지하는/조고마한 물방울로/그려보려 하는데/차라리 어떠할까(「거리1」)

차례(次例) ①순서 있게 구분하여 벌여 나가는 관계 또는 그 구분에 따라 각각에게 돌아오는 기회. ②책이나 글 따위에서 벌여 적어 놓은 항목. ③일이 일어나는 횟수를 세는 단위. *일본 말보다도 더 빨리 영어를 읽을 수 있게 된,/몇 차례의 언어의 이민을 한 내가/우리말을 너무 잘해서 곤란하게 된 내가//지금 불란서 소설을 읽으면서 아직도 말하지/못한 한 가지 말(「거짓말의 여운 속에서」)

차례차례(次例次例) 차례를 따라서 순서 있게. *협잡을 하지 않고 뇌물을 받지 않는/관공리의 집에서/역이란 역에서/아아 그놈의 사진을 떼어 없애야 한다//우선 가까운 곳에서부터/차례차례로/다소곳이/조용하게/미소를 띠우면서[…]우선 가까운 곳에서부터/차례차례로/다소곳이/조용하게/미소를 띠우면서/극악무도한 소름이 더덕더덕 끼치는/그놈의 사진일랑 소리없이/떼어 치우고—(「우선 그놈의 사진을 떼어서 밑씻개로 하자」)

차리다 ①음식 따위를 장만하여 갖추다. ②기운이나 정신 따위를 가다듬어 되찾다. ③마땅히 해야 할 도리, 법식 따위를 갖추다. ④어떤 조짐을 보고 짐작하여 알다. ⑤해야 할 일에 준비를 갖추거나 방법을 찾다.

차려 *어떻게든지 체면을 차려볼 궁리 좀 해야지(「파자마 바람으로」)

차리고 *파자마 바람으로 체면도 차리고 돈도 벌자고/하다하다못해 번역업을 했더니/권말에 붙어나오는 역자 약력에는/한사코 ××대학 중퇴가 ××대학 졸업으로 誤植이 돼 나오니/이렇게 돼서야 그만이지/어떻게든지 체면을 차려볼 궁리 좀 해야지(「파자마 바람으로」)

차밭(茶—) 차나무를 심은 밭. *음악을 들으면 차밭의 앞뒤 시간이/가시처럼 생각된다[…]두 뙈기의 차밭 옆에는 역시 두 뙈기의/채소밭이 있다 김장 무나 배추를 심었을/인습적인 분가루를 칠한 밭 위에/나는 걸핏하면 개똥을 갖다 파묻는다/밭주인이 보면 질색을 할 노릇이지만/이 밭주인은 차밭 주인의 소작인이다[…]음악을 들으면 차밭의 앞뒤 시간이/가시처럼 생각된다 그리고 그 가시가/점점 더 똑똑해진다(「반달」)

차비(車費) 차를 타는 데에 드는 비용. *저이는 우리집을 찾아와서 산보를 청한다/강가에 가서 돌아갈 차비만 남겨놓고 술을 사준다/아니 돌아갈 차비까지 다 마셨나 보다(「강가에서」)

차숟가락(茶—) 차를 마실 때 쓰는 작은 숟가락. 찻숟가락. *내일의 행동이 먼지를 쓰고 있다/위태로운 일이라고 落盤의 신호를/올릴 수도 없고 찻잔에 부딪치는/차숟가락만한 쇳소리도 안 들리고(「먼지」)

차압(差押) '압류(押留)'로 순화. 국가 기관이 채무자의 재산의 사용이나 처분을 금함 또는 그 행위. *손에는 무거운 보따리를 들고/가다가다 기침을 하면서/집에는 差押을 해온 파일오버가 있는데도/배자 위에 얄따란 검정 오버를 입고/사흘 전에 술에 취해 흘린 가래침 자국—(「네 얼굴은」)

차양(遮陽) ①처마 끝에 덧대는 조붓한 지붕. ②모자의 앞에 대어 이마를 가리거나 손잡이 구실을 하는 조각. *하얗게 마른 마루틈 사이에서/검은 바람이 들어온다고 외쳐라/너의 머리 위에/너의 몸을 반쯤 가려주는 길고/멋진 양철 차양이 있다고 외쳐라(「가옥 찬가」)

차이(差異) 서로 차가 짐. 서로 다름. *샘솟아 나오려는 이 설움은 무엇인가/모독당한 과거일까/약탈된 소유권일까/그대들 어린 학도들과 나 사이에 놓여 있는/연령의 넘지 못할 차이일까……(「국립도서관」) *어제와 오늘이 다르고/오늘과 내일의 차이를 정시하기 위하여/하다못해 이와 같이 타락한 신문기자의/탈을 쓰고 살고 있단다(「바뀌어진 지평선」) *승패의 차이를 계산할 줄 아는/포탄의 이성이여//「너의 自決과 같은 맹렬한 자유가/여기 있다」(「조그마한 세상의 지혜」) *「고맙습니다, 고맙습니다」/서양과 동양의 차이/나는 여유있는 시인—쉬페르비엘이/물에 빠진 뒤에 나는 젤라틴을 통해서/詩의 진지성을 본다(「반주곡」) *너희들 미국인과 소련인은 하루바삐 가다오/미국인과 소련인은 〈나가다오〉와 〈가다오〉의 차이가 있을 뿐/말갛게 개인 글 모르는 백성들의 마음에는/〈미국인〉과 〈소련인〉도 똑같은 놈들(「가다오 나가다오」) *종교와 비종교, 시와 비시의 차이가 아이들과 아이의 차이이다/그러니까 종교도 종교 이전에 있다 우리나라가/종교국인 것처럼/새의 울음소리가 그 이전의 정적이 없이는 들리지 않는 것처럼……(「우리들의 웃음」)

차이다 발길로 참을 당하다.
　차이는 *이 몇 개의 판테온의 기둥 사이에/뒹굴고 있는 폐허의 돌조각들보다도/더 값없게 발길에 차이는 隣國의 음성—물론 낭랑한 일본 말들이다/이것을 요즘은 안 듣는다(「라디오 계」)

차잎(茶—) 차나무 잎사귀. *음악을 들으면 차밭의 앞뒤 시간이/가시처럼 생각된다/나비날개처럼 된 차잎은 아침이면/날개를 펴고 저녁이면 체조라도 하듯이/일제히 쉰다(「반달」)

차지하다 소유하거나 점유하다.
　차지하는 *나는/나의 눈을 찌르는 이 따가운 가옥과/집물과 사람들의 음성과 거리의 소리들을/커다란 해양의 한 구석을 차지하는/조그마한 물방울로/그려보려 하는데/차리리 어떠할까—이것은 구차한 선비의 보잘것없는 일일 것인가.(「거리1」)

차차(次次) 계속 조금씩 진행하는 모양. 차츰. 점점. *물을 뜨러 나온 아내의 얼굴은/어느 틈에 저렇게 검어졌는지 모르나/차차 시골 동리 사람들의 얼굴을 닮아간다(「여름 아침」) *종교의 획득은 종교를 잃었을 때부터 시작되었고/나는 그때부터 차차 늙어가는 탈을 썼다(「반주곡」)

차창(車窓) 차에 달린 창문. *차창에서 내다본 중앙선의 복선공사에 동원된/갈대보다도 더 약한 소년들과 부녀자들의/노동의 慘景에 대한 편지도 못 쓰겠소 매부(「美濃印札紙」)

착감(錯感) 일어식 한자어로, '착각', '혼돈'의 뜻을 가진 것으로 추정됨. *그것이 너무나 순진한 일이었기에 잠을 깨어 일어나서/나는 예수 크리스트가 되지 않았나 하는 신성한 錯感조차 느껴보는 것이었다(「조국에 돌아오신 傷病捕虜 동지들에게」)

착실하다(着實—) 차분하고 실하다.
　착실하게 *백성들이/머리가 있어 산다든가/그처럼 나도/머리가 다 비어도/인제는 산단다/오히려 더/착실하게/온몸으로 살지/발톱 끝부터로의/하극상이란다(「쌀난리」)

착오(錯誤) 착각으로 말미암은 잘못. *답답하더라도/답답하더라도/요 시인/가만히 계시오/민중은 영원히 앞서 있소이다/요 시인/용감한 착오야/그대의 저항은 無用/저항시는 더욱 무용/막대한/방해로소이다(「눈」(1961))

착잡하다(錯雜—) 갈피를 잡기 어렵게 뒤섞이어 어수선하다.
　착잡한 *언제부터인지 잠을 빨리 자는 습관이 생겼다/밤거리를 방황할 필요가 없고/착잡한 머리에 책을 집어들 필요가 없고(「달밤」) *이 광대한 여름날의 착잡한 숲속에/홀로 서서/나는 돌풍처럼 너한테 말할 수 있다(「누이야 장하고나!」)

착하다 마음씨나 행동이 바르고 어질다. 선(善)하다.
　착한 *팽이가 나를 비웃는 듯이 돌고 있다/비행기 프로펠러보다는 팽이가 기억이 멀고/강한 것보다는 약한 것이 더 많은 나의 착한 마음이기에/팽이는 지금 수천 년 전의 聖人과 같이/내 앞에서 돈다(「달나라의 장난」)

찬가(讚歌) 훌륭함을 기리는 뜻을 나타내는 노래. *작품 제목임(「가옥 찬가」)

찬란하다(燦爛—·粲爛—) ①빛이 눈부시게

아름답다. ②훌륭하고 빛나다.
찬란하게 *중단과 계속과 해학이 일치되듯이/어지러운 가지에 꽃이 피어오른다/과거와 미래에 통하는 꽃/견고한 꽃이/공허의 말단에서 마음껏 찬란하게 피어오른다(「꽃2」)
찬란하여 *그리하여 이 공허한 원주가 가장 찬란하여지는 무렵/나는 또 하나 다른 유성을 향하여 달아날 것을 알고(「너를 잃고」)
찬란한 *고통의 映寫板 뒤에 서서/어룽대며 변하여가는 찬란한 현실을 잡으려고/나는 어떠한 몸짓을 하여야 되는가(「영사판」) *너의 긴 시간 속에 언제고 내포되어 있는 휴식/그러한 휴식이 찬란한 아침햇빛 비치는 게시판 위에서 떠돌아다니면서/희한한 상상과 무수한 활자를/너에게 눌러주는 지금 이 순간에도/너는 아예 놀라지 말아라(「기자의 정열」) *자꾸 수그러져 가는 눈을 들어 강과 對岸의 찬란한 불빛을 본다(「말」(1958))
찬장(饌欌) 식기나 음식물을 넣어 두는 가구. *마루에 가도 마찬가지다 피아노 옆에 놓은/찬장이 울린다 유리문이 울리고 그 속에/넣어둔 노리다케 반상 세트와 글라스가/울린다(「의자가 많아서 걸린다」)
찬찬히 ①차분하고 자상하게. ②조용하고 느리게. *「선생님 이야기는 20년 전 이야기이지요.」/할 때마다 나는 그들의 나이를 찬찬히/소급해 가면서 새로운 여유를 느낀다/새로운 역사라고 해도 좋다(「현대식 교량」)
찰나(刹那) 매우 짧은 동안. 순간(瞬間). *그러나 너의 얼굴은/어둠에서 불빛으로 넘어가는/그 찰나에 꺼졌다 살아났다/너의 얼굴은 그만큼 불안하다(「사랑」)
참 정말로. 진실로. 아주. 과연. *그 금덩어리 같던 소리를 지금은 안 듣는다/참 이상하다(「라디오 계」)
참가하다(參加—) 관여하여 참석하거나 가입하다.
참가하게 *아내여 화해하자 그대가 흘리는 피에 나도/참가하게 해다오 그러기 위해서만/이혼을 취소하자(「이혼 취소」)
참경(慘景) 끔찍하고 비참한 광경이나 정상. *차창에서 내다본 중앙선의 복선공사에 동원된/갈대보다도 더 약한 소년들과 부녀자들의/노동의 慘景에 대한 편지도 못 쓰겠소 매부(「美濃印札紙」)

참다 ①어려운 고비를 잘 견디어 내다. ②억지로 안 하다.
참았던 *여편네가/짜증 낼까/무서워 그러나/동생들과/어머니가/걱정이 돼 그러나/참았던 오줌 마려/그래 그러나//시 같은 것(「〈4·19〉시」)
참음 *참음은 어제를 생각하게 하고/어제의 얼음을 생각하게 하고/새로 확장된 서울특별시 동남단 논두렁에/어는 막막한 얼음을 생각하게 하고(「참음은」)
참새 참샛과의 새. 인가(人家) 부근과 가을의 논에서 가장 흔하게 볼 수 있는 대표적 텃새의 한 가지. 몸빛은 다갈색, 부리는 검으며 배는 회백색의 작은 새. 몸길이는 14cm가량이고, 짹짹거리며 욺. *나무여 영혼이여/가벼운 참새같이 나는 잠시 너의/흉하지 않은 가지 위에 피곤한 몸을 앉힌다(「서시」)
참석하다(參席—) 어떤 자리나 모임에 참여하다.
참석한 *어제 국회의장 공관의 칵테일 파티에 참석한/천사 같은 여류작가의 냉철한 지성적인/눈동자는 거짓말이다(「이혼 취소」)
참외 박과의 일년생 재배 식물. 가시털이 있는 줄기가 땅 위로 덩굴손으로 내벋으며 잎은 심장 모양을 이루고 가에는 잔 톱니가 있음. 6~7월에 노란 꽃이 피고, 열매는 타원형으로 녹·황·백색으로 익으며, 단맛이 있음. 감과(甘瓜). *지금 참외와 수박을/지나치게 풍년이 들어/오이 호박의 손자며느리 값도 안 되게/헐값으로 넘겨버려 울화가 치받쳐서/고요해진 명수 할버이의/잿물거리는 눈이(「가다오 나가다오」)
참으로 진실로. 정말로. *네가 이 두 시간의 중간 위에 서있는 것이라고 해서/어려운 휴식/참으로 어려운/얻기 어려운 휴식(「기자의 정열」)
참호(塹壕·塹濠) 현대전에서, 적의 공격을 막기 위해 파 놓은 구덩이. *불이 튕기고 별이 튕기고 영원의/행동이 튕기고 자고 깨고/죽고 하지만 모두가 坑 안에서/참호 안에서 일어나는 일//사람의 얼굴도 무섭지 않고/그의 목소리도 방해가 안 되고/어제의 행동과 내일의 복수가 상쇄되고/참호의 입구의 ㄱ자가 문제되고(「먼지」)

찻값(茶―) 차의 가격. 차 마신 대가. *내 찻값까지 합해서 백 원을 치르고 나가는/그의 표정을 보고/나는 그가 필시 속으로는 나를 포기하고/있다는 것을 알았어(「H」)

찻잔(茶盞) 차를 따라 마시는 잔. 찻종. *내일의 행동이 먼지를 쓰고 있다/위태로운 일이라고 落磐의 신호를/올릴 수도 없고 찻잔에 부딪치는/차숟가락만한 쇳소리도 안 들리고(「먼지」)

찻집(茶―) 다방(茶房). *종로 네거리도 행길에 가까운 일부러 떠들썩한 찻집을 택하여 나는 앉아 있다(「시골 선물」)

창(窓) '창문'의 준말. ☞ 창. *창을 흔들고 가는 바람소리를 들어도 불안하지도 않고/도회에서 태어나서 도회에서 죽어가는 사람들은/젊은 몸으로 죽어가는 前線의 전사에 못지 않게 불쌍하다고 생각하며(「미숙한 도적」) *견고한 것을 좋아하는 사람들이/팔을 고이고 앉아서 창을 내다보는/水煖爐는 문명의 廢物(「수난로」) *예언자가 나지 않는 거리로 창이 난 이 도서관은/창설의 의도부터가 풍자적이었는지도 모른다(「국립도서관」) *나는 어느 날 뒷골목의 발코니 위에 나타난/생활에 얼이 빠진 여인의 모습을 다방의 창 너머로 瞥見하였기 때문에(「미스터 리에게」) *그러나 어디를 가보나/그의 머리 위에 반드시 窓이 달려 있는 것은/죄악이 아니겠느냐(「수난로」) *부정한 마음아//밤이 밤의 窓을 때리는구나//너는 이런 밤을 무수한 거부 속에 헛되이 보냈구나(「밤」)

창가(窓―) 창문의 가장자리. *더욱이나 푸른 창가에/황혼이 걸터앉아 있었다는 것이/더욱이나 아니라(「황혼」)

창문(窓門) 채광이나 통풍을 위하여 벽에 낸 작은 문. *입을 다문 채/흰 실에 매어달려 있는 여주알의 곰보/창문 앞에/안치해 놓은 당호박/평면을 사랑하는/코스모스/역시 평면을 사랑하는/킴 노박의 사진과/국내 소설책들……(「누이의 방」) *그 분풀이로 어리석은 나는 술을 마시고/창문을 부수고 여편네를 때리고/지옥의 시까지 썼지만(「세계일주」) *미인과 앉은 방에선 무심코/따놓는 방문이나 창문이/담배연기만 내보내려는 것은/아니렷다(「미인」) *천장지는 푸른 바탕에/아니 흰 바탕에/엇갈린 벽돌처럼 빌딩 창문처럼/바로 그런 무늬겠다/아냐 틀렸다/벽지가 아니라/아냐 틀렸다/그건 천장지가 아니라/벽지이겠다(「마케팅」)

창밖(窓―) 창문의 밖. *친구가 일어나서 창밖으로 침을 뱉고 아래로 내려갔다 오더니 또 술을 마시러 내려가자고 한다(「미숙한 도적」) *흔들리는 자동차 속에서 창밖의 풍경이 흔들리듯/그의 가장 깊은 영혼이 흔들리는 것을 보았다(「靈交日」)

창설(創設) 처음으로 설치하거나 설립함. *예언자가 나지 않는 거리로 창이 난 이 도서관은/창설의 의도부터가 풍자적이었는지도 모른다(「국립도서관」)

창연하다(蒼然―) ①썩 푸르다. ②어둑어둑하다. ③예스러운 빛이 드러나 있다.

창연한 *고색이 창연한 우리집에도/어느덧 물결과 바람이/신선한 기운을 가지고 쏟아져 들어왔다(「나의 가족」)

창자 '소장(小腸)'과 '대장(大腸)'을 아울러 이르는 말. *신주처럼 모셔놓던 의젓한 얼굴의/그놈의 속을 창자 밑까지도 다 알고는 있었으나/타성같이 습관같이/그저그저 쉬쉬하면서/할말도 다 못하고(「우선 그놈의 사진을 떼어서 밑씻개로 하자」) *그보다도 창자가 더 메마른 저들은/더 이상 속이지 말아라/혁명의 육법전서는 〈혁명〉밖에는 없으니까(「육법전서와 혁명」)

창조(創造) 어떤 목적으로 문화적·물질적 가치를 이룩함. *인제는 지조랑 영원히 버리고 마음 놓고/비수를 써/거짓말이 아냐/비수란 놈 창조보다도 더 산뜻하거든/晩時之歎은 있지만(「만시지탄은 있지만」)

창피하다(猖披―) ①체면 깎일 일을 당하여 부끄럽다. ②모양새가 사납다.

창피하니까 *오이, 고춧가루, 후춧가루는 너무나 창피하니까/그만두고라도/그중에 좀 점잖은 품목으로 또 있었는데/아이구 무어던가?(「마케팅」)

찾다 ①뒤지거나 두루 살펴서 발견해 내다. ② 알아내거나 밝혀 내다.
찾고 *나쁘지도 않고 좋지도 않은 꽃들/그리고 별과도 등지고 앉아서/모래알 사이에 너의 얼굴을 찾고 있는 나는 인제/늬가 없어도 산단다(「너를 잃고」) *쇠꼭지보다도 허망한 생활이 균형을 잃을 때/酩酊한 정신이 명정을 찾듯이/너는 비로소 너를 찾고 웃어라(「지구의」) *말하자면 내가 찾고 있는 것은 언제나 나의 가장 가까운/내 곁에 있고/우물도 사닥다리도 愛兒도 거만한 문패도/내가 범인이 되기 전에/(벌써 오래전에!)/범인의 것이 되어 있었고(「절망」(1962))
찾기 *그것은 자유를 찾기 위해서의 여정이었다[…]진실을 찾기 위하여 진실을 잊어버려야 하는/내일의 역설 모양으로/나는 자유를 찾아서 포로수용소에 온 것이고/자유를 찾기 위하여 有刺鐵網을 탈출하려는 어리석은 동물이 되고 말았다(「조국에 돌아오신 傷病捕虜 동지들에게」) *꽃을 찾기 전의 것을 잊어버리세요/ 꽃의 글자가 비뚤어지지 않게/꽃을 찾기 전의 것을 잊어버리세요/ 꽃의 소음이 바로 들어오게/꽃을 찾기 전의 것을 잊어버리세요/ 꽃의 글자가 다시 비뚤어지게(「꽃잎 2」)
찾는 *시를 쓰는 마음으로/꽃을 꺾는 마음으로/자는 아이의 고운 숨소리를 듣는 마음으로/죽은 옛 연인을 찾는 마음으로/잃어버린 길을 다시 찾은 반가운 마음으로/우리가 찾은 혁명을 마지막까지 이룩하자[…]시를 쓰는 마음으로/꽃을 꺾는 마음으로/자는 아이의 고운 숨소리를 듣는 마음으로/죽은 옛 연인을 찾는 마음으로/잃어버린 길을 다시 찾은 반가운 마음으로/우리는 우리가 찾은 혁명을 마지막까지 이룩하자(「기도」)
찾던 *암만해도 잊어버리지 못할 것이 있어 다시 불을 켜고 앉았을 때는/이미 내가 찾던 것은 없어졌을 때(「구슬픈 육체」) *흰 쌀밥을 먹고 갔는데 보리알을 먹고 간 것 같고/그렇게 피투성이가 되어 찾던 만년필은/처의 백 속에 숨은 듯이 걸려 있고(「절망」(1962))
찾듯이 *쇠꼭지보다도 허망한 생활이 균형을 잃을 때/酩酊한 정신이 명정을 찾듯이/너는 비로소 너를 찾고 웃어라(「지구의」)
찾아 *파자마 바람으로 주스를 마시면서/프레이저의 현대시론을 사전을 찾아가며 읽고 있으려니(「파자마 바람으로」) *포로수용소보다 더 어두운 곳이라 할지라도/자유가 살고 있는 영원한 길을 찾아/나와 나의 벗이 안심하고 살 수 있는/현대의 천당을 찾아 나온 것이다(「조국에 돌아오신 傷病捕虜 동지들에게」) *기진맥진하여서 술을 마시고/기진맥진하여서 주정을 하고/기진맥진하여서 여관을 찾아 들어갔다(「미숙한 도적」)
찾아서 *나는 자유를 찾아서 포로수용소에 온 것이고/자유를 찾기 위하여 有刺鐵網을 탈출하려는 어리석은 동물이 되고 말았다(「조국에 돌아오신 傷病捕虜 동지들에게」) *기진맥진한 머리를 쉬일 곳을 찾아서 친구의 뒤를 따라서 걸어나왔다./우리의 잔등이에는 〈미숙한 도적〉이라는 글자가 씌어 있었을 것이다.(「미숙한 도적」) *설움을 역류하는 야릇한 것만을 구태여 찾아서 헤매는 것은/우둔한 일인 줄 알면서/그것이 나의 생활이며 생명이며 정신이며 시대이며 밑바닥이라는 것을 믿었기 때문에―(「방안에서 익어가는 설움」)
찾았나 *싸늘한 가을바람 소리에/전통은/새처럼 겨우 나무그늘 같은 곳에/定處를 찾았나 보다(「파리와 더불어」)
찾았던 *흘러가는 물결처럼/支那人의 의복/나는 또 하나의 해협을 찾았던 것이 어리석었다(「아메리카 타임 誌」)
찾으러 *날 때도 울리지만 싱겁게 걸어갈 때/울리고 돌아서 걸어갈 때 울리고/의자와 의자 사이로 비집고 갈 때/울리고 코 풀 수건을 찾으러 갈 때(「의자가 많아서 걸린다」)
찾으려 *어둠 속에서 일순간을 다투며/없어져버린 애처롭고 아름답고 화려하고 부박한 꿈을 찾으려 하는 것은(「구슬픈 육체」)
찾으려고 *반드시 찾으려고 불을 컨 것도 아니지만/없어지는 자체를 보기 위하여서만 불을 컨 것도 아닌데(「구슬픈 육체」)
찾으면서 *더러운 것 중에도 가장 더러운/썩은 것을 찾으면서/비로소 마음 취하여 보는/이 더러운 길.(「더러운 향로」)
찾은 *검은 철을 깎아 만든/고궁의 흰 지댓

찾아가다

돌 위의/더러운 향로 앞으로 걸어가서/잃어버린 愛兒를 찾은 듯이/너의 거룩한 머리를 만지면서/우는 날이 오더라도(「더러운 향로」) *군대란 군대에서 장학사의 집에서/관공리의 집에서 경찰의 집에서/민주주의를 찾은 나라의 군대의 衛兵室에서 사단장실에서 정훈감실에서/민주주의를 찾은 나라의 교육가들의 사무실에서/4·19 후의 경찰서에서 파출소에서/민중의 벗인 파출소에서(「우선 그놈의 사진을 떼어서 밑씻개로 하자」) *시를 쓰는 마음으로/꽃을 꺾는 마음으로/죽은 옛 연인을 찾는 마음으로/잃어버린 길을 다시 찾은 반가운 마음으로/우리가 찾은 혁명을 마지막까지 이룩하자(「기도」)

찾을 *조화가 없어 아름다웠던 생활을 조화를 원하는 가슴으로 찾을 것은 아니로나/조화를 원하는 심장으로 찾을 것은 아니로나(「구슬픈 육체」) *그러나 나는 오늘 아침의 때묻은 혁명을 위해서/어차피 한마디 할 말이 있다/이것을 나는 나의 일기첩에서/찾을 수밖에 없었다(「중용에 대하여」)

찾지 *나는 잠시 아름다운 統覺과 조화와 영원과 귀결을 찾지 않으려 한다(「구슬픈 육체」)

찾아가다 ①남을 만나러 가다. ②도로 가져가다.

찾아가 *〈그것은 나의 역량 이상의 것이므로 신세계극단의 연출자 S씨를 찾아가보라〉고/터무니없는 거짓말을 하여가지고 즉석에 거절하여 버렸다(「백의」)

찾아가는 *사막의 한 끝을 찾아가는 먼 나라의 외국 사람처럼 나는 어디로 가야 할지 모르겠다(「거리2」)

찾아갈 *가까이 할 수 없는 서적이 있다/이것은 먼 바다를 건너온/용이하게 찾아갈 수 없는 나라에서 온 것이다(「가까이 할 수 없는 서적」)

찾아갔다 *오고가는 것이 직선으로 혹은 대각선으로 맞닥뜨리는 것 같은 속에서/나의 설움은 유유히 자기의 시간을 찾아갔다(「방안에서 익어가는 설움」)

찾아갔다는 *당신을 찾아갔다는 것은 현실을 직시하기 위하여서였다(「말」(1958))

찾아내다 찾아서 드러내다.

찾아내고 *그리하여 달아나오던 날 새벽에 파묻었던 총과 러시아 군복을 사흘을 걸려서 찾아내고 겨우 총살을 면하던 꿈같은 일을 생각한다(「조국에 돌아오신 傷病捕虜 동지들에게」)

찾아다니다 어떤 사람을 만나거나 어떤 곳을 보러 여기저기로 옮겨 움직이다.

찾아다니었다 *백의는 자동식 문명의 천재이었기 때문에 그의 소유주에게는/일언의 약속도 없이 제가 갈 길을 자유자재로 찾아다니었다(「백의」)

찾아보다 ①찾으려고 애쓰다. ②가서 만나 보다. ③확인하여 알아보다.

찾아보는 *큰 아름드리나무에 박힌 옹이처럼 너는 네가 한 신문기사를 매일 아침 게시판 위에서 찾아보는 버릇이 너도 모르게 어느덧 생기고 말았다[…]새 사람 아닌 새 사람이 되어/아무도 모르고 너 혼자만이 아는/네가 쓴 기사 위에/황홀히 너를 찾아보는 아침이여(「기자의 정열」)

찾아보면 *취하면 취한 대로 다 하느니라/쓸데없는 이야기도 주고받고 쓸데없는 일도/찾아보면 있느니라(「술과 어린 고양이」)

찾아보아도 *밀용인찰지인지 밀양인찰지인지 미롱인찰지인지/사전을 찾아보아도 없드라우(「美濃印札紙」)

찾아보지 *그것을 찾아보지 않을 줄이야 찾아보지/않아도 있을 줄이야 긴 것 중에는/있을 줄이야 어련히 어련히 있을/줄이야 나도 모르게 있을 줄이야(「원효대사」)

찾아오다 ①남이 나를 만나러 오다. ②도로 받아 오다.

찾아오기 *순자야 너는 꽃과 더워져 가는 화원의/초록빛과 초록빛의 너무나 빠른 변화에/놀라 잠시 찾아오기를 그친 벌과 나비의/소식을 완성하고(「꽃잎3」)

찾아오는 *하루에 한번씩 찾아오는/수치와 고민의 순간을 너에게 보이거나/들키거나 하기가 싫어서가 아니라(「도취의 피안」) *한번 정정당당하게/붙잡혀간 소설가를 위해서/언론의 자유를 요구하고 월남파병에 반대하는/자유를 이행하지 못하고/20원을 받으러 세 번씩 네 번씩/찾아오는 야경꾼들만 증오하고 있는가(「어느 날 고궁을 나오면서」)

찾아오마 ＊나비의 지분에/나의 나이가 덮이려 할 때/나비야/나는 긴 숲속을 헤치고/너의 무덤을 다시 찾아오마(「나비의 무덤」)

찾아오지 ＊꽃과 더워져 가는 화원의/꽃과 더러워져 가는 화원의/초록빛과 초록빛의 너무 빠른 변화에/놀라 오늘도 찾아오지 않는 벌과 나비의/소식을 더 완성하기까지(「꽃잎3」)

찾아오지나 ＊누가 찾아오지나 않을까 망설이면서/앉아 있는 마음/여기는 도회의 중심지/고개를 두리번거릴 필요도 없이/태연하다(「거리1」)

찾아온 ＊신문배달 아이들이 사무를 인계하는 날/제임스 띵같이 생긴 책임자가 두 아이를/데리고 찾아온 풍경이/눈[雪]에 너무 비참하게 보였던지/나는 마구 짜증을 냈다(「제임스 띵」)

찾아와서 ＊저이는 나보다 여유가 있다/저이는 나보다도 가난하게 보이는데/저이는 우리 집을 찾아와서 산보를 청한다(「강가에서」)

찾아왔다 ＊쓸데없는 도면 위에 글자만 박고 있으면 어떻게 하리/엄숙하지 않은 일을 하는 곳에 사는 친구를 찾아왔다(「사무실」)

채 '이미 있는 상태 그대로'의 뜻을 나타내는 말. ＊손도 안 씻고/쥐통도 제멋대로 내버려두고/닭에는 발등을 물린 채/나의 숙제는 미소이다(「꽃」) ＊모두 별안간에 가만히 있었다/씹었던 불고기를 문 채로 가만히 있었다(「나가타 겐지로」) ＊입을 다문 채/흰 실에 매어달려 있는 여주알의 곰보/창문 앞에/안치해 놓은 당호박/평면을 사랑하는/코스모스/역시 평면을 사랑하는/킴 노박의 사진과/국내 소설책들……(「누이의 방」)

채귀(債鬼) '몹시 조르는 빚쟁이'를 악귀(惡鬼)에 비유하여 이르는 말. ＊숲을 알려면 땅벌에 물려보면 돼/잔소리 날 때는 슬쩍 피하면 돼/—債鬼가 올 때도—/버스를 피해서 길을 건너서는 어린 놈처럼/선뜻 큰길을 건너서면 돼[…]깨꽃이나 샐비어나 마찬가지 아니냐/내일의 채귀를/죽은 뒤의 채귀를 걱정하는/장시만 장시만 안 쓰려면 돼[…]예측만으로 그치면 돼/모자라는 영원이 있으면 돼/채귀가 집으로 돌아가면 돼/성당으로 가듯이/채귀가 어젯밤에 나 없는 사이에 돌아갔으면 돼(「장시1」)

채색하다(彩色—) 그림이나 장식에 색을 칠하다.
채색해서 ＊—나에게 남아 있는 유일한 재산처럼/외계의 소리를 여과하고 채색해서/숙제처럼 나를 괴롭히고 보호한다(「장시2」)

채소밭(菜蔬—) 채소를 심는 밭. 채마밭. ＊무성하는 채소밭 가에서/기운을 주라 더 기운을 주라/돌아오는 채소밭 가에서/기운을 주라 더 기운을 주라/바람이 너를 마시기 전에(「채소밭 가에서」) ＊두 뙈기의 차밭 옆에는 역시 두 뙈기의/채소밭이 있다 김장 무나 배추를 심었을/인습적인 분가루를 칠한 밭 위에/나는 걸핏하면 개통을 갖다 파묻는다(「반달」)

채워지다 가득하게 되다.
채워지기 ＊문명의 하늘은 무엇인가로 채워지기를 원한다/나는 지금 규제로 시를 쓰고 있다 타의의 규제/아슬아슬한 설사다(「설사의 알리바이」)

책(册) ①어떤 생각이나 사실을 글이나 그림으로 표현한 종이를 꿰맨 물건을 통틀어 이르는 말. 도서. 서적. ②종이를 여러 장 겹쳐 맨 물건. ＊나의 프레이저의 책 속의 낱말이/송충이처럼 꾸불텅거리면서 어찌나 지겨워 보이던지/이렇게 돼서야 그만이지/어떻게든지 체면을 차려볼 궁리 좀 해야지(「파자마 바람으로」) ＊덮어놓은 책은 기도와 같은 것/이 책에는/神밖에는 아무도 손을 대어서는아니 된다//잠자는 책이여/누구를 향하여 앉아서도 아니 된다/누구를 향하여 열려서도 아니 된다//지구에 묻은 풀잎같이/나에게 묻은 서책의 숙련—/순결과 오점이 모두 그의 상징이 되려 할 때/신이여/당신의 책을 당신이 여시오//잠자는 책은 이미 잊어버린 책/이 다음에 이 책을 여는 것은/내가 아닙니다(「서책」) ＊먼지를 꺼내는데도 책을 꺼내는 게 아니라/먼지를 꺼내는데도 유리문을 열고/육중한 유리문이 열릴 때마다 울리고(「의자가 많아서 걸린다」) ＊밤거리를 방황할 필요가 없고/착잡한 머리에 책을 집어들 필요가 없고(「달밤」) ＊마지막 설움마저 보낸 뒤/빈 방안에 나는 홀로이 머물러 앉아/어떠한 내용의 책을 열어보려 하는가(「방안에서 익어가는 설움」) ＊주변 없는 사람이 만져서는 아니 될 책/만지면은 죽어버릴 듯 말 듯 되는 책/캘리포니아라는 곳에서 온 것만은/확실하지만 누가 지은 것인 줄도 모르는/제2차 대전 이후의/긴 긴 역사를 갖춘 것 같은/이 엄연한 책이/지금 바람 속에 휘날리고 있다/어린 동생들과의 잡담도 마치고/오늘도 어제와 같이 괴로운 잠을/이루울 준비를 해야 할 이 시간에/괴로움도 모르고/나는 이 책을 멀리 보고 있다(「가까이 할 수 없는 서적」) *어제는 캐시밀론이 들은 새 이불이/어젯밤에는 새 책이/오늘 오후에는 새 라디오가 승격해 들어왔다(「금성라디오」) *책을 빌려드리겠다고. 나의 모든 프라이드를/재산을 연장을 내드리겠다고.//그렇게 매일 믿어왔는데, 갑자기 변했어./왜 변했을까.[…]그것이/이 책보다 더 중요하다는 걸 모르지. 그것을/이제부터 당신에게 알리면서 살아야겠어—그게/될까?(「엔카운터 誌」)

책꽂이(冊—) 책을 세워 꽂아두게 만든 물건. *가구점의 문앞에서 책꽂이를/묶어주는 철쭉꽃빛 루즈를 바른/주인 여자의 얼굴—(「네 얼굴은」)

책방(冊房) 서점. *하물며는 술집에서 음식점에서 양화점에서/무역상에서 가솔린 스탠드에서/책방에서 학교에서 전국의 국민학교란 국민학교에서 유치원에서(「우선 그놈의 사진을 떼어서 밑씻개로 하자」)

책상(冊床) 책을 읽거나 글씨를 쓰는 데 쓰는 상. *마지막에는 해저의 풀떨기같이 혹은 책상에 붙은 민민한 판대기처럼 무감각하게 될 생활이여(「구슬픈 육체」)

책임자(責任者) ①책임을 지는 사람. ②어떤 일을 책임지고 도맡아 하거나 주장(主掌)하는 사람. *신문배달 아이들이 사무를 인계하는 날/제임스 띵같이 생긴 책임자가 두 아이를/데리고 찾아온 풍경이/눈[雪]에 너무 비참하게 보였던지/나는 마구 짜증을 냈다(「제임스 띵」)

책장(冊張) 책의 낱장. *그저 멀리 보고 있는 것이 타당한 것이므로/나는 괴롭다/오— 그와 같이 이 서적은 있다/그 책장은 번쩍이고/연해 나는 괴로움으로 어찌할 수 없이/이를 깨물고 있네!(「가까이 할 수 없는 서적」) *나는 지금 자유를 연구하기 위하여 『나는 자유를 선택하였다』의 두꺼운 책장을 들춰볼 필요가 없다(「조국에 돌아오신 傷病捕虜 동지들에게」)

처(妻) 아내. 안사람. *가족과 애인과 그리고 또 하나 부실한 처를 버리고/포로수용소로 오려고 집을 버리고 나온 것이 아니라(「조국에 돌아오신 傷病捕虜 동지들에게」) *방 두 칸과 마루 한 칸과 말쑥한 부엌과 애처로운 처를 거느리고/외양만이라도 남과 같이 살아간다는 것이 이다지도 쑥스러울 수가 있을까(「구름의 파수병」) *聖人은 처를 적으로 삼았다/이 한국에서도 눈이 뒤집힌 사람들/틈에 끼여 사는 처와 처들을 본다/오 결별의 신호여//이 조시대의 장안에 깔린 기왓장 수만큼/나는 많은 것을 버렸다/그리고 가장 피로할 때 가장 귀한/것을 버린다//흐린 날에는 연극은 없다/모든 게 쉽다/쉬지 않는 것은 처와 처들뿐이다(「적2」) *나의 飢餓처럼 그는 서서 나를 보고/나는 모오든 사람을 또한/나의 妻를 피하여/그의 얼굴을 숨어 보는 것이오(「아버지의 사진」) *흰 쌀밥을 먹고 갔는데 보리알을 먹고 간 것 같고/그렇게 피투성이가 되어 찾던 만년필은/처의 백 속에 숨은 듯이 걸려 있고(「절망」(1962))

처갓집(妻家—) 아내의 친정. *전통은 아무리 더러운 전통이라도 좋다 나는 광화문/네거리에서 시구문의 진창을 연상하고 寅煥네/처갓집 옆의 지금은 매립한 개울에서 아낙네들이/양잿물 솥에 불을 지피며 빨래하던 시절을 생각하고/이 우울한 시대를 파라다이스처럼 생각한다(「거대한 뿌리」)

처먹다 '음식을 함부로 많이 먹다'를 속되게 이르는 말.

처먹고 *그러한 나의 반역성을 조소하는 듯이 스무 살도 넘을까 말까 한 노는 계집애와 머리가 고슴도치처럼 부스스하게 일어난 쓰메에리의 학생복을 입은 청년이 들어와서 커피니 오트밀이니 사과니 어수선하게 벌여놓고 계통 없이 처먹고 있다(「시골 선물」)

처음 맨 첫 번. 맨 앞. *서울역에는 花環이 처음 생기고/나는 秋收하고 돌아오는 伯父를 기다렸다(「아침의 유혹」) *사람이란 사람이 모두 고민하고 있는/어두운 대지를 차고 이륙하는 것이/이다지도 힘이 들지 않는다는 것을 처음 깨달은 것은/우매한 나라의 어린 시인들이었다[…]1950년 7월 이후에 헬리콥터는/이 나라의 비좁은 산맥 위에 자태를 보이었고/이것이 처음 탄생한 것은 물론 그 이전이지만(「헬리콥터」) *여기는 서울 안에서도 가장 번잡한 거리의 한 모퉁이/나는 오늘 세상에 처음 나온 사람모양으로 쾌활하다[…]도회의 흑점―/오늘은 그것을 운운할 날이 아니다/나는 오늘 세상에 처음 나온 사람모양으로 쾌활하다(「거리2」) *나는 이자벨 버드 비숍 여사와 연애하고 있다 그녀는/1893년에 조선을 처음 방문한 영국 왕립지학협회 회원이다(「거대한 뿌리」) *5만 원을 무이자로 돌려보려고/피를 안 흘리려고 생전 처음으로 돈 가진 친구한테/정식으로 돈을 꾸러 가서 안 됐지(「이혼 취소」) *그녀가 온 지 두 달 만에 우리들은 처음으로 완성되었다/처음으로 처음으로(「식모」)

처참하다(悽慘―) 슬프고 참혹하다. *옆에 누운 친구가 내가 이를 뺀 얼굴이 어린 아해 같다고 간간대소하며 좋아한다/이 친구도 술이 취한 얼굴을 보니 처참하다(「미숙한 도적」)

척(尺) 척관법(尺貫法)의 길이의 단위. *해발 이천육백 척의 고지에서/지렁이같이 꿈틀거리는 바닷바람이 무섭다고/구름을 향하여 도망하는 놈(「연기」)

척하다 자기를 과장하여 나타내 보이는 태도를 취하다.
척한다 *그는 대뜸/<오빠는 어머니보다도 더 완고하다>고 하면서/나를 도리어 꾸짖는 척한다(「백의」)

천국(天國) ①천상에 있다는 이상적인 세계. ②기독교에서, 하나님이 직접 다스린다는 나라. 천당. ③어떤 제약도 받지 아니하는 자유롭고 편안한 곳 또는, 그런 상황. *고뇌여//강물은 도도하게 흘러내려가는데/천국도 지옥도 너무나 가까운 곳/사람들이여(「여름 아침」) *불쌍한 백성들아/불쌍한 것은 그대들뿐이다/천국이 온다고 바라고 있는 그대들뿐이다[…]그놈들이 망하고 난 후에도 진짜 곯고 있는 것은/그대들인데/불쌍한 그대들은 천국이 온다고 바라고 있다(「육법전서와 혁명」)

천년(千年) 1000년. 오랜 세월. *너의 앞에서는 우둔한 얼굴을 하고 있어도 좋았다/백년이나 천년이 결코 긴 세월이 아니라는 것은/내가 사랑의 테두리 속에 끼여 있기 때문이 아니리라(「풍뎅이」)

천당(天堂) ①천상에 있다는 신의 전당. ②천국(天國). ③불교에서 이르는, 극락세계인 정토(淨土). *자유가 살고 있는 영원한 길을 찾아/나와 나의 벗이 안심하고 살 수 있는/현대의 천당을 찾아 나온 것이다[…]정말 내가 포로수용소를 탈출하여 나오려고/무수한 동물적 企圖를 한 것은/이것이 거짓말이라면 용서하여 주시오/포로수용소가 너무나 자유의 천당이었기 때문이다[…]그러나 천당이 있다면 모두 다 거기서 만나고 있을 것입니다/억울하게 넘어진 반공포로들이/다 같은 대한민국의 이북 반공포로와 거제도 반공포로들이/무궁화의 노래를 부를 것입니다(「조국에 돌아오신 傷病捕虜 동지들에게」)

천둥 벼락이나 번개가 칠 때에 하늘이 요란하게 울리는 일, 또는 그때 일어나는 소리. 우레. *캄캄한 사무실 한복판에서/나는 눈이 먼 암소나 다름없이 선량한데/이 공간의 넓이를 가리키면서/한꺼번에 구겨지자 없어지는 벼락과 천둥/이것이 또 앞으로 얼마나 계속될는지[…]내가 너의 머리 위에/너를 대신하여/벼락과 천둥을 때리는 날까지/터전이 없으면 나의 머리 위에라도/잠시 이고 다니며 길러야 할/너는 불행하기 짝이 없는 죽순이다(「付託」) *사람이 사람을 사랑하다 남은 날/땅에만 소음이 있는 줄만 알았더니/하늘에도 천둥이, 우리의 귀가/들을 수 없는 더 큰 천둥이 있는 줄/알았다 그것이 먼저 있는 줄 알았다//지상의 소음이 번성하는 날은/하늘의 천둥도 번쩍인다/여름밤은 깊을수록/이래서 좋다(「여름밤」)

천만(千萬) 만의 천 배가 되는 수. *재앙과 불행과 격투와 청춘과 천만 인의 생활과/그러한 모든 것이 보이는 밤/눈을 뜨지 않은 땅속의 벌레같이/아둔하고 가난한 마음은 서둘지 말라(「봄 밤」)

천박하다(淺薄―) 지식이나 생각 따위가 얕다.
천박한 *신이라든지 하느님이라든지가 어디 있느냐고 나를 고루하다고 비웃은 어제저녁의 술친구의 천박한 머리를 생각한다(「시골 선물」)

천사(天使) ① '천자의 사신'을 제후국에서 일컫던 말. ②기독교에서, 하나님의 사자(使者)로서 하나님과 인간의 중개 역할을 하는 존재를 이르는 말. ③ '마음씨 곱고 어진 사람'을 비유하여 이르는 말. ＊천사같이 천사같이 흘려버릴 것이지만//아아 아아 아아/불은 켜지고/나는 쉴 사이 없이 가야 하는 몸이기에/구슬픈 육체여.(「구슬픈 육체」) ＊어제 국회의장 공관의 칵테일 파티에 참석한/천사 같은 여류작가의 냉철한 지성적인/눈동자는 거짓말이다(「이혼 취소」)

천석 사람 이름. ＊영숙아 기환아 천석아 준이야 만용아/프레지던트 김 미스 리/정순이 박군 정식이/그놈의 사진일랑 소리없이 떼어 치우고/(「우선 그놈의 사진을 떼어서 밑씻개로 하자」)

천성(天性) 선천적으로 타고난 성질. 본성(本性). ＊나의 천성은 깨어졌다/더러운 붓끝에서 흔들리는 오욕/바다보다 아름다운 세월을 건너와서/나는 태양을 주웠다고 생각하지는 않았지만/설마 이런 것이 올 줄이야/괴물이여(「PLASTER」)

천수천족수(千手千足獸) 천 개의 손과 천 개의 발을 가진 상상의 동물. ＊나날이 새로워지는 괴기한 청년/때로는 일본에서/때로는 이북에서/때로는 삼랑진에서/말하자면 세계의 도처에서 나타날 수 있는 千手千足獸/미인, 시인, 사무가, 농사꾼, 상인, 耶蘇이기도 한/나날이 새로워지는 괴기한 인물(「절망」(1962))

천역(賤役) 천한 일. ＊그녀는 도벽이 발견되었을 때 완성된다/그녀뿐이 아니라/나뿐이 아니라 賤役에 찌들린/나뿐만이 아니라/여편네뿐이 아니라(「식모」)

천자문(千字文) 한문(漢文)을 처음 배우는 사람을 위하여 교과서로 쓰이던 책. 중국 후량(後梁)의 주흥사(周興嗣)가 기초 한자 1천 자로 4언 고시(四言古詩) 250구(句)를 지어 꾸몄음. ＊무지무지한 坑夫는 나에게 글을 가르쳤다/그것이 千字文이 되는지도 나는 모르고 있었다(「아침의 유혹」)

천장(天障) 가옥 내부의 상부. ☞ 천정. ＊―그러나 나의 머리 위의 천장에서는 너의 소리가 들린다―/하루살이의 反覆이여(「하루살이」)

천장지(天障紙) 천장을 바르는 종이. ＊그중에 좀 점잖은 품목으로 또 있었는데/아이구 무어던가?/오 도배지 천장지, 다색 백색 청색의 모란꽃이/茶色의 主色 위에 탐스럽게 피어있는 천장지/아니 그건 천장지가 아냐 (벽지지!)/천장지는 푸른 바탕에/아니 흰 바탕에/엇갈린 벽돌처럼 빌딩 창문처럼/바로 그런 무늬겠다/아냐 틀렸다/벽지가 아니라/아냐 틀렸다/그건 천장지가 아니라/벽지이겠다/더 사오라는 건 벽지이겠다/그러니까 모란이다 모란이다 모란 모란……(「마케팅」)

천재(天才) 태어날 때부터 갖춘 뛰어난 재주, 또는 그런 재주를 가진 사람. ＊백의는 자동식 문명의 천재이었기 때문에 그의 소유주에게는/일언의 약속도 없이 제가 갈 길을 자유자재로 찾아다니었다(「백의」)

천정(天井) 천장(天障). 가옥 내부의 상부. ☞ 천장. ＊구름도 필요 없고/항구가 없어도 아쉽지 않은/내가 바로 바라다보는/저 허연 석회 천정―/저것도/꿈이 아닌 꿈을 가리키는/내일의 지도다(「거리1」)

천지(天地) 하늘과 땅. ＊광야에 와서 어떻게 드러누울 줄을 알고 있는/나는 너무나도 악착스러운 봉상가/조잡한 天地여/간디의 모방자여/여치의 나래 밑의 고단한 밤잠이여(「광야」)

천천히 느리고 조용하게. ＊젊음과 늙음이 엇갈리는 순간/그러한 속력과 속력의 停頓 속에서/다리는 사랑을 배운다/정말 희한한 일이다/나는 이제 적을 형제로 만드는 實證을/똑똑하게 천천히 보았으니까!(「현대식 교량」)

천하(天下) ①온 세상. 하늘 밑. ②한 나라, 또는 정권. ＊이런 기이한 관습을 가진 나라를/세계 다른 곳에서는 본 일이 없다고/천하를 호령한 민비는 한번도 장안 외출을 하지 못했다고……(「거대한 뿌리」)

철¹ 한 해를 네 시기로 나눈 중의 한 시기. 계절. 시절. ＊고생도 마음대로 할 수 없는 세상에서는/철 늦은 거미같이 존재 없이 살기도 어려운 일(「구름의 파수병」) ＊소음에 시달린 마당

한구석에/철 늦게 핀 여름 장미의 흰구름/소나기가 지나고 바람이 불듯이/하더니 또 안 불고/소음은 더욱 번성해진다(「여름 밤」)

철(鐵)² 금속 원소의 한 가지. 순수한 것은 은백색의 광택을 띠고, 연성과 전성이 풍부하며 자성(磁性)이 강하므로, 금속 가운데 가장 용도가 많음. 쇠. ＊검은 철을 깎아 만든/고궁의 흰 지댓돌 위의/더러운 향로 앞으로 걸어가서/잃어버린 愛兒를 찾은 듯이(「더러운 향로」)

철근(鐵筋) 콘크리트 속에 박아 뼈대로 삼는 가는 쇠막대. ＊―제3인도교의 물속에 박은 철근 기둥도 내가 내 땅에/박는 거대한 뿌리에 비하면 좀벌레의 솜털(「거대한 뿌리」)

철망(鐵網) ①철사를 얽어서 만든 그물. ② '철조망'의 준말. ＊누가 거제도 제61수용소에서 단기 4284년 3월 16일 오전 5시에 바로 철망 하나 둘 셋 네 겹을 隔하고 불 일어나듯이 솟아나는 제62적색수용소로 돌을 던지고(「조국에 돌아오신 傷病捕虜 동지들에게」) ＊철망을 지나가는 비행기의/그림자보다는 훨씬 급하게/스쳐가는 나의 고독을/누가 무슨 신기한 재주를 가지고/잡을 수 있겠느냐(「더러운 향로」) ＊앞의 2층집이 신축을 하고 담을 두르고/가시철망을 칠 때 우리도 그 철망을 치던/일꾼을 본 일이 있다(「도적」)

철사(鐵絲) 쇠로 만든 가는 줄. 철선. ＊돈에 치를 떠는 여편네도 도적이 들어왔다는/말에는 놀라지 않는다/그놈은 우리집 광에 있는 철사를 노리고 있다[…]나는 도적이 이 철사의 반환을 꾀하고 있다고/생각한다(「도적」)

철사뭉치(鐵絲―) 철사를 한데 둘둘 뭉치거나 뭉뚱그린 덩어리. ＊싯가 700원가량의 새 철사뭉치는 우리집의/양심의 가책이다[…]그 이튿날 여편네와 식모가 하는 말을 들어보니/철사뭉치는 벌써 지하실에 도피시켜 놓은 모양이었다(「도적」)

철수 사람 이름. ＊너도 나도 누나도 언니도 어머니도/철수도 용식이도 미스터 강도 유중사도/강중령도 그놈의 속을 모르는 바는 아니었지만(「우선 그놈의 사진을 떼어서 밑씻개로 하자」)

철자법(綴字法) 말을 글자로 적을 때에 지켜야 하는 일정한 규칙. 맞춤법. ＊우물 옆의 등나무/우물 옆의 등꽃과 활련/그리고 철자법을 틀린 시/철자법을 틀린 인생/이슬, 이슬의 합창이다(「등나무」)

철조망(鐵條網) 가시철로 된 철조를 늘여 얼기설기 쳐 놓은 울타리. 여러 모양이 있으며, 전류를 흐르게 한 것도 있음. ＊닿고 닿아지고 걸리고 걸려지고/모서리뿐인 형식뿐인 격식뿐인/관청을 우리집은 닮아가고 있다/철조망을 우리집은 닮아가고 있다(「의자가 많아서 걸린다」)

철쭉꽃빛 분홍이나 연분홍의 빛깔. ＊가구점의 문앞에서 책꽂이를/묶어주는 철쭉꽃빛 루즈를 바른/주인 여자의 얼굴―(「네 얼굴은」)

철칙(鐵則) 변경하거나 어길 수 없는 규칙. ＊귀에 걸면 귀걸이 코에 걸면 코걸이가/제2공화국 이후의 정치의 철칙이 아니라고 하는가(「만시지탄은 있지만」)

첨단(尖端) ①물건의 뾰족한 끝. ②시대의 흐름·유행 따위의 맨 앞장. ＊나는 너무나 많은 첨단의 노래만을 불러왔다/나는 정지의 미에 너무나 등한하였다(「서시」)

첩첩이(疊疊―) ①여러 겹으로 겹쳐서. ②쌓이고 쌓여 깊게. ＊나의 시절은 태양 속에/나의 사랑도 태양 속에/日蝕을 하고/첩첩이 무서운 晝夜/애정은 나뭇잎처럼/기어코 떨어졌으면서/나의 손 위에서 신음한다(「愛情遲鈍」)

첫 처음의. ＊그놈의 동상이 선 곳에는/민주주의의 첫 기둥을 세우고/쓰러진 성스러운 학생들의 웅장한/기념탑을 세우자(「우선 그놈의 사진을 떼어서 밑씻개로 하자」)

첫날 어떤 일이 시작되는 첫째 날. 초일. ＊그것하고 하고 와서 첫번째로 여편네와/하던 날은 바로 그 이튿날 밤은/아니 바로 그 첫날 밤은 반시간도 넘어 했는데도/여편네가 만족하지 않는다(「性」)

첫마디 맨 처음에 하는 한마디의 말. ＊구름 끝에 혀를 대는 잎사귀처럼/몸을 떨며/귀기울이려 할 때/그 무수한 말 중의 제일 첫마디는/「나는 졌노라……」(「말복」)

첫번째 맨 처음의 순서. ＊그것하고 하고 와서 첫번째로 여편네와/하던 날은 바로 그 이튿날 밤은/아니 바로 그 첫날 밤은 반시간도 넘어 했는데도/여편네가 만족하지 않는다(「性」)

청각(聽覺) 오감(五感)의 하나. 귀가 공기나 물 등을 통해 받은 음향의 자극을 뇌에 전달하여 일으키는 감각. 청감(聽感). ✽원활하게 굽은 산등성이를 바라보며/나는 지금 간밤의 쓰디쓴 후각과 청각과 미각과 統覺마저 잊어버리려고 한다(「여름 아침」)

청결하다(淸潔—) 맑고 깨끗하다.
　청결한 ✽이 많은 의자도 늬가 만든 것이며/늬가 그리고 있는 종이까지 늬가 製紙한 것이며/청결한 공기조차 어지러웁지 않은 것이/오히려 너의 냄새가 없어서 심심하다(「사무실」)

청교도(淸敎徒) 기독교에서, 16세기 후반에 영국에서 일어난 신교의 종단(宗團), 또는 그 교도. ✽우리는 그것을 영원의/소리라고 부른다//해는 청교도가 대륙 동부에 상륙한 날보다 밝다(「미역국」)

청년(靑年) 젊은 사람. 젊은이. ✽그러한 나의 반역성을 조소하는 듯이 스무 살도 넘을까 말까 한 노는 계집애와 머리가 고슴도치처럼 부스스하게 일어난 쓰메에리의 학생복을 입은 청년이 들어와서 커피니 오트밀이니 사과니 어수선하게 벌여놓고 계통 없이 처먹고 있다(「시골 선물」) ✽나날이 새로워지는 괴기한 청년/때로는 일본에서/때로는 이북에서/때로는 삼랑진에서/말하자면 세계의 도처에서 나타날 수 있는 千手千足獸(「절망」(1962)) ✽화환이 화환이 서울역에서 날아온다/모자 쓴 靑年이여 誘惑이여/아침의 유혹이여(「아침의 유혹」)

청년답다(靑年—) ①젊음의 기상이 있다. ②젊은이의 기상이 엿보인다.
　청년다운 ✽이것은 寸豪의 諷刺도 역설도 불쌍한 발악도 청년다운 광기도 섞여 있는 말이 아닐 것이다(「조국에 돌아오신 傷病捕虜 동지들에게」)

청랑하다(晴朗—) 날씨가 맑고 화창하다.
　청랑한 ✽詩는 쨍쨍한 날씨에 청랑한 들에/환락의 개울가에 바늘 돋친 숲에/버려진 우산/망각의 想起다(「적2」)

청상(靑裳) 푸른 치마. ✽南廟 문고리 굳은 쇠 문고리/기어코 바람이 열고/열사흘 달빛은/이미 과부의 靑裳이어라(「廟庭의 노래」)

청색(靑色) 푸른빛. ✽오 도배지 천장지, 다색 백색 청색의 모란꽃이/茶色의 主色 위에 탐스럽게 피어있는 천장지/아니 그건 천장지가 아냐 (벽지지!)(「마케팅」)

청춘(靑春) 십대 후반에서 이십대에 걸치는 인생의 젊은 나이 또는 그런 시절을 이르는 말. ✽나의 노래가 없어진들/누가 나라와 민족과 청춘과/그리고 그대들의 영령을 위하여 잊어버릴 것인가!(「조국에 돌아오신 傷病捕虜 동지들에게」) ✽어둠 속에 본 것은 청춘이었는지 대지의 진동이었는지/나는 자꾸 땅만 만지고 싶었는데(「구슬픈 육체」) ✽내가 살기 위하여/몇 개의 번개 같은 환상이 필요하다 하더라도/꿈은 교훈/청춘 물 구름/피로들이 몇 배의 아름다움을 加하여 있을 때도(「긍지의 날」) ✽재앙과 불행과 격투와 청춘과 천만 인의 생활과/그러한 모든 것이 보이는 밤/눈을 뜨지 않은 땅속의 벌레같이/아둔하고 가난한 마음은 서둘지 말라(「봄 밤」) ✽종교의 연필 자국이 두드러진/청춘의 붉은 희롱?//「고맙습니다, 고맙습니다」/역사의 숙제, 발을 벗는 일,(「반주곡」)

청하다(請—) ①무엇을 달라거나, 해 줄 것을 부탁하다. ②남을 불러 모시다.
　청한 ✽청한 지 반 시간만에 떠다 주는 냉수를 한 대접 마시고/계단을 내려와서/어젯밤에 술을 마시던 방을 들여다보니 이불도 베개도 타구 하나 없이 깨끗하다.(「미숙한 도적」)
　청한다 ✽저이는 나보다 여유가 있다/저이는 나보다도 가난하게 보이는데/저이는 우리집을 찾아와서 산보를 청한다(「강가에서」)

체면(體面) 남을 대하기에 번듯한 면목. ✽순진한 학생들/점잖은 학자님들/체면을 세우는 문인들/너무나 투쟁적인 신문들의 보좌를 받고(「육법전서와 혁명」) ✽이렇게 돼서야 그만이지/어떻게든지 체면을 차려볼 궁리 좀 해야지[…]어떻게든지 체면을 차려볼 궁리 좀 해야지//파자마 바람으로 체면도 차리고 돈도 벌자고/하다하다못해 번역업을 했더니/권말에 붙어나오는 역자 약력에는/한사코 ××대학 중퇴가 ××대학 졸업으로 誤植이 돼 나오니/이렇게 돼서야 그만이지/어떻게든지 체면을 차려볼 궁리 좀 해야지[…]이렇게 돼서야 그만이지/어떻게든지 체면을 차려볼 궁리 좀 해야지(「파자마 바람으로」) ✽통일도 중립도 개좆이다/은밀도 심오도 학구도 체면도 인습도 치안국/으로 가라 동양척식회사, 일본영사관, 대한민국 관리,/아이스크림은 미국놈 좆대강이나 빨아라(「거대한 뿌리」)

체조(體操) 신체의 이상적 발달을 꾀하고 신체의 결함을 교정 또는 보충시켜 주기 위해서 행하는 조직화된 운동. *나비날개처럼 된 차잎은 아침이면/날개를 펴고 저녁이면 체조라도 하듯이/일제히 쉰다 쉬는 데에도 규율이 있고/탄력이 있다(「반달」)

체취(體臭) ①몸에서 나는 냄새. 살내. ②그 사람의 독특한 기분이나 버릇. 곧, '가장 개성적인 것'을 비유하여 이르는 말. *바다의 물결 작년의 나무의 체취/그래 우리 이 盛夏에/온갖 나무의 추억과/물의 체취라도/다해서/어린 놈 너야/죽음이 오더라도/이제 성을 내지 않는 법을 배워주마(「여편네의 방에 와서」)

체포되다(逮捕―) ①죄인이 쫓기다 잡히다. ②법관이 발부하는 영장에 의하여 구속되다.
  체포된 *악귀의 눈동자보다도 더 어둡고 무서운 밤에 中西面 內務省 군대에게 체포된 일을 생각한다(「조국에 돌아오신 傷病捕虜 동지들에게」)

쳇바퀴 얇은 널빤지를 둥글게 오려서 쳇불을 메우게 된 테, 곧 체의 몸 부분. *거기다가 나의 부처님을 모신 법당 뒷산에 묻혀 있는 검은 바위같이 큰 머리에는 둘레가 작아서 맞지 않아 그 모자를 쓴 기분이란 쳇바퀴를 쓴 것처럼 딱딱하다(「시골 선물」)

쳐놓다 병풍·가리개·장막·밧줄 따위로 둘레를 둘러막다.
  쳐놓았다 *나는 도적이 이 철사의 반환을 꾀하고 있다고/생각한다 우리집 건넌방의 캐비넛을/노리고 있다고는 생각되지 않는다 아마/그럴지도 모르지만/나는 광문에 못을 쳐놓았다(「도적」)

쳐다보다 '치어다보다'의 준말. 얼굴을 들고 올려다보다.
  쳐다보고 *몽매와 연령이 언제 그에게/나타날는지 모르는 까닭에/잠시 그는 별과 또 하나의 것을 쳐다보고 있어야 하는 것이다(「토끼」)

쳐들어가다 무찔러 들어가다.
  쳐들어가 *하나의 행동이 열의 행동을 부르고/미리 막을 줄 알고 미리 막아져 있고/미리 칠 줄 알고 미리 쳐들어가 있고/遭遇의 마지막 윤리를 넘어서(「먼지」)

초(醋) 조미료의 한 가지. 3~6%의 초산을 함유한, 시고 약간 단 맛이 있는 액체. 식초. *아까 점심때처럼 그렇게 나긋나긋할 줄 알지/시금치 이파리처럼 그렇게 부드러울 줄 알지/암 지금도 부드럽기는 하지만 좀 다르다/초가 쳐 있다 잔인의 초가/요놈― 요 어린 놈― 맹랑한 놈―6학년 놈―(「잔인의 초」)

초가집(草家―) 볏짚이나 밀짚·갈대 따위로 이엉을 엮어 지붕을 인 집. 초가집. 초려(草廬). 초옥(草屋). *어서 일을 해요 변화는 끝났소/어서 일을 해요/미지근한 물이 고인 조그마한 논과/대숲 속의 초가집과 나무로 만든 장기와/게으르게 움직이는 물소와(「시」(1961))

초년생(初年生) 첫해 또는 처음의 시기나 단계를 겪는 사람. *「그러니까 초년생 도적이지」하고 쑥스러운 대구를 하면서/기진맥진한 머리를 쉬일 곳을 찾아서 친구의 뒤를 따라서 걸어나왔다.(「미숙한 도적」)

초동물 세계(超動物 世界) 김수영의 조어. 동물계를 초월한 한 차원 위의 세계로 추정된다. *너의 조상들이 우리의 조상과 함께/손을 잡고 超動物 세계 속에서 영위하던/자유의 정신의 아름다운 원형을/너는 또한 우리가 발견하고 규정하기 전에 가지고 있었으며(「헬리콥터」)

초라하다 ①옷차림이나 겉모양이 허술하여 보잘것없고 궁상스럽다. ②보잘것없고 변변하지 못하다.
  초라한 *나의 초라한 검은 지붕에/너의 날개소리를 남기지 말고/네가 던지는 조그마한 그림자가 무서워/벌벌 떨고 있는/나의 귀에다 너의 엷은 울음소리를 남기지 말아라(「도취의 피안」) *도야지우리에 새가 날고/국화꽃은 밤이면 더 한층 아름답게 이슬에 젖는데/올 겨울에도 산 위의 초라한 나무들을 뿌리만 간신히 남기고 살살이 갈라갈 동네아이들……(「꽃」)

초록빛(草綠―) 푸른 빛깔과 누른 빛깔의 중간 색. 초록빛. 초록색. *순자야 너는 꽃과 더워져 가는 화원의/초록빛과 초록빛의 너무나 빠른 변화에/놀라 잠시 찾아오기를 그친 벌과 나비의/소식을 완성하고[…]꽃과 더워져가는 화원의/꽃과 더러워져 가는 화원의/초록빛과 초록빛의 너무 빠른 변화에/놀라 오늘도 찾아오지 않는 벌과 나비의/소식을 더 완성하기까지」(「꽃잎3」)

초봄(初―) 봄철이 시작되는 첫 무렵. *초봄의 뜰 안에 들어오면/서편으로 난 난간문 밖의 풍경은/모름지기/보이지 않고/황폐한 강변을/영혼보다도 더 새로운 해빙의 파편이/저 멀리/흐른다(「초봄의 뜰 안에」)

초부(樵夫) 나무꾼. *樵夫의 일하는 소리/바람이 생기는 곳으로/흘러가는 흘러가는 새소리/갈대소리/「올 겨울은 눈이 적어서 토끼가 은거할 곳이 없겠네」(「토끼」)

초연히(超然―) 속세나 명리 따위에 관계하려는 태도가 없이. *이 밤이 기다리는 고요한 思想마저/나는 초연히 이것을 시간 위에 얹고/어려운 몇 고비를 넘어가는 기술을 알고 있나니(「방안에서 익어가는 설움」)

초월하다(超越―) 어떤 한계나 표준을 뛰어넘다.
초월한 *우주의 완성을 건 한 字의 생명의/귀추를 지연시키고/소녀가 무엇인지를/소녀는 나이를 초월한 것임을/너는 어린애가 아님을(「꽃잎3」)

초저녁(初―) 이른 저녁. *얼마전에는 애 업은 여자하고 오입을 했다고 한다/초저녁에 두 번 새벽에 한 번/그러니 아직도 늙지 않지 않았느냐고 한다(「강가에서」)

초점(焦點) ①반사경이나 렌즈에 평행으로 들어와 반사·굴절한 광선이 모이는 점. ②타원·쌍곡선·포물선을 만드는 기본이 되는 점. ③사람들의 관심이나 시선이 집중되는 사물의 중심이나 문제점. *내가 잠겨 있는 정신의 초점은 감상과 향수가 아닐 것이다(「거리2」) *생각하면 그것은 둥근 옹기같이 어지러움기만 한 일이지만/거기에는 초점이 없지도 않다/그러나 이 초점을 바라고 보는 것이 아니다(「기자의 정열」)

초조(焦燥) 불안하거나 애태우며 마음을 졸임. *하여간 바쁨과 한가와 실의와 초조를 나하고 같이한 돈/바쁜 돈―/아무도 正視하지 못

한 돈―돈의 비밀이 여기 있다(「돈」)

초콜릿(영, chocolate) 코코아 씨를 볶아 만든 가루에 우유, 설탕, 향료, 따위를 섞어 만든 과자. *선잠이 들어서/그가 모르는 동안에/조용히 가다오 나가다오/서푼어치 값도 안 되는 미·소인은/초콜릿, 커피, 페티코트, 군복, 수류탄/따발총……을 가지고(「가다오 나가다오」)

초토작전(焦土作戰) 적을 무력하게 만들기 위해 남김없이 무찌르는 전술. *우리들의 싸움의 모습은 초토작전이나「건 힐의 혈투」모양으로 활발하지도 않고 보기 좋은 것도 아니다(「하…… 그림자가 없다」)

초현실(超現實) 현실의 너머. 현실을 초월함. *―나도 필경 그처럼 보이지 않는 누구인가를/항시 괴롭히고 있는 보이지 않는 拷問人/시대의 숙명이여/숙명의 초현실이여/나의 생활의 定數는 어디에 있나(「장시2」)

촌호(寸豪) 조금. 아주 약간. *노파심으로 만일을 염려하여 말해 두는 건데/이것은 寸豪의 諷刺味도 역설도 불쌍한 발악도 청년다운 광기도 섞여 있는 말이 아닐 것이다(「조국에 돌아오신 傷病捕虜 동지들에게」)

촛불 초에 켠 불. *「고맙습니다, 고맙습니다」/일어서 있는 너의 얼굴은/오늘밤의/앉아 있는 내 방의 촛불 같은 재산, 보석이여.(「반주곡」)

총(銃) 화약의 힘으로 발사하는 비교적 작은 총포(銃砲)를 통틀어 이르는 말. (주로, 개인용의 권총·소총·엽총 따위) 총포. *그리하여 달아나오던 날 새벽에 파묻었던 총과 러시아 군복을 사흘을 걸려서 찾아내고 겨우 총살을 면하던 꿈같은 일을 생각한다(「조국에 돌아오신 傷病捕虜 동지들에게」) *나는 총에 맞는 새같이 가련하게도 당신의 집을 나와버렸다(「말」(1958))

총살(銃殺) ①총으로 쏘아 죽임. ②'총살형'의 준말. *그리하여 달아나오던 날 새벽에 파묻었던 총과 러시아 군복을 사흘을 걸려서 찾아내고 겨우 총살을 면하던 꿈같은 일을 생각한다(「조국에 돌아오신 傷病捕虜 동지들에게」)

총알(銃―) '탄알' 따위를 통틀어 이르는 말. 총탄. 탄환. *시원치 않은 이 울음소리만이/어째서 나의 뼈를 뚫고 총알같이 날쌔게 달아

나는가(「영사판」) *봄은 오고 쥐새끼들이 총알만한 구멍의 조직을 만들고/풀이, 이름도 없는 낯익은 풀들이, 풀새끼들이/허물어진 담 밑에서 사과껍질보다도 얇은[…]그 사람도 거짓말의 총알의 까맣고 빨간 흔적을 가진 사람이라고—/그래서 우리의 혼란을 승화시켜 보자(「거짓말의 여운 속에서」)

최근(最近) ①얼마 안 되는 지나간 날. 요즘. ②현재를 기준으로 하여 앞뒤의 가까운 시기. *그리고 이 사랑을 만드는 기술을 안다/눈을 떴다 감는 기술—불란서혁명의 기술/최근 우리들이 4·19에서 배운 기술/그러나 이제 우리들은 소리내어 외치지 않는다(「사랑의 변주곡」) *네이팜 탄은 최근 미국에서 새로 발명된 유도탄이다.(「네이팜 탄」의 원주)

최소한도(最小限度) 그 이상 더 줄일 수 없는 가장 작은 한도. 최소한. *최소한도로/자유당이 감행한 정도의 불법을/혁명정부가 구육법전서를 떠나서/합법적으로 불법을 해도 될까 말까 한/혁명을—(「육법전서와 혁명」)

최종점(最終點) 맨 나중의 지점. 최후의 지점. *피로들이 몇 배의 아름다움을 加하여 있을 때도/나의 원천과 더불어/나의 최종점은 긍지/파도처럼 요동하여/소리가 없고/비처럼 퍼부어/젖지 않는 것(「긍지의 날」)

추녀 한식 기와집에서, 처마 네 귀의 기둥 위에 끝이 위로 들린 큰 서까래, 또는 그 부분의 처마. *허나/인생의 장마의/추녀 끝 물방울 소리가/아직도 메아리를 가지고 오지 못하는/8월의 밤에/너의 방은 너무 정돈되어 있더라(「누이의 방」)

추다¹ 한쪽을 채어 올리다. 추스르다.
　추고 *서울서/의정부로/뚫린/국도에/눈 내리는 날에는/〈빽〉차도/지프차도/파발이 다 된/시골 버스도/맥을 못 추고/맴을 도는 판이니(「눈」(1961))

추다² 춤 동작을 나타내다.
　추고 *시간이 나비모양으로 이 줄에서 저 줄로/춤을 추고/그 사이로/4월의 햇빛이 떨어졌다(「백지에서부터」)

추락하다(墜落—) ①높은 곳에서 떨어지다. ②위신이나 신망 따위가 떨어지다.
　추락하는 *나는 어찌나 좋았던지 목욕을 하러 갔지/개구리란 놈이 추락하는 폭격기처럼/사람을 놀랜다(「伏中」)

추방(追放) ①해가 되는 것을 그 사회에서 몰아냄. ②부적격자를 그 직장이나 직위에서 쫓아내거나 몰아내는 일. *오오 사랑이 추방을 당하는 시간이 바로 이때이다/내가 나의 밖으로 나가는 것처럼(「피곤한 하루의 나머지 시간」)

추수하다(秋收—) 가을에 익은 곡식을 거두어들이다.
　추수하고 *서울역에는 花環이 처음 생기고/나는 秋收하고 돌아오는 伯父를 기다렸다(「아침의 유혹」)

추악하다(醜惡—) 보기 흉하고 추하다.
　추악하고 *내가 추악하고 우둔한 얼굴을 하고 있으면/너도 우둔한 얼굴을 만들 줄 안다(「풍뎅이」)

추억(追憶) 지나간 일을 돌이켜 생각함, 또는 그 생각. *바다의 물결 작년의 나무의 체취/그래 우리 이 盛夏에/온갖 나무의 추억과/물의 체취라도/다해서/어린 놈 너야/죽음이 오더라도/이제 성을 내지 않는 법을 배워주마(「여편네의 방에 와서」) *또 무엇이 있나 나의 호주머니에는?/연필쪽!/옛날 추억이 들은 그러나 일년 내내 한번도 펴본 일이 없는/죽은 기억의 휴지(「후란넬 저고리」) *나에게 놋주발보다도 더 쨍쨍 울리는 추억이/있는 한 인간은 영원하고 사랑도 그렇다(「거대한 뿌리」) *당신이 사준 북어와 오징어와 2등차표와/경포대의 선물과 도리스 위스키와 라스베리 잼에 대해서/미안하지 않소 당신의 모든 행복과 우리들의 바닷가의/행복의 모든 추억에 대해서 미안하지 않소(「美濃印札紙」)

추위 추운 기운. 한기(寒氣). *또 골목을 돌아서/추위에 온몸이/돌같이 감각을 잃어도/또 골목을 돌아서//아픔이/아프지 않을 때는/그 무수한 골목이 없어질 때(「아픈 몸이」)

추잡하다(醜雜—) 지저분하고 잡스럽다.
　추잡한 *아아 슬프게도 슬프게도 이번에는/우리가 혁명이 성취되는 마지막날에는/그런 사나운 추잡한 놈이 되고 말더라도(「기도」)

추측(推測) 미루어 헤아림. *고칠 사람을 구하기가 어렵다고 하지만/돈이 아까울 거라 그럴 거라/내 추측이 맞을 거라/아니 내가 고치라고 하니까 안 고칠 거라/이 추측이 맞을 거라 이 추측이 맞을 거라/이 추측이 맞을 거라(「도적」)

추탕(鰍湯) '추어탕'의 준말. 미꾸라지를 넣고 여러 가지 국거리 양념과 함께 끓인 국. ＊그래도 추탕을 먹으면서 나보다도 더 땀을 흘리더라만/신문지로 얼굴을 씻으면서 나보고도/산보를 하라고 자꾸 권한다(「강가에서」)

추하다(醜—) ①못생기거나 흉하다. ②치사하고 흉하다.

추한 ＊추한 나의 발밑에서 풍뎅이처럼 너는 하늘을 보고 운다(「풍뎅이」)

축복(祝福) 행복하기를 비는 것. ＊고난이 나를 집중시켰고/이런 집중이 여자의 선천적인 집중도와/기적적으로 마주치게 한 것이 전쟁이라고 생각했다/그런 의미에서 나는 전쟁에 축복을 드렸다[…]여자의 본성은 에고이스트/뱀과 같은 에고이스트/그러니까 뱀은 선천적인 포로인지도 모른다/그런 의미에서 나는 속죄에 축복을 드렸다(「여자」)

축복하다(祝福—) ①행복하기를 빌다. ②기뻐하고 축하하다.

축복하자 ＊또 지금 헛되이 보내고 있구나//하늘 아래 비치는 별이 아깝구나//사랑이여//무딘 밤에는 무딘 사람을 축복하자(「밤」)

축소(縮小) 줄여서 작게 함. ＊그러면 너의 벗들과/너의 이웃사람들의 얼굴이/바늘구멍 저쪽에 떠오르리라/축소와 확대의 중간에 선 그들의 얼굴/강력과 기도가 일체가 되는 거리에서/너는 비로소 겸허를 배운다(「예지」)

축적(蓄積) ①많이 모이어 쌓임. ②많이 모아서 쌓음. ＊惰眠의 축적으로 우리 몸은 자라고/그래도 행동이 마지막 의미를 갖고/네가 씹는 음식에 내가 증오하지 않음이/내가 겨우 살아있는 표시라(「먼지」)

춘원(春園) 1892~1950. 소설가. 이광수(李光洙). 춘원은 호. 평안북도 정주(定州) 출생. 『무정(無情)』을《매일신보

춘원 이광수

(每日申報)》에 연재하여 소설문학의 새로운 역사를 개척하였다. 작품으로 『재생(再生)』, 『마의태자(麻衣太子)』, 『단종애사(端宗哀史)』, 『흙』, 『원효대사』 등이 있다. ＊죄를 짓고 얼굴을 붉히고—/성속이 같다는 원효대사가/텔레비에 나온 것을 뉘우치지 않고/春園 대신의 원작자가 된다(「원효대사」)

출발(出發) ①길을 떠남. ②일을 시작함. ＊일찍이 현실의 출발을 하지 못한 것을 뉘우치며/오늘밤도 보아야 할 죽순의 거치러운/꿈은/완전히 무시를 당하고 나서야/비로소 안심할 수 있는(「付託」) ＊지옥의 시를 쓰고 난 뒤에/그대의 출발이 잘못된 출발이었다고/알려주려고/모든 세계일주가 잘못된 출발이라고/알려주려고—(「세계일주」) ＊순간이 순간을 죽이는 것이 현대/현대가 현대를 죽이는 〈종교〉/현대의 종교는 〈출발〉에서 죽는 榮譽(「비」)

출발하다(出發—) ①길을 떠나다. ②일을 시작하다.

출발하게 ＊그러면/아름다움은 어제부터 출발하고/너의 육체는/오늘부터 출발하게 되는 것이다(「바뀌어진 지평선」)

출발하고 ＊「나는 이것을 자유라고 부릅니다/그리하여 나는 자유를 위하여 출발하고 포로수용소에서 끝을 맺은 나의 생명과 진실에 대하여/아무 뉘우침도 남기려 하지 않습니다」(「조국에 돌아오신 傷病捕虜 동지들에게」) ＊그러면/아름다움은 어제부터 출발하고/너의 육체는/오늘부터 출발하게 되는 것이다(「바뀌어진 지평선」)

출입하다(出入—) 드나들다.

출입하고 ＊도적이 우리집을 노리고 있다/닭장이 무너진 공터에 두른 판장을 뚫고/매일밤 저희집처럼 출입하고 있다(「도적」)

출판사(出版社) 출판을 업으로 하는 회사. ＊그러나 덤핑 출판사의 20원짜리나 20원 이하의 고료를 받고 일하는/14원이나 13원이나 12원짜리 번역일을 하는/불쌍한 나나 내 부근의 친구들을 생각할 때[…]덤핑 출판사의 일을 하는 무의식 대중을 웃지 마라/지극히 시시한 이 발견을 웃지 마라/비로소 충만한 이 한국문학사를 웃지 마라(「이 한국문학사」)

춤 팔다리나 몸을 율동적으로 움직여 어떤 감

정을 나타내는 동작. 무용(舞踊). *시간이 나비모양으로 이 줄에서 저 줄로/춤을 추고/그 사이로/4월의 햇빛이 떨어졌다(「백지에서부터」)

춥다 ①날씨가 차다. ②찬 기운이 느껴지다.
　추운 *이보다 더 추운 날처럼 나는 여기서 겨울을 맞이하다가/오랜 시간이 경과된 후에도/이 웃음만은 흔적을 남기고 있을 것이라고 믿는 것은/어리석은 일(「웃음」) *나의 얇은 지붕 위에서 솔개미같은/사나운 놈이 약한 날짐승들이 오기를 노리면서 기다리고/더운 날과 추운 날을 가리지 않고/늙은 버섯처럼 숨어 있기 때문에도 아니다(「도취의 피안」)
　추워라 *흐린 하늘에 이는 바람은/어제가 다르고 오늘이 다른데/옷을 벗어놓은 나의 정신은/늙은 바위에 앉은 이끼처럼 추워라(「초봄의 뜰 안에」)
　추웠고 *또 한 놈은 잘 안 보였고 매일 아침 들은/「신문요」의 목소리를 회상하며/어떤놈이 新인지 舊인지를 가려낼 틈도/없다 눈이 왔고 추웠고 너무 화가 났다(「제임스 띵」)

충고(忠告) 남의 허물이나 결점 따위를 고치도록 타이름, 또는 그 말. 충언(忠言). *나는 이 사람이 만주 술집에서 고생할 때에/연애편지를 대필해 준 일이 있을 뿐이지/허고 더러 싱거운 충고도 한 일이 있는—충고는 허사였어 그렇지 않어?(「滿洲의 여자」)

충돌(衝突) ①서로 맞부딪침. ②서로 맞서서 싸움. *번개같이 가슴을 울리고 가는 묵은 생명과 새 희망의 무수한 충돌 충돌……(「기자의 정열」)

충만되다(充滿—) 가득하게 채워지다.
　충만되어 *비가 그친 후 어느 날—/나의 방 안에 설움이 충만되어 있는 것을 발견하였다(「방안에서 익어가는 설움」)

충만하다(充滿—) 가득하게 차게 되다.
　충만한 *덤핑 출판사의 일을 하는 무의식 대중을 웃지 마라/지극히 시시한 이 발견을 웃지 마라/비로소 충만한 이 한국문학사를 웃지 마라/저들의 고요한 숨길을 웃지 마라(「이 한국문학사」)

충분하다(充分—) 넉넉하고 가득하다.
　충분하다는 *나는 點燈을 하고 새벽모이를 주자고 주장하지만/여편네는 지금 주는 것으로 충분하다는 것이다(「만용에게」)
　충분한 *남에게 희생을 당할 만힌/충분한 각오를 가진 사람만이/살인을 한다(「죄와 벌」)

충성(忠誠) ①참마음에서 우러나는 정성. ②나라 또는 임금에게 바치는 곧고 지극한 마음. *내가 포로수용소에서 나온 것은/포로로서 나온 것이 아니라/민간 억류인으로서 나라에 충성을 다하기 위하여 나온 것이라고/그랬더니(「조국에 돌아오신 傷病捕虜 동지들에게」)

취객(醉客) 술에 취한 사람. *그러나 우산대로/여편네를 때려눕혔을 때/우리들의 옆에서는/어린 놈이 울었고/비 오는 거리에는/40명 가량의 취객들이/모여들었고(「죄와 벌」)

취기(醉氣) 술에 취해 얼근해진 기운. *아직도/소록도의 하얀 바다에/두고/버리고/던지고 온 취기가/가시지 않은 탓이라고 생각한다……(「旅愁」)

취소(取消) ①지우거나 물러서 없앰. ②법률에서, 하자가 있는 의사 표시나 법률 행위의 효력을 소급하여 소멸시키는 일. *작품 제목임(「이혼 취소」)

취소하다(取消—) ① 지우거나 물러서 없애다. ②법률에서, 하자(瑕疵)가 있는 의사 표시나 법률 행위의 효력을 소급하여 소멸시키다. *아내여 화해하자 그대가 흘리는 피에 나도/참가하게 해다오 그러기 위해서만/이혼을 취소하다(「이혼 취소」)
　취소하자 *아내여 화해하자 그대가 흘리는 피에 나도/참가하게 해다오 그러기 위해서만/이혼을 취소하자(「이혼 취소」)

취하다(取—)[1] ①버리지 않고 가지거나 골라잡다. ②어떤 태도를 가지거나 행동을 하다. ③어떤 대책을 쓰다.
　취하고 *술이 거나해서 아무리 졸려도/의젓한 포즈는/의젓한 포즈는 취하고 있는 이유,/모르지?/모르지?(「모르지?」)
　취하는 *너에게서 취하는 전신의 영양/끊었던 술을 다시 마시면서 사랑의 복습을 하는 셈인가/뚱뚱해진 몸집하고 푸르스름해진 눈자위가 아무리 보아도 설어 보인다(「滿洲의 여자」)

취하여 *더러운 것 중에도 가장 더러운 것을 찾으면서/비로소 마음 취하여 보는/이 더러운 길.(「더러운 향로」) *돈을 버는 거리의 부인이여/잠시 눈살을 펴고/눈에서는 독기를 빼고/자유로운 자세를 취하여 보아라(「거리2」)

취하다(醉―)² ①술이나 약 기운 따위가 온몸에 돌아 정신이 흐릿해지다. ②무엇에 열중하여 황홀해지다. 도취되다.

취하는 *나야 늙어가는 몸 위에 하잘것없이 앉아있으면 고만이고/너는 날아가면 고만이지만/잠시라도 나는 취하는 것이 싫다는 말이다(「도취의 피안」) *저녁에는 어둠을 맞으려고 또 한잔 마시는 게라/먼 밭을 바라보며 마늘장아찌에/취하지 않은 듯이 취하는 게라[…]기어오르는 파도가/제일 높은 砂岸에/닿으려고 싸우듯이/너도 나도 취하는/中庸의 술잔(「술과 어린 고양이」) *끊었던 술을 다시 마시는데 유행가처럼/아무리 마셔도 안 취하는 술(「滿洲의 여자」) *꿈은 상상이 아니지만 꿈을 그리는 것은 상상이다/술이 상상이 아니지만 술에 취하는 것이 상상인 것처럼/오늘부터는 상상이 나를 상상한다(「우리들의 웃음」)

취하면 *아무리 바빠도 지장이 없느니라 술 취했다고 일이 늦으랴/취하면 취한 대로 다 하느니래[…]내가 내가 취하면/너도 너도 취하지/구름 구름 부풀듯이/기어오르는 파도가/제일 높은 砂岸에/닿으려고 싸우듯이(「술과 어린 고양이」)

취하여 *또는 그의 그림자가 혹시나 떨어질까 보아 두려워하는 것도/나는 아무것에도 취하여 살기를 싫어하기 때문이다(「도취의 피안」)

취하지 *내가 사는 지붕 위를 흘러가는 날짐승들이/울고 가는 울음소리에도/나는 취하지 않으련다[…]차라리 앉아 있는 기계와 같이/취하지 않고 늙어가는/나와 나의 겨울을 한층 더 무거운 것으로 만들기 위하여(「도취의 피안」) *저녁에는 어둠을 맞으려고 또 한잔 마시는 게라/먼 밭을 바라보며 마늘장아찌에/취하지 않은 듯이 취하는 게라[…]내가 내가 취하면/너도 너도 취하지/구름 구름 부풀듯이(「술과 어린 고양이」) *끊었던 술을 다시 마시는데 유행가처럼/아무리 마셔도 안 취하는 술/피안도 사투리를 마시고 있나/아무리 마셔도 취하지 않으니/같이 온 친구를 보기도 미안만 한데(「滿洲의 여자」)

취한 *옆에 누운 친구가 내가 이를 뺀 얼굴이 어린 아해 같다고 간간대소하며 좋아한다/이 친구도 술이 취한 얼굴을 보니 처참하다(「미숙한 도적」) *주검은 취한 사람처럼 멋없이 서서/병풍은 무엇을 향하여서도 무관심하다(「병풍」) *보석 같은 아내와 아들은/화롯불을 피워가며 병아리를 기르고/짓이긴 파 냄새가 술 취한/내 이마에 神藥처럼 생긋하다(「초봄의 뜰 안에」) *취하면 취한 대로 다 하느니라/쓸데없는 이야기도 주고받고 쓸데없는 일도/찾아보면 있느니라[…]술 취한 바보의 가족과 운명과/술 취한 어린 고양이의 울음/역시/니야옹 니야옹 니야옹 니야옹(「술과 어린 고양이」) *상식에 취한 놈/상식에 취한/상식/상……하면서/나는 무엇인가에/여전히 바쁘기만 하다(「旅愁」) *술 취한 듯한 동네아이들의 함성/미쳐돌아가는 역사의 반복/나무뿌리를 울리는 신의 발자국소리(「장시2」) *텔레비 속의 텔레비에 취한/아아 원효여 이제 그대는 낡지/않았다 타동적으로 자동적으로/낡지 않았고(「원효대사」)

취할 *번개와 같이 떨어지는 물방울은/취할 순간조차 마음에 주지 않고/懶惰와 안정을 뒤집어놓은 듯이/높이도 폭도 없이//떨어진다(「瀑布」)

취해 *집에는 差押을 해온 파일오버가 있는데도/배자 위에 얄따란 검정 오버를 입고/사흘 전에 술에 취해 흘린 가래침 자국—(「네 얼굴은」)

취해서 *주시대의 마이크로웨이브에 탄/원효대사의 민활성 바늘 끝에/묻은 죄와 먼지 그리고 모방/술에 취해서 쓰는 시여(「원효대사」)

취했다고 *아무리 바빠도 지장이 없느니라 술 취했다고 일이 늦으랴/취하면 취한 대로 다 하느니라(「술과 어린 고양이」)

측량하다(測量―) ①생각하여 헤아리다. ②기기(器機)를 써서, 물건의 높이·크기·위치·거리·방향 따위를 재다.

측량할 *가야만 하는 사람의 이별을/기다리

는 것처럼/생활은 熱度를 측량할 수 없고/나의 노래는 물방울처럼/땅속으로 향하여 들어갈 것/애정지둔(「愛情遲鈍」)

치¹ 길이의 단위. 한자[尺]의 10분의 1. 약 3센티미터에 해당함. *그럴 때면은 나의 몸은 항상/한치를 더 자라는 꽃이 아니더냐(「긍지의 날」) *영사판을 받치고 있는 주야를 가리지 않는 어둠이/표면에 비치는 현실보다 한치쯤은 더/소중하고 신성하기도 한 것인지 모르지만(「영사판」)

치(齒)² 이.
  치를 떨다 ①아주 인색하여 내놓기를 꺼리다. ②몹시 분하거나 지긋지긋하여 이를 떨다. *돈에 치를 떠는 여편네도 도적이 들어왔다는/말에는 놀라지 않는다(「도적」)

치기(稚氣) 유치하고 철없는 감정이나 기분. *아아 그리고 저 도봉산보다도/더 큰 증오도/굴욕도/계집애 종아리에만/눈이 가던 稚氣도/그밖의 무수한 잡동사니 잡념까지도(「檄文」)

치다¹ ①연장이나 주먹 따위로 때리거나 두드리거나 하다. ②때리거나 두드려서 소리를 내다. ③두드려 박다. ④전신이나 전보를 내보다. ⑤적(상대편)을 공격하다.
  쳐 *피아노의 주인은 나를 보고/시를 쓰니 음악도 잘 알 게 아니냐고/한 곡 쳐보라고 한다(「피아노」)
  치고 *시멘트로 만든 뜰에/겨울이 와 있었다/아무 소리 없이 떠난/여행에서/전보도 안 치고/돌아오기를 잘했지(「旅愁」)
  친다 *무위와 생활의 극점을 돌아서/나는 또 하나의 생활의 좁은 골목 속으로/들어서면서/이 골목이라고 생각하고 무릎을 친다//생활은 孤絶이며/비애이었다/그처럼 나는 조용히 미쳐간다/조용히 조용히……(「생활」)

치다² ①발 같은 것을 위에서 아래로 늘어뜨리다. ②고기를 잡으려고, 그물 같은 것을 펴놓다. ③병풍·가리개·장막·밧줄 따위로 둘레를 둘러막다.
  쳐 *돌에 쇠에 구리에 넝마에 삭아/삭은 그늘에 또 삭아 부스러져/거미줄이 처지고 망각이 들어앉고/들어왔다 튀어나오고(「먼지」)
  치던 *앞의 2층집이 신축을 하고 담을 두르고/가시철망을 칠 때 우리도 그 철망을 치던/일꾼을 본 일이 있다(「도적」)
  친 *VOGUE야 너의 세계에 스크린을 친 죄,/아이들의 눈을 막은 죄―그 죄의 앙갚음/VOGUE야(「VOGUE야」)
  칠 *앞의 2층집이 신축을 하고 담을 두르고/가시철망을 칠 때 우리도 그 철망을 치던/일꾼을 본 일이 있다(「도적」) *하나의 행동이 열의 행동을 부르고/미리 막을 줄 알고 미리 막아져 있고/미리 칠 줄 알고 미리 쳐들어가 있고/遭遇의 마지막 윤리를 넘어서(「먼지」)

치다³ ①치르다. 겪다. 해내다. ②소리를 크게 내다. ③헛기세를 뽐내다.
  쳤을 *지금같이 HIFI가 나오지 않았을 때/비참한 일들이 라디오 소리보다도 더 발광을 쳤을 때(「라디오 계」)
  치니까 *여기서는 판을 치니까 그렇게 됐는지 모른다/더 시시한 우리네 방송으로 만족하는 것이다(「라디오 계」)
  치지 *오징어발에 말라붙은 새처럼 꼬리만 치지 않으면 돼/입만 반드르르하게 닦아놓으면 돼[…]영원만 영원만 고민하지 않으면 돼/오징어에 말라붙은 새처럼 5월이 와도/9월이 와도 꼬리만 치지 않으면 돼[…]장시만 장시만 안 쓰면 돼/오징어발에 말라붙은 새처럼 꼬리만 치지 않으면 돼/트럭 소리가 나면 돼(「장시 1」) *아무리 마셔도 취하지 않으니/같이 온 친구를 보기도 미안만 한데/옆상에 앉은 술친구들이 경사나 난 듯이/고함을 친다(「滿洲의 여자」)

치다⁴ 인정하다, 또는 가정하다.
  치더라도 *자의식에 지친 내가 너를/막상 좋아한다손 치더라도/네가 나에게 보이고 있는 시간이란/네가 달아나는 시간밖에는 없다(「연기」)

치다⁵ 뿌리거나 끼얹거나 붓다.
  쳐 *시금치 이파리처럼 그렇게 부드러울 줄 알지/암 지금도 부드럽기는 하지만 좀 다르다/초가 쳐 있다 잔인의 초가/요놈― 요 어린 놈― 맹랑한 놈―6학년 놈―(「잔인의 초」)

치르다 ①주어야 할 돈이나 값을 내주다. ②겪어 내거나 끝내다.
  치러야 *수도세, 야경비, 땅세, 벌금, 전기세 이외에/내가 주어야 할 것은 신문값만이 아니다/마지막에 침묵까지 빼앗긴 내가 치러야 할/혈세―화가 있다(「제임스 띵」)

치르고 * 내 찻값까지 합해서 백 원을 치르고 나가는/그의 표정을 보고/나는 그가 필시 속으로는 나를 포기하고/있다는 것을 알았어(「H」)

치받치다 ①힘껏 솟아오르다. ②감정이 문득 세차게 치밀다. 북받치다.

치받쳐서 * 지금 참외와 수박을/지나치게 풍년이 들어/오이 호박의 손자며느리 값도 안 되게/헐값으로 넘겨버려 울화가 치받쳐서/고요해진 명수 할버이의/잿물거리는 눈이/비둘기 울음소리를 듣고 있을 동안에(「가다오 나가다오」)

치부(置簿) 금전이나 물건 따위가 들어오고 나감을 기록함. * 바쁘다고 서두르면서 일도 하고/원고도 쓰고 치부도 하고/시골에도 있고 해변가에도 있고/서울에도 있고 산보도 하고(「하…… 그림자가 없다」)

치부책(置簿冊) 금품을 출납한 내용을 적는 책. * 윗호주머니나 혹은 속호주머니에 들은/치부책 노릇을 하는 종이쪽/그러나 돈은 없다(「후란넬 저고리」)

치안국(治安局) 국가와 사회의 안녕 질서를 보전하고 지켜나가는 일을 맡은 부서. * 통일도 중립도 개좆이다/은밀도 심오도 학구도 체면도 인습도 치안국/으로 가라 동양척식회사, 일본영사관, 대한민국 관리,/아이스크림은 미국놈 좆대강이나 빨아라(「거대한 뿌리」)

치어다보다 얼굴을 들고 올려다보다. 쳐다보다.

치어다보고 * 나의 동요 없는 마음으로/너를 다시 한번 치어다보고 혹은 내려다보면서 無量의 환희에 젖는다(「九羅重花」)

치욕(恥辱) 수치와 모욕. * 누가 무엇이라 하든 나의 붓은 이 시대를 진지하게 걸어가는 사람에게는 치욕/물소리 빗소리 바람소리 하나 들리지 않는 곳에/나란히 옆으로 가로 세로 위로 아래로 놓여 있는 무수한 꽃송이와 그 그림자/그것을 그리려고 하는 나의 붓은 말할 수 없이 깊은 치욕(「九羅重花」)

치우다 ①옮기어 간수하거나 버리다. ②청소하여 정돈하거나 자리를 비우다.

치우고 * 영숙아 기환아 천석아 준이야 만용아/프레지던트 김 미스 리/정순이 박군 정식이/그놈의 사진일랑 소리없이 떼어 치우고//우선 가까운 곳에서부터/차례차례로/다소곳이/조용하게/미소를 띠우면서/극악무도한 소름이 더덕더덕 끼치는/그놈의 사진일랑 소리없이/떼어 치우고―(「우선 그놈의 사진을 떼어서 밑씻개로 하자」)

치정(痴情) 이성을 잃은 남녀 간의 애정. * 이러한 우리의 순수한 痴情을/헬리콥터에서도 내려다볼 수 있을 것을 짐작하기 때문에/「헬리콥터여 너는 설운 동물이다」(「헬리콥터」)

치질(痔疾) 항문의 안팎에 생기는 병을 통틀어 이르는 말. * 소련을 생각하면서 나는 치질을 앓고 피를 쏟았다/일주일 동안 단식까지 했다[…]지금 나는 자고 깨고 하면서 더 지루한/中共의 욕을 쓰고 있는데/치질도 낫기 전에 또 술을 마셨다―당연한 일이다(「轉向記」)

치차(齒車) 톱니바퀴. * 이러한 목표는 극장 의회 기계의 齒車/선박의 索具 등을 呪詛하지 않는다(「영롱한 목표」)

친구(親舊) ①친하게 사귀는 벗. ②상대편을 무간하게 또는 낮추어 부르는 말. * 일전에 어떤 친구를 만났더니 날더러 다시 포로수용소에 들어가고 싶은 생각이 없느냐고/정색을 하고 물어봅니다[…]민간 억류인으로서 나라에 충성을 다하기 위하여 나온 것이라고/그랬더니 그 친구가 빨리 38선을 향하여 가서/이북에 억류되고 있는 대한민국과 UN군의 포로들을 구하여내기 위하여/새로운 싸움을 하라고 합니다(「조국에 돌아오신 傷病捕虜 동지들에게」) * 옆에 누운 친구가 내가 이를 뺀 얼굴이 어린 아해 같다고 간간대소하며 좋아한다/이 친구도 술이 취한 얼굴을 보니 처참하다[…]친구가 일어나서 창밖으로 침을 뱉고 아래로 내려갔다 오더니 또 술을 마시러 내려가자고 한다[…]도적질을 하는 것도 저렇게 부지런하여야 하는데 우리는 이게 무어야 빨리 나가서 배 들어오는 것을 기다리세/하고 친구가 서두른다/「그러니까 초년생 도적이지」하고 쑥스러운 대꾸를 하면서/기진맥진한 머리를 쉬일 곳을 찾아서 친구의 뒤를 따라서 걸어나왔다.(「미숙한 도적」) * 이름도 모르는 뼈와 뼈/

어디까지나 뒤퉁그러져 나왔구나/―그것을 내가 아는 가장 비참한 친구가 붙이고 간 명칭으로 나는 정리하고 있는가(「PLASTER」) *헌 옷과 낡은 구두가 그리 모양수통하지 않다 느끼면서/나는 옛날에 죽은 친구를/잠시 생각한다(「거리1」) *나는 이미 정하여진 물체만을 보기로 결심하고 있는데/만약에 또 어느 나의 친구가 와서 나의 꿈을 깨워주고/나의 그릇됨을 꾸짖어주어도 좋다(「구름의 파수병」) *엄숙하지 않은 일을 하는 곳에 사는 친구를 찾아왔다(「사무실」) *그러나 바로 어저께 내가 오랜간만에 거리에 나가니/나의 친구들은 모조리 나를 회피하는 눈치이었다(「백의」) *시인이 황홀하는 시간보다도 더 맥없는 시간이 어디 있느냐/도피하는 친구들/양심도 가지고 가라 휴식도―(「광야」) *사실은 일본에 가는 친구의 잔치에서/이토츄(伊藤忠) 商事의 신문광고 이야기가 나오고/굣쿄노 마찌 이야기가 나오다가/이북으로 갔다는 나가타 겐지로(永田鉉次郞) 이야기가 나왔다(「나가타 겐지로」) *함경도 친구와 경상도 친구가 외국인처럼 생각돼서/술집에서 반드시 표준어만 쓰는 이유,/모르지?(「모르지?」) *온갖 식구와 온갖 친구와/온갖 적들과 함께/적들의 적들과 함께/무한한 연습과 함께(「아픈 몸이」) *한잔 더 주게 한잔 더 주게/ 그런데 여자는 술을 안 따른다/ 건너편 친구가 내는 외상술이니까[…] 한잔 더 주게 한잔 더 주게/ 그런데 여자는 술을 안 따른다/ 건너편 친구가 오줌을 누러 갔으니까[…]아무리 마셔도 취하지 않으니/같이 온 친구를 보기도 미안만 한데/옆상에 앉은 술친구들이 경사나 난 듯이/고함을 친다/상제보다 복재기가 더 섧다나/ 한잔 더 주게 한잔 더 주게/ 그런데 여자는 술을 안 따른다/ 건너편 친구가 같이 자러 가자고 취정만 하니까[…]하여간 반갑다 잠입한 사랑아 무식한 사랑아/이것이 사랑의 뒤치다꺼리인가 보다/평안도 사랑의 덤인가 보다/ 한잔 더 주게 한잔 더 주게/ 그런데 여자는 술을 안 따른다/ 건너편 친구가 벌써 곯아떨어졌으니까(「滿洲의 여자」) *―여기에는 혹시 휴식의 갈망이 들어 있는지도 모른다―휴식의 갈망도 나의 오랜 친근한 친구이다……(「후란넬 저고리」)

*그럴 때는 이 둘은 반드시/이북 친구들이기 때문에 나는 나의 앉음새를 고친다(「거대한 뿌리」) *이 무언의 말/이 때문에 아내를 다루기 어려워지고/자식을 다루기 어려워지고 친구를/다루기 어려워지고(「말」(1964)) *너의 보꾹에 비친 활자이었다 거기에/그어진 붉은 잉크였다 인사를 하지 않은/나의 친구야 거만한 꿈은 사위어간다(「제임스 띵」) *그러나 덤핑 출판사의 20원짜리나 20원 이하의 고료를 받고 일하는/14원이나 13원이나 12원짜리 번역일을 하는/불쌍한 나나 내 부근의 친구들을 생각할 때/이 죽은 순교자들을 어떻게 생각해야 하나(「이 한국문학사」) *나하고 별거를 하기로 작정한 이틀째 되는 날/당신은 나와의 이혼을 결정하고/내 친구의 미망인의 빚보를 선 것을/물어주기로 한 것이 이렇게 좋군[…]5만 원을 무이자로 돌려보려고/피를 안 흘리려고 생전 처음으로 돈 가진 친구한테/정식으로 돈을 꾸러 가서 안 됐지[…]그러다가 스코틀랜드의 에딘버러 대학에 다니는/나이 어린 친구한테서 편지를 받았지/그 편지 안에 적힌 블레이크의 시를 감동을 하고/읽었지(「이혼 취소」) *이런 전화를, 번역하는 친구를 옆에 놓고,/생색을 내려고, 하고 나서, 그 計告를/그에게 전하고, 그 무지무지한 소란 속에서/나의 소란을 하나 더 보탠 것에 만족을/느낀 것은 절망에 지각하고 난 뒤이다.(「전화 이야기」) *31일까지 준다고 한 3만 원//29일까지는 된다고 하고 그러나 넉넉잡고 내일까지 기다리라고 한 3만 원/이것을 받아야 할 사람은 1·4후퇴 때 나온/친구의 부인[…]이 3만 원을 달러 이자라도 내서 갚아 달라고 대드는 바람에/집문서를 갖고 가서 무이자로 15개월만/돌려 다라고 우리가 강청한 사람은 이 돈을 받을 사람과 한 고향인 함경도 친구[…]만 원을 돌려 달라고 우리가 부탁한 친구가/돈을 받을 1·4후퇴의 친구 부인하고/한 고향이라는 것을/31일까지 돌려 주겠다고 아니 29일까지/돌려 주겠다고 집문서를 가지고 간 친구에게/말한 것이 잘못이었나 보다(「판문점의 감상」)

친근(親近) 가깝고 다정함. *저놈은 나의 노동의 상징/호주머니 속의 소눈깔만한 호주머니에 들은/풀뿌리와 담배 부스러기의 오랜 친근/윗호주머니나 혹은 속호주머니에 들은/치부책 노릇을 하는 종이쪽/그러나 돈은 없다/―돈이 없다는 것도 오랜 친근이다(「후란넬 저고리」)

친근하다(親近―) 가깝고 다정하다.
　친근한 ＊―여기에는 혹시 휴식의 갈망이 들어 있는지도 모른다/―휴식의 갈망도 나의 오랜 친근한 친구이다……(「후란넬 저고리」)

친절(親切) 남을 대하는 태도가 정성스럽고 정다움, 또는 그러한 태도. ＊편지를 안해도 한 거나 다름없고 나는/조금도 미안하지 않소 매부의 태산 같은/친절과 친절의 압력에 대해서 미안하지 않소(「美濃印札紙」)

칠하다(漆―) ① '옻칠하다'의 준말. ②칠감이나 물감 따위를 겉에 발라 빛깔이나 광택을 내다. ③칠감 이외의 물질을 묻히거나 바르다.
　칠한 ＊두 뙈기의 차밭 옆에는 역시 두 뙈기의/채소밭이 있다 김장 무나 배추를 심었을/인습적인 분가루를 칠한 밭 위에/나는 걸핏하면 개똥을 갖다 파묻는다(「반달」)

칠흑(漆黑) 칠처럼 검고 광택이 있음, 또는 그런 빛깔. ＊어드메에 담기려고/칠흑의 壁板 위로/香烟을 찍어/白蓮을 무늬 놓는/이 밤 화공의 소맷자락 무거이 적셔/오늘도 우는/아아 짐승이냐 사람이냐(「廟庭의 노래」)

침 입 안에 괴는 끈끈한 액체. 입 안의 침샘에서 분비되는 소화액의 한 가지임. 타액. ＊친구가 일어나서 창밖으로 침을 뱉고 아래로 내려갔다 오더니 또 술을 마시러 내려가자고 한다(「미숙한 도적」)

침구(寢具) 잠자는 데 쓰는 기구. 이부자리나 베개 따위. ＊옛날같이 낯선 방이 그리 무섭지도 않고/더러운 침구가 마음을 괴롭히지도 않는데/의치를 빼어서 물에 담가놓고 드러누우니(「미숙한 도적」)

침략하다(侵略―) 남의 나라를 침범하여 영토를 빼앗다.
　침략했을 ＊명수 할버이/잿님이 할아버지/경복이 할아버지/두붓집 할아버지는/너희들이 피지 섬을 침략했을 당시에는/그의 아버지들은 아직 젖도 떨어지기 전이었다니까(「가다오 나가다오」)

침묵(沈默) 아무 말 없이 잠잠히 있음. ＊오늘에 네가 전하는 자유의 마지막 파편에/스스로 겸손의 침묵을 지켜가며 울고 있는 것이다(「헬리콥터」) ＊술 취한 듯한 동네아이들의 함성/미쳐돌아가는 역사의 반복/나무뿌리를 울리는 신의 발자국소리/가난한 침묵/자꾸 어두워가는 백주의 활극(「장시2」) ＊내가 주어야 할 것은 신문값만이 아니다/마지막에 침묵까지 빼앗긴 내가 치러야 할/혈세―가 있다(「제임스 띵」) ＊어제와 오늘이 하늘과 땅처럼/달라지고 침묵과 발악이 오늘과/내일처럼 달라지고 달라지지 않는/이 갱 안의 잉크 수건의 칼자국(「먼지」)

침식(寢食) 잠자는 일과 먹는 일. 숙식(宿食). ＊무수한 돈을 만졌지만 결국은 헛 만진 것/쓸 필요도 없이 한 3, 4일을 나하고 침식을 같이 한 돈(「돈」)

침입하다(侵入―) 침범하여 들어오거나 들어가다.
　침입하는 ＊기름을 주라/어서 기름을 주라/털털거리는 수레에다는 기름을 주라/욕심은 끝났어/논도 얼어붙고/대숲 사이로 침입하는 무자비한 푸른 하늘(「시」(1961))
　침입하여 ＊백의는 이와 같은 나의 안심과 태만을 비웃는 듯이/어느 틈에 우리 가정의 내부에까지 침입하여 들어와서/신심양면의 허약증으로 신음하고 있는 나를 독촉하여(「백의」)

침자국 침을 흘린 지저분한 흔적. ＊사흘 전에 술에 취해 흘린 가래침 자국―/아니 빗쟁이와 싸우다 나오는 길에 흘린/침자국(「네 얼굴은」)

칭찬(稱讚) 잘 한다고 추어주거나 좋은 점을 들어 기림. ＊사람들은 내 말을 믿지 않는다/詩評의 칭찬까지도 시집의 서문을 받은 사람까지도/내가 말한 정치 의견을 믿지 않는다(「거짓말의 여운 속에서」)

카고(영, cargo) 화물기. *1950년 7월 이후에 헬리콥터는/이 나라의 비좁은 산맥 위에 자태를 보이었고/이것이 처음 탄생한 것은 물론 그 이전이지만/그래도 제트기나 카고보다는 늦게 나왔다(「헬리콥터」)

카보이(영, cowboy) 주로 미국 서부의 평원이나 목장에서 말을 타고 가축의 사육·수송에 종사하는 남자. *야 손들어 나는 아리조나 카보이야/뺑! 뺑![…]이놈들이 다 이 성망이 부하들이다/한데다 묶어놔라/야 이놈들아 고갤 숙여/너희놈 손에 돌아가신 우리 형님들/무덤 앞에 절을 구천육백삼십오만 번만 해/나는 아리조나 카보이야[…]쨈보야 태평양 밑의 개미 길에/미국사람들이 세워놓은 자동차란 자동차는/싹 없애버려라/저놈들이 타고 가면 안 된다/야 빨리 들어가 하바! 하바!/나는 아리조나 카보이야/아리조나 카보이야(「나는 아리조나 카보이야」)

카운터(영, counter) ①식당이나 상점에서 값을 계산하는 대. ②상점 등에서 계산하는 일을 맡아보는 사람. *이유는 없다―/나가다오 너희들 다 나가다오/너희들 미국인과 소련인은 하루바삐 나가다오/말갛게 행주질한 비어홀의 카운터에/돈을 거둬들인 카운터 위에/적막이 오듯이/혁명이 끝나고 또 시작되고/혁명이 끝나고 또 시작되는 것은/돈을 내면 또 거둬들이고/돈을 내면 또 거둬들이고 돈을 내면/또 거둬들이는/석양에 비쳐 눈부신 카운터 같기도 한 것이니(「가다오 나가다오」)

카잘스(Casals, Pablo) 1876~1973. 스페인의 음악가. 스페인 카탈로니아에서 출생하여 오르가니스트였던 아버지에게서 오르간, 피아노, 바이올린을 배웠다. 1886년 열 살 때부터 첼로를 시작, 바르셀로나 시립 음악원의 호세 가르시아에게 사사받았다. 1895년 파리

카잘스

에서 데뷔하여 1905년 코르토-티보와 트리오 결성하고, 1920년에는 바르셀로나 카잘스 관현악단을 조직하여 활동했다. 1936년 스페인 내전 발발로 카잘스 관현악단이 해산되었고, 1939년 프랑스의 프라데로 이주하여 '프랑코 정권이 존속하는 한 조국에 돌아가지 않겠다'고 선언한 것으로 유명하다. *이태백이가 술을 마시고야 詩作을 한 이유,/모르지?/구차한 문밖 선비가 벽장문 옆에다/카잘스, 그람, 슈바이처, 엡스타인의 사진을 붙이고 있는 이유,/모르지?(「모르지?」)

칵테일(영, cocktail) 몇 가지 종류의 양주를 알맞게 섞은 음료. *어제 국회의장 공관의 칵테일 파티에 참석한/천사 같은 여류작가의 냉철한 지성적인/눈동자는 거짓말이다(「이혼 취소」)

칸 ①건축물에서 일정한 규격으로 나누어 둘러막은 하나하나의 공간. 칸살. ②건물의 칸살을 세는 단위. *두 칸과 마루 한 칸과 말쑥한 부엌과 애처로운 처를 거느리고/외양만이라도 남과 같이 살아간다는 것이 이다지도 쑥스러울 수가 있을까(「구름의 파수병」)

칼자국 칼에 찔리거나 베이거나 하여 생긴 자국. *어제와 오늘이 하늘과 땅처럼/달라지고 침묵과 발악이 오늘과/내일처럼 달라지고 달라지지 않는/이 갱 안의 잉크 수건의 칼자국(「먼지」)

캄캄하다 ①매우 어둡다. ②앞일에 희망이 없이 막막하다. ③도무지 아는 것이 없다. ④어떤 일의 되어 가는 형편을 헤아릴 길이 없다.

캄캄한 ＊캄캄한 사무실 한복판에서/나는 눈이 먼 암소나 다름없이 선량한데/이 공간의 넓이를 가리키면서/한꺼번에 구겨지자 없어지는 벼락과 천둥/이것이 또 앞으로 얼마나 계속될는지(「付託」) ＊집에 돌아와서/제일 마음에 꺼리는 것이/아는 사람이/이 캄캄한 범행의 현장을/보았는가 하는 일이었다(「죄와 벌」) ＊캄캄한 소식의 실낱 같은 완성/실낱 같은 여름날이여/너무 간단해서 어처구니없이 웃는/너무 어처구니없이 간단한 진리에 웃는(「꽃잎3」)

캐비닛(영, cabinet) 응접실이나 식당·침실 등에 두는 자그마한 장. ＊나는 도적이 이 철사의 반환을 꾀하고 있다고/생각한다 우리 집 건넌방의 캐비닛을/노리고 있다고는 생각되지 않는다 아마/그럴지도 모르지만/나는 광문에 못을 쳐놓았다(「도적」)

캐시밀론(영, cashmilon) 촉감이 부드럽고 가벼우며, 보온이 잘되는 합성 섬유의 한 가지. ＊헌 기계는 가게로 가게에 있던 기계는/옆에 새로 난 쌀가게로 타락해 가고/어제는 캐시밀론이 들은 새 이불이/어젯밤에는 새 책이/오늘 오후에는 새 라디오가 승격해 들어왔다(「금성라디오」)

캔디(영, candy) 서양식 사탕 과자. 당과(糖菓). '아이스 캔디'는 얼음 과자를 말함. ☞ 아이스 캔디. ＊「아이스 캔디! 아이스 캔디!」/「꼬오, 꼬, 꼬, 꼬, 꼬오, 꼬, 꼬, 꼬, 꼬」/두 줄기로 뻗어올라가던 놈이/한 줄기가 더 생긴 것이 며칠 전이었나(「등나무」)

캘리포니아(영, California) 미국 서부, 태평양에 면한 주. ＊주변 없는 사람이 만져서는 아니 될 책/만지면은 죽어버릴 듯 말 듯 되는 책/캘리포니아라는 곳에서 온 것만은/확실하지만 누가 지은 것인 줄도 모르는/제2차 대전 이후의/긴 긴 역사를 갖춘 것 같은/이 엄연한 책이/지금 바람 속에 휘날리고 있다(「가까이 할 수 없는 서적」)

캥거루(영, kangaroo) 캥거루과의 포유류를 통틀어 이르는 말. 초식성 동물로 종류와 크기가 다양한데, 큰 것의 몸길이는 2m가량. 몸빛은 담회색이며, 앞다리는 짧고 뒷다리가 길어 잘 뜀. 새끼를 낳으면 암컷의 배에 있는 육아낭에 넣어 젖을 먹여 기름. ＊누가 서 있는 게 아니라/토끼가 서서 있어야 하였다/그러나 그는 캥거루의 일족은 아니다/水牛나 生魚같이/음정을 맞추어 우는 법도/습득하지는 못하였다(「토끼」)

커다랗다 매우 크다.

커다란 ＊너는 이 세상을 점으로 가리켰지만/나는/나의 눈을 찌르는 이 따가운 가옥과/집물과 사람들의 음성과 거리의 소리들을/커다란 해양의 한 구석을 차지하는/조고마한 물방울로/그려보려 하는데/차라리 어떠할까(「거리1」)

커단 ＊나는 커단 서른아홉 살의 중턱에 서서/서슴지 않고 꿈을 버린다//피로를 알게 되는 것은 과연 슬픈 일이다/밤이여 밤이여 피로한 밤이여(「달밤」)

커지다 크게 되다.

커졌다 ＊너의 어린 포부는/불가능의 한계를 두드려보기 시작했다/너는 이제 우리 키보다도 더 커졌다[…]너는 이제 우리의 고통보다도 더 커졌다/우리는 너를 보고 깜짝 놀란다(「65년의 새해」)

커크 더글러스(Douglas, Kirk) 1916~2005. 미국의 영화배우. 세인트 로렌스대학을 졸업한 후 연극학교에서 연기수련을 쌓았으나 그 후 프로 레슬링 선수, 호텔 보이, 극장 안내원 등 여러 가지 직업을 거쳐 〈마사 아이버스의 기묘한 사랑〉으로 영화

커크 더글러스

계에 데뷔하였다. 1949년 스탠리 크레이머 감독의 〈챔피언〉에 출연하여 스타덤에 올랐다. 제2차 세계대전 후 할리우드를 대표하는 활극 배우로 제작·감독을 하기도 하였다. 출연한 작품으로 〈세 아내에게 보내는 편지〉, 〈유리동물원〉, 〈탐정야화〉, 〈악인과 미녀〉, 〈해저2만리〉, 〈장군 침대에서 죽다〉, 〈탈옥〉, 〈대사부에의 길〉, 〈보디가드〉 등이 있다. ＊우리들의 적은 늠름하지 않다/우리들의 적은 커크 더글러스나 리처드 위드마크모양으로 사나웁지도 않다/그들은 조금도 사나운 악한이 아니다(「하…… 그림자가 없다」)

커피(영, coffee) ①커피나무 열매의 씨를 볶아 갈아서 만든 가루. 독특한 향기가 나며, 카페인이 들어 있다. ② '커피챠'의 준말. * 그러한 나의 반역성을 조소하는 듯이 스무 살도 넘을까 말까 한 노는 계집애와 머리가 고슴도치처럼 부스스하게 일어난 쓰메에리의 학생복을 입은 청년이 들어와서 커피니 오트밀이니 사과니 어수선하게 벌여놓고 계통 없이 처먹고 있다(「시골 선물」) * 서푼어치 값도 안 되는 미·소인은/초콜릿, 커피, 페티코트, 군복, 수류탄/따발총……을 가지고/적막이 오듯이/적막이 오듯이/소리없이 가다오 나가다오(「가다오 나가다오」)

켜다 등, 전등, 양초 따위에 불을 밝히거나 성냥 따위로 불을 일으키다.
　켜고 * 암만해도 잊어버리지 못할 것이 있어 다시 불을 켜고 앉았을 때는/이미 내가 찾던 것은 없어졌을 때(「구슬픈 육체」)
　켜서는 * 지나간 생활을 지나간 벗같이 여기고/해 지자 헤어진 구슬픈 벗같이 여기고/잊어버린 생활을 위하여 불을 켜서는 아니 될 것이지만(「구슬픈 육체」)
　켠 * 반드시 찾으려고 불을 켠 것도 아니지만/없어지는 자체를 보기 위하여서만 불을 켠 것도 아닌데(「구슬픈 육체」)

켜지다 '켜다'의 피동형. ☞ 켜다.
　켜지고 * 잊어버려서 아까운지 아까웁지 않은지 헤아릴 사이도 없이 불은 켜지고//나는 잠시 아름다운 統覺과 조화와 영원과 귀결을 찾지 않으려 한다[…]아아 아아 아아/불은 켜지고/나는 쉴 사이 없이 가야 하는 몸이기에/구슬픈 육체여(「구슬픈 육체」)

코 ①척추동물의 오관(五官)의 하나. 호흡기로 통하는 기도(氣道)가 몸 밖으로 열려 있는 부분. 숨을 쉬고 냄새를 맡는 구실을 하며, 발성(發聲)에도 관계됨. ②코의 점막에서 분비되는 진득진득한 액체. 콧물. * 도회의 흑점―/오늘은 그것을 운운할 날이 아니다/나는 오늘 세상에 처음 나온 사람모양으로 쾌활하다―/코에서 나오는 쇠 냄새가 그리웁다(「거리2」) * 귀에 걸면 귀걸이 코에 걸면 코걸이가/제2공화국 이후의 정치의 철칙이 아니라고 하는가(「만시지탄은 있지만」) * 의자와 의자 사이로 비집고 갈 때/울리고 코 풀 수건을 찾으러 갈 때//38선을 돌아오듯 테이블을 돌아갈 때/걸리고 울리고 일어나도 걸리고/앉아도 걸리고 항상 일어서야 하고 항상/앉아야 한다 피로하지 않으면//울린다 시를 쓰다 말고 코를 풀다 말고/테이블 밑에 신경이 가고 탱크가 지나가는/沿道의 음악을 들어야 한다 피로하지/않으면 울린다(「의자가 많아서 걸린다」)

코걸이 코에 거는 장신구.
　귀에 걸면 귀걸이, 코에 걸면 코걸이 이렇게도 저렇게도 둘러대기에 달렸다는 뜻. * 귀에 걸면 귀걸이 코에 걸면 코걸이가/제2공화국 이후의 정치의 철칙이 아니라고 하는가(「만시지탄은 있지만」)

코리안 드림(Korean dream) '코리안 드림'은 '아메리칸 드림'의 변용으로, 반어적으로 쓰인 것으로 추정됨. * 여편네하고는 헤어져도 되지만, 아이들이/불쌍해서요, 미해결예요.//코리안 드림이라구요. 놀리지 마세요./아이놈은 자꾸 있어요. 구원이지요. 나를/방해를 안하니까요.(「전화 이야기」)

코스모스(영, cosmos) 국화과의 일년초. 멕시코 원산으로 줄기는 가지를 많이 치고, 높이는 1~2m. 잎은 마주나고 깃 모양으로 갈라져 있으며, 꽃은 6~10월에 하양·분홍·진분홍 등 여러 빛깔로 핌. 관상용으로 많이 심음. * 입을 다문 채/흰 실에 매어달려 있는 여주알의 곰보/창문 앞에/안치해 놓은 당호박/평면을 사랑하는/코스모스/역시 평면을 사랑하는/킴 노박의 사진과/국내 소설책들……(「누이의 방」)

콧노래 (입은 벌리지 않고) 코로 소리를 내어 가락만으로 부르는 노래. * 나도 나다― 잔인이다― 미안하지만 잔인이다―/콧노래를 부르더니 그만두었구나― 너도 어지간한 놈이다― 요놈― 죽어라(「잔인의 초」)

콩콩 작고 짧게 반복되어 울리는 소리. * 오징어발에 말라붙은 새처럼 꼬리만 치지 않으면 돼/트럭 소리가 나면 돼/아카시아 잎을 이기는 소리가 방바닥 밑까지 콩콩 울리면 돼(「장시1」)

쾌활(快闊) 밝고 명랑함. * 여기는 좁은 서울에서도 가장 번거로운 거리의 한 모퉁이/우울 대신에 수많은 기폭을 흔드는 쾌활(「거리2」)

쾌활하다(快闊—) 밝고 명랑하다. ＊여기는 서울 안에서도 가장 번잡한 거리의 한 모퉁이/나는 오늘 세상에 처음 나온 사람모양으로 쾌활하다[…]도회의 흑점—/오늘은 그것을 운운할 날이 아니다/나는 오늘 세상에 처음 나온 사람모양으로 쾌활하다(「거리2」)

쾌활한 ＊누이야 장하고나!/나는 쾌활한 마음으로 말할 수 있다/이 광대한 여름날의 착잡한 숲속에/홀로 서서/나는 돌풍처럼 너한테 말할 수 있다(「누이야 장하고나!」)

퀘지게 '퀘지게'는 김수영의 조어로 추정됨. 김수영의 육필원고에도 '퀘지게'로 나와 있으나, '뒈끄러'로 읽을 수 있는 여지가 있다. ＊만사에 여유가 있어야 하지만/위대한 〈개헌〉 헌법에 발을 맞추어 가자면/여유가 있어야지/불안을 불안으로 딴죽을 걸어서 퀘지게 할 수 있지(「만시지탄은 있지만」)

크다 ①보통 정도를 넘다. ②수(數) 또는 수량이 많다. ③세다. ④알맞은 치수 이상으로 되어 있다. ⑤대단하다.

컸다 ＊그 아우는 물론 들어와서 쉬어가라고 미소를 띠우면서 권하였다//흔적은 없어도 戰災를 입은 것만 같은(그렇게 그 문은 나에게는 너무나 컸다)//낡은 대문 사이에 매일같이 흐르는 강물이 오늘에야 비로소 꽉 차 있다(「말」(1958))

크게만 ＊트럭 소리가 나면 돼/아카시아 잎을 이기는 소리가 방바닥 밑까지 울리면 돼/라디오 소리도 거리의 풍습대로 기를 쓰고 크게만 틀어놓으면 돼(「장시1」)

크고 ＊토끼는 앞발이 길고/귀가 크고/눈이 붉고/또는 〈이태백이 놀던 달 속에서 방아를 찧고〉……(「토끼」) ＊여보세요 내 가슴을 헤치고 보세요. 여기 장 발장이 숨기고 있던 格印보다 더 크고 검은/호소가 있지요/길을 잊어버린 호소예요」(「조국에 돌아오신 傷病捕虜 동지들에게」)

큰 ＊팽이가 돈다/어린아해이고 어른이고 살아가는 것이 신기로워/물끄러미 보고 있기를 좋아하는 나의 너무 큰 눈 앞에서/아해가 팽이를 돌린다(「달나라의 장난」) ＊거기다가 나의 부처님을 모신 법당 뒷산에 묻혀 있는 검은 바위같이 큰 머리에는 둘레가 작아서 맞지 않아 그 모자를 쓴 기분이란 쳇바퀴를 쓴 것처럼 딱딱하다(「시골 선물」) ＊나는 노염으로 사무친 정의 소재를 밝히지 아니하고/운명에 거역할 수 있는/큰 힘을 가지고 있으면서/여기에 밀려 내려간다(「나비의 무덤」) ＊큰 아름드리나무에 박힌 옹이처럼 너는 네가 한 신문기사를 매일 아침 게시판 위에서 찾아보는 버릇이 너도 모르게 어느덧 생기고 말았다(「기자의 정열」) ＊아아 그리고 저 도봉산보다도/더 큰 중오도/굴욕도/계집애 종아리에만/눈이 가던 稚氣도/그밖의 무수한 잡동사니 잡념까지도/깨끗이 버리고(「檄文」) ＊이 너무나 큰 어려움에 나는 입을 봉하고 있는 셈이고/무서운 무성의를 자행하고 있다(「말」(1964)) ＊개가 여러 번 짖는 소리를 들었지만/나는 귀찮아서 나가지를 않았다/쥐보다 좀 큰 도적일 거라 아마/그 정도일 거라(「도적」) ＊신념보다도 더 큰/내가 묻혀 사는 사랑의 위대한 도시에 비하면/너는 개미이냐(「사랑의 변주곡」) ＊먼저 떨어져내린 큰 바위 같고/나중에 떨어진 작은 꽃잎 같고//나중에 떨어져내린 작은 꽃잎 같고(「꽃잎1」) ＊사람이 사람을 사랑하다 남은 날/땅에만 소음이 있는 줄만 알았더니/하늘에도 천둥이, 우리의 귀가/들을 수 없는 더 큰 천둥이 있는 줄/알았다(「여름 밤」)

크레인(영, crane) ①기중기(起重機). ②영화 따위의 이동 촬영에 쓰이는 기구. ＊크레인의 강철보다 더 강한 익어가는 황금빛을 꺾기 위하여/너의 뜰을 달려가는 조고마한 동물이라도 있다면/여름 뜰이여/나는 너에게 희생할 것을 준비하고 있노라(「여름 뜰」)

크리스트(Christ) '예수'를 일컫는 말. 기독(基督). 메시아. ＊그것이 너무나 순진한 일이었기에 잠을 깨어 일어나서/나는 예수 크리스트가 되지 않았나 하는 신성한 錯感조차 느껴보는 것이었다(「조국에 돌아오신 傷病捕虜 동지들에게」)

큰길 넓은 길. 대로(大路). ＊버스를 피해서 길을 건너서는 어린 놈처럼/선뜻 큰길을 건너서면 돼/長詩만 장시만안 쓰려면 돼(「장시1」)

큰놈 남 앞에서 '자기의 큰아들'을 겸손하게 이르는 말. ＊그런데 큰놈의 방에 같이 있는 가정교사가 내/기침소리를 싫어해. 내가 붓을 놓는 것까지/자리에서 일어나는 것까지 문을 여는 것까지 알고/방어작전을 써.(「엔카운터誌」)

큰아이 큰아들이나 큰딸을 다정하게 이르는 말. 맏자식. ＊6·25 때에 남편을 잃고 큰아이는 죽고/남은 계집애 둘을 데리고/재전락한 여자가 여기 있구나(「滿洲의 여자」) ＊도적은 간밤에는 사그러진 담장 쪽이 아닌/우리집의 의젓한 벽돌기둥의 정문 앞을/새벽녘에 거닐었다고 한다/시험공부를 하느라고 밤을 새는 큰아이놈의/말이다 필시 그럴 거라(「도적」)

클라크 게이블(Gable, Clark) 1901~1960. 미국의 영화배우. 출연한 작품으로 〈어느날 밤에 생긴 일〉, 〈바람과 함께 사라지다〉, 〈테스트 파일럿〉이 있다. ＊클라크 게이블/그리고 너절한 대중잡지/타락한 오늘을 위하여서는/내가 〈오늘〉보다 더 깊이 떨어져야 할 것이다(「바뀌어진 지평선」)

클라크 게이블

키 ①선 몸의 높이. 신장. ②물건이나 식물의 높이. ＊詠嘆이 아닌 그의 키와/저주가 아닌 나의 얼굴에서/오오 나는 그의 얼굴을 따라/왜 이리 조바심하는 것이오(「아버지의 사진」) ＊9월 중순 차나무는 거의/내 키만큼 자라나고 노란 꽃도 이제는/보잘것없이 되었는데도 밭주인은/아직도 나타나 잘라가지 않는다(「반달」) ＊너의 어린 행동은/어린 싱징을 면하기 시작했다/너는 이제 우리 키만큼 되었다/우리는 너를 보고 깜짝 놀랐다[…]너의 어린 포부는/불가능의 한계를 두드려보기 시작했다/너는 이제 우리 키보다도 더 커졌다/우리는 너를 보고 깜짝 놀랐다(「'65년의 새해」) ＊나는 잠자는 일/잠 속의 일/쫓기어다니는 일/불같은 일/암흑의 일/깨꽃같이 작고 많은/맨 끝으로 신경이 가는 일/암흑에 휘날리고/나의 키를 넘어서—/병아리같이 자는 일(「깨꽃」)

키크 김수영의 시에서는 사람 이름 또는 별명으로 추정됨. ＊야 손들어 나는 아리조나 카보이야/빵! 빵! 빵!/키크야! 너는 저놈을 쏘아라/빵! 빵! 빵!(「나는 아리조나 카보이야」)

킴 노박(Novak, Kim) 1933~. 미국의 영화배우. 히치콕의 영화 〈현기증〉에 여주인공으로 출현한 바 있다. ☞ 노박. ＊평면을 사랑하는/코스모스/역시 평면을 사랑하는/킴 노박의 사진 과/국 내 소 설 책 들……(「누이의 방」)

킴 노박

타구(唾具·唾口) 가래나 침을 뱉도록 마련한 그릇. ＊청한 지 반 시간만에 떠다 주는 냉수를 한 대접 마시고/계단을 내려와서/어젯밤에 술을 마시던 방을 들여다보니 이불도 베개도 타구 하나 없이 깨끗하다.(「미숙한 도적」)

타다[1] 탈것이나 짐승의 등 따위에 몸을 얹다.
　타고 ＊마차를 타고 가는 사람이 좋지 않아요/웃고 있어요/그것은 그림/토막방 안에서 나는 우주를 잡을 듯이 날뛰고 있지요(「웃음」) ＊지프차를 타고 가는 어느 젊은 사람이/유쾌한 표정으로 활발하게 길을 건너가는 나에게/인사를 한다(「거리2」) ＊죽음이 싫으면서/너를 딛고 일어서고/시간이 싫으면서/너를 타고 가야 한다//창조를 위하여/방향은 현대──(「네이팜탄」) ＊夕刊에 폭풍경보를 보고/배를 타고 가는 사람을/습관에서가 아니라 염려하고(「가옥찬가」) ＊여기 떡갈나무 잎이 있는데 이것을 가지고 가서/하와이 영사한테 보여라/그리고 돌아올 때는 구름을 타고 오너라(「나는 아리조나 카보이야」)
　타고서 ＊그렇지만 린드버그가 헬리콥터를 타고서/대서양을 횡단하지 않았기 때문에/우리는 지금 동양의 諷刺를 그의 機體 안에서 느끼고야 만다(「헬리콥터」) ＊자기들이 양민이라고도 하고/자기들이 선량이라고도 하고/자기들이 회사원이라고도 하고/전차를 타고 자동차를 타고/요릿집엘 들어가고/[…]쨈보야 태평양 밑의 개미 길에/미국사람들이 세워놓은 자동차란 자동차는/싹 없애버려라/저놈들이 타고 가면 안 된다(「하…… 그림자가 없다」)
　탄 ＊우주시대의 마이크로웨이브에 탄/원효대사의 민활성 바늘 끝에/묻은 죄와 먼지 그리고 모방/술에 취해서 쓰는 시여(「원효대사」)

타다[2] 불이 붙어 벌겋게 되거나 불길이 오르다.
　타 ＊나는 너무나 자주 설움과 입을 맞추었기 때문에/가을바람에 늙어가는 거미처럼 몸이 까맣게 타버렸다.(「거미」)
　타야 ＊가장 아름다운 이기적인 시간 위에서/나는 나의 검게 타야 할 정신을 생각하며/구별을 용서하지 않는/밭고랑 사이를 무겁게 걸어간다(「여름 아침」)
　탄 ＊마룻바닥에 깐 비닐 장판에 구공탄을 떨어뜨려/탄 자국, 내 구두에 묻은 흙, 변두리의 진흙,(「VOGUE야」)

타다[3] 몫으로 주는 돈이나 물건 따위를 받다.
　타 ＊그녀가 새벽부터 부정기적으로/타온 순서대로/또 그 비참대로/값비싼 피아노가 값비싸게 울린다/돈이 울린다 돈이 울린다(「피아노」)

타다[4] 부끄럼이나 노여움 따위의 감정이나 간지럼 따위의 육체적 느낌을 쉽게 느끼다.
　타고 ＊등나무여 지휘하라 부끄러움 고만 타고/이제는 지휘하라 이카루스의 날개처럼/쑥 잎보다 훨씬 얇은/너의 잎은 지휘하라(「등나무」)

타당하다(妥當─) 사리에 마땅하고 온당하다.
　타당하니까 ＊나를 몰라보면 아니 된다 나의 怒氣는 타당하니까/눈은, 짓밟힌 눈은, 꺼멓게 짓밟히고 있는 눈은//타당하니까 신·구의 교체식을 그 이튿날/꿈에까지 보이게 해서는 아니 된다(「제임스 띵」)
　타당한 ＊나는 이 책을 멀리 보고 있다/그저 멀리 보고 있는 것이 타당한 것이므로/나는 괴롭다(「가까이 할 수 없는 서적」)

타동적(他動的) 다른 물건이나 사람의 힘으로 움직이거나 행하는. ＊텔레비 속의 텔레비에 취한/아아 원효여 이제 그대는 낡지/않았다 타동적으로 자동적으로/낡지 않았고//원효 대신 원효 대신 마이크로가/간다(「원효대사」)

타락(墮落) 나쁜 길로 빠짐. *토끼는 태어날 때부터/뛰는 훈련을 받는 그러한 운명에 있었다/그는 어미의 입에서 탄생과 동시에 타락을 선고받는 것이다(「토끼」) *뒤집어진 세상의 저쪽에서는/나는 비틀거리지도 않고 타락도 안했으리라(「冬麥」) *돈의 꿈이 길어지고 짧아지고 타락의/길이도 표준이 없어지고 먼지가 다시 생기고/갱이 생기고 그늘이 생기고 돌이 쇠가/구리가 먼지가 생기고(「먼지」)

타락하다(墮落—) 나쁜 길로 빠지다.

　타락한 *클라크 게이블/그리고 너절한 대중잡지/타락한 오늘을 위하여서는/내가 〈오늘〉보다 더 깊이 떨어져야 할 것이다[…]오늘과 내일의 차이를 정시하기 위하여/하다못해 이와 같이 타락한 신문기자의/탈을 쓰고 살고 있단다(「바뀌어진 지평선」)

　타락해 *헌 기계는 가게로 가게에 있던 기계는/옆에 새로 난 쌀가게로 타락해 가고(「금성라디오」)

　타락했다 *금성라디오 A 504를 맑게 개인 가을날/일수로 사들여온 것처럼/500원인가를 깎아서 일수로 사들여온 것처럼/그만큼 손쉽게/내 몸과 내 노래는 타락했다(「금성라디오」)

타마구 타마유(—油). '콜타르(coaltar)'를 달리 이르는 말. 석탄을 건류할 때 생기는 기름 상태의 끈끈한 검은 액체. *쉬었다 가든 거꾸로 가든 모로 가든/어서 또 가요 기름을 발랐으니 어서 또 가요/타마구를 발랐으니 어서 또 가요(「시」(1961))

타면(惰眠) ①게으름을 피움. ②게으름을 피우며 잠만 잠. 육필원고와 발표지면인 『현대문학』(1968.4), 『김수영 전집』(1981)에는 '墮眠'으로 되어 있으나 『김수영 전집』(2003)에는 '게으름을 피우며 잠만잔다는 뜻'의 주가 달려서 '惰眠'으로 정정됨. *惰眠의 축적으로 우리 몸은 자라고/그래도 행동이 마지막 의미를 갖고/네가 씹는 음식에 내가 증오하지 않음이/내가 겨우 살아있는 표시라(「먼지」)

타성(惰性) ①굳어진 버릇. ②관성(慣性). *신주처럼 모셔놓던 의젓한 얼굴의/그놈의 속을 창자 밑까지도 다 알고는 있었으나/타성같이 습관같이/그저그저 쉬쉬하면서/할말도 다 못하고(「우선 그놈의 사진을 떼어서 밑씻개로 하자」)

타의(他意) ①다른 생각. 딴마음. ②다른 사람의 뜻. *문명의 하늘은 무엇인가로 채워지기를 원한다/나는 지금 규제로 시를 쓰고 있다 타의의 규제/아슬아슬한 설사다(「설사의 알리바이」)

타이틀(영, title) ①제목 또는 표제 ②영화나 텔레비전 드라마 따위에서, 제목이나 스태프를 소개하는 자막. *이것이 어제 오후에 써놓은 기사 대목으로/내일 조간분 사회면의 표독한 타이틀이 될 것이라고 해서(「기자의 정열」)

타이프(영, type) '타이프라이터'의 준말. *우리 동네엔 미대사관에서 쓰는 타이프 용지가 없다우/편지를 쓰려고 그걸 사오라니까 밀용인찰지를 사왔드라우(「美濃印札紙」)

타임(Time) *미국의 대표적인 시사 주간지. 미국과 세계 각국에서 일어나고 있는 시사문제를 다룸. 신문기자 헨리 R.루스와 브리턴 해든이 설립한 타임사에 의해 1923년 3월 3일 초간 9,000부를 발행함으로써 창간되었다. *작품 제목임(「아메리카 타임誌」)

타임지

타협하다(妥協—) 두 편이 서로 좋도록 절충하여 협의하다.

　타협하는 *그는 인간의 비극을 안다//그래서 그는 낮에도 밤에도/어둠을 지니고 있으면서/어둠과는 타협하는 법이 없다(「수난로」)

탁상(卓上) 책상이나 식탁 따위 탁자의 위. *나는 이 우중충한 막걸리 탁상 위에서/경험과 역사를 너한테 배운다/무식한 것이 그것들이니까—(「滿洲의 여자」)

탄(彈) 탄알, 포탄, 폭탄 따위를 통틀어 이르는 말. *네이팜 탄은 최근 미국에서 새로 발명된 유도탄이다.(「네이팜 탄」의 원주)

탄력(彈力) ①탄성체가 외부로부터 가해진 힘에 저항하여 본디의 상태로 돌아가려고 하는 힘. 팽팽하게 버티는 힘. ②'반응이 빠르고 힘이 넘치는 것'을 비유하여 이르는 말. *나비날개처럼 된 차잎은 아침이면/날개를 펴고 저녁이면 체조라도 하듯이/일제히 쉰다 쉬는 데에도 규율이 있고/탄력이 있다(「반달」)

탄생(誕生) 사람이 태어남. 특히, 귀한 사람이 태어남을 높이어 이르는 말. *토끼는 태어날 때부터/뛰는 훈련을 받는 그러한 운명에 있었다/그는 어미의 입에서 탄생과 동시에 타락을 선고받는 것이다[…]자연은 나의 몇 사람의 독특한 벗들과 함께/토끼의 탄생의 방식에 대하여/하나의 異德을 주고 갔다(「토끼」)

탄생되다(誕生—) ①태어나게 되다. ②시작되다 또는 생기게 된다.
탄생되었다는 *모두 재미있는 현상이지만/그가 입에서 탄생되었다는 것은 또 한번 토끼를 생각하게 한다(「토끼」)

탄생하다(誕生—) ①태어나다. ②시작되다 또는 생겨나다.
탄생한 *1950년 7월 이후에 헬리콥터는/이 나라의 비좁은 산맥 위에 자태를 보이었고/이것이 처음 탄생한 것은 물론 그 이전이지만/그래도 제트기나 카고보다는 늦게 나왔다(「헬리콥터」)

탄식(歎息) 한탄하며 한숨을 쉼. 또는 그 한숨. *투명의 대명사 같은 너의 몸을/지금 나는 은폐물같이 생각하고/기대고 앉아서/안도의 탄식을 짓는다/유리창이여/너는 언제부터 세상과 배를 대고 서기 시작했느냐(「너는 언제부터 세상과 배를 대고 서기 시작했느냐」)

탈¹ ①얼굴을 감추거나 달리 꾸미기 위하여 나무, 종이, 흙 따위로 만들어 얼굴에 쓰는 물건. ②속뜻을 감추고 겉으로 거짓을 꾸미는 의뭉스러운 얼굴. *오늘과 내일의 차이를 정시하기 위하여/하다못해 이와 같이 타락한 신문기자의/탈을 쓰고 살고 있단다(「바뀌어진 지평선」) *내용은 술집, 내용은 나, 내용은 도시,/내용은 그림자,/그림자의 비밀/종교의 획득은 종교를 잃었을 때부터 시작되었고/나는 그때부터 차차 늙어가는 탈을 썼다(「반주곡」)

탈(頉)² ①뜻밖에 일어난 궂은 일. 사고. ②몸에 생긴 병. *문명의 혈세를 강요해서는 아니 된다 新과 舊가/탈을 낸 돈이 없나 순시를 다니는 제임스 띵은/독자를 괴롭혀서는 아니 된다(「제임스 띵」)

탈출하다(脫出—) 빠져나가다. 탈거(脫去)하다.
탈출하려는 *나는 자유를 찾아서 포로수용소에 온 것이고/자유를 찾기 위하여 有刺鐵網을 탈출하려는 어리석은 동물이 되고 말았다(「조국에 돌아오신 傷病捕虜 동지들에게」)
탈출하여 *정말 내가 포로수용소를 탈출하여 나오려고/무수한 동물적 企圖를 한 것은/이것이 거짓말이라면 용서하여 주시오/포로수용소가 너무나 자유의 천당이었기 때문이다[…]北院 훈련소를 탈출하여 順川 읍내까지도 가지 못하고/악귀의 눈동자보다도 더 어둡고 무서운 밤에 中西面 內務省 군대에게 체포된 일을 생각한다(「조국에 돌아오신 傷病捕虜 동지들에게」)

탐스럽다(貪—) 마음이 몹시 끌리도록 보기에 아주 좋다.
탐스럽게 *아이구 무어던가?/오 도배지 천장지, 다색 백색 청색의 모란꽃이/茶色의 主色 위에 탐스럽게 피어있는 천장지(「마케팅」)

탐욕(貪慾) ①탐내는 욕심. ②불교에서 이르는 삼독(三毒)의 하나. 자기 뜻에 맞는 사물에 애착하여 만족할 줄 모르는 일. *나는 식인종같이 잔인한 탐욕과 강렬한 의욕으로 그중의 하나하나를 일일이 뚫어져라 하고 들여다보는 것이지만/나의 마음은 달과 바람모양으로 서늘하다(「거리2」)

탐지하다(探知—) 더듬어 찾아내거나 알아내다.
탐지하고 *이 뜰에서/나는 내가 없는 동안의/아내의 비밀을 탐지하고/또/내가 없는 그날의/그의 비밀을/탐지할 수도 있었다(「旅愁」)
탐지할 *이 뜰에서/나는 내가 없는 동안의/아내의 비밀을 탐지하고/또/내가 없는 그날의/그의 비밀을/탐지할 수도 있었다(「旅愁」)

탑(塔) ①부처의 유골이나 유품 등을 안치하고 공양·기념하기 위하여 좁고 높게 세운 사찰의 부속 건축물. ②여러 층으로, 높고 뾰족하게 세운 건축물을 통틀어 이르는 말. *이제는 나의이 늙지도 젊지도 않은몸에/해묵은/1,961개의/곰팡내를 풍겨 넣어라/오 썩어가는 탑/

나의 연령/혹은/4,294알의/구슬이라도 된다(「아픈 몸이」)

탓 일이 그릇된 원인. 잘못된 까닭. *저기 나의 맞은편 의자에 앉아 먹고 떠들고 웃고 있는 여자와 젊은 학생을 내가 시골을 여행하기 전에 그들을 보았더라면 대하였으리 감정과는 다른 각도와 높이에서 보게 되는 나는 내 자신의 감정이 보다 더 거만하여지고 순화되어진 탓이라고는 생각하지 않는다(「시골 선물」) *설움의 탓이라고 이 새로운 현실을 경시하면서도//어제와 같이 다시는 〈헛소리〉를 하지 않으려고 결심하면서(「말」(1958)) *아직도/소록도의 하얀 바다에/두고/버리고/던지고 온 취기가/가시지 않은 탓이라고 생각한다……(「旅愁」) *야한 선언을/하지 않고 우물쭈물 내일을 지내고/모레를 지내는 것은 내가 약한 탓이다.(「엔카운터 誌」) *이런 극도의 낙천주의를 저녁 밥상을/물리고 나서 해본다――아아 배가 부르다/배가 부른 탓이다(「라디오 계」) *조용하고 늠름한 불빛 아래/가족들이 저마다 떠드는 소리도/귀에 거슬리지 않는 것은/내가 그들에게 全靈을 맡긴 탓인가(「나의 가족」)

탓하다 잘못된 것을 원망하거나, 핑계나 구실로 삼다.

탓하는 *――어른이 못 되는 나를 탓하는/구슬픈 어른들/나에게 방황할 시간을 다오/불만족의 物象을 다오(「장시2」)

태만(怠慢) 게으르고 느림. *백의는 이와 같은 나의 안심과 태만을 비웃는 듯이/어느 틈에 우리 가정의 내부에까지 침입하여 들어와서(「백의」) *밤사이에 이슬을 마신 놈이/지금 나의 혼을 마신다/無休의 태만의 혼을 마신다/등나무 등나무 등나무 등나무(「등나무」)

태산(泰山) ①썩 높고 큰 산. ②'크고 많음'을 비유하여 이르는 말. *이브의 심장이 아닌 너의 내부에는/〈시간은 시간을 먹는 듯이 바쁘기만 하다〉는/기계가 아닌 자옥한 안개 같은/준엄한 태산 같은/시간의 퇴적뿐이 아닐 것이냐(「네이팜 탄」) *이제는/편지를 안해도 한 거나 다름없고 나는/조금도 미안하지 않소 매부의 태산 같은/친절과 친절의 압력에 대해서 미안하지 않소(「美濃印札紙」)

태양(太陽) 태양계의 중심을 이루는 항성. 거대한 고온의 가스 덩어리임. 해. *나의 시절은 태양 속에/나의 사랑도 태양 속에/日蝕을 하고/첩첩이 무서운 晝夜/애정은 나뭇잎처럼/기어코 떨어졌으면서/나의 손 위에서 신음한다(「愛情遲鈍」) *나의 천성은 깨어졌다/더러운 붓끝에서 흔들리는 오욕/바다보다 아름다운 세월을 건너와서/나는 태양을 주웠다고 생각하지는 않았지만/설마 이런 것이 올 줄이야/괴물이여(「PLASTER」) *이 푸른 바다와 산과 들 위에/화려한 태양이 날개를 펴고 걸어가는 것이다(「거리1」) *피곤을 잊어버리게 하는 밝은 태양 밑에는/모든 사람에게 불가능한 일이 없는 듯하다(「거리2」) *모두 다 잊어버리고 나와서/태양의 다음가는 자유/자유의 다음가는 게시판/너무나 어려운 휴식이여(「기자의 정열」) *내 몸은 아파서/태양에 비틀거린다/내 몸은 아파서/태양에 비틀거린다//믿는 것이 있기 때문이다/믿는 것이 있기 때문이다(「冬麥」) *태양은 자기가 내린 것을 거둬들이는데/시들은 자국을 남기지만 도처에서/도처에서/卽決하는 영혼이여(「말복」) *그는 재판관처럼 판단을 내리는 게 아니라 구제의 길이 없는 사물의 주위에 떨어지는 태양처럼 판단을 내린다――월트 휘트먼[…]태양이 하나이듯이/생활은 어디에 가보나 하나이다/미스터리!//절벽에 올라가 돌을 차듯이/생활을 아는 자는/태양 아래에서/생활을 차 던진다(「미스터 리에게」) *여편네의 방에 와서 기거를 같이해도/나는 점점 어린애/나는 점점 어린애/태양 아래의 단 하나의 어린애(「여편네의 방에 와서」)

태어나다 어미의 태(胎)로 부터 세상에 나오다.

태어나서 *도회에서 태어나서 도회에서 죽어가는 사람들은/젊은 몸으로 죽어가는 前線의 전사에 못지않게 불쌍하다고 생각하며(「미숙한 도적」) *그는 남미의 어느 면공업자의 서자로 태어나서/나이아가라 강변에서 隨道工事에 挺身하고 있었다 하며/그의 모친은 희랍인이라고 한다(「백의」)

태어날 *토끼는 태어날 때부터/뛰는 훈련을 받는 그러한 운명에 있었다/그는 어미의 입에

태연하다(泰然—) 서 탄생과 동시에 타락을 선고받는 것이다(「토끼」)

태연하다(泰然—) 태도나 기색이 아무렇지 않고 예사롭다.
　태연하게 ＊나는 나를 속이고 역사까지 속이고/구태여 낯익은 하늘을 보지 않고/구렁이같이 태연하게 앉아서/마음을 쉬다(「휴식」)
　태연할 ＊—태연할 수밖에 없다 웃지 않을 수밖에 없다/조용히 우리들의 웃음을 웃지 않을 수 없다(「우리들의 웃음」)

태연히(泰然—) 아무렇지 않고 예사롭게. ＊한번 잔인 해봐라/이 문이 열리거든 아무 소리도 하지 말아봐라/태연히 조그맣게 인사 대꾸만 해두어보라(「잔인의 초」)

태우다 ①불을 붙여 타게 하다. ②살갗이 햇볕에 그을게 하다. ③몹시 애달게 하거나 걱정이 되게 하다. ④바짝 마르게 하다.
　태우는 ＊내가 으스러지게 설움에 몸을 태우는 것은 내가 바라는 것이 있기 때문이다.(「거미」)
　태워도 ＊이제야말로 아무 두려움 없이/그놈의 사진을 태워도 좋다/협잡과 아부와 무수한 악독의 상징인/지긋지긋한 그놈의 미소하는 사진을—(「우선 그놈의 사진을 떼어서 밑씻개로 하자」)

태평(太平·泰平) ①세상이 안정되고 풍년이 들어 아무 걱정이 없고 평안함. ②성격이 느긋하여 근심 걱정 없이 태연함. ③몸이나 마음이나 집안이 평안함. ＊오늘의 적으로 내일의 적을 쫓으면 되고/내일의 적으로 오늘의 적을 쫓을 수도 있다/이래서 우리들은 태평으로 지낸다(「적1」)

태평양(太平洋) 대서양·인도양과 함께 3대양을 이루는 큰 바다. 동쪽은 남·북아메리카 대륙, 서쪽은 동아시아·인도네시아·오스트레일리아, 남쪽은 남극대륙, 북쪽은 북극권으로 둘러싸인 세계 최대의 해양이다. ＊이 구멍으로 들어가면 아리조나에 있는/우리 고조 할아버지 산소 망두석 밑으로 빠질 수 있으니까/짬보야 태평양 밑의 개미 길에/미국사람들이 세워놓은 자동차란 자동차는/싹 없애버려라(「나는 아리조나카보이야」)

태풍(颱風) 북태평양 남서부에서 발생하여 동북아시아 내륙으로 불어닥치는 폭풍우. 열대성 저기압 중, 최대 풍속 매초 17m 이상 되는 것을 이름. ＊폴리號 태풍이 일기 시작하는 여름밤에/아내가 마루에서 거미를 잡고 있는/꼴이 우습다(「거미잡이」)

택하다(擇—) 고르다. 선택하다.
　택하여 ＊종로 네거리도 행길에 가까운 일부러 떠들썩한 찻집을 택하여 나는 앉아 있다(「시골 선물」)

탱크(영, tank) ①물이나 가스·기름 따위를 넣어 두는 큰 통. ②전차(戰車). ＊피로하지 않으면//울린다 시를 쓰다 말고 코를 풀다 말고/테이블 밑에 신경이 가고 탱크가 지나가는/沿道의 음악을 들어야 한다 피로하지/않으면 울린다(「의자가 많아서 걸린다」)

터 ①예정, 추측 등의 뜻을 나타냄. ②처지, 형편 등의 뜻을 나타냄. ＊영원히 나 자신을 고쳐가야 할 운명과 사명에 놓여 있는 이 밤에/나는 한사코 방심조차 하여서는 아니 될 터인데/팽이가 나를 비웃는 듯이 돌고 있다(「달나라의 장난」) ＊혁명이란/방법부터가 혁명적이어야 할 터인데/이게 도대체 무슨 개수작이냐/불쌍한 백성들아/불쌍한 것은 그대들뿐이다(「육법전서와 혁명」) ＊여편네는 지금 주는 것으로 충분하다는 것이다/아니 430원짜리 한 가마니면 이틀은 먹일 터인데/어떻게 된 셈이냐고 오늘 아침에도 뇌까렸다(「만용에게」) ＊너무나 기쁜 이 마음은 무슨 까닭인지 알 수는 없지만/확실히 어리석음에서 나오는 것은 아닐 텐데(「거리2」)

터무니없다 이치나 도리나 조리에 맞지 않다.
　터무니없는 ＊이러한 그의 무리한 요청에 대하여 나는 하는 수 없이/〈그것은 나의 역량 이상의 것이므로 신세계극단의 연출자S씨를 찾아가보라〉고/터무니없는 거짓말을 하여가지고 즉석에 거절하여 버렸다(「백의」) ＊이것이 이남 사람인 우리 부부의 誤算이었나 보다/38선에 대한/또 한 해의 터무니없는 感傷이었다 보다/그렇지?(「판문점의 감상」)

터전 ①집터가 되는 땅. ②생활의 근거지가 되는 곳. ＊내가 너의 머리 위에/너를 대신하여/벼락과 천둥을 때리는 날까지/터전이 없으면 나의 머리 위에라도/잠시 이고 다니며 길러야 할/너는 불행하기 짝이 없는 죽순이다(「付託」)
*마당은 주인의 마음이 숨어 있지 않은 것처럼 安穩한데/나 역시 이 마당에 무슨 원한이 있겠느냐/비록 내가 자란 터전같이 호화로운/꿈을 꾸는 마당이라고 해서(「휴식」)

터져나오다 노래나 소리 따위가 갑자기 울려 나오다.
터져나왔다 *시장거리의 먼지 나는 길옆의/좌판 위에 쌓인 호콩 마마콩 멍석의/호콩 마마콩이 어쩌면 저렇게 많은지/나는 저절로 웃음이 터져나왔다(「생활」)

털 동물의 피부나 식물의 표면에 나는 실 모양의 것, 또는 그와 비슷한 것. *우리집 뜰앞 토끼는 지금 하얀 털을 비비며 달빛에 서서 있다/토끼야/봄 달 속에서 나에게만 너의 재주를 보여라(「토끼」)

털구멍 피부 표면에 있는, 털이 나는 작은 구멍. 모공(毛孔). *나의 죄 있는 몸의 억천만 개의 털구멍에/죄라는 죄가 가시같이 박히어도/그야 솜털만치도 아프지는 않으려니(「기도」)

털끝 ①털의 뾰족한 끝. ②'아주 작은 것'을 비유하여 이르는 말. *그놈들은 털끝만치도 다치지 않고 있다/보라 항간에 금값이 오르고 있는 것을/그놈들은 털끝만치도 다치지 않으려고/버둥거리고 있다(「육법전서와 혁명」)

털다 치거나 흔들어 붙은 물건이 떨어지게 하다.
터는 *누구한테 머리를 숙일까/사람이 아닌 평범한 것에/많이는 아니고 조금/벼를 터는 마당에서 바람도 안 부는데/옥수수잎이 흔들리듯 그렇게 조금(「꽃잎1」)

털어놓다 ①속에 든 물건을 모두 내놓다. ②숨김없이 모두 이야기하다.
털어놓고 *우리는 여지껏 희생하지 않는 오늘의 문학자들에 관해서/너무나 많이 고민해 왔다/김동인, 박승희 같은 이들처럼 私財를 털어놓고/문화에 헌신하지 않았다(「이 한국문학사」)

털털거리다 잇달아 떨리듯이 울리는 탁한 소리를 내다.
털털거리게 잇달아 떨리듯이 울리는 탁한 소리를 내도록. *어서 또 일을 해요 변화는 끝났소/편지봉투모양으로 누렇게 결은/시간과 땅/수레를 털털거리게 하는 욕심의 돌/기름을 주라/어서 기름을 주라(「시」(1961))
털털거리는 *털털거리는 수레에다는 기름을 주라/욕심은 끝났어/논도 얼어붙고/대숲 사이로 침입하는 무자비한푸른 하늘(「시」(1961))

테두리 ①둘레의 줄, 또는 죽 둘린 줄. 윤곽. 테. ②어떤 한계나 범위. *백년이나 천년이 결코 긴 세월이 아니라는 것은/내가 사랑의 테두리 속에 끼여 있기 때문이 아니리라(「풍뎅이」)

테이블(영, table) 서양식의 탁자나 식탁을 두루 이르는 말. *의자가 많아서 걸린다 테이블도 많으면/걸린다 테이블 밑에 가로질러 놓은/엮음대가 걸리고 테이블 위에 놓은/磁器 스탠드가 울린다[…]의자와 의자 사이로 비집고 갈 때/울리고 코 풀 수건을 찾으러 갈 때//38선을 돌아오듯 테이블을 돌아갈 때/걸리고 울리고 일어나도 걸리고/앉아도 걸리고 항상 일어서야 하고 항상/앉아야 한다 피로하지 않으면//울린다 시를 쓰다 말고 코를 풀다 말고/테이블 밑에 신경이 가고 탱크가 지나가는 沿道의 음악을 들어야 한다 피로하지/않으면 울린다 가만히 있어도 울린다(「의자가 많아서 걸린다」)

텔레비[영, television] '텔레비전'의 일어식 표기. *聖俗이 같다는 원효대사가/텔레비에 텔레비에 들어오고 말았다[…]성속이 같다는 원효대사가/텔레비에 나온 것을 뉘우치지 않고/春園 대신의 원작자가 된다[…]텔레비 속의 텔레비에 취한/아아 원효여 이제 그대는 낡지/않았다(「원효대사」)

텔레비전(영, television) 전송 사진의 방법을 방송 전파에 응용하여 실경(實景)을 전파로 보내어 수신 장치에 재현시키는 장치. *텔레비전을 보면서(「원효대사」 부제)

토끼 토낏과의 짐승을 통틀어 이르는 말. 귀는 길고 크며 윗입술은 갈라져 있고 긴 수염이 있음. 뒷다리는 앞다리보다 훨씬 발달되어서 잘 뛰어다님. 번식력이 강하고 종류가 많음. *토끼는 입으로 새끼를 뱉으다//토끼는 태어날 때부터/뛰는 훈련을 받는 그러한 운명에 있었다/그는 어미의 입에서 탄생과 동시에 타락을 선고받는 것이다//토끼는 앞발이 길고/귀가 크고/눈이 붉고/또는 〈이태백이 놀던 달 속에서 방아를 찧고〉……/모두 재미있는 현상이지만/그가 입에서 탄생되었다는 것은 또 한번 토끼를 생각하게 한다//자연은 나의 몇 사람의 독특한 벗들과 함께/토끼의 탄생의 방식에 대하여/하나의 異德을 주고 갔다/우리집 뜰앞 토끼는 지금 하얀 털을 비비며 달빛에 서서 있다/토끼야/봄 달 속에서 나에게만 너의 재주를 보여라/너의 입에서 튀어나오는/너의 새끼를//2/생후의 토끼가 살기 위하여서는/전쟁이나 혹은 나의 진실성 모양으로 서서 있어야 하였다/누가 서 있는 게 아니라/토끼가 서서 있어야 하였다[…]「올 겨울은 눈이 적어서 토끼가 은거할 곳이 없겠네」/「저기 저 하아얀 것이 무엇입니까」/「불이다 山火다」(「토끼」)

토막방(土幕房) 아주 작은 방. *마차를 타고 가는 사람이 좋지 않아요/웃고 있어요/그것은 그림/토막방 안에서 나는 우주를 잡을 듯이 날뛰고 있지요.(「웃음」)

토목공사(土木工事) 목재나 철재·토석(土石) 따위를 사용하여 도로나 둑·교량·항만·철도·상하수도 따위를 건설하거나 그것을 유지하기 위한 공사 등을 통틀어 이르는 말. *그러나 우리들은 언제나 싸우고 있다/아침에도 낮에도 밤에도 밥을 먹을 때에도/거리를 걸을 때도 환담을 할 때도/장사를 할 때도 토목공사를 할 때도/여행을 할 때도 울 때도 웃을 때도(「하…… 그림자가 없다」)

토하다(吐―) ①게우다. ②뱉다. ③속에 있는 말을 하다.
토한다 *배가 모조리 설사를 하는 것은 머리가 설사를/시작하기 위해서다 性도 윤리도 약이/되지 않는 머리가 불을 토한다(「설사의 알리바이」)

통각(統覺) ①새로 생긴 표상(表象)을 이미 존재하는 표상에 유화(類化)·융합하는 작용. ②어떤 사물에 대해 알고자 할 때 의식의 중심부에 그 대상을 뚜렷이 포착하는 의지 작용. ③온갖 경험의 인식·사유하는 통일 과정을 통틀어 이르는 말. *나는 잠시 아름다운 統覺과 조화와 영원과 귀결을 찾지 않으려 한다(「구슬픈 육체」) *원활하게 굽은 산등성이를

바라보며/나는 지금 간밤의 쓰디쓴 후각과 청각과 미각과 統覺마저 잊어버리려고 한다(「여름아침」)

통일(統一) ①나누어진 것들을 몰아 하나의 완전한 것으로 만듦. ②서로 다른 것들을 똑같이 되게 함. *제각각 자기 생각에 빠져 있으면서/그래도 조금이나 부자연한 곳이 없는/이 가족의 조화와 통일을/나는 무엇이라고 불러야 할 것이냐(「나의 가족」) *비숍 여사와 연애를 하고 있는 동안에는 진보주의자와/사회주의자는 네에미 씹이다 통일도 중립도 개좆이다(「거대한 뿌리」)

통째 나누지 않은 덩어리 전부. *육십이 넘으면 좀더/젊어질까 기관포나 뗏목처럼 인생도 인생의 부분도/통째 움직인다[…]인생도 인생의 부분도 통째 움직인다―우리는 그것을/결혼의 소리라고 부른다(「미역국」)

통하다(通―) ①막힘이 없이 트이다. ②어느 곳으로 가는 길이 열리거나 이어지다. ③서로 사귀어 말이나 의사 교환이 순조롭다. ④말이나 문장 따위가 막힘이 없다. ⑤어느 분야에 능하여 환히 알다. ⑥비밀히 연락하거나 관계를 맺다.
통하는 *결합된 색깔은 모두가 엷은 것이지만/설움과 힘찬 미소와 더불어 관용과 자비로 통하는 곳에서/뇌가 사는 엷은 세계는 자유로운 것이기에/생기와 신중을 한 몸에 지니고(「九羅重花」) *고통되는 점은/피가 통하는 듯이 느껴지는 것은/비둘기의 울음소리//구 구 구구구 구구(「영사판」) *과거와 미래에 통하는 꽃/견고한 꽃이/공허의 말단에서 마음껏 찬란하게 피어오른다(「꽃2」)
통하여 *음탕할 만치 잘 보이는 유리창/그러나 나는 너를 통하여 아무것도/보지 않고 있는지도 모른다/두려운 세상과 같이 배를 대고 있는/너의 대담성―(「너는 언제부터 세상과 배를 대고 서기 시작했느냐」)
통할 *모오든 언어가 시에로 통할 때/나는 바로 일순간 전의 대담성을 잊어버리고/젖 먹는 아이와 같이 이지러진 얼굴로/여름 뜰이여/너의 광대한 손[手]을 본다(「여름 뜰」)
통해서 *나는 여유있는 시인―쉬페르비엘이/물에 빠진 뒤에 나는 젤라틴을 통해서/詩

의 진지성을 본다(「반주곡」) *지금은 너무나 또렷한 입체음을 통해서/들어오는 이북 방송이 붉은 방송이/아니 되는 날이 오면/그때는 지금 일본 말 방송을 안 듣듯이/나도 모르는 사이에 아무 미련도 없이/희한도 없이 안 들게 되는 날이 올 것이다……(「라디오 계」)

퇴계(退溪) 1501~1570. 이황(李滉). 조선 중기의 학자. 퇴계는 호. 이언적의 주리설과 주자의 이기이원론(理氣二元論)을 발전, 계승시켰다. 1554년 형조·병조의 참의에 이어 1556년 부제학, 2년 후 공조참판이 되었다. 1566년 공조판서에 오르고 이어 예조판서, 1568년(선조 1) 우찬성을 거쳐 양관대제학을 지내고 이듬해 고향에 은퇴, 학문과 교육에 힘썼다. 도산서원을 창설, 후진 양성과 학문 연구에 전념했고 현실생활과 학문의 세계를 구분하여 끝까지 학자의 태도로 일관했다. 중종·명종·선조의 지극한 존경을 받았으며 시문은 물론 글씨에도 뛰어났다. 주요 저서로는 『퇴계전서』가 있고, 작품으로 시조에 「도산십이곡」 등이 있다. *오오 환희여 미역국이여 미역국에 뜬 기름이여 구슬픈 祖上이여/가뭄의 백성이여 퇴계든 정다산이든 수염 난 영감이면/복덕방 사기꾼도 도적놈 지주라도 좋으니 제발 순조로워라(「미역국」)

퇴근(退勤) 직장에서 근무 시간을 마치고 나옴. *수업을 할 때도 퇴근시에도/사이렌 소리에 시계를 맞출 때도 구두를 닦을 때도……/우리들의 싸움은 쉬지 않는다(「하…… 그림자가 없다」)

퇴적(堆積) 많이 덮쳐 쌓임, 또는 많이 덮쳐 쌓음. *이브의 심장이 아닌 너의 내부에는/〈시간은 시간을 먹는 듯이 바쁘기만 하다〉는/기계가 아닌 자욱한 안개 같은/준엄한 태산 같은/시간의 퇴적뿐이 아닐 것이냐(「네이팜 탄」)

투기(妬忌) ①부부 사이나 사랑하는 이성 사이에서 상대되는 이성이 다른 이성을 좋아할 경우에 지나치게 시기함. ②다른 사람이 잘 되거나 좋은 처지에 있는 것 따위를 공연히 미워하고 깎아내리려 함. *솔직한 고백을 싫어하는/뮤즈여 妬忌와 경쟁과 살인과 간음과 사기에 대하여서는/너에게 이야기하지 않으리라(「바뀌어진 지평선」)

투망(投網) 그물을 던지는 일. *식구가 나보다도 일곱 식구나 더 많다는데/일요일이면 빼지 않고 강으로 투망을 하러 나온다고 한다(「강가에서」)

투명(透明) ①조금도 흐린 데가 없이 속까지 환히 트여 맑음. ②빛이 잘 통하여 속까지 환히 비쳐 보임. *투명의 대명사 같은 너의 몸을/지금 나는 은폐물같이 생각하고/기대고 앉아서/안도의 탄식을 짓는다/유리창이여(「너는 언제부터 세상과 배를 대고 서기 시작했느냐」)

투명하다(透明―) ①조금도 흐린 데가 없이 속까지 환히 트여 맑다. ②빛이 잘 통하여 속까지 환히 비쳐 보인다.

투명하고 *투명하고 가벼웁고 쇠소리 나는 가벼운 잔이 없다/그리고 또 하나 指揮鞭이 없을 뿐이다(「네이팜 탄」)

투명한 *산도 없고 바다도 없고 진흙도 없고 진창도 없고 미련도 없이/앙상한 육체의 투명한 골격과 세포와 신경과 안구까지/모조리 노출 낙하시켜 가면서(「헬리콥터」) *명령하고 결의하고/〈평범하게 되려는 일〉 가운데에/해초처럼 움직이는/바람에 나부껴서 밤을 모르고/언제나 새벽만을 향하고 있는/투명한 움직임의 비애를 알고 있느냐(「비」)

투자(投資) 사업에 돈을 투자하거나 주식, 채권 따위의 구입에 자금을 돌림. 출자. *네가 물리친 썩은 문명의 두께/멀고도 가까운 그 어마어마한 낭비/그 낭비에 대항한다고 소모한/그 몇 갑절의 공허한 투자(「꽃잎3」)

투쟁적(鬪爭的) ①상대편을 이기려고 다투는 형세. 싸움의 모양. ②사회 운동이나 노동 운동 등에서 목적을 이루기 위해서 다투는 형세. *순진한 학생들/점잖은 학자님들/체면을 세우는 문인들/너무나 투쟁적인 신문들의 보좌를 받고(「육법전서와 혁명」)

투정(妬情) 무엇이 마땅치 않거나 불만이 있을 때 떼를 쓰며 조르는 일. *개의 울음소리를 듣고 그 비명에 지고/머리에 피도 안 마른 애놈의 투정에 진다(「어느 날 고궁을 나오면서」)

투지(鬪志) 싸우고자 하는 굳센 의지. *하얗게 마른 마루틈 사이에서/들어오는 바람에서/

느끼는 투지와 애정은 젊다(「가옥 찬가」)

투철하다(透徹—) ①속까지 환히 비쳐 볼 수 있게 투명하다. ②사리가 분명하고 뚜렷하거나 사리에 어긋남이 없이 철저하다.
  투철한 ＊어두운 도서관 깊은 방에서 육중한 백과사전을 농락하는 학자처럼/나는 그네들의 고민에 대하여만은 투철한 자신이 있다(「거리2」)

튀다 물방울 따위가 어떤 힘을 받아 흩어져 퍼지다.
  튄 ＊코리안 드림이라구요. 놀리지 마세요./아이놈은 자구 있어요. 구원이지요. 나를/방해를 안하니까요. 절망의 물방울이/튄 거지요(「전화 이야기」)

튀어나오다 ①어디로부터 튀어서 나오다. ②불거지다.
  튀어나오고 ＊돌에 쇠에 구리에 넝마에 삭아/삭은 그늘에 또 삭아 부스러져/거미줄이 쳐지고 망각이 들어앉고/들어왔다 튀어나오고//불이 튕기고 별이 튕기고(「먼지」)
  튀어나오는 ＊토끼야/봄 달 속에서 나에게만 너의 재주를 보여라/너의 입에서 튀어나오는/너의 새끼를(「토끼」)

튕기다 무엇에 부딪혀 튀어 오르거나 튀어나오다.
  튕기고 ＊불이 튕기고 별이 튕기고 영원의/행동이 튕기고 자고 깨고/죽고 하지만 모두가 坑 안에서/참호 안에서 일어나는 일(「먼지」)

트다 풀·나무 따위의 싹이나 눈·꽃봉오리 따위가 돋아나거나 벌어지다.
  트고 ＊햇빛에는 겨울보리에 싹이 트고/강아지는 낑낑거리고/골짜기들은 평화롭지 않으냐—평화의 의지를 말하고 있지 않으냐(「冬麥」)

트럭(영, truck) ①화물 자동차. ②토목 공사장이나 광산 같은 곳에서 쓰는 짐수레의 한 가지. 궤도 위를 달리게 하여 자갈·석탄 따위를 운반함. ＊트럭 소리가 나면 돼/아카시아 잎을 이기는 소리가 방바닥 밑까지 울리면 돼[…]오징어발에 말라붙은 새처럼 꼬리만 치지 않으면 돼/트럭 소리가 나면 돼(「장시1」)

특종(特種) ①특별한 종류. ② '특종 기사(特種記事)'의 준말. ＊8월달에 실어주세요. 절망에서 나왔어요./모레면 다 되요. 200매예요. 특종이죠./머릿속에 특종이란 자가 보여요. 여편네하고/싸우고 나왔지요. 순수하죠. 앨비 말예요.[…]당신의 잡지의 8월호에 내주신다면,/특종이니깐요, 극단도 좋고, 당신네도/좋고, 번역하는 사람도 좋고, 나도 좋은/일을 하는 폭이 되지요.(「전화 이야기」)

특히(特—) 특별히. 유달리. ＊그는 사지의 관절에 힘이 빠져서/특히 무릎하고 대퇴골에 힘이 빠져서/사람들과/특히 그가 가장 사랑하는 사람과의 관련을 해체시킨다(「적2」)

틀다 기계나 장치에 손을 대어 그것이 움직이게 하다.
  튼다 ＊나는 더위에 속은 조용함이 억울해서/미친 놈처럼 라디오를 튼다/지구와 우주를 진행시키기 위해서/어서어서 진행시키기 위해서(「伏中」)
  틀어 ＊트럭 소리가 나면 돼/아카시아 잎을 이기는 소리가 방바닥 밑까지 울리면 돼/라디오 소리도 거리의 풍습대로 기를 쓰고 크게만 틀어놓으면 돼//겨자씨같이 조그맣게 살면서/장시만 장시만 안 쓰면 돼(「장시1」)

틀리다 ①계산이나 일 따위가 어긋나거나 맞지 않다. ②사이가 벌어지다. ③감정이나 심리 상태가 나빠지다.
  틀려 ＊빌려드릴 수 없어. 작년하고도 또 틀려./눈에 보여. 냉면집 간판 밑으로—육개장을 먹으러—/들어갔다가 나왔어—모밀국수 전문집으로 갔지—[…]시간은 내 목숨야. 어제하고는 틀려졌어. 틀려/졌다는 것을 알았어. 틀려져야겠다는 것을 알/았어. 그것을 당신한테 알릴 필요가 있어.(「엔카운터誌」)
  틀렸다 ＊천장지는 푸른 바탕에/아니 흰 바탕에/엇갈린 벽돌처럼 빌딩 창문처럼/바로 그런 무늬겠다/아냐 틀렸다/벽지가 아니라/아냐 틀렸다/그건 천장지가 아니라/벽지이겠다/더 사오라는 건 벽지이겠다(「마케팅」)
  틀린 ＊난간 아래 등나무/넝쿨장미 위의 등나무/등꽃 위의 등나무/우물 옆의 등나무/우물 옆의 등꽃과 활련/그리고 철자법을 틀린 시/철자법을 틀린 인생/이슬, 이슬의 합창이다(「등나무」)

틈 ①벌어져 사이가 난 자리. 간격. ②겨를. 기회. ③서로 벌어진 사귐의 거리. 불화(不和). *누구 한 사람의 입김이 아니라/모든 가족의 입김이 합치어진 것/그것은 저 넓은 문창호의 수많은/틈 사이로 흘러들어오는 겨울바람보다도 나의 눈을 밝게 한다(「나의 가족」) *생각할 틈도 없이/애정은 절박하고/과거와 미래와 오류와 혈액들이 모두 바쁘다(「네이팜 탄」) *물을 뜨러 나온 아내의 얼굴은/어느 틈에 저렇게 검어졌는지 모르나/차차 시골 동리 사람들의 얼굴을 닮아간다(「여름 아침」) *백의는 이와 같은 나의 안심과 태만을 비웃는 듯이/어느 틈에 우리 가정의 내부에까지 침입하여 들어와서(「백의」) *어떤놈이 新인지 舊인지를 가려낼 틈도/없다 눈이 왔고 추웠고 너무 화가 났다(「제임스 띵」) *聖人은 처를 적으로 삼았다/이 한국에서도 눈이 뒤집힌 사람들/틈에 끼여 사는 처와 처들을 본다/오 결별의 신호여(「적2」)

티끌 ①공기 속에 섞여 날리거나 물체 위에 쌓이는 매우 잘고 가벼운 물질. 분진(粉塵). ② '아주 작거나 적음'을 비유하여 이르는 말. *티끌도 아까운/더러운 것일수록 더한층 아까운/이 길로 마냥 가면 어디인지 아는가(「더러운 향로」)

파 백합과의 다년초. 중국 서부 원산의 재배식물로, 높이는 60cm가량. 잎은 속이 빈 대롱 모양이며, 초여름에 원추형의 꽃줄기 끝에 흰 꽃이 핌. 잎에는 독특한 냄새와 맛이 있어 음식의 맛을 더하는 데 쓰임. *보석 같은 아내와 아들은/화롯불을 피워가며 병아리를 기르고/짓이긴 파 냄새가 술 취한/내 이마에 神藥처럼 생긋하다(「초봄의 뜰 안에」)

파괴(破壞) 건물이나 기물·조직 따위를 부수거나 무너뜨림. *전쟁의 모든 파괴 속에서/불사조같이 살아난 너의 몸뚱아리―(「국립도서관」)

파다 원래의 바닥보다 깊고 우묵하게 만들어 놓다. 구멍이나 구덩이를 만들다.
파 *새로 파논 우물전에서 도배를 하고 난 귀얄을 씻고 간 두붓집 아가씨에게/무어라고 수고의 인사를 해야 한다지(「사치」)

파도(波濤) ①바다에 이는 물결. ②맹렬한 기세로 일어나는 어떤 사회적 운동이나 현상을 비유적으로 이르는 말. ③강렬한 심리적 충동이나 움직임을 비유적으로 이르는 말. *얼마나 장구한 세월이 흘러갔던가/파도처럼 옆으로/혹은 세대를 가리키는 지층의 단면처럼 억세고도 아름다운 색깔―(「나의 가족」) *꿈은 교훈/청춘 물 구름/피로들이 몇 배의 아름다움을 加하여 있을 때도/나의 원천과 더불어/나의 최종점은 긍지/파도처럼 요동하여/소리가 없고/비처럼 퍼부어/젖지 않는 것(「긍지의 날」) *내가 내가 취하면/너도 너도 취하지/구름 구름 부풀듯이/기어오르는 파도가/제일 높은 砂岸에/닿으려고 싸우듯이/너도 나도 취하는/中庸의 술잔(「술과 어린 고양이」) *꽉 막히는 이것이 나의 생활의 자연의 시초요/바다와 별장과 용솟음치는 파도와 조니 워커와/조크와 미인과 페티 김과 애교와 豪談과/남자의 포부의 미련에 대한/편지는 못 쓰겠소(「美濃印札紙」)

파라다이스(영, paradise) 천상 또는 지상의 낙원. *전통은 아무리 더러운 전통이라도 좋다 나는 광화문/네거리에서 시구문의 진창을 연상하고 寅煥네/처갓집 옆의 지금은 매립한 개울에서 아낙네들이/양잿물 솥에 불을 지피며 빨래하던 시절을 생각하고/이 우울한 시대를 파라다이스처럼 생각한다(「거대한 뿌리」)

파리 파리목(目)의 곤충. 한 쌍의 앞날개와 관상(管狀)의 주둥이가 있음. 발육은 완전 변태. 더러운 곳에서 많이 생기며 전염병을 옮겨 해를 끼침. *多病한 나에게는/파리도 이미 어제의 파리는 아니다//이미 오래전에 일과를 전폐해야 할/文明이/오늘도 또 나를 이렇게 괴롭힌다[…]저 광막한 양지 쪽에 반짝거리는/파리의 소리 없는 소리처럼/나는 죽어가는 법을 알고 있는 사람이기 때문이리라(「파리와 더불어」) *시금치밭에 거름을 뿌려서 파리가 들끓고/이틀째 흐린 가을날은 무더웁기만 해(「장시2」)

파리통(―筒) 지난날, 파리를 잡는 데 쓰던 둥근 유리통. *비닐, 파리통,/그리고 또 무엇이던가?/아무튼 구질구레한 생활필수품/오주사기/2cc짜리 국산 슈빙지/그리고 또 무엇이던가?[…]그리고 또 하나 있는 것 같다/주요한 본론이 네 개는 있었다/비닐, 파리통, 도배지……?/주요한 본론이 4항목이 있는 것 같다/4항목 4항목 4항목……(면도날!)(「마케팅」)

파묻다 ①땅을 파고 그 속에 묻다. ②남이 모르게 깊이 감추어 버리다.
파묻는다 *나는 걸핏하면 개똥을 갖다 파묻는다/밭주인이 보면 질색을 할 노릇이지만/이 밭주인은 차밭 주인의 소작인이다(「반달」)

파묻었던 *그리하여 달아나오던 날 새벽에 파묻었던 총과 러시아 군복을 사흘을 걸려서 찾아내고 겨우 총살을 면하던 꿈같은 일을 생각한다(「조국에 돌아오신 傷病捕虜 동지들에게」)

파발(擺發) 조선 말기에, 공문을 급히 보내기 위하여 설치하였던 역참(驛站). *서울서/의 정부로/뚫린/국도에/눈 내리는 날에는/〈빽〉차도/지프차도/파발이 다 된/시골 버스도/맥을 못 추고/맴을 도는 판이니/답답하더라도/답답하더라도/요 시인/가만히 계시오(「눈」(1961))

파밭 파를 심은 밭. *삶은 계란의 껍질이/벗겨지듯/묵은 사랑이/벗겨질 때/붉은 파밭의 푸른 새싹을 보아라/얻는다는 것은 곧 잃는 것이다//먼지 앉은 석경 너머로/너의 그림자가/움직이듯/묵은 사랑이/움직일 때/붉은 파밭의 푸른 새싹을 보아라/얻는다는 것은 곧 잃는 것이다//새벽에 준 조로의 물이/대낮이 지나도록 마르지 않고/젖어 있듯이/묵은 사랑이/뉘우치는 마음의 한복판에/젖어있을 때/붉은 파밭의 푸른 새싹을 보아라/얻는다는 것은 곧 잃는 것이다(「파밭 가에서」)

파수병(把守兵) 파수 보는 병사. 보초(步哨). *나는 지금 산정에 있다―/시를 반역한 죄로/이 메마른 산정에서 오랫동안 꿈도 없이 바라보아야 할 구름/그리고 그 구름의 파수병인 나.(「구름의 파수병」)

파스깔(Blaise, Pascal) 1623~1662. 프랑스의 수학자. 물리학자. 철학자. 종교사상가. '파스칼의 정리'가 포함된 『원뿔곡선 시론』, '파스칼의 원리'가 들어있는 『유체의 평형』 등 수학·물리학에 대한 많은 글들을 발표하고 연구를 하였다. 또한 활발한 철학적·종교적 활동을 하였으며, 유고집 『팡세』가 있다. *나의 아들이 머리가 나빠서가 아니다/머리가 나쁜 것은 선생, 어머니, IQ다/그저께 나는 파스깔이 「머리가 나쁜 것은 나」라고 하는 말을 들었다(「우리들의 웃음」)

파씨 파의 종자. *잿님이 할아버지가 상추씨, 아욱씨, 근대씨를 뿌린 다음에/호박씨, 배추씨, 무씨를 또 뿌리고/호박씨, 배추씨를 뿌린 다음에/시금치씨, 파씨를 또 뿌리는/석양에

비쳐 눈부신/일년 열두 달 쉬는 법이 없는/걸찍한 강변밭 같기도 할 것이니(「가다오 나가다오」)

파우스트(Faust) 독일의 문호 괴테가 전생애를 바쳐서 쓴 희곡. 2부로 되어 있으며 전편(全篇) 1만 2111행의 대작이다. *저리 번쩍〈제니〉와 大師가/왔다갔다 앞뒤로 좌우로/왔다갔다 웃고 울고 왔다갔다/파우스트처럼 모든 상징이//상징이 된다(「원효대사」)

파이프(영, pipe) 살담배를 피우는 데 쓰는 서양식 곰방대 또는 궐련을 피우는 데 쓰는 서양식 물부리. *내가 피우고 있는 파이프/이건 2년이나 대학에서 떨어진 아우놈 거야(「伏中」)

파일오버(영, pile over) 첨모직(添毛織)으로 된 오버코트. *손에는 무거운 보따리를 들고/가다가다 기침을 하면서/집에는 差押을 해온 파일오버가 있는데도/배자 위에 얄따란 검정 오버를 입고/사흘 전에 술에 취해 흘린 가래침 자국―(「네 얼굴은」)

파자마(영, pajamas) ①약간 낙낙하게 지은, 위아래가 따로 된 잠옷. ②인도·페르시아 사람들이 입는 통 넓은 바지. *작품 제목임(「파자마 바람으로」) *파자마 바람으로 우는 아이를 데리러 나가서/노상에서 지서의 순경을 만났더니「아니 어디를 갔다 오슈?」/이렇게 돼서야 그만이지/어떻게든지 체면을 차려볼 궁리 좀 해야지//파자마 바람으로 닭모이를 주러 나가서/문지방 안에 석간이 떨어져 뒹굴고 있는데도/심부름하는 놈더러/?저것 좀 집어와라!? 호령 하나 못하니/이렇게 돼서야 그만이지/어떻게든지 체면을 차려볼 궁리 좀 해야지//파자마 바람으로 체면도 차리고 돈도 벌자고/하다하다못해 번역업을 했더니/권말에 붙어나오는 역자 약력에는/한사코 ××대학 중퇴가 ××대학 졸업으로 誤植이 돼 나오니/이렇게 돼서야 그만이지/어떻게든지 체면을 차려볼 궁리 좀 해야지//파자마 바람으로 주스를 마시면서/프레이저의 현대시론을 사전을 찾아가며 읽고 있으려니/여편네가 일본에서 온 새 잡지 안의/金素雲의 수필을 보라고 내던져준다/읽어보지 않으신 분은 읽어보시오/나의 프레이저의 책 속의 낱말이/송충

이처럼 꾸불텅거리면서 어찌나 지겨워 보이던지/이렇게 돼서야 그만이지/어떻게든지 체면을 차려볼 궁리 좀 해야지(「파자마 바람으로」)

파지다 파이다.
　파지어서 * 돌아가신 아버지의 사진에는/안경이 걸려있고/내가 떳떳이 내다볼 수 없는 현실처럼/그의 눈은 깊이 파지어서/그래도 그것은/돌아가신 그날의 푸른 눈은 아니오(「아버지의 사진」)

파출소(派出所) ①파견된 사람이 나가서 사무를 보는 곳. ②'경찰 파출소'의 준말. * 민주주의를 찾은 나라의 교육가들의 사무실에서/4·19 후의 경찰서에서 파출소에서/민중의 벗인 파출소에서/협잡을 하지 않고 뇌물을 받지 않는/관공리의 집에서/역이란 역에서/아아 그놈의 사진을 떼어 없애야 한다(「우선 그놈의 사진을 떼어서 밑씻개로 하자」)

파티(영, party) 사교나 친목 등을 목적으로 한 모임. * 四星將軍이 즐비한 거대한 파티 같은 풍성하고 너그러운 풍경을 바라보면서/나에게는 잔이 없다/투명하고 가벼웁고 쇠소리 나는 가벼운 잔이 없다(「네이팜 탄」) * 靜寂이/필요 없다/그 이유를/말할 필요도 없다/낚시질도/안 간다/假裝 파티에/가본 일도 없다/하물며/중립사상연구소에는/그림자도 비친 일이 없다(「이놈이 무엇이지?」) * 어제 국회의장 공관의 칵테일 파티에 참석한/천사 같은 여류작가의 냉철한 지성적인/눈동자는 거짓말이다/그 눈동자는 피를 흘리고 있지 않다(「이혼 취소」)

파편(破片) 깨어져 부서진 조각. * 오늘에 네가 전하는 자유의 마지막 파편에/스스로 겸손의 침묵을 지켜가며 울고 있는 것이다(「헬리콥터」) * 전쟁의 모든 파괴 속에서/불사조같이 살아난 너의 몸뚱아리—/우주의 파편같이/혹은 혜성같이 반짝이는/무수한 잔재 속에 담겨있는 또 이 무수한 몸뚱아리—들은/지금 무엇을 銳意 연마하고 있는가(「국립도서관」) * 너를 딛고 일어서면/생각하는 것은 먼 나라의 일이 아니다/나의 가슴속에 흐트러진 파편들일 것이다(「네이팜 탄」) * 황폐한 강변을/영혼보다도 더 새로운 해빙의 파편이/저 멀리/흐른다(「초봄의 뜰 안에」) * 작열할 지점을 향하여/지극히 정확한 각도로 날아가는/포탄/행복의 파편과 영광과 熱度로써/목적을 이루게 되기 전에//승패의 차이를 계산할 줄 아는/포탄의 이성이여(「조그마한 세상의 지혜」)

판 일이 벌어진 자리나 장면. * 시시한 라디오 소리라 더 시시한 것이/여기서는 판을 치니까 그렇게 됐는지 모른다/더 시시한 우리네 방송으로 만족하는 것이다(「라디오 계」) * 서울서/의정부로/뚫린/국도에/눈 내리는 날에는/〈빽〉차도/지프차도/파발이 다 된/시골 버스도/맥을 못 추고/맴을 도는 판이니/답답하더라도/답답하더라도/요 시인/가만히 계시오.(「눈」(1961))

판단(判斷) 전후 사정을 종합하여 사물에 대한 자기의 생각을 마음속으로 정함, 또는 그렇게 정한 내용. * 웃음은 자기 자신이 만드는 것이라면 그것은 얼마나 서러운 것일까/푸른 목/귀여운 눈동자/진정 나는 기계주의적 판단을 잊고 시들어갑니다(「웃음」) * 그는 재판관처럼 판단을 내리는 게 아니라 구제의 길이 없는 사물의 주위에 떨어지는 태양처럼 판단을 내린다—월트 휘트먼(「미스터 리에게」)

판대기(板臺一) 판때기. 널빤지. * 마지막에는 해저의 풀떨기같이 혹은 책상에 붙은 민민한 판대기처럼 무감각하게 될 생활이여(「구슬픈 육체」)

판문점(板門店) '널문리'라고도 함. 8·15광복 이전 행정구역으로는 경기도 장단군 진서면 어룡리이다. 서울에서 통일로를 따라 북으로 약 50km, 개성 동쪽 10km 지점으로 북위 37° 57' 20", 동경 126° 40' 40"에 있다. 6·25전쟁 전만 해도 지난날의 의주가도(義州街道)와 사천(砂川)내가 만나는 지점의 이름 없는 한촌(寒村)으로 초가집 몇 채뿐이었으나 1951년 10월 25일 이곳에서 휴전회담이 열리면서 세계 뉴스의 초점으로 떠올랐다. 1953년 7월 27일 휴전 협정이 이곳에서 조인되었고 그로부터 UN측과 북한측의 공동 경비 구역으로 결정되었다. 같은 해 8월부터 9월 초까지의 포로교환도 판문점을 통하여 이루어졌다. * 31일 오오 나의 판문점이여/벌판이여 암흑의 바보의/장막이여 이 돈은 원은 10월 말일이/기한이고/내 날짜로는 그것이 기한이고/38선의 날짜로

판장(板墻) '널판장'의 준말. ①널빤지. ②널빤지로 친 울타리. *도적이 우리집을 노리고 있다/닭장이 무너진 공터에 두른 판장을 뚫고/매일밤 저희집처럼 출입하고 있다(「도적」)

판테온(Pantheon) 118~128년경 하드리아누스 황제가 세운 로마 최대의 원개(圓蓋) 건축. 판테온의 명칭은 오늘날 국가적 영예가 있는 자에게 바쳐지는 건물이라는 뜻으로 사용되기도 한다. *이 몇 개의 판테온의 기둥 사이에/뒹굴고 있는 폐허의 돌조각들보다도/더 값없게 발길에 차이는 隣國의 음성(「라디오 계」)

팔 사람의 손목과 어깨 사이의 부분. *거역하라 거역하라……/가을이 오기 전에는/내 팔은 좀체로 제대로 길이를 갖지 못하고//그래도 햇빛을 가리킨다(「말복」) *네 머리는 네 팔은 네 현재는/먼지에 싸여 있다 구름에 싸여 있고/그늘에 싸여 있고 산에 싸여 있고/구멍에 싸여 있고(「먼지」) *견고한 것을 좋아하는 사람들이/팔을 고이고 앉아서 창을 내다보는/水煖爐는 문명의 廢物[…]공원이나 휴식이 필요한 사람들이/여름이면 그의 곁에 와서/곧잘 팔을 고이고 앉아 있으니까/그는 인간의 비극을 안다(「수난로」) *언어는 나의 가슴에 있다/나는 謀利輩들한테서/언어의 단련을 받는다/그들은 나의 팔을 지배하고 나의/밥을 지배하고 나의 욕심을 지배한다(「모리배」) *그의 사진은 이 맑고 넓은 아침에서/또 하나 나의 팔이 될 수 없는 비참이오(「아버지의 사진」)

팔다 ①돈을 받고 물건이나 노력이나 권리를 남에게 주다. ②돈을 주고 곡식을 사다.

파는 *우리 여편네는 들지 않은 백만 원짜리/계의 멤버로 인형을 만들어 파는 년이라나(「판문점의 감상」)

팔려고 *막걸리값으로 하려고/했는지 아침 쌀을 팔려고 했는지 아마/그 정도일 거라 그것을 그놈이 가져/가기 전에 우리가 발견했다(「도적」)

팥죽 팥을 삶아 으깨어 거른 물에 쌀을 넣고 쑨 죽. *아내는 집들이를 한다고/저녁 대신 뻘건 팥죽을 쑬 것이다(「이사」)

팽개치다 ①집어 던지다. ②싫증이 나거나 관심이 없어 내버려두다.

팽겨쳤다 *그 일꾼이 우리집 마당에다 그놈을 팽개/쳤다 그것을 그놈이 일이 끝나고 나서/가져갈 작정이었다(「도적」)

팽이 둥근 나무토막의 한쪽 끝을 뾰족하게 깎아, 채로 치거나 끈을 몸체에 감았다가 풀면서 돌리는 어린아이들의 장난감. *팽이가 돈다/어린아해이고 어른이고 살아가는 것이 신기로워/물끄러미 보고 있기를 좋아하는 나의 너무 큰 눈 앞에서/아해가 팽이를 돌린다/살림을 사는 아해들도 아름다움듯이/노는 아해도 아름다워 보인다고 생각하면서/손님으로 온 나는 이 집 주인과의 이야기도 잊어버리고/또 한번 팽이를 돌려주었으면 하고 원하는 것이다/도회 안에서 쫓겨다니는 듯이 사는/나의 일이며/어느 소설보다도 신기로운 나의 생활이며/모두 다 내던지고/점잖이 앉은 나의 나이와 나이가 준 나의 무게를 생각하면서/정말 속임 없는 눈으로/지금 팽이가 도는 것을 본다/그러면 팽이가 까맣게 변하여 서서 있는 것이다/누구 집을 가보아도 나 사는 곳보다는 여유가 있고/바쁘지도 않으니/마치 別世界같이 보인다/팽이가 돈다/팽이가 돈다/팽이 밑바닥에 끈을 돌려 매이니 이상하고/손가락 사이에 끈을 한끝 잡고 방바닥에 내어던지니/소리없이 회색빛으로 도는 것이/오래 보지 못한 달나라의 장난 같다/팽이가 돈다/팽이가 돌면서 나를 울린다/제트기 벽화 밑의 나보다 더 뚱뚱한 주인 앞에서/나는 결코 울어야 할 사람은 아니며/영원히 나 자신을 고쳐가야 할 운명과 사명에 놓여 있는 이 밤에/나는 한사코 방심조차 하여서는 아니 될 터인데/팽이가 나를 비웃는 듯이 돌고 있다/비행기 프로펠러보다는 팽이가 기억이 멀고/강한 것보다는 약한 것이 더 많은 나의 착한 마음이기에/팽이는 지금 수천 년 전의 聖人과 같이/내 앞에서 돈다/생각하면 서러운 것인데/너도 나도 스스로 도는 힘을 위하여/공통된 그 무엇을 위하여 울어서는 아니 된다는 듯이/서서 돌고 있는 것인가/팽이가 돈다/팽이가 돈다(「달나라의 장난」)

퍼붓다 비나 눈이 한꺼번에 억세게 쏟아지다.

퍼부어 *피로들이 몇 배의 아름다움을 加하여 있을 때도/나의 원천과 더불어/나의 최종점은 궁지/파도처럼 요동하여/소리가 없고/비처럼 퍼부어/젖지 않는 것(「긍지의 날」)

퍼붓는 * 나의 명예는 부서졌다/비 대신 황사가 퍼붓는 하늘 아래/누가 지어논 무덤이냐/그러나 그 속에서 부패하고 있는 것(「PLASTER」)

퍼지다 ①끝 부분이 넓거나 굵게 벌어지다. ②널리 미치다. ③많이 생겨나서 번성하다.

퍼져 * 심연은 나의 붓끝에서 퍼져가고/나는 멀리 세계의 노예들을 바라본다/塵芥와 분노를 꽃으로 마구 바꿀 수 있는 나날(「꽃」)

퍼진 * 벽 뒤로 퍼진 원근 속에/밤이/가벼웁게 개울을 갖고//개울은 달빛으로 얼음 위에/얼음을 놓았는데(「凍夜」)

펄펄 눈이나 깃발 따위가 바람에 세차게 날리거나 나부끼는 모양. * 요 시인/이제 저항시는/방해로소이다/이제 영원히/저항시는/방해로소이다/저 펄 펄/내리는/눈송이를 보시오(「눈」(1961))

펌프(영, pump) ①압력 작용으로 액체나 기체를 관을 통하여 자아올리거나 이동시키는 기계를 통틀어 이르는 말. ②양수기(揚水機). * 버스가 편편하고/시원하고/하수도가 편편하고/시원하고/펌프의 물이 시원하게 쏟아져 나온다고/어머니가 감탄하니 과연 시원하고(「檄文」)

페인트빛(paint—) 페인트의 빛깔이나 색상. * 모두 다 마음에 들지 않아라/이 황혼도 저 돌벽 아래 잡초도/담장의 푸른 페인트빛도/저 고요함도 이 고요함도(「死靈」)

페티김(Patti金) 1938~. 한국의 여가수. 패티김. 본명은 김혜자(金惠子)로 패티 페이지(Page, Patti)를 좋아해 이름을 패티로 하였다. 미군 무대를 통해 데뷔하여 해외 무대에 서기도 하였으며, 여러 번안곡을 불러 인기를 모았다. * 바다와 별장과

페티김

용솟음치는 파도와 조니 워커와/조크와 미인과 페티 김과 애교와 豪談/남자의 포부의 미련에 대한/편지는 못 쓰겠소(「美濃印札紙」)

페티코트(영, petticoat) 여자 속옷의 한 가지. 스커트의 모양을 다듬기 위해 허리 아래에 받쳐 입는 속치마. * 서푼어치 값도 안 되는 미·소인은/초콜릿, 커피, 페티코트, 군복, 수류탄/따발총……을 가지고/적막이 오듯이/적막이 오듯이/소리없이 가다오 나가다오(「가다오 나가다오」)

펜(영, pen) 잉크 따위를 찍어서 글씨를 쓰거나 그림을 그리거나 하는 필기구의 한 가지. 펜촉과 펜대로 이루어짐. * 혁명은 안 되고 나는 방만 바꾸어버렸다/나는 인제 녹슬은 펜과 뼈와 광기—/실망의 가벼움을 재산으로 삼을 줄 안다(「그 방을 생각하며」)

펴다 ①개킨 것을 젖히거나 벌려 놓다. 깔다. ②굽은 것을 곧게 하다. ③덮였거나 접힌 것을 벌리다. ④오므리거나 오므라든 것을 벌리다. ⑤구김살이나 주름살을 반반하게 하다. ⑥꾸리거나 싼 것을 풀다. 헤치다. ⑦마음이나 감정 따위를 얽매임 없이 자유롭게 가지거나 드러내다. ⑧힘이나 세력(勢力) 따위가 미치는 범위를 넓히다. ⑨세상에 널리 알리거나 두루 베풀다. ⑩어떤 일이나 조직 따위를 벌이거나 늘이다.

펴 * 옛날 추억이 들은 그러나 일년 내내 한번도 펴본 일이 없는/죽은 기억의 휴지/아무것도 집어넣어본 일이 없는 왼쪽 안호주머니(「후란넬 저고리」)

펴고 * 사실은 벌써 滅하여 있을 너의 꽃잎 위에/이중의 봉오리를 맺고 날개를 펴고/죽음 위에 죽음 위에 죽음을 거듭하리/구라중화(「九羅重花」) * 벽 위에 걸어놓은 지도가/한없이 푸르다/이 푸른 바다와 산과 들 위에/화려한 태양이 날개를 펴고 걸어가는 것이다(「거리1」) * 돈을 버는 거리의 부인이여/잠시 눈살을 펴고/눈에서는 독기를 빼고/자유로운 자세를 취하여 보아라[…]그녀, 마지막으로/돈을 버는 거리의 부인이여/잠시 눈살을 펴고/찌그러진 입술을 펴라(「거리2」) * 음악을 들으면 차밭의 앞뒤 시간이/가시처럼 생각된다/나비 날개처럼 된 차잎은 아침이면/날개를 펴고 저녁이면 체조라도 하듯이/일제히 쉰다(「반달」) * 증오가 가고 이슬이 번쩍이고/음악이 오고 변화의 시작이 오고/변화의 끝이 가고 땅 위를 걷고 있는/발자국소리가 가슴을 펴고 웃고(「먼지」)

펴라 *신문을 펴라//이가 걸어나온다/행렬처럼/어제의 물처럼/걸어온다(「이[蝨]」) *누구의 것도 아닌 꽃들/너는 늬가 먹고사는 물의 것도 아니며/나의 것도 아니고 누구의 것도 아니기에/지금 마음 놓고 고즈넉이 날개를 펴라[⋯]물도 아니며 꽃도 아닌 꽃일지나/너의 숨어 있는 인내와 용기를 다하여 날개를 펴라(「九羅重花」) *그네, 마지막으로/돈을 버는 거리의 부인이여/잠시 눈살을 펴고/찌그러진 입술을 펴라(「거리2」)

펴며 *물이 아닌 꽃/물같이 엷은 날개를 펴며/너의 무게를 안고 날아가려는 듯(「九羅重花」)

편(便) 사물을 여러 경우로 나누어 생각할 때의 한쪽. *한 달에 12, 3만 환이 소리 없이 들어가고/알은 하루 60개밖에 안 나오니/묵은 닭까지 합한 닭모이값//일주일에 6일을 먹고/사람은 하루를 먹는 편이다(「만용에게」)

편력(遍歷) ①널리 각지를 돌아다님. 편답(遍踏). ②여러 가지 경험을 함. *그의 사진은 이 맑고 넓은 아침에서/또 하나 나의 팔이 될 수 없는 비참이오/행길에 얼어붙은 유리창들같이/시계의 열두시같이/재차는 다시 보지 않을 편력의 역사……(「아버지의 사진」)

편리하다(便利—) 어떤 일을 하는 데 편하고 이용하기 쉽다.
  편리해서 *너도 나도 누나도 언니도 어머니도/철수도 용식이도 미스터 강도 유중사도/강중령도 그놈의 속을 모르는 바는 아니었지만/무서워서 편리해서 살기 위해서/빨갱이라고 할까 보아 무서워서/돈을 벌기 위해서는 편리해서/가련한 목숨을 이어가기 위해서(「우선 그놈의 사진을 떼어서 밑씻개로 하자」)

편지(便紙·片紙) 상대편에게 전하고 싶은 일 등을 적어 보내는 글. 서간. 서신. 서찰. 서한. *그러다가 스코틀랜드의 에딘버러 대학에 다니는/나이 어린 친구한테서 편지를 받았지/그 편지 안에 적힌 블레이크의 시를 감동을 하고/읽었지(「이혼 취소」) *우리 동네엔 미대사관에서 쓰는 타이프 용지가 없다우/편지를 쓰려고 그걸 사오라니까 밀용인찰지를 사왔드라우[⋯]이것이 편지를 쓰다 만 내력이오―꽉 막히는구려[⋯]바다와 별장과 용솟음치는 파도와 조니 워커와/조크와 미인과 페티 김과 애교와 豪談과/남자의 포부의 미련에 대한/편지는 못 쓰겠소 매부 돌아오는 길에/차창에서 내다본 중앙선의 복선공사에 동원된/갈대보다도 더 약한 소년들과 부녀자들의/노동의 慘景에 대한 편지도 못 쓰겠소 매부//이 인찰지와 이 봉투지로는 편지는 못 쓰겠소/더위도 가시고 오늘은 하루종일 일도/안하고 있지만 밀용인찰지의 나의 생활을/당신한테 보일 수는 없소 이제는/편지를 안해도 한 거나 다름없고 나는/조금도 미안하지 않소(「美濃印札紙」)

편지봉투(便紙封套) 편지나 서류 따위를 넣기 위하여 종이 따위로 만든 주머니. *어서 또 일을 해요 변화는 끝났소/편지봉투모양으로 누렇게 결은/시간과 땅/수레를 털털거리게 하는 욕심의 돌/기름을 주라/어서 기름을 주라(「시」(1961))

편지지(片紙紙) 편지를 쓰는 종이. *편지지뿐만 아니라 봉투도 마찬가지지 밀용지 넉 장에/봉투 두 장을 4원에 사가지고 왔으니 알지 않겠소(「美濃印札紙」)

편집광(偏執狂) 어떤 일에 집착하여 상식 밖의 짓을 태연히 하는 정신병자. *또 내가 〈시시한〉 발견의 편집광이라는 것도 안다/중요한 것은 야밤이다(「이 한국문학사」)

편편하다(翩翩—) 널찍하고 납작하다.
  편편하고 *농부의 몸차림으로 갈아입고/석경을 보니/땅이 편편하고/집이 편편하고/하늘이 편편하고/물이 편편하고/앉아도 편편하고/서도 편편하고/누워도 편편하고/도회와 시골이 편편하고/시골과 도회가 편편하고/신문이 편편하고/시원하고/버스가 편편하고/시원하고/하수도가 편편하고/시원하고/펌프의 물이 시원하게 쏟아져 나온다고/어머니가 감탄하니 과연 시원하고(「檄文」)

펼치다 넓게 펴다. 활짝 펴서 드러나게 하다.
  펼쳐 *그 罪過를 그 방대한 21개국의 지도를/그대는 선물로 나에게 펼쳐 보이지만/그대가 준 손수건의 암시처럼/불길한 눈물을 흘리게 했지만(「세계일주」)

평면(平面) ①평평한 표면. ②면 위의 어떤 두 점을 잡아도 이를 잇는 직선이 그 면 위에 놓이게 되는 면. *입을 다문 채/흰 실에 매어달려 있는 여주알의 곰보/창문 앞에/안치해 놓은 당호박/평면을 사랑하는/코스모스/역시 평면을 사랑하는/킴 노박의 사진과/국내 소설책들……(「누이의 방」)

평범하다(平凡―) 뛰어나거나 색다른 점이 없이 보통이다.
　평범하게 뛰어나거나 색다른 점이 없이 보통이 되게. ＊명령하고 결의하고/〈평범하게 되려는 일〉가운데에/해초처럼 움직이는/바람에 나부껴서 밤을 모르고/언제나 새벽만을 향하고 있는/투명한 움직임의 비애를 알고 있느냐(「비」)
　평범한 ＊물이 흘러가는 달이 솟아나는/평범한 대자연의 법칙을 본받아/어리석을 만치 소박하게 성취한/우리들의 혁명을/배암에게 쐐기에게 쥐에게 살쾡이에게(「기도」) ＊누구한테 머리를 숙일까/사람이 아닌 평범한 것에/많이는 아니고 조금/벼를 터는 마당에서 바람도 안 부는데/옥수수잎이 흔들리듯 그렇게 조금(「꽃잎1」)

평안도(平安道) 전국을 8도로 구획하였던 평안남・북도 일원의 조선시대 행정구역명. 1896년 13도제로 개편함에 따라 청천강(淸川江)을 경계로 평안남도와 평안북도로 나누었다. 관서지방(關西地方)에 속하며 일찍부터 역사의 중심지였던 곳이다. ＊무식한 사랑이 여기 있구나/무식한 여자가 여기 있구나/평안도 기생이 여기 있구나/…]이것이 사랑의 뒤치다꺼리인가 보다/평안도 사랑의 덤인가 보다(「滿洲의 여자」)

평양(平壤) 한반도 서북부에 있는 북한의 특별시. 가장 오래된 도시의 하나이며, 북부지방 제일의 도시로서 대동강과 서쪽을 흐르는 보통강 사이에 낀 좁고 긴 구릉지대의 비탈면에 성을 쌓음으로써 그 경승(景勝)과 함께 요충지임을 자랑하였다. ＊그리고 나는 평양을 넘어서 남으로 오다가 포로가 되었지만/내가 만일 포로가 아니 되고 그대로 거기서 죽어버렸어도(「조국에 돌아오신 傷病捕虜 동지들에게」) ＊만주에서 해방을 겪고/평양에 있다가 인천에 와서/6・25 때에 남편을 잃고 큰아이는 죽고/남은 계집애 둘을 데리고/재전락한 여자가 여기 있구나(「滿洲의 여자」)

평화(平和) ①평온하고 화목(和睦)함. ②전쟁이 없이 세상이 평온함. ＊평화와 조화를 원하는 것이/아닌 현실의 選手/백화가 만발한 언덕 저편에/부처의 心思 같은 굴뚝이 허옇고/그 위에서 내뿜는 연기는/얼핏 생각하면 우습기도 하다(「연기」) ＊햇빛에는 겨울보리에 싹이 트고/강아지는 낑낑거리고/골짜기들은 평화롭지 않으냐―/평화의 의지를 말하고 있지 않으냐//울고 간 새와/울러 올 새의/적막 사이에서(「冬麥」) ＊여기에 있는 것은 중용이 아니라/踏步다 죽은 평화다 懶惰다 무위다(「중용에 대하여」)

평화롭다(平和―) 평화스러운 느낌이 있다.
　평화롭지 ＊햇빛에는 겨울보리에 싹이 트고/강아지는 낑낑거리고/골짜기들은 평화롭지 않으냐―/평화의 의지를 말하고 있지 않으냐//울고 간 새와/울러 올 새의/적막 사이에서(「冬麥」)

폐물(廢物) 못 쓰게 된 물건. ＊견고한 것을 좋아하는 사람들이/팔을 고이고 앉아서 창을 내다보는/水煖爐는 문명의 廢物(「수난로」)

폐허(廢墟) 파괴당하여 황폐하게 된 터. ＊곡은 무용곡―모든 음악은 무용곡이다/오오 폐허의 질서여 수치의 凱歌여/차나무 냄새여 어둠이여 소녀여/휴식의 휴식이여(「반달」) ＊한 줄 건너 두 줄 건너 또 내릴까//폐허에 폐허에 눈이 내릴까(「눈」(1966)) ＊이 몇 개의 판테온의 기둥 사이에/뒹굴고 있는 폐허의 돌조각들보다도/더 값없게 발길에 차이는 隣國의 음성(「라디오 계」)

포기하다(抛棄―) ①하던 일을 중간에 그만두어 버리다. ②자기의 권리나 자격을 내버려 쓰지 않다.
　포기하고 ＊내 찻값까지 합해서 백 원을 치르고 나가는/그의 표정을 보고/나는 그가 필시 속으로는 나를 포기하고/있다는 것을 알았어(「H」)

포로(捕虜) ①전투에서 적에게 사로잡힌 군인. ②어떤 사물이나 사람에게 정신이 팔리거나 매여서 꼼짝 못하는 상태. ＊「자유가 항상 싸늘한 것이라면 나는 당신과 더 이야기하지 않겠어요/그러나 이것은 살아 있는 포로의 애원이 아니라/이미 대한민국의 하늘을 가슴으로 등으로 쓸고 나가는/저 조그만 비행기같이 연기도 여운도 없이 살아진 몇몇 포로들의 영령이/너무나 알기 쉬운 말로 아무도 듣지 못하게 당신의 뺨에다 대고 비로소 시작하는 귓속이야기지요」[…]「포로의 반공전선을 위하여는/이것보다 더 장황한 전제가 필요하였습니다/나는 그들의 용감성과 또 그들의 어마어마한 戰果에 대하여 말하는 것이 아니라/그들이 싸워온 독특한 위치와 세계사적 가치를 말하는 것입니다」[…]내가 포로수용소에서 나온 것은/포로로서 나온 것이 아니라/민간 억류인으로서 나라에 충성을 다하기 위하여 나온 것이라고/그랬더니 그 친구가 빨리 38선을 향하여 가서/이북에 억류되고 있는 대한민국과 UN군의 포로들을 구하여내기 위하여/새로운 싸움을 하라고 합니다…]그리고 나는 평양을 넘어서 남으로 오다가 포로가 되었지만/내가 만일 포로가 아니 되고 그대로 거기서 죽어버렸어도/아마 나의 영혼은 부지런히 일어나서 고생하고 돌아오는/대한민국 상병포로와 UN 상병포로들에게 한마디 말을 하였을 것이다/「수고하였습니다」//「돌아오신 여러분! 아프신 몸에 얼마나 수고하셨습니까!/우리는 UN군에 포로가 되어 너무 좋아서 가시철망을 뛰어나오려고 애를 쓰다가 못 뛰어나오고/여러 동지들은 기막힌 쓰라림에 못 이겨 못 뛰어나오고」(「조국에 돌아오신 傷病捕虜 동지들에게」) *여자의 본성은 에고이스트/뱀과 같은 에고이스트/그러니까 뱀은 선천적인 포로인지도 모른다/그런 의미에서 나는 속죄에 축복을 드렸다(「여자」)

포로경찰(捕虜警察) 포로를 감시하는 경찰. *부산에 포로수용소의 제14야전병원에 있을 때/정보원이 너스들과 스펀지를 만들고 거즈를/개키고 있는 나를 보고 포로경찰이 되지 않는다고/남자가 뭐 이런 일을 하고 있느냐고 놀린 일이 있었다(「어느 날 고궁을 나오면서」)

포로수용소(捕虜收容所) 포로를 유치하여 거주시키는 시설. *가족과 애인과 그리고 또 하나 부실한 처를 버리고/포로수용소로 오려고 집을 버리고 나온 것이 아니라/포로수용소보다 더 어두운 곳이라 할지라도/자유가 살고 있는 영원한 길을 찾아/나와 나의 벗이 안심하고 살 수 있는/현대의 천당을 찾아 나온 것이다//나는 원래가 약게 살 줄 모르는 사람이다/진실을 찾기 위하여 진실을 잊어버려야 하는/내일의 역설 모양으로/나는 자유를 찾아서 포로수용소에 온 것이고/자유를 찾기 위하여 有刺鐵網을 탈출하려는 어리석은 동물이 되고 말았다[…]「나는 이것을 자유라고 부릅니다/그리하여 나는 자유를 위하여 출발하고 포로수용소에서 끝을 맺은 나의 생명과 진실에 대하여/아무 뉘우침도 남기려 하지 않습니다」[…]정말 내가 포로수용소를 탈출하여 나오려고/무수한 동물적 企圖를 한 것은/이것이 거짓말이라면 용서하여 주시오/포로수용소가 너무나 자유의 천당이었기 때문이다/노파심으로 만일을 염려하여 말해 두는 건데/이것은 寸豪의 諷刺味도 역설도 불쌍한 발악도 청년다운 광기도 섞여 있는 말이 아닐 것이다//여러분! 내가 쓰고 있는 것이 시가 아니겠습니까./일전에 어떤 친구를 만났더니 날더러 다시 포로수용소에 들어가고 싶은 생각이 없느냐고/정색을 하고 물어봅니다/나는 대답하였습니다/내가 포로수용소에서 나온 것은/포로로서 나온 것이 아니라/민간 억류인으로서 나라에 충성을 다하기 위하여 나온 것이라고/그랬더니 그 친구가 빨리 38선을 향하여 가서/이북에 억류되고 있는 대한민국과 UN군의 포로들을 구하여내기 위하여/새로운 싸움을 하라고 합니다(「조국에 돌아오신 傷病捕虜 동지들에게」) *여자란 집중된 동물이다/그 이마의 힘줄같이 나에게 설움을 가르쳐준다/전란도 서러웠지만/포로수용소 안은 더 서러웠고/그 안의 여자들은 더 서러웠다(「여자」) *부산에 포로수용소의 제14야전병원에 있을 때/정보원이 너스들과 스펀지를 만들고 거즈를/개키고 있는 나를 보고 포로경찰이 되지 않는다고/남자가 뭐 이런 일을 하고 있느냐고 놀린 일이 있었다(「어느 날 고궁을 나오면서」)

포부(抱負) 마음속에 지닌, 앞날에 대한 생각이나 계획 또는 희망. *너의 회의는/나라 안에서 당한 모든 것이/나라 밖에서 당한 모든 것이/반드시 정말이 아니라는 것을 알았고/너의 어린 포부는/불가능의 한계를 두드려보기 시작했다(「65년의 새해」) *꽉 막히는 이것이

나의 생활의 자연의 시초요/바다와 별장과 용솟음치는 파도와 조니 워커와/조크와 미인과 페티 김과 애교와 豪談과/남자의 포부의 미련에 대한/편지는 못 쓰겠소(「美濃印札紙」)

포즈(영, pose) ①회화나 조각 따위에 표현된 인물의 자태 또는 배우·모델이 표현하는 자세나 몸짓. ②의식적으로 그럴듯하게 가지는 몸의 자세. *술이 거나해서 아무리 졸려도/의젓한 포즈는/의젓한 포즈는 취하고 있는 이유,/모르지?/모르지?(「모르지?」)

포탄(砲彈) 대포의 탄환. *조그마한 세상의 지혜를 배운다는 것은/설운 일이다//그것은 내일이 되면 포탄이 되어서/휘황하게 날아가야 할 지혜이기 때문이다//원한이 솟는 가슴 속에서 발사되는/포탄은 어두운 하늘을 날아간다/빛이 없는 둥근 하늘에서는/검은 포탄의 꾸부러진 哭聲이/정신의 주변보다 더 간지러웁고/계곡을 스쳐서 돌아가는/악마의 眼膜 같은/강물을 향하여/그가 어떠한 은근한 인사를 하였는지/아무도 모르는 일이다/작열할 지점을 향하여/지극히 정확한 각도로 날아가는/포탄이/행복의 파편과 영광과 熱度로써/목적을 이루게 되기 전에//승패의 차이를 계산할 줄 아는/포탄의 이성이여//「너의 自決과 같은 맹렬한 자유가/여기 있다」(「조그마한 세상의 지혜」)

포플러나무(poplar—) ①버드나뭇과의 낙엽 교목. 분류학상으로는 사시나무속(屬)에 딸린 식물을 통틀어 이르는 말. ②'미루나무'를 흔히 이르는 말. *혼미하는 아내며/날이 갈수록 간격이 생기는 골육들이며/새가 아직 모여들 시간이 못 된 늙은 포플러나무며/소리 없이 나를 괴롭히는/그들은 신의 고문인가(「장시2」)

폭[1] ①가정(假定)이나 형편을 나타내는 '셈'의 뜻으로 쓰이는 말. ②분량이나 비교를 나타내는 '정도'의 뜻으로 쓰이는 말. *그러니까 그가 나보다도 아직까지는 더 순수한 폭도 되고/우리는 월남의 중립 문제니 새로 생긴다는 혁신정당 얘기를/하고 있었지만/아아 비겁한 민주주의여 안심하라(「H」) *당신의 잡지의 8월호에 내주신다면,/특종이니깐요, 극단도 좋고, 당신네도/좋고, 번역하는 사람도 좋고, 나도 좋은/일을 하는 폭이 되지요.(「전화 이야기」)

폭(幅)[2] 가로의 길이. 가로나비. 너비. *번개와 같이 떨어지는 물방울은/취할 순간조차 마음에 주지 않고/懶惰와 안정을 뒤집어놓은 듯이/높이도 폭도 없이//떨어진다(「瀑布」)

폭격기(爆擊機) 적의 진지나 시설을 폭격하는 것을 임무로 하는 군용 비행기. *나는 어찌나 좋았던지 목욕을 하러 갔지/개구리란 놈이 추락하는 폭격기처럼/사람을 놀랜다(「伏中」)

폭력(暴力) ①난폭한 힘. ②육체적 손상을 가져오고, 정신적·심리적 압박을 주는 물리적 강제력. *담배마저 안 피우는/날이 올지도 모른다/그때에는/성급해지면 아무 데나 재를 떠는/이 우주의 폭력마저/없어질지도 모른다(「이놈이 무엇이지?」)

폭정(暴政) 포악한 정치. *책방에서 학교에서 전국의 국민학교란 국민학교에서 유치원에서/선량한 백성들이 하늘같이 모시고/아침 저녁으로 우러러보던 그 사진은/사실은 억압과 폭정의 방패였느니/썩은 놈의 사진이었느니/아아 살인자의 사진이었느니(「우선 그놈의 사진을 떼어서 밑씻개로 하자」)

폭포(瀑布) '폭포수'의 준말. 낭떠러지에서 곧장 쏟아져 내리는 물. *폭포는 곧은 절벽을 무서운 기색도 없이 떨어진다[…]금잔화도 인가도 보이지 않는 밤이 되면/폭포는 곧은 소리를 내며 떨어진다(「瀑布」)

폭풍(暴風) 몹시 세차게 부는 바람. *자연을 보지 않고 자연을 사랑하라/목가가 여기 있다고 외쳐라/폭풍의 목가가 여기 있다고 외쳐라(「가옥 찬가」) *복사씨와 살구씨와 곶감씨의 아름다운 단단함이여/고요함과 사랑이 이루어놓은 폭풍의 간악한/신념이여/봄베이도 뉴욕도 서울도 마찬가지다(「사랑의 변주곡」)

폭풍경보(暴風警報) 기상 경보의 한 가지. 폭풍·폭풍우·폭풍설 등의 우려가 있음을 미리 알리는 경보로서, 평균 풍속 초당 20m(해상에서는 25m) 이상일 때에 냄. *夕刊에 폭풍경보를 보고/배를 타고 가는 사람을/습관에서가 아니라 염려하고/3년 전에 심은 버드나무의 악마 같은/그림자가 뿜는 아우성소리를 들으며//집과 문명을 새삼스럽게/즐거워하고 또 비판한다(「가옥 찬가」)

폴리호(一號) 태풍 이름. *폴리號 태풍이 일기 시작하는 여름밤에/아내가 마루에서 거미를 잡고 있는/꼴이 우습다(「거미잡이」)

표독하다(慓毒―) 성질이 사납고 독살스럽다.
표독한 *내일 조간분 사회면의 표독한 타이틀이 될 것이라고 해서/네가 이 두 시간의 중간 위에 서있는 것이라고 해서/어려운 휴식/참으로 어려운/얻기 어려운 휴식(「기자의 정열」)

표면(表面) 거죽으로 드러난 면. 겉. 겉면. *하기는 현실이 고귀한 것이 아니라/영사판을 받치고 있는 주야를 가리지 않는 어둠이/표면에 비치는 현실보다 한치쯤은 더/소중하고 신성하기도 한 것인지 모르지만(「영사판」) *시간의 표면에/물방울을 풍기어 가며/오늘을 울지 않으려고/너를 잊고 살아야 하는 까닭에/로날드 골맨의 신작품을/눈여겨 살펴보며/피우기 싫은 담배를 피워본다[…]배반이여 모험이여 간악이여/간지러운 육체여/표면에 살아라/뮤즈여/너의 복부를랑 하늘을 바라보게 하고—(「바뀌어진 지평선」)

표범(豹―) 고양잇과의 동물. 몸 길이 1.4~1.6m. 몸빛은 엷은 황갈색 바탕에 검은 얼룩점이 온몸에 빽빽하다. 네 다리는 짧고 몸통과 꼬리가 길다. 날쌔고 사나우며 나무에 잘 오름. 숲이나 덤불·사바나 등에 산다. *물이 흘러가는 달이 솟아나는/평범한 대자연의 법칙을 본받아/어리석을 만치 소박하게 성취한/우리들의 혁명을/배암에게 쐐기에게 쥐에게 살쾡이에게/진드기에게 악어에게 표범에게 승냥이에게/늑대에게 고슴도치에게 여우에게 수리에게 빈대에게[…]이번에는 우리가 악어가 되고 표범이 되고 승냥이가 되고 늑대가 되더라도/이번에는 우리가 고슴도치가 되고 여우가 되고 수리가 되고 빈대가 되더라도(「기도」)

표시(表示·標示) ①겉으로 드러내어 보임. ②남에게 알리려고 드러내어 발표함. *惰眠의 축적으로 우리 몸은 자라고/그래도 행동이 마지막 의미를 갖고/네가 씹는 음식에 내가 증오하지 않음이/내가 겨우 살아있는 표시라(「먼지」)

표식(標識) 표시나 특징으로 어떤 사물을 다른 것과 구별하게 함 또는 그 표시나 특징. *마룻바닥에 깐 비닐 장판에 구공탄을 떨어뜨려/탄 자국, 내 구두에 묻은 흙, 변두리의 진흙,/그런 가슴의 죽음의 표식만을 지켜온,/밑바닥만을 보아온, 빈곤에 마비된 눈에/하늘을 가리켜주는 잡지/VOGUE야(「VOGUE야」)

표정(表情) 마음속의 감정이나 정서 따위의 심리 상태가 얼굴에 나타남. *지프차를 타고 가는 어느 젊은 사람이/유쾌한 표정으로 활발하게 길을 건너가는 나에게/인사를 한다(「거리2」) *억만의 소리가 비 오듯 내리는 여름 뜰을 보면서/합리와 비합리와의 사이에 묵연히 앉아 있는/나의 표정에는 무엇인지 우스웁고 간지럽고 서먹하고 쓰디쓴 것마저 섞여 있다(「여름 뜰」) *그가 나를 진심으로 꾸짖지 않았다는 것을 나는 그의 은근하고 매혹적인 표정에서 능히 감득할 수 있었다(「백의」) *우리는 조금도 흥분하지 않았고/그는 그전처럼 욕도 하지 않았고/내 찻값까지합해서 백 원을 치르고 나가는/그의 표정을 보고/나는 그가 필시 속으로는 나를 포기하고/있다는 것을 알았어(「H」)

표준(標準) ①사물의 정도를 정하는 기준이나 목표. ②다른 것의 규범이 되는 준칙이나 규격. *아아 새까맣게 손때 묻은 육법전서가/표준이 되는 한/나의 손등에 장을 지져라/4·26 혁명은 혁명이 될 수 없다/차라리/혁명이란 말을 걷어치워라(「육법전서와 혁명」) *돈의 꿈이 길어지고 짧아지고 타락의/길이도 표준이 없어지고 먼지가 다시 생기고/갱이 생기고 그늘이 생기고 돌이 쇠가/구리가 먼지가 생기고(「먼지」)

표준어(標準語) 교육적·문화적인 편의를 위하여 한 나라의 표준이 되게 정한 말. 우리나라에서는, 교양 있는 사람들이 두루 쓰는 현대 서울말로 정함을 원칙으로 하고 있음. 표준말. *함경도 친구와 경상도 친구가 외국인처럼 생각돼서/술집에서 반드시 표준어만 쓰는 이유,/모르지?(「모르지?」)

표피(表皮) ①식물체 각부의 표면을 덮은 세포층. 겉껍질. ②상피 조직의 한 가지. 동물체의 피부 표면을 이루는 조직. *너의 표피의 원활과 각도에 이기지 못하고 미끄러지는 나의 발을/나는 미워한다/방향은 애정—(「네이팜 탄」)

푸다닥거리다 새 따위가 요란한 날개짓 소리를 내다.

푸다닥거리고 *너무 조용한 것도 병이다/너무 생각하는 것도 병이다/그것이 실개울의 물소리든/꿩이 푸다닥거리고 날아가는 소리든/하도 심심해서 정찰을 나온 꿀벌의 소리든/무슨 소리는 있어야겠다(「伏中」)

푸르다 ①맑은 하늘의 빛깔과 같다. ②풀의 빛깔과 같다. ③(서슬이) 엄하고 당당하다. *벽 위에 걸어놓은 지도가/한없이 푸르다/이 푸른 바다와 산과 들 위에/화려한 태양이 날개를 펴고 걸어가는 것이다(「거리1」)

푸르고 *꽃이 피어나는 순간/푸르고 연하고 길기만 한 가지와 줄기의 내면은/완전한 공허를 끝마치고 있었던 것이다(「꽃2」) *시냇물소리 푸르고 희고 잔잔한 물소리/숲과 숲 사이의 하늘을 향해서/우는 매미/흙빛 매미여/달팽이는 닭이 먹고/구데기 바람에 우는 소리 나면(「말복」)

푸른 *이 방에서 저 방으로 할머니가 계신 방에서/심부름하는 놈이 있는 방까지 죽음 같은/암흑 속을 고양이의 반짝거리는 푸른 눈망울처럼/사랑이 이어져가는 밤을 안다(「사랑의 변주곡」) *벽 위에 걸어놓은 지도가/한없이 푸르다/이 푸른 바다와 산과 들 위에/화려한 태양이 날개를 펴고 걸어가는 것이다(「거리1」) *웃음은 자기 자신이 만드는 것이라면 그것은 얼마나 서러운 것일까/푸른 목/귀여운 눈동자/진정 나는 기계주의적 판단을 잊고 시들어갑니다.(「웃음」) *돌아가신 아버지의 사진에는/안경이 걸려있고/내가 떳떳이 내다볼 수 없는 현실처럼/그의 눈은 깊이 파지어서/그래도 그것은/돌아가신 그날의 푸른 눈은 아니오(「아버지의 사진」) *흐르는 시간 속에 이를테면 푸른 옷이 걸리고 그 위에/반짝이는 별같이 흰 단추가 달려있고(「방안에서 익어가는 설움」) *모두 다 마음에 들지 않아라/이 황혼도 저 돌벽 아래 잡초도/담장의 푸른 페인트빛도/저 고요함도 이 고요함도(「死靈」) *삶은 계란의 껍질이/벗겨지듯/묵은 사랑이/벗겨질 때/붉은 파밭의 푸른 새싹을 보아라/얻는다는 것은 곧 잃는 것이다//먼지 앉은 석경 너머로/너의 그림자가/움직이듯/묵은 사랑이/움직일 때/붉은 파밭의 푸른 새싹을 보아라/얻는다는 것은 곧 잃는 것이다//새벽에 준 조로의 물이/대낮이 지나도록 마르지 않고/젖어 있듯이/묵은 사랑이/뉘우치는 마음의 한복판에/젖어있을 때/붉은 파밭의 푸른 새싹을 보아라/얻는다는 것은 곧 잃는 것이다(「파밭 가에서」) *피로는 도회뿐만 아니라 시골에도 있다/푸른 연못을 넘쳐흐르는 장마통의/싸리꽃 핀 벌판에서/나는 왜 이다지도 피로에 집착하고 있는가(「싸리꽃 핀 벌판」) *푸른 하늘을 제압하는/노고지리가 자유로웠다고/부러워하던/어느 시인의 말은 수정되어야 한다(「푸른 하늘을」) *그가 나갔을 때/洋盤 반주곡이 감상적이었다는 것이 아니라/더욱이나 푸른 창가에/황혼이 걸터앉아 있었다는 것이/더욱이나 아니라(「황혼」) *어서 또 일을 해요 변화는 끝났소/편지봉투모양으로 누렇게 결은/시간과 땅/수레를 털털거리게 하는 욕심의 돌/기름을 주라/어서 기름을 주라/털털거리는 수레에다는 기름을 주라/욕심은 끝났어/논도 얼어붙고/대숲 사이로 침입하는 무자비한 푸른 하늘(「시」(1961)) *천장지는 푸른 바탕에/아니 흰 바탕에/엇갈린 벽돌처럼 빌딩 창문처럼/바로 그런 무늬겠다/아냐 틀렸다/벽지가 아니라/아냐 틀렸다(「마케팅」) *이 소음들은 나의 푸른 풀의 가냘픈/영상을 꺾지 못하고/그 영상의 전후의 고민의 환희를 지우지 못한다(「풀의 영상」)

푸르스름해지다 푸른 기운이 돌게 되다.

푸르스름해진 *너에게서 취하는 전신의 영양/끊었던 술을 다시 마시면서 사랑의 복습을 하는 셈인가/뚱뚱해진 몸집하고 푸르스름해진 눈자위가 아무리 보아도 설어 보인다(「滿洲의 여자」)

푸른색(—色) 푸른 빛깔. *설파제를 먹어도 설사가 막히지 않는다/하룻동안 겨우 막히다가 다시 뒤가 들먹들먹한다/꾸루룩거리는 배에는 푸른색도 흰색도 敵이다(「설사의 알리바이」)

푸석하다 ①살이 핏기가 없이 거칠고 조금 부은 듯하다. ②거칠고 부피만 커서 옹골차지 못하고 부스러지기 쉽다.

푸석한 *이제 나의 방은 막다른 방/이제 나의 방의 옆방은 자연이다/푸석한 암석이 쌓인 산기슭이/그치는 곳이라고 해도 좋다(「이사」)

풀 줄기가 연하고 물기가 많아 목질(木質)을 이루지 않는 식물을 통틀어 이르는 말. 일년초·이년초·다년초로 나뉜다. *미역국 위에 뜨는 기름이/우리의 역사를 가르쳐준다 우리의 환희를/풀 속에서는 노란 꽃이 지고 바람 소리가 그릇 깨지는/소리보다 더 서걱거린다—우리는 그것을 영원의/소리라고 부른다(「미역국」) *바람아 먼지야 풀아 나는 얼마큼 작으냐/정말 얼마큼 작으냐……(「어느 날 고궁을 나오면서」) *라디오의 시종을 고하는 소리 대신에 西道歌와/목사의 열띤 설교 소리와 심포니가 나오지만/ 이 소음들은 나의 푸른 풀의 가냘픈/ 영상을 꺾지 못하고/그 영상의 전후의 고민의 환희를 지우지 못한다(「풀의 영상」) *봄은 오고 쥐새끼들이 총알만한 구멍의 조직을 만들고/풀이, 이름도 없는 낯익은 풀들이, 풀새끼들이/허물어진 담밑에서 사과껍질보다도 얇은//시멘트 가죽을 뚫고 일어나면 내 집과/나의 정신이 순간적으로 들렸다 놓인다(「거짓말의 여운 속에서」) *너무 진리가 어처구니없이 간단해서 웃는/실낱 같은 여름 바람의 아우성이여/실낱 같은 여름 풀의 아우성이여/너무 쉬운 여름 풀의 아우성이여(「꽃잎3」) *돌부리를 차듯 서투른 원효로/분장한 놈이 돌부리를 차고 풀을/뽑듯 죄를 짓고 싶어 죄를/짓고 얼굴을 붉히고//죄를 짓고 얼굴을 붉히고—(「원효대사」) *풀이 눕는다/비를 몰아오는 동풍에 나부껴/풀은 눕고/드디어 울었다/날이 흐려서 더 울다가/다시 누웠다//풀이 눕는다/바람보다도 더 빨리 눕는다/바람보다도 더 빨리 울고/바람보다 먼저 일어난다//날이 흐리고 풀이 눕는다/발목까지/발밑까지 눕는다/바람보다 늦게 누워도/바람보다 먼저 일어나고/바람보다 늦게 울어도/바람보다 먼저 웃는다/날이 흐리고 풀뿌리가 눕는다(「풀」)

풀다 코 안에 고인 진액을 세게 밖으로 밀어내다. *시를 쓰다 말고 코를 풀다 말고/테이블 밑에 신경이 가고 탱크가 지나가는/沿道의 음악을 들어야 한다 피로하지 않으면 울린다 가만히 있어도 울린다(「의자가 많아서 걸린다」)

풀 *날 때도 울리지만 싱겁게 걸어갈 때/울리고 돌아서 걸어갈 때 울리고/의자와 의자 사이로 비집고 갈 때/울리고 코 풀 수건을 찾으러 갈 때(「의자가 많아서 걸린다」)

풀떨기 풀이 우거져 이룬 떨기. *마지막에는 해저의 풀떨기같이 혹은 책상에 붙은 민민한 판대기처럼 무감각하게 될 생활이여(「구슬픈 육체」)

풀방구리 풀을 담아 놓은 작은 질그릇. 풀방구리에 쥐 나들 듯 자꾸 들락날락하는 모양을 이르는 말. *풀방구리를 드나드는 쥐의 돈/그러나 내 돈이 아닌 돈/하여간 바쁨과 한가와 실의와 초조를 나하고 같이한 돈/바쁜 돈—(「돈」)

풀빛 녹색에 노란빛이 연하게 섞인 빛깔. 풀색. *고민이 사라진 뒤에/이슬이 앉은 새봄의 낯익은 풀빛의 영상이/떠오르고 나서도/그것은 또 한참 시간이 필요했다(「풀의 영상」)

풀뿌리 풀의 뿌리. 초근. *바람보다 늦게 누워도/바람보다 먼저 일어나고/바람보다 늦게 울어도/바람보다 먼저 웃는다/날이 흐리고 풀뿌리가 눕는다(「풀」)

풀새끼 '풀싹'을 낮춰 부르는 말. *봄은 오고 쥐새끼들이 총알만한 구멍의 조직을 만들고/풀이, 이름도 없는 낯익은 풀들이, 풀새끼들이/허물어진 담밑에서 사과껍질보다도 얇은//시멘트 가죽을 뚫고 일어나면 내 집과/나의 정신이 순간적으로 들렸다 놓인다(「거짓말의 여운 속에서」)

풀어지다 원한이나 의심 따위가 해소되다. 마음이 가라앉은 상태가 되다.

풀어지는 *한없이 풀어지는 피곤한 마음에도/너는 결코 서둘지 말라/너의 꿈이 달의 행로와 비슷한 회전을 하더라도/개가 울고 종이 들리고/기적소리가 과연 슬프다 하더라도(「봄밤」)

풀잎 풀의 잎. *지구에 묻은 풀잎같이/나에게 묻은 서책의 숙련—/순결과 오점이 모두 그의 상징이 되려 할 때/신이여/당신의 책을 당신이 여시오(「서책」) *풀잎 끝에서 일어나듯이/태양은 자기가 내린 것을 거둬들이는데/시들은 자국을 남기지만 도처에서/도처에서/卽決

하는 영혼이여/완전한 놈……(「말복」)

품 동작이나 됨됨이·꼴 따위의 뜻을 나타내는 말. 품새. *이 돈이 31일까지 나올 가망성이 없다/전화를 걸어 보니 아직도 해결이 안 됐느냐고/오히려 반문하는 품이 벌써 이상스럽다(「판문점의 감상」)

품다 ①품속에 넣거나 가슴에 안다. ②함유하다. 포함하다. ③(어떤 생각이나 감정을) 마음속에 가지다.

품고 *늬가 끊을 수 있는 것은 오직 생사의 線條뿐/그러나 그 비애에 찬 선조도 하나가 아니기에/너는 다시 부끄러움과 躊躇를 품고 숨가빠하는가(「九羅重花」) *이런 황혼에는 시베리아의/어느 이름 없는 개울가에서/들오리가 서투른 앉음새로/병아리를 품고 있을지도 모른다/심심해서 아아 심심해서(「황혼」)

품목(品目) 품종의 명목(항목). *오이, 고춧가루, 후춧가루는 너무나 창피하니까/그만두고라도/그중에 좀 점잖은 품목으로 또 있었는데/아이구 무어던가?(「마케팅」)

풋나물 봄철에 새로 나온 나물, 또는 그것을 무친 반찬. *여행을 할 때도 울 때도 웃을 때도/풋나물을 먹을 때도/시장에 가서 비린 생선 냄새를 맡을 때도/배가 부를 때도 목이 마를 때도/연애를 할 때도(「하…… 그림자가 없다」)

풍경(風景) 자연의 아름다운 모습. 풍물(風物). *내가 으스러지게 설움에 몸을 태우는 것은 내가 바라는 것이 있기 때문이다.//그러나 나는 그 으스러진 설움의 풍경마저 싫어진다.(「거미」) *너는 기류를 안고/나는 근지러운 나의 살을 안고//四星將軍이 즐비한 거대한 파티 같은 풍성하고 너그러운 풍경을 바라보면서/나에게는 잔이 없다(「네이팜 탄」) *나는 젊은 사나이의 그 눈초리를 보았다/흔들리는 자동차 속에서 창밖의 풍경이 흔들리듯/그의 가장 깊은 영혼이 흔들리는 것을 보았다(「靈交日」) *초봄의 뜰 안에 들어오면/서편으로 난 난간문 밖의 풍경은/모름지기/보이지 않고//황폐한 강변을/영혼보다도 더 새로운 해빙의 파편이/저 멀리/흐른다(「초봄의 뜰 안에」) *신문배달 아이들이 사무를 인계하는 날/제임스 띵같이 생긴 책임자가 두 아이를/데리고 찾아온 풍경이/눈[雪]에 너무 비참하게 보였던지/나는 마구 짜증을 냈다(「제임스 띵」) *풍경이 풍경을 반성하지 않는 것처럼/곰팡이 곰팡을 반성하지 않는 것처럼/여름이 여름을 반성하지 않는 것처럼(「절망」(1965))

풍기다 ①냄새나 기미 따위가 퍼지다, 또는 퍼지게 하다. ②날짐승 따위가 놀라 사방으로 흩어지다, 또는 흩어지게 하다. ③곡식에 섞인 겨·먼지·검불 따위를 날리다.

풍겨 *이제는 나의 이 늙지도 젊지도 않은 몸에/해묵은/1,961개의/곰팡내를 풍겨 넣어라/오 썩어가는 탑/나의 연령/혹은/4,294알의/구슬이라도 된다(「아픈 몸이」)

풍기어 *〈뮤즈〉여/용서하라/생활을 하여 나가기 위하여는/요만한 경박성이 필요하단다/시간의 표면에/물방울을 풍기어 가며/오늘을 울지 않으려고/너를 잊고 살아야 하는 까닭에/로날드 골맨의 신작품을/눈여겨 살펴보며/피우기 싫은 담배를 피워본다(「바뀌어진 지평선」)

풍년(豊年) 농사가 잘된 해. *지금 참외와 수박을/지나치게 풍년이 들어/오이 호박의 손자 며느리 값도 안 되게/헐값으로 넘겨버려 울화가 치받쳐서(「가다오 나가다오」)

풍뎅이 풍뎅잇과의 곤충. 몸길이 2cm가량. 몸빛은 녹색인데 금속광택이 강하다. 6~7월에 나타나며 각종 활엽수의 잎을 해친다. 우리나라와 중국·일본·시베리아 등지에 분포한다. *추한 나의 발밑에서 풍뎅이처럼 너는 하늘을 보고 운다/그 넓은 등판으로 땅을 쓸어가면서/늬가 부르는 노래가 어디서 오는 것을/너보다는 내가 더 잘 알고 있는 것이다(「풍뎅이」)

풍선(風船) 종이·고무·비닐 따위로 만든 얇은 주머니 속에 가벼운 기체를 넣어 부풀려 공중으로 떠오르게 만든 물건이나 장난감. *地球儀의 양극을 관통하는 생활보다는/차라리 지구의의 남극에 생활을 박아라/고난이 풍선 같이 바람에 불리거든/너의 힘을 알리는 신호인 줄 알아라(「지구의」) *헬리콥터가 風船보다도 가볍게 상승하는 것을 보고/놀랄 수 있는 사람은 설움을 아는 사람이지만/또한 이것을 보고 놀라지 않는 것도 설움을 아는 사람일 것이다(「헬리콥터」)

풍성하다(豊盛—) 넉넉하고 많다. *방을 잃고 낙서를 잃고 기대를 잃고/노래를 잃고 가벼움마저 잃어도//이제 나는 무엇인지 모르게 기쁘고/나의 가슴은 이유 없이 풍성하다(「그 방을 생각하며」)

풍성하고 *너는 기류를 안고/나는 근지러운 나의 살을 안고//四星將軍이 즐비한 거대한 파티 같은 풍성하고 너그러운 풍경을 바라보면서/나에게는 잔이 없다(「네이팜 탄」)

풍습(風習) 풍속과 습관. *아카시아 잎을 이기는 소리가 방바닥 밑까지 울리면 돼/라디오 소리도 거리의 풍습대로 기를 쓰고 크게만 틀어놓으면 돼(「장시1」)

풍자(諷刺) 무엇에 빗대어 재치 있게 깨우치거나 비판함. *누이야/풍자가 아니면 해탈이다/너는 이 말의 뜻을 아느냐/너의 방에 걸어놓은 오빠의 사진/나에게는 〈동생의 사진〉을 보고도/나는 몇 번이고 그의 진혼가를 피해 왔다(「누이야 장하고나!」) *그렇지만 린드버그가 헬리콥터를 타고서/대서양을 횡단하지 않았기 때문에/우리는 지금 동양의 諷刺를 그의 機體 안에서 느끼고야 만다(「헬리콥터」) *예언자가 나지 않는 거리로 창이 난 이 도서관은/창설의 의도부터가 풍자적이었는지도 모른다(「국립도서관」)

풍자미(諷刺味) 무엇에 빗대어 재치 있게 깨우치거나 비판하는 취향과 그 효과. *노파심으로 만일을 염려하여 말해 두는 건데/이것은 寸豪의 諷刺味도 역설도 불쌍한 발악도 청년다운 광기도 섞여 있는 말이 아닐 것이다(「조국에 돌아오신 傷病捕虜 동지들에게」)

프라이드(영, pride) 자랑. 긍지. 자존심. *책을 빌려드리겠다고. 나의 모든 프라이드를/재산을 연장을 내드리겠다고.//그렇게 매일 믿어왔는데, 갑자기 변했어./왜 변했을까. 이게 문제야. 이게 내 고민야.(「엔카운터誌」)

프레이저(Fraser, George Sutherland) 1915~1980. 스코틀랜드의 시인. 비평가. 글래스고에서 태어난 그는 애버딘에 거주하며 에즈라 파운드, 예이츠, 키츠의 시 등을 연구했다. 1949년에 일본에 방문한 바 있다. 저서로는 *The Modern Writer and his World* (1953), *Vision and Rhetoric. Studies in Modern Poetry* (1959) 등이 있다.

프레이저

☞ 현대시론. *파자마 바람으로 주스를 마시면서/프레이저의 현대시론을 사전을 찾아가며 읽고 있으려니/여편네가 일본에서 온 새 잡지 안의/金素雲의 수필을 보라고 내던져준다/읽어보지 않으신 분은 읽어보시오/나의 프레이저의 책 속의 낱말이/송충이처럼 꾸불텅거리면서 어찌나 지겨워 보이던지/이렇게 돼서야 그만이지/어떻게든지 체면을 차려볼 궁리 좀 해야지(「파자마 바람으로」)

프레지던트(영, president) 대통령. 의장. *영숙아 기환아 천석아 준이야 만용아/프레지던트 김 미스 리/정순이 박군 정식이/그놈의 사진일랑 소리없이 떼어 치우고(「우선 그놈의 사진을 떼어서 밑씻개로 하자」)

프로펠러(영, propeller) 항공기나 선박에서, 발동기에 의한 날개의 회전력을 추진력으로 바꾸는 장치. 추진기. *비행기 프로펠러보다는 팽이가 기억이 멀고/강한 것보다는 약한 것이 더 많은 나의 착한 마음이기에/팽이는 지금 수천 년 전의 聖人과 같이/내 앞에서 돈다(「달나라의 장난」)

피 ①동물체의 몸 안을 돌며 영양물과 산소를 공급하는 역할을 하는 붉은빛의 액체. 혈액. ②혈연, 혈통, 의리, 혈기, 희생의 뜻을 비유하여 일컬음. *그래도 누가 읽어줄지 모르는 신문 한구석에 너의 피가 어리어 있는 것이 반가워서 보고 있는 것인가/기사라 하지만 네가 썼다고 알아주는 사람이 있어도 좋고 없어도 가히 무관한 것/그러기에 한결 가벼운 휴식의 마음으로 쓰고 있을 수 있었던 것(「기자의 정열」) *함부로 흘리는 피가 싫어서/이다지 낡아빠진 생활을 하는 것은 아니리라/먼지 낀 잡초 위에/잠자는 구름이여(「구름의 파수병」) *밤이 산등성이에 넘어 내리는 새벽이면/모기의 피처럼/시인이 쏟고 죽을 오욕의 역사/그러나 오늘은 산보다도/　　　　　　　그것은 나의 육체의 융기(「광야」) *아픈 몸이/아프지 않을 때까지 가자/골목을 돌아서/베레모는 썼지만/또 골목을 돌아서/신이 찢어지고/온몸에서 피는/빠르지도 더디지도 않게 흐르는데/또 골목을 돌아서/추위에 온몸이/돌같이 감각을 잃어도/또 골목을 돌아서(「아픈 몸이」) *소련을 생각하면서 나는 치질을 앓고 피를 쏟았다/일주일 동안 단식까지 했다(「轉向記」) *개의 울음소리를 듣고 그 비명에 지고/머리에 피도 안 마른 애놈의 투정에 진다/떨어지는 은행나무잎도 내가 밟고 가는 가시밭(「어느 날 고궁을 나오면서」) *5만 원을 무이자로 돌려보내고/피를 안 흘리려고 생전 처음으로 돈 가진 친구한테/정식으로 돈을 꾸러 가서 안 됐지/이것을 하고 저것을 하고 저것을 하고 이것을/하고 피를 안 흘리려고/피를 흘리되 조금 쉽게 흘리려고/저것을 하고 이짓을 하고 저짓을 하고/이것을 하고…어제 국회의장 공관의 칵테일 파티에 참석한/천사 같은 여류작가의 냉철한 지성적인/눈동자는 거짓말이다/그 눈동자는 피를 흘리고 있지 않다/선이 아닌 모든 것은 악이다 신의 地帶에는/중립이 없다/아내여 화해하자 그대가 흘리는 피에 나도/참가하게 해다오 그러기 위해서만/이혼을 취소하자(「이혼 취소」) *밤이 산등성이에 넘어 내리는 새벽이면/모기의 피처럼/시인이 쏟고 죽을 오욕의 역사(「광야」)

피곤(疲困) 지쳐서 고단함. *피곤을 잊어버리게 하는 밝은 태양 밑에는/모든 사람에게 불가능한 일이 없는 듯하다(「거리2」) *오랜 피곤도 고통도 인내도 잊어버리고/새 사람 아닌 새 사람이 되어/아무도 모르고 너 혼자만이 아는/네가 쓴 기사 위에/황홀히 너를 찾아보는 아침이여(「기자의 정열」)

피곤하다(疲困—) 지쳐서 고단하다.
피곤한 *한없이 풀어지는 피곤한 마음에도/너는 결코 서둘지 말라/너의 꿈이 달의 행로와 비슷한 회전을 하더라도/개가 울고 종이 들리고/기적소리가 과연 슬프다 하더라도(「봄 밤」) *나무여 영혼이여/가벼운 참새같이 나는 잠시 너의 흥하지 않은 가지 위에 피곤한 몸을 앉힌다(「서시」) *피곤한 하루의 나머지 시간이 눈을 깜짝거린다/세계는 그러한 무수한 間斷//오오 사랑이 추방을 당하는 시간이 바로 이때이다(「피곤한 하루의 나머지 시간」)

피곤할 *제일 피곤할 때 적에 대한다/바위의 아량이다/날이 흐릴 때 정신의 집중이 생긴다/신의 아량이다[…]제일 피곤할 때 적에 대한다/날이 흐릴 때면 너와 대한다/가장 가까운 적에 대한다(「적2」)
피곤해진 *마지막으로 봉상을 거듭하기도 피곤해진 밤에는/시골에 사는 나는—/달 밝은 밤을/언제부터인지 잠을 빨리 자는 습관이 생겼다(「달밤」)

피다 (꽃봉오리나 잎 따위가) 벌어지다.
피게 *거위의 울음소리는/밤에도 여자의 호마노색 원피스를 바람에 나부끼게 하고/강물이 흐르게 하고/꽃이 피게 하고/웃는 얼굴을 더 웃게 하고/죽은 사람을 되살아나게 한다(「거위 소리」)
피기 *깨꽃같이 작은 자질구레한 일/자꾸자꾸 자질구레해지는 일/불같이 쫓기는 일/쫓기기 전 일/깨꽃 깨꽃 깨꽃이 피기 전 일/成長의 일(「깨꽃」)
피어 *아아 어인 일이냐/너 주작의 星火/서리 앉은 胡弓에/피어 사위도 스럽구나(「廟庭의 노래」) *그것은 「골고다」의 언덕이 아닌/현대의 가시 철망 옆에 피어 있는 꽃이기에(「九羅重花」) *오 도배지 천장지, 다색 백색 청색의 모란꽃이/茶色의 主色 위에 탐스럽게 피어있는 천장지/아니 그건 천장지가 아니 (벽지지!)(「마케팅」)
피었을 *꽃이 열매의 상부에 피었을 때/너는 줄넘기 장난을 한다(「孔子의 생활난」)
핀 *푸른 연못을 넘쳐흐르는 장마통의/싸리꽃 핀 벌판에서/나는 왜 이다지도 피로에 집착하고 있는가(「싸리꽃 핀 벌판」) *소음에 시달린 마당 한구석에/철 늦게 핀 여름 장미의 흰 구름/소나기가 지나고 바람이 불듯/하더니 또 안 불고/소음은 더욱 번성해진다(「여름 밤」)

피력하다(披瀝—) 마음속의 생각을 숨김없이 말하다.
피력하고 *나는 광휘에 찬 신현대문학사의 시를 깨알같은 글씨로 쓰고 있다/될 수만 있으면 독자들에게 이 깨알만한 글씨보다 더/작게 써야 할 이 고초의 시기의/보다 더 작은 나의 즐거움을 피력하고 싶다(「이 한국문학사」)

피로(疲勞) 몸이나 정신이 지쳐 고단함, 또는

그런 상태. *피로는 도회뿐만 아니라 시골에도 있다/부른 연못을 넘쳐흐르는 장마통의/싸리꽃 핀 벌판에서/나는 왜 이다지도 피로에 집착하고 있는가(「싸리꽃 핀 벌판」) *그리하여 피로도 내가만드는 것/긍지도 내가 만드는 것/그러할 때면은 나의 몸은 항상/한치를 더 자라는 꽃이 아니더냐(「긍지의 날」) *피로를 알게 되는 것은 과연 슬픈 일이다/밤이여 밤이여 피로한 밤이여(「달밤」) *인류의 종언의 날에/너의 술을 다 마시고 난 날에/미대륙에서 석유가 고갈되는 날에/그렇게 먼 날까지 가기 전에 너의 가슴에/새겨둘 말을 너는 도시의 피로에서/배울 거다/이 단단한 고요함을 배울 거다(「사랑의 변주곡」) *이제 나는 광야에 드러누워도/공동의 운명을 들을 수 있다/피로와 피로의 발언/시인이 황홀하는 시간보다도 더 맥없는 시간이 어디 있느냐(「광야」)

피로하다(疲勞—) 몸이나 정신이 지쳐 고단하다.

피로하였고 *너무나 잘 아는/순환의 원리를 위하여/나는 피로하였고/또 나는/영원히 피로할 것이기에/구태여 옛날을 돌아보지 않아도/설움과 아름다움을 대신하여 있는 나의 긍지/오늘은 필경 긍지의 날인가 보다(「긍지의 날」)

피로하지 *38선을 돌아오듯 테이블을 돌아갈 때/걸리고 울리고 일어나도 걸리고/앉아도 걸리고 항상 일어서야 하고 항상/앉아야 한다 피로하지 않으면//울린다 시를 쓰다 말고 코를 풀다 말고/테이블 밑에 신경이 가고 탱크가 지나가는/沿道의 음악을 들어야 한다 피로하지/않으면 울린다 가만히 있어도 울린다(「의자가 많아서 걸린다」)

피로한 *피로를 알게 되는 것은 과연 슬픈 일이다/밤이여 밤이여 피로한 밤이여(「달밤」)

피로할 *너무나 잘 아는/순환의 원리를 위하여/나는 피로하였고/또 나는/영원히 피로할 것이기에/구태여 옛날을 돌아보지 않아도/설움과 아름다움을 대신하여 있는 나의 긍지/오늘은 필경 긍지의 날인가 보다(「긍지의 날」) *이조시대의 장안에 깔린 기왓장 수만큼/나는 많은 것을 버렸다/그리고 가장 피로할 때 가장 귀한/것을 버린다(「적2」)

피아노(영, piano) 건반 악기의 한 가지. 큰 공명(共鳴) 상자 안에 85줄 이상의 깅칠선을 치고 타현(打弦) 장치를 하여 건반을 누르면 소리가 남. *피아노 앞에는 슬픈 사람들이 많이 있다/동계방학 동안 아르바이트를 하는 누이/잡지사에 다니는/영화를 좋아하는 누이/식모살이를 하는 조카/그리고 나//피아노는 밥을 먹을 때도 새벽에도/한밤중에도 울린다/피아노의 주인은 나를 보고/시를 쓰니 음악도 잘 알 게 아니냐고/한 곡 쳐보라고 한다/나의 새끼는 피아노 앞에서는 노예/둘째 새끼는 왕자다//삭막한 집의 삭막한 방에 놓인 피아노/그 방은 바로 어제 내가 혁명을 기념한 방/오늘은 기름진 피아노가/덩덩 덩덩덩 울리면서/나의 고갈한 비참을 달랜다//벙어리 벙어리 벙어리/식모도 벙어리 나도 벙어리/모든 게 중단이다 소리도 思念도 죽어라/중단이다 명령이다/부정기적인 중단/부정기적인 위협/—이러면 하루종일/밤의 꿈속에서도/당당한 피아노가 울리게 마련이다/그녀가 새벽부터 부정기적으로/타온 순서대로/또 그 비참대로/값비싼 피아노가 값비싸게 울린다/돈이 울린다 돈이 울린다(「피아노」) *마루에 가도 마찬가지다 피아노 옆에 놓은/찬장이 울린다 유리문이 울리고 그 속에/넣어둔 노리다케반상 세트와 글라스가/울린다(「의자가 많아서 걸린다」)

피안(彼岸) 불교에서, 이승의 번뇌를 해탈하여 열반의 세계에 도달하는 일, 또는 그 경지. *짐승이여 짐승이여 날짐승이여/도취의 彼岸에서 날아온 무수한 날짐승들이여(「도취의 피안」)

피안도 '평안도'의 방언. *끊었던 술을 다시 마시는데 유행가처럼/아무리 마셔도 안 취하는 술/피안도 사투리를 마시고 있나/아무리 마셔도 취하지 않으니/같이 온 친구를 보기도 미안만 한데/옆상에 앉은 술친구들이 경사나 난 듯이/고함을 친다(「滿洲의 여자」)

피어나다 꽃이나 구름 따위가 피거나 부풀어 오르다.

피어나고 *또한 설움의 귀결을 말하고자 하는 것도 아니다/오히려 설움이 없기 때문에 꽃은 피어나고(「꽃2」)

피어나는 *꽃은 과거와 또 과거를 향하여/피어나는 것/나는 결코 그의 種子에 대하여/말하고 있는 것은 아니다[…]꽃이 피어나는 순간/푸르고 연하고 길기만 한 가지와 줄기의 내면은/완전한 공허를 끝마치고 있었던 것이다(「꽃2」)

피어오르다 꽃봉오리 따위가 맺혀 막 벌어지려고 하다.

피어오른다 *중단과 계속과 해학이 일치되듯이/어지러운 가지에 꽃이 피어오른다/과거와 미래에 통하는 꽃/견고한 꽃이/공허의 말단에서 마음껏 찬란하게 피어오른다(「꽃2」)

피우다¹ 담배를 물고 연기를 빨아들였다가 코나 입으로 내보내다. *5월 혁명 이전에는 백양을 피우다/그 후부터는/아리랑을 피우고/와이셔츠 윗호주머니에는 한사코 색수건을 꽂아 뵈는 이유,/모르지?(「모르지?」)

피우고 *5월 혁명 이전에는 백양을 피우다/그 후부터는/아리랑을 피우고/와이셔츠 윗호주머니에는 한사코 색수건을 꽂아 뵈는 이유,/모르지?(「모르지?」) *세상을 속지 않고 걸어가기 위하여/나는 담배를 끄고/누구에게든지 신경질을 피우고 싶다(「바뀌어진 지평선」) *내가 피우고 있는 파이프/이건 2년이나 대학에서 떨어진 아우놈 거야(「伏中」)

피우기 *로날드 골맨의 신작품을/눈여겨 살펴보며/피우기 싫은 담배를 피워본다(「바뀌어진 지평선」)

피우는 *담배마저 안 피우는/날이 올지도 모른다(「이놈이 무엇이지?」)

피울 *나는 사실은 담배를 피울 겨를이 없이/여기까지 내리썼고/일기의 원문은 일본어로 씌어져 있다(「중용에 대하여」)

피워 *(계사 안에서 우는 알 겯는/닭소리를 듣다가 나는 마른침을 삼키고/담배를 피워 물지 않으면 아니 된다)[…]담배를 피워 물지 않으면 아니 된다고 하였지만/나는 사실은 담배를 피울 겨를이 없이/여기까지 내리썼고/일기의 원문은 일본어로 씌어져 있다(「중용에 대하여」) *로날드 골맨의 신작품을/눈여겨 살펴보며/피우기 싫은 담배를 피워본다(「바뀌어진 지평선」)

피우다² 불을 피게 하다.

피우는 *허허 웃으면서 밑씻개로 하자/껄껄 웃으면서 구공탄을 피우는 불쏘시개라도 하자(「우선 그놈의 사진을 떼어서 밑씻개로 하자」) *불 피우는 소리처럼 다 들리고/재 섞인 연기처럼 다 맡힌다(「제임스 띵」) *그러나 심연보다도 더 무서운 자기 상실에 꽃을 피우는 것은 신이고//나는 오늘도 누구에게든 얽매여 살아야 한다(「꽃」)

피워 *보석 같은 아내와 아들은/화롯불을 피워가며 병아리를 기르고/짓이긴 파 냄새가 술 취한/내 이마에 神藥처럼 생긋하다(「초봄의 뜰 안에」)

피지(Fiji) 남태평양 서부 멜라네시아의 남동부에 있는 나라. *너희들이 피지 섬을 침략했을 당시에는/그의 아버지들은 아직 젖도 떨어지기 전이었다니까(「가다오 나가다오」)

피투성이 피로 몹시 더러워진 상태. *흰 쌀밥을 먹고 갔는데 보리알을 먹고 간 것 같고/그렇게 피투성이가 되어 찾던 만년필은/처의 백 속에 숨은 듯이 걸려 있고(「절망」(1962))

피폐하다(疲弊—) 지치고 쇠약하다.

피폐한 *너를 보는 설움은 피폐한 고향의 설움일지도 모른다(「국립도서관」)

피하다(避—) 어떤 사물이나 상태를 만나거나 일어나지 않도록 하다.

피하고 *무엇 때문에 부자유한 생활을 하고 있으며/무엇 때문에 자유스러운 생활을 피하고 있느냐/여름 뜰이여/나의 눈만이 혼자서 볼 수 있는 주름살이 있다 굴곡이 있다[…]무엇 때문에 부자유한 생활을 하고 있으며/무엇 때문에 자유스러운 생활을 피하고 있느냐/여름 뜰이여/크레인의 강철보다 더 강한 익어가는 황금빛을 꺾기 위하여/너의 뜰을 달려가는 조고마한 동물이라도 있다면(「여름 뜰」)

피하면 *숲을 알려면 땅벌에 물려보면 돼/잔소리 날 때는 슬쩍 피하면 돼(「장시1」)

피하여 *나의 飢餓처럼 그는 서서 나를 보고/나는 모오든 사람을 또한/나의 妻를 피하여/그의 얼굴을 숨어 보는 것이오[…]나는 모든 사람을 피하여/그의 얼굴을 숨어 보는 버릇이 있소(「아버지의 사진」)

피해 *너의 방에 걸어놓은 오빠의 사진/나에게는 〈동생의 사진〉을 보고도/나는 몇 번이고 그의 진혼가를 피해 왔다(「누이야 장하고나!」)

피해서 *버스를 피해서 길을 건너서는 어린

놈처럼/선뜻 큰길을 건너서면 돼/長詩만 장시만 안 쓰려면 돼(「장시1」)

피혁점(皮革店) 가죽 제품을 다루는 가게. *아이스크림은 미국놈 좆대강이나 빨아라 그러나/요강, 망건, 장죽, 종묘상, 장전, 구리개 약방, 신전,/피혁점, 곰보, 애꾸, 애 못 낳는 여자, 무식쟁이,/이 모든 무수한 반동이 좋다(「거대한 뿌리」)

필경(畢竟) 마침내. 결국에는. *구태여 옛날을 돌아보지 않아도/설움과 아름다움을 대신하여 있는 나의 긍지/오늘은 필경 긍지의 날인가 보다[…]그리하여/피로도 내가 만드는 것/긍지도 내가 만드는 것/그러할 때면은 나의 몸은 항상/한치를 더 자라는 꽃이 아니더냐/오늘은 필경 여러 가지를 합한 긍지의 날인가 보다(「긍지의 날」) *―일은 나를 부르는 듯이/내가 일 위에 앉아 있는 듯이/그러나 필경 내가 일을 끌고 가는 것이다/일을 끌고 가는 것은 나다(「거리1」) *병을 생각하는 것은/병에 매어달리는 것은/필경 내가 아직 건강한 사람이기 때문이리라/거대한 비애를 갖고 있는 사람이기 때문이리라(「파리와 더불어」) *―나도 필경 그처럼 보이지 않는 누구인가를/항시 괴롭히고 있는 보이지 않는 拷問人/시대의 숙명이여/숙명의 초현실이여/나의 생활의 定數는 어디에 있나(「장시2」)

필시(必是) 반드시. 어김없이. 필연(必然). *〈히시야마 슈조〉의 낙엽이 생활인 것처럼/5·16 이후의 나의 생활도 생활이다/복종의 미덕!/사상까지도 복종하라!/일본의 〈진보적〉 지식인들이 이 말을 들으면 필시 웃을 것이다(「轉向記」) *내 찻값까지 합해서 백 원을 치르고 나가는/그의 표정을 보고/나는 그가 필시 속으로는 나를 포기하고/있다는 것을 알았어(「H」) *도적은 간밤에는 사그러진 담장 쪽이 아닌/우리집의 의젓한 벽돌기둥의 정문 앞을/새벽녘에 거닐었다고 한다/시험공부를 하느라고 밤을 새는 큰아이놈의/말이다 필시 그럴 거라(「도적」)

필요(必要) 꼭 소용이 있음. *나는 지금 자유를 연구하기 위하여 『나는 자유를 선택하였다』의 두꺼운 책장을 들춰볼 필요가 없다(「조국에 돌아오신 傷病捕虜 동지들에게」) *더 넓은 전망이 필요 없는 이 무제한의 시간 위에서/산도 없고 바다도 없고 진흙도 없고 진창도 없고 미련도 없이/앙상한 육체의 투명한 골격과 세포와 신경과 안구까지/모조리 노출 낙하시켜 가면서(「헬리콥터」) *누가 찾아오지나 않을까 망설이면서/앉아 있는 마음/여기는 도회의 중심지/고개를 두리번거릴 필요도 없이/태연하다[…]구름도 필요 없고/항구가 없어도 아쉽지 않은/내가 바로 바라다보는/저 허연 석회 천정―/저것도/꿈이 아닌 꿈을 가리키는/내일의 지도다(「거리1」) *나는 오늘부터 지리교사모양으로 벽을 보고 있을 필요가 없고/노쇠한 선교사모양으로 낮잠을 자지 않고도 견딜 만한 강인성을 가지고 있다(「영롱한 목표」) *언제부터인지 잠을 빨리 자는 습관이 생겼다/밤거리를 방황할 필요가 없고/착잡한 머리에 책을 집어들 필요가 없고/마지막으로 몽상을 거듭하기도 피곤해진 밤에는/시골에 사는 나는―/달 밝은 밤을/언제부터인지 잠을 빨리 자는 습관이 생겼다//이제 꿈을 다시 꿀 필요가 없게 되었나 보다(「달밤」) *그때에는/성급해지면 아무 데나 재를 떠는/이 우주의 폭력마저/없어질지도 모른다/靜寂이/필요 없다/그 이유를/말할 필요도 없다/낚시질도/안 간다[…]집에도/몸에도/그러니까/the reason why/you don't get/a clock/or/a watch마저/말할 필요가 없다/집에도/몸에도/이놈이 무엇이지?(「이놈이 무엇이지?」) *무수한 돈을 만졌지만 결국은 헛 만진 것/쓸 필요도 없이 한 3, 4일을 나하고 침식을 같이한 돈/―어린 놈을 아귀라고 하지(「돈」) *필요 이상으로 화를 내는 것도 좋다/그 사나이는, 제임스 띵은 어이가 없어서/조그만 눈을 민첩하게 움직이면서 미소를/띄우고 섰지만/나의 고삐를 잃은 백마에 당할 리가없다[…]불 피우는 소리처럼 다 들리고/재 섞인 연기처럼 다 맡힌다 정정이 필요 없는/겨울의 꿈 깨어진 유리의 제임스 띵/이제는 죽어서 불을 쬐인다(「제임스 띵」) *시간은 내 목숨야. 어제하고는 틀려졌어. 틀려/졌다는 것을 알았어. 틀려져야겠다는 것을 알았어. 그것을 당신한테 알릴 필요가 있어. 그것/이 책보다 더 중요하다는 걸 모르지.(「엔카운터 誌」)

필요하다(必要—) 꼭 소용이 있다. ✽내가 살기 위하여/몇 개의 번개 같은 환상이 필요하다 하더라도/꿈은 교훈/청춘 물 구름/피로들이 몇 배의 아름다움을 加하여 있을 때도/나의 원천과 더불어/나의 최종점은 긍지(「긍지의 날」) ✽흐린 봄철 어느 오후의 무거운 日氣처럼/그만한 우울이 또한 필요하다[…]이 어지러운 세상을 살아가기 위하여/나에게는 약간의 경박성이 필요하다/물 위를 날아가는 돌팔매질—/아슬아슬하게/세상에 배를 대고 날아가는 정신이여(「바뀌어진 지평선」)

필요하거든 ✽집에 가면 말도/나지막한 소리로 걸어//그래도 정 허튼소리가/필요하거든//나는 대한민국에서는/제일이지만//이북에 가면야/꼬래비지요(「허튼소리」)

필요하단다 ✽〈뮤즈〉여/용서하라/생활을 하여 나가기 위하여는/요만한 경박성이 필요하단다(「바뀌어진 지평선」)

필요하였습니다 ✽포로의 반공전선을 위하여는/이것보다 더 장황한 전제가 필요하였습니다/나는 그들의 용감성과 또 그들의 어마어마한 戰果에 대하여 말하는 것이 아니라/그들이 싸워온 독특한 위치와 세계사적 가치를 말하는 것입니다(「조국에 돌아오신 傷病捕虜 동지들에게」)

필요하지 ✽역을 떠난 기차 속에서/능금을 먹는 아이들의 머리 위에서/설명이 필요하지 않은 희열 위에서/40년간의 조판 경험이 있는 근시안의 노직공의 가슴속에서(「영롱한 목표」)

필요한 ✽공원이나 휴식이 필요한 사람들이/여름이면 그의 곁에 와서/곧잘 팔을 고이고 앉아 있으니까//그는 인간의 비극을 안다(「수난로」) ✽내가 괴로워하기보다도/남이 괴로워하는 양을 보기 위하여서도/나에게는 약간의 경박성이 필요한 것이다(「바뀌어진 지평선」)

필요할 ✽조그마한 용기가/필요할 뿐이다//힘은 손톱 끝의/때나 다름없고//시간은 나의 뒤의/그림자이니까/거리에서는 고개/숙이고 걸음 걷고(「허튼소리」) ✽그러나 우리집 여편네는 이것을 모두/자기 밭이라고 한다 멀쩡한 거짓말이다/그러나 이런 거짓말이 필요할 때가 있다(「반달」)

필요했다 ✽고민이 사라진 뒤에/이슬이 앉은 새봄의 낯익은 풀빛의 영상이/떠오르고 나서도/그것은 또 한참 시간이 필요했다(「풀의 영상」)

핏대 ①피의 줄기. ②큰 핏줄. ✽신·구의 교체식을 그 이튿날/꿈에까지 보이게 해서는 아니 된다/마지막 정적을 빼앗긴, 핏대가 난 나에게는/너희들의 儀式은 원시를 가리키고/노예매매를 연상시킨다(「제임스 띵」)

하 기쁨・놀라움・노여움・안타까움・염려스러움 따위의 느낌을 나타내는 말. *하늘에 그림자가 없듯이 민주주의의 싸움에도 그림자가 없다/하…… 그림자가 없다//하…… 그렇다……/하…… 그렇지……/아암 그렇구말구…… 그렇지 그래……/응응…… 응 뭐?/아 그래…… 그래 그래.(「하…… 그림자가 없다」) *「엄마 안 가? 엄마 안 가?」「안 가 엄마! 안 가 엄마! 엄마가 어디를 가니?」「안 가유?」「안 가유! 하……」「으흐흐……」(「등나무」)

하극상(下剋上) 계급이나 신분이 아래인 사람이 부당한 방법으로 윗사람을 꺾어 누르거나 없애는 일. *백성들이/머리가 있어 산다든가/그처럼 나도/머리가 다 비어도/인제는 산단다/오히려 더/착실하게/온몸으로 살지/발톱끝부터로의/하극상이란다(「쌀난리」)

하기는 사실을 말하자면. *나는 어떠한 몸짓을 하여야 되는가//하기는 현실이 고귀한 것이 아니라/영사판을 받치고 있는 주야를 가리지 않는 어둠이/표면에 비치는 현실보다 한치쯤은 더/소중하고 신성하기도 한 것인지 모르지만(「영사판」)

하기야 사실을 말하자면야. *4・26 혁명은 혁명이 될 수 없다/차라리/혁명이란 말을 걷어치워라/하기야/혁명이란 단자는 학생들의 선언문하고/신문하고/열에 뜬 시인들이 속이 허해서/쓰는 말밖에는 아니 되지만(「육법전서와 혁명」)

하나 수의 처음. 일(一). *흘러가는 물결처럼/支那人의 의복/나는 또 하나의 해협을 찾았던 것이 어리석었다(「아메리카 타임 誌」) *내가 어리다고 한탄하지 마시오/나는 내 가슴에/또 하나의 종지부를 찍어야 합니다.(「웃음」) *자연은 나의 몇 사람의 독특한 벗들과 함께/토끼의 탄생의 방식에 대하여/하나의 異德을 주고 갔다/우리집 뜰앞 토끼는 지금 하얀 털을 비비며 달빛에 서서 있다[…]봉매와 연령이 언제 그에게/나타날는지 모르는 까닭에/잠시 그는 별과 또 하나의 것을 쳐다보고 있어야 하는 것이다/또 하나의 것이란 우리의 육안에는 보이지 않는 곡선 같은 것일까(「토끼」) *그의 사진은 이 맑고 넓은 아침에서/또 하나 나의 팔이 될 수 없는 비참이오(「아버지의 사진」) *가족과 애인과 그리고 또 하나 부실한 처를 버리고/포로수용소로 오려고 집을 버리고 나온 것이 아니라…「그것은 본 사람만이 아는 일이지요/누가 거제도 제61수용소에서 단기 4284년 3월 16일 오전 5시에 바로 철망 하나 둘 셋 네 겹을 隔하고 불 일어나듯이 솟아나는 제62적색수용소로 돌을 던지고 돌을 받으며 뛰어들어갔는가」(「조국에 돌아오신 傷病捕虜 동지들에게」) *그리하여 이 공허한 원주가 가장 찬란하여지는 무렵/나는 또 하나 다른 유성을 향하여 달아날 것을 알고//이 영원한 숨바꼭질 속에서/나는 또한 영원히 늬가 없어도 살 수 있는 날을 기다려야 하겠다(「너를 잃고」) *계단을 내려와서/어젯밤에 술을 마시던 방을 들여다보니 이불도 베개도 타구 하나 없이 깨끗하다.(「미숙한 도적」) *물소리 빗소리 바람소리 하나 들리지 않는 곳에/나란히 옆으로 가로 세로 위로 아래로 놓여 있는 무수한 꽃송이와 그 그림자[…]늬가 끊을 수 있는 것은 오직 생사의 線條뿐/그러나 그 비애에 찬 선조도 하나가 아니기에/너는 다시 부끄러움과 躊躇를 품고 숨 가빠하는가(「九羅重花」) *하나의 가냘픈 물체에 도저히 고정될 수 없는/나의 눈이며 나의 정신이며//이 밤이 기다리는 고요한 思想마저/나는 초연히 이것을 시간 위에 얹고/어려운 몇 고비를 넘어가는 기술을 알고 있나니(「방안에서 익어가는 설움」) *나에게는 잔이 없다/투명하고 가벼웁고 쇠소리 나는 가벼운 잔이 없다/그리고 또 하나 指揮鞭이 없을 뿐이다(「네이팜 탄」) *지혜의 왕자처럼/눈 하나 까딱하지 아니하고/도사리고 앉아서/나의 원죄와 회한을 생각하기 전에/너의 생리부터 해부하여 보아야겠다/뮤즈여(「바뀌어진 지평선」) *지지한 노래를/더러운 노래를 생기 없는 노래를/아아 하나의 명령을(「서시」) *나는 또 하나의 생활의 좁은 골목 속으로/들어서면서/이 골목이라고 생각하고 무릎을 친다(「생활」) *태양이 하나이듯이/생활은 어디에 가 보나 하나이다/미스터 리!(「미스터 리에게」) *폴리號 태풍이 일기 시작하는 여름밤에/아내가 마루에서 거미를 잡고 있는/꼴이 우습다// 하나 죽이고/둘 죽이고/넷 죽이고/…………(「거미잡이」) *그대의 저항은 無用/저항시는 더욱 무용/막대한/방해로소이다/까딱 마시오 손 하나 몸 하나/까딱 마시오/눈 오는 것만 지키고 계시오…….(「눈」(1961)) *여편네의 방에 와서 기거를 같이해도/나는 점점 어린애/나는 점점 어린애/태양 아래의 단 하나의 어린애/죽음 아래의 단 하나의 어린애/언덕 아래의 단 하나의 어린애/애정 아래의 단 하나의 어린애/사유 아래의 단 하나의 어린애/間斷 아래의 단 하나의 어린애/點의 어린애/베개의 어린애/고민의 어린애(「여편네의 방에 와서」) *그리고 또 하나 있는 것 같다/주요한 본론이 네 개는 있었다/비닐, 파리통, 도배지……?(「마케팅」) *문지방 안에 석간이 떨어져 뒹굴고 있는데도/심부름하는 놈더러/「저것 좀 집어와라」 호령 하나 못하니/이렇게 돼서야 그만이지/어떻게든지 체면을 차려볼 궁리 좀 해야지(「파자마 바람으로」) *그 무지무지한 소란 속에서/나의 소란을 하나 더 보탠 것에 만족을/느낀 것은 절망에 지각하고 난 뒤이다.(「전화 이야기」) *신성을 지키는 시인의 자리 위에 또 하나/넓은 자리가 있었던 것을 자식한테/가르쳐주지 않은 죄―그 죄에 그렇게 오랜 시간을 시달리면서도 그것을 몰랐다(「VOGUE야」) *하나의 행동이 열의 행동을 부르고/미리 막을 줄 알고 미리 막아져 있고/미리 칠 줄 알고 미리 쳐들어가 있고/遭遇의 마지막 윤리를 넘어서(「먼지」) *그 배우는 식모까지도 싫어하고/신이 나서 보는 것은 나 하나뿐이고(「원효대사」)

하나하나 어떠한 것을 이루는 낱낱의 대상. *지금은 이 번잡한 현실 위에 하나하나 환상을 붙여서 보지 않아도 좋다[…]나는 식인종같이 잔인한 탐욕과 강렬한 의욕으로 그중의 하나하나를 일일이 뚫어져라 하고 들여다보는 것이지만/나의 마음은 달과 바람모양으로 서늘하다(「거리2」)

하느님 ①종교적인 숭배 대상, 또는 신앙의 대상. 인간을 초월한 능력을 지니어 인류에게 화나 복을 내린다고 믿음. ②가톨릭에서 신봉하는 유일신. 성부(聖父). *신이라든지 하느님이라든지가 어디 있느냐고 나를 고루하다고 비웃은 어제저녁의 술친구의 천박한 머리를 생각한다(「시골 선물」)

하늘 ①땅 위에 높이 펼쳐져 있는 공간. ②만물을 지배하는 절대자. 하느님. ③만물을 지배하는 절대자나 영혼 등이 살고 있다고 믿는 곳. 천국. 천당. 하늘나라. *추한 나의 발밑에서 풍뎅이처럼 너는 하늘을 보고 운다(「풍뎅이」) *이미 대한민국의 하늘을 가슴으로 등으로 쓸고 나가는/저 조그만 비행기같이 연기도 여운도 없이 살아진 몇몇 포로들의 영령이(「조국에 돌아오신 傷病捕虜 동지들에게」) *나의 명예는 부서졌다/비 대신 황사가 퍼붓는 하늘 아래/누가 지어논 무덤이냐/그러나 그 속에서 부패하고 있는 것(「PLASTER」) *나는 나를 속이고 역사까지 속이고/구태여 낯익은 하늘을 보지 않고/구렁이같이 태연하게 앉아서/마음을 쉬다(「휴식」) *간지러운 육체여/표면에 살아라/뮤즈여/너의 복부로랑 하늘을 바라보게 하고―(「바뀌어진 지평선」) *여름 아침에는:/자비로운 하늘이 무수한 우리들의 사진을 찍으리라/단 한 장의 사진을 찍으리라(「여름 아침」) *가벼운 무게가 하늘을/생각하게 하는/자[針尺]의 優雅는 무엇인가(「자」) *흐린 하늘에 이는 바람은/어제가 다르고 오늘이 다른데/옷을 벗어놓은 나의 정신은/늙은 바위에 앉은 이끼처럼 추워라(「초봄의 뜰 안에」) *하늘 아래 비치는 별이 아깝구나//사랑이여//무된 밤에는 무된 사람을 축복하자(「밤」) *……活字는 반짝거리면서 하늘 아래에서/간간이/자유를 말하는데/나의 靈은 죽어 있는 것이 아니냐/[…]그대는 반짝거리면서 하늘 아래에서/간간이/자유를 말하는데/우스워라 나의 靈은 죽어 있는 것이 아니냐(「死靈」) *원한이 솟는 가슴속에서 발사되는/포탄은 어두운 하늘을 날아간다/빛이 없는 둥근 하늘에서는/검은 포탄의 꾸부러진 哭聲이 정신의 주변보다 더 간지러웁고(「조그마한 세상의 지혜」) *숲과 숲 사이의 하늘을 향해서/우는 매미/흙빛 매미여/달팽이는 닭이 먹고/구데기 바람에 우는 소리 나면/물소리는 먼 하늘을 찢고 달아난다다/바람이 바람을 쫓고 생명을 쫓는다/강아지풀 사이에 가지는 익고/인가 사이에서 기적처럼 자라나는 무성한 버드나무/연녹색,/하늘의 빛보다도 분간 못할 놈……(「말복」) *온돌 위에 서 있는 빌딩/하늘 위에 서 있는 꽃 위에로/하늘에서 내려오는 연령의 여유/시도 그런 여유에는 대항할 수 없고/지혜는 일어서 있는 너의 얼굴(「반주곡」) *우리들의 싸움은 하늘과 땅 사이에 가득 차 있다/민주주의의 싸움이니까 싸우는 방법도 민주주의식으로 싸워야 한다/하늘에 그림자가 없듯이 민주주의의 싸움에도 그림자가 없다(「하…… 그림자가 없다」) *선량한 백성들이 하늘같이 모시고/아침저녁으로 우러러보던 그 사진은/사실은 억압과 폭정의 방패였으니(「우선 그놈의 사진을 떼어서 밑씻개로 하자」) *푸른 하늘을 제압하는/노고지리가 자유로웠다고/부러워하던/어느 시인의 말은 수정되어야 한다(「푸른 하늘을」) *저 산허리를/돌아서/너무나도 좋아서/하늘을/묶는/허리띠 모양으로/맴을 도는/눈송이를 보시오(「눈」(1961)) *땅이 편편하고/집이 편편하고/하늘이 편편하고/물이 편편하고(「檄文」) *8월의 하늘은 높다/높다는 것도 이렇게 웃음을 자아낸다(「누이야 장하고나!」) *대숲 사이로 침입하는 무자비한 푸른 하늘(「시」(1961)) *하얀 종이가 분홍으로 분홍 하늘이/녹색으로 또 다른 색으로 변할 만큼 밝다(「백지에서부터」) *먼 데로 던지는 기적소리는/하늘끝을 때리고 돌아오는 고무공(「장시2」) *이 무언의 말/하늘의 빛이요 물의 빛이요 우연의 빛이요 우연의 말(「말」(1964)) *문명의 하늘은 무엇인가로 채워지기를 원한다(「설사의 알리바이」) *빈곤에 마비된 눈에/하늘을 가리켜주는 잡지/VOGUE야(「VOGUE야」) *거짓말의 부피가 하늘을 덮는다 나는 눈을/가리고 변소에 갔다 온다(「거짓말의 여운 속에서」) *지상의 소음이 번성하는 날은/하늘의 소음도 번쩍인다[…]땅의 2층이 하늘인 것처럼/이렇게 人情의 하늘이 가까워진/일이 없다 남을 불쌍히 생각함은/나를 불쌍히 생각함이라/나와 또 나의 아들까지도//사람이 사람을 사랑하다 남은 날/땅에만 소음이 있는 줄만 알았더니/하늘에도 천둥이, 우리의 귀가/들을 수 없는 더 큰 천둥이 있는 줄/알았다 그것이 먼저 있는 줄 알았다//지상의 소음이 번성하는 날은/하늘의 천둥도 번쩍인다/여름밤은 깊을수록/이래서 좋다(「여름 밤」) *어제와 오늘이 하늘과 땅처럼/달라지고 침묵과 발악이 오늘과/내일처럼 달라지고 달라지지 않는/이 갱 안의 잉크 수건의 칼자국(「먼지」)

하다¹ (자동사) ①생각하다. ②일을 다스리다. ③가리어 말하다. ④'그 액수에 다다름'을 뜻함. ⑤'어느 때쯤에 다다름'을 뜻함. ⑥'그리 말함'을 뜻함. ⑦말하려는 대상을 특히 드러내어 지적함을 뜻함. ⑧그러한 상태나 동작이 일어남을 뜻함. ⑨까닭을 나타냄. ⑩이유나 원인의 뜻을 나타냄. (타동사) ①몸을 움직이다. ②일부 명사에 으레 딸려 쓰이는 용언들을 대신하여 쓰임. ③(어떠한 일에) 주로 마음을 쓰다. ④(표정이나 태도를) 나타내다. 짓다. ⑤(무엇으로) 만들다. 삼다. ⑥다루다. 처리하다. ⑦일컫다. ⑧가지다. *그 위에서 내뿜는 연기는/얼핏 생각하면 웃음기도 하다(「연기」) *〈시간은 시간을 먹는 듯이 바쁘기만 하다〉는/기계가 아닌 자욱한 안개 같은/준엄한 태산 같은/시간의 퇴적뿐이 아닐 것이냐(「네이팜 탄」) *그들은 조금도 사나운 악한이 아니다/그들은 선량하기까지도 하다(「하…… 그림자가 없다」) *나는 무엇인가에/여전히 바쁘기만 하다(「旅愁」) *—그리고 그 무게는 돈이 없는 무게이기도 하다(「후란넬 저고리」) *성급한 우리들은 이 발견과 실감 앞에 서럽기까지도 하다(「풀의 영상」)

하게 *반도호텔이나 조선호텔에서/공연을 하게 돼요.(「전화 이야기」)
하겠나요 *고운 神이 이 자리에 있다면/나에게 무엇이라고 하겠나요(「웃음」)
하고 *나의 시절은 태양 속에/나의 사랑도 태양 속에/日蝕을 하고(「愛情遲鈍」) *너의 앞에서는 우둔한 얼굴을 하고 있어도 좋았다[…]/내가 추악하고 우둔한 얼굴을 하고 있으면/너도 우둔한 얼굴을 만들 줄 안다(「풍뎅이」) *귀치않은 부탁을 하러 오는 사람들이/갖다 주는 것으로 연명을 하고 보니/거절할 수도 없는(「付託」) *일전에 어떤 친구를 만났더니 날더러 다시 포로수용소에 들어가고 싶은 생각이 없느냐고/정색을 하고 물어봅니다(「조국에 돌아오신 傷病捕虜 동지들에게」) *기진맥진하여서 술을 마시고/기진맥진하여서 주정을 하고[…]선뜻 인사를 하고/淫詩를 한바탕 읊었더니(「미숙한 도적」) *그러면 나는 내가 詩와는 반역된 생활을 하고 있다는 것을 알 것이다(「구름의 파수병」) *무엇 때문에 부자유한 생활을 하고 있으며/무엇 때문에 자유스러운 생활을 피하고 있느냐(「여름 뜰」) *씨를 뿌리고 밭을 갈고 가래질을 하고 고물개질을 하자(「여름 아침」) *兩眼이 모두 담홍색을 하고 있는 것으로 보아(「백의」) *새로 파논 우물전에서 도배를 하고 난 귀얄을 씻고 간 두붓집 아가씨에게(「사치」) *동정하고 진지한 얼굴을 하고/바쁘다고 서두르면서 일도 하고/원고도 쓰고 치부도 하고/시골에도 있고 해변가에도 있고/서울에도 있고 산보도 하고/영화관에도 가고 애교도 있다(「하…… 그림자가 없다」) *기성 육법전서를 기준으로 하고/혁명을 바라는 자는 바보다(「육법전서와 혁명」) *더욱이나 그가 外國地 양복이나/지아이 가리를 하고 있었다는 것도 아니라(「황혼」) *단식을 하고 나서 죽을 먹고/그 다음에 밥을 떡국을 먹었는데(「轉向記」) *나는 點燈을 하고 새벽모이를 주자고 주장하지만(「만용에게」) *비숍 여사와 연애를 하고 있는 동안에는 진보주의자와/사회주의자는 네에미 씹이다 통일도 중립도 개좆이다(「거대한 뿌리」) *오늘도 여전히 일을 하고 걱정하고/돈을 벌고 싸우고 오늘부터의 할일을 하지만(「말」(1964)) *옹졸하게 분개하고 설렁탕집 돼지 같은 주인년한테 욕을 하고/옹졸하게 욕을 하고[…]남자가 뭐 이런 일을 하고 있느냐고 놀린 일이 있었다(「어느 날 고궁을 나오면서」) *우리의 주위에 너무나 많은 순교자들의 이 발견을/지금 나는 하고 있다(「이 한국문학사」) *이것을 하고 저것을 하고 저것을 하고 이것을/하고 피를 안 흘리려고/피를 흘리되 조금 쉽게 흘리려고/저것을 하고 이것을 하고 저짓을 하고/이것을 하고//그러다가 스코틀랜드의 에딘버러 대학에 다니는/나이 어린 친구한테서 편지를 받았지/그 편지 안에 적힌 블레이크의 시를 감동을 하고/읽었지(「이혼 취소」) *응아 하고 운 뒤에도 또 내릴까//한꺼번에 생각하고 또 내린다(「눈」(1966)) *앞의 2층집이 신축을 하고 담을 두르고/가시철망을 칠 때 우리도 그 철망을 치던/일꾼을 본 일이 있다(「도적」) *—세계일주를 하고 온 길은 잘못된 길이다(「세계일주」) *그것하고 하고 와서 첫번째로 여편네와/하던 날은 바로 그 이튿날 밤은(「性」) *「도적질을 하는 것도 저렇게 부지런하여야 하는데 우리는 이게 무어야 빨리 나가서 배 들어오는 것을 기다리세」하고 친구가 서두른다/「그러니까 초년생 도적이지」하고 쑥스러운 대꾸를 하면서(「미숙한 도적」) *우리는 월남의 중립 문제니 새로 생긴다는 혁신정당 얘기를/하고 있었지만(「H」)
하구 *우리는 정치 얘기를 하구 있었던 게 아니야(「H」)
하기 *나하고 별거를 하기로 작정한 이틀째 되는 날/당신은 나와의 이혼을 결정하고(「이혼 취소」)
하나 *이것이 안 되면 어떻게 하나그 생각을/그 마지막 대책을 나는 일부러 생각하지/않고 있다(「판문점의 감상」)
하느니라 *취하면 취한 대로 다 하느니라/쓸데없는 이야기도 주고받고 쓸데없는 일도/찾아보면 있느니라(「술과 어린 고양이」)
하느라고 *시험공부를 하느라고 밤을 새는 큰아이놈의/말이다 필시 그럴 거라(「도적」)
하는 *「도적질을 하는 것도 저렇게 부지런하여야 하는데 우리는 이게 무어야 빨리 나가서 배 들어오는 것을 기다리세」하고 친구가 서두른다[…]마치 내가 임종하는 곳이 이러할 것이니 하는 생각이 불현듯이 든다(「미숙한 도적」) *煙氣는 누구를 위하여 일을 하는 것도 아니다(「연기」) *함부로 흘리는 피가 싫어서/이다지 낡아빠진 생활을 하는 것은 아니리라(「구름의 파수병」) *엄숙하지 않은 일을 하는 곳에 사는 친구를 찾아왔다(「사무실」) *「조심하여라! 자중하여라! 무서워할 줄 알아라!」하는/억만의 소리가 비 오듯 내리는 여름 뜰을 보면서(「여름 뜰」) *이러한 그의 무리한 요청에 대하여 나는 하는 수 없이(「백의」) *식모아이는 사랑을 하는 중이라네(「伏中」) *끊었던 술을 다시 마시면서 사랑의 복습을 하는 셈인가[…]두부를 엉기게 하는 따뜻한 불도/졸고 있는 잡초도/이 무감각의 비애가 없이는 죽은 것(「滿洲의 여자」) *동계방학 동안 아르바이트를 하는 누이/잡지사에 다니는/영화를 좋아하는 누이/식모살이를 하는 조카(「피아노」) *치부책 노릇을 하는 종이쪽(「후란넬 저고리」) *그저께 나는 파스깔이「머리가 나쁜 것은 나」라고 하는 말을 들었다(「우리들의 웃음」) *지극히 시시한 발견이 나를 즐겁게 하는 야밤이 있다[…]14원이나 13원이나 12원짜리 번역일을 하는/불쌍한 나 내 부근의 친구들을 생각할 때[…]덤핑 출판사의 일을 하는 무의식 대중을 웃지 마라(「이 한국문학사」) *신문회관 3층에서 하는 게 낫다구요. 아녜요.[…]번역하는 사람도 좋고, 나도 좋은/일을 하는 폭이 되지요.(「전화 이야기」) *배가 모조리 설사를 하는 것은 머리가 설사를/시작하기 위해서다(「설사의 알리바이」) *그 이튿날 여편네와 식모 하는 말을 들어보니(「도적」)
하는가 *제2공화국 이후의 정치의 철칙이 아니라고 하는가(「만시지탄은 있지만」)
하니 *나이를 물어보기에 마흔여덟이라고 하니 그대로 곧이듣는다.(「미숙한 도적」)
하니까 *그런데 여자는 술을 안 따른다/ 건너편 친구가 같이 자러 가자고 쥐정만 하니까(「滿洲의 여자」) *아니 내가 고치라고 하니까 안 고칠 거라(「도적」)
하다가 *마루바닥에서 하든지 마당에서 하든지/하다가 가든지 공부를 하든지 무얼 하든지/말도 걸지 말고—(「잔인의 초」)

하더니 *소나기가 지나고 바람이 불듯/하더니 또 안 불고/소음은 더욱 번성해진다(「여름 밤」)
하더라도 *너의 꿈이 달의 행로와 비슷한 회전을 하더라도/개가 울고 종이 들리고/기적소리가 과연 슬프다 하더라도/너는 결코 서둘지 말라(「봄 밤」)
하던 *그것하고 하고 와서 첫번째로 여편네와/하던 날은 바로 그 이튿날 밤은(「性」)
하든 *누가 무엇이라 하든 나의 붓은 이 시대를 진지하게 걸어가는 사람에게는 치욕(「九羅重花」)
하든지 *마루바닥에서 하든지 마당에서 하든지/하다가 가든지 공부를 하든지 무얼 하든지/말도 걸지 말고—(「잔인의 초」)
하듯이 *도적질이나 하듯이 희끗희끗 내어다보는 저 흰 벽들은/무슨 鳥類의 屎尿와도 같다(「국립도서관」) *날개를 펴고 저녁이면 체조라도 하듯이/일제히 쉰다(「반달」) *그년하고 하듯이 혓바닥이 떨어져나가게/물어제끼지는 않았지만 그래도(「性」)
하라 *감정을 잊어버린 시인에게로/모여드는 모여드는 하루살이여—/나의 시각을 쉬게 하라—(「하루살이」)
하라고 *신문지로 얼굴을 씻으면서 나보고도/산보를 하라고 자꾸 권한다(「강가에서」) *새로운 싸움을 하라고 합니다(「조국에 돌아오신 傷病捕虜 동지들에게」)
하라는 *자연이 하라는 대로 나는 할 뿐이다(「사치」)
하랴 *자칭 예술파 시인들이 아무리 우리의 능변을 욕해도—이것이/환희인 걸 어떻게 하랴(「미역국」)
하러 *귀치않은 부탁을 하러 오는 사람들이/갖다 주는 것으로 연명을 하고 보니(「付託」) *나는 어찌나 좋았던지 목욕을 하러 갔지(「伏中」) *심야에는 여자는 사라지고 남자가 다시 오입을 하러/활보하고 나선다고 이런 기이한 관습을 가진 나라를/세계 다른 곳에서는 본 일이 없다고(「거대한 뿌리」) *일요일이면 빼지 않고 강으로 투망을 하러 나온다고 한다(「강가에서」)
하려고 *막걸리값으로 하려고/했는지 아침

쌀을 팔려고 했는지 아마/그 정도일 거라(「도적」) *여름이 끝난 벽 저쪽에 서 있는 낯선 얼굴/가을이 설사를 하려고 약을 먹는다(「설사의 알리바이」)

하리 *남의 일하는 곳에 와서 아무 목적 없이 앉았으면 어떻게 하리(「사무실」)

하며 *그는 남미의 어느 면공업자의 서자로 태어나서/나이아가라 강변에서 隨道工事에 挺身하고 있었다 하며(「백의」)

하면 *이만 하면 아직도/혁명은/살아 있는 셈이지(「쌀난리」) *우리집 식모가 여편네가 외출만 하면/나한테 자꾸 웃고만 있는 이유,/모르지?(「모르지?」)

하면서 *「그러니까 초년생 도적이지」하고 쑥스러운 대꾸를 하면서(「미숙한 도적」) *그는 대뜸/〈오빠는 어머니보다도 더 완고하다〉고 하면서/나를 도리어 꾸짖는 척한다(「백의」) *무엇보다도 먼저 끊어야 할 것이 설움이라고 하면서/병풍은 허위의 높이보다도 더 높은 곳에(「병풍」) *상식에 취한 놈/상식에 취한/상식/상……하면서/나는 무엇인가에/여전히 바쁘기만 하다(「旅愁」) *나도 얼마전까지는/흰 원고지 뒤에 낙서를 하면서/그것이 그럴듯하게 생각돼서[…]지금 나는 자고 깨고 하면서 더 지루한/中共의 욕을 쓰고 있는데(「轉向記」) *新舊의 두 놈이 마적의 동생처럼/떨고 있다 「아녜요」하면서 오야붕을 응원/하려 들었지만 내가 그놈들에게/언권을 줄 리가 없다(「제임스 띵」) *김유정처럼 그밖의 위대한 선배들처럼 거지짓을 하면서/소설에 골몰한 사람도 없다……(「이 한국문학사」) *손에는 무거운 보따리를 들고/가다 가다 기침을 하면서(「네 얼굴은」)

하여 *그들은 너무나 오랫동안 자기의 말을 잊고/남의 말을 하여 왔으며(「헬리콥터」) *〈뮤즈〉여/용서하라/생활을 하여 나가기 위하여는/요만한 경박성이 필요하단다(「바뀌어진 지평선」) *成長은 소크라테스 이후의 모든 현인들이 하여온 일/整理는/전란에 시달린 20세기 시인들이 하여놓은 일(「서시」) *요 시인/용감한 시인―─소용없소이다/산 너머 민중이라고/산 너머 민중이라고/하여둡시다/민중은 영원히 앞서 있소이다(「눈」(1961)) *成長은 소크라테스 이후의 모든 현인들이 하여온 일/整理는/전란에 시달린 20세기 시인들이 하여놓은 일(「서시」)

하여가지고 *터무니없는 거짓말을 하여가지고 즉석에 거절하여 버렸다(「백의」)

하여다오 *나의 눈이랑 한층 더 맑게 하여다오(「도취의 피안」)

하여도 *겨울이 지나간 밭고랑 사이에 남은/고독은 신의 무재주와 사기라고/하여도 좋았다(「초봄의 뜰 안에」)

하여서는 *나는 한사코 방심조차 하여서는 아니 될 터인데(「달나라의 장난」)

하여야 *나는 어떠한 몸짓을 하여야 되는가(「영사판」)

하였는지 *그가 어떠한 은근한 인사를 하였는지/아무도 모르는 일이다(「조그마한 세상의 지혜」)

하였다 *그중의 어느 시인은 다음과 같이 나에게 욕을 하였다(「백의」)

하였습니다 *나는 정말 미안하다고 하였습니다(「조국에 돌아오신 傷病捕虜 동지들에게」)

하였을 *대한민국 상병포로와 UN 상병포로들에게 한마디 말을 하였을 것이다(「조국에 돌아오신 傷病捕虜 동지들에게」) *―백의의 비극은 그가 현대의 경제학을 등한히 하였을 때에서부터 시작되었던 것이다(「백의」)

하였지만 *담배를 피워 물지 않으면 아니 된다고 하였지만(「중용에 대하여」)

하자 *만약에 나라는 사람을 유심히 들여다본다고 하자(「구름의 파수병」) *씨를 뿌리고 밭을 갈고 가래질을 하고 고물개질을 하자(「여름 아침」) *기침을 하자/젊은 시인이여 기침을 하자/눈 위에 대고 기침을 하자/눈더러 보라고 마음 놓고 마음 놓고/기침을 하자(「눈」(1956)) *우선 그놈의 사진을 떼어서 밑씻개로 하자(「우선 그놈의 사진을 떼어서 밑씻개로 하자」)

하지 *일찍이 현실의 출발을 하지 못한 것을 뉘우치며(「付託」) *淫詩를 한바탕 읊었더니/여간 좋아들 하지 않는다(「미숙한 도적」) *어제와 같이 다시는 〈헛소리〉를 하지 않으려고 결심하면서[…]나는 당신의 아우에게로 뛰어가서 나의 〈말〉을 하지 못하는 나를 미워하였다(「말」(1958)) *자연은 〈여행〉을 하지 않는다(「말복」) *민중의 벗인 파출소에서/협잡을 하지 않고 뇌물을 받지 않는/관공리의 집에서(「우선 그놈의 사진을 떼어서 밑씻개로 하자」) *일본의 〈진보적〉 지식인들은 소련한테는/욕을 하지 않는다고 한다 나도 얼마전까지는/흰 원고지 뒤에 낙서를 하면서(「轉向記」) *―어린 놈을 아귀라고 하지/그 아귀란 놈이 들어오고 나갈 때마다 집어갈 돈(「돈」) *천하를 호령한 민비는 한번도 장안 외출을 하지 못했다고……(「거대한 뿌리」) *인사를 하지 않은/나의 친구야 거만한 꿈은 사위어간다(「제임스 띵」) *한번 잔인해봐라/이 문이 열리거든 아무 소리도 하지 말아봐라(「잔인의 초」) *우리는 조금도 흥분하지 않았고/그는 그전처럼 욕도 하지 않았고(「H」)

한 *정말 내가 포로수용소를 탈출하여 나오려고/무수한 동물적 企圖를 한 것은(「조국에 돌아오신 傷病捕虜 동지들에게」) *이태백이가 술을 마시고야 詩作을 한 이유,/모르지?(「모르지?」) *허고 더러 싱거운 충고도 한 일이 있는―(「滿洲의 여자」) *나는 지금 일본 시인들의 작품을 읽으면서/내가 너무 자연스러운 전향을 한 데 놀라면서(「轉向記」) *이런 집중이 여자의 선천적인 집중도와/기적적으로 마주치게 한 것이 전쟁이라고 생각했다(「여자」) *세계를 배경으로 한 나의 사상처럼/죄어든 인생의 윤곽과 비밀처럼……(「반달」) *그리로 전근을 한 국민학교 선생을 생각하게 하고(「참음은」) *그는 일본 대학에 다니면서 4년 동안을 제철회사에서/노동을 한 强者다(「거대한 뿌리」) *내가 K의 시 얘기를 했더니 욕을 했어/욕을 한 건 그것뿐이었어(「H」) *내 친구의 미망인의 빚보를 선 것을/물어주기로 한 것이 이렇게 좋군/집문서를 넣고 6부 이자로 10만 원을/물어주기로 한 것이 이렇게 좋군(「이혼 취소」) *우리가 도적질을 한 것은 아니지만 우리가/훔친 거나 다름없다 아니 그보다도 더 나쁘다(「도적」) *31일까지 준다고 한 3만 원//29일까지는 된다고 하고 그러나 넉넉잡고 내일까지 기다리라고 한 3만 원(「판문점의 감상」) *몇 차례의 언어의 이민을 한 내가/우리말을 너무 잘해서 곤란하게 된 내가

(「거짓말의 여운 속에서」) *편지를 안해도 한 거나 다름없고 나는/조금도 미안하지 않소(「美濃印札紙」)

한다 *그러나 우리집 여편네는 이것을 모두/자기 밭이라고 한다 멀쩡한 거짓말이다(「반달」) *미역국은 인생을 거꾸로 걷게 한다(「미역국」) *꽃이 열매의 상부에 피었을 때/너는 줄넘기 장난을 한다(「孔子의 생활난」) *그가 입에서 탄생되었다는 것은 또 한번 토끼를 생각하게 한다(「토끼」) *친구가 일어나서 창밖으로 침을 뱉고 아래로 내려갔다 오더니 또 술을 마시러 내려가자고 한다(「미숙한 도적」) *지프차를 타고 가는 어느 젊은 사람이/유쾌한 표정으로 활발하게 길을 건너가는 나에게/인사를 한다(「거리2」) *그의 모친은 희랍인이라고 한다[…]전자를 현재 일리노이 주에 있는 자기의 모친에게 보내고/후자는 희랍 국립박물관 관장에게 보내달라고 한다(「백의」) *마침 당신은 집에 없고 당신의 아우만이 나와서 당신이 없다고 한다(「말」(1958)) *끝으로 〈모두 적당히 가면을 쓰고 있다〉라는/한 줄도 빼어놓기로 한다(「중용에 대하여」) *우물이 말을 한다/어제의 말을 한다(「등나무」) *여행을/안 한다/가지고 있는/이데올로기도 없다(「이놈이 무엇이지?」) *나의 과거와 미래가 숨바꼭질만 한다(「적」) *일본의 〈진보적〉 지식인들은 소련한테는/욕을 하지 않는다고 한다(「轉向記」) *만용이(닭 시중하는 놈)의 학비를 빼면/아무것도 안 남는다고 한다(「만용에게」) *충분한 각오를 가진 사람만이/살인을 한다(「죄와 벌」) *식구가 나보다도 일곱 식구나 더 많다는데/일요일이면 빼지 않고 강으로 투망을 하러 나온다고 한다(「강가에서」) *이런 경이는 나를 늙게 하는 동시에 젊게 한다(「현대식 교량」)

한다고 *아내는 집들이를 한다고/저녁 대신 뻘건 팥죽을 쑬 것이다(「이사」)

한데 *아무리 마셔도 취하지 않으니/같이 온 친구를 보기도 미안만 한데(「滿洲의 여자」)

할 *가까이 할 수 없는 서적이 있다(「가까이 할 수 없는 서적」) *살아있는 듯이 나비가 죽어 누운/무덤 앞에서/나는 나의 할 일을 생각한다//나비의 지분이/그리고 나의 나이가/무

하다¹

서운 인생의 공백을 가르쳐주려 할 때//나비의 지분에/나의 나이가 덮이려 할 때(「나비의 무덤」) * 자연이 하라는 대로 나는 할 뿐이다(「사치」) * 연애를 할 때도 졸음이 올 때도 꿈속에서도[…]수업을 할 때도 퇴근시에도(「하…… 그림자가 없다」) * 불안을 불안으로 딴죽을 걸어서 퀘지게 할 수 있지(「만시지탄은 있지만」) * 그러나 나는 오늘 아침의 때묻은 혁명을 위해서/어차피 한마디 할 말이 있다(「중용에 대하여」) * 타성같이 습관같이/그저그저 쉬쉬하면서/할말도 다 못하고/기진맥진해서/그저그저 걸어만 두었던/흉악한 그놈의 사진을/오늘은 서슴지 않고 떼어놓아야 할 날이다(「우선 그놈의 사진을 떼어서 밑씻개로 하자」) * 나는 걸핏하면 개똥을 갖다 파묻는다/밭주인이 보면 질색을 할 노릇이지만/이 밭주인은 차밭 주인의 소작인이다(「반달」) * 아냐. 그때는 빌려드리려고 했어. 관용의 미덕—/그걸 할 수 있었어.(「엔카운터 誌」) * 그리고 아들아 나는 아직도 너에게 할 말이/왜 없겠는가 그러나 안한다(「VOGUE야」)

할까 * 내가 부끄러운 것은 사람보다도/저 날짐승이라 할까(「도취의 피안」) * 무서워서 편리해서 살기 위해서/빨갱이라고 할까 보아 무서워서/돈을 벌기 위해서는 편리해서(「우선 그놈의 사진을 떼어서 밑씻개로 하자」)

할지라도 * 포로수용소보다 더 어두운 곳이라 할지라도(「조국에 돌아오신 傷病捕虜 동지들에게」)

함으로써 * 그러한 생각을 함으로써 하루하루 도회의 때가 묻어가는 나의 몸을 분하다고 한탄한다(「미숙한 도적」)

합니다 * 이북에 억류되고 있는 대한민국과 UN군의 포로들을 구하여내기 위하여/새로운 싸움을 하라고 합니다(「조국에 돌아오신 傷病捕虜 동지들에게」)

해 * 어린 놈 너야/네가 성을 내지 않게 해주마/네가 무어라 보채더라도/나는 너와 함께 성을 내지 않는 소년(「여편네의 방에 와서」) * 나는 나의 심장을 기계처럼 중지시킨다/(이런 연습을 나는 무수히 해 왔다)(「현대식 교량」) * 鄭炳——그놈은 내심과 정반대되는 행동만을/해왔고, 그것은 가족들을 먹여살리기 위해서였다(「적」) * 한번 잔인해봐라/이 문이 열리거든 아무 소리도 하지 말아봐라/태연히 조그맣게 인사 대꾸만 해두어봐라(「잔인의 초」) * 집에는 差押을 해온 파일오버가 있는데도/배자 위에 얄따란 검정 오버를 입고/사흘 전에 술에 취해 흘린 가래침 자국—(「네 얼굴은」) * 이런 극도의 낙천주의를 저녁 밥상을/물리고 나서 해본다(「라디오 계」) * 어지간히 다부지게 해줬는데도/여편네가 만족하지 않는다(「性」)

해도 * 그러나 이런 거짓말을 해도 별로/성과는 없었다 성과가 없을 것을/알고 있기 때문에 나는 여편네의/거짓말에 반대하지 않는다(「반달」) * 야한 선언은 안 해도 된다. 거짓말을해도/된다.(「엔카운터 誌」) * 혁명정부가 구육법전서를 떠나서/합법적으로 불법을 해도 될까 말까 한/혁명을—(「육법전서와 혁명」) * 푸석한 암석이 쌓인 산기슭이/그치는 곳이라고 해도 좋다(「이사」) * 저 젊은이들의 나에 대한 사랑에 있다/아니 신용이라고 해도 된다/「선생님 이야기는 20년 전 이야기이지요」/할 때마다 나는 그들의 나이를 찬찬히/소급해 가면서 새로운 여유를 느낀다/새로운 역사라고 해도 좋다(「현대식 교량」)

해서 * 비록 내가 자란 터전같이 호화로운/꿈을 꾸는 마당이라고 해서(「휴식」) * 내일 조간 사회면의 표독한 타이틀이 될 것이라고 해서/네가 이 두 시간의 중간 위에 서있는 것이라고 해서/어려운 휴식(「기자의 정열」) * 어둠 속에서도 불빛 속에서도 변치 않는/사랑을 배웠다 너로 해서(「사랑」) * 배고픈 것보다도/잠 못 자는 것이/더 어렵다고 해서/그래 그러나(「〈4·19〉시」)

해야 * 오늘도 어제와 같이 괴로운 잠을/이루울 준비를 해야 할 이 시간에(「가까이 할 수 없는 서적」) * 무어라고 수고의 인사를 해야 한다지(「사치」)

해야지 * 어떻게든지 체면을 차려볼 궁리 좀 해야지(「파자마 바람으로」)

해요 * 어서 일을 해요 변화는 끝났소/어서 일을 해요(「시」(1961))

했노라 * 누이야/나는 분명히 그의 앞에 절을 했노라/그의 앞에 엎드렸노라/모르는 것 앞에는 엎드리는 것이/모르는 것 앞에는 무조건하고 숭배하는 것이/나의 습관이니까(「누이야 장하고나!」)
했는데도 ＊아니 바로 그 첫날 밤은 반시간도 넘어 했는데도/여편네가 만족하지 않는다(「性」)
했다 ＊소련을 생각하면서 나는 치질을 앓고 피를 쏟았다/일주일 동안 단식까지 했다(「轉向記」) ＊그러다가 드디어 나는 월남인이 되기까지도 했다/엉클 샘에게 학살당한/월남인이 되기까지도 했다(「풀의 영상」)
했다고 ＊얼마전에는 애 업은 여자하고 오입을 했다고 한다/초저녁에 두 번 새벽에 한 번(「강가에서」)
했더니 ＊삼복의 더위에 질려서인가 했더니/아냐/아이를 뱄어(「伏中」) ＊파자마 바람으로 체면도 차리고 돈도 벌자고/하다하다못해 번역업을 했더니(「파자마 바람으로」) ＊H는 그전하곤 달라졌어/내가 K의 시 얘기를 했더니 욕을 했어(「H」)
했어 ＊내가 K의 시 얘기를 했더니 욕을 했어(「H」)
했지 ＊방을 이사를 했지. 내/방에는 아들놈이 가고 나는 식모아이가 쓰던 방으로/가고.(「엔카운터 誌」)
하다² (보조동사) ①앞으로 하고자 하는 뜻을 나타냄. ②그리되기를 바라는 마음을 나타냄. ③무엇을 시키는 뜻을 나타냄. ④마땅히 그리 해야(그러해야) 함을 나타냄. ⑤말뜻을 강조하는 구실을 함. 보조형용사. 말뜻을 강조하는 구실을 함.
하겠다 ＊나는 또한 영원히 늬가 없어도 살 수 있는 날을 기다려야 하겠다(「너를 잃고」)
하겠다고 ＊그런 사마귀가 나의 아들놈의 눈 아래에/있는 것을 발견하고 나도 꼭 빼주어야/하겠다고 결심한 일이 있었다 그런데(「반달」)
하고 ＊또 한번 팽이를 돌려주었으면 하고 원하는 것이다(「달나라의 장난」) ＊옛날의 동창생인가 하고 고개를 기웃거려 보았으나[…]나는 식인종같이 잔인한 탐욕과 강렬한 의욕으로 그중의 하나하나를 일일이 뚫어져라 하고 들여다보는 것이지만(「거리2」) ＊너의 복부를랑 하늘을 바라보게 하고—(「바뀌어진 지평선」) ＊참음은 어제를 생각하게 하고/어제의 얼음을 생각하게 하고/새로 확장된 서울특별시 동남단 논두렁에/어는 막막한 얼음을 생각하게 하고(「참음은」) ＊거위의 울음소리는/밤에도 여자의 호마노색 원피스를 바람에 나부끼게 하고/강물이 흐르게 하고(「거위 소리」) ＊10만 원 중에서 5만 원만 줄까3만 원만 줄까/하고 망설였지(「이혼 취소」) ＊그러나 너무 재촉하지는 마라. 이 문제가 해결/되기까지 기다려봐. 지금은 안 빌려주기로 하고/있는 시간야.(「엔카운터 誌」) ＊이런 전화를, 번역하는 친구를 옆에 놓고,/생색을 내려고, 하고 나서, 그 訃告를/그에게 전하고, 그 무지무지한 소란 속에서(「전화 이야기」) ＊29일까지는 된다고 하고 그러나 넉넉잡고 내일까지 기다리라고 한 3만 원(「판문점의 감상」) ＊조악한 방송들이 어떻게 돼야 하고/어떻게 될 것이다/먼저 어떻게 돼야 하고 어떻게 될 것이다(「라디오 계」) ＊익살맞은 어린 놈은 활극이 되나 하고//조바심을 하고 식모 아가씨나 가게/아가씨는 연애가 되나 하고/애타하고 원효의 염불 소리 까지도/잊고—죄를 짓고 싶다(「원효대사」) ＊걸리고 울리고 일어나도 걸리고/앉아도 걸리고 항상 일어서야 하고 항상/앉아야 한다 피로하지 않으면(「의자가 많아서 걸린다」)
하기 ＊부끄러움이 없는/부끄러움을 더한층 뜻있게 하기 위하여/있으리라는 믿음에서(「付託」) ＊수치와 고민의 순간을 너에게 보이거나/들키거나 하기가 싫어서가 아니라(「도취의 피안」)
하는 ＊그것을 그리려고 하는 나의 붓은 말할 수 없이 깊은 치욕(「九羅重花」) ＊어둠 속에서 일순간을 다투며/없어져버린 애처롭고 아름답고 화려하고 부박한 꿈을 찾으려 하는 것은 […]나는 쉴 사이 없이 가야 하는 몸이기에(「구슬픈 육체」) ＊피곤을 잊어버리게 하는 밝은 태양 밑에는(「거리2」) ＊아는 사람이/이 캄캄한 범행의 현장을/보았는가 하는 일이었다(「죄와 벌」) ＊잠시 그는 별과 또 하나의 것을 쳐다보고 있어야 하는 것이다(「토끼」) ＊가야만 하는 사람의 이별을/기다리는 것처럼/생활은 熱度를 측량할 수 없고(「愛情遲鈍」) ＊진실을 찾기 위하여 진실을 잊어버려야 하는/내일의 역설 모양으로/나는 자유를 찾아서 포로수용소에 온 것이고[…]나는 예수 크리스트가 되지 않았나 하는 신성한 錯感조차 느껴보는 것이었다(「조국에 돌아오신 傷病捕虜 동지들에게」)＊(쉰다는 것이 무엇이라는 것을 알면서)/쉬어야 하는 설움이여(「휴식」) ＊너를 잊고 살아야 하는 까닭에/로날드 골맨의 신작품을/눈여겨 살펴보며(「바꾸어진 지평선」) ＊또한 설움의 귀결을 말하고자 하는 것도 아니다(「꽃2」) ＊가벼운 무게가 하늘을/생각하게 하는/자[針尺]의 優雅는 무엇인가(「자」) ＊혁명은/왜 고독해야 하는 것인가를(「푸른 하늘을」) ＊내가 말없이 집어 걸기만 하는 이유,/모르지?(「모르지?」) ＊수레를 털털거리게 하는 욕심의 돌(「시」(1961)) ＊어깨를 아프게 하는 것은/老朽의 미덕은 시간이 아니다[…]머리를 아프게 하는 것은/두통의 미덕은 시간이 아니다(「백지에서부터」) ＊이런 경이는 나를 늙게 하는 동시에 젊게 한다(「현대식 교량」)

하는가 ＊빈 방안에 나는 홀로이 머물러 앉아/어떠한 내용의 책을 열어보려 하는가(「방안에서 익어가는 설움」)

하는데 ＊나는/나의 눈을 찌르는 이 따가운 가옥과/집물과 사람들의 음성과 거리의 소리들을/커다란 해양의 한 구석을 차지하는/조고마한 물방울로/그려보려 하는데(「거리1」)

하더라도 ＊내가 살기 위하여/몇 개의 번개 같은 환상이 필요하다 하더라도/꿈은 교훈(「긍지의 날」)

하였다 ＊생후의 토끼가 살기 위하여서는/전쟁이나 혹은 나의 진실성 모양으로 서서 있어야 하였다/누가 서 있는 게 아니라 토끼가 서서 있어야 하였다/그러나 그는 캥거루의 일족은 아니다/水牛나 生魚같이/음정을 맞추어 우는 법도/습득하지는 못하였다/그는 고개를 들고 서서 있어야 하였다(「토끼」)

하지 ＊그리하여 나는 자유를 위하여 출발하고 포로수용소에서 끝을 맺은 나의 생명과 진실에 대하여/아무 뉘우침도 남기려 하지 않습니다(「조국에 돌아오신 傷病捕虜 동지들에게」)

하지도 ＊이런 경이는 나를 늙게 하는 동시에 젊게 한다/아니 늙게 하지도 젊게 하지도 않는다(「현대식 교량」)

한 ＊그러한 나의 반역성을 조소하는 듯이 스무 살도 넘을까 말까 한 노는 계집애와 머리가 고슴도치처럼 부스스하게 일어난 쓰메에리의 학생복을 입은 청년이 들어와서 커피니 오트밀이니 사과니 어수선하게 벌여놓고 계통 없이 처먹고 있다(「시골 선물」) ＊영사판을 받치고 있는 주야를 가리지 않는 어둠이/표면에 비치는 현실보다 한치쯤은 더/소중하고 신성하기도 한 것인지 모르지만(「영사판」)

한다 ＊일어나도 걸리고/앉아도 걸리고 항상 일어서야 하고 항상/앉아야 한다 피로하지 않으면//울린다 시를 쓰다 말고 코를 풀다 말고/테이블 밑에 신경이 가고 탱크가 지나가는/沿道의 음악을 들어야 한다(「의자가 많아서 걸린다」) ＊영롱한 꽃송이는 나의 마지막 인내를 부숴버리려고 한다(「九羅重花」) ＊그것은 저 넓은 문창호의 수많은/틈 사이로 흘러들어오는 겨울바람보다도 나의 눈을 밝게 한다(「나의 가족」) ＊나는 잠시 아름다운 統覺과 조화와 영원과 귀결을 찾지 않으려 한다(「구슬픈 육체」) ＊시간이 싫으면서/너를 타고 가야 한다(「네이팜 탄」) ＊나는 지금 간밤의 쓰디쓴 후각과 청각과 미각과 統覺마저 잊어버리려고 한다(「여름 아침」) ＊나는 오늘도 누구에게든 얽매여 살아야 한다(「꽃」) ＊민주주의의 싸움이니까 싸우는 방법도 민주주의식으로 싸워야 한다(「하…… 그림자가 없다」) ＊아아 그놈의 사진을 떼어 없애야 한다(「우선 그놈의 사진을 떼어서 밑씻개로 하자」) ＊푸른 하늘을 제압하는/노고지리가 자유로웠다고/부러워하던/어느 시인의 말은 수정되어야 한다(「푸른 하늘을」) ＊奇蹟을 기적으로 울리게 한다/죽은 기적을 산 기적으로 울리게 한다(「참음은」) ＊웃는 얼굴을 더 웃게 하고/죽은 사람을 되살아나게 한다(「거위 소리」) ＊우리 집의 의젓한 벽돌기둥의 정문 앞을/새벽녘에 거닐었다고 한다(「도적」)

한다고 ＊안하기로 했다 안해도 된다고/생각했다 안해야 한다고 생각했다(「VOGUE야」)

한다는 ＊아부에도 여유가 있어야 한다는 말일세(「만시지탄은 있지만」)

한다지 ＊무어라고 수고의 인사를 해야 한다

지(「사치」)
할 *오늘도 어제와 같이 괴로운 잠을/이루울 준비를 해야 할 이 시간에(「가까이 할 수 없는 서적」) *나는 결코 울어야 할 사람은 아니며/영원히 나 자신을 고쳐가야 할 운명과 사명에 놓여 있는 이 밤에(「달나라의 장난」) *오늘밤도 보아야 할 죽순의 거치러운/꿈/완전히 무시를 당하고 나서야(「付託」) *한마디 드려야 할 정당한 이유의 말이 있다(「조국에 돌아오신 傷病捕虜 동지들에게」) *이 가족의 조화와 통일을/나는 무엇이라고 불러야 할 것이냐(「나의 가족」) *순결과 오점이 모두 그의 상징이 되려 할 때(「서책」) *타락한 오늘을 위하여서는/내가 〈오늘〉보다 더 깊이 떨어져야 할 것이다(「바뀌어진 지평선」) *고생도 마음대로 할 수 없는 세상에서는/철 늦은 거미같이 존재 없이 살기도 어려운 일[…]어디로이든 가야 할 반역의 정신//나는 지금 산정에 있다—/시를 반역한 죄로/이 메마른 산정에서 오랫동안 꿈도 없이 바라보아야 할 구름(「구름의 파수병」) *가장 아름다운 이기적인 시간 위에서/나는 나의 검게 타야 할 정신을 생각하며(「여름 아침」) *무엇보다도 먼저 끊어야 할 것이 설움이라고 하면서(「병풍」) *그 사나이의 눈초리를 보셨나요/잊어버려야 할 그 눈초리를(「靈交日」) *부산에서 언제 올라왔느냐 헛말같이라도 물어보아야 할 것을(「말」(1958)) *그것은 내일이 되면 포탄이 되어서/휘황하게 날아가야 할 지혜이기 때문이다(「조그마한 세상의 지혜」) *구름 끝에 혀를 대는 잎사귀처럼/몸을 떨며 귀기울이려 할 때(「말복」) *흉악한 그놈의 사진을/오늘은 서슴지 않고 떼어놓아야 할 날이다(「우선 그놈의 사진을 떼어서 밑씻개로 하자」) *혁명이란/방법부터가 혁명적이어야 할 터인데(「육법전서와 혁명」) *석양에 비쳐 눈부신/일년 열두 달 쉬는 법이 없는/걸찍한 강변밭 같기도 할 것이니(「가다오 나가다오」) *익살스러울 만치 모든 질문이 없어지고/모든 사람에게 고해야 할 너무나 많은 말을 갖고 있지만(「말」(1964)) *또 내가 주어야 할 것도 신문값만이 아니다(「제임스 띵」) *될 수만 있으면 독자들에게 이 깨알만한 글씨보다 더/작게 써야 할

이 고초의 시기의/보다 더 작은 나의 즐거움을 피력하고 싶다(「이 한국문학사」) *이것을 받아야 할 사람은 1·4후퇴 때 나온/친구의 부인(「판문점의 감상」)
할지 *달콤한 마음에 싸여서/어디고 가야 할지 모르는 마음—[…]사막의 한 끝을 찾아가는 먼 나라의 외국 사람처럼 나는 어디로 가야 할지 모르겠다(「거리2」)
합니다 *나는 내 가슴에/또 하나의 종지부를 찍어야 합니다.(「웃음」)
해다오 *아내여 화해하자 그대가 흘리는 피에 나도/참가하게 해다오 그러기 위해서만/이혼을 취소하자(「이혼 취소」)
해서는 *나의 아들에게 불손한 말을 걸어서는/아니 된다 나의 사상에 노기를 띠우게 해서는/아니 된다[…]신·구의 교체식을 그 이튿날/꿈에까지 보이게 해서는 아니 된다(「제임스 띵」)
했는지 *막걸리값으로 하려고/했는지 아침쌀을 팔려고 했는지 아마/그 정도일 거라 그것을 그놈이 가져/가기 전에 우리가 발견했다(「도적」)
했다 *그리고 아들아 나는 아직도 너에게 할 말이/왜 없겠는가 그러나 안한다/안하기로 했다 안해도 된다고/생각했다 안해야 한다고 생각했다(「VOGUE야」)
했어 *매춘부 젊은애들, 때묻은 발을 꼬고 앉아서/유부우동 먹고 있는 것을 보다가 생각한 것이/아냐. 그때는 빌려드리려고 했어. 관용의 미덕—(「엔카운터 誌」)
했지만 *빌려주지 않겠다. 빌려주겠다고 했지만/빌려주지 않겠다. 야한 선언을/하지 않고 우물쭈물 내일을 지내고/모레를 지내는 것은 내가 약한 탓이다.(「엔카운터 誌」) *그대가 준 손수건의 암시처럼/불길한 눈물을 흘리게 했지만/그 분풀이로 어리석은 나는 술을 마시고(「세계일주」)
하다³ 보조형용사. ①같은 형용사가 거듭하여 쓰일 경우에 그 아래에 거듭될 형용사 대신으로 쓰여 '매우'·'몹시' 등의 뜻을 나타내는 말. ②형용사의 어미 '―어야'·'―아야'·'―여야' 등의 뒤에 쓰여 꼭 그러하여야 함을 나타내는 말. ③형용사의 어미 '―기'에

'만·조차·까지·는' 등의 조사가 어울린 말 뒤에 쓰여, 서술을 돕고 강조하는 말.

하고 *복사씨가 사랑으로 만들어진 것이 아닌가 하고/의심할 거다!(「사랑의 변주곡」)

하느냐 *「적이 어디에 있느냐?」/「적은 꼭 있어야 하느냐?」(「적」)

하는데 *「도적질을 하는 것도 저렇게 부지런 하여야 하는데 우리는 이게 무어야 빨리 나가서 배 들어오는 것을 기다리세」하고 친구가 서두른다(「미숙한 도적」)

한 *생각하면 그것은 둥근 옹이같이 어지러웁기만 한 일이지만/거기에는 초점이 없지도 않다(「기자의 정열」) *푸르고 연하고 길기만 한 가지와 줄기의 내면은/완전한 공허를 끝마치고 있었던 것이다(「꽃2」) *석양에 비쳐 눈부신 카운터 같기도 한 것이니(「가다오 나가다오」)

하다못해 '비록 가장 좋지 않은 상태에 놓였다 하더라도' 또는 '비록 어찌할 길이 없는 처지에 놓였다 하더라도'의 뜻을 나타냄. *오늘과 내일의 차이를 정시하기 위하여/하다못해 이와 같이 타락한 신문기자의/탈을 쓰고 살고 있단다(「바뀌어진 지평선」)

하다하다못해 '하다못해'의 뜻을 강조한 표현. ☞ 하다못해. *파자마 바람으로 체면도 차리고 돈도 벌자고/하다하다못해 번역업을 했더니(「파자마 바람으로」)

하도 크게. 매우-. 대단히. *배고픈 사람이/하도 많아 그러나/시 같은 것/시 같은 것/안 쓰려고 그러나(「<4·19>시」) *꿩이 푸다닥거리고 날아가는 소리든/하도 심심해서 정찰을 나온 꿀벌의 소리든/무슨 소리는 있어야겠다(「伏中」)

하드롱지(—紙) 주로 포장 용지로 많이 쓰이는 노란색 종이. *하얀 종이가 옥색으로 노란 하드롱지가/이 세상에는 없는 빛으로 변할 만큼 밝다(「백지에서부터」)

하루 ①상오 0시로부터 하오 12시까지의 24시간 동안. ②아침에 날이 새어서부터 저녁에 어두워질 때까지의 동안. 종일(終日). *하루에 한번씩 찾아오는/수치와 고민의 순간을 너에게 보이거나/들키거나 하기가 싫어서가 아니라(「도취의 피안」) *피곤한 하루의 나머지 시간이 눈을 깜짝거린다(「피곤한 하루의 나머지 시간」) *한 달에 12, 3만 환이 소리 없이 들어가고/알은 하루 60개밖에 안 나오니/묵은 닭까지 합한 닭모이값이/일주일에 6일을 먹고/사람은 하루를 먹는 편이다(「만용에게」)

하루바삐 하루라도 바삐. *나가다오 너희들 다 나가다오/너희들 미국인과 소련인은 하루바삐 나가다오[…]가다오 너희들의 고장으로 소박하게 가다오/너희들 미국인과 소련인은 하루바삐 가다오(「가다오 나가다오」)

하루살이 ①하루살잇과의 곤충. 생김새는 잠자리와 비슷하나 날개와 몸이 매우 작음. 유충은 물속에서 여러 해를 지내다가 성충으로 탈바꿈해서는 여름철 저녁에 떼 지어 날아다님. 알을 낳은 지 몇 시간 만에 죽음. 부유. ② 앞일을 헤아리지 않고 '그날그날 닥치는 대로 살아가는 사람'을 비유하여 이르는 말. ③ '생명의 짧음', '덧없음' 등을 비유하여 이르는 말. *하루살이의 狂舞여/하루살이는 지금 나의 일을 방해한다—나는 확실히 하루살이에게 겼다고 생각한다—/하루살이의 유희여//너의 모습과 너의 몸짓은/어쩌면 이렇게 자연스러우냐/소리없이 기고 소리없이 날으다가/되돌아오고 되돌아가는 무수한 하루살이—/그러나 나의 머리 위의 천장에서는 너의 소리가 들린다—/하루살이의 反覆이여/불 옆으로 모여드는 하루살이여/벽을 사랑하는 하루살이여/감정을 잊어버린 시인에게로/모여드는 모여드는 하루살이여/—나의 시각을 쉬게 하라—/하루살이의 황홀이여(「하루살이」)

하루종일(一終日) 온종일. *—이러면 하루종일/밤의 꿈속에서도/당당한 피아노가 울리게 마련이다(「피아노」) *더위도 가시고 오늘은 하루종일 일도/안하고 있지만 밀용인찰지의 나의 생활을/당신한테 보일 수는 없소(「美濃印札紙」)

하루하루 ①그날그날. ②하루가 지날 때마다. *그러한 생각을 함으로써 하루하루 도회의 때가 묻어가는 나의 몸을 분하다고 한탄한다(「미숙한 도적」)

하룻동안 '하루'라는 시간 사이 혹은 그 내내. *설파제를 먹어도 설사가 막히지 않는다/하룻동안 겨우 막히다가 다시 뒤가 들먹들먹한다(「설사의알리바이」)

하물며 '더군다나'의 뜻으로 쓰이는 접속 부사. *동회란 동회에서 시청이란 시청에서/회사란 회사에서/××단체에서 ○○협회에서/하물며는 술집에서 음식점에서 양화점에서/무역상에서 가솔린 스탠드에서/책방에서 학교에서(「우선 그놈의 사진을 떼어서 밑씻개로 하자」) *그 이유를/말할 필요도 없다/낚시질도/안 간다/假裝 파티에/가본 일도 없다/하물며/중립사상연구소에는/그림자도 비친 일이 없다(「이놈이 무엇이지?」)

하바(영, haba) 미군 속어로 '빨리'의 의성어. *야 빨리 들어가 하바! 하바!/나는 아리조나 카보이야/아리조나 카보이야(「나는 아리조나 카보이야」)

하수도(下水道) 하수가 흘러 내려가도록 만든 도랑이나 시설. *도회와 시골이 편편하고/시골과 도회가 편편하고/신문이 편편하고/시원하고/버스가 편편하고/시원하고/하수도가 편편하고/시원하고(「檄文」)

하아프(영, harp) '하프'의 당대 표기. 현악기의 한 가지. 위쪽이 굽은 삼각형 틀에 마흔일곱 개의 현을 세로로 걸었는데, 그것을 두 손으로 퉁기어 연주함. *나는 아이들을 가르치면서/우리나라가 종교국이라는 것에 대한 자신을 갖는다/절망은 나의 목뼈는 못 자른다 겨우 손마디뼈를/새벽이면 하아프처럼 분질러놓고 간다(「우리들의 웃음」)

하얗다 매우 희다.

하아얀 *「올 겨울은 눈이 적어서 토끼가 은거할 곳이 없겠네」//「저기 저 하아얀 것이 무엇입니까」/「불이다 山火다」(「토끼」)

하얀 *우리집 뜰앞 토끼는 지금 하얀 털을 비비며 달빛에 서서 있다(「토끼」) *아직도/소록도의 하얀 바다에/두고/버리고/던지고 온 취기가/가시지 않은 탓이라고 생각한다……(「旅愁」) *하얀 종이가 옥색으로 노란 하드롱지가/이 세상에는 없는 빛으로 변할 만큼 밝다[…]내가 나를 잊어버리기 때문에/개울과 개울 사이에/하얀 모래를 골라 비둘기가 내려앉듯/시간이 내려앉는다[…]하얀 종이가 분홍으로 분홍 하늘이/녹색으로또 다른 색으로 변할 만큼 밝다(「백지에서부터」)

하얗게 *하얗게 마른 마루틈 사이에서/들어오는 바람에서/느끼는 투지와 애정은 젊다[…]하얗게 마른 마루틈 사이에서/검은 바람이 들어온다고 외쳐라(「가옥 찬가」)

하얘지다 하얗게 되다.

하얘져 *노란 꽃을 주세요 금이 간 꽃을/노란 꽃을 주세요 하얘져 가는 꽃을/노란 꽃을 주세요 넓어져 가는 소란을(「꽃잎2」)

하여간 어쨌든. 좌우간(左右間). 하여튼. *18년 후에 이렇게 뼈젓이 서울의 다방 건너 막걸리집에서 또 만나게 됐으니/하여간 반갑다 잠입한 사랑아 무식한 사랑아(「滿洲의 여자」) *풀방구리를 드나드는 쥐의 돈/그러나 내 돈이 아닌 돈/하여간 바쁨과 한가와 실의와 초조를 나하고 같이한 돈/바쁜 돈—(「돈」)

하와이(Hawaii) 북태평양상에 있는 미국의 주. 1959년 8월 21일 미국의 50번째 주로 합병되었다. 하와이는 총 137개의 작은 섬들로 이루어져 있으며 미본토 서부로부터 2,400마일 떨어진 태평양 중앙 부근에 위치해 있다. *여기 떡갈나무 잎이 있는데 이것을 가지고 가서/하와이 영사한테 보여라/그리고 돌아올 때는 구름을 타고 오너라(「나는 아리조나 카보이야」)

하우스펠(영, houseful) 집안 가득(한세정, 「생활의 발견 혹은 '오늘'의 뮤즈의 발견」, 『다시 읽는 김수영 시』(최동호, 강웅식 편), 작가출판사, 2005. 참조). *골맨, 게이블, 레이트, 디보스,/매리지,/하우스펠 에어리어/—(영국인들은 호스피털 에어리어」)(「바뀌어진 지평선」)

하이데거(Heidegger, Martin) 1889~1976. 독일의 철학자. 20세기 독일의 실존철학을 대표한다. 프라이부르크 대학교에서 후설에게 현상학(現象學)을 배웠다. 제2차 세계대전 중에 나치스에 협력하였다는 이유로 전후에 한때 추방되었으나 후에 다시 복직되었다. 주요 저서로 『존재와 시간(Sein und Zeit)』(1927) 등이 있다. *그래서 나는 우둔한 그들을 사랑한다/나는 그들을 생각

하이데거

하면서 하이데거를/읽고 또 그들을 사랑한다(「모리배」)

하잘것없이 상대할 거리가 못 되게. 시시하게. 대수롭지 않게. 보잘것없이. *나야 늙어가는 몸 위에 하잘것없이 앉아있으면 고만이고/너는 날아가면 고만이지만/잠시라도 나는 취하는 것이 싫다는 말이다(「도취의 피안」)

하지만 그러나. 그렇지만. *그래도 누가 읽어줄지 모르는 신문 한구석에 너의 피가 어리어 있는 것이 반가워서보고 있는 것인가/기사라 하지만 네가 썼다고 알아주는 사람이 있어도 좋고 없어도 가히 무관한 것(「기자의 정열」) *만사에 여유가 있어야 하지만/위대한 〈개헌〉 헌법에 발을 맞추어 가자면/여유가 있어야지(「만시지탄은 있지만」) *나는 지금 일본 시인들의 작품을 읽으면서/내가 너무 자연스러운 전향을 한 데 놀라면서/이 이유를 생각하려 하지만/그 이유는 시가 안 된다(「轉向記」) *모르는 사람은 봄에 알을 많이 받을 것이니/마찬가지라고 하지만/봄에는 알값이 떨어진다(「만용에게」) *오늘도 여전히 일을 하고 걱정하고/돈을 벌고 싸우고 오늘부터의 할 일을 하지만/내 생명은 이미 맡기어진 생명(「말」(1964)) *시금치 이파리처럼 그렇게 부드러울 줄 알지/암 지금도 부드럽기는 하지만 좀 다르다/초가 쳐 있다 잔인의 초가(「잔인의 초」) *고칠 사람을 구하기가 어렵다고 하지만/돈이 아까울 거라 그럴 거라/내 추측이 맞을 거라/아니 내가 고치라고 하니까 안 고칠 거라(「도적」) *미인을 보고 좋다고들 하지만/미인은 자기 얼굴이 싫을 거야/그렇지 않고야 미인일까(「미인」) *불이 튕기고 별이 튕기고 영원의/행동이 튕기고 자고 깨고/죽고 하지만 모두가 坑 안에서/참호안에서 일어나는 일(「먼지」)

하퍼스(Harper's) 미국의 대표적인 문예 평론지. *나는 이러한 사진과 기사를 볼 때마다/이것은 ≪아틀랜틱≫과 ≪하퍼스≫의 광고부의 分室이 나타났다고/이곳 저널리스트의 역습의 묘리에 감탄

하퍼스

하고 있었는데(「백의」)

하필(何必) 어찌하여 반드시. 어째서 꼭. *연기의 정체는 없어지기 위한 것이다/그리고/하필 꽃밭 넘어서/짓궂게 짓궂게 없어져 보려는/심술맞은 연기도 있는 것이다(「연기」) *아가야 아가야/네 모양이 우스워서 노래를 부르자니/엄마는/하필 국민학교 놈의 국어공책을 집어주지(「자장가」) *나는 하필이면/왜 이 詩를/잠이 와/잠이 와/잠이 와 죽겠는데/왜/지금 쓰려나/이 순간에 쓰려나(「(4·19) 시」)

하하 ①기가 막혀 탄식하여 하는 말. ②무엇을 비로소 깨달았을 때 하는 말. *하하! 우주의 비밀을/아니/비밀은 비밀을 먹는 것인가요/하하하……(「靈交日」)

하하하 입을 벌리고 웃는 소리. 또는 그 모양. *하하! 우주의 비밀을/아니/비밀은 비밀을 먹는 것인가요/하하하……(「靈交日」)

학교(學校) 교육·학습에 필요한 설비를 갖추고 학생을 모아 일정한 교육 목적 아래 교사가 지속적으로 교육을 하는 기관 또는 그러한 공간. *무역상에서 가솔린 스탠드에서/책방에서 학교에서 전국의 국민학교란 국민학교에서 유치원에서/선량한 백성들이 하늘같이 모시고/아침저녁으로 우러러보던 그 사진은(「우선 그놈의 사진을 떼어서 밑씻개로 하자」) *그때도 너는 기적이었다/너의 의지는 싹트기 시작했다/너의 의지는/학교 안에서 배운 모든 것이/학교 밖에서 본 모든 것이/반드시 정말이 아니라는 것을 알았고/너의 어린 의사를 발표할 줄 알았다/우리는 너를 보고 깜짝 놀랐다//그때 너는 열일곱 살이었다/그때 너는 열일곱 살이었다/그때도 너는 기적이었다/너의 근육은 굳어지기 시작했다/너의 근육은/학교 밖에서 얻어맞은 모든 것이/골목길에서 얻어맞은 모든 것이/반드시 정말이 아니라는 것을 알았고/너의 어린 행동은/어린 상징을 면하기 시작했다(「65년의 새해」)

학구(學究) ①학문을 깊이 연구하는 일. 오로지 학문에만 몰두하는 일. ②'학문에만 몰두한 나머지 세상 물정에 어두운 고리타분한 사람'을 빗대어 이르는 말. ③지난날, '글방의 훈장'을 달리 이르던 말. *비숍 여사와 연애를 하고 있는 동안에는 진보주의자와/사회주

의자는 네에미 씹이다 통일도 중립도 개좆이다/은밀도 심오도 학구도 체면도 인습도 치안국/으로 가라(「거대한 뿌리」)

학대(虐待) 심하게 괴롭힘. 혹독하게 대우함. *내가 6·25 후에 价川 야영훈련소에서 받은 말할 수 없는 학대를 생각한다(「조국에 돌아오신 傷病捕虜 동지들에게」)

학도(學徒) ①학생. ②'학자' 나 '연구가' 가 스스로를 겸손하게 일컫는 말. *구태여 달관하고 있는 지금의 내 마음에/샘솟아 나오려는 이 설움은 무엇인가/모독당한 과거일까/약탈된 소유권일까/그대들 어린 학도들과 나 사이에 놓여 있는/연령의 넘지 못할 차이일까……(「국립도서관」)

학부형회의(學父兄會議) 학부모회의 모임. *내가 지금 6학년 아이들의 과외공부집에서 만난/학부형회의 어떤 어머니에게 느낀 여자의 감각/그 이마의 힘줄/그 힘줄의 集中度/이것은 죄에서 우러나오는 것이다(「여자」)

학비(學費) 학업을 닦는 데에 드는 비용. *여편네의 계산에 의하면 7할을 낳아도/만용이 (닭 시중하는 놈)의 학비를 빼면/아무것도 안 남는다고 한다(「만용에게」)

학살당하다(虐殺當—) 참혹하게 죽음을 당하다.
학살당한 *그러다가 드디어 나는 월남인이 되기까지도 했다/엉클 샘에게 학살당한/월남인이 되기까지도 했다(「풀의 영상」)

학생(學生) ①학교에서 공부하는 사람. ②학예(學藝)를 배우는 사람. *저기 나의 맞은편 의자에 앉아 먹고 떠들고 웃고 있는 여자와 젊은 학생을 내가 시골을 여행하기 전에 그들을 보았더라면 대하였으리 감정과는 다른 각도와 높이에서 보게 되는 나는 내 자신의 감정이 보다 더 거만하여지고 순화되어진 탓이라고는 생각하지 않는다(「시골 선물」) *그놈의 동상이 선 곳에는/민주주의의 첫 기둥을 세우고/쓰러진 성스러운 학생들의 웅장한/기념탑을 세우자(「우선 그놈의 사진을 떼어서 밑씻개로 하자」) *이래도/그대들은 유구한 公序良俗 정신으로/위정자가 다 잘해 줄 줄 알고만 있다/순진한 학생들/점잖은 학자님들/체면을 세우는 문인들/너무나 투쟁적인 신문들의 보좌를 받고[…]하기야/혁명이란 단자는 학생들의 선언문하고/신문하고/열에 뜬 시인들이 속이 허해서/쓰는 말밖에는 아니 되지만(「육법전서와 혁명」)

학생복(學生服) 학생이 입는 옷. 교복. *그러한 나의 반역성을 조소하는 듯이 스무 살도 넘을까 말까 한 노는 계집애와 머리가 고슴도치처럼 부스스하게 일어난 쓰메에리의 학생복을 입은 청년이 들어와서 커피니 오트밀이니 사과니 어수선하게 벌여놓고 계통 없이 처먹고 있다(「시골 선물」)

학자(學者) 학문을 연구하는 사람. 학문이 뛰어난 사람. *어두운 도서관 깊은 방에서 육중한 백과사전을 농락하는 학자처럼/나는 그네들의 고민에 대하여만은 투철한 자신이 있다(「거리2」) *순진한 학생들/점잖은 학자님들/체면을 세우는 문인들/너무나 투쟁적인 신문들의 보좌를 받고//아아 새까맣게 손때 묻은 육법전서가/표준이 되는 한/나의 손등에 장을 지져라(「육법전서와 혁명」)

한[1] ①'하나'의 뜻으로 쓰이는 말. ②'대략'의 뜻으로 쓰이는 말. ③'어떤'·'어느'의 뜻으로 쓰는 말. *얼굴은 분간할 수도 없는데/술한 병만이 방 한가운데/장채를 띠고 앉아 있다[…]청한 지 반 시간만에 떠다 주는 냉수를 한 대접 마시고/계단을 내려와서/어젯밤에 술을 마시던 방을 들여다보니 이불도 베개도 타구 하나 없이 깨끗하다(「미숙한 도적」) *나는 모자와 함께 나의 마음의 한 모퉁이를 모자 속에 놓고 온 것이라고/설운 마음의 한 모퉁이를(「시골 선물」) *설움과 힘찬 미소와 더불어 관용과 자비로 통하는 곳에서/늬가 사는 엷은 세계는 자유로운 것이기에/생기와 신중을 한몸에 지니고(「九羅重花」) *가만히 앉아 있어도 자꾸 뻐근하여만 가는 복을 돌려/시간과 함께 비스듬히 내려다보는 것/그것은 혹시 한 자루의 부채(「방안에서 익어가는 설움」) *누구 한 사람의 입김이 아니라/모든 가족의 입김이 합치어진 것(「나의 가족」) *나는/나의 눈을 찌르는 이 따가운 가옥과/집물과 사람들의 음성과 거리의 소리들을/커다란 해양의 한 구석을 차지하는/조고마한 물방울로/그려보려 하는데(「거리1」) *여기는 서울 안에서도 가장 번잡한 거리의 한 모퉁이/나는 오늘 세상에 처음 나온 사람모양으로 쾌활하다[…]사막의 한 끝을 찾아가는 먼 나라의 외국 사람처럼 나는 어디로 가야 할지 모르겠다[…]여기는 좁은 서울에서도 가장 번거로운 거리의 한 모퉁이/우울 대신에 수많은 기폭을 흔드는 쾌활(「거리2」) *큰 아름드리나무에 박힌 옹이처럼 너는 네가 한 신문기사를 매일 아침 게시판 위에서 찾아보는 버릇이 너도 모르게 어느덧 생기고 말았다(「기자의 정열」) *방 두 칸과 마루 한 칸과 말쑥한 부엌과 애처로운 처를 거느리고/외양만이라도 남과 같이 살아간다는 것이 이다지도 쑥스러울 수가 있을까(「구름의 파수병」) *여름 아침에는/자비로운 하늘이 무수한 우리들의 사진을 찍으리라/단 한 장의 사진을 찍으리라(「여름 아침」) *10년이란 한 사람이 준 상처를 다스리기에는 너무나 짧은 세월이다(「누이야 장하고나!」) *한잔 더 주게 한잔 더 주게/ 그런데 여자는 술을 안 따른다/ 건너편 친구가 내는 외상술이니까(「滿洲의 여자」) *모이 한 가마니에 430원이니/한 달에 12, 3만 환이 소리 없이 들어가고/알은 하루 60개밖에 안 나오니[…]아니 430원짜리 한 가마니면 이틀은 먹일 터인데/어떻게 된 셈이냐고 오늘 아침에도 뇌까렸다(「만용에게」) *무수한 돈을 만졌지만 결국은 헛 만진 것/쓸 필요도 없이 한3, 4일을 나하고 침식을 같이한 돈(「돈」) *나는 아직도 앉는 법을 모른다/어쩌다 셋이서 술을 마신다 둘은 한 발을 무릎 위에 얹고/도사리지 않는다(「거대한 뿌리」) *초저녁에 두 번 새벽에 한 번/그러니 아직도 늦지 않지 않았느냐고 한다(「강가에서」) *그때 너는 한 살이었다/그때 너는 한 살이었다/그때도 너는 기적이었다(「65년의 새해」) *한 놈은 가죽 방한모에 빨간 마후라였지만/또 한 놈은 잘 안 보였고 매일 아침 들음「신문요」의 목소리를 회상하며/어떤놈이 新인지 舊인지를 가려낼 틈도(「제임스 띵」) *지금 불란서 소설을 읽으면서 아직도 말하지/못한 한 가지 말—정치 의견의 우리말이/생각이 안 난다[…]나는 한 가지를 안 속이려고 모든 것을 속였다(「거짓말의 여운 속에서」) *우주의 완성을 건 한 字의 생명의/귀추를 지연시키고/소녀가 무엇인지를/소녀는 나이를 초월한 것임을/너는 어린애가 아님을/너는 어른도 아님을(「꽃잎3」) *그리하여/피로도 내가 만드는 것/긍지도 내가 만드는 것/그러할 때면은 나의 몸은 항상/한 치를 더 자라는 꽃이 아니더냐/오늘은 필경 여러 가지를 합한 긍지의 날인가 보다(「긍지의 날」) *하기는 현실이 고귀한 것이 아니라/영사판을 받치고 있는 주야를 가리지 않는 어둠이/표면에 비치는 현실보다 한치쯤은 더/소중하고 신성하기도 한 것인지 모르지만(「영사판」)

한² (접두사) '같음'의 뜻을 나타냄. *돌려 달라고 우리가 강청한 사람은 이 돈을 받을 사람과 한 고향인 함경도 친구(「판문점의 감상」)

한(限)³ 조건을 나타냄. *나에게 놋주발보다도 더 쨍쨍 울리는 추억이/있는 한 인간은 영원하고 사랑도 그렇다(「거대한 뿌리」)

한가(閑暇·閒暇) 하는 일이 적거나 바쁘지 않아 겨를이 많다. *하여간 바쁨과 한가와 실의와 초조를 나하고 같이한 돈/바쁜 돈—/아무도 正視하지 못한 돈—돈의 비밀이 여기 있다(「돈」)

한가운데 가장 중심인 가운데. 중간. 한중간. 한복판. *얼굴은 분간할 수도 없는데/술 한 병만이 방 한가운데/광채를 띠고 앉아 있다(「미숙한 도적」)

한걸음 한숨에 내처 걷는 걸음. *두려운 세상과 같이 배를 대고 있는/너의 대담성—그래서 나는 구태여 너에게로 더 한걸음 바싹 다가서서/그리움도 잊어버리고 웃는 것이다(「너는 언제부터 세상과 배를 대고 서기 시작했느냐」)

한결 보다 더. 훨씬. 꽤. *기사라 하지만 네가 썼다고 알아주는 사람이 있어도 좋고 없어도 가히 무관한 것/그러기에 한결 가벼운 휴식의 마음으로 쓰고 있을 수 있었던 것(「기자의 정열」)

한계(限界) ①땅의 경계. ②사물의 정하여진 범위. *너의 어린 포부는/불가능의 한계를 두드려보기 시작했다/너는 이제 우리 키보다도 더 커졌다(「65년의 새해」)

한구석 한쪽에 치우친 곳. 한쪽의 구석. *낭만적 위대성을 잊어버린 지 오랜 네가 인류를 위하여 산다는 것도 거짓말에 가까운 것이지만/그래도 누가 읽어줄지 모르는 신문 한구석에 너의 피가 어리어 있는 것이 반가워서 보고 있는 것인가(「기자의 정열」) *소음에 시달린 마당 한구석에/철 늦게 핀 여름 장미의 흰구름/소나기가 지나고 바람이 불듯/하더니 또 안 불고/소음은 더욱 번성해진다(「여름 밤」)

한국(韓國) ① '대한민국'의 준말. ② '대한 제국'의 준말. *그는 한국에 수입되어 가지고 완전한 고아가 되었고/거리에 흩어진 월간 대중잡지 위에 매월 그의 사진이 게재되어 왔을 뿐만 아니라/어느 삼류 신문의 사회면에는 간혹 그의 구제금 응모기사 같은 것이 나오고 있다(「백의」) *그렇게 되면 미·소보다는/일본, 瑞西, 인도가 더 뻐젓하고/그보다도 한국, 월남, 대만은 No.1 country in the world(「만시지탄은 있지만」) *聖人은 처를 적으로 삼았다/이 한국에서도 눈이 뒤집힌 사람들/틈에 끼여 사는 처와 처들을 본다/오 결별의 신호여(「적 2」)

한국문학사(韓國文學史) ①한국 문학의 역사. ②한국 문학의 역사적 발전 과정을 연구하는 학문. *덤핑 출판사의 일을 하는 무의식 대중을 웃지 마라/지극히 시시한 이 발견을 웃지 마라/비로소 충만한 이 한국문학사를 웃지 마라(「이 한국문학사」)

한기(寒氣) ①추운 기운. 추위. ②병적으로 몸에 느껴지는 으스스한 기운. 오한(惡寒). *이제 내 몸은 내 몸이 아니다/이 가슴의 動悸도 기침도 寒氣도 내 것이 아니다(「말」(1964))

한꺼번에 몰아서 한 번에. 죄다. 동시에. 단숨에. *응아 하고 운 뒤에도 또 내릴까//한꺼번에 생각하고 또 내린다//한 줄 건너 두 줄 건너 또 내릴까(「눈」(1966)) *캄캄한 사무실 한복판에서/나는 눈이 먼 암소나 다름없이 선량한데/이 공간의 넓이를 가리키면서/한꺼번에 구겨지자 없어지는 벼락과 천둥/이것이 또 앞으로 얼마나 계속될는지(「付託」)

한끝 한쪽의 끝. 맨 끝. *팽이 밑바닥에 끈을 돌려 매이니 이상하고/손가락 사이에 끈을 한끝 잡고 방바닥에 내어던지니/소리없이 회색 빛으로 도는 것이/오래 보지 못한 달나라의 장난 같다(「달나라의 장난」)

한데 한곳. 한군데. *이놈들이 다 이성망이 부하들이다/한데 묶어놔라/야 이놈들아 고갤 숙여/너희놈 손에 돌아가신 우리 형님들/무덤 앞에 절을 구천육백삼십오만 번만 해/나는 아리조나 카보이야(「나는 아리조나 카보이야」)

한도(限度) 일정하게 정한 정도. *동무여 이제 나는 바로 보마/사물과 사물의 생리와/사물의 수량과 한도와/사물의 우매와 사물의 명석성을//그리고 나는 죽을 것이다(「孔子의 생활난」)

한마디 간단한 말. 짧은 이야기나 의견. *그리고 이러한 변명이 지루하다고 꾸짖는 독자에 대하여는/한마디 드려야 할 정당한 이유의 말이 있다[…]아마 나의 영혼은 부지런히 일어나서 고생하고 돌아오는/대한민국 상병포로와 UN 상병포로들에게 한마디 말을 하였을 것이다(「조국에 돌아오신 傷病捕虜 동지들에게」) *그러나 나는 오늘 아침의 때묻은 혁명을 위해서/어차피 한마디 할 말이 있다/이것을 나는 나의 일기첩에서/찾을 수밖에 없었다(「중용에 대하여」)

한바탕 ①한 번 일이 크게 벌어진 판. ②크게 한 판. *나는 의치를 빼서 호주머니에 넣고 앉자/선뜻 인사를 하고/淫詩를 한바탕 읊었더니/여간 좋아들 하지 않는다(「미숙한 도적」)

한밤중(—中) 밤 열두 시를 전후한 때. 깊은 밤중. *피아노는 밥을 먹을 때도 새벽에도/한밤중에도 울린다(「피아노」)

한번(一番) (명사) ①기회 있는 어떤 때. 잠깐, 일단의 뜻으로 쓰는 말. ②과거의 어느 때. ③기회 있는 어떤 때. (부사) '아주 참'·'대단히'의 뜻으로 쓰이는 말. *그가 입에서 탄생되었다는 것은 또 한번 토끼를 생각하게 한다(「토끼」) *손님으로 온 나는 이 집 주인과의 이야기도 잊어버리고/또 한번 팽이를 돌려주었으면 하고 원하는 것이다(「달나라의 장난」) *나의 동요 없는 마음으로/너를 다시 한번 치어다보고 혹은 내려다보면서 無量의 환희에 젖는다(「九羅重花」) *아가야 아가야/돌도 아니 된 너는 머리도 한번 깎지를 않고/엄마는/너를 보고 되놈이라고 부르지(「자장가」) *나는 여기에서 다시 한번 숙고한다/鷄舍건너 신축 가옥에서 마치질하는/소리가 들린다(「중용에 대하여」) *한번 잔인해봐라/이 문이 열리거든 아무 소리도 하지 말아봐라(「잔인의 초」) *한번 정정당당하게/붙잡혀간 소설가를 위해서/언론의 자유를 요구하고 월남파병에 반대하는/자유를 이행하지 못하고(「어느 날 고궁을 나오면서」) *한번 더 고비를 넘을 수도 있었는데 그만큼/지독하게 속이면 내가 곧 속고 만다(「性」) *倒立한 나의 아버지의/얼굴과 나여//나는 한번도 이[蝨]를/보지 못한 사람이다//어두운 옷 속에서만/이는 사람을 부르고/사람을 울린다//나는 한번도 아버지의/수염을 바로는 보지/못하였다(「이[蝨]」) *옛날 추억이 들은 그러나 일년 내내 한번도 펴본 일이 없는/죽은 기억의 휴지/아무것도 집어넣어본 일이 없는 왼쪽 안호주머니(「후란넬 저고리」) *세계 다른 곳에서는 본 일이 없다고/천하를 호령한 민비는 한번도 장안 외출을 하지 못했다고……(「거대한 뿌리」) *하루에 한번씩 찾아오는/수치와 고민의 순간을 너에게 보이거나/듣기거나 하기가 싫어서가 아니라(「도취의 피안」) *복사씨와 살구씨가/한번은 이렇게/사랑에 미쳐 날뛸 날이 올 거다!(「사랑의 변주곡」)

한복판 복판의 바로 중심. 한가운데. 한중간. *캄캄한 사무실 한복판에서/나는 눈이 먼 암소나 다름없이 선량한데/이 공간의 넓이를 가리키면서/한꺼번에 구겨지자 없어지는 벼락과 천둥/이것이 또 앞으로 얼마나 계속될는지(「付託」) *새벽에 준 조로의 물이/대낮이 지나도록 마르지 않고/젖어 있듯이/묵은 사랑이/뉘우치는 마음의 한복판에/젖어있을 때/붉은 파밭의 푸른 새싹을 보아라/얻는다는 것은 곧 잃는 것이다(「파밭 가에서」) *그의 약간의 오류는 문제가 아냐/그의 오류는 꽃이야/그 무엇이라고 말할 수 없는 나라의 수도의/한복판에서//우리는 그 또 한복판이 되구 있어/그도 이 관용을 알고 이 마지막 관용을 알고 있지만/吟味癖이 있는 나보다는 덜 알고 있겠지(「H」)

한사코 기어코. 몹시 고집을 세워. *영원히 나 자신을 고쳐가야 할 운명과 사명에 놓여 있는 이 밤에/나는 한사코 방심조차 하여서는 아니 될 터인데/팽이가 나를 비웃는 듯이 돌고 있다(「달나라의 장난」) *5월 혁명 이전에는 백양을 피우다/그 후부터는/아리랑을 피우고/와이셔츠 윗호주머니에는 한사코 색수건을 꽂아 뵈는 이유,/모르지?(「모르지?」) *파자마 바람으로 체면도 차리고 돈도 벌자고/하다 하다못해 번역업을 했더니/권말에 붙어나오는 역자 약력에는/한사코 ××대학 중퇴가 ××대학 졸업으로 誤植이 돼 나오니/이렇게 돼서야 그만이지/어떻게든지 체면을 차려볼 궁리 좀 해야지(「파자마 바람으로」)

한숨 ①한 번의 호흡, 또는 그 동안. ②잠깐 동안의 휴식이나 잠. ③근심이나 설움이 있을 때 길게 몰아서 내쉬는 숨. *그러나 오늘은 말복도 다 아니 갔으며/밤에는 물고기가 물 밖으로/달빛을 때리러 나온다//영원한 한숨이여(「말복」)

한아(寒鴉) 겨울의 까마귀. *寒鴉가 와서/그 날을 울더라/밤을 반이나 울더라/사람은 영영 잠귀를 잃었더라(「廟庭의 노래」)

한없이(限—) 끝없이. *오늘 또 활자를 본다/한없이 긴 활자의 연속을 보고/와사의 정치가들을 응시한다(「아메리카 타임 誌」) *거칠기 짝이 없는 우리 집안의/한없이 순하고 아득한 바람과 물결—이것이 사랑이냐/늙어도 좋은 것은 사랑뿐이냐(「나의 가족」) *벽 위에 걸어놓은 지도가/한없이 푸르다/이 푸른 바다와 산과 들 위에/화려한 태양이 날개를 펴고 걸어가는 것이다(「거리1」) *한없이 풀어지는 피곤한 마음에도/너는 결코 서둘지 말라(「봄 밤」)

한자(漢字) 중국어를 표기하는 중국 고유의 문자. 표의적(表意的) 음절 문자로 우리나라, 일본 등지에서도 널리 쓰이고 있음. *글씨가 가다가다 몹시 떨린 漢字가 있는데/그것은 물론 현정부가 그만큼 악독하고 반동적이고/가면을 쓰고 있기 때문이다(「중용에 대하여」)

한잔(—盞) '얼마 되지 않는 술', 또는 '간단히 한 차례 술을 마심'을 이르는 말. *낮에는 일손을 쉰다고 한잔 마시는 게라/저녁에는 어둠을 맞으려고 또 한잔 마시는 게라(「술과 어린 고양이」)

한참 시간이 꽤 지나는 동안의 한차례. *고민이 사라진 뒤에/이슬이 앉은 새봄의 낯익은 풀빛의 영상이/떠오르고 나서도/그것은 또 한참 시간이 필요했다(「풀의 영상」) *그때는 인국방송이 들리지 않아서/그들의 달콤한 억양이 금덩어리 같았다/그 금덩어리 같던 소리를 지금은 안 듣는다/참 이상하다//이 이상한 일을 놓고 나는 저녁상을/물리고 나서 한참이나 생각해 본다(「라디오 계」) *나는 이것이 쏟고 난 뒤에도 보통때보다/완연히 한참 더 오래 끌다가 쏟았다/한번 더 고비를 넘을 수도 있었는데 그만큼/지독하게 속이면 내가 곧 속고 만다(「性」)

한층(一層) 한결. 더욱. *차라리 앉아 있는 기계와 같이/취하지 않고 늙어가는/나와 나의 겨울을 한층 더 무거운 것으로 만들기 위하여/나의 눈이랑 한층 더 맑게 하여다오(「도취의 피안」) *도야지우리에 새가 날고/국화꽃은 밤이면 더 한층 아름답게 이슬에 젖는데/올 겨울에도 산 위의 초라한 나무들을 뿌리만 간신히 남기고 살살이 갈라갈 동네아이들……(「꽃」)

한탄하다(恨歎―) 뉘우쳐지거나 원통하여 한숨을 짓다.

한탄하지 *시간에 달린 기이다란 시간을 보시오/내가 어리다고 한탄하지 마시오/나는 내 가슴에/또 하나의 종지부를 찍어야 합니다(「웃음」)

한탄한다 *회에서 태어나서 도회에서 죽어가는 사람들은/젊은 몸으로 죽어가는 前線의 전사에 못지않게 불쌍하다고 생각하며/그러한 생각을 함으로써 하루하루 도회의 때가 묻어가는 나의 몸을 분하다고 한탄한다(「미숙한 도적」)

할머니 ①아버지의 어머니. 조모(祖母). ② '부모의 어머니와 같은 항렬의 여자'를 두루 일컫는 말. ③ '늙은 여자'를 친근하게 일컫는 말. 할머님. *오징어발에 말라붙은 새처럼 꼬리만 치지 않으면 돼/입만 반드르하게 닦아놓으면 돼/아버지 할머니 고조할아버지 때부터/어물전 좌판 밑바닥에서 걸어 있던 것이면 돼(「장시1」) *이 방에서 저 방으로 할머니가 계신 방에서/심부름하는 놈이 있는 방까지 죽음 같은/암흑 속을 고양이의 반짝거리는 푸른 눈망울처럼/사랑이 이어져가는 밤을 안다(「사랑의 변주곡」)

할버이 '할아버지'의 강원도 방언. *지금 참외와 수박을/지나치게 풍년이 들어/오이 호박의 손자머느리 값도 안 되게/헐값으로 넘겨버려 울화가 치받쳐서/고요해진 명수 할버이의/잿물거리는 눈이/비둘기 울음소리를 듣고 있을 동안에/나쁜 말은 안하니/가다오 가다오//지금 명수 할버이가 멍석 위에 넘어져 자고 있는 동안에/가다오 가다오/명수 할버이/잿님이 할아버지/경복이 할아버지/두붓집 할아버지는/너희들이 피지 섬을 침략했을 당시에는/그의 아버지들은 아직 젖도 떨어지기 전이었다니까/명수 할버이가 불쌍하지 않으냐(「가다오 나가다오」)

할아버지 ①아버지의 아버지. 조부(祖父). ② '부모의 아버지와 같은 항렬의 남자'를 두루 일컫는 말. ③ '늙은 남자'를 친근하게 일컫는 말. 할아버님. *잿님이 할아버지가 상추씨, 아욱씨, 근대씨를 뿌린 다음에/호박씨, 배추씨, 무씨를 또 뿌리고/호박씨, 배추씨를 뿌린 다음에/시금치씨, 파씨를 또 뿌리는/석양에 비쳐 눈부신/일년 열두 달 쉬는 법이 없는/걸찍한 강변밭 같기도 할 것이니[…]명수 할버이/잿님이 할아버지/경복이 할아버지/두붓집 할아버지는/너희들이 피지 섬을 침략했을 당시에는/그의 아버지들은 아직 젖도 떨어지기 전이었다니까/명수 할버이가 불쌍하지 않으냐/잿님이 할아버지가 불쌍하지 않으냐/두붓집 할아버지가 불쌍하지 않으냐/가다오 가다오//선잠이 들어서/그가 모르는 동안에/조용히 가다오 나가다오(「가다오 나가다오」)

함경도(咸鏡道) 함경 남·북도를 일컬음. *함경도 친구와 경상도 친구가 외국인처럼 생각돼서/술집에서 반드시 표준어만 쓰는 이유,/모르지?(「모르지?」) *집문서를 갖고 가서 무이자로 15개월만/돌려 달라고 우리가 강청한 사람은 이 돈을 받을 사람과 한 고향인 함경도 친구(「판문점의 감상」)

함께 같이. 더불어. 동시에. *자연은 나의 몇 사람의 독특한 벗들과 함께/토끼의 탄생의 방식에 대하여/하나의 異德을 주고 갔다(「토끼」) *꽃같이 사랑하는 무수한 동지들과 함께/꽃같은 밥을 먹었고/꽃같은 옷을 입었고/꽃같은 정성을 지니고/대한민국의 꽃을 이마 위에 동여매고 싸우고 싸우고 싸워왔다(「조국에 돌아오신 傷病捕虜 동지들에게」) *나는 모자와 함께 나의 마음의 한 모퉁이를 모자 속에 놓고 온 것이라고/설운 마음의 한 모퉁이를(「시골 선물」) *가만히 앉아 있어도 자꾸 뻐근하여만 가는 목을 돌려/시간과 함께 비스듬히 내려다보는 것/그것은 혹시 한 자루의 부채(「방안에서 익어가는 설움」) *너의 조상들이 우리의 조상과 함께/손을 잡고 超動物 세계 속에서 영위하던/자유의 정신의 아름다운 원형을/너는 또한 우리가 발견하고 규정하기 전에 가지고 있었으며/오늘에 네가 전하는 자유의 마지막 파편에/스스로 겸손의 침묵을 지켜가며 울고 있는 것이다(「헬리콥터」) *일한다는 의미가 없어져도 좋다는 듯이 구수한 벗이 있는 곳/너는 나와 함께 못난 놈이면서도 못난 놈이 아닌데/쓸데없는 도면 위에 글자만 박고 있으면 어떻게 하리(「사무실」) *바늘구멍만한 예지의 저쪽에 사는 사람들이여/나의 현실의 메트르여/어제와 함께 내일에 사는 사람들이여/강력한 사람들이여……(「예지」) *나는 모든 노래를 그 방에 함께 남기고 왔을 게다/그렇듯 이제 나의 가슴은 이유 없이 메말랐다[…]일하라 일하라 일하라는 말이/헛소리처럼 아직도 나의 가슴을 울리고 있지만/나는 그 노래도 그 전의 노래도 함께 다 잊어버리고 말았다(「그 방을 생각하며」) *나는 너와 함께 성을 내지 않는 소년//바다의 물결 작년의 나무의 체취(「여편네의 방에 와서」) *그의 죽음뿐이 아니라/혹은 그의 실종뿐이 아니라/그를 생각하는/그를 생각할 수 있는/너까지도 다 함께 숭배하고 마는 것이/숭배할 줄 아는 것이/나의 인내이니까(「누이야 장하고나!」) *아픈 몸이/아프지 않을 때까지 가자/온갖 식구와 온갖 친구와/온갖 적들과 함께/적들의 적들과 함께/무한한 연습과 함께(「아픈 몸이」)

함부로 ①마음대로 마구. 생각 없이 마구. ②버릇없이. *함부로 흘리는 피가 싫어서/이다지 낡아빠진 생활을 하는 것은 아니리라/먼지 낀 잡초 위에/잠자는 구름이여(「구름의 파수병」)

함성(喊聲) 여럿이 함께 지르는 고함 소리. *술 취한 듯한 동네아이들의 함성/미쳐돌아가는 역사의 반복/나무뿌리를 울리는 신의 발자국소리/가난한 침묵(「장시2」)

합리(合理) 이치에 맞음. *합리와 비합리와의 사이에 묵연히 앉아 있는/나의 표정에는 무엇이지 우스움고 간지럽고 서먹하고 쓰디쓴 것마저 섞여 있다(「여름 뜰」)

합법적(合法的) 법률·법규 따위에 맞음. *혁명정부가 구육법전서를 떠나서/합법적으로 불법을 해도 될까 말까 한/혁명은(「육법전서와 혁명」)

합승자동차(合乘自動車) 여럿이 함께 타는 차. 승합차. *有線 합승자동차에도 양계장에도 납공장에도/미곡창고 지붕에도 달려 있는/썩은 공기 나가는 지붕 위의 지붕만 있으면 돼(「장시1」)

합창(合唱) ①여러 사람이 이부·삼부·사부 따위로 나뉘어 서로 화성을 이루면서 각각 다른 선율로 노래함. 또는 그 노래. ②여러 사람이 소리를 맞추어 노래함. *우물 옆의 등꽃과 활련/그리고 철자법을 틀린 시/철자법을 틀린 인생/이슬, 이슬의 합창이다(「등나무」)

합치(合致) 의견이나 경향 따위가 꼭 들어맞음. 일치함. *고대 형이상학자들은 그를 보고 〈양극의 합치〉라든가 혹은 〈거대한 희열〉이라고 부르고 있었지만/19세기 시인들은 그를 보고 〈도피의 王者〉 혹은 단순히 〈여유〉라고 불렀다(「백의」)

합치다(合―) '합하다'의 힘줌말.
　합쳐 *모든 설움이 합쳐지고 모든 것이 설움으로 돌아가는/긍지의 날인가 보다/이것이 나의 날/내가 자라는 날인가 보다(「긍지의 날」) *영사판 양편에 하나씩 서 있는/설움이 합쳐지는 내 마음 위에(「영사판」)
　합치어진 *누구 한 사람의 입김이 아니라/모든 가족의 입김이 합치어진 것/그것은 저 넓은 문창호의 수많은/틈 사이로 흘러들어오는 겨울바람보다도 나의 눈을 밝게 한다(「나의 가족」)

합하다(合―) (자동사) 둘 이상이 하나가 되다. (타동사) ①둘 이상을 모아 하나로 만들다. 한데 모으다. ②뒤섞다.
　합한 *오늘은 필경 여러 가지를 합한 긍지의

날인가 보다/암만 불러도 싫지 않은 긍지의 날인가 보다(「긍지의 날」) *모이 한 가마니에 430원이니/한 달에 12, 3만 환이 소리 없이 들어가고/알은 하루 60개밖에 안 나오니/묵은 닭까지 합한 닭모이값이/일주일에 6일을 먹고/사람은 하루를 먹는 편이다(「만용에게」)

합해서 *우리는 조금도 흥분하지 않았고/그는 그전처럼 욕도 하지 않았고/내 찻값까지 합해서 백 원을 치르고 나가는/그의 표정을 보고/나는 그가 필시 속으로는 나를 포기하고/있다는 것을 알았어(「H」) *나와 나의 아내와 우리집의 온 가옥의 무게를 다 합해서/밀양에서 온 식모의 소박과 원한까지를 다 합해서/미안하지 않소―만 다만 식모를 부르는 소리가/좀 단호해졌을 뿐이요 미안할 정도로 좀―(「美濃印札紙」)

항간(巷間) 일반 민중들 사이. *그놈들은 털끝만치도 다치지 않고 있다/보라 항간에 금값이 오르고 있는 것을/그놈들은 털끝만치도 다치지 않으려고/버둥거리고 있다(「육법전서와 혁명」)

항구(港口) 바닷가에 배를 댈 수 있도록 시설해 놓은 곳. *구름도 필요 없고/항구가 없어도 아쉽지 않은/내가 바로 바라다보는/저 허연 석회 천정―/저것도/꿈이 아닌 꿈을 가리키는/내일의 지도다(「거리1」)

항라(亢羅) 명주실・모시실・무명실 따위로 짜는 피륙의 한 가지. 씨를 세 올이나 다섯 올씩 걸러서 한 올씩 비우고 짜는데, 구멍이 뚫려서 여름옷감으로 알맞음. *이제는 지휘하라 이카루스의 날개처럼/쑥잎보다 훨씬 얇은/너의 잎은 지휘하라/베적삼, 옥양목, 데크론, 인조견, 항라,/모시치마 냄새 난다 냄새 난다/냄새여 지휘하라(「등나무」)

항상(恒常) 늘. *자유가 항상 싸늘한 것이라면 나는 당신과 더 이야기하지 않겠어요(「조국에 돌아오신 傷病捕虜 동지들에게」) *그리하여/피로도 내가 만드는 것/긍지도 내가 만드는 것/그러할 때면은 나의 몸은 항상/한치를 더 자라는 꽃이 아니더냐/오늘은 필경 여러 가지를 합한 긍지의 날인가 보다(「긍지의 날」) *金海東―그놈은 항상 약삭빠른 놈이지만 언제나/부하를 사랑했다(「적」) *38선을 돌아오듯 테이블을 돌아갈 때/걸리고 울리고 일어나도 걸리고/앉아도 걸리고 항상 일어서야 하고 항상/앉아야 한다 피로하지 않으면(「의자가 많아서 걸린다」)

항시(恒時) 평상시. 늘. *―나도 필경 그처럼 보이지 않는 누구인가를/항시 괴롭히고 있는 보이지 않는 拷問人/시대의 숙명이여/숙명의 초현실이여/나의 생활의 定數는 어디에 있나(「장시2」)

항아리(缸―) 아래위가 좁고 배가 약간 부른 질그릇. *비애의 수직선을 그리면서 날아가는 그의 설운 모양을/우리는 좁은 뜰 안에서뿐만 아니라/심지어는 항아리 속에서부터라도 내어다볼 수 있고(「헬리콥터」)

해[日]¹ ①태양. ②햇빛. ③햇볕. *해는 청교도가 대륙 동부에 상륙한 날보다 밝다/우리의 재[灰], 우리의 서걱거리는 말이여/인생과 말의 간결―우리는 그것을 전투의/소리라고 부른다(「미역국」)

해[年]² 지구가 태양을 한 바퀴 도는 동안. 연(年). *이것이 이남 사람인 우리 부부의 誤算이었나 보다/38선에 대한/또 한 해의 터무니 없는 感傷이었나 보다/그렇지?(「판문점의 감상」)

해결되다(解決―) ①사건이나 문제 따위가 잘 처리되다. ②문제의 핵심을 밝혀서 가장 좋은 결과가 찾아지다.
해결되기 *지금도 빌려줄 수는 있어. 그렇지만 안 빌려줄 수도/있어. 그러나 너무 재촉하지는 마라. 이 문제가 해결/되기까지 기다려봐.(「엔카운터 誌」)

해면(海綿) ①정제한 해면동물의 뼈. 스펀지. 갯솜. ②'해면동물'의 준말. *더운 날/敵이란 海綿 같다/나의 양심과 독기를 빨아먹는/문어발 같다(「적」)

해묵다 ①물건 따위가 만들어진 뒤 한 해가 지나다. ②하던 일이나 하려던 일이 제대로 되지 않은 상태에서 여러 해를 넘기거나 많은 시간이 지나다.
해묵은 *병원 냄새에 휴식을 얻는/소년의 흰 볼처럼/교회여/이제는 나의 이 늙지도 젊지도 않은 몸에/해묵은/1,961개의/곰팡내를 풍겨 넣어라/오 썩어가는 탑/나의 연령/혹은/4,294

해바라기 국화과의 일년초. 중앙아메리카 원산으로 줄기 높이는 2m 가량. 잎은 자루가 길고 넓은 달걀 모양이며, 여름에 노란빛의 큰 꽃이 핌. 씨는 먹을 수 있고, 식용유를 짜기도 한다. *어둠속에 비치는 해바라기와…… 주전자와…… 흰 벽과……/불을 등지고 있는 성황당이 보이는/그 산에는 겨울을 가리키는 바람이 일기 시작하네(「사치」) *의문에서 긍정으로 또 돌아오면 돼/이것이 몇 바퀴만 넌지시 돌면 돼/해바라기 머리같이 돌면 돼(「장시1」)

해발(海拔) 바다의 평균 수면을 기준으로 하여 잰 어느 지점의 높이. *煙氣는 해발 이천육백 척의 고지에서/지렁이같이 꿈틀거리는 바닷바람이 무섭다고/구름을 향하여 도망하는 놈(「연기」)

해방(解放) ①몸과 마음의 속박이나 제한 따위를 풀어서 자유롭게 함. ②1945년 8월 15일, 우리나라가 일제의 강점에서 벗어난 일. *평안도 기생이 여기 있구나/만주에서 해방을 겪고/평양에 있다가 인천에 와서/6·25 때에 남편을 잃고 큰아이는 죽고/남은 계집애 둘을 데리고/재전락한 여자가 여기 있구나(「滿洲의 여자」)

해변가(海邊—) 바닷가. *원고도 쓰고 치부도 하고/시골에도 있고 해변가에도 있고/서울에도 있고 산보도 하고/영화관에도 가고/애교도 있다/그들은 말하자면 우리들의 곁에 있다(「하…… 그림자가 없다」)

해부하다(解剖—) ①생물체의 일부 또는 전부를 절개하여 내부를 조사하다. ②사물의 조리(條理)를 자세히 분석하여 연구하다.
 해부하여 *지혜의 왕자처럼/눈 하나 까딱하지 아니하고/도사리고 앉아서/나의 원죄와 회한을 생각하기 전에/너의 생리부터 해부하여 보아야겠다/뮤즈여(「바뀌어진 지평선」)

해빙(解氷) ①얼음이 풀림. ②「국제간의 긴장이 완화됨」을 비유하여 이르는 말. *황폐한 강변을/영혼보다도 더 새로운 해빙의 파편이/저 멀리/흐른다(「초봄의 뜰 안에」)

해양(海洋) 넓은 바다. *나는/나의 눈을 찌르는 이 따가운 가옥과/집물과 사람들의 음성과 거리의 소리들을/커다란 해양의 한 구석을 차지하는/조고마한 물방울로/그려보려 하는데/차리리 어떠할까(「거리1」)

해저(海底) 바다의 밑바닥. *마지막에는 해저의 풀떨기같이 혹은 책상에 붙은 민민한 판대기처럼 무감각하게 될 생활이여(「구슬픈 육체」) *그러나 정글보다도 더 험하고/소용돌이보다도 더 어지럽고 해저보다도 더 깊게/아직까지도 부패와 부정과 살인자와 강도가 남아 있는 사회(「기도」)

해체시키다(解體—) ①흩어지거나 없어지게 하다 또는 헤치거나 없애다. ②해부하다.
 해체시킨다 *그는 사지의 관절에 힘이 빠져서/특히 무릎하고 대퇴골에 힘이 빠져서/사람들과/특히 그가 가장 사랑하는 사람과의 관련을 해체시킨다(「적2」)

해초(海草) 바다에서 자라는 풀을 통틀어 이르는 말. *명령하고 결의하고/〈평범하게 되려는 일〉 가운데에/해초처럼 움직이는/바람에 나부껴서 밤을 모르고/언제나 새벽만을 향하고 있는/투명한 움직임의 비애를 알고 있느냐(「비」)

해치우다 ①시원스럽게 끝내다. ②없애 버리다.
 해치운다 *아내는 이런 어려운 일들을 어렵지 않게 해치운다/결단은 이제 여자의 것이다/나를 죽이는 여자의 유희다(「금성라디오」)

해탈(解脫) ①굴레에서 벗어남. ②불교에서, 속세의 번뇌와 속박을 벗어나 편안한 경지에 이르는 일. *누이야/풍자가 아니면 해탈이다/너는 이 말의 뜻을 아느냐/너의 방에 걸어놓은 오빠의 사진/나에게는 〈동생의 사진〉을 보고도/나는 몇 번이고 그의 진혼가를 피해 왔다(「누이야 장하고나」)

해학(諧謔) 익살스러우면서 풍자적인 말이나 짓. 유머. *중단과 계속과 해학이 일치되듯이/어지러운 가지에 꽃이 피어오른다/과거와 미래에 통하는 꽃(「꽃2」)

해협(海峽) 육지와 육지 사이에 있는 좁고 긴 바다. *흘러가는 물결처럼/支那人의 의복/나는 또 하나의 해협을 찾았던 것이 어리석었다(「아메리카 타임 誌」)

햇빛 해의 빛. 일광(日光). *햇빛에는 겨울보리에 싹이 트고/강아지는 낑낑거리고/골짜기들은 평화롭지 않으냐―/평화의 의지를 말하고 있지 않으냐(「冬麥」) *가을이 오기 전에는/내 팔은 좀체로 제대로 길이를 갖지 못하고//그래도 햇빛을 가리킨다(「말복」) *시간이 나비모양으로 이 줄에서 저 줄로/춤을 추고/그 사이로/4월의 햇빛이 떨어졌다(「백지에서부터」)

햇살 부챗살처럼 퍼져서 내쏘는 햇빛. *여름 아침의 시골은 가족과 같다/햇살을 모자같이 이고 앉은 사람들이 밭을 고르고/우리집에도 어저께는 무씨를 뿌렸다[…]뜨거워질 햇살이 산 위를 걸어내려온다/가장 아름다운 이기적인 시간 위에서/나는 나의 검게 타야 할 정신을 생각하며/구별을 용서하지 않는/밭고랑 사이를 무겁게 걸어간다(「여름 아침」)

행길(行―) 사람이 나다니는 길. *그의 사진은 이 맑고 넓은 아침에서/또 하나 나의 팔이 될 수 없는 비참이오/행길에 얼어붙은 유리창들같이/시계의 열두시같이/재차는 다시 보지 않을 편력의 역사……(「아버지의 사진」) *종로 네거리도 행길에 가까운 일부러 떠들썩한 찻집을 택하여 나는 앉아 있다/이것이 도회 안에 사는 나로서는 어디보다도 조용한 곳이라고 생각하고 있기 때문이다(「시골 선물」)

행동(行動) ①몸을 움직임, 또는 그 동작. ②행위(行爲). *질책의 권리를 주면서 질책의 행동을 주지 않고/어떤 나라의 지폐보다도 신용은 있으나/신체가 너무 왜소한 까닭에 사람들의 눈에 띄지를 않는다(「백의」) *그대의 정의도 우리들의 섬세도/행동이 죽음에서 나오는/이 욕된 교외에서는/어제도 오늘도 내일도 마음에 들지 않아라(「死靈」) *鄭炳一 ― 그놈은 내심과 정반대되는 행동만을/해왔고, 그것은 가족들을 먹여살리기 위해서였다(「적」) *너의 근육은/학교 밖에서 얻어맞은 모든 것이/골목길에서 얻어맞은 모든 것이/반드시 정말이 아니라는 것을 알았고/너의 어린 행동은/어린 상징을 면하기 시작했다(「65년의 새해」) *괴로움과 괴로움의 이행이다 우리의 행동/이것을 우리의 시로 옮겨놓으려는 생각은/단념하라 괴로운 설사(「설사의 알리바이」) *불이 튕기고 별이 튕기고 영원의/행동이 튕기고 자고 깨고/죽고 하지만 모두가 坑 안에서/참호 안에서 일어나는 일//사람의 얼굴도 무섭지 않고/그의 목소리도 방해가 안 되고/어제의 행동과 내일의 복수가 상쇄되고/참호의 입구의 ㄱ자가 문제되고/내일의 행동이 먼지를 쓰고 있다/위태로운 일이라고 落盤의 신호를/올릴 수도 없고 찻잔에 부딪치는/차순가락만 한 쇳소리도 안 들리고//惰眠의 축적으로 우리 몸은 자라고/그래도 행동이 마지막 의미를 갖고/네가 씹는 음식에 내가 증오하지 않음이/내가 겨우 살아있는 표시라//하나의 행동이 열의 행동을 부르고/미리 막을 줄 알고 미리 막아져 있고/미리 칠 줄 알고 미리 쳐들어가 있고/遭遇의 마지막 윤리를 넘어서[…]죽은 행동이 계속된다 너와 내가 계속되고/전화가 울리고 놀라고 놀래고/끝이 없어지고 끝이 생기고 겨우/망각을 실현한 나를 발견한다(「먼지」)

행렬(行列) 여럿이 줄을 지어 감, 또는 그 줄. *나는 한번도 아버지의/수염을 바로는 보지/못하였다// 신문을 펴라//이가 걸어나온다/행렬처럼/어제의 물처럼/걸어나온다(「이 [虱]」)

행로(行路) ①다니는 길. 한길. ②길을 감, 또는 그 길. ③살아가는 과정. *한없이 풀어지는 피곤한 마음에도/너는 결코 서둘지 말라/너의 꿈이 달의 행로와 비슷한 회전을 하더라도/개가 울고 종이 들리고/기적소리가 과연 슬프다 하더라도/너는 결코 서둘지 말라(「봄 밤」)

행복(幸福) ①복된 운수. ②마음에 차지 않거나 모자라는 것이 없어 기쁘고 넉넉하고 푸근함, 또는 그런 상태. *달관한 신문기자여/생각하지 말아라/「결혼윤리의 좌절/ ―행복은 어디에 있나?―」/이것이 어제 오후에 써놓은 기사 대목으로/내일 조간분 사회면의 표독한 타이틀이 될 것이라고 해서(「기자의 정열」) *작열할 지점을 향하여/지극히 정확한 각도로 날아가는/포탄이/행복의 파편과 영광과 熱度로써/목적을 이루게 되기 전에(「조그마한 세상의 지혜」) *당신이 사준 북어와 오징어와 2등차표와/경포대의 선물과 도리스 위스키와 라스베리 잼에 대해서/미안하지 않소 당신의 모든 행복과 우리들의 바닷가의/행복의 모든 추억에 대해서 미안하지 않소(「美濃印札紙」)

행주질하다 행주로 그릇이나 상 따위의 더러운 것을 훔치다.
　행주질한 ＊말갛게 행주질한 비어홀의 카운터에/돈을 거둬들인 카운터 위에/적막이 오듯이/혁명이 끝나고 또 시작되고/혁명이 끝나고 또 시작되는 것은(「가다오 나가다오」)

향로(香爐) 향을 피우는 자그마한 화로. ＊白花의 意匠/萬華의 거동의/지금 고요히 잠드는 얼을 흔드며/關公의 色帶로 감도는/향로의 餘烟이 신비한데(「廟庭의 노래」) ＊검은 철을 깎아 만든/고궁의 흰 지댓돌 위에/더러운 향로 앞으로 걸어가서/잃어버린 愛兒를 찾은 듯이/너의 거룩한 머리를 만지면서/우는 날이 오더라도//철망을 지나가는 비행기의/그림자보다는 훨씬 급하게/스쳐가는 나의 고독을/누가 무슨 신기한 재주를 가지고/잡을 수 있겠느냐//향로인가 보다/나는 너와 같이 자기의 그림자를 마시고 있는 향로인가 보다//내가 너를 좋아하는 원인을/네가 지니고 있는 긴 역사였다고 생각한 것은 과오였다//길을 걸으면서 생각하여 보는/향로가 이러하고/내가 그 향로와 같이 있을 때/살아있는 향로/소생하는 나/덧없는 나//이 길로 마냥 가면/이 길로 마냥 가면 어디인지 아는가//티끌도 아까운/더러운 것일수록 더한층 아까운/이 길로 마냥 가면 어디인지 아는가/더러운 것 중에도 가장 더러운/썩은 것을 찾으면서/비로소 마음 취하여 보는/이 더러운 길(「더러운 향로」)

향수(鄕愁) 고향을 그리워하는 마음이나 시름. ＊내가 잠겨 있는 정신의 초점은 감상과 향수가 아닐 것이다/靜寂이 나의 가슴에 있고/부드러움이 바로 내가 따라가는 것인 이상/나의 궁지는 애드벌룬보다는 좀 더 무거울 것이며/예지는 어느 煙筒보다도 훨씬 뾰죽하고 날카로울 것이다(「거리2」) ＊그렇지만/구차한 나의 머리에/성스러운 鄕愁와 우주의 위대감을 담아주는 삽시간의 자극을/나의 가족들의 기미 많은 얼굴에 비하여 보아서는 아니 될 것이다(「나의 가족」)

향연(香烟) ①향을 피우는 연기. ②향기로운 냄새가 나는 담배. ＊어드메에 담기려고/칠흑의 壁板 위로/香烟을 찍어/白蓮을 무늬 놓는/이 밤 화공의 소맷자락 무거이 적셔/오늘도 우는/아아 짐승이냐 사람이냐(「廟庭의 노래」)

향하다(向—) ①바라보다. ②마주 서다. ③마음을 기울이다. ④지향(指向)하여 가다.
　향하고 ＊명령하고 결의하고/〈평범하게 되려는 일〉 가운데에/해초처럼 움직이는/바람에 나부껴서 밤을 모르고/언제나 새벽만을 향하고 있는/투명한 움직임의 비애를 알고 있느냐(「비」)
　향하여 ＊가야만 하는 사람의 이별을/기다리는 것처럼/생활은 熱度를 측량할 수 없고/나의 노래는 물방울처럼/땅속으로 향하여 들어갈 것/애정지둔(「愛情遲鈍」) ＊민간 억류인으로서 나라에 충성을 다하기 위하여 나온 것이라고/그랬더니 그 친구가 빨리 38선을 향하여 가서/이북에 억류되고 있는 대한민국과 UN군의 포로들을 구하여내기 위하여/새로운 싸움을 하라고 합니다(「조국에 돌아오신 傷病捕虜 동지들에게」) ＊그리하여 이 공허한 원주가 가장 찬란하여지는 무렵/나는 또 하나 다른 유성을 향하여 달아날 것을 알고(「너를 잃고」) ＊잠자는 책이여/누구를 향하여 앉아서도 아니 된다/누구를 향하여 열려서도 아니 된다(「서책」) ＊해발 이천육백 척의 고지에서/지렁이같이 꿈틀거리는 바닷바람이 무섭다고/구름을 향하여 도망하는 놈(「연기」) ＊꽃은 과거와 또 과거를 향하여/피어나는 것/나는 결코 그의 種子에 대하여/말하고 있는 것은 아니다(「꽃2」) ＊폭포는 곧은 절벽을 무서운 기색도 없이 떨어진다//규정할 수 없는 물결이/무엇을 향하여 떨어진다는 의미도 없이/계절과 주야를 가리지 않고/고매한 정신처럼 쉴 사이 없이 떨어진다(「瀑布」) ＊빛이 없는 둥근 하늘에서는/검은 포탄의 꾸부러진 哭聲이/정신의 주변보다 더 간지러웁고/계곡을 스쳐서 돌아가는/악마의 眼膜 같은/강물을 향하여/그가 어떠한 은근한 인사를 하였는지/아무도 모르는 일이다/작열할 지점을 향하여/지극히 정확한 각도로 날아가는/포탄이/행복의 파편과 영광과 熱度로써/목적을 이루게 되기 전에//승패의 차이를 계산할 줄 아는/포탄의 이성이여(「조그마한 세상의 지혜」)
　향하여서가 ＊너를 보고/너의 곁에 애처로울

만치 바싹 다가서서/내가 웃는 것은 세상을 향하여서가 아니라/너를 보고 짓는 짓궂은 웃음인 줄 알아라(「너는 언제부터 세상과 배를 대고 서기 시작했느냐」)

향하여서도 *병풍은 무엇에서부터라도 나를 끊어준다/등지고 있는 얼굴이여/주검은 취한 사람처럼 멋없이 서서/병풍은 무엇을 향하여서도 무관심하다(「병풍」)

향한 *반항의 자유/진정한 반항의 자유조차 없는 그들에게/마지막 부르고 갈/새 날을 향한 戰勝의 노래라고 부르고 싶어라!(「조국에 돌아오신 傷病捕虜 동지들에게」)

향해 *나무뿌리가 좀더 깊이 겨울을 향해 가라앉았다/이제 내 몸은 내 몸이 아니다(「말」(1964))

향해서 *시냇물소리 푸르고 희고 잔잔한 물소리/숲과 숲 사이의 하늘을 향해서/우는 매미/흙빛 매미여(「말복」)

허고 '하고'의 방언. 구어적 접속사로 '그리고'의 뜻. *나는 이 사람이 만주 술집에서 고생할 때에/연애편지를 대필해 준 일이 있을 뿐이지/허고 더러 싱거운 충고도 한 일이 있는―/충고는 허사였어 그렇지 않어?(「滿洲의 여자」)

허깨비 ①마음이 허(虛)하여 착각이 일어나, 어떤 물건이 다른 물건으로 또는 없는 것이 있는 것처럼 보이는 따위의 현상. 헛것. ②생각한 것보다 무게가 아주 가벼운 물건. *원효 대신 원효 대신 마이크로가/간다「제니의 꿈」의 허깨비가/간다 연기가 가고 연기가 나타나고/마술의 원효가 이리 번쩍//저리 번쩍 〈제니〉와 大師가/왔다갔다 앞뒤로 좌우로/왔다갔다 웃고 울고 왔다갔다(「원효대사」)

허나 '하나'(그러하나)의 뜻. *똘배가 개울가에 자라는/숲속에선/누이의 방도 장마가 가시면 익어가는가/허나/인생의 장마의/추녀 끝 물방울 소리가/아직도 메아리를 가지고 오지 못하는/8월의 밤에/너의 방은 너무 정돈되어 있더라(「누이의 방」)

허니(영, honey) 연인이나 부부 간에 서로를 부르는 호칭. *나의 맏누이동생이 그를 〈허니〉라고 부르고 있는 것이 아니꼬워서(「백의」)

허리띠 허리에 둘러매는 띠. 요대(腰帶). 벨트. *저 펄 펄/내리는/눈송이를 보시오/저 산허리를/돌아서/너무나도 좋아서/하늘을/묶는/허리띠모양으로/맴을 도는/눈송이를 보시오(「눈」(1961))

허망하다(虛妄―) ①거짓이 많아 미덥지 않다. 거짓되고 망령되다. ②어이없고 허무하다.

허망한 *쇠꼭지보다도 허망한 생활이 균형을 잃을 때/酩酊한 정신이 명정을 찾듯이/너는 비로소 너를 찾고 웃어라(「지구의」)

허물어지다 흩어져 무너지다.

허물어진 *풀이, 이름도 없는 낯익은 풀들이, 풀새끼들이/허물어진 담밑에서 사과껍질보다도 얇은//시멘트 가죽을 뚫고 일어나면 내 집과/나의 정신이 순간적으로 들렸다 놓인다(「거짓말의 여운 속에서」)

허사(虛事) 헛일. *충고는 허사였어 그렇지 않어?/18년 후에 이렇게 뻐젓이 서울의 다방 건너 막걸리집에서 또 만나게 됐으니/하여간 반갑다 잠입한 사랑아 무식한 사랑아(「滿洲의 여자」)

허세(虛勢) 실속은 없이 겉으로만 꾸민 기세. 허위(虛威). *기나긴 골목길의 순례도/〈어깨〉도/허세도/방대한/방대한/방대한/모조품과/막대한/막대한/막대한/막대한/모방도/아아 그리고 저 도봉산보다도(「檄文」)

허약증(虛弱症) 몸이 약한 증세. *신심양면의 허약증으로 신음하고 있는 나를 독촉하여/〈희랍인을 모친으로 가진 미국인에게 대한 호소문〉과 〈精神上으로 본/희랍의 독립선언서〉를 써서/전자를 현재 일리노이 주에 있는 자기의 모친에게 보내고/후자는 희랍 국립박물관 관장에게 보내달라고 한다(「백의」)

허옇다 상당히 희다.

허연 *구름도 필요 없고/항구가 없어도 아쉽지 않은/내가 바로 바라다보는/저 허연 석회 천정―/저것도/꿈이 아닌 꿈을 가리키는/내일의 지도다(「거리1」)

허옇고 *평화와 조화를 원하는 것이/아닌 현실의 選手/백화가 만발한 언덕 저편에/부처의 心思 같은 굴뚝이 허옇고/그 위에서 내뿜는 연기는/얼핏 생각하면 웃읍기도 하다(「연기」)

허위(虛僞) 거짓. *서울에 돌아온 지 일주일

도 못 되는 나에게는 도회의 소음과 狂症과 속도와 허위가 새삼스럽게 밉고 서글프게 느껴지고/그러할 때마다 잃어버려서 아까웁지 않은 잃어버리고 온 모자 생각이 불현듯이 난다(「시골 선물」) ＊눈에는 보이지 않는 너무나 무거운/너의 짐/그리고 逸樂, 안이, 허위⋯⋯(「기자의 정열」) ＊무엇보다도 먼저 끊어야 할 것이 설움이라고 하면서/병풍은 허위의 높이보다도 더 높은 곳에/飛爆을 놓고 幽島를 점지한다(「병풍」) ＊아아 보기 싫은 머리에 두툼한 어깨는/허위의 상징/꺼져라 20년 전의 악마야(「네 얼굴은」) ＊그러나 너와 내가/접한 시간은 단 몇 분이 안 되지 그런데/어떻게 알았느냐 나의 방대한 낭비와 넌센스와/허위를/나의 못 보는 눈을 나의 둔감한 영혼을(「꽃잎3」)

허튼소리 헤프게 함부로 하는 말. ＊거리에서는 고개/숙이고 걸음 걷고//집에 가면 말도/나지막한 소리로 걸어//그래도 정 허튼소리가/필요하거든//나는 대한민국에서는/제일이지만//이북에 가면야/꼬래비지요(「허튼소리」)

허하다(虛—) ①옹골차지 못하다. ②속이 비어 있다. ③원기가 없다.
  허해서 ＊하기야/혁명이란 단자는 학생들의 선언문하고/신문하고/열에 뜬 시인들이 속이 허해서/쓰는 말밖에는 아니 되지만(「육법전서와 혁명」)

허허 (감탄사) ①너무 기가 막혀 탄식하여 하는 말. ②일이 틀어졌을 때 하는 말. (부사) 입을 둥글게 벌리고 크게 웃는 소리, 또는 그 모양. ＊여편네와 아들놈을 데리고/낙오자처럼 걸어 가면서/나는 자꾸 허허⋯⋯웃는다(「생활」) ＊이번에는 우리가 의젓하게 그놈의 사진을 밑씻개로 하자/허허 웃으면서 밑씻개로 하자/껄껄 웃으면서 구공탄을 피우는 불쏘시개라도 하자(「우선 그놈의 사진을 떼어서 밑씻개로 하자」)

헌법(憲法) 국가의 통치 체제에 관한 근본 원칙을 정한 기본법. ＊데카르트의『方法通說』을 다 읽어보았지/아부에도 여유가 있어야 한다는 말일세/만사에 여유가 있어야 하지만/위대한 〈개헌〉 헌법에 발을 맞추어 가자면/여유가 있어야지(「만시지탄은 있지만」)

헌신하다(獻身—) 어떤 일이나 남을 위해서 자기의 이해관계를 돌보지 아니하고 몸과 마음을 다하여 힘쓰다.
  헌신하지 ＊김동인, 박승희 같은 이들처럼 私財를 털어놓고/문화에 헌신하지 않았다/김유정처럼 그밖의 위대한 선배들처럼 거지짓을 하면서/소설에 골몰한 사람도 없다⋯⋯(「이 한국문학사」)

헐값 사물이 지닌 제 값보다 적은 값. 싼값. ＊지금 참외와 수박을/지나치게 풍년이 들어/오이 호박의 손자며느리 값도 안 되게/헐값으로 넘겨버려 울화가 치받쳐서/고요해진 명수 할버이의/잿물거리는 눈이/비둘기 울음소리를 듣고 있을 동안에/나쁜 말은 안하니/가다오 가다오(「가다오 나가다오」)

헐다 오래되어 낡아지다.

헌 ＊헌 옷과 낡은 구두가 그리 모양수통하지 않다 느끼면서/나는 옛날에 죽은 친구를/잠시 생각한다(「거리1」) ＊헌 기계는 가게로 가게에 있던 기계는/옆에 새로 난 쌀가게로 타락해 가고/어제는 캐시미론이 들은 새 이불이/어젯밤에는 새 책이/오늘 오후에는 새 라디오가 승격해 들어왔다(「금성라디오」)

헐벗다 ①몹시 가난하여 옷이 해져 벗다시피 하다. ②산에 나무가 없어 맨바닥이 드러나다.
  헐벗은 ＊오늘/이 헐벗은 거리에 가슴을 대고/뒤집어진 부정이 정의가 되지 않더라도//그러면 너의 벗들과/너의 이웃사람들의 얼굴이/바늘구멍 저쪽에 떠오르리라(「예지」)

험하다(險—) 지세가 평탄하지 않아 발붙이기 어렵다.
  험하고 ＊다치지 않고 깎이지 않고 물리지 않고 더럽히지 않게//그러나 정글보다도 더 험하고/소용돌이보다도 더 어지럽고 해저보다도 더 깊게(「기도」)

헛 '속이 빈', '소용이 없는', '보람이 없이' 등의 뜻을 나타냄. ＊무수한 돈을 만졌지만 결국은 헛 만진 것/쓸 필요도 없이 한 3, 4일을 나하고 침식을 같이한 돈(「돈」)

헛되이 ①보람이나 실속이 없이 ②허황되게. ＊너는 이런 밤을 무수한 거부 속에 헛되이 보냈구나//또 지금 헛되이 보내고 있구나//하늘 아래 비치는 별이 아깝구나//사랑이여//무된 밤에는 무된 사람을 축복하자(「밤」)

헛말 속빈 말. 실현불가능한 말. *부산에서 언제 올라왔느냐고 헛말같이라도 물어보아야 할 것을//나는 총에 맞는 새같이 가련하게도 당신의 집을 나와버렸다(「말」(1958))

헛소리 ①앓는 사람이 정신을 잃고 중얼거리는 소리. ②미덥지 않은 말. *어제와 같이 다시는 〈헛소리〉를 하지 않으려고 결심하면서//자꾸 수그러져 가는 눈을 들어 강과 對岸의 찬란한 불빛을 본다(「말」(1958)) *그 방의 벽에는 싸우라 싸우라 싸우라는 말이/헛소리처럼 아직도 어둠을 지키고 있을 것이다[…]일하라 일하라 일하라는 말이/헛소리처럼 아직도 나의 가슴을 울리고 있지만/나는 그 노래도 그 전의 노래도 함께 다 잊어버리고 말았다(「그 방을 생각하며」)

헤매다 ①이리저리 돌아다니다. ②마음이 가라앉지 않아 갈피를 잡지 못하다.
헤매는 *설움을 역류하는 야릇한 것만을 구태여 찾아서 헤매는 것은/우둔한 일인 줄 알면서/그것이 나의 생활이며 생명이며 정신이며 시대이며 밑바닥이라는 것을 믿었기 때문에—(「방안에서 익어가는 설움」)

헤아리다 ①세다. 셈하다. ②짐작으로 가늠하여 살피다. 미루어 짐작하다.
헤아릴 *반드시 찾으려고 불을 켠 것도 아니지만/없어지는 자체를 보기 위하여서만 불을 켠 것도 아닌데/잊어버려서 아까운지 아까웁지 않은지 헤아릴 사이도 없이 불은 켜지고(「구슬픈 육체」) *지렁이같이 꿈틀거리는 바닷바람이 무섭다고/구름을 향하여 도망하는 놈/숫자를 무시하고 사는지/이미 헤아릴 수 없이 오래된 연기(「연기」)

헤어지다 ①흩어지다. ②이별하다.
헤어져도 *여편네하고는 헤어져도 되지만, 아이들이/불쌍해서요, 미해결예요.(「전화 이야기」)
헤어진 *지나간 생활을 지나간 벗같이 여기고/해 지자 헤어진 구슬픈 벗같이 여기고/잊어버린 생활을 위하여 불을 켜서는 아니 될 것이지만/천사같이 천사같이 흘려버릴 것이지만(「구슬픈 육체」)

헤치다 ①속의 것이 드러나도록 거죽을 파거나 잡아 젖히다. ②흩어져 가게 하다. ③앞의 것을 좌우로 물리치다. ④어려움이나 방해를 물리치고 극복하다.
헤치고 *여보세요 내 가슴을 헤치고 보세요. 여기 장 발장이 숨기고 있던 烙印보다 더 크고 검은/호소가 있지요/길을 잃어버린 호소예요(「조국에 돌아오신 傷病捕虜 동지들에게」) *나비의 지분에/나의 나이가 덮이려 할 때/나비야/나는 긴 숲속을 헤치고/너의 무덤을 다시 찾아오마(「나비의 무덤」)

헬리콥터(영, helicopter) 항공기의 한 가지. 주익(主翼) 대신 위쪽에 회전 날개를 달아 곧게 뜨고 내리며 뒤와 옆으로도 나아갈 수 있고, 뜬 채로 멈출 수도 있는 것이 큰 특징임. 헬기. *헬리콥터가 風船보다도 가벼웁게 상승하는 것을 보고/놀랄 수 있는 사람은 설움을 아는 사람이지만/또한 이것을 보고 놀라지 않는 것도 설움을 아는 사람일 것이다[…]설움이 설움을 먹었던 시절이 있었다/이러한 젊은 시절보다도 더 젊은 것이/헬리콥터의 영원한 生理이다//1950년 7월 이후에 헬리콥터는/이 나라의 비좁은 산맥 위에 자태를 보이었고/이것이 처음 탄생한 것은 물론 그 이전이지만/그래도 제트기나 카고보다는 늦게 나왔다/그렇지만 린드버그가 헬리콥터를 타고서/대서양을 횡단하지 않았기 때문에/우리는 지금 동양의 諷刺를 그의 機體 안에서 느끼고야 만다/비애의 수직선을 그리면서 날아가는 그의 설운 모양을/우리는 좁은 뜰 안에서뿐만 아니라/심지어는 항아리 속에서부터라도 내어다볼 수 있고/이러한 우리의 순수한 痴情을/헬리콥터에서도 내려다볼 수 있을 것을 짐작하기 때문에/「헬리콥터여 너는 설운 동물이다」//—자유/—비애(「헬리콥터」)

혀 동물의 입 안 아래쪽에 붙어 있는 육질(肉質)의 기관. 사람의 것은 긴 타원형으로 운동이 자유롭고, 맛을 느끼는 세포가 분포되어 있음. 음식을 씹고 넘기는 일 외에 소리를 고르는 따위의 일을 함. *구름 끝에 혀를 대는 잎사귀처럼/몸을 떨며/귀기울이려 할 때/그 무수한 말 중의 제일 첫마디는/「나는 졌노라……」(「말복」)

혁대(革帶) 가죽 띠. *그는 나보다도 가난해

보이는데/남방셔츠 밑에는 바지에 혁대도 매지 않았는데/그는 나보다도 가난해 보이고/그는 나보다도 짐이 무거워 보이는데(「강가에서」)

혁명(革命) ①이전의 왕조를 뒤집고 다른 왕조가 들어서는 일. 역성 혁명. ②비합법적 수단으로 정치 권력을 잡는 일 또는, 국가나 사회의 조직·형태 따위를 폭력으로 급격하게 바꾸는 일. ③급격한 변혁이 일어나는 일. *5월 혁명 이전에는 백양을 피우다/그 후부터는/아리랑을 피우고/와이셔츠 윗호주머니에는 한사코 색수건을 꽂아 뵈는 이유,/모르지?(「모르지?」) *언뜻 보기엔 임종의 생명 같고/바위를 뭉개고 떨어져내릴/한 잎의 꽃잎 같고/혁명 같고/먼저 떨어져내린 큰 바위 같고/나중에 떨어진 작은 꽃잎 같고(「꽃잎1」) *자유를 위해서/비상하여 본 일이 있는/사람이면 알지/노고지리가/무엇을 보고/노래하는가를/어째서 자유에는/피의 냄새가 섞여 있는가를/혁명은/왜 고독한 것인가를/혁명은/왜 고독해야 하는 것인가를(「푸른 하늘을」) *혁명은 안 되고 나는 방만 바꾸어버렸다/그 방의 벽에는 싸우라 싸우라 싸우라는 말이/헛소리처럼 아직도 어둠을 지키고 있을 것이다[…]혁명은 안 되고 나는 방만 바꾸어버렸다/나는 인제 녹슬은 펜과 뼈와 광기―/실망의 가벼움을 재산으로 삼을 줄 안다[…]혁명은 안 되고 나는 방만 바꾸었지만/나의 입속에는 달콤한 의지의 잔재 대신에/다시 쓰디쓴 담뱃진 냄새만 되살아났지만//방을 잃고 낙서를 잃고 기대를 잃고/노래를 잃고 가벼움마저 잃어도(「그 방을 생각하며」) *대구에서/대구에서/쌀난리가 났지 않아/이만 하면 아직도/혁명은/살아 있는 셈이지//백성들이/머리가 있어 산다든가/그처럼 나도/머리가 다 비어도/인제는 산단다(「쌀난리」) *시를 쓰는 마음으로/꽃을 꺾는 마음으로/자는 아이의 고운 숨소리를 듣는 마음으로/죽은 옛 연인을 찾는 마음으로/잃어버린 길을 다시 찾은 반가운 마음으로/우리가 찾은 혁명을 마지막까지 이룩하자/물이 흘러가는 달이 솟아나는/평범한 대자연의 법칙을 본받아/어리석을 만치 소박하게 성취한/우리들의 혁명을/배암에게 쐐기에게 쥐에게 살쾡이에게[…]시를 쓰는 마음으로/꽃을 꺾는 마음으로/자는 아이의 고운 숨소리를 듣는 마음으로/죽은 옛 연인을 찾는 마음으로/잃어버린 길을 다시 찾은 반가운 마음으로/우리는 우리가 찾은 혁명을 마지막까지 이룩하자(「기도」) *기성 육법전서를 기준으로 하고/혁명을 바라는 자는 바보다/혁명이란/방법부터가 혁명적이어야 할 터인데/이게 도대체 무슨 개수작이냐/불쌍한 백성들아/불쌍한 것은 그대들뿐이다/천국이 온다고 바라고 있는 그대들뿐이다/최소한도로/자유당이 감행한 정도의 불법을/혁명정부가 구육법전서를 떠나서/합법적으로 불법을 해도 될까 말까 한/혁명을―불쌍한 것은 이래저래 그대들뿐이다[…]4·26 혁명은 혁명이 될 수 없다/차라리/혁명이란 말을 걷어치워라/하기야/혁명이란 단자는 학생들의 선언문하고/신문하고/열에 뜬 시인들이 속이 허해서/쓰는 말밖에는 아니 되지만/그보다도 창자가 더 메마른 저들은/더 이상 속이지 말아라/혁명의 육법전서는 〈혁명〉밖에는 없으니까(「육법전서와 혁명」) *삭막한 집의 삭막한 방에 놓인 피아노/그 방은 바로 어제 내가 혁명을 기념한 방/오늘은 기름진 피아노가/덩덩 덩덩덩 울리면서/나의 고갈한 비참을 달랜다(「피아노」) *그러나 나는 오늘 아침의 때묻은 혁명을 위해서/어차피 한마디 할 말이 있다/이것을 나는 나의 일기첩에서/찾을 수밖에 없었다//中庸은 여기에는 없다(「중용에 대하여」) *이번에는 우리가 고슴도치가 되고 여우가 되고 수리가 되고 빈대가 되더라도/아아 슬프게도 슬프게도 이번에는/우리가 혁명이 성취되는 마지막날에는/그런 사나운 추잡한 놈이 되고 말더라도(「기도」) *이유는 없다―/나가다오 너희들 다 나가다오/너희들 미국인과 소련인은 하루바삐 나가다오/말갛게 행주질한 비어홀의 카운터에/돈을 거둬들인 카운터 위에/적막이 오듯이/혁명이 끝나고 또 시작되고/혁명이 끝나고 또 시작되는 것은/돈을 내면 또 거둬들이고/돈을 내면 또 거둬들이고/돈을 내면/또 거둬들이는/석양에 비쳐 눈부신 카운터 같기도 한 것이니(「가다오 나가다오」)

혁명정부(革命政府) 비합법적 수단으로 정치 권력을 잡은 정부. *불쌍한 백성들아/불쌍한 것은 그대들뿐이다/천국이 온다고 바라고 있는 그대들뿐이다/최소한도로/자유당이 감행한 정도의 불법을/혁명정부가 구육법전서를 떠나서/합법적으로 불법을 해도 될까 말까 한/혁명을—/불쌍한 것은 이래저래 그대들뿐이다(「육법전서와 혁명」)

혁신당(革新黨) 민주혁신당. 1957년 10월 결성된 한국의 정당. 1956년 5월 진보세력들은 대통령선거에서 나타난 조봉암에 대한 지지에 고무되어 모든 혁신세력을 결집시키기 위하여 진보당 추진위원회를 구성하였다. 그러나 이 시도는 한편으로 11월 10일 조봉암을 중심으로 진보당이 결성되고, 다른 한편으로 8일 서상일 등 진보당 이탈파들이 중심이 되어 민주혁신당 창당준비위원회를 구성함으로써 실패하였다. 민주혁신당의 준비위원 중 주요 인물은 박용의·신숙·최익환·서상일·김성숙·조헌식·고정훈·이동화·김철 등이었다. 그들은 민주혁신당의 발기준비 중 당세를 확장하기 위하여 장건상계열과의 통합을 추진하였으나 실패하고, 1957년 10월 15일 결성대회를 열어 간사장에 서상일을 선출하였다. 강령에서 민주혁신당은 '노동자·농민을 중심으로 하는 광범한 국민대중의 정치적 집결체이며 그들의 이익을 위하여 투쟁하는 진보적 민주정당'임을 밝혔다. 당의 목표는 진정한 사회복지국가의 건설이고, 이를 위하여 의회를 통한 민주적·평화적 변혁을 주장하였다. 또한 유엔 감시하의 자유총선거를 통한 통일을 지지하였다. 1960년 4·19혁명 이후 다양한 혁신계열이 통합하여 5월 17일 사회대중당 창당준비위원회를 결성함으로써 민주혁신당은 해산되었다. *루소의 『民約論』을 다 정독하여도/집권당에 아부하지 말라는 말은 없는데/민주당이 제일인 세상에서는/민주당에 붙고/혁신당이 제일인 세상이 되면/혁신당에 붙으면 되지 않는가/귀에 걸면 귀걸이 코에 걸면 코걸이가/제2공화국 이후의 정치의 철칙이 아니라고 하는가(「만시지탄은 있지만」)

혁신정당(革新政黨) 제도나 조직 따위를 고치거나 버리고 새롭게 하려는 정당. *우리는 월남의 중립 문제니 새로 생긴다는 혁신정당 얘기를/하고 있었지만/아아 비겁한 민주주여 안심하라/우리는 정치 얘기를 하구 있었던 게 아니야(「H」)

혁혁하다(赫赫—) 공로나 업적 따위가 뚜렷하다.
혁혁한 *애타도록 마음에 서둘지 말라/강물 위에 떨어진 불빛처럼/혁혁한 업적을 바라지 말라/개가 울고 종이 들리고 달이 떠도/너는 조금도 당황하지 말라(「봄 밤」)

현대(現代) ①오늘날의 시대. 현시대. ②역사의 시대 구분의 한 가지. 근대(近代) 이후의 시대. *움직이는 비애를 알고 있느냐/순간이 순간을 죽이는 것이 현대/현대가 현대를 죽이는 〈종교〉/현대의 종교는 〈출발〉에서 죽는 榮譽/그 누구의 시처럼// 그러나 여보, 비오는 날의 마음의 그림자를/ 사랑하라/ 너의 벽에 비치는 너의 머리를/ 사랑하라/비가 오고 있다/움직이는 비애여/결의하는 비애/변혁하는 비애……/현대의 자살/그러나 오늘은 비가 너 대신 움직이고 있다(「비」) *죽음이 싫으면서/너를 딛고 일어서고/시간이 싫으면서/너를 타고 가야 한다//창조를 위하여/방향은 현대—(「네이팜 탄」) *—백의의 비극은 그가 현대의 경제학을 등한히 하였을 때에서부터 시작되었던 것이다(「백의」) *(그것은 「골고다」의 언덕이 아닌/현대의 가시철망 옆에 피어 있는 꽃이기에)/물도 아니며 꽃도 아닌 꽃일지나/너의 숨어 있는 인내와 용기를 다하여 날개를 펴라(「九羅重花」) *그것은 자유를 찾기 위해서의 여정이었다/가족과 애인과 그리고 또 하나 부실한 처를 버리고/포로수용소로 오려고 집을 버리고 나온 것이 아니라/포로수용소보다 더 어두운 곳이라 할지라도/자유가 살고 있는 영원한 길을 찾아/나와 나의 벗이 안심하고 살 수 있는/현대의 천당을 찾아 나온 것이다(「조국에 돌아오신 傷病捕虜 동지들에게」)

현대문학사(現代文學史) 근대 이후의 문학의 역사 혹은 문학의 역사 발전 과정을 연구하는 학문. *지극히 시시한 발견이 나를 즐겁게 하는 야밤이 있다/오늘밤 우리의 현대문학사의 변명을 얻었다/이것은 위대한 힌트가 아니니만큼 좋다(「이 한국문학사」)

현대시론(現代詩論) 프레이저가 쓴 시론서.

김수영이 살았을 때에는 국문으로 번역되지 않았으며, 김수영은 원서 내지는 일본 번역서를 본 것으로 추정된다. *The Modern Writer and his World*(1953), *Vision and Rhetoric. Studies in Modern Poetry*(1959) 중 한 권으로 추정된다. ☞ 프레이저. ＊파자마 바람으로/주스를 마시면서/프레이저의 현대시론을 사전을 찾아가며 읽고 있으려니/여편네가 일본에서 온 새 잡지 안의/金素雲의 수필을 보라고 내던져준다(「파자마 바람으로」)

현대식(現代式) 현대에 새롭게 만들어 낸 형식. 현대의 유행이나 풍조를 띤 형식. 지금의 시대에 걸맞은 형식. ＊현대식 교량을 건널 때마다 나는 갑자기 회고주의자가 된다/이것이 얼마나 죄가 많은 다리인 줄 모르고/식민지의 곤충들이 24시간을/자기의 다리처럼 건너다닌다(「현대식 교량」)

현상(現狀) 현재의 상태. 지금의 형편. 현황. ＊토끼는 앞발이 길고/귀가 크고/눈이 붉고/또는 〈이태백이 놀던 달 속에서 방아를 찧고〉……/모두 재미있는 현상이지만/그가 입에서 탄생되었다는 것은 또 한번 토끼를 생각하게 한다(「토끼」)

현실(現實) ①바로 눈앞에 사실로서 나타나 있는 사물이나 상태. ②가능적 존재에 대한 현재적(顯在的) 존재, 또는 생각의 대상이 되는 객관적이고도 구체적 존재. ＊고통의 映寫板 뒤에 서서/어룽대며 변하여가는 찬란한 현실을 잡으려고/나는 어떠한 몸짓을 하여야 되는가//하기는 현실이 고귀한 것이 아니라/영사판을 받치고 있는 주야를 가리지 않는 어둠이/표면에 비치는 현실보다 한치쯤은 더/소중하고 신성하기도 한 것인지 모르지만[…]영사판 위의 모오든 검은 현실이 저마다 색깔을 입고/이미 멀리 달아나버린 비둘기의 두 눈동자에까지/붉은 광채가 떠오르는 것을 보다(「영사판」) ＊당신을 찾아갔다는 것은 현실을 직시하기 위하여서였다//마침 당신은 집에 없고 당신의 아우만이 나와서 당신이 없다고 한다[…]낡은 대문 사이에 매일같이 흐르는 강물이 오늘에야 비로소 꽉 차 있다//설움의 탓이라고 이 새로운 현실을 경시하면서도//어제와 같이 다시는 〈헛소리〉를 하지 않으려고 결심하면서//자꾸 수그러져 가는 눈을 들어 강과 對岸의 찬란한 불빛을 본다(「말」(1958)) ＊지금은 이 번잡한 현실 위에 하나하나 환상을 붙여서 보지 않아도 좋다/찌푸린 얼굴이며 노란 얼굴이며 찌그러진 얼굴이며가 모두 환상과 현실의 중간에 서서 있기에/나는 식인종같이 잔인한 탐욕과 강렬한 의욕으로 그중의 하나하나를 일일이 뚫어져라 하고 들여다보는 것이지만/나의 마음은 달과 바람모양으로 서늘하다(「거리2」) ＊평화와 조화를 원하는 것이/아닌 현실의 選手/백화가 만발한 언덕 저편에/부처의 心思 같은 굴뚝이 허옇고/그 위에서 내뿜는 연기는/얼핏 생각하면 우습기도 하다(「연기」) ＊바늘구멍만한 예지의 저쪽에 사는 사람들이여/나의 현실의 메트르여/어제와 함께 내일에 사는 사람들이여/강력한 사람들이여……(「예지」) ＊일찍이 현실의 출발을 하지 못한 것을 뉘우치며/오늘밤도 보아야 할 죽순의 거치러운/꿈은/완전히 무시를 당하고 나서야/비로소 안심할 수 있는/부끄러움이 없는(「付託」) ＊돌아가신 아버지의 사진에는/안경이 걸려있고/내가 떳떳이 내다볼 수 없는 현실처럼/그의 눈은 깊이 파지어서/그래도 그것은/돌아가신 그날의 푸른 눈은 아니오(「아버지의 사진」)

현인(賢人) 어진 사람. 덕행의 뛰어남이 성인(聖人) 다음가는 사람. 현자(賢者). ＊成長은 소크라테스 이후의 모든 현인들이 하여온 일/整理는/전란에 시달린 20세기 시인들이 하여 놓은 일(「서시」)

현장(現場) ①사물이 현재 있는 곳. ②사건이 일어난 곳, 또는 그 장면. ＊집에 돌아와서/제일 마음에 꺼리는 것이/아는 사람이/이 캄캄한 범행의 현장을/보았는가 하는 일이었다/—아니 그보다도 먼저/아까운 것이/지우산을 현장에 버리고 온 일이었다(「죄와 벌」)

현재(現在) ①이제. 지금. ②불교에서, '이 세상'을 이르는 말. 이승. 현세(現世). ③과거와 미래를 잇는 시간의 한 경계. ＊〈희랍인을 모친으로 가진 미국인에 대한 호소문〉과 〈精神上으로 본/희랍의 독립선언서〉를 써서/전자를 현재 일리노이 주에 있는 자기의 모친에게 보내고/후자는 희랍 국립박물관 관장에게 보내달라고 한다(「백의」) *네 머리는 네 팔은 네 현재는/먼지에 싸여 있다 구름에 싸여 있고/그늘에 싸여 있고 산에 싸여 있고/구멍에 싸여 있고(「먼지」)

현정부(現政府) 현재 정권을 잡고 있는 정부. *글씨가 가다가다 몹시 떨린 漢字가 있는데/그것은 물론 현정부가 그만큼 악독하고 반동적이고/가면을 쓰고 있기 때문이다(「중용에 대하여」)

혈색(血色) 살갗에 나타난 핏기. *죽은 고기처럼 혈색 없는 나를 보고/얼마전에는 애 업은 여자하고 오입을 했다고 한다/초저녁에 두 번 새벽에 한 번/그러니 아직도 늙지 않지 않으냐고 한다(「강가에서」)

혈세(血稅) 가혹한 조세. *또 내가 주어야 할 것도 신문값만이 아니다/수도세, 야경비, 땅세, 벌금, 전기세 이외에/내가 주어야 할 것은 신문값만이 아니다/마지막에 침묵까지 빼앗긴 내가 치러야 할/혈세─화가 있다[…]문명의 혈세를 강요해서는 아니 된다 新과 舊가/탈을 낸 돈이 없나 순시를 다니는 제임스 띵은/독자를 괴롭혀서는 아니 된다(「제임스 띵」)

혈액(血液) 동물의 혈관 속을 순환하는 체액. 갖가지 혈구와 혈장으로 되어 있는데, 생체 조직에 산소와 영양분을 공급하고 노폐물을 날라다 제거함. 피. *구름은 벌써 나의 머리를 스쳐가고/설움과 과거는/오천만지 일의 俯瞰圖보다도 더/조밀하고 망막하고 까마득하게 사라졌다/생각할 틈도 없이/애정은 절박하고/과거와 미래와 오류와 혈액들이 모두 바쁘다(「네이팜 탄」)

혈투(血鬪) 죽음을 무릅쓰고 싸움. *우리들의 싸움의 모습은 초토작전이나/「건 힐의 혈투」모양으로 활발하지도 않고 보기 좋은 것도 아니다/그러나 우리들은 언제나 싸우고 있다(「하…… 그림자가 없다」)

협곡(峽谷) 좁고 험한 골짜기. *그 다음에는 나는 중앙선 어느 협곡에 있는 역에서 백여 리나 떨어진 광산촌에 두고 온 잃어버린 겨울 모자를 생각한다(「시골 선물」)

협잡(挾雜) 옳지 않은 짓으로 남을 속임, 또는 그 짓. *이제야말로 아무 두려움 없이/그놈의 사진을 태워도 좋다/협잡과 아부와 무수한 악독의 상징인/지긋지긋한 그놈의 미소하는 사진을─[…]민중의 벗인 파출소에서/협잡을 하지 않고 뇌물을 받지 않는/관공리의 집에서/역이란 역에서/아아 그놈의 사진을 떼어 없애야 한다(「우선 그놈의 사진을 떼어서 밑씻개로 하자」)

혓바닥 ①혀의 윗면. ② '혀' 의 속된 말. *그년하고 하듯이 혓바닥이 떨어져나가게/물어제끼지는 않았지만 그래도/어지간히 다부지게 해줬는데도/여편네가 만족하지 않는다(「性」)

형님(兄─) '형(兄)' 의 높임말. *이놈들이 다 이성망이 부하들이다/한데다 묶어놔라/야 이놈들아 고갤 숙여/너희놈 손에 돌아가신 우리 형님들/무덤 앞에 절을 구천육백삼십오만 번만 해/나는 아리조나 카보이야(「나는 아리조나 카보이야」)

형상(形狀·形象) ①생긴 모양. ②마음속에 떠오른 관념 따위를 어떤 표현 수단으로 구상화함, 또는 그 구상화한 모습. *꽃이 열매의 상부에 피었을 때/너는 줄넘기 장난을 한다//나는 발산한 형상을 구하였으나/그것은 작전 같은 것이기에 어려웁다(「孔子의 생활난」)

형식(形式) ①겉모양. 외형. ②격식이나 절차. ③고정된 관념이나 상태. *닳고 닳아지고 걸리고 걸려지고/모서리뿐인 형식뿐인 격식뿐인/관청을 우리집은 닮아가고 있다(「의자가 많아서 걸린다」)

형이상학(形而上學) 사물의 본질이나 존재의 근본 원리 따위를 사유(思惟)나 직관에 의해 연구하는 학문. *기적소리는 문명의 밑바닥을 가고/형이상학은 돈지갑처럼/나의 머리 위에서 떨어진다(「싸리꽃 핀 벌판」)

형이상학자(形而上學者) 형이상학을 연구하는 학자 또는 그러한 경향의 사람. *고대 형이상학자들은 그를 보고 〈양극의 합치〉라든가 혹은 〈거대한 희열〉이라고 부르고 있었지만/19세기 시인들은 그를 보고 〈도피의 王者〉 혹은 단순히 〈여유〉라고 불렀다(「백의」)

형제(兄弟) ①형과 아우. ②동기(同氣). *젊음과 늙음이 엇갈리는 순간/그러한 속력과 속력의 停頓 속에서/다리는 사랑을 배운다/정말 희한한 일이다/나는 이제 적을 형제로 만드는

實證을/똑똑하게 천천히 보았으니까!(「현대식 교량」)

형태(形態) ①사물의 생긴 모양. 생김새. ②심리학에서, 부분의 집합체로서가 아닌, 그 전체를 하나의 통합된 유기체로 본 것. *지금 이 땅에는 온갖 형태의 희생이 있거니/나의 노래가 없어진들/누가 나라와 민족과 청춘과/그리고 그대들의 영령을 위하여 잊어버릴 것인가!(「조국에 돌아오신 傷病捕虜 동지들에게」)

혜성(彗星) ①태양을 초점으로, 긴 꼬리를 타원이나 포물선 또는 쌍곡선의 궤도를 그리며 운동하는 천체. ②어떤 분야에서 갑자기 나타나 뛰어나게 뚜렷함을 비유하는 말. *우주의 파편같이/혹은 혜성같이 반짝이는/무수한 잔재 속에 담겨있는 또 이 무수한 몸뚱아리—들은/지금 무엇을 銳意 연마하고 있는가(「국립도서관」)

호(號) 활자의 크기를 나타내는 단위의 하나. 초호부터 숫자가 클수록 활자는 작다. *4면의 신문 위에 6호 활자가 몇천 개 박혀 있는지 모르지만 너의 상상에서는 실제의 수십 배는 담겨 있으리라(「기자의 정열」)

호궁(胡弓) 동양에서 널리 보급되어 있는 현악기의 한 가지. 바이올린 비슷한데, 둘 또는 네 개의 줄을 얹어 활로 비벼 연주함. 중국의 호금(胡琴)이나 우리나라의 해금(奚琴) 따위가 이에 딸림. *아아 어인 일이냐/너 주작의 星火/서리 앉은 胡弓에/피어 사위도 스럽구나//寒鴉가 와서/그날을 울더라/밤을 반이나 울더라/사람은 영영 잠귀를 잃었더라(「廟庭의 노래」)

호기(豪氣) ①씩씩한 기상. 호방한 기상. ②거드럭거리는 기운. *나폴레옹만한 豪氣는 없어도/나는 거리의 운명을 보고/달큼한 마음에 싸여서/어디고 가야 할지 모르는 마음—(「거리2」)

호남(湖南) '전라북도'와 '전라남도'를 두루 일컫는 말. *나무로 만든 장기와/게으르게 움직이는 물소와(아니 물소는 호남 지방에서는 못 보았는데)/덜컥거리는 수레와//어서 또 일을 해요 변화는 끝났소(「시」(1961))

호담(豪談) '호언장담(豪言壯談)'의 준말. 호기롭고 자신있게 말함 또는 그 말. *바다와 별장과 용솟음치는 파도와 조니 워커와/조크와 미인과 페티 김과 애교와 豪談과/남자의 포부의 미련에 대한/편지는 못 쓰겠소(「美濃印札紙」)

호령(號令) ①지배자 등이 사람을 움직이기 위하여 명령함, 또는 그 명령. ②큰 소리로 꾸짖음. ③'구령(口令)'을 이전에 이르던 말. *문지방 안에 석간이 떨어져 뒹굴고 있는데도/심부름하는 놈더러「저것 좀 집어와라!」호령 하나 못하니/이렇게 돼서야 그만이지/어떻게든지 체면을 차려볼 궁리 좀 해야지(「파자마 바람으로」)

호령하다(號令—) ①명령하다. ②큰소리로 꾸짖다.

호령한 *이런 기이한 관습을 가진 나라를/세계 다른 곳에서는 본 일이 없다고/천하를 호령한 민비는 한번도 장안 외출을 하지 못했다고⋯⋯(「거대한 뿌리」)

호마노색(縞馬瑙色) '호마노'는 직선 줄무늬가 있는 불투명한 석영을 말한다. 여러 가지 종류의 색들이 자연적으로 나오는데, 강한 백색의 줄무늬가 교대로 있는 적색, 오렌지색, 황적색, 크림색, 짙은 갈색 등이 있다. 육필원고와 발표지면인 「현대문학」(1964. 8), 『달의 행로를 밟을지라도』(1976)에는 '縞馬色'이라 되어 있으나, 『김수영 전집』(1981)에는 '縞瑪色'으로, 『김수영 전집』(2003)에는 편집자주를 붙여 '縞瑪瑙色'으로 제시되어 있다. *거위의 울음소리는/밤에도 여자의 호마노색 원피스를 바람에 나부끼게 하고/강물이 흐르게 하고/꽃이 피게 하고/웃는 얼굴을 더 웃게 하고/죽은 사람을 되살아나게 한다(「거위 소리」)

호박 박과의 일년생 만초. 열대 아메리카 원산의 재배 식물. 잎은 넓은 심장 모양을 하고 어긋맞게 나며 여름에 누런 꽃이 핌. 열매는 여러 가지 요리를 하여 먹으며 잎과 순도 먹을 수 있음. *지금 참외와 수박을/지나치게 풍년이 들어/오이 호박의 손자며느리 값도 안 되게/헐값으로 넘겨버려 울화가 치받쳐서/고요해진 명수 할버이의/잿물거리는 눈이/비둘기 울음소리를 듣고 있을 동안에/나쁜 말은 안하니/가다오 가다오(「가다오 나가다오」)

호박씨 호박의 씨. *《4월 혁명》이 끝나고 또 시작되고/끝나고 또 시작되고 끝나고 또 시작되는 것은/잿님이 할아버지가 상추씨, 아욱씨, 근대씨를 뿌린 다음에/호박씨, 배추씨, 무씨를 또 뿌리고/호박씨, 배추씨를 뿌린 다음에/시금치씨, 파씨를 또 뿌리는/석양에 비쳐 눈부신/일년 열두 달 쉬는 법이 없는/걸쭉한 강변밭 같기도 할 것이니(「가다오 나가다오」)

호소(呼訴) 억울하거나 원통한 사정을 남에게 하소연함. ＊여보세요 내 가슴을 헤치고 보세요. 여기 장 발장이 숨기고 있던 格印보다 더 크고 검은/호소가 있지요/길을 잃어버린 호소예요(「조국에 돌아오신 傷病捕虜 동지들에게」)

호소문(呼訴文) 억울하거나 원통한 사정을 하소연하는 글. ＊〈희랍인을 모친으로 가진 미국인에게 대한 호소문〉과 〈精神上으로 본/희랍의 독립선언서〉를 써서/전자를 현재 일리노이 주에 있는 자기의 모친에게 보내고/후자는 희랍 국립박물관 관장에게 보내달라고 한다(「백의」)

호스피털(영, hospital) '친절함'의 뜻으로 추정됨(김혜순, 「김수영 시 연구」, 건국대학교 박사학위논문, 1993; 김승희, 「김수영의 시와 탈식민지적 반언술」, 『한국문학이론과비평』 제5집, 1999.8). ＊골맨, 게이블, 레이트, 디보스,/매리지,/하우스펠 에어리어—(영국인들은 호스피털 에어리어)(「바뀌어진 지평선」)

호주머니(胡—) 옷에 단 주머니. ＊저놈은 나의 노동의 상징/호주머니 속의 소눈깔만한 호주머니에 들은/물뿌리와 담배 부스러기의 오랜 친근/윗호주머니나 혹은 속호주머니에 들은/치부책 노릇을 하는 종이쪽/그러나 돈은 없다—돈이 없다는 것도 오랜 친근이다—그리고 그 무게는 돈이 없는 무게이기도 하다/또 무엇이 있나 나의 호주머니에는?/연필쪽!/옛날 추억이 들은 그러나 일년 내내 한번도 펴본 일이 없는/죽은 기억의 휴지/아무것도 집어넣어본 일이 없는 왼쪽 안호주머니—여기에는 혹시 휴식의 갈망이 들어 있는지도 모른다—휴식의 갈망도 나의 오랜 친근한 친구이다……(「후란넬 저고리」) ＊얼굴은 분간할 수도 없는데/술 한 병만이 방 한가운데/광채를 띠고 앉아 있다/나는 의치를 빼서 호주머니에 넣고 앉자/선뜻 인사를 하고/淫詩를 한바탕 읊었더니/여간 좋아들 하지 않는다(「미숙한 도적」)

호콩(胡—) 땅콩. ＊시장거리의 먼지 나는 길 옆의/좌판 위에 쌓인 호콩 마마콩 멍석의/호콩 마마콩이 어쩌면 저렇게 많은지/나는 저절로 웃음이 터져나왔다(「생활」)

호화롭다(豪華—) 사치스럽고 화려한 데가 있다.

　　호화로운 ＊마당은 주인의 마음이 숨어 있지 않은 것처럼 安穩한데/나 역시 이 마당에 무슨 원한이 있겠느냐/비록 내가 자란 터전같이 호화로운/꿈을 꾸는 마당이라고 해서(「휴식」)

호흡기(呼吸氣) 생물의 호흡 작용을 하는 기관. ＊그이 가치는/왼손으로 글을 쓰는 소녀만이 알고 있다/그것은 그의 둥근 호흡기가 언제나 왼쪽에 달려 있기 때문이다(「수난로」)

혹시(或是) ①만일에. 혹야. 혹여. 혹자. ②혹시(或時). ＊가만히 앉아 있어도 자꾸 뻐근하여만 가는 목을 돌려/시간과 함께 비스듬히 내려다보는 것/그것은 혹시 한 자루의 부채—그러나 그것은 보일락 말락 나의 시야에서/멀어져 가는 것—(「방안에서 익어가는 설움」) ＊아무것도 집어넣어본 일이 없는 왼쪽 안호주머니—여기에는 혹시 휴식의 갈망이 들어 있는지도 모른다—휴식의 갈망도 나의 오랜 친근한 친구이다……(「후란넬 저고리」)

혹시나(或是—) '혹시(或是)'의 힘줌말. ＊내가 부끄러운 것은 사람보다도/저 날짐승이라 할까/내가 있는 방 위에 와서 앉거나/또는 그의 그림자가 혹시나 떨어질까 보아 두려워하는 것도/나는 아무것에도 취하여 살기를 싫어하기 때문이다(「도취의 피안」) ＊혁명은 안 되고 나는 방만 바꾸어버렸다/나는 인제 녹슬은 펜과 뼈와 광기—/실망의 가벼움을 재산으로 삼을 줄 안다/이 가벼움 혹시나 역사일지도 모르는/이 가벼움을 나는 나의 재산으로 삼았다(「그 방을 생각하며」)

혹은(或—) '그렇지 않으면', '또는'의 뜻으로 쓰이는 접속 부사. ＊생후의 토끼가 살기 위하여서는/전쟁이나 혹은 나의 진실성 모양으로 서서 있어야 하였다/누가 서 있는 게 아니라/토끼가 서 있어야 하였다(「토끼」) *나의 동요 없는 마음으로/너를 다시 한번 치어다보고 혹은 내려다보면서 無量의 환희에 젖는다(「九羅重花」) *나의 방안에 설움이 충만되어 있는 것을 발견하였다/오고가는 것이 직선으로 혹은 대각선으로 맞닥뜨리는 것 같은 속에서/나의 설움은 유유히 자기의 시간을 찾아갔다(「방안에서 익어가는 설움」) *얼마나 장구한 세월이 흘러갔던가/파도처럼 옆으로/혹은 세대를 가리키는 지층의 단면처럼 억세고도 아름다운 색깔—(「나의 가족」) *너무나 멀리 잊어버려 천상의 무슨 등대같이 까마득히 사라져버린 귀중한 생활들이여/말없는 생활들이여/마지막에는 해저의 풀떨기같이 혹은 책상에 붙은 민민한 판대기처럼 무감각하게 될 생활이여(「구슬픈 육체」) *전쟁의 모든 파괴 속에서/불사조같이 살아난 너의 몸뚱아리—/우주의 파편같이/혹은 혜성같이 반짝이는/무수한 잔재 속에 담겨있는 또 이 무수한 몸뚱아리—들은/지금 무엇을 銳意 연마하고 있는가(「국립도서관」) *고대 형이상학자들은 그를 보고 〈양극의 합치〉라든가 혹은 〈거대한 희열〉이라고 부르고 있지만/19세기 시인들은 그를 보고 〈도피의 王者〉 혹은 단순히 〈여유〉라고 불렀다(「백의」) *모르는 것 앞에는 무조건하고 숭배하는 것이/나의 습관이니까/동생뿐이 아니라/그의 죽음뿐이 아니라/혹은 그의 실종뿐이 아니라/그를 생각하는/그를 생각할 수 있는/너까지도 다 함께 숭배하고 마는 것이/숭배할 줄 아는 것이/나의 인내이니까(「누이야 장하고나!」) *병원 냄새에 휴식을 얻는/소년의 흰 볼처럼/교회여/이제는 나의 이 늙지도 젊지도 않은 몸에/해묵은/1,961개의/곰팡내를 풍겨 넣어라/오 썩어가는 탑/나의 연령/혹은/4,294알의/구슬이라도 된다(「아픈 몸이」) *윗호주머니나 혹은 속호주머니에 들은/치부책 노릇을 하는 종이쪽/그러나 돈은 없다—돈이 없다는 것도 오랜 친근이다(「후란넬 저고리」) *흐린 날에는 연극은 없다/모든 게 쉰다/쉬지 않는 것은 처와 처들뿐이다/혹은 버림받은 애인뿐이다/버림받으려는 애인뿐이다/넝마뿐이다(「적2」)

혼(魂) 넋. 얼. *두 줄기로 뻗어올라가던 놈이/한 줄기가 더 생긴 것이 며칠 전이었나/등나무//밤사이에 이슬을 마신 놈이/지금 나의 혼을 마신다/無休의 태만의 혼을 마신다/등나무 등나무 등나무 등나무//얇상한 잎/그것이 이슬을 마셨다고 어찌 신용하랴/나의 혼, 목욕을 중지한 시인의 혼을 마셨다고/炎天의 혼을 마셨다고 어찌 신용하랴(「등나무」)

혼동하다(混同—) ①뒤섞다. ②뒤섞어 보거나 잘못 판단하다. ③권리 및 의무가 동일인에게 귀속되어 권리 의무가 소멸되다.
　혼동한다 *이런 때면 매년 이맘때쯤 듣는/병아리 우는 소리와/그의 원수인 쥐 소리를 혼동한다//어깨를 아프게 하는 것은/老朽의 미덕은 시간이 아니다(「백지에서부터」)

혼란(混亂) ①뒤섞여서 어지럽다. ②뒤죽박죽이 되어 질서가 없다. *그 사람도 거짓말의 총알의 까맣고 빨간 흔적을 가진 사람이라고—그래서 우리의 혼란을 승화시켜 보자(「거짓말의 여운 속에서」)

혼미하다(昏迷—) 정신이 헷갈리고 흐리멍덩하다.
　혼미하는 *혼미하는 아내며/날이 갈수록 간격이 생기는 골육들이며/새가 아직 모여들 시간이 못 된 늙은 포플러나무며/소리 없이 나를 괴롭히는/그들은 신의 고문인인가(「장시2」)

혼색(混色) 색을 뒤섞음, 또는 그 색. *하얀 종이가 분홍으로 분홍 하늘이/녹색으로 또 다른 색으로 변할 만큼 밝다—그러나 混色은 흑색이라는 걸 경고해 준 것은/소학교 때 선생님……(「백지에서부터」)

혼자 ①자기 한 몸. ②단독으로. *아무리 혼자 있어도 베와이셔츠의 에리를/안쪽으로 접어넣지 않는 이유,/모르지?/술이 거나해서 아무리 졸려도/의젓한 포즈는/의젓한 포즈는 취하고 있는 이유,/모르지?/모르지(「모르지?」) *오랜 피곤도 고통도 인내도 잊어버리고/새 사람 아닌 새 사람이 되어/아무도 모르고 너 혼자만이 아는/네가 쓴 기사 위에/황홀히 너를 찾아보는 아침이여/번개같이 가슴을 울리고 가는 묵은 생명과 새 희망의 무수한 충돌 충돌……(「기자의 정열」)

혼자서 홀로. *무엇 때문에 부자유한 생활을

하고 있으며/무엇 때문에 자유스러운 생활을 피하고 있느냐/여름 뜰이여/나의 눈만이 혼자서 볼 수 있는 주름살이 있다 굴곡이 있다(「여름 뜰」) ＊너는 내 웃음을 받지 않고/어린 너는 나의 전모를 알고 있는 듯/야아 순자야 깜찍하고나/너 혼자서 깜찍하고나(「꽃잎3」)

홀로 외롭게. 혼자서만. ＊이 광대한 여름날의 착잡한 숲속에/홀로 서서/나는 돌풍처럼 너한테 말할 수 있다(「누이야 장하고나!」)

홀로이 혼자. 홀로. ＊마지막 설움마저 보낸 뒤/빈 방안에 나는 홀로이 머물러 앉아/어떠한 내용의 책을 열어보려 하는가(「방안에서 익어가는 설움」)

홍찐구[洪進基] 1917~1986. 홍진기를 빗대어 지어낸 이름. 홍진기는 이승만 정권하에 내무부장관을 지냈으며 중앙일보 이사장을 역임하였고 1960년 3·15 부정선거 관련 선거법 위반으로 구속되었다(≪조선일보≫, 1960년 5월 19일자 신문 참조). ＊두목! 나머지 놈들 다 잡아왔습니다/아 홍찐구 놈도 섞여 있구나/너 이놈 정동 재판소에서 언제 달아나왔느냐 깟땜!(「나는 아리조나 카보이야」)

화(火) 몹시 언짢거나 못마땅하여 나는 성. ＊무능한 내가 지지 않는 것은 이때만이다/너의 독기가 예에 없이 걸레쪽같이 보이고/너와 내가 반반—/「어디 마음대로 화를 부려보려무나!」(「만용에게」) ＊필요 이상으로 화를 내는 것도 좋다/그 사나이는, 제임스 띵은 어이가 없어서/조그만 눈을 민첩하게 움직이면서 미소를 띠우고 섰지만/나의 고삐를 잃은 백마에 당할 리가 없다(「제임스 띵」)

화공(畫工) 직업적으로 그림을 그리는 사람. ＊어드메에 담기려고/칠흑의 壁板 위로/香煙을 찍어/白蓮을 무늬 놓는/이 밤 화공의 소맷자락 무거이 적셔/오늘도 우는/아아 짐승이냐 사람이냐.(「廟庭의 노래」)

화려(華麗) 빛나고 아름다움. ＊정열도 예측 고함도 예측 장시도 예측/경솔도 예측 봄도 예측 여름도 예측/범람도 예측 범람은 화려 공포는 화려/공포와 노인은 동일 공포와 노인과 유아는 동일……(「장시1」)

화려하다(華麗—) 빛나고 아름답다.
화려하고 ＊땅과 봄이 일체가 되기를 원하며 그것만을 힘삼고 있었는데/오히려 그러한 불굴의 의지에서 나오는 것인가/어둠 속에서 일순간을 다투며/없어져버린 애처롭고 아름답고 화려하고 부박한 꿈을 찾으려 하는 것은(「구슬픈 육체」)
화려한 ＊그것은 갈색 낙타 모자/그리고 유행에서도 훨씬 뒤떨어진 서울의 화려한 거리에서는 도저히 쓰고 다니기 부끄러운 모자이다(「시골 선물」) ＊이 푸른 바다와 산과 들 위에/화려한 태양이 날개를 펴고 걸어가는 것이다(「거리1」)

화로(火爐) 숯불을 담아 놓는 그릇. ＊이발소의 화롯가에 연분홍빛 화로/깨어진 유리에 종이를 바르고/그 언 유리에 비친 내 얼굴이 제임스 띵같이/되기까지 내가 겪은, 내가 겪을/고뇌는 무한이다(「제임스 띵」)

화롯가(火爐—) 화롯불의 영향이 미치는 영역 또는 그 주변. ＊이발소의 화롯가에 연분홍빛 화로/깨어진 유리에 종이를 바르고/그 언 유리에 비친 내 얼굴이 제임스 띵같이/되기까지 내가 겪은, 내가 겪을/고뇌는 무한이다(「제임스 띵」)

화롯불(火爐—) 화로에 담아 놓은 불. ＊보석 같은 아내와 아들은/화롯불을 피워가며 병아리를 기르고/짓이긴 파 냄새가 술 취한/내 이마에 神藥처럼 생긋하다(「초봄의 뜰 안에」)

화룡점정(畫龍點睛) 용을 그릴 때 마지막에 눈을 그려 완성시킨다는 뜻으로, '가장 요긴한 부분을 마치어 일을 끝냄'을 이르는 말. ＊나의 온 정신에 畫龍點睛이 이루어지는 순간이//영사판 위의 모오든 검은 현실이 저마다 색깔을 입고/이미 멀리 달아나버린 비둘기의 두 눈동자에까지/붉은 광채가 떠오르는 것을 보다(「영사판」)

화신(化身) ①부처가 중생을 구하기 위하여 사람이나 악귀의 모습을 하고 나타나는 일. ②추상적인 특질이 구체적인 것으로 바뀌는 일. ＊언어는 원래가 유치한 것이다/나도 그렇게 유치하게 되었다/그러니까 내가 그들을 사랑하지 않을 수가 없다/아아 모리배여 모리배여/나의 화신이여(「모리배」)

화원(花園) 꽃을 심은 동산. 꽃밭. ＊순자야 너는 꽃과 더위져 가는 화원의/초록빛과 초록빛의 너무나 빠른 변화에/놀라 잠시 찾아오기를 그친 벌과 나비의/소식을 완성하고[…]꽃과 더워져 가는 화원의/꽃과 더러워져 가는 화원의/초록빛과 초록빛의 너무 빠른 변화에/놀라 오늘도 찾아오지 않는 벌과 나비의/소식을 더 완성하기까지(「꽃잎3」)

화하다(化一) ①어떤 물질이 다른 물질로 바뀌다. ②다른 상태가 되다.
화하는 *그녀는 인경전의 종소리가 울리면 장안의/남자들이 모조리 사라지고 갑자기 부녀자의 세계로/화하는 극적인 서울을 보았다(「거대한 뿌리」)

화해하다(和解一) 다툼을 그치고 풀다.
화해하자 *아내여 화해하자 그대가 흘리는 피에 나도/참가하게 해다오 그러기 위해서만/이혼을 취소하자(「이혼 취소」)

화환(花環) 조화나 생화를 모아 고리 모양으로 만든 것. *나는 발가벗은 아내의 목을 끌어안았다/山林과 時間이 오는 것이다/서울역에는 花環이 처음 생기고/나는 秋收하고 돌아오는 伯父를 기다렸다[…]먼 時間을 두고 물속을 흘러온 흰 모래처럼 그들은 온다/U·N위원단이 매일 오는 것이다/화환이 화환이 서울역에서 날아온다/모자 쓴 靑年이여 誘惑이여/아침의 유혹이여(「아침의 유혹」)

확대(擴大) 늘여서 크게 함. *그러면 너의 벗들과/너의 이웃사람들의 얼굴이/바늘구멍 저쪽에 떠오르리라/축소와 확대의 중간에 선 그들의 얼굴/강력과 기도가 일체가 되는 거리에서/너는 비로소 겸허를 배운다(「예지」)

확실하다(確實一) 틀림이 없다.
확실하다고 *兩眼이 모두 담홍색을 하고 있는 것으로 보아/그가 오랜 세월을 暗夜 속에서 살고 있었던 것만은 확실하다고 나는 생각한다(「백의」)
확실하지만 *캘리포니아라는 곳에서 온 것만은/확실하지만 누가 지은 것인 줄도 모르는/제2차 대전 이후의/긴 긴 역사를 갖춘 것 같은/이 엄연한 책이/지금 바람 속에 휘날리고 있다(「가까이 할 수 없는 서적」)
확실한 *누구의 생활도 아닌 이것은 확실한 나의 생활//마지막 설움마저 보낸뒤/빈 방안에 나는 홀로이 머물러 앉아/어떠한 내용의 책을 열어보려 하는가(「방안에서 익어가는 설움」)

확실히(確實一) 틀림없이. *조용한 시절은 돌아오지 않았다/그 대신 사랑이 생기었다/굵다란 사랑/누가 있어 나를 본다면은/이것은 확실히 우스운 이야깃거리다[…]조용한 시절 대신/나의 백골이 생기었다/생활의 백골/누가 있어 나를 본다면은/이것은 확실히 무서운 이야깃거리다(「愛情遲鈍」) *무한히 망설이는 이 마음은 어둠과 절망의 어제를 위하여/사는 것이 아니고/너무나 기쁜 이 마음은 무슨 까닭인지 알 수는 없지만/확실히 어리석음에서 나오는 것은 아닐 텐데(「거리2」) *하루살이의 狂舞여/하루살이는 지금 나의 일을 방해한다/―나는 확실히 하루살이에게 졌다고 생각한다/―하루살이의 유희여(「하루살이」)

확장되다(擴張一) 늘려서 넓혀지다.
확장된 *참음은 어제를 생각하게 하고/어제의 얼음을 생각하게 하고/새로 확장된 서울특별시 동남단 논두렁에/어느 막막한 얼음을 생각하게 하고(「참음은」)

환(圜) 1953년부터 1962년까지 통용되었던 우리나라 화폐 단위. *보라 항간에 금값이 오르고 있는 것을/

환

그놈들은 털끝만치도 다치지 않으려고/버둥거리고 있다/보라 금값이 갑자기 8,900환이다/달걀값은 여전히 영하 28환인데//이래도/그대들은 유구한 公序良俗 정신으로/위정자가 다 잘해 줄 줄 알고만 있다(「육법전서와 혁명」) *수입에 대해서 생각하는 것은 너나 나나 매일 반이다/모이 한 가마니에 430원이니/한 달에 12, 3만 환이 소리 없이 들어가고/알은 하루 60개밖에 안 나오니/묵은 닭까지 합한 닭모이값이/일주일에 6일을 먹고/사람은 하루를 먹는 편이다(「만용에게」)

환담(歡談) 정답고 즐겁게 이야기함, 또는 그 이야기. *그러나 우리들은 언제나 싸우고 있다/아침에도 낮에도 밤에도 밥을 먹을 때에도/거리를 걸을 때도 환담을 할 때도/장사를 할 때도 토목공사를 할 때도/여행을 할 때도

환락(歡樂) 기뻐하고 즐거워함. ＊詩는 쨍쨍한 날씨에 청량한 들에/환락의 개울가에 바늘 돋친 숲에/버려진 우산/망각의 想起다(「적2」)

환상(幻想) ①현실로는 있을 수 없는 일을 있는 것처럼 상상하는 일. ②종잡을 수 없는 생각. ＊내가 살기 위하여/몇 개의 번개 같은 환상이 필요하다 하더라도/꿈은 교훈/청춘 물구름/피로들이 몇 배의 아름다움을 加하여 있을 때도/나의 원천과 더불어/나의 최종점은 궁지/파도처럼 요동하여/소리가 없고/비처럼 퍼부어/젖지 않는 것(「궁지의 날」) ＊지금은 이 번잡한 현실 위에 하나하나 환상을 붙여서 보지 않아도 좋다/꺼먼 얼굴이며 노란 얼굴이며 찌그러진 얼굴이며 모두 환상과 현실의 중간에 서서 있기에/나는 식인종같이 잔인한 탐욕과 강력한 의욕으로 그중의 하나하나를 일일이 뚫어져라 하고 들여다보는 것이지만/나의 마음은 달과 바람모양으로 서늘하다(「거리2」) ＊자꾸 어두워가는 백주의 활극/밤보다도 더 어두운 낮의 마음/시간을 잊은 마음의 승리/환상이 환상을 이기는 시간―大時間은 결국 쉬는 시간(「장시2」)

환희(歡喜) 즐거워 기뻐함, 또는 큰 기쁨. ＊미역국 위에 뜨는 기름이/우리의 역사를 가르쳐준다 우리의 환희를/풀 속에서는 노란 꽃이 지고 바람소리가 그릇 깨지는/소리보다 더 서걱거린다―우리는 그것을 영원의/소리라고 부른다[…]오오 환희여 미역국이여 미역국에 뜬 기름이여 구슬픈 祖上이여/가뭄의 백성이여 퇴계든 정다산이든 수염 난 영감이면/복덕방 사기꾼도 도적놈 지주라도 좋으니 제발 순조로워라/자칭 예술파 시인들이 아무리 우리의 능변을 욕해도―이것이/환희인 걸 어떻게 하랴//인생도 인생의 부분도 통째 움직인다―우리는 그것을/결혼의 소리라고 부른다(「미역국」) ＊이 소음들은 나의 푸른 풀의 가냘픈/영상을 꺾지 못하고/그 영상의 전후의 고민의 환희를 지우지 못한다(「풀의 영상」) ＊네 얼굴은 진리에 도달했다/어저께 진리에 도달했다/어저께 환희를 잃었기 때문이다(「네 얼굴은」) ＊나의 동요 없는 마음으로/너를 다시 한번 치어다보고 혹은 내려다보면서 無量의 환희에 젖는다(「九羅重花」)

활극(活劇) ①영화나 연극 등에서의 난투 장면, 또는 난투 장면이 많은 영화나 연극. ②'격렬한 싸움'을 비유하여 이르는 말. ＊가난한 침묵/자꾸 어두워가는 백주의 활극/밤보다도 더 어두운 낮의 마음/시간을 잊은 마음의 승리/환상이 환상을 이기는 시간―大時間은 결국 쉬는 시간(「장시2」) ＊그 배우는 식모까지도 싫어하고/신이 나서 보는 것은 나 하나뿐이고/원효대사가 나오는 날이면/익살맞은 어린 놈은 활극이 되나 하고//조바심을 하고 식모 아가씨나 가게/아가씨는 연애가 되나 하고/애타하고 원효의 염불 소리까지도/잊고―죄를 짓고 싶다(「원효대사」)

활련(─蓮) 한련(旱蓮). 연(蓮)의 한 종류. ＊난간 아래 등나무/넝쿨장미 위의 등나무/등꽃 위의 등나무/우물 옆의 등나무/우물 옆의 등꽃과 활련/그리고 철자법을 틀린 시/철자법을 틀린 인생/이슬, 이슬의 합창이다(「등나무」)

활발하다(活潑─) 생기가 있다. 힘차다.

　활발하게 ＊지프차를 타고 가는 어느 젊은 사람이/유쾌한 표정으로 활발하게 길을 건너가는 나에게/인사를 한다(「거리2」)

　활발하지도 ＊우리들의 싸움의 모습은 초토작전이나/「건 힐의 혈투」모양으로 활발하지도 않고 보기 좋은 것도 아니다/그러나 우리들은 언제나 싸우고 있다(「하…… 그림자가 없다」)

활보하다(闊步─) ①큰 걸음으로 당당히 걷다. ②멋대로 행동하다.

　활보하고 ＊심야에는 여자는 사라지고 남자가 다시 오입을 하러/활보하고 나선다고 이런 기이한 관습을 가진 나라를/세계 다른 곳에서는 본 일이 없다고/천하를 호령한 민비는 한번도 장안 외출을 하지 못했다고……(「거대한 뿌리」)

활자(活字) 활판 인쇄에 쓰이는 일정한 규격의 글자. 기둥 모양의 납 따위 금속 끝에 글자나 기호가 볼록하게 새겨져 있음. ＊瓦斯의 정치가여/너는 활자처럼 고웁다/내가 옛날 아메리카에서 돌아오던 길/뱃전에 머리 대고 울던 것은 여인을 위해서가 아니다//오늘 또 활자를 본다/한없이 긴 활자의 연속을 보고/와사의 정치가들을 응시한다(「아메리카 타임誌」) *4면의 신문 위에 6호 활자가 몇천 개 박혀 있는지 모르지만 너의 상상에서는 실제의 수십 배는 담겨 있으리라/이 무수한 활자 가운데에/신문기자인 너의 기사도/매일 조금씩은 끼이게 되는데[…]그러한 휴식이 찬란한 아침 햇빛 비치는 게시판 위에서 떠돌아다니면서/희한한 상상과 무수한 활자를/너에게 눌러주는 지금 이 순간에도/너는 아예 놀라지 말아라/너는 아예 놀라지 말아라(「기자의 정열」) *언청이야 언청이야 이발쟁이야 너의/보꾹에 바른 신문지의 활자가 즐거웁구나/교정을 보았구나 나의 毒氣야/가벼운 겨울의 꿈이로구나 나의 독기의/꿈이로구나//쓸데없는 것이었다 저것이었다/너의 보꾹에 비친 활자이었다 거기에/그어진 붉은 잉크였다 인사를 하지 않은/나의 친구야 거만한 꿈은 사위어간다(「제임스 띵」) *……活字는 반짝거리면서 하늘 아래에서/간간이/자유를 말하는데/나의 靈은 죽어 있는 것이 아니냐(「死靈」)

황금빛(黃金―) 황금의 빛깔과 같은 누런빛. *여름 뜰이여/크레인의 강철보다 더 강한 익어가는 황금빛을 꺾기 위하여/너의 뜰을 달려가는 조고마한 동물이라도 있다면/여름 뜰이여/나는 너에게 희생할 것을 준비하고 있노라(「여름 뜰」) *꽃도 장미도 어제 떨어진 꽃잎도/아니고/떨어져 물 위에서 썩은 꽃잎이라도 좋고/썩는 빛이 황금빛에 닮은 것이 순자야/너 때문이고/너는 내 웃음을 받지 않고/어린 너는 나의 전모를 알고 있는 듯(「꽃잎3」)

황사(黃沙) ①노란 빛깔의 모래. ②중국 북부나 몽골 지방의 황토가 바람에 날려 온 하늘에 누렇게 끼는 현상. *나의 명예는 부서졌다/비 대신 황사가 퍼붓는 하늘 아래/누가 지어논 무덤이냐/그러나 그 속에서 부패하고 있는 것/―그것은 나의 앙상한 생명(「PLASTER」)

황송하다(惶悚―) 위엄이나 지위 따위에 눌리어 두렵다. *버드 비숍 여사를 안 뒤부터는 썩어빠진 대한민국이/괴롭지 않다 오히려 황송하다 역사는 아무리/더러운 역사라도 좋다/진창은 아무리 더러운 진창이라도 좋다(「거대한 뿌리」)

황폐하다(荒廢―) 집이나 땅 따위를 거두지 않고 그냥 버려 두어 거칠고 못 쓰게 되다. **황폐한** *초봄의 뜰 안에 들어오면/서편으로 난 난간문 밖의 풍경은/모름지기/보이지 않고//황폐한 강변을/영혼보다도 더 새로운 해빙의 파편이/저 멀리/흐른다(「초봄의 뜰 안에」)

황혼(黃昏) ①해가 지고 어둑어둑할 때. ②쇠퇴하여 '종말에 가까운 때'를 비유하는 말. *모두 다 마음에 들지 않아라/이 황혼도 저 돌벽 아래 잡초도/담장의 푸른 페인트빛도/저 고요함도 이 고요함도(「死靈」) *그가 나갔을 때/洋盤 반주곡이 감상적이었다는 것이 아니라/더욱이나 푸른 창가에/황혼이 걸터앉아 있었다는 것이/더욱이나 아니라/나의 주위에 말짱 〈반동〉만 앉아 있어/객소리만 씨부리고 있었다는 것이/더욱이나 더욱이나 아니라//이런 황혼에는 시베리아의/어느 이름 없는 개울가에서/들오리가 서투른 앉음새로/병아리를 품고 있을지도 모른다/심심해서 아아 심심해서(「황혼」)

황홀(恍惚) ①빛이 어른어른하여 눈이 부심. ②(사물에 마음이 팔려) 멍한 모양. ③미묘하여 헤아려 알기 어려움. *나는 섬찍해서 그전의 둔감한 내 자신으로/다시 돌아간다/연민의 순간이다 황홀의 순간이 아니라/속아 사는 연민의 순간이다(「性」) *불 옆으로 모여드는 하루살이여/벽을 사랑하는 하루살이여/감정을 잊어버린 시인에게로/모여드는 모여드는 하루살이여―나의 시각을 쉬게 하라―/하루살이의 황홀이여(「하루살이」)

황홀하다(恍惚―) ①빛이 어른어른하여 눈이 부시다. ②멍하다. ③미묘하여 헤아려 알기 어렵다. **황홀하는** *시인이 황홀하는 시간보다도 더 맥없는 시간이 어디 있느냐/도피하는 친구들/양심도 가지고 가라 휴식도―(「광야」)

황홀히(恍惚―) ①빛이 어른어른하여 눈이 부시게. ②멍하게. ③미묘하여 헤아려 알기 어렵게. *오랜 피곤도 고통도 인내도 잊어버리고/새 사람 아닌 새 사람이 되어/아무도 모르고 너 혼자만이 아는/네가 쓴 기사 위에/황홀히 너를 찾아보는 아침이여/번개같이 가슴을 울리고 가는 묵은 생명과 새 희망의 무수한 충돌 충돌……(「기자의 정열」)

횃불 해에 켠 불. *횃불로 검은 물속을 비춰 가며 고기를 잡는 배가 증언처럼 다가오고//나는 당신의 아우에게로 뛰어가서 나의〈말〉을 하지 못하는 나를 미워하였다(「말」(1958))

회고주의자(懷古主義者) 주로 옛날을 돌이켜 생각하려는 경향이 강한 사람. *현대식 교량을 건널 때마다 나는 갑자기 회고주의자가 된다/이것이 얼마나 죄가 많은 다리인 줄 모르고/식민지의 곤충들이 24시간을/자기의 다리처럼 건너다닌다(「현대식 교량」)

회사(會社) 상행위 또는 영리 행위를 목적으로 상법에 따라 설립된 사단 법인. *대한민국의 방방곡곡에 안 붙은 곳이 없는/그놈의 점잖은 얼굴의 사진을/동회란 동회에서 시청이란 시청에서/회사란 회사에서/××단체에서 ○○협회에서/하물며는 술집에서 음식점에서 양화점에서(「우선 그놈의 사진을 떼어서 밑씻개로 하자」)

회사원(會社員) 회사에 근무하는 사람. 사원. *그들은 민주주의자를 가장하고/자기들이 양민이라고도 하고/자기들이 선량이라고도 하고/자기들이 회사원이라고도 하고/전차를 타고 자동차를 타고/요릿집엘 들어가고/술을 마시고 웃고 잡담하고(「하…… 그림자가 없다」)

회상하다(回想—) 지난 일을 돌이켜 생각하다.
회상하며 *한 놈은 가죽 방한모에 빨간 마후라였지만/또 한 놈은 잘 안 보였고 매일 아침 들은/「신문요」의 목소리를 회상하며/어떤놈이 新인지 舊인지를 가려낼 틈도/없다 눈이 왔고 추웠고 너무 화가 났다(「제임스 띵」)

회색빛(灰色—) 잿빛. *손가락 사이에 끈을 한끝 잡고 방바닥에 내어던지니/소리없이 회색빛으로 도는 것이/오래 보지 못한 달나라의 장난 같다/팽이가 돈다(「달나라의 장난」)

회원(會員) 어떤 회를 구성하는 사람. *나는 이자벨 버드 비숍 여사와 연애하고 있다 그녀는/1893년에 조선을 처음 방문한 영국 왕립지학협회 회원이다(「거대한 뿌리」)

회의(懷疑) ①의심을 품음. 또는 그 의심. ②인식이나 지식에 결정적인 근거가 없어 그 확실성을 의심하는 정신 상태. *너의 회의는 굳어가기 시작했다/너의 회의는/나라 안에서 당한 모든 것이/나라 밖에서 당한 모든 것이/반드시 정말이 아니라는 것을 알았고/너의 어린 포부는/불가능의 한계를 두드려보기 시작했다(「65년의 새해」)

회전(回轉) 한 물체가 어떤 점이나 다른 물체의 둘레를 일정하게 움직임. *한없이 풀어지는 피곤한 마음에도/너는 결코 서둘지 말라/너의 꿈이 달의 행로와 비슷한 회전을 하더라도/개가 울고 종이 들리고/기적소리가 과연 슬프다 하더라도(「봄 밤」)

회피하다(回避—) 몸을 피하여 만나지 아니하다.
회피하는 *그러나 바로 어저께 내가 오랜간만에 거리에 나가니/나의 친구들은 모조리 나를 회피하는 눈치이었다/그중의 어느 시인은 다음과 같이 나에게 욕을 하였다(「백의」)

회한(悔恨) 뉘우치고 한탄함. *지혜의 왕자처럼/눈 하나 까딱하지 아니하고/도사리고 앉아서/나의 원죄와 회한을 생각하기 전에/너의 생리부터 해부하여 보아야겠다(「바뀌어진 지평선」) *바람도 불지 않는 나무에서 열매가 떨어지듯 나의 마음에서 수없이 떨어져내리는 휴식의 열매/뒷걸음질치는 것은 憤激인가 조소인가 회한인가/무수한 궤도여(「靈交日」) *그때는 지금 일본 말 방송을 안 듣듯이/나도 모르는 사이에 아무 미련도 없이/회한도 없이 안 듣게 되는 날이 올 것이다……(「라디오 계」)

획득(獲得) 얻어 내거나 얻어 가짐. 손에 넣음. *내용은 술집, 내용은 나, 내용은 도시,/내용은 그림자,/그림자의 비밀/종교의 획득은 종교를 잃었을 때부터 시작되었고/나는 그때부터 차차 늙어가는 탈을 썼다(「반주곡」)

횡단하다(橫斷—) 가로 지나가다. 동서로 지나가다.
횡단하지 *그렇지만 린드버그가 헬리콥터를 타고서/대서양을 횡단하지 않았기 때문에/우리는 지금 동양의 諷刺를 그의 機體 안에서 느끼고야 만다(「헬리콥터」)

횡재물(橫財物) 뜻밖에 얻은 재물. *그것을 그놈이 가져/가기 전에 우리가 발견했다/이 횡재물이 지금 우리집 뜰 아래 광에/들어 있

효과(效果) 보람 있는 결과. *베이컨의 『新論理學』을 읽어보게나/원자탄이나 유도탄은 너무 많아서/효과가 없으니까/인제는 다시 비수를 쓰는 법을 배우란 말일세(「만시지탄은 있지만」)

후(後) ①뒤. 다음. ② '추후(追後)'의 준말. *비가 그친 후 어느 날—/나의 방안에 설움이 충만되어 있는 것을 발견하였다(「방안에서 익어가는 설움」) *5월 혁명 이전에는 백양을 피우다/그 후부터는/아리랑을 피우고/와이셔츠 윗호주머니에는 한사코 색수건을 꽂아 뵈는 이유,/모르지?(「모르지?」) *내가 6·25 후에 价川 야영훈련소에서 받은 말할 수 없는 학대를 생각한다(「조국에 돌아오신 傷病捕虜 동지들에게」) *충고는 허사였어 그렇지 않어?/18년 후에 이렇게 뻐젓이 서울의 다방 건너 막걸리집에서 또 만나게 됐으니/하여간 반갑다 잠입한 사랑아 무식한 사랑아(「滿洲의 여자」) *8·15 후에 김병욱이란 시인은 두 발을 뒤로 꼬고/언제나 일본여자처럼 앉아서 변론을 일삼았지만/그는 일본 대학에 다니면서 4년 동안을 제철회사에서/노동을 한 强者다(「거대한 뿌리」) *이보다 더 추운 날처럼 나는 여기서 겨울을 맞이하다가/오랜 시간이 경과된 후에도/이 웃음만은 흔적을 남기고 있을 것이라고 믿는 것은/어리석은 일(「웃음」) *그놈들이 배불리 먹고 있을 때도/고생한 것은 그대들이고/그놈들이 망하고 난 후에도 진짜 곯고 있는 것은/그대들인데/불쌍한 그대들은 천국이 온다고 바라고 있다(「육법전서와 혁명」) *민주주의를 찾은 나라의 교육가들의 사무실에서/4·19 후의 경찰서에서 파출소에서/민중의 벗인 파출소에서/협잡을 하지 않고 뇌물을 받지 않는/관공리의 집에서/역이란 역에서/아아 그놈의 사진을 떼어 없애야 한다(「우선 그놈의 사진을 떼어서 밑씻개로 하자」)

후각(嗅覺) 오감(五感)의 하나. 냄새에 대한 감각. *나는 지금 간밤의 쓰디쓴 후각과 청각과 미각과 統覺마저 잊어버리려고 한다(「여름 아침」)

후란넬(영, flannel) 얇은 모직물. *낮잠을 자고 나서 들어보면/후란넬 저고리도 훨씬 무거워졌다/거지의 누더기가 될락 말락 한/저놈은 어제 비를 맞았다(「후란넬 저고리」)

후자(後者) 둘을 들어 말한 가운데서 뒤의 것이나 사람. *〈희랍인을 모친으로 가진 미국인에게 대한 호소문〉과 〈精神上으로 본/희랍의 독립선언서〉를 써서/전자를 현재 일리노이주에 있는 자기의 모친에게 보내고/후자는 희랍 국립박물관 관장에게 보내달라고 한다(「백의」)

후진국(後進國) 산업·경제·문화 따위가 다른 나라보다 뒤떨어진 나라. *전 아시아의 후진국 전 아프리카의 후진국/ 그 섬조각 반도조각 대륙조각이/ 이 발견의 봄이 오기 전에 옷을 벗으려고/ 뚜껑이 열렸다 닫히는 소리(「풀의 영상」)

후춧가루 후추를 갈아서 만든 가루. 양념으로 쓰임. *오이, 고춧가루, 후춧가루는 너무나 창피하니까/그만두고라도/그중에 좀 점잖은 품목으로 또 있었는데/아이구 무어던가?(「마케팅」)

훈련(訓練·訓鍊) 무예나 기술 등을 실지로 활용할 수 있도록 배워 익힘. *토끼는 입으로 새끼를 뱉으다//토끼는 태어날 때부터/뛰는 훈련을 받는 그러한 운명에 있었다(「토끼」)

훈련소(訓練所·訓鍊所) 훈련을 하기 위하여 마련한 처소. 또는 그 기관. *내가 6·25 후에 价川 야영훈련소에서 받은 말할 수 없는 학대를 생각한다/北院 훈련소를 탈출하여 順川 읍내까지도 가지 못하고/악귀의 눈동자보다도 더 어둡고 무서운 밤에 中西面 內務省 군대에게 체포된 일을 생각한다(「조국에 돌아오신 傷病捕虜 동지들에게」)

훌륭하다 매우 좋아서 나무랄 데가 없다.
  훌륭하게 *우리는 격하지 않고 얘기할 수 있었어/훌륭하게 훌륭하게 얘기할 수 있었어/그의 약간의 오류는 문제가 아냐/그의 오류는 꽃이야(「H」)

훔치다 남의 것을 슬그머니 휘몰아서 가지다.
  훔친 *우리가 도적질을 한 것은 아니지만 우리가/훔친 거나 다름없다 아니 그보다도 더 나쁘다(「도적」)

훨씬 정도 이상으로 차이가 심한 모양. 한결.

*그것은 갈색 낙타 모자/그리고 유행에서도 훨씬 뒤떨어진 서울의 화려한 거리에서는 도저히 쓰고 다니기 부끄러운 모자이다(「시골선물」) *철망을 지나가는 비행기의/그림자보다는 훨씬 급하게/스쳐가는 나의 고독을/누가 무슨 신기한 재주를 가지고/잡을 수 있겠느냐(「더러운 향로」) *모두들 공부하는 속에 와보면 나도 옛날에 공부하던 생각이 난다/그리고 그 당시의 시대가 지금보다 훨씬 좋았다고/누구나 어른들은 말하고 있으나/나는 그 우열을 따지고 싶지는 않다(「국립도서관」) *예지는 어느 煙筒보다도 훨씬 뾰죽하고 날카로울 것이다//암흑과 맞닿는 나의 생명이여/거리의 생명이여(「거리2」) *등나무여 지휘하라 부끄러움 고만 타고/이제는 지휘하라 이카루스의 날개처럼/쑥잎보다 훨씬 얇은/너의 잎은 지휘하라(「등나무」) *낮잠을 자고 나서 들어보면/후란넬 저고리도 훨씬 무거워졌다/거지의 누더기가 될락 말락 한/저놈은 어제 비를 맞았다(「후란넬 저고리」) *그는 나보다도 가난해 보이고/그는 나보다도 짐이 무거워 보이는데/그는 나보다도 훨씬 늙었는데/그는 나보다도 눈이 들어갔는데/그는 나보다도 여유가 있고/그는 나에게 공포를 준다(「강가에서」)

휘날리다 ① 바람에 나부끼다, 또는 그렇게 나부끼게 하다. ② 마구 흩어져 펄펄 날거나 날게 하다.

휘날리고 *주변 없는 사람이 만져서는 아니 될 책/만지면은 죽어버릴 듯 말 듯 되는 책/캘리포니아라는 곳에서 온 것만은/확실하지만 누가 지은 것인 줄도 모르는/제2차 대전 이후의/긴 긴 역사를 갖춘 것 같은/이 엄연한 책이/지금 바람 속에 휘날리고 있다(「가까이 할 수 없는 서적」) *나는 잠자는 일/잠 속의 일/쫓기어다니는 일/불같은 일/암흑의 일/깨꽃같이 작고 많은/맨 끝으로 신경이 가는 일/암흑에 휘날리고/나의 키를 넘어서―/병아리같이 자는 일(「깨꽃」)

휘덮다 휘몰아 덮다.

휘덮는 *그러나 이 눈망울을 휘덮는 싯퍼런 작열의 의미가 밝혀지기까지는/나는 여기에 있겠다(「冬麥」)

휘두르다 무엇을 잡고 둥글게 휘휘 돌리다.

휘두르고 *토막방 안에서 나는 우주를 잡을 듯이 날뛰고 있지요/고운 神이 이 자리에 있다면/나에게 무엇이라고 하겠나요/아마 잘 있으라고 손을 휘두르고 가지요/문턱에서(「웃음」)

휘트먼(Whitman, Walt) 1819~1892. 월트 휘트먼. 미국의 시인. 1855년 시집 『풀잎』(*Leaves of Grass*)을 자비 출판하였는데, 이 시집의 성격은 종래의 전통적 시형(詩型)을 크게 벗어나 미국의 적나라한 모습을 고스란히 받아들여 찬미한 것이었다. ☞ 월트 휘트먼.  휘트먼 *그는 재판관처럼 판단을 내리는 게 아니라 구제의 길이 없는 사물의 주위에 떨어지는 태양처럼 판단을 내린다―월트 휘트먼(「미스터 리에게」)

휘황하다(輝煌―) 광채가 나서 눈부시게 반짝이다.

휘황하게 *조그마한 세상의 지혜를 배운다는 것은/설운 일이다//그것은 내일이 되면 포탄이 되어서/휘황하게 날아가야 할 지혜이기 때문이다(「조그마한 세상의 지혜」)

휴식(休息) 잠깐 쉬는 일. *네가 이 두 시간의 중간 위에 서있는 것이라고 해서/어려운 휴식/참으로 어려운/얻기 어려운 휴식/너의 긴 시간 속에 언제고 내포되어 있는 휴식/그러한 휴식이 찬란한 아침햇빛 비치는 게시판 위에서 떠돌아다니면서/희한한 상상과 무수한 활자를/너에게 눌러주는 지금 이 순간에도/너는 아예 놀라지 말아라/너는 아예 놀라지 말아라(「기자의 정열」) *피로와 피로의 발언/시인이 황홀하는 시간보다도 더 맥없는 시간이 어디 있느냐/도피하는 친구들/양심도 가지고 가라 휴식도―(「광야」) *전등에서 消燈으로/소음에서 라디오의 중단으로/모조품 銀丹에서 仁丹으로/남의 집에서 내 방으로/노동에서 휴식으로/휴식에서 수면으로(「X에서 Y로」) *아픈 몸이/아프지 않을 때까지 가자/나의 발은 절망의 소리/저 말(馬)도 절망의 소리/병원 냄새에 휴식을 얻는/소년의 흰 볼처럼/교회여/이제는 나의 이 늙지도 젊지도 않은 몸에/

휴지(休紙)

해묵은/1,961개의/곰팡내를 풍겨 넣어라(「아픈 몸이」) *기사라 하지만 네가 썼다고 알아주는 사람이 있어도 없어도 가히 무관한 것/그러기에 한결 가벼운 휴식의 마음으로 쓰고 있을 수 있었던 것(「기자의 정열」) *바람도 불지 않는 나무에서 열매가 떨어지듯 나의 마음에서 수없이 떨어져내리는 휴식의 열매/뒷걸음질치는 것은 憤激인가 조소인가 회한인가/무수한 궤도여(「靈交日」) *아무것도 집어넣어본 일이 없는 왼쪽 안호주머니/―여기에는 혹시 휴식의 갈망이 들어 있는지도 모른다―/휴식의 갈망도 나의 오랜 친근한 친구이다……(「후란넬 저고리」) *공원이나 휴식이 필요한 사람들이/여름이면 그의 곁에 와서/곧잘 팔을 고이고 앉아 있으니까//그는 인간의 비극을 안다(「수난로」) *곡은 무용곡―모든 음악은 무용곡이다/오오 폐허의 질서여 수치의 凱歌여/차나무 냄새여 어둠이여 소녀여/휴식의 휴식이여/분명해진 그 가시의 의미여(「반달」) *누구의 힘보다 강하다고 믿어 오던/無色의 생활자가 네가 아니던가/자유여/아니 휴식이여/어려운 휴식이여/부르기 힘든 사람의 이름들/눈에는 보이지 않는 너무나 무거운/너의 짐/그리고 逸樂, 안이, 허위……/모두 다 잊어버리고 나와서/태양의 다음가는 자유/자유의 다음가는 게시판/너무나 어려운 휴식이여/눈물이 흘러나올 여유조차 없는/게시판과 너 사이에/오늘의 생활이 있을진대/달관한 신문기자여/생각하지 말아라(「기자의 정열」)

휴지(休紙) ①못 쓰게 된 종이. 폐지(廢紙). ②허드레로 쓰는 종이. 화장지. *겨자씨같이 조그맣게 살면 돼/복숭아 가지나 아가위 가지에 앉은/배부른 흰 새모양으로/잠깐 앉았다가 떨어지면 돼/연기 나는 속으로 떨어지면 돼/구겨진 휴지처럼 노래하면 돼(「장시1」) *또 무엇이 있나 나의 호주머니에는?/연필쪽/옛날 추억이 들은 그러나 일년 내내 한번도 펴본 일이 없는/죽은 기억의 휴지/아무것도 집어넣어본 일이 없는 왼쪽 안호주머니(「후란넬 저고리」)

흉악하다(凶惡―) ①성질이 몹시 악하다. ②겉모양이 험상궂고 무섭게 생기다.

흉악한 *타성같이 습관같이/그저그저 쉬쉬 하면서/할말도 다 못하고/기진맥진해서/그저 그저 걸어만 두었던/흉악한 그놈의 사진을/오늘은 서슴지 않고 떼어놓아야 할 날이다(「우선 그놈의 사진을 떼어서 밑씻개로 하자」)

흉하다(凶―) 얼굴이나 태도 따위가 보기에 나쁘다.

흉하지 *나는 너무나 많은 첨단의 노래만을 불러왔다/나는 정지의 미에 너무나 등한하였다/나무여 영혼이여/가벼운 참새같이 나는 잠시 너의/흉하지 않은 가지 위에 피곤한 몸을 앉힌다(「서시」)

흐르다 ①물 따위가 낮은 곳으로 내려가다. ②눈물이 눈에서 나오다. ③공중이나 물 위에 떠서 미끄러지듯 움직여 가다. ④시간이나 세월이 지나가다. ⑤어느 방향으로 쏠리다. ⑥새어서 빠지거나 떨어지다. ⑦가득 차서 넘쳐 쏟아지다. ⑧미끄러져 처지다. ⑨어떤 범위 안에 번져서 점점 퍼지다. ⑩어떤 상태나 현상·기운 따위가 겉으로 드러나다.

흐르게 *거위의 울음소리는/밤에도 여자의 호마노색 원피스를 바람에 나부끼게 하고/강물이 흐르게 하고/꽃이 피게 하고/웃는 얼굴을 더 웃게 하고/죽은 사람을 되살아나게 한다(「거위 소리」)

흐르고 *도시의 끝에/사그러져 가는 라디오의 재갈거리는 소리가/사랑처럼 들리고 그 소리가 지워지는/강이 흐르고 그 강 건너에 사랑하는/암흑이 있고(「사랑의 변주곡」) *다리 밑에 물이 흐르고/나의 시절은 좁다/사랑은 고독이라고 내가 나에게/재긍정하는 것이/또한 우스운 일일 것이다(「愛情遲鈍」)

흐르는 *아아 그러나 지금 이 방안에는/오직 시간만이 있지 않으냐//흐르는 시간 속에 이를테면 푸른 옷이 걸리고 그 위에/반짝이는 별같이 흰 단추가 달려있고(「방안에서 익어가는 설움」) *낡은 대문 사이에 매일같이 흐르는 강물이 오늘에야 비로소 꽉 차 있다(「말」(1958))

흐르는데 *온몸에서 피는/빠르지도 더디지도 않게 흐르는데/또 골목을 돌아서/추위에 온몸이/돌같이 감각을 잃어도/또 골목을 돌아서//아픔이/아프지 않을 때는/그 무수한 골목이 없어질 때(「아픈 몸이」)

흐른다 *초봄의 뜰 안에 들어오면/서편으로 난 난간문 밖의 풍경은/모름지기/보이지 않고//

황폐한 강변을/영혼보다도 더 새로운 해빙의 파편이/저 멀리/흐른다(「초봄의 뜰 안에」)

흐리다 ①기억력이나 사리 판단, 또는 하는 일이 분명하지 않다. ②다른 것이 섞이어 맑지 못하다. ③구름이나 안개가 끼어 날씨가 맑지 않다. ④시력이나 청력이 약하여 똑똑히 보이거나 들리지 않다. ⑤등불이나 빛 따위가 희미하다.

흐려서 *풀이 눕는다/비를 몰아오는 동풍에 나부껴/풀은 눕고/드디어 울었다/날이 흐려서 더 울다가/다시 누웠다(「풀」)

흐리고 *날이 흐리고 풀이 눕는다/발목까지/발밑까지 눕는다/바람보다 늦게 누워도/바람보다 먼저 일어나고/바람보다 늦게 울어도/바람보다 먼저 웃는다/날이 흐리고 풀뿌리가 눕는다(「풀」)

흐린 *어느 매춘부의 생활같이/다소곳한 분위기 안에서/오늘이 봄인지도 모르고/그래도 날개 돋친 마음을 위하여/너와 같이 걸어간다/흐린 봄철 어느 오후의 무거운 日氣처럼/그만한 우울이 또한 필요하다(「바뀌어진 지평선」) *흐린 하늘에 이는 바람은/어제가 다르고 오늘이 다른데/옷을 벗어놓은 나의 정신은/늙은 바위에 앉은 이끼처럼 추워라(「초봄의 뜰 안에」) *시금치밭에 거름을 뿌려서 파리가 들끓고/이틀째 흐린 가을날은 무더웁기만 해/가까운 데에서 나는 人聲도 옛날이야기처럼/멀리만 들리고(「장시2」) *흐린 날에는 연극은 없다/모든 게 쉰다/쉬지 않는 것은 처와 처들뿐이다/혹은 버림받은 애인뿐이다/버림받으려는 애인뿐이다/넝마뿐이다(「적2」)

흐릴 *제일 피곤할 때 적에 대한다/바위의 아량이다/날이 흐릴 때 정신의 집중이 생긴다/신의 아량이다[…]제일 피곤할 때 적에 대한다/날이 흐릴 때면 너와 대한다/가장 가까운 적에 대한다/가장 사랑하는 적에 대한다/우연한 싸움에 이겨보려고(「적2」)

흐트러지다 여러 가닥으로 흩어져 이리저리 엉키다.

흐트러진 *너를 믿고 일어서면/생각하는 것은 먼 나라의 일이 아니다/나의 가슴속에 흐트러진 파편들일 것이다(「네이팜 탄」)

흑나비(黑—) 검은빛의 나비 혹은 검은 무늬가 있는 나비. *시금치밭에 앉은 흑나비와 주홍나비모양으로/나의 과거와 미래가 숨바꼭질만 한다(「적이 어디에 있느냐?」/「적은 꼭 있어야 하느냐?」(「적」)

흑색(黑色) 검은 빛. *하얀 종이가 분홍으로 분홍 하늘이/녹색으로 또 다른 색으로 변할 만큼 밝다/——그러나 混色은 흑색이라는 걸 경고해 준 것은/소학교 때 선생님……(「백지에서부터」)

흑점(黑點) ①검은 점. ② '태양 흑점'의 준말. *도회의 흑점——오늘은 그것을 운운할 날이 아니다/나는 오늘 세상에 처음 나온 사람모양으로 쾌활하다/——코에서 나오는 쇠 냄새가 그리웁다(「거리2」)

흔들다 ①좌우나 앞뒤로 잇따라 움직이게 하다. ②어떤 안정된 상태를 동요시키다.

흔드는 *여기는 좁은 서울에서도 가장 번거로운 거리의 한 모퉁이/우울 대신에 수많은 기폭을 흔드는 쾌활/잊어버린 수많은 詩篇을 밟고 가는 길가에/영광의 집들이여 점포여 역사여(「거리2」)

흔드며 *白花의 意匠/萬華의 기둥의/지금 고요히 잠드는 얼을 흔드며/關公의 色帶로 감도는/향로의 餘烟이 신비한데(「廟庭의 노래」)

흔들고 *창을 흔들고 가는 바람소리를 들어도 불안하지도 않고/도회에서 태어나서 도회에서 죽어가는 사람들은/젊은 몸으로 죽어가는 前線의 전사에 못지않게 불쌍하다고 생각하며/그러한 생각을 함으로써 하루하루 도회의 때가 묻어가는 나의 몸을 분하다고 한탄한다(「미숙한 도적」)

흔들리다 흔듦을 당하다.

흔들리는 *나의 천성은 깨어졌다/더러운 붓 끝에서 흔들리는 오욕/바다보다 아름다운 세월을 건너와서/나는 태양을 주웠다고 생각하지는 않았지만/설마 이런 것이 올 줄이야/괴물이여(「PLASTER」) *나는 젊은 사나이의 그 눈초리를 보았다/흔들리는 자동차 속에서 창밖의 풍경이 흔들리듯/그의 가장 깊은 영혼이 흔들리는 것을 보았다(「靈交日」)

흔들리듯 *나는 젊은 사나이의 그 눈초리를 보았다/흔들리는 자동차 속에서 창밖의 풍경이 흔들리듯/그의 가장 깊은 영혼이 흔들리는 것을 보았다(「靈交日」) *누구한테 머리를 숙일까/사람이 아닌 평범한 것에/많이는 아니고 조금/벼를 터는 마당에서 바람도 안 부는데/옥수수잎이 흔들리듯 그렇게 조금(「꽃잎」)

흔적(痕迹) 어떤 사물이나 현상이 없어지거나 지나간 뒤에 남은 자취나 자국. *이 웃음만은 흔적을 남기고 있을 것이라고 믿는 것은/어리석은 일/시간에 달린 기이다란 시간을 보시오/내가 어리다고 한탄하지 마시오(「웃음」) *그 사람도 거짓말의 총알의 까맣고 빨간 흔적을 가진 사람이라고―/그래서 우리의 혼란을 승화시켜 보자(「거짓말의 여운 속에서」) *내 위에 떨어지는 빗방울을 보셨나요/그것보다도 흔적이 더 없는 내어버린 자아도//하하! 우주의 비밀을/아니/비밀은 비밀을 먹는 것인가요/하하하……(「靈交日」)

흘겨보다 흘기는 눈으로 보다.
　흘겨보지 *여름 뜰을 흘겨보지 않을 것이다/여름 뜰을 밟아서도 아니 될 것이다/묵연히 묵연히/그러나 속지 않고 보고 있을 것이다(「여름 뜰」)

흘러가다 흘러서 앞으로 나아가다.
　흘러가는 *흘러가는 물결처럼/支那人의 의복/나는 또 하나의 해협을 찾았던 것이 어리석었다//기회와 油滴 그리고 능금/올바로 정신을 가다듬으면서/나는 수없이 길을 걸어왔다(「아메리카 타임 誌」) *樵夫의 일하는 소리/바람이 생기는 곳으로/흘러가는 흘러가는 새소리/갈대소리/「올 겨울은 눈이 적어서 토끼가 은거할 곳이 없겠네」//「저기 저 하아얀 것이 무엇입니까」/「불이다 山火다」(「토끼」) *내가 사는 지붕 위를 흘러가는 날짐승들이/울고 가는 울음소리에도/나는 취하지 않으련다//사람이야 말할 수 없이 애처로운 것이지만/내가 부끄러운 것은 사람보다도/저 날짐승이라 할까(「도취의 피안」)
　흘러갔나 *모든 것을 제압하는 생활 속의/애정처럼/솟아오른 놈//(유년의 기적을 잃어버리고/얼마나 많은 세월이 흘러갔나)//여편네와 아들놈을 데리고/낙오자처럼 걸어가면서/나는 자꾸 허허……웃는다(「생활」)
　흘러갔던가 *얼마나 장구한 세월이 흘러갔던가/파도처럼 옆으로/혹은 세대를 가리키는 지층의 단면처럼 억세고도 아름다운 색깔―(「나의 가족」)

흘러나오다 물·빛 따위가 새거나 빠져서 밖으로 나오다.
　흘러나올 *그리고 逸樂, 안이, 허위……/모두 다 잊어버리고 나와서/태양의 다음가는 자유/자유의 다음가는 게시판/너무나 어려운 휴식이여/눈물이 흘러나올 여유조차 없는/게시판과 너 사이에/오늘의 생활이 있을진대(「기자의 정열」)

흘러내리다 물·빛 따위가 일정한 방향으로 흐르거나 떨어지다.
　흘러내려가는데 *강물은 도도하게 흘러내려가는데/천국도 지옥도 너무나 가까운 곳/사람들이여/차라리 숙련이 없는 영혼이 되어/씨를 뿌리고 밭을 갈고 가래질을 하고 고물개질을 하자(「여름 아침」)

흘러들다 물·빛 따위가 흘러서 안으로 들어오다.
　흘러들어 *누구 한 사람의 입김이 아니라/모든 가족의 입김이 합치어진 것/그것은 저 넓은 문창호의 수많은 틈 사이로 흘러들어오는 겨울 바람보다도 나의 눈을 밝게 한다(「나의 가족」)

흘러오다 ①물 따위가 흐르면서 내려오다. ②말소리나 음악·냄새 따위가 퍼져 오다. ③정처 없이 떠돌아다니다가 들어오다.
　흘러온 *먼 時間을 두고 물속을 흘러온 흰 모래처럼 그들은 온다/U·N위원단이 매일 오는 것이다(「아침의 유혹」)

흘리다 ①물 따위를 쏟거나 흐르게 하다. ②새어 떨어지게 하다. ③물건을 빠뜨리거나 떨어뜨려 잃다. ④물 위에 띄워 흐르게 하다. ⑤여러 번에 걸쳐 나누어주다. ⑥글씨를 흘림으로 쓰다. ⑦귀담아듣지 아니하다. ⑧그림에서 붓 자국이 잘 보이지 않도록, 붓질을 희미하게 하다.
　흘려 *지나간 생활을 지나간 벗같이 여기고/해 지자 헤어진 구슬픈 벗같이 여기고/잊어버린 생활을 위하여 불을 켜서는 아니 될 것이지만/천사같이 천사같이 흘려버릴 것이지만(「구슬픈 육체」)
　흘리게 *그대가 준 손수건의 암시처럼/불길한 눈물을 흘리게 했지만/그 분풀이로 어리석은 나는 술을 마시고/창문을 부수고 여편네를 때리고/지옥의 시까지 썼지만(「세계일주」)

흘리고 *어제 국회의장 공관의 칵테일 파티에 참석한/천사 같은 여류작가의 냉철한 지성적인/눈동자는 거짓말이다/그 눈동자는 피를 흘리고 있지 않다(「이혼 취소」)

흘리는 *함부로 흘리는 피가 싫어서/이다지 낡아빠진 생활을 하는 것은 아니리라(「구름의 파수병」) *아내여 화해하자 그대가 흘리는 피에 나도/참가하게 해다오 그러기 위해서만/이혼을 취소하자(「이혼 취소」)

흘리더라만 *그래도 추탕을 먹으면서 나보다도 더 땀을 흘리더라만/신문지로 얼굴을 씻으면서 나보고도/산보를 하라고 자꾸 권한다(「강가에서」)

흘리되 *이것을 하고 저것을 하고 저것을 하고 이것을/하고 피를 안 흘리려고/피를 흘리되 조금 쉽게 흘리려고/저것을 하고 이짓을 하고 저짓을 하고/이것을 하고(「이혼 취소」)

흘리려고 *10만 원 중에서 5만 원만 줄까 3만 원만 줄까/하고 망설였지 당신보다도 내가 더 망설였지/5만 원을 무이자로 돌려보려고/피를 안 흘리려고 생전 처음으로 돈 가진 친구한테/정식으로 돈을 꾸러 가서 안 됐지/이것을 하고 저것을 하고 저것을 하고 이것을/하고 피를 안 흘리려고/피를 흘리되 조금 쉽게 흘리려고/저것을 하고 이짓을 하고 저짓을 하고/이것을 하고(「이혼 취소」)

흘린 *손에는 무거운 보따리를 들고/가다가다 기침을 하면서/집에는 差押을 해온 파일오버가 있는데도/배자 위에 얄따란 검정 오버를 입고/사흘 전에 술에 취해 흘린 가래침 자국—/아니 빚쟁이와 싸우다 나오는 길에 흘린/침자국(「네 얼굴은」)

흙 바위가 분해되어 지구의 외각(外殼)을 이루는 가루. 토양. *아카시아 잎을 이기는 소리가 방바닥 밑까지 콩콩 울리면 돼/흙 묻은 비옷이 24시간 걸려 있으면 돼(「장시1」) *마룻바닥에 깐 비닐 장판에 구공탄을 떨어뜨려/탄자국, 내 구두에 묻은 흙, 변두리의 진흙,/그런 가슴의 죽음의 표식만을 지켜온,/밑바닥만을 보아온, 빈곤에 마비된 눈에/하늘을 가리켜주는 잡지/VOGUE야(「VOGUE야」)

흙빛 ①흙의 빛깔. ②검푸른 빛. *시냇물소리 푸르고 희고 잔잔한 물소리/숲과 숲 사이의 하늘을 향해서/우는 매미/흙빛 매미여/달팽이는 닭이 먹고/구데기 바람에 우는 소리 나면//물소리는 먼 하늘을 찢고 달아난다(「말복」)

흡반(吸盤) 낙지 따위의 발이나 거머리 따위의 입과 같이, 다른 동물이나 물체에 달라붙는 기관. 빨판. *더운 날/敵이란 海綿 같다/나의 양심과 독기를 빨아먹는/문어발 같다//흡반 같은 나의 대문의 명패보다도/정체 없는 놈/더운 날/눈이 꺼지듯 적이 꺼진다(「적」)

흡수하다(吸收—) ①빨아들이다. ②자신의 것으로 받아들이다. ③흩어진 사물을 모아 들이다. ④소화된 음식물이 소화관의 벽을 통하여 혈관이나 림프관으로 들어가다.

흡수하는 *오래간만에 거리에 나와보니/나의 눈을 흡수하는 모든 물건/그 중에도/빈 사무실에 놓인 무심한/집물 이것저것(「거리1」)

흥겹다(興—) 크게 흥이 나서 마음이 들뜨고 재미가 있다.

흥겨운 *모두 별안간에 가만히 있었다/씹었던 불고기를 문 채로 가만히 있었다/아니 그것은 불고기가 아니라 돌이었을지도 모른다/신은 곧잘 이런 장난을 잘한다//(그리 흥겨운 밤의 일도 아니었는데)(「나가타 겐지로」)

흥분하다(興奮—) ①감정이 북받쳐 일어나다. ②생물체의 활동 상태가 고조(高調)되어 변화하다.

흥분하지 *우리는 조금도 흥분하지 않았고/그는 그전처럼 욕도 하지 않았고/내 찻값까지 합해서 백 원을 치르고 나가는/그의 표정을 보고/나는 그가 필시 속으로는 나를 포기하고/있다는 것을 알았어(「H」)

흥분할 *흥분할 줄 모르는 나의 생리와/방향을 가리지 않고 서 있는 서가 사이에서/도적질이나 하듯이 희끗희끗 내어다보는 저 흰 벽들은/무슨 鳥類의 屎尿와도 같다(「국립도서관」)

흥분해도 *여편네의 방에 와서 기거를 같이 해도/나는 이렇듯 소년처럼 되었다/흥분해도 소년/계산해도 소년/애무해도 소년/어린 놈 너야/네가 성을 내지 않게 해주마/네가 무어라 보채더라도/나는 너와 함께 성을 내지 않는 소년(「여편네의 방에 와서」)

흩어지다 ①여기저기 떨어져 헤어지게 되다. ②사물이나 소문 따위가 퍼지다.

흩어진 ＊거리에 흩어진 월간 대중잡지 위에 매월 그의 사진이 게재되어 왔을 뿐만 아니라/어느 삼류 신문의 사회면에는 간혹 그의 구제금 응모기사 같은 것이 나오고 있다(「백의」)

희끗희끗 자꾸 빠르게 슬쩍슬쩍 곁눈질하는 모양. ＊흥분할 줄 모르는 나의 생리와/방향을 가리지 않고 서 있는 서가 사이에서/도적질이나 하듯이 희끗희끗 내어다보는 저 흰 벽들은/무슨 鳥類의 屎尿와도 같다(「국립도서관」)

희다 ①눈[雪]의 빛과 같다. ②스펙트럼의 모든 빛이 혼합되어 눈에 반사된 빛과 같다.

희고 ＊시냇물소리 푸르고 희고 잔잔한 물소리/숲과 숲 사이의 하늘을 향해서/우는 매미/흙빛 매미여(「말복」)

흰 ＊먼 時間을 두고 물속을 흘러온 흰 모래처럼 그들은 온다/U·N위원단이 매일 오는 것이다/화환이 화환이 서울역에서 날아온다/모자 쓴 靑年이여 誘惑이여/아침의 유혹이여(「아침의 유혹」) ＊흐르는 시간 속에 이를테면 푸른 옷이 걸리고 그 위에/반짝이는 별같이 흰 단추가 달려있고(「방안에서 익어가는 설움」) ＊검은 철을 깎아 만든/고궁의 흰 지댓돌 위의/더러운 향로 앞으로 걸어가서/잃어버린 愛兒를 찾은 듯이/너의 거룩한 머리를 만지면서/우는 날이 오더라도(「더러운 향로」) ＊잣나무 전나무 집뽕나무 상나무/연못 흰 바위/이러한 것들이 나를 속이는가(「휴식」) ＊도적질이나 하듯이 희끗희끗 내어다보는 저 흰 벽들은/무슨 鳥類의 屎尿와도 같다(「국립도서관」) ＊어둠속에 비치는 해바라기와…… 주전자와…… 흰 벽과……/불을 등지고 있는 성황당이 보이는/그 산에는 겨울을 가리키는 바람이 일기 시작하네(「사치」) ＊입을 다문 채/흰 실에 매어 달려 있는 여주알의 곰보/창문 앞에/안치해 놓은 당호박/평면을 사랑하는/코스모스/역시 평면을 사랑하는/킴 노박의 사진과/국내 소설책들……(「누이의 방」) ＊병원 냄새에 휴식을 얻는/소년의 흰 볼처럼/교회여/이제는 나의 이 늙지도 젊지도 않은 봄에/해묵은/1,961개의 곰팡내를 풍겨 넣어라(「아픈 몸이」) ＊천장지는 푸른 바탕에/아니 흰 바탕에 엇갈린 벽돌처럼 빌딩 창문처럼/바로 그런 무늬겠다(「마케팅」) ＊흰 쌀밥을 먹고 갔는데 보리알을 먹고 간 것 같고/그렇게 피투성이가 되어 찾던 만년필은/처의 백 속에 숨은 듯이 걸려 있고(「절망」(1962)) ＊겨자씨같이 조그맣게 살면 돼/복숭아 가지나 아가위 가지에 앉은/배부른 흰 새모양으로/잠깐 앉았다가 떨어지면 돼(「장시 1」) ＊일본의 〈진보적〉 지식인들은 소련한테는/욕을 하지 않는다고 한다 나도 얼마전까지는/흰 원고지 뒤에 낙서를 하면서/그것이 그럴듯하게 생각돼서/소련을 내심으로도 입밖으로도 두둔했었다(「轉向記」)

희랍(希臘) '그리스'의 한자음 표기. ＊백의는 이와 같은 나의 안심과 태만을 비웃는 듯이/어느 틈에 우리 가정의 내부에까지 침입하여 들어와서/신심양면의 허약증으로 신음하고 있는 나를 독촉하여/〈희랍인을 모친으로 가진 미국인에게 대한 호소문〉과 〈精神上으로 본/희랍의 독립선언서〉를 써서/전자를 현재 일리노이 주에 있는 자기의 모친에게 보내고/후자는 희랍 국립박물관 관장에게 보내달라고 한다(「백의」)

희랍인(希臘人) 그리스 사람. ＊그는 남미의 어느 면공업자의 서자로 태어나서/나이아가라 강변에서 隨道工事에 挺身하고 있었다 하며/그의 모친은 희랍인이라고 한다/兩眼이 모두 담홍색을 하고 있는 것으로 보아/그가 오랜 세월을 暗夜 속에서 살고 있었던 것만은 확실하다고 나는 생각한다[…]백의는 이와 같은 나의 안심과 태만을 비웃는 듯이/어느 틈에 우리 가정의 내부에까지 침입하여 들어와서/신심양면의 허약증으로 신음하고 있는 나를 독촉하여/〈희랍인을 모친으로 가진 미국인에게 대한 호소문〉과 〈精神上으로 본/희랍의 독립선언서〉를 써서/전자를 현재 일리노이 주에 있는 자기의 모친에게 보내고/후자는 희랍 국립박물관 관장에게 보내달라고 한다(「백의」)

희롱(戲弄) 장난삼아 놂 또는 놀림. ＊온돌 위에 서 있는 빌딩/하늘 위에 서 있는 꽃 위에로/하늘에서 내려오는 연령의 여유/시도 그런 여유에는 대항할 수 없고/지혜는 일어서 있는 너의 얼굴/종교의 연필 자국이 두드러진/청춘의 붉은 희롱(「반주곡」)

희망(希望) 이루거나 얻고자 기대하고 바람. ＊이 어두운 신은 밤에도 외출을 못하고 자기의 영토을 지킨다——유일한 희망은 겨울을 기다리는 것이다(「수난로」) *오랜 피곤도 고통도 인내도 잊어버리고/새 사람 아닌 새 사람이 되어/아무도 모르고 너 혼자만이 아는/네가 쓴 기사 위에/황홀히 너를 찾아보는 아침이여/번개같이 가슴을 울리고 가는 묵은 생명과 새 희망의 무수한 충돌 충돌……(「기자의 정열」)

희생(犧牲) ①신명(神明)에게 바치는 산 짐승. ②뜻밖의 재난 따위로 헛되이 목숨을 잃음. ③제 몸이나 재물 따위 귀중한 것을 바침. *남에게 희생을 당할 만한/충분한 각오를 가진 사람만이/살인을 한다(「죄와 벌」) *나직이 부를 수도 소리높이 부를 수도 있는 그대들만의 노래를 위하여/마지막에는 울음으로밖에 변할 수 없는/숭고한 희생이여!//나의 노래가 거치럽게 되는 것을 욕하지 마라!/지금 이 땅에는 온갖 형태의 희생이 있거니/나의 노래가 없어진들/누가 나라와 민족과 청춘과/그리고 그대들의 영령을 위하여 잊어버릴 것인가!(「조국에 돌아오신 傷病捕虜 동지들에게」)

희생하다(犧牲—) ①신명(神明)에게 산 짐승을 바치다. ②뜻밖의 재난 따위로 헛되이 목숨을 잃다. ③제 몸이나 재물 따위 귀중한 것을 바치다.

희생하지 *우리는 여지껏 희생하지 않는 오늘의 문학자들에 관해서/너무나 많이 고민해 왔다/김동인, 박승희 같은 이들처럼 私財를 털어놓고/문화에 헌신하지 않았다(「이 한국문학사」)

희생할 *크레인의 강철보다 더 강한 익어가는 황금빛을 꺾기 위하여/너의 뜰을 달려가는 조고마한 동물이라도 있다면/여름 뜰이여/나는 너에게 희생할 것을 준비하고 있노라(「여름 뜰」) *매춘부 젊은애들, 때묻은 발을 꼬고 앉아서/유부우동 먹고 있는 것을 보다가 생각한 것/아냐. 그때는 빌려드리려고 했어. 관용의 미덕—/그걸 할 수 있었어. 그것도 눈에 보였어. 엔카운터/속의 이오네스코까지도 희생할 수 있었어. 그게/무어란 말야. 나는 그 이전에 있었어. 내 몸. 빛나는/몸.(「엔카운터 誌」)

희열(喜悅) 기쁨과 즐거움. *고대 형이상학자들은 그를 보고 〈양극의 합치〉라든가 혹은 〈거대한 희열〉이라고 부르고 있었지만/19세기 시인들은 그를 보고 〈도피의 王者〉 혹은 단순히 〈여유〉라고 불렀다(「백의」) *역을 떠난 기차 속에서/능금을 먹는 아이들의 머리 위에서/설명이 필요하지 않은 희열 위에서/40년간의 조판 경험이 있는 근시안의 노직공의 가슴 속에서(「영롱한 목표」)

희한하다(稀罕—) 썩 드물다, 또는 썩 신기하거나 귀하다.

희한한 *그러한 휴식이 찬란한 아침햇빛 비치는 게시판 위에서 떠돌아다니면서/희한한 상상과 무수한 활자를/너에게 눌러주는 지금 이 순간에도/너는 아예 놀라지 말아라(「기자의 정열」) *그러한 속력과 속력의 停頓 속에서/다리는 사랑을 배운다/정말 희한한 일이다/나는 이제 적을 형제로 만드는 實證을/똑똑하게 천천히 보았으니까!(「현대식 교량」)

희화(戲畵) 장난삼아 그린 그림, 또는 과장하여 그린 익살스러운 그림. *戲畵의 계시가 돈이 되고/돈이 되고 사랑이 되고 갱의 단층의 길이가/얇아지고 돈이 돈이 되고 돈이/길어지고 짧아지고(「먼지」)

흰구름 하얀빛의 구름. *소음에 시달린 마당 한구석에/철 늦게 핀 여름 장미의 흰구름/소나기가 지나고 바람이 불듯/하더니 또 안 불고/소음은 더욱 번성해진다(「여름 밤」)

흰색(—色) 하얀색. *설파제를 먹어도 설사가 막히지 않는다/하룻동안 겨우 막히다가 다시 뒤가 들먹들먹한다/꾸루룩거리는 배에는 푸른색도 흰색도 敵이다(「설사의 알리바이」)

히시야마 슈조(菱山修三) 1909~1967. 일본의 시인. 호리구치 다이가쿠(堀口大)가 편집했던 잡지「오르페온」에 시를 발표하면서 조숙한 시재(詩才)로 주목받았다. 1931년 제1시집 『현애(懸崖)』(第一書房)를 간행했는데, 조율된 언어로 내적 드라마를 표현한 점과 자아 추구의 지적 시풍에 의해 일약 신진으로서 인정받았다. 그의 작품이 현대시에 있어서 가장 성공한 산문시형의 일례가 된 것은 비평 정신의 중시와 깊이 관련되어 있다. 날카로운 비평을 쓰고, 그 비평들을『문예관견(文芸管見)』(1942)에 정리했다. 상징파의 시관을 일본의 시 속에 어떻게 순수하게 살릴 것인가라는 점에 노력을 기울였으며, 불문학의 번역 작업이 많았고, 특히 발레리의 시집을 계속해서 번역한 업적은 크다. 작품으로『황무지』,『망향』,

『정본 현애·황무지』,『풍년』,『꿈의 여자』,『공포의 시대』,『불신의 시대』 등이 있다. 그는 다음과 같은 시혼을 펼치기도 했다. "시적 경험이라는 것은 되돌아보면 철두철미한 신체적 경험이다. 이 측면에서 보면 시라는 것은 자세의 조정이고, 태도의 조직이며, 또 감각으로부터 의식으로의, 의식으로부터 감각으로의 이행의 자기 증명이고, 결국은 개체적인 꿈의 개체적 조형이었다. 그렇기 때문에 이때, 시의 제작의 관심은 표현에 집중되고 표현의 대상은 이차적이 된다. 게다가 여기에서 표현의 매개 재료인 언어가 표현의 대상인 소재에 대체되어 작업중심적인 것이 된다." (『시의 재건』, 1936) 〈히시야마 슈조〉의 낙엽이 생활인 것처럼/5·16 이후의 나의 생활도 생활이다(「轉向記」).

힌트(영, hint) 암시. *지극히 시시한 발견이 나를 즐겁게 하는 야밤이 있다/오늘밤 우리의 현대문학사의 변명을 얻었다/이것은 위대한 힌트가 아니니만큼 좋다 또 내가 〈시시한〉 발견의 편집광이라는 것도 안다(「이 한국문학사」).

힘 ①사람이나 동물이 스스로 움직이고 또 다른 것을 움직일 수 있는 근육의 작용. ②서 있는 물체를 움직이게 하거나 움직이고 있는 물체의 속도를 바꾸거나 정지하게 하는 원인이 되는 작용. ③학식이나 재능, 세력이나 권력, 돈 따위의 구체적인 능력. ④도움이나 은덕. ⑤효력이나 효능. ⑥폭력. *누구의 힘보다 강하다고 믿어 오던/無色의 생활자가 네가 아니던가/자유여/아니 휴식이여/어려운 휴식이여/부르기 힘든 사람의 이름들/눈에는 보이지 않는 너무나 무거운/너의 짐/그리고 逸樂, 안이, 허위……(「기자의 정열」) *어둠 속에 본 것은 청춘이었는지 대지의 진동이었는지/나는 자꾸 땅만 만지고 싶었는데/땅과 몸이 일체가 되기를 원하며 그것만을 힘삼고 있었는데/오히려 그러한 불굴의 의지에서 나오는 것인가(「구슬픈 육체」) *조그마한 용기가/필요할 뿐이다//힘은 손톱 끝의/때나 다름없고//시간은 나의 뒤의/그림자이니까(「허튼소리」) *팽이는 지금 수천 년 전의 聖人과 같이/내 앞에서 돈다/생각하면 서러운 것인데/너도 나도 스스로 도는 힘을 위하여/공통된 그 무엇을 위하여 울어서는 아니 된다는 듯이(「달나라의 장난」) *나는 노염으로 사무친 정의 소재를 밝히지 아니하고/운명에 거역할 수 있는/큰 힘을 가지고 있으면서/여기에 밀려 내려간다(「나비의 무덤」) *고난이 풍선같이 바람에 불리거든/너의 힘을 알리는 신호인 줄 알아라(「지구의」) *너의 사랑은/38선 안에서 받은 모든 굴욕이/38선 밖에서 받은 모든 굴욕이/전혀 정당한 것이 아니라는 것을 알았고/너는 너의 모든 힘을 다해서 답쌔버릴 것이다(「65년의 새해」) *사람이란 사람이 모두 고민하고 있는/어두운 대지를 차고 이륙하는 것이/이다지도 힘이 들지 않는다는 것을 처음 깨달은 것은/우매한 나라의 어린 시인들이었다(「헬리콥터」) *넓적다리 뒷살에/넓적다리 뒷살에/알이 배라지/손에서는/손에서는/불이 나라지/온몸에/온몸에/힘이 없듯이/머리는/내일 아침 새벽까지도/아주 내처/비어 있으라지……(「쌀난리」) *그는 사지의 관절에 힘이 빠져서/특히 무릎하고 대퇴골에 힘이 빠져서/사람들과/특히 그가 가장 사랑하는 사람과의 관련을 해체시킨다(「적2」).

힘들다 ①힘이 쓰이다. ②마음이 쓰이거나 수고가 되다. ③하기에 어렵다.

힘든 *누구의 힘보다 강하다고 믿어 오던/無色의 생활자가 네가 아니던가/자유여/아니 휴식이여/어려운 휴식이여/부르기 힘든 사람의 이름들/눈에는 보이지 않는 너무나 무거운/너의 짐/그리고 逸樂, 안이, 허위……(「기자의 정열」).

힘줄 근육을 뼈에 들러붙어 있게 하는, 끈 모양의 흰 섬유질 조직. *여자란 집중된 동물이다/그 이마의 힘줄같이 나에게 설움을 가르쳐 준대…]내가 지금 6학년 아이들의 과외공부집에서 만난/학부형회의 어떤 어머니에게 느낀 여자의 감각/그 이마의 힘줄/그 힘줄의 集中度/이것은 죄에서 우러나오는 것이다(「여자」).

힘차다 ①힘이 세차다. ②힘에 겹다.

힘찬 *결합된 색깔은 모두가 엷은 것이지만/설움과 힘찬 미소와 더불어 관용과 자비로 통하는 곳에서/늬가 사는 엷은 세계는 자유로운 것이기에/생기와 신중을 한 몸에 지니고(「九羅重花」).

숫자 영문 기호

1·4후퇴(一後退) 1951년 1월 4일 한국전쟁 중 공군의 개입과 인해전술로 일어났던 연합군과 한국군의 후퇴를 말함. ＊이것을 받아야 할 사람은 1·4후퇴 때 나온/친구의 부인[…]3만 원을 돌려 달라고 우리가 부탁한 친구가/돈을 받을 1·4후퇴의 친구 부인하고/한 고향이라는 것을(「판문점의 감상」)

10 열. 십. ＊그래서 나는 그 사진을 10년 만에 곰곰이 正視하면서/이내 거북해서 너의 방을 뛰쳐나오고 말았다/10년이란 한 사람이 준 상처를 다스리기에는 너무나 짧은 세월이다(「누이야 장하고나!」) ＊집문서를 넣고 6부 이자로 10만 원을/물어주기로 한 것이 이렇게 좋군//10만 원 중에서 5만 원만 줄까 3만 원만 줄까(「이혼 취소」) ＊그들이 돌아오는 길에 주막거리에서 쉬는 10분 동안의/지루한 정차를 생각하게 하고(「참음은」) ＊야경꾼에게 20원 때문에 10원 때문에 1원 때문에/우습지 않으냐 1원 때문에(「어느 날 고궁을 나오면서」) ＊벌판이여 암흑의 바보의/장막이여 이 돈은 원은 10월 말일이/기한이고(「판문점의 감상」)

10.5 10과 1/2. 여기서는 라디오의 주파수 또는 국선의 번호. ＊8의 조금 전에 동아방송이 있고/8.5가 KY인가보다/그리고 10.5는 몸서리치이는 그것//이 몇 개의 판테온의 기둥 사이에(「라디오계」)

12 열둘. 십이. ＊14원이나 13원이나 12원짜리 번역일을 하는/불쌍한 나라 내 부근의 친구들을 생각할 때(「이 한국문학사」)

12, 3만(一萬) 십이삼만. ＊한 달에 12, 3만 환이 소리 없이 들어가고(「만용에게」)

13 열셋. 십삼. ＊14원이나 13원이나 12원짜리 번역일을 하는/불쌍한 나라 내 부근의 친구들을 생각할 때(「이 한국문학사」)

14 열넷. 십사. ＊14원이나 13원이나 12원짜리 번역일을 하는/불쌍한 나라 내 부근의 친구들을 생각할 때(「이 한국문학사」)

15 열다섯. 십오. ＊집문서를 갖고 가서 무이자로 15개월만/돌려 달라고 우리가 강청한 사람은 이 돈을 받을 사람과 한 고향인 함경도 친구(「판문점의 감상」) ＊38선의 날짜로는 8월 15일이 기한인데(「판문점의 감상」)

16 열여섯. 십육. ＊누가 거제도 제61수용소에서 단기 4284년 3월 16일 오전 5시에 바로 철망 하나 둘 셋 네 겹을 隔하고 불 일어나듯이 솟아나는 제62적색수용소로 돌을 던지고 돌을 받으며 뛰어들어갔는가(「조국에 돌아오신 傷病捕虜 동지들에게」)

18 열여덟. 십팔. ＊뚱뚱해진 몸집하고 푸르스름해진 눈자위가 아무리 보아도 설어 보인다/18년 만에 만난 만주의 여자/잊어버렸던 여자가 여기 있구나[…]18년 후에 이렇게 뻐젓이 서울의 다방 건너 막걸리집에서 또 만나게 됐으니/하여간 반갑다 잠입한 사랑아 무식한 사랑아(「滿洲의 여자」)

1893년(一年) 조선 말기의 한 해. 근대 계몽기의 한 해. ☞이사벨 버드 비숍 ＊나는 이자벨 버드 비숍 여사와 연애하고 있다 그녀는/1893년에 조선을 처음 방문한 영국 왕립지학협회 회원이다(「거대한 뿌리」)

1950년(一年) 서기 일천구백오십 년. 문맥상은 헬리콥터가 나타난 해로, 한국전쟁이 발발한 해임. ＊헬리콥터의 영원한 生理이다//1950년 7월 이후에 헬리콥터는(「헬리콥터」)

1961 일천구백육십일. 시에서는 「아픈 몸이」가 씌어진 서기 1961년을 암시함. ＊이제는 나의 이 늙지도 젊지도 않은 몸에/해묵은/1,961개의/곰팡내를 풍겨 넣어라(「아픈 몸이」)

19세기(一世紀) 서기로 열아홉 번째 세기. 18세기와 20세기 사이의 100년 동안을 이름. ＊〈거대한 희열)이라고 부르고 있었지만/19세기 시인들은 그를 보고 〈도피의 王者〉 혹은 단순히 〈여유〉라고 불렀다(「백의」)

1원 일 원. 아주 적은 금액의 가치. *1원 때문에/우습지 않으냐 1원 때문에/모래야 나는 얼마큼 작으냐(「어느 날 고궁을 나오면서」)

2 둘. 이. *오 주사기/2cc짜리 국산 슈빙지/그리고 또 무엇이던가(「마케팅」) *내가 피우고 있는 파이프/이건 2년이나 대학에서 떨어진 아우놈 거야(「伏中」) *내가 구름운전수 제퍼슨 선생한테 말해 놨으니까 시간은/2분밖에 안 걸릴 거다(「나는 아리조나 카보이야」) *우리는 언제나 소음의 2층//땅의 2층이 하늘인 것처럼(「여름 밤」) *훔친 거나 다름없다 아니 그보다도 더 나쁘다/앞의 2층집이 신축을 하고 담을 두르고(「도적」)

20 스물. 이십. *선생님 이야기는 20년 전 이야기이지요(「현대식 교량」) *꺼져라 20년 전의 악마야//손에는 무거운 보따리를 들고(「네 얼굴은」) *자유를 이행하지 못하고/20원을 받으러 세 번씩 네 번씩/찾아오는 야경꾼들만 증오하고 있는가[…]야경꾼에게 20원 때문에 10원 때문에 1원 때문에/우습지 않으냐 1원 때문에(「어느 날 고궁을 나오면서」) *그러나 덤핑 출판사의 20원짜리나 20원 이하의 고료를 받고 일하는(「이 한국문학사」)

20세기(一世紀) 서기 1901년부터 2000년까지의 100년. *整理는/전란에 시달린 20세기 시인들이 하여놓은 일(「서시」)

200 이백. *모래면 다 되요. 200매예요. 특종이죠(「전화 이야기」) *장소는 200명가량/수용될지 모르지만요. 절망의 연료가 모자/란다구요(「전화 이야기」)

21 스물하나. 이십일. *그 罪過를 그 방대한 21개국의 지도를/그대는 선물로 나에게 펼쳐 보이지만[…]지금 나는 21개국의 정수리에/사랑의 깃발을 꽂는다(「세계일주」)

24시간(一時間) 스물 네 시간. 하루. *흙 묻은 비옷이 24시간 걸려 있으면 돼/정열도 예측 고함도 예측 장시도 예측(「장시1」) *식민지의 곤충들이 24시간을/자기의 다리처럼 건너다닌다(「현대식 교량」)

28 스물여덟. 이십팔. *달걀값은 여전히 영하 28환인데(「육법전서와 혁명」)

29 스물아홉. 이십구. *29일까지는 된다고 하고 그러나 넉넉잡고 내일까지 기다리라고 한 3만 원[…]31일까지 돌려 주겠다고 아니 29일까지/돌려 주겠다고 집문서를 가지고 간 친구에게(「판문점의 감상」)

2등차표(一等車票) 두 번째 등급의 자리를 차지할 수 있는 차표. 일반석 좌석을 얻을 수 있는 차표. *당신이 사준 북어와 오징어와 2등차표와/경포대의 선물과 도리스 위스키와 라스베리 잼에 대해서(「美濃印札紙」)

3 셋. 삼. *3년 전에 심은 버드나무의 악마 같은/그림자가 뿜는 아우성소리를 들으며(「가옥찬가」) *10만 원 중에서 5만 원만 줄까 3만 원만 줄까(「이혼 취소」) *31일까지 준다고 한 3만 원//29일까지는 된다고 하고 그러나 넉넉잡고 내일까지 기다리라고 한 3만 원[…]이 3만 원을 달러 이자라도 내서 갚아 달라고 대드는 바람에[…]3만 원을 돌려 달라고 우리가 부탁한 친구가(「판문점의 감상」) *3일이 되는지 5일이 되는지 그러나 너와 내가/접한 시간은 단 몇 분이 안 되지(「꽃잎3」) *신문회관 3층에서 하는 게 낫다구요. 아네요.(「전화 이야기」)

30 서른. 삼십. *나에게 30원이 여유가 생겼다는 것이 대견하다/나도 돈을 만질 수 있다는 것이 대견하다(「돈」)

31일(一日) 어떤 달의 마지막 날. *31일까지 준다고 한 3만 원[…]31일까지!//31일 오오 나의 판문점이여[…]31일까지 돌려 주겠다고 아니 29일까지(「판문점의 감상」)

38선(一線) 북위 38도선. 미·소 양국이 북위 38도선을 경계로 한반도를 남과 북으로 나누었던 분할 점령 군사 분계선으로 1945년 8월 15일 한국이 일제(日帝)의 굴레에서 광복된 직후부터 1953년 7월 27일 6·25전쟁으로 인한 휴전이 성립될 때까지, 남한과 북한과의 정치적 경계선이었음. *그랬더니 그 친구가 빨리 38선을 향하여 가서/이북에 억류되고 있는 대한민국과 UN군의 포로들을 구하여내기 위하여(「조국에 돌아오신 傷病捕虜 동지들에게」) *너의 사랑은/38선 안에서 받은 모든 굴욕이/38선 밖에서 받은 모든 굴욕이/전혀 정당한 것이 아니라는 것을 알았고(「65년의 새해」) *내 날짜로는 그것이 기한이고/38선의 날짜로는 8월 15일이 기한인데[…]38선에 대한/또 한 해의 터무니없는 感傷이었다 보다/그렇지?(「판문점의 감상」) *울리고 코 풀 수건을 찾으러 갈 때//38선을 돌아오듯 테이블을 돌아갈 때(「의자가 많아서 걸린다」)

3월(一月) 한 해의 세 번째 달. 주로 봄을 알리는 달로 쓰임. *누가 거제도 제61수용소에서 단기 4284년 3월 16일 오전 5시에 바로 철망 하나 둘 셋 네 겹을 隔하고 불 일어나듯이 솟아나는 제62적색수용소로 돌을 던지고(「조국에 돌아오신 傷病捕虜 동지들에게」) *水煖爐는 문명의 廢物/3월도 되기 전에/그의 내부에서는 더운 물이 없어지고(「수난로」) *지금의 3월의 구름이 내려앉듯/진실이 내려앉는다(「백지에서부터」) *강이 흐르고 그 강 건너에 사랑하는/암흑이 있고 3월을 바라보는 마른 나무들이(「사랑의 변주곡」)

4 넷. 사. *그는 일본 대학에 다니면서 4년 동안을 제철회사에서/노동을 한 强者다(「거대한 뿌리」) *4면의 신문 위에 6호 활자가 몇천 개 박혀 있는지 모르지만 너의 상상에서는 실제의 수십 배는 담겨 있으리라(「기자의 정열」) *봉투 두 장을 4원에 사가지고 왔으니 알지 않겠소(「美濃印札紙」) *쓸 필요도 없이 한 3, 4일을 나하고 침식을 같이한 돈(「돈」) *그리고 반드시 4킬로가량을 걷는다고 한다(「강가에서」) *주요한 본론이 4항목은 있는 것 같다/4항목 4항목 4항목(「마케팅」)

4·19 1960년 4월 19일에 절정을 이룬 한국 학생의 일련의 반부정(反不正)·반정부(反政府) 항쟁. *민주주의를 찾은 나라의 교육가들의 사무실

4·19

에서/4·19 후의 경찰서에서 파출소에서(「우선 그놈의 사진을 떼어서 밑씻개로 하자」) *여보게나 나이 사십을 어디로 먹었나/8·15를 6·25를 4·19를/뒈지지 않고 살아왔으면 알겠지(「만시지탄은 있지만」) *최근 우리들이 4·19에서 배운 기술/그러나 이제 우리들은 소리내어 외치지 않는다(「사랑의 변주곡」) *더구나 《4·19》 시 같은 것[…]써보려고 그러나/《4·19》 시 같은 것(「《4·19》시」)

4·26 1960년 4월 26일. 이승만 대통령이 하야한 날. *나의 손등에 장을 지져라/4·26 혁명은 혁명이 될 수 없다(「육법전서와 혁명」)

40 마흔. 사십. *40년간의 조판 경험이 있는 근시안의 노직공의 가슴속에서(「영롱한 목표」) *비 오는 거리에는/40명가량의 취객들이/모여들었고(「죄와 벌」)

4284년(一年) 서기 1951년. ☞ 단기. *누가 거제도 제61수용소에서 단기 4284년 3월 16일 오전 5시에 바로 철망 하나 둘 셋 네 겹을 隔하고 불 일어나듯이 솟아나는 제62적색수용소로 돌을 던지고(「조국에 돌아오신 傷病捕虜 동지들에게」)

4294 서기 1961년. 김수영의 시에서는 「아픈 몸이」가 창작된 1961년을 단기로 환산한 연도의 수를 암시. *오 썩어가는 탑/나의 연령/혹은/4,294알의/구슬이라도 된다(「아픈 몸이」)

430 사백삼십. *모이 한 가마니에 430원이니/한 달에 12, 3만 환이 소리 없이 들어가고[…]아니 430원짜리 한 가마니면 이틀은 먹일 터인데(「만용에게」)

4월(一月) 일년 중 네 번째 달. 김수영의 시에서는 4·19가 일어난 달. *가다오 가다오/《4월 혁명》이 끝나고 또 시작되고(「가다오 나가다오」) *시간이 나비모양으로 이 줄에서 저 줄로/춤을 추고/그 사이로/4월의 햇빛이 떨어졌다(「백지에서부터」)

5 다섯. 오. *10만 원 중에서 5만 원만 줄까 3만 원만 줄까/하고 망설였지 당신보다도 내가 더 망설였지/5만 원을 무이자로 돌려보려고(「이혼 취소」) *누가 거제도 제61수용소에서 단기 4284년 3월 16일 오전 5시에 바로 철망 하나 둘 셋 네 겹을 隔하고 불 일어나듯이 솟아나는 제62적색수용소로 돌을 던지고(「조국에 돌아오신 傷病捕虜 동지들에게」) *오징어에 말라붙은 새처럼 5월이 와도/9월이 와도 꼬리만 치지 않으면 돼(「장시1」) *3일이 되는지 5일이 되는지 그러나 너와 내가/접한 시간은 단 몇 분이 안 되지 그런데(「꽃잎3」)

5·16 1961년 5월 16일 박정희를 중심으로 한 군인들이 반공과 부패, 부정의 일소 및 국가 재건을 내세우며 제2공화국

5·16

을 무너뜨리고 정권을 장악한 군사정변. ＊5·16 이후의 나의 생활도 생활이다/복종의 미덕!(「轉向記」)

500 오백. ＊500원인가를 깎아서 일수로 사들여온 것처럼(「금성라디오」)

50원짜리(―圓―) 50원에 해당하는 물건이나 그러한 값어치. ＊50원짜리 갈비가 기름덩어리만 나왔다고 분개하고(「어느 날 고궁을 나오면서」)

5월 혁명(―月 革命) 당대에 5·16 군사정변을 일컫던 말. ☞ 5·16. ＊5월 혁명 이전에는 백양을 피우다/그 후부터는/아리랑을 피우고(「모르지?」)

6[1] 여섯. 육. ＊집문서를 넣고 6부 이자로 10만 원을/물어주기로 한 것이 이렇게 좋군(「이혼취소」) ＊일주일에 6일을 먹고/사람은 하루를 먹는 편이다(「만용에게」) ＊4면의 신문 위에 6호 활자가 몇천 개 박혀 있는지 모르지만 너의 상상에서는 실제의 수십 배는 담겨 있으리라(「기자의 정열」)

6[2] 방송매체의 주파수 또는 국선 번호. ＊6이 KBS 제2방송/7이 동 제1방송(「라디오 계」)

6·25 6·25전쟁. 한국전쟁. 1950년 6월 25일 새벽을 기해 북한 공산군이 남북군사분계선이던 38선 전역에 걸쳐 불법 남침함으로써 야기된 한국에서의 전쟁. ＊내가 6·25 후에 价川 야영훈련소에서 받은 말할 수 없는 학대를 생각한다(「조국에 돌아오신 傷病捕虜 동지들에게」) ＊여보게나 나이 사십을 어디로 먹었나/8·15를 6·25를 4·19를/뒈지지 않고 살아왔으면 알겠지(「만시지탄은 있지만」) ＊6·25 때에 남편을 잃고 큰아이는 죽고(「滿洲의 여자」)

60 육십. ＊알은 하루 60개밖에 안 나오니/묵은 닭까지 합한 닭모이값이(「만용에게」)

65년(―年) 서기 1965년. ＊네가 우리를 보고 깜짝 놀란다/65년의 새 얼굴을 보고/65년의 새해를 보고(「65년의 새해」)

6학년(―學年) 초등학교의 최고 학년. ＊내가 지금 6학년 아이들의 과외공부집에서 만난/학부형회의 어떤 어머니에게 느낀 여자의 감각(「여자」) ＊요놈― 요 어린 놈― 맹랑한 놈―6학년 놈―(「잔인의 초」)

7 일곱. 칠. 여기서는 방송매체의 주파수 또는 국선 번호 ＊6이 KBS 제2방송/7이 동 제1방송/그 사이에 시시한 주파가 있고(「라디오 계」)

7월(―月) 한 해의 일곱 번째 달. ＊1950년 7월 이후에 헬리콥터는/이 나라의 비좁은 산맥 위에 자태를 보이었고(「헬리콥터」)

7할(―割) 7/10. ＊여편네의 계산에 의하면 7할을 낳아도(「만용에게」)

700원가량(―圓假量) 700원에 해당하는 물건이나 그러한 값어치쯤. ＊싯가 700원가량의 새 철사뭉치는 우리집의/양심의 가책이다(「도적」)

8 여덟. 팔. 여기서는 방송매체의 주파수 또는 국선 번호. ＊8의 조금 전에 동아방송이 있고/8.5가 KY인가보다(「라디오 계」)

8.5 8과 1/2. 여기서는 방송매체의 주파수 또는 국선 번호. ＊8의 조금 전에 동아방송이 있고/8.5가 KY인가보다(「라디오 계」)

8·15 1945년 8월 15일 일본의 항복으로 제2차 세계대전이 종식되어 한국이 독립한 날. ＊여보게나 나이 사십을 어디로 먹었나/8·15를 6·25를 4·19를/뒈지지 않고 살아왔으면 알겠지(「만시지탄은 있지만」) ＊8·15 후에 김병욱이란 시인은 두 발을 뒤로 꼬고/언제나 일본 여자처럼 앉아서 변론을 일삼았지만(「거대한 뿌리」)

8900 팔천구백. ＊보라 금값이 갑자기 8,900환이다(「육법전서와 혁명」)

8월(―月) 한 해의 여덟 번째 달. ＊8월의 하늘은 높다/높다는 것도 이렇게 웃음을 자아낸다(「누이야 장하고나!」) ＊8월의 밤에/너의 방은 너무 정돈되어 있더라(「누이의 방」) ＊8월달에 실어주세요.[…]내주신다면, 당신의 잡지의 8월호에 내주신다면(「전화 이야기」) ＊38선의 날짜로는 8월 15일이 기한인데(「판문점의 감

상」)

9월(一月) 1년의 12달 중 아홉 번째 달. ＊9월이 와도 꼬리만 치지 않으면 돼(「장시1」) ＊탄력이 있다 9월 중순 차나무는 거의/내 키만큼 자라나고(「반달」)

A 504 라디오의 일련번호 또는 제품번호. ☞ 금성라디오. ＊금성라디오 A 504를 맑게 개인 가을날/일수로 사들여온 것처럼(「금성라디오」)

clock '괘종시계'나 '탁상시계' 같은, 손목시계와 다른 시계를 뜻하는 영어. ＊그러니까/the reason why/you don't get/a clock/or/a watch마저/말할 필요가 없다(「이놈이 무엇이지?」)

country '지역', '나라', '국가'를 뜻하는 영어. ＊그보다도 한국, 월남, 대만은 No.1 country in the world(「만시지탄은 있지만」)

cradle '요람', '유아용 침대'를 뜻하는 영어. ＊읽었지 "Sooner murder an infant in its/cradle than nurse unacted desire" 이것이/무슨 뜻인지 알았지(「이혼 취소」)

desire '욕구', '욕망', '갈망'을 뜻하는 영어. ＊읽었지 "Sooner murder an infant in its/cradle than nurse unacted desire" 이것이/무슨 뜻인지 알았지(「이혼 취소」)

don't 'do not'의 단축형. '하지 않다'를 뜻하는 영어. ＊the reason why/you don't get/a clock/or/a watch마저/말할 필요가 없다(「이놈이 무엇이지?」)

get '손에 넣다', '잡다'를 뜻하는 영어. ＊the reason why/you don't get/a clock/or/a watch마저/말할 필요가 없다(「이놈이 무엇이지?」)

H 영어 알파벳의 제 8자. 문맥상 'ㅎ' 음으로 시작하는 이름의 이니셜. ＊H는 그전하곤 달라졌어/내가 K의 시 얘기를 했더니 욕을 했어(「H」)

HIFI 'high-fidelity'의 줄임말. 하이파이 또는 하이파이 장치. ＊지금같이 HIFI가 나오지 않았을 때(「라디오 계」)

in '~의 안에서'를 뜻하는 영어. ＊그보다도 한국, 월남, 대만은 No.1 country in the world/그런 나라에서 집권당이라면(「만시지탄은 있지만」) ＊읽었지 "Sooner murder an infant in its/cradle than nurse unacted desire" 이것이(「이혼 취소」)

infant '걷기 전의 유아', '소아'를 뜻하는 영어. ＊읽었지 "Sooner murder an infant in its/cradle than nurse unacted desire" 이것이(「이혼 취소」)

IQ 'intelligence quotient'의 줄임말. 지능지수. ＊머리가 나쁜 것은 선생, 어머니, IQ다(「우리들의 웃음」)

its '그것의'를 뜻하는 영어. ＊읽었지 'Sooner murder an infant in its/cradle than nurse unacted desire" 이것이(「이혼 취소」)

K 김수영의「H」에서는 사람 이름의 머릿글자로 추정됨. ＊내가 K의 시 얘기를 했더니 욕을 했어(「H」)

K·M 김수영의「말」(1958)에서는 사람 이름의 H머릿글자로 추정됨. ＊K·M에게(「말」(1958))

KBS 'Korean Broadcasting System'의 줄임말. 한국방송공사. ＊6이 KBS 제2방송(「라디오 계」)

KY 김수영의「라디오 계」에서는 라디오방송국의 머릿글자로 추정됨. ＊8.5가 KY인가보다(「라디오 계」)

murder '살인 또는 살인하다'를 뜻하는 영어. ＊읽었지 "Sooner murder an infant in its/cradle than nurse unacted desire" 이것이(「이혼 취소」)

No.1 'humber one'의 줄임말. 최고(最高). ＊그보다도 한국, 월남, 대만은 No.1 country in the world(「만시지탄은 있지만」)

nurse '유모', '간호사'를 뜻하는 영어. ＊읽었지 "Sooner murder an infant in its/cradle than nurse unacted desire" 이것이(「이혼 취소」)

or '또는', '혹은'을 뜻하는 영어. ＊the reason why/you don't get/a clock/or/a watch마저/말할 필요가 없다(「이놈이 무엇이지?」)

PLASTER 회반죽, 벽토, 분말석고, 깁스, 고약을 뜻하는 영어. ＊―그것은 나의 앙상한 생명/PLASTER가 燃上하는 냄새가 이러할 것이다//오욕·뼈·PLASTER·뼈·뼈/뼈·뼈……………………………(「PLASTER」)

reason '이유', '도리', '이성'을 뜻하는 영어. *the reason why/you don't get/a clock/or/a watch마저/말할 필요가 없다(「이놈이 무엇이지?」)

S 김수영의 「백의」에서는 사람 이름의 머릿글자로 추정됨. *〈그것은 나의 역량 이상의 것이므로 신세계극단의 연출자 S씨를 찾아가보라〉고(「백의」)

Sooner 영어 'soon'의 비교급. 더 빨리. *읽었지 "Sooner murder an infant in its/cradle than nurse unacted desire" 이것이(「이혼 취소」)

than '~에 비하여, ~보다'를 뜻하는 영어. *읽었지 "Sooner murder an infant in its/cradle than nurse unacted desire" 이것이(「이혼 취소」)

the 이미 언급한 명사에 대하여 '그', '예의', '이'를 뜻하는 영어. *그보다도 한국, 월남, 대만은 No.1 country in the world(「만시지탄은 있지만」) *그러니까/the reason why/you don't get/a clock/or/a watch마저(「이놈이 무엇이지?」)

U・N위원단(—委員團) 유엔에서 일정한 일의 처리를 맡은 위원들로 구성된 단체. 제2차 UN 총회의 결정에 따라 5·10 총선거의 공정한 감시 및 관리를 위해 입국하였던 UN 산하의 임시 기구이다. 이 위원단은 1948년 12월에 열린 제3차 UN 총회의 결의에 따라 UN 위원회로 개칭되었다. *먼 時間을 두고 물속을 흘러온 흰 모래처럼 그들은 온다/U・N위원단이 매일 오는 것이다/화환이 화환이 서울역에서 날아온다/모자 쓴 靑年이여 誘惑이여/아침의 유혹이여(「아침의 유혹」)

U.N 위원단 환영기사

UN 'United Nation'의 줄임말. 국제연합. 유엔. *이북에 억류되고 있는 대한민국과 UN 군의 포로들을 구하여내기 위하여[…]대한민국 상병포로와 UN 상병포로들에게 한마디 말을 하였을 것이다[…]우리는 UN군에 포로가 되어 너무 좋아서 가시철망을 뛰어나오려고 애를 쓰다가 못 뛰어나오고(「조국에 돌아오신 傷病捕虜 동지들에게」)

UN군(—軍) 세계평화와 안전유지를 위해 국제연합이 편성한 국제군대. *이북에 억류되고 있는 대한민국과 UN군의 포로들을 구하여내기 위하여[…]대한민국 상병포로와 UN 상병포로들에게 한마디 말을 하였을 것이다[…]우리는 UN군에 포로가 되어 너무 좋아서 가시철망을 뛰어나오려고 애를 쓰다가 못 뛰어나오고(「조국에 돌아오신 傷病捕虜 동지들에게」)

unacted '행동하지 않는', '실행하지 않은'을 뜻하는 영어. *읽었지 "Sooner murder an infant in its/cradle than nurse unacted desire" 이것이(「이혼 취소」)

VOGUE 프랑스의 여성 패션 잡지 이름. 프랑스, 미국, 영국, 독일, 이탈리아, 등 10여개국에서 발행되며, 3종이 있음. *VOGUE야 넌 잡지가 아냐[…]VOGUE야//신성을 지키는 시인의 자리 위에 또 하나[…]VOGUE야 너의 세계에 스크린을 친 죄,/아이들의 눈을 막은 죄—그 죄의 앙갚음/VOGUE야(「VOGUE야」)

VOGUE

watch '시계'를 뜻하는 영어. 특히 손목시계. 회중시계. *the reason why/you don't get/a clock/or/a watch마저/말할 필요가 없다(「이놈이 무엇이지?」)

why '왜', '어째서', '이유, 까닭'을 뜻하는 영어. *the reason why/you don't get/a clock/or/a watch마저(「이놈이 무엇이지?」)

world 세계, 지구, 분야를 뜻하는 영어. *그보다도 한국, 월남, 대만은 No.1 country in the world(「만시지탄은 있지만」)

X 미지수. 변수. 미지의 것(사람). *작품 제목임(「X에서 Y로」)

Y 미지수. 변수. 미지의 것(사람). 사람 성씨의 이니셜. *작품 제목임(「X에서 Y로」) *Y여

사에게(「미인」)

you 영어의 2인칭 대명사. 당신. 너. 너희들. ＊the reason why/you don't get/a clock/or/a watch 마저(「이놈이 무엇이지?」)

××단체(―團體) 같은 목적을 달성하기 위해 모인 사람들의 일정한 조직체. 여러 사람이 모여서 이루어진 집단. '××'는 복자(伏字)임. 이름을 밝히지 않은 어떤 단체. ＊회사란 회사에서/××단체에서 ○○협회에서/하물며는 술집에서 음식점에서 양화점에서(「우선 그놈의 사진을 떼어서 밑씻개로 하자」)

××대학(―大學) 고등교육을 베푸는 교육기관. 국가와 인류 사회 발전에 필요한 학술 이론과 응용방법을 교수하고 연구하며, 지도적 인격을 도야하는 곳임. '××'는 복자(伏字)임. 이름을 밝히지 않은 대학. ＊한사코 ××대학 중퇴가 ××대학 졸업으로 誤植이 돼 나오니(「파자마 바람으로」)

○○ '○○'은 복자(伏字)임. 원전에서 판독이 불가능한 글자임. ＊어느 교과서에도 질투의 ○○은 무수하다/먼 時間을 두고 물속을 흘러온 흰 모래처럼 그들은 온다(「아침의 유혹」)

○○부(―部) 업무 조직에서의 부서의 하나. 과(課)의 위, 실(室)의 아래임. '○○'는 복자(伏字)임. 이름을 밝히지 않은 어떤 부서(部署). ＊그는 그 사람이 아니라/○○부의 어마어마한 자리에 앉은 과장이며 名士이다(「거리 2」)

○○협회(―協會) 같은 목적을 가진 사람들이 설립하여 유지해 나아가는 모임. '○○'는 복자(伏字)임. 이름을 밝히지 않은 어떤 협회. ＊회사란 회사에서/××단체에서 ○○협회에서/하물며는 술집에서 음식점에서 양화점에서(「우선 그놈의 사진을 떼어서 밑씻개로 하자」)

시어의 통계 분석

차 례

I. 체언 계열

1. 고유명사
1) 지명
2) 인명
3) 그 밖의 고유명사

2. 외래어
1) 영어
2) 일본어
3) 그 밖의 외래어

3. 한자어
1) 한자 표기
2) 한자+한글 표기

4. 인칭 대명사
1) 1인칭 대명사
2) 2인칭 대명사
3) 3인칭 대명사

II. 용언계열

1. 부정어
1) '아니' 계열
2) '없다' 계열
3) '말다/못하다' 계열

2. 인지어
1) '감각' 계열
2) '사유' 계열
3) '신체어' 계열

3. 감정어
1) '사랑'과 '미움' 계열
2) '기쁨'과 '슬픔' 계열
3) 그 밖의 감정어

시어의 통계 분석에서는 전체 표제어 5,220개를 대상으로 하여 김수영 시를 이해하는 데 도움이 될 만한 주요 어휘군을 선정한 뒤 통계표로 작성하였다. 해당 시어의 빈도수에 따라 순위를 매기고 출전을 제시하는 방식으로 작업이 이루어졌으며, 표에 대한 설명을 덧붙여 통계 작업의 결과와 의의를 밝혔다.
　크게 체언 계열과 용언 계열로 나누어 제시하였다. 체언 계열로는 고유명사, 외래어, 한자어, 인칭대명사 항목을 뽑았다. 전체 어휘에 비해 고유명사와 외래어의 빈도수는 상대적으로 적지만 다양한 층위의 어휘들이 사용되고 있어 김수영의 시적 관심의 폭과 개성을 확인할 수 있었다. 반면 한자어 사용 비중은 대단히 높고 특정 어휘들이 반복적으로 사용되고 있어 김수영 시를 이해하는데 키워드 역할을 할 수 있을 것으로 판단된다.
　체언 계열이 김수영 시어의 다종다양한 시적 관심과 폭을 보여준다면, 용언 계열의 통계는 그의 시적 인식 방법의 특수성을 보여준다. 용언 계열로는 부정어, 인지어, 감정어 항목을 뽑았다. 사유를 전개시키는 독특한 방식을 부정어 어휘의 반복적 사용을 통해 확인할 수 있었으며, 감각 계열과 사유 계열의 어휘를 통해 대상에 대한 인식의 과정 자체를 중요시하는 경향을 찾아볼 수 있었다. 신체어는 체언 계열에 해당되지만 인지 작용과 관련되는 까닭에 인지어로 통계를 잡았다. 김수영 시의 주제 의식과 관련하여 감정어 통계를 활용할 수 있을 것이다. 다양한 층위의 감정어의 사용과 편중 양상은 그의 시적 태도와도 밀접한 관련을 맺는 것으로 보인다.
　시어의 통계 분석은 김수영 시의 이해를 돕기 위해 이루어진 작업이다. 그간 이루어진 김수영 시의 분석을 실제적으로 증명하는 결과가 산출되기도 하였고, 일괄하여 말하기 어려운 부분이나 새로운 해석의 여지를 남기는 부분도 확인할 수 있었다. 시어의 통계 분석을 참조한다면 김수영의 시세계를 다양한 방식으로 접근할 수 있을 것이다. 기존의 연구 경향과 견주어 살펴본다면 새로운 해석의 실마리를 찾아낼 수 있을 것이다.

Ⅰ. 체언 계열

1. 고유명사

　　김수영 시에는 대략 280여 개의 고유명사가 사용되었다. 이는 전체 표제어를 5,220개로 잡았을 때 그리 높은 점유율을 차지하는 것은 아니지만 다른 시인과 비교해 봤을 때는 상당히 다양한 종류와 층위의 고유명사가 김수영 시에 나타나고 있음을 확인할 수 있다. 다종다양한 고유명사의 사용은 김수영의 시적 관심의 폭과 개성을 말해주는 것으로, 그의 시적 관심이 어느 한 시기 어느 한 주제에 머물러 있지 않았다는 사실을 말해준다. 즉 김수영에게는 시적인 것과 시적이지 않은 것이 전제되어 있지 않았으며, 어떤 대상이라도 그의 시적 소재가 될 수 있었던 것이다. 특정 인명이나 지명을 시어로 활용하는 것은 김수영 시의 특징으로서 당대 정치 상황이나 유행을 반영한 것이며 동시에 김수영의 시적 개성을 나타내는 것이기도 하다.

　　지명과 인명으로 나누어 2회 이상의 빈도수를 보이는 시어를 표로 정리하였다(1회 출현하는 것은 별도로 설명하였다). 특정 인명이 한 작품 안에 자주 반복되어 나타나는 경향이 있으며 여러 편에 걸쳐 나타나는 인명은 드물다. 반면 지명의 경우 여러 작품에 자주 반복되어 사용되는 지명이 있어 지명의 순위는 김수영의 시적 관심과 개성을 부각시켜 준다.

1) 지명

순위	시 어	빈도수/편수	점유율	출 천
1	서울, 서울특별시	13/10	12.26	「시골 선물」(2), 「거리2」(2), 「하…… 그림자가 없다」(1), 「눈」(1961)(1), 「누이의 방」(1), 「滿洲의 여자」(1), 「거대한 뿌리」(1), 「X에서 Y로」(1), 「사랑의 변주곡」(2), 「참음은」(1)
	일본	13/8	12.26	「만시지탄은 있지만」(1), 「거짓말의 여운 속에서」(1), 「라디오계」(2), 「나가타 겐지로」(1), 「절망」(1962)(1), 「파자마 바람으로」(1), 「거대한 뿌리」(3), 「轉向記」(3)
3	대한민국, 한국	9/9	8.49	「조국에 돌아오신 傷病捕虜 동지들에게」(1), 「우선 그놈의 사진을 떼어서 밑씻개로 하자」(1), 「만시지탄은 있지만」(1), 「허튼소리」(1), 「거대한 뿌리」(1), 「꽃잎3」(1), 「적2」(1)
4	38선	6/4	5.66	「조국에 돌아오신 傷病捕虜 동지들에게」(1), 「65년의 새해」(2), 「판문점의 감상」(2), 「의자가 많아서 걸린다」(1)
	아리조나	6/1	5.66	「나는 아리조나 카보이야」(6)
6	소련, 소비에트	4/2	3.77	「轉向記」(3), 「중용에 대하여」(1)

순위	시 어	빈도수/편수	점유율	출 전
7	미국, 미대륙, 아메리카	3/3	2.83	「네이팜 탄」(1), 「사랑의 변주곡」(1), 「아메리카 타임 誌」(1)
	월남	3/3	2.83	「만시지탄은 있지만」(1), 「H」(1), 「어느 날 고궁을 나오면서」(1)
	불란서	3/1	2.83	「거짓말의 여운 속에서」(3)
10	희랍	2/1	1.88	「백의」(2)
	평안도	2/1	1.88	「滿洲의 여자」(2)
	아프리카	2/1	1.88	「풀의 영상」(2)
	아시아	2/1	1.88	「풀의 영상」(2)
	부산	2/2	1.88	「말」(1958)(1), 「어느 날 고궁을 나오면서」(1)
	대구	2/2	1.88	「쌀난리」(2)
	거제도	2/2	1.88	「조국에 돌아오신 傷病捕虜 동지들에게」(2)
	평양	2/2	1.88	「조국에 돌아오신 傷病捕虜 동지들에게」(1), 「滿洲의 여자」(1)
	함경도	2/2	1.88	「모르지?」(1), 「판문점의 감상」(1)
18	28개	1/1	0.94	(생략)
	합 계	106/47	100	

김수영 시에 나타난 지명 중에는 '대한민국'과 '서울' 관련 지명이 많다. 특히 '서울'이 압도적으로 많은데 그것은 '도시'와 같은 일반명사로 나타나기도 하지만, '시구문'이나 '청계천', '종로'와 같이 구체적인 지명으로 드러나기도 한다. 이는 산과 바다와 같은 탈속적인 공간이 아니라 삶의 구체적인 현장성이 드러난다는 점에서 그의 시적 특성을 이해하는 뚜렷한 지반이 될 것이다. 그 밖의 도시명으로는 '평양', '부산', '대구', '거제도' 등이 있는데 이는 당대 역사적 사건이나 김수영의 이력 등과 연결지어 생각해볼 수 있다. 특히 한국 전쟁과 관련된 시어들이 그의 시에 많이 등장한다. '거제도'와 같이 그가 머물렀던 곳과 '연희고지'와 같이 전쟁과 관련된 여러 지명은, 전쟁 체험이 그의 의식에 높은 비중을 차지하고 있음을 짐작하게 해준다.

국가명으로는 '일본'이 가장 많고 '소련', '미국', '월남', '불란서' 등이 그 뒤를 잇는다. 이들 국가명은 빈도수가 높을 뿐만 아니라 상당히 많은 작품에서 반복적으로 사용되고 있는데, 이는 당시 한국의 주변 정세와 정치적 상황 등이 그의 작품에 전면적으로 다루어지고 있다는 사실을 입증한다. 김수영은 해방과 전쟁과 독재라는 질곡 많은 현대사의 시기를 살았던 시인이다. 그는 한반도에 여전히 남아 있는 '일본'의 식민 잔재와 한반도를 새롭게 점령한 '미국'과 미국의 신식민지가 되어가는 '한국'의 현실을 작품 안에서 적극적으로 문제 삼았다.

한 작품에 한해 1회 출현하는 국내 지명으로는 호남(湖南), 중서면(中西面), 인천(仁川), 연희고지(延禧高地), 소록도(小鹿島), 삼랑진(三浪津), 북원(北院), 말죽거리 등이 있고, 외국 지명으로는 하와이(Hawaii), 피지(Fiji), 태평양(太平洋), 캘리포니아(California), 일리노이(Illinois), 아틀랜틱(The Atlantic), 시베리아(Siberia), 스코틀랜드(Scotland), 서서(瑞西), 북극(北極), 봄베이(Bombay), 러시아(Russia), 대서양(大西洋), 대만(臺灣), 뉴욕(New York), 노르망디(Normandie), 남미(南美), 남극(南極), 나이아가라(Niagara), 골고다(Golgotha) 등이 있다.

2) 인명

순위	시 어	빈도수/편수	점유율	출 천
1	원효, 원효대사	6/1	6.66	「원효대사」(6)
2	앨비, 엘삐이이	4/1	4.44	「전화 이야기」(4)
	제니	4/1	4.44	「원효대사」(4)
4	이성망	3/1	3.33	「나는 아리조나 카보이야」(3)
	김영길, 나가타 겐지로	3/1	3.33	「나가타 겐지로」(3)
6	프레이저	2/1	2.22	「파자마 바람으로」(2)
	블레이크	2/1	2.22	「이혼취소」(2)
	만용	2/2	2.22	「만용에게」(1), 「우선그놈의 사진을 떼어서 밑씻개로 하자」(1)
	부처, 부처님	2/2	2.22	「시골 선물」(1), 「연기」(1)
	이태백, 태백이	2/2	2.22	「모르지?」(1), 「토끼」(1)
	60개	1/1	1.11	(생략)
	합계	90/36	100	

김수영은 정치가와 동서양의 문인과 철학자, 영화배우뿐만 아니라 집에서 데리고 있던 일보는 아이의 이름까지 그 층위와 종류를 가리지 않고 시에 사용하였다. 위의 통계표에서는 2회 이상 사용된 인명을 중심으로 순위를 매겼다. 빈도수와 편수를 확인해보면, 한두 편의 작품 안에서 특정 인명이 반복적으로 사용된 것을 알 수 있다. 따라서 김수영 시의 인명의 경우 다종다양하여 그 낱낱의 시어와 작품을 문맥을 따져가며 살펴봐야 할 것이다('미스터 리', '미스터 강', '미스 리', '강중령', '유중사', '박군', '엉클 샘' 등 특정인을 가리키는 말이 아닌 것은 인명에서 제외하였다).

한 작품에 한해 1회 출현하는 인명이 매우 많다. 특히 예술가 또는 문인의 이름이 많이 등장하는데, 그 예로는 김동인(金東仁), 김소운(金素雲), 김유정(金裕貞), 김병욱, 박승희(朴勝喜), 인환(寅煥), 춘원(春園), 고갱(Gauguin, Paul), 쇠라(Seurat, Georges), 쉬페르비엘(Supervielle, Jules), 월트 휘트먼(Whitman, Walt), 이오네스코(Ionesco, Eugene), 카잘스(Casals, Pablo), 엡스타인(Sir Ebstein, Jacob), 히시야마 슈조(菱山修三), 나가토[長門] 등이 있다. 철학자 및 성인으로는 간디(Mahatma Gandhi), 데

카르트(Descartes), 루소(Rousseau, Jean-Jacques), 소크라테스(Socrates), 베이컨(Bacon, Francis), 파스칼(Blaise, Pascal), 하이데거(Martin, Heidegger), 예수(Jesus), 크리스트(Christ), 정다산(丁茶山) 등의 인물이 등장하며, 과학자로는 그람(Gramme, ZAnobe ThAophile), 슈바이처(Schweitzer, Albert), 이자벨 버드 비숍(Bishop, Isabella Bird) 등이 있으며, 비행기 조종사인 린드버그(Lindbergh, Chales Augstus)도 나온다. 영화배우로는 게이블(Gable, Clark), 로날드 골맨(Colman, Ronald), 로버트 그레이브스(Graves, Robert von Ranke), 리처드 위드마크(Richard Windmark), 클라크 게이블(Gable, Clark), 킴 노박(Novak, Kim), 제임스 띵, 커크 더글러스(Douglas, Kirk) 등이, 대중가수로는 페티김(Patti 金)이 등장한다. 일반인 또는 주변 인물로는 경복이, 영숙, 용식, 정순이, 정식이, 잿님이, 철수 등의 인명이 있다. 정치인으로는 홍짠구[홍진기], 민비(閔妃), 진시왕(秦始王), 나폴레옹(Napoleon) 등이 있으며, 작품 속 인물로는 파우스트(Faust), 장 발장(Jean Valjean), 이카루스(Icarus) 등이 나온다.

3) 기타 고유명사

순위	시 어	빈도수/편수	점유율	출 전
1	뮤즈	10/2	11.23	「바뀌어진 지평선」(9), 「백의」(1)
2	미농인찰지, 미롱인찰지, 밀양인찰지, 밀용인찰지, 밀용지, 인찰지	6/1	6.74	「美濃印札紙」(6)
	4·19	6/4	6.74	「우선 그놈의 사진을 떼어서 밑씻개로 하자」(1), 「만시지탄은 있지만」(1), 「사랑의 변주곡」(1), 「《4·19》시」(3)
4	VOGUE	5/1	5.62	「VOGUE야」(5), 「바뀌어진 지평선」(9), 「백의」(1)
5	UN위원단, UN, UN군	4/2	4.49	「아침의 유혹」(1), 「조국에 돌아오신 傷病捕虜 동지들에게」(3)
6	8·15, 8월15일	3/3	3.37	「만시지탄은 있지만」(1), 「거대한 뿌리」(1), 「판문점의 감상」(1)
7	중앙선	2/2	2.25	「시골 선물」(1), 「美濃印札紙」(1)
	자유당	2/2	2.25	「제임스 띵」(1), 「육법전서와 혁명」(1)
	민주당	2/2	2.25	「만시지탄은 있지만」(1), 「제임스 띵」(1)
	반도호텔	2/1	2.25	「전화 이야기」(2)
	엔카운터, 엔카운터 지	2/1	2.25	「엔카운터 誌」(2)
	구라중화	2/1	2.25	「九羅重花」(2)
	1·4후퇴	2/1	2.25	「판문점의 감상」(2)
	41개	1/1	1.12	(생략)
합계		89/353	100	

인명과 지명을 제외한 기타 고유명에는 상품명, 서명, 기관명 등이 있다. 많은 작품을 통해 빈번하게 나타나는 것은 1·4후퇴, 8·15와 같은 한국 전쟁 관련 용어들이다. 38선, 평양, 부산, 거제도, 연희고지와 같은 전쟁 관련 지명이 많이 등장하는 것도 이와 연결된다. 그 외 4·19나 자유당, 민주당 등과 같은 용어들이 나타나는데 특정 사건을 다루는 작품을 통해 현실 정치에 대한 김수영의 비판적 목소리를 확인할 수 있다. VOGUE를 비롯하여 타임, 하퍼스, 아틀랜틱, 엔카운터 등의 잡지명도 시어로 자주 등장한다. 이는 영문 잡지나 서적을 읽고, 번역 활동을 한 김수영의 이력과 연결된다.

한 작품에 한해 1회 출현하는 기타 고유명은 40여 개가 있다. 기관명이 제일 많은데, 중립사상연구소(中立思想硏究所), 제62적색수용소(第―赤色收容所), 제61수용소(第―收容所), 제1방송(第―放送), 제14야전병원(第―野戰病院), 정동 재판소(貞洞裁判所), 이토츄 상사(伊藤忠 商事), 왕립지학협회(王立地學協會), 에딘버러 대학(Edinburgh 大學), 제2방송(第―放送), 신세계극단(新世界劇團), 동양척식회사(東洋拓植會社), 동아방송(東亞放送) 등이 있다. 서명이나 잡지명에는 현대시론(現代詩論), 하퍼스(Harper's), 타임(Time), 방법통설(方法通說), 천자문(千字文), 신현대문학사(新現代文學史), 신논리학(新論理學) 등이 있다. 상품명으로는 조니 워커(Johnnie Walker), 백양(白羊), 민약론(民約論), 도리스(Doris), 노리다케(ノリタケ), A 504 등이 있다. 정치 관련 용어로는 제2공화국(第―共和國), 5월 혁명(―月 革命), 4·26 등이 있다. 전쟁 관련 용어로는 네이팜 탄(napalm 彈) 등이 있다.

2. 외래어

김수영이 사용한 외래어 중에는 영어와 일어가 가장 많다. 200여 개가 넘는 외래어 시어 중에는 단연 영어가 많다. 영문과 중퇴의 이력이나 포로 생활 중에 영어를 익힌 내력이 이와 관련하여 참고가 될 것이다. 전쟁 포로 시절의 경험을 내용으로 하는 「어느 날 고궁을 나오면서」 같은 시의 경우 여러 개의 외래어가 나타난다. 원서를 읽거나 번역 작업을 통해 익숙해진 영어가 시 창작에 관여했던 것으로도 보인다. 그러나 그의 시에 나타나는 외래어는 서구 추수적인 사고라기보다는, 오히려 자신이 살아온 삶의 역사적 조건을 드러내려는 그의 의도적 산물이라고 할 수 있을 것이다.

1) 영어

순위	시어	빈도수/편수	점유율	출전
1	라디오(radio)	13/6	6.37	「伏中」(1), 「장시1」(1), 「X에서 Y로」(1), 「풀의 영상」(2), 「금성라디오」(4), 「라디오 계」(3), 「사랑의 변주곡」(1)
2	피아노(piano)	10/2	4.90	「피아노」(9), 「의자가 많아서 걸린다」(1)
3	헬리콥터(helicopter)	7/1	3.43	「헬리콥터」(7)
4	미스터(Mister, Mr.)	6/2	2.94	「미스터 리에게」(5), 「우선 그놈의 사진을 떼어서 밑씻개로 하자」(1)
5	파자마(pajamas)	5/1	2.45	「파자마 바람으로」(5)
5	텔레비[television]	5/1	2.45	「원효대사」(5)
5	테이블(table)	5/1	2.45	「의자가 많아서 걸린다」(5)
8	카보이(cowboy)	4/1	1.96	「나는 아리조나 카보이야」(4)
9	파티(party)	3/3	1.47	「네이팜 탄」(1), 「이놈이 무엇이지?」(1), 「이혼 취소」(1)
9	버스(bus)	3/3	1.47	「눈」(1961)(1), 「檄文」(1), 「장시1」(1)
9	비닐(vinyl)	3/2	1.47	「마케팅」(2), 「VOGUE야」(2)
9	스탠드(stand)	3/2	1.47	「우선 그놈의 사진을 떼어서 밑씻개로 하자」(1), 「의자가 많아서 걸린다」(2)
9	와이셔츠(white shirt)	3/1	1.47	「모르지?」(3)
14	거즈(gauze)	2/2	0.98	「어느 날 고궁을 나오면서」(2)
14	젤라틴(gelatin)	2/2	0.98	「반주곡」(1), 「장시2」(1)
14	백(bag)	2/2	0.98	「누이의 방」(1), 「절망(1962)」(1)
14	지프차(jeep車)	2/2	0.98	「눈」(1961)(1), 「거리2」(1)
14	잉크(ink)	2/2	0.98	「먼지」(1), 「제임스 띵」(1)
14	섹스(sex)	2/2	0.98	「VOGUE야」(1), 「性」(1)
14	빌딩(building)	2/2	0.98	「반주곡」(1), 「마케팅」(1)
14	시멘트(cement)	2/2	0.98	「旅愁」(1), 「거짓말의 여운 속에서」(1)
14	in	2/2	0.98	「만시지탄은 있지만」(1), 「이혼 취소」(1)
14	the	2/2	0.98	「만시지탄은 있지만」(1), 「이놈이 무엇이지?」(1)
14	포즈(pose)	2/1	0.98	「모르지?」(2)
14	트럭(truck)	2/1	0.98	「장시1」(2)
14	카운터(counter)	2/1	0.98	「가다오 나가다오」(2)
14	드림(dream)	2/1	0.98	「전화 이야기」(2)
14	베와이셔츠(-white shirts)	2/1	0.98	「모르지?」(2)

순위	시 어	빈도수/편수	점유율	출 전
	덤핑(dumping)	2/1	0.98	「이 한국문학사」(2)
	오버(over)	2/1	0.98	「네 얼굴은」(2)
	에어리어(area/aria/ariel)	2/1	0.98	「바뀌어진 지평선」(2)
	에고이스트(egoist)	2/1	0.98	「여자」(2)
	엉클 샘(Uncle Sam)	2/1	0.98	「풀의 영상」(2)
	아이스 캔디(ice candy)	2/1	0.98	「등나무」(2)
	스펀지(sponge)	2/1	0.98	「어느 날 고궁을 나오면서」(2)
	샐비어(salvia)	2/1	0.98	「장시1」(2)
	너스(nurse)	2/1	0.98	「어느 날 고궁을 나오면서」(2)
35	86개	1/1	0.49×86	(생략)
	합계	204/67	100	

김수영의 시에서는 200여 개의 영어 단어를 확인할 수 있다. '헬리콥터', '파자마', '텔레비', '테이블', '카보이' 등은 한 작품에 국한되어 반복적으로 사용된 반면, '라디오'의 경우 여러 작품에 걸쳐 두루 사용되었다. 알파벳과 같은 단순 철자나 약자를 제외하면 한 작품에 1회 출현하는 영어가 80여 개 이상이다. 힌트(hint), 후란넬(flannel), 호스피털(hospital), 허니(honey), 하우스펠(houseful), 하아프(harp), 프로펠러(propeller), 프레지던트(president), 프라이드(pride), 펜(pen), 페티코트(petticoat), 페인트빛(paint―), 펌프(pump), 파일오버(pile over), 파이프(pipe), 파라다이스(paradise), 탱크(tank), 타이프(type), 타이틀(title), 크레인(crane), 코스모스(cosmos), 캥거루(kangaroo), 캐시밀론(cashmilon), 캐비닛(cabinet) 칵테일(cocktail), 카고(cargo), 초콜릿(chocolate), 쟈키(jockey), 주스(juice), 조크(joke), 정글(jungle), 저널리스트(journalist), 위스키(whiskey), 원피스(one-piece), 오트밀(oatmeal), 애드벌룬(ad-balloon), 알리바이(alibi), 아이스크림(ice cream), 심포니(symphony), 스푼(spoon), 스크린(screen), 세트(set), 샌들(sandal), 살롱드라마(salon drama), 사이렌(siren), 비어홀(beer-hall), 발코니(balcony), 미스(Miss), 마케팅(marketing), 마이크로웨이브(microwave), 마이크로(micro), 라스베리 잼(raspberry jam), 디보스(divorce), 드라마(drama), 달리아(dahlia), 달러이자(dollar利子), 녹턴(nocturn), 넥타이(necktie), 네이팜 탄(napalm彈), 넌센스(nonsense), 남방셔츠(南方shirts), 나일론(nylon), 갓댐(God damn), 글라스(glass), 글라디올러스(gladiolus), 가솔린(gasoline) 등이 그 예이다. 원어로 쓰인 시어로는 clock, country, cradle, desire, don't, get, infant, its, murder, nurse, or, PLASTER, reason, Sooner, than, unacted, watch, why, world, you 등이 있다. 에어리어(area/aria/ariel)와 같이 뜻이 확실히 밝혀지지 않은 외래어도 있다.

2) 일어

순위	시어	빈도수/편수	점유율	출전
1	와사(瓦斯[ガス])	2/1	16.17	「아메리카 타임 誌」(2)
1	에리(えり)	2/1	16.17	「모르지?」(2)
1	오야(親[おや]), 오야붕(親分[おやぶん])	2/2	16.17	「판문점의 감상」(1), 「제임스 띵」(1)
4	조로[じょうろ・如雨露]	1/1	8.33	「파밭 가에서」(1)
4	유부우동(油腐うどん)	1/1	8.33	「엔카운터 誌」(1)
4	쓰메에리[詰襟]	1/1	8.33	「시골 선물」(1)
4	곳쿄노 마찌(國境の町)	1/1	8.33	「나가타 겐지로」(1)
4	노리다케(ノリタケ)	1/1	8.33	「의자가 많아서 걸린다」(1)
4	마후라(マフラー)	1/1	8.33	「제임스 띵」(1)
	합계	12/10	100	

김수영의 시에서 일본식 한자어의 사용을 쉽게 확인할 수 있다. 그는 일본어로 시작 메모를 했던 사실을 산문에서 직접 밝히기도 하였다. "나는 일본어를 사용하고 있는 것이 아니라 망령을 사용하고 있는" 것이라고 직접적으로 언급할 만큼 김수영은 일본어 사용 문제를 의식하고 있었던 것이다. 그러나 식민 시대의 시인과는 다르게 김수영에게 일본어는 글쓰기에 절실한 문제는 아니었다. 일본식 교육의 잔재와 조선어에 침투해 있던 어휘들이 그대로 남아 쓰이는 정도였던 것으로 보인다. 실제 일본어 시어의 빈도수나 점유율은 전체 시어에 비해 미미한 편이다.

3) 그 밖의 외래어

그 밖의 외래어로는 메트르(maitre), 루즈(rouge), 베레모(béret帽) 등의 프랑스어와 이데올로(Ideologie), 아르바이트(Arbeit) 등의 독일어, 마카로니(macaroni)와 같은 이태리어 등이 있다. 이는 일반적으로 쓰이는 외래어들로 한 작품에 한해 1회 출현하는 빈도수를 보인다.

3. 한자어

김수영의 시어 중 한자로 표기된 어휘는 1,813개로 전체 시어 5,220개 중 약 35% 정도를 차지한다. 개정판(2003년) 『김수영 전집』은 한자 표기를 한글 표기로 전환하였고 일부만 괄호 안에 한자를 병기하였기 때문에 한자어 표기 시어를 조사하는 데에는 1981년 판을 참조하였다. 한자로 표기된 어휘의 출현 빈도는 3,211번으로 전체 어휘의 출현 빈도 2만 2,191번 중 약 14.5% 정도의 비중을 차지한다. 김수영 시의 시어 중 약 50%인 2,613개가 한자어인 것을 참조하면, 한자 표기는 전체 한자어의 70%에 이른다.

1) 한자표기

순위	시 어	빈도수/편수	점유율	출 전
1	詩	49/24	18.63	「祖國에 돌아오신 傷病捕虜 同志들에게」(1), 「바뀌어진 地平線」(1), 「구름의 파수병」(2), 「여름 뜰」(1), 「靈交日」(1), 「비」(1), 「伴奏曲」(2), 「祈禱」(2), 「〈四一九〉詩」(8), 「등나무」(1), 「詩」(1961)(11), 「絶望」(1), 「長詩(二)」(2), 「피아노」(1), 「우리들의 웃음」(1), 「詩」(1964)(2), 「敵(二)」(1), 「이 韓國文學史」(1), 「H」(1), 「離婚 取消」(2), 「설사의 알리바이」(2), 「世界一周」(2), 「元曉大師」(1), 「의자가 많아서 걸린다」(1)
2	敵	43/7	16.35	「하…… 그림자가 없다」(2), 「아픈 몸이」(3), 「敵」(11), 「現代式 橋梁」(1), 「敵(一)」(19), 「敵(二)」(6), 「설사의 알리바이」(1)
3	自由	31/11	11.79	「祖國에 돌아오신 傷病捕虜 同志들에게」(14), 「九羅重花」(1), 「헬리콥터」(3), 「거리(二)」(1), 「記者의 情熱」(3), 「여름 뜰」(2), 「조그마한 세상의 智慧」(1), 「우선 그놈의 사진을 떼어서 밑씻개로 하자」(1), 「푸른 하늘을」(3), 「檄文」(1), 「거짓말의 여운 속에서」(1)
4	詩人	26/18	9.89	「헬리콥터」(1), 「바뀌어진 地平線」(1), 「구름의 파수병」(1), 「白蟻」(3), 「눈」(2), 「하루살이」(1), 「序詩」(1), 「曠野」(1), 「靈交日」(1), 「伴奏曲」(1), 「六法全書와 革命」(1), 「푸른 하늘을」(1), 「눈」(1961.1.3)(5), 「檄文」(2회), 「등나무」(1), 「絶望」(1), 「巨大한 뿌리」(1), 「미역국」(1)
5	革命	25/8	9.51	「祈禱」(4), 「六法全書와 革命」(10), 「푸른 하늘을」(2), 「가다오 나가다오」(3), 「그 방을 생각하며」(3), 「쌀난리」(1), 「모르지?」(1), 「꽃잎(一)」(1)
6	時間	20/14	7.6	「가까이 할 수 없는 書籍」(1), 「웃음」(3), 「아침의 誘惑」(1), 「付託」(1), 「헬리콥터」(1), 「바뀌어진 地平線」(1), 「記者의 情熱」(2), 「여름 아침」(1), 「曠野」(2), 「허튼소리」(1), 「피곤한 하루의 나머지 시간」(1), 「詩」(1), 「長詩(二)」(1), 「꽃잎(二)」(1)
7	生活	19/11	7.22	「달나라의 장난」(1), 「愛情遲鈍」(1), 「바뀌어진 地平線」(1), 「記者의 情熱」(1), 「여름 뜰」(1), 「地球儀」(3), 「봄밤」(1), 「謀利輩」(1), 「生活」(5), 「伴奏曲」(2), 「長詩(二)」(1)

순위	시어	빈도수/편수	점유율	출전
8	休息	18/9	6.84	「休息」(1), 「水煖爐」(1), 「記者의 情熱」(8), 「曠野」(1), 「靈交日」(1), 「비」(1), 「아픈 몸이」(1), 「반달」(2), 「X에서 Y로」(2)
9	無數하다	17/12	6.46	「祖國에 돌아오신 傷病捕虜 同志들에게」(2), 「國立圖書館」(2), 「거리 (二)」(1), 「記者의 情熱」(3), 「여름 아침」(1), 「하루살이」(1), 「靈交日」(2), 「비」(1), 「밤」(1), 「末伏」(1), 「피곤한 하루의 나머지 시간」(1), 「巨大한 뿌리」(1)
10	神	15/11	5.7	「웃음」(1), 「시골 선물」(1), 「書册」(2), 「水煖爐」(2), 「靈交日」(1), 「꽃」(1), 「초봄의 뜰 안에」(1), 「永田絃次郎」(2), 「長詩 (二)」(2), 「敵 (二)」(1), 「離婚取消」(1)
합 계		263/75	100	

한자로 표기된 어휘 중에서는 '詩'가 49회로 가장 높은 출현 빈도를 보인다. 여기에 '음시淫詩' '詩篇' '序詩' '抵抗詩' '詩作' '戀愛詩' '現代詩論' '長詩 (12회)' '非詩' '詩評' '詩集'(2회) 등을 포함하면 73회로, 詩가 쓰인 시어는 한자로 표기된 시어 중 두드러지게 잦은 빈도를 보이고 있다. 다음으로는 '敵'이 43회로 뒤를 잇고 있으며, '自由'가 31회 등으로 30회가 넘는 출현 빈도를 보이는 어휘는 3개이다. '詩人'은 26회 출현하는데, '抒情詩人'과 '枯渴詩人'을 포함하면 28회가 된다. '革命'은 23회 나타나는데 '革命的'과 '革命政府'를 포함하면 25회가 된다. '時間'은 20회 출현하는데, '半時間' '大時間' '二四時間' 등을 포함하면 23회로 늘어난다. '生活'은 19회의 출현 빈도를 보이고 있는데, '生活難' '生活無限' '生活者' '生活必需品' 등 생활이 포함된 어휘를 포함하면 23회에 이른다. 이외에도 '休息'이 18회, '無數하다'가 17회, '神'이 15회 등으로 비교적 높은 출현 빈도를 보이고 있다.

한자어 표기 시어가 작품에 나타난 경우를 살펴보면 우선 '敵'이 빈도수는 높지만 「적」 「적(一)」 「적(二)」 세 작품에 특히 편중되어 나타나는 것을 알 수 있다. 따라서 '敵'은 높은 출현 빈도에도 불구하고 상대적으로 '自由' '詩人' '革命' '生活' 등보다는 비중이 적은 어휘라고 할 수 있다. 이는 '元曉'의 경우에 가장 두드러진 양상을 보인다. '元曉'는 '元曉大師'를 포함하여 총 12회의 출현 빈도를 보인다. 그 빈도로만 보면 적지 않은 비중을 차지하는 어휘로 판단할 수 있으나, 총 12회의 빈도가 「원효대사」 한 편에 집중되어 나타나기 때문에 김수영 시 전편을 이해하는 주요한 키워드로 삼기에는 부적합하다고 여겨진다. 그 외의 어휘들은 한두 작품에 다소 편중된 경향을 보이기는 하지만, 대체로 여러 편에 고르게 분포하여, 김수영 시 전편을 이해하는 주요한 키워드 역할을 할 수 있을 것으로 판단된다.

2) 한자+한글 표기

한자로 표기된 고빈도 어휘 중 한글로 표기된 빈도를 추가하면 그 양상이 또 달라진다. 우선 '詩'는 한글로 표기된 경우가 한 번도 없고, '敵'은 단 한 번뿐이다. '自由'는 5회이며, '革命'은 3회이다. '時間'과 '生活'은 한자로 표기된 빈도보다 한글로 표기된 경우가 훨씬 많다. '時間'은 한글로 표기된 경우가 41회에 이르며, '生活'은 31회 쓰였다. 따라서 한자로 표기된 경우와 한글로 표기된 경우를 다 합하면 '時間'과 '生活'이 각각 첫 번째와 두 번째로 높은 빈도를 보이고 있다. 그 외에도 '休息'은 2회, '無數하다'는 8회가 한글 표기로 나타나며, '神'은 한글로 표기된 경우가 없다. 이를 표로 보이면 다음과 같다.

순위	시 어	한자어 표기 빈도	한글 표기 빈도	합 계
1	時間 · 시간	20	41	61
2	生活 · 생활	19	31	50
3	詩 · 시	49	-	49
4	敵 · 적	43	1	44
5	自由 · 자유	31	5	36
6	詩人 · 시인	26	2	28
7	革命 · 혁명	25	3	28
8	無數하다 · 무수하다	17	8	25
9	休息 · 휴식	18	2	20
10	神 · 신	15	-	15

김수영 시의 한자어 표기 시어 중 '詩' '敵' '自由' '詩人' '革命' '時間' '生活' 등이 매우 높은 빈도를 보이는 어휘라는 것이 확인되었다. 이는 관련 어휘를 포함하거나, 한글로 표기된 경우를 포함하여도 큰 변동이 없다. 이를 통해 김수영의 시가 '자유의 시' '혁명의 시' '생활의 시' 어느 한쪽으로 규정되는 것이 아니라, 이러한 다양한 모습이 복합되어 여러 층위에서 접근과 해석이 가능하다는 것을 확인할 수 있다. 또한 '詩'와 '詩人'의 높은 출현 빈도는 김수영이 자신의 시 속에서 시의 정체성에 대하여 끊임없이 묻고 대답하였으며, 시인으로서의 자의식이 매우 강했다는 입론을 방증할 자료가 될 수 있을 것이다.

4. 인칭 대명사

김수영의 시 176편 중 인칭대명사가 등장하는 시는 165편이다. 인칭대명사가 등장하지 않는 시는 「눈(1956)」, 「폭포」「채소밭 가에서」「푸른 하늘을」「만시지탄이 있지만」, 「시」「마케팅」, 「장시1」「거위 소리」, 「눈(1966)」「풀」등 11편에 불과하다.

김수영의 시에 등장하는 인칭대명사는 총 23개이다. 이는 김수영의 시어 5,220개 중 0.44%의 비중을 차지한다. 그러나 출현 빈도는 1,400회로 김수영 시어의 전체 빈도수 22,165회 중 6.32%를 차지한다. 인칭대명사의 개수에 비하여 출현 빈도가 높은 것은 반복 사용된 횟수가 많기 때문이다. 김수영의 전체 어휘가 반복된 횟수는 4.25회인 데 비하여, 인칭대명사는 하나의 어휘가 60.87회 정도 반복 사용되어 평균을 훨씬 웃돈다.

1) 1인칭 대명사

1인칭 대명사로는 '나'와 '우리' 2개가 147편에 걸쳐 873회 출현한다. '나'는 주격조사 '가'나 보격조사 '가'가 첨가되어 '내'의 형태로 나타나는 경우와 '나'에 관형격 조사 '의'가 붙어 줄어든 '내'의 형태로 나타난 경우도 있다. 1인칭대명사의 출현 빈도는 전체 인칭대명사 출현 빈도의 약 62.3%를 차지한다.

'나'는 608회의 출현 빈도를 보이며, 주격조사 '가'나 보격조사 '가'가 첨가되어 '내'의 형태로 나타나는 경우와 '나'에 관형격 조사 '의'가 붙어 줄어든 '내'의 형태로 나타난 경우까지 합치면 776회의 출현 빈도를 보인다. 이는 1인칭 대명사 출현 빈도의 89%, 인칭 대명사 출현 빈도의 55%, 전체 어휘 출현 빈도의 3.5% 정도이다.

순위	시 어	빈도수/편수	점유율(%)	출 전
1	나	608/134	69.64	「孔子의 생활난」(4), 「가까이 할 수 없는 서적」(3), 「아메리카 타임 誌」(2), 「이[虱]」(4), 「웃음」(5), 「토끼」(3), 「아버지의 사진」(9), 「아침의 유혹」(6), 「달나라의 장난」(15), 「愛情遲鈍」(13), 「풍뎅이」(3), 「付託」(2), 「조국에 돌아오신 傷病捕虜 동지들에게」(22), 「너를 잃고」(8), 「미숙한 도적」(3), 「시골 선물」(13), 「九羅重花」(7), 「도취의 피안」(13), 「방안에

순위	시어	빈도수/편수	점유율	출전
				서 익어가는 설움」(9), 「나의 가족」(6), 「거미」(2), 「더러운 향로」(6), 「PLASTER」(5), 「구슬픈 육체」(3), 「나비의 무덤」(9), 「궁지의 날」(7), 「영사판」(3), 「서책」(1), 「휴식」(7), 「수난로」(1), 「거리 1」(6), 「너는 언제부터 세상과 배를 대고 서기 시작했느냐」(6), 「국립도서관」(5), 「거리2」(12), 「연기」(1), 「네이팜 탄」(9), 「바뀌어진 지평선」(8), 「구름의 파수병」(10), 「사무실」(1), 「여름 뜰」(5), 「여름 아침」(3), 「백의」(16), 「병풍」(3), 「꽃2」(1), 「영롱한 목표」(2), 「봄 밤」(3), 「예지」(1), 「하루살이」(5), 「서시」(5), 「광야」(7), 「靈交日」(2), 「꽃」(4), 「초봄의 뜰 안에」(2), 「말」(5), 「사치」(3), 「동맥」(2), 「모리배」(9), 「생활」(4), 「달밤」(2), 「사령」(2), 「가옥 찬가」(2), 「말복」(2), 「반주곡」(6), 「싸리꽃 핀 벌판」(2), 「미스터 리에게」(1), 「파리와 더불어」(3), 「우선 그놈의 사진을 떼어서 밑씻개로 하자」(1), 「기도」(1), 「육법전서와 혁명」(1), 「나는 아리조나 카보이야」(4), 「거미잡이」(1), 「중요에 대하여」(6), 「허튼소리」(2), 「피곤한 하루의 나머지 시간」(2), 「그 방을 생각하며」(15), 「쌀난리」(1), 「황혼」(1), 「〈4·19〉시」(1), 「여편네의 방에 와서」(5), 「등나무」(2), 「술과 어린 고양이」(1), 「모르지?」(1), 「伏中」(2), 「누이야 장하고나!」(9), 「누이의 방」(1), 「먼 곳에서부터」(1), 「아픈 몸이」(4), 「旅愁」(6), 「백지에서부터」(2), 「적」(4), 「절망」(4), 「파자마 바람으로」(1), 「滿洲의 여자」(2), 「장시2」(7), 「轉向記」(5), 「만용에게」(3), 「피아노」(5), 「깨꽃」(2), 「후란넬 저고리」(3), 「여자」(4), 「돈」(4), 「반달」(7), 「우리들의 웃음」(9), 「거대한 뿌리」(8), 「강가에서」(16), 「X에서 Y에로」(3), 「이사」(2), 「말」(3), 「현대식 교량」(8), 「제임스 띵」(11), 「적2」(1), 「잔인의 초」(1), 「어느 날 고궁을 나오면서」(6), 「이 한국문학사」(5), 「H」(6), 「이혼 취소」(3), 「식모」(2), 「풀의 영상」(3), 「엔카운터 誌」(5), 「전화 이야기」(3), 「설사의 알리바이」(1), 「금성라디오」(1), 「도적」(3), 「판문점의 감상」(2), 「VOGUE야」(1), 「거짓말의 여운 속에서」(4), 「꽃잎3」(6), 「여름밤」(3), 「미농인찰지」(7), 「세계일주」(3), 「라디오 계」(2), 「먼지」(1), 「性」(2), 「원효대사」(1)
2	내('나'에 주격조사 나 보격조사 '가' 가 붙을 때)	109/57	12.48	「웃음」(1), 「아버지의 사진」(9), 「愛情遲鈍」(1), 「풍뎅이」(3), 「付託」(1), 「조국에 돌아오신 傷病捕虜 동지들에게」(5), 「미숙한 도적」(2), 「시골 선물」(1), 「도취의 피안」(2), 「나의 가족」(2), 「거미」(2), 「더러운 향로」(2), 「PLASTER」(1), 「구슬픈 육체」(1), 「나비의 무덤」(1), 「궁지의 날」(4), 「휴식」(1), 「거리 1」(3), 「너는 언제부터 세상과 배를 대고 서기 시작했느냐」(1), 「거리2」(2), 「연기」(1), 「바뀌어진 지평선」(2), 「구름의 파수병」(1), 「사무실」(1), 「백의」(3), 「모리배」(1), 「반주곡」(1), 「동야」(1), 「파리와 더불어」(1), 「나는 아리조나 카보이야」(1), 「피곤한 하루의 나머지 시간」(1), 「나가타 겐지로」(1), 「檄文」(1), 「술과 어린 고양이」(2), 「모르지?」(1), 「伏中」(1), 「누이야 장하고나!」(2), 「旅愁」(2), 「백지에서부터」(2), 「轉向記」(1), 「만용에게」(2), 「피아노」(1), 「여자」(1), 「거대한 뿌리」(2), 「제임스 띵」(7), 「어느 날 고궁을 나오면서」(2), 「이 한국문학사」(1), 「H」(1), 「이혼 취소」(1), 「엔카운터 誌」(3), 「도적」(2), 「사랑의 변주곡」(1), 「거짓말의 여운 속에서」(5), 「꽃잎3」(1), 「라디오 계」(1), 「먼지」(3), 「性」(2)
3	내(나의)	59/37	6.75	「아메리카 타임 誌」(1), 「웃음」(1), 「달나라의 장난」(1), 「조국에 돌아오신 傷病捕虜 동지들에게」(1), 「시골 선물」(1), 「영사판」(1), 「서책」(1),

순위	시어	빈도수/편수	점유율	출 전
				「국립도서관」(1), 「바뀌어진 지평선」(1), 「병풍」(1), 「사치」(2), 「동맥」(2), 「말복」(1), 「나는 아리조나 카보이야」(1), 「여편네의 방에 와서」(2), 「먼 곳에서부터」(2), 「절망」(1), 「장시2」(1), 「돈」(1), 「반달」(3), 「거대한 뿌리」(2), 「X에서 Y에로」(1), 「말」(7), 「제임스 띵」(2), 「잔인의 초」(1), 「어느 날 고궁을 나오면서」(1), 「이 한국문학사」(1), 「이혼 취소」(1), 「엔카운터 誌」(5), 「금성라디오」(2), 「도적」(1), 「판문점의 감상」(1), 「VOGUE야」(1), 「거짓말의 여운 속에서」(4), 「꽃잎2」(1), 「꽃잎3」(1), 「性」(1)
4	우리(들)	97/33	11.11	「토끼」(1), 「조국에 돌아오신 傷病捕虜 동지들에게」(1), 「미숙한 도적」(2), 「나의 가족」(2), 「헬리콥터」(3), 「여름 아침」(1), 「백의」(1), 「광야」(1), 「하……그림자가 없다」(14), 「우선 그놈의 사진을 떼어서 밑씻개로 하자」(1), 「기도」(9), 「나는 아리조나 카보이야」(2), 「여편네의 방에 와서」(1), 「죄와 벌」(1), 「우리들의 웃음」(2), 「시」(1), 「65년의 새해」(6), 「미역국」(10), 「적1」(1), 「이 한국문학사」(3), 「H」(5), 「이혼 취소」(3), 「식모」(3), 「풀의 영상」(1), 「엔카운터 誌」(1), 「설사의 알리바이」(3), 「도적」(4), 「판문점의 감상」(5), 「사랑의 변주곡」(3), 「꽃잎2」(2), 「여름밤」(2), 「먼지」(1), 「의자가 많아서 걸린다」(2)
계		873/147	100	

2) 2인칭 대명사

2인칭 대명사로는 '너', '늬', '그대', '당신', '너희' 등 5개가 66편에 걸쳐 312회 나타난다. '너'는 주격조사 '가'나 보격조사 '가'가 첨가되어 '네'의 형태로 나타나는 경우와 '너'에 관형격 조사 '의'가 붙어 줄어든 '네'의 형태로 나타난 경우도 있다. 2인칭대명사의 출현 빈도는 전체인칭대명사 출현 빈도의 약 22.3% 정도를 차지한다.

2인칭 대명사 중에서도 '너'의 출현 빈도가 압도적인 비중을 차지한다. '너'는 213회의 출현 빈도를 보이며, 주격조사 '가'나 보격조사 '가'가 첨가되어 '네'의 형태로 나타나는 경우와 '너'에 관형격 조사 '의'가 붙어 줄어든 '네'의 형태로 나타난 경우를 합치면 246회이다. 이는 2인칭 대명사 출현 빈도의 79% 정도, 전체 인칭대명사 출현 빈도의 16% 정도를 차지하는 비중이다.

순위	시어	빈도수/편수	점유율 %	출 전
1	너	213/53	68.27	「묘정의 노래」(1), 「공자의 생활난」(1), 「아메리카 타임지」(1), 「토끼」(2), 「달나라의 장난」(1), 「풍뎅이」(8), 「부탁」(2), 「너를 잃고」(3), 「구라중화」(7), 「도취의 피안」(4), 「더러운 향로」(3), 「나비의 무덤」(3), 「헬리

순위	시어	빈도수/편수	점유율	출 전
				콥터」(2), 「거리」(1), 「너는 언제부터 세상과 배를 대고 서기 시작했느냐」(14), 「국립도서관」(2), 「연기」(1), 「네이팜탄」(7), 「바뀌어진 지평선」(8), 「기자의 정열」(13), 「사무실」(2), 「여름 뜰」(3), 「백의」(2), 「병풍」(1), 「지구의」(3), 「자」(1), 「봄밤」(4), 「예지」(4), 「하루살이」(3), 「서시」(1), 「밤」(1), 「자장가」(2), 「조그마한 세상의 지혜」(1), 「가옥 찬가」(2), 「반주곡」(5), 「파밭가에서」(1), 「우선 그놈의 사진을 떼어서 밑씻개로 하자」(1), 「나는 아리조나 카우보이야」(6), 「사랑」(4), 「여편네의 방에 와서」(6), 「등나무」(1), 「누이야 장하고나!」(5), 「누이의 방」(2), 「만주의 여자」(2), 「만용에게」(3), 「65년의 새해」(36), 「제임스 띵」(2), 「적2」(1), 「전화 이야기」(2), 「VOGUE야」(5), 「사랑의 변주곡」(5), 「꽃잎3」(11), 「먼지」(1).
2	네(너의)	17/10	5.45	「도취의 피안」(1), 「더러운 향로」(1), 「나비의 무덤」(1), 「헬리콥터」(2), 「네이팜탄」(1), 「자장가」(1), 「거미잡이」(1), 「네 얼굴은」(4), 「꽃잎3」(1), 「먼지」(4)
3	네('너'에 주격조사 나 보격조사 '가'가 붙을 때)	16/7	5.13	「너는 언제부터 세상과 배를 대고 서기 시작했느냐」(1), 「연기」(2), 「기자의 정열」(6), 「여편네의 방에 와서」(2), 「누이야 장하고나!」(2), 「만용에게」(1), 「65년의 새해」(2)
4	늬	15/4	4.81	「풍뎅이」(1), 「너를 잃고」(7), 「구라중화」(3), 「사무실」(4)
5	당신	30/9	9.62	「조국에 돌아오신 상병포로 동지들에게」(2), 「서책」(2), 「말」(6), 「미스터리에게」(1), 「이혼 취소」(3), 「엔카운터 지」(5), 「전화 이야기」(2), 「미농인찰지」(2), 「세계일주」(7)
6	그대(들)	14/5	4.48	「조국에 돌아오신 상병포로 동지들에게」(2), 「국립도서관」(1), 「사령」(3), 「육법전서와 혁명」(7), 「눈」(1)
7	너희(들)	7/3	2.24	「나는 아리조나 카우보이야」(1), 「가다오 나가다오」(5), 「제임스 띵」(1)
계		312/66	100	

3) 3인칭 대명사

3인칭 대명사는 '그', '그네', '그녀', '이', '저', '그년', '이놈', '저놈', '그놈', '요놈', '저이', '제(저의)', '자기' 등 정칭(定稱)이 13개와 더불어, 미지칭(未知稱) '누구'와 미정칭(未定稱) '아무' 등 15개가 쓰여 인칭대명사 중 가장 다채로운 모습을 보인다. 3인칭대명사는 73편에 걸쳐 215회 나타나 전체 인칭대명사 출현 빈도의 약 15.4%를 차지한다.

3인칭 대명사 중에서는 '그'의 비중이 단연 높다. '그'는 115회의 출현 빈도를 보여, 3인칭 대명사의 출현 빈도 중 53% 정도를 차지하며, 인칭 대명사 전체의 출현 빈도 중에는 약 8% 정도를 차지한다. 한편, 3인칭 대명사 중 '이, 그년, 요놈, 제, 아무' 등 5개는 1회의 출현하여 인칭 대명사 중에서 가장 낮은 출현 빈도를 보이고 있다.

순위	시어	빈도수/편수	점유율	출전
1	그(들)	114/38	53.02	「가까이 할 수 없는 서적」(1), 「토끼」(6), 「아버지의 사진」(9), 「아침의 유혹」(1), 「조국에 돌아오신 상병포로 동지 여러분께」(5), 「시골선물」(1), 「도취의 피안」(1), 「나비의 무덤」(1), 「서책」(2), 「헬리콥터」(3), 「거리2」(1), 「백의」(16), 「꽃2」(1), 「예지」(1), 「영교일」(1), 「모리배」(5), 「조그마한 세상의 지혜」(1), 「미스터 리에게」(1), 「하……그림자가 없다」(4), 「가다오 나가다오」(2), 「황혼」(7), 「등나무」(1), 「누이야 장하고나」(7), 「여수」(1), 「백지에서부터」(1), 「절망」(1), 「장시」(2), 「참음은」(1), 「거대한 뿌리」(1), 「강가에서」(8), 「현대식 교량」(1), 「제임스 띵」(1), 「적2」(2), 「절망」(2), 「H」(12), 「전화 이야기」(1), 「라디오 계」(1), 「먼지」(1)
2	그놈(들)	28/6	13.02	「우선 그놈의 사진을 떼어서 밑씻개로 하자」(16), 「육법전서와 혁명」(4), 「나는 아리조나 카우보이야」(1), 「적」(2), 「제임스 띵」(2), 「도적」(3)
3	누구(누가)	23/17	10.7	「가까이 할 수 없는 서적」(1), 「애정지둔」(2), 「조국에 돌아오신 상병포로 동지 여러분께」(2), 「구라중화」(4), 「방안에서 익어가는 설움」(1), 「나의 가족」(1), 「더러운 향로」(1), 「PLASTER」(1), 「서책」(2), 「거리1」(1), 「국립도서관」(1), 「연기」(1), 「바뀌어진 지평선」(1), 「기자의 정열」(1), 「비」(1), 「나가타 겐지로」(1), 「설사의 알리바이」(1)
4	자기	16/13	7.45	「웃음」(1), 「방안에서 익어가는 설움」(1), 「나의 가족」(1), 「더러운 향로」(1), 「헬리콥터」(1), 「구름의 파수병」(1), 「백의」(1), 「말복」(1), 「하……그림자가 없다」(3), 「반달」(1), 「현대식 교량」(1), 「꽃잎1」(2), 「미인」(1)
5	이놈(들)	7/2	3.26	「나는 아리조나 카우보이야」(5), 「이놈이 무엇이지?」(2)
6	그녀	6/3	2.79	「피아노」(1), 「거대한 뿌리」(2), 「식모」(3)
7	저놈(들)	5/3	2.33	「나는 아리조나 카우보이야」(2), 「후란넬 저고리」(2), 「잔인의 초」(1)
8	그네	4/1	1.88	「거리2」(4)
8	저(들)	4/3	1.88	「육법전서와 혁명」(1), 「이 한국문학사」(2), 「성」(1)
10	저이	3/1	1.4	「강가에서」(3)
11	이(들)	1/1	0.46	「이 한국문학사」(1)
11	그년	1/1	0.46	「성」(1)
11	요놈	1/1	0.46	「잔인의 초」(1)
11	제(저의)	1/1	0.46	「백의」(1)
11	아무	1/1	0.46	「조국에 돌아오신 상병포로 동지 여러분께」(1)
계		215/73	100	

II. 용언 계열

1. 부정어

이 항목에서 상정한 부정어는 기본적으로 '일정하지 않거나 정해지지 않다'인 '부정(不定)'의 뜻풀이를 따르고 있다. 이를 토대로 하되, '바르지 못함'인 부정(不正)의 뜻과 '그렇지 않다고 단정함'인 부정(否定)의 뜻도 여기에 포함시켰다. '부정하다'는 물론, '아니다', '않다'와 같은 계열의 시어들, '수준에 못 미치다'나 '존재하지 않다'의 뜻을 지닌 '못하다'나 '없다'와 같은 어휘도 여기에 해당된다.

김수영 시에서 부정어의 종류는 대략 40개 정도이다. 위에서 언급한 '아니다' '않다' '없다' '못하다' 뿐만 아니라 '거역하다' '말다' '반대하다' '반항하다' '배반하다' '부정하다' '저항하다' 등이 김수영의 시에 쓰였다. 영어인 'don't'도 한 번이지만 등장한다는 것이 주목할 만하다.

순위	시어	빈도수/편수	순위	시어	빈도수/편수	순위	시어	빈도수/편수	순위	시어	빈도수/편수
1	않다	250/107	11	말다	9/8	18	방해하다	2/2	30	반역성	1/1
2	없다	172/76	12	잘못되다	8/2	18	부정	2/2	30	반역하다	1/1
3	아니다	88/56	13	틀리다	7/3	18	부정하다	2/2	30	거부	1/1
4	안	69/27	14	못	6/5	18	아녜요	2/2	30	배반	1/1
5	없이	47/28	15	방해	5/3	18	아니하다	2/2	30	배반하다	1/1
6	아니	37/30	16	거역하다	3/2	18	없애다	2/2	30	불온	1/1
7	말다²	36/18	16	반항	3/2	18	잘못	2/2	30	아뇨	1/1
8	못하다	32/23	18	거절하다	2/2	18	반항하다	2/1	30	아니야	1/1
9	아냐	15/7	18	그릇되다	2/2	18	저항시	2/1	30	저항	1/1
10	안하다	10/6	18	반대하다	2/2	30	반란성	1/1	30	don't	1/1

김수영의 시어에서 부정어의 출현 빈도는 표에서와 같이 '않다'(250/107) '없다'(172/76) '아니다'(85/56) '안'(69/27) '없이'(47/28) 순으로 나타난다. 제일 많이 등장하는 '않다'의 경우 107편에 250회 등장하는데, 이는 김수영 시의 전체 편수가 176편이라는 점을 고려하면 거의 절반 이상의 시편에 등

장하는 것이다. 또한 빈도수를 고려했을 경우 수치상으로는 한 편에 한 번 이상 등장한다고도 할 수 있다. 다섯 번째 빈도수가 많은 시어 '없이'의 경우에도 28편에 47회 등장한다. 적지 않은 비중을 차지하는 부정어는 김수영이 시적 의미를 생성하는 중요한 기제라는 것을 위의 표에서도 확인할 수 있다.

이 중에서 10회 이상 등장하는 부정어에 주목할 때 김수영 시의 부정어는 크게 세 가지로 나눌 수 있다. '아니'의 계열과 '없다'의 계열과 '말다' / '못하다' 계열의 부정어는 범주 안에서 공통된 특성을 공유한다. '않다'는 '아니 하다'의 준말이고 '아니다'는 '아니'의 어미가 붙은 것이고 '안'은 '아니'의 준말이다. '없다'와 '없이'는 접사와 그에 따른 품사가 차이가 있을 뿐 그 의미는 크게 차이가 나지 않는다. '말다'와 '못하다'는 행위의 중단이나 수준의 미달이라는 뜻으로 함께 묶을 수 있다. '말다'는 기본형과 활용형이 포함되며, '못하다'는 사전적인 뜻 이외에 김수영이 '못하다'로 쓴 '못하다'의 의미도 포함되어 있다.

1) '아니' 계열

'아니'는 용언 앞에서 부정 또는 반대의 뜻을 나타내는 데 쓰이는 부정어의 전형적인 어휘이다. 여기에서는 '아니'가 축약되거나 삽입된 형태의 부정어를 '아니' 계열의 부정어로 설정하였다. 김수영의 시에 쓰인 '아니' 계열의 부정어는 '않다' '아니다' '안' '아니' '아냐' '안하다' '아녜요' '아니하다' '아뇨' '아니야' 등이다. '않다'는 '아니 하다'의 준말이고 '아니다'는 '아니'에 평서형 종결 어미가 붙은 것이다. 그 밖의 시어들도 '아니'의 형태가 삽입되어 있다. 이 중 김수영의 시에 10번 이상 등장하는 시어는 표에 제시한 것과 같다.

순위	시어	빈도수/편수	점유율 %	출 전
1	않다	250/108	53.3	「65년의 새해」(1), 「가다오 나가다오」(3), 「가옥 찬가」(1), 「강가에서」(3), 「거대한 뿌리」(2), 「거리1」(3), 「거리2」(2), 「거짓말의 여운 속에서」(5), 「檄文」(1), 「광야」(1), 「九羅重花」(2), 「구슬픈 육체」(3), 「국립도서관」(1), 「금성라디오」(1), 「긍지의 날」(3), 「기도」(5), 「기자의 정열」(2), 「꽃잎2」(1), 「꽃잎3」(2), 「나비의 무덤」(2), 「나의 가족」, 「너는 언제부터 세상과 배를 대고 서기 시작했느냐」(1), 「너를 잃고」(4), 「누이야 장하고나!」(1), 「달나라의 장난」(1), 「달밤」(1), 「더러운 향로」(1), 「도적」(4), 「도취의 피안」(3), 「冬麥」(3), 「라디오 계」(2), 「만시지탄은 있지만」(2), 「만용에게」(2), 「滿洲의 여자」(2), 「말(1958)」(1), 「말(1964)(1), 「말복」(1), 「먼지」(3), 「모르지?」(2), 「모리배」(1), 「美濃印札紙」(7), 「미숙한 도적」(4), 「미인—Y여사에게」(1), 「바뀌어진 지평선」(4), 「반달」(4), 「방안에서 익어가는 설움」(1), 「백의」(4), 「伏中」(1), 「봄밤」(1), 「부탁」(2), 「비」(1), 「사

순위	시 어	빈도수/편수	점유율	출 전
				랑」(1),「사랑의 변주곡」(2),「死靈」(4),「사무실」(2),「사치」(1),「서시」(1),「설사의 알리바이」(2),「性」(2),「술과 어린 고양이」(1),「시」(1964)(2),「시골 선물」(3),「쌀난리」(2),「아버지의 사진」(2),「아픈 몸이」(6),「愛情遲鈍」(2),「어느 날 고궁을 나오면서」(3),「엔카운터 誌」(6),「여름 뜰」(4),「여름 아침」(1),「旅愁」(2),「여편네의 방에 와서」(2),「靈交日」(2),「영롱한 목표」(3),「영사판」(2),「예지」(1),「우리들의 웃음」(3),「우선 그놈의 사진을 떼어서 밑씻개로 하자」(3),「웃음」(1),「원효대사」(5),「육법전서와 혁명」(2),「의자가 많아서 걸린다」(2),「이 한국문학사」(2),「이혼 취소」(1),「자장가」(1),「장시1」(5),「장시2」(4),「적」(2),「轉向記」(1),「절망」(1965)(7),「제임스 띵」(2),「조국에 돌아오신 傷病捕虜 동지들에게」(3),「중용에 대하여」(2),「채소밭 가에서」(1),「초봄의 뜰 안에」(1),「토끼」(1),「파밭 가에서」(1),「파자마 바람으로」(1),「판문점의 감상」(2),「瀑布」(3),「하······ 그림자가 없다」(6),「헬리콥터」(3),「현대식 교량」(3),「휴식」(2),「H」(4),「PLASTER」(1),「VOGUE야」(1),「X에서 Y로」(1)
3	아니다	88/56	18.76	「65년의 새해」(1),「가옥 찬가」(1),「거리1」(1),「거리2」(4),「거미잡이」(2),「광야」(1),「九羅重花」(12),「구름의 파수병」(1),「구슬픈 육체」(4),「긍지의 날」(1),「기자의 정열」(2),「꽃잎1」(2),「꽃잎2」(1),「꽃잎3」(2),「나가타 겐지로」(2),「나의 가족」(1),「너는 언제부터 세상과 배를 대고 서기 시작했느냐」(2),「네이팜 탄」(2),「누이야 장하고나!」(4),「달나라의 장난」(1),「도적」(2),「도취의 피안」(1),「돈」(1),「마케팅」(2),「만시지탄은 있지만」(2),「滿洲의 여자」(1),「美濃印札紙」(1),「미스터 리에게」(1),「미인-Y여사에게」(1),「방안에서 익어가는 설움」(1),「백의」(1),「사랑의 변주곡」(2),「死靈」(2),「사무실」(1),「서책」(1),「性」(1),「시골 선물」(1),「식모」(2),「싸리꽃 핀 벌판」,「아버지의 사진」(4),「연기」(1),「영사판」(1),「우리들의 웃음」(3),「우선 그놈의 사진을 떼어서 밑씻개로 하자」(1),「의자가 많아서 걸린다」(1),「이 한국문학사」(1),「이혼 취소」(1),「장시1」(1),「조국에 돌아오신 傷病捕虜 동지들에게」(3),「중용에 대하여」(2),「토끼」(1),「풍뎅이」(2),「피아노」(1),「헬리콥터」(1),「황혼」(2),「VOGUE야」(1)
4	안	69/27	14.71	「〈4・19〉시」(4),「가다오 나가다오」(2),「거짓말의 여운 속에서」(4),「그 방을 생각하며」(3),「금성라디오」(1),「꽃」(1),「꽃잎1」(1),「꽃잎3」(1),「나는 아리조나 카보이야」(2),「도적」(2),「등나무」(8),「라디오 계」(4),「만용에게」(2),「滿洲의 여자」(5),「먼지」(2),「어느 날 고궁을 나오면서」(1),「엔카운터 誌」(5),「여름 밤」(1),「旅愁」(2),「우선 그놈의 사진을 떼어서 밑씻개로 하자」(1),「의자가 많아서 걸린다」(1),「이놈이 무엇이지?」(4),「이혼 취소」(3),「장시1」(5),「轉向記」(1),「제임스 띵」(1),「판문점의 감상」
6	아니	37/30	7.89	「65년의 새해」(1),「가까이 할 수 없는 서적」(1),「강가에서」(1),「구슬픈 육체」(1),「기자의 정열」(1),「나가타 겐지로」(2),「나의 가족」(1),「달나라의 장난」(2),「도적」(2),「라디오 계」(2),「마케팅」(2),「만용에게」(1),「말복」(1),「서책」(1),「性」(2),「시(1961)」(1),「아픈 몸이」(1),「여름 뜰」(1),「靈交日」(1),「육법전서와 혁명」(1),「이 얼굴은」(1),「자장가」(1),「轉向記」(1),「제임스 띵」(2),「조국에 돌아오신 傷病捕虜 동지들에게」(1),「죄와 벌」(1),「중용에 대하여」(1),「파자마 바람으로」(1),「판문점의 감상」(1),「현대식 교량」(2)

순위	시 어	빈도수/편수	점유율 %	출 전
9	아냐	15/7	3.2	「만시지탄은 있지만」(1), 「伏中」(1), 「마케팅」(3), 「滿洲의 여자」(2), 「H」(2), 「엔카운터 誌」(1), 「VOGUE야」(5)
10	안하다	10/6	2.13	「가다오 나가다오」(1), 「冬麥」(1), 「美濃印札紙」(2), 「엔카운터 誌」(1), 「전화 이야기」(1), 「VOGUE야」(4)
합계	'아니'	469/133	100	

총 열 개의 '아니' 계열의 부정어 중 '않다' '아니다' '안' '아니' '아냐' '안하다' 여섯 개의 시어는 김수영의 시에서 열 번 이상 출현한다. 열 번 이상 등장하는 시어들이 총 열 개인 것을 감안하면 이는 전체의 60%를 차지하는 것이다. 이 중에서 활용형을 지니고 있는 것은 '않다' '아니다' '안하다' 총 세 개의 시어로서 실제 시에서는 다양한 형태로 제시되어 있다. 이들 활용 형태의 총 묶음이 '아니' 계열의 부정어 중 높은 순위로 등재하게 한 것이다.

2) '없다' 계열

'없다'의 사전적인 뜻은 '어떤 곳을 차지하고 있지 않다' '존재하지 않다' '가지지 않다' '생겨나거나 일어나지 않다' 등이다. 기존의 존재를 인정하되 그 속성을 부정하는 '아니' 계열의 부정어와 달리 '없다' 계열의 부정어는 그 존재 자체를 부정한다. 이 점은 현존을 의미하는 '있다'의 반대말로 '없다'가 쓰인다는 점에서도 확인할 수 있다.

순위	시 어	빈도수/편수	점유율 %	출 전
2	없다	172/77	78.54	「가까이 할 수 없는 서적」(4), 「가다오 나가다오」(3), 「가옥 찬가」(1), 「강가에서」(2), 「거대한 뿌리」(1), 「거리」(2), 「거리2」(3), 「거짓말의 여운 속에서」(3), 「九羅重花」(1), 「구름의 파수병」(3), 「구슬픈 육체」(4), 「궁지의 날」(1), 「기자의 정열」(3), 「꽃잎3」(1), 「나비의 무덤」(1), 「나의 가족」(3), 「너를 잃고」(4), 「네이팜 탄」(3), 「누이야 장하고나」(1), 「달나라의 장난」(1), 「달밤」(3), 「만시지탄은 있지만」(3), 「말(1958)」(3), 「말(1964)」(1), 「먼지」(3), 「모리배」(2), 「美濃印札紙」(3), 「미숙한 도적」(1), 「미스터 리에게」(1), 「반달」(1), 「반주곡」(1), 「방안에서 익어가는 설움」(1), 「백지에서부터」(1), 「付託」(6), 「사무실」(2), 「서시」(2), 「수난로」(2), 「술과 어린 고양이」(2), 「쌀난리」(1), 「아버지의 사진」(2), 「아픈 몸이」(1), 「愛情遲鈍」(3), 「엔카운터 誌」(1), 「여름 밤」(2), 「여름 아침」(1), 「旅愁」(3), 「연기」(2), 「靈交日」(1), 「영롱한 목표」(1), 「우리들의 웃음」(3), 「우선 그놈의 사진을 떼어서 밑씻개로 하자」(3), 「육법전서와 혁명」(2),

순위	시 어	빈도수/편수	점유율 %	출 전
				「의자가 많아서 걸린다」(1), 「이 한국문학사」(1), 「이놈이 무엇이지?」(9), 「이혼 취소」(1), 「잔인의 초」(1), 「장시1」(1), 「적」(5), 「적1」(2), 「적2」(1), 「전화 이야기」(1), 「제임스 띵」(7), 「조국에 돌아오신 傷病捕虜 동지들에게」(6), 「조그마한 세상의 지혜」(1), 「중용에 대하여」(2), 「토끼」(1), 「파리와 더불어」(1), 「판문점의 감상」(1), 「瀑布」(1), 「하······ 그림자가 없다」(4), 「헬리콥터」(5), 「황혼」(1), 「후란넬 저고리」(5), 「휴식」(1), 「H」(1), 「VOGUE야」(1)
5	없이	47/28	21.46	「가까이 할 수 없는 서적」(1), 「강가에서」(3), 「거리1」(2), 「九羅重花」(1), 「구름의 파수병」(3), 「구슬픈 육체」(2), 「그 방을 생각하며」(2), 「꽃잎3」(3), 「너를 잃고」(1), 「네이팜 탄」(1), 「도취의 피안」(2), 「돈」(1), 「라디오계」(2), 「만용에게」(2), 「미숙한 도적」(1), 「백의」(2), 「사무실」(1), 「시골선물」(1), 「아버지의 사진」(1), 「旅愁」(1), 「연기」(1), 「우리들의 웃음」(1), 「우선 그놈의 사진을 떼어서 밑씻개로 하자」(3), 「장시2」(2), 「조국에 돌아오신 傷病捕虜 동지들에게」(1), 「중용에 대하여」(1), 「瀑布」(4), 「헬리콥터」(1)
총계	'없다'	219/84	100	

'없다' 계열의 부정어에는 기본형인 '없다' 와 그 활용형, 사동의 의미가 삽입된 '없애다', 그리고 부사로 전성한 '없이'가 속한다. '아니' 계열의 부정어와 견주어 '없다' 계열의 부정어는 그 범위가 좁다. 이 중 김수영의 시에 10번 이상 등장하는 표제어는 '없다' 와 '없이' 이다.

'없다' 의 경우 김수영의 시 72편에서 172번 등장하고, '없이' 는 28편에서 47번 등장한다. '없다' 는 '아니' 계열의 부정어 중 최고 빈도수를 점유했던 '않다' (250/107)나 차 순위를 차지했던 '아니다' (88/56)와 견주면 상대적으로 비중이 적다. 하지만 김수영의 전체 부정어 계열에서 '없다' 와 '없이' 는 2위와 5위를 차지한다. 절대적인 기준으로는 적은 비중이 아닌 것이다.

3) '말다' / '못하다' 계열

'말다' 와 '못하다' 는 김수영 시의 부정어 중 각각 7/11위(말다2/말다1)와 8위(못하다)에 해당하는 시어들이다. '말다' 에는 사전적으로 두 가지 뜻이 있다. 첫째는 '하던 일이나 할 일을 그만두다' (말다1)이며, 둘째는 '앞말이 뜻하는 행동을 하지 못하게 하거나 반대로 끝내 실현됨을 나타내는 말' (말다2)이다. '못하다' 는 사전적으로 '서로 견주어서 질·양·정도가 다른 것보다 낮다' '일정한 수준에 못 미치거나 할 능력이 없다' 이다. '못하다' 의 경우 김수영은 맞춤법 규정에 의하면 '못 하다' 로 써야 하는 구절까지도 붙여 썼다. 이때의 '못-' 의 사전적인 뜻은 '할 수 없다거나, 말리거나, 잘 되지 아니한다는 뜻을 나타내는 말'이다.

'말다'와 '못하다' 계열의 부정어는 수준 미달이나 행위의 중단이라는 속성을 지닌다. 그것은 결과적으로 목표치가 설정되어 있지만 그것을 달성하지 못했거나 거기에 다다르지 못했음을 의미한다. '말다' 계열의 부정어는 '못하다' 계열의 부정어와 견줘 화자의 의지가 강하게 개입된 흔적이 보인다. 하지만 '못하다'에는 행위를 중단하거나 수준에 못 미친 사정에 개인의 의지 이외에 다른 압력이 감지된다.

순위	시 어	빈도수/편수	점유율	출 전
7	말다²	36/18	80	「기자의 정열」(3), 「눈(1961)」(2), 「도취의 피안」(2), 「등나무」(1), 「만시지탄은 있지만」(1), 「바뀌어진 지평선」(2), 「봄 밤」(8), 「설사의 알리바이」(1), 「性」(1), 「엔카운터 誌」(1), 「웃음」(1), 「육법전서와 혁명」(1), 「이 한국문학사」(6), 「잔인의 초」(1), 「잔인의 초」(1), 「전화 이야기」(1), 「조국에 돌아오신 傷病捕虜 동지들에게」(1), 「나의 가족」(1)
11	말다¹	9/8	20	「美濃印札紙」(1), 「방안에서 익어가는 설움」(1), 「시골 선물」(1), 「아픈 몸이」(1), 「육법전서와 혁명」(1), 「의자가 많아서 걸린다」(2), 「피곤한 하루의 나머지 시간」(1), 「후란넬 저고리」(1)
합계	'말다'	45/25	100	

'말다' 계열의 부정어는 김수영의 시 25편에 45번 등장한다. '말다¹'은 8편에 9번, '말다²'는 18편에 36번 등장한다(이 항목에서 빈도수가 10회 이상의 시어들을 대상으로 삼았지만, '말다¹'의 경우 '말다²'와 기호표현이 같다는 이유로 연구 대상에 포함시켰다). 등장 편수를 더한 결과는 산술적으로 26편이지만 「육법전서와 혁명」의 경우 '말다¹'과 '말다²'가 동시에 쓰여 중복된 횟수를 줄이면 '말다'가 등장한 시는 총 25편이 된다. 한편 '말다²' 중 '앞말이 뜻하는 행동이 끝내 실현되다'의 뜻을 지녔을 경우에는 부정어 대상에서 제외하였다.

'말다' 계열의 부정어가 중지하거나 중지를 요청하는 대상들은 주로 '글쓰기' '관습/규범' '소리'와 관련되어 있다. 그것이 글쓰기의 중단에 할애되었을 경우 김수영은 글쓰는 자의 자의식을 환기하고 있으며, 관습이나 규범의 위반이나 준수와 관련된 경우에는 각각 자긍심과 절망감을 나타내고, 소리와 관련되었을 경우 침묵과 고요를 중시하는 태도를 드러낸다.

순위	시 어	빈도수/편수	점유율 %	출 전
8	못하다	32/23	100	「거대한 뿌리」(2), 「거짓말의 여운 속에서」(1), 「구슬픈 육체」(1), 「국립도서관」(1), 「나비의 무덤」(1), 「네이팜 탄」(1), 「누이의 방」(1), 「달나라의 장난」(1), 「돈」(1), 「말(1958)」, 「말복」(2), 「付託」(2), 「수난로」(1), 「어느 날 고궁을 나오면서」(4), 「우선 그놈의 사진을 떼어서 밑씻개로 하자」(1), 「이[虱]」(2), 「이혼 취소」(1), 「자」(1), 「조국에 돌아오신 傷病捕虜 동지들에게」(2), 「토끼」(1), 「파자마 바람으로」(1), 「풀의 영상」(2), 「헬리콥터」(1)
총계	'못하다'	32/23	100	

'못하다' 계열의 부정어는 김수영의 시 23편에 32번 등장한다. '못하다'는 '수준 미달'이라는 첫 번째 뜻과 '행위의 중단'이라는 두 번째 뜻을 가지고 있다. 두 뜻 모두 의지의 결핍이라는 수동성이 담겨 있다. 의지가 개입한 '안 하다'나 '말다'와 견주었을 때 '못하다'가 지닌 수동성은 두드러진다. 하지만 이들과의 빈도차에서 확인할 수 있듯이 김수영의 부정성은 그 자신이 적극적으로 개진해서 얻은 결과라고 할 수 있을 것이다. '못하다' 계열의 부정어가 상정하는 전제들, 부정하는 대상들도 '말다' 계열의 부정어처럼 대개 규범이나 관습의 이탈 또는 준수와 관련되어 있다. 하지만 '못하다' 계열의 부정어의 경우 김수영은 주로 규범을 준수하는 쪽에 있으면서 그 안에 있는 괴로움을 드러낸다.

김수영의 시에서 부정어가 많이 등장하는 시편은 「조국에 돌아오신 傷病捕虜 동지들에게」이다. 그의 시에서 길이가 긴 시편들 중 하나인 이 시에서 부정어는 22번 쓰였다. 부정어가 중복된 다른 시들도 대개 분량이 긴 것으로 보아, 김수영의 시에 쓰이는 부정어는 사유를 전개시키는 촉매제의 구실을 한다고 할 수 있을 것이다. 다음은 부정어가 많이 등장하는 시편들로 순위별로 제시한 표이다

순위	제 목	빈도수	시 어
1	「조국에 돌아오신 傷病捕虜 동지들에게」	22	말다²(2), 못2(2), 못하다(2), 반항(2), 아니(1), 아니다(3), 않다(3), 없다(6), 없이(1)
2	「엔카운터 誌」	18	말다²(1), 아냐(1), 안(5), 안하다(1), 않다(6), 없다(1), 틀리다(3)
3	「九羅重花」	16	아니다(12), 않다(2), 없다(1), 없이(1)
4	「구슬픈 육체」	15	못하다(1), 아니(1), 아니다(4), 않다(3), 없다(4), 없이(2)
5	「이놈이 무엇이지?」	14	안(4), 없다(9), don't(1)
5	「제임스 띵」	14	아녜요(1), 아니(2), 안(1), 않다(2), 없다(7), 잘못(1)
7	「거짓말의 여운 속에서」	13	못하다(1), 안(4), 않다(5), 없다(3)
7	「美濃印札紙」	13	아니다(1), 안하다(2), 않다(7), 없다(3)

순위	제 목	빈도수	시 어
7	「우선 그놈의 사진을 떼어서 밑씻개로 하자」	13	못하다(1), 아니다(1), 안(1), 않다(3), 없애다(1), 없다(3), 없이(3)
10	「기자의 정열」	12	말다2(4), 아니(1), 아니다(2), 않다(2), 없다(3)
10	「장시1」	12	아니다(1), 안(5), 않다(5), 없다(1)
10	「헬리콥터」	12	말다2(1), 못하다(1), 아니다(1), 않다(3), 없다(5)
10	「VOGUE야」	12	아냐(5), 아니다(1), 안하다(4), 않다(1), 없다(1)

위의 시들은 1950년대 시편부터 시작해서 1960년대에 이르기까지, 김수영 시의 창작 시기 전체에 걸쳐 고르게 분포되어 있다. 대개는 한 편의 분량이 비교적 긴 시편들이 여기에 해당한다. 전체 부정어를 대상으로 출현 횟수를 기준으로 했을 때 김수영 개별 시편의 순위는 위와 같지만, 단일한 표제어만을 고려한다면 사정은 달라진다. 동일 형태의 반복으로 리듬을 형성하는 시 중 주목할 것은, '아니다'의 기본형과 활용형이 열두 번 등장하는 「九羅重花」, '없다'의 기본형과 활용형이 아홉 번 등장하는 「이놈이 무엇이지?」, '안'이 여덟 번 등장하는 「등나무」, '말다'의 기본형과 활용형이 여덟 번 등장하는 「봄 밤」, '않다'의 기본형과 활용형이 일곱 번 등장하는 「美濃印札紙」와 「절망」, '없다'의 기본형과 활용형이 일곱 번 등장하는 「제임스 띵」, '잘못되다'의 기본형과 활용형이 일곱 번 등장하는 「세계일주」 등이다.

2. 인지어

김수영 시의 용언 중 가장 많은 비중을 차지하는 시어는 '보다' (123/72), '생각하다' (69/41), '알다' (55/34), '찾다' (41/20), '잊다' (35/23), '보이다' (34/22), '듣다' (26/20) 순으로 나타난다. 대체로 이와 같이 높은 빈도로 출현하는 용언들은 김수영 시에서 인식의 과정과 행위와 관련되는 말들이다. 김수영은 대상을 인식하는 과정 자체를 중시하는 경향을 보이는데, 이런 측면에서 '인지어'를 상정하여 따로 분류하는 작업은 김수영 시를 읽는 중요한 계기가 된다.

'인지'의 과정은 주체가 자극을 받아들이고, 저장하고, 반응하는 일련의 과정을 포함한다. 이 과정은 주체의 감각적 경험이나 주체의 사유 활동에 의해 이루어진다. 자극에 대한 반응의 태도가 어디에 집중되어 있는가에 따라 '감각 인지'와 '사유 인지'로 나눌 수 있다. 감각에 의한 인지 작용이 육체적이면서도 원초적인 활동에 가까운 데 반해, 사유에 의한 인지 작용은 인간의 이성적 활동에 가깝다.

김수영의 시는 두 가지 인지 작용 중 어느 하나에 치우치지 않는 경향을 보여준다. 김수영의 시에서 감각 활동과 사유 활동은 자유롭게 넘나들면서 혼용한다. 김수영 시에서 감각과 사유는 분리되기보다는 통합되는 양상을 보인다. 감각과 감각, 감각과 사유는 통합의 과정을 거치면서 주체와 대상의 본질을 새롭게 바라볼 수 있는 계기를 마련한다. 그러한 통합을 가능하게 하는 것이 바로 '몸'이다. 김수영의 시에서 '몸'은 신체뿐 아니라 정신을 포괄하는 기관이 된다. '몸'은 육체와 정신의 혼융은 세계를 탐지하고 세계에 반응하는 가운데 주체의 방향성을 마련하는 계기로 작용한다. 김수영의 시와 시론으로 대표되는 '온몸의 시학'은 이런 지점에서 볼 때, 주체와 대상의 본질을 이해하는 기반이다. 이 두 가지 방향은 주체와 대상을 바라보는 복합적인 사고를 수반한다. 통계 분석에서 감각 인지어와 사유 인지어의 빈도 외에 신체어의 빈도를 다루는 이유 또한 여기에 있다.

1) '감각' 계열

순위	시 어	빈도수/면수	점유율	출 전
1	보다[1]	123/72	31.62	「가까이 할 수 없는 서적」(2), 「가옥 찬가」(2), 「강가에서」(2), 「거대한 뿌리」(2), 「거리2」(2), 「檄文」(1), 「孔子의 생활난」(1), 「구름의 파수병」(2), 「구슬픈 육체」(2), 「국립도서관」(1), 「금성라디오」(1), 「기자의 정열」(2), 「꽃잎1」(1), 「꽃잎2」(2), 「꽃잎3」(1), 「나는 아리조나 카보이야」(1), 「나비의 무덤」(1), 「나의 가족」(1), 「너는 언제부터 세상과 배를 대고 서기 시작했느냐」(3), 「너를 잃고」(1), 「네 얼굴은」(1), 「누이야 장하고나!」(1), 「눈(1956)」(1), 「눈(1961)」(2), 「달나라의 장난」(3), 「도적」(1), 「滿洲의 여자」(2), 「말」(1958)(1), 「모르지?」(1), 「미숙한 도적」(2), 「미인」(1), 「바뀌어진 지평선」(1), 「반달」(1), 「반주곡」(1), 「백의」(5), 「付託」(1), 「비」(1), 「설사의 알리바이」(2), 「시(1961)」(2), 「시골 선물」(2), 「아메리카 타임 誌」(2), 「아버지의 사진」(5), 「愛情遲鈍」(2), 「어느 날 고궁을 나오면서」(1), 「엔카운터 誌」(1), 「여름 뜰」(4), 「靈交日」(4), 「영롱한 목표」(1), 「영사판」(1), 「웃음」(1), 「원효대사」(1), 「육법전서와 혁명」(2), 「이[蝨]」(2), 「이사」(1), 「자」(1), 「자장가」(1), 「적」(1), 「제임스 띵」(1), 「조국에 돌아오신 傷病捕虜 동지들에게」(2), 「죄와 벌」(1), 「파밭 가에서」(3), 「파자마 바람으로」(1), 「푸른 하늘을」(1), 「풍뎅이」(1), 「피아노」(1), 「하…… 그림자가 없다」(1), 「헬리콥터」(3), 「현대식 교량」(1), 「휴식」(2), 「65년의 새해」(9), 「H」(1), 「VOGUE야」(1)

순위	시어	빈도수/편수	점유율 %	출전
2	보이다¹	34/22	8.74	「강가에서」(4), 「九羅重花」(1), 「기자의 정열」(1), 「달나라의 장난」(2), 「만용에게」(1), 「滿洲의 여자」(1), 「미숙한 도적」(1), 「방안에서 익어가는 설움」(1), 「비」(1), 「사무실」(1), 「세계일주」(2), 「엔카운터 誌」(2), 「장시2」(3), 「전화 이야기」(1), 「제임스 띵」(3), 「초봄의 뜰 안에」(1), 「토끼」(1), 「파자마 바람으로」(1), 「瀑布」(1), 「하…… 그림자가 없다」(2), 「휴식」(1), 「65년의 새해」(2)
3	듣다	26/20	6.68	「가다오 나가다오」(1), 「가옥 찬가」(1), 「광야」(1), 「九羅重花」(1), 「기도」(2), 「나비의 무덤」(1), 「도적」(2), 「라디오 계」(4), 「미숙한 도적」(1), 「반달」(2), 「백지에서부터」(1), 「死靈」(1), 「어느 날 고궁을 나오면서」(1), 「여름 밤」(1), 「우리들의 웃음」(1), 「의자가 많아서 걸린다」(1), 「轉向記」(1), 「제임스 띵」(1), 「조국에 돌아오신 傷病捕虜 동지들에게」(1), 「중용에 대하여」(1)
4	조용하다/조용히	18/10	4.63	「가다오 나가다오」(1), 「나의 가족」(1), 「먼 곳에서부터」(2), 「伏中」(9), 「생활」(3), 「시골 선물」(1), 「愛情遲鈍」(2), 「우선 그놈의 사진을 떼어서 밑씻개로 하자」(1), 「우리들의 웃음」(1), 「H」(1)
4	아프다/아픔	18/6	4.63	「기도」(1), 「冬麥」(2), 「먼 곳에서부터」(2), 「백지에서부터」(1), 「아픈 몸이」(9), 「조국에 돌아오신 傷病捕虜 동지들에게」(1)
6	가볍다	17/10	4.37	「그 방을 생각하며」(6), 「기자의 정열」(1), 「네이팜 탄」(2), 「凍夜」(1), 「바뀌어진 지평선」(1), 「서시」(1), 「자」(1), 「적1」(1), 「제임스 띵」(1), 「헬리콥터」(2)
7	아름답다	15/13	3.86	「거대한 뿌리」(1), 「거리2」(1), 「구슬픈 육체」(1), 「긍지의 날」(2), 「꽃」(1), 「나의 가족」(1), 「달나라의 장난」(2), 「바뀌어진 지평선」(1), 「사랑의 변주곡」(1), 「사무실」(1), 「여름 아침」(1) 「헬리콥터」(1), 「PLASTER」(1)
8	무겁다	13/12	3.34	「강가에서」(1), 「거리2」(1), 「기자의 정열」(1), 「네 얼굴은」(1), 「도취의 피안」(1), 「廟庭의 노래」(1), 「바뀌어진 지평선」(1), 「봄밤」(1), 「여름 아침」(1), 「적1」(2), 「풀의 영상」(1), 「후란넬 저고리」(1)
8	시원하다	13/4	3.34	「檄文」(10), 「누이야 장하고나!」(1), 「영사판」(1), 「풀의 영상」(1)
10	느끼다	12/11	3.08	「가옥 찬가」(1), 「거리1」(1), 「사치」(2), 「性」(1), 「시골 선물」(1), 「여자」(1), 「영사판」(1), 「엔카운터 誌」(1), 「조국에 돌아오신 傷病捕虜 동지들에게」(1), 「현대식 교량」(1), 「헬리콥터」(1)
10	보이다²	12/11	3.08	「九羅重花」(1), 「나는 아리조나 카보이야」(1), 「더러운 향로」(1), 「도취의 피안」(1), 「美濃印札紙」(1), 「사치」(1), 「세계일주」(1), 「연기」(1), 「제임스 띵」(1), 「토끼」(1), 「헬리콥터」(2)
10	들리다	12/11	3.08	「九羅重花」(1), 「봄 밤」(2), 「하루살이」(1), 「중용에 대하여」(1), 「장시2」(1), 「우리들의 웃음」(1), 「제임스 띵」(1), 「엔카운터 誌」(1), 「사랑의 변주곡」(1), 「라디오 계」(1), 「먼지」(1),
10	어둡다	12/8	3.08	「거리2」(1), 「수난로」(1), 「이[蝨]」(1), 「장시2」(3), 「조국에 돌아오신 傷病捕虜 동지들에게」(3), 「조그마한 세상의 지혜」(1), 「헬리콥터」(1), 「휴식」(1)

순위	시어	빈도수/편수	점유율 %	출 전
14	고요하다 (古謠—)/ 고요히	10/8	2.57	「가다오 나가다오」(1), 「凍夜」(1), 「廟庭의 노래」(1), 「방안에서 익어가는 설움」(1), 「사랑의 변주곡」(2), 「死靈」(2), 「이 한국문학사」(1), 「휴식」(1)
	밝다	10/7	2.57	「거리2」(2), 「나의 가족」(1), 「너는 언제부터 세상과 배를 대고 서기 시작했느냐」(2), 「달밤」(1), 「백지에서부터」(2), 「미역국」(1), 「사무실」(1)
16	덥다	10/5	2.57	「꽃잎3」(2), 「도취의 피안」(1), 「모르지?」(1), 「수난로」(1), 「적」(5)
17	바라보다	9/9	2.31	「구름의 파수병」(1), 「꽃」(1), 「눈」(1956)(1), 「네이팜 탄」(1), 「바뀌어진 지평선」(1), 「병풍」(1), 「사랑의 변주곡」(1), 「술과 어린 고양이」(1), 「여름 아침」(1)
18	빛나다	8/1	2.06	「엔카운터 誌」(8)
19	무게	7/5	1.80	「九羅重花」(1), 「달나라의 장난」(1), 「美濃印札紙」(1), 「자」(2), 「후란넬 저고리」(2)
20	만지다	5/4	1.29	「가까이 할 수 없는 서적」(2), 「구슬픈 육체」(1), 「더러운 향로」(1), 「돈」(1)
	달콤하다/ 달큼하다	5/4	1.29	「그 방을 생각하며」(1), 「거리2」(1), 「라디오 계」(1), 「〈4·19〉시」(2)
	합 계	389/132	100	

위의 표는 김수영의 시에서 5회 이상 출현하는 감각 인지어를 제시한 것이다. 김수영의 시어에서 감각 인지어의 출현 빈도는 표에서와 같이 '보다'(123/72), '보이다^1'(34/22), '듣다'(26/20), '조용하다'(18/10), '아프다'(18/10), '가볍다'(17/10), '아름답다'(15/13) 등의 순으로 나타난다. 특히 이 중에서도 김수영 시에 '보다' 동사가 활용된 예를 찾아보면 그 수가 유난히 많다는 사실을 알 수 있다.

'보다' 동사가 사용된 경우는 123회이다. 그런데 '보다' 동사 외에 이와 비슷한 시각 지표를 이루는 '보이다^1(눈에 띄다)'가 34회, '보이다^2(보게 하다)'가 12회, 그리고 '바라보다'가 9회 사용되었다는 것까지 고려하면 그 횟수는 더욱 늘어난다. '보다'와 같은 시각적 지표를 이루는 다른 동사까지 포함하면 김수영의 전체 작품 편수 177편에 대해 97편이 사용되었고, 그 빈도수 또한 169회에 달한다. 이와 같은 빈도수와 작품편수는 '보다' 동사를 둘러싼 '시각'의 문제가 김수영 시를 이루는 핵심적 요소가 될 수 있음을 반증한다. 전체 작품의 반수 이상에서 시각적 경험을 나타내는 시어들이 사용되고 있다는 점을 고려한다면 그 중요성은 간과될 수 없다.

따라서 압도적인 빈도의 시각 편향을 김수영의 시의식과 관련해 이해할 수 있다. '보다'라는 행위는 일종의 지향적 태도이다. 김수영의 시각편향은 김수영의 시가 갖는 부정의식과 밀접하게 관련된다. 이러한 맥락에서 '보려는 시도'는 '속지 않으려는 시도'이며, 관습적 대상인식이나 선입견이나 편견은 부정의 대상이 된다. '감정과는 다른 각도와 높이에서'(「시골 선물」) '정말 속임없는 눈으로'(「달나라의 장난」) '속지 않고'(「여름 뜰」) '바로'(「孔子의 생활난」) 보려는 의식과 김수영의 시각

편향은 밀접한 관련이 있다. 그럼에도 불구하고 세상을 정시(正視)할 수 없는 한계상황이 김수영 시에 나타난 주체의 비애라고 할 수 있다. 보이지 않는 세상을 바로 보려는 시인의 끈질긴 태도 속에서 우리는 자동화된 사유를 거부하는 한 실존과 마주할 수 있다.

　　김수영 시에 나타난 감각 인지어 중 상당한 부분을 차지하는 시어가 시각과 관련되지만, 또 다른 한편으로 그의 시에는 시각 외에도 청각과 촉각과 미각(味覺) 등을 포함하는 다양한 감각 인지어들이 사용되고 있음을 알 수 있다. '듣다'(26/20), '조용하다·조용히'(18/10), '들리다'(12/11), '고요다·고요히'(10/8) 등의 청각적 경험은 시각 다음으로 그 빈도가 높게 나타나며, '아프다'(18/6), '가볍다'(17/6), '무겁다'(13/12), '시원하다'(13/4) 등의 촉각적 경험이 다음을 차지한다. 다양한 감각적 경험들이 시 전반에 걸쳐 등장하고 그 빈도가 높다는 사실은 김수영이 시각을 비롯한 다양한 감각들에 지속적인 관심을 기울였다는 것을 말해준다. 이는 다양한 감각적 경험을 통해 대상의 본질에 다가가려는 김수영의 시적 노력과 무관하지 않다. 감각은 대상의 계기에 다가가는 첨병 같은 것으로, 세계에 대한 현상학적인 탐구 또는 새로운 탐구를 가능하게 한다.

2) '사유' 계열

　　감각 인지어 중 가장 높은 빈도를 보여주는 '보다'(123/72)에 비해 사유 인지어 중 가장 높은 빈도를 보여주는 '모르다'(70/43)는 그 빈도수가 상대적으로 낮게 나타난다. 특히 '보다'를 비롯한 시각 계열의 여타 시어들까지 고려하면, 사유 인지어 각각은 그에 비해 상대적으로 낮은 빈도로 나타난다. 하지만 빈도수를 감각 인지어 전체와 사유 인지어 전체로 놓고 보면 그러한 차이가 반드시 일치하는 것은 아니다. 전체 빈도수로 볼 때 감각 인지어는 416회 정도가 사용되고, 사유 인지어는 479회 정도가 사용된다. 이렇게 본다면 오히려 사유 인지어가 감각 인지어에 비해 그 출현 빈도가 다소 높게 나타나는 것을 알 수 있다. 물론 상당한 차이가 아니기 때문에 이러한 차이는 유의미한 차이로 보기는 어렵다. 이와 같은 통계적 분석에서 알 수 있듯이, 김수영 시에서 감각과 사유는 김수영 시를 떠받치고 있는 두 개의 중요한 요소라 할 수 있다. 감각은 사유에 대해, 사유는 감각에 대해 서로의 한계를 보완하는 상보적인 관계로 작용한다. 다음의 표는 김수영의 시에서 5회 이상 출현하는 사유 인지어를 제시한 것이다.

순위	시어	빈도수/편수	점유율(%)	출 전
1	모르다	70/43	17.11	「가까이 할 수 없는 서적」(2), 「가다오 나가다오」(2), 「거대한 뿌리」(1), 「거리」(2), 「九羅重花」(1), 「국립도서관」(3), 「기자의 정열」(1), 「그 방을 생각하며」(2), 「기자의 정열」(3), 「꽃잎1」(3), 「나가타 겐지로」(1), 「너는 언제부터 세상과 배를 대고 서기 시작했느냐」(2), 「누이야 장하고나!」(2), 「도적」(3), 「라디오 계」(2), 「만용에게」(1), 「말복」(1), 「먼 곳에서부터」(1), 「모르지?」(11), 「바뀌어진 지평선」(1), 「비」(1), 「性」(1), 「시」(1), 「식모」(1), 「아침의 유혹」(1), 「엔카운터 誌」(1), 「여름 아침」(1), 「旅愁」(1), 「여자」(1), 「영사관」(1), 「우선 그놈의 사진을 떼어서 밑씻개로 하자」(1), 「원효대사」(2), 「이놈이 무엇이지?」(2), 「적1」(1), 「전화 이야기」(1), 「조국에 돌아오신 傷病捕虜 동지들에게」(1), 「조그마한 세상의 지혜」(1), 「토끼」(1), 「현대식 교량」(2), 「황혼」(1), 「후란넬 저고리」(1), 「PLASTER」(1), 「VOGUE야」(2)
2	생각하다	69/41	16.87	「거대한 뿌리」(2), 「거리」(1), 「거짓말의 여운 속에서」(1), 「기자의 정열」(2), 「나비의 무덤」(1), 「나의 가족」(1), 「너는 언제부터 세상과 배를 대고 서기 시작했느냐」(1), 「네이팜 탄」(2), 「누이야 장하고나」(4), 「눈」(1966)(2), 「달나라의 장난」(4), 「더러운 향로」(3), 「도적」(1), 「라디오 계」(1), 「만용에게」(1), 「모리배」(1), 「미숙한 도적」(1), 「바뀌어진 지평선」(1), 「백의」(1), 「伏中」(1), 「생활」(1), 「수난로」(1), 「시골 선물」(5), 「엔카운터 誌」(1), 「여름 밤」(2), 「여름 아침」(1), 「旅愁」(1), 「여자」(1), 「연기」(1), 「이 한국문학사」(1), 「자」(1), 「적1」(2), 「轉向記」(2), 「조국에 돌아오신 傷病捕虜 동지들에게」(3), 「참음은」(6), 「토끼」(1), 「파리와 더불어」(1), 「판문점의 감상」(1), 「하루살이」(2), 「PLASTER」(1), 「VOGUE야」(2)
3	알다	55/34	13.44	「거리2」(1), 「광야」(1), 「구름의 파수병」(1), 「꽃잎3」(1), 「너는 언제부터 세상과 배를 대고 서기 시작했느냐」(1), 「너를 잃고」(1), 「달밤」(1), 「만시지탄은 있지만」(1), 「먼지」(2), 「반달」(1), 「방안에서 익어가는 설움」(2), 「비」(3), 「사랑의 변주곡」(1), 「수난로」(1), 「어느 날 고궁을 나오면서」(1), 「엔카운터 誌」(4), 「여름 뜰」(1), 「여름 밤」(3), 「여편네의 방에 와서」(1), 「우선 그놈의 사진을 떼어서 밑씻개로 하자」(1), 「육법전서와 혁명」(1), 「이혼 취소」(1), 「자」(1), 「잔인의 초」(3), 「장시1」(1), 「조국에 돌아오신 傷病捕虜 동지들에게」(1), 「지구의」(1), 「파리와 더불어」(1), 「푸른 하늘을」(1), 「풍뎅이」(2), 「피아노」(1), 「휴식」(1), 「'65년의 새해」(5), 「H」(5)
4	찾다	41/20	10.02	「구슬픈 육체」(6), 「기도」(3), 「기자의 정열」(2), 「꽃잎2」(3), 「너를 잃고」(1), 「더러운 향로」(1), 「美濃印札紙」(1), 「미숙한 도적」(2), 「방안에서 익어가는 설움」(1), 「술과 어린 고양이」(1), 「아메리카 타임 誌」(1), 「우선 그놈의 사진을 떼어서 밑씻개로 하자」(2), 「원효대사」(2), 「의자가 많아서 걸린다」(1), 「절망」(1962)(2), 「조국에 돌아오신 傷病捕虜 동지들에게」(6), 「중용에 대하여」(1), 「지구의」(2), 「파리와 더불어」(1), 「파자마 바람으로」(1)
5	잊다/잊어 버리다	35/23	8.56	「거리2」(3), 「구슬픈 육체」(4), 「그 방을 생각하며」(1), 「기자의 정열」(3), 「꽃잎2」(3), 「너는 언제부터 세상과 배를 대고 서기 시작했느냐」(1), 「네 얼굴은」(1), 「눈」(1956)(1), 「달나라의 장난」(1), 「滿洲의 여자」(1), 「바뀌어진 지평선」(1), 「백지에서부터」(1), 「서책」(1), 「여름 뜰」(1), 「여름 아침」(1), 「靈交日」(1), 「웃음」(1), 「원효대사」(1), 「장시2」(1), 「조국에 돌아오신 傷病捕虜 동지들에게」(4), 「하루살이」(1), 「헬리콥터」(1), 「휴식」(1)

순위	시 어	빈도수/편수	점유율(%)	출 전
6	이유	18/6	4.4	「가다오 나가다오」(2), 「그 방을 생각하며」(2), 「모르지?」(10), 「이놈이 무엇이지?」(1), 「轉向記」(2), 「조국에 돌아오신 傷病捕虜 동지들에게」(1)
7	믿다/믿음	17/8	4.16	「거짓말의 여운 속에서」(5), 「기자의 정열」(1), 「꽃잎 2」(4), 「冬麥」(2), 「방안에서 익어가는 설움」(1), 「付託」(1), 「엔카운터 誌」(2), 「웃음」(1)
8	향하다	16/13	3.91	「꽃2」(1), 「너는 언제부터 세상과 배를 대고 서기 시작했느냐」(1), 「너를 잃고」(1), 「말」(1964)(1), 「말복」(1), 「병풍」(1), 「비」(1), 「서책」(2), 「愛情遲鈍」(1), 「연기」(1), 「조국에 돌아오신 傷病捕虜 동지들에게」(2), 「조그마한 세상의 지혜」(2), 「瀑布」(1)
8	속다/속이다	16/8	3.91	「거짓말의 여운 속에서」(4), 「달나라 장난」(1), 「바뀌어진 지평선」(1), 「伏中」(1), 「性」(3), 「여름밤의 뜰」(1), 「육법전서와 혁명」(1), 「휴식」(4)
10	발견(發見)/발견되다(發見—)/발견하다(發見—)	13/10	3.17	「광야」(1), 「도적」(1), 「먼지」(1), 「반달」(1), 「방안에서 익어가는 설움」(1), 「사랑의 변주곡」(1), 「식모」(1), 「이 한국문학사」(3), 「풀의 영상」(2), 「헬리콥터」(1)
10	예기하다(豫期—)/예지(叡智)/예측(豫測)	13/4	3.17	「거리2」(1), 「예지」(3), 「장시1」(8), 「절망(1965)」(1)
12	상상(想像)/상상하다(想像—)	11/4	2.69	「거대한 뿌리」(1), 「기자의 정열」(2), 「네 얼굴은」(1), 「우리들의 웃음」(7)
13	고민(苦悶)/고민하다(苦悶—)	10/8	2.44	「거리2」(2), 「도취의 피안」(1), 「여편네의 방에 와서」(1), 「엔카운터 誌」(1), 「풀의 영상」(2), 「이 한국문학사」(1), 「장시1」(1), 「헬리콥터」(1)
14	의미(意味)	7/6	1.71	「冬麥」(1), 「먼지」(1), 「반달」(1), 「사무실」(1), 「여자」(2), 「瀑布」(1)
14	반성(反省)/반성하다(反省—)	7/2	1.71	「강가에서」(1), 「절망」(1965)(6)
16	찾아보다	6/4	1.47	「기자의 정열」(2), 「美濃印札紙」(1), 「술과 어린 고양이」(1), 「원효대사」(2)
17	어지럽다	5/5	1.22	「기도」(1), 「기자의 정열」(1), 「꽃2」(1), 「바뀌어진 지평선」(1), 「사무실」(1)
	합계	409/124	100	

사유 인지어는 세 가지 정도로 구분할 수 있다. 사유의 과정을 나타내는 인지어와 사유의 결과를 나타내는 인지어, 그리고 부정적 의미를 내포하는 인지어로 나눌 수 있다. 김수영은 경우에 따라 사유 과정에서 인지의 결과에 대해 보여주기도 하지만, 그것은 또 다른 인지 과정을 위한 예비단계나 다시 부정을 거치는 중간과정 정도에 해당하는 경우가 대부분이다. 김수영은 진정한 인지의 작용을 과정으로 이해한다. 김수영은 주체와 타자, 자아와 대상의 본질에 다가가는 과정의 대부분에서 의

심과 부정의 형태를 반복한다. 이러한 반복의 과정은 순간적 각성과 재인식의 과정 속에서 반복적으로 드러난다. 이러한 측면은 인식의 활동이 완료태가 아니라 그 자체가 하나의 과정으로 김수영 시의 본질을 이루고 있다는 사실에 대한 방증이다.

사유 인지어 중 그 빈도가 높게 나타나는 '생각하다'(69/41)와 '찾다'(41/20), '이유'(18/6), '향하다'(16/13) 등의 시어들이 인식의 과정 그 자체에 집중되어 있다고 하겠다. 이에 대해 '알다'(55/34)와 '믿다·믿음'(17/8), 발견(되다·하다)'(13/10) 등은 인식의 결과를 지향하는 시어들에 해당한다. 또한 '잊다·잊어버리다'(35/23), '속다·속이다'(16/8), '고민(하다)'(10/8) 등의 시어들은 인식 과정의 부정과 회의 또는 의심에 대한 시어들에 해당한다. 김수영이 사용하는 사유 인지어들이 과정, 완료, 또는 부정의 코드를 내장하고 있다는 사실에서 우리는 김수영이 가진 인식의 부단한 자기갱신의 노력을 엿볼 수 있다.

3) '신체어' 계열

김수영 시에서 신체는 세계와 대상을 향해 열려 있으며, 신체를 통해 주체는 세계와 대상과 소통한다. 여기에서 김수영 시에서 신체의 의미는 단순히 육체적인 것만을 의미하지 않으며, 정신적인 영역까지도 포괄하는 의미체이다. 그러므로 신체는 감각과 사유를 가능하게 하는 기반이 되며, 신체를 통해 주체는 세계와 대상에 대해 인식할 수 있는 계기를 마련한다. 신체는 복합적 감각과 복합적 사유의 전장이다. 김수영 시에서 신체어는 341회 정도에 걸쳐 등장한다. 이는 신체어가 감각 인지어와 사유 인지어에 비해서도 적지 않게 사용되고 있음을 말해준다. 다음의 표는 김수영의 시에서 5회 이상 출현하는 신체어를 제시한 것이다.

순위	시 어	빈도수/편수	점유율(%)	출 전
1	얼굴	55/28	19.71	「강가에서」(1), 「거리2」(4), 「거위 소리」(1), 「거짓말의 여운 속에서」(1), 「나의 가족」(1), 「너를 잃고」(1), 「네 얼굴은」(8), 「먼지」(1), 「미숙한 도적」(3), 「미인―Y여사에게」(1), 「반달」(1), 「반주곡」(4), 「병풍」(2), 「사랑」(3), 「설사의 알리바이」(1), 「아버지의 사진」(5), 「여름 뜰」(1), 「여름 아침」(2), 「예지」(2), 「우선 그놈의 사진을 떼어서 밑씻개로 하자」(2), 「원효대사」(1), 「이[虱]」(1), 「제임스 땅」(1), 「풍뎅이」(3), 「하…… 그림자가 없다」(1), 「휴식」(1), 「65년의 새해」(1), 「X에서 Y로」(1)
2	눈¹	50/39	17.92	「가다오 나가다오」(1), 「강가에서」(1), 「거리1」(2), 「거리2」(1), 「거짓말의 여운 속에서」(1), 「檄文」(1), 「九羅重花」(1), 「기자의 정열」(1), 「깨꽃」(1), 「꽃잎3」(1), 「나의 가족」(2), 「달나라의 장난」(2), 「도취의 피안」(1), 「말」(1958), 「바뀌어진 지평선」(1), 「반달」(2), 「방안에서 익어가는 설움」(1), 「백의」(1), 「봄 밤」(1), 「付託」(1), 「사랑의 변주곡」(1), 「사치」(2), 「세

순위	시어	빈도수/편수	점유율(%)	출 전
				「계일주」(1), 「아버지의 사진」(2), 「엔카운터 誌」(2), 「여름 뜰」(1), 「여편네의 방에 와서」(2), 「이사」(1), 「장시2」(1), 「적」(1), 「적2」(1), 「제임스 띵」(1), 「조국에 돌아오신 傷病捕虜 동지들에게」(1), 「토끼」(1), 「피곤한 하루의 나머지 시간」(2), 「하…… 그림자가 없다」(1), 「《4·19》시」(1), 「65년의 새해」(2), 「VOGUE야」(2)
3	몸	42/26	15.05	「가옥 찬가」(1), 「거미」(3), 「九羅重花」(1), 「구슬픈 육체」(2), 「금성라디오」(1), 「긍지의 날」(1), 「기도」(1), 「나비의 무덤」(2), 「너는 언제부터 세상과 배를 대고 서기 시작했느냐」(1), 「눈」(1961)(1), 「도취의 피안」(1), 「冬麥」(2), 「말」(1964)(2), 「말복」(1), 「먼 곳에서부터」(3), 「먼지」(1), 「미숙한 도적」(3), 「백의」(1), 「봄밤」(1), 「서시」(1), 「아픈 몸이」(5), 「愛情遲鈍」(1), 「엔카운터 誌」(2), 「이놈이 무엇이지」(2), 「조국에 돌아오신 傷病捕虜 동지들에게」(1), 「65년의 새해」(1)
4	머리	37/27	13.26	「가옥 찬가」(1), 「꽃잎1」(1), 「나의 가족」(1), 「네 얼굴은」(1), 「네이팜 탄」(1), 「달밤」(1), 「더러운 향로」(1), 「먼지」(1), 「付託」(2), 「비」(2), 「미숙한 도적」(1), 「백지에서부터」(1), 「설사의 알리바이」(2), 「수난로」(1), 「시골 선물」(3), 「싸리꽃 핀 벌판」(1), 「쌀난리」(4), 「아메리카 타임 誌」(1), 「어느 날 고궁을 나오면서」(1), 「여름 뜰」(1), 「영롱한 목표」(1), 「우리들의 웃음」(3), 「자장가」(1), 「장시1」(1), 「장시2」(1), 「피곤한 하루의 나머지 시간」(1), 「하루살이」(1)
5	가슴	18/17	6.45	「거리2」(1), 「구슬픈 육체」(1), 「그 방을 생각하며」(4), 「기자의 정열」(1), 「나비의 무덤」(1), 「눈」(1956)(1), 「말」(1964)(1), 「먼지」(1), 「모리배」(1), 「사랑의 변주곡」(1), 「예지」(1), 「웃음」(1), 「조국에 돌아오신 傷病捕虜 동지들에게」(2), 「VOGUE야」(1)
6	입	14/11	5.02	「거미」(1), 「그 방을 생각하며」(1), 「누이의 방」(1), 「말」(1964)(1), 「반달」(1), 「사랑의 변주곡」(1), 「설사의 알리바이」(1), 「장시1」(1), 「轉向記」(1), 「조국에 돌아오신 傷病捕虜 동지들에게」(1), 「토끼」(4)
	손	14/11	5.02	「가옥 찬가」(1), 「꽃」(1), 「나는 아리조나 카보이야」(1), 「네 얼굴은」(1), 「눈」(1961)(1), 「서책」(1), 「쌀난리」(4), 「愛情遲鈍」(1), 「여름 뜰」(1), 「웃음」(1), 「헬리콥터」(1)
8	발	13/10	4.66	「가옥 찬가」(1), 「거대한 뿌리」(3), 「네이팜 탄」(1), 「만시지탄은 있지만」(1), 「반주곡」(2), 「사치」(1), 「아픈 몸이」(1), 「엔카운터 誌」(1), 「제임스 띵」(1), 「X에서 Y로」(1)
9	육체(肉體)	10/5	3.58	「구슬픈 육체」(2), 「헬리콥터」(1), 「바뀌어진 지평선」(3), 「눈」(1956)(1), 「광야」(3)
10	배1	9/5	3.23	「너는 언제부터 세상과 배를 대고 서기 시작했느냐」(4), 「라디오 계」(2), 「바뀌어진 지평선」(1), 「설사의 알리바이」(1), 「하…… 그림자가 없다」(1)
11	귀	6/6	2.15	「나의 가족」(1), 「도취의 피안」(1), 「만시지탄은 있지만」(1), 「말」(1964)(1), 「여름 밤」(1), 「토끼」(1)
	팔	6/5	2.15	「말복」(1), 「먼지」(1), 「모리배」(1), 「수난로」(2), 「아버지의 사진」(1)
12	온몸	5/1	1.79	「아픈 몸이」(5)
	합계	279/106	100	

신체어 중 가장 많은 빈도수를 보이는 신체어는 '얼굴'(55/28), '눈'(50/39), '몸'(42/26) 등의 순으

로 나타난다. 단일 시어 자체로만 보면 '얼굴'의 빈도수가 가장 높게 나타난다. 하지만 '육체' (10/5), '온몸' (5/1) 또는 '사지' (2/2)를 '몸'과 유사한 계열로 묶는다면 '몸' 계열의 신체어의 빈도수가 가장 높게 나타나는 것을 알 수 있다. 그렇다 하더라도 서로의 차이는 크지 않으며, 이 세 개의 시어들은 중요한 의미 맥락을 형성하게 된다. 신체어 중 '눈'이라는 신체어의 빈도수가 높게 나타난다는 사실은 김수영이 시각적 경험을 중시했다는 논리를 더욱 강화하는 계기가 된다. '얼굴'은 주체와 대상의 본모습 또는 본질을 항상 염두에 둔 김수영의 상징적 신체어에 해당한다고 할 수 있다.

'몸'은 김수영이 말하는 '온몸의 시학'에서의 '몸(온몸)'으로 볼 수 있다. 몸은 감각과 사유의 기반이 되며, 세계와 대상과 소통할 수 있는 표상이 된다. 김수영 시에서 감각과 사유는 '몸(온몸)'을 계기로 분리되기보다는 통합되는 양상을 보인다. 감각과 감각, 감각과 사유는 통합의 과정을 거치면서 주체와 대상의 본질을 새롭게 바라볼 수 있는 계기를 마련한다. 육체와 정신의 혼융은 세계를 탐지하고 세계에 반응하는 가운데 주체의 방향성을 마련하는 계기로 작용한다. 그러므로 김수영이 말하는 '온몸의 시학'에서의 몸은 신체 뿐 아니라 정신을 포괄하는 기관이 된다. '온몸의 시학'으로 대표되는 김수영의 시와 시론은 이런 지점에서 볼 때, 주체와 대상의 본질을 이해하는 기반이다. 이들 못지않게 자주 사용된 신체어는 '머리' (37/27), '가슴' (18/17), '입' (14/11), '손' (14/11), '발' (13/10) 등이다. 신체의 각 부분은 유기체적인 통합의 시선 하에 놓이거나 해체적인 시선 하에 놓이면서 통합과 분리 사이에서 긴장관계를 형성한다.

3. 감정어

김수영의 시의 전체 표제어 5,220개 중에서 감정어는 168개에 해당한다. 이 중에서 가장 높은 사용 빈도를 보인 개별시어는 '사랑'이다. '사랑'은 총 16편의 작품에서 48회 사용되었다. '사랑'의 뒤를 이어서 '좋다' '울다' '웃다' '설움' '무섭다' '사랑하다' '놀라다' '싫다' '절망' '웃음' '비애' '불쌍하다' '우습다' '아깝다' '미안하다'가 10회 이상 사용되었다. 168개의 감정어 중에서 단 1회만 사용된 시어는 78개로 전체 감정어의 46.4%에 해당하며, 2회 사용된 시어는 27개로 16%, 3회 사용된 시어는 17개로 10%, 4회 사용된 시어는 13개로 7.8%, 5회 이상 사용된 시어는 33개로 19.6%에 해당한다. 이러한 사실은 두드러진 감정의 분포와 감정어의 사용에 있어서 시어 선택이 폭넓었음을 보여주는 지표라고 할 수 있다. 감정어 168개를 품사별로 정리하면, 형용사/자동사군에 해당하는 시어는 87개, 명사는 67개, 타동사는 12개, 부사어는 2개가 사용되었다. 다음은 개별 시어별로 사용 횟수와 인용 작품의 편수를 통해 감정어의 순위를 매겨 본 것이다.

순위	시어	빈도수/편수	순위	시어	빈도수/편수	순위	시어	빈도수/편수	순위	시어	빈도수/편수
1	사랑	48/16	25	만족	5/3	47	굴욕	3/2	64	공허하다	2/2
2	좋다	41/32		구슬프다	5/3		감정	3/2		걱정하다	2/2
3	울다	31/21		괴롭다	5/3		선망	3/1		감탄하다	2/2
4	웃다	30/17		공허	5/3		불안	3/1		흥겹다	1/1
5	설움	29/15		괴로움	4/2		분개하다	3/1		황홀히	1/1
6	무섭다	25/21		공포	4/2		희열	2/2		황홀하다	1/1
7	사랑하다	23/13		비참	4/2		황홀	2/2		환락	1/1
8	놀라다	18/9		고독하다	4/2		착잡하다	2/2		허망하다	1/1
9	싫다	14/11		즐겁다	4/4		짜증	2/2		프라이드(pride)	1/1
	절망	14/7	34	애처롭다	4/4		증오하다	2/2		투정	1/1
11	웃음	12/9		애처럽다	4/4		증오	2/2		탐욕	1/1
	비애	12/6		비웃다	4/4		조바심	2/2		탐스럽다	1/1
13	불쌍하다	11/6		가련하다	4/4		정열	2/2		쾌활	1/1
14	우습다	10/8		심심하다	4/3		감상(感傷)2	2/2		처참하다	1/1
	아깝다	10/6		지루하다	4/3		감상(感傷)1	2/2		창피하다	1/1
	미안하다	10/3		고통	4/3		지긋지긋다	2/1	91	질투	1/1
17	애정	9/6		경멸하다	4/3		즐거움	2/1		지겹다	1/1
	섧다	9/8		흥분하다	3/3	64	괴로워하다	2/1		즐기다	1/1
19	욕(辱)	8/4		원한	3/3		치욕	2/1		조바심하다	1/1
20	서럽다	7/4		반갑다	3/3		염려하다	2/2		절박하다	1/1
	시시하다	7/2		놀래다	3/3		억울하다	2/2		재미있다	1/1
22	좋아하다	6/6		울리다2	3/3		쑥스럽다	2/2		자비롭다	1/1
23	부끄러움	6/4	47	아슬아슬하다	3/3		신경질	2/2		자비(慈悲)	1/1
	고맙다	6/1		비겁하다	3/3		불안하다	2/2		익살스럽다	1/1
25	싫어하다	5/5		울음	3/2		부끄럽다	2/2		익살맞다	1/1
	비참하다	5/5		우울	3/2		미워하다	2/2		유쾌하다	1/1
	고독	5/5		욕심	3/2		덧없다	2/2		실의	1/1
	슬프다	5/4		오욕	3/2		기쁘다	2/2		실망하다	1/1
	환희	5/4		쾌활하다	3/2		귀엽다	2/2		실망	1/1

순위	시어	빈도수/편수	순위	시어	빈도수/편수	순위	시어	빈도수/편수	순위	시어	빈도수/편수
91	신비하다	1/1	91	민민하다	1/1	91	울화(鬱火)	1/1	91	그리움	1/1
	시기심	1/1		미옵다	1/1		우울하다	1/1		공포감	1/1
	슬픔	1/1		미안	1/1		욕망	1/1		고통되다	1/1
	섬찍하다	1/1		무시무시하다	1/1		욕되다(辱—)	1/1		경이	1/1
	서먹하다	1/1		무료하다	1/1		애타하다	1/1		경멸	1/1
	서글프다	1/1		따분하다	1/1		애타다	1/1		걱정	1/1
	불행하다	1/1		두렵다	1/1		애원(哀願)	1/1		거슬리다	1/1
	불행	1/1		두려워하다	1/1		안타깝다	1/1		거북하다	1/1
	불쌍히	1/1		두려움	1/1		아쉽다	1/1		감득	1/1
	불만족	1/1		당황하다	1/1		아니꼽다	1/1		감동	1/1
	분하다(憤—)	1/1		놀랍다	1/1		쓸쓸하다	1/1		감격	1/1
	분격	1/1		노염	1/1		심술맞다	1/1		갈망	1/1
	부러워하다	1/1		그리웁다'	1/1		싫증	1/1		가책	1/1

김수영 시의 감정어들 중 가장 높은 빈도를 보이는 시어는 '사랑'이지만, 기쁨이나 슬픔, 두려움과 놀라움, 미움, 연민의 감정을 드러내는 시어들도 높은 빈도수를 차지하고 있다. 김수영의 경우 분노의 감정이 다른 감정들과 비교할 때 상대적으로 적다는 점이 특이하다. 또한 보다 면밀한 분석은 작품의 분석과 함께 이루어져야 하겠으나, 사랑과 미움, 기쁨과 슬픔 같은 상반되는 감정이 이렇게 비등한 분포를 보이는 것은 김수영 시 특유의 아이러니적 용법과 관련이 깊다고 할 수 있다. 여기서는 김수영 시에 나타난 168개의 감정어들의 분포를 크게 세 개의 범주로 나누어 제시한다. 첫 번째와 두 번째의 범주는 상호 대립적인 감정태이면서 가장 빈도가 높은 감정어들이다. 그리고 세 번째의 범주는 나머지의 감정어 중 그 빈도는 높지 않더라도 중요하다고 생각하는 시어이다. 통계표에는 편의상 5순위까지의 시어들만을 제시한다.

1) '사랑'과 '미움' 계열

사랑 계열의 시어들은 사랑·사랑하다·애정·좋아하다·선망 등이고, 미움 계열의 시어들은 싫다·싫어하다·경멸하다·원한·분개 등이다. 개별 시어로서도 가장 높은 빈도를 보이는 시어가 '사랑'인데, 가장 높은 빈도를 보이는 것에 비해서 사용된 작품 수가 많지 않은 점이 특이하다. 전체

시어에서는 높은 빈도를 보이는 사용이지만, 전체 작품에서는 집중적으로 사용되었음을 알 수 있다.

(1) '사랑' 계열

순위	시어	빈도수/편수	점유율	출전
1	사랑	48/16	53.93	「愛情遲鈍」(4), 「풍뎅이」(2), 「나의 가족」(2), 「지구의」(1), 「밤」(1), 「파밭가에서」(3), 「피곤한 하루의 나머지 시간」(1), 「사랑」(2), 「伏中」(1), 「滿洲의 여자」(6), 「거대한 뿌리」(1), 「현대식 교량」(2), 「65년의 새해」(2), 「사랑의 변주곡」(18), 「세계일주」(1), 「먼지」(1)
2	사랑하다	23/13	25.84	「조국에 돌아오신 傷病捕虜 동지들에게」(1), 「백의」(1), 「하루살이」(1), 「비」(2), 「가옥 찬가」(1), 「모리배」(4), 「여편네의 방에 와서」(2), 「누이의 방」(2), 「적」(1), 「적2」(2), 「사랑의 변주곡」(1), 「여름 밤」(2), 「원효대사」(3)
3	애정	9/6	10.11	「愛情遲鈍」(2), 「너를 잃고」(1), 「네이팜 탄」(3), 「생활」(1), 「가옥찬가」(1), 「여편네의 방에 와서」(1)
4	좋아하다	6/6	6.74	「달나라의 장난」(1), 「미숙한 도적」(1), 「더러운 향로」(1), 「연기」(1), 「수난로」(1), 「피아노」(1)
5	선망	3/1	3.37	「VOGUE야」
합계		89/38	100	

(2) '미움' 계열

순위	시어	빈도수/편수	점유율	출전
1	싫다	14/11	41.17	「도취의 피안」(3), 「거미」(1), 「네이팜 탄」(2), 「긍지의 날」(1), 「휴식」(1), 「바뀌어진 지평선」(1), 「구름의 파수병」(1), 「이사」(1), 「네 얼굴은」(1), 「꽃잎」(1), 「미인」(1)
2	욕	8/4	23.53	「백의」(1), 「轉向記」(2), 「어느날 고궁을 나오면서」(2), 「H」(3)
3	싫어하다	5/5	14.71	「도취의 피안」(1), 「바뀌어진 지평선」(1), 「말(1964)」(1), 「엔카운터 誌」(1), 「원효대사」(1)
4	경멸하다	4/3	11.76	「바뀌어진 지평선」(1), 「H」(2), 「이혼취소」(1)
5	분개하다	3/1	8.82	「어느 날 고궁을 나오면서」(3)
합계		34/19	100	

'사랑' 계열의 시어에 비해 '미움' 계열의 시어들이 그 사용 빈도가 상대적으로 낮다. 1회 이상 사용된 미움 계열의 시어들을 모두 합한 빈도수가 46회 31편으로 다른 감정 계열들에 비해서도 현저하게 낮은 분포를 보인다. '미움' 계열의 시어들의 빈도가 낮은 결과는 김수영 시의 중요한 주제로 언

급되었던 '자유' 혹은 '정치적 자유'와 관련지을 때 여러 가지로 생각될 수 있는 여지를 지닌다.

2) '기쁨'과 '슬픔' 계열

개별 시어별 빈도수와는 다르게 계열별로 빈도를 따질 때 가장 높은 빈도를 보이는 계열이 '기쁨'과 '슬픔' 계열이다. 이들 계열 중 다섯 번째 순위까지의 시어만을 대상으로 하여도, 기쁨 계열의 시어의 빈도는 93회 49편이며, 슬픔 계열의 빈도는 95회 52편이다. 시어의 사용 횟수에서나 사용된 작품의 수에서나 고르고도 높은 분포를 보인다. 기쁨 계열의 감정어에서는 '좋다'와 '웃다'가 압도적으로 높은 빈도를 차지한다. 기쁨과 슬픔의 계열에서 가장 문제적인 시어는 '웃다'와 '울다'라고 할 수 있다. 이들 시어가 엄밀하게 감정어라고 할 수는 없지만, 기쁨과 슬픔에 가장 밀착되어 있는 시어인 만큼 이 계열의 시어에 포함시켰다.

(1) '기쁨' 계열

순위	시어	빈도수/편수	점유율	출 전
1	좋다	41/32	44.09	「웃음」(1), 「풍뎅이」(1), 「조국에 돌아오신 傷病捕虜 동지들에게」(1), 「너를 잃고」(1), 「미숙한 도적」(1), 「九羅重花」(1), 「나의 가족」(1), 「국립도서관」(1), 「거리2」(1), 「기자의 정열」(1), 「구름의 파수병」(1), 「사무실」(1), 「초봄의 뜰 안에」(1), 「사치」(1), 「하…… 그림자가 없다」(1), 「우선 그놈의 사진을 떼어서 밑씻개로 하자」(1), 「눈」(1961)(1), 「쌀난리」(2), 「伏中」(1), 「轉向記」(1), 「거대한 뿌리」(4), 「이사」(1), 「현대식 교량」(1), 「미역국」(1), 「제임스 띵」(1), 「이 한국문학사」(1), 「이혼 취소」(3), 「엔카운터 誌」(1), 「전화 이야기」(4), 「꽃잎3」(1), 「여름 밤」(1), 「미인」(1)
2	웃다	30/17	32.26	「웃음」(1), 「시골 선물」(1), 「너는 언제부터 세상과 배를 대고 서기 시작했느냐」(3), 「바뀌어진 지평선」(1), 「지구의」(1), 「생활」(1), 「하…… 그림자가 없다」(2), 「우선 그놈의 사진을 떼어서 밑씻개로 하자」(2), 「모르지」(1), 「轉向記」(1), 「우리들의 웃음」(2), 「거위소리」(2), 「이 한국문학사」(6), 「먼지」(1), 「꽃잎3」(3), 「원효대사」(1), 「풀」(1)
3	웃음	12/9	12.90	「웃음」(3), 「너는 언제부터 세상과 배를 대고 서기 시작했느냐」(2), 「거리2」(1), 「생활」(1), 「凍夜」(1), 「눈」(1961)(1), 「누이야 장하고나!」(1), 「우리들의 웃음」(1), 「꽃잎3」(1)
4	환희	5/4	5.37	「九羅重花」(1), 「미역국」(2), 「풀의 영상」(1), 「네 얼굴은」(1)
4	만족	5/3	5.37	「전화 이야기」(2), 「라디오 계」(1), 「性」(2)
합 계		93/49	100	

(2) '슬픔' 계열

순위	시어	빈도수/편수	점유율	출 전
1	울다	31/21	32.63	「廟庭의 노래」(3), 「아메리카 타임誌」(1), 「토끼」(1), 「풍뎅이」(1), 「달나라의 장난」(2), 「더러운 향로」(1), 「도취의 피안」(1), 「나비의 무덤」(2), 「헬리콥터」(1), 「바뀌어진 지평선」(1), 「봄밤」(2), 「冬麥」(2), 「말복」(2), 「하…… 그림자가 없다」(1), 「중용에 대하여」(1), 「백지에서부터」(1), 「파자마 바람으로」(1), 「죄와 벌」(1), 「눈」(1966)(1), 「원효대사」(1), 「풀」(4)
2	설움	29/15	30.53	「九羅重花」(1), 「방안에서 익어가는 설움」(4), 「거미」(3), 「긍지의 날」(3), 「영사판」(1), 「헬리콥터」(4), 「휴식」(1), 「국립도서관」(3), 「네이팜 탄」(1), 「병풍」(1), 「꽃2」(2), 「예지」(1), 「말(1958)」(1), 「여자」(1)
3	절망	14/7	14.74	「거리2」(1), 「아픈 몸이」(1), 「황혼」(2), 「절망(1962)」(1), 「우리들의 웃음」(1), 「절망(1965)」(1), 「전화 이야기」(6)
4	비애	12/6	12.63	「九羅重花」(1), 「헬리콥터」(2), 「비」(6), 「생활」(1), 「파리와 더불어」(1), 「장시2」(1)
5	섧다	9/8	9.47	「너를 잃고」(1), 「시골 선물」(1), 「헬리콥터」(2), 「사무실」(1), 「여름 뜰」(1), 「조그마한 세상의 지혜」(1), 「滿洲의 여자」(1), 「풀의 영상」(1)
합 계		95/52	100	

 슬픔 계열의 시어들 중 가장 빈도가 높은 시어는 '울다'이다. 설움·절망·비애·섧다 등의 경우도 높은 빈도를 보이고 있다. 통계적 결과에 의할 때, 김수영이 분노나 미움의 감정에 대해 인색한 모습을 보인다면, 반대로 김수영에게서 슬픔은 매우 중요한 감정이라고 할 수 있다. 시어 '울다'의 경우는 그의 공식적인 첫 작품과 마지막 작품에서 사용되고 있는 점이 흥미롭다. 이들 슬픔 계열의 시어들은 더욱이 1950년대 중반에 집중적으로 사용되어 연구자들로 하여금 김수영의 시적 변모를 변증법적으로 다루는 데 일조하였다.

3) 그 밖의 감정어들

 그 밖의 감정어들에서 눈에 띄는 감정어 계열은 '두려움' '놀람' '권태' '부끄러움' '연민'의 계열들이다. 이들 각각의 계열들은 내면적이면서 특별히 윤리적인 김수영의 시적 태도와 밀접한 관련을 갖는 감정어 계열이라고 할 수 있다. 여기서는 두려움과 놀라움 계열의 시어들을 살펴본다. 두려움 계열의 시어에서 가장 높은 빈도를 보이는 시어는 '무섭다'이다. 21편의 시에서 25회의 빈도를 보였다는 것은 여느 감정어들과 비교해서 결코 적지 않다. '놀람' 계열의 시어 중에서는 '놀라다'가 가장 많이 사용되었다. 10편의 시에서 18회 사용되었다. 개별 시어의 빈도 순위에서도 '무섭다'에 뒤이은 시어가 '사랑하다'와 함께 '놀라다'이다. 무서움이라는 감정의 계열과 놀람이라는 감정 계열은 현대적 인지작용과 관련이 깊다는 점에서 흥미롭다.

(1) '무서움' 계열

순위	시 어	빈도수/편수	점유율	출 전
1	무섭다	25/21	78.13	「愛情遲鈍」(2), 「조국에 돌아오신 傷病捕虜 동지들에게」(1), 「미숙한 도적」(1), 「도취의 피안」(1), 「나비의 무덤」(1), 「연기」(1), 「바뀌어진 지평선」(1), 「여름 뜰」(1), 「瀑布」(1), 「광야」(2), 「靈交日」(1), 「꽃」(1), 「말(1964)」(1), 「자장가」(1), 「우선 그놈의 사진을 떼어서 밑씻개로 하자」(2), 「시(1961)」(1), 「〈4·19〉시」(1), 「우리들의 웃음」(1), 「이 한국문학사」(2), 「적1」(1), 「먼지」(1)
2	공포	4/2	12.5	「장시1」(3), 「강가에서」(1)
3	무시무시하다	1/1	3.13	「백의」(1)
	두렵다	1/1	3.13	「너는 언제부터 세상에 배를 대고 살기 시작했느냐」(1)
	두려워하다	1/1	3.13	「도취의 피안」(1)
	합 계	32/25	100	

(2) '놀라움' 계열

순위	시 어	빈도수/편수	점유율	출 전
1	놀라다	18/9	66.67	「꽃잎3」(2), 「먼지」(1), 「轉向記」(1), 「旅愁」(2), 「헬리콥터」(1), 「기자의 정열」(1), 「도적」(1), 「누이의 방」(1), 「65년의 새해」(6)
2	흥분하다	3/3	11.11	「H」(1), 「국립도서관」(1), 「여편네의 방에 와서」(1)
	놀래다	3/3	11.11	「먼지」(1), 「旅愁」(1), 「伏中」(1)
4	감탄하다	2/2	7.41	「백의」(1), 「檄文」(1)
5	놀랍다	1/1	3.70	「바뀌어진 지평선」(1)
	합 계	27/16	100	

그 밖의 감정어 중에서 관심을 끄는 시어는 연민 계열의 감정어들이다. 이 계열의 감정어에는 불쌍하다·아깝다·미안하다·애처롭다·가련하다 등과 같은 시어들이 포함된다. 불쌍하다와 아깝

다와 미안하다는 거의 빈도수와 작품수에서 차이를 보이지 않으며, 비교적 자주 많이 사용되었다.

(3) '연민' 계열

순위	시 어	빈도수/편수	점유율	출 전
1	불쌍하다	11/6	28.21	「미숙한 도적」(1), 「가다오 나가다오」(3), 「조국에 돌아오신 상병포로 동지들에게」(1), 「육법전서와 혁명」(4), 「이 한국문학사」(1), 「전화이야기」(1)
2	아깝다	10/6	25.64	「더러운 향로」(2), 「죄와 벌」(1), 「구슬픈 육체」(2), 「도적」(2), 「시골선물」(2), 「밤」(1)
2	미안하다	10/3	25.64	「조국에 돌아오신 상병포로 동지들에게」(2), 「美濃印札紙」(7), 「잔인의 초」(1)
4	애처롭다	4/4	10.26	「도취의 피안」(1), 「구름의 파수병」(1), 「너는 언제부터 세상과 배를 대고 서기 시작했느냐」(1), 「구슬픈 육체」(1)
5	가련하다	4/4	10.26	「영사판」(1), 「말(1958)」(1), 「우선 그놈의 사진을 떼어서 밑씻개로 하자」(1), 「강가에서」(1)
	합 계	39/21	100	

김수영의 시어 중에서 감정어로 사용된 시어는 168개 정도이다. 개별 시어에서는 '사랑'이 계열별 시어에서는 '기쁨과 슬픔' 계열의 시어들이 두드러졌다. 또한 '사랑과 미움', '기쁨과 슬픔'에 포함되지 않으나 비교적 높은 빈도수를 차지하는 '두려움과 놀람' 계열의 시어와 '연민' 계열의 시어들이다. 김수영의 시에 나타난 감정어들을 분석할 때 미움과 분노 같은 계열의 감정이 현저하게 적다는 점이 눈에 띄었다. 또한 기쁨과 슬픔 계열의 감정어들이 풍부하게 사용되었음을 확인할 수 있다. 두려움과 놀람 계열의 시어들은 김수영의 시적 주제였던 '자유'나 '정치적 자유'와 관련하여 중요한 의미를 갖는 것으로 생각된다. 연민의 감정어들이 빈도 높게 사용된 것 역시 사랑이라는 시적 주제와 관련하여 눈여겨보아야 할 것이다.

* '시어의 통계 분석' 부분은 다음의 논문을 기초로 발췌 및 수정의 과정을 거쳐 작성한 것이다. 박순원, 「김수영 시의 화자와 대상의 관계 양상 연구」, 『어문논집』, 2004; 이근화, 「김수영 시에 나타난 조어(造語) 연구」, 『국어국문학』 153호, 2009.12; 장석원, 「김수영 시의 인칭대명사 연구」, 『한국시학연구』 15호, 2006.4; 김종훈, 「김수영 시의 '부정어' 연구」, 『정신문화연구』 제32권 제3호, 2009.9; 주영중, 「김수영 시의 '인지어' 연구 1」, 『우리어문연구』 36집, 2010.1;주영중, 「김수영 시의 '인지어' 연구 2」, 『비평문학』 39호, 2011.3; 이현승, 「김수영 시의 감정어 연구」, 『어문논집』 42호, 2009.11.

판본 대조표

‖ 판본 대조표 작성 원칙 ‖

1. 김수영은 생전에 『달나라의 장난』(춘조사, 1959) 시집 한 권을 상재하였다. 그 이후 창작한 시들은 다종 문예지의 지면이나 그의 가족이 기록한 원고 뭉치로 전해져 있다. 이를 수합하여 발간한 것이 『김수영 전집1: 시』(민음사, 1981, 2003)이다. 김수영 시의 표기가 여러 모습으로 전해질 수밖에 없는 사정을 감안하여, 『김수영 전집』에서는 김수영 생전에 발간한 유일한 단독 시집 『달나라의 장난』(춘조사, 1959)과 사후에 발간된 여러 선집과 전집, 그리고 김수영 본인과 가족이 남긴 육필 원고 등을 대상으로 표기, 행, 연, 띄어쓰기 등의 차이를 보이는 시편에 한하여 그 차이를 표로 작성하여 제시하였다.

2. '판본대조표' 각 칸의 알파벳은 각 판본을 표시한 기호이다. 육필 및 대필원고를 O, 최초 발표지를 A, 『달나라의 장난』(춘조사, 1959)을 B, 1968년 가을과 1969년 여름 계간 『창작과비평』에 김수영 특집으로 실린 유고를 C, 『거대한 뿌리』(민음사, 1974)를 D, 『달의 행로를 밟을 지라도』(민음사, 1976)를 E, 『김수영 전집―시』(민음사, 1981)을 F, 『김수영 전집―시』(민음사, 2003)을 G로 한다. 사전 편제 기준을 김수영 전집 개정판(민음사, 2003)에 두었기 때문에 두 시의 연과 행은 2003년 전집을 기준으로 했다. 따라서 연과 행 표시는 G칸에 제시했다.

3. 시는 '가나다' 순으로 배치하였다. 한 안에는 행갈이, 표기 등 판본별로 차이가 있는 부분을 제시해 놓았다. 단, 현대어 표기를 기준으로 바꾸는 예들은 제시하지 않았다. 띄어쓰기도 특별한 경우가 아니면 제시하지 않았다. 특별히 육필 및 대필원고 간에는 보인글씨임을 교정되지 않는 상태로 제시하였고, 본인글씨가 아닌데 특별한 경우에는 보인글씨임을 별도로 제시하였다.

아닌 경우에는 원고에 기록된 첨삭부호, 교정기호까지 반영해서 제시하였다. 비고 칸에는 각 판본 별로 차이점을 밝혔다. 비고2 칸은 본인 글씨 여부와 육필 맞대 필원고(A)에 적혀 있는 메모 등 특이사항을 밝혔다.

4. 판본대조표에서는 시어와 시어 사이의 띄어쓰기가 두 칸 이상일 경우 정확한 차이를 드러내기 위해 '○간여백'이란 표시하였다.

5. 참고로 176편 중 79편이 김수영의 육필원고 목록은 다음과 같다. 「65년의 새해」, 「강가에서」, 「거리」, 「나의 가족」, 「거위소리」, 「도」, 「만주의 여자」, 「세계일주」, 「영교일」, 「장시」, 「전향기」, 「조고마한 세상의 지혜」, 「여편네의 방에 와서」, 「술과 어린 고양이」, 「등나무」, 「모르지」, 「격문」, 「묵중」, 「미역국」, 「육법전서와 혁명」, 「적」, 「지문선물」, 「여자」, 「미동인찮지」, 「반달」, 「미숙한 도적」, 「절망」, 「PLASTER」, 「어느 날 고궁을 나오면서」, 「X에서Y로」, 「꽃잎1」, 「꽃잎2」, 「꽃잎3」, 「H」, 「설사의 알리바이」, 「이혼취소」, 「가다오 나가다오」, 「거리2」, 「공자의 생활난」, 「누이의 방」, 「풀」, 「죽」, 「이사」, 「거짓말의 여운 속에서」, 「시」, 「배지에서부터」, 「깨꽃」, 「4·19시」, 「도적」, 「이놈이 무엇이지?」, 「잔인의 중」, 「연기」, 「나비의 무덤」, 「나일 읽고」, 「적1」, 「여름밤」, 「이 우리들의 웃음」, 「거미」, 「피아노」, 「쌍년리」, 「나가타 겐지로」, 「헬튼소리」, 「기도」, 「장시2」, 「VOGUE야」, 「구름포 육체」, 「금성라디오」, 「잠음」, 「파리와 더불어」, 「절망」, 「아메리카타임지」, 「기자의 정열」, 「항훈」, 비록 육필원고로 제시되어 있으나 필체 등 여러 가지 사정상 「지대한 뿌리」, 「잠음」, 「마인」 등은 재고를 요한다.

판본 대조표

제목	(0) 육필 및 대필 원고	(A) 최초발표지	(B) 달나라의 장난 (춘조사, 1959)	(C) 창비 유고	(D) 거대한 뿌리 (민음사, 1974)	(E) 달의 행로를 밟을지라도 (민음사, 1976)	(F) 전집 1981	(G) 전집 2003	비고 1 (판본대조)	비고 2 (특이사항)
65년의 새해	1) 나는 여전히 奇蹟을 믿것다 2) 아니라는 것을 알았고. 3) 담배메일 것이다 4) 이 엄청난 이 려움을 고통을/이 무응을 젖는 不自由통을 不自由를 나남음 5) 65년의 새해를 보고.	1) 六五년의 새해 2) 아니라는 것을 알았고. 3) 담배메일 것이다 4) 이 엄청난 이 려움을 고통을/이 무응을 젖는 不自由를. 不自由를 나남음 5) 六五년의 새해를 보고.			1) 六五년의 새해 2) 아니라는 것을 알았고. 3) 담배메일 것이다 4) 이 엄청난 이 려움을 고통을/이 무응을 젖는 不自由를 不自由를 나남음 5) 六五년의 새해를 보고.	1) 六五년의 새해 2) 아니라는 것을 알았고. 3) 담배메일 것이다 4) 이 엄청난 이 려움을 고통을/이 무응을 젖는 不自由를 不自由를 나남음 5) 六五년의 새해를 보고.	1) 제목:65년의 새해 2) 3~5연8행: 아니라는 것을 알았고. 3) 6연9행:담배메일 것이다 4) 6연12~13행:이 엄청난 어려움을 고 젖는 부자유를 나남음 5) 7연4행.65년의 새해를 보고	1) 제목이 발표지면 A와 O, E, F, G가 다름. 2) A에는 마침표(.) 있음. 3) A의 '담배메일' O, E, F, G에서는 '담배메일'로 4) A에는 쉼표(.) 있음. 5) A에는 마침표(.) 있음. *A에는 모든 종결 어미 '다' 뒤에 마침표(.) 있음.	(본인글씨)
H	1) 그전 그의 인 사있고 달다 지 않은 것 그 것뿐 2) 그도 이 寬容을 알고 이 마지막 寬容을 알고 있지 만/吟味辭	1) 그전 그의 인 사있고 달다 지 않은 것 그 것뿐 2) 그도 이 寬容을 알고 이 마지막 寬容을 알고 있지 만/吟味辭이		1) 그전 그의 인 사있고 달다 지 않은 것 그 것뿐 2) 그도 이 寬容을 알고 이 마지막 寬容을 알고 있지 만/吟味辭이			1) 그전 그의 인 사있고 달다 지 않은 것 그 것뿐 2) 그도 이 寬容을 알고 이 마지막 寬容을 알고 만/吟味辭	1) 1연행:그전 그의 인사생 지 답다지 않은 것뿐 2) 3연2~3행: 그도 이 관용을 알고 마지막 이	1) A만 '것은' 이 '그것은'으로. 2) A에서 '있 지' 다음에 '만' 이 다른 행으로 되어 있고, 吟味辭~이 내어	(본인글씨)

제목	(O) 육필 및 대멜 원고	(A) 최초 발표지	(B) 달나라의 장난(춘조사, 1959)	(C) 창비 유고	(D) 거대한 뿌리 (민음사, 1974)	(E) 달의 행로를 밟을지라도 (민음사, 1976)	(F) 전집 1981	(G) 전집 2003	비고 1 (판본대조)	비고 2 (특이사항)
	있는 나보다 는 일 알고 있겠지 3) 혁신정당 4) 그리고 그가 경멸하고 있 는 건 나의/ 정치 문제뿐 이 아나	이 있는 나보 다는 일 알고 있겠지 3) 혁신당 4) 그리고 그가 경멸하고 있 는 건 나의/ 정치 문제뿐 이 아나			있는 나보다 는 일 알고 있겠지 3) 혁신정당 4) 그리고 그가 경멸하고 있 는 건 나의/ 정치 문제뿐 이 아나		있는 나보다 는 일 알고 있겠지 3) 혁신정당 4) 그리고 그가 경멸하고 있 는 건 나의/ 정치 문제뿐 이 아나	을 알고 있지 만/음미벽(吟味癖)이 있는 나보다 는 일 알고 있겠지 3)3연5행:혁신 정당 4) 5연4~5행: 그리고 그가 경멸하고 있 는 건 나의/ 정치 문제뿐 이 아나	쓰기되어 있으나. 이는 식자공의 잘 못으로 보임. 3) A의 '혁신당'이 O, D, F, G에서는 '혁신정당' 으로. 4) O, A는 행갈이가 되어 있지 않음.	
VOG UE야	1) 아나ㅡ羨望 이란 어지간 히 따라갑가 망성이 있는 / 상대자에 대한 시기심 이 아니냐. 그러니까 너 는 羨望도 아나 2) 마룻바닥에 깐 비니루장 판에 구멍단 을 뗄어뜨려					1) 아나ㅡ羨望 이란 어지간 히 따라갑가 망성이 있는 / 상대자에 대한 시기심 이 아니냐. 그러니까 너 는 羨望도 아나 2) 마룻바닥에 깐 비니루장 판에 구멍단 을 뗄어뜨려	1) 아나ㅡ羨望 이란 어지간 히 따라갑가 망성이 있는 / 상대자에 대한 시기심 이 아니냐. 그러니까 너 는 羨望도 아나 2) 마룻바닥에 깐 비니루장 판에 구멍단 을 뗄어뜨려	1) 1연4~5행: 아나ㅡ선망 이란 어지간 히 따라갑가 망성이 있는 / 상대자에 대한 시기심 이 아니냐. 그러니까 너 는 선망도 아나 2) 2연1~2행: 마룻바닥에 깐 비닐장판	1) E만 행갈이 다름. 2) E만 행갈이 다름.	(본인글씨)

판본 대조표

제목	(O) 육륜 및 대맬 원고	(A) 최초를발표지	(B) 달나라의 장 난(춘조사, 1959)	(C) 장비 유고	(D) 거대한 부리 (민음사, 1974)	(E) 달의 행로를 밟을지라도(민 음사, 1976)	(F) 전집 1981	(G) 전집 2003	비고 1 (판본대조)	비고 2 (특이사항)
X에서 Y로	/탄 자국.					/탄 자국.	/탄 자국.	에 구공탄을 떨어뜨려/탄 자국.		
	1) 무식하게 사 지스러운 공 허의 서울이/ 幹線道路를 지나 2) 地球에서 地 球로 나는 앚 다/나는 앚다 (세간에) 역지 로 (두간에 배) 앚다	1) 무식하게 사 지스러운 공 허의 서울이/ 幹線道路를 지나 2) 地球에서 지 구로 나는 앚 다/나는 앚다 역지로 앚다				1) 무식하게 사 지스러운 공 허의 서울이/ 幹線道路를 지나 2) 地球에서 地 球로 (다섯간 에 배) 나는 앚다/나는 앚 다 (다섯간에 배) 역지로 앚다	1) 무식하게 사 지스러운 공 허의 서울이/ 幹線道路를 지나 2) 地球에서 地 球로 (다섯간 에 배) 역지 (다섯간에) 앚다/나는 앚 다 (다섯간에 배) 역지로 앚다	1) 10~11행:무 식하게 사지 스러운 공허 의 서울이/간 선도로를 지 나다 2) 14~15행:지 구에서 지구 로 (다섯간에 배)나는 (다 섯간에)앚다 /나는 앚다 (다섯간에배) 역지로 (다섯 간에배)앚다	1) A만 행갈이 안됨. 2) O, D, F, G 스러운 공허 의 서울이/간 선도로 일정 지 않음.	(본인급씨)
가까이 할 수 없는 서적	1) 그저 멀리 보 고 있는 것이 2) 오-					1) 그저 멀리 보 고 있는 것이 2) 오오	1) 그저 멀리 보 고 있는 듯한 것 2) 오오	1) 17행:그저 멀 리 보고 있는 것이 2) 19행:오-	1) F에만 '듯 한' 살임. 2) G, F의 '오 오'가 O, G에 서는 '오-'.	
가다오 나가다 오	1) 결책한 강변 발 2) 상주씨, 아 육씨, 근대	1) 결책한 강변 발 2) 상주씨, 아 육씨, 근대					1) 결책한 강변 발 2) 상주씨, 아 육씨, 근대	1) 2연16행:결 책한 강변발 2) 2연10~13 행:상주씨,	1) O, A의 '결 책한' 이 F, G 에서는 '결책 한' 으로.	(본인급씨)

판본 대조표

제목	(0) 육필 및 대멸 원고	(A) 최초 불 발표지	(B) 달나라의 장난 (춘조사, 1959)	(C) 장비 유고	(D) 거대한 뿌리 (민음사, 1974)	(E) 달의 행로를 밟을지라도 (민음사, 1976)	(F) 전집 1981	(G) 전집 2003	비고 1 (판본대조)	비고 2 (특이사항)
	씨를 뿌린다 음이/호박 배추씨,무 씨를 포 뿌리 고/호박씨· 배추씨를 뿌 린 다음에/시 금 지 씨를 포 뿌리는 3) 오이, 호박 의 4) 취지島을 5) 조코렐·커 피·페지고 오 트· 軍服·手榴彈	씨를 뿌린다 음이/호박 씨, 배추씨, 무씨를 포 뿌리고/호박 씨, 배추씨 를 뿌린 다음 에/시금지 씨를 포 뿌리는. 3) 오이, 호박 의 4) 취지島을 5) 조코렐·커 피·페지고 오 트· 軍服·手榴彈					씨를 뿌린다 음이/호박 씨, 배추씨, 무씨를 포 뿌리고/호박 씨, 배추씨 를 뿌린 다음 에/시금지 씨를 포 뿌리는 3) 오이, 호박 의 4) 피지島을 5) 초롱빛, 커 피, 페지고 오 트, 軍服, 수류탄	아욱씨, 근대 씨를 뿌린다 음예, 호박 씨, 배추씨, 무씨를 포 뿌 리고/호박씨, 배추씨를 뿌 린 다음에/시 금지씨, 과씨 를 뿌리는 3)3연3행: 오이 호박의 4)4연7행: 피지 섬음 5)5연5행: 초롱 빛, 커피, 페 지코트, 軍 복, 수류탄	2) O의 가운 뎃점(·)이 A, F, G에서는 쉼표(,)로. 3) G에만 쉼표 (,) 없음. O 가운뎃점 (··). 4) G에만 '피지 도'가 '섬'으로. 5) O, A의 가운 뎃점(·)이 F, G에서는 쉼표(,)로.	
가옥찬 강가에서	즐거워하고 도 批判한다	즐거워하고 도 批判한다.			즐거워하고 도 批判한다		즐거워하고 도 批判한다	3연2행: 즐거워 하고 비판한다	A만 마침표(.) 있음.	
	1) 그래도 주탕 을 먹이먼서 나보다도 더 땀을 흘리더 라만 2) 신문지로 얼 굴을 씻으먼 서	1) 그래도 주탕 을 먹이먼서 나보다도 더 땀을 흘리더 라만 2) 신문지로 얼 굴을 씻으먼 서			1) 그래도 주탕 을 먹이먼서 나보다도 더 땀을 흘리더 라만 2) 신문지로 얼 굴을 씻으먼 서		1) 그래도 주탕 을 먹이먼서 나보다도 더 땀을 흘리더 라만 2) 신문지로 얼 굴을 씻으먼 서	1) 2연5행: 그래 도 주탕음 먹 으면서 나보 다도 더 땀음 흘리더라만 2) 2연6행: 신문 지로 얼굴음 씻으먼서	1) A만 '행갈이' 되어 있음. 2) A만 '시문 지', 오식으 로 보임.	(본인글씨) 1) 해당 부분에 본 인 글씨로 직접 수정한 흔적. 행갈이로 오해 볼 수 있음.

판본 대조표

제목	(0) 육필 및 대멸 원고	(A) 최초발표지	(B) 달나라의 장 난(춘조사, 1959)	(C) 장비 유고	(D) 거대한 뿌리 (민음사, 1974)	(E) 달의 행로를 밟을지라도(민 음사, 1976)	(F) 전집 1981	(G) 전집 2003	비고 1 (전본대조)	비고 2 (특이사항)
거대한 뿌리	1) 八・一五 후 에 김병욱이 란 詩人은 두 발을 뒤로 꼬 고 인제나 일 본 여자처럼 앉아서 변론 을 일삼았지 만/그는 일본 대화에 다니 면서 四年동 안을 제철회 사에서/노동 을 한 强者다 2) 괴롭지 않다 오히려 황송 하다 歷史는 아무리 더러 운 歷史라도 좋다 3) 나에게 눗주 발보다도 더 쟁쟁 울리는 追憶이 있는 한 人間은 영 원하고 4) 있는 한 人間 은 영원하고 5) 隱密도 深奧	1) (두 간어베) 八・一五 후 에 김병욱이 란 詩人은 두 발을 뒤로 꼬 고 인제나 일 본 여자처럼 앉아서 변론 을 일삼았지 만/(두 간어 베) 그는 일 본 대화에 다 니면서 四年 동안을 제철 회사에서 노 동을 한 强者 다 2) 괴롭지 않다 오히려 황송 하다 歷史는 아무리 더러 운 歷史라도 좋다 3) 나에게 눗주 발보다도 더 쟁쟁 울리는 追憶이 있는 한. 人間은 영원하고 4) 隱密도 深奧			1) 八・一五 후 에 김병욱이 란 詩人은 두 발을 뒤로 꼬 고/인제나 일 본 여자처럼 앉아서 변론 을 일삼았지 만/그는 일본 대화에 다니 면서 四年동 안을 제철회 사에서/노동 을 한 强者다 2) 괴롭지 않다 오히려 황송 하다 歷史는 아무리 더러 운 歷史라도 좋다 3) 나에게 눗주 발보다도 더 쟁쟁 울리는 追憶이 있는 한 人間은 영 원하고 4) 있는 한 人間 은 영원하고 5) 隱密도 深奧		1) 八・一五 후 에 김병욱이 란 詩人은 두 발을 뒤로 꼬 고 인제나 일 본 여자처럼 앉아서 변론 을 일삼았지 만 그는 일본 대화에 다니 면서 四年동 안을 제철회 사에서/노동 을 한 强者다 2) 괴롭지 않다 오히려 황송 하다 歷史는 아무리더러 운 歷史라도 좋다 3) 나에게 눗주 발보다도 더 쟁쟁 울리는 追憶이 있는 한 人間은 영 원하고 4) 隱密도 深奧	1) 1연6~9행 :8・15 후에 김병욱이란 시인은 두 발 을 뒤로 꼬고 인제나 일본 여자처럼 앉 아서 변론을 일삼았지만 그는 일본 대 학에 다니면 서 4년 동안을 제철회사에 서/노동을 한 강자(强者)다 2) 3연 7~8행: 괴롭지 않다 3) 3연10~11행: 나에게 눗주 발보다도 더 쟁쟁 울리는 주억이 있는 한 인간은 영 원하고 4) 3연11행:있는	1) D,G의 네 행 이 A,C에는 두 간어배 청 태로 2행으로 만 처리됨. '노동을 한 강자다', D에 서는 립표한 행으 로.A,C,G는 행갈이 없이 앞 행과 붙어 서,F는 연구 분뒤어 독립 된 연으로. 2) D 만 행갈이 안됨. 3) D 만 행갈이 안됨. 4) A,C에는 '있 는 한' 다음 에 쉼표(,). 5) D 에만 행갈 이 안됨. 6) A와 C의 'X' 가O,D,F,G 에서는 '설' 으로. 7~8) A,C의 'X'	(본인글씨)

제목	(0) 육필 및 대맹 원고	(A) 최초발표지	(B) 달나라의 장난 (춘조사, 1959)	(C) 창비 유고	(D) 거대한 뿌리 (민음사, 1974)	(E) 달의 행로를 밟을지라도 (민음사, 1976)	(F) 전집 1981	(G) 전집 2003	비고 1 (판본대조)	비고 2 (특이사항)
	도 學究도 體 面도 因隔도 治安局/으로 가다 6) 네에미 섬 7) 개좃 8) 미국놈 좆매 강	원하고 4) 있는 한, 人間은 영원하고 5) 隱密도 深奧 도 學究도 體 面도 因隔도 治安局/으로 가다 6) 네에미 X 7) 개 X 8) 미국놈 X대강		4) 있는 한, 人間은 영원하고 5) 隱密도 深奧 도 學究도 體 面도 因隔도 治安局/으로 가다 6) 네에미 X 7) 개 X 8) 미국놈 X대강	도 學究도 體 面도 因隔도 治安局/으로 가다 6) 네에미 섬 7) 개좃 8) 미국놈 좆매 강		도 學究도 體 面도 因隔도 治安局/으로 가다 6) 네에미 섬 7) 개좃 8) 미국놈 좆매 강	한 인간은 영원하고 5) 4연3~4행은 밑도 섬요도 하루도체인도 연습도치인국/으로 가다 6) 4연2행:네이 미 섬 7) 4연2행:개좃 8) 4연5행:미국 놈 좆대강	가 D에서는 '좆', O, F, G 에서는 '좃' 으로	
거리	1) 일 2) 빈 사무실에 놓인 무심한/집물 이것저 것 3) 누가 찾아오 지나 않을까/망서리면서/ 앉아 있는 마 음 4) 헌 옷과 낡은 구두가 그리 모양 수통하 지 않다는 느 끼면서 5) 잠시 생각하	1) 일 2) 빈 사무실에 놓이/무심한/ 집물 이것저 것 3) 누가 찾아오 지나 않을까/ 망서리면서/ 앉아 있는 마 음 4) 헌 옷과 낡은 구두가 그리 모양 수통하 지 않다는 느 끼면서 5) 잠시 생각하					1) 거리1 2) 빈 사무실에 놓이/무심한/ 집물 이것저 것 3) 누가 찾아오 지나 않을까/ 앉설이면서/ 앉아 있는 마 음 4) 헌 옷과 낡은 구두가 그리 모양수통하 지 않다는 느끼 면서 5) 잠시 생각한	1) 제목:거리1 2) 1연4~5행:빈 사무실에 놓 인 무심한/집 물이것저것 3) 2연1~2행:누 가 찾아오지 나 않을까 망 설이면서/앉 아있는 마음 4) 3연1~2행:헌 옷과 낡은 구 두가 그리 모 양수통하지 않다는/느끼 면서 5) 3연3행:잠시	1) A에서 작품 제목이 '일' 로 되어 있음. 2) A만 행갈이 다름. 3) A만 행갈이 다름. 4) A만 행갈이 되어 있음. 5) O, A의 '생 각하다' 가 F, G에서는 '생각한다' 로. 6) A만 행갈이	(본인글씨) 6연 10행 부분의 행 갈이를 함친 교 정 표시는 본인 글씨가 아님.
거리 (一)										

판본 대조표

제목	(0) 육필 및 대맬흰고	(A) 최초발표지	(B) 달나라의 장난(춘조사, 1959)	(C) 청맥 유고	(D) 거대한 뿌리 (민음사, 1974)	(F) 달의 햇무리를 닮을지라도(민음사, 1976)	(가) 전집 1981	(G) 전집 2003	비고 1 (판본대조)	비고 2 (특이사항)
	다	다					다	생각한다	되어 있음.	
	6) 화려한 태양이 날개를 펴고 걸어가는 것이다	6) 화려한 태양이 날개를 펴고 걸어가는 것이다					6) 화려한 태양이 날개를 펴고 걸어가는 것이다	4연4행: 화란한 태양이 개를 펴고 걸어가는 것이다	7) A만 행갈이 되어 있음. A만 마침표(.) 없음.	
	7) —이것은 구차한 신비의 보잘것/없는 일일것인가.	7) —이것은 구차한 신비의 보잘것/없는 일일것인가					7) —이것은 구차한 신비의 보잘것/없는 일일것인가	7) 6연10행: — 이것은 구차한 신비의 보잘것없는 일일 것인가.		
거리2	1) 거리	1) 거리			1) 거리2		1) 거리2	1) 제목:거리2	1) O, A는 제목이 '거리'임.	옥필원고에는 늘 역씨가 나이쓰기 등으로 행갈이 표시가 되
	2) 달금한	2) 달금한			2) 달금한		2) 달금한	2) 2연7행:달금 한	2) D만 '달금' 한. O, A, F, G는 '달콤한'	어 있지 않다. 그래서 원고지 의 마지막 칸까
	3) 確實히 어리석음에서 나오는 것은/아닐테인데	3) 確實히 어리석음에서 나오는 것은/아닐테인데			3) 確實히 어리석음에서 나오는 것은/아닐테인데		3) 確實히 어리석음에서 나오는 것은/아닐테인데	2연12행:확실히 어리석음에서 나오는 것은 아닐텐데		지 썼을 경우 다음 줄도 앞
	4) 나도 지나간 날에는 俳優를 꿈꾸고 실/望한 때가 있었단다	4) 나도 지나간 날에는 俳優를 꿈꾸고 실/望한 때가 있었단다			4) 나도 지나간 날에는 俳優를 꿈꾸고 실/望한 때가 있었단다		4) 나도 지나간 날에는 俳優를 꿈꾸고 실/望한 때가 있었단다	2연14행:나도 지나간 날에는 배우를 꿈꾸고 실망한 때가 있었단다	3) G만 행갈이 안됨. 4) A만 행갈이. 5) G만 행갈이 안됨.	줄과 같은 행 으로 판단하고, 쓰지 않은 경우 앞 행과 다른
	5) 無數한 우슴과 박민한 感激 이여/蘇生하여라	5) 無數한 우슴과 박민한 感激 이여/蘇生하여라			5) 無數한 우슴과 박민한 感激 이여/蘇生하여라		5) 無數한 우슴과 박민한 感激 이여/蘇生하여라	3연1행:무수한 웃음과 박민한	6) O, D, F, G 이 나는, A에서는 나도로.	행으로 판단한다.
	6) 나도 모든 사	6) 나도 모든 사			6) 나도 모든 사		6) 나도 모든 사			

판본 대조표

제목	(0) 목 및 대 엪 원 고	(A) 최초출판지	(B) 달나라의 장 난 (춘조사, 1959)	(C) 항비 유고	(D) 거대한 뿌리 (민음사, 1974)	(E) 달의 앵로를 땀으시라도려(민 음사, 1976)	(F) 전집 1981	(G) 전집 2003	비 고 1 (핀본대조)	비 고 2 (특이사항)
	람의 苦惱을	람의 苦惱을			람의 苦惱을		람의 苦惱을	한 감격이여 소생하여다	7) A만 행갈이 다름.	1) 육평원고 제 목 '거리' 다 음의 (二) 표 시는 본인 글 씨가 아닌 것 으로 판단됨.
	7) 어두운 圖書 館 깊은 房에 서 肉重한 百 科辭典을 동 락하는 學者 처럼	7) 어두운 圖書 館 깊은 房에 서 肉重한 百 科辭典을 동 락하는 學者 처럼			7) 어두운 圖書 館 깊은 房에 서 肉重한 百 科辭典을 동 락하는 學者 처럼		람의 苦惱을 7) 어두운 圖書 館 깊은 房에 서 肉重한 百 科辭典을 동 락하는 學者 처럼	6) 3연4행:나는 모든 사람의 고민을	8) F. G 행갈이 안됨.	
	8) 나는 그네들 의 苦惱에 대 하여만은 透 徹한 自信이 있다	8) 나는 그네들 의 苦惱에 대 하여만은 透 徹한 自信이 있다			8) 나는 그네들 의 苦惱에 대 하여만은 徹한 自信이 있다		8) 나는 그네들 의 苦惱에 대 하여만은 透 徹한 自信이 있다	7) 3연5행:어두 운 방에서 육 중한 백과사 전을 동락하 는 학자처럼	9) ~13) A만 행 갈이.	
	9) ○○부의 어 마어마한 자 리에 앉은 課 長이며 名土 이다	9) ○○부의 어 마어마한 자 리에 앉은 課 長이며 名土 이다			9) ○○부의 어 마어마한 자 리에 앉은 課 長이며 名土 이다		9) ○○부의 어 마어마한 자 리에 앉은 課 長이며 名土 이다	8) 3연6행:나는 그네들의 고 민에 대하여 만은 특철한 자신이 있다	14) O. F만 행 갈이.	
	10) 沙漠의 한 꿈을 찾아가 는 먼 나라의 외국사람 처 럼 나는	10) 沙漠의 한 꿈을 찾아가 는 먼 나라의 외국사람 처 럼 나는			10) 沙漠의 한 꿈을 찾아가 는 먼 나라의 외국사람 처 럼 나는		10) 沙漠의 한 꿈을 찾아가 는 먼 나라의 외국사람 처 럼 나는	9) 4연6행:○○ 부의 어마아 마한 자리에 앉은 과장이 며 명사(名土) 이다	15) A만 행 갈 이 안됨.	
	11) 지금은 이 繁雜한 現實 우에 하나하 나 幻想을	11) 지금은 이 繁雜한 現實 우에 하나하 나 幻想을			11) 지금은 이 繁雜한 現實 우에 하나하 나 幻想을		11) 지금은 이 繁雜한 現實 우에 하나하 나 幻想을	10) 5연1행:사마 의 한 꿈을 찾 아가는 먼 나 라의 외국 사 람처럼 나는	16) A, G만 행 갈이 안됨.	
	12) 개인 얼굴 이 며 노란 얼굴 이 며 제그러	12) 개인 얼굴 이 며 노란 얼굴 이 며 제그러			12) 개인 얼굴 이 며 노란 얼굴 이 며 제그러		12) 개인 얼굴 이 며 노란 얼굴 이 며 제그러	11) 6연1행:지 금은 이 번잡 한 현실 이 변경	17) A만 행갈이 안됨. 18) G만 행갈이 안됨.	

판본 대조표

제목	(0) 육첩방 및 대팔 원고	(A) 최초발표지	(B) 달나라의 장난 (춘조사, 1959)	(C) 장비 유고	(D) 거대한 뿌리 (민음사, 1974)	(E) 달의 행로를 밟을지라도 (민음사, 1976)	(F) 전집 1981	(G) 전집 2003	비고 1 (편본대조)	비고 2 (특이사항)
	러진 얼굴이 머가 모다 幻想과 現實의 中間에 서서 있기에	진 얼굴이며 가 모두 幻想과 現實의 中間에 서서 있기에			진 얼굴이며 가 모두 幻想과 現實의 中間에 서서 있기에		진 얼굴이며 가 모두 幻想과 現實의 中間에 서서 있기에	한 현실 위에 하나하나 환상을 12)6연2행: 개민 얼굴이며 노		
	13) 나는 食人種 같이 殘忍한 食慾과 强烈한 意慾으로 하나 그중의 하나를 임임 이 품어지다라 하고	13) 나는 食人種 같이 殘忍한 食慾과 强烈한 意慾으로 하나 그중의 하나를 임/일 이 품어지다라 하고			13) 나는 食人種 같이 殘忍한 食慾과 强烈한 意慾으로 하나 그중의 하나를 임임 이 품어지다라 하고		13) 나는 食人種 같이 殘忍한 食慾과 强烈한 意慾으로 하나 그중의 하나를 임임 이 품어지다라 하고	단 얼굴이며 저 그려진 얼 굴이며가 모두 환상과 현 실의 중간에 서서있기에 13)6연3행: 나는 식인종같이		
	14) 나의 마음은 담과 바람모 양으로/서늘 하다	14) 나의 마음은 담과 바람모 양으로 서늘 하다			14) 나의 마음은 담과 바람모 양으로/서늘 하다		14) 나의 마음은 담과 바람모 양으로/感傷과 鄕愁가 아닐 것이다	잔인한 탐욕 과 강렬한 의 욕으로 그중 의 하나하나 를 일일이 품 어자라고 14)6연4행: 나의 마음은 담과 바람모양으		
	15) 내가 잡겨있 는 精神의 焦 點은 感傷과 鄕愁가 아닐 것이다	15) 내가 잡겨있 는 精神의 焦 點은 感傷과 鄕愁가 아닐 것이다			15) 내가 잡겨있 는 精神의 焦 點은 感傷과 鄕愁가 아닐 것이다		15) 내가 잡겨있 는 精神의 焦 點은 感傷과 鄕愁가 아닐 것이다	로 서늘하다 15) 8연5행: 내 가 잠겨있는 정신의 초점 은 감상과 향		
	16) 憂鬱 대신에 수많은 기록 을 흔드는 快 活	16) 憂鬱 대신에 수많은 기록 을 흔드는 快 活			16) 憂鬱 대신에 수많은 기록 을 흔드는 快 活		16) 憂鬱 대신에 수많은 기록 을 흔드는 快 活	수가 아닐 것 이다		
	17) 구두의 洋服 이여 露店商 이여 印刷所	17) 구두의 洋服 이여 露店商 이여 印刷所			17) 구두의 洋服 이여 露店商 이여 印刷所		17) 구두의 洋服 이여 露店商 이여 印刷所			

제목	(0) 육필 및 대맬원고	(A) 초조들별표지	(B) 돌나라의 장 난 (춘조사, 1959)	(C) 장비 유고	(D) 거대한 부리 (민음사, 1974)	(E) 달은 앳로를 닮을지라도(민음사, 1976)	(F) 전집 1981	(G) 전집 2003	비고 1 (편년대조)	비고 2 (특이사항)
	여 人場券이 여 負債여 女人이여 18) 돈을 버는 거리의 부인 들이/여색한 모습이여	여 人場券이 여 負債여 女人이여 18) 돈을 버는 거리의 부인 들이/여색한 모습이여			여 人場券이 여 負債여 女人이여 18) 돈을 버는 거리의 부인 들이/여색한 모습이여		여 人場券이 여 負債여 女人이여 18) 돈을 버는 거리의 부인 들이/여색한 모습이여	16) 10연2행:우 을 때신에 수 많은 기록을 흔드는 괘활 17) 10연7~8행: 구두의 양복 이여 노점상 이여/임세소 여 부재(負債) 여 여인이여 18) 10연10행:도 을 버는거리 부인들의 여색 한 모습이며		
거미잡이	아 고만 죽어라 고만 죽여	아 고만 죽어라 고만 죽여			아 고만 죽어라 고만 죽여		아 고만 죽어라 고만 죽여	3연행:아 고만 죽어라 고만 죽여	O, D, F, G의 '고만'이 A에서 는 '그만'으로.	
거위 소리	남에도 여자의 縞馬色 원피스 를 바람에 나부 끼게 하고	남에도 여자의 縞馬色 원피스 를 바람에 나부 끼게 하고				남에도 여자의 縞馬色 원피스 를 바람에 나부 끼게 하고	남에도 여자의 縞馬色 원피스 를 바람에 나부 끼게 하고	2행:남에도 여 자의 호마노색 의 원피스를 바람 에 나부끼게 하 고	'縞馬色'이 F에 서는 '縞瑪色' 으로 바뀌고, G 에서는 편집자 주를 달아 '호 마노색(縞瑪瑙 色)'으로.	(본인글씨) 縞 馬色 에서, '馬'를 '瑪'은 본 바꾼 가필은 인글씨가 아님.
거짓말 의 여운	1) 원본 유실 부 분 2) 원본 유실 부			1) 그 사람도 거 짓말의 중을 의 까맣고 빨	1) 그 사람도 거 짓말의 중을 의 까맣고 빨		1) 그 사람도 거 짓말의 중을 의 까맣고 빨	1) 5연1~3행: 그 사람도 거 짓말의 중을	1) D는 행갈이 안됨. F, G 는 C와 행갈 이	(본인글씨) 원 고 5쪽 중 3번 째 갓 유실. 전

판본 대조표

제목	(0) 육필본 및 대맡 원고	(A) 최초글발표지	(B) 달나라의 장난(춘조사, 1959)	(C) 장비 유고	(D) 거대한 부리 (민음사, 1974)	(E) 달의 행로를 밟을지라도(민음사, 1976)	(F) 전집1981	(G) 전집 2003	비고 1 (편본대조)	비고 2 (특이사항)
속에서	분 3) 허름어진 담 밑에서 사과 껍질 보다도 얇은 4) 금방 불란서에 가더라도 금방 自由가 오나 해도			간/춘적을 가진 사람이라 고-그래서 우리의 混亂을/ 昇華시켜 보자 그러나 그러나 2) 일본말보다 도 더 빨리 英語를 읽을 수 있게 되, 몇 자네의 言語의 移民을 한 내가 3) 허름어진 담 밑에서 사과 껍질 보다도 얇은 4) 금방 불란서에 가더라도 금방 自由가 오나 해도	간/춘적을 가 진 사람이라 고-그래서 우 리의 混亂을 昇華시켜 보 자 그러나 그 러나 2) 일본말보다 도 더 빨리 英語를 읽을 수 있게 되, 몇 자네의 言語의 移民을 한 내가 3) 허름어진 담 밑에서 사과 껍질 보다도 얇음 4) 불란서에 가 더라도 自由가 오나 해도		간/춘적을 가 진 사람이라 고-그래서 우리의 混亂 을 昇華시켜 보자/그러나 그러나 2) 日本말보다 도 더 빨리 英語를 읽을 수 있게 되, 몇 자네의 言語의 移民을 한 내가 3) 허름어진 담 밑에서 사과 껍질 보다도 얇음 4) 금방 불란서 에 가더라도 금방 自由가 오나 해도	의 까맣고 빨 간 춘적을 가 진 사람이라 고-/그래서 우리의 혼란을 승화시켜보자 /그러나 그리 나그러나 2) 6연1~2행: 일본말보다도 더 빨리 영어 를 읽을 수 있게 되도,/몇 자레의 언어의 이민을 한 내가 3) 2연3행:허름 어진 담 밑에 서 사과 껍질 보다도 얇은 4) 10연3행: 금 방 불란서에 가더라도 금 방 자유가 오 나 해도	이가 다름. 2) C만 행갈이 다름. C, D, G의 '더 빨 리' 가 F에서 는 빨리 로. 3) D에서는 '허 름어진' 로 잘못 표기. 4) D에서는 '불' 단서' 앞의 '금방' 이 빠 짐. * D에서는 4연 을 제외한 모 든 연에서 행 갈이가 다름 (이어붙임).	필원고 위쪽 여 백에 "77.3.13 / 高秀生 崔石鎬 氏에게주다" 라 고 되어 있음.
격문檄文)/-신귀거 래2	1) 檄文 2) 模造品과 3) 椎氧도	1) 檄文 2) 模造品과 3) 椎氧도				1) 新歸去來 2/ 檄文 2) 模造品도 3) 稚氣도	1) 新歸去來 2/ 檄文 2) 模造品도 3) 稚氣도	1) 제목:격문(檄 文)/-신귀거 래2 2) 11행:모.조품	1) O, A에서 신 귀거래 연작 임이 나타나 있지 않음.	1) 육필원고의 "新歸去來2" 는 편집자의

844 판본 대조표

제목	(O)육필 및 매일신고	(A)최초발표지	(B)달나라의 장난 (춘조사, 1959)	(C)청비 유고	(D)거대한 뿌리 (민음사, 1974)	(E)달의 행로를 밟을지라도(민음사, 1976)	(F)전집 1981	(G)전집 2003	비고 1 (편쯘대조)	비고 2 (특이사항)
공자(孔子)의 생활난	줌넘기 作亂	줌넘기 作亂			줌넘기 作亂		줌넘기 作亂	1연2행: 줌넘기 장난	2) O, A, G의 조사 '과'가 E, F에서는 '도'로. 3) A에서만 '稚氣'가 '稚氣'로.	(본인글씨)
광야	(열간여배)그리나 오늘은 써 나도/(열간여배)그 열간여 짓은 나의 肉體의 隆起		(열간여배)그리나 오늘은 써 나도/(열간여배)그 열간여 짓은 나의 肉體의 隆起			(열간여배)그리나 오늘은 써 나도//(열간여배)그 열간여 짓은 나의 肉體의 隆起	그러나 오늘은 산보다도/그 나의 肉體의 隆起	3연8~9행:(열 간여배)그리나 오늘은 산보다 도/(열간여배) 그짓은 나의 육체의 나의 융기	O, A, D, F의 '作亂'이 G에 서는 '장난'으 로. F만 마지막 행에서 듬여쓰기가 되어있지 않음.	
구라중화(九羅重花)	1) 「그라지오라 스」 2) 누가 무엇이 라 하든 나의 붓은 이 時代 를 眞摯하게 걸어가는 사 람에게는 恥 辱에/ 먹/물소리 빛 소리 바람소 리	1) 「그라지오라 스」 2) 누가 무엇이 라 하든 나의 붓은 이 時代 를 眞摯하게 걸어가는 사 람에게는 恥 辱에/ 먹/물소리 빛 소리 바람소 리	1) 「구라지오라 스」 2) 누가 무엇이 라 하든 나의 붓은 이 時代 를 眞摯하게 걸어가는 사 람에게는 恥 辱에/ 먹/물소리 빛 소리 바람소 리		1) 「글라지오라 스」 2) 누가 무엇이 라 하든 나의 붓은 이 時代 를 眞摯하게 걸어가는 사 람에게는 恥 辱에/ 먹/물소리 빛 소리 바람소 리		1) 글라지오라스 2) 누가 무엇이 라 하든 나의 붓은 이 時代 를 眞摯하게 걸어가는 사 람에게는 恥 辱에/ 먹/물소리 빛 소리 바람소 리	1) 부제:글라디올라스 2) 4연1행~5연: 행: 누가 무엇 이라 하든 나 의 붓은 이 시 대를 진지하 게 걸어가는 사람에게는 치욕/물소리	1) 표기법, 부호, 글자체 각각 다름. 2) O, D, F, G의 연구분이 B에 서는 행갈이 로. 3) O, B, D의 '나는'이 F, G 에서는 '나이'	

판본 대조표

제목	(0) 육필 및 대필 원고	(A) 최초발표지	(B) 달나라의 장난(춘조사, 1959)	(C) 청비 유고	(D) 거대한 뿌리(민음사, 1974)	(E) 달의 행로를 밟을지라도(민음사, 1976)	(F) 전집 1981	(G) 전집 2003	비고 1 (판본대조)	비고 2 (특이사항)
	리 하나 들리지 않는 곳에 3) 나는 動脈없는 마음으로		리 하나 들리지 않는 곳에 3) 나는 動脈없는 마음으로		리 하나 들리지 않는 곳에 3) 나는 動脈없는 마음으로		지 않는 곳에 3) 나의 動脈없는 마음으로	빗소리 바람소리 하나 들리지 않는 곳에 3) 6연3행: 나의 動脈 없는 마음으로	로.	
구름의 파수병	1) 그러면 나는 내가 詩와는 반역(反逆)된 생활을 하고 있다는 것을/일 것이다 2) 먼 산정(山頂)에 서 있는 마음으로/나의 자식과 3) 철늦은 거미같이 존재없이 살기도 어려운 일방/방 두 간과 마루 한간과 4) 자기의 裸體(裸體)를 더듬어보고/살펴볼 수 없는 詩人처럼				1) 그러면 나는 내가 詩와는 反逆된 생활을 하고 있다는 것을 일 것이다 2) 먼 山頂에 서 있는 마음으로/나의 자식과 3) 철늦은 거미같이 존재도 없이 살기도 어려운 일방/방 두 간과 마루 한간과 4) 자기의 裸體를 더듬어보고/살펴볼 수 없는 詩人처럼		1) 그러면 나는 내가 詩와는 反逆된 생활을 하고 있다는 것을 일 것이다 2) 먼 山頂에 서 있는 마음으로/나의 자식과 3) 철늦은 거미같이 존재도 없이 살기도 어려운 일방/방 두 간과 마루 한간과 4) 자기의 裸體를 더듬어보고/살펴볼 수 없는 詩人처럼	1) 1연2행: 그러면 나는 내가 시(詩)와는 역된 생활을 하고 있다는 것을 알 것이다 2) 2연3행: 먼 산 정에 서 있는 마음으로 나의 자식과 3) 4연6행~5연 1행: 철늦은 거미같이 존재도 없이 살기도 어려운 일/방 두 간과 마루 한간과 4) 6연2행: 자기의 나체를	1) O만 행갈이. 2) G만 행갈이 안됨. 3) O, F, G의 연 구분이 D에서는 한 행으로. 4) D만 행갈이. 5)~6) G만 행갈이 안됨.	(본인글씨) 평원고에는 들여쓰기나 내어쓰기 등으로 행갈이가 표시가 되어 있지 않다. 그래서 원고 의 마지막 간까지 썼을 경우 앞 행과 같은 행으로 볼 것인지, 쓰지 않은 경우 앞 행과 다른 행으로 볼 판단함.

제목	(0) 육필 및 대필 원고	(A) 최초발표지	(B) 달나라의 장난 (춘조사, 1959)	(C) 청색 유고	(D) 거대한 뿌리 (민음사, 1974)	(E) 달의 행로를 밟을지라도 (민음사, 1976)	(F) 전집 1981	(G) 전집 2003	비고 1 (편별대조)	비고 2 (특이사항)
구슬프 듯속에	1) 잊혀지지 않는 것이 2) 불을 켜고 앉았을 때에는 이미 내가 찾던 것은				인(詩人)처럼 비참한 사람이 5) 거리에 나와서 집을 보고서 집에 앉아서 6) 이 매마른 산정에서 오랫동안/꿈도 없이	럼/비참한 사람이 5) 거리에 나와서 집을 보고서 집에 앉아서 6) 이 매마른 산정에서 오랫동안/꿈도 없이	럼 비참한 사람이 5) 거리에 나와서 집을 보고서 집에 앉아서 6) 이 매마른 산정에서 오랫동안 없이	1) 잊어지지 않는 것이 2) 불을 켜고 앉았을 때는 이미 내가 찾던 것은	더듬어보고 싶을 뿐 볼 수 없는 시인처럼 비참한 사람이 5) 6연3행: 거리에 나와서 집을 보고 집에 앉아서 6) 8연3행: 이 매마른 산정에서 오랫동안 꿈도 없이 1) 1연2행: 잊어지지 않는 것이 2) 2연1행: 불을 켜고 앉았을 때는/이미 내가 찾던 것은	1) O. F. G의 '잊어지지'가 E에서는 '잊어지지'로 해지지 2) G만 행갈이.	(본인글씨) 옥필원고에는 띄어쓰기나 내어쓰기 등으로 행같이 표시가 되어 있지 않다. 그래서 원고지의 마지막 칸까지 쓰였을 경우 다음 줄은 앞줄과 같은 행으로 판단하고, 쓰지 않은 경우 앞 행과 다른 행으로 판단함. 단, 2연1행

판본 대조표

제목	(0)육필및대멸원고	(A)최초발표지	(B)달나라의 장난(춘조사, 1959)	(C)청베 유고	(D)거대한 뿌리(민음사, 1974)	(E)달의 행로를 밟을지라도(민음사, 1976)	(F)전집 1981	(G)전집 2003	비고 1 (판본대조)	비고 2 (특이사항)
국립도서관	1) 그러나 「그때는 그때이고 지금은 지금이라」고 2) 盜賊질이나 하듯이 희끗희끗 내어다 보는 저 흰벽들은 무슨 鳥類의 尿와도 같다	1) 그러나 「그때는 그때이고 지금은 지금이라」고 2) 盜賊질이나 하듯이 희끗희끗 내어다 보는 저 흰벽들은 무슨 鳥類의 尿와도 같다					1) 그러나 「그때는 그때이고 지금은 지금이라」고 2) 盜賊질이나 하듯이 희끗희끗 내어다 보는 저 흰벽들은 무슨 鳥類의 尿와도 같다	1) 1연5행: 그러나 「그때는 그때이고 지금은 지금이라〉이고 2) 3연3~4행: 도적질이나 하듯이 희끗희끗 내어다보는 저 흰 벽들은 무슨 조류(鳥類)의 시뇨(屎尿)와도 같다	1) G만 낫표 위치 다름. 2) O만 행갈이 안됨.	1) 처음에 색연필로 행 표시를 했다가 취소행이나 나눔 소행에 '깨行'一先 으로 되어 있음. (1연5행에 서 6행으로 넘어가는 부분. 2) 편집자가 행갈이 표시를 했다가 다시 지움.
고방을 생각하며	1) 다시 쓰디쓴 담배진 냄새만 되살아나지만	1) 다시 쓰디쓴 담배진 냄새만 되살아나지만			1) 다시 쓰디쓴 담배진 냄새만 되살아나지만		1) 다시 쓰디쓴 담배진 냄새만 되살아나지만	1) 4연3행: 다시 쓰디쓴 담배진 냄새만 되살아나지만	1) F에서만 '담배진'이 누락됨.	

제목	(0) 육필 및 재멜 원고	(A) 최초발표지	(B) 달나라의 장난 (춘조사, 1959)	(C) 창비유고	(D) 거대한 뿌리 (민음사, 1974)	(E) 뒹굴며 웃돌 뱉을 자리도 (민음사, 1976)	(F) 전집 1981	(G) 전집 2003	비고 1 (판본대조)	비고 2 (특이사항)
금성라디오	1) 맑게 개인 가을날/일수로 사들여온 것처럼 금수의 날 2) 설음과아름다음을대신하여 3) 오늘은 평경 궂지의 날인가 稀稀이나 보다/내가 실기위하여 4) 몇개의 변게 같은 幻想이/必要하다 하드래도 5) 虛榮들이 몇 배의 아름다음을加하여있을때도 6) 그러할때매 는/나의 몸은 向上/한지를 더 자라는 꽃 이아니더냐 오늘은 평경 여러가지를 함한 긍지의 날 인가/쥬持의 날 인가 불러도 실 지않은 궁	1) 맑게 개인 가을날/일수로 사들여온 것처럼 2) 설음과아름다음을대신하여 3) 오늘은 평경 궂지의 날인가 稀稀이나 보다/내가 실기위하여 4) 몇개의 변게 같은 幻想이/必要하다 하드래도 5) 虛榮들이 몇 배의 아름다음을加하여있을때도 6) 그러할때매 는/나의 몸은 向上/한지를 더 자라는 꽃 이아니더냐 오늘은 평경 여러가지를 함한 긍지의 날 인가/쥬持의 날 인가 불러도 실 지않은 궁				1) 맑게 개인 가을/일수로 사들여온 것처럼 2) 설음과아름다움을대신하여 3) 오늘은 평경 궂지의 날인가 보다/내가 살기위하여 4) 몇개의 번게 같은 幻想이 必要하다 하드라도 5) 疲勞들이 몇 배의 아름다움을加하여 있을때도 6) 그러할때면 은 나의 몸은 向上한 지를 더 자라는 꽃 이 아니더냐 오늘은 평경 여러가지를 함 한 긍지의 날 인가/保持의 날 인가 불러도 실 지 않은 궁	1) 맑게 개인 가을 을 일수로 사들여온 것처럼 2) 설음과아름다움을대신하여 3) 오늘은 평경 궂지의 날인가 보다/내가 살기위하여 4) 몇개의 번게 같은 幻想이 必要하다 하드라도 5) 疲勞들이 몇 배의 아름다움을加하여 있을때도 6) 그러할 때면 은 나의 몸은 向上한 지를 더 자라는 꽃 이 아니더냐 오늘은 평경 여러 가지를 함한 긍지의 날 인가/保持의 날 인가 불러도 실지 않은 궁지	1) 1년1~2행: 맑게 개인 가을 날/일수로 사들여온 첫처럼 2) 1연7행: 설음 과 아름다움 을 대신하여 3) 1연8행~2연 1행: 오늘은 평경 궂지의 날인 가 보다/내가 살기 위하여 4) 2연2행:몇개 의 번게 같은 한상이 필요하 다하더라도 5) 2연5행:피로 들이 몇 배이	1) A만 행갈이 다름, 편집상 실수로 보임. 2) A만 행갈이. 3) A에는 행갈 이, O,B,F,G 에는 연구분. 4) A의 '몇 개' 가 O,B,F G 에서는 '몇 개' 의로 A만 행 갈이. 5) A의 '虛榮'이 는 '疲勞'피 로 O,B,F,G이. 6) A의 O,F,G에서는 5행으로	(본인글씨)

판본 대조표

제목	(0) 육필및 매 型 원고	(A) 최초발표지	(B) 달나라의 장난(춘조사, 1959)	(C) 청베 유고	(D) 거대한 뿌리 (민음사, 1974)	(F) 달의 행로를 밟을지라도(민음사, 1976)	(F) 전집1981	(G) 전집 2003	비고 1 (편판대로)	비고 2 (특이사항)
꽃의 정열	자의 남인가 보/모든 설움이 함쳐지고 모든것이 서름으로 돌아가는	의남인가 보/모든 설움이 함쳐지고 모든것이 서름으로 돌아가는				의 남인가 보/모든 설움이 함쳐지고 모든것이 설움으로 아가는	지의 남인가 보/모든 설움이 함쳐지고 모든것이 설움으로 돌아가는	도도 싫지않은 궁지에 남인가 보/모든 설움이 함쳐지고 모든것이 설움으로 돌아가는		
	1) 내가 썼다고 않아주는 사람이 있어도 좋고. 2) 붙으기 힘든 사람의 이름						1) 내가 썼다고 않아주는 사람이 있어도 좋고 2) 부르기 힘든 사람의 이름	1) 1연11행: 내가 썼다고 않아 주는 사람이 있어도 좋고. 2) 2연12행:부르기 힘든 사람의 이름	1) O에만 쉼표 (,) 있음. 2) O, F의 '힘드'이 G에서 는 '힘든'으로.	(본인글씨)
꽃2 (1956)	1)「꽃」 2) 나는 결코 그의 種子에 대하여 말하고 있는 것이 아니다 3) 오히려 설움 이 없기 때문 에 꽃은 피어나고/꽃이 아니는 瞬間 4) 푸르고 연하고 길기만한 가지와 줄기의 內面은 完	1)「꽃」 2) 나는 決코 그의 種子에 대하여 말하고 있는 것이 아니다 3) 오히려 설움 이 없기 때문 에 꽃은 피어나고/꽃이 아니는 瞬間 4) 푸르고 연하 고 길기만한 가지와 줄기 의 內面은 完	1)「꽃」 2) 나는 決코 그의 種子에 대하여 말하고 있는 것이 아니다 3) 오히려 설움 이 없기 때문 에 꽃은 피어 나고/꽃이 피 어나는 瞬間 4) 푸르고 연하 고 길기만한 가지와 줄기 의 內面은 完				1)「꽃 ㅡ」 2) 나는 결코 그의 種子에 대하여 말하고 있는 것이 아니다 3) 오래 설움 이 없기 때문 에 꽃은 피어 나고/꽃이 피 어나는 瞬間 4) 푸르고 연하고 길기만한 가지와 줄기의 內面은 完	1) 제목:「꽃 2」 2) 나는 결코 그 의 種子(種子)에 대하여 말하 고 있는 것은 아니다 3) 1연6행~2연1 행:오히려 서 름이 없기 때 문에 꽃은 피 어나고//꽃이 피어나는 순간 4) 2연2~3행:푸 르고 연하고	1) 제목 다름. 2) A만 행갈이 안됨. 3) A에선 행갈이 인데 O,B,F, G에서는 연갈이 됨. 4) A만 행갈이 안됨. 5) O,B,F,G의 '완전(完全)' 이 A에선 '安 全'으로.	

제목	(0) 육필 및 대맬원고	(A) 최초발표지	(B) 달나라의 장난(춘조사, 1959)	(C) 창비 유고	(D) 거대한 뿌리 (민음사, 1974)	(E) 달의 행로를 밟을지라도(민음사, 1976)	(F) 전집 1981	(G) 전집 2003	비고 1 (본문대조)	비고 2 (특이사항)
	숨한 꽃술을 끝마치고 있 있던 것이다 5) 完全	숨한 꽃술을 끝마치고 있 있던 것이다 5) 安全	숨한 꽃술을 끝마치고 있 있던 것이다 5) 完全				숨한 꽃술을 끝마치고 있 있던 것이다 5) 完全	김기만한 가지와 줄기의 내면 운/완전 한 공허를 끝마치고 있 있던 것이다 5) 2연3행:완전		
꽃잎 1	1) 「꽃잎 1」 2) 엎뜻	1) 「꽃잎」 2) 엎뜻			1) 「꽃잎(一)」 2) 엎뜻		1) 「꽃잎(一)」 2) 엎뜻	1) 제목: 「꽃잎 1」 2) 3연3행: 엎뜻	1) A만 「꽃잎」이 란 하나의 작 품 안에 「꽃잎 1」, 「꽃잎2」, 「꽃잎3」을 1, 2, 3으로 구분 해놓음. 2) O, A '엎뜻'이 D, F, G에서는 '언뜻' 으로.	(본인글씨)
꽃잎 2	1) 「꽃잎 2」 2) 苦惱	1) 「꽃잎」 2) 苦惱			1) 「꽃잎(二)」 2) 苦惱		1) 「꽃잎(二)」 2) 苦惱	1) 제목: 「꽃잎 2」 2) 1연1행: 고뇌	1) A만 「꽃잎」 이란 하나의 작품 안에 「꽃잎 1」, 「꽃잎2」, 「꽃잎3」을 1, 2, 3으로 구분해놓음. 2) A만 '苦惱' 으로.	(본인글씨)
꽃잎 3	1) 「꽃잎」 2) 드잎이 되는	1) 「꽃잎」 2) 드잎이 되는			1) 「꽃잎(三)」 2) 드잎이 되는		1) 「꽃잎(三)」 2) 드잎이 되는	1) 제목: 「꽃잎 3」	1) A만 「꽃잎」이 란 하나의 작품	(본인글씨) * 원제 '실낱'

판본 대조표

제목	(0) 육필 및 대 멜 원고	(A) 최초 발 표지	(B) 별나라의 장 난(춘조사, 1959)	(C) 청비 유고	(D) 거대한 뿌리 (민음사, 1974)	(E) 달의 행로를 밟을지라도(민음사, 1976)	(F) 전집 1981	(G) 전집 2003	비 고 1 (편년대조)	비 고 2 (특이사항)
	지 조일이 되 는지 그러나 너와 내가/점 한 시간은 단 몇분이 안되 지 그린데 3) 꽃과 더러워 져가는 花園의 4) 실날	지 조일이 되 는지 그러나 너와 내가/점 한 시간은 단 몇분이 안되 지 그린데 3) 꽃과 더러워 져가는 花園의 4) 실날			지 조일이 되 는지 그러나 너와 내가/점 한 시간은 단 몇분이 안되 지 그린데 3) 꽃과 더러워 져가는 花園의 4) 실날		지 조일이 되 는지 그러나 너와 내가/점 한 시간은 단 몇분이 안되 지 그린데 3) 꽃과 더러워 져가는 花園의 4) 실날	2) 4연2~3행:3 일이 되는지 5 일이 되는지 그러나 내가 너와/첨한 시 간은 단몇 분 이 안되지 그 린데 3) 5연1행: 꽃과 더러워 가는 花園의 4) 6연: 실날	안에 「꽃잎」, 「꽃잎2」, 「꽃잎 3」을 1, 2, 3으 로 구분해놓음. 2) D만 행갈이 안됨. 3) A만 '더러워 져가는'으로. 4) O, A, D의 '실날'이 F, G에서는 '실 날'으로.	로 되어 있는 것(4회)을 교정 시 '실날'(2회) 으로 고친 흔적 있음. 나머지 2 하는 '실날'로 그대로 둠.
나는아 리조나 가보이 야	너이놈	너이놈					너하놈	2연4행:나하놈	O, F, G의 '나 하놈'이 A만 '나이놈'으로.	
나의 가족	1) 먼지처럼 인 색하게 문의 가지고 들어 온 짓/엄마나 長久한 歲月 이 흘러갔던 가 2) 죽은 世代를 가리키는 地 層의 斷面처 럼 역세고도 아름다운 色	1) 먼지처럼 무 색하게 문의 가지고 들어 온 짓/어머니 長久한 歲月 이 흘러갔던 가 2) 죽은 世代를 가리키는 地 層의 斷面처 럼 역세고도 아름다운 色		1) 먼지처럼 인 색하게 문의 가지고 들어 온 짓/엄마나 長久한 歲月 이 흘러갔던 가 2) 죽은 世代를 가리키는 地 層의 斷面처 럼 역세고도 아름다운 色		1) 먼지처럼 인 색하게 문의 가지고 들어 온 짓/엄마나 長久한 歲月 이 흘러갔던 가 2) 죽은 世代를 가리키는 地 層의 斷面처 럼 역세고도 아름다운 色	1) 2연4행~3연 1행:먼지처럼 인색하게 문 의 가지고 들 어온 짓/'엄마 나' 장구한 세 월이 흘러갔 단가 2) 3연3행:죽은 세대를 가리 키는 지층의 단면처럼 역	1) O, D, F, G의 연구분이 A에 선 행갈음이로. A의 '어머니' 오식으로 보 임. 2) O, A의 '色 襴'이 D,F,G 에선 '색갈' 로. 3) A만 행갈이	(본인글씨)

제목	(O) 육필 및 대별 원고	(A) 최초발표지	(B) 달나라의 장난(춘조사, 1959)	(C) 창비 유고	(D) 거대한 뿌리(민음사, 1974)	(E) 달의 행로를 밟을지라도(민음사, 1976)	(F) 전집 1981	(G) 전집 2003	비고 1 (판본대조)	비고 2 (특이사항)
	楊—	楊—			楊—		楊—	새고도 아름다운 색깔—	안됨.	
	3) 그것은 지넘은 문창호의 수많은/틈사이로 흘러들어오는 겨울바람보다도 나의 눈을 밝게 한다	3) 그것은 지넘은 문창호의 수많은/틈사이로 흘러들어오는 겨울바람보다도 나의 눈을 밝게 한다			3) 그것은 지넘은 문창호의 수많은/틈사이로 흘러들어오는 겨울바람보다도 나의 눈을 밝게 한다		3) 그것은 지넘은 문창호의 수많은/틈사이로 흘러들어오는 겨울바람보다도 나의 눈을 밝게 한다	3) 4연3~4행: 그것은 지넘은 문창호의 수많은/틈사이로 흘러들어오는 겨울바람보다도 나의 눈을 밝게 한다	4) O, D, F, G의 '가족들'이 A에서 '가족A가족들'의로. 5) A만 '짓'이오. 6) O, D, F, G만 '앉았으며'이 '앉았으므로.	
	4) 家族들이 지마다 떠드는 소리도	4) 家族들이 지마다 떠드는 소리도			4) 家族들이 지마다 떠드는 소리도		4) 家族들이 지마다 떠드는 소리도	5연2행:家族		
	5) 온마음을 다하여 즐기고 있는 書冊은	5) 온마음을 다하여 즐기고 있는 書冊은			5) 온마음을 다하여 즐기고 있는 書冊은		5) 온마음을 다하여 즐기고 있는 書冊은	5) 5연 6행: 온마음을 다하여 즐기고 있는 서재쇼.		
	6) 차라리 偉大한 것을 바라지 말았으며	6) 차라리 偉大한 것을 바라지 말았으며			6) 차라리 偉大한 것을 바라지 말았으며		6) 차라리 偉大한 것을 바라지 말았으면	6) 8연1행: 차라리 위대한 것을 바라지 말았으면		
내 얼굴은	짐자국/죽어라 理性을 되찾기 전에			짐자국/죽어라 理性을 되찾기 전에			짐자국//죽어라 理性을 되찾기 전에	3연 7행~4연 1행: 짐자국/죽어라 이성을 되찾기 전에	O, F, G의 연구 분이 C에서는 행갈이로.	

판본 대조표

제목	(0) 육필 및 대필 원고	(A) 최초 글 표지	(B) 달나라의 장난 (춘조사, 1959)	(C) 청맥 유고	(D) 거대한 뿌리 (민음사, 1974)	(E) 달의 행로를 밟을지라도 (민음사, 1976)	(F) 전집 1981	(G) 전집 2003	비고 1 (판본대조)	비고 2 (특이사항)
네이팜 탄	「시간은, 시간을 먹는 듯이 바쁘기만 하다는						「시간은 시간을 먹는 듯이 바쁘기만 하다는	6연6행:〈시간은 시간을 먹는 듯이 바쁘기만 하다는	O만 '시간은' 다음에 쉼표(,)있음.	
누이야 장하고나!/—신귀거래	1) 「누이야 장하고나」/(新歸去來7) 2) 눈다는 것이 이렇게 웃음을 자아낸다			1) 「누이야 장하고나」/(新歸去來6) 2) 눈다는 것이 이렇게 웃음을 자아낸다	1) 新歸去來 7/누이야 장하고나! 2) 눈다는 것도 이렇게 웃음을 자아낸다		1) 新歸去來 7/누이야 장하고나! 2) 눈다는 것도 이렇게 웃음을 자아낸다	1) 제목:누이야 장하고나!/—신귀거래 2) 2연9행:눈다는 것도 이렇게 웃음을 자아낸다	1) C에서만 신귀거래6으로 되어 있음. 2) C에서만 '것'도가 '것이'로.	
누이의 방	1) 人生의 장마의 주내릅 물방울 소리가 2) 空間의 偶然에 눕렌다					1) 人生의 장마의 주내릅 물방울소리가 2) 空間의 偶然에 눕렌다.	1) 人生의 장마의 주내릅 물방울 소리가 2) 空間의 偶然에 눕렌다	1) 5행:인생의 장마의 주내릅 물방울 소리가 2) 14행:공간의 우연에 눕란다	1) E만 행갈이 제대로 안됨. 2) E만 마침표 (.) 있음. *O, G에서는 제목 다음에 '新귀거래'라고 있으나 F, G에는 제목 위에 '신귀거래 8'이라고 되어 있음.	(본인글씨) 제목 다음에 '신귀거래 8'이라고 표기되어 있으나 이름 편집자가 잠시로 제목 앞으로 옮김.
눈(1956)	마음껏 뱉자.	마음껏 뱉자.				마음껏 뱉자	마음껏 뱉자	4연5행:마음껏 뱉자	A만 마침표(.)있음.	*O에서는 '욕'으로 되어 있으나 편집자는 '눈'으로 수정.

제목	(0) 육필 및 대필 원고	(A) 최초출발지	(B) 달나라의 장난(춘조사, 1959)	(C) 창비 유고	(D) 거대한 뿌리 (민음사, 1974)	(E) 들의 햇볕 발음지대로민 음사, 1976)	(F) 전집1981	(G) 전집 2003	비고 1 (뜬본대조)	비고 2 (특이사항)
눈 (1966)	1) 눈이 온 뒤에도 또 내린다 // 생각하고 고 난 뒤에도 내린다/생각하고 난 뒤에도 내린다/응아 하고 온 뒤에도 또 내릴까/한 개번에 생각하고 또 한 다/한 줄 건너 또 내릴 내릴두줄 가//廢墟에 눈 이 내릴까	1) 눈이 온 뒤에 도 또 내린다 // 생각하고 고 난 뒤에도 내 린다/응아 하고 온 뒤에도 또 내릴까/한 개번에 생각 하고 또 내린 다/한 줄 건너 또 내릴 내릴두줄 가//廢墟에 눈 이 내릴까			1) 눈이 온 뒤에 도 또 내린다 /생각하고 난 뒤에도 내 린다/응아 하고 온 뒤에도 또 내릴까/한 개번에 생각 하고/한 줄 건너 두줄 건너 또 내릴 내릴두줄 가/廢墟에 눈 이 내릴까		1) 눈이 온 뒤에도 또 내린다 // 생각하고 난 뒤에도 내린다//응아 하고 온 뒤에 도 또 내릴까 // 한 개번에 생각하하 다//한 줄 건너 또 내린다 두줄 건너 또 내릴까/ 廢墟에 눈이 내릴까	1~6연:눈이 온 뒤에도 또 내린다 //생각 하고 난 뒤에도 또 내린다 //응아 하고 온 뒤에도 또 내릴까/한개 번에 생각하 고 또 내린다 //한 줄 건너 두 줄 건너 또 내릴까/廢墟 에 폐허에 눈 이 내릴가	1) O. F. G의 연 구본이 A. D 에서는 행갈 이로.	1) 1행과 2행사 이에 "2음行 畓"이라는 편 집자의 메모 가 있음.
달나라의 장난	달나라의 작난		달나라의 장난		달나라의 장난		달나라의 장난	제목, 25행:달 나라의 장난	O만 '작란' 으로	
달밤	마지막으로 夢 想을 거듭하기 도 피곤해진 밤 에는	마지막으로 夢 想을 거듭하기 도 피곤해진 밤 에는	마지막으로 夢 想을 거듭하기 도 피곤해진 밤 에는			마지막으로 夢 想을 거듭하기 도 피곤해진 밤 에는	마지막으로 생 각을 거듭하기 도 피곤해진 밤 에는	1연4행:마지막 으로 몽상을 거 듭하기도 피곤 해진 밤에는	A만 '생각이'.	
더러운 향로	이 더러운 길	이 더러운 길					이 더러운 길	9연4행:이 더 러운 길.	F에 마침표(.) 없음.	

판본 대조표

제목	(0) 육필 및 대맥원고	(A) 최초발표지	(B) 달나라의 장난 (춘조사, 1959)	(C) 청베 유고	(D) 거대한 뿌리 (민음사, 1974)	(E) 달의 행로를 밟을지라도 (민음사, 1976)	(F) 전집 1981	(G) 전집 2003	비고 1 (판본대조)	비고 2 (특이사항)
도취의 피안	네가 인지는 조그마한 그림자가 무서워/별별 떨고 있는		네가 인지는 조그마한 그림자가 무서워 떨고 있는				네가 인지는 조그마한 그림자가 무서워/별별 떨고 있는	7연3~4행:네가 인지는 조그마한 그림자가 무서워/별별 떨고있는	B만 행갈이 안 됨.	
돈	1) 쓸 필요도 없이 한 그·四일을 나하고 점심을 같이 한 돈 2) 아무도 正視 하지 못한 돈―돈의 비밀이 여기에 있다	1) 쓸 필요도 없이 한 그·四일을 나하고 점심을 같이 한 돈 2) 아무도 正視 하지 못한 돈―돈의 비밀이 여기에 있다		1) 쓸 필요도 없이 한 그,四일이 나하고 점심을 같이 한 돈 2) 아무도 正視 하지 못한 돈―돈의 비밀이 있다		1) 쓸 필요도 없이 한 그,四일이 나하고 점심을 같이 한 돈 2) 아무도 정시 하지 못한 돈―돈의 비밀이 있다	4행:쓸 필요 도 없이 한 3, 4일을 나하고 점심을 같이 한 돈 2) 11행:아무도 정시(正視)하 지 못한 돈― 돈의 비밀이 여기 있다	1) O, A의 그·四의 가운뎃 점이 D, F, G 에서는 쉼표 로. 2) O, D, F, G 의 '여기가'A 의 '여기는' 예도.	
동맥 (冬麥)	1) 光線의 微粒 子와 粉末이 나무도 시들 하다/(壓迫해 주고 싶다) 2) 그러나 이는 방을 휘몰 는 싯퍼런/灼 熱의 意味가 밝혀지기까지 는	1) 光線의 微粒 子와 粉末이 나무도 시들 하다/(壓迫해 주고 싶다) 2) 그러나 이는 방을 휘몰 는 싯퍼런/灼 熱의 意味가 밝혀지기까지 는	1) 光線의 微粒 子와 粉末이 나무도 시들 하다/(壓迫해 주고 싶다) 2) 그러나 이는 방을 휘몰 는 싯퍼런/灼 熱의 意味가 밝혀지기까지 는			1) 光線의 微粒 子와 粉末이 나무도 시들 하다/(壓迫해 주고 싶다) 2) 그러나 이는 방을 휘몰 는 싯퍼런/灼 熱의 意味가 밝혀지기까지 는	1) 光線의 微粒 子와 粉末이 나무도 시들 하다/(壓迫해 주고 싶다) 2) 그러나 이는 방을 휘몰 는 싯퍼런/灼 熱의 意味가 밝혀지기까지 는	1) 2연3~4행: 광선의 미립 자와 분말이 나무도 시들 하다/(암박해 주고 싶다) 2) 3연1행:그 러나 이 눈을 휘몰리는 싯 퍼런 작열의 의미가 밝혀 지기까지는	1) A만 행갈이 위치 다름 2) G만 행갈이 안 됨.	
동야 (凍夜)	얼음을 놓았는 네//너무 고요해	얼음을 놓았는 네//너무 고요해				얼음을 놓았는 네//너무 고요	얼음을 놓았는 네//너무 고요	2연2행~3연1 행:얼음을 놓았 는/네:음음을 놓았	O, E, F, G 의 연 구분이 A에서	

제목	(O)육필 및 대맬윈고	(A)최초발표지	(B)달나라의 장난(춘조사, 1959)	(C)장비 유고	(D)거대한 뿌리(민음사, 1974)	(F)달의 행로를 밟을지라도(민음사, 1976)	(F)전집 1981	(G)전집 2003	비고 1 (판본대조)	비고 2 (특이사항)
등나무 /-신귀거래 3	해서 잠에서 깨어나	서 잠에서 깨어나				해서 잠에서 깨어나	해서 잠에서 깨어나	늠네/나무 고 요해서 잠에서 깨어나	는 행갈이로.	
	1) 등나무	1) 듬			1) 新歸去來3/ 등나무		1) 新歸去來 3/ 등나무	1) 제목:등나무/-신귀거래	1) 작품제목이 판본마다 다름. *A는「신귀거래」 5편의 제목의 맨 아래 3번 부분임.	1) 육필원고의 "新歸去來3" 은 편집지시 가필로 보임
	2) 나의 魂, 목욕을 중지한 詩人의 魂을 마셨다고	2) 나의 魂, 목욕을 중지한 詩人의 魂을 마셨다고			2) 나의 魂, 목욕을 중지한 詩人의 魂을 마셨다고		2) 나의 魂, 목욕을 중지한 詩人의 魂을 마셨다고	2) 3연3행:나의 혼, 목욕을 중지한 시인의 혼을 마셨다고	2) A만 행갈이.	
	3) 메그롱	3) 메그롱			3) 메그롱		3) 메드롱		3) 외래어 표기.	
	4) 향나	4) 향나			4) 향다		4) 향다	3) 7연5행:메코론	4) 외래어 표기.	
	5) 「쯔, 쯔, 쯔오, 쯔, 쯔, 쯔」	5) 「쯔, 쯔, 쯔오, 쯔, 쯔 쯔」			5) 「쯔, 쯔, 쯔오, 쯔, 쯔, 쯔」		5) 「쯔, 쯔, 쯔오, 쯔, 쯔, 쯔」	4) 7연5행:향다 5) 9연6행:「쯔, 쯔, 쯔오, 쯔, 쯔, 쯔」	5) A만 쉼표(,) 없음.	
마케팅	그러니까 모란이다 모란이다//모란 모란……/그리고도 하나 있는 것답다				그러니까 모란이다 모란이다 모란 모란……/그리고도 하나 잇는 것답다		그러니까 모란이다 모란이다 모란 모란……//그리고도 하나 잇는 것답다	1연24행~2연1행:그러니까 모란이다 모란이다 모란……//그리고 모란 또 하나이다 있는 것 답다	O, F, G의 연구 분이 D에서는 행갈이로.	"原本은 陸史 기념사업회에. 一九五五. 六十九. 朴在森씨에게" 단 메모가 있음.
만지지 탄은	인제는 志操탕 영원히 버리고	인제는 志操탕 영원히 버리고					인제는 志操탕 영원히 버리고	3연11행:인제는 지조당 영원히 버리고	O, F, G의 '志操'가 A에서는	

판본 대조표

제목	(0)육필 및 대 명 원고	(A)최초발표지	(B)달나라의 장난(춘조사, 1959)	(C)장비유고	(D)거대한 뿌리(민음사, 1974)	(E)달의 행로를 밟을지라도(민음사, 1976)	(F)전집 1981	(G)전집 2003	비고 1 (판본대조)	비고 2 (특이사항)
잊지말	마음 놓고	마음 놓고					히 버리고 마음 놓고	'志探' 으로	
만용에게	1) 四百三拾円 이니 2) 四百三拾円 짜리	1) 四百三拾圓 이니 2) 四百三拾圓 짜리				1) 四百三拾圓 이니 2) 四百三拾圓 짜리	1) 1연2행:430원 이니 2) 3연3행:430원 짜리	1)~2) O이 'ㄲ' 이 A, F, G에 서는 '원(圓)'으 로도.	(본인글씨) O의 'ㄲ'을 ㄱ 정자로 봄 의 약자로 본 듯 함.
만주의 여자	1) 너에게서 취 하는 全身의 榮養 2) 끊었던 습을 다시 마시면 서 사랑의 복 습을 하는 셈 인가 3) 풍퐁해진 몸 집하고 푸르 스름해진 눈 자위가 아무 리 보아도 설 어 보인다 4) 끊었던 습을 다시 마시는 데 流行歌처 럼 5) 옆 상에 앉은 술 친구들이 경사나 난 듯	1) 너에게서 취 하는 全身의 榮養 2) 끊었던 습을 다시 마시면 서 사/사랑의 복 습을 하는 셈 인가 3) 풍퐁해진 몸 집하고 푸르 스름해진/눈 자위가 아무 리 보아도 설 어 보인다 4) 끊었던 습을 다시 마시는 데/流行歌처 럼 5) 옆 상에 앉은 술 친구들이/ 경사나 난 듯				1) 너에게서 취 하는 全身의 營養 2) 끊었던 습을 다시 마시면 서 사랑의 복 습을 하는 셈 인가 3) 풍퐁해진 몸 집하고 푸르 스름해진 눈 자위가 아무 리 보아도 설 어 보이지 아니 4) 끊었던 습을 다시 마시는 데 流行歌처 럼 5) 옆진구들이 술친구들이 경사나 난 듯	1) 너에게서 취 하는 全身의 營養 2) 끊었던 습을 다시 마시면 서 사랑의 복 습을 하는 셈 인가 3) 풍퐁해진 몸 집하고 푸르 스름해진 눈 자위가 아무 리 보아도 설 어 보이지 아니 4) 끊었던 습을 다시 마시는 데 流行歌처 럼 5) 옆진구들이 술친구들이 경사나 난 듯	1) 2연4행:너에 게서 취하는 전신의 영양 2) 2연5행:끊었 던 술을 다시 마시면서 사 랑의 복습을 하는 셈인가 3) 2연6행:풍퐁 해진 몸 집하 고 푸르스름 해진 눈자위 가 아무리 보 아도 설어 보 인다 4) 3연1행:끊었 던 술을 다시 마시는데 유 행가처럼 5) 3연6~7행: 옆상에 앉은	1) O, A의 '榮 養'이 E, F에 서 '營養'으 로. 2)~4) A만 행갑 이. 5) A만 행갑이 위치 다름. 6) O, A의 각각 다르게 행갑 이.	(본인글씨) 4연(6행)에 행갑 이 붙임 가필 이 있음.

858　　판본 대조표

제목	(0) 육필 및 대멜원고	(A) 최초발표지	(B) 달나라의 장난(춘조사, 1959)	(C) 청맥 유고	(D) 거대한 뿌리 (민음사, 1974)	(E) 달의 행로를 밟을지라도(민음사, 1976)	(F) 전집 1981	(G) 전집 2003	비고 1 (판본대조)	비고 2 (특이사항)
	이/고향을 친다 6) 十六년 후에 이렇게 폐허 이 서울의 茶 房 건너 막걸리 집에서 만나게 됐으 니	이/고향을 친다 6) 十六년 후에 이렇게 폐허 이 서울의 茶 房 건너 막걸리 집에서 만나게 됐으 니				이/고함을 친 다 6) 十六년 후에 이렇게 폐허 이 서울의 茶 房 건너 막걸리 집에서 만나게 됐으 니	이/고함을 친 다 6) 十六년 후에 이렇게 폐허 이 서울의 茶 房 건너 막걸리 집에서 만나게 됐으 니	술친구들이 경 사나 난 듯이/ 고함을 친다 6)4연6행:18년 후에 이렇게 이 사울의 막걸리집에서 또 만나게 됐으니		
말(1964)	1) 자식을 다루 기 어려워지 고 친구를/다 루기 어려워 지고 2) 죽음을 제쳐 놓는 가장 무 력한 말	1) 자식을 다루 기 어려워지 고 친구를/다 루기 어려워 지고 2) 죽음을 제쳐 놓는 가장 무 력한 말		1) 자식을 다루 기 어려워지 고 친구를/다 루기 어려워 지고 2) 죽음을 제쳐 놓는 가장 무 력한 말	1) 자식을 다루 기 어려워지 고 친구를/다 루기 어려워 지고 2) 죽음을 제쳐 놓는 가장 무 력한 말		1) 자식을 다루 기 어려워지 고 친구를/다 루기 어려워 지고 2) 죽음을 제쳐 놓는 가장 무 력한 말	1)3연3~4행: 자식을 다루 기 친구를/다 루기 어려워 지고 2) 4연3행:죽음 을 제쳐놓는 가장 무력한 말	1) A만 행갈이 안됨. 2) O, A, C의 '제쳐 놓는' 이 D, E, F, G에 서는 '제쳐 놓는'으로.	
말복	내 팔은 좀체로 제대로 길이를 갖지 못하고/그 래도 햇빛을 가 리킨다	내 팔은 좀체로 제대로 길이를 갖지 못하고/그 래도 햇빛을 가 리킨다				내 팔은 좀체로 제대로 길이를 갖지 못하고/그 래도 햇빛을 가 리킨다	4연3행~5연1 행:내 팔은 좀 체로 제대로 길 이를 갖지 못하 고/그래도 햇 빛을 가리킨다	O, F, G는 연 구분, A는 행갈 이.	
먼지	睡眠	睡眠				睡眠	睡眠	6연2행:타면(墮 眠	O, A, F는 '睡眠'	(본인 글씨)

판본 대조표

제목	(0) 육필 및 대멸원고	(A) 최초글발포지	(B) 옛나라의 장년(존조사, 1959)	(C) 창비 유고	(D) 거대한 뿌리 (민음사, 1974)	(E) 들의 앵로를 앓글자라도민 음사, 1976)	(F) 전집 1981	(G) 전집 2003	비고 1 (편본대조)	비고 2 (특이사항)
모 르 지?/신귀거래	모르지?	眠			新歸去來 5/모르지?		新歸去來 5/모르지?	제목: 모르지? -신귀거래	眠, G는 '타면(惰眠)'.	작품제목 판본에 따라 다름. *A는「新歸篇」중 '眠' 부분. (본인글씨) 1)육필원고의 "新歸去來5"는 가필 편집자의 가필로 보여짐.
미농인 참지	꽉 막히는 이것이 나의 생활의 자연의 시효요/바다와 腦漿과 용숫음치는 파도와 조니 위·위거와				꽉 막히는 이것이 나의 생활의 자연의 시효요 바다와 腦漿과 용숫음치는 파도와 조니 위거와		꽉 막히는 이것이 나의 생활의 자연의 시효요/바다와 腦漿과 용숫음치는 파도와 조니 위거와	2연1~2행: 꽉 막히는 이것이 나의 생활의 자연의 시요요 바다와 腦漿과 용숫음치는 파도와 조니 위거와	D만 행갈이 안 됨.	(본인글씨)
미숙한 도적	1) 기진맥진 하여서 여관을 찾아 자지/들이갔다 2) 옛날같이 낮 선 방이 그리 무섭지도 않고/더러운 점구가 마음을						1) 기진맥진 하여서 여관을 찾아 자지 들어갔다 2) 옛날같이 낮 선 방이 그리 무섭지도 않고/더러운 점구가 마음을	1)연3행: 기진 맥진하여서 여관을 찾아 들어갔다 2)1연4~5행: 옛날같이 낮 선 방이 그리 무섭지도 않고/더러운 점고/더러운 점	1) O만 행갈이. 2) O만 행갈이 안 됨. 3) O만 행갈이. 4) O, F의 '며'가 G에 '먹고'로. 5)~7) O에서는 마침표(.) 없음.	(본인글씨)

판본 대조표

제목	(0) 목록 및 대괄호 원고	(A) 최초글꼴지	(B) 달나라의 장난(춘조사, 1959)	(C) 햄버 유고	(D) 거대한 뿌리 (민음사, 1974)	(E) 달의 행로를 밟을지라도(민음사, 1976)	(F) 전집1981	(G) 전집 2003	비고 1 (판본대조)	비고 2 (특이사항)
미역국	괴롭히지도 않는데 3) 義齒를 빼어서 물에 담가 놓고 누우니 4) 미우고 5) 고지듯느다 6) 깨긋하다 7) 겉어나왔다 8) 금자가 써 있었음						괴롭히지도 않는데 3) 義齒를 빼어서 물에 담고 누우고 4) 미우고 5) 묻이듣느다. 6) 깨끗하다. 7) 겉어나왔다. 8) 금자가 써 있음	구가 마음을 괴롭히지도 않는데. 3) 1연6행: 의치를 빼어서 물에 담가놓고 드러누우니 4) 2연6행: 미고 5) 2연11행: 묻이 듣느다. 6) 3연7행: 깨끗하다. 7) 4연3행: 걸어 나왔다. 8) 4연4행: 금자가 쓰여있었음	으나 F, G에는 마침표(.) 있음. 8) O, F의 '쎄'가 G에서는 '쒜'로.	
바카라의 진지한 정신	미역국 人生을 거꾸로 전제 한다 그래도 우리는			미역국 人生을 거꾸로 전제 한다/그래도 우리는		미역국 人生을 거꾸로 전제 한다 그래도 우리는	미역국 人生을 거꾸로 전제 한다 그래도 우리는	3연1행: 미역국은 인생을 거꾸로 전제하다 그래도 우리는	C만 행갈이.	(본인글씨)
	나는 담배를 무고					나는 담배를 끄고	나는 담배를 끄고	2연 9행: 나는 담배를 끄고	O의 '무고'가 E, F, G에서는 '끄고'로	
반달	1) 거짓말에 반 대하지 않는 다/音樂을 듣으면 茶발의	1) 거짓말에 반 대하지 않는 다/音樂을 듣으면 茶발의			1) 거짓말에 반 대하지 않는 다/音樂을 듣으면 茶발의		1) 거짓말에 반 대하지 않는 다/音樂을 듣으면 茶발의	1) 2연13행~3 연1행: 거짓말에 반대하지 않는다/음악	1) O, A, F, G의 연구분이 D에서는 행갈이로.	(본인글씨)

제목	(O) 육목 및 대맴 원고	(A) 최초발표지	(B) 달나라의 장난 (춘조사, 1959)	(C) 창비 유고	(D) 거대한 뿌리 (민음사, 1974)	(E) 달의 행로를 밟을지라도 (민음사, 1976)	(F) 전집1981	(G) 전집2003	비고1 (편년대조)	비고2 (특이사항)
반주곡	앞뒤 시간이 2) 조이든	앞뒤 시간이 2) 조이든			앞뒤 시간이 2) 조이든		앞뒤 시간이 2) 좨이든	을 들으면 자 밤이 앞뒤 시간이 2) 3연6행:좨어든	2) O, A의 '조 이든'이 D, F, G에서는 '좨이든'으로. 3연6행:좨어든	
	오늘밤의/앉아 있는 내 房의 촛 불감은 財産, 寶石이여.				오늘밤의/앉아 있는 내 房의 촛 불감은 財産, 寶石이여.	오늘밤의/앉아 있는 내 房의 촛 불감은 財産, 寶石이여.	오늘밤의/앉아 있는 내 房의 촛 불감은 財産, 寶石이여.	8연3~4행:오 늘밤이/앉아 있 는 내 방의 촛불 같은 재산, 보 석이여.	A만 행갈이가 위치 다름.	
방안에서 익어가는 설움	오고 가는 것이 直線으로 혹은 對角線으로 맞 닥드리는 찰간 의 속에서		오고 가는 것이 直線으로 혹은 對角線으로 맞 닥드리는 찰간 의 속에서			오고 가는 것이 直線으로 혹은 對角線으로 맞 닥드리는 찰간 의 속에서	오고 가는 것이 直線으로 혹은 對角線으로 맞 닥드리는 찰간 의 속에서	2연1행:오고 가 는 것이 직선으 로 혹은 대각선 으로 맞닥드리는 찰간의 속에서	E, G는 행갈이 안됨.	
백의	1) 거리에서와 마찬가지로 집안에 있어 서도 저 무수 한 白蟻를 보기시작 한 매부터이 있다 2) 兩眼이 모두 淡紅色을 하 고 있는 것으 로 보아/그가		1) 거리에서와 마찬가지로 집안에 있어 서도 저 무수 한 白蟻를 보기시작 한 매부터이 있다 2) 兩眼이 모두 淡紅色을 하 고 있는 것으 로 보아/그가		1) 거리에서와 마찬가지로 집안에 있어 서도 저 무수 한 白蟻를 보기시작 한 매부터이 있다 2) 兩眼이 모두 淡紅色을 하 고 있는 것으 로 보아/그가		1) 거리에서와 마찬가지로 집안에 있어 서도 저 무수 한 白蟻를 보기시작 한 매부터이 있다 2) 兩眼이 모두 淡紅色을 하 고 있는 것으 로 보아/그가	1) 2행: 거리에 서와 마찬가지 로 집안에 있어서도 저 무수한 백의를 보기 시작한 매부터이다 2) 16행:양안(兩 眼)이 모두 담 홍색을 하고 있는 것으로 있는 것이고.	1) D만 행갈이. 2) O, F와 B, G 그리고 D가 행갈이가 각각 다름. 3) O, B, D, G의 '이라는' 이 F에서는 '이 라고'로 되어 있음. 4~5) D만 행갈 이.	

판본 대조표

제목	(0) 육필 및 대필 원고	(A) 최초발표지	(B) 달나라의 장난(춘조사, 1959)	(C) 청맥 유고	(D) 거대한 뿌리 (민음사, 1974)	(E) 달의 행로를 밟을지라도(민음사, 1976)	(F) 전집 1981	(G) 전집 2003	비고 1 (판본대조)	비고 2 (특이사항)
	오랜 歲月을 暗夜 속에서 살고 있었던 것은 確實하다고 나는/생각한다		오랜 歲月을 暗夜 속에서 살고 있었던 것은 確實하다고 나는/생각한다		오랜 歲月을 暗夜 속에서 살고 있었던 것은 確實하다고 나는/생각한다		오랜 歲月을 暗夜 속에서 살고 있었던 것은 確實하다고 나는/생각한다	보아/그가 오랜 세월을 암야(暗夜) 속에서 살고 있었던 것은 확실(確實)하다고 나는 생각한다	6) O, B, D의 '들어'가 F, G에서는 '의'로 되어 있음.	
	3) 그에게 「魔神」이라는		3) 그에게 「魔神」이라는		3) 그에게 「魔神」이라는		3) 그에게 「魔神」이라고	3) 19행: 그에게〈마신(魔神)〉이라는	7) D만 행갈이 안됨.	
	4) 그의 寫眞이 揭載되어있음/뿐만 아니라		4) 그의 寫眞이 揭載되어있음/뿐만 아니라		4) 그의 寫眞이 揭載되어있음/뿐만 아니라		4) 그의 寫眞이 揭載되어있음 뿐만 아니라	4) 26행: 그 사진(寫眞)이 게재되어 있을 뿐만 아니라	8) O와 D만 행갈이.	
	5) 그의 救濟金 應募記事같은 것이 나오고 있다		5) 그의 救濟金 應募記事같은 것이 나오고 있다		5) 그의 救濟金 應募記事같은 것이 나오고 있다		5) 그의 救濟金 應募記事같은 것이 나오고 있다	5) 27행: 그 구제금 응모기사 같은 것이 나오고 있다		
	6) 쟈니리스트 들의		6) 「쟈ー니리스트」들의		6) 쟈니리스트 들의		6) 쟈니리스트의	6) 31행: 저널리스트의		
	7) 오히려 이와 같은 나의 輕度과 剛毅로 因하여/나는 그날부터 그를 眞心으로 사랑하게 되었다		7) 오히려 이와 같은 나의 輕度과 剛毅로 因하여/나는 그날부터 그를 眞心으로 사랑하게 되었다		7) 오히려 이와 같은 나의 輕度과 剛毅로 因하여/나는 그날부터 그를 眞心으로 사랑하게 되었다		7) 오히려 이와 같은 나의 剛毅로 因하여 그날부터 그를 眞心으로 사랑하게 되었다	7) 42~43행: 오히려 이와 같은 나의 경멸과 강의(剛毅)로 인하여/나는 그날부터 그를 眞心으로 사랑하게 되었다		
	8) 等閑히 하였을 때부터 始作되었던 것이다		8) 等閑히 하였을 때부터 始作되었던 것이다		8) 等閑히 하였을 때부터 始作되었던 것이다		8) 等閑히 하였을 때부터 작되었던 것이다	8) 제금 음모기사 같은 것이나 오고 있다.		

판본 대조표

제목	(0) 육필 및 대맬 원고	(A) 최초발표지	(B) 달나라의 장난(춘조사, 1959)	(C) 청베 유고	(D) 거대한 뿌리 (민음사, 1974)	(E) 달의 행로를 밟을지라도(민음사, 1976)	(F) 전집 1981	(G) 전집 2003	비고 1 (판본대조)	비고 2 (특이사항)
병풍	1) 둥지고 있는 얼굴이여 2) 주검에 醉한 3) 주검의 全面 같은 4) 屛風은 虛僞의 의 눈이 보다 도 더 높은/곳 에/飛瀑을 등 고 幽鳥를 짐 지한다 5) 주검을 가지 고 주검을 막 고 있다	1) 둥지 있는 얼 굴이여 2) 주검에 醉한 3) 주검의 全面 같은 4) 屛風은 虛僞의 의 눈이 보다 도 더 높은/곳 에/飛瀑을 등 고 幽鳥를 짐 지한다 5) 주검을 가지 고 주검을 막 고 있다	이다 1) 둥지고 있는 얼굴이여 2) 주검에 醉한 3) 죽음의 全面 같은 4) 屛風은 虛僞 의 눈이 보다 도 더 높은 곳 에 飛瀑을 등 고 幽鳥를 짐 지한다 5) 죽음을 가지 고 죽음을 막 고 있다		1) 둥지고 있는 얼굴이여 2) 주검에 醉한 3) 주검의 全面 같은 4) 屛風은 虛僞 의 눈이 보다 도 더 높은 곳 에 飛瀑을 등 고 幽鳥를 짐 지한다 5) 주검을 가지 고 주검을 막 고 있다		1) 둥지고 있는 얼굴이여 2) 주검에 醉한 3) 주검의 全面 같은 4) 屛風은 虛僞 의 눈이 보다 도 더 높은 곳 에/飛瀑을 등 고 幽鳥를 짐 지한다 5) 주검을 가지 고 주검을 막 고 있다	8) 48행:둥한히 하였을 때부터 시작되었던 것 이다 1) 2행:둥지고 있는 얼굴이 여 2) 3행:주검에 취한 3) 5행:주검의 전면(全面) 같은 4) 8~9행:병풍 은 하위의 눈 이보다도 더 높은 곳에/비 폭(飛瀑)을 등 고 유도(幽鳥) 를 짐지한다 5) 11행:주검을 가지고 주검 을 막고 있다	1) O, B, D, F, G의 '둥지고 있는'이 A에 서는 '둥지있는' 으로 되어 있음. 2) B만 '죽음' 으로. 3) B만 '죽음' 으로. 4) A만 행갈이 다름. 5) B만 '죽음' 으로.	O에 '주검' 으 로 교정되어 있 음 (원 글자는 '죽음').
목중(伏中)/-신귀거래	伏中	五			新歸去來 6/伏 中		新歸去來 6/伏 中	제목:목중(伏 中)/-신귀거래 6	작품제목 판본 에 따라 다름. *A는 「新歸去 來」「伏五篇」중의 '五' 부분임	(본인글씨) 육필 원고 의 "新歸去來 6"는 가필 편집자의 필체로 보임.

제목	(0) 육필 및 대멸 원고	(A) 최초발표지	(B) 달나라의 장난 (춘조사, 1959)	(C) 창비 유고	(D) 거대한 뿌리 (민음사, 1974)	(E) 달의 행로를 밟을지라도 (민음사, 1976)	(가) 전집 1981	(G) 전집 2003	비고 1 (판본대조)	비고 2 (특이사항)
본문	1) 赫赫한 業績을 바라지 말라 2) 나는 조금도 당황하지 말라 3) 너의 꿈이 담의 行路와 비슷한/廻轉을 하드라도 4) 災殃과 不幸과 格鬪와 害毒과 千萬人의 生活과	1) 赫赫한 業績을 바라지 말라 2) 나는 조금도 당황하지 말라 3) 너의 꿈이 담의 行路와 비슷한/廻轉을 하드라도 4) 災殃과 不幸과 格鬪와 害毒과 千萬人의 生活과	1) 赫赫한 業績을 바라지 말라 2) 나는 조금도 당황하지 말라 3) 너의 꿈이 담의 行路와 비슷한/廻轉을 하드라도 4) 災殃과 不幸과 格鬪와 害毒과 千萬人의 生活과				1) 赫赫한 業績을 바라지 말라 2) 나는 조금도 당황하지 말라 3) 너의 꿈이 담의 行路와 비슷한 廻轉을 하드라도 4) 災殃과 不幸과 格鬪와 害毒과 千萬人의 生活과	1) 1연3행: 혁혁한 업적을 바라지 말라 2) 1연5행: 나는 조금도 당황하지 말라 3) 2연3행: 너의 꿈이 달의 와 비슷한 회전을 하더라도 4) 3연1행: 재앙과 불행과 격투와 청춘과 천만 인의 생활과	1) A에서는 '말'라'가 '마라'로 2) A에서는 '말'라'가 '마라'로 3) A에서만 행갈이. 4) A에서만 행갈이.	3연 1행 부분에 행갈이 이어붙임 가필 있음.
사랑의 변주곡	1) 제갈거리는 2) 까지도 사랑이다//왜 이렇게 벅차게 3) 난로 위의			1) 제갈거리는 2) 까지도 사랑이다//왜 이렇게 벅차게 3) 난로 위의	1) 제갈거리는 2) 까지도 사랑이다//왜 이렇게 벅차게 3) 난로 위의		1) 제갈거리는 2) 까지도 사랑이다/왜 이렇게 벅차게 3) 난로 위에	1) 1연3행: 제갈 거리는 2) 2연5행~3연 1행: 까지도 사랑이다/왜 이렇게 벅차게 3) 4연1행: 난로 위에	1C의 '제갈거리는'이 O, D, F, G에서는 '제갈거리'는으로. 2) O, C의 행갈이가 D, F, G에서 연구분으로. 3) O, C, D의 '위의'가 F, G에서 '위에' 로.	본인초고에는 1)이 '제갈거리'는'으로 되어 있음.
사랑	1) 죽엄	1) 죽음	1) 죽음	1) 죽음	1) 죽음	1) 죽음	1) 죽음	1) 죽음	1) O에서는 '죽음·이 '죽음'으로	'죽음', '죽'.

제목	(0) 육필 및 대맹원고	(A) 최초발표지	(B) 달나라의 장난 (춘조사, 1959)	(C) 창비 유고	(D) 거대한 뿌리 (민음사, 1974)	(E) 달의 행로를 밟을지라도(민음사, 1976)	(F) 전집 1981	(G) 전집 2003	비고 1 (편본대조)	비고 2 (특이사항)
(死靈)	2) ……活字는 반쪽거리만서 하는 아래에 서/간이/자유를 말하는데	2) ……활자 (활字는 반쪽거리만 반쪽거리만서 하는 아래에 는 아래에서/간이/자유 서/간이/자유 를 말하는데 를 말하는데	2) ……活字는 반쪽거리만서 하는 아래에서/간이/자유를 말하는데	2) ……活字는 반쪽거리만서 하는 아래에서/간이/자유를 말하는데	2) ……活字는 반쪽거리만서 하는 아래에서/간이/자유를 말하는데	2) 죽음 반쪽거리만서 하는 아래에서/간이/자유를 말하는데	2) ……活字는 반쪽거리만서 하는 아래에에서/간이/자유를 말하는데	2) 1연1~3행: ……活字는 반쪽거리만서 하는 아래에 시/간이/자유를 말하는데	음'이 '죽임'으로. 2) A만 두 행으로.	'암'으로 표기되어 있음.
사치	1) 불을 등지고 있는 城隍堂이 보이는/그 뒤에는 차운 산을 가리키는 바람이 일기 시작하네 2) 나들이를 갔다가 아들놈을 두고오/안방 건너방은 반침답구나 3) 文明된 아내에게 「實力을」 보이자면 무엇이 보여자도 여자다도 저/밟이라도 싫고 보자/냉수도 마시자 4) 발 호목	1) 불을 등지고 있는 城隍堂이 보이는/그 뒤에는 차운 산을 가리키는 바람이 일기 시작하네 2) 나들이를 갔다가 아들놈을 두고오/안방 건너방은 반침답구나 3) 文明된 아내에게 「實力을」 보이자면 무엇이 보여자도 여자다도 저/밟이라도 싫고 보자/냉수도 마시자 4) 발 호목	1) 불을 등지고 있는 城隍堂이 보이는/그 뒤에는 차운 산을 가리키는 바람이 일기 시작하네 2) 나들이를 갔다가 아들놈을 두고오/안방 건너방은 반침답구나 3) 文明된 아내에게 「實力을」 보이자면 무엇이 보여자도 여자다도 저/밟이라도 싫고 보자/냉수도 마시자 4) 발 호목			1) 불을 등지고 있는 城隍堂이 보이는/그 뒤에는 차운 산을 가리키는 바람이 일기 시작하네 2) 나들이를 갔다가 아들놈을 두고오/안방 건너방은 반침답구나 3) 文明된 아내에게 「實力을」 보이자면 무엇이 보여자도 여자다도 저/밟이라도 싫고 보자/냉수도 마시자 4) 발호목	1) 불을 등지고 있는 城隍堂이 보이는/그 뒤에는 차운 산을 가리키는 바람이 일기 시작하네 2) 나들이를 갔다가 아들놈을 두고오/안방 건너방은 반침답구나 3) 文明된 아내에게 「實力을」 보이자면 무엇이 보여자도 여자다도 저/밟이라도 싫고 보자/냉수도 마시자 4) 발화목	1) 1연 2~3행: 불을 등지고 있는 성황당이 보이는/그 산에는 차운 산을 가리키는 바람이 일기 시작하네 3) 3연3행: 나들이 갔다가 아들놈을 두고 온 안방 건넌방은 반점답구나 3) 3연4~6행: 文明(文明)된 아내(실내)에게 덕을 보이자 무엇보다/밟이도 보다도 번저/밟고 씻고 보자/냉수도 마시자	1) A만 행갑이 위지 다름. 2) O, A만 행갑이. 3) O, A의 두 행이 B, F, G에서는 세 행으로. 4) O, A, B, E의 '발 호목'이 F, G에서 는 '발화목'으로.	4) O의 '발 호목' 교정 부분에 음음표 표시.

제목	(0)육필 및 대멸원고	(A)최초발표지	(B)달나라의 장난(춘조사, 1959)	(C)창비 유고	(D)거대한 뿌리(민음사, 1974)	(E)달의 행로를 밟을지라도(민음사, 1976)	(F)전집1981	(G)전집 2003	비고 1 (판본대조)	비고 2 (특이사항)
서시								자/냉수도 마시자 4) 2연2행: 날회무	(본인글씨)
	1) 가벼운 참새같이 나는 참새 나의/중하지 않은 가지 위에 피곤한 몸을 앉힌다. 2) 그래도 나무는 자라고 있다 靈魂으/그리고 敎訓은 숨슨	1) 가벼운 참새같이 나는 참새 나의/중하지 않은 가지 위에 피곤한 몸을 앉힌다. 2) 그래도 나무는 자라고 있다 靈魂으/그리고 敎訓은 숨슨	1) 가벼운 참새같이 나는 참새 나의/중하지 않은 가지 위에 피곤한 몸을 앉힌다. 2) 그래도 나무는 자라고 있다 靈魂으/그리고 敎訓은 숨슨		1) 가벼운 참새같이 나는 참새 나의/중하지 않은 가지 위에 피곤한 몸을 앉힌다. 2) 그래도 나무는 자라고 있다 靈魂으/그리고 敎訓은 숨슨		1) 가벼운 참새같이 나는 참새 나의/중하지 않은 가지 위에 피곤한 몸을 앉힌다 2) 그래도 나무는 자라고 있다 靈魂으/그리고 敎訓은 숨슨	1) 1연4~5행: 가벼운 참새같이 나의/중하지 않은 가지 위에 피곤한 몸을 앉힌다. 2) 1연9~10행: 그래도 나무는 자라고 있다 영혼으/그리고 교훈은 명령은	1)~2) A만 행갈이 안됨. *A에는 2연3행의 마침표(.)를 포함하여 '~다'로 끝나는 문장에 마침표 있음 (.).	(본인글씨)
설사의 알리바이	1) 푸르륵거리는 배에는 푸른색도 흰색도 敵이다//배가 모조리 설사를 하는 것 은 머리가 설사를 2) 되지 않는 머리가 봄을토 한다/여름이	1) 푸르륵거리는 배에는 푸른색도 흰색도 敵이다//배가 모조리 설사를 하는 것 은 머리가 설사를 2) 되지 않는 머리가 봄을토 한다/여름이			1) 푸르륵거리는 배에는 푸른색도 흰색도 敵이다//배가 모조리 설사를 하는 것 은 머리가 설사를 2) 되지 않는 머리가 봄을토 한다/여름이		1) 푸르륵거리는 배에는 푸른색도 흰색도 敵이다//배가 모조리 설사를 하는 것 은 머리가 설사를 2) 되지 않는 머리가 봄을토 한다/여름이	1) 1연3행~2연1행: 푸루륵거리는 배에는 푸른색도 흰색이다//배도 敵이다//배가 모조리 설사를 하는 것은 머리가 2) 2연3행~3연1행: 되지 않	1)~3) O.D.F. G의 연구분이 A에서는 행갈이 되도. 4) D만 '規制 規制 도도.	(본인글씨)

판본 대조표

제목	(0) 육필 및 대멸원고	(A) 최초발표지	(B) 달나라의 장난(춘조사, 1959)	(C) 창비 유고	(D) 거대한 뿌리(민음사, 1974)	(E) 달의 행로를 밟을지라도(민음사, 1976)	(F) 전집 1981	(G) 전집 2003	비고 1 (판본대조)	비고 2 (특이사항)
	끝난 壁 저쪽에 서 있는 낯선 얼굴 3) 性과 倫理의 약을 먹는다 꽃을 거두어 들인다/文明의 하늘은 무 엇인가로 제 위치를 잃 한다 4) 規制도	끝난 壁 저쪽에 서 있는 낯선 얼굴 3) 性과 倫理의 약을 먹는다 꽃을 거두어 들인다/文明의 하늘은 무 엇인가로 제 위치를 잃 한다 4) 規制도			끝난 壁 저쪽에 서 있는 낯선 얼굴 3) 性과 倫理의 약을 먹는다 꽃을 거두어 들인다/文明의 하늘은 무 엇인가로 제 위치를 잃 한다 4) 規制도		끝난 壁 저쪽에 서 있는 낯선 얼굴 3) 性과 倫理의 약을 먹는다 꽃을 거두어 들인다/文明의 하늘은 무 엇인가로 제 위치를 잃 한다 4) 規制도	는 머리가 불을 토한다//여 름이 끝난 벽 저쪽에 서 있 는 낯선 얼굴 3)3연3행~4연 1행:성과 윤리 의 약을 먹는 다 꽃을 거두 어 들인다//문 명의 하늘은 무엇인가로 제 위치를 잃 한다 4)4연2행:규제 도		
성	나는 이것이 쓴 고난 뒤에도 보 통 때보다 완연 히/한참 더	알려주려고		나는 이것이 쓴 고난 뒤에도 보 통 때보다 완연 히/한참 더	나는 이것이 쓴 고난 뒤에도 보 통 때보다 완연 히/한참 더		나는 이것이 쓴 고난 뒤에도 보 통 때보다/완연 히 한참 더	4연1~2행:나 는 이것이 쓴 고난 뒤에도 보 통 때보다/완연 히 한참 더	C만 행갈이 위 치 다름.	
세계일주	알려주려고—	알려주려고				알려주려고—	알려주려고	4연5행:알려주 려고	A만 종료 없음.	(본인글씨)
수난로	1) 나는 이 어둠 을/神이라고 생각한다	1) 나는 이 어둠 을/神이라고 생각한다	1) 나는 이 어둠 을/神이라고 생각한다			1) 나는 이 어둠 을/神이라고 생각한다	1) 나는 이 어둠 을/神이라고 생각한다	1) 3연3행:나 는 이 어둠을 신 (神)이라고 생 각한다	1) A만 행갈이. 2) A만 행갈이 위치 다름.	발표연대 표기 가 '1955', '1956' 두 가지로 표기

제목	(0) 육필 및 대필 원고	(A) 최초발표지	(B) 달나라의 장난 (춘조사, 1959)	(C) 창비 유고	(D) 거대한 뿌리 (민음사, 1974)	(E) 달의 행로를 밟을지라도 (민음사, 1976)	(F) 전집 1981	(G) 전집 2003	비고 1 (편본대조)	비고 2 (특이사항)
숨과 어린 고양이/-신귀거래	二.									
	2) 그의 價値는 원손으로 글을 쓰는 少女만이 알고 있다 3) 그것은 그의 등근 呼吸器 가 언제나 왼쪽에 달려있기 때문이다 4) 그러나 아이/어디를 가보나 그의 머리 위에 반듯이 惡이 달려있는 것/罪惡이 아니겠느냐 5) 어름이면 그의 곁에 와서 꼭갈 팔음 고 이고 앉아 있으니까	2) 그의 價値는 원손으로 글을 쓰는 少女만이 알고 있다 3) 그것은 그의 등근 呼吸器 가 언제나 원쪽에 달려있기 때문이다 4) 그러나 어디를 가보나 그의 머리 위에 반듯이 惡이 달려있는 것/罪惡이 아니겠느냐 5) 어름이면 그 의 곁에 와서 꼭갈 팔음 고 이고 앉아 있으니까			2) 그의 價値는 원손으로 글을 쓰는 少女만이 알고 있다 3) 그것은 그의 등근 呼吸器 가 언제나 원쪽에 달려있기 때문이다 4) 그러나 어디 를 가보나 그의 머리 위에 반드시 惡이 달려있는 것 은/罪惡이 아니겠느냐 5) 어름이면 그 의 곁에 와서 꼰장 팔음 고 이고 앉아 있으니까	2) 그의 價値는 원손으로 글 을 쓰는 少女 만이 알고 있 다 3) 그것은 그의 둥근 呼吸器 가 인제나 원 쪽에 달려있 기 때문이다 4) 그러나 어디 를 가보나 그 의 머리 위에 반드시 惡이 달려있는 것 은/罪惡이 아 니겠느냐 5) 어름이면 그 의 곁에 와서 꼰장 팔음 고 이고 앉아 있 으니까	각한다 2) 5연1~2항: 그의 가지는 원손으로만 쓰는 소녀만이 알고있다 3) 5연3항: 그것은 그의 둥근 호흡가 게나 원쪽에 달려있기 때 문이다 4) 6연1~3항: 그러나 어디 를 가보나 그 의 머리 위에 반드시 장(惡) 이 달려있는 것은/죄악이 아니겠느냐 5) 7연2~3항: 어름이면 그곁 에 와서 꼰장 팔음고이고 앉아있으니까	3) A만 행갈이 4) A만 행갈이 위치 다르고, 세 행이 두 행으로 5) A만 행갈이 안 됨.	되어 있음. 그 옆에 "발표연 대"라고 써 놓 음.
숨과 어린 고양이 이/-신귀거래	二.						新歸去來 4/숨 과 어린 고양이	제목: 숨과 어린 고양이/-신 귀거래	작품제목 판본 예 따라 다름. * A는「新歸去來五篇」중 二.	(본인글씨) 육 필 원고 의 "新歸去來"는 편집자의 가필

판본 대조표

제목	(0) 육필 및 대멜원고	(B) 달나라의 장난(춘조사, 1959)	(A) 최근별표지	(C) 창비유고	(D) 거대한 뿌리 (민음사, 1974)	(F) 달의 행로를 밟을지라도(민음사, 1976)	(F) 전집1981	(G) 전집2003	비고 1 (판본대조)	비고 2 (특이사항)
4									부분임	로 보임.
시	미친 놈으로 뽀이서 포가 變化는 끝났어요				미친놈으로 뽀여서 포가 變化는 끝났어요.		미친놈으로 뽀여서 포가요 變化는 끝났어요.	2연4행: 미친놈 으로 뽀여서 포 가요 변화는 끝 났어요.	D에서만 '뽀' 이 '뽀'으로.	
시쓰는물	1) 자기다가 나의 부처님을 모신 법당 및 산에 묻혀있 는 검은 바위 같이 큰 머리 에는 돌레가 작아서 맞지 않아서 그 모자를 쓴 기분 이란 찻바퀴 를 쓴 짓처럼 딱딱하다 2) 잊어버리고 3) 그것이 아까 워서가 아니 라/서울에 돌 아온 지 일주 일도 못 되는 나에게도 도 회의 騷音과 狂症과 速度				1) 자기다가 나의 부처님을 모신 법당 및 산에 묻혀있 는 검은 바위 같이 큰 머리 에는 돌레가 작아서 맞지 않아서 그 모자를 쓴 기분 이란 찻바퀴 를 쓴 짓처럼 딱딱하다 2) 잊어버리고 3) 그것이 아까 워서가 아니 라/서울에 돌 아온 지 일주 일도 못 되는 나에게도 도 회의 騷音과 狂症과 速度		1) 자기다가 나의 부처님을 모신 법당 및 산에 묻혀있 는 검은 바위 같이 큰 머리 에는 돌레가 작아서 맞지 않아서 그 모자를 쓴 기분 이란 찻바퀴 를 쓴 짓처럼 딱딱하다 2) 잊어버리고 3) 그것이 아까 워서가 아니 라/서울에 돌 아온 지 일주 일도 못 되는 나에게도 도 회의 騷音과 速度	1) 1연8행:거기 다가 나의 부 처님을 모신 법당 옆에 있 는 바위같이 큰 머리에는 둘레가 작아 서 맞지 않아 그 모자를 쓴 기분이란 바퀴를 쓴 것 처럼 딱딱하다 2) 1연9행, 11행: 잊어버리고 3) 1연10행: 그 것이 아까워 서가 아니라/ 서울에 돌아 온 지 일주일 도 못 되는 나 에게도 도회 의 소음과 도	1) '맞지 않아 서'가 G에서 만 '맞지 않아'. 2) O, F, G 에서 '잃어버리고' 가 D에서는 '잊어버리고' 로. 3) O, D, F, G 가 각각 행갈 이 다름.	(본인글씨) 1) 맞지 않아 서'에서 '서'를 감수명이 빼 이라고 메 모 함.

제목	(0) 육필 및 대별 원고	(A) 최초발표지	(B) 달나라의 장난 (춘조사, 1959)	(C) 청배 유고	(D) 거대한 뿌리 (민음사, 1974)	(E) 달의 행로를 밟을지라도 (민음사, 1976)	(F) 전집 1981	(G) 전집 2003	비고 1 (편본대조)	비고 2 (특이사항)
아메리카 타임 지誌	와 虛僞가 새 삼스럽게 미 옵고/서급 포게 느껴지고	와 虛僞가 새 삼스럽게 미 옵고/서급 포게 느껴지고			와 虛僞가 새 삼스럽게 미 옵고/서급 포게 느껴지고			이 소음과 광 중(狂症)과 속 도와 허위가 새삼스럽게 마옵고 서급 포게 느껴지고		
	1) 흘러가는 물 결처럼 2) 나는 포하나 의 海峽을 찾 엇던 것이 아 리석다. 3) 나는 數없이 길을 걸어왔 다./그리하야 凝結한 물이 떠러진다./바 위틈 문다	1) 흘러가는 물 결처럼 2) 나는 포하나 의 海峽을 찾 엇던 것이 아 리석다 3) 나는 數없이 길을 걸어왔 다./그리하야 凝結한 물이 떠러진다./바 위틈 문다					1) 흘러가는 물 결처럼 2) 나는 포하나 의 海峽을 찾 엇던 것이 아 리석다 3) 나는 數없이 길을 걸어왔 다./그리하야 凝結한 물이 떠러진다./바 위틈 문다	1)1연1행:흘러 가는 물결처 럼 2)1연3행:나는 포하나의 해 협을 찾았던 것이 어리석 다 3) 2연3~5행: 나는 수없이 길을 걸어왔 다./그리하여 응결한 물이 떨어진다./바 위틈 문다	1) O, F, G의 '물결'이 A에 서는 '물'로. 2) O의 '海峽' 이 A, F에서 는 '海峽'으 로. 3) O에만 마침 표(.) 있음.	(본인글씨)
아버지의 사진	1) 돌아가신 2) 때맂 3) 포하나	1) 돌아가신 2) 때맂 3) 포하나	1) 돌아가신 2) 때맂 3) 포하나		1) 돌아가신 2) 때맂 3) 포하나		1) 돌아가신 2) 때맂 3) 포하나의	1)2연6행:돌아 가신 2)3연2행:저주 3)5연2행:포하 나	1) D의 '돌아가 신'은 '돌아 가신'의 오타 로 보임. 2) O, B, G의 '저주(때맂)'	원고의 처음 표 기 시에는 작품 발표 연대를 '1953'으로 표 기 했으나, 편 집 시 '1949'로

판본 대조표

제목	(0) 육필 및 대필원고	(A) 최초발표지	(B) 달나라의 장난(춘조사, 1959)	(C) 청색 유고	(D) 거대한 뿌리(민음사, 1974)	(E) 달의 행로를 밟을지라도(민음사, 1976)	(F) 전집 1981	(G) 전집 2003	비고 1 (판본대조)	비고 2 (특이사항)
아침의 유혹		나의 인해의 빛소리						1) 10행:나의 안해의 빛소리	A의 '빛소리'가 G에서는 '빌소리'로.	
어느날 고궁을 나오면서	1) 웅졸하게 욕을 하고/한번 정정당당하게 2) 찾아오는 아 정군들만 중 오하고 있는 가//웅졸한 나의 전통은 3) 나이쓰들 열예서//지금도 내가 반향하고 있는 것 4) 지금도 내가 반향하고 있는 것은 이 존지 만들기 와/거즈 접고 기와/거즈 접고 있는 일과	1) 웅졸하게 욕을 하고/한번 정정당당하게 2) 찾아오는 아 정군들만 중 오하고 있는 가//웅졸한 나의 전통은 3) 나이쓰들 열예서//지금도 내가 반향하고 있는 것 4) 지금도 내가 반향하고 있는 것은 이 존지 만들기 와/거즈 접고 있는 일과 5) 음향 대신에			1) 웅졸하게 욕을 하고//한 번 정정당당하게 2) 찾아오는 아 정군들만 중 오하고 있는 가//웅졸한 나의 전통은 3) 나이쓰들 열예서//지금도 내가 반향하고 있는 것 4) 지금도 내가 반향하고 있는 것은 이 존지 만들기 와/거즈 접고 있는 일과 5) 음향 대신에		1) 웅졸하게 욕을 하고//한 번 정정당당하게 2) 찾아오는 아 정군들만 중 오하고 있는 가//웅졸한 나의 전통은 3) 나이쓰들 열예서//지금도 내가 반향하고 있는 것 4) 지금도 내가 반향하고 있는 것은 이 존지 만들기 와/거즈 접고 있는 일과 5) 음향 대신에	1) 1연5행~2연1행:웅졸하게 욕을 하고/한번 정정당당 2) 2연6행~3연1행:찾아오는 야정군들만 중오하고 있 3) 3연8행~4연1행:나이스들 열 4) 4연1~2행:지금도 내가 반향하고 있는 것 이 소	1) ~2) O, D, F, G의 연 구분 이 A에서는 행갈이로. 3) O, F, G의 연 구분이 A, D 에서는 행갈 이로. 4) A만 행갈이 위치 다름. 5) D만 '~에' 없음. 6) O, D, F, G 이 D에서는 '三十원' 으로. 7) D만 행갈이 안됨.	(본인글씨)

제목	(0) 육필 및 대 멜 원고	(A) 최초displayed본	(B) 달나라의 장난 (춘조사, 1959)	(C) 장비 유고	(D) 거대한 뿌리 (민음사, 1974)	(E) 돌의 행로를 밟을지라도(민 음사, 1976)	(F) 전집1981	(G) 전집2003	비고 1 (판본대조)	비고 2 (특이사항)
	5) 음탕 대신에 6) 二十원 7) 정보원이 니 어쓰들과 스 폰저를 만들 고 거즈를/개 키고 있는 나 를 보고	6) 二十원 7) 정보원이 니 어쓰들과 스 폰저를 만들 고 거즈를/개 키고 있는 나 를 보고			6) 二十원 7) 정보원이 니 어쓰들과 스 폰저를 만들 고 거즈를/개 키고 있는 나 를 보고		6) 二十원 7) 정보원이 니 어쓰들과 스 폰저를 만들 고 거즈를/개 키고 있는 나 를 보고	론저 만들기 와/거즈 접고 있는 입마 5) 1연2행: 음탕 대신에 6) 2연5행:20원 7) 3연5~6행: 정보원이 니 어쓰들과 스펜 저를 만들고 거즈를/개키 고 있는 나를 보고		
엔카운 터誌	1) 무어란 말 야. 나는 그 이전에 있있 어, 내 몸. 빛 나는/몸.	1) 무어란 말 야. 나는 그 이전에 있있 어, 내 몸. 빛 나는/몸.		1) 무어란 말 야. 나는 그 이전에 있있 어, 내 몸. 빛 나는/몸.		1) 무어란 말 야. 나는 그 이전에 있있 어, 내 몸. 빛 나는/몸.	1) 1연9~10행: 무어란 말아 나는 그 이전 에 있었어. 내 몸. 빛나는/ 몸.	1) O, A, G의 '말아'가 D, F에서는 '말 아뇨'로. * 판본마다시 전체의 행갈음 이 각각 다름. 작품 전문 이미 지 참조		
여름밤	1) 「操心하여 라! 自重하여 라! 무서워할 줄 알아라.」	1) 「操心하여 라! 自重하여 라! 무서워할 줄 알아라.」	1) 「操心하여 라! 自重하여 라! 무서워할 줄 알아라.」		1) 「操心하여 라! 自重하여 라! 무서워할 줄 알아라.」		1) 「操心하여 라! 自重하여 라! 무서워할 줄 알아라.」	1) 2연1~2행: 「조심하여라! 자중하여라! 무서워할 줄 알아라.」	1) D만 행갈이 안됨. 2) O, B, F, G의 연구분이 D에	

판본 대조표

제목	(0)육필 및 대맬 원고	(A)최초활판지	(B)달나라의 장난(춘조사, 1959)	(C)창비 유고	(D)거대한 뿌리(민음사, 1974)	(E)달의 행로를 밟을지라도(민음사, 1976)	(F)전집 1981	(G)전집 2003	비고 1 (띄별대조)	비고 2 (특이사항)
	하는/億萬의 소리가 비오듯 나리는 여름을 보면서 2) 나는 나에게 犧牲할 것을 準備하고 있노라//秩序와 無秩序 사이에		하는/億萬의 소리가 비오듯 나리는 여름을 보면서 2) 나는 나에게 犧牲할 것을 準備하고 있노라//秩序와 無秩序 사이에		하는 億萬의 소리가 비오듯 나리는 여름을 보면서 2) 나는 나에게 犧牲할 것을 準備하고 있노라//秩序와 無秩序 사이에		하는/億萬이 비오듯 나리는 여름을 보면서 2) 나는 나에게 犧牲할 것을 準備하고 있노라//秩序와 無秩序 사이에	읗아라」하는/역만의 소리가 비오듯 나리는 여름을 보면서 2) 3연7행~4연1행:나는 나에게 犧牲할 것을 準備하고 있노라//秩序와 無秩序 사이에	하는 행갈이로.	
여수 (旅愁)	놀랠 수 없었던 것과 같이	놀랠 수 없었던 것과 같이				놀랠 수 없었던 것과 같이	놀래일 수 없었던 것과 같이	3연6행:놀래일 수 없었던 것과 같이	O, A의 '놀랠'이 E, F, G에서는 '놀래일'로.	
여자	나에 서름음	나에 서름음			나에게 설움을		나에게 설움을	1연2행:나에게 설음을	나에게가 A에서는 나에로.	(본인글씨)
어편네의 방 에와서/一신귀거래	新歸去來/여편네의 방에와서	新歸去來五篇 ㅡ			新歸去來 1/여편네의 방에 와서	新歸去來 1/여편네의 방에 와서	新歸去來/여편네의 방에와서.	제목:여편네의 방에 와서/一신귀거래	제목이 작품마다 다각각 다름. *A는「新歸去來」중 一 부분임	(본인글씨) 육필 원고에 삽입된 작품제목의 순자는 편점자의 가필로 보임.
엉구렁	바람도 불지 않는 나무에서 열매가 떨어지듯 나의 마음에서	바람도 불지 않는 나무에서 열매가 떨어지듯 나의 마음에서				바람도 불지 않는 나무에서 열매가 떨어지듯 나의 마음에서	바람도 불지 않는 나무에서 열매가 떨어지듯 나의 마음에서	2연1행:바람도 불지 않는 나무 에서 열매가 떨어지듯 나의 마	A에만 행갈이.	(본인글씨)

874 판본 대조표

제목	(0) 육필 및 대멸본고	(A) 최초출발표지	(B) 달나라의 장난 (춘조사, 1959)	(C) 장비 유고	(D) 거대한 부리 (민음사, 1974)	(E) 달의 행로를 밟을지라도(민음사, 1976)	(F) 전집 1981	(G) 전집 2003	비고 1 (판본대조)	비고 2 (특이사항)
영웅한 묵표	수없이 떨어져 내리는 休息의 엽매	수없이 떨어져 내리는 休息의 엽매				수없이 떨어져 내리는 休息의 엽매	수없이 떨어져 내리는 休息의 엽매	음에서 수없이 떨어져내리는 휴식의 엽매		
	呪咀		呪咀				呪咀	8행: 주저(呪咀)	O, F, G의 呪가 B에서는 咀呪도.	2행과 19행의 '죽음'이 O에 '주검'으로 고정되어 있으나, 어느 판본에도 반영되지 않음.
예지	1) 바늘구녕만한 歡智를 바라면서 사는 者의 서음이	1) 바늘구녕만한 歡智를 바라면서 사는 者의 서음이	1) 바늘 구녕만한 歡智를 바라면서 사는 者의 서음이			1) 바늘구녕만한 歡智를 바라면서 사는 者의 서음이	1) 바늘구녕만한 歡智를 바라면서 사는 者의 서음이	1) 1연1행: 바늘구멍만한 예지(叡智)를 바라면서 사는 자의 설움이	1)~3) A만 행갈이.	
	2) 뒤집어진 不正이/正義가 되드라도	2) 뒤집어진 不正이 正義가 되지 않드라도	2) 뒤집어진 不正이 正義가 되지 않드라도			2) 뒤집어진 正義가 되지 않드라도	2) 뒤집어진 不正이 正義가 되지 않드라도	2) 1연5행: 뒤집어진 부정이 정의가 되지	4) A, G만 행갈이	
	3) 縮小와 擴大의 中間에 선 그들의 얼굴	3) 縮小와 擴大의 中間에 선 그들의 얼굴	3) 縮小와 擴大의 中間에 선 그들의 얼굴			3) 縮小와 擴大의 中間에 선 그들의 얼굴	3) 縮小와 擴大의 中間에 선 그들의 얼굴	3) 2연4행: 축소와 확대의 중간에 선 그들의 얼굴	5) A, F만 행갈이	
	4) 强力과 新鮮가 一體가 되는 거리에서	4) 强力과 新鮮가 一體가 되는 거리에서	4) 强力과 新鮮가 一體가 되는 거리에서			4) 强力과 新鮮가 一體가 되는 거리에서	4) 强力과 新鮮가 一體가 되는 거리에서	4) 2연5행: 강력과 신선이 일체가 되는 거리에서	6) A만 행갈이.	
	5) 바늘구녕만한 歡智의 족에 사는 사람들이여	5) 바늘구녕만한 歡智의 족에 사는 사람들이여	5) 바늘 구녕만한 歡智의 족에 사는 사람들이여			5) 바늘구녕만한 歡智의 족에 사는 사람들이여	5) 바늘구녕만한 歡智의 족에 사는 사람들이여	5) 3연1행: 바늘	7) O와 E에만 맨마지막 행에 '……'가 들어가 있음.	

판본 대조표

제목	(0) 육필 및 대필 원고	(A) 최초발표지	(B) 달나라의 장난 (춘조사, 1959)	(C) 항비 유고	(D) 거대한 뿌리 (민음사, 1974)	(E) 달의 행로를 밟을지라도 (민음사, 1976)	(F) 전집 1981	(G) 전집 2003	비고 1 (판본대조)	비고 2 (특이사항)
	6) 어제와 함께 내일에 사는 사람들이여 / 7) 強力한 사람들이여......	6) 어제와 함께 내일에 사는/ 사람들이여 7) 強力한 사람 들이여......			6) 어제와 함께 내일에 사는 사람들이여 7) 強力한 사람 들이여 /	6) 어제와 함께 내일에 사는 사람들이여 7) 強力한 사람 들이여......	구멍만한 예지의 적족에 사는 사람들이여 6) 3연3행: 어제와 함께 내일에 사는 사람들이여 7) 3연4행: 강력한 사람들이여......		행갈이 문제로 편집자의 글씨로 보이는 메모 "시점 딸나라의 장난. 그의 生존시 내가 교정을 봤으므로 그에게 문의 했음므로 것이 분명하면 됨."
웃음	오랜 時間이 經過된 후에도 /이 웃음만은 痕跡을 남기고 있을 것이라고 믿는 것은/어리석은 일	오랜 時間이 經 過된 후에도 이 웃음만은 痕跡 을 남기고 있을 것이라고 믿는 것은 어리석은 일	오랜 時間이 經/ 過된 후에도 이 웃음만은 痕跡 을 남기고 있을 것이라고 믿는 것은 어리석은 일			오랜 時間이 經 過된 후에도/이 웃음만은 痕跡 을 남기고 있을 것이라고 민는 것은 어리석은 일	오랜 時間이 經 過된 후에도/이 웃음만은 痕跡 을 남기고 있을 것이라고 믿는 것은 어리석은 일	14~16행: 오랜/ 시간이 경과된 후에도/이 웃음만은 흔적을 남기고 있을 것이라고 믿는 것은/어리석은 일	A, E만 행갈이 안됨.	
육법전 서와 혁명	合法的으로 不 法을 해도 될까 말까한	合法的으로 不 法을 해도 될까 말까한					合法的으로 不 法을 해도 될까 말까한	1연12행: 合法的 으로 불법법을 해 도 될까 말까한	A만 강조점 없음.	(본인글씨)

판본 대조표

제목	(O) 욕물 및 매를 원고	(A) 최초초발표지	(B) 달나라의 장난 (춘조사, 1959)	(C) 청베 유고	(D) 거대한 뿌리 (민음사, 1974)	(E) 불의 행로를 밟을지라도(민음사, 1976)	(F) 전집 1981	(G) 전집 2003	비고 1 (편본대조)	비고 2 (특이사항)
이 한국문학사	1) 金裕貞처럼 그부의 위대한 선배들처럼 거짓을 하면서 / 소실에 꿈한 사람도 없다…… 2) 빌 수만 있으면 독자들에게 이 깨알만한 글씨로 써야 할 이 작게 써야 할 이 고조의 時期의	1) 金裕貞처럼 그부의 위대한 선배들처럼 거짓을 하면서 소실에 꿈한 사람도 없다…… 2) 빌 수만 있으면 독자들에게 이 깨알만한 글씨로 써야 할 이 작게 써야 할 이 고조의 時期의			1) 金裕貞처럼 그부의 위대한 선배들처럼 거짓 짓을 하면서 / 소실에 꿈한 사람도 없다…… 2) 빌 수만 있으면 독자들에게 이 깨알만한 글씨로 써야 할 이 작게 써야 할 이 고조의 時期의		1) 金裕貞처럼 그부의 위대한 선배들처럼 거짓 짓을 하면서 소실에 꿈한 사람도 없다…… 2) 빌 수만 있으면 독자들에게 이 깨알만한 글씨로 써야 할 이 작게 써야 할 이 고조의 時期의	1) 2연5~6행: 김유정처럼 그부의 위대한 선배들처럼 거짓을 하면서 소/실에 꿈한 사람도 없다…… 2) 4연2~3행: 빌 수만 있으면 독자들에게 이 깨알만한 글씨로 써야 할 이 작게 써야 할 이 고조의 시기에	1) -2) A만 행갈이 안됨.	(본인 금씨로 보임)첫 장 앞 쪽.
이혼 취소	〈본인금씨〉 O1 1) 질문사를 놓고 六부 이자로 十만원을 물어주기로 한 짓이 이랑 계 중군 2) 표마원을 無 체로 돌려보리고 3) 괴를 훌리고 있지 않다			1) 질문사를 놓고 六부 이자로 十만원을 물어주기로 한 짓이 이랑 계 중군 2) 표마원을 無 체로 돌려보리고 3) 괴를 훌리고 있지 않다		1) 질문사를 놓고 六부 이자로 十만원을 물어주기로 한 짓이 이랑 계중군 2) 표마원을 無 체로 돌려보리고 3) 괴를 훌리고 있지 않다.	1) 질문사를 놓고 六부 이자로 十만원을 물어주기로 한 짓이 이랑 계중군 2) 표마원을 無 체로 돌려보리고 3) 괴를 훌리고 있지 않다	1) 1연7행: 물어 주기로 한 짓이 이랑에게 중군 2) 2연3행:5만 원을 무이자로 돌려보내 3) 4연7행: 피를 홀리고 있지 않다	1) O1. C에 있는 '피를 훌리'는 짓이 이랑 중군'은 E, F, G에는 행이 O2. 는 생략됨. 2) C에만 '이' 이 없음. 3) E만 마침표 (.). *행갈이가 전체적으로 판본 마다 다름. 이	O1은 〈본인금 씨〉. O2는 〈부 인금씨〉 원고 함.

제목	(O) 육필 및 대필 원고	(A) 최초발표지	(B) 달나라의 장난 (춘조사, 1959)	(C) 창비 유고	(D) 거대한 뿌리 (민음사, 1974)	(E) 달의 행로를 밟을지라도 (민음사, 1976)	(F) 전집 1981	(G) 전집 2003	비고 1 (편본대조)	비고 2 (특이사항)
	〈부인금서〉 O2 1) 집문서를 냉고 十萬원을/자부 이자로 물어주기로 한 것이 이령 한 체롱군 2) 표만원은 無체구로 둘러 보려고 3) 괴룸 줄리고 있지 않다								미지 자료 참조.	
자	자(針尺)	자(針尺)				자(針尺)	자(針尺)	제목: 자	O, A, B, E, F 제목 옆의 (針尺)가 G에서는 빼짐.	
자장가	엄마는 바지가 찢는 젓이 무서 시옵단다	엄마는/바지가 찢는 젓이 무서 옴단다			엄마는 바지가 찢는 젓이 무서 옴단다	엄마는/바지가 찢는 젓이 무서 옴단다	2연3~4행: 엄마는/바지가 찢는 젓이 무서움단다	O, E는 행갈이 안됨.	
장시	1) 恐怖와 老人 은 同一 恐怖 와 老人과 幼 兒 는 同 一……//豫測 만으로 그지 면돼	1) 恐怖와 老人 은 同一 恐怖 와 老人과 幼 兒 는 同 一……/豫測 만으로 그지 면돼		1) 恐怖와 老人 은 同一 恐怖 와 老人과 幼 兒 는 同 一……/豫測 만으로 그지 면돼		1) 恐怖와 老人 은 同一 恐怖 와 老人과 幼 兒 는 同 一……/豫測 만으로 그지 면돼	1) 6연10~11행: 공포와 노인은 동일 공포와 노인과 유아는 동일……/예측 만으로 그치	1) O, A의 연구 분이 D, F, G 에서는 행갈이 로. 「장시」, 다만 용에 시2, 제3편이 A	(본인글씨) 제 목의 붉은글 씨로 "1"이라는 가필이 있음.

제목	(0) 육필 및 대멸원고	(A) 최초발멸표지	(B) 달나라의 장난 (춘조사, 1959)	(C) 장비.유고	(D) 거대한 뿌리 (민음사, 1974)	(E) 달의 행로를 밟을지라도 (민음사, 1976)	(F) 전집 1981	(G) 전집 2003	비고 1 (판짐대조)	비고 2 (특이사항)
								면폐	예서는 1, 2, 3번호 표시와 함께 한 편으로 발표됨.	
적	1) 「敵」은 꼭 있어야 하는 나?」/순사와 2) 땅주인에서 부터 過速을 범하는 運轉手에 까지	1) 「敵」은 꼭 있어야 하는 나?」/순사와 2) 땅주인에서 부터 過速을 범하는 運轉手에까지			1) 「敵」은 꼭 있어야 하는 나?」/순사와 2) 땅주인에서 더 過速을 하는 運轉手에까지		1) 「敵」은 꼭 있어야 하는 나?」/순사와 2) 땅주인에서 부터 過速을 범하는 運轉手에까지	1) 4연4행~5연1행:「적은 꼭 있어야 하는 나?/순사와 2) 5연1행:땅주인에서부터 과속을 범하는 운전수에까지	1) O, F, G의 연 구분이 D에서는 행갈이로. 2) A만 행갈이.	(본인금씨)
잔	젓을 버린다// 흐린 날에는 演劇은 없다			젓을 버린다// 흐린 날에는 演劇은 없다		젓을 버린다/흐린 날에는 演劇은 없다	5연4행~6연1행:젓을 버린다//흐린 날에는 연극은 없다	O. D. G의 연 구분이 F에서는 행갈이로.	(본인금씨)
전향기	그 다음에 밥을 먹구을 먹었는데			그 다음에 밥을 먹구을 먹었는데	그 다음에 밥을 먹구을 먹었는데	그 다음에 밥을 먹구을 먹었는데	2연4행:그 다음에 밥을 먹구을 먹었는데	A에만 쉼표(.) 표기.	(본인금씨)
전화 이야기	1) 머릿속에 特種이란 자가 보여요. 어떤	1) 머릿속에 特種이란 자가 보여요. 어떤		1) 머릿속에 特種이란 자가 보여요. 어떤		1) 머릿속에 特種이란 자가 보여요. 어떤	1) 1연4행~5행:머릿속에 特種이란 자	1)~2) D만 행갈이 되어 있지 않음.	

판본 대조표

제목	(0) 육필 및 대 맬 원고	(A) 초초발표지	(B) 달나라의 장 난(춘조사, 1959)	(C) 장비 유고	(D) 거대한 뿌리 (민음사, 1974)	(E) 달의 행로를 밟을지라도(민 음사, 1976)	(F) 전집 1981	(G) 전집 2003	비고 1 (판본대조)	비고 2 (특이사항)
	네하코 /써우 고 나왔지요. 순수하죠. 엘 비 말예요. 2) 新聞會館 三 층에서 하는 게 낫다구요. 아네요./거기 에는 냉방장 치가 없어요. 장소는 二백 명가량	네하코 /써우 고 나왔지요. 순수하죠. 엘 비 말예요. 2) 新聞會館 三 층에서 하는 게 낫다구요. 아네요./거기 에는 냉방장 치가 없어요. 장소는 二백 명가량			네하코 /써우 고 나왔지요. 순수하죠. 엘 비 말예요. 2) 新聞會館 三 층에서 하는 게 낫다구요. 아네요./거기 에는 냉방장 치가 없어요. 장소는 二백 명가량		네하코 /써우 고 나왔지요. 순수하죠. 엘 비 말예요. 2) 新聞會館 三 층에서 하는 게 낫다구요. 아네요./거기 에는 냉방장 치가 없어요. 장소는 二백 명가량	가 보여요. 여 편네하고 /써 우고 나왔지 요. 순수하죠. 엘비 말예요. 2) 1연9행~10 행:신문화관3 층에서 하는 게 낫다구요. 아네요. /거기 에는 냉방장 치가 없어요. 장소는 200명 가량		
절망 (1962)	엄마는 바지가 젖는 것이 무 서움단다	엄마는/바지가 젖는 것이 무서 움단다	엄마는/바지가 젖는 것이 무서 움단다			엄마는 바지가 젖는 것이 무서 움단다	엄마는/바지가 젖는 것이 무서 움단다	2연3~4행 : 엄 마는/바지가 젖 는 것이 무서움 단다	O, E는 행갈이 안 됨.	
절망 (1965)	'1962'						'1965. 8. 28.'	'1965. 8. 28.'	발표연도 다름	(본인글씨) * O의 앞 표면 도 표기는 붉은 색으로 교정시 표기된 것임.
제임스 땅	어떤 놈이 新인 지 舊인지를 가 려 낼 틈도 없	어떤 놈이 新인 지 舊인지를 가 려 낼 틈도 없					어떤 놈이 新인 지 舊인지를 가 려 낼 틈도 없	4연3~4행:어 떤 놈이 신(新) 인지 구(舊)인	A만 행갈이 위 치 다름.	

제목	(0) 육필 및 대필 원고	(A) 최초발표지	(B) 달나라의 장난 (춘조사, 1959)	(C) 창비유고	(D) 거대한 뿌리 (민음사, 1974)	(E) 달의 행로를 밟을지라도 (민음사, 1976)	(F) 전집1981	(G) 전집2003	비고1 (편년대조)	비고2 (특이사항)
조국에 돌아오신 상병포로(傷病捕虜) 동지들에게	다 눈이 왔고 주었고 나무 하 가 났다 1) 祖國으로 돌아오신 傷病 捕虜 同志들에게 2) 呼訴예요. 3) 아니다. 4) 뛰어들이 갓는가 5) 용서하여 주시오. 6) 두른 건네	다/눈이 왔고 주었고 나무 하 가 났다					다 눈이 왔고 주었고 나무 하 가 났다 1) 祖國에 돌아 오신 傷兵捕 虜 同志들에 게 2) 呼訴예요. 3) 아니다. 4) 뛰어들이 갓는가 5) 용서하여 주시오. 6) 두는 건네	지를 가려 낼 틈도/없다 이 왔고 주었고 나무 하가 났다 1) 제목:조국에 돌아오신 상 병포로(傷兵 捕虜 同志들 에게 2) 2연8행: 호소 예요 3) 3연2행: 아니 다 4) 4연2행: 뛰어 들어갔는가 5) 7연5행: 용서 하여 주시오 6) 7연7행: 두는 건네	1) 제목에서 O 의 '祖國'이 F, G에 '조국'으로. 2) F에 마침표 (.) 있음. 3) O, F에 쉼표 (,) 있음. 4) F에 마침표 (.) 있음. 5) O, F에 쉼표 (,) 있음. 6) O의 '두는 데'를 F, G에 는 '두는 건 데로. * O, F에는 '~다. ~요.'. ~(하)니로 끝 나는 문장에 마 침표(.)가 있으 나 G에는 없음. * 육필 원고와	* '2000. 9. 12. 全환글로 改訂 版'을 낼 때 는 '조국의 (祖)國에 돌아오신 병뷘(傷兵 捕虜 同志들에게 "아픔'을 '아 픔'으로 함"이 라고 메모. * '2000. 9. 改 訂版 때 "꽃 을 꺾 으로 행 던 것을 다시 꽂으로 돌려놓 음"이라고 메 모.

판본 대조표

제목	(0) 육필 및 대멸 원고	(A) 최초발표지	(B) 달나라의 장난(춘조사, 1959)	(C) 청맥 유고	(D) 거대한 뿌리(민음사, 1974)	(E) 달의 행로를 밟을지라도(민음사, 1976)	(F) 전집1981	(G) 전집2003	비고1 (판본대조)	비고2 (특이사항)
									전집의 행갈이가 전체적으로 다름. 이미지 자료 참조.	
조그마한 세상의 지혜	1) 幸福의 破片과 榮光과 熱度로서 2) 勝敗의 差異를 計算할 줄 아는 3) 「나의 自決한 같은 猛烈한 自由가 여기 있다」	1) 幸福의 破片과 榮光과 熱度로서 2) 勝敗의 差異를 計算할 줄 아는 3) 「나의 自決한 같은 猛烈한 自由가 여기 있다」					1) 幸福의 破片과 榮光과 熱度로서 2) 勝敗의 差異를 計算할 줄 아는 3) 「나의 自決한 같은 猛烈한 自由가 여기 있다」	1) 3연14행: 행복의 파편과 영광과 열도서 (熱度로서) 2) 4연1행: 승패의 차이를 계산할 줄 아는 3) 5연1~2행: 「나의 自決한 같은 猛烈한 自由가 여기 있다」	1)~3) A만 행갈이.	(본인글씨)
지구의	地球儀의 南極에는 검은 쇠꼭지가 심어있는 지라—	地球儀의 南極에는 검은 쇠꼭지가 심어있는 지라—				地球儀의 南極에는 검은 쇠꼭지가 심어있는 지라—	地球儀의 南極에는 검은 쇠꼭지가 심어있는 지라—	2연1행: 지구의 남극에는 검은 쇠꼭지가 심어져 있는지라—	A만 행갈이. A, B의 '심어' 가 O, E, F, G에는 '심겨'.	
참음은	그리고 전근을 한					그리고 전근을 한	그리고 전근을 한	1연5행: 그리고 전근을 한	O, F, G의 '그리로'가 D에서는 '그리고'로.	(본인글씨)
파리와 더불어	이미 오래전에 日課를 全廢해야할	이미 오래전에 日程을 全廢해야할			이미 오래전에 日課를 全廢해야할		이미 오래전에 日課를 全廢해야할	2연1행: 이미 오래전에 일과를 전폐해야할	O, D, F, G의 '일과(日課)'가 A에서는 '일程'으로.	(본인글씨)

판본 대조표

제목	(0)육필본 및 대필본 원고	(A)최초발표지	(B)달나라의 장난 (춘조사, 1959)	(C)청 배 유고	(D)거대한 뿌리 (민음사, 1974)	(E)달의 행로를 밟을지라도 (민음사, 1976)	(F)전집 1981	(G)전집 2003	비고 1 (판본대조)	비고 2 (특이사항)
풀	풀이 눕는다	풀이 눕는다			풀이 눕는다.		풀이 눕는다	1연1행: 풀이 눕는다	D에는 마침표 (.) 있음.	(본인글씨) * '본인글씨' 라고 적힌 아랫 단에 "쌍시옷 받침 떨어지고 내리긋기에서 등이 굽다"라고 적혀 있음. 이 말은 김수영 본인의 글씨체에 대한 특징을 지적한 것으로 보임. * 2연 2~4행에 중간 부분을 점 다음 행으로 넘기라는 편집 사항(화살표 표시)이 보임.
풀의 영상	(두간에배) 전 아세아의 후진 국 전아프리카 의 후진국/(두 간에배) 그 반도조각 대 륙조각이/(두 간에배) 이 발견의 봄이 오기 전에	〈한국문학〉A1 (두간에배) 전 아세아의 후진 국 전아프리카 의 후진국/(두 간에배) 그 반도조각 대 륙조각이/(두 간에배) 이 발견의 봄이 오기 전에					(두간에배)전 아시아의 후진 국 전아프리카 의 후진국/(두 간에배) 그 반도조각 대 륙조각이/(두 간에배) 이 발견의 봄이 오기 전에	2연3~6행: (두 간에배)전 아시 아의 후진국 전아프리카의 후진국/(두간에배) 그 반도조각 대 륙조각이/(두 간에배) 이 발견의 봄이 오기 전에	A2의 '웃음 벗 으러고' 이후 시행은 편집 실 수로 보임. * 다른 판본과 A2는 행갈이와 두 간 에 배에서 전체적으로 다	

판본 대조표

제목	(0)육필 및 대맹쓴고	(A)최초발표지	(B)닭나라의 장난(춘조사, 1959)	(C)정비 우고	(D)거대한 뿌리 (민음사, 1974)	(E)눈의 앳굴를 닮을자리도(민음사, 1976)	(F)전집1981	(G)전집2003	비고 1 (편본대조)	비고 2 (특이사항)
	옷을 벗으려고 /(두깐에빼)부 /정이 열렸다 단 /치는 소리	이 오기 전에 옷 을 벗으려고 /(두깐에빼)부 정이 열렸다 단 치는 소리	〈한국일보〉A2 전아세아의 후 전국 전아프로리 카의 후진국/고 심조각 반도조 각 매목조각이 이 발견의 붐이 오기 전에 옷을 벗/으러고 부정 이 열렸다 단 치는 소리				옷을 벗으려고 /(두깐에빼) 부 정이 열렸다 단 치하는 소리	옷을 벗으려고/ 무정이 열렸다 단하는 소리	름. 이미지 자료 참조	
풍뎅이	1) 니가 부르는 노래가 2) 더 잘알고 있 는 것이다 3) 만들 줄 안다				1) 니가 부르는 노래가 2) 더 잘알고 있 는 것이다. 3) 만들 줄 안 다.		1) 니가 부르는 노래가 2) 더 잘알고 있 는 것이다 3) 만들 줄 안다	1) 6행: 니가 부 르는 노래가 2) 7행: 더 잘 알 고 있는 것이 다 3) 9행: 만들 줄 안다	1) F만 '니가름 래가'로. 2)~3) D에만 마 침표(.) 있음.	
하루살 이	되돌아오고 되 돌아가는 無數	되돌아오고 되 돌아가는 無數	되돌아오고 되 돌아가는 無數				되돌아오고 되 돌아가는 無數	3연4행: 되돌아 오고 되돌아가	A에만 행갈이.	

제목	(0) 육필 및 대멜 원고	(A) 최초발표지	(B) 달나라의 장난 (춘조사, 1959)	(C) 청비 유고	(D) 거대한 뿌리 (민음사, 1974)	(E) 달의 행로를 밟을지라도 (민음사, 1976)	(F) 전집 1981	(G) 전집 2003	비고 1 (판본대조)	비고 2 (특이사항)
헬리콥터	한 하루살이 1) 놀랄 수 있는 사람은 설움을 아는 사람이지만/또한 이것을 보고 놀라지 않는 것도 설움을 아는 사람일 것이다 2) 이것이 처음 誕生한 것은 勿論 그 以前이지만/그래도 제트機나 카아고보다는 늦게 나왔다/그렇지만 린드버-그가 헬리콥터를 타고서 大西洋을 橫斷하지 않았기 때문에 3) 남을 보기 前에 네 자신을 먼저 보이는/	한 하루살이	한 하루살이 1) 놀랄 수 있는 사람은 설움을 아는 사람이지만/또한 이것을 보고 놀라지 않는 것도 설움을 아는 사람일 것이다 2) 이것이 처음 誕生한 것은 勿論 그 以前이지만/그래도 제트機나 카아고 보다는 늦게 나왔다/그렇지만 린드버-그가 헬리콥터를 타고서 大西洋을 橫斷하지 않았기 때문에 3) 남을 보기 前에 네 자신을 먼저 보이는/		1) 놀랄 수 있는 사람은 설움을 아는 사람이지만/또한 이것을 보고 놀라지 않는 것도 설움을 아는 사람일 것이다 2) 이것이 처음 誕生한 것은 勿論 그 以前이지만/그래도 제트機나 카아고보다는 늦게 나왔다/그렇지만 린드버-그가 헬리콥터를 타고서 大西洋을 橫斷하지 않았기 때문에 3) 남을 보기 前에 네 자신을 먼저 보이는/		한 하루살이 1) 놀랄 수 있는 사람은 설움을 아는 사람이지만/또한 이것을 보고 놀라지 않는 것도 설움을 아는 사람일 것이다 2) 이것이 처음 誕生한 것은 勿論 그 以前이지만/그래도 제트機나 카아고보다는 늦게 나왔다/그렇지만 린드버-그가 헬리콥터를 타고서 大西洋을 橫斷하지 않았기 때문에 3) 남을 보기 전에 네 자신을 먼저 보이는/	무수한 하루살이 1) 1연6행~7행: 놀랄 수 있는 사람은 설움을 아는 사람 이지만/또한 이것을 보고 놀라지 않는 것도 설움을 아는 사람일 것이다 2) 2연 3행~6행: 이것이 처음 탄생한 것은 물론 그이전이지만/그래도 제트기나 카고보다 늦게 나왔다/그렇지만 린드버그가 헬리콥터를 타고서 대서양을 횡단하지 않았기 때문에 3) 3연6~7행:	1)~3) D만 행갈이 안 됨.	

판본 대조표

제목	(0) 육필 및 대필 원고	(A) 최초발표지	(B) 달나라의 장난(춘조사, 1959)	(C) 창비유고	(D) 거대한 뿌리(민음사, 1974)	(E) 달의 행로를 밟을지라도(민음사, 1976)	(F) 전집 1981	(G) 전집 2003	비고 1 (판본대조)	비고 2 (특이사항)
현대식 교량	矜持와 善意 가 있다		矜持와 善意 가 있다		矜持와 善意 가 있다		矜持와 善意 가 있다	남을 보기 前에 네 자신을 먼저 보이는/ 矜持와 善意 가 있다	A에서만 마침표(.) 추가	
	나리는 사랑을 배운다	나리는 사랑을 배운다.			나리는 사랑을 배운다		나리는 사랑을 배운다	3연8행:나리는 사랑을 배운다		

생애 및 연표

연도	구분	주요 내용
1921년 (1세)	전기	김수영은 11월 27일 서울 종로2가 관철동 158번지에서 아버지 김태욱(金泰旭)과 어머니 안형순(安亨順) 사이의 5남 3녀 중 장남으로 태어났다. 호적에는 태어난 곳이 서울 종로구 묘동(廟洞) 171번지로 되어 있다. 첫째와 둘째는 낳자마자 숨을 거두었으므로, 실제 자녀수는 6남 4녀가 된다. 증조할아버지 김정흡(金貞洽)은 종3품 무관으로 용양위(龍驤衛) 부사과(副司果)를 지냈으며, 할아버지 김희종(金喜鐘)은 정3품 통정대부(通政大夫) 중추의관(中樞議官)을 지냈다. 당시 집안은 부유했던 편으로, 경기도의 파주·문산·김포와 강원도의 철원·홍천 등지에 상당한 토지를 소유하고 있어서 연 5백 석 이상의 추수를 했다. 그러나 김수영(金洙暎)이 태어났을 때는 가세가 기울어지기 시작할 무렵이어서, 종로6가 116번지로 이사한다. 종로6가 집은 관철동의 집처럼 크지는 않았으나 대지 1백여 평에 안채와 사랑채가 있었고, 한길에 면한 쪽에는 가게가 붙어 있었다. 후에 김수영의 아버지는 그곳에서 지전상(紙廛商)을 경영했다.
	국내외 상황	1월 만주 독립군 부대들이 대한독립군단을 조직. 3월 2일 김억 최초의 번역시집 『오뇌의 무도』 간행. 3월 8일 러시아 공산당이 '신경제정책(NEP)'을 채택. 5월 24일 변영로, 황석우 등 《장미촌》 창간. 6월 22일 모스크바에서 '브나로드(대중 속으로)'라는 슬로건을 걸고 제3회 코민테른 세계대회 개최. 7월 이승만이 하와이에서 동지회 조직. 7월 1일 상하이에서 중국 공산당 결성. 제1차 전국인민대표대회 개최. 7월 29일 히틀러가 나치스 당수에 취임. 8월 염상섭 「표본실의 청개구리」, 《개벽》에 발표. 11월 현진건 「술 권하는 사회」, 《개벽》에 발표. 11월 7일 이탈리아 로마에서 파시스트 전국대회 개최. 루쉰의 『아큐정전』 간행.
1924년 (4세)	전기	형제들과도 이야기를 별로 나누지 않고 방안에서 책장을 넘기며 놀기를 좋아했다. 조양(祖陽) 유치원에 다니기 시작했다.
	국내외 상황	1월 20일 국민당과 공산당의 연합(제1차 국·공합작). 1월 러시아 혁명가 레닌 사망.

연도	구분	주요 내용
		8월 김억 역시집 『원정(園丁)』(타고르) 간행. 《영대》창간.
		10월 《조선문단》창간.
		염상섭 『만세전』, 주요한 『아름다운 새벽』 간행.
		주요한 「노래를 지으시려는 이에게」(평론) 발표.
		안창호 중국 난징에 동명학원 설립.
		프랑스 브르통 쉬르레알리즘(초현실주의)을 선언.
1926년 (6세)	전기	이웃에 사는 고광호(高光浩)와 함께 계명서당(啓明書堂)에 다녔다. 최하림의 『김수영 평전』에는 5세(유치원을 다닌 해의 다음해)로 언급되어 있다.
	국내외 상황	4월 순종 황제 사망, 영친왕 이은 왕위 계승. 5월 한용운 『님의 침묵』 간행. 6월 6·10만세운동 일어남. 　이상화 「빼앗긴 들에도 봄은 오는가」를 《개벽》에 발표. 7월 장개석 북벌 시작. 9월 나운규 감독, 각본, 주연의 〈아리랑〉 상연. 11월 일간지 《중외일보》, 잡지 《별건곤》 창간. 11월 4일 조선어 연구회, 한글 제정 480주년을 맞아 이 날을 '가갸날'로 제정.
1928년 (8세)	전기	어의동(於義洞) 공립보통학교(현재 효제초등학교)에 들어갔다.
	국내외 상황	1월 4일 토지 사유 금지 법안 발표. 3월 일본 나프(NAPF : 전일본무산자예술단체협의회) 결성. 3월 25일 이동녕, 안창호, 김구 등이 상하이에서 한국독립당 조직. 4월 소련, 토지사유 금지법 성립(제1차 5개년 계획). 6월 9일 국민당 북경 입성(북벌 완료). 9월 파시스트당의 독재 결의. 10월 8일 장개석 국민정부 주석 취임. 11월 홍명희 《조선일보》에 『임꺽정전』 연재 시작. 12월 27일 코민테른, 조선공산당 승인을 취소하고 재건령 하달(12월 테제).

연도	구분	주요 내용
1934년 (14세)	전기	보통학교 6년 동안 줄곧 성적이 뛰어났으나 9월, 추계운동회를 마치고 난 뒤 급성장질부사에 폐렴과 뇌막염까지 앓게 되었고, 이로 인해 서너 달 동안 등교하지 못했다. 졸업식에도 참석하지 못하고 진학 시험도 치르지 못했다. 1년여 요양생활을 계속한다. 그 사이 집안은 다시 용두동(龍頭洞)으로 이사한다.
	국내외 상황	5월 제2차 카프 사건으로 백철, 이기영 등 60여 명 피검. 5월 7일 이병도, 김윤경, 이병기 등 진단학회 창립. 9월 1일 《삼사문학》 창간. 10월 16일 중공군 대장정 시작(~1936). 12월 《시원》, 《조선지광》 발간. 최재서, 김기림 등이 주지주의문학 운동 시작. 박태원 소설 『소설가 구보씨의 일일』 간행.
1935년 (15세)	전기	건강을 회복하여 경기도립상고보(京畿道立商高普)에 아버지의 강권으로 응시하나 불합격한다. 2차로 선린상업학교(善隣商業學校)에 응시하나 역시 불합격한다. 결국 선린상업학교 전수과 야간부(최하림, 『김수영 평전』)/전수부(김수영, 『김수영 전집 1』)에 들어간다(학적부는 전쟁 화재로 인해 소실된 상태).
	국내외 상황	3월 신채호 뤼순 감옥에서 옥사. 독일 베르사유 조약의 군축조항을 파기, 재군비 선언. 5월 28일 카프 해체. 7월 5일 한국 독립당 등의 독립운동 단체, 남경에서 민주 혁명당 조직. 8월 25일 《동아일보》가 손기정의 베를린올림픽 마라톤제패 사진에서 일장기 제거(일장기 말소사건). 9월 이상 「날개」를 《조광》에 발표. 총독부, 각 학교에 신사참배 강요. 10월 3일 이탈리아, 에티오피아 침략 개시. 10월 정지용 『정지용시집』 간행. 11월 서정주, 김동리, 오장환 등이 《시인부락》 창간. 11월 1일 《조광》 창간. 12월 5일 소련 소비에트사회주의공화국 헌법 채택.

연도	구분	주요 내용
1938년 (18세)	전기	선린상업학교 전수과를 졸업하고 본과(주간) 2학년으로 진학한다. 그 시절에도 그는 말이 없는 외톨이였다. 영어와 일본어, 한문 등에 뛰어난 면을 보였다. 문학서적을 끼고 다니면서 열심히 읽었고, 일본어로 쓴 두 편의 시를 선린상업교지인 『청파』에 싣기도 했다.
	국내외 상황	1월 일본 육군성에서 조선에 지원병 제도 실시 발표. 2월 《삼천리문학》,《문장》 창간. 3월 10일 안창호, 동우회 사건으로 복역 중 병보석으로 출감했다가 사망. 3월 17일 독일, 오스트리아 합병 선포. 4월 1일 국가총동원법 공포. 6월 총독부, 각 도에 근로보국대 조직 지시. 7월 1일 국민정신총동원조선연맹 창립. 11월 9일 나치스가 유대인 대학살 시작. 12월 14일 베이징에 중화민국 임시정부 수립. 임화『현해탄』, 이용악『낡은 집』 간행. 채만식 장편『탁류』 간행.
1940년 (20세)	전기	살림살이가 어려워지자 용두동에서 서대문 밖 현저동(峴底洞)으로 이사한다.
	국내외 상황	1월 19일 모택동, '신민주주의론' 발표. 2월 11일 창씨개명 실시. 6월 14일 독일군, 파리 입성. 8월 10일 《조선일보》,《동아일보》 강제 폐간. 9월 독일·이탈리아·일본 3국 군사 동맹. 9월 17일 중경으로 이전한 임정, 한국광복군 창설. 10월 총독부, 국민총력연맹을 조직, 황국신민화운동 본격화.
1941년 (21세)	국내외 상황	3월 25일 조선교육령 선포(소학교를 국민학교로 개칭). 3월 31일 조선어 학습 폐지. 4월 《문장》,《인문평론》 강제 폐간. 6월 친일 시인들, 국민시가연맹 조직.

연도	구분	주요 내용
		11월 1일 친일문학지 《국민문학》 창간. 12월 7일 일본, 하와이 진주만 기습. 12월 8일 태평양전쟁 발발. 12월 9일 임정 대일선전 포고. 12월 11일 독일, 이탈리아가 미국에 선전포고.
1942년 (22세)	전기	12월 영어와 주산, 상업, 미술 등에서 우수한 성적으로 선린상업학교를 졸업한다. 이후 일본 유학차 도쿄로 건너간다. 선린상업학교 선배였던 이종구(李鐘求, 영문학자)와 함께 도쿄 나카노[東京市 中野區 佳吉町 54 山口氏宅]에 하숙하며 대학입시 준비를 위해 조후쿠[城北] 고등예비학교에 잠시 다니다가 그만두고, 쓰키지[築地] 소극장의 창립 멤버였던 미즈시나 하루키[水品春樹] 연극연구소에 들어가 연출 수업을 받았다. 이 무렵 김수영은 연출공부와 시작(詩作)에 몰두한다. 엘리엇, 오든, 스펜서와 니시와카 준사부로[西協順三郎], 미요시 다쓰이[三好達治], 무라노 시로[村野四郎] 등의 시를 즐겨 읽었다.
	국내외 상황	5월 8일 일본 각의에서 한국에 징병제 실시 결정. 6월 일본, 미드웨이해전에서 미국에 패함. 10월 1일 조선어학회 사건 발생(독립운동 혐의로 1943년 3월까지 33명 검거, 29명 구속). 카뮈, 『이방인』 발표. 독일, 폴란드 아우슈비츠 등에서 유태인 대학살.
1943년 (23세)	전기	태평양전쟁과 함께 집안의 경제적인 상황도 악화되어 집안이 만주 길림성(吉林省)으로 이주한다. 김수영도 조선학병(朝鮮學兵) 징집을 피해 겨울에 귀국하여 종로6가 고모집에서 머문다. 쓰키지 소극장 출신이며 미즈시나에게 사사받은 안영일(安英一)을 찾아간다. 안영일은 당시 서울 연극계를 주도하고 있었고, 김수영은 한동안 그의 밑에서 조연출을 맡았던 듯하다.
	국내외 상황	2월 출판사업령 공포(출판업 통제). 2월 2일 스탈린그라드에서 독일군 항복. 2월 15일 코민테른 해산 결정. 2월 28일 파시스트당 해산. 3월 1일 총독부, 징병제 공포(8월 1일 시행). 9월 3일 이탈리아 무조건 항복. 10월 20일 일본 육군성, 학병제 실시. 11월 일본, 대동아공영선언 발표. 11월 22일 미국·영국·중국 카이로선언 채택.

연도	구분	주요 내용
1944년 (24세)	전기	봄, 가족들이 있는 만주 길림성으로 떠난다. 그곳에서 길림극예술연구회 회원으로 있던 임헌태, 오해석 등과 만난다. 그들은 그때 조선, 일본, 중국의 세 민족이 참가하는 길림성예능협회 주최의 춘계 예능대회에 올릴 작품(연극) 준비를 하고 있었다.
	국내외 상황	1월 20일 한국인 학병들의 강제 입영 시작. 2월 8일 총동원법에 따라 징용 실시(광산과 군수공장에 동원). 4월 8일 2차 징용 실시. 6월 6일 연합군, 노르망디 상륙작전 개시. 8월 연합군에 의해 파리 해방. 8월 23일 정신대 근무령 공포(만 12세 이상 40세 미만의 배우자 없는 여성을 일본・남양 등으로 징용). 9월 여운형, 지하 비밀 단체인 건국동맹 조직. 연합군이 일본 본토 폭격 시작.
1945년 (25세)	전기	6월, 길림 공회당에서 상연한 「춘수(春水)와 함께」라는 3막극에서 김수영은 신부 역을 맡는다. 8월 15일 광복이 되자, 9월, 김수영과 그의 가족은 길림역에서 덮개가 없는 무개차(無蓋車)를 타고 압록강을 건너 회천까지, 트럭을 타고 평안북도 개천까지, 다시 개천에서 기차를 타고 평양, 평양에서 열차를 타고 서울로 오게 된다. 잠시 종로6가의 고모 집에서 머물다가, 그 해 겨울 충무로4가의 적산가옥을 구해 옮겨간다. 시 「묘정(廟庭)의 노래」를 《예술부락(藝術部落)》에 발표한다. 아버지의 병세가 악화되어, 어머니와 둘째 아들 수성이 음식점을 하며 집안 살림을 도맡기 시작한다.
	국내외 상황	2월 4~11일 얄타협정. 5월 7일 독일, 무조건 항복. 6월 국제연합(UN) 창설. 8월 6일, 9일, 히로시마와 나가사키에 원자폭탄 투하. 8월 8일 소련, 대일 참전. 8월 15일 일본, 포츠담 선언 수락, 무조건 항복. 8월 15일 히로히토 항복 방송. 광복. 8월 16일 조선건국준비위원회(약칭 건준) 발족. 8월 17일 임화・김남천・이태준 등을 중심으로 조선문학건설본부 결성. 9월 2일 맥아더, 북위 38도선을 경계로 미소 양군 조선분할점령책 발표. 9월 7일 미 극동사령부, 남한에 군정 선포. 9월 17일 한설야・이기영・한효 등을 중심으로 카프를 계승한 조선프롤레타리아문학동맹 결성. 9월 18일 박종화・김진섭・이헌구・김광섭 등이 모여 중앙문화협회 결성. 9월 상순 김일성, 김책, 김일 등, 소련군과 함께 입북.

연도	구분	주요 내용
		11월 23일 중경임시정부 제1진(주석 김구, 부주석 김규식) 개인자격으로 귀국. 12월 『해방기념시집』 간행. 12월 13일 조선문학건설본부와 조선프로예맹이 조선문학동맹으로 통합. 12월 27일 모스크바3상회의에서 한국 5개년 신탁통치 실시 결정.
1946~48년 (26~28세)	전기	이종구와 함께 성북영어학원에서 강사를 하다가 서너 달 뒤, 연희전문 영문과에 편입했으나 곧 그만둔다(연희전문에서 잠시 수학했다고 하나, 현재 학적부에는 기록이 남아 있지 않음). 초현실주의 화가 박일영과 함께 간판 그리기, E.C.A(Economic Cooperation Administration) 통역일을 잠깐씩 하게 된다. 김경린, 박인환, 김병욱, 임호권, 양병식과 '신시론(新詩論)' 동인을 결성하고, 앤솔러지 1집을 간행한다. 동인지를 내려고 작품(시)을 모았으나, 김병욱과 김경린의 주도권 다툼(해방 공간의 좌우 대립과 관련)으로 김병욱, 김경희가 탈퇴하고, 김수영도 탈퇴하려 하나 임호권의 만류로 남는다. 이 시기, 김수영은 신시론 동인 외에도 배인철, 이봉구, 박태진, 박기준, 김기림, 조병화, 김윤성, 이한직, 김광균 등 많은 문인들과 만남을 가지며, 임화가 낸 청량리 사무실에서 외국 잡지 번역일을 맡아하기도 한다.
	국내외 상황	1946년: 2월 중국, 국·공 제3차 내전 시작. 3월 13일 조선문필가협회 결성. 7월 북조선노동당 결성. 10월 2일 파업에 대한 군경의 과잉 진압으로 인한 대구 폭동 사건 발생. 10월 6일 《경향신문》 창간. 11월 23일 남조선노동당 결성. 사르트르, 『실존주의는 휴머니즘이다』 간행.
		1947년: 2월 14일 《세계일보》 창간. 3월 미국, 트루먼 독트린(공산주의 침략 저지) 선언. 6월 12일 마셜 미 국무장관, 구주 부흥 원조 계획 제언(마셜 플랜). 7월 19일 여운형 피살. 8월 인도 독립 선언. 9월 소련, 코민포름(공산당 정보국) 설치. 11월 14일 유엔 총회, 한국 총선안, 유엔 한국 임시위원단 설치안, 정부수립 이후 양군철회안 가결.
		1948년: 1월 인도 간디 암살됨. 2월 유엔 소총회, 남한에서만 선거 실시 결의. 4월 3일 제주도 4·3사건 발생. 5월 이스라엘 공화국 성립. 5월 10일 첫 국회의원 선거.

연도	구분	주요 내용
		1948년 5월 31일 제헌 국회 개원. 8월 15일 대한민국 수립 선포. 9월 9일 북한, 조선민주주의인민공화국 선포. 10월 20일 여수, 순천 반란 사건 발생.
1950년 (30세)	전기	김현경(金顯敬)과 결혼, 돈암동에 신혼살림을 차린다. 서울대 의대 부속 간호학교에 영어 강사로 출강한다. 6월 25일, 한국전쟁 발발. 28일, 서울이 이미 점령되고, 월북했던 임화, 김남천, 안회남 등이 서울로 돌아와 종로2가 한청 빌딩에 조선문학가동맹 사무실을 연다. 김수영은 김병욱의 권유로 문학가동맹에 나가게 되었는데, 이 해 9월 문화공작대라는 이름으로 의용군에 강제 동원되어, 평안북도 개천의 야영훈련소에서 한 달 동안 군사 훈련을 받는다. 10월 20일, 유엔군의 평양 점령. 김수영은 평양 북쪽의 순천에 배치되었고, 유엔군과 인민군의 혼전을 틈타 야간 탈출을 시도했으나, 중서면 내무성 군인에게 잡혀 고초를 겪다가 유엔군의 공격과 함께 전열이 무너진 틈을 타 다시 탈출한다. 평양에서 서울 충무로의 집 근처까지 내려왔으나 경찰에 체포되어 이듬해 1월 거제도 포로수용소에 수용된다. 수용소가 자리한 곳은 섬의 북쪽 평원이었다. 곧 수용소 내 미 야전병원의 통역관이 된다. 12월 26일, 가족들은 경기도 화성군 발암면 조암리(朝巖里)로 피난한다. 12월 28일, 피난지에서 장남 준(儁)이 태어난다. 최하림의 『김수영 평전』에는 장남 준이 피난한 '그날 밤' 태어난 것으로 언급되어 있다.
	국내외 상황	1월 《시문학》 창간. 5월 《문학》 창간. 6월 25일 6 · 25 사변 발발. 6월 27일 미군 참전. 6월 28일 서울, 공산군에게 점령. 8월 17일 정부, 부산으로 이전. 9월 문총, 비상국민선전대를 문총구국대로 개칭하고 종군, 선전 활동 시작. 9월 15일 유엔군, 인천상륙작전 실시. 9월 28일 유엔군, 서울 완전 수복. 10월 8일 유엔군, 38도선을 넘어 북한으로 진격 시작. 10월 25일 중공군, 한국전에 개입. 김춘수 시집 『늪』 간행.
1951~52 년 (31~32 세)	전기	미 군의관들을 따라 거제도 포로수용소에서 부산 거제리(지금의 부산 거제동) 수용소로 옮겨간다. 이때 미 군의관 피스위치와 가깝게 지냈으며, 그에게서 《타임》, 《라이프》지 등을 받아보게 된다.

연도	구분	주요 내용	
		1951년	1월 1일 북한과 중공군이 38도선을 넘어 남하 시작. 1월 4일 1·4후퇴로 정부가 부산으로 이전. 1월 5일 중공군이 서울 점령. 2월 거창양민학살사건 발생. 3월 14일 서울 재수복. 10월 17일 국무회의, 대통령 직선제와 양원제 개헌안 의결. 10월 20일 도쿄에서 제1차 한일회담을 개최하여 국교와 교포의 법적 지위 및 어업 문제 등 논의.
		1952년	2월 18일 거제도포로수용소에서 좌익계에 의해 폭동 발생. 5월 7일 거제도 공산포로 폭동 발생. 8월 5일 제2대 대통령선거를 직선제로 실시 자유당 이승만 후보가 조봉암 후보를 제치고 당선. 9월 1일 징병제 실시. 사르트르와 카뮈, 혁명관 논쟁.
1953년 (33세)	전기	겨울, 거제리 포로수용소에서 석방되어 부산으로 간다. 그곳에서 박인환, 조병화, 김규동, 박연희, 김중희, 김종문, 김종삼, 박태진 등과 재회한다.《자유세계》편집장이었던 박연희의 청탁으로,「조국에 돌아오신 상병(傷病) 포로동지들에게」를 썼으나 발표하지는 않았다. 박태진의 주선으로 미8군 수송관의 통역관으로 취직하지만 곧 그만두고 모교인 선린상업학교 영어 교사를 잠시 지낸다. 10월경 서울로 돌아온다.	
	국내외 상황	3월 5일 스탈린 사망. 4월 1일《사상계》창간. 6월 8일 포로 교환 협정 조인(8월 5일~9월 6일). 6월 11일 북진통일 궐기대회. 6월 18일 각지에 수용되어 있던 반공 포로 37,000명 중 27,092명 석방. 7월 26일 쿠바, 카스트로의 해방운동 시작. 7월 27일 휴전협정 조인. 백철『신문학사조사』, 조연현『문학개론』, 조지훈『시의 원리』간행.	

연도	구분	주요 내용
1954년 (34세)	전기	잡지사《주간 태평양》에 3, 4개월 가량 근무한다. 신당동에서 다른 가족과 함께 살다가, 피난지에서 아내가 돌아오자 성북동에 분가를 해 나간다. 1953년 12월부터 1954년 12월까지 절망적인 시편들을 쏟아낸다. 「구라중화」, 「도취의 피안」, 「방안에서 익어가는 설움」, 「나의 가족」, 「너를 잃고」, 「거미」 등의 시편들을 쓰게 된다. 일제강점기 말기부터 6·25를 통과하는 동안에 피폐해진 김수영의 몸과 마음이 이런 시들을 쓰게 된 배경이었던 것 같다.
	국내외 상황	4월 1일《문학과 예술》창간. 7월 1일 일본, 자위대 발족. 8월 국회, 미군철수반대 결의. 10월 23일 국제 펜클럽 한국본부 발족. 11월 29일 국회, 사사오입 개헌. 11월 한미상호방위조약 발효. 12월 제9회 유엔총회, 유엔감시하의 남북총선거결의.
1955~56년 (35~36세)	전기	《평화신문사》문화부 차장으로 6개월 가량 근무한다. 성북동에서 생활하다가 1955년 6월, 마포 구수동(舊水洞)으로 이사. 번역 일을 하며 집에서 양계를 한다. 한강이 내려다보이고 채마밭으로 둘러싸인 구수동 집은 전쟁을 겪으면서 지친 김수영의 몸과 마음에 큰 안정을 가져다준다. 「여름 뜰」, 「여름 아침」, 「눈」 등은 그런 배경 속에서 씌어졌다. 안수길, 김이석, 유정, 김중희, 최정희 등과 가까이 지낸다.
	국내외 상황	1955년: 1월 1일《현대문학》창간. 2월《시문학》창간. 4월 18일 인도네시아 반둥에서 아시아·아프리카(AA)회의 개최, 평화10원칙 발표. 6월 한국자유문학자협회 발족.《문학예술》창간. 9월 18일 민주당(대표최고위원 신익희) 창당. 10월 16일 국사편찬위원회, 『조선왕조실록』 간행 사업 착수.
		1956년: 3월 3일 증권거래소 발족. 5월 12일 첫 텔레비전 방송국 개국(대한방송 DBC, 호출부호 HLKI). 5월 15일 이승만, 제3대 대통령 당선. 10월 23일 헝가리 부다페스트 참사. 10월 29일 이스라엘이 영국과 프랑스의 권유로 이집트에 침입하여 수에즈 전쟁(제2차 중동전쟁, ~1957) 일으킴. 영국·프랑스군의 이집트 침공. 11월 10일 진보당 창당(위원장 조봉암). 12월 김성한 「바비도」, 제1회 동인문학상 수상.

연도	구분	주요 내용
1957년 (37세)	전기	김종문, 이인석, 김춘수, 김경린, 김규동 등과 묶은 앤솔로지 『평화에의 증언』에 「폭포」 등 5편의 시를 발표한다. 제1회 〈한국시인협회상〉 수상. 「눈」, 「폭포」, 「꽃」, 「봄밤」 등이 수상작으로 열거되었다.
	국내외 상황	2월 조지훈·박두진·박목월 등 한국시인협회 발족. 김수영, 제1회 한국시인협회상 수상. 5월 5일 『어린이헌장』을 제정 선포. 10월 《현대시》(한국시인협회 기관지) 창간. 10월 4일 소련, 세계 최초의 인공위성 스푸트니크 1호 발사 성공. 10월 9일 『우리말 큰사전』 30년 만에 완성 발간. 12월 17일 이집트 카이로에서 제1회 아시아·아프리카(AA)인민연대회의 개최.
1958년 (38세)	전기	6월 12일, 차남 우(瑀)가 태어난다.
	국내외 상황	1월 김춘수, 제2회 한국시인협회상 수상. 1월 31일 미국, 인공위성 익스플로러 1호 발사 성공. 5월 2일 제4대 민의원 총선거에서 자유당 129석, 민주당 79석, 무소속 29석 획득. 6월 7일 진보당 사건의 조봉암과 양명산에게 간첩 혐의로 사형 구형. 10월 1일 미국, 항공우주국(NASA) 설립. 12월 24일 국회, 보안법 날치기 통과. 김춘수 『한국 현대시 형태론』 간행.
1959년 (39세)	전기	그간 발표했던 작품들을 모아 첫 시집 『달나라의 장난』을 춘조사(春潮社)에서 출간한다(시인 장만영이 경영했던 춘조사에서 〈오늘의 시인 선집〉 제1권으로 기획한 것이다). 48년에서 59년에 이르는 12년 동안에 쓴 시들 중 40편을 골라넣었다.
	국내외 상황	1월 《문학평론》 창간. 1월 5일 신보안법 반대 시위가 전국에서 발생. 1월 15일 신보안법 발효. 2월 전봉건, 제3회 한국시인협회상 수상. 2월 16일 카스트로, 수상에 취임. 6월 29일 제9차 자유당 전당대회에서 대통령 후보 이승만·부통령 후보 이기붕 선출. 7월 31일 조봉암 사형 집행. 10월 《문예》·《문학》 창간. 11월 18일 민주당, 정·부통령 후보자 지명대회에서 대통령 후보 조병옥·부통령 후보 장면 선출. 12월 조지훈 『역사앞에서』, 손창섭 『잉여인간』, 이범선 『오발탄』 간행.

연도	구분	주요 내용
1960년 (40세)	전기	김수영은 「하……그림자가 없다」, 「우선 그놈의 사진을 밑씻개로 하자」, 「기도」, 「육법전서와 혁명」, 「푸른 하늘을」, 「만시지탄(晩時之歎)은 있지만」, 「나는 아리조나 카보이야」, 「거미잡이」, 「가다오 나가다오」, 「중용에 대하여」, 「허튼소리」, 「피곤한 하루의 나머지 시간」, 「그 방을 생각하며」, 「나가타 겐지로」 등을 발표한다.
	국내외 상황	3월 15일 제5대 정·부통령 선거(투표율 94.3%)에서 대통령 이승만과 부통령 이기붕 당선(민주당에서 무효 선언, 3·15 부정선거). 제1차 마산 부정선거 규탄 시위. 시위대가 경찰서 등을 습격하여 80여 명 사상. 3월 24일 부산, 학생 1,000여 명 데모. 4월 18일 고려대생 데모. 정치깡패에 습격당해 40여 명 부상. 4월 19일 4·19 혁명 시작. 2만 명 이상의 학생이 가담하여 142명 사망. 4월 24일 이승만 대통령, 이기붕 부통령 사임. 5월 1일 과도정부, 3·15 부정선거 무효 확인. 5월 29일 이승만 대통령, 하야 후에 하와이로 망명. 8월 13일 윤보선, 제2공화국 대통령 취임. 9월 2일 쿠바, 아바나선언으로 미국과 국교 단절. 12월 14일 유엔 총회에서 식민지 해방 선언 채택(이 선언으로 아프리카 마다가스카르와 콩고 등 17개국 독립). 12월 20일 고딘디엠의 독재와 미국에 대항하기 위해 남베트남 민족해방전선(베트콩) 결성. 프랑스, 피에르·레스타니, 누보 레알리즘 선언 발표.
1961년 (41세)	전기	김춘수, 박경리, 이어령, 유종호 등과 함께 현암사에서 간행한 계간 문학지《한국문학》에 참여함은 물론 시와 시작(詩作) 노트를 발표한다.
	국내외 상황	1월 혁신당, 통일사회당, 신민당 창당. 2월 4일 인공위성 보스토크 1호 발사 성공. 4월 12일 가가린 소령, 보스토크 1호로 최초로 유인 인공위성 비행에 성공. 5월 1일 카스트로, 쿠바사회주의공화국 선포. 5월 16일 박정희 소장 주도로 5·16 쿠데타. 전국에 비상계엄령 선포. 7월《문학예술》창간. 7월 2일 박정희 소장을 국가재건최고회의 의장에 임명. 8월 13일 동독, 베를린장벽 설치. 9월 30일 군사재판에서 경무대 앞 발포 사건 관련자 홍진기·곽영주 사형.

연도	구분	주요 내용
1965년 (45세)	전기	한일협정 반대시위에 동조하여 박두진, 조지훈, 안수길, 박남수, 박경리 등과 함께 성명서에 서명한다. 신동문과 친교한다.
	국내외 상황	1월 5일 제2차 경제개발 5개년계획안 수립. 2월 7일 미군, 북베트남 폭격 시작. 베트남전쟁에 미국 전면 개입(~1973). 3월 12일 서울 구로동에 한국수출산업공업단지 기공. 6월 22일 한일협정 정식 조인. 야당과 1만여 학생들 한일협정 조인 규탄 연좌데모.
1968년 (48세)	전기	《사상계》 1월호에 발표했던 평론 「지식인의 사회참여」를 발단으로, 《조선일보》 지상을 통하여 이어령과 뜨거운 논쟁을 3회에 걸쳐 주고받는다. 이 논쟁은 문학계에 큰 반향을 불러일으켰다. 4월, 부산에서 열린 펜클럽 주최 문학세미나에서 「시여 침을 뱉어라」라는 제목으로 주제 발표한다. 서울로 돌아오는 길에 경주에 들러 청마 유치환의 시비를 찾는다. 6월 15일, 밤 11시 10분경 귀가하던 길에 구수동 집 근처에서 인도로 뛰어든 버스에 부딪힌다. 서대문에 있는 적십자병원에 이송되어 응급치료를 받았으나 의식을 회복하지 못한다. 6월 16일, 아침 8시 50분에 숨을 거둔다. 6월 18일, 장례식이 6월 18일 오전 10시, 예총회관(지금의 세종문화회관 오른편) 광장에서 문인장으로 거행되었다. 장례위원장은 이헌구, 조사는 박두진이 낭독했다. 이날 서울 도봉동에 있는 선산에 안장되었다.
	국내외 상황	1월 5일 체코슬로바키아, '인간의 얼굴을 한 사회주의 건설'을 모토로 한 '프라하의 봄'의 시작. 1월 21일 서울에 무장공비 31명 침입(1·21 사태:김신조 생포, 5명 사살). 2월 1일 경부고속도로 기공. 4월 4일 마틴 루터 킹 목사 암살.
1969년	전기	6월 사망 1주기를 맞아 문우와 친지들에 의해 묘 앞에 시비(詩碑)가 세워졌다.

연도	구분	주요 내용
1974년	전기	9월 시선집 『거대한 뿌리』(민음사)가 출간된다.
1975년	전기	6월 산문선집 『시여 침을 뱉어라』(민음사)가 출간된다.
1976년	전기	8월, 시선집 『달의 행로를 밟을지라도』(민음사)가 출간된다. 산문선집 『퓨리턴의 초상』(민음사)이 출간된다.
1981년	전기	6월, 『김수영 시선』(지식산업사)이 출간된다. 9월, 『김수영 전집 1-시』(민음사)와 『김수영 전집 2-산문』(민음사)이 출간된다. 전집 출간을 계기로 〈김수영 문학상〉을 제정하고, 김수영이 태어난 날인 11월 27일에 제1회 〈김수영 문학상〉 시상식을 갖는다.
1984년	전기	시선집 『시인이여 기침을 하자』(열음사)가 출간된다.

연도	구분	주요 내용
1988년	전기	시선집 『사랑의 변주곡』(창작과비평사)이 출간된다.
2005년	전기	《민주경찰》(1950. 2)에 실린 김수영의 시, 「음악」이 방민호에 의해 새로이 발굴되어 『서정시학』 여름호에 실린다.
2008년	전기	『창작과비평』 여름호에서 「김수영 시인 40주기에 부쳐」(김명인 해제, 부인 김현경 발굴)라는 특집을 다루면서, 김수영의 미발표 유고 시 15편(「김일성만세」, 「연꽃」, 「시」 등)과 일기 30여 편을 싣는다. 《문화재》(1966)에 실린 김수영의 산문, 「마당과 동대문」이 여태천에 의해 새로이 발굴되어 『서정시학』 가을호에 실린다.
2009년	전기	『김수영 육필원고 전집』(이영준 엮음·해설, 민음사, 2009)이 발간된다. 김수영의 미발표 시 원고 및 초고, 육필 원고 및 부인 정서본, 신문·잡지 발표 지면 수정·가필본, 시집 『달나라의 작란』(춘조사, 1959)의 가편집 원고 등이 실린다.

[참고 문헌]

수요역사연구회, 『곁에 두는 세계사』, 석필, 2002.

근대문학100년 연구총서 편찬위원회, 『연표로 읽는 문학사』, 소명출판, 2008.

최하림, 『김수영 평전』, 실천문학사, 1981.

김수영, 『김수영 전집1-시』, 민음사, 2003.

고종석, 『모국어의 속살』, 마음산책, 2006.

김수영, 「음악」, 『서정시학』, 2005. 여름호.(방민호 발굴).

김수영, 「해운대에 핀 해바라기」, 『서정시학』, 2005. 가을호.(방민호 발굴).

김명인 해제, 「김수영 시인 40주기에 부쳐」, 『창작과비평』, 2008. 여름호.(부인 김현경 발굴).

김수영, 「마당과 동대문」, 『서정시학』, 2008. 가을호.(여태천 발굴).

김수영, 『김수영 육필원고 전집』, 이영준 엮음·해설, 민음사, 2009.

연구서지

1. 기초 자료

『달나라의 장난』. 춘조사. 1959.
『거대한 뿌리』. 민음사. 1974.
『달의 행로를 밟을지라도』. 민음사. 1976.
『시인이여, 기침을 하자』. 열음사. 1984.
『사랑의 변주곡』. 창작과비평사. 1988.
『김수영 전집 ① · 시』. 민음사. 1981(초판 1쇄)-2003(개정판 1쇄).
『김수영 전집 ② · 산문』. 민음사. 1981(초판 1쇄)-2003(개정판 1쇄).
이영준 엮음 · 해설. 『김수영 육필시고 전집』. 민음사. 2009.

2. 김수영 관련 논문

1) 박사논문

강계숙. 「1960년대 한국시에 나타난 윤리적 주체의 형상과 시적 이념: 김수영 · 김춘수 · 신동엽의 시를 중심으로」. 연세대박사학위논문. 2008.
강연호. 「김수영 시 연구」. 고려대박사학위논문. 1995.
강영기. 「김수영 시와 김춘수 시의 대비적 연구」. 제주대박사학위논문. 2003.
강웅식. 「김수영의 시의식 연구 – '긴장'의 시론과 '힘'의 시학을 중심으로」. 고려대박사학위논문. 1997.

고봉준. 「한국 모더니즘 문학의 미적 근대성 연구: 이상과 김수영의 문학을 중심으로」. 경희대박사학위논문. 2005.
권성훈. 「한국 현대시에 나타난 치유성 연구」. 경기대박사학위논문. 2010.
권지현. 「김수영 시 연구」. 국민대박사학위논문. 2009.
권혁웅. 「한국 현대시의 시작방법 연구-김춘수·김수영·신동엽의 시를 중심으로」. 고려대박사학위논문. 2000.
김광엽. 「한국 현대시의 공간 구조 연구-청마와 육사, 김춘수와 김수영을 중심으로」. 서강대박사학위논문. 1994.
김미정. 「김수영 시의 '차이'와 '동일성' 연구-앙가지망의 가능성을 중심으로」. 동아대박사학위논문. 2006.
김영희. 「김수영 시의 자아성찰 연구」. 국민대박사학위논문. 2010.
김윤배. 「김수영 시 연구-모더니티와 리얼리티의 회통을 중심으로」. 인하대박사학위논문. 2003.
김정배. 「한국 현대시에 나타난 죽음의식 연구 – 김종삼과 김수영의 시를 중심으로」. 원광대박사학위 논문. 2011.
김종윤. 「김수영 시 연구」. 연세대박사학위논문. 1987.
김혜순. 「김수영 시 연구-담론의 특성 연구」. 건국대박사학위논문. 1993.
김희철. 「김수영 시 연구」. 중부대박사학위논문. 2007.
남기택. 「김수영과 신동엽 시의 모더니티 연구」. 충남대박사학위논문. 2003.
남진우. 「미적 근대성과 순간의 시학 연구-김수영·김종삼 시의 시간의식」. 중앙대박사학위논문. 2000.
노 철. 「김수영과 김춘수의 시작방법 연구」. 고려대박사학위논문. 1998.
노용무. 「김수영 시 연구-포스트식민주의 관점을 중심으로」. 전북대박사학위논문. 2001.
류찬열. 「김수영 문학 연구」. 중앙대박사학위논문. 2006.
박수연. 「김수영 시 연구」. 충남대박사학위논문. 1999.
박정선. 「한국 현대시의 모더니즘과 전통 – 정지용과 김수영의 시를 중심으로」. 고려대박사학위논문. 2011.
박주현. 「김수영 문학에 나타난 내면적 자유 연구」. 서울대박사학위논문. 2003.
박지영. 「김수영 시 연구-시론의 영향관계를 중심으로」. 성균관대박사학위논문. 2002.
신주철. 「김수영 시의 아이러니 연구」. 한국외국어대박사학위논문. 2002.
양인경. 「한국 모더니즘시의 영화적 양상 연구」. 한남대박사학위논문. 2008.
엄성원. 「한국모더니즘 시의 근대성과 비유 연구」. 서강대박사학위논문. 2001.

오문석. 「김수영의 시론 연구」. 연세대박사학위논문. 2002.

유재천. 「김수영의 시 연구」. 연세대박사학위논문. 1986.

유혜경. 「이시카와 다쿠보쿠(石川啄木)와 김수영의 시세계 비교 연구」. 고려대박사학위논문. 2009.

윤삼현. 「김수영 시 연구」. 조선대박사학위논문. 2006.

윤정룡. 「1950년대 한국 모더니즘시 연구」. 서울대박사학위논문. 1992.

이 중. 「김수영 시 연구」. 경원대박사학위논문. 1994.

이 찬. 「20세기 후반 한국 현대시론 연구」. 고려대박사학위논문. 2004.

이경희. 「시적 언술에 나타난 한국현대시의 병렬법 연구」. 이화여대박사학위논문. 1988.

이민호. 「현대시의 담화론적 연구—김수영·김춘수·김종삼의 시를 대상으로」. 서강대박사학위논문. 2001.

이선영. 「물질 지향의 시성—분비와 배설 생리에 따른 시 창작 원리 연구」. 이화여대박사학위논문. 2009.

이소영. 「1950년대 모더니즘 시 연구—박인환, 전봉건, 김수영의 시를 중심으로」. 명지대박사학위논문. 2004.

이승규. 「1950-60년대 한국 현대시의 현실 지향성 연구—김수영과 신동엽의 시를 중심으로」. 국민대박사학위논문. 2006.

이은실. 「김춘수와 김수영 시의 모더니티 비교연구」. 부경대박사학위논문. 2008.

이은정. 「김춘수와 김수영 시학의 대비적 연구」. 이화여대박사학위논문. 1992.

이종대. 「김수영 시의 모더니즘 연구」. 동국대박사학위논문. 1993.

이홍래. 「김수영과 신동엽 비교 연구—현실 참여관을 중심으로」. 경상대박사학위논문. 2009.

임지연. 「1950-60년대 현대시의 신체성 연구—김수영과 전봉건을 중심으로」. 건국대박사학위논문. 2011.

장권순. 「김수영 시 연구—시의 어법과 의미구조를 중심으로」. 경원대박사학위논문. 2006.

장석원. 「김수영 시의 수사적 특성 연구」. 고려대박사학위논문. 2004.

전병준. 「김수영과 김춘수 시 비교연구」. 고려대박사학위논문. 2010.

정현덕. 「김수영 시의 풍자 연구」. 경기대박사학위논문. 2003.

조강석. 「비화해적 가상으로서의 김수영과 김춘수 시학 연구」. 연세대박사학위논문. 2008.

조명제. 「김수영 시 연구」. 전주우석대박사학위논문. 1994.

진순애. 「한국 현대시의 모더니티 연구」. 성균관대박사학위논문. 1996.

차창룡. 「김수영·신동엽 시의 신화적 상상력 연구」. 중앙대박사학위논문. 2008.

최미숙. 「한국 모더니즘시의 글쓰기 방식에 관한 연구」. 서울대박사학위논문. 1997.

한명희. 「김수영의 시정신과 시 방법론 연구」. 서울시립대박사학위논문. 2000.

황정산. 「한국 현대시의 운율론적 연구」. 고려대박사학위논문. 1997.

황혜경. 「김수영 시의 아이러니 연구」. 이화여대박사학위논문. 1998.

2) 석사논문

강덕화. 「김수영 시 연구-'새로움의 시학'을 중심으로」. 동국대석사학위논문. 1997.

강동호. 「김수영의 시와 시론에 나타난 자기의식 연구-현대성과 메타성을 중심으로」. 연세대석사학위논문. 2010.

강영기. 「김수영 시의 현실 인식 연구」. 제주대석사학위논문. 1999.

강용수. 「김수영 시의 현실인식 연구-'자유'와 '사랑'을 중심으로」. 아주대교육석사학위논문. 2004.

강웅식. 「김수영의 시 「풀」 연구」. 경희대석사학위논문. 1985.

강정화. 「김수영 시세계 연구」. 단국대교육석사학위논문. 1991.

강현국. 「김수영 시에 나타난 현실참여의 특성 연구」. 경북대석사학위논문. 1979.

고수정. 「김수영 시의 공간 의식 연구」. 연세대교육석사학위논문. 2006.

고창환. 「김수영 시 연구」. 인하대석사학위논문. 2000.

곽미진. 「김수영 시의 낭만성 연구」. 공주대교육석사학위논문. 2007.

곽정숙. 「김수영 시 연구」. 원광대석사학위논문. 2009.

구용모. 「김수영의 시론 연구」. 한양대석사학위논문. 1996.

구태연. 「비평적 글쓰기의 교육 방안 연구-'김수영·이어령의 불온시 논쟁'을 중심으로」. 성신여대교육석사학위논문. 2010.

국원호. 「김수영 시의 '타자-되기'의 욕망 연구」. 서강대석사학위논문. 2006.

권영하. 「김수영 시 연구」. 성균관대교육석사학위논문. 1994.

글루첸코 마리아. 「김수영의 시세계 연구: 고백시적 경향과 풍자시적 경향을 중심으로」. 서울대석사학위논문. 2006.

김경애. 「김수영 시 연구-화자·청자의 변모양상을 중심으로」. 연세대석사학위논문. 2000.

김광재. 「김수영 시의 모호성」. 계명대석사학위논문. 2010.

김나들. 「상상력 활용을 통한 시 감상교육 방법 연구」. 원광대교육사학위논문. 2008.

김동경. 「김수영 시의 위악성 연구」. 한국교원대석사학위논문. 1998.

김만석. 「김수영 시의 시간의식 연구」. 부산대석사학위논문. 2003.

김만준. 「작품에 나타난 김수영의 특질에 대한 성격분석적 접근」. 연세대교육석사학위논문. 1981.

김명인. 「김수영의 '현대성' 인식에 관한 연구」. 인하대석사학위논문. 1994.

김명진. 「'시인 김수영'에 대한 헤르메스적 접근」. 서강대석사학위논문. 2008.

김미경. 「김수영 시의 현실인식 연구」. 대전대석사학위논문. 1999.

김미섭. 「김수영 시 연구」. 인하대교육석사학위논문. 1992.

김미영. 「김수영 시 연구」. 청주대교육석사학위논문. 2007.

김미정. 「김수영 시 정신 연구」. 강원대교육석사학위논문. 1998.

김봉관. 「김수영 시에 나타난 소시민성 연구」. 한남대교육석사학위논문. 2006.

김삼숙. 「김수영 문학의 전위적 성격 연구」. 서울여대석사학위논문. 1999.

김선연. 「김수영 시의 교육적 활용 방안 연구」. 고려대교육석사학위논문. 2010.

김수연. 「김수영 시에 나타난 주체 정립양상 연구」. 건국대석사학위논문. 2002.

김수이. 「김춘수와 김수영의 비교 연구」. 경희대석사학위논문. 1992.

김수진. 「김수영 초기시 연구」. 경원대석사학위논문. 1995.

김수현. 「김수영 시의 수사학적 특성 연구―은유와 환유 양상을 중심으로」. 한양대석사학위논문. 2006.

김영대. 「김수영 시의 풍자방법에 대한 연구」. 청주대석사학위논문. 1998.

김영민. 「김수영의 시 '풀'에 나타난 무용 이미지 재조명」. 세종대석사학위논문. 2008.

김영빈. 「김수영 시에 나타난 공간 이미지 연구」. 명지대석사학위논문. 1996.

김영옥. 「김수영 연구」. 숙명여대교육석사학위논문. 1985.

김영희. 「김수영 시의 언술 특성 연구」. 고려대석사학위논문. 2003.

김오영. 「김수영론」. 연세대교육석사학위논문. 1992.

김원숙. 「김수영 시 연구」. 명지대교육석사학위논문. 2000.

김유진. 「김수영 시의 문학사회학적 연구」. 명지대석사학위논문. 2007.

김은희. 「김수영 시 연구」. 제주대교육석사학위논문. 2007.

김이원. 「김수영 시 연구」. 홍익대석사학위논문. 1991.

김정석. 「김수영 시의 아비투스에 관한 연구 ―남성 중심적 의식을 중심으로」. 숭실대석사학위논문. 2009.

김정숙. 「김수영 시 연구―시 세계의 전개 양상을 중심으로」. 목포대교육석사학위논문. 2003.

김정훈. 「김수영 시 연구 ― 주제의식을 중심으로」. 한양대석사학위논문. 1986.

김창선. 「김수영 시의 풍자에 대한 연구」. 건국대교육석사학위논문. 2004.
김창호. 「김수영 시의 공간구조와 상상력의 지향성」. 제주대석사학위논문. 1992.
김태진. 「김수영 시의 환유구조 연구」. 부산대교육석사학위논문. 1996.
김형규. 「김수영의 시 연구」. 충남대교육석사학위논문. 1995.
김혜순. 「김춘수와 김수영 시에 나타난 시간의식의 대비적 고찰」. 건국대석사학위논문. 1982.
김혜원. 「김수영 시의 설움극복 연구」. 안동대교육석사학위논문. 2003.
김혜진. 「김수영 문학에 나타난 근대의 속도와 윤리」. 한양대석사학위논문. 2010.
김화생. 「김수영 시 연구」. 제주대석사학위논문. 1987.
김효곤. 「김수영 시의 타자 현상 연구」. 부산대석사학위논문. 1998.
나상엽. 「김수영 전기시의 역사의식 연구」. 고려대교육석사학위논문. 2002.
나정욱. 「김수영 시에 나타난 생명의식의 변화과정 연구」. 울산대교육석사학위논문. 2006.
노양식. 「김수영 시의 난해성 연구」. 조선대교육석사학위논문. 2006.
노지영. 「김수영 시의 다의미성 연구」. 서강대석사학위논문. 2004.
류명화. 「김수영 시 연구」. 충남대석사학위논문. 2000.
문영희. 「김수영 시 연구」. 울산대석사학위논문. 1997.
문정이. 「김수영 시정신 연구 – 모더니즘적 측면에서」. 경성대석사학위논문. 1999.
문지성. 「김수영 시 연구」. 가톨릭대석사학위논문. 1999.
문태환. 「김수영 시의 시어 연구—구조 분석을 중심으로」. 동아대교육석사학위논문. 1991.
민영미. 「김수영 시에 나타난 현실인식」. 충북대교육석사학위논문. 2010.
박경한. 「김수영 시 연구」. 영남대교육석사학위논문. 2001.
박남철. 「김수영 시문학의 제1시대 연구—전통성과 현대지향성을 중심하여」. 경희대석사학위논문. 1983.
박동숙. 「김수영 시 주체의 변모 과정 연구—라캉의 네 가지 담론 유형을 중심으로」. 서울시립대석사학위논문. 2007.
박민정. 「김수영 후기시 연구」. 순천대교육석사학위논문. 2007.
박병환. 「김수영 론」. 동국대교육석사학위논문. 1981.
박연희. 「김수영 시론 연구」. 동국대석사학위논문. 2004.
박영규. 「김수영 시 연구」. 단국대교육석사학위논문. 2001.
박정인. 「김수영 시의 변모 과정 연구」. 강원대교육석사학위논문. 2007.
박종원. 「시창작 방법 연구—김춘수와 김수영을 중심으로」. 원광대석사학위논문. 2005.
박종추. 「김수영 시정신 고찰」. 조선대석사학위논문. 1987.

박태건. 「김수영 시 연구」. 원광대석사학위논문. 2000.

배　영. 「김수영 시의 자유정신 연구」. 여수대교육석사학위논문. 2005.

배민수. 「김수영, 「풀」의 효과적 교수방법 연구」. 성신여대교육석사학위논문. 2005.

배은미. 「김수영 모더니즘의 현실 참여」. 부산대교육석사학위논문. 1990.

배은별. 「김수영 시에 나타난 사랑과 혁명의 의미 연구-시적 주체의 변모 과정을 중심으로」. 서울산업대석사학위논문. 2010.

사서영. 「김수영 시어 연구」. 원광대교육석사학위논문. 2002.

서경희. 「김수영 시에 나타난 자아의식의 변모양상」. 조선대교육석사학위논문. 1996.

석명현. 「김수영 시의 탈근대적 지향 연구」. 단국대교육석사학위논문. 2003.

성지연. 「김수영 시 연구」. 연세대석사학위논문. 1995.

소경애. 「김수영 시에 나타난 역동적 이미지 연구」. 부산대교육석사학위논문. 1988.

신정은. 「박인환·김수영의 1950년대 시 대비 연구」. 경북대석사학위논문. 1995.

신주철. 「김수영 시의 시적 장치 연구」. 한국외국어대석사학위논문. 1996.

신창섭. 「김수영 시의 '설움' 연구」. 건국대교육석사학위논문. 2001.

신형철. 「김수영 시에 나타난 '사랑'과 '죽음'의 의미 연구」. 서울대석사학위논문. 2002.

심은희. 「김수영 시 연구」. 경희대석사학위논문. 1999.

심재웅. 「김수영 시 연구」. 국민대교육석사학위논문. 1995.

심효숙. 「김수영 작품 속 '의' 사상 표현에 관한 연구」. 청주대석사학위논문. 2004.

안상현. 「김수영 문학론 연구」. 충북대교육석사학위논문. 2006.

안수진. 「모더니즘시의 부정성 형성 연구」. 서울대석사학위논문. 1997.

안종국. 「김수영 시 연구-그 시의 미적 특질을 중심으로」. 연세대교육석사학위논문. 1989.

안홍림. 「김수영 시의 자아의식 연구」. 단국대석사학위논문. 2000.

양미복. 「김수영 시 연구」. 원광대교육석사학위논문. 1995.

양성호. 「김수영 시 담론의 근대성 연구」. 경성대석사학위논문. 2004.

양억관. 「김수영 시 연구」. 경희대석사학위논문. 1985.

양희웅. 「김수영 시의 은유구조 연구」. 전남대석사학위논문. 2002.

엄은경. 「1960년대 참여시 연구」. 건국대교육석사학위논문. 2000.

여태천. 「김수영 시 연구-'실천적 시쓰기'를 중심으로」. 고려대석사학위논문. 2001.

연용순. 「김수영 시 연구」. 중앙대교육석사학위논문. 1986.

오명균. 「이용악과 김수영의 리얼리즘시 비교연구」. 건국대교육석사학위논문. 2006.

오영진. 「김수영 시에 나타난 자유에 관한 연구」. 한양대석사학위논문. 2008.

오정혜. 「김수영 시의 언어적 특성 연구」. 동아대교육석사학위논문. 1997.
우유진. 「김수영 시의 이미지 변용 양상 연구」. 명지대석사학위논문. 2008.
우필호. 「김수영 시의 일상성과 시간의식 연구」. 성균관대석사학위논문. 2002.
위홍석. 「김수영 시 의식 연구」. 성균관대교육석사학위논문. 1991.
유성원. 「김수영 시 연구」. 인하대교육석사학위논문. 2000.
유진영. 「김수영의 시 연구」. 충남대교육석사학위논문. 1999.
윤대현. 「김수영 후기시에 나타난 아이러니 양상」. 동국대문화예술대석사학위논문. 1997.
윤유승. 「김수영 시 연구」. 동아대석사학위논문. 1985.
윤정노. 「1950년대 모더니즘시 연구」. 건국대석사학위논문. 2006.
이건제. 「김수영 시의 변모양상 연구」. 고려대석사학위논문. 1990.
이광길. 「김수영의 시의식 연구」. 동아대석사학위논문. 1989.
이광웅. 「시 와 죽음-김수영 시의 출발」. 원광대석사학위논문. 1979.
이규진. 「김수영 시의 시의식 고찰」. 경희대석사학위논문. 2010.
이길상. 「김수영 시 연구」. 원광대교육석사학위논문. 2003.
이명순. 「김수영 시의 주제와 문체 연구」. 성신여대교육석사학위논문. 1997.
이미경. 「김수영 문학 연구-여성관을 중심으로」. 목포대석사학위논문. 2001.
이미경. 「김수영의 시의식 변모과정 연구」. 아주대교육석사학위논문. 2009.
이미현. 「김수영 시 연구」. 경남대교육석사학위논문. 1990.
이방원. 「김수영 시 연구」. 숙명여대석사학위논문. 1989.
이상아. 「모더니즘 시의 맥락적 읽기 교육 연구-김수영과 박인환을 중심으로」. 서울대석사학위논문. 2011.
이 석. 「김수영 시의 '주체' 문제 연구」. 경희대교육석사학위논문. 2009.
이석우. 「김수영의 시 「풀」의 연구」. 청주대석사학위논문. 1994.
이세재. 「김수영 시 연구」. 우석대석사학위논문. 1992.
이영섭. 「김수영 시 연구」. 연세대석사학위논문. 1977.
이유라. 「김수영과 신동엽의 현실인식 비교연구」. 대구대교육석사학위논문. 2006.
이윤정. 「김수영 시 연구」. 대구가톨릭대석사학위논문. 2001.
이은봉. 「김수영 시에 나타난 '죽음' 연구」. 숭전대석사학위논문. 1981.
이인순. 「시인 김수영 연구」. 전북대석사학위논문. 1987.
이재성. 「김수영 시 연구」. 국민대석사학위논문. 1995.
이정미. 「현실지향시의 시적 특질과 전통연구」. 한국교원대석사학위논문. 1999.

이지연. 「김수영의 '온몸' 시학과 반시 연구」. 부산대교육석사학위논문. 1993.

이지혜. 「김수영 시의 기호학적 연구」. 명지대석사학위논문. 2002.

이진희. 「김수영의 초기 시에 나타난 모더니즘 연구」. 한남대교육석사학위논문. 2007.

이태희. 「김수영 시의 화자 연구」. 인천대석사학위논문. 1991.

이필규. 「김수영 시의 부정정신」. 국민대석사학위논문. 1985.

이현정. 「김수영의 자유의식에 관한 연구」. 한양대교육석사학위논문. 2007.

이혜승. 「김수영 시 연구」. 서강대석사학위논문. 2000.

이호준. 「김수영 시 연구」. 우석대석사학위논문. 1989.

이홍자. 「김수영 시 연구」. 서울대석사학위논문. 1989.

임경옥. 「김수영 시와 탈식민주의」. 충남대교육석사학위논문. 2003.

임대식. 「김수영 시의 자유의식 고찰」. 조선대석사학위논문. 1985.

임승천. 「김수영 시 연구-시의 특징과 주제를 중심으로」. 단국대교육석사학위논문. 1984.

임한호. 「김수영 시의 모더니즘 연구」. 한양대교육석사학위논문. 1999.

장동석. 「김수영 시의 '현대성' 연구」. 홍익대석사학위논문. 2002.

장명국. 「김수영 시 연구」. 한국외국어대석사학위논문. 1997.

장유순. 「김수영 시에 나타난 '방'의 공간의식 연구」. 한국외대교육석사학위논문. 2001.

장인수. 「김수영 시 연구」. 성균관대석사학위논문. 2002.

장현정. 「김수영 시 연구」. 안동대교육석사학위논문. 2007.

전경아. 「김수영 시의 환유구조 연구」. 강원대석사학위논문. 2003.

전미경. 「현실인식과 시적 형상화-김수영과 신동엽의 대비적 고찰」. 부산대교육석사학위논문. 1994.

전옥자. 「김수영 시 연구-포스트모더니즘의 양상을 중심으로」. 명지대사회교육석사학위논문. 1998.

정대구. 「김수영 연구」. 명지대석사학위논문. 1976.

정대호. 「김수영과 신동엽의 현실인식에 대한 비교 고찰」. 경북대석사학위논문. 1988.

정문화. 「김수영 시에 나타난 자유의식의 변모양상 연구」. 울산대교육석사학위논문. 2000.

정은기. 「김수영 시에 나타난 시적 주체 변모 양상 연구」. 경희대석사학위논문. 2008.

정은영. 「김수영의 시 연구」. 한양대교육석사학위논문. 2002.

정한아. 「'온몸', 김수영 시의 현대성-죽음과 자유를 중심으로」. 연세대석사학위논문. 2004.

정현선. 「모더니즘시의 문화교육적 연구-이상과 김수영을 중심으로」. 서울대석사학위논문. 1995.

정형욱. 「1950년대 및 60년대 모더니즘 시 비교 연구」. 건국대교육석사학위논문. 2007.
정호갑. 「김수영 시의 기법에 대하여」. 경상대석사학위논문. 1988.
조강석. 「김수영 시에 나타난 시간의식 연구」. 연세대석사학위논문. 2001.
조기현. 「김수영 시의 세계관과 비극성」. 경북대석사학위논문. 1987.
조용덕. 「김수영 시 연구」. 한국교원대석사학위논문. 2001.
조은수. 「김수영 시에 나타난 낭만성에 대한 연구」. 연세대석사학위논문. 1990.
조준형. 「김수영 시 연구」. 한양대석사학위논문. 1987.
조혜련. 「김수영 시 연구」. 세종대석사학위논문. 1984.
조혜진. 「한국 현대시의 자본주의 물신성 표출 양상 연구」. 건국대석사학위논문. 2006.
차혜경. 「김수영 시 연구」. 한양대교육석사학위논문. 1998.
채상우. 「1960년대 순수/참여 논쟁 연구」. 동국대석사학위논문. 2000.
채형석. 「김수영의 시세계 연구」. 원광대석사학위논문. 1995.
최규중. 「김수영과 신동엽의 시 비교 연구」. 원광대석사학위논문. 1994.
최미화. 「김수영 시의 화자 연구」. 건국대교육석사학위논문. 2008.
최상선. 「김수영 시 연구」. 국민대교육석사학위논문. 1990.
최영욱. 「김수영 시의 '일상성' 연구」. 순천대석사학위논문. 1999.
최원발. 「김수영과 신동엽의 역사의식 비교연구」. 청주대교육석사학위논문. 1998.
최원영. 「김수영 시의 색채이미지 연구」. 명지대사회교육석사학위논문. 1999.
최윤영. 「김수영 시의 '몸' 의미 연구」. 경희대교육석사학위논문. 2008.
최호영. 「김수영의 '몸'의 시학 연구」. 서울대석사학위논문. 2010.
하인철. 「김수영 시 연구-시의 전개양상을 중심으로」. 서강대석사학위논문. 1996.
한영옥. 「김수영 연구」. 성신여자사범석사학위논문. 1976.
한정희. 「김수영 전기시 연구」. 고려대석사학위논문. 1993.
홍기돈. 「김수영 시 연구 - 의식의 변모 양상을 중심으로」. 중앙대석사학위논문. 1996.
홍지영. 「김수영 시 연구」. 중앙대교육석사학위논문. 2003.
홍효경. 「김수영 시에 나타난 서러움 연구」. 명지대석사학위논문. 1992.

3) 소논문 및 평론

강계숙. 「'미래로부터 오는' 전통-김수영의 「거대한 뿌리」 다시 읽기」. ≪문학수첩≫. 2008. 겨울.

강연호.「자기 갱신의 모색과 탐구」. 송하춘·이남호 편.『1950년대의 시인들』. 나남출판. 1994.
강웅식.「김수영의 시「풀」에 나타난 상징적 의미와 그 초월성」.『민족문화연구』제40호. 2004.
강웅식.「자기 촉발의 힘에 이르는 길」. ≪작가세계≫. 2004. 여름.
강웅식.「언어의 윤리와 시의 완성」. 상허학회 편.『새로 쓰는 한국시인론』. 백년글사랑. 2003.
강웅식.「한국 모더니즘 문학의 한 양상 - 김수영을 중심으로」.『작가연구』제16호. 새미. 2003.
강웅식.「김수영 문학연구사 30년, 그 흐름의 향방과 의미」.『작가연구』제5호. 1998.
강은교.「김수영 시의 모티브 연구」. 김승희 편.『김수영 다시읽기』. 프레스21. 2000.
강희근.「김수영 시의 틀에 대하여 - 후기시를 중심으로」.『구연식화갑기념논총』. 1985.
고봉준.「속물의 계보학」. ≪사회비평≫. 2008. 봄.
고봉준.「김수영 문학의 근대성과 전통 - 시간 의식을 중심으로」.『한국문학논총』제30집. 2002.
고재석.「김수영의 자유와 비애」.『한국문학연구』제13호. 동국대. 1990.
곽명숙.「한국 현대시 100년을 돌아본다」. ≪시와정신≫. 2008. 겨울.
곽효환.「김수영 시론「시여, 침을 뱉어라」연구」.『어문연구』제63권. 2010.
구모룡.「땅의 시학을 위한 단상」. ≪신생≫. 2007. 가을.
구모룡.「도덕적 완전주의」. ≪조선일보≫. 1982. 1. 13~21.
권영민.「진실한 시인과 시의 진실성」. ≪문예중앙≫. 1981. 겨울.
권영진.「김수영론 - 김수영에 있어서 자유의 의미」. ≪숭실대 논문집≫ 제11집. 1981.
권오만.「한국 현대 參與詩의 自己 告白型 검토」.『어문연구』제142호. 2009.
권오만.「김수영 시의 기법론」.『한양어문연구』제13집. 1995.
권혁웅.「김수영 시의 계보」. ≪작가세계≫. 2004. 여름.
금동철.「「풀」의 미학, 그 허무주의」. ≪시와시학≫. 1999. 겨울.
김　현.「시와 시인을 찾아서 - 김수영 편」. ≪심상≫. 1974. 5.
김　현.「자유와 꿈 - 김수영의 시세계」. 김수영 시선집『거대한 뿌리』해설. 민음사. 1974.
김　현.「웃음의 체험 - 김수영의「풀」」. 김용직·박용철 편.『한국현대시 작품론』. 문장사. 1981.
김경숙.「실존적 이성의 한계인식 혹은 극복 의지」. 민족문학사연구소.『1960년대 문학연구』. 깊은샘. 1998.
김경인.「여보세요?……절망예요……」. ≪세계의문학≫. 2008. 여름.
김규동.「모더니즘의 역사적 의의」. ≪월간문학≫. 1975. 2.
김규동.「인환의 화려한 자질과 수영의 소외의식」. ≪현대시학≫. 1978. 11.
김규동.「김수영의 모자」. ≪작가세계≫. 2004. 여름.
김기중.「윤리적 삶의 밀도와 시의 밀도」. ≪세계의문학≫. 1992. 겨울.

김동환. 「김수영의 시적 주제 -4·19 이후 시를 중심으로」. 『선청어문』 제13호. 1982.
김명수. 「김수영과 나」. ≪세계의문학≫. 1982. 겨울.
김명인. 「왜 아직 김수영인가 -90년대 김수영 연구의 문제」. 『문예미학』 제9호. 2002.
김명인. 「혁명과 반동, 그리고 김수영-4·19혁명과 김수영의 정치의식」. 『한국학연구』 제19집. 2008.
김명인. 「제 모습 되살려야 할 김수영의 문학세계-김수영 미발표 유고 해제」. ≪창작과비평≫. 2008. 여름.
김명인. 「한 시인의 뜨거웠던 삶에 바치는 각고의 헌정」. ≪실천문학≫. 2001. 겨울.
김명인. 「그토록 무모한 고독, 혹은 투명한 비애」. ≪실천문학≫. 1998. 봄.
김명인. 「급진적 자유주의의 산문적 실천」. 『작가연구』 제5호. 1998.
김미정. 「김수영 시의 리얼리즘의 계기성」. 『한국어문학연구』 제23집. 2006.
김미정. 「김수영 시의 '시간성' 연구 - '탈식민적 위치성'을 중심으로」. 『비평문학』 제33호. 2009.
김병걸. 「김수영의 시와 문학정신」. ≪세계의문학≫. 1981. 가을.
김병익. 「진화, 혹은 시의 다양성」. ≪세계의문학≫. 1983. 가을.
김병택. 「시인의 현실과 자유」. ≪현대문학≫. 1978. 7.
김상일. 「'이달의 문제작' 김수영, 「현대식 교량」」. ≪주간한국≫. 1965. 7.
김상적. 「언어의 온몸 - 김수영론」. ≪창작과비평≫. 1999. 겨울.
김상환. 「김수영과 책의 죽음-모더니즘의 책과 저자2」. ≪세계의문학≫. 1993. 겨울.
김상환. 「김수영과 한국 시의 미래-풍자와 해탈 사이에서」. 『현대비평과 이론』 제16호. 1998.
김상환. 「김수영의 역사 존재론-교량술로서의 작시에 대하여」. ≪세계의문학≫. 1998. 여름.
김상환. 「모더니즘 또는 사유의 금욕주의」 1·2·3·4. ≪현대시학≫. 1993. 9·11 ; 1994. 1·3.
김상환. 「스으라의 점묘화-김수영 시에서 데카르트의 백색존재론으로」. ≪철학연구≫. 1992. 봄.
김상환. 「우리시와 모더니즘의 변용-김수영의 경우」. ≪현대시사상≫. 1995. 여름.
김상환. 「전용, 혼용, 변용-아름다운 우리말을 위한 김수영론」. ≪세계의문학≫. 1994. 가을.
김상환. 「詩와 時-김수영론」. ≪포에지≫. 2000. 가을.
김소연. 「순교하는 장난」. ≪세계의문학≫. 2008. 여름.
김소영. 「김수영과 나」. ≪시인≫. 1970. 8.
김수이. 「거대한 피로, 미완의 혁명」. ≪황해문학≫. 1998. 여름.
김수이. 「다문화시대의 문화교육과 국어/문학교육-김수영의 시 「거대한 뿌리」 비평교육의 경우」. 『우리말글』 제42집. 2008.
김수이. 「김수영 시에 나타난 우울증의 양상과 치유기제-현대성을 기원으로 하는 우울증의 세 차

원을 중심으로」, 『한국시학연구』 제28호. 2010.

김수이. 「현대시 시에 나타난 '다문화(多文化)'의 양상들-김수영, 김정환, 유하의 시를 중심으로」, 『어문연구』 제37권. 2009.

김숙이. 「김수영의 「풀」에 대한 해석학적 고찰」, 『어문학』 제96집. 2007.

김승희. 「젠더 시스템 속의 자유인의 한계」, ≪포에지≫. 2001. 가을.

김시태. 「50년대와 60년대의 차이」, ≪시문학≫. 1975. 1.

김영무. 「김수영의 영향」, ≪세계의문학≫. 1982. 겨울.

김영희. 「김수영 시의 리듬 연구-'시행발화(詩行發話)'를 중심으로」, 『우리어문연구』 제31집. 2008.

김용희. 「김수영 시에 나타난 다중 언어와 혼성성」, ≪서정시학≫. 2003. 겨울.

김용희. 「김수영 시에 나타난 분열된 남성 의식」, 『한국시학연구』 제4호. 2001.

김용희. 「김수영 시에 나타난 '유희적 부정성'과 벌레 모티프」, 『한국현대문학연구』 제28집. 2009.

김우창. 「예술가의 양심과 자유」, 『궁핍한 시대의 시인』. 민음사. 1978.

김유중. 「김수영 시 「병풍」에 관한 의문1-'병풍의주인 육칠옹해사'는 누구인가?」, ≪시안≫. 2008. 여름.

김유중. 「김수영 시 「병풍」에 관한 의문2-하이데거 존재 사유에의 접근성을 중심으로」, ≪시안≫. 2008. 가을.

김유중. 「김수영 시의 모더니티-모더니티에 대한 새로운 이해」, 『한중인문학연구』 제18집. 2006.

김유중. 「김수영 시의 모더니티(1)」, 『국어국문학』 제119호. 국어국문학회. 1997.

김유중. 「김수영 시의 모더니티(2)」, 『관악어문연구』 제24집. 서울대국문과. 2000.

김유중. 「김수영 시의 모더니티(3)」, 『국어국문학』 제134호. 국어국문학회. 2003.

김유중. 「김수영 시의 모더니티(4)」, 『어문학』 제82집. 어문학회. 2003.

김유중. 「김수영 시의 모더니티(5)」, 『국어교육』 제114집. 국어교육학회. 2004.

김유중. 「김수영의 「시여, 침을 뱉어라」」, ≪시와상상≫. 2006. 가을.

김윤식. 「김수영 문학이 이른 곳」, 『황홀경의 사상』. 홍성사. 1984.

김윤식. 「김수영 변증법의 표정」, ≪세계의문학≫. 1982. 겨울.

김윤식. 「모더니티의 파탄과 초월」, ≪심상≫. 1974. 2.

김윤식. 「불온시 논쟁에서 얻은 것과 잃은 것-김수영과 이어령의 경우」, ≪문학의 문학≫. 2009. 봄.

김윤식. 「이상의 유고 소개 및 번역 경위와 그 문제점들-김수영, 김윤성, 유정, 최상남 씨의 경우」, ≪서정시학≫. 2010. 봄.

김윤식. 「시에 대한 질문방식의 발견」, ≪시인≫. 1970. 8.

김윤태. 「4·19혁명과 김수영·신동엽의 시」, 『한국현대시와 리얼리티』. 소명출판. 2001.

김인환. 「시인의식의 성숙과정-김수영의 경우」, ≪월간문학≫. 1972. 5.

김인환. 「한 정직한 인간의 성숙과정」. ≪신동아≫. 1981. 11.

김재용. 「분단현실과 민족시의 방향」. ≪시와사람≫. 1998 봄.

김재혁. 「1950년대, 60년대 한국 시간에 끼친 릴케의 영향-전봉건, 박양균, 김수영의 경우」. 『현대비평과이론』제25호. 2006.

김정배. 「김수영 시의 죽음의식 연구」. 『한국문예창작』 18호. 2010.

김정환. 「이중의 불행을 시의 동력으로」. ≪실천문학≫. 1999. 겨울.

김정훈. 「김수영 시연구 1 - 주제의식을 중심으로」. 『국제어문』 제8호. 1987.

김종윤. 「태도의 시학 - 김수영의 시론을 중심으로」. 『현대문학의 연구』. 바른글방. 1989.

김종철. 「시적 진리와 시적 성취」. ≪문학사상≫. 1973.9.

김종철. 「첨단의 노래와 정지의 미 - 김수영의 「폭포」」. ≪문학사상≫. 1976.9.

김종훈. 「김수영 시의 '부정어' 연구」. 『정신문화연구』제116호. 2009.

김주연. 「교양주의의 붕괴와 언어의 범속화」. ≪정경문화≫. 1982.5.

김준오. 「승화에서 탈승화로」. ≪현대시≫. 1993.9.

김지녀. 「김수영 문학 속의 '아메리카'」. 『돈암어문학』제22호. 2009.

김지하. 「풍자냐 자살이냐」. ≪시인≫. 1970.8.

김춘식. 「김수영의 초기시-설움의 자의식과 자유의 동경」. 『작가연구』제5호. 1998.

김치수. 「「풀」의 구조와 분석」. 『한국대표시평설』. 문학세계사. 1983.

김태진. 「김수영 초기시의 비유기체성과 바로보기」. 『어문교육논집』제15호. 부산대. 1996.

김행숙. 「'시적인 것'과 '정치적인 것' -김수영의 시론「시여, 침을 뱉어라」를 중심으로」. 『국제어문』제47집. 2009.

김현경. 「임의 시는 강변의 불빛」. ≪주부생활≫. 1969.9.

김현경. 「충실을 깨우쳐 준 시인의 혼」. ≪여원≫. 1968.9.

김현승. 「김수영의 시사적 위치와 업적」. ≪창작과비평≫. 1968. 가을.

김현승. 「김수영의 시적 위치」. ≪현대문학≫. 1967.8.

김혜순. 「김수영의 시가 김수영의 언어를 말하다」. ≪포에지≫. 2001. 가을.

김화영. 「미지의 모험·기타」. ≪신동아≫. 1976.11.

김흥규. 「김수영론을 위한 메모」. ≪심상≫. 1978.1.

김흥수. 「김수영 산문의 상호텍스트성-원텍스트 인용의 경우를 중심으로」. 『어문학논총』제26집. 2007.

김흥수. 「김수영 산문의 언어 관련 담론에 대한 어학적 소고 3」. 『어문학논총』제29권. 2010.

김흥수. 「김수영 산문의 언어 관련 담론에 대한 어학적 소고 2」. 『어문학논총』제28권. 2009.

김희주.「'너'를 통해 드러나는 김수영 시의 정신 지향 연구」.『한국문학논총』제54집. 2010.
나희덕.「김수영 시에 있어서 '전통'의 문제」.『배달말』제29호. 2001.
나희덕.「김수영 시의 리듬구조에 나타난 행과 연의 문제」.『현대문학의연구』제37집. 2009.
나희덕.「김수영의 매체의식과 감각적 주체의 전환」.『현대문학의연구』제40집. 2010.
남기택.「김수영 시의 '봄'에 관한 연구」.『한국언어문학』제49집. 2002.
남기택.「불완전한 현실과 전복된 꿈 - 이상과 김수영 시를 중심으로」.『어문연구』제29집. 1997.
노 철.「김수영 시에 나타난 정신과 육체의 갈등 양상 연구」.『어문논집』제36집. 1997.
노 철.「모더니즘 시 교육에 관한 연구 - 김수영을 중심으로」.『국제어문』제28집. 2003.
노대규.「시의 언어학적 분석 - 김수영의 '눈'을 중심으로」.『매지논총』제3집. 연세대매지학술연구소. 1987.
노용무.「김수영 시 연구 - 자기부정과 자기긍정을 중심으로」.『어문연구』제104호. 1999.
노용무.「김수영의「어느날 古宮을 나오면서」에 나타난 탈식민성 연구」.『한국문학이론과비평』제31집. 2006.
동시영.「신귀거래3 · 등나무 분석」.『한양어문』. 한양대. 1997.
맹문재.「김수영의 시에 나타난 '여편네' 인식 고찰」.『어문연구』제125호. 2005.
맹문재.「박인환은 시를 쓸 줄 알았다」.《현대시》. 2008. 10월.
문혜원.「김수영의 시에 대한 실존론적인 고찰」.『우리말글』제23집. 2001.
문혜원.「아내와 가족, 내 안의 적과의 싸움」.『작가연구』제5호. 1998.
문혜원.「타자에의 지향과 언어의 실험성」.《한국문학》. 1997. 겨울.
박남철.「김수영론」.《현대시학》. 1998. 11.~1999. 3.
박남희.「자유의 시적 변용과 삶의 형식 - 김수영론」.『숭실어문』제17집. 2001.
박대현.「시적 가상과 현실의 불가능한 전복 - '시적인 것'의 시대적 성찰」.《오늘의문예비평》. 2009. 여름.
박몽구.「모더니즘 기법과 비판 정신의 결합-김수영론」.『한국학논집』제40집. 2006.
박수연.「「꽃잎」, 언어적 구심력과 사회적 원심력」.《문학과사회》. 1999. 가을.
박수연.「김수영 문학의 텍스트 확정을 위해」.《신생》. 2009. 봄.
박수연.「김수영 해석의 역사」.《작가세계》. 2004. 여름.
박수연.「문학의 양 날」.《포에지》. 2001. 가을.
박수연.「전근대에서 근대로. 근대에서 다른 근대로」.《실천문학》. 1999. 겨울.
박수연.「전쟁과 자유, 내용과 형식-김수영론」.《실천문학》. 2001. 봄.
박수연.「김수영과 그의 적들」.《작가》. 2010. 겨울.

박순원. 「김수영 시의 화자와 대상의 관계 양상 연구」. 『어문논집』 제49집. 2004.
박순원. 「김수영 시에 나타난 '돈'의 양상 연구」. 『어문논집』 제62호. 2010.
박승희. 「1950년대 김수영 시의 국가/개인 문제와 시민성」. 『우리말글』 43집. 2008.
박연희. 「'전후'의 중층적 의미와 김수영의 문학적 정체성-1950년대 후반기 지식인 담론과 김수영의 시를 중심으로」. 『상허학보』 29집. 2010.
박연희. 「'분실된 연대'의 자기표상-해방기 박인환과 김수영을 중심으로」. 『상허학보』 제27집. 2009.
박윤우. 「전후 현대시의 상황과 김수영 문학의 논리」. 『문학과 논리』 제3호. 태학사. 1993.
박지영. 「1960년대 참여시와 두 개의 미학주의-김수영, 신동엽의 참여시론을 중심으로」. 『반교어문연구』 제20호. 2006.
박지영. 「김수영 문학과 '번역'」. 『민족문학사연구』 제39호. 2009.
박지영. 「김수영 시에 나타난 '자기 비하'의 심리학-'레드콤플렉스'를 넘어 '시인' 되기」. 『반교어문학』 제29집. 2009.
박지영. 「김수영 시에 나타난 '자연'과 '봄'에 관한 사유」. 『민족문학사연구』 제20호. 2002.
박지영. 「김수영의 「눈」과 「풀」론」. 『반교어문연구』. 2001.
박지영. 「김수영의 「반시론」에서 '반시'의 의미」. 『상허학보』 제9집. 2002.
박지영. 「혁명, 시, 여성(성) -1960년대 참여시에 나타난 여성」. 『여성문학연구』 제23호. 2010.
박태일. 「김수영과 부산 거제리 포로수용소」. 『근대서지』 제2호. 2010.
박현수. 「김수영-김수영의 신화」. ≪시인세계≫. 2005. 겨울.
방민호. 「시인의 삶과 생리를 잘 보여주는 수필 두 편-서정주의 「1944년경의 이야기」와 김수영의 「해운대에 핀 해바라기」」. ≪서정시학≫. 2005. 가을.
방인석. 「김수영 시의 자유와 설움의 상관성 연구-탈식민주의 관점으로」. 『한민족문화연구』 제34집. 2010.
배개화. 「김수영 시에 나타난 '탈식민적 언어'의 양가성」. 『국어교육』 제121집. 2006.
배개화. 「김수영 시에 나타난 양가적 의식」. 『우리말글』 제36집. 2006.
백낙청. 「김수영의 시세계」. ≪현대문학≫. 1968.8.
백낙청. 「살아있는 김수영」. 시선집 『사랑의 변주곡』 해설. 창작과비평사. 1988.
백낙청. 「역사적 인간과 시적 인간」. ≪창작과비평≫. 1977. 여름.
백인덕. 「김수영 시에 나타난 '꽃'의 의미 연구」. 『한양어문』. 한양대. 1997.
서동욱. 「천수천족수의 시-참여문학에 대한 단상」. ≪세계의문학≫. 2008. 여름.
서우석. 「김수영-리듬과 희열」. ≪문학과지성≫. 1978. 봄.

서익환. 「김수영 시 연구 – 자유를 향한 시적 모험」. ≪논문집≫ 제25집. 한양여대. 2002.
서준섭. 「김수영의 후기 작품에 나타난 '사유의 전환' 과 그 의미 – '힘으로서의 시의 존재' 와 관련하여」. 『한국현대문학연구』 제23집. 2007.
서준섭. 「한국 현대시와 초현실주의 – 시정신의 모험을 위하여」. ≪문예중앙≫. 1993. 봄.
성기조. 「김수영 시의 자유에 대한 절규」. 『한국어문교육』 제2집. 1991.
성민엽. 「김수영의 「풀」과 『논어』」. ≪현대문학≫. 1999. 5.
송기섭. 「온몸으로 쓴 시의 내면」. 『한국현대문학의 도정』. 새미. 1999.
송명희. 「김수영론 – 인간상실과 회복에 대하여」. ≪현대문학≫. 1980. 8.
송재영. 「시인의 시론」. ≪문학과지성≫. 1976. 봄.
송희복. 「시에서 집이 갖는 다의성과 그 변주」. ≪신생≫. 2009. 겨울.
신 진. 「김수영 시의 놀이정신」. 『구연식화갑기념논총』. 1985.
신 진. 「한국 현대시의 '전위의 맥락' 검토」. 『한국시학연구』 제22호. 2008.
신동엽. 「지맥 속의 분수」. ≪한국일보≫. 1968. 6. 20.
신상철. 「김수영의 시 연구」. 『인문논총』. 경남대인문과학연구소. 1999.
신주철. 「박인환과 김수영의 1950년대 시작품에 드러난 실존주의 양상」. 『한국어문학연구』 제26집. 2007.
신철하. 「김수영시와 '자유' 의 문제 – 한국 현대문학의 생태학적 고찰」. 『한국언어문학』 제54집. 2005.
신형철. 「이 사랑을 계속 변주해 나갈 수 있을까 – 김수영의 '사랑' 에 대한 단상」. ≪세계의문학≫. 2008. 여름.
안드레아스, 쉬르머. 「번역가로서의 김수영」. ≪문학수첩≫. 2006. 겨울.
안수길. 「양극의 조화」. ≪현대문학≫. 1968. 8.
안효근. 「김수영 – 자유를 꿈꾸었던 불행한 소시민」. ≪배워서 남주자≫ 126호. 2007. 4.
엄홍준. 「김수영의 시 '풀' 에 나타난 통사구조 분석」. 『우리문학연구』 제23집. 2008.
여태천 해제. 「서정시학 자료발굴8 김수영 「마당과 동대문」」. ≪서정시학≫. 2008. 가을.
여태천. 「김수영 시와 존재사건학」. 『어문연구』 제50집. 어문연구학회. 2006.
여태천. 「김수영 시의 '몸' 과 그 의미」. 『상허학보』 제14집. 2005.
여태천. 「김수영 시의 '현장성' 과 장소적 의미」. 『국어문학』 제37호. 2002.
여태천. 「김수영 시의 언어적 특성」. 『문학사상』. 2005. 7.
여태천. 「김수영 시의 장소적 특성 연구」. 『민족문화연구』 제41호. 2004.
여태천. 「김수영의 시와 존재사건학」. 『어문연구』 제50권. 2006.

염무웅. 「김수영과 신동엽」. 『이땅의 사람들』. 뿌리깊은나무. 1978.
염무웅. 「김수영론」. ≪창작과비평≫. 1976. 겨울.
오규원. 「한 시인과의 만남」. 『현실과 극기』. 문학과지성사. 1978.
오문석. 「김수영의 시론과 실존주의 철학」. 『국제어문』 제21집. 2000.
오문석. 「전통이 된 혁명, 혁명이 된 전통」. 『여성문학연구』. 통권23호. 2010.
오성호. 「김수영 시의 '바로 보기'와 '비애' —시작태도와 방법」. 『현대문학이론연구』 제15집. 2001.
오세영. 「우상의 가면—김수영 론」. ≪현대시≫. 2005. 1·2·3.
오정환. 「김수영 시의 죽음과 변용」. 『구연식화갑기념논총』. 1985.
오형엽. 「김수영 시론과 박용철 시론의 관련성 연구」. 『어문연구』 제39집. 2002.
오형엽. 「김춘수와 김수영 시론 비교 연구」. 『한국문학이론과 비평』 제16집. 2002.
오형엽. 「시적 실험과 시적 초월의 성과 및 한계」. ≪문학사상≫. 1996. 6.
유 정. 「김수영 애도」. ≪현대문학≫. 1968. 8.
유성호. 「타자 긍정을 통해 '사랑'에 이르는 '도정'」. 『작가연구』 제5호. 1998.
유종호. 「시의 자유와 관습의 굴레」. ≪세계의문학≫. 1982 봄.
유종호. 「현실참여의 시, 수영·봉건·동문의시」. ≪세대≫. 1963. 1~2.
유중하. 「김수영과 4·19—사랑을 만드는 기술」. ≪당대비평≫. 2000. 봄.
유중하. 「달나라에 내리는 눈」. ≪실천문학≫. 1998. 여름.
유중하. 「하나에서 둘로—김수영 그 이후」. ≪창작과비평≫. 1999. 가을.
윤난홍. 「김수영 시의 현실인식 연구」. 『어문연구』 제113호. 2002.
윤여탁. 「시적 실천으로서의 '참여시'에 대한 평가」. ≪문학사상≫. 1999. 6.
이 탄. 「김수영의 이상주의」. 김용직 외. 『한국현대시사연구』. 일지사. 1993.
이강현. 「김수영 시 연구—시어를 통한 시의식 전환을 중심으로」. 『논문집』 제15집. 중부대. 1994.
이건제. 「김수영 시에 나타나는 '죽음' 의식」. 『작가연구』 제5호. 새미. 1998.
이경덕. 「사물과 시선과 알리바이」. ≪실천문학≫. 1998. 여름.
이경수. 「'국가'를 통해 본 김수영과 신동엽의 시」. 『한국근대문학연구』 제11집. 2005.
이경철. 「김수영 그리고 현실, 우주와의 경계로서의 온몸으로 시쓰기」. ≪한국문학≫. 2008. 가을.
이경희. 「김수영 시의 언어학적 구조와 의미」. 『이화어문논집』 제8호. 1986.
이광호. 「김수영 시에 나타난 도시적 시선의 문제」. 『어문논집』 제60집. 2009.
이근화. 「김수영 시에 나타난 조어(造語) 연구」. 『국어국문학』 제153호. 2009.
이근화. 「김수영 시에 나타난 '그림자'와 '적'의 형상과 기능—융의 자아심리학을 통해 살펴 본 김수영 시의 특성」. 『한국문화비평과이론』 제34집. 2007.

이근화. 「사회 구조적 억압과 문학적 주체의 형성-김기림과 김수영의 시를 중심으로」. 『비교문학』 제41집. 2007.

이근화. 「김수영 시의 관념성」. 『국어국문학』 제137호. 2004.

이기성. 「고독과 비상의 시학」. 『작가연구』 제5호. 1998.

이미순. 「김수영 시에 나타난 바타이유의 영향-에로티즘을 중심으로」. 『한국현대문학연구』 제23집. 2007.

이미순. 「김수영의 시론에 미친 프랑스 문학이론의 영향-조르주 바타이유를 중심으로」. 『비교문학』 제42집. 2007.

이미순. 「김수영의 시론에서의 '풍자'의 의미」. 『국어교육』 제123호. 2007.

이미순. 「김수영의 언어론에 대한 연구」. 『개신어문연구』 제31집. 2010.

이미순. 「김수영의 고백체시 연구」. 『한국현대문학연구』 제29집. 2009.

이상옥. 「자유를 위한 영원한 여정」. ≪세계의문학≫. 1982. 겨울.

이선영. 「일상, 그리고 고백-김수영 시 읽기를 위한 두 개의 키워드」. 『이화어문논집』 제24, 25합본집. 2007.

이성복. 「진실에 대한 열정」. ≪세계의문학≫. 1982. 겨울.

이성훈. 「현대시 텍스트의 비판적 읽기와 창의적 사고력의 함양-김수영의 시 「풀」을 중심으로」. 『백록논총』 10권 제2호. 2008.

이숭원. 「김수영 시정신의 지향점」. 『20세기 한국 시인론』. 국학자료원. 1997.

이숭원. 「김수영론」. ≪시문학≫. 1983. 4.

이숭원. 「김수영의 시정신과 그 계승」. ≪시와사상≫. 1999. 봄.

이숭원. 「정치현실에 대한 두 시인의 반응-임화와 김수영의 경우」. 『한민족어문학』 제43호. 2003.

이승규. 「김수영 시에서의 '긴장'의 구현 양상-앨런 테이트의 시론과의 관계를 중심으로」. 『우리어문연구』 제31집. 2008.

이승규. 「김수영 시의 리듬 의식 연구-반복 양상을 중심으로」. 『어문논총』 제46호. 2007.

이승규. 「김수영 시의 영향 관계와 현실지향성」. 『한국시학연구』 제20호. 2007.

이승규. 「김수영의 영미시 영향과 시 창작 관련 양상-비숍, 로웰, 긴즈버그의 영향을 중심으로」. 『한국현대문학연구』 제20집. 2006.

이승훈. 「김수영의 시론」. ≪심상≫. 1983. 3.

이승훈. 「우리시에 나타난 전위성」. ≪현대시≫. 1993. 9.

이어령. 「서랍속에 든 '불온시'를 분석한다」. ≪사상계≫. 1968. 3.

이영섭. 「김수영의 '신귀거래' 연구」. 『연세어문학』 제18집. 1985.

이유경. 「김수영의 시」. ≪현대문학≫. 1973. 6.

이은봉. 「김수영의 시와 죽음」. 『실사구시의 시학』. 새미. 1994.

이은실. 「김춘수와 김수영 시의 모더니티-'자유'에 관한 사유를 중심으로」. 『동북아문화연구』 제12집. 2007.

이은정. 「동일한 시적 인식의 두 가지 표출방식」. 『이화어문논집』 제12집. 이화여대. 1992.

이종대. 「김수영 시읽기의 폐쇄와 개방」. 『동원논집』 제6집. 1993.

이태희. 「김수영 시 「풀」 연구」. 『인천어문학』 제7집. 1991.

이태희. 「김수영 후기시의 화자연구」. 『인천어문학』 제8집. 1992.

이현승. 「김수영 시의 감정어 연구」. 『어문논집』 제42집. 2009.

이형권. 「김수영의 시적 자의식 문제」. 『어문연구』 제34집. 2000.

이홍래. 「김수영과 신동엽 시의 진술적 특성」. 『경상어문』 제14집. 2008.

이홍래. 「김수영과 신동엽의 시론 연구」. 『경상어문』 제12집. 2006.

이희중. 「김수영의 텍스트에서 '온몸'의 의미」. 『예술문화』 제2호. 전주대. 1997.

이희중. 「방과 시-시의 지형 1」. ≪작가세계≫. 1996. 여름.

임동확. 「현대성의 구현 방식과 양가감정의 수사학-김수영 시 세계」. 『한국언어문화』 제31집. 2006.

임명숙. 「김수영 시에서의 '여성' 그 기호적 의미망 읽기」. 『돈암어문학』 23호. 2010.

임상석. 「'도'와 '덕'으로 읽는 김수영 시의 변천-『논어』와의 상호텍스트성 시론」. 『어문논집』 제52집. 2005.

임우기. 「'곧은 소리'의 시적 의미-김수영의 「폭포」」. ≪문학의문학≫. 2009. 겨울.

임종성. 「현대시의 서술화 경향」. 『국어국문학』 제15호. 동아대. 1996.

임중빈. 「자유와 순교」. ≪시인≫. 1970. 8.

임지연. 「김수영 시의 시각성 연구」. 『한국문예비평연구』 제20집. 2006.

임홍배. 「시와 혁명 - 김수영 후기시의 난해성 문제」. ≪창작과비평≫. 2003. 겨울.

장만호. 「김수영 시의 변증법적 양상」. 『민족문화연구』 제40호. 2004.

장명국. 「김수영 시 연구」. 『한국어문학연구』 제8집. 한국외대. 1997.

장석원. 「김수영 시에 나타난 '산문성'의 의의」. 『어문논집』 제44집. 2001.

장석원. 「김수영 시의 '반복' 연구」. 『한국근대문학연구』 제4집. 2001.

장석원. 「김수영 시의 '새로움' 연구」. 『한국시학연구』 제8호. 2003.

장석원. 「김수영 시의 인칭대명사 연구- '나'와 '너'를 중심으로」. 『한국시학연구』 제15호. 2006.

장석주. 「시어의 발생과 그 기원」. ≪시와반시≫. 2003. 겨울.

장석주. 「현실과 꿈 - 김수영론」. 『언어의 마을을 찾아서』. 조형. 1979.

전도현. 「김수영의 죽음의식과 시쓰기」. 『어문논집』 제51집. 2005.

전병준. 「김수영 시에 나타난 사랑의 의미 연구」. 『국제어문』 제43집. 2008.

전봉건. 「사기론」. 《세대》. 1965. 2.

전상기. 「「판문점의 감상」을 둘러싼 현대시의 문제들」. 『민족문학사연구』 제22호. 2002. 여름.

전상기. 「김수영의 육체성과 현대성」. 조건상 편. 『한국국어문학연구』. 국학자료원. 2001.

정과리. 「현실과 전망의 긴장이 끝간 데」. 『문학, 존재의 변증법』. 문학과지성사. 1985.

정남영. 「김수영의 시와 시론」. 《창작과비평》. 1993. 가을.

정남영. 「바꾸는 일, 바뀌는 일 그리고 김수영의 시」. 《실천문학》. 1998. 겨울.

정남영. 「바꾸는 일, 바뀌는 일 그리고 문학」. 《창작과비평》. 1996. 겨울.

정남영. 「언어적 다의성, 문학적 사유방식, 그리고 김수영의 「꽃잎 2」」. 『문예미학』 제9호. 2002.

정명교. 「김수영과 프랑스 문학의 관련양상」. 『한국시학연구』 제22호. 2008.

정선태. 「번역 또는 식민주의를 '애도'하는 방법」. 『번역비평』 제1호. 2007.

정영호. 「김수영론—언어·생활·행위의 삼각주」. 《월간문학》. 1987. 6.

정의진. 「김수영과 시의 유토피아1」. 《세계의문학》. 2002. 겨울.

정의진. 「도시와 시적 모더니티—김수영의 시적 산문정신과 서울—보들레르와의 비교르 경유하여」. 『서강인문논총』 제26집. 2009.

정재찬. 「김수영론—허무주의와 그 극복」. 『1960년대 문학연구』. 예하. 1993.

정한아. 「수수께끼 퍼즐 조각들—김수영 시 해석의 몇 가지 단서」. 《현대시》. 2005. 8.

정현기. 「김수영론—죄의식과 저항, 시적 진실과 죽음」. 《문학사상》. 1989. 9.

정현종. 「시와 행동, 추억과 역사」. 《월간조선》. 1982. 1.

정형욱. 「1950년대 및 60년대 모더니즘 시 비교 연구」. 『교육논총』 제39집. 2007.

정효구. 「김수영 시에 나타난 사랑」. 『20세기 한국시와 비평정신』. 새미. 1997.

조강석. 「김수영과 관념의 조형성」. 《현대시》. 2005. 8.

조강석. 「비화해적 가상의 두 양태—김수영과 김춘수 시학의 상관적 이해」. 《현대시》. 2008. 9.

조강석. 「김수영 시의식 변모 과정 연구— '시적 연극성'과 '자코메티 전환'을 중심으로」. 『한국시학연구』 제28호. 2010.

조남현. 「우상의 그늘」. 《심상》. 1978. 10.

조달곤. 「자유의 이행으로서의 김수영 시론」. 『어문학』 제75호. 2002.

조영복. 「김수영 시의 난해성과 구조」. 『한국 현대시와 언어의 풍경』. 태학사. 1999.

조영복. 「김수영 시의 죽음 의식과 현대성」. 『한국 현대시와 언어의 풍경』. 태학사. 1999.

조영복. 「김수영, 반여성주의에서 반반의 미학으로」. 『여성문학연구』 제6호. 2001.

조창환. 「60년대 시의 비평적 성찰-현실의 시적 수용문제」. ≪현대시≫. 1985.6.

조해옥. 「'가벼움'과 '사이'의 시학-김수영의 시」. 『도로를 횡단하는 문학』. 새미. 2004.

주영중. 「김수영 시의 숭고 특성 연구」. 『한국민족문화』 제42집. 2012.2.

주영중. 「김수영 시의 '인지어' 연구 2」. 『비평문학』 39호. 2011.

주영중. 「김수영 시의 '인지어' 연구 1」. 『우리어문연구』 36집. 2010.

주영중. 「김수영 시에 나타난 시각적 경험의 발현 현상」. 『한국근대문학연구』. 제13호. 2006.

진순애. 「반시의 운명」. 『시와반시』. 2010. 겨울.

진은영. 「한 진지한 시인의 고뇌에 대하여」. ≪창작과비평≫. 2010. 여름.

진은영. 「김수영 문학의 미학적 정치성에 대하여-불화의 미학과 탈경계적 정치학」. 『현대문학의 연구』 제40집. 2010.

차호일. 「4월 혁명에 대한 시적 대응 방식과 시 교육에의 시사-김수영, 신동엽을 중심으로」. 『민족문화논총』 제39집. 2008.

채규판. 「창작기술론 및 시론」. 『한울문학』 제77집. 2010.

채상우. 「냉혹한 영원성-김수영론」. 『한국문학연구』 제25집. 2002.

최동호. 「김수영과 부자유친」. ≪작가세계≫. 2004. 여름.

최동호. 「김수영의 「풀」과 서러움의 변증법」. 『디지털 문화와 생태시학』. 문학동네. 2000.

최동호. 「김수영의 문학사적 위치」. 『작가연구』 제5호. 1998.

최동호. 「김수영의 시적 변증법과 전통의 뿌리」. ≪문학과의식≫. 1998. 여름.

최동호. 「동양의 시학과 현대시-유가철학과 김수영의 「풀」」. ≪현대시≫. 1999.9.

최동호. 「시와 시론의 문학적·사회적 가치-1960년대 김수영과 김춘수 시론의 상호관계」. 『한국시학연구』 제22호. 2008.

최동호. 「한국 현대시와 자유에 대한 시적 상상-김수영의 시적 전개를 중심으로」. 『한국시학연구』 제17호. 2006.

최두석. 「현대성과 참여시론」. 『한국 현대시론사 연구』. 문학과지성사. 1998.

최미숙. 「전체성의 실현을 통한 시 해석 연구」. 『선청어문』 제21집. 서울사대. 1993.

최원식. 「'리얼리즘'과 '모더니즘'의 회통」. 『문학의 귀환』. 창작과비평사. 2001.

최유미. 「김수영 문학에 나타난 예술가로서의 윤리의식」. 『인문사회논총』 17호. 용인대. 2010.

최유찬. 「시와 자유와 '죽음'-김수영론」. 『연세어문학』 제18집. 1985.

최정희. 「거북같은 사나이」. ≪현대문학≫. 1968.6.

최지현. 「우리나라 근대주의의 두 가지 양상 1」. 『인문과학연구』. 서원대. 2000.

최현식. 「'곧은 소리'의 요구와 탐색」. 『작가연구』 제5호. 1998.
최현식. 「꽃의 의미」. ≪포에지≫. 2001. 가을.
하재연. 「거리 또는 골목 안에서 아픈 몸들의 시쓰기」. ≪현대시학≫. 2010. 8.
하정일. 『김수영, 근대성 그리고 민족문학』. ≪실천문학≫. 1998. 봄.
한명희. 「'오이디푸스 콤플렉스'를 통해 본 김수영, 박인환, 김종삼의 시세계」. 『어문학』 97집. 2007.
한명희. 「김수영 시에 나타나는 여성에 대하여」. 『전농어문연구』 제11집. 1999.
한명희. 「김수영 시에서의 고백시의 영향」. 『전농어문연구』 제9집. 1997.
한명희. 「김수영 시의 기법」. 『전농어문연구』 제10집. 1998.
한명희. 「김수영 시의 영향관계 연구」. 『비교문학』 제29집. 2002.
한명희. 「새로운 문학, 전위의 문학을 향하여」. ≪작가세계≫. 2004 여름.
한수영. 「'일상성'을 중심으로 본 김수영 시의 사유와 방법 1」. 『작가연구』 제5호. 1998.
한수영. 「'일상성'을 중심으로 본 김수영 시의 사유와 방법 2」. ≪시문학≫. 2001. 5.
한영옥. 「김수영 시 연구-참여시의 진정성 규명을 중심으로」. 『성신여대인문과학연구』. 1993.
한원균. 「'구멍'과 '우물'의 시학」. ≪문학사상≫. 2002. 2.
허병민. 「자유 속의 자아, 자아 속의 적 사랑, 그 미지의 길을 찾아서-김수영론」. ≪시와정신≫. 2007. 겨울.
허윤회. 「김수영 지우기」. 『상허학보』 제14집. 2005.
허윤회. 「모더니티의 여적」. 『민족문학사연구』 제21호. 2002.
허윤회. 「시와 운명-김수영의 시를 중심으로」. 『반교어문연구』. 1999.
허윤회. 「영원성의 시적 표현」. 조건상 편. 『한국 국어문학연구』. 국학자료원. 2001.
홍기돈. 「현대의 순교와 부활하는 사랑」. ≪작가세계≫. 2004. 여름.
홍사중. 「탈속의 시인 김수영」. ≪세대≫. 1968. 7.
홍윤기. 「김수영 시인」. ≪시사문단≫. 2008. 12월.
황동규. 「시의 소리」. 『사랑의 뿌리』. 문학과지성사. 1976.
황동규. 「절망 후의 소리-김수영의 」꽃잎」. ≪심상≫. 1974. 9.
황동규. 「정직의 공간」. 김수영 시선집 『달의 행로를 밟을 지라도』 해설. 민음사. 1976.
황동규·이숭원. 「삶의 뇌관을 터뜨리는 상상력-한국시를 한 단계 끌어올린 50년 시력의 섬광, 황동규 對談」. ≪문학의문학≫. 2008. 여름.
황정산. 「김수영 시론의 두 지향」. 『작가연구』 제5호. 1998.
황정산. 「모더니티와 아이러니의 시 정신-김수영의 시를 중심으로」. ≪시와문화≫. 2009. 여름.
황헌식. 「저항과 좌절-그 운명적 갈등」. ≪시문학≫. 1973. 6.

황현산. 「김수영의 현대성 또는 현재성」. ≪창작과비평≫. 2008. 여름.
황현산. 「꽃이 열매의 上部에 피었을 때」. ≪현대시학≫. 1994. 4.
황현산. 「난해성의 시와 정치」. ≪포에지≫. 2001. 가을.
황현산. 「모국어와 시간의 깊이」. 『말과 시간의 깊이』. 문학과지성사. 2002.
황현산. 「모더니티와 아이러니의 시 정신-김수영의 시를 중심으로」. ≪시와문학≫. 2009. 여름호.
황현산. 「蟲과 책」. ≪현대시학≫. 1999. 10.

3. 단행본

강영기. 『한국 현대시의 대비적 인식-김수영과 김춘수』. 푸른사상사. 2005.
강웅식. 『김수영 신화의 이면』. 웅동. 2004.
강웅식. 『시, 위대한 거절』. 청동거울. 1998.
고봉준. 『모더니티의 이면』. 소명출판. 2007.
권혁웅. 『한국 현대시 시작방법 연구』. 깊은샘. 2001.
김명인. 『김수영, 근대를 향한 모험』. 소명출판. 2002.
김명인·임홍배 편. 『살아있는 김수영』. 창비. 2005.
김상환. 『풍자와 해탈 혹은 사랑과 죽음』. 민음사. 2000.
김승희 편. 『김수영 다시읽기』. 프레스21. 2000.
김승희. 『코라 기호학과 한국시-탈구조주의로 한국시 읽기』. 서강대출판부. 2008.
김용희. 『한국 현대 시어의 탄생』. 소명출판. 2009.
김유중. 『김수영과 하이데거-김수영 문학의 존재론적 해명』. 민음사. 2007.
김윤배. 『온몸의 시학 김수영』. 국학자료원. 2003.
김정석. 『김수영과 아비투스』. 인터북스. 2009.
김혜순. 『김수영』. 건국대학교출판부. 1995.
남기택. 『김수영과 신동엽』. 청운. 2009.
남진우. 『미적 근대성과 순간의 시학』. 소명출판. 2001.
노 철. 『한국현대시 창작방법 연구』. 월인. 2001.
문광훈. 『시의 희생자 김수영』. 생각의 나무. 2002.
박몽구. 『한국 현대시와 욕망의 시학』. 푸른사상사. 2006.
서준섭. 『창조적 상상력』. 서정시학. 2009.

송기한. 『1960년대 시인 연구』. 역락. 2007.
신익호. 『현대시의 구조와 정신』. 박문사. 2010.
신주철. 『이상과 김수영 시의 아이러니』. 박이정. 2003.
신철하. 『미완의 시대와 문학』. 실천문학. 2008.
신형철. 『몰락의 에티카』. 문학동네. 2008.
여태천. 『김수영의 시와 언어』. 월인. 2005.
오문석. 『시는 혁명이다-김수영의 시론과 비평』. 깊은샘. 2005.
오봉옥. 『김수영을 읽는다』. 랜덤하우스중앙. 2005.
이광호. 『도시인의 탄생-한국문학과 도시의모더니티』. 서강대출판부. 2010.
이승규. 『김수영과 신동엽-1950~60년대 한국 현대시의 현실지향성』. 소명출판. 2008.
이은정. 『김수영, 혹은 시적 양심』. 살림. 2006.
이은정. 『현대시학의 두 구도-김춘수와 김수영』. 소명출판. 1999.
이태동. 『한국현대시의 실체-한용운에서 이성복까지』. 문예출판사. 2008.
이 찬. 『현대 한국문학의 지도와 성좌들』. 월인. 2009.
이형권. 『한국시의 현대성과 탈식민성』. 푸른사상사. 2009.
장석원. 『한국현대문학의 수사학』. 월인. 2006.
조달곤. 『한국 모더니즘 시학의 지형도』. 새미. 2006.
최동호 외. 『다시 읽는 김수영 시』. 작가. 2005.
최하림 편. 『김수영』. 문예출판사. 1993.
최하림. 『김수영 평전』. 실천문학사. 2001.
한명희. 『김수영 정신분석으로 읽기』. 월인. 2002.
한명희. 『현대시와 오이디푸스 콤플렉스』. 2009.
황동규 편. 『김수영 전집 별권』. 민음사. 1983.
황정산 편. 『김수영』. 새미. 2003.

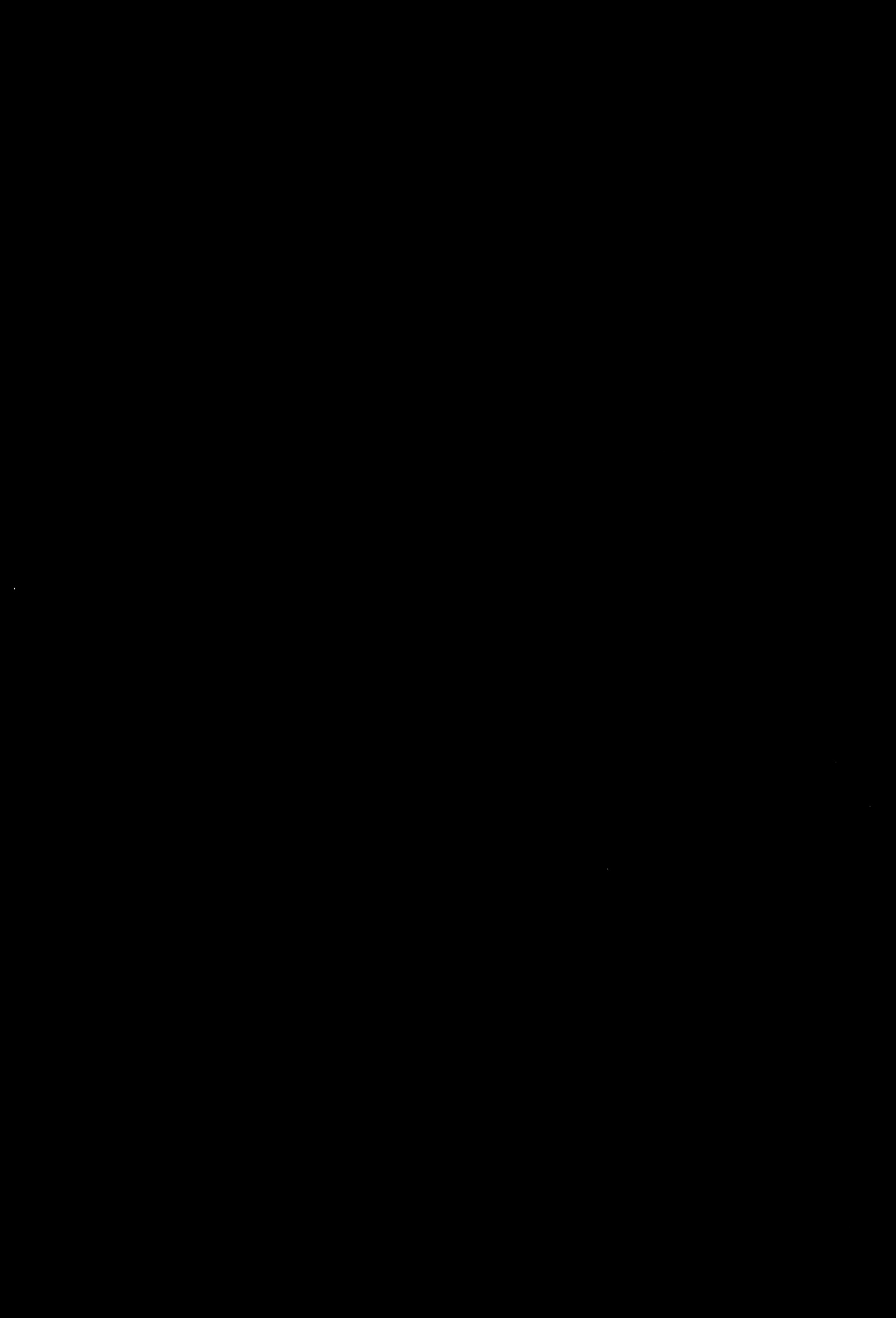

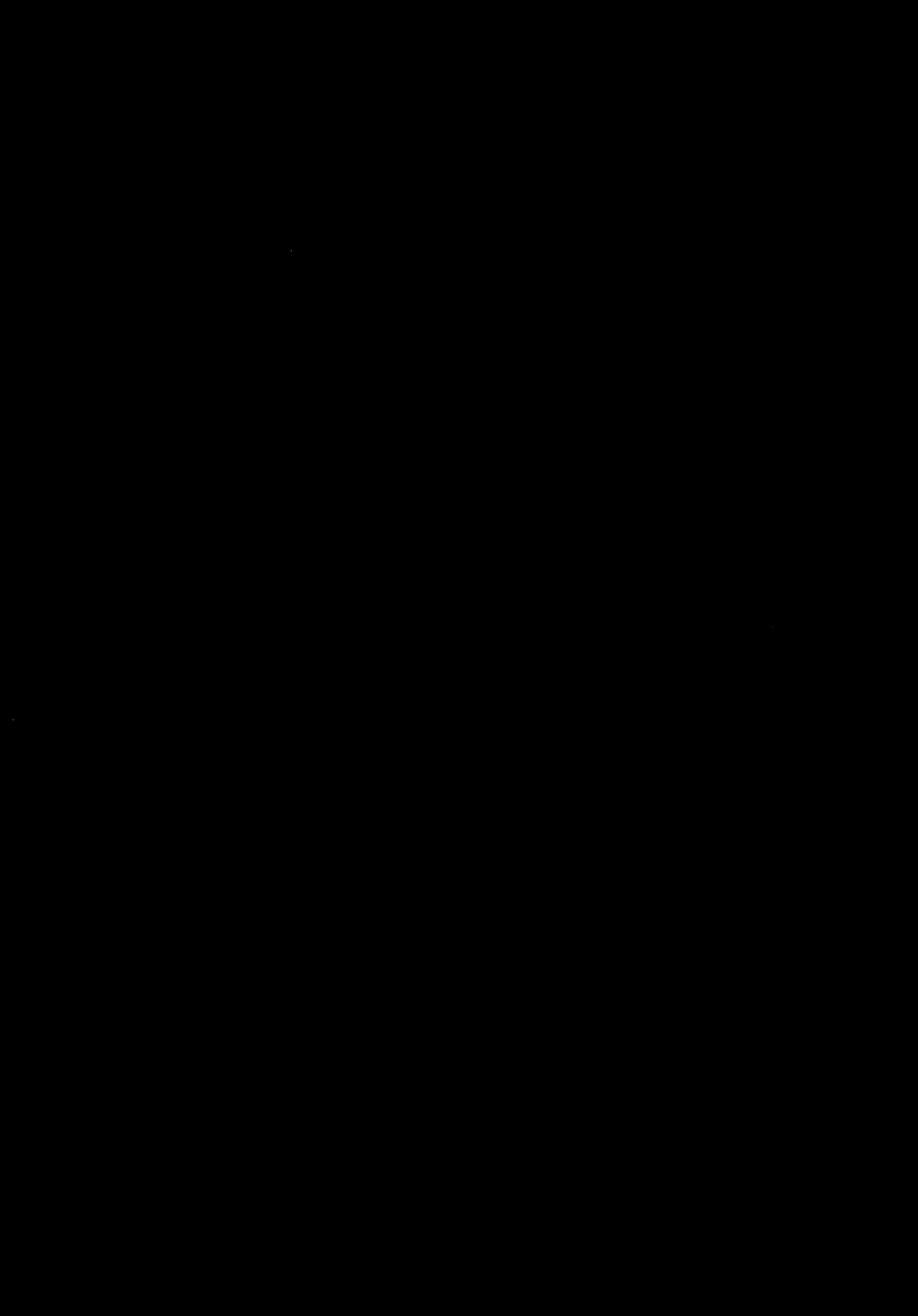